C000134474

ISBN 978-0-364-72582-5
PIBN 11050605

Allgemeine

Deutsche Biographie.

Dreiundfünfzigster Band.

Allgemeine Deutsche Biographie.

Dreiundfünfzigster Band.

Nachträge bis 1899:

Paulitschke — Schets.

Auf Veranlassung
Seiner Majestät des Königs von Bayern
herausgegeben
durch die historische Commission
bei der
Königl. Akademie der Wissenschaften.

Leipzig,
Verlag von Duncker & Humblot.
1907.

Allgemeine Deutsche Biographie.

Dreiundfünfzigster Band.

Nachträge bis 1899:

Paulitschke — Schets.

Auf Veranlassung
Seiner Majestät des Königs von Bayern
herausgegeben
durch die historische Commission
bei der
Königl. Akademie der Wissenschaften.

Leipzig,
Verlag von Duncker & Humblot.
1907.

Allgemeine

Deutsche Biographie.

Dreiundfünfzigster Band.

Nachträge bis 1899:

Paulitschke — Schets.

Auf Veranlassung

Seiner Majestät des Königs von Bayern

herausgegeben

durch die historische Commission

bei der

Königl. Akademie der Wissenschaften.

Leipzig,

Verlag von Duncker & Humblot.

1907.

Paulitschke: Philipp P., Ethnograph und Afrikaforscher, wurde am [illegible] September 1854 in Czermakowitz bei Mährisch-Kromau als Sohn eines [illegible] geboren. Nachdem er die Gymnasien in Ungarisch-Hradisch und [illegible] besucht hatte, genügte er seiner militärischen Dienstpflicht und studirte [illegible] auf den Universitäten Graz und Wien classische und orientalische Philologie, [illegible] Geographie und Geschichte. Sein höchster Wunsch war es, den Beruf [illegible] Forschungsreisenden zu ergreifen. Da er aber weder eigene Geldmittel [illegible] noch vorläufig auf Unterstützung von anderer Seite rechnen konnte, sah [illegible] 1876 genöthigt, eine Lehrerstelle am Staatsgymnasium in Znaim an[zu]nehmen. Hier unterrichtete er hauptsächlich in den alten Sprachen. Um [illegible] Reisetrieb wenigstens einigermaßen zu befriedigen, unternahm er während [der] Ferien ausgedehnte Wanderungen durch Oesterreich-Ungarn, Deutschland, [die] Niederlande, Frankreich, Spanien und Italien. 1879 erwarb er in Graz [den] philosophischen Doctortitel. Noch in demselben Jahre veröffentlichte er [sein] erstes größeres Werk „Die geographische Erforschung des afrikanischen [Continents] von den ältesten Zeiten bis auf unsere Tage“ (Wien 1879), das [von] einer ungewöhnlichen Beherrschung und Durchbringung des sehr umfang[reichen] und zerstreuten Stoffes Zeugniß ablegte und bereits im folgenden Jahre [eine] vermehrte und verbesserte Auflage erlebte. Im Sommer 1880 benutzte [er] die Ferien, um von Afrika, dem Lande seiner Sehnsucht, wenigstens ein [kleines] Stück kennen zu lernen. Er durchreiste Aegypten und Nubien, [sammelte] zahlreiche ethnographische Gegenstände und übte sich an der Hand [von] G. Neumayer's „Anleitung zu wissenschaftlichen Beobachtungen auf Reisen“ [in] jenen Fertigkeiten, die einem Forschungsreisenden unentbehrlich sind. Nach [der] Rückkehr ließ er sich, um den Bildungsmitteln der Hauptstadt näher zu [sein], an das Staatsgymnasium in Hernals versetzen. Bei dieser Gelegenheit [wurde] ihm der Professortitel verliehen. Da er einen Theil des geographischen [Unterrichts] übernehmen mußte, wendete er sich mit Eifer dem Gebiete der [illegible]geographie zu und veröffentlichte auch einige hierher gehörige populäre [Schriften]: „Die afrikanischen Neger“ (Wien 1880) in Hölder's Geographischer [Jugend-] und Volksbibliothek, und einen „Leitfaden der geographischen Verkehrs[lehre] für Schulen und zum Selbstunterricht“ (Breslau 1881; neue, völlig [umgearbeitete] Ausgabe ebd. 1892) als Ergänzung zu den vielverbreiteten [geographischen] Schulbüchern von Seydlitz. Daneben faßte er den später aller[dings] nicht ausgeführten Plan, eine umfassende wissenschaftliche Monographie

über den afrikanischen Continent zu bearbeiten. Als Einleitung gab
bibliographischen Versuch „Die Afrika-Litteratur in der Zeit von 1500
(Wien 1882) heraus, der als nützliches Nachschlagebuch vielen Auf
Allerdings enthält er zahlreiche Lücken, und die Titel der Bücher
sind, soweit sie der Verfasser nicht selbst eingesehen, sondern aus
zuverlässigen Quellen abgeschrieben hat, zum Theil fehlerhaft und
Um dieselbe Zeit bearbeitete er noch für das „Geographische Ha
Andree's Handatlas" (Bielefeld und Leipzig 1882) einen Ueber
Afrika in commerzieller, politischer und statistischer Hinsicht. Mit B
Wintersemesters 1882 habilitirte er sich an der Wiener Universität als
docent für Geographie. Seine Vorlesungen umfaßten hauptsächlich
der Länder- und Völkerkunde Afrikas. Da er noch immer auf eine
heit hoffte, das Innere des schwarzen Erdtheils näher kennen zu lern
ihm eine Einladung des Gutsbesitzers Dr. Dominik Kammel Edlen v. H
sehr gelegen, der ihn aufforderte, sich als ethnologischer Sachverstän
einer wissenschaftlichen Expedition nach dem Osthorne Afrikas zu bet
Die Reise sollte von dem Hafen Zeila am Golf von Aden aus in
Richtung nach der Stadt und Landschaft Harâr und dann womöglich
in das Gebiet der Galla- und Somalistämme gehen, und neben l
lichen und ethnographischen Arbeiten sollten auch Höhenmessungen, meteor
Beobachtungen, botanische und zoologische Studien und geologische
suchungen vorgenommen und Sammlungen aller Art angelegt werd
sich möglichst gründlich vorzubereiten, unterzog P. die gesammte ältere L
über die zu besuchenden Gegenden einer eingehenden kritischen Durchsi
Frucht dieser Beschäftigung ließ er noch vor der Abreise eine
Monographie über „Die geographische Erforschung der Adâl-Länder und
in Ostafrika" (Leipzig 1884, 2. Auflage ebd. 1888) mit umfan
bibliographischen Nachweisen und eine Programmabhandlung „Ueber
mologie und Schreibweise einiger geographischer Namen Ostafrikas"
1884) erscheinen. Im December 1884 verließen die Reisenden Wien
langten durch den Suezcanal und das Rothe Meer nach Zeila, wo
20. Januar 1885 landeten. Leider stellte es sich bald heraus,
politischen Zustände weiter im Innern wenig vertrauenerweckend und
auch die Sicherheitsverhältnisse ungünstig waren. Sie mußten sich
begnügen, bis nach Harâr, dem „Timbuktu des Ostens" vorzudringen
Umgegend dieser Stadt zu untersuchen. Ein Vorstoß nach Süden f
bis zu den Ruinen der altabessinischen Festung Bia Woraba.
Excursionen dagegen erwiesen sich als lebensgefährlich, und so sahen
schließlich genöthigt, ihre größeren Pläne aufzugeben und auf dem
Wege nach der Küste zurückzukehren. Am 21. März trafen sie wie
Zeila, Mitte April in Wien ein. Ueber den Verlauf der Reise bericht
unter Beigabe einer selbstentworfenen Karte in Petermann's Mittheil
(1885, S. 369 ff., 460 ff. und Tafel 17). Seine reichen ethnographischen
naturwissenschaftlichen Sammlungen überwies er später nebst mehreren
Photographien dem Wiener Hofmuseum und wurde dafür durch den
eines Kaiserlichen Rathes ausgezeichnet. Nachdem er bald nach der R
im Auftrag der Herder'schen Verlagsbuchhandlung eine gut lesbare, po
Schrift über „Die Sudân-Länder nach dem gegenwärtigen Stande der Ken
(Freiburg 1885) verfaßt hatte, begann er mit der Ausarbeitung des
wonnenen wissenschaftlichen Materials an astronomischen, magnetischen
meteorologischen Beobachtungen, topographischen Aufnahmen, statistischen D
anthropologischen Messungen und ethnographischen Gegenständen. Im L

... entstanden hauptsächlich auf Grund dieses reichhaltigen Stoffes drei ... halt und Umfang gleichbedeutsame, mit Tafeln, Karten und Ab... ausgestattete Werke: „Beiträge zur Ethnographie und Anthropologie ... Galla und Harar" (Leipzig 1886, 2. Ausgabe ebd. 1888), „Harar. ... reise nach den Somâl- und Galla-Ländern Ost-Afrikas" (Leipzig ... „Ethnographie Nordost-Afrikas" (Berlin 1893—96, 2 Bände), ... seinen Namen für alle Zeiten mit der Völkerkunde Afrikas ver... hoffte, daß man ihm auf Grund dieser Schriften eine Universitäts... für Ethnographie übertragen würde, doch ging sein Wunsch nicht in ... Leider stellte sich als unerwünschte Nachwirkung der Reise all... langwieriges Leberleiden ein, das ihn trotz vieler Curen nicht ... ließ. Um ihn etwas von seinem Schuldienst zu entlasten, wurde ... eine bequeme Stellung an das Staatsgymnasium im 8. Wiener ... setzt. Da seine Arbeitskraft noch ungebrochen und seine Arbeitslust ... war, trat er zwei Jahre später als Volontär bei der anthro... ethnographischen Abtheilung des k. k. Naturhistorischen Hofmuseums ... neben widmete er auch den Wiener wissenschaftlichen Fachvereinen ... und Mühe. Namentlich in der Geographischen, sowie in der ... logischen Gesellschaft hielt er zahlreiche Vorträge. Die letztere er... deshalb zu ihrem ersten Secretär. Allmählich aber begannen mit ... schreiten seiner Krankheit die Kräfte nachzulassen. Mit Aufbietung ... ergie hielt er sich noch einige Jahre aufrecht. Im Frühjahr 1898 ... er die französische Uebersetzung eines von ihm aus Afrika mit... arabischen Werkes, das die kriegerischen Ereignisse in Abessinien ... des 16. Jahrhunderts behandelte (Muhammad Ahmad dit Gragne, ... Hâbacha: Des conquêtes faites en Abyssinie au XVIe siècle. ... française de la chronique arabe du Chahâb ad-Dîn Ahmad. Publi... commencée par Antoine d'Abbadie, terminée par Philippe Paulitschke. ... 1898). Aber im Sommer 1899 erfolgte der Zusammenbruch. Im ... mußte er sein Schulamt niederlegen, und am 11. December desselben ... rief ihn der Tod mitten im besten Mannesalter aus seiner vielseitigen ... erfolgreichen Thätigkeit. Sein Hinscheiden bedeutete einen schweren ... für die Wissenschaft, die noch mancherlei Früchte seines Fleißes von ... hoffen durfte. Namentlich auf dem Gebiete der Ethnographie hätte er ... Bedeutendes geleistet, da ihn sein ungewöhnliches Sprachentalent ... neben den wichtigsten europäischen Idiomen auch mehrere orientalische ... ische zu bemeistern und für seine Studien dadurch Quellen zu er... die den meisten anderen Forschern verborgen bleiben mußten. Außer ... erwähnten selbständigen Werken hat er noch eine überaus große Zahl ... sätzen vorwiegend ethnographischen Inhalts, sowie von Bücher- und ... sprechungen in deutscher, französischer und italienischer Sprache ver... Sie finden sich theils in wissenschaftlichen Zeitschriften, wie den ... lungen der K. K. Geographischen und der Anthropologischen Gesellschaft ... der Oesterreichischen Monatsschrift für den Orient, dem Ausland, ... Globus, Petermann's Mittheilungen, der Deutschen Rundschau für ... und Statistik, den Verhandlungen des Naturwissenschaftlichen ... in Karlsruhe, der Revue coloniale internationale, der Gazette ... ique, dem Bulletin de la Société Khediviale de Géographie, dem ... della società geographica italiana und dem Bollettino della società ... Italia, theils in angesehenen Tagesblättern, wie der Neuen Freien ... Petersburger Herold und anderen.

Mittheilungen der K. K. Geographischen Gesellschaft in Wien XL 1900, S. 101—109, mit Bibliographie (Wilhelm Hein). — Deu Rundschau für Geographie und Statistik XXII, 1900, S. 326—328 Bildniß). — Biographisches Jahrbuch IV, 1900, S. 203—204 (W. Wo hauer).

Viktor Hantsi

Paulsen: Fritz P., Porträt- und Genremaler, geboren am 31. Mai in Schwerin, † am 22. Februar 1898 in Berlin. 1860 wurde er Sc der Akademie in Düsseldorf, 1863 in München Schüler Karl Piloty's, sich 1866 auf vier Jahre nach Paris, hielt sich 1870 in London auf, siedelte 1871 nach Berlin über, wo er bis zu seinem Tode blieb. Au Constantinopel, Breslau, Hamburg und Hannover war er zeitweilig th In Berlin kamen seine geleckten Porträts und seine nicht sehr ge humoristischen Genrebilder zu großer Beliebtheit. Aus seiner Münchener stammen: Ein neuer Don Quichote, Günstiger Moment zur Rache (Schwerin), Familienglück; aus der Pariser Zeit: La promenade du Pens La sortie de l'école, Moderne Damen, Avant le bal, Jour de fête, Da porträts; aus der Londoner Zeit desgleichen eine Anzahl Porträts. Aus Berliner Zeit, in der er bis 1896 jede große Kunstausstellung besc stammen an Genrebildern: Besuch in der Kinderstube (1872), Bauernfr beim Kümmelblättchen (1874), Jour fixe, Gesindebureau, Ballbericht 1 Jagdgeschichten, Jagdpause; an Porträts: Oberbürgermeister Forckenbeck (18 Großherzoge von Mecklenburg-Schwerin, Friedrich Franz II. und Frie Franz III., Fürst Puttbus und Familie, Fürst Löwenstein, Graf B Reichsgerichtpräsident Dr. v. Simson (Nat.-Gal. Berlin) und gegen 200 mehr andere Porträts.

„Das geistige Deutschland am Ende des XIX. Jahrhunderts" (Le 1898) enthält einen autobiographischen Artikel des Künstlers.

Franz Vallenti

Paulson: Josef P., der Begründer der russischen Kurzschrift nach St geboren am 16. August 1825 in St. Petersburg als Sohn eines Deuts † am 21. März 1898 zu Ospedaletti bei St. Remo, war als Lehrer Erzieher in Petersburg thätig und gab hier von 1861—1870 die Zeits „Utschitel" (der Lehrer) heraus. In dieser veröffentlichte er im J. 1 „Materialien für eine künftige russische Stenographie", denen er 1864 mit Messer ausgearbeitetes Lehrbuch einer Uebertragung des Stolze' Systems auf die russische Sprache folgen ließ (2. Aufl. 1866, 3. Aufl. 18 Von seinen Schülern ist namentlich Dlußky zu nennen.

Vgl. Archiv f. Stenographie 1899, S. 33—38. — Tscherbat Ueber die russische Stenographie (Dresdener Corresp.-Blatt 1905, S. 184 u

Johne

Pauly: Dr. Martin Friedrich Karl P., Stenograph, geboren am 3. vember 1835 zu Breslau, † am 11. September 1887 zu Berlin, studirt Breslau und Berlin Staatswissenschaften und Sprache und promovirt Jena mit einer nationalökonomischen Abhandlung. Sodann trat er 186 das stenographische Bureau des preußischen Abgeordnetenhauses als Stenog ein und arbeitete von 1867 bis 1870 auch beim norddeutschen Reichstage beim Zollparlament. Von 1871 ab bis zu seinem Tode war er Stenograph der Firma Bleichröder in Berlin und nahm hier eine her ragende Vertrauensstellung ein. P. gehörte der stenographischen Prüfu commission der Stolze'schen Schule seit dem 7. Juli 1865 bis zu seinem an und war an den Arbeiten derselben zur Vereinfachung des System

... 1869 bis 1872 hervorragend betheiligt. Von 1863 bis 1865 ... „Archiv f. Stenographie“.
... Arch. f. Stenographie 1887, S. 320. Johnen.

...: Engelbert Joseph P., Bildhauer in Hamburg, wurde am ... in Köln als Sohn eines Schmieds geboren. Mit der da... ...aufnahme des Dombaus hängt es wol zusammen, daß er, wie ..., bei einem Steinmetzen in die Lehre trat. Weitere Aus... ... er seit 1830 in Berlin an der Akademie und in verschiedenen ..., darunter in dem von Hermann Heidel. Nachdem er dann einige ...leur in der Fernsichter Thonwaarenfabrik gewesen, kam er 1862 ...rg, um sich eine eigene Werkstatt einzurichten. 1873 übertrug ... Hanseatische Baugesellschaft die Leitung ihres Bildhauerei- und ...triebs. Später arbeitete er wieder für eigene Rechnung. Durch ... und nachherige Mitdirection des Hotels „Zum Hamburger ...“ ... er seine pekuniäre Lage wesentlich. Seit 1880 mit an der ...verwaltung betheiligt, vom Senat zum Mitglied der Sach... ...commission für Kunstsachen ernannt, als langjähriger Vorsitzender ...vereins, seit 1893 im Vorstande des Kunstvereins und in anderen ... hatte der sehr angesehene Mann großen Einfluß auf das Kunst... ...s. In seiner Liebenswürdigkeit verdiente er sich den Dank ...ger auch dadurch, daß er es nicht verschmähte, sein Können bei ...en vorübergehender Art nutzbar zu machen, bei Aufzügen, lebenden ...decorationen u. dergl. Bei der Siegesfeier 1871 erfreute man ... von seiner Hand geschaffenen Reiterfigur des Kaisers aus ver... ... Material. Mit Oberingenieur F. Andreas Meyer zusammen war ...öpfer der für den Besuch Kaiser Wilhelm's II. gebauten und nachher ...enten Alsterinsel. Er starb am 18. October 1896.

... seinen vielen Hamburg schmückenden Werken ragen hervor: Graf ... und Erzbischof Ansgar auf der Trostbrücke (1878), der Meßberg... ... der Vierländerin (1878), der Hansebrunnen, im Verein mit den ...chitekten Kaiser und v. Großheim geschaffen (1878), das Bugenhagen... ... Schulhof des Johanneums (1885), die Jahngruppe der Turn... ... Großen Allee (1888), die Bronzebüste des Kirchenpauerdenkmals ... monumentale Bronzereliefs für die Kaserne der 76er (1895), die ... am Eingang zum Rathhaushof, das meiste vom äußeren Schmuck ...ses selbst, manches auf dem Ohlsdorfer Friedhof.

... C. P. Zimmermann, Jahresbericht des Hamb. Kunstvereins 1897.
Emil Benezé.

...: Leo Rudolf Samuel P., bedeutender Alterthumsforscher, wurde ... Hirschberg i. Schl. am 16. Januar 1834. Sein Vater Dr. C. R. S. ...oren in Striegau am 20. Januar 1790, † am 23. Mai 1879, ...ungen Jahren an die Gnadenkirche zu Hirschberg als Pastor be... ... länger als 50 Jahre segensreich an derselben gewirkt. Die ... ihm das Amt ließ, verwandte er mit Vorliebe auf wissenschaft... ...it, auf das Studium alter und neuer Sprachen und Litteraturen. ... veröffentlichte er die Schrift „de Mollaka Lebidi“, die Er... ...iri's gab er mit Auswahl Hirschberg 1831 (2. Ausgabe Leipzig 1833, vollständig in lateinischer Uebersetzung Hirschberg 1832 ... 1836) heraus, „Die Stimmen aus dem Morgenlande“ Hirsch... ..., „Prometheus carmen, in quo disputatur de optima eruditi ... (24 Bücher mit 12702 *lateinischen* Hexametern) Hirschberg 1864.

Seine Mutter, eine geborene Richter, entstammte einer weitverzweig lichen-Familie des Riesengebirges. Rudolf war der älteste von sechs klein, schwächlich, von zartem Gliederbau; den ersten Unterricht erhielt der von Fräulein Schöndörfer geleiteten höheren Töchterschule, dann er das Gymnasium, wo Director Dr. Dietrich und Oberlehrer Dr. den größten Einfluß auf ihn ausübten. Ostern 1852 bestand er die prüfung; über die Wahl seines Studiums war er längst mit sich bezog die Universität Breslau, um Philologie zu studiren. Mit und Gewissenhaftigkeit, an welche ihn das elterliche Haus gewöhnt widmete er sich dem Studium der alten Sprachen und erwarb sich Kenntnisse, auch auf solchen Gebieten, welche für angehende Jünger der schaft gewöhnlich weniger anziehend sind. Im Sommer 1858 bestand Prüfung für das höhere Lehramt und trat bald darauf an dem Gym in Liegnitz sein Probejahr an, an dem er darauf als Hülfslehrer be war, bis er Michaeli 1861 an dem Gymnasium zu St. Maria Mag in Breslau als ordentlicher Lehrer angestellt wurde. An dieser Anst er 37 Jahre gewirkt und durch seine Lehrthätigkeit reichen Segen ge seine größte Befriedigung aber fand er in wissenschaftlicher Thätigkeit, mit seiner amtlichen Thätigkeit zwar in keinem Zusammenhang stand immerhin ihr zu gute kam. Mit mehreren gelehrten Gesellschaften außerhalb Breslaus trat er in Verbindung und wurde ein thätiges M derselben. Die erste Abhandlung, welche er 1862 veröffentlichte, hand „Aeschyli Supplices v. 776—909", eine Gratulationsschrift zum 150 j Jubiläum des Gymnasiums seiner Vaterstadt, zugleich ein rühmliches Z pietätvoller Anhänglichkeit an die Anstalt, der er seine Ausbildung ver Schon im nächsten Jahre verfaßte er „Observatorum in Senecae tra libellus", abgedruckt in dem Programm des Magdalenen-Gymnasium 1863. Wenige Jahre später erschien „L. Annaei Senecae tragoedi R. Peiper et G. Richter", Leipzig 1867, eine Ergänzung dazu: „Praef in Senecae tragoedias supplementum" in dem Programm von 1870, „Walter v. Chatillon", Breslau 1869, als Gratulationsschrift des Magdalen zum 300jährigen Jubiläum des Gymnasiums in Brieg. In rascher einanderfolge erschienen dann „Boetii Philosophiae consolationis Leipzig 1871, Ekkehardi primi Waltharius". Berolini 1873, „Dra Orestes tragoedia Wratislaviae", 1875, „Q. Valerius Catullus", „ zur Kritik seiner Gedichte", Breslau 1875, „Aulularia s. Querolus T dosiani aevi comoedia", Leipzig 1875, „Gaudeamus, carmina vagorum sel Leipzig 1877, 2. Ausgabe 1879, „Die handschriftliche Ueberlieferung Ausonius", Leipzig 1879.

Von großer Bedeutung für ihn und seine Weiterentwicklung war es, er Anfang 1873 in die Loge eintrat; mit dem ihm eigenen Wissensdrang er die Acten und die Schätze maurerischer Bibliotheken durchforscht und ein so ausgedehntes und fest begründetes Wissen wie nur wenige vers seine Thätigkeit in der Loge und für dieselbe durch Verwaltung seiner Ae durch Vorträge, durch Aufsätze in Zeitschriften, in denen er die Erge seiner Forschungen niederlegte, nahmen Zeit und Kraft in hohem Ma Anspruch, fanden aber auch allseitige Anerkennung.

Das Hauptwerk, an dem er Jahre lang mit unerschöpflicher Geduld arbeitet, dessen Vorarbeiten ihn auch nach Frankreich zur Vergleichung dortigen Handschriften führten, ist „Alcimi Ecdicii Aviti opera", Ber 1883 (= Monum. German. histor. auct. antiquiss. t. VI, 2). In gere Würdigung seiner wissenschaftlichen Thätigkeit ernannte ihn die philosoph tät der Universität Breslau am 31. October 1883 zum Ehrendoctor, als Professor erhielt er am 21. December 1889.

veröffentlichte P. eine große Menge Abhandlungen und Re- von recht bedeutendem Umfang in philologischen und historischen in den N. Jahrbb. für Philologie und Pädagogik von Fleckeisen in der Zeitschrift für Gymnasialwesen, im Philologus, Philo- Anzeiger, Rheinischen Museum, Archiv für Litteraturgeschichte, Centralblatt, in der Jenaer und der Deutschen Litteraturzeitung, des germanischen Museums, in Steinmeyer's Anzeiger für deutsches und deutsche Litteratur, in Zacher's und Höpfner's Zeitschrift für Philologie, in der Philologischen Rundschau, der Berliner philologischen, den Göttinger gelehrten Anzeigen, in den Forschungen zur Geschichte, in der Zeitschrift für Geschichte und Alterthum Schlesiens u. A. Abhandlungen zur Geschichte der Mathematik, Heft 3, veröffentlichte Rhythmimachia", Leipzig 1880.

1876 übernahm er die Verwaltung der Gymnasialbibliothek, im wurde er von den städtischen Behörden in das Curatorium der gewählt und fand in dieser Ehrenstellung Gelegenheit, sein bibliothekarisches Wissen zu erweitern und nutzbar zu machen. Die mit den classischen Schriften des Alterthums war und blieb der seines Lebens und Strebens; allmählich wandte er sich auch mehr einer späteren Zeit zu und war in dem mittelalterlichen Latein. Um aber neben den Pflichten seines Berufs, die allein schon Manneskraft erforderten, leisten zu können, was er geleistet hat, sich die Erholung, deren er dringend bedurfte, auf das geringste und besonders auch die Nächte zum Arbeiten benutzen; in Nächten nahm er leichtere Lectüre zur Hand, und so blieb ihm bedeutende Erscheinung der Tageslitteratur unbekannt. nothwendige Folge dieser Lebensweise war es, daß er im Februar eine schwere Krankheit verfiel und lange Zeit jeder geistigen An- entsagen mußte, so schmerzlich er auch dies empfand und sich da- Erst nach beinahe drei Vierteljahren war er so weit her- daß er seine amtliche Thätigkeit wieder theilweise aufnehmen konnte. aber beschäftigten ihn auch seine wissenschaftlichen Arbeiten. Den " hatte er 1886 herausgegeben, 1891 erschien in Wien im „Corpus ecclesiasticorum latinorum Cypriani Galli poetae Heptateuchos, incertorum de Sodoma et Jona et ad venatorem carmina et quae feruntur in Genesin, de Maccabaeis atque de evangelio", Ausgaben derselben Sammlung, wie die des Dracontius de deo Eugenius Toletanus, u. s. w. sollten in den nächsten Jahren er- doch — sie blieben unvollendet, die Vorarbeiten gingen in andre In der Festschrift zur 250jährigen Jubelfeier des Gymnasiums Maria Magdalena zu Breslau am 30. April 1893 kehrte P. noch Seneca zurück in der Abhandlung „De Senecae tragoediarum lectione constituenda", seine weiteren Pläne blieben unausgeführt. später war infolge übermäßiger Anstrengung sein Augenlicht der härteste Schlag, der den unermüdlichen Forscher treffen konnte: sich noch heftige Kopfschmerzen. Mit Aufbietung seiner ganzen widmete er sich mit langen Unterbrechungen seiner amtlichen schließlich mußte er sich überzeugen, daß unbedingte Ruhe für ihn war; er entschloß sich in den Ruhestand zu treten. Doch bevor erlöste ihn ein sanfter Tod am 9. October 1898 von seinen Leiden.

Von seinen Brüdern ist ihm Alexander, Dr. med., Corps- und [illegible]arzt zu Königsberg i. Pr. im J. 1890, Woldemar, Seminardir[illegible] Koschmin (Posen) 1894 im Tode vorangegangen, Hermann, Dr. [illegible] Sanitätsrath in Bolkenhain, Karl Professor am Gymnasium zu Kreuzbu[illegible]

Kor[illegible]

Peltzer, Bürgermeister von Osnabrück, entstammte einer angese[illegible] eingesessenen Patricierfamilie Osnabrücks. Sein Geburtsjahr ist nich[illegible] abweichend vom alten Familienherkommen zog er die Beschäftigung [illegible] lehrten Studien dem Kaufmannsberufe vor und widmete sich der Juri[illegible] Energisch und begabt, zugleich ein unversöhnlicher Gegner des Kathol[illegible] mußte er 1628, als Bischof Franz Wilhelm v. Wartenberg von St[illegible] Stadt Osnabrück Besitz ergriff, wie so mancher Andere seines Glaubens[illegible] aus der Stadt weichen. Er kehrte 1633 zurück, als Osnabrück in [illegible] Hände fiel. Bereits im nächsten Jahre wurde er Syndikus der St[illegible] 1636 bekleidete er an Stelle seines Gönners Modemann das Amt des [illegible]meisters. Obschon er als solcher nur wenige Jahre gewirkt hat, so [illegible] diese seine verhältnißmäßig kurze Amtsperiode genügt, seine Vater[illegible] schwere Unruhe und tief gehende Zwistigkeiten zu stürzen, die ihm [illegible] selber am Abend seines Lebens nur körperliches und geistiges Elend [illegible] haben.

Den Anlaß zu all dem Unheil gab sein nachgiebiges und schwache[illegible]halten gegenüber der fanatischen Verblendung einer Mehrzahl von [illegible] welche ihn in die gefahrvolle Verirrung der Hexenprocesse drängten [illegible] dadurch die bitterste Feindschaft der ihrer Frauen und Mütter be[illegible] Familien bereiteten. Denn unter den der Hexerei Angeklagten befan[illegible] zuletzt auch weibliche Mitglieder aus hochangesehenen alten Geschlechtern, [illegible] dem Bürgermeister P. bis an sein Lebensende nicht die Schmach ver[illegible] konnten, Bluts- und Standesverwandte als Hexen verfolgt zu haben. [illegible]sonders der Mann, welcher P. den Weg zum höchsten städtischen Amt [illegible] hatte, der ehemalige Bürgermeister Modemann, ward sein erbittertster [illegible] und die treibende Kraft in allen späteren Widerwärtigkeiten Peltzer's, [illegible] die Mutter Modemann's als eines der ersten Opfer des Hexenwahns [illegible] leiden müssen.

Die Erneuerung der Hexenprocesse und die dadurch hervorgerufene [illegible]regung der Bürgerschaft führten Ende 1639 Peltzer's Sturz herbei. [illegible] Betreiben seiner Widersacher ließ sich der schwedische Resident Graf [illegible] Gustavson bestimmen, eine Wiederwahl Peltzer's fürs nächste Jahr [illegible] strengste zu untersagen. Alle Gegenvorstellungen hiergegen halfen nichts, [illegible] mehr mußten P. und sein Amts- und Leidensgenosse Voß aus Osna[illegible] flüchten. Peltzer's Absicht, persönlich in Stockholm sein Recht zu suchen, [illegible] dank dem Eingreifen des schwedischen Gesandten Salvius in Hamburg un[illegible] geführt. Um weiteren, der schwedischen Regierung peinlichen Zwischenf[illegible] vorzubeugen, glückte es Salvius, P. als schwedischen Rath bei der schwedi[illegible] Kanzlei in Halberstadt unterzubringen. Nothgedrungen nahm P. dies [illegible]erbieten an und siedelte 1641 nach seinem neuen Wirkungsort über. Hier [illegible] er aber nur wenige Monate thätig gewesen, weil die Schweden vor den [illegible]rückenden kaiserlichen Truppen eilends aus Halberstadt weichen mußten.

Die Gelegenheit zur Rückkehr nach Osnabrück bot sich P. erst 1644, [illegible] Gustav Gustavson dauernd seine Residenz von dort nach Vörden verlegt ha[illegible] Da in der Zwischenzeit auch eine Aussöhnung mit der Stadt stattgehabt ha[illegible] schienen alle Bedenken gegen eine Heimkehr beseitigt und einer ihm bere[illegible] früher zugesagten abermaligen Uebertragung des Syndikats nichts mehr i[illegible]

... Allein dem Heimkehrenden verschlossen sich die Thüren selbst ... Freunde, die Feinde wühlten stärker denn je gegen ihn, sogar ... wörtliche Beleidigungen blieben ihm weder auf der Straße noch ... Haus erspart. Am 24. November 1646 erhob man gegen ihn ... peinliche Anklage wegen Tyrannei und Mord und die Forderung ... an Leib und Leben. Durch allerlei Winkelzüge und Aus... P., die Beantwortung der Anklage mehrere Jahre lang zu ... als jedoch 1650 sein alter Gegner, der Bischof Franz Wilhelm, ... in P. den Zerstörer seiner gegenreformatorischen Bestrebungen ..., wieder die Geschäfte des Bisthums übernahm, trat die ver... Wendung seines Lebens ein. Der Bischof ließ ihn auf offener ... seine Häscher ergreifen und in Haft nach dem Iburger Schloß ... nach dem befestigten Amtshof in Fürstenau bringen, wo er einsam ... verlebte, eine rechtliche Verantwortung eigensinnig zu seinem eigenen ... zurückwies und schließlich in geistige Umnachtung verfiel. Vergebens ... Söhne, die nur um des Vaters willen die Rechte studirt hatten, ... zu erleichtern. Sie erwirkten zwar 1658 das Erkenntniß des Reichs..., daß der Angeklagte ad custodiam der Stadt zu übergeben ... Verhandlung des Processes ein neues, unparteiisches Commissions... bilden sei, aber infolge des Starrsinns Pelzer's gegen alle Ver... konnte mehr nicht erreicht werden.

... fast zehnjähriger einsamer Haft starb der unglückliche Mann im ...; mittellos wie er war, hatte während seiner letzten Lebensjahre ... seine Verpflegung und zuletzt auch sein Begräbniß auf öffentliche ... übernehmen müssen. Weder er noch Bischof Franz Wilhelm († 1661) ... Ende des Processes erlebt. Bei dem Urtheil der Juristenfacultät ... vom Jahre 1666, daß auch die Stadt Osnabrück zum Proceß... aufzufordern sei, ist es verblieben — der Proceß verlief damit im ... daß er, der vor einem halben Menschenalter begonnen, über die ...bereitungen hinausgekommen ist.

... als ein Opfer seiner Zeit. Im Aberglauben wie seine Zeit...fangen, wurde ihm seine Stellung als Lenker der obrigkeitlichen ... Gewalt zum Verderben; nicht Haß und Blutgier machten ihn ... der unglücklichen Frauen, sondern einzig und allein sein Pflicht... ihn in allen seinen übrigen Amtshandlungen geleitet hat, sowol ... der Ritterschaft, als auch als Oberhaupt der Stadt während ... Kriegsbedrängnisse. Ein Handeln wider besseres Wissen oder ... Ueberzeugung wird man dem Unglücklichen nicht zur Last legen ... konnte es, wie ein Zeitgenosse von ihm sagt, seinem phantastischen ... bieten, unparteiische Belehrung einzuholen.

...streute Nachrichten über Pelzer in den Mittheilungen des Vereins ... Geschichte und Landeskunde von Osnabrück, Band 3. 5. 8. 11. 12. ... über seinen Sturz und Proceß in Bd. 10 (= Bd. 3 von Stüve, ... des Hochstifts Osnabrück).

E. Fink.

...: Marie Edle von P. — pseud. Emma Franz —, geboren ... am 4. December 1830, † daselbst am 25. Juli 1894, jüngere ... Fanny (Franziska) v. P. — pseud. Henriette Franz —, geboren ... December 1826, † inzwischen daselbst am 12. August 1904, ... wie mütterlicherseits aus Familien abstammend, die in Staat und ... auch in der Litteratur eine achtenswerthe Stellung einnahmen. ... Großvater, *Regierungsrath* Josef Bernhard Pelzel Edler von

Pelzeln (1745—1804), war Verfasser mehrerer gelungener Lust- und [illegible] spiele. Die mütterliche Großmutter war die bedeutende und [illegible] bare Altwiener Schriftstellerin Karoline Pichler geb. v. Greiner ([illegible] XXVI, 106), in deren Hause durch mehrere Generationen ein [illegible] geistiges Leben herrschte und die bedeutendsten litterarischen Größen [illegible] Der Einfluß dieser Umgebung erweckte in den Schwestern Pelzeln, [illegible] ziehung von Mutter und Großmutter auf das sorgsamste geleitet [illegible] in früher Jugend die Lust, sich in Gedichten und Erzählungen zu [illegible] Die Freude am Schaffen wuchs mit den Jahren, seit 1862 [illegible] ihren Geistesproducten in die Oeffentlichkeit und entwickelten [illegible] große Fruchtbarkeit insbesondere auf novellistischem Gebiete. Die [illegible] zumeist in verschiedenen österreichischen und reichsdeutschen Zeitschriften [illegible] in dem vom Oesterr. Volksschriftenverein herausgegebenen „Oesterr. [illegible] erschienenen Arbeiten der beiden Schwestern zeichnen sich durch [illegible] edlen Gedankenausdruck, durch idealen ethischen und patriotischen [illegible] aus und haben bleibenden Werth. Ueber die früher verstorbene [illegible] litterarisch bedeutsamere Schwester Marie hat Dr. Hanns Maria [illegible] liebevoll geschriebene Biographie: „Marie Edle v. Pelzeln. Ein [illegible] Literaturgeschichte Oesterreichs" (Wien 1895) herausgegeben, welche 4[illegible] 17 Erzählungen größeren Umfanges und 186 kleinere Erzählungen [illegible] vellen aufzählt und nebst einigen Gedichten im Anhange drei bis [illegible] gedruckte Novellen: „Cavalleria rusticana", „Die Alte vom [illegible] „Nicht Alles was glänzt ist Gold" veröffentlicht.

Die ältere Schwester Fanny, von deren Schriften besonders [illegible] bei Bachem in Köln erschienene Roman „Der Erbe vom Weidenhof" [illegible] ist, lebte nach Mariens Hinscheiden fast nur mehr ihren Familienerinn[illegible] wovon ihre letzte Erzählung: „Aus Karoline Pichler's letzten Lebens[illegible] („Oesterr. Kaiserjubiläums-Dichterbuch", redigirt von Dr. Hanns Maria [illegible] Wien 1899, S. 54) ein schönes Zeugniß gibt. C. [illegible]

Perles: Joseph P., Dr., hervorragender Sprachforscher und Arch[illegible] geboren am 25. November 1835 in Baja (Ungarn), † am 4. März 1[illegible] München. P., aus einer alten Rabbinerfamilie stammend, erhielt [illegible] Unterricht durch seinen Vater, den Rabbinatsverweser Baruch Ascher [illegible] der ihn auch frühzeitig in die theologischen Studien, denen er sich späte[illegible] Erfolg widmete, einführte. Im J. 1855 bezog P., nach in Baja absol[illegible] Gymnasialstudien, die Universität Breslau, woselbst er gleichzeitig als [illegible] der ersten Hörer, das dort gegründete jüdisch-theologische Seminar be[illegible] dem Dr. Zacharias Frankel als Director vorstand und an dem [illegible] Bernays, Joel und Zuckermann als Lehrer wirkten. Am 30. März 1859 [illegible] er auf Grund seiner Dissertation: „Meletemata Peschithoniana" die [illegible] sophische Doctorwürde. Schon im J. 1858 erschien von ihm in Fra[illegible] Monatsschrift die im J. 1857 preisgekrönte Arbeit „Ueber den Geist [illegible] Commentares R. Moses b. Nachmann und über sein Verhältniß zum P[illegible] teuchcommentar Raschi", 1859 erschienen von ihm in Leopold Löw's [illegible] Chananjah" (S. 571) ein Aufsatz: „Die Hebraica im Ung. Nationalmu[illegible] in Pest" und „Gottesdienstlicher Vortrag, gehalten am 10. September 1859 [illegible] Baja", „Zwei gottesdienstliche Vorträge, gehalten in Baja 24. September [illegible] 13. October". Ueber „Die jüdische Hochzeit in nachbiblischer Zeit" [illegible] öffentlichte P. eine Schrift 1860 (Leipzig) und „Ueber die Leichenfeierlich[illegible] im nachbiblischen Alterthum" eine solche 1861 (Breslau). Schon im J. 18[illegible] noch bevor er sein Rabbinerdiplom gleichzeitig mit Moritz Güdemann [illegible] Moritz Rahmer (30. April 1862), welche die drei ersten aus der jung[illegible]

[illegible] entlassenen Theologen waren, erhielt, wurde er als Prediger an die [illegible] Brüdergemeinde nach Posen berufen. Daselbst erschien von P. [illegible] der Juden in Posen" (Breslau 1865) und „Drei gottesdienst[illegible] gehalten im Tempel der j. Brüdergemeinde zu Posen" (1864). [illegible] 1863 heirathete P. Rosalie, Tochter des Simon Baruch Schefftel, [illegible] Onkelos Scholien zum Targum Onkelos" er München 1888 [illegible] schriftlichen Nachlasse herausgab. Während seines Aufenthaltes in [illegible] erschienen ferner von ihm: „R. Salomon b. Abraham b. Adereth, sein [illegible] seine Schriften" (Breslau 1863); David Cohen de Lara's [illegible] Lexikon „Keter Kehuna". Ein Beitrag zur Geschichte der [illegible] Lexikographie (Breslau 1868). 1871 wurde P. als Rabbiner [illegible] berufen und trat daselbst am 26. Mai sein Amt an: „Antritts[illegible] gehalten bei der Uebernahme des Amtes in München". In dieser [illegible], wo P. bald als Gelehrter und Seelsorger hochgeachtet war, [illegible] besonders die Münchener Hofbibliothek Gelegenheit, seine philologischen [illegible] philologischen Studien zu vertiefen und in größerem Umfange zu be[illegible]. Es erschienen bald von ihm: „Etymologische Studien zur Kunde [illegible] rabbinischen Sprach- und Alterthumskunde" (Breslau 1871); „Zur [illegible] Sprach- und Sagenkunde" (Breslau 1873); „Thron und Circus [illegible] Salomo" (Breslau 1878); „Rabbinische Agada's in 1001 Nacht. [illegible] zur Geschichte der Wanderung orientalischer Märchen" (Breslau [illegible] in einer Münchener Handschrift aufgefundene erste lateinische Ueber[illegible] „Maimonides" (Breslau 1875); „Eine neu erschlossene Quelle [illegible] Acosta" (Krotoschin 1877); „Kalonymos b. Kalonymos, Send[illegible] an Joseph Kaspi". Aus Münchener Handschriften zum ersten Male [illegible]. Als Festschrift zur Feier des 25jährigen Jubiläums des jüd. [illegible] Seminars zu Breslau (München 1879); „Beiträge zur Geschichte der [illegible] aram. Studien" (München 1889); „Die Berner Handschrift des [illegible] Aruch" (1887) in der Jubelschrift zum 70. Geburtstage des Prof. [illegible] „Beiträge zur rabb. Sprach- und Alterthumskunde" (Breslau 1883). [illegible] amtlichen Wirksamkeit als Rabbiner in München sind hervor[illegible]: „Predigt zur fünfzigjährigen Jubelfeier der Synagoge zu München" [illegible] und „Reden zum Abschiede von der alten und zur Einweihung der [illegible] Synagoge in München am 10. und 16. September 1887", welche [illegible] geschichtliche Ereignisse in der Entwicklung der Münchener israelitischen [illegible] Gemeinde beleuchten und seine Trauerrede, gehalten an der Bahre des am [illegible] 1885 verewigten Herrn Abraham Merzbacher (München 1885), durch [illegible] Munificenz R. N. Rabbinowicz die „Variae lectiones" zum Babylonischen [illegible] herauszugeben vermochte. Zu erwähnen sind ferner noch seine Arbeiten [illegible] Revue des Etudes Juives": „Etudes Talmudiques (1881); „Les [illegible] Juifs à Florence à l'epoque de Laurent de Médicis" (1887); „Ahron [illegible] Abeulrabi" (1890); „La legende d'Asnath, fille de Dina et [illegible] Joseph" (1891) und seine Bemerkungen zu Bruns-Sachau: [illegible] Rechtsbuch aus dem fünften Jahrhundert (Z. d. d. m. G., [illegible] 139—141, 725—727). Im J. 1896 erschienen aus dem Nachlasse des [illegible] am 4. März 1894 verstorbenen Gelehrten Ruben, herausgegeben [illegible] Sohn Dr. Felix Perles (geboren am 18. März 1874 in München), [illegible] in Königsberg. Ein älterer Sohn Dr. Max Perles (geboren am [illegible] 1867 in Posen), der nicht nur in seinem Berufe als Augenarzt, [illegible] auch auf verschiedenen wissenschaftlichen Gebieten sich hervorgethan, [illegible] nach dem Tode des Vaters (20. October 1894) bei bacterio[illegible] Studien ein Opfer seiner Wissenschaft.

Adolf Brüll.

Persiehl: Hermann Otto P. Das „Gutenberg-Haus H. O. P.“ gehört zu den graphischen Großbetrieben der Hansestadt Hamburg. Sein Begründer, H. O. P., entstammte einer französischen Emigrantenfamilie, die Mitte des 18. Jahrhunderts in Hamburg eingewandert war. P., geb. am 28. August 1822 geboren wurde, genoß eine sehr gute Erziehung. Neigung führte ihn dem Buchdruckerberuf zu, den er in der ... Officin in Hamburg erlernte. Er war dort auch noch längere Zeit Gehülfe und machte sich dann im J. 1849 selbständig. Am 15. ... 1849 stellte P. die erste Handpresse auf, speciell für den „Nachrichten“ von seinem Schwager C. H. Behn ein Jahr früher begründetes Blatt, das noch heute den Grund- und Eckpfeiler der ausgedehnten Verlags... bildet. Allwöchentlich gehen von ihm 150 000 Exemplare in 16 ... in die Welt. Der Begründer des Geschäftes war ein tüchtiger Geschäftsmann, der seine Kunst verstand und die Druckerei bald zu ansehnlicher Blüthe brachte, und es noch erlebte, daß nach mehrmaligen Umzügen die Firma ihr Geschäftshaus, am Stöckelhörn 3, beziehen konnte.

H. O. P. starb am 31. Januar 1882; er hinterließ seinem gleichnamigen Nachfolger ein blühendes Geschäft, das dieser inzwischen durch An... König'schen Buchdruckerei, 1890, und durch Erwerbung des Papier... geschäftes Haas & Co. noch bedeutend vergrößerte.

Rudolf Schm...

Perthes: Clemens Theodor P., Staatsrechtslehrer, geboren am ... 1809 zu Hamburg als Sohn von Friedrich P. (s. A. D. B. XXV, ...), † zu Bonn am 25. November 1867. Er bezog, nachdem er im ... Hause unterrichtet worden war, das Gymnasium in Gotha, wurde ... Jahren mit einem sehr guten Zeugnisse am 17. September 1827 ... blieb noch ein Jahr in Hamburg, wurde am 29. December 1828 in ... als Student der Rechte immatriculirt, verließ die Universität am 11. ... 1831, setzte bis zum nächsten Ostern das Rechtsstudium in Berlin fort, ... dort die Prüfung als Auscultator ab, trat als solcher beim Gericht ... Brandenburg ein, hierauf, nachdem er am 17. August 1833 aus dem ... dienste entlassen war, als Referendar bei der Regierung in Koblenz ein, ... am 17. April 1834 den Abschied auf sein Gesuch und meldete sich in ... zur Ablegung des Doctorexamens. Auf Grund der Dissertation: „De ... scriptione et de banno regio quid statuerit speculum saxonicum“ (B... 1834), der Clausurarbeiten und des mündlichen Examens wurde er summa ... laude am 13. September 1834 zum Doctor der Rechte promovirt. Von ... Facultät befürwortet wurde sein Gesuch um Zulassung zur Habilitation ... den Bericht des Regierungsbevollmächtigten genehmigt und er zur Habilitation zugelassen. Am 13. November 1834 schloß er mit der Rede „de antiquissimis juris marcarum vestigiis“ seine Habilitation als Privatdocent ... deutsches Staats- und Privatrecht an der juristischen Facultät zu Bonn ... erhielt nach der damaligen Norm vom Regierungsbevollmächtigten die Erlaubniß zur Haltung der angekündigten Vorlesung und las seitdem deutsche Rechtsgeschichte, deutsches Privat- und Lehnrecht, Staatsrecht, preuß. Verfassung und preußisches Landrecht. Am 30. Mai 1838 beschloß die Facultät ... Antrag des Decans Böcking, ihn auf Grund seiner Lehrthätigkeit und ... Druckschrift „Der Staatsdienst in Preußen“ zum außerordentlichen Professor vorzuschlagen. Die Ernennung hierzu erfolgte am 17. August 1838. ... damals noch bestehenden statutenmäßigen Verpflichtung, „durch eine öffentliche lateinische Rede über ein selbstgewähltes Thema sein Amt anzutreten“ hat ... auch auf spätere Aufforderung dazu nicht genügt. Er richtete am 30. April [illegible] Eingabe an den Curator v. Rehfues um eine Besoldung, welche [illegible] erfolgte im Betrage von 500 Thlrn., die bei der Ernennung zum [illegible] Professor um 100 Thlr. erhöht wurde und überhaupt nur 1200 Thlr. [illegible] Am 8. Juni 1841 forderte auf Antrag des Ministeriums der [illegible] Facultät auf, sich über seine Leistungen als Lehrer, sowie seine [illegible] Leistungen als Schriftsteller gutachtlich zu äußern. Nach [illegible] schriftlichen Erklärungen der Mitglieder kam es zu der [illegible] vom 30. Juni, welche ihn als Lehrer lobte, bezüglich seiner wissen[illegible] Leistungen sich auf die Eingabe von 1838 bezog, da neuere nicht [illegible] Unterm 15. August 1842 wurde er zum ordentlichen Professor er[illegible] Verpflichtung, ein lateinisches Einladungsprogramm über einen [illegible] Gegenstand seines speciellen Faches auf seine Kosten drucken [illegible] durch eine öffentliche lateinische Rede sein Amt anzutreten, kam [illegible] 14. August 1844 nach, nachdem er am 10. Mai vom Decan dazu [illegible] worden war. Das Programm unter dem Titel „de sententiis [illegible] peritorum quas habuerint de imperii germanici forma et statu" [illegible] 4° in großem Drucke umfassend) bestand im Abdrucke einer Stelle [illegible] lithus a Lapide und einiger von Puffendorff, welche er mit kaum [illegible] zwanzig eigenen Zeilen verbunden hatte; die Rede, welche er abgelesen, [illegible] nur in einer ähnlichen Zusammenstellung wörtlicher Auszüge. Die [illegible] beschloß am selben Tage, weil die Habilitationsleistungen nicht für [illegible] erachtet werden könnten, an das Ministerium zu berichten, dessen [illegible] gewärtig zu sein, P. dies anzuzeigen. Das geschah am folgenden [illegible] dem Bemerken, daß die Aufnahme in die Facultät auf Grund dieser [illegible] nicht ertheilt werden könne. Auf den Bericht vom 17. August [illegible] Grund eines Ministerialerlasses vom 9. October ein Rescript des [illegible] vom 17. October 1854 dahin: Die Facultät sei nicht befugt, die [illegible] in ihre Mitte wegen Unzulänglichkeit der Habilitationsleistungen [illegible] oder aufzuschieben, sie hätte sich darauf beschränken sollen, ihr [illegible] über den Werth jener Leistungen der vorgesetzten Behörde zur weiteren [illegible] mitzutheilen; es sei lobend anzuerkennen, der Minister gebe seinen [illegible] zu erkennen, daß die Facultät die Sache nicht leicht genommen [illegible] Würde und Bestimmung als wissenschaftliche Corporation schuldig [illegible] geglaubt habe, die offenbar ungenügende Form zu rügen und ihr [illegible] höheren Behörde zur Kenntniß zu bringen und so zu verhindern, [illegible] Habilitationen der ordentlichen Professoren, solange die statutenmäßigen [illegible] bestehen, mit Umgehung oder Illusion derselben zu leeren [illegible] herabsinken; es werde aber angeordnet, daß nunmehr die [illegible] ungesäumt zu bewirken sei. Die Facultät beschloß hierauf am [illegible] in einem Berichte den Widerspruch des Rescripts hervorzuheben, [illegible] als nicht zutreffend abzulehnen, dabei die Dispensationsbefugniß [illegible] anzuerkennen, P. einzuführen, dessen Programm aber nicht zu [illegible] Der Bericht erging am 23. October, die Einführung erfolgte in einer [illegible] 30. October; in dieser erklärte P., er habe ans Ministerium be[illegible] Recht der Facultät bestritten. Der Minister deducirte im Rescript [illegible] November nach Mittheilung des Curators vom 2. December 1844 [illegible], er habe Recht, überlasse aber der Facultät, ob sie das [illegible] an andere Universitäten versenden wolle oder nicht. Die Facultät [illegible] Minister das letzte Wort zu lassen, das Programm aber nicht [illegible] Der ganze Vorgang ist als ein interessanter Beitrag zur inneren [illegible] geschichte mitgetheilt. Die überflüssige Verpflichtung zu diesen [illegible] später aufgehoben, sie hatte keinen rechten Grund, war ein alter

Zopf. Vor deren Erfüllung hieß der Professor amtlich nur Prof
(designatus), der ordentliche wurde erst nach deren Erfüllung in die
(im engeren Sinne, welche nur die förmlich aufgenommenen Ordinarien
eingeführt. Aber sie bestand damals noch; und somit war der
des Ministeriums sonderbar. Die Habilitation soll nicht zur leeren
werden, ist das der Fall, so genügt sie doch! Die Folge war,
Facultät in ein schiefes Verhältniß kam, welches sich fortdauernd
gab, daß er sich um deren Angelegenheiten nicht kümmerte, nie das
geführt hat, niemals sich ins Spruchcollegium aufnehmen ließ.
hat er nur zweimal (in den Jahren 1854/5, 1855/6, 1858/9, 18
gewählter Senator im Senate gesessen; der Senat bestand aus dem
Prorector, Richter, 5 Decanen und 4 von der Versammlung der
ordentlichen Professoren auf 2 Jahre gewählten Mitgliedern. Das
von P., wie es objectiv dargestellt ist, genau zu erklären, ist aus den
nicht möglich, weil seine eigentlichen Motive aus den Acten nicht zu
sind. Sicherlich wäre es ihm sehr leicht gewesen, ein wissenschaftliches
abzufassen, eine wissenschaftliche Rede zu halten, er hat es nicht
hat seinen Kopf durchgesetzt. Wenn er von der Verschiedenheit der
über seine wissenschaftliche Leistung, die 1838 und 1841 in der Fa
Tage traten, Kenntniß gehabt hat, erklärt sich sein Verhalten. D
thätigkeit unterbrach er mit Urlaub im Sommer 1848, wo er für
Meiningen durch drei Monate Gesandter beim Bundestage in Frankfu
war, sodann im Januar 1853, wo er in die zweite Kammer zum Abge
vom Wahlkreise Simmern entsandt wurde und bis zum Sommer blie
dem Herbst 1860 war seine Gesundheit infolge eines Herzleide
schwankend, in den beiden letzten Lebensjahren konnte er keine Vor
halten.

Der Lehrthätigkeit selbst war er mit Eifer unverdrossen zugewand
heit, Ruhe, Objectivität und festes Urtheil zeichneten seine Vorlesung
und machten ihn zum beliebten Lehrer. Für ihn selbst waren nac
ganzen Richtung die Privatvorlesungen, welche er gab, von ebenso
Gewichte, als die für die Masse der Studenten in der Universität. Zu
Schülern zählten ziemlich alle Prinzen aus regierenden Häuser, wel
der Mitte der dreißiger Jahre in Bonn studirten, es genügt anzufüh
König Albert von Sachsen (1847/48), Großherzog Friedrich von Ba
derselben Zeit, späteren Kaiser Friedrich III. (1849—51), Prinzen Fr
Karl, Herzog Ernst von Coburg, Herzog von Sachsen-Meiningen. Mit
schiedenen dieser hat er Briefe gewechselt, welche von deren Anhänglich
glänzendes Zeugniß ablegen. Das Buch von Paul Hassel, König Alber
Sachsen, Berlin und Leipzig 1896, enthält zahlreiche Mittheilungen, au
Briefen, welche beweisen, daß dieser Prinz P. sehr nahe stand. „Aus m
Leben und aus unserer Zeit" vom Herzog Ernst II. von Sachsen-Co
Gotha (Berlin 1887), I, S. 68 f., gibt eine interessante Reminiscenz üb
politischen Standpunkt von P. und dessen Theorie vom Gottes-Gnaden
der Herzog meint, er und seine Standesgenossen seien viel liberaler ge
als der Professor P. und andere Professoren. Wie an sich anzunehm
und auch aus dieser Aeußerung folgt, gab P. in diesen staatsrechtlichen V
vorlesungen seiner politischen Gesinnung beredten Ausdruck. Diese war
durch und durch conservative. Nach seiner Ansicht war man seit 184
Fahrwasser der Revolution, waren die politischen Zustände trostlos und f
es an den richtigen Männern und der Einsicht, um eine gründliche Aend
herbeizuführen. Selbst ein Feind jedes Hervortretens in der Oeffentlich

[illegible] ſich damit, ſeiner Ueberzeugung Ausdruck zu leihen in ſeinen Vor- [illegible] in einzelnen Aufſätzen des „Preußiſchen Wochenblatts", mit deſſen [illegible] Männern er namentlich im J. 1853 in engere Verbindung ge- [illegible]. Für die eigentliche Entwicklungszeit Preußens (1864 bis 1867) [illegible] dem Sohne Otto Perthes', Profeſſor am Gymnaſium zu Biele- [illegible] „Briefwechſel zwiſchen dem Kriegsminiſter Grafen v. Roon [illegible] Theodor Perthes, Profeſſor der Rechte in Bonn" (Breslau 1896) [illegible] und merkwürdigen Beleg. P. findet zwar den Anſpruch des [illegible] nicht abſolut einwandsfrei, aber den allerſtärkſten, den [illegible] kennen müſſe, der Gedanke Bismarck's, zu annectiren, erſcheint [illegible] April 1864 unmöglich, noch am 1. April 1866 ſucht er Roon zu [illegible] Krieg zu verhindern, hält ihn für ein Unglück („Einen Kriegs- [illegible] beſonderer Entſchiedenheit, einen Feldherrn von beſonderer Größe, [illegible] der Staat nicht ungenützt laſſen dürfte, beſitzt Preußen nicht", [illegible] „ich ſchaudere", ſagt er, „bei dem Gedanken an den Ausbruch [illegible], der den Zwieſpalt nicht allein in jedes deutſche Land und jede [illegible], ſondern auch in ſo manche Familie, ja in die Bruſt ſo manches [illegible] hineintragen und ein zum Tode mattes Deutſchland ſchließlich [illegible] der Revolution oder der Gier der Nachbarn in Oſten und Weſten [illegible] bringen — ich will nur ſagen — kann". Wunderbarer Weiſe [illegible] am 16. April 1866: „Die Forderung eines ſolchen Parlaments, [illegible] Antrag vom 1. April [gemeint iſt der preußiſche beim Bundestag] [illegible], iſt das unumwunden vor ganz Europa abgelegte reale Bekenntniß [illegible] Grundprinzipe der Revolution". Man ſieht, wie ein Theoretiker ſich [illegible]. Freilich ſtaunt er ſpäter Bismarck an. Uebrigens bietet dieſe [illegible] manche ſehr richtige Gedanken, ſie iſt vor allem ein Beweis der [illegible] Roon's und der einzigen Freundſchaft, welche dieſe beiden Männer [illegible] welche auch die größte Verſchiedenheit der Anſichten in einzelnen [illegible] nicht eine Minute zu erſchüttern vermochte. Sie war nicht bloß be- [illegible] weſentlich gleicher politiſcher Grundanſchauung, ſondern auch in [illegible] religiöſen Sinne und Streben. Dies führt uns zu der Seite von [illegible] weſen, ohne deren Kenntniß eine richtige Beurtheilung des Mannes [illegible] iſt. Vom Vater und der Mutter Karoline, der älteſten Tochter [illegible] Claudius (Wandsbecker Bote) erhielt er als Erbtheil tiefe, [illegible] chriſtliche Frömmigkeit, mit der ſich der wärmſte Patriotismus und [illegible] verband, auf allen Gebieten des chriſtlichen Lebens thatkräftig zu [illegible]. Sein Leben war geradezu muſterhaft in Haus und Gemeinde. [illegible] über alle Maaßen, einfach, Feind jedes Scheines war er im Hauſe der [illegible] aber ſtrenge Vater, der nicht die geringſte Ueberſchreitung duldete. [illegible] die Hausgenoſſen, mochten Freunde, mochten die als Schüler ihn [illegible] Fürſtenſöhne ſeine Gäſte ſein — und dieſe kamen oft und waren [illegible] —, die Tafel war gleich einfach. An rauſchenden Geſelligkeiten [illegible] theil, aber dem Wohle der Mitbrüder war ſeine ſtete Sorge ge- [illegible] Und daher nahm der „Verein für innere Miſſion" ſeine Thätigkeit [illegible] in Anſpruch. Ihm iſt deſſen Gründung in Bonn (1849) vorzüglich [illegible], er leitete ihn bis 1855. Seine Thätigkeit führte ihn beſonders [illegible] der Mißſtände im Geſellenweſen und, um Abhülfe nach einer [illegible] ſchaffen, zur Gründung einer chriſtlichen Herberge. Die von ihm [illegible] zu Bonn gegründete „Herberge zur Heimath" war die erſte der- [illegible] von evangeliſcher Seite ausging und in chriſtlichem Sinne ge- [illegible]. In der unten angegebenen Schrift erörtert er die Stellung der [illegible] den Geſellen, die Lage der Wandergeſellen, das Weſen der neuen

Herberge, deren Leitung. Er konnte mittheilen, daß vom 21. Mai 1
dahin 1855 schon 1387 Gesellen, evangelische und katholische in ziemlich
Zahl, in ihr eingekehrt waren. Heute sind solche Herbergen im ganz
land verbreitet. Bis Anfang 1860 führte er selbst die Oberleitung
durch keine Schwierigkeiten und bittere Erfahrungen irre machen,
sundheitszustand nöthigte ihn zu größerer Beschränkung, er konnte
anderen Händen überlassen. — Es kann nicht auffallen, daß P. sich
zu Personen hingezogen fühlte, welche auf wesentlich gleichem Boden
Als Student war er Niebuhr und Hollweg (später v. Bethmann-Ho
Bonn, v. Savigny in Berlin näher getreten, als Docent in Bonn
er besonders mit den evangelischen Theologen Dorner, Nitzsch u. A.,
katholischen Hilgers, mit v. Bethmann-Hollweg. Durch den öftere
von Kranken im Johannisspital lernte er dessen Oberin Amalie v.
(s. A. D. B. XVII, 721) kennen und stand mit ihr bis zu seinem
stetem Verkehr. In den „Erinnerungen von Amalie v. Lasaulx"
Gotha 1878, wird wiederholt darüber berichtet. Auch mit seinen ju
Collegen, besonders mit Bauerband und Bluhme, Deiters und Wal
er auf bestem Fuße. P. genoß die allgemeine Achtung, sein entsch
Charakter und seine Abgeschlossenheit stießen nicht ab, weil sein
Zeugniß ablegte von der praktischen Bethätigung seiner Anschauungen.

Als Schriftsteller hat P. nicht viel, aber Tüchtiges hinterlassen, a
angeführten Doctordissertation und Aufsätzen in Zeitschriften und Z
die folgenden Schriften.

„Der Staatsdienst in Preußen; ein Beitrag zur deutschen Rechtsge
(Hamburg 1838). Wir glauben das Buch nicht besser schildern zu
als mit den Worten Robert's v. Mohl (Die Geschichte der Litterat
Staatswissenschaften II, 351): „Somit sind die Schriften, welche die
ganzen vollständig erprobte, Gesetzgebung über die Rechte und Pflicht
preußischen Staatsdiener darstellen, auch über die Grenzen des Staates
von Bedeutung . . . doppelt . . . wenn sie den Gegenstand wissensch
durchdringen und juristisch ausgebildet haben, wie dies von P. geschehe
Dieses Buch gehört noch heute zu den besten über den Gegenstand:
deutsche Staatsleben vor der Revolution. Eine Vorarbeit zum de
Staatsrecht" (Hamburg und Gotha 1845). Auch hier wollen wir Mohl
lassen, da seine Schilderung den Nagel auf den Kopf trifft; er schreibt a.
S. 257: „In dem ‚deutschen Staatsleben vor der Revolution' schildert
farbenreichen Bildern die gesammten staatlichen Zustände des Reiches vor
letzten vernichtenden Stoße auf dasselbe. Sowohl die allgemeinen ganz De
land betreffenden Verhältnisse, als die der größeren und kleineren Reichsge
werden in scharfer und reinlicher Zeichnung vor uns aufgestellt; Oester
und Preußen so gut als die Reichsstädte und die Ritterschaft. Auch
Volksleben, soweit es von staatlicher Bedeutung ist, erhält seine Würdig
und überall wird sowohl auf die Trümmer der alten Zeit, als auf die K
der neuen hingewiesen. In diesen Schilderungen aber ist lauter Leben
Bewegung, manche sind wahre Cabinetsstücke. Das Buch ist nicht bloß
sehr unterhaltendes, sondern auch ein wirklich lehrreiches, indem es die vö
Unmöglichkeit zeigt, daß dergleichen veraltete, unstaatliche Zustände be
konnten. Wer zu sehen vermag, kann es auch als Spiegel für unsere Z
brauchen. Dies Alles aber um so zuverlässiger, als es nur Thatsachen
richtet, nicht aber eigene Lehrmeinungen aufzudrängen sucht". Das We
„Politische Zustände und Personen in Deutschland zur Zeit der französisch
Herrschaft. Das südliche und westliche Deutschland" (Gotha 1862), der zw

[illegible]ter dem besonderen Titel: „Pol. Zust. u. Pers. in den deutschen [illegible] Hauses Oesterreich von Karl VI. bis Metternich. Aus dem [illegible] Verfassers herausgegeben" (das. 1869). Bezüglich des zweiten [illegible] Herausgeber Anton Springer: „Meine Wirksamkeit beschränkt [illegible]ständlich auf die bessere Anordnung des nachgelassenen Materials [illegible] übrigens unbedeutende stilistische Änderungen". Auch dieser ist [illegible] zugehörig, freilich nicht so durchgearbeitet und vollendet wie der [illegible] Der erste Band bietet uns in gleicher Weise wie das vorher be[illegible] ein höchst lebhaftes, anziehendes, auf sorgfältigster Forschung, [illegible] auf zahllose gedruckte angeführte Schriften und persönliche Mit[illegible] Bild des Lebens und der Zustände politischer Natur in [illegible]lichen Kurfürstenthümern, insbesondere auch in den Städten [illegible], Köln, Trier, Coblenz, beschreibt eingehend die französische Ver[illegible] ebenso die Zustände im Großherzogthum Frankfurt, in Baden, [illegible]stadt, Nassau, Großherzogthum Berg, in den neuen Königreichen [illegible] Württemberg. Kein anderes Werk liefert einen solchen treff[illegible] zugleich werden die maßgebenden Personen, theils sehr eingehend [illegible]. Der zweite Band liefert für die österreichischen Erbländer [illegible] vortreffliches Bild, geht auf die Regierung der Kaiserin Maria [illegible] des Königs Josef II. mit scharfer Zeichnung ein und führt uns [illegible] handelnden Personen lebendig vor Augen. Auch dieses Werk ist [illegible]rung der Litteratur und hat als Ganzes kaum einen Vorläufer, [illegible] gleich dem „Staatsleben" zu wenig benutzt, wie schon der [illegible]weist, daß keines eine zweite Auflage erlebt hat. Die Schrift: [illegible]verleibung Krakaus und die Schlußacte des Wiener Congresses" [illegible] 1847) behandelt die Tagesfrage der Vernichtung der Republik [illegible] ihre Einverleibung in die österreichische Monarchie.

[illegible] großen Theil seines schriftstellerischen Lebens widmete er seines [illegible], es ist: „Friedrich Perthes' Leben nach dessen schriftlichen und [illegible] Mittheilungen aufgezeichnet von C. T. P." (Gotha. Bd. I 1848, [illegible], Bd. III 1855, 6. Aufl., alle 3 Bde. 1872). Ein Meisterwerk, [illegible] vom biographischen Gesichtspunkte aus, führt es uns den bedeutenden [illegible] von der Geburt bis zum Tode, durch sein Familien- und Geschäfts[illegible] uns bekannt mit seinem Entwicklungsgange nach allen Richtungen, [illegible] im freundschaftlichen und geschäftlichen Verkehr mit einer Reihe [illegible], welche auf kirchlichem, litterarischen und politischen Gebiete zu [illegible]deren, ja bedeutendsten ihrer Zeit gehörten, stellt uns ins[illegible] glänzenden Patrioten und seine hervorragende politische Thätigkeit [illegible] Auf Einzelnes kann hier nicht eingegangen werden, es muß ge[illegible]: Diese Biographie gehört für die Geschichte der deutschen Ent[illegible] politischer, litterarischer und kirchlicher Hinsicht zu denjenigen, [illegible] tiefe Einblicke gestatten, er bildet eine Fundgrube für diese [illegible] sein Verfasser hat durch dieses Werk sich einen hervorragenden [illegible] auf dem Gebiete der pragmatischen Biographie. Die thätige [illegible] mit den Werken der Fürsorge für die arbeitenden Classen, [illegible] vom Standpunkte der kirchlichen Obsorge aus veranlaßte die inter[illegible], welche für die Besserung auf diesem Gebiete wesentliche Wirkung [illegible] „Das Handwerkswesen der Handwerksgesellen" (Gotha 1856).

[illegible] den angeführten Schriften und Mittheilungen von Familien[illegible] Curatorial- und Facultätsacten.

v. Schulte.

Pertsch: Wilhelm P., hervorragender Orientalist, geboren am [illegible] 1832 in Coburg, † am 17. August 1899 in Gotha. Der Vater [illegible] starb aber sehr frühzeitig. Mit um so innigerer Zuneigung [illegible] Knabe an die Mutter an; und dieses schöne Verhältniß [illegible] sein ganzes Leben, denn nur wenige Jahre ging ihm die Mutter [illegible] voraus. Nachdem P. Ostern 1850 das Gymnasium in Coburg [illegible] widmete er sich in Berlin dem Studium der orientalischen Sp[illegible] welche er bereits immer schon ein lebhaftes Interesse gehabt hatte. [illegible] fesselte ihn als Lehrer Albrecht Weber, mit dem ihn bald ein innig[illegible] schaftsband verknüpfte, das bis an seinen Tod bestand. Sein [illegible] war der bedeutende amerikanische Sanskritist und Sprachforscher W. D. [illegible] Als erste Frucht seiner Thätigkeit veröffentlichte der kaum Zwanzig[illegible] 1852 bei F. Dümmler in Berlin einen modernen Sanskrittext mit [illegible] Uebersetzung: die Chronik einer bengalischen Dynastie der Könige von [illegible] vipa, eine Arbeit, die selbst in Indien Aufsehen erregte. Im folgen[illegible] erschien sodann im 3. Bande von Weber's Studien ein Verzeichniß [illegible] anfänge der Rikſamsita. Nachdem P. hierauf noch ein Semester bei [illegible] Tübingen gehört hatte, kehrte er nach Berlin zurück und promovirte [illegible] Herausgabe des Upalekha, de kramapatha libellus, eines Sanskrit[illegible] eine künstliche Recitationsweise des Rigvedatextes behandelt. Nun [illegible] er eine Studienreise nach Paris, London und Oxford, um dort die Ma[illegible] für eine kritische Ausgabe eines der zum schwarzen Jadschurveda [illegible] actuellen Textes (des Tai-Hiriga-Aranyaka) zu sammeln. Nach Coburg [illegible] gekehrt, bat er dann um die Erlaubniß, an der herzoglichen Bibli[illegible] Gotha arbeiten zu dürfen, da diese einen großen Schatz von orien[illegible] Handschriften besitzt. Am 1. Februar 1855 trat er hier ein und i[illegible] Bibliothek bis an sein Lebensende treu geblieben, denn Hofrath Ewa[illegible] damalige Vorstand derselben, erkannte sehr bald, welch trefflicher Gele[illegible] war und beantragte schon nach wenigen Monaten seine Anstellung [illegible] amter, welche Herzog Ernst II. auch sofort verfügte. Da die go[illegible] Handschriften hauptsächlich arabische, sodann aber türkische und persi[illegible] so traten Pertsch's indische Studien mehr in den Hintergrund und er w[illegible] sich mehr dem Studium der semitischen und mohammedanischen Sprachen[illegible] trefflicher Helfer war ihm dabei ein älterer Beamter der Bibliothek, [illegible] rath Möller. Das Lebenswerk für einen Zeitraum von 25 Jahren [illegible] nun für P. die Herstellung und Herausgabe des Katalogs der Gothaer [illegible] talischen Handschriften, der acht Bände füllt und 33 000 Handschriften, [illegible] unter 2891 arabische, gründlich beschreibt und der Gelehrtenwelt zug[illegible] macht. Schon nach dem Erscheinen der ersten Bände war Pertsch's R[illegible] Gelehrter begründet und die Akademien der Wissenschaften in Berlin, Leipzig und Göttingen ernannten ihn zu ihrem Mitgliede. Auch die [illegible] liche Bibliothek in Berlin übertrug ihm die Katalogisirung eines Theiles [illegible] orientalischen Handschriften, der IV. und VI. Band des dortigen Katal[illegible] sind sein Werk. Die Ordnung eines großen Theiles der orientalischen Mü[illegible] der Berliner Museen wurde ebenfalls von ihm ausgeführt.

Wiederholt wurden P. glänzende Stellungen angetragen, er blieb je[illegible] Gotha treu. Hier wurde er 1879 zum Oberbibliothekar und 1883 [illegible] Director der Friedenstein'schen Sammlungen ernannt. Als solcher beschäf[illegible] er sich auch vorzüglich mit dem Münzcabinet und ordnete die orientalis[illegible] Münzen, seine Hauptneigung galt aber auf numismatischem Gebiete [illegible] Münzen der Griechen und Römer. — Von seinen kleineren Schriften [illegible] sprachlichem Gebiete sind noch zu erwähnen die Beschreibung einer Pali-Ha[illegible] der Gurupujakaumudi, einer Festschrift zu Ehren A. Weber's, und über die arabische Uebersetzung des Amrakunda in einer zu Ehren seines Lehrers R. Roth. Zahlreich sind außerdem seine den Schriften der „Deutschen Morgenländischen Gesellschaft" und „Orient und Occident". Jedoch nicht nur als Fachgelehrter ragendes, er besaß auch ungemein reiche Kenntnisse in Botanik, Geschichte rc. „Als Oberbibliothekar aber", so schreibt einer und spricht damit die Ansicht Aller aus, die die Gothaer während sie unter seiner Leitung stand, „ist er vorbildlich das liberale Entgegenkommen, mit dem er die Schätze der zugänglich gemacht hat".

hoch wie als Gelehrter stand P. auch als Mensch durch die seines Wesens, seine unbegrenzte Gefälligkeit, Schlichtheit und und seine anregende Gesellschaftlichkeit. Als Naturfreund liebte des Thüringerwaldes über alles und seinen Sommerurlaub ver-Vorliebe in Oberhof oder Neustedt am Rennsteig.

zwei Mal verheirathet und hinterließ drei Söhne, von denen sich Philologie, der zweite der Forstwissenschaft, der dritte der Juris-

Pick, Goth. Tageblatt Nr. 200 vom 26. August 1899. — Berichte der philol.-historischen Classe der Königl. Sächs. Ge- Wissenschaften zu Leipzig, Jahrg. 1899. — A. Weber in der vom 22. August 1899. M. Berbig.

Tilmann P., Jesuit, Philosoph, geboren am 1. Februar 1836 am 18. October 1899 zu Valkenberg in Holland. P. trat am 1852 zu Münster in das Noviziat der Gesellschaft Jesu, machte und theologischen Studien in Paderborn und Bonn, war als Lehrer am Jesuiten-Gymnasium zu Feldkirch thätig und 13. Januar 1866 zu Maria-Laach die Priesterweihe. Von Herbst wirkte er als Professor der Philosophie im Collegium zu Maria- Herbst 1869—1872 in Aachen in seelsorgerlicher Thätigkeit. Nach des Ordens begab er sich 1872 zuerst für kurze Zeit nach im holländischen Limburg, wo die bisher in Münster Ordenscleriker untergebracht werden sollten. Seit dem 1. Januar er zu Tervueren in Belgien in der Redaction der „Stimmen aus". Im Herbst 1876 wurde er in das Studienhaus der Ordens- Blijenbeck berufen, um wieder das Lehramt der Philosophie und Psychologie) zu übernehmen; er verwaltete dasselbe acht er es im Herbst 1884 niederlegte, um sich fortan ganz seiner Thätigkeit zu widmen. Daneben war er auch seelsorgerisch wirkte oft mit großem Erfolg als Kanzelredner, in Volksmissionen und als Redner in öffentlichen Versammlungen. Seine letzten verbrachte er im Collegium zu Valkenberg.

ein ungemein fleißiger und litterarisch fruchtbarer Gelehrter, namhaftesten Vertreter der scholastischen Philosophie in den letzten des vorigen Jahrhunderts. Die Hauptwerke seiner wissen-arbeit liegen vor in den lateinischen scholastischen Lehrbüchern, Bestandtheile der auf seine Anregung unternommenen „Philosophia verfaßte, in welcher von frühern Philosophieprofessoren des Collegs das Gesamtgebiet der Philosophie in Einzelwerken dargestellt „Institutiones Philosophiae naturalis secundum principia

S. Thomae Aquinatis" (Freiburg i. Br. 1880; 2. Aufl. 1897 in 2 Bände „Institutiones logicales secundum principia S. Thomae Aquinatis" (2 Th in 3 Bänden, ebd. 1888—1890); „Institutiones psychologicae secund principia S. Thomae Aquinatis" (2 Theile in 3 Bänden, ebd. 1896—18 und in dem in freierer Form verfaßten, für weitere wissenschaftlich gebil Leserkreise bestimmten großen deutschen Werke: „Die großen Welträthsel. Phi sophie der Natur. Allen denkenden Naturfreunden dargeboten" (2 Bde., 1883 f.; Bd. 1: Philosophische Naturerklärung; Bd. 2: Naturphilosoph Weltauffassung; 2. Aufl. 1892), eine Darstellung der christlichen Naturph sophie im Sinne der scholastischen Speculation, unter eingehender Ber sichtigung der modernen Wissenschaft, und Vertheidigung der christlichen W anschauung gegen den Monismus. (Vgl. dazu Gla, Repertorium der katholi theologischen Litteratur, Bd. I, 2, Paderborn 1904, S. 150 ff.) Der philosophis Vertheidigung der christlichen Weltanschauung gegen moderne Gegner dersel für weitere Kreise dienen auch die zahlreichen Artikel, die P. in den Jah 1873—1877 und 1881 (Bd. 4—13 u. 20) in den „Stimmen aus Ma Laach" erscheinen ließ, und besonders die drei unter den Ergänzungsheften dieser Zeitschrift erschienenen größeren Arbeiten: „Die moderne Wissensch betrachtet in ihrer Grundfeste. Philosophische Darlegung für weitere Krei (Freiburg i. Br. 1876; 1. Ergänzungsheft zu den Stimmen aus Maria-Laa „Die Haltlosigkeit der ‚modernen Wissenschaft'. Eine Kritik der Kant'sc Vernunftkritik für weitere Kreise" (ebd. 1877; 3. Ergänzungsheft); „ Weltphänomen. Eine erkenntnißtheoretische Studie zur Säcularfeier Kant's Kritik der reinen Vernunft" (ebd. 1881; 16. Ergänzungsheft). fachwissenschaftlich philosophischem Gebiete ist noch zu nennen: „Seele Leib als zwei Bestandtheile der einen Menschensubstanz, gemäß der Le des hl. Thomas von Aquin" (Philosophisches Jahrbuch der Görres-Gesellsch 7. Bd., 1894, S. 1—29; u. separat, Fulda 1893). Durch die damali Angriffe auf die katholische Kirche wurden die zuerst unter dem Pseudon Gottlieb, in späteren Auflagen unter dem Namen des Verfassers veröff lichten populär-apologetischen Schriften veranlaßt; zuerst: „Briefe aus Hamb Ein Wort zur Vertheidigung der Kirche gegen die Angriffe von sieben Läugn der Gottheit Christi" (Berlin 1883; die einzelnen Briefe waren zuerst in „Germania" erschienen); bildet in den spätern Auflagen (3. Aufl. 18 4. Aufl. 1893; 5. Aufl. 1905) den I. Band des Werkes: „Christ oder An christ? Beiträge zur Abwehr gegen Angriffe auf die religiöse Wahrheit"; II. Band schloß sich an: „Der Krach von Wittenberg. Blicke auf den religiö Wirrwarr der Gegenwart" (ebd. 1890; 2. Aufl. 1894). Auch unter den seine Anregung ins Leben gerufenen, im Verlag der „Germania" in Be erschienenen „Katholischen Flugschriften zu Wehr und Lehr" sind meh Nummern von ihm verfaßt, theils unter seinem Namen, theils unter Namen Gottlieb (1890—92). Zu nennen sind endlich noch die werthvoll in zahlreichen Ausgaben verbreiteten Erbauungsbücher: „Das religiöse Leb Ein Begleitbüchlein mit Rathschlägen und Gebeten für die gebildete Männ welt" (Freiburg i. Br. 1878; 13. Aufl. 1906); „Christliche Lebensphilosoph Gedanken über religiöse Wahrheiten. Weitern Kreisen dargeboten" (ebd. 18 9. Aufl. 1906), und das nach dem Französischen von A. Baudon bearbeit Büchlein: „Der Christ im Welt-Leben und seine kleinen Unvollkommenheit Zur Beherzigung für gebildete Christen aller Stände" (Köln, 3. Aufl. 18 16. Aufl. 1906).

Stimmen aus Maria-Laach, 57. Bd. 1899, S. 461—475.

Laucher

[illegible] Karl Ludwig P., Schulmann, Historiker und Philolog, ge- [illegible] April 1808 in Freyburg a. d. U. als Sohn eines dort allgemein [illegible] Baccalaureus. Entscheidend für die Richtung seines Lebens- [illegible] daß er nach einer, meist privaten Vorbereitung zu Hause und dem [illegible] des Gymnasiums in Naumburg zu Ostern 1822 eine Stelle [illegible] der Landesschule in Pforta erhielt. An ihr wirkten damals [illegible] Persönlichkeiten als Lehrer, an der Spitze „der alte Ilgen“, [illegible] in wissenschaftlichen und disciplinellen Dingen sich selbstver- [illegible] unterordnete. Doch lag der Schwerpunkt für strebsame Schüler [illegible] Unterricht selbst als in der von ihm ausgehenden Anregung und [illegible] Tradition der Schule geforderten Selbstthätigkeit, die gerade, [illegible] die Kräfte aufs höchste anspannte, mit um so größerem Stolz auf [illegible] erworbene Besitzthum erfüllte. Der Wunsch, in die Differential- [illegible]rechnung, in deren Anfänge damals schon in der Schule von [illegible] eingeführt wurde, tiefer einzudringen, bestimmte P., auf der Uni- [illegible] Halle (seit 1822) zuerst Mathematik zu studiren, doch gewannen [illegible] und Wegscheider bald für die Theologie und 1830 hat er in [illegible] sein Examen pro licentia contionandi „sehr gut und mit ganz [illegible] Auszeichnung“ bestanden. Die Kanzel aber hat er nur sehr selten [illegible] und sich schon im Januar 1831 dem Lehrerberuf zugewendet, darin [illegible] durch den Director der Francke'schen Stiftungen H. A. Niemeyer, der [illegible]zwanzigjährigen, nachdem er sich in dem philologischen Staats- [illegible] unbedingte Facultas docendi erworben, sogar das Ordinariat der [illegible] übertrug. Schon nach zwei Jahren (1835) wurde er nach Mei- [illegible] Director des neu einzurichtenden Gymnasiums berufen, wo er sich [illegible] der ältesten Tochter von Gesenius verheirathete, 1843 als Con- [illegible] Schulrath in das Consistorium zu Hildburghausen, nach dessen [illegible] 1848 als Referent für das Kirchen- und Schulwesen des Herzog- [illegible] Meiningen zurück in das Ministerium. Der Wunsch wieder zu [illegible] die Rücksicht auf die Zukunft seiner sechs Söhne waren für ihn [illegible] nach Preußen zurückzukehren, wo er fünf Vierteljahre das Gymna- [illegible]klam, dann zwei Jahre das in Stettin, endlich siebzehn die Landes- [illegible] Pforta geleitet hat. Das unruhige und arbeitsreiche Leben hatte [illegible] Kräfte doch stark in Anspruch genommen, und so bat er für Ostern [illegible] seinen Abschied, um einer frischeren Kraft Platz zu machen, und zog [illegible] dem benachbarten Jena zurück. Hier hat er, von der Universität [illegible] Titel eines Honorarprofessors ausgezeichnet, zuerst noch einige [illegible] gelesen, dann aber, in den letzten zwei Jahren fast des Augenlichts [illegible] seinen Studien und seiner Familie gelebt, bis ihn nach mehr [illegible]zigjährigem Otium am 11. August 1893 eine kurze Krankheit [illegible]

[illegible] es wiederholt als ein Unglück seines Lebens bezeichnet, daß er nur [illegible] sei. Er hat in der That auf der Universität weder philologische [illegible] Collegien gehört. Einen gewissen Ersatz boten ihm die Beziehungen [illegible] der in seiner Theologischen Gesellschaft Kritik und Erklärung mit [illegible] Methode handhabte; aber zum Philologen ausgebildet hat [illegible] als Lehrer in Pförtner Weise durch Selbstthätigkeit und Verkehr [illegible]genossen und Collegen (Seyffart, Eckstein, A. Stahr, Echtermayer), [illegible] er z. B. an den Abenden eines Winters den ganzen Plato durch- [illegible], und hat 1838 und 1839 selbst Cicero's Orator und Brutus, später [illegible] 1877) seines verehrten Tacitus Agricola und Dialogus heraus- [illegible] die Kritik, hier die Erklärung bevorzugend, immer von gründlichen sprachlichen Studien ausgehend. Ueber die Zugehörigkeit zu ei „Schule" hat er Zeit seines Lebens geringschätzig geurtheilt, sich von Mo strömungen, weil er stets selbständig und frei von jedem Einfluß dachte, beirren lassen und über die bestehenden Einrichtungen und herrschenden nungen hinweg mit freiem Blick einen weiten Horizont umspannt. praktischer Sinn behütete ihn vor Utopien. So hat er noch als Rector Pforta Mängel des Gymnasiums, die zwei Jahrzehnte später in starker Ue treibung die Oeffentlichkeit beschäftigt haben, zum Gegenstand der Besprech mit Collegen gemacht und einen Vorschlag zur Abhülfe 1874 veröffentl der auf Bifurkation auf der ersten Lehrstufe hinausging. Ueber eine Sam lung von Quellenwerken der mittleren und neueren Zeit zur Belebung geschichtlichen Sinns hat er bereits 1851 mit der Firma B. G. Teubner Leipzig abgeschlossen, den geographischen Unterricht 1833 von demselben sichtspunkte aus gestalten wollen, der jetzt als der richtige eingeführt ist, 1 die Schreiblesemethode empfohlen und angewandt, 1848 einen Plan die Schulaufsicht ausgearbeitet, der die Volksschulen in erster Instanz ein aus dem Pfarrer, dem Schullehrer und einigen Gemeindegliedern gebildet Vorstand, in zweiter in Bezirken von 80—100 Schulen einem Inspect unterstellt.

Noch zwei persönliche Eigenschaften beeinflußten seine Studien. Zu sein ernster und unerbittlicher Wahrheitssinn, der ihn nie auch nur ein Wo zu viel sagen ließ und ihn zu einem Feind jeder Rhetorik, selbst der erlaub machte. Er schrieb daher einfach, schlicht und nüchtern und verschmähte jeg Schmuck der Darstellung, wie in seinen litterarischen Arbeiten so im Unte richt, weshalb er in dem geschichtlichen durch das Buch „Der Geschichtsunt richt auf Gymnasien. Ein methodischer Versuch als Beitrag für die Ne gestaltung des deutschen Gymnasialwesens" (1849) an die Stelle des mündlich Vortrags das Lesen von Quellenschriftstellern setzen wollte; denn nicht ein der beste Vortrag eines Lehrers, meinte er, erreiche die Macht der Hero tischen Erzählung. Damit gepaart war sein Streben, der Sache immer a den Grund zu gehn. Als ihm in Halle der Geschichtsunterricht übertrag wurde, genügte ihm die übliche Vorbereitung nicht, er arbeitete die Que selbst durch, und so entstanden die Zeittafeln der griechischen Geschichte (18 in 6. Aufl. 1886) und 1843 die der römischen (in 6. Aufl. 1882), die w verbreitet viel in seinem Sinn zur Ausbildung eines „selbständigen, un befangenen und gründlichen Urtheils" gewirkt haben.

Es war nicht Zufall, daß sich Peter's Studien, die auf die Geschich besonders durch K. O. Müller's Werke hingelenkt worden sind, allmähli immer mehr auf die des ihm sympathischen römischen Volkes beschränkten; erhielten ihren Abschluß in der „Geschichte Roms" (erschienen in 1. Aufla 1853 und 1854, in 4. 1882), die in drei Bänden bis zu dem Tode Ma Aurels reichte, mit dem sich nach seiner Ueberzeugung der alte Geist de Volkes erschöpft hatte, und vor allen Dingen dem großen Kreise der Ge bildeten ihre für alle Zeiten und Parteien lehrreichen Elemente zum Ausdru bringen sollte. Auch auf diesem Gebiet hatte er sich gründlich vorbereite Er stand im wesentlichen auf dem von Niebuhr gewonnenen Boden, aber e hatte sich ihm gegenüber die gewissenhafteste Prüfung nicht erspart und wa in wichtigen Fragen zu eigenen selbständigen Ansichten gelangt; seine „Epoche der Verfassungsgeschichte der römischen Republik" (1841) liefern für die inne Geschichte den Beweis. Für die Feststellung des Verhältnisses zu den Osker und Umbrern ist er bis zum Studium des Sanskrit zurückgegangen und h mit Abhandlungen über die Sprache der Osker auch die Anerkennung v [illegible] wie E. Curtius geerntet. Um über die Glaubwürdigkeit [illegible]ch ein sicheres Urtheil zu bilden, arbeitete er sie unauf[illegible] verglich sie mit einander; die Abhandlungen über das Ver[illegible] Livius und Dionys von Halikarnaß zu einander und zu den [illegible] (1853) und über das des Livius im XXI. und XXII. Buch [illegible] (1863) haben mannichfache Anregung gegeben; als letztes hat er [illegible] Die Kritik der Quellen der römischen Geschichte" (1879) ver[illegible] der Geschichte Roms selbst hielt er indeß mit dieser Gelehr[illegible] für sein Publicum ungeeignet zurück und erzählte auch die [illegible] älteren Zeit, obwol er sie als unglaubwürdig bezeichnete, weil [illegible] in seinen Erdichtungen der Geist eines Volkes am charakteristischsten [illegible] der Ton der Geschichtschreibung, die Auffassung der Ereignisse [illegible] Beurtheilung der Persönlichkeiten in Mommsen's kurz darauf er[illegible]schichte wesentlich von P. abwich, liegt in der Verschiedenheit der [illegible]ündet, daß sie nicht immer in ihren Forschungen zu den gleichen [illegible] gelangten, in der Schwierigkeit des Stoffes; unter unbedingter [illegible] der Genialität Mommsen's hat die eigenen P. in seinen „Studien [illegible] Geschichte" (1. u. 2. Aufl. 1873) begründet.

[illegible]mittelbarsten wirkte seine Persönlichkeit in der Lehrthätigkeit. Er [illegible] und Herbart gründlich studirt, eindringend über ihre Aufgabe [illegible] und griff gelegentlich auch litterarisch in die Debatte über päda[illegible] ein (so über den Ruthardt'schen Vorschlag und Plan einer [illegible] inneren Vervollständigung der grammatikalischen Lehrmethode, [illegible]stand das Wesen der Jugend und achtete ihre Rechte, indem er [illegible]stätten sich innerhalb gewisser Grenzen frei bewegen ließ und [illegible] ihrem eigenen Nachdenken und Empfinden Raum gewährte, [illegible] ins einzelne verstandesmäßig klar gemacht wissen wollte; es [illegible] jede einzelne Lehrstunde wohl überlegt, aber er künstelte nicht und [illegible] hier so wie er war, natürlich, klar und schlicht, immer ein [illegible] Auffassung seines Christenthums, treuer Pflichterfüllung, maß[illegible]enheit und großer Anspruchslosigkeit. Sein Schüler Ulrich von [illegible]-Möllendorff hat uns von ihm als Lehrer ein anschauliches und [illegible] Bild gezeichnet (s. unten).

[illegible] unermüdliche Arbeitskraft erstreckte sich auf die mannichfaltigsten [illegible] menschlichen Wissens, über die er gern in Vorträgen seine Meinung [illegible] hat sich aber auch in dem geschäftlichen Theil seiner Aemter [illegible] Das reichste Feld dazu bot ihm die zweite Meininger Zeit, in der [illegible] Volksschulgesetz ausarbeitete und durchbrachte, aber auch in Pforta [illegible] Verwaltung viel Zeit gekostet, da er für die leibliche Pflege seiner [illegible] weniger gewissenhaft sorgte wie für die geistige, obwol es ihm [illegible] ist, alles zu erreichen, was er geplant hat; er konnte sich nur [illegible]chen das Gute zu nehmen, wenn das Bessere sich ihm versagte, [illegible]misse zu machen, wenn er von der Ueberzeugung der Richtigkeit [illegible] Wollens durchdrungen war.

[illegible] Ecce der Kgl. Landesschule Pforta im J. 1893, S. 3—13 (von [illegible]). — Bursian's Biogr. Jahrbuch XVIII (1895), S. 110—151 [illegible], darin S. 135—140 die Schilderung von U. v. Wilamowitz).

Hermann Peter.

[illegible] Carl Friedrich P., Musikalienhändler in Leipzig, geboren [illegible] 1779, erwarb im J. 1814 die von Franz Anton Hoffmeister [illegible] Kühnel am 1. December 1800 unter der Firma: „Bureau de [illegible]meister & Kühnel" gegründete Musikalienverlagshandlung und änderte die Firma gleichzeitig in „C. F. Peters, Bureau de musique", un welchem Namen der Verlag noch jetzt geführt wird. — Nach seinem T (1827) ging das Geschäft zunächst auf seine Tochter Anna Peters über, u wurde am 1. November 1828 an Carl Gotthelf Siegmund Böhme verka welcher bis 1855 Inhaber war. In den Jahren 1855—1860 wurde Verlag, laut testamentarischer Bestimmung Böhme's, als Wohlthätigkei stiftung von der Stadt verwaltet und dann von Julius Friedländer in Ber erworben; 1863 trat Dr. Max Abraham aus Danzig als Theilhaber ein; Geschäft wurde zunächst in Berlin und Leipzig weitergeführt, bis 18 Friedländer ausschied und man gleichzeitig die Berliner Niederlassung auf 1894 nahm Dr. Abraham seinen Neffen Henri Hinrichsen aus Hamburg Socius auf, der nach dem am 8. December 1900 erfolgten Tode seines On alleiniger Inhaber der Firma wurde.

Die Gründer des Verlages waren beide, Hoffmeister sowohl wie Küh Musiker von Fach und als solche Freunde und Kenner classischer Musik. Die wurde bestimmend für ihre ersten Publikationen; sie wiesen mit der Hera gabe von Werken Bach's und Mozart's zugleich aber auch die Wege, we der Verlag bis zum heutigen Tage getreulich weiter verfolgte. Ein Stre quartett von Mozart war Verlags-Nr. 1, Bach's wohltemperirtes Cla erster Band Verlags-Nr. 53; bald folgten unter Mitarbeit des Musikgelehr J. N. Forkel weitere Werke des Thomas-Kantors, und wurden in dieser A gabe erstmalig zuverlässige Lesarten Bach'scher Compositionen geboten. V den lebenden Meistern war es vor allem Beethoven, um dessen Werke warben. Sein erster Brief vom 15. December 1800, mit der Anrede: „G liebtester Herr Bruder", beweist schon, wie sehr er seinem Kunstgenossen H meister zugeneigt war; er vertraute ihm denn auch sein Septett op. 20, Symphonie op. 21, sowie das Clavierconcert op. 19 und die Sonate op. zum Verlage an.

Von den Nachfolgern Peters' und Böhme's wurde im gleichen Si weitergebaut, von ihnen wurden, aus dem schier unerschöpflichen Nachlaß J hann Sebastian Bach's unter Mithülfe von Czerny, Griepenkerl u. s. immer neue Schätze zu Tage gefördert; ferner gaben sie in geschlossenen Reih neu heraus: Händel's und Mozart's Claviercompositionen; Haydn's u Mozart's Streichquartette u. s. w. — So ging es im ruhigen Tempo weit bis der Verlag in den sechziger Jahren dank dem glänzenden Unternehmung geist Max Abraham's einen ungeahnten Aufschwung nahm. Er erkannte Bedeutung der in diese Zeit fallenden Erfindung der lithographischen Note druckschnellpresse. Mit ihrer Hülfe wollte er die Werke der Classiker, wel bis jetzt nur kleinen Kreisen zugänglich sein konnten, allen Musikliebenden e schließen. „Und wie er wollt', so konnt' er's." Die „Edition Peters" (m Rücksicht auf die internationale Verbreitung wurde dieser Titel gewähl deren erste Bände November 1867 erschienen, bot nunmehr in rascher Folg in guter Ausstattung und sorgfältigster Revision zu so billigen Preisen, w man sie vorher weder gekannt, noch für möglich gehalten hatte, die Clavie werke der Classiker, ihre Kammermusik, Opern in Clavierauszügen, Studie werke und Liedersammlungen u. s. w. Eine dieser Hauptpublikationen w das später von Max Friedlaender neu revidirte sogenannte Schubert-Albu das in einem Bande die schönsten und bekanntesten Gesänge des Meiste vereinte. Nachdem die Classiker vollständig vorlagen im Original wie in gut Bearbeitungen, und auch die Werke von Chopin, Mendelssohn und Schuma Allgemeingut geworden waren, sah es die Verlagshandlung als erste Pfli an, die Ausgaben immer mehr und mehr zu vervollkommnen, sowohl inbetr [illegible] wie der Ausstattung, eine Aufgabe, an der stetig weitergearbeitet [illegible] der „Edition Peters“, welcher z. B. mehr als 3000 Num[illegible] zeigt, daß über den Classikern aber auch die Lebenden nicht [illegible] wurden; aus der stattlichen Meistergalerie seien nur Brahms, [illegible] als treuer Freund des Hauses mit sämmtlichen Werken ver[illegible] Liszt; Moszkowski, Reger, Rubinstein und endlich der viel [illegible] Hugo Wolf erwähnt. — In neuester Zeit fanden einige [illegible] durch ihre Eigenart besonderes Interesse, so die erste deutsche [illegible] von Bizet's „Carmen“, die von Richard Strauß ergänzte [illegible]lehre von Berlioz, Mahler's 5. Symphonie, der Clavier[illegible] E. T. A. Hoffmann's „Undine“, wie vor allem das auf Ver[illegible] des deutschen Kaisers herausgegebene Volksliederbuch, eine Samm[illegible] Chören, welche von einer besonders dazu erwählten Commission [illegible] Seiner Excellenz des Freiherrn Rochus v. Liliencron und unter [illegible] der ersten Fachmusiker zusammengestellt und bearbeitet wurde. In [illegible] zur „Edition Peters“ steht die „Musikbibliothek Peters“. [illegible] von Max Abraham gegründete und laut testamentarischer Be[illegible] nach seinem Tode von der Stadt verwaltete Institut steht als [illegible] Privatbibliothek in Deutschland wohl einzig da. Wenn durch [illegible]'s ganze verlegerische Thätigkeit ein ideeller Zug geht, so ist [illegible] Schöpfung eine völlig ideale und zugleich ein bleibendes, ehrendes [illegible] für den Gründer.

D.

[illegible] Johann P., katholischer Theologe, geboren am 4. October 1831 [illegible] Pfarrei Gostingen, in Luxemburg, † am 21. September 1897. [illegible] seine Gymnasialstudien 1846—1852 im Athenäum zu Luxemburg, [illegible] 1852—1853 den Philosophiecursus, trat im Herbst 1853 in das [illegible] Priesterseminar ein, studirte daselbst Theologie bis 1856 und [illegible] am 29. August 1856 zu Trier durch Bischof Arnoldi die Priester[illegible] setzte dann seine Studien im Winter 1856/57 in Bonn, im [illegible] 1857 in Tübingen, dann zwei weitere Jahre in Rom fort, pro[illegible] Anfang Juni 1856 zum Dr. jur. utr. und kehrte hierauf in [illegible] zurück. Am 22. Juni 1859 wurde er Vicar an der Kirche zu [illegible] Frau in Luxemburg, am 28. December 1861 Professor der [illegible], der Patrologie und der Liturgik am Priesterseminar daselbst, [illegible] 1878 auch Subregens des Seminars, am 2. April 1879 zugleich [illegible]. Seit 1880 war er auch Mitglied des Curatoriums des [illegible] Athenäums, seit 1881 Mitglied der Schulcommission.

[illegible] Gebiete der Patrologie widmete P. seine Studien besonders dem [illegible]. Er veröffentlichte zuerst die Schrift: „Die Lehre des hl. Cyprian [illegible] Einheit der Kirche gegenüber den beiden Schismen in Karthago und [illegible]burg 1870), dann die Abhandlung: Cyprians Lehre über die [illegible]istie“ (Katholik 1873, I, S. 669—687; II, S. 25—39), endlich [illegible]: „Der heilige Cyprian von Karthago, Bischof, Kirchenvater [illegible] Christi, in seinem Leben und Wirken dargestellt“ (Regensburg [illegible] die Realencyklopädie der christlichen Alterthümer von F. X. Kraus [illegible] Reihe von Artikeln zur Liturgik und christlichen Alterthums[illegible] der Artikel „Eucharistie“, I, S. 433—450), für die 2. Auf[illegible] Lexikons von Wetzer und Welte (1882 ff.) zahlreiche Artikel [illegible] und Dogmengeschichte und Patrologie (darunter „Cyprian“, III, [illegible] „Luxemburg“, VIII, 354—362; „Origenes“, IX, 1053—73 und [illegible]“, IX, 1073—78; „Semipelagianismus“ XI, 121—126), [illegible]lexikon der Görres-Gesellschaft den Artikel „Luxemburg“ (III,

1141—56). Aus dem Gebiete der alten Kirchengeschichte seien ferner Arbeiten genannt: „Rom und die altkirchliche Bußdisciplin“ (Katholik II, S. 113—125); „Les prétendus 104 canons du 4e Concile de Carthage de l'an 398“ (in: Compte-rendu du 3e congrès scientifique international des catholiques tenu à Bruxelles du 3 au 8 sept. 1894, Bruxelles). Verschiedene Beiträge zur luxemburgischen Geschichte resp. Kirchengeschichte und Alterthumskunde veröffentlichte er (in deutscher Sprache) in den Publications de la Section historique de l'Institut grand-ducal de Luxembourg, die größeren: „Das Obituarium der Abtei Echternach“ (T. 27, 1872, bis 169); „Die Anfänge des Christenthums im Großherzogthum Luxemburg“ T. 32, 1877, S. 219—288); „Die luxemburger Bisthumsfrage“ 1895, S. 281—302); „Der Abt Rudolf v. Vanne und die Gründung der Altmünster-Abtei in Luxemburg“ (T. 44, 1895, S. 1—27); Sebastian de Blanchart und seine Luxemburger Chronik (T. 46, 1898, S. 107-

M. Blum, Dr. Johann Peters, Canonicus, Subregens und Professor am Priesterseminar zu Luxemburg. Ein Lebensbild. In: Ons Hémecht (Luxemburg), 1877, S. 600—628. Lauchert.

Petersen: Karl Friedrich P., hamburgischer Bürgermeister, wurde am 6. Juli 1809 in Hamburg geboren. Sein Vater, Marcus Hermann P., war in selbständiger Stellung bei der „Schreiberei beschäftigt, er war also nach heutiger Bezeichnung Hypothekenbeamter. Zehnjährig (im October 181 P. ins Johanneum als Schüler ein, und nach dem Abgange von dieser Anstalt besuchte er vom September 1826 bis Ostern 1827 das (akademische) Gymnasium. Von seinen Lehrern übte Professor Hipp (s. A. D. B. 463) großen Einfluß auf P. aus. Um Ostern 1827 bezog er, reifer manche seiner Altersgenossen, die Universität Göttingen, um die Rechte zu studiren, und zu Michaelis 1827 siedelte er nach Heidelberg über, um seine Studien dort fortzusetzen. Am 12. Mai 1830 erlangte er die juristische Doctorwürde, und nach einem mehrmonatlichen Aufenthalte in Paris wurde er am 6. Juli 1831 in seiner Vaterstadt als Advocat immatrikulirt. Da er in seinem Berufe tüchtig war und sein Vater mannichfache Verbindungen hatte, wurde er der Sachwalter mancher der angesehensten hamburgischen F Im J. 1837 vermählte P. sich mit Kathinka Hasche, der Tochter des ge Juristen Dr. Hasche. Fünf Kinder gingen aus dieser Ehe hervor; ein ihnen, ein Knabe, wurde jedoch schon im zartesten Lebensalter dahin P. hatte nicht lange nach seiner Rückkehr in die Vaterstadt ein Haus er um an den Versammlungen der Erbgesessenen Bürgerschaft theilzunehme übte in ihr auf die vaterstädtischen Angelegenheiten unausgesetzt me minder Einfluß. Selbstverständlich gehörte er auch der Bürgergarde a den Jahren 1833—37 bekleidete er das Ehrenamt eines Armenp Längere Zeit war P. Mitarbeiter der „Literarischen und kritischen B der „Börsenhalle“. Im J. 1840 veröffentlichte er dort eine Widerlegu damals großes Aufsehen erregenden Schrift „Die europäische Pentarchi bekannte hierin sein Deutschthum, wie denn seine Empfindungen un sinnungen von frühester Jugend an deutschpatriotisch waren. Sein Interesse für die Vaterstadt bethätigte er u. a. dadurch, daß er sich mühseligen Arbeiten für die Publikation der hamburgischen „Gerichtso und Statuta“, die zu den werthvollsten Leistungen des Vereins für burgische Geschichte gehört, betheiligte. Beim Ausbruch des großen B im J. 1842 half er seinem Vater, die Bücher und Dokumente der „Schrei des Hypothekenamtes“ aus dem Rathhause retten. Das Vertrauen berief P. in das Schätzungsgericht, das im Hinblick auf den Wieder- eingeäscherten Stadttheils zur gerechten Durchführung der Expro- war. Mit großer Entschiedenheit trat er, als seit März Gildenfrage im Mittelpunkte der öffentlichen Discussion stand, in Schrift für den talentvollen Ingenieur Lindley und seine Im J. 1848 schloß P. sich dem gemäßigt-liberalen, bei der großen reactionär verschrieenen Patriotischen Verein, dessen Präsident er Zeit wurde, an und bewahrte überhaupt eine maßvolle politische Haltung war indessen nicht nach dem Geschmack der damaligen erlitt P., der als Candidat für die Constituante aufgetreten war, Wahlen eine entschiedene, immerhin aber recht ehrenvolle Niederlage. deutschen Frage war er zunächst für die Constituirung eines einigen unter Preußens Führung und später (im Herbst 1849) für den Hamburgs an das Dreikönigsbündniß. Eine sehr eifrige Thätigkeit P. als Mitglied der im September 1849 gebildeten sog. „Neuner-", die den Auftrag hatte, die von der Constituante entworfene, ein rechtes Erzeugniß des politischen Idealismus, nach gewissen abzuändern und sich darüber mit der Constituante zu verständigen. öffentlichte im J. 1851 eine kleine, großes Aufsehen erregende Schrift: burgische Verfassungsfrage", um den unter seiner Mitwirkung zu gekommenen Verfassungsentwurf von 1850 gegenüber dem Wider- innerhalb und außerhalb Hamburgs (vor allem beim Bundestag) worden war, zu vertheidigen, und bemühte sich, den Entwurf als durch- revolutionär, sondern weit eher als conservativ hinzustellen. Auch öffentlichen Angelegenheiten wandte P. sein Interesse zu, so bemühte sonders um das hamburgische Theaterwesen, das einer Besserung da- gend bedurfte.

Februar 1855 wurde P. in den Senat gewählt. Seine juristischen wurden zunächst für das Gerichtswesen verwerthet (Justiz und Ver- waren damals noch nicht getrennt), an der Verwaltung nahm er nur in zweiter Linie theil. Er wurde im J. 1856 in eine inner- Senats gebildete Commission gewählt, die Vorschläge bezüglich der- fassungsreformen machen sollte, die am dringendsten geboten und bar erschienen, und im Sommer 1858 wurde er an Stelle Kirchen- Referent für die Verfassungsangelegenheit im Senat. P. war in allmählich viel conservativer geworden und war im J. 1859, eine lebhafte Agitation für die Einführung der Verfassung von, sehr weit davon entfernt, sich mit ihr, an der er doch so eifrig hatte, zu identificiren. Auf Petersen's Vorschlag hin erklärte Senat damit einverstanden, daß zunächst eine repräsentative Bürger- wesentlichen nach den Bestimmungen der Verfassung von 1850 — gerufen und mit dieser die weitere Verfassungsform vereinbart 6. December 1860 trat die erste gewählte Bürgerschaft zusammen. des Verfassungswerkes kam indessen nicht so leicht zu Stande, erwartet hatte, da die neugewählte Bürgerschaft den Senats- Widerstand entgegensetzte, und P. sah sich veranlaßt, in einer Reihe artikeln für die Senatsvorlage, theilweise mit scharfen Worten, (Ende December 1859 und Januar 1860). Auf Grund eines, an dem auch P. mitgewirkt hatte, kam schließlich eine Einigung

der Entwicklung der Vaterstadt, so machte die neue Verfassung, September 1860 publicirt wurde und noch heute in ihren Grundzügen zu Recht besteht, auch in Petersens Laufbahn Epoche, denn er trat an die Stelle des beim Eintritt der neuen Ordnung aus dem Senate anderen älteren Mitgliedern ausscheidenden Senators Blumenthal und seit Anfang 1861 als erster Polizeiherr, der damals auch Leiter des fängnißwesens, des Auswandererwesens und des Feuerlöschwesens, ferner des Criminaluntersuchungswesens und Strafrichter mit ausgedehnter Comp war und seine Befugnisse kraft einer gewissen patria potestas in patri lischer Weise ausübte, im Stadthause. Von diesem Theil seiner Wirks her datirt Petersen's große Popularität, denn er liebte es mehr die hülf als die schreckende und strafende Seite seines Amtes hervorzukehren. Milde seiner Sinnesart entsprach es, daß er als Polizeiherr auch den strebungen des Thierschutzvereins in jeder möglichen Weise Vorschub zu lei suchte. Seine Autorität wußte P. unter allen Umständen zu wahren, er bewies dies vor allem in den kritischen Tagen des Juni und Juli 1 wo die Arbeitseinstellungen im Baugewerbe zu allerhand Ruhestörungen fü P. erntete damals nach der kraftvoll bewirkten Wiederherstellung der Or seitens des Senats wie der Bürgerschaft lebhafte Anerkennung. Mit scheidenen Mitteln und einem verhältnißmäßig kleinen Personal leistete P Polizeiwesen wirklich Bewundernswerthes, aber ein Mißstand lag darin, zu viel auf seiner Person beruhte. Auf die Dauer konnte P. sich der kenntniß nicht verschließen, daß das bisherige System nicht mehr aufrecht halten sei, und er hielt es für seine Pflicht, selbst die Hand zu einer organisation der Polizei zu bieten. Ende 1875 war das Werk zum Absch gebracht und damit eine Einrichtung geschaffen, die in ihren Grundzügen heute besteht. P. trat nunmehr persönlich von der Leitung der Poliz verwaltung zurück, da sie der Bethätigung seiner Individualität keinen nügenden Spielraum mehr bot, behielt aber noch ein Jahrzehnt den Vo im Krankenhauscollegium und im Gesundheitsrath bezw. im Medicinalcollegiu der zu den Befugnissen des ersten Polizeiherrn ebenfalls gehörte, bei, denn vermochte sich nicht von der ihm lieb gewordenen, seinem humanen Sinn sagenden Wirksamkeit an der Spitze dieser Behörde zu trennen. Großen Einflu übte P. u. A. auf die Erbauung des Allgemeinen Krankenhauses in Epp dorf, begeistert für den Gedanken, daß es zu einer Musteranstalt für ga Deutschland werden sollte.

Im April 1863 betheiligte sich P. zum ersten Male als Senatscommiss an einer Bürgerschaftssitzung. Am 27. April trat er in einer ebenso g schickten wie warmherzigen, patriotischen Rede für eine Senatsvorlage ein, einen besseren Schutz der hamburgischen Schifffahrt und der deutschen Küst bezweckte, mit dem Erfolge, daß der Senatsantrag, der schon einmal rundw abgelehnt war, endgültig genehmigt wurde. Seitdem P. in den Senat ei getreten war, hatte sich zwar sein Patriotismus nicht vermindert, wol ab war er partikularistischen Regungen zugänglicher geworden. Als Ideal schweb ihm damals ein einiges Deutschland vor, in dem den einzelnen Staaten e höheres Maaß von Selbständigkeit verbleiben würde, als dies unter preußisch Führung für wahrscheinlich galt. Gleich vielen anderen Hamburgern hat er in jenen Jahren mehr Sympathie für Oesterreich als für Preußen; fühl man sich doch seit 1857, dem Jahre der Handelskrisis, wo man von Oeste reich thatkräftige Hülfe erhalten hatte, der österreichischen Regierung zu b sonderem Danke verpflichtet. Er verkannte indessen niemals, welche Beschrä kungen die Macht der Verhältnisse der Politik eines Kleinstaates auferleg und bekundete dies vor allem in dem denkwürdigen Jahre 1866. P. w Anfang Juni 1866 wegen seiner angegriffenen Gesundheit nach Gastein g [illegible] aber auf Grund einer Depesche vom 17. Juni, die seine Rückkehr [illegible] bezeichnete, in die Heimath zurück. Es ist ganz unzweifel- [illegible] erheblichen Einflusse Petersen's zu danken, daß in der ent- [illegible] Bürgerschaftssitzung vom 4. Juli 1866, in der P. zusammen mit [illegible] mann als Senatscommissar fungirte, die von Preußen beanspruchte [illegible] bewilligt wurde und daß damit eine Wendung erfolgte, [illegible] Unabhängigkeit Hamburgs von neuem sicherte. Die Er- [illegible] Jahre 1870 und 1871 brachten auch für P. die Erfüllung eines [illegible] Jugend; er war besonders stolz darauf, daß einer seiner Söhne [illegible] Krieg zog und bedauerte nur, nicht selbst mit ins Feld rücken zu [illegible]

[illegible] 1. Januar 1876 trat P. in die glänzendste Periode seines [illegible] der Senat ihn zum Bürgermeister wählte. Entgegen seiner [illegible] Absicht hat P. die Bürgermeisterwürde — von den verfassungs- [illegible] geschriebenen Zwischenräumen abgesehen — bis an sein Lebensende [illegible] P. betheiligte sich auch in seinem neuen Amte, das ihm in höherem [illegible] als bisher Repräsentationspflichten brachte, weiter an der stillen Arbeit [illegible] behörden. Ein neues Arbeitsgebiet fiel ihm zu, als er im [illegible] 1880 die Leitung der Verwaltungsabtheilung für Reichs- und aus- [illegible] Angelegenheiten übernahm. Damals gerade kam die Frage des von Bis- [illegible] und vom Senat vor der Hand abgelehnten Zollanschlusses [illegible] in Fluß. P., der anfangs für den Zollanschluß schlechterdings [illegible] war, weil er ihn nicht nur für Hamburg, sondern auch für [illegible] interesse Deutschlands für nachtheilig hielt, arbeitete schließlich, als [illegible] kenntniß gelangte, daß in dieser Frage hinter Bismarck die Mehrheit [illegible] Volkes stand, und sich als Staatsmann der Nothwendigkeit, eine [illegible] Haltung zu beobachten, nicht verschließen konnte, im Verein mit [illegible] mann mit Nachdruck und Geschick darauf hin, daß der Zoll- [illegible] der eine so gewaltige Umwälzung für Hamburg bringen sollte, von [illegible] gerschaft genehmigt wurde. Von P. stammen u. a. drei Artikel, die [illegible] „Hamburger Nachrichten“ erschienen und wirksam für die Annahme [illegible] inbarung mit dem Reiche plädirten. Am 15. Juni 1881 fand die [illegible] nde Bürgerschaftssitzung statt, und hier hielt P. eine zugleich von [illegible] hem wie von staatsmännischem Empfinden getragene Rede zu Gunsten [illegible] ahme des Vertrages mit dem Reiche, und diesem Auftreten Petersen's [illegible] anz wesentlich zu danken, daß die Senatsvorlage mit 106 gegen 46 [illegible] angenommen wurde. Ebenso hatte er einen gewissen Antheil an [illegible] andekommen des die Berlin-Hamburger und die Hamburg-Altonaer [illegible] ngsbahn betreffenden Staatsvertrages zwischen Hamburg und Preußen, [illegible] 27. Februar 1883 von der Bürgerschaft gutgeheißen wurde. P. hatte [illegible] nlen, daß das gesammte hamburgische Eisenbahnwesen allmählich ganz [illegible] werden sollte, im Anfange keineswegs freudig begrüßt, und wenn [illegible] in den Verhandlungen über diese Angelegenheit preußischerseits ein [illegible] angeschlagen worden war, so hatte er den Standpunkt ver- [illegible] Hamburg sich sein Recht nicht verkümmern lassen und sich nicht [illegible] lassen dürfe, aber er hatte es sich doch angelegen sein lassen, [illegible] ständnisse aus dem Wege zu räumen, die eine Verständigung [illegible] schienen, und damit einer befriedigenden Lösung dieser Frage [illegible] Von 1883—88 standen dann die Arbeiten der zur Bewirkung [illegible] eingesetzten Ausführungscommission, in der P. den Vorsitz [illegible] punkte seines Interesses. Ein besonders weihevoller Tag war [illegible] 29. October des Jahres 1888, an dem den zum Behufe der neuen Zoll- und Freihafeneinrichtungen aufgeführten Bauten in Gegen[illegible] Kaiser Wilhelm's II. der Schlußstein eingefügt wurde.

Zu den öffentlichen Angelegenheiten, denen P. während der letzten [illegible] Jahre seines Lebens seine unausgesetzte Aufmerksamkeit schenkte, gehörte [illegible] Erbauung eines neuen Rathhauses; besaß doch Hamburg seit dem [illegible] Brande von 1842 kein wirkliches Rathhaus mehr. Es war von großer [illegible] deutung, daß P., der die Nothwendigkeit des Baues nie verkannt hatte, [illegible] Herbst 1880 Vorsitzender der Rathhausbaucommission wurde. Im Verein [illegible] Senator Versmann vermochte er die Bürgerschaft dafür zu gewinnen, daß [illegible] von neun angesehenen Hamburger Architekten ausgearbeitetes Project gene[illegible] wurde (3. Juni 1885). Am 6. Mai des folgenden Jahres konnte er [illegible] die Festrede bei der Feier der Grundsteinlegung halten.

Seit dem Jahre 1889 hatten sich zwischen P. und Bismarck freun[illegible] schaftliche Beziehungen angeknüpft. Die kühle Bewunderung, die P. ursprüng[illegible] für den großen Staatsmann hegte, hatte sich im Laufe der Jahre in wa[illegible] begeisterte Verehrung umgewandelt. P. erschien seitdem wiederholt als [illegible] in Friedrichsruh und umgekehrt Bismarck bei P.

Wie P. sich von jeher für die dramatische Kunst interessirt hatte, [illegible] zeigte er auch für alle anderen Kunstgebiete und für die Wissenschaft lebhaft[illegible] Interesse. Mit besonderem Eifer ließ sich P. angelegen sein, für Joh[illegible] Brahms die Verleihung des hamburgischen Ehrenbürgerrechts durch Beschl[illegible] von Senat und Bürgerschaft zu erwirken, und seinen Bemühungen gelang [illegible] daß der Antrag des Senats am 22. Mai 1889 ohne jede Debatte von [illegible] Bürgerschaft angenommen wurde. Petersen's Sinn für Geschichte ließ ihn [illegible] besonderer Freude alle, selbst die bescheidensten Bemühungen zur Erforsch[illegible] der hamburgischen Vergangenheit begrüßen. Kam er auch nicht dazu, [illegible] selbst als Historiker zu bethätigen, so schöpfte er doch aus der Beschäftigung mit geschichtlichen Dingen historischen Sinn, historische Auffassung. Sie füh[illegible] ihn dazu, auch die politischen Dinge so anzuschauen, wie sie im Lichte [illegible] historischen Betrachtung erscheinen mußten, und darauf beruhte nicht zum wenigsten seine Bedeutung als Staatsmann.

Mit frohen Erwartungen waren Hamburg und P. in das Jahr 1892, das mit der Choleraepidemie so schweres Leid über die alte Hansestadt bringen sollte, eingetreten. Die weihevolle Rede, die P. am 7. Mai 1892 bei der Richtfeier des Rathhauses hielt, war sein Schwanengesang. Nicht lange nach her erkrankte er, um nicht wieder zu genesen. Er verbrachte den ganzen Sommer in seiner Sommerwohnung in Flottbeck und war außer Stande, seine früher stets bewährte Kraft der durch die furchtbare Epidemie bedrängten Vaterstadt zur Verfügung zu stellen. Am 14. November 1892 schlossen sich seine Augen für immer. Hamburg hatte einen unersetzlichen Verlust erlitten, und vielhundertstimmig kam der Schmerz um seinen Heimgang zum Ausdruck. P. war sich in seiner Liebe für die Vaterstadt stets gleich geblieben, darin aber zeigte sich der gewaltige Fortschritt, der sich während der letzten Jahrzehnte seines Lebens in ihm wie in den deutschen Verhältnissen vollzog, daß er sich Hamburg Wohlfahrt immer weniger getrennt vorstellen konnte von der Wohlfahrt des gesammten deutschen Vaterlandes. — Außer den schon genannten litterarischen Arbeiten veröffentlichte P.: „Einige Bemerkungen über Getreideverkäufe ab russischen Häfen" (Hamburg 1854).

Schröder-Klose, Lexikon der hamburgischen Schriftsteller bis z. Gegenwart, 6. Band (Hamburg 1873), S. 31 f. — Wohlwill, Bürgermeister Petersen (Hamburg 1900); — Derselbe, Die hamburgischen Bürgermeister

...Petersen, Versmann (Hamburg 1903); — Derselbe in: Mittheilungen d. Vereins f. Hamburg. Geschichte, 24. Jahrg. 1904, S. 464—466.

W. Bröcking.

Petri: Friedrich P., Dr., Professor am Louisenstädtischen Real...sium in Berlin, war geboren am 26. Mai 1837 in Berlin, promovirte ... und war von 1864 bis zu seinem Tode, der ihn am 28. November ... in Berlin ereilte, am Louisenstädtischen Gymnasium als Lehrer der ...matik und Naturwissenschaften thätig; daneben war er lange Jahre hin... Docent für Chemie an der kgl. Oberfeuerwerkerschule. Neben einem ... für Chemie veröffentlichte er Arbeiten über Reinhaltung der Städte ...flüsse, über Verwendung der Abfallstoffe sowie Untersuchungen über ...wasser (Kohlengrube Albert bei Breslau), über Explosivstoffe (Melinit) u. a. Als Student war er im preußischen Herrenhause und im Ab...netenhause als Stenograph thätig und gehörte von 1862 bis 1868 der ...graphischen Prüfungscommission der Stolze'schen Stenographieschule als ... an. Auch später nahm er noch regen Antheil an der stenographischen ...gung.

Vgl. Magazin für Stenographie, Berlin 1897, S. 13. — Mertens, ...ogr.-Kalender 1897, S. 154.

Johnen.

Petri: Julius P., Dichter, wurde am 11. September 1868 zu Lipp... in Westfalen als ältestes von sieben Kindern eines tüchtigen Klempner...rs geboren, den schon im Frühjahr 1881 jähe Krankheit hinwegraffte. ...utter litt nicht, daß der begabte Junge aus dem Realgymnasium in ...statt trat, wozu er sich sogleich erbot, und sie blieb ihrem höheren ...gefühl treu, als der Berliner Student nach dem Tode des brüderlichen ...rgers wiederum Ersatz leisten wollte. Sie überwand dann auch die ... gegen den Fortgang des Germanisten, der 1891 mit einer tüchtigen ... über Otto Ludwig's Bernauerin-Dramen promovirt hatte, zur freien ...iftstellerei. Daheim schuf er, der Protestant unter Katholiken, seinen ... auf religiösen Conflicten beruhenden Roman „Pater Peccavi" (Stutt... Cotta, 1892), und bewies darin trotz ungleicher Ausführung eine ins ...bohrende und mit starken Gegensätzen wirkende Kraft, während ein ...iges Opernbuch „Dichter und Welt" für den befreundeten Componisten ... Baußnern der herben und derben Art unsers Westfalen nicht lag. Von ...over, wo er an der Leitung einer Schülerpension theilgenommen und ... Motivschatz im Stillen gemehrt hatte, kam er nach Berlin zurück. Die ...me, doch durch des Verlegers und des Leiters Wohlwollen angenehm ...taltete Stellung im Redactionszimmer der „Deutschen Rundschau" sicherte ...sein und ließ ihm Muße zu regem Schaffen, zu ästhetischen Studien. ... Gattungen griff er aus, des Könnens und des Gelingens froh, doch ... kraftgeniale Ueberhebung. Da befiel den scheinbar Kerngesunden ...liches Herzleiden, dem er sich mit zäher Energie entgegenstemmte, aber ... am 16. November 1894 erlag. Am letzten Tage noch hat der Sterbende ...schiedsgrüße für die nächsten Freunde dictirt und mühsam unterzeichnet. ... haben einiges hier und da Gedruckte, vor allem aber die bedeutendsten ..., auch humoristische, des großen handschriftlichen Nachlasses als stattlichen ... unter dem Titel „Rothe Erde" herausgegeben (Berlin, Gebr. Paetel, ... P. selbst hatte einen Cyklus „Was ist Wahrheit?" bedacht. Unsre ...schrift soll die Novellen und ein Romanfragment, die sich um Gebunden... Freiheit des Sittlichen wie des Sinnlichen drehen, die Lyrik mit ...preußischen Heimathszügen, das an Tolstoi und Hauptmann mahnende ... gewaltige, theils gewaltsame Trauerspiel „Bauernblut" (aufgeführt im

Berliner Neuen Theater, 9. Mai 1897) als westfälisches Gewächs kennzeich Nach „Wahrheit“ aber hat P. selbst, der Mensch und der Dichter, [illegible] ehrlichem Kampfe gestrebt. Ueberall arbeitet er aus örtlicher, confessio geistiger Enge auf Licht und Wärme hin, doch der reifende Künstler nicht im Dienste der Tendenz, sondern der Lebensgestaltung. Seine [illegible] hatte ihn mit urwüchsiger Härte ausgerüstet, die durch die innigste [illegible] und Bruderliebe erweicht war und sich mit jugendlichem Frohsinn wohl [illegible] trug. Unablässiger Bildungseifer versprach die Schranken seiner Welt- Menschenkenntniß immer weiter hinauszurücken. Petri's früher Tod unsere Litteratur um schöne Hoffnungen betrogen.

Erich Schmidt.

Pettenkofen: Karl August von P. August Xaver Karl Pettenkoffer [illegible] am 10. Mai 1822 in der Pfarrkirche St. Peter zu Wien getauft. (Die Schrei Pettenkofen nahm der Künstler erst als Mann an, geadelt wurde er 18[illegible] Sein Vater war der Handelsmann und Gutsbesitzer Anton Pettenkoffer, [illegible] Mutter Anna geborene Edle v. Nespern. (Durch sie war P. der [illegible] des Dichters Ferdinand v. Saar, des Sohnes ihrer an Ludwig v. [illegible] verheiratheten Schwester Karoline.) Der Vater starb schon 1834 und [illegible] Frau und Kinder in wenig günstigen finanziellen Verhältnissen zurück. [illegible] im selben Jahre, also 12jährig, kam P. an die Akademie der bildenden Kü Von 1837 bis 1840 zeichnete er unter Kupelwieser nach der Antike. [illegible] und 1843 diente P. als Cadett im Dragoner-Regiment Ludwig I., König [illegible] Baiern, Nr. 2. Seine erste Lithographie, ein dornengekrönter Christu nach einem italienischen Vorbild, stammt bereits aus dem Jahre 18[illegible] Lithographien sind es auch, die ihn bis zur Mitte des Jahrhunderts vorwie beschäftigen. Anfänglich scheinen ihn Franz Eybl und Peter Johann Nepom Geiger, mit denen zusammen er auch an einem Blatte (der „Huldigung [illegible] den Palatin Josef“) arbeitet, wenigstens in technischer Beziehung beeinflußt zu haben. Von seinen Lithographien sind folgende besonders hervorzuheben die Federzeichnungen für Duller's Biographie des Erzherzogs Karl, an be Illustration auch Moriz Schwind, Johann Nepomuk Geiger und [illegible] L'Allemand betheiligt waren (1844—47), die Arbeiten für den „Kobold (1846—47), die Serie „K. k. österreich'sches Militär“ (1847), die „Wien Bilder“, die er zusammen mit Anton Zampis schuf (1847—48), seine Arbeit für die „Bewegung“ (1848), die Eröffnung des ungarischen Reichstages a 5. Juli 1848 (1848, zusammen mit Josef Borsos gearbeitet), die drei gro Blätter: Kaiser Franz Josef I., Radetzky und Haynau, jeder mit sei Suite (1849), die Darstellungen aus dem ungarischen Feldzug (1849—50 die Bilder aus dem Soldatenleben mit Versen (1849—50), die „k. k. öst reich'sche Armee“ (1850—51, zusammen mit Anton Straßgschwandtn und die „12 Scenen aus der Ehren-Halle des k. k. Militär-Fuhrwesen-Korps (1851). Die besten dieser Lithographien, die künstlerisch ziemlich ungleich sin und daher mit recht verschiedener Antheilnahme gearbeitet sein müssen, ve rathen einerseits ein ausgesprochenes Erzählertalent, das gleicherweise dramatisch bewegten und harmlos komischen sowie scharf satirischen Scenen gerecht wi und andererseits einen eminent malerischen Sinn. Neben den Lithographi entstehen in jenen Jahren vornehmlich Aquarelle, z. Th. dieselben Gegenstän wie jene behandelnd. Oelbildnisse kleineren Formats sind noch etwas un persönlich. Sie zeigen den allgemeinen Charakter der Wiener Schule und e innern noch am ehesten an die Art Franz Eybl's. In seinen Soldatenbilder ist P. zuerst am meisten von seinem gleichaltrigen Studiengenossen an d Akademie, Karl Schindler, beeinflußt, nach dem er auch lithographirt hat. J-

[illegible] ist er am frühesten selbständig. Die Lithographien vom Ende der [illegible] Jahre zeigen deutlich, daß er Raffet und Gavarni kennen gelernt hat. [illegible] Jahre 1851 hat P., der so viel und so ausgezeichnet lithographirt [illegible] er unter den gleichzeitigen Wiener Lithographen eine erste Stelle [illegible] sein ganzes Leben lang nicht mehr auf dem Stein gezeichnet. [illegible] 1852, scheint es, reist er zum ersten Male nach Paris. Dort [illegible] damals — um nur die Maler zu nennen, für deren Werke P. seiner [illegible] Veranlagung gemäß das größte Interesse haben mußte — die [illegible] Decamps, Huet, Troyon, Rousseau, Dupré, Millet, Meissonier und [illegible] und die beiden Belgier Stevens und Willems. P. brachte aus der [illegible] ein paar Bilder mit, die auch die Anerkennung der Pariser Kenner [illegible] 1853 malte er seinen „Verwundetentransport" (Karl Reichert in [illegible] und seine „Ungarischen Freiwilligen" (Vanderbilt in New-York), Bilder, [illegible] der Seine geradezu enthusiastisch aufgenommen wurden. So viel er [illegible] in Paris lernt, so wird er doch niemandes Nachahmer. Es macht [illegible] den Eindruck, als ob er durch den ersten Pariser Aufenthalt [illegible] bewußter würde. Wenigstens pflegt er gerade in den nächsten zwei [illegible] ganz besonders jenes Thema, das ihn populär gemacht hat: die [illegible] und ihre Bewohner. Seine Bilder werden ruhiger, erzählen weniger. [illegible], aber auch alles Historische verschwindet aus ihnen. Die Per- [illegible] mehr zur Staffage, wenn auch niemals zur nichtssagenden. Die [illegible] tritt in den Vordergrund, und die Stimmung wird Hauptsache. [illegible] und Aquarell spielen gleich große Rollen. Das Colorit macht selbst- [illegible] viele Wandlungen durch, ist aber immer unendlich geschmackvoll, [illegible], bald discret. Ganz wunderbar ist namentlich auf den Oelgemälden [illegible] behandelt.

[illegible] ist von 1852 ständig auf der Wanderschaft. Nach Paris geht er bis [illegible] immer wieder, auf ein paar Tage oder auf viele Monate. Seit 1858 [illegible] Italien auf, das er schon als Cadett kennen gelernt haben muß. [illegible] Jahr vor seinem Tode, ist er das letzte Mal dort. Er reist nicht [illegible] Stadt zu Stadt, sondern hält sich auch zu wiederholten Malen längere [illegible] Rom, Neapel und Venedig auf, besonders in Venedig, wo er einige [illegible] verbringt. Im Sommer oder Herbst geht er gern nach Ungarn, und [illegible] Szolnok, das ihm fortwährend die meisten Motive für seine [illegible] Bilder liefert. Auch in Wien, wo er seit 1870 keine ständige [illegible] mehr, seit 1880 aber ein Atelier auf der Akademie hat, verweilt [illegible] länger als anderswo, ja einige Jahre (1872, 78 und 83) läßt er sich [illegible] Vaterstadt überhaupt nicht sehen. Natürlich kommt der Wechsel der [illegible] auch in den Sujets der Bilder zum Ausdruck. Vor allem [illegible] und südtirolische Interieurs zu verzeichnen. Doch überwiegen [illegible] 80er Jahre die ungarischen Stoffe. Sie sind bekannt genug, [illegible] ähnlich und doch nie dieselben: Szolnoker Marktgetriebe, als [illegible] und im einzelnen gesehen, Zigeuner lagernd oder auf der Wanderschaft, [illegible] in ihren mannichfachen Beschäftigungen, niedrige Gehöfte mit weißen [illegible] und Strohdächern, kothige Dorfstraßen, von Gänsen und Schweinen [illegible] Puszta, aus der nur hohe Ziehbrunnen aufragen, armselige [illegible] in der Schwemme oder neben ihren Karren mit gesenkten Köpfen [illegible] stehend, — das sind so etwa die häufigsten Themen. Ungefähr [illegible] Jahrzehnt seines Lebens fängt P. wieder zu componiren, wieder [illegible] Genrebild zu pflegen an. Eine Reihe großer Entwürfe be- [illegible], von denen eigentlich keiner ganz zur Ausführung gekommen ist. [illegible] wenigstens zwei dieser Compositionen in verschiedenen Stadien

und Fassungen: die „Reitknechte (im Kostüm des 17. Jhdts.), die m
Pferden ihrer Herren auf den Ausgang eines Zweikampfs warten“ u
„Straßenkampf (in der Tracht des 18. Jhdts.) in einer venezianischen Ca
beides Schöpfungen, die den Künstler auf der höchsten Höhe seines K
zeigen. Auch die Zeichnung tritt wieder mehr in den Vordergrund. P.
die Illustration seines Lieblingsbuches „Gil Blas“ von Lesage. Dutzen
köstlichen Blättern, zum Theil ganz flüchtig skizzirt, zum Theil prachtv
Pinsel und Feder ausgeführt, sind erhalten. Viele große Zeichnung
80er Jahre, zumeist südtirolische Motive festhaltend, sind mit weichem B
meisterhaft breit und sicher hingeworfen. Noch in den letzten Jahr
reichert P. seine Technik, indem er mit Pastell und Gouache zu arbeiten be
Ueberhaupt entgeht ihm ebensowenig ein Fortschritt der Technik wie ein
künstlerische Erscheinung, und rastlos strebt er, das eigene Können z
vollkommnen. Nie kann er sich selbst genug thun, und was vor seiner st
Selbstkritik nicht stand hält, vernichtet er einfach. Sein Fleiß übersteig
Grenzen. Nichts ist ihm für eine Naturstudie zu gering, er zeichnet
und überall. Noch als fertiger Meister besucht er einen Actcurs oder g
täglich in der Frühe nach dem Modell. Zum „Gil Blas“ macht er die
fältigsten Kostümstudien nach alten Meistern, die er genau kennt.

Als Künstler war P. der einzige unter den Malern der alten W
Schule, der völlig über die heimathliche Localtradition hinauswuchs un
in seinem Alter dort stand, wo die am meisten fortgeschrittenen seiner
genossen auch in anderen Ländern standen. Er war infolgedessen au
einzige Alt-Wiener Maler, der bei Lebzeiten einen internationalen Ruf genos
Mensch war er ein vornehmer Charakter, aber ein wenig glückliches Temper
Ein ausgesprochener Hypochonder, litt er nicht nur an wirklichen, sonder
mehr an eingebildeten Uebeln. Den Anwandlungen von Menschenscheu
jedoch seine Kinderliebe und die treue Freundschaft, die ihn z. B. mit L
Karl Müller (siehe diesen!) verbunden hat, gegenüber. Ist er einerseits
haltend und verschlossen, so kann er andererseits der amüsanteste Gesell
und ausgelassen lustig sein. Dem Wiener Künstlerkreis steht er, wen
in späteren Jahren, recht fremd gegenüber, dagegen ist er mit vielen h
ragenden Künstlern des Auslands, z. B. Lenbach und Fortuny befr
Zu seinen Lebzeiten kam — mit seinem Willen — keines seiner Bild
eine Ausstellung. Jedenfalls war er der schlechteste Geschäftsmann und
stets in Geldnoth, während Andere durch seine Bilder reich wurden.

P. starb am 21. März 1889 im Sanatorium Löw an einer Rip
entzündung, die er sich bei der Arbeit zu seinem letzten Bild, dem St
kampf, geholt hatte, und die zu einem alten Herzleiden verderblich hin
Er hatte seinen Nachlaß noch selbst geordnet und die Schwestern seines Fr
Müller zu Erbinnen eingesetzt.

P. war seit 1857 Ehrenmitglied der „Koninklyke Akademie van Bee
Kunsten te Amsterdam“, 1863 erhielt er das Ritterkreuz des Franz
Ordens und wurde Ehrenmitglied der „Réunion des Artistes Peintr
du Royaume des Pays-Bas sous le nom de la Société ‚Arti et Amici
1866 ward er wirkliches Mitglied der k. k. Akademie der bildenden Kü
Wien, 1872 Ehrenmitglied der königlich bairischen Akademie der bil
Künste in München, 1873 erhielt er den Orden der eisernen Krone 3.
1874 ward er, wie schon erwähnt, in den Ritterstand erhoben, 1880
er den Titel „k. k. Professor“.

Pettenkofen's Werke sind in öffentlichen Sammlungen verhältni
spärlich vertreten, die meisten befinden sich in Wiener Privatsammlung

... bei Franz Xaver Mayer, Eugen Miller v. Aichholz, den Schwestern ... Müller's und August Heymann, der die vollständigste Sammlung ... Künstlers Lithographien besitzt. Auch die Stadt Reichenberg nennt ... Anzahl von Pettenkofen's Bildern ihr eigen.

... v. Frimmel, Einleitung zum Katalog der Nachlaßauction, die ... H. O. Miethke's Leitung im Januar 1890 stattfand. — Karl ... August v. Pettenkofen in den Graphischen Künsten, Wien 1895, ... 28 ff. — Friedrich v. Boetticher, Malerwerke des 19. Jhdts., ... II (1898), 248 ff. Arpad Weixlgärtner.

... Johann P., Bildhauer, geboren am 16. Mai 1818 zu Leermoos, ... 1880 in München. Ein echtes Prototyp aus dem Lande Tirol, ... viele wackere Künstler nicht allein zum großen Contingent der ... Maler und Bildhauer, sondern auch weit in andere deutsche Gaue ... Die Liebe und der Drang zu seinem künftigen Beruf muß wol tief ... und frühzeitig zu Tage getreten sein, da der mit Schnitzen ... hantirende Junge selbst nicht mit Schlägen von seinen instinktiven ... abzubringen war. Wie unzählige Andere, darunter beispiels... Anton Koch (welcher an Ernst Jaffé endlich einen längst ver... umsichtigen Biographen 1905 gefunden hat) und Karl Blaas (der ... Entwicklungsgang in seiner so anziehenden Autobiographie, ... von Adam Wolf, Wien 1876, schilderte), wurde auch P. als ... heimathlichen Heerde verwendet, bis dem frühreifen Jungen die ..., daß er noch rechtzeitig zu einem entfernten Verwandten, dem ... Augustin Scharmer in Wildermiemingen, flüchtete, einem treff... Mann, dessen Anleitung und Unterweisung er durch vierthalb ... Dann wandte sich P. 1837 auf gut Glück, ohne Empfehlungen ..., nach München, bei einigen Landsleuten etwa „in Condition“ zu ... Sein guter Stern führte ihn mit dem wackeren Konrad Eberhard († 1859) zusammen, welcher das tüchtige Talent erkannte und mit der ... Güte nach bester Möglichkeit förderte: Er nahm ihn in sein ... ließ ihn für sich arbeiten, unterstützte seine geistigen und leiblichen ..., sorgte für Aufträge und brachte ihn im entscheidenden Moment, bei ... des berühmten Dogmatiker Heinrich Klee (s. A. D. B. XVI, 69), ... Denkmal in Vorschlag. Petz's Entwurf einer von Fialen überragten ... der idealen Kreuzblume abgeschlossenen spitzbogigen Nische, welche eine ... Hirten“ darstellende Sandstein-Statue aufnahm, begründete schnell ... des jungen strebsamen Künstlers. Ehe seine tirolische Heimath auf ... ausgezeichneten Landsmann sich besinnen konnte, kamen schon Aufträge ...: P. modellirte zwei „Kreuzwege“, einen größeren und kleineren ... Reliefdarstellungen, welche großen Beifall fanden und in der Folge ... auch nach Amerika, wiederholt werden mußten. Ebenso drängten sich ... auf Grabdenkmale (z. B. für die Familie Görres), Altäre und ..., so daß P. sich eine Zeitlang mit seinem Landsmann Josef ... (A. D. B. XVI, 260) associirte, bis Letzterer erst von Sickinger ..., aber alsbald auf eigene Füße sich stellte. P. übernahm die ... der Pfarrkirche zu Cham, wohin er 1849—51 drei Altäre, ... fertigte. Als Hauptaltarbild componirte er eine 16 Fuß ... Verklärung Christi darstellende Gruppe, in die Seitenaltäre kamen ... ausgeführte Statuen. Von 1854—56 lieferte P. die vollständige ... Einrichtung der Pfarrkirche zu Arnschwang, ebenso der ehemaligen ... zu Seeon, und einen 47 Fuß hohen Hochaltar im Spitzbogenstiel ... mit einer Gruppe der Krönung Mariens und der am Grab der entschwebten Gottesmutter staunenden Apostel. Andere Arbeiten schlossen sich an für Taufkirchen (vorm Wald), Isen (1860) und Riedering (bei Rosenheim), wobei P. sich in verschiedenen Stylarbeiten sehr geschickt bewährte; zählte auch ein Abendmahl für die neurestaurirte Münchener Frauenkirche (1859). Damit war übrigens seine plastische Thätigkeit beendet. Die Übernahme einer Oekonomie, die Führung von Nutzbauten verdrängten den Künstler. P. erinnert in seiner Weise vielfach an den Entwicklungsgang des alten Vanucci da Perugia: Da sein Drang zu lernen lange keine genügende Nahrung erhielt, so traf P. als Künstler doch Vieles, mehr durch innere natürlich warme Empfindung und Instinkt als durch ausgereiftes Studium. Die volle Bewältigung der Form blieb ihm versagt, aber das Originelle und Primitive seiner Kunst machte seine Erzeugnisse sehr anziehend und liebenswürdig. So zählt P. längst vor den neueren Malern dieses Genre in Deutschland zu den „Prä-Raphaeliten“ in dem Gebiete der deutschen Plastik. Aus eigener Erfahrung drang P. bei seinen Kindern auf gründlichen Unterricht und weitere Ausbildung. Einer seiner Söhne erwählte das juristisch-historische Studium und bekleidet die Stelle eines k. Reichsarchivraths.

Vgl. L. Lang, Münchener Sonntagsblatt, 1862, S. 13. — A. Mayer, Die Münchener Frauenkirche, 1863, S. 26 u. 1875, S. 59. — Beil. der Augsburger Postzeitung vom 26. März 1880.

Hyac. Holland.

Petzl: Ferdinand P., Architekturmaler, geboren am 19. October 18.. in München, † am 15. September 1899 ebendaselbst. Der Vater war Geometer bei der k. Steuercatastercommission. In dessen, heute durch die Piloty-Straße verbauten Gartenwohnung sammelte sich damals ein lebhafter, meist aus norddeutschen Elementen bestehender Künstlerkreis um den älteren Sohn Joseph Petzl (s. A. D. B. XXV, 545), welcher sich frühzeitig in Dresden, Berlin und Hamburg, auch in Dänemark und Schweden, am Rhein und in Düsseldorf, aber auch in Italien, Griechenland und Constantinopel umgesehen und eine Menge fremdländischen Materials eingeheimst hatte, welches er in ebenso gut gezeichneten wie trefflich gemalten Bildern mit bestem Erfolg verarbeitete; er genoß durch sein leutseliges, tonangebendes Wesen, seine fröhliche sarkastische Laune und als Arrangeur der damaligen Künstlerfeste großes Ansehen. In dieser Luft erhielt der jüngere Ferdinand P. die ersten Eindrücke, zeichnete bei dem seit 1834 in München weilenden Fr. Ant. Wyttenbach (geboren am 26. Februar 1812 in Trier, † am 9. November 1845 daselbst) zuerst nach Gyps, erhielt aber auch durch denselben Einblick in die Architekturmalerei, frequentirte die Polytechnische Schule und Akademie, malte aus naheliegenden Gründen eine Menge von kleinen, aber bestmöglichst ausgeführten Bildnissen, oblag aber bald nach dem Vorgange von Wyttenbach, Wilhelm Gail, Michel Neher, Quaglio u. A. der Architektmalerei. Deshalb zeichnete er auf vielen Ausflügen durch Altbaiern und auf fortwährenden Studienfahrten nach Franken, Schwaben und Niederbaiern. Die Mittel zur Fortsetzung der Wanderung ergaben meist Porträte — der Ertrag jener zu kleinen Bildern verarbeiteten „Studien“ ermöglichte dann die weitere Ausdehnung zu einer Stoffeinsammlung aus den Rheinlanden, der Schweiz, Tirol und Oberitalien. Die merkwürdigsten Rathhäuser und Kirchenbauten, mit ihren Interieurs und Façaden, die Marktplätze mit ihren Wahrzeichen, die Vorhöfe alter Paläste, die Kreuzgänge mit allerlei plastischem Schmuck: das gab Alles erquickliche Ausbeute zu sorgfältig ausgeführten Oelbildern und Aquarellen. Manches erschien auch in Stahlstich, z. B. die Städte-Ansichten von Donauwörth und Nördlingen in dem (von Georg Franz herausgegebenen) „Malerischen Baiern“

[illegible] brachte P. kleine anziehende Bilder in den Kunstverein: Eine [illegible] Martins-Kirche zu Landshut (1845); den kleinen Rathhaussaal [illegible] (1846), die „Georgencapelle“ auf der Trausnitz (1847), nachmals [illegible] in dem Prachtwerk des Freiherrn K. M. v. Aretin: [illegible] und Kunstdenkmale des Bairischen Herrscherhauses“; die Pfarr-[illegible] (1848); aus dem Allerheiligenstift zu Schaffhausen [illegible] Maria Einsiedel in der Schweiz (1850), St. Ulrich in Augsburg [illegible] Stadthaus zu Ueberlingen; die Stiftskirche zu Ellwangen, das [illegible] Ulm (1854), die Jakobskirche zu Rothenburg (1859), die statt-[illegible] zu Lindau (1862), Konstanz, Nördlingen (1868) und Wetzlar; [illegible] aus Insbruck; Stein am Rhein (1864), Stiftskirche zu Aschaffen-[illegible]), das Rathhaus zu Bamberg (1868) und der „Obstmarkt zu [illegible] Holzschnitt in Nr. 44 der „Gartenlaube“, 1878, S. 719) mit [illegible] jenes Gasthauses, woselbst Goethe auf seiner italischen Reise 1876 [illegible] — eine jetzt doppelt dankenswerthe Leistung, da bald nach Petzl's [illegible] dieses anheimelnde Stück der Altstadt total niedergerissen und um-[illegible]! Von seinen wiederholten Ausflügen nach Oberitalien brachte P. [illegible] reiche Ausbeute: die Pescheria (Fischmarkt) in Venedig (1870), eine [illegible] im San Marco mit dem altbyzantinischen Madonnabilde und [illegible] getragenen Tabernacolo darüber; eine Ansicht der Maria della [illegible] (1872) und Palastbauten am Canale Grande; Erinnerungen an Riva [illegible], den Domplatz in Trient und andere Scenerien aus Cadore, [illegible] Heimath (s. Nr. 1788 d. „Illustr. Ztg“. Lpz. 6. Octbr. 1877), aus [illegible] Belluno und Feltre. Ebenso reizten ihn die Erinnerungen an Alt-[illegible] mit den allgemach verschwindenden Thoren, Thürmen, Stadtmauern [illegible] ehemaligen malerischen aber holperigen Terrain, den fabelhaften [illegible] und Winkelwerk der Straßen; behauptete ja beispielsweise die [illegible] ihren ländlich kleinstädtischen Typus bis in die Mitte des [illegible] Saeculums! Petzl's Bilder mit den culturhistorischen, oft höchst [illegible], an den liebenswürdigen Humor Spitzweg's streifenden Staffagen [illegible] bereitwillig der deshalb doppelt hochwohllöbliche Magistrat und ver-[illegible] den Ansichten, Bildern und Veduten von Dillis, Lebschée, Michel [illegible] Höchl u. A. in dem neugegründeten, historischen Museum, [illegible] fortwährend noch an Bedeutung und Zuwachs gewinnt. Ebenso reizte [illegible] stattliche, vierhundertjährige Bauwerk der Frauenkirche mit ihrem [illegible] recht bunten und gegen den ursprünglichen Stil pietätlos und [illegible] sich breitmachenden Capellenschmuck, welcher bei der folgenden Re-[illegible] gar zu unbarmherzig, neue Unbilden zu den alten häufend, wieder [illegible]. P. zeichnete und malte oft grimmigen Herzens diese pastosen [illegible] und Zopfgebilde, wie ein gewissenhafter Biograph, alle diese [illegible] Zuthaten mit Stift und Pinsel festhaltend: Zwei große Tableaux, [illegible] Ludwig II. (1867) für die Neue Pinakothek erwarb, geben treue [illegible] für die „verschwundene Pracht“. Diese Wahrheitsliebe und Ge-[illegible] gehörte überhaupt zur Signatur seiner Kunst, die, trotz aller [illegible], durch coloristische Wirkung keine Einbuße erlitt. Eine ähnliche [illegible] P. für das alterthümliche Meran, das Schloß und die Stadt-[illegible] den Fürstenzimmern (s. Tiroler-Kalender für 1881); die Ruhestätte [illegible] Johann auf Burg Schönna hatte P. schon 1869 für die „Garten-[illegible] 881) gezeichnet. Noch größere Anhänglichkeit bewies er für das [illegible] geringe artistische Ausbeute bietende Lana, wo er durch zwei [illegible] Sommerfrische und Traubencur zu genießen pflegte, bis ein [illegible] Schlaganfall diesem harmlosen Vergnügen und der Ausübung seiner

Kunst ein Ziel setzt. Ohne Berggigerl zu sein, trieb den Zweiundach- jährigen noch die Wanderschaft mit dem üblichen Rucksack, mit Mal- Skizzenbuch und Bergstock auf die Spitze des Wendelstein. Dann g- langsam aber stetig abwärts, bis sein Leben ohne eigentliche Krankheit seniler Versagung der Kräfte, der süßen Gewohnheit des Daseins den kündete und seine Freunde um die Freude brachte, dem nahe bevorste- Achtziger ihre Huldigung zu erweisen.

Als hartgesottener Junggeselle hatte P. ebenso wie der ihm geistig ve- verwandte Karl Spitzweg (s. A. D. B. XXXV, 226) ein theilweise verwandtes Ingenium zu allerlei liebenswürdigen oder schrulligen Eigen- In erster Reihe stand eine unerschütterliche Wahrhaftigkeit, die er als M- und Künstler zeitlebens bewährte. P. ehrte das Andenken seiner Eltern, Vorbild seines gefeierten Bruders Joseph, seiner Vorfahren — darunter b- sich auch der illustre Physiker, Mineralog und Akademiker Joseph P. (ge- am 25. August 1764 zu Bamberg, † am 8. April 1817 in Münch- vielfach verwechselt mit dem Wiener „Juvenal des XVIII. Jahrhund- Johann P. (Pezzl s. A. D. B. XXV, 578), dessen von Johann G- Edlinger (1741, † 1819) gemaltes Bildniß immer im Atelier unseres Kün- hing. — An dem unscheinbarsten Urväterhausrathsgerümpel klammerte seine pietätvolle Tradition fest: Alterthümliche Zunftkannen, Humpen, G- Krüge, Teller, Platten, Schüsseln und anderweitiger Atelierschmuck von kostb- Kästen mit enormer Fassungsgabe, zierliche Kästchen, Truhen, vierschrötigen T- und wackeligen Stühlen, deren Beinwerk ehedem vielleicht schon zu schweren W- thaten und Bauernkämpfen dienstbar gewesen. Kurz: ein wahres Muse- inventar und „antikes“ Mobiliar, welches bei verschiedenen Um- und zügen — immer ein qualvoller Exodus — als liebwerthe, unveräußer- Last im Gefolge alter Gypsabgüsse bereitwillig mitgeschleppt wurde. Da- erfreute er sich an einer feinen, kleinen, durch Austausch von eigenen W- immer erweiterten Galerie von Bildern seiner liebsten Zeitgenossen und Freu- Und er war ein mitfühlender, theilnehmender Freund. Ungezählte Zeit geubete er uneigennützig mit Gefälligkeiten und Commissionen für And- Für sich lebte er knauserig und kleinlich, um Anderen opferwillig und g- müthig zu sein. Obwohl vorsichtig und mißtrauisch in Geldsachen, vertr- er doch seine ganze, mühselig zusammengehamsterte, buchstäblich vom M- abgesparte Errungenschaft in sicheren Verwahr, um — Alles zu verlie- Es stand übel um seine alten Tage, doch sprang eine wohlberechtigte Künst- pension und eine verwandte Hülfe rechtzeitig vor den Riß. P. hing tr- an der Welt, als sie an ihm; der Abschied mochte ihm demgemäß nicht le- geworden sein.

Trotz aller Einfachheit war P. doch ein complicirter Charakterkopf: S- länder hatte aus diesem Stoff einen ganzen Künstlerroman und Franz Tr- mann einen zweiten Theil zu seinem „Peter Röckerlein“ geschaffen! S- schön modellirter Kopf wurde oftmals gemalt, er glich auffällig dem „Gr- wäger“ Gerard Dou's im Louvre zu Paris. Auch der Erzgießer Ge- Howaldt († am 19. Januar 1883 zu Braunschweig, dessen Porträt Nr. 2067 d. „Illustr. Ztg.“, Lpz. 10. Februar 1883) hätte als sein Zwillin- bruder gelten können.

Vgl. Das geistige Deutschland. 1898. I, 521. — Fr. v. Böttic- 1898, II, 253. — Nr. 257 d. Allgem. Ztg. v. 16. November 1899. Kunstvereinsbericht f. 1899 S. 78. — Bettelheim Jahrbuch, 1900. IV, 1-

Hyac. Holland.

[illegible]: Johann Joseph P., Arzt und Botaniker, geboren am [illegible] 1835 zu Völkermarkt in Kärnten, † am 14. März 1889 in [illegible]. Nach dem Besuche der Volksschule, des akademischen Gymna[illegible] später der Oberrealschule in Graz, wandte sich P. zunächst mathe[illegible] physikalisch-chemischen Studien auf dem steiermärkischen stän[illegible] zu, die er während der Jahre 1857 und 1858 auf der [illegible] Hochschule in Wien fortsetzte. Er wechselte jedoch seinen Studien[illegible] Medicin und wurde 1864 zum Dr. med. promovirt. Mehrere [illegible] er die ärztliche Praxis aus. Nach nahe $1^1/_2$jähriger Thätigkeit [illegible] des Wiener Allgemeinen Krankenhauses that er 1866 Dienste [illegible] in Pola und wurde 1868 an dem Krankenhause in Wien als [illegible] angestellt. Trotzdem P. als tüchtiger Diagnostiker sich bewährt [illegible] er 1870 Stellung und Beruf und ging nach Halle, um unter [illegible] der Botanik zuzuwenden, auf welchem Gebiete er sich schon [illegible] seiner medicinischen Aera schriftstellerisch bethätigt hatte. Durch Ver[illegible] des Wiener Botanikers Fenzl erhielt P. bereits 1871 eine Custoden[illegible] Wiener botanischen Hofcabinet, habilitirte sich im Wintersemester [illegible] als Privatdocent an der Universität, bis er 1878 an Stelle Kerner's [illegible] (s. A. D. B. LI, 122), der nach Wien übersiedelte, als Pro[illegible] Botanik und Director des botanischen Gartens nach Innsbruck be[illegible]. Hier wirkte er elf Jahre lang bis zu seinem Tode, der ihn [illegible] schnell im 54. Lebensjahre dahinraffte.

[illegible] Einflüsse P. bewogen haben, seine medicinische Laufbahn auf[illegible] ist nicht bekannt geworden; jedenfalls muß er schon während seiner [illegible] in Wien sich auch eingehender mit Botanik beschäftigt haben und [illegible] auf systematischem Gebiet. Dieser Richtung gehören seine Ar[illegible] den fünfziger und sechziger Jahren des vorigen Jahrhunderts an. [illegible] Veröffentlichung betrifft eine neue Gattung der Hippocastaneen in [illegible] Zeitung vom Jahre 1858. Ihr folgten dann mehrere umfang[illegible] Abhandlungen. So erschienen im 30. Bande der Linnaea vom Jahre [illegible] Beiträge zur Flora Mexikos", enthaltend die Bestimmungen der von [illegible] während eines $3^1/_2$jährigen Aufenthaltes in diesem Lande ge[illegible] Pflanzen, und noch in demselben Jahre das mit Heinrich Wawra [illegible] verfaßte „Sertum Benguelense" in den Sitzungsberichten der Wiener [illegible] (Bd. 38). Nach mehrjähriger Pause trat P. als botanischer Schrift[illegible] an die Oeffentlichkeit durch die zusammen mit Th. Kotschy 1867 [illegible] Herausgabe der „Plantae Tinneanae", eines mit 27 prächtigen Tafeln [illegible] Foliowerkes, in welchem die systematischen Ergebnisse der von [illegible] Henriette Tinne, deren Tochter Alexandrine und deren Schwester [illegible] van Capellen im Gebiete des Bahr-el-Ghasal gefundenen Pflanzen [illegible] funden. In eine spätere Zeit, als P. eben seine Lehrthätigkeit in [illegible] begonnen hatte, fällt seine Betheiligung an der Veröffentlichung [illegible] Maximilianae". Dieses auf Anregung des unglücklichen Kaisers [illegible] von Mexiko entstandene Prachtwerk über brasilianische Aron[illegible] von H. Schott im Manuscript nahezu fertiggestellt, von Selleny [illegible] und von namhaften österreichischen Botanikern, wie Wawra, Kotschy, [illegible] und Fenzl durchgesehen worden, als P. nach dem Tode der drei letzt[illegible] Forscher die Vollendung und endgültige Redaction nach den Schott[illegible] schriftlichen Aufzeichnungen übernahm. Es erschien, ausgestattet mit [illegible] bilde und 42 Tafeln in Farbendruck im J. 1879. Außerdem [illegible] P. noch für die Martius'sche Flora brasiliensis die Familien der [illegible] (Fasc. 75. 1878) und Erythroxylaceae (Fasc. 81. 1878).

In sämmtlichen systematischen Arbeiten zeigte sich P. als sorgfältiger B
obachter, der auch treffend zu beschreiben verstand. Seine vornehmste Begabu
aber lag auf dem Felde exakter experimenteller Forschung zum Zwecke d
Lösung von Fragen nach dem inneren Grunde der Lebenserscheinungen i
Pflanzenkörper. Schon einige mykologische Arbeiten, welche die Entwicklungs
geschichte und Biologie einer wenig bekannten Familie von Pilzen, der para
sitär an lebenden Thieren vorkommenden, früher für Würmer gehaltene
Laboulbeniaceen behandeln, zeugen von dieser Geistesrichtung. Es sind die
folgende drei in den Sitzungsberichten der Wiener Akademie veröffentlich
Abhandlungen: „Ueber einige Pilze aus der Familie der Laboulbenien
(1871); „Beiträge zur Kenntniß der Laboulbenien“ (1873) und: „Ueb
Vorkommen und Biologie der Laboulbeniaceen“ (1875). Abgesehen von d
Klarlegung der systematischen Verhältnisse innerhalb dieser schwierigen Famili
gelang P. durch Uebertragung der Laboulbenie der Stubenfliege (Stigmat
myces Baeri) auf gesunde Thiere der Nachweis, daß die Verbreitung d
Pilzes nur durch den Contact mit inficirten Fliegen, nicht aber durch Sporen
übertragung vermittelst der Luft stattfinden könne. Schon vorher hatte
gelegentlich seiner Beschäftigung in der Hebra’schen Klinik in Wien ebenfal
durch den Versuch bewiesen, daß der Erbgrind (Favus) durch einen Pil
Achorion Schönleinii, hervorgerufen werde und seine Beobachtung in eine
Aufsatz „Beitrag zur Kenntniß des Favus“ in den Medicin. Jahrbücher
(Band XVII. 1869) niedergelegt. Auf diesem Gebiete der experimentelle
Pflanzenpathologie, für das ihm Neigung und Befähigung wohl aus seine
ärztlichen Berufe überkommen war, liegen in der That Peyritsch’s bedeutends
wissenschaftliche Leistungen. Er untersuchte eine Unzahl pflanzlicher Mi
bildungen und Abnormitäten, um ihren Ursachen auf den Grund zu gehe
wobei er die gewonnenen Resultate wohl zur Beleuchtung der reguläre
morphologischen Erscheinungen, nicht aber zu deren unmittelbaren Erkläru
angewendet wissen wollte und alles rein Speculative streng zurückwies. D
Reihe seiner Schriften, welche diese Richtung verfolgen, eröffnet die Abhandlu
über „Bildungsabweichungen bei Umbelliferen“ in den Sitzungsberichten d
Wiener Akademie vom Jahre 1869, an welche sich zwei an derselben St
veröffentlichte Studien über „Pelorienbildung bei Labiaten“ (1869 u. 187
anschließen. Durch ungewöhnliche Besonnung gelang es P. an Exempla
von Galeobdolon luteum und Lamium maculatum künstliche Pelorienbild
zu erzeugen, auch stellte er zugleich deren Nichterblichkeit bei Anzucht der
treffenden Pflanzen aus Samen fest. Die bedeutendste Arbeit war die 1
erschienene: „Untersuchungen über die Aetiologie pelorischer Blüthenbildung
(Denkschriften der Wiener Akademie, 4 Tafeln, 54 Textseiten). Sie ent
alles, was über die teratologischen Veränderungen der Blüthenkreise se
Zeit wissenschaftlich feststand. Zur Teratologie der ovula schrieb P. in
Botan. Zeitung 1877: „In Sachen der Ovulartheorie“ und in den Sitzu
berichten der Wiener Akademie 1878: „Ueber Placentarsprosse“, worin e
dem Streite über die Knospen- oder Blattnatur des pflanzlichen Eies in
mittelnder Weise Stellung nahm. Die beiden letzten Arbeiten: „Zur A
logie der Chloranthien einiger Arabis-Arten“ (Pringsheim’s Jahrb. 13.
1882) und „Ueber künstliche Erzeugung von gefüllten Blüthen und and
Bildungsabweichungen“ (Sitzungsberichte der Wiener Akademie 1888), w
die einzigen Publikationen während Peyritsch’s Lehrthätigkeit in Innsb
Einerseits nahmen die zum Zwecke seiner Studien erforderlichen langjähr
Culturversuche, künstliche Infectionen u. s. w. und die Verwaltung se
Lehramtes, das nur durch ihn allein vertreten war und dem er sich mit p

...igkeit hingab, seine Zeit und Kraft stark in Anspruch, ... bemühte er sich in seiner Stellung in ausgiebigster Weise ...ische und pflanzengeographische Erforschung Tirols und hinter... eine reichhaltige Sammlung getrockneter Pflanzen, sowie ... Art einzig dastehende Collection pflanzenteratologischer Objecte ... Vermächtniß.

...: M. Kronfeld in „Botan. Centralblatt", XL. Bd., 10. Jahrg. ...—135; 171—174; 204—206. — E. Heinricher in „Bericht ... Botan. Gesellsch.", Bd. VII, 1889, S. 12—20.

E. Wunschmann.

... Dr. Barthlmä P., Freiherr von Ulrichskirchen, ...hofrath, Hofkriegsrath und Hofexpeditionsdirector unter Kaiser ... (Die Schreibung des Namens wechselt zwischen Petz, Betz oder ... und Pezzen.)

...stammte einem heute erloschenen, alten, deutsch-tirolischen Brixener ... trientinischen niederen Stiftsadel aus dem Nonsberg. Die Familie ... mit den P. von Purckheim, noch mit den bairischen P. von Lichtenhof, ... mit dem erloschenen siebenbürgischen Adelsgeschlecht der Pécz von ...wandtschaftlichen Zusammenhang zu bringen. Italienische Historiker ... Geschlecht Pezzeni, bezeichnen die Mitglieder als Welschtiroler ... Valcamonica, si stabili a Vermiglio quindi a Croviana sullo ... secolo decimo quinto meint der Pfarrer Tomaso Viglio Bottéa ... S. 325), und nach solchen Angaben leitet Karl Außerer die Ab... der Familie von Pezzo bei Cles ab (S. 193 des in der Litteratur... cit. Buches). Croviana, der Geburtsort unseres Barthlmä, ein ... bei Malè im Sulzbergthale, heute Sitz der Grafen zu Castel... freilich jetzt im italienischen Sprachgebiete des Trentino; aber der ...chael P. aus Croviana, führt in seiner Eingabe um Wappen...aus, daß das Geschlecht aus Brixen stamme. In dieser seiner ... um Nobilitation und Wappenbestätigung, „also Anerkennung des ...verloren gegangenen Adelsbriefes" und Bestätigung des „alten, ... zweihundertjährigen Wappens", führt der Vater als unterstützende ...gründe für diese Bitte nicht so sehr seine Verdienste als ... in den Türkenkriegen Kaiser Maximilian's II. als das Alter des ... an. Von einem Brixener Geschlecht leitet er seine Ahnen her. ...zen, welcher im 15. Jahrhundert in kaiserlichen Kriegsdiensten ... deshalb mit Güterconfiskation und Verlust sämmtlicher Würden und ...bannung bestraft worden, weil er in venetianische Dienste getreten ... Trientinischen habe er später eine neue Heimath gefunden und ... als Rechtsanwalt ehrsam ernährt. Von dessen einzigem Sohne ...stammte des Bittstellers Vater Bartholomäus ab. In der That er...chael auch die Nobilitation. Mit Diplom vom 29. October 1576, ...sburg, wurde ihm, sammt seinen drei Söhnen Barthlmä, Julius ... Baptista der Reichsadelstand verliehen und er als bonis natalibus ... loco ortus und ex antiqua et nobili familia in Tirolensi comitatu ...zeichnet. Auch in der Adelsurkunde für Johann Baptista und Julius ... August 1608 wird das „ehrlich alt-adeliche und fürnehme Geschlecht" ...zen, „darinnen unserer und unseres löblichen Hauses Oesterreich ...thanen und Lehenleute die Pezzen von Croviana und ihre Voreltern ...". (Damit ergänze ich die Angaben, welche jener Wiener Archiv... einem Schreiben an den Custos Koegel des Innsbrucker Ferdinandeums ... Juni 1845 gemacht hat — gedruckt in der Zeitschr. des Ferdinandeums [illegible] S. 190 ff. —, um die Behauptungen im Art. XIII des [illegible] Jahre 1804, S. 259—61, zu entkräften, nach welchen [illegible] der Vater unseres Staatsmannes, einfacher Landwirth in [illegible] Herkunft gewesen sei.)

Bartholomäus aber wurde laut Bologneser Universitätsdiploms [illegible] 1574 zum Doctor beider Rechte promovirt und trat noch im [illegible] als Rath in den Dienst des Erzherzogs Ernst. Schon im [illegible] wurde er kaiserlicher Kriegsrath. Als Joachim von Sinzendorf [illegible] als kaiserlicher Orator an die Pforte abgesandt [illegible] des Freiherrn David Ungnad von Sonneck (seit 1573- [illegible] Dr. P. mit Ambrosius Schmeisser als Secretär dem Diplomaten [illegible] Als solchen erwähnt ihn Stephan Schweigger (als Doctor Be[illegible] in seiner „newen Reißbeschreibung“ S. 69 und der [illegible] und Reisebeschreiber Ungnads, Stephan Gerlach, hebt ihn in [illegible] Tagebuch, S. 506, unter den Personen hervor, welche dem scheid[illegible] am 5. Juni 1578 das Geleite „bis zur großen Brücke“ gaben. [illegible] Sinzendorff's war Bartholomäus P. zum Orator ausers[illegible] hatte er sich das Vertrauen der kaiserlichen Oratoren und der [illegible] erworben. Noch aber mußte er vorher unter zwei Ora[illegible] dienen. Nachdem Freiherr Friedrich v. Breuner nach [illegible] in Constantinopel 1584 daselbst gestorben und au[illegible] Eitzing abberufen worden war, trat Bartholomäu[illegible] (seit Busbeck als der neunte kaiserliche Orator) und überb[illegible] die gewöhnlichen Ehrengeschenke. Erwägt man, daß der O[illegible] Tafelgelder bezog, für zwei Kanzleipersonen monatlich je [illegible] Staat eine Jahresbesoldung von 7500 Thalern, fü[illegible] 100 Personen für Rüstgeld 2000 Thaler erhielt, ein Bu[illegible] Ausrüstungskosten, den Präsentführer den Reisb[illegible] durfte, daß jeder, der sich damals der Bea[illegible] womöglich so vermögend sein mußte, daß er in schwie[illegible] und gefaßt sein mußte, sich auf Commissionen [illegible] jahrelang auf eigene Kosten zu unterhalten oder mi[illegible] vorlieb zu nehmen, die ihm nach vielf[illegible] kaiserlichem gefallen“ bewilligt wurden, so wird man [illegible] mißlichen finanziellen Verhältnissen der Dienst anget[illegible] annehmen müssen, daß Bartholomäus P. damals bereits [illegible] stand man am Vorabend eines großen, langen [illegible] gewürdigten Krieges. Schon hatten sich zu Kop[illegible] die Waffen gekreuzt und allenthalben mehrten sich [illegible] Mit seiner Sendung als selbständiger, kaiser[illegible] 1587 wurde ihm ein neuer Wirkungskreis eröffnet. Er [illegible] Ehrengeschenke. Durch kluge, umsichtige Haltung, [illegible] Augenblicken kraftvolles Auftreten gelang es ihm, [illegible] der Geschäfte rasch Vertrauen zu erwecken und, [illegible] des Jahres 1590 die Ehrengeschenke (s. P[illegible] hatte, den ablaufenden Waffenstillstand, trotz [illegible] Friedensverletzungen und einer starken und mäch[illegible] entgegen, auf weitere acht Jahre zu verlängern. D[illegible] 1591 neuerdings beginnen. Der Kaiser mußte sich [illegible] Ehrengeschenken noch 100 Zimmerzobel und 15 000 Du[illegible] hinzuzufügen. Er mußte auch den Großvezier Fe[illegible] den friedbrüchigen Commandanten von Szigeth, Meh[illegible]

[illegible] und den berüchtigten Bosnier Hassan zur Verantwortung [illegible]. Selbst darüber einigten sich die Regierungen, für die [illegible]streitigkeiten eine Commission zur Schlichtung der Gegensätze zu [illegible] auch die Forderung, den flüchtigen Wojwoden Peter auszuliefern, [illegible] Commission zu überlassen. Beim Scheiden erhielt Bartholomäus [illegible] Kampfe wohl auch die Abschiedsgeschenke, bestehend aus einer [illegible] Christensklaven, Fahnen und Beutestücken.

[illegible] diese Erfolge zu Zeiten so hochgehender Volksbewegung und [illegible] Rufe nach ruhmvollen Zügen des Halbmondes unter der Re[illegible] Sinan Pascha, des bekannten ehrgeizigen Albanesen (s. Kertbeny, [illegible] 301, u. Prager Studien VI, 47 ff.) dem schürenden Eingreifen [illegible] persischen Krieg, oder seiner, den Haß der maßgebenden Be[illegible] Venedig ablenkenden diplomatischen Thätigkeit zu danken war, oder [illegible] Unruhen hauptsächlich maßgebend waren, welche durch die [illegible] Forderungen nach Tilgung der Soldrückstände entstanden waren [illegible] Studien VI, S. 88—105), wird im Einzelnen noch zu ermitteln [illegible]falls hat keiner seiner Vorgänger so lange Jahre auf diesem ge[illegible] Posten ausgeharrt, wenige nur haben unter so mißlichen und [illegible] Verhältnissen die Interessen des Kaisers würdig und erfolgreich [illegible] außer Herberstein wohl keiner die Umsicht mit Sach- und Personen[illegible] mit eiserner Ausdauer gepaart. Auch von Veruntreuungen, von [illegible]ungen von Geldern, wie sie damals von höheren Beamten und [illegible] in erschreckendem Maaße betrieben wurden (vgl. meine Beiträge in [illegible]lungen für österr. Geschichte 1906, S. 629 ff.) und wie sie vielen [illegible], namentlich aber den Unverzagt und Sinzendorf nachgesagt wurden, [illegible] Klage bekannt, eine Thatsache, die wohl im Hinblicke auf die [illegible] traurige Finanzlage des Staates mit ihren Auswüchsen, den er[illegible] Crediteinzeloperationen, den Sold- und Leiherückständen, den [illegible]pensen für die Beamten und Staatsdiener und die nahezu von [illegible] Corruption rühmlich hervorzuheben ist. Die Angabe des [illegible] Anonymus in der Zeitschrift des Ferdinandeums von 1846, wonach [illegible] P. nach der Rückkehr aus Constantinopel ein Geschenk von [illegible] erhielt, nebst der Würde eines erblichen ungarischen Barons, bedarf [illegible]ckung. Er erhielt den Titel eines Reichshofrathes und eine ein[illegible]summe von 17 500 fl. rh. verschrieben, eine Belohnung, wahrlich [illegible]rechtfertigt, wenn man erwägt, daß P. nach seiner Abreise von [illegible] mit dem ganzen Gefolge noch 8 Monate gänzlich ohne Be[illegible] geblieben war. Seine Rangserhebung erfolgte erst später.

[illegible] von Constantinopel zurückgekehrt, wurde er vom Prager Grenz[illegible]tag mit Männern wie Ilsung, Geizlkofler, Schleinitz, Wahl [illegible], ausersehen, die „eilende, außerordentliche und mitleidenliche" [illegible] zu betreiben (September bis November 1592). Mit welchem Er[illegible] den meisten geistlichen und weltlichen Fürsten des bairischen [illegible] bei den Kurfürsten von Mainz, Köln und Trier) diese schwierige [illegible], ist in meiner Arbeit in den Sitzungsberichten der Ak. d. W. [illegible] 1906, S. 49—74, zu ersehen. Nur den Kurpfälzer konnte er, trotz [illegible] Bescheides in dem Lehensstreit mit Reichard von Simmern, [illegible] außer einem Beitrag zu der rückständigen Reichshülfe, zu keiner [illegible] Hülfe an Geld oder Truppen bewegen. Nach seinen erfolg[illegible]ungen auf dem Regensburger Reichstage des Jahres 1594, [illegible] schroff gegenüberstehenden Religionsparteien auszugleichen, wurde [illegible] P. im selben Jahre mittels kaiserlichen Diploms vom 24. Juli

S. Lateranensis Palatii et Imperalis Consistorii comes, ernannt; mit sonst seltenen Würde begabt, welche damals sowohl vom Papst als auch Kaiser vergeben und mit vielfachen Privilegien verknüpft war.

Mit den zunehmenden Verwirrungen in den ungarischen, siebenbürgi und türkischen Angelegenheiten wurde P. als maßgebendstes Glied des kriegsrathes immer häufiger den Berathungen in dem Geheimen Rath gezogen. Doch umsonst wandte er allen Einfluß auf, den Wünschen des P und der bairischen Partei nachkommend, den Kaiser zu bewegen, die R von Prag nach Wien zu verlegen, damit er dem ungarischen Kriegsschau näher sei. Ja P. hegte damals die Absicht, die Dienste als Hofkriegsra kündigen, wie aus einer Unterredung mit dem bairischen Agenten Ha hervorgeht (dessen Bericht vom 30. September 1595 bei Stieve V), dem er schon am 20. Februar 1595 die Herrenstandschaft im König Böhmen und am 25. Juni 1596 für seine vielfachen Verdienste laboribus et vigiliis, summa cum integritatis diligentia, ac dexteritatis auch das ungarische Inkolat erhalten hatte, „in numerum et consortium Hungarici nostri baronum“ für sich „ipsiusque haeredes et posteros utriu sexus“ aufgenommen worden war; leider waren ihm diese nicht besch So kommt es, daß ihn Schimon mit Recht in den böhmischen, Wertner den ungarischen Adel einreiht (im Magyar nemzet segek II, 265—69). der Dreimännercommission, welche im Auftrage der Hofkanzlei im J. 1598 Siebenbürgen gesandt wurde, um dieses Fürstenthum von Siegmund Ba an Kaiser Rudolf zu übernehmen — die Uebergabe wurde am 10. April zogen —, ragt Dr. P. durch Sachkenntniß über den Bischof von Wa Stephan Czubay und selbst über den Vicepalatin Niklas Istvanffy so her daß sich die Regentin Maria Christine, welche nach ihres Gemahls A nach Oppeln, vom 15. April vergebens auf die Ankunft des zum Guberna eingesetzten kaiserlichen Bruders Maximilian wartete, während der vier Mo ihrer Regentschaft in Weißenburg vor allem seines Rathes und seiner H bediente. Aber Maximilian kam der Aufforderung der siebenbürgischen Ge boten, doch endlich nach dem Lande zu kommen und die Regierung zu ü nehmen, nicht nach, sondern wartete in Kaschau auf reichere Geldsendun aus Wien. Mittlerweile hatte Siegismund mit seinem Oheim Step Bocskay heimlich Verhandlungen angeknüpft und am 15. August erschien unvermittelt in Klausenburg, ließ die Commissäre in Gewahrsam nehmen als Antwort auf den Befehl des Kaisers, seinen Vertrauten, den rä süchtigen Günstling, den gefangenen Walachen Stephan Josika zu Szatmar 30. August hinzurichten, den kaiserlichen Commissär Dr. P. in Ketten schlie Er gab ihn nur auf die Fürbitte der Fürstin und des Kaspar Korn frei (siehe Szádeczky: Erdély es Mihály Saida, Temesvar 1893, und Hur zaki XII).

Im nächsten Jahre leitete P. die freilich vergeblichen Friedensverha lungen mit dem Großvezier Ibrahim Pascha, dem Slavonier, auf der Andre insel 7. October 1599 mit mehreren Delegirten. Kaum zurückgekehrt, wu er mit den schwierigsten diplomatischen Verhandlungen mit Michael von der Walachei betraut, nachdem sich dieser auch den Besitz der Moldau zu verschaffen gewußt hatte (s. Huber IV, 425; Jorga II, 105; Stieve V, 500, Anm. Schon war Michael bereit, die Eroberungen abzutreten und P. sollte im Na des Kaisers die Regierung der Walachei übernehmen. Da schien das schwierig Vereinbarte wiederum an der Geldfrage zu scheitern. Um nun 100 000 Thaler aufzubringen, welche P. dem zum kaiserlichen Gubernator ein zusetzenden Wojwoden als Jahresgehalt für seinen Verzicht auf den Besitz der [illegible] Grafschaften bis zur Theiß und der bedeutendsten Schlösser im [illegible] (f. [illegible] Comit. Transsylv. IV, 359, u. Hurumzaki XII, 1033, Anm. 1) [illegible] Unternahme übermitteln sollte, mußte eine hypothekarische Antizipation [illegible] fl. aufgenommen werden, und zwar auf die Herrschaft Komotau. [illegible] diese Herrschaft ohnehin dem Herrn v. Kolowrat mit 140 000 fl. [illegible], als das Geld sehr schwierig aufzutreiben. P. wurde mit Kredenz[illegible] 16. Februar (d. d. aus Pilsen) an den Oberstlandhofmeister und [illegible] Christoph Popel auf Tachau und Brüx, Zdenko Popel auf [illegible] an den Freiherrn v. Sternberg, den Präsidenten der Kammer [illegible] der Landsteuerdirection in Böhmen, gesandt, damit er ihnen den [illegible] Willen rücksichtlich dieser Anleihe eröffne. Umsonst. Auf die kaiser[illegible] vom 18. und 23. März — „mit dem jungen v. Kolowrat [illegible] Geldes zu reden, mit der Einnehmung der Gefälle und bewilligten [illegible] zu continuiren, die Kolowrat'sche Geldanleihe zu bewerkstelligen, [illegible] der 100 000 Thaler, welche Zacharias Geizkofler auftreiben [illegible] die vom Kaiser auf die Herrschaft Komotau bewilligte Antizipation [illegible] zu richten" — bat der Frhr. v. Sternberg um Amtsenthebung. So [illegible] sich Pezzen's Reise infolge der schwierigen Geldbeschaffung um vier [illegible] Monate. Erst am 12. September 1600 wurden in Prag die Urkunden [illegible] — Michael lebenslänglich als Gubernator anerkannt. Aber schon [illegible] September hatte die Schlacht bei Mirißlo anders entschieden. Michael [illegible] Flucht nach Fogaras gezwungen. Auch als Gesandter beim päpst[illegible] war P. öfters verwendet worden. Galt er ja in den letzten [illegible] besonders als Hofkriegsexpeditionsdirector, seit 1603, mit Rusworm [illegible] lang als eines der eifrigsten katholischen Häupter im Sinne der [illegible] Kriegspartei am Prager Hofe und war als derjenige bezeichnet, [illegible] Rudolf's II. Friedensliebe bekämpfte (Stieve V, 715). Freilich hatte [illegible] früher nicht bloß in Angelegenheiten des Türkenkrieges, der [illegible], der Reichstagseinberufung, sondern auch in der Frage der Be[illegible] über die Zulassung der evangelischen Stiftsadministratoren zu den [illegible], so namentlich vor den Regensburger Reichstagen von 1594 und [illegible] einflußreiche Rolle gespielt, und sein Urtheil fiel gar oft, da er in [illegible] den Berathungen im geheimen Rath zugezogen wurde (siehe [illegible] V, 270), so im November 1596, schwer in die Wagschale. Ende [illegible] (30.) des Jahres 1603 wurde er „aus Anlaß seiner 28jährigen [illegible] aufrichtigen Dienste in unterschiedlich ansehnlichen legationibus und [illegible], aus aigner kaiserlicher bewegnus, in den erblichen Freiherrnstand [illegible] gewürdigt und gesetzt", mit dem Prädikate „zu Ulrichskirchen", nach [illegible] bei Wien. Anderthalb Jahre nachher, im Frühjahre 1605, Ende [illegible] er. Nur ein Grabstein im Fußboden der Capelle des heiligen [illegible] in der Kirche von Croviana mit den Namen und den Anfangsworten [illegible] Hingang erinnert dort noch an ihn, so daß vom Pfarramte von [illegible] die Auskunft dahin lautete, che la salma del Barone sia rimasta in [illegible] e qui resti solo la pietra per memoria.

[illegible] seinen Soldrückständen hatte er auch noch 50 000 fl. rh. für [illegible] Kriegs vorgestreckt. Bei der ewigen Finanznoth konnte ihm wohl [illegible] Entschädigung in Baarem geleistet werden und auch die oberwähnte [illegible] Summe dürfte mit in jene Kaufsumme einbezogen worden sein, als ihm [illegible] August 1596 das Schloß Troppau nebst den zugehörigen Gütern, [illegible] die Stadt bis zum Jahre 1582 als Pfandgläubigerin gehört hatten [illegible] kaiserlichen Zugeständnisses vom 22. August 1592 an niemanden [illegible] vergeben werden sollten, gegen eine Summe von 67 500 fl. — im

Oesterreichischen Archiv des Jahres 1837, S. 228 wird die Sum 76 500 Thaler bezeichnet, was wohl verschrieben sein dürfte — auf dr verpfändet wurde. Und als im J. 1611 diese schlesische Herrschaft Herzogswürde dem Fürsten Karl von Lichtenstein übertragen wurde dieser 50 000 Thaler an die „Pezzi'schen" Erben und eben so viel an di von Basta herauszahlen. Am 4. Mai 1601 wurde dem B. P. a: die Herrschaft Belfort, oder Schloß und Feste Altspaur, sammt den gericht in Andalo und Molveno im Nonsberg verschrieben und außer Gnadengeld von 5000 fl. (welches zu dem Pfandschilling von 490 Münz, der auf jenen Gütern lastete) unverzinst hinzugeschlagen. 2 war er mit Eva, der Tochter des Ritters v. Fürst, seit November de 1592. (Woher Desid. Reich den Namen Thierstein für die Gatti konnte ich nicht ergründen.) Aus Anlaß dieser Hochzeit wiesen der Ka Hofzahlmeister, die Erzherzoge Ernst und Maximilian den Hofkamm denten an, ihm werthvolle Trinkgeschirre als Geschenke ankaufen zu (Diese Weisungen aus Prag, Graz und Wiener Neustadt vom 29., 17. November erliegen im Hofkammerarchiv zu Wien. Familia sub No. 93.) Die Ehe war kinderlos. Seiner Gattin vermachte er n williger Verfügung vom 11. oder 17. Mai 1605 den Nutzgenuß de schaft St. Ulrichskirchen und die Jurisdiction über Schloß und F Belfort. Zur Erhaltung der Schule von Croviana hatte er testam ein Vermögen von 17 000 fl. ausgesetzt. Am 13. October 1607 Schloß und Feste Altspaur (Belfort) „sambt dem Ambtgericht im An Malfein (Molveno) auf dem Nonsberg seinen beiden Brüdern Jul Johann Baptista pfand und satzweise vnverrait vnd one ainiche A innenzuhaben", verschrieben (come feudo pignorafizio). Julius war und bestallter Hauptmann, also Stabsofficier unter seinem Bruder Baptista, dem Obersten in Trient und Kriegsrath, der sich mit selbs Commando im Türkenkriege und in Siebenbürgen bewährt hatte; — er 1602 in Gefangenschaft gerathen. Er war am 17. April 1567 (nicht geboren, wie Koegel und Außerer angeben) und war der jün den drei Brüdern. In dem vorhin cit. Fascikel des Hofkammerarchiv Julius und Johann Baptist als Söhne des Barthlmä bezeichnet. A dort irrthümlich die Verleihung des Freiherrnstandes an sie ins Jo gesetzt. Aus dem Diplomsconcept dieser Standeserhöhung in den des Wiener Adelsarchivs aber ersehe ich, daß sie mit Diplom vom 18 1608 (d. d. Prag) in den Freiherrnstand erhoben, mit dem Präd Croviana und Altspaur und der ehrenden Anrede „edel, liebe, getre gezeichnet wurden, mit welchen Angaben ich die Notiz in Anm. meiner Arbeit über „eine außerordentliche Reichshilfe" hiermit bericht J. 1610 war Julius, der kaiserliche Hauptmann, bereits gestorbe seiner Gemahlin Barbara Fopulo hatte er nur eine Tochter Elisabet lassen — der einzige Sohn Michael, geboren am 4. November 1582, Vater im Tode vorangegangen —, die mit dem Grafen Franz Ter mählt war. Johann Baptista aber starb kinderlos im J. 1616. Heimgange dieser beiden Brüder war also das Geschlecht der Pezzen viana, Freiherren zu Altspaur ausgestorben. Ihr Wappen ist in genannten Diplomsconcept der Standeserhöhung von 1608 und bei S. 218 abgebildet. Das bischöfliche Seminar zu Trient verdankt herren Pezzen ansehnliche Stiftungen und die Erben des Geschlecht das Recht, Stiftungsplätze zu besetzen.

Litteratur: Tiroler Almanach d. Jahres 1804, Art. XIII, S. 259—61 [illegible] Bauernsöhne von Croviana im Sulzberg". — „Die Freiherren [illegible] zu Croviana" in der Neuen Zeitschrift des Ferdinandeums [illegible] S. 180 ff. — Meine Abhandlung: „Eine eilende Reichshilfe in reichs- [illegible] Zeit" i. d. Sitzungsberichten d. Wiener Akademie 1906, Bd. 153, [illegible] mit der eben (S. 46) angegebenen Berichtigung und meine Arbeiten [illegible] Geschichte des Türkenkrieges von 1593—1606" Heft VI und X der [illegible] Studien.

[illegible] Notizen bringen Kertbeny in seiner Biographie der ungarischen und [illegible]nalen Litteratur Bd. II, S. 560; Dr. Karl Außerer, „Der Adel [illegible]bergs" im Jahrbuch der heraldischen Gesellschaft „Adler" 1899, [illegible] 1900, S. 155 ff., 193; Tomasa Vigilio Bottéa, Brani di storia [illegible] f. Bibl. Tirol. F. 1822, S. 325; Perini, Hammer, Schweigger, [illegible] S. 426; Schimon, Böhmischer Adel, S. 121; Megerle v. Mühl- [illegible] Ergänzungsband S. 402; Stieve IV. V u. a. O. und die genealo- [illegible] Taschenbücher der Adeligen Häuser 1870—84, Brünn 1881, VI, 443.

Loebl.

[illegible]: Gustav Pf., Dichter, 1807—1890. — Pf. wurde am 29. Juli [illegible] in Stuttgart geboren, als Sohn des Obertribunaldirectors, als jüngerer [illegible] des Politikers Paul P. (s. A. D. B. XXV, 668—677). Er besuchte [illegible] an das Stuttgarter Gymnasium, 1821—1825 das niedere theo- [illegible] Seminar Blaubeuren, 1825—1830 das Stift in Tübingen. Er ge- [illegible] durch eine große Zahl bedeutender Talente, vor allem durch Vischer [illegible] berühmt gewordenen „Geniepromotion" an. Von 1830 an war [illegible] in Stuttgart, von 1832 an Repetent am Tübinger Stift. Nach [illegible]jährigen italienischen Reise im J. 1834 nahm er seinen bleibenden [illegible] in Stuttgart als Schriftsteller. Er hat 1836/37 die „Blätter zur [illegible] Litteratur des Auslandes", längere Zeit hindurch den poetischen [illegible] „Morgenblatts" redigirt und manchem jungen Talent mit entgegen- [illegible] Wohlwollen den Weg in die litterarische Oeffentlichkeit gebahnt. [illegible] Juli 1836 ertheilte ihm die philosophische Facultät Tübingen für [illegible] über Luther (s. u.) den Doctorgrad. 1846 wurde Pf. zum Professor [illegible]ttgarter Gymnasium ernannt, an dessen oberen Classen er deutsche [illegible] und Litteratur, Religion, Geschichte und philosophische Propädeutik [illegible] In der Revolutionszeit war er einer der Führer des Vaterländischen [illegible] und wurde 1849 als Abgeordneter für das Amt Stuttgart in die [illegible]fassungberathende Versammlung Württembergs gewählt. Zu Ende [illegible] er in den Ruhestand und ist am 19. Juli 1890 infolge eines [illegible] in Stuttgart gestorben.

[illegible] hat in seinem Buch über Christian Märklin eine vortreffliche [illegible] des Jünglings Pf. als einer „feinen, im besten Sinne vornehmen [illegible]: „Leicht . . . ergriff er die Gegenstände des Lernens, aber er [illegible] sie tiefer und war darum leicht mit dem darstellenden Worte [illegible] bei der Hand, das aber dafür um so gewählter und bezeichnender [illegible] . . . von dem nicht immer feinen Treiben der Mehrheit sich reinlich [illegible] zurückziehend, nur einem gewählten Kreise von Fähigern und [illegible] . . . die Schätze seines Innern erschließend". Die Charakteristik [illegible] auf Pfizer's spätere Jahre. Hochgewachsen, von edler Haltung [illegible] machte er sofort den Eindruck des Bedeutenden und Gewählten. [illegible] sich auch nur Wenige rühmen, ihm näher gekommen zu sein; diese [illegible] an ihm fest. Auch seine Thätigkeit als Lehrer war dem entsprechend. Die besten Schüler haben ihn verstanden und geschätzt; Menge hat den Weg zu ihm nicht gefunden. In den Jahren des Alters er sich von der Oeffentlichkeit immer mehr zurückgezogen und außer Kindern kaum mit irgend Jemand Verkehr gehabt. — Pf. war eine entsch philosophische Natur; wenn er auch als Schriftsteller nur einmal, im Gymnasialprogramm von 1852 „Die philosophische Propädeutik auf den nasien", sich mit Philosophie zu schaffen gemacht hat, so geht doch ein spe tiver Grundzug auch durch seine anderen Werke. Diese sind theils hist theils poetisch. Obwol Pf. eine sehr entschiedene politische Gesinnung und neben seinem Bruder Paul zu den Hauptvertretern der preußischen monie und des gemäßigten Liberalismus in seiner Heimath zählte, abgesehen von Zeitungsartikeln, nur in dem kritischen Jahre 1849 politischen Flugschriften vernehmen lassen: „Die deutsche Einheit und Preußenhaß" und „Weder jetzt das Direktorium, noch das Habsbur Kaiserthum später!" Von seinen historischen Werken sind zwei für die J bestimmt, die „Geschichte Alexanders des Großen" 1846 und die „Ges der Griechen" 1847; beide haben in unserer Heimath gar manchem K den Weg zur Kenntniß und Bewunderung des griechischen Alterthums geb Strenger wissenschaftlich war „Martin Luthers Leben", schon 1836 ersch bis auf Köstlin's Werk herab war es wol die geschätzteste Biographie Reformators. Von 1837 bis 1840 ließ Pf. eine Auswahl aus Luth Werken nachfolgen. — In der Litteraturgeschichte hat sich Pf. nur gelegent versucht; neben den Charakteristiken Shakespeare's und Schiller's, welche 1 und 1839 von einer Stuttgarter Firma den Vervielfältigungen von billac's Shakespeare- und Thorwaldsen's Schiller-Statue beigegeben wurd ist zu nennen: „Uhland und Rückert. Ein kritischer Versuch" 1837. Schriftchen unternimmt es, ohne Bevorzugung des einen oder des and Uhland als den objectiveren, epischeren, Rückert als den subjectiveren, lyrisch Dichter neben einander zu stellen. — Von Pfizer's eifriger Beschäftigung andern Dichtern zeugen die Uebersetzungen, die er in den dreißiger und ziger Jahren gemacht hat: aus älterer deutscher Poesie die des Nibelung liedes 1842, die durch die bildlichen Beigaben von Schnorr und Neurei besonders große Verbreitung gefunden hat; vor allem aber aus dem Englis Von 1835—1840 erschien die Uebersetzung von Byron's Dichtungen. seinem Freunde Friedrich Notter zusammen hat Pf. von 1833 an Bulw Werke (mehrere Auflagen), 1840—1846 die Romane von G. P. R. J allein 1839 „Cheveley" von Lady Lytton-Bulwer übertragen. — Bei wei am wichtigsten aber sind Pfizer's eigene poetische Erzeugnisse. Schon 1 gab er mit seinem Bruder Paul und mit Hermann Hauff zusammen „ zehn politische Gedichte" heraus, im selben Jahr eine eigene Sammlung „G dichte", der 1835 „Gedichte. Neue Sammlung" folgten; ferner 1840 „Di tungen epischer und episch-lyrischer Gattung", 1844 „Der Welsche und Deutsche. Aeneas Sylvius Piccolomini und Gregor von Heimburg", Romanzenkranz im Versmaß von Uhland's Bertran de Born; Gelegenheit publikationen waren: „Worte der Erinnerung an den 25. Juni 1530" (18 und „Gedenkblatt auf den 1. April 1875"; 1876 erschienen „Gereimte Räth aus dem deutschen Reich" und 1891 aus dem Nachlaß weitere „Gereim Räthsel". Pf. hat seine erste Gedichtsammlung Uhland gewidmet. Es w das, abgesehen von seiner allgemeinen Hochschätzung Uhland's, noch durch ein besondern Pietätsgrund motivirt: Pf. hatte sich 1830 an Uhland's „Stilist cum" betheiligt und zwar zu Uhland's großer Befriedigung. Leider hatte jene Widmung nun auch den Erfolg, daß Pf. sich in das allgemeine Ver

... Goethe's über Uhland's Schule eingeschlossen finden mußte. ... — wenn es je eine solche gegeben hat — gehörte Pf. seiner ... Persönlichkeit nach gar nicht einmal an. Es ist nichts in ihm, ... an Uhland besonders anzuschließen wäre. Von den älteren ... ist es nur Gustav Schwab, an den er etwa erinnern kann, und ... in der Seite seines Wesens, die sich von Uhland entfernt; Pf. ist ... Schwab verglichen, gewiß der bedeutendere, jedenfalls der tiefere ...ere Dichter. Wenn man ihn mit einem andern vergleichen ... ist es am meisten Platen. Die vornehme Persönlichkeit haben beide ... beide sind einsame Menschen, beide in erster Linie durch den hohen ... und den Reichthum an edlen Gedanken in ihrer Poesie charakteri... ist der formgewandtere; Pf. ringt öfters mit dem Ausdruck, ... von ganz erhabener Schönheit stehen andere, die nicht gelingen ... am Reichthum der Ideen steht er hinter Platen nicht zurück. Noch ...wandtschaft hat er mit seinem Landsmann, Freund und Mitarbeiter ... er aber an Fülle und an Schönheit seiner Poesie entschieden über... ist zu einer großen, edeln Anschauung und Auffassung der Welt, ... Drang nach bedeutendem Gegenstand und bedeutender Form eine ...keit, eine oft bis zur Härte gehende Schwerfälligkeit mitgegeben ... die sie nicht zu der Geltung hat gelangen lassen, die leichtere Geister ... erreicht haben.

Schwäbische Kronik 1887, S. 1894; 1890, S. 1431 (von Otto Elben). ...bergische Landeszeitung 1887, Nr. 174 (von mir). — Ambros ..., Der schwäbische Dichterbund, S. 199 ff. — Holland, Zu Uhlands ...niß, S. 29—31.

Hermann Fischer.

...: Max Alphons Pf. von Altishofen, Oberst und Chef des ... Generalstabes, geboren am 14. October 1834 auf Schloß Altis... ... Canton Luzern, † am 12. Januar 1890 in Luzern.

... eines Geschlechtes, das in fremden und einheimischen Diensten ... Officiere gestellt hat, darunter den seines Einflusses und An... „Schweizerkönig" genannten, Ritter Ludwig Pfyffer (1524 bis ...) unter Karl IX. von Frankreich als Oberst ein Schweizerregiment ... und in den Hugenottenkriegen des 16. Jahrhunderts eine Rolle spielte, ... Pf., nach kurzem Studium der Architektur in München, eigener ...chend und den militärischen Traditionen seiner Familie getreu, ...ruar 1852 als II. Unterlieutenant in das damalige 1. Schweizer... in neapolitanischen (kgl. sicilianischen) Diensten ein.

... 25. November 1856 zum I. Unterlieutenant befördert, ließ sich Pf., ... Auflösung der capitulirten Schweizerregimenter, im J. 1860 als ... in das 1. Fremdenbataillon einreihen. Als Adjutant des ...mandanten Generals v. Mechel nahm er im gleichen Jahre an den ... Garibaldi und gegen die piemontesische Armee theil, wobei er ... auszeichnete.

... für die neapolitanischen Truppen unglücklichen Ausgange des ... Molo di Gaëta, am 4. November 1860, wurde Pf. in Gaëta ... Generals v. Schumacher, welcher bei der Vertheidigung dieser ... welche sich König Franz von Neapel mit dem Reste seiner Truppen ... hatte, hervorragend betheiligt war. Auch hier zeichnete sich Pf., ...r 1861 zum Hauptmann befördert, wiederholt aus.

... fiel im J. 1861 auch das Königreich beider Sicilien. Die ... Truppen wurden aufgelöst und entlassen. Pf. kehrte in die

Heimath zurück und wurde sofort in den eidgenössischen Generalstab [illegible] genommen, in welchem 1865 seine Beförderung zum Major, 1870 zum O[illegible] lieutenant erfolgte.

Als die Schweiz während des deutsch-französischen Krieges im Som[illegible] 1870 und Winter 1870/71 ihre Grenzen besetzte, war Pf. Adjutant [illegible] Generalstabschefs und hatte ganz besonders Antheil an den Vorbereit[illegible] für die Verschiebung der im Berner Jura stehenden Truppen nach dem Ne[illegible] burger Jura, welche zu dem Marsche nach Verrières führte und mit [illegible] Entwaffnung der Armee Bourbaki's endigte.

Im J. 1875 Oberst und Commandant der VIII. Infanteriebrigade, 1[illegible] Oberstdivisionär und Commandant der VIII. Division wurde Pf. 1884 [illegible] provisorisch, 1885 definitiv zum Chef des Generalstabes ernannt.

In dieser Stellung hat er, in den wenigen Jahren bis zu seinem 1[illegible] erfolgten Tode, eine rastlose und nutzbringende Thätigkeit entfaltet. Die [illegible] ordnung der Mobilmachung, die Organisation des Territorial-, Etappen- [illegible] Eisenbahndienstes, sowie der Feldpost und des Feldtelegraphen waren [illegible] Werk. Unter seiner Leitung nahm die Ausbildung der Generalstabsoffic[illegible] einen neuen Aufschwung und zum größten Theil seiner Initiative war [illegible] Einführung der Uebungsreisen höherer Truppenführer zu verdanken. In [illegible] Fragen der Organisation des Landsturms, der Ergänzung des Kriegsmateri[illegible] hauptsächlich aber in der für die Schweiz damals sehr wichtigen Frage [illegible] Landesbefestigung war sein Urtheil maßgebend.

Lebhaften Geistes, temperamentvoll und ausdauernd, voller Selbst[illegible] trauen, dabei fest im Glauben an die militärische Tüchtigkeit des schwe[illegible] rischen Milizheeres und auch fest überzeugt, daß es noch gelingen werde, [illegible] schweizerische Wehrwesen weiter auszubauen und besser zu gestalten, hat er [illegible] hohem und verdientem Maaße das Vertrauen der Armee und der Behörd[illegible] besessen.

Jahrgänge 1890 des „Schweiz. Geschichtsfreundes“, der „Allgemein[illegible] schweiz. Militärzeitung“, der „Revue militaire suisse“ und der „Mona[illegible] schrift für Officiere aller Waffen“.

Steinbuch.

Philipp, Graf von Flandern, aus dem Hause Elsaß, war der zwe[illegible] Sohn aus der 1134 geschlossenen Ehe des Grafen Dietrich mit Sibylle, Toch[illegible] des Grafen Fulko V. von Anjou, späteren König von Jerusalem († 11[illegible] Daß er eine vortreffliche Erziehung erhielt, ist Alles, was wir von se[illegible] Jugend wissen. Selbst sein Geburtsjahr steht nicht fest: im Mai 1157 h[illegible] es von ihm, er sei noch unter fünfzehn Jahren gewesen. Infolgedessen m[illegible] er nach dem Sommer 1142 geboren sein. 1145 wird zum ersten Male s[illegible] Zustimmung in einer Urkunde seines Vaters gedacht. Sehr früh nah[illegible] an den Regierungsgeschäften theil: er urkundete 1158 und 1159 ganz [illegible] ständig als Graf, während Dietrich im heiligen Lande weilte. In Fehden zeic[illegible] er sich trotz seines jugendlichen Alters aus. Der bedeutendste Gegner Flan[illegible] war damals Graf Floris III. von Holland. Der Grund zu Streitigk[illegible] zwischen den beiden benachbarten Fürsten lag im allgemeinen in beidersei[illegible] Ansprüchen auf Zeeland und im besonderen in der Behandlung flandr[illegible] Kaufleute durch Holländer. Mehrere Jahre hindurch führte Ph. glückliche U[illegible] nehmungen zur See aus, hielt seinen Gegner längere Zeit gefangen [illegible] nöthigte ihn 1168 zum Vertrage von Hedensee. Floris nahm Zeeland [illegible] Flandern zu Lehen und ertheilte den flandrischen Kaufleuten Vergünstig[illegible] Inzwischen (1163 und 1164) war Dietrich wieder in Palästina gewesen [illegible] hatte seinem Sohne Gelegenheit gegeben, sich durch treffliche Wahrun[illegible]

[illegible] weit und breit einen Namen zu machen. P. zog jetzt (1165) [illegible] kaiserlichen Flandern gehörige Grafschaft Aelst als heimgefallenes [illegible] ein. Zu Weihnachten desselben Jahres ging er nach Aachen und leistete [illegible] Mannschaft. Es handelte sich dabei auch um die Burggrafschaft [illegible], die lange Anlaß zu blutigen Kämpfen zwischen dem Bischofe [illegible] gegeben hatte. In der Kaiserin Beatrix, deren Mutter Agathe [illegible] war, gewann Philipp eine warme Fürsprecherin am Hofe Friedrich's I. [illegible], da der Schwerpunkt der flandrischen Stellung nicht auf [illegible], sondern auf französischem Boden lag, war die Erwerbung der Graf- [illegible] Vermandois mit Valois und Amiénois, wodurch P. bis in die Nähe [illegible] gebot. Er hatte 1156 Elisabeth von Vermandois geheirathet und [illegible] bei Lebzeiten ihres Bruders, des aussätzigen Grafen Radulf II. [illegible]/64), der Herrschaft bemächtigt. Dietrich kümmerte sich so wenig um [illegible], daß sein Tod am 4. Januar 1168 kaum etwas änderte. P. [illegible] zu den bedeutendsten Vasallen Frankreichs und genoß auch in Deutsch- [illegible] Reichsfürst großes Ansehen. Seine Schwester Margarete verheirathete [illegible] April 1169 mit dem Grafen Balduin V. von Hennegau und schloß mit [illegible] enges Bündniß. Mit dem Hause Champagne knüpfte er 1171 [illegible] beziehungen an. König Heinrich II. von England war sein Vetter. [illegible] Heinrich sich gegen seinen Vater empörte, im J. 1173, unterstützte [illegible], errang aber keinen kriegerischen Ruhm. Wie er schon 1170 eine [illegible] nach Saint-Gilles und Rocamadour gemacht hatte, so trieb es ihn [illegible] heiligen Stätten Palästinas, und er nahm am 11. April 1175 sammt [illegible] das Kreuz. Aber die Ausführung seines Gelübdes wurde theils [illegible] Rücksichten auf England, theils durch innere Kämpfe verzögert. [illegible] ihre Ursache in einer Eheirrung des Grafen. Ein durch Tüchtig- [illegible] Wissen hervorragender Ritter, Walther von Fontaine, hatte Be- [illegible] zu der Gräfin, die den Verdacht Philipp's erregten. Er überraschte [illegible] und ließ Walther grausam umbringen. Die Verwandten und [illegible] des Getödteten, unter ihnen ein so gewaltiger Streiter wie Jakob [illegible], erhoben sich, um Rache zu nehmen, und erst Pfingsten 1177 [illegible]) konnte Ph. wirklich aufbrechen.

[illegible] wurde im Königreiche Jerusalem sehr ehrenvoll empfangen, und es [illegible] davon, daß er die Regierung des schwachen Staates übernehmen [illegible] er wollte nicht, verwickelte sich bald in die Streitigkeiten der [illegible] Christen und schiffte sich, als die Belagerung von Harem gescheitert [illegible] Ostern (9. April) 1178 nach Constantinopel ein, um auf dem [illegible] heimzukehren. Im October weilte er in Brügge. Mit der Er- [illegible] König Ludwig's VII. von Frankreich und der Krönung Philipp [illegible] im J. 1179 trat Graf Ph. als leitender Staatsmann in den Vorder- [illegible] französischen Geschichte. Er übte den entscheidenden Einfluß auf den [illegible] aus und vermählte ihm seine Nichte Isabella von Hennegau. [illegible] seines Todes versprach er die Abtrennung flandrischer Gebiete, [illegible] so genannten Grafschaft Artois.

[illegible] Heinrich II. im Juni 1180 aus seiner Stellung verdrängt, näherte [illegible] zeitweilig bekämpften Hause Champagne und brachte einen der [illegible] Fürstenbund zu Stande. Philipp August wäre ohne die [illegible] Hülfe Englands unterlegen, um so mehr als die Haltung des [illegible] zweifelhaft war. Der römische König, Heinrich VI., neigte [illegible] in Frankreich. Aber Kaiser Friedrich wollte davon nichts [illegible] dem Grafen nicht offenbar Unrecht geschehe, und zügelte den [illegible] seines Sohnes. Schließlich blieb Ph. auf sich selber angewiesen und unterlag. In verschiedenen Verträgen, La Grange Saint-Arnoul am 11. A 1182, Boves gegen Ende Juli 1185, Amiens im März 1186, verlor er seine Gemahlin am 26. März 1182 gestorben war, Valois und Amie behielt jedoch einen Theil von Vermandois. Philipp's erste Ehe war kin geblieben. Im August 1184 hatte er Mathilde von Portugal geheirathet widmete der sehr schönen und auf ihren königlichen Rang stolzen Prin eine zärtliche Liebe. Dadurch daß er ihr ein außergewöhnlich großes Wi aussetzte, verletzte er die Bestimmungen seines Vertrages mit Frankreich entfremdete sich seine erbberechtigte, hennegauische Schwester. In den näch Jahren gab er seinen offenen Gegensatz gegen die französische Krone auf. den französisch-englischen Kämpfen wurde er als geschickter Vermittler ge wobei ihm eine außerordentliche Redegabe zu statten kam.

Nach der Eroberung Jerusalems durch Saladin nahm er am 21. Ja 1188 zu Gisors abermals das Kreuz. Bemerkenswerth ist, daß er im Ge des römischen Königs südwärts zog, um durch sein überaus stattliches A gebot den Glanz der bevorstehenden Kaiserkrönung zu erhöhen. Dar wurde nichts. Aber es war wesentlich Philipp's Verdienst, daß der he Zwist zwischen Philipp August und Richard Löwenherz in Messina beige wurde. Die Belagerung Akkons konnte er nicht mehr wirksam fördern. G rühmt werden die Wurfmaschinen, die er bauen ließ. Um den 20. A 1191 im Lager angekommen, starb er am 1. Juni, vermuthlich an einer Seuchen, die das christliche Lager heimsuchten. Letztwillig bedachte er noch nothleidenden Kampfgenossen. Seine Gebeine wurden auf dem Nikolai friedhof im Osten der Stadt, später aber durch seine Wittwe in einer ihm selbst gestifteten Capelle zu Clairvaux beigesetzt. Der Schmerz der Chri die Freude der Sarazenen zeigten deutlich, was man von ihm hoffte fürchtete. P. war unbedingt eine der glänzendsten Erscheinungen unter Fürsten seiner Zeit, ein schöner und fein gebildeter Mann, so recht nach höfischen Ideal der fahrenden Sänger, in allen ritterlichen Künsten wol fahren und für junge Leute vorbildlich. Spielleute verglichen ihn wol Alexander dem Großen. Sonst hob man seine Fürsorge für die Armen, Verehrung des geistlichen Standes, den er vor den Uebergriffen der La schützte, seine strenge Rechtspflege hervor.

Der Kirche war er treu ergeben und verfolgte Ketzer. Geistliche Genos schaften bedachte er sehr freigebig. Mit Thomas Becket fühlte er sich eng bunden. Der Abt des Prämonstratenserklosters Bonne-Espérance, Philipp Harvengt, schrieb ihm vertrauliche Briefe voll guter Lehren, desgleichen die h Hildegard von Bingen über den Kreuzzug. Dichtern gewährte er an seinem H gastliche Aufnahme. Dem bekannten Christian von Troyes lieh er die Vorl zu dessen Parzival und bekam dafür mehrere Werke gewidmet. Schon daraus g hervor, daß er ganz der französischen Cultur angehörte, wenn er auch politi gern zum deutschen Kaiserthum hielt. Auf die wirthschaftliche Hebung seines Land war er immer bedacht, verschaffte seinen Kaufleuten überall günstige Absa gelegenheiten. Aber es ist nicht richtig, ihn gerade als Beschützer der Com munen zu feiern. Er unterwarf sie harter Polizeigewalt, weil er in ihne ein Hinderniß seiner monarchischen Pläne erblickte. Damit berühren wir se letztes Ziel: die Einigung der zwischen Frankreich und Deutschland liegende Gebiete zu einem Staate unter seiner Herrschaft. Dann hätte er eben bürtig neben den Kaiser und die Könige treten können. Man darf ihn wo einen Vorläufer der burgundischen Herzöge aus dem Hause Valois nennen Hätte er länger gelebt, so würde er den Aufschwung Frankreichs, die Um wandlung des lose gefügten Lehensverbandes in einen Beamtenstaat im Bund [illegible] gehindert haben. Sein Tod beschwor für Flandern große Ge[illegible] namentlich infolge jener Abtretung von Artois und des Mathildi[illegible]. Ist auch ein abschließendes Urtheil über ihn heute nicht [illegible] man doch sagen, daß die Bedeutung seiner Persönlichkeit [illegible] die der thatsächlichen Ergebnisse seiner Regierung.

[illegible] kritische Biographie steht noch aus. — Hauptquellen sind die [illegible] Annalen des Lambert von Waterlos bis 1170; die Aufzeich[illegible] Anchin; die Genealogiae comitum Flandriae, namentlich die [illegible] Flandria generosa; Gislebert's Chronik mit den inhaltreichen [illegible] Vanderkinderes. — Aeltere Litteratur gibt Chevalier in der [illegible]graphie. Der Aufsatz von de Smet steht auch im 2. Bd. des [illegible] seiner Mémoires (1864). Neben dem älteren Werke von Warn[illegible] vor allem in Betracht Pirenne, Histoire de Belgique, die [illegible] erschienen ist; desselben Artikel in der Biographie nationale [illegible] Bd. 17, dann als grundlegend für alle territorialen Fragen [illegible], La formation territoriale des principautés belges; dazu [illegible] Aufsatz im Bull. de l'Acad. de Belgique, Cl. d. lettres 1905 [illegible] Communalpolitik. Das Verhältniß Philipp's zu König Philipp [illegible] ist eingehend behandelt von Cartellieri, Philipp II. August, Bd. 1 [illegible]1900) und 2 (1906), mit zahlreichen Litteraturangaben. Vgl. auch [illegible] Balduin's V. von Ludwig König. Die Urkunden sind — [illegible] sorgfältig genug — gesammelt von Wauters, auf dessen Libertés [illegible] (1878) gleichzeitig hinzuweisen ist.

Alexander Cartellieri.

[illegible]: Johann Friedrich Hector Ph., Jurist, ist geboren zu [illegible] am 16. März 1802, studirte in Bonn und Heidelberg 1820 bis [illegible] Philosophie und Rechtswissenschaft, bestand 1824 das Auscultator-, [illegible] Referendar- und 1827 das Assessor-Examen, war als Assessor im [illegible] Ministerium" (Staatsanwaltschaft) der Landgerichte Köln und [illegible], wurde am letzteren Orte 1831 Staatsprokurator, 1838 Appella[illegible] in Köln und stand von 1848—1875 als Präsident dem [illegible] zu Elberfeld vor. Er starb am 1. Januar 1880 in Poppelsdorf [illegible], wohin er sich nach seiner Verabschiedung zurückgezogen hatte. Im [illegible] seinem Dienstjubiläum, hatte er den Titel eines Geheimen Ober[illegible] empfangen.

[illegible] hat sich, außer durch seine amtliche, durch juristisch-schriftstellerische [illegible] politisch-parlamentarische Thätigkeit ausgezeichnet, in welchem Maße, [illegible] am besten dadurch bezeugt, daß ihm jene den Bonner Ehren[illegible] bei dem Universitätsjubiläum, 1868), diese das Elberfelder [illegible] (verliehen 1875 beim Austritt aus der Wirksamkeit) ein[illegible] hatte sich Ph. um Elberfeld doch schon 1849 verdient gemacht, [illegible] damals als Abgesandter der Stadt auf Antrag der gesammten [illegible] nach Berlin ging, um die Wiederaufnahme der Stadt in Gnaden [illegible] zu erzielen, worüber er damals hauptsächlich mit v. Rado[illegible]. Dann wurde er 1869 wieder, als Vertrauensmann fast [illegible], von Elberfeld entsandt, dieses Mal ins Abgeordnetenhaus, wo [illegible] nationalliberalen Partei, zuerst als Hospitant, später als Mitglied [illegible] Mandat, das ihm 1873 erneuert wurde, mußte er 1874 aus [illegible] niederlegen. — Seine juristischen Schriften bestehen in [illegible] zu den Civilstandsgesetzen (1. Ausg. 1838, 2. 1855, 3. 1865), [illegible]ordnung (1. Ausg. 1859, 2. 1870) und zu der Hypo[illegible] (1860). Sie sind ihrer Zeit viel gebrauchte Handbücher der rheinländischen Juristen gewesen und entbehren als gründliche und Aus- örterungen über eigenartige Materien, für welche die reine Theorie der tischen Vermittlung besonders bedarf, auch keineswegs wissenschaftlichen We

Nach gefl. Mittheilungen des Sohnes, Herrn Professors und Archivraths Philippi in Münster. Ernst Landsbe

Philippovič: Josef Freiherr Ph. von Philippsberg, k. k. zeugmeister und Commandeur des Maria-Theresienordens, wurde als eines k. k. Hauptmanns von altbosnischem christlichem Adel zu Gospič i ehemaligen Likaner Militärgrenze am 28. April 1818 geboren und trat im 16. Lebensjahre als Cadett in das Likaner Grenzregiment Nr. 1. 1. April 1836 zum Pioniercorps transferirt, erhielt er seine militä Ausbildung in der Tullner Pionier-Corpsschule. Am 1. April 1839 er seine Beförderung zum Unterlieutenant II. Cl., am 16. December 1842 Unterlieutenant I. Cl., am 29. September 1843 zum Oberlieutenant gleichzeitiger Uebersetzung in den Generalquartiermeisterstab und am 20. tember 1847 seine Beförderung zum Hauptmann. Die Feldzüge von und 1849 machte er in Ungarn als Souschef der Generalstabsabtheilung 1. Corps unter Feldmarschalllieutenant Freiherrn v. Jellačic mit. 184 theiligte sich P. an der Unterdrückung des Aufstandes in Wien und speciell an dem Gefechte bei der Sophienbrücke und bei der Erstürmung Wien, machte die Gefechte bei Schwechat, Parendorf, Altenburg und Treffen von Moor mit. Während dieses Feldzuges erfolgte am 13. Novem 1848 seine Beförderung zum Major im Warasdiner Grenz-Infanterieregim ferner wurde P. für seine Leistungen in dem Feldzuge von 1848 im J. 1 mit dem Militär-Verdienstkreuze ausgezeichnet. Im Feldzuge 1849 käm er in dem Gefechte bei Tétény, in den Schlachten bei Kapolna, bei Isa in drei Recognoscirungsgefechten bei Pest, in dem Treffen bei O'Becse in der Schlacht bei Hegyes; für seine hervorragenden Leistungen in le Schlacht wurde er mit dem Ritterkreuz des Leopoldordens ausgezeichnet. 12. September 1851 bei gleichzeitiger Beförderung zum Oberstlieutenant z Generaladjutanten des Feldzeugmeisters Banus Jellačic ernannt, verblieb in dieser Stellung bis zu seiner am 1. Januar 1853 erfolgten Beförderung zum Obersten und Commandanten des Warasdiner Kreuzer Grenzregiment Nr. 5. Am 19. April 1859 zum Generalmajor und Brigadier beim 8. Co ernannt, legte er unter Feldzeugmeister Ritter v. Benedek am 24. Juni selben Jahres in der Schlacht bei Solferino so hervorragende Umsicht u Tapferkeit an den Tag, daß er in Anerkennung dieser Leistungen durch A höchste Entschließung am 17. December 1859 mit dem Orden der Eiser Krone II. Classe ausgezeichnet, sodann in Gemäßheit der Ordensstatuten a 20. März 1860 in den erblichen Freiherrnstand erhoben wurde. Nach de Kriege ging er als Brigadier nach Semlin und fungirte in den Jahren 18 1864 und 1865 als kaiserlicher Commissär bei dem serbischen Kirchencong in Carlowitz; aus diesem Anlasse wurde er am 24. November 1864 mit d Ritterkreuze des St. Stefansordens ausgezeichnet. Im Kriegsjahre 1866 f Ph. als Generalmajor und Ablatus des Commandanten des 2. Corps, Fe marschalllieutenants Grafen Thun-Hohenstein, Verwendung, that sich in Schlacht bei Königgrätz und im Treffen bei Blumenau in bravouröser We hervor und trug durch seine Umsicht und Thatkraft erheblich dazu bei, der Donauübergang bei Preßburg im Besitze des 2. Armeecorps verblieb. N während des Feldzuges am 16. Juli 1866 zum Feldmarschalllieutenant fördert, wurde ihm für die Leistungen in diesem Feldzuge die Allerhöchste

Anerkennung zu Theil. Am 6. September 1866 wurde P. zum ...danten der 1. Truppendivision in Wien ernannt, am 5. December wurde ihm das Infanterieregiment Nr. 35 verliehen und am 18. Ja... erfolgte seine Berufung auf den Posten des Divisionärs in Inns... bei gleichzeitiger Ernennung zum Landesvertheidigungs-Obercomman... für Tirol und Vorarlberg. Im 4. Januar durch die Verleihung der ... eines geheimen Rathes ausgezeichnet, erfolgte am 28. Januar des... Jahres seine Beförderung zum Feldzeugmeister und Ernennung zum ...andirenden General in Brünn, von welchem Posten er bald darauf am ... 1874 zum commandirenden General in Prag ernannt wurde.

... J. 1878 an die Spitze der zur Occupation von Bosnien und der ... bestimmten Truppen berufen, erließ P. am 27. Juli eine Pro... an die Bewohner dieser Länder, überschritt am 29. Juli die Save ..., trat sofort den Marsch nach Dervent an und erhielt durch die ...cirungen nach Maglaj und Zepče, welche die ersten blutigen Opfer ... den Beweis, daß er es mit fanatisirten, zum entschlossensten Wider... bereiten Gegnern zu thun habe. Nach der unter lebhaftem Gefechte er... Besetzung von Maglaj erhielt der Feldzeugmeister die Zusicherung einer ... Verstärkung, jedoch wartete er dieselbe nicht ab, sondern beschloß ...bewegungen auf Sarajevo fortzusetzen, lieferte den Gegnern am ... das Gefecht von Zepče, langte am 11. August mit dem Gros in ... an, vollzog am 13. August bei Vitez die Vereinigung mit den Vor..., lieferte dann die siegreichen Gefechte bei Belalovac, Kakanj, Višoka, ... Blažuj und besetzte am 19. August nach einem hartnäckigen Wider... der Gegner Sarajevo. Um 4 Uhr Nachmittags wehte die kaiserliche ... auf den Zinnen der Citadelle, und Ph. hielt, von dem friedlichen ... der Bevölkerung freudigst begrüßt, den Einzug in Bosniens Haupt... Der Kaiser ernannte den Feldzeugmeister am 20. August 1878 zum ...mandanten der 2. Armee und verlieh ihm gleichzeitig in Anerkennung ... ausgezeichneten Führung während der Occupationsaction die Kriegs... des Großkreuzes des Leopoldsordens.

... kurzer Zeit stellte Frhr. v. Ph. die Ruhe und Ordnung in den occu... Ländern wieder her, so daß bei Auflassung des Commandos der ... derselbe ein Allerhöchstes Handschreiben vom 18. November 1878 ..., in welchem ihm für die rasche Bewältigung des bewaffneten Wider..., Herstellung der Ruhe, Ermöglichung einer geregelten Administration ...verdiente Dank und die vollste Anerkennung" ausgesprochen wurde. ... früheres Verhältniß nach Prag zurückversetzt, erhielt Ph. mit Aller... Handschreiben vom 2. Mai 1879 als weitere Belohnung das Com... des Maria-Theresienordens. Anläßlich seines 50jähr. Militär... geruhte der Kaiser am 26. October 1879 ein Allerhöchstes ... Handschreiben an den Jubilar zu erlassen. Am 6. April 1881 ... zum commandirenden General in Wien ernannt, am 8. April 1882 ... seine Bitte in der gleichen Eigenschaft nach Prag zurückversetzt, wo ... zu seinem letzten Athemzuge in treuer Pflichterfüllung gewirkt hat. ... am 6. August in Prag infolge eines Schlaganfalles. Ph. war ein ... schneidiger Krieger, dem das Glück mit seltener Ausdauer von An... zum Ende seiner glänzenden Soldatenlaufbahn zur Seite stand.

...Acten des k. u. k. Kriegs-Archivs. — Lukes, Maria Theresien-Orden. ...blatt 1889.

Sommeregger.

Philippson: Ludwig Ph., Dr., hervorragender Theologe und Publi
geboren am 28. December 1811 zu Dessau, † am 29. December 188
Bonn. Ph., der frühzeitig schon seinen gelehrten Vater Moses (geboren
9. Mai 1775 in Sundersleben, † am 20. April 1814 in Dessau) u
bezog nach Absolvirung der Gymnasialstudien in seiner Vaterstadt die
versitäten Halle und Berlin. 1830 erlangte er in Berlin auf Grund s
Dissertation: „De internarum humani corporis partium cognitione Ar
telis cum Platonis sententia comparata“ die philosophische Doctorw
Dieser Arbeit folgte bald als zweiter Theil: „Philosophorum veterum u
ad Theophrastum doctrina de sensu“. Schon früher erschienen von ihm
J. A. Liszt): Ezechiels', des jüdischen Trauerspieldichters „Auszug aus Aegypt
und Philo des Aelteren „Jerusalem“ nach ihren Fragmenten herausgeg
übersetzt und erklärt, denen sich dann (Berlin 1832): „Pobalirius, oder
Aristoteles als Naturforscher und Arzt“ und: „Benedict Spinoza's Leben
Charakter“ anreihten. Reiches historisches Wissen bekundete Ph. in sei
1832 erschienenem Buche: „Wie verloren die Juden das Bürgerrecht im
und Weströmischen Reiche“. 1833 erhielt Ph. einen Ruf als Lehrer
Prediger an die Synagogengemeinde nach Magdeburg, der er dann bis
seinem Abgange nach Bonn 1862 als Rabbiner vorstand. Philippson's W
treten als moderner jüdischer Theolge und Publicist fällt in eine für die
schichte der Juden nach innen und außen reichbewegte Zeit und entfaltete
durch seine Thätigkeit als eifriger Wortführer für die Rechte der Ju
und für den Fortschritt im Judenthum, eine reichgesegnete Wirksamkeit. 1
begründete Ph. die noch heute bestehende „Allgemeine Zeitung des Ju
thums“, in welcher besonders die Einheit der Israeliten in ihrem Kam
für bürgerliche und gesellschaftliche Gleichstellung zu Ausdruck kam und
Bildung und Aufklärung der Juden Großes geleistet wurde. Ph. trat
Eifer und Schlagfertigkeit besonders für die Emancipation der Juden
Preußen und Deutschland ein. Auf seine Anregung haben Vertreter
jüdischen Gemeinden, durch persönliche Vorstellung beim Könige Friedrich W
helm IV. (1842) es bewirkt, daß von der damals beabsichtigten Ausschließ
der Juden von der allgemeinen Wehrpflicht Abstand genommen wurde
auch andere in Aussicht genommene Beschränkungen unterblieben. 1856 (
Der Kampf der Preußischen Juden für die Sache der Gewissensfreiheit)
wirkte Ph., daß 270 Gemeinden Verwahrung gegen den vom Abgeordne
Wagner im Landtage eingebrachten Antrag auf Streichung des Paragraphe
der Verfassung, nach welchem die Ausübung staatsbürgerlicher Rechte v
Glaubensbekenntniß unabhängig ist, mit Erfolg einlegten. 1862 richtete
ein Sendschreiben als Widerlegung an den damaligen Unterrichtsminister
Preußen, Bethmann-Hollweg, der in offener Sitzung gegen die Juden
Vorwurf erhob, daß sie verfolgungssüchtig seien. Aber auch für die Re
der Juden im Auslande trat Ph. mit Eifer ein. So verwandte er sich b
Pariser Congresse für die Gleichstellung der Juden im Türkischen Rei
welche durch einen Ferman vom 21. Februar 1855 ausgesprochen wurde,
trat für die Cultusfreiheit der in Spanien wieder aufgenommenen Israeli
bei den Cortes ein, welche theilweise durch Beschluß vom 28. Februar 1
gewährt wurde. In diese Kategorie seiner Wirksamkeit gehören auch s
Schriften: „Die Juden, ihre Bestrebungen und ihre Denuncianten“ (Mag
burg 1838) und: „Wie sich der Statistiker Staatsrath Hofmann verrech
hat“ (1847); „Ansprache an die isr. Gemeinden Preußens“ (1847), „S
stimmen und Zeitstimmungen“ (1849).

Ph. huldigte in den Frühjahren seiner theologischen Wirksamkeit der r [illegible] innerhalb der Reformbewegungen im Judenthum. So hat er [illegible] Gottesdienst der Genossenschaft für Reform des Judenthums in [illegible] später Hobelheim als Prediger angehörte, geleitet („Predigten, ge[illegible] ersten Gottesdienste der Genossenschaft für Reform des Juden[illegible]"; „Drei Reden, nebst der Einleitungsrede zum Gottesdienste, [illegible] von Dr. S. Stern", Berlin 1895). An den von ihm angeregten [illegible]sammlungen in Braunschweig, Frankfurt a. M. und Breslau [illegible]) nahm er hervorragenden Antheil, an der Rabbinerversamm[illegible] (1866) und an der Synode in Leipzig („Zur Charakteristik [illegible] jüdischen Synode", Berlin 1849). Besonders eifrig trat er in [illegible] Schrift für Veredlung des Gottesdienstes und für Hebung des [illegible]unterrichtes ein. Schon in den ersten Jahren seiner Wirk[illegible] Ph. für die Gründung einer jüdischen Hochschule ein und hatte [illegible] von ihm angeregten Gedanken erst verwirklicht gesehen, als er bei [illegible] der Lehranstalt für die Wissenschaft des Judenthums in Berlin [illegible]) die Festrede hielt. Ph. gründete eine Bibelanstalt und ein [illegible] zur Förderung der jüdischen Litteratur (1855), das er achtzehn Jahre [illegible] mit anderen hervorragenden Gelehrten leitete und dem wir die [illegible] vieler werthvoller Schriften über Juden und Judenthum ver[illegible] als Prediger und pädagogischer Schriftsteller entwickelte er eine [illegible] und wirkte dadurch anregend und belehrend auf weite Kreise. [illegible] „Israelitisches Predigt- und Schulmagazin" (3 Bände, Magde[illegible]—1836; 2. Auflage Leipzig 1854) heraus; „Reden wider den [illegible]" (Leipzig 1856); „Siloah", eine Auswahl von Predigten (Leipzig [illegible]); „Kleiner Katechismus der isr. Religion" (1845); „Kleiner [illegible] der isr. Geschichte und Liturgie" (1846); „Israelitisches Gesang[illegible] deutsche Lieder und Melodien" (Leipzig 1855); „Die israeli[illegible]lehre ausführlich dargestellt" (3 Bände, 1860—1865); „Sechs [illegible] über die Resultate in der Weltgeschichte" (1860); „Neues israeli[illegible]buch" (1864): „Haben die Juden wirklich Jesum gekreuzigt?" [illegible] Die Religion der Gesellschaft und die Entwicklung der Menschheit [illegible]); „Weltbewegende Fragen", erster Band: Politik, zweiter Band: [illegible], 1869); „Der Rath des Heils, eine Mitgabe für das ganze [illegible] den isr. Confirmanden und an die isr. Confirmandin" (Leipzig [illegible] Die Entwicklung der religiösen Idee im Judenthum, Christenthum [illegible]" (1878); „Die isr. Religionslehre, Lehrbuch für die oberen Classen [illegible] und Gymnasien" (1878).

[illegible] hervorzuheben wären noch seine Dramen und Novellen: „Die [illegible]", Trauerspiel (1866); „Saron" (6 Bände, Leipzig 1844—1855); [illegible] und Rom, historischer Roman aus dem vierten Jahrhundert" [illegible] Tirado, Roman aus dem 16. Jahrhundert" (1867); „An [illegible] von Jahrtausenden, Erzählungen" (1872, 1873). Weithin be[illegible] populär wurde Ph. durch sein weitverbreitetes Werk: „Die israeli[illegible] Urtext, deutsche Uebersetzung und Erläuterung mit mehr als [illegible] und Einleitungen in die einzelnen Bücher" (1839—1847), [illegible] Einzelausgaben für Synagoge, Schule und Haus folgten. [illegible] veröffentlichte er ein „Gedenkbuch an den deutsch-französischen [illegible] 1870/71 für die deutschen Israeliten". Aus seinem Nachlasse ver[illegible] inzwischen verstorbener Schwiegersohn, der gelehrte Dr. M. [illegible] in Budapest, „Siloah" (Neue Folge). Eine Auswahl [illegible] von Dr. Ludwig Philippson. Aus dessen handschriftlichem [illegible] (Leipzig, M. W. Kaufmann). Adolf Brüll.

Pierson: Karoline P., geborene Leonhardt, wurde am 6. Jan
1811 (nicht 1814) als die Tochter eines sächsischen Hauptmanns in Zi
geboren. Kurz nach ihrer Geburt starb die Mutter, und drei Jahre
erlag der Vater, der sich wieder verheirathet hatte, seinen im russischen
zuge erhaltenen Wunden. Karolinens Stiefmutter heirathete später den
sischen Hauptmann Dreverhoff, so daß die Tochter nun auch einen Stie
erhalten hatte. Im Hause der Stiefgroßeltern erhielt sie eine vortre
Erziehung und durch den dortigen Verkehr mit gebildeten und gele
Männern vielseitige Anregung. Begabt mit einer regen, nie müden Phan
erzählte sie schon als Kind jene Märchen, Sagen und Geschichten, woran
Oberlausitz so reich ist, und die sie bei ihrem Talent so schön auszuschm
verstand. Gelegentlich einer Schulprüfung verrieth sich, als Karoline
Jahre alt war, ihr sogenanntes Improvisationstalent, infolge dessen sie
ihrem Lehrer Anleitung im deutschen Versbau erhielt. Sie schrieb nun
Gedichte, die nicht so mangelhaft gewesen sein können, da einige derselben
würdigt wurden, auf dem Stadtarchiv in Zittau aufbewahrt zu werden.
Angehörigen der jungen Dichterin verhielten sich ihrer Neigung gegenüber
ablehnend als aufmunternd; dagegen beschäftigten sich ihre Lehrer, meist
gezeichnete Gelehrte, viel mit ihr, und besonders der Director Burbach
stand es, ihr poetisches Talent zu fördern. Auch ihrem Verwandten,
berühmten Archäologen Dr. Pescheck, verdankte sie viel, so daß ihr, als
später als Improvisatrice auftrat, eine tüchtige wissenschaftliche Bildung
bar war. Auch über eine schöne Singstimme verfügte sie, und da sie
Lebhaftigkeit bei ihren Vorträgen entwickelte, so rieth ihr ihr Lands
Heinrich Marschner, sich für die Bühne auszubilden; allein Familienver
nisse und vor allem des jungen Mädchens Neigung für litterarische Arb
verhinderten dies. Der Schule entwachsen, ging Karoline nach Dresden,
sie unter dem Schutze einer würdigen Dame lebte und schriftstellerisch t
war. Friedrich Kind, Ludwig Tieck u. A. zollten ihren Arbeiten gebühr
Anerkennung, und besonders der erste war es, der sie in litterarische Kr
einführte, ihr die nöthige Unterstützung und Anregung zur Vertiefung i
Bildung gewährte und ihr namentlich eine weitgehende Perspective in
Gesetze der Prosodik und Metrik eröffnete. Im J. 1834 trat sie mit ei
Sammlung ihrer Gedichte u. d. T.: „Liederkranz" an die Oeffentlich
Friedrich Rückert spendete diesen Liedern warmes Lob; C. G. Reissiger,
Otto, C. E. Hering, Otto Nicolai setzten mehrere derselben in Musik,
selbst Wolfgang Menzel, der abgesagte Feind aller Frauenpoesie, sprach
günstiges Urtheil über sie. Dann folgten die Texte zu den Opern „Conra
von Schwaben" (1834, Musik von C. E. Hering) und „Bertha von Bretagn
(1835, Musik von J. Rastrelli). Im J. 1836 verheirathete sich Karoli
mit dem unter dem Namen J. P. Lyser bekannten Schriftsteller, einem So
des Dresdener Hofschauspielers Burmeister; doch war die Ehe, der zwei Töch
entsprossen, nicht glücklich und wurde nach sechs Jahren wieder getrennt.
dieser Zeit lieferte sie zahlreiche Beiträge zu den von ihrem Gatten hera
gegebenen Sammelwerken „Abendländische Tausend und eine Nacht" (1838—
und „Abendländische Einhundert und eine Nacht" (1840), schrieb u. d.
„Charakterbilder für deutsche Frauen und Mädchen" (1838) eine Reihe
Novellen, denen sie 1842 eine zweite Sammlung „Novellen" folgen li
ferner das Drama „Meister Albrecht Dürer" (1840; 2. Aufl. 1871),
ihrer besten Leistungen, und gab das Taschenbuch „Herbstgabe" (1839—
heraus, dessen Inhalt später u. d. T.: „Zehn Novellen" (III, 1842) erschi
Die Beschäftigung mit dem Leben und Dichten der Luise Karschin, deren

[illegible] sie auch schrieb, erweckte in ihr die Lust, sich auch öffentlich, wie sie [illegible] so oft mit Erfolg gethan, als Stegreifdichterin zu bethätigen. [illegible] Rückert, dem sie mehrere Proben von ihrem Talent in Erlangen [illegible], ermuthigte sie, ihren Entschluß auszuführen, durch ein Gedicht, [illegible] Dichterin ehrte und für sie, da es in der Frankfurter „Didaskalia" [illegible] wurde, der beste Empfehlungsbrief ward. So trat sie denn von [illegible] 1843 in den größten Städten Deutschlands mit kaum geahntem [illegible] Improvisatrice auf; an den Höfen zu Berlin, Wien, Hannover, [illegible], Pesth (zur Zeit des Erzherzogs Joseph) wurde sie aus[illegible] und vom Könige von Hannover an die englische Königin Victoria [illegible], die sich für die Dichterin interessirte und ihr einen Empfehlungs[illegible] König Leopold I. von Belgien übergab. Im J. 1844 verheirathete [illegible] mit dem englischen Tondichter Henry Hugo Pierson, der einige [illegible] an der Universität in Edinburg war, aber aus Vorliebe für [illegible] sich hier dauernd niederließ. Ihm zu Liebe gab Karoline ihre [illegible] Thätigkeit als Stegreifdichterin auf, um sich nun ganz ihren Pflichten [illegible] und Mutter zu widmen. Sie lebte in der Folge mit ihrer Fa[illegible] Wien, Mainz, Würzburg, Stuttgart, Hamburg und zuletzt in Leipzig, [illegible] am 28. Januar 1878 ihren Gatten durch den Tod verlor. Zwar [illegible] Feder in dieser Zeit nicht ganz geruht; aber erst seit dem Jahre [illegible] konnte sie ihrer schriftstellerischen Thätigkeit mehr Zeit und Muße [illegible], und hat sie seitdem unter dem Pseudonym R. Edmund Hahn [illegible] stattliche Reihe von Romanen geschrieben; z. B. „Das Dokument" [illegible], „Starhemberg oder: Die Bürger von Wien" (1865), „Ein Jahr in [illegible] Welt" (II, 1866), „Das graue Haus in der Rue Richelieu" [illegible], „Hohenzollern und Welfen" (III, 1867—69), „Schloß Hrawodar" [illegible]1870), „Die Sklaverei der Liebe" (II, 1872), „Die falsche Gräfin" [illegible], „Der Zögling des Diplomaten" (III, 1876), „Zu früh vermählt" [illegible], „Schöne Frauen" (II, 1881), „Im Park zu Rodenstein" (II, 1881), [illegible] Gräfinnen" (II, 1884), „Die Geheimnisse des Waldschlosses" (II, [illegible], „Ehen werden im Himmel geschlossen" (1886), „Das Erbfräulein" [illegible]) u. a. Nach dem Tode ihres Gatten hatte Karoline ihren Wohn[illegible] Dresden genommen, um ihren drei Söhnen und einer Tochter nahe [illegible]; im Jahre 1892 verlegte sie denselben nach Coswig bei Dresden, [illegible] ihrer Söhne im „Lindenhof" eine nachmals sehr berühmte Heil[illegible] eröffnet hatte. Dort ist sie am 2. April 1899 hoch betagt ge-[illegible]

[illegible] Persönliche Mittheilungen. — Adolf Hinrichsen, Das litterar. Deutsch[illegible] 1891, S. 1041. — Die Gartenlaube, Jahrg. 1874, S. 711. — [illegible] Morgenstern, Die Frauen des 19. Jahrh., Bd. 3, S. 145. — Leip[illegible] Illustr. Zeitung, Jahrg. 1886, Bd. 86, S. 313. — Sophie Pataky's [illegible] deutscher Frauen der Feder, Bd. 2, S. 185.

Franz Brümmer.

Pilat: Josef Anton Edler von P., Staatsbeamter und Publicist. [illegible] wurde am 20. Februar 1782 zu Augsburg geboren, besuchte dort das [illegible] ad Sanctum Salvatorem, studirte sodann die Rechte an der Uni[illegible] zu Göttingen und trat 1803 als Privatsecretär in die Dienste des [illegible] späteren Fürsten, Metternich, damals österreichischen Gesandten in [illegible] Nachdem dieser 1806 Botschafter bei Napoleon I. in Paris geworden [illegible] ihm P. dorthin. In Paris war P. die Seele der deutschen [illegible] sprach sich in Gesellschaften freimüthig über politische Dinge und [illegible] über den Bonapartismus aus. Als 1809 Oesterreich Napoleon den Krieg erklärte, wurden Metternich in Paris, als Repressalie für Internierung des französischen Botschafterpersonals in Ungarn, die Pässe weigert und er wurde dort zurückgehalten; mit ihm P. und erst nach Schlacht bei Aspern (21. und 22. Mai 1809) gelangten Beide unter mi rischer Bedeckung in das von den Franzosen besetzte Wien.

Der für Oesterreich unglücklich verlaufenden Schlacht bei Wagram f der den Besiegten schwer drückende Schönbrunner Frieden (14. October); her jedoch war ein Ministerwechsel vor sich gegangen, indem Stadion zu trat und Metternich als k. k. Staats- und Conferenzminister (am 8. Octo mit der Leitung der auswärtigen Angelegenheiten betraut wurde. Dab steigerte sich Pilat's Einfluß und Bedeutung an seines Herrn Seite um beträchtliches.

Er begleitete ihn auch stets, so 1813 zum Prager Congresse und dem entscheidenden Wechsel der Dinge, als die Verbündeten aggressiv ge Napoleon vorgingen, 1813—1814 bei der ersten Occupation Frankreichs n Paris, wo es zum Abschlusse des ersten Pariser Friedens kam. In die Jahren waren P. im kaiserlichen Hauptquartiere die Direction der k. k. F druckerei, die Redaction der Armeeberichte und verschiedene schriftstelleri Arbeiten, die den Zwecken des Krieges galten, übertragen. 1818 wurde zum wirklichen k. k. Hofsecretär, später zum Regierungsrath im außerorde lichen Dienste bei der Staatskanzlei ernannt, am 20. Juli 1831 in den öst reichischen Adelstand erhoben, nachdem er schon vorher das von Kaiser Fran für in den Jahren 1813 und 1814 geleistete hervorragende Dienste gestift goldene Civil-Ehrenkreuz und mehrere ausländische Orden erhalten hatte.

In seinem ganzen Thun und Lassen, Denken und Wirken folgte er n nur ganz und gar der Politik seines Herrn und Meisters, Metternich, de getreuester Diener er war, er schloß sich auch vollständig der an allem Al und Hergebrachten in Religion und staatlichen Fragen festhaltenden Partei welche jeden Fortschritt verabscheute und ihm entgegenzutreten bemüht w Zu seinen innigsten Freunden gehörten Friedrich v. Gentz, der Dichter u Convertit Zacharias Werner, Friedrich v. Schlegel, Clemens Maria Hoffbau der erste deutsche Redemptorist und Generalvicar dieses Ordens diesseits Alpen, Adam Müller, der Haller folgend, die Umkehr der Wissenschaft lehren versuchte, Klinkowström, Jarke, Baron Penkler u. A., von denen meisten vom Protestantismus zum Katholicismus übergetreten waren. P. nicht nur ein entschiedener, strenggläubiger Katholik, er war auch ein offe Vertreter und Anhänger der Jesuiten und Redemptoristen, hing treu und den Ansichten und Lehren dieser an, begünstigte und förderte nach Kräf deren Bestrebungen. Er war eine der vielgenannten Persönlichkeiten im Kr der Vertrauenspersonen der k. k. Hof- und Staatskanzlei und der aristok tisch-klerikalen Gesellschaft des vormärzlichen Oesterreich.

Vom 1. Januar 1811 an wirkte er nach Friedrich v. Schlegel's Rückt als Redacteur des „Oesterreichischen Beobachters", des allseits bekannten (nicht zu sagen berüchtigten) Leibblattes Metternich's, des Organes, wel dessen Politik publicistisch vertreten und rechtfertigen sollte. Auch in di Stellung war P. ganz das Geschöpf des Fürsten-Staatskanzlers; jedes Bl bevor es gedruckt wurde, mußte diesem vorgelegt werden; er strich weg, hinzu, änderte nach seinem Ermessen, schrieb auch wol sein Urtheil über zur Veröffentlichung bestimmte an den Rand des Bürstenabzugs, und P. na in den „Beobachter" all das pflichtschuldigst auf, was ihm aus der Kan Metternich's zukam, und es ist ihm viel zugekommen, was die freie E wicklung des Geistes der Einzelnen und der Völker hinderte und für trau [illegible] finanzschoß, in Oesterreich, aber nicht in Oesterreich allein, denn [illegible]'s Regierungsprincipien waren durch Jahrzehnte nicht bloß in dem [illegible] Geschicke in seiner Hand lagen, sondern in den meisten Staaten [illegible] maßgebend.

[illegible] seiner publicistischen Wirksamkeit war P. in verschiedenen Litteratur[illegible] thätig. Er schrieb „Ueber Arme und Armenpflege", Berlin 1804; [illegible] eines Deutschen über die durch das Senatusconsult vom [illegible] 1813 in Frankreich ausgeschriebene Conscription von 300 000 [illegible] Frankfurt a. M. 1813; aus dem Französischen übersetzte er de Pradt, [illegible] der Botschaft im Herzogthume Warschau von 1812", Wien 1814 f. [illegible] Ludwig v. Haller's, des bekannten Restaurators der Staatswissen[illegible] „Schreiben an seine Familie, um ihr seine Rückkehr zur römisch[illegible] Kirche zu eröffnen" (Wien 1831, drei Auflagen), ferner verfaßte [illegible] Aufsätze für Hartleben's „Justiz- und Polizeifama", für die [illegible] „Haude und Spener'sche Zeitung", Gedichte und Uebersetzungen von [illegible] aus dem Griechischen und Lateinischen, welche in verschiedenen Taschen- [illegible] und Journalen erschienen sind, endlich gab er den „Briefwechsel [illegible] Friedrich Gentz und Adam Müller 1800—1829", Stuttgart 1857,

[illegible] war mit einem Fräulein v. Mengershausen aus Hannover vermählt, [illegible] glücklicher Ehe; zwei seiner Söhne bekleideten höhere Stellen im [illegible] Staatsdienst: Clemens im Ministerium des Aeußern, Friedrich [illegible] schäftsträger am großherzoglichen Hofe zu Karlsruhe, Alois war Notar [illegible] in Oberösterreich; zwei Töchter wurden Nonnen, die dritte war mit [illegible] Freiherrn Alexander v. Hübner, 1853 bis 1859 österreichischen Botschafter [illegible], vermählt.

[illegible] der Märzsturm des Jahres 1848 Metternich und sein System hin[illegible], war ganz naturgemäß auch Pilat's öffentliche Thätigkeit zu Ende; [illegible] noch einige Jahre im Ministerium des Aeußern, bis ihn die Last [illegible] nöthigte, in den Ruhestand zu treten; unbeachtet und ganz vergessen [illegible] in Wien bis zu seinem am 2. Mai 1865 erfolgten Tode.

[illegible] Wurzbach, Biographisches Lexikon des Kaiserthums Oesterreich XXII, [illegible] — Herbst, Encyklopädie der neueren Geschichte (Gotha 1889) IV, 214. [illegible] Die in Wien bestehenden Zeitschriften historisch dargestellt seit ihrer [illegible] „Beobachter." In Pietznigg, Mittheilungen aus Wien, 1833, [illegible], S. 76—83. — Wiener Zeitung, 1865, Nr. 105, S. 485. — [illegible] (Wiener Journal) 1865, Nr. 121, 122, 124. — Neue Freie Presse [illegible] Journal) 1865, Nr. 243 und 253. — (Hoffinger) Oesterreichische [illegible] halle III, 35. — (Gräffer und Czikann) Oesterreichische National[illegible] pädie IV, 222. — Vehse, Geschichte des österreichischen Hofs X, 58.

Franz Ilwof.

[illegible]: Ferdinand P., Historien- und Genremaler, geboren am [illegible] 1828 zu München, als der jüngere Sohn des gleichnamigen be[illegible] Lithographen (1786—1844), genoß mit seinem nachmals so gefeierten [illegible] Karl v. Piloty (s. A. D. B. XXVI, 140) denselben Studiengang [illegible] richt im Atelier des Vaters, bildete sich dann weiter auf der Akademie, [illegible] unter der Leitung seines späteren Schwagers Karl Schorn (siehe [illegible] XXXII, 382), dessen coloristischen Vorzüge alsbald maßgebend wurden [illegible] auf die beiden Brüder einwirkten. Nachdem Ferdinand P. [illegible] mit der Figur eines „hl. Sebastian" auf der Kunstausstellung [illegible] Proben seines Flügelschlages kundgegeben hatte, bethätigte er sich [illegible] großen Rundgemälde von Jerusalem, welches Ulrich Halbreiter (siehe

A. D. B. X, 408), von 1848—50 zur Ausführung brachte, bei den figürli[illegible] Staffagen, während der durch spätere Reisen nach Spanien, Algier un[illegible] den Kaukasus und seine interessanten Lebensschicksale so großes Aufsehe[illegible] regende Schlachtenmaler Theodor Horschelt (s. A. D. B. XIII, 160) die [illegible] Esel und Kameele, und August Löffler (s. A. D. B. XIX, 101) den [illegible] schaftlichen Theil auf sich nahm. Schon damals soll der junge P. beim [illegible] sammenarbeiten durch seine kräftige Lichtwirkung die älteren Collegen zu [illegible] helleren Farbengebung veranlaßt haben (Lützow's Zeitschrift I, 155). Im [illegible] Kunstverein brachte P. 1849 eine „Wirthsstube", in welcher ein alter Schmu[illegible] Schmuckwaaren feilbietet; 1850 den „Tod des spanischen Malers Fern[illegible] Arias im Spital", nachdem derselbe noch kurz vor seinem Ende, wob[illegible] kleine Murillo als Chorknabe assistirt haben soll, durch eine Zeichnun[illegible] wiesen hatte, wie unverdient er im höchsten Elend lebte. Dann folgten me[illegible] nach dem Vorgang seines Bruders sehr coloristisch behandelte Genre[illegible] ein „Aerztlicher Besuch", die „Heimkehr vom Felde" und die „Erste Ba[illegible] Reise" (1855): drei mit Wanderstab, Ränzlein und Rauch-Utensilien [illegible] gerüstete, das schöne Gebirgsland jauchzend begrüßende Studentlein, [illegible] die wonnigliche Reiselust den landschaftlichen Theil überwog (Julius Gro[illegible] Beilage 124 „Neue Münchener Zeitung", 25. Mai 1855). In zwei Vari[illegible] behandelte P. den „Thomas Morus im Kerker" (gest. von Schultheiß), [illegible] der Hauptaccent schon auf die realistische Darstellung der Kerkerwand [illegible] der Strohschütte fiel (Eggers' „Deutsch. Kunstblatt" 1856, VII, 291). [illegible] Scenen (1857) aus „Raphaels Leben" und dessen „Sterbelager" gerieth[illegible] einen etwas gar zu novellistischen Ton (Jul. Grosse in Bd. 104 „Neue Münch[illegible] Zeitung", Mai 1858). Für das „National-Museum" mit Fresken betraut, [illegible] theilweise sehr unmalerische Stoffe boten, entschädigte sich P. klüglich [illegible] stimmungsvolle Lösung dieser Probleme. Wie wäre denn der „Stiftung [illegible] Spitals" auf anderem Wege beizukommen? Noch schwieriger war das Th[illegible] wie „Der vierzehnjährige Pfalzgraf Georg Johann von Veldenz 1558 bei [illegible] Reformation der Heidelberger Universität die Dankrede hält". Um die D[illegible] stellung einer Rede zu ermöglichen, ließ der junge Maler alle Register se[illegible] coloristischen Begabung spielen. Ungleich bessere Motive bot eine Begebe[illegible] aus dem „Bauernkrieg" (1525), wo die treuen Landleute von Weilers[illegible] einen aufrührerischen Haufen gefangen nahmen. Noch glücklicher war die [illegible] gabe, die „Blüthezeit der freien Reichsstadt Augsburg im 16. Jahrhun[illegible] in ein Bild zu bringen. Hier excellirte P. in virtuoser Freskotechnik [illegible] überbot alle in dieser historischen Galerie mitwirkenden älteren und jüng[illegible] Zeitgenossen mit seiner glänzenden Manier, womit er ihnen ein selbstbew[illegible] „anch' io sono pittore" vorzureiten schien. Auch der mit Kostümen getrie[illegible] Makart-artige Prunkaufwand verblüffte alle Beschauer, obwohl der Op[illegible] spektakel der modernen Bühne unverkennbar mitspielte. Als Repräsentant [illegible] dieser reichen, kunst- und prachtliebenden Augsburger Mediceer wählte P. [illegible] reichen Hans Fugger, welcher in einem offenen Marmorsaale den Besuch [illegible] gleichgesinnten Patricierfamilie Franz Welser's empfängt; der schönen, [illegible] Eltern begleitenden Philippine bietet der junge Erzherzog Ferdinand [illegible] Rose; im Hintergrund zeigt der alte Holbein den staunenden Frauen [illegible] Tafelbild, davor ist um die klugblickende Herrin des Hauses eine Humanist[illegible] gruppe placirt; die halboffene Halle gewährt einen Ausblick auf die prächti[illegible] Bauwerke der Stadt. Der Steinfließ des Bodens knallt ordentlich vor Glä[illegible] Manches wäre sicher nicht einwandfrei; am meisten stört die leidige Theat[illegible] Convenienz und der faustisch-mephistophelische erzherzogliche Werber um [illegible] kokettirende Gretchen. Man denkt an Platen's Rüge, daß der „Flo[illegible] vom Publicum „immer als schöne Sprache“ gepriesen“ wird. Das [illegible] auch eine räumliche Ausdehnung, wie außer dem „Turnier“ [illegible] bisher kein Maler im Nationalmuseum eine solche Wand-[illegible] Anspruch genommen hatte. Es war eine „Conversatione“, wie [illegible] der Urbinate mit der sogenannten „Disputa“ und „Schule von [illegible], Schorn mit der deutschen und englischen Geschichte ver-[illegible] mit der „Reformation“ und mit dem Freskencyklus an der [illegible] versinnlichte; Wilhelm Lindenschmidt bearbeitete verschiedene [illegible], wie Musik und Gelehrsamkeit, bis Karl v. Piloty mit dem [illegible]historischen Münchener Stadtbild alle seine Vorgänger über-[illegible] — General v. Spruner (s. A. D. B. XXXV, 325), der intellectuelle [illegible] dieser historischen Galerie, welcher seinen Künstlern oft härtere Nüsse [illegible] lieferte als Hodeget unserm Ferdinand P. das nöthigste Material. [illegible]ch erhielt P. auch noch die „Verteidigung der Festung Gaëta“, wobei [illegible] Königin Maria von Neapel durch unerschrockenen Heroismus und [illegible]haritas auszeichnete, ein Thema, welches als weiteres Prototyp der [illegible]schule gelten mag. Auch das große, für die historische Galerie des [illegible]ianeums bestimmte, im bestechendsten Colorit ausgeführte Oelbild mit [illegible]erschau der Königin Elisabeth über ihre englische Armada (1588)“ [illegible]ßgemäß in dem engbegrenzten Niveau eines ceremoniellen Kostüm-[illegible]fangen. Inzwischen zeichnete P. viele Holzschnitt-Illustrationen zu [illegible]eare, insbesondere zu „Othello“ und „Romeo und Julia“, zur Stuttgarter [illegible]sgabe von Schiller's „Gedichten“ und malte allerlei, oft sehr harm-[illegible]rebilder, z. B. Kinder, die dem Bildniß ihrer Mutter einen Schnurr-[illegible]; „Egmont und Klärchen“, einen „Ritter beim Juwelier“ (als [illegible] von „Goldschmieds Töchterlein“), Karl V. in San Yuste, die [illegible]“, „Liebling in Gefahr“ (eine junge Dame schützt ihr Kätzchen [illegible] Hund), Bruder Kellermeister vor einem Stückfaß eingeschlafen à la [illegible], aber auch den Grafen Eberhard von Württemberg vor der Leiche [illegible], die komische Scene „Nach der Sitzung“ mit den im Weinkeller [illegible] Rathsherren (gest. von Fleischmann; vgl. Lützow's Zeitschr. [illegible] 76) und einen derselben Zopfzeit angehörigen „Stadtarzt“. Infolge [illegible] Reise brachte P. eine „Mutter mit ihrem Kind“ und die [illegible] eines Mönches am Fischmarkt in Rom“, wobei P. mit Lenbach's [illegible]“ rivalisirte. Nachdem der Künstler durch weitere Reisen nach [illegible] Wien sich erfrischt hatte, entwarf P. die lebenswahren Cultur-[illegible] das Rathhaus zu Landsberg: das „Bürgertanzfest“, wobei Herzog [illegible] wacker mithielt (Nr. 51 „Ueber Land und Meer“ 1886, 55, [illegible] die „Spitalbesichtigung durch Ludwig den Brandenburger“; zwei [illegible] hatte Eduard Schwoiser (geb. 18. März 1820 zu Brüsau in [illegible] 8. September 1902 zu München) gemalt. Für König Ludwig II. [illegible] Cyklus für das Schloß Neuschwanstein mit Episoden aus dem [illegible]“, wobei namentlich die phantastischen Scenen mit dem un-[illegible] Klingsor in origineller Weise gelangen. Ein lebensgroßes [illegible] König Ludwig II. in Feldmarschallsuniform lieferte P. für den [illegible] der Landtagsabgeordneten (1876). — Dann trat P., welcher [illegible] Popularität seines celebren Bruders Karl Piloty viel-[illegible], demselben aber in unverbrüchlicher Treue völlig congenial [illegible] von der Oeffentlichkeit zurück, ohne jedoch Pinsel und Palette [illegible] lassen, da Ferdinand P. bei der malerischen Ausschmückung der [illegible] in Linderhof und Herrenchiemsee (nebenbei auch mit [illegible] „Das Urtheil Salomo's“) vielfach in Anspruch genommen

wurde. Gegen drohende Kränklichkeit stärkte er sich in der freien Nat
unermüdlicher Nimrod. — Ferdinand P. (er starb am 21. December 18
München) war Inhaber der Ludwigs-Medaille für Kunst und Wiss
Ehrenmitglied verschiedener Akademien, mit dem Titel und Rang eines
Professors. — In früherer Zeit übte er auch das Erbe seines Vater
Lithographie, und zeichnete mehrere Bilder z. B. nach Gegenbauer
Eberhard der Rauschebart) und Philipp Foltz (Cid Campeador) auf
— Eine große Zahl seiner besten Compositionen wurde von Schultheiß, F
mann, J. L. Appold u. A. in Stahlstich und Holzschnitt oder durch
stängl und Jos. Albert in Photographie vervielfältigt und volksthümli
macht. Nicht so naturwüchsig und erfrischend wie viele Andere, meh
dem Verstand schaffend, imponirte dieser Maler doch durch den Respec
der Kunst, durch die Strenge und Gewissenhaftigkeit, die er auf seine Ar
verwendete.

Vgl. Nagler, Monogrammisten, 1860, II, 854 (Nr. 2348). — Sp
Die Wandbilder des Bayerischen National-Museums, 1868, S. 50
F. Pecht, Gesch. der Münchener Kunst, 1888, S. 253. — Nr. 35
Allgem. Zeitung v. 28. December 1895. — Kunstvereins-Bericht für 1
S. 84. — Fr. v. Bötticher 1898, II, 276. — Louise v. Kobell, K
Ludwig II. und die Kunst, 1896. Hyac. Hollan

Piper: Ferdinand Karl Wilhelm P., evangelischer Theologe, w
am 17. Mai 1811 als ältester Sohn des Lehrers Dr. Joh. Heinrich Sa
Piper zu Stralsund geboren und starb als Doctor und Professor der The
zu Berlin am 28. November 1889.

Im elterlichen Hause herrschte ein ernster, gottesfürchtiger Sinn.
Vorbild der Eltern, von welchen der Vater als streng und gewissenhaft,
Mutter als eine Verkörperung der himmlischen Liebe geschildert wird, h
ließ in dem empfänglichen Gemüth des Knaben, dessen gesundes Aussehen
geistige Regsamkeit schon früh die Blicke auch ferner Stehender auf ihn len
einen bleibenden Eindruck. Ueber das Stralsunder Gymnasium, welche
vom 7. bis zum 18. Lebensjahre besuchte, spricht er sich selbst in anerkenne
Weise, wie folgt, aus: „Diese Anstalt gelangte in jener Zeit zu einer fr
nie gesehenen Blüthe durch eine Reihe tüchtiger Männer, vorzüglich durch
Verdienste des Directors Dr. Kirchner, späteren Directors der Schulpf
eines durch Gelehrsamkeit und echte Humanität ausgezeichneten Mannes.
den beiden oberen Klassen war ich mit Vorliebe den mathematischen Stu
ergeben, die unter der Leitung eines vorzüglichen Mathematikers, des Profe
Nizze, späteren Directors des Stralsunder Gymnasiums, standen." Ger
diese mathematische Ausbildung sollte ihm später zu statten kommen. N
den Arbeiten für die Schule, in welchen er großen Fleiß und Gewissenhaft
keit entwickelte, also daß es ihm an Anerkennung und Auszeichnungen ni
fehlte, vertiefte er sich in die Werke der deutschen Dichter. Auch behielt
noch Zeit, sich in mannichfacher Weise der Ausbildung seiner musikalis
Anlagen zu widmen. Von Instrumenten spielte er die Orgel und die Fl
Für erstere hatte er sich selbst, die Nacht zu Hülfe nehmend, ein umfa
reiches Choralbuch abgeschrieben. Auch des Singens war er kundig und wi
als Bassist in einem tüchtigen Männerquartett mit.

Als er die Schule im Jahre 1829 mit Nr. 1 verließ, erhielt er v
seinem Director das „Zeugniß der unbedingten Reife". Als Studium wäh
er sich Theologie und Philologie und wandte sich zunächst nach Berlin,
gerade damals ausgezeichnete Kräfte thätig waren. Bestimmend für se
theologische Entwicklung wie für seinen späteren Lebensgang wurde die er

[illegible] in welche er als Schüler, Famulus und Reisebegleiter zu dem [illegible] Neander trat. Drei Jahre blieb P. in Berlin und war [illegible] Zeit fast täglich in dem Hause des von ihm hochverehrten [illegible] er als Corrector bei der Herausgabe seiner Kirchengeschichte [illegible] leistete und auch späterhin in dankbarer Freundschaft ver- [illegible] Auch dem Philologen Boeckh, an dessen Seminar er theilnahm, [illegible]

[illegible] Fleiß der Jünger der Wissenschaft sich dem Studium hingab, [illegible] Brief, in welchem Neander seinem Vater rieth, er möchte den [illegible] auf eine kleinere Universität senden, damit er dort durch das [illegible] mehr von der strengen Arbeit abgezogen werde.

[illegible] hatte nun die Absicht, ein viertes Jahr in Bonn zu studiren, wurde [illegible] der Reise nach dort in Göttingen festgehalten. Nicht nur die schöne [illegible] Orts und das eigenartige Studentenleben, welches er in Berlin [illegible] gelernt hatte, thaten es ihm an, sondern auch die gut aus- [illegible] Bibliothek. Ganz besonders aber fühlte er sich durch Lücke, an [illegible] Neander ihn empfohlen hatte, angezogen. Außer dem Verkehr mit [illegible] auch der mit Ritter, den Gebrüdern Grimm u. A. anregend und [illegible] für ihn. Hier schloß er auch Freundschaft mit edlen ihm zusagenden [illegible] Sein Interesse für die Mathematik dehnte er in Göttingen [illegible] Astronomie aus, welche ihn mit Gauß in nahen Verkehr brachte, der [illegible] ganz und gar bei dieser Wissenschaft festgehalten hätte. Große [illegible] brachte er auch Harding entgegen, an dessen Ephemeriden er mit- [illegible] und dem er nach seinem von ihm tief betrauerten Tode als Anhang [illegible] Ephemeriden einen ehrenden Nachruf widmete. Göttingen hatte ihn [illegible] Beendigung seiner Studentenzeit festgehalten, indem ihm daselbst [illegible] stelle übertragen wurde. Am 20. Juni 1835 wurde er auf [illegible] Dissertation über die Chronologie des Lebens Jesu zum Licentiaten [illegible] ernannt. Von seiner Beschäftigung mit der alten Kirchen- [illegible] legten die Arbeiten über den Hymnus des Clemens von Alexandrien [illegible] 1835) und über Melito (Studien u. Krit. 1837) Zeugniß ab. So [illegible] Göttinger Zeit eine Zeit ernster und fruchtbarer Arbeit, die nur [illegible] eine größere Reise in die Schweiz unterbrochen wurde, welche zur [illegible] mit Uhland und Schelling führte.

[illegible] Neander's Veranlassung kehrte P. im J. 1840 nach Berlin zurück, [illegible] für das Fach der Kirchengeschichte habilitirte und damit in eine [illegible] Lebens eintrat, in welcher er der theologischen Wissenschaft [illegible] eröffnen und selbst zu seiner eigenartigen Bedeutung gelangen [illegible] zwei Jahren wurde er zum außerordentlichen Professor ernannt. [illegible] zeigte es sich, welchem besonderen Gebiete der neue Kirchen- [illegible] seine Arbeitskraft zunächst zuwandte. Es war die Reform des [illegible], auf welche er schon in seiner „Kirchenrechnung“ hingewiesen [illegible] der einzelne vorbereitende Studien, wie die über die Geschichte [illegible] und die Kalendarien Karl's des Großen und der Angelsachsen [illegible]

[illegible] Zustand des deutschen Volkskalenders erschien P. unhaltbar. [illegible] Kalender ein wirkliches Volksbuch für die evangelische Bevölkerung [illegible] mußte nicht nur die bisher fehlende Einheitlichkeit in der Be- [illegible] einzelnen Tage hergestellt, sondern auch darauf Bedacht genommen [illegible] eine größere Anzahl Namen durch neue ersetzt wurden, welche [illegible] der evangelischen Kalenderleser rechnen durften. Dabei mußten viele katholische Heilige, zumal die, welche nie als solche gegolt hatten, evangelischen Glaubenszeugen weichen. Auf Anordnung des König Friedrich Wilhelm IV., welcher diese Kalenderreform besonders begünstigt wurden P. nun aus aller Herren Ländern, in denen überhaupt Kalender er schienen, Probeexemplare für seine mühselige vergleichende Arbeit zugesand Als Frucht derselben erschien ein „Verbesserter evangelischer Kalender", de mit dem Jahre 1850 begann und mit dem Jahre 1870 abschloß. Durch Ge winnung einer großen Anzahl tüchtiger Mitarbeiter begann der Herausgebe seinen weiteren Plan, ein evangelisches Volksbuch zu schaffen, dadurch zu ver wirklichen, daß er der neuen Namenreihe die entsprechenden Lebensbilder folge ließ, von welchen er selbst mehrere verfaßte. Dieselben erschienen späterh unter dem Titel „Zeugen der Wahrheit" als Sonderausgabe und erlebte sogar eine amerikanische Ausgabe. Mit dem zweiten Jahrgang erhielt de Kalender eine Abtheilung „Vermischte Aufsätze" im Sinne der „gemeinnützigen Belehrungen, welche die Kalender zu bringen pflegten. Gerade in dieser Ab theilung finden sich werthvolle Untersuchungen von der Hand des Heraus gebers. Einige derselben, wie: Christus in der Herrlichkeit, dargestellt Mosaiken der alten Peterskirche (II, 50—52), Christus der gute Hirte (II 19—25), die Grabinschriften der alten Christen (VI, 28—58), die Abnahm Christi vom Kreuz am Externstein in Westfalen (VII, 59—64), die Himmel leiter (VII, 65—77), Christi Geburt, Tod und Auferstehung nach den ältest christlichen Kunstdenkmälern (VIII, 37—54) weisen bereits auf das Geb der christlichen Alterthumswissenschaft hin, welches die eigentliche Domäne d Piper'schen Forschungstriebes werden sollte. Fast gleichzeitig mit dem ve besserten evangelischen Kalender erschien die durch P. besorgte amtliche Au gabe des „Vergleichenden Kalenders" (1851—1880), welche bis 1872 de Zusatz führte: „aus dem königl. preuß. Staatskalender (Staats-Handbuch) b sonders abgedruckt". Wurde der „Verbesserte ev. Kalender" auch nicht b hördlicherseits eingeführt, weil die Eisenacher Kirchenkonferenz das ablehnt so hat er doch eine große Verbreitung gefunden. Auch wurde er in die „U veränderlichen Tafeln" des astronomischen und chronologischen Theils d preußischen Normalkalenders aufgenommen, welche im J. 1873 herausgegeb wurden. In etwas veränderter Form erschien die durch vorgenommene V gleichungen verbesserte Piper'sche Namenreihe dann in dem „Normalkalen für das deutsche evangelische Volk", welchen der Ev. Oberkirchenrath J. 1876 herausgab. Das letzte Wort sprach der Verfasser in Angelegen seines Kalenders in zwei Artikeln, welche in der Neuen evangel. Kirchenzeit 1871, Nr. 24 f. und in der Kreuzzeitung vom 22. Februar 1876 erschie Durch die Vorlesungen, welche P. über die christliche Alterthumswissensch vorbereitete, erkannte er, wieviel andere Nationen, zumal Italiener Franzosen, den Deutschen hierin voraus waren, und daß gerade in den ch lichen Bildwerken und Denkmälern ein bisher wenigstens von den deutsc Kirchenhistorikern noch fast ganz vernachlässigter Quellenschatz zu heben w Gerade für die Auffassung, welche die Künstler und ihre Zeitgenossen s hatten, insofern die sittliche Erregung wie der sittliche Charakter jedes Z alters in ihnen sich darstelle, waren diese Monumente, besonders in Z räumen, für welche die schriftlichen Quellen nur spärlich flossen, vielfach rabezu Quellen ersten Ranges. So wurde P. der Schöpfer einer ganz ne Disciplin, welche er „Monumentale Theologie" nannte. Die erste Fru dieser Arbeiten war seine Mythologie und Symbolik der Christlichen Ku welche aber leider auf die beiden Abtheilungen des ersten Bandes (1847 1851) und auf die Mythologie beschränkt blieb. In derselben ist der Na

…ben, daß zahlreiche mythologische Stoffe von der alten christ… …thum Heidenthum übernommen wurden und auf die christlichen …fluß gewannen. Diese Arbeiten erforderten nicht nur ein …numente an Ort und Stelle, wofür namentlich die Gräber …n reiche Ausbeute lieferten, sondern auch ein Sammeln der… …, durch Abdrücke und Bildwerke sich beschaffen ließen. Das …wiederholten Forschungsreisen nach Italien (das erste Mal …nkreich und England (1857). In Italien, wo P. fünf Mal …sonders Ravenna und Rom ihn an. Mehrfach mußte er …inen Rückkehr dem König Friedrich Wilhelm IV. und der …s halten. Ebenso hielt er in dem wissenschaftlichen Kunst… …stehender er war, über seine Reisen und Studien verschiedene …mmene Vorträge.

…J. 1849 legte P., um für seine Zuhörer das nötige An… …al zu schaffen, in dem christl. Museum den Grund zu einer …ihm selbst die liebste Arbeitsstätte werden sollte, und wo er …gischen und epigraphischen Uebungen abhielt, bei welchen er …eis interessirter Schüler um sich zu sammeln und zu fesseln …einen staatlichen Zuschuß von jährlich 1500 Mark, sowie durch …wendungen und die treue, unermüdliche Sammlerthätigkeit … und Directors gelangte das christliche Museum bald zu einem …tande, dessen werthvollstes Stück neben den großen litterarischen …sabguß vom Sarkophag des Junius Bassus, eines römischen … aus dem 4. Jahrhundert, war. P. hatte sich, um die Ab… …in der Krypta der Peterskirche befindlichen Sarkophags, welcher …istlichen Skulpturen ausgestattet ist, zu erlangen, erst die …iß des Papstes erwirken müssen. Von seiner letzten Reise, …—70 über Italien bis nach Griechenland, Constantinopel und …, brachte er ein anschauliches Modell von einem Theile des …n St. Agnese zu Rom in 1/20 der natürlichen Größe mit. …eges Interesse wandte seinen Bestrebungen der damalige Kron… …e Kaiser Friedrich, zu, welcher mit P. auf seinen Reisen …mentraf und ihn auch in seinem Museum besuchte. Letzteres …ngs in ziemlich beschränkten Räumen des Universitätsgebäudes, …i freundliche, nebeneinander gelegene Zimmer, deren größeres …rsaal diente, eine Ausnahme machten. Das jetzt würdiger …Museum schmückt seit dem Tode seines Begründers ein schönes …n, welches schon vorher ungenannte Freunde zu diesem Zweck

…Ausbau der im Museum vereinten Sammlungen gingen Hand …rarbeiten für das zweite größere wissenschaftliche Werk, welches …te. Schon im 15. Bande der 1. Auflage der Herzog'schen …e (1862) war ein Artikel aus seiner Feder über die monumentale …enen, welchem 5 Jahre später das umfangreiche Werk über die … die monumentale Theologie" nachfolgte. Es sollte in eine …enschaft einführen, welche sich über den Monumenten aufbaut, …er gelegentlichen Verwendung ihres Quellenwerthes beachtens… …. Ein großer Fleiß ist dabei auf den Nachweis verwandt …um die kirchlichen und weltlichen Geschichtswerke von der … bis zum 16. Jahrhundert auf die Monumente eingehen. …en Bestrebungen für die Monumentale Theologie vorschwebte, … den Ausbau seiner Wissenschaft dachte, darüber hat er sich selbst noch am Ende seines Lebens, wie folgt, ausgelassen: „Auf dem W... die ganz versäumte christliche Archäologie dem theologischen Studium zu vi... ciren, lag mir ob die stets sich erneuernde Ausarbeitung der Vorles... welche, ihrer sechs an der Zahl, zu einem Cursus von 8 Semestern ... stalteten über Disciplinen, die sämmtlich erst geschaffen werden mu... Archäologie der biblischen Urgeschichte und des Lebens Jesu, Monum... Kirchengeschichte, Monumentale Dogmatik, Archäologische Kritik und Herme... Epigraphik des christlichen Alterthums, Quellenkunde der Kirchengeschichte. ... Herstellung von Lehrbüchern, auf die es zugleich abgesehen ist, hat noch ... zum Abschluß gebracht werden können. Aber die Manuskripte sind voll... und weit über die direkte Erforderniß der Vorlesungen ausgearbeitet.“

Daß diese Art, die Monumente nur nach ihrem verschiedenartigen In... zu behandeln, ohne auf ihr Verhältniß zur Entwicklung der Kunst selbst ... einzugehen, trotz der geistvollen Behandlungsweise doch den Monumenten ... ganz gerecht wurde, ist zwar längst erkannt worden, kann aber dem Verdi... Piper's um die christliche Alterthumskunde keinen Abbruch tun.

Ein Ehrentag war für den unermüdlichen Forscher der 20. Juni 18... an welchem er sein 50 jähriges Licentiatenjubiläum feiern konnte, wozu ... der Kaiser am Abend vorher das Ritterkreuz vom Hausorden der Hohenzo... überreichen ließ, während der Kronprinz in einem gnädigen und herzli... Schreiben gratulirte. Ebenso wurden dem Jubilar seitens des Minis... sowie der akademischen Behörden und Schüler Glückwünsche dargebracht.

P. war unverheirathet, aber zum Bewußtsein, daß er das Leben ei... Junggesellen führe, ist er deshalb doch nicht gekommen. Denn seine ... congeniale Schwester Luise, deren Andenken mit dem des Bruders für ... Näherstehenden unzertrennbar verbunden ist, wußte ihm sein häusliches Le... so behaglich zu gestalten und ging in seinen Bestrebungen und Arbeiten ... auf, daß hier wohl von dem schönen Anblick einer geistigen Geschwisterehe ... sprochen werden konnte.

War P. in seinen Vorlesungen ein Lehrer, welcher seine Zuhörer an... anzuregen verstand, so machte er zu Hause neben seiner Schwester in lie... würdigster Weise den Wirth und hatte seine besondere Freude daran, wenn ... akademische Bürger aus den verschiedensten Gegenden Deutschlands und ... Auslande — waren doch mehrfach auch Griechen bei ihm zu treffen — ... sich versammeln konnte. Neben seinen wissenschaftlichen Arbeiten behielt ... noch Zeit, auch den großen Tagesereignissen des In- und Auslandes ... Interesse zuzuwenden. Ein Gedenkbuch, welches seine Schwester ihm meh... Jahre nach seinem Tode geweiht und seinen Freunden gewidmet hat, ent... nicht nur Proben seiner dichterischen Begabung, sondern auch seiner va... ländischen Gesinnung, wovon besonders das „Deutsches Lied“ überschrieb... letzte Gedicht der Sammlung Zeugniß ablegt.

Im Sommer 1889 hatte P. auf einer Reise nach Rügen sich schon ni... mehr ganz wohl gefühlt, ohne weiter etwas darauf zu geben, da er so... immer gesund gewesen war. Im November kam dann aber die Krankheit zu... Ausbruch. Es fing mit Congestionen nach dem Gehirn an. Bis zu... 22. November konnte er noch seine Vorlesungen halten, dann entwickelte s... eine entzündliche Krankheit, welche seinem Leben am 28. November ein sanft... Ende bereitete.

F. Piper: „De externa vitae Jesu chronologia recte constituend... (Dissertatio inaug.)“, Göttingen 1835; „Kirchenrechnung“, Berlin 1841; „G... schichte des Osterfestes seit der Kalenderreformation“, Berlin 1845; „Myth... logie und Symbolik der christlichen Kunst von der ältesten Zeit bis ...

Jahrhundert", Bd. I, Abth. 1, Weimar 1847, Abth. 2, 1851; „Ueber die ... der christlich-archäologischen Kunstsammlung bei der Universität zu ... das Verhältniß der christlichen zu den klassischen Alterthümern" ...), Berlin 1851; „Das christliche Museum der Universität zu Berlin ... die Errichtung christlicher Volksmuseen", Berlin 1856; „Karl's des ... Kalendarium und Ostertafel (nebst Anhang über die lateinischen und ... Ostercyklen des Mittelalters)", Berlin 1858; „Die Kalendarien ... Martyrologien der Angelsachsen sowie das Martyrologium und der Kom... Conrad von Landsperg", Berlin 1862; „Ueber die Einführung der monumentalen, insbesondere der christlich-monumentalen Studien in den ...-Unterricht", Berlin 1867; „Monumentale Theologie", in Herzog's Encyklopädie 1862 (1. Aufl.) und 1885 (2. Aufl.); „Einleitung in die monumentale Theologie", Gotha 1867; „Das christlich-archäologische Museum der Universität Berlin", Gotha 1874; „Die Zeugen der Wahrheit, Lebens... zum evangelischen Kalender auf alle Tage des Jahres", 4 Bde., Leipzig ...–75; „Ueber den Gewinn aus Inschriften für Kirchen- und Dogmen...", (in den Jahrbüch. f. deutsche Theologie) 1876; „Zur Geschichte ... Kirchenväter aus epigraphischen Quellen" (in Zeitschr. f. Kirchengesch.), Artikel „Kalender" in Realencyklopädie f. Th. u. K. 1880 (2. Aufl.); „Monumentale Ausschmückung der Schloßkirche in Wittenberg. Bedenken ...wünsche", Berlin 1886.

... Luise Piper, Lied und Leben, Erinnerungen an Ferdinand Piper. Berlin 1897. — Zoeckler, Artikel „Kalender" in R.-E. 3. Aufl. — Hauck, Artikel „Piper" in R.-E. 3. Aufl.

Alexis Schwarze.

Pirazzi: Emil P., politisch-religiöser Agitator und Publicist, sowie Dichter, wurde am 8. August 1882 zu Offenbach geboren. Er war Enkel des Piemontesen, der am Ende des 18. Jahrhunderts die noch bestehende ... (Giorgio) Pirazzi und Söhne zu Offenbach gegründet hatte, und Sohn ... Pirazzi's (1799—1868), der sich in den Dreißigern und Vierzigern ... Veröffentlichungen in Tagesblättern, besonders in der „Didas... des Frankfurter Journals, namentlich aber durch Begründung der deutschkatholischen Gemeinde Südwestdeutschlands 1845 (in Offenbach) bekannt machte. Nach dem Besuche der Realschule ins Geschäft der Familie, dessen Theil- und (1868) Allein-Inhaber er später ward, eingetreten, reiste er ... zur Londoner Weltausstellung, 1856—57 nach Griechenland und tief ... theilweise mit dem noch unberühmten Ethnologen Adolf Bastian, nach ... nilaufwärts bis Philä, im Frühlinge 1857 zurück über Süd-Italien ... Frankreich. Breitere Eindrücke dieser ausgedehnten Fahrt veröffentlichte ... der Didaskalia, dem Cotta'schen Morgenblatt, Gutzkow's Unterhaltungen ... deutschen Herd. Die ersten Gedichte, melancholische Platen'sche Sonette, ... der 19jährige während einer Sodener Badecur September 1851 ge... [illegible]. Zum ersten Male an die Oeffentlichkeit trat P. mit einem Vor... zu Schiller's Todtenfeier, anläßlich der 50. Wiederkehr seines Sterbetags ... Mai 1855, das auf einer Anzahl von Bühnen zur Aufführung kam, ... gesprochen von Auguste Crelinger im kgl. Opernhause zu Berlin. Diese ... vermittelte ihrem Verfasser eine Einladung zu dem bekannten Mäcen ... v. Malsburg nach Escheberg bei Kassel, wie vorher Geibel, Boden... Hohenberg u. A. Hier schrieb er im Spätsommer 1855 nach Laube's ... Roman ein Drama „Gräfin Chateaubriant", das bald darauf ... und durch Fedor v. Wehl's (s. d.) Initiative, zum 4. Male neu ..., auf der Stuttgarter Hofbühne zur Aufführung kam. Ebenfalls

1855 begründete P. in seiner Vaterstadt Offenbach einen Zweigverein d
Deutschen Schillerstiftung und hielt bei der dortigen Feier von Schiller
Geburtstag 1859 (wo auch ein Hymnus seines Vaters, gedruckt im „Schiller
Denkmal" 1860 Bd. II, 273 f., gesungen wurde) die Festrede. Seitdem w
P. im öffentlichen Leben unermüdlich thätig. Die Bahnen der ihm vom Va
eingepflanzten Geistesrichtung weiterwandelnd, betheiligte er sich rege an d
Offenbacher deutschkatholischen Gemeinde und rief 1858 daselbst die „Fr
religiöse Stiftung" mit ins Leben. Er trat dann publicistisch, später gelegentli
auch als Redner in Versammlungen und Vereinen, auf, durchweg in nati
nalem und freisinnigem Geiste. Seine nachdrückliche Theilnahme an E
stehung und Ausbreitung des Nationalvereins trug ihm sogleich im Anfa
lange politische Untersuchung und kurze Gefängnißstrafe ein. In diesem Sin
und so auch im Kampfe der hessischen Nationalpartei gegen das reaction
Ministerium Dalwigk griff er mit vielen, theilweise sehr scharfen V
öffentlichungen in der Tagespresse und Flugschriften, größtentheils anon
ein, mit dem Namen dagegen in einer Reihe streitbarer vaterländischer Ze
gedichte. Im Juli 1861 wirkte er an der unter Herzog Ernst's von Cob
in Gotha vollzogenen Gründung des deutschen Schützenbundes mit; seine B
richte in der „Didaskalia" schilderten jene festlichen Tage der Wiedergeburt
deutschen Schützenthums als eines wichtigen einigenden nationalen Fact
am eingehendsten.

Winter und Frühling 1861/62 holte sich P. mannichfaltige Anregun
von einem Aufenthalte in Italien, meistens zu Florenz und Rom, wo s
bedeutendstes dichterisches Werk, die fünfactige Verstragödie „Rienzi
Tribun", entstand und er sowol deutschpatriotisch sich nützlich machte als
italienischen Einheits-Propagandisten, namentlich der Deutschböhmin Marche
Anna Pallavicino-Trivulzio († 1885), in lebhaften Verkehr trat. Mit Feu
eifer warf sich P. sodann in die 1863 heftig aufflammende jung-schleswi
holsteinische Bewegung, voran mit doppelter Kundgebung für die Elbherzo
thümer: in erster Linie 1864, da er unter den Auspicien des Frankfur
36er Ausschusses „Ein Wort an England von Deutschlands Recht und Schl
wig-Holsteins Ehre" herausgab und den deutschfreundlichen Mitgliedern
englischen Unterhauses widmete. Umfänglich erweitert erschien es später fr
zösisch („L'Angleterre et l'Allemagne à propos du Schleswig-Holstein")
Brüssel und wurde so den Parlamenten Englands, Frankreichs, Belgi
Italiens vertheilt. Der als Antwort darauf von dem Schleswig-Holstein
neigten englischen Abgeordneten Sir Harry Vermey an P. gerichtete Brief m
die Runde durch die deutsche Presse. Kurz vor Ausbruch des deutschen Kr
von 1866 nahm P. sechswöchigen Aufenthalt zu Paris und war Ende d
Jahres bis in den Anfang 1867 bei der dann von Offenbach nach Darmst
verlegten täglichen Mainzeitung thätig. Bei allen politischen Wahlen se
Heimath und dann zum Land- und Reichstag betheiligte sich P. aufs regste or
satorisch wie agitatorisch, in hunderten von Artikeln, Berichten u. dgl. in Fr
furter und Offenbacher Zeitungen, durchgängig in alt-nationalliberaler, f
auch, ungeachtet seines demokratischen Anstrichs, in antisocialistischer Rich
Ueber hessische Zustände schrieb er auch in die „Neue Freie Presse"
„Grenzboten", anderwärts, auch in die Berliner „Nationalzeitung", Fe
tons. Ergebniß der genannten Rienzi-Studien war das Büchlein „Stim
des Mittelalters wider die Päpste und ihr weltliches Reich", das 1872
einsetzenden Kampfe gegen die römische Kirche beisprang, wie denn P. bis
letzten Athemzuge in seiner rastlosen Förderung der freireligiösen Bewe
den Ursprung des Deutschkatholicismus aus J. Ronge's Abfall von Rom

te: er war Jahre lang zu Offenbach Vorsteher der deutschkatholischen und der deutschen freireligiösen Stiftungen. Eine Hauptstütze wurde ... zu Ende der 60er Jahre von der Prinzessin Ludwig von ... Großherzogin Alice, begründeten confessionslosen Alice-Frauen-...krankenpflege in Hessen. Ungebrochen in Arbeitsfreudigkeit und ...theilnahme an allen Erscheinungen des öffentlichen Lebens ist Januar 1898 den Folgen eines Bronchialkatarrhs erlegen, in Offen- Stadt, da er gewurzelt und alle seine kräftigen Anstöße hatte aus-sen. Zahlreiche Freunde, die er sich auf den verschiedenen Feldern haffens erworben, viele Bedürftige, denen er geholfen hatte, betrauerten des starkgeistigen, hochstrebenden Mannes, der schon gar bald da und n sollte.

lt man die vielfältige publicistische Bethätigung, wie sie oben an- zu seiner sonstigen litterarischen dazu, so ergibt sich eine beträchtliche keit des doch mitten im Getriebe des praktischen Lebens und der keit stehenden Mannes. Eine durchaus impulsive Natur, hat er der Regel auch als Belletrist und als Poet die Tendenz des Kampfes und Freiheit in den Vordergrund gerückt. Sogar seine Dramen was wie einen Protest gegen die neuere Bühnenlitteratur und ihre ich. Aber ob er politisirt oder sonstwie in den Meinungsstreit des greift, ob er als Historiker oder als selbstschöpferischer Schriftsteller Plan tritt: „überall tritt uns die ehrliche Begeisterung für alles Große mit überzeugender Kraft entgegen, die seinem Wesen wie haffen die Einheit gibt und ihn weit über das Niveau der Durch-nschen hinaushebt" — so charakterisirt ihn unmittelbar nach dem persönlich Vertrauter. Unter seinen dramatischen Dichtungen sind genannten Trauerspiele „Gräfin Chateaubriant" (1856), 1883 in er Fassung gedruckt, und „Rienzi, der Tribun" (1873), in den und zu stellen. An letzterer Tragödie hing der Verfasser mit Recht ngsweise; doch hat sie, vielleicht auch durch Richard Wagner's gleich- Oper hintangehalten, ebensowenig wie seine andern, theilweise nie Dramen, trotz mehrfacher Aufführungen ihrem Autor bleibende eingebracht. „Gräfin Chateaubriant" blieb Jahrzehnte lang sein nkind, und man lese in F. Wehl's „15 Jahre Stuttgarter Hof-leitung" (1886), S. 539/42 die Schwierigkeiten mit Stück, Dichter spielern nach, welche es auch nicht über Wasser zu halten vermochten. ...: „Ein Dichtertraum. Phantasie-Festspiel zur Ersten Jahr- ... von Schiller's Geburt. Mit freier Benutzung Schiller'scher Dich- (1859); sodann „Moderne Größen. Schauspiel aus der Gegenwart ufzügen" (1873); „Die Erbin von Maurach. Drama in 5 Aufzügen, einer Levin Schücking'schen Erzählung" (1876; dem Druck sind als ...ige Ersatzscenen und Streich-Vorschläge für solche Bühnen bei- die „an einer gewissen antiklerikalen Tendenz Anstoß" nahmen); „Die ...nden. Lustspiel in 1 Aufzug" (1878; Neuausg. 1880); „Gräfin ...", Drama aus der Gegenwart (1890). Diese Prosa-Stücke sind ... die Drucke theilweise angeben, vielfach auf die Bretter gelangt, ...t von ihnen verschwunden und wol auch kaum noch für sie zu ... Als Lyriker hat sich P. vorgestellt 1859 mit dem Hefte „Fünf ... (1859), der zwei Mal herausgebrachten Serie „Deutschland. Zwölf ... Gesänge" (1897, 2., vermehrte Auflage der Jubiläums-Ausgabe ... Kranze, mit dem er ganz ins heutige reichspatriotische ... —, endlich dem lyrisch-epischen und didaktischen mäßig starken Bande „Im Herbste des Lebens. Gesammelte Dichtungen“ (1888) Ausbeute all seiner persönlichen und gelegenheitlichen Anregungen, über durch „des Dichters Leitsterne: Freundschaft und Liebe — Freiheit und land“: schöne Sprache, ideale Gedanken, doch leider meistens an Augen anlässe zu eng angeknüpft. Der Text zur großen Oper „Der Sturm“ nach Shakespeare's „Tempest“, Musik von Anton Urspruch (1887) ge 1887/88 für das Frankfurter Stadttheater zur Aufnahme. Um seine burtsstadt hat sich P. außer vielen kleinen Artikeln durch die urkundlich samen „Bilder und Geschichten aus Offenbachs Vergangenheit“, Festschrift 1. hessischen Landesgewerbeausstellung 1879, verdient gemacht; über ein D davon handelt nach localen Quellen über Goethe's Beziehungen zu Lili Offenbacher Freunden und ist von Paul Heyse wegen ansprechenden Tacts Gemüths gelobt worden.

Von dem Prosaiker Pirazzi ist zunächst die packende novellistische „Florence Hamilton. Ein Abenteuer im päpstlichen Rom“ von 1862 wähnen, 1894 aus der „Didaskalia“ abgedruckt. Die Biographie Pirazzi's (1869) genügte einem Herzensbedürfnisse, die Geschichte der bacher deutschkatholischen Gemeinde zu ihrem goldenen Jubiläum 1895 gleichermaßen historischem Streben wie der Ueberzeugung. Insbesondere aber P. immer und immer wieder seine gewandte Feder in den Dienst Freidenkerthums gestellt. Als Beispiele seien folgende Broschüren genannt „Auch ein Glaubensbekenntniß. Allen Freireligiösen in Vorschlag gebr (1859); „Eine Rede wider die Unsterblichkeit. Kritische Bedenken“ (18 „Die alleinseligmachende Kirche und ihre Duldung Andersgläubiger. Zeitungs-Controverse“ (1875); „Zur Eides-Formel. Ein Appell an Reichsgesetzgebung und die öffentliche Meinung“ (1877). In diesen, weise aus dem Wiesbadener „Deutschkatholiischen Sonntagsblatt“ zusam gefaßten Aufsätzen kommt Pirazzi's begeisterungsfähige, unbedingt wahrh Denk- und Schreibweise deutlichst zur Geltung.

Zahlreiche Zeitungsnotizen nach dem Tode (ausführlicher Nekrolog rn Offenbacher Zeitung vom 10. Jan. 1898, Nr. 7, Feuilleton) wurden nebst den meisten Schriften meist durch die Wittwe zugänglich, desglei eine handschriftliche „(auto)biographische Skizze“ von 1887. — Brümm Lexikon d. deutschen Dichter u. Pros. d. 19. Jahrh.[5] III, 225 u. 523. Fränkel im Biogr. Jahrb. u. Dtsch. Nekrolog III, 245. — Gottschall, dtsch. Nationalliteratur d. 19. Jahrh.[5] (1881) IV, 82 („Als ein Dra tiker rhetorischer Kraft zeigt sich E. P. in ‚Rienzi der Volkstribun‘, läßt auch diese Dichtung die nachhaltige Steigerung und überdies ei echt tragischen Conflict vermissen“). — „Kleine Presse“ (Frankfurt a. 1898, Nr. 9 u. Nr. 11, 2. Blatt (Auszug aus der Offenbacher Zeitu mit Bildniß). — Aufsatz über Pirazzi aufgenommen in eine Artikelsam lung über die geistliche und gewerbliche Cultur Offenbachs seitens dortigen städtischen Schulverwaltung 1904.

Ludwig Fränkel.

Pläncknер: Julius von P., Oberst und Kartograph, geboren 9. Februar 1791 zu Penig im Königreich Sachsen, † am 12. März 1858 Gotha. Der Vater war Superintendent, den Sohn aber durchglühte frühester Jugend die Lust zum Soldatenstande. Auf sein vielfaches Bitten wurde der kaum dreizehnjährige Knabe im Juli 1804 von seinem Vater nach dem benachbarten Altenburg gebracht, um als Cadett in das dort garnisonirende sachsen-gothaische Regiment „Erbprinz“ einzutreten. Im Herbste des Jahres 1804, bei Anwesenheit des Herzogs August, wurde der Cadett zum Fähnrich,

Frühjahre zum Secondelieutenant ernannt. Das ruhige Garnison- ... zur Freude des tatenlustigen Jünglings nicht lange dauern: im 1807 zog das zu den Rheinbundsmannschaften gehörige Regiment ins ... nahm an der Belagerung Colbergs theil. Sodann machte der Lieutenant im Jahre 1809 den Kampf gegen die Tiroler mit, ... 1810 auch zur Bekriegung Spaniens mit entsandt wurde. In Feldzuge wurde er zum Premierlieutenant befördert, erkrankte aber ... Manresa und kehrte im Juni 1811 als Reconvalescent in die Heimath. Einen Monat später erfolgte seine Ernennung zum Capitän und im 1812 mußte er mit seiner Compagnie nach Rußland aufbrechen. Da ... thaische Contingent von Wilna ab einen Theil der Nachhut des sich ... ziehenden französischen Heeres bildete, so mußte P. alle die Leiden jenes ... ges durchkosten. In Deutschland wieder angelangt, wurden die gothaischen ... der Besatzung von Danzig zugetheilt und hatten nun die 13 monatige ... rung dieser Festung mit zu ertragen. Bei einem Vorpostengefecht am ... 1813 zeichnete sich P. so aus, daß ihm das Kreuz der Ehrenlegion ... wurde. Nach der Schlacht bei Leipzig traten dann die sächsischen ... zu den Verbündeten über, und nun machte P. die Feldzüge 1814 ... 1815 gegen Frankreich mit. Durch den Wiener Vertrag hatte der Herzog ... burg-Gotha das kleine Fürstenthum Lichtenberg am Rhein erhalten ... mit der Ordnung der militärischen Verhältnisse dort wurde P. betraut. ... 1824 übernahm er als Major die Führung des Coburger Bataillons, ... wurde er zum Oberstlieutenant befördert und 1842 kehrte er als Oberst ... Regimentscommandeur nach Gotha zurück.

Die langen Friedensjahre widmete P. nun dem Studium der Geographie, ... topographischen Zeichnen und der Meteorologie. An die Oeffentlichkeit ... zuerst mit einer Ansicht und Beschreibung des östlichen Theiles des ... ger Waldes. Dann folgte ein Panorama des Inselsberges, eine ... ung, die sich durch äußerste Genauigkeit auszeichnet. Später bearbeitete ... graphisch die deutschen Rheinlande und gab den Piniferus (eine ... und Beschreibung des Fichtelgebirges) heraus. Daneben wurde der ... Mann auch noch mit anderen Aufgaben betraut, so besonders 1830 ... mit der Oberleitung des Straßenbaues von Gotha über Oberhof ... und Suhl, und mit Recht feiert ein Obelisk mit einer Inschrift ... Nähe von Oberhof seine Verdienste. Ein herrlicher Aussichtspunkt ... trägt den Namen „Plänckners Ruhe“, und dort hat dem ver- ... Manne 1898 der Rennsteig-Verein eine Gedenktafel gewidmet.

... weit entfernt, daß die wissenschaftlichen und praktischen Arbeiten ... des alten Kriegsmannes ausgefüllt hätten. Sein Herzenswunsch ... seine Truppen noch einmal „aus dem Tempel heraus“ und gegen ... führen zu können. Endlich im J. 1848 schien ihm Erfüllung zu ... Das Gothaer Bataillon wurde mobil gemacht und zog unter Plänckner's ... nach Erfurt. Da, im Augenblick, als er sein Bataillon auf dem ... marschieren ließ, traf ihn ein Schlagfluß und brachte ihm 10 Jahre ... Siechthums, aus dem ihn erst der Tod erlöste. Der Herzog selbst ... wackern Staatsdiener und Kriegsmann das Ehrengeleit, als am ... 1858 die dreifache Salve über's Grab erscholl.

... Goth. Zeitung, Jahrg. 167, Nr. 63. — Arnstädtisches Nachrichts- ... Intelligenzblatt 1898, Nr. 268. M. Berbig.

Plaseller: Josef P., Dr med., Sanitätsrath und Professor der ... commission für Lehramtscandidaten der Stenographie in Innsbruck, geboren am 22. Februar 1812 zu Brixen in Tirol, † am 28. April [illegible] in Innsbruck, studirte in Wien, Prag, Padua und Pavia Medicin und [pro]movirte 1836, war dann an verschiedenen Orten als Arzt thätig und [wurde] 1851 Bezirksarzt und 1857 Director des allgemeinen Krankenhauses in [Inns]bruck. Seit 1851 Gabelsberger'scher Stenograph, war er von 1861 [bis zu] seinem Tode 1. Vorsitzender des Tirolischen Stenographenvereins und [hat sich] um die Verbreitung der Stenographie in Tirol große Verdienste er[worben]. Als eine hervorragende wissenschaftliche Leistung gilt seine Uebertragun[g des] Gabelsberger'schen Systems auf die lateinische Sprache („Compendium [steno]graphiae latinae", Oeniponte 1868), die zur Verwendung beim Vatica[nischen] Concil ausgearbeitet war, dort aber nicht benutzt wurde. Eine revidirte Auflage derselben hat Casp. Suter (Oeniponte 1902) besorgt.

Vgl. Krumbein, Entwicklungsgesch. d. Schule Gabelsberger's ([illegible]) S. 286. — Dresdener Corresp.-Blatt 1902, S. 272.

Johu[illegible]

Plato: Georg Gottlieb P., sonst Wild genannt, Syndikus zu Re[gens]burg, Numismatiker und Historiker, geboren zu Regensburg am 2[illegible] 1710 als zweiter Sohn des Johann Christoph Wild, Mitglied des innere[n] geheimen Rathes von Regensburg, Praeses consistorii und Proto-Schola[rchen,] Directors des Steueramtes und ersten Deputirten des reichsstädtischen Re[gens]burgischen Directoriums, † zu Regensburg am 8. September 1777. [Ein] alter Freund seines Vaters, der unverheirathete Joh. Heinrich Plato, [eben]falls Regensburger Rathsherr, Assessor des Consistoriums daselbst, Pfal[z-]Advocat des kais. Kammergerichts u. s. w. († 1726) adoptirte Georg G[ottlieb] unter dem 29. Juni 1724 und bestimmte, daß dieser den Namen Plato, [statt] Wild führen solle. Der junge Plato-Wild widmete sich, nachdem er [das] protestantische Gymnasium seiner Vaterstadt absolvirt hatte, anfangs in St[raß]burg 2½ Jahre dem Studium der Arzneiwissenschaft. In Leipzig se[tzte er] seine Studien fort, vertauschte aber nun die Medicin mit der Rechtswi[ssen]schaft. Nach lehrreichen Reisen durch verschiedene Theile Deutschlands [kehrte] er 1737 in seine Vaterstadt zurück, wurde dort alsbald Stadtgerichtsbei[sitzer,] 1742 Syndikus (dem auch die geheime Registratur der Stadt übertragen w[urde]) und 1748 zugleich Stadtschreiber. 1760 wurde er von der jungen Akade[mie] der Wissenschaften zu München zu ihrem Mitgliede gewählt. In seinen Mu[ße]stunden widmete er sich mit Erfolg historischen und besonders numismati[schen] Studien. Als Früchte der ersteren sind zu nennen: „Ursprung des Regens[burgischen] Hansgrafenamtes" (1762), und: „Muthmaßungen, daß die Bajoa[rier] nicht von den Gallischen Bojis, sondern von den Longobardis abstammen u[nd] ein Zweig dieser Nation seien" (Regensburg 1777). Das Verdienst [der] letzteren Schrift liegt darin, daß Plato als der erste im Widerspruch mit [der] communis opinio seiner Zeit der seit Enea Silvio, Veit Arnpeck und Avent[in] aufgekommenen, ganz verfehlten Ansicht von der bojischen, keltischen Abstamm[ung] der Baiern entgegentritt und diese „als einen Zweig der angesehenen W[endi]schen Nation betrachtet". Vor ihm hatte Joh. Heinr. v. Falckenstein in sei[ner] Geschichte Bayerns (1763) die Baiern zwar von den Bojern abgeleitet, [die] aber als Stammväter der Sueven (!) und ein germanisches Volk beanspru[cht.] P. führte aus, die keltischen Bojer seien theils vernichtet worden, theils n[ach] Gallien gezogen. Dagegen werde durch manche Aehnlichkeiten, welche zwisch[en] den Bajoariern und Longobarden bestehen (sprachliche Gründe werden gestrei[ft,] aber nicht in gebührendem Maße betont), die Vermuthung geweckt, daß di[e] Völker gleichen Ursprungs oder daß die Baiern vielleicht ein Zweig der lang[o]*bardischen „Nation"* seien. P. war insofern auf der richtigen Fährte, als [illegible] gleich den Langobarden (und Schwaben) der suevischen Völkergruppe zugehören.

in diesem Gedanken, war P. in mannichfacher Richtung seiner Zeit Von einem numismatischen Forscher wird die Einfachheit seines Klarheit seiner Gedanken, die Vorsicht seiner immer gediegen behauptungen gerühmt. Er war der erste Regensburger Special- und ist auf lange der einzige geblieben. Als sein numismati- darf man hervorheben: „Regensburgisches Münzcabinet oder der des hl. röm. Reiches freien Stadt Kurrent- und Schaumünzen, Anhange von den bischöflich regensburgischen Münzen“. 1769 er- das verdienstliche Werk noch zwei Auflagen, 1779 und 1799. seinen Druckschriften zeugt ein ungemein ausgedehnter und theilweise beachtenswerther handschriftlicher Nachlaß Plato's von dem un- Eifer, mit dem der tüchtige Gelehrte die Geschichte, Rechtsgeschichte, und Wappenkunde seines bairischen Heimathlandes und vor allem die altberühmten Vaterstadt zu fördern suchte. Eine Reihe von Hand- aus seinem Nachlasse befindet sich jetzt in der Münchener Hof- und bibliothek (cgm. 5549—5555; 5670; 5671; clm. 27 075). Diese be- auf die Geschichte der Stadt Regensburg und des Regensburger (de statutis et ordinationibus reipublicae Ratisbonens. ante finem ... juncta brevis juris Ratisb. historia), auf das Regens- Münzwesen, auf die Münzen und Siegel der deutschen Kaiser und und auf die Wappen der Fürsten von Baiern von Heinrich dem auf Max Emanuel. Andere Theile seines handschriftlichen Nach- die Regensburger Kreisbibliothek, die Sammlungen des histo- Vereins in Regensburg, die des Grafen v. Walderdorff und des Herrn Neumann.

Westenrieder, Gesch. d. Ak. d. Wiss. in München I, 50, 71, 109, 128, — Hirsching, Histor.-litterar. Handbuch VIII, 46. — Meusel, Lexikon 1750—1800 verstorbenen Teutschen Schriftsteller X, 452. — Cl. Al. Lexikon verstorbener bair. Schriftsteller I b, 146 flgd. — Schratz, Plato-Wild und die regensburgische Münzkunde (Numismat. Zeitschr. 1881, S. 330 flgd.). Hier überall auch Schriftenverzeichnisse, bei S. 335 flgd. auch nähere Angaben über den handschriftl. Nachlaß S. 337 Nachrichten über ältere Regensburger Wild (1395 Jörg W. der Stadt; 1481 Leonhard W. aus Regensburg, Buchdrucker in). — Ferner vgl. Verhandlungen des historischen Vereins von und Regensburg, Bd. 33, S. 169.

S. Riezler.

Pleßner: Gustav Wilhelm Ferdinand P., herzoglich sachsen- Oberbaurath, hervorragender Eisenbahnbau-Ingenieur, geboren am 1824, † am 2. November 1895. Er war der Sohn des Haupt- Lehrers an der Regimentsschule in Erfurt Friedr. Wilh. P., Ostern 1842 die Realschule seiner Vaterstadt, diente dann als bei dem dortigen Pionierbataillone und widmete sich hierauf dem Während des Jahres 1843 nahm er an den Vermessungsvorarbeiten Thüringer Eisenbahn theil, trat aber Ostern 1844 noch einmal in zu Nordhausen ein, um das für das Studium des höheren erforderte Abiturientenexamen abzulegen. Nachdem dies geschehen ein Jahr als Feldmesser thätig gewesen war, bezog er die Bau- Berlin. Ende 1848 wurde er zum Bauführer ernannt und bei im Kreise und dem Bau der großen hölzernen Brücke über die Spree bei Beeskow beschäftigt. Von 1849—1852 war er der Eisen- bauabtheilung Schönlanke zugetheilt und bei dem Bau der „Ostbahn" Nachdem er im Mai 1852 das Baumeisterexamen bestanden hatte, 1858 commissarisch als Eisenbahnbaumeister in Posen angestellt. öffentlichte er sein erstes größeres Werk: „Ueber das Entwerfen anschlagen von Eisenbahnen", das in mehrfacher Beziehung bahnbrechend und verschiedene Auflagen erlebte. Später nahm er als Abtheilungs an der Anlegung der rheinischen Eisenbahnen theil und erbaute die Rolandseck-Coblenz. Während dieser Zeit wählten ihn die städtischen in Posen zwei Mal zum Stadtbaurath, jedoch seine Wahl fand die rielle Bestätigung nicht. Er trat nun aus dem preußischen Staatsdienst und unternahm eine größere Studienreise nach Frankreich, wo er sich in Paris und Bordeaux längere Zeit aufhielt. Nach Deutschland gekehrt, übernahm P. dann selbständig Eisenbahnbauten. Bei den merschen Eisenbahnbauten führte er die Strecke Anklam-Angermünde aus leitete dann die großen Erdarbeiten und Brückenbauten bei Wolgast. Schlesien war die Eisenbahn Lauban-Kohlfurt sein Werk. Nach dem Kriege ward ihm die Wiederherstellung der zerstörten Düppeler übertragen und während des österreichischen Krieges ward er mit dem von Feldbahnen und Aufräumungsarbeiten betraut. Von 1867—18 baute er hierauf die Vollbahn Erfurt-Nordhausen. Fast gleichzeitig ihm der preußische Staat die Erbauung des Kriegshafens in Heppens, bei seiner Einweihung den Namen „Wilhelmshaven" erhielt. Nach zurückgekehrt, ward P. dann erster Director der seinen Namen tragenden gesellschaft, der jedoch nur ein kurzes Dasein beschieden war. Er wandte daher wieder dem Eisenbahnbau zu und baute die Vollbahn Altenburg- Ein weiteres Werk von ihm war die Zweigbahn Fröttstädt-Friedrichroda, deren Vollendung er nach Gotha übersiedelte, wo er von Herzog Ernst mit dem Titel „Baurath" ausgezeichnet und ihm auch die Erbauung Eisenbahn Wutha-Ruhla übertragen wurde. Sein letzter Eisenbahnbau der der Linie Eisenberg-Crossen, welche er auch selbständig bewirthschaftete deren Leiter er bis an sein Lebensende blieb.

Während seiner letzten Lebensjahre war P. besonders für die Stadt thätig, wo er 1884 zum Stadtverordneten, 1887 zum Senator erwählt Als solcher wirkte er besonders für Einrichtung der elektrischen Beleuchtung und Anlegung einer elektrischen Straßenbahn. Für diese Thätigkeit ward vom Herzog von Gotha mit dem Titel „Oberbaurath" ausgezeichnet. liche Anerkennung hatte seinem Wirken als Erbauer von Eisenbahnen sonst nicht gefehlt: der Herzog von Altenburg hatte ihn mit dem Ernestinischen Ritterkreuz, der Fürst von Schwarzburg-Sondershausen mit schwarzburgischen Hauskreuz decorirt.

Schriftstellerisch war P. in zahlreichen Abhandlungen und Denkschriften das Eisenbahnwesen betreffend, thätig, auch war er Mitarbeiter der Dr. Röll in Wien herausgegebenen, dieses Fach behandelnden Encyklopädie.

Ueber Pleßner's Familienverhältnisse sei noch mitgetheilt, daß er 1852 vermählt war mit Bertha geb. Grimmer aus Mansfeld, welcher zwei Söhne und drei Töchter entsprangen.

Nach Familienmittheilungen. M. Berbig.

Plettenberg: Friedrich Christian Freiherr von P., geboren 8. August 1644 zu Lehnhausen; 1688—1706 Bischof von Münster.

Aus dem alten, von der oberen Lenne stammenden westfälischen Adelsgeschlechte der Plettenberg machte sich außer Walter, dem Ordensmeister v [illegible] (s. A. D. B. XXVI, 282—288), besonders Friedrich Christian [illegible] verdankte seine Wahl zum Bischofe von Münster, ebenso wie [illegible] Bernhard v. Galen (s. A. D. B. II, 427—433), dem Bestreben des [illegible], seine Selbständigkeit zu wahren und sich dem übermächtigen [illegible] Baiernhauses zu entziehen, welches das Stift Münster seinen [illegible], die von 1583—1761 den erzbischöflichen Stuhl von Köln [illegible] Folge besessen, zur weiteren Ausstattung stets zuzuwenden [illegible]. Im Gegensatze zu diesem Bischofe in Kriegsrüstung wird er [illegible] als Princeps pacis bezeichnet. Freilich hat auch er nicht bei den [illegible] seiner Regierungszeit ganz Europa erschütternden Kriegen theil- [illegible] und thatenlos zur Seite gestanden; er hielt vielmehr eine für die [illegible] seines Stiftes ansehnliche Zahl von Truppen auf den Beinen, [illegible] am Rhein und Donau rühmlich kämpften. Aber er verzichtete auf [illegible] Rolle eines selbständigen kriegführenden Monarchen, durch welche [illegible] Bernhard seinem Stifte zwar Ruhm und Ansehen erworben, aber [illegible] Wunden geschlagen hatte, und zog es vor, seine Soldaten gegen [illegible] Subsidiengelder unter fremdem Oberbefehle kämpfen zu lassen und [illegible] seine Partei unter Wahrung des Gehorsams gegen den Kaiser [illegible] zu nehmen, daß sein Land selbst vom Kriege durchaus ver- [illegible].

[illegible] so sehr als getreuen Reichsfürsten wie in diesen kriegerischen Ver- [illegible] erwies er sich in der inneren Politik, indem er bei der Opposition [illegible] Errichtung der neunten (hannoverschen) Kurwürde mit an die Spitze [illegible] strebenden Fürsten trat.

[illegible] fast mehr noch, als in seiner äußeren Politik, war er in seiner [illegible] thätigkeit im Innern auf das Wohl seiner Unterthanen bedacht, wie [illegible] Zahl der von ihm erlassenen Verordnungen erkennen läßt, durch [illegible] auf allen Gebieten der Verwaltung Verbesserungen einzuführen und [illegible] zu schaffen versuchte. Als besonders wichtig für die Hebung der [illegible] Cultur sind die Erneuerung der Kirchen- und Schulordnung Christoph [illegible], die Einführung einer Arznei- und Medicinalordnung, sowie ein [illegible] über die Durchführung der Clausur in den Nonnenklöstern hervorzuheben. [illegible] Erlasse bezweckten Aufhebung von Mißbräuchen, welche sich in der [illegible] und bei den Gerichten eingeschlichen hatten, sowie Erhaltung der [illegible] Sicherheit, wobei vor allem die Bestimmungen über die Behand- [illegible] Bettlern, Vagabunden und Zigeunern auch für die Folge von Be- [illegible] waren. Dem Verkehrswesen sollte durch Erneuerung der Wegebau- [illegible] sowie Neueinrichtung des Postwesens aufgeholfen werden.

[illegible] schaftlich eingreifend waren die Regelung des Marktverkehrs in den [illegible] Städten Warendorf und Münster (Fleischtaxe), im Hungerjahre [illegible] die Beschaffung ausländischen Getreides und 1692 ein Getreideausfuhr- [illegible] wegen Mißwachses; auch wurde ein Tabaksmonopol eingeführt. Der [illegible] der Sittlichkeit im Volke sollten die Verbote der Schenkhochzeiten, der [illegible] und des Branntweinbrennens dienen. Der Ueberlastung der [illegible] Bauern durch die Beamten war die Regelung und Fixirung [illegible] und Landfolgedienste vorzubeugen bestimmt.

[illegible] Erlasse versuchten eine Regelung des Münzwesens und die Ab- [illegible] minderwerthiger oder falscher Münzen der Nachbarn; andere betreffen [illegible], besonders den Ausschluß fremder Werber, um die waffen- [illegible] mannschaften für die eigenen Truppenkörper zur Verfügung zu be- [illegible] die Einführung einer regelmäßigen Reinigung der Straßen in [illegible] geht auf Friedrich Christian zurück.

Wie verhältnißmäßig lebhaft und eingehend der Fürst sich mit [illegible] **inneren** Angelegenheiten beschäftigte, mag ein Vergleich mit der entsprech[illegible] **Thätigkeit** seines Nachfolgers erweisen: während für seine 18jährige [illegible] **gierungs**zeit 47 Erlasse in der Scotti'schen Sammlung aufgeführt sind, [illegible] **dieselbe** für die 11jährige Regierung seines Nachfolgers nur 16 auf.

Ebenso geschickt, wie er in der großen auswärtigen Politik das In[illegible] **des Stiftes** wahrzunehmen verstand, mußte er auch die besonders [illegible] **Christoph** Bernhard getrübten Beziehungen zu den nächsten kleineren Nach[illegible] **in erster** Linie den Grafen von Bentheim und den Grafen von Lim[illegible] **Styrum** als Besitzer der Herrschaft Gemen wieder freundlich zu ge[illegible] **indem** er durch Verträge die zahlreichen Streitfragen aus dem Wege zu [illegible] **suchte**, ohne diese Mindermächtigen zu vergewaltigen, aber auch ohne [illegible] Rechten seines Stiftes etwas zu vergeben.

Daß er lebhaft den Glanz seiner Familie zu erhöhen bemüht war [illegible] seinen Verwandten ein großes Vermögen zuwandte oder hinterließ, wird [illegible] ein mit den Verhältnissen und Anschauungen der Zeit Vertrauter um [illegible] weniger zum Vorwurfe machen wollen, als er die Finanzen seines [illegible] regelte und trotz der ungünstigen Erbschaft, welche er antreten mußte, [illegible] günstigem Zustande auf seinen Nachfolger übertrug, obwol er während [illegible] Regierung kostspielige Bauten ausführen ließ (s. unten; zahlreiche Stra[illegible] brücken sollen auf ihn zurückgehen).

Eine treffende Gesammtschilderung seiner Persönlichkeit und Thätigkeit [illegible] sein Zeitgenosse und Officier, der 1738 gestorbene Generalmajor v. Corfey [illegible] seiner Chronik:

„Fridericus Christianus Freiherr von Plettenberg wurde erwehlt [illegible] 1688 29 July: ein sehr klug und verständiger Herr, so in vielen Gesc[illegible] schafften an große Höfe gebrauchet und gleichfalls*) staffelweise zu [illegible] dignität gestiegen. Er hatte alle Zeit auserlesene und capable Bedie[illegible] führte eine schöne und regulirte Hoffhaltung, regierte in summa dergest[illegible] loblich, sowohl in geistlichen, civilen und militären Sachen, daß man [illegible] bekennen müsse, das Stifft Münster habe nimmer besser floriret, als [illegible] seiner Regierung. Zuletzt aber war er sehr von Podagra incommodiret. [illegible] hat das schöne Haus Nortkirchen für seine Familie, fürs Land aber [illegible] anno 1690, Sassenberg anno 1698, das Zeuchhaus und die Casematten [illegible] Vecht. gebauet. Er machte auch, daß die ubeln Landstraßen durch's [illegible] Stifft ausgebessert wurden. Er hat in seinen letzteren Jahren den Chor [illegible] hohen Thum sehr schön mit marmoren pavé und bas reliefs (von Grönin[illegible] verzieret und würde noch viel herrlichere Gedächtnüssen hinterlassen ha[illegible] wofern er vom Todt nicht wäre übereilet worden. Obschon die Zeit se[illegible] Regierung fast gantz Europa von Ludovico XIV König in Frankreich mit [illegible] beunruhiget gewesen, so hat er dennoch durch seine kluge conduite sein [illegible] und Unterthanen in Ruhe erhalten".

Erhard, Geschichte Münsters, S. 557—568. — (Scotti), Samml[illegible] der Gesetze und Verordnungen, welche in dem Königl. Preußischen [illegible] fürstenthum Münster — ergangen sind I (Münster 1842), S. 305—[illegible] — Lambert Friedrich von Corfey, Chronicon Monasteriense (Geschich[illegible] quellen des Bisthums Münster III, 275; vgl. mit der Handschrift I, [illegible] des Staatsarchives Münster). — Archivalien desselben Staatsarchivs. [illegible] Ueber die Bauten vgl. u. a.: Bau- und Geschichtsdenkmäler der Prov[illegible] Westfalen Kr. Warendorf von Nordhoff, S. 58 ff. — Bau- und Kunstde[illegible]

*) statt gleichsam, die Grabschrift: velut per gradus.

... von Westfalen: Kr. Ahaus S. 9 (Schwieters) und Tafel 3, 4 (Lu... ... Kr. Ludinghausen S. 68 (Schwieters) u. Tafel 68—72 (Ludorff).

F. Philippi.

...: Dietrich von P. (Ergänzung zu A. D. B. XXVI, 297) ... seiner Uebersiedlung nach Baiern dort eine hochbedeutsame politische ... entfaltet. Herzog Albrecht IV. von Baiern gab seine Zustimmung, 1506 ... von seinem Schwager Stephan v. Lycha (Luchau), Pflegers zu ..., dessen Güter in den bairischen Aemtern Oetting, Wildshut, ... und benachbarten durch Kauf erwarb. Derselbe Fürst belohnte ... durch Verleihung der niederbairischen Lehen, die Hans Wambolt ... So trat der schwäbische Edelmann in die Reihe der bai... ... ein. 1507 und 1512 hat er eigenhändig Lehensbücher ... beiden Lehensgruppen geschrieben (cod. germ. Monac. 3948 ...). Während der vormundschaftlichen Regierung nach dem Tode ... IV. treffen wir ihn 1509 als Rath und Gesandten Herzog Wil... ... von Baiern in Heidelberg bei Verhandlungen mit Kurpfalz, 1512 ... Eigenschaft auf dem Tage des Schwäbischen Bundes in Augs... ... seit April auf dem Reichstage in Trier. Seine wichtigste Rolle ... er in der Opposition gegen seinen Fürsten, auf den zwei stürmischen ... des Jahres 1514, die den Höhepunkt der ständischen Macht in ... bezeichnen. Hier erscheint er als das geistige Haupt der bairischen ..., als ihr freimüthiger Wortführer und der schneidige Vorkämpfer ... Freiheiten. In seiner Person ist die humanistische Bildung zuerst in ... der Landstände eingezogen und damit hängt es zusammen, daß ... Interessen und Forderungen nie vorher mit solchem Geist und ... vertreten wurden. Vornehmlich P. war es zu danken, wenn die ... damals ihren schönsten Beruf erfüllten, einen Damm gegen Miß... ... und Willkürherrschaft zu bilden. Daß aber gerade ihm, dem ge... Schwaben, in den exklusiven und gegen alle Fremden mißtrauischen ... des bairischen Adels die führende Rolle zufiel, läßt sich nur durch seine ... Ueberlegenheit erklären.

... Albrecht IV. hatte in Baiern das Erstgeburtsrecht im regierenden ... eingeführt. Die kühne Neuerung stieß umsomehr auf Widerstand, da ... unreifer ältester Sohn und Nachfolger Wilhelm IV. durch Miß... ... und Verletzung der ständischen Freiheiten allgemeine Unzufriedenheit ... Unterstützt von seiner Mutter Kunigunde und seinem Oheim, K. Maxi... ... forderte der zweite Sohn Ludwig den dritten Theil des Landes oder ..., also den Umsturz der jungen Primogeniturordnung. Auch die ... ergriffen für ihn Partei; sie schlossen (1. Februar 1514) ein ... zur Handhabung ihrer Freiheiten und zur Abwehr wider jeden, der ... wählten einen Achterausschuß, der Klagen der Landsassen gegen die ... entgegennehmen sollte, beantragten für Ludwig die Mitregierung ... Primogenitur verstoße gegen Herkommen und Klugheit, Landes... ... sei als das größte Uebel zu vermeiden) und baten die beiden ... möchten, bis sie 24 Jahre erreicht hätten, die Besetzung ihrer ... der Landschaft überlassen. In eindringlicher und wohlgesetzter ... den beiden Fürsten vor versammelter Landschaft diese und andere ... Erst nachdem die Herzoge in allem, auch der Aemterbesetzung, ... hatten, wurde die geforderte Steuer bewilligt. In der That ... auch die herzoglichen Räthe von den Ständen ernannt. Unter ... oder „täglichen“ Räthen, die zu München tagten, befand ... Haltung schalteten die Landstände förmlich als Vormünder ihrer jungen Fürsten. Als dann K. Maximilian der Landschaft seine höchste zufriedenheit darüber entbieten ließ, trat wiederum P. als Wortführer ständischen Gesandtschaft zu Vöcklabrück vor den Kaiser. In seiner fertigungsrede (s. „Der Landtag von 1514", S. 252—271) betonte er der neue Entwurf der Landesfreiheiten nur den Inhalt der alten Fr erläutere. Wolle man der Landschaft ihre Freiheiten nicht halten, sie die Fürsten „ihre Noth und Verderben selbst austragen lassen". Redaction der Erklärung dieser Landesfreiheiten, die am 28. März 1 Ingolstadt definitiv beschlossen wurde, dürfte P. einen wesentlichen genommen haben. Auf den Kaiser scheint Plieningen's Beredsamkeit u Haltung in Vöcklabrück nicht ganz ohne Eindruck geblieben zu sein, da klärte, „er wolle mit der Landschaft nur scharmützeln, doch keinen Sp der Bahn brechen". Sachlich aber beharrte Maximilian bei seiner Auff auf dem zweiten Landtage von 1514, der am 8. Mai eröffnet wurde, durch seine Gesandten das Vorgehen der Landschaft als unbedacht und schnell tadeln, bezeichnete ihre Freiheiten als veraltet und gebot ihr bei der Acht mit jeder weiteren Handlung innezuhalten. Mit großem Auf juristischer Gelehrsamkeit opponirte wiederum P. Der Conflict wurde schärft, da H. Wilhelm in dem Eingreifen des Kaisers willkommenen halt zu dem Versuche fand, des Bruders Mitregierung abzuschütteln und der Abhängigkeit von dem Regentschaftsrathe und den Ständen zu entwi Da er überdies Drohungen gegen einzelne Räthe fallen ließ, richtete P. 5. Juni im Auftrage des Ausschusses und der Räthe an ihn eine S predigt, wie sie wohl selten ein Fürst von seinen Ständen vernahm. Herr auf Erden sei so gefreit, daß er Macht habe, die Unterthanen nach s Willkür wider Recht und Billigkeit zu beschweren. Jeder Fürst sei nur ministrator oder Verweser und die Unterthanen brauchen nicht zu dulden, ihnen das jus naturale und das jus gentium benommen werde. Regen und Fürstenthümer werden erhalten durch Gottesfurcht, Gerechtigkeit Tugend, nicht durch Hoffart, Stolz und Eigenwilligkeit. Man kann zweifeln, daß P. auch an der Abfassung der Denkschrift mitgearbeitet hat, der Ausschuß am 15. August an die Stände des Reiches richtete, um Verhalten gegenüber den Anklagen des Kaisers zu rechtfertigen (Landtag 1514, S. 571—599). Charakteristisch für Plieningen's und der Landsch Auftreten in diesem ganzen Streit ist, daß bei ihnen der mittelalte Herrschaftsbegriff verdrängt erscheint von demselben modernen Staatsgeda gegen den doch andererseits das Pochen auf ihre Privilegien verstieß ein innerer Widerspruch, dessen sich die Landstände natürlich nicht bew waren.

Ein Bruder- und Bürgerkrieg war in Sicht, als Wilhelm, vom kais lichen Oheim in seinem Widerstand gegen die Landschaft bestärkt, seine Re denz in Burghausen aufschlug, und als die beiden Brüder zu Rüstung schritten. Gegen Wilhelm's Hofmeister Hieronymus v. Stauf ward der Ve dacht rege, daß er seinen Herrn gegen die Landschaft aufhetze. Als er m einem Auftrage seines Fürsten nach München kam, stellte ihn P. (18. Aug auf dem Rathhause in Gegenwart aller Räthe und des kleineren Ausschuss zur Rede. Im Herbst aber wurde die schwere Gefahr eines inneren Krieges durch die Aussöhnung der herzoglichen Brüder abgelenkt. P. war nicht unter den herzoglichen Räthen, welche zum Abschlusse des brüderlichen Vertrags über gemeinsame Regierung vom 20. November 1514 beigezogen wurden — wahr scheinlich widerstrebte H. Wilhelm seiner Zuziehung —, wohl aber unter den 16 Männern, welche die Stände als Ausschuß zur Berathung über diese

[illegible] Mitten unter diesen Stürmen hatte P. die „hoch und [illegible] ständischen Freiheiten, die an vielen Orten zerstreut, verlegt, [illegible] und nun mit großer Mühe und Kosten wieder gesammelt [illegible] nach den Originalurkunden vidimiren und mit einem von [illegible] Register (in der Ausgabe v. Lerchenfeld's, S. 188—204) am [illegible] 1514 in Druck ausgehen lassen. Unter dem Rathhause in [illegible] man das Exemplar um 15 Kreuzer kaufen. P. betonte, daß [illegible] um hohes, unermeßliches Geld erkauft seien, daß sie nicht [illegible] werden könnten und daß sie von allen nachfolgenden Fürsten — [illegible] Albrecht IV., wiewohl sie dieser nicht in allen Punkten stracks ge[illegible] — bestätigt und erneuert worden seien. In den (unter der [illegible]) Aussagen des am 8. April 1516 wegen Hochverraths hin[illegible] Hofmeisters Hieronymus v. Stauf kommt vor, daß neben Wolf [illegible] und dem früheren Kanzler Neuhauser P. mit H. Wilhelm's Wissen [illegible] gehegt habe, daß Wilhelm wieder Alleinregent werden solle — eine [illegible] Nachricht, die wir dahingestellt lassen müssen, so lange nicht [illegible] dafür aufgefunden werden.

[illegible]), Bairische Landtagshandlungen XVII, 234; XVIII, 347. — [illegible] im Herzogthum Baiern v. J. 1514, 1. u. 2. Handlung. — [illegible] im Hzgth. Baiern v. d. J. 1515 u. 1516, bes. S. 65—77, [illegible] 161. — v. Lerchenfeld, Die altbaierischen landständischen Freibriefe [illegible] Landesfreiheitserklärungen, mit geschichtl. Einleitung (v. Rockinger). [illegible], Geschichte Baierns IV, bes. 14 flgd.; VI, 28 flgd. — Ueber [illegible] Humanisten Plieningen ferner: Vilmar, Dietrich v. Plieningen. Ein [illegible] aus dem Heidelberger Humanistenkreis. Marburger Diss. 1896.

Sigmund Riezler.

[illegible]: Hermann Heinrich P., der bekannte anthropologische Schrift[illegible] geboren am 8. Februar 1819 zu Leipzig, studirte seit 1839 daselbst [illegible] 1846. Er war hierauf 1846—52 Communal-Armenarzt in [illegible], 1866—67 stellvertretender Bezirksarzt, bis 1875 Arzt des [illegible]vereins und 1875—81 Mitglied des Stadtverordnetencollegiums. [illegible] 11. December 1885 starb, widmete sich mit großem Eifer dem [illegible], gründete 1854 die geburtshülfliche Gesellschaft in Leipzig (im [illegible] noch acht Collegen), in der er sechs Mal Director und zwei Mal [illegible] war. In dieser hat er auch 21 größere Vorträge gehalten und [illegible] für Festschriften ausführliche Abhandlungen geliefert. Auch sonst [illegible] umfassende schriftstellerische Thätigkeit entfaltet, die ganz besonders [illegible] zu gute gekommen ist, sowie auch der Geburtshülfe. Ein [illegible] seiner Schriften findet sich in der von Winter herrührenden Bio[illegible] der unten angegebenen Quelle, sowie in der zweiten von M. Bartels [illegible] veranstalteten Ausgabe von Ploß's populärstem Buch, das zu [illegible] Büchern in Deutschland gehört, nämlich: „Das Weib in der [illegible] Völkerkunde" (Leipzig 1883. 84, 2 Bände; 8. Auflage ebd. 1903,

[illegible] Biographisches Lexikon ed. Hirsch und Gurlt IV, 592.

Pagel.

[illegible]: Martin P., Musiker, Componist und Musikschriftsteller, [illegible] 29. September 1854 in Kolberg, † am 8. October 1897 zu [illegible] Sein Vater war Schiffsrheder und Consul. In einer musikalischen [illegible] aufgewachsen, die auch Beziehungen zu Karl Löwe, dem großen [illegible], hatte, erhielt der Sohn die Erlaubniß, sich der Musik zu widmen, und ging 1871 nach Leipzig, wo er bei dem Thomascantor E. Fr. Ri studirte und sich in kleinen Compositionen, besonders von Liedern, ver Die entscheidende Richtung erhielt sein Leben durch die Bekanntschaft m Werken Richard Wagner's. Seine Tante Helfriede Plüddemann in eine kunstsinnige Frau, die auch den Neffen förderte, hat die erste Ver zwischen diesem und dem Meister hergestellt, denn Wagner schrieb i 23. November 1872: „Das beigelegte Blatt Ihres Neffen behalte ich a rührendes Zeichen dafür, daß mein Leben und Schaffen auch eine Ge finden wird, der es zu gutem Eigen angehört". 1875 machte dann Berlin die persönliche Bekanntschaft Wagner's. Nach den Festspiele 1876 schrieb er eine Broschüre „Die Bühnenfestspiele in Bayreuth, ihre und ihre Zukunft", worüber Wagner zwei Mal im Januar 1877 an den fasser sich äußerte: „Meine Frau gab mir ihr Urtheil dahin ab, daß si Arbeit für die beste und vernünftigste halte", und ferner: „Ich habe nun auch Ihre Broschüre gelesen und mich sehr darüber gefreut. Ihr oben an der Ostsee zeichnet Euch immer durch vielen gesunden Verstand was dann bei tiefer Eindrucksfähigkeit eine vortreffliche Wirkung he bringt." Im Sommer 1878 war P. eine Woche in Bayreuth, wob täglich mit dem Meister in anregendster Unterhaltung verkehrte; dan suchte er ihn 1880 in Neapel und hat später (in Kürschner's Wagner-Ja S. 89, 1886) die unvergeßliche Geburtstagfeier (22. Mai), die er dort i Villa d'Angri miterleben durfte, interessant geschildert. Noch einmal h dann zur Feder gegriffen, um die Bedeutung der Wagner'schen Kunst, nur in musikalischer, sondern auch in ethischer Beziehung, mahnend zu wür in einer Schrift „Aus der Zeit — für die Zeit" (F. Reinboth, Leipzig), in Form von Aphorismen die edelsten und feinsten Bemerkungen enthält in jeder Zeile beweist, daß der Schüler, philosophisch und künstlerisch, sich dem echten Geiste des Meisters durchdrungen hatte. — Inzwischen hatte Laufbahn Plüddemann's die entscheidende Wendung erhalten. In den sie Jahren war es sein Streben gewesen, Sänger zu werden, wozu ihn tü Studien bei Fr. Schmitt und J. Hey befähigt hatten; eine kleine S „Die ersten Uebungen der menschlichen Stimme" gibt von seiner pädagogi Begabung Zeugniß. Als aber P. durch eine Erkältung seine Stimme ve schritt er auf dem schon früher betretenen Wege des musikalischen Sch weiter. Er begann mit Liedern, ging dann aber ums Jahr 1880 zu Stoffen über, deren Bearbeitung ihm seine eigentliche Begabung erschloß, poetischen Erzählungen und Balladen. Immer inniger hat er sich nun sonst wenig bearbeiteten Felde zugewandt. Daneben bemühte er sich, äußere Lebensstellung zu erlangen, aber mit wenig Erfolg. In den ach Jahren leitete er die Singakademie in Ratibor, 1889 ließ er sich als Ge lehrer in Graz nieder, wo er in einem Kreis von feinsinnigen Kennern ständnis für sein Schaffen fand; so konnte er, der bisher vergeblich auf e Verleger gewartet hatte, 5 Hefte seiner Balladen auf Subscription her geben. Auch durch Concerte in Graz und andern Städten wirkte er für Balladen. Doch gelang es ihm nicht, sich eine materielle Existenz zu scha so siedelte er 1894 nach Berlin über, ohne daß er hier festen Fuß f konnte. Zwar begannen sich bedeutende Interpreten seiner Balladen zunehmen, so Eugen Gura und besonders Paul Bulß, der nicht nur die kannteste der Plüddemann'schen Balladen, „Siegfrieds Schwert", sondern eine so anspruchsvolle Composition, wie den „Taucher", öfters öffentlich trug. Aber ihr Eintreten war doch nicht nachhaltig genug. Dazu ka Zerwürfnisse Plüddemann's mit der Berliner Musikkritik, von der er sich [illegible] todtzuschweigen glaubte; leicht gereizt und aufbrausend, von stolzem [illegible] war er nicht der Mann, sich zu beugen, sich in die [illegible] um die Gunst Einflußreicher zu werben und mit kluger Be- [illegible] Weg zu machen. Ein nervöses Leiden steigerte sich und raffte [illegible] Mann dahin. Am 12. October 1897 wurde er auf dem [illegible] bestattet. Wie sich vorher der Wagner-Verein und der [illegible] seiner Werke angenommen hatten, so versuchte es ein Plüddemann- [illegible] nach seinem Tode für ihn zu wirken. Auch andere erfreuliche Er- [illegible], daß P. in kleineren Kreisen sich Achtung und Verehrung [illegible]. In den Bayreuther Blättern (für die P. als Mitarbeiter mehrere [illegible] E. T. A. Hoffmann, zuletzt noch 1892 einen größeren Aufsatz über [illegible] geliefert hatte) widmete ihm L. Schemann einen gehaltvollen Nach- [illegible] Tageblatt (11. October 1897) schrieb Fr. v. Hausegger warme [illegible] Erinnerung. Vom Charakter Plüddemann's sagt dieser Freund: [illegible] Gegensätzen bewegend, hier kühn hoffend, wo nichts zu erhoffen [illegible] verzweifelnd, wo der Hoffnung Ziel nahezu erreicht schien, [illegible] von drängendem Verlangen, sich in seinem Wesen erkannt zu [illegible] Wo seine menschliche Schwäche war: in einer gewissen Widerstands- [illegible] den Einflüssen des Lebens gegenüber, wußte er selbst; seine Stärke [illegible] verdientem Maaße nicht anerkannt. An diesem Widerspruche litt [illegible] Qualen; an ihm ist er zu Grunde gegangen . . . Heftig [illegible] und ungerecht, selbst gegen seine Freunde; rasch war er aber [illegible], und mit tausendfacher Güte und Liebe vergalt er zugefügtes [illegible]

[illegible]mann's Werke sind folgende: Außer den drei ersten Balladen (1883) [illegible] Bände von Balladen und Gesängen; fünf davon hat P. selbst [illegible] und mit ausführlichen Vorreden versehen, welche Anweisungen [illegible] der Ballade und den Vortrag der einzelnen Stücke enthalten; [illegible] nach seinem Tode, alle im Verlage von Alfr. Schmidt in [illegible] I. 8 Balladen (1889), II. 4 Lieder und 7 Balladen (1891), [illegible] (1892), IV. 5 Balladen (1893), V. 5 Balladen (1898), [illegible] von Th. Fontane, VII. 5 Balladen von L. Giesebrecht, [illegible]. Also 50 Balladen, wozu noch kamen: 1 Heft mit 13 Ge- [illegible] Sopran, davon die ersten sechs: Altdeutsche Lieder; 1 Heft von [illegible] für mittlere Stimme; „Schlichte Weisen“ (3 Lieder für mittlere [illegible] Gesänge für mittlere Stimme; 6 altdeutsche geistliche Lieder; [illegible] Lied. Außerdem einige Männerchöre (altdeutsche Liebeslieder [illegible] 3 altdeutsche Lieder für gemischtes Quartett, 6 altdeutsche geist- [illegible] für gemischtes Quartett. Endlich ein zur „Gedächtnißfeier“ [illegible] nach Motiven des „Nibelungenrings“ componirtes, 1885 in [illegible] aufgeführtes Chorwerk.

[illegible] Plüddemann's Gesänge insgesammt auszeichnet, ist Einfachheit und [illegible] im besten Sinne. Es war kein Zufall, daß er vom deutschen [illegible] und sich mit fühlsamer Innigkeit in die altdeutschen Weisen [illegible] weltlicher Art versenkte, auch eine Anzahl davon in feinsinnigem [illegible]. Dies kommt schon seinen Liedern zu statten, die gewiß [illegible] Balladen heranreichen, aber doch so viel anheimelnde Melodie [illegible] voller Begleitung aufweisen, daß auch sie stets des Beifalls [illegible] Zuhörerschaft sicher sind. Als besonders frisch und zart, [illegible] Naturlaute, seien „Herr Walther von der Vogelweide“, dann [illegible]“ hervorgehoben.

Wenn endlich noch ein Wort über das Gebiet, auf dem P. si
eigentlich bethätigt hat, über seine Balladen, gesagt sein soll, so wird
jeder Beurtheiler auszugehen haben von einem Vergleich mit dem
deutschen Meister der Balladenmusik, Karl Löwe. Löwe hat diese
im 19. Jahrhundert so frisch und kräftig wie kein Anderer gepflegt;
zeiten vielfach unterschätzt und vernachlässigt, ist er erst nach seine
besonders durch die Interpretationskunst nachschaffender Sänger, wie
Gura, in seiner bedeutenden, ja genialen Kunst anerkannt worden. In
Hinsicht konnte nun ein Nachfolger Löwe's die musikalische Ballade
ausbauen? Das führt auf den andern Meister, den sich P. zum
genommen hatte, nicht um seine Dramen zu überbieten, wie es
Epigonen fälschlich unternahmen, sondern um seine Ideen und Grund
die Ballade anzuwenden: auf Richard Wagner. Aber nicht in vorb
Theorie that das P., sondern er konnte es gar nicht anders, da W
Art und Kunst ihm in Fleisch und Blut übergegangen war. Das zeig
in dreifacher Weise: im Sprachgesang, in der Bedeutung der Clavierbegl
in der Einführung musikalischer Motive — was alles aber wieder zusa
hängt. Ueber Löwe hinaus geht P. in einer nicht nur correcten, dem
Accent stets angemessenen Declamation, sondern in der Kunst, den gesteig
Ausdruck des Wortes in eine sich völlig anschmiegende Art des Gesange
zusetzen, der dann alle Arten der musikalischen Sprache umfaßt vom tro
Recitativ zur geschlossenen Melodie. Diese Melodie selbst ist bei P. gewä
als bei Löwe, der mit der Sorglosigkeit des Genies auch öfters zu ban
Einfällen kam, die heute verpönter sind als in der Zeit seines Schaf
P. versteht es mit großer angeborener Begabung, einfache, ins Ohr fa
volksthümliche Melodien zu finden (was gewiß in unsern Tagen eine Se
heit ist), ohne ins Triviale oder gar Gewöhnliche, Unfeine zu verf
Ebenso natürlich ist es, daß unter dem Einflusse Wagner's seine Cla
begleitung an Reichthum der Harmonie und Polyphonie sehr gewinnen m
Modernere und kühnere Accordverbindungen enharmonischer Verwandts
neuere Art der Melodiebildung auf mehr chromatischer Grundlage, vor a
aber ein regeres und ausdrucksvolleres Eingreifen der Begleitung überh
mit ausgedehnterem Zwischenspiele, mit lebendigerer Ausbeutung der Dich
mit häufiger Verlegung der Melodie in die Stimmen des Klaviers:
brachte P. für seine Balladen mit. Dann endlich eine planmäßige Einfüh
und Ausgestaltung eines musikalischen Gebildes, das der Phantasie bei
Conception als adäquat dem Grundgedanken des Gedichtes sich aufgedr
hat; es durchzieht thematisch das Ganze und wechselt wieder mit an
nebensächlicheren Motiven, jenachdem es die sinngemäße Gliederung der Dich
ihre Stimmungen und Phasen, erfordern. Eignet sich die Ballade durch
sagenhaften, geheimnißvollen und schaurigen Elemente, durch das Hineinsp
von Naturvorgängen besonders für die Mitwirkung der Musik, so wird
motivische Verknüpfungen in der Begleitung die Einheit der Form, die
der Dichtung theils epische, theils dramatische Bestandtheile aufweist, herge
Diese Einheitlichkeit und planvolle Anlage findet sich stets bei P., die Gr
motive sind im Rhythmus und in der Melodie sehr plastisch und bezeich
erfunden. Steht der naivere Löwe durch intuitive Genieblitze weit hö
so waltet bei P. mehr eine besonnene Gestaltungskraft, die aber nichts
machtes, Erkältendes hat, sondern sich mit natürlicher, aus dem Her
strömender Empfindung paart.

Es fehlt hier der Raum, auf einzelne Balladen einzugehen. An so un
geheuer ausgedehnten, wie Schiller's „Taucher", scheiterte doch alle Kunst,

in Einzelheiten zeigt, während in einfachen, kurzen, wie in Uhland's " und „Graf Eberhards Weißdorn“, das Gemüth des Tondichters vollkommen zum Herzen spricht. Ganz wundervoll in Erfindung mmung sind „Volkers Nachtgesang“ und „Biterolfs Heimkehr“. Mehr risch ist dann E. v. Kleist's „Ode an die Preußische Armee“; wie der Hohenfriedberger Marsch eingeführt wird, anwächst und sich mit vereinigt, das macht dieses Werk zu einem der bedeutendsten ann's. Ausgezeichnet und packend sind „Der wilde Jäger“, „Das am See“, „Des Sängers Fluch“: überall echte, ungekünstelte Art, aus der Brust strömende Melodie, interessante, aber nie überladene geklügelte Begleitung. Daß auch der Humor nicht fehlt, zeigen Stücke Kaiser und der Abt“, „St. Peter mit der Geiß“; gerade hier in en Sprechweise ergeben sich die Vorzüge Plüddemann's, als des Be- mühelosen „Sprachgesanges“, wie er auch in der „Legende vom “ sich offenbart. — Es wird abzuwarten bleiben, ob Plüddemann's die in ihrer gesunden, deutschen Art alle Vorbedingungen zu volks- Verbreitung erfüllen, mehr Boden gewinnen werden; bisher ist erseits durch die plötzliche Popularität Löwe's, andrerseits durch die Musikentwicklung mit ihrem Hang zum Maaßlosen und Ueber- verhindert worden.

ich. Batka, Martin Plüddemann und seine Balladen. Prag, 1896. Schemann in den Bayreuther Blättern 1880, 1896, 1897.

R. Sternfeld.

Plütschau: Heinrich P., in den Missionsschriften seiner Zeit auch oder Plütscho genannt, einer der ältesten lutherischen Missionare, 1676 in dem Landstädtchen Wesenberg bei Neustrelitz in Mecklenburg Er besuchte das Friedrich-Werdersche Gymnasium zu Berlin, dessen achim Lange nachhaltigen Einfluß auf ihn ausübte und auch noch freundschaftliche Beziehungen zu ihm unterhielt. Dem Wunsche seiner entsprechend beschloß er, sich dem Studium der Theologie zu widmen. verknöcherte Dogmatik der protestantischen Orthodoxie sein Gemüth , wendete er sich dem damals immer weitere Kreise erfassenden zu und suchte dessen geistigen Mittelpunkt, die Universität Halle, trat er in persönlichen Verkehr zu August Hermann Francke und von diesem bedeutsame religiöse Anregungen. Francke war es auch, veranlaßte, sich dem Berufe eines Heidenboten zu widmen. Als König Friedrich IV. von Dänemark auf Anregung seines Hofpredigers en Plan gefaßt hatte, die farbigen Eingebornen der dänischen Be- im östlichen und westlichen Indien zum Christenthum zu bekehren, er sich in Ermangelung geeigneter dänischer Candidaten an die Führer ischen Bewegung in Deutschland mit der Bitte, ihm einige für das verwendbare junge Theologen vorzuschlagen. Die Wahl fiel auf aus Ziegenbalg aus Pulsnitz und auf P. Beide nahmen nach mannichfacher Bedenken den an sie ergangenen Ruf an und im Herbst 1705 nach Kopenhagen. Hier hatten sie mancherlei zu erleiden, da einflußreiche Kreise der dänischen Hauptstadt, vor orthodoxe Geistlichkeit, das Unternehmen für abenteuerlich und hielten. Namentlich der seeländische Bischof Bornemann legte lich Schwierigkeiten in den Weg, indem er ihnen anfangs die verweigerte. Doch Lütkens nahm sich seiner Schützlinge thatkräftig schließlich alle Widerwärtigkeiten beseitigt waren und die Abfahrt November 1705 von statten gehen konnte. Die langwierige Seereise

verlief ohne Unfall. Im April 1706 hielten sich die beiden Missionar
Zeit zur Erholung am Cap der guten Hoffnung auf und erkannten
Verkehr mit den Hottentotten, welche mühselige Arbeit ihnen bevorst
9. Juli landeten sie glücklich in Trankebar, einer Niederlassung der
ostindischen Handelsgesellschaft auf der Coromandelküste. Nachdem
flüchtig über die ihnen völlig neuen Verhältnisse des Landes und sei
schiedenartigen Bewohner unterrichtet hatten, wollten sie ihr Werk be
aber schon nach kurzer Zeit bemerkten sie, daß ihnen von allen Seiten
stand entgegentrat. Der Stadtcommandant Hassius vereinigte sich m
Beamten der Compagnie, den europäischen Kaufleuten, den beiden
Predigern und dem katholischen Priester des Ortes, um den unerw
Eindringlingen, die man allgemein als geheime Aufpasser und Sitte
betrachtete, das Leben so sauer als möglich zu machen. Allein die Mi
ließen sich durch diese trüben Erfahrungen nicht abschrecken. Vielme
strebten sie sich, die Feindschaft der Gegner durch Geduld und Freun
zu überwinden, was ihnen im Laufe der Jahre auch allmählich gelang.
nun den Eingebornen, die dem drawidischen Volksstamme der Tamile
gehörten, das Evangelium in verständlicher Weise predigen zu können
mühten sie sich unter steter wechselseitiger Förderung mit Erfolg,
rasch das in ganz Südindien als Verkehrssprache dienende Portugiesisch
dann auch die für Europäer bei weitem schwierigere Tamilsprache zu erle
Schon nach wenigen Monaten waren sie trotz mangelhafter Hülfsmittel
eifriges Studium soweit gefördert, daß sie sich mit einigen Waisenkindern
sie um sich gesammelt hatten, einigermaßen verständigen konnten. Bald
gründeten sie eine Schule, in der sie lehrend und lernend zugleich mit so
Eifer arbeiteten, daß sie bald die Herzen der Jugend gewannen. Da
Zahl der Schüler rasch anwuchs, mußte eine Theilung der Arbeit vorgenom
werden, indem Ziegenbalg hauptsächlich in tamilischer, P. dagegen in portu
sischer und dänischer Sprache unterrichtete. Daneben begannen sie auch
ihnen erreichbaren Werke der einheimischen Litteratur zu studiren und
fleißig im Uebersetzen zu üben. Bald fühlten sie sich fähig, auf öffentl
Straßen und Plätzen als Prediger aufzutreten, und es dauerte nicht la
so sammelte sich eine kleine Gemeinde um sie. Damit war auch die N
wendigkeit gegeben, eine Kirche zu errichten. Im Juni 1707 wurde
Grund gelegt. Der Bau ging rasch und glücklich von statten, und bereits
August konnte das neue Gotteshaus geweiht werden. Nun fanden regelmä
Gottesdienste unter großem Zulauf des Volkes statt, und schon im Septem
nahmen die Missionare einige Heiden durch die Taufe in die evangelische Kir
auf. Sie begnügten sich aber nicht mit der Wirksamkeit in Trankebar se
sondern zogen abwechselnd in die umliegenden Dörfer, wo es ihnen gleichfa
nicht an willigen Zuhörern, aber ebensowenig an mancherlei Anfeindung
fehlte. Namentlich Ziegenbalg zog sich durch die Freimüthigkeit, mit der
auf die zahlreichen Mißstände in der Verwaltung der Colonie hinwies, d
Gegnerschaft des Commandanten zu, der ihn im November 1708 verhaft
ließ und 4 Monate lang gefangen hielt. Während dieser Zeit mußte P. d
Kirchenwesen und die Schulen allein leiten, und nur mit Mühe vermochte
den drohenden Verfall zu verhindern. Nach der Erledigung seines Gefährt
nahm das Werk wieder einen guten Fortgang, aber die wachsende Arb
überstieg allmählich die Kräfte der Missionare, sodaß sie sehr erfreut ware
als im Juli 1709 drei neue Mitarbeiter, die Candidaten der Theolog
Johann Ernst Gründler und Johann Georg Bövingh, sowie der Stude
Polycarp Jordan aus Deutschland eintrafen. Dieselben widmeten sich

... in den fremden Sprachen zunächst dem Schuldienst, P. dagegen ... mehr als bisher den verantwortungsreichen Unterricht der er... Katechumenen. Allmählich aber verschlechterte sich sein Gesundheits... und da trotz aller angewendeten Mittel eine dauernde Besserung nicht ..., mußte er sich entschließen, nach Europa zurückzukehren. Am ... 1711 segelte er auf einem englischen Schiffe von Madras ab. ... war es, dem dänischen König und den einflußreichen Gönnern ...werkes persönlich für ihr thatkräftiges Wohlwollen zu danken, ... über die Fortschritte des Unternehmens zu erstatten und die ... der Widersacher durch Hinweis auf das Erreichte zu ent... Im November 1712 traf er wohlbehalten in England ein und suchte ... Vorträge, namentlich in der Gesellschaft zur Verbreitung christlicher ... weitere Kreise für die Mission zu interessiren. Auch verfaßte er ... der christlichen Lehre zum Gebrauche der portugiesischen Schule ..., den die Londoner Freunde in 1000 Exemplaren drucken ließen ... nach Indien sandten. Im Januar 1713 stellte er sich in ... dem Könige Friedrich vor, der ihm seine Anerkennung ausdrückte ... fühlte, eine erhebliche Summe zur Förderung des Bekehrungs... anzuweisen. Im Frühjahr begab er sich zu seinen alten Freunden und ...genossen nach Halle und ertheilte hier einigen Studenten, die sich ...sionsdienst vorbereiten wollten, Unterricht in der portugiesischen ... Sprache. Als bald darauf in Kopenhagen der Plan auf... ein Missionsseminar zu errichten, um an Stelle der deutschen ... in Zukunft junge dänische Theologen nach Indien abordnen zu ... er eingeladen, die Leitung dieser Anstalt zu übernehmen. Allein ... Candidaten, die sich gemeldet hatten, erwiesen sich schon nach kurzer ... untauglich und mußten entlassen werden. Da keine weiteren Be... vorhanden waren, wurde das kaum gegründete Institut wieder auf... erhielt als Abfindung die Pfarrstelle zu Beidenfleth in Holstein. ... er noch länger als 30 Jahre bis zu seinem Tode 1747. Durch ... Leistungen trat er nicht hervor, doch wirkte er in engeren Kreisen, ... in Verbindung mit den Halle'schen Pietisten, nach Kräften durch ... Schrift für das Gedeihen des indischen Missionswerkes.

... Königlich dänischen Missionarien aus Ostindien eingesandter Aus... Berichten Erster Theil, Halle 1718. — J. L. Niekamp, Kurtz... Missions-Geschichte, Halle 1740. — W. Germann, Ziegenbalg und ..., Erlangen 1868.

Viktor Hantzsch.

... (spr. Puhl): Piter P., geboren am 17. Juni 1760 in Archangel, ... October 1837 in Altona, Privatgelehrter. Mit dieser Bezeichnung ...standes und Berufs ist freilich seine Bedeutung nicht erschöpft, die ... nach Außen weniger hervorgetreten ist als sie sich in einem engeren ... gemacht hat. In diesem Sinne sagt Varnhagen von Ense ... und vermischte Schriften, Bd. IV, S. 362 f.): „Poel's an...bahn [als russischer Diplomat] wie seine Kenntnisse und Talente ... zu einer großen öffentlichen Stellung und Wirksamkeit führen, ... ein starkes Uebergewicht sittlichen Ernstes und prüfender Be... von raschem und glänzendem Handeln allzusehr abgezogen". ...ländischer Abkunft. Bei seinem Urgroßvater, auch Piter genannt, ...meister der Admiralität und der ostindischen Compagnie in Zaardam, ... der Große den Schiffbau gelernt und nahm dessen Sohn mit nach ... um dort den Schiffbau zu leiten. Die Familie Poel gelangte zu

Ansehen. Jacobus Poel, der Vater unsers P., in Leiden erzogen, dort Kaufmann vorgebildet, erwarb sich tüchtige Sprachkenntnisse und, in Ar[...] etablirt, ein ansehnliches Vermögen. Am Hofe der Kaiserin Elisab[...] besonders bei dem ersten Gottorper auf Rußlands Thron, Peter III[...] Jacobus Poel in Gunst, so daß z. B. der Kaiser Taufpathe unsers P. [...] Der Zar beauftragte Poel, im großfürstlichen Theile Holsteins für [...] richtungen zu treffen. Die vortheilhaften Anerbietungen bewogen Poel [...] Geschäft in Archangel aufzugeben. Allein die Ermordung Peter's III. [...] vereitelte die Ausführung dieser Pläne und verleidete ihm den Aufent[...] Rußland. Infolge früherer Verbindungen mit Hamburg schiffte sich Poel [...] seiner (zweiten) Frau, geb. van Brienen, auch aus einer holländischen [...] mannsfamilie in Petersburg stammend, und Kindern nach Hamburg [...] Hier verlebte die Familie den Winter, den Sommer aber auf dem [...] Zierow bei Wismar, das Poel nebst den Gütern Rethwisch, Rastorf [...] Naudien erworben. Ein Jahr nach der Ankunft in Hamburg starb [...] Mutter. Dies war die Ursache, daß der dreijährige P. mit seiner Sch[...] Magdalene Poel (geb. 1757) einem französischen Mädchenpensionat in Ham[...] bis zu seinem sechsten Jahre anvertraut wurde und das er nur verließ, [...] in ein Knabenpensionat des Candidaten Wacht einzutreten, wo er bis in [...] fünfzehntes Lebensjahr blieb. Daher hat P. ein Familienleben kaum, Mu[...] liebe nie kennen gelernt. Die Kränklichkeit des Vaters und die Persönlich[...] von dessen dritter Frau waren schuld, daß auch das väterliche Haus ihm [...] Verlust der Mutter nicht ersetzen konnte. Um so inniger schloß sich P. [...] älteren Schwester an. Auch mit dem Unterricht war es, wie P. in [...] Lebenserinnerungen schreibt, „traurig genug bestellt". „Doch verdanke [...] so fährt er fort, „dem würdigen Vorsteher der Anstalt das Beste, was in [...] ist. Er trug seine religiösen Ueberzeugungen mit einer Wärme vor, die [...] dem kindlichen Gemüthe mittheilte, und predigte eine reine Moral, die [...] aller Strenge täglich ausübte . . . Mein Christenthum ist oft erschütt[...] worden; aber der Glaube an eine positive Religion ist mir geblieben [...] meine Vernunft hat nur den Gott sich anzueignen gesucht, der ihr als [...] den Vätern geoffenbarter gegeben worden ist." Der Vater hatte P. [...] Kaufmann bestimmt und dies veranlaßte nach dem Tode desselben (1775) [...] Vormünder Poel's, ihn, den noch nicht Sechzehnjährigen, der in sein[...] Pensionaten abgesondert von der Welt erzogen war und von der Welt [...] ihren Gefahren noch nichts kannte, in ein Handlungshaus nach Bordeaux [...] schicken, „einer der verderbtesten Städte". Vor seiner Abreise hatte sich [...] so geliebte Schwester Magdalene mit dem Kaufmann Adrian Wilhelm Pauli in Lübeck verheirathet, dem Vater des Oberappellationsgerichtsrathes Kar[l] Wilhelm Pauli (s. A. D. B. XXV, 262). P. kam im Sommer 1776 i[n] Bordeaux an und wohnte im Hause seines Handlungschefs, eines un[...] verheiratheten Franzosen, der zum Glück ein sittlicher, rechtschaffener Man[n] war. Obgleich P. sich nicht für das Geschäftsleben eignete, fiel es ihm b[ei] seiner Begabung für fremde Sprachen nicht schwer, bald die Correspondenz zu führen. Er lernte das französische Schauspiel kennen, hatte aber kaum näheren Umgang mit jungen Franzosen, deren frivoler Ton ihn abstieß. Durch einen jungen Böcking aus Trarbach, der auf demselben Comptoir arbeitete, und einen in Deutschland relegirten Studenten wurde P. erst je[tzt] mit Klopstock, Lessing und den übrigen Heroen der deutschen Litteratur be[-] kannt. Poel's Schwester hatte längst gewünscht, daß ihr Bruder den Ge[-] lehrtenstand ergreifen möchte und schon manches dazu in die Wege geleitet. Die Ansichten der Hamburger Vormünder kamen nicht mehr in Betracht, d[...]

[illegible]fizierung des väterlichen Vermögens P. zwei Güter in Mecklenburg [illegible] waren und demnach Poel's Vormundschaft auf zwei Herren in [illegible] übergegangen war, die gegen die Ergreifung eines anderen Berufes [illegible] einwandten. Nach zweijährigem Aufenthalt verließ P. Bordeaux und [illegible] nach Genf, um sich dort auf den Besuch einer deutschen Uni[illegible] vorzubereiten. Er war hier Zeuge, wie zwar die Formen, die Calvin [illegible]verfassung einst gegeben hatte, noch bestanden, aber die Ideen [illegible] selbst bei einem Theil der Geistlichen Eingang gefunden hatten, [illegible] sogenannten Negatifs, die Vertreter der städtischen Aristokratie, mit [illegible], den „Representanten“, um die Herrschaft rangen. Mit dem [illegible] und Philosophen Charles Bonnet († 1793) besprach P. seinen [illegible]: „Des täglichen Studiums lateinischer Classiker — die griechischen [illegible] für die diplomatische Laufbahn“, schreibt P., „welche ich zu ver[illegible], entbehrlicher — wie der Mathematik war keine Erwägung ge[illegible] es sich von selbst verstand“. Philosophische und naturwissenschaft[illegible], die Bonnet ihm empfohlen hatte, das Studium der Geschichte [illegible] Verfassungen nebst einigen juristischen Collegien förderten Poel's Vor[illegible] auf die erwählte Laufbahn. Im Herbst 1780 reiste er nach Deutsch[illegible], um in Göttingen seine Studien fortzusetzen. Hier verweilte er [illegible] mit geringen Unterbrechungen, die er zum Besuche seiner Schwester [illegible] an der Ostsee verwandte. Bei den Professoren Schlözer, Friedrich [illegible] Spittler, Blumenbach war er eingeführt. Es waren neben Heyne [illegible] welche erheblich den Glanz der Georgia Augusta erhöhten und [illegible] aus ganz Deutschland und neben diesen auch Engländer, Skandinavier [illegible] Balten anzogen. P. gehörte dem Orden der sogenannten Z. N. [illegible] Vorsitzender Blumenbach war und dessen eigentlicher Zweck es war, [illegible] der Orden und Landsmannschaften entgegenzuwirken. Böhmer [illegible], nachdem er im Anfang seines Studiums wegen eines Duells einige [illegible] Göttingen hatte verlassen müssen, den Antrag, sich in diesen Orden, [illegible] etwa zwölf bis vierzehn Studirenden, „jungen Lenten von feiner [illegible] unbescholtenem Rufe, die durch ihre Persönlichkeit Achtung ein[illegible] aufnehmen zu lassen. Diesem Orden gehörten u. A. der nachmalige [illegible] Staatsmann Graf v. d. Schulenburg-Wolfsburg (s. A. D. B. [illegible], † 1818) und der Kurländer J. F. v. d. Recke (s. A. D. B. [illegible], † 1846), Verfasser des Schriftsteller-Lexikons von Liv-, Esth[illegible] an. Mit beiden ist P. noch Jahrzehnte hindurch in brieflichem [illegible]. Poel's vertrautester Freund und ihm am sympathischsten [illegible] junge Marschalk v. Ostheim, der Bruder der bekannten Charlotte [illegible] A. D. B. XV, 11, † 1843). Nicht „in einer Art Zweikampf“, [illegible] der angeführten Biographie der Schwester heißt, fand ihr Bruder, [illegible] geistige und sittliche Vorzüge ausgezeichneter Herr, der Letzte [illegible], sein Ende, sondern nach kaum dreitägiger Krankheit starb [illegible]schlingung in Poel's Armen. „Die Haare auf meinem Scheitel“, [illegible] Gustav Poel, Bilder aus vergangener Zeit, Th. I, Hamburg 1884, [illegible] waren während einer vierundzwanzigstündigen ununterbrochenen, [illegible]bewegung grau geworden.“ Zwei Briefe von Therese Heyne [illegible] 282, vgl. d. Artikel Th. Huber in A. D. B. XIII, 240), be[illegible] Hochachtung sich beide Freunde in den Kreisen der Universität

[illegible] des Sommersemesters 1783 verließ P. Göttingen, nur ungern, [illegible] ein Jahr länger Spittler's Vorlesungen gehört und die Bibliothek [illegible] Allein er mußte im Winter mit seinem Oheim van Brienen,

einem Archangeler Kaufmann, in Petersburg zusammentreffen. „Van Bri
galt für einen der einflußreichsten Kaufleute in Rußland, so daß nich
Leute seines Standes, sondern auch Staatsmänner ihn gern zu Rathe
wenn sie sich über Gegenstände des Handels belehren wollten: auf
Beschlüsse mag er Einfluß gehabt haben; einer der wichtigsten in seinen
der der bewaffneten Neutralität, ist wirklich durch ihn veranlaßt worden;
er hatte den Nachtheil, welcher dem englisch-russischen Handel durch das
kürliche Verfahren der Engländer zugefügt wurde, den Ministern mit so
haften Farben geschildert, daß sie ihm Gelegenheit gaben, der Kaiserin
mittelbar seine Erfahrungen und Ansichten darüber mitzuteilen“ (G.
a. a. O. 384). Van Brienen hatte es übernommen, P., der in den ru
diplomatischen Dienst einzutreten beabsichtigte, in Petersburg einzuführen.
nunmehr P. nach Rußland reiste, verkaufte er seine mecklenburgischen
Rasdorf und Raudien an einen Herrn v. Bülow und verlebte dann
einige Monate auf Reisen im Harz und am Rhein mit seiner Schwester.
Petersburg angekommen, fand P. seinen Oheim noch nicht vor, der noch
von Archangel zurückgekehrt war, aber schon früher „bei dem Minister
äußern Angelegenheiten sein viel geltendes Fürwort eingelegt hatte“ (a.
360). Herr v. Alopäus d. Ae., den P. in Hamburg kennen gelernt
als jener russischer Legationssecretär daselbst war, und der jetzt an der
der Kanzlei des Vicekanzlers Ostermann stand, stellte P. diesem vor und
einigen unbedeutenden Probearbeiten erhielt P. innerhalb 14 Tagen seine
stellung als Secrétaire interprète mit Capitänsrang in dem Colleg der
wärtigen Angelegenheiten. Poel's Collegen waren meist Livländer oder
geborene ausländischer Abkunft und es gab keinen einzigen eigentlichen R
darunter. „Oft vergingen mehrere Tage“, schreibt P., „ohne daß einer von
bei unsern täglichen Zusammenkünften von 10 bis 2 Uhr auch nur eine F
angesetzt hätte.“ Nennenswerthe Arbeiten in seinem Berufe wurden kaum
P. gefordert. Nur als während etwa zwei Monaten im englischen Par
mente vielfach russische Verhältnisse behandelt wurden, wurden P. und
livländischer College englischer Abkunft, Pockenpol, beauftragt, die zwei
wöchentlich durch Couriere überbrachten Parlamentsberichte aus den englis
Zeitungen für die Kaiserin Katharina ins Französische zu übersetzen. Da
Elaborat am Tage nach Ankunft der Couriere der Kaiserin in Abschrift
gelegt werden mußte, so mußten die beiden Secretäre die Nacht zur Be
endung ihrer Arbeit zu Hülfe nehmen. Allermeist wurde Poel's Zeit
Besuche und Festlichkeiten bei den Vorgesetzten und in den fremden Gesan
schaften in Anspruch genommen, anderer Gelage und hoher Spielpartien nic
zu gedenken. Er erkannte bald, daß das Petersburger Leben anhaltende
geistigen Anstrengungen nicht förderlich sei. Die in Göttingen entworfenen
Pläne zu historischen Studien konnte er nicht ausführen. So faßte er de
Entschluß, auf die diplomatische Laufbahn in Rußland zu verzichten. Au
Alopäus' Rath kam er nicht sogleich um seine Entlassung ein, sondern u
Urlaub zu einer Reise nach Schweden. Ihm folgte nach wenigen Woch
ein Schwiegersohn van Brienen's, der Franzose Peyron, der Chef eine
Petersburger Handlungshauses und schwedischer Generalconsul in Petersbu
Diesem waren von Schweden sehr günstige Aussichten gemacht worden, i
schwedischen Finanzsache eine höhere Stellung zu erhalten. Mit ihm theil
P. vom Spätherbst 1784 bis zum Herbst 1785 seinen Aufenthalt in Stockhol
und anderen Städten Schwedens. In einem Rückblick auf die in Rußlan
für seine geistige Ausbildung verlorene Zeit sagt P., daß er „in dieser Hin
sicht mindere Abneigung gegen eine Anstellung in Schweden haben konnt

[illegible], fährt er fort, „meine Unabhängigkeit war mir theurer geworden, [illegible] der Gefahr entronnen, sie auf immer einzubüßen, und schon [illegible] aus der Ferne in reinem Licht ein wünschenswerthes Vater[illegible] Heimath meines Herzens, wo ich, ein Freier unter Freien, die [illegible]nisse meines Herzens befriedigen und in selbstgewählter Thätig[illegible] fremder Gunst unabhängigen Ziele meines Ehrgeizes nach[illegible]" (a. a. O. S. 398). Von dieser Hoffnung beseelt hatte er, als [illegible] 1785 anschickte, Stockholm zu verlassen und nach Hamburg zu reisen, [illegible] an eine Anstellung in Schweden so gut wie aufgegeben" [illegible] S. 449). P. wählte Hamburg zu seinem Wohnsitz, beschäftigte sich [illegible]ischen und nationalökonomischen Studien und widmete seine Mußezeit [illegible]eunden und Bekannten. Zu jenen gehörte besonders der Baron [illegible] (s. A. D. B. XL, 161). Durchreisende Gelehrte traf man damals nur [illegible] Professor Joh. Georg Büsch (s. A. D. B. III, 642), bei Klopstock und [illegible] H. Reimarus (s. A. D. B. XXVII, 704, † 1814), dem Sohne des [illegible]ttler Fragmentisten. In diesen Kreisen verkehrte auch P. Im Früh[illegible] 1786 begleitete er Voght auf einer Reise nach Frankreich und England. [illegible] über die Veränderung, die seit seinem ersten Aufenthalt in Frankreich [illegible] gebildeten Welt dieses Landes eingetreten, u. a. bemerkt: „Der gebildete [illegible] Nation fand mehr Geschmack an ernsten Dingen und an ernster [illegible]ung; der Geist freier Untersuchung, welchen man der Philosophie [illegible], hatte auf ihre eignen Mängel aufmerksam gemacht; Religions[illegible] waren aus der Mode gekommen; sie galten für geschmacklos; . . . [illegible] war populärer geworden als Voltaire. . . Wie der abschreckende Un[illegible] der Philosophen die Religion, so hatten die Ausschweifungen des Hofes [illegible] XV. die Sitten wieder zu Ehren gebracht; wenigstens wurde der [illegible] besser beobachtet; man prunkte nicht mehr mit seiner Liederlichkeit . . . [illegible] noch keine Revolution, aber Reformen schienen ganz unvermeidlich" [illegible] S. 31 f.). In Versailles besuchten die Reisenden den nachmaligen Maire [illegible]burg P. F. v. Dietrich (s. A. D. B. XLVII, 687), der, als secrétaire [illegible] mit einflußreichen Männern in Verbindung stehend, sie auf [illegible], aber auch auf die bedenklichen Symptome der Gegenwart auf[illegible] machte. Als Opfer der Verfolgungswuth Fouquier-Tinville's endete [illegible] am 31. December 1793 unter der Guillotine. Das öffentliche Leben [illegible] machte im ganzen einen unbefriedigenden Eindruck auf P., nament[illegible] Vergleich mit England. Das kräftige englische Gemeinwesen, wie es sich [illegible] Unternehmungen kundgab und besonders in den Parlamentssitzungen [illegible] kam, erregte Poel's Bewunderung. Hier hatte er auch „das [illegible]liche Vergnügen, die beiden großen Parlamentsredner Pitt und [illegible] allzugroße Suade ihm in Petersburg manche schlaflose Nacht ver[illegible] hatte, gegeneinander auftreten zu sehen" (S. 41).

[illegible] 1787 verheirathete sich P. mit Friederike, der ältesten Tochter [illegible] Büsch und 1793 erwarb er mit Georg Heinr. Sieveking (siehe [illegible] XXXIV, 220), und Joh. Conr. Matthiessen, einem reichen Hamburger [illegible], den schönen Landsitz in Neumühlen an der Elbe, der jetzt als [illegible] Garten bekannt ist. Sehr bald ging dieser Landsitz in das [illegible] Eigenthum Sieveking's über, „aber die Wirthschaft wurde [illegible] über für gemeinschaftliche Rechnung Poel's und Sieveking's [illegible] geführt, daß die beiden Hausfrauen derselben in wöchent[illegible] vorstanden, ein Verhältniß wohl einzig in seiner Art, welches [illegible] rückhaltlosem gegenseitigen Vertrauen und liebevoller Hingebung [illegible] während der 17 *Jahre, die es* bestanden, niemals auch nur den leisesten Hauch der Trübung erfahren hat“ (S. 46). Als die beid befreundeten Familien sich in Neumühlen niedergelassen hatten, hatte schon der Strom der französischen Emigranten auch nach Hamburg ergo die bei P. und Sieveking die gastlichste Aufnahme fanden. Vielfach w unter ihnen Männer, auch aus den bisher höchstgestellten Familien, augenblicklich von allen Mitteln entblößt waren. P. wurde Secretär ei Vereins, der sich zur Unterstützung verarmter Emigranten gebildet hatte sich wöchentlich in seinem Stadthause versammelte. Außer den Fran waren es deutsche Gelehrte und Künstler, wie beispielsweise Joh. Heinr. Friedrich Heinrich Jacobi, der Capellmeister Reichardt, die sich dort zu suchen einfanden neben den auswärtigen Geschäftsfreunden Sieveking's. alten Freunde wurden nicht vergessen: Klopstock feierte jeden Geburtstag, den letzten, in Neumühlen. P. hatte die Freude, daß sein Schwager sich 1794 in Altona niedergelassen hatte und Poel's Schwester, von dem gan Kreise hoch geschätzt, ihm näher war. Gustav Poel (s. unten), der Her geber der Lebenserinnerungen seines Vaters, hat wohl Recht, wenn er selben mit der Betrachtung einleitet, daß die genannten Familien gleic nur eine unter sich harmonisch verbundene Familie bildeten, deren Beziehun damals noch inniger durch verwandtschaftliche Bande wurden: in Neumü fand in jener Zeit die Hochzeit des damaligen französischen Consuls in Ham K. F. Reinhard (s. A. D. B. XXVIII, 44) mit Christine Reimarus statt; se Bruder Phil. Christian Reimarus, Professor in Moskau, heirathete eine Schw von Poel's Frau.

Als infolge der Continentalsperre der Handel Hamburgs die schwer Bedrückungen erlitt und um 1811 viele große Handlungshäuser ihre Gesch auflösten, andere im Auslande sich niederließen, war auch die Wittwe Siev — ihr Mann war 1799 gestorben — genöthigt, ihren Landsitz in Neumü aufzugeben. P. zog nach Flottbeck, wo sein Freund Voght den schönen — jetzt Jenisch's Park —, angelegt hatte und sich mit landwirthschaftli Neuerungen beschäftigte. In der Nähe siedelte sich P. an. Ein Schwager Poe hatte auch sein kaufmännisches Geschäft in Hamburg liquidirt und war Petersburg übergesiedelt. Seine in Hamburg zurückgelassenen heranwachsen Knaben übergab er P. zur Erziehung. Zu Poel's eigenen Söhnen kam noch sein Neffe L. Reinhard (1850—1865 württembergischer Bundes gesandter, † 1866) hinzu, dessen Eltern bei der Flucht aus Moskau 18 elendiglich umgekommen waren. Durch die Fürsorge des edlen Für Dolgorucky war der Knabe vor Verwahrlosung geschützt worden. In Leitung dieses erweiterten Familienkreises stand dem Hausvater treulich sei Gattin zur Seite, „eine edle Persönlichkeit, auch nach ihrer äußern Erscheinung die mit lebendiger Empfänglichkeit die Tugenden einer vollendeten Hausfrau nach jeder Richtung verband, und durch unbestechliche Wahrheitsliebe, welch im Verkehr mit andern doch nie den feinen Takt eines warmen Herzens ver missen ließ, sie zu einem Gegenstande allgemeiner Verehrung gemacht hatte (Gust. Poel, Bilder aus Karl Sieveking's Leben. Abth. II, S. 17 f. Hambur 1888). Nach zweitägiger Krankheit der geliebten Frau löste der Tod a 18. October 1821 die glückliche Ehe. Vier Jahre später, 1825, eilte P. na Bückeburg, wo damals die Familie Pauli lebte, um seine ihm so theur Schwester Magdalene, die schwer erkrankt war, noch einmal zu sehen. E traf sie nicht mehr am Leben. Von nun an beschränkte er seinen täglich Umgang auf den Verkehr mit den an- und abwesenden Kindern, deren sieben ihm die Gattin geschenkt hatte, und mit seinen nächsten Freunden, besonder

Bught und dem dänischen Diplomaten Joh. Georg Rist (s. A. D. B. XXVIII, 653), der von 1815 bis 1834 in Hamburg-Altona lebte.

Im J. 1836 war ein Schwächezustand Poel's eingetreten, der deutlich Versiegen einer Kraft erkennen ließ, von der einst so viel Leben ausströmt war. Am 3. October 1837 verschied der 77jährige Greis. Es mögen auch die Worte einen Platz finden, die Rist in Veranlassung dieses Todes Schleswig an den ältesten Sohn des Verstorbenen, Wilhelm Poel in ... richtete: „Also hat das schöne Leben, das so viel Licht verbreitete, ... Wir fühlen, was wir verloren haben und nicht ersetzt werden kann; ... es gehabt, es lange besessen und es bleibt unser. Und ich mußte ... konnte den treusten und teuersten meiner Freunde nicht mit Ihnen zum ... geleiten, konnte nicht Trost und Beruhigung geben und nehmen durch ... Gegenwart, durch das Bewußtsein gleicher Gedanken und Empfindungen. ... seinen Freunden ein schönes Vorbild hinterlassen, den freien, frommen ... den unerschöpflichen Quell von Wohlwollen und Liebe, die mich in so ... Stunden meines Lebens erquickt, gehoben und gestärkt haben. Wie ... mich noch diesen Sommer gefreut an den unzweideutigen Zeichen des ... warmen Lebens, die von Zeit zu Zeit die Krankheit unterbrachen. Ich ... Ende ist ein schönes und leichtes gewesen; die Leiche ein freundliches Bild“ (G. Poel, . . aus Sieveking's Leben, a. a. O. S. 155 f.).

... in dem Trauerjahre 1825 hatte Piter P. mit Aufzeichnungen aus ... Leben begonnen und sie bis in die dreißiger Jahre fortgesetzt. Sie ... bis zum Beginne der französischen Revolution. Für die Veröffentlichung waren sie nicht bestimmt, obwohl „viele einsichtsvolle Männer“ ihn ... aufgefordert hatten. „Aber ich habe“, so schreibt er, „von jeher eine ... liche Abneigung gehabt, die Zahl der unnützen Bücher zu vermehren, und unnütz mußten auch diese nach wenigen Jahren werden,“ . . . ... voraussah, daß sehr bald eine Unzahl von Memoiren erscheinen würde. ... gab P. im Altonaer Merkur einige Bruchstücke aus seinen Lebenserinnerungen heraus. Eine längere Abhandlung Poel's über die Wieder... Hamburgs durch die Franzosen im J. 1813 unter der Ueberschrift „... Untergang“ hat Professor Wurm (s. A. D. B. XLIV, 326) 1858 in der Zeitschrift des Vereins für Hamburgische Geschichte Bd. IV ...geben zugleich mit Rist's „Denkschrift über das Verhältniß Dänemarks zu Hamburg im Frühjahr 1813“. Die für die Veröffentlichung ge... Aufzeichnungen Piter Poel's sind als „Lebensbilder aus vergangener Zeit“ in zwei Theilen Hamburg 1884—1887 erschienen. Ihr Bearbeiter ... Herausgeber ist der Sohn Piter Poel's:

... von P., geboren am 17. November 1804 in Altona, † am 16. April 1895 ... in Holstein. Nach dem Unterricht im elterlichen Hause besuchte ... Gymnasium in Altona und bezog dann die Universitäten Göttingen, ... Kiel, um Jura zu studiren. Ungefähr ein Jahr lang war er ... in Altona und trat 1827 gleich anderen Schleswig-Holsteinern, die ... die höhere Beamtenlaufbahn vorbereiteten, in die Schleswig-Holsteinische Kanzlei zu Kopenhagen ein. Des dortigen anregenden Umgangs ... Staatsbeamten und Collegen hat er sich stets gern erinnert. Zu ... gehörte auch Uwe Jens Lornsen (s. A. D. B. XIX, 201 f.), wenn ... beide nicht näher befreundeten. Im J. 1834 etwa kehrte P. nach ... zurück, zum Polizeimeister in Itzehoe ernannt. Hier gründete er ... eigenen Heerd, indem er am 27. Mai 1837 mit M. Sophie W. v. Rumohr, ... Pflegetochter des bekannten Kunstkenners Karl v. Rumohr (s. Poel's

Biographie desselben A. D. B. XXIX, 657) den Ehebund schloß. und zwei Schwestern besaßen die schönen Güter Trenthorst und Wul im holsteinischen Travethal bei Reinfeld, die nach dem Tode der beiden Schw rinnen in Poel's Besitz gelangten. Hier hielt sich die Familie zeit im Sommer auf. Die Nähe des adligen Fräuleinklosters, dessen Aeb mehrfach der königlichen oder einer der herzoglichen Familien des Landes gehörte, brachte es mit sich, daß Itzehoe oft von den Gutsbesitzern in Nähe, dem „Verbitter" des Klosters, der die Klostergüter zu leiten hatte, andern Beamten besucht wurde, während andere dort ihren Ruhestand brachten. Gleich seinem Vater war P. ein Freund der Geselligkeit, ein g reicher Mann, der noch in vorgerücktem Alter die Unterhaltung durch und Humor zu beleben wußte. Voll Interesse für die höheren Lebensb wandte er sein Studium besonders der Politik, der Geschichte und den lichen Angelegenheiten zu. In der Politik, für welche P. sich bis an Ende lebhaft interessirte, ist er öffentlich nie hervorgetreten, obwohl er gegebenen Falle nicht zurückhielt. Im J. 1849 zogen auch in Itzehoe sonst so besonnenen Bürger, die „framen Holsten" in den Volks- und Bür versammlungen, wie es nicht anders zu erwarten, die Politik in ihre cussion. Monarchisch und conservativ, wie P. gesinnt war, bestritt er einer solchen Versammlung das Recht, den König von Dänemark als He von Holstein des Thrones verlustig zu erklären. Die Folge seines man haften Auftretens war, daß sein Haus demolirt wurde und er sein Amt Polizeimeister niederlegte. Nach Beendigung des Krieges wurde er Bürg meister von Itzehoe und erhielt dann im Anfange der fünfziger Jahre Titel eines Justizraths. Obwohl ein Conservativer, verschloß P. sich nicht der Nothwendigkeit zeitgemäßer Neuerungen. Zu diesen rechnete er weder die modernen, verwässerten englischen Verfassungen, noch die Um formirung der Verwaltung nach preußischem Muster. Er gab vielmehr de ständischen Verfassungen den Vorzug und hoffte, daß zu den berechtigten Eige thümlichkeiten, deren Erhaltung den neu erworbenen Landestheilen durch köni liche Proclamation zugesagt wurde, auch die Selbstverwaltung gezählt wür wie sie sich in manchen Bezirken der Herzogthümer herausgebildet hatte. Sei Ansichten über die Staatsverfassung und über die Verwaltung im enge Sinne gründeten sich auf seine ungewöhnlich genaue Kenntniß der Geschichte, mit welcher er sich von jeher eingehend beschäftigt hatte, und auf seine au langjähriger Praxis gewonnene Erfahrung über die Bedürfnisse des öffen lichen Lebens. Er ließ sich dabei leiten von dem Worte der heiligen Schri „Der Buchstabe tödtet, aber der Geist macht lebendig". Als nach dem To König's Friedrich VII. von Dänemark (15. November 1863) die Frage an herantrat, für welche Partei er sich entscheiden sollte, gehörte er mit dem nachmaligen Oberpräsidenten Scheel-Plessen u. A. zu den Anhängern des „Gesammtstaates" mit ausgesprochener deutscher Gesinnung und verweigerte, dem König Christian IX. den Homagialeid zu leisten. Er konnte sich aber auch nicht für den Herzog von Augustenburg erklären, da er dessen Ansprüche nicht für zweifelsfrei hielt, und wurde, wenn ihm auch die preußische Verwaltung weniger zusagte, ein loyaler Preuße. Im J. 1869 legte er sein Amt als Bürgermeister von Itzehoe nieder und zog darauf ganz nach Trenthorst, hier sich seiner Familie, drei Söhnen und zwei Töchtern, und seinen Studien widmend. Beschäftigte er sich auch noch ferner mit den neueren und neuesten Werken aus der Geschichte, so füllten doch auch kirchliche und selbst theologisch-wissenschaftliche Fragen einen erheblichen Theil seiner Muße aus. P. war ein überzeugter evangelischer Christ und hielt an den sogenannten Grundwahrheiten [illegible]hriſtenthums feſt, ohne auf die confeſſionellen Unterſchiede großes Ge[illegible] Von Hauſe aus der reformirten Kirche angehörend, hat er [illegible] gehegt, das heilige Abendmahl in der lutheriſchen Kirche zu [illegible] zu bekennen, daß die Eine heilige Kirche im Sinne des dritten [illegible] aus Mitgliedern aller chriſtlichen Bekenntniſſe zuſammenſetze. Die [illegible] inneren und äußeren Miſſion nahmen vielfach ſeine Theilnahme [illegible]. Als in den ſpäteren Lebensjahren die Schwäche ſeiner Augen [illegible] in ſeinem Hauſe öfter junge Theologen, um ihm vorzuleſen, [illegible] durch ſeine Kenntniſſe in der Theologie in Erſtaunen ſetzte. Auch [illegible]haltige Bibliothek, die noch einen ganzen Beſtand aus der Bibliothek [illegible] Büſch enthielt, zeugte von Poel's Studium in den neueſten [illegible] Werken. Seine Ideen teilte er gern in Geſprächen ſeinen Freunden [illegible] ihn häufig beſuchten und gaſtlich aufgenommen wurden. Das Leben [illegible] war wohl als patriarchaliſch zu bezeichnen: von den Guts[illegible] wurde P. geachtet und verehrt; eine früh verſtorbene Tochter [illegible] der Alten und Kranken unter ihnen mit aufopfernder Liebe [illegible] Landwirtſchaft beſorgte der jüngſte Sohn, deſſen Kinder ins Haus [illegible] jugendliches Leben brachten. Viele Veränderungen in der [illegible] ließ P. nicht zu. In dem ſchönen, mit einem guten Rehſtand [illegible] Thiergarten durften keine Bäume gefällt werden ſo wenig, wie, trotz [illegible] des Ackervogtes, die alten Eichen an den Landwegen geſtutzt werden [illegible] an deren Aeſten gar manche Aehre beim Einfahren des Getreides [illegible]. In Poel's letztem Lebensjahre verſchied nach 57jähriger Ehe [illegible]ensjahre die treue Gattin, die bis ins hohe Alter ſich ein aus[illegible] treues Gedächtniß und ein ſehr klares, ſelbſtändiges Urtheil bewahrt [illegible] Ihr folgte am 16. April 1895 ihr Gatte nach wenigen Tagen leichten [illegible], ohne ſeine geiſtigen und körperlichen Kräfte vorher eingebüßt [illegible]. Wie der Vater mit ſeiner Schweſter in inniger geſchwiſterlicher [illegible]verbunden war, ſo unterhielt auch Guſtav P. mit ſeiner Schweſter [illegible] Poel in Altona jahrelang einen faſt täglichen Briefwechſel. Sie [illegible] in Altona eine ähnliche Stellung ein wie ihre Freundin Amalie [illegible] (ſ. A. D. B. XXXIV, 217) in Hamburg, deren Biographie ſie auch [illegible]

[illegible] P. iſt der Verfaſſer folgender Schriften: „J. G. Hamann, der [illegible] im Norden. Sein Leben und Mittheilungen aus ſeinen Schriften“, [illegible] Hamburg 1876; „Nachträgliches zu J. G. Hamann“, 38 S., Hamburg [illegible] Joh. Georg Riſt's Lebenserinnerungen“, Th. 1 u. 2, Gotha 1880, [illegible] Gotha 1888; „Bilder aus vergangener Zeit“, Th. 1 (Piter Poel und [illegible]), Hamburg 1884; Th. 2 (Bilder aus Karl Sieveking's Leben), [illegible] 1887; [„Altes und Neues aus der Briefmappe“, 1885, Hamburg; [illegible] bei Luc. Gräfe, 61 S., enthält Aphorismen Guſtav Poel's;] [illegible] der Zeitſchrift des Vereins für Lübeckiſche Geſchichte 1881: G. Poel, [illegible] Pauli, ein Lebensbild“, 101 S. [illegible] Familiennachrichten nebſt Selbſterlebtem.

W. Sillem.

[illegible]: Eliſe P., Sängerin und Schriftſtellerin, wurde nach der Angabe [illegible], des Profeſſors Dr. Hermann Vogel — ſie ſelbſt verweigerte [illegible] Auskunft darüber — am 31. Januar 1823 in Leipzig ge[illegible] war die älteſte Tochter des bekannten Pädagogen Karl Chriſtoph [illegible] ſeit 1816 Lehrer an dem berühmten Lang'ſchen Erziehungs[illegible] Niederbartsruh bei Dresden war, nach Lang's Tode die Leitung [illegible] übernahm, *ſie aber 1823 auflöſte* und dann an den Stadt-

schulen in Torgau und Krefeld wirkte, bis er 1832 zur Reorganisation
Leitung der allgemeinen Bürgerschule nach Leipzig berufen ward. Elise
unter ihres Vaters Leitung eine vortreffliche Erziehung und ihr Talent
Musik, das sie schon frühzeitig bekundete, die sorgsamste Pflege. Der
lichst bekannte Musikdirector Pohlenz und später der Gesangsprofessor
Böhme in Leipzig waren ihre Lehrer, und Lehrer und Schülerin ar
sich gegenseitig so trefflich in die Hände, daß Elise schon im 17. Leben
als Sängerin mit dem besten Erfolge auftreten konnte. Dieses erste
wurde für sie insofern von großer Bedeutung, als Felix Mendelssohn El
Eltern um die Erlaubniß bat, die Tochter unter seiner Aegide weiter in
Oeffentlichkeit einführen zu dürfen. Und als diesem Wunsche gern entsp
wurde, nahm der Meister mit dem ihm eigenen, ebenso theilnahmvollen
rühmenswerthen Kunsteifer sich der vorwärts strebenden Künstlerin an
bewirkte später ihr mit schönstem Gelingen gekröntes Auftreten in einer
von Gewandhausconcerten. Die rückhaltlose Anerkennung, welche Elise
ihren Gesangsleistungen im öffentlichen Musikleben Leipzigs zu theil
fand auch bald auswärts ihren Widerhall. So sang sie unter lebhaf
Beifall in den 1845 zu Dresden von Ferd. Hiller begründeten und dirig
Abonnementsconcerten, wie auch öfters in den unter Leitung von Rob. F
bestehenden Winterconcerten in Halle. Auch in Berlin, wohin sie
Mendelssohn warm empfohlen war, und wo sie im Hanse seiner Schwe
Fanny Hensel Aufnahme fand und auch den bedeutendsten, künstlerisch
geistig hervortretenden Personen begegnete, hatte sie Gelegenheit, Proben i
großen Talents abzulegen. Im Hinblick auf das lebhafte, mit regster Phant
begabte Wesen seiner Schülerin wies der an der fortgesetzten Gesangsausbil
Elisens nach wie vor betheiligte Professor Böhme mit innerster Ueberzeug
auf den offenkundigen Beruf zur Bühnenlaufbahn hin. Einer derartig
Thätigkeit waren jedoch die Eltern der Künstlerin aus mehrfachen Grün
abhold, so daß von einer Aufnahme oder Verfolgung eines dahin zielen
Studiums nicht weiter die Rede sein konnte. Dagegen gaben sie ihre Z
stimmung, das Gesangsstudium allseitig zu vervollständigen, und so begab s
Elise, mit einflußreichen Empfehlungen von Mendelssohn versehen, 1847 na
Paris, um hier den Unterricht des berühmten Manuel Garcia zu genieß
Sie hat später die reizvollen Unterrichtsstunden bei diesem Meister unt
„Rue Chabannis Nr. 6" in ihren „Musikalischen Märchen" anmuthend ge
schildert. Nach Ausbruch der Februar-Revolution (1848) in Paris verlie
Elise diese Stadt und kehrte in die Heimath zurück. Auf der Rückreise lern
sie ihren späteren Gatten, den Ingenieur Polko von der Köln-Mindener Eisen
bahn kennen, und die Vermählung mit ihm (1849) entführte sie der Kunst
zunächst nach Duisburg, später für viele Jahre nach Minden, 1877 nac
Wetzlar und 1880 nach Deutz, wo ihr Gatte die Stellung eines Eisenbahn
betriebsdirectors inne hatte. An Stelle der Musik trat nunmehr eine außer
ordentlich rege schriftstellerische Thätigkeit, die sich auf die verschiedensten Ge
biete erstreckte, aber mit Vorliebe sich den Erzählungen und Charakterschilderunge
aus der musikalischen Welt zuwandte. Gleich ihr erstes Werk „Musikalisch
Märchen, Phantasien und Skizzen" (3 Reihen, 1852—72; Ausgabe in 2 Bdn.
wovon der erste in 25., der zweite in 15. Auflage erschien 1904), gewan
ihr ein dankbares Publikum. „Mit großer Erzählerkunst berichtet sie au
Vergangenheit und Gegenwart, aus den Zeiten der Troubadours, aus der
Leben berühmter früherer Dichter, insbesondere aber über berühmte Componiste
des vorigen Jahrhunderts. In wohlfließendem Feuilletonstil verarbeitet s
ihre Studien und Kenntnisse, insbesondere über das Rococozeitalter, welche

[illegible] farbiger Anschaulichkeit vorzuführen versteht.“ Demselben Genre ge[illegible] „Alte Herren, die Vorläufer Joh. Seb. Bachs“ (sechs Kantoren der [illegible] in Leipzig, 1865), „Aus der Künstlerwelt“ (II, 1858—63. [illegible] d. T. „Künstlermärchen und Malernovellen“, 1879), „Unsere [illegible]“ (6 biogr. Lebensbilder, 1880), „Meister der Tonkunst“ (ein [illegible] in Biographien, 1897), „Bedeutende Menschen“ (Porträt[illegible]erinnerungen und Novellen, 1895), „Verklungene Accorde“ (Ge[illegible] 1868, 3. Aufl. 1878). Von echter Liebe zeugen die „Notizen und [illegible] von Dr. Karl Vogel“ (ihrem Vater, 1863), die „Erinnerungen [illegible] Verschollenen. Aufzeichnungen und Briefe von und über Eduard [illegible] Gruber, den berühmten Afrika-Reisenden, 1863), und die „Er[illegible] an Felix Mendelssohn-Bartholdy“ (1868). Besonders werthvoll [illegible]biographischen Porträtbilder über „Eine deutsche Fürstin. Pauline [illegible] (1870) und „Die Königin Luise“ (1881). Eine große Reihe von [illegible] Elise P. trägt den Charakter der Anthologie; wir zählen deren 20, [illegible] möglichen Verhältnisse berechnet; von ihnen haben sich „Dichtergrüße. [illegible] Lyrik, ausgewählt“ (1860, 15. Aufl. 1896) und „Unsere [illegible] von der Kinderstube bis zum eigenen Herd“ (1863, 9. Aufl. 1892) [illegible]breitung erfreuen dürfen. Daran schließen sich mehrere Jugend[illegible]schriften und endlich eine Reihe von Romanen („Ein Familien[illegible] 1850; „Ein Frauenleben“, II, 1854; „Faustine Hasse“, II, 1860, [illegible] 1895; „Getrennt“, 1882, 2. Aufl. 1898; „Die Bettler-Oper“, III, [illegible] Paganini und die Geigenbauer“, 1876; „Umsonst“, 1878, [illegible]; „Sie schreibt!“ 1869, 2. Aufl. 1895) und Novellen, die teils [illegible] in Sammlungen erschienen. Die Aufzählung derselben mag uns [illegible], sind ja doch von den „Neuen Novellen“ nicht weniger als [illegible] (1861—78) erschienen, und man muß wirklich den Fleiß und die [illegible] bewundern, welche die Dichterin bis in ihr Alter erfüllten. [illegible] eines jener zartbesaiteten, empfindungsreichen, poesieempfänglichen [illegible]erfüllten Gemüther, wie sie nur weiblichen Charakteren von aus[illegible] geistiger Begabung eigen zu sein pflegen, mit allen Vorzügen eines [illegible] lebhaft pulsirenden, instinktiven Gefühlsvermögens, aber auch in [illegible] einer größeren oder geringeren Beimischung von sentimental [illegible] Ueberspannung und reich gestimmter Schwärmerei. Dabei hat [illegible] die volle, naiv edle Weiblichkeit und Grazie, sowie den reinsten [illegible] naturgemäße Bestimmung ihres Geschlechts zu bewahren gewußt, [illegible], der modeartig herrschenden Emancipationssucht ihrer gegen[illegible] Litteratur zahlreich vertretenen Genossinnen irgend einen Tribut [illegible] Schriften offenbaren, abgesehen von der gewandten Beherrschung [illegible] und der Darstellung, ein reines, keusches Frauengemüth, nicht [illegible] es ehedem ihr anmuthvoller, fein empfundener, aus dem Innern [illegible] Anfang that.“ Das Glück des häuslichen Stilllebens, das so wohl[illegible] Thätigkeit eingewirkt hatte, sollte im herannahenden Alter der [illegible] schwere Trübungen erfahren. Sie mußte ihren einzigen Sohn [illegible], und bald darauf, am 5. Februar 1887, entriß ihr der Tod [illegible]. Im J. 1891 verlegte sie ihren Wohnsitz nach Wiesbaden, [illegible] des Jahres 1895 nach Frankfurt a. M. und 1898 nach München. [illegible] Aufenthalts in Schliersee (1898) erlitt sie einen schweren [illegible] dessen Folgen sie am 15. Mai 1899 in München im Hause [illegible] Julie Dohmke verstarb.

[illegible]ttheilungen aus der Familie. — Biographisches Jahrbuch und [illegible] Nekrolog, 4. Bd., 1900, S. 124 (Hyac. Holland). — Frauen der

Zeit. Supplement zu: Männer der Zeit. Biogr. Lexikon der Gegen S. 85. — Leipziger Illustr. Zeitung vom 25. Mai 1899. — Pataky, Lexikon deutscher Frauen der Feder, 2. Bd., S. 144.

Franz Brümm

Pollack: Leopold P., Maler, geboren am 8. November 1806 (in Lodenitz in Böhmen, † am 16. October 1880 in Rom. Nach Absch der Normalschule setzte er bei seinem Vater, einem wohlhabenden Kaufmann, seine Uebersiedlung nach Prag und seine Aufnahme in die Akademie durch, wo er unter Bergler seine erste Ausbildung erhielt. Seiten seiner Familie, die mit der Wahl seines Berufes nicht einvers war, zeitweilig materiell im Stich gelassen und von antisemitischer Gehäs beleidigt, verließ der leidenschaftliche Jüngling Prag und bezog von 1831 die Münchener Akademie. 1833 reiste er nach Rom, 1846 nach Wien, nach Rom zurück und fühlte sich hier so heimisch, daß er sich 1853 natu siren ließ. Unter dem Einfluß Riedel's stehend, stellte er wie dieser und Leute Italiens dar in einer Lichtmanier, die mehr auf Effect al natürlichen Eindruck ausgeht. Trotzdem ist seinen Bildern eine poe Stimmung eigen. Die bekanntesten sind: Pilgerin (Kunstschule in Ham Italienische Hirten (ebenda), Hirtenknabe (1853, Galerie v. Rebern, Ber Bildniß des Malers Riedel (1844, Neue Pinakothek, München), Hirt in Campagna (Galerie Harrach, Wien). Außerdem seien erwähnt: Tod Boas und Ruth, Madonna mit dem Kind, Das Fischermädchen, San binderin, Harem, Zuleika (nach Byron), Bacchantin, Zaira, Diana, fine, Miriam, Die drei Prinzessinnen der Alhambra, Die Ruhe, Das Hi mädchen mit dem Lamm, Römische Frauen, Die neugierigen Mädchen (1 zwei Varianten), zwei italienische Mädchen (1844), Il ritornello, Reb (1848), Griechisches Landmädchen (1850), Der begeisterte Barde (1850), Kinder (1853), Kosende Nymphen (1858), Sie giebt sich zu erkennen (18 Glycerion (1860), Albaneserin (1865), Esmeralda (1865), Die bosh Albanerinnen (1868), Chiara und ihre Schwester, Carneval in Rom, Pre (zwei Varianten), Der gestörte Schlaf, Amor auf einer Schildkröte. Porträt malte Riedel.

Wurzbach, Biograph. Lexikon für das Kaiserthum Oesterreich. 1872. — Singer, Allgem. Künstler-Lexikon. Frankfurt a. M. 1898.

Franz Wallenti

Portius: K(arl) J. Simon P., Schachschriftsteller, wurde geboren 8. Mai 1797 zu Weißbach bei Zschopau im Königreich Sachsen. Er hat größten Theil seines Lebens wohl als Volksschullehrer, daneben mannig schriftstellernd, in Leipzig verbracht. Einen Weltruf, darf man getrost haupten, hat sein Name jedoch in der Schachwelt erlangt. Nicht nur hat in Leipzig die sogen. Schachspalte der dort herauskommenden „Illustrir Zeitung“ (1843 bekanntlich durch J. J. Weber — s. A. D. B. XLI, 311 — gegründet), welche die erste ihrer Art war, andern Blättern als Vorbild Muster gedient und, in gleichem Stile nachgeahmt, sich als dauernde reicherung großzügiger Journalistik gehalten hat, schon in Nr. 7 vom 12. 1843 ins Leben gerufen und ist ihr, bis zu seinem am 4. Mai 1862 Leipzig erfolgten Tode ein treuer Redacteur geblieben. Sondern P. ist der Verfasser jenes berühmten „Katechismus der Schachspielkunst“, der, zu 1854 mit 176 Seiten und Holzschnitten innerhalb der vielseitigen Ser „Webers Illustrirte Katechismen“ erschienen, bis zur durch Diagramme weiterten 11. Auflage (1895) auf einen Umfang von 239, 1901 in der 12 „*vermehrten und verbesserten* Auflage herausgegeben von Dr. Herm. v. Got [illegible] von 288 Seiten angewachsen ist. Dieser Portius'sche Katechismus [illegible] Anklang wie kein zweites Schach-Lehrbuch gefunden und [illegible] Schachspieler herangebildet. Von Portius' übrigen einschlägigen Schriften seien noch erwähnt: „95 Sätze gegen das Schachspiel“ [illegible] sowie ein 1846 erschienener „Schachalmanach“, beide übrigens [illegible] des bescheidenen Mannes Namen in den Bücherlexicis zu finden. [illegible] in der Leitung der Schachspalte der Illustrirten Zeitung trat [illegible] für ganz kurze Zeit Max Lange (s. A. D. B. LI, 577 f.), [illegible] Jahrzehnte Richard Mangelsdorf (ebenda LII, 169), endlich der [illegible] genannten H. v. Gottschall abgelöste Johannes Minckwitz jun. [illegible] 412). Portius, der litterarisch mit Namensvettern älterer wie [illegible] (Simon P., K. P., K. W. P.) leicht verwechselt werden kann, [illegible] Verfasser einer „Illustrirten Heimathkunde für Leipzigs Kinder“ [illegible] auch der „Grundsätze einer gesegneten Schul-Disciplin, in [illegible] bei der Stiftungsfeier des Volksschullehrervereins der Ephorie [illegible] Druck gegeben von J. G. Hanschmann“ (Leipzig 1834), die unter [illegible] Namen „Karl Portius“ laufen. Auf jeden Fall aber hat er eine [illegible] der Jugendschriften verfaßt.

[illegible] quelle der Jubiläumsartikel der Illustrirten Zeitung „Schach-[illegible] Nr. 3000“ in Nr. 3203 vom 17. November 1904. — Kayser's [illegible] Lexikon (für die fraglichen Bücher bezw. Büchertitel).

Ludwig Fränkel.

[illegible]: Wilhelm P., der Kaffernmissionar, am 20. Juni 1815 zu [illegible] Berlinchen (Neumark) als Sohn eines Schullehrers geboren, wurde [illegible] Lehrerberufe bestimmt. Im Seminar zu Neuzelle fiel ihm 1833 [illegible] Missionsblatt in die Hand, dessen Ueberschrift: „Und die Heiden [illegible] deinem Lichte wandeln“ ihn mit solcher Gewalt ergriff, daß er in [illegible] Gottes fühlte, Missionar zu werden. Sein Vater gab ihm dazu [illegible] Herzens den Segen mit der Bescheidung: „So gehe hin mein Sohn! [illegible] dich armes Reis grünen, blühen und viel Früchte tragen! [illegible] aus der Fülle Jesu Gnade um Gnade, und der heilige Geist [illegible]!“ Nach kurzem Abschied von Freunden und Bekannten, Eltern [illegible] Geschwistern machte er sich zu Fuß auf nach Berlin und trat 1834 in [illegible] Missionsseminar ein. Nach 5½jähriger treu und fleißig ausgenutzter Studienzeit hielt er 1839 in der Dreifaltigkeitskirche zu Berlin seine [illegible] über Römer 1 V. 16 und landete am 11. December 1839 mit [illegible] Liefeld und Winter an der Tafelbai. Ein afrikanischer [illegible] brachte ihn nach Itemba zu Missionar Schultheiß, dem er als [illegible] zur Seite gegeben war. In seiner selbstverfaßten Lebensbeschreibung [illegible] er in fesselnder Weise seine dortigen Lehrjahre, wie er mühsam [illegible] lernte und in allen Zweigen der Haushaltung, beim Anfertigen [illegible] Sofa, beim Reiten und Fahren, Jagen und Bauen viel Lehrgeld [illegible] mußte, wie er von den Eingeborenen bei seiner Gutmüthigkeit [illegible] wurde und dann doch mit frischem Muthe die Missionsarbeit [illegible] mühsam war es für ihn, die Schulkinder zum Schulbesuch [illegible]. Er mußte sie einzeln aufsuchen, in die elenden Kaffernhütten [illegible] und sie aus den Schlupfwinkeln hervorsuchen, in denen die [illegible] versteckt hielten. Wenn die letzten kamen, waren die ersten oft [illegible] gelaufen, so daß seine Geduld sehr auf die Probe gestellt wurde. [illegible] Itemba ist nicht mehr vorhanden, 1846 wurde sie im Kaffern[illegible], dann wieder aufgebaut, um 1850 vollständig vernichtet zu

Es war ein gewaltiges Ringen, mit welchem die Kaffern gegen die ... lische Besitzergreifung kämpften. In drei großen, blutigen Kriegen su... ihre Herrschaft zu behaupten, bis sie endlich trotz ihres Muthes den ... waffen ihrer Feinde weichen und Englands Oberherrschaft anerkennen m... Mitten unter diesen Kriegswirren gründete P. mit Liefeld zusamm... neue Station, die sie Emmaus nannten (jetzt heißt sie Wartburg) im ... dreier Häuptlinge, die ihm ihren Schutz anboten. Als aber der eine ... ling ihm den Wunsch aussprach, die Station nach dem Häuptlingskr... verlegen, erklärte er in echt kafferisch gewähltem Gleichniß: „Du bis... großer Stier und ich auch; wenn wir so nahe bei einander wohnen, ... wir uns stoßen". Dieser Grund war stichhaltig. Einige Kaffern halfen ... eine kleine runde Hütte bauen, in der er wohnte, bis er daran denken ... sich ein festes Wohnhaus zu errichten. Doch wie mühsam mußte daz... Holz im Urwalde gefällt und meilenweit herangetragen, Ziegelsteine ge... getrocknet und gebrannt werden. Und als das Haus mit großem Fleiß ... lich fertig gestellt war und sich P. darin mit seiner Gattin glücklich ... heimisch fühlte, da brannte es ab, und er mußte wieder zum Wanders... greifen.

An den schönen Ufern des Flusses Indwe, an der Grenze der Kaff... stämme der Galeka und der Tambuki, ließ er sich von neuem nieder und ... gann wieder mit Gebet und Gottvertrauen die Missionsarbeit. Doch tr... die Angesichter seiner schwarzen Zuhörer so sehr den Stempel der Abgestum... heit gegen alles Göttliche und der irdischen Lüste, daß er oft ganz ver... und muthlos werden wollte. Seine Frau ermuthigte ihn dann wohl: „... helm, thu Deine Schuldigkeit"; und er machte oft die köstliche Erfahr... daß sich gerade dann suchende Seelen fanden, wenn er es am wenigsten ... wartet hatte.

Plötzlich aber brach wieder der Krieg aus zwischen den Engländern ... den Eingeborenen, und die Station mußte wieder aufgegeben werden. ... ganze Kaffernland stand in Flammen. P. floh nach Silo, einer Station ... Brüdergemeine, kam dann nach Bethanien und nahm hier den Ruf eines ... lischen Beamten an, nach Natal zu gehen und dort den Sulu das Evangeli... zu predigen.

Die Sulu sind wilde, grausame Krieger und wurden damals von al... afrikanischen Völkerstämmen als gefürchtete Gegner respectirt. In dem fr... Sululande, von Natal durch den Tugelafluß getrennt, hausten die Sulukö... Tschaka, Dingan, Mpanda, Cetschwayo als blutdürstige Tyrannen und ... gossen das Blut ihrer Unterthanen mit Strömen. Dem zu entgehen flo... viele in das von den Engländern besetzte Natal, um dort, wie sie sag... „mit beiden Augen schlafen zu können". Hier lebten sie froh und heiter ... den Tag hinein. Im Gegensatz zu den Xosa-Kaffern, welche P. zuerst ken... gelernt, waren sie ehrlich, so daß P. niemals seine Speisekammer zu verschlie... brauchte und ihnen getrost Haus und Hof anvertrauen konnte. Wenig... zuverlässig sind sie mit ihrem Munde, und man kann das Wort: „U namang..." d. h. „du lügst" zu jeder Stunde hören. So spricht das Kind zum Vat... ja selbst der Heide zum Missionar. — Alles Wunderbare erscheint ihn... als Lüge.

Unter dem Schutze der englischen Regierung ließ sich P. am Fuße d... Drakengebirges bei dem Häuptling Usikali nieder und gründete mit Mission... Güldenpfennig eine neue Station, die sie Emmaus nannten. Zwei klei... Lehmhäuser überließ ihm ein Bur, desgleichen eine Wasserleitung und ein... Obstgarten. Als Kirche wurde ein Viehkraal benutzt, ein Stein bildete d...

und von weit und breit kamen zahlreiche heilsbegierige Sulus, die der Station ansiedeln wollten.

brach Krieg aus. Die Sulu jenseits der Grenze, mit dem an der Spitze, setzten die ganze Gegend in Schrecken. P. war wie einer Mutter, die ihr neugeborenes Kind verlassen mußte, er maritzburg, der Hauptstadt von Natal. In dieser Zeit starben einander sein jüngster Sohn Nathanael, seine Gattin, seine jüngste tiane, und sein Sohn Johannes verrenkte sich, 3½ Jahre alt, Fall die Hüfte, so daß er zeitlebens lahm blieb. Da brachte ein 182 deutsche Ansiedler nach Afrika. Ein jüdischer Unternehmer Hülfe dieser deutschen Arbeiter eine große Baumwollenplantage Etwa 2—3 Meilen von Durban entfernt legten sie eine Arbeiter- an, welche sie Neu-Deutschland nannten. Einen Lehrer für ihre Kinder mitgebracht, aber der Geistliche fehlte noch. So baten sie P., ihr zu werden. Wußten sie doch nur zu gut, daß ihnen auch beim besten ihr Deutschthum dort in der Fremde bald verloren gehen werde, wenn durch einen deutschen Missionar gepflegt werde. Gern willfahrte P. Wunsche unter der Bedingung, daß er auch seine Arbeit unter den ungestört fortsetzen dürfe. Ein Zelt diente zunächst als Kirche; mit rzen Plantagearbeitern begann er eine Abendschule und suchte auch Heiden in ihren Gebüschen auf, sie zum Gottesdienste einladend. schon nach vier Jahren drohte die deutsche Gemeinde sich aufzulösen. plante Baumwollenbau ließ sich nicht einrichten, Weizen wuchs des Bodens wegen nicht in der Nähe des Strands, die Familien ver- und Viele zogen fort. So ging denn auch P. 1852 nach Emmaus und zog wieder in das alte Haus ein, das Güldenpfennig soeben ver- hatte. Nach 1½ Jahren aber holte die deutsche Gemeinde ihren Pfarrer; sie hatte sich inzwischen gesammelt und vom Missionscomité die Er- erhalten, daß P. sie geistlich versorgen dürfte. Der Empfang war Die ganze Gemeinde eilte ihrem Pfarrer eine Meile weit entgegen ihn mit einer Fahne ein, auf der die Worte: „Glaube, Liebe, Geduld“ zu lesen waren. So hatte P. endlich nach der achten ein dauerndes Heim gefunden und nannte die neue Station nach storbenen Gattin Christianenburg.

großer Thatkraft und unermüdlichem Fleiße waltete er seines doppelten Unter seiner Fürsorge entwickelte sich die deutsche Gemeinde allmählich größten Schwierigkeiten zu einer erfreulichen Blüthe, so daß heute dort Wohlstand herrscht. Auch wußte er ihre Opferwilligkeit so zu daß sie sich bald aus eigenen Mitteln eine feste Kirche baute. Gleichen Einfluß hatte er auf die schwarze Gemeinde. Für die Missions- kaufte er 300 Morgen Land, verpflanzte hierauf die Kaffern- und lebte unter ihr — wie er selbst sagte — „als Fürst und Vater“. ein Original im vollen Sinne des Wortes, einer deutschen Eiche vergleich- hartem, festem Holz und knorrigen Aesten. Wie kaum ein anderer Kaffern ein Kaffer geworden. Er sprach nicht nur ihre schwierige geläufig wie seine Muttersprache, sondern hatte auch eine besondere den Sulu umzugehen und sich ihr Vertrauen zu erwerben und zu Wohl mehr als 100 Mal trat er persönlich ins Mittel, wenn ein Tochter einem Wüstling für Vieh zum Weibe verkaufen wollte. sein Letztes dahin, um den wüthenden Vater zu befriedigen, wenn kaufte Tochter entlaufen war. Und so gelang es ihm mit der Frauenverkauf *„lobula“ in seiner* Gemeinde fast ganz auszurotten.

Mit Entschiedenheit trat er gegen jedes Laster auf. Als einmal die Tr
sucht einzureißen drohte, erklärte er kurz und bündig: „Gottesdienst und Sch
hört so lange auf, bis mir jeder den Topf bringt, in dem er sich den Z
braut", und am nächsten Morgen bereits wurden die Brautöpfe gebracht u
an einem Baume vor dem Missionshause zerschlagen. So blühte denn di
Station auf trotz schwieriger Verhältnisse, so daß P. bis an sein En
974 Seelen taufen konnte.

Auch als Superintendent der Berliner Mission in Natal hat er es v
standen, sich das Vertrauen und die Liebe seiner Amtsbrüder wie der heima
lichen Missionsleitung zu bewahren. Rührend war sein Verhältniß zu sein
Vorgesetzten, Missionsdirector Wangemann, den er mit Vorliebe seinen „gut
alten Baba" nannte, und den er oft herzlich zu trösten wußte, wenn er i
Schwierigkeiten der Missionsleitung und mancherlei Widerwärtigkeiten, die i
begegneten, bisweilen ganz verzagen wollte. Zwei Mal hat Director D. Wan
mann persönlich die Missionsstationen in Südafrika visitirt und war be
Male entzückt von dem Aufblühen der Station Christianenburg. Auf sei
zweiten Visitationsreise fand er seinen „alten Freund", wie er P. ge
nannte, auf dem Sterbebette, reichte ihm noch das heilige Abendmahl u
ordinirte am Bett des Vater seinen Sohn Johannes zum Predigtamte. Da
legte der sterbende Vater dem Sohne die Hand aufs Haupt und segnete i
ein mit denselben Worten, mit denen ihn einst sein Vater zum Missionsdie
gesegnet hatte.

Am 12. Mai 1885 ist Missionar P. in Christianenburg gestorben. N
seinem Tode sagte ein Mitglied der schwarzen Gemeinde zu seinem Soh
Johannes: „Dein Vater war ein Moses, er hat uns aus dem Diensthau
des Heidenthums geführt". Sein Andenken wird immer in Ehren gehalt
werden. In Afrika wie in der Heimath galt er als ein tüchtiger Missio
und als ein Pfleger des Deutschthums in Afrika.

Gurr.

Potthast: Franz August P., Bibliothekar und Historiker, wurde a
18. August 1824 zu Höxter in Westfalen geboren und kam, nachdem er d
ersten Unterricht in seiner Vaterstadt empfangen hatte, 1885 zu weiterer Au
bildung auf das Gymnasium zu Paderborn, wo er 1844 die Maturitä
prüfung ablegte. Er bezog darauf die Akademie Münster, um Theologie u
Philologie zu studiren, ging 1846 zur Fortsetzung seiner theologischen Au
bildung nach Paderborn zurück, wandte sich aber im Sommersemester 1847
Münster ganz philosophischen und historischen Studien zu. Seit dem He
dieses Jahres studirte er in Berlin und wurde dort als Mitglied des
waffneten Studentencorps Zeuge der Revolutionsunruhen. Den Gang sei
weiteren Studien kennzeichnet die Theilnahme Potthast's an den Vorlesun
Boeckh's, Jacob Grimm's, Lachmann's, Maßmann's, Panofka's, Rank
Raumer's und Ritter's. Nach Vollendung seiner Universitätsausbildung
schiedene Zukunftspläne erwägend und mit mancherlei litterarischen Arbe
beschäftigt, fand er für seine wissenschaftlichen Forschungen den rechten
schluß an den Kreis der Historiker, die Pertz als Mitarbeiter an den Mo
menta hist. Germ. um sich sammelte. P. übernahm für die „Geschichtschre
der deutschen Vorzeit" die Uebersetzung der Lebensbeschreibungen der H
Gallus und Otmar von St. Gallen, die 1857 erschien. In der Bearbeit
der von der Göttinger Gesellschaft der Wissenschaften für die Wedekindstift
gestellten Preisaufgabe über die Chronik des Henricus de Hervordia bot
für P. ein höheres Ziel, dessen Verfolgung ihn für die nächsten Jahre
schäftigte. Er erhielt 1856 den Preis; seine Arbeit erschien u. d. T.: „Li

[illegible] memorabilibus sive chronicon Henrici de Hervordia, edidit et de
[illegible] vita et chronici fatis auctoritateque dissertationem praemisit
[illegible] Potthast" . . . Gottingae 1859 (XXXVII, 327 S.). Die Ein-
[illegible] die zugleich dem Verfasser als Dissertation bei seiner Promotion in
[illegible] angerechnet wurde, gibt eine sorgfältige Analyse der einzelnen Be-
[illegible] und bringt alles Wissenswerthe über die bis zum Jahre 1355
[illegible] compilatorische Weltchronik und ihren Verfasser, der, wie nachgewiesen
[illegible] nicht aus Erfurt, sondern aus Herford stammt; der Text, nach dem
[illegible] Monumenta geltenden Grundsätzen bearbeitet, stellt dem Bearbeiter
[illegible] Zeugniß seiner Begabung für historische Kritik aus. — Mitten
[illegible] Studien fand P. noch Zeit, seit dem December 1855 den ältesten
[illegible] des Herzogs Viktor von Ratibor in Berlin Unterricht zu ertheilen;
[illegible] später Erzieher derselben. In dieser Stellung, die er bis 1859 be-
[illegible] verlebte er den größten Theil des Jahres in Schloß Rauden. Die
[illegible] dieses Aufenthaltes ist die „Geschichte der ehemaligen Cistercienserabtei
[illegible] im Oberschlesien. Festgabe zur 6. Säcularfeier ihrer Gründung".
[illegible] 1858 (VIII, 308 S.), in der er mit Benutzung handschriftlicher
[illegible] die im Ganzen ereignißlose, aber für die Verbreitung der Cultur in
[illegible]mark nicht unwesentliche Geschichte des Klosters von 1258 bis 1810
[illegible] katholischem Standpunkte aus behandelt. In Rauden war P. auch
[illegible] Germanische Museum in Nürnberg als Agent thätig. — Nach Berlin
[illegible]kehrt, kam P. wieder mit dem Kreise der Monumentisten in Berührung,
[illegible] sich aber für eine bestimmte Mitarbeit zu entscheiden, da ihm als Ziel
[illegible], sich der akademischen Laufbahn zu widmen. Nachdem er auf
[illegible] Veranlassung diesem Plane entsagt hatte, nahm er die Vorarbeiten zu
[illegible] großen Werke, der „Bibliotheca historica medii aevi", auf, zu dem
[illegible] die Schätze der Bibliotheken in Berlin und Göttingen reichliches Material
[illegible] und welches die Stelle eines von der Redaktion der Monumenta ge-
[illegible], aber nicht zur Ausführung gelangten Repertoriums der historischen
[illegible]litteratur des Mittelalters vertreten sollte. In diese Zeit fällt zu-
[illegible] Potthast's Uebergang in die bibliothekarische Laufbahn, indem er im
[illegible] 1862 durch Pertz's Vermittelung als Gehilfe an der Königlichen Biblio-
[illegible] Berlin angestellt wurde. In demselben Jahre erschien seine „Biblio-
[illegible] historica medii aevi. Wegweiser durch die Geschichtswerke des europäischen
[illegible] von 375—1500. [Nebst] Vollständ. Inhaltsverzeichniß zu Acta
[illegible] der Bollandisten. Anhang: Quellenkunde für die Geschichte der
[illegible] Staaten während des Mittelalters". Berlin 1862 (VIII, 1010 S.).
[illegible], dessen Haupttheil ein alphabetisches Verzeichniß aller historischen
[illegible]steller und Werke des Mittelalters mit Angabe des Inhalts, der Ent-
[illegible] der Handschriften, Ausgaben und Erläuterungsschriften bringt, ist ein
[illegible] umfassender Gelehrsamkeit und eisernen Fleißes, ein unentbehrliches
[illegible] für mittelalterliche Geschichtsstudien. Ein Supplement dazu, das
[illegible] erschien, brachte die dem Verfasser inzwischen bekannt gewordenen Nach-
[illegible] die Verzeichnisse der Heiligen, der Päpste und Bischöfe. Die Ver-
[illegible] dieses seines Werkes hat P. fortdauernd beschäftigt, aber erst
[illegible] später, als er von seiner amtlichen Thätigkeit sich zurückgezogen
[illegible] fand er trotz eines zunehmenden Leidens noch die Kraft und Geduld,
[illegible], in der Anordnung und der Correctheit der Titel wesentlich ver-
[illegible] auf 147 + 1749 Seiten erweiterte Ausgabe der Bibliotheca 1896
[illegible] zu lassen. — Gelegentliche Mitarbeiterschaft an Berliner Zeitungen
[illegible] zu näherer Bekanntschaft mit deren Verlegern, für die er in der
[illegible] größere Arbeiten übernahm. So bearbeitete er für die Verlags-

buchhandlung Haude & Spener die „Geschichte des Siebenjährigen Kri
von Archenholz“ mit einem Lebensabriß des Verfassers, 1860 in 6. Aufl
von welcher Bearbeitung bis 1899 noch sieben Ausgaben erschienen s
Wichtiger wurde für P. die Verbindung mit dem Verleger des „Berli
Fremdenblattes“, dem Geheimen Oberhofbuchdrucker Rudolf v. Decker.
ihn schrieb er „Die Abstammung der Familie Decker. Festschrift bei hund
jähriger Dauer des königl. Privilegii der Geh. Oberhofbuchdruckerei.
26. October 1863“, Berlin 1863 (61 S.), und fand für den groß angele
Plan einer Geschichte der Berliner Buchdruckerkunst und des Berliner Bu
handels bei ihm freudiges Entgegenkommen. Das Werk, mit ganzer Hing
und dem dem Verfasser eigenen zähen Fleiße begonnen, rückte trotzdem n
langsam vorwärts und wurde später durch vermehrte dienstliche Obliegenhei
Potthast's und durch den Tod Decker's 1877 gänzlich abgebrochen. Gedr
sind von der Geschichte der Berliner Buchdruckerkunst nur 38 Bogen; die V
räthe davon standen lange in dem Speicher eines Spediteurs, bis sie inf
eines Mißverständnisses als herrnlose Maculatur verkauft wurden. Nur d
Exemplare entgingen der Vernichtung. Von dem handschriftlichen Mater
ist nur sehr wenig erhalten. Das erhaltene titellose Fragment bringt
nächst die Geschichte der Buchdruckerkunst zu Berlin im Umriß mit zahlreic
Urkunden und Excursen, so die Geschichte der Pflichtexemplare seit 1699 u
die der Hofbuchdrucker; ferner eine tabellarische Uebersicht der Buchdrucker
Berlins und ihres Umfanges am Ende des Jahres 1864. Auf S. 117
ginnt die Geschichte der Familie v. Decker und ihrer Oberhofbuchdruckerei, n
Familienpapieren und Acten des Staatsarchivs bearbeitet; darin findet
auch Allgemeines über das geistige Leben in Berlin, Ausführliches über
Schriftsteller und Künstler, die mit dem Verlage in Verbindung standen, u
über die in Berlin erschienenen politischen Zeitungen seit 1628. Mit
Geschichte derselben vom Jahre 1849/50 schließt auf S. 608 der Druck.
Für denselben Verlag schrieb P. im J. 1881 eine kurze, von Patriotism
erfüllte Gelegenheitsschrift „Friedrich Wilhelm III. König von Preußen. E
innerungsblätter an seine glorreiche Regierung, bei Gelegenheit des i
errichteten ehernen Standbildes zusammengestellt . . .“ (71 S.). — Nachd
P. bereits am 1. April 1868 den Charakter als Custos an der kgl. Biblio
erhalten hatte, wurde er am 30. Januar 1873 als solcher definitiv angeste
aber nicht lange mehr blieb er an diesem Institute, denn schon am 22. J
1874 wurde er zum Bibliothekar des Reichstags ernannt. Dort fand er
erster geschulter Fachmann in der stetig anwachsenden Büchersammlung
reiches Feld für seine organisatorische Thätigkeit, als deren Frucht der Kata
der Bibliothek des Reichstages 1877 und in vermehrter Ausgabe 1882 erschi
— Noch ehe P. seine neue Stellung antrat, hatte er sich an die Ausarbeitu
einer von der Berliner Akademie der Wissenschaften gestellten Preisaufg
gemacht und dieselbe in seinen bei Decker erschienenen „Regesta pontific
Romanorum inde ab a. 1198 ad a. 1304. Opus ab Academia litterar
Berolinensi duplici praemio ornatum eiusque subsidiis liberalissime conces
editum. Berolini 1874. 75“ (2 Bde., 2158 S.) gelöst. Die Bearbeitu
der mehr als 25 000 Regesten, für die er in Jaffé's Arbeiten ein Mus
fand, stellte an Potthast's Ausdauer neue große Anforderungen. Die Unt
scheidung der unechten Stücke, die nach dem Vorgange von Böhmer und Stu
mit besonderer Bezeichnung und Zählung den echten chronologisch angere
sind, die Feststellung der Chronologie der undatirten Stücke, für die es
wenige Vorarbeiten gab, konnte nur ein Historiker leisten, mit dessen Wi
sich kritisches Urtheil so glücklich verband, wie es bei P. der Fall war.

[illegible] Forschungen über Papstgeschichte seit der Oeffnung des vaticanischen [illegible] Potthast's Werk in einzelnen Theilen überholt, aber für eine [illegible] der Papstregesten wird es dennoch eine der Grundlagen [illegible] In seiner Stellung als Reichstagsbibliothekar hatte P. seine [illegible] gefunden. Sammeln, Ordnen und Mittheilen, das gab ein [illegible]feld; sein Wissen versagte bei den verschiedenartigsten Anfragen [illegible] seine Arbeitskraft erlahmte nicht trotz des den ganzen Tag ausfüllenden [illegible] während der Reichstagssessionen. Als durchaus selbständige Natur [illegible] abschließend, bei der ersten Begegnung vielleicht schroff, hat P. stets [illegible] und selbstloser Weise geholfen, weit über den Kreis seiner [illegible]thätigkeit hinaus, und, zufrieden mit der Anerkennung von seiten der [illegible] und näheren Freunde, nie nach äußeren Ehren gestrebt. Als er [illegible] daß seine Arbeitskraft durch ein zunehmendes asthmatisches Leiden [illegible] zog er sich im J. 1894 von seiner amtlichen Thätigkeit zurück und [illegible] in Leobschütz, ganz seiner Lieblingsbeschäftigung, der Herausgabe [illegible]theca historica, zugewandt. Dort starb er in der Nacht zum [illegible]nuar 1898.

Heinrich Meisner.

[illegible]: Sigmund Freiherr von P., bairischer General der Infanterie [illegible] Kriegsminister, geboren am 5. December 1821 zu Altötting, † am [illegible] 1888 zu München, entstammte einer altadligen Familie aus Steiermark [illegible] der Sohn eines Oberstlieutenants in bairischen Diensten. Er erhielt [illegible] Schulbildung im Cadettencorps, das er 1848 mit der 1. Note verließ, [illegible] Junker im Infanterie-Leibregiment einzutreten. Mit der Beförderung [illegible] Lieutenant wurde er jedoch seinem Wunsche entsprechend zum Ingenieur-[illegible]setzt und machte dann in dem von dem tüchtigen Oberst Lüder be-[illegible] Geniebataillon eine vortreffliche militärische Schule durch. Seine [illegible] erkannten in ihm einen Officier von hervorragenden Fähigkeiten, [illegible] Lüder Kriegsminister geworden war, wurde P. alsbald (1849) zum [illegible] Kriegsministerium einberufen. Dieser neuen Stellung, in der er [illegible] bewährre, verdankte er eine vielseitige Verwendung und eine [illegible] rasche Laufbahn. Das Jahr 1863 brachte dem 42jährigen die [illegible]ung zum Oberst im 3. Infanterieregiment, dessen Commando er 1865 [illegible] des Infanterie-Leibregiments vertauschte. Als Commandeur dieses [illegible] marschirte er im Kriege 1866 aus und leistete Hervorragendes im [illegible] bei Kissingen. Dieser Krieg hatte offen dargethan, daß die bairischen [illegible]richtungen den Forderungen der Zeit nicht mehr entsprachen, und [illegible] darum handelte, wer die Neuorganisation der Armee vornehmen [illegible] die Wahl König Ludwig's II. unter Nichtberücksichtigung sämmt-[illegible] Generale auf den Oberst Freiherrn v. P. Er wurde von der [illegible] abberufen und als Generalmajor zum Kriegsminister ernannt. [illegible] er vor eine Aufgabe gestellt, die ein außerordentliches Maaß von [illegible] Thatkraft, von Vaterlandsliebe und staatsmännischem Takt er-[illegible] des Widerstandes der Mehrheit in der Abgeordnetenkammer [illegible], daß eine auf ausnahmsloser allgemeiner Wehrpflicht beruhende [illegible], die auch die gebildeten und vermögenden Bevölkerungsklassen [illegible] heranzog, zur Einführung kam. Zugleich erfolgten eine [illegible] Neuerungen insbesondere in Bezug auf Hebung der wissen-[illegible]bildung der Officiere und die taktische Ausbildung der Truppen, [illegible]mäßige Abhaltung von Uebungen in gemischten Verbänden ge-[illegible]; durch die Einführung von Rückladegewehren, Ersatz der noch [illegible] glatten Geschütze durch gezogene und ausgedehnte Vornahme von

Schießübungen erhielt die Leistungsfähigkeit der Truppen eine wesen Steigerung, während deren Schlagfertigkeit durch Annahme des bew preußischen Verfahrens hinsichtlich der alljährlichen Regelung der Mobilm sehr bedeutend gehoben wurde. So machte P. es möglich, daß Baiern 1870 rechtzeitig mit zwei vollzähligen und kriegsmäßig ausgebildeten corps bereit stand. Er trug damals auch viel dazu bei, daß der Kri gegen Frankreich bairischerseits als gegeben erachtet wurde, und ebenso ihm an der raschen Mobilmachung des Heeres und an dessen Erfol Kriege gegen Frankreich ein Hauptverdienst. Zum Abschluß der B Verträge in das große Hauptquartier der deutschen Armee beordert, mitgeholfen, die Grundlagen für das neue Deutsche Reich zu schaffen wurde gleich den commandirenden Generalen mit einer Ehrendotatio französischen Kriegsentschädigungsgeldern belohnt. Nach dem Kriege a P. mit aller Kraft an der Wiederinstandsetzung des Heeres und an Ausführung der Versailler Verträge erforderlichen weiteren Neuerungen ohne abermals mannichfachen Widerstand bei der Volksvertretung zu deren allzu conservativer Sinn sich mitunter vom Hergebrachten nicht wollte. Im J. 1875 auf Nachsuchen seines Amtes als Kriegsminister hoben, erhielt er im Jahre nachher die Ehrenstelle eines Generalcapitä Leibgarde der Hartschiere, die er bis zu seinem Tode bekleidete.

In seinem ganzen Wesen ruhig und ernst, einfach und bedürfnißlos in der Rede, ein vornehmer, offener und thatkräftiger Charakter, unersch lich gerecht und wenn nöthig streng, gehört P. zu den bedeutenden Mä der großen Zeit, in der das neue Deutsche Reich erstanden ist.

Erhard, Reichsfreiherr Sigmund von Pranckh. München 1890. Königliches Kriegsarchiv in München. v. Landma

Prantl: Karl P., Botaniker, geboren zu München am 10. Sept 1849, † zu Breslau am 24. Februar 1893. Nach dem Besuche des Maximili gymnasiums und der Universität seiner Vaterstadt wurde P. von letzterer Grund einer von der philosophischen Fakultät preisgekrönten Schrift: „ Inulin“ 1870 zum Dr. phil. promovirt. Seine botanischen Studien l vornehmlich Nägeli und Radlkofer, während er selbst durch fleißige Excursi in der Umgebung Münchens und in den bairischen Alpen seine florist Ausbildung förderte. Er erwarb sich eine ausgedehnte Kenntniß der heimi Flora, besonders der Kryptogamen, zu deren Erforschung er durch den maligen Münchener Privatdocenten, später in Cordoba in Argentinien wirken Dr. Lorentz (s. A. D. B. LII, 76) angeregt wurde. Nachdem P. ein J lang Assistent Nägeli's gewesen und während dieser Zeit an dem gr Hieracien-Werk seines Lehrers mitgearbeitet hatte, siedelte er im Herbst 1 nach Würzburg über, um unter Julius Sachs sich speziell mit Pflanzenph logie zu beschäftigen. Auch dieser bedeutende Botaniker machte P. zu sein Assistenten und veranlaßte ihn zu einer in den „Arbeiten des botani Instituts zu Würzburg“ (Bd. XII, 1872) erschienenen Publikation: „Ueber Einfluß des Lichtes auf das Wachsthum der Blätter“. 1873 habilitirte si in Würzburg als Privatdocent durch die noch unter dem Einfluß der Sachs'sch Schule entstandene Schrift: „Untersuchungen über die Regeneration Vegetationspunkte der Angiospermenwurzel.“ Drei Jahre später erhielt die Professur für Botanik an der Forstlehranstalt in Aschaffenburg, bis er Oсtober 1889 an die Universität Breslau berufen wurde. Nur eine ku Zeit der Thätigkeit war ihm hier beschieden. Nicht viel mehr als 3 Ja nach seinem Amtsantritt in Breslau fiel er im 44. Lebensjahre einer Lung tuberkulose zum Opfer.

[illegible] Prantl's Hauptverdienst um die botanische Wissenschaft liegt auf dem [illegible] der Systematik, speciell derjenigen der Gefäßkryptogamen. Hier hat [illegible] gewirkt, indem er in allen seinen Arbeiten wiederholt auf die [illegible] hinwies, alle entwicklungsgeschichtlichen und anatomischen Thatsachen für die Systematik zu verwerthen, deren Ziel, das wahrhaft natürliche [illegible], nur auf diesem Wege und nur auf Grund einer Kenntniß zu [illegible] sei, die sich auf alle erblichen Eigenschaften der Glieder einer be[illegible] Pflanzengruppe erstreckt. In der That ist für die Systematik der [illegible] durch Prantl's Arbeiten eine befriedigende natürliche Grundlage ge[illegible] worden. Die sich hierauf beziehenden Schriften sind in dem in der [illegible] erwähnten Engler'schen Nachrufe chronologisch aufgeführt. Daß P. [illegible] der geeignetste Leiter bei der Bearbeitung der Kryptogamenabtheilung [illegible] von Engler und ihm herausgegebenen Werke: „Die natürlichen [illegible]nfamilien" gewesen wäre, ist wol zweifellos. Leider gestattete ihm die [illegible] Lebenszeit nicht, das Werk mehr als bis über die ersten Anfänge hinaus [illegible]dern. Doch lieferte er innerhalb der Abtheilung der Phanerogamen eine [illegible] werthvoller Beiträge durch die Bearbeitung von 13 Pflanzenfamilien, [illegible] denen die der Betulaceae, Fagaceae, Ranunculaceae, Papaveraceae und [illegible] wegen ihres Umfarges und der Schwierigkeit in der Feststellung [illegible] Formenunterschiede besonders hervorzuheben sind. Ein recht brauchbares [illegible]mittel für das botanische Studium lieferte P. auch in seinem, in erster [illegible] 1874 herausgekommenen „Lehrbuch der Botanik", das bis zum Jahre [illegible] acht Auflagen erlebte und außerdem ins Englische, Italienische, Spanische [illegible] Ungarische übersetzt wurde. Endlich sei noch seiner beiden Florenwerke [illegible]. Für Seubert's „Excursionsflora für das Großherzogthum Baden" [illegible] er die dritte und vierte Auflage (1880 und 1885) und schrieb selb[illegible] eine „Excursionsflora für das Königreich Baiern" (1884). Namentlich [illegible] letztere Buch ist sowol durch die in ihm enthaltenen außerordentlich über[illegible] Bestimmungsschlüssel als auch durch die zwar knappe, aber höchst [illegible] Diagnostik der Arten ausgezeichnet, wenn der Verfasser auch in der [illegible] vieler bisher als selbständig anerkannter Gattungen zu weit ge[illegible] sein mag.

[illegible] Nachruf von A. Engler in: „Berichte d. Deutschen Botan. Gesellsch.", [illegible] Jahrg. 1893, S. (34)—(39). — Karl Fritsch, K. Prantl als Systematiker [illegible] „Bot. Centralblatt", XIV. Jahrg., Bd. 54, 1893, S. 132—135.

E. Wunschmann.

Preger: Johann Wilhelm P., protestantischer Theolog, geboren am [illegible] August 1827 zu Schweinfurt, der Vaterstadt Rückert's, † am 30. Januar [illegible] zu München. Was er einst über J. Hamberger schrieb, gilt im wesent[illegible] auch von seinem eigenen Lebensgang: er war „der mühsame und stille [illegible] Schulmannes und Gelehrten". Preger's Vater war Kaufmann, die [illegible] eine geborene Kradhardt, aus dem kinderreichen Hause des Kupfer[illegible] und Rathsherrn Kradhardt, das sein vier Jahre älterer Vetter und [illegible] Schwager Ernst Luthardt pietätvoll und anschaulich geschildert hat [illegible]nerungen aus vergangenen Tagen, 2. Aufl., Leipzig 1891). P. besuchte [illegible] Gustav Adolf begründete Gymnasium seiner Vaterstadt unter dem [illegible] Rector Oehlschläger, an dem er mit großer Verehrung hing und [illegible] auch 1882 eine biographische Skizze (im „Sammler") gewidmet hat. [illegible] studirte dann (1845—49), dem Wunsche des Vaters und dem Beispiele [illegible] Vetters Ernst folgend, Theologie in Erlangen und Berlin. Seine Jugend [illegible] in die Zeit des neuerwachenden kirchlichen Lebens, das unter der evange[illegible] Minderheit Baierns besonders charakteristische Formen annahm. (Vgl.

G. Thomasius, Das Wiedererwachen des evangelischen Lebens in der lu- rischen Kirche Baierns, Erlangen 1867.) Als P. am 1. November 18 Erlangen immatriculirt wurde, war der auch für die lutherischen Th bedeutsame G. L. Krafft (s. A. D. B. XVII, 17) gerade gestorben, G. Ad. Harleß (s. A. D. B. X, 768) durch das ultramontane Ministerium gegen seinen Willen nach Bayreuth versetzt worden; aber Männer wie Chr. Konr. Hofmann, sein Nachfolger auf dem Lehrstuhl der theolog Encyklopädie, Sittenlehre und neutestamentlichen Exegetik (s. A. D. B. 631), 1847—48 zwei Jahre hintereinander Prorector, der Dogmatiker fried Thomasius, der Vertreter der praktischen Theologie J. Fr. W. mußten einen starken Eindruck auf P. machen. Zu Hofmann unterhi auch später noch Beziehungen und erfreute sich seines persönlichen Ver wenn dieser als Landtagsabgeordneter in München weilte. Von den Schellingianern, K. Ph. Fischer, dem vorgeschriebenen Docenten für Logik Metaphysik, und dem poesievollen aber confusen E. A. v. Schaden, bei dem Geschichte der Philosophie hörte, war wohl nicht allzuviel zu lernen. Nägelsbach verband die Begeisterung für das classische Alterthum mit lichem Sinn, und der als „Studentenvater“ überaus beliebte Karl v. Ra kam der stets gepflegten Neigung zu sinniger Naturbetrachtung entgegen. „Utenruthia“, der P. wie Luthardt mit Begeisterung angehörte, gab fröhlichen studentischen Mittelpunkt. Während des Berliner Aufenth (Herbst 1847 bis Herbst 1848) waren Neander, Nitzsch, Twesten und seine Lehrer. Mit Ueberzeugung bekannte P. sich stets als „gläubigen“ logen und zu dem lutherischen Kerndogma der Rechtfertigung allein durch Glauben. Hofmann's Wort: „Der erste und nächste Weg, auf welchem Theologie sich ihres nächsten Inhalts wieder versichern kann, geht vom Allgemeinsten der inneren Erfahrung aus“, war auch ihm aus dem Her gesprochen. Der Unterschied von Theologie und Philosophie schien ihm zu liegen, daß „jene ihren Ausgang von der Herzenserfahrung, diese objectiven Vernunftgesetzen nimmt, jene unbekümmert um diese sich orga zu entfalten, diese das Maß des Glaubens aus der Erkenntniß zu neh sucht“, und daß nur „jene im unmittelbaren Anschluß an das Evangeli frei ist von falscher Gebundenheit durch die Schrift selbst und durch die weiligen kirchlichen Erscheinungen der Gegenwart“ (Flacius 1, 34). Philosophie sei in der kirchlichen Lehre zuerst „unter Melanchthon als Ek cismus hervorgetreten, dann unter den streng lutherischen Theologen Ende des 16. und im Verlaufe des 17. Jahrhunderts als eine neue Schola im Verlaufe des 18. Jahrhunderts als Rationalismus und Pantheismu und selbst in unseren Tagen bestehe die Bewegung der gläubigen Theol „in einem Kampfe um das Vorherrschen des frei persönlichen oder des sch stischen Princips in der Wissenschaft“.

Als Dreiundzwanzigjähriger kam P. 1850 nach München in das testantische Predigerseminar. Im folgenden Jahre wurde er Stadtvicar Lehrer (Professor) der Religion und Geschichte für die evangelischen Sch der Münchener Gymnasien. Er gab sich dem Beruf mit großer Liebe und betrachtete es als „Pflicht der Mittelschulen ihren Zöglingen die Mögli keit einer Versöhnung zwischen Glauben und Wissen darzuthun, damit nicht wehrlos mit ihrem Glauben den Angriffen einer falschen Weisheit liegen“ (Protestantische Realencyklopädie, 3. Auflage, 7, 34). Wie er Walten Gottes im kleinsten Blümlein sah, so verfolgte er die Hand Got durch den vielverästelten Lauf der Geschichte (Anmerkungen zur Geschi 1852 und 53, in der Erlanger Zeitschrift f. Protestantismus u. Kirche, N.

[illegible], 186). Nach den Erinnerungen eines seiner Schüler (Cas-[illegible] er es als Lehrer „anschaulich zu erzählen und klar und ein-[illegible]. Auch solche Schüler, die nachher durchaus nicht bei [illegible] sind, was er sie gelehrt hatte, haben ihm doch persönliche Hoch-[illegible]". Nach der Aufhebung des confessionellen Geschichtsunter-[illegible] er nur den Religionsunterricht bei, den er 17 Jahre lang auch [illegible]schule ertheilte. 1868 wurde er zum Gymnasialprofessor [illegible] Mit der stillen Thätigkeit als Lehrer verband er ein glückliches [illegible] und einen einfachen Verkehr mit Gelehrten und Künstlern. [illegible] Ehebunde mit Wilhelmine Meyer, der Tochter eines höheren Re-[illegible] (1856) entsproßten zwei Söhne und zwei Töchter. Er ver-[illegible] Hause des Philologen Thiersch, einem der Mittelpunkte des da-[illegible] geistigen Lebens in München, und mit den Pfarrerfamilien Caspari [illegible]. Zu seinen näheren Bekannten gehörten der Maler G. König, der [illegible] Thäter, der Lehrer Güll (Verfasser der „Kinderheimath"), mit [illegible] allwöchentlich in einem auch von Schwind und anderen Künstlern [illegible] Café zusammentraf, J. Hamberger, J. v. Döllinger, der Decan und [illegible] Consistorialrath Burger, v. Stählin u. A. „Preger war ein glücklicher [illegible] gewissenhafter wie liebevoller Gatte und Familienvater. Im Um-[illegible] er sich als feiner Kopf und als allgemein gebildeter Mann mit [illegible] Interessen und Kenntnissen ausgerüstet; seine christliche Ueberzeugung [illegible] im Privatverkehr offen aus, wie er sie auch vor der Körperschaft [illegible] bairischen Akademie der Wissenschaften in der Rede über die Ent-[illegible] Idee des Menschen durch die Weltgeschichte entwickelte (1870); er [illegible] auch Andersdenkende wohl verstehen und mit ihnen auskommen" [illegible].

[illegible] hatte schon als Knabe ausgesprochene litterarische Neigungen. Ein [illegible] Nachempfinder griff er gern auch zur poetischen Form („Die [illegible] in Liedform", Rothenburg 1885; 2. Aufl. als „Stimmen aus dem [illegible]", Gütersloh 1888). Eine weitverzweigte litterarische Thätigkeit [illegible] 1856 ein mit der „Geschichte der Lehre vom geistlichen Amte [illegible] der Geschichte der Rechtfertigungslehre" (Nördlingen 1857). Die [illegible] sachlich gehaltene, nur in den Eingangscapiteln noch etwas schwülstig [illegible] Schrift nimmt in dem lebhaften Kampfe, der damals um das geist-[illegible] geführt wurde, entschiedene Stellung gegen den Priesterbegriff bei [illegible] A. D. B. XIX, 116) und Kliefoth (ebenda LI, 218) und tritt etwa [illegible] Seite der Schriften von Höfling (Grundsätze evangelisch-lutherischer [illegible]fassung, 2. Aufl. Erlangen 1851) und Harleß (Kirche und Amt [illegible]ischer Lehre, Stuttgart 1853). Der Zusammenhang zwischen den [illegible] von der Rechtfertigung allein durch den Glauben und von dem könig-[illegible]priesterthum aller Christen liegt auf der Hand; aber es ist bezeichnend, [illegible] Aufhebung der lutherischen Grundlehre durch die innerhalb der evange-[illegible] auftauchenden kirchenregimentlichen Theorien P. alsbald zu einer [illegible] historischen Betrachtung anregte. — Auch später hat P. mit [illegible] der Luthardt'schen und Hengstenbergischen Kirchenzeitung ab und [illegible] Tagesfragen eingegriffen. Der im Juli 1870 in der Hengsten-[illegible]chenzeitung erschienene Aufsatz „Die Unfehlbarkeit des Papstes [illegible] Opposition in Deutschland, oder die Schwäche der deutschen [illegible] ihrem Kampfe gegen die Ultramontanen. Eine protestantische [illegible] dem Grabfeld in Franken" (der in umgearbeiteter Gestalt später [illegible] unter dem Titel: „Die Unfehlbarkeit des Papstes und die [illegible] kirchlichen *Opposition in* Deutschland. Von einem Theologen

der evangelischen Kirche in Bayern", München 1871) wies nach, daß
Infallibilitätsdogma nur die Consequenz des römisch-katholischen Prie
begriffs sei und weissagte den um Döllinger gruppirten deutschen Kathol
die Niederlage, falls sie nicht bereit seien, sich auf den Boden Luther's zu st
— 1874 veröffentlichte P. auch ein anonymes Schriftchen zu Gunsten
Confessionsschule: „Von der Gefahr, welche unserer evangelischen Volks
droht. Ein Wort an alle protestantischen Eltern in Bayern".

Von jener Erstlingsschrift aber leiten die in den Jahren 1857 und
in der Erlanger Zeitschrift für Protestantismus und Kirche erschienenen
sätze „Menius und Flacius über Amt und Priesterthum" und „Flacius
den kirchlichen Mitteldingen" unmittelbar über zu dem zweibändigen
„Matthias Flacius Illyricus und seine Zeit" (Erlangen 1859 und 18
einer auf gründlichen Quellenstudien basirten Arbeit, Preger's abgerun
Werk. Für den viel verlästerten Streittheologen der Reformationszeit
P. volles Verständniß; sein entschlossenes Eintreten für die Lutherische Re
fertigungslehre gegen Melanchthon mußte P. ja von vornherein sympat
berühren. Wenn man ihm auch wohl nicht mit Unrecht vorgeworfen hat,
die Ecken und Kanten in der Natur des Flacius nicht recht zur Geltung
kommen seien, so bleibt diese liebevolle Biographie eine höchst verdienst
und dauernd lesenswerthe Leistung. In engerem Rahmen konnte P.
Thema im J. 1874 noch einmal behandeln in dem Artikel „Flacius"
A. D. B. (VII, 88 ff.).

Um die Zeit der Entstehung des „Flacius Illyricus" scheint Preger
College, der Theosoph Julius Hamberger aus Gotha, damals Religi
lehrer am königlichen Cadettencorps in München, einen starken Einfluß
ihn gewonnen zu haben. P. hat ihm in der Protestantischen Realencyklop
einen Artikel gewidmet (Supplementband der 2. Aufl.; 3. Aufl. 7, 3
Er rühmt es Hamberger's „Lehrbuch der christlichen Religion" (1839) n
daß es „da, wo es die christliche Gottes- und Weltanschauung im Gegens
zu den ihr widerstreitenden Auffassungen entwickelt und rechtfertigt, ein
werthvoller Beitrag für die Schule" sei. Es war wohl Hamberger, der
nicht nur von neuem zu Franz v. Baader, St. Martin und Böhme, an
auch Schadens Philosophie anknüpfte, sondern nun auch zur Mystik des Mitt
alters hinführte. P. nennt Baader einmal einen „der tiefsinnigsten Phi
sophen unseres Jahrhunderts" und rühmt ihm nach, „er habe Böhme's A
schauungen in durchaus originaler Weise begründet und erweitert und sie
Philosophie Kant's und Fichte's, sowie Schelling's und Hegel's gegenüber
überlegener Kraft zu rechtfertigen verstanden" (Protest. Realencykl., 2. Au
15, 561). Schon im „Flacius Illyricus" wird eine Aeußerung Baade
nach der Ausgabe von Hoffmann, Hamberger u. s. w. an auffallender St
citirt (2, 401 Anm.). Aber die romantischen Lockungen entfernten P. ni
von seinem streng-lutherischen Standpunkt: die Mystik zog ihn an, soweit
sich mit Luther berührte. „In dem Wesen der evangelischen Rechtfertigung
lehre hat Luther das Wesen der mittelalterlichen Mystik ausgesprochen und
zugleich eine sichere Grundlage gegeben" (Protest. Realencykl., 3. Aufl., 15, 49

Von diesem Standpunkte aus las er Meister Eckhart, den Franz Pfeif
1857 erschlossen, Suso, Tauler, und die Schätze der Münchener Bibliot
zogen den fleißigen Mann in dem Decennium von 1864—1874 immer tie
hinein in die Geschichte der Mystik. Es erschienen nun hintereinander d
Aufsätze: 1864 „Ein neuer Traktat Meister Eckhart's und die Grundzüge d
eckhartischen Theosophie" (Zeitschr. f. hist. Theologie 34, 163; vgl. aber Pfeiffe
Germania 10, 377); 1866 „Kritische Studien zu Meister Eckhart" (eben

[illegible]); 1867 „Zur Mystik“ (Zeitschr. f. die gesammte Theologie 28, 243); [illegible] Vorarbeiten zu einer Geschichte der Mystik“ (Zeitschr. f. hist. Theologie [illegible]), „Meister Eckhart und die Inquisition“ (Abh. d. bair. Akademie, hist. [illegible] Nr. 2), „Ueber das unter dem Namen der Mechthild von Magde-[illegible] herausgegebene Werk ‚das fließende Licht der Gottheit‘“ (Sitzungsberichte [illegible] Akademie 1869 II, 151); Recension von Lasson „Meister Eckhart, [illegible] Mystiker“ (Pfeiffer's Germania 14, 373); 1870: „Die Theosophie Meister [illegible]'s und deren neueste Darstellung“ (Zeitschr. f. luth. Theologie 31, 59); [illegible] „Der altdeutsche Traktat von der wirkenden und möglichen Vernunft“ [illegible] d. bair. Akademie II, 159): 1873: „Dante's Matelda“ (ebenda [illegible]); 1874: „Das Evangelium aeternum und Joachim von Floris“ [illegible] d. Akademie XII, Nr. 3). Dazu die Ausgabe „Suso's Briefe“ (Leipzig [illegible]. Diesen Vorarbeiten folgte 1874 der erste Band des Hauptwerks [illegible] der deutschen Mystik im Mittelalter“ (bis zum Tode Eckhart's [illegible]), dem sich im J. 1881 der zweite und 1893 der dritte Theil an-[illegible]

[illegible] Das Buch trug seinem Verfasser sogleich reiche Ehrungen ein: die Er-[illegible] theologische Facultät, die ihm 1862 die Licentiatenwürde verliehen hatte, [illegible] ihn 1874 zum Doctor honoris causa („propter singularem erudi-[illegible] sagacitatem dexteritatem qua quum pridem Matthiae Flacii vitam ac [illegible] tum nuper mysticorum mediae aetatis Germanicorum rationem [illegible] examinavit enarravit“); die bairische Akademie der Wissenschaften [illegible] schon 1868 auf Döllinger's Vorschlag zu ihrem außerordentlichen [illegible] erwählt; sie machte ihn nun 1875 zum ordentlichen und berief ihn [illegible] auch in die mit ihr verbundene historische Commission. Anderer-[illegible] es nicht an heftigen Angriffen. Der Dominicanerpater H. S. [illegible] unterwarf gleich Preger's ersten Band in den „Historisch-politischen [illegible]“ (Bd. 75, S. 679 ff.) einer scharfen, schmerzhaft einschneidenden [illegible] lehnte auch den zweiten Band in der „Deutschen Litteraturzeitung“ [illegible] 801) als „übereilte Arbeit“ ab und blieb dem Protestanten mit über-[illegible] Gelehrsamkeit, gründlicherer philologischer Schulung und glücklichem [illegible] dauernd auf den Fersen. Es ist auch nicht zu leugnen, daß [illegible] der erste Band, dessen Verdienste W. Scherer hervorhob (Kl. Schriften [illegible]), auch die Schwächen von Preger's gelehrter Persönlichkeit klar [illegible] machte. Er bot mehr eine Reihe werthvoller biographisch-litterar-[illegible] Abhandlungen als eine zusammenfassende geschichtliche Darstellung [illegible] einer unglücklichen und nichtdurchführbaren Trennung von praktischer [illegible], häretischer und kirchlicher Mystik zu Liebe nicht einmal die [illegible] und damit das Anwachsen der mystischen Bewegung scharf hervor-[illegible] Er versäumte, das Thema sicher zu umgrenzen und die allgemeinen [illegible] zusammenzufassen. Er stand schwierigen psychologischen Pro-[illegible] mit dem kindlichen Dilettantismus längstvergangener Tage hülflos [illegible] und erinnerte bei ihren Ausdeutungen manchmal an die schlimmsten [illegible] der verflossenen rationalistischen Bibelexegese. Er zeigte bei aller Gelehr-[illegible] unzulängliche Kenntniß mittelalterlicher Philosophie und in wahr-[illegible] verhängnißvoller Weise die Neigung, die nach den verschiedensten Seiten [illegible] Erscheinungen unter dem viel zu engen Gesichtswinkel der [illegible] Rechtfertigungslehre zu betrachten. Der von Denifle erhobene [illegible], das Ganze sei eine Tendenzschrift, die Apologie eines bestimmten [illegible] Bekenntnisses, schoß freilich über das Ziel hinaus; jeder Zweifel [illegible]'s Wahrheitsliebe war durchaus ungerecht. Aber wie die Dinge [illegible] die verhängnißvolle Folge, daß sich P. nun als Opfer ultramontanen Hasses fühlte und sich gegen die bahnbrechenden, wenn auch abschließenden Forschungen des katholischen Gegners auf Schritt und mehr als billig versteifte; so auch auf dem Gebiet der durch den wackeren unkritischen K. Schmidt so gründlich verfahrenen, noch immer nicht erledigten Gottesfreundfrage, mit der auch die Beurtheilung Tauler's sammenhängt. Schon der zweite, noch mehr der dritte Band der „Ge der Mystik" riefen eine starke Enttäuschung hervor, die auch die Recen des ruhigsten und sachkundigsten Beurtheilers durchklingt (Ph. Strauch zeiger f. deutsches Alterthum 9, 113 und Deutsche Litteraturzeitung Sp. 717). Heutzutage ist Preger's Standpunkt wohl in allen Fragen endgültig aufgegeben. Eine Vergleichung des in der zweiten der Protestantischen Realencyklopädie (13, 102) von P. verfaßten „Rulman Merswin" mit dem von Strauch geschriebenen der dritten ist lehrreich genug.

Die Ausstellungen der wissenschaftlichen Kritik raubten P. nicht Arbeitsfreudigkeit. In den Jahren 1875—1890 entfaltete sich seine duction am reichsten. Mit der Geschichte der Mystik hängen unmittelbar sammen die Aufsätze „Die Briefbücher Susos" (1876, Zeitschrift f. deut Alterthum 20, 373 gegen Denifle's Untersuchungen ebenda 19, 346 21, 89 eingehend replicirte) und „Ueber die Zeit einiger Predigten Tauler (Sitzungsberichte 1887 II, 917) und die Artikel „Mystische Theologie", „ rich von Bene", „Mechthild von Hackeborn", „Mechthild von Magdeb „Gertrud von Hackeborn" u. a. in der Realencyklopädie, „David von burg", „Dietrich von Freiburg", „Meister Eckhart" in der A. D. B., hin auch die Arbeiten über die Waldenser, die in diesen Jahren meist in Abhandlungen der bairischen Akademie erschienen und von den historikern besonders geschätzt werden: so die „Beiträge zur Geschichte Waldesier im Mittelalter", „Der Traktat des David von Augsburg über Waldesier", „Die Waldesier im Mittelalter" (Zeitschr. f. kirchl. Wissens kirchl. Leben 1883), „Ueber die Verfassung der französischen Waldesier in älteren Zeit". An seine reformationsgeschichtliche Arbeit schlossen sich die gabe der Tischreden Luther's (1888) und die Artikel „Johann Coel uud „Flacius" in der A. D. B.

Außerdem aber wendete sich P. auch dem Gebiete der politischen deut und namentlich bairischen Geschichte zu, auf das ihn früh seine Lehrthäti hingewiesen hatte. Dem Bedürfniß des Geschichtsunterrichtes war 1864 vielfach aufgelegtes „Lehrbuch der bairischen Geschichte" entsprungen, dem ein ebenfalls oft aufgelegter „Abriß der bayrischen Geschichte" folgte. hatte er als Gymnasialprogramm „Albrecht von Oesterreich und Adolf Nassau" veröffentlicht. Nun folgten sich in den Abhandlungen der Akad zum Theil werthvolles, der Freundschaft Döllinger's verdanktes Material den vaticanischen Archiven verarbeitend: „Der kirchenpolitische Kampf Ludwig dem Baier und sein Einfluß auf die öffentliche Meinung in Deut land", 1880 „Beiträge und Erörterungen zur Geschichte des deutschen in den Jahren 1330—1334", 1883 „Die Verträge Ludwigs des Baiern Friedrich dem Schönen 1325 und 1326", 1886 „Die Politik des Pap Johann XII. in Bezug auf Italien und Deutschland".

Zu Beginn des Jahres 1890 wurde P. als Rath in das Oberconsistorium für das rechtsrheinische Baiern berufen. Mit gewohntem Eifer fand er auch in die neue Thätigkeit. Der Oberconsistorial-Präsident v. Stählin rühm ihm nach: „Die Schwierigkeiten des neuen Amtes, die sich ihm erhöhen konnt da er nie im selbständigen praktischen Kirchendienst stand, überwand sei [illegible], sein weiter klarer Blick, seine männliche Entschiedenheit [illegible] und kirchlichen Dingen, gepaart mit Milde und edlem Maß. [illegible] sachlich Schwierige zog ihn besonders an; sein Geistesstreben, stets [illegible] auf den Grund zu sehn, zeigte ihm den Weg zu befriedigender [illegible]. Er arbeitete mit uns in vollster Eintracht und Sinnesgemeinschaft [illegible] reale und sehr ideale Ziele zugleich". Preger's litterarische Thätig[illegible] mehr zurück; doch erscheinen noch 1894 seine „Beiträge zur [illegible] der religiösen Bewegung in den Niederlanden", und in seinem [illegible] sich eine Ausgabe des Minnebüchleins von Suso mit Einleitung [illegible]

[illegible] aus rastloser Arbeit rief der Tod den noch nicht Siebzigjährigen [illegible] ab. Eine Reihe warm gehaltener, seinen gediegenen Charakter [illegible] menschliche Liebenswürdigkeit einstimmig rühmender Nachrufe legen [illegible] dafür ab, welcher Schätzung sich der Verstorbene im Kreise der pro[illegible] Theologen und in der Gelehrtenwelt Münchens erfreute.

[illegible] Gedächtniß des Oberconsistorialraths Dr. Preger. (Mit Portr.) [illegible] Gemeindeblatt f. d. Dekanatsbezirk München 1896, Nr. 8 (Grab[illegible] von Kelber und v. Stählin). — Ad. v. Cornelius in den Sitzungs[illegible] d. Münch. Akademie, philol.-philos. u. hist. Cl. 1896, S. 152—55. [illegible]schmidt in Bettelheim's Biogr. Jahrbuch I (1897), S. 444 f. — [illegible], Protest. Realencyklopädie, 3. Aufl., 16, 1 ff. — Th. Kolde in [illegible]trägen z. bayer. Kirchengeschichte II (1896), S. 253 ff. — Gütige [illegible] der Wittwe, der ich auch ein annähernd erschöpfendes Ver[illegible] der Schriften verdanke.

Victor Michels.

[illegible]: Paul P., evangelischer Theolog, geboren in Tübingen am [illegible] 1824, † ebenda am 4. April 1898, war der dritte von fünf zu [illegible]kommenen Söhnen des Oberhelfers, späteren Decans Joh. Gottfried [illegible] in Tübingen (Wilhelm, 1818—1902, Hebraist und Erzähler; Theodor, [illegible], Reformationshistoriker, s. A. D. B. XXVI, 572; Gustav, 1827—90, [illegible]; Friedrich, geboren 1830, Geschichtsschreiber Ulms). Im Seminar [illegible] Tübinger Stift gebildet, war P. nach weiteren Studien in Tübingen [illegible] im unständigen Pfarrdienst und Lehramt thätig, bis er 1860 als [illegible] zu Brackenheim in das ständige geistliche Amt eintrat, das er seit [illegible] Diakonus in Geislingen, 1871—76 als Decan in Neuenstadt, [illegible] bis zu seiner durch einen Schlaganfall 1888 herbeigeführten Zur[illegible] als Decan und erster Münsterpfarrer in Ulm ehrenvoll im Segen [illegible]. Ein geschätzter Kanzelredner und Seelsorger, humaner Vorgesetzter [illegible] und Lehrer, that sich der warmherzige, schlagfertige Mann [illegible] Jahren seit 1864 auf dem politischen Schauplatz als furchtlos [illegible], in der 1869 eingeführten württembergischen Landessynode [illegible] Ausschuß als einflußreicher Debatter und Vermittler, in Ulm als [illegible] der Münsterrestauration hervor. Auch schriftstellerisch war der [illegible] mehrfach thätig: ein Familienblatt, ein Kalender, volksthüm[illegible] Calvin's (1864) und des Herzogs Christoph von Württem[illegible], ein Band der Evangelischen Volksbibliothek von Klaiber: „Die [illegible] von Luther bis Klopstock" (1863) tragen seinen Namen; [illegible] erschienenes Gedicht „Franz von Sickingen", reich an Schönheiten, [illegible] zumal mit der Belagerung der Burg Landstuhl und dem Ende [illegible] zu schöner Wirkung emporsteigend" (Krauß, Schwäb. Litteratur[illegible] 166), hätte vor manchen andern Epen der Zeit weitere Ver[illegible]

Staatsanzeiger für Württ. 1898, S. 656. — Schwäb. Merkur [illegible] S. 767. — Kirchl. Anzeiger für Württ. 1898, Nr. 16.

J. Hartm[illegible]

Pretten: Johannes P., Theolog und Schulmann, geboren am 1[illegible]vember 1634 in Naumburg a. d. Saale, † am 15. März 1708 eben[illegible] besuchte die Gymnasien zu Naumburg, Gera und Halle, studirte seit 1[illegible] Leipzig und Jena, war zwischendurch 1657 Hauslehrer in Zeitz und [illegible] sich 1659 in Jena die Magisterwürde. Noch im nämlichen Jahre [illegible] als Rector an das Domgymnasium seiner Heimathstadt berufen und [illegible] in dieser Stellung bis 1663. Unter ihm zuerst wurde die Sitte ge[illegible] Weihnachts- und Abgangsprogramme an der Anstalt eingeführt. Im [illegible] gab P. das Schulamt auf, um Diakonus an der Naumburger Wen[illegible] zu werden. Von da ging er 1681 als Superintendent nach Schleusin[illegible] er ch durch Herausgabe des Schleusinger Bibelwerkes (1684, neue [illegible] 1691, 1694, 1695, 1698) bekannt machte, das ihn auch mit Spener in [illegible]wechsel setzte. Um am Schleusinger Gymnasium theologische Vorlesun[illegible] halten, ließ sich P. in Jena zum Licentiaten machen; später ernannte [illegible] theologische Facultät daselbst auch zum Doctor der Theologie. Auf be[illegible] Wunsch seines Landesherrn, des Herzogs Moritz Wilhelm von Sachse[illegible] kehrte P. 1684 als Oberpfarrer der Wenzelskirche und Inspector des [illegible]gymnasiums nach Naumburg zurück, das er nun nicht wieder verli[illegible] dichtete mehrere geistliche und andere Lieder und ließ einige Leichenpr[illegible] sowie als Beigabe zu dem Schleusinger Bibelwerk ein Verzeichniß [illegible] deutscher Ausdrücke drucken. Ferner ist von ihm außer den Schulprogr[illegible] ein gelehrtes Büchlein „De notis sive siglis antiquorum“ (Zeitz 16[illegible]) [illegible]schienen, in dem er im Anschluß an den Brief des Justus Lipsi[illegible] notis“ zum ersten Mal eine Zusammenstellung der lateinischen Abkür[illegible] lieferte, wie es später auch Sertorius Ursatus (Padua 1672) und Jo[illegible] Nicolai (Leiden 1703) gethan haben. Ein lebensgroßes Oelgemälde P[illegible] befindet sich im Bildersaale der Naumburger Wenzelskirche.

J. M. Weinrich, Kirchen- und Schulstaat des Fürstenthums Hen[illegible] S. 419. — J. M. Schamelius, Pflicht gegen die Todten, S. 49 ff. — [illegible]selbe, Numburgum literatum I, S. 106—114 u. 128. — H. [illegible] Abriß einer Geschichte des Domgymnasiums zu Naumburg, I, S. 15 f. — K. Bornhak, Das geistliche Ministerium der Ephorie Naumburg, [illegible] — P. Mitzschke, Naumburger Inschriften, S. 379. — Derselbe, De[illegible] des Justus Lipsius „De notis“ im „Archiv für Stenographie“ [illegible] Nr. 403/4 (Juli-August), S. 190 ff. — A. Fischer, Liederlexik[illegible] S. 264 f. — J. C. Wetzel, Hymnopoeographia II, S. 318. — [illegible] S. 273, Nr. 904. — K. Goedeke, Grundriß z. Gesch. d. d. Dichtung[illegible] S. 291, Nr. 26. — H. Bergner, Bau- u. Kunstdenkmäler d. Stadt [illegible]burg, S. 265, Nr. 9.

Mitzsch[illegible]

Preu: Georg Michael P., lutherischer Theologe, ward gebor[illegible] 15. März 1681 in der damals reichsunmittelbaren, jetzt kgl. bairischen [illegible] Weißenburg als Sohn des Bürgers und Lohgerbers Johann Preu und [illegible] Gemahlin Sibylla geb. Kirschner. Er besuchte zuerst die lateinische [illegible] daselbst, welche unter dem Rectorate Döderlein's einen vorzüglichen Ruf [illegible] und bezog, mit den nöthigen Vorkenntnissen ausgerüstet, zwanzig Jah[illegible] (1701) die Universität Leipzig. Hier oblag er mit großem Fleiße dem St[illegible] der Philologie, Philosophie und Theologie. In den Professoren Ittig (Ki[illegible] historiker) und Günther (Dogmatiker) fand er wohlgeneigte Gönner. Beso[illegible] kam ihm zu statten, daß Ersterer ihm freie Benutzung seiner reichen Priv[illegible] gewährte, Letzterer ihn als gut honorirten Informator in das Haus angesehenen Großkaufmanns Namens Boetticher brachte. So wurde es , fünf Jahre lang an der Akademie zu weilen, sich umfassendes auf den verschiedensten Gebieten anzueignen, dabei auch im mündlichen — als Lehrer, Prediger, Disputator — sich auszubilden. Schon Abschluß seiner Studien (2. Mai 1705) ernannte ihn Fürst Albrecht von Oettingen zum Leiter des dortigen evangelischen Seminars, in Eigenschaft er auch gewisse kirchliche Functionen zu verrichten hatte. 1710 erhielt er die vereinigten Pfarreien Magerbein und Kleinsorheim überwiesen. Unterm 12. October 1715 erfolgte seine Be- zum Archidiakonus zu Oettingen, woselbst er 14 Jahre lang mit Eifer wirkte. Anfangs Januar 1729 als Diakonus bei St. Jakob berufen, wurde er 1731 Pastor an dieser Kirche, 1736 „des Predigerministeriums Senior". Sein Tod erfolgte (glaublich) März 1745.

Michael P. soll drei Mal verheirathet gewesen sein: 1. mit Maria , 2. mit Elisabeth Geiselmaier geb. Lutz und 3. mit Margarethe konnten wir nur betreffs 2. Näheres eruiren, da merkwürdiger die Registratur der St. Jakobskirche noch das sog. „evangelische " (Appertinenz des Stadtarchivs) Preu's Amts- und Personal- beleuchtende Aufzeichnungen enthält. Unsere Angaben stützen sich Hinsicht lediglich auf einen im Besitz des Kirchenraths Preu zu befindlichen „Familienstammbaum", nach welchem auch G. M. P. zwei Söhne gezeugt haben soll, nämlich Georg Gottlieb (1710), als Diakon zu Augsburg kinderlos verstorben; dann Georg Peter Syndikus und vorderster Rathsherr in Bunzlau (Schlesien), dessen noch heute im Mannesstamm blüht.

Quelle besagt ferner, daß unser P. drei Brüder hatte, von denen Vaterstadt — wo die Familie schon 1445 seßhaft — bürgerliche betrieben, während der dritte, Johann, als fürstlich Oettingen'scher Superintendent und Pfarrer zu Haarburg im Ries 1759 verstarb.

Michael P. hat nach den über ihn vorhandenen Nachrichten nicht seinen verschiedenen Lebensstellungen sich durchaus bewährt, sondern zahlreichen Schriften Belege eines unermüdlichen Fleißes, eines außer- Scharfsinns, wie einer umfassenden und gründlichen Gelehrsamkeit

seine schriftstellerischen Leistungen gibt näheren Aufschluß Georg Michel in seiner „Oetting. Bibliothek" (Ansbach 1758) und Baader verstorbener bairischer Schriftsteller des 18. und 19. Jahrhunderts" und Leipzig 1825) II. Bd., 1. Theil, S. 258 u. 259: Doch sind Aufzählungen nicht vollständig und die fürstliche Bibliothek zu Maihingen außer den von Michel und Baader erwähnten Impressis noch weitere Elaborate Preu's, so eine Predigt „Ueber den großen Unter- Menschen und eines Christen" (Augsburg 1735); eine Trauerrede Gottes nach seinem Rathe" (Oettingen 1737) und Anderes mehr.

Hauptwerk ist aber seine apologetisch-polemische Schrift „Licht ", das in den Jahren 1733 und 1736 zu Augsburg bei Mertz (I. Theil) und Johann Jakob Lotter (II. und III. Theil) erschien. das Buch des Dominicanerpaters Johann Ferler „Licht und ist Auslegung aller Artikel des katholischen Glaubenbekenntnisses" 1730) zu widerlegen und „die purlautere Wahrheit, welche in der evangelischen" (d. i. lutherischen) „Kirche Christi gelehrt wird", Jeder vor Augen zu stellen. Protestantische Scribenten, wie Gött in „Das lebende gelehrte Europa" (1736) 2. Aufl., II. Theil, S. 271 ff.; Moser, trag zu einem Lexikon der jetzt lebenden lutherischen und reformirten logen" (1740) S. 821, behaupten, daß P. seine Aufgabe „auf gründliche und sittsame Art" gelöst, ja sogar den hochbetagten P. Ferler von der heit der evangelischen Doctrin überzeugt habe und daß dessen formeller tritt zur Augsburger Confession nur durch seine Gefangensetzung ver worden sei. Inwieweit an dieser Angabe ein wahrer Kern, läßt sich nicht mehr nachweisen, da gelegentlich der Säcularisation die Registr der Dominicanerconvente vielfach verschleudert und vernichtet worden sin Archiv des Generalats zu Rom aber keine auf den Fall bezügliche No hält. So viel steht fest, daß P. an Gelehrsamkeit und dialektischer Ge heit P. Ferler überlegen war, daß sein Werk von den Zeitgenossen a widerleglich betrachtet wurde (vergl. z. B. Zapf, „Augsb. Bibliothek", S. 715). Letzteres ist unzutreffend, und nach dem heutigen Stand der logischen Wissenschaft müßte P. gar manche seiner Behauptungen als gehend oder irrig fallen lassen. Immerhin darf man zugeben, daß der von St. Jakob ein wohlgerüsteter Streiter für seine Ueberzeugung un Zierde des Augsburger Predigerstandes gewesen ist.

Die Maihinger Bibliothek besitzt noch ein Manuscript des ehem Oettingenschen Archidiakonus P., betitelt „Reformationshistorien", 1142 in 4° umfassend. Die katholische (d. h. vorreformatorische) Zeit wird nanntem Elaborat nicht berührt. Nach Michel (a. a O. I, S. 90) soll absichtigt haben, auch diese Epoche zu bearbeiten. Doch scheint er nicht gekommen zu sein.

Archive zu Augsburg, Oettingen, Wallerstein; Bibliotheken zu Aug Oettingen. Die bei Baader (a. a. O. S. 259) angeführte Litteratur; theilungen des Kirchenraths Preu in Weißenburg a. S., des Pr Dr. Weiß, ord. Praed. in Freiburg, Schweiz. — Auffallender Weise ist in „Gesch. d. Wissenschaften" (Prot. Theologie) ebensowenig erwähnt in Herzog's „Realencyklopädie für protestantische Theologie und K (Hauck'sche Neubearbeitung). P. Wittma

Preyer: William Thierry P. wurde am 4. Juli 1842 zu Side bei Manchester in England als Sohn eines Großindustriellen ge Im elterlichen Hause sorgfältig erzogen, besuchte er von 1854—55 die Cl Grammar Scool bei London, hierauf zwei Jahre das Gymnasium in Du und von 1857—59 das zu Bonn, welches er im Herbst 1859 mit dem Ze der Reife verließ. Schon als Knabe zeigte er außerordentliches Interes das Leben und Treiben der Thiere und widmete sich demnach zunäch Bonn als Studirender der Medicin naturwissenschaftlichen und medicin Studien, die er in Berlin, Heidelberg und Wien fortsetzte. 1860 beth er sich mit seinem Freunde Zirkel an einer Expedition nach Island, Beschreibung 1862 in Leipzig erschien (Reise nach Island von Preyer und Z In Bonn war es wesentlich der Anatom und Histologe Max Schultze un Physiker Plücker, an den andern Hochschulen die ersten Vertreter der Phys Du Bois-Reymond, Brücke, Helmholtz, Ludwig und der Pathologe Vi die seinen Studiengang beeinflußten. Schon 1862, während seiner medicin Studienzeit, erlangte er in Heidelberg die philosophische Doctorwürde mit Dissertation „Plautus impennis". In dieser interessanten Arbeit setzt er, stützt auf Beobachtungen von seiner isländischen Reise, auseinander, wie *Vogel, eben der Plautus* oder Alca impennis, der den nur mit kurzen Flü

... Pinguinen nahe steht, allmählich ausstirbt. An diesem Aus... 1. die unvollkommene Organisation des Vogels selbst, ..., der die „Caricatur dieses Vogels", der nicht gehen und ..., wegen seiner zarten Daunen, wegen seines vortrefflichen Fleisches ... noch vortrefflicheren Eier erbarmungslos verfolgt hat, und ... Eruptionen, die gerade die zu seinem Schutz dienenden Inseln ... vielfach vollkommen vernichtet hat.

... Jahre später sehen wir P. in Paris, um in dem chemischen Labora... Wurtz und vor allem in dem des berühmten physiologischen Ex... Claude Bernard Kenntnisse und Erfahrungen zu sammeln. ...itirte er sich in Bonn an der philosophischen Facultät als Privat... Zoophysik und Zoochemie und 1866 erwarb er sich ebenda den ... Doctorgrad mit seiner Dissertation: De haemoglobino observa... experimenta. Das Vorkommen dieses wunderbaren Stoffes bei ..., die chemische Zusammensetzung seiner Krystalle, namentlich seines ... Schwefelgehaltes, seine Verbindung mit Sauerstoff und Kohlen... in derselben beschrieben. 1867 habilitirte er sich in Jena für ... und zwei Jahre später wurde er daselbst nach dem Tode von ...mak, des Vertreters der Physiologie in Jena, ordentlicher Professor .... Er bekleidete dieses Amt bis zum Jahre 1888 und siedelte ... persönlicher Verhältnisse nach Berlin über, woselbst er sich als ... habilitirte und bis 1893 unter anderen Vorlesungen über Ge... Physiologie und über Hypnotismus hielt. Kränklichkeitshalber zog ... nach Wiesbaden, wo er am 17. Juli 1897 einem langwierigen Nieren...leiden erlag.

Die wissenschaftlichen Leistungen Preyer's sind vielseitig und mannichfacher ... erster Linie arbeitete P. über das Blut. Der Blutfarbstoff, das ..., über den ja schon seine Dissertation handelte, bildete für ihn den ... vielfacher Untersuchungen. Sein chemisches und spektroscopisches ... (Ueber einige Eigenschaften des Hämoglobins und Methhämoglobins. ... Arch. Bd. 1), die Wirkungen des stärksten aller Gifte, der Blausäure ...säure. 2 Thle., Bonn 1868 u. 1870), auf den Organismus im ... und aufs Blut im besonderen, vor allen Dingen das vortreffliche ... die Blutkrystalle, 1871, das noch nicht überholt sein dürfte, be... seine chemisch-physiologische Arbeitsleistung. Ein großer Theil ... ist in die Wissenschaft übergegangen, ohne daß man sich immer ... bewußt ist.

... dem Gebiete der Muskelphysiologie glaubte P. ein ganz be..., das „myophysische", entdeckt zu haben, welches ganz ähnlich ...schen, dem sogenannten psychophysischen Gesetz, das die Beziehung ... und Empfindungsgröße ausspricht, die Beziehung zwischen Reiz ... der Zusammenziehung des Muskels feststellen sollte. Dieses so... hat sich als irrthümlich herausgestellt.

... erging es P., der oft wohl etwas gar zu leicht für einen Ge... war, mit seiner Theorie des Schlafes. Der Schlaf sollte ... durch Milchsäure zu Stande kommen, die sich als Thätigkeits... Gehirn selbst bildete; und milchsaure Salze sollten schlafmachend ... Erscheinungen werden ja bei der Muskelthätigkeit und ... beobachtet; ihre Uebertragung aber auf das Gehirn hat der ... nicht Stand gehalten.

... bearbeitete P. mit großem Eifer die schwierige Frage der Farben... und stellte wohl *als einer* der Ersten eine Reihe von That...

sachen, namentlich an Farbenblinden, zusammen, welche die Young-Helmhol
Theorie mit den wesentlich roth, grün- und violettempfindenden Endorg
in der Netzhaut als nicht ausreichend erwiesen. Ebenso und vielleicht
eingehender bearbeitete er das Gebiet der Akustik, indem er unter ander
riesigen Stimmgabeln und besonders eingerichteten Zungenpfeifen die
keit tiefster Töne, sowie auf andere Weise diejenige höchster Töne,
Unterschiedsempfindlichkeit von Tönen überhaupt feststellte. Die Ursa
Combinationstöne, diejenige der Consonanz und schließlich die Wahrne
der Richtung, aus welcher Töne oder Geräusche kommen, bilden weitere
stände der Untersuchung.

Durch seinen Vorgänger Czermak wurde P. wohl auf ein Gebiet
Forschens geführt, dem er eine große Zeit seines Lebens widmete, wir
kurz sagen, auf das psychische. Das Experimentum mirabile des Je
paters Kircher, welches darin besteht, daß ein auf den Boden niederged
Huhn in dieser Stellung wie bezaubert verharrt, wenn man vor ih
seinem Schnabel aus in der Längsrichtung seines Körpers einen Kreid
auf den Boden zieht, bildete den Ausgangspunkt jener Untersuchungen,
die Cataplexie und den Hypnotismus (Jena 1878) zum Gegenstande
Später, als Anfang der achtziger Jahre dieser Frage von Heidenhain,
dem Verfasser im Anschluß an die bekannten Schaustellungen des Magneti
Hansen wissenschaftlich nähergetreten wurde, betheiligte sich P. daran und
namentlich auf die Verdienste des englischen Arztes Braid hin, dessen
essante, aber bisher ganz unbekannte Schriften über den Hypnotismu
ins Deutsche übersetzte (Der Hypnotismus, Ausgewählte Schriften von J.
deutsch von W. Preyer, Berlin 1882). Auch veröffentlichte er eine Reihe
Arbeiten und populären Vorträgen über besagtes Thema.

Ziemlich bekannt ist dann auch eine Arbeit von P. aus nahezu
selben Zeit, nämlich „Die Seele des Kindes" (1882, 4. Auflage 1895).
diesem Buch, welches Deutschlands Kinderfreunden und -Freundinnen gew
ist, verfolgt P. im wesentlichen die seelische Entwicklung eines Kindes (Kn
von sich von der Geburt bis zum dritten Jahr und kommt zu der Auffa
daß „die Seele des eben geborenen Kindes nicht der unbeschriebenen
gleicht, auf welche die Sinne erst ihre Eindrücke aufschreiben, so daß
diesen die Gesammtheit des geistigen Inhaltes unseres Lebens durch man
faltige Wechselwirkungen entstände, sondern die Tafel ist schon vor der G
beschrieben mit vielen unleserlichen, auch unkenntlichen und unsichtbaren Zei
den Spuren der Inschriften unzähliger sinnlicher Eindrücke längst vergang
Generationen".

Sachlich mit dieser Arbeit verknüpft ist eine zweite, welche die Le
erscheinungen des Menschen bzw. des Thieres vor der Geburt behandelt,
„Specielle Physiologie des Embryo" (Leipzig 1885), sowie ähnliche,
früher angestellte Untersuchungen über den Chemismus des sich entwick
Hühnereies.

Das lebhafte Temperament von P. drängte ihn auch nach der Un
suchung anderer, namentlich geheimnißvoller, psychischer Phänomene, so
Vorgange des Gedankenlesens, dem psychischen Inhalt der Schrift (Grap
logie), sowie nach den letzten Ursachen der Dinge überhaupt. In sei
„Naturwissenschaftlichen Thatsachen und Problemen" (Berlin 1880), behan
er in populären Vorträgen eine Reihe dieser Fragen, wie die allgemei
Lebensbedingungen, die Hypothese über den Ursprung des Lebens, die Co
currenz in der Natur u. dergl. in anregender lehrreicher Weise, wie der
P. überhaupt seine Wissenschaft und ihre für recht erkannten Ergebni

Darwin'sche Entwicklungslehre, die Unterrichtsfrage (Naturforschung … Stuttgart 1887) u. a. mit Feuereifer zu verbreiten sich bemühte. … Entstehung der chemischen Elemente spürte er nach und schuf eine … Hypothese. Er gab ferner den Briefwechsel zwischen Julius Mayer, dem Entdecker des Gesetzes von der Erhaltung der Kraft, und …, sowie denjenigen zwischen Fechner und ihm, sowie zwischen Fechner … heraus. Schließlich sind noch eine Reihe von beachtenswerthen … ungen von ihm und seinen Schülern niedergelegt in seinen „Physio- … Abhandlungen" (Jena 1876—77).

… den ich nur einmal flüchtig in seinem Institut in Jena gesehen … ein schöner, offenbar auch körperlich kräftig entwickelter Mann, der … Begeisterung seiner Wissenschaft gedient und, allzu temperament- …, manchmal über das Ziel geschossen, aber doch neue Wissens- … eröffnet, sowie in strengster wissenschaftlicher Arbeit so manchen … Baustein dem Gebäude der Naturwissenschaft und Medicin ein- …

… über P. ist geschrieben in der Leopoldina, Bd. 33, 1897, S. 116, in … graph. Lexikon hervorragender Aerzte von Pagel 1901, S. 1328, … sich auch ein gutes Bild von P. befindet, und von Siegm. Fuchs … Wiener Klin. Wochenschrift, 1897, S. 703, ferner in der Vossischen … vom 16. Juli 1897. Seine zahlreichen Werke und Schriften finden … zusammengestellt im Börsenblatt für den deutschen Buchhandel, 1897, …

P. Grützner.

Primisser: Johann Friedrich P., der älteste Sohn des Webers Johann … und der Maria Burger, der Vetter der litterarisch bekannten Brüder … Primisser und Johann Baptist Primisser. Geboren zu Prad im … am 21. August 1757, erhielt er eine über seinen Stand hinaus- … gelehrte Erziehung, die ihn zu seiner Stelle als k. k. Gubernial- … und Archivs-Official vorbereitete, für die er am 9. Mai 1785 … genommen wurde. „Seinem Lehrer und würdigsten Oberbeamten" … ler wollte er nach einem Gelegenheitsgedichte an ihn eine für … seiner jungen mit einem Söhnchen Gottfried gesegneten Ehe … haltsaufbesserung verdanken. Jedenfalls wurde er unter den Händen … klärers der rationalistische Beamte des Josephinischen Zeitalters, als … der deutsch-tirolischen Dichtung Bedeutung beanspruchen darf. In … muß sich P. auch die Gunst des Freiherrn v. Sperges erworben …, ihn dieser in seinem Testamente 1791 zum Herausgeber seines … Nachlasses vorschlägt. P. wurde die reich entlohnte Arbeit in der …, im Mai und Juni 1792 wurden ihm auch die dazu nöthigen … Urkunden aus dem Sperges'schen Nachlasse übergeben. Zu einer … Bearbeitung auch nur eines Theiles der beabsichtigten tirolischen … ist er aber nie gekommen. Nur Ansätze zu einer pragmatischen ratio- … Geschichtsbetrachtung, Auszüge aus historischen Werken, Special- … und recht umfangreiche, von seinem Sohne später ergänzte … einer „Tirolischen Chronik" von 1130—1777, die aus dem Nach- … s erhalten sind, zeugen wohl für seinen Fleiß, kaum aber für … Talent. Am 14. December 1802 wurde er Wirkl. Archivar … ratursdirector beim tirolischen Landesgubernium, am 14. November … der bairischen Regierung als solcher bestätigt; erst am 1. März 1812 … Innsbruck.

… ein Vertreter der aufgeklärten Poesie, wie sie von den Kindern … Zeit in Oesterreich gepflegt wurde. Als solcher begründete er eine neue tirolische Dichtung, die im Gegensatze zu der alten ge Jesuitendichtung, welche übrigens schon ganz ausgestorben war (vgl. J. M Ueber die Tiroler. Wien 1796, S. 71), ihre Wirkung auf die mittleren unteren Volksschichten Tirols berechnete, so sehr, daß sie den Dialekt verschmähte. Dieses Streben erklärt sich aus den Motiven, die Prim Dichtung bedingten: seine Beamtenlaufbahn. Die Hauptmasse seiner D ist loyale Gelegenheitspoesie im Dienste der Spitzen der Behörden, ö reichischen und nach 1806 unbedenklich auch des bairischen Herrschers Seine Kriegslieder für 1796 und 1797 — wirklich Volksgut ge Dichtungen — gehen von einem Liede aus, das nicht wie die ganze Kriegsliedbichtung der Zeit (hg. v. J. E. Bauer, Tiroler Kriegslieder a Jahren 1796 und 1797. Innsbruck 1896) zur Landesvertheidigung a sondern eine Betheiligung der Tiroler an den Kämpfen der Coalition in Deutschland propagirt. Es ist dies das bis 1866 lebendig geb „N' Stutzen hear bam Sokara" (Zs. d. Ferdinandeums III. Folge, 4 S. 447 ff.), das, infolge des raschen Kriegsglückes der Franzosen u brauchbar geworden, später in ein gewöhnliches Kriegslied von P. umgesch wurde. So verherrlicht auch das einzige von ihm erhaltene Drama „ Sterzinger oder Der bairische Einfall ins Tirol", Innsbruck 1782, T treue und Tirolermuth in bewußtem Gegensatze zu den in München ersch bairisch-patriotischen Ritterdramen nach Törring's „Agnes Bernauerin". dort üblichen Motive verwendet auch P. vielfach, aber niemals sklavisch; Contraste liebt er hier wie in seiner theilweise auf K. G. Cramer's (1792) „Feinde ringsum" zurückgehenden Lyrik; in dieser sind auch noch lange zählungen ein beliebtes technisches Mittel.

Die Abhandlung O. Schissel v. Fleschenberg, Joh. Friedr. Primi Leben steht Zs. d. Ferdinandeums III. Folge, 50. Heft, S. 479—494. Z. Bibliographie d. tirolischen Litt. d. 18. Jhs., I, 1. Mitth. d. Oe f. Bibliothekswesen 10 (1906), Heft 1. — Goedeke, Grundriß², § 191; 298 E 4; 298 E 31. — C. v. Wurzbach, Biogr. Lexikon 23 (306 ff. — J. Bergmann, Die fünf gelehrten Primisser. Ber. u. Mitt Alterth.-Vereines zu Wien, 4 (1860), 240 ff. — J. v. Hormayr, T f. d. vaterl. Gesch., Berlin 1846, 25 (17), 377 ff. — [A. A. Di Neue Zs. d. Ferdinandeums 3 (1837), 32 ff. O. v. Schi

Pringsheim: Nathanael P., Botaniker, geboren in dem oberschle Dorfe Wziesko am 30. November 1823, † zu Berlin am 6. October Nach Absolvirung der Gymnasien in Oppeln und Breslau widmete an letzterer Universität zuerst philosophischen und auf Goeppert's Anr hin auch botanischen Studien, um auf besonderen Wunsch des Vaters ein Brotstudium für unerläßlich hielt, schon im Wintersemester 18 in die medicinische Facultät überzutreten. Die physiologischen Vorles Purkinje's, der im Gegensatz zu der damals unter Nees von Esenbeck bl speculativ-naturphilosophischen Schule die exacte experimentelle Methode ve mögen in dem jungen Studenten den Keim zu seiner späteren Forsch richtung geweckt haben. Nach einjährigem Aufenthalte in Breslau g Ostern 1844 nach Leipzig. Die damals gerade erschienenen Schleiden „Grundzüge der wissenschaftlichen Botanik" entzündeten auch Pringsh wissenschaftlichen Eifer. Er kaufte sich ein Mikroscop und vertiefte sich i sich ihm offenbarende ganz neue Welt pflanzlicher Lebenserscheinungen, er in der Technik des Mikroscopirens sein eigner Lehrer sein mußte. bezog P. die Universität Berlin. Er hörte hier Chemie bei Mitscherlich u *Heinrich Rose*, Physik bei Gustav Magnus und Dove, Botanik bei Ku

[illegible] 1848 publicirten, auch in der Linnaea von demselben Jahre
[illegible]ialdissertation, welche über den Bau und das Wachsthum
[illegible]theile in der Samenhaut der Erdse handelte und die ihn
[illegible]lüssen auf die Bildung von Verdickungsschichten in der
[illegible]erhaupt führte, erwarb er sich in Berlin den philosophischen
[illegible] die Märztage des Jahres 1848 die politischen Wogen höher
[illegible] wurde auch P., der in idealer Weise für den Gedanken eines
[illegible]schlands sich begeistert hatte, durch eine, allerdings nur
[illegible] Inhaftnahme in Mitleidenschaft gezogen. Später hat er,
sinnung zu verleugnen, an öffentlicher politischer Thätigkeit sich
theiligt. Nach Abschluß seiner Universitätsstudien begab sich P.
aris, wo er mit Bornet innige Freundschaft schloß, und sodann
von wo er im Herbste des Jahres 1849 nach Berlin zurück-
Zeit seines Aufenthaltes im Auslande benutzte P. zum fleißigen
Algen und niederen Pilze, Pflanzengruppen, um deren Auf-
entlich inbezug auf ihre geschlechtliche Vermehrung, er in seinen
eiten sich die größten Verdienste erwerben sollte. Aus diesem
e er auch seine Habilitationsschrift. Sie führt den Titel: „Zur
eschichte der Achlya prolifera" und ist im 23. Bande der Aber Leopoldina vom Jahre 1851 abgedruckt. Die irrthümliche
nes Thallophyten statt der richtigeren als Saprolegnia ferax hat
st verbessert. Diese Arbeit bildet den ersten Versuch, auf Grund
hter Culturen, die Entwicklung der niedrigsten Pflanzenformen
ung bis zur Fortpflanzung zu verfolgen, die P. damals mit der
lechtsloser Sporen für erschöpft hielt. Nach seiner Verheirathung
er eines begüterten Oppelner Kaufmanns, Henriette Guradze,
1851 begann P. im Sommersemester desselben Jahres seine
ehrthätigkeit in Berlin als Privatdocent. Sie nahm keinen
ng an. Denn P. war viel mehr Forscher als Lehrer. Neigung
ng trieben ihn zu wissenschaftlichen Untersuchungen, die während
Jahre fast ausschließlich den vor ihm wenig studirten Algen,
en des Meeres, galten. Er unternahm zu Studienzwecken wieder-
ach Helgoland, zum ersten Male im Sommer 1852, im folgenden
Mittelmeer, dann später nach der Bretagne und an die pro-
ste und verschaffte sich hierdurch das Material für seine epoche-
rbeiten, die weiter unten in ihrer Bedeutung charakterisirt werden
übrigen führte er ein gleichmäßiges, geräuschloses Gelehrtenleben
ge günstiger Vermögenslage unabhängigen Stellung und unter
äuslichen Verhältnissen, die er in Gemeinschaft mit seiner geistig
Gattin durch edle Geselligkeit zu verschönen wußte. An An-
ner Verdienste um die Wissenschaft hat es P. nicht gefehlt. Mit
wählte ihn die Leopoldinisch-Carolinische Akademie der Natur-
rem Mitgliede, im J. 1860 wurde er in die Berliner Akademie
[illegible] aufgenommen und 1888 ihm der Titel eines preußischen
[illegible]ierungsrathes verliehen. Aber auch außer seinen wissenschaft-
[illegible]ungen hat P. viel zur Förderung der Botanik gethan. Auf
[illegible] ihm entstanden die seinen Namen tragenden „Jahrbücher für
[illegible] Botanik", von denen von 1857 an 26 Bände unter seiner
[illegible]ienen sind und die er zu dem vornehmsten Organ seiner Wissen-
[illegible] verstand. Ferner verdankt ihm die deutsche Botanische
[illegible] Entstehen, welche sehr bald die namhaftesten Botaniker Deutsch-
[illegible]iedern zählte und zu deren Präsident er vom Gründungsjahr

1882 an bis zu seinem Tode alljährlich wiedergewählt wurde. Endlich noch erwähnt, daß es seinem Einfluß gelang, auf der von ihm so suchten und liebgewonnenen Insel Helgoland die Errichtung einer biolo Station durchzusetzen. Sein Name ist mit jener Stätte noch be knüpft, daß seine Kinder nach des Vaters Tode die Mittel zur E eines Nordsee-Museums hergaben, das auf Grund kaiserlicher Gene die Bezeichnung „Pringsheim-Museum“ führt. Auf kurze Zeit hat rein wissenschaftliche Thätigkeit unterbrochen. Er folgte 1864 einem Ru Universität Jena, um als Nachfolger Schleiden's die ordentliche Profe Botanik und die Direction des botanischen Gartens zu übernehmen. allgemeiner Botanik las er ein specielles Colleg über Kryptogamen und die mikroscopischen Uebungen. Obwohl er die Genugthuung hatte, d von ihm geforderte Erbauung eines physiologischen Instituts ohne genehmigt und ausgeführt wurde und ihn auch sonst das Arbeiten gabten Schülern in den aufs zweckmäßigste ausgestatteten Räumen sah er sich doch veranlaßt, schon nach 4 Jahren seine Stellung in Jena zulegen und nach Berlin zurückzukehren. Hauptsächlich mitbestimmen diesen Entschluß mag die Rücksicht auf seinen Gesundheitszustand gewese Denn schon seit vielen Jahren hatte er mit asthmatischen Leiden zu die periodisch wiederkehrten und ihm namentlich länger andauernde Vorle zur Qual machten. Reisen nach dem Süden hatten das Leiden zwar zurückgedrängt, aber nie ganz gehoben. Dennoch konnte P. seinen 7 burtstag in verhältnißmäßiger Frische des Körpers und Geistes feiern die zahlreichen Ehrungen entgegennehmen, die ihm aus diesem Anlaß der wissenschaftlichen Welt zu Theil wurden. Allein nach kaum Jah raffte ihn nach vierzehntägigem Krankenlager eine Lungenentzündung als er sich eben anschickte, nach Wien zu reisen, um in gewohnter Wei Vorsitz bei der Generalversammlung der Deutschen Botanischen Gesellsch übernehmen.

Pringsheim's botanische Arbeiten sind in dem in der Fußnote angef Nachruf von Karl Schumann in chronologischer Reihenfolge aufgezählt. durch Zahl und Umfang als durch ihren bedeutungsvollen Inhalt ragend, werden sie in der botanischen Litteratur eine bleibende Stätte Um die Mitte des 19. Jahrhunderts traten die bisher ganz vernachlä Kryptogamen und das Studium ihrer Entwicklungsgeschichte mehr und in den Mittelpunkt der wissenschaftlichen Untersuchung. Nachdem durch deutende Forscher wie Unger, Nägeli, Mettenius, Alex. Braun, Su Milde u. A. die geschlechtliche Fortpflanzung bei den höheren Krypto nachgewiesen worden, ging man daran, auch bei Algen und Pilzen äh Verhältnisse aufzusuchen. Zunächst freilich konnte man bei diesen organisirten Gewächsen das Vorhandensein geschlechtlich unterschiedener nicht feststellen; nur das Auftreten ungeschlechtlicher Schwärmsporen bei war von verschiedenen Forschern beobachtet worden. P. selbst beschri seiner „Entwicklungsgeschichte der Achlya prolifera“ 1851 und in der schrift Flora von 1852 in den „Algologischen Mittheilungen“ bei Spir die Keimung der Ruhesporen, ohne sie als sexuelle Producte aufzuf Gleichzeitig verwerthete er seine Algenbeobachtungen zu einer Reform der Z lehre. In seinen 1854 erschienenen „Untersuchungen über den Bau und Bildung der Pflanzenzelle“ wies er zunächst die organisirte Struktur Protoplasmas und deren Bedeutung für die Fortpflanzung der Zelle Im gleichen Jahre hatte Thuret gezeigt, wie die großen, kugelförmigen Ei der Seetangarten von winzigen Protoplasmakörpern, die er bereits für Sa [illegible], umschwärmt werden, ja sogar, daß durch künstliche Vermischung [illegible]zoiden einer Art mit den weiblichen Zellenelementen einer anderen [illegible] entstehen können, allein der wirkliche Befruchtungsact war noch [illegible] worden. Da gelang es 1855 P., diese Frage zu lösen. An der [illegible] Vaucheria beobachtete er direct das Eindringen der Spermatozoiden [illegible] daß hierbei im Zellenverbande verbleibenden weiblichen Organs und [illegible] erst nach diesem Vorgange die befruchtete Zelle sich mit einer [illegible] bekleidet und zu einer Ruhespore ausbildet. Die Aufsehen er- [illegible] Entdeckung legte P. in einer in den Monatsberichten der Berliner [illegible] 1855 erschienenen Abhandlung nieder unter dem Titel „Ueber die [illegible] und Keimung der Algen und das Wesen des Zeugungsacts". [illegible] bestätigende Untersuchungen. Schon ein Jahr darauf beschrieb [illegible]selben Stelle die Befruchtungsvorgänge bei einer der gemeinsten [illegible]algen: Oedogonium. Er konnte feststellen, daß das bewegliche [illegible] mit dem Protoplasma der Eizelle eine directe materielle Ver- [illegible]einigung, wodurch nunmehr jeder Zweifel an der Sexualität in der [illegible] dieser Pflanzengruppe ausgeschlossen war. Noch eine Fülle [illegible] interessanter Einzelheiten birgt diese Arbeit. So erkannte P. die [illegible] der von A. Braun zuerst gesehenen Mikrogonidien und zeigte, daß [illegible] parasitär dem Oogonium anhaftenden Individuen auswachsen, [illegible] die Spermatozoiden hervorgehen. P. ließ es aber nicht bei der [illegible] des Sexualactes bewenden. Indem er vielmehr von den unter- [illegible] Algenfamilien Zelle für Zelle fortschreitende Wachsthumsgeschichten [illegible] auch die bei der ungeschlechtlichen Vermehrung auftretenden Vor- [illegible] Beziehung zu dem Generationswechsel höherer Kryptogamen, nament- [illegible] Rasse, setzte, gelangte er zur Bildung systematischer Gruppen, die [illegible] Verwandtschaftsbilder boten als die bisher bekannten, sich meist [illegible] Unterschiede gründenden. Die betreffenden Arbeiten finden sich [illegible]nahme der in den Monatsberichten der Akademie 1856 veröffentlichten: [illegible]chungen über Befruchtung und Generationswechsel der Algen", sämmt- [illegible] inzwischen von ihm gegründeten „Jahrbüchern". Es sind folgende: [illegible] zur Physiologie und Systematik der Algen. Morphologie der [illegible]" (1857, Bd. I, 1); „Beiträge zur Morphologie und Systematik [illegible] Die Saprolegnien" (Bd. I, 2), mit „Nachträgen" dazu (1859, [illegible] und 1873, Bd. IX, 2); ferner: „Die Coleochaeten" (1858, Bd. II, 1) [illegible]: „Nachtrag zur Kritik und Geschichte der Untersuchungen über [illegible]geschlecht" (1860, Bd. II, 3). In Ergänzung dieser Arbeiten ging [illegible] auch daran, seine Beobachtungen an Meeresalgen, von denen er auf [illegible] nach Helgoland und an die Nord- und Südküste Frankreichs [illegible] der fünfziger Jahre reiches Material gesammelt hatte, abzuschließen [illegible] veröffentlichen. Als erste Frucht dieser Studien erschienen 1862 in [illegible]lungen der Berliner Akademie: „Beiträge zur Morphologie der [illegible]", denen 11 Jahre später eine zweite Schrift, betitelt: „Ueber [illegible] der morphologischen Differenzirung in der Sphacelaria-Reihe" folgte. [illegible]gleichende Betrachtung wies der Autor nach, wie in einem begrenzten [illegible]kreise der morphologische Aufbau von der einfachsten conferven- [illegible] schrittweise zu der sproßartigen Gliedernng complicirterer [illegible]wandelt, die unmittelbar an die höheren Gefäßkryptogamen an- [illegible] In das Gebiet der letzteren Gewächse fällt eine hochbedeutsame [illegible]ringsheim's: „Zur Morphologie der Salvinia natans" (Jahrb. III, [illegible] welcher er mit gleicher Meisterschaft wie bei den niederen Krypto- [illegible] an einer höher organisirten Pflanze den gesammten Entwicklungsgang von der Befruchtung des Eies bis zum reich gegliederten Spross Zelle für Zelle, in lückenloser Vollständigkeit klarzulegen verstanden. Schon vorher hatte er in seiner Abhandlung: „Ueber die Vorkeime der C (Monatsber. d. Berl. Akad. 1862 und Jahrb. III, 2, 1862) werthvolle sultate gewonnen und den Nachweis geführt, daß diese in der Regel mi Algen vereinigten Pflanzen nach der Form und Entwicklung des Proth besser mit den Moosen in Beziehung zu setzen seien. Während der Je Zeit ruhte Pringsheim's litterarische Thätigkeit, doch bald nach seiner kehr nach Berlin gelang ihm eine neue wichtige Entdeckung bezüglich d schlechtlichen Fortpflanzung bei den Algen, worüber er in einer Schrift: obachtungen über die Paarung von Schwärmsporen" in den Abhandl. d. 1869 berichtete. Bei der Gattung Pandorina konnte er zeigen, daß zwei wenig durch ihre Größe von einander verschiedene Schwärmsporen zu zeugung einer Eispore verschmelzen und knüpfte daran Ausblicke auf d Vorgänge bei vielen Süßwasser- und Meeresalgen, bei denen man vorher ungeschlechtliche Schwärmsporenbildung gekannt hatte. Vom Jahre 187 wandte sich P. einem anderen Forschungsgebiete zu: der chemischen und p lischen Experimentalphysiologie der Pflanzen. Er hatte es sich zur A gestellt, den Widerspruch aufzulösen, welcher zwischen dem in derselben verlaufenden Proceß der Athmung und dem der Assimilation zu be scheint, insofern einerseits Stoffverzehrung, andererseits Stoffspeicherung dieselbe Energie des Sonnenlichtes ihren Anstoß erhalten. Dazu war ein sorgfältiges Studium der Function des Chlorophylls nothwendig. 12 Mittheilungen an die Berliner Akademie, die bis in das Jahr reichen (s. Nekrolog von Schumann) und an verschiedenen anderen Orten, sonders ausführlich in den Jahrbüchern (Band XII, 1881; XIII, 1 XVII, 1886), hat P. die Ergebnisse seiner Untersuchungen über das C grün veröffentlicht. Sie haben nicht einmüthige Zustimmung bei den botani Fachgenossen gefunden, doch bleibt es ein unbestreitbares Verdienst Arbeiten, abgesehen von der thatsächlichen Bereicherung unserer Kennt über die optischen, chemischen und morphologischen Verhältnisse des Chloro auf die Lücken aufmerksam gemacht, die in unserem Wissen über die wichtigsten Lebensthätigkeiten der Pflanzen noch bestehen, und Fragen aufgerollt zu haben, die man damals schon für abgeschlossen gehalten Nach Pringsheim's Ansicht spielt das Chlorophyll dem Sonnenlicht gege die Rolle eines Regulators, indem es gewisse Lichtstrahlen gleich einem S zurückzuhalten vermag und so die Größe der Athmungsenergie unter die Assimilation herabsetzt. Seine letzte Arbeit: „Ueber die Entstehung der K inkrustation an Süßwasseralgen" erschien 1888 in den Botanischen Jahrbüc Vorher noch hatte er in den Berichten der Deutschen Botanischen Gesells (Band V, 1887) ein Lebensbild des Pflanzenphysiologen Jean Ba Boussingault in lichtvoller Weise entworfen, das ihn auch auf dem G historischer Forschung als Meister der Darstellungskunst kennzeichnet.

Nachrufe: Ferd. Cohn in Bericht d. Deutsch. Bot. Gesellsch., XIII. Ja 1895, S. (10)—(35). — P. Magnus in „Hedwigia", Bd. XXXIV, 1 S. 14—21 und Naturwissensch. Rundschau, X. Jahrg., Nr. 7, 1895. K. Schumann in Verhandl. d. Bot. Vereins d. Prov. Brandenburg XXX 1894, S. XL—XLVIII. G. Wunschmann.

Probst: Ferdinand P., katholischer Theologe, geboren am 28. 1816 zu Ehingen in Württemberg, † am 26. December 1899 zu Bre P. besuchte das Gymnasium in seiner Vaterstadt bis 1836, studirte Theologie in Tübingen und wurde am 16. September 1840 zum Pries

... Hierauf wurde er zuerst Vicar in Ellwangen, Herbst 1841 Repetent ... (kath.-theol. Convict) in Tübingen, wo er von Hefele und ... er in nähere Beziehungen trat, zu wissenschaftlichen Arbeiten ... am 22. December 1848 Pfarrer zu Pfärrich im württem... bis 1864; 25. November 1851 Dr. theol. Im Herbst 1864 ... ordentlicher Professor der Pastoraltheologie an der Universität ... am 16. April 1886 zugleich Domcapitular; 1889/90 Rector der ... 1890 päpstlicher Hausprälat; am 4. März 1896 zum Dompropst ... am 31. Juli 1896 als solcher installirt. Seitdem vielfach leidend, ... jetzt von der Lehrthätigkeit zurück.

... umfangreiche und bedeutende schriftstellerische Thätigkeit Probst's ... mit den Werken: „Katholische Glaubenslehre. Ein Religionshandbuch ...“ (Mainz 1845); „Die sogenannte Reformation und die wirkliche ... Ein Beitrag zur 300jährigen Jubelfeier der allgemeinen ...versammlung von Trient. Nebst einem Anhang: Kurzer Ueberblick ...Unterscheidungslehren“ (Mainz 1845); „Katholische Moraltheologie“ ... Tübingen 1848—1850; 2. Ausgabe 1853); „Die Gesellschaft Jesu“ ... 1851; 2 Auflagen). Mit dem Jahre 1852 betrat er das Gebiet ...urgik, das er fortan, besonders nach der geschichtlichen Seite, mit un... Eifer und gewaltiger Arbeitskraft, als Hauptfeld seiner wissen... Thätigkeit bearbeitete, deren Resultate in einer langen Reihe von ... und Abhandlungen vorliegen. Seine historischen Forschungen dehnte ... auch auf das Gebiet der Katechese, Predigt und kirchlichen Disciplin ... erschienen der Reihe nach die meist umfangreichen Werke: „Ver... der hochheiligen Eucharistie“ (Tübingen 1853; in der 2. Aufl. 1857 ... gesonderte Werke getheilt: „Verwaltung der Eucharistie als Opfer“ ...waltung der Eucharistie als Sakrament“); „Brevier und Brevier... Tübingen 1854); „Exequien“ (Tübingen 1856); „Kirchliche Bene... und ihre Verwaltung“ (Tübingen 1857); „Liturgie der drei ersten ... Jahrhunderte“ (Tübingen 1870); „Lehre und Gebet in den drei ...christlichen Jahrhunderten“ (Tübingen 1871); „Sakramente und Sakra... in den drei ersten christlichen Jahrhunderten“ (Tübingen 1872); ... Disciplin in den drei ersten christlichen Jahrhunderten“ (Tübingen ...; „Katechese und Predigt vom Anfang des 4. bis zum Ende des 6. Jahr...“ (Breslau 1884); „Lehre vom liturgischen Gebete“ (Breslau 1885, ...); „Geschichte der katholischen Katechese“ (Breslau 1886); „Die ...römischen Sacramentarien und Ordines“ (Münster i. W. 1892); ... des 4. Jahrhunderts und deren Reform“ (Münster i. W. 1893); ...abendländische Messe vom 5. bis zum 8. Jahrhundert“ (Münster i. W. ... Diese Reihe von Werken, die die Summe der Lebensarbeit eines ... ungemein thätigen Gelehrtenlebens repräsentiren, werden durch ... historische Material, das sie bieten, ihren Werth behalten, wenn sie ... die Zugänglichmachung neuer Quellen und die fortschreitende ... naturgemäßerweise in manchen Punkten schon überholt sind. Nicht zu ... sind auch die als Nebenarbeiten oder Vorläufer der Werke in wissen... Zeitschriften veröffentlichten meist umfangreicheren Abhandlungen ... Fragen: „Origenes über die Eucharistie“ (Theol. Quartalschrift ... 1864, S. 449—534); „Origenes über den katholischen Gottes... (Theol. Quartalschrift 1864, S. 646—719); „Lehre des Clemens von ... über die Eucharistie“ (Theol. Quartalschrift 1868, S. 203 ff.); ...waltung des Kirchenvermögens in den ersten drei Jahrhunderten“ ... Quartalschrift 1872, S. 383 ff.); „Der Primat in den ersten drei [illegible] (Katholik 1872, II, S. 257—284); „Der Brief des römi[illegible] [illegible] der Apostel Petrus und Paulus" (Katholik 1872, [illegible] „Das christliche Begräbniß im 4. Jahrhundert" (Histor.-po[illegible] [illegible] 1877, S. 518—532); „Ehe und Eheschließung im 5. Jah[illegible] [illegible] Blätter, 80. Bd., 1877, S. 677—696, 758—76[illegible] [illegible] „Das leonianische Sacramentarium" (Katholik 1879, II, S. 4[illegible] [illegible] „Historischer Commentar zum Tauforđo des römischen Rituale[illegible] [illegible] I, S. 519—540); „Die Scrutinienordines und der sieben[illegible] [illegible] (Katholik 1880, II, S. 55—75); Die afrikanische Liturgie i[illegible] [illegible] Jahrhundert" (Katholik 1881, I, S. 449—470, 561—581); [illegible] Liturgie" (Katholik 1882, I, S. 16—32, 113—132, 225—24[illegible] [illegible] „Die Liturgie des Basilius" (Katholik 1883, I, S. 1—27, 11[illegible] [illegible] „Die antiochenische Messe nach den Schriften des h. Johanne[illegible] [illegible] dargestellt" (Zeitschrift für kath. Theologie 1883, S. 250—303); [illegible] Liturgie nach der Beschreibung des Eusebius von Cäsarea" (Zeitschri[illegible] [illegible] Theologie 1884, S. 681—726); „Die hierosolymitanische Messe na[illegible] [illegible] des heil. Cyrillus" (Katholik 1884, I, S. 142—157, 253—270); [illegible] der Liturgie" (Katholik 1884, II, S. 31—53); „D[illegible] [illegible] Messe vom 4. bis zum 8. Jahrhundert" (Katholik 1886, I, S. 7[illegible] [illegible] 246—267, 361—382, 517—540); „Die spanische Mess[illegible] [illegible] bis zum 8. Jahrhundert" (Zeitschrift für kath. Theolog[illegible] [illegible] 193—245); „Duchesne über die drei ältesten römisch[illegible] [illegible]" (Zeitschrift für kath. Theologie 1891, S. 193—213); „Zu[illegible] [illegible] Stellung des Gelasianum zum Osterfasten" (Theol. Quartal[illegible] [illegible] S. 126—134). Für die 2. Auflage des Kirchenlexikons vo[illegible] [illegible] verfaßte P. außer kleineren Artikeln den ausführlichen Artike[illegible] [illegible] (X, 1237—1291). Endlich sind noch seine pastoraltheologisch[illegible] [illegible] zu nennen: „Verwaltung des hohenpriesterlichen Amtes" (Bresla[illegible] [illegible] 1885); „Theorie der Seelsorge" (Breslau 1883; 2. Auf[illegible] [illegible] Pastoraltheologie. I. Heft: Verwaltung des königliche[illegible] [illegible] München i. W. 1898).

[illegible] König in der Chronik der Univ. Breslau für das Jahr 1899/1900, [illegible] — Neher, Personal-Katalog der Geistlichen des Bisthums [illegible] Auflage (Schwäb. Gmünd 1894), S. 79.

Lauchert.

[illegible] Franz Isidor P., deutsch-österreichischer Schriftsteller, wurd[illegible] [illegible] 1816 als der Sohn eines Amtsdirectors des dortigen berühmte[illegible] [illegible] zu Hohenfurth in Böhmen geboren, woselbst er auch [illegible] [illegible] erhielt. Nachdem seine Eltern bald gestorben waren un[illegible] [illegible], besuchte er das Gymnasium zu Budweis, wo er, m[illegible] [illegible] und Abgeordneten Franz Schuselka befreundet, [illegible] [illegible] vollendete. P. bezog darauf die Universität Prag un[illegible] [illegible] Rechtswissenschaft, beschäftigte sich aber auch so eingehend m[illegible] [illegible] und Naturwissenschaften, daß er, nachdem er 1840 [illegible] [illegible] bestanden, auch die Lehramtsprüfung fürs Gymnasiu[illegible] [illegible] ablegte. Auf Veranlassung des Polizeidirectors v. Gra[illegible] [illegible] zu Goethe in freundlichen Beziehungen gestanden, trat P. a[illegible] [illegible] der Linzer Polizeidirection ein und zeichnete sich durch ga[illegible] [illegible] aus, er wurde 1847 zum Polizeicommissär befördert. Währen[illegible] [illegible] Bewegung des Jahres 1848 stand er auf der Seite d[illegible] [illegible] Aufrechterhaltung der Ordnung thätigen Partei und wirkte insbesonde[illegible] [illegible] conservativer Vereine. P. hat später eine sehr verdienstlich[illegible]

[illegible] verfaßt, die „Darstellung der Geschichte des Jahres 1848 [illegible] ob der Enns", welche aber ungedruckt geblieben ist und [illegible] Handschrift in der k. k. Hofbibliothek in Wien befindet. Im [illegible] für die Dienste der Statthalterei zu Linz, wobei ihm nament[illegible] zugetheilt waren. Bald darauf wurde er, da seine Vor[illegible] sich wieder bethätigte, als Supplent einer Professur [illegible] und Naturgeschichte am Linzer Gymnasium verwendet, die er [illegible] Jahr bekleidete und dann wieder zum Dienst bei der Polizei[illegible] einberufen. Er beschäftigte sich daneben mit geschichtlichen [illegible] Studien und wurde ihm 1852 das Doctordiplom der Uni[illegible] zu Theil. Später, im J. 1857, verlieh ihm, nachdem er [illegible] Prüfungen abgelegt, auch die Wiener Universität den [illegible] Doctorgrad. Im J. 1861 in Linz zum Obercommissär ernannt [illegible] Graz, 1867 zur Polizeidirection nach Wien versetzt, wurde [illegible] Polizeirathsstelle verliehen, und als er 1882 sein vierzig[illegible] Dienstjubiläum feierte, erfuhr er wegen seines humanen, gerechten [illegible] Ehrung und Anerkennung. P. trat 1883 in den Ruhe[illegible] dabei den Titel eines k. k. Regierungsrathes. Noch [illegible], eine Reihe von Jahren sich mit litterarischen und [illegible], für welche er stets hohes Interesse an den Tag gelegt, [illegible], und er war auch in der kaiserlichen Privat- und Familien[illegible] bibliothek eine Zeit lang beschäftigt. Seit 1844 verehelicht, hatte [illegible] inniges Familienleben begründet und von seinen drei Kindern [illegible] ein Sohn leider 38 Jahre alt gestorben ist) ist die Tochter [illegible] ebenfalls als Dichterin und insbesondere als Jugendschrift[illegible] bekannt geworden. P. starb gottergeben am 6. Februar 1891

[illegible] erste schriftstellerische Versuche erschienen im J. 1841 in der [illegible] der Donau" zu Linz und in Medau's „Erinnerungen" zu Prag. [illegible] gab er eine Sammlung lyrischer und epischer Dichtungen unter [illegible] und Aster" heraus. Von andern Sammlungen, welche Fabeln, [illegible] Erzählungen und namentlich auch Gedichte enthalten, sind noch zu [illegible]" (1849); „Feierstunden" (1854); „Eichenkränze" [illegible] aus der österreichischen Geschichte" (1861); „Feldzeichen" [illegible] aus der Krone des letzten deutschen Kaisers" (1867). Be[illegible] ist Proschko's Thätigkeit als Erzähler; zumeist hat er Sagen [illegible] Stoffe aus der Geschichte Oesterreichs und seiner engeren [illegible] Vorwürfe von Romanen und Erzählungen gewählt und häufig [illegible] bearbeitet. In anspruchsloser, schlichter Form abgefaßt, benutzen [illegible] Proschko's nicht selten dem Volksmunde entnommenes, un[illegible] Material an Sagen und Mythen und bieten damit auch in dieser [illegible] Schätzbare. Immer ist es dem Verfasser darum zu thun, [illegible] volksthümlich und für weite Kreise verständlich zu gestalten [illegible] fromme und loyale Gesinnung in denselben zu bethätigen. [illegible] kleinerer Erzählungen wären außer den schon genannten [illegible] „Eichenblätter. Historische Originalerzählungen" (1850); [illegible] (1851); „Splitter vom Baum der Geschichte und Sage" [illegible] geschichtlicher Erzählungen" (1859). Es liegen ferner aus [illegible] größerer Erzählungen und Romane Proschko's vor: „Die [illegible] Historischer Originalroman aus der französischen Consular[illegible] (1854), 2 Bde.; „Ein deutsches Schneiderlein. Historischer [illegible] (1856), 2 Bde.; „Der Jesuit. Historischer Originalroman" [illegible]: „Die Nabel. Historischer Originalroman“ (1858), 2 Bde.; [illegible] Roman“ (1860), 2 Bde.; „Ein böhmischer Studenten[illegible] Roman“ (1861), 2 Bde.; „Der letzte der Rosenberger. Historischer [illegible]; „Der Peter in der Luft. Historische Erzählung“ (1863); [illegible]. Historischer Originalroman“ (behandelt den berühmten [illegible] Kepler, 1866); „Ein Admiral Napoleons. Historische Er[illegible] 1866); „Der Meisterschuß. Historische Erzählung“ (1866); „Der [illegible] historischer Roman aus der österreichisch-ungarischen Geschichte“ [illegible]; „Erasmus Tettenbach. Histor. Roman“ (1870), 2 Bde. [illegible] erschienen in je einem Bande die Erzählungen: „Ein [illegible]“, „Der Teufel im Traunsee“, „Der Todtenbrief“, „Maria [illegible]“. „Steiermärkische Volksbücher. Sagen und Erzählungen aus [illegible]“ gab P. im J. 1868 und 1869 heraus. Von den Romanen und Erzählungen sind nicht wenige in zweiter und selbst in dritter Auflage [illegible]. — Besonderes Verdienst hat sich P. durch eine reiche Zahl von Jugendschriften erworben, welche ihm zu verdanken sind. Schon 1855 hatte [illegible] und Deklamationsbuch für die Jugend „Der oberösterreichische Jugendfreund“ herausgegeben. Es folgten: „Der Förster im Kienberge. Erzählung für die Jugend“ (1855); „Jahrbuch für die deutsche Jugend“ (1858); „Der Jugend Feierstunden“ (1861 und 1862), wovon mehrere Auflagen unter verschiedenen Titeln veranstaltet wurden. Von 1876 gab er eine Reihe [illegible] Volks- und Jugendschriften“ heraus, deren einzelne Bände [illegible] Darstellungen aus der österreichischen Geschichte, z. B. die Biographien Maria Theresia's, Radetzky's, Erzherzogs Karl &c. enthielten. — [illegible] erscheinen auch Proschko's historische Arbeiten, wie seine [illegible] im Gebiete der Geschichte und Sage des Landes Oesterreich ob der Enns“ (1854); „Das Cistercienserstift Hohenfurth in Böhmen. Geschichte desselben [illegible] nach Originalurkunden“ (1859). Im J. 1863 redigirte er die in Wien erschienenen „Neuen Stimmen zur Orientierung der Katholiken auf [illegible] Gebiete in Kirche und Staat“ und von 1859 bis 1866 den [illegible] katholischen Volkskalender“. Zur Ergänzung sei noch bemerkt, daß P. auch ein Erbauungsbuch: „Der Tempel der Andacht [illegible] Katholiken in metrischer Form und in Prosa“ (1865) verfaßt [illegible]. In seinen Gedichten wußte P. mit seltenem Geschick den volksthümlichen Ton zu treffen; auch in diesen, wenn sie poetische Erzählungen enthielten, benutzte er Stoffe aus der heimischen Geschichte. Aber auch andere, zumal [illegible] Leser oder für Deklamationszwecke berechnete Stücke gelangen [illegible], und in Gedichten, wie z. B. „Die kleine Versetzerin“ versteht er den [illegible] bis zu Thränen zu rühren. Viele seiner Dichtungen haben ausgesprochen patriotische Tendenz und sind für bestimmte Gelegenheiten entstanden.

P. stand in persönlichen freundlichen Beziehungen zu einer Zahl von [illegible] österreichischen Dichtern, mit denen er auch bis zu deren Lebensende Briefwechsel pflegte, so mit Joh. Gabr. Seidl, K. E. Ebert, Johann [illegible], Uffo Horn, L. Bowitsch u. A. Namentlich aber verkehrte er freundschaftlich mit Adalbert Stifter in Linz, welcher Proschko's vertrauter Gesinnungsgenosse und treuer Hausfreund war und im Hause Proschko's vielfach verkehrte. Er verblieb auch später mit Stifter in Briefwechsel bis zu dessen Ende. Noch sei bemerkt, daß es dem Dichter P. an äußeren Ehren und Auszeichnungen nicht gefehlt hat, die ihm für seine reiche Thätigkeit zu Theil geworden.

„Franz Isidor Proschko, biogr. Skizze“ von R. A. Moldawsky (Klar) in Klar's Jahrbuch „Libussa“ für 1857. — L. Scheyrer, Die Schriftsteller [illegible] in Reim und Prosa, Wien 1857. — Kehrein, Biograph.-litterar. [illegible] der kathol. deutschen Schriftsteller des 19. Jahrhunderts; [illegible] Bd. 2. — Wurzbach, Biogr. Lexikon des Kaiserthums Oesterreich, [illegible] 1872. — H. Kurz, Geschichte der deutschen Litteratur, [illegible] — Brümmer, Lexikon der deutschen Dichter und Prosaisten [illegible], Bd. 3. — Eine sehr liebevolle eingehende Behandlung [illegible]'s Leben und Wirken in dem Aufsatze: „Ein vaterländischer [illegible]veteran“ von Hans Maria Truxa in Helfert's für den österr. [illegible]verein herausgegebenen „Oesterreichischen Jahrbuch“, XVI. Jahrg., [illegible]—291. Proschko selbst war Jahre lang Ausschußmitglied [illegible] Vereins und in den früheren Jahrgängen dieses Jahrbuches [illegible] ebenfalls zahlreiche Beiträge seiner Feder.

Anton Schlossar.

Proskowetz: Max Ritter von P., Landwirth und Reisender, wurde am [illegible] 1851 als zweiter Sohn des namhaften österreichischen Groß[illegible] und Parlamentariers Emanuel v. Proskowetz auf dem Familien[illegible] in Mähren geboren. Als Knabe hatte er das Unglück, sich [illegible] Sturz die linke Kniescheibe zu verletzen. Jahre lang litt er an [illegible] dieser Verletzung, und erst allmählich gewann er wieder den freien [illegible] des Beines. Die erzwungene Ruhe benutzte er unter der Leitung [illegible] Privatlehrer zur Aneignung außergewöhnlich umfangreicher Kenntnisse. [illegible] zeichnete er sich durch ein bemerkenswerthes Sprachentalent aus. [illegible] Muttersprache beherrschte er das Englische und Französische. Da[illegible] er auch eine weitgehende Fertigkeit im Italienischen, Spanischen, [illegible] und Tschechischen. Außerdem verfügte er über eine nicht unbedeutende [illegible] im Zeichnen und Malen, die er gleichfalls systematisch ausbildete. [illegible] er am Schottengymnasium zu Wien die Reifeprüfung und widmete [illegible] an der Wiener Hochschule dem Studium der Rechtswissenschaft, [illegible] aber auch, durch reichliche Geldmittel unterstützt, nichts, um [illegible] ihm als Ideal vorschwebende Laufbahn eines wissenschaftlichen [illegible] auszubilden. 1874 erwarb er den juristischen Doctorgrad und [illegible], um die Rechtspraxis kennen zu lernen, einige Zeit in der [illegible] Wiener Advocaten. Aber der Beruf des Juristen vermochte [illegible] Dauer nicht zu befriedigen, vielmehr entdeckte er in sich eine [illegible]neigung für die Landwirthschaft. Er hielt sich deshalb im Sommer [illegible] Volontär auf dem Mustergute des Grafen Bellegarde zu Groß[illegible] österreichischen Schlesien auf und bezog im folgenden Winter[illegible] Hochschule für Bodencultur in Wien. Seit 1876 setzte er seine [illegible] Halle fort, wo er sich eng an Julius Kühn, den Director des [illegible]schaftlichen Instituts der Universität, anschloß. Auf dessen Anregung [illegible] sich besonders mit den Methoden der künstlichen Düngung und [illegible]tersuchung mikroscopischer Pflanzenschädlinge. Um seinen An[illegible] zu erweitern und eine Anzahl ausländischer Musterbetriebe [illegible], trat er 1878 gemeinsam mit seinem älteren Bruder Emanuel, [illegible]gezeichneten Landwirthe, eine ausgedehnte Studienreise an, die ihn [illegible] Niederlanden, Großbritannien, Frankreich, Spanien, Algier [illegible]führte. Nach der Rückkehr legten beide ihre Beobachtungen in [illegible] anregend geschriebenen, in Zeitschriften veröffentlichten „Land[illegible] Reisebriefen“ nieder. 1880 unternahm er abermals eine [illegible] diesmal nach den östlichen Küstenländern des Mittelmeeres. Er [illegible] Palästina, Syrien, Kleinasien, die europäische Türkei und [illegible] ließ als Ergebniß zwei Broschüren „Streifzüge eines Land-

[illegible] wirthschaftliche Reisebriefe aus dem Orient" (beide [illegible] [illegible] nicht nur den Beifall der Sachverständigen fand [illegible] um ihrer angenehmen Schilderungen will [illegible] Die nächsten Jahre brachte er, abgesehen von eine[r] [illegible] in England, hauptsächlich mit der Verwaltung sein[er] [illegible] zu. Daneben begann er mit wachsendem Erfol[g] [illegible] Kampf gegen den Branntwein, dessen Verheerungen er [illegible] [illegible] Sorge beim mährischen Landvolke beobachtet hatte. [illegible] [illegible] nicht nur eifrig an den Arbeiten des 1883 begründeten Deutsch[en] [illegible] gegen den Mißbrauch geistiger Getränke, sondern entfaltete auch [illegible] [illegible] Agitation, die 1884 zum Zusammenschluß der Gesinnung[sgenossen] [illegible] gleichartigen Vereine führte. P. leitete diesen Jahre la[ng] [illegible] vertrat ihn wiederholt auf internationalen Congressen u[nd] [illegible] auch für die „Mittheilungen", die erst unregelmäßig, dann in [illegible] Zeitabschnitten erschienen, eine große Zahl von Aufsätzen, die a[uch] [illegible] andere Zeitschriften übergingen. In Würdigung seiner Verdienste [illegible] Gebiete wurde er als Vertreter Oesterreichs in das internatio[nale] [illegible] gegen die Demoralisation der Naturvölker durch den Branntweinha[ndel] gewählt.

Im Sommer 1888 entschloß er sich nach gründlicher Vorbereitung, [illegible] europäische und asiatische Rußland zu besuchen, um die dortigen Agrar[verhältnisse] [illegible] kennen zu lernen. Mit amtlichen Empfehlungen ausgerüstet, f[uhr] [illegible] über Petersburg und Moskau nach Nischnij Nowgorod und die Wolga [illegible] [illegible] nach Astrachan, unternahm dann einen Studienausflug durch [illegible] [illegible] Steppe und das fruchtbare Gebiet der Schwarzen Erde, besuchte dar[auf] den Kaukasus und den Petroleumdistrikt von Baku, setzte über das Kaspi[sche] Meer und gelangte als erster Oesterreicher auf der neu eröffneten tran[s-] [illegible] Eisenbahn nach Buchara und Samarkand. Die civilisatori[sche] Thätigkeit der Russen in diesen Gegenden erfüllte ihn mit hoher Bewunder[ung] [illegible] er auch die Mißstände ihrer Verwaltung keineswegs übersah. Ein [illegible] Abstecher nach Persien fand infolge des Mißtrauens der dortigen [illegible] [illegible] schon in dem Wallfahrtsorte Meschhed ein vorzeitiges Ende. Auch ei[ne] [illegible] Durchquerung Afghanistans mußte aus denselben Gründen unte[r-] [bleiben]. Er kehrte deshalb nach dem russischen Gebiet zurück, hielt sich n[och] [einige] Zeit im Kaukasien auf, erholte sich dann an der sonnigen Südküste [illegible] [illegible] von den Strapazen der Reise und traf 1889 wohlbehalten wieder [illegible] [der] Heimath ein. Hier begann er sogleich mit der Ausarbeitung seiner Rei[se-] [tage]bücher, die noch in demselben Jahre unter dem Titel „Vom Newastra[nd] [nach] Samarkand. Durch Rußland auf neuen Geleisen nach Innerasien" (Wien und Olmütz 1889) mit einer Vorrede von Hermann Vambéry u[nd] [zahl]reichen, nach Skizzen des Verfassers angefertigten Abbildungen im Dr[uck] erschienen. Der Hauptwerth des Buches liegt in der reichen Fülle zuverlässig[er] Nachrichten über die wirthschaftlichen Verhältnisse des Zarenreichs. Auch zie[ht] [es] den Leser durch seine fesselnde Schreibart an. Nach der Vollendung dies[es] Werkes wurde Proskowetz' Arbeitskraft längere Zeit durch die Vorbereitung [für] den 1890 in Wien stattfindenden internationalen land- und forstwirthschaf[t-] lichen Congreß in Anspruch genommen. Der vorbereitende Ausschuß ernann[te] ihn zu seinem Secretär und veranlaßte ihn, für die Theilnehmer einen u[m-] fangreichen „Führer durch die Land- und Forstwirthschaft Oesterreichs" (Wi[en] 1890) und zwei kleinere Monographien über die als Excursionsziele ins Au[ge] gefaßten Musterwirthschaften Wischau und Schöllschitz in deutscher und französisch[er] Sprache zu verfassen, sowie endlich auch den „Bericht über die Verhandlung[en] [illegible] des Congresses (Wien 1891) zu redigieren. Auch an der [illegible] des nächsten Jahres, die im Haag stattfand, nahm er in leitender [illegible] hervorragenden Antheil und erstattete nach der Heimkehr in [illegible] „Der internationale landwirthschaftliche Congreß im Haag [illegible] bis 14. September 1891“ (Wien 1891) ausführlichen Bericht über die [illegible] Diese litterarischen Arbeiten, die von weitem Blick und sicherer [illegible] des vielgestaltigen Stoffes zeugten, veranlaßten das Ministerium, [illegible] zum Mitglied des Zollbeiraths zu ernennen. Hier hat er wieder- [illegible] wichtigen Fällen entscheidend eingegriffen. Doch kam er bei der Be- [illegible] schwieriger Fragen allmählich zu der Ueberzeugung, daß für einen [illegible] landwirthschaftlichen Sachverständigen auch eine an Ort und [illegible] Kenntniß der überseeischen Agriculturverhältnisse, namentlich [illegible] amerikanischen Riesenbetriebe und der Tropenwirthschaft, unerläßlich sei. [illegible] trat er 1894 gemeinsam mit seinem jüngeren Bruder Felix eine [illegible] an, die ihn durch Canada, die Vereinigten Staaten, die Sandwich- [illegible] Inseln, Neuseeland, Australien, Java, Birma und Vorderindien [illegible] Ueber diese Fahrt hat er kein ausführliches Werk, sondern nur einen [illegible] wichtigsten Ergebnisse kurz zusammenfassenden Bericht in Form eines [illegible] veröffentlicht (Brünn 1896). Bald nach der Rückkehr wurde ihm [illegible] maßgebender Seite der Wunsch ausgedrückt, er möge seine reichen Kennt- [illegible] und Erfahrungen durch Eintritt in einen amtlichen Wirkungskreis in [illegible] des Vaterlandes stellen, um an seinem Theile mitzuwirken, daß die [illegible] wirthschaftliche Production Oesterreichs auf dem Weltmarkte die ihr zu- [illegible] Bedeutung erlange. P. folgte diesem ehrenvollen Rufe und trat [illegible] Consulatsdienst ein. Nachdem er sich bei den k. und k. Generalconsulaten [illegible] und New-York in den Geschäftsbetrieb eingearbeitet hatte, wurde [illegible] zum Consul in Chicago ernannt. Aber nur ein Jahr lang war es [illegible] gegönnt, diesen Posten zu bekleiden. Als er eben eine Urlaubsreise nach [illegible] antreten wollte, um seinen greisen Vater zum 80. Geburtstage per- [illegible] zu beglückwünschen, hatte er bei Fort Wayne in Indiana das Unglück, [illegible] Plattform eines Eisenbahnwagens unter die Räder zu stürzen. [illegible] Tage später, am 19. September 1898, erlag er im Hospitale der [illegible] schweren Verletzungen. Der Leichnam wurde von seinem Bruder [illegible] der mährischen Heimath überführt und dort bestattet.

[illegible] Mittheilungen der K. K. Geographischen Gesellschaft in Wien XLI, [illegible] S. 621—628 (Buschman). — Biographisches Jahrbuch III, 1900, [illegible] — Emanuel v. Proskowetz, Max von Proskowetz. Mit einem [illegible] Felix von Proskowetz. Ein Nachruf. Wien 1900.

Viktor Hantzsch.

[illegible] Dionys P., Clavierspieler, 1834—1896, wurde geboren zu [illegible] am 17. Mai 1834 als Sohn einfacher, aber wohlhabender Bürgers- [illegible] Vater betrieb eine Bürsten- und Pinselfabrik und war nebenher [illegible] Musiker, der es als Schüler des Flötenvirtuosen Theobald Böhm [illegible] musikalischer Fertigkeit gebracht hatte. Pruckner's Künstler- [illegible] früh und war von Anfang an frei von allen Hemmungen [illegible] Einflüssen, die der Entfaltung seines vielversprechenden Talentes [illegible] werden können. Mit 8 Jahren erhielt er den ersten Clavier- [illegible] Organist Lasser, einem (angeblichen) Nachkommen von Orlando [illegible] seinem 10. Jahre wurde der tüchtige Clavierpädagog Friedrich [illegible] Zwei Jahre später spielte er zum ersten Male öffentlich [illegible] Concert des philharmonischen Vereins im Odeonsaale. In den [illegible] —1850 gewann er durch sein häufiges Auftreten in verschiedenen

wirths" und „Landwirthschaftliche Reisebrie
1881) erscheinen, die nicht nur den Bri
sondern auch von Nichtfachleuten um ihr
gern gelesen wurden. Die nächsten
längeren Aufenthalte in England
ausgedehnten Landgüter zu. De
einen energischen Kampf gegen
Jahren mit steigender Sorge be
betheiligte sich nicht nur eifrig
Vereins gegen den Mißbrauch
Oesterreich eine rege Agitation
genossen in einem gleichartige
als Vorsitzender, vertrat ihn
verfaßte auch für die „Mi
stimmten Zeitabschnitten
in andere Zeitschriften
diesem Gebiete wurde
Comité gegen die Dev
gewählt.

Im Sommer 1
europäische und a
verhältnisse kennen
er über Petersburg
wärts nach A
Donsche Steppe
den Kaukasus
Meer und ge
kaspischen
Thätigkeit be
wenn er au
planter Ab
hörden schon
beabsichtigt
bleiben.
einige Zei
Krim
der Heim
tagebüch
nach S
(Wien
zahlreic
erschien
Nachric
es be
Werks
für be
lichen
ihn
lang

in
errichtet
zeitigen Fre
er und dem
Pianist du
ischen Akadem
und Nation
für gekommen
bei den bekannte
mit ihm im October
Brendel, Lobe und
für das nächste Ja
wurde, ging es nach We
Fürstin Sayn-Wittg
igen Künstler vorspiel
nen Jahresfrist sich w
im Gewandhausconcert
Erfolg war der häufige
weilte und sich mehr un
nahm ihn als Schüler
re nach Weimar über.
persönlicher Einwirkun
Recht und die Ehre h
ung zu künstlerisch ausg
Auch P. lernte nicht nur
Ausbildung kennen, sond
Denker und Mensch g
in den Fehler eitler Nach
verfallen. Denn gerade di
auffassung des Einzelnen n
machen im großen Sin
als Künstler, seine gewissenha
bürgerlich bedächtiges und
Größe von vorneherein scheinb
die solide Tüchtigkeit Bruckn
und sorgte auf jede Art für s
wo nur möglich, in seiner
sein an großen Aufgaben u
Auch auf seinen Concerte
so unter anderem die beiden b
enstedt (1852) und Karlsr
Fahrt nach Basel zu Riche
der soeben beendigten Nibelu
Weimarer Studienjahre mit
's vorbildliches Wirken a
nach der kleinen Residenz ge
im J. 1854 mitbegründen,
geselliges Band schlang.

Förderung; Peter Cornelius, der sein Lehrer onielehre war, und dem jungen Concertmeister folger Joachim's in Weimar, mit dem er von nun em ununterbrochenem musikalischem Zusammenwirken im Musikleben Weimars errang P. allmählich eine amentlich in den Kammermusikabenden und den Hof- er Zusammen mit Liszt und gelegentlich auch als dessen und sich ehrenvollen Beifall beim Großherzog Karl iner kunstsinnigen Mutter Maria Paulowna erwarb. Im nahm P. an den Festlichkeiten der für Weimars Kunstleben rdenen Berlioz-Woche theil, die Liszt veranstaltet hatte, um Publicum das Verständniß für den genialen französischen Ton- hen. Auch P. kam mit Berlioz in Berührung, durfte ihm Liszt's ert vorspielen und wirkte in jener historisch gewordenen Auf- „Benvenuto Cellini" am Weimarer Hoftheater im Orchester mit, bescheidenster Rolle: von den drei zu jener Zeit meistgenannten iszt's bearbeitete Bülow die große Trommel, Klindworth die P. handhabte den Triangel. Im April 1854 verlobte sich P. ämpfer, seiner späteren Lebensgefährtin, die ihn um fünf Jahre

rlauf des Jahres 1855 näherte sich P. dem Abschluß seiner in- Weimarer Lehrjahre. Liszt sprach ihm eine gereifte Meisterschaft nte ihn in Briefen an den Vater, an Bülow und die Fürstin nstein als einen „erstclassigen Pianisten" und ein hervorragendes dessen Zukunft er große Hoffnungen setze. Wenn Liszt hiebei ncertreisen mit glänzendem Erfolg im Auge gehabt haben sollte, se Hoffnung nur in bescheidenem Maße erfüllt. In P. wohnte ehrgeiz und er hat nach kurzem Wirken in der großen Oeffent- en Ruhm eines wandernden Virtuosen verzichtet. Seine Be- ihm zweifellos diese vergängliche Berühmtheit gewährleistet, ister hatte ihm ja selbst den Beweis geliefert, daß auch der nstler des rauschenden Beifalls müde werden und sich mit in einen beschränkteren, aber an dauernden Erfolgen reicheren einordnen könne. Im November 1855 kehrte P. in seine rück, trat dort in mehreren Concerten mit beispiellosem Erfolg n die Presse in auffallender Uebereinstimmung für einen zweiten Das Verhalten des Publicums gemahnte allerdings an die frenetischer Begeisterung, wie sie vormals nur Liszt hervor- ande gewesen war. P. entzog sich bald diesen lärmenden Triumphen ebersiedlung nach Wien im Januar 1856. Früher angeknüpfte bindungen, namentlich mit dem bekannten Musikverleger und Karl Haslinger, und der Wunsch, mit Czerny in nähere Be- eten, mögen diesen Entschluß bei P. veranlaßt haben. Ein Liszt-Schüler, dessen Künstlerschaft in beinahe täglichem Um- zu vielversprechender Blüthe gereift war und der trotzdem vom Verkehr mit dem Wiener Altmeister in gewissem Sinne eine nes Könnens erhoffte! — der Schritt erscheint nicht ganz folge- selbst aber hieß die Absicht gut, weil Czerny's vielseitige fahrungen, wie er an P. schrieb, diesem praktisch und theoretisch n sein könnten, und weil er seinen alten Lehrer immer noch gesten Beurtheiler pianistischer Leistungen schätzte. — Auch in erregte P. in zahlreichen Concerten einmüthige Bewunderung.

obwol er sich damals schon als Solospieler zurückhielt und, seiner Ne folgend, das Gebiet der Kammermusik im Verein mit erprobten G Künstlern pflegte. Den Höhepunkt dieses Lebensabschnitts bildete der Liszt's, der B. Ende August 1856 nach Pesth und zur Einweihung des Doms mitnahm. B. war dort Zeuge der überschwenglichen Verehrun Liszt anläßlich der Aufführung der Graner Festmesse zu Theil wur ihm widerfuhr die Ehre, in dem großen Festconcert im Pesther Nat theater zusammen mit Edmund Singer als Solist mitzuwirken. — Sch Mai 1857 kehrte B. wieder nach München zurück, wo ihm im Concerts Gunst des Publicums treugeblieben war. Er unternahm in diesem folgenden Jahre mehrere Concertreisen in die benachbarten Städte und Musikfest in Wiesbaden. Ende 1858 erging an ihn der Ruf an einem Jahre von S. Lebert, J. Faißt, L. Stark und W. Speidel gegr Musikschule in Stuttgart, wohin er sich im December begab.

Vom 25. Jahre bis zu seinem Lebensende gehörte nun B. dem körper dieser unter Faißt's und Lebert's thatkräftiger Leitung rasch em blühenden Anstalt als deren hervorragendster Pianist und Lehrer der M classe an. Auch als ausübender Künstler beschränkte sich B. von nun an seltenen Ausnahmen auf Stuttgart. Nach Singer's Berufung dorthi gründete er mit diesem und dem Cellisten Julius Goltermann im J. die Kammermusikabende, die sich als vornehmes Concertinstitut und unentbehrlicher Factor im Stuttgarter Musikleben weitererhalten haben. der frühesten Verdienste der drei Künstler war es, Schumann und B in Stuttgart eingebürgert zu haben. — Mag bei B. ein gewisser Mang Selbstvertrauen, über den er vor seinem jedesmaligen öffentlichen Auf nicht Herr werden konnte, und eine überstrenge Gewissenhaftigkeit mit Schuld gewesen sein, daß er sein seltenes Können so wenig als Solist werthet hat und darum in weiteren Kreisen rasch vergessen wurde, so man doch, namentlich im Hinblick auf seine Leistungen als Kammerm spieler K. Fr. Weitzmann unbedingt zustimmen müssen, wenn er B. in se Geschichte des Clavierspiels (1879) den Classiker unter den neueren Pian nennt. In Stuttgart jedenfalls war man sich allezeit des werthvollen sitzes dieser vornehmen künstlerischen Kraft mit Stolz bewußt. Was W mann an B. rühmte, damit stimmten auch die Berichte der Tagesblätter Concertaufführungen immer aufs neue überein: tadellose Reinheit des Sp vollständige Beherrschung der Technik, ungewöhnliche Größe des Tons, maßvolle Ruhe in der klar und organisch gegliederten Darstellung des mu lischen Inhalts und strengste Objectivität in der geistigen Auffassung wiedergegebenen Tonwerks. Neben seiner Wirksamkeit als Clavierspieler als Lehrer zahlloser Schüler war B. ein eifriger Förderer des Stuttga Tonkünstlervereins und leitete die intimen musikalischen Veranstaltungen württembergischen Königshofe, die ihm von Seiten des Königs Karl und Königin Olga manche ehrenhafte Anerkennung eintrugen, unter anderem Ernennung zum Hofpianisten und Professor und die Verleihung der gold Medaille für Kunst und Wissenschaft.

Was an bemerkenswerthen Vorfällen sonst noch Pruckner's Stuttg Zeit angehört, ist rasch aufgezählt. Im Jahre 1869 machte ihm Nikol Zaremba, der Director des Petersburger Conservatoriums, das Anerbiet die Stelle des kurz vorher verstorbenen Alexander Dreyschock als Professor der genannten Anstalt zu übernehmen. B. aber war schon zu fest mit sein Beruf in Stuttgart verwachsen und lehnte den glänzenden Antrag ab. Nu einmal noch machte er sich auf zu einer Concertreise nach Amerika, die wo

... Ende ging, als ursprünglich beabsichtigt war. Von December 1871 ... 1872 gab er in New-York eine Reihe von Concerten, meist unter ... des Violinvirtuosen Leopold Damrosch. Bei seinem wiederholten ... in Tübingen, Heilbronn, Friedrichshafen, Karlsruhe und Mann... jedesmal bei Publicum und Presse ehrenvolles Lob, namentlich ... letzteren Städten schätzte man ihn als einen Meister, um den ... wurde. — Mit Beginn des Jahres 1896 erkrankte er an ... leiden, das ihn zwang, seine Thätigkeit im Concertsaal und im ... einzustellen. Eine in der Heidelberger Klinik unternommene ... brachte die erhoffte Besserung nicht und kurz danach verschied P. ... December 1896. Zu seiner Bestattung im Heidelberger Krematorium ... die Stuttgarter Collegen vom Conservatorium, voran sein ältester ... Edmund Singer, ein. Einige Wochen später fand in Stuttgart eine ... Gedächtnißfeier unter Mitwirkung von Pruckner's Amtsgenossen und ... und unter großer Betheiligung der Freunde des Künstlers statt.

Nekrologe in den Tagesblättern. — Autobiogr. Notizen von Pruckner.

v. Stockmayer.

Prugger: Nikolaus P., auch Brugger und Brucker genannt, Maler, ... vermuthlich um 1620—25 zu Trudering, einem Dorfe östlich von ... Ueber seine ersten Schicksale wird erzählt: „seine Mutter ging mit ... Trudering nach München, um die Charfreitagsprocession zu sehen, ... welcher ihn die Kurfürstin Maria Anna vom Balkon, wo sie der ... ebenfalls zusah, erblickte und ihn liebgewann. Die Mutter wollte ... auf ihr dringendes Verlangen den Knaben nicht schenken, wohl ... und so wurden endlich beide einig". Kurfürst Maximilian I. ... zum Maler ausbilden. „Er malte in der Folge so fein, daß ... Kupferblättchen in der Größe eines Groschen 7 Porträte der Kur... malte". Neben der Miniaturmalerei betrieb er auch das Oelmalen, ... Altarblätter; so werden von ihm genannt der heilige Gallus auf dem ... altar in der Peterskirche zu München und in der Schloßkirche zu ... der heil. Cajetan. Hauptsächlich bekannt ist aber P. als Porträt... wobei er nicht bloß kleine miniaturartige Bildnisse malte, sondern auch ... Figuren. In der Galerie Schleißheim befindet sich als „Schule ..." Nr. 691—95 eine Folge kleiner Oelporträts: Herzog Anton der ... Lothringen; Renata, Gemahlin desselben; Herzog Franz I. von ...; Renata, Gemahlin des Herzogs Wilhelm V. von Baiern; Elisa... Gemahlin des Kurfürsten Maximilian I. von Baiern. Da diese schon ... Arbeiten Prugger's aufgeführt wurden (Elisabeth ist bei Lipowsky ... genannt, dagegen Karl III., Herzog von Lothringen, dessen jetziger Ver... mir nicht bekannt ist), so kann man kaum zweifeln, daß diese ... in der That von P. herrühren, der sie, wahrscheinlich im ... kurfürstlichen Hofes, nach älteren Vorlagen ausgeführt hat. Die ... Sammlung verwahrt in der Ahnengalerie (Nr. 33—35) noch ...: der Kurfürst Maximilian I., die erste Gemahlin desselben ... Renata und die zweite Maria Anna; die Kurfürstin Elisabeth ist ... einem ältern Bilde copirt. Außerdem sieht man parterre im ... des Schlosses noch das große Reiterbild Max I., im Hintergrund ... (Nr. 276). In der alten Pinakothek zu München ist von P. ... Stifterbildniß des genannten Kurfürsten. Das Bildniß eines ... in schwarzem Gewande, das früher in der Pinakothek war, ... unter Nr. 19 in der Gemäldegalerie des kgl. Schlosses zu ... führt in seinem Catalogue de ses Tableaux (Munich

1769) unter den Nrn. 333—339 Bildnisse der Familie Paar an, die ... J. 1647 gemalt hatte. „Unter dem Kurfürsten Ferdinand Maria wu... Hofmaler und unterrichtete diesen Fürsten acht Jahre lang im Zeichne... Malen und fertigte für ihn viele zarte Miniaturen. Besonders zierte ... denselben zwei Officia beatae Virginis, eines in Octav, das andere in ... kleinerem Formate.“ Der Künstler erhielt auch ein kaiserliches Privil... das seine Schüler des Zunftzwanges enthob. Leider kam der verdiente Kü... da seine Gönnerin Maria Anna 1665 starb, in üble Vermögensverhä... und mußte zuletzt noch Hühnersteigen verfertigen und diese selbst au... Markte feilbieten. 1690 ließ er sich als Sodal bei der größern vo... Jesuiten geleiteten Congregation einschreiben, vier Jahre darauf (1694) ... starb er.

Seine Tochter Theresia († zu Sulzbach 1719) heirathete den ... Johann Georg Asam und wurde die Mutter zweier localberühmter Kü... des Malers Cosmas Damian Asam (geb. 1686) und des Bildhauers Eg... Asam, deren bekannteste Schöpfung der Bau und die Ausschmückung ... St. Jakobskirche zu München ist.

Der Kupferstecher Michael Wening stach nach P. das Porträt de... fürstlichen Leibarztes und Comes Palatinus Johannes Jacobus de Ma... (Maffei) in Halbfigur, 8°, worauf der Name des Künstlers mit N. ... pinxit angegeben ist.

Dem Münchener Schriftsteller Franz Trautmann diente unser Kü... als Held eines Romanes: „Meister Niclas Prugger, der Bauernbub... Trubering. Eine Erzählung aus dem 17. Jahrhundert“. Regensburg ...

W. Schmi...

Bruystinck: Eligius B., Stifter der pantheistischen Secte der Lo... † 1544. — Im März 1525 wurden die Wittenberger Reformatoren ... das Erscheinen von „neuen Propheten“ beunruhigt, die von Antwerpen ... Wittenberg gekommen waren und die Wesensgleichheit der menschlichen Se... mit dem heiligen Geiste verkündigten. Ihr Wortführer war der Antwe... Schieferdecker Eligius (Loy) Bruystinck, der in jenen Tagen in Gege... Luther's mit Melanchthon disputirte. Zu Anfang April 1525 sandte ... seinen Anhängern in Antwerpen eine eindringliche Warnung vor den ... jener „Polter- und Rumpel-Geister“, deren Führer, unter ihnen B., ... darauf von der Inquisition in Untersuchung gezogen wurden und ihre ... lehren abschworen. Dieser erzwungene Widerruf that allerdings der wei... Verbreitung der Secte der „Loisten“, wie sie nach ihrem Stifter ge... wurde, keinen Eintrag. Nach Berichten aus den Jahren 1534 und ... waren gerade die wohlhabenden Kreise Antwerpens unter den Anhänge... pantheistisch-libertinischen Lehren zahlreich vertreten. Aber auch au... seiner Vaterstadt hatte B. durch Flugschriften, die einer seiner Jünger ... faßte, namentlich in Flandern, Brabant und im Kölner Gebiete starken ... hang gewonnen. Es ist zu verwundern, daß B. so viele Jahre hindurch ... der Inquisition unbehelligt blieb. Erst im Sommer 1544 zog sich in... der Geständnisse eines Wiedertäufers das Netz über ihm zusammen. ... dem er sich zu abermaligem Widerruf erbot, wurde er als rückfälliger ... zum Feuertod verurtheilt, den er am 25. October 1544 erlitt. Sechs ... Anhänger wurden enthauptet, andere retteten sich durch die Flucht. — ... der Lehre Bruystinck's ist der menschliche Geist, wie schon angedeutet, gött... Substanz und daher sündlos. Des Menschen letzte Bestimmung ist es, ... frei zu sein, Nichts aus sich selbst zu begehren und im göttlichen Wesen ... zugehen. Die Vermuthung liegt nahe, daß die Loisten aus diesem Quietism...

[illegible] Lehre von der Sünde, Buße und dem letzten Gerichte bedeutungs[illegible], auch praktische antinomistische Folgerungen gezogen haben; doch [illegible] Anklagen nach dieser Richtung gegen die Loisten nicht erhoben [illegible] der nahen Uebereinstimmung ihrer Lehren mit dem Pantheismus [illegible] 1546 in den romanischen Ländern verbreiteten „Libertiner“ ist es [illegible]scheinlich, daß diese ihren Ausgangspunkt in dem Kreise Pruy[illegible] seiner Anhänger gehabt haben.

[illegible] Frederichs, De secte der Loïsten of Antwerpsche libertijnen [illegible]—1545. Eligius Pruystinck en zijne anhangers (= Werken von [illegible] leergang van vaderlandsche geschiedenis van P. Fredericq, [illegible] Gent und 's Gravenhage (1891) und die dort angeführten Quellen.

Herman Haupt.

[illegible]: Ernst Sigismund P., Jurist, ist zu Leipzig am 8. No[illegible] 1820 geboren, kam jedoch, anläßlich der Berufung seines Vaters als [illegible] der Pathologie an die Universität Heidelberg, jung nach Baden, wo [illegible] 1871 geblieben ist. — Früh und glänzend legte er die Studienlauf[illegible], promovirte 1842 summa cum laude und erhielt seine erste [illegible]stellung 1849 in Wertheim als Bezirksamtsassessor. Von da kam [illegible] als Assessor an das Hofgericht zu Konstanz, 1852 an das des [illegible]kreises zu Bruchsal, dem er, 1856 zum Hofgerichtsrathe befördert, [illegible] als Civilist und Criminalist angehörte. Die neue Gerichtsverfassung [illegible] am 1. October 1864 als Kreisgerichtsdirector nach Baden-Baden, [illegible] er 1868 in gleicher Eigenschaft nach Heidelberg versetzt wurde, um [illegible] 1869 als Kreis- und Hofgerichtsdirector nach Karlsruhe zu wandern. [illegible] er im Frühjahr 1871 auch Präsident der juristischen Prüfungs[illegible]. Dann aber eröffnete sich ihm ein weiterer Wirkungskreis, indem er [illegible]handels-, später Reichs-Oberhandelsgericht im Juli 1871 berufen wurde. [illegible] diesem Gerichte bis zur neuen Gerichtsverfassung, dann dem Reichs[illegible] dessen erstem Beginn, dem 1. October 1879, an, und zwar bei [illegible] zunächst im I. Strafsenate, sodann und bis zu seinem Lebensende im [illegible]) Civilsenate. Nach längerem Leiden ist er in dieser Stellung, [illegible] am 6. Februar 1885 gestorben.

[illegible] seiner ganzen, stets angestrengten und erfolgreichen, von com[illegible] Seite immer gleichmäßig gerühmten richterlichen Thätigkeit hat P. [illegible] auch eine rege litterarische Schaffenskraft an den Tag gelegt, [illegible]schriften-Artikel und -Begründung wie durch große Commentare, [illegible] und sonstige umfassende Werke. Zunächst brachten, seit 1852, [illegible] der badischen Gerichte“ kleinere und größere Beiträge aus seiner [illegible] trat er als eifriger Mitarbeiter in das „Archiv für Handels[illegible]recht“ des Dr. Busch ein; 1868 aber erschien sein umfassender [illegible] über das Badische Strafgesetzbuch nebst einem Ergänzungsbande [illegible]badischen Nebenstrafgesetze und unmittelbar darauf erfolgte durch ihn [illegible] der „Zeitschrift für französisches Civilrecht“, jenes glücklich [illegible] erfolgreiche Unternehmen, das sich besonders die Vergleichung [illegible]sischen, rheinbairischen, rheinhessischen und badischen Jurisprudenz [illegible] setzte und dadurch der Zersplitterung des deutsch-französischen [illegible]. Er hat bis zu seinem Tode diese Zeitschrift (in ihren ersten [illegible]) redigirt und in ihr zahlreiche Beiträge (der erste Band rührt [illegible] her) veröffentlicht. So war er der gegebene Mann, um nach [illegible] weitere Herausgabe des leitenden Handbuches des Französischen [illegible] von Carl Salomo Zachariae von Lingenthal (1. Ausgabe 1808) [illegible] und er hat diese Aufgabe (6. Aufl., Heidelberg 1875) mit Pietät,

Fleiß und Scharfsinn, wenngleich ohne tiefer einzuschneiden noch fortzuarb[...] gelöst. Vorher aber noch hatte er inzwischen seinem badisch-landesrech[...] criminalistischen Werk, als das badische durch ein Reichs-Strafrecht [...] wurde, einen Commentar hierzu, 1871, folgen lassen, der mit Glück die Einführung dieses, aus dem Preußischen Strafgesetzbuch bekanntlich [...] gegangenen, Reichsgesetzes nach Süddeutschland vermittelte. Ja, währe[...] dieser Leistungen, während er gleichzeitig nach Leipzig übersiedelte und [...] die dortigen Verhältnisse einarbeitete, erstand noch ein drittes, wo[...] Hauptwerk: der Commentar zum Deutschen Handelsgesetzbuche.

In der glücklichen Lage, die Praxis des Reichsoberhandelsgerichts [...] unmittelbar aus der Quelle schöpfend zu verwerthen, verfaßte P. die [...] Auflage dieses Werkes 1872—1874. Es ist wohl seine selbständigste, [...] samste, auch gereifteste und dankenswertheste Production. Sie hat [...] fortgesetzten und ungetheilten Beifall gefunden, eine 2. Ausgabe (in 2 B[...] wurde schon nach Jahresfrist nöthig und eine dritte, stark vermehrte u[...] gearbeitete, namentlich dem neueren Proceßrechte, aber auch sonst allen [...] schritten des deutschen Rechtslebens und der Doctrin Rechnung tragende [...] P. noch unmittelbar vor seinem Tode zum Abschluß bringen. — Zw[...] dieser dritten und der zweiten Auflage des Commentars zum Handelsge[...] liegen die Commentare zur Reichs-Civil- (1877) und zur Reichs-Straf- ([...] Proceß-Ordnung, sowie sein Beitrag zu Meibom's Sammlung von [...] über die deutschen Hypotheken-Gesetze, zu welcher er nämlich 1876 die [...] Abtheilung des Bandes „Rheinisch-französisches Privilegien- und Hypoth[...] recht" lieferte, d. i. den allgemeinen Theil, während die zweite, den [...] kulärgesetzen gewidmete Abtheilung durch von ihm ausgewählte Bear[...] hergestellt wurde. Ferner gründete er noch 1876, als Ableger der Zeits[...] für französisches Civilrecht, die „Juristische Zeitschrift für das Reich[...] Elsaß-Lothringen", die von ihm bis zum 10. Bande geleitet wurde.

Damit dürften wohl des ungemein arbeitskräftigen und leistungsfreu[...] Mannes Hauptwerke sämmtlich aufgezählt sein. In zahlreichen und [...] verschiedenen Fächern thätig, hat er sich überall tüchtig, häufig schar[...] und selbständig, nicht selten als Vermittler und Förderer neuer Rechtsge[...] besonders des Reichsrechts, erwiesen. Wenn manche seiner Schriften bal[...] altet, manche seiner Commentare bei der ersten Auflage verblieben sind, so [...] das wohl gerade damit zusammen, daß sie das Verdienst hatten, gan[...] umfassende Gesetze rasch für die Bedürfnisse der Praxis zu bearbeiten. [...] darum aber auch sind diese Commentare nicht bloß Zusammenstellungen [...] Meinungen Anderer und der Präjudicien, wie bei selbst erfolgreicheren W[...] dieser Art so häufig der Fall, sondern Darstellungen eigener Auffassun[...] mag diese auch nicht immer gerade eine tief schürfende sein. Daneben [...] P. noch Zeit und Stimmung zu gelegentlicher Theilnahme an der politi[...] Tageslitteratur besessen zu haben, wie er denn als ein Mann von hinge[...] Vaterlandsliebe geschildert wird; außerdem als ein stets liebenswürdiger [...] anregender Gesellschafter, fördernd und wirksam im Kreise der Familie, [...] Freunde und der Berufsgenossen. So wird namentlich seine persönliche [...] deutung für die Gestaltung der inneren Verhältnisse bei dem neugegründe[...] Reichsgericht gerühmt; und so behalten wir von ihm den Gesammtein[...] einer reichen, rastlos thätigen, allseitig — Praxis und Theorie, altes [...] neues Recht, Nord- und Süddeutschland, Menschen und Dinge — [...] mittelnden Persönlichkeit.

Nachrufe in der Beilage zu Nr. 48 der Karlsruher Zeitung v. 26. [...]

... 1895 (aus Reichsgerichts-Kreisen) und zu Beginn von Bd. 16 der ... für französisches Civilrecht, von Max Heinsheimer.

Ernst Landsberg.

... Anton Freiherr von P. wurde am 11. November 1779 zu ... in Ungarn als Sohn des Bergkammersecretärs und Beisitzers der ... Gottfried v. Puchner geboren. Die Familie Puchner, die schon ... Zeit in den ungarischen Bergstädten seßhaft war, stammte ur... aus Sachsen und erhielten Samuel und Simon v. Puchner von ... Ferdinand III. am 11. Juli 1657 zuerst den ungarischen Adel. ... Jugend brachte P. in Schemnitz zu, wo er im Hause des dortigen ... Dr. G. Hoffinger, mit dessen Söhnen er sehr befreundet ... verkehrte. Hier wurde auch sein Sinn für die Natur und deren ... geweckt, den er sich sein ganzes Leben hindurch bewahrte. Am ... 1799, im Alter von 20 Jahren, wurde er als Unterlieutenant ... ungarischen, adeligen Leibgarde in Wien eingetheilt. Am 21. März ... erfolgte seine Transferirung zum Chevauxlegers-Regiment Nr. 5 (jetzt ...regiment Nr. 10) und am 1. September 1805 seine Beförderung ...lieutenant. Er machte mit seinem Regimente den Feldzug 1805 in ... mit und hatte bald Gelegenheit die Aufmerksamkeit auf sich zu ..., indem er durch einen Ueberfall auf das Kloster Kirchheim die Ver... eines französischen Corps verhinderte.

... J. 1809 finden wir P. als Rittmeister dem Herzoge von Braun... zur Mitwirkung bei dem um Nachod zu errichtenden Corps bei... In der Schlacht bei Znaim am 11. Juli zeichnete er sich durch ... gelungenen Flankenangriff auf den Feind aus.

... Jahr 1813 sollte dem jungen, von Ehrgeiz erfüllten Officier Ge... bieten, sich die höchste militärische Auszeichnung, den Maria-Theresien... auf dem Schlachtfelde zu verdienen. Nachdem er sich mit seiner ... und 2 Compagnien Kroaten in dem Recognoscirungsgefechte bei ... am 15. September ausgezeichnet hatte, wurde er dem Corps ... Platof zugetheilt, und glückte es ihm am 22. September, eine ... Abtheilung bei Frauenstein zu überfallen. Im Gefechte bei Alten... Zeitz am 28. September gelang es ihm, durch Niederwerfung der ... Infanterie und Reiterei den Rückzug des feindlichen Flügels zu ... und durch sein Eindringen in Zeitz ermöglichte er die weitere Ver... der Franzosen bis an die Saale. Bei dieser Gelegenheit wurden ... feindliche Geschütze erbeutet. Für diese That wurde ihm durch ...schluß vom Jahre 1815 das Ritterkreuz des Maria-Theresienordens ... und erfolgte am 19. Februar 1880 seine Erhebung in den Frei...

... weiteren Verlaufe des Feldzuges zeichnete er sich noch bei Chemnitz ... October aus, wo er mit einer russischen Batterie und zwei Escadronen ... Lauriston in den Rücken fiel; am 16. October unternahm er, ... Maskirung der Cavallerie der Verbündeten zu erleichtern, eine erfolg...

... gegen Ende des Jahres 1813 die österreichisch-deutsche Legion, auch ... genannt, errichtet wurde, erhielt P. am 1. November d. J. seine ... dorthin, avancirte am 26. Januar 1814 zum Major und wurde ... Auflösung dieses Corps am 31. August 1814 zum Cürassierregiment ... (jetzt Dragonerregiment Nr. 7) transferirt.

... Feldzuge 1815 war er bei den Prinzen Ferdinand und Clemens von ... im Hauptquartier in Verwendung. Am 1. Januar 1816 erfolgte seine Uebersetzung zum Chevauxlegers-Regiment Nr. 1 (jetzt Ulanenregimen Nr. 6), avancirte am 10. August 1821 zum Oberstlieutenant und machte mi dem Regimente die Occupation von Neapel mit. Hier blieb er bis zu dem Zeitpunkte, wo die kaiserlichen Truppen Neapel wieder verließen. Am 2. October 1824 wurde er zum Obersten und Regimentscommandanten be seinem Regimente ernannt, welche Stellung er bis zu seiner am 12. Ma 1832 erfolgten Ernennung zum Generalmajor innehatte; während dieser Zei war er in Avensa, Padua und Mailand in Garnison, befehligte als Genera eine Brigade und kam im J. 1834 als Commandant der österreichische Truppen im Kirchenstaate nach Bologna; auf diesem äußerst schwierigen Posten auf welchem er auch diplomatische Geschicklichkeit entwickelte, blieb er bis zum Jahre 1839 und kam dann als Feldmarschalllieutenant mit der Zutheilung zum Hofkriegsrathe nach Wien, da ihm durch einige Todesfälle in seiner Fa milie der Aufenthalt in Italien verleidet war. Sechs Jahre blieb er i dieser verantwortungsvollen Stellung in angestrengtester Thätigkeit, um die selbe im J. 1846 mit der eines commandirenden Generals in Siebenbürge zu vertauschen. Die Verhältnisse, die FML. Freiherr v. P. daselbst vorfan waren die denkbar schwierigsten zu nennen, und es ist ein Beweis seiner scho so oft bewährten Tüchtigkeit, daß er sich in kurzer Zeit die Liebe und da Vertrauen der Soldaten sowohl, als auch jenes der Bevölkerung zu erwerbe verstanden hat. Dieser Umstand erklärt es auch, daß es ihm möglich wa mit einer verhältnißmäßig geringen Truppenmacht der tobenden Revolutio Widerstand zu leisten. Sobald P. von den revolutionären Vorgängen i Ungarn Nachricht erhalten hatte, brach er auf eigene Verantwortung sofort je Verbindung mit Ungarn ab und griff zu den Waffen, um die aufständische Szekler und Magyaren Siebenbürgens zu unterwerfen. In zwei Schlachten bei Hermannstadt (am 21. Januar 1849) und Salzburg (4. Februar 1849 führte der greise General seine Truppen zu glänzenden Siegen gegen Bem den Führer der Revolutionsarmee, und nur sein leidender Zustand, sowie de Mangel an Verstärkungen hinderten ihn, weitere Erfolge zu erringen.

Was P. unter diesen schwierigen Verhältnissen zu leisten vermochte, ha er gethan, und wenn auch schließlich dem an Zahl überlegenen Gegner da Feld geräumt werden mußte, so geschah dies erst, als jede Möglichkeit eine Widerstandes gewichen und P. selbst physisch gebrochen war. Einen klare Einblick der Verhältnisse des Feldzuges 1849 in Siebenbürgen erhält man au einem Briefe Puchner's vom 28. Mai 1849 an den damaligen Obersten Urban Infolge seines leidenden Zustandes übergab P., wie er ihm darin mittheilt das Commando des Corps erst dem General Valliani, später dem FML. Mal kofsky und nahm daher an der letzten Katastrophe des Feldzuges gar keine Antheil; viel Schuld gibt P. seinen unterstellten Commandanten und nenn Urban den einzigen, der unablässig weckte und durch sein energisches Wese zur Erfüllung seiner Absichten beitrug.

Im übrigen wurden die verdienstlichen Leistungen Puchner's in dieser Feldzuge von Seite des Monarchen durch Beförderung zum General der Ca vallerie und durch Verleihung des Commandeurkreuzes des Maria-Theresien ordens sowie des Ordens der Eisernen Krone 2. Classe anerkannt, und eben gerecht wird auch einst die Geschichte sein Wirken zu jener Zeit zu würdige wissen.

Im September 1849 zum zweiten Capitän der Arcièrenleibgarde er nannt, wurde ihm im folgenden Monate die Stelle eines Civil- und Militä Gouverneurs in Venedig verliehen; infolge seines leidenden Zustandes, de sich seit dem letzten Feldzuge noch verschlechtert hatte, bat er jedoch von diese [illegible] abzusehen, was ihm auch bewilligt wurde, und so verbrachte [illegible] Jahre seines Lebens theils in Wien, theils auf seiner Besitzung [illegible] in Ungarn, bis ein wiederholter Schlagfluß das thatenreiche [illegible] vom strengsten Pflichtgefühl erfüllten Generals am 28. December [illegible] endete. Am Sylvesterabende wurde er auf seinem Gute Bikál [illegible] beigesetzt.

[illegible] v. P. war seit dem Jahre 1840 zweiter Inhaber des Infanterie- [illegible] Nr. 8 und besaß noch das Comthurkreuz des Leopoldordens und [illegible]verdienstkreuz. Von ausländischen Dekorationen besaß er den [illegible] St. Wladimirorden 4. Cl. und den St. Georgsorden 4. Cl.; ferner [illegible]deurkreuz des sicilianischen Militärverdienstordens St. Georgio della [illegible]

[illegible] war von hoher Gestalt, hager, aber dabei sehnig; infolge eines be- [illegible] physischen Gebrechens konnte er nur selten ein Pferd besteigen und [illegible] stundenlang mit seinen Truppen. Voll persönlicher Tapferkeit, setzte [illegible] dem dichtesten Kugelregen aus, ohne auch nur einen Moment seine [illegible] verlieren. Groß war seine Sorge für seine Untergebenen, und stets [illegible] um das Wohlergehen der ihm unterstellten Truppen mehr besorgt, als [illegible] eigenes, was ihn manchmal dazu verleitete, der Truppe weniger [illegible], als sie wirklich zu leisten im Stande gewesen wäre.

[illegible] v. P. war zwei Mal verheirathet. Das erste Mal vermählte [illegible] am 8. Mai 1811 mit Antonie Stelzl, aus welcher Ehe er vier Kinder [illegible] von denen alle bis auf einen Sohn, den späteren Generalmajor Hannibal [illegible] v. P., vor ihm starben. Seine erste Frau ging ihm am 4. Mai [illegible] Italien im Tode voran. Seine zweite Frau, Lucretia Reichsgräfin [illegible], heirathete er am 4. Januar 1851 und pflegte ihn dieselbe mit [illegible] Selbstaufopferung bis zu seinem Tode.

[illegible] Wurzbach, Biographisches Lexikon. — Kneschke, Adeliges Lexikon. — [illegible] Hirtenfeld, Der militärische Maria-Theresienorden u. seine Mitglieder. [illegible] Schweigerd, Oesterreichs Helden und Heerführer. — Hirtenfeld, Oester- [illegible] Militärkalender 1854. — Czetz, Bem's Feldzug in Siebenbürgen [illegible] — Hirtenfeld, Militärzeitung 1861. — Feldacte und hofkriegs- [illegible] Acte und sonstige authentische Behelfe des Kriegsarchivs.

H. v. M.

[illegible]ckert: Wilhelm P., Geschichtsforscher, geboren am 2. Januar 1830 [illegible], † ebendaselbst am 13. September 1897, studirte in Leipzig, [illegible] und Jena, wo besonders Droysen auf seine Studien Einfluß ausübte, [illegible] 1859 in Leipzig, habilitirte sich dort 1862 und wurde 1867 zum [illegible]lichen Professor befördert. In demselben Jahre, in dem er pro- [illegible], trat er als Assistent in die Leipziger Universitätsbibliothek ein, [illegible] ein Jahrzehnt, bis Weihnachten 1869, und zwar bald nach seinem [illegible] als Custos seine Kräfte widmete. Während dieser Zeit hat er sich [illegible] durch seine umfangreichen Kenntnisse sowie seine nie er- [illegible] Gefälligkeit und liebenswürdige Zuvorkommenheit außerordentlich [illegible] gemacht. Die litterarische Thätigkeit anbelangend, so ist zu bedauern, [illegible] nicht gegeben war, sein reiches Wissen auch für Andere ent- [illegible] zu machen und der Wissenschaft zu Gute kommen zu lassen. [illegible] zwei größere historische Arbeiten veröffentlicht, von denen die eine [illegible] nach seinem Tode aus seinem Nachlasse ans Tageslicht getreten ist. [illegible] er bereits 1858 heraus unter dem Titel: „Die kurfürstliche [illegible] während des Basler Konzils. Ein Beitrag zur deutschen Ge- [illegible]—1448", *Leipzig 1858*. Später hat er dann seine Aufmerksam-

keit ausschließlich der mittelalterlichen Kloster- und Ordensgeschichte zugew
und in deren Erforschung umfassende Studien gemacht. Als Frucht
Studieu ist nun die zweite Arbeit zu betrachten, behandelnd: „Anfon
Gellone. Diplomatisch-kritische Untersuchungen zur Geschichte der Ref
des Benediktinerordens im IX. und X. Jahrhundert“, Leipzig 1892.
kürzere verdienstvolle Abhandlung über die kleine Lorscher Frankenchronik
er in den Sitzungsberichten der königl. sächs. Gesellschaft der Wissensch
Leipzig 1864, herausgegeben. Auch mit sächsischer Münzgeschichte hat
beschäftigt, und seine in dieses Gebiet fallende Arbeit „Das Münz
Sachsens 1518—1545“, Leipzig 1852, ist ein werthvoller Beitrag zur
forschung dieser für Sachsen numismatisch wichtigen Zeit.

Benutzt ist zum Theil der Nekrolog Pückert's, den G. Seelig
Biogr. Jahrbuch und Deutscher Nekrolog, herausgegeben von Anton Be
heim, Bd. 2, Berlin 1898, veröffentlicht hat. Stüb

Pulz: Ludwig Freiherr von P. wurde am 18. August 18
Ungarisch-Brod in Mähren als der Sohn des Rittmeister-Rechnungsf
Andreas Pulz und seiner Gattin Theresia geboren. Schon am 18. Sept
1838 wurde er als unobligater Regimentscadett zum Infanterieregi
Nr. 60 assentirt, und nachdem er den dreijährigen Curs in der k. k. Cadet
compagnie in Graz absolvirt hatte, wurde er am 16. September 184
Regimentscadett zum Chevauxlegers-Regiment Nr. 7 (jetzt Ulanenregi
Nr. 11) transferirt. Hier eignete er sich bald die cavalleristischen Kenn
an, und am 16. Juli 1844 erfolgte seine Beförderung zum Unterlieut
Am 4. April 1848 avancirte er zum Oberlieutenant, und sollte dem
strebsamen Officier schon in nächster Zeit Gelegenheit geboten werden, vor
Feinde Proben seiner Tüchtigkeit abzulegen. Die revolutionäre Bewe
des Jahres 1848 hatte auch Wien ergriffen und machte P. die Belag
und Einnahme von Wien vom 12. bis 31. October, sowie das Treffen
Schwechat mit. Am ungarischen Feldzug 1848—1849 nahm P. als Regim
adjutant an fast allen stattgehabten Affären theil und wird besonders we
seiner Leistungen in der Schlacht von Kápolna am 26. und 27. Februar
in den Gefechten bei Hatvan am 2. bis 5. April in den Gefechtsrelati
rühmlichst erwähnt. Einen großen Beweis von Tapferkeit und Unerschrock
legte er in dem Gefechte bei Puszta-Harkaly am 26. April 1849 ab, w
den schwer verwundeten Obersten Kißlinger des 5. Cürassierregiments,
besinnungslos am Boden lag, in einer Entfernung von 50 Schritten
Feinde nur dadurch vor der sichern Gefangenschaft rettete, daß er von se
Pferde absprang, um den Obersten auf dasselbe hinaufzuheben; da dies
infolge dessen schwerer Verwundung nicht möglich war, so trug er ihn
der größten Gefahr für seine Person mit Hülfe eines Ulanen zurück
übergab ihn Leuten des rückwärts befindlichen Kürassierregiments. In
erkennung seiner Leistungen in diesem Feldzuge wurde P., der am 20.
1849 außertourlich zum Rittmeister 2. Classe befördert worden war,
die Verleihung des Ordens der Eisernen Krone 3. Classe ausgezeichnet.

Am 15. Jauuar 1851 erfolgte seine Transferirung zum Husarenregim
Nr. 2 bei gleichzeitiger Beförderung zum Rittmeister 1. Classe, jedoch ber
am 14. Februar desselben Jahres wird er wieder in sein früheres Regim
eingetheilt. Im J. 1852 war P. der Mission des Generals Brudermann
nach Arabien beigegeben; General Brudermann hatte nämlich den Auftr
arabische Vollblutpferde bester Qualität für die österreichischen Staatsgest
anzukaufen und P. brachte einen solchen Transport von Damaskus na
Oesterreich.

[illegible] 1. Mai 1856 wurde P. zum Adjutantencorps transferirt und dort [illegible] Februar 1857 zum Major befördert; gleichzeitig erhielt er seine Er[illegible] zum Corps-Adjutanten beim 3. Armeecorps und machte als solcher [illegible] 1859 in Italien mit, in dessen Verlaufe er am 22. Mai 1859 [illegible]lieutenant avancirte. Auch in diesem Feldzuge nahm er an einer [illegible] Affären theil, unter anderen an der Schlacht von Magenta am [illegible] und Solferino am 24. Juni, und wurde für sein tapferes Ver[illegible] in letztgenannter Schlacht mit dem Ritterkreuze des österreichischen [illegible] Ordens ausgezeichnet.

[illegible] mit Allerhöchster Entschließung vom 17. Januar 1860 aus den [illegible] Divisionen der Ulanenregimenter Nr. 1, 2, 8 und 10 das freiwillige [illegible]regiment Nr. 18 aufgestellt wurde, ward P. am 22. Jannar 1860 [illegible] Commandanten des Regiments ernannt, worauf am 15. August d. J. [illegible]ßertourliche Beförderung zum Obersten erfolgte, und befehligte dasselbe [illegible] Ausbruche des Krieges mit Italien im J. 1866. In diesem Feld[illegible] er Commandant einer Cavalleriebrigade; am Tage der Schlacht bei [illegible] aber, deren Name mit dem von P. unzertrennlich ist, commandirte [illegible] zwei Cavalleriebrigaden gebildete Reserve-Cavallerie der Südarmee. [illegible]enthat nun, auf Grund welcher sich P. ein ruhmvolles Blatt in der [illegible]geschichte sicherte, war im allgemeinen folgende:

[illegible] 6. Juni bezog Oberst P. mit 8 Escadronen des Husarenregiments [illegible] Nr. 1 und des Ulanenregiments Graf Trani Nr. 13, dem 21. Jäger[illegible] und der 4pfündigen Batterie Nr. 8/V eine Aufstellung entlang dem [illegible], mit dem Brigadestab und Gros in Villafranca; seine Aufgabe be[illegible] der scharfen Ueberwachung der Mincio-Uebergangspunkte von Goito [illegible], in der Beobachtung der gegnerischen Vortruppen, deren Posten [illegible], Borghetto und Monzambano standen, und dem Sammeln von [illegible] über die Bewegungen des Feindes.

[illegible] 17. Juni erhielt er vom Armeecommando den Befehl, in an[illegible] der Nähe feindlicher Heereskräfte die Uebergangspunkte zwischen [illegible] und Goito scharf zu beobachten und an den Hauptcommunicationen [illegible] vorpostenartige Beobachtung eintreten zu lassen. Oberst P. ver[illegible] daher den Beobachtungsdienst, zog das 21. Jägerbataillon von Valeggio, [illegible] bei einem feindlichen Einfalle zu gefährdet erschien, am 19. nach Custozza [illegible] und ließ den Sicherheitsdienst bei Valeggio nur mehr durch Cavallerie [illegible]. Aus den von der Brigade Pulz gemachten Wahrnehmungen ging [illegible] daß sich namentlich an den unteren Stellen des Mincio zahlreiche [illegible] Truppen ansammelten und Goito selbst stark besetzt war. In der [illegible] 22. auf den 23. Juni überschritten die ersten feindlichen Ab[illegible] den Mincio bei Goito; um 4 Uhr 30 Min. früh passirte die [illegible]riedivision Sonnaz den Fluß bei Goito und rückte in nördlicher [illegible], wodurch Oberst P. bewogen wurde, die in jener Gegend stehenden [illegible] gegen Villafranca zurückzunehmen. Zwischen 7 und 8 Uhr [illegible] begann der allgemeine Uebergang der feindlichen Armee auf ver[illegible]punkten; während feindliche Cavallerie von Valeggio und Goito [illegible]franca vorrückte, concentrirte Oberst P. daselbst seine Brigade, [illegible] gemäß den Weisungen des Armeecommandos jedem ernsten Gefechte [illegible] Feinde auswich. Gegen Mittag zog er sich langsam gegen Verona [illegible] weitem gefolgt von der feindlichen Cavallerie. Bei Dossobuono [illegible] P. um 8 Uhr Nachmittags seine Brigade Aufstellung nehmen und [illegible] gab einige Schüsse ab, worauf sich die feindliche Reiterei ent[illegible] bei Villafranca die Eisenbahn und Telegraphenleitung zerstörte.

Das italienische Hauptquartier wurde durch diesen schrittweise durchgef... Rückzug und durch sonstige Nachrichten in der Meinung bestärkt, d... kaiserliche Armee hinter der Etsch stände und auf die Vertheidigung des ... zwischen diesem Fluß und dem Mincio gänzlich verzichtet hätte, eine ... fassung der Situation, welche von großem Einflusse auf die ... Armee war.

Erzherzog Albrecht beschloß auf Grund eingelaufener Nachrichten ... sonstiger Wahrnehmungen, dem über den Mincio gegangenen Feinde ... am rechten Etsch-Ufer concentrirten Südarmee in die Flanke zu fallen ... befahl zu diesem Zwecke die Bildung einer zweiten Cavalleriebrigade, ... aus je 3 Escadronen der Husarenregimenter Nr. 3 und 11 und 2 Escad... des Ulanenregiments Nr. 12, unter Commando des Obersten Bujan... Die Oberleitung beider Brigaden behielt Oberst P. Am 24. Juni früh, ... 3 Uhr rückten beide Brigaden aus ihren Lagern bei Fort Gisela und S. ... in westlicher Hauptrichtung vor; ihre Aufgabe war zunächst, die linke ... des 9. Corps, überhaupt die linke Flanke der Armee zu decken. Die B... Bujanovics stieß zunächst auf den Feind; ihre Seitenhut drängte die B... der feindlichen Division Prinz Humbert von Calori gegen Villafranca ... wurde aber hier heftig beschossen und zog sich daher auf das Gros der B... zurück, die sich eben bei Acabemia entwickelte.

Oberst P. war unterdessen über Palazzina hinaus gelangt; als ... Geschützfeuer von Villafranca hörte, vermuthete er eine gegen die linke ... der Brigade Bujanovics gerichtete feindliche Vorrückung und beschloß, ... Richtung des Geschützfeuers vorzugehen, um dem aus Villafranca vorrück... Gegner selbst in die Flanke zu fallen. Er verständigte Oberst Bujan... von seiner Absicht und forderte ihn gleichzeitig auf, sich rechts zu halten ... dadurch die Vereinigung der gesamten Cavallerie zu bewirken. Bald ... liefen Meldungen ein, daß sich größere Massen feindlicher Truppen, ... Waffengattungen vor Villafranca befänden; nun beschloß Oberst P., ... weiteren Befehl den Feind aufzusuchen und anzugreifen. Südlich Ganf... wurde er der feindlichen Truppen ansichtig; sofort ließ Oberst P. zwei Ge... auf der Straße, die anderen links derselben auffahren und das Feuer erö... Die Kaiser-Husaren marschirten in der Nähe von Ganfardine auf, die T... Ulanen gingen gegen Villafranca vor. 500 Schritte südlich Canuova ... das Ulanenregiment auf eine dichte Kette Bersaglieri, ritt die ersten ... nieder, sprengte mehrere Carrées und machte die Bedienungsmannschaft ... Geschütze nieder; durch einen breiten und tiefen Chausseegraben wurde ... die weitere Attacke aufgehalten und das tapfere Regiment mußte auf ... selben Wege zurückgehen, überschüttet von feindlichen Geschossen. In der ... von Casino sammelte sich wieder das Regiment, von dem nicht viel ... als 200 Reiter übrig geblieben waren. Mittlerweile war auch das Hus... regiment in der Nähe von Villafranca auf drei feindliche Escadronen ... stoßen, die aber sofort Kehrt machten und die rückwärts formirten Infan... bataillone demaskirten, worauf auch dieses Regiment mehrere Carrées ... ritt, sich schließlich aber aus dem mörderischen Feuer des Feindes z... ziehen mußte.

Unmittelbar nach diesen Vorfällen trat die Brigade Bujanovics in... fecht und rückte im lebhaften feindlichen Geschützfeuer gegen Villafranca; ... die anrückenden feindlichen Escadronen wurden zurückgeworfen und bis ... Carrées der Division Humbert gejagt, worauf die Brigade den Rückzug ... und sich bei Canuova sammelte. Oberst P. führte hierauf beide Bri... bis La Caserta zurück, die Trani-Ulanen formirten sich bei Sommacamp...

[illegible] groß auch die Opfer waren, wodurch dieser unbestrittene Erfolg der [illegible] Waffen erkauft war, so waren sie nicht umsonst gebracht. Der [illegible] war eingeschüchtert und die Divisionen Prinz Humbert und Bixio in [illegible] Stärke von 36 Bataillonen, 3 Cavallerieregimentern und 6 Batterien, [illegible] die Cavalleriedivision Sonnaz mit 4 Regimentern, beschränkten sich [illegible] auf die Defensive. Auf den Besitz des wichtigen Punktes Somma[illegible] und selbst für die Entscheidung der Schlacht von Custozza war dies [illegible] Einfluß.

[illegible] Oberst P. im weiteren Verlaufe der Schlacht durch vorgeschobene [illegible] den Feind stets im Auge behalten, rückte er mit dem Gros gegen [illegible] Nachmittags zur eventuellen Unterstützung des linken Flügels von [illegible] in der Richtung La Fredda—Cerchie vor, zog sich jedoch dann [illegible] Sommacampagna bis Palazzina zurück, um die Pferde wieder rasten [illegible] den Entscheidungsmoment Kräfte schöpfen zu lassen. Gegen 5 Uhr [illegible] den Befehl des Erzherzogs, mit der Reiterei gegen den rechten [illegible] der italienischen Armee zu wirken, um dadurch die Wegnahme der [illegible] von Custozza zu erleichtern. Oberst P. rückte sofort in der Richtung [illegible]—Capella vor, machte bei 1000 Gefangene und schlug die feindliche [illegible] vollkommen; infolge der großen Erschöpfung der Pferde, die seit [illegible] früh weder gefüttert noch getränkt waren, konnte aber an eine weitere [illegible] des Feindes nicht gedacht werden. So endete um 8 Uhr Abends [illegible] von Oberst P. gemachte Angriff, und nachdem er seine beiden [illegible] gesammelt hatte, führte er sie auf die früheren Lagerplätze bei [illegible].

[illegible] diesen mit unübertroffener Bravour ausgeführten Reiterangriff [illegible] von Villafranca trug P. wesentlich zum glücklichen Ausgang der [illegible] von Custozza bei, und sich selbst erwarb er den Ruhm eines hervor[illegible] Reiterführers.

[illegible] Grund seiner ausgezeichneten Leistungen in diesem Feldzuge wurde [illegible] am 26. Juni 1866 zum Generalmajor im Großen Generalstabe [illegible] am 29. August mit dem Ritterkreuze des Maria-Theresienordens [illegible], worauf im J. 1867 seine Erhebung in den Freiherrnstand er[illegible]. Nach dem Feldzuge erhielt P. das Commando einer Infanteriebrigade [illegible] und blieb dortselbst bis zum 22. Juni 1871, wo er zum Com[illegible] der 17. Infanterietruppendivision in Großwardein ernannt wurde. [illegible] April 1872 erfolgte seine Beförderung zum Feldmarschalllieutenant, [illegible] März 1878 seine Ernennung zum Militärcommandanten in Kaschau. [illegible] December desselben Jahres wurde er in gleicher Eigenschaft nach [illegible] übersetzt. Auch hier sollte er bald wieder Gelegenheit finden, sich [illegible], und zwar war es gelegentlich der großen Ueberschwemmungen [illegible] Jahren 1879 und 1881, wo Feldmarschalllieutenant Freiherr v. P. [illegible] zur Hülfeleistung aufgebotenen Truppen leitete und sich durch [illegible] Menschen vom Tode des Ertrinkens mit Hintansetzung des [illegible] große Verdienste erwarb. Von Sr. Majestät wurde er hierfür [illegible] des Commandeurkreuzes des Leopoldordens ausgezeichnet. [illegible] August 1879 erhielt er die Würde eines Wirklichen Geheimen Rathes, [illegible] August 1881 wurde er zum commandirenden General in Agram er[illegible]. [illegible] nur kurze Zeit sollte es diesem, um das Vaterland so verdienten [illegible] sein, sich seiner Stellung zu erfreuen, denn im J. 1881, [illegible] den Ueberschwemmungen das Leben seiner Mitmenschen rettete, zog [illegible] einer Krankheit zu, der er bereits am 1. September 1881 [illegible] bei Wien erlag.

Ein tragisches Geschick wollte es, daß er, der dem Tode auf dem Schlachfelde so oft ins Auge gesehen, niemals auch nur die kleinste Verwundu[ng] davontrug, sich bei einem Werke der Nächstenliebe den Todeskeim holen muß[te].

Feldmarschallieutenant Freiherr v. P. blieb unvermählt. Was se[in] Aeußeres betrifft, so war er von großer Gestalt und kräftigem Körperbau; [er] war wohlwollend für seine Untergebenen und besaß ein weiches Herz un[ter] einer rauhen Hülle.

Außer den bereits angeführten österreichischen Decorationen besaß Fel[d]marschallieutenant Freiherr v. P. noch folgende ausländische, und zwar: de[n] kaiserlich russischen St. Wladimirorden 4. Cl. und den St. Annenorden 2. C[l.,] das Commandeurkreuz des königlich sicilianischen Ordens Franz I. und da[s] Comthurkreuz des königl. bairischen St. Michael-Ordens.

Wurzbach, Biographisches Lexikon. — Dr. Hirtenfeld, Der militäris[che] Maria-Theresienorden und seine Mitglieder. — Luckhardt, Deutsche Heere[s]zeitung 1881. — Die Vedette 1881. — Oesterreichs Kämpfe 1866, b[e]arbeitet durch den k. u. k. Generalstab. — Feldacte und sonstige authentis[che] Behelfe des k. u. k. Kriegsarchivs. H. v. M.

Pünjer: Georg Christian Bernhard P., namhafter Docent der system[a]tischen Theologie zu Jena im letzten Viertel des 19. Jahrhunderts, gehö[rt] äußerlich und innerlich zu den Frühvollendeten. Denn seine 35 Lebensjah[re] bergen einen außergewöhnlich werthvollen Inhalt.

P. wurde am 7. Juni 1850 im Schulhause zu Friedrichsgabekoog b[ei] Büsum im Kreise Norderdithmarschen (Holstein), ganz nahe bei Wesselbure[n,] der Heimath Hebbel's, als vierter von fünf Söhnen geboren. Solch ein „Koog[“] ist ein eingedeichtes, zum Körnerbau reifes Stück Schwemmland. Hier ga[b] es nur sieben von einander getrennte Bauernhöfe. Auch das Schulhaus l[ag] völlig einsam, nahe am brausenden Meere, mit weitem, ebenen Horizonte u[nd] zwischen wogenden Kornfeldern und fetten Viehweiden. Mit den begüterte[n,] gebildeten, auf ihre republikanische Vergangenheit stolzen Marschbauern, be[n] „Nachbarn“, hielt man so herzlichen Verkehr, daß später einer von ihne[n] ganz von selber und völlig ungenannt, große Opfer brachte, um dem jung[en] Gelehrten die Wege zur Professur zu ebnen. Sonst war die Menschenle[ere] des Landes oft geradezu gemüthbeängstigend. Als Schleswig-Holstein preußis[che] Provinz wurde, war die Schule des Vaters Pünjer mit ihren 8 Schulkinde[rn] die kleinste Volksschule im ganzen Königreiche. Schon seit 1848 war d[ie] Familie antidänisch und begeistert deutsch gesinnt. Es herrschte der Ge[ist] größter Einfachheit und tiefen, fast zu tiefen Ernstes im Hause. Denn d[er] Vater, als Sohn kleiner Leute in Trittau bei Hamburg geboren, hatte ei[ne] harte Jugend verlebt und war dabei selber hart geworden. Und die Mar[sch] mit ihren eckigen und zähen Menschen hat auch nichts Erweichendes. Er w[ar] ganz Pflicht und Arbeit, ohne jede Fröhlichkeit und jeden Kunstsinn. Kau[m] daß Schiller's Werke im Hause waren! Der Religionsunterricht diente oh[ne] viel innere Antheilnahme der tradionellen Rechtgläubigkeit, wie sie der vi[si]tirende Bischof Koopmann, bekannt aus der Fehde mit R. A. Lipsius, wünsch[te,] wenn er auch nicht in den üblichen Normaldictaten endete. Daher dräng[te] der Vater den Sohn bald von selbst auf die Seite gesunder Opposition [in] der Stille. Die Mutter dagegen war eine begabte Lehrerstochter, eine g[e]borene Schneekloth aus dem Kirchdorfe Hemmingstedt in Dithmarschen. S[ie] war ohne alle Bücherbildung, aber von unmittelbarer Herzlichkeit und bew[eg]lichem Frohsinne. Mit undogmatischem Gottvertrauen hat sie den Schme[rz] über den frühen Tod dreier hoffnungsvoller Söhne zu überwinden gewu[ßt.] Sie wurde auch von Bernhard überaus geliebt. Schon 1882 starb sie [an] einem Lungenschlage.

[illegible] rang es der bildungsdurstige Sohn dem Vater ab, daß [illegible] Vorbereitung durch den befreundeten Pastor Maaßen im [illegible]dorfe Wöhrden, gerade zu Ostern des Entscheidungsjahres [illegible] des Gymnasiums zu Meldorf eintreten durfte. Er durch[illegible] mit außerordentlicher Schnelle bis Ostern 1870 und lernte [illegible] Abiturientenaufsatz beweist, immer mehr, „daß Wissen Macht [illegible] zeichnete er sich im Religionsunterrichte aus. Aber auch [illegible] in allen Fächern tüchtig. Namentlich die Mathematik mit ihrer [illegible] Schärfe hatte es ihm so angethan, daß er beim Abgange zur Uni[illegible], ob er sich ihrem Studium nicht ganz widmen sollte. Schon [illegible] er eine große stilistische Gewandtheit. In dieser doppelten Be[illegible] wir deutlich das Erbtheil des Vaters. Seinen religiösen [illegible] charakterisirte damals der selbstbewußte Maturus im Schüler[illegible] Gymnasiums, höchst bezeichnend für seine spätere theologische Selb[illegible] Freiheit, mit dem Spruche: „Ein jeglicher wird seines [illegible]" (vgl. Röm. 1, 17; Gal. 3, 11).

[illegible] begann er auch seine Studien, als er sich für die Theologie ent[illegible], 1871 in Jena, wo damals noch Hase den Mittelpunkt der [illegible]. Als der Krieg gegen Frankreich ausbrach, wollte P. sofort [illegible] unterbrechen und versuchte, als Freiwilliger angenommen zu [illegible] umsonst! Wahrscheinlich hatten die Aerzte bereits die ersten [illegible] späteren Krankheit gefunden. Geschwächt war seine Gesundheit [illegible] dadurch, daß er zwei Mal dem Ertrinken nahe gewesen war. [illegible] wird er uns als eine kräftige Jünglingsgestalt beschrieben. 1871 [illegible] die Hochschule und ging, ein Feind aller Einseitigkeit, nach [illegible] den Geist einer kirchlich gebundenen Theologie auf sich wirken [illegible] befremdet zog er von hier schon ein Semester später nach Zürich [illegible] Biedermann. Trotzdem führte er später die Strenge gegen sich [illegible] Werthlegen auf das Geschichtliche im Christenthum auf einen [illegible] Einfluß des Erlanger v. Hofmann zurück. Biedermann wurde [illegible] für sein Denken. Von Zürich siedelte er 1872 nach der [illegible] Universität Kiel über, um schließlich wieder in Jena zu landen. [illegible] 1871 Rückert's Nachfolger, R. A. Lipsius, immer mehr zum [illegible] anerkannten Führer" geworden. Bald schloß sich auch P. in herz[illegible] an ihn an. Der Einfluß, den Lipsius auf den jungen [illegible], und ihre freundschaftliche Intimität wuchsen bis zu Pünjer's [illegible]ständig. Lipsius hat für seinen Schützling, in dem er gerne seinen [illegible] sah, mit beinahe väterlicher Liebe gesorgt und ihm schließ[illegible] zugedrückt.

[illegible] der Student bereits durch eine lateinische Rede über die Ent[illegible] der Melanchthonischen Loci am 30. Mai 1874 das Lyncker'sche [illegible]pendium verdient hatte (Ratio, quae inter Melanchthonis [illegible] formam priorem et posteriorem intercedat, exponitur. [illegible], 1874. 19 p.), erreichte er im gleichen Jahre den [illegible] seiner Studien. Zuerst promovirte ihn die philosophische [illegible] einer Dissertation über „Die Religionslehre Kant's" (Im [illegible] seines Systems dargestellt und kritisch beleuchtet. Jena, [illegible] 1874. VIII, 112 S.). Dann absolvirte er zu Michaelis [illegible] vor dem evangelisch-lutherischen Consistorium in Kiel [illegible] mit dem „zweiten Charakter und zwar mit rühm[illegible]". Den Einzelcensuren gegenüber begreift man es, daß [illegible], man habe ihm nur um seiner liberalen Ueberzeugung

willen die erste Nummer vorenthalten. Den für die Anstellungsfähigkeit no
wendigen sechswöchentlichen Seminarcursus machte er nicht, weil er schon
Jahren die brennende Sehnsucht im Herzen trug, akademischer Lehrer
werden. Er kehrte vielmehr nach Jena zurück und wurde 1875 Licentiat
Theologie. Seine Arbeit pro venia docendi handelte über Michel Serve
Lehrsystem (De Michaelis Serveti doctrina commentatio dogmatico-histori
Jenae, typis Maukii, 1876. IV, 110 p.). Nunmehr hätte er sofort Vo
lesungen beginnen können, wenn nicht bereits 1874 ein großer gesundheitlic
Warner in Form eines Blutsturzes erschienen wäre. Daher zog er es v
zunächst den Winter 1875 auf 1876 zur Gesammterfrischung seines angegriffen
Organismus in Mentone an der Riviera zu verbringen. Im Frühling 18
erfolgte dann die Habilitation mit einer Probevorlesung über das Verhältn
des Darwinismus zur Religion und Sittlichkeit (Jahrb. f. prot. Theol. 18
S. 59—83). Durch Otto Pfleiderer's Berufung nach Berlin (1875) war
Jena damals gerade für einen Systematiker Raum geworden. P. blieb b
1880 Privatdocent. Dann wurde er Extraordinarius. Seine Vorlesung
hat er seit einem schweren Typhusanfalle im J. 1876 nie wieder unte
brochen. Nach Vollendung seiner zweibändigen „Geschichte der christlichen R
ligionsphilosophie seit der Reformation“ (Braunschweig, Schwetschke & So
I, 1880, IX, 491 S.; II, 1883, VI, 399 S.) verlieh die Heidelberger The
logenfacultät dem Dreiunddreißigjährigen am Luthertage den Ehrendoct
Leider hatten sich mitten im angestrengtesten Fleiße immer wieder von Z
zu Zeit die Anzeichen eines Lungenleidens geltend gemacht. Daher unte
nahm er in den Ferien regelmäßig Erholungsreisen; so nach der stillen Ei
samkeit der Heimathsfluren 1879 und 1882, so 1884 nach Reiboldsgrün,
er eine in sein Leben tief eingreifende Freundschaft mit der gleichgestimmt
Familie Wittgenstein aus Döbeln schloß. Im April ging er nach Dresd
um sich, wie er schrieb, „künstlerisch zu erfrischen“. Denn er hatte es imm
als einen Mangel empfunden, daß man ihm nicht von Jugend auf den Bl
für das Schöne, für Malerei und Musik, geöffnet hatte. Von dieser Re
kehrte er in den Osterferien nach seiner eigenen Empfindung „schwerkran
heim. Er fieberte und war arbeitsunfähig. Am 6. Mai machte er sein
letzten Ausgang und besuchte D. Lipsius. Er war noch immer voll Hoffnu
auf Genesung. Da plötzlich, in der Nacht vom 11. auf den 12. Mai, u
düsterte sich sein Geist; am 13. 6 Uhr Abends verlöschte sein Leben still w
eine Kerze.

Die alte Krankheit erschien durch allerlei gemüthliche Erregungen n
geweckt worden zu sein. Enttäuschungen über die nicht erfolgte Berufung
eine ordentliche Professur, zuerst nach Gießen, dann nach Zürich, schließl
nach Heidelberg, scheinen um so schmerzlicher gewesen zu sein, als er auch d
Leben des Einsamen, wirthschaftlich Kämpfenden immer deutlicher empfa
Und es war sicher nicht nur seine Krankheit, sondern mehr noch die charakt
volle Weitherzigkeit seiner religiösen Position, welche ihm die Thore zum Gl
verschloß. War er doch inzwischen längst durch seine erfolgreiche Lehrthätigk
und seine litterarischen Arbeiten zu einem Manne von Ruf geworden. D
Section freilich konnte nur hochgradige Lungentuberkulose und Herzerweiteru
feststellen. Am 16. Mai Abends 6 Uhr wurde er neben der Garnisonkir
auf Universitätskosten bestattet. Diakonus Dr. Kind, einer seiner Freun
amtirte, Geh. Kirchenrath D. Lipsius als am meisten getroffener Facultät
genosse baute ihm in seiner Rede von rührender Schönheit ein Ehrendenkm
später von D. Nippold in einer Einführungspredigt für die theologisch
Seminaristen über I. Cor. 1, 22—24 secundirt. Den einzigen größeren Ma

[illegible] der ihm wurde, schrieb sein bester Freund, Professor D. Schmiedel in [illegible] noch sein College in der Jenenser Privatdocentur.

[illegible] Weise hatte P. 1876 seine Lehrthätigkeit mit einem Colleg [illegible]macher eröffnet, also mit dem Quellstudium der modernen Theo- [illegible] eigentlichen Begründer der Religionspsychologie. Denn auch [illegible] sich wie bei jenem die theologischen Interessen aufs innigste [illegible]ilosophischen. Wenn er sich auch als Docent von hier aus über [illegible] systematische Theologie und Theile der Kirchengeschichte ver- [illegible], gehörte doch seine eigentliche Liebe immer mehr und mehr der [illegible]osophie. Man hörte P. gerne; denn er war von unbestechlicher [illegible]eit, objectiver Klarheit und zugleich von echter religiöser Wärme [illegible] Ernste. Er hatte „als lebendiger Christ an sich erfahren, daß [illegible] Frömmigkeit dem Streben den Frieden, der Arbeit des Lebens [illegible] Kraft und Weihe geben kann". Wir können feststellen, daß es immer [illegible] Theologen, die Principienringer, waren, die zu ihm gingen und [illegible] freundschaftlichen Verkehr kamen. Mancher gute Name steht in [illegible] derer, welche später als Getreue Büchergeschenke aus der von ihm [illegible] Bibliothek erhielten. Denn er war ausgezeichnet dazu geeignet, [illegible] Zweifel und Seelenkämpfe hindurchzuführen, die junge Religions- [illegible] oft durchzumachen haben. Er vergaß bei seinen Vorlesungen die [illegible] Interessen nie. Er schreibt in seinem theologischen Testamente [illegible] des heutigen Protestantismus, S. 21) über die theologische [illegible]: „Sie hat vor allem auch die Vorbildung der künftigen Diener [illegible] in diesem Geiste (der Wahrheit und Weite) zu leiten, damit sie [illegible] zunächst vorwiegenden Beschäftigung mit der menschlich bedingten [illegible] der Religion in kritischen, historischen und philosophischen Unter- [illegible] ihren göttlichen Inhalt zur Stärkung und Tröstung des fehlenden [illegible] Menschengemüths nicht aus dem Auge verlieren und sich dessen [illegible] werden, daß sie der Gemeinde nicht die Dogmen dieser oder jener [illegible] die Weisheit dieser oder jener Schule zu predigen haben, sondern [illegible] und einfache Wort Gottes selbst". Dementsprechend trieb er auch [illegible] theologische Arbeit im Vereine für innere Mission in einer [illegible] der Liberalismus sonst zumeist auf dem Gebiete der Herbergen zur [illegible] der Bekämpfung der Vagabundennoth, der Volksbibliotheken u. s. w. [illegible] Neigungen den Vortritt ließ. Auch den Bestrebungen des Gustav- [illegible]eines und der Heidenmission hat er sich lebhaft gewidmet, und wesent- [illegible] war es, das in den entscheidenden Verhandlungen vom 4. und [illegible] 1884 den Ausschlag gab, daß der „Allgemeine evangelisch-protestantische [illegible]erein" seine Thätigkeit nicht auf Indien, wo P. ein zu großes Ent- [illegible] gegen den Brahmo-Somadsch fürchtete, sondern auf Japan [illegible] Namentlich der Jenaische „Lehrlingsverein" bewahrt ihm für seine [illegible] die wohl in Jugenderinnerungen aus Garten und Feld ein starkes [illegible], ein gutes Gedächtniß.

[illegible] im tiefsten Kerne war P. — das erkennt man schon am 14jährigen [illegible] eine wissenschaftliche Natur. Er war geboren zum Manne des [illegible] noch mehr der Feder, und auf diesem Wege hat er sich das Recht [illegible] in den Annalen der Wissenschaft erworben. Schon seine oben- [illegible]andidatenrede zeigt seine systematischen Neigungen deutlich, damals, [illegible] Gedächtniß der Reformation zu feiern hatte. Er befaßt sich mit [illegible] evangelischen Glaubenslehre, die Philipp Melanchthon zum Ver- [illegible] Er zeigt durch eine Vergleichung der ersten und dritten Auflage [illegible] sich Melanchthon allmählich vom praktisch-frommen Standpunkte des Luther'schen sola fide loslöste und durch ein Lehrsystem die Bildung ei neuen Kirchenpartei unter den Evangelischen veranlaßte. Grundlegend w dabei seine Abweichung vom servum arbitrium Luther's. P. kritisirt a seinerseits die lutherische Lehre von der Willensunfreiheit. Noch mehr seinem Elemente befindet sich unser Autor, wenn er zur Erlangung der golde Sporen in philosophicis bald nachher die Religionsphilosophie Kant's, d großen Problemstellers dieser Disciplin, darstellt und einer relativen Kri unterzieht, d. h. ihre Widersprüche mit dem Gesammtsystem des Philosop aufzeigt. Wichtig ist, daß der Kritiker schon jetzt jede Begründung der Religi auf die Moral abweist. „Denn“ — sagt er (S. VI) — „von diesem Gesicht punkte aus können weder die außerchristlichen Religionen, sei es ihrem We und ihrer Bedeutung nach begriffen, sei es ihrem historischen Bestehen n erklärt, noch innerhalb des Christenthums ganz unbestreitbar tief religi Vorstellungen verstanden werden“. Er constatirt eine relative Unabhängigk beider Lebensgebiete. Die Postulatentheorie weist er als unhaltbar ab.

Die Wahl des Themas hing gewiß mit der damals werdenden n kantischen Zeitströmung zusammen. Liebmann und Lange hatten ihren R „Rückwärts zu Kant!“ erhoben. P. war einer der ersten Theologen, Stellung nahmen zu jenen Fragen, über die sich heute jede theologische Sch in ihrer Art dutzendfach litterarisch geäußert hat. Der Einfluß von Lipsi macht sich bei unserm Denker bereits geltend (vgl. den Artikel „Lipsius“ v Scheibe!). Aber im Grunde will P. hier noch die Speculation Biedermann zu dessen Füßen er begeistert gesessen hat, voll retten. Auch Schleiermach hat ihn befruchtet. Gegen Kaftan tritt er mit bewußter Schärfe auf.

Diese Untersuchung über Kant wurde, wie der Schlußabschnitt mit ei lichtvollen Uebersicht über die Geschichte der Religionsphilosophie und mit sunden Grundsätzen für die Religionswissenschaft beweist, die Keimzelle Pünjer's Lebenswerke, von dem unten die Rede sein wird.

Die Habilitationsschrift wendet sich dagegen zunächst wieder einem m historisch-theologischen Gegenstande zu, freilich immer mit principieller B zweckung. Er kann seine Natur nicht verleugnen. Er liefert einen Beit zur Dogmengeschichte, indem er die theologischen und philosophischen Leh des vielseitigen Antitrinitariers Serveto aus den Quellen, namentlich nach Schrift Christianismi restitutio (1535 bez. 1553), darstellt (S. 8—71), er nach den Maßstäben einer von Schleiermacher ausgehenden Dogmatik kriti (S. 71—93) und ihm seine Stellung in der Geschichte der Trinitätslehre und Reformatoren gegenüber anweist (S. 93—110). Serveto, ein spanischer A Geograph und Theolog, wurde am 27. October 1553 auf Betreiben Calvi als Ketzer dem Scheiterhaufen überwiesen. Jetzt dagegen hat man ihm 27. October 1903 zu Genf, wo er starb, und am 5. August 1906 in Pa wo er studirte, Sühnedenkmäler errichtet. P. imponiren an Serveto mit sei „vornizänischen Religion“ viele höchst moderne Ansätze, aber er wurde n ihm weder religionis rationi noch Christianismi naturae gerecht.

Dieselbe sachlich kühle Darbietung des geschichtlich Vorliegenden in ein Quellenmosaik, dieselbe klare Durchleuchtung, wie sie bereits die philosophi und die theologische Dissertation werthvoll machen, zeigt in erhöhtem M das Hauptwerk, die „Geschichte der christlichen Religionsphilosophie seit Reformation“. Band I umfaßt den vorkantischen Stoff, die Religionsphi sophie des ungebrochenen philosophischen Dogmatismus. Band II führt Darstellung von der kantischen Revolution der Geister bis auf Fechner fo Als eine weitere Vorarbeit zu diesem großangelegten Buche sind eingehe Schleiermacher-Studien anzusehen. Ihre Frucht war die kritische Ausgabe [illegible]macher's Reden (Braunschweig, Schwetschke & Sohn, 1879, V, 306 S.), [illegible] für wissenschaftliche Zwecke die beste Ausgabe wegen ihrer um[illegible] [illegible] Parallelen(?) zwischen dem Texte der 1., 2. und 3. Auflage. Denn [illegible] ist die Fortentwicklung der Grundbegriffe: Religion, Gott, Welt, [illegible] bei dem großen Unionstheologen sehr bedeutsam. Für die Schleiermacher-[illegible] freilich ist diese Ausgabe durch den Neudruck Otto's mit seiner geistvollen [illegible] überholt (2. Aufl. XVIII, 191, XLV S., Göttingen, Van den [illegible] Ruprecht, 1906) Gerade in solcher Textvergleichung wie für Melanch-[illegible] Schleiermacher zeigt sich die ganze Akribie Pünjer'scher Arbeitsweise. [illegible] seinem Hauptwerke bietet P. auch für die vorreformatorische Zeit eine [illegible] Skizze religionsphilosophischer Problemstellungen und Antworten, weil [illegible] Begriff der Religionsphilosophie in so weitem Sinne nimmt, daß sie [illegible] in gewissem Sinne Geschichte der Theologie und auch der Philosophie [illegible] seine Auseinandersetzung mit Ritzsch im Theolog. Jahresbericht für [illegible] S. 236—238(?) !). Besonders werthvoll aber ist die Berücksichtigung der [illegible]bewegungen, wobei namentlich die Schleiermacher'sche, die Hegel'sche [illegible] Neukantische Schule mit ihren Einzelzweigen ausführlich gezeichnet [illegible] Im ersten Bande tritt die Kritik fast ganz zurück, weil der Verfasser [illegible] Geschichte nur lernen wollte, ein vorhandenes religionsphilosophisches [illegible] nicht einfach adoptiren konnte, selbst weder das von Biedermann noch [illegible] Lipsius, und ein eigenes, woran er hätte messen können — was er [illegible]thiger Bescheidenheit eingesteht — noch nicht besaß. Der zweite Band [illegible] läßt, je mehr der Berichterstatter dem Heute näher rückt, um so deut-[illegible] wie naturgemäß, seine eigene Stellung durchblicken. Hier zeigen sich [illegible]zelne Gruppirungen und Beurtheilungen, die bei einem größeren Ab-[illegible] von den Dingen berichtigt werden müssen. Lasson wäre z. B. zu Hegel [illegible]; Rothe, Weiße, Pfleiderer und Kaftan kommen ungebührlich kurz [illegible]dermann fehlt. Hier kann man jetzt R. Seydel's Abriß (Religions-[illegible]sophie im Umriß, hrsg. v. P. W. Schmiedel, 1893) als Ergänzung be-[illegible] Schwer vermißt man vom heutigen Standpunkte aus das ganze [illegible], namentlich Holländer, Franzosen und Amerikaner, wie sie Tröltsch [illegible] unlängst kurz charakterisirt haben. Freilich ist der Zusammen-[illegible] der nichtdeutschen Theologie zu Pünjer's Zeiten noch sehr unentwickelt [illegible] selbst war es erst, der den Fachgenossen durch eine Abhandlung den [illegible] und englischen Positivismus erschloß (Der Positivismus in der [illegible] Philosophie [Komte, Mill, Spencer und verwandte Erscheinungen in [illegible] Philosophie], Jahrb. prot. Theol. 1878, S. 79—121, 241—272, [illegible]81; 1879, S. 1—62. Vgl. 1882, S. 385—404). Das Buch als [illegible] ist noch heute das standard work der Geschichte der Disciplin, welche [illegible] bei den Theologen wieder zu Ehren kommt. Daher wurde es auch [illegible] ins Englische übersetzt (History of the Christian Philosophy from the [illegible] to Kant. Transl. by W. Hastie. Edinburgh, T. a. T. Clark). [illegible] der selbst schon 1878 mit dem Versuche einer ähnlichen Darstellung [illegible]gangen ist, empfiehlt stets, das Studium der Religionsphilosophie mit [illegible] an Objectivität unerreichtem Buche zu beginnen. Denn er weiß [illegible], wie seine eigene Stärke im Gegensatze dazu in einer Fruchtbar-[illegible] des Stoffes für das lebende Subject besteht. Er hat sich selbst in [illegible] Auflagen unter Pünjer's Einflusse sachlich bereichert.

[illegible] im Vorworte zum ersten Bande versprach unser Autor eine Schluß-[illegible] absoluter Kritik. 1883 hatte sie vor seinen Blicken immer mehr [illegible] eines dritten Bandes eigner Gedanken angenommen. Als der Tod [illegible] Dulder überraschte, fand Lipsius in seinem Nachlasse zwei Entwürfe für diesen systematischen Theil, von denen leider der vom Verfasser schli… bevorzugte, welcher die „Definition der Religion" als Abschluß bringen … ein Torso war. Die Form des Grundrisses hatten sie beide. Aus … konnte Lipsius mit gerechter Vorsicht den 1886 zu Braunschweig (Schw… & Sohn) gedruckten „Grundriß der Religionsphilosophie" combinire… über das Detail das Vorwort!).

Doppelt werthvoll erscheint es uns heute, in der Epoche der relig… geschichtlichen Methode, daß der Verfasser bereits, wenn auch nach Pfleid… Beispiele, gemäß Herder's und Hegel's Ideen und gemäß Schleierma… Anregungen in der fünften Rede (Ueber die Religionen) von der Verwert… der Religionsgeschichte ausgeht. An diese historische knüpft er eine … logische und eine metaphysische Untersuchung an. Die Religion komm… ihm zu Stande durch das Zusammenwirken aller drei Elementarfunct… unseres Seelenlebens, des Fühlens, Denkens und Wollens. Mit dem … weise der wesentlichen Uebereinstimmung der religiösen und der imm… metaphysischen Erkenntniß trotz der specifischen Eigenart beider Gebiete … das Werkchen. Lotze-Fechner'scher idealistischer Monismus steht im H… grunde (S. 58). Die Möglichkeit „gemüthlicher Antheilnahme Gottes" … dabei gewahrt werden und erlaubt es P., den geläuterten Persönlich… begriff auf das Absolute anzuwenden. Seine Position ist also jetzt eine mi… zwischen Speculation und Erfahrungstheologie, zwischen Biedermann … Lipsius, doch so, daß man seinen Ausgangspunkt von jenem noch empf… Er hat sich allmählich immer mehr von dem scharfsinnigen Züricher, dessen … 1885 er bitter beklagte, fortentwickelt. Neukantische Ideen haben ihn … sichtiger gemacht. Aber auch mit Lipsius hat er sich schon 1882 in … ungedruckten Arbeit über „Theologie und Metaphysik" auseinanderge… ebenso mit der Ritschl'schen Schule, deren „nüchternen Moralismus mit … dürftigen Trias: Gottvertrauen, Nächstenliebe und Berufstreue" er bekä… Eine eingehende Würdigung von Biedermann's Arbeiten brachte der … logische Jahresbericht und ebenso konnte Lipsius aus dem Nachlasse eine … wandte Veröffentlichung versprechen. Alles zeigt den immer selbständiger w… den Denker und eine Stellung zu den Grundproblemen der Theologie, die … noch höchst erwägenswerth ist, wenn man auch in metaphysicis noch viel … sichtiger treten wird. P. ist eben leider als Werdender abberufen word…

Am „Theologischen Jahresberichte" kann man seine Entwicklung in … letzten Jahren seines Lebens einigermaßen verfolgen. Denn seine einzelkri… Thätigkeit im „Litterarischen Centralblatt", der „Theologischen Litter… zeitung" und der Beilage zur „Allgemeinen Zeitung" hatte er seit 188… einem großen Gesammtunternehmen zusammengefaßt, das seinen Namen ho… lich dauernd lebendig erhalten wird. Er begründete damals mit einem … von ersten theologischen Gelehrten, zumal des Thüringer Landes, nach … Muster des „Jahresberichts über die Fortschritte der klassischen Alterth… wissenschaft" (seit 1872) und des „Jahresberichtes für Geschichtswissensch… (seit 1878) ein theologisches Parallelunternehmen, um „den Ueberblick … die Gesammtheit der theologischen Forschung zu erleichtern." Vollständi… worin er heute beinahe unerreicht ist, erstrebte damals der „Theolog… Jahresbericht" noch nicht. Er wollte nur ein „Führer" durch die Ha… erscheinungen sein. Der Herausgeber verwaltete die Departements der … ligionsgeschichte, Religionsphilosophie, Apologetik, Polemik, Encyklopädie stän… der Ethik, des kirchlichen Vereinslebens, der Statistik und Todtenschau … Bedürfniß. Eine Unsumme von feiner Arbeit ist hier aufgestapelt.

Daneben leistete er, wohl zugleich um seine knappen Geldmittel zu …

[illegible] gewichtige Beiträge zu Ersch und Gruber's „Allgem. Encyklopädie [illegible] und Künste“, II. Section, Bd. 33—40 (Karpokratianer, [illegible] Katholicismus, Katharer, Theodor Keim, Kenotiker, Ketzer, Kirche, [illegible] Kirchenjahr, Kirchenväter, Klerus, Knapp, Knox, Koptische [illegible]auffindung), alles Arbeiten, welche den damaligen Stand der [illegible] in mustergültiger Knappheit zusammenfassen. Ebenso haben ihm [illegible] Deutsche Biographie“ und die 12. und 13. Auflage von Brockhaus' [illegible]lexikon“ für gediegene Artikel dankbar zu sein.

[illegible]'s Schwanengesang war seine schöne Rosenvorlesung über „Die [illegible] des heutigen Protestantismus“ (Jena, Dabis 1885, 23 S.) vom [illegible] 1885. Seine Parole lautet hier: „Kampf gegen Rom und für [illegible] Christenthum!“ Er will fromme, edle und aufgeklärte Menschen [illegible] erziehen. Er entrollt noch einmal die Fahne eines geistesfreien [illegible], zeigt aber zugleich, wie er alles Parteiwesen aus dem Grunde [illegible] Seele haßt, ja gerade gegen den Protestantenverein ist er nach [illegible] (Theolog. Jahresbericht für 1885 S. 362 f.) hier sogar zu [illegible] er ihn schlechthin des Unverständnisses für die Eigenart des Reli[illegible]. P. war also gewiß ein Liberaler aber im edelsten Sinne des [illegible] ἀπόλλυτ', ὄντιν' ἂν φιλῇ θεός.

[illegible] Pünjer's Werken, welche im Vorausgehenden aufgeführt und biblio[illegible] bezeichnet sind, kommen noch hinzu: „Christenthum und Philo[illegible] Glauben und Wissen“ (Kirchen- und Schulblatt für Sachsen[illegible] 1880, S. 243—258, 278—286) und: „Pflicht und Aufgabe der [illegible] Lichte der Religionsgeschichte“. Vortrag (Zeitschr. f. prakt. Theol. [illegible]—80).

[illegible] ihm handeln nur folgende Schriften: Worte, gespr. am Sarge [illegible] Pünjer, a. o. Prof. d. Theol., am 16. Mai 1885 in d. Garnison[illegible] Jena: I. Rede des Diakonus Dr. Kind (S. 1—7); II. Rede des [illegible]raths Prof. D. Lipsius (S. 9—12); III. Gebet (S. 13). Jena, [illegible], 1885. — P. W. Schmiedel, Prof. D. P. Pünjer † (Protest. [illegible] 1885, Nr. 20, Sp. 458—460). — Auch „Jenaische Ztg.“, Sonntag, [illegible] Mai 1885. — „Augsburger Allg. Ztg.“ Nr. 136, Sonntag, den [illegible] 1885. — „Itzehoer Nachrichten“ Nr. 59, Sonnabend, d. 23. Mai [illegible] Lipsius, Theol. Jahresbericht f. 1884, S. 384 f, (vgl. f. 1885, [illegible] — Holtzmann und Zöpffel, Lexikon f. Theol. u. Kirchenwesen [2]. [illegible], Schwetschke, 1888, Sp. 882 b. — Schaff and Jackson, [illegible] of living divines, N York, Funk and Wagnalls, 1887. — [illegible], 350 Jahre Jenaischer Theologie. E. geschichtl. Skizze (Erw. [illegible] Zeitschr. „Pfarrhaus“), 1898, S. 44. — Friedr. Nippold, [illegible] der neuesten Kirchengeschichte, 3. umgearb. Aufl. III, 1 (auch [illegible] Gesch. d. Protestantism. seit d. deutsch. Befreiungskr., 1. Buch, [illegible] deutschen Theologie), Berlin 1890, S. 5757.

[illegible]volles Material verdankt der Berichterstatter der Liebenswürdigkeit [illegible] Julius Pünjer zu Altona, des einzigen noch lebenden Bruders [illegible] Pünjer, und den Gymnasialacten von Meldorf.

Arno Neumann.

[illegible]: Johann Georg P., gelehrter Schulmann von Ruf und [illegible] Rector des reichsstädtischen Gymnasiums in Frankfurt a. M. Er [illegible] Januar 1733 in dem fränkischen Städtchen Königsberg, dem [illegible] des Astronomen Johann Müller (Regiomontanus), geboren und [illegible] eine dürftige Schulbildung. Seit 1750 ermöglichten ihm Gönner [illegible] des Casimirianum in Coburg und später der Hochschule zu Alt-

dorf, wo er sich dem Studium der evangelischen Theologie und der
Sprachen widmete. Nachdem er ein Jahr lang zu Nauheim als Privatl
thätig gewesen war, übernahm er 1756 in Hanau a. M. das Rector
„lutherischen Lateinschule", aus der die heutige Oberrealschule hervorge
ist. Im Frühjahr 1760 folgte er einer Berufung nach „des heiligen
schen Reiches freier Stadt Frankfurt am Mayn", wo er an dem sei
bestehenden Gymnasium zunächst als Conrector wirkte. Nach sechs
wurde er „Adjunctus" und 1770 Nachfolger „einer der originalsten
von der Welt", des seit 1748 im Amt gewesenen satirischen
Dr. Albrecht, eines „Aesop mit Chorrock und Perücke", bei dem G
Privatunterricht im Hebräischen hatte. (Vgl. Dichtung und Wahrheit,
Theil, Viertes Buch.) In den von dem jungen Goethe „mit schaurigem
hagen durchstrichenen" düsteren, winkelhaften Räumen des alten Klos
den Barfüßern am Paulsplatz hat P. vom 7. Mai 1770 bis zum
1806 das Gymnasium geleitet, über die Stätte seiner Wirksamkeit
geschätzt als Gelehrter von gründlichem und ausgebreitetem Wissen, a
schmackvoller lateinischer Redner sowie vielseitiger pädagogischer und
logischer Schriftsteller, als geistreicher Lehrer und charaktervoller, vorur
freier Erzieher. Sein Schüler, der Gräcist Philipp Buttmann, nenn
einen „echt gelehrten Mann". N. G. Eichhoff, der Lehrer des Phil
Karl Friedrich Hermann, feiert P. als den „gelehrtesten Lehrer, vor
durch rothe Mäntelchen ausgezeichneten patricischen Jünglinge wie die
Currentschüler Ehrfurcht hatten", der „zu groß war für kleinliche Pedan
Nach anderer zeitgenössischer brieflicher Darstellung war er „ein Ma
Kenntnissen und Geschmack, der auch auf Akademien ein philologisches
mit Ehren und Nutzen hätte verwalten können, über den Goethe ehe
seinen Bekannten geurtheilt habe, daß er mehr Geschmack hätte als
Der bekannte Vertreter der rationalistischen Theologie in Jena Johann
Gabler, sein Schüler, spricht in Verehrung von ihm. Zahlreich
litterarischen Veröffentlichungen, darunter 119 Schulprogramme in late
oder deutscher Sprache; pflichtgemäß sollte er jährlich vier Einladungs
zu den Prüfungen und Schulfeierlichkeiten verfassen. Bis an sein Ende
er es, seine Gedanken über allerlei Gegenstände, ernste und scherzhaf
lateinischen Versen auszudrücken. Etwa zwei Jahre vor seinem Tode
er seinen Lebenslauf in 208 lateinischen Hexametern; die Verse 125–
fordern einen durchgeistigten Schulbetrieb der classischen Sprachen und
sein gesundes Urtheil über die wechselnden Moden der Pädagogik
(Diese vita ist abgedruckt im Herbstprogramm 1814 des Frankfurter G
siums, S. 11—19.) Gegen Ende seines Rectorats mußte er mit Be
gewahren, wie das innere und äußere Wachsthum der ihm anvertr
Bildungsanstalt durch ungünstige Zeit- und Ortsverhältnisse und den
an tüchtigen Lehrkräften gehemmt wurde. Vom Frühjahr 1808 an
„durch Verdienst, Alter und die Folgen des Alters von allen bestimm
beiten freigesprochen". Bald nach der würdigen Feier seines durch eine
rede des bedeutenden Theologen W. Fr. Hufnagel ausgezeichneten fü
jährigen Lehrerjubiläums wurde er am 20. Mai 1806 mit dem Profess
in den Ruhestand versetzt. Die philosophische Doctorwürde war ihm
18. März 1798 verliehen worden. Schüler und Verehrer ließen, um i
feiern, eine Denkmünze prägen. (Auf der Vorderseite eine Pietas mit
Symbol, dem Storch, zur Seite, über einen Altar einen Sternenkranz hal
auf der Rückseite die Inschrift: Meritis Jo. Ge. Purmanni Gym. Mo
Francof. Rectoris quum rem scholasticam per X lustra administra

M. D. CCCVI.) Der greise Emeritus erlebte noch die sieben Jahre ierung des Fürsten Primas und nachmaligen Großherzogs Karl von der ihn besonders schätzen lernte und ihm die „goldene Verdienst- verlieh. P. starb „mit der Hoffnung des möglich gewordenen blühens der Stadt, der er eine so lange Reihe von Jahren zu gewidmet hatte“, am 11. December 1813, wenige Tage vor der wieder- Reichsfreiheit Frankfurts.

Die Titel seiner gedruckten Schriften sind zu finden bei Strieder, Gelehrtengeschichte, und bei Meusel, Gelehrtes Teutschland (Bd. 6, 11, 15). — Seine „Orationes scholasticae et carmina“ sind hand- im Archiv des Frankfurter Lessing-Gymnasiums erhalten.

Otto Liermann.

: Alexander P., Gymnasialprofessor und Stenographielehrer, am 1. December 1822 zu München, † am 1. Mai 1878 in Baireuth, in München neuere Sprachen, lebte dann 1848 in Wien und München und begann 1849 seine erfolgreiche Lehrthätigkeit in der Steno- er bei Gabelsberger selbst erlernt hatte. Er war von 1849 bis nographielehrer in Nürnberg und Würzburg, dann 1856 kurze Zeit nograph in München und seit Herbst 1856 bis zu seinem Tode der neueren Sprachen und der Stenographie in Baireuth. Er ent- umfangreiche propagandistische und theoretische Wirksamkeit auf schem Gebiete, so daß er als der „Apostel der Gabelsberger'schen phie in Franken“ bezeichnet worden ist. Er gründete u. a. die Steno- vereine in Würzburg und Baireuth und gab 1854 einen „Theoretisch- Lehrgang der Stenographie“ heraus (4. Aufl. Baireuth 1872). der Berathung der sog. „Dresdener Beschlüsse“ vom Jahre 1857 hervorragenden Antheil, übte an denselben aber auch eine eingehende mentlich in dem „Magazin für Stenographie“, das er von 1861 redigirte, und unterbreitete auch dem Systemausschuß der Gabels- Schule eine größere Anzahl Abänderungsvorschläge. Seine Ueber- des Gabelsberger'schen Systems auf die französische Sprache (Cours Sténographie universelle 1863, Cours de Sténographie popu-) fand nur wenig Anklang.

Krumbein, Entw.-Gesch. d. Gabelsb. Stenographie 1901), S. 267. Gesch. d. Gabelsb. Schule II, 490. — Arch. f. St. 1878, S. 359.

Johnen.

: Gustav Heinrich Gans Edler Herr zu P., geboren am 20. März dem Gute Retzin in der Priegnitz, entstammt jenem brandenburgischen cht, das bereits seit dem Jahre 1373 die Erbmarschallwürde der nachweisen kann. Der Vater des Dichters bekundete in einem fast Dasein bei aller landwirthschaftlichen Berufstüchtigkeit ernste wissen- Interessen und setzte seine durch die Freiheitskriege unterbrochenen studien noch als Greis fort. Als zweites Kind und ältester Sohn mit Caroline v. Guretzky wuchs Gustav auf dem väterlichen Gute friedlichen Stille eines ländlichen Familienkreises auf. Zur Voll- seiner Ausbildung wurde er im Alter von 13 Jahren dem Alumnat ers Unsrer lieben Frauen in Magdeburg übergeben. Bis zum Ende zeit (1841) blieb er in dieser Stadt, der er eine Reihe ent- Lebensbeziehungen verdankt. Im Vaterhause seines Mitschülers meyer gewann er in der Schwester seines Gefährten, Marianne, eine die ihm ein halbes Jahrhundert hindurch opferfreudig und an- Treue hielt. Ihrem künftigen Gatten Karl Immermann, dessen

Lebensbild er später mit Marianne gemeinsam entwerfen sollte, trat der
P. nahe. Vor allem aber dem Bruder des Dichters, seinem Lehrer Ferd
Immermann, der die Entwicklung des Zöglings und Freundes weit
Gymnasialjahre hinaus beeinflußte.

Das Studium der Jurisprudenz begann und endete in Berlin. I
Zwischenzeit genoß der Werdende in vollen Zügen die Seligkeit des
berger Burschenlebens, dessen Abglanz über mancher späteren Schöpfung
Nachdem er seiner Dienstpflicht genügt hatte, entschloß sich P. zur dip
tischen Laufbahn. Zu ihrer Vorbereitung trat er 1846 bei der Regieru
Magdeburg ein. Doch die dichterische Production lenkte sein Interesse
Acten fort, und nachdem er auch die Feuerprobe des Dramatikers be
hatte, nahm er zu Beginn des Jahres 1848 Urlaub zu einer italien
Reise. Bei der Heimkehr schied er aus dem Staatsdienst aus, um sich
der Bewirthschaftung des Gutes Retzin zu widmen. Sein zaghaft der
lichkeit übergebenes Märchenidyll „Was sich der Wald erzählt“ (1850
einen ungeahnten Erfolg. Der Dichter aber ließ in eifriger Lustspielpro
seiner eingewurzelten Theaterpassion freien Spielraum. Auch seine
nach Paris und London betrachtete er als Studienfahrten eines Bü
enthusiasten. Selbst das Glück seiner Ehe verdankte er dieser Leide
Denn bei einer Liebhaberaufführung in Retzin gewann er das Herz der
tesse Elisabeth Königsmarck, die er im Mai 1853 heimführte. Zehn
lang lebte er in ungetrübter ehelicher Harmonie auf seinem Gute und
sich des Gedeihens seiner fünf Kinder. Die Wintermonate verbrachte
Berlin, für ein paar Sessionen als pflichttreuer Abgeordneter ohne pol
Ehrgeiz, seit der Thronbesteigung König Wilhelm's als Kammerherr
Hofleben herangezogen. Im J. 1863 vertauschte er die Existenz des dich
„Priegnitzer Krautjunkers“ mit einem Amte, das seinen Neigungen ent
er übernahm als Intendant die Leitung des Schweriner Hoftheaters.
Jahre lang widmete er lernend und lehrend zugleich dem Institut eine
und in ihren Früchten reich belohnte Thätigkeit. Nach seinem Abschie
er als Hofmarschall in den Dienst des preußischen Kronprinzenpaares
nach einjähriger Wirksamkeit wieder zur Freiheit des Privatmanns
zukehren. Während der Kriegsjahre 1870/71 stellte er seine organisat
Kraft, in gemeinschaftlicher Arbeit mit seiner energisch zupackenden Gatti
den Dienst der Samariterthätigkeit. Er richtete Lazarethe ein und
beim Transport der Liebesgaben, auf drei beschwerlichen Fahrten, die Sch
des Schlachtfeldes kennen. Nach dem Feldzug trat er für kurze Zeit
Spitze eines Berliner Zeitungsunternehmens, um im J. 1873 wiederum
Lockruf des Bühnenlebens zu folgen. Denn in diesem Jahre übertrug
der Großherzog von Baden die Leitung des Karlsruher Hoftheaters.
sechzehnjähriger Arbeit erfüllte er die Pflichten dieses Amtes mit seiner
nehmen Milde, die alle höfischen und künstlerischen Schwierigkeiten auszug
wußte. Erst, als nach dem Tode des Familienseniors die Würden des
marschalls, des Herrenhausmitglieds auf ihn übergingen, schied er, 1889,
dem Dienst. Der tragische Untergang seines ältesten Sohnes an der Sch
der akademischen Laufbahn hatte dem Dasein des sanften und zarten Man
eine unheilbare Wunde geschlagen. In der alten Heimath Retzin suchte
fand er nach mancher Lebensunrast den letzten Frieden: bald nach der He
kehr, am 5. September 1890, starb er in der Mitte des siebzigsten Le
jahres.

Seine Wittwe ehrte das Andenken ihres Gatten durch die Veröffentlich
eines dreibändigen „Lebensbildes“ mit einer Fülle brieflicher Bekenntni

Buch übertrifft an fesselndem Reiz alle andern Werke, die den Namen zu Putlitz der Nachwelt überliefern. Denn darin offenbart sich das Menschenthum eines märkischen Edelmanns, in dessen Ernst und Achim v. Arnim's Geist wiederaufzuleben scheint. Sein weicher Sinn Gestalt, ohne ärgerliche Schwäche, die Hülfsbedürftigkeit eines Kindes auf. Ein gütiges Schicksal gewährte ihm diese Hülfe. Denn Lebensgefährtinnen nahten sich ihm mit einer fast mütterlichen Fürsorge. Freundin und seine Hausfrau wußten seine Natur durch resolute That-...ungen, ohne ihn in Herzenswirren zu verflechten. Keine Dichtung Gefühlsinnigkeit mit dem schwesterlichen Schreiben Marianne's an die ihres Freundes (Lebensbild I, 182 f.) wetteifern. Ihre über- ihm doch so willig untergeordnete Energie schürte den Eifer seiner und schirmte ihn vor Entmuthigung. Dienste, die er mit unver- Dankbarkeit vergalt, wie er auch als Freund die Treue zu be-wußte. Sein Einfluß bei den Herrschern der Welt und der Kunst nur Freude zu bereiten, wenn er ihm eine Gefälligkeit für Willi-..., für Emanuel Geibel, für Gisbert Vincke verdankte.

Ehrgeiz Putlitz' war von Jugend auf dem Theater zugewandt, wie bekannt hat. Aber eine seltsame Fügung fesselt den Ruhm seines nicht an seine zahlreichen Bühnenschöpfungen und Romane, sondern seines Jugendidyll „Was sich der Wald erzählt". Bereits auf der war das erste der lose verknüpften Märchen entstanden, in Italien abgerundet. Gerade die Harmlosigkeit des schmalen Büchleins ihm einen Erfolg, der Niemand mehr als den Dichter verblüffte. seinem Erscheinen (1850) hatte sich das große Publicum an politisch- Problemen übersättigt und jubelte einem Dichter zu, der seine Leser Bierbank in die Kinderstube zurückführte. Ein wenig Selbstbetrug dabei unter, denn die ersehnte Naivetät blüht keineswegs in dem Werk. Vielmehr ist allerlei Salonsatire in den Erzählungen der, des Tannenbaums, des Waldbachs, des Steins verborgen. Ihre sind von der wenig naiven Berechnung beseelt, die Welt des Waldes und menschliche Hörer mit neckischen Anspielungen zu unter- Das Untertauchen in die absichtslose, unbelauschte Natur war dem Erzählers nicht vergönnt. Er selbst hat in bescheidener Selbst- den süßlich conventionellen Charakter seiner Märchen geahnt. Doch ...ungslose, dem die Gabe der lyrischen Beichte zeitlebens versagt blieb, selbst noch zwei Mal unter die zahlreichen Nachahmer seiner er- Erstlingsarbeit. So entstand die Rahmenerzählung „Vergißmein- (1854) und das Versmärchen „Luana" (1855). In diesen Producten Romantik sind nur die eingewebten persönlichen Bekenntnisse, Reminiscenzen wie die Freudenrufe des Bräutigams, ge- Kunstwerke verdienen sie indessen den Seitenhieb des „Kladdera- Redwitz und Putlitz:

„Gegen diese abgehärmten,
Diese Mondscheinnachtverschwärmten . .
Pseudo-Dichter Epigonen . . .
Diese lahmen Jambenzimmerer,
Zahmen Dithyrambenwimmerer",

Novellist und Romandichter hat P. niemals gleiche Erfolge, aber gleiche Anfechtungen erlebt. Seine leichte Erfindungsgabe weiß zu fesseln, wenn auch die Flottheit des Fabulirens nur selten eine und Verinnerlichung des Erzählten zuläßt. Fast immer spielen in der Gegenwart, in Lebenskreisen, die dem Blick des Autors zugänglich waren. Die bunte Welt des Theaters, vom Agentenbureau zur Premièrenaufregung erscheint, wie später häufig, bereits im früh Versuch „Ungebundenes" (1856). Doch die grelle Willkür der romanh Verknüpfung, wie sie diese Anfängerleistung aufweist, wird bald überwun So kann auch das selten gewagte Experiment glücken, den Apparat der ro tischen Novelle mit einem geheimnißvoll auftauchenden Schicksalslenker zu herrschen („Walpurgis", 1873). Zumeist aber kommt es dem Erzähler d an, das Ideal der bürgerlichen Ordnung, der Lebensdisciplin zu verfe Als Ziel gilt der Sieg der Zucht über den Cynismus, der Ehrbarkeit die Frivolität. So werden die „Halben" (1868), eine Gesellschaft männl und weiblicher Bohêmiens, durch Beispiel und Belehrung in nützliche G der menschlichen Gesellschaft verwandelt. Die brave Gesinnung des Bel zeigt freilich einen Beigeschmack spießbürgerlicher Pedanterie, wenn er un Autor sich entschließen, eine leichtsinnige Nini fortan Carolina zu rufen. der große Roman „Die Nachtigall" (1872) geht von ähnlichen Contrasten Die Heldin, die deutlich Mignon's Züge trägt, wird vom Elend der Wa schmiere zur Würde der Gattin und Mutter emporgeläutert. Ihr Wil Meister aber wird von praktischen Freunden angespornt, aus einem mü Genießer zu einem fleißigen Professor zu werden. Die deutsche Hausfrau dem Rechenbuch erscheint ferner als Ideal in der Erzählung „Funken u der Asche" (1871), die durch anschauliche Kriegsreminiscenzen belebt ist, in dem Alterswerk „Das Maler-Majorle" (1883). Ueber solche philist Tendenzen dringt P. jedoch hinaus, wenn er sein märkisches Heimathge in den treuherzigen „Brandenburgischen Geschichten" (1862) spiegelt, wenn im „Frölenhaus" (1881) die Schollentreue des Landadels mit dem unge digen Protzensinn der Großstädter contrastirt.

„Wenn ich mit Häring auf der Reise Novellenstoffe ersann ... lächelte er immer, weil meine Ideen sich gleich dramatisch gestalteten." heißt es in einem frühen Bekenntnißbrief, der auch die Worte enthält: „ Leidenschaft für das Theater hat die Natur mir geheimnißvoll in die W gegeben." Diese Leidenschaft trieb schon den Studenten zum emsigen Be des Berliner Hoftheaters, das gerade damals eine Fülle bedeutsamer D steller ins Treffen stellte. Auch die französische Komödie der preußischen Ha stadt übte ihre Anziehungskraft auf den Anfänger, der in seinen „Thea Erinnerungen" (1874) den großen Einfluß Scribe's auf seine Erstli bezeugt. In diesem bescheidenen, anziehenden Buche umschreibt P. s Lebensaufgabe: der deutschen Bühne das feinere Conversationsstück nach Par Muster zu schaffen. Eine Aufgabe, die er in leichter Improvisation v meist einactiger Prosaschwänke zu erfüllen sucht. (Lustspiele 1850—55, N Folge 1869—72.) Scribe's Vorbild ist am deutlichsten aus den größe Bühnenwerken „Die blaue Schleife" und „Um die Krone" herauszuerken In beiden Fällen handelt es sich um höfische Intriguenkomödien, die histori Staatsactionen im Boudoir entscheiden lassen. Die Liebesabenteuer Mor von Sachsen in der „Blauen Schleife" sind bei aller Oberflächlichkeit v munterer Laune beschwingt. Dagegen ist Stanislaus Poniatowsky's Ring „um die Krone" Polens allein von dramatischer Silbenstecherei abhängig, nach des Autors eigenem Bekenntniß eine „gemüthlose, mit Worten und B griffen spielende Kälte" voraussetzt.

Eine Selbsterkenntniß, die am besten beweist, wie wenig P. in Wahrh zum Jünger seines Meisters berufen war. Denn dieser Franzosenzögli empfand allzu deutsch, dieser Edelmann und Kammerherr empfand all bürgerlich, um nicht von selbst den Weg von Scribe zu Iffland zu finde [illegible] und Probleme seiner Lustspiele spiegeln die Ansprüche einer [illegible], die auf der Bühne nichts als ihre eigene hausbackene Harm[illegible] [illegible] möchte. Sie alle sind nur für den vergänglichen Geschmack [illegible] bestimmt und dürfen nur an ihm gemessen werden. Verlobung [illegible] große Ziel, dem die Backfische und die jungen Wittwen zustreben, [illegible] nachsichtigen Väter nur gelinde Hemmnisse in den Weg legen. Die [illegible] zu Gunsten der Jungen verzichten (Die Zeichen der Liebe), die [illegible] ein, daß eine reine Seele mehr als alle Bildungshoffart be[illegible] Herz vergessen). Burschikoser Uebermuth wird von der Liebe [illegible] gezähmt (Badekuren), wie der Parteihaß (Brandenburgische Er[illegible]. Eheprobleme werden leicht gelöst, indem Pantoffelhelden, Blau[illegible] und Gesellschaftssklaven zum Ideal der deutschen Häuslichkeit, zur [illegible] der vier Wände bekehrt werden (Die alte Schachtel, Ein Haus[illegible] Tassen). „Sie legt die Genialität ab und die Küchenschürze [illegible] eine treue Magd als triumphirender Herold der guten Sache. [illegible]ungen werden geschwind als Motiv häuslicher Wirren aus[illegible] eine vereinzelte Nachahmung Kotzebue'scher Wirkungen findet einen [illegible]hall (Spielt nicht mit dem Feuer). Der dauerhafteste Erfolg [illegible] sich an eine verblüffend harmlose Werkstattschnurre „Das Schwert [illegible]". Burschenscenen und Verwechslungsdialoge bilden immer wieder [illegible] einer Technik, deren flotter Bühnenblick mit aller primitiven [illegible] versöhnt.

[illegible] der dramatische Ehrgeiz Putlitz' fand keine volle Befriedigung in [illegible] seiner Schwänke. Friedrich Halm, den er auf einer Wiener [illegible] lernte, verlockte ihn zu ernsteren Aufgaben und lenkte seine [illegible] auf dem neuen Pfade mit einer Hingabe, die selbst der weiche Sinn [illegible] bald als allzu tyrannisch empfand. So entstand unter der wach[illegible] des Lehrmeisters das fünfactige Schauspiel „Das Testament [illegible] Kurfürsten" (1858). Das Drama, das Halm's Freundin Julie [illegible] auf einer Gastspielreise aufführte, verdankt seine Entstehung den [illegible] des Dorothea-Romans von Willibald Alexis. Die Gestalt der [illegible], die im Interesse ihrer Kinder gegen den regierenden Stiefsohn [illegible] die Landeseinheit conspirirt, wächst über das Erbschleicherthum [illegible] wenigstens ein Schatten der Dämonie umwittert die verbissene, vom [illegible] Mißtrauen zurückgescheuchte Frau. Nur der glückliche Ausgang [illegible] Wirren wird allzu billig durch eine Schönfärberei erkauft: der [illegible]fürst Friedrich entpuppt sich plötzlich als eine seinem großen Vater [illegible] Siegernatur. Ein redliches Streben nach Schwung und Stil des „Prinzen von Homburg" hebt das Werk über das Niveau des [illegible] hinaus. Aber die Einflechtung einer farblosen Liebesepisode [illegible] Ohnmacht des Epigonen ebenso deutlich, wie die ernüchternde [illegible] mit der alle Personen ihre seelischen Wandlungen beschwatzen. [illegible] die späteren Versuche auf dem Gebiet des Versdramas, wie [illegible] das Eingreifen eines Praktikers vom Schlage Halm's war. [illegible] Tragödie „Don Juan d'Austria" (1863), ein Wallensteinconflict [illegible] des Don Carlos, bedeutet nur ein hülfloses Antasten des [illegible] Erbguts. Innere Unsicherheit documentirt sich auch im Schau[illegible] von Oranien in Whitehall" (1864), dessen Zwitterstellung [illegible] historischen Komödie und der pathetischen Staatsaction der Dichter [illegible]. Einen desto wärmeren Herzensantheil nahm er an seinem [illegible] „Waldemar" (1863), wie immer, wenn der heimathstreue [illegible] brandenburgische Aufgabe zu meistern suchte. Doppelt schmerzlich empfand er deshalb den Mißerfolg des Schauspiels, der freilich im zwiespältigen Wesen seines Versuchs begründet war. Denn dieses Prätendentenstück verzichtet von vornherein auf das Prätendentenproblem: der Waldemar der Sage wird bei P. zum echten Markgrafen, der sich aus klügelten Motiven 30 Jahre lang verborgen hielt. Doch bei aller der Ausführung birgt die Schöpfung einen poetischen Gedanken, dessen nützung allerdings über die Kraft des Dramatikers ging: Waldemar selbst, wie seine Kraft durch das Komödienspiel mit dem Tode gebrochen

Zwei Jahrzehnte später kehrte der Alternde noch einmal zu den Auf des ernsten Dramas zurück, diesmal im Wetteifer mit den Gestaltern mod Lebensprobleme. Sein Kaufmannsdrama „Rolf Berndt“ (1879) eroberte einen nachhaltigen Bühnenerfolg. Dagegen blieb das letzte, mit erlahm Kraft geschriebene Schauspiel „Die Idealisten“ (1881) völlig in der Kun des Romans stecken. Zudem zeigte der ins Phrasenthum verirrte Patriot dieses Werkes die gefährliche Nachwirkung der zahllosen Festspiele, in sich der gefällige Intendant so oft als Bühnenherold nationaler Fei erprobt hatte. Der Zeit, nicht der Nachwelt diente dieser Dichter, dessen die Schwerfälligkeit, aber auch die Tiefe fehlt. Die Grenzen seines Ta sind leicht abzustecken. Aber versöhnlich wirkt die seelische Bescheidenheit reblich Vorwärtsstrebenden, der seine Ansprüche stets mit seinem Kön Einklang zu bringen wußte.

Putlitz hat selbst die reifsten Früchte seiner Production in den „ gewählten Werken“ gesammelt (Berlin 1872—1877, 6 Bände, dazu Ergänzungsband 1888), freilich ohne Berücksichtigung seiner Lustspiele. ziehende Fragmente seiner Selbstbiographie (Theater-Erinnerungen 1 Mein Heim 1885) werden durch das reichhaltige Werk seiner Wit „Gustav zu Putlitz, ein Lebensbild“, Berlin 1894, zur Vollendung gerundet. Ein Privatdruck „Eduard zu Putlitz“, Labes 1903, den ich Liebenswürdigkeit seiner Tochter verdanke, gibt interessante Aufschlüsse den Vater des Dichters. Monty Jacob

---

Pachler *): Faust P., deutschösterreichischer Dichter, wurde am 18. S tember 1819 zu Graz geboren. Sein Vater, Dr. Karl Pachler, war A in Graz, seine Mutter, Marie Pachler-Koschak, ebenso durch ihre Sch als auch durch ihre virtuose Beherrschung des Clavierspieles ausgezei Sie hatte 1817 Beethoven in Wien besucht und seine Compositionen Meister so trefflich vorgespielt, daß dieser selbst erklärte: er habe noch manden gefunden, der diese Compositionen so gut vorgetragen wie die nannte Dame. Noch später stand diese Frau mit Beethoven in brieflic und künstlerischem Verkehr. Ganz ausführlich berichtet hierüber Frau Pa selbst in einem umfangreichen Aufsatze in der „Neuen Berliner Musikzeit vom Jahre 1865, welcher unter dem Titel „Beethoven und Marie Pa Koschek. Beiträge und Berichtigungen“ auch als Separatdruck erschienen Der junge Faust erhielt eine sehr sorgfältige Erziehung im Hause se Eltern, deren Haus einen geistigen Mittelpunkt des damals noch kleinen G bildete, wo Musiker, Bühnenkünstler, Dichter und Schriftsteller zusam kamen. Von den hervorragenden Persönlichkeiten, die daselbst verkehrten, se etwa genannt der Dichter K. G. R. v. Leitner, der berühmte Orientalist u

*) Zu Bd. LI, S. 744.

mann Anton Prokesch (später Graf v. Prokesch-Osten), der Historiker die ausgezeichnete Tragödin Julie Gley und deren späterer Hofschauspieler Karl Rettich, nicht minder andere bedeutende Bühnen- jener Zeit. Auch Franz Schubert war im J. 1827 auf dem Land- bei Graz einige Zeit als Gast anwesend und hatte dort mehrere Compositionen verfaßt. In solcher Umgebung erhielt der aufgeweckte besondere künstlerische Anregung. Schon frühzeitig machte sich das Interesse für das Theater bemerkbar und schon als Knabe mit er ein Drama „Johann von Castilien“ verfaßt in natürlich Durchführung. Ins Theater selbst kam er erst später. Als P. die unterste Lateinschule kam, war er bereits mit den Dramen Goethe's und Anderer bekannt und schrieb wieder ein Stück: „Graf Im J. 1830 weilte Major Anton Prokesch, von seiner Orientreise in Graz, er war ein Jugendfreund von Pachler's Eltern, wohnte auch und gewann das Herz des Knaben und dessen volles Vertrauen. in der Folge noch verschiedene Dramen, welche P. auch dem Prokesch vorlegte, der freilich die Bestrebungen des jungen so anerkannte, wie dieser es wünschte. Im J. 1837 begann seines Vaters die juridischen Studien an der Grazer Uni- trotz seiner besonderen Vorliebe für dichterische Bestrebungen er das Studium der Rechtswissenschaft und errang den juridischen Freilich hatte er seine poetischen Pläne durchaus nicht aufgegeben. Lust- und Trauerspiele, deren allerdings keines auf die Bühne auch manches lyrische Gedicht ist schon aus jenen Tagen zu ver- Faust's Eltern aber standen allen diesen dichterischen Productionen schroff gegenüber und der junge Dichter wurde hinfort mit großem gegen Vater und Mutter erfüllt. Er schreibt selbst in autobio- Aufzeichnungen, die P. hinterlassen hat: „Meine Mutter wollte mein Talent schien ihr zu klein. Abgesehen davon behauptete die Phantasie mache unglücklich. Mein Vater aber wußte zu gut, in geringem Ansehen damals in Oesterreich selbst ein so bedeutender Dichter Grillparzer stand, und fürchtete, meine poetischen Träumereien könnten meinen Studien abwendig machen“. Da das nunmehr verehelichte Ehe- in Wien den jungen Mann einlud, es in Wien für längere Zeit und dies 1839 auch zum ersten Male der Fall war, so bot sich das schon am Burgtheater engagirten Paares eine Fülle des Inter- den theaterbegeisterten Jüngling. Aber die Eltern verlangten daß sich P. auch einem praktischen Berufe als Jurist widme von Seite Rettich's und seiner Frau, an welche ch P. konnte ihre Gesinnung ändern. Einen Ausweg in der Wahl Lebensberuf bot die Bekanntschaft, welche P. mit dem an der angestellten rühmlichst bekannten Romanisten Ferdinand hatte. Dieser damals als Scriptor an der genannten berühmten Gelehrte vermittelte dem befreundeten P. eine vorläufige daselbst im J. 1843, und seit jener Zeit wirkte P., welchem auch wurde, die ungarische Sprache zu erlernen, bald fest an- in der Stellung eines Custos an der Hofbibliothek, bis 1889, Jahre er als Regierungsrath in den Ruhestand sich zurückzog. musikalisch tüchtig ausgebildet ein vorzüglicher Kenner auf diesem wurde ihm in der späteren Zeit seines Dienstes die Ueber- Verwaltung der auch im musikalischen Theile so bedeutenden

Schätze der Hofbibliothek anvertraut, nachdem er Jahre lang vorher andern, namentlich Katalogisirungsarbeiten eifrig beschäftigt gewesen. eine besondere hervorragende Persönlichkeit sollte für P. an der Hofbi schon bei der ersten Anstellung daselbst von Bedeutung werden. Es wa kein geringerer, als der erste Custos und Vorstand jener Bibliothek, der Baron Münch-Bellinghausen, der gefeierte Dichter Friedrich Halm. der in so nahen Beziehungen zu dem Rettich'schen Hause stand, und au Pachler's Vater befreundet war, hatte schon, wohl durch Rettichs aufm gemacht, sein Augenmerk auf P. gelenkt, als derselbe die Stellung Bibliothek anstrebte. Er wurde in der Folge nicht nur der oberste Be des jungen Mannes, sondern auch sein wohlwollender freundlicher Be und namentlich richtete er die Aufmerksamkeit auch auf dessen dram Thätigkeit, wenn er auch nicht recht dessen besondere dichterische Be anerkennen wollte. Aber der Jünger hörte trotzdem gerne auf die schläge des Meisters, wenn P. auch „ein grundverschiedenes Wesen Halm's Manier trennte. Inzwischen hatte P. schon eine Zahl von verfaßt, von denen endlich ein Trauerspiel „Jaroslaw und Wassa", 18 Brünn aufgeführt, einen Achtungserfolg errang.

Bevor der Beziehungen Halm's und Pachler's noch weiter Erwä geschieht, sei anderweitiger litterarischer Thätigkeit desselben gedacht, we zumeist unter dem Pseudonym C. Paul ausübte. So veröffentlichte er schiedene Gedichte und politische Aufsätze in österreichischen Blättern jene welche seine freisinnige deutsche, aber patriotisch österreichische Denkwe kundeten. Solche Beiträge erschienen in Vogl's „Morgenblatt", in Fr „Sonntagsblättern", in Prechtler's „Patriot" und an anderen Stellen. December 1850 wurde das „Familienbuch des österreichischen Lloyd in T begründet und durch Vermittlung Rettich's neben dem Schriftsteller Ba Wien P. mit der Redaction dieses sich bald vortrefflich gestaltenden Bl betraut. Und Pachler's Einfluß ist es zu verdanken, daß Halm, Anast. Bauernfeld, Laube als Mitarbeiter gewonnen wurden, daß Paul Heyse be seine ersten feinsinnigen Novellen veröffentlichte und Edmund Höfer zierlich durchgearbeiteten psychologisch vertieften Erzählungen. Die Abonn zahl des „Familienbuchs" war unter Pachler's Leitung von 2000 auf 1 gestiegen, als dieser die Redaction einem Nachfolger abtrat, da der Si selben nach Triest verlegt wurde und P. Wien nicht verlassen, seine St an der Hofbibliothek nicht aufgeben wollte.

Im October 1849 war es P., der, als bei der Belagerung Wien Hofbibliothek und das Naturaliencabinet in Brand geschossen wurde, sich Lebensgefahr alle Mühe gab, die kostbaren Bücherschätze zu retten, welc folge dieser Bemühungen auch wirklich, außer durch etwas eingedru Wasser, weiter keinen Schaden litten. Ein besonderer Dank der vorge Behörde ward dem selbstlosen Bibliotheksbeamten zu Theil. In dem Jahre 1849 wurde auch ein Trauerspiel Pachler's: „Begum Sumro" Halm's Vorwissen in Druck gelegt, dessen indischer Stoff einer Novell Jahrganges 1845 der Pariser „Revue des deux mondes" entnomme schien. Das Buch übersendete P. an den Director des Burgtheaters, Ho um es nach einem halben Jahre unaufgeschnitten, also ungeprüft wieder zu zuerhalten. P. veröffentlichte diese Thatsache in der „Ostdeutschen Post" es kam zu einer Zeitungspolemik, in die auch Saphir in seinem „Humori eingriff, der darin einen Aufsatz „Dr. Faust's Holbeinfahrt" veröffentl Eines hatte P. damit gewonnen, daß nämlich Halm, die Rettichs, Anf und Andere sein Talent zugaben und ihn zu einer Umarbeitung aufmunter

... solchem kam es jedoch nicht, da P. eine Art Widerwillen gegen das ... gefaßt hatte. Eine Reihe von Jahren darnach aber erklärte Halm, da ... von dem Stücke nichts mehr wissen wollte, selbst den Stoff be... zu wollen, welchen ihm P. gern abtrat. So entstand Halm's „Begum ... welches Stück 1863 in Berlin zur ersten Aufführung gelangte und ... glänzende Diction und Charakteristik den besten Werken Halm's ... ist.

... J. 1851 veranstaltete Director Laube eine Preisbewerbung für Lust... P. hatte sich mit einem Stücke eingestellt, das L. als aufführbar ..., falls es einigermaßen umgearbeitet würde. P. konnte sich auch in ... zu keiner Umarbeitung entschließen. Als im J. 1854 anonym ... „Fechter von Ravenna" über die Bühnen ging, in dem Schulmeister ... Plagiat ersehen wollte und überall in Deutschland heiteres Auf... ... erweckte, verfaßte P. den dramatischen Scherz „Der falsche ...", eine köstliche Parodie, die aber nur handschriftlich in Pachler's ... vorliegt. Die Anhänglichkeit, welche P. stets dem von ihm so hoch... Halm bewährte, veranlaßte den Dichter des „Fechters", „Faust Pachler ... unternehmen mit Emil Kuh" zur Herausgabe seines — Halm's — ... einzusetzen, welcher Arbeit auch P. in pietätvollster Weise sich ... Er gab diesen Nachlaß, nachdem Halm 1871 gestorben war, als ... Band von Halm's Gesammelten Werken im J. 1872 heraus, und ... in demselben Gedichte, Dramen (darunter „Begum Somru") und ... die ausgezeichneten Novellen Halm's, welche seitdem als wahre ... deutscher Novellistik berühmt geworden sind. Die Vorrede Pachler's ... Novellen macht mit der merkwürdigen Thatsache bekannt, daß einige ... ebenfalls auf Grund stofflicher Mittheilungen Pachler's entstanden ..., von dessen außerordentlich zahlreich dramatischen Arbeiten (weit ... Stücke) nur, außer den schon genannten, das Festspiel „Kaiser Max ... Lieblingstraum" (1858), die Lustspiele: „Er weiß Alles", (1876) ... Nr. 2" gedruckt vorliegen, hat verschiedene Gedichte in Böttger's ... neuerer deutscher Lyrik", in Kuh's „Dichterbuch" und verschiedenen ... und Dichter-Albums, in dem Wiener litterarischen Jahrbuche ...ren" und an anderen Orten veröffentlicht. Er war aber auch ... Gebiete thätig und hat eine Reihe ganz beachtenswerther ... und Erzählungen in dem von ihm redigirten „Familienbuch", sowie ...'s Taschenbuch „Aurora", im „Krippenkalender" für 1855 und seine Novelle: „Das Begnadigungsgesuch" 1854 in Truska's „Frühlings... der Oeffentlichkeit vorgelegt. Auch zwei Romane sind von ihm ver... ... und der erste derselben „Die erste Frau" in 2 Bänden ist 1877 ... Der zweite dieser Romane „Die Familie Pontresina" wurde im ... 1888 der Wiener „Allgemeinen Zeitung" zum Abdrucke gebracht.

... war seit 1851 mit der geistvollen Jenny zur Helle, welche er bei ... kennen und lieben gelernt, vermählt. Eine glückliche Häuslichkeit ... Seite der edlen Gattin versöhnte ihn mit dem Umstande, daß seine ... geblieben war. In den Jahren 1885 und 1888 hatte P. noch ... Gedichtsammlungen „Das Geheimniß des Dichters" und ... Sonnendienst" herausgegeben. Die Gedichte der letztgenannten ... entstanden in dem Curorte Rohitsch-Sauerbrunn in Steiermark, ... seines leidenden Zustandes in den letzten Jahren des Lebens ... aufzusuchen pflegte. Zu dem Nachlassen der Kräfte ge... in diesem Jahre Schwerhörigkeit, die zuletzt in völlige Taubheit ..., wiederholte Schlaganfälle machten ihm zuletzt auch das Sprechen

11*

schwer. P. wohnte zumeist in Wien oder zur sommerlichen Zeit auf schönen Landbesitz zu Graz, der „Panoramahof“ genannt, wo er am tember 1892 auch gestorben ist. Hochbetagt folgte ihm die seiner innigster Liebe gedenkende Gattin ebendaselbst im Tode erst im Auf dem Grazer Leonhardfriedhof, wo der Dichter ruht, besagt die Grabstein von ihm selbst verfaßte Inschrift: „Faustus fuit — Felix Beatus est“. — Seinen litterarischen Nachlaß, insbesondere die dramatischen Arbeiten, welche er seit seiner Jugend abgefaßt hat, hat Grazer Universitätsbibliothek vermacht, welche auch eine vollständige seiner Werke, zumal auch jener, die, aus Sammelwerken herrührend, Separatabdrücken vorliegen, besitzt. Letztere sind der Zuwendung seiner zu verdanken.

Faust P. war kein hochbedeutender Dichter, obwohl ihm zahlreich dichte, manches Drama oder Lustspiel und manche Erzählung mehr weniger gelungen ist. Aber er trug ein feines Gefühl für Poesie in er auf andere große Talente zu übertragen wußte. Pachler's Bedeutung in der geistigen Anregung, die er auf jeden, der mit ihm verkehrte, übte. Er hat mit Grillparzer, Anast. Grün, Halm, Paul Heyse, und vielen berühmten dichterischen Zeitgenossen in freundschaftlicher kehrt, besaß eine hohe litterarische und ästhetisch-philosophische Bildung, wurde von jedem, der ihn näher kannte hoch geschätzt. Sein litterar. Urtheil war ein klares und sicheres, wie am besten die zahlreichen herrührenden litterarischen Besprechungen im „Familienbuch des österr. Lloyd“ erweisen. Seine hinterlassenen Tagebücher bieten ein reiches zur Geschichte der zeitgenössischen Litteratur, sein Briefwechsel mit deutendsten poetischen Geistern und mit Gelehrten erweist die Hochachtung, Verehrung, welche ihm von berühmten Männern, die ja an Begabung überlegen waren, entgegengebracht wurde. Wie er diese Geister zu fesseln, zu gewinnen wußte, zeigt am besten seine mehrerwähnte, wenn auch redactionelle Thätigkeit, während welcher er auf so viele selbst befruchtend wirkte. Das Leben und Wirken der namentlich österreichischen Dichter Schriftsteller war ihm vertraut wie kaum einem zweiten, und ein heiterer Geselligkeit, stand er, zumal in Wien, mit einem großen geistig Begabter, mit Künstlern, Poeten und Gelehrten in enger Verbindung. Die meisten verkehrten auch in seinem Hause und wußten die Anregung, die sie durch P. und seine ihm geistig ähnliche Gemahlin erhielten, hoch zu schätzen.

Was er übrigens auf lyrischem Gebiete, zumal in seinen größeren, erschienenen Sammlungen geboten, ist keineswegs minderwerthig. „Das Geheimniß des Dichtens“ ist ein Buch, reich an poetischen Schönheiten und Zügen in edler dichterischer Form, eine anatomisch genaue Zergliederung dichterischen Geisteslebens, ein Buch voll hoher Gedanken, eine reiche aneinandergereihter poesievoller Bilder und ein Schatzkästlein für jeden, mit der Poesie ernst meint. Am Schlusse ruft die Muse, in des Händen die Leier ihm zurücklassend, ihm die schönen beherzigenswerthen zu: „Du darfst sie nie zu Tönen zwingen — Sie wird, das glaube von selbst erklingen — So oft ein Hauch des Lebens sie berührt; — brauchst dann nichts als mit- und nachzusingen — Und wiss' auch das: Ton ist immer rein, — Der deine muß damit im Einklang sein.“ — „Rohitscher Sonnendienst“ bietet der Dichter eine bunte Abwechslung Naturbilder und preist die Sonne als das belebende Element, dem er entgegensehnt und das sein Dichtergemüth anregt und zu manchem gedank n Gedichte begeistert. Ueberhaupt bietet die ganze Sammlung eine Ver- lichung des Naturlebens, das dem Poeten selbst in den Blumen des des, in der Aehre des Feldes, in dem Grün der duftenden Wiesen und rm Schatten der prangenden Buchen und Eichen seine Geheimnisse offen- , und ihn verlockt die Schönheit, welche ihn umgibt, zu genießen und zu ngen. Einige hübsche Märchen und Sagen aus der Vorzeit jenes Gebietes beigegeben und mehreres davon erscheint in der Form der orientalischen kame. Aber auch die als „Zwischenspiele“ in dem Buche bezeichneten ttenzen und Sinnsprüche verdienen volle Beachtung. Sie enthalten einen en Schatz von Spruchweisheit, wie sie der Dichter in seinem Leben ge- melt und hier in kurzen Strophen wiedergegeben hat. Man wird diese den verschiedensten Gedanken über Kunst und Leben und die mannich- igen Vorkommnisse dieses Lebens so reichen und gediegenen Sprüche, welche n Schatz ethischer Betrachtung und philosophisch-ästhetischer Weisheit ent- n, um so mehr zu würdigen wissen, je öfter man sie liest. — Eine Zahl nige Poesien liegt noch im Nachlasse Pachler's ungedruckt vor, die ebenso Form wie dem Inhalte nach Aufmerksamkeit beanspruchen und durch die rdings meist ein wehmüthiger Zug geht, die aber gerade deshalb das Herz Lesers vielfach durch ihre Innigkeit ergreifen. — Von den Prosaschriften hler's ist ohne Frage sein bedeutendstes Werk der Roman „Die erste u“, welcher eine spannende Handlung bietet, die durch Wiederverheirathung hiedener Gatten herbeigeführt wird und manche fesselnde Scene aufweist. nn auch dieser Roman wohl nicht modernen Anforderungen entspricht, bleibt doch ein hochachtbares, wohldurchdachtes Werk, welches auch durch seine e Charakteristik ausgezeichnet erscheint. P. hat eine Art Selbstbiographie terlassen, welche aber leider nur bis in die Mitte der fünfziger Jahre des Jahrhunderts fortgeführt erscheint. Manches aus der vorliegenden Dar- lung ist dieser ungedruckt gebliebenen Lebensbeschreibung entnommen.

Wurzbach im Biogr. Lexikon des Kaiserthums Oesterreich, XXI. Bd. (1870) behandelt Pachler ausführlicher. — Vgl. auch Brümmer, Lexikon . dtschn. Dichter. Leipzig, Bd. 3. — Anna Fritzinger-Wolf, Faust Pachler als Mensch und als Dichter, im „Oesterreichischen Jahrbuch“ von Helfert, 21. Jahrg. 1897, S. 287—313 (mit einem Anhang ungedruckter Gedichte aus dem Nachlasse). — Pachler's Beziehungen zu Halm, mit Beiträgen zur Lebensgeschichte Halm's, schildert die auch separat erschienene Arbeit: „Jugend- und Lehrjahre des Dichters Friedrich Halm von Faust Pachler“ in demselben „Oesterr. Jahrbuche“, Jahrg. 1877. — Ausführliches über diese Beziehungen hat der Verfasser der vorliegenden Biographie mitgetheilt anläßlich der Schilderung von „Halm's Leben und Wirken“, in Friedrich Halm's Ausgewählte Werke in 4 Bänden hsg. von A. Schlossar, 1. Bd., S. 39 ff. — Ein Auszug aus Pachler's Autobiographie nebst anderen Mittheilungen über ihn findet sich unter dem Titel: „Aus den Nachlaßpapieren eines vergessenen österreichischen Dichters“ in der Neuen Freien Presse (Wien) vom 11. Februar 1900 Nr. 12 740 im „Litteraturblatte“ ebenfalls von dem Verfasser dieser Zeilen, der auch in seinem Buche: „Hundert Jahre deutscher Dichtung in Steiermark“ (Wien 1893), S. 124 ff. dem Leben und poetischen Wirken Pachler's etwas ausführlicher gerecht zu werden versucht hat. — Wichtig erscheint auch der nach Abschluß des Satzes erschienene Aufsatz: „Schuberts Aufenthalt in Graz“ von O. E. Deutsch in der Zeitschrift „Die Musik“ (Berlin) 1906/7, Heft 7 und 8, mit zahlreichen Daten über die Familie Pachler.

Anton Schlossar.

Pachtler*): Georg Michael P., Jesuit, pädagogischer und politischer Schriftsteller, geboren am 14. September 1825 zu Mergent † am 12. August 1889 zu Exaeten in Holland. P. machte seine Gym studien zu Mergentheim und Rottweil, studirte vier Jahre in Tübingen logie und Philologie und wurde am 4. September 1848 in Rottenburg Priester geweiht. Später setzte er seine philologischen Studien noch ein Jahr in München fort, machte das philologische Staatsexamen und mehrere Jahre im Weltpriesterstande im höheren Lehramt und in der sorge, seit 1850 als Präceptoratsverweser in Weilderstadt, 1854 in Ellw 1855 in Riedlingen, bis er am 27. September 1856 zu Gorheim bei maringen in das Noviziat der Gesellschaft Jesu eintrat. Nach Vollen des im Orden vorgeschriebenen philosophischen und theologischen Studien wirkte er 1864—1869 als Professor am Jesuiten-Gymnasium in Fel 1866 begleitete er als Feldgeistlicher die Vorarlberger Landesschützen in Kampf gegen die Garibaldianer. 1869/70 war er als Feldgeistlicher bei deutschen Truppenabtheilung des päpstlichen Heeres in Rom. Nach Rückkehr nach Deutschland führte er 1871 zuerst eine Zeit lang die Red der damals in eine regelmäßige Zeitschrift umgewandelten „Stimmen Maria-Laach" als erster Hauptredakteur derselben; dann wirkte er bis Verbannung 1872 seelsorgerisch unter den katholischen Fabrikarbeitern in Nachher lebte er theils in Oesterreich, theils und meist in den Häusern deutschen Ordensprovinz im holländischen Limburg, neben gelegentlicher hülfe in der Seelsorge hauptsächlich schriftstellerisch thätig.

Die bekannteste wissenschaftliche Arbeit Pachtler's ist die Herausgabe „Ratio Studiorum et Institutiones scholasticae Societatis Jesu per maniam olim vigentes" für die „Monumenta Germaniae Paedago (Bd. I—III, Berlin 1887—1890; Bd. IV wurde von P. Bernhard 1894 hinzugefügt; bildet den 2., 5., 9. und 16. Band der Monumenta). pädagogischem Gebiete sind ferner die Schriften zu nennen: „Die unserer Gymnasien" (Paderborn 1883; aus einer langen Reihe von Au hervorgegangen, die zuerst in den Stimmen aus Maria-Laach, 16.—18. 1879—1880, erschienen waren) und „Das göttliche Recht der Familie und Kirche auf die Schule" (Mainz 1879). Zur klassischen Alterthumskunde Programm: „Das Telegraphiren der Alten" (Feldkirch 1867) und die über „H. Schliemann's Ausgrabungen in Troja" (Stimmen aus Laach, 26. Bd. 1884, S. 141—159; 241—262). Pachtler's früheste beiten waren die „Biographischen Notizen über den Prinzen Alexander Hohenlohe-Waldenburg-Schillingsfürst, Bischof von Sarbica" (Augsburg und mehrere Andachtsbücher, darunter stark verbreitet: „Das Buch der vom Palmsonntage bis zum weißen Sonntage" (Schaffhausen 1858, Regensburg, 11. Aufl. 1899) und „Meßbuch für das katholische Pfarr in lateinischer und deutscher Sprache" (Mainz 1854, 9. Aufl. 1890). folgten die nach dem Französischen bearbeiteten Werke zur Missionsgesch „Des P. Alexander von Rhodes S. J. Missionsreisen in China, Cochinchina und anderen asiatischen Reichen" (Freiburg i. Br. 1858) „Das Christenthum in Tonkin und Cochinchina, dem heutigen Annam von seiner Einführung bis auf die Gegenwart" (Paderborn 1861). besorgte er eine Ausgabe der „Acta et Decreta sacrosancti et oecume Concilii Vaticani" (Freiburg i. Br.). Von seinen zahlreichen Beiträgen den Stimmen aus Maria-Laach seit 1871, außer den schon genannten, ha

*) Zu Bd. XLII, S. 744.

[illegible] apologetischen Inhalt oder betreffen die „Römische Frage“ (so die [illegible] im 22. und 23. Band, 1882); die meisten sind politischen und [illegible] Inhalts und verfolgen insbesondere die socialistische Bewegung. [illegible] auch die separat erschienenen Schriften: „Die internationale [illegible]“ (Essen 1871) und „Die Ziele der Socialdemokratie [illegible] Ideen“ (Freiburg i. Br. 1892, 4. Aufl. 1904; = Die [illegible] beleuchtet durch die Stimmen aus Maria-Laach, 3. Heft). Die [illegible] mit der „Internationale“ und der Geschichte der liberalen Ideen [illegible] auf die Freimaurerei, der er mehrere Artikel in der genannten [illegible] und besonders die beiden größeren Werke widmete: „Der stille Krieg [illegible] gegen Thron und Altar. Nach Dokumenten“ (Freiburg i. Br. [illegible] 2. Auflage unter dem Titel: „Der stille Krieg gegen Thron und [illegible] das Negative der Freimaurerei“ (Amberg 1876); und „Der Götze [illegible] oder das Positive der Freimaurerei. Nach Dokumenten“ (Frei-[illegible] 1875). Mehrere Broschüren politischen Inhalts erschienen ferner [illegible] 1875 f. unter dem Pseudonym Annuarius Osseg. Erwähnt sei noch, [illegible] für die Jahre 1872—1878 den Kalender „Der Hausfreund“ heraus-[illegible] 1872—76 Freiburg i. Br., für 1877—78 Amberg), dessen ver-[illegible] Jahrgänge größere Beiträge von ihm selbst apologetischen, social-[illegible] und geschichtlichen Inhalts enthalten.

[illegible] Stimmen aus Maria-Laach, 37. Bd. 1889, S. 227—230. — Duhr [illegible] Vorwort des IV. Bandes der „Ratio Studiorum“ (1894), S. V f. — [illegible] Personal-Katalog der Geistlichen des Bisthums Rottenburg, 3. Aufl. [illegible] Gmünd 1894). S. 114.

Lauchert.

[illegible]*): Betty P., Deckname für Babette Elisabeth Glück, deutsch-[illegible] Dichterin. Dieselbe wurde am 30. December 1814 in Wien [illegible]. Ihr Vater war Militärarzt und starb frühzeitig. Die zurück-[illegible] Mutter hatte über ein ansehnliches Vermögen zu verfügen, verlor [illegible] aber durch ungünstige Spekulationen, als B. P. 15 Jahre alt war, [illegible] dahin eine treffliche Erziehung genossen und namentlich bei dem [illegible] Schmidt vorzügliche Sprachkenntnisse erlangt hatte. Dies be-[illegible] allerdings das junge Mädchen, für ihren und ihrer Mutter [illegible] Unterhalt zu sorgen. Zu jener Zeit dichtete die P. auch ihre ersten [illegible] Im 1830 verließ sie mit der Mutter Wien, da sie die Erziehung [illegible] in Rußland zu übernehmen hatte und ihr dabei die Ver-[illegible] zu Theil wurde, die Mutter an der Seite haben zu dürfen. Aber [illegible] nicht lange, und Beide verließen, da die Mutter rastlose Unruhe [illegible] fluchtartig diesen Posten. Zudem traf das Mädchen das Unglück, [illegible] Mutter damals starb und ihre Tochter schutzlos in einem kleinen [illegible] Orte zurückließ. Zufällig fand sich für dieselbe eine Stelle als [illegible] bei einer polnischen Familie, wo sie mehrere Jahre verblieb, wobei [illegible] die errungenen Kenntnisse einer Reihe von europäischen Cultur-[illegible] zu statten kamen. Eine gewisse trübe Schwermuth hatte sie aber [illegible] nicht verlassen, sie schrieb zu jener Zeit eine große Anzahl [illegible] Gedichte. Im J. 1835 kehrte B. P. nach Wien zurück. Schon vor-[illegible] 1833, hatte sie in einem Prager Blatte verschiedene ihrer Gedichte [illegible] damals aber wurden ihre neu entstandenen Poesien in der vor-[illegible] „Wiener Zeitschrift“, die J. Witthauer herausgab, aufgenommen. [illegible] Lebensunterhalt bestritt sie durch Stundengeben und Uebersetzungen, ins-[illegible] aus dem Russischen. Im J. 1841 erschien ihr erster Band „Ge-

*) [illegible] Bd. LII, S. 749.

dichte", welcher dem in seinen Poesien so manche Aehnlichkeit mit de aufweisenden Lenau „als Zeichen freudigster Anerkennung und innigst wunderung" gewidmet war. 1845 konnte man schon die 2., vermehrte Au dieser Gedichtsammlung verzeichnen. Auf einer Reise nach Pest, die eine Existenz suchend, im J. 1841 unternahm, wurde sie dem angese Hause des Wiener Philanthropen Josef Wertheimer empfohlen, wo Gesellschafterin von dessen Gattin in Wien eine sichere, angenehme St erhielt. Da in jenem Hause die ersten Geister der Residenz verkehrten, sie daselbst den von ihr besonders hoch geschätzten Grillparzer kennen, aber Adalbert Stifter, H. Lorm, Hammer-Purgstall, Ottilie v. Goethe, Feu leben und verschiedene dramatische Künstler und Künstlerinnen, von namentlich die reizende Louise Neumann genannt sei. Als sie im Som 1842 mit dem Ehepaare Wertheimer in Baden bei Wien weilte, mach die Bekanntschaft Nikolaus Lenau's, ihres dichterischen Ideals. Noch Besuch Betty Paoli's bei der Familie Morpurgo in Triest aus jenem zu erwähnen.

1843 erschien der P. zweite Gedichtsammlung: „Nach dem Gewit Dasselbe Jahr sollte für ihr weiteres Leben bedeutsam werden, denn sie w von der Fürstin Marianne Schwarzenberg, der Wittwe des Marschalls v. Schwarzenberg, als Gesellschaftsdame aufgenommen. Dieser durch Herz und Geisteseigenschaften ausgezeichneten Fürstin blieb B. P. in Dankba und Verehrung ergeben bis zu deren Tod. Auch Adalbert Stifter ver in der Fürstin Hause, und damals traf er öfter mit der P. zusammen. seinem Roman „Nachsommer" hat Stifter später sowohl die Fürstin wie die P. als charakteristische Gestalten gezeichnet und die bezüglichen St daraus können ganz wohl als Beiträge zur Lebensgeschichte Betty Paoli's damaligen Zeit gelten. Als Gesellschafterin, ja gewissermaßen als Freu der Fürstin begleitete sie diese auch auf Reisen und hatte mit derselben Helgoland, Berlin besucht und dabei eine Zahl interessanter persönlicher kanntschaften gemacht, so unter anderen auch jene Ludmilla Assing's Varnhagen v. Ense's. Auf das tiefste berührte die Dichterin der Tod Fürstin im März 1848, welcher sie ein bleibendes hochverehrendes An bewahrte. Obgleich sich die Söhne der Fürstin, Karl und Friedrich, um nun wieder unsichern Lebensverhältnissen Preisgegebene bemühten, war sie genöthigt, sich ihre Existenz durch eigene (journalistische) Thätigkeit, Unterrichtsstunden in Stilistik und Litteraturgeschichte u. s. w. zu sich Zunächst unternahm B. P. noch einige Reisen, so nach Italien, wo sie berührte, und nach Frankreich, wo sie drei Monate in Paris zubrachte mit den hervorragendsten Künstlern und Schriftstellern daselbst verkeh namentlich diente ihr Ary Scheffer als freundlicher Cicerone, und im H von Julius Janin wurde sie überaus liebenswürdig aufgenommen. Sp kam die P. nach Dresden und sodann nach München, wo sie sich freute, Künstlern wie Pecht, Cornelius, Wilhelm Kaulbach verkehren zu können. Dresden verlebte die Dichterin eine Zeit bei der Frau v. Sahr-Einsiedel, als sie 1852 nach Wien zurückgekehrt war, fand sie besondere freundliche nahme im Hause der Frau v. Bagréef-Speransky, der Gattin eines verbann russischen Würdenträgers, woselbst Dichter, Künstler, Gelehrte und Sta männer verkehrten und B. P. durch ihre geistige Bedeutung wie überhaupt den Wiener Salons damals zu den bemerkenswerthesten Erscheinungen hörte. Besonders beachtenswerth erscheint ihre journalistische Thätigkeit jener Zeit als Referentin für bildende Kunst und Theaterreferentin des Bu theaters für den „Wiener Lloyd", welchen zu jener Zeit E. Warrens herausga [illegible] sie auch zu Director Laube und seiner Gattin in freundliche [illegible] getreten und ebenso zu den hervorragenden berühmten Mitgliedern [illegible] wie Rettichs, Anschütz, La Roche, Gabillon u. A. Gleich- [illegible] sie unter dem Namen „Branitz“ für Laube eine Anzahl fran- [illegible], welche er seinem Repertoire einverleibte. Mit dem Künstler- [illegible] Gabillon hatte die P. ein besonders freundschaftliches Bündniß ge- [illegible], das bis zu dem Lebensende der Dichterin währte und sich überaus [illegible]. Sie übertrug ihre innige Zuneigung auch auf die Tochter [illegible] Helene Gabillon, verehelichte Frau Dr. Bettelheim in Wien, und [illegible] deren drei Kinder unter ihren zärtlichen Augen noch aufwachsen [illegible] Jahre 1855“, schreibt Marie v. Ebner-Eschenbach, die viel- [illegible] Betty Paoli's, „ließ der gute Stern der Dichterin sie finden, [illegible] die Erfüllung des Traumes eines jeden Schaffenden ist: alle An- [illegible], alles Behagen des Familienlebens, ohne eine seiner Verpflich- [illegible] fast 40 Jahre hat sie im Frieden des Hauses von Fleischel- [illegible] hochbegabten, edlen Menschen gelebt: frei und geschützt“. Frau [illegible] war ihr eine Freundin geworden. Unter ihren Augen ist [illegible] auch in der Nacht vom 4. zum 5. Juli 1894, während eines [illegible] in Baden, gestorben.

[illegible] den Gedichtsammlungen, welche B. P. veröffentlichte, sind, außer den [illegible] angeführten, noch zu nennen: „Romancero“ (1845), „Neue Ge- [illegible] (1850), „Lyrisches und Episches“ (1856), „Neueste Gedichte“ (1869). [illegible], welche zugleich den Nachlaß umfaßt, hat im J. 1895, nach [illegible] der Dichterin, Dr. Anton Bettelheim herausgegeben. Von den übrigen [illegible] und anderen Schriften der P. sind noch zu nennen: die drei [illegible] „Die Welt und mein Auge“ (1844), „Wiens Gemälde- [illegible] (Wien 1865), „Julie Rettich, Lebens- und Charakterbild“ (1866), [illegible] und seine Werke“ (1875). — Zwei Erzählungen Betty Paoli's [illegible] Bettelheim aus dem Nachlasse der Dichterin in der „Allgemeinen [illegible]bibliothek“ (Wien) veröffentlicht.

[illegible] Dichterin nimmt B. P. eine besonders bemerkenswerthe, hervor- [illegible]stellung ein und zählt unbedingt zu den ausgezeichnetsten lyrischen [illegible] ihrer Zeit. Der schmerzliche Zug, welcher schon in den ersten ihrer [illegible] Gedichte zu Tage tritt, erinnert vielfach an Lenau, dem [illegible] mit einem empfindungsvollen Widmungsgedichte die allererste ihrer [illegible] zugeeignet hat. Aber auch der Ausdruck echter Weiblichkeit [illegible] schon in dieser ersten Sammlung entgegen, die ein so außerordentlich [illegible] Leben offenbart. Eine anfangs erwiederte, dann aber ver- [illegible] gibt der Dichterin Veranlassung zu tiefpoetischen Ausbrüchen und später [illegible], die aber nicht bloß oberflächlich angestimmt werden, sondern einen [illegible] in das Herz und die Seele der Dichterin gestatten und das ganze [illegible] erhellen. Eine große Leidenschaft ist hier gepaart mit dem [illegible] Gefühl. Was übrigens die Dichterin im Leben erfahren, [illegible] gestattet war „des Lebens Freuden harmlos zu genießen — In [illegible] Unbefangenheit“, davon gibt das tiefempfundene „Kein Gedicht“ [illegible] Beweis, ein Gedicht, das gewissermaßen eine poetische Darstellung [illegible] der Dichterin genannt werden kann und des traurigen Dahin- [illegible] erhofften „Liebesfrühlings“. Ueberall wird der Dichterin [illegible] innere Welt zum Objecte der Betrachtung, und die fortlaufend [illegible] gereihten Gedichte können eine Art von Seelenbiographie der Ver- [illegible] werden. Warum sich die P. der Poesie zugewendet, erläutert [illegible] in dem Gedichte „Die Pythia“ („Ich dichte nicht in frohen [illegible] zu dem Schlusse kommt: „So ward, was jemals [illegible] gerichtet himmelwärts, — Mir nur erpreßt und [illegible] Ueberwinder Schmerz". Von großer Kraft [illegible] sind die Gedichte, welche die P. an den (uns [illegible] dessen Geist, auch nachdem das Geschick den Kör[illegible] sie, die ihn nie vergessen kann, umschwebt [illegible] ein erdenfreudig Licht herein in meine trüb[illegible] Reihe edel schöner Gedichte sind dieser Liebe gewidmet [illegible] und gerade dadurch wieder der Anlaß ward zu [illegible] der Empfindung. R. M. Werner sagt über [illegible] B. Paoli's Gedichten: „Es geht durch das ganze [illegible] Leidenschaft, es weht, um mit der Dichterin [illegible] Schmerzes; alles erweckt den Eindruck vollster [illegible] erlebt. Einen ganz besondern Vorzug kann [illegible] ausschließlich das Weib zu Worte kommt. [illegible] einzigen Verse die Maske vor dem Gesicht, [illegible] Erlebnisse, Erfahrungen, Gedanken mit der [illegible] nach Selbstbefreiung ringenden Frauenherzens". — [illegible] zweiten Gedichtsammlung B. Paoli's: „Nach dem [illegible] die Stürme an, welche über dieses Frauenherz [illegible] seine Poesie, von der allzuheftigen Leidenschaftlich[illegible] auch in dieser Sammlung, die manches Gedicht [illegible] Geliebten enthält, und das innere Leben und [illegible] glück betrogenen Frauenherzens aufhellt, finden [illegible] empfundene Strophen. Im ganzen aber zeigt sich eine [illegible] und eine ruhigere Auffassung des unabwendbaren [illegible] wir in den Liedern dieser 2. Sammlung ein Gottvertrauen [illegible] mildere Auffassung des Herben erklärlich macht. [illegible] Sammlung und noch mehr in den späteren Sammlungen [illegible] Gedichten, deren letzte 1870 erschienen, finden sich auch [illegible] einige Balladen, welche übrigens so manches [illegible] Die Dichterin wählt manchmal fremde Stoffe, wie [illegible] Die Sevillanerin", „Erin's Fall", überall aber weiß [illegible] Wirkungen auszuüben, und Stücke wie „Mac Dugald", [illegible] Vendée", „Andreas Baumkircher" u. A. erscheinen reich [illegible] Schönheiten. — Die letzten aus dem Nachlasse veröffentlich[illegible] zeigen uns dieselbe Gewandtheit in der Behandlung von [illegible] und die von der Dichterin Jahre hindurch gesammelte Lebens[illegible] hier in abgeklärten, ruhigen Stücken, welche nicht selten [illegible] Dichterin und „auf die Nacht, der sie entgegenschreitet" [illegible] Fülle von edlen Gedanken und ernsten dichterischen [illegible] Eine hübsche poetische Bearbeitung findet sich in [illegible] „Der gute König in der Hölle", welche eigentlich drama[illegible] Von der Dichterin reichen Sprachkenntnissen ebenso [illegible] Gewandtheit ihrer Uebertragung zeugen die ebenfalls aus dem Nach[illegible] Uebersetzungen der Poesien von Nadaud, Banville, Cham[illegible] Puschkin, Barett-Browning und die hübsch gefaßte italienisch[illegible] Manche Perle findet sich auch in den eigenen Aphorismen [illegible] der Poetin, die auch zuerst aus ihrem Nachlasse dargeboten [illegible] sind.

Was die unter dem Titel „Die Welt und mein Auge" (1844) von der [illegible] drei Bände Novellen anbelangt, so zeigen sich diese als fein[illegible]

e Seelengemälde und erscheinen darin vorwiegend Frauengestalten psycho-
 gezeichnet. Eine Art Roman, eine mehr tragische Familiengeschichte
 Ehre des Hauses", füllt den ersten Band, manches aus den übrigen
llen dürfte mit dem wirklichen inneren und äußeren Leben der Dichterin
 im Zusamenhange stehen. R. M. Werner nennt diese Novellen „zum
n Theile Beichten mit epischen Verbindungen, psychologische Analysen...
 in den Novellen ist es hauptsächlich die Frau, ihr Lieben, Getäuscht-
en, Kämpfen, Zweifeln und Ringen, ihr Verhältniß zum Manne, zur
, ihre Schuld und Buße, was B. P. immer wieder zum Studium der
chtung lockt".

So sehen wir in dieser Dichterin eine insbesondere auf lyrischem Gebiete
rtretende höchst bedeutende Erscheinung, wie deren die deutsche zeit-
ssische Lyrik nur etwa noch in Annette v. Droste-Hülshoff aufweist, an
e die P nach deren Tode ein tiefempfundenes Gedicht gerichtet hat. Es
hr zu beklagen, daß die neueste Zeit Gedichte wie jene von Betty Paoli
u den besten zählen, was individualisirende Lyrik des 19. Jahrhunderts
ffen, in den Hintergrund gedrängt hat. Eine Gesammtausgabe —
 nur Auswahl von B. Paoli's Gedichten wäre heute noch gar wohl am
e.

Es ist nahezu selbstverständlich, daß die deutschen Litteraturgeschichten
n H. Kurz, Bd. IV, R. König, A. Stern, Rud. Gottschall's Deutsche
ationallitteratur des 19. Jahrhunderts, Bd. III, Brümmer, Lexikon der
utschen Dichter u. Prosaisten d. 19. Jahrhunderts, Bd. II, und andere
andbücher die Dichterin mehr oder wenig ausführlich in den Kreis ihrer
etrachtungen ziehen. — An dieser Stelle sei noch einzelner Darstellungen
dacht, welche das Leben und Dichten Betty Paoli's ins Auge fassen.
olche sind enthalten in: Album österr. Dichter, Neue Folge. Wien 1858.
etty Paoli von Leopold Kompert. Mit gebotenen Proben. — Solche
nden sich auch in Scheyrer, Die Schriftsteller Oesterreichs. Wien 1858. —
urzbach, Biogr. Lexikon d. Kaiserth. Oesterreich, V. Theil, 1859, unter
Glück". — Alfred Marchand, Les poètes lyriques de l'Autriche. Paris
889. Betty Paoli S. 183—190. — Richard M. Werner hat in der
esterreichisch-ungarischen Revue, XXVII. Bd., 1900, eine sehr eingehende
erthvolle Untersuchung und Behandlung der lyrischen und novellistischen
oesie Betty Paoli's geboten, welche auch unter dem Titel „Betty Paoli"
s Separatabdruck (Preßburg 1898) erschienen ist. — Richard M. Meyer,
ie deutsche Litteratur des 19. Jahrhunderts, 3. Aufl. Berlin 1906,
. 387. — Karl L. Leimbach, Die deutschen Dichter der Neuzeit u. Gegen-
art, Leipzig, VIII. Bd. (1900) bietet unter der Besprechung auch eine
ibliographie der Werke Betty Paoli's und ebenfalls eine Reihe von Proben
rer Dichtungen. — Eine höchst beachtenswerthe, die Persönlichkeit Betty
aoli's vortrefflich charakterisirende Arbeit ist Helene Bettelheim-Gabillon's
uffatz „Zur Charakteristik Betty Paoli's" S. 191—250 im „Jahrbuch
r Grillparzer-Gesellschaft", X. Jahrg. 1900. — In demselben Jahrbuch,
II. Jahrg. 1902, findet sich ein mit Briefen der Paoli belegter Aufsatz
ranz Ilwof's: „Betty Paoli und Ernst Freiherr von Feuchtersleben". —
ußerordentlich pietätvoll hat Marie v. Ebner-Eschenbach ihre Skizze über
etty Paoli in der von Dr. Bettelheim herausgegebenen, hier früher er-
ähnten Ausgabe des Nachlasses, nebst Auswahl aus allen Gedichten Paoli's
Stuttgart 1895) abgefaßt und manches Neue darin geboten. Diese Skizze
 zuerst in der Neuen Freien Presse v. 22. Juli 1894 als Feuilleton erschienen.

Anton Schlossar.

Pollini *): Bernhard P., Theaterdirector, wurde am 16. Decem
1838 zu Köln a. Rh. aus einer in sehr bescheidenen Verhältnissen le
streng israelitischen Familie geboren und hieß eigentlich Baruch Pohl;
1888, als er Hamburger Bürger wurde, bestätigte dem 50jährigen der
Senat das Recht, auch bürgerlich den Künstlernamen Pollini zu tragen.
dem der Knabe einige Jahre das Gymnasium besucht und in dem
mannshause Elzbacher thätig g.wesen, debütirte er am 11. December
in seiner Vaterstadt als Sir Richard Forth in Bellini's Oper „Die
taner": immerhin mit so viel Erfolg, daß er fürder für immer sein Sc
an den Thespiskarren spannte. Bewährte er sich nun auch als ein
gewandter und brauchbarer Baritonist, so befriedigten ihn doch die kün
wie materiell bescheidenen Ergebnisse dieser Wirksamkeit keineswegs.
starker Trieb wies ihn auf selbständiges Eingreifen in die Gestaltungen
halb des Theaterstaats, und so hat er denn, rasch entschlossen seiner
Laufbahn als Sänger zu entsagen, seine hervorragenden organisatorisch
lagen früh in leitender Thätigkeit auszubeuten begonnen. Zunächst ver
er dieses Talent als Geschäftsführer und artistischer Leiter einer wan
italienischen Operngesellschaft. Das war im Herbst 1865. Er führte
damals, ohne selbst vorher je einmal den Fuß über die deutschen G
gesetzt zu haben, über Mailand, Paris, London nach sämmtlichen Welt
der Vereinigten Staaten, nun nach Havanna, Mexiko, New-York, Paris,
ganz Italien von Nord nach Süd, gastirte in Constantinopel und schiffte
die Donau aufwärts mit längerem Aufenthalt in Pest und Wien.
Frühling 1867 landete P. am Ausgange dieses Unternehmens in Gali
Hauptstadt, mit 4 Kupferkreuzern in der Tasche, aber reich an künstler
wie praktischen Erfahrungen und Beziehungen, ungebrochenen Muthes
Vertrauens. Nun übernahm er dort in Lemberg zum ersten Male die
ständige Leitung einer italienischen Operntruppe. Das Glück begünstigte
Risiko außerordentlich, indem es ihm gelang, für seine Stagione erste
durchschlagende Kräfte zu gewinnen. Mit diesen arrangirte er Tou
und ständige Veranstaltungen als selbstherrlicher, doch goldene Berge
heißender Impresario. Insbesondere in Rußland begründete er auf die
Wege seinen Ruf als Träger und Seele großzügiger theatralisch-gesang
Veranstaltungen.

P. war zugleich Chef der italienischen Oper zu Petersburg und der
Moskau, als er sich 1873 bei der ausgeschriebenen Neuverpachtung des H
burger Stadttheaters um dessen Direction bewarb und aus den zahlreich
Anwärtern als gewählt hervorging. Er stellte eine Kaution von 12000 Thl
pachtete das Theater zu gleichhoher Jahressumme auf 10 Jahre und ve
pflichtete sich, 2½% der Brutto-Einnahme als Tantième an die Actien
gesellschaft zu zahlen. Dafür billigte man ihm, um das seit Jahrzehnten
auf- und niederschwankende Institut über Wasser zu halten und möglichst
heben, allerlei kleine geschäftliche Vortheile seitens der Actionäre und
Staates zu. Am 16. September 1874 eröffnete er, zunächst sogar sein
russische Residenz-Wirksamkeit noch nicht aufsteckend, das in Personal, Requi
siten-Fundus u. s. w. völlig erneuerte umgebaute Stadttheater mit Wagner's
„Lohengrin" zu einer Thätigkeit, welche ihn durch 28 Jahre als gerade
glänzenden Organisator bewähren und im ganzen von Sieg zu Sieg emp
bringen sollte. Es wurde diese seine Amtirung eine Ruhmesperiode für d
so lange darniedergelegenen hochangesehenen Musentempel, wie am besten e

*) Zu S. 98.

[illegible] Blick auf die schier endlos verworrenen Zustände die Jahrzehnte [illegible] Statistik deutlichst lehrt. Daran ändern nichts die schon seit 1875 [illegible] von P. bewilligten riesigen Gagen wiederholt erschallenden Hülfe[illegible] den Staat Hamburg und dessen überaus opferbereite Theaterfreunde [illegible] den darauf fußenden staatlichen Baarsubventionen (besonders durch das [illegible] Abkommen vom 27. November 1878): so ungeheure Etatsposten, [illegible] durchschnittliche Saisonertrag der Abonnements- und Tagesbillets von [illegible] Million Mark bekunden drastisch den erstaunlichen Aufschwung durch [illegible] mit großer Begeisterung für die weltbedeutenden Bretter ge[illegible] Energie und Intelligenz. Daß Pollini's Ruf durch alle möglichen [illegible] inner- wie außerhalb der Elbe-Metropole getrübt wurde, steht fest, [illegible] Vorwürfe wie „Ausnützungssystem“ und „Preistreiberei“ nicht [illegible]. Seit 1876 stand auch das Altonaer Stadttheater durch [illegible]übernahme und Personal-Gemeinsamkeit unter seinem Scepter und [illegible] Ch. Maurice's (s. d.), seines greisen Collegen, Hinscheiden, kaufte [illegible] Thaliatheater zu Hamburg dazu. Der unermüdliche Mann, der [illegible] als Impresario und dramatischer Agent lange functionirte, hat von [illegible]monopol, die maßgeblichen Bühnen der Doppelstadt unter seinem [illegible] zu halten, gewiß keinen verwerflichen Gebrauch gemacht. Jeden[illegible] die auch noch nach seinem Tode wider ihn abgeschossenen Pfeile [illegible] moralischen und überhaupt privaten Leben abprallen. Die aller[illegible] ihm untergebenen Schauspieler sowie die theaterkundigen und theater[illegible] Kreise bedauerten Pollini's Hintritt, mit dem ein großer Abschnitt [illegible] Bühnengeschichte der zweiten Stadt des Reiches abschließt, aufrichtigst. [illegible] Kleinlichkeit abhold und in seiner Art gleichsam genial, ist [illegible] mehrjähriges Kränkeln gereizter Stimmung, gegen Ende seines Wirkens [illegible] rücksichtsloser und schroffer aufgetreten als es eigentlich seinem [illegible]. Seit 1897 in zweiter Ehe mit der Münchener Kammer[illegible] Bianca Bianchi (d. i. Bertha Schwarz), die er emporgebracht, erlag [illegible] 26. November 1896, unmittelbar nach in bester Lanne überwachter [illegible]singer“-Aufführung, einer Herzlähmung. Franz Bittong und Max [illegible] übernahmen Pollini's drei Bühnen. Seine Verdienste, officiell durch [illegible] Hofraths-Titel geehrt, rangiren in der Geschichte des deutschen Theaters.

Viele Nachrufe in Hamburger und den meisten andern Großstadt[illegible]. — Nekrolog Heinr. Chevalley's i. d. Illustr. Zeitung Bd. 109, [illegible] f. (Bildniß S. 810). — Neuer Theater-Almanach 10, S. 155. — [illegible] für die musikal. Welt 1897, Nr. 59. — Kurze Notiz Monatshefte [illegible] Musikgeschichte 30, S. 98. — Ad. Kohut, Berühmte israel. Männer [illegible] Frauen I (1900), S. 252—54 (mit Bildniß), ist fast ebenso anekdotisch [illegible] die ihm größtentheils zu Grunde liegende autobiographische Skizze [illegible]'s in Ad. Philipp's „Hamburger Theater-Dekamerone“ [8] (1881), [illegible]—10, die blutwenig Theaterhistorisches, für die Hamburger Zeit über[illegible] gar nichts enthält. — Eine Menge wichtiger authentischer, ins[illegible] statistischer Materialien, die natürlich oben nur zum geringsten [illegible] angedeutet werden konnten, sind in Hermann Uhde's Buch „Das [illegible] in Hamburg 1827—1877“ (1879) verstreut und im Register [illegible] verzeichnet. — Man vergleiche A. D. B. LII, 249 unsern Artikel [illegible] Maurice; über die Wirksamkeit beider Collegen A. Räder i. „Dtsch. [illegible]-Almanach“ 50 (1886) I, 184—188.

L. Fränkel.

Preuß*): Otto Franz Bernhard P., geboren zu Detmold am 16. Juli [illegible] als Sohn des Legationsrathes Franz Ludwig Preuß, besuchte 1884—87

*) Zu S. 116.

die Universitäten Berlin, Heidelberg, Göttingen und trat dann nach bestan
Staatsexamen als Auditor in den Dienst seines Heimathstaates ein, wo
bis zum Vorsitzenden des Hofgerichtes und der Justizkanzlei aufstieg.
1. October 1879 erhielt er als Geh. Oberjustizrath den erbetenen Absch
Am 12. December 1838 übernahm er im Nebenamte die Leitung der F
lichen Landesbibliothek zu Detmold, die er bis zum 31. December 1890
waltete. Durch umfangreiche Katalogisirungsarbeiten und planmäßige
mehrung der Bestände gelang es ihm, in 52jähriger angestrengter Thätigkeit
in ihren ältesten Theilen schon sehr werthvolle Bibliothek auf der Höhe zu
halten und zu einem wichtigen Bildungsmittel seiner Heimath zu ma
Neben dieser amtlichen Thätigkeit ging eine außerordentlich fruchtbare lit
rische Wirksamkeit einher. Mit seinem Freunde Falkmann zusammen ga
die bis zum Jahre 1536 reichenden Lippischen Regesten (4 Bde., Lemgo
Detmold 1860—68) heraus, die für die Geschichte des Fürstenthums
bis jetzt noch grundlegend sind. Ferner veröffentlichte er „Die bauli
Alterthümer des lippischen Landes" (2. Aufl. Detmold 1881), sowie die
Methode und Ausführung musterhafte Untersuchung „Die lippischen Famili
namen" (Detmold 1884, 2. Aufl. das. 1887). Eine mit dieser Schrift
Zusammenhange stehende andere über „Die lippischen Flurnamen" war
druckfertig, als P. am 1. Mai 1892 starb. Sie erschien 1893. Außer d
Werken veröffentlichte er noch eine Anzahl kleinerer und größerer Aufsätz
lippischen Geschichte in lippischen und westfälischen Zeitschriften.

Vgl. Centralblatt für Bibliothekswesen 1891, S. 144. — Lipp
Landeszeitung 1892, Nr. 103. — Preuß' Schriften finden sich fast s
lich verzeichnet in der Bibliotheca lippiaca, Detmold 1886. — E. Anem
Mittheilungen aus der Geschichte der Landesbibliothek zu Detmold, in
Mittheilungen zur Lippischen Geschichte Bd. 21, S. 190—193, Det
1903. Ernst Anemüller.

Quadal: Martin Ferdinand Q. (eigentlich Chwabal), Maler und [illegible]cher, geboren am 28. October 1736 in Niemtschitz in Mähren, † am [illegible] 1811 in Petersburg. Er wurde in Wien ausgebildet, wo er [illegible] Jahre lebte. Sonst war er viel auf Reisen, so in Deutschland, Eng- [illegible] Frankreich, Italien, seit 1797 in Petersburg, dann (vielleicht 1805—6) [illegible] Jahre wieder in London, von wo er nach Petersburg zurückkehrte. [illegible]te Theil seiner Arbeiten befindet sich auch in England und Rußland. [illegible] Bildnisse, Genrescenen und Thierstücke müssen den überlieferten Ur- [illegible] und den Preisen nach, die für sie gezahlt wurden, bei seinen Zeit- [illegible] sehr beliebt gewesen sein.

[illegible] Werke: Die Mitglieder der Wiener Akademie, Kaiser Alexander zu Pferde [illegible]), Baron v. Büchler, Karl Fürst von Liechtenstein, Klopstock, Selbst- [illegible]; das große historische Bild „Das Lager von Minkendorf bei Luxem- [illegible]", Diana, Tente pittoresque, Knabe mit Hunden, Wildprethändlerinnen, [illegible] auf den Frieden, der Schlummer, Tiger, Löwengruppe. Von seinen [illegible]ungen seien genannt: Selbstporträt, Fünf Katzen, Knabe und Hund, [illegible] Serie von Thierstudien: „A variety of tames and wild animals from [illegible]" (acht, nach Anderen zehn Blätter in Folio und Quer-Folio London [illegible].

[illegible] Ein Theil seiner Gemälde wurde gestochen von Jacobé, Traunfellner, [illegible] Rhein, V. Denon. Sein Porträt wurde von Jacobé gestochen. — Q. war [illegible]mitglied vieler Akademien.

[illegible] Wurzbach, Biogr. Lexikon für das Kaiserth. Oesterreich, Wien 1872, [illegible] 24. — Singer, Allgem. Künstler-Lexikon, Frankfurt 1898.

Franz Vallentin.

Quaglio: Julius Q., geboren am 23. Juli 1833 zu München als Sohn [illegible] Hoftheater-Dekorationsmalers Simon Q. (s. A. D. B. XXVII, 8), ein [illegible] ausgezeichneter Chemiker und Techniker. In seiner Vaterstadt absolvirte [illegible] das Gymnasium und die Technische Hochschule und trat dann in den Dienst [illegible] bekannten Weltfirma Cramer-Klett zu Nürnberg. Darauf wandte er sich [illegible] dem Gaswesen zu, in dem er gar bald sich zu einer Autorität auf- [illegible], und so erbaute er in Oesterreich, Ungarn, Siebenbürgen und Schweden [illegible]. Q. hat in Deutschland das Wassergas eingeführt und in einer [illegible] Schrift (s. u.) dessen Bedeutung nachdrücklich hervorgehoben. [illegible] Patente über Kohlenstampfverfahren führten eine neue Wendung in der

Koakes-Gewinnung herbei: sie werden in den größten Bergwerken Westfa… Schlesiens, Oesterreichs, Belgiens angewendet. Die letzten zwei Jahr… seines Lebens hielt sich Q. in Berlin auf und machte sich während … Zeit auch auf dem Felde der Krankenpflege verdient, indem er eine … hervorragendsten Aerzten anerkannte Methode zur einfachsten Bereitung … saurer Bäder ins Leben rief. Seine letzte wissenschaftliche Arbeit … Atomistik vollendete er erst zwei Tage vor seinem Tode, der ihn … dreijährigem schweren Leiden zu Meran, wo er vergebens Heilung such… 8. December 1899 ereilte. Am 10. December geleitete ihn eine imp… Trauerversammlung nach dem Familiengrabe der Quaglios auf dem … lichen Friedhofe der Stadt München, in der sie völlig eingewurzelt waren, … Ruhe. Später ließ ihn die Wittwe nach Berlin überführen.

Und welch Verhängniß! An demselben 8. December, der Julius Q. … der Heimath, auf halbem Wege zu den Wurzeln seines Geschlechts, … Comersee wegraffte, wurden in München dem Altmeister der Hygiene … v. Pettenkofer von Münchener Bürgern goldene Medaille und Ehrenur… überreicht, und die von Q. verfaßte Lebensgeschichte des von ihm hochver… genialen Gelehrten, mit obengenanntem Beitrag zur Atomistik verbunden… insbesondere dem Chemiker in Pettenkofer geltend, stand, obwohl als Be… dazu geplant, noch aus. Sie fand dann aber, kaum erschienen, so … Beifall, daß die Wittwe Frau Ida Quaglio schon im Juni 1900 eine… mannichfach ergänzte Ausgabe der liebevollen und verständnißinnigen W… gung Pettenkofer's veranstalten konnte.

Q. hatte schließlich eine sehr angesehene berufliche und sociale Ste… als Chefingenieur und Director errungen. Dazu haben wohl zwei bemerk… werthe frühere Schriften Quaglio's beigetragen: „Die erratischen Blöcke … die Eiszeit, nach Otto Torell's Theorie" (1881); „Wassergas als der B… stoff der Zukunft. Strong's Patent zur Bereitung von Heizgas in … bindung mit Lowe's Verfahren für Leuchtgas. Bericht von J. Q." (1… Den definitiven Titel seines oben erwähnten Schwanengesangs umfaßt … langathmige Aufschrift: „Pettenkofers grundlegende Abhandlung vom 12. … nuar 1850 ‚Ueber die regelmäßigen Abstände der Aequivalentzahlen der … einfachen Radikale', nebst Reklamation der Priorität gegen Dumas; … die Biographie Pettenkofer's. Als Anhang: Zur Atom-Theorie mit … Tabelle System der Elemente von Julius Quaglio" (1900).

Zeitungsnotizen (besonders Münchn. Neueste Nachrichten 1899, Nr. … S. 2; 1900, Nr. 277 S. 4). — Die älteren Glieder der Familie Qua… differenzirt kundig G. Fuchs Münchn. Neueste Nachrichten 1906, Nr. 817 …

Ludwig Fränke…

Quedenfeldt: Max Q., Forschungsreisender und Ethnolog, ist … 18. Juni 1851 zu Großglogau in Schlesien als Sohn eines preußi… Officiers geboren. Durch seinen Vater, einen tüchtigen, auch in wissensch… lichen Kreisen geschätzten Entomologen, wurde er von früher Jugend an … verständnißvoller Betrachtung der umgebenden Thier- und Pflanzenwelt … geleitet. Aber sein Wunsch, sich ganz dem Berufe des Naturforschers wid… zu dürfen, ging nicht in Erfüllung. Vielmehr bestimmte man ihn, den Ue… lieferungen der Familie entsprechend, für die militärische Laufbahn. Zunä… besuchte er die Ritterakademie zu Liegnitz. Dann trat er im März 186… das Cadettencorps, darauf im Frühjahr 1870 in das damals in Tangerm… garnisonirende 7. Dragonerregiment ein. Mit diesem zog er in den deut… französischen Krieg, nahm ohne Verwundung an mehreren Gefechten theil … wurde während der Belagerung von Paris zum Secondlieutenant beförde…

... er 1875 zum 21. Infanterieregiment nach Bromberg versetzt worden ... er 1878 zur Landwehr über und erhielt bald darauf den Rang ... Premierlieutenants. Nun fand er die nöthige Muße, um seinen wissen... lichen Neigungen leben zu können. Anfangs widmete er sich hauptsächlich ... Sammeln und Bestimmen von Insekten. Allmählich aber ging er zu ... graphischen und völkerkundlichen Forschungen über. Das Bücherstudium ... seinen Neigungen nicht, vielmehr sagte ihm das Beobachten in ... Natur am besten zu. Deshalb unternahm er eine Reihe von Forschungs... bis seinen Namen bald in den Kreisen der Fachgelehrten bekannt ... Im Sommer 1878 besuchte er zunächst Südungarn, Serbien und ... Dann durchstreifte er vom October 1880 an neun Monate lang ... ien, namentlich Andalusien, Portugal und die Nordhälfte Marokkos bis ... Hohen Atlas und zur Hauptstadt Marrakesch. Dieses Land zog ihn ... immer wieder an, und mit Recht galt er später als einer der besten ... Marokkos und seiner Bewohner. Bereits im Frühjahr 1883 besuchte ... mals und verweilte längere Zeit in den bedeutendsten Hafenplätzen, ... auch wiederum einen Vorstoß bis an den Fuß des Hohen Atlas, ... Sprache und Lebensweise der Eingeborenen möglichst genau kennen ... . Im nächsten Jahre durchwanderte er zu gleichem Zwecke während ... Monate das benachbarte Algerien. Als ihm die Berliner Akademie ... schaften in Anerkennung des bisher Geleisteten eine namhafte ... zur Fortsetzung seiner zoologischen und ethnographischen Forschungen ..., begab er sich im December 1885 von neuem nach Marokko. Zu... hielt er sich einige Wochen in Tanger und anderen Küstenstädten des ... auf. Dann fuhr er zur See nach dem weiter südlich gelegenen ... Mogador, darauf wieder eine Strecke nordwärts nach Safi, wo er mit ... auf einem Beutezug begriffenen Sultan und seiner Armee zu... traf. Er wünschte sich an der Heerfahrt zu betheiligen, um auf diese ... in die den Europäern verschlossenen südlichen Provinzen jenseits des ... zu gelangen, doch wurde ihm die Erlaubniß unter allerhand nichtigen ... versagt. Da ein Vorgehen auf eigene Hand ohne amtliche Geleit... der herrschenden Unsicherheit nicht rathsam erschien, begnügte er ..., einen Ausflug nach der Hauptstadt Marrakesch und in die Vor... Hohen Atlas zu unternehmen. Von hier aus folgte er der nörd... Karawanenstraße bis Casablanca und zog donn, unter Ueberwindung ... Beschwerden und Gefahren, an der Küste entlang bis Tanger. ... er den Winter in Deutschland zugebracht hatte, kehrte er bereits im ...887 nach Afrika zurück. Zunächst hielt er sich drei Monate hindurch ... Canarischen Inseln, namentlich in Lanzarote auf. Dann setzte er ... Cap Djubi auf der benachbarten afrikanischen Festlandsküste über, ... er schon nach wenigen Tagen aus Mangel an Transportmitteln ... aufgeben, am Meere entlang nach Norden vorzubringen und den ... wenig bekannten Rand der nordwestlichen Sahara zu erforschen. Um ... nicht mehr durch berufliche Verpflichtungen in der freien Ver... seine Zeit behindert zu sein, nahm er im Sommer 1888 endgültig ... aus dem Militärdienst und begab sich darauf im October des... über Italien und Sicilien nach Tunis, wo er seine ausgebreitete ... nordafrikanischer Mundarten wesentlich vertiefte und ergänzte. Dann ... das benachbarte Tripolitanien, ohne indeß weit nach dem Inneren ..., da ihn eine nicht unbedenkliche Erkrankung im Juli 1889 zur ... nöthigte. Erst nach längerer Zeit war er wieder soweit hergestellt,

daß er eine neue Reise planen konnte. Diesmal wollte er nicht [illegible]
mohammedanischen Westen, sondern vielmehr den ihm völlig [illegible]
Orient besuchen. Im Februar 1891 begab er sich zunächst nach [illegible]
durchquerte dann die ägäischen Küstenlandschaften Kleinasiens und [illegible]
Smyrna aus mit der Eisenbahn landeinwärts. Er kam aber nur bis [illegible]
erst kürzlich eröffneten Station Diner, wo ihn ein heftiges Fieber [illegible]
das ihn schließlich zwang, zunächst nach Smyrna zurückzukehren. Als [illegible]
keine Heilung fand, begab er sich über Triest ins elterliche Haus nach [illegible]
Die ärztliche Untersuchung stellte ein schweres Nierenleiden fest, das [illegible]
schiedenen operativen Eingriffen trotzte. Schließlich traten Complic[illegible]
hinzu, die Kräfte verfielen rasch, und am 18. September 1891 erlöste [illegible]
sanfter Tod von seinen Schmerzen. Er starb im besten Mannesalter[illegible]
hätte sicher bei längerem Leben noch Bedeutsames auf verschiedenen [illegible]
schaftlichen Gebieten geleistet.

Leider war es ihm nicht vergönnt, die Ergebnisse seiner Forschung[illegible]
einem zusammenhängenden größeren Werke darzustellen. Vielmehr hat [illegible]
eine beträchtliche Zahl von Abhandlungen hinterlassen, die in versch[illegible]
naturwissenschaftlichen und geographischen Zeitschriften zerstreut sind. [illegible]
frühesten Arbeiten gehörten dem Gebiete der Insektenkunde an und [illegible]
sich ausschließlich an enge Fachkreise, so daß sie des allgemeineren In[illegible]
entbehren. Sie erschienen zumeist in der Berliner Entomologischen Zeit[illegible]
und in den Entomologischen Nachrichten. Später, als er sich vorn[illegible]
völkerkundlichen Forschungen widmete, die sich hauptsächlich auf die [illegible]
Marokkos bezogen, wurde er durch zahlreiche Vorträge in gelehrten [illegible]
schaften und durch Aufsätze in vielverbreiteten Zeitschriften auch weiteren [illegible]
bekannt. In den Verhandlungen der Berliner Gesellschaft für Anthro[illegible]
veröffentlichte er: „Aberglaube und halbreligiöse Bruderschaften bei den [illegible]
kanern" (1886, S. 671—692), „Anthropologische Aufnahmen von Marokk[illegible]
(1887, S. 32—33), „Nahrungs-, Reiz- und kosmetische Mittel bei den [illegible]
kanern" (1887, S. 241—285), „Die Pfeifsprache auf der Insel [illegible]
(1887, S. 731—741), „Die Corporationen der Ulêd Ssîdi Hammed-[illegible]
und der Ormâ im südlichen Marokko" (1889, S. 572—586), „Ueber [illegible]
ständigung durch Zeichen und Geberdenspiel bei den Marokkanern" [illegible]
S. 329—331); in der Zeitschrift für Ethnologie: „Einteilung und Ver[illegible]
der Berberbevölkerung in Marokko", trotz ihrer unübersichtlichen Anlage[illegible]
die inhaltreichste und werthvollste unter seinen Arbeiten, durch welche [illegible]
die in Verschiedenheiten von Sprache, Typus und Sitten begründete Ein[illegible]
der Bewohner Marokkos in drei große natürliche Gruppen hinwies [illegible]
1888, S. 98—130, 146—160, 184—210; XXI, 1889, S. 81—10[illegible]
bis 201); in den Verhandlungen der Gesellschaft für Erdkunde zu [illegible]
„Reisen und Reiseverhältnisse in Marokko" (XIII, 1886, S. 440—[illegible]
der Zeitschrift derselben Gesellschaft: „Karte des westlichen Sûs-, [illegible]
Tekena-Gebiets" (XXII, 1887, Tafel V und S. 421—428); im 3. [illegible]
bericht der Geographischen Gesellschaft zu Greifswald: „Mittheilungen [illegible]
Marokko und dem nordwestlichen Saharagebiet" (Theil II, 1889, S. [illegible]
mit Karte); endlich im „Ausland": „Die Bevölkerungselemente der [illegible]
Tunis und Tripolis" (LXIII, 1890, S. 314—316, 321—326, 354[illegible]
368—373, 495—499, 515—519, 532—534, 560), „Bräuche der [illegible]
kaner bei häuslichen Festen und Trauerfällen" (ebd. S. 716—719, [illegible]
bis 734), „Wie die Udáia Mohammedaner wurden" (ebd. S. 806—[illegible]
„Das türkische Schattenspiel im Magrib" (ebd. S. 904—908, 921—[illegible]
939) und „Krankheiten, Volksmedicin und abergläubische Kuren in Marokk[illegible]

[illegible]IV, 1891, S. 75—79, 95—98, 126—129). In der Geschichte der wissen[illegible] Erforschung Marokkos wird sein Name dauernd mit Ehren ge[illegible].

[illegible] Ausland, Band LXIV (1891), S. 901—902 (R. Hartmann). — [illegible] Rundschau für Geographie und Statistik, Band XIV (1891/92), [illegible]—142, mit Bildniß (G. Rohlfs).

Viktor Hantzsch.

[illegible]: Friedrich August Q. war eine ganz eigenartige Persön[illegible] die sich unter den Geologen der zweiten Hälfte des vorigen Jahr[illegible] durch ihre Selbständigkeit bedeutungsvoll abhob. Ueber fünfzig [illegible] seines Lebens hat er der Mineralogie, Stratigraphie und Paläonto[illegible] und die Spuren seines Weges werden nicht so leicht verwischt [illegible].

Er stammte aus Eisleben, wo er 1809 geboren wurde und bis 1830 [illegible] Jugenderziehung erhielt. Dann erwarb er sich in Berlin seine wissen[illegible] Ausbildung und wurde ein würdiger Schüler seiner Lehrer Christ. [illegible] Weiß und Leop. v. Buch. Mit 30 Jahren kam er als Professor für [illegible]logie und Geologie nach Tübingen, und trotz der Verschiedenartigkeit [illegible] Sprache und seines Naturells verstand er es, die Herzen der Schwaben [illegible], so daß sie ihn wie einen der Ihrigen verehrten und betrauerten, [illegible] Tod ihn nach 51jähriger Lehrthätigkeit entführte.

[illegible] den ersten 25 Jahren seiner Tübinger Zeit hat er Bedeutendes für [illegible]graphie und Mineralogie im Sinne der Anschauungen seines Lehrers geleistet („Methode der Krystallographie“ 1840, „Handbuch der Minera[illegible] in 3 Auflagen 1854, 1862 und 1877; „Grundriß der bestimmenden [illegible]nenden Krystallographie“ 1873).

[illegible] Lebens eigentlichste Arbeit aber galt den Versteinerungen und der [illegible] der Juraformation, wobei er eine erstaunliche Fülle von Details [illegible] förderte. Doch war ihm dies nie die Hauptsache und sein Blick stets [illegible]meine, wichtige Probleme gerichtet. Von Anderen überlieferte That[illegible] unbesehen zu übernehmen, lag nicht in seiner Natur, und er suchte seine [illegible] aus eigenen Beobachtungen zu gewinnen. So ist es gekommen, [illegible] in seinen voluminösen Werken beschriebenen Objecte meistens in der [illegible] Sammlung zu finden sind. Er verzichtete deshalb lieber auf syste[illegible] Vollständigkeit und machte sich auch nichts daraus, die Arbeiten [illegible] nicht zu berücksichtigen. Es weht überhaupt etwas von dem auto[illegible] Geiste L. v. Buch's in seinen Werken und in seinem Verhältniß zu [illegible]genossen, die er eher mied als aufsuchte, und von denen er einige [illegible] befeindete, weil sie nach seiner Meinung eine falsche Forschungs[illegible] hatten. Unter diesen letzteren stand Alc. d'Orbigny im Vordergrund [illegible] gar einer seiner talentvollsten Schüler — Oppel — in späteren [illegible] sich der Richtung d'Orbigny's anschloß, war es auch mit dieser Freund[illegible].

[illegible]stedt's Hauptwerke sind: „Der Jura“, 1858; „Handbuch der Petre[illegible]kunde“, 3 Auflagen: 1852, 1866 und 1885; „Petrefactenkunde Deutsch[illegible]: I. Cephalopoden 1849, II. Brachiopoden 1871, III. u. IV. Echino[illegible] 1872 u. 76, V. Schwämme 1878, VI. Korallen 1881, VII. Gastero[illegible] 1884. Die Ammoniten des schwäbischen Jura 1882—89.

[illegible] kamen noch Schriften mehr populären Inhalts wie „Sonst und [illegible] 1856 und „Klar und Wahr“ 1872.

[illegible] alle seine Arbeiten zieht sich wie ein rother Faden der Grund[illegible] gedanke, daß die Species nicht scharf begrenzt ist, daß nicht nur in [illegible] gleichen stratigraphischen Horizonte vielerlei Varietäten sich abzweigen, [illegible] dern daß dieselbe Art auch in mehreren Horizonten übereinander [illegible] aber gleichfalls verschiedene, oft sogar recht weitgehende Variationen [illegible] Diese Ueberzeugung war es, die ihn zum unversöhnlichen Gegner d'Orbig[illegible] machte. Lange, ehe Darwin's Lehren auch in der Paläontologie eine [illegible] gemeine Revolution in der Auffassung des Artbegriffes zu Wege brachte, [illegible] Q. in bewußter Weise für die Phylogenie eingetreten, als dann aber [illegible] Richtung modern wurde, hatte er doch nicht allzuviel Freude daran, weil [illegible] die Art nicht zusagte, mit der sie eine neue umfangreiche Nomenclatur [illegible] Ausdruck des neuen geistigen Inhaltes schuf.

A. Rothplet[illegible]

R.

Raab: Johann Leonhard R., Kupferstecher und Radirer, Akademie-
sor und Wirkl. Geh. Hofrath, geboren am 29. März 1825 zu Schwa-
n (bei Ansbach), † am 2. April 1899 in München, erhielt seine Erziehung
Bildung in Nürnberg, auch die erste Anleitung zum Zeichnen an der
gen Kunstschule bei Karl Meyer und Albert Reindel. An der Münchener
mie machte er sich mit der Malerei bekannt, ebenso bei Samuel Amsler
der Kupferstecherkunst, welcher R., abermals in Nürnberg, zwei De-
n hindurch mit größtem Fleiße oblag. Seine meist für Taschenbücher
Verlagsbuchhändler gearbeiteten kleinen Blätter bezeugten damals schon
besonderes Augenmerk für malerische Wirkung und charakteristische Wieder-
seiner Vorbilder. Größere Platten lieferte R. nach Karl Fr. Lessing
er verbrennt die Bulle; Anschlagung der Thesen: für den Kunstverein
over 1860 und 1864), Joseph Petzl (Novize), G. Flüggen (Morgenkuß
jungen Mutter; Weinprobe: für den A. Dürer-Verein in Nürnberg 1852),
ier (Gericht vor dem Schullehrer: für den Kunstverein in Prag 1868
B. Käser in Wien 1872), Arthur v. Ramberg (Erklärung), Becker
mische Landschaft mit der Staffage eines auf seine Tochter gestützten
en Bettlers; die brieflesenden Mädchen); Albert Kindler (die Verlassene
vom Tanzboden) und die Porträts des Prinzen Albert von Gotha (für
Königin Victoria), Blumenbach, Alexander und Wilhelm v. Humboldt
Breitkopf & Härtel in Leipzig), E. Kant (nach Döbler), Abt Haneberg
Manz in Regensburg), Wilhelm v. Kaulbach, W. H. v. Riehl, Paul
, R. Wagner, Geibel, Lübke u. A., wodurch R. einen so hervorragenden
en gewann, daß er 1866 bei Julius Thäter's Abgang als dessen Nach-
r an die Münchener Akademie zum Professor der Kupferstichkunst berufen
. Hier organisirte R. freiwillig eine Antiken- und Naturclasse und
te eine Menge sehr verschiedenartiger Schüler, denen er, nach Piloty's
ang, ihre Eigenart zur vollen Gestaltung ausbildete, darunter den Xylo-
en W. Hecht, die Radirer Peter Halm, Karl Rauscher, Joh. Fr. Dei-
r, Wilh. Schmidt, Karl Stauffer Bern. (Vgl. den schönen Artikel von
über R. und seine Schüler in Lützow's Zeitschrift 1880, XV,
) Mit ihnen trat des Meisters eigene Tochter, die mit und neben
Vater in höchster Genialität die Radirnadel meisternde Doris Raab
n am 19. October 1851 zu Nürnberg; vgl. Apell, Handbuch 1880,
344, und Fr. v. Bötticher *1898, II, 338*) als selbstständige Künstlerin in

den Vordergrund. — In München entstanden Raab's Stiche nach Feuerb („Pietà" in der Schack-Galerie(, Kaulbach („Goethe's Frauengestalten": L den Geschwistern Brot schneidend; Leonore; Goethe am Hof zu Weim Dorothea und die Auswanderer), Pecht (Clavigo, Heinrich VIII. und A Boleyn: für Bruckmann), insbesondere aber die fünfzig Blätter nach „Mei werken der Alten Pinakothek" (München bei P. Kaeser, mit Text von Fr. Reber), welche durch die feinempfundene Reproduction der so verschieden arteten Originale (wie Holbein, Dürer, Roger van der Weyden, Rub van Dyck, Tizian, Paolo Veronese, Rembrandt, Tenier, Tiepolo u. A.) Beifall fanden. (Vgl. Krsujavi in Lützow's „Zeitschrift" 1882, XVII, Fr. Pecht in Beil. 57 der Allgem. Zeitung, 26. Februar 1884 und Nr. der Münchener Neueste Nachrichten, 6. Januar 1889.) Zwei Blätter Raphael Santi („Madonna Tempi" und „di Foligno") fertigte R. 1875 1880 (für Bruckmann). Einförmiger, aber immerhin durch ihre pa Wahrheit anziehend, erscheinen die Bildnisse seiner „Zeitgenossen" (Len Karl Piloty, Wagmüller, Josef Knabl, Franz Adam, Kaspar Zumb Gottfried Neureuther und Defregger), welche R. unmittelbar nach dem L (für Jos. Maillinger's Verlag) radirte. Nachdem der Meister ein Vier jahrhundert an der Akademie gewaltet hatte, veranstalteten ihm seine da baren Schüler (1894) eine brillante Feier, voll Witz, Laune, Geist rührender Ehrung. Dann trat R. 1895 mit dem Titel eines kgl. Geh Hofraths in die wohlverdiente Ruhe. Nun miethete R. gleichzeitig drei, Freunden nahe liegende Ateliers, griff zu Pinsel und Palette, um lebensg Brustbilder zu malen, darunter auch ein Bildniß des Prinzen Ludwig, ihm die nur zu fühlbare Schwere des Alters auch diese stille Freude verle Zahlreiche Auszeichnungen waren ihm zu Theil geworden: der Orden hl. Michael I. Classe, der italienische Kronenorden, die Ehrenmitgliedsch der Akademien in Berlin, Wien, Brüssel, Antwerpen und München, gold Medaillen von den Ausstellungen in Nürnberg, München, Wien, Berl Paris, Madrid, ein Ehrendiplom von London u. s. w. R. war zwei verheirathet, mit Anna Elisabeth Sonnenleiter in Nürnberg, welcher Ehe Töchter entsprossen, und 1865 mit Babette Größmeyer. — Zu seinen klein Blättern zählen auch ein Stich nach Schwanthaler's Kaiser Rudolf von Ha burg-Statue im Dom zu Speier; C. Verheyden's traubennaschendem „Bauer mädchen"; Claus Mayer's „Holländisches Interieur"; Toby Rosenthal's „ der Tanzstunde unserer Großmutter" u. v. A.

Vgl. Maillinger, Bilderchronik 1876, III, 934—67 und 1886, IV 2744—53. — Hoff, Ludwig Richter, 1877, S. 467. — Apell, Handbu 1880, S. 344. — Pecht, Geschichte d. Münchener Kunst, 1888, S. 268. Laurenz Müllner, Literarische u. kunstkritische Studien, 1895. — Fr. Bötticher 1898, II, 340. — Das geistige Deutschland 1898, I, 540. Nr. 94 der Allgem. Zeitung v. 5. April 1899. — Nr. 2913 d. Illu Zeitung, Lpz., 27. April 1899. — Kunst f. Alle, 1. Mai 1899, S. — Kunstvereinsbericht f. 1899, S. 78. — Bettelheim, Jahrbuch IV, 16

Hyac. Holland.

Raber: Vigil R. entstammt einer alteingesessenen Sterzinger Famil wurde im letzten Viertel des 15. Jahrhunderts geboren und besuchte Lateinschule seiner Heimathstadt. Er verließ das Handwerk seiner Väter, Bäckerei, und wurde Maler; er selber nennt sich in einem Spielregister Rab pictor. Dem allgemeinen Zuge der Zeit folgend, war er viel auf der Wander schaft, die wir aber nur theilweise verfolgen können: von 1510—1522 er *scheint er zumeist* in Bozen in Verbindung mit dem Maler Silvester Müller

... Malern, deren sich danach viele hier aufhielten, weil der ... die Ausschmückung der Pfarrkirche lohnende Arbeitsaufträge er... aber auch weiter das Etschthal hinunter wanderte R. bis ... hinein ins Fleimsthal. Von 1523—26 arbeitete er in der Hei... 1527—28 suchte er sein Brot neuerdings in der Fremde, von ... zu seinem Tode, in der ersten Hälfte Decembers 1552, können wir ... in Sterzing nachweisen. Er hinterließ eine Wittwe ohne Kinder. ... Sterzing wie in Bozen finden wir R. in guten Beziehungen mit dem ... Bürgermeister, dem Rathe, dem Lateinschulmeister Benedikt Debs ... anderen angesehenen Persönlichkeiten. Er war ein „Kunsthandwerker“ im ... Vollsinne des Wortes: seine Thätigkeit richtete sich auf Kleines ..., auf die niedrigste Lohnarbeit wie auf künstlerisches Schaffen. ... finden wir in den Rechnungsbüchern Lohnanweisungen von wenigen ..., weil er eine totenpar oder schlösser oder stanglen am Kirchen... angestrichen, oder Fahnenköpfe, ein Kreuzl vergoldet, ein Sacraments... versilbert hat; daneben aber größere Bezahlungen für Arbeiten, die ... bald mehr in das Gebiet der Kunst gehören: z. B. weil er das ... Jakobi) gepessert, die urstendt (Bildniß des Auferstandenen) ge... vernewert, einen Juden in einer figuralen Kreuzweggruppe ge... und gemackt, ein Gemälde an der Außenseite und drei Wappen an ...seite der Sterzinger Stadtthore hergestellt, die Kanzel in der Pfarr... gemalt und vergult, ebenda eine figur, zu Bozen das Altargemälde ... gemalt hat. Robert Vischer (Studien zur Kunstgeschichte ...) ist geneigt, ihm auch eines der schönsten Freskogemälde der Bozener ..., die Madonna mit dem Kinde beim Löwenportal, zuzuschreiben. ... als für öffentliche, wird er für Privataufträge gearbeitet haben, ... aber die Nachweise fehlen.

... Thätigkeit entfaltete R. ferner für die Ausbreitung und ... von geistlichen und weltlichen Volksschauspielen; wir finden ihn ...maler, als Spielleiter und Schauspieler. Von ihm ging, nach... die Texte in Sterzing abgeschrieben hatte, die Anregung zur großen ... Passionsaufführung zu Bozen 1514 aus, wobei er die Judasrolle ... demselben Jahre schrieb er in Bozen ein register des passions ab, ... Trient zur Aufführung zu bringen; hier copirte er neuerdings ... Handschrift. 1514 weilte er auch in Cavalese, wo ein Himmel... tragirt wurde, bei dem er als Präcursor auftrat. Zwischen 1510 ... sammelte und schrieb er die Texte von 25 Fastnachtsspielen und ... geistlichen Spielen ab; außerdem 1514 die Texte des Haller, 1543 ... Passions, 1514 ein Palmsonntagspiel, 1526 das Evangeli ... 1529 Ain recht, das Christus stirbt. Bei den späteren Passions... in Sterzing war er regelmäßig betheiligt; hier hat er nach... Fastnachtspiele aufgeführt.

... einer dichterischen Thätigkeit wird man bei R. nicht sprechen dürfen; ... seine Arbeitsweise genauer verfolgen können, ist er nur Abschreiber ... Ueberarbeiter: als solcher schiebt er Verse ein, um Uebergänge ... oder sprichwörtliche Redensarten, die er liebt, unterzubringen, oder ... komische Färbung zu geben; vergrößert Rollen, vorab seine ... (Judas) in den Passionsspielen; dichtet kleine Scenen hinzu, ver... in Volksscenen, die dramatischen Personen und gelegentlich ..., um dem Spiel mehr Abwechslung zu geben: aber alles hält ... Grenzen und verräth nicht besondere Fähigkeiten. Bei ... können wir zwar bislang keine Vorlage nachweisen; allein daraus einen Schluß auf seine Originalität zu ziehen, wäre verfrüht; leichtlich ist die Vorlage noch nicht entdeckt oder bereits verloren ge Durch seinen regen Eifer für alles, was die Volksschauspiele betrifft, wohl verdient, daß der Bozener Lateinschulmeister Benedikt Debs bei Tode ihn als litterarischen Erben einsetzte. So kam er in den Besitz Grundstockes altdeutscher Dramen, den er selber, wie oben dargelegt, vermehrt hat. Nach seinem Tode kaufte die Sterzinger Stadtvertretung ganzen Nachlaß an, und so ist es gekommen, daß im Sterzinger Rath sich heute noch ein seltener Schatz von altdeutschen Volksdramen be findet.

Georg Obrist in Pfeiffer's Germania XXII, 420—29. — Ders Edlinger's Litteraturblatt II, 100 ff. — Abdruck der Fastnachtspiele Dr. Oswald Zingerle 1886 in den Wiener Neudrucken Nr. 9 und 11. J. E. Wackernell, Die ältesten Passionsspiele in Tirol, 1887. In Wiener Beiträgen Nr. 2. — Konrad Fischnaler, Vigil Raber, im Boten und in einer Sonderausgabe, Innsbruck 1894. — Viktor Studien über die ältesten deutschen Fastnachtsspiele. Straßburg (Quell. u. Forsch. 77). — J. E. Wackernell, Ausgabe altdeutscher spiele aus Tirol. Mit Abhandlungen über ihre Entwicklung, Compo Quellen, Aufführungen und litterarhistorische Stellung. Graz 1897 (Quell. u. Forsch. Nr. 1). — Dr. Adolf Kaiser, Die Fastnachtspiele der actio de sponsu. Göttingen 1899. — Konrad Gusinde, Neidhart dem Veilchen. Breslau 1899 (Germanist. Abhdlgn. v. Weinhold Nr.

J. E. Wackernell.

Raebiger: Julius Ferdinand R. wurde geboren am 20. 1811 zu Lohsa in der damals noch sächsischen Oberlausitz als jüngstes acht Kindern eines ländlichen Besitzers. Während die Geschwister im lichen Stande verblieben, war der hochbegabte Jüngste schon früh fest schlossen, Theologie zu studiren. Nachdem er auf dem Gymnasium in einen tüchtigen Grund gelegt und sich namentlich eine solide classische Bi angeeignet hatte — die lateinische Sprache beherrschte er zeitlebens haft —, studirte er seit 1829 in Leipzig und seit 1831 in Breslau sophie und Theologie. In Breslau gewannen wissenschaftlich der grün Kenner des Alten Testaments und der semitischen Sprachen Middeldorpf theologisch der anerkannte Wortführer des Rationalismus David Schulz stimmenden Einfluß auf ihn. Nach einer längeren Hauslehrerzeit erwarb sich am 18. November 1836 in Breslau den philosophischen Doctorgrad, das Diplom seine Kenntniß der orientalischen Sprachen besonders rühmt, am 17. Februar 1838 die theologische Licentiatenwürde, welcher sofort Habilitirung an der theologischen Facultät folgte. Von dem Sommerse 1838 bis zu seinem Todesjahr ist er ununterbrochen 58 Jahre lang Lehrer an der Breslauer Hochschule thätig gewesen und hat eine reiche samkeit entfaltet, getragen von der dauernden Liebe und Verehrung zahlreichen Schüler. Die erste Periode seines akademischen Lebens war schweres Martyrium: er hatte das Loos des mißliebigen Freisinnigen auszukosten. Erst im Juli 1847 konnte die Facultät seine Ernennung außerordentlichen Professor erreichen. Als er, der stets mit warmem und lebhaftem Interesse auch im kirchlichen Leben stand, vollends von bis 1851 die „Schlesische Zeitschrift für evangelische Kirchengemeinsch herausgab, welche im Geiste der Union im ursprünglichen Sinne für ein jeder confessionellen Engherzigkeit und jeder geistlichen Bevormundung fre kirchliches Gemeindeleben eintrat, war er in den Augen des Ministeriu [illegible] gerichtet, und wurde, wie das damals üblich war, durch eine An- [illegible] als Custos der Universitätsbibliothek abgefunden. Wohl ernannte ihn [illegible]ultät 1853 zum Doctor der Theologie honoris causa; aber das Ordi- [illegible] brachte ihm an der Schwelle des fünfzigsten Lebensjahres erst die neue [illegible] mit dem neuen Cultusminister v. Bethmann-Hollweg im October 1859: [illegible] hatte man die Empfindung für das Symptomatische des Falles, [illegible] sich man in R. das charaktervolle Opfer von Mannesmuth und [illegible], daß, so wie seine Ernennung bekannt geworden war, die [illegible] Breslauer Studentenschaft ihm einen imposanten Fackelzug darbrachte. [illegible] ihm noch 32 Jahre vergönnt, sich dieser Wendung zum Bessern zu [illegible]. Allgemein verehrt von seinen Collegen, die ihn für das Amtsjahr [18]70 einstimmig zum Rector der Universität, sowie von seinen Mitbürgern, [illegible] 26 Jahre hintereinander zum Stadtverordneten wählten, bis er wegen [illegible] sein Ehrenamt freiwillig niederlegte, bis zuletzt in ungebrochener [illegible] und körperlicher Frische schaffend, ist er am 18. November 1891 ge-[illegible]

[Die] wissenschaftliche und Lehrthätigkeit Raebiger's ist ziemlich gleichmäßig [illegible] wie dem Alten Testamente gewidmet. Sein neutestamentliches [illegible] sind Untersuchungen über die beiden Korintherbriefe, 1847, eine [illegible] Ausgabe 1886 erschienen, zu welchem eine Monographie über die [illegible] Christologie tritt; in der alttestamentlichen Wissenschaft hat er [illegible] die 1864 von ihm besorgte vierte Auflage der Biblischen Archäologie [illegible]'s am bekanntesten gemacht; selbständige Arbeiten veröffentlichte er [über] die Ethik der Apokryphen und über das Buch Hiob. Aber die Disciplin, [die ihm] am meisten am Herzen lag und welcher seine eigentliche Lebensarbeit [galt, w]ar die Encyklopädie, und so ist denn auch seine „Theologik oder En-[cyklopä]die der Theologie“, welche er, schon fast ein Siebziger, 1880 als reife [Frucht] 40 jährigen Lehrens und Forschens veröffentlichte, das Werk, welches [seinen N]amen in der theologischen Wissenschaft fortleben lassen wird. Schon [der von] ihm geprägte neue Name für die Disciplin „Theologik“ zeigt, daß [illegible] geben wollte, als eine bloße Uebersicht über die Theologie und ihre [illegible] Disciplinen. Sie muß „eine Theologie in nuce“ sein und hat [illegible] Aufgabe, als die Theologie als Wissenschaft darzustellen“: daß [die The]ologie eine Wissenschaft im vollsten Sinne des Wortes sei und sein [illegible] ein Punkt, auf welchen R. stets den größten Nachdruck legte, hatte [illegible] seine Rectoratsrede vom 15. October 1869 das Thema „Die Ent-[illegible] der Theologie zur Wissenschaft“. „Der oberste und höchste Zweck [der The]ologik ist, die Theologie als Wissenschaft zu erweisen“, und zwar nicht [illegible]logen, angehenden wie schon ausgebildeten, sondern auch den Nicht-[illegible] gegenüber. Sie soll aber auch an der Weiterbildung der Theologie [illegible], indem sie „auf die Aufgaben hinweist, welche die Theologie in [der] Zukunft zu lösen hat“. Als wesentlichste dieser Aufgaben und alleinige [illegible] für eine Zukunft der Theologie als Wissenschaft betrachtet R. die [illegible] und gegenseitige Durchbringung derjenigen beiden Richtungen, [die] zu seiner Werdezeit die herrschenden waren, nämlich der Schleiermacher-[schen Gefühls]theologie und der speculativen im Sinne Hegel's und seiner [illegible] Als echter Sohn der philosophischen Aera hat er die Philosophie [illegible]halten und ihre Unentbehrlichkeit für die Theologie als Wissenschaft [illegible] verfochten. „Will die Theologie selbständig, sei es mit der [illegible], sei es gegen sie, an der schwierigsten Aufgabe der Gegenwart [illegible] will sie das Christenthum in seiner allgemeinen Berechtigung und die [illegible] als den zu seiner *Verwirklichung nothwendigen* Organismus erweisen, so muß sie nicht nur von einem kirchlichen oder religiösen Interesse, son von dem Wahrheitsinteresse an ihrem Gegenstand sich leiten lassen und da ihr intellectuelles Verhalten so bestimmen, daß sie, obschon eine positive Offenbarungswissenschaft, durch ihren den übrigen Wissenschaften gleichart Charakter sich Anerkennung und Geltung verschafft."

Auch im praktischen kirchlichen Leben hat R. stets gestanden, ihm li volles Interesse und aufopferungsvolle Arbeit zugewendet. Namentlich Sache des Protestantenvereins war er mit ganzem Herzen zugethan. Er Begründer und Vorsitzender des schlesischen, Mitglied des Ausschusses deutschen Protestantenvereins. Der Besuch der Protestantentage war fast einzige, was er sich an Erholung gönnte: er versäumte keinen und war im Mittelpunkt als Gegenstand lebhafter Ovationen.

Ueber R. als Menschen herrschte nur Eine Stimme. Freund und Fe erkannte in ihm einen echt mannhaften Charakter von unbestechlicher Wa heitsliebe und unbeugsamem Wahrheitsmuth. Besonders ist aber her zuheben, daß er durch seine schweren Erlebnisse und die jederzeit ihm ent entgegengebrachte Feindschaft sich nicht verbittern ließ: er blieb stets mild wohlwollend, und es war ihm Bedürfniß, überall das Gute anzuerken So ist denn namentlich der persönliche Einfluß, den er ausübte, ein gehender und nachhaltiger gewesen: noch heute bekennt sich eine große An von begeisterten Schülern zu ihm, als dem sie ihr Bestes verdanken.

C. H. Cornil

Rabinowitz: Raphael Nathan R., hervorragender Talmudgeleh geboren am 4. Juni 1835 in Scharagin, † am 29. November 1888 in K Schon als Jüngling erregte R., nachdem er die in Rußland üblich gew talmudische Ausbildung genossen, durch seine ungewöhnliche Begabung, bunden mit einem bewundernswerthen Gedächtniß und lichtvollem Scharfb Aufsehen in fachgenössischen Kreisen, und war er wie selten einer beson dazu geeignet, im Talmud und den dazu gehörigen Litteraturgebieten Erfolg zu arbeiten. Im J. 1860 gab R. das Gutachten des R. Meir Baruch aus Rothenburg aus dem achten Jahrhundert heraus und bekun schon damals Tüchtigkeit in der kritischen Behandlung von Handschrif Angezogen durch die an hebräischen und rabbinischen Manuscripten re Hof- und Staatsbibliothek in München, nahm R. 1862 daselbst seinen blei den Wohnsitz und bereitete mit Hülfe eines edlen Förderers der Wissensch des Numismatikers Abraham Merzbacher, welcher ihm Geldmittel und auserlesene Fachbibliothek zur Verfügung stellte, den kritischen Apparat einer neuen Talmudausgabe auf Grund der in der Münchener Hof- Staatsbibliothek, als Unicum befindlichen Talmud-Handschrift (cod. Hebr. vor. Zum Zwecke seiner Studien auf diesem Gebiete besuchte R. viele Bib theken des Auslandes. Im J. 1868 erschien der erste Band seines g angelegten Werkes: „Variae lectiones in Mischnam et in Talmud Babyl cum" auf Grund von Handschriften und alten Drucken mit wissenschaftli Anmerkungen. In rascher Folge erschienen fünfzehn Bände dieses We etwa über die Hälfte des gesammten Babylonischen Talmud sich erstrec Mitten im Drucke des sechzehnten Bandes über den Tractat Chulin wu R. auf einer Reise im Kiew vom Tode ereilt und erschien derselbe red von Dr. Ehrentreu.

Neben diesem Hauptwerke, durch welches sich R. ein dauerndes Denk unermüdlichen Fleißes und großer Gelehrsamkeit gesetzt hat, erschienen ihm: 1863 „Ikre ha-Aboda, Zusammenstellung der Gesetze und Vorschri über die Opfer; „Gaon Jakob, Novellen zum Tractat Erubin von dem G [illegible] aus Wien", nach einer Handschrift geordnet und herausgegeben; [illegible] Jochasin Tanaim we Amoraim", nach einer in der Oxforder Bibliothek [illegible] Handschrift, herausgegeben vom Verein „Mekize Nirdamim" mit [illegible] und Glossen; 1888: „Ohel Abraham, Catalog der Bibliothek [illegible] Herrn Abraham Merzbacher in München", in welchem 156 Hand[illegible] und 4000 Druckwerke verzeichnet sind. Zu erwähnen wäre noch der [illegible] aus dem neunten Bande seiner „Variae lectiones": „Kritische [illegible] der Gesammt- und Einzelausgaben des Babylonischen Talmuds seit [illegible] 1484". Durch die wissenschaftlichen Reisen, die R. nach Frank[illegible] England, Italien und Rußland unternommen, wurde der Ankauf seltener [illegible] und Handschriften für die großen Bibliotheken Deutschlands ver[illegible] verdankt ihm besonders die Münchener Hof- und Staatsbibliothek [illegible] Bereicherung ihrer hebräischen Abtheilung, von der wir die [illegible] der kostbaren Bibelhandschrift (cod. Hebr. 422) besonders hervorheben. [illegible]

Adolf Brüll.

[illegible]: Ludwig R., Maler, wurde am 19. Februar 1868 zu Frank[illegible] geboren als Sohn eines wohlhabenden Fabrikanten von Beleuchtungs[illegible] ebensowenig wie der ältere Bruder Ludwig's und die Familie über[illegible] je, früher oder später, die leiseste Ermunterung, Anregung, An[illegible] sittlich-seelische Stütze geboten hätte. Er besuchte in seinem Ge[illegible] die Kunstgewerbeschule und kam 1886 nach München, wo er auf der [illegible] der bildenden Künste Schüler Herterich's und des Culturmalers Wilh. [illegible]. Früh war der strebsame Jünger prämiirt, gewürdigt und gelobt; [illegible] das eigene ernste Schaffen gebieterisch den Einsatz aller Kräfte ver[illegible] hatten Entbehrungen und Krankheit ihr unheilvolles Zerstörungs[illegible] begonnen und die arbeitsfreudige Hand des jungen Künstlers ge[illegible] Glück und Sonnenschein, schier unbekannte Gäste in Rabers' Atelier [illegible]straße, sind nie einmal richtig über seine Schwelle getreten. [illegible] ihm das Dasein die kärglichen Erträgnisse von Bilder-Copien [illegible] Natursujets fristen müssen, wie sie Spekulanten fabrikmäßig [illegible] Und dennoch fand er dabei noch Trieb, Lust, Kraft, vieles über [illegible]schnitt hinaus zu schaffen; wie Freunde berichten, Bilder von seltener [illegible] und Harmonie, einfach gemalt und poetisch empfunden — aber nie[illegible] bei Rabers' Tod ihr Schicksal. „Bastien-Lepage, Böcklin, Marées, [illegible] Lieblings-Dreigestirn, und von diesen drei Meistern hatte er die [illegible] Heimathliebe, die Vornehmheit der Farben und eine alles Süß[illegible] Herbheit der Form. Wo seine Arbeit anempfunden scheinen [illegible] entdeckte das Auge des Wissenden bald die Seele und das Tempera[illegible] jungen Künstlers, die den Ausschnitt der Natur individualisirten [illegible] Gesehene und Herausgegriffene zu seinem Eigenthum stempelten". [illegible] etwa 1896, warf sich R. mit Eifer und Geschick auf die Graphik [illegible] darin rege seine erfindungsreiche Fertigkeit, auch dann noch, als [illegible] Leiden ihm Saft und Stimmung aussog. Radirungen wie [illegible] Blatt „Musica" (R. war musikalisch talentirt) und viele selbständig [illegible] Zeichnungen in der damals von Georg Hirth begründeten Münchener [illegible] „Jugend" belegen das, wie er sie namentlich nach dem un[illegible] Abschiede vom geliebten München geliefert hat. Die Auction von [illegible] der „Jugend" im Juni 1899, kurz nach Rabers' Tod, brachte [illegible] das Titelblatt zu 1896 Nr. 45 (II, 721), „Bannerträger", als [illegible] Querleiste „Lenz" (Jugend II, 332), als Nr. 904 das Titelblatt [illegible] Nr. 20 (I, 501), „Frauenkopf", als Nr. 905 „Frühlingslied" (II, [illegible] Nr. 906 (II, 829) „*Deis immortalibus*" unter den Hammer.

Ferner enthielt die „Jugend“ noch in Nr. 30 vom 24. Juli 1897 ein Frauenkopf mit Lorbeer, in Nr. 37 vom 11. September 1897 „Heimath“, ein Bauernhaus im Stil einer Kinderzeichnung, in Nr. 18. September 1897 „Frühlingslied“, in Nr. 3 vom 15. Januar Geigerin unter einsamen Bäumen (wie H. Holland urtheilt, ganz Giotto!), in der Nummer vom 9. Juli 1898 nacktes Weib auf einem kopf stehend und mit Schleiern spielend, in Nr. 36 vom 3. September (mit Tod) und Bräutigam, endlich posthum wohl eine Iphigenie in Nr. 17. Juni 1899; den unbedeutenden Nachlaß erwarb Albert Langen.

Am breitesten kam seiner Hände Genius, wenn auch nicht sein Name, die Leute durch den bunten Narren mit den jugendfrischen hellen Augen, eine längere Reihe von Wintern von allen Litfaßsäulen und Plakattafeln lebensfrohen Isar-Athen zu den Lustbarkeiten der unseligen Carnevals einlud. Dieser ganze Anschlag „ist mit wuchtiger Faust hingeschrieben einer großen starken Einfachheit der Farben und der Linien und gerade das Muster eines Plakates“. Schon um 1895 war es aber mit der jämmerlichen, innerlich doch so mannichfach reichen Münchener Zeit „unabgemeldet“, sagt trocken der Polizei-Ausweis, verließ er die Stätte Schaffens und Darbens und suchte in der reinen Gebirgsluft Oberbaierns Kochel am See, in Mittenwald, dem abseitigen Geigenmacher-Flecken den Karwendelriesen, Zuflucht vor der unerbittlich wachsenden Schwind Februar und März 1897 hielt er sich zu Bodenheim im Rheinthal Großmutter auf, danach in Soden am Taunus, den Sommer über in furt a. M. bei den Eltern und den „Barmherzigen Brüdern“, October bis Frühjahr 1898 suchte er sein Heil in Davos, dann nochmals in Endlich ward Schömberg im württembergischen Schwarzwald mit seiner heilanstalt das Asyl des Gehetzten und Vielgeprüften: hier droben ging Lenz dahin, 31 jährig, am 1. Mai 1899. „Er war ein furchtbar Mensch; mit einer energischen Unterstützung zur rechten Zeit hätte zum bedeutenden Künstler gemacht. Sich selbst heraufzuarbeiten, weder Gesundheit in den letzten Jahren noch Energie, was ich überhaupt ewigen Hunger zuschreibe“, so schrieb ein Freund und College nach dem Gemäß den Angaben, die mir seine nächsten Angehörigen zu Frankfurt gemacht, sei es freilich Thatsache, daß sie ihn, den durchaus unpraktischen naiv vertrauensseligen Jüngling, lange mit großen Mühen und Kosten Wasser zu halten versuchten, doch haben sie dem mündlich beigefügt, in sei er, namentlich auch durch „ungünstige Einflüsse von Nietzsche und (völlig unwahr!), heruntergekommen, besprachen auch sein trauriges Ende ohne Anzeichen von Wehmuth oder nur Bedauern. Und als ich Anfang meine Erinnerung an die, aus lorbeerumwundener Büste des Frühvollendeten und Grabrelief (R. in nackter Figur zum Tode eingehend) bestehende seines † Bildhauer-Freundes Emil Dittler, wie ich sie 1902 bei einer stellung der Münchener „Secession“ mit elegischem Gefühl beschaut durch Umfrage aufzufrischen unternahm, war in der deutschen Kunsthaupt Ludwig Raders und was sich an geistiger That daran knüpft, aus dem dächtnisse der undankbaren Mitwelt, sogar derer, die berufsmäßig oder ehemaliger Theilnahme für jenen Flüchtling aus einer geknickten Gegen etwas Bestimmtes hätten wissen müssen, wie verflogen. So wird's denn wohl bleiben, zumal seine Arbeiten in alle Winde auseinander geflattert Ja, was wäre geworden, wenn R. . . . .!

Die Mehrzahl der Einzelheiten nach Franz Langheinrich's, Redacteur der „Jugend“, warmem Nachruf in den Münchn. Neuest. Nachr. Nr.

[illegible] 12. Mai 1899 S. 1 (daraus oben die Sätze in Anführungszeichen). Ge- [illegible] und Wegzug von München von der dortigen Polizei mitgetheilt, [illegible] sachliche Angaben von der Familie — C. W. Naders & Co. — in [illegible] Diese Quellen sind von mir schon im Biogr. Jahrb. u. Dtsch. [illegible] N. 249 f. benutzt. Obige Liste der „Jugend"-Illustrationen machte [illegible] Hyac. Holland in München bereitwilligst verfügbar. Einiges Persön- [illegible] aus dem Munde seines Freundes Maler Hrm. Urban (München).

Ludwig Fränkel.

Rahl: Karl Heinrich R., Kupferstecher, geboren am 11. Juli 1779 [illegible] bei Heidelberg, † am 12. August 1848 in Wien. Seine Aus- [illegible] begann er als rein technischer Lehrling bei einem Silberarbeiter, in [illegible] Werkstatt sein Vater, ein Kattundrucker, ihn gegeben hatte. Die Ge- [illegible] zu zeichnen und zu graviren, die er hier fand, brachten ihn zum [illegible] seiner künstlerischen Neigungen, und so versuchte er sich bereits in [illegible] Landschaften. Sich ganz der Kunst hinzugeben verboten ihm [illegible] Mittel. Jedoch vergrößerte sich sein Gesichtskreis, als er in [illegible] an dem dortigen Industrie-Comptoir angestellt wurde, für das er [illegible] Karten, Pläne und Vignetten arbeitete, auch schon Aufträge er- [illegible] das Porträt Wieland's für einen Almanach Lang's und das Porträt [illegible] zu stechen. In dieser Zeit übte er sich vornehmlich in der Punktir- [illegible] Die kleinen Verhältnisse in Heilbronn genügten seinem Streben bald [illegible] Es trieb ihn hinaus in weniger enge, kunstbewegte Kreise, die [illegible] Nahrung zur Weiterbildung seiner noch unsicheren und unfertigen [illegible] geben konnten. Er setzte es 1799 durch, nach Wien überzusiedeln, [illegible] sein ständiger Wohnsitz bis zu seinem Tode blieb. Anfangs mußte [illegible] hier durch mehr handwerkliche Arbeit sein Brot zu verdienen suchen, [illegible] aber doch nie aus der manuellen und technischen Uebung, deren er [illegible] kommen ließen. Seine Beschäftigung bestand damals namentlich [illegible] und Arbeiten in Punktirmanier, in der er einige diesmal [illegible] Bildnisse lieferte. Indem er sich nun von der Punktirmanier [illegible] Fleiß ganz der Radirung und dem Stich zuwandte, gelang es [illegible] allmählich in immer größeren Kreisen einen Namen zu machen, der [illegible] Milieu, dem er entstammte, völlig enthob und ihm nach und nach ein [illegible] Ansehen in seiner Zeit verschaffte und sicherte. Einer besonderen [illegible] wie auch einer hervorragenden eigenartigen Persönlichkeit oder [illegible] Ausdrucksform entbehrend, bot er dafür in seinem schlichten Ernst [illegible] ein Aequivalent, das seine Zeit, der es schon lange gerade an [illegible] Stechern seiner Art mangelte, wohl zu schätzen wußte. 1815 [illegible] Mitglied der k. k. Akademie der Künste in Wien, erhielt 1829 den [illegible] Kammerkupferstechers. In den Jahren 1816—42 enthielten die [illegible] der Akademie der bildenden Künste eine reichliche Anzahl [illegible] die das Publicum mit ihm bekannt machten und ihm bei der [illegible] Kritik höchst lobende Beurtheilungen eintrugen. Nach vierjähriger [illegible] um eine Professur an der Akademie erhielt er sie endlich 1840, [illegible] die ehrende Ernennung zum Professor in Florenz folgte. Nicht [illegible] er, der sich aus kleinen Verhältnissen durch eine außerordent- [illegible] emporgearbeitet hatte, die Früchte seiner mühevollen Lauf- [illegible] Denn schon ein Jahr nach dieser letzten Ehrung ereilte ihn

[illegible] von einigen unscheinbaren Abstechern in das Gebiet der Malerei [illegible] nicht gerade erfindungsreichen aber sauber gearbeiteten gestochenen [illegible] eigenen Compositionen lag seine Bedeutung für seine Zeit namentlich in der graphischen Reproduction classischer und zeitgen Meister. Das Bedürfniß seiner Zeit nach einer Kraft wie der sein weisen die vielen Lobeserhebungen, die man ihm zu Theil werden ließ mit heutigem Auge gesehen fehlt seinem Oeuvre der Reiz einer stark rischen Persönlichkeit, um für sich selbst einen Raum in der Gesch Kunst einnehmen zu können, und andererseits ist seine Lebensarbeit für die damalige Zeit durchaus werthvolles kunsthistorisches Samm moderne Reproductionsverfahren überholt. Dennoch flößt es Achtung der eingehenden Sorgfalt und dem sichtlich ernsten Bemühen, sich in lagen einzufühlen. Ein schönes Verhältniß zu seinem begabteren Soh Historienmaler Karl Rahl, dessen erster Lehrer er war, liegt in der lie nachbildenden Hingabe an dessen Compositionen.

K. H. Rahl's Oeuvre umfaßt mehr als 500 Blätter. Man ihm die Brotarbeiten von den aus eigenem Antrieb und mit Muße ge zu unterscheiden wissen und ihnen danach gerecht zu werden suchen. Werken, die namentlich aus Erwerbsnothwendigkeit geschaffen wurden angeführt: 120 Vignetten für Schiller's und Goethe's Werke (th Compositionen mit Bühnenphysiognomik), die Buchillustration einer bruster in Wien erschienenen Ausgabe der Meisterwerke deutscher Dich namentlich, im selben Verlag 1818 erschienen, die für ihn selbst nach eigenen Aussage höchst lehrreichen 50 Blätter zu Lichtenberg's Erklär Hogarth'schen Kupferstiche. Zu den am besten gelungenen und sorgf Blättern, die er mit Vorliebe in großem Folioformat anlegte, gehören f nach Perugino, Madonna mit Kind (Liechtensteingalerie); Fra Bart Darstellung im Tempel; Raphael, Heilige Margarethe; Correggio, mit Kind, hl. Magdalena (Kupfer- und Stahlstich), Heilige Nacht (D Giorgione, Ecce homo; Guido Reni, Mater dolorosa; Pordenone, hl. Caracci, Christus und die Samariterin am Brunnen; Domenichin badende Oreade, Anbetung des Christkindes; van Dyck, Christus ersch Magdalena im Garten; Poussin, Zwei Landschaften; Peter Krafft, bei Aspern; Waldmüller, Das Kind, das gehen lernt, Landmanns Au Schnorr von Carolsfeld, Die Kinder am Brunnen; Karl Rahl, Der schwur. Der bisher umfassendste Katalog seines Oeuvres ist in dem widmeten Artikel in Wurzbach's biographischem Lexikon zu finden.

Nagler, Neues allgemeines Künstler-Lexikon (München 1839, — (Hormayr's) Archiv für Geschichte, Geographie ꝛc. (Wien, XII. 1821, Nr. 129, S. 511; XV. Jahrg. 1824, Nr. 29 u. 30, S. 179, u. 106). — Kunst-Blatt (Stuttgart 1821, S. 279). — Die Nekrol typograph. Zeitschrift „Faust" (Wien 1854, Nr. 8), der Sonntag (Wien 1848, II. Jahrg., S. 819 u. 840). — Wurzbach, Biograph Lexikon für das Kaiserthum Oesterreich (1872, Bd. 24, S. 244).

Franz Vallent

Raimann: Dr. Franz Ritter von R., Numismatiker, k. k. Hof Obersten Gerichts- und Cassationshofes in Wien, wurde geboren zu 22. Januar 1831 als Sohn des k. k. Hofraths, späteren Leibarzts des Ferdinand, Johann v. R., und der Frau Karoline gebornen Baronin Er wurde zu Hause erzogen, machte die öffentlichen Prüfungen bei den bezog dann die Universität Wien, wo er sich der Rechtswissenschaft Nach Absolvirung der Universität prakticirte er in Korneuburg, Herna Wien beim Straf- und Landesgericht bis 1855, in welchem Jahre er cultant wurde. 1858 kam er als Gerichtsadjunkt zum Handelsgericht, *als Secretär nach* St. Pölten zum Kreisgericht, 1878 als Landesgericht [illegible] Wien, 1885 wurde er Oberlandesgerichtsrath beim Obergericht, 1898 [illegible] beim Obersten Gerichts- und Cassationshof. Im J. 1898 trat er in [illegible]verdienten Ruhestand unter Verleihung des Leopoldordens, aber schon [illegible] Monate darauf, am 7. Februar 1899, starb er in Brescia bei seiner [illegible] Tochter, die dort an einen Vetter von mütterlicher Seite, den königl. [illegible] Obersten Grafen Francesco Caprioli, vermählt ist. R. war ver[illegible] in glücklichster Ehe seit 20. Januar 1859 mit Rosa v. Maygraber, [illegible] des k. k. Rittmeisters der deutschen Leibgarde Johann v. Maygraber, [illegible] heimgegangenen Gatten betrauert. Es war eine liebenswürdige, [illegible] Natur, von strengstem Rechtsgefühl, der nie Protection annehmen [illegible], von peinlichster Gewissenhaftigkeit, dem in seiner hohen Stellung ein [illegible] über ein Todesurtheil Schlaf und Essenslust raubte.

Schon früh hat R. in Eggers' numismatischen Monatsheften sich als [illegible]matischer Forscher auf dem Gebiet der mittelalterlichen Münzkunde ein[illegible], dann in der Wiener numismatischen Zeitschrift mehrere größere Ab[illegible]ungen geliefert. So im 3. Bande dieser Wiener numismatischen Zeit[illegible] 1871 einen Aufsatz: „Zur österreichischen Münzkunde des 15. Jahr[illegible]", worin er die Pfennige mit verschiedenen Buchstaben und dem Wiener [illegible] nicht dem 13. und 14. Jahrhundert, sondern dem 15. Jahrhundert [illegible] zuweist und als in Wien geprägte landesfürstliche Münzen, nicht [illegible]ungen der Stadt Wien erklärt und die darauf befindlichen Buchstaben [illegible] des Münzmeisters oder Münzpächters. Im 9. Bande dieser Zeit[illegible] 1877 veröffentlichte er: „Der Münzfund von Dorosma", meist Frie[illegible], im 13. Bande 1881: „Ueber einige Aufgaben der österreichischen [illegible]forschung", im 14. Bande 1882: „Oesterreichische Münzmeister und Anwälte [illegible] Jahrhunderts" (im Artikel von Dr. Carl Schalk: Zur Geschichte des [illegible]ischen Münzwesens im 15. Jahrhundert), im 17. Bande 1885: „Der [illegible]fund von Sallingberg" (Wiener Pfenninge), im 20. und 21. Bande [illegible]—89): „Zwei österreichische Münzfunde" (österreichische Münzen des [illegible] Jahrhunderts). Seine letzte größere Arbeit veröffentlichte er in den „Mit[illegible]ungen der bayerischen numismatischen Gesellschaft" 1895: „Der Münzfund [illegible]münster" (meist böhmische Bracteaten Ottokar's II). Außer diesen [illegible] Untersuchungen hat R. fast in jedem Jahrgang der Wiener numis[illegible] Zeitschrift Besprechungen von Werken über deutsche mittelalterliche [illegible]matik gegeben. Alle seine Arbeiten sind gediegen, ruhen auf genauer [illegible]kenntniß und lassen ihn als einen der hervorragendsten Forscher auf [illegible] Gebiete des deutschen mittelalterlichen Münzwesens erkennen.

[illegible] Nekrolog von C. v. Ernst im Monatsblatt der numismatischen Gesell[illegible] in Wien 1899, Nr. 188. — Mittheilungen der Familie.

Hans Riggauer.

[illegible]: Walther Balthasar R., einer der erfolgreichsten deutschen [illegible] im Auslande, ist um 1720 in den Rheinlanden, vermuthlich in [illegible], geboren. Er stammte aus niedrigen Verhältnissen, wuchs ohne [illegible] heran und erlernte das Zimmermannshandwerk. Da er in der [illegible] kein gutes Fortkommen zu finden vermochte, trat er als Schiffs[illegible] in den Dienst der französischen Compagnie des Indes Orientales. [illegible] Schiffe dieser Gesellschaft kam er 1750 nach Ostindien und trat in [illegible], des Seelebens überdrüssig, als Soldat in das Heer ein, das die [illegible] zum Schutze ihrer Besitzungen an der Coromandelküste unterhielt. [illegible] legten ihm entweder wegen seiner dunklen Gesichtsfarbe oder [illegible] düstern und unheimlichen Charakters willen den Namen Sombre, [illegible], bei. Diese Bezeichnung blieb dauernd an ihm haften, nur daß sie die Engländer später in Somers, die Eingeborenen in Sumru verwand Diesen letzteren Namen führt er auch bei den neueren Geschichtsch Indiens. Nachdem er den Franzosen einige Jahre gedient und sich an schiebenen Kriegszügen betheiligt hatte, wurde er aus unbekannten G fahnenflüchtig und zog auf eigene Hand nordwärts bis nach Bengalen. wollte er sein Glück bei den Engländern versuchen und ließ sich des Calcutta bei den Truppen der East India Company anwerben. Aber nach 18 Tagen desertirte er abermals und entfloh nach der benach französischen Niederlassung Tschandarnagar. Der Commandant, ein Ne berüchtigten Speculanten John Law, kannte sein Vorleben nicht, reihte deshalb in die Besatzung des festen Platzes ein und beförderte ihn nach Zeit wegen seiner Tüchtigkeit in militärischen Dingen zum Sergeanten. dieser Stellung blieb er mehrere Jahre und zeichnete sich wiederholt in Kämpfen gegen benachbarte eingeborene Fürsten aus. Im Frühjahr rückten die Engländer unter Clive und Watson vor die Festung, bela sie zu Wasser und zu Lande und zwangen sie durch eine zwölftägig schießung zur Capitulation. Doch gelang es dem Commandanten noch Uebergabe, die englischen Linien mit einer Schar von Getreuen zu brechen. Auch Sumru befand sich unter den Geretteten. Diese beschloss ihrer Sicherheit willen, nicht auseinander zu gehen, sondern sie bil Freischar und boten ihre Dienste den eingeborenen Herrschern der Gang an. Zunächst nahm sie der Nabob von Bengalen auf, der mit den ländern in Feindschaft lebte, doch vermochten sie nicht zu verhindern, in der Schlacht von Plassey besiegt und bald darauf ermordet wurde. zogen sie den Ganges weiter aufwärts in das Gebiet des Großmoguls Allum, der ihnen gleichfalls mit Wohlwollen entgegenkam und sie einlud, einem längst geplanten Kriege gegen die Ostindische Compagnie theilzune Aber dieser Kampf fiel unglücklich für ihn aus, er mußte sich schließlich Feinden ergeben, und auch Law mit einem Theile seines Freicorps gefangen. Die übrigen europäischen Söldner wählten Sumru, den sie Laufe der Jahre um seiner Tapferkeit willen schätzen gelernt hatten, zu ih Anführer. Sein ganzes Bestreben ging nun darauf hin, den Engländern, er tödlich haßte, möglichste Schwierigkeiten zu bereiten. 1768 berief ih neue Nabob von Bengalen, Kasim Ali, an seinen Hof, beauftragte ihn der Neuorganisation seiner Armee und ernannte ihn zum General. Als hat er allerdings seinen Namen dadurch geschändet, daß er in Patna an Tage 200 gefangene Engländer auf grausame Weise ermorden ließ. darauf wurde er von Kasim Ali zum Oberbefehlshaber des gesammten H ernannt, doch war das Glück seinen kriegerischen Unternehmungen nicht gün Ein Versuch, das Fürstenthum Nepal am Fuße des Himalaya zu erob mißlang vollständig, und auch die britischen Truppen, welche herbeieilten, den Tod ihrer Landsleute zu rächen, vermochte er nicht zu besiegen. Al seinen letzten Zufluchtsort, das feste Patna, einschlossen, blieb ihm nichts an übrig, als nach dem Nachbarstaate Oudh zu entfliehen, dessen Herrscher, gl falls ein Feind der Compagnie, ihm gastfreundlich Aufnahme gewährte. stellte ihn an die Spitze eines Heeres, das den Engländern entgegenzog, bei Bapar am Ganges eine empfindliche Niederlage erlitt. Der Fürst m daraufhin Frieden schließen und Sumru an seine Gegner ausliefern, dieser vergalt ihm die geplante Untreue, indem er sein Schatzhaus plün und die reiche Beute zur Anwerbung einer Leibgarde von mehreren hun Mann verwendete, die er nach europäischer Weise bewaffnete und disciplin und mit der er dann den Ganges aufwärts zog, bis er aus dem britisch

[illegible] entkommen war. Er setzte sich in dem in voller Auflösung be-
[illegible] großmogulischen Reiche fest und bot seine Dienste den zahlungs-
[illegible] den einheimischen Herrschern an, die bei ihren unaufhörlichen
[illegible] gegen einander sich gern fremden Beistandes bedienten. Zunächst
[illegible] der Radscha von Bharatpur in Sold, und diesem half er die reiche
[illegible], die ehemalige Residenz der Großmogulen, erobern. Als aber
[illegible] bald darauf ermordet wurde und seine fünf Söhne einen lang-
[illegible] Streit um die Thronfolge begannen, verließ Sumru das Land und
[illegible] Einladung des Radscha von Dschaipur, den er in mehreren Feld-
[illegible] die benachbarten Kleinstaaten unterstützte. Bald aber bemerkte er,
[illegible] englische Agent an diesem Hofe gegen ihn wühlte und ihm nach dem
[illegible]. Er kehrte deshalb nach Bharatpur zurück, wo unterdeß nach
[illegible] Regierungswechseln Randschit Singh, ein Mann von ungewöhnlicher
[illegible] Tüchtigkeit, zur Herrschaft gelangt war. Dieser ernannte ihn
[illegible]mandanten der wichtigen Festung Agra, wo er Gelegenheit fand,
[illegible] Reichthümer zu erwerben. Aber auch hier war seines Bleibens
[illegible]. 1772 erhielt er von Nudschuf Khan, dem einflußreichen Günst-
[illegible] Minister des Großmoguls Schah Allum, eine Einladung, unter
[illegible] Bedingungen das Amt eines militärischen Oberbefehlshabers in
[illegible]stadt Delhi zu übernehmen. Er folgte diesem Rufe und recht-
[illegible] das in ihn gesetzte Vertrauen, indem er einen gefährlichen Auf-
[illegible] unzufriedenen Adels niederwerfen half. Dadurch wurde er der an-
[illegible] und am meisten gefürchtete Mann im großmogulischen Reiche, und
[illegible]ohnung für seine Dienste verlieh ihm der Herrscher 1778 das unweit
[illegible] zwischen den Strömen Ganges und Dschamna gelegene Fürstenthum
[illegible] als erbliches Lehen. So war er allmählich durch das Kriegsglück
[illegible] armen Handwerker ein regierender Fürst geworden. In der gleich-
[illegible] Hauptstadt des Ländchens schlug er seine Residenz auf, befestigte sie
[illegible] unterhielt mit Hülfe der beträchtlichen Staatseinkünfte ein schlag-
[illegible] Heer, das er in den Kriegen seines Lehnsherrn befehligte. Außer
[illegible] Feldzügen mußte er auch eine Expedition gegen seinen früheren Herrn,
[illegible] von Bharatpur unternehmen. Er besiegte ihn völlig und nahm
[illegible] ab, das er wieder als Gouverneur verwaltete. Seinen Regierungssitz
[illegible] hier in dem ehemaligen Palaste des großen Kaisers Akbar auf. In
[illegible] er auch mit den beiden deutschen Jesuiten Wendel und Tieffen-
[illegible], die damals als Missionare unter den Eingeborenen wirkten.
[illegible]mühungen gelang es, seine christlichen Jugenderinnerungen wieder
[illegible]. Er entsagte zwar nicht dem Mohammedanismus, dessen Ge-
[illegible] er sich angeschlossen hatte, aber er bewies den Patres alles Wohl-
[illegible] und erneuerte mit großen Kosten ihre baufällige Kirche. Als er nun
[illegible] Höhe der Macht und des Ruhmes stand, dachte er daran, eine
[illegible] zu gründen, der er sein Land und seine Würden als Erbe hinter-
[illegible]. Er verheirathete sich mit der Tochter eines verarmten Adligen
[illegible] doch blieb die Ehe kinderlos. Am 4. Mai 1778 starb er plötzlich
[illegible] und wurde auf dem katholischen Friedhofe daselbst beerdigt. Sein
[illegible] ein noch heute wohlerhaltenes prächtiges Mausoleum. Sein
[illegible]schwankt im Urtheil der Zeitgenossen. Die Geschichtschreiber Indiens
[illegible] Treulosigkeit, Habsucht und Grausamkeit nach, doch gestehen sie ihm
[illegible] Geistesschärfe, persönlichen Muth, Thatkraft und ungewöhnliche
[illegible] Begabung zu. Er konnte weder lesen noch schreiben, aber es
[illegible] das Vordringen seiner Todfeinde, der Engländer, im Ganges-

tiefland zwei Jahrzehnte hindurch aufzuhalten. Seine Wittwe, eine von männlichem Charakter, überlebte ihn um volle 58 Jahre und leit… Regierung des Fürstenthums Sardhana mit starker Hand. In gan… indien war sie unter dem Namen Begum Sumru bekannt und geachtet. … ihrem Tode 1836 kam ihr Land unter britische Herrschaft.

S. Noti, Das Fürstenthum Sardhana, Freiburg 1906, wo … übrige, meist englisch-indische Litteratur verzeichnet ist.

Viktor Hantzsch.

Ramsay: Karl Aloys (hierfür fälschlich auch Albert oder … nannt) Ramsay, Arzt, Chemiker und Stenograph in der zweiten Hälfte … 17. Jahrhunderts, war ein Mitglied des schottischen Zweiges der Fa… lebte aber meist in Deutschland und Frankreich; seine behauptete Zugehör… zu den nach Elbing ausgewanderten Ramsays läßt sich nicht nachweisen. … übersetzte zwei chemische Abhandlungen des kursächsischen Hofalchymisten … hannes Kunkel aus dem Deutschen ins Lateinische, die 1678 zuerst in … und Rotterdam erschienen und dann wiederholt neu aufgelegt wurden. … say's litterarisches Hauptverdienst liegt aber in den Bemühungen, die … schrift, die damals in England schon weit verbreitet war, auch auf … europäischen Continente bekannt zu machen. Seinen Uebertragungen le… das englische Stenographiesystem von Shelton zu Grunde, ohne es … sklavisch nachzuahmen. Im J. 1678 entstanden seine stenographischen Met… für die lateinische, die deutsche, die französische und die italienische Spr… Die zuletzt genannte Arbeit ist verloren gegangen, vielleicht nie im Dru… schienen.

Seine lateinische und seine deutsche „Tacheographia“ ließ R. noch … Herbst 1678 anonym in Frankfurt a. M. rscheinen, nachdem er in … dortigen „Wöchentlichen Post-Zeitung“ durch eine Vorankündigung auf … kommende Herausgabe hingewiesen hatte. Die deutsche Tacheographia i… erste Erzeugniß stenographischer Litteratur in Deutschland; als deutsche … drücke für den Gegenstand prägte R. die Wörter „Geschwinde Schreibk… „Geschwinde Schreibart“ und „Geschwindschreiben“. Sein Büchlein w… sogleich 1678 von dem Dresdener Philologen Daniel Hartnach ausgeschr… außerdem in den nächsten Jahren wiederholt unerlaubt nachgedruckt, beson… von dem Dresdener Buchhändler Mieth in dessen „Curiosem Schreiber“ … letzt 1712), während der Verfasser selbst nur 1679 eine weitere Ausgabe … „New vermehrte Tacheographia“ unter Nennung seines Namens in Lei… erscheinen ließ. Nach langer Pause gab der Leipziger Buchhändler G… 1743 einen vermehrten Neudruck der deutschen Tacheographia heraus, … dann bis 1792 noch acht Mal, zumeist als Bestandtheil von Chr. E. Sche… „Allzeit fertigem Briefsteller“ im gleichen Verlag erschien. Einen … gelungenen anastatischen Neudruck der Originalausgaben von 1678 und … veranstaltete im J. 1904 der Akademische Stenographenverein nach St… Schrey zu Berlin. Die französische Tacheographia, die vermuthlich auch … 1678 zuerst veröffentlicht wurde, kam mit einem Privilegium Ludwig's … von 1681 bis 1693 noch fünf Mal in Paris heraus, die lateinische aber … lebte nur zwei neue Titelauflagen 1681 und 1684 und ist 1904 eben… von dem Akademischen Stenographenverein nach Stolze-Schrey zu Berlin … schönen anastatischen Neudruck wieder zugänglicher gemacht worden.

Trotz dieser vielen Auflagen kann Ramsay's System nur wenig … hänger und Benutzer gewonnen haben. In Deutschland fanden seine näch… Nachfolger Mosengeil und Horstig bei ihrem stenographischen Auftreten 17… und 1797 noch ganz unbebautes Feld vor, und das einzige Zeugniß für ei…

[illegible] der deutschen Tacheographia bildet das in der Kieler Universitäts- [illegible] vorhandene Exemplar der Ausgabe von etwa 1750, worin ein Un- [illegible] am 18. Mai 1761 handschriftliche Zusätze zur Fortbildung des [illegible] angebracht hat. Die französische Tacheographia scheint zur Nachschrift [illegible] Fastenpredigten („petit carême") benutzt worden zu sein, die der nach- [illegible] Bischof von Clermont J. B. Massillon 1718 für den unmündigen [illegible] Ludwig XV. gehalten hat. Das lateinische System Ramsay's fand [illegible] tüchtigen Kenner und Praktiker in dem berühmten Gerhard van Swieten, [illegible] in Leiden von 1716 an Vorträge seines Lehrers und Freundes [illegible] Boerhave stenographirte und später als Mitglied und Vorsitzender [illegible] kaiserlichen Büchercensurcommission in Wien 1759 bis 1770 seine latei- [illegible] Urtheile über Erscheinungen der medicinischen, naturwissenschaftlichen [illegible] Litteratur stenographisch abfaßte und fortlaufend in einen [illegible] Band „Supplementum librorum prohibitorum" eintrug. Die kaiser- [illegible] königliche Hofbibliothek zu Wien verwahrt unter Nr. 11 934 diese [illegible] Handschrift, die 518 Folioblätter zählt und das umfangreichste steno- [illegible] Schriftstück früherer Jahrhunderte darstellt; eine Herausgabe in [illegible] mit Uebertragung plant Professor E. C. van Leersum in Leiden.

[illegible] A. Junge, Die Vorgeschichte der Stenographie in Deutschland während [illegible] 17. und 18. Jahrhunderts (Leipzig 1890), S. 61—110 u. 120—121. [illegible] Seibig u. H. Krieg, im „Panstenographikon" I, S. 251—278. — [illegible] Mosér, Allgemeine Geschichte der Stenographie I, S. 98—104. — [illegible] Dewischeit, Ramsay's Verfahren, im „Schriftwart", (Berlin) 1898, [illegible] 8, S. 65. — A. Junge, Dokumente zur älteren Stenographiegeschichte [illegible] Deutschlands. I. Zu C. A. Ramsay, im „Archiv für Stenographie" 1894, [illegible] 18—25. — Derselbe, G. van Swieten als Stenograph, im „Archiv [illegible] Stenographie" 1901, Nr. 1, S. 13—22 nebst Tafel. — Derselbe, [illegible] praktische Verwendung von Ramsays Tacheographia? Ebenda Nr. 11, [illegible] ff.; vgl. dazu A. Mentz und R. Havette, Ebenda 1902, S. 52 u. [illegible] — K. Kirsenfeld, C. A. Ramsays französische und lateinische Steno- [illegible], in der „Allgemeinen Deutschen Stenotachygraphenzeitung" 1902, [illegible] ff., 240 ff.; 1908, S. 5 ff., 15 ff. — R. Havette, in der „Revue internationale de sténographie", März 1905, S. 38—42. — A. Schramm, [illegible] der stenographischen Literatur II, S. 5 f., 15 f., 17 f. — E. C. [illegible] Leersum, Gérard van Swieten en qualité de censeur (Haarlem 1906).

Mitzschke.

Rank: Josef R., deutschösterreichischer Schriftsteller, geboren zu Friedrichs- [illegible] Böhmerwalde am 10. Juli 1816, wie R. in seinen „Erinnerungen [illegible] meinem Leben" (1896) selbst angibt (gegen Wurzbach's Angabe des Ge- [illegible] 1818). Rank's Vater war ein angesehener Hofbauer des Dorfes [illegible] auch eine große Niederlage von Bettfedern, mit welchen er einen [illegible] sogar bis in die Niederlande reichenden Handel trieb. Trotzdem [illegible] an eine besonders kostspielige Ausbildung des schon in früher Jugend [illegible] Begabung verrathenden Sohnes nicht gedacht werden, da die zahlreiche [illegible] nach und nach zu noch 14 Geschwistern Rank's anwuchs. Der Knabe [illegible] die Dorfschule und stand unter der Leitung der bäuerlichen aber vor- [illegible] Eltern in guter Zucht. Es sei gleich hier angedeutet, daß in den [illegible] erwähnten „Erinnerungen" R. die Verhältnisse des Vaterhauses und [illegible] Jugendzeit sowie auch seine spätere Ausbildung und seine Lebensschicksale [illegible] anziehender Weise schildert. Der Knabe war bald der beste Schüler [illegible] ländlichen Schule und erhielt sogar, da er auch hiefür Talent zeigte, [illegible] musikalischen Unterricht. Die schöne landschaftliche Gegend des

heimathlichen Bodens trug das ihrige zur Erweckung seiner Phantasie
seines Gemüthslebens bei, wie er auch das eigenartige volksthümliche
daselbst schon frühzeitig beobachtete. Die Eltern faßten wegen der Beg
des Knaben und vom Lehrer und Geistlichen hierzu angeregt den Ent
ihren Sohn höheren Studien zuzuführen, und als Ziel seiner Laufbahn
der geistliche Beruf ins Auge gefaßt. Im J. 1830 kam R. auf das Gy
sium nach Klattau und verdiente sich bald selbst seinen Unterhalt durch
stunden, die er minder begabten Kindern ertheilte. Schon damals erw
seine deutschen Ausarbeitungen bei den Lehrern solche Beachtung, daß ein
legenheitsgedicht sogar gedruckt wurde.

Im J. 1836 begab sich der junge Student nach Wien, und zwar
er mit geringer Baarschaft den Weg zu Fuß in die Residenzstadt, wo
einem Bruder, der in der Josefs-Akademie Medicin studirte, wohnte.
Glück und sein Talent halfen ihm auch hier weiter. Er traf einen Kla
Mitschüler, dessen Vater, der vermögende Rechtsanwalt R. v. Planer,
jungen Mann als Hofmeister seiner drei jüngeren Knaben aufnahm. R.
wie ein Kind des Hauses behandelt und absolvirte zugleich die dama
Oesterreich vor dem Fachstudium nöthigen sogenannten philosophischen St
Schon damals lernte er mehrere angesehene Schriftsteller Wiens kennen
hatte Gelegenheit, unentgeltlich die Hoftheater zu besuchen, wodurch
künstlerischen Anschauungen eine vortreffliche Ausbildung erlangten. Klein
tische Arbeiten entstanden damals auch schon und wurden gleichgesinnten Co
mitgetheilt. Durch einen solchen Collegen machte R. die persönliche Be
schaft des Vaters, des von ihm so bewunderten dramatischen Künstlers An
Um jene Zeit versuchte er auch sein Glück und reichte dem Redacteur
„Oesterreichischen Morgenblatts“ L. A. Frankl eine kleine Arbeit ein, die
angenommen und gedruckt wurde. Frankl selbst ermunterte den jungen Sc
steller zur Abfassung von Schilderungen aus dem Volksleben seiner Hei
und so entstanden die rasch zum Abdruck gelangenden und sich großer
merksamkeit erfreuenden Skizzen aus dem Böhmerwalde, für deren Au
als Sammlung der in Wien gerade anwesende Franz Dingelstedt dem
fasser einen Verleger ausfindig machte, so daß 1842 in Leipzig das
Buch Rank's „Aus dem Böhmerwalde“ erschien. R. wurde dadurch mit
hervorragendsten Vertretern des Schriftthums in Wien bekannt, nam
mit Bauernfeld, Moritz Hartmann, Alex. Schindler, Lorm, Alfred Mei
Lenau und mit seinem bald berühmt gewordenen Landsmann Adalbert St
Auch zu E. Mauthner, Kürnberger und zu anderen Wiener Schrift
trat er in Beziehungen.

Um jene Zeit versuchte er sich auch auf dramatischem Gebiete und
faßte das in einem Album zum Abdruck gebrachte Drama: „König Man
Kinder“. Aber auch R. sollte von den Bedrängnissen der seiner Zeit
Oesterreich so gehässig gehandhabten Censur zu leiden haben. Er wurde
Ueberschreitung der Bestimmungen der Censurvorschriften verdächtig und
seine Flucht nach Preßburg, also auf ungarischen Boden, rettete ihn vor
strafung. In Preßburg war er übrigens eifrig litterarisch thätig und
besondere mit Dr. Neustadt, dem Redacteur der „Preßburger Zeitung“,
mit Leopold Kompert befreundet. Anfangs des Jahres 1845 verließ er
burg und kehrte nach Wien zurück. Hatte er auch seinen Vorsatz, Geistl
zu werden, aufgegeben und in Wien sich dem Studium der Rechte zugew
so war es nunmehr doch seine Absicht, sich freiem Schriftstellerberufe gan
widmen. Um dies ungehindert thun zu können, beschloß er, sich nach Lei
zu begeben und dort für einige Zeit seinen Aufenthalt zu nehmen. Wie

[illegible] mit der Polizei wegen der ihm vorgeworfenen Verletzung der [illegible] in Conflict gerathen, ja in Teplitz wurde R. sogar an[illegible] mußte nach Prag zurückreisen und dort sogar eine Zeit im Ge[illegible] zubringen. Als er schließlich freigegeben wurde, gelang es R. [illegible] die Unterstützung des freisinnigen Ministers Grafen Kolowrat, [illegible] nach Leipzig zu erhalten, wohin er nun ungehindert reiste. Dort [illegible] mit bedeutenden jüngeren und älteren Dichtern und Schriftstellern, [illegible] sich mit Berthold Auerbach, Gustav Kühne und lernte den Ver[illegible] F. A. Brockhaus kennen, der später mehrere von Rank's Werken in [illegible] Verlag aufnahm. Nachdem er in Leipzig eine Zeitlang verweilt und [illegible]rarisch thätig war, begab er sich wieder nach Wien, wo bald durch [illegible]bruch der Märzrevolution des Jahres 1848 ganz andere Verhältnisse [illegible] wurden. Die Censur war aufgehoben, R. trat freiheitsbegeistert [illegible]dentenlegion bei und waltete auch als Redacteur eines populär ge[illegible] Blattes „Der Volksfreund", das sehr beliebt wurde. Schon war [illegible] als Schilderer des Lebens im Böhmerwalde auch in seiner Heimath [illegible] und als die Wahlen in das Frankfurter Nationalparlament statt[illegible] wurde er von seinen Landsleuten am 19. August 1848 in dasselbe [illegible]. In der Nationalversammlung nahm R. eine gemäßigt liberale [illegible] an und lernte in Frankfurt unter Anderen Ludwig Uhland kennen. [illegible] begab sich R. mit dem Rumpfparlamente nach Stuttgart, wo er mit [illegible] K. Mayer, Justinus Kerner, Gust. Schwab, mit dem Aesthetiker [illegible] und mit vielen andern geistig hervorragenden Männern zu verkehren [illegible] hatte. Noch finden wir ihn um jene Zeit in Baden-Baden, Frei[illegible] im Schwarzwalde, und als er im Juli 1849 nach Stuttgart zurück[illegible] war, längere Zeit als Gast Uhland's in dessen gemüthlichem Hause [illegible]. Im J. 1851 war R. länger in Frankfurt a. M. anwesend, [illegible] sich daselbst 1852 mit der Tochter eines Beamten, zog sodann für [illegible] Sommer (1853) nach Klattau und siedelte 1854 nach Weimar über, [illegible] das „Weimarer Sonntagsblatt" gründete und litterarisch reich be[illegible] bis 1859 verblieb. Er vertauschte diesen Aufenthalt darauf mit [illegible], in dessen Theater auch sein Schauspiel: „Unter fremder Fahne" aufgenommen wurde. Erst 1861 finden wir R. wieder in Wien, [illegible] sich stets gesehnt hatte. Er erhielt daselbst die Stelle eines [illegible]secretärs der Hofoper und hatte Vorträge über Aesthetik, Geschichte [illegible] an der Hofopernschule zu halten, auch blieb er fortwährend eifrig [illegible] thätig. Von 1876—1879 bekleidete R. die Stelle eines General[illegible] am Wiener Stadttheater unter Laube, begab sich wegen eines Nerven[illegible] nach Görz, wo er zwei Jahre verblieb, und führte, dazu berufen, von [illegible] 1885 im Verein mit Anzengruber die Redaction der belletristischen [illegible] „Die Heimath". Hochbetagt ist R. am 27. März 1896 in Wien [illegible]

[illegible] litterarische Thätigkeit Rank's hat, wie erwähnt, sein Buch „Aus [illegible]erwalde" eingeleitet. Eine Gesammtausgabe dieser zumeist volks[illegible] Arbeiten, die durch novellistische Skizzen, welche ebenfalls dem [illegible] des Böhmerwaldes entnommen sind, vermehrt wurden, erschien [illegible] Brockhaus in Leipzig in 3 Bänden. Nahezu alle übrigen späteren [illegible] Schriften Rank's haben diesen heimathlichen Hintergrund auf[illegible] ähnlich wie viele der Novellen seines Landsmanns Stifter. Aber [illegible] die Menschen ideal zeichnet und der feinsinnigen Schilderung [illegible] seine besondere Kunstfertigkeit zuwendet, war es R. darum [illegible] die Gestalten und *Figuren, welche* er dem Leser vorführt, in ihrer vollen Realistik zu gestalten und ganz nach dem Leben vorzuführen. gerade in dieser Beziehung besaß R. ein ausgezeichnetes Talent, wenn mitunter seine Darstellung mehr in die Breite gezogen erscheint, da er reiche kleine Züge aus dem Leben der von ihm dem Leser Geschilder zählt, um den Charakter seiner Dorfmenschen vollständig nach allen Rich klarzulegen. Eine Idealisirung derselben liegt dem Verfasser vollständig sie reden und handeln genau wie die markigen Bauern des Böhmerw selbst, deren Art und Leben in dem ersten Böhmerwaldbuche getreu na Wirklichkeit mit ihren Sitten, Gebräuchen, Liedern, Sagen und Anschau wiedergegeben erscheint. Aus diesem Grunde bleibt auch der mitunter Kritikern vorgenommene Vergleich der Erzählungen Rank's mit den Sch wälder Dorfgeschichten Berthold Auerbach's, seines Freundes ein müßig es Auerbach stets darum zu thun ist, seine Schwarzwäldler in ge Sprechweise vorzuführen und überhaupt der ganzen Darstellung eine Form zu verleihen. Ein Nachahmer Auerbach's kann R. schon gar nich nannt werden, schon deshalb nicht, weil die Schwarzwälder Geschichten Rank's ersten Veröffentlichungen erschienen sind.

Von größeren Romanen und Erzählungen, die übrigens nicht alle werthig sind, hat R. herausgegeben: „Vier Brüder aus dem Volk", 2 (1844), „Der Waldmeister", 3 Bde. (1846), „Moorgarten", 2 Thle. (1 „Schön Minnele", 2 Thle. (1853), „Florian", 2 Thle. (1853), Freunde", 2 Bde. (1854), „Im Klosterhof", 2 Bde. (1875). — Beso verdienen die Romane: „Achtspännig", 2 Bde. (1857) und „Ein Dorfbr 2 Bde. (1860) durch kräftige Charakteristik und fesselnde Handlung Beachtung. Der erste dieser Romane schildert ein Fuhrmannsleben aus Zeit, da die ersten Eisenbahnen diesem Stande das Ende bereitet haben, Macht aber dieser Fuhrmann, obwohl in seinem Gewerbe geschädigt, schlie dennoch anerkennen muß.

Im allgemeinen zählen die kleineren Erzählungen zu Rank's gelunge Schöpfungen; er bietet darin eine erstaunliche Fülle biederer Bauerngest und mit ihnen eine abwechslungsvolle Reihe origineller Volkstypen s Heimath. Vielfach ist auch die Handlung dieser Geschichten eine sehr gl erfundene und ansprechende, auch weiß er Sagen und Volksmärchen ei weben, welche den Erzählungen doppelten Werth verleihen. Von den Ei geschichten verdient ganz besonders hervorgehoben zu werden: „Das H käthchen", worin die Vorzüge von Rank's Darstellungsgabe zur vollen Gel gelangen. Zu nennen sind noch von den kleineren Werken und Samml kürzerer Stücke: „Eine Mutter vom Lande" (1848), „Weißdornblüthen dem Böhmerwalde und Wiener Volksleben", „Geschichten armer Leute" (1 „Sage und Leben. Geschichten aus dem Volke" (1854), „Von Haus Haus. Kleine Dorfchronik" (1856), „Sein Ideal", Erzählung (1856), meinen Wandertagen" (Wien 1863), „Steinnelken. Bilder aus dem S und Dorfleben" (1867), „Drei Erzählungen" (1868), „Der Seelenfä (1876), „Das Birkengräflein. Muckerl der Taubennarr" (1878). — R. in seinen Erzählungen vielfach eigene Erlebnisse aus seiner Heimath, besondere aus dem Jugendleben eingeflochten, und so manche der von ihm geführten Gestalten hat in diesem Leben eine Rolle gespielt. Noch seien genannt Rank's außerhalb des Rahmens der Erzählung fallende Arbe „Der poetische Pilger durch Deutschland und die Schweiz" (1852), das schichtsbild „Kaiser Karl der Große" (1854), „Poetisches Reisealbum" (1 und die pietätvolle Darstellung der Stätten, die unser berühmter deutsch [illegible] seinen Aufenthalt geweiht, in dem Buche: „Schillerhäuser“ [illegible] ansprechendes Werk aber, welches Rank's Leben behandelt, [illegible] seinem Tode als 5. Band der „Bibliothek deutscher Schriftsteller [illegible]“ erschienen, welche die so außerordentlich werkthätige Gesellschaft [illegible] deutscher Wissenschaft, Kunst und Litteratur in Böhmen heraus[illegible] dies Rank's schon Eingangs erwähnte „Erinnerungen aus [illegible] Leben“ (1896), in denen der Verfasser ungeschminkt und ohne Rück[illegible] Ereignisse seit seiner Kinderzeit erzählt und den Leser dadurch nicht [illegible], sondern auch vor ihm ein Bild des häuslichen Lebens im [illegible], der Studentenjahre in Wien und der Revolutionsjahre 1848 [illegible] in Wien und Frankfurt a. M. entrollt. Mit der Schilderung des [illegible] als Gast Ludwig Uhland's in Tübingen schließt dieses Memoiren[illegible] von dem man nur bedauern kann, daß es nicht in der Zeitfolge noch [illegible] Jahre weiter fortgeführt wurde, in denen R. noch so manches er[illegible], was der Aufzeichnung durch seine gewandte Feder werth gewesen [illegible] Eine Gesammtausgabe unter dem Titel: „Josef Rank's Ausgewählte [illegible]“ erschien in 11 Bänden von 1859—1862 bei Karl Flemming in [illegible]. Die ersten Skizzen aus dem Böhmerwalde sind aber nicht in die[illegible] aufgenommen, ebensowenig die verschiedenen von Rank's Dramen, auf [illegible] er selbst wenig Werth gelegt zu haben scheint.

Die beste Quelle für die Lebensgeschichte Rank's bis 1849 ist natürlich [illegible] oben mehrfach erwähnte Buch „Erinnerungen“. — Eine sehr ausführ[illegible] biographische Skizze, offenbar nach Mittheilungen Rank's selbst, bietet [illegible] Klar in dem Prager Jahrbuche „Libussa“ für 1858, S. 285—319. [illegible] Wurzbach, Biogr. Lexikon des Kaiserthums Oesterreich, XXIV (1872), [illegible] 236—246, behandelt R. ebenfalls eingehend und verzeichnet viele bis [illegible] erschienene Quellen. — Zu vergleichen sind ferner: Unsere Tage, [illegible] Bd., Braunschweig 1865, S. 462—464. — Kehrein, Biogr.-literar. [illegible] II, 1868, S. 36. — H. Kurz, Geschichte der deutschen Literatur [illegible] S. 768 ff. — Brümmer's Biographie im Biogr. Jahrbuch u. Dtsch. [illegible] I, 1897, S. 448—449. — Gottschall, Die deutsche National[illegible] des 19. Jahrh., 7. Aufl. 1902, IV, S. 486 ff. — Brümmer, [illegible] der deutschen Dichter u. Prosaisten des 19. Jahrh., Bd. II.

Anton Schlossar.

[illegible]: Ernst Constantin R., D. und Professor der Theologie und [illegible] in Marburg, geboren am 10. September 1814 in Wiehe in [illegible], † am 30. Juli 1888 in Marburg. „Das Geschlecht der Ranke, [illegible] eine ununterbrochene Reihe von Pfarrern in den Thüringer Landen [illegible] Mitte des 17. Jahrhunderts zurückblickt, trieb im vorigen Jahrhundert [illegible] männliche Sprossen. Der älteste von ihnen war der Historiker Leopold [illegible] [s. A. D. B. XXVII, 242 ff.], der zweite Bruder, Heinrich [ebd. [illegible] ff.], wirkte zuletzt als Oberconsistorialrath in München; Ferdi[illegible] der dritte [ebd. XXVII, 240], ist noch vielen Mitlebenden als Director [illegible] Anstalten Friedrich Wilhelm-Gymnasium, der Königl. Real[illegible] Elisabethschule in Berlin bekannt; der vierte Bruder, Wilhelm, ein [illegible] und -Sammler, verbrachte die letzten Jahre seines Lebens als [illegible] a. D. in Berlin; der jüngste Bruder endlich, durch einen [illegible] von 20 Jahren von dem ältesten, Leopold, getrennt, war mein [illegible] E. C. R.“ So beginnt ein bei der Verlagshandlung der Allgem. [illegible] Biographie 1906 erschienenes herzerfrischendes, köstliches Buch, das [illegible] geistvolle wie *schriftstellerisch* hochbegabte Tochter Ranke's, Frau

Geheimrath Hitzig geb. Ranke in Halle a. S., in kindlicher Pietät dem denken ihres verklärten Vaters geweiht hat, der als ein heller, aber freundlich milder und segensvoll strahlender Stern, zwar nicht der gelehrten und gebildeten Welt aller fünf Erdtheile, wie sein großer Leopold — aber doch seiner heimischen heißgeliebten Landeskirche ge hat und dessen Strahlen auch in das weitere deutsche Vaterland hin glänzt sind. Zum Zeugniß für das Letztere sei nur beiläufig hervorge daß es wesentlich der Befürwortung E. Ranke's zuzuschreiben ist, Bedenken behoben wurden, die Kaiser Wilhelm und sein Cultusminist ihrem schlichten, frommen Sinne gegen die Berufung des jungen Ma Professors Adolf Harnack hatten, so daß diesem unstreitig hochbedeut Manne eine Laufbahn erschlossen wurde, die ihm selbst hohe Ehren ge hat und weitgehenden Einfluß auf die christliche und theologische Entwi und Fortbildung unserer Zeit ausgeübt hat.

Ernst R. hat in demselben großen steinernen Hause wie Leopold Sohn des Gerichtsdirectors Gottlob Israel R. und seiner Ehefrau Fri geb. Lehmicke das Licht der Welt erblickt, auf das zärtlichste umsorgt seinen schon nicht mehr jungen Eltern, die ihn bis tief in das zweite in der Wiege liegen ließen, was freilich nicht hinderte, daß ihn der gleich nach der Geburt tüchtig mit Salz einrieb, „damit er zeitlebens reine Haut behielte". Wie wohl fast überall zur damaligen Zeit — es die Zeit, in welcher die von den Befreiungskriegen her mit ihren religiösen Anstößen hochgehenden Wogen zum Leidwesen aller edlen die sie mit durchlebt, durchkämpft, durchlitten, rasch wieder abflauten —, auch des jungen R. erster Unterricht in der Schule, namentlich auch in christlichen Religion ein recht dürftiger, so daß es wesentlich dem Einflusse elterlichen Hauses zu danken war, daß die edelsten Güter des Herzens, kin frommer Glaube, innige Ergebung in Gottes Führungen, rührende Dankba für alle Wohlthaten, die ihm von Oben und durch edle Menschen zuka in R. zu schönster Blüthe und segensreicher Frucht sich auswachsen kon R. hat solcher Helfer viele gehabt, wie er mit unendlicher Erkenntlichkeit rühmen wußte in Wort und Schrift, in ungebundener und gebundener R wie aus seinen ebenfalls im Druck erschienenen Briefen hervorgeht. Nä seinen Eltern hat er in diesen Briefen seinem Bruder Leopold ein unverg liches Denkmal gesetzt, der ihm nicht bloß in brüderlicher, sondern fast vä licher Liebe zugethan gewesen ist, auch als schon das Haar Ranke's die er Spuren nahenden Alters zeigte. Nicht minder zart war das Band, das ihn seinem Bruder Heinrich, dem leider zu früh von hinnen gegangenen laut frommen Gottesmann, verband, von dessen Heimgang der große Meister d Geschichte schreibt: „Wenn für irgend Jemand der Tod nur ein leichter Ueber gang war, so ist das bei Heinrich der Fall gewesen. Er hörte auf zu athm das war sein Tod; kaum konnte man ihn bemerken". Diesem ihm durch gleichen Berufs Interessen wohl am innigsten verbundenen Bruder hat E. das zarteste Gedächtniß bewahrt.

Nicht minder unvergessen sind dem Herzen Ranke's seine Lehrer auf Fürstenschule Schulpforta eingeprägt geblieben, durch deren klösterliche Mau alle fünf Ranke's hindurchgegangen sind. Die mit solchen Internaten ver bundenen segensreichen Einwirkungen, sittlicher Ernst, Gewissenhaftigkeit Fleiß in der Verwendung der Zeit, Gewöhnung an größte Regelmäßigkeit der äußeren Lebensführung, strenge Zucht bis in das Kleinste, alles Vorzü denen gegenüber die landläufigen Einwendungen nur wenig ins Gewicht fa haben sich auch an E. R. segensreich bewährt, wie denn auch umgekehrt di

Mater Portensis in ihrem jährlichen „Ecce" (Nachrufe und Lebens-
ungen der im verflossenen Jahre abgerufenen Fürstenschüler — ebenso
und Meißen) den Ranke'schen Brüdern je ein ehrenvolles Andenken
hat.

unmittelbare Beieinanderwohnen in einer solchen geschlossenen An-
auch am ehesten gleichgestimmte Geister zu oft lebenslänglicher
zusammen; so sollte denn auch unserm R. beschieden sein, solch
Fund eines wahrhaften Herzensfreundes zu thun, der bei aller Ver-
der Lebensverhältnisse, der späteren Lebensführung, der Wirksamkeit
lichen Leben doch mit unentwegter Treue an ihm festgehalten hat, in
aufdrängenden religiösen und kirchenpolitischen Fragen bei ihm Rath ge-
gefunden hat und hinwiederum ihm gleichen freundschaftlichen Gegen-
leisten dürfen, der bekannte, als conservativer Vorkämpfer und Rufer
in der vordersten Schlachtreihe stehende unerschrockene „pommersche
ker" Hans v. Kleist-Retzow (s. A. D. B. LI, 191 ff.), lange Jahre
sterter Verehrer und Mitstreiter des „eisernen Kanzlers" Fürsten von
ebenso klar, ebenso knorrig, ebenso kernig und ungestüm wie dieser,
Wege Beider in der inneren, namentlich kirchlichen Politik scharf sich
so daß sie dann, wenn auch ritterlich fechtend, im Parlamente oft
gegen einander „auf der Mensur" standen. Es ist wundersam und
gleich lieblich zu sehen, wie zwei bedeutende Männer wie R. und Kleist-
mit so verschiedenen Gaben des Temperaments und Charakters aus-
doch in herzlicher Einigkeit des Geistes sich in den Tagen vereinsamten
noch umfassen, wie ein halbes Jahrhundert vorher in der sonnigen
zeit; ein schönes Zeugniß dafür, wie der Geist Gottes die Unterschiede
schlichen Geistesgaben nicht aufhebt, sondern sie heiligt und verklärt,
sie *einer* himmlischen Sache dienstbar werden.

liebe Studentenzeit, die da fröhlich ist, auch wenn kein Groschen Geld
Tasche ist, führte den neugebackenen Studenten nach vorzüglichem
nach Leipzig, wo er, seinem Wunsche gemäß, Philologie und Theologie
sollte. Schmalhans mag manchmal der Küchenmeister gewesen sein,
muthet ergreifend an, wenn wir hören, wie er merkt, daß es dem
schwer wird, nach dem Aufbringen der Kosten für vier Söhne und
auch noch für den Jüngsten zu sorgen und dieser beschließt, nur
um das andere zu Mittag zu essen und an dem dazwischen liegenden
sechs Pfennige Semmel zu verzehren und es gehört wohl der
gebrochene Lebensmuth der Jugend dazu, in solcher Lage noch zu

Ich habe nichts! welch hohes Wort,
Es glüht mir durch die Wangen.
Jetzt ging der letzte Sechser fort,
Auf, seist du wohl gegangen, u. s. w.

Leipzig weiß der junge Student nicht allzuviel Erfreuliches fürs
zu berichten. Anders ward dies durch seine Uebersiedlung nach
schon die Nähe seines ältesten Bruders, der dort auf dem Lehrstuhle
Geschichte sich zur Zierde der Universität herauswuchs, gab seinem
eine freundliche Wendung, und daß ihm am Eingange der Uni-
bei dem ersten Wege dorthin, sein Jugendfreund v. Kleist-Retzow
mit dem er dann $1^1/_2$ Jahre lang, sammt einem beiderseitigen
v. Rechenberg, die gleiche Wohnung theilte, hat R. zeitlebens
besonders gütige Fügung seines himmlischen Vaters angesehen.
Ranke's *Berliner Studienzeit fällt* der Heimgang seiner bejahrten

Eltern; beide verstarben in Erfurt im J. 1836; mitten in die Trau
Sohnes auch sein Abgang von Berlin, da für das letzte Studienj
rheinische Universität Bonn namentlich wegen des dort docirenden Th
Nitzsch gewählt worden war. Wiederum eine Gnadenführung Gottes!
er doch dort in dem Hause des Geheimrath Professor Nasse, und zwar i
ebenso lieblicher wie herzgewinnender Tochter Theoda, die Lebensgefährtin
die ihm in unaussprechlicher Liebe als Weib und Mutter, Pfarrfr
Professorsgattin treu bis in den Tod gedient hat, der seine zartesten
gewidmet waren, deren seliges Ende er ergreifend beschrieben und um
Poesie in den rührendsten Tönen geklagt hat. Dieser trefflichen Frau
hat in ihrem glücklichen Brautstande kein Geringerer ein köstliches
„zur künftigen Erinnerung" gesungen als der herrliche Ernst Moritz
„Es stand ein Blümlein hold und fein, Gar freundlich und bescheiden
(zu lesen in dem in der Litteratur angeführten Werke S. 42 f.).
dem Herzen des 1860 zum Wittwer Gewordenen nicht möglich, einen
Ehebund zu schließen; wurde ihm doch auch durch die aufopfernde
seiner drei Töchter der herde Verlust, soweit es der Kindesliebe mögl
liebevoll ersetzt.

Von treuen Segenswünschen Aller begleitet, durch der fürsor
Schwiegereltern Liebe reichlich ausgestattet, zog der nach „sehr wohl
standenen Examinas zum Pfarrer berufene glückliche, junge Ehemann in
im Fichtelgebirge still und friedlich gelegene kleine Dörflein Buchau ein,
dort seiner „ersten Liebe" im Amt, seiner ersten Liebe im Hause zu
die bald von drei blühenden Töchtern umspielt wurde; dieser Waldesfr
wurde nur einmal gestört und umtobt von den wilden Horden des Revolut
jahres 1848, in dem nicht bloß Hab und Gut, auch Leib und Leben
Pfarrers der durch jene finsteren Geister aufgewiegelten Gemeinde er
bedroht war. Der Gefahr, auf einsamer kleiner, wenig Arbeit, noch
Verkehr und geistige Anregung bietender Pfarrstelle zu verkümmern oder
das Niveau der Gewöhnlichkeit herabzusinken, wußte der junge Prediger
zu begegnen, indem er gegen jene Gefahr sich wappnete mit gründlichen
schaftlichen Studien in der Theologie und verwandten Wissensgebieten;
diese schützte ihn der Umgang mit seiner feingebildeten Gattin, die Fre
geliebten Kindern. Freilich regte sich in dem reichbegabten, für alles
erglühenden, besonders auch mit feinsinnigem Verständniß für die edle
kunst ausgestatteten Gottesgelehrten nach und nach die Sehnsucht, die ihm
Gott verliehenen Gaben in einem größeren Wirkungskreise Vielen, Gebil
nutzbar werden zu lassen, ein Wunsch, den sein Bruder Leopold lebhaft
ohne ihm doch zu dessen Erfüllung helfen zu können. Zwar hatte es
Anschein, als sollte sein Lebensweg ihn in nächste Nähe seines Fre
v. Kleist-Retzow führen, als dieser als Mitpatron der städtischen Pfar
in Polzin in Pommern ihn zur Gastpredigt aufforderte. Allein unglau
Hetzereien der noch von 1848 her in Gärung befindlichen Bevölkerung,
der er durch die Partei der sogen. „Lichtfreunde" als „Pietist", „Fröm
und wie diese Schlagworte lauten, verschrien worden war, ließen die
ch zerschlagen, ehe sie noch recht in Fluß gekommen war. Sicherlich zu
seinem und der Seinigen Heil! Ebenso scheiterte eine von Zürich aus an
ergehende Berufung als außerordentlicher Professor der Theologie an
männlichen Festigkeit, mit der er es ablehnte, in der reformirten Ki
lehren zu müssen. Wer da weiß, was es für einen gelehrten, einsamen
birgsdorfpfarrer sagen will, die Gelegenheit auszuschlagen, in eine so erfo
ferne, mit vielen besonderen Vorzügen ausgestattete Stellung eines Universit

[illegible] übergehen zu können, wird den Muth der Entsagung und die feste [illegible]entschlossenheit des lutherischen Mannes bewundern müssen, der [illegible] hernach mit derselben Freimüthigkeit im Gegenspiel in den Wirren [illegible] Landeskirche entschieden Stellung genommen hat gegen eine [illegible] Spitze getriebene Orthodoxie in der sogenannten „Vilmar'schen Be-[illegible]

[illegible] die Zeit sollte nicht mehr fern sein, in der die in der Stille länd-[illegible]abgeschiedenheit auf dem Gefilde der Wissenschaft ausgestreute Saat zur [illegible] Frucht heranreifte. Sein bedeutendes, von den Gelehrten mit ein-[illegible] Beifall aufgenommenes Werk „Das kirchliche Pericopensystem" (Berlin [illegible]) hatte die Aufmerksamkeit der Universitäten auf den jungen hoch-[illegible] Theologen gelenkt und die theologische Facultät zu Marburg war [illegible] R. als ordentlichen Professor in ihre Mitte berief.

[illegible] Freude voll über diesen Ruf — seine Briefe aus jener Zeit klingen [illegible] Psalmenlieder in höherem Chor" — steuert R. mit von frohester Hoff-[illegible]geschwellten Segeln sein Lebensschifflein in diese Strömung, die ihn in [illegible] Fahrt zuletzt auch in den Hafen des Friedens bringen sollte und [illegible] jahrzehntelanger fleißiger Docentenarbeit an dem heranwachsenden [illegible]geschlechte und in Mitwirkung an den Maßnahmen und Berathungen [illegible] Kirchenregiments diejenigen Fähigkeiten sich entfalten, die ihn [illegible] Anderen würdig erscheinen ließen, daß sein Name in der Allgem. [illegible] Biographie neben denen seiner Brüder Leopold, Heinrich und Ferdi-[illegible] mit hohen Ehren genannt werde.

[illegible] Marburg las R. vor allem über Einleitung in das Neue Testament [illegible]egese über die Evangelien und Episteln, doch entfaltete sein vielseitiger [illegible] seine Schwingen auch nach anderen Richtungen; so hielt er öffentliche [illegible]ungen über das Leben der hl. Elisabeth, über die Geschichte des christ-[illegible] Kirchengesangs und über die Geschichte der deutschen christlichen Poesie, [illegible] er die Freude hatte, auch Männer in Amt und Würden, u. A. den [illegible] kurhessischen Minister v. Hassenpflug, zu seinen Hörern zählen zu [illegible]. Bei letzterem Colleg nahm die Besprechung Klopstock's mehr als den [illegible] Theil der Zeit in Anspruch; Bruder Leopold schreibt unterm 19. Oct. [illegible] an Heinrich R. darüber: „Unter den Lebenden wird Ernst wohl der [illegible]kenner dieses Dichters sein, der mit seiner Idealisirung des protestan-[illegible] Glaubens, seinen von dem Gefühl der Unsterblichkeit durchdrungenen [illegible] einst auch meine sowie Deine Jugend beherrschte". Namentlich [illegible] kirchliche Chorgesang, mit Aufführung von Oratorien und anderen Meister-[illegible] dankt ihm, der einen eigenen Concertverein dazu ins Leben rief (heute [illegible] der Leitung eines besonderen Directors stehend), die fruchtbarste An-[illegible] und uneigennützigste Förderung. Seine rastlosen Bemühungen auf [illegible] Gebiete erwarben ihm auch das uneingeschränkte Lob des größten da-[illegible] Meisters der kirchlichen Musik, Franz Liszt, der bei einem [illegible] Aufenthalte bei seinem Vetter Professor Dr. jur. v. Liszt [illegible] in anerkennendster Weise von seinen Bestrebungen Kenntniß nahm. [illegible] so fleißiger, mit seiner Zeit haushälterischer Gelehrter wie R. konnte [illegible] Studien treiben, ohne die Hauptfächer zu vernachlässigen. R. schreibt [illegible]: „Wenn ich um 2 Uhr aufstehe, muß ich mich sehr ermannen, um [illegible] zu können. Besser ist regelmäßig um 5 Uhr. Das schafft gute [illegible]". Es lag wohl in dem Charakter der Rankes überhaupt, als [illegible] von den Vätern überkommen, daß der Mann, der so rüstig noch im [illegible] meilenweit seine schöne und geliebte Heimath durchstreifte, der so [illegible] mit seinen Kindern singend durch den Wald zog und, an einen Baum

gelehnt, vom Golde der Abendsonne überstrahlt den Stimmen seiner
lauschte, um dann in stillem Gottesfrieden dem trauten Heim zuzuw
nicht ohne jedem begegnenden armen Handwerksburschen mit klingender
zugleich ein freundliches Grußwort zu spenden — daß dieser Mann
etwas herrlicheres kannte, als hinter den dicken Mauern alter Biblioth
sitzen und auf Schätze zu schürfen und Schätze zu heben, die in uralten
schriften von gelehrten Männern niedergelegt, einen vielhundertjährig
ähnlichen Schlaf zu schlummern schienen. Mit seinem theuern Bruder
oft einen großen Theil seiner ihm so lieben „Professorenferien", täglich
lang lesend, sichtend, excerpirend hinter verstaubten Folianten zugebra
berichtet hierüber seine Tochter:

»Vornehmlich galten seine Arbeiten der kritischen Textforschung
Bibelhandschriften, die er mit unermüdlichem Spürsinn in alten Codic
sogar im Innern von deren Einbänden, zu welchen in früheren Zeiten
artige alte Handschriften verständnißlos verwendet worden waren, aufge
hatte. Die Entzifferung dieser uralten, vom Zahn der Zeit zerstörten,
Mäusen angefressenen Pergamentblätter war äußerst mühevoll. Es kam
auf an, mittelst Lupe und Chemikalien die ursprünglichen, später aus
samkeitsrücksichten von den Mönchen mit Bimsstein wieder weggeri
Schriftzeichen unterhalb der darüber befindlichen zweiten Schrift (oft wel
Inhalts) wieder ans Tageslicht zu fördern. Dank meines Vaters großer
duld und seiner genauen Kenntniß der alten Sprachen, sind ihm wie
derartige werthvolle Textherstellungen auf eine ihn beglückende Weise gel
und die Herausgabe u. a. der Itala-Fragmente und hauptsächlich des C
Fuldensis gehören zu den Früchten dieser Bemühungen. Vom Codex Fuld
schreibt er in seiner Festschrift zum 50jährigen Jubiläum der Unive
Berlin: „Ein Codex von hohem Glanz, der, wie glaubwürdig berichtet
von Bonifacius über die Alpen herübergebracht worden ist und das Alt
Bonifacius noch um zwei Jahrhunderte überragt".«

Schon frühe hatte ihm die theologische Facultät zu Marburg das
doctorat verliehen. Unterm brennenden Weihnachtslichterbaum überreichte
am heiligen Abend 1850 der Decan Consistorialrath Scheffer das theolo
Doctordiplom. Es müßte nicht R. gewesen sein, wenn er nicht dieses
liche Zusammentreffen als eine besonders himmlische Fügung mit dopp
Dankbarkeit empfunden hätte.

Freilich, ganz ungetrübt sollten auch Ranke's Tage in dem fried
Universitätsstädtchen nicht dahinfließen: schon oben wurden die sog. Vi
schen Streitigkeiten erwähnt. Ein Professor der Theologie mußte nothw
dazu Stellung nehmen; daß er sie gegen Vilmar nehmen mußte, einem
lehrten von unbeugsamer Zähigkeit, reichem Wissen und Können, dem R.
bei seinem Begräbnisse das Zeugniß gibt, daß er ein „ganzer Mann" ge
sei, hat Niemand schmerzlicher beklagt als R. Viel bitterer aber hat er
Weh empfunden, das durch persönliche, verletzende Verlästerungen durch
Gegner ihm der Landesgeistlichkeit gegenüber in Wort und Schrift zuge
ward, und es ist ein mächtiges Zeugniß für sein Christenthum, daß er,
solchen Schädigungen seiner Ehre, die ihn eine ihm zugedachte Landes-Su
intendentur mit den Worten ablehnen ließ: „Im Frieden kann ich
wirken, im Unfrieden nichts", noch schreiben konnte: „Das Schicksal, belei
zu werden, kann nur durch Gebet für den Beleidiger ertragen und
wunden werden. Aber ehe es dazu kommt, ist viel Unruhe im Herzen.
fragt sich: wie stehst du in der Welt da? wie arbeitest, wie erfüllst du bei
Beruf? Was ist da zu bessern?"

[illegible] Gottes, in die er seine Sache, auch seinen Gegner fürbittend [illegible] hat R. auch wieder erhöht; seine Ernennung zum Consistorial-[illegible] damit zum Mitgliede der obersten Kirchenbehörde im Hessenlande, [illegible] diesem Vorkommnissen in engem Zusammenhang; mit der Würde [illegible] Und der Lohn? — man muß geradezu diesen Ausdruck ge-[illegible] scheute sich doch R. einstmals einer nach seinem Consistorialgehalte [illegible] vornehmen Dame Antwort zu geben, weil die Summe den Lohn [illegible] nicht überstieg —, sage und schreibe: Hundert Thaler! [illegible] eine Menge neuer Arbeit, namentlich bei der infolge der Annexion [illegible] durch Preußen nothwendig gewordenen Neuordnung der kirchlichen [illegible] und der Einführung einer neuen Synodal- und Presbyterial-[illegible]. Wahrlich, es bedurfte der ganzen, der Ranke'schen Familie eigenen [illegible], da durchzukommen. Charakteristisch für diese Lebens- und Ar-[illegible] ist das Wort des damaligen Cultusministers v. Goßler bei seinem [illegible] der Universität, als ihm R. vorgestellt ward: „Das ist das Geschlecht, [illegible] achtzigsten Jahre anfängt, erst recht lebendig und jugendlich zu [illegible]". Diese Jugend im Alter hat ihm Gott bewahrt, verschönt durch der [illegible] Liebe und Treue, bis dann auch sein Stündlein gekommen ist und [illegible] nach dem Hingange des ältesten auch der jüngste der fünf Brüder [illegible] stillen Abendfrieden zu seiner Ruhe eingegangen ist. Von seinem [illegible] Wirken reden die Mauern der Herberge zur Heimath in Marburg, [illegible] unendlicher Mühe und Sorge ins Leben gerufen, und des Namens [illegible] wird seine erste Gemeinde nicht vergessen können, so lange das Orgel-[illegible] ihrem Gotteshaus ertönt, das seine Freundlichkeit ihr verehrt hat.

[illegible] Ausführlicheres und überaus Interessantes und Lesenswerthes über [illegible] Ranke in dem Buche: D. Ernst Constantin Ranke, Professor der Theo-[illegible] zu Marburg. Ein Lebensbild gezeichnet von seiner Tochter Etta Hitzig. [illegible] einem Bildnis vom Jahre 1886. Leipzig, Duncker & Humblot 1906.

Theodor Werner.

Rappenhöner: Joseph R., katholischer Theologe, geboren am 1. Juni [illegible] Neuß, † am 6. Februar 1898. R. wurde am 21. März 1874 in Köln [illegible] geweiht. Nach kurzer Thätigkeit in der Seelsorge als Kaplan zu [illegible] bei Neuß setzte er seine Studien in Würzburg weiter fort und wurde [illegible] am 4. Februar 1878 Dr. theol. 1878—84 war er Professor der [illegible] und Exegese am katholischen Priesterseminar zu Leeds in England. [illegible] wirkte er wieder in der Erzdiöcese Köln in der Seelsorge, zuerst in [illegible] dann als Kaplan an St. Gereon in Köln. Im Herbst 1888 wurde [illegible] ordentlicher Professor der Apologetik und allgemeinen Moral an der [illegible] Münster; 24. October 1891 außerordentlicher Professor der Dogmatik [illegible]; März 1892 zum ordentlichen Professor ernannt. — Schriften: [illegible] Körperleiden und Gemüthsbewegungen Christi. Eine christologische [illegible]" (Düsseldorf 1878); „Allgemeine Moraltheologie" (2 Theile, Münster [illegible]).

Chronik der k. Akademie zu Münster, 3. Jahrg. 1888/89, S. 5. — [illegible] der Univ. zu Bonn, 23. Jahrg. (N. F. 12. Jahrg.) 1897/98, S. 10 f.

Lauchert.

Rasche: Christoph Ludwig R., geboren im J. 1584 zu Magdeburg [illegible] des gräflich Barbyschen Geh. Raths und Kanzlers Andreas Rasche, [illegible] im 13. Lebensjahre die Universität zu Helmstedt. Er setzte seine [illegible] fort zu Marburg, Heidelberg und Basel, begab sich alsdann nach [illegible] und Italien und nahm fünf Jahre lang Kriegsdienste bei der [illegible] Venedig. Nach seiner Rückkehr in die Heimath widmete er sich in

Frankfurt a. O. aufs neue gelehrten Studien, bis er von dem Kurfü Johann Sigismund von Brandenburg verpflichtet ward. Vermählt mit Wittwe des kurbrandenburgischen Geh. Raths Dr. Schwalenberg, schein als Kammer-Secretär und Geheimer Rath einen nicht geringen Einfl Berliner Hofe ausgeübt zu haben. Als hier im J. 1616 der sch Agent Birckholtz das schon im Vorjahre von ihm angeregte Heirat zwischen Gustav Adolf und der brandenburgischen Prinzessin Maria-E wieder aufnahm, ließ sich R. ganz für diesen Plan gewinnen, den er der Folgezeit auf das eifrigste zu fördern suchte. Doch stieß diese bindung auf jahrelangen Widerstand, zumal von Seiten der Kurfürstin bis der Schwedenkönig sich im Sommer 1620 zur Brautschau und im strengsten Incognito zu Berlin einfand. Nur einige wenige P waren in das Geheimniß eingeweiht; zu ihnen gehörten R. und Frau deren Wohnung am Abend des 27. Juni in Gegenwart des Königs eine Berathung über die einzuschlagenden Schritte gepflogen wurde. Am Tage darauf war die Verlobung geschlossen, und als einige Monate spä schwedische Reichskanzler Axel Oxenstierna die Braut in die neue H einholte, da folgte ihr auch R., um, wie er noch 1635 der Königin schrieb, den Anschlägen derer zu entgehen, die diesem Heirathsbunde w strebt hatten. Der König aber lohnte Rasche's Bemühungen, indem er während der Hochzeitsfeierlichkeiten zum Ritter [auf Sagnitz und Valck (S und Rockeby?)] schlug.

Und die Gunst des neuen Herrn hat sich R. dauernd zu erhalt wußt; in dem folgenden Jahrzehnt wurde er immer wieder, nachdem er im J. 1622 zum Hofrath, später auch zum Kriegsrath ernannt worden zu diplomatischen Missionen verwandt, meist an deutsche Städte und Höfe an Dänemark. So weilt er im J. 1623 in Danzig, wo er die „H männer" durch die Forderung, „zur Zeit des Krieges und Stillstandes z beiden Königen von Polen und Schweden eine gänzliche Unparteilichkeit beobachten", in große Verlegenheit bringt. In den letzten Monaten des J 1624 und in der ersten Hälfte des folgenden Jahres wirkt er, der von Oxenstierna als „morum aulicorum peritissimus et plerisque princ civitatumque consiliariis familiariter notus" bezeichnet wird, bald in S und Stettin, bald am brandenburgischen und den mecklenburgischen Höfen Interesse Schwedens, zu einer Zeit, wo anfangs alles sich so anzulassen s als ob der Schwedenkönig binnen kurzem als „Director" eines großen kaiserlichen Bundes in den deutschen Krieg eingreifen würde, bis dann Chemnitz' Worten Christian IV. „den Vortanz" übernahm und Gustav sich aufs neue gegen Polen wandte. Im Herbst 1626 erscheint R. wied Norddeutschland, wo er, wenn auch ohne Erfolg, Herzog Bogislav von mern zu bewegen sucht, dem von Schweden geworbenen Volk den Dur durch sein Land zu gestatten. Auf die Verträge mit Polen, so bringt er sei jetzt, „wo man katholischerseits consilium Tridentinum zu exequieren denke", keine Rücksicht mehr zu nehmen. Mancherlei Aufträge scheinen dann ununterbrochen bis tief in das Jahr 1627 hinein in Deutschland gehalten zu haben; u. a. tritt er damals wiederholt, wie auch schon den vorhergehenden Jahren, in Hamburg und Lübeck auf. Als dann October nach Schweden die Kunde bringt, daß die kaiserliche Armee J überfluthet hat, und Gustav Adolf immer mehr die Ueberzeugung gew daß ein Kampf zwischen ihm und dem Hause Habsburg unvermeidlich werde, da wird R. zusammen mit Karl Baner nach Dänemark abgeord um es in Hinblick auf ein mit Schweden zu vereinbarendes Bündniß [illegible] Widerstande zu ermuthigen. Bekanntlich haben die weiteren Ver[illegible] im April 1628 zu einem Vertrage zwischen beiden Mächten ge[illegible] wie man vermuthen muß, ohne tiefgreifende Mitwirkung Rasche's. [illegible] ist dieser zur Zeit des Abschlusses schon wieder mit einer neuen [illegible].

[illegible] inzwischen hatte der Kaiser im Einverständniß mit Spanien den [illegible] „ein newes modell einer hiebevor ganz ungedachten unndt un[illegible] auch unvermutheten societät, gesellschaft unndt conjunctur oder cor[illegible] der commercien halber beybringen unndt insinuieren lassen". So [illegible] R. im Eingange seiner, Ende April 1628, vier Wochen nach Schluß [illegible]tages, der das habsburgische Anerbieten abgelehnt hatte, dem Rathe [illegible] überreichten Proposition aus, welche die Städte eindringlich vor jenen [illegible] warnt und zu einem engen Anschlusse an Schweden auffordert. Im [illegible] erfolgte die Resolution, in der die Hansestädte zwar mittheilen, [illegible] die kaiserlich-spanischen Vorschläge abgelehnt haben, sodann aber ihrer [illegible]sucht Ausdruck geben; ihre letzte Hoffnung stehe freilich bei Schweden. [illegible] v. Menzel, Tilly's rühriger Correspondent in Hamburg, schreibt den [illegible]gischen Mißerfolg fast einzig und allein R. zu; immer wieder weist er [illegible] und den folgenden Monaten auf die höchst bedrohlichen Umtriebe [illegible]dischen Legaten warnend hin. Er und Foppius von Aitzema seien [illegible] am Werke, die Städte in das geplante umfassende Bündniß der [illegible]ischen Großmächte hineinzuziehen; schon werde in Lübeck, Hamburg [illegible] stark für Schweden geworben.

[illegible] richten denn auch Wallenstein und Tilly am 29. November d. J. ein [illegible]ames Schreiben an Lübeck, in welchem sie Rasche's Ausweisung fordern, [illegible] allein den gemeinen Mann durch erdichtete falsche Kalumnien zur [illegible] und Aufruhr anreize, sondern auch unterschiedliche hochstrafbare [illegible]iften in offenen Druck ausgesprengt und dariunen die Röm. Kais. [illegible] sammt deroselben hohen Kriegsoffizieren sowohl als insgesammt alle [illegible] weltliche in- und außerhalb des Heil. Röm. Reichs entsessene katholische [illegible] und Stände aufs greulichste traducirt habe". Unzweifelhaft sind [illegible]herrn durch den obengenannten Menzel zu ihrem Vorgehen veranlaßt [illegible] der in einem Schreiben an Tilly vom 16. October von der Drucklegung [illegible] gefährlichen Scriptums zur Erregung einer neuen Rebellion, darin [illegible] ehrenrührig angegriffen", berichtet und am 21. desselben Monats [illegible] dahin ergänzt, daß „der holländische Resident die res colligirt, [illegible]dische Abgesandte Rasch aber das Scriptum stilisirt und der schwe[illegible]sirende Agent in Hamburg" es habe drucken lassen. Gemeint ist [illegible]sche Wecker", den Tilly vier Tage später seinem Kurfürsten über[illegible]. Ob R. in der That der Verfasser dieser Flugschrift gewesen ist, muß [illegible] noch dahingestellt bleiben, obwohl manche gewichtige Gründe für eine [illegible] sprechen. Kaum aber läßt sich bezweifeln, daß eine andere, [illegible] November 1628 datirte Broschüre, der „Nachklang des Hansischen [illegible]", der Feder Rasche's entflossen ist, wie denn wiederum Menzel, freilich [illegible] seinen Berichten vom 23. Februar und 7. März 1629, dies bezeugt. [illegible] hat man den Nachklang „vielleicht die wichtigste und interessanteste [illegible] jener Zeit" genannt. Mit eindringlichen Worten werden die [illegible] zur Mannhaftigkeit aufgerüttelt; beißender Spott und ingrimmiger [illegible] dem Verfasser die Worte ein, wenn er die Ursachen des Verfalls [illegible] so mächtigen Bundes geißelt. „Kurz, es ist diese Broschüre eine [illegible] Quelle für die politische Geschichte jener Zeit, unschätzbar für eine [illegible] der öffentlichen Meinung, ein glänzender Vertreter eines wich-

tigen Zweiges der Literatur", so faßt ein guter Kenner unserer Periode
Urtheil über den „Nachklang des Hansischen Weckers" zusammen und
damit ein beachtenswerthes Zeugniß für Rasche's politische und schriftstelleri
Begabung ab.

Kaum hatte dies sein Geisteskind seine erste Wirkung gethan, da keh
R. (im Winter 1628/29) über Dänemark nach Schweden heim, indem er
Christian IV. den Vorschlag einer persönlichen Zusammenkunft mit Gus
Adolf mitbrachte. Diese fand dann vom 22. bis 25. Februar 1629 zu Ul
bäck statt, ohne daß es dem Schwedenkönig gelang, Christian für seine Zi
zu gewinnen. Drastisch gab jener in einem Briefe an seinen Kanzler sein
Unwillen über seines Rivalen vermeintliche Schwäche Ausdruck, wobei a
über R. bittere Worte fielen. Aber das Vertrauen seines Herrn hatte die
doch nicht eingebüßt; denn am 11. (21.) December 1629 werden zu Ups
für ihn Creditive an verschiedene „Potentaten und Republiquen in Europ
ausgestellt. Im Frühling 1630 weilt R. in den Hansestädten, Ende Ju
langt er in Holland an, um sich darauf nach Frankreich zu begeben.
Lyon erreicht ihn ein Befehl zur Rückkehr, der aber in einem, einen Tag
dem Vertrag von Bärwalde aus diesem Orte datirten Schreiben Gus
Adolf's zurückgenommen wird. R. wird jetzt angewiesen, sich „propediem
Principes et Respublicas in instructione nominatas", d. h. nach Venedig u
zu den Eidgenossen zu begeben. Während wir über Rasche's Mission in d
Generalstaaten und in Frankreich bisher nur auf Andeutungen angewie
sind, haben wir hinreichende Kenntniß von seinen Verhandlungen in d
Lagunenstadt und in der Schweiz. Am 30. Juli 1631 fand in gehei
Sitzung des Collegio die Antrittsaudienz vor dem Dogen statt, und erst a
4. September verabschiedete sich R. Wie unbefriedigend aber für Schwed
und für ihn selbst die Ergebnisse seiner monatelangen Bemühungen gewe
sind, erhellt zur Genüge aus Rasche's bei der letzten Zusammenkunft au
gesprochenem Wunsche: es möge die Republik nicht dermaleinst in die La
kommen, sich nach dem zu sehnen, was sie jetzt verschmäht habe. Und ni
besser erging es dem Legaten in der Eidgenossenschaft. Alle seine Anträ
die anfangs an die Tagsatzung der sämmtlichen 13 Orte, dann zumeist n
an die evangelischen Orte gerichtet waren, vermochten die Schweizer ni
dahin zu bringen, aus ihrer Neutralität herauszutreten. Schon soll Gus
Adolf über den „außerordentlichen Gesandten in Permanenz" gespottet habe
als dieser sich Mitte Juli 1632 auf den Weg nach Deutschland machte. Ueb
Ulm gelangte er nach Erfurt, wo wir ihn im Todesmonat seines Königs a
treffen. Ob er sich diesem gegenüber noch persönlich über seine letzten Mi
erfolge hat rechtfertigen können, steht dahin. Jedenfalls aber hat sich d
nunmehrige Leiter der schwedischen Politik, Axel Oxenstierna, der Pers
Rasche's weiter bedient. Wie Menzel dem Kurfürsten Maximilian bericht
unterhandelte R. im Herbste 1633 mit den Hansestädten über ihren Beitr
zum Heilbronner Bündniß. Auch wurde er zum Assessor des Evangelisch
Bundes und zum bevollmächtigten Legaten bei der im niedersächsischen u
westfälischen Kreise stehenden Armee ernannt.

Aber Rasche's Stern neigte sich dem Untergange zu. Mit dem schwed
schen Residenten in Erfurt, Alexander Erskein, und dem Feldmarschall Joh
Baner gerieth er in einen heftigen Zwist, der ihn veranlaßte, den Dienst
quittiren und sich mit seiner Familie Ende 1635 auf dem in der Nähe v
Bremen gelegenen Hofe zu Walle niederzulassen. Die Anklagen seiner Gegn
scheinen dahin gegangen zu sein, daß R. sich zum Nachtheil der Krone Schwed
bereichert und sich in dem ihm anvertrauten Amte ungebührlich und ho

[illegible] benommen, ja, daß er die feindlichen Unternehmungen begünstigt und [illegible] „mörderischen Conspiration“ gegen Baner nicht ferngestanden habe. Von [illegible] Seiten wurde Oxenstierna angegangen; er stellte sich gegen R. Da [illegible] sich dieser im J. 1637 nach Schweden, wo er aber länger, als er er- [illegible] hatte, zurückgehalten wurde. Eine Zeitlang wurde er sogar festgesetzt, [illegible] er im J. 1638 auf Beschluß des Reichsraths, der sich zu wiederholten [illegible] mit seiner Sache befaßt hatte, gegen eine hohe Kaution auf freien [illegible] gesetzt wurde: vor Austrag der Angelegenheit sollte er Schweden nicht [illegible] Erst im Winter 1640/41 kehrte er nach Deutschland zurück. Kaum [illegible] hatte er seinen Hof zu Walle wieder bezogen, da wurde er (Mai 1641) [illegible] einer Streifpartie des kaiserlichen Heeres aufgehoben und drei Jahre lang [illegible] Ort zu Ort geschleppt; als er 1644 gegen schweres Lösegeld die Freiheit [illegible] war er ein kranker und gebrochener Mann. Schon am 22. No- [illegible] 1645 verschied er; seine Ruhestätte fand er in der Waller Kirche. [illegible] hat ihn nur ein Sohn, Namens Gustav, der einer zweiten Ehe [illegible], die R. nach dem während seiner großen Gesandtschaftsreise aus [illegible] Jahren 1630—32 erfolgten Tode seiner ersten Frau mit der Wittwe [illegible] zu Ermsleben und Conradsburg erbgesessenen Herrn August v. Hoym, [illegible] Schulenburg v. d. Leucknitz, im J. 1634 eingegangen war.

[illegible] Zeit — arbeitselig Menschen-Leben u. s. w. Trauerpredigt beim Leichen- [illegible] des Herrn Christoph Ludwig Raschen u. s. w., durch Ludov. [illegible]. Bremen, bei Berth. de Villiers 1646. — Bremisches Jahrbuch, [illegible] 11, S. 6 ff. — G. Irmer, Hans Georg von Arnim (Leipzig 1894), [illegible] 15 ff. — F. Arnheim, Gustav Adolfs Gemahlin Maria-Eleonora von [illegible] I. (Hohenzollern-Jahrbuch 1903, S. 186 ff.). — J. Bühring, [illegible], Gustav Adolf und Rohan (Halle 1885), S. 52 ff. — F. Fäh, [illegible] Adolf und die Eidgenossen 1629—1632 (Progr. Basel, 1887). — [illegible] Grünbaum, Ueber die Publizistik des 30jährigen Krieges von 1626— 1629 (Halle 1880). — Axel Oxenstiernas skrifter och brefvexling (Stock- [illegible] 1888 ff.). — Svenska riksrådets protokoll (Stockholm 1878 ff.). — [illegible]'s Briefe an Gustav Adolf und Axel Oxenstierna im Reichsarchiv zu Stockholm. (Vgl. Sondén, Förteckning öfver bref till konung Gustav II. Adolf i riksarkivet, S. 54, u. desselben Verfassers Skrifelser till Axel Oxen- [illegible], S. 179.) — Rasche's Nachlaß (Staatsarchiv Hannover). — Menzel's [illegible] (Reichsarchiv München).

Heskel.

Rath: Gerhard vom R. wurde 1830 zu Duisburg geboren, besuchte [illegible] Universitäten Genf, Bonn und Berlin, wo er 1853 promovirte. Dann [illegible] er sich 1856 als Privatdocent an der Universität Bonn für Minera- [illegible] und Geologie, wurde dort 1863 zum außerordentlichen und 1872 zum [illegible] Professor ernannt. Um jedoch für seine eignen wissenschaftlichen [illegible] und Reisen (in den Alpen, Italien, Griechenland, Skandinavien, [illegible], Nordamerika u. s. w.) mehr Zeit zu gewinnen, veranlaßte er 1880 [illegible] persönlichen Geldopfern die Schaffung eines zweiten Ordinariates. Doch [illegible] ihn schon 1888 ein jäher Tod hinweg, mitten heraus aus seinen Ar- [illegible] und Reiseplänen.

Seine erfolgreichsten Arbeiten bewegten sich auf dem Gebiete der Krystallo- [illegible] (Leucit, Feldspat, Quarz, Kalkspat u. s. w.). Er entdeckte und be- [illegible] eine Anzahl neuer Mineralspecies, unter denen der Tridymit von [illegible] Wichtigkeit war. Eine ganze Reihe geologischer und petrographischer [illegible] schlossen sich an (es wird angegeben, daß die Zahl seiner Publi- [illegible] im ganzen 400 überschreitet), durch die er nach den verschiedensten [illegible] hin Anregungen gegeben hat.

Er gehörte nicht zu den Forschern, die der Wissenschaft durch Methoden neue Wege erschlossen, oder durch Specialisirung ein engeres erschöpfend behandelt haben, aber dafür hat er durch sorgfältige, oft minutiöse Beobachtungen eine Fülle neuer Thatsachen entdeckt und durch liebenswürdigen und versöhnlichen Charakter viele Schärfen des wissen lichen Lebens gemildert. A. Rothpl

Rathkeal: Peter Philipp **Herbert**, Freiherr von R. (Familien Herbert), Diplomat, geboren zu Constantinopel 1735, † ebenda am 2 bruar 1802.

H. stammt in directer Linie von dem seit mehreren Jahrhund Großbritannien blühenden, altadeligen Geschlechte der Herbert Grafe Pembroke ab. Edmond Herbert von Cahirmochill, ein jüngerer Brud im J. 1552 zum Grafen von Pembroke erhobenen Sir William H siedelte sich in Irland an und fügte von dem Besitze der in der Gr Limmerick gelegenen Stadt Rathkeal seinem Namen dieses Prädikat Der Enkel Edmond's, Johann v. Herbert-Rathkeal, begleitete aus treue hänglichkeit für seinen rechtmäßigen Monarchen im J. 1688 den vertri König Jacob II. nach St. Germain en Laye, theilte des Königs Verba und reiste nach dessen Tode nach Constantinopel, woselbst er sich mit Fr geb. v. Scanderbeg vermählte. Als er starb, hinterließ er 5 Kinder, zwar 3 Söhne und 2 Töchter. Für die nun mittellosen Waisen verwan sich mehrere Mitglieder des diplomatischen Corps in Pera und empfahl zwei ältesten Söhne Thomas und Peter der Kaiserin Maria Theresia, ihnen auch eine Pension auswarf und sie dem P. Franz aus der schaft Jesu, dem ersten Director der orientalischen Akademie in Wien, k. und k. Consular-Akademie) zur Erziehung übergab. Unter der dieses verdienstvollen Mannes vollendete Peter seine Studien und das Zureden seiner Lehrer zu Ende des Jahres 1750 in den Jesuiten Nach Ablauf eines zweijährigen Noviziates kam er nach Leoben und behufs Studiums der Philosophie, nach Wien. Hierauf ward er 175 Professor nach Triest und im folgenden Jahre nach Wien als Präfect, Correpetitor in der orientalischen Akademie berufen. Die theologischen St betrieb er 1754—59 in Graz. Da er aber wenig Beruf zur Theolo sich fühlte, vertraute er sich dem P. Meak, einem geistvollen Priester Ordens, an, der ihm auch in seinem Vorhaben, den Jesuitenorden lassen, behülflich war. Er trat also im Juli 1760 aus demselben und auf Empfehlung der Gräfin Stürgl geb. v. Cobenzl Bibliothekar ihres Br des Grafen Joh. Karl Cobenzl, bevollmächtigten Ministers in den N landen, um sich die zu einer Anstellung nöthigen Geschäftskenntnisse werden. Als im J. 1763 Fürst Kaunitz vom General-Gouverneur in für eine in der niederländischen Kanzlei zu Wien leergewordene Stelle, geeigneten, in Rechnungs- und Finanzgegenständen wohl unterrichtete amten verlangte, wurde H. dazu erwählt und mit dem Titel eines O Calculateurs in der niederländischen Rechnungskammer angestellt. Doch wann er bald das besondere Vertrauen des Hofrathes Freiherrn v. Le und des Staatsreferendars Friedrich Freiherrn Binder v. Kriegelstein, der für die französische Correspondenz in auswärtigen Geschäften verwendete. J. 1767 war er zum Auditeur, 1775 zum conseiller à la chambre Comptes ernannt, und schon zwei Jahre hernach (1777), das ist im zehnten Dienstjahre, zum wirklichen Hofrath bei der geheimen Hof- Staatskanzlei, ohne daß seine älteren Collegen hierüber die geringste Spur Mißvergnügen geäußert hätten. Als im J. 1779 Ludwig Graf Cobe

Erkrankung verhindert war, zu den Verhandlungen des Teschener Con- als bevollmächtigter Minister abzugehen, schickte die Kaiserin Maria an dessen Stelle seinen Vetter, den Grafen Philipp, Vicepräsidenten dahin; da er aber in den politischen Geschäften noch wenig er- war, so erbat er sich von dem Fürsten Kaunitz den Hofrath H. als mit dem ihn eine innige Freundschaft verband und in dessen Kennt- großes Vertrauen setzte.

Nach dem Teschener Frieden trat H. aus dem Departement der inneren Angelegenheiten in jenes der äußeren über, und als ihm die Kaiserin die Wahl entweder als Kammerpräsident nach Brüssel oder als Internuntius nach Constantinopel zu gehen, entschied er sich für das Letztere und ging 1780 an seinen Posten ab. Seine erfolgreiche Thätigkeit in dieser wichtigen und Stellung, welche er bis zu seinem Tode, also über 20 Jahre, be- kann man in zwei Hälften scheiden, in die eine von seiner Ernennung bis zum Ausbruche des türkischen Krieges (1788), in die andere von Ernennung zum Bevollmächtigten nach Sistow 1791 bis zu seinem 1802. In die erste Hälfte fallen neben anderen Vorgängen seiner Thätigkeit folgende wichtige Begebenheiten: Die Verhandlungen über die Barbaresken zu leistenden Garantie der k. k. Schifffahrt, die nach dem Passarowitzer Frieden durch besondere Tractate mit den Staaten Algier, Tunis und Tripolis festgesetzt wurde, aber keineswegs gewünschten Erfolg hatte; es gelang H., durchzusetzen, daß die Pforte, Oberherrschaft über die genannten Staaten von diesen anerkannt wurde, verlangte Sicherheit garantiren sollte. Für den Fall aber, daß die von Pforte zu fordernde Vergütung des durch Barbareskenschiffe den Kaiserlichen Schadens nicht geleistet werden sollte, wird dem kaiserlichen Hofe eingeräumt, durch Repressalien sich selbst die schuldige Genugthuung Entschädigung zu verschaffen. Ebenso günstig sind die Bedingungen des 1784 abgeschlossenen Handels-Seneds*) für die Schifffahrt und den Oesterreichs, dem der Passarowitzer Friede zu Grunde liegt und dessen auch im Sistower Frieden vollständig anerkannt wurde.

Weiter erhielt Herbert im Jahre 1786 einen sehr ausführlichen Ferman der österreichischen Schafhirten in der Moldau, worin die Freiheiten, und Abgaben derselben genau festgestellt wurden und dessen später dem Sistower Frieden (im Art. 4) einverleibt wurde. Weniger war H. in den Verhandlungen betreffend die Abtretung eines Distriktes Unna (Fluß in Bosnien). Kaiser Josef verlangte nämlich im J. 1783 District von Seite der Banal- und Karlstädterlinie längs der Unna und (ebenfalls in Bosnien) bis an das Gebirge, wo die letztere entspringt, und an den Gebirgsrücken bis an die dreifache Grenze, durch gütliche Unter- erhalten werden sollte. Doch führten diese ungeachtet der that- und energischen Unterstützung, welche das Begehren des kaiserlichen Internuntius von Seiten des russischen und französischen Gesandten in Con- v. Bulgakow und St. Priest, gefunden hatte, zu keinem end- Resultate, obwohl die hohe Pforte bei dem ganzen Hergang die des kaiserlichen Hofes nie als ungültig, sondern nur als schwer zu erklärte. Wie gut H. die türkischen Verhältnisse kannte, beweist, daß anfangs in dem von ihm in dieser Angelegenheit verlangten Gut- gerathen hatte, sich zuerst in den Besitz des angesprochenen Districtes zu und dann erst darüber zu verhandeln, da er wohl wußte, daß den

*) Sened ist arabisch, im türkischen Gebrauche = Urkunde, Dokument, Diplom, Vertrag.

Türken durch das Gesetz nicht erlaubt ist, selbst den geringsten Strich La der nicht mit Gewalt weggenommen oder besetzt worden ist, abzutreten. thatsächlich antwortete Hamid Pascha, der damalige Großvezier, dem sischen Dolmetsch, der ihm sagte, die Deutschen würden den Unnabi Gewalt wegnehmen: „Sie sollen denselben nur nehmen, ich verlange anderes". Die endgültige, für Oesterreich vortheilhafte Lösung dieser erfolgte aber erst im Frieden von Sistow.

Im J. 1787 unternahm H. die Reise nach Cherson, um der berü Zusammenkunft Josef's II. mit Katharina II. von Rußland beizuw Bei dieser Gelegenheit stellte ihn Graf Ludwig v. Cobenzl der Kaiseri die von seinen Talenten und Verdiensten die beste Meinung hatte. damals prophezeite H. den von Rußland noch lange nachher bezweifelten bruch eines nahen Krieges mit der Pforte. Er wiederholte diese sagung noch bestimmter bei seiner Rückkehr nach Constantinopel. russische Gesandte am 23. August 1787 mit einem Briefe zu H. kam, der Pforten-Dolmetsch ihn für den nächsten Tag zu einer Conferenz mit Großvezier einlud, trug sich H. an, ihn zu begleiten und als k. k. Mi aufzutreten. Bulgakow schlug aber den Antrag mit dem Bedeuten aus, die Türken es nie auf das Aeußerste kommen lassen würden. Aber am 24. August Mittags war der russische Gesandte im Gefängniß Jedi-Kule (sieben Thürme) und nur Herbert's Dazwischenkunft rettete Gesandtschafts-Archiv und viele russische Kaufleute nebst ihrem Eigen Dasselbe Schicksal der Gefangennahme drohte H., als im Februar 1788 Oesterreich der Pforte den Krieg erklärte. Doch das muthige Eingreifen Freundes, des Kapudan Hassan Pascha, der beim Sultan in hohem An stand, in einer Conferenz, wo eine große Mehrheit bereits für die Gefan nahme des Internuntius stimmte, bewirkte, daß der k. k. Gesandtsch Rückkehr nach Deutschland bewilligt wurde. Auch berief sich H., dem genaue Kenntniß der Geschichte des osmanischen Reiches und der türk Gesandtschaften sehr zu statten kam, darauf, daß noch nie ein kaiser Minister in das Gefängniß der 7 Thürme geworfen worden war und selbst der kaiserliche Resident Simon Reniger im J. 1663 nach dem wirkl Ausbruch des Krieges dennoch frei und unverletzt nach Wien zurückgekehrt. So rettete sich H. also durch Ansehen und Geschicklichkeit von dem Gefäng der 7 Thürme, aus dem der russische Minister erst nach zwei Jahren freit wurde.

Nach diesen Begebenheiten blieb H. bis zur Vollendung der zubereitungen noch einige Wochen ruhig in Constantinopel und fertigte in Zwischenzeit sogar seine gewöhnliche Postexpedition ab. H. verließ also angefochten Constantinopel und segelte unter französischer Flagge mit Familie zunächst nach Livorno. Er brachte einige Monate in Toscana wo er an dem Hofe des Großherzogs Leopold auf das Beste aufgen wurde. H. war in Constantinopel nicht nur k. k., sondern auch toscan Minister gewesen und hatte als solcher den Handel und die Schifffahrt kleinen, unter Leopold's weiser Regierung hoch und schnell emporblühe Staates nach Kräften begünstigt. Im J. 1789 begab sich H. nach Wien, er mit dem Grafen Philipp v. Cobenzl den Prüfungen an der oriental Akademie beiwohnte, und begleitete im Winter desselben Jahres den genann Grafen, der nach den Niederlanden gesandt wurde, das Feuer des Aufru zu löschen, bis Trier. Nach seiner Rückkehr wurde er mit dem Grafen Th als bevollmächtigter Minister zu den Friedensunterhandlungen mit der Tür ernannt. Diese Unterhandlungen, welche zu Sistow geführt wurden, v [illegible] als die Hauptepoche seiner politischen und diplomatischen Thätigkeit [illegible] zu werden. Die Conferenzen wurden am 30. December 1790 [illegible] erst am 4. August 1791 fand unter dem Donner der Kanonen [illegible] Unterzeichnung des Friedens statt. Außer drei osmanischen [illegible] Said Abdallah, Birri Re'is Efendi, Ibrahim Ismet Bey, denen [illegible] in Paris als Botschafter thätige Muhibb Efendi als erster Secretär [illegible] war, und Sejjid Muhammed Dürri Efendi, unterhandelten als [illegible] der vermittelnden Mächte Lucchesini als preußischer, Robert Keith [illegible]scher und Freiherr v. Haeften als holländischer Bevollmächtigter. [illegible] hatte der Pforte in der kurz zuvor mit ihr abgeschlossenen Allianz [illegible] Vortheile zugesichert, welche das Vertrauen der türkischen Minister zu [illegible] hinlenkten, dem auch Keith und Haeften die Hände boten. H. hatte [illegible] nur die Minister der kriegführenden Mächte, sondern eigentlich auch [illegible] vermittelnden zu wirklichen Gegnern. Keinen Schritt wich H. von [illegible]ursprünglichen Bedingungen, in deren Begründung ihn seine umfassenden [illegible] der früheren Tractate wesentlich unterstützten.

[illegible] Vortheile, welche H. im Sistower Frieden dem kaiserlichen Hofe er[illegible]hatte, sind: 1. Die Einverleibung aller den Handel mit Oesterreich be[illegible] Acten in den Tractat, wodurch für die Zukunft jede Verletzung [illegible]handelsfreiheiten als Verletzung des Friedens erschien; 2. die Auslieferung [illegible]fangenen ohne Lösegeld; dieses beispiellose Zugeständniß, welches weder [illegible] noch der Passarowitzer Friede enthalten, bot bei seiner Aus[illegible] nicht geringe Schwierigkeiten; 3. die Anerkennung der türkischen [illegible] die sich in die kaiserlichen Staaten geflüchtet hatten, als kaiser[illegible] die Anwendung des Handelssenedes auf alle türkischen Provinzen ohne [illegible]; 5. der Schutz der katholischen Religion ohne Unterschied der [illegible]; 6. die Zurückstellung von Alt-Orsova; 7. die Abtretung des Di[illegible] an der Unna. Diese Vortheile sind groß, wenn man bedenkt, daß der [illegible] quo schon in der Convention zu Reichenbach als Grundlage des tür[illegible] Friedens festgesetzt worden war und daß die so vortheilhaft erhaltene [illegible]ung desselben nur der diplomatischen Geschicklichkeit und dem unermüd[illegible] Patriotismus Herbert's zu danken war.

[illegible] diplomatische Stellung benutzte H. vor allem noch dazu, seine [illegible] für den Gesandtschaftsdienst im Orient, insbesondere sie zu ge[illegible] und verwendbaren Dolmetschen auszubilden. In der zu diesem Zwecke [illegible] Kaiserin Maria Theresia gegründeten orientalischen Akademie wurde [illegible] Sprachunterricht begonnen, der dann erst in Constantinopel beendet [illegible] sollte. Man gab nämlich die zum Dolmetschdienst ausgewählten Zöglinge [illegible] in die Kost, entfernte sie auf diese Weise von dem Geräusche der frän[illegible] Gesandtschaften, untersagte ihnen jede andere Tracht als die orientalische [illegible] durch Einsamkeit und unmittelbare Berührung mit den Orien[illegible] praktischen Kenntnisse im Verkehr mit denselben. H. ließ sich auch [illegible]ung der levantinischen Consulate sehr angelegen sein, bestätigte nach [illegible] Frieden die alten und ernannte neue; seit Herbert's Zeit be[illegible]liche Consuln die Geschäfte des österreichischen Handels und der [illegible] in Syrien und Aegypten. Auch war H. der letzte Minister, der [illegible] d. i. die Taggelder, erhielt, welche die Pforte sonst außerordent[illegible]sandten verabreichen ließ.

[illegible] die erste Hälfte der diplomatischen Thätigkeit Herbert's in Con[illegible] verhältnißmäßig ruhig vorübergegangen, um so bewegter war die [illegible] nämlich von dem Sistower Frieden bis zu seinem Tode. Denn die [illegible] nach diesem Frieden *noch nicht* zu Stande gekommene Grenz-

berichtigung an der Unna, der Ausbruch der französischen Revolution, d
letzte Theilung Polens, der in den Niederlanden, in Deutschland und Itali
auflodernde Krieg, lauter Ereignisse, die auch auf die Türkei nicht ohne poli
tischen Einfluß bleiben konnten, gaben hinlänglichen Stoff zur rastlosest
Thätigkeit. Seine Bemühungen wurden aber auch mit Erfolg gekrönt. E
war die Seele der Minister der coallirten Mächte in Constantinopel, und de
wichtigste Gegner der französischen Partei, die unter Deseorches und Mouradg
d'Ohson sich in fruchtlosen Bemühungen, die Türkei in den Krieg zu ver
wickeln, erschöpfte. Lange war es ihm sogar gelungen, den Grafen v. Choise
in der ersten Epoche der Revolution als Minister der französischen Prinze
und hernach dessen Secretär, Chalgrain, als Geschäftsträger derselben von de
Pforte anerkennen zu machen. Eine der schwierigsten und verdrießlichste
Unterhandlungen der letzten Lebensjahre Herbert's war die Entschädigun
wegen der Barbaresken und die Anwendung des Handels- und Barbaresken
Senebs auf die durch den Friedensschluß von Campo Formio neu er
worbenen venetianischen Staaten. Drei Jahre dauerten die Verhandlungen
weil die Pforte ihre Verbindlichkeit auch auf die nach dem Sistower Tracta
erworbenen Provinzen auszudehnen sich hartnäckig weigerte. Aber endlic
gelang es H. für den bisher zugefügten Schaden ein Pauschquantu
als Vergütung und noch mehr, für die Zukunft die Sicherheit aller kaiser
lichen Schiffe ohne Ausnahme von der Pforte gewährleistet zu erhalten
Dies war das letzte namhafte Ereigniß der unermüdlichen Thätigkeit Her
bert's. Als Belohnung dafür wurde er durch die Bemühungen seines Freunde
des Vice-Hof- und Staatskanzlers Grafen Cobenzl taxfrei zum wirklichen ge
heimen Rathe ernannt. Doch überlebte H. nicht lange diese ehrenvolle An
erkennung seiner Verdienste. Im J. 1802, am 23. Februar, im Alter vo
68 Jahren entriß ihn der Tod seinem Vaterlande, dem er als einer der geis
vollsten Staatsmänner mit seltenem Erfolge in schwerer und bedrängnißreiche
Zeit gedient hatte.

Früher schon, im J. 1779, war R. zugleich mit seinem dritten Brude
Johann, der als Major in der kaiserlichen Armee diente, in den Freiherrn
stand erhoben worden. Im genannten Jahre vermählte er sich auch mi
Fräulein v. Collenbach, ehemaliger Obersthofmeisterin der Prinzessinnentöchte
des Großherzogs von Würzburg, aus welcher Ehe ihm eine Tochter Constan
geboren wurde. Diese vermählte sich 1798 mit Sir Spencer Smith, bevol
mächtigtem Minister Englands bei der Pforte und Bruder des berühmten S
Sidney Smith, der die französische Flotte zu Toulon in Brand gesteckt hat
(18. Decbr. 1793). H. war klein von Statur, von feinen und angenehme
Gesichtszügen und in einer Weise Herr derselben, daß er selbst in der pei
lichsten Verlegenheit nichts davon merken ließ. Gründlich wissenschaftlich, b
sonders auch sprachlich gebildet, besaß er eine außerordentliche classische B
lesenheit, in Wort und Schrift, bei mündlichen Verhandlungen wie in Depesche
bei der Unterhaltung wie im Geschäfte wendete er die Kernsprüche der Alt
stets treffend an. Nichts war halb bei ihm; was er unternahm, mußte
Ende geführt werden. Mit glühendem Hasse gegen den vandalischen Ze
störungsgeist, dieses erstgeborene Kind der französischen Revolution, erfül
drückte er allen seinen Anschauungen dieses Siegel seiner politischen Ansicht a
Wohl fühlend, wie leicht es sei, sich vom Strudel revolutionärer Meinung
hinreißen zu lassen, galt ihm die Nichttheilnahme an den verführerischen B
wegungen jener Tage als beste Empfehlung kalt besonnener Urtheilskraft u
prädominirenden Verstandes. Strenge in der Etikette, war er in diese
Punkte der treue Schüler des Fürsten Kaunitz, den er namentlich im Anfan

er ersten Sendung nach Constantinopel bis auf Kleinigkeiten nachahmte. arbeitete von 10 Uhr Vormittags bis 4 Uhr Nachmittags, die übrige Zeit ... er seiner Erholung, zu welcher classische Lectüre und das Spiel ge... welch letzteres ihm so unentbehrlich geworden war, daß es selbst an den ... Geschäftstagen nicht unterblieb. Er schrieb nur in französischer ... im Deutschen hat er es nie auch nur zur erträglichen Verständlichkeit ... Was er aber schrieb, war musterhaft, ganz seinem Grundsatze gemäß: ... sollen in der Regel so sprachrichtig und klar sein, daß sie ... Augenblick ohne Besorgniß gerechten Tadels dem Drucke übergeben ... H. hinterließ zahlreiche Memoiren, Berichte, Noten und ...schriften, darunter wahre Muster zu ernsten Studien in einem der ... Zweige des Staatsdienstes. Zu seinen Schülern zählen Wallen... Fleischhackel, Brünebarbe, Ottenfels rc., verdienstvolle diplomatische ... im Orient, und vor allem J. v. Hammer-Purgstall, der als Orientalist ... Berühmtheit gelangte. Das Grab Herbert's befindet sich in Pera ... Kirche des hl. Franziskus, wo sein Grabstein folgende, von seinem ..., dem Hofsecretär J. v. Brenner verfaßte Inschrift trägt:

D. O. M.
P. M.

... Phil. L. B. Ab. Herbert. Ratkeal. M. S. Rom. Caes. Aug. A. Con... Intimis. Ac. Lustr. Fere. V. Ad. Port. Ottomann. Internuntius. ... In. Congressu. Pacis. Teschini. Operam. Suam. Egregie. Adhibuit. ... Ipse. Legatus. Sistovii. Bellum. Cum. Turcis. Haud. Secundo. ... Mire. Composuit. Fraenata. Pirat. Arrogant. Pont. Eux. Navibus. ... Aperuit. Mercaturam. Fovit. Promovit. Morum. Castigator. Aequus. ... Comis. Ingenio. Acumine. Candore. Animi. Religione. Doctrina. ... Patriae. Virtutibus. Eximius. Optimi. Patris. Famili. Exemplar. ... Eheu. LXVIII. Vitae. Anno. Hum. Generi. Ereptum. Lugent. ... Proles. Patria. Boni. Omnes. Aeternum. Ploraturi. Fuisse. Mortalem. Obiit. VIII. Kalend. Mart. A. A. Chr. Nat. MDCCCII.

C. v. Wurzbach, Biograph. Lexikon des Kaiserth. Oesterreich, Bd. 8, 252—57. — (Hormayr's) Archiv für Geographie, Historie rc., Jahr... II 1811, Nr. 28, 29. — Samuel Baur, Allgem. histor.-biogr.-liter. ...wörterbuch aller merkwürdigen Personen, die im 1. Jahrzehnt des ...Jahrhunderts gestorben sind (Ulm 1816), Bd. I, S. 595. — Oesterr. ...al-Encyklopädie von Gräffer u. Czikann, Wien 1835, Bd. II, S. 557. ...Gothaisches genealog. Taschenbuch der freiherrl. Häuser, Jahrg. 1853, ...302. — Biographie universelle, Tome XX, p. 239. — Biographie ...elle des contemporains, Tome IX, p. 145. — Ersch u. Gruber, Allg. ...lopädie, II. Section, 6. Theil, S. 132. — Dictionnaire biograph. et ... des hommes marquans de la fin du 18ème siècle, Lond. 1800, ... II, p. 190. — Ed. Vehse, Gesch. d. österr. Hofes, Thl. IX, S. 42.

Friedrich v. Kraelitz-Greifenhorst.

...ger: J. Georg R., bairischer clerical-socialer Politiker und ..., wurde am 3. April 1844 zu Rickering bei Deggendorf in Nieder... als Sohn einfacher Bauersleute geboren. Er besuchte seit 1855 das ... zu Passau und studirte 1863—67 katholische Theologie an der ... München, wo er 1868 zum Dr. theol. promovirte, und zwar auf ... Lösung der Preisfrage „Geschichte der kirchlichen Armenpflege“; ... gedruckte werthvolle ausführliche Arbeit erschien 1884 nochmals, ... erweitert, wie R. überhaupt die Neuauflagen seiner Schriften mit ...echte als „*vollständig umgearbeitet*“ hat bezeichnen dürfen. Darauf fungirte R. kurze Zeit als Hülfsarbeiter bezw. Secretär eines seiner akademi Lehrer, J. v. Döllinger's, ohne sich (s. u. S. 218), unmittelbar vor dessen fol schwerer Stellungnahme gegen die Beschlüsse des tagenden vaticanischen Co mit den Ideen des berühmten Theologen irgend zu befreunden. Vielmehr s ihn künftig dogmatische, überhaupt kirchlich-religiöse Streitfragen blut beschäftigen, obwohl er schon 1869 als Cooperator in Berchtesgaden i praktische Seelsorge eintrat. Der politischen Agitation gewann R. anfang 70er Jahre eine Säule des katholisch-feudalen Hochadels, der Graf L v. Arco-Zinneberg, der ihm auch eine lebenslängliche Rente auswarf. dem wechselte er wiederholt mit priesterlicher und publicistischer Thät So führte er 1870/71 in Würzburg die Redaction des „Fränkischen V blatts"; dann, nachdem er 1872—74 Caplan in Landshut gewesen, die von ihm eben gegründeten Journals „Der Volksfreund" in München bis zum Eingehen (1876), in Gemeinschaft mit seinem engeren Landsm Berufs- und Gesinnungsgenossen Franz Joseph Knab (1846—99). wurde R. für den Wahlkreis Tölz in den bairischen Landtag, 1877 für heim in den Reichstag gewählt, und in beiden gehörte er loyal zur cl Fraction, in München wie in Berlin. Doch verzichtete er 1877 infolge persönlichen Vorkommnisses in Tölz aufs erste, 1878 schon auf das z Mandat. Abgesehen von der einjährigen Amtirung als Hofcaplan des He Karl Theodor in Baiern zu Tegernsee 1883—84 und der dreijährigen Pfarrer in Günzelhofen bei Naunhofen, welch letztere Stelle er 1888 Erlaubniß der Krone gegen die Pfarrei Helfenberg bei Mühldorf tauschte, thatsächlich als „frei resignirt" aufgab, hat sich R. fürder ausschli publicistischer und volkswirthschaftlich-wissenschaftlicher Schriftstellerei gewi und zwar anfänglich vorübergehend in Wien, wohin ihn vielleicht sein zu Amt und Würden gelangter und genannter Freund Knab gezogen, meist in München, periodisch auch in Walchstatt am oberbairischen idylli Wörthsee.

Ursprünglich waschechter Anhänger und sogar Vorkämpfer der bairi katholischen „Patrioten"-Partei, hatte er, infolge jener Studien und der stei den Schroffheit seiner particularistischen Neigung, von der hoffähig und „rei treu" sich erhaltenden Centrumspartei bei der Wahl fallen gelassen, sich bi von ihr losgesagt und im großen Ganzen, wenn auch nicht officiell, die Princ des 1893 in die Wahlbewegung eingreifenden „Bairischen Bauernbundes", besondere in der Schattirung seiner Heimath Niederbaiern, auf seine F geschrieben. So zog er für den Kreis Regen 1893 und widerspruchslos, bedingungsgemäß ohne Centrumsgegner, 1899 in den Landtag, wo er wohlbeachtete Autorität auch in maßgeblichen Ausschüssen saß und 1899 Seele, selbst formell der Führer der neuen agrarischen „Freien Vereinig ward; 1898 schickte ihn der Wahlkreis seiner Geburt, Deggendorf, in den Re tag. Den Radicalismus der landsmännischen Bauernbündler, die weder fac politisches Wissen noch diplomatischen Tact besaßen, zu zügeln vermoch nicht, und so näherte er, der möglicherweise diese populäre Strömung auch als Steigbügel benutzen wollte, sich später wieder, freudig begrüßt, inne der Centrumspartei; wie dessen Vertreter nach Ratzinger's Tode unter gr Genugthuung aussagten, auch äußerlich. Der stark demokratisch angeha Dr. Gäch, nach Ratzinger's Tode Wortführer der Fraction in der Münch Abgeordnetenkammer, hat noch vier Jahr später, am 25. November 1903, selbst erklärt: „Wenn man immer wieder den verstorbenen Dr. Ratzinger die Rockschöße der Bauernbündler hängen wolle, so müßten diese dage *protestiren.* Dr. Ratzinger sei vom Fleisch und Blut des Centrums gewese [illegible] auch eine lange Kutte angehabt. Dr. Ratzinger sei das Unglück des [illegible]mus gewesen. Man möge Dr. Ratzinger doch endlich aus der Debatte [illegible]" Trotzdem er also politisch so wandelbar aufgetreten ist, oft sogar [illegible] und für andere niemals wirklich zuverlässig, weil eben seine [illegible]ung ihm selbst manchen Streich spielte und er infolgedessen von ultra- [illegible] zu fast socialistischen Vorschlägen übersprang, kannten ihn alle als [illegible] liebenswürdigen und entgegenkommenden Mann. Dies bekundete [illegible] seiner schmerzlichen letzten Krankheit und dem Leichenbegängnisse die [illegible] schroffer politischer Gegner; auch ich selbst habe ihm seine rein poli- [illegible]dung entstammende persönliche Zeitungsdenunciation von September [illegible] nachgetragen. Acht Jahre litt er schwer am Magen mit wechselndem [illegible] oft argen Beschwerden. Das Versagen der Ernährung brachte ihn [illegible] 1898 an den Rand des Grabes. Eine Magenoperation stellte ihn [illegible] wieder her, mußte aber mehrmals wiederholt werden, bis seine [illegible] parlamentarische Pflichttreue in Verbindung mit ungünstigen Geschwüren die längst übermäßig angegriffene, zudem nie sonderlich [illegible]enskraft abschnitt. Am 3. December 1899 ist R. im Münchener [illegible]ankenhaus r. d. J. gestorben. Den Spruch: „nasci, pati, mori" legte [illegible] Dulder seinen Wunsch erfüllend, der Geistliche auf das Grab

[illegible] besaß ausgedehnte Belesenheit, voran auf nationalökonomischem, auch [illegible]rischem Felde, vielseitiges Wissen und Weltbildung. Auf social- [illegible]em und im engeren Sinne volkswirthschaftlichem Gebiete hatte er gründ- [illegible]dien getrieben, deren Ergebnisse er freilich nicht völlig zu systematisiren [illegible] ihrem Facit in der Praxis zu verwerthen verstand. Wenigstens ver- [illegible] er sich beim Vortrage seiner Theorien behufs Nutzanwendung für [illegible]aatsmaschine häufig in curiose Wunderlichkeiten und Widersprüche. [illegible] kannte R. die ländlichen Zustände der Gegenwart und Vergangen- [illegible] insbesondere Altbaierns, aus eigenen Einblicken, Umfragen und Forschungen, [illegible] ehrliches Augenmerk richtete sich auf ein zufriedenes, wohlauskommendes [illegible]thum, das er allerdings einseitig als einzigen wirklichen Nährstand [illegible]te. Dieser Wahn stempelte ihn, den Akademiker gewordenen Sohn des [illegible] zum streitbaren Agrarier bäuerlichen Anstrichs, mit welcher Farbe sich [illegible] Theile seiner Wirksamkeit mehr der christlich-katholische, in deren [illegible]hälfte mehr bairisch-particularistische und scharf antisemitische An- [illegible]gatten. Die peinvolle Krankheit der letzten Jahre sowie seine factische [illegible]tarische Isolirtheit verbitterten den unermüdlich forschenden, schrift- [illegible], weniger — dazu reichten die körperlichen Mittel und die Studir- [illegible] nicht aus — agitirenden Mann mehr und mehr und verschuldeten [illegible]äßige Ausbrüche. Als Publicist wirkte R., ein energisch zupackender, [illegible] fangender Anwalt seiner wechselnden Sym- und Antipathien, [illegible] (1871—97, wo es einen leichtverständlichen Conflict gab) als [illegible] bezw. bairischer Berichterstatter der clerical-großdeutschen „Deutschen [illegible]ung" (Bonn), seit 1869 als ständiger Mitarbeiter der Görres'schen [illegible]-politischen Blätter", in den letzten Jahren seit seiner Häutung eifrig [illegible] J. Sigl's extrem antipreußischem und katholisch-agrardemokratischem [illegible] Vaterland". Daneben aber auch in führenden Centrumsblättern, [illegible]mania" (Berlin), „Donauzeitung" (Passau), ja sogar schließlich bei [illegible]ng zur Centrumsrichtung mit ausdrücklichem Ziele, bei deren [illegible] Hauptorgane, der „Augsburger Postzeitung".

[illegible]inger's selbständig erschienene Schriften sind außer der angeführten [illegible] preisgekrönten Dissertation „Geschichte der kirchlichen Armen-

pflege": sein Hauptwerk, das Lehrgebäude „Die Volkswirthschaft in ihren
lichen Grundlagen. Ethisch-sociale Studien über Cultur und Civilisa
(1881, 2., vollständig umgearbeitete Aufl. 1895); „Die Erhaltung des Ba
standes. Ein Reformprogramm des hochseligen Grafen Ludwig von
Zinneberg. Bearbeitet" (1888), auf Ratzinger's erwähnten Gönner
führend; „Die Bierbrauerei in Baiern" (1884); polemisch ist die Fl
aus den Anfängen des Altkatholicismus „Das Concil und die deutsche
schaft" (1871) gehalten; der politischen und Wahlagitation dient der
ruf „Bauern, einigt euch!" (1897). Eine Sammlung seiner geb
historisch und geschichtlich-ökonomischen Untersuchungen bot der Band „Forsch
zur bairischen Geschichte" (1898), großenteils auf den Passauer Cleriker
Geschichtsschreiber Albertus Bohemus bezüglich, laut dem Referat des „Lit
Centralblatts" (1898, Nr. 33 Sp. 1226) eine höchst beachtenswerthe Le
und entschiedener Gewinn für die Wissenschaft. In nachdrücklich antisemiti
Fahrwasser schwimmt R. mit den zwei auf nationalökonomischer bezw.
politischer Basis ruhenden Broschüren „Jüdisches Erwerbsleben. Skizzen
dem socialen Leben der Gegenwart" (5., vollständig umgearbeitete Aufl.
und „Das Judentum in Baiern. Skizzen aus der Vergangenheit und
schläge für die Zukunft" (1897), bezeichnenderweise beidemal unter Pseu
sich verhüllend: die erste von Dr. Robert Waldhausen, die letztere von Dr.
fried Wolf gezeichnet. Als Summe der Abwägung dieser litterarisch
zeugnisse sammt der des positiven Gehalts seines öffentlichen Wirkens
sich das Urtheil, daß G. R. ein reich unterrichteter Socialpolitike
tüchtigem Talent und beträchtlicher Gelehrsamkeit war, der alles Zeug i
trug, eine hervorragende Rolle im staatlichen Leben zu spielen, falls er
sequenter, andererseits weniger als Eigenbrödler sich bethätigt hätte.
Baierns parlamentarische Entwicklung bedeutete der Tod dieser gewi
Persönlichkeit aus dem Landtagsgetriebe heraus einen einschneidenden
schwung, der sich in dem baldigen Zusammenbruche des altbairischen Ba
bundes am deutlichsten ausprägte; R. war es nicht gelungen, diesen
in mäßigere Bahnen zu lenken.

Grundlage vorstehenden Lebens- und Charakterbildes ist mein —
revidirter und ergänzter — Artikel im Biogr. Jhrb. u. Dtsch. Nekrolog
246 f., s. auch S. 244, wo ausführl. Litteraturangaben. Davon seien hie
wiederholt die autobiogr. Daten nebst Bildn. in J. Kürschner's „Neuem R
tag 1898(—1903)", S. 249. Hinzuzufügen: Augsburg. Postztg. N
v. 25. Jan 1905, S. 6; Münchn. Neueste Nachr. v. 1899, Nr. 560
(Todesanzeige); Bericht über die Landtagsverhandlungen v. 25. Nov.
(s. o.) und 18. Juli 1906 (in Abg. Schädler's Rede: R. als La
gegner). — Antiquariatskatalog Nr. 30 von H. Lüneburg (E. Reinh
München (1900), bietet S. 1—30 aus Ratzinger's Nachlaß 774 Bände

Ludwig Fränk

Rätzsch: Johann Richard R., Dr. jur., Stenograph und Schrift
wurde als Sohn des Professors Karl Heinrich August Rätzsch (siehe den
S. 219) am 11. December 1850 zu Dresden geboren, studirte in L
Rechtswissenschaften und wurde nach seiner Referendarprüfung am 1.
1875 Mitglied des Kgl. Stenographischen Instituts in Dresden. Er prom
1877 in Leipzig und erhielt 1894 den Titel „Professor der Stenogra
Als guter stenographischer Praktiker weit geschätzt, hat er bereits während
Studienzeit als Stenograph im sächsischen Landtage und später ständig
deutschen Reichstage gearbeitet. In theoretischer Hinsicht stand er auf
Boden der Dresdener Beschlüsse in der Gabelsberger'schen Stenographie,

aber an der Fortbildung des Gabelsberger'schen Systems rege betheiligt, 1894 Vertreter des Stenographischen Instituts im Gesammtausschusse der berger'schen Schule und hat als solcher bei der Vorbereitung der sog. Beschlüsse (1895) mitgewirkt. Er gab auch die Lehrbücher seines Vaters heraus und arbeitete dessen kleinen Lehrgang nach den Wiener Beschlüssen Aufl. 1898). Auch veröffentlichte er eine Darstellung des Arends'schen graphiesystems für Kenner der Gabelsberger'schen Stenographie und gab trag zu der Festschrift des Kgl. Stenographischen Instituts zu seiner feier (1889) eine geschätzte Geschichte der Dresdener Revision des Gabels-schen Systems. Er starb am 26. Mai 1898 in Pirna.

Vgl. Krumbein, Entwicklungsgesch. d. Gabelsb. Stenographie (1901), 270. — Heck, Geschichte der Schule Gabelsberger's, 2. Theil (1902), 510. — Deutsche Stenographen-Zeitung 1898, S. 309.

Johnen.

Rätzsch: Karl Heinrich August R., Stenograph und Schriftsteller, geboren zu Dresden am 31. August 1815, studirte von 1835—1840 wissenschaft in Leipzig und trat dann zu Dresden in die juristische bei einem Rechtsanwalt ein. Daneben war er Berichterstatter von ungen über den Landtag 1845—1846. Er lernte 1846 die Gabels-sche Stenographie bei Wigard und widmete sich seit 1848 ausschließlich nographischen Praxis. Er war Mitglied des unter Wigard's Leitung en stenographischen Bureaus der Frankfurter Nationalversammlung (18. Mai 1848 bis April 1849), und wirkte in Frankfurt auch als r der Stenographie. Dann trat er im April 1849 bei der steno-ischen Landtagskanzlei in Dresden ein und wurde am 17. Juli 1850 des Kgl. Stenographischen Instituts daselbst, dem neben der Anf- der sächsischen Landtagsverhandlungen die Ertheilung von Unterricht Stenographie sowie die Fortbildung des Gabelsberger'schen Stenographie- und die Pflege der stenographischen Wissenschaft obliegt. R. bewährte f allen diesen Gebieten. Er ertheilte im J. 1851 im Auftrage des steriums öffentlichen Unterricht in der Stenographie und arbeitete dazu stenographisches Lehrbuch aus. Er nahm hervorragenden Antheil an der Versammlung Gabelsberger'scher Stenographen in München (1854) und dem Preisrichtercollegium für das dort ausgeschriebene kurze Lehrbuch gab gemeinsam mit Gerber 1855 den „Militärstenographen" heraus trat in demselben Jahre in die Redaction des Dresdener Correspondenz- ein, das er in vorzüglicher Weise selbst autographirte. Vor allem aber seit 1854 an der von dem Institutsvorstand Häpe eingeleiteten Re- des Gabelsberger'schen Stenographiesystems in maßgebender Weise be-, sodaß das Ergebniß dieser Arbeit, die von der Gabelsberger'schen angenommenen sog. Dresdener Beschlüsse (1857), zu einem großen als sein Werk bezeichnet werden muß. Er wurde denn auch der all- anerkannte Ausleger dieser Beschlüsse, indem er dieselben in dem aus-chen „Lehrbuch der deutschen Stenographie", das 1860 erschien, im ein- zu einem vollständigen System entwickelte, einige Widersprüche be- und weitere Folgerungen daraus zog. Er selbst konnte von diesem che, das lange Zeit als die maßgebende Darstellung des Gabelsberger'schen galt, im J. 1864 die 6. Auflage erscheinen lassen, während die Auflagen (1896 die 13. Aufl.) vom Stenographischen Institut besorgt . Als einen Auszug aus diesem großen Lehrbuche gab er 1864 den Lehrgang der Stenographie" heraus, den später sein Sohn Dr. Richard nach den Wiener Beschlüssen neu bearbeitete (67. Aufl. 1897). Außer-

dem veröffentlichte er noch ein Lesebuch (1858), „Stenographische Bar
blätter“ (1858) u. a. R., der 1857 wegen seiner Verdienste um die Dr
Beschlüsse den Titel „Professor der Stenographie“ erhalten hatte, wurd
als Vertreter des Instituts bei den Berathungen über die Gründung
Systemausschusses der Gabelsberger’schen Schule 1868 nach Nürnberg und
nach Bamberg entsandt. Er starb am 8. Februar 1865 zu Dresden.
1865 zu seinen Ehren begründete „Rätzsch-Stiftung“, die zunächst der
bildung seiner beiden Söhne, dann der Unterstützung von Studenten be
Ausbildung zu Parlamentsstenographen durch Verleihung von Stipendi
der Prämiirung vorzüglicher Schülerleistungen dient, hält sein Anden
der Gabelsberger’schen Stenographenwelt lebendig.

Vgl. Krumbein, Entw.-Gesch. d. Gabelsb. Stenographie (1901, S.
— Heck, Geschichte der Schule Gabelsberger, 1. Theil (1901), S. 5
Münchener Stenogr. Blätter 1858, S. 97, und 1865, S. 18. — Dre
Correspondenzblatt 1864, Jubelnummer; 1865, S. 18. — Illust
Ztg. 1878, S. 28. Johne

Rauhe*): Johann Georg R., dreister Geschichtsfälscher, gebore
18. April 1739 in Naumburg a. d. S., † daselbst am 8. August 1
Hervorgegangen aus ganz kleinen Verhältnissen und aufgewachsen in
sittlich wenig fördernden Atmosphäre besuchte R., der nicht unbegabt wa
Rathsgymnasium seiner Heimathsstadt, wo er länger als zwei Jahre i
obersten Classe saß, aber abgehen mußte, ohne durch Kenntnisse und Be
an das Ziel der Universitätsreife gekommen zu sein. Er suchte sich
durch Ertheilen von Unterricht eine Existenz zu schaffen. Vom Sommer
bis zum Herbst 1764 war er in Glauchau Hauslehrer, von da bis O
1766 in Langenchursdorf bei Waldenburg (Sachsen) Katechet und Gehülf
Diakonus Dedekind in der dortigen Diakonatsschule; daher er bisweilen fäl
als stud. theol. bezeichnet wird. Hiernächst kehrte R. nach Naumburg
und gründete dort eine kleine Winkelschule, die aber wegen seiner Nachläs
und Unziemlichkeit nicht gedieh; auch erregte sein ungebildetes und
liches Verhalten vielfältigen Anstoß, und schon damals wurden ihm Betrüg
in Geldangelegenheiten schuld gegeben. Als im Herbst 1772 die kümmer
Stelle eines Kinderlehrers in Kösen frei wurde, meldete sich R. dazu
verlegte seinen und seiner Familie Wohnsitz sogleich nach Kösen, obschon
ein Theil der Einwohner ihn begünstigte und die Mehrzahl der Gem
einen andern Candidaten für die Stelle wählte. Zwar legte R. am 29.
cember 1772 vor dem geistlichen Inspector Hauck in Pforta ein halbstün
Tentamen ab und wurde dabei als befähigt für die Kösener Schule befu
aber nach endlosen Parteikämpfen entschied Kurfürst Friedrich August
Sachsen Ende Januar 1774, R. sei zu entlassen, ebenso sein Mitbewerber,
die Gemeinde Kösen solle eine neue Wahl treffen. Erst 1775 oder noch s
verließ R. Kösen und begab sich wieder nach Naumburg. Es glückte ihm
dem dort garnisonirenden 1. Bataillon des Infanterieregiments „Prinz
Kinderlehrer zu werden. Die damaligen Garnisonschulen waren kein
lichen Einrichtungen, aber die Staatsbehörden gaben den Regimentschefs
auf, für die Ausbildung der Soldatenkinder in den Garnisonen auf
Kosten zu sorgen und die nöthigen Lehrkräfte nach eigenem Ermessen zu
rufen. In der Stellung eines Naumburger Garnison-Kinderlehrers befand
R. im J. 1782, doch verlor er später auch dieses Aemtchen wieder
starb in großer Dürftigkeit am 8. August 1791.

---

*) So ist die Schreibung, die R. selbst anwandte, nicht Raue oder Rauh.

herostratische Berühmtheit hat R. erlangt durch seine schamlosen in der Naumburger Geschichte. Er benutzte das in Naumburg gewesene Interesse für die Vergangenheit der Stadt und ihrer zum Handel mit angeblich alten Chroniken, die lediglich Erzeugnisse und seines Geldbedürfnisses waren. Da er mancherlei gute der deutschen und insbesondere der heimathlichen Geschichte ge-, konnte er in seine Fälschungen überall so viel von beglaubigten verweben, daß der Betrug leidlich verdeckt blieb. Um aufkommenden zu zerstreuen, berief sich R. eben auf Manuscripte älterer Chronisten, vorhandensein aber bis dahin niemand gekannt hatte, und die wie ge- von ihm erdichtet worden sind. So citirt er als Gewährsleute be- einen fabelhaften Benedict Taube, der Mönch des Naumburger Georgen- gewesen sein soll; ferner einen Floßschreiber Daniel Schirmer in Kösen, gewissen Daniel Schertzer, einen August Nosdelf, einen Peter Rielemann, nie existirt haben.

ersten Versuch litterarischer Taschenspielerei unternahm R. 1782 mit Commandeur des Naumburger Infanteriebataillons gewidmeten „Die Schwachheit über die Stärke, oder gründliche Nachricht von 1432 vor Naumburg sich gelagerten Heere der Hussiten unter ihrem Heer- Procopio, und dem daher entstandenen Naumburgischen Schul- oder , alles aus sehr raren und seltenen Urkunden zusammengetragen“. schon gegen Ende des Mittelalters nachweisbare jährliche Schulfest der burger Jugend, das seit 1526 reorganisirt als Kirschfest gefeiert wird, nach dem 30jährigen Kriege aus Mißverständniß die Erinnerung an ttung Naumburgs durch die Kinder ankrystallisirt. Eine ganz all- gehaltene Andeutung davon kommt zuerst 1670 vor; später fixirte sich ichte auf eine angebliche Belagerung Naumburgs durch die Hussiten, da nur in ganz unbestimmter Weise und ohne jede speciellere An- Die Broschüre von R. bot den angenehm überraschten Einwohnern gs den Vorgang in haarkleiner Detailmalerei, wie sie nur je der Phantasie eines Fabulisten entsprungen ist. Man staunte, freute feierte das Kirschfest, das gerade damals sehr in Verfall gerathen war gehen drohte, von da ab wieder mit neuer Begeisterung. Man kann fast als eine Folge der Rauhe'schen Fälschungen bezeichnen, daß das Krisis überdauert und sich bis zur Gegenwart erhalten hat. An gewebe des Fälschers glaubte die Bürgerschaft bald so fest wie an gelium, trotz der warnenden Stimmen sachverständiger Personen, die durchschauten. Der Stadtrichter und nachmalige Landrath K. P. ließ 1811 eine allgemein verständliche Abhandlung über die „Sage Hussiten vor Naumburg“ (wiederholt in seinen Kleinen Schriften I, –232) erscheinen, in der er die Rauhe'schen Fabeleien mit dem kritischen zerlegte; aber trotzdem erlebte die Broschüre von R. im Journal für Deutschland 1790, S. 366 ff., dann nach ihres Verfertigers Tode unbelehrbarer Einwohner 1818 und sogar noch einmal 1885 neue Als A. v. Kotzebue 1801 bei einem Besuche in Naumburg das kennen lernte, schuf seine schreibselige Feder im engen Anschluß an Fälschung schnell das weinerliche vaterländische Schauspiel mit Chören ssiten vor Naumburg im Jahre 1432“, das 1803 zuerst gedruckt Noch unter dem ersten Eindruck dieses thränenseligen Rührstücks er- im J. 1803 Aug. Mahlmann's witzige und humorvolle Parodie „Herodes hlehem“. Wie sehr sie durchschlug, geht schon daraus hervor, daß sie 1867, als die „Hussiten vor Naumburg“ längst zu den Toten geworfen waren, in 5. Auflage gedruckt wurde, trotzdem konnte sie der ersten Begeister für das verspottete Original keinen Damm entgegensetzen. Bei der vorherrsch den Bühnenstellung, die Kotzebue's Stücke damals einnahmen, kamen „Hussiten" auf den größeren deutschen Theatern bald überall zur Aufführ trugen in raschem Fluge die Kunde von der wunderbaren Hochher Prokop's durch alle deutschen Lande und machten das früher wenig be Kirschfest mit einem Male zur Berühmtheit. Die Mär sickerte allmählich nach Böhmen durch und wurde von den Slaven gern geglaubt. In tschechischen Schullesebüchern findet man seitdem einen Abschnitt von K. über die vermeintliche Edelthat des nationalen Helden Prokop d. Gr. der Ueberschrift: „Mächtig ist die Bitte des Unschuldigen", und der tsch Historienmaler Jaroslav Čermák schuf 1874—1875 ein großes G „Prokop d. Gr. vor Naumburg", das sich zu Paris im Privatbesitz be Ja sogar noch 1906 hat der deutsche Maler Müller-Münster aus St Aula des neuen Realgymnasiums in Naumburg mit einem großen W gemälde „Die Naumburger Kinder vor Prokop" schmücken müssen. Das gemein bekannt gewordene Lied „Die Hussiten zogen vor Naumburg", zur angeblichen Säcularfeier 1832 von dem damaligen Auscultator Seyferth (s. d.), ist eine humoristische Verspottung der Rauhe'schen Von dieser weittragenden Wirkung seiner Lügengespinnste hat der Prophet R. freilich nichts mehr erlebt, aber der klingende Erfolg, de Verkauf der Broschüre „Die Schwachheit über die Stärke" sogleich brachte, ermuthigte ihn zu weiterer Bethätigung seiner Fälscherkünste. den Druck zwar veröffentlichte R. nichts Neues mehr, aber er handelte seinem Tode mit allerhand chronikalischen Schriftstücken, die er für von Benedict Taube's großer Handschrift ausgab und in zahlreichen an Bürger Naumburgs gegen gute Bezahlung verkaufte. Schließlich auch Abschriften der ganzen Chronik in hunderten von Bogen unter ellenl Titeln zum Vorschein. Bei einem Exemplare lautet der Titel (mit Verkürzungen): „Umständliches Chronicon Numburgense . . . auf das fältigste aufgezeichnet und mit Zeichnungen und Rissen versehen, welches und nach zusammengebracht von denen Archivariis des Klosters St. außer Naumburg, bis es beschlossen worden im Jahre 1540 von Ben Tandio." Niemals hat wohl die Phantasie eines erfindungsreichen Fäl größere Triumphe gefeiert, als in dieser unglaublichen Pseudochronik, vo nicht nur zahlreiche Exemplare im Privatbesitz existiren, sondern mehrere in wissenschaftliche Bibliotheken eingedrungen sind. Auch verschiedene schriften haben Rauhe'sche Erfindungen kritiklos abgedruckt, namentlich „Beiträge zur sächsischen Geschichte, besonders des sächsischen Adels" (burg 1791). Selbst geschulte Historiker sind getäuscht worden, und noch Voigt z. B. betrachtet in seinem „Moritz von Sachsen" 1876 Daniel Schir „Merkwürdigkeiten bei dem Einzuge Kaiser Karl's V. 1547 zu Naum als eine unverdächtige Quelle. Es ist zu beklagen, daß ein so federgew Mann mit so erfinderischer Phantasie wie R. durch seine niedrige und werfliche Gesinnung auf den unehrenhaften Pfad litterarischer Fälschunge führt worden ist; im Gebiete des Romans und der Erzählungskunst wür es zweifellos zu besserem Ruhm und Ansehen haben bringen können.

Kösener und Pförtner Acten. — Naumburger Otmarskirchenbuch J. P. Chr. Philipp, Geschichte des Stifts Naumburg und Zeitz, S. (Taube), S. 19 (Schertzer), S. 20 (Schirmer), S. 87 f. (Rauhe), S. — E. Zergiebel, Chronik von Zeitz II, 13—16, 57. — K. P. Lep Geschichte der Bischöfe von Naumburg I. Vorrede S. VIII. — Ders., U [illegible] Bericht von der Rudelsburg und die Taube'sche Chronik. In [illegible]mittheilungen des thüring.-sächs. Vereins Heft 2, S. 69 ff. — Ders., [illegible] Schriften I, 213 ff., 220—222; II, 227. — W. Bernhardi, Chronik [illegible] Naumburg, S. 134 f. mit Anmerkung. — P. Mitzschke, Luther, [illegible] und die Reformation, S. 33 f., Anmerkung 4. — Ders., An-[illegible] und Entwicklung der Naumburger Hussitensage, S. 14 ff. — Ders., [illegible] Naumburger Hussitensage bei den Tschechen. Im Naumburger Kreis-[illegible] 1905, Nr. 186, zweites Blatt. — P. Flemming, Briefe und Acten-[illegible] zur ältesten Geschichte von Schulpforta, S. 27, Anm. 2. — P. Mitzschke, [illegible] Naumburger Kirschfest, in den „Grenzboten" 1891, III, Nr. 34, [illegible] ff. — Naumburger Kreisblatt 1902, Nr. 12, Beilage, unter „Kösen". [illegible] Schöppe, Die Litteratur des Kirschfestes, S. 4, 6. — Ders., Das [illegible]burger Kirschfest, S. 2. — Bergner, Bau- und Kunstdenkmäler der [illegible] Naumburg, S. 17. Mitzschke.

[illegible]schenbusch: August Ernst R., Dr. phil., evangelischer Geistlicher, [illegible]er, pädagogischer, historischer und belletristischer Schriftsteller, 1777 [illegible]40. R. war der Sproß einer alten Pastorenfamilie, die durch mehrere [illegible] die Pfarre zu Merbeck im Lippischen bekleidet hatte. Die Familie [illegible] von einem große Bauernhofe bei Herford, dem Rauschenbuschhofe, dessen [illegible] noch jetzt den Namen Rauschenbusch führen. Sein Vater, Hilmar Ernst [illegible]busch, lutherischer Prediger zuerst in Bünde in Westfalen, wo auch [illegible] Ernst die ersten 18 Jahre seines Lebens zubrachte, dann in Elberfeld; [illegible] von der alten Schule, eine bedeutende Persönlichkeit und auch als [illegible]er, z. B. in einer Schrift über Armenpflege, in bemerkenswerther [illegible] hervorgetreten. Nach nur zweijährigem theologischen Studium in Mar-[illegible] er Jung-Stilling näher trat, und Göttingen erwarb R. 1798 bei [illegible]schen und 1800 bei der märkischen Synode das Zeugniß der Wahl-[illegible] bei letzterer mit dem Zeugniß „vorzüglich bestanden". Von 1802 [illegible] war er Pfarrer in Kronenberg bei Elberfeld, von wo aus er nun, [illegible] hin- und herwandernd, vielfach den kränklich gewordenen Vater in [illegible]schäften unterstützte, auch mehrere jüngere Brüder zur Universität vor-[illegible]. Von 1808—14 war er Rector einer höheren Bürgerschule in [illegible] bei Elberfeld. In diese Zeit fällt die Abfassung einer kleinen Schrift [illegible]lismus und Pietismus", sowie vornehmlich die der „Auserlesenen [illegible] Historien aus dem Alten und Neuen Testament nach Hübner", deren [illegible]lage 1806 erschien und die außer vielfachen Nachdrucken gegen 100 [illegible] Auflagen erlebte (vor mir liegt die 73. Aufl. von 1874) und ins [illegible] Polnische und Französische übersetzt wurde. Ihr Gebrauch in [illegible]schulen ist bis 1895 nachweisbar. Er hat dazu auch ein mehr-[illegible] „Handbuch für Lehrer beim Gebrauch der biblischen Historien" ver-[illegible] nach seinem Tode in neuer Bearbeitung wieder aufgelegt worden [illegible] ist ein eigenthümliches Zusammentreffen, daß R. in diesen Schwelmer [illegible] mit dem Bearbeiter eines ähnlichen Schulbuches, Friedrich Kohlrausch, [illegible]schaftliche Beziehungen trat. Die Kohlrausch'schen „Geschichten und [illegible] Alten und Neuen Testaments für Schulen" gingen aus Anregungen [illegible]bart'schen pädagogischen Seminars in Göttingen 1810 hervor, er-[illegible] 1812 und erlebten 1862 die 23. Auflage. Aus häufigen Zusammen-[illegible] bei Kohlrausch, der damals Rector einer höheren Bürgerschule in [illegible] war, an denen auch der spätere Oberhofprediger in Berlin, Friedr. [illegible] damals Pfarrer in Ronsdorf bei Elberfeld, theilnahm, entstand Juni [illegible] unter Betheiligung auch einiger anderer benachbarter Geistlicher, das

Platokränzchen, in dem allwöchentlich ein Nachmittag und Abend der
eines platonischen Dialogs und lebhaften Diskussionen über philosophische,
logische und politische Zeitfragen gewidmet wurde. Es bestand bis Ende
1818 (s. Fr. Kohlrausch, Erinnerungen aus meinem Leben 1818, S.
128 f.). Nach einer mir vorliegenden handschriftlichen Aufzeichnung
aus diesem Kränzchen — wie wohl auch aus der 1804—10 erschienenen
schrift Schleiermacher's — die Anregung zu selbständigen Studien über
Leben erhalten (siehe weiter unten!), die jedoch zu keiner Veröffent
führten.

Anfang 1814 trat R. als Feldprediger bei der „Bergischen Brigade"
Generallieutenant v. Hünerbein ein, machte die Belagerung und Ein
von Mainz mit und überstand ein gefährliches Lazarethfieber, das er sich
unerschrockene Ausübung seiner Seelsorgerpflichten bei den Verwundeten
gezogen hatte, nur durch die hingebende Pflege seiner Gattin, die
Kunde seiner Erkrankung herbeigeeilt war. Bei der ersten Jahresfe
Leipziger Schlacht 1814 finden wir ihn in der gleichen Berufsstel
Düsseldorf als feurigen Festredner thätig. Die Predigt liegt gedruckt
Bei diesem Anlaß entstand auch sein ausgezeichnetes, patriotisches Gedicht
glänzt auf der Berge nächtlichen Höh'n, wie heilige Opferflammen?"
andere patriotische Lieder von ihm aus dieser Zeit wurden auf flie
Blättern verbreitet. Wahrscheinlich ist er auch Verfasser der herrlichen D
„Das eiserne Kreuz" („Als ein Denkmal jener Tage Ueberstandner L
zeit" u. s. w.).

Von 1815 bis zu seinem Tode 1844 war R. Pfarrer in Altena
Lenne. Hier entfaltete er eine überaus vielseitige Thätigkeit. Außer
Functionen als Geistlicher, zeitweise auch als Superintendent, sowie als
Herausgeber des Märkischen Gesangbuches und Verfasser eines Agendenent
war er besonders für Hebung des Schulwesens thätig, begründete
Art Fortbildungsabendschule für Arme, an der er selbst unterrichtete, und
außerdem für solche, die sich wissenschaftlich weiterbilden wollten, unentg
private Curse in Geschichte, Geographie und Sprachen. Im J. 1818 er
von ihm anonym der Roman „Idaline oder das Fest der Einkleidung
Abtei zu Heiligensee". Aus dieser ersten Altenaer Zeit findet sich eine
würdige Schilderung seiner Geistesart in der anonymen parodirenden
führung von Wilhelm Meister's Lehrjahren, die unter dem Titel „
Meister's Wanderjahre", 5 Theile, 1821—28 (Bd. 1—3 in 2. Aufl.
sogar den echten Wanderjahren den Vorsprung abgewannen; Verfasser
ist Fr. Wilh. Pustkuchen, nach dem Pseudonym Glanzow, unter dem er
Theil seiner zahlreichen Schriften erscheinen ließ, auch Pustkuchen-Gla
genannt, damals evangelischer Pfarrer in Limme bei Lemgo (vgl. den A
„Pustkuchen" in der A. D. B. und W. Creizenach in der Einleitung
Bd. 19 der Cotta'schen Jubiläumsausgabe 1906, S. XIV—XVIII). Von
Mitte des 3. bis zur Mitte des 5. Theiles erscheint hier bedeutsam in
Gang der Handlung eingreifend die Figur des Bergraths Anselmo, unter
sich, wie schon die Uebereinstimmung der angeführten Lebensdaten zeigt,
R. verbirgt. Die Schilderung ist im Ganzen mißgünstig, wie ja auch
Goethe in dieser Schrift schlecht wegkommt. Anselmo ist sehr geistvoll
kenntnißreich, aber etwas barock-sarkastisch; vornehmlich aber zu vielseitig
in seinen Interessen und Bestrebungen sprunghaft wechselnd. Bemerkensw
ist, daß ihm auch die Beschäftigung mit einem Leben Plato's beigelegt wi
und daß ihm dabei eine merkwürdig gescheite und gegen die Schleiermacher'sche
Theorie vortheilhaft abstechende Ansicht von der allmählichen Entwicklung de

...nischen Gedankenkreises in den Mund gelegt wird. (Band 3, 2. Aufl., ... S. 291 ff.). Jedenfalls müssen damals zwischen den beiden Männern ... persönliche Beziehungen bestanden haben.

... 1830 entfaltete R. eine besonders lebhafte und vielseitige schrift... Thätigkeit. Abgesehen von einem (mir nicht vorliegenden) „Leben ... Beiträgen zu einem von seinem Schwiegersohne Karl Aug. Döring, ... in Elberfeld (s. A. D. B. unter dem Namen) seit 1830 heraus... „Christlichen Taschenbuch" gab er anonym den Roman „Leben, ... und Fahrten eines jungen Buchhändlers oder Erziehung und Leben" ... (Schwelm 1830). Im selben Jahre erschien eine kleine Schrift „Die ... Eigenthümlichkeiten der Länder Jülich, Cleve, Berg und Mark", ... Hermann Hamelmann's" (des Geschichtsschreibers der Reformation und ...manismus in Westfalen, s. A. D. B. unter dem Namen) „Leben. Ein ... zur westfälischen Reformationsgeschichte." Ein Vortitel bezeichnet diese ... als Theil I einer Serie „Bilder westfälischer Theologen"; doch ist außer ... Darstellung des Märtyrerthums Adolf Clarnbach's und Peter ...'s in der gleichen Richtung nichts weiter erschienen. Dagegen gab er ...sammen mit Friedr. Harkort „Friedrich v. Hövels' — eines aus... gemeinnützigen westfälischen Landedelmannes und Verwaltungs..., 1766—1826 — hinterlassene Schriften. Erster Theil" (Elberfeld) ..., zu welcher Schrift R. einen kurzen Nekrolog und eine längere Denk... über die Verdienste von Hövels beisteuerte. Im J. 1833 erschien sein ...ungsbüchlein oder Anweisung zur Erziehung der Kinder für den Bürger ...andmann". Rauschenbusch's Wunsch, aus dem zwar gesegneten und ...ichen, aber doch in enger Sphäre sich bewegenden Wirken in Altena ... theologischen Lehrthätigkeit an der Bonner Universität berufen zu ..., ist nicht in Erfüllung gegangen. Ostern 1840, am 25. Jahrestage ... Einführung in Altena, erlag er wiederholten Schlaganfällen.

... Vgl. Fr. Aug. Schmidt, Neuer Nekrolog der Deutschen, Jahrg. 1840, ... 152, woselbst auf das Elberfelder Intelligenzblatt 1840, Nr. 90, ... Quelle verwiesen wird, und die Aufzeichnungen seines Sohnes ... Rauschenbusch in Walter Rauschenbusch, Leben und Wirken von Aug. ...schenbusch, Cleveland (Ohio) 1901, S. 2 ff.

A. Döring.

...chbauer: Karl R., Parlamentarier, geboren zu Graz am 6. Januar ..., absolvirte die juridischen Studien an der Universität seiner Vaterstadt ...urde 1839 zum Doctor beider Rechte promovirt. Er diente zuerst als ... bei der k. k. Kammerprocuratur in Graz und wurde 1846 zum ... Gerichtsadvocaten daselbst ernannt.

...ie politische Laufbahn, welche sich für ihn im Laufe der Jahre glänzend ...e, betrat er im provisorischen Landtage des Herzogthums Steiermark ... 1848, dem er jedoch nur in den drei letzten Sitzungen (6., 7. und ...ember) als Vertreter der Universität Graz angehörte.

... J. 1850 wählten ihn seine Mitbürger in den Gemeinderath der ... Graz; als aber das Ministerium Bach die freie Wahl in den Ge... aufhob und ihn durch von der Regierung ernannte Mitglieder ...trat R. aus dieser Körperschaft, hielt sich gleich seinen Gesinnungs... Moritz v. Kaiserfeld, Moritz Ritter v. Franck u. A. während der Zeit ... ferne von jeder politischen Bethätigung und wirkte nur in seinem ... Rechtsanwalt.

...dem sich die politischen Verhältnisse zu ändern begonnen hatten und ... auch in Graz wieder ein Gemeinderath durch die Wahl der Bürger war einberufen worden, wurde er in denselben gewählt. Diese Körpersch entwarf das jetzt noch geltende Gemeindestatut und der leitende Kopf b diesem Gesetzgebungsacte war R.

Als nach dem Erscheinen des kaiserlichen Patentes vom 26. Februar 18 (Februarverfassung) und der neuen Landesordnung für Steiermark die Wahl für den Landtag dieses Herzogthums stattfanden, beriefen gleichzeitig Wahlbezirke Innere Stadt Graz, sowie die Märkte Aussee und Fronleiten als ihren Vertreter in denselben. Er entschied sich für Graz, wurde vo Landtage in den Reichsrath entsendet, dem er durch stete Wiederwahlen, au nachdem seit 1873 die Abgeordneten in den Reichsrath nicht mehr durch Landtage, sondern durch directe Wahlen der Wahlberechtigten gewählt wurde bis 1885 als Vertreter der inneren Stadt Graz angehörte. Unentwegt bli er während seiner ganzen politischen Laufbahn der deutschliberalen Partei g treu, aus der sich die Autonomistenpartei, ursprünglich nur eine kleine Grup von wenig über 20 Abgeordneten, herausgebildet hatte; als einer ihrer Führ kann R. bezeichnet, und ihr Programm in folgender Weise skizzirt werde Sie anerkannten das Octoberdiplom, die Februarverfassung und die Lande ordnungen als Grundlagen, auf welchen die Einheit Oesterreichs befesti politische und bürgerliche Freiheit begründet und ein dauernder Rechtszustan herbeigeführt werden solle. Um die gemeinsame Behandlung aller dem Reich rathe zugewiesenen Arbeiten zu ermöglichen, müsse jedoch der Weg der Ve ständigung mit Ungarn eingeschlagen werden. Die Lösung der staatsrechtlich Fragen mit der ungarischen Reichshälfte solle aber nicht ohne Zustimmu des Reichsrathes erfolgen. Das autonome Leben der einzelnen Länder so innerhalb der Grenzen der Verfassung geschützt und gefördert werden; Lücken der Verfassung wären auszufüllen. Die Grundsätze der Freiheit, d Rechtes und der Selbstbestimmung sollen in allen Zweigen des häusliche corporativen und nationalen Lebens zur Geltung gebracht werden. Da gehöre die volle Autonomie der Gemeinde und des Bezirkes, damit das Vo selbst Antheil habe an der Entwicklung verfassungsmäßiger Institutionen, f die es Opfer zu bringen habe. — Auf Grundlage dieses Programms ve einigte sich die Gruppe der Autonomisten mit denen der Unionisten und Großösterreicher unter dem Gesammtnamen der Verfassungspartei.

Von Rechbauer's erfolgreicher und umfassender politischer Thätigkeit, u speciell von der im Reichsrathe und im steiermärkischen Landtage, soll hi noch einiges hervorgehoben werden. In der 97. Sitzung des Abgeordnete hauses am 28. Februar 1862 plaidirte er in einer großen Rede für die Fre gebung der Advocatur, welcher jedoch erst durch die neue Advocatenordnu vom 6. Juli 1868 stattgegeben wurde. — Nachdem der von Kaiser Fra Josef I. berufene und unter dessen Vorsitz stattgefundene Fürstentag zu Fran furt a. M. (1. September 1863) geschlossen war, regte R. im Abgeordnete hause die Bildung eines „deutschen Clubs" an, in dem sich alle Abgeordnet vereinigen sollten, welche die Berufung und Beschickung eines deutschen A geordnetentages für zweckmäßig und zeitgerecht hielten. Herbst jedoch bekämp diesen Vorschlag mit der Einwendung, daß es nicht möglich sei, die Refor projecte des Fürstentages mit den Bestimmungen der Februarverfassung i Einklang zu bringen, und Rechbauer's Plan realisirte sich nicht. — 25. November 1863 starb König Friedrich VII. von Dänemark, und wurde die schleswig-holsteinische Frage zur brennenden für ganz Deutschla R. interpellirte den Minister des Aeußern, Grafen Rechberg, über di Stellung zu dieser Angelegenheit. Denn R. war der eifrigste Vertreter *deutschnationalen* Gedankens im Abgeordnetenhause und verlangte Oesterre [illegible] an der Besetzung Schleswig-Holsteins, wobei er jedoch betonte, [illegible] der Besetzung durch die Bundestruppen das Land selbst über sein Schicksal zu entscheiden haben werde, was freilich nicht in den In[illegible] der deutschen Executionsmächte — Preußen und Oesterreich — lag. [illegible] sich, erklärte R., um die nationale Ehre, und da dürfe Oesterreich [illegible]bleiben. Rechberg beantwortete die Interpellation am 4. December [illegible] bestritt das Recht des succedirenden Königs von Dänemark, [illegible] IX., auf Schleswig-Holstein und Lauenburg und stellte die deutsche [illegible]kution zum Schutze der deutschen Nationalität dieser Länder, im [illegible] mit Preußen, in Aussicht. Da eben damals das Abgeordnetenhaus [illegible] Voranschlag des Ministeriums des Aeußern berieth, so war es in [illegible] die Bundesexekutionsfrage des weiteren zu erörtern und die Rechts[illegible]keit des Londoner Vertrages vom 8. Juni 1852 darzulegen, auf [illegible] Bestimmungen die deutschen Bundesstaaten ihr Exekutionsrecht be[illegible]. Da R. mit der Beantwortung seiner Interpellation durch den [illegible] Rechberg durchaus nicht einverstanden war, sprach er sich in der [illegible] vom 28. Januar 1864 entschieden gegen die Bewilligung des Zehn[illegible]-Credites für die Bundesexekution in Holstein aus. — Hingegen [illegible] er in den Debatten vom 18.—20. Mai 1865 den Zoll- und [illegible]vertrag mit Deutschland auf das wärmste.

[illegible] 22. October 1865 nahm R. in der Zusammenkunft Moritz v. Kaiser[illegible] Fleckh's mit den oberösterreichischen Autonomisten Wiser und Hans [illegible] und maßgebenden Einfluß an den Berathungen, um mit der von [illegible]führten Rechtspartei zu einer Verständigung über das staatsrechtliche [illegible] zwischen Oesterreich und Ungarn zu gelangen. Ebenso an der [illegible] zu Aussee mit Stremayr, Moritz v. Franck, Wiser, Giskra, Kaiser[illegible] und Groß; die Autonomisten beabsichtigten, die Wege des Födera[illegible] durch Schaffung des dualistischen Systems zu kreuzen und mit Hülfe [illegible]stitution (der später ins Leben gerufenen Delegationen) zur Be[illegible] gemeinsamer Angelegenheiten den Deutschen in den westlichen Ländern [illegible]Gesammt-Monarchie das politische Uebergewicht zu verbürgen; ihren [illegible]tischen Standpunkt vertraten sie in ihrem Programm vom November [illegible] die Forderung nach Erweiterung des Wirkungskreises der Land[illegible] ihre Ansichten fanden Zustimmung auf ungarischer Seite bei jenem [illegible] liberalen Partei, der ein freundliches Verhältniß mit den Deutschen [illegible] wünschte. Dieses Aussee'r Programm bot auch die Grundlage dar [illegible] Constituirung Oesterreichs durch die Staatsgrundgesetze vom 21. De[illegible] 1867. — Der Verfassungssistirung durch das Ministerium Belcredi [illegible] im Grazer Gemeinderathe durch den Antrag entgegen, eine Adresse [illegible] Krone zu richten, um die Wiederherstellung verfassungsmäßiger Zustände [illegible] Einberufung des Reichsrathes zu verlangen. Er begründete seinen [illegible] durch Betonung der Thatsache, daß das im J. 1859 vom Kaiser ge[illegible]sprochen, die „ererbten Uebelstände" zu beseitigen, bisher nur mit [illegible]kraft zu erfüllen versucht wurde, und diese Halbheit habe Oesterreich [illegible]niggrätz geführt.

[illegible] der Debatte über die Verfassungsgesetze von 1867 bekämpfte R. so[illegible] im Verfassungsausschusse als im Plenum den Antrag über die Zu[illegible]setzung des Herrenhauses und über die Wahl des Abgeordnetenhauses. [illegible], unter Hinweis auf die Ereignisse der letzten Zeit, bei denen die [illegible] den Sitzungen ferne blieben und die Kirchenfürsten in einer Adresse [illegible] dem Rechte der Krone als dem Rechte des Volkes in der confessionellen [illegible]gesetzgebung entgegentraten, im Herrenhause sei eine Vertretung der

Rechte des Volkes nicht zu finden. Aber auch im Abgeordnetenhause, das
Interessenvertretung beruhe, seien die Rechte des Volkes nicht gesichert, da
Großgrundbesitz über 25 Procent der Gesammtvertretung verfüge, die
gemeinden mit 42 Procent bedacht seien, während die städtische Bevölk
also die Intelligenz und damit die fortschrittlichen Elemente nur 33
der Volksvertretung darstellen. Das Wahlrecht erscheine in der Verfassun
bedauerlicher Weise eingeschränkt. Die ungarische Repräsentantentafel
446, das österreichische Abgeordnetenhaus nur 203 Mitglieder. R.
für ein von den Landtagen zu wählendes Länderhaus mit 203 und ein
directen Wahlen hervorgehendes Volkshaus mit 300 Mitgliedern. Diese
träge blieben jedoch in der Minorität. Ebenso sein Vorschlag auf Festse
eines bestimmten Termines von vier Monaten für die Wiedereinberufung
Reichsrathes im Falle erfolgter Auflösung, den der damalige Ministerpr
Graf Taaffe lebhaft bekämpfte. Vor Abschluß der Berathungen über die
fassungsgesetze stellte R. den Antrag, daß durch ein besonderes Gesetz
werde, daß die Ausgleichsgesetze und die Gesetze über die Verfassungs
gleichzeitig ins Leben zu treten hätten. Der Antrag wurde angenommen,
dadurch kam die volle Zusammengehörigkeit von Dualismus und Dece
verfassung zum Ausdruck.

In der Budgetdebatte von 1868 wurde über die hohen Militärlasten
über den Druck des Militarismus auf die Staatsfinanzen Klage geführt.
gab dem in folgenden Worten Ausdruck: „Der maßlose Heeresaufwan
das große Uebel, an dem wir leiden, der uns in diese nahezu trostlose
gebracht hat. Daß dies eine begründete Anschauung ist, das werden
wohl zugeben, wenn Sie bedenken, daß seit dem Jahre 1849 über 2000 Milli
für die Armee aufgewendet, daß in manchem Jahre die ganzen Sta
einnahmen für die Armee verwendet wurden. Wo solche Ausgaben für
großen unproductiven Zweck gemacht worden sind, ist es gar kein Wun
daß es dahin gekommen ist, daß uns der finanzielle Ruin entgegenst
„Da gibt es nur ein Mittel, ein entschieden radicales Mittel. Wer
Mittel nicht ergreifen will, ich spreche meine Ueberzeugung unverhohlen
der muß verzichten auf den Bestand Oesterreichs, und dieses Mittel ist,
das Wesen der stehenden Armee ganz und gar geändert wird, und daß
dessen Stelle ein Volksheer tritt in jener Weise, wie es in der benachb
Schweiz, wie es in Amerika besteht, wie es theilweise selbst in unseren
dern, in Tirol und Vorarlberg, geschaffen ist. Man wird sagen, das ist
idealer Standpunkt. Aber ich glaube, ein Volk muß in seiner Wehr
dahin gebracht werden, sich selbst zu vertheidigen, keinen anderen Krieg
führen als den für Haus und Herd, nicht als Opfer zu dienen für ehrgei
dynastische Pläne."

Im J. 1868 war R. Mitglied der österreichischen Delegation. In
war er besonders bemüht, dem arg zerrütteten Zustande der Finanzen
Reiches zu steuern und trat vielen Mehrforderungen des gemeinsamen Mi
riums entgegen, so daß er und seine Gesinnungsgenossen Demel, Figuly
Sturm scherzweise „das Streichquartett" genannt wurden.

Im Herbst 1868 fand im Abgeordnetenhause eine Fusion des Clubs
Liberalen mit dem Club der Linken statt. Die fusionirten Clubs wählten
der constituirenden Versammlung R. zu ihrem Obmann; diese Fusion besta
ursprünglich aus 53 Mitgliedern, stieg jedoch bald auf über hundert.
Zweck derselben war zunächst auf ein einiges Vorgehen bei Berathung
Wehrgesetzes gerichtet, auf dessen Zustandekommen die Krone hohen
legte und für welches sie eine starke Majorität wünschte, um sich nicht

einzelnen Parteigruppen in lange Unterhandlungen einlassen zu müssen. s drängte aber wieder jene Mitglieder der Linken, welche dem Wehrgesetze onirten, einen Club der äußersten Linken zu bilden, der zunächst 29 Mitber, darunter R., der für das Milizsystem eintrat, zählte. Der neue Club nulirte sein Programm in folgenden Punkten: Ausbau der Verfassung im heitlichen Sinne, liberale Entwicklung auf wirthschaftlichem Gebiete, Verlichung der in der Verfassung enthaltenen bürgerlichen Rechte und Freien in politischer und confessioneller Richtung. Ueber das Wehrgesetz sprach R. bei Berathung desselben im Abgeordnetenhause in folgender Weise aus: h begrüße die allgemeine Wehrpflicht als demokratische Einrichtung, denn allein ist gerecht. Ihr Grundsatz ist: gleiche Rechte, gleiche Pflichten für . Allein sie muß in diesem Sinne durchgeführt werden. Die allgemeine rpflicht, soll sie nicht einen ohnehin geschwächten Staat zu Grunde richten, nicht aus dem freiheitlichen, verfassungsmäßigen Rechtsstaate ein Cäsamus, ein Militarismus, eine herrschende Soldateska werden, muß in dem ne aufgefaßt werden, daß nur die allgemeine Bewaffnung des Volkes einhrt wird. Von diesem Gesichtspunkte erscheint mir das Milizsystem allein erichtig".

Die noch immer ungelöste Concordatsfrage und das Verhalten des Papstes nüber dem kirchenpolitischen Streite in Oesterreich veranlaßte R., in der ung des Abgeordnetenhauses vom 10. August 1869 neuerlich für die Aufng des Botschafterpostens in Rom einzutreten: „Hätte ich einen Einfluß die Geschicke Oesterreichs gehabt — es mag vielleicht ein Glück für Oesterh sein, daß es nicht der Fall war —, so hätte ich die päpstliche Allokution der augenblicklichen Abberufung des Botschafters von Rom beantwortet. n, wenn der Herrscher eines anderen Staates sich herausnimmt, die verungsmäßige Gesetzgebung eines Staates vor aller Welt als null und nichtig bezeichnen, den Staatsbürger gegen die Gesetze aufzuhetzen und ihm aufragen, sich dem Gerichte des Staates nicht zu stellen, so möchte ich wohl weifeln, ob irgend ein Staat Europas dies so geduldig hingenommen hätte". hbauer's Antrag blieb jedoch in der Minorität.

Am 24. Januar 1870 trat R. in der Adreßdebatte für die Erlassung Nationalitätengesetzes ein; jeder Nationalität sollen ihre berechtigten Anche zu Theil werden, den Deutschen aber sei jene Stellung zu gewähren, ihnen vermöge ihrer Cultur, ihrer tausendjährigen Geschichte, aber auch halb gebührt, weil sie das Reich geschaffen und zusammengehalten haben. 29. März 1870 brachte R. im Abgeordnetenhause einen Wahlreformrag ein, der dahin ging, daß der Reichsrath aus einem Länderhause und em Volkshause bestehen solle; Mitglieder des ersteren sollten die Prinzen Kaiserhauses, die derzeit dem Herrscherhause angehörigen erblichen und enslänglichen Mitglieder und durch die Landtage zu entsendende Abgeordnete n; das Volkshaus sollte durch unmittelbare directe Wahl zu Stande kommen. eiter beantragte er die Erlassung eines Gesetzes zur Regelung der Grunde und Vorschriften betreffs der Religionsverhältnisse, eines Civilehegesetzes d eines Gesetzes zur Aufhebung des Concordates.

Als infolge inneren Zwistes das Ministerium Taaffe-Hasner gefallen und Ministerium Potocki ernannt worden war, um den Versuch zu unterhmen, eine Verständigung der Parteien auf autonomistischer Grundlage zubahnen, suchte Potocki bei der Zusammenstellung seines Cabinettes nach nem Manne, der in demselben das deutsche Element vertreten sollte; R. urde von der öffentlichen Meinung als dieser Mann bezeichnet. Von Potocki ufgefordert, legte er *sein Programm vor:* „Feststehen auf dem Boden der

Verfassung; jede Veränderung derselben kann nur auf verfassungsmäßi Wege erfolgen; jede Verletzung derselben ist ein Rechtsbruch; zur Kräfti des Constitutionalismus ist eine Reform der Reichsvertretung erforderlich zwar ist die Bildung eines Volkshauses auf Grund directer Wahlen und gestaltung des Herrenhauses in ein Länderhaus zu vollziehen; die staat liche Einheit der im Reichsrathe vertretenen Königreiche und Länder ist antastbar und jeder Versuch, innerhalb des Territoriums des Reiches wie immer geartete neue staatsrechtliche Gebilde zu schaffen, entschieden zu zuweisen; die Autonomie der Königreiche und Länder ist nicht nur geschmälert zu erhalten, sondern im Sinne einer vernünftigen Decentralis zu erweitern; als Anlaß der in einigen Ländern erhobenen Klagen über Eintheilung der Wahlbezirke wäre eine Revision der Landtagswahlordnung vorzunehmen; Erlassung eines freisinnigen Nationalitätengesetzes und Gewährleistung vor Vergewaltigung und Entnationalisirung für jede N und Wahrung der den Deutschen nach Geschichte, Zahl, Bildung und mögen gebührenden, hervorragenden Stellung; volle und wahre, im p tischen Leben durchgeführte Uebung der den Staatsbürgern in den Sta grundgesetzen gewährleisteten freiheitlichen Rechte, daher zunächst Erla eines neuen Strafgesetzes und einer Strafproceßordnung mit Geschwornen u Erlassung eines Religionsgesetzes nach dem Grundsatze: ‚freie Kirche im fr Staate', doch mit Wahrung der vollen Souveränität des Staates gegen der Kirche; Herstellung des Gleichgewichtes im Staatshaushalte, insbeso Herabsetzung des Heeresaufwandes, deshalb Anbahnung des Milizsyst so lange aber ein solches, bei unseren im ganzen noch unfertigen Zustän nicht möglich ist, eine zweckmäßige Umgestaltung des Landwehr-Instit endlich was die Haltung der Monarchie nach außen betrifft, Fernhaltung hemmenden und störenden Einwirkens auf die Gestaltung Deutschlands, kämpfung der russischen Agitationen in den slavischen Ländern und mögli freundschaftliches Verhältniß zu Preußen und Italien".

Dieses Programm fand hohen und höchsten Ortes nicht Zustimmung Rechbauer's Berufung ins Ministerium unterblieb.

Das Ministerium Potocki war nur von kurzer Dauer; dem edlen, den besten Intentionen erfüllten Grafen Potocki gelang die Versöhnung Nationalitäten nicht; und so entschloß sich die Krone zu dem Versuche, Oest reichs Verfassung auf föderalistischer Grundlage umzugestalten. Hiezu wu das Ministerium Hohenwart, dessen spiritus rector (oder vielleicht besser sagt advocatus diaboli) Schäffle gewesen zu sein scheint, berufen. Nun be gann für die Deutschen im Donaureiche die Gefahr der Beseitigung Decemberverfassung und des Uebergewichtes der Slawen im politischen Le Da waren es Kaiserfeld und R., welche die Clubs im Reichsrathe zum Kamp gegen die Regierung einigten. Thatkräftig trug R. dazu bei, daß Hohen wart's Pläne, Oesterreich nach dem Muster der Fundamental-Artikel föderalisiren, den ohnehin sehr eingeschränkten Centralismus zu beseitigen, Kosten des Reichsrathes die Macht der Landtage zu stärken, an die Stelle Einheitsstaates einen Staatenbund zu setzen, scheiterten. Der Widerstand Vertheidiger der Decemberverfassung im Reichsrathe und in den Landtagen, sowie der geläuterten öffentlichen Meinung der Deutschen in Oesterreich der Einspruch der Vertheidiger des Dualismus in Ungarn, Andrássy Wortführer, stürzten das Ministerium Hohenwart, und dem Cabinett Auersperg-Lasser fiel Ende 1871 die schwere Aufgabe zu, Ordnung in die zerrütteten Verhältnisse zu bringen.

. Als Minister Glaser im Parlamente den Entwurf einer Strafproceß- ... vorlegte, trat R. (3. April 1878) gegen die Vorschläge der Regierung, ... Beschränkung dieser Gerichte betreffend, in einer großen Rede auf. In ... österreichischen Delegation (April 1873) brachte R. neuerdings seine Lieb- ..., die Schaffung eines Milizheeres und Verminderung der Ausgaben ... Armee zur Sprache.

Dem Ministerium Auersperg-Lasser gelang es, die Reform des Ab- ...hauses durchzuführen, wonach dieses nicht mehr von den Landtagen, ... direct von den Wahlberechtigten gewählt wird. Von dem ersten in ... Weise gebildeten Hause wurde R. (16. November 1873) zum Präsidenten ..., welche Würde er bis 1878 bekleidete. Als die Tschechen gegen diese ...stellung des Hauses protestirten, erwiderte R., daß „die Rechts- ...keit der Verfassung und der rechtliche Bestand des Reichsrathes in ... Weise Gegenstand der Discussion oder Beschlußfassung oder von Differ- ... sein könne". In der österreichischen Delegation von 1874 und in ... 1876 wurde R. ebenfalls zum Präsidenten gewählt, es waren ihm ... kurzer Zeit die höchsten parlamentarischen Würden zu Theil geworden. ... sie sowohl im Abgeordnetenhause als in den Delegationen in dem ... aus, wie er es in der Eröffnungsrede ausgesprochen hatte: „Die ...ung, welche mir hier [als Präsident] obliegt, ist eine außerordentlich ...ige, aber ich werde dabei das Eine beobachten: die strengste Gewissen- ...keit und Unparteilichkeit und die Unabhängigkeit nach jeder Richtung. ... wenn ich diesen Ehrenplatz einnehme, gibt es für mich keine politischen ... und Gegner. Hier kenne ich nur die freigewählten Vertreter des ... Reiches, mit gleichen Rechten, mit gleichen Pflichten. Die Redefreiheit, ... Palladium des Constitutionalismus, will ich im weitesten Umfang ..., dabei aber mir stets gegenwärtig halten, daß die Würde des Hauses ... Mitgliedern gewahrt werden müsse".

Das Jahr 1879 brachte eine staatsrechtliche Umwälzung von grund- ...gender Bedeutung für Parlament und Verfassung in Oesterreich; die Tra- ... der centralistischen Regierungsform mit ihrer deutschen Spitze wurden ...lassen, ein neues staatsrechtliches Verhältniß der Königreiche und Länder ... angestrebt. Das Ministerium Auersperg-Lasser fiel, Taaffe trat (August ...) an dessen Stelle. Als sein Programm bezeichnete er die Versöhnung ... Nationalitäten auf dem gemeinsamen Boden der Verfassung; in der That ... war es seine Politik, den slavischen und klerikalen Parteien Zugeständnisse ... Kosten der Deutschen, ihres Besitzstandes und auf Kosten der Staats- ... zu machen und die föderalistische Gestaltung Oesterreichs vorzubereiten. ... als entschiedener und starker Gegner dieser Regierung im neugewählten ...rathe entgegen und schloß sich dem, allerdings in der Minorität ge- ... Adreßentwurfe an den Kaiser an, der in den Worten gipfelt: „Wir ... es jedoch für unsere patriotische Pflicht, zugleich offen und loyal aus- ..., daß wir eine Revision der Staatsgrundgesetze in der Richtung ... abermaligen Erweiterung der Landesautonomie mit dem Bestande eines ...lichen constitutionellen Staatswesens nicht mehr verträglich halten".

Als die Tendenzen Taaffe's immer deutlicher hervortraten, als sein ...sterium in der That ein slavisch-klerikales Cabinet geworden war, charakteri- ... es R. in einer Rede an seine Wähler am 10. September 1881: „Die ... dieser Periode war die parlamentarische Corruption. Alle Actionen ... reactionären, feudalen, nationalen und klerikalen Parteien hatten das ge- ...same charakteristische Merkmal, die Tendenz des Deutschthums zu unter-

Im J. 1881 vereinigte sich der deutsche Fortschrittsclub und der Cl[illegible] der Linken zum Schutze der bedrohten staatlichen und nationalen Inter[illegible] zunächst zur Bekämpfung der herrschenden Regierungspolitik, in einen par[illegible] mentarischen Club, welcher den Namen „Vereinigte Linke" führte; R. geh[illegible] zu den Gründern, eifrigsten und thatkräftigsten Theilnehmern dieses C[illegible] im Abgeordnetenhause des Reichsrathes.

In der Ende 1883 geführten Debatte über den Antrag des Gr[illegible] Wurmbrand auf gesetzliche Feststellung der deutschen Staatssprache erkl[illegible] die Tschechen, daß dies gegen die in den Staatsgrundgesetzen ausgespro[illegible] Gleichstellung und Gleichberechtigung aller Nationalitäten verstoße, welc[illegible] den im Reichsrathe vertretenen Königreichen und Ländern wohnen. R. [illegible] widerte hierauf: „Ich verstehe das Wort ‚Gleichberechtigung' dahin, da[illegible] Nationalität des Bürgers keinen Unterschied in dem Genuß der bürgerl[illegible] und politischen Rechte begründen darf. Jede Nationalität hat gleichen [illegible] spruch, sich unbehindert zu entwickeln und zu verlangen, daß ihr der [illegible] die Mittel dazu bietet und die Hindernisse beseitigt werden. Allein Gl[illegible] stellung und Gleichberechtigung ist nicht dasselbe. Sowie es im bürgerl[illegible] und politischen Leben immer Unterschiede nach den Graden der histori[illegible] Entwicklung des Besitzes und der Bildung gibt, so gibt es auch solche [illegible] den Nationalitäten und eine faktische Gleichstellung wird niemals zur [illegible] führen und niemals dazu führen können".

Bei der Berathung der Wehrgesetznovelle (7. December 1881) sprach [illegible] aus finanziellen Gründen gegen dieselbe, und zwar in folgender Weise: [illegible] im Jahre 1868 das Wehrgesetz berathen wurde, habe die Regierung [illegible] sichert, daß bei einem Kriegsstande von 800 000 Mann der Heeresauf[illegible] 80 000 000 fl. betragen würde, und bei der Berathung des Landwehrge[illegible] wurde versichert, die Landwehr werde 800 000 fl. kosten. Nun erfordere [illegible] Kriegsbudget 110 000 000 fl., die Landwehr 4 000 000 fl. Nach den [illegible] herigen Bestimmungen gehört die Ersatzreserve nicht zum Kriegsstande, w[illegible] aber nach Vorschlag der Regierung die Ersatzreserve in den Kriegsstand [illegible] bezogen würde, so erhöhe sich der Kriegsstand auf 900 000 Mann, wod[illegible] dem Staate Kosten erwachsen, die er schwer oder gar nicht tragen könne.

Im Mai 1883 gelangte im Abgeordnetenhause die Regierungsvorl[illegible] über die Landwehrreform zur Debatte. Die Majorität stimmte der Anwend[illegible] des § 5 des Gesetzes über die gemeinsamen Angelegenheiten auf die Landw[illegible] zu und lehnte die Forderung der Minorität ab, bei Annahme dieser B[illegible] stimmung die Zweidrittelmehrheit constatiren zu lassen. R. wies darauf hi[illegible] die Vorlage muthe der Volksvertretung zu, auf eines der wichtigsten parlam[illegible] tarischen Rechte zu verzichten und etwas, was bisher nur im Wege der G[illegible] setzgebung zu bestimmen möglich war, in Zukunft ohne diese der Executive [illegible] überlassen. Die Vorlage verlange wirthschaftliche Opfer und finanzielle Las[illegible] die Feststellung der Cadres werde der Executive überlassen; Officiere s[illegible] auch außer zu den Dienstübungen zur Dienstleistung herangezogen werd[illegible] Auch bezüglich der Einberufung und Mobilisirung der Landwehr wird [illegible] Recht des Parlaments eingeschränkt und § 14 des Staatsgrundgesetzes [illegible] die Reichsvertretung verletzt. Die slavisch-klerikale Majorität ging über [illegible] diese gegründeten Bedenken hinweg, die Regierungsvorlage wurde mit einfa[illegible] Majorität angenommen und im October 1883 mit der Neuorganisation [illegible] Landwehr begonnen.

Neben den anstrengenden und aufreibenden Arbeiten im Reichsrathe wa[illegible] er nicht minder thätig im steiermärkischen Landtage. In diesem war er i[illegible] der Session von 1863 Referent über die Regierungsvorlage, betreffend ein

Gemeinde-Ordnung und über die Gemeinde-Wahlordnung. In der desselben Vertretungskörpers vom 30. September 1871 stellte er des Verfassungsausschusses mit eingehender Motivirung den Antrag, steiermärkische Landtag möge aussprechen, daß die in den Staatsgrund- nicht begründete staatsrechtliche Sonderstellung des Königreichs Böhmen den übrigen Königreichen und Ländern unzulässig sei, weil dadurch staatsrechtliche Einheit aller im Reichsrathe vertretenen Länder zerrissen, der gesammte Rechtsboden des Reiches durchbrochen und die staatsrecht- stellung aller übrigen Länder verschoben werde. Nach langen und leb- Debatten, in welchen insbesondere die slovenischen und klerikalen Ab- diesen Antrag auf das heftigste bekämpften, wurde er von dem mit großer Majorität als Resolution angenommen.

bauer's politisches Verhalten und Charakterfestigkeit hatten ihm die der besten deutschen Männer des In- und Auslandes zugewendet; Anerkennungsadressen von Kassel und von den Deutschen in New- letztere erwiderte er mit der Versicherung, daß er den nunmehr nommenen Kampf um den Besitz und die Erhaltung der Freiheit mit Aufgebote aller seiner Kräfte und mit ganzer Hingebung mitzukämpfen, und überall für das Volk und die Rechte desselben einzutreten, als Lebensaufgabe erachte. 1867 wurde er zum Ehrenbürger seiner Vater- ernannt, und eine schöne Straße in einem neuen Stadttheil von Graz seinen Namen. Der Kaiser erhob ihn zum wirklichen geheimen Rath Excellenz).

R. war auch Director der steiermärkischen Sparcasse in Graz, eines ungemein wohlthätig wirkenden Institutes; er war ein großer Freund Musik, selbst musikalisch gebildet, Ausschuß des steiermärkischen Musik- und Vorstand des Grazer Männergesangvereins.

Seine Gemahlin, die Tochter des k. k. Finanzprocurators und Guber- Dr. Josef Schweighofer, mit der er in zwar kinderloser, aber un- glücklicher Ehe seit 1848 lebte, wurde ihm schon im J. 1861 durch entrissen, in dem Momente, als seine glänzende politische Laufbahn „Ich habe kein Weib, keine Kinder, mein ganzes Leben gehört Volke“, soll er gesagt haben.

schweres Leiden nöthigte ihn, 1885 dem öffentlichen Leben zu ent- er lebte nunmehr in stiller Zurückgezogenheit, doch allseits hochgeachtet verehrt, in seiner Vaterstadt Graz, in der er am 12. Januar 1889 starb.

Wurzbach, Biographisches Lexikon d. Kaiserthums Oesterreich, 25. Theil, —89. — Kolmer, Parlament und Verfassung in Oesterreich, I. Bd. —1869. Wien und Leipzig 1902. II. Bd. 1869—1879, 1903; Bd. 1879—1885, 1905.

Franz Ilwof.

Rechberg: Johann Bernhard Graf R. und Rothenlöwen, entstammt dem schwäbischen Geschlechte Rechberg und Rothen- mit dem Stammhause Hohenrechberg im Oberamt Gmünd, dessen Stamm- 1194 die Marschallwürde im Herzogthum Schwaben bekleidete. Seine sollen schon 1227 die Burg Hohenstaufen besessen haben und hatten Sitz und Stimme auf der schwäbischen Grafenbank. Graf Johann R. und R. wurde am 17. Juli 1806 zu Regensburg als der zweite des Grafen Aloys (1766—1849), der zur Zeit des Wiener Congresses Karlsbader Zusammenkunft bairischer Minister der auswärtigen An- heiten war, geboren. Er wurde im Elternhause erzogen, studirte sodann burg und an der Hochschule zu München, wo er sich für eine Stellung im Staatsdienste vorbereitete. 1828 trat er eine solche als Gesandtschafts-attaché in Oesterreich an. Er wurde der österreichischen Gesandtschaft in ... dann in London zugetheilt; erhielt 1833 einen selbständigen Posten als ...schäftsträger am großherzoglich hessischen Hofe zu Darmstadt, 1836 als ... in Brüssel, dann in Stockholm und wurde 1848 zum bevollmächtigten ... in Rio Janeiro ernannt. Zum Internuntius in Constantinopel designirt, ... er diese Stelle aus, weil man sich geweigert hatte, ihm das dortige ... Subalternpersonal zu opfern, blieb einige Zeit in Disponibilität und ... unter dem Ministerium Felix Schwarzenberg seine diplomatische Thätigkeit ... auf. Im März 1849 kam er als österreichischer Bevollmächtigter nach ...furt am Main, wo er blieb, bis Erzherzog Johann seine Stelle als ...verweser niederlegte (Ende 1849). Ungern übernahm er 1851 den ... bei der auf Anordnung des Bundestages erfolgten Execution in ... durch Truppen (Baiern und Oesterreicher) zu fungiren. Nach Wien ...gekehrt, wurde er im Auswärtigen Amte in dem Departement für ... Angelegenheiten verwendet und 1851 zum Internuntius in Constantinopel ...nannt. Hier gelang ihm die Regelung der durch österreichische Schroffheit ...fahrenen Frage der ungarischen Flüchtlinge, indem er die aus diesem ... mit der Pforte entstandenen Zwistigkeiten beilegte, und mit Energie ... die berechtigten Forderungen der Christen in Bosnien, in der Herzegowina und in anderen Landestheilen des osmanischen Reiches, welche sich ... Bedrückungen der herrschenden Macht erhoben hatten. Die Schwierigkeiten, welche er hierbei zu überwinden hatte, verschafften ihm die traurige ...zeugung von der Untauglichkeit der meisten damals im Oriente bestellten ...reichischen Agenten, und gaben ihm Veranlassung, Vorstellungen und ...vorschläge in dieser Richtung zu erstatten, welche jedoch vorläufig ohne ... blieben.

Während dieser Zeit verwendete ihn das österreichische Cabinet ... einer anderen wichtigen Mission. Im J. 1852 wurde er in außerordentlicher Sendung wegen der Zollfrage an die Höfe der deutschen Mittelstaaten, ... dem Zollvereine angehörten, abgeordnet. Zwischen Preußen und den ... Mittel- und Kleinstaaten gab es damals mancherlei Verstimmungen, ja ... hob sich die Gefahr einer Zollkrisis. Preußen gelang es am 7. Sept. 1851, mit Hannover einen Zollvereinsvertrag abzuschließen; da er über ... Köpfe anderer Zollvereinsmitglieder hinweg zu Stande gekommen war, ... weigerten diese ihre Zustimmung. Preußen kündigte den Zollvereinsvertrag, aber zugleich die Vereinsmitglieder zu einer Conferenz im April 1852 in ... zur Erneuerung des Zollvereins auf Grundlage jenes Septembervertrags ... ein. Oesterreich suchte diese Krise zu benützen, um für seinen Plan ...zielung einer Handelseinigung mit Deutschland zu agitiren. Am 2. ... 1852 fand in Wien eine Conferenz der deutschen Mittel- und Kleinstaaten zur Verständigung über die österreichischen Vorlagen statt, und am 6. ... einigte man sich in der Ministerialconferenz der verbündeten Staaten (...städter Coalition), bei den in Berlin stattfindenden Conferenzen dahin zu wirken, daß eine Verständigung zwischen Oesterreich und den Staaten des Zollvereins gleichzeitig mit dessen Erneuerung und Erweiterung durch den ...schluß des Steuervereins erreicht werde. Am 19. April 1852 wurden die Conferenzen in Berlin eröffnet. Preußen trat allen Zumuthungen der ...bündeten entgegen und erklärte, daß es mit Oesterreich erst dann unterhandeln wolle, wenn die Erneuerung des Zollvereins erfolgt sei. Die Conferenz ... bis September vertagt. In der Zwischenzeit handelte es sich nun für Oesterreich *insbesondere*, die süddeutschen Staaten in ihrer für den Kaiser...

[illegible] Stimmung zu erhalten. Zu diesem Behufe sendete das österreichische [illegible] im Juli 1852 R. an mehrere Höfe der deutschen Staaten. Er begab [illegible] nach München, dann nach Badenweiler zum König von Württem[illegible]. Der Hauptgrund dieser Sendung war, den König an dem Festhalten [illegible] zu bestimmen. Auf Rechberg's Vortrag erwiderte der König, [illegible] sich nicht werde majorisiren lassen und daß er nicht willens sei, „der [illegible] und leidenschaftlichen Leitung der Frage von Seite des bairischen [illegible] von der Pfordten blindlings zu folgen, eines Ministers, der noch [illegible] in dem falschen Wahne steht, daß mit einer factiösen Opposition sowie [illegible] beständigen Zuwarten am letzten Ende alles der preußischen Regierung [illegible] sei."

[illegible] kam der Knotenpunkt der ganzen Frage, die Zolleinigung, zur [illegible], wobei Oesterreich jetzt schon von Preußen nicht einen bloßen Zoll- und [illegible]vertrag, sondern die Zusage einer Zolleinigung in Anspruch nahm. [illegible] König meinte, Preußen könne sich in ein solches Bündniß nie und [illegible] einlassen. R. bemerkte, daß nicht so sehr der österreichische Minister [illegible] auswärtigen Angelegenheiten, Graf Buol-Schauenstein (Fürst Felix [illegible] war am 5. April 1852 gestorben), auf der Zolleinigung mit [illegible] bestehe, als Kaiser Franz Josef selbst, der entschlossen sei, „für [illegible], daß der Entwurf der Zollvereinigung scheitere, sich gänzlich von dem [illegible] Bunde loszusagen, ein Vornehmen, welches seinerseits wiederum in [illegible] gewissen Zusammenhange mit der im Cabinet des Kaisers schon mehr[illegible] aufgeworfenen Frage stehe, ob die Verlegung der Residenz von Wien in [illegible] deutsches Kronland der Dynastie und dem Reiche nicht das Er[illegible] wäre." — Der König erwiderte, daran könne er nicht glauben; [illegible] aber, daß Preußen auf eine Zolleinigung eingehen werde; Württem[illegible] müsse im Hinblick auf seine finanziellen und wirthschaftlichen Ver[illegible] an dem Zollvereine festhalten.

R. äußerte sich sodann in einem vertraulichen Gespräche gegen den Oberst[illegible] des Königs, Freiherrn v. Taubenheim, daß Graf Buol auf seinem [illegible] Posten sich nicht mehr lange behaupten werde — und er, R., selbst [illegible] Stelle kommen werde — was aber doch noch sieben Jahre währte. [illegible]berg's Sendung erfüllte nicht die Wünsche des Wiener Cabinets, um [illegible], als die süddeutschen Coalitionsstaaten im September sich bereit [illegible], den Septembervertrag anzunehmen und den Plan einer deutsch[illegible] Zolleinigung aufzugeben, jedoch die sofortige Abschließung eines [illegible]vertrags mit Oesterreich und die Reducirung der Dauer des Zollvereins [illegible] auf acht Jahre verlangten. Preußen brach die Verhandlungen ab [illegible] für 1853 den Zollverein. Die Coalirten suchten nun behufs [illegible] eines süddeutschen Zollvereins mit dem Wiener Cabinet anzuknüpfen; [illegible] von Oesterreich die Garantie ihrer bisherigen Zolleinkünfte ver[illegible] verzichtete dieses auf die Sprengung des Zollvereins und schloß am [illegible] einen Handelsvertrag mit Preußen. Die Coalirten genehmigten [illegible] Septembervertrag und die Reconstruction des Zollvereins für die [illegible] zwölf Jahren.

[illegible] nur zweijähriger Thätigkeit als Internuntius wurde er von Con[illegible] abberufen und dem Generalgouverneur der Lombardei und Venetiens, [illegible] Grafen Radetzky, als Civiladlatus an die Seite gegeben. Seine [illegible] bestand hier darin, nach Aufhebung des Belagerungszustandes die [illegible] in diesen italienischen Gebieten wieder einzuführen und zu [illegible] scheint er der Art zur Zufriedenheit des Kaisers und des [illegible] vollzogen zu haben, daß ihm schon 1855 die Stelle eines

Inzwischen hatte sich Buol-Schauenstein durch seine diplomatischen Miß- als Minister der auswärtigen Angelegenheiten während des Krimkrieges öglich gemacht. Er hatte seinem Kaiserstaate die Westmächte entfremdet, und in eine Oesterreich geradezu feindselige Stellung gebracht, Preußen kühle Behandlung verstimmt und gleichzeitig waren sich Sardinien unter 's genialer Leitung und Frankreich durch die Theilnahme eines sardischen im Kampfe vor Sebastopol so nahe getreten, daß eine intime Allianz diesen beiden Staaten, welche große Veränderungen im Territorial- in Italien voraussehen ließ, zu erwarten war. Und so kam es auch. ieg zwischen Sardinien und Frankreich einerseits und Oesterreich ander- begann Ende April 1859; am 14. wurde Buol entlassen und R. trat in einem der bedenklichsten Momente in der Geschichte des alten Kaiser- als Minister des Aeußern und Ministerpräsident an jenes Stelle. R. selbst über seine erste Thätigkeit in dem schweren Amte: „Graf Buol, Vorgänger, trat 1859 nicht deshalb von der Stelle eines Ministers des zurück, weil er den Krieg mißbilligte, sondern weil er den Zeitpunkt in dem er begonnen wurde und nichts von der Kriegserklärung er- Der Befehl an Gyulai, in Piemont einzurücken, erging direct aus der kanzlei des Kaisers, ohne daß Buol davon verständigt wurde. Darauf- Buol seine Entlassung. Kurze Zeit, nachdem ich das Ministerium ommen hatte, reiste der Kaiser, es war vor der Schlacht von Solferino, rmee ab. Ich erhielt das Telegramm, der Kaiser habe den Befehl zur ung Anconas gegeben. Ich telegraphirte sofort, der Befehl möge rück- gemacht werden; denn an dem Besitze von Ancona hing die Herrschaft s Adriatische Meer. Vergebens! Die Räumung war bereits vollzogen." Krieg nahm einen unglücklichen Verlauf. Den verlorenen Schlachten von ta und Solferino folgte der Waffenstillstand von Villafranca und die ensverhandlungen zu Zürich (November 1859), bei welchen R. Oesterreich t. Der Krieg war zu Ende; das Reich aber blutete aus tausend Wunden; hofften die Kreise der Intelligenz jetzt, daß der Clericalismus und rismus, welche den Staat an den Rand des Abgrundes gebracht, auf Schlachtfeldern Italiens zusammengebrochen sei und die Regierenden ge- sein würden, mit dem bisherigen System zu brechen, sich an die Mit- des Volkes zu wenden und zu einer staatsrechtlichen Umbildung der chie, von dem hierarchisch-militärischen Absolutismus auf, wenn auch gemäßigte, constitutionelle Bahnen zu schreiten. — Diese Hoffnungen jedoch vorläufig noch nicht in Erfüllung; das Ministerium Rechberg- owski versprach im Programme vom August 1859 nur die Wieder- ung der alten ständischen Vertretungen; sah sich aber, da die finanzielle immer größer wurde, genöthigt, Juni 1860 den sogenannten verstärkten ath, aus durchaus von der Regierung ernannten Mitgliedern bestehend, rufen. Alle Ergebnisse seiner Verhandlungen bewiesen jedoch, daß er rückständigen Anschauungen einer alten Ständeversammlung nicht ge- sei, den Ansprüchen des nach freier Entwicklung und Selbstverwaltung Bürgerthums zu entsprechen, und am 28. September 1860 erfolgte seine Schließung. — Kurz darnach wurde der erste Schritt gethan zur ung des Kaiserstaates vom Absolutismus in constitutionelle Formen. er 1860 trat Goluchowski zurück; Schmerling wurde Staatsminister, Rainer Ministerpräsident; R. blieb Minister des Aeußern. Am ruar 1861 erfloß die Februarverfassung. — Octoberdiplom und Februar- ung tragen Rechberg's Unterschrift. In den inneren Angelegenheiten also Rechberg's Ministerschaft nicht ungünstig, wenn er auch bei all diesen wichtigen Vorgängen nicht activ, sondern nur durch Beifügung sei[nes] Namens mitwirkte.

So günstig die Anfänge Rechberg's in den inneren Angelegenhei[ten,] wenig glücklich waren sie in der äußeren Politik. In Deutschland zeig[te sich] 1859 eine lebhafte nationale Bewegung; es bildete sich der Nationa[lverein.] Da war R., eben Minister geworden, kurzsichtig genug, Polizeimaßre[geln da]gegen in Anwendung bringen zu wollen, statt sich dieser Bewegung zu [Gunsten] Oesterreichs zu bemächtigen und die Volksstimmung gegen Preußen auszu[nützen.] Das zeigte sich besonders in seiner Action gegen den Herzog Ernst von [Koburg.] Der Herzog hatte eine Deputation seiner Gothaer Bürgerschaft empfange[n, die] ihm den Wunsch ausdrückte, „die Bildung einer großen nationalen Pa[rtei zu] befördern, deren Ziel ein Bundesstaat mit Volksvertretung sei, unt[er] militärischen und diplomatischen Führung Preußens“; er sprach sein [Ein]verständniß mit diesem politischen Ziele aus und versicherte, daß er [stets mit] Rath und That zur Hand sein werde, wo es sich darum handelt, [dem] Vaterlande das Ansehen und die Macht zu verschaffen, auf welche die [deutsche] Nation vor allem so gerechten Anspruch hat. Diese Worte gaben R. [Anlaß] zu diplomatischen Noten, in denen sie „als im Munde eines souveränen F[ürsten] ganz besonders tadelnswerth“ bezeichnet wurden, und der Berliner Regi[erung] wurde „verhoben, daß sie in ihrer nächsten Nähe die bedenklichsten Um[triebe] zum Umsturze des ehrwürdigen deutschen Staatenbundes dulden könne“. [Die] Rechberg'sche Note wurde von Preußen mit dem Hinweise darauf beant[wortet,] daß Herzog Ernst den Gothaern nichts anderes gesagt habe, als wor[über vor] zehn Jahren alle deutschen Fürsten einig gewesen seien.

R. scheint diesen Verstoß bald erkannt zu haben, lenkte ein, su[chte die] üble Laune der Wiener Hofkreise gegen Preußen, wegen dessen Zurückhal[tung] im italienisch-französischen Kriege zu beschwichtigen und erwirkte eine Zusam[men]kunft des Kaisers Franz Josef mit dem Prinzregenten von Preußen (25. [Juli] 1860) zu Teplitz, um eine Verständigung in den schwebenden politischen F[ragen] zu erzielen. Ebenso veranlaßte er seinen Kaiser an der Zusammenkunf[t des] Zars Alexander II. mit dem Prinzregenten in Warschau (22.—26. O[ctober] 1860) theilzunehmen, wodurch die arge Verstimmung des Zars gegen [Oester]reich wegen dessen Haltung während des Krimkrieges einigermaßen ge[mildert] wurde. Zu positiven Entschließungen aber, besonders gegenüber Victor E[manuel] und gegen dessen aggressives Vorgehen auf der italienischen Halbinsel ge[langte] man in Warschau nicht.

Rechberg's Politik war eine conservative; stets suchte er vermittel[nd zu] wirken. An die deutsche Frage sollte nicht gerührt werden; Oesterrei[ch und] Preußen sollten zusammenhalten, schon um der demokratischen Ström[ung zu] begegnen. Eine starke Regierung im Innern und das Gleichgewicht [der] Staaten in Deutschland waren die Hauptpunkte seines Programms. [Er] betrachtete er Napoleon III. als den Erzfeind Oesterreichs, von [dem er] fürchtete, daß er neuerdings die nationale Frage in Italien und Deut[schland] zum Nachtheile Oesterreichs aufrollen werde.

Als Schmerling Ende 1860 Staatsminister geworden war, zeigte [sich] ein Gegensatz zwischen ihm und R.; der Staatsminister hatte Oesterreic[h zum] constitutionellen Staate umgestaltet; das dadurch verjüngte Reich wol[lte er] zum gebietenden Staate im Deutschen Bunde erheben; dabei trat ihm [mit] den Einwendungen der diplomatischen Routine R. entgegen, der der [Kraft] Oesterreichs mißtraute, Deutschland eine neue Organisation zu geben. [Doch] behielt Schmerling die Oberhand. Als aber die preußische Note vom 20. [De]*cember* 1861 wieder die Bildung eines engeren Bundes unter der Füh[rung] [illegible] vorschlug, entschloß sich R., Graf Bloome an die deutschen Höfe zu [illegible]den, um sie zu gemeinsamem Vorgehen gegen Preußen zu bestimmen. [illegible] Februar 1862 erging eine identische Note von Oesterreich, Baiern, [illegible] Württemberg, Hannover, Hessen und Nassau nach Berlin, in welcher [illegible] Preußens zurückgewiesen wurde. R. noch weitergehend, trat mit [illegible] einer Bundesreform (Bundesdirectorium mit Centralisation der [illegible] Angelegenheiten, Delegirtenversammlung aus den Vertretungen der [illegible] Staaten) hervor. Wäre dieser Plan durchgedrungen, so wäre Oester[illegible] Macht in Deutschland außerordentlich gestiegen. Zur Annahme war [illegible] Einstimmigkeit beim Bundestage erforderlich. Preußen versagte seine [illegible], und so war der Gegensatz zwischen Oesterreich und Preußen damals [illegible] scharf zugespitzt.

[illegible] J. 1863 stand die Erneuerung des deutschen Zollvereins bevor. Des[illegible]gangenen Besprechungen (29. März 1862) zwischen Preußen und Frank[illegible]folgen Abschluß eines Handelsvertrages. Am 27. Mai protestirte R. [illegible] einen solchen Vertrag, weil dadurch die von Oesterreich im Vertrage [illegible]19. Februar 1853 erworbenen Rechte verletzt würden. R. legte am [illegible] 1862 dem Bundestage Entwürfe von Verträgen vor, durch welche [illegible] Januar 1865 an Gesammtösterreich und der Zollverein ein Verkehrs[illegible]bilden sollten, worauf Oesterreich alle Tarife des Zollvereins annehmen [illegible]. Preußen schloß jedoch am 2. August 1862 den Vertrag mit Frank[illegible] kündete am 15. December 1863 die Zollvereinsverträge allen Vereins[illegible], die nicht bis zum 1. October 1864 den Handelsvertrag mit Frankreich [illegible] haben würden — damit war die Opposition der deutschen Mittel[illegible] Kleinstaaten lahm gelegt, und Preußen blieb in dieser Handelsvertrags[illegible] Zollvereinsfrage vollständiger Sieger über Oesterreich.

[illegible] 8. October 1862 war Bismarck Ministerpräsident und Minister der [illegible] Angelegenheiten in Preußen geworden, und schon im Januar 1863 [illegible] er im Adreßausschusse des preußischen Landtages von dem schmalen [illegible] Preußens gesprochen, der eine schwere Rüstung tragen müsse und in der [illegible] vom 20. Januar 1863 Oesterreich den Rath ertheilt, seinen [illegible]punkt nach Ofen zu verlegen, um nicht Preußen zu zwingen, sich mit [illegible] Feinden zu verbünden.

[illegible] 1863 die Revolution in Russisch-Polen ausbrach, fand sie Sympathie [illegible] Westmächten, während Oesterreich und Preußen kriegerische Vor[illegible] an den Grenzgebieten trafen und letzteres sich anschickte, Rußland [illegible]kräftiger zu unterstützen. England und Frankreich waren zwar durch[illegible] gewillt, es auf einen Krieg mit Rußland ankommen zu lassen, und [illegible] sich nur beim Zar zu Gunsten Polens verwenden; sie waren ent[illegible], über einen diplomatischen Notenkrieg nicht hinauszugehen. Sie zogen [illegible] in ihren Bund, und nach längeren Verhandlungen einigten sich die [illegible] Mächte zu gleichlautenden Noten, worin mit Berufung auf die Wiener [illegible] dem Petersburger Cabinet der Wunsch ausgesprochen wurde, die An[illegible]heiten in der Art zu ordnen, „daß dem polnischen Volke der Friede [illegible] geschenkt und auf dauernder Grundlage befestigt werden möchte.“ [illegible] erklärte der russische Minister des Auswärtigen, Fürst Alexander [illegible]koff, daß die russische Regierung keineswegs abgeneigt sei, in eine [illegible]digung auf dem Boden der Verträge einzugehen, ließ aber zugleich ein[illegible], daß die polnische Insurrection nur den fortwährenden Aufwiegelungen [illegible] ganz Europa ausgebreiteten kosmopolitischen Revolutionspartei zu[illegible] sei, und daß daher die Mächte zu der gewünschten Pacification [illegible] am meisten selbst beitragen könnten, wenn sie jene Quelle verschließen würden.“ Auf das hin begnügten sich schließlich die drei Cabinete mit Vorlegung von sechs Forderungen, von denen die russische Regierung einige gewährt hatte, andere zuzugestehen entschlossen war.

Als Gortschakoff seine Antwortdepesche den drei Mächten zukommen war der Aufruhr bereits im Verschwinden. Zu seiner Unterdrückung wesentlich beigetragen, daß Preußen und Oesterreich durch eine strenge wache jede Zufuhr von Waffen, Kriegsbedarf und Mannschaften ab So gelang Rußland bald die Bewältigung des Aufstandes; es lehnte mischung der Wiener Vertragsmächte ab und erklärte die Angelegen eine nur die Theilungsmächte betreffende Sache. Somit blieb den drei nur die Wahl, die russische Regierung ruhig gewähren zu lassen, weiter um die polnische Frage zu kümmern, oder das Schwert zu ziehen der, wie es scheint, ohnehin nur mit halbem Herzen sich in dieser Fr Westmächten angeschlossen hatte, ergriff die Gelegenheit des Rückzugs mit Händen; England folgte bald diesem Beispiele, und Napoleon III. such durch den Vorschlag eines Congresses, der jedoch an der Weigerung E scheiterte, mit Ehren aus der Sache zu ziehen. Oesterreich hatte gemeinsame Action mit den Westmächten seine Stellung zum nördlichen bar, die sich seit dem Krimkriege ohnehin schon sehr bedenklich gestaltet nicht verbessert und mußte das 1866 fühlen, als Rußland durch wohlw Neutralität Preußens Angriff auf Oesterreich begünstigte und 1870, als land, damals freilich zum Wohle Oesterreichs, die Kriegslust desselben Preußen durch drohende Stellungnahme rasch unterdrückte.

In dem weiteren politischen und diplomatischen Kampfe zwischen Oe reich und Preußen um die Vorherrschaft in Deutschland bildet der Für zu Frankfurt a. M. die entscheidende Wendung. Bekanntlich wurde Franz Josef durch seinen Schwager, den Erbprinzen von Thurn und und durch eine von Julius Fröbel verfaßte Denkschrift für dieses Proje wonnen. Unter dem Vorsitze des Kaisers von Oesterreich sollte ein Fürstentag nach Frankfurt berufen werden, der eine Verfassung für De land berathen und beschließen sollte; nach dieser hätte eine ständige Vers lung der deutschen Fürsten neben einer von den Landtagen gewählten an Deutschlands Spitze stehen sollen. Lange behielt der Kaiser dieses selbst vor seinen Ministern geheim; nur der Referent für deutsche Ange heiten im Ministerium des Auswärtigen, Freiherr v. Biegeleben, wur das Geheimnis einbezogen und arbeitete in Verbindung mit dem Fre v. Dörnberg, einem im Dienste des Hauses Thurn und Taxis steh Staatsmanne einen vollständigen deutschen Reformentwurf aus, und Schme wurde durch diese beiden von den Absichten des Kaisers in Kenntniß gesetzt. lich wurden R. und Schmerling amtlich um ihre Meinungen befragt. jetzt erfuhr, daß Schmerling davon schon Kenntniß hatte, fühlte er sich ge kränkt. Er trat auf das entschiedenste gegen den Plan des Kaisers auf, pr sticirte die Aussichtslosigkeit des Gelingens; auf friedlichem Wege s nicht durchzuführen, da eine Aenderung der Bundesverfassung Einstimm sämmtlicher Staaten erfordere; solle die Reform erzwungen werden, Krieg mit Preußen unausweichlich. Er gab deßhalb seine Demission, die vom Kaiser nicht angenommen wurde. R. blieb, stellte jedoch die Beding daß er, und nicht Schmerling, den Kaiser nach Frankfurt begleiten dürfe, für den Staatsminister wieder eine Zurücksetzung war. August 1863 der Fürstentag in Frankfurt statt; er scheiterte an der Weigerung Preu an ihm theilzunehmen und der von ihm entworfenen Verfassung Deutschl *die Zustimmung* zu geben.

R. versuchte es noch einmal, zu dem vom Kaiser Franz Josef so sehr [illegible] Ziele zu gelangen. Auf der Ministerconferenz zu Nürnberg sollten [illegible], welche in Frankfurt der Reformacte zugestimmt hatten, ohne [illegible] zu einem festen Bunde vereinigt werden. Doch auch dieser Plan [illegible]

[illegible] dieser ganzen großen politisch-diplomatischen Angelegenheit hatten [illegible] doch Rechberg's bei Beginn geäußerte Anschauungen gesiegt; Schmer[illegible] [illegible]gedachte Entwürfe scheiterten; Rechberg's Grundgedanke war ja, [illegible] sei nur in friedlichem Vereine Oesterreichs und Preußens zu re[illegible] wolle man Reformen erzwingen, so sei dies Krieg zwischen den beiden [illegible].

[illegible] dem am 15. November 1863 erfolgten Tode König Friedrich's VII. [illegible], des letzten aus dem Mannesstamme des Hauses Oldenburg, [illegible] der Kampf um den Besitz von Schleswig-Holstein. Da damals schon [illegible] Hauptziel Machtzuwachs für Preußen, am besten durch directe Ein[illegible] der Herzogthümer, war, so wies er den Erbanspruch des Augusten[illegible] auf das schroffste ab. Vom österreichischen Cabinet wurde Christian IX. [illegible] sowohl Dänemarks als der Elbherzogthümer anerkannt; aber kraft [illegible] Vertrags wurde von ihm verlangt, er solle den Herzogthümern [illegible] Verfassung geben. Darüber hinaus wollte R. nicht gehen; die Erbrechte [illegible]tenburgers hielt er für abgethan. An diesem Punkte trafen die [illegible] und die preußische Politik zusammen. Aber nur scheinbar; R. [illegible] die allseitige Anerkennung des Londoner Vertrags. Bismarck jedoch [illegible] zu erwartenden Kriege den Beginn einer großen politischen Action, [illegible] entschlossen, an dem Londoner Abkommen nur so lange festzuhalten, [illegible] der Hartnäckigkeit der Dänen der Kampf ausgebrochen war. Aller[illegible] R. Oesterreich gegen spätere Ueberraschungen von Seite Preußens [illegible] in einem Ministerrathe unter dem Vorsitze des Kaisers (10. Januar [illegible] die Bedingungen des neuen Bundes mit Preußen beschlossen [illegible] ein Vertragsentwurf vorgelegt, wonach die Elbherzogthümer nur [illegible] Dänemark ganz getrennt werden sollten, wenn beide deutschen Groß[illegible] beistimmten. Bismarck lehnte diese Bedingungen ab und machte [illegible]schlag, es solle von den beiden Mächten vorher gar nichts über [illegible] festgestellt werden; freie Bahn sei für jede Lösung offen zu [illegible] Oesterreich und Preußen sagten sich lediglich zu, daß nach der Er[illegible] Herzogthümer von ihnen im friedlichen Vereine über deren Schicksal [illegible] werden solle.

[illegible] wendete alle Mittel seiner Staatskunst an, um Oesterreich zur [illegible] dieses Vorschlags zu bewegen. R. gab nach, weil Bismarck drohte, [illegible] allein gegen Dänemark ziehen und die Herzogthümer befreien. [illegible] allerdings Preußen überbieten, sich von dem Londoner Vertrage los[illegible] die Spitze der Mittelstaaten treten und den Herzog von Augusten[illegible] Schleswig-Holstein einsetzen können. Dazu aber war Rechberg's Politik [illegible]; er besaß den richtigen Blick in die Dinge, ließ sich aber zuletzt [illegible] seiner Bahn werfen. Bismarck zeigte die Macht eines festen [illegible] den Schwankenden und riß das zögernde Wiener Cabinet mit [illegible] welches den preußischen Bundesentwurf annahm.

[illegible] öffentliche Meinung in Oesterreich und der Reichsrath traten ent[illegible] Rechberg's Politik auf, verwarfen die Lossagung vom deutschen [illegible] Verbindung mit Preußen, den mit diesem gemeinsamen Zug nach [illegible]-Holstein und forderten, daß Oesterreich sich der Entscheidung des

Bundestages anschließen, der Vollstrecker seines Programms sein solle. In der Debatte vom 28. bis 30. Januar 1864 im österreichischen Abgeordneten wurden Rechberg's Maßnahmen auf das heftigste angegriffen. Eine Aende konnte jedoch nicht mehr erzielt werden.

Auch die deutschen Mittel- und Kleinstaaten standen dem einseitigen treten Oesterreichs und Preußens, ohne sie und ohne den Bund, mißgü gegenüber, und die Bevölkerung der größeren Städte theilte diese Anschauun was eine Episode, die sich damals in Nürnberg zutrug, beweist. Der reichische Generalstabshauptmann Gründorf war von R. und vom Kr minister von Wien nach Berlin, Braunschweig, Hannover, Kassel und Nürn gesendet worden, um in diesen Städten, wo die von Oesterreich nach Hol fahrenden Truppen kurze Raststationen zu halten hatten, für Unterkunft Etappenverpflegung zu sorgen. In Nürnberg kam es, als Gründorf dort langte, zu nicht unbedeutenden Demonstrationen gegen die österreichische Be Die Bevölkerung war über das alleinige Vorgehen der deutschen Vorm entrüstet, und der Bürgermeister erklärte Gründorf, die Nürnberger seien Durchzuge der österreichischen Truppen sehr abgeneigt, und wenn er mi einträte, sei Schweres zu befürchten. Während Gründorf beim Bürgerm weilte, wurde in der That vor dem Hotel, in dem er abgestiegen war, le demonstrirt. Auf das hin richtete er eine chiffrirte Depesche an R., die diesem am andern Morgen damit erwidert wurde, daß die Verhandlungen die Durchfahrt der Truppen mit Baiern beendet seien und die Stadt N berg bereit sein werde, die Etappenconvention abzuschließen. Auch der Bü meister hatte von der bairischen Regierung bereits den Auftrag erhalten, Etappenconvention unweigerlich zu unterzeichen, da Oesterreich mit dem marsche am Inn gedroht habe, falls die Convention nicht binnen 24 Stu unterzeichnet sei. Und diese Unterzeichnung des Protocolls erfolgte sog der Durchzug der österreichischen Truppen war gesichert. R. hatte Baiern die Drohung mit dem Aufmarsche am Inn zum Abschluß der Etappenconv gezwungen, fand es aber doch nicht für gerathen, die österreichischen Tru beim Durchzuge durch Süd- und Mitteldeutschland etwaigen Behelligungen zusetzen und vereinbarte mit Bismarck, daß das österreichische Armeecorps Weg nicht über Nürnberg-Kassel-Hannover-Harburg, sondern über Bre Wittenberg-Berlin nach Hamburg nähme, also das Gebiet der deutschen M staaten ganz meide und nur auf preußischem Territorium fahre. — W freundschaftlicher waren damals die Beziehungen zwischen Oesterreich Preußen, wie ein kurz darnach erfolgter Vorgang in Breslau bezeugt. De Generalstabshauptmann Gründorf wurde wegen der geänderten Fahrtric der kaiserlichen Truppen unmittelbar vor dem Beginne des Krieges von nach Breslau gesendet, um die Fahrordnung für die Militärzüge von und Prag nach Hamburg und Rendsburg, das rollende Material un Etappenverpflegung für die Truppen festzustellen. Die Verhandlungen dem Commandanten des schlesischen Militärbezirkes Generallieutenant v. M gingen leicht und glatt von statten. Bei einem Diner, das zu Ehren österreichischen Generalstabshauptmanns in der Officiersmesse der schle Kürassiere gegeben wurde, sprach Rittmeister Graf Ballestrem (später Jahre Präsident des deutschen Reichstags) einen sehr bezeichnenden Toa feierte die bevorstehende Waffenbrüderschaft Oesterreichs und Preußens, be auf die Möglichkeit eines künftigen Krieges mit dem westlichen Nachbar den beide deutsche Mächte vereint auskämpfen sollten, und wies schließlich hin, daß zwischen Norddeutschen und Süddeutschen große Verschiedenheit Charakters herrsche, und daß jeder Theil mehr leisten würde, wenn er

... volle Rechnung tragen könnte. — Es war dies eine Anspielung auf ...lung Deutschlands nach der Mainlinie, wobei Oesterreich an die Spitze ... Südbundes gelangt wäre. In maßgebenden Kreisen Preußens ... damals mit einer solchen Lösung der deutschen Frage einverstanden ... sein. Wie ganz anders stünde es um den alten Kaiserstaat, wenn ...männer darauf eingegangen wären! Gründorf sendete über diesen ...gang eine chiffrirte Depesche an R., erhielt jedoch darauf keine Ant- ... hätte es damals kein Minister gewagt, dem Kaiser Franz ... einem solchen Vorschlage näher zu treten.

... Krieg Oesterreichs und Preußens gegen Dänemark begann am 1. Fe- ... und endete siegreich für die Verbündeten mit dem Waffenstillstande ... Juli und mit dem Wiener Frieden vom 30. October.

... während des Krieges fanden lebhafte diplomatische Verhandlungen ... sandte eine Depesche nach Wien, in welcher er neue Vorschläge ...Schleswig-Holstein solle dem Augustenburger überlassen werden, unter ...ngung, daß er Preußens Interessen Rechnung trage; damit war die ... Unterordnung unter Preußen und die Abtretung des Kieler Hafens ... Damit sah sich R. bloßgestellt; unter seinen Füßen wankte der Boden, ... Stellung im Auswärtigen Amte. Die öffentliche Meinung machte ... gegen ihn Front; warf ihm vor, er habe durch seine Politik nur ... gefördert; Oesterreich solle den Augustenburger auf seinen Schild ... auf die Gefahr hin eines Krieges mit Preußen; solle sich, wie ... des Fürsten Schwarzenberg, mit den deutschen Mittelstaaten gegen ... verbünden. Zu so energischem Auftreten besaß R. nicht die nöthige ... Einen halben Schritt that er, — doch unglücklicherweise. Er lud den ... des Herzogs von Augustenburg in Wien, Herrn v. Wydenbrugk, zu ... eröffnete ihm, daß Oesterreich entschlossen sei, den Herzog zum Herrn ...leswig-Holstein zu machen; doch dürfte er auf keinen Fall einen ...vertrag mit Preußen schließen, durch welchen er eines seiner Hoheits- ...rechte. Wydenbrugk begab sich sofort zum Augustenburger nach Kiel, ... dieser nun nach Berlin gerufen wurde, widerstand er auf das Zäheste ...derungen des Königs und Bismarcks, ein Abkommen mit Preußen ...

... dem Kriege herrschte zwischen den beiden Staaten, namentlich zwischen ...schern, Einverständniß.

... 22. August 1864 fand eine Zusammenkunft beider, und auch ... und Rechberg's, in Schönbrunn statt. Bismarck hielt an der Er- ... Herzogthümer durch Preußen fest; König Wilhelm scheint nur an ... Concessionen des in Schleswig-Holstein einzusetzenden Herzogs zu ...preußens gedacht zu haben. Ueber die Zukunft der eroberten Ge- ... man sich nicht einigen. Jedoch über Abmachungen für den Fall ... Frankreichs auf Oesterreich in Italien wurde zwischen R. und ... verhandelt, der hierzu seine Zustimmung gab. Jener erzählt darüber: ... Mitternacht und ich begab mich sofort zu Biegeleben (Unterstaats- ... Referent für deutsche Angelegenheiten), ihm das Besprochene mit- ... forderte ihn auf, einen Vertragsentwurf in diesem Sinne ab- ... Biegeleben aber, der Preußen mißtraute und keine nähere Verbindung ... erklärte, er gäbe sich nicht dazu her und weigerte sich, den ... entwerfen. Ich stellte darauf die wichtigsten Punkte fest und legte ... Tage bei der Zusammenkunft beider Monarchen vor. Sie ...punktationen, und damit trennten sich die Herrscher." — Daraus ... daß damals schon Rechberg's Stellung im eigenen Ministerium erschüttert war. — Dazu kam jetzt auch noch die ablehnende Haltung ... bei den Verhandlungen über den Handelsvertrag. Durch all das ... öffentliche Meinung über Rechberg's Politik, welche in dem bish... Kampfe mit Bismarck nur Niederlagen erlitten hatte, arg erregt. ... zeichen des Zusammenbruches des Rechberg'schen Systems wurden ... Mißerfolge seiner Politik erregten gegen ihn einen Sturm im Mini... alle Minister, insbesondere Schmerling, traten gegen ihn auf; R. ... zu halten, doch umsonst; er erklärte, er wolle eine andere Politik ... bisher eingehaltene, acceptiren; Schmerling jedoch bestand auf Rechberg... tritt, denn ohne einen entschiedenen Wechsel in der äußeren Politik ... dem Reichsrathe, dessen Zusammentritt in wenigen Tagen bevorst... gegenüber treten. R. mußte fallen.

Im Abgeordnetenhause des Reichstages hatte R. ohnehin seit lan... schwere Stellung; energische und sachkundige Gegner waren ihm dort ... übergetreten. Bei der Debatte, Mai 1862, über den Gehalt des ... Botschafters beim Vatican, Alexander Freiherrn v. Bach, suchte R. ... über die Haltung der nach dem Systeme Metternich großgezogenen ... mit der Erklärung zu begegnen: „Sollten meine Organe den Gehor... weigern, sollten sie in einem andern Systeme gehen, als in dem ... Regierung befolgt, dann wird die Regierung sie zur Ordnung brin... wird zu strafen wissen". Die Erklärung klang sehr drakonisch, blieb ... die Beamten der alten Ordnung ohne Wirkung, wie der oben erwä... subordinationsfall Biegeleben's beweist. — Im November 1862 trat ... da mit vollem Rechte, den im Abgeordnetenhause häufig sich ... Forderungen nach einer Armeereduction mit dem Hinweise entgegen, ... gesichts der europäischen Lage kein Staat daran denken könne, einen ... Schritt allein zu wagen, da derzeit kein Staatsmann, auch nur f... Zeit, für die Aufrechterhaltung des Friedens eintreten könne. — ... heftig bekämpften (Januar 1863) Mühlfeld, Kuranda, Berger, Bri... berg's Politik, und warfen ihm vor, er treibe eine Politik der Verleg... R. verwahrte sich gegen diesen Vorwurf, denn eine Regierung, die ... legenheiten ist, sagte er, verliert die Achtung in den Augen des ... — In der Sitzung vom 11. November 1863 verlangte Kuranda die ... eines Blaubuches, um Einsicht in die Acten und Depeschen des aus... Amtes zu erlangen. R. lehnte die Einsicht in die Acten ab und ... die Ausgabe eines Blaubuches. — Bei der Debatte über das Budge... 1863) strich das Abgeordnetenhaus das Gehalt des Botschafters beim ... R. sprach sich dagegen aus und vertrat die Ansicht, das Recht ... bestehe nur darin, das Budget im Ganzen zu verweigern, einzelne ... zulehnen, stehe dem Parlamente nicht zu. Das Abgeordnetenhaus ... Herrenhaus jedoch stellte die ursprüngliche Ziffer wieder her.

So hatte R. in der öffentlichen Meinung, im Reichsrathe und im ... Ministerium allen Boden verloren und der Conflict zwischen ihm und ... ling mußte zum Austrag gebracht werden. Beide baten den Kai... Entlassung, beide erklärten, daß sie nicht mehr zusammenwirken ... Schmerling's bedurfte man noch zur Lenkung des Reichsraths und ... R. am 27. October 1864 aus dem Amte, nicht ohne die Erklär... gegeben zu haben, daß Oesterreich, wenn es infolge des Handelsvertra... Preußen mit Frankreich abgeschlossen, schroff aufträte, zum offenen Br... Preußen käme.

Ueber seinen Rücktritt erzählt R. selbst folgendes: „Eines Tag... Esterhazy [Minister ohne Portefeuille] zu mir und sagte: ‚der Kaiser w...

[illegible] ihm den Dienst erweisen, Ihre Demission zu geben!" — Uebrigens [illegible] mir am Hofe auch deshalb Feinde gemacht, weil ich auf das ent- [illegible] der Annahme der mexikanischen Kaiserkrone durch Erzherzog Max [illegible] hatte. — Mein Rücktritt vollzog sich in folgender Weise. Ich er- [illegible] Einladung zu einer Ministerrathssitzung, der letzten, der ich bei- [illegible] Ich war erstaunt, meinen Hofrath Biegeleben dort zu sehen, der [illegible] angehörte. Biegeleben legte den Entwurf einer Note gegen Preußen [illegible] opponirte, aber ich wurde überstimmt und erklärte infolge dessen, [illegible] Entlassung zu geben. Ich gab eine Erklärung zu Protokoll, daß die [illegible] ührung des Gegensatzes zu Preußen zum Kriege führen müsse, und vor [illegible] Wagnisse müßte ich warnen".

[illegible] marck schreibt gelegentlich der Entlassung Rechberg's: „über Mangel [illegible] tigkeit habe ich bei dem Grafen R. nie zu klagen gehabt, aber er [illegible] Hamlet sagt, spleenetic and rash in einem ungewöhnlichen Grade". [illegible] berg's Nachfolger wurde der Statthalter und Landescommandirende [illegible], Graf Alexander v. Mensdorff-Pouilly.

[illegible] Gesammturtheil über R. als Staatsmann wird jetzt wohl dahin [illegible] daß seine Politik gerade in jener verhängnißvollen Zeit nach dem [illegible] Kriege der Machtstellung Oesterreichs im europäischen Staatenconcerte [illegible] Sein Gedanke, Schleswig-Holstein Preußen zu überlassen, wenn [illegible] reich den Besitz Venedigs und des adriatischen Küstenlandes [illegible] war ein gesunder; aber selbst das hielt man damals für eine [illegible] des österreichischen Einflusses auf Deutschland, für eine unzulässige [illegible] Preußens. R. stand daher mit der gesammten öffentlichen Mei- [illegible] Gegensatz. Fast immer versuchte R. mit Compromissen zu arbeiten; [illegible] es bei dem Fürstentage von Frankfurt gewesen, so in den Verhand- [illegible] des Augustenburgers; dadurch hatte seine Politik das Gepräge [illegible], der Unsicherheit. Auf Menschen wirken zu können, war R. [illegible] Kaiser Franz Josef war zwar im wesentlichen mit ihm in Ueber- [illegible], als jedoch von allen Seiten Widersacher gegen ihn auftraten, [illegible] fallen. Während seiner Amtsthätigkeit und auch noch einige Zeit [illegible] wurde er unterschätzt, die folgenden Ereignisse gaben ihm jedoch in [illegible] recht. Bismarck sprach stets mit Achtung von seiner Einsicht und [illegible] schaffenheit. Er hatte mit allem Eifer eine friedliche Auseinander- [illegible] zwischen Oesterreich und Preußen erstrebt; der Zwiespalt zwischen den [illegible] Großmächten war aber schon zu groß, und nur mit Blut und [illegible] er noch entschieden werden.

[illegible] seinem Rücktritte verlieh ihm der Kaiser den höchsten österreichischen [illegible] den des goldenen Vließes. Schon am 18. April 1861 war R. als [illegible] Mitglied in das Herrenhaus des österreichischen Reichsrathes [illegible] worden, trat aber auch nach seinem Rücktritt vom Ministerium nie [illegible] hervor. In der Debatte (Mai 1869) über den Gesetzentwurf, be- [illegible] die Organisation des Reichsgerichtes und die Ternavorschläge für das- [illegible] er das Wort. Er trat dagegen auf, daß man diesem Gesetze den [illegible] Staatsgrundgesetzes gäbe, weil die Annahme dann die Zweidrittel- [illegible] erfordere, und bestritt die Bestimmung, daß beide Häuser des [illegible] Ternavorschläge für die Besetzung der Stellen beim Reichsgerichte [illegible] hätten; diese Bestimmung widerspreche dem Principe von der [illegible] der Gewalten, und das Ernennungsrecht sei vollständig der Krone [illegible]. Die ehemaligen Minister Schmerling und Krauß traten diesen [illegible] entgegen und das Herrenhaus stimmte der Regierungsvorlage [illegible] der Debatte über das Budget für 1878 beklagte R. die Ver-

erschüttert war. — Dazu kam jetzt auch noch die ablehnende Haltung [illegible] bei den Verhandlungen über den Handelsvertrag. Durch all das [illegible] öffentliche Meinung über Rechberg's Politik, welche in dem bis[illegible] Kampfe mit Bismarck nur Niederlagen erlitten hatte, arg erregt. [illegible] zeichen des Zusammenbruches des Rechberg'schen Systems wurden [illegible] Mißerfolge seiner Politik erregten gegen ihn einen Sturm im Min[illegible] alle Minister, insbesondere Schmerling, traten gegen ihn auf; R. [illegible] zu halten, doch umsonst; er erklärte, er wolle eine andere Politik [illegible] bisher eingehaltene, acceptiren; Schmerling jedoch bestand auf Rechberg's [illegible] tritt, denn ohne einen entschiedenen Wechsel in der äußeren Politik [illegible] dem Reichsrathe, dessen Zusammentritt in wenigen Tagen bevorstand, [illegible] gegenüber treten. R. mußte fallen.

Im Abgeordnetenhause des Reichstages hatte R. ohnehin seit la[illegible] schwere Stellung; energische und sachkundige Gegner waren ihm [illegible] übergetreten. Bei der Debatte, Mai 1862, über den Gehalt des [illegible] Botschafters beim Vatican, Alexander Freiherrn v. Bach, suchte R. [illegible] über die Haltung der nach dem Systeme Metternich großgezogenen [illegible] mit der Erklärung zu begegnen: „Sollten meine Organe den Gehor[illegible] weigern, sollten sie in einem andern Systeme gehen, als in dem [illegible] Regierung befolgt, dann wird die Regierung sie zur Ordnung [illegible] wird zu strafen wissen". Die Erklärung klang sehr drakonisch, blieb [illegible] die Beamten der alten Ordnung ohne Wirkung, wie der oben erwähnte [illegible] subordinationsfall Biegeleben's beweist. — Im November 1862 trat [illegible] da mit vollem Rechte, den im Abgeordnetenhause häufig sich er[illegible] Forderungen nach einer Armeereduction mit dem Hinweise entgegen, [illegible] gesichts der europäischen Lage kein Staat daran denken könne, einen [illegible] Schritt allein zu wagen, da derzeit kein Staatsmann, auch nur f[illegible] Zeit, für die Aufrechterhaltung des Friedens eintreten könne. — [illegible] heftig bekämpften (Januar 1863) Mühlfeld, Kuranda, Berger, Bri[illegible] berg's Politik, und warfen ihm vor, er treibe eine Politik der Verle[illegible] R. verwahrte sich gegen diesen Vorwurf, denn eine Regierung, die [illegible] legenheiten ist, sagte er, verliert die Achtung in den Augen des [illegible] — In der Sitzung vom 11. November 1863 verlangte Kuranda die [illegible] eines Blaubuches, um Einsicht in die Acten und Depeschen des aus[illegible] Amtes zu erlangen. R. lehnte die Einsicht in die Acten ab und [illegible] die Ausgabe eines Blaubuches. — Bei der Debatte über das Budget [illegible] 1863) strich das Abgeordnetenhaus das Gehalt des Botschafters beim [illegible] R. sprach sich dagegen aus und vertrat die Ansicht, das Recht [illegible] bestehe nur darin, das Budget im Ganzen zu verweigern, einzelne [illegible] zulehnen, stehe dem Parlamente nicht zu. Das Abgeordnetenhaus [illegible] Herrenhaus jedoch stellte die ursprüngliche Ziffer wieder her.

So hatte R. in der öffentlichen Meinung, im Reichsrathe und im [illegible] Ministerium allen Boden verloren und der Conflict zwischen ihm und [illegible] ling mußte zum Austrag gebracht werden. Beide baten den Kaiser [illegible] Entlassung, beide erklärten, daß sie nicht mehr zusammenwirken [illegible] Schmerling's bedurfte man noch zur Lenkung des Reichsraths und [illegible] R. am 27. October 1864 aus dem Amte, nicht ohne die Erklärung [illegible] gegeben zu haben, daß Oesterreich, wenn es infolge des Handelsvertrages [illegible] Preußen mit Frankreich abgeschlossen, schroff aufträte, zum offenen Bruch [illegible] Preußen käme.

Ueber seinen Rücktritt erzählt R. selbst folgendes: „Eines Tages [illegible] Esterhazy [Minister ohne Portefeuille] zu mir und sagte: ‚der Kaiser w[illegible] n ihm den Dienst erweisen, Ihre Demission zu geben!' — Uebrigens h, mir am Hofe auch deshalb Feinde gemacht, weil ich auf das ent- e Annahme der mexikanischen Kaiserkrone durch Erzherzog Max en. — Mein Rücktritt vollzog sich in folgender Weise. Ich er- Einladung zu einer Ministerrathssitzung, der letzten, der ich bei- ch war erstaunt, meinen Hofrath Biegeleben dort zu sehen, der hörte. Biegeleben legte den Entwurf einer Note gegen Preußen opponirte, aber ich wurde überstimmt und erklärte infolge dessen, assung zu geben. Ich gab eine Erklärung zu Protokoll, daß die rung des Gegensatzes zu Preußen zum Kriege führen müsse, und vor chen Wagnisse müßte ich warnen“.

schreibt gelegentlich der Entlassung Rechberg's: „über Mangel ichtigkeit habe ich bei dem Grafen R. nie zu klagen gehabt, aber er Hamlet sagt, spleenetic and rash in einem ungewöhnlichen Grade“. berg's Nachfolger wurde der Statthalter und Landescommandirende , Graf Alexander v. Mensdorff-Pouilly.

Gesammturtheil über R. als Staatsmann wird jetzt wohl dahin daß seine Politik gerade in jener verhängnißvollen Zeit nach dem Kriege der Machtstellung Oesterreichs im europäischen Staatenconcerte Sein Gedanke, Schleswig-Holstein Preußen zu überlassen, wenn Oesterreich den Besitz Venedigs und des adriatischen Küstenlandes , war ein gesunder; aber selbst das hielt man damals für eine ung des österreichischen Einflusses auf Deutschland, für eine unzulässige ung Preußens. R. stand daher mit der gesammten öffentlichen Mei- m Gegensatz. Fast immer versuchte R. mit Compromissen zu arbeiten; es bei dem Fürstentage von Frankfurt gewesen, so in den Verhandlungen des Augustenburgers; dadurch hatte seine Politik das Gepräge heit, der Unsicherheit. Auf Menschen wirken zu können, war R. Kaiser Franz Josef war zwar im wesentlichen mit ihm in Ueber- ung, als jedoch von allen Seiten Widersacher gegen ihn auftraten, ihn fallen. Während seiner Amtsthätigkeit und auch noch einige Zeit wurde er unterschätzt, die folgenden Ereignisse gaben ihm jedoch in recht. Bismarck sprach stets mit Achtung von seiner Einsicht und schaffenheit. Er hatte mit allem Eifer eine friedliche Auseinander- zwischen Oesterreich und Preußen erstrebt; der Zwiespalt zwischen den tschen Großmächten war aber schon zu groß, und nur mit Blut und e er noch entschieden werden.

seinem Rücktritte verlieh ihm der Kaiser den höchsten österreichischen den des goldenen Vließes. Schon am 18. April 1861 war R. als liches Mitglied in das Herrenhaus des österreichischen Reichsrathes worden, trat aber auch nach seinem Rücktritt vom Ministerium nie hervor. In der Debatte (Mai 1869) über den Gesetzentwurf, be- die Organisation des Reichsgerichtes und die Ternavorschläge für das- iff er das Wort. Er trat dagegen auf, daß man diesem Gesetze den es Staatsgrundgesetzes gäbe, weil die Annahme dann die Zweidrittel- erfordere, und bestritt die Bestimmung, daß beide Häuser des Ternavorschläge für die Besetzung der Stellen beim Reichsgerichte hätten; diese Bestimmung widerspreche dem Principe von der der Gewalten, und das Ernennungsrecht sei vollständig der Krone Die ehemaligen Minister Schmerling und Krauß traten diesen ungen entgegen und das Herrenhaus stimmte der Regierungsvorlage In der Debatte über das Budget für 1878 beklagte R. die Ver-

erschüttert war. — Dazu kam jetzt auch noch die ablehnende Haltung ... bei den Verhandlungen über den Handelsvertrag. Durch all das ... öffentliche Meinung über Rechberg's Politik, welche in dem bis... Kampfe mit Bismarck nur Niederlagen erlitten hatte, arg erregt. ... zeichen des Zusammenbruches des Rechberg'schen Systems wurden ... Mißerfolge seiner Politik erregten gegen ihn einen Sturm im Mi... alle Minister, insbesondere Schmerling, traten gegen ihn auf; R. ... zu halten, doch umsonst; er erklärte, er wolle eine andere Politik ... bisher eingehaltene, acceptiren; Schmerling jedoch bestand auf Rechberg... tritt, denn ohne einen entschiedenen Wechsel in der äußeren Politik ... dem Reichsrathe, dessen Zusammentritt in wenigen Tagen bevorsta... gegenüber treten. R. mußte fallen.

Im Abgeordnetenhause des Reichstages hatte R. ohnehin seit la... schwere Stellung; energische und sachkundige Gegner waren ihm ... übergetreten. Bei der Debatte, Mai 1862, über den Gehalt des ... Botschafters beim Vatican, Alexander Freiherrn v. Bach, suchte R. ... über die Haltung der nach dem Systeme Metternich großgezogenen ... mit der Erklärung zu begegnen: „Sollten meine Organe den Gehor... weigern, sollten sie in einem andern Systeme gehen, als in dem, ... Regierung befolgt, dann wird die Regierung sie zur Ordnung brin... wird zu strafen wissen“. Die Erklärung klang sehr drakonisch, blieb ... die Beamten der alten Ordnung ohne Wirkung, wie der oben erwäh... subordinationsfall Biegeleben's beweist. — Im November 1862 trat ... da mit vollem Rechte, den im Abgeordnetenhause häufig sich ... Forderungen nach einer Armeereduction mit dem Hinweise entgegen, ... gesichts der europäischen Lage kein Staat daran denken könne, einen ... Schritt allein zu wagen, da derzeit kein Staatsmann, auch nur ... Zeit, für die Aufrechterhaltung des Friedens eintreten könne. — ... heftig bekämpften (Januar 1863) Mühlfeld, Kuranda, Berger, ... berg's Politik, und warfen ihm vor, er treibe eine Politik der ... R. verwahrte sich gegen diesen Vorwurf, denn eine Regierung, die ... legenheiten ist, sagte er, verliert die Achtung in den Augen des ... — In der Sitzung vom 11. November 1863 verlangte Kuranda die ... eines Blaubuches, um Einsicht in die Acten und Depeschen des au... Amtes zu erlangen. R. lehnte die Einsicht in die Acten ab und ... die Ausgabe eines Blaubuches. — Bei der Debatte über das Budget ... 1863) strich das Abgeordnetenhaus das Gehalt des Botschafters beim ... R. sprach sich dagegen aus und vertrat die Ansicht, das Recht ... bestehe nur darin, das Budget im Ganzen zu verweigern, einzelne ... zulehnen, stehe dem Parlamente nicht zu. Das Abgeordnetenhaus ... Herrenhaus jedoch stellte die ursprüngliche Ziffer wieder her.

So hatte R. in der öffentlichen Meinung, im Reichsrathe und im ... Ministerium allen Boden verloren und der Conflict zwischen ihm und ... ling mußte zum Austrag gebracht werden. Beide baten den ... Entlassung, beide erklärten, daß sie nicht mehr zusammenwirken ... Schmerling's bedurfte man noch zur Lenkung des Reichsraths und ... R. am 27. October 1864 aus dem Amte, nicht ohne die Erklär... gegeben zu haben, daß Oesterreich, wenn es infolge des Handelsvertra... Preußen mit Frankreich abgeschlossen, schroff aufträte, zum offenen ... Preußen käme.

Ueber seinen Rücktritt erzählt R. selbst folgendes: „Eines Tag... Esterhazy [Minister ohne Portefeuille] zu mir und sagte: ‚der Kaiser w...

[illegible] ihm den Dienst erweisen, Ihre Demission zu geben!' — Uebrigens [illegible] mir am Hofe auch deshalb Feinde gemacht, weil ich auf das ent- [illegible] die Annahme der mexikanischen Kaiserkrone durch Erzherzog Max [illegible] — Mein Rücktritt vollzog sich in folgender Weise. Ich er- [illegible] Einladung zu einer Ministerrathssitzung, der letzten, der ich bei- [illegible] war erstaunt, meinen Hofrath Biegeleben dort zu sehen, der [illegible] Biegeleben legte den Entwurf einer Note gegen Preußen [illegible] opponirte, aber ich wurde überstimmt und erklärte infolge dessen, [illegible] lassung zu geben. Ich gab eine Erklärung zu Protokoll, daß die [illegible] des Gegensatzes zu Preußen zum Kriege führen müsse, und vor [illegible] Wagnisse müßte ich warnen".

[illegible] schreibt gelegentlich der Entlassung Rechberg's: „über Mangel [illegible] tigkeit habe ich bei dem Grafen R. nie zu klagen gehabt, aber er [illegible] Hamlet sagt, spleenetic and rash in einem ungewöhnlichen Grade". [illegible] berg's Nachfolger wurde der Statthalter und Landescommandirende [illegible] Graf Alexander v. Mensdorff-Pouilly.

[illegible] Gesammturtheil über R. als Staatsmann wird jetzt wohl dahin [illegible] seine Politik gerade in jener verhängnißvollen Zeit nach dem [illegible] Kriege der Machtstellung Oesterreichs im europäischen Staatenconcerte [illegible] Sein Gedanke, Schleswig-Holstein Preußen zu überlassen, wenn [illegible] Oesterreich den Besitz Venedigs und des adriatischen Küstenlandes [illegible] war ein gesunder; aber selbst das hielt man damals für eine [illegible] des österreichischen Einflusses auf Deutschland, für eine unzulässige [illegible] Preußens. R. stand daher mit der gesammten öffentlichen Mei- [illegible] Gegensatz. Fast immer versuchte R. mit Compromissen zu arbeiten; [illegible] es bei dem Fürstentage von Frankfurt gewesen, so in den Verhand- [illegible] des Augustenburgers; dadurch hatte seine Politik das Gepräge [illegible] heit, der Unsicherheit. Auf Menschen wirken zu können, war R. [illegible] Kaiser Franz Josef war zwar im wesentlichen mit ihm in Ueber- [illegible] als jedoch von allen Seiten Widersacher gegen ihn auftraten, [illegible] fallen. Während seiner Amtsthätigkeit und auch noch einige Zeit [illegible] wurde er unterschätzt, die folgenden Ereignisse gaben ihm jedoch in [illegible] recht. Bismarck sprach stets mit Achtung von seiner Einsicht und [illegible] schaffenheit. Er hatte mit allem Eifer eine friedliche Auseinander- [illegible] zwischen Oesterreich und Preußen erstrebt; der Zwiespalt zwischen den [illegible] Großmächten war aber schon zu groß, und nur mit Blut und [illegible] er noch entschieden werden.

[illegible] seinem Rücktritte verlieh ihm der Kaiser den höchsten österreichischen [illegible] den des goldenen Vließes. Schon am 18. April 1861 war R. als [illegible] Mitglied in das Herrenhaus des österreichischen Reichsrathes [illegible] worden, trat aber auch nach seinem Rücktritt vom Ministerium nie [illegible] hervor. In der Debatte (Mai 1869) über den Gesetzentwurf, be- [illegible] die Organisation des Reichsgerichtes und die Ternavorschläge für das- [illegible] er das Wort. Er trat dagegen auf, daß man diesem Gesetze den [illegible] Staatsgrundgesetzes gäbe, weil die Annahme dann die Zweidrittel- [illegible] erfordere, und bestritt die Bestimmung, daß beide Häuser des [illegible] Ternavorschläge für die Besetzung der Stellen beim Reichsgerichte [illegible] hätten; diese Bestimmung widerspreche dem Principe von der [illegible] der Gewalten, und das Ernennungsrecht sei vollständig der Krone [illegible] Die ehemaligen Minister Schmerling und Krauß traten diesen [illegible] entgegen und das Herrenhaus stimmte der Regierungsvorlage [illegible] In der Debatte über das Budget für 1878 beklagte R. die Ver-

erschüttert war. — Dazu kam jetzt auch noch die ablehnende Haltung
bei den Verhandlungen über den Handelsvertrag. Durch all das
öffentliche Meinung über Rechberg's Politik, welche in dem
Kampfe mit Bismarck nur Niederlagen erlitten hatte, arg erregt.
zeichen des Zusammenbruches des Rechberg'schen Systems wurden
Mißerfolge seiner Politik erregten gegen ihn einen Sturm im
alle Minister, insbesondere Schmerling, traten gegen ihn auf;
zu halten, doch umsonst; er erklärte, er wolle eine andere
bisher eingehaltene, acceptiren; Schmerling jedoch bestand auf
tritt, denn ohne einen entschiedenen Wechsel in der äußeren Politik
dem Reichsrathe, dessen Zusammentritt in wenigen Tagen bevorst
gegenüber treten. R. mußte fallen.

Im Abgeordnetenhause des Reichstages hatte R. ohnehin seit la
schwere Stellung; energische und sachkundige Gegner waren ihm dort
übergetreten. Bei der Debatte, Mai 1862, über den Gehalt des
Botschafters beim Vatican, Alexander Freiherrn v. Bach, suchte R.
über die Haltung der nach dem Systeme Metternich großgezogenen
mit der Erklärung zu begegnen: „Sollten meine Organe den
weigern, sollten sie in einem andern Systeme gehen, als in dem
Regierung befolgt, dann wird die Regierung sie zur Ordnung
wird zu strafen wissen". Die Erklärung klang sehr drakonisch,
die Beamten der alten Ordnung ohne Wirkung, wie der oben
Subordinationsfall Biegeleben's beweist. — Im November 1862 trat
da mit vollem Rechte, den im Abgeordnetenhause häufig sich
Forderungen nach einer Armeereduction mit dem Hinweise entgegen,
gesichts der europäischen Lage kein Staat daran denken könne, einen
Schritt allein zu wagen, da derzeit kein Staatsmann, auch nur
Zeit, für die Aufrechterhaltung des Friedens eintreten könne. —
heftig bekämpften (Januar 1863) Mühlfeld, Kuranda, Berger,
berg's Politik, und warfen ihm vor, er treibe eine Politik der Verleg
R. verwahrte sich gegen diesen Vorwurf, denn eine Regierung, die
legenheiten ist, sagte er, verliert die Achtung in den Augen des
— In der Sitzung vom 11. November 1863 verlangte Kuranda die
eines Blaubuches, um Einsicht in die Acten und Depeschen des
Amtes zu erlangen. R. lehnte die Einsicht in die Acten ab und
die Ausgabe eines Blaubuches. — Bei der Debatte über das Budget
1863) strich das Abgeordnetenhaus das Gehalt des Botschafters beim
R. sprach sich dagegen aus und vertrat die Ansicht, das Recht
bestehe nur darin, das Budget im Ganzen zu verweigern, einzelne
zulehnen, stehe dem Parlamente nicht zu. Das Abgeordnetenhaus
Herrenhaus jedoch stellte die ursprüngliche Ziffer wieder her.

So hatte R. in der öffentlichen Meinung, im Reichsrathe und im
Ministerium allen Boden verloren und der Conflict zwischen ihm und
ling mußte zum Austrag gebracht werden. Beide baten den
Entlassung, beide erklärten, daß sie nicht mehr zusammenwirken
Schmerling's bedurfte man noch zur Lenkung des Reichsraths und
R. am 27. October 1864 aus dem Amte, nicht ohne die Erklär
gegeben zu haben, daß Oesterreich, wenn es infolge des Handelsvertrag
Preußen mit Frankreich abgeschlossen, schroff aufträte, zum offenen
Preußen käme.

Ueber seinen Rücktritt erzählt R. selbst folgendes: „Eines Tag
Esterhazy [Minister ohne Portefeuille] zu mir und sagte: ‚der Kaiser

e ihm den Dienst erweisen, Ihre Demission zu geben!' — Uebrigens
ch mir am Hofe auch deshalb Feinde gemacht, weil ich auf das ent-
ite der Annahme der mexikanischen Kaiserkrone durch Erzherzog Max
rebt hatte. — Mein Rücktritt vollzog sich in folgender Weise. Ich er-
ine Einladung zu einer Ministerrathssitzung, der letzten, der ich bei-
. Ich war erstaunt, meinen Hofrath Biegeleben dort zu sehen, der
ingehörte. Biegeleben legte den Entwurf einer Note gegen Preußen
r ich opponirte, aber ich wurde überstimmt und erklärte infolge dessen,
Entlassung zu geben. Ich gab eine Erklärung zu Protokoll, daß die
fehrung des Gegensatzes zu Preußen zum Kriege führen müsse, und vor
solchen Wagnisse müßte ich warnen".
ismarck schreibt gelegentlich der Entlassung Rechberg's: „über Mangel
frichtigkeit habe ich bei dem Grafen R. nie zu klagen gehabt, aber er
wie Hamlet sagt, spleenetic and rash in einem ungewöhnlichen Grade".
echberg's Nachfolger wurde der Statthalter und Landescommandirende
alizien, Graf Alexander v. Mensdorff-Pouilly.
in Gesammturtheil über R. als Staatsmann wird jetzt wohl dahin
daß seine Politik gerade in jener verhängnißvollen Zeit nach dem
en Kriege der Machtstellung Oesterreichs im europäischen Staatenconcerte
ach. Sein Gedanke, Schleswig-Holstein Preußen zu überlassen, wenn
Oesterreich den Besitz Venedigs und des adriatischen Küstenlandes
tire, war ein gesunder; aber selbst das hielt man damals für eine
gebung des österreichischen Einflusses auf Deutschland, für eine unzulässige
igung Preußens. R. stand daher mit der gesammten öffentlichen Mei-
im Gegensatz. Fast immer versuchte R. mit Compromissen zu arbeiten;
r es bei dem Fürstentage von Frankfurt gewesen, so in den Verhand-
n wegen des Augustenburgers; dadurch hatte seine Politik das Gepräge
klarheit, der Unsicherheit. Auf Menschen wirken zu können, war R.
t. Kaiser Franz Josef war zwar im wesentlichen mit ihm in Ueber-
mmung, als jedoch von allen Seiten Widersacher gegen ihn auftraten,
r ihn fallen. Während seiner Amtsthätigkeit und auch noch einige Zeit
er, wurde er unterschätzt, die folgenden Ereignisse gaben ihm jedoch in
em recht. Bismarck sprach stets mit Achtung von seiner Einsicht und
Rechtschaffenheit. Er hatte mit allem Eifer eine friedliche Auseinander-
g zwischen Oesterreich und Preußen erstrebt; der Zwiespalt zwischen den
deutschen Großmächten war aber schon zu groß, und nur mit Blut und
konnte er noch entschieden werden.
Bei seinem Rücktritte verlieh ihm der Kaiser den höchsten österreichischen
n, den des goldenen Vließes. Schon am 18. April 1861 war R. als
längliches Mitglied in das Herrenhaus des österreichischen Reichsrathes
en worden, trat aber auch nach seinem Rücktritt vom Ministerium nie
tend hervor. In der Debatte (Mai 1869) über den Gesetzentwurf, be-
nd die Organisation des Reichsgerichtes und die Ternavorschläge für das-
ergriff er das Wort. Er trat dagegen auf, daß man diesem Gesetze den
eines Staatsgrundgesetzes gäbe, weil die Annahme dann die Zweidrittel-
rität erfordere, und bestritt die Bestimmung, daß beide Häuser des
srathes Ternavorschläge für die Besetzung der Stellen beim Reichsgerichte
rstatten hätten; diese Bestimmung widerspreche dem Principe von der
ung der Gewalten, und das Ernennungsrecht sei vollständig der Krone
ahren. Die ehemaligen Minister Schmerling und Krauß traten diesen
ührungen entgegen und das Herrenhaus stimmte der Regierungsvorlage
— In der Debatte über das Budget für 1878 beklagte R. die Ver-

erschüttert war. — Dazu kam jetzt auch noch die ablehnende Haltung
bei den Verhandlungen über den Handelsvertrag. Durch all
öffentliche Meinung über Rechberg's Politik, welche in dem
Kampfe mit Bismarck nur Niederlagen erlitten hatte, arg erregt.
zeichen des Zusammenbruches des Rechberg'schen Systems wurden
Mißerfolge seiner Politik erregten gegen ihn einen Sturm im
alle Minister, insbesondere Schmerling, traten gegen ihn auf; R.
zu halten, doch umsonst; er erklärte, er wolle eine andere Politik
bisher eingehaltene, acceptiren; Schmerling jedoch bestand auf Rechberg's
tritt, denn ohne einen entschiedenen Wechsel in der äußeren Politik
dem Reichsrathe, dessen Zusammentritt in wenigen Tagen bevorstand,
gegenüber treten. R. mußte fallen.

Im Abgeordnetenhause des Reichstages hatte R. ohnehin seit lange
schwere Stellung; energische und sachkundige Gegner waren ihm dort
übergetreten. Bei der Debatte, Mai 1862, über den Gehalt des
Botschafters beim Vatican, Alexander Freiherrn v. Bach, suchte R.
über die Haltung der nach dem Systeme Metternich großgezogenen
mit der Erklärung zu begegnen: „Sollten meine Organe den Gehorsam
weigern, sollten sie in einem andern Systeme gehen, als in dem,
Regierung befolgt, dann wird die Regierung sie zur Ordnung
wird zu strafen wissen". Die Erklärung klang sehr drakonisch, blieb
die Beamten der alten Ordnung ohne Wirkung, wie der oben erwähnte
Insubordinationsfall Biegeleben's beweist. — Im November 1862 trat
da mit vollem Rechte, den im Abgeordnetenhause häufig sich
Forderungen nach einer Armeereduction mit dem Hinweise entgegen,
gesichts der europäischen Lage kein Staat daran denken könne, einen
Schritt allein zu wagen, da derzeit kein Staatsmann, auch nur für
Zeit, für die Aufrechterhaltung des Friedens eintreten könne. —
heftig bekämpften (Januar 1863) Mühlfeld, Kuranda, Berger,
berg's Politik, und warfen ihm vor, er treibe eine Politik der
R. verwahrte sich gegen diesen Vorwurf, denn eine Regierung,
legenheiten ist, sagte er, verliert die Achtung in den Augen des
— In der Sitzung vom 11. November 1863 verlangte Kuranda
eines Blaubuches, um Einsicht in die Acten und Depeschen des
Amtes zu erlangen. R. lehnte die Einsicht in die Acten ab und
die Ausgabe eines Blaubuches. — Bei der Debatte über das Budget
1863) strich das Abgeordnetenhaus das Gehalt des Botschafters beim
R. sprach sich dagegen aus und vertrat die Ansicht, das Recht
bestehe nur darin, das Budget im Ganzen zu verweigern, einzelne
zulehnen, stehe dem Parlamente nicht zu. Das Abgeordnetenhaus
Herrenhaus jedoch stellte die ursprüngliche Ziffer wieder her.

So hatte R. in der öffentlichen Meinung, im Reichsrathe und im
Ministerium allen Boden verloren und der Conflict zwischen ihm und
ling mußte zum Austrag gebracht werden. Beide baten den Kaiser
Entlassung, beide erklärten, daß sie nicht mehr zusammenwirken
Schmerling's bedurfte man noch zur Lenkung des Reichsraths und
R. am 27. October 1864 aus dem Amte, nicht ohne die Erklärung
gegeben zu haben, daß Oesterreich, wenn es infolge des Handelsvertrages
Preußen mit Frankreich abgeschlossen, schroff aufträte, zum offenen
Preußen käme.

Ueber seinen Rücktritt erzählt R. selbst folgendes: „Eines Tages
Esterhazy [Minister ohne Portefeuille] zu mir und sagte: ‚der Kaiser

[illegible] ihm den Dienst erweisen, Ihre Demission zu geben!' — Uebrigens [illegible], mir am Hofe auch deshalb Feinde gemacht, weil ich auf das ent- [illegible] der Annahme der mexikanischen Kaiserkrone durch Erzherzog Max [illegible] hatte. — Mein Rücktritt vollzog sich in folgender Weise. Ich er- [illegible] Einladung zu einer Ministerrathssitzung, der letzten, der ich bei- [illegible] war erstaunt, meinen Hofrath Biegeleben dort zu sehen, der [illegible] angehörte. Biegeleben legte den Entwurf einer Note gegen Preußen [illegible] opponirte, aber ich wurde überstimmt und erklärte infolge dessen, [illegible] Entlassung zu geben. Ich gab eine Erklärung zu Protokoll, daß die [illegible] des Gegensatzes zu Preußen zum Kriege führen müsse, und vor [illegible] Wagnisse müßte ich warnen".

[illegible] schreibt gelegentlich der Entlassung Rechberg's: „über Mangel [illegible] Thätigkeit habe ich bei dem Grafen R. nie zu klagen gehabt, aber er [illegible] Hamlet sagt, spleenetic and rash in einem ungewöhnlichen Grade". [illegible]berg's Nachfolger wurde der Statthalter und Landescommandirende [illegible], Graf Alexander v. Mensdorff-Pouilly.

[illegible] Gesammturtheil über R. als Staatsmann wird jetzt wohl dahin [illegible] daß seine Politik gerade in jener verhängnißvollen Zeit nach dem [illegible] Kriege der Machtstellung Oesterreichs im europäischen Staatenconcerte [illegible]. Sein Gedanke, Schleswig-Holstein Preußen zu überlassen, wenn [illegible] Oesterreich den Besitz Venedigs und des adriatischen Küstenlandes [illegible], war ein gesunder; aber selbst das hielt man damals für eine [illegible] des österreichischen Einflusses auf Deutschland, für eine unzuläßige [illegible] Preußens. R. stand daher mit der gesammten öffentlichen Mei- [illegible] Gegensatz. Fast immer versuchte R. mit Compromissen zu arbeiten; [illegible] es bei dem Fürstentage von Frankfurt gewesen, so in den Verhand- [illegible] des Augustenburgers; dadurch hatte seine Politik das Gepräge [illegible]heit, der Unsicherheit. Auf Menschen wirken zu können, war R. [illegible] Kaiser Franz Josef war zwar im wesentlichen mit ihm in Ueber- [illegible], als jedoch von allen Seiten Widersacher gegen ihn auftraten, [illegible] ihn fallen. Während seiner Amtsthätigkeit und auch noch einige Zeit [illegible] wurde er unterschätzt, die folgenden Ereignisse gaben ihm jedoch in [illegible] recht. Bismarck sprach stets mit Achtung von seiner Einsicht und [illegible]schaffenheit. Er hatte mit allem Eifer eine friedliche Auseinander- [illegible] Oesterreich und Preußen erstrebt; der Zwiespalt zwischen den [illegible] Großmächten war aber schon zu groß, und nur mit Blut und [illegible] er noch entschieden werden.

[illegible] seinem Rücktritte verlieh ihm der Kaiser den höchsten österreichischen [illegible] den des goldenen Vließes. Schon am 18. April 1861 war R. als [illegible] Mitglied in das Herrenhaus des österreichischen Reichsrathes [illegible] worden, trat aber auch nach seinem Rücktritt vom Ministerium nie [illegible] hervor. In der Debatte (Mai 1869) über den Gesetzentwurf, be- [illegible] die Organisation des Reichsgerichtes und die Ternavorschläge für das- [illegible] er das Wort. Er trat dagegen auf, daß man diesem Gesetze den [illegible] Staatsgrundgesetzes gäbe, weil die Annahme dann die Zweidrittel- [illegible] erfordere, und bestritt die Bestimmung, daß beide Häuser des [illegible] Ternavorschläge für die Besetzung der Stellen beim Reichsgerichte [illegible] hätten; diese Bestimmung widerspreche dem Principe von der [illegible] der Gewalten, und das Ernennungsrecht sei vollständig der Krone [illegible]. Die ehemaligen Minister Schmerling und Krauß traten diesen [illegible] entgegen und das Herrenhaus stimmte der Regierungsvorlage [illegible]. In der Debatte über das Budget für 1878 beklagte R. die Ver-

erschüttert war. — Dazu kam jetzt auch noch die ablehnende Haltung bei den Verhandlungen über den Handelsvertrag. Durch all das öffentliche Meinung über Rechberg's Politik, welche in dem bis Kampfe mit Bismarck nur Niederlagen erlitten hatte, arg erregt. zeichen des Zusammenbruches des Rechberg'schen Systems wurden Mißerfolge seiner Politik erregten gegen ihn einen Sturm im Mini alle Minister, insbesondere Schmerling, traten gegen ihn auf; R. zu halten, doch umsonst; er erklärte, er wolle eine andere Politik bisher eingehaltene, acceptiren; Schmerling jedoch bestand auf Rechberg tritt, denn ohne einen entschiedenen Wechsel in der äußeren Politik dem Reichsrathe, dessen Zusammentritt in wenigen Tagen bevorst gegenüber treten. R. mußte fallen.

Im Abgeordnetenhause des Reichstages hatte R. ohnehin seit la schwere Stellung; energische und sachkundige Gegner waren ihm dort übergetreten. Bei der Debatte, Mai 1862, über den Gehalt des Botschafters beim Vatican, Alexander Freiherrn v. Bach, suchte R. über die Haltung der nach dem Systeme Metternich großgezogenen mit der Erklärung zu begegnen: „Sollten meine Organe den Gehors weigern, sollten sie in einem andern Systeme gehen, als in dem Regierung befolgt, dann wird die Regierung sie zur Ordnung brin wird zu strafen wissen". Die Erklärung klang sehr drakonisch, blieb die Beamten der alten Ordnung ohne Wirkung, wie der oben erwä suborbinationsfall Biegeleben's beweist. — Im November 1862 trat da mit vollem Rechte, den im Abgeordnetenhause häufig sich er Forderungen nach einer Armeereduction mit dem Hinweise entgegen, gesichts der europäischen Lage kein Staat daran denken könne, einen Schritt allein zu wagen, da derzeit kein Staatsmann, auch nur f Zeit, für die Aufrechterhaltung des Friedens eintreten könne. — heftig bekämpften (Januar 1863) Mühlfeld, Kuranda, Berger, Bri berg's Politik, und warfen ihm vor, er treibe eine Politik der Verleg R. verwahrte sich gegen diesen Vorwurf, denn eine Regierung, die legenheiten ist, sagte er, verliert die Achtung in den Augen des A — In der Sitzung vom 11. November 1863 verlangte Kuranda die eines Blaubuches, um Einsicht in die Acten und Depeschen des aus Amtes zu erlangen. R. lehnte die Einsicht in die Acten ab und die Ausgabe eines Blaubuches. — Bei der Debatte über das Budget 1863) strich das Abgeordnetenhaus das Gehalt des Botschafters beim R. sprach sich dagegen aus und vertrat die Ansicht, das Recht beste nur darin, das Budget im Ganzen zu verweigern, einzelne zulehnen, stehe dem Parlamente nicht zu. Das Abgeordnetenhaus Herrenhaus jedoch stellte die ursprüngliche Ziffer wieder her.

So hatte R. in der öffentlichen Meinung, im Reichsrathe und im Ministerium allen Boden verloren und der Conflict zwischen ihm und ling mußte zum Austrag gebracht werden. Beide baten den Kai Entlassung, beide erklärten, daß sie nicht mehr zusammenwirken Schmerling's bedurfte man noch zur Lenkung des Reichsraths und R. am 27. October 1864 aus dem Amte, nicht ohne die Erklärung gegeben zu haben, daß Oesterreich, wenn es infolge des Handelsvertrag Preußen mit Frankreich abgeschlossen, schroff aufträte, zum offenen Bruch Preußen käme.

Ueber seinen Rücktritt erzählt R. selbst folgendes: „Eines Tag Esterhazy [Minister ohne Portefeuille] zu mir und sagte: ‚der Kaiser wü e ihm den Dienst erweisen, Ihre Demission zu geben!" — Uebrigens ch, mir am Hofe auch deshalb Feinde gemacht, weil ich auf das ent- ste der Annahme der mexikanischen Kaiserkrone durch Erzherzog Max rebt hatte. — Mein Rücktritt vollzog sich in folgender Weise. Ich er- ine Einladung zu einer Ministerrathssitzung, der letzten, der ich bei- . Ich war erstaunt, meinen Hofrath Biegeleben dort zu sehen, der ingehörte. Biegeleben legte den Entwurf einer Note gegen Preußen r ich opponirte, aber ich wurde überstimmt und erklärte infolge dessen, Entlassung zu geben. Ich gab eine Erklärung zu Protokoll, daß die rkehrung des Gegensatzes zu Preußen zum Kriege führen müsse, und vor solchen Wagnisse müßte ich warnen".

Bismarck schreibt gelegentlich der Entlassung Rechberg's: „über Mangel frichtigkeit habe ich bei dem Grafen R. nie zu klagen gehabt, aber er wie Hamlet sagt, spleenetic and rash in einem ungewöhnlichen Grade". Rechberg's Nachfolger wurde der Statthalter und Landescommandirende Galizien, Graf Alexander v. Mensdorff-Pouilly.

Ein Gesammturtheil über R. als Staatsmann wird jetzt wohl dahin daß seine Politik gerade in jener verhängnißvollen Zeit nach dem hen Kriege der Machtstellung Oesterreichs im europäischen Staatenconcerte ach. Sein Gedanke, Schleswig-Holstein Preußen zu überlassen, wenn Oesterreich den Besitz Venedigs und des adriatischen Küstenlandes tire, war ein gesunder; aber selbst das hielt man damals für eine gebung des österreichischen Einflusses auf Deutschland, für eine unzulässige igung Preußens. R. stand daher mit der gesammten öffentlichen Mei- im Gegensatz. Fast immer versuchte R. mit Compromissen zu arbeiten; r es bei dem Fürstentage von Frankfurt gewesen, so in den Verhand- wegen des Augustenburgers; dadurch hatte seine Politik das Gepräge Unklarheit, der Unsicherheit. Auf Menschen wirken zu können, war R. gt. Kaiser Franz Josef war zwar im wesentlichen mit ihm in Ueber- immung, als jedoch von allen Seiten Widersacher gegen ihn auftraten, er ihn fallen. Während seiner Amtsthätigkeit und auch noch einige Zeit er, wurde er unterschätzt, die folgenden Ereignisse gaben ihm jedoch in hem recht. Bismarck sprach stets mit Achtung von seiner Einsicht und r Rechtschaffenheit. Er hatte mit allem Eifer eine friedliche Auseinander- ng zwischen Oesterreich und Preußen erstrebt; der Zwiespalt zwischen den n deutschen Großmächten war aber schon zu groß, und nur mit Blut und konnte er noch entschieden werden.

Bei seinem Rücktritte verlieh ihm der Kaiser den höchsten österreichischen en, den des goldenen Vließes. Schon am 18. April 1861 war R. als nslängliches Mitglied in das Herrenhaus des österreichischen Reichsrathes fen worden, trat aber auch nach seinem Rücktritt vom Ministerium nie tend hervor. In der Debatte (Mai 1869) über den Gesetzentwurf, be- nd die Organisation des Reichsgerichtes und die Ternavorschläge für das- ergriff er das Wort. Er trat dagegen auf, daß man diesem Gesetze den eines Staatsgrundgesetzes gäbe, weil die Annahme dann die Zweidrittel- rität erfordere, und bestritt die Bestimmung, daß beide Häuser des srathes Ternavorschläge für die Besetzung der Stellen beim Reichsgerichte rstatten hätten; diese Bestimmung widerspreche dem Principe von der lung der Gewalten, und das Ernennungsrecht sei vollständig der Krone wahren. Die ehemaligen Minister Schmerling und Krauß traten diesen führungen entgegen und das Herrenhaus stimmte der Regierungsvorlage — In der Debatte über das Budget für 1878 beklagte R. die Ver-

erschüttert war. — Dazu kam jetzt auch noch die ablehnende Haltung ... bei den Verhandlungen über den Handelsvertrag. Durch all das ... öffentliche Meinung über Rechberg's Politik, welche in dem bis... Kampfe mit Bismarck nur Niederlagen erlitten hatte, arg erregt. ... zeichen des Zusammenbruches des Rechberg'schen Systems wurden ... Mißerfolge seiner Politik erregten gegen ihn einen Sturm im Mini... alle Minister, insbesondere Schmerling, traten gegen ihn auf; R. ... zu halten, doch umsonst; er erklärte, er wolle eine andere Politik, ... bisher eingehaltene, acceptiren; Schmerling jedoch bestand auf Rechberg's ... tritt, denn ohne einen entschiedenen Wechsel in der äußeren Politik ... dem Reichsrathe, dessen Zusammentritt in wenigen Tagen bevorstand, ... gegenüber treten. R. mußte fallen.

Im Abgeordnetenhause des Reichstages hatte R. ohnehin seit lan... schwere Stellung; energische und sachkundige Gegner waren ihm dort ... übergetreten. Bei der Debatte, Mai 1862, über den Gehalt des öster... Botschafters beim Vatican, Alexander Freiherrn v. Bach, suchte R. ... über die Haltung der nach dem Systeme Metternich großgezogenen ... mit der Erklärung zu begegnen: „Sollten meine Organe den Gehorsam ... weigern, sollten sie in einem andern Systeme gehen, als in dem, ... Regierung befolgt, dann wird die Regierung sie zur Ordnung brin... wird zu strafen wissen". Die Erklärung klang sehr drakonisch, blieb ... die Beamten der alten Ordnung ohne Wirkung, wie der oben erwäh... suborbinationsfall Biegeleben's beweist. — Im November 1862 trat ... da mit vollem Rechte, den im Abgeordnetenhause häufig sich erne... Forderungen nach einer Armeereduction mit dem Hinweise entgegen, ... gesichts der europäischen Lage kein Staat daran denken könne, einen ... Schritt allein zu wagen, da derzeit kein Staatsmann, auch nur f... Zeit, für die Aufrechterhaltung des Friedens eintreten könne. — ... heftig bekämpften (Januar 1863) Mühlfeld, Kuranda, Berger, Brin... berg's Politik, und warfen ihm vor, er treibe eine Politik der Verlegen... R. verwahrte sich gegen diesen Vorwurf, denn eine Regierung, die ... legenheiten ist, sagte er, verliert die Achtung in den Augen des ... — In der Sitzung vom 11. November 1863 verlangte Kuranda die ... eines Blaubuches, um Einsicht in die Acten und Depeschen des aus... Amtes zu erlangen. R. lehnte die Einsicht in die Acten ab und ver... die Ausgabe eines Blaubuches. — Bei der Debatte über das Budget ... 1863) strich das Abgeordnetenhaus das Gehalt des Botschafters beim ... R. sprach sich dagegen aus und vertrat die Ansicht, das Recht des ... bestehe nur darin, das Budget im Ganzen zu verweigern, einzelne Po... zulehnen, stehe dem Parlamente nicht zu. Das Abgeordnetenhaus str... Herrenhaus jedoch stellte die ursprüngliche Ziffer wieder her.

So hatte R. in der öffentlichen Meinung, im Reichsrathe und im ... Ministerium allen Boden verloren und der Conflict zwischen ihm und ... ling mußte zum Austrag gebracht werden. Beide baten den Kaiser ... Entlassung, beide erklärten, daß sie nicht mehr zusammenwirken ... Schmerling's bedurfte man noch zur Lenkung des Reichsraths und ... R. am 27. October 1864 aus dem Amte, nicht ohne die Erklär... gegeben zu haben, daß Oesterreich, wenn es infolge des Handelsvertrag... Preußen mit Frankreich abgeschlossen, schroff aufträte, zum offenen Bru... Preußen käme.

Ueber seinen Rücktritt erzählt R. selbst folgendes: „Eines Tag... Esterhazy [Minister ohne Portefeuille] zu mir und sagte: ‚der Kaiser w...

... ihm den Dienst erweisen, Ihre Demission zu geben!' — Uebrigens ... mir am Hofe auch deshalb Feinde gemacht, weil ich auf das ent... der Annahme der mexikanischen Kaiserkrone durch Erzherzog Max ... hatte. — Mein Rücktritt vollzog sich in folgender Weise. Ich er... Einladung zu einer Ministerrathssitzung, der letzten, der ich bei... Ich war erstaunt, meinen Hofrath Biegeleben dort zu sehen, der ...gehörte. Biegeleben legte den Entwurf einer Note gegen Preußen ... opponirte, aber ich wurde überstimmt und erklärte infolge dessen, ...lassung zu geben. Ich gab eine Erklärung zu Protokoll, daß die ...rung des Gegensatzes zu Preußen zum Kriege führen müsse, und vor ...solchen Wagnisse müßte ich warnen".

...marck schreibt gelegentlich der Entlassung Rechberg's: „über Mangel ...richtigkeit habe ich bei dem Grafen R. nie zu klagen gehabt, aber er ... Hamlet sagt, spleenetic and rash in einem ungewöhnlichen Grade". ...berg's Nachfolger wurde der Statthalter und Landescommandirende ...lien, Graf Alexander v. Mensdorff-Pouilly.

... Gesammturtheil über R. als Staatsmann wird jetzt wohl dahin ... daß seine Politik gerade in jener verhängnißvollen Zeit nach dem ... Kriege der Machtstellung Oesterreichs im europäischen Staatenconcerte ... Sein Gedanke, Schleswig-Holstein Preußen zu überlassen, wenn ...esterreich den Besitz Venedigs und des adriatischen Küstenlandes ..., war ein gesunder; aber selbst das hielt man damals für eine ...ung des österreichischen Einflusses auf Deutschland, für eine unzulässige ...ung Preußens. R. stand daher mit der gesammten öffentlichen Mei... Gegensatz. Fast immer versuchte R. mit Compromissen zu arbeiten; ... es bei dem Fürstentage von Frankfurt gewesen, so in den Verhand...wegen des Augustenburgers; dadurch hatte seine Politik das Gepräge ...arheit, der Unsicherheit. Auf Menschen wirken zu können, war R. ... Kaiser Franz Josef war zwar im wesentlichen mit ihm in Ueber...mung, als jedoch von allen Seiten Widersacher gegen ihn auftraten, ...ihn fallen. Während seiner Amtsthätigkeit und auch noch einige Zeit ... wurde er unterschätzt, die folgenden Ereignisse gaben ihm jedoch in ... recht. Bismarck sprach stets mit Achtung von seiner Einsicht und ...schaffenheit. Er hatte mit allem Eifer eine friedliche Auseinander... zwischen Oesterreich und Preußen erstrebt; der Zwiespalt zwischen den ...deutschen Großmächten war aber schon zu groß, und nur mit Blut und ... er noch entschieden werden.

... seinem Rücktritte verlieh ihm der Kaiser den höchsten österreichischen ...den des goldenen Vließes. Schon am 18. April 1861 war R. als ...glicher Mitglied in das Herrenhaus des österreichischen Reichsrathes ... worden, trat aber auch nach seinem Rücktritt vom Ministerium nie ... hervor. In der Debatte (Mai 1869) über den Gesetzentwurf, be... die Organisation des Reichsgerichtes und die Ternavorschläge für das... er das Wort. Er trat dagegen auf, daß man diesem Gesetze den ...es Staatsgrundgesetzes gäbe, weil die Annahme dann die Zweidrittel... erfordere, und bestritt die Bestimmung, daß beide Häuser des ...thes Ternavorschläge für die Besetzung der Stellen beim Reichsgerichte ... hätten; diese Bestimmung widerspreche dem Principe von der ... der Gewalten, und das Ernennungsrecht sei vollständig der Krone ... Die ehemaligen Minister Schmerling und Krauß traten diesen ...ungen entgegen und das Herrenhaus stimmte der Regierungsvorlage ... In der Debatte über das *Budget* für 1878 beklagte R. die Verschlimmerung der finanziellen Lage, die riesige Erhöhung des Erfor... als Folgen des Dualismus und plaidirte für administrative Refor... Ersparungen in der Verwaltung. — Bei der Adreßdebatte im ... legte die Majorität des Ausschusses dem Herrenhause einen dem ... Taaffe mißgünstigen Entwurf vor, die Minorität machte das ... listische Programm Taaffe's zu dem ihrigen — unter der letzteren sich R.

Graf R. war seit 26. Juli 1834 mit Barbara Miß Jones (ge... 8. Juni 1813), ältesten Tochter des Thomas Jones Viscount ... Baron von Waron vermählt. Dieser Ehe entstammt ein Sohn, ... (geboren am 4. Juli 1835), k. k. Kämmerer und Rittmeister in ... seit 11. Januar 1864 vermählt mit Louise Marie Gräfin Fürsten... boren am 1. August 1849).

Graf Bernhard R. starb im hohen Alter von 93 Jahren am 26. ... 1899 auf Schloß Kettenhof bei Wien.

Sybel, Die Begründung des Deutschen Reiches durch ... 7 Bände. München und Berlin 1901. — Gedanken und Erinn... Von Otto Fürst Bismarck. 2 Bände. Stuttgart 1898. — ... Der Kampf um die Vorherrschaft in Deutschland 1859 bis 1866. ... Stuttgart 1897, 1898. — v. Zwiedineck-Südenhorst, Deutsche ... von der Auflösung des alten bis zur Errichtung des neuen Kai... (1806—1871). 3 Bände. Stuttgart 1897, 1903, 1905. — Wurzbach, Lexikon d. Kaiserth. Oesterr., 25. Theil. Wien 1873. — Friedjung, ... Graf v. Rechberg (in Bettelheim's Biogr. Jahrbuch IV, 283—300. ... 1900). — Kolmer, Parlament und Verfassung in Oesterreich. ... Wien und Leipzig 1902—1907. — Poschinger, Geheimblätter ... österreichische Politik (Oesterr. Rundschau IX, 1—7). — Wilhelm v. Gründorf-Zebegenyi, k. und k. Generalstabsmajor a. D., Memo... (Handschrift, vom Herrn Verfasser mir gütigst zur Benützung ...

Franz Il...

Reclam: Karl Heinrich R., Arzt, sehr bekannter Hygieni... populär-medicinischer Schriftsteller zu Leipzig, geboren daselbst am 18. ... 1821, studirte in Leipzig, Prag, Wien und Paris, wurde 1846 in ... Doctor mit der Dissertation: „De plumarum pennarumque evoluti... quisitio microscopica", 1858 Privatdocent, 1868 Professor e. o. der ... in Leipzig, war seit 1877 auch Polizeiarzt und hat sich litterarisch ... weise mit der Gesundheitspflege in vielen Schriften beschäftigt, von ... anführen: „Nahrungsmittel und Speisewahl" (Leipzig 1855); „Experi... Untersuchungen über die Ursache der Chylus- und Lymphbewegung ... Fettresorption" (ebd. 1858); „Geist und Körper in ihren Wechselbezie... (ebd. 1859); „Das Buch der vernünftigen Lebensweise" (ebd. 1863; ... 1876); „Des Weibes Gesundheit und Schönheit" (ebd. 1864); „Der ... Menschen" (Stuttgart 1870; 2. Aufl. 1877) u. v. A. Außerdem ... R. 1858—61 den „Kosmos", 1869—70 die „Deutsche Vierteljahrs... öffentliche Gesundheitspflege", seit 1875 die „Gesundheit". Auch für ... führung der Leichenverbrennung in Deutschland hat er sich besonde... essirt. R. starb am 6. März 1887.

Biogr. Lex. hervorr. Aerzte, hrsg. von Pagel, Berlin u. Wien ... S. 1352.

Pa...

Reclam: Anton Philipp R., einer der originellsten und buch... risch bahnbrechendsten Verleger Deutschlands, wurde am 9. Juni 18... *Leipzig geboren* als ältester Sohn des Buchhändlers Karl Heinrich Rec...

J. 1823 begann Anton Philipp seine buchhändlerische Thätigkeit durch Eintritt als Lehrling in die Handlung des mit ihm — mütterlicherseits — ... Friedrich Vieweg in Braunschweig. Bei diesem geistig hochstehenden ... fand der junge Mann eine väterliche Aufnahme und die an... Thätigkeit, denn die Handlung Vieweg's, als Schwiegersohn Campe's, damals einen mit Recht begründeten guten Ruf. Die Thätigkeit im Vieweg's war von den nachdrücklichsten Einwirkungen auf den Jung...; wir gehen kaum fehl mit der Behauptung, daß dort seine eigent... ...gung und Liebe zum Verlegerberuf geweckt, genährt und gefördert ... Unmittelbar nach Beendigung der Lehrzeit trieb ihn sein innerer ... zur Selbständigkeit, und so sehen wir ihn denn schon 1828, also kaum ...ig, als Inhaber des „Litterarischen Museum“ in Leipzig, einer mit Journal-Lesezirkel verbundenen Leihbibliothek. Indessen diese monotone ...sarbeit genügte dem aufstrebenden Jüngling nicht. Kaum erlaubten ... einigermaßen seine Mittel, verlegerisch aufzutreten, führte er diesen ...luß aus, und sein erstes von ihm erworbenes Manuscript war eine ...tzung aus dem Französischen. Dieser erste Versuch verlegerischer Thätig... ... ermuthigend auf ihn eingewirkt haben; schon im J. 1837 verkaufte ... „Litterarische Museum“ und wandte sich unter der Firma „Philipp ... jr.“ dem ausschließlichen Verlagswesen zu. Als reiner Verleger be... ... nun eine sehr eifrige Productivität, die ihm wesentlich erleichtert ... durch den im J. 1839 — mit Freundesmitteln — bewirkten Ankauf ... fundirten Haak'schen Druckerei. Die natürliche Selbständigkeit, die ... hierdurch fremden Auftraggebern gegenüber schuf, und das Bestreben, ... für das eigene Geschäft zu arbeiten — ein Princip, das seitens der ... bis heutigen Tages fast strikte durchgeführt wird —, waren von der ...sten Einwirkung auf die innere Ausgestaltung des Verlagsgeschäfts, ... Früchte des Erfolges traten bald zu Tage in Gestalt einer ganzen ... neuer Verlagsunternehmungen. Wir nennen davon nur die ver... ... „Bibelausgaben“, das „Schmidt'sche französisch-deutsche Wörter... ... Ebenso erschien bei R. in den Jahren 1842—1848 „Oettinger's ...ari“. Gleichzeitig verlegte er auch eine Reihe liberaler Schriften über ...reich und die österreichischen Zustände, die ihn in arge Conflicte mit der ...ischen Regierung verwickelten und die sogar so weit gingen, daß den ...erzeugnissen Reclam's der Vertrieb in Oesterreich untersagt wurde. ...itteren Erfahrungen und Hemmnisse vermochten aber R. weder schwankend ...muthig zu machen; vielmehr waren sie für ihn insofern von einem ... Nutzen, als er seine Thätigkeit mehr concentrirte, daß er sich bestrebte, ... das Ganze umfassende Unternehmungen von dauernder Gangbarkeit zu

...vorzuheben sind unter diesen durchweg stereotypirten Werken die latei... ... und griechischen, von Koch herausgegebenen „Klassikerausgaben“, Mühl... ... weitverbreitetes „lateinisches Schulwörterbuch“, ferner, gewissermaßen ...läufer der billigen Classiker-Ausgaben, „Shakespeare's Werke“, die, ... bemerkt, einen enormen Absatz erzielten, und eine Reihe anderer ...werke. Diese reiche und umfassende Thätigkeit führte einen bedeutenden ...wung des Geschäfts herbei und der bereits erwähnte enorme Erfolg der ...speare-Ausgabe übertrug sich auch auf die anderen billigen Classiker, ... R. unmittelbar nach dem im J. 1867 in Kraft getretenen Gesetz, wo... die Werke aller nach 30 Jahren und länger verstorbenen Autoren ...gut der Nation wurden, ins Leben rief. Wir nennen davon nur ...r's, Goethe's, Lessing's, Hauff's Werke, u. A.

In diesen so erfolgreichen *Verlagswerken* sind nun sicherlich auch die An...

fänge für ein anderes, und zwar das größte Verlagsunternehmen Rec zu suchen. Wir meinen die im J. 1867 begonnene „Universalbibliot Sammelwerk, das sich von Anfang an die Aufgabe stellte, die Werke Dichter und Denker durch einen niedrigen Preis allen Schichten des Volkes zugänglich zu machen. Dieses Unternehmen, anfänglich mi scheelen Augen betrachtet, konnte aber in der Folge nicht ignorirt schon darum nicht, weil das Publicum diese Unternehmungen verlangte. wärtig sind diese typisch gewordenen gelben Heftchen in ungezählten M von Exemplaren verbreitet und auf der ganzen gebildeten Welt hei worden.

Das Geheimniß dieses beispiellosen Erfolges ist einmal in dem wi Bedürfniß nach solch billigen Ausgaben zu suchen, zum andern in der sache, daß R. mit seinem ungemein weitschauenden Blicke diesem Be Rechnung zu tragen wußte. Der Erfolg dieses Unternehmens steht Buchhandel einzig da; keine der verschiedenen Concurrenz-Ausgaben ka bezüglich der Popularität und des Umfanges mit ihm messen, keine st so festem Grunde als die Reclam'sche Universalbibliothek. R. beschrän hierbei nicht ausschließlich auf die sogenannten Classiker.

Er erweiterte den Rahmen, indem er alle wissenschaftlichen Discip alle populär-wissenschaftlichen Gebiete in das Unternehmen hineinzog u in gewissem Sinne zu einer auf breitester Grundlage ruhenden Encyclo ausgestaltete. Von diesem Gesichtspunkte aus betrachtet hat die Univ bibliothek auf die Verbreitung von Wissen und Bildung in ganz bedeu Weise eingewirkt, denn alles, was menschliches Wissen und Bildung an und Lehrstoff verlangen, fand eine Stätte in Reclam's Universalbibli Einen zuverlässigen Beleg für diese Ausführungen liefert der bekannte Verlagskatalog, der, nach Materien geordnet, erkennen läßt, welch ung reges Arbeitsgebiet R. in seiner Universalbibliothek umfaßt und auch gefüllt hat.

Der bedeutende Erfolg dieses Unternehmens und des übrigen Ve führte zu einer geradezu rapiden Vergrößerung des Geschäfts, besonde Hinsicht auf die Druckerei, bei welcher eine Vermehrung der Schnellp sich als unumgänglich nothwendig herausstellte. Das eigene Geschäft reichte bald für diese Vergrößerung nicht mehr aus, und auch in räum Hinsicht war eine bedeutende Erweiterung die natürliche Folge. R. ent sich zu einem Neubau größten Stiles und errichtete diesen auf einem gr in der Kreuzstraße gelegenen Terrain. Seit dem Jahre 1887 dient imposante Geschäftshaus den Zwecken der Weltfirma, die ihrer ganzen An nach räumlich und innerlich einer stetigen Weiterentwicklung und Ausbe entgegengeht, denn für Jahre hinaus ist die Firma bereits mit hunderten neuen Vertragsabschlüssen versorgt, eine Thatsache, die gleichzeitig auch Weiterausbau der Universalbibliothek um hunderte von weiteren Num gewährleistet. So ist das anfänglich bescheiden aussehende Unternehm einer Höhe gelangt, die der Urheber dieses Gedankens zweifellos selbst geahnt, viel weniger erwartet hat. Auf diesem Unternehmen baute sic Weltfirma auf.

R. hat mit bewunderungswürdiger Ausdauer seine Universalbibli gefördert; er verwuchs allmählich ganz mit derselben und bis zu seinem leitete er in Verbindung mit seinem einzigen Sohne Hans Heinrich das schäft. Fest begründet steht das von ihm geschaffene Geschäftshaus da seine Schöpfung wird, um mit unserm Dichterfürsten zu reden, noch hundert Jahren dem Enkel in Wort und That wiederklingen!

Als Mensch war R. ein biederer, aber derber Charakter. Doch trotz seiner [illegible] Rauhheit besaß er ein warmes Herz und Mitgefühl, das be[illegible] seinem zahlreichen Personal gegenüber zum schönsten Ausdruck gelangte. [illegible] mit Liebe und Verehrung zu ihm auf, und nichts ist bezeichnen[illegible] die Werthschätzung dieses Mannes als die Worte, die ein Angestellter [illegible] Geschäfts seinem entschlafenen Chef am Sarge nachrief: „Im Namen des [illegible]personals lege ich diesen Kranz am Sarge unseres dahingeschiedenen [illegible] nieder als ein Zeichen des Dankes für die allseitige Gerechtigkeit und [illegible] die der Verstorbene uns Untergebenen bewiesen hat, und als ein Zeichen [illegible] aufrichtigen Verehrung. Der Entschlafene hat ein langes Leben hin[illegible] rastlos geschafft und Erfolge erzielt, wie sie selten einem Manne zu [illegible] werden. Aber das Märchen vom ‚Glück haben' findet hier keine An[illegible]ung. Durch eigene Kraft, nur durch unermüdlichen Fleiß und eine [illegible] Energie hat so Großes erreicht werden können. In dieser Hinsicht wird [illegible] Arbeitern der Verstorbene stets ein leuchtendes Vorbild sein. Sein An[illegible] werden wir in hohen Ehren halten, wie bisher, so in aller Zukunft. [illegible] gelobe ich im Namen Aller".

Nahezu siebzig Jahre hatte R. geschäftlich wirken können. Als er ab[illegible] wurde zu dem besseren Jenseits, hinterließ er ein auf den solidesten [illegible]lagen ruhendes Geschäft.

R. wandelte seine eigenen Bahnen; so blieb er von Widersachern nicht [illegible]. Und in Wahrheit ist R. in nicht geringem Maaße angefochten [illegible], besonders der angeblich geringen Honorare wegen, die er den Autoren [illegible], und des nachtheiligen Einflusses wegen, den seine billigen Ausgaben [illegible]folge gehabt haben sollen. Aber wer sich selbst vertraut, scheut keine [illegible]renz, und vielfache Anfeindungen sind lediglich nur der Mißgunst ent[illegible].

Ein auf so breiter Grundlage ruhendes Unternehmen, wie die Universal[illegible]thek, schloß es in sich selbst aus, jedes neue Bändchen als „Schlager" zu [illegible]. Viele, viele Nummern haben sich über einen relativ mäßigen [illegible] nicht hinausgeschwungen, während andere wieder einen Riesenerfolg [illegible] und noch haben werden. Inwieweit auch Klagen dieserhalb begründet [illegible], können wir hier nicht untersuchen. Seine Rechnung fand R. ganz gewiß, [illegible] war er ein viel zu gewiegter Geschäftsmann, und hat lediglich nur das [illegible], was Andere vor ihm thaten und nach ihm thun werden.

[illegible] ist die Anzahl der Autoren, die darnach strebten, zur Reclam[illegible] zugelassen zu werden, und wer, wie dies so häufig der Fall war [illegible] ist, spätere Wiederkehr übt, kann so sehr betrübt nicht von dannen [illegible]sein.

Reclam's Name ist ein Universalbegriff geworden. Universal ist auch [illegible] seiner Schöpfung, und sein Erbe und Sohn, Hans Heinrich R., [illegible] schöne wie schwere Aufgabe, diese Schöpfung des Vaters weiterzuführen [illegible]zubauen. An ihm und seinen Nachfolgern ist es, das Vermächtniß [illegible] und zu mehren zum Andenken des Mannes, der zu einem echten [illegible] Pionier für Bildung und Wissen geworden ist.

Karl Fr. Pfau.

Redwitz: Oskar Freiherr von R.-Schmölz entstammt einem alten, [illegible]zweigten, früher reichsunmittelbaren fränkischen Adelsgeschlechte, das [illegible] noch in den beiden Hauptlinien der Haffenberger und Theisenrother [illegible]. Aus der Speciallinie Schmölz der letzteren ist der Dichter hervor[illegible]gangen. Er wurde geboren am 28. Juni 1823 zwischen den düstern Mauern [illegible] Zuchthauses zu Lichtenau in der Nähe von Ansbach in Mittelfranken, wo

sein Vater, Freiherr Ludwig v. Redwitz, das Amt eines Directors [illegible]
Die Mutter, eine Nichte des bekannten Hainbundmitgliedes Johann [illegible]
v. Miller, hat dem Sohne die Lust zu fabuliren nicht nur vererbt, [illegible]
auch in ihrem dichterisch angehauchten Sinne dem poetischen Gemüth [illegible]
reichlich Nahrung geboten. Nur zwei Jahre weilte dieser mit den [illegible]
seinem Geburtsorte. 1825 wurde nämlich Ludwig v. Redwitz vom [illegible]
Zuchthaus als Inspector an das Centralgefängniß in Kaiserslautern [illegible]
Speyer, wohin der Vater auf sein Ansuchen 1829 als Adjunct an [illegible]
errichtete Zollamt berufen worden war, trat Oskar, dessen [illegible]
nichts weniger als aristokratischen Charakter trug, nach einem [illegible]
Besuche der Elementarschule in die erste Gymnasialclasse ein. Nach [illegible]
jährigem Aufenthalte in der alten Kaiserstadt brachte die [illegible]
Vaters zum Oberzollinspector die Familie nach Schweigen, nahe [illegible]
elsässischen Grenze. Da der Ort keine höhere Schule besaß, erhielt der [illegible]
Gymnasiast seine weitere Ausbildung im Collège communal zu [illegible]
das eine halbe Stunde von Schweigen entfernt liegt. Schon nach drei [illegible]
mußte er sich wieder in den Unterrichtsgang eines deutschen [illegible]
arbeiten, da Ludwig v. Redwitz 1837 in der gleichen Eigenschaft als [illegible]
zollinspector nach Zweibrücken versetzt wurde. Noch einmal wechselte [illegible]
Studienaufenthalt durch die Berufung des Vaters nach Speyer. Hier [illegible]
Oskar im Herbst 1841 mit gutem Erfolge das Abgangsexamen. Zu [illegible]
des Wintersemesters bezog er dann die Universität München, an der [illegible]
Ausnahme eines Semesters in Erlangen fünf Jahre verblieb und sich [illegible]
einem viersemestrigen philosophischen Cursus dem Studium der [illegible]
widmete. Als Student war er Mitglied des Corps Franconia. [illegible]
sich um sein Fachstudium, dem er bei seiner schwärmerischen, idealen [illegible]
richtung keinen Geschmack abgewinnen konnte, nie viel gekümmert hatte, [illegible]
er doch Herbst 1846 das Staatsexamen mit der Note I ab. Er kehrte [illegible]
in das elterliche Haus nach Speyer zurück und trat hier auf dem [illegible]
commissariate als Rechtscandidat in die Verwaltungspraxis ein. [illegible]
München war dem Dichter unter dem Einflusse der „widerwärtigen [illegible]
welche die politisch-revolutionäre Tagespoesie auf ihn machte, „wie ein [illegible]
Himmel urplötzlich in seinen Geist gefallenes Saatkorn“ die Idee der [illegible]
ranth“ gekommen und unter andauerndem, heftigen Conflicte zwischen [illegible]
studium und Poesie der I. Cyklus des Gedichtes fertiggestellt worden. [illegible]
Speyer gedieh die Dichtung bis zum III. Cyklus unter dem wesentlichen, [illegible]
Geist des Ganzen umgestaltenden Einflusse Wilhelm Molitor’s, dessen [illegible]
schaft der Dichter schon in seinem vorletzten Gymnasialjahre gemacht [illegible]
Im November 1847 ging R. zur specielleren juristischen Praxis über auf [illegible]
Bureau des Rechtsanwalts Hubert Horn in Kaiserslautern, der einstigen [illegible]
seiner Knabenspiele. Bei täglich achtstündiger, geisttödtender [illegible]
brachte R. hier bis zum März 1848 den III. Cyklus der „Amaranth“ [illegible]
Ende. Der im April desselben Jahres erfolgte Tod des Vaters, der [illegible]
tiefen Eindruck auf den empfindungsreichen Sohn machte, hatte für [illegible]
Erfüllung lästiger Pflichten, wie Uebernahme der Güter, [illegible]
im Gefolge. In dieser sorgenumdüsterten Zeit trat ihm ein Wesen nahe, [illegible]
seinem Dichtergenius neue Fruchtbarkeit und Schaffensfreude brachte [illegible]
dem er die wahre Verkörperung des poetischen Phantasiebildes fand, [illegible]
in der Gestalt und in dem Wesen der Amaranth von seiner eigenen [illegible]
Lebensgefährtin sich dichterisch gemalt hatte. Im Juli verlobte R. sich [illegible]
mit der anmuthigen, erst fünfzehnjährigen Mathilde Hoscher, die mit ihrer [illegible]
wittweten Mutter auf dem durch den Reichswald von Kaiserslautern [illegible]

Schellenberg weltabgeschieden lebte. Die andere Herzensbraut des „Amaranth", machte nun wieder herrliche Fortschritte, und im Fe- ...freit aus dem Verlage von Kirchheim & Schott in Mainz das erste ...Werk des noch nicht 25 jährigen Poeten seinen Gang in die Oeffent- ... Hier war sein Erscheinen ein so stürmischer und rascher Sieg, wie ...ihn von Herwegh mit seinen „Liedern eines Lebendigen", kein ...Dichter in jenen Jahrzehnten errungen hat. Diese Thatsache hat ihren ...rund in der ganzen Stimmung der Zeit. Nach dem ohnmächtigen Ver- ...deutschen Völkersturmes hatte allmählich ein Umschwung in Politik, ...Litteratur Platz gegriffen, und gegenüber den Reactionsbestrebungen ...Partei hatte sich die Ruhe der Niedergedrücktheit und Enttäuschung ...in geltend gemacht. Da erschien die ganz im Geiste der ersteren ge- ...Amaranth" und wurde natürlich von diesen mit Jubel aufgenommen. ...tzsätzliche Richtung ließ das Werk anfangs unbeachtet, setzte aber schließ- ...verdichtenden Kritiken ein, die größtentheils von Voreingenommenheit ...waren, ein Vorwurf, der auch mancher Würdigung von katholischer ...ir erspart werden kann.

...end der ersten Monate des Jahres 1849 hatte R. in Mainz ge- ...den Druck seiner poetischen Erstlingsgabe persönlich zu leiten. Dann ...sich auf längere Wochen nach München, wo der Sänger der „Ama- ...allen Kreisen enthusiastisch gefeiert wurde. Von hier kehrte er auf ...liche Gut seiner Braut zurück, das er schon nach 14 tägigem Aufent- ...assen mußte, um sich einer vierwöchentlichen Cur in der Kaltwasser- ... Weinheim im Badischen zur Heilung seiner Kopfnerven zu unter- ...ach erfolgter Besserung bereitete er sich in Schellenberg auf die große ...Staatsprüfung vor, die er im December mit sehr gutem Erfolge ... Im Mai des folgenden Jahres siedelte R., der dem Dienste der ...endgültig entsagt hatte, um sich als freier Mann ganz dem Dichter- ...zugeben, nach Bonn über. Hier weilte er, eine Reise durch Belgien ... mehrwöchentlichen Aufenthalt im Seebade Blankenberghe an der ...gerechnet, bis Ostern 1851 und studirte unter Karl Simrock Mittel- ...h und Litteratur. Schon vorher hatte er sich ohne Erfolg in einem ... Privatbriefe an den König Max II. um eine außerordentliche ...an der Universität München beworben, wie sie später an Geibel, ...Bodenstedt verliehen wurde. In Bonn brachte der Dichter sein ...Werk: „Das Märchen vom Waldbächlein und Tannenbaum", zu dem ...rund schon in München gelegt hatte, zum Abschluß. Es erschien im ...0 und wurde vom Publicum günstig aufgenommen. Die Universität ... verlieh R. noch im selben Jahre wegen seiner beiden Dichtungen, ...s generosum christianae religionis in jus ac dignitatem restituendae ...pirat", die Ehrendoctorwürde. Mitte April 1851 finden wir den ...hter in Schellenberg, wo er am 6. Mai seine Braut heimführte. ...er den Sommer mit ihr zur Fortsetzung seiner Studien in Bonn ... hatte, wurde er im Herbst als außerordentlicher Professor der ...geschichte und Aesthetik nach Wien berufen, wo er im Sommersemester ...lesungen hielt über das Thema: „Die griechische Tragödie im All- ...und insbesondere ästhetische Erklärung der Antigone im Urtext." ...toff hatte er im Winter mit Hülfe seines „Instructors", des Philo- ...am Gottfried Muys aus Crefeld ausgearbeitet. Dem nicht streng ...lich für diese Stellung ausgebildeten Dichter wurde die Lage bald ..., und er entzog sich ihr nach einsemestriger Thätigkeit durch einen ...Urlaub, der in eine endgültige Niederlegung der Professur überging.

R. kehrte in die Waldeinsamkeit von Schellenberg zurück und lebte dort d… folgenden zwei Jahre ganz der Poesie. 1852 gab er seine gesammelten „Gedicht… heraus, die theilweise schon im Gruppe'schen Musenalmanach erschienen waren. Im „einsam alten Meierhause“ entstand auch die erste dramatische Schöpfu… des Dichters, die Tragödie „Sieglind“, die 1854 erschien und dem Verfas… „statt Lorbeer Disteln auf den Hut“ brachte. R. hat sie mit dem „Märche… selbst am besten charakterisirt, indem er seiner Familie verbot, diese bei… Erzeugnisse seiner Muse jemals in eine Gesammtausgabe seiner Werke au… nehmen zu lassen. Im J. 1854 übernahm er die alten Stammgüter Schmö… und Theisenroth bei Kronach und wohnte auf dem romantisch gelegenen Schloß Schmölz. Mit begeistertem Eifer gab der allgemein beliebte Landedelmann sich der Bewirthschaftung des Gutes hin, ohne aber die Poesie zu vernachlässigen. Während des Schmölzer Aufenthaltes entstanden vielmehr die historischen Dramen: „Thomas Morus“ (1856), „Philippine Welser“ (1859) und „Der Zunftmeister von Nürnberg“ (1860). Mit den beiden letzten Stücken errang der Dichter berechtigten guten Erfolg, während der „Thomas Morus“ niemals für die Bühne bestimmt war. Noch vor dem Erscheinen dieses Trauerspiels hatte das heitere, sonnige Familienglück des Dichters einen empfindlichen Schlag erlitten durch den raschen Tod zweier seiner sechs Kinder, die am gleichen Tage vom Scharlachfieber hinweggerafft wurden. Die 4 übrigen Kinder, 2 Söhne und 2 Töchter, leben noch heute und befinden sich in den angesehensten Stellungen. Die jüngere Tochter, Marie, ist auch litterarisch hervorgetreten mit den Novellensammlungen „Ost und West“ (1888), „Aus der Töchterschule ins Leben“ (1889) und „Ins eigene Heim“ (1891). An den beiden letzten Veröffentlichungen ist sie als Mitverfasserin betheiligt. — Die Tragödie „Der Doge von Venedig“ entstand zum großen Theile noch während der Schmölzer Jahre, wurde dort aber nicht mehr vollendet. — Gegenüber der stark religiös gefärbten Tendenz, die der Dichter in seinen Erstlingswerken offen vertritt, tragen die Dramen von der „Philippine Welser“ bis zum „Dogen von Venedig“ einen conservativen, indifferenten Charakter, der einen Umschwung im religiösen Geistesleben des Autors bekundet. Im bürgerlichen Leben trat diese Wandlung klar zu Tage. Als R. in Schmölz zum Abgeordneten für die bairische Kammer gewählt wurde, schloß er sich der liberalen Partei an, die den Sturz des reactionären, regierungsfreundlichen Ministeriums v. d. Pfordten-Reigersberg herbeiführte. Er behielt das Mandat bis 1866, wo er es krankheitshalber niederlegte. Nachdem im J. 1861 die beiden Stammgüter in den fideicommissarischen Besitz der freiherrlichen Familie v. Egloffstein übergegangen waren, siedelte R. aus Gesundheitsrücksichten nach München über. Hier veröffentlichte er 1863 die Tragödie „Der Doge von Venedig“ und schrieb in den Jahren 1864—69 den dreibändigen Roman „Hermann Stark“, der die poetisch ausgeschmückte Selbstbiographie des Dichters darstellt und dessen religiöses und politisches Glaubensbekenntniß enthält. König Max II. von Baiern zeichnete R. aus durch Verleihung des Maximiliansordens für Kunst und Wissenschaft, nachdem er ihn schon während des Aufenthaltes in Schmölz mit der Würde eines Kämmerers bekleidet hatte. Gelegentlich des Todes dieses Herrschers (1864) entstand die kleine Schrift von R.: „Mit einem Königsherzen eine Fahrt von München nach Altötting“, worin er in einfacher, anziehender Prosa die Ueberführung der Leiche des Königs schildert, an der er als Kämmerer theilnahm. In München unterhielt er intimen persönlichen und brieflichen Verkehr mit Bodenstedt, Paul Lindau, Kaspar Zumbusch, Trautmann, Dr. Franz Binder, Prof. v. Riehl u. A. m.; ferner sind aus jenen und späteren Jahren noch Briefe an den Dichter vervon Robert Hammerling, Felix Dahn, Dingelstedt, Laube, Eugen ... Franz v. Lenbach, der Redwitz' Bild malte, Ernst v. Wildenbruch, ... und dem berühmten Schauspieler Devrient. — In den Jahren ... brachte er die Wintermonate seines Asthma- und Nervenleidens ... Meran zu. October 1870 zog er auf Drängen der Aerzte nach ... Fern ab von dem Wüthen des großen Völkerkrieges dichtete er ... September 1870 bis April 1871 „Das Lied vom neuen Deutschen ... in fast fünfeinhalbhundert Sonetten, das seinen Namen im ganzen ... Volke hell erklingen ließ. Kaiser Wilhelm, der Kronprinz, Bismarck ... übersandten ihm ihre Anerkennung in lobenden Handschreiben, und ... Ludwig von Baiern verlieh ihm den Verdienstorden der bairischen Krone. ... der Dichter in das milde Klima von Meran zurück; er kaufte die ... Höfer" in Obermais, versah sie mit schönen Parkanlagen und schmückte ... einer von Zumbusch gemeißelten Schillerbüste, wovon die Besitzung ... „Schillerhof" erhielt. Aber auch hier stellte sich sein Nervenleiden ... ein, und zwar mit solcher Wucht, daß R. 1873 anfing, Morphium ... Dieses Linderungsmittel hat er jahrelang benutzt; zweimal ... alle Qualen einer Vergiftung und Entwöhnungscur durch, und ... Stichwunden bedeckten schließlich seinen Körper. Mitten in der schmerz... Krankheit blieb sein dichterischer Schaffensdrang ungeschwächt. Abgesehen ... unbedeutenden Lustspielen „Die erste Violine", „Die Gräfin von ...", „Psychologische Studien", und „Schloß Monbonheur", vollendete ... 1878 die epische Dichtung „Odilo", die seinen völligen Bruch mit ... Weltanschauung darstellt. Das 1882 erschienene episch-lyrische ... ein deutsches Hausbuch", worin der Dichter das Idealbild einer deutschen ... aus dem gebildeten Mittelstande malt, entstand theils in Meran, theils ... Gossensaß am Brenner, wo R. die heißesten Sommermonate zu... pflegte. Am Abende seines Lebens wandte er sich ganz dem Roman ... er empfand, wie sich das Publicum immer mehr von Versen ab... 1884 erschien der Roman „Haus Wartenberg", mit dem der Ver... guten Erfolg zeitigte; 1887 „Hymen" und zwei Jahre darauf des ... letztes Werk, der Roman „Glück". Die beiden letzten Leistungen wurden ... nur wenig beachtet. Im Sommer 1890 ging R., dessen körperliches ... allmählich bis zur Unerträglichkeit gesteigert hatte, nach Aussee im ... Salzkammergut in Dr. Schreiber's „Alpenheim". Noch im ... kehrte er von hier, nach kurzem Aufenthalte in München und in ..., wo er auch mit Ibsen zusammentraf, schwer leidend nach Meran ... Weil sich die häusliche Pflege sehr schwierig gestaltete, wurde der ... ganz gebrochene Dichter, dessen Geist aber nichts von seiner Klarheit ... hatte, auf seinen ausdrücklichen Wunsch am 3. Juni 1891 nach der ... Anstalt St. Gilgenberg bei Bayreuth gebracht, wohin ihn seine mit ... Sorgfalt ihn pflegende Gattin begleitete, die noch heute in ... lebt. Am 6. Juli erlöste endlich ein sanfter Tod — es trat Herz... — den Sänger der „Amaranth" und des „Odilo", der den Bruch ... religiösen Formenwesen bis zum letzten Augenblicke aufrecht erhalten ... seinen großen Schmerzen. Die Leiche wurde am 10. Juli auf dem ... Friedhofe in Baierns Hauptstadt beigesetzt. Der „Redwitz-Platz" in ... mit der dort 1892 aufgestellten Redwitz-Büste, sowie das 1894 ent... Redwitz-Denkmal in Meran legen von der Verehrung, die dem Dichter ... Kreisen gezollt wurde, beredtes Zeugniß ab.

... der großen Anzahl seiner Werke ist Redwitz' litterarische Be... im Allgemeinen gering. Als Lustspieldichter kommt er überhaupt nicht in Betracht. In den Dramen offenbart er ein bedeutendes Talent; [illegible] seine Schöpfungen, weil ihnen Eigenart und die Größe der Genialität [illegible] „in der Masse ihrer Geschwister spurlos verloren". Ebenso verhält es [illegible] seinen Romanen. Hier ist R. heute so völlig überholt, daß er in [illegible] ziehung wohl kaum wieder zur Geltung kommen wird. Als [illegible] Dichter verdient er aber unstreitig mehr Beachtung und bessere [illegible] als man ihm bisher hat zutheil werden lassen. Hervorragende und [illegible] Bedeutung hat der fränkische Poet mit seinem Erstlingswerke [illegible] zwar sowohl in rein litterarhistorischer wie auch speciell poetisch-ä[illegible] Hinsicht. Immer wird und muß der Sänger der „Amaranth" als [illegible] reichste Vertreter, ja als der Typus der Reactionsdichtung der 50er Jahre [illegible] vorigen Jahrhunderts in der Litteraturgeschichte genannt werden, da er in [illegible] Beziehung einen Geibel, Strachwitz, Putlitz weit in den Schatten stellte. [illegible] poetische Leistung betrachtet, hat das lyrisch-epische Versepos [illegible] unverwischbare Mängel, die einen ungestörten ästhetischen Genuß [illegible] schwer machen und von denen der größte die verfehlte Charakterisirung [illegible] hervorragend an der Handlung betheiligter Personen, besonders des [illegible] helden, ist. R. begeht hier den Grundfehler, daß er den Charakter [illegible] Situationen entstehen läßt, während doch umgekehrt der Charakter die [illegible] tionen hervorrufen muß. — Den Mängeln steht aber eine große Zahl [illegible] dichterischer Schönheiten gegenüber. Die Sprache, die dem roman[illegible] Charakter des Minnesanges entsprechend einen weichen Ton zeigt, hand[illegible] mit großer Gewandtheit und in dem stetigen Wechsel der verschiedensten [illegible] maße und Strophenformen, der wohl allzu häufig ist, um im [illegible] künstlerisch zu wirken, bekundet er vollendete Meisterschaft. Die schönste [illegible] offenbart der Dichter in den Naturbildern und in der Liebeslyrik. Hier [illegible] er liebliche Gaben und bewährt er sich als gewandten lyrischen Dichter, [illegible] dem der epische zurückstehen muß.

Historisch-politische Blätter für das kath. Deutschland, Band 23, [illegible] 31, 39, 42, 47. — Blätter für litterarische Unterhaltung, Jahrgang [illegible] 1851, 1852, 1853, 1854, 1857, 1861, 1863, 1866, 1869, 189[illegible]. — Didaskalia, Blätter für Geist, Gemüth u. s. w., Frankfurt 1852, [illegible] 1861. — Oskar v. Redwitz und seine Dichteraufgabe, Mainz [illegible] (Anonym erschienen; Verfasser Wilh. Molitor.) — Harmlose Plaudereien eines alten Münchners, von Otto v. Völderndorff. Neue Folge, Münch[illegible] 1898. — Ostdeutsche Post (Wiener polit. Blatt). Wien 1856, Nr. 27[illegible]. — Wiener Zeitung, 1860, Nr. 26. — Der Salon, von Nordmann. [illegible] 1854, S. 93. — Neue Freie Presse, Wien 1871, 1872, 1891, 1894. — Feuilleton der Presse (Wiener Morgenblatt) 1868. — Wiener Kirchenzeit[illegible] 1856, Nr. 99 ff. — Wiener Almanach, herausgegeben von J. Jäger. [illegible] 1900. — Wiener Allgemeine Litteraturzeitung, 1855, S. 38; 1857, S. [illegible] 1860, S. 417; 1863, S. 264. — Deutschland (polit. Zeitung), [illegible] 1857. — Allgemeine Zeitung, Augsburg 1869, Nr. 355, 357; 1871, [illegible] — Beilage zur Augsburger Postzeitung, 1853, Nr. 280; 1856, Nr. [illegible] — Kehrein Joseph, Biographisch-litterarisches Lexikon der kath. [illegible] Dichter im 19. Jhdt. Zürich, Stuttgart, Würzburg 1870, II. Bd. — [illegible] gemeine Zeitung, München 1896, 1897. — Beilage zur Allgemeinen Zeitung, München 1891, 10. December; 1894, Nr. 25 ff. — Europa, Chronik der gebildeten Welt. Leipzig 1854, Nr. 43. — Wendelin Böheim, [illegible] Welser. Eine Schilderung ihres Lebens und ihres Charakters. [illegible] 1894. — Daheim. (Eine Wochenschrift.) 1871, Nr. 45. — Monatsblätter für deutsche Litteratur, 1902. — Unsere Zeit. Deutsche Revue der Gegen[illegible]

Leipzig 1869, Jahrg. V, Heft 13. — Fremdenblatt von Gustav Heine. 1871, Nr. 165. — Der Salon für Litteratur, Kunst und Gesellschaft, hrsg. von E. Dohm und J. Rodenberg, Leipzig, Bd. 8. — Ziegler, Illustrirtes Haus- und Familienbuch. Wien und Leipzig — Adalbert Stifter's Briefe, herausgeg. von J. Aprent, 3 Bde. 1869. — Karl Goedeke, Em. Geibel. Stuttgart 1869. — J. v. Schenkel, Deutsche Dichterhalle des 19. Jahrhunderts. — Wolfgang Menzel's Litteraturblatt, 1854. — L'Illustration, journal universel. Paris 1863. Die Grenzboten. XI. Jahrgang, 1. Semester; 1852, Nr. 14. — Herm. Deutsche Dichter in Wort und Bild. Leipzig 1897. — Revue des deux mondes. 2. Augustheft 1852. — Ergänzungsheft zu jedem Conversationslexikon von Fr. Steger. Leipzig und Meißen, Bd. 8, S. 235. — Jahrgang 1897, IV, III. Ergänzungsheft. — Die Gartenlaube, Jahrgang 1878. — Der Katholik, eine religiöse Zeitschrift zur Belehrung und Warnung. Neue Folge. Mainz 1850, I. Bd., S. 569 ff. — Deutsche 1884. — Rosenkranz, Aesthetik des Häßlichen. — Ay Kellen, Katholische Dichter. Essen 1898. — Karl Schütze, Deutschlands Dichter und Schriftsteller. Berlin 1862. — Monatsblätter für neuere deutsche Literatur, 1901, 1902. — Die deutsche Nationallitteratur der Neuzeit, von K. Barthel. — Die deutsche Litteratur der Gegenwart, von R. Prutz. — Scherr, Allgemeine Litteraturgeschichte. 4. Aufl., II. Bd. — J. A. Moritz Brühl, Geschichte der katholischen Litteratur Deutschlands. — Heinr. Kurz, Geschichte der deutschen Litteratur. IV. Bd., 8. Aufl. Leipzig 1887. — Rudolf Gottschall, Die dtsch. Nationallitteratur in der I. Hälfte des 19. Jahrhunderts. Bd. I u. III. Breslau 1861. — Siegellind, ein Normallustspiel von Wilh. Merkel. Berlin 1854. — Ludwig Eichrodt's Gesammelte Dichtungen. Stuttgart 1890, Bd. II. — Keiter, Zeitgenössische kath. Dichter Deutschlands. Paderborn 1884. — Männer der Zeit, Biographisches Lexikon 1860. — Dr. Michael Maria Rabenlechner, Oskar v. Redwitz' religiöser Entwicklungsgang. Frankfurter Broschüren 1897, Bd. XVIII, Heft 1. — Wurzbach, Biographisches Lexikon des Kaiserthums Oesterreich. Wien 1873. Bd., S. 126 ff. — Deutscher Hausschatz. Regensburg 1891, 17. Jahrg., S. 782. — Brümmer, Dichterlexikon. 4. Aufl., 3.—4. Bd. Reclam 3531 3565. — Die Jahresberichte für neuere deutsche Litteraturgeschichte, herausgegeben u. A. von Elias u. Osborn, Stuttgart 1892. — Stimmen aus Maria-Laach XVI, 222; XXII, 302 ff.; XV, 547—552.

B. Lips.

Rée: Anton R., Schulmann, geboren in Hamburg am 9. November 1815, † daselbst am 13. Januar 1891, war ein Sohn des jüdischen Kaufmanns H. J. Rée, Hofbankiers des Königs von Dänemark. Die günstigen Vermögens-Verhältnisse des Vaters erlaubten ihm, für die Erziehung seiner Kinder einen Hauslehrer zu halten. R. besuchte die hamburgischen gelehrten Schulen, das Johanneum und das akademische Gymnasium und bezog mit seinem Hofmeister Ostern 1835 die Universität Kiel, um unter A. H. Ritter (A. D. B. XXVIII, 673) Philosophie zu studiren. In Kiel ward er zum Doctor der Philosophie cum laude promovirt. Rée's Absicht, die akademische Laufbahn zu betreten, konnte aber infolge von großen Vermögensverlusten seines Vaters nicht verwirklicht werden. Er mußte eine Thätigkeit erwählen, durch die er sich seinen Lebensunterhalt erwerben konnte und wurde Lehrer an der israelitischen Freischule von 1815, der er seine ganze Kraft bis an sein Lebensende widmete. Die Gründung dieser Anstalt war 1815 aus einer besonderen Absicht hervorgegangen: sie sollte ihre jüdischen Schüler in der nach den

Freiheitskriegen unter den gebildeten Juden herrschenden vaterländischen G
sinnung erziehen; demnach, wie es in einem Paragraphen der alten Sta
heißt, sollte „ihr hauptsächlichstes Augenmerk sein die Auslöschung aller Ei
thümlichkeiten in Sitten, Sprache und äußerem Verhalten ihrer Sch
Eduard Kley (s. A. D. B. XVI, 181) war seit 1817 Leiter dieser z
classigen Schule, in der er zuerst eine Art Gottesdienst mit deutschen Ge
einführte und von dieser Neuerung aus die Reformgemeinde des „ne
israelitischen Tempels“ gründete. Im J. 1848 wurde R. sein Nachfo
und in dieser Stellung wirkte er sowohl für die Hebung der Freischule
auch gemeinsam mit Gabriel Riesser (s. A. D. B. XXVIII, 586) für
Emancipation der Israeliten. Als Mitglied der im J. 1848 gewählten
stituirenden Versammlung zum Entwurf einer neuen Verfassung Ham
und als Mitglied der Bürgerschaft hatte R. Gelegenheit für beide Ziele sei
Strebens, die Gründung von staatlichen Volksschulen und die sociale
politische Gleichstellung der Israeliten vielfach mit Eifer und Energie
zutreten und seine Pläne darzulegen. Damals war in Hamburg kein Sch
zwang und neben Privatschulen, Kirchen- und Stiftsschulen gab es zwar
liche Armenschulen, aber keine staatlichen Volksschulen. In der constituir
Versammlung sprach R. im J. 1848 seine Idee über Staat und Schulw
mit den Worten aus: „Der Staat ist wesentlich nichts anderes als die Of
barung und Entwicklung der sittlichen Ideen, und mit dem Jahre 1848
die Ueberzeugung durchgedrungen sein, daß der Staat auch für die Bild
aller seiner Angehörigen Sorge tragen muß.“ Demgemäß erklärte die genan
Versammlung, daß der Staat für die Bildung der Jugend durch öffentl
Lehranstalten, namentlich durch Volksschulen, die allen Volksclassen gemeins
sein müßten, zu sorgen habe. Mit dem Abflauen der stürmischen Bewegu
von 1848 löste sich auch 1850 die constituirende Versammlung auf; die
genannte Neunercommission wurde mit der Ausarbeitung einer neuen Ver
fassung betraut und demnach 1862 die „interimistische Oberschulbehörde“ ein
gesetzt mit der Aufgabe, den Entwurf eines Unterrichtsgesetzes vorzuleg
Dies erschien am 2. Mai 1864 und gründete sich auf die Unterscheidung
allgemeinen Volksschule, der Mittelschule und der höheren Bürgerschule. Dies
Entwurf bildet die Grundlage für die Entwicklung des hamburgischen Schu
wesens. Rée's Grundsatz, wie er ihn 1866 auch namentlich gegen Schulr
Th. Hoffmann (s. A. D. B. L, 770) ausgesprochen hat, lautete: „Hat
Staat für sich, wie für seine Bürger in seinen Schulen ausschließlich
Interesse, eine möglichst gute Bildung möglichst vielen Kindern zu verschaffen,
so muß er, zumal da er dafür keine größeren Kosten hat, allen die gleich
Arena öffnen, sie alle in gleichorganisirte Schulen schicken, deren Lehrziel
der mittleren oder höheren Bürgerschule ist. Das ist die allgemeine Vol
schule, wie wir sie verlangen.“ Die bestehenden Schulen seien „Stan
schulen“, deren Lehrziele sich nach dem Stande oder vielmehr nach dem Ve
mögen der Eltern richteten. Um jenes Ziel an der Freischule von 1815,
bald den Namen „Stiftungsschule von 1815“ annahm, zu erreichen, mußte
auch Christen aufnehmen können und ihr Lehrziel erhöhen. Von 1815
1852 war die von R. geleitete Schule ausschließlich für Juden bestimmt,
zwar nach den Stiftungsgrundsätzen, um „Dienst- und Gewerbsleute“ zu bilden
Dies war freilich nicht zu erreichen, da die Zünfte die Aufnahme jüdischer
Lehrlinge den Meistern verboten. Und da 1816 die Schule nur aus zwei
Classen bestand, so war das Lehrziel auch nicht der Art, daß etwa christliche
Schüler durch dasselbe angezogen werden konnten. Unter Kley und R. hob
sich die Schule der Art, daß sie 1851 von 219 Schülern in sechs Classen be-

[illegible] wurde. 1852 nahm R. zuerst drei christliche Schüler auf, deren Zahl [illegible] wuchs, indem auch Schüler aus wohlhabenderen christlichen [illegible] die Stiftungsschule besuchten. Aus der israelitischen Schule war dem- [illegible] „Simultanschule" geworden. Dagegen erhob nun aus unersichtlichen [illegible] der Vorstand der deutsch-israelitischen Gemeinde (es gibt in Hamburg [illegible] eine portugiesisch-israelitische Gemeinde) Einspruch, welcher um so ge- [illegible] war, als dieser Vorstand eine Art städtischer Behörde war, ohne deren [illegible] z. B. kein fremder Jude in Hamburg Aufnahme finden konnte, [illegible] jüdische Verwaltung ohne seine Beihülfe einen Hausposten belegen konnte. [illegible] jüdische Schulvorstand fügte sich dem Verbot, fernerhin Christen in die [illegible]schule aufzunehmen. Merkwürdig genug; denn die meisten Mitglieder [illegible] Schulvorstandes schickten ihre Kinder in christliche Schulen. Eine persön- [illegible] Feindschaft gegen R. lag der Maßregel des Gemeindevorstandes auch zu Grunde. Denn als R. 1854 einen Ruf an die bekannte Jakobson'sche [illegible] in Seesen ablehnte, erhöhte der Gemeindevorstand seinen jährlichen Beitrag um 1200 Mk. mit der ausdrücklichen Bestimmung, daß er sich zu [illegible]zahlung verpflichtete, so lange R. an der Schule blieb. Erst 1859 wurde [illegible] weitere Zulassung christlicher Schüler vom Schulvorstande beschlossen. Ein [illegible] Schuhmacher hatte nämlich seinen Sohn für die Schule angemeldet. [illegible] die Aufnahme seines Sohnes versagt wurde, machte er geltend, daß [illegible] des Verbotes seiner Zunft jüdische Lehrlinge aufgenommen habe; denn [illegible] Zunftgenossen seien intolerant und inhuman. Zum Danke sei nun der [illegible]vorstand gegen ihn intolerant verfahren. Diese Argumentation schlug [illegible] Schulvorstande durch und bestimmte ihn, sich über den Einspruch des [illegible]devorstandes hinwegzusetzen und fortan christliche Schüler aufzunehmen. [illegible]folge der Hemmnisse, die der israelitische Gemeindevorstand der Schule [illegible], R. aus der jüdischen Gemeinde ausgetreten ist, ist ungewiß. Sein [illegible] ist aber constatirt, ohne daß der Eintritt in eine christliche Gemeinde [illegible] In der allen Kindern ohne Unterschied des Glaubens und des Standes [illegible] Stiftsschule wurde der christlich-lutherische Religionsunterricht von [illegible] Geistlichen am Sonnabend, der jüdische am Sonntage ertheilt. Wie [illegible] den staatlichen Schulen waren die jüdischen Schüler nicht genöthigt, am [illegible] zu schreiben. „Es ist auch den orthodoxesten Juden", schrieb R. [illegible], „nicht verboten, am Sonnabend Unterricht zu nehmen; fast alle Juden, [illegible] Schulen besuchen, versäumen denselben am Sonnabend nicht." Neben [illegible] wurden auch Schüler gegen ein jährliches Schulgeld aufgenommen, [illegible] nach dem Vermögen der Eltern, 72 bis 144 Mark betrug, nach [illegible] Verhältnissen, besonders mit Privatschulen desselben Lehrzieles ver- [illegible] ein sehr mäßiges Schulgeld. Der Unterrichtsplan ist jetzt der der [illegible] Hamburg eingeführten Realschule und wird auf die drei Classen der [illegible] und die sechs Classen der eigentlichen Realschule vertheilt. Das be- [illegible] Abgangsexamen berechtigt zum einjährig-freiwilligen Dienst. Im [illegible] Schuljahre, dessen Abschluß zu Ostern 1890 R. noch erlebt hat, wurde [illegible]schule von 732 Schülern besucht, und zwar von 472 Christen, [illegible] und 18 „Neutralen", d. h. „meist aus Mischehen entstammenden [illegible] über deren Zugehörigkeit zu einer Kirche [!] die Eltern noch keine [illegible] Entscheidung getroffen haben." Von 29 aus der Prima abgehenden [illegible] erhielten 27 die Berechtigung zum einjährigen Dienst. R. genoß [illegible] einer großen Zahl seiner Mitbürger und wurde in das [illegible] des Norddeutschen Bundes 1867—70 gewählt; den dritten ham- [illegible] Wahlkreis vertrat er 1881—84 im Reichstage. Selbst seine Gegner stimmten aber mit seinen Anhängern überein in der Hochachtung seines [illegible] Charakters. Er glaubte an Ideale. Zu diesen gehörte „seine Ueber[illegible] von dem Fortschritte der bürgerlichen Gesellschaft auf der Grundlage [illegible] und politischer Toleranz und liberaler Anschauungen". (Hamb. Corresp[illegible] 1891, vom 14. Jan., Abendausgabe.) Rée's Schriften führt das Ham[illegible] Schriftstellerlexikon Bd. 6, S. 181 an; es sind außer dem philos[illegible] Buche: „Wanderungen eines Zeitgenossen auf dem Gebiete der Ethik", [illegible] Hamburg 1857, XIV und 507 S., 8°, meist Vorträge und durch [illegible] ereignisse hervorgerufene Broschüren.

Schlie, Dr. Ant. Rée. Hamburg 1891, 115 S. 8°; besonders [illegible] programm der Stiftungsschule von 1815. Rée, Geschichtliches [illegible] Schule und ihre Tendenz, 1889/90. Das Schulprogramm 1892/[illegible] Dränert (Rée's Nachfolger): Rée im Kampfe um die allgemeine Vol[illegible]

W. Sill[illegible]

Regel: Eduard August R., Gartendirector und Botaniker, [illegible] am 13. August 1815 zu Gotha, † am 27. April 1892 zu St. Peter[illegible] Schon früh zeigte sich in R., als Erbtheil seines Vaters, des Gym[illegible] professors und Garnisonpredigers Ludwig R., die Liebe zur Pflanzen[illegible] sich zunächst in der Besorgung der Blumenbeete und Obstbäume des [illegible] Gartens bethätigte. Mit 15 Jahren verließ R. die Secunda des Gymn[illegible] seiner Vaterstadt und trat als Gärtnerlehrling in den herzoglichen O[illegible] garten ein, wo er bis 1833 lernte, während er gleichzeitig durch den [illegible] der Handlungsschule und durch Privatunterricht seine wissenschaftliche [illegible] bildung zu vervollkommnen suchte. Mit den Anfangsgründen der [illegible] machte er sich noch als Schüler unter Anleitung des Oberförsters [illegible] vertraut, den er auch auf seinen botanischen Excursionen begleitete. [illegible] er bereits eine gute Kenntniß der Flora Thüringens, als er im [illegible] 1833 nach Göttingen übersiedelte, wo er zuerst als Volontär, dann [illegible] hülfe am botanischen Garten beschäftigt wurde. Schrader und Bartling [illegible] hier seine Lehrer in der Botanik. Vier Jahre später ging R. in [illegible] Eigenschaft nach Bonn. Er schloß Freundschaft mit den Botanikern [illegible] Seubert und J. Schmitz, schrieb auch in Gemeinschaft mit Letzterem [illegible] litterarische Arbeit eine „Flora Bonnensis", die 1841 erschien und in [illegible] R. die Gattungen und Arten fast ausschließlich bearbeitete. Den letzten [illegible] seiner Lehrzeit von 1839—42 verlebte R. in Berlin als Gehülfe am [illegible] nischen Garten. Neben seiner gärtnerischen Thätigkeit bearbeitete er [illegible] Mithülfe des ihm befreundeten Custos Klotzsch die Erica-Arten der [illegible] worüber er in den „Verhandlungen des Vereins zur Beförderung des [illegible] baues" (1842) eine größere Arbeit veröffentlichte. Schon vorher [illegible] seine durch die Praxis erworbenen Erfahrungen in einer Schrift: „Die [illegible] momente der Gärtnerei, durch Physiologie begründet" in Otto und Di[illegible] Allgem. Gartenzeitung (VIII, 1840) niedergelegt. Diese Arbeiten veran[illegible] Regel's Berufung als Obergärtner an den Botanischen Garten in Zür[illegible] er bis 1855 blieb und während dieser Zeit durch seine wissenschaftli[illegible] allem aber durch äußerst fleißige und erfolgreiche praktische Thätigkeit [illegible] biete der Gartenkunde seinen Ruf begründete. Es gelang ihm vermöge [illegible] stark entwickelten kaufmännischen Talents, die aus dem Garten durch [illegible] von Doubletten erzielten Einnahmen wesentlich zu erhöhen und durch [illegible] praktische Verwendung das bis dahin nur unbedeutende Institut zu [illegible] der besseren botanischen Gärten zu erheben; auch verstand er es in [illegible] Grade, junge intelligente Männer zu tüchtigen Gärtnern heranzubilden, [illegible] Verständniß und Liebe zur Gartenpflege auch in weitere Kreise zu [illegible]

… er gemeinsam mit Oswald Heer 1843 die „Schweizerische Zeitschrift … und Gartenbau“, die er von 1847 an als alleiniger Redacteur … auch nachdem sie sich in zwei getrennte Zeitschriften, die eine für …wirthschaft, die andere für Gartenbau gesondert hatte. Später behielt … die Redaction der Gartenzeitung bei, die von 1852 an den Titel …flora“ führte. Ferner gründete R. im Verein mit Heer und Nägeli …schweizerischen Land- und Gartenbau-Verein, in dessen Auftrage er eine …ung über den Hopfenbau, sowie über den Obstbau des Kantons Zürich … In wissenschaftlicher Beziehung veröffentlichte er in der „Flora“ … Arbeiten über die Gesneraceen und in der „Linnaea“ (XVII, 1841) über den Ursprung und die Bedeutung der Nebenblätter, behandelte auch …holt in Artikeln der Schweiz. Zeitschr. f. Gartenbau (1847, 48, 50, 53) …frage der Bastardbildung im Pflanzenreich. Mit der Universität Zürich … in Verbindung dadurch, daß er sich als Privatdocent habilitirte, als … er öffentliche Vorlesungen über Botanik hielt. Noch vor Abschluß … Züricher Wirksamkeit erschien der erste Band seines Werkes: „All…es Gartenbuch. Ein Lehr- und Handbuch für Gärtner und Garten…“.

… J. 1855 folgte R. einem ehrenvollen Rufe nach St. Petersburg … Director des Kaiserlichen botanischen Gartens und fand hiermit den …, auf dem sein Organisationstalent zur höchsten Entfaltung kommen … Zwar hatte er innerhalb der ersten zwölf Jahre nur die wissen…liche Leitung, während die Verwaltungsgeschäfte in anderen Händen … nachdem diese aber 1868 auf seinen Freund v. Trautvetter über…gen waren, namentlich aber seitdem ihm allein 1875 die Gesammt… übertragen wurde, konnte er seine Ideen unumschränkt ausführen. So … er denn in der That der Reformator, man kann sagen der gesammten …chen Gartenbaukunst. Der von ihm gegründete Russische Gartenbau… bildete das Centrum, von dem aus die Anregung zur Gründung von …vereinen über das weite russische Reich ausgingen, während andererseits … Innern des Landes reiche Pflanzenschätze nach Petersburg strömten, …en botanischem Garten die Florengebiete Sibiriens, Turkestans und des … in gleicher Weise vertreten waren. Siebenunddreißig Jahre an…ter und erfolgreicher Thätigkeit auf russischem Boden haben Regel's … als Gartenkünstler begründet. Aeußere Anerkennung ist ihm denn …reichlich zu Theil geworden. Neben vielen Ordensauszeichnungen seitens …scher verschiedener europäischer Staaten rückte er, der einfache Gärtner…, in der russischen Beamtenhierarchie schließlich bis zum Wirklichen …rath mit dem Prädicat Excellenz auf. Zahlreiche Vereine ernannten … Ehren- und correspondirenden Mitgliede. So wurde denn auch die … seines siebzigsten Geburtstages zu einer großartigen Kundgebung in den …schen Kreisen fast der ganzen Welt. Doch nur sieben Jahre überlebte … Tag. Nachdem ihn im Anfange des Winters 1890 ein Schlag… getroffen, erlahmten seine Kräfte immer mehr. Er mußte 1885 die … der „Gartenflora“, die er bis zum 33. Jahrgang geleitet hatte, …; trotzdem aber ruhte seine litterarische Thätigkeit für dieselbe nicht, … endlich im 77. Lebensjahre der Tod die Feder aus der Hand nahm. … Zahl der Publikationen Regel's ist außerordentlich groß. Ein Ver… derselben bringt die unten angegebene Schrift v. Herder's. Natur… beziehen sich die meisten auf gärtnerische Fragen; indessen sind auch … rein wissenschaftliche darunter. Zu erwähnen sind mehrere Mono…, wie über Betulaceen in den Memoiren der Moskauer naturforsch.

Gesellschaft (1860 u. 61) und im XVI. Bande von De Candolle's Prodr über Rosengewächse (als selbständiges Buch erschienen) und über Cyca der „Gartenflora" von 1878; ferner floristische Schriften: „Tentam ussuriensis" (Mem. ac. Pet., vol. IV, 1861) und: „Nachträge zur Fl Gebiete östlich vom Altai bis Kamtschatka und Sitka", Bd. I, 1861, die Bearbeitung der Polypetalen in dem von G. Radde herausge Werke: „Reisen in den Süden von Ostsibirien", 1862—64. Au schäftigte sich R. wiederholt mit dem Problem der Parthenogenesis im reich in mehreren Aufsätzen in der Bonplandia (1857), der Botan. (1858), den Memoiren der Petersburger Akademie (1859), Gartenflora und an anderen Orten. In russischer Sprache sind von größeren eine zweibändige „Pomologie" und eine „Dendrologie" (1871—82) gekommen.

L. Wittmack, E. A. Regel, in „Gartenflora", 41. Jahrgang, S. 261—269. — F. G. v. Herder, E. Regel. Eine biographische im „Botan. Centralblatt", Bd. LI, XIII. Jahrgang 1892, Nr. 37—

E. Wunschm

Regenstein: Albrecht II., Graf von R., geboren gegen 1290, † Das nach den harzischen Berg- und Felsenschlössern Blankenburg und stein genannte, seit den ersten Jahrzehnten des 12. Jahrhunderts in schichte eintretende Herrengeschlecht, das sich schon zu Kaiser Lothar Sachsen Zeit im Besitze der im J. 1052 dem Bisthum Halberstadt verli Grafschaftsrechte im größten Theile des Harzgaues befand, nahm und im ersten Viertel des 14. Jahrhunderts unter seinen Standesgeno Nordharz entschieden die erste Stelle ein. Immerhin bewegen sich die und Thaten seiner weltlichen Mitglieder nur auf einem engeren schaftlichen Boden. Verhältnißmäßig zahlreich treten dagegen geborene und Gräfinnen von Blankenburg und Regenstein im geistlichen Stande Nennenswerth sind unter den ersteren in der zweiten Hälfte und gegen des 12. Jahrhunderts Judith, Aebtissin zu Drübeck, Margareta, Pröpst Gernrode, Mechtild, die Stifterin des Klosters St. Jacobi zu Hal Viel weiter greifen namhafte Kirchenfürsten aus diesem nordharzischen hause in unsere Geschichte ein: der ernstgerichtete Bischof Reinhard von stadt (1106—1123), Siegfried II., Bischof von Samland (1296—1318), bischof Burchard von Magdeburg (1296—1305) und Bischof Herman Halberstadt (1296—1303).

Von den weltlichen Mitgliedern dieses zeitweise weitverzweigten hat nur eins in der geschichtlichen Ueberlieferung eine größere Bedeutu wonnen, nämlich der im J. 1310 zuerst urkundlich genannte, im J. vielleicht auch erst im nächsten getödtete Graf Albrecht II. v. R. Freili sein sehr entstelltes Bild als das des „Raubgrafen" mehr in Dichtu Sage, als in der wahren geschichtlichen Ueberlieferung unter uns fort, seine Geschicke und Thaten es wohl werth sind, der Wahrheit und Wir entsprechend der Nachwelt übermittelt zu werden.

Um sein Wirken und seine Bedeutung zu verstehen, müssen wir Person und Werk seines Vaters Graf Ulrich's III. (1287—1322), der ihm wohl der bedeutendste unter den weltlichen Mannssprossen des Hau den Blick richten. Beide gehörten einer im 13. Jahrhundert abgezwei nicht regierenden Linie des Hauses an, die nach dem westlich von Blank gelegenen Schlosse Heimburg genannt wurde. Zu Ulrich's III. Zeit dem Halberstädter Bischofsstuhle Albrecht I. aus dem Geschlecht der F *von Anhalt*, dessen eifrig und glücklich verfolgtes Bemühen auf die Meh weltlichen Besitzungen des Hochstifts gerichtet war. Letztere beschränkten im Anfang seines Regiments auf die Städte Halberstadt und Osterwiek die Schlösser und Festen Hornburg und Langenstein, während den Grafen Blankenburg und Regenstein ausgedehnte Besitzungen und Rechte von den des Harzes bis zum Großen Bruch bei Oschersleben und Hornburg und der Oker im Westen bis zur Bode im Osten zustanden. Durch kluge Verhandlungen erreichte der Bischof bei der regierenden Linie der Regensteiner Rückgabe des verpfändeten Schlosses Emersleben und bei den Grafen von ... die käufliche Ueberlassung eines größeren Besitzthums in Schwanebeck. ... berechneter Weise übertrug er dann die Bewachung des starkbefestigten ... dem Grafen Ulrich III. von der Heimburger Linie, wodurch der ... des Regensteiner Vetters Heinrich erweckt wurde. Wohl mit dem für ... ebeck gelösten Gelde kaufte er im Westen die Burg Wiedelah. Viel ... war aber die Erwerbung der Grafschaft Aschersleben. Nach Fürst ... von Anhalt zu Aschersleben Tode waren Wegeleben, Schneitlingen und ...leben im J. 1315 auf seinen Vetter Fürst Bernhard zu Bernburg und ...ebt, des Bischofs Bruder, und Fürst Albrecht zu Zerbst, Dessau und ... vererbt. Bischof Albrecht trug aber kein Bedenken, den zu Zerbst Hof ... den Fürsten Albrecht zu überreden, ihm den Gesetzen des Hauses Anhalt ... sein Erbe zu verkaufen. Fürst Bernhard's wiederholte Verwahrungen ... halfen wenig; der Bischof behielt Wegeleben und Schneitlingen. Die ... Stücke des Erbes überließ ihm der Bischof zwar, Fürst Bernhard ... ihn aber als Lehnsherrn anerkennen; auch wußte sich Bischof Albrecht ... unmittelbaren Einfluß in Aschersleben zu sichern. Letzteres war nämlich ... hinterlassenen Gemahlin Fürst Otto's als Wittwensitz eingeräumt, und da ... ihrer Wiederverheirathung des Segens der Kirche bedurfte, so ließ ... bestimmen, bischöfliche Mannschaften in Aschersleben einzulassen. Als Fürst Bernhard starb und sein gleichnamiger Sohn folgte, wußte Bischof ... die Bürger zu bestimmen, ihm selbst unmittelbar als Landesherrn ...igen. Zwar griff der junge Fürst Bernhard, auf die ihm günstige ...ung des kaiserlichen Hofes bauend, zu den Waffen, vermochte aber gegen ... bewehrten bischöflichen Burgen und Mannschaften nichts auszurichten. ... endlich der Bischof noch Königshof auf dem Harz erwarb, hatte er ... bewußter, doch wenig rücksichtsvoller Politik die Besitzungen seines ... mehr als verdoppelt.

Durch solche Erfolge seines bischöflichen Nachbars sah Graf Ulrich von ... heimburgischen Linie des Hauses Regenstein sich gefährdet und ... deshalb seinerseits auch nach thunlichster Mehrung seines Besitzes. Vom ... Otto von Anhalt erwarb er kurz vor 1315 die Belehnung mit der ...sdorf unweit Quedlinburg und dem zugehörigen Gericht auf dem rechten ... Bode; von den verschuldeten Blankenburger Vettern erkaufte er einen ...hen Bezirk auf dem Harze, der seinen Besitz auf dem Gebirge trefflich ... abrundete. Nach N.O. wollte er in dem jetzt wüsten Reindorf ... seine Stellung durch Anlage einer Burg stärken; das wollte aber ... nur unter der Bedingung zulassen, daß er in unmittelbarer Nähe ... Trutz-Reindorf erbaue. Trat hierin des Bischofs Mißtrauen gegen ... klar zu Tage, so forderte er ihn bald darauf zum Widerstande ... indem er offene Eingriffe in dessen Ditfurter Gerichtsbarkeit vornahm. ... einen von den Grafen Burchard von Mansfeld und Konrad von ... gestifteten Vergleich, der Ulrich freilich nicht befriedigen konnte, ... vorläufig der Ausbruch eines Kampfes vermieden.

Bei solcher Lage der Dinge ging bald darnach gegen Ende des Jah 1322 der Heimburger Graf mit Tode ab, und es folgte ihm sein Sohn Albrecht II. Das heimburgische Erbe war durch den Vater an Land Leuten bedeutend vermehrt worden; namentlich war es seine mit der Gersdorf verbundene richterliche Gewalt, die seine Stellung zu einer fürstlichen erhob. Der männlich schöne, stattliche Sohn hatte auch die Muth und Tüchtigkeit im Kriege wie im Rath und der Verwaltung des lichen und Regentenamts geerbt. Wenn er aber dabei auch bestrebt durch Wahrung und Mehrung seiner Gerechtsame in des Vaters Bahnen zuschreiten, so mußte er auch befahren, daß er dem energisch verfolgten streben des Halberstädter Bischofs gegenüber einen schweren Stand haben Gelegenheiten das zu erfahren wurden ihm genug geboten. Graf Albr Bestrebungen, Mühen und Arbeiten theilte mit hingebender Treue sein Bruder Bernhard, der nach Bischof Albrecht's I. Ableben im J. 1322 mi Bruders Zustimmung von seiner Stellung als Domherr zu Halberstadt zu trat und als weltlicher Herr dem älteren Bruder mit Rath und hülflich war.

Graf Albrecht's starken Arm bekamen die Walkenrieder Mönche bald seines Vaters Ableben zu fühlen, als sie, unterstützt von den Grafen Wernigerode, die Gerechtsame der älteren Linie zu Bruchschauen nicht erkennen wollten. Graf Albrecht leistete dem schwächeren Vetter mit Hülfe. Vorsichtig vermied er zunächst jeden Anstoß mit dem Halbers Bischof, so sehr auch dessen auf Machterweiterung gerichtete Pläne einem Kampfe herauszuforden schienen. Dagegen trug er kein Bedenken bei den Streitigkeiten Erzbischof Burchard's von Magdeburg mit seinen Magdeburg, Halle und Calbe der Halberstädter Bischof sich mit dem Erzb verband, mit dem Herzoge Otto von Braunschweig und einer Anzahl Harzgrafen und -herren auf die Seite der Städte zu treten. Zu einem lichen Zusammenstoße kam es nicht, da Bischof Albrecht I. bereits am 14. tember 1324 mit Tode abging.

Für den Grafen Albrecht kam sehr viel darauf an, wer des auf Machterweiterung hinstrebenden Anhaltiners Albrecht I. Nachfolger auf Halberstädter Bischofsstuhle werden würde. Schon schien er hoffen zu daß auf den eifrigen Politiker in dem friedlichen aber machtlosen Ludwig Neindorf ein für ihn erwünschter Träger des Krummstabes folgen Aber gerade die Besorgniß, daß ein mit ansehnlichen Machtmitteln ausgest Bischof zur Behauptung der errungenen Machtstellung des Vorgängers fortsetzen werde, welche die entschiedene Mehrheit des wahlberechtigten auf den bescheidenen friedlichen Neindorfer gelenkt hatte, war für fünf der Anlaß, ihre Stimmen für eine Persönlichkeit abzugeben, von der warten war, daß sie durch ihre mächtigen Familienbeziehungen, wohl auch die bereits bekannte Energie ihres Willens, in der Lage war, das Ansehen des Bisthums zu behaupten und zu mehren, nämlich für herrn Albrecht, geborenen Herzog von Braunschweig, der denn auch als Albrecht im J. 1324 den bischöflichen Stuhl bestieg. Schon bei der Bestätigung Einführung durch den Metropolitan Erzbischof Matthias von Mainz sich die Bedeutung der Machtstellung des Hauses Braunschweig geltend. kaum erhörter Weise hat dann Bischof Albrecht sich über ein Menschen gegen den Willen und die Candidaten und Schützlinge von vier aufeinan folgenden Päpsten theils durch die Hülfe seiner fürstlichen Brüder, theils sein kluges, formell maßvolles Verfahren und durch lang hingezogenes verfahren in seiner Stellung behauptet. Das war der Mann, mit dem

[illegible] Albrecht II. v. R. der Natur der Dinge nach zu thun bekommen mußte,
dem sein und seines Hauses Geschick bestimmt wurde.
nachtheilig für den Grafen Albrecht war es, daß sein natürlicher
Fürst Bernhard der Beraubte von Anhalt den Kampf zur Wieder-
ung des ihm Entrissenen erst begann, als Bischof Albrecht trefflich ge-
stand, sodaß er nun nichts mehr ausrichtete. Durch einen von Graf
von Blankenburg vermittelten Waffenstillstand wurde der gegenwärtige
vorläufig anerkannt, die Erledigung der Rechtsfrage aber dem Kaiser-
hofgericht anheimgestellt. Nun galt es aber seitens des Bischofs, dem
von Regenstein-Heimburg, der ihm im Harzgau als angesehener Mit-
gegenüber stand, seine Ueberlegenheit zu zeigen und des Grafen An-
schwächen. Zunächst nöthigte er ihn zur Herausgabe des verpfändeten
, worein der Graf, wie ungern auch immer, ohne Widerstand willigte.
pfindlicher war ihm aber die Schwächung seines Ansehens und seiner
der Stadt Quedlinburg gegenüber, wozu der Bischof dieser die
bot. Als Edelvögte des reichsunmittelbaren Stifts Quedlinburg hatten
rafen von Regenstein die Landeshoheit und Obrigkeit über Quedlinburg
Gebiet; nur eine beschränkte Gerichtsbarkeit und untergeordnete Ver-
befugnisse waren der Stadt von der Aebtissin und den Grafen zu-
. Die Stadt behauptete aber, alle Befugnisse, welche die Grafen nicht
besondere Urkunden und Privilegien als ihnen zustehend erweisen könnten,
ihr zu. Dem Grafen blieb nichts übrig, als seine Rechte durch Zwang
haupten. Die Mittel, welche der damalige Rechtsbrauch an die Hand
Pfändung quedlinburgischer Bürger durch die Dienstleute und Mann-
des Grafen von seinen Burgen Lauenburg und Gersdorf aus, erweckte
Bürgern nur Erbitterung gegen das gräfliche Regiment; man nannte
Maßregeln Friedensbruch und Raub. Diese feindliche Stimmung der
wußte der Bischof für seine Zwecke auszunützen. Im J. 1325 verband
mit der Stadt und sicherte ihr seinen Schutz gegen Jedermann zu, der ihr
anthun würde. In einem gleichzeitigen Schutzbriefe des Halberstädter
apitels wurden zwar die Rechte der Aebtissin und der gräflichen Vögte
halten; es sind aber darin die Privilegien der Stadt zu Ungunsten der
erweitert. Da nun aber auch die bischöflichen Städte Halberstadt und
leben sich mit Quedlinburg zu Schutz und Trutz verbanden, so bedurfte
gewöhnlich gar nicht eines unmittelbaren Eingreifens des Bischofs. So
gedeckt, trat die Stadt dem Grafen zeitweise feindselig gegenüber, der
im Februar 1327 nebst seinem Bruder mit der Neustadt belehnte und
Besitzungen innerhalb der Mauern, namentlich in der Neustadt, über-
Einige Jahre später war es dann eine schwere Beeinträchtigung des
Albrecht, die eine Störung des Friedens zwischen ihm und dem Bischof
führte. Mit dem Grafen Otto von Valkenstein war der letzte weltliche
sproß jenes in unserer Rechtsgeschichte bekannten Geschlechts dahin-
, das eine ansehnliche Herrschaft im Unterharz hinterließ. Zwar war
Bruder Bernhard, Domherr zu Halberstadt, in den weltlichen Stand
kehrt und in der Hoffnung auf einen Erben in die Ehe getreten. Als
Gemahl nach kurzer Zeit, ohne daß des Grafen Hoffnung erfüllt
wäre, dahingestorben war, trat der Wittwer im J. 1332 wieder ins
apitel zu Halberstadt ein, um hinfort mit einer Leibrente vom Bischof
frei von weltlichen Sorgen zu leben. Dafür ließ letzterer sich vom
die Stammgrafschaft Valkenstein schenken. Durch diese Abmachung um
seiner Gemahlin Oda, der Schwester der beiden letzten Grafen von
, betrogen, suchte Graf Albrecht sein Erbe mit den Waffen zu er-

ringen und warb, da er sich allein nicht stark genug fühlte, um Bundesgen Solche fand er in dem Grafen Burchard von Mansfeld, der seinerseit Ansprüche an valkensteinische Nebenländer verzichtete, und an den Grafen Hohnstein und Wernigerode sowie an den Städten Halberstadt, Quedli und Aschersleben. Daneben schloß sich diesem Bündnisse auch Fürst Bern der Beraubte von Anhalt zu Bernburg eifrig an. Aber auch sein Vetter Anhalt-Zerbst, dessen Vater einst seine Rechte an den Bischof von Halbe verkauft hatte, trat dem Bunde bei. Hätte doch auch Graf Albrecht II. Regenstein gewiß nicht ohne politische Berechnung nach der Valkenstei Oda Absterben mit der Schwester des Zerbster Fürsten einen zweiten Ehe geschlossen!

Für die Verbündeten war es wichtig, daß Fürst Bernhard der Ber soeben ein günstiges Urtheil des Kaiserlichen Hofgerichts erhalten hatte, durch der Bischof von Halberstadt angewiesen wurde, das ganze Aschers Gebiet herauszugeben. Dieser dachte freilich nicht daran, dieser Weisun folgen, hatte vielmehr die von ihm besetzten Plätze so gut bewehrt, daß sie Ansturm der Verbündeten zu widerstehen vermochten. Bischof Albrecht for nun aber den Grafen von Regenstein zum Kampfe heraus, indem er ihn Gersdorfer Gerichts für verlustig erklärte, weil er die Belehnung damit bei ihm gesucht habe. Als dann der Graf sein Gericht hier doch aus wollte, erschien der Bischof persönlich im Geleit quedlinburgischer Bürger der Gerichtsstätte, um ihm das Gericht zu verbieten. Dabei trat denn das geheime Bundes- und Schutzverhältniß der Stadt mit dem Bischof Tage und der Ausbruch des offenen Kampfes war unvermeidlich. Wenig es dem Grafen, daß er ohne Schwierigkeit die mit der Grafschaft Valken verbundene Herrschaft Arnstein mit dem gleichnamigen Schlosse sowie Hett einnahm; denn auf Arnstein, als magdeburgisches Mannlehen, konnte er sei ersten Gemahlin Oda wegen keinen Anspruch erheben; die festen Punkte auf die es ankam: Aschersleben, Wegeleben, Schneitlingen, Emersleben der Valkenstein trotzten wohlverwahrt allen Anläufen. Bischof Albrecht säumte auch nicht, durch kluge Verhandlungen und Manifeste für sich Stimm zu machen. So kam es im Sommer 1335 zu einem durch seinen Br Herzog Otto von Braunschweig vermittelten Frieden, der den augenblickl Besitzstand anerkannte, fernere Ansprüche der Parteien vorbehielt, aber Bischof doch nöthigte, dem Grafen Albrecht das Gericht Gersdorf zu lassen sich von Quedlinburg loszusagen.

Gegen Letzteres wendete sich Graf Albrecht nun mit allem Eifer. besseren Einschließung der Stadt verwandelte er das Wipertikloster und Capellenberg in kleine Festungen. Und wenn auch die Halberstädter Aschersleber der befreundeten Stadt gelegentlich Hülfe leisteten, so schien doch Grafen energisches Vorgehen ihr ein schlimmes Schicksal zu drohen. Da ein unerwartetes Ereigniß dem sich lange hinziehenden Kampfe eine für Grafen unglückliche Wendung. Bei einem der Ausfälle der Belagerten, der Graf sich zuweit vorgewagt hatte, gelang es den Quedlinburgern in ei wiederholten Treffen bei Gersdorf, diesen in ihre Gewalt zu bringen innerhalb ihrer Mauern gefangen zu halten. Bisher waren es außer Volksüberlieferung nur die Chronisten seit dem 16. Jahrhundert, die bericht daß Graf Albrecht in einen zu diesem Zweck gefertigten, noch heute im Quedl burger Rathhause vorhandenen Kasten aus Eichenholz gesperrt worden sei anderthalb Jahre lang darin geschmachtet habe. Da gleichzeitige Chroniken Quedlinburg und Nachbarschaft nicht erhalten sind, so kann aus dem Umstand daß die Friedens- und Aussöhnungsurkunden einer solchen Haft nicht gedenken nicht die Unrichtigkeit der Ueberlieferung dargethan werden, da Urkunden ... , was sie sagen wollen. Allerdings verursachte die anderthalb... Haft sammt den damit zusammenhängenden chronologischen Schwierigkeiten ... einiges Bedenken. Dieses wird nun durch eine unverfängliche Angabe ... Quedlinburger Stadtschreibers in der Rechnung von 1562 gehoben, wonach ... Albrecht am Tage vor St. Kilian am 7. Juli vor Gersdorf 1337 ge..., aber wie die Nachricht zunächst nur besagt, der denkwürdige „Sieg" ... wurde. Die immerhin grausame Gefangenschaft wird darnach nur ... halbes Jahr gedauert haben. Eine solche Zwangsmaßregel kann aber ... der rohen Weise der Zeit beurtheilt werden.

... über den großen „Sieg", den die Quedlinburger mit der Gefangennahme ... Grafen errungen hatten, läßt der Inhalt des im März zwischen der Stadt ... dem Grafen geschlossenen Friedens keinen Zweifel, da dieser für die Stadt ... vortheilhafter war. Zunächst sah der Graf sich am 20. März d. J. ... darein zu willigen, daß sein Hauptgegner Bischof Albrecht die Stadt ... Schutz nehme. Zwei Tage später müssen die gräflichen Gebrüder ... und Bernhard von Regenstein der Stadt eine Reihe von Privilegien, ... in Bezug auf die Stadtbefestigung und die Gerichtsbarkeit verleihen. ... Albrecht ist natürlich der Hauptvermittler des ganzen Friedens, wenn ... sein Name nur an der Spitze der Zeugen steht und die Urkunde die Ent... von seinem Bruder Herzog Otto von Braunschweig ausgehen läßt. ... Bischof die übertriebenen Forderungen der Stadt abwehrt, ist leicht ...; denn die Bürger hätten am liebsten jede gräfliche und fürstliche ... abgeschüttelt. Aber der Bischof war Schutzherr der Stadt und war ..., später ihr gegenüber ganz an die Stelle der Grafen zu treten. Im ... müssen die Grafen versprechen, die Stadt bei ihren Rechten zu lassen, ... Streitigkeiten der Entscheidung beiderseits zu wählender Schieds... anheimzustellen.

Ein Hoffnungsstrahl schien dem schwer gedemüthigten Grafen zu winken, ... durch den demagogischen Dombechanten Jacob Snelhard eine große Em... gegen Bischof Albrecht angezettelt wurde, der sich nicht nur ein Theil ... Domcapitels und der anderen Stifter, sondern auch der niederen Geistlich... der aufgewiegelten Volksmassen anschlossen. Aber durch Muth, Klug... und Entschlossenheit wußte der Bischof des Aufstandes Herr zu werden ... als gefeierter Sieger in die wetterwendische Stadt zurückzukehren. Neu... war er bald in der Lage, seine feindseligen Unternehmungen gegen ... Regensteiner fortzusetzen, indem er die Walkenrieder Mönche, auch die ... von Osterwiek ermunterte, sich der Gerichtsbarkeit der Grafen zu ent... Graf Albrecht war dabei mit betheiligt, weil sein schwacher Vetter ... älteren Linie die Heimburger Gebrüder mit in die Regierung auf... hatte. Im J. 1343 kam es wieder zum Kriege, wobei abermals ... Burchard Bundesgenosse der Regensteiner war, während der Bischof die ... Grafen auf seine Seite gebracht hatte. Kaum war für den ... Albrecht und die Seinigen viel zu hoffen, wenn man auch dem Bischof ... Aufwiegelung des niederen Clerus und der Volksmassen Schwierigkeiten ... suchte. Da führte die zweite Gefangennahme eines Grafen von ... abermals eine plötzliche Wendung zum schnelleren Sturze des Hauses ... dem Grafen Konrad von Wernigerode gelang es, den Grafen Heinrich ... älteren Linie Regenstein gefangen zu nehmen. Zu seiner Lösung ... so schwere Opfer gebracht werden, daß das Haus fürderhin zu einem ... Widerstande gegen den so klugen als mächtigen Bischof außer ... schien. Was im *Westen und Nordwesten* von ihrer Herrschaft noch übrig blieb, lag nun von ihren nächsten Stammbesitzungen so abgetrennt, die Grafen diese Güter an des Bischofs Brüder Otto, Magnus und Herzöge zu Braunschweig, zu verkaufen sich gedrungen fühlten. Das günstig gelegene Schloß Westerhausen mit dem Gericht Warnstedt kaufte von den Grafen von Blankenburg. Dem Halberstädter Bischof gelang es noch, den schwachen Grafen Heinrich von Blankenburg im J. 1344 zu mögen, ihm den Rest seines Besitzes, darunter die Burg Schlanstedt, zu kaufen, sodaß den Grafen von Regenstein-Heimburg auch diese Herrschaft ging und von den Besitzungen der älteren Linie nur Derneburg und der stein übrig blieben. Da schien dem geschwächten Grafengeschlecht noch die Hoffnung aufzuleuchten, wider den Zertrümmerer ihrer Macht ob Durch eifriges Betreiben des verbündeten Grafen Burchard von Mansfeld Papst Clemens VI. veranlaßt, dessen Sohn Albrecht nach Ableben des bischofs Giseler von Holstein mit dem Bisthum Halberstadt zu providiren. nun im J. 1347 Ludwig der Baier starb und der von der päpstlichen erhobene Karl von Böhmen unbestrittenes Haupt im Reiche geworden, wurden die Erzbischöfe von Mainz und Magdeburg und der Bischof von pentras beauftragt, Albrecht von Mansfeld als Bischof von Halberstadt zuführen, den Albrecht von Braunschweig aber, wenn nöthig, mit welt Hülfe zu entfernen. Wem hätte eine solche Aufgabe näher gelegen und konnte zu ihrer Ausführung geeigneter erscheinen, als Graf Albrecht von Re stein, dem dann auch eine Entschädigung für seine vielen Verluste in Aus stehen mußte. Aber zum dritten Male machte ein außerordentliches Ereigniß, Mal ein Todtschlag, alle Berechnung zu Schanden: Als Graf Albrecht sich im Frieden, von wenigen Getreuen begleitet, von Derneburg nach der burg begeben wollte, wurde er bei Danstedt von einer Schar halberstädt Ritter und Knappen angefallen und erschlagen. Als darüber ein Schrei Entrüstung laut wurde und man den Bischof als Anstifter dieser That an erbot sich dieser, sich durch einen Eid, den er dann doch nicht geschworen von diesem Verdachte zu reinigen. Man glaubte ihm nicht, zumal er sich den Thätern nicht lossagte, sondern sie in seinen Diensten behielt. Des fürchtetsten Gegners ledig, konnte er die verzweifelten Anstrengungen Bruders Bernhard und des Grafen Burchard von Mansfeld, den Ermord am Bischof zu rächen, leicht vereiteln, den Besiegten noch mehr von ihren sitzungen nehmen und sich noch etwa ein Jahrzehnt in seiner Stellung Bischof behaupten. Das Schicksal des unglückseligen Regensteiners ist von geringer Bedeutung für die deutsche Geschichte; denn auf seine und des betroffenen Hauses Anhalt Kosten gedieh das vor den Bischöfen Albrecht und II. territorial ganz unbedeutende Bisthum Halberstadt im wesentlich dem Umfange, den es von da an behielt, um so nach dem dreißigjähr Kriege dem brandenburgischen, dann preußischen Staate einverleibt zu wer Daneben gelangte auch die bis dahin unbedeutende Grafschaft Wernigerode der abgerundeten Gestalt, in der sie im J. 1429 an das Haus Stolberg ging, dessen wichtigstes Besitzthum sie blieb. Dagegen sank nun das Blankenburg-Regenstein ganz zur Unbedeutendheit herab, höchstens daß einmal in der Gräfin Elisabeth eine Tochter dieses Geschlechts von 157 1584 die Stellung als Aebtissin des kaiserlichen freiweltlichen Stifts Qued burg einnahm. Daß aber der edle ritterliche Regensteiner in der Erinnerung des Volkes und in der Dichtung zum Raubgrafen gestempelt wurde, kann näherer Erwägung nicht befremden: Um sein gekränktes Recht zu wahren, er sich stets der scharfen Waffe, auch wohl des gehässigen, aber seiner üblichen Mittels der Beschlagnahmung von Kaufmannsgut bedienen, währe [illegible] reichere Macht- und Geldmittel verfügende Gegner sich meist hinter [illegible] Mauern vertheidigen konnte. Sehr nachtheilig mußte es für [illegible] sein, daß Stadtgemeinden seine Feinde waren, in denen sich leicht [illegible] schmähender Ausdruck der Volksstimme und Leidenschaft heraus- [illegible] Zunächst kam hierbei nur Quedlinburg in Betracht, während in Halber- [illegible] aufgewiegelte Volk, des Grafen Hauptgegner, gelegentlich aus den [illegible] getrieben wurde. Das war aber doch nur vorübergehend, während meist [illegible] gemeine Mann unter der gegen den Bischof geführten Fehde zu leiden [illegible] der Bischof aber doch mit der seinigen auch die Sache der Stadt ver- [illegible] über geistige und materielle Mittel verfügte, seine Bürger und Unter- [illegible] zu gewinnen. Dazu kommt noch als ein besonders wichtiger Umstand, [illegible] in der Wahl seiner Mittel keineswegs wählerische geistig bedeutende [illegible] Bischof einen gleichzeitigen Herold seiner Thaten gefunden hat, der [illegible] stand seiner Darstellung zugleich zu seinem Helden macht, während [illegible] Niemand wissen, der es übernommen hätte, Leben und Thaten des [illegible] Grafen zu behandeln. Und jener Biograph des Bischofs (sei es [illegible] liche Kanzler Themo oder ein anderer) beschimpft dessen unglück- [illegible] Gegner als einen grausamen nächtlichen Raubgesellen, als einen, der als [illegible] Feind die Kirche allzeit mit Betrug und Ränken öffentlich und [illegible] verfolgt habe. Nichts kennzeichnet den Geist, mit welchem dieser offen- [illegible] unterrichtete Bedienstete des Bischofs die Thatsachen entstellt, deutlicher, [illegible] Bericht über die Ermordung Graf Albrecht's. Während es urkundlich [illegible], daß es eine Anzahl Dienstmannen des Bischofs aus angesehenen [illegible] war, die den jedenfalls nicht mit großem Gefolge ausreitenden [illegible] — natürlich mit ihren Knappen — überfiel, verschweigt es der Bio- [illegible], daß bischöfliche Mannen den friedlich Reisenden überfielen, und [illegible] seien wenige Personen niederen Standes (personis humilibus et paucis) [illegible], die den als wilden Bösewicht gebrandmarkten Grafen tödteten, während [illegible] Diener, durch Gottes Wink erschreckt, entflohen seien.

[illegible] E. v. Schmidt-Phiselbeck, Der Kampf um die Herrschaft im Harzgau. [illegible] schrift des Harzvereins für Geschichte und Alterthumskunde 7 (1874), [illegible] 297—319. — R. Steinhoff, Gesch. der Grafsch. Blankenburg u. Regen- [illegible] u. s. f. Quedlinburg 1891, S. 67—84. — H. Lorenz, Die Be- [illegible] der Grafen von Regenstein durch die Bürger von Quedlinburg. [illegible] d. Harzver. u. s. f. 35 (1902), S. 440—443. — Chron. Quedlinb. [illegible], Chroniken S. 501 f. — Gesta Alberti episc. Halb. Mon. Germ. [illegible], 123—129. — Budaeus, Bisch. Alberti II. von Halb. Leben u. s. f. [illegible] 1624. — K. Wehrmann, Der Streit um den Halberstädter [illegible] Kieler Doctordiss. v. J. 1893. — Ders., Bischof Albrecht II. [illegible] in der Zeitschr. d. Harzvereins u. s. f. 26 (1893), S. 142 [illegible]. — Schmidt, Urkdb. d. Hochst. Halb. — Jänicke, Urkdb. der Stadt [illegible].

Ed. Jacobs.

[illegible]: Johann Jacob R., Botaniker, wurde als der Aeltere eines [illegible] am 7. August 1743 in Frankfurt a. M. geboren. Sein [illegible] Valentin war daselbst Bürgercapitän und ein berühmter Schön- [illegible] seine Mutter war die Tochter eines Kaufmanns Schweiß. Nachdem er [illegible] in seiner Vaterstadt mit gutem Erfolge absolvirt hatte, bezog er [illegible] Universität Göttingen, wo er zuerst Philosophie und Naturwissen- [illegible] dann Medicin studirte. Hier wurde er besonders durch den Professor [illegible] J. A. Murray zum Studium der Botanik angeregt, und ihn be- [illegible] er auf einigen geologischen und botanischen Excursionen in den Harz.

Am 16. April 1768 wurde er mit der Dissertation: „De Corticis peruv... in plurium generum febribus exhibendi opportunitate" zum Doctor pro... virt. Darauf kehrte er nach Frankfurt zurück und wurde noch in dem... Jahre in die Zahl der ordentlichen Praktikanten seiner Vaterstadt aufgen... Die Praxis ließ ihm anfangs Zeit genug zur Erforschung der einhei... Pflanzenwelt und zur Ausarbeitung seines bedeutendsten Werkes, der ... Moeno-Francofurtana", deren erster Theil 1772, und deren zweiter 177... schien und die er Joh. Christ. Senckenberg widmete. Es war die erste ... die das Gebiet im Speciellen behandelt, und sie zeichnet sich dadurch aus, ... sie außer den Phanerogamen auch die Kryptogamen bis zu den Pilzen be... sichtigt. Im J. 1778 wurde R. zum Stiftsarzt der Dr. Senckenberg... Stiftung gewählt und erhielt damit zugleich die Aufsicht über den bota... Garten und die Bibliothek. 1779 erfolgte erst die eigentliche Eröffnung ... Bürgerhospitals, an dem er nun seine ärztliche Thätigkeit ausübte. Als D... der Botanik hielt er für die Mediciner und Chirurgen wöchentlich zwei... Vorlesungen über die Materia medica und einmal über die Anfangsgr... der Botanik, womit er alle Wochen eine Excursion verband. Die Ergeb... seiner botanischen Studien veröffentlichte er in verschiedenen Zeitschriften ... Gesellschaftsschriften; auch wurde er Mitglied mehrerer gelehrten Gesellscha... R. soll ein Mann von vortrefflichem Charakter gewesen sein, und sein be... licher Fleiß ist um so mehr anzuerkennen, als er durch sein Leiden, das o... bar in Lungenschwindsucht bestand, sehr behindert war und in den letzten Ja... nur mit größter Mühe sein Amt versehen konnte. Seine letzte Arbeit war ... Pflanzenverzeichniß des Senckenbergischen botanischen Gartens; das erste ... von diesem Garten erschien, um den er sich besonders durch Beschaffung ne... Pflanzen viel Mühe gegeben hatte. Die vom 15. Januar 1782 datirte ... rede schließt mit den Worten: „Lebet wohl und bleibt dem Schauspieler, ... von der Bühne abgeht, gewogen." Wirklich starb R. wenige Tage darauf, ... 27. Januar 1782, also noch nicht 40 Jahre alt. Doch auch nach seinem ... wirkte er Gutes; denn in seinem Testament vermachte er der Senckenbergis... Stiftung 4000 Gulden mit der jetzt noch eingehaltenen Bestimmung, daß ... den Zinsen botanische Werke angeschafft werden sollen. Sein Porträt ist ... d'Abel in Hamburg gezeichnet und von Wicker gestochen.

Vgl. J. H. Faber, Kurze Lebensgeschichte des sel. H. Dr. Reic... in Schriften der Gesellsch. naturf. Freunde, IV. Bd. 1783, S. 440—4... hier sind auch alle Schriften Reichard's aufgeführt; ferner J. Blum, ... Botanik in Frankfurt a. M. u. s. w im Bericht d. Senckenberg. natu... Gesellsch. in Frankfurt a. M. 1901, Abh. S. 9, und M. Möbius, Gesch... u. Beschreibung d. botan. Gartens zu Frankfurt a. M., l. c. 1908, ... S. 124.

M. Möbiu...

Reichardt: Heinrich Wilhelm R., Botaniker, geboren zu Iglau ... Mähren am 16. April 1835, † in Mödling bei Wien am 2. August 18... Da Reichardt's Vater frühzeitig starb, übernahm die Mutter die Erzieh... des einzigen Sohnes und führte sie aufs sorgfältigste durch. Schon wäh... der Gymnasialzeit in Iglau zeigte sich in dem Knaben eine ausgespro... Vorliebe für die Pflanzenwelt, die durch den Verkehr mit seinem väterli... Freunde, dem Wiener Botaniker Alois Pokorny Anregung und Nahrung ... fuhr und ihn noch als Schüler zur Abfassung einer in den Sitzungsberic... der Wiener zoologisch-botanischen Gesellschaft 1854 erschienenen Abhandlu... „Beitrag zur Flora Nordböhmens" befähigte. Nach bestandener Reifeprüfu... ging R. 1855 nach Wien, um Medicin zu studiren, ließ aber daneben se... Lieblingsfach, die Botanik, nicht aus dem Auge, worin ihn die Professore...

Unger bereitwilligst förderten. Den Abschluß seiner Studienzeit nach Absolvirung des Staatsexamens die Promotion zum Dr. med. im 1860. Bereits vorher hatte R. durch Publication einer morphologischen „Ueber hypocotylische Adventivknospen und Wurzelsprosse bei kraut- Dicotylen" (Berichte der zoolog.-bot. Gesellsch. in Wien, Band VII, zweier anatomischen Abhandlungen: „Ueber das centrale Gefäß- system einiger Umbelliferen" (Sitzungsber. der Wiener Akademie, Bd. XXI, und „Ueber die Gefäßbündelvertheilung im Stamme und Stipes der (Denkschr. d. Wiener Akad., Bd. XVII, 1859), sowie einer floristischen „Flora des steiermärkischen Bades Neuhaus bei Cilli" (Zoolog.-bot. Bd. X, 1860) sich als botanischer Schriftsteller vortheilhaft bekannt Die Folge war seine Berufung als Assistent an den Wiener Garten im J. 1860, während er sich gleichzeitig an der Universität vatdocent für Morphologie und Systematik der Pflanzen habilitirte. Fenzl's Veranlassung trat R. außerdem als Volontär in das damals der Direction jenes Botanikers stehende Hofcabinet ein und rückte erst Assistenten, dann nach Th. Kotschy's Tode 1866 zum Custosadjunkten Jahr später zum Custos auf. Nach Fenzl's Rücktritt im J. 1878 dann R. die oberste Leitung des Instituts, die er bis zu seinem behielt, in welcher Eigenschaft er noch die Uebersiedlung der Sammlungen neue Gebäude des naturhistorischen Hofmuseums und ihre Neuaufstellung hrte. Wesentliche Verdienste erwarb sich R. um die wissenschaftliche Be- ng und Ordnung des reichen Kryptogamenmaterials des Instituts, das erst der gelehrten Welt zugänglich wurde. Da ihn seine Lehrthätigkeit Wiener Hochschule neben seiner Stellung am Hofcabinet und seine viel- thätigung an den Geschäften verschiedener wissenschaftlicher Vereine zu Anspruch nahm, so legte er 1870 die Assistentenstelle am botanischen nieder, übernahm aber dafür eine ähnliche an der Universität und darauf 1878 außerordentlicher Professor. Seine umfassenden floristischen isse, besonders auf dem Gebiete der niederen Gewächse, veranlaßten den en Redacteur der Martius'schen Flora brasiliensis A. W. Eichler, R. em Stellvertreter in den Redactionsgeschäften bei diesem umfangreichen vorzuschlagen. Die brasilianische Regierung ging darauf ein und be- R. in dieser Stellung 1870. Die Redactionsthätigkeit nahm ihn bis n Anspruch, während er als wissenschaftlicher Mitarbeiter die Familie ypericaceae übernahm (Vol. XII, Fasc. XCI, 1878). Ueberhaupt sich seine schriftstellerische Thätigkeit vorwiegend in floristisch-systema- Richtung. So schrieb er: „Ueber die Flora der Insel St. Paul im n Ocean" (Tageblatt deutscher Naturforscher und Aerzte 1869 und n der Wiener zool.-bot. Gesellsch. Bd. XXI, 1871), im botanischen des Prachtwerkes: „Reise Sr. Majestät Fregatte Novara um die Erde", arbeitung der Pilze, Laub- und Lebermoose (1870); ferner: „Ueber die e Ausbeute der Julius Payer'schen Nordpolexpedition des Jahres 1871" ber. d. Wiener Akad. Bd. LXV, 1872), „Beitrag zur Kryptogamen- ptogamenflora der hawaiischen Inseln" (edd. Bd. LXXV und LXXVI, 73) und veröffentlichte unter dem Titel: „Miscellen" in den Schriften zool.-bot. Gesellsch. der Jahre 1866—73 50 kleinere Aufsätze, die theils auf die Flora von Oesterreich beziehen. Sein eigenes, außer- reichhaltiges Herbarium und seine Bibliothek überwies R. 1874 botanischen Hofmuseum, theils der Universität, wofür ihm besondere zur Verfügung gestellt wurden. Sehr regen Antheil nahm R. wissenschaftlichen *Vereinsleben*. Er war unter anderem Mitglied der

Leopoldina und der Ungarischen Akademie der Wissenschaften, Vicepräs
der zoologisch-botanischen Gesellschaft und der Gartenbaugesellschaft in
und namentlich im Interesse der beiden letztgenannten Vereinigungen her
ragend thätig.

R. war nie verheirathet gewesen und lebte zusammen mit seiner
abgöttisch geliebten Mutter. Als diese 1879 starb, verfiel er infolge der
Gemüthserregung in eine schwere Krankheit. Zwar genas er wieder, fan
nie vollkommene Heilung. Immer mehr und mehr verschloß er sich gege
Außenwelt und gerieth in eine verbitterte Stimmung, die ihn schließ
einem Anfall von Geistesstörung dazu trieb, im Alter von 50 Jahren
Leben auf gewaltsame Weise zu beschließen.

Josef Kaemmerling, Dr. H. W. Reichardt. Ein Lebensbild.
Weißkirchen 1886. — G. Beck, H. W. Reichardt. Lebensskizze.
zool.-bot. Gesellsch. in Wien 1886, S. 669—670 und Berichte d. De
Bot. Gesellsch., III. Jahrg. 1885, S. XVII—XIX.

E. Wunschman

Reichel: Levin Theodor R., Bischof der Brüdergemeine, stammte
einer alten und angesehenen Lausitzer Predigerfamilie, die sich der Herrnh
Gemeinschaft angeschlossen hatte. Er wurde am 4. März 1812 in der Br
colonie Bethlehem in Pennsylvanien geboren, wo sein Vater Carl Gotth
das Amt eines Bischofs und Vorsitzenden der Provinzial-Helferconferenz
waltete. Da beide Eltern nicht mehr jung und andauernd kränklich w
siedelten sie, um den Lebensabend in der deutschen Heimath zuzubringen,
mit ihrem Sohne nach der Herrnhutercolonie Niesky in Schlesien über.
besuchte der Knabe zunächst die Elementarschule, dann das Pädagogium.
8 Jahren verlor er die Mutter, mit 13 Jahren auch den Vater. Seiner
frühzeitig hervortretenden Neigung entsprechend, bereitete er sich auf dem
logischen Seminar zu Gnadenfeld auf das geistliche Amt vor; doch eign
sich auch gründliche Kenntnisse auf geschichtlichem, geographischem und botani
Gebiete und eine schöne Fertigkeit im Zeichnen und in der Instrumental
namentlich im Orgelspiel an. Nach Vollendung seiner Studien erhielt er
einen Ruf, den Brüdergemeinden in Nordamerika zu dienen. Zuerst wirk
8 Jahre lang als Lehrer zu Nazareth in Pennsylvanien, dann seit 183
Prediger in Schöneck und seit 1839 in Emmaus, darauf seit 1844 als
chorpfleger wiederum in Nazareth, seit 1853 als Gemeinhelfer in Litit
seit 1854 als Präses der Provinzial-Helferconferenz zu Salem in der W
in Nord-Carolina. 1857 nahm er als Delegirter an der Generalsyno
Herrnhut theil und wurde auf dieser Tagung zum Mitgliede der Unit
Aeltestenconferenz im Missionsdepartement gewählt. Nachdem er seine Fa
aus Amerika herbeigeholt hatte, nahm er seinen wesentlichen, doch öfters
Dienstreisen nach dem Auslande unterbrochenen Aufenthalt in Berthelsdorf
Herrnhut, um sich hier den Pflichten seines neuen Amtes zu widmen.
Herbst 1858 wurde ihm eine Visitation der westindischen Brüdermissionen
tragen. Er besuchte zunächst die dänischen Inseln St. Thomas, St. Jan
St. Croix, dann die englischen Besitzungen St. Kitts und Antigua. Ueb
inspicirte er die Kirchen und Schulen, hielt Conferenzen mit den Mission
und den eingeborenen Helfern ab, besuchte die schwarzen Plantagenarbei
predigte und taufte, schlichtete Streitigkeiten, sorgte für die Abstellung
Mißständen und hinterließ mannigfache Anregungen. Im Sommer 1859
er wieder in Deutschland ein (vgl. den Reisebericht im Missionsblatt aus
Brüdergemeine XXIII, 1859, S. 145—168). Bald nach der Heimkehr ve
öffentlichte er unter dem Titel „Bilder aus Westindien" (Herrnhut 1859

eine „Sammlung von 12 lithographirten Ansichten von Missions- … die er an Ort und Stelle aufgenommen hatte. Außerdem entwarf … von allen Ländern, in denen die Brüdergemeine ihr … treibt, genaue Karten mit Angabe aller vorhandenen Kirchen, … und Predigtplätze. Aus diesen Karten entstand allmählich sein … „Atlas der Brüder-Unität", der 1860 vom Missionsdepartement in … als Ersatz für den veralteten und vergriffenen Atlas von Linder … wurde. Er enthält 15 Tafeln in Steindruck, die sämmtliche … der Brüdergemeine darstellen und von den Missionaren an Ort … revidirt und ergänzt worden sind; ferner statistische Tabellen über … der Stationen, der Missionsarbeiter und der Getauften, ein Ver- … aller von den Brüdern unterhaltenen Schulen sowie eine kurze, nach … geordnete Missionschronik. Das Werk fand nicht nur den Beifall der … freunde, sondern hat auch geographischen Werth, da es mancherlei Einzel- … arbeiten, die man auf anderen Karten vergeblich suchen würde.

Im Frühjahre 1861 trat er an Bord des Missionsschiffes Harmony eine … Visitation der Missionsgemeinden in Labrador an. Er besuchte zu- … die südlichste Station Hoffenthal, fuhr dann weiter nordwärts über … und Okak nach Hebron, entwarf mehrere Karten und viele Zeichnungen … im Spätherbste wohlbehalten nach Herrnhut zurück, wo er sogleich … Beschreibung seiner Reise ausarbeitete, die im Missionsblatt aus der … gemeine XXVI, 1862, S. 25—52 erschien. Die Karten wurden nebst … Text und einer Liste der in Labrador vorkommenden Thiere und … in Petermann's Mittheilungen veröffentlicht (Jahrgang 1863, S. 121 … u. Tafel 5). Reichel's Leben in der Heimath floß nun in unermüd- … Thätigkeit für die Missionssache dahin, der er seine ganze Kraft widmete. … ging die überaus umfangreiche überseeische Correspondenz durch seine … In litterarischer Hinsicht ist namentlich seine Mitarbeit an dem von … herausgegebenen „Allgemeinen Missionsatlas" (Gotha 1867 … 71) zu erwähnen. Da er ein gewinnendes Auftreten und außerdem eine … besaß, sich in fremden Sprachen auszudrücken, wurde er … nach auswärts, besonders wiederholt nach England gesandt, um die … auf Missionsconferenzen und kirchlichen Congressen zu vertreten. … wählte man ihn in Anerkennung seiner Verdienste zum Präses der … synode, bald darauf auch zu einem Bischof der Brüdergemeine. 1876 … den Auftrag, abermals eine Visitationsreise nach Labrador zu unter- … da die beiden neugegründeten Missionsstationen Zoar und Rama nicht … wollten und außerdem mancherlei Uebelstände durch die Ver- … der Missionsarbeit mit dem Handel eingetreten waren. Die Fahrt … schwerer Stürme glücklich von statten, und es gelang ihm auch, die … Schwierigkeiten, die sich dem Wirken der Missionare entgegengestellt … seinen persönlichen Einfluß zu beseitigen, Mißhelligkeiten zwischen … und ihren Lehrern beizulegen und Mißverständnisse auszugleichen. … über seine Erlebnisse erschien wiederum im Missionsblatt aus der … gemeine XLI, 1877, S. 33—55. Bald nach der Rückkehr stellten sich … allerlei schmerzhafte Altersbeschwerden ein, und nach langwierigen … starb er am 23. Mai 1878 im Kreise seiner Familie zu Berthelsdorf. … Missionswesen der Brüderkirche, dem er 20 Jahre hindurch an leitender … hat er sich große und dauernde Verdienste erworben. Er hinter- … missionsstatistische Ausarbeitungen und namentlich viele Ansichten … stationen und andere Zeichnungen, die nur zum Theil in den … der Brüdergemeine veröffentlicht sind. Die meisten Karten und

Abbildungen im Missionsblatt, auch verschiedene Aufsätze darin, rühren ihm her. Mehrere seiner Predigten und Gelegenheitsreden finden sich in Jahrgängen 1858—77 der Nachrichten aus der Brüdergemeine.

Nachrichten aus der Brüdergemeine 1878, S. 789—809. — Mis blatt aus der Brüdergemeine XLII, 1878, S. 157—159.

Viktor Hau

Reichenbach: Heinrich Gustav R., Dr. phil., Professor der länger als ein Vierteljahrhundert Director des Botanischen Gartens in burg, entstammte einer altsächsischen Familie. War er doch ein Nach jenes Stadtschreibers und späteren Bürgermeisters Reichenbach von Witte der für Luther Katharina v. Bora in sein Haus aufgenommen hatte. Großvater war der als griechischer Lexikograph bekannte Conrector der Th schule in Leipzig; sein Vater, der Geheime Hofrath Heinrich Gottlieb L Reichenbach (s. A. D. B. XXVII, 667), bekleidete die Stelle eines Prof der Naturgeschichte an der Medicinisch-chirurgischen Akademie in Dresden war zugleich Director des Botanischen Gartens und des Kgl. Naturhistori Museums daselbst.

Unser Reichenbach — H. G. Rchb. fil. oder bloß Rchb. f., wie zeichnete — ward am 3. Januar 1824 im Dresdener Altstädter Rath geboren, in dem sein Vater eine Amtswohnung innehatte, besuchte die K schule seiner Vaterstadt von Ostern 1835 bis dahin 1843 und war schon Gymnasiast ein so genauer Kenner der sächsischen Flora, daß er als solche der von seinem Vater herausgegebenen „Flora saxonica“ die Redaction Standorte übernehmen konnte. Nach der rühmlichst bestandenen Reifeprü verbrachte er ca. 3/4 Jahre behufs botanischer Studien auf Reisen, nament längere Zeit im Waadtlande, und trat damals schon De Candolle, Boi Reuter, Morris, Risso, Landy, Muret, Shuttleworth und anderen Gele näher; studirte dann Medicin, anfänglich in Dresden und später vorwie bis Februar 1847 in Leipzig, wo Kunze sich seiner mit warmer Für annahm. Schon als Student bearbeitete er 1844 die Solanaceen Orchideen für die „Histoire naturelle des Canaries par Webb et Berth und die „Orchideae Leiboldianae“ in der „Linnaea“, 1845 die Orch der Goering'schen Sammlung japanischer Pflanzen in der Bot. Zeitung; 1 und 1847 folgten „Orchidographische Beiträge“ in der „Linnaea“.

Im J. 1848 erhielt er vom kgl. sächs. Ministerium den Auftrag, Vertretung des in die Nationalversammlung gewählten Prof. E. A. mäßler Botanik und Zoologie an der Akademie für Forst- und Landwirt schaft zu Tharand zu lehren. Fünf Semester hat er dort erfolgreich lesungen über allgemeine Botanik, besondere Botanik für Forst- und Landwirt Pflanzenphysiologie, Zoologie und Insektenkunde gehalten, auch naturhistori Excursionen geleitet. Dabei blieb er seinem eigensten Arbeitsgebiete von Tharand aus veröffentlichte er 1849 in der Bot. Zeitung: „Ueber merkwürdige Orchideen“ und „Ueber zwei der Orchis militaris nahestehen Arten“; in der „Linnaea“: „Beiträge zur Kenntniß der Orchideen der noctialflora Amerikas“ und „Orchidographische Beiträge“; und in Walp Annalen „Orchideae“; 1850 in der Bot. Zeitung „Ueber Linnaea boreal und „Ueber Orchis longibracteata Biv.“. Im J. 1851 war R. in a gestrengtester Weise mit den Vorbereitungen auf seinen Eintritt in die akad mische Laufbahn beschäftigt, veröffentlichte aber daneben nicht nur eini kleinere Arbeiten, sondern vollendete auch seine seit zehn Jahren vorbereit „Orchidographia europaea“ (4°, 194 S. mit 170 von ihm gezeichneten u colorirten Tafeln), zugleich Bd. XIII und XIV der bis dahin von sein herausgegebenen „Icones Florae Germanicae et Helveticae simul adjacentium ergo Mediae Europae“. Am 10. Juli 1852 habilitirte sich zu Leipzig nach voraufgegangener Promotion mit der anatomisch-physiologischen Dissertation: „De pollinis Orchidearum genesi ac structura et de Orchideis in artem ac systema redigendis“, die inbezug auf die Lehre vom Blüthenstaub, vom Primordialschlauche, der Bildung der Exine und die von Robert Brown vorher an dem fossilen Triplosporium beobachteten Fäden interessante und neue Thatsachen enthält. Außerdem veröffentlichte er noch in demselben Jahre die Fortsetzung der „Orchideae“ in Walpers' Annalen, „Gartenorchideen“ und „Neue Orchideen der Expedition des Hrn. v. Warscewicz“ in der Bot. Zeitung, sowie „Orchideae Regnellianae“ und „Orchidographische Beiträge“ in der „Linnaea“.

Als Privatdocent las R. über allgemeine Botanik, Gewebelehre, natürliches System, medicinische Botanik, leitete auch botanische Uebungen; daneben schrieb er 1853: „Zur Kenntniß der Chloraeaceae“, Bot. Zeitung; „... des espèces des genres Sobralia, Bletilla, Preptanthe“ in van Houtte, Flore des Serres; 1854 in Seemann's Bonplandia: „Orchideae Warscewiczianae recentiores“, „Notulae Orchidaceae“, „Orchideae Schlimianae“; in Otto und Dietrich, Allg. Gartenzeitung: „Drei neue Orchideen“, „Gongora ...“, „Zwei neue Epidendra“; in van Houtte, Flore des Serres: „... de Botanique“; endlich „Orchideae“ in „Botany of H. M. S. ...“, London, L. Reeve; daneben aber in jedem dieser Jahre und im Anfange 1855 je einen Band der Iconen, 1853 die „Cynarocephalae Europ. med.“, 1854 die „Corymbiferae Europ. med.“ und 1855 die „Gentianaceae ... Europ. med.“ (zusammen 38 Bogen Text und 460 von ihm ... Tafeln). Außerdem war er 1854 in die Redaction der „Pescatorea, Iconographie des Orchidees“, Brüssel, eingetreten und hatte die Herausgabe der „Xenia Orchidacea“ begonnen, eines Werkes, das von seiner unvergleichlichen Einzelkenntniß auf dem Gebiete der Orchideenkunde Zeugniß ablegt und auf der Verwerthung des ihm damals schon aus allen Gegenden der Erde zufließenden Materiales beruht. In Anerkennung seiner ausgezeichneten Leistungen ward er am 14. März 1855 zum Prof. extraord., am 30. October desselben Jahres zum Custos des Leipziger Universitätsherbars ernannt.

Während seiner Leipziger Professorenzeit entfaltete er bei rastlosem Fleiße eine überaus fruchtbare litterarische Thätigkeit. Es erschienen von ihm in Seemann's Bonplandia: „Wageners Orchideen aus Ocaña“, „Ueber Odontoglossum citrosmum Lindl.“, „Symbola orchidacea“, die unbeschriebenen Arten des Herbars Edm. Boissier, „Cranichis Schaffneri“, „Stenorrhynchus Ma...“, „Orchideae Jamesonianae“, „Orchideae Hongkonenses“, „Pachyphylli generis sciagraphia“, „Orchideae Ruizianae et Pavonianae“, „... Orchidaceae“, „Nigritella“, „Orchideae Zollingerianae“, „Generis ... monographia“; in Regel's Gartenflora: „Ansellia africana Lindl.“, „... Landsbergii, H. picta“, „Catasetum viridiflorum Hook.“; in Otto und Dietrich, Allg. Gartenzeitung: „Aërides“, „Ueber Gartenorchideen“; in Koch's Berl. Allg. Gartenzeitung: „Gartenorchideen“, „Epidendrum ...“, „Cattleya Lindleyana“; in der Hamb. Blumenzeitung: „Oncidium ...“, „Polystachya Ottoniana“, „Pleurothallis vilipensa“, „Pleurothallis marginalis“; in der Bot. Zeitung: „Gartenorchideen“; in Skofitz' Oesterr. Bot. Wochenblatt: „Drei neue Labiaten-Gattungen“; in den Abhandlungen der Kaiserl. Leopold. Akademie: „Orchideae Splitgerberianae“ und „Orchid. ...“; daneben von *1858—1862* drei Bände der Iconen: XVIII.

„Labiatae — Convolvulaceae“, XIX. „Cichoriaceae — Cucurbitac
XX. „Solanaceae — Lentibularieae“ (zusammen mit 680 von ihm gezeich
Tafeln). Ferner wurde 1858 der erste, mit 100 Tafeln geschmückte
der „Xenia Orchidacea“ abgeschlossen, eine stattliche Zahl von Heften
„Pescatorea“ veröffentlicht und die letzte Hand an die Vollendung des
werkes seines verstorbenen Lehrers Kunze gelegt. Neben seiner Leip
Docententhätigkeit wirkte er auch als Lehrer der Botanik und Zoologie
der landwirthschaftlichen Lehranstalt zu Lützschena. Auch fallen in diese
einige seiner wissenschaftlichen Reisen, nach England, Belgien, Holland,
schen Gegenden u. s. w. Sein persönlicher und brieflicher Verkehr mit
vorragenden Naturforschern entfaltete sich mehr und mehr und umfaßte Män
wie Grisebach, Bartling und v. Warnstedt in Göttingen, Göppert in Bre
Günther, C. F. Naumann, Theod. Weber in Leipzig, Anderson in Stockh
E. Fries in Upsala, Sir William Jackson Hooker und Joseph Dalton Ho
in Kew, Lindley in London, Morris in Turin, Parlatore in Florenz, Edm
Boissier und Alphonse de Candolle in Genf, Asa Gray in Boston, de V
in Leyden u. m. A. — Während dieser Zeit nöthigte ihn der Umstand,
das Leipziger Ordinariat der Botanik Mettenius inne hatte, der nur
Monate älter als R. war, dazu, sich nach einer angemessenen Stellung au
halb Leipzigs umzusehen. Dabei erlebte er durch ein Zusammentreffen
günstiger Umstände Mißerfolge. So kam er nicht als definitiver Ersatz
Roßmäßler nach Tharand, weil sein Vater in ungeschickter Weise seinen Ein
bei Hofe zu benutzen versuchte, seinem Sohne das gesetzlich vorgeschrie
5. Docenten-Probejahr zu ersparen, was das Tharander Docenten-Colleg
veranlaßte, seinem Unwillen darüber einen sehr entschiedenen Ausdruck zu ge
An Nägeli's Stelle in Freiburg wurde er, wiewohl in erster Linie
geschlagen, nicht gewählt, weil man schließlich die Berufung eines Physiolo
für nothwendiger erachtete, als die eines Systematikers. Seine Anstell
in Lüttich vereitelte der Cardinal von Mecheln, und seine Ernennung
Director des Botanischen Gartens in Kopenhagen scheiterte schließlich
Nationalitätsfragen. So bemächtigte sich Reichenbach's in steigendem M
das Gefühl der Zurücksetzung und der Verbitterung. Der am 12. Febr
1860 erfolgte Tod J. G. Chr. Lehmann's, des Directors des Botanis
Gartens und Professors der Naturgeschichte am Akademischen Gymnasium
Hamburg, veranlaßte R., sich um die erledigte Stelle zu bewerben. Auf
wärmste namentlich als Systematiker ersten Ranges von vielen seiner Freu
und Gönner empfohlen, ging er, freilich erst nach einer qualvollen Zwisch
zeit von mehr als drei Jahren, als Sieger aus dem Kampfe mit zahlrei
Mitbewerbern hervor: am 7. Juli 1863 übertrug ihm die Hamburger Obersch
behörde das lange verwaiste Amt, das er im Herbste desselben Jahres an
In dieser Stellung hat er bis zu seinem Tode eine vielseitige rastlose Thä
keit entwickelt, den Garten umgestaltet, mancherlei Uebelstände in
Verwaltung beseitigt, seine Gewächshäuser bereichert, namentlich auch
die ihm zugehenden kostbaren Sendungen lebender Orchideen, den Gart
bestand in steigendem Maße für die Zwecke des Unterrichts nutzbar gema
den Tauschverkehr mit den Schwesterinstituten gepflegt, seine Kenntniß nament
exotischer Pflanzen und ihrer Cultur der Gartenwelt übermittelt. Wenn
auch das Siechthum des schon lange nur ein Scheindasein fristenden Ak
mischen Gymnasiums, einer nicht mehr zeitgemäßen Zwischenanstalt zwis
Gelehrtenschule und Universität, nicht aufzuhalten vermochte, so hat er
regelmäßig Vorlesungen, namentlich über Anatomie und Physiologie
Pflanzen, Phanerogamen- und Kryptogamenkunde mit Demonstrationen

[illegible] und dadurch zahlreiche Schüler zu tüchtigen Botanikern herangebildet. [illegible] Hauptthätigkeit erstreckte sich aber nach wie vor auf das Reich der [illegible], über das er seit Lindley's Tode (1865) als unbestrittener König [illegible]. Die von ihm in einer großen Zahl botanischer und gärtnerischer [illegible] veröffentlichten Arbeiten [Notizen, Beschreibungen neuer Arten und [illegible], Monographien, Bearbeitungen des Sammelergebnisses von Reisenden [illegible] Ländern, Betheiligung an der Herausgabe von Orchideen-Ikono- [illegible] („Reichenbachia" u. a.), die wöchentlichen Beiträge zu „Gardeners' [illegible]" von 1865—1889, in denen er die Mehrzahl der Neuheiten aus [illegible] Orchideensammlungen seiner vielen englischen Freunde beschrieb] [illegible] zahlreich, daß sie hier nicht aufgezählt werden können. Nur der wich- [illegible] sei hier gedacht: „Beiträge zur Orchideenkunde Centralamerikas", 1869; [illegible] zur Orchideenkunde", N. A. Ak. Leop. Car. 1870; „Otia botanica [illegible]", 1871—1881; „Beiträge zur systematischen Pflanzenkunde" [illegible] „Orchidographische Beiträge", Linnaea 1877; „Ueber das System der [illegible]", Bull. Congrès internat. St. Pétersb. 1885; mit W. Saunders [illegible]: „Refugium botanicum", 1881—1885. Interessante Aufschlüsse [illegible] seine Art, die Lebensarbeit Anderer zu würdigen, geben die zahlreichen [illegible] verfaßten Nekrologe (z. B. von De Vriese, Sir William Hooker, [illegible] Ferdinand Nolte, Gustave Adolphe Lüddemann, Ch. J. E. Morren u. A.). [illegible] der täglich sich an ihn herandrängenden Arbeiten schädigte offenbar [illegible] Fortgang seiner großen Publikationen: von den Iconen erschien nur noch [illegible] XXI: „Umbelliferae" (1867) mit 210 Tafeln, ganz und Bd. XXII: [illegible]" fast vollständig (220 Tafeln stammen noch von R.). Von [illegible] Xenien kam der II. Band 1874 zum Abschluß, während er von dem [illegible] Bande nur noch 3 Decaden herausgab. Die Gesammtzahl der von [illegible] gezeichneten und veröffentlichten Tafeln — in den Iconen und Xenien [illegible] 2180 — ist eine ganz außerordentliche. — Neben seiner Verwaltungs-, [illegible] und litterarischen Thätigkeit nahm ihn die tägliche Sorge für sein [illegible] Herbar in Anspruch, das nächst dem von Edm. Boissier wohl das [illegible] war, das sich jemals in Privatbesitz befunden hat, und, vier Eisenbahn- [illegible] füllend, nach Reichenbach's letztwilligen Bestimmungen dem kaiser- [illegible] Hofburgmuseum in Wien zugefallen ist. Auch seine zahlreichen Reisen [illegible] im Dienste botanischer und gärtnerischer Interessen. Als Sammler [illegible] ihm namentlich die Westalpen, Piemont und Ligurien an. Kew, „das [illegible] der botanischen Gläubigen", war eine oft von ihm aufgesuchte Arbeits- [illegible]. Daneben nahm er häufig als Delegirter oder erbetener Preisrichter [illegible] Congressen und Ausstellungen theil, und bildete oft den gefeierten Mittel- [illegible] solcher Versammlungen. Ehrenerweisungen, Orden, Ernennungen zum [illegible] und Ehrenmitgliede angesehener Gesellschaften, für ihn besonders [illegible] Ehrenmedaillen wurden ihm in größerer Zahl zu Theil und er- [illegible] ihn sehr.

R. besaß eine durchaus eigenartige, ausgeprägte Individualität, die nach [illegible] Richtungen ebenso wunderlich anmuthete, wie seine für Viele schwer [illegible] Handschrift. Allen, die mit ihm verkehrt haben, wird er un- [illegible] sein mit seiner massiven, im vorgerückten Alter etwas schwerfälligen [illegible], mit seinem stapfenden Gange, den er in der Unterhaltung öfters [illegible], um sich einer kleinen Bosheit zu entledigen, die aber doch zumeist [illegible] liebenswürdiges Gewand gekleidet war, mit dem durchdringenden Blick [illegible] Augen über der scharfgeschnittenen Adlernase und seiner überaus [illegible] fähigen Stimme. R., der unverheirathet geblieben war, dem [illegible] lichkeiten, *wie Kleiber u. ähnl.*, nur als nothwendige Uebel erschienen, galt fast Allen, die ihn nicht genauer kannten, als ein weltfremder Sonder-ling. Denen aber, die ihm näher standen, und denen er seine Sympathie zuwandte, zeigte er sich nicht nur als ein geistvoller, anregender Gesellschafter, als ein feingebildeter Mann von ungewöhnlicher Weite seines Gesichtskreises und infolge seiner hervorragenden Beherrschung fremder Sprachen ... internationaler Freiheit des Verkehrs, sondern auch als ein Mensch von ... Gemüthe und als zuverlässiger, theilnehmender und treuer Freund. ... der Mitte der 80er Jahre kränkelte er; bald ließ der Verfall seiner früher robusten Erscheinung auch äußerlich die Schwere der Leiden erkennen, ... denen ihn am 6. Mai 1889 zu Hamburg ein sanfter Tod erlöste. Seine ... Dresden übergeführte Leiche ruht an der Seite seiner Eltern.

Krankheit und Tod überkamen ihn zu einer Zeit, da er sich mit ... Gedanken trug, sein Amt aufzugeben. Leipzig sollte seines Alters ... sein. Dort wollte er die Arbeit seines Lebens krönen durch die Herausgabe eines zusammenfassenden Hauptwerkes über seine Lieblinge, die Or... Dieses Werk ist er uns schuldig geblieben, und wir werden vielleicht noch ... auf Den zu warten haben, der, in ähnlicher Weise wie R. dazu ausge... es zu schreiben unternehmen könnte.

Biographisches über Reichenbach f.: „The late Professor Reichenbach" ... Gardeners' Chronicle, May 18, 1889, with portrait. — E. Regel, ... Dr. Heinrich Gustav Reichenbach †. Mit Porträt. Gartenflora, ... S. 315—320. — Heinrich Gustav Reichenbach. Eine Skizze seines ... von Gustav Dilling. Jahrbuch der Wissenschaftlichen Anstalten zu ... burg, VII, 1890, 20 S., mit Porträt.

Gustav Dilli...

Reichensperger: August R., Jurist, Politiker und Kunstfreund, ... seinem Bruder Peter einer der Begründer und langjähriger Führer ... katholischen Centrumspartei.

R., geboren am 22. März 1808 in Koblenz, † in Köln am 16. ... 1895, stammte aus einer Familie, die beherrscht war von den Erinnerungen ... der staatlichen Zustände, die in den rheinischen Landen im 18. Jahrhundert ... das Leben erstickten, und der ungeheuren Veränderung, die mit der Einfügung ... in den straff geeinigten und die Kräfte des Volkes rücksichtslos anspannenden ... Napoleonischen Staat verbunden war. Die Lasten waren schwer; aber ... Volk gewann doch zum ersten Male die Vorstellung davon, was ein wirklicher ... Staat bedeute, wie er ungeahnte Kräfte und Empfindungen weckt, indem ... die Einzelnen zum Gliede eines Ganzen macht.

Reichensperger's Vater, aus Simmern auf dem Hundsrück, war Crim...richter in Koblenz, der Hauptstadt des Rhein- und Moseldepartements, ... Präfecturrath an der Kaiserlichen Präfectur daselbst. Er war ein sehr tüchtiger ... Mann, dem deshalb übermäßig viel aufgebürdet wurde und der unter ... der Geschäfte bereits 1812 zusammenbrach. Seit 1805 war er mit Marg... Knoodt aus Boppard vermählt. Der Ehe waren 4 Kinder entsprungen: ... August, Peter und Elisabeth, mit denen die fast mittellose Wittwe bei ... Eltern in Boppard liebevolle Aufnahme fand. In einfachen, aber ge... und gebildeten Verhältnissen wuchsen hier die Brüder zusammen heran. ... jüngere (Peter) jähzornig, der ältere (August) weichlich und in seiner ... zeit in Gefahr, durch Vielleserei sich ganz zu zersplittern. Er machte ... Mutter viel Sorge; doch raffte er sich schließlich zusammen, bestand 1827 ... Abiturientenexamen und trat nach Vollendung seiner juristischen Studien ... Bonn, Heidelberg, Leipzig und Berlin 1830 als Auscultator in ... den Staatsdienst. Im folgenden Jahre wurde er nach Koblenz ...

e nach Paris und durch andere französische Städte gab ihm nicht nur Anregen: er wußte zu sehen und zu lernen. Auch später ist er viel gereist, schland, in der Schweiz, in Belgien, England und Italien. Zunächst aus burg. Es schien ihm nothwendig, die Menschheit möglichst in sich aufjede Richtung wenigstens zu begreifen, aber auch wohl, um die liche hypochondrische Stimmung zu überwinden, die ihn bedrückte. besserte sich sein Befinden, auch sein geistiges; aber er hatte doch fühl der Leere, wußte nicht, wohin er gehöre. Das änderte sich mit Schlage, als am 20. November 1837 der Kölner Erzbischof Clemens wegen seiner Haltung in dem Streite über die gemischten Ehen verwurde. Da erhob sich das Element, das bisher schon das stärkste in wesen war, der Gegensatz des Rheinländers gegen das preußische Wesen den preußischen Staat, zum Kampfe, und dabei erfüllte sich R. nun zuerst, immer mit dem kirchlichen Eifer, den der augenblickliche Anlaß forderte rbot.

R. war in Kreisen aufgewachsen, deren Bildung in der Aufklärung Sie waren katholischer Confession, aber entweder gleichgültig oder hörten, soweit sie lebhafteres Interesse an kirchlichen Dingen nahmen, der die protestantische Welt anerkennenden und den Zusammenhang mit Grundsätzen der modernen wissenschaftlichen Forschung auch auf dem theo Gebiete festhaltenden Richtung an, die in den Professoren Hermes und ihre hervorragendsten Vertreter gewann. Seit Beginn des Jahrerhob sich aber gegen diese Aufklärung die aus Romantik und aus schen Elementen gemischte Richtung, die in dem Grafen Josef de Maistre ungemein erfolgreichen litterarischen Vertreter fand, in der Erneuerung Jesuitenordens 1814 einen großen Erfolg erlebte und dann durch die Verhältnisse der Restauration von 1814—1830 allseitige Förderung In Deutschland erwuchs ihr ein starker Bundesgenosse in der Oppoder 1815 zu Preußen geschlagenen Rheinlande, welche von ihrem neuen lande nichts wissen wollten und von den Preußen oftmals in ähnlicher sprachen, wie heute bisweilen die bairischen Centrumsblätter. Diese preußische Stimmung erfüllte auch das Haus, in dem R. aufwuchs. Mutter Großmutter erzählten den Kindern gern von der Kriegszeit und schilderten die Franzosen als die besten und bescheidensten unter all den Truppen, mals die Saar- und Mosellande durchzogen. „Die Russen waren schreckschmutzig, unsittlich, hinter äußerer Politur gewaltig roh. Die Preußen aber am meisten gehaßt, weil voll Dünkel und Ansprüche. Sie hatten ihre Frauen, ja Kinder bei sich, und erstere wollten immer ‚Gnädige titulirt sein, was ihnen beharrlich verweigert wurde, sodaß einer der einmal sagte: Man meint, sie würden ob dem Worte ersticken.“ Diese Familientradition (Pastor, A. Reichensperger I, 9) läßt ermessen, wie der Haß gegen Preußen war, der diese Jugendkreise Reichensperger's er R. hatte zu seinem preußischen Vaterlande kein inneres Verhältniß, nicht, nachdem er in den preußischen Staatsdienst eingetreten war. Er sich als Rheinländer, nicht als Preuße. Diese in den Rheinlanden sehr Stimmung wurde durch den bald nach 1815 beginnenden Kampf rheinische Recht mit seinen modernen Einrichtungen der Oeffentlichkeit Mündlichkeit und der Schwurgerichte gegen die immer erneuten Bedas allgemeine Landrecht einzuführen die folgenden Jahrzehnte hinwach erhalten und vielfach gesteigert.

R. hatte 1834 durch eine Flugschrift an diesem Kampfe theilgenommen hierbei mußte er *den Spuren von Görres* begegnen, dessen Einfluß er völlig verfiel, als Görres' Athanasius erschien (1837). Fortan war erfüllt von dem Gedanken für das katholische Rheinland und weiter für Rechte der katholischen Kirche im Sinne der Görres und Genossen gegen protestantische Preußen zu kämpfen. „Er ward wieder ein gläubiger Ka [sagt sein Biograph] katholisch mit der vollsten Ueberzeugungskraft seines Geistes, Katholik bis in die tiefsten Tiefen seines reichen Herzens.“ D richtig, aber einseitig; es hatte dieser Katholicismus eine antipreußische mischung. Der Haß gegen das dem Rheinländer unsympathische P waltete in diesen Jahren bei ihm vor wie bei Görres. Nicht der große kämpfer für Deutschlands Befreiung und Verfassung, der im innigen mit Männern jeder Glaubensrichtung im Rheinischen Merkur den Gro Erde in das Gewissen redete, daß sie des Volkes Ehre und Wohl nicht geben sollten den kleinlichen Interessen und den ängstlichen Sorgen des sondern der seit der Aufhebung des Merkur und vollends seit den Karls Beschlüssen in seinem Vertrauen und seiner Liebe zu Preußen getäuscht verbitterte Görres der späteren Zeit war das Vorbild und der Lehrer vo Und R. stand diesem gewaltigen Autor kritiklos gegenüber. Er war ergriffen der Tiefe dieses Geistes und der ursprünglichen Aufrichtigkeit dieses Her er fühlte den verwandten Zug der Sehnsucht, sich hinauszuheben über Richtigkeit des Lebens und war wehrlos gegenüber diesem Redestrom, de grandiose Bilder und dreiste Aphorismen blendete und verwirrte. Mang Kritik da wo er liebt und bewundert, war auch allgemein für R. bezei So scharf er die Mängel der Gegner zu erspähen wußte, in seinen ge lichen und politischen wie in seinen künstlerischen Bestrebungen und Urt offenbart sich jener Mangel an Kritik und eine gewisse dilettantische Hülfl keit, die dann ersetzt wurde durch rücksichtsloses Beiseiteschieben des unbequ Materials, wie es das praktische Bedürfniß der Parteiinteressen und des A blicks forderte. So ließ er sich fortreißen mit seinem Bruder Peter und sei Freunde Thimus den Stoff zu sammeln für die Schmähschrift des Fran Gustave de Failly „De la Prusse et de sa domination sous les rapp politiques et religieux spécialement dans les nouvelles provinces p un inconnu“ (Paris 1842, Guilbert). Und als der Bischof von Trier Schaustellung des sog. heiligen Rockes wagte, da sah er in dieser Specula auf die groben Bedürfnisse der menschlichen Natur, insbesondere auf die Bli heit der von körperlichen Leiden und socialen Nöthen geplagten Menschen frommes Werk, und verschloß sich völlig den unwidersprechlichen Beweisen, hier eine späte Fälschung und eine plumpe Täuschung vorliegt. R. hatte vielseitige Kenntnisse, hatte eindringenden Scharfsinn — aber die prakti Ziele, die er verfolgte, und die romantische Stimmung, die ihn bei Fragen Kunst wie bei kirchlichen und kirchenpolitischen Fragen beherrschte, ließen die gröbsten Halbwahrheiten seiner Freunde für voll ansehen und die wichtig Thatsachen ignoriren. Daß er in der Renaissance die Quelle des ne Unheils sah, an welchem unsere Gegenwart laborirt (Pastor, Aug. Reich perger II, 313), möchte man leichter begreifen; aber daß er sich über Gegensatz, der zwischen den Jesuiten und der von Montalembert und sei Freunden vertretenen Richtung täuschte, das ist kaum anders als durch ei Gewaltact seines wesentlich praktisch und nicht kritisch gerichteten Geistes erklären. Aehnlich ist es mit seinen widerspruchsvollen Urtheilen über Itali auf die Fr. X. Kraus in seinen ausgezeichneten Aufsätzen über R. (Beilage Allgemeinen Zeitung 1900, Nr. 224, S. 4) hinweist.

R. wurde 1841 nach Köln versetzt, stieg hier 1848 zum Kammerpräsidente auf und entfaltete in der Gründung des Dombauvereins und in der Thätig ür die kirchliche Presse und die clericale Politik eine große und allseitig annte Thätigkeit. Er wurde 1848 in das Frankfurter Parlament und e preußische Nationalversammlung gewählt, wirkte in Berlin als Mitglied echten bis in den Juni, überließ den Sitz dann seinem Stellvertreter und sich nach Frankfurt, wo er eine Vereinigung der katholischen Abgeordneten n half, deren Präsident Radowitz war. R. war Vicepräsident und hatte, adowitz vielfach verhindert war, einen wesentlichen Antheil an der Leitung „ultramontanen" Fraction. R. begrüßte die von Gagern durchgesetzte l des Erzherzogs Johann zum Reichsverweser mit Freude, war aber ein ger Gegner des kleindeutschen Programms Gagern's, im besonderen des ßischen Erbkaiserthums. Auch zum Erfurter Parlament im April 1850 de R. gewählt und bekämpfte auch hier die kleindeutsche Reform des Bundes, sie in der Unionsverfassung Ausdruck gefunden. Er glaubte jede Bundes- assung, an der Oesterreich nicht theil genommen habe, als einen Bruch des ts bezeichnen zu können und weigerte sich, die Thatsachen anzuerkennen, denen sich ergab, daß Oesterreich eine irgendwie wesentliche Reform der emein als unbefriedigend bezeichneten Bundesverfassung nicht zugeben te.

Seitdem hat R. mit geringer Unterbrechung eine hervorragende Rolle als itiker gespielt; einmal in der Organisation der Katholiken zur politischen ksamkeit, besonders durch Beleben der katholischen Presse und des Vereins- ens, und dann als Mitglied des preußischen Abgeordnetenhauses und des chstags. Mit seinem Bruder Peter hatte er die Führung der am 30. No- ber 1852 von 63 Abgeordneten begründeten „Katholischen Fraction", zunächst nlaßt durch die von den Ministern Raumer und Westphalen erlassenen bote gegen die Abhaltung von Volksmissionen der Jesuiten und gegen das dium deutscher Theologen im Collegium Germanicum. Politisch vertrat mit seinem Bruder Peter den Standpunkt eines überzeugten Constitutionellen Sinne der preußischen Verfassung; so trat er ein für Preßfreiheit und n die Forderungen der aus Junkern und Bureaukraten zusammengesetzten jorität der Kammern der Periode 1851—58. Wenn er sprach, hatte er Ohr der Kammer und der katholischen Generalversammlungen, auf denen er Anfang eine einflußreiche Rolle spielte, wie er denn auf der Kölner Versamm- g vom 6.—9. September 1858 zum Präsidenten gewählt wurde. In dem dtage, welcher durch die Neuwahlen des Jahres 1858 unter dem Einflusse Sturzes des Ministeriums Manteuffel gewählt war, überwog die Partei gemäßigt Liberalen, mit denen die Katholische Fraction in der Zeit der ction oftmals zusammengestimmt hatte. Theilweise mit Rücksicht auf sie erte die Fraction ihre confessionelle Bezeichnung, aber doch nur unter kem Widerstreben und nur halb, indem sie officiell den Doppelnamen raction des Centrums (Katholische Fraction)" annahm. Auch war in die 75 Mitgliedern unterzeichneten neuen Statuten vom 17. Januar 1859 chtlich kein Satz aufgenommen worden, der Nicht-Katholiken ausgeschlossen te; thatsächlich aber beherrschten nach wie vor die kirchlichen Interessen die htung der Fraction. 1860 veröffentlichten die beiden Brüder ihr politisches ubensbekenntniß in der Schrift „Deutschlands nächste Aufgaben". Alle ahren der Zeit werden hier auf das Streben zurückgeführt, das Christen- m aus den Staaten auszuschalten, was auch als der „principielle Abfall der Idee des Rechts und der Wahrheit, ja von der Idee überhaupt", be- net wird, auch mit Lamoricière als der Kampf des modernen Islam n das Kreuz. Praktisch sollte die Schrift besonders die Einheits- rebungen Italiens bekämpfen und es als eine Pflicht des deutschen Bundes und also auch Preußens bezeichnen, jeden Angriff auf Venetien nicht als österreichische, sondern als ein deutsche Angelegenheit zu behandeln. Neben Sorge für Oesterreich trieb die Brüder hierbei noch, und gewiß noch die Sorge für die weltliche Herrschaft des Papstes, der sie für die Kirche einen entscheidenden Werth beilegten.

In dem Conflict des Abgeordnetenhauses mit der Regierung Militärreorganisation nahm R. mit seinen Freunden einen gemäßigten punkt ein und suchte namentlich die Krisis vom September 1862 durch Vermittlungsantrag zu lösen. Die Berufung Bismarck's zum Mini bauerte er nicht, obwohl „ihm Bismarck und seine Politik durchaus antip war (Pastor I, 455). In diesen Kämpfen war R. übrigens tiefer preußische Wesen eingedrungen und hatte in diesem Staate etwas Wurzel gefaßt.

Mit der Auflösung der Kammer Ende Mai 1863 war R. durchaus verstanden; er freute sich, „daß dem Kammerschwindel so brusquem Ende gemacht wurde“, und bei den Wahlen im Herbst 1863 lehnte e Candidatur ab. Er widmete sich den Arbeiten für die Geschichte der lichen Kunst, die ihn schon lange beschäftigt hatten und die in der Begei für den Kölner Dom noch eine besondere und durch das Heimathgefü wärmte Quelle fand. R. hatte 1840 durch eine kleine Schrift zur des Dombauvereins aufgefordert, der dann der Träger der großen zur Erneuerung und Vollendung des Domes geworden ist. In ihm bl alle Zeit eines der thätigsten und erfolgreichsten Mitglieder.

Ueber Reichensperger's Stellung zu der Wiedergewinnung Schle Holsteins und den Conflicten von 1864/65 hat der Biograph in den reichhaltigen Papieren Reichensperger's nichts gefunden, als ein ganz fl Gerede (I, 566). Noch deutlicher tritt die Lauheit seines preußischen St gefühls 1866/71 hervor. Den Ausbruch des Krieges von 1866 schob R. schließlich dem altpreußischen Hochmuth zu, der die Katastrophe bei den herbeigezogen habe, und bei der Nachricht von dem Siege Preußens bei K grätz schrieb er: „Es kostet sehr viel Mühe, sich in solche Rathschlüsse zu fügen und nicht zu der Ansicht zu gelangen, daß nur für kleine bürge Verhältnisse das Recht existenzberechtigt sei, daß im Großen und Ganzen Gewalt, List und Trug zur Herrschaft berufen seien, und der Zweck sowohl die Mittel nicht religiösen und moralischen Privilegien unterliegen.“ (I, 580 f.) Eine Wahl für den constituirenden Reichstag des norddeu Bundes lehnte er im Februar 1867 ab und suchte sich von aller fern zu halten. Im Jahre 1870 beschäftigte ihn ebenso das vatican Concil und das Schicksal des Kirchenstaats weit stärker, als der französische Krieg. Er zählte zu den Katholiken, die eine Dogmatisirung Unfehlbarkeit für inopportun erklärten, aber bereit waren, sich dem Conci beschluß zu unterwerfen, und diese kirchlichen Interessen bewogen ihn auch, wieder eine Wahl zum Abgeordnetenhause anzunehmen. Er wurde Münster und Aachen mit großen Majoritäten gewählt, in Koblenz erst in der Stichwahl; er nahm deshalb für Koblenz an und begr mit seinem Bruder und seinen Freunden Savigny und Mallinckrodt das Centrum, und er hat dann in den wechselnden Phasen des sogenannten Cul kampfes eine hervorragende Rolle gespielt, trat aber doch hinter Windth mehr und mehr zurück. R. empfand das nicht ohne Schmerz, zumal er in manchen sachlichen Dingen mit Windthorst nicht übereinstimmte (Pastor 228). Sein Abschied vom politischen Leben vollzog sich in einer großarti Feier im Piusbau zu Köln am 26. October 1885. Noch ein Jahrzehnt wa

..., er verbrachte diesen Abend seines Lebens in eifriger Pflege ... Studien, und der Kölner Dom namentlich bildete immer noch ... Object seiner Sorge und seiner Freude. Von politischen Urtheilen ... Zeit ist vielleicht hervorzuheben, daß er Bismarck's Entlassung leb... Schmerzliche Lücken riß der Tod in den Kreis seiner Freunde ... Familie; besonders schwer beklagte er den Tod seines Bruders Peter ... Jahr brachte ihm dann bei der 50jährigen Jubelfeier des Dom... (1842—92) neue außerordentliche Ehren ein, und bei der Feier ... Hochzeit am 3. Mai 1892 wurde er vom Kaiser und vom ... außerordentlicher Weise geehrt, und der Erzbischof von Köln vollzog die feierliche Wiedertrauung. Als Persönlichkeit genoß R. auch in ... der Gegner großes Vertrauen, und wenn wir jetzt die Schwächen und ... seines Wesens und seines Lebens überschauen, so werden wir doch ... haben an der Kraft und der Unermüdlichkeit, mit der R. für ... hat, was er für Recht hielt.

... Material zu dieser Skizze findet sich in Ludwig Pastor, „August ...sperger 1808—1895. Sein Leben und sein Wirken auf dem Ge... Politik, der Kunst und der Wissenschaft. Mit Benutzung seines un... Nachlasses." 2 Bde. Freiburg i. Br., Herder'sche Verlagsbuch... 1899. Im Anfang des 2. Bandes sind S. 449—474 die zahl... litterarischen Arbeiten Reichensperger's aufgeführt; die älteste von ... letzten von 1895. Die meisten sind kurze Aufsätze und Berichte. ... Pastor's hat das Material mehr nur aneinander gereiht als ... Um so willkommener sind die glänzenden Aufsätze, die Fr. Xaver ... Verstorbenen aus Anlaß des Buches von Pastor widmete, Bei... Allgem. Zeitung 1900, Nr. 200, 201, 224, 225. Außerdem nenne ... den Aufsatz von Hermann Oncken, „August Reichensperger" in der ... Zeitschrift Bd. 88 (1902), 247 ff.

... Franz R., jüngerer Bruder von August R., geboren am 28. Mai ... Koblenz, Jurist und Politiker, als Richter in Koblenz, Elberfeld, ... seit 1859 als Rath am Obertribunal zu Berlin thätig. Er starb ... am 31. December 1892. Seine politische Thätigkeit verlief wesentlich ...schaft mit seinem Bruder August, neben dem er nur wenig zurück... Frankfurter Vorparlament, in der preußischen Nationalversammlung, ...schen Abgeordnetenhause und im deutschen Reichstage hat er eine er... ... gespielt; meist in Uebereinstimmung mit dem Bruder, aber doch ... So trat er 1888 für das Project eines westfälischen Canals ein, ... Bruder die betreffende Vorlage bekämpfte.

... seinen Schriften hat einen größeren Umfang: „Die Agrarfrage aus ...punkte der Nationalökonomie, der Politik und des Rechts", Trier ... Außerdem sind zu nennen: „Reden der Gebrüder August und Peter Reichensperger", Regensburg 1858; „Erlebnisse eines alten Parla... im Revolutionsjahre 1848", Berlin 1882. Dazu dient als Er... „Die preußische Nationalversammlung und die Verfassung vom 5. De... 1848", Berlin 1849. Außerdem: „Ueber Oeffentlichkeit, Mündlichkeit ...gerichte", Köln 1842; „Culturkampf oder Friede", Berlin 1876; ... und Wucherfrage", Berlin 1879, sehr verständig und aus der ...; „Die Gemeingefährlichkeit der in Aussicht gestellten Erhöhung ...", Berlin 1888.

... politische Thätigkeit und die kirchliche Stellung Peter Reichensperger's ... der über seinen Bruder August gegebenen Schilderung zu ver...

G. Kaufmann.

Reiffenstein: Karl Theodor R., Architektur- und Landschafts[illegible]
Geboren in Frankfurt a. M. am 12. Januar 1820, † ebenda am [illegible]
cember 1893. Der Künstler verdankte seine Ausbildung dem Th[illegible]
Hoffmann in Frankfurt und dem Städel'schen Kunstinstitut, wo (18[illegible]
1846) insbesondere Jakob Becker und der Architekt Hessemer seine Lehrer [illegible]
Seine frühesten selbständigen Arbeiten zeigen zugleich den Einfluß der [illegible]
dorfer romantischen Schule, vor allem Lessing's, wie dies bei der [illegible]
der Frankfurter Landschaftsmaler seiner Zeit der Fall ist. Gleich [illegible]
R. in seinen späteren Jahren zu einer freieren coloristisch wirksameren [illegible]
fassung der Landschaft über, die er namentlich in einer virtuos [illegible]
Aquarelltechnik zu vervollkommnen bestrebt war. Als das Hauptwerk [illegible]
Lebens hinterließ er eine Sammlung von rund 2000 Aufnahmen [illegible]
Frankfurter Bauten; die in Aquarell und Zeichnung ausgeführten [illegible]
die noch bei seinen Lebzeiten in den Besitz des Städtischen Historischen [illegible]
in Frankfurt übergegangen sind, bilden, zumal da sie manches inzwisch[illegible]
loren gegangene Denkmal alteinheimischer Baukunst enthalten, einen un[illegible]
baren Beitrag zur geschichtlichen Topographie der alten Reichsstadt. [illegible]
Reiffenstein's Gemälden befindet sich das meiste in einheimischem Privat[illegible]
Obschon ihre Malweise nicht immer frei von einer gewissen Trockenhe[illegible]
Vortrags ist, zeigt doch die überwiegende Menge seiner zahlreichen [illegible]
einem feinen künstlerischen Sinn und von einem eisernen Fleiß. [illegible]
reich an reizvollen Aquarellen war die 1906 aufgelöste Sammlung [illegible]
Donner; einzelne bedeutende Gemälde befinden sich noch im Besitze der [illegible]
milien Konrad Binding, Alexander Manskopf, Eduard Gustav May [illegible]
im Städel'schen Kunstinstitut außer einem kleinen Oelbilde (Frankfurter [illegible]
1881) eine nach Hunderten zählende Sammlung von Studien und Ent[illegible]
aus dem Nachlaß des Künstlers; in der Städtischen Galerie in Mag[illegible]
ein Oelgemälde (Harzlandschaft); zwei Oelbilder („Eingang zur Burg" [illegible]
„Landskrone an der Ahr") beim Fürsten von Solms-Braunfels. Zehn [illegible]
nungen Reiffenstein's, „Bilder zu Goethe's Wahrheit und Dichtung" x., [illegible]
1874 in photographischer Nachbildung herausgegeben worden. Weitere [illegible]
sichten aus dem alten Frankfurt erschienen in sechs Lieferungen 189[illegible]
1899 bei Jügel ebenda.

Eigene biographische Aufzeichnungen des Künstlers. — Rittweger, F[illegible]
furter Hausblätter, N. F. I (1881), S. 288, 289 f. — Kaulen, [illegible]
und Leid im Leben deutscher Künstler (1878), S. 247 ff. — Ausste[illegible]
bericht u. Nekrolog von H. Weizsäcker i. d. Frkf. Zeitung v. 6. Dec. 1[illegible]
— Biographische u. sonstige Mittheilungen ebd. 14. März 1878, 14. [illegible]
1887, 7. u. 8. Dec. 1893.

H. Weizsäcker.

Reimer: Dietrich Arnold R., namhafter Verlagsbuchhändler, [illegible]
Sohn des angesehenen Berliner Verlegers Georg Andreas R. (s. A. D[illegible]
XXVII, 709—712) und jüngerer Bruder des gleichfalls durch seine [illegible]
händlerische Thätigkeit bekannten Georg Ernst R. (ebenda S. 712—71[illegible]
am 13. Mai 1818 zu Berlin geboren. Nach dem Besuche des Gymna[illegible]
erlernte er den Buchhandel und eröffnete am 1. Januar 1845 unter der [illegible]
Buch- und Landkartenhandlung von Dietrich Reimer in dem väterlichen [illegible]
Wilhelmstraße 73 ein Sortimentsgeschäft, das rasch aufblühte, so daß [illegible]
schloß, auch ein Verlagsunternehmen zu begründen. 1847 übernahm er [illegible]
halb aus dem Verlage seines eben genannten Bruders eine größere [illegible]
gut eingeführter geographischer, archäologischer und kunstgeschichtlicher [illegible]
darunter die Atlanten und Karten Rühle's von Lilienstern (1825 ff.), [illegible]
Atlas von Asien zu C. Ritter's Allgemeiner Erdkunde (1834 ff.), des [illegible]

Th. v. Liechtenstern Atlas zur Erd- und Staatenkunde (1846), die Prachtwerke von W. Zahn, Die schönsten Ornamente und merk-sten Gemälde von Pompeji, Herculanum und Stabiae (1827 ff.) und de, Wandgemälde von Pompeji und Herculanum (1827 ff.), ferner n Gelbke, Abbildung der Wappen sämmtlicher europäischer Souveraine ff.) und desselben Abbildungen und Beschreibung der Ritterorden und ichen sämmtlicher Souveraine und Regierungen (1832 ff.), weiterhin Kunst, Die altchristlichen Bauwerke von Ravenna (1842), C. Poppe, lung von Ornamenten und Fragmenten antiker Architectur (1843 ff.), Arabische und altitalienische Bauverzierungen (1844), sowie die be- Darstellungen aus dem Lied der Nibelungen, zu Goethe's Faust und 's Befreitem Jerusalem, gezeichnet von P. v. Cornelius, gestochen, Ritter, Ruscheweih, Thäter und Eichens. An diesen Grundstock erlags schlossen sich nun in rascher Folge zahlreiche neue Werke, die der bald einen weitausgebreiteten guten Ruf verschafften. R. suchte seine raxis, nur ernsthafte und brauchbare Bücher auf den Markt zu bringen Minderwerthige oder gar Anstößige grundsätzlich auszuschließen. auptaugenmerk richtete er zunächst auf Landkarten und Atlanten sowohl wissenschaftlichen als auch für den Haus- und Schulgebrauch. 1852 ihm, den hervorragend tüchtigen Kartographen Heinrich Kiepert von nach Berlin zu ziehen, und dieser stand ihm nun 40 Jahre hindurch ster und leistungsfähigster Mitarbeiter zur Seite. Kiepert's Ver- ist es zum guten Theil, daß die Firma Dietrich Reimer in die vorderste der großen kartographischen Anstalten rückte und diese angesehene Stellung die Gegenwart bewahrt hat. Von seinen Arbeiten, die zum Theil in Auflagen und in hunderttausenden von Exemplaren Verbreitung sind namentlich folgende hervorzuheben: der Neue Handatlas über heile der Erde in 45 Karten (1855 ff.) nebst verschiedenen Auszügen gänzungsblättern, eine große Erdkarte in Mercator's Projection (1856), eneralkarte von Europa in 9 Blättern (1858), der berühmte Atlas in 12 Karten zur alten Geschichte (1861), der auch in englischer, nischer, französischer, holländischer, italienischer und russischer Ausgabe, der Kleine Atlas der neueren Geographie (1863), später Kleiner tlas genannt, der Schulatlas in 27 Karten (1864), der Elementaratlas ische Volksschulen (1864), der Kleine Schulatlas für die unteren ittleren Klassen in 23 Karten (1869) mit mehreren Sonderausgaben elne Provinzen, der Historische Schulatlas zur alten, mittleren und Geschichte in 36 Karten, gemeinsam mit C. Wolf herausgegeben, der Kleine Schulatlas der alten Welt in 12 Karten (1883), eine lung physikalischer, politischer und historischer Wandkarten für den Schul- und eine sehr große Zahl von Handkarten einzelner Erdtheile und, von Kriegskarten, Schlachtplänen, Eisenbahnkarten, sowie Special- einer Gebiete. Auch Heinrich Kiepert's Sohn Richard, der sich gleich- s Kartenzeichner einen guten Namen erworben hat, war viele Jahre für die Firma Dietrich Reimer thätig. Seine Hauptleistung ist ein fangreicher, in vielen Unterrichtsanstalten des In- und Auslandes ter Schulwandatlas der Länder Europas in physikalischer und poli- usgabe (1881 ff.). Außer den Werken dieser beiden Hauptmitarbeiter Verlag noch zahlreiche andere kartographische Erzeugnisse veröffentlicht, C. Voigt, Historischer Atlas der Mark Brandenburg (1848), A. von, Vollständiger Atlas zur Universalgeschichte (1850), W. Liebenow, von Hohenzollern (1854), E. v. Cosel, Topographische Karte der Pro-

vinz Brandenburg (1861), A. Brecher, Historische Wandkarte von Pr
(1867), G. A. v. Klöden, Repetitionskarten über alle Theile der Erde (
C. Wolf, Historischer Atlas zur mittleren und neueren Geschichte (
E. Curtius und J. A. Kaupert, Atlas von Athen (1878) und Ka
Attika (1878 ff.), Steffen, Karten von Mykenai (1884), sowie C.
Physikalische Reliefkarte der Formen der Erdoberfläche (1886). Au
wurde der Verlagshandlung vom Reichsmarineamt der Vertrieb der
Admiralitätskarten und der amtlichen Segelhandbücher übergeben. Auch
ließ ihr die namhafte amerikanische Firma Rand, Mc Nally & Co. in
und New-York den alleinigen Verkauf ihrer Karten und Atlanten
europäischen Continent. — Eine weitere Specialität des Reimer'schen
bildeten die Himmels-, Erd- und Reliefgloben von verschiedenster
Ausführung. 1852 kaufte R. die alteingeführte Globenfabrik von C.
in Potsdam. Er erweiterte den Betrieb bedeutend, unterstellte ihn der
schaftlichen Leitung Heinrich Kiepert's, erwarb mehrere Patente und
allmählich so vollkommene Erzeugnisse auf den Markt, daß sich seine
auch in diesem Artikel eines wohlbegründeten Weltrufs erfreute.

Ein mit den Karten und Globen eng zusammenhängendes Gebiet,
R. ausgiebig pflegte, war die wissenschaftliche Geographie. Unter den
bedeutsamen Verlagswerken dieser Abtheilung sind hauptsächlich folgen
nennen: C. Pieschel, Die Vulkane der Republik Mexiko (1856), H.
Reise durch das Innere der europäischen Türkei (1862), mehrere Ar
von A. Bastian (1868 ff.), J. G. Kohl, Geschichte der Entdeckungsreisen
Schifffahrten zur Magellansstraße (1877), O. Blau, Reisen in Bosnien
der Herzegowina (1877), F. v. Richthofen, China, nebst dem zuge
Atlas (1877 ff.), H. Kiepert, Lehrbuch der alten Geographie (1878),
Leitfaden der alten Geographie (1879), sowie K. Humann und O. Pu
Reisen in Kleinasien und Nordsyrien (1890). In das geographische F
hören auch die werthvollen periodischen Publikationen des Verlags, die
schrift für allgemeine Erdkunde, Band 1—6 und Neue Folge 1—19 (
bis 65), die Zeitschrift der Gesellschaft für Erdkunde zu Berlin, Band 1
(1866—90), nebst den Verhandlungen dieser Gesellschaft, Band 1—17 (
bis 90), die Mittheilungen der Afrikanischen Gesellschaft in Deutsch
Band 1—5 (1879—89) und die Verhandlungen der 9 ersten Deutschen
graphentage von 1882—91, sowie ein Sammelwerk Beiträge zur Entdeck
geschichte Afrikas, von dem 1873—81 vier Hefte mit Beiträgen versch
Autoren erschienen. — Weit weniger umfangreich war der Verlag der
aus dem Bereiche anderer Wissenschaften wie der Meteorologie und
Astronomie. Erwähnenswerth sind mehrere Schriften von H. W. Dove,
unter Die Verbreitung der Wärme auf der Oberfläche der Erde (1852),
Gesetz der Stürme (1857) und die Klimatologischen Beiträge (1864 ff.),
L. A. Veitmayer, Vorbereitungen zu einer zukünftigen Wasserversorgung
Stadt Berlin (1871 ff.) und H. Mohn, Grundzüge der Meteorologie (
endlich J. F. J. Schmidt, Karte der Gebirge des Mondes (1878).

So war R. durch seine rege Thätigkeit, seinen Unternehmungsgeist
durch gute Beziehungen zu vielen angesehenen Autoren allmählich einer
namhaftesten unter den großen deutschen Verlagsbuchhändlern geworden.
Sortiment hatte er bereits 1858 aufgegeben und gleichzeitig sein Ge
nach der Anhaltstraße Nr. 11, später in das größere Grundstück Nr. 12
legt. Am 1. Januar 1868 trat sein langjähriger kaufmännischer Mitar
Hermann August Höfer als Mitbesitzer in die Firma ein, die nunmehr
Bezeichnung Dietrich Reimer (Reimer & Höfer) erhielt. R. war noch 20 J

...ch die Seele der Handlung. Erst als sich die Altersbeschwerden ein... schied er am 1. October 1891 aus. Er wurde ersetzt durch den ... a. D. Ernst Vohsen, so daß die Firma seitdem Dietrich Reimer ... & Vohsen) lautete. R. verlebte noch acht Jahre in wohlverdienter ... und Erholung. Am 15. October 1899 beschloß er in Berlin sein ...svolles und reichgesegnetes Leben.

Verlags-Catalog der geographischen Verlagshandlung Dietrich Reimer Berlin 1845—1895. Berlin 1895. — Börsenblatt für den deutschen ...handel 66 (1899), S. 7665. — Biogr. Jahrbuch IV (1900), S. 162 ... Ellissen).

Viktor Hantzsch.

Reinganum: Maximilian R., geboren am 31. December 1798 in ...furt a. M. als Sohn eines jüdischen Handelsmanns in der Judengasse, ...te 1812—1816 das Gymnasium seiner Vaterstadt, studirte dann in ...ngen und Heidelberg die Rechte und erwarb hier 1819 die Würde eines ... jur. Mehrfache Gesuche an den Senat seiner Vaterstadt um Zulassung ... Advocatur blieben ohne Bescheid; als er nach beinahe anderthalbjährigem ...ten 1821 zum evangelisch-lutherischen Bekenntniß übergetreten war, wurde ...m Wunsche rasch willfahrt. Am 8. November 1821 trat er in die Zahl ... Frankfurter Advocaten ein und hat die Advocatur bis zu seinem Tode ...übt. R. gehörte zu der ersten Generation akademisch gebildeter Juden, ...ch der 1812 von Dalberg gewährten, von der Freien Stadt aber bald ...r zurückgenommenen Gleichstellung der Frankfurter Judenschaft in das ...liche Leben eintrat und mit Eifer für fortschrittliche Reformen im politi...n und communalen Leben und insbesondere für die Gleichberechtigung der ...bensgenossen wirkte. R. gehörte auch zu dem engeren Freundeskreis ...s Landsmannes und Gesinnungsgenossen L. Börne, welchem diese Gene..., Bekehrte wie Nichtbekehrte, mit Begeisterung folgte. R. entfaltete bald ... glänzende Thätigkeit als Rechtsbeistand in Civil- wie Strafsachen und ... als gewandter Redner und scharfsinniger Jurist eine gesuchte Persönlich...er war der Anwalt des Rothschild'schen Hauses, aber auch der Ver...iger zahlreicher politischer Angeklagter. 1830 trat er in die beiden bürger... Vertretungen seiner Vaterstadt ein und hat ihnen, mit mehrjähriger ...rbrechung in den 50er Jahren, bis 1866 angehört; 1867 wurde er auch ...ie neue Stadtverordnetenversammlung gewählt. 1832 gründete er mit ...m Collegen Dr. Rupp die erste Zeitschrift für Frankfurter Communal...egenheiten, die Frankfurter Jahrbücher, um in der Oeffentlichkeit größere ...nahme für die städtischen Angelegenheiten zu wecken. Von Anfang an stand ...uf entschieden freisinnigem Standpunkt und hat ihn auch in späteren ...n nicht verlassen, als so manche seiner früheren Mitkämpfer sich den ...ern und dann den Nationalliberalen anschlossen; er ist bis zu seinem Ende ...ierter Demokrat geblieben. In dem von ihm verfaßten Proteste gegen die ...eindlichen Beschlüsse des Bundestags von 1832, in seiner Wirksamkeit als ...eidiger in politischen Processen hat er sich mit aller Entschiedenheit als ...r bekannt; ebenso als Mitglied des Vorparlaments, als Volksredner in ...ocalen Bewegung von 1848 — bei der Wahl eines Frankfurter Ab...neten zum Parlament unterlag er gegen Jucho (s. d. Art.) — als Mit... der verfassunggebenden Versammlung des Freistaates Frankfurt 1848 ...849 und von 1857 an auch der Gesetzgebenden Versammlung. Auch in ...n communalen Wirken in den verschiedenen Bürgervertretungen hat er ...ets als freigesinnter, aufgeklärter, weitschauender Vertreter erwiesen; er ... bei seinen Mitbürgern ohne Unterschied der Partei im höchsten Ansehen ... nahm unter seinen Berufsgenossen als Mann der Praxis wie der

Wissenschaft eine hervorragende Stellung ein. Er starb am 22. Juni 18
— Schon 1822 trat R. in nähere Beziehungen zu L. Börne; bald ve
Beide eine innige Freundschaft. Börne und seine Freundin Jeanette
waren es, unter deren Schutz R. sich trotz des Widerstandes seiner F
mit deren Gesellschafterin Pauline Hirsch verlobte und verheirathete.
1827 ab wurde R. Börne's Anwalt; ihr Briefwechsel (er ist leider no
bekannt geworden) beschränkte sich aber nicht auf die geschäftlichen Ange
heiten, er umfaßte den ganzen ethischen und politischen Interessenkre
Freunde. R. war der Rathgeber von Frau Straus-Wohl bei der
von Börne's Nachlaß; er hat die 1862 bei Rütten und Löning ersch
Ausgabe der Werke Börne's mit Rütten (s. d. Art.) besorgt; von ihm
die beigefügte Biographie „Aus Börnes Leben“ mit ihrer unbefangen
urtheilung Börne's.

Mit Benutzung des Nekrologs der Frankfurter Zeitung vom Octob
1878. — J. Proelß, Friedrich Stoltze und Frankfurt a. M. (Fr
1905). — Briefe von Jeanette Wohl an Ludwig Börne, herausgegeb
E. Mentzel (Berlin 1907). R. Ju

Reinhold: Heinrich R., Maler und Kupferstecher, geboren 17
Gera, † am 15. Januar 1825 in Rom; jüngerer Bruder des Landsch
Friedrich Philipp R. Er studirte zuerst an der Dresdener Akademie,
sich 1806 nach Wien zu seinem Bruder und besuchte daselbst n
k. k. Akademie. Nebst seinen Uebungen im Figurenzeichnen versuchte
bald im Radiren und brachte es dariu so weit, daß Denon, der dam
Generaldirector der Museen zu Paris, der während seines Aufenthaltes
Wien auf ihn aufmerksam geworden war, ihn aufforderte, nach Paris u
seinem Protectorat überzusiedeln. 1809 folgte R. diesem Rufe und hie
nun fünf Jahre in Paris auf. Er war hier namentlich damit besch
für das große Werk über die Feldzüge Napoleon's, das als Gegenst
dem Prachtwerk „Description de l'Europe“ geplant war, infolge des
tischen Umsturzes aber unterdrückt wurde, einige große Blätter zu stechen,
denen erklärlicherweise nur wenige Abdrücke existiren. Nach Wien
gekehrt, malte er namentlich Landschaften. 1819 machte er sich zusammen
dem Landschafter und Kupferstecher Erhard von Nürnberg nach Italien
Nachdem er sich anfangs länger in Rom und Neapel aufgehalten hatte,
derte er mit dem Fürsten Lobkowitz durch Sicilien, schloß sich auf dem
wege einer englischen Familie an, mit der er kurze Zeit umherstreifte,
setzte sich dann wieder in Rom fest. Eine große Menge von landschaft
Skizzen und Zeichnungen entstanden in dieser Zeit, auch einige größere
schaften biblischen Inhalts. Sein mitleidiges und aufopferndes Gemüth
ihn dazu, seinen inzwischen geisteskrank gewordenen Kameraden und
mann Erhard selbst zu pflegen. Als dieser sich in der Nacht erschoß,
R. bei seiner Hülfeleistung im Frost eine Erkältung zu, die sich versch
und in Luftröhrenschwindsucht ausartete. Ihr erlag er am 15. Januar 1
Ueber sein Grabmal berichtet Wurzbach: „R. wurde in Rom bei der Pyr
des Cestius begraben. Ein einfaches, aber würdiges Denkmal bezeichnet
folgender Lapidarinschrift die Stätte, welche Reinhold's Asche birgt: Hen
Reinhold. | Saxo. Pictor | Denatus D. XV. Januar | A. S. MDCCCXX
Anno. Aetatis. XXXIV. | Te Tabulae Loquuntur. | Amici Colant. | A
Lugent. Unter den Freunden des Verewigten, welche dieses Denkzeichen
richteten, glänzt der Name des berühmten Bildhauers Thorwaldsen, der
aufgefordert das erwähnte Monument mit dem eigenhändig aus carrarisch
Marmor verfertigten Brustbilde Reinhold's schmückte“.

Von seinen Arbeiten seien folgende erwähnt: Pratergegend; Ansicht aus [illegible] Hochgebirge; Die oberen Regionen eines kärthnerischen [illegible] mit einer aufsteigenden Wolke; Alpenlandschaft; Meeressturm; [illegible] Salzburger Mönchberges; Ansicht der Nußdorfer Linie; mehrere [illegible] Zeichnungen des Großglöckners (1820); Partie des Höllenthores bei [illegible]; Die Grotte La Cucumella im Königreich Neapel; Ansicht von [illegible] dem Golf von Salerno; Felsenschlucht und Grotte aus der Piano [illegible]; Aetna von Taormina aus gesehen; Capo d'Orlando in Sicilien [illegible] mit J. A. Klein, von dem das Figurale stammt; 1821/22, [illegible] Nat.-Gal. I, 269); Hagar in der Wüste (Thorwaldsen-Museum zu [illegible]); Der barmherzige Samariter (ebenda); Der Kapuzinergarten bei [illegible] (Neue Pinakothek zu München).

Von seinen Stichen seien angeführt (bis 1809): die alte Postsäule in [illegible], einige Thierstücke nach H. Roos; mehrere Landschaften nach den Zeich[illegible] seines Bruders Philipp. Zu dem Werk über Napoleon's Feldzüge [illegible]: Schlacht bei Jena, Erstürmung von Burgos, Uebergabe von Madrid, [illegible] am Ebersberg, Napoleon's Zusammenkunft mit dem verwundeten [illegible] Lannes, Napoleon in der Nacht vom 5.—6. Juli am Wachtfeuer [illegible]. Ferner: Der wandernde Schuster (nach dem Gemälde seines [illegible]); die Blätter zu den Denkmalen altdeutscher Baukunst des Fürsten [illegible]; Ansichten von Klosterneuburg (nach eigenen und seines Bruders [illegible]. Mit Text von F. Tschischka. Wien 1820).

Nagler, Allg. Künstler-Lexikon (München 1842). — Wurzbach, Biogr. [illegible] 2c. (Wien 1878). Franz Vallentin.

Reinkens: Josef Hubert R., Bischof, Theolog, geboren am 1. März [illegible] zu Burtscheid (Aachen) als Sohn eines Gärtners. Dieser verlor sein [illegible] durch Unglücksfälle. Nach dem Tode der Mutter im J. 1836 griff [illegible] seine zahlreichen Geschwister zu unterstützen, selbst zur Handarbeit, trat [illegible] 1840 in die Quarta des Gymnasiums zu Aachen und erlangte im [illegible] 1844 — die Tertia und Unterprima hatte er überschlagen — das [illegible] Zeugniß, bezog sofort die Universität Bonn zum Studium der Philosophie [illegible] Theologie, löste mit glänzendem Erfolge schon im ersten Jahre die Preis[illegible] der philosophischen Facultät über den Begriff und die Viertheilung [illegible] Tugend bei den Griechen, war ordentliches Mitglied des philosophischen [illegible], das von Welcker und Rietschl geleitet wurde, trat nach Zurück[illegible] des theologischen Examens in Köln mit dem Zeugniß Nr. I in das [illegible] zu Köln und wurde hier am 3. September 1848 zum Priester [illegible]. Auf Grund seiner Zeugnisse, darunter eines vom Generalvicariat über [illegible] ausgezeichneten theologischen Kenntnisse" erhielt er zur Fortsetzung seiner [illegible] ein Staatsstipendium für zwei Jahre. Diese setzte er zunächst in [illegible] fort, wo er Sonn- und Feiertags den Frühgottesdienst in Rheindorf [illegible] und den älteren Bruder, der Pfarrer in Bonn war, in der Seelsorge [illegible], ging 1849 nach München, wurde hier mit der nota eminentiae [illegible] doctor theologiae promovirt, brachte das folgende Wintersemester wieder [illegible] zu. Der Dombechant und Professor der Kirchengeschichte zu Breslau, [illegible] (S. A. D. B. XXVIII, 678), veranlaßte ihn, auf ausdrücklichen Wunsch [illegible] Fürstbischofs v. Diepenbrock, im März 1850 nach Breslau sich zu be[illegible] und sich für Kirchengeschichte als Privatdocent an der katholisch-theo[illegible] Facultät zu habilitiren. Im Frühjahr 1853 erhielt er eine außer[illegible], im April 1857 die ordentliche Professur der Kirchengeschichte in [illegible], bekleidete dreimal das Amt eines Decans der Facultät und im Studien[illegible] 1865 auf 1866 das des Rectors der Universität. Als Docent mußte er sofort mehrere Jahre Ritter vertreten, der im Landtage saß, später Jahre den in Rom weilenden Dogmatiker Baltzer (s. A. D. B. II, 38); am 1. Januar 1852 Domfestprediger, Beneficiat und Pönitentiar an der kirche, am 20. Januar 1853 erster Domprediger und hatte bis Ostern als solcher die Sonntagspredigten in der Kathedralkirche zu halten. Thätigkeit ließ ihm keine Zeit zu litterarischen Arbeiten. Um solche winnen, hatte er schon im Herbste 1857 ein vom Bischof ihm ange Kanonikat ausgeschlagen, legte Ostern 1858 das Dompredigeramt nieder, lehnte auch Ende 1858 die ihm vertraulich angetragene Propstei von St. in Berlin ab. Die anzugebenden Schriften beweisen, wie gut er die Zeit benutzte. Seine glänzende und höchst fruchtbringende Wirksam Docent hörte um Weihnachten 1870 auf. Der Grund liegt in dem Erei welches auf das spätere Leben von R. entscheidend eingewirkt hat: im canischen Concil. R. war von Anfang an ein Theolog, dem jeder mus fern lag, Gegner der ultramontanen, curialen Richtung, Freund nünftigen Fortschritts und warmer Patriot. Ein längerer Aufenthalt in von 1867 auf 1868 gab ihm einen tiefen Einblick in den unheilvollen des Kirchenwesens, trieb ihn an, sich aufs neue am Studium des Alter zu erfrischen und historische Untersuchungen über die Gründe anzustellen, den Verfall des römischen Kirchenwesens bewirkt haben. Die litterar Arbeiten „Aristoteles über Kunst, besonders über Tragödie. Exegetische kritische Untersuchungen“, Wien 1870 — die philosophische Facultät zu verlieh ihm auf Grund derselben das philosophische Ehrendoctorat — „Papst und Papstthum nach der Zeichnung des hl. Bernhard v. Clair Uebersetzung und Erläuterung seiner Schrift: De consideratione“, Münster waren die unmittelbarsten Früchte. Das am 18. Juli 1870 von Pius verkündete neue Dogma von der Allgewalt und Unfehlbarkeit des röm Papstes brachte seinen Lebensgang in eine ganz neue Bahn. Seine hervorgehobene Richtung hatte ihn von jeher in einen Gegensatz zu der Ri gestellt, welche in Mainz ihren Mittelpunkt fand. Die Versammlung kath Gelehrten zu München im J. 1863, an welcher R. sich hervorragend bethei hatte die Gegensätze verschärft; der volle Sieg der Jesuitenpartei auf vaticanischen Concil führte zum gänzlichen Bruche. Der Fürstbischof Breslau, Förster, welcher auf dem Concil zur schärfsten Opposition ge aber bald nach dem 18. Juli 1870 das Opfer des Verstandes brachte, for auch von R. die Unterwerfung, verbot den Theologiestudirenden den seiner Vorlesungen und legte damit Weihnachten 1870 seine akademische Wirk keit brach. Das Excommunicationsdecret ist ihm niemals zugestellt wor R. trat nunmehr in einer Reihe von Schriften als einer der entschiedensten gewappnetsten Gegner des Concils auf, entfaltete auf den Congressen München (September 1871) und Köln (September 1872), auf Versammlu in der Schweiz und in verschiedenen Städten Deutschlands eine große Thätigkeit (27 Vorträge sind gedruckt worden), sodaß er als einer der deutendsten Führer der altkatholischen Bewegung anerkannt war. Zur bereitung der Wahl eines Bischofs war in Köln 1872 eine besondere mission eingesetzt worden, welche unter meiner Leitung alle in Betracht kom den Punkte ordnete. Von der zu erfolgenden Anerkennung durch die Sta gewalt vergewissert, schrieb ich am 30. April 1873 die Bischofswahl aus den 4. Juni in Köln. Sie fand an diesem Tage statt in der Frankenca bei St. Pantaleon, durch 21 Geistliche und 56 Laien als Abgeordnete altkatholischen Gemeinden bezw. Vereine. R. wurde mit 69 Stimmen wählt, nahm nach langem Widerstreben die Wahl an, empfing von den Wäh

[illegible] und leistete es. Am 11. August 1873 wurde er zu Rotterdam
[illegible] Bischof von Deventer, Hermann Heykamp, zum Bischof con-
[illegible] Bischof anerkannt für Preußen mit A. H. Patente vom 19. Sep-
[illegible] Baden mit A. H. Entschließung vom 7. November, für Hessen
[illegible] vom 15. December 1873; Baiern lehnte die Anerkennung ab.
[illegible] erste katholische Bischof, welcher gewählt nach dem Vorgange der
[illegible] zum Amte berufen wurde, nachdem man sich seit einem Jahr-
[illegible] hinweggesetzt hatte, der erste katholische Bischof, welcher von
[illegible] anerkannt wurde, ohne jedwede Genehmigung des römischen
[illegible] die Päpste seit dem 13. Jahrhundert als nothwendig gefordert
[illegible] hatten. Diese Thatsache bekundet ein Selbstbewußtsein des
[illegible] wie es seit dem Siege der Päpste über das Kaiserthum im 11. und
[illegible] hundert nicht vorgekommen ist. R. ist durch seine Wahl für alle
[illegible] Person von historisch-hervorragender Bedeutung geworden. Es ist
[illegible] möglich, auch nicht am Orte, seine Wirksamkeit als Bischof zu
[illegible] wenige Worte müssen daher genügen. Unter seiner bischöflichen
[illegible] die altkatholische Kirche Deutschlands fest organisirt, in Liturgie,
[illegible] Lehre, Recht nach allen Richtungen hin consolidirt und bis zu einem
[illegible] abgeschlossen worden. Bis zum 4. Juni 1873 hatten die Alt-
[illegible] an sehr wenig Orten Gottesdienst gehabt, nur in einzelnen
[illegible] Gebrauch einer Kirche erlangt, nicht eine Spur von Mitteln, keine
[illegible] gegründete Anstalt. Als R. durch den Tod der Kirche entrissen
[illegible] es in Preußen 36 altkatholische Gemeinden, darunter 14 förmlich
[illegible] Bischof und Regierung) errichtete Parochien, von denen 6 ihnen eigen-
[illegible] gehörige Kirchen besaßen, 9 andere förmlich anerkannte, — in Baden
[illegible] meinden, davon 28 förmlich anerkannt, 12 mit Pfründen, 1 mit eigen-
[illegible] Kirche, die anderen durchweg mit ihnen überwiesenen Pfarrkirchen
[illegible] kapellen, — in Hessen 3 Gemeinden, darunter 2 förmliche Parochien,
[illegible] thum stehende Kirche, — in Baiern 14 feste Gemeinden, von denen
[illegible] Kirchen haben. Für Baiern ist dies um so bedeutender, als die Re-
[illegible] unmittelbar nach Döllinger's Tode die Altkatholiken durch Erlaß vom
[illegible] 1890 zu einer Privatkirchengesellschaft herabgedrückt hatte, um die
[illegible] Kammermehrheit zu befriedigen. Am 4. Juni 1873 wurden
[illegible] als wählbar angenommen, von denen aber 8 nie seit 1870 geist-
[illegible] tionen ausgeübt haben, auch einige nicht förmlich beigetreten sind,
[illegible] Von ihnen waren beim Tode des Bischofs noch 9 im Dienste
[illegible] katholischen Kirche; diese hatte aber am 4. Jannar 1896 außer dem
[illegible] Geistliche. R. hatte 29 Priester geweiht (20 Deutsche, 8 Schweizer,
[illegible] reichen). Er hat 14 Synoden in Bonn geleitet, 12 Altkatholiken-
[illegible] beigewohnt. Er hat alle Gemeinden, die vom äußersten Norden
[illegible] berg und Insterburg in Ostpreußen) bis zum fernsten Südwesten
[illegible] in Baden), vom Nordwesten (Crefeld) bis zum Südosten in
[illegible] Schlesien und Passau gehen, wiederholt besucht, die Firmung ge-
[illegible] Visitationen und in Versammlungen Vorträge, in der Kirche
[illegible] gehalten; er hat in 21 Jahren an verschiedenen Orten in Baden,
[illegible] in Baiern, in 7 in Hessen, in 20 in Preußen auf diese Weise
[illegible] in manchen Jahren die Zeit von Monaten forderte, und durch
[illegible] Reisen mit unendlicher Anstrengung verbunden war. Aber nicht
[illegible] tungen besuchte er die Gemeinden; er hat die Einweihungen der
[illegible] Kirchen vorgenommen, sehr oft in der Nähe und Ferne Gottes-
[illegible] R. war ein hervorragender, ja einer der bedeutendsten Kanzel-
[illegible] Zeit. *Kürze, geistreiche Gedanken,* classischer Stil zeichneten seine

Predigten aus; ebenso alle seine Reden. Viele sind stenographirt
Blättern gedruckt oder separat veröffentlicht worden. Was hier von
und Predigten gesagt worden ist, gilt in noch höherem Grade von
„Hirtenbriefen", die einen wahren Schatz tiefer religiöser Gedanken
sie sind unter dem Titel „Hirtenbriefe des Dr. J. H. R." u. s. w.
Synodalrepräsentanz herausgegeben, Bonn 1897. Für die Bedürfnisse
Kirche wurde bestens gesorgt durch die Gründung von Fonds, deren
von mir ausging, vom Bischof mit aller Sorgfalt aufgenommen wurde
wurden gebildet eine „Pensions- und Unterstützungscasse für Geistliche
„Fonds zur Ergänzung und Erhöhung des Einkommens der Seelsorger
Veranlassung des zehnten Tages der Bischofsweihe der „Bischofsfonds
möglichung und Förderung der Seelsorge in altkatholischen Gemeinden."
Tode von R. hatten diese Fonds einen Capitalbestand von bezw. 30 200
38 000 Mk., 35 700 Mk. Bei seinen Lebzeiten waren aus diesen Fonds
bezw. 15 000 Mk., 41 814 Mk., 94 160 Mk. an Unterstützungen u. s. w.
ausgabt worden. Am 1. December 1887 eröffnete R. in Bonn ein Co
worin die altkatholischen Theologiestudirenden theils ganz unentgeltlich,
gegen geringe Pension Wohnung und Kost erhalten. Dieses hat als
katholische Seminar-Convict-Stiftung" durch Kgl. Cab.-Ordre vom 17.
1894 die Rechte einer juristischen Person erhalten; es besaß bei Reinkens
leben 146 000 Mk. in Werthpapieren. Nach außen hin trat die altkath
Kirche unter R. in maßgebender Weise auf. Mit der altkatholischen Kir
Holland und der Schweiz wurde zuletzt in einer Bischofsconferenz zu U
am 24. September 1889 eine volle Einigung erzielt und durch Vereinb
eine Regelung für alle wichtigen Angelegenheiten gemacht. Zu der
canischen und orthodoxen (griechischen, russischen) Kirche war durch die
Döllinger berufenen und geleiteten Unionsconferenzen zu Bonn in den
1874 und 1875 ein Verhältniß angebahnt worden, das zur Union
sollte. R. hat weiter gebaut. Er besuchte mit Bischof Herzog aus
October und November 1881 England, wohnte einem Meeting der Bisch
Cambridge bei, war Gast verschiedener Bischöfe und hatte in seinem
zuletzt am 13. October 1887 in Bonn eine Conferenz mit 2 englischen Bi
die vom Primas, Erzbischof von Canterbury, Vollmacht hatten,
wichtige Punkte des Ritus eine Aussprache gepflogen wurde. Mit der
Kirche ist es auf Conferenzen und durch Schriftwechsel gekommen
Formulirung eines Entwurfs der Einigung auf dem Gebiete des
u. s. w., der den maßgebenden Organen in Petersburg vorliegt.
Oesterreich sind von Anfang an Studirende nach Bonn gekommen und
schon gesagt, Geistliche geweiht worden. Wie mit den nächsten verw
Kirchen und deren Bekennern, stand R. auch mit der protestantischen Kir
besten Verhältnisse. War auch nie eine officielle Verbindung mit
katholischen angeknüpft worden — das ist bei den 24 Landeskirchen,
ja mehrfach noch in verschiedene spalten, kaum möglich —, so hat R.
besten Verhältnisse gestanden zu protestantischen Geistlichen wie zu Laien.
hat auch in einer Reihe von Orten zur Ueberlassung des Mitgebrauchs
gelischer Kirchen an Altkatholikengemeinden geführt. R. war ein
Fanatismus fern lag, ein wahrer Christ, der jede religiöse Ueberzeugung
jedes andere Motiv als die Ueberzeugung verurtheilte, das wahre Christ
im Leben nach den christlichen Grundsätzen sah, nicht in dem bloßen Be
mit dem Munde; ihm war Frömmelei, bloßes Gewohnheitskirch
religiöser Formalismus zuwider. Daher war er auch ein Freund jedes
schritts, welcher durch die Entwicklung berechtigt und innerlich begründet

Der Abschaffung der Stolgebühren, der Aufhebung des Unfugs be- und Gebete, der deutschen Liturgie und einer Reihe anderer stimmte er freudig zu, und als er in der entscheidenden Sitzung am 13. Juni 1878 gegen die Aufhebung des Cölibatszwanges geschah dies nur aus Furcht, die Aufhebung könne großen Schaden sachlich war er gleicher Ansicht mit der Mehrheit; das war übrigens allgemein bekannt.

war eine einnehmende Persönlichkeit; groß, in den späteren Jahren corpulent, mit schönen Augen, einem wohlklingenden Organe, sehr veranlagt, im Besitze einer herrlichen Tenorstimme, geistreich, voll Humor, der auch die Ironie nicht verschmähte, ohne jedoch eigentlich zu werden, ein vollendeter Gesellschaftsmann, dabei liebenswürdig, hin- So begreift man, daß er überall für sich einnahm, die Gemeinden durch die Predigten, Reden bei Tische und in den Versammlungen wirkte. Für seine Gesundheit wäre es besser gewesen, wenn er mehr gehabt, und nicht, weil das den Leuten Freude machte, womöglich am Tage und mehr auf den Reisen gesprochen und nicht, um nicht zu bis gegen 11 Uhr Abends oder noch länger an den Gemeindeabenden genommen hätte. Wo er konnte, war er hülfreich, kannte keine Selbst- hat auch aus den eigenen Einnahmen zu den altkatholischen Bedürf- reichlich beigesteuert. Er bedarf keiner Ausschmückung, welche der Wahr- entspricht. Darum sei hervorgehoben, daß es nicht richtig ist, wie aus Mißverständniß in öffentlichen Blättern angegeben worden ist, große Legate, welche ihm für seine Person zugewendet seien, dennoch zugewendet habe. Ich habe mit den Erblassern darüber vor Ab- der Testamente gesprochen, R. gar nicht; die Zuwendung an ihn hatte Zweck, bezüglich der kirchlichen Bedürfnisse freie Hand zu lassen; beim größten Legate habe ich dem mir geäußerten Wunsche der Erb- gemäß dem Bischof ausdrücklich die Zwecke der Verwendung mitgetheilt dieser Mittheilung ist verfahren worden.

es Männern geht, welche in öffentlicher und verantwortlicher Stellung sind auch R. schwere Täuschungen und trübe Erfahrungen nicht weder von innen aus der Kirche selbst heraus seitens einzelner besonders, noch von außen. Doch würde eine genauere Darlegung Raum überschreiten. Eins nur sei hervorgehoben, daß R. es sich der Haß der Ultramontanen und deren Gönner von den Stellen aus niederließ. Unentwegt trat er bei jeder Gelegenheit in Rede, Predigt ein für die Rechte des Staates, feuerte an zur Vater- zur Treue gegen den Herrscher. Er durfte sich bis zum Tode daß er kein anderes Motiv gehabt habe, als die Ueberzeugung, nichts gewollt zu haben; er hätte stolz darauf sein können, daß er niemals — war er 22 Jahre Bischof — auch nur die geringste Auszeichnung, einzigen Orden, erhalten hat. Ob die Minister nicht den Muth eine Auszeichnung zu beantragen, ob der gestellte Antrag scheiterte an und Einfluß einer Person, welche die Begünstigung des Ultramon- mit aller Macht pflegte und in der Lage war? Ich werde in meinen erungen über diesen und noch andere Punkte den Schleier lüften.

Schriften von R. sind musterhaft hinsichtlich des Stils, klar, durch- auf gründlichen Studien; sie sind außer den schon genannten: versität zu Breslau von der Vereinigung der Frankfurter Viadrina oldina", Breslau 1865, und als Erwiderung auf Angriffe „Meine zur Jubelfeier der *Breslauer Universität*", das. 1865. „Hilarius

v. Poitiers", Schaffhausen 1884. „Martin v. Tours, der wunder Mönch und Bischof. In seinem Leben und Wirken dargestellt", 3. Ausgabe Gera 1876. Sie ist wie die vorhergehende eine kirchengeschichtliche Leistung. Interessant ist auch die Rectorats Geschichtsphilosophie des hl. Augustinus. Mit einer Kritik der des Materialismus gegen die Existenz des Geistes", Schaffhausen Unter dem Gesammttitel: „Die päpstlichen Decrete vom 18. Juli 18 Broschüren: 1. Der Universal-Bischof im Verhältniß zur Offenbarung Gregor dem Großen und Pius IX. in Vergleich gestellt. 2. Die regel der alten Kirche und die moderne päpstliche Unfehlbarkeit 3. Die Unregelmäßigkeit und Unfreiheit des vaticanischen Concils Unterwerfung der deutschen Bischöfe zu Fulda, in ihren Gründen 5. Glaube und Unterwerfung in ihrem Unterschiede dargestellt. 6 Infallibilisten und der moderne Staat in ihrer Unverträglichkeit nach Münster 1870. — „Die Lehre des heiligen Cyprian von der Ein Kirche", Würzburg 1878. „Revolution und Kirche. Beantwortung Tagesfrage mit Rücksicht auf die gegenwärtige Tendenz und römischen Curie", Bonn 1876. „Kniefall und Fall des Bischofs Wil Freih. v. Ketteler, gewürdigt von . . .", Bonn 1877. „Ueber Ein katholischen Kirche", Würzburg 1877. „Stille Gedanken eines der Nothhelfer oder ‚Friedensbischöfe' Deutschlands. Verrathen von Aleth Ch Halle a. S. 1890. Eine Schrift, die mit beißender Ironie wichtige erörtert und Beachtung verdient. „Das römische Interdict über Kirchen und seine Anerkennung durch deutsche Staatsregierungen von centius Mirabundus", Bonn 1894. Die Pseudonymität dieser beiden hatte das Motiv, die Schädigung der Kirche zu verhindern, wenn deren als Verfasser bekannt wurde, weil namentlich die zweite das wanke unbegreifliche Verhalten der Regierungen geißelt. — „Luise Hensel und Lieder, dargestellt von . . .", Bonn 1877. „Amalie v. Lasaulx. Eine kennerin", Bonn 1878. „Cardinal Melchior v. Diepenbrock", Leipzig „Lessing über Toleranz. Eine erläuternde Abhandlung in Briefen", Leipzig

Benutzt wurden Acten, Aufzeichnungen und Mittheilungen des — Joseph Hubert Reinkens. Ein Lebensbild von seinem Neffen Jos Reinkens (Gotha 1906) konnte nicht benutzt werden. v. Schu

Reinthaler: Karl Martin R., Componist und Organist, 13. October 1822 als ältester Sohn des Rectors am Martinsstift zu geboren, in demselben Hause, wo Martin Luther drei Jahre als Mön gebracht hat. So erhielt R. durch diese Erinnerung schon in der J vielfache religiös-poetische und musikalische Anregungen. Schon als wurde er oft in Kirche und Schule beim Orgelspiel verwendet und seinen Vater in dessen auf die Belebung des Kirchen- und Volksgesang richteten Bestrebungen mannichfach unterstützen. Gründlichere Ausbildung fuhren seine musikalischen Talente durch den bekannten Domorganisten Musikforscher A. Ritter zu Magdeburg (s. A. D. B. XXVIII, 670). 1841 bezog er die Universität Berlin um Theologie und Musik zu stu und wenn er auch sein theologisches Candidatenexamen ablegte, so hatte in ihm die Neigung zur Musik, durch die er als Gesanglehrer auch Lebensunterhalt gewann, bereits so sehr das Uebergewicht erlangt, beschloß, sich ihr ganz zuzuwenden. Durch Unterricht bei Bernhard war er bestrebt gewesen, sein theoretisches Können und seine Composition begabung weiter auszubilden; seine Mitwirkung in der Singakademie, Verkehr mit Musikern und gebildeten Musikfreunden gaben ihm reichliche [illegible] war auf dem besten Wege, ein tüchtiger Künstler zu werden, [illegible] Leiden ihn befiel, das die Entwicklung seiner Fähigkeiten [illegible] hemmte. 1850 hatte er das Glück, daß Friedrich Wil- [illegible] ein lebhaftes Interesse für Musik und besonders für kirchliche [illegible] ihm eine Unterstützung zu einer Studienreise nach Italien [illegible] ging zunächst nach Paris, bildete sich bei Geraldi im Gesang [illegible] lag im übrigen der Composition ob. Ostern 1851 kam er nach [illegible] über zwei Jahre blieb und gemeinsam mit Dr. Witt, seinem [illegible] in der Casa tarpeia, Studien in altitalienischer Kirchenmusik [illegible] Im Herbst 1853 ging er wieder nach Deutschland zurück, und zwar [illegible] einen Ruf als Gesanglehrer an das Kölner Conservatorium. Hier [illegible] beendigte er sein Oratorium „Jephtha und seine Tochter", dessen [illegible] nach Italien fallen, in die Zeit seiner Beschäftigung mit dem musika- [illegible] Cinquecento. Das Werk wurde an vielen Orten aufgeführt, nicht [illegible] Deutschland, sondern auch in Holland. Friedrich Wilhelm IV. nahm [illegible] an und verlieh dem Componisten dafür die goldene Medaille [illegible] und Wissenschaft. Im März 1858 siedelte R. nach Bremen über. [illegible] zum Nachfolger des im Jahre zuvor verstorbenen Dr. F. W. Riem [illegible] und hat in den Stellungen eines städtischen Musikdirectors, dem [illegible] der nach dem Muster der Gewandhausconcerte eingerichteten [illegible]concerte zufiel, als Domorganist und Director der Singakademie [illegible] und höchst ersprießliche Thätigkeit entfaltet. Seit 1859 stand [illegible] an der Spitze der Liedertafel, deren Kräfte er für die Aufführungen [illegible] Singakademie zu gewinnen suchte, und seit 1875 leitete er den Domchor [illegible] gemischten Volkschor für a cappella-Gesang, der an den Sonntagen [illegible]dienst mitwirkte. 1882 wurde er zum ordentlichen Mitglied der [illegible] Akademie der Künste in Berlin ernannt und 1888 erhielt er den [illegible]titel. Er starb am 13. Februar 1896 in Bremen. (Das Bio- [illegible] nach einer von R. selbst für das Archiv der Akademie verfaßten [illegible].)

Als Componist zeichnet sich R. durch ein bedeutendes contrapunktisches [illegible] mehr aus, als durch erfinderische Originalität. Außer dem bereits [illegible] Oratorium „Jephtha" sind von seinen größeren Chorwerken zu [illegible] „In der Wüste" und „Das Mädchen von Kolah"; ferner hat er zwei [illegible] geschrieben: „Edda", die 1875 in Bremen und 1877 in Hannover mit [illegible] aufgeführt wurde, sowie das 1881 in Köln preisgekrönte „Käthchen [illegible] Heilbronn". Einen von Dortmund ausgeschriebenen Preis hat er sich [illegible] mit der Bismarckhymne (Gedicht von Rudolf Gottschall) errungen. Er [illegible] sodann noch eine Symphonie in D-dur, Lieder, Männerchöre, sowie [illegible] kirchlicher Werke, und gerade in diesen im strengen Stil ge- [illegible] Werken zeigte er seine besten Kräfte. Es seien erwähnt: Kantate [illegible] Worten der Heiligen Schrift, für Kinderstimmen und Orgel (Leipzig); [illegible] Psalm, 8stimmig (Berlin); zwei Psalmen (126 u. 47) für gemischten [illegible] a cappella, op. 18 (Bremen); der 23. Psalm für 2 Solostimmen oder [illegible] Chor mit Pianoforte, op. 34 (Leipzig); der 91. Psalm für Männer- [illegible] Soli und Orchester, op. 35 (ebd.); der 84. Psalm für gemischten Chor [illegible] Pianoforte, op. 39 (Berlin); drei Psalmen: Psalm 147 für 8stimmigen [illegible] op. 40 — Psalm 130 für 6stimmigen Chor, op. 41 — Psalm 103 [illegible]stimmigen Chor, op. 42 (Leipzig); Bremisches Choralbuch, enthaltend [illegible] Melodien zu den beiden Bremischen Gesangbüchern. Für Orgel [illegible] Pianoforte vierstimmig bearbeitet (Bremen 1862).

Carl Krebs.

Reischach: Sigismund Freiherr von R., k. k. Feldzeugmeist[illegible] als Sohn des k. k. Feldmarschalllieutenants Thadäus Frhrn. v. Reisch[illegible] 10. Februar 1809 zu Wien geboren, trat 1828 als Unterlieutenan[illegible] 4. Jägerbataillon, ward 1835 Hauptmann bei Kaiser Alexander-Inf[illegible] Nr. 2 und 1837 zum k. k. Dienstkämmerer ernannt, in welcher Eig[illegible] er am kaiserlichen Hoflager durch längere Zeit ehrenvoll verwendet [illegible] Am 18. Juni 1841 zum Major im Infanterieregimente Nr. 21 [illegible] im October desselben Jahres ins Infanterieregiment Nr. 15 versetzt, [illegible] in demselben am 9. September 1844 zum Oberstlieutenant vor. [illegible] von 37 Jahren, am 11. September 1846, wurde er zum Obersten un[illegible] mandanten des Infanterieregiments Nr. 7 ernannt, mit welchem Re[illegible] er schon bei Ausbruch der Revolution von 1848 in Italien in den [illegible] kämpfen von Mailand seine Tapferkeit bewies. Seine Waffenthat i[illegible] Schlacht von S. Lucia wurde durch jene bei Montanara am 29. Mai [illegible] troffen, wo er sich an der Spitze von Sturmcolonnen seines Regiment[illegible] dem Säbel in der Faust glänzende Lorbeeren erfocht. Montanara war [illegible] befestigt und vor dem Eingange durch eine mit fünf Geschützen versehene [illegible] schanze vertheidigt. Alle Angriffe hatte der wohlgeschützte Gegner zu[illegible] gewiesen, bis es einer Abtheilung des Regiments gelungen war, den [illegible] zu erstürmen und sich dort festzusetzen. Von da aus nahm nun Oberst [illegible] mit einer Sturmcolonne Haus um Haus, und im erbittertsten Handge[illegible] unter dem mörderischen Feuer des Gegners den ganzen Ort, machte [illegible] 100 Gefangene und erbeutete nebst einer großen Menge Waffen drei Fa[illegible] Für diese Heldenthat, welche dem Heere einen höchst wichtigen Stützpunkt [illegible] die Erringung des Sieges bot, wurde R. zum Ritter des Maria-Ther[illegible] ordens ernannt.

Ebenso tapfer focht er im Treffen bei Goito und bei der Erstür[illegible] von Vicenza, wo er verwundet wurde, was ihn nicht hinderte, noch an [illegible] Tagen bei Sona, Sommacampagna und Custozza, sowie an dem Gefecht [illegible] Mailand mit seinem Regimente höchst ehrenvollen Antheil zu nehmen. [illegible] dem siegreichen zweiten Feldzuge gegen Piemont wurde Oberst R. am 30. [illegible] 1849 zum Generalmajor befördert und erhielt eine Brigade beim 1. Ar[illegible] corps in Ungarn. Auch in dem ungarischen Feldzuge 1849 zeichnete er [illegible] durch persönliche Tapferkeit und entschlossene Führung seiner Truppen [illegible] insbesondere vor Komorn am 2. Juli, wo er, auf dem linken Flügel [illegible] 1. Armeecorps längs der Donau vorrückend, trotz des Gegenbefehls die [illegible] lichen Schanzen auf dem Sandberge nahe dem Brückenkopf angriff und [illegible] kurzer Zeit drei Schanzen nahm, drei Geschütze und einen Mörser erbe[illegible] und an 60 Gefangene machte. In gleicher Weise zeichnete er sich im Gef[illegible] bei Dreispitz aus; überhaupt erregte seine, jede Gefahr verachtende Kaltblü[illegible] keit die Bewunderung der ganzen Armee. Am 9. November 1858 [illegible] gleichzeitiger Ernennung zum Divisionär beim 6. Armeecorps zum Fe[illegible] marschalllieutenant befördert, zeichnete der Kaiser ihn am 30. Januar 1[illegible] durch die Verleihung des Infanterieregiments Nr. 21 aus. Im Fel[illegible] 1859 hat die tapfere Division Reischach drei Mal die französische Garde [illegible] worfen und über den Naviglio zurückgetrieben; R. wurde bei Magenta sch[illegible] verwundet und mit dem Commandeurkreuz des Leopoldordens ausgezeich[illegible] Noch während des Feldzugs zum Commandanten des 18. Corps ernannt [illegible] am 9. September in Disponibilität versetzt, wurde ihm am 20. Decem[illegible] 1859 die Würde eines geheimen Raths verliehen. R. wurde auf seine eig[illegible] Bitte am 24. Juni 1862 in den Ruhestand versetzt und erhielt noch [illegible]

Februar 1878 den Charakter eines Feldzeugmeisters. Er starb am 18. November 1888 in Wien.

R. war außerdem k. k. Kämmerer, Inhaber des Großkreuzes und Com- Malteserordens sowie Ritter vieler ausländischer Orden.

u. k. Kriegs-Archiv. — Mittheilungen des Kriegs-Archivs 1903. Hirtenfeld, Maria-Theresien-Orden. Sommeregger.

: Thomas Alois R., Stadtgerichtsassessor und Stenograph, 1760 zu Salzburg, † daselbst am 22. December 1835, wurde 1788 Auditorlieutenant beim hochfürstlichen Kriegsrath, 1815 Stadt- assessor und 1818 erster Registrant beim Stadt- und Landgericht in Er hatte sich mit den stenographischen Systemen von Horstig und geil bekannt gemacht und stenographischen Unterricht am erzbischöflichen seminar in Salzburg ertheilt. Im J. 1808 gab er in Salzburg unter zeichnung R**** eine „Anleitung zur deutschen Stenographie“ heraus, eine Verbesserung des älteren Mosengeil'schen Systems, namentlich an Vocalbezeichnung, bezweckte, ohne damit besondern Erfolg zu erzielen. dings wird als Verfasser dieser Anleitung ein Michael Riehr genannt.

Vgl. Zeibig, Gesch. u. Litteratur der Geschwindschreibekunst, 2. Aufl., 146, Anm. 1. — Johnen, Die Bahnbrecher deutscher Kurzschrift (Berlin), S. 36 u. 37. — Ahnert im Korresp.-Blatt des Stenogr. Instituts Dresden, 1907, Nr. 3, S. 71. Johnen.

Reissenberger: Ludwig R., † am 27. November 1895 als Gymnasial- professor i. R. in Hermannstadt (Siebenbürgen). Am 28. Januar 1819 in 1752 nach Hermannstadt eingewanderten österreichisch-evangelischen Trans- familie geboren, zog er nach Absolvirung des Gymnasiums nach lin. Dove, der Physiker und Mineralog, und Ritter, der Geograph, sind ihm von besonderem Interesse und Einfluß gewesen. Auf der Heimkehr machte er eine große Fußreise durch Deutschland und die Schweiz bis das Oberitalienische. 1848—49 war er in der Freiwilligenschar der säch- Nationalgarde. Sein weiteres Leben verlief ruhig. Mit Ausnahme schaftlicher Ausflüge und Reisen in Siebenbürgen blieb er immer Hermannstadt. Die österreichische Regierung bezog in den 50er Jahren enbürgen in den Kreis auch ihrer wissenschaftlichen Thätigkeit. Die Commission für Meteorologie ernannte R. zu ihrem Correspondenten, die Centralcommission für Erforschung und Erhaltung der Baudenkmale ihrem Conservator. Er fand dadurch vielfache Anregung und Förderung. —83 war R. Custos des Baron Brukenthal'schen Museums (Bibliothek, sammlung u. s. w.). 1880 legte er die Lehrerstelle am evang. Gymna- nieder, an dem er, seinem polyhistorischen Wissen und dem Charakter seiner Lehrerzeit entsprechend, in fast allen Gegenständen unterrichtet hat.

Seine wissenschaftliche Thätigkeit bewegte sich in zwei Richtungen: der eorologie und der siebenbürgischen Kunstgeschichte, und war ausgezeichnet die Ausdauer, mit der er das Begonnene fortsetzte und zu Ende führte. des Vereines für siebenbürgische Landeskunde (XXII ff.) ver- R. 1890 ff. sein 30jähriges meteorologisches Beobachtungsmaterial —1880): „Die meteorologischen Elemente und die daraus resultirenden Verhältnisse von Hermannstadt“. Daß dieser großangelegten Veröffentlichungen kleinerer Vorarbeiten vorausgingen, ist selbstver- ständlich. 1845—69 hat R. barometrische Höhenmessungen in Siebenbürgen genommen, infolge dessen häufig als erster Gelehrter die Höhen des sieben- bürgischen Karpathenwalles kennen gelernt und wesentlich zu ihrer Erforschung beigetragen. „Zur Höhenkunde von Siebenbürgen“ (in Verhandlungen und

Mittheilungen des siebenb. Vereines f. Naturwissenschaften XX, [illegible]
Hermannstädter Gymn.-Programm 1869) faßt die Resultate [illegible]

Zeitlich parallel, auch schon durch die Forschungsreisen [illegible]
beiden Zwecken dienten, laufen seine Studien zur Kunstgeschichte [illegible]
d. i. des sächsischen Volkes. 1857 veröffentlichte R. in den [illegible]
Centralcommission (Wien) eine Beschreibung der (romanischen) [illegible]
Burg (Bauzeit Anfang des 13. Jahrh.), 1860 im Auftrag der [illegible]
der Klosterkirche in Curtea d'Argis (Romänien; damaliges österr. [illegible]
gebiet, Bauzeit Ende des 15. Jahrh.). Anschließend erhielt er den [illegible]
evangelische Pfarrkirche in Hermannstadt kunstgeschichtlich zu unter[illegible]
bearbeiten (Bauzeit 2. Hälfte des 15. Jahrh. u. flg.). Das Jahr [illegible]
brach diese Beziehungen und die Arbeit erschien erst 1884. [illegible]
Arbeiten sind noch zu erwähnen: „Ueberreste der Gothik und [illegible]
Profanbauten in Hermannstadt“ (1888) und „Die Kerzer [illegible]
Im Hermannstädter Gymnasial-Programm (1878—82) veröffentlichte [illegible]
siebenbürgischen Münzen des Baron Brukenthal'schen Museums. [illegible]

Eine Arbeit über siebenbürgisch-sächsische Goldschmiede hat R. [illegible]
beschäftigt. Er bearbeitete „Kirchliche Kunstdenkmäler aus Sie[illegible]
2 Hefte, 1878 u. 1895, ebenso 1884 die Arbeiten des Hermannstädter [illegible]
schmiedes S. Hann, beides herausgegeben vom Verein f. siebenb. [illegible]
Reiches Material, auch an Photographien, und einige Druckbogen [illegible]
hinterlassen.

Das wissenschaftliche Leben, das in den 1840er Jahren bei den [illegible]
bürger Sachsen sich neu entfaltete, wurde auf den angeführten Gebieten [illegible]
fast zwei Menschenalter von R. getragen, in Meteorologie von ihm [illegible]
geleitet. Was D. Teutsch inbezug auf die Erforschung der Baudenkmäler [illegible]
Kunstärchäologie von R. sagt: „So hatte er sich durch nie ruhenden [illegible]
auf diesem Gebiete zu einer Autorität unter uns herausgearbeitet“, [illegible]
auch von Reissenberger's Arbeit und Wissen inbezug auf siebenb[illegible]
Meteorologie und naturwissenschaftliche Landeskunde überhaupt gelten. [illegible]
Geologe Schur rühmte schon 1849 Reissenberger's Eifer und klare [illegible]
tungsgabe, seine strenge Wahrheitsliebe, Pünktlichkeit und Ausdauer, [illegible]
schaften, die er durch ein langes Gelehrtenleben geübt und bewährt [illegible]

Schriftsteller-Lexikon der Siebenbürger Deutschen, IV. Bd., von [illegible]
Schuller (Hermannstadt 1902), mit vollständigem Verzeichniß der Arbeiten [illegible]
Siebenb. Volksfreund (Hermannstadt 1895), Nr. 50 enthält eine Biog[illegible]

Fr. Reissenberge[illegible]

Reitzel: Robert R., deutsch-amerikanischer Freidenker, Dich[illegible]
Publicist, wurde am 27. Januar 1848 oder 1849 zu Schopfheim im [illegible]
Oberlande geboren, im Thale des Rhein-Nebenflüßchens Wiese, dessen [illegible]
Poesie Johann Peter Hebel in dortiger alemannischer Mundart unver[illegible]
naiv gefeiert hat. Seine früheste Kindheit fällt theils in die [illegible]
demokratisch-republikanischer Schilderhebung und Vorherrschaft — [illegible]
geliebte Mutter, früh verstorben, sympathisirte stark mit der badischen [illegible]
von 1848/49 — in Reitzel's engster Heimathgegend, theils in die [illegible]
dortselbst verhältnißmäßig mild eingreifenden Reaction. Wirkte jedoch [illegible]
für alle Male ersichtlich auf seine politisch-socialen Anschauungen, in der [illegible]
sache wol unbewußt, bestimmend ein, so verleidete ihm die letztere, der [illegible]
in überlebte staatliche Traditionen, die Entscheidung für eine sichere [illegible]
im Vaterlande, ja, bald den Aufenthalt daselbst. Vom Vater, [illegible]
des Heimathorts und des Sohnes erstem Lehrer, zum Geistlichen [illegible]
studirte R. nach dem Gymnasialbesuch evangelische Gottesgelehr[illegible]

[illegible] Universität Heidelberg. Aber selbst die dortige freiere theologische [illegible] darüber hinausreichenden Streben nicht. So beschäftigte [illegible] dessen vorzugsweise mit Philosophie und Litteratur. Und als [illegible] das Zutrauen verlor, er könne von seinem Standpunkte [illegible] der deutsch-europäischen Verhältnisse je sich in aufsteigender Linie [illegible] Ziele hin, wie es ihm vorschwebte, entwickeln, schüttelte er [illegible] den Staub des Geburtslandes von den Füßen und fuhr über den [illegible] Wandel: gerade 1871, als ein neuer Abschnitt deutschen [illegible] nationalen Wandel einsetzte. Erst nachdem er tiefstes [illegible] Elend durchkostet, wobei er vergebens versucht hatte, sich als Land- [illegible], in Baltimore, wo er in einer Tabakfabrik arbeitete, und [illegible] Ruhe und Regel vegetierte, nachdem er das Ostland nach ver- [illegible] Richtungen als vagierender „tramp" durchstreift, gelang es ihm, [illegible] als deutsch-evangelischer Prediger zu Washington zu erhalten, nach- [illegible] der dortigen deutsch-reformirten Synode das in Europa versäumte [illegible] Examen und die Ordination als Geistlicher nachgeholt hatte. Jedoch [illegible] freien Anschauungen und deren ungescheutes Aussprechen zu [illegible] Zusammenstoße, ja Bruch mit der Kirchenbehörde. Die Folge davon [illegible] und mit ihm, dem beliebten, fesselnden und beredten Wortführer, [illegible] ganzen Gemeinde Uebertritt zum Freidenkerbunde.

[illegible] den 70er Jahren hatte eine kleine Gruppe von Idealisten, die abseits [illegible] Masse der deutsch-nordamerikanischen Bevölkerung standen, Leute, [illegible] den neuen Geistesströmungen in Deutschland Fühlung gewonnen, in [illegible] Schrift „Der Freidenker" zu Milwaukee ein Organ ihrer reformerischen [illegible] gefunden, wo die Poesie zunächst wesentlich Mittel zum Zweck war, [illegible] viele herrliche und seltsam eigenartige Blüthen zeitigte. Dieser aus- [illegible] subjectiven Poesie der Agitation hielt sich gerade Robert R. un- [illegible] fern: er verschmähte es, seine Kunst in den Dienst gewisser Ueber- [illegible] zu stellen, sie diesen unterzuordnen; so äußerte nach vielen Jahren [illegible] Kenner der einschlägigen Verhältnisse. „Auf religiösem Gebiete [illegible] dogmatischen Zwang und Intoleranz bekämpft, doch nie die wahrhaft [illegible] Gefühle beleidigt oder verletzt. Keiner politischen und socialen Partei [illegible] ist er mit freudigem Eifer für die Befreiung der modernen Lohn- [illegible] unwürdiger, macht- und rechtloser Stellung eingetreten. Für das [illegible] Frau auf Individualität und größte Selbständigkeit brach er manche [illegible] wie er überhaupt für natürlichere, weniger heuchlerisch-moralische Be- [illegible] zwischen den beiden Geschlechtern plädirte" (so sagt der Deutsch- [illegible] L. D. Jessen). Indem R. als freidenkerischer Wanderredner seit [illegible] großen Theil der Vereinigten Staaten durchstreifte, namentlich die [illegible] wo compaktes Deutschthum 1848er Tendenzen bewahrte, fand er [illegible] politisch oder religiös-radical gesinnten Sprachgenossen günstigen [illegible] und großes Entgegenkommen, um Ludwig Feuerbach's und ver- [illegible] Anschauungen unter die Masse zu bringen; den vollen Umschwung zu [illegible] in ihm besonders die Bekanntschaft mit Karl Heinzen (1809 [illegible] diesem schroffen Verfechter der äußersten Linken. Im J. 1876 [illegible] zum ersten Male das stark deutsch durchsetzte Detroit in Michigan [illegible] die Sonntagsvorträge beim „Socialen Turnverein". Dorthin ein- [illegible] er es 1884 zum Wohnsitz und Ausgangspunkt für Vortragsfahrten [illegible] Freidenker-, auch meisten Turnvereinen in den Mittel- und [illegible] anfänglich mehr religiös-philosophische, dann überwiegend litterarische [illegible] sprechend. Auch gründete er, unterstützt von Freunden, in Detroit [illegible] eigen- und urwüchsiges *litterarisches* Wochenblatt radical-politischer

Farbe: „Der arme Teufel". In diesem einschlagenden Unternehmen, da
bis zu seinem Tode herausgab und großentheils allein schrieb, concentrirte
fürder sein ganzes Leben und Weben. Denn „Der arme Teufel" ward
blieb der publicistische Mittel- und Sammelpunkt des verstreuten freiheitli
Deutschthums innerhalb der Unionsrepublik. Diese Gründung seiner erzwunge
zweiten Wanderperiode, ein wahres enfant terrible der deutsch-amerikani
Presse, das keinem der landüblichen „ismen" sich gefangen gab, sondern
der Kraft echter Ueberzeugung, mit positiver Kritik dem Philister jeden Kali
zu Leibe ging, wurde so eine Macht, deren Bedeutung nicht hoch genug
zuschlagen ist. Denn R., bemerkt A. v. Ende, der oben angedeutete N
Yorker Eingeweihte, hatte den unfehlbaren ästhetischen Instinkt und den
schmack des echten Künstlers. „Er wurde ein Spender der Schönheit. W
er auf seinen Streifzügen in die Weltlitteratur an Schätzen fand, das th
er mit seinen Lesern. Er war der erste, der deutsch-amerikanische Leser,
sich nicht an dem Namen des kleinen Blättchens stießen, mit Gottfried Ke
Konrad Ferdinand Meyer, Hansjacob, Weber von Dreizehnlinden, Ada Ne
Liliencron, Bierbaum u. A. bekannt machte. Er war der größte Meister
Prosa unter den deutschen Schriftstellern des Landes, ein Meister der Plaude
die dem wuchtigen Schritt der deutschen Prosa sonst wenig entspricht. Ein
dieser Plaudereien sind Prosagedichte, die man, wenn man sie einmal gele
nicht wieder vergißt." Ein anderer Beurtheiler des Reitzel'schen Schaffe
Hans Ostwald, rechnet seine Essais über politische und religiöse Fragen u
Menschen und Dinge, wie sie das Leben ihm zutrug oder eine Stimmung i
nahebrachte, zum Besten, was die deutsche Litteratur hervorgebracht! Und
einzige, der R. in einem deutschen Nachschlagewerk ein Denkmal gesetzt h
K. D. Jessen, porträtirt ihn unter diesem Gesichtspunkte wie folgt: „Se
eigentliche Kraft lag auf dem Gebiete einer blendenden, gehaltvollen Pr
Mit Recht konnte er von sich sagen, daß er der deutschen Sprache in Ame
einen kleinen Tempel errichtet, daß er unter Handelsbotokuden, Zeitungskla
und ‚mir und mich'-Biedermännern die Sprache Lessing's, Goethe's u
Schiller's geredet habe." Unter Reitzel's litterarischen Lieblingen, für de
genauere Kenntniß seine feinsinnigen Essays bei den Deutsch-Amerikanern P
paganda trieben, sind den Classikern und den oben genannten anzureih
Heine, Scheffel, Storm, Anzengruber; von Nicht-Deutschen ferner die An
Amerikaner Emerson, Thoreau, Wm. Curtis, Walt Whitman, der Fran
Claude Tillier; vom jüngsten Dichtergeschlechte, in Uebereinstimmung mit sei
Anbahnung eines Verständnisses Friedrich Nietzsche's, die radicalen Tend
poeten. So war es denn R. auch eine lebhafte Genugthuung, als er
einer längeren Reise nach der Heimath und der Schweiz, welche ihm 1889
reiche Detroiter Brauer Robert Lieber freigebig ermöglichte, mit solchen jün
deutschen Dichtern wie K. Henckell, Mackay, Maurice v. Stern, Oskar Pan
und Anderen in engere Beziehungen kam. Bei dieser Gelegenheit befriedigte
auch wieder seine mit hochentwickeltem Naturgefühl verknüpfte leidenschaftl
Anhänglichkeit an sein angestammtes alemannisches Volksthum an der Ob
wie in ihm überhaupt eine seltene Treue zu deutscher Volksart wurze
Damit stimmt ja seine starke Vorliebe für die maßgeblichen Pfleger deutsc
Dialektpoesie: Reuter, Rosegger u. ä.

Einem unwiderstehlichen Zauber vermochten sich die Zuhörer oder Le
kaum zu entziehen, ob sie nun R. in Schön- und Feinheit eines neu a
gegrabenen Bornes poetischen Genusses einführte oder, unmittelbar persön
werdend, sie an Rückgriffen in sein eigenes Werden und Wachsen erfreute, w
nicht gar sie in Alltag und Luft seines Krankenzimmers discret versetzte.

Heine theilte er nämlich nicht nur das Loos des vielfach miß- … Deutschen freiwilligen Exils, in manchem auch die Stellungnahme … inner- und außerhalb des Vaterlands, sondern auch das … an derselben furchtbaren schleichenden Krankheit dahinzusiechen. 1893 … nämlich ein Rückenmarksleiden befallen und dies verschlimmerte sich …, daß schon 1894 die Beine lahm wurden. Bis zum Tode, dem arge … vorangingen, von dem schönheitsdurstigen, strebensbewußten Manne … muthig ertragen, blieb der willensstarke Geist dann ans Bett gefesselt. … trauriger Verfassung ist R. an Rückenmarksschwindsucht in der Nacht … März zu Detroit gestorben, kaum 50 Jahre alt geworden. Die … wurde am 2. April den Flammen übergeben. Seine Gattin Anna … Martin aus Washington, von acht Kindern ein Sohn und zwei Töchter … ihn.

… begeisterter Deutscher, Sohn germanischer Erbe in Tugenden wie …, freilich voll Abscheus wider alle billigen Gemeinplätze des Patrio- … und daher auch beim Durchschnitts-Deutschen unter dem Sternen- … als undeutsch verschrieen. Im übrigen mangelte drüben jedes Ver- …niß für diese freie, selbständige Persönlichkeit, auch in der Presse. Da …tete man ihn, wo man ihn nicht todtschwieg, während hervorragende … Schriftsteller und Kritiker der alten Welt aus freien Stücken seinem … Beifall zollten. Sogar sein in Litteraturjournalen Europas regi- … Tod, sonst doch oft der Anfang einer bei Lebzeiten unterbliebenen …nnung, und das Erscheinen seiner Anakreontika, dieser „köstlichsten …, die im Garten deutsch-amerikanischen Freidenkerthums gereift, rüttelten … deutsch-amerikanische Bildung nicht auf aus der Gleichgültigkeit gegen einen … unabhängigsten Fortschrittskämpen, in dem sich in urwüchsigem Triebe …mus und Realismus glänzend vermählt haben. An redlich würdigende … wie an unempfindliche Nachbarn hat R. in seinem Programm-Lied „Freund und Feind“ gedacht, als er da sang: „Mir bleibe fern der … der Heuchler, Mir bleibe fern, wer lächelt stets und witzelt, Mir …n, wen nur Gemeines kitzelt, Mir bleiben fern die Händler und die …er! — Ich lieb' sie nicht, die stets bedächtig Weisen, Auch nicht, die … Roß des Pathos reiten, Auch nicht, die jammern stets von schlechten …, Auch nicht, die stets im selben Ringe kreisen. — Ich lob' mir leichte, … Gesellen, Die gerne sind, wo volle Becher winken, Und gern der Schön- … den Busen sinken, Doch die auch, wenn zum Kampf die Hörner …, Begreifen uns'rer Zeit gewaltig Ringen, Im Herzen heil'gen Zornes …schnell tragen, Der Freiheit ihre Schlachten helfen schlagen — Und … Herzblut ihr zum Opfer bringen“. Robert R. hatte einen kleinen … begabter Männer und Frauen, die in ihm einen sympathischen Kritiker …, zu einer Art freier „Reitzel-Gruppe“ um seine Zeitschrift versammelt. …ne Stimme im „Armen Teufel“ schwieg, verstummten sie allmählich, …nen ein passendes Sprachrohr nun abging; andere setzten sich in con- …llen Blättern durch und eroberten sich und Reitzel'scher Art sogar einen … Leser- und Wirkungskreis. Zu diesen gehört die anmuthige, auch … Behandlerin ernster Lebens- und Liebesfragen „Edna Fern“ d. i. … Fernande Richter aus St. Louis. Im ganzen jedoch, meint A. von … stehen in der jüngsten deutsch-amerikanischen Dichtergeneration abseits … Reitzel-Gruppe nur ganz wenige Dichter von hervorragender Indivi- …tät.

Die rein biographischen Angaben vorstehender Lebensskizze beruhen großentheils auf den *kurzen, doch anschaulichen* Bemerkungen bei den „Liedern aus dem Rinnstein. Gesammelt von Hans Ostwald" I. (1903) S. ... dann auf Karl Detlev Jessen's kundigem Lebens- und Charakter... Biogr. Jahrbuch u. Dtsch. Nekrolog III, 165—67. Diesem ... unsere litterarisch-kritischen Bemerkungen vielerlei Anregung ... übrigen, theilweise wörtlich, auf A. v. Ende's autochthonem Essay ... Dichter in Amerika", Beilage z. Allg. Zeitung, Nr. 86 v. 1905 ... (Auszug über R. R. wörtlich: Das literar. Echo VIII, Nr. 16, Sp. ... fußen. Ein burschikoser Nachruf von Wilh. Spohr mit Bildniß ... Conrad's „Die Gesellschaft" XIV. Jahrg. (1898) II, 819—20, ... bis 25 und III, 49—51 charakteristische „Skizzen" Reitzel's ... Reitzel-Nummer ist die 19. von Jahrg. VIII der Zeitschrift „Der ... (Berlin), mit Bildniß, wie eins auch in N. 697 des „Armen ... Vgl. Benj. Tucker's Journal „Liberty", New-York 15. April 189... Auswahl der Gedichte, Essays, Skizzen Reitzel's nahm sofort sein ... nachfolger Dr. Martin Drescher in Detroit in Angriff; „Das ... Buch. Einem Vielgeliebten zum Gedächtniß" erschien dort 1900. ... Conrad's Kritik von Ad. Bartels' Geschichte der deutschen Literatur ... 19. Jahrhunderts i. „Die Zeit", 33. Bd. Nr. 419 (11. Oct. 1902) ... vermißte darin Reitzel den „Landsmann und Freund Hansjakobs ... Mitarbeiters), den nicht genug zu rühmenden Förderer deutscher Sprache ... Dichtkunst in Amerika"; Bartels, sich vertheidigend („Kritiker u. Kritik... 1903, S. 52), kennt sichtlich „Reizel" gar nicht. Versuche, die Eigenart ... jenseits des Oceans zur Originalität erwachsenen Mannes und ... würdigen, boten das Literar. Echo IV, 228 (Bildniß)—34 (wo Johs. ... R.s Artikel, Stimmungsbilder und Gedichte den besten und tiefsten ... der neueren Litteratur zuzählt), J. Gaulke i. Magazin für Litt. 70. ... S. 565—68 (569—72 Probe), die Sozialist. Monatshefte IV, ...

Ludwig Fränk...

Reitzenstein: Franziska Freifrau von R., als Schriftstellerin ... dem Namen Franz von Nemmersdorf thätig; geboren am 19. Sept. 1834 auf Schloß Härtenstein in Schwaben, als die Tochter des ... Oberappellationsgerichtsrathes v. Nyß, erhielt eine äußerst sorgfältige ... ziehung und durch dieselbe Geschmack an ernsten Studien, namentlich ... Philosophie und Anthropologie im weitesten Sinne. Verheirathet 184.. dem kgl. bair. Rittmeister Freiherrn v. Reitzenstein, und seit 1858 ... lebte sie der Gesellschaft und, durch Gutzkow der Litteratur zugeführt, ... Reisen in Italien, besonders in Rom und Venedig, wo sie die Lagunen ... gründlich studirte. Hier fand sie auch den Stoff zu ihrem Roman „La ... welcher zuerst in der damaligen „Neuen Münchener Zeitung" und ... eigenes Buch (München 1863) erschien, eine äußerst farbig sehr geschickt ... mit glühender Leidenschaft durchgeführte Erzählung. Gleiche Vorzüge ... ihre kurz vorher bekannt gewordenen Romane „Unter den Ruinen" ... und „Moderne Gesellschaft" (1863). Der zweibändige Roman „Der ... Papst" schildert das 17. Jahrhundert und die Zeit Paul's V. (... 1865). Rasch folgten die auf gleichem Terrain spielende Novelle „... Rache" (1865 im Abendblatt der Bayer. Zeitung); „Allein in der ... „Ein moderner Werther"; „Späte Sühne" (in den von Julius ... Dr. Franz Grandauer redigirten „Propyläen", 1869); dann der ... Roman „Unter den Waffen" (Berlin 1869; in zweiter Auflage 1872); ... Verworfene und Reine"; „Ein dämonisches Weib" (1873); „Ein Gentleman ... und „Masken des Glücks" (1875); ein abermals in Venedig spielendes „... standsdrama" (1876); „Gebt Raum" (1889) u. s. w.

[illegible] setzte sie auf das bisher schon vielfach gestreifte physiologisch-[illegible] Gebiet über, in Mantegazza's Fußtapfen tretend, dem sie auch [illegible] über den „Kampf der Geschlechter" (Leipzig 1891. 93. 94) zu-[illegible]. Mit großer Kühnheit behandelte sie die durch ungefähre Gleichstellung [illegible] ihr leicht entwirrbar scheinende Frauenfrage. Sie packte ihr [illegible] großem Ernst und vielfach geistreich, freilich nicht durchweg neu, [illegible] meist zutreffend und gut beobachtend. Den Schluß machte die [illegible] Frau mit der in hocharistokratischen Kreisen sich bewegenden, theil-[illegible] sarkastischen Schilderung „Das Räthsel des Lebens" (1894), welchem [illegible] eine Studie „Aus gährender Zeit" (Stuttgart 1895) nachjagte. [illegible] bethätigte sie sich bei verschiedenen Journalen und Zeitschriften, [illegible] allerlei Tagesartikel für die damals noch in Augsburg befindliche, von [illegible] Altenhöfer redigirte „Allgemeine Zeitung", in die „Münchener [illegible]" und das damit zusammenhängende „Unterhaltungsblatt" (1859. 60), [illegible] „Gartenlaube", auch für Wiener Blätter war sie thätig. Ihr Stil [illegible] sich später zu einem kurzathmigen Satzbau und fragmentarischen Er-[illegible]. Zuweilen schaute der Blaustrumpf stark hervor; auch liebte sie in [illegible] polyglotten Salonidiom zu schwelgen, im Nachklang der vormärzlichen [illegible]kratischen Gepflogenheit: ein Mischmasch von Fremdwörtern und [illegible] aus allen möglichen todten und lebenden Sprachen.

In der Jugend eine vielgepriesene Schönheit, später eine imposante Er-[illegible], endlich aber nur noch eine Ruine aus längst vergangenen Tagen, [illegible] sie in den Straßen Münchens oder in der kgl. Hof- und Staats-[illegible] sah mit dem archaistischen Lächeln auf dem Gesicht und in ihrer [illegible]tasievollen Garderobe. Ihr schriftstellerisches Pseudonym entstammte [illegible] willkürlichen Griff in ein topographisch-statistisches Lexikon. Aber ein [illegible] Zufall des Glückes warf ihr ein Wiener „großes Loos" in den Schoß. [illegible] kaufte sie sich 1882 in München ein schönes Haus, in dem sie die [illegible] angeblich sogar testamentarisch sichergestellten Katzen heimisch machte. [illegible]barschaft erhob sie dafür zur Katzenbaronin. Ueber ihrer Gruft im [illegible] Camposanto wurde nach Fr. Thiersch's Entwurf durch die Firma [illegible] Baumeister ein stattliches Denkmal mit einer von Bildhauer Maier [illegible] gemeißelten Urnenträgerin errichtet.

Vgl. Heinrich Kurz, Geschichte der neuesten deutschen Literatur, 1878. [illegible] — Franz Bornmüller, Schriftsteller-Lexikon der Gegenwart, 1882, [illegible] — Nr. 155 der Allg. Zeitung, 6. Juli 1896. — Frz. Brümmer, [illegible] 4. Aufl. III, 297 und in Bettelheim's Jahrbuch 1897. I, 256.

Hyac. Holland.

Rem: Wilhelm R. (oder Räm, wie er sich selbst schreibt) stammte aus [illegible] alten, ursprünglich dem Augsburger Patriciat angehörenden Geschlechte, [illegible] nach der Verfassungsänderung im J. 1368 unter die Zünfte begab [illegible] ein Jahrhundert später wegen einer der Stadt zum Nachtheil ge-[illegible] eigennützigen Handlung, die sich ein Mitglied der Familie zu [illegible] kommen ließ, die Rathsfähigkeit verlor. Die meisten Reme trieben [illegible] oder betheiligten sich wenigstens mit ihrem Gelde an kaufmännischen [illegible]nehmungen, wodurch sie bedeutenden Grundbesitz und große Vermögen [illegible], so daß sie zu den reichen Familien Augsburgs zählten und infolge [illegible] den vornehmsten derselben verschwägert waren. Wilhelm war der [illegible] des Sigmund R. und der Ursula Walther, der Urenkel jenes Hans R., [illegible] Grund zum Reichthum des Hauses legte, der Bruder der Ursula R., [illegible] Jakob Fugger (mit dem Reh) verheirathet war, der Vetter des [illegible] R., des bekannten Verfassers eines für unsere Kenntniß der damaligen

Augsburger Handelsverhältnisse wichtigen Tagebuches. Er ist im J[illegible] geboren, vermählte sich 1485 mit Walburga Fugger, einer Tochter des [illegible] Fugger (mit der Lilie), und läßt sich in den Steuerbüchern der [illegible] 1486 an bis 1528 verfolgen. Gestorben ist er vor Mitte October 152[illegible] ein Vermerk im Steuerbuch dieses Jahres erkennen läßt. Er hinterließ [illegible] Sohn, Hieronymus, der seit 1518 mit Barbara Vöhlin vermählt [illegible] Geschlecht in zahlreichen Sprossen fortpflanzte und im Jahre 153[illegible] Patriciat aufgenommen wurde. Sonst wissen wir von den äußern [illegible] umständen Wilhelm Rem's nur sehr wenig. Sein Vermögen war nach [illegible] weis der ihn betreffenden Einträge in den Steuerbüchern bei weitem [illegible] als das der meisten seiner Verwandten, doch war es, wenn auch [illegible] bescheidenem Maße, in beständigem Wachsen. Aber trotzdem er nicht [illegible] großen Geldleuten zu rechnen ist, deren es in Augsburg damals so viele [illegible] ist er doch als ein Wohlthäter der Armen bekannt; so ließ er im J[illegible] bei einer schweren Hungersnoth seinen großen Vorrath von Getreide zu [illegible] spenden für die Hungernden „verbacken", wodurch er sich den Haß der [illegible] zuzog. Wir haben hier seiner zu gedenken wegen seiner Arbeiten auf [illegible] Gebiete der bürgerlichen Geschichtschreibung, die zwar nicht auf derselben [illegible] stehen wie die seiner Vorgänger Burkard Zink und Hector Mülich, aber [illegible] in ihrer Eigenart innerhalb der Augsburger Historiographie eine gewisse [illegible] deutung besitzen, auf die man mehr und mehr aufmerksam geworden ist. [illegible] schrieb nämlich ein zweibändiges Chronikenwerk, eine „Cronica alter und [illegible] Geschichten" und eine „Cronica newer Geschichten". Der erste Theil [illegible] der Hauptsache nach als eine wohl von Rem's eigener Hand gefertigte [illegible] schrift der bis zum Jahre 1487 reichenden Chronik des Hector Mülich [illegible] Bearbeitung des den Remen verwandten Marx Walther dar, die er durch [illegible] Zusätze bereicherte und bis zum Jahre 1511 fortsetzte. Von den [illegible] sind die wichtigsten die, welche sich an die Erzählung von der im J[illegible] erfolgten Aufrichtung des Zunftregimentes anschließen und eine Haupt[illegible] für die ältere Geschichte der Augsburger Geschlechter bilden, sowie die [illegible] Theile wohl aus mündlicher Ueberlieferung geschöpften Stücke, welche [illegible] dem Sturz des Bürgermeisters Ulrich Schwarz befassen. Die Fortsetzung [illegible] hält meist Notizen über „etliche kleine Sachen", wie er in der Vor[illegible] der Chronik sagt, die er „zum Theil . . . selber gesehen, gehört und erfah[illegible] und da darin manches vorkommt, das „etlichen ehrbaren Geschlechtern [illegible] oder auch sonderlichen Personen zu Augsburg oder anderswo nit zu Ehr[illegible] Lob reichte", faßte er den Entschluß, sein Buch streng geheim zu halten [illegible] empfahl das gleiche auch seinem Sohne Hieronymus, dem er es als Erb[illegible] hinterließ. — Der zweite Theil des Werkes fährt zeitlich da fort, wo [illegible] erste abbricht, also mit dem Jahre 1512, und endet mit dem Jahre 15[illegible] Er kann nicht als eine Augsburger Chronik in dem Sinne bezeichnet we[illegible] daß darin ausschließlich oder auch nur zum größeren Theile über Erei[illegible] in der Stadt Augsburg berichtet wird, sondern er ist die Chronik eines [illegible] burgers, der, ähnlich wie Hector Mülich, alles, was ihm bekannt wurde [illegible] der Aufzeichnung würdig erschien, gleichgültig, ob es sich innerhalb der [illegible] mischen Mauern, in den Nachbargebieten, in „Welschland" oder sonst in [illegible] Ferne zugetragen, in sein Geschichtswerk aufnahm. Von besonderem Inte[illegible] sind in diesem die Erzählungen und Nachrichten, welche die Reformation[illegible] bewegung — die allgemeine wie die locale — zum Gegenstande haben [illegible] erkennen lassen, daß R. ein eifriger Anhänger Luther's war und die [illegible] Augsburger Rathe dem „Evangelium" gegenüber eingenommene lau[illegible] manchmal ablehnende Haltung durchaus mißbilligte. Er stand damit im [illegible] gensatz zu seinem Zeitgenossen Clemens Sender, dem Mönche zu St. Ulrich, r die „lutherische Sekte“ als neue „Ketzerei“ und Quelle aller Uebel der it verabscheute und verdammte.

Die „Cronica alter und newer Geschichten“ wurde bei der Herausgabe der Chronik des Hector Mülich im III. Bande der Chroniken der schwäbischen Städte in der Gestalt, wie sie in einer Handschrift der kgl. öffentlichen Bibliothek in Stuttgart (Fol. 161) vorliegt, verwerthet, wobei die Zusätze Rem's theils in den Varianten, theils in einem besonderen Anhang mitgetheilt wurden. Seine Fortsetzung der Mülich'schen Chronik, soweit sie in diesem Codex enthalten ist, fand Aufnahme im IV. Bande der schwäbischen Chroniken, in den Anmerkungen zur Chronik Sender's und in einem Anhang zu dieser. Die „Cronica newer Geschichten“ ist im V. Bande dieser Chroniken gedruckt; ebenda sind auch jene Stücke des I. Bandes des Rem'schen Chronikwerkes veröffentlicht, die in der Stuttgarter Handschrift fehlen.

Fr. Roth.

Renninger: Johann Baptist R., katholischer Theologe, geboren am Juni 1829 zu Würzburg, † daselbst am 29. August 1892. R. besuchte seiner Vaterstadt das Gymnasium bis 1847; erst nach zweijährigen philosophischen und juristischen Studien entschloß er sich zum Studium der Theologie, das er im Herbst 1849 in Würzburg begann und von Herbst 1851 bis 854 im Collegium Germanicum zu Rom fortsetzte. Am 10. Juni 1854 empfing er in Rom durch Cardinal Patrizi die Priesterweihe und kehrte dann September in die Heimath zurück, wo er seine erste Anstellung als Kaplan Kitzingen für die Filiale Hoheim erhielt. Im Herbst 1856 wurde er Subregens im Clericalseminar zu Würzburg, am 5. April 1865 Regens desselben, bis 1879; Juli 1879 Domcapitular. — Das theologische Hauptwerk Renninger's, die als Frucht aus seinen vieljährigen Vorlesungen im Seminar hervorgegangene „Pastoraltheologie“, wurde erst nach seinem Tode von Franz Adam Göpfert herausgegeben (Freiburg i. Br. 1893; bildet einen Band der bei Herder erschienenen „Theologischen Bibliothek“). Ferner schrieb er: „Die Grundlage christlicher Politik“ (Würzburg 1879; = Kath. Studien, 5. Bd., Heft 7/8), und eine Reihe von Abhandlungen in Zeitschriften. Im „Chiliaeum. Blätter für kathol. Wissenschaft, Kunst und Leben“ (Würzburg) erschienen die Arbeiten: „Luigi Taparelli S. J.“ (2. Bd. 1863, S. 121—130); Charakter des liturgischen Gebetes in der Kirche. Eine liturgische Skizze" . Bd. 1864, S. 27—35, 71—74, 248—257); „Juan de Avila“ (6. Bd. 1865, S. 35—42); „Unveränderlichkeit und Fortschritt in der Kirche“ (N. F. . Bd. 1869, S. 32—44, 106—112). Im „Katholik“, soweit die Beiträge n Namen gezeichnet sind: „Zur Pastoral. (Avila's Epistolarium)“ (1870, , S. 178—188); „Die Werke und Tugenden der Ungläubigen nach St. Augustin“ (1871, II, S. 74—88); „Das Prinzip der Sittlichkeit mit besonderer Rücksichtnahme auf Augustinus“ (1872, I, S. 662—677; II, S. 36—49, 179—195); „Ein Beitrag zur Gnadenlehre“ (1874, II, S. 518—527); „Die Erkenntniß als Träger des natürlichen Sittengesetzes“ (1875, I, S. 351—61, 00—510); „Religion und Sittlichkeit. — Wem gebührt der Primat?“ 1875, II, S. 589—598); „Prälat Hettinger. Ein Lebensbild“ (1890, I, . 385—402).

C. Braun, Zur Erinnerung an Joh. Bapt. Renninger ss. Theol. Dr. Sein Leben und Wirken dargestellt. Mit einem Anhang: Briefe über die Berufswahl und einige Gedichte. Würzburg 1892.

Lauchert.

Renz: Wilhelm Theodor von R., Arzt zu Wildbad i. Württ geboren am 10. Januar 1834 zu Oberdischingen b. Ulm, als Sohn Arztes, studirte 1852—57 in Tübingen, war Assistent bei Vierordt lang und ein Jahr bei Victor v. Bruns, besuchte noch Bern (Valentin son), Heidelberg (Kuhn), sowie später Berlin (Virchow). Seine Prom schrift: „Beitrag zur Behandlung der Brüche des Oberschenkels Kniescheibe" erschien als selbständige Arbeit erst 1860. R. war praktischer Arzt in Oberdischingen, dann (1862) in Ehingen a. D. und in Stuttgart, wurde 1867 zum kgl. Hofrath ernannt, 1868 als kgl. arzt nach Wildbad berufen. 1869 zum Geh. Hofrath ernannt, erhielt durch den württembergischen Kronenorden den persönlichen Adel. Urspr zum Chirurgen ausgebildet, veröffentlichte er: „Erste Heilung eines tischen Gehirnabscesses durch consequente Aspiration des Eiters ohne gegangene Trepanation" (1867) und — bereits in Wildbad thätig —: Spreizlade, ein praktischer Verband für Schußfracturen des Obersche (1874); ferner: „Die Cur zu Wildbad" (1869), „Das Wildbad im reich Württemberg" (mehrere Auflagen), „Historische Briefe über das bad" (1871); sodann als umfangreicheres historisches Quellenwerk: Wildbad, wie es ist und war" (1874), „Literatur-Geschichte von Wil (1881), „Wildbad und sein neueröffnetes laues Thermalbad, das König Bad" (1888). R. starb am 30. December 1896.

Vgl. Biographisches Lexikon hervorragender Aerzte ꝛc. herausg von Pagel, Berlin und Wien 1901, S. 1366.

Page

Reuter: Heinrich Ludwig Christian Friedrich (Fritz) R. A. D. B. XXVIII, 319 ff.). Das Leben und Schaffen unseres gr deutschen Humoristen und Dialektdichters, des Verfassers der „ollen Kame ist im Laufe der letzten Jahrzehnte systematisch erforscht und in einer von Quellenschriften klargelegt worden. Dadurch erscheint es angezeigt diesem neuen Material hier einige berichtigende und ergänzende Zusä dem schon 1889 gedruckten biographischen Artikel zu geben. Zu Staven einem ackerbautreibenden Städtchen des östlichen Mecklenburg-Schwerin, lobten sich seine Eltern Freitag den 19. Januar 1810 und heiratheten Freitag den 23. Februar: der dortige Bürgermeister und Stadtrichter hann Jakob Friedrich Georg Reuter, geboren 1776 als Sohn des Pastor Dehmen in Mecklenburg, und Johanna Luise Sophie Oelpke, geb 1787*) als Tochter des Stadtrichters (nicht Bürgermeister) zu Tribsee Vorpommern. Als ihr gemeinsamer Geburtstag wurde stets der 25. (Jakobitag) gefeiert**). Am 7. November desselben Jahres erblickte ihr Sohn Fritz das Licht der Welt; ein zweites Knäblein starb frühzeitig. der Ehe erzeugte der Vater zwei — späterhin legitimirte — Mädchen: Lis (geb. 1809) und Sophie (geb. 1814).

Schon am 19. Mai 1826 entschlief die trotz großer körperlicher Schw und schwerer Leiden unermüdlich sorgende Mutter. Ihre wahrhaft rühren

---

*) nicht 1789, wie ich auf Grund mehrerer Stavenhagener Urkunden anneh mußte und obendrein von dem Geistlichen zu Tribsees aus dem Kirchenbuche bestätigt hielt. Erneute Nachforschung ergab, daß dort die über der Seite stehende Jahresz durch ihre undeutliche Schreibung irregeführt hat.

**) Der Vater war nach dem Kirchenbuche zu Dehmen am 26. Juli um 1 Uh Morgens zur Welt gekommen; sein eigener Bruder, Pastor zu Pokrent, gibt in der vo ihm geschriebenen Familienchronik als Datum den 25. Juli an, desgleichen Fritz Reute selbst in Gedichten und Briefen, sogar in seinem Testament.

...hinung tritt uns in „Franzosentid" und „Schurr-Murr" ungemein sym-... entgegen; die Stärke ihrer Seelenkräfte, ja ihr Martyrium leuchtet ... Aufzeichnungen des würdigen Amtshauptmanns Joachim Weber und ... herzensguten Frau Agneta („Reiting") hell hervor, mitgetheilt im ... „Aus Reuters jungen und alten Tagen". Von der Mutter erbte ... Dichter das tiefe, gemüthvolle Empfinden und den Sinn für schöne ... Natur. In überall bekundeter zärtlichster Liebe hing er ihr an. Auch ... harten Vater hegte er innige Gefühle und hielt sein Andenken heilig; ... Gesetz galt ihm die Pietät. In das traurige, durch Mißhellig- ... und Mißverständnisse oft äußerst gespannte Verhältniß der im Wesen ... Temperament grundverschiedenen Charaktere gewähren meist recht un- ... liche, aber für Eltern und Erzieher lehrreiche, zur Warnung dienende ... die beiden Bände „Briefe von Fritz Reuter an seinen Vater aus der ..., Studenten- und Festungszeit (1827 bis 1841)". Das Wissens- ... und allgemein Interessante daraus bietet der „Reuter-Kalender auf ... völlig hinreichend, einerseits um des Sohnes Individualität und ... lieben begreifen zu lernen, andererseits um eine anschauliche Vor- ... zu erhalten von allen wichtigeren Ereignissen, persönlichen wie poli- ..., zumal während der Untersuchungshaft in der Berliner Stadt- und ... vogtei und während der Festungsjahre auf Silberberg, zu Glogau, Magde- ... Graudenz und Dömitz. Wir ersehen, daß er schon als Schüler und ...nt, noch mehr als Staatsgefangener mit Lust und Geschick zeichnete, ... ders ähnlich porträtirte; ein Maler zu werden, war sein Wunsch, doch ... der strenge Vater nichts davon wissen, der Sohn sollte dereinst sein ... Nachfolger werden. Auch offenbart sich hier, in der Jugend- und Festungs- ... mehrfach das poetische Talent desselben, ja bisweilen — sogar in der ... Einsamkeit und Finsterniß des Kerkers — ein göttlicher, unter ... lächelnder Humor, nicht etwa, was bei so kläglicher Lage nahe läge, ... Humor. Erschütternd wirkt während der Gefangenschaft der beständige ... um den Beruf nach der immer von neuem erhofften Begnadigung. ... das vom Vater aufgedrungene Studium der Jurisprudenz verleidet; ... nicht Künstler werden darf, möchte er sich der Landwirthschaft widmen. ... der Festung aus, nach der anläßlich der Thronbesteigung des Königs ... Wilhelm IV. verkündeten Amnestie von Preußen vergessen, von seinem ... Herrn Großherzog Paul Friedrich in Freiheit gesetzt, schrieb er am 1. August ... „Ich habe derweilen Gedichte gemacht, und das hat mir viel Ruhe ver- ... Meine gewöhnliche Beschäftigung ist die Landwirthschaft und soll's, wenn ... will, auch bleiben mein Lebenlang; ich mache mir keine poetische Vorstellung ... meiner Zukunft, sondern eine vernünftige, und denke mit Goethe: Tages ..., Abends Gäste, saure Wochen, frohe Feste, sei mein künftig Zauber- ... Doch als er am 25. August, aus Dömitz entlassen, durch die Haide ... schritt, verzagte er wieder, weil er des Vaters starren Sinn kannte, ... er an einen Scheideweg kam, fragte er sich: welcher Weg ist der ... Ergreifend ist dieser bange, verzweiflungsvolle Augenblick von ihm ... dert. Und wirklich, der Dreißigjährige muß nochmals auf die Uni- ... als Rechtsbeflissener! In Tübingen abgewiesen — die interessante ... Eingabe, eine Art Lebenslauf, befindet sich facsimilirt auf vier Folio- ... im 2. Bande „Aus Reuters jungen und alten Tagen" —, winkte ihm ... Heidelberg volle, tolle Burschenlust, bis er zusammenbrach, um erst wieder ... dem Lande, auf heimischer Scholle, körperlich wie geistig zu genesen: im ... Sommer und Herbst 1841 in dem idyllischen Kirchdorfe Jabel bei dem prächtigen Oheim Pastor Ernst Reuter mit seinen sieben hübschen, heiteren [illegible] sowie im Verkehr mit dem originellen Küster Suhr, dann Anfang 1842 bis [illegible] nachten 1845 auf dem gräflich Hahn'schen Gute Demzin bei dem [illegible] Pächter Franz Rust, Vater der „lütten Druwäppel Lining un Mining", [illegible] auf dem vorpommerschen Gute Thalberg bei dem Schwager seines [illegible] herrn, Fritz Peters, bald seinem „besten" Freunde, dessen Gast er [illegible] Herbst 1843 gewesen war; dort blieb er bis 1847, in den Jahren 18[illegible] 1849 nur mit Unterbrechungen. Demzin und Thalberg bedeuten die [illegible] stationen seiner „Stromtid". Aus dem hageren, mageren Studiosus, [illegible] halbverhungerten Staatsverbrecher war inzwischen eine „wohlthuende [illegible] scheinung" geworden: ein kräftiger, robuster, blühend aussehender [illegible] Leinwandkittel, mit Strohhut und Stulpenstiefeln, durch seine Hülfsbe[illegible] und Leutseligkeit, seinen Frohsinn und seine Herzensfreundlichkeit bei [illegible] Alt und Jung als „Onkel", das leibhaftige Abbild des „Entspekter" [illegible] Der tiefe Trunk frischer Luft und die Arbeit, die Umgebung färbten [illegible] Backen roth; er segnete die Landwirthschaft, sie hatte ihm neuen Muth [illegible] Adern gegossen, ihn, wie er selbst sagt, gesund gemacht. Gesund, [illegible] nicht längst eine, wie sich später herausgestellt hat, unheilbare Krankhe[illegible] ergriffen, derentwegen er vielfach, nicht nur von den Alkoholgegnern, [illegible] lich geächtet worden ist, die sein Ansehen so geschädigt haben, daß [illegible] sich nicht entschließen kann, des „Säufers" Schöpfungen zu lesen. D[illegible] scheint es eine Pflicht der Menschlichkeit und Gerechtigkeit, auch an [illegible] Stelle den wunden Punkt klarzulegen. Man denke: im November 183[illegible] der Burschenschafter auf die hohe (2100 Fuß über der Meeresfläche) [illegible] festung Silberberg in Schlesien transportirt worden. Auf dem Do[illegible] fanden sich die achtzehn Fuß dicken, salpeterigen Kasematten. Die [illegible] neun Monate harter Winter, selbst im Sommer bisweilen armdicke [illegible] zapfen, — was Wunder, wenn die schon durch die lange Untersuchung[illegible] (zwei Jahre hinter durch Blechkästen verdeckten Fenstern in dunklen, [illegible] Zellen!) geschwächte Gesundheit der Jünglinge noch schlimmer wurde! [illegible] Wunder, wenn die Aermsten, bis in die Knochen verfroren, starrend vor [illegible] durch geistige Getränke ihre Glieder etwas zu erwärmen suchten! D[illegible] bei täglich nur fünf Silbergroschen Verpflegungsgeld und mit geringer [illegible] von Hause, gezwungen waren, sich mit gewöhnlichem Fusel zu be[illegible] Dazu kam die Weltabgeschiedenheit und seelische Niedergeschlagenheit. [illegible] Schicksal wartete ihrer? Monat auf Monat verstrich, Jahr auf [illegible] erst im Januar 1837 erfuhren sie ihr trauriges Loos. In solcher [illegible] Lage Lethe zu trinken — banach lechzten sie, so vergaßen sie wenigst[illegible] Augenblicke ihre Qual. Nicht R. allein that dies, auch andere Genossen [illegible] einsamen Haft auf schnee- und eisbedeckter Felsenwand; einer von ihnen, [illegible] nachmals hervorragender Mann, schrieb einen erschütternden Brief an [illegible] Angehörigen und verschwieg nicht den in der Noth und Verzweiflung, [illegible] und Kälte erwählten Sorgenbrecher, wie er zur Flasche habe greifen m[illegible] Aus dem Leiden wurde allmählich eine Leidenschaft, vielleicht nur vor[illegible] gehend, hätte die Freiheit ihnen bald gewinkt; da aber das Gegenth[illegible] Fall, so ward sie zum Bedürfniß, und selbst eiserne Willensstärke hätte [illegible] vermocht, den nach und nach unbezwingbar gewordenen Trieb später [illegible] auszurotten. R. hat dagegen angekämpft mit aller sittlichen Kraft; und [illegible] er rückfällig, so bedingte dies die krankhafte Disposition seiner Magen[illegible] woran er zuerst auf dem Silberberg schrecklich litt. Ihn einen [illegible] — Quartalsäufer — nennen, von einem Laster reden, das können nur [illegible] willige oder Ignoranten. Inniges Mitleid muß uns erfüllen, wenn [illegible]

...en, gutherzigen Mann dem seit der Festungszeit ihn dämonisch ver... Feinde unterliegen sehen, den er oft für Monate, ja bisweilen für ... Jahr siegreich aus dem Felde geschlagen hatte. Nach seiner Ueber... fühlte er sich, wie von einer Krankheit genesen, gleichsam neu ge... schritt frisch und fleißig an die Arbeit, Versäumtes nachzuholen. ... ein Trinker gewesen in dem Sinne, daß er immer trank, wie hätte ... vor seiner Verheirathung, ein so geregeltes Leben führen, ein so ...ster, erfolgreicher Lehrer sein können, der auch in Leibesübungen, ... und Schwimmen, unterrichtete, an dem seine Schüler wie Schüle... ...mmt und sonders mit schwärmerischer Liebe hingen?! Und vollends ...igen, gemüthvollen Briefe, seine köstlichen Gelegenheitsgedichte, seine ... Werke — sie sollte, sie könnte ein Säufer geschrieben haben? ...rch und durch moralisch, verdient Fritz Reuter auch als Mensch unsere ... Achtung; sie für ihn zu beanspruchen, ist eine Ehrenpflicht. ...iger — Makel war jenes von den feuchten Festungskasematten über... Leiden, gegen das der davon in Zwischenräumen Heimgesuchte tapfer ... Ein angesehener Mediciner schreibt mir dazu: „Wir Aerzte stellen ...ssion unter die sensiblen Magenneurosen, die durch den Nervus vagus ... vorübergehend afficirt. Ja, vorübergehend; denn ein Hirn, das ...iner permanenten Alkoholnarkose wie bei einem Gewohnheitstrinker ...er Alkoholismus) steht, kann unmöglich solche Geistesproducte zuwege ... geschweige solches Gedächtniß für die Erinnerungen aus allen Zeiten ...ebens haben. Das weiß auch wohl heute jeder bei einigem Nach... Und doch kann man sehr häufig unter den Halbgebildeten die An... vertreten sehen, daß R. gerade seine poetischsten, besten Sachen im ... — »Saufkoller« bezeichnet unser Volk diesen Zustand — verfaßt ... Nein, die armen Gefangenen tranken aus Verzweiflung, ihre Leiden ... ungerechte Beraubung ihrer Freiheit sich vergessen zu machen, und ... kann meistens nichts anderes — aus Geldmangel — sich zu leisten, ... »kühlen Branntewein«, der damals noch ungefähr 35 Prozent Alkohol... ...hatte".

...ese Vertheidigung, zuerst veröffentlicht in meiner biographischen Skizze ... als Einleitung meiner Gesammtausgabe seiner Werke, wird gewiß ...eres Urtheil bei den Fanatikern herbeiführen, zumal wenn man be... ...aß selbst seine reine Liebe zu Luise, die ihn zum glücklichsten der ... machte, ihn von Zeit zu Zeit wieder fehlen ließ. „Wenn das ..., daß dieser Zustand ein körperlicher", schrieb er nach einem Anfall ... Bräutigam, „so ist es gewiß schlimm, daß er noch einmal wieder... ist; aber nicht so schlimm, als wenn er früher wiedergekehrt wäre, ... nicht so schlimm, als hätte er noch länger auf sich warten lassen. ... würde er gerade durch die Ehe, als Ehe, geheilt; gewiß ist es aber, ... im Abnehmen ist und aufhören wird". Ja, im Abnehmen wohl, doch ... leider nicht, weil pathologisch unmöglich. Luise Kuntze (nicht Kunze), ... am 9. October 1817 als Tochter des Pastors zu Roggenstorf bei ..., mit der er er sich im Mai 1847 verlobte, am 16. Juni 1851 ver..., wurde sein guter Genius. „Alles für meine Luise" und „Alles ... meine Luise!" lautete fortan sein Wahlspruch.

„Ich denke dein, wie eines schönen Bildes,
Geschaffen einst in Gott geweihter Stunde;
In deinem Auge nichts als Hohes, Mildes,
Und ewige Verzeihung in dem Munde.

Und was in meinem Herzen Trotz'ges, Wildes
Mich selbst gestört, entflieht im Hauch; die Wunde
Sie schließt sich, und ich eil' mit scheuem Beben
An deiner Hand hinauf zu neuem Leben" —

so sang er in einem seiner Braut gewidmeten Gedichte, das mit den schließt:

„Du solltest sein in meiner Brust der Hort,
Du solltest lösen meines Lebens Frag',
Dich sollte ich auf Erden wiederfinden
Und deine Liebe mich von Fehl entsünden."

Die dreiundzwanzig Jahre ihrer harmonischen, kinderlosen Ehe trübten die periodisch, freilich in immer größeren Pausen auftretenden Rückfälle, denen Beide gleich sehr litten. „Ich bin aber wie ein Gummiball, Schweres überwunden, bin ich wieder die glücklichste, stolzeste Frau im meines Reuter", dies charakteristische Bekenntniß der treu fürsorgenden Le gefährtin zeugt auch von ihrem heiteren Temperament, das vortreffli dem fröhlichen Sinn des Humoristen paßte. Und stolz — ja, das durf wohl auf ihn sein.

Niemand, selbst nicht seine Luise, hatte ahnen können, daß der vom eigenen Vater aufgegebene, unter Curatel gestellte, ja der Zinsen seines Capitals im Fall seiner Heirath für verlustig erklärte „verlorene Sohn" ein weltberühmter Mann werden würde. Sie hat alle Phasen, alle und Freuden mit ihm durchgemacht, die bescheidenen Anfänge, unter man fachen Enttäuschungen, unter Angst und Entbehrungen, die ersten sch stellerischen Erfolge, klopfenden Herzens, strahlenden Auges, bis der Ver der „ollen Kamellen" einen Siegeszug sondergleichen unternahm, fast ei dastehend in der deutschen Dichtung, in der Litteraturgeschichte des In- Auslandes.

Es erübrigt, auf die verschiedenen Schöpfungen hier nochmals näher zugehen; sind sie doch Gemeingut unseres Volkes geworden, sowie, auch Uebersetzungen, der Gebildeten fremder Nationen. Ueber ihre Entste Gestaltung, Bedeutung und Aufnahme berichten ausführlich dreizehn leitungen in meiner Gesammtausgabe. Doch müssen ein paar Punkte drücklich hervorgehoben werden. Der neuerdings wieder mit Macht aufta den Mythe, durch Klaus Groth zur plattdeutschen Poesie gekommen zu ist Fritz Reuter selbst schon energisch entgegengetreten, indem er u. a. erkl „Mir mag bei meinen »Läuschen un Rimels« manches genützt haben, Groth beim »Quickborn« gemangelt hat; ich rechne dazu eine 48jä Hebung in der Sprache, die Gewohnheit, darin zu denken, welches jener er selber eingesteht, erst später mühsam erlernt hat, und dann, daß ich lange vor dem Erscheinen des »Quickborn«, also vor den ersten Versuche der neuen plattdeutschen Literatur, plattdeutsch geschrieben und gedichtet h Bereits 1847 — volle fünf Jahre vor Veröffentlichung des „Quickborn" erschien, bruchstückweise, ein plattdeutsches Gedicht: die nachmalige „Reis' Belligen". Was die „Läuschen un Rimels" betrifft, so sollen die Stoffe einer jüngst erklungenen Mähr, den „Fliegenden Blättern" entlehnt sein, aber meist uralten Datums, im Volksmunde geläufig, und waren theils dem jungen R. bekannt, theils ihm jetzt zugetragen worden. An diese „ deckung" reiht sich eine andere, ebenso laut verkündete: uns soll bisher ganze Seite von „Kein Hüsung" unterschlagen sein, sie steht im er Druck (1857), fehlt in der zweiten Auflage und in allen folgenden! R. wußte wohl, was er that, als er die Streichung der vier Strophen

.. Klag", sowie am Schluß, auch sonstige kleinere Aenderungen eigenhändig ..ahm, wie das noch erhaltene Exemplar beweist. Außerdem muß sich doch .. gesunde Menschenverstand sagen, daß der Dichter oder wenigstens einer .. kritischen Freunde solche „Nachlässigkeit" des Verlegers resp. Setzers .. Correctors bemerkt und alsbald verbessert hätte, noch dazu bei seiner ..ngsdichtung!

.. Ende Juni 1868 waren Fritz und Luise Reuter nach Eisenach über..delt, wo sie das obere Stockwerk eines hübschen, dem Baurath Dittmar ..renden Schweizerhauses am Wege zur Wartburg, beim Predigerplatz, be.., bis sie Ostern 1868 die eigene stattliche Villa am Fuße des Hain.., Eingang des Hellthales, bezogen. Dort, in den traulichen Räumen .. dem von ihm selbst angelegten und gepflegten Garten, seinem „Sans..., verlebte der Dichter sechs schöne Jahre, von denen die herrlichsten .. waren für ihn, den alten Burschenschafter, brachten sie ihm doch die .. Erfüllung seines Jugendtraumes: ein geeintes deutsches Vaterland, .. und Reich. Da ertönte sein Schwanensang: „Ok 'ne lütte Gaw' för ..land". Am 12. Juli 1874 entschlief Fritz Reuter; zwanzig Jahre .., am 9. Juni, folgte ihm seine Luise. Beide ruhen in einer Ehren.. auf dem neuen Eisenacher Friedhofe, die ein künstlerisches Denkmal von .. schmückt. Mit Schmerz vermißten die Besucher bisher die sinnigen, ..m Dichter selbst verfaßten Grabschriften, die aber, nach mir gewordener ..ssung des Generalbevollmächtigten der Erben, Rath Walther, nunmehr ..eingemeißelt werden; für Fritz Reuter die trostvoll-gläubigen Verse:

„Der Anfang, das Ende, o Herr, sie sind Dein,
Die Spanne dazwischen, das Leben war mein,
Und irrt' ich im Dunkeln und fand mich nicht aus,
Bei Dir, Herr, ist Klarheit, und licht ist Dein Haus;"

Luise Reuter der kurze, innige Spruch:

„Sie hat im Leben Liebe gesäet,
Sie soll im Tode Liebe ernten." — — —

Des Dichters Wittwe hat bekanntlich der deutschen Schillerstiftung testa..isch die Villa nebst Inventar vermacht. Ich schrieb alsbald an Paul .. und erbot mich, dort eine Sammelstätte für Reuter-Reliquien zu er... Heyse gab meinen Brief an den Verwaltungsrath weiter und er.. mir am 18. Juni 1894 u. a.: „Für heute kann ich nur sagen, daß ..ähnlicher Vorschlag bisher nicht aufgetaucht ist, meines Bedünkens aber ..hl hören läßt". Leider ließ indessen die Schillerstiftung darauf nichts .. hören, veräußerte vielmehr Villa Reuter an die Stadt Eisenach, ..sächlich auf Betreiben des dahin übergesiedelten Lexikographen Geh. Hof.. Joseph Kürschner, dem vor allem daran lag, für die Oesterlein'schen .. Wagner-Andenken Dach und Fach zu finden. Der Kaufpreis war ..ungemein geringer: 32 000 Mark; — der Wittwe waren wiederholt .. Mark für Haus und Garten, ohne Mobiliar u. s. w., angeboten ... Eine Auction der, wie es heißt, „entbehrlichen" Möbel und Ein..gsstücke brachte ungefähr 13 000 Mark, eine willkommene Summe zum .., sowie zur Aufstellung der Wagnersachen. So wurde denn drei Jahre .. Tode der Testamentarin ein — was weder sie, noch ihr Gatte sich .. je haben träumen lassen — „Reuter- und Wagner-Museum" eröffnet. .. ist dem großen niederdeutschen Volksschriftsteller und Humoristen, dem ..., nur ein Altentheil gegönnt, im wesentlichen sein Studir- und ..zimmer. „Eine kunstgeschichtliche Barbarei" hat Wilhelm Wendlandt .. seltsame Vereinigung (Berliner Signale, 1898) genannt und seine Stimme dagegen erhoben. In des Dichters Landen ist inzwischen von dem zeichneten die Begründung eines mecklenburgischen Reuter-Museums ins gefaßt worden. Denn die Erinnerungszeichen an und von Fritz Reuter schriften, Briefe, Bücher, Bilder, Mobilien, Gebrauchsgegenstände u. s. zahlreich, interessant und werthvoll. Das hat schon die zu seinem Todestage (12. Juli 1904) von mir veranstaltete Gedächtnißfeier stellung in der Aula der Universität zu Greifswald — wenn auch kleinem Maßstabe — gezeigt. Hoffentlich bringt der bevorstehende Geburtstag (7. Nov. 1910) nach der einen oder anderen Seite eine werthe Verwirklichung meines Planes, sei es für Eisenach oder Fritz Reuter ist groß genug, um, wie Goethe, Schiller, Körner und Geistesheroen, ein eigenes Minseum zu erhalten, das eine hohe litterar culturhistorische Bedeutung beanspruchen und sich großer Volksthümlich erfreuen haben dürfte; jedenfalls ein höher einzuschätzendes, beredteres für sein Leben und Schaffen, sein Land und seine Sprache, seine und Festungsgefährten, als die ihm errichteten stummen Statuen.

Reuter's Werke sind nach Ablauf der gesetzlichen Schutzfrist, neben ursprünglichen Hinstorff'schen Editionen, in vielen neuen Ausgaben breitet worden, theils kritisch durchgesehen, mit Biographien, Einleit und Anmerkungen (u. a. von Gaedertz, Müller, Seelmann), theils in ausgaben (u. a. von Weltzien) und Nachdrucken, auch in hochdeutschen setzungen (u. a. von Heidmüller). Zu der schon in der Allgem. Biographie (1889) verzeichneten Reuter-Litteratur — eine vollständige graphie bieten die Jahrbücher des Vereins für niederdeutsche Sprachforsch seien hier die nachstehenden, zumeist illustrirten Schriften angereiht: Reuter-Galerie 1884, 2. Aufl. 1885. — Derselbe, R.-Reliquien 188 Derselbe, R.-Studien 1890. — Derselbe, Aus Fr. R.'s jungen und Tagen 1896, 3. Aufl. 1899; neue Folge 1897; dritter Band 1902 Derselbe, Füist Bismarck und Fr. R. 1898. — Derselbe, Im Reiche 1905. — Derselbe, R.'s Leben und Schaffen 1906. — Raatz, Wel und Dichtung in R.'s Werken 1895. — Engel, Briefe von Fr. R. an Vater, 1. u. 2. Aufl. 1898. — Warncke, Fr. R. Woans hei lewt un sch hett, 1899, 2. Aufl. 1906. — Reuter-Kalender Jahrg. 1 flg., 1907

Karl Theodor Gaede

Reuter: Hermann R., evangelischer Theolog, † 1889. — Ferdinand R. wurte als kas jüngste von fünf Kindern des Hotelbe Karl Bernhard Reuter und seiner Frau Dorothea Wilhelmine geb. am 30. August 1817 in Hildcsheim geboren. Sein Vater besaß Rheinischen Hof, damals kas erste Gasthaus der Stadt, die Mutter Tochter eines Hiltesheimer Geistlichen; durch einen Brand im J. 1822 der Wohlstand der Familie vernichtet. R. war ein frischer, ja wilder der sich gern im Freien getummelt hat und den Theatervorstellungen ziehender Schauspielertruppen, die das elterliche Haus um seiner Bühne gern aufsuchten, besonderes Interesse zuwandte. Nur wenige Jahre das Gymnasium Andreanum, dessen Director Seebode ihn besonders haben soll, besucht, dann ist er mit seinem ältesten Bruder Wilhelm, dem Gymnasium zu Aurich als Lehrer angestellt wurde, dorthin überge (Herbst 1831). Dieser zur Entlastung der Eltern nnternommene Schritt zeichnet einen Wendepunkt in Reuter's Leben. Denn er trat dadurch für nächsten Jahre unter den bestimmenden Einfluß eines Mannes, der als charaktervolle Persönlichkeit zu starken pätagogischen Einwirkungen befä war und in seiner Doppelstellung als Theologe und Philologe mit warm ilnahme für die kirchlich religiösen Kämpfe seiner Zeit volles Verständniß die Antike und die Pflege philologischer Interessen zu vereinigen wußte Rudolf Eucken, Zur Erinnerung an W. Reuter: Ostfriesisches Monats-, 8. Band, Mai 1881, S. 193—198). R. hat von diesem Bruder viel ungen und ihm dafür eine grenzenlose Verehrung und Dankbarkeit entgebracht. Diesen Empfindungen gab er nicht nur in der schönen Wid- seiner ersten Schrift (De Eucharistia) öffentlichen Ausdruck, sondern es auch in späteren Jahren gern aus, daß er ihm alles verdanke, was der Wissenschaft erreicht habe und was ihm für sein inneres Leben wall sei. Unter der Leitung dieses sich ganz auf wissenschaftliche Studien ntrirenden Mannes nahmen auch die Interessen Reuter's diese Richtung, zu ausschließlich. Denn die Folge war eine vorzeitige Abschließung andere Menschen und gegen andere Lebensgebiete, die auf die Entfaltung reich veranlagten Natur nicht ohne sie beengende Wirkungen geblieben R. war sich dessen wohl bewußt, aber er hat seine Einseitigkeit niemals agt, denn er sah in ihr die Wurzel seiner Kraft. Ein bleibender Gewinn de für ihn der mit seinem Mitschüler Rudolf v. Jhering geschlossene undschaftsbund, den beide ihr ganzes Leben hindurch treu bewahrt haben. einem glänzend bestandenen Maturitätsexamen (14. März 1837) bezog Ostern d. J. die Universität, zuerst Göttingen.

Es ist sehr zu bedauern, daß über die geistige und religiöse Entwicklung ter's in den folgenden Jahren keinerlei Nachrichten vorliegen. Wir wissen, er in Göttingen bei Ewald, Gieseler, Lücke, Bohtz und Schneidewin Vorungen belegt hat und, als er nach Jahresfrist sich nach Berlin wandte, bei der, Vatke, Hengstenberg, Marheineke und bei Böckh, Bopp, Heyse, ofen, Trendelenburg, Benary, Werder, also neben theologischen auch philosche, historische und philosophische Studien trieb. Wie nun aber diese ner auf ihn eingewirkt haben, nach der persönlichen wie nach der wissenftlichen Seite, ja ob überhaupt eine ihn wirklich bestimmende Beeinflussung gefunden hat — er scheint nur seinem Landsmann Marheineke näher geen zu sein —, oder ob er nicht wesentlich sich selbst den Weg gesucht hat, en unbeantwortete Fragen; auch über die ihn bewegenden theologischen gen und die Art, wie er sich mit ihnen auseinander gesetzt hat, erfahren wir . Nur darüber besteht kein Zweifel, daß er den auf der Schule bereits tenen Weg intensivster Studien nicht mehr verlassen hat; er lebte nur der eit. Wann er den Entschluß faßte, sich der akademischen Laufbahn zu men, auf die ihn Begabung und Neigung hinwiesen, ist nicht bekannt. Vermuthung liegt nahe, daß die erfolgreiche Bearbeitung einer von der liner theologischen Facultät gestellten Preisaufgabe ihn dazu ermuthigt n wird. Die Abhandlung ist dann unter dem Titel: „De erroribus qui media doctrinam christianam de s. eucharistia turpaverunt. Commeno historica dogmatica a summo ordine theologorum Berolinensi praemio ata" (Berolini 1840, 98 S.) im Druck erschienen. Im Herbst desselben es bestand er in Hannover die von den Studirenden der Theologie vor Consistorium abzulegende Vorprüfung, das sogenannte Prävium, hat sich dann den weiteren theologischen Prüfungen, von deren Absolvirung der ritt in den Dienst der hannoverschen Landeskirche abhing, trotz der Mahngen des Vaters, nicht unterzogen.

Nachdem er am 17. Juli 1841 unter dem Decanat von Twesten zum ntiaten der Theologie promovirt worden war („postquam examen rigosum non sine laude sustinuit et theses propositas palam defendit"), ergte seine Habilitation an der Berliner Facultät am 16. Februar 1843 (vgl. [H. Dernburg,] Die Königliche Friedrich-Wilhelms-Universität zu Be[rlin] in ihrem Personalbestande seit ihrer Errichtung Michaelis 1810 bis Mic[haelis] 1885, Berlin 1885, S. 15). Als Gegenstand der vor der Facultät [am] 10. Februar gehaltenen Probevorlesung hatte er das für die Richtung [seiner] Studien bezeichnende Thema gewählt: „Ueber Gregor's VII. Tenden[z und] deren kirchengeschichtliche Bedeutung". — Reuter's Lehrthätigkeit begann unter günstigen Auspicien. Zu Neander stand er in keinem näheren Ver-hältniß, wenn er ihm auch stets eine große Verehrung gezollt hat, Mar[heineke] starb 1848, nur Twesten scheint ihm persönliches Interesse zugewandt zu [haben;] dazu waren bereits drei Schüler Neander's als Privatdocenten der K[irchen-]geschichte thätig (Erbkam, J. L. Jacobi, Schaff). Eine theologische [Partei] stand nicht hinter ihm, auch „Beziehungen" haben ihn nicht emporge[hoben] und keine glücklichen Umstände haben ihm den mühevollen Weg zu ge[sicherter] Lebensstellung verkürzt. Daß er sie erreichte, verdankte er seinem ei[genen] Fleiß, der Einsetzung seiner ganzen Persönlichkeit und den wissenschaftl[ichen] Leistungen, durch die er sich Beachtung und Anerkennung erzwungen hat.

Lange Jahre hat sich das Interesse Reuter's ebensosehr dem Gebiet [der] systematischen als dem der historischen Theologie zugewandt. Er k[ündigte] nicht nur Vorlesungen über die gesammte Kirchengeschichte an, darunt[er in] seinem ersten Semester auch ein Specialcolleg über die Geschichte des [Papst-]thums im 11. und 12. Jahrhundert, und beschränkte sich nicht darauf, [die] Entwicklung der Theologie in sein Arbeitsprogramm aufzunehmen (Gesch[ichte] der mystischen Theologie, christliche Dogmengeschichte, Geschichte der ne[ueren] Theologie, Symbolik), sondern zeigte auch an: Prolegomena zur Dogm[atik,] Ueber Wesen und Begriff der Religion, Ethik. In den litterarischen Arb[eiten] Reuter's tritt dieses doppelte Interesse nicht minder hervor. Schon vor [seiner] Habilitation hatte er die Schrift „Johann von Salisbury. Zur Gesch[ichte] der christlichen Wissenschaft im zwölften Jahrhundert" (Berlin 1842, 80 [S.]) veröffentlicht, durch die er sich den Weg in das 12. Jahrhundert bah[nte,] dessen Erforschung er dann einen großen Theil seiner wissenschaftlichen A[rbeit] gewidmet hat. Nur die „philosophisch-theologische Tendenz" dieses Ma[nnes] wurde von ihm hier untersucht und dargestellt, seine politisch-kirchliche Th[ätig-]keit sollte dagegen einem Werk vorbehalten bleiben, dessen Umrisse bereit[s an-]gedeutet werden. Es erschien nach drei Jahren unter dem Titel: „Gesch[ichte] Alexanders des Dritten und der Kirche seiner Zeit". Erster Band (Be[rlin] 1845, 440 S). Von dem Autor ist es allerdings später als ein „Ju[gend-]werk" bezeichnet worden und in manchen Beziehungen gewiß mit Recht. [Aber] bei diesem Urtheil ist nicht zu übersehen, daß es der inzwischen ausge[reifte] Forscher gefällt hat, der die höchsten Maßstäbe anwandte und dann am [aller-]wenigsten auf sie verzichtet hat, wenn er sich seinen eigenen Arbeiten kri[tisch] gegenüberstellte. Als das Werk erschien, bedeutete es, trotz mancher Män[gel,] für die Geschichtsforschung einen Fortschritt, was auch von fachmänni[scher] Seite constatirt worden ist (vgl. die eingehende Besprechung von H. R[...] in der Neuen Jenaischen Literaturzeitung 1847, Nr. 279—281, S. 111[...]-1123), und verdiente auch als die Frucht ernster, treuer Arbeit eine [den] Verfasser zu weiterem Forschen ermuthigende Anerkennung. Aber die an [die] Veröffentlichung des Buches geknüpften Hoffnungen Reuter's blieben unerf[üllt.] Vielleicht hat dieser Mißerfolg mit dazu beigetragen, daß er von der We[iter-]führung des Werkes jetzt zunächst Abstand nahm und sich in andere Stu[dien] vertiefte. Schon früher hatte er sich als Mitarbeiter auf dem Gebiet [der] systematischen Theologie ausgewiesen durch die Abhandlung „Ueber Schlei[er-]macher's ethisches System und dessen Verhältniß zur Aufgabe der Ethik jetzig[er]

: Theologische Studien und Kritiken 1844, S. 567—632. Es war seine den principiellen Grundfragen mit Vorliebe sich zuwendende Art [illegible], daß die erste größere, nach der Geschichte Alexander's III. ver[illegible] Untersuchung den Titel führt: „Ueber Natur und Aufgabe des [illegible] Beweises" (Deutsche Zeitschrift für christliche Wissenschaft und [illegible] Leben 1851, Nr. 39—41, Nr. 43—46). Außerdem wurde seine [illegible] in jenen Jahren durch die Redaction des „Allgemeinen Reper[illegible] für die theologische Literatur und Statistik" (Berlin), die er 1845 [illegible] bis 1860 behalten hat, in Anspruch genommen. Es ist zu ver[illegible], daß diese fortlaufende Thätigkeit als Herausgeber gerade ihm viel [illegible] haben wird, wenn sie ihm auch die Sorge um das äußere [illegible] erleichtern half.

[illegible] Jahre hatte R. als Privatdocent gewirkt, als er am 27. März [illegible] außerordentlichen Professor „für das Fach der historischen Theo[illegible] in Breslau ernannt wurde. Nur sieben Semester hat er diese Stellung [illegible]; es war für ihn eine Zeit des Uebergangs nicht nur im amtlichen [illegible] Fast könnte es scheinen, als ob damals die systematischen Interessen [illegible] seinen historischen bedenkliche Concurrenz gemacht haben, denn er [illegible] in diesen Jahren drei Mal „Ethik" an; auch „Prolegomena zur [illegible]" und „christliche Religionslehre für Angehörige aller Fakultäten", [illegible] veröffentlichte neben seiner Inaugurationsschrift „Clementis Alexandrini [illegible] moralis capitum selectorum particulae" (Vratislaviae, Berlin 1853, [illegible]) nur den in eine damals viel verhandelte Streitfrage eingreifenden Auf[illegible] Zur Kontroverse über Kirche und Amt" (Allgemeines Repertorium 1855, [illegible] Juni- und Juli-Heft, dann zusammen mit jener Untersuchung über [illegible] und Aufgabe des dogmatischen Beweises gesondert herausgegeben u. d. Titel [illegible] Abhandlungen zur systematischen Theologie", Berlin 1855, 260 S.). In [illegible] Vorrede lesen wir die für ihn charakteristischen Worte: „Es will mir [illegible], als ob unter dem Scheine des Tiefsinns, dessen wir allerdings sehr [illegible] sind, die Verworrenheit und die Unreife, unter dem Vorgeben, die [illegible] lutherische Kirchenlehre wieder auszumitteln und den falschen Subjecti[illegible] allseitig zu überwinden, ein geistloser, von katholisirenden Intentionen [illegible] Positivismus in unserer heutigen Theologie ihr Wesen treibe, und [illegible] Parteigeist der Restauration uns in unabsehbare Irrungen zu verwickeln [illegible]. Von der theologischen Facultät in Kiel war er durch Diplom vom [illegible] März 1853 rite zum Doctor der Theologie promovirt worden; am [illegible] Juli 1855 erschloß ihm die Ernennung zum ordentlichen Professor der [illegible] an der Universität Greifswald das lang ersehnte Ordinariat.

[illegible] Seit dem Erscheinen jenes ersten Bandes der Geschichte Alexander's III. [illegible] fünfzehn Jahre verstreichen lassen, ehe er über dieses Gebiet aufs neue [illegible] Oeffentlichkeit das Wort ergriff, auch die erste von ihm als Greifs[illegible] Professor veröffentlichte Schrift („Ueber die Eigenthümlichkeit der sitt[illegible] Tendenz des Protestantismus im Verhältniß zum Katholicismus". [illegible] Rede, Greifswald 1859, 24 S.) war einem anderen Gegenstand ge[illegible]. Aber sein Herz hing an der Lösung der einmal in Angriff ge[illegible] Aufgabe, und er versenkte sich in die Geschichte des zwölften Jahr[illegible], wie nur ein Historiker an einen Lieblingsgegenstand sich hinzugeben [illegible]. Erst bei dem Fortgang seiner Studien hat sich ihm die ganze Größe [illegible] Aufgabe enthüllt — darüber spricht er sich offen aus —, aber diese [illegible] wirkte auf ihn nur als ein neuer Anreiz. Unermüdlich hat er das [illegible] gesammelt, kritisch gesichtet und verarbeitet und dann auch nicht ge[illegible], auch den in jenem ersten Band behandelten Stoff nochmals von Grund aus neu durchzuarbeiten und neu zu gestalten. Es erschien von der „Ge Alexanders des Dritten und der Kirche seiner Zeit" der erste Band in „ völlig neu ausgearbeiteter Ausgabe" (Leipzig, 588 S.) 1860, der zweite (694 S.) folgte in demselben Jahr, der dritte (808 S.) 1864. In Monographie fand eine der wichtigsten Phasen der Geschichte der mittel lichen Kirche die ihr gebührende wissenschaftliche Darstellung. Es ist großen Stil entworfenes und nach historisch-kritischer Methode gear Werk, das ebenso durch die Vollständigkeit der herangezogenen Quellen durch die Umspannung aller etwa in Frage kommenden Verhältnisse gezeichnet ist wie durch zahlreiche kritische Einzeluntersuchungen und Verarbeitung der auf diesem Wege gewonnenen Ergebnisse zu einem Ge bild, in dem die handelnden Persönlichkeiten plastisch und lebensvoll treten. Daß die fortschreitende Forschung der letzten vier Jahrzehnte von R. behandelten Periode zu gute gekommen ist und mancherlei B gungen und Ergänzungen erarbeitet hat, kann Niemand Wunder Das hat er auch selbst vorausgesehen, denn er spricht in der Vorrede daß seine Arbeit „einem künftigen Historiker vielleicht nur als ein erscheinen möge". Aber dadurch wird die Thatsache nicht umgestoßen, Reuter'sche Werk, als es erschien, eine ganz hervorragende Leistung wa bis auf den heutigen Tag nicht überholt worden ist. Die philos Facultät der Universität Greifswald hat ihn dafür zum Ehrendoctor er (22. December 1864), und aus den dem Buche gewidmeten Besprech konnte sein Verfasser entnehmen, daß dessen Bedeutung voll gewürdigt (vgl. die Recension von A. Vogel in den Theologischen Studien und Kr 1867, S. 366—379; W. Möller in den Jahrbüchern für deutsche Th 10. Band, 1865, S. 179—183; Hefele in der Tübinger Theolog. Qu schrift, Band 43, 1861, S. 630—646, Band 47, 1865, S. 343 Auch von Seiten der Vertreter der politischen Geschichte wurde ihm erkennung nicht versagt, am höchsten hat er das, mündlich überlieferte, Leopold Ranke's gestellt: man merke gar nicht, daß ein Kirchenhistoriker Werk geschrieben habe. In seiner Lehrthätigkeit macht sich die stärkere centration auf das kirchenhistorische Gebiet fortan bemerkbar, wenn er noch einmal über Schleiermacher gelesen hat und die „Christliche Religions wiederholt vortrug.

Die Position, die sich R. in der Wissenschaft errungen hatte, gab ein Anrecht auf die Erwartung, bei der Besetzung der durch den To Niedner erledigten Berliner Professur berücksichtigt zu werden, aber sie Semisch übertragen. Dagegen ist dann die dadurch freigewordene Pro in Breslau R. angeboten und von ihm auch angenommen worden (1 In dieser zweiten Breslauer Periode, die das folgende Decennium um hat er den Höhepunkt seines Lebens erreicht, sie vereinigte großen Sch mit dem Abschluß neuer litterarischer Arbeiten. Zwar war die Zahl damals in Breslau evangelische Theologie Studirenden gering, aber er unter ihnen begeisterte Schüler. Daß seine Facultätsgenossen ihn mit „Rede zur Feier des hundertjährigen Geburtstages F. Schleiermacher's 21. November 1868" (Breslau 1868, 24 S.) beauftragten, ward von als Auszeichnung dankbar empfunden. Als Forscher aber blieb er zunächst dem Mittelalter treu und vertiefte sich in ein Thema, das ihn, je länger sich damit beschäftigte, um so mehr gepackt hat, und ein außergewöhnl Maaß von Kenntnissen, weiten Blick und gereiftes Urtheil verlangte. der „Geschichte der religiösen Aufklärung im Mittelalter vom Ende des Jahrhunderts bis zum Anfange des vierzehnten", dem zweiten Haupt

...ter's, erschien der erste Band 1875 (Berlin, 385 S.), der zweite 1877 ... S.). Für das richtige Verständniß dieses Buches, dessen parador ...ender Titel nicht mehr verspricht, als das Werk thatsächlich bietet, sind ...eimüthigen Bekenntnisse, durch die er es eingeleitet hat, unentbehrlich. ... Aufklärung versteht der Verfasser: „die Opposition der als selbständiges ... sich wissenden Vernunft gegen den als lichtscheu vorgestellten Dogma... ..., die Bewegung der Emancipation von den autoritativen Gewalten, ... den Sturz oder doch eine wesentliche Schwächung derselben erzielt, in ...sicht, an Stelle des katholischen Christenthums wenigstens in den Kreisen ...ebildeten sei es ein von der Kritik gereinigtes, von der Vernunft als ... höchsten Kriterium der religiösen Wahrheit umgestaltetes (Christenthum) ... die natürliche Religion zu setzen, sei es alle Religion aufzulösen". Mit ...em Maßstab in der Hand durchwandert R. die Jahrhunderte und prüft ... oppositionellen Geister auf den Umfang und den Grad ihrer Kritik an ...che und Dogma. Das Werk ist „ausgezeichnet durch den Reichthum und ... Selbständigkeit des Quellenstudiums und durch eine seltene Sorgfalt ...lerischer Gruppirung und Darstellung; es macht auf den Leser einen fast ...enden Eindruck", mit diesen Worten eröffnete A. Ritschl seine Besprechung ... Reuter'schen Buches (Theologische Studien und Kritiken 1878, S. 541 ...559); die in der folgenden Kritik erhobenen sachlichen Einwände trafen ...ens in der That die schwachen Punkte des Werkes. Mit Vorbedacht hat ...erfasser sich davon ferngehalten, die „kirchen- und dogmenhistorische Unter... ... der Geschichte der Aufklärung zu erzählen, er setzt sie voraus. Dieses ...fahren steigert allerdings die Lebendigkeit der überaus prägnanten Dar...ung, und auf ihm ruht einer der Reize der Lectüre dieses geistreichen ...s. Aber vielleicht ist der Verfasser in seiner Zurückhaltung hier doch zu ...equent gewesen und hat dadurch selbst dazu beigetragen, daß ein Vorzug ... zum Nachtheil umgewandelt hat. Aber wenn auch R. die Freude versagt ..., daß es, wie zu erwarten gewesen wäre, auch von weiteren Kreisen als ... Gabe von seltenem Werth aufgenommen wurde — eine zweite Auflage ... ihm daher nicht beschieden gewesen —, so hatte er doch die große Genug...ung, daß es von sachverständiger Seite richtig eingeschätzt worden ist, wenn ... auch die Anerkennung, wie bei der Natur des Gegenstandes nicht anders ... erwarten war, auch in der Form des Widerspruchs geäußert hat (Funk: ...ologische Quartalschrift Bd. 58, 1876, S. 509—511, Bd. 61, 1879, ...332—336; R. Zöpffel u. Möller: Theologische Literaturzeitung 1876, Nr. 1, ...18—20, 1878, Nr. 14, S. 340—345).

... Wie tiefe Wurzeln er in Breslau geschlagen hatte, konnte er zu seiner ...e erfahren, als er sich zum Abschiede rüstete, um als Nachfolger Duncker's ... Herbst 1876 nach Göttingen überzusiedeln. Daß er dem Ruf an die ...gia Augusta Folge leistete, war jedoch die gegebene Entscheidung, ganz ab...en davon, daß sie für ihn die Rückkehr in die Heimath bedeutete, und es ... dann auch gelungen, sich in Göttingen die ihm zukommende Position ...affen, aber er hat sie sich erringen müssen. Die Göttinger Periode um... die letzte Phase seines Lebens, in ihr reifte das dritte Werk zur Voll...ung, die seinen Schülern Theodor Brieger, Theodor Kolde, Paul Tschackert ...dmeten „Augustinischen Studien" (Gotha 1887, 516 S.). Bis auf zwei ... sie bereits in der Zeitschrift für Kirchengeschichte (Band IV, V, VI, ... VIII) veröffentlicht worden; zu den in der Buchausgabe erstmalig ge...ten gehört die meisterhafte Schlußstudie, die unter dem bescheidenen Titel ...r Würdigung der Stellung Augustin's in der Geschichte der Kirche" ein ...eitsprogramm skizzirt, das bis heute noch nicht ausgeführt ist und, wie übrigens das ganze Buch der Augustinforschung eine Fülle von neuen sichtspunkten und Wegweisungen dargeboten hat (vgl. z. B. A. Koch in: binger Theolog. Quartalschrift, Bd. 71, 1889, S. 462—478; A. Harna Theolog. Literaturzeitung 1887, Nr. 15, S. 350—355). Am 30. 1887 feierte er seinen 70. Geburtstag in voller geistiger und körper Frische, dankbaren Herzens im Blick auf die Vergangenheit und hoch über die ihm überreichte Festschrift (Kirchengeschichtliche Studien. Her Reuter zum 70. Geburtstag gewidmet von Theodor Brieger, Paul Tsch Theod. Kolde, Friedr. Loofs und Karl Mirbt. Mit einer Beigabe von Reuter. Leipzig 1888, 351 S.). Im folgenden Jahr traf ihn am 15. tember ein leichter Schlaganfall, von dem er sich aber so gut erholte, seine Vorlesungen fortsetzen konnte, im Winter allerdings nicht große Anstrengungen, in dem nächsten Sommer aber, wie es schien, in Frische. Als er am 17. September 1889 zu der theologischen Prüfung Hannover reiste, traf ihn auf dem Bahnhofe in Kreiensen aufs neue ein hirnschlag, der seinen sofortigen Tod herbeiführte. Am 19. September er in Göttingen bestattet, sein College Hermann Schultz widmete ihm warmempfundenen, den Verstorbenen sein charakterisirenden Nachruf und ihm freundschaftlich verbundene Superintendent Steinmetz sprach im der lutherischen Gemeinde.

R. war eine scharf ausgeprägte Persönlichkeit, originell und tempera voll, mit der Aeußerung seiner Antipathien nicht kargend, aber auf der Seite von überströmender Güte, von zartester Rücksicht, von hingebender gegen die, welche seinem Herzen nahe standen. Er hat ein einsames geführt, das erklärt manche Einseitigkeit, auch manches, was sich als Sch heit darstellte. Als er sich am 17. September 1858 mit Auguste F v. Uslar-Gleichen, der älteren Tochter einer hannoverschen Officierswitt Hildesheim verlobt und sie am 12. April 1859 geheirathet hatte, ihm, der bis dahin nur der Arbeit gelebt hatte, ein Lebensglück auf, bis dahin nicht gekannt hatte. Aber vier Wochen nach der Geburt sei einzigen Sohnes starb die von ihm heißgeliebte Frau (11. April 1860), Schlag, den R. niemals völlig überwunden hat. Fortan wurde wieder Wissenschaft seine ausschließliche Welt, und an ihren Problemen die Kräfte messen, seine höchste Lebensfreude. Es konnte eine Art von Arbeitsleidensch über ihn kommen, Schwierigkeiten weckten in ihm das Verlangen, sie zu winden, und steigerten es nur noch, wenn das Problem sich verwickelte. befand sich in einem geistigen Ringkampf mit dem Stoff, der nicht endete, er ihn bemeistert hatte, mochte dies nun in der Form der Feststellung einzelnen Thatsache geschehen oder in der präcisen Fixirung eines Prob und der möglichst scharfen Abgrenzung des Sicheren, Wahrscheinlichen Möglichen. In voller Unbefangenheit und Selbständigkeit stellte er sich Quellen gegenüber und wußte sie mit großem Scharfsinn zum Reden bringen, Situationen und Persönlichkeiten erfaßte er mit divinatorischem Für ihn ist sein Stil sehr bezeichnend. R. schreibt pointirt, er liebt scharfe, ja grelle Beleuchtung und wirkt gern durch Contraste. Dadurch er den Leser in Spannung und läßt ihn nicht los, bis die Beweisfüh ihren Abschluß gefunden hat. In der „Geschichte der Aufklärung“ tr diese Eigenthümlichkeiten am stärksten hervor. Diese knappe Ausdrucksw floß ihm aber nicht in die Feder, sondern war in vielen Fällen das Res von oft längeren Ueberlegungen, die Frucht vieler Entwürfe. Dadurch klört es sich, daß ihm die Art ruhig fortschreitender Erzählung offen *weniger gut lag.*

Daß die Kirchengeschichte jetzt nach keinen anderen Grundsätzen arbeitet, nach denen, die wir in dem Wort „Historische Methode" zusammenzufassen ... ist das Resultat einer langen Entwicklung. Mühsam und allmählich ... diese Methode durchgesetzt; zu denen, die ihr zum Siege verholfen ... gehört Hermann Reuter. Er hat sich das weitere Verdienst erworben, ... seine eigenen Arbeiten, wie durch ausdrückliche Hinweise (Vorwort zu ... von Salisbury") für das von der kirchengeschichtlichen Forschung vernachlässigte Mittelalter Interesse und Arbeitslust geweckt zu haben. ... Fortschritt war es ferner, daß er „die politische Partie der Kirchengeschichte" für diese selbst reclamirte. Sollte etwa die Kirchengeschichte „in ... eingeschlossen werden, die Neander inne gehalten? Das hieße ... anderes, als die Betrachtung der großartigen welthistorischen Bewegung ... Kirche jener mitstrebenden Genossenschaft der politischen Historiker über... denen wir doch vielmehr die Ueberzeugung lichten müssen, daß die ... tische Bildung allein die rechten Kriterien an die Hand giebt, an denen ... historischen Facta richtig zu schätzen sind" (Vorrede zur „Geschichte ... anders III.", 2. Aufl., S. VII). Das waren programmatische Sätze, die, ... sie von einem Mann gesprochen wurden, der selbst den Beweis ihrer ... führbarkeit erbrachte, nicht ungehört verhallt sind. In ihm verband sich ... mit der gewissenhaftesten Sorgfalt in der Handhabung der Einzel... suchung der Blick für historische Combinationen, Befähigung zu universal... licher Betrachtungsweise (Brieger S. 4); „litterarische Quellenkritik" ... nicht das Höchste, sondern nur die, allerdings unentbehrliche, Voraus... für ein wahrhaft historisches Verständniß der Vergangenheit. Von ... Position aus hat er in nie rastendem Fleiß Umschau gehalten über das ... schreiten der Wissenschaft, ein enthusiastischer neidloser Bewunderer der ... schaftlichen Leistungen Anderer, niemals fertig und abgeschlossen im Sinn ... Selbstgenügsamkeit und allen Infallibilitätsanwandlungen nicht nur grund... sondern vor allem thatsächlich fremd. Er war kein milder Richter ... zur „Geschichte der Aufklärung"), aber es war ihm dann, wenn er ... scharfes Urtheil fällte, eine sittliche Nöthigung, es auszusprechen, es wäre ... ihm eine Verleugnung der Wahrheit gewesen, es zu unterdrücken. Daß ... streng sachlich verfuhr, daß persönliche und Parteirücksichten niemals ... Urtheil bestochen haben, wird keinem zweifelhaft sein, der ihn näher ge... hat. Gewiß, er war anspruchsvoll inbezug auf die Arbeiten Anderer, ... am anspruchsvollsten gegen sich selbst. Daher seine große Zurückhaltung ... Veröffentlichen. „Ich verfolge — schrieb er 1875 in der Vorrede zur Ge... der Aufklärung (S. IX) — meine Studien in erster Linie lediglich, ... mich selbst zu belehren, um mir selber zu genügen oder freilich auch — ... zu genügen. Das Publicum zum Zeugen derselben zu machen, ist mir ... bekanntes Bedürfniß, die Vielschreiberei in der Gegenwart im höchsten ... widerlich, — nach meinem Dafürhalten eher zur Hemmung des Fort... der Wissenschaft als zur Beschleunigung desselben geeignet. Die Ver... lichung durch den Druck bildet für mich, im schroffen Gegensatz zu nicht ... Autoren, gerade die Ausnahme von der Regel. — Nur in zwei Fällen ... auch ich die Publikation genehmigen: entweder muß ich dessen gewiß sein, ... neue Quellen verwende, in den schon bekannten bisher Unbeachtetes ... haben, oder aber, daß ich dem allgemein gebrauchten Quellen-Material ... Kritik und Combination ein eigenthümliches Verständniß abgerungen ..." Diese Worte sind für R. sehr charakteristisch, er hat auch danach ge... handelt. Infolgedessen entschloß er sich nur schwer zur Herausgabe einzelner ... sätze, auch die Begründung der Zeitschrift für Kirchengeschichte im J. 1876, zu der er nach Brieger's Mittheilung „den entscheidenden Anstoß" hat und deren für die Hebung der deutschen kirchengeschichtlichen wichtige Entwicklung ihm zu besonderer Genugthuung und Freude war nicht im Stande, ihn zu größerer Freigebigkeit und zu einer Auffassung inbezug auf die Veröffentlichung der Früchte seiner veranlassen.

Außer den bereits erwähnten Aufsätzen über Augustin sind von dieser Zeitschrift nur zwei Essays veröffentlicht worden, wahre Cabinet Zu dem ersten, das neue Unternehmen einleitenden Hefte hatte er bei „Bernhard von Clairvaux. Züge zu einer Charakteristik" (I. Bd., S. aus seinem Nachlaß erschien 1890 (XII. Bd., S. 1—20): „Graf und die Gründung der Brüdergemeinde", das einzige, was er hinterlassen hat. Der dem Herausgeber bereits mitgetheilte Plan einer über Abälard ist nicht mehr zur Ausführung gelangt. Die „Realency für protestantische Theologie" von Herzog hat aus seiner Feder Artikel „Baronius" (Bd. I, S. 695—698) und „Becket" (ebd. S. 734 gebracht; in der zweiten Auflage dieses Werkes beschränkte sich seine auf die Revision bezw. Neubearbeitung dieser Artikel (Bd. II, S. 105 199—204). Er zog es vor, sich seine Aufgaben selbst zu suchen, statt stellen zu lassen. Auch das Recensiren von Büchern hat er seit der des Repertoriums eingestellt, doch brachte er noch in den Theologischen und Kritiken 1871, S. 184—197 das Werk des früh verstorbenen mann, Die Politik der Päpste von Gregor I. bis auf Gregor VII., Elberfeld 1868. 1869 in einer Besprechung zur Anzeige, die für den ebenso ehrenvoll war, wie für den Recensenten bezeichnend.

Höher als seine litterarischen Arbeiten standen R. seine Vorles Das Katheder zu besteigen war ihm eine tägliche Freude, seine Zuhörer Begeisterung fortzureißen sein größter Stolz. In den letzten Jahren er an die Vorbildung und die Mitarbeit der Studenten leicht zu hohe forderungen, in den Vorlesungen nahm die Auseinandersetzung mit den Specialuntersuchungen einen sehr breiten Raum ein, und durch die er in den Stand der Controversfragen einführte, hat er wohl den zu Füßen sitzenden späteren Docenten Anregungen von bleibendem geben, aber für nicht wenige Hörer das Niveau zu hoch gegriffen. sich wohl keiner dem Eindruck seiner Persönlichkeit entziehen können, mit blitzendem Auge und scharf accentuirter Stimme in knappen Charakteristiken gab oder, von der Größe des behandelten Gegenstandes gerissen, seiner rhetorischen Begabung freien Lauf ließ. Da er auf die bereitung der Vorlesungen außerordentliche Sorgfalt verwandte und in Heften ein umfassendes gelehrtes Wissen zusammengetragen hatte, nach seinem Tode wohl die Frage, ob dieses gewaltige Material Wissenschaft vorenthalten werden dürfte, aber sie wurde verneint. sammte handschriftliche wissenschaftliche Nachlaß Reuter's ist 1906 tinger Bibliothek überwiesen worden (vgl. Chronik der Universität für 1905, S. 20). Seine an 3000 Bände zählende Büchersammlung Zeugniß seiner umfassenden Interessen, übernahm die Buchhandlung Liebisch in Leipzig (Kataloge Nr. 47—50, 1890).

In das theologische und kirchliche Leben seiner Zeit hat er activ nicht mehr eingegriffen, seine Art wies ihn nicht darauf hin, und seine essen wandten sich mehr und mehr der Vergangenheit zu, ohne daß er Zweifel aufkommen ließ, daß er auch dogmatisch bei den Alten seinen hatte. Allem Ostensiblen auf religiösem Gebiet abhold, ist er

... gerichtete Persönlichkeit seine eigenen einsamen Wege gegangen und ... sich auch mitten in den Jahren intensivster Arbeit das Recht auf ... innerer Sammlung. — An äußeren Beweisen von Anerkennung hat ... in späteren Jahren nicht gefehlt, von besonderem Werth war ihm die ... nung zum Abt von Bursfelde 1881; den Charakter als Consistorialrath ... schon 1869 erhalten. — Brieger schrieb unter dem frischen Eindruck ... Hinscheiden des allen seinen Schülern unvergeßlichen Lehrers die ...: „Nach dem Hintritt der Männer, welche wir als die größten Be... der kirchlichen Geschichtschreibung in der ersten Hälfte des 19. Jahr... ...feiern, hat Reuter ein halbes Menschenalter hindurch unter den ...historikern des Protestantismus die Führung gehabt". Damit ist viel ... aber nicht zu viel.

... Für vorstehenden Artikel standen dem Unterzeichneten zur Verfügung: ...innerungen an Hermann Reuter zusammengestellt von August Reuter" ...schrift, 14 Seiten), auf dem das über die Jugendzeit Gesagte fußt; ...dem: Worte, gesprochen an dem Sarge des Professors Hermann Reuter ...tha 1889, 12 Seiten); Th. Brieger's Nachruf: Zeitschrift für Kirchen... ...schichte XI. Band, an der Spitze des 2. Heftes 1889; Th. Kolde, Artikel ...uter": Realencykl. f. prot. Theol., 3. Aufl. XVI, 1905, S. 696—703.

Carl Mirbt.

Reuter: Paul Julius Freiherr von R., journalistisch-industrieller Unter..., wurde am 21. Juli 1816 (unrichtig das übliche 1821) zu Kassel aus ...discher Familie (Josaphat) geboren. 18jährig, trat er in der Geburtsstadt ...schäft seines Oheims, vor 1833 als Lehrling in ein Bankhaus zu Göttingen, ... 1847 in eine Buchhandlung in Berlin. Früh beschäftigten ihn elektrische ...mente, und er sah rasch die culturelle Bedeutung des Telegraphen ein, ... genauere Kenntniß ihm sein Verkehr mit dem großen Mathematiker ... Gauß in Göttingen brachte. Das nöthige Capital scheint R. durch die ...th mit Ida, Tochter von S. M. Magnus in Berlin, erlangt zu haben .... Als trotzdem in Berlin seine Verhältnisse nicht vorwärts wollten, ... ihm die Ereignisse von 1848 den Gedanken nahe, so oder so der General... Oberreporter der Weltpresse zu werden. Als nun 1849, da R. eben in ... eine lithographirte Nachrichten-Correspondenz begründet hatte, die erste ...er Drahtleitung bis Aachen zu arbeiten begann und die preußische Re...g diese Linie für den Privatverkehr freigab, faßte er in Aachen Posto ...richtete von da, um die Pariser und Londoner Neuigkeiten sofort zu er..., eine Brieftaubenpost bis Brüssel ein, in letzterer Stadt selbst aber ein ...richtenbureau, um den Zwecken des Transitgeschäfts, des Bankverkehrs und ...itungen unter die Arme zu greifen. So kam er gar bald als Vermittler ...r Nachrichten mit hervorragendsten Tagesblättern und Banken, zunächst ...schlands und Belgiens, in Verbindung. „Da überall Anschlüsse geschaffen ... mußten, war die damalige Organisation ein verzwicktes Ding. An ...ischenstationen warteten Couriere auf die Depeschen; Extraposten nahmen ...ungen entgegen und brachten sie nach den entferntesten Gegenden. So ...and die gewaltige Organisation, deren Zweige heute über die ganze Erde ...erstrecken." Mit der folgenden schnellen Ausdehnung des Telegraphennetzes ...gte R. den Sitz seines Telegraphenbureaus nach dem nahen Verviers, dann ... Quiévrain, der Grenzstation der Brüssel-Pariser Eisenbahn. Nach der ...ge des Canalkabels von Calais nach Dover 1851 setzte sich R. mit seinem ...nehmen für immer in London fest, dessen centrale Wichtigkeit als Welt...platz für seine Absichten ihm einleuchtete und sich glänzend bewähren .... Anfangs besorgte er die von allen Hauptpunkten des Festlandes beschafften commerciellen und finanzellen Neuigkeiten bloß für Kaufleute … höchstens den einzelnen Journalisten. Nach einiger Zeit freilich entschlo… R., nach erfolglosen Anerbietungen an die Londoner Redactionen, ihnen … Monat die einlaufenden Depeschen gratis zu liefern. Telegrammüberrasch… hielt man nämlich damals meist für Schwindel und scheute auch den … Wortlaut mit Concurrenzjournalen. Da sich eine dortige Zeitung nach … andern von der Richtigkeit der übermittelten Vorfälle überzeugte, tra… allmählich fast sämmtlich in ein festes Verhältniß zu ihm, und als sei… die meisten Londoner Morgenblätter seine Nachttelegramme vom Continent … Controlle einrückten, war Reuter's politischer Einfluß besiegelt. Nun … er seine Verbindungen reißend nach allen Richtungen aus und ward … kurzem fast der alleinige Versorger aller großen Zeitungen und Creditan… mit den jüngsten Nachrichteneinläufen. Das machte er möglich, indem … aller Herren Länder Filialen errichtete, eigene Drahtlinien und Couriert… schuf. Solche Zweigbureaus begründete R. nun in Belgien, den Niederl… Ostindien, Aegypten, China, den Küstenplätzen Afrikas, Canada und der … Westindien, Südamerika.

Den obersten Rang des Vertrauens erklomm Reuter's Institut, … so zuerst 1859 nach Oberitalien (Napoleon III. war mit zuerst für sein … nehmen gewonnen), wo sogar das stolze leitende Cityblatt Times sich gä… darauf verließ, Specialberichterstatter auf Kriegsschauplätze entsandte … laufende Tagesdepeschen an das Londoner Hauptcontor einliefern … R. scheute aber auch kein Opfer, seinen Nachrichtendienst zu verbessern. Wä… des nordamerikanischen Bürgerkriegs unterhielt er z. B. eine eigene … graphenlinie von Cork auf Irland nach Crookhaven. Damals bewies ein … legentliches persönliches Nachhelfen seine Findigkeit. Als nämlich am 14. … 1865 in New York die Ermordung des Präsidenten Abraham Lincoln be… wurde, hatte der Postdampfer nach Europa gerade den Hafen verlassen. … nicht faul, charterte flugs einen kleinen Schnelldampfer, schrieb auf diesem … Bericht und warf diesen, in eine Blechbüchse verpackt, an Bord des verfol… Europafahrers, als er diesen erreichte; so ersetzte er das erst 1866 durch … durchgeführte transatlantische Kabel in einem besonderen Falle durch Augenbl… energie. Ebenfalls 1865, in demselben Jahre wie Wolff's 1859 gegrün… „Telegraphen-Agentur“ in Berlin, wurde das Institut in eine Actiengesell… „Reuter's Telegram Company (R. T. C.)“, umgewandelt, an deren Spitze … schon seit Jahren Reuter's ältester Sohn, Baron Herbert v. R., steht. … gleichen 1865 ermächtigte der König von Hannover R., zwischen der … seines Landes und der englischen ein unterseeisches Kabel zu legen, … preußische Regierung bestätigte nach der Occupation Hannovers diese unge… einschneidende Genehmigung und nahm selbst die Weiterführung dieser … bis zur russischen Grenze auf sich. Wie „Reuter's Bureau“ (so die … deutsche Bezeichnung) 1869 das erste oceanische Kabel zwischen Frankreich … Nordamerika legte, so ergänzte der überall einspringende Mann in Ostin… und China telegraphische Lücken, führte z. B. dort im fernen Morgenla… auch einen Courierdienst von Peking nach dem Handelsmittelpunkte Kia… dem Ziele des russischen Telegraphen nach Centralasien und Sibirien, … man denke, viertehalb Jahrzehnte vor dem russisch-japanischen Kriege! … im J. 1872 bewilligte ihm der Schah von Persien das ausschließliche … Eisenbahnen zu bauen, der Zollpacht und der Controlle der natürlichen … quellen des Landes; doch tauschte R. diese erstaunliche Gerechtsame gegen … Erlaubniß, die Persische Bank ins Leben zu rufen, ein. Den Schöpfer … längst den ganzen Erdball wie ein Gewebe umspannenden großartigen Institut…

1871, wohl auf englischen Antrieb, Herzog Ernst II. von Coburg-Gotha [illegible] Freiherrenstand. Nachdem sich der Chef des Weltgeschäfts von [illegible] schon länger zurückgezogen, starb er am 25. Februar 1899 [illegible]

[illegible] versorgte „Reuter's Telegraphen-Bureau“ in Großbritannien und [illegible] sammt allen englischen Colonien die gesammte Presse und zahllose [illegible] mit den Erdneuigkeiten, hingegen umgekehrt den Continent [illegible] tägliche „Allgemeine Correspondenz“ mit Nachrichten aus dem weiten [illegible] Weltreiche. Das Riesenunternehmen befaßte sich, wie die ältere [illegible] Agence Havas, die erst 1879 Actiengesellschaft wurde, theilweise [illegible], auch mit Annoncen, Reclamen, Commission, Agentur, Auskünften, [illegible], Export, Colonisation, Uebersetzen, Verlagsbuchhandel. In der [illegible] aber widmete es sich, getreu den Gründungsintentionen seines [illegible] eigentlichen Vermittlung actueller Nachrichten. „Reuter's Bureau [illegible] heute noch eine Art von Monopol für die Verbreitung von Zeitungs-[illegible], und jedenfalls ist der Theil, womit das Unternehmen begann, der [illegible], noch immer gut. Beschwerden sind namentlich in der deutschen [illegible] häufig wegen der politischen Nachrichten entstanden, die oft an einer auf-[illegible] Einseitigkeit litten.“ Diese letztere kennzeichnete sich neuerdings meist [illegible]-tendenziöse Färbung (mit dem 20. Jahrhundert etwas abgeblaßt) [illegible] bis zur Gegenwart britisches Interesse streifende Angaben, die [illegible] Reuter-Meldung“ oder „Reuter kabelt“ eingeleitet sind, etwas in Miß-[illegible] Hatte übrigens R. selbst den Deutschen äußerlich ziemlich abgestreift, [illegible] er doch nie zum Engländer geworden, und so hat ihm denn auch die [illegible] „National Biography“ kein Plätzchen neben seinem Namensvetter [illegible] 17. Jahrhundert eingeräumt, während O. Weise am Ende seiner [illegible] Notizen über das Bedeutsame und fast Revolutionäre des Reuter-[illegible] („Schrift- und Buchwesen in alter und neuer Zeit“, 1899, S. 88, [illegible], 1903, S. 83) ausruft: „So hatte sich ein ‚blinder Hesse‘ einmal [illegible] weitsichtiger Mann gezeigt.“

[illegible] Die kenntlich gemachten Sätze oben aus einem Londoner Nekrologe [illegible] darin Geburtsjahr 1816!) in den „Münchener Neuest. Nachr.“ Nr. 101, [illegible] März 1899, S. 2, wie in meiner Skizze im Biograph. Jhrbch. u. Dtsch. [illegible] IV, 241 f., die hier zu Grunde liegt. Jahresdaten und Entwicklung [illegible] Meyer's Conversationslexikon[5], XIV (1896), S. 679, großentheils [illegible] im Artikel der Grande Encyclopédie, 28. Bd. (1900), S. 525 f., [illegible] behauptet wird, Reuter's Bureau habe die Entwicklung der Agence [illegible] „suivi parallèlement“. Knapper Brockhaus' Conversationslex.[14] XIII, [illegible] Jubiläumsausg. XIII (1903) 812. Meyer's und Brockhaus' Notizen [illegible] Reuter's Tode kritiklos in die meisten Tagesblätter übergegangen. Die [illegible] eingeflochtene Mittheilung über R. in Persien ist nur in dem kurzen [illegible] über ihn in The Encyclopedia Americana, Bd. XIII, s. v., belegt. [illegible] auch A. Kohut, Berühmte israelit. Männer und Frauen II (1900), [illegible]. Wirkliche Aufklärung über Reuter's israelitische Herkunft als [illegible] des (1829 †) provisorischen Rabbiners zu Kassel, Josaphat, sowie Fest-[illegible] seines eigenen Knaben- und Jünglingsnamens Israel Beer Josaphat [illegible] nannte er sich erst seit der — wohl in Berlin vollzogenen — [illegible] lieferte erst ein (durch Dr. Erich Ebstein vermittelter) Auszug aus [illegible] (1832er) Seelenregister der israelitischen Cultusgemeinde zu Kassel im [illegible] 1907. Vgl. „Das Neue Blatt“, 36. Jhrg. (1905), 47 S. 752; [illegible] i. d. Wiener „Zeit“ Nr. 314 (1903), danach „Liter. Echo“ [illegible]

Ludwig Fränkel.

Reyher: Andreas R., hervorragender Pädagog des 17. Jahrhunder
geboren in dem Dorfe Heinrichs bei Suhl am 4. Mai 1601, † als Rec
des Gymnasiums in Gotha am 2. April 1673. Sein Vater war der „Wei
führer“ Michael Reyher, seine Mutter, Ottilie, die Tochter des Schultheiß
Wolfgang Albrecht in Heinrichs. Besonders die letztere wußte durch ihre tie
Frömmigkeit schon frühzeitig religiösen Sinn und festes Gottvertrauen in de
Gemüthe des Knaben zu wecken. Anfangs besuchte dieser die Schule seine
Heimathsortes, von 1614 ab aber die in dem benachbarten Suhl, damit er
viel im Rechnen und Latein lerne, um dermaleinst ein tüchtiger Weinhändl
werden zu können. Infolge der raschen Fortschritte aber, die der Knabe
der Schule machte, gab der Vater diesen Plan wieder auf, beschloß, den So
studiren zu lassen und sandte ihn 1616 auf das Gymnasium in Schleusinge
Hier ward er in die Tertia aufgenommen, rückte aber schnell vor und erlang
am 16. August 1621 die Erlaubniß zum Besuche einer Universität. Er widme
sich in Leipzig dem Studium der Theologie und Philologie, sah sich aber i
folge seiner ungünstigen finanziellen Lage genöthigt, nebendei viel Priva
unterricht zu ertheilen. Diese Uebung im Unterricht sollte ihm jedoch spät
sehr zu statten kommen. Bereits im J. 1624 ward er von der philosophisch
Facultät zum Baccalaureus gewählt und 1627 erlangte er die Magisterwürd
Jetzt schon hielt er philologische und philosophische Privatvorlesungen; a
19. März 1631 aber erfolgte seine öffentliche Habilitation. Nachdem er früh
bereits vielfach disputirt und 1629 auch 25 Tafeln in Folio zur Einführun
in die griechische Sprache herausgegeben hatte, veröffentlichte er von 1630 b
1632 nun auch Tabellen in gleichem Format zur Logik, Ethik, Physik, Poli
und Oekonomik. Durch diese Arbeiten wurde er in weiteren Kreisen bekan
und erhielt daher 1632 einen Ruf, das Rectorat der Schule in Schleusinge
zu übernehmen. Er folgte demselben und ward am 10. December jenes Jahr
in sein neues Amt eingeführt.

Hier hatte er mit zahlreichen Schwierigkeiten zu kämpfen; denn die na
theiligen Wirkungen des dreißigjährigen Krieges machten sich immer mehr b
merklich. Ein Einfall der Kroaten 1684, darauffolgende Pest und Hunger
noth erhöhten die üble Lage. Die Zahl der Schüler des Gymnasiums ve
minderte sich rasch; unter den wenigen Zurückbleibenden riß die größte Zuc
losigkeit ein; den Lehrern kounte kein Gehalt mehr gezahlt werden. Trotzde
harrte R. unverdrossen aus, bewahrte sich eine außerordentliche Arbeitsfreud
keit und suchte dem Uebel so viel als möglich zu steuern. Zunächst bewirk
er durch neue Schulgesetze eine Besserung der Schulzucht, sodann begann e
eine Umänderung des gesammten Unterrichtsbetriebes nach den Reformvorschläge
eines Ratke, Evenius und Comenius anzubahnen und trat 1634 in ein
Schrift: „Palaeomathia sive Ratio docendi discendique genuino antiquior
besonders für die als Neuerungen verdächtigten Lehren Ratke's ein. Eveniu
sprach seine Freude über diese Schrift in einem Gedichte aus, das er a
29. April 1634 an R. sandte und machte wahrscheinlich später auch Herz
Ernst auf den tüchtigen Pädagogen aufmerksam. Schriftstellerisch war dama
R. noch insofern thätig, als er eine „Synopsis Grammaticae Graecae“ u
eine „Philosophia universalis“, auch „Margarita philosophiae“ genannt, herau
gab. In seinen persönlichen Verhältnissen trat während seines Schleusinger Au
enthalts eine Aenderung dadurch ein, daß er sich 1633 mit Katharina Abess
einer Tochter des Superintendenten M. Sebastian Abesser in Suhl, vermähl

Um jedoch den immer trauriger werdenden Verhältnissen in Schleusing
zu entgehen, nahm R. 1640 einen Ruf als Rector an das Gymnasium
Lüneburg an und reiste — Frau und Kinder einstweilen zurücklassend

in ab. Er fand jedoch auch in Lüneburg unerquickliche Zustände, und als August nach Schleusingen zurückkehrte, um seine Familie zu holen, war r erfreut, als ihm Herzog Ernst von Sachsen-Gotha, der jetzt unter dem n der „Fromme“ bekannt ist, das Rectorat des Gymnasiums in Gotha Der Rath zu Lüneburg wollte ihn zwar nicht wieder entlassen, allein Herzog erklärte, R. habe seine Demission in Schleusingen nur unter der ung erhalten, daß, wenn das dortige Gymnasium wieder hergestellt , er seinen Dienst daselbst wieder aufnehmen oder, wenn die Obrigkeit innerhalb des Landes andere Gelegenheit mache, er sich derselben nach- wolle, deshalb möge es der Rath geschehen lassen, daß R. in des Herzogs n bleibe: die Lüneburger mußten wohl oder übel nachgeben; am 26. De- 1640 traf R. mit seiner Familie in Gotha ein und wurde am 11. Januar feierlich in sein Amt eingeführt. Hier fand er ein reiches Arbeitsfeld; Herzog Ernst richtete es so ein, daß R.'s pädagogische Begabung und sche Befähigung sowohl dem höheren als auch dem niederen Schulwesen e kamen. Gleich bei seinem Regierungsantritte hatte er eine allgemeine visitation veranstaltet und diese hatte ein überaus trauriges Bild von den verhältnissen ergeben. Vielfach hatte aller Unterricht infolge des Krieges rt, wo aber noch Schule gehalten wurde, geschah es von Lehrern, die, leben zu können, nebenbei ein Handwerk treiben mußten. Mechanisches endiglernen war die Hauptsache des Unterrichts; die Schulzucht wurde barbarischer Roheit gehandhabt. Nun hatte Herzog Ernst sich schon als lebhaft für die pädagogischen Bestrebungen Ratke's interessirt und mit en den segensreichen Einfluß beobachtet, welchen die in dessen Sinne von Generalsuperintendenten Johannes Kromayer in Weimar verfaßten Schul- ungen, von denen besonders die von 1619 und 1629 einer Verbesserung Volksschule galten, ausübten. Er veranlaßte jetzt R., auf Grundlage jener marischen Schulordnungen eine solche für das Herzogthum Gotha aus- beiten, die im J. 1642 unter dem Titel: „Special- und sonderbarer cht, Wie nechst Göttlicher verleyhung die Knaben und Mägdlein auff den schaften und in den Städten die vnter dem vntersten Hauffen der Schul- und begriffene Kinder im Fürstentumb Gotha kurtz vnd nützlich vnterrichtet en können und sollen. Auf gnädigen Fürstl. Befehl auffgesetzt Vnd ge- t zu Gotha bey Peter Schmieden. Im Jahre 1642.“ Dieses Buch, s in seiner zweiten Auflage im J. 1648 den Titel „Schulmethodus“ t, bildete hinfort die Grundlage für den gesammten Volksschulunterricht Herzogthums und hat Geltung gehabt bis zum Jahre 1780. Das wichtigste richtsfach war die Religion: der Katechismus lieferte fast ausschließlich Stoff für die Uebungen im Lesen, Schreiben und selbst im Singen. Nach- das Lesen in dem „Syllabenbüchlein“ gelernt worden war, wurde ein von bearbeitetes „Lesebüchlein“ benutzt; diese genannten Bücher waren ebenfalls ahmungen weimarischer Schulbücher. Beim Rechenunterrichte wurde seit dem 1653 Reyher's „Arithmetica oder Rechenbüchlein“ angewandt. Besonderes icht wurde auf den Unterricht im Singen gelegt. Eine wesentliche Er- ung erfuhr der Methodus sodann im J. 1657 durch Reyher's Schrift: er Unterricht von natürlichen Dingen und etlichen nützlichen Wissenschaften“, ch nicht an ein weimarisches Vorbild anlehnte, durch welche aber der Unter- in den Realien in die Volksschulen Gothas eingeführt wurde. Unendliche wierigkeiten stellten sich R. bei der Durchführung der Bestimmungen des odus“, z. B. bei der Einführung der allgemeinen Schulpflicht, entgegen; er war nicht der Mann, sich dadurch abschrecken zu lassen, und es gelang unermüdlichen *Thätigkeit und* Ausdauer mit der thatkräftigen Unterstützung des Herzogs Vorbildliches für ganz Deutschland zu schaffen, so daß Zeitgenossen sagten: Herzog Ernst's Bauern seien frömmer und gelehrter, als in anderen deutschen Ländern die Edelleute.

Nicht minder reformatorisch wie auf dem Gebiete des Volksschulwesens wirkte R. auch auf seinem eigentlichen Gebiete, dem des Gymnasialunterrichts. Das Gymnasium zu Gotha war unter Reyher's Vorgänger M. Johann [illegible] in Verfall gerathen. R. wies in einer Denkschrift auf die Uebelstände hin und machte Verbesserungsvorschläge. Der Herzog ging trotz der beschränkten [illegible] darauf ein. Es wurden zwei neue Classen eingerichtet und die Zahl der [illegible] von sieben auf elf erhöht. Wie in der Volksschule, so sollte fortan auch alle Unterweisung der Gymnasiasten die Religion die Grundlage bieten. [illegible] den Unterricht in der lateinischen Sprache bearbeitete R. drei neue Bücher: „Puerilia latine legendi rudimenta“, „Vocabularium Grammaticum“, „La[illegible] Germanicum“, und eine lateinische Grammatik. Für die Lectüre gab er Cornelius Nepos, Curtius, ein „Fasciculum Epistolarum Ciceronis, orationes Ciceronis selectas“, und die „Flores des Plautus“ heraus. Zur Benutzung bei den Uebungen im lateinischen Aufsatz erschienen von R. „Fascic[illegible] phrasicum ex Terentio, Cicerone et Plauto“, „Theatrum Romano-Te[illegible] cum“ und „Regulae sermonis Latini elegantioris“. Der Unterricht im Griechischen begann in Quarta. Zuerst benutzte man Reyher's „Pu[illegible] Graece legendi rudimenta, pro discipulis quarti ordinis in illustri q[illegible] Gothae est Gymnasio edita“, dann eine von R. bearbeitete Grammatik. [illegible] Lectüre, welche in Secunda begann, erstreckte sich auf Homer, Aesop's Fa[illegible] Theognidis Sententiä und Reden des Isokrates. Für den Unterricht im Hebräischen gab R. ebenfalls ein Lesebuch und eine Grammatik heraus, [illegible] für den Unterricht in allen drei Sprachen diente seine: „Grammatica H[illegible] monica generalis linguarum Hebraicae, Graecae, Latinae et Germanicae“. Ebenso verfaßte er Lehrbücher für die in den oberen Classen des Gymnasiums betriebenen philosophischen und mathematischen Fächer. Da jedoch viele Schüler das Gymnasium verließen, ohne den ganzen Cursus durchgemacht zu haben, um sich einem Gewerbe oder dem Handelsstande zu widmen, so richtete R. [illegible] diese zwei sogenannte „deutsche Classen“ ein, in denen die für das praktische Leben wichtigen Kenntnisse gelehrt wurden. Er schuf dadurch eine mit [illegible] Gymnasium vereinigte Realanstalt. Auch führte er jährliche öffentliche Examina ein und machte dem Uebelstande ein Ende, daß jeder Schüler nach Gutdünken das Gymnasium verlassen konnte, um die Universität zu beziehen. Auf sein Wunsch verordnete Herzog Ernst, daß der Generalsuperintendent in Gemeinschaft mit dem Rector und dem Lehrercollegium über die Reife eines Schülers für den Universitätsbesuch zu entscheiden habe.

Neben der Sorge für den Unterricht lag es R. nun besonders ob, der eingerissenen Zuchtlosigkeit unter den Schülern zu steuern. Er arbeitete neue Schulgesetze aus, die den Beifall seiner Vorgesetzten fanden und am 31. Mai 16[illegible] feierlich im Gymnasium vorgelesen wurden, trotzdem aber nur wenig Besserung schufen. Noch 1663 mußte Herzog Ernst ein „Patent wegen des von den jungen Purschen im Gymnasio treibenden Unfugs“ erlassen. Abgesehen von diesem Uebelstande machten Reyher's Einrichtungen das Gymnasium in Gotha zu einer Musteranstalt, deren Ruf sich weithin verbreitete. Bei seinem Eintritt betrug die Schülerzahl 341; im J. 1661 erreichte sie ihren Höhepunkt mit 724. [illegible] Arbeitslast, die dabei R. zu tragen hatte, war eine große; aber sie drückte [illegible] nicht. „Ich habe“, so schrieb er 1648 an das Consistorium, „die Zeit meines Lebens zu keiner anderen Funktion als zur Didaktika Beliebung getragen und gedenke darinnen, so lange mir mein lieber Gott Leben und Kraft ver[illegible]

...t, beständig zu verharren." Reyher's Gehalt betrug dabei 300 meißn. ...dazu 10 Klaftern Holz und die Gebühren bei Aufnahme und Ent... von Schülern.

Da R. so außerordentlich schriftstellerisch thätig war, hatte er mit Hülfe ...ucker Peter Schmid schon in Schleusingen eine Buchdruckerei eingerichtet. ...nahm er mit nach Gotha und Herzog Ernst unterstützte sein Unternehmen ... Verleihung eines Privilegs. Anfangs wurden in den dort gefertigten ...n die Factoren Peter Schmid und Johann Michael Schall als Drucker ...net; erst später wurde R. als Inhaber der Druckerei genannt. Als Engelhard-...'sche Hofbuchdruckerei besteht Reyher's Gründung noch heutigen Tags. Reyher's Ehe mit Katharina Abesser war mit zwölf Kindern gesegnet, ... vier jedoch frühzeitig starben; ja, 1657 ward ihm die Gattin selbst ... den Tod entrissen. Er vermählte sich jedoch 1659 wieder mit Anna ...ina Bachof, einer Tochter des Ministraturcollectors Bachof in Gotha, ...ihn noch mit drei Söhnen und drei Töchtern beschenkte. Von diesen über... ihn jedoch nur zwei Söhne, und 1670 starb ihm auch die zweite Gattin. ... Jahre später folgte er ihr im Tode nach, tief betrauert von seinem ...herrn, seinen Mitarbeitern und seinen zahlreichen Schülern. Er kann ...Recht als der Vater des gothaischen Schulwesens bezeichnet werden. Eine ...schule in Gotha trägt jetzt zum bleibenden Gedächtniß seinen Namen.

Vgl. Dr. Heine, Programm des Gymnasiums zu Holzmünden 1882. — Dr. Weicker, Programm des Gymnasiums zu Schleusingen 1877. — Dr. Chr. ... Schulze, Geschichte des Gymnasiums zu Gotha, 1824. — Dr. W. ...oehme, Die pädagogischen Bestrebungen Herzog Ernst's des Frommen von ...tha, 1888. — Pfarrer Max Mahlmann in Gispersleben, M. Andreas Reyher, der treue Mitarbeiter Herzog Ernst des Frommen, 1901. — Manu...scripte Reyher's im Besitze der Herzoglichen Bibliothek zu Gotha.

M. Berbig.

Reysmann: Dietrich R. (Raismann), Humanist und Dichter, geboren ...1503, † 1543/44.

Der bisher in der Litteraturgeschichte ganz übersehene Dichter Theodoricus (...dorus, Dietrich, Diether) Reysmann ist zu Heidelberg um das Jahr ... wohl als der Sohn eines sonst unbekannten Heinrich R. geboren, der ... dort inscribirt und 1492 Magister wurde. Seine erste Bildung empfing ... der Trivialschule seiner Vaterstadt durch einen Lehrer, der die jugend... Gemüther früh für die Poesie zu begeistern wußte (Epistola ad Romanos ...), und der vielleicht kein anderer war als Erhard Schnepf, welchen R. ... einem Briefe seinen Präceptor nennt. Am 6. Juli 1520 bezog er die ...versität Heidelberg, wo er sich dem Studiengang der via moderna an... (Töpke, Matr. der Univ. Heidelberg 1, 524). Aber schon im Frühling ... zog es ihn nach Wittenberg, wo sein Landsmann Philipp Melanchthon ... dem in Heidelberg seit seiner Disputation 1518 hochverehrten Luther ..., und wo die via moderna von Anfang an blühte.

Freilich war Luther eben auf der Reise nach Worms, als R. am 8. April ... in Wittenberg inscribirt wurde, und blieb dann elf Monate ferne. Aber ... ersten Werke Reysmann's zeugen von dem starken Einfluß, den Witten... und vor allem Melanchthon auf den jungen Studenten ausübte. Da... stieß ihn Karlstadt's Art ab, dessen Kampf gegen die akademischen Grade ...wahrscheinlich veranlaßte, anfang 1523 nach Heidelberg zurückzukehren, um ... am 5. März 1523 als Magister zu promoviren (Töpke 2, 441); doch ... er in dauernder Verbindung mit Luther und Melanchthon, welche den ...begabten, äußerlich *unscheinbaren und kleinen* Jüngling, mit seiner Kenntniß der „drei Sprachen“ 1524 als Schulmeister für die neugegründete Bartholomäusschule in Altenburg empfahlen. Spalatin nahm sich seiner an, nachdem Link nach Nürnberg berufen worden war. Aber der unreife Jüngling zeigte sich der Stellung nicht gewachsen. Er glaubte sich und seine Lehrthätigkeit nicht genügend gewürdigt zu sehen, klagte über unpünktliche Entrichtung seines Gehaltes und hielt es aus Rücksicht auf ärmere Schüler für unwürdig, streng auf Bezahlung des Schulgeldes zu dringen. Nachdem er sich verheirathet hatte, reichte er mit seinem Gehalt nicht und mußte sein väterliches Erbe zusetzen. Deshalb flüchtete er sich in die Oeffentlichkeit, indem er in einem gedruckten Sendschreiben „An die Erbarn und Weisen, die Eltisten der Gemeine und dre- Räte zu Altenburg“ seine Lage darlegte, worauf der Stadtschreiber Val. Kolb in einer derben Gegenschrift antwortete. Seine Lage war jetzt unhaltbar. Er zog eilig ab mit bitteren Vorwürfen gegen Spalatin und die anderen Prediger, die ihn nicht genügend geschützt hätten, und betrachtete sich als einen Märtyrer seiner Sache, der aber auch bei Wenz. Link, an den er sich gewandt hatte, kein geneigtes Ohr fand.

Die unfreiwillige Muße benutzte R. wohl, um sein erstes poetisches Werk, eine Paraphrase des Galaterbriefes in lateinischen Versen und vielleicht auch die im Verzeichniß seiner Dichtwerke (im Amos propheta) an erster Stelle genannte „Elegia de grue volucri“ zu schaffen und zum Druck zu bringen. Leider sind beide Werke bis jetzt nicht gefunden. In seiner leidenschaftlichen Erregung über seine Erlebnisse in Altenburg verlor der unbesonnene Jüngling das Gleichgewicht und zerfiel auch mit Melanchthon, dem er einen Schmähbrief schrieb (Corp. Ref. I, 1017 vom September 1526, nicht 1528). Dagegen nahm sich der Nördlinger Prediger Theobald Billikan, mit dem R. wohl in Heidelberg befreundet worden war, seiner an. Er verschaffte ihm das Amt des Schulmeisters in Nördlingen, das ihm am 11. Januar 1527 zunächst provisorisch mit 32 fl. Gehalt, bald aber definitiv mit 52 fl. übertragen wurde. Hier dichtete er eine lateinische Paraphrase des Römerbriefes in lateinischen Versen („Divi Pauli Apostoli epistola ad Romanos paraphrastico carmine descripta“, 40 Bl. 8°, 1529), welche er im Mai 1529 dem Markgrafen Georg von Brandenburg-Ansbach widmete.

War R. bisher ein Vertreter der Wittenberger Reformation gewesen, so trat jetzt, wohl unter dem Einfluß Billikan's, eine Wendung ein. Er gewann Fühlung mit den Anhängern der alten Kirche, mit Abt Kon. Reutter von Kaisersheim, einem Nördlinger Bürgerssohn, und dem Generalvicar des Bischofs von Augsburg Jakob Heinrichmann. Die Reformation erschien ihm jetzt als eine Quelle der Uneinigkeit Deutschlands und seiner Schwäche gegenüber den Türken, aber auch als die Ursache des Zerfalls der Wissenschaften und des Schulbetriebs, auf den jetzt kurzsichtige Handwerker im Rath der Städte einen banausischen Einfluß zu gewinnen drohten. R. wurde jetzt zum Lobredner der kaiserlichen Politik und des alten Glaubens, in dessen Dienst er jetzt seine Muse stellte. Den Wandel im Standpunkte des Dichters läßt schon das lustige Hochzeitsgedicht „Fescenninum, hoc est nuptiale poema“ (s. a. e. l., München) erkennen, in welchem er die Hochzeit einer Nichte des Abts von Kaisersheim besang. Zur vollen Entfaltung kommt die neu gewonnene Ueberzeugung in „De adventu secundo Caesaris semper Augusti Imperatoris Caroli V. in Germaniam epistola“ (10 Bl. 8°, Augsburg, Al. Weyssenhorn 1530). Diesen Lobpreis der kaiserlichen Politik als der rechten Arznei für Deutschlands Schäden trug R. die Ehre der feierlichen Krönung zum poeta laureatus auf dem Reichstage zu Augsburg durch König Ferdinand ein, dem das Werk ge- *widmet war.*

Wir sehen ihn jetzt in Beziehungen zu dem Kanzler des Königs, Joh. …berger, und zu dessen Räthen, wie dem Bischof von Wien, zu Jak. Faber, …ngel und Joh. Kneller, dem Leibarzt Georg Gundelfinger und vor allem … Statthalter des Königs in Württemberg, Georg Truchseß von Waldburg. … dem jungen Pfälzer, dem Schüler Melanchthon's, schien der könig… Regierung der rechte Mann gefunden zu sein, um dem verknöcherten und …gewordenen Wissenschaftsbetrieb in Tübingen neues Leben einzuhauchen. …m am 25. September 1530 plötzlich seinen Abschied in Nördlingen und … nach Tübingen über, wo er am 1. October inscribirt wurde. (Roth, … der Univ. Tübingen 648, 19.) In der freien Stellung eines poeta … an der Universität fühlte sich der ehemalige Schulmeister glücklich. … zeugt eine Reihe rasch nacheinander entstandener lateinischer Dichtwerke, …en die beiden ersten in Blaubeuren, unweit Ulm, entstanden. Hierher … sich aus Furcht vor der Pest die Realistenburse unter der Führung des …namen Joh. Stöffler begeben, dem sich R. mit seinem Freunde Nic. Win… … und den jungen Speierer Domherren Otto v. Amelunxen und Christoph … Münchingen angeschlossen hatte. Stöffler starb am 16. Februar 1532, … R. ein Trauergedicht „De obitu Johannis Stoefler Justingani. Mathe… … Tubingensis elegia“ (8 Bl. 8°, Augsburg, Al. Weyssenhorn 1531. …) verfaßte und dem Augsburger Bischof Christoph v. Stadion widmete. … für die Biographie und Charakteristik Stöffler's werthvolle Arbeit ist … völlig unbeachtet geblieben.

Die herrliche Lage Blaubeurens, die Schönheit des Blautopfes, die ge…nißvolle Albhöhle, welche R. und Winmann mit den beiden Domherren …, die Lebens- und Anschauungsweise der dortigen Bevölkerung be…ten den Dichter im Frühjahre 1531 zur Schaffung eines prächtigen …gemäldes in lateinischen Versen, das er unter dem Titel „Fons Blauus“ … wahrscheinlich bei Joh. Grüner in Ulm erscheinen ließ und Georg … von Waldburg widmete. (Leider ist das einzige bis jetzt bekannte …plar in München am Schlusse unvollständig.)

Anfang Mai war die Realistenburse wieder nach Tübingen zurückgekehrt. … folgte ihr, zog aber nach wenigen Wochen nach Speier, um seinen Freund …mann und dessen Zögling Otto v. Amelunxen zu besuchen. Wahrscheinlich … ihn der Oheim des ebengenannten jungen Herrn, der Domcustos Otto … Falkenberg, als Gast bei sich auf. Der Aufenthalt in Speier vollendete …mann's Umwandlung zum Dichter mittelalterlicher Romantik. Der herr… … Dom, die feierlichen Gottesdienste in ihrer Pracht und Ordnung, die …werbthätigkeit, der Handel und Verkehr der wohlbefestigten Stadt, der an… … Umgang mit der vornehmen, humanistisch gebildeten Geistlichkeit, die …lichen Genüsse, welche sich in Pfeddersheimer Gensfüsser und Rheinsalmen …ten, entzückten den Dichter, der sich dem vollen Zauber der alten …herrlichkeit, von welcher der Dom zeugte, und der entzückenden Schönheit … alten Kirche hingab. Dieser Stimmung entsprangen zwei Dichtungen Reys…'s, 1. ein „Encomion Spirae“, das er am 23. October 1531 dem Dom… … übergeben ließ, das aber mit Ausnahme von sechs Versen (Mittheilungen … hist. Vereins der Pfalz XXIII, 93) verloren ist; 2. „Pulcherrimae Spirae …nique in ea templi enchromata“ (20 Bl. 4°, s. a. e. l., aber gedruckt … U. Morhart in Tübingen). Dieses über 900 Hexameter zählende Werk …te der Dichter dem König Ferdinand.

Seiner Dankbarkeit gegen seinen Gastfreund und Gönner Otto von Falken… gab R. im folgenden Jahre nach Otto's Tod (24. Juni 1532) einen …druck in „Lachrymae in Othonem Falkenbergiacum fusae“. Möglicher…

weise gehört hierher noch die „Elegia de grue volucri". Sie
Wappen des ergrauten Seniors der Speierer Domgeistlichkeit, das Haus
besingen.

Für die nächsten Jahre verstummte die Leier Reysmann's. Der
der alten Kirche umdüsterte sich; die Macht und das Ansehen Habsburg
einen starken Stoß durch den Kriegszug Philipp's von Hessen und
der Königischen bei Lauffen am 12. Mai 1534. Der gänzlich
machtlose Herzog Ulrich von Württemberg gewann sein Land wieder,
wie ein Keil in das vorderösterreichische Gebiet einschob. Die Refo
der sich Habsburg in Süddeutschland mit Hülfe des Blutmenschen
Aichelin, des Profosen, mit unumschränkter Machtvollkommenheit, zu
gesucht hatte, fand jetzt offene Thüren in Württemberg. Einem Mann
die Rettung Deutschlands in der Religionspolitik der Habsburger
Aufrechterhaltung des alten Glaubens gesehen hatte, mußte der Tag von
als ein Gottesgericht erscheinen. Der ganze schöne Traum, in dem R.
bis 1534 gelebt und gedichtet hatte, zerrann. Das Vertrauen auf den
und König, der Goldschimmer der alten Kirche, die Aussicht auf eine
Zukunft im Schatten des Doppeladlers und Roms war dahin.
Bettler stand R. auf der Straße, als Ulrich Tübingen nahte. Er
nach Constanz und bat den Rath um ein kleines Aemtchen oder ein
zum Studium der Rechte in Italien oder wenigstens um ein
(Schreiben an den Rath: Vadiana in St. Gallen.) Der Rheinfranke
jetzt plötzlich wieder anders. Er pries Constanz, den Hort des neuen
wegen seiner Frömmigkeit und sah jetzt in der städtischen Freiheit die
eines reichen Culturlebens. Nunmehr nahm sich Ambrosius Blarer
Er sandte ihn im Januar 1535 als Lesemeister in das Kloster Hirsau
dem Auftrage, den Mönchen akademische Vorträge zu halten, aber ohne
macht zur Gemeindepredigt. R. begann mit der Auslegung des Hebräischen
und gewann eine Anzahl Mönche für den neuen Glauben, verdarb
durch stürmischen Eifer, durch Einführung seiner Gattin in die Kloster
und ungehemmten Verkehr der Mönche mit seinem Hause ohne Erlaub
Abts, wie durch eigenmächtigen Beginn von Predigten in der Pfarrkirche
Stellung. Obwohl Schnepf sich freute, daß Gottes Rathschluß den Th
den Musen entreiße und zum Predigtamt berufe, und ihn schützte, so
ging, mußte Blarer, sein nächster Vorgesetzter, ihn vor Ostern 153
lassen.

Wahrscheinlich versuchte R. jetzt mit Hülfe von Dionysius Melander,
er zwei Gedichte: „Missae in Wirtembergensi ducatu languescentis
questio" und „Cuculus domino suo" widmete (Otto Melander, Jocos
40, 50), in Frankfurt anzukommen; aber Melander erhielt selbst am Di
nach Ostern, am 27. März, seinen Abschied. Deshalb sah sich R. veran
genöthigt, Erhard Schnepf um einen Dienst anzugehen. Wenigstens
wir ihn 1537 als Pfarrer in Cleebronn, OA. Brackenheim, also in dem
Württembergs, der zu Schnepf's Amtsbezirk gehörte. In jener wein
Gegend drohte dem Pfälzer Kinde die Gefahr, dem Alkoholismus zu ver
Zwar versah er seine Obliegenheiten als Pfarrer ohne Klage seiner Ge
aber er gerieth beim Wein in schlechte Gesellschaft, machte in der Wir
thörichte Scherze und vergaß, was er seiner Würde schuldig war. Zwar
er aus einem Streite mit dem Ortsvorsteher und dessen Gattin,
schmählich verleumdeten, siegreich hervor, sollte aber doch nach
der Alb versetzt werden, wo es keinen Wein gab. Ehe es
er im Mai 1543 im Wirthshaus in blutige Schlaghändel

... und mußte als Friedensbrecher das Land räumen. Im Herbst 1543 ... wir den dahinsiechenden Mann, der eben eine heftige Krankheit über... hatte, zur Erholung beim Maier auf dem Burghof der Feste Neukastel ... in der Pfalz. Sein Freund Bernh. Portius, Pfarrer zu Ann... ihm des Mich. Toxites' „Querela anseris vel de ingratitudine ... elegia" vor, in welcher sich sein eigenes Schicksal zu spiegeln schien. ... er sich in seiner Krankheit zu einer größeren Arbeit auf, nachdem ... lange genug verstummt war. Er dichtete eine Paraphrase des Pro... Amos, ähnlich der des Galater- und Römerbriefes („Amos propheta ... translatus", Straßburg, Crato Mylius, im Mai 1544), und widmete ... Pfalzgrafen Ruprecht. Auch trug er sich mit dem Gedanken, eine ...ausgabe seiner Werke unter dem Titel „Lauretum" zu veranstalten, ... nicht zustande gekommen zu sein scheint; denn der Tod raffte ihn ... Herbst 1543 und Mai 1544 dahin, sodaß Toxites seinen „Amos" ... befördern mußte.

...aller Schwächen seines Charakters verdient R. mit seiner unleug... dichterischen Gabe, die sich am glänzendsten im „Fons Blauus" offenbart, ... warmen patriotischen Geist und seinem Idealismus, der in seinen ... alles Gemeine verschmäht, Beachtung in der Litteraturgeschichte.

...Neuer lit. Anzeiger 1807, S. 552 ff. — Veesenmeyer, Miscellaneen, S. 42, ... Kleine Beiträge zur Geschichte des Reichstags in Augsburg, S. 122 ff. ... Blätter für württb. Kirchengeschichte 1893, S. 14 ff.; 1894, S. 24. — ...württb. Vierteljahrshefte, N. F. 1906, S. 368—386, und Zeitschrift für ... Geschichte des Oberrheins, N. F. 1907. — Reysmann's Pulcherimae ... euchromata kommen mit Einleitung und Uebersetzung zum Neudruck ... Mittheilungen des histor. Vereins der Pfalz 1907.

J. Bossert.

Ribbeck: Otto R., classischer Philologe und Universitätslehrer, † 1898. — ... Karl Otto R. wurde am 25. Juli 1827 in Erfurt geboren. Sein ... Generalsuperintendent und Schulrath, entstammte einer angesehenen ... Theologenfamilie pommerscher Herkunft (s. A. D. B. XXVIII, 801 f.), ...vielseitig gebildet und dichterisch veranlagt. Sein ernster und strenger ... zeigt sich in den Lebensregeln, die er jedem seiner Söhne beim Aus... aus dem Vaterhause mitgab (Erinnerungen an Ernst Friedrich Gabriel ..., S. 473). Diesen Grundsätzen entsprach des Sohnes Lebensauffassung, ... später erklärte: „Um so mehr hat Jeder die Pflicht, durch Tüchtigkeit ... wenn es sein kann, durch höhere Menschlichkeit sein Recht zur Theilnahme ... großen, leider zu gemischten Gesellschaft nachzuweisen." Als der Vater ...Breslau versetzt wurde, besuchte der Knabe das Friedrichsgymnasium, wo ... seiner Mitschüler der spätere preußische Cultusminister Dr. Falk war. ... des Vaters Versetzung nach Berlin trat 1843 der als fleißig und ... bekannte Schüler in das von seinem Onkel Ferdinand geleitete Gym... zum Grauen Kloster ein; 1845 bezog er die Universität Berlin, wo er ... Boeckh und Lachmann hörte.

... Frühlinge des folgenden Jahres zog er mit seinem Bruder Ferdinand ...Bonn. „Fünf ganzer Tage hatte es bedurft, ehe zwei Berliner Mutter... 84 Meilen weit transportirt und mit Sack und Pack unter Dach und ... gebracht wurden." Das umfangreiche Gebäude der Universität mit dem ... Garten und der hinreißenden, unerschöpflichen Aussicht auf den ... breiten Strom und die lockenden Berge erregte die Bewunderung ... jungen Studenten, sowie Friedrich Ritschl's neu erbautes Haus, ganz im

Freien gelegen, mit großem, sehr Schönes versprechenden Garten, und
Comfortabelste eingerichtet.

Bei ihm wurde Visite gemacht, da die Familie zu ihm von Erfurt
Breslau Beziehungen hatte, die Vorlesung über lateinische Grammatik und
Interpretation der Sieben vor Theben belegt, auch Welcker gehört.
flüge in die Umgebung boten Erholung; in den Sommerferien während
Reise durch den Schwarzwald nach der Schweiz genossen die Brüder nichts
Glück, Zufriedenheit und Freundschaft. Jetzt wurde die Arbeit eifrig
gesetzt. Namentlich Ritschl's Plautuscolleg zog R. an. Endlich wurde
durch den größten „Arbeitgeber" auf die altlateinische Tragödie als bestimm
Kreis der engeren Studien hingewiesen, die ihm nach langem und quälen
Umherstreifen Beruhigung und Concentration versprachen, auch mit gold
Rathschlägen von ihm unterstützt, der sie gerade hierin zu geben am besten u
allen im Stande war. Sah der schüchterne Anfänger seine Schwäche
Unsicherheit ein, so ermuthigte e i n anerkennendes Wort wieder zu neuem
schreiten. Ritschl wurde Begründer, Leiter und ewiges Vorbild des p
logischen Strebens; Frau Professor nahm sich des Schützlings an, den sie
lenksam, weich und hingebend bezeichnete.

Als im Sommer des Jahres 1847 die Zeit des Scheidens vom R
herannahte, freute sich Otto mit dem Schwinden jedes Tages des Reichthu
den er genossen, und sah hoffnungsvoll der Zeit entgegen, „wo die g
Metamorphose des einsamen Studentleins in die ansehnlicheren Gestalten
Sohnes, Bruders, Schwagers, Neffen, Vetters vor sich gehen und die Uncul
der Civilisation wieder Platz machen werde". Dankerfüllt schreibt er in di
Zeit den Eltern: „Wie viel ich aber Eurer elterlichen Liebe für den Gen
dieser drei Semester in Bonn schulde (die einen ganz unschätzbaren Einfluß
mein ganzes Leben geübt haben), dessen werde ich Euch noch mündlich
sichern. Ritschl ist einmal das A und O meiner Studien, und seine F
meine zweite Erzieherin gewesen. Durch den Antrieb beider, hoff' ich,
mein künftiges Leben einen Schwung erhalten haben, der auch ohne weit
Treten und Drehen nicht erschlaffen wird." Als das Sommersemester 1
zu Ende ging, begab er sich nach Breslau, um mit der Familie dort die H
zeit des Bruders Bernhard zu feiern.

Nach Berlin zurückgekehrt, trieb er archäologische Studien, bei dene
durch Gerhard unterstützt wurde. Auch Lachmann und E. Curtius hatten
tiefere Wirkung. Die Stürme der Revolution störten das stille Schaffen;
Student vertauschte die Feder mit der Büchse und zog auf Wache. Dan
schloß er die Arbeit ab, mit der er sich im Mai 1849 die Doctorwürde
ward: „In tragicos Romanorum poetas. Specimen I."

Im November begab er sich nach Bonn, um sich der Staatsprüfung
unterziehen. Ritschl und Frau nahmen ihn freundlich auf. Gern wär
seines Gönners Vorschlag gefolgt und hätte das Probejahr in Bonn angeschlo
aber auf den Wunsch seiner Eltern kehrte er Ende November nach Be
zurück und arbeitete an den Fragmenten der Tragiker weiter. Zu seiner gr
Freude erlangte er die Einwilligung seiner Eltern, das Probejahr in Bonn
zulegen und hoffte hier auch mit seinem Freunde Paul Heyse zusammenzu
Aber dieser kam nicht. Dazu gefielen ihm seine Amtsgenossen nicht. Er sch
am 14. April 1850 seiner Mutter: „Ich bin einige Tage wie ein Träume
umhergegangen; ohne Ritschl's rührende Freundschaft wär' ich ganz verl
gewesen. Am Mittwoch besuchte ich die Lehrer des Gymnasiums: wenn
einmal so werde, so näht mich in einen Sack und werft mich in die Spree
rheinische Schoppenphilister ohne Saft und Wissenschaft. Aber der Dir

ein guter, gescheiter Mann ohne allen Amtshochmuth, ohne Adlerschwingen, voll Jovialität." Nebenher verhandelte er mit dem Director einer ...schule wegen Uebernahme von Privatstunden. Es wäre ihm eine un... Freude, den Eltern mit einem Male aus der Tasche enthoben zu sein; ...seits fordert die Rücksicht auf Gesundheit, Athemholen und seine ander... Studien vernünftige Ueberlegung. Schwierigkeiten bei der Handhabung ...ciplin verschwanden nach angewandter Strenge. Doch blieb er nur ein Jahr hier; das zweite Semester leistete er in Berlin am Joachimthal'schen ...sium unter Director Meineke ab. Dazu schloß er sein Werk über die ...fragmente, die „Scaenicae Romanorum poesis fragmenta" (2., er... Auflage 1871/3, 3. Aufl. 1897 ff.) ab, das Ritschl dem Verleger mit ... und für den Verfasser ehrenden Worten empfahl. Freilich ging der ... trotz seiner Ueberzeugung von der Richtigkeit seiner Emendationen und ...ungen nur mit Bangen an die Veröffentlichung. Er schrieb an seinen ...: „Den Strich unter eine Rechnung machen, deren Zahlen mit jedem „Plautusstück und jedem neuesten Blick in Ihre Werkstatt unverhofft ...igt werden, so auf Reisen zu gehen mit einer Barschaft von wechselndem ... ist mißlich. Aber einmal muß doch dieses Experiment auch mit ins ... kommen, und Sie werden mir kaum rathen zu einem späten ‚aus ...sch', wenn die ganze Plautuscolonne bereits vorgerückt ist. Bis dahin ... vielleicht sogar schon die kleinen Komiker aufgeschlossen sein, deren Be...ung mich immer mehr reizt, je wunderbarer sich mir diese halb auf...ene und vor verfrühtem Abend zu bald in sich zusammengefaltete Knospe Latinität und Poesie, vormalt." Leider konnte er sich der „leisen, traurigen ...g" nicht erwehren, daß ihm die Schule ein Grab, und kein rosenbedecktes, ...erde; trotz Kissingen und Ems erschien ihm seine Gesundheit eine „spröde wetterwendische Donna". Ein Herzleiden, verbunden mit einem heftigen ...catarrh, ließ einen Aufenthalt im Süden wünschenswerth erscheinen.

Da griff Ritschl ein. Er empfahl seinen Schützling zu einer wissenschaft... Reise nach Italien. Die Berliner Akademie bewilligte Mittel mit dem ...ge, zu Virgil die Handschriften zu vergleichen. Die Freude war um so ..., als Paul Heyse, ebenfalls mit einem Auftrage zu wissenschaftlicher ..., ihn begleitete, der den Freund in jenen Tagen folgendermaßen schildert: ... hatte ihn (Ribbeck) sogar mit Sorgen die Reise nach Italien antreten ... Aber in dem anscheinend schwächlichen, überschlanken Körper ... ein energischer Geist und eine zähe Widerstandskraft. Ein ähnlicher ...satz von Zartheit und Festigkeit erschien auch in seinem geistigen und ...en Wesen; eine fast mädchenhafte Reinheit und Jungfräulichkeit der ...dung ohne eine Spur von moralisirender Prüderie, weil das Gemeine ...inter ihm lag, und dabei eine so mannhafte Rüstigkeit des Willens, oft ... Schroffheit gesteigert, daß er sich nicht besann, Menschen, die er gering ... oder auch nur unsympathisch fand, mit verletzender Schärfe abzustoßen. ...er aber liebte, den umfaßte und hegte er mit einer Innigkeit des Gemüths, Zartsinnigkeit des Ausdrucks, die unwiderstehlich waren."

In den Briefen lesen wir die lebensvollen Berichte über die Reise, die ...en Genfer See, den Simplon, die Borromäischen Inseln nach Mailand ... wo sich die Freunde von einer verregneten Landparthie den Humor nicht ...en ließen. Nach kurzem Aufenthalte unterwegs gelangten sie in Rom ... Hier wurden die Sehenswürdigkeiten, auch die Umgebung, z. B. Tivoli, ... Auf dem Capitol verkehrten sie mit Braun und Henzen, auch Welcker, ...als der Tiefste, Liebenswürdigste und Freundlichste von R. gerühmt wird. ...enrath Hase aus Jena lud zum Thee ein; Overbeck's Atelier erregte

Interesse. Monte Pincio und die belebtesten Straßen gewährten rei
wechslung. Vor dem ernsten Theater bekam R. Respect . . . „Nie
Und in der Oper ewig ein und dasselbe Bellini'sche Stück Elsa Walton,
Wochen!" Ueber seine Arbeiten konnte er bereits am 17. Januar 1853
„Bei meiner Virgilischen Lumpensammelei scheint doch wirklich mehr
zukommen, als ich hoffte; jedenfalls wird eine kritische Ausgabe daraus
nach all dem Wust von Schultexten und Commentaren gut thun wird.
liche Raritäten kommen bei der Gelegenheit allerhand zur Sprache; die
meister werden ihren alten Virgil gar nicht wiedererkennen. Aber es gi
Plackerei dabei, hier und zu Hause; Teubner muß altlateinische Lettern
lassen; denn mit Cursivschrift kann ich meine Schätze aus vier st
Majuskelhandschriften nicht besudeln." Auch mit der Gesundheit ging
wärts. Und so jubelt's Ende Januar 1853 im Briefe an die Eltern:
Pantzsch (d. i. der Hausarzt) und meine Studien! Das viele Fleisch,
aus Mangel an Gemüsemannichfaltigkeit und Compotts verzehre, schlägt
die Backen, an denen ich alle zwei Tage, wenn ich zum Rasiren in den
sehe, neue Vollkommenheiten entdecke. Mein Arbeiten besteht im Plänt
für die Berliner Zuknnft. Wehe der Philologie, wenn ich wieder an
grünen Tisch sitze und einen Laufjungen habe!" Anfang April ma
Freunde einen Abstecher nach Neapel und Sorrent, und R. schwelgt im
der entzückenden Landschaft „mitten unter schwellenden Orangen- und Cit
gärten, Pfirsich-, Aepfel- und Rosenblüthen dazwischen, vor uns Meer
der Ferne Neapel mit seinem langen Häuserschweif, hinter uns zur
einen mäßig hohen Bergrücken. Es thut mir beinahe Leid, daß ich nic
Elendsein aus Rom mitgebracht habe, um Rechte und Pflichten zum Au
hier zu haben." Vom 24. April arbeitete er wieder 1½ Monate in
Dann ging's über Assisi und Perugia nach Florenz und Verona zu
Studien und schließlich nach Venedig, wo er auf der Bibliothek nichts zu
fand und sich so ganz der Besichtigung und dem Studium des Volksle
widmen konnte.

Nach Berlin zurückgekehrt, trat er als Mitglied in das Königliche Sem
für Gelehrtenschulen ein und hatte einige Stunden zu ertheilen. Da
verarbeitete er die Ergebnisse der Reise. Hier verlobte er sich mit der
Tochter, Emma, des durch die Gradmessungsarbeiten bekannten Generals B
Nachdem die Hochzeit am 23. September 1854 in Berlin stattgefunden
siedelte das junge Paar nach Elberfeld über, wohin Ritschl seinen Schü
die zweite ordentliche Lehrerstelle am Gymnasium empfohlen hatte.
arbeitete hier fleißig an den Fragmenten der Komiker, die er 1855
öffentlichen konnte. Doch stand er auch hier unter einem gewissen D
sodaß es ihm als eine Erlösung aus einem Verließ erschien, als im Frü
des Jahres 1856 an ihn der Ruf des Regierungsraths des Kantons
kam, die außerordentliche Professur der classischen Philologie an der
Universität zu übernehmen. 1859 rückte er in die ordentliche Professur
auch wurden ihm die Unterrichtsstunden, die er in den oberen Classen
Kantonsschule zu ertheilen hatte, herabgemindert. War schon bei der An
dieser Professur die innere Stimme entscheidend gewesen, „die schon oft
und bald mürrisch, bald resignirt, jetzt aber trompetenhaft schmetternd"
zuredete, die Pädagogik hintan zu lassen, sowie die Erkenntniß, daß er „in
Philologie mehr und Eigenthümlicheres leisten könne, als in der Schulzu
so ging er 1861 an die Universität Basel schweren Herzens, aber in
Hoffnung über, einen noch günstigeren Boden für seine Bestrebungen zu
halten. Wenn auch hier ein Typhusleiden ihm lästig wurde, so war doch

...keit in der Prima des Gymnasiums wie an der Universität eine recht ...gende. Mit Jakob Burckhardt trat er in ein freundschaftliches Ver-... auch brachte der nachbarliche Verkehr mit Köchly in Zürich, Hermann ... in Bern und Franz Bücheler in Freiburg im Breisgau manche An-...

...R. 1862 von zwei gleichzeitigen Berufungen nach Marburg und Kiel ...ere annahm, trat er zunächst in eine ruhige, stille Idylle kleinstädtischen ... ein, bis die politische Bewegung große Umwandlungen zur Folge hatte. ...1. November 1863, nach dem Tode des Königs von Dänemark, meldete ... Ritschl: „Soeben erhalten sämmtliche hiesige Beamte von Kopenhagen ...dsformular, in drei Tagen einzusenden. Was unsererseits zu thun ist, ... abend berathen. Die Sache liegt sehr klar: hätte der verehrungs-... deutsche Bund heute einen festen Beschluß über Anerkennung oder ...erkennung gefaßt, so hätten wir diesem einfach zu folgen, unbekümmert ...n Folgen. Ob aber eine solche Norm zur Hand sein wird, ist sehr zu ...eln. So ist nur zu wünschen, daß unsere Corporation einmüthig und ...mmtheit thut, was sie als solche verantworten kann. Auf eine ehren-...ösung der Frage habe ich fast keine Hoffnung. Vedremo." Am ... Tage berichtete er, daß alle ordentlichen Professoren mit drei Aus-... in einer Eingabe um Aufschub der Eidesforderung zu bitten beschlossen, ... 48 Kieler Beamte, darunter auch viele Universitätslehrer, sich ge-...haben, den geforderten Eid vor der Hand nicht zu leisten. „Natürlich ... auch hieran mich betheiligt mit den honettesten meiner Collegen, z. B. ...utschmid. Die Folge unter dem Ministerium Hall kann nur die Ab-... sein resp. Landesverweisung der nicht Heimathberechtigten (zu denen ich ...rweise noch gehöre; der Reichsrath verleiht das Indigenat, und jeder ...ufene erhält es. Man läßt sich aber Zeit). Ob nun vom Bunde ... und eine restitutio in integrum zu erwarten ist, weiß er schwerlich selbst. ... muß auf alles gefaßt sein, auch darauf also, daß das Kieler Intermezzo ...ende hat und man von neuem auf den Markt gesetzt wird."

Als das Land von Preußen besetzt wurde, hatten eine Reihe militärischer ...Civilverwaltungsbehörden in Kiel ihren Sitz, theils dauernd, theils vor-...gehend. Freilich ersetzten dem Professor die Preußenfreunde nicht immer, ... an den Augustenburgern verloren hatte. Der deutsch-französische Krieg ... wieder Veränderungen herbei. Mit größtem Interesse verfolgte er ihn. ... nach den ersten Erfolgen schreibt er an Heinrich v. Treitschke: „Zwar ...che Trauer hat er schon über unser Volk gebracht, und unberechenbar ... wie viele Opfer er noch fordern wird; und doch ist es wie ein neues ..., zu dem wir erwacht sind, als hätte ein wunderbares Bild, ein um-... Peliaskessel unsere Glieder zu einem ungeahnten heroischen Prachtbau ...schaffen und ihnen einen göttlichen Athem eingehaucht. Aber das Schönste ...ist, daß alles so ganz mit natürlichen Dingen zugeht. Wir wissen, ... strengen Zucht wir diese Früchte verdanken, und das wird uns vor ...muth bewahren, aber auch vor Kleinmuth und Blödigkeit, hoff' ich." Er ... Heinrich v. Treitschke glücklich, der auf den Wogen der Geschichte ...me, „während wir Noth haben, daß uns unsere Grubenlichter nicht gar ... scharfen Sturmwinde auslöschen".

Auch sonst gab es mancherlei bewegtes Leben in diesem Jahre. Im ...mber 1869 fand die Philologenversammlung in Kiel statt, die er mit ...ründlichen „Beiträgen zur Lehre von den lateinischen Partikeln" begrüßte! ... war er als Professor *eloquentiae* mit reicher Arbeit belastet, aber auch mit Anerkennung belohnt, die dazu beitrug, die angeborene Schüchternheit Scheu abzustreifen.

Die Lehrthätigkeit war erfreulich. Zunächst blieb die Zahl der hinter der in Basel zurück. Dazu wurde den Schleswigern das Studi Kiel nicht nur nicht angerechnet, sondern bei Anstellungen geradezu nach Aber bald wurde es anders. Schon im Mai 1863 schreibt er: Auditorien haben sich doch nach hiesigen bescheidenen Verhältnissen für Sommer ganz ordentlich gefüllt, sodaß ich mit meiner Wirksamkeit zufr sein kann, als ich es je war, wobei immer noch die Bäume viel Luft ehe sie in den Himmel wachsen.“ Tüchtige Schüler stellten sich ein, vor hervorragend Erwin Rohde, der durch die Vorlesung über die gri Tragödie, die Seminarübungen, die Preisaufgabe über Pollux, die Beför der Habilitation, wie die Besonderheiten seines nach Anlage und Er eigenthümlich entwickelten Charakters für den Lehrer und Gönner ge und auf sein Leben zur Dankbarkeit verpflichtet wurde. Trotz mancher schiedenheiten der Auffassung, z. B. auf dem Gebiete der Politik, trat i Förderer schon in Kiel als Freund nahe. R. berichtet darüber: „Keine verging, in der wir nicht wenigstens einmal bis tief in die Nacht bei Ge zusammengesessen hätten, welche so ziemlich alle Seiten allgemein men Interessen berührten. Seine umfangreiche Bildung und die ungewöhnli entwickelte Kraft und Schärfe seines Urtheils, sein Verständniß für Kun Poesie, kurz alle seine intellectuellen Eigenschaften, so glänzend sie sind, mich indessen auf die Dauer nicht gefesselt, wenn nicht der Adel seiner et Natur und die Reinheit seines Gemüthes eine tiefe Zuneigung zu ihm i begründet hätte.“

Von den Amtsgenossen traten Ribbeck Weinhold, v. Gutschmid, Dilthey und Heinrich v. Treitschke näher, dessen erfolgreicher politisch socialer Einfluß in einem Briefe vom 4. November 1866 unter Hervorh der eigenen Anschauung von R. eingehend geschildert wird. In dem stündigen Colleg über die Jahre 1848—50 standen die Zuhörer, als der schreiber hospitirte, weit bis auf den Flur heraus. Der Oberpräsident General v. Rosenberg, die ganze Regierung, viele Professoren u. s. w. da und folgten dem staunenswerth leichten, eindringlichen und anregen trage mit höchstem Interesse. Der Redner sprach über die französische monarchie und gab ein reiches Zeitgemälde, in dem politische, sociale, rarische Zustände anschaulich und geistvoll zusammengedrängt waren. v. Treitschke's Begrüßung hat unser Freund Forchhammer sich gemüß sehen, eine sehr langweilige doctrinäre Broschüre: ‚Bundesstaat und Fö staat‘ zu schreiben . . . Durch so schiefe Parallelen, wie er sie zwischen D land und Griechenland zieht, könnte einem die Erinnerung an alte Ge fast verleidet werden. Man hat ihm ganz richtig erwidert: wir hätte lange genug die Griechen ohne Erfolg nachgeahmt, wollten es einmal m Römern versuchen. Auf die thatsächlichen Verhältnisse der Gegenwart auch nicht mit einer Silbe Rücksicht genommen.“

Eine überaus fruchtbare und wissenschaftliche Thätigkeit fällt in das Jahrzehnt. Vorwiegend galt sie nach wie vor der römischen Poesie. F Symbola philologorum Bonnensium zu Ritschl's Jubiläum 1864 schrieb Abhandlung: „De Juvenalis satira sexta“, der im Jahre darauf „Der und der unechte Juvenal“ folgte. Auch Catull, Tibull und Properz, Horaz wandte er sein Interesse zu. 1866 erschienen die „Prolegomena *Virgil*, die ihn ausgiebig in Anspruch genommen hatten, zwei Jahre spä „*Appendix Virgiliana*“. Die Vorarbeiten zur Geschichte der römischen Trag n im October 1870 so weit gediehen, daß er wegen der Drucklegung in ...handlung treten konnte. Daneben trieb er eingehende Studien auf dem ... der griechischen Litteratur. Den Charakteren des Theophrast ging er ... Verständnisse nach; 1869 erschien die Schrift „Anfänge und Ent... des Dionysoscultus in Attika"; über Sophokles hatte er ein Jahr ... einen Vortrag in der Harmonie gehalten; der „Philoctota des Accius" ... für dieses Gebiet.

...ne Gesundheit war in dieser Zeit nicht fest; im October unterzog er ... Operation, von der er sich langsam erholte; auch sonst fühlte er sich ... befriedigt. So kam es, daß er einen Ruf nach Heidelberg gern an... „Es ist mir beinahe so zu Muthe, wie damals, als ich aus der Kerker...fehlds in die Schweiz entkam". Im Herbste 1872 siedelte er nach Heidel... und bezog eine schöne Wohnung mit prächtigem Garten und ent... Aussicht auf das Schloß. Die neue Aufgabe regte ihn an und der ... eine bessere Zukunft that ihm wohl. Die Audienzen in Karlsruhe ...en in ihm einen persönlich sehr angenehmen Eindruck. Ueber gewisse ...keiten seiner Stellung gab er sich keinen Illusionen hin. In einem ... an seinen Schwiegervater bezeichnete er die neue Thätigkeit als ein ... wüstes und ödes Feld, das aber noch urbar zu machen sei. Der ...kreis war nicht größer als in Kiel, ließ es aber von Anfang an an ...samkeit und gutem Willen nicht fehlen. Ein Engländer, Belgier und ...er gab ihm die Hoffnung, daß sich mit der Zeit das Ausland vielleicht ... wenig stärker an den philologischen Studien betheiligen werde. ... war verheißungsvoll: Mit Köchly hatte er sich „schon sehr amikabel ...digt" und hoffte ihn allmählich etwas von seiner hier und da gar zu ...isterlichen Methode abzubringen oder wenigstens ihr heilsam entgegen...hm." So schreibt er am 4. November 1872; auch noch eine Woche später ... er freundlich über ihn: „Mein Specialcollege Köchly wohnt mir ...; wir duzen uns und besuchen uns zu abendlichen philologischen ...ien; zu männlichen Gesellschaften am dritten Orte holen wir uns ab, ... unsern Wein zusammen und machen alle amtlichen Geschäfte in ver...ſtem Einvernehmen miteinander ab." Aber bereits Ende December ... er unter dem Ausdrucke des Bedauerns, daß die Verständigung ge... sei. Der Streit betraf den Betrieb des Seminars auf Grund eines ... Jahre früher von Köchly entworfenen Statuts, „welches in umständlichst ...her Weise" — so schreibt R. — „die einzelnen Uebungen specialisirt, ...er Exercitien, welche für Gymnasialschüler passen, die Freiheit wissen...er Arbeit ganz in den Hintergrund stellt, überhaupt das philologische ... zu einer formalen Dressur macht, das Niveau der Studenten auf das ...ymnasialprima herabdrückt. Demnach fand ich denn auch ein sehr be... Deficit an wissenschaftlichem Sinn und Selbständigkeit bei den ... vor, das mich im Anfang tief deprimirte." Schließlich entschied ...ie Berichte beider Parteien das Cultusministerium in Karlsruhe. Be... schreibt R. darüber: „Der Urtheilsspruch ist ein salomonischer: der ...ssäugling ist halbirt dergestalt, daß wir (wie überall geschieht) Semester ...ster mit Ober- und Unterseminar wechseln und beiderseitig thun, was ... haben. Da aber, abweichend vom Statut und meinen Anträgen ent..., bestimmte Dinge (die sich anderswo von selbst verstehn) als zulässig ... sind, hoffe ich meinen δεξιόσειρος mit der Zeit doch selbst in meine ...einzuziehen. Natürlich habe ich ihm gleich nach dem Siege die Ver...hand geboten, die er auch formell angenommen hat, sodaß wenigstens ...lich anständiges Verhältniß gewahrt ist." Die taktvolle und entgegen-

kommende Behandlungsweise der Angelegenheit durch den Minister Jolly
von R. anerkannt und gerühmt.

Ein anderer Streit brach während seines Decanats aus. Er
durch hervorgerufen, daß der Oberbibliothekar über Paläographie lesen
und R., ohne die Facultät zu fragen, das Gesuch beim Senate befür
er gewann an Heftigkeit, als der Decan in einem scharf ausgefallenen
schreiben gegen die Art der an seinem Verfahren geübten Kritik
Wohl wurde vermittelt; doch ließ sich R. von seinem Decanate
dachte wohl gar an einen Weggang von Heidelberg und verhandelte mit
Jolly's Eingreifen zeigte ihm, welchen Werth die Regierung auf sein
lege, und so gab er seinen Groll auf.

Dazu bestimmten ihn die Vorzüge Heidelbergs, die er wohl zu
wußte. Sein für die Natur aufgeschlossener Sinn hatte Freude an den
schaftlichen Schönheiten der näheren und weiteren Umgebung, die er
der kundigen Führung Hausrath's dankbar und fröhlich durchwanderte.
ersten Male wurde die Schweiz besucht; eine wissenschaftliche Fahrt
sich nach Paris.

Im Gegensatze zu dem stillen und eingezogenen Kieler Leben
Arbeit durch künstlerische Genüsse, Concerte und Leseabende unterbrochen
ihm nicht nur ein Vergnügen, sondern eine Erhebung waren. So
dem Kieler Freunde Karl Weinhold: „Gesellig hat sich unser Leben ganz
genehm gestaltet; man geht gemeinsam spazieren, um bei irgend einem
genehmen Schoppen Anker zu werfen. Musik wird viel gemacht und
mannichfachen Instrumenten, sogar neuerfundenen. Es gibt Sonntags
und musikalische Soireen, vor und nach dem Essen, Komödien, Sing
was Sie wollen. In diesem, unserem Engeren kennt man die Rache
vergißt die Schrecken der Majorität und die ohnmächtigen Zuckungen
wundener Drachen".

Seine Lehrerfolge zeigten sich mehr und mehr. Als ihm Erwin
sein Buch über den griechischen Roman gewidmet hatte, schrieb er an
Bruder: „Nicht wenig erfreut mich meines Freundes Rohde schönes
Buch über den griechischen Roman, auf dessen Dedikation ich stolz bin.
ist eine der bedeutendsten Arbeiten auf dem Gebiete der Litteraturgesch
umfassende, gründlichste Gelehrsamkeit, exakte Forschung, treffender Scharf
glänzende Darstellung, Gedankentiefe, Phantasie und eine liebenswürdige,
gemüthvolle Persönlichkeit in seltener Weise vereinigend. Es ist eine impo
Arbeit, die sich aus der Masse litteraturgeschichtlicher Schreibereien heraus
wie ein lebendiger Mensch unter blutlosen Schatten. Du mußt es stu
und weiter empfehlen".

Mit wissenschaftlichen Arbeiten war R. in Heidelberg eifrig besch
Die Fragmente der Komiker erschienen 1873 in zweiter Auflage. Im
darauf wurde „Die Römische Tragödie im Zeitalter der Republik" abgeschl
und 1875 veröffentlicht. Dazu kamen Ergebnisse der Forschung über
contius, Dialogus de oratoribus, Apulejus de deo Socratis, Lucilius, „
Bemerkungen zum Miles gloriosus". Als Früchte seiner Beschäftigung
den Griechen erschienen Studien zu Euripides, sowie über „Einige his
Dramen der Griechen". Ein populärer Vortrag über „Die bukolische Dich
der Griechen" ist in überarbeiteter Gestalt in die „Reden und Vorträge"
der Ueberschrift „Die Idyllen des Theokrit" aufgenommen. Hausrath
richtet aus eigener Anschauung über den Erfolg: „Aus diesem dank
Stoffe schüttete der Redner eine solche Fülle idyllischer Bilder über die
merksamen Zuhörer aus, daß diese den Eindruck mitnahmen, die Zeit

ogischen Dürre ist vorüber, und nun wird, wie in den Tagen von Voß reuzer, auch die Poesie des Alterthums wieder zu ihrem Rechte kommen". Schwer hat ihn Friedrich Ritschl's Tod getroffen. Je mehr Zeit darüber g, je mehr, fürchtete er, würde er ihn vermissen. Wenige Tage vorher er noch einen mit voller Frische und Schärfe des Geistes geschriebenen f von seinem verehrten Lehrer erhalten. Kaum hatte er ihm seine e darüber ausgedrückt, als ein unleserlicher, zitteriger Klagezettel von am, der dem treuen Schüler ins Herz schnitt, und wenige Tage darauf aschte ihn die Depesche von des Meisters Tode. Er eilte zur Beerdigung widmete „dem unersetzlichen Lehrer" am Sarge tiefempfundene Worte, die bewußt ausklingen: „So sind wir nun wahrlich verwaist, — aber nicht sen! Denn Du hast uns erzogen, Du Unvergeßlicher, zur Selbständig- Du hast uns gelehrt, nicht zu schwören auf die Worte des Meisters, rn unermüdlich mit- und nachzuarbeiten. Und dieser Dein guter Geist über das Grab hinaus unter uns, ihm geloben wir unvergängliche e" (Reden u. Vorträge S. 287).

Als er kurz darauf nach Leipzig berufen wurde, eröffnete sich ihm eine seinem Vorgänger, Meister und Freunde vorbereitete, einflußreiche und hende Wirksamkeit im Colleg, im Seminar wie in der Societät. Der der Zuhörer war nicht nur der Zahl nach dem Heidelberger weit über- ; hervorragend tüchtige Kräfte, so Karl Buresch, meldeten sich zur Mit- t; er trat ihnen wissenschaftlich und, von seiner Frau unterstützt, gesellig . So stand er bald in einer in höchstem Maße befriedigenden Amts- gkeit. Das Decanat verwaltete er 1882/83, das Rectorat in dem für schland so wichtigen Jahre 1887/88. Als Vertreter der Universität te er in Amtstracht der Beisetzung Kaiser Wilhelm's bei und gab ihm letzte Geleit auf der stolzen via triumphalis, die in eine düstere Straße Todes verwandelt war. „Statt der heiteren Himmelssonne, welche des rs Ehren- und Glückstage so oft freundlich verklärt hatte, umflorte men und finstere Rauchwolken, die ein schwerer eisiger Hauch auf den n herabdrückte, als ob der Hades seine Herrschaft bezeugen wollte." Unter gewaltigen Eindrucke dieser Feier hielt er am 22. März in der Aula der ersität die Gedächtnißrede.

Da die feierliche Grundsteinlegung zum Reichsgerichtsgebäude in Gegen- des deutschen Kaisers und Königs von Sachsen am 31. October, dem des Rectorwechsels, stattfand, mußte letzterer verschoben werden und erlebte diesen „interessanten Tag, an dem man viel zu sehen und zu hören und sich viel denken konnte" „in der vollen Rectorpracht ..., im offenen n, auf Bahnhöfen, auf dem Festplatz zur Seite des Kaiserzeltes und Dejeuner".

Neben dieser zeitraubenden und anstrengenden Amtsarbeit schuf er Reihe wissenschaftlicher Werke, die durch Methode und Gehalt unsere überdauern und über den Kreis der Philologen hinaus Interesse erregen en. Große Anerkennung fand das biographische Musterwerk „Friedrich helm Ritschl. Ein Beitrag zur Geschichte der Philologie", dessen zwei liche Bände schnell auf einander folgten (1879/81) und über den engeren men der Aufgabe hinausreichend die Entwicklung der deutschen Philologie 19. Jahrhundert mit meisterhafter Beherrschung des Stoffes und in ender Form darstellten. Ein Jahrzehnt später erschien die lang vor- itete, oft aufgeschobene und endlich schnell hingeworfene dreibändige „Ge- chte der römischen Dichtung" (1887/92, Bd. I 1894 in zweiter Auflage).

Auch hier wirkte er durch die künstlerische Gestaltung des oft spröden
standes, mehr noch aber durch das stimmungsvolle Eingehen auf die
ristischen Eigenthümlichkeiten der einzelnen Dichter. Er hatte auf
und schwierige Aufgabe bereits bei Antritt seines Rectorats im J. 18
seiner Rede über die „Aufgaben und Ziele einer antiken Literatur
hingewiesen. Auch die Prorectoratsrede zur Nachfeier von Königs
am 30. April 1889 über den „Lobpreis von Fürsten und Helden bei
und Römern“ fand große Anerkennung.

Ueberhaupt wurden ihm reiche Ehren zu Theil. Zum 60.
wurden ihm die „Commentationes Ribbeckianae“ gewidmet, zum
von Seffner geschaffene Büste gestiftet. Dankbar berichtete er über
tag seinem Freunde Hausrath: „Sie haben mich mit einer solchen Fülle
thuender Liebeserweisungen überschüttet, daß auch mein Dank überstr
sich nicht länger zurückhalten lassen will. Das Glück, Freunde wie
Seite zu haben, wirft auf den Rest meines Lebens einen sonnigen
Ich will mich bemühen, es noch auf meine alten Tage zu verdienen
jedenfalls zu genießen. An Ehrungen und Liebeserweisungen hat es
gefehlt, auch die Schweiz hat mir ein gutes Andenken bewahrt.
nymes Telegramm aus Heidelberg, sicher von Rohde, lautet: salve,
gorum lumen! Macte viridi senecta! Perge porro! Scande recta
cacumen! Poeta laureatus te salutat. Wollen Sie ihm meinen anerken
Dank für diese poetische Leistung, wenn er sich dazu bekennt, übermitte

R. war Secretär der sächsischen Gesellschaft der Wissenschaften
bei ihrem 50jährigen Jubiläum einen fein abgewogenen Bericht
Arbeiten der verewigten Mitglieder der philologisch-historischen Class
Mitglied gehörte er der Petersburger, Göttinger und Berliner Akade
Er besaß den Comthur vom königlich sächsischen Verdienstorden, den
Maximiliansorden für Kunst und Wissenschaft, den griechischen Erlöse

Im September 1897 führte er mit Martin Wohlrab den Vorsitz
Dresdner Philologenversammlung. Hier schien er noch in voller Mann
zu stehen; aber bald darauf befiel ihn große Müdigkeit und schwere
heit, gegen die er tapfer ankämpfte. Im Januar 1898 hielt er
lesungen, dann brach er zusammen. Die Hoffnung, Genesung in Bad
zu finden, ging nicht in Erfüllung. Er starb am 18. Juli 1898.
Trauerfeier am 21. Juli in der Johanniskirche sprach Rietschel,
und Wiedemann, ältere und jüngere Schüler. Auf dem Johannes
wurde er beerdigt. Sein Grab schmückt ein Relief nach Seffner's

Worin bestand Ribbeck's Bedeutung? Zunächst in seiner Wirksam
Lehrer, in der ersten Zeit an Gymnasien. Strenge Anforderungen
er an die Schüler; wohl nicht nur der ehemalige Elberfelder Prima
ihm mit Behagen die Blutbäder ins Gedächtniß, die der schändliche
über die Hefte ausgegossen hatte, und die scharfen lateinischen Noten,
unter die Arbeiten schrieb. Aber die Fortschritte und Erfolge fan
erkennung und R. erklärte: „Dergleichen Bekenntnisse dankbarer Seel
schädigen für viele Stunden stiller Wuth und Empörung“. Auch zur
und Organisirung des höheren Lehrerstandes hat er seinen Theil beige
In Bern gründete er den Verein Schweizer Gymnasiallehrer (28.
bericht des Vereins Schweizerischer Gymnasiallehrer S. 8), ferner mit
Koechly und Rauchenstein das Neue Schweizer Museum, das eine
nützige, die Früchte wissenschaftlicher Forschung ins rechte Licht setzende
tung einhalten sollte; nach Ritschl's Tode war er Mitherausgeber des „
nischen Museums“. Als Kieler Professor bekundete er Interesse für

schen Lehrplan, in Heidelberg gehörte er dem badischen Oberschulrathe während der Leipziger Zeit ließ er sich als königlicher Prüfungscommissar bei Reifeprüfungen der Gymnasien verwenden, wo sich sein Interesse den classischen Fächern zuwandte. Welchen tiefgreifenden Einfluß Universitätslehrer, namentlich in den philologischen Seminaren aus- bereits oben ausgeführt worden.

Als Redner zeichnete er sich durch Glanz der Sprache, Vornehmheit Gesinnung, sachliche Gründlichkeit und große Gesichtspunkte bereits in Kiel wo er das Amt eines Professor eloquentiae bekleidete. Bei der rung der Vergangenheit ließ er auf die bewegte Gegenwart charakteri- Lichter fallen. 1864 behandelte er die Hybris; am 22. März 1867, Angehörigen der Universität zum ersten Male als Bürger des mäch- deutschen Bundesstaates den Geburtstag ihres Landesherrn feierten, land und Deutschland. Freudig hob er seinen Standpunkt hervor: einer langen Vergangenheit einer vormals milden, dann immer drücken- unwürdiger sich gestaltenden Fremdherrschaft, nach Jahren trüber kungen gibt der Blick auf die nun endlich fest und unwiderruflich ge- Stellung unseres Landes Beruhigung und neue Spannkraft". Auch pziger Vorträge machten einen tiefen Eindruck, ebenso wie die Ge- reden, die in den „Reden und Vorträgen" uns erhalten sind.

Mit Freude und Stolz rühmte er sich, ein Philologe zu sein. Mochten verzweifeln, er war stolz auf die Erfolge, Leistungen und Aufgaben Welt. „Wenn die Welt nicht so materialistisch wäre, so wäre die Philo- doch gerade jetzt eine wahre Freude, wo die neuen und echten Funde wie die Frühlingsblumen aus der Erde schießen. Vorgestern habe ich ngsten Aristoteles auf einen Sitz verschlungen. Und die 700 Miriamben, versprochen sind, und der Antiopeschluß!" In der Vorlesung über chichte der Philologie zeichnete er das Ideal des Philologen. „Vor predigte er seinen Hörern die Verpflichtung und das Recht ein ganzer zu sein. Das war das alte Evangelium des Humanismus. Bei schlichten, warmen Worten des Lehrers kam eine wahre Feiertags- ung über seine Hörer, die sich schließlich in einen elementaren Beifalls- umsetzte." Wie er im Machtgefühle der philologischen Methode lebte beitete, ist oft gerühmt worden. Die Fülle seines Wissens zeigte sich im Vortrage, wie bei der Berathung seiner Schüler. Die Kritik war und kühn, von starkem Selbstgefühl getragen, schoß wohl auch, so in der lung von Juvenal und Horaz, über das Ziel hinaus (Wachsmuth, —188). Für das Zustandekommen des Thesaurus linguae latinae noch in den letzten Jahren seines Lebens seine ganze Kraft ein.

Als Schriftsteller durfte er auf reiche Erfolge in aufsteigender Linie blicken. Die ihm eigenthümlichen Eigenschaften traten im Alter nicht , sie schienen sich in den Leipziger Jahren mit ihren epochemachenden en erst recht zu entfalten. So war es auch mit dem Stil. Mit Wachsmuth hervor: „Von Anfang an freilich ist seiner Schreibweise für seine Nüancirung des Ausdrucks, Reichthum an glücklichen Wen- und Bildern, freiste Herrschaft über die Sprachmittel eigen; aber — ich mich nicht täusche — nahm sie doch an Mannichfaltigkeit und Bieg- an Kraft und Plastik, an Anmuth und Reiz mit den Jahren immer Leider ist er nicht dazu gekommen, seine Studien zur Geschichte inischen Stils fortzusetzen.

Als Mensch und Charakter war er eine ganze Persönlichkeit, auf die Antike tiefen Einfluß gehabt hatte. War er gegen Fremde zurückhaltend, so wurde andererseits die Anhänglichkeit und Treue gegenüber denen ger... die sich seiner Werthschätzung erfreuten. Was er seinen Schülern ... schon oben hervorgehoben worden; seine Beziehungen zu Freunden ... einer Fülle kleiner Züge Hausrath geschildert. Sein feinsinnig ausge... Heim war der beste Beweis für sein Kunstverständniß; es trat auch ... Pflege moderner Litteratur hervor, deren Hauptvertreter er genau ... in ihrem Schaffen verfolgte.

Was einst einer seiner bedeutendsten Schüler ausgesprochen, das ... zahlreiche Jünger der Philologie, die Universitäten und Seminare, an ... er wirkte: „Ich bin ihm doch viel und auf immer schuldig. Ein ... Mensch!“

(Emma Ribbeck) Otto Ribbeck. Ein Bild seines Lebens aus ... Briefen 1846—1898. Mit zwei Porträts nach Zeichnungen von ... Heyse. Stuttgart 1901. — A. Hausrath, Erinnerungen an Gelehr... Künstler der badischen Heimath. Leipzig 1902, S. 31—98: Otto ... (unter dem Titel: Alte Bekannte. Gedächtnißblätter, III). — Erinne... an Ernst Friedrich Gabriel Ribbeck. Herausgegeben von seinen S... Als Manuscript gedruckt. Berlin 1868. — Wachsmuth, Worte zum ... dächtniß von O. Ribbeck. Gesprochen in der Gesammtsitzung der ... Classen der kgl. sächs. Gesellschaft der Wissenschaften zu Leipzig am 14. ... vember 1898, in: Berichte über die Verhandlungen der Kgl. Sächs. ... d. W. zu Leipzig. Philologisch-histor. Classe, 50. Bd. 1898, I, 177—... (auch als Separatabdruck erschienen). — R. Opitz, Johannes Karl ... Ribbeck, in A. Bettelheim, Biographisches Jahrbuch u. Deutscher Ne... III. Bd. Berlin 1900, S. 271—288. — W. Dilthey, Otto Ribb... der Deutschen Rundschau. Herausgegeben von Julius Rodenberg. ... LXXXXVI (Juli—September 1898). Berlin, S. 450—454. — E. ... Wölfflin im Archiv für lateinische Lexikographie. 1899, Heft 2, S. ... — Brockhaus' Konversationslexikon, 14. Aufl. 13. Band (Leipzig 1... S. 841. — Berichte über die Verhandlungen der Kgl. Sächs. Ges. ... zu Leipzig. Philologisch-histor. Classe, 50. Bd. 1898. Leipzig, S. ... Leipziger Tageblatt u. Anzeiger, 19. Juli 1898, Nr. 360, Morgena... 2. Beil. — O. Crusius, in der Beilage der (Münchner) Allgem. Ze... 1898, Nr. 180. — Nationalzeitung 1898, Nr. 415. — P. Heyse, Ju... erinnerungen und Bekenntnisse, S. 113 f. — Th. Fontane, Der ... über der Spree, in der Deutschen Rundschau, Bd. LXXXVII (1896), S. ...

Georg Müll...

Richter: Aemilius Ludwig R., Kanonist, geboren zu Stolpen ... weit Dresden, als Sohn des dortigen Finanzprocurators (Advocaten) ... 5. Februar 1808, † zu Berlin am 8. Mai 1864. Er legte die Gymn... studien in Bautzen zurück, studirte in Leipzig von 1826 an drei Jahre ... Rechte, gleichzeitig geschichtliche und philologische Studien treibend. Sein ... war wegen zahlreicher Familie nicht in der Lage, den Sohn ausgiebi... unterstützen, so daß dieser schon als Student durch Privatstunden seinen ... halt zum großen Theile beschaffen mußte, und ohne die Mittel das Doc... zu erwerben trat er, als Baccalaureus die Universität verlassend, 182... Obergerichtsauditor zu Leipzig in den Staatsdienst, habilitirte sich im ... Jahre als Privatdocent und fing an, die Advocatur auszuüben. Seine ... Abhandlungen brachten ihm auf Betreiben Hugo's das Ehrendoctorat ... juristischen Facultät zu Göttingen ein. Hierauf gestützt und um einem ... schluß der Facultät, den Baccalauren die venia legendi zu entziehen, ... zukommen, habilitirte er sich nochmals förmlich mit einer vortrefflichen Sch...

J. 1835 und wurde im folgenden Jahre zum außerordentlichen Professor ernannt. Das Jahr 1838 brachte einen Ruf nach Marburg. Am Tage der Reise heirathete er, nahm aber für den Mittag eine Einladung bei Gers-dorf an, der ihn auf die Post begleitete und sehr verwundert wurde, als R. eine einsteigende Dame als die junge Frau vorstellte. Kein College wußte von der Heirath.

Die Marburger Zeit war, wie er mir oft sagte, die glücklichste seines Lebens. Enthoben der Noth und Sorge, mit der er bis dahin gekämpft hatte, körperlich ziemlich rüstig, in innigem Verkehr mit befreundeten Collegen lebte er nur dem Lehramte — Kirchenrecht und Civilproceß — und der Wissenschaft. Aus dieser Zeit stammen jene Arbeiten, welche seinen Namen begründet haben. Kurz vor der Generalsynode des Jahres 1846 wurde er nach Berlin berufen, wie Eilers (Das Ministerium Eichhorn, 1849) sagt, weil Eichhorn eine kirchliche Kraft zur Verfügung haben wollte, welche, ohne auf selbständige Geltung Anspruch zu machen, ihren Ruhm in der Brauchbarkeit fand. Er beschränkte sich im Lehramt auf das Kirchenrecht, neben dem Lehramte war er mit Gutachten u. s. w. im Cultusministerium beschäftigt, stand Eichhorn zur Seite für die sich aus der Generalsynode ergebenden Fragen und wurde Mitglied des am 28. Januar 1848 errichteten Oberconsistoriums. Im J. 1850 wurde er mit dem Titel eines Oberconsistorialraths in den neu gegründeten evangelischen Oberkirchenrath berufen. Die ihm obliegende Arbeitslast, die ...gen Reibungen besonders mit dem Collegen Stahl bereiteten ihm viele ..., ein sehr altes Luftröhrenleiden und Augenleiden drückten ihn nieder, jährliche Badecuren verschafften nur zeitweise Besserung. Die Stellung im Oberkirchenrathe vertauschte er 1859 mit der eines Geh. Oberregierungs- und vortragenden Raths im Cultusministerium. Was er in dieser Stellung an Entwürfen u. dgl. gearbeitet hat, ist meist ohne Erfolg geblieben. Ich besuchte R. zuerst im October 1849, bin sofort von ihm mit der größten Liebe aufgenommen worden, habe mit ihm bei unserer beiderseitigen Anwesenheit in Berlin bis zum Mai 1853 fast täglich verkehrt, holte ihn zum Spazierengehen ab und wurde auch oft von ihm abgeholt, ich habe zahllose Abende in seinem Hause mit ihm und seiner Frau — die Ehe war kinderlos — zugebracht, in den Sommern 1851 und 1852 wiederholt für ihn in seiner Wohnung, wenn er unwohl war, die Morgens 6 Uhr beginnenden kanonistischen Uebungen (Einführung in die Behandlung der Quellen) geleitet, bin nach 1853 in stetem Briefwechsel mit ihm geblieben und habe ihn sicher am genauesten von allen Lebenden gekannt. Es ist nicht möglich, R. an diesem Orte so eingehend zu schildern, wie das von mir und Anderen an den anzuführenden Orten geschehen ist, die Bedeutung Richter's rechtfertigt jedoch ein näheres Eingehen auf seinen Charakter und seine Wirksamkeit.

Als Mensch war R. liebenswürdig, heiter, ein Freund des Humors, ja von einer für einen Mann in den vierziger Jahren seltenen Lustigkeit, in seinem Urtheile unendlich milde; niemals hat er über Collegen oder überhaupt den Sittenrichter gespielt. Familienumgang hatte er mit keinem Collegen, seit 1850 mit Keller, den er in Schutz nahm selbst gegen dessen notorische Denkweise, an die nicht zu glauben er sich den Anschein gab. Das mir Merkwürdigste war das innige Verhältniß zwischen ihm und seiner Frau, die trotz niedriger Herkunft sich bei guten Anlagen einen gewissen Schliff angeeignet hatte, aber auch einen nicht gerade feinen Ton cultivirte, ein Bruder derselben hat ihnen bittere Stunden bereitet. Im Hause von R. verkehrten auch zu Bischof Neander, Präsident v. Uechtritz, der frühere Marburger Thiersch (Irvingianer).

Als Lehrer war R. keineswegs hervorragend, sein Vortrag infolge
klanglosen Organes unschön; er dictirte zum Theil, sprach dann darüber,
er gab, blieb bei weitem hinter dem Inhalte des Lehrbuchs zurück, so
man eigentlich nicht viel lernte. Und dennoch wirkte er als Lehrer enor
weil Jeder sofort empfand, daß er mit Lust und Liebe an der Sache hi
Diese Lust und Liebe brachte er dem Lernenden bei, er ging unverdrossen
auf jeden Wunsch, war stets bereit, Material zu verschaffen, stellte seine eig
Bücherei mit vollster Freiheit zur Verfügung und erleichterte die Benutzu
anderer — ich habe von ihm, freilich auch von Rudorff, Heffter u. A.,
viele Blanketts für die königliche Bibliothek gehabt. So ist es begreiflich,
er viele Schüler hatte, die kanonistische Dissertationen machten und ihm
meten, daß zu seiner Zeit in Berlin eine Reihe kanonistischer Dissertation
erschienen und kaum ein anderer Docent so viele Schüler gehabt hat, die
Fach ergriffen (vgl. meine Angaben in der Geschichte der Quellen).

R. war übrigens reiner Büchergelehrter, arbeitete nur gut und sicher
seiner Bibliothek, wo nichts ihn störte und beunruhigte; sofortiges Eingeh
und Erörtern auf Fragen, war nicht seine Sache. Was R. an Gedank
besaß und geleistet hat, schöpfte er aus den Quellen, wirklich selbständige Ide
und Gesichtspunkte hatte er nicht, außerhalb der Studirstube und von sein
Büchern getrennt entbehrte er auch der Kraft und Fähigkeit, energisch sei
Ansichten zu vertreten; er war gänzlich ungeeignet zum Staatsmann u
Politiker, aber ein unendlich brauchbarer Arbeiter für das, was der Minis
wollte. Sein Eintritt in den Oberkirchenrath bezw. ins Ministerium w
ein Fehler, aber erklärlich, wie er mir offen sagte, um eine vom Kathed
unabhängige gesicherte Stellung zu erhalten, die bei den durch seine Gesun
heit geforderten Bedürfnissen und dem Mangel von Vermögen nothwend
wurde.

Richter's Verdienste als Schriftsteller lassen sich für das katholische Kirch
recht dahin feststellen, was ich am unten anzuführenden Orte ausführlich b
gründet habe: Er hat durchaus objectiv, objectiver als jeder andere evang
lische Kanonist vor ihm, das Recht dargestellt, das geltende lediglich a
Grund der Quellen und der katholischen Litteratur, die Geschichte, ohne
einen einzelnen dogmatischen Punkt etwas Neues zu liefern, rein quellenmäß
Durch das mit mir gearbeitete Werk über das Tridentinum und seine obj
tive Methode hat thatsächlich der curiale Einfluß gewonnen, da man
Deutschland jetzt die römische Praxis erst wirklich kennen lernte und eine ga
andere Behandlung der kirchlichen Rechtsfragen, welche mit staatlichen z
sammenhängen, aufkam. Was das evangelische Kirchenrecht betrifft,
war R. ein guter, liberaler Protestant, ohne festen dogmatischen Standpun
ein Anhänger des historischen landesherrlichen Summepiscopats und, mit eine
Worte gesagt, ein Mann des juste milieu. Er hat sich weder für das kath
lische, noch das evangelische Kirchenrecht gänzlich freigemacht von dem the
logischen Ballast, aber doch das wirklich Juristische mehr in den Vordergru
gestellt und herausgearbeitet, als ein Kanonist vor ihm. Schließlich ist herv
zuheben, daß R. ein Freund der freien religiösen Ueberzeugung war, Fei
der staatlichen Knechtung wie der kirchlichen Inquisition und von dem ve
nünftigen der Entwicklung zugänglichen Standpunkte eines denkenden Mann
aus in der geschichtlichen Bildung nicht ein für alle Zeiten nothwend
Bleibendes sah, sondern sich bewußt war, daß neue Zustände und Bildunge
wenn sie als berechtigt und gefestigt angesehen werden können, vollen A
spruch auf Berücksichtigung haben, eine durch die Geschichte selbst begründe
Forderung.

Schriften: „Beiträge zur Kenntniß der Quellen des canonischen Rechts" … Algerus von Lüttich und sein Verhältniß zu Gratian, II: Zur … der Inskriptionen im Dekret., III: Ueber die Collectio Anselmo … Leipzig 1834; „De emendatoribus Gratiani", ebd. 1835; „Mar… Prorectoratsschrift" (I: De triplici damnatione Formosi episcopi … II: De antiqua canonum collectione, quae in Codd. Vatic. … 1352 continetur), abgedruckt 1844; „De inedita Decretalium collec… Lipsiensi", Lips. 1836; „Corpus iuris canonici" (P. I: Decretum … 1836, P. II: Decretales Gregorii IX etc., ib. 1839, 4°); „Ca… et decreta sacr. oec. Concilii Trid.", ib. 1839; „Can. et decr. Con… Tridentini ex editione Romana a 1834 repetiti: Accedunt S. Congr. … Trid. Interpretum Declarationes ac Resolutiones ex ipso Resolutionum …, Bullario Rom. et Benedicti XIV. S. P. Operibus et Constitu… Pontificiae recentiores ad jus commune spectantes e Bullario Rom. … Assumpto socio Friderico Schulte J. U. D. edidit A. L. R.", …; „Die evangelischen Kirchenordnungen des sechzehnten Jahrhunderts. … und Regesten zur Geschichte des Rechts und der Verfassung der … Kirche in Deutschland", Weimar 1846, 2 Bde. 4°; „Verhandlungen … preußischen Generalsynode von 1846", Leipzig 1847; „Lehrbuch des katho… und evangelischen Kirchenrechts mit besonderer Rücksicht auf deutsche …", Leipzig 1842, 5. Aufl. 1856, die 6., 7. ganz, 8. theilweise von …, theilweise von W. Kahl besorgt. Diesem Buche verdankt R. eigentlich … Ansehen, welches er genoß, worüber meine Ausführung a. a. OO. … der evangel. Kirchenverfassung in Deutschland", ebd. 1851; „Bei… zur Geschichte des Ehescheidungsrechts in der evangel. Kirche", Berlin …; „König Friedrich Wilhelm IV. und die Verfassung der evangel. Kirche", 1861; „Beiträge zum preußischen Kirchenrechte". Aus dessen Nachlaß … gegeben von P. Hinschius, Leipzig 1865; „Mittheilungen aus der Ver… der geistlichen, Unterrichts- und Medicinalangelegenheiten in Preußen", …; „Vortrag über die Berufung einer evangel. Landessynode", Berlin …; „Der Staat und die Deutschkatholiken. Eine staats- und kirchenrecht… Betrachtung", Leipzig 1846. Dazu Aufsätze und Anzeigen in den von … redigirten Zeitschriften: „Kritische Jahrbücher für die deutsche Rechts…schaft", von R. begründet 1837, von ihm redigirt bis 1842, seit 1839 … Mitherausgeber; „Zeitschrift für das Recht und die Freiheit der …", mit H. F. Jacobson, Leipzig 1847, ging mit dem zweiten Hefte … — Verschiedene Gutachten u. dgl. von mir Geschichte der Quellen S. 225 …zählt.

… v. Schulte in Dove, Zeitschr. f. Kirchenrecht V, 259—280; ders. in … d. Quellen u. Lit. des canon. Rechts III, 2 u. 3, S. 210—225. … Dove in seiner Zeitschr. VII, 273—404. — Hinschius in Zeitschr. f. …geschichte IV, 351—379. — Mejer in Preuß. Jahrb. XI, 339 ff.

v. Schulte.

Richter: Heinrich R., kgl. bair. Hofschauspieler und Regisseur, Ehren… des kgl. Hoftheaters, kgl. Professor der Schauspielkunst, geboren am … 1820 in Berlin, † am 22. Mai 1896 zu München.

Heinrich Richter's Familie stammte aus Baiern und war mit der Jean Paul Richter's verwandt. Heinrich war aber in Berlin als der Sohn eines …ministerialbeamten geboren. Sein Urgroßvater war im Markt Ipsheim, … Nähe von Ansbach, geboren und dort Prediger gewesen. Der Vater … nach Berlin gezogen, als das seit 1791 preußische Ansbach bairisch wurde, … der Schlacht von Jena. Der junge R. besuchte in Berlin das französische

Gymnasium und hat zu jener Zeit die ersten Theatereindrücke empfangen. waren so mächtig in ihm, daß er ihnen alles zu opfern beschloß. er absolvirt hatte, und zwar mit Auszeichnung, war er heimlich Devrient gegangen, der damals als Schauspieler und Sänger am spielhause engagirt war, und ließ sich von ihm unterrichten, wie auch in der Ernst'schen Theaterschule, in deren Privattheater er, 16 Jahre alt, als Till in Raupach's „Schleichhändler" auftrat; sogar als Statist den Weg auf die Bühne des Opernhauses zu August 1837 verließ R. heimlich das Vaterhaus, in dem er keine für seine Berufswahl zu hoffen hatte, und ging nach Berlin, um dem der genannten Theaterschule nach Frankfurt a. O. zu folgen. In ihn Auguste Crelinger kennen und schätzen. Ihrer Empfehlung sein erstes Engagement, das er am 1. Januar 1839 dort antrat. desselben Monats trat er zum ersten Male als Eduard in Kotzebue's grammen" auf. Nicht lange blieb er dort, und es begann nun ein wegtes Wanderleben. Nach zwei Jahren sehen wir ihn in Rostock, gleich in Bremen, wo er als jugendlicher Held und Liebhaber bald auch der des Publicums wurde. Nun wollte er nach Leipzig; da winkte Engagement am Wiener Burgtheater. Am 8. Mai 1843 trat er Gast (in Raupach's „Geschwistern") auf und zwar mit solchem Erfolg, Director v. Holbein gern eine Conventionalstrafe von 100 Louisdor um den jungen Mann von seinen bereits eingegangenen Leipziger Verpfli loszulösen. Im Burgtheater, wo er bis zum 30. Juni 1844 117 trat, nahmen sich Fichtner, Loewe, Anschütz, La Roche seiner an. Die hatten sich zwar mit dem jugendlichen Ausreißer, niemals aber mit Beruf ausgesöhnt. Und der später so gemessene Mann von unverkennbar deutsch kühlem Temperament muß damals in der That noch ein sehr Geist gewesen sein. Auch am Burgtheater litt es ihn nicht lange. Er sich zu wenig beschäftigt. Ungern gab man ihm die geforderte Entla und schon am 9. August 1844 trat er als Don Carlos ein Engage Leipzig an. An diesem Tage wurde das Stadttheater nach einer Restaurirung wieder eröffnet. In Leipzig war R. auch Albert Lortzing getreten. Nun wurde er auch seßhafter, obwohl er bald einsehen mußte, er es im sicheren Hafen des Wiener Burgtheaters ruhiger gehabt hätte, die Stürme des Jahres 1848 gingen auch über das Leipziger Theater spurlos hinweg. Er wurde mit dem ganzen Personal auf halbe Gage und dieses beschloß, „auf Theilung" weiter zu spielen. Vor diese kritische fällt ein kurzes erfolgreiches Gastspiel Richter's in seiner Vaterstadt wo er auch zu zwei Vorstellungen im „Neuen Palais vor Sr. Majestät" fohlen wurde. Im Jahre darauf sollte R. den ruhigen Hafen finden, sein Lebensschifflein fürderhin nicht mehr zu verlassen brauchte. Wieder hatte die Intendanz der Münchener Hofbühne mit R. anzuknüpfen im Januar 1849 sagte er zu und war bereits gebunden, als sich ihm zeitig auch die Aussicht eröffnete, nach Wien zurückkehren zu können. 20. März 1849 trat er als Arthur in „Ein Arzt" und als Richard „Richard's Wanderleben" zum ersten Male in seinem künftigen Wohnsitz Don Carlos und Mortimer folgten. Der Erfolg dieses Gastspiels führte zum Abschluß des Engagements, das er am 1. August 1849 antrat. vorher hatte er sich in Leipzig eine Gattin geholt, die schöne Tochter Großkaufmanns Heinrich Mayer.

R. hat München von da an nur mehr zu gelegentlichen, aber dam noch nicht so häufig üblichen Gastspielen verlassen. Am 1. Februar 18 [illegible], für R. und seine Collegen völlig überraschend, die Leitung [illegible] übernommen. Von allen seinen vielen Chefs scheint R. diesem [illegible] Sympathien entgegengebracht zu haben. Im Juli desselben [illegible] R. die Freude, mit seinem Lehrer Eduard Devrient, der als [illegible] zu spielen. Nun fehlte es auch nicht an Ehren mannichfacher Art. [illegible] Könige Max II. und Ludwig I. waren ihm hold. Am 22. Sep[illegible] 18[illegible] wurde er wirklicher Regisseur, nach Dahn's Abgang sogar der [illegible] später auch der künstlerische Beirath des neuen Intendanten Schmitt. [illegible] Unterbrechung erfuhr seine Thätigkeit durch eine Luxation [illegible] Knies, die er sich als erster Holk'scher Jäger in „Wallenstein's [illegible] zugezogen hatte und die ihn fast sieben Monate von der Bühne fern[illegible] Am 1[illegible]. Januar 1868 übernahm Karl Frhr. v. Perfall die Leitung der [illegible] Hofbühne; unter ihm und seinem König Ludwig II. stand R. auf [illegible] seines Könnens und seiner Erfolge. Es kam die Zeit der „könig[illegible] Separatvorstellungen" und der ihnen folgenden königlichen Ehrungen [illegible]. Denkwürdige Daten waren der 17. Juli 1870, als R. nach [illegible] vor dem Kronprinzen Friedrich Wilhelm in „Wallenstein's [illegible] wieder seinen Holk'schen Jäger sprach; der 10. Januar 1873, als er [illegible] der ersten die neugeschaffene Goldene Medaille für Kunst und Wissen[illegible] erhielt; der 1. August 1874, sein 25jähriges Jubiläum als Münchener [illegible], die „Musterspiele" des Jahres 1880. Im März 1878 hatte [illegible] Gattin nach langem Leiden verlieren müssen. Da nahm er die Lehrer[illegible] der dramatischen Abtheilung der Kgl. Musikschule an, die später zum [illegible] für ihn werden sollte, die aber weder er noch ein Anderer zu [illegible] Bedeutung bringen konnte. Langsam, aber klaglos war er in das [illegible] Fach übergegangen. Im Jahre der „Musterspiele" wurde sein 60. Ge[illegible] gefeiert, und in demselben Jahre, als Lewinsky aus Wien kam, den [illegible] Moor zu spielen, übernahm er den alten Moor, dem er nun treu blieb. [illegible] rührenden Huldigung gestaltete sich die Feier seines 50jährigen [illegible] am 18. Januar 1889: er spielte den Musikus Miller. [illegible], anfangs nur den Vertrauteren bemerkbar, ging es dem Ende zu. [illegible] Gedächtniß begann zu versagen. Ohne es zu ahnen, trat er am 19. Juni [illegible] in der kleinen Episodenrolle des Generals v. Klebs in Sudermann's [illegible] Heimath" zum letzten Male auf. Die Aerzte verboten ihm die Aufregungen [illegible] wirklichen Abschiedsabends, und so ging denn R. nach 45jähriger Dienst[illegible] am Hoftheater, nach 37jähriger Thätigkeit als Regisseur und 55jähriger [illegible] Schauspieler am 1. Januar 1894 mit dem Titel eines kgl. Professors [illegible] Ehrenmitglieds der Hofbühne in Pension. Er war an 7455 Abenden [illegible] verschiedenen Stücken und 678 verschiedenen Rollen aufgetreten, darunter [illegible] Opernabenden. Auch litterarisch war R. thätig gewesen. Seine Be[illegible] von Lope's Drama „El major Alcalde el Rey" wurde unter dem [illegible] „Der beste Richter ist der König" in den königlichen Privatvorstellungen [illegible]. Auch Molière'sche Stücke hat R., der seine französische Schule auch [illegible] Bühne nicht verleugnete, übersetzt und eingerichtet. Zu jener Zeit war [illegible] zu Richard Wagner in Beziehungen getreten. Wagner hielt auf ihn [illegible] Stücke, bis er einmal auf dessen Frage, was er von dem eben zum [illegible] Male aufgeführten Tristan halte, offen eingestand, daß ihm Holländer, [illegible] und Lohengrin lieber, weil verständlicher, seien. Wagner hat ihn [illegible] nie mehr angesprochen. Am 1. November 1895 führte ein Bluterguß [illegible] Gehirnerweichung nach sich, und am 22. Mai des nächsten [illegible] erlag der greise Schauspieler nach kurzem Siechthum einer Lungen[illegible]

Ein überaus treffendes Wort, das die vornehme Art seiner Kunst
besten bezeichnet, hat einmal von R. gesagt, daß der Titel Hofschauspiel
ihn eigens hätte erfunden werden müssen, wenn er nicht schon früher be
hätte. Vornehmheit war das Kennwort für alle Leistungen, sowie
persönliche Erscheinung dieses echten deutschen Künstlers. Ein bahnbr
schauspielerisches Genie von hinreißendem Feuer ist er wohl kaum je ge
aber ein Künstler, der jede, auch die kleinste Aufgabe, durch das Mehr
Persönlichkeit adelte. Selbst als gebrechlicher Greis hat er nie seine Rol
dorben, und so ist er durch seine nicht blendenden, aber erwärmenden, gedie
Mittel und durch den Nachdruck seiner edlen Gestaltungskraft der ersten
seiner zweiten Vaterstadt durch Jahrzehnte wirklich das geworden, was
im schönsten Sinne eines viel mißbrauchten Wortes eine Stütze des Reper
zu nennen liebt.

Ein Sohn Richter's hat (nicht für den Buchhandel) eine Biog
seines Vaters erscheinen lassen (Heinrich Richter, Erinnerungen aus
Leben und Wirken. Eine biographische Skizze nach eigenhändigen
zeichnungen, vorgefundenen Briefen und Documenten, sowie münd
Ueberlieferungen des Künstlers von Heinrich Richter jun., Darmstadt
190 S. in gr. 8°), ein gut und pietätvoll gemeintes Sammelwerk
allem möglichen interessanten und oft auch recht bedeutungslosem Ma
das leider vielfach sich später als sehr unzuverlässige Quelle erwies
Nach diesem ist mein biographischer Artikel im ersten Bande des von
Bettelheim 1897 erschienenen „Biographischen Jahrbuchs und De
Nekrologs" verfaßt und im nächsten Bande durch einen Nachtrag in
zelnen Angaben berichtigt worden. Außer in der Tagespresse ersch
biographische Artikel über R. noch im Theater-Almanach der De
Bühnengenossenschaft (Achter Jahrgang 1897, S. 176) und in Ludwig
berg's leider ebenfalls sehr unzuverlässigem Großen Biographischen Le
der Deutschen Bühne (Leipzig 1903, S. 831).

Alfred Frhr. v. Men

Richthofen: Karl Otto Johannes Theresius Freiherr von
bedeutender Rechtshistoriker, wurde am 30. Mai 1811 zu Damsdorf in Ni
schlesien geboren und wuchs im väterlichen Hause zu Brechelshof (Kr. Ja
auf. Nachdem er die Prima der Ritterakademie zu Liegnitz absolvirt h
begann er das Studium der Jurisprudenz auf der Landesuniversität Bre
wo ihn Unterholzner besonders anzog. In Berlin schloß er sich sehr
durch Savigny und Eichhorn gewonnen, der rechtshistorischen Schule an,
Eichhorn's Vorlesungen über deutsches Staatsrecht gaben der wissenschaftl
Entwicklung des jungen Mannes die entscheidende Richtung. Schon gan
füllt von dem großen Plane einer gründlichen Erforschung der altfries
Rechtsgeschichte, eilte R. nach Göttingen, um unter dem Altmeister der
manischen Philologie, unter Jakob Grimm, die friesische Sprache zu stu
und sich eine gründliche philologische Ausbildung zu erwerben, die ihm für
Durchführung seiner Arbeiten unerläßlich schien. Auf den Rath Jakob Grim
unternahm er im Sommer 1834 von Göttingen aus eine Studienreise
die niedersächsischen und friesischen Bibliotheken und Archive, um sich
unbekannten Handschriften friesischer Rechtsquellen umzusehen. Er be
auf dieser Reise Wolfenbüttel, Hannover, Hamburg, Bremen, Oldenburg,
Emden, Groningen, Leeuwarden und Leiden, wurde besonders liebens
in Groningen aufgenommen, erfuhr dafür aber einen unerwarteten Wider
in Leeuwarden. Die Ausbeute der Reise war so groß, daß sich R. zu
Gesammtausgabe der altfriesischen Rechtsquellen entschloß, die im J. 1840

[illegible] (Bd. 1, Friesische Rechtsquellen [Texte], Berlin 1840; Bd. 2, [illegible] Wörterbuch, Göttingen 1840) erschien und R. mit einem Schlage [illegible] Namen unter den Rechtshistorikern sowohl als unter den [illegible] Philologen verschaffte. Am 8. Juli 1840 wurde R. in Halle zum [illegible] promovirt, und im Sommer 1841 habilitirte er sich als Privat- [illegible] der juristischen Facultät der Berliner Universität. In fast 20 jähriger [illegible] hat R. hier die germanistischen Fächer und das deutsche Staats- [illegible]. Er wurde sehr bald zum außerordentlichen Professor ernannt [illegible] 16. October 1860 bei Gelegenheit des Berliner Universitätsjubiläums [illegible] philosophischen Facultät der Universität Berlin durch die Verleihung [illegible] phil. honoris causa geehrt. Er wird als ein anregender Lehrer ge- [illegible], und er widmete sich seinen Vorlesungen und sonstigen akademischen [illegible] mit solcher Hingebung, daß ihm schließlich der Fortgang seiner eigenen [illegible] Arbeiten darunter zu leiden schien. Deshalb entschloß er sich [illegible] 1860, seine Professur niederzulegen, um von nun an ausschließlich [illegible] Beschäftigung leben zu können. Er zog sich nach Damsdorf [illegible] und kam nur den Winter über regelmäßig auf längere Zeit nach Berlin. [illegible] auf Damsdorf beschäftigte er sich daneben intensiv mit praktischer [illegible] und blieb auch dem politischen Leben nicht fern: nachdem er [illegible] 1850—1852 dem Erfurter Parlament angehört hatte, wählte ihn 1861 [illegible] zu seinem Vertreter im preußischen Abgeordnetenhause.

[illegible] September 1867 überfiel ihn, während er zu einer Brunnencur in [illegible] weilte, plötzlich ein schweres Augenleiden, das ihm für längere Zeit jede [illegible] Bethätigung unmöglich machte und ihn bis an sein Lebensende [illegible] Gebrauchs seiner Augen beraubte. Doch mit seltener Energie wußte [illegible] körperlichen Leidens Herr zu werden, und unterstützt durch einen [illegible], der ihm vorlas und dem er dictirte, nahm er bald die gelehrte [illegible] wieder auf und blieb ihr mit rastloser, immer nur tiefer dringender [illegible] getreu. Die 1870er Jahre waren für ihn eine Zeit der Sammlung [illegible] des Sammelns. Sein langes Schweigen in Verbindung mit der Nach- [illegible] seiner schweren Erkrankung hatten in der gelehrten Welt gegen Ende [illegible] Jahre die irrige Meinung aufkommen lassen, R. sei längst gestorben. [illegible] er 1880 die Welt durch den ersten Band seiner fundamentalen [illegible] zur friesischen Rechtsgeschichte", dem dann in rascher Folge [illegible] Bände und eine verwandte Arbeit folgten. Mitten aus dieser [illegible] erneuten Schaffens riß den 77 jährigen nach nur 14 tägiger Krankheit [illegible] März 1888 der Tod.

[illegible] seinen „Untersuchungen" ist R. zu demjenigen Problem zurückgekehrt, [illegible] zuerst auf die altfriesischen Studien geführt hatte: die Frage nach [illegible] und der Entwicklung der Landeshoheit in Friesland hat ihn [illegible] Lebens wohl am stärksten und innerlichsten interessirt. Aber der [illegible] den ersten durch Eichhorn's Vorlesungen angeregten Jugendplänen [illegible] den reifen Untersuchungen über Upstalsbom, Freiheit und Grafen in [illegible] ist recht weit und nicht geradlinig gewesen. Es liegt das an der [illegible] von Richthofen's Begabung und Arbeitsweise. Er besaß den klaren [illegible] Juristen, wenn es galt, eine neue Aufgabe erschöpfend zu dis- [illegible] und nach allen Seiten hin abzugrenzen; ja, er muß eine besondere [illegible] an solchem Plänemachen gehabt haben. Trat er dann aber in die [illegible] ein, so ging ihm die Arbeit nicht so glatt von der Hand. Eine [illegible] Akribie, eine Andacht zum Kleinen, wie er sie mit seinem [illegible] Jakob Grimm theilte, ließ ihn fast zu ängstlich bei jeder Nebensache [illegible], um auch hier auf den Grund zu gelangen. So sind alle seine

Arbeiten äußerst solide, wohl fundamentirte Leistungen, die ihren Stoff schöpfen; aber sie gehen leicht etwas zu sehr in die Breite, anstatt ... aufs Ziel loszusteuern. Mit zunehmendem Alter wurde diese vorsichtige, dabei doch wieder behagliche Art immer ausgeprägter; die Ausgabe der frie... Rechtsquellen hat am wenigsten darunter gelitten; die Untersuchungen ... friesischen Rechtsgeschichte werden geradezu durch den Altersstil chara... Wie ganz anders würde wohl die Friesische Rechtsgeschichte ausgesehen ..., wenn R. sie im ersten frischen Anlauf zugleich mit den Rechtsquellen zum ... schluß gebracht hätte!

Es war dies durchaus seine Absicht gewesen; das specielle Thema ... der Freiheit der Friesen und der Landeshoheit in Friesland hatte sich ... jungen R. sehr bald zu dem Plane einer allgemeinen friesischen Rechtsg... erweitert, die das gesammte ältere friesische Stammesrecht von der karoling... Epoche bis zur Mitte des 14. Jahrhunderts nacheinander in den vier ... durch das vorhandene Quellenmaterial gegebenen Zeitabschnitten darstellen ... Wir haben eine ausführliche Entwicklung dieses Planes von R. selbst ... wort zu Band 1 der „Untersuchungen“. Es kam ihm vor allem darauf ... den ganzen Schutt der Jahrhunderte, den eine reiche sagenhafte Tradi... und die willkürliche Construction der späteren friesischen Geschichtschreiber, ... sonders des berühmten und viel ausgeschriebenen Ubbo Emmius, über ... echten Quellen der altfriesischen Staats- und Gerichtsverfassung aufgeth... hatte, gründlich fortzuräumen und „aus echten Werkstücken einen neuen ... aufzuführen“. Dazu war aber vor allem nöthig, erst einmal das authen... Quellenmaterial aus den Archiven und den ungenügenden älteren Ausg... hervorzuziehen und es einer systematischen Sichtung zu unterwerfen. So ... stand, als Vorarbeit für die größere Aufgabe, 1840 die Ausgabe der „Fries... Rechtsquellen“. Sie ist wohl die abgerundetste Leistung Richthofen's, ein ... selbständiges, äußerst sorgfältig gearbeitetes Werk von ungemeiner Frische ... Conception, noch heute die grundlegende Ausgabe der Rechtsquellen in altfries... Sprache. Hatte es bis dahin immer schon für eine große That gegolten, ... ein einheimischer Gelehrter einmal ein einzelnes altfriesisches Rechtsden... publicirte, so brachte nun Richthofen's Band 1 gleich die vollständige Sam... lung sämmtlicher damals erreichbarer älterer Rechtsquellen aus den ... schiedenen Theilen Frieslands; selbst die nordfriesischen Rechte, die Prof... Michelsen in Kiel beigesteuert hatte, fehlten nicht. Sauber geordnet, in ... reinigter Textgestalt, mit dem Variantenapparat am Fuße jeder Seite, ... sich hier der ganze Reichthum der altfriesischen Rechtslitteratur dem Fach... und dem Laien dar. Die Anordnung des Bandes mit ihrer strengen Schei... der allgemein-friesischen Rechtsquellen des 12. Jahrhunderts von den jüng... Rechten der einzelnen Landschaften und mit ihrer mustergültigen Gruppi... der mannichfaltigen Paralleltexte ist an sich schon ein wissenschaftliches Verdie... ein vergleichendes Studium der altfriesischen Texte ist erst seit Richthofen... Ausgabe überhaupt möglich geworden. Richthofen's Lesung der handschriftli... Texte ist an manchen Stellen nicht ganz einwandsfrei; aber die Zahl ... Versehen ist nicht eben groß und verschwindet vollkommen, wenn man ... die Legion von Lesefehlern bei seinem Vorgänger Wiarda (Asegabuch, Ber... 1805; Willküren der Broeckmänner, Berlin 1820) und die zahlreichen Sch... seines niederländischen Concurrenten M. de Haan-Hettema vergleicht. Fre... mußte R. den von Hettema herausgegebenen Text der damals in Leeuwa... befindlichen dritten Emsiger Handschrift (Het Emsiger Landrecht, Leeuwa... 1830) in seinen Rechtsquellen nachdrucken, aber er hat dann doch oft gen... auf offenkundige Lesefehler des ihm vorliegenden Druckes hingewiesen. Hettem...

...r es auch, der ihm 1884 bei seinem Aufenthalt in Leeuwarden die übrigen, ...mals im Besitze des Procureur criminel Petrus Wierdsma befindlichen alt... ...iesischen Handschriften vorzuenthalten suchte, da er selber eine Ausgabe der ...iesischen Rechtsquellen vorbereitete. So hat R. die beiden alten Hunsingoer ...odices mit der wichtigen lateinischen Fassung der gemeinfriesischen Rechts... ...ellen, dem sogenannten „Vetus Jus Frisicum", nur während des Zeitraumes ...ner einzigen Nacht benutzen können, die sogenannte Fivelgoer Handschrift ...er überhaupt nicht in die Hände bekommen und auch die wichtige Westergoer ...andschrift Wierdsmas, das sogenannte Jus municipale Frisionum, eine selbst... ...ändige Handschrift des in einem alten Incunabeldrucke von ca. 1470 über... ...eferten Westerlauwerschen Landrechts, nicht gebührend heranziehen können. ...ür die Rechtsquellen Richthofen's ist besonders das Fehlen der Fivelgoer ...eberlieferung eine störende Lücke, die auch Hettema's Abdruck der Handschrift ...(et Fivelingoer en Oldampster Landregt, Dockum 1841) nicht gebührend ...szufüllen vermag. Vergeblich hatte R. sechs Jahre lang auf das Erscheinen ...n Hettema's Ausgabe gewartet, um wenigstens nach ihr den fehlenden Text ...chtragen zu können. Als dann im J. 1858 Wierdsma in Leeuwarden starb, ...warb R. seine sämmtlichen altfriesischen Handschriften und hat sie so wenigstens ...r seine späteren Arbeiten im Original einsehen können. Sieht man von ...m Fehlen der Fivelgoer Sammlung ab, so sind die altostfriesischen Rechts... ...ellen bei R. auch heute noch durchaus brauchbar. Weniger gilt dies von den ...lerdings viel jüngeren westfriesischen Quellen, bei denen jetzt nicht nur für ...s Jus municipale Frisionum die Ausgabe Hettema's (Oude Friesche ...Wetten II, 1; Leeuwarden 1847) herangezogen werden muß, sondern wo ...gleich durch die neuen Funde von Theodor Sieb's Bruchstücke einer noch ...lteren westfriesischen Handschrift, des von Siebs sogenannten Codex Unia, ...kannt geworden sind, deren vollständige Mittheilung noch nicht erfolgt ist.

Band 2 von Richthofen's „Friesischen Rechtsquellen" enthält das Alt...iesische Wörterbuch, für seine Zeit wohl eine noch großartigere Leistung als ...r Textband. Zu einer Zeit, wo die Laut- und Formenlehre des Friesischen ...n der historischen Grammatik überhaupt noch nicht behandelt worden war, ...agte es dieser Rechtshistoriker, ein altfriesisches Glossar aufzustellen, das der ...rachlichen Seite volle Aufmerksamkeit schenkte. Mit scharfem Auge hatte R. ...kannt, daß gerade wie das altfriesische Recht, so auch die altfriesische Sprache ...ewissermaßen die Brücke von den continentalen Germanen zu den Angelsachsen ...nd den nordischen Stammverwandten bildet. So wird in Richthofen's Alt...iesischem Wörterbuch von vornherein der richtige Nachdruck auf die zahlreichen ...ltenglischen und die nicht ganz so häufigen altnordischen Entsprechungen ge...gt. Das sollte der moderne Germanist, der dem Altfriesischen Wörterbuch ...mmer nur seine absolute Rückständigkeit in allen Fragen der neueren Lautlehre ...rwirft, doch bedenken! Aber das Altfriesische Wörterbuch ist nicht nur ein ...lossar; es ist auch ein sehr werthvolles Sachwörterbuch zu den altfriesischen ...echten, und hier ist es keineswegs veraltet, sondern noch heute eine un...schöpfliche Fundgrube und ein unentbehrlicher Schlüssel für das Verständniß ...r altfriesischen Texte.

Mit froher Erwartung mußte ein jeder Freund des germanischen Alter...ums die in der Vorrede der Friesischen Rechtsquellen angekündigte friesische ...echtsgeschichte des Autors begrüßen. Wie weit der Entwurf dieser Rechts...schichte beim Abschluß der Rechtsquellen (1840) bereits gediehen war, können ...r nicht genau erkennen. Wenn aber R. dort in der Vorrede gesagt hatte, ... sei seine ursprüngliche Absicht gewesen, beide Werke gleich vereint dem ...ublicum vorzulegen, und nur auf den Wunsch des Verlegers habe er davon

Abstand genommen, so ist daraus nicht zu schließen, daß nun auch der wurf der friesischen Rechtsgeschichte bereits fix und fertig vorgelegen Im Gegentheil erfahren wir aus dem oben schon einmal citirten Bo der „Untersuchungen“, daß R. überhaupt niemals über die Darstellun 12. Jahrhunderts hinausgelangt ist. Je älter er wurde, je mehr der ju liche Wagemuth einer vorsichtig abwägenden Methode Platz machte, weniger genügte ihm die gewählte Form der Darstellung, desto unzuverlä erschien ihm das ganze Gebäude, das er dort aufführen wollte, in a Fundamenten. Die Mittheilungen der Rechtsquellen geben ja besonder die älteren Perioden nur ein ziemlich verworrenes, unklares Bild de sammten friesischen Staats- und Rechtslebens und seiner einzelnen In Man wird also genöthigt sein, da auch die sonstige historische Ueberlie zunächst recht dürftig ist, die jüngeren Rechtsquellen und die Nachrichten Perioden zur Aufhellung der älteren Verhältnisse mit heranzuziehen. anderen Worten, an die Stelle der vier Querschnitte, wie sie R. in Entwurf der friesischen Rechtsgeschichte geplant hatte, tritt jetzt eine Anzahl von Längsschnitten, indem der Forscher nun der Reihe nach ein Rechtsinstitute in ihrer Gesammtentwicklung durch das ganze friesische aller vier Perioden hindurch verfolgt. Das ist die neue Methode, die R. her in seinen „Untersuchungen“ eingeschlagen hat, und mit der er nun scheidenden Fragen, wie der Einführung fränkischer Staatseinrichtungen Friesland, ihrem Fortbestehen oder ihrer Umbildung, auf den Leib rückt.

Doch erst ganz allmählich ringt sich R. zu dieser neuen Methode Vorläufig läßt er die Dinge ganz ruhen und begrüßt mit Freuden das erbieten der Monumenta Germaniae Historica, für die Bände der L das ältere lateinische Volksrecht der Friesen, die Lex Frisionum und im schluß daran auch die Lex Saxonum zu bearbeiten. Die Lex Frisio hatte R. bereits einmal herausgegeben, vorn in den Friesischen Rechtsque wo er auch den Nachweis erbrachte, daß alle älteren Texte des Gesetzes den einzigen Druck bei Herold zurückgehen. Die neue, verbesserte Aus in den Monumenten, deren Vorrede von 1862 datirt, ist durch reiche com tirende Anmerkungen und eine längere Einleitung vermehrt. Diese Einlei gibt in ihrer breitangelegten topographischen Beschreibung der drei Th Frieslands einen Vorgeschmack von den unendlichen topographischen zählungen des 2. und 3. Bandes der „Untersuchungen“; außerdem enthält aber die sehr wichtige Erörterung über den Ursprung und die Zusammense der Lex Frisionum. R. zerlegt sie in drei Theile, die nacheinander von fränkischen Königen für die unterworfenen Friesen erlassen worden seien, älteste bereits 734 für Mittelfriesland, der mittlere für Ostfriesland 785 der letzte, die sogenannte Additio sapientum, 802 auf dem Reichstage Aachen. Diese Aufstellungen Richthofen's haben sich nicht durchzusetzen mocht; man hält heute die Lex Frisionum für eine Privatarbeit, die prakti Zwecken dienen wollte und dazu alles sammelte, was ihr an friesischen Re sätzen begegnete, mochten das nun Theile königlicher Erlasse oder gewohnh rechtliche Sätze sein. Eine ähnliche Untersuchung über die Zusammens der Lex Saxonum wuchs sich R. unter der Hand zu einem umfangrei Buche aus, das 1868 mit dem Titel „Zur Lex Saxonum“ zugleich mit Ausgabe der Lex im 5. Bande der Leges erschien.

Bei dem Drucke dieses Buches überraschte ihn die schwere Augenerkran die ihm alle fernere Editionsthätigkeit versagte. So kehrte er jetzt mit Resignation des Alternden zu den Plänen seiner jungen Jahre zurück. D Entwurf der friesischen Rechtsgeschichte wurde definitiv aufgelöst in ei

[illegible] von Einzeluntersuchungen, deren erste und einzig zur Ausführung ge-
[illegible] wohl nicht ohne Grund zu dem Problem der friesischen Landeshoheit
[illegible]schrie, von dem einst der Jüngling ausgegangen war. Es ist unmöglich,
[illegible] paar Worten den überreichen Inhalt zu charakterisiren, der sich unter
[illegible]tel „Upstalsbom, Freiheit und Grafen in Friesland“ verbirgt. Da
[illegible] wir zunächst mehrere sehr wichtige Ergänzungen zu Richthofen's Aus-
[illegible] der „Friesischen Rechtsquellen“ zu verzeichnen, neue nach den jetzt in
[illegible]hofen's eigenen Besitz übergegangenen Handschriften revidirte Abdrücke
[illegible] jus Frisicum, der Ueberküren und der Leges Upstallsbomicae
[illegible]1323, sämmtlich unter den Zeugnissen für den Upstallsbom (Cap. II der
[illegible]lung). Auch über Entstehungszeit und Handschriften der übrigen all-
[illegible]friesischen Rechtsquellen bringt dieses Capitel die werthvollsten Auf-
[illegible]. Die halb priesterliche, grauem Heidenthum entstammende Function
[illegible]friesischen Asega, wie sie sich R. vorstellt, gibt ihm Veranlassung, eine
[illegible]liche Darstellung der Einführung des Christenthums in Friesland mit
[illegible] urkundlichen Quellenbelegen einzuflechten, und eben diese rein historische
[illegible]llung ist wiederum nur die Einleitung zu dem am weitesten ausgeführten
[illegible] des Werkes, der Beschreibung der kirchlichen Eintheilung Frieslands im
[illegible]alter (Cap. VI), in der R. nun völlig zum Territorialhistoriker wird.
[illegible] mitten in der unabsehbaren Reihe dieser aus der gesammten historischen
[illegible]lieferung Frieslands mit immensem Fleiß und absoluter Zuverlässigkeit
[illegible]mengetragenen Ortsbeschreibungen plötzlich wieder ein ganz andersartiges
[illegible], die Abhandlung über die weltlichen Decane im münsterschen Ost-
[illegible]land (§ 16), einer der allerwichtigsten Abschnitte des ganzes Werkes,
[illegible] hier behandelt R. zusammenfassend die Frage nach dem erblichen Adel
[illegible]iesland. So ist es denn kein Wunder, wenn R. am Ende von Bd. 3[1],
[illegible] das Werk jetzt leider abbricht, erst bis an den Anfang des siebenten
[illegible]eizehn in der Anfangsdisposition in Aussicht gestellten Capitel gelangt
[illegible] da, wo nun die ausführliche Darstellung der ostfriesischen Grafschafts-
[illegible]ung einsetzen sollte, entsank dem fleißigen Manne die Feder für immer.
[illegible] abgeschlossenen ersten sechs Capitel des ursprünglichen Planes sind
[illegible]iten Sinne wiederum nur Vorarbeiten für diesen nicht mehr zur Aus-
[illegible] gelangten Kern der Arbeit; sie räumen der Reihe nach mit den ein-
[illegible] Vorstellungen auf, die sich die unkritische ältere Geschichtschreibung über die
[illegible] Freiheit gebildet hatte, sind also wesentlich kritischer Natur, und ihr
[illegible] Ertrag ruht vor allem in den von R. mit soviel Vorliebe eingefügten
[illegible] und Seitensprüngen versteckt. Den Hauptschlag gegen die ältere
[illegible]llung der altfriesischen Staats- und Gerichtsverfassung führt er in den
[illegible] Abschnitten über den Upstallsbom (Cap. II und III), wo er den jedem
[illegible] lieb gewordenen Nimbus, den Emmius' begeisterte Schilderung um
[illegible]würdige Stätte gelegt hatte, mitleidslos zerstörte. Die Geschichte
[illegible] zeitlich engumgrenzten Instituts der altfriesischen Vergangenheit darf
[illegible] nicht mehr für den Erweis einer uralten persönlichen Freiheit aller
[illegible] angezogen werden. Die mit den Versammlungen am Upstallsbom
[illegible]tigen allgemeinfriesischen Rechtsquellen des 12. Jahrhunderts ergeben
[illegible] mit absoluter Sicherheit, daß die fränkische Grafschaftsverfassung auch
[illegible] noch in Friesland uneingeschränkt herrschte. Die Versammlungen am
[illegible]llsbom sind also einfache Landfriedensversammlungen gewesen, die all-
[illegible]friesischen Küren und Landrechte dem gleichen Bedürfnisse entsprungen
[illegible] darum wahrscheinlich am Upstallsbom selbst vereinbart oder wenigstens
[illegible]. Wie weit die vielgenannten „sieben friesischen Seelande“, aus denen
[illegible] der alte friesische Bund zusammengesetzt haben sollte, auf wirkliche politische

Verhältnisse zurückgehen, untersucht das nächste Capitel. R. geht hier radical vor; er faßt die Bezeichnung „Seeland" als einen rein geograph Begriff und verweist die Siebenzahl ebensogut wie alle an die sieben Se geknüpften rechtlichen Beziehungen einfach ins Reich der Fabel. Hier eine erneute Durchforschung des ältesten Quellenmaterials doch vielleich weniger entschiedenen Resultaten gelangen; die Möglichkeit alter politisch rechtlicher Bedeutung der friesischen Seelande bleibt bestehen. Leichteres hatte R. bei den verschiedenen Privilegien der friesischen Freiheit, die historische Fälschung Karl dem Großen, Wilhelm von Holland und R von Habsburg zugeschrieben hatte. Hier hatte bereits Emmius die Unech erkannt; R. weist nun in scharfsinnigen Auseinandersetzungen Entstehung und Zweck jeder einzelnen dieser Fälschungen nach (Cap. V). Der ganze des Werkes (von Bd. 2, S. 348 ab, also etwas mehr als die Hälfte Ganzen!) ist dann der Beschreibung der kirchlichen Eintheilung des mittel lichen Frieslands gewidmet, die ich oben schon charakterisirt habe. Es i besonders darum zu thun, die von Ledebur in seinem Buche „Die Münsterschen Gaue und die sieben Seelande Frieslands" (Berlin 1836) getragene Verquickung der späteren Decanatsgrenzen mit den alten Gaugren zurückzuweisen und die principielle Verschiedenheit dieser beiden Grenzen erhärten. Ebensowenig wie aus der späteren Grafschaftseintheilung darf also aus den Grenzen der kirchlichen Decanate die alte Gaueintheilung Landes reconstruiren. Um dieses methodischen Grundsatzes willen hatte ursprünglich dies Capitel VI allein eingeschaltet; aber die überaus fließende Ueberlieferung der altfriesischen Decanatsregister ist zugleich einzige Quelle der älteren friesischen Topographie überhaupt, und so hat es sich nicht versagen können, auf die Einzelheiten der Topographie Friesl selbst einzugehen und sie mit Hülfe der gesammten historischen Ueberlief zu controlliren und zu befestigen. Damit hat er denn aber den Rah seines Buches völlig gesprengt. Mit dem ersten Abschnitte des dritten Ba trat R. dann endlich seiner eigentlichen Aufgabe wieder näher: an dem spiele des alten Gaues Kinnem (des späteren Kennemerlandes), für den reiche historische Ueberlieferung des in ihm liegenden Klosters Egmont beso gute Auskunft gibt, wollte er das allmähliche Aufkommen der landesherrl Gewalt, wie sie sich aus der Grafenstellung entwickelte, klarlegen. auch dieser Abschnitt des Werkes ist mehr eine selbständige, in sich abgeschlo historische Topographie des Kennemerlandes geworden, und es ist bezeich daß R. gleichzeitig die älteren Egmonter Geschichtsquellen in einer beson Publication edirte und kritisch untersuchte.

Fehlt so auch den „Untersuchungen" Richthofen's die ausführliche D stellung der friesischen Grafschaftsverfassung, ihres Aufkommens und i Vergehens in den Umwälzungen des 13. Jahrhunderts, so hat R. doch den leitenden Grundgedanken, die er sich über diese Dinge gebildet nirgends zurückgehalten. Sie finden sich an vielen einzelnen Stellen weitschichtigen Werkes ausgesprochen, und sie sind in prägnanter Kürze in der Einleitung gleichsam programmatisch dem Ganzen vorangestellt, zugleich wirksamem Contrast zu der im § 1 gleichfalls kurz zusammengefaßten stellung des Emmius. Diese ältere Auffassung der altfriesischen Staats- Gerichtsverfassung ist durch Richthofen's Werk endgültig aus der Welt schafft worden. Auch Richthofen's Ausführungen über den Charakter der sammlungen am Upstallsbom sind allgemein acceptirt worden; an andern Stellen ist dagegen von rechtshistorischer Seite ein entschiedener Einspruch gegen Richthofen's Aufstellungen erhoben worden. Abgesehen von der abweichende

... Anordnung der allgemeinfriesischen Rechtsquellen des 12. Jahrhunderts, die Ph. Heck vorgeschlagen hat, richtet sich die Opposition, die in Wahrheit auch hier von Heck ausgeht, gegen zwei Punkte: einmal gegen die ... verfochtene ständische Gliederung der Friesen in die vier Classen ... Edelinge, Freien, Liten und Hörigen. Hier leugnet Heck das Vorhandensein eines altfriesischen Geburtsadels vor der Häuptlingszeit des ... Jahrhunderts, indem er die Nobiles der Lex Frisionum als die Gemeinfreien, die Liberi als die Minderfreien (Frilinge) auffaßt; wie er denn ... Auffassung für die Nobiles und Liberi der Lex Saxonum und ... Thuringorum vertritt. Zum anderen verwirft Heck den Bruch in der ... Gerichtsverfassung, den nach Richthofen's Auffassung im Beginne des 13. Jahrhunderts das Auftreten der Consules und Redjeven bezeichnet. Die vermeintliche Umgestaltung der Gerichtsverfassung enthüllt sich ... als eine bloße Veränderung des Sprachgebrauchs, der die Quellen des ... Jahrhunderts charakterisire; die Verfassung selbst sei vorher und nachher ... gewesen. Eine Friesland eigenthümliche ältere Asega-Verfassung, wie ... entwirft, sei niemals vorhanden gewesen, vielmehr habe wie die Grafschaftsverfassung, so auch die Gerichtsverfassung Frieslands seit der fränkischen Eroberung von vornherein eine rein fränkische Form gehabt. Sind diese Ausführungen Heck's richtig, so würden wir damit allerdings einen wesentlichen ... über die von R. begründete Auffassung der altfriesischen Rechtsgeschichte ... kommen. Allein soweit R. selbst das Material für diese Frage in seinen „Untersuchungen" zusammengestellt hat, lassen sich doch daraus erhebliche Bedenken gegen Heck's Hypothesen ableiten, und die Mehrzahl der modernen ... Rechtshistoriker verhält sich deshalb bislang noch ablehnend dagegen. Auch Heck erklärt in seiner Vorrede ausdrücklich, daß er, ungeachtet seiner Gegnerschaft in wichtigen Fragen, doch die Größe von Richthofen's Verdiensten um die friesische Rechtsgeschichte voll anerkenne, wie denn auch seine eigene Forschung ohne Richthofen's Vorarbeiten kaum möglich gewesen wäre. Die unübersichtliche, durch kein Sachregister erhellte Form der Darstellung, mit ... breiten Excursen, ihren häufigen Wiederholungen und dem unbeschränkten ... des urkundlichen Belegmaterials, macht allerdings die Lectüre von ...hofen's „Untersuchungen" nicht leicht; aber dem eindringenden Studium ... sich gerade in diesen Bänden die Eigenart Richthofen's am besten, man bekommt einen Begriff davon, welch eine „unübersehbare Summe ... Wissens über friesisches Recht dieser Mann besaß, die in seinen ... nur theilweise ihren litterarischen Niederschlag gefunden hat" (Brunner). Von kleineren litterarischen Arbeiten Richthofen's nenne ich hier endlich ...: eine Besprechung von H. Müller, Der Lex Salica und der Lex ... et Werinorum Alter und Heimath, in Richter's und Schneider's Jahrbuch X (1841); den Artikel „Friesen" in Bluntschli's und Brater's ... Staatswörterbuch IV (1858), 1 ff.; ebd. den Nekrolog über Eichhorn ... (1858), 287 ff. Ganz für sich stehen endlich die Abhandlung „Ueber ... Erbrechte an schlesischen Rittergütern" (Breslau 1844), und die ... besorgte und mit erheblichen eigenen Zusätzen versehene Ausgabe von ... Kries, „Die englische Armenpflege" (Berlin 1863).

Das biographische Material, soweit es sich nicht aus den Werken selbst ..., ist ausschließlich H. Brunner's ausgezeichnetem Nekrolog (Zeitschr. der ...-Stiftung f. Rechtsgesch., Bd. 9, German. Abth. S. 247) entnommen.

C. Borchling.

Ridinger: Georg R. (Rüdinger), Architekt, Erbauer des Aschaffenburger Schlosses, geboren zu Straßburg am 24. Juli 1568, Todesdatum unbekannt.

Von seinem Leben ist bis jetzt nur wenig bekannt geworden. Der Geburt[illegible] steht urkundlich nicht genau fest, doch ist das Datum seiner Taufe, die [illegible]maßlich am folgenden Tage stattfand, erhalten. Sein Vater war Werk[illegible] des Straßburger städtischen Mauerhofes. „Um Mathis" (24. Februar) [illegible] kam er zu dem Nachfolger seines Vaters Jörg Schmidt in die Lehre. 1590 [illegible] er auf Wanderschaft; wohin sie ihn führte, läßt sich nur vermuthen. [illegible] Jahre später bewarb er sich von Ansbach aus, wo er dem Markgrafen [illegible]erbauung einer Vestung hilfft", wohl der Wülzburg bei Weißenburg in Fr[illegible] um Jörg Schmidt's erledigte Stelle; doch ohne Erfolg. 1605 taucht er [illegible] plötzlich als Baumeister des Mainzer Erzbischofs Johann Schweickhardt [illegible] Cronberg (1604—26) auf, um die seit 1552 zerstörte Winterresidenz [illegible] Mainzer Erzbischöfe zu Aschaffenburg wieder zu erbauen; seine Bestallun[illegible] allerdings erst vom 13. März 1607.

Es ist nicht zu bezweifeln, daß der Aufenthalt in dem Kreis der [illegible]bachischen Baumeister bei R. einen nachhaltigen Eindruck hinterlassen hat. [illegible] dürfte er eine Reihe von Anregungen aufgenommen haben, die ihn bei [illegible] großen Bauaufgabe zu Aschaffenburg ganz wesentlich beeinflußten. Hier lern[illegible] namentlich aus eigener Anschauung jenen Typus von Schloßbauten kennen, [illegible] um einen Binnenhof gruppirt, an den Ecken mit Thürmen versehen waren [illegible] den Gedanken des mittelalterlichen Tief- oder Wasserschlosses in der Gesam[illegible]anlage vertraten. Womit R. seine Zeit zwischen dem Schluß seines Auf[illegible]haltes im ansbachischen Kreis und seiner Berufung nach Aschaffenburg [illegible] füllte, ist nicht erwiesen. Mit einer gewissen Wahrscheinlichkeit ließe sich [illegible] seinem persönlichen Verkehr mit Italienern, die am Hofe zu Ansbach theils [illegible] Musikkünstler, theils als Festungsbaumeister in jener Zeit Verwendung [illegible]funden hatten, annehmen, daß er selbst sich nach Italien gewandt habe und [illegible] wohl in Ober-Italien, namentlich in Genua, als auch in Rom mit Palast[illegible] und insbesondere mit der glänzenden Entwicklung des Terassenbaues bek[illegible]geworden sei. Es ist behauptet worden, daß er mit Unterstützung [illegible] Oheims, eines kurmainzischen Hofkammerraths, durch dessen Vermittlun[illegible] in Joh. Schweickhardt's Dienste gekommen sei, Italien, Frankreich und De[illegible]land bereist habe; Näheres darüber war indeß nicht zu ermitteln. Mit [illegible] Male steht R. als fertiger Meister vor uns, der in dem Aschaffenburger [illegible] ein Werk schuf, das seinen Namen aufs innigste mit der Geschichte der [illegible]schen Renaissance-Architektur verbunden hat.

Die Schloßanlage in Aschaffenburg besticht durch die Schönheit ihres [illegible]baus wie durch ihre Massenwirkung und gewährt durch den malerischen Ge[illegible]satz zwischen der Tönung des zur Verwendung gekommenen rothen Main[illegible]steins und der umgebenden Landschaft ein ebenso imposantes als anziehe[illegible] Architekturbild. Seltsam erscheint, daß der Schloßbau eigentlich den Geda[illegible] einer Niederburg ausdrückt und ein festungsartiges Gepräge trägt, wäh[illegible] er in keiner Weise zu Vertheidigungszwecken im Einzelnen ausgebildet [illegible] Der Graben mit der Zugbrücke ist ein aus veralteter Anschauung her[illegible]genommenes Inventarstück, so daß ein gewisser Widerstreit zwischen We[illegible] und Wohnbau unmittelbar zu Tage tritt. Der schroffe Absturz des Gelä[illegible] nach der Mainseite bot Anlaß zur Errichtung eines Stützbaues, der bei [illegible] beträchtlichen Höhe und Längenausdehnung nicht gewöhnliche Anforderung[illegible] die technische Gewandtheit des Baumeisters in Planung und Ausführung [illegible] Hier erwies R. seine Meisterschaft. Die mächtigen Bastionen der Wü[illegible] mochten in mehrfacher Hinsicht ihm greifbare Vorbilder geboten haben, [illegible] weniger aber kamen ihm wohl auch Eindrücke von künstlerischer Entwick[illegible] des Terraffenbaues zu statten, wie er sie in Italien gewonnen haben [illegible]

.. daß die Terrassenanlage des Aschaffenburger Schlosses eines der .. und wirkungsvollsten Werke der damaligen Zeit ist, dem sich in .. kein ähnliches an die Seite stellen läßt: es ist darin in jeder .. Großzügigkeit entwickelt, die recht eigentlich als Renaissance.. bezeichnen ist.

..bau kommt in den gedrungenen Stockwerken ganz vorwiegend die .. durch schwere Zwischenglieder zwischen den einzelnen Stockwerken ... Die über der Mitte der Flügel aufgesattelten Giebel wachsen .. über dem Hauptgesims empor. Jede organische Verbindung mit .. befindlichen Thoranlagen fehlt. Die Eckthürme wurden durch die ..ung der zwischenliegenden Flügel in ihren Proportionen bestimmt. ..en drei Geschosse dagegen haben eine geringere Höhe, so daß die .. in ihrer Gesammterscheinung einen etwas verkümmerten Eindruck .. Durch die weit vortretende Galerie mit den mächtigen, aber rohen .. wirkt das Ganze nur noch drückender. Aus einem weiteren Geschoß .. sich dann der achteckige Abschluß des Steinbaues, der mit doppelter ..aube gekrönt ist. Wenn auch in der Entwicklung der Frontseite der ..er regulären Palastfassade sich geltend macht, den R. vielleicht aus ..en Bauten der Zeit äußerlich kennen gelernt hatte, so ringt sich der.. nicht zu geläuterter Klarheit durch. Dem Bauwerk haftet trotz seiner .. Anlage und der Wucht seiner Erscheinung die Erinnerung an Bauten ..ausgegangenen Zeit an, so daß R. eigentlich im Wesen noch in den .. einer älteren Richtung steht, während er Einzelheiten einer vor.. ..en Zeit weder mit Geschmack wählt, noch sie selbständig zu einer ..en Höhe zu erheben vermag. Belege dafür bieten die Einzelheiten ..erarchitektur, namentlich die Abwicklungen und Bekrönungen der ..ster, die verschnörkelten und überladenen Giebel sowie die unfeine ..ng der Maskaronen an der Thurmgalerie und anderen Bautheilen. ..nographie von O. Schulze-Kolbitz über das Aschaffenburger Schloß, ..g 1905, ist höchst mangelhaft.)

..iegt nahe, anzunehmen, daß der Meister während seines zehnjährigen ..tes in Aschaffenburg außer seiner Beschäftigung am Schloßbau noch .. sich privatim zu bethätigen. Insbesondere Baum ist dieser Frage ..gen. Er ist geneigt, R. wenigstens bei der Vollendung des Stein..hores in Seligenstadt betheiligt sein zu lassen, was aber meiner ..ch seiner früheren Entstehungszeit wie seiner gothischen Einzelheiten ..nig wahrscheinlich ist. Letzteres allein wäre allerdings nicht Grund .., denn daß R. auch die gothischen Formen beherrschte, läßt deutlich das .. in den Jahren 1606—10 erbaute Katharinenspital in Aschaffenburg .. Sein Antheil erstreckte sich bei diesem Werke nicht nur auf die ..itung, sondern auch auf die Durchführung sämmtlicher Einzelheiten. ..Kunstwerth besitzt der Bau nicht. Er besteht aus vier um einen ..ten rechteckigen Hof angeordneten Flügeln. Die Schmuckformen sind ..t und auf einige Leibungsprofile beschränkt. Auch die flachgedeckte .. Capelle bietet wenig Bemerkenswerthes. — Für die Urheberschaft .. an der Aschaffenburger Jesuitenkirche ließen sich urkundliche Nach.. .. jetzt nicht auffinden. Doch spricht ein hoher Grad von Wahr.. ..it dafür, daß Erzbischof Joh. Schweickhardt, auf den die Stiftung ..encollegs zurückgeht, seinen Architekten mit der Errichtung beauftragte. ..ektur fehlt jegliche innere Beziehung zum Schloß wie zum Spital. .. stellt sich als ein mächtiger, einschiffiger, tonnengewölbter Bau mit ..itencapellen *zwischen den Pfeilern* dar, im wesentlichen dem Typus des Gesu folgend. Sie ist in den Jahren 1618—21 erbaut. Damit die Thätigkeit Ridinger's bis in dieses Jahr festgelegt und meine Vermu[tung], daß er der 1619 am Mainzer Festungsbau betheiligte Aschaffenburger [...] gewesen sei, gestützt.

In noch spätere Zeit führt eine Angabe, daß R. 1631, als Gustav [...] in Aschaffenburg einzog, dem König seinen Schloßbau habe erklären [und] die Pläne des Schlosses, das ihm so sehr gefallen habe, geben müssen. [...] habe sich dann nach Ridinger's Rissen ein gleiches Schloß bei Stockh[olm] bauen lassen. Wenn dies auch nicht der Fall ist, wie Fr. Schneider (i[n] Frankfurter Zeitung, 27. Septbr. 1906) nachgewiesen hat, so steht a[ber] und hat vielleicht zur Entstehung dieser Sage beigetragen, daß der sch[wedische] Reichsmarschall Karl Gustav Wrangel ein Menschenalter später zu dem [...]bau seines Schlosses Skokloster Slott das Aschaffenburger Schloß als Vo[rbild] benutzen ließ.

Von Ridinger's Schicksalen nach Vollendung seines Hauptwerkes [wissen] wir nichts. Von seinen persönlichen Verhältnissen ist so gut wie nich[ts be]kannt; 1616 spricht er von seinen „kleinen Kindern". Auch sein Todes[jahr] fehlt vorläufig noch.

Ausführlicheres in meiner kritischen Studie: „Georg Ridinger. [...] Beitrag zur Künstlergeschichte Straßburgs" im „Kunstgewerbe in [Elsaß-]Lothringen" VI (1906), 157 ff.; seine Bestallung in den Aschaffenb[urger] Geschichtsblättern Nr. 2 (1907). Im Anschluß daran Fr. Schneider, [Das] Schloß zu Aschaffenburg und sein Erbauer (Mainz 1906) und Jul. [...], Zur Ridinger-Frage, i. d. Beil. z. Allg. Zeitung 1906, 29. Sept., Nr. [...]

Erwin Hensle[r].

Riecke: Karl Viktor R., württembergischer Staatsminister, 183[0]—1898. — Die gegen das Ende des 17. Jahrhunderts aus Mecklenbu[rg nach] Württemberg eingewanderte Familie Riecke blühte dort durch mehrere [Gene]rationen in einer Reihe tüchtiger, verdienter Männer: den Medicinern [...] Heinrich, 1729—1787, Viktor, 1771—1850, Leopold, 1790—1876, [...] 1805—1857, den Pädagogen Heinrich, 1759—1830, und Gustav, 179[.]—1883, dem Mathematiker Friedrich, 1794—1876, dem Juristen Chri[stian], 1802—1865. Als des letztgenannten, der schließlich Hofkammerdirector [und] Hofrichter gewesen, einziger Sohn ist Karl R. in Stuttgart am 30. Mai 1[830] geboren. Im Gymnasium seiner Vaterstadt, einer Cameralverwaltung, [der] landwirthschaftlichen Akademie Hohenheim und der Universität Tübi[ngen] gründlich ausgebildet, durchlief der junge Cameralist, nachdem er [...] Norddeutschland, Belgien und Paris umgesehen, als Cameralamtsbuch[halter] und Hauptzollamtsassistent sich erprobt hatte, in raschem Lauf den [...] Finanzdienst seines Heimathlandes. Ministerialsecretär 1858, Minis[terial]assessor 1859, Rath 1864, war er seit September 1859 mit dem Referat [über] Zoll- und Handels-, Geld- und Münzwesen betraut und „bald berufen, in [den] wichtigsten Fragen nicht bloß der Zoll- und Finanzverwaltung, sondern [des] deutschen Zollvereins und der deutschen Zukunft thätig zu sein". Durch [den] preußisch-französischen Handelsvertrag von 1862 war wegen des Widerspr[uchs] von Baiern, Württemberg, Hessen und Nassau die Fortdauer des Zollver[eins] ernstlich gefährdet. Von den dadurch veranlaßten ersten Besprechungen [im] April 1862 bis zu der schwer erkämpften neuen Zollvereinigung im Mai 1[865] Württembergs Vertreter, hatte R. früher als seine Auftraggeber das [Ver]fehlte der süddeutschen Sonderpolitik erkannt, „treu und unentwegt, ohne [...] berechtigten Landesinteressen etwas zu vergeben, an dem Ziele der nationa[len] Einigung festgehalten und allezeit die Wege der Verständigung offen zu halt[en]

...anden". Er hat dann im Beginn des Kriegs von 1866 bei Besprechungen ...München über Sicherung der Zollinteressen der süddeutschen Staaten den ...dahin, daß vorerst nichts geschehen solle, mit herbeigeführt, wodurch glück... weise der Zollverein trotz des Krieges erhalten blieb. Nach einem Jahre ... er den neuen Zollvereinsvertrag mit unterzeichnen, 1868, nun wirk... Obersteuerrath, als Bevollmächtigter im Zollbundesrath „eine Stütze ... Verhandlungen" sein, wie Delbrück bei Bismarck ihn vorstellte, auch den ...delsvertrag zwischen dem Zollverein und der Schweiz mit in die Wege ... 1870 bei den Verhandlungen über den Eintritt Württembergs in den ...deutschen Bund thätig sein, im neuen Reich an den Arbeiten des Bundes... als württembergischer Bevollmächtigter noch $1^1/_2$ Jahre sich betheiligen. ...lag nahe, daß der treubewährte Arbeiter wiederholt zum Uebertritt in ...Reichsämter eingeladen wurde. Er zog das Weiterdienen in der Heimath ... erhielt im Juli 1873 die durch Gustav Rümelin's Rücktritt erledigte ...Vorstandschaft bei dem Statistisch-Topographischen Bureau (jetzt Statistischen ...Landesamt), dessen ordentliches Mitglied im Nebenamt er schon seit 1863 ge... und das er bei den internationalen statistischen Congressen in Berlin ... und im Haag 1866 vertreten hatte, worauf er von dem Congreß in ...Petersburg 1872 in die permanente internationale Commission gewählt, ... zum Ehrenmitglied des Internationalen statistischen Instituts ernannt ... Zu der von Rümelin mit Vorliebe ausgebauten Bevölkerungsstatistik ...mit R. im Landesamt die emsige Pflege der Verwaltungsstatistik, woneben ...älteren Aufgaben des in Württemberg seit der Errichtung im J. 1820 ...gesammten Landeskunde gewidmeten „Bureau" mit Eifer gefördert wurden. ... die laufenden und periodischen Arbeiten: „Württembergische Jahrbücher ...Statistik und Landeskunde", zu denen seit 1878 „Württembergische Viertel...hefte für Landesgeschichte" traten, das umfassende Kartenwesen, die Be...bung des Landes nach Oberämtern (1824—1886, wieder aufgenommen ...), das zusammenfassende Werk: „Das Königreich Württemberg" (1882 ...1886 und jetzt wieder 1904—1907) — alle erfreuten sich der verständniß... thatkräftigen Leitung und Mitarbeit des umfassend gebildeten, nie aus...den Führers. — Nur ungern vertauschte er im November 1880 die ihm ...wordene Thätigkeit mit der Leitung des Steuercollegiums, dem er doch ...nützlich werden, z. B. einen beschleunigten, glatten Geschäftsgang ver... konnte. — Schon nach fünf Jahren wurde er in den obersten Rath ...Krone, den Geheimen Rath, berufen, sodaß, da er schon seit 1872 lebens...liches Mitglied der Ersten Kammer war, sein Antheil an der Landes...waltung und -Gesetzgebung nun ein doppelt gewichtiger wurde. Was davon ... Oeffentlichkeit kam: seine freimüthigen und staatsmännisch besonnenen ...te für die Kammer verschafften ihm weit über diese hinaus hohes An... — Auch der evangelischen Landeskirche hat R., in einer Zeit, in welcher ... neue Gemeinde- und Synodalordnung zu schaffen, die Stellung der Kirche ... Schule und anderes zu regeln war, seit 1874 als vom König ernanntes ...glied der Landessynode, seit 1886 auch ihr erwählter Präsident, treue, ... anerkannte Dienste geleistet.

Spät, später als man im Lande gewünscht und gehofft — König Karl ... dem „Preußen" nie recht hold gewesen — kam endlich nach der Thron...steigung König Wilhelm's II. im October 1891 der 61 Jahre alte als ...minister der Finanzen an die Spitze des Departements, dessen hervor...de Kraft und Zierde er längst gewesen. Wohl haben die wenig mehr ... Jahre, die ihm noch zu wirken vergönnt war, nicht hingereicht, die ... der Zeit *gebotenen und von R. als* Berichterstatter der Ersten Kammer wie in der Litteratur des öftern dargelegten Forderungen — Ein einer allgemeinen Einkommensteuer, gesetzliche Ordnung des Staats Mitwirkung zur Stärkung und Verselbständigung der Reichsfinanzen, Unabhängigmachung der Einzelstaatshaushalte — zum ersehnten führen. Aber getragen von „dem großen persönlichen Vertrauen, Minister sich zu erfreuen hatte und das, neben seiner gründlichen Beherr des Stoffs, seinem stets auf das Sachliche gerichteten versöhnlichen Ent kommen, über manche Schwierigkeiten hinweghalf, ihm aber auch in scheidenden Punkten gelegentlich ein festes Nein ermöglichte“, hat er den Weg gebahnt und eine gute Strecke zurückgelegt für die Reformen, die das neue Jahrhundert theils gebracht hat, theils noch bringen soll.

Vom Vater ererbter eherner Fleiß machte es dem lange Jahre Ge der mit Vorliebe ein stilles, häusliches Leben, das letzte Jahrzehnt seinem schönen Landsitz über dem Stuttgarter Thal, führte, durch alle seines Amtslebens möglich, seine in der Familie von Vater und einer geborenen Reyscher, heimische Neigung zu schriftstellerischer Thä befriedigen. Das dem trefflichen Nekrolog Riecke's in den Württem Jahrbüchern (s. u.) angehängte Verzeichniß seiner Veröffentlichungen in schaftlichen Zeitschriften und in Zeitungen, Sammelwerken und selb Schriften nimmt 5 Druckseiten großen Formats ein. Darunter be nicht weniges von bleibendem Werth. So das vierte Buch der von herausgegebenen Landesbeschreibung: „Verfassung, Verwaltung und haushalt des Königreichs Württemberg“ (als Sonderausgabe in 2 1882 und beträchtlich erweitert 1887); „Zölle und Rübenzuckersteuer“ in lagen von Schönberg's Handbuch der politischen Oekonomie 1882 f. der Hochschule noch in schutzzöllnerischen Lehren aufgewachsen, hat er Kampf um den preußisch-französischen Handelsvertrag und die Refo Vereinszolltarifs den von Delbrück vertretenen freihändlerischen Ansch zugewendet; aber niemals ein Doctrinär, hat er mindestens die finanz Seite der deutschen Zolltarifreform von 1879 ausdrücklich gebilligt“); „ lage, Etatsfragen und Stand der Steuerreform in Württemberg“, in Finanzarchiv 1891; „Die internationale Finanzstatistik“ 1886; „Stat Universität Tübingen“ 1877; „Meine Wanderjahre und Wanderung Handschrift gedruckt 1877; „Erinnerungen aus alter und neuer A. L. Reyscher“ 1884; „Altwürtembergisches aus Familienpapieren von Haug“ 1886 — die drei letzten nur ein Theil der pietätvollen Erinne schriften aus dem eigenen und dem Leben der Familienangehörigen. die Veröffentlichungen aus den Fächern seiner öffentlichen Wirksamk Begabung, welche von der Tübinger staatswissenschaftlichen Facultät Berufung auf einen Lehrstuhl (1875) und Ernennung zum Ehrendoctor gewürdigt wurde, so lassen die andern auch den, der R. nicht persönlich einen Blick thun in die Gemüthstiefe des edlen Mannes, der mit der tigen, strammen Gestalt, dem ausdrucksvollen, schon frühe schneewei rahmten Kopf, in einer gewissen natürlichen Schüchternheit und Befan richtiger gesagt „Bescheidenheit und Demuth der wahren Bildung“, messen correct, kühl und kurz angebunden erscheinen mochte, in Wir ebenso wohlwollend wie gerecht, freundlich mild wie entschlossen und kräftig, gern zurückgezogen lebend wie heiter gesellig gewesen ist. — nach längerem Leiden an einem Herzübel am 9. März 1898 sanft und geben entschlief, war die Trauer über den Verlust des guten Men charaktervollen Staatsmanns eine allgemeine; auch das Organ der Socialdemokratie sprach von „einem Minister, der in den weitesten em sich großer Sympathien erfreute und von dem selbst seine Gegner auch Zukunft nur mit Hochachtung sprechen werden". Seine Gattin, die Tochter des Tübinger Historikers Haug, mit der er 38 Jahre in er, aber kinderloser Ehe gelebt hatte, ist ihm nach zwei Jahren in die nachgefolgt.

Nekrolog von H. Zeller im Schwäbischen Merkur 1898, Nr. 122 und 24, ausführlicher in den Württembergischen Jahrbüchern für Statistik und deskunde, Jahrg. 1898, Heft I, sowie eigene Erinnerungen.

J. Hartmann.

Riedel: Karl R., Chordirigent und Componist, ist am 6. October 1827 Kronenberg bei Elberfeld geboren, wo sein Vater Apothekenbesitzer war. Musik, zu der R. früh Begabung zeigte, trieb er anfangs nur als Liebei, da er nach dem Besuch der Provinzial-Gewerbeschule in Hagen und alschule in Remscheid für einen praktischen Beruf, nämlich den eines nfärbers, bestimmt war. Als Seidenfärbergeselle ging er auch auf die erschaft, kam ins Ausland, und hier wurde auf einmal der Musikdrang ig ihm, daß er nach Hause zurückkehrte und zuerst unter Karl Wil, der später als Componist der „Wacht am Rhein" zu nicht ganz ver musikalischen Ehren kam, damals aber in Crefeld durch Musikunterricht bescheiden durchs Leben brachte, ernstlich musikalische Studien betrieb. trat R. in das Leipziger Conservatorium ein, wo hauptsächlich Moscheles, tmann, Becker und Plaidy seine Lehrer wurden. Drei Jahre lang ete er hier fleißig, gab nach seinem Abgang vom Conservatorium anfangs ierstunden, das lebhafte Interesse an alter Vocalmusik aber, das er von gehabt hatte, leitete ihn auf den Weg, auf dem er seine Erfolge finden : nachdem er 1854 in einer Leipziger Privatgesellschaft das „Stabat " von Astorga, Palästrina's „Improperien" und anderes mit Glück dirt und aufgeführt hatte, gründete er in demselben Jahre noch einen verein, der im November 1855 zuerst vor die Oeffentlichkeit trat und „Riedel'scher Verein" bald einen großen Ruf gewann. 1859 waren seine so gewachsen, daß er Bach's H-moll-Messe bewältigen konnte; Beethoven's sa solemnis", Kiel's „Christus", das „Requiem" von Berlioz, die „Graner " und die „Heilige Elisabeth" von Liszt folgten und mit ihnen die hauptchlichsten kirchlichen und weltlichen Chorwerke älterer und neuerer Zeit, nter auch die B-moll-Messe von Albert Becker. R., der ganz in der ge für seinen Verein aufging, der Cassenwart, Bibliothekar, Impresario, in einer Person war, fand für seine Thätigkeit von allen Seiten die e Anerkennung, die sich auch äußerlich zeigte: er wurde zum Musikector, zum Professor und 1883 bei Gelegenheit der Lutherfeier, von der ersität Leipzig zum Ehrendoctor ernannt. Er starb am 3. Juni 1888 Leipzig.

Die eigenen Compositionen Riedel's beschränken sich auf wenig hervornde Lieder und Männerchorlieder. Dagegen hat er eine Anzahl sehr arer Bearbeitungen älterer Vocalmusik herausgegeben: 4 Hefte altdeutsche er für gemischten Chor (Leipzig 1870); Altböhmische Gesänge für geschten Chor (ebenda 1870); 12 ausgewählte Melodieen . . . von Wolfg. ck, mit hinzugefügter Pianoforte- oder Orgelbegleitung (ebenda 1870); altdeutsche Weihnachtslieder für vierstimmigen Chor gesetzt von Michael aetorius (ebenda 1870); Neun auserwählte preußische Festlieder von Joh. d (ebenda 1874); 17 ausgewählte Choräle von Johann Eccard (ebenda). veranstaltete er eine Neuausgabe von Heinrich Schützens „Sieben Worten sti am Kreuz" und stellte aus Stücken von desselben Meisters vier

Passionen eine einzige Passion zusammen, ein Verfahren, das durch mißbilligen ist, da außer dem gewaltsamen Eingriff in das Gefüge der ei Werke R. auch eine Instrumentalbegleitung zu den Recitativen ge während bei Schütz die Mitwirkung irgendwelcher Instrumente ausge bleibt. Durch die Riedel'sche Bearbeitung werden also ganz falsche stellungen von der Art und dem Geist der Schützischen Passionen überm

Carl Kr

Riediger: Johann Adam R., auch Ridiger, Rüdiger oder Rie Landmesser und Kartograph, wurde am 6. Januar 1680 vermuthlich im thum Würzburg von katholischen Eltern geboren. Ueber seine Jugend nur schwankende und einander widersprechende Nachrichten vor. Wahrsch ist es, daß er eine Studienanstalt des Jesuitenordens besuchte und hier guten Grund namentlich im Latein und in der Mathematik legte. hielt er sich zu seiner weiteren Ausbildung längere Zeit in Frankreich Italien auf und gewann ausgebreitete Kenntnisse auf dem Gebiete Ingenieurwesens. 1703 begab er sich nach Ungarn und nahm als officier an verschiedenen Feldzügen der Kaiserlichen gegen die Aufständi unter Franz Rakoczy theil. Nach der Niederwerfung der Rebellen keh nach Deutschland zurück und trat aus nicht näher bekannten Gründen reformirten Glauben über. Bald darauf kam er nach der Schweiz, heirathete sich mit Sophie Gyger aus Glarus und ließ sich in Zürich Feldmesser und Lehrer der mathematischen und technischen Wissenschaften Bald verband ihn eine enge Freundschaft mit dem berühmten Arzt und N forscher Johann Jacob Scheuchzer und dessen Bruder Johannes. Als der Toggenburger Krieg zwischen Zürich und Bern einerseits und dem von St. Gallen nebst den 5 Orten andrerseits ausbrach, trat R. mit jüngeren Scheuchzer als Feldingenieur bei den zürcherischen Truppen ein wohnte den Gefechten von Bremgarten und Vilmergen bei. Bald nach Frieden von Aarau im August 1712 gaben beide gemeinsam einen vo gezeichneten und dann in Kupfer gestochenen „Grundriß des Treffens Bremgarten oder der sogenannten Staudenschlacht" heraus, der durch nanigkeit und gefälliges Aussehen die Aufmerksamkeit maßgebender K erregte, so daß R. in den nächsten Jahren eine Reihe von amtlichen Auft zur Anfertigung ähnlicher Vermessungsarbeiten und Plänen erhielt. von diesen haben sich in schweizerischen Archiven und Bibliotheken, nam in Bern erhalten, andere sind verschollen, nur wenige im Druck erschie Aus der Zeit des Toggenburger Krieges stammt noch ein Plan des Gefe bei Hütten im Kanton Zürich und eine Darstellung der Beschießung Baden im Aargau durch die reformirten Truppen. Als infolge des Friedens die katholischen Orte von der Mitherrschaft über die Graf Baden und das untere Freiamt im Reußthale ausgeschlossen worden wa entwarf R. eine große Karte dieses Amtes, die er erst 1714 vollendete der Regierung von Zürich überreichte. In diesem Jahre steuerte er auch der „Beschreibung des löbl. Orths und Stands Glarus", die Johann Hei Tschudi veröffentlichte, 3 Kupferstiche, Grundrisse der Orte Glarus Schwanden und eine Uebersichtskarte der Glarner Alpen bei. Bald dar widmete er eine Copie seiner Freiamtskarte dem Kriegsrathe des Kan Bern. Da man auch hier seine Geschicklichkeit zu schätzen wußte, beauftr man ihn, einen Plan des Kandercanals und der Gegend um Thun und wei hin eine große Karte der Grafschaft Baden zu entwerfen. Beide Blätt kamen 1716 zur Ausführung und fielen zur vollen Zufriedenheit der Bestell aus. R. gab sich nun der Hoffnung hin, noch weiterhin mit ähnlichen Ar

... für amtliche Zwecke beschäftigt zu werden. Er siedelte deshalb von ... nach Bern über, ließ sich in dem Dorfe Kehrsatz nieder und erhielt ... das Bürgerrecht. Die Bernische Regierung verwendete ihn nun in ... Jahren zu einer genauen Vermessung und kartographischen Dar... ihrer Domänen, zunächst der kleineren, dann auch der größeren. Die ... blätter sind meist noch im Berner Staatsarchiv vorhanden. 1718 ... er, um nur die wichtigsten Werke anzuführen, die Mappirung der ... zu Interlaken und der Domäne Könitz, 1719 die Herrschaften ... Thunstetten, Hinterkappelen, Hofen und Illiswyl, 1720 eine neue Karte der Herrschaft Baden und des unteren Freiamtes in 9 Blättern, ... er 128 Thaler erhielt, 1723 die Herrschaft Bremgarten, 1724 das ... von Bayerne, 1725 die Stadt Bern sammt ihren Festungswerken, ... Chorographische Landtafel der beiden Freiämter, 1729 die Aemter ... und Wiflisburg, endlich 1733 eine Generalkarte der Grafschaft Thur... Zahlreiche andere Arbeiten betreffen einzelne Ortschaften, Flußläufe, ...ungsanlagen, Wälder und Landstraßen. Die meisten dieser Karten ... sich durch weitgehende Genauigkeit, vorzügliche technische Ausführung ...enswerthen künstlerischen Schmuck an Wappen, Kartuschen, Ge...lichten und allegorischen Darstellungen aus. Außerdem beschäftigte sich ... seinen Mußestunden mit der Anfertigung von Globen, von denen ein ... ein Himmelsglobus aus dem Jahre 1733 noch heute in der Berner ...bliothek zu sehen sind. Sie bestehen aus je einer hohlen Glaskugel, deren ...fläche er in äußerst mühsamer und doch ungemein sorgfältiger Weise ...zeichneten und colorirten Globussegmenten beklebte, die er durch die ...nung einführte. Er widmete diese Globen dem akademischen Senat zu ... in der Hoffnung, daß ihm diese Behörde eine Lehrerstelle für Mathematik ...gen würde. Als aber seine Erwartung fehl schlug und auch die kanto... Regierung es ablehnte, ihn durch ein Staatsamt zu fesseln, so folgte er ... einem Rufe des Herzogs Carl Alexander von Würtemberg nach Stutt... Hier wirkte er als Ingenieurhauptmann und unterrichtete außerdem ... Söhne seines Herrn in den militärischen Wissenschaften. Indessen ...te er auch in seiner neuen Heimath nicht festen Fuß zu fassen. ...lich die Launen des jungen Herzogs Carl Eugen sagten ihm nicht zu, ... entschloß er sich 1743 auf Einladung des Markgrafen Friedrich von ...burg-Culmbach nach Bayreuth überzusiedeln. Hier erhielt er den ..., das ganze Fürstenthum zu vermessen und eine genaue Karte zu ent... In mehrjähriger Arbeit nahm er zunächst das Oberland mit den ... Bayreuth, Culmbach, Hof und Wunsiedel auf. Die Karte ließ er ... den kaiserlichen Geographen Matthäus Seutter in Kupfer stechen und ... dem Titel „Tabulae Principatus Brandenburgico-Culmbacensis sive ...ni pars superior“ in Augsburg veröffentlichen. Dann ging er an die ...rung des Unterlandes, doch kam er damit nicht zu Ende, denn mitten ... Arbeit erkrankte er und starb am 13. November 1756 zu Bayreuth. ... nachgelassenen Entwürfe gingen in den Besitz Seutter's über, der nach ... mit Hülfe anderer Quellen eine zweite Karte mit gleichlautendem Titel, ... der abweichenden Bezeichnung pars inferior herausgab. Beide Blätter ... später von Seutter's Erben Tobias Konrad Lotter in Augsburg noch ...holt aufgelegt.

... H. Graf, Geschichte der Mathematik und der Naturwissenschaften in ... Landen, Heft III, Bern u. Basel 1889, S. 63—64. — Derselbe, ... Kartograph Johann Adam Riediger: IX. Jahresbericht der Geogr. Gesellschaft in Bern *1888/89, S. 162—164.* — Riediger's kartographische

Arbeiten verzeichnet die Bibliographie der Schweizerischen Landes[...] Fascikel II, Bern 1892—96 (vgl. Register unter Riediger und Ri[...]
Viktor Hau[...]

Riehl: Wilhelm Heinrich R., geboren am 6. Mai 1823 zu Bi[...] am Rhein, † am 16. November 1897 zu München, Culturhistoriker, So[...] und Novellist.

Wenn von irgend jemand behauptet werden darf, daß Jugende[...] bestimmend auf sein Leben eingewirkt haben, so ist dies bei Wilhelm H[...] Riehl der Fall. Wie er selbst klar erkannt und in seinen „religiösen E[...] eines Weltkindes" bekannt hat*), sind es zwei Männer, von welchen die [...]scheidenden Einflüsse ausgegangen sind: Riehl's Vater und sein Gr[...] mütterlicherseits. In diesen beiden erblickte R. zugleich die charakteri[...] Typen jener Uebergangsepoche, jener Periode „großer, weit auswogender B[...]strömungen des öffentlichen Lebens", in welche seine begeisterte Jugend fi[...] ausfluthende Strömung der alten Zeit schien ihm vertreten durch den m[...]lichen Großvater, die andringende neue durch den Vater.

Der erstere, Johann Philipp Giesen, ein Pfälzer aus Marnheim [...] Donnersberg, war zuerst Schulmeister und dann herzoglich nassauischer [...] hofmeister in Bieberich, wo er bei der Geburt des Enkels im Ruhestand [...] ein für seinen Stand kenntnißreicher, für seine Verhältnisse weit ge[...] Mann, eine echt deutsche, schlichte, tiefreligiöse Natur, überzeugter Luther[...] der „den frommen Glauben in werkthätige Sittlichkeit umsetzte" und [...] empfängliche Gemüth des begabten, aufgeweckten Enkels insbesondere jene [...] zum Wandern, jene Wanderlust pflanzte, welche R. bis an sein Leben[...] als eine Haupteigenschaft begleitete. Der Großvater nahm den Enkel m[...] seinen täglichen Spaziergängen, machte ihn auf das Leben und Weben [...] Natur aufmerksam, schärfte seine Beobachtung und flößte ihm durch [...] harmlosen, belehrenden Verkehr mit den Bauern auf dem Felde zugleich [...] Interesse für den Bauernstand ein, welches gleichfalls charakteristisch für [...] spätere socialpolitische Untersuchungen geworden ist. Der Großvater nah[...] Enkel aber auch mit zum sonntäglichen Gottesdienste — nicht in die [...]gelegene Biebericher Schloßcapelle, wo ihm die kleine Gemeinde zu vor[...] und der Prediger zu glatt und höfisch war, sondern in die einfachere [...]kirche zu Mosbach mit den ältesten Bauern und einem schlichteren Geistl[...] sodaß R. auch seine religiöse Erziehung dem geliebten Großvater verd[...] die einen weiteren Grundton in Riehl's Leben und Wirken bildet.

Der Einfluß des Großvaters, der bis zum 10. Lebensjahre R[...] dauerte, wurde gefestigt und lebendig erhalten durch dessen Tochter, R[...] Mutter, eine stille, bescheidene, gottergebene, aber, wie sie im entschei[...] Augenblick bewies, tapfere Frau.

Dazu kam nun von Vaters Seite die Vorliebe für Musik, der auf [...] Weite und große Zusammenhänge gerichtete Blick, der feste Unabhängigkeit[...] der gesunde Humor und die Hinneigung zur Culturgeschichte, die als w[...] Charaktereigenschaften Riehl's zu bezeichnen sind.

Riehl's Vater, 1789 geboren, war ein Kind der französischen Revol[...] ein unruhiger Geist, niemals mit sich und mit der Welt zufrieden, was [...] auch mit seiner eigenthümlichen, unregelmäßigen Laufbahn zusammen[...] Obwohl er nämlich das Weilburger Gymnasium mit Auszeichnung abso[...] hatte, mußte er doch wegen der Mittellosigkeit der mit vielen Kindern [...]

*) Ich bediene mich hier und im folgenden der eigenen Worte Riehl's, ohne i[...] einzelnen anzuführen, wo sie stehen.

ten Eltern ein Handwerk erlernen und wurde Tapezierer. Als solcher itete er von 1808—1812 in Paris und hatte hier bei der Umgestaltung Ausstattung der Schlösser Napoleon's Gelegenheit, das Leben und Treiben der damaligen Hauptstadt Europas und am Hofe Napoleon's, wie dessen sönlichkeit näher kennen zu lernen und reiche Erfahrungen zu sammeln. t wäre er freilich auch hier wieder in eine andere Laufbahn gedrängt den. Er war von früh auf ein begeisterter und damals auch geschickter ieler auf dem Violoncell. Durch einen Zufall wurde der berühmte Geigenstler Peter Rode auf das Talent des jungen Tapezierergesellen aufmerksam suchte ihn ganz für die Musik zu gewinnen. Auch daran hinderte ihn r seine Mittellosigkeit. Nach seiner Rückkehr in die Heimath wurde er von neuen Herzog von Nassau (aus der Weilburgischen Linie), dessen Jugendpiele er gewesen, in dessen neuer Residenz Bieberich als Schloßverwalter estellt und konnte nun bei der neuen Einrichtung des Schlosses wie bei eren ähnlichen Gelegenheiten seine in der Praxis gewonnenen Kenntnisse Erfahrungen praktisch verwerthen. Auf seine Dienstreisen in die Nachbarte nahm er auch seinen jüngeren Sohn, unsern R., mit, der dadurch mit Welt bekannt wurde und zugleich einen ersten Einblick in die Weltgeschichte ielt, vornehmlich durch die mancherlei werthvollen Kunstsachen, die aus den n Schlössern und anderswoher nach der neuen Residenz Bieberich zusammenschleppt wurden. Andererseits lernte er durch den Besuch auswärtiger rstlichkeiten und gekrönter Häupter am Hofe, wie eines Kaisers Nikolaus, Königs Ludwig I. von Baiern, der Großfürstin Helene ein Stück Zeitchichte kennen. Ferner kam der Trieb des Vaters, seine Kenntnisse zu ertern, auch dem jungen R. zu gute. Die Bibliothek, die der Vater sich allhlich angeschafft, bot Gelegenheit zur Lectüre, eine kleine Gemäldesammlung künstlerischer Anregung. Daneben wurde besonders die Liebe zur Musik ch das vom Vater ins Leben gerufene Hausquartett geweckt. Durch seine nntnisse, seine Gewandtheit und Geselligkeit war der frühere Tapeziererlle und nunmehrige Schloßverwalter nach dem Urtheile einer nassauischen inzessin mehr und mehr nicht bloß der gebildetste Mann am Hofe, sondern h einer der einflußreichsten geworden, zumal der alte Hofmarschall ihm auch hauswirthschaftlichen Aufgaben überließ. Ein Wechsel im Amte brachte n freilich Conflicte aller Art mit dem neuen Hofmarschall, der alles selbst en wollte; aber erst ein schwerer Unfall, den der Vater bei einem tollnen Uebergang über den Rhein von Mainz nach Bieberich bei schwerem gang erlitt, mit darauffolgender Erkrankung, brach ihm den Hals. Der rzog, der seinem Jugendgespielen noch immer in Gnaden gewogen war, ckte den schwerkranken Mann nach Weilburg als Verwalter des verwaisten ammschlosses, und wenn er diese Pille auch auf jede Weise zu versüßen hte, der Vater war doch in seinem innersten Lebensnerv getroffen. Infolge quälenden, unerträglichen Nervenleidens griff er zuletzt zur Scheere und ete sich die Pulsadern.

Infolge dieser Katastrophe schien, wie früher beim Vater, so auch bei jungen Sohne alles bisher Erlernte und Errungene in Frage gestellt. r junge R. hatte zuerst von Bieberich aus die Lateinschule, das Pädagogium dem fünf Viertelstunden entfernten Wiesbaden, dann in Weilburg das ndesgymnasium besucht, das einzige im Herzogthum Nassau, dessen Einfluß die Entwicklung Riehl's gleichfalls nicht zu unterschätzen ist. Es stand er der Leitung des Oberschulraths und Directors Friedrich Traugott Friedenn, eines Humanisten von der Art der holländischen Philologen des 17. 18. Jahrhunderts, der den Schülern durch seinen Universalismus imponirte und in R. die Neigung zu einer Vielseitigkeit weckte, die „vom [illegible] Einzelnen ausgehend immer weitere Kreise zieht, um zuletzt doch [illegible] zu einem idealen Centrum zurückzukehren“. Dabei wurde auch in [illegible] ähnlich wie im Hause, fleißig Musik getrieben, Vocal- und [illegible] gepflegt. Noch in später Zeit gehörte der Rückblick auf den [illegible] Orchester des Weilburger Gymnasiums für R. zu den sonnigsten [illegible] seiner Gymnasialjahre, wie er andererseits selbst bekannt hat, daß er [illegible] Vater und ohne das Biebericher Jugendleben weder ein [illegible] Culturhistoriker geworden wäre. Die vom Großvater ererbte [illegible] bethätigte R. damals theils in einsamen Fußwanderungen durch das [illegible] von der Mündung des Flusses in die Lahn bis zu den Quellen am [illegible] theils in Ferienwanderungen mit Kameraden durch den Taunus und [illegible] wald, am Rhein und Main; und die Freude an der Natur äußerte [illegible] daß er am liebsten in kühler Schlucht liegend oder auf einem [illegible] die Meisterwerke der deutschen Litteratur, Schiller, Goethe, [illegible] Jean Paul und daneben Walter Scott studirte, den er in jungen [illegible] persönlich hatte flüchtig kennen lernen.

Der Vater war dem Zuge der Zeit entsprechend entschiedener [illegible] und tolerant gewesen und mehr Kosmopolit als Deutscher. [illegible] der damals schon eine stille Neigung zum geistlichen Berufe in sich [illegible] und wohl auch merken ließ, wollte er weder Pfarrer noch [illegible] Eifersucht gegen das wachsende Ansehen der letzteren werden lassen; [illegible] nach seinem Wunsche Arzt werden. Als er die zunehmende [illegible] Vermögensverhältnisse erkannte, meinte er wohl, daß sein Sohn, wie [illegible] ein Handwerker, etwa ein Schuster werden müsse. Bei der [illegible] durch den Selbstmord des Vaters über die Familie hereinbrach, schien [illegible] Wort zur Wahrheit werden zu sollen, und die Welt hätte einen [illegible] Gelehrten und Schriftsteller weniger erhalten. Aber die energische [illegible] möglichte im Verein mit treuen Freunden, daß der Sohn noch die [illegible] Classen des Weilburger Gymnasiums absolviren und dann die [illegible] ziehen konnte.

Im Hinblick auf das traurige Geschick des Vaters hatte der [illegible] opfermuthig und einsichtsvoll allen früheren ehrgeizigen Plänen [illegible] wollte weiter nichts werden als ein einfacher Dorfpfarrer, weil er [illegible] hatte, religiöses Leben auch in Anderen zu erwecken, zu läutern [illegible] festigen und besonders die schlichten Bauern zu belehren, zu [illegible] zu trösten; weil er zugleich glaubte, in dieser Stellung so frei und [illegible] sein zu können, wie er es ersehnte, und endlich weil er meinte, als [illegible] bei der vielen freien Zeit, die diesem zur Verfügung stehe, seinen [illegible] neigungen zu poetischer Lectüre, zu künstlerisch gestaltetem [illegible] Schreiben (worin er sich bereits versucht hatte) und namentlich zum [illegible] nach Herzenslust nachgehen und nachhängen zu können.

Für die Wissenschaft begeistert, voll höchster Lernbegier kam [illegible] Sommer 1841 auf die Universität Marburg. 1½ Jahre blieb er [illegible] hörte bei Hupfeld Vorlesungen über Genesis, Psalmen, Jesaiah und [illegible] mente der hebräischen Sprache, bei Kling neutestamentliche [illegible] Corinther- und Hebräerbriefe, Briefe an die Colosser, Römerbrief, [illegible] berg Kirchengeschichte, daneben auch bei dem Hegelianer Bayrhoffer [illegible] Schellingianer Sengler philosophische Vorlesungen. Er hatte das [illegible] Marburg einen Kreis gleichstrebender Freunde zu finden, welche [illegible] Studien oblagen, aber die Philosophie als ein gemeinsames Band [illegible] schiedenen Wissenschaften erkannten. Daneben wurde R. damals mächtig [illegible]

[illegible] durch Hase's Kirchengeschichte, an dessen classischem Stile er, wie er [illegible], seinen eigenen gebildet hat.

Im Winter 1842/43 bezog er die Universität Tübingen, wo er bei Baur [illegible] Dogmengeschichte und Dogmatik, bei Zeller und Vischer wieder [illegible]sche und kunstphilosophische Vorlesungen hörte, welche letztere mit „[illegible]vollen Erläuterungen aus Kunst und Leben“ auf seine künstlerischen [illegible] von Einfluß wurden. Aehnlich fühlte er sich in Gießen, wohin [illegible] Sommer 1843 ging, durch gemeinsame künstlerische Begeisterung zu [illegible] hingezogen, der damals noch der jugendliche Stürmer und Dränger [illegible] mit dem ihn später eine innige Freundschaft verband. Außerdem hörte [illegible] bei Fritzsche Vorlesungen über das Evangelium und die Briefe des [illegible], bei Knobel über geistliche Moral, bei Privatdocent Schilling Logik [illegible]leitung in die Philosophie.

R. war, wie er selbst sagt, ein armer und doch zugleich ein sehr stolzer [illegible]. Wenn sein Wechsel sich nur auf 300 Gulden jährlich belief, so war [illegible] größer sein vom Vater ererbter Stolz und Trotz, der ihn lieber hungern [illegible] Entbehrungen auferlegen ließ, als sich etwa um ein Stipendium, [illegible] und Freicolleg zu bewerben. Er wollte auf eigenen Füßen stehen [illegible] dies auch durchgesetzt und daraus reichen Gewinn für sein ganzes [illegible]zogen. Um zu sparen, kaufte er nur wenig Bücher, las dieselben [illegible] so gründlicher durch. Statt, wie mancher seiner Freunde, weite [illegible] zu machen, wanderte er wieder aus Sparsamkeit eifrig in den nächsten [illegible] und Thälern bis in die abgelegensten Winkel herum und konnte dabei [illegible] Leute, das Leben des Volkes, besonders des Bauersmannes, gründlich [illegible] lernen.

[illegible] Herbst 1843 bestand R. das vorgeschriebene theoretische Examen in [illegible], und zwar, wie er meinte, deshalb mit so gutem Erfolge, weil [illegible]ptgewicht auf die schriftliche Beantwortung von nicht weniger als [illegible] gelegt wurde und R. schon damals gewandt mit der Feder war. [illegible] nun ins Seminar in Herborn eintreten, um im Predigen, Katechisiren [illegible]deren Aufgaben der Seelsorge sich zu üben. Aber er war der einzige [illegible] des ganzen Herzogthums, und die Regierung fand, daß die Kosten [illegible] Seminars mit all den nothwendigen Lehrkräften für einen einzigen [illegible] doch zu hoch seien. Sie beschloß daher, R. lieber mit einem ansehn- [illegible] Stipendium nach Bonn zu schicken, damit er dort im homiletischen [illegible] die praktischen Uebungen mitmachen und Vorlesungen über die Fächer [illegible], die in Herborn sonst gelehrt wurden. Das sollte für Riehl's [illegible] Laufbahn aber entscheidend werden. Er hörte in Bonn zunächst theo- [illegible] Vorlesungen bei Karl Immanuel Nitzsch ohne Verständniß und ebenso [illegible] über Kirchengeschichte bei Gottfried Kinkel; unter der Leitung [illegible] machte er katechetische Uebungen in der Volksschule und predigte an [illegible]versitätskirche. Aber beide traten sich nicht näher, und besonders [illegible] R. nicht passen, daß er die Predigt jetzt und in Zukunft immer erst [illegible]reiben und dann auswendig lernen sollte. Je mehr er sich darauf [illegible] hatte, durch das frei gesprochene Wort auf seine Zuhörer einst als [illegible] wirken zu können, um so mehr mußte ihn eine solche Beschränkung [illegible] Persönlichkeit ernüchtern. Auch sonst hatte er doch schon mancherlei [illegible] seines zukünftigen Berufes kennen gelernt und erkannt, daß [illegible] doch nicht ganz so ideal sein werde, wie er ihn sich vorgestellt, daß [illegible] insbesondere nicht die gewünschte freie Zeit für seine Liebhabereien [illegible], wie er gemeint hatte. Dazu kam, daß er durch andere Dinge [illegible] immer stärker gefesselt wurde. Da waren Ernst Moritz Arndt's begeisternde Vorträge über vergleichende Völkergeschichte, welche ihm die Au öffneten, wie er die auf seinen Wanderungen gemachten Wahrnehmungen die Geschichte zu verwerthen habe. Dahlmann's Vorlesungen über lehrten ihn die Bedeutung des Staates für das Gesammtwohl erkennen leiteten ihn zur socialen Politik hinüber. Vollends hatte er hier in Gelegenheit, seine Kunststudien, denen er schon in Tübingen mit Eif gelegen hatte, an der Hand der Baudenkmäler in Bonn und in Köln zusetzen und zu ergänzen. Nachhaltigen Eindruck machten in dieser Bezie auf ihn Schnaase's niederländische Briefe, worin sich ihm die Kunstge mit der Culturgeschichte so innig verbunden zeigte, daß er daraus den des Kunststudiums für das Volksstudium wohl erkannte. Alles dies im mit den musikalischen Kunstgenüssen, die in Bonn im Theater und Co saale sich ihm darboten und auf die er als Landpfarrer hätte verzichten m und andererseits das neue Kirchenregiment sammt mancherlei Neuerungen damals eingeführt wurden, bewirkte, daß R. sich allmählich zu einer Aende seines Berufes durchrang und im Frühjahre 1844 beschloß, der damals l den Aussicht auf baldige Anstellung als Pfarrer zu entsagen, um sich „dem Studium des deutschen Volkes und seiner Gesittung“ zu widmen. wurde in diesem Entschlusse bestärkt, als er auf seiner Fußreise von nach Weilburg, wo er seine Mutter persönlich von dieser Aenderung be richtigen wollte, durch das Hochwasser mit Eisgang des Rheins bei And und Coblenz in manche Fährlichkeiten gerieth, denen er gehobenen M entrann. Er wollte nun zunächst als freier Mann schriftstellerisch thätig da er zum Privatdocenten nicht das nöthige Geld hatte und auch nicht nöthige Genie zu besitzen glaubte. Wie bisher mit 300 Gulden, so hoffte in Zukunft mit 400 Gulden auszukommen, und diese wollte er sich erschre Hatte er doch schon als 10 jähriger Knabe (wie er das köstlich im „Ab frieden“ geschildert hat) seine Kameraden auf dem Wege von Bieberich Wiesbaden zur Lateinschule mit selbsterfundenen Geschichten unterhalten damit die Lust zum Fabuliren bekundet, die ihm offenbar im Blute lag. der Universität hatte er neben seinen Studien seit 1841 verschiedene Auf theils musikgeschichtlichen, theils culturhistorischen, volkskundlichen Inh verfaßt, welche von verschiedenen belletristischen Blättern, wie der Di kalia, dem Frankfurter Conversationsblatt angenommen und sogar ganz honorirt worden waren. Nachdem er auch die Einwilligung seiner Mutter erlangt hatte, kehrte er nach Gießen zurück und es begannen nun seine litterarischen Lehrjahre, über welche wir leider nicht in derselben treffli Weise wie über sein bisheriges Leben eingehend von ihm selbst unterri sind. Es ist nur ein schwacher Ersatz dafür, daß wir von seiner Hand diese und die folgende Zeit eine Anzahl von Sulzbacher Hauskalendern besi in welche R. ganz kurz seine Einträge über seine Arbeiten, seine persönli Erlebnisse, Beziehungen zu Anderen, Familienereignisse u. s. w. zu ma pflegte, die ich dank der Liebenswürdigkeit seines Sohnes (gleich G. v. M vor mir) benutzen durfte. Außerdem hat R. selbst ein genaues Verzeich aller seiner Arbeiten für die Jahre 1841—1853 angelegt, welches nicht wen als 670 Nummern umfaßt. Man muß geradezu staunen über die Reichhal keit und Vielseitigkeit der Productivität des ungemein frühreifen Jüngli „Von den ersten Jahren seiner Leistungsfähigkeit an geht neben der Lect eine ausgedehnte litterarische Arbeit, und zwar zunächst Kleinarbeit publicisti Art, insbesondere culturgeschichtliche, politische, auch novellistische und mu verständige Hand in Hand“ (G. v. Mayr). 1841 erschien bereits in d „Didaskalia“ seine erste in Marburg geschriebene Novelle: „Ezzelin in Padua ebenso bei F. Dunst in Frankfurt als Op. I ein Quartett für zwei ..., Alt und Violoncell; 1843 u. a.: „Bilder aus dem Lahnthal", ...ische Skizzen", 1844: „Hessische Skizzen", „Der deutsche Kosmopolitis... und der protestantische Rationalismus", „Beethoven und die deutsche ..." u. s. w. Die folgenden Jahre brachten zu den litterarisch-musikalischen ... — ein großer Theil der 1853 in den „Musikalischen Charakterköpfen" ...igten Aufsätze ist damals erschienen — besonders politische, socialpolitische ...turgeschichtliche Arbeiten in Menge infolge seiner veränderten Stellung. ...war er — 23jährig — zur Mitleitung der „Oberpostamtszeitung" nach ...furt berufen worden. Er blieb hier freilich kaum ein Jahr, das für ihn in anderer Beziehung von größter Wichtigkeit werden sollte. Er ver...lobte sich nämlich daselbst mit der Bühnensängerin Bertha v. Knoll, durch ... nicht nur in seinen musikalischen Neigungen eine kräftige Förderung ..., sondern die auch seinem ganzen übrigen Schaffen, seiner ganzen litte...rarischen Thätigkeit das innigste Verständniß entgegenbrachte. Er hat, wie ...seinen tagebuchartigen Aufzeichnungen ersichtlich, nichts veröffentlicht, was ...cht vorher seiner Gattin vorgelesen. Eine ganz vortreffliche Frau, wie ...r, hat sie in den 48 Jahren ihrer Ehe nicht bloß Freud und Leid ...ihm getheilt, sondern ihm auch die häuslichen Geschäfte, die gesellschaft... und wirthschaftlichen Pflichten, um ihn in seiner Arbeit nicht zu stören, ...ganz abgenommen und die Erziehung der Kinder geleitet in jenem „echten ...iensinn", jener „alten, guten Familiensitte", auf welche sich nach Riehl's ...zeugung „häusliches Glück und bürgerliche Tüchtigkeit am festesten gründen ..." (Muncker).

Infolge von Differenzen mit dem Hauptdirector gab er seine Stellung in ...furt auf und siedelte 1847 nach Karlsruhe über, wo er Mitredacteur ... „Karlsruher Zeitung" wurde und dann mit dem Abgeordneten Christ den ...ischen Landtagsboten" herausgab, der vom 9. December 1847 bis März 1848 ganz von ihm verfaßt wurde, wie er auch die Verhandlungen ...zweiten Kammer fast alle eigenhändig nachschrieb. Da erschienen u. a.: ...gemeine Mann" (der erste Keim zur späteren „bürgerlichen Gesellschaft"), ... Proletarier der Geistesarbeit", „Der deutsche Bürgerstand, Wehrstand, ...rstand, die Staatsdiener, die Bauern, zur Kritik socialer Theorien", ... die Geschichte vom „Eisele und Beisele" („ein socialer Roman") u. s. w. Der Ausbruch der Revolution 1848 brachte eine neue Veränderung in seinem ...en Leben. Die Häupter der gemäßigten Partei in Wiesbaden riefen ... die Heimath zurück, und er gründete hier die „Nassauische allgemeine ...", in welcher er trotz vielfacher Anfeindung und Gegnerschaft einen ...ichen conservativen Standpunkt vertrat. Die Jahre 1848 und 1849 ... selbst später als seine wichtigste Lehrzeit, als seine „Feuerprobe in der ...tischen Laufbahn" bezeichnet. Der sociale Gegensatz einer „stürmisch ... und einer zäh beharrenden Volksschicht" drängte sich ihm hier ...ürlich in den Städten und Stadtdörfern des Rhein- und Mainthales ... den Bauerndörfern des Taunus und des Westerwaldes auf. Drei ... lang hielt er auf diesem Posten aus und zugleich wurde er — be...ch für seine Vielseitigkeit — in die Commission von Vertrauensmännern ..., welchen die Direction des Wiesbadener Hoftheaters übertragen wurde. Jahre lang hat er auch dieses mühsame und verantwortungsreiche Amt ...entgeltlich — bekleidet. Die künstlerische und musikalische Leitung der ... oblag vornehmlich ihm, und wenn auch hier Verdruß und Aerger Hand ... Hand gingen mit Freude und Genugthuung über errungene Erfolge, für ...e Kenntnisse in *culturhistorischer Beziehung* war diese Episode gewiß von nicht geringerem Gewinn als seine Thätigkeit als politischer [illegible] bedeutungsvollen Zeit für seine sociologischen Studien. — [illegible] Aufenthaltes in Wiesbaden veröffentlichte er u. a. seine „[illegible] des Jahres 1848, d. i. die Geschichte der Erhebung des Nassauischen [illegible] (1848), „Das Volkslied in seinem Einfluß auf die gesammte [illegible] modernen Musik“ (1849) und besonders (im Sommer 1850) „[illegible] Bauer und der moderne Staat“ in der Cotta'schen Deutschen [illegible] — als eine Frucht seiner damaligen Studien nach der Natur, [illegible] in den politisch bewegtesten Tagen nach seiner Art das Land [illegible] und Volksgemeindeversammlungen, Landtage und Gerichtstage [illegible] besuchte.

Der Freiherr Georg v. Cotta ist es dann auch gewesen, der, [illegible] haftem Interesse für Riehl's Arbeiten erfüllt und dessen vorzügliche [illegible] kraft wohl erkennend, ihn ganz für sich, d. h. für das [illegible] bedeutendste deutsche Blatt, für seine „Allgemeine Zeitung“ zu [illegible] Laut dem am 6. December 1850 abgeschlossenen Vertrage sollte R. [illegible] der Redaction der deutschen Partie der Allgemeinen Zeitung [illegible] einen jährlichen Gehalt von 1500 Gulden und selbständige Honorirung [illegible] Mittheilungen mit 80 Gulden für den Druckbogen. Anfang 1851 [illegible] Augsburg über und hier hat er wiederum drei Jahre in [illegible] und vollster Schaffensfreudigkeit verlebt. In der „Beilage zur [illegible] Zeitung“ erschienen damals u. A.: Die Westerwälder [illegible] Culturbilder aus den südbairischen Hochflächen, Der Wald, Zur [illegible] geschichte Augsburgs, u. s. w.; in der „Deutschen [illegible] politische Ehre, Der vierte Stand als Gegenstück zum deutschen [illegible] Aristokratie in ihrem socialen Berufe, Die Frauen, u. s. w. [illegible] veröffentlichte er damals (außer der „historisch-topographischen [illegible] das Schlangenbad 1851) besonders „Die bürgerliche Gesellschaft“ [illegible] die „Musikalischen Charakterköpfe“, Bd. I (1853), „Land und Leute“ [illegible]

Gerade diese Publicationen waren es nun aber, welche die [illegible] merksamkeit keines Geringeren als des damaligen Königs von Baiern, [illegible] milian II., erweckten. Sein Streben, alle bedeutenden Köpfe in [illegible] und in seine Dienste zu ziehen, gab Veranlassung, daß auch mit [illegible] handlungen in dieser Richtung angeknüpft wurden, die am 14. [illegible] unter der Vermittlung des Geh. Legationsraths v. Dönniges zum [illegible] gelangten. Gegen eine jährliche Remuneration von 1800 fl. sollte R. [illegible] 1. Januar 1854 ab die Leitung der Mittheilungen in der diesseitigen [illegible] Presse, resp. der Neuen Münchener Zeitung und die Correspondenzen [illegible] wärtige Blätter im Ministerium des kgl. Hauses und des [illegible] nehmen. Zugleich wurde ihm, seinem Verlangen entsprechend, eine [illegible] professur in der staatswirthschaftlichen Facultät an der Universität [illegible] für den Beginn des Sommers 1854 bewilligt, und ihm auf seinen [illegible] Vorlesungen über Staatswissenschaft, Staatskunst, [illegible] Volkswirthschaft und Cultur- und Staatengeschichte übertragen. [illegible] in der That, wie er selbst sagt, „vom Leben zum Schreiben, vom [illegible] Buch und durch das Buch zur Universität“ gekommen — zur [illegible] unaussprechlichen Freude seiner Mutter, der es so noch vergönnt [illegible] Früchte ihrer Erziehung reifen und den Sohn in angesehenerer [illegible] sehen, als sie es sich wohl je hatte träumen lassen. Welchen [illegible] übrigens R. besaß, beweist der Umstand, daß bald darauf zu [illegible] Jahres 1854 der Referent für Preßangelegenheiten im sächsischen [illegible]

v. Witzleben, ihn aufforderte, die Redaction der Leipziger Zeitung zu nehmen, welch ehrenvollen Auftrag er aber ablehnte.

Von da ab verlief das Leben Riehl's in ruhigeren Bahnen als zuvor in fortwährend aufsteigender Linie. Eine Aenderung erfuhr seine dienst- Stellung in München insofern, als vom 1. Januar 1856 ab ihm die Redaction der Neuen Münchener Zeitung übertragen wurde, deren Abend- populären Veröffentlichungen aus dem Gebiete der Kunst und Wissen- benutzt werden sollte und zu dem die gelehrten und litterarischen Kreise in weiterem Umfange herangezogen werden sollten. — Inzwischen war er vom König Maximilian bereits mit vielfachen anderen Aufgaben worden. Am 2. Januar 1854 wurde das vom Litteraten Lentner ne, vom Regierungsassessor Fentsch fortgesetzte ethnographische Werk Baiern „behufs größerer Beschleunigung“ dem Professor R. übertragen, die Beschreibung der Pfalz und den von Lentner unvollendet gelassenen von Schwaben und Neuburg übernehmen sollte. 1857 aber erhielt er ganze Leitung der „Bavaria“, zu der er den Plan entworfen hatte, die Gesammtbeschreibung Baierns in statistischer, historischer, topographischer ethnographischer Beziehung bieten sollte. Zu gleicher Zeit sollte er auf des Königs eine Darstellung aller Anstalten und Maßregeln in sämmt- deutschen Staaten zur Reform der socialen Zustände, Hebung der Be- und Bekämpfung des Proletariats ausarbeiten, was ihm freilich der „Bavaria“ unmöglich war. Vom 1. März 1859 an wurde er zum ordentlichen Professor der Culturgeschichte und Statistik an der wirthschaftlichen Facultät mit einem Gehalt von 1800 fl. ernannt und damit nun erst eigentlich sein Ziel erreicht. Im Sommer 1863 bezog eigenes kleines Haus in der Gartenstraße, das er mit Hülfe seiner zu einem gemüthlichen und gemüthvollen Heim umgestaltete, worin meist Dienstage Freunde und Gäste empfangen wurden. Die Sommerfrische mit der Familie meist in Tegernsee verbracht und von hier aus eine von Ausflügen und Wanderungen unternommen. Enge Freundschaft ihn mit seinen Collegen an der Universität, wie Carrière u. s. w., mit Angehörigen des königlichen Symposions, wie Geibel und Heyse. besonders durfte er sich der Freundschaft des Königs Maximilian rühmen, schon seit 1854 zu seiner berühmten Tafelrunde zugezogen hatte, mit 1858 eine hochinteressante Tour durch das bairische Hochgebirge machen der ihn zu verschiedenen Arbeiten anregte und dessen idealem Streben, entwegtem Lerneifer und stets auf das Beste seines Volkes gerichteten Sinn er, dankerfüllt, in den „Culturgeschichtlichen Charakterköpfen“ ein gleichlich schönes, unvergängliches Denkmal gesetzt hat.

1870 hatte er die Redaction des von Friedrich v. Raumer begründeten schen Taschenbuches“ übernommen, die er zehn Jahre lang geführt hat dem er selbst manchen werthvollen Beitrag lieferte. Dazu waren seit re 1876/77 Vorlesungen über Geschichte der Musik an der damaligen schule in München gekommen, die ihm von der Regierung übertragen die er bis Sommer 1892 fortsetzte. Nichts aber spricht deutlicher erstaunliche Arbeitskraft Riehl's, als daß er im April 1885 in seinem bensjahre noch dazu das Amt eines Directors des bairischen National- und Generalconservators der Kunstdenkmäler und Alterthümer übernahm. Es war durchaus zutreffend, wenn die Regierung diese schende Ernennung damit begründete, daß es ein Hauptvorzug Riehl's daß er, „ausgerüstet mit einem ausgezeichneten culturgeschichtlichen Wissen

den Stoff, welcher bei der Inventarisirung (der Kunstdenkmäler) zu bearb
sei, zu beherrschen und zu sichten verstehe, daß er geübt sei, planvoll an
große Arbeit zu gehen, daß er consequent und concentrirt arbeiten und
er die Arbeit Anderer leiten könne", wie er das bei der „Bavaria" und
„Historischen Taschenbuch" vollauf gezeigt hatte. Auch dieses Amt h
bis zum Februar 1897 mustergültig verwaltet, ohne dabei im geringsten
anderen Obliegenheiten zu vernachlässigen. Seine akademische Lehrthät
aber hat er, kaum von schwerer Krankheit genesen, bis in die ersten
des Wintersemesters 1897 fortgeführt, bis der Tod seinem rastlosen
ein Ziel setzte.

Schon 1861 als ordentliches Mitglied in die Akademie der Wissensch
aufgenommen, war er von seinem König außer mit dem Kronen- und
dem Maximiliansorden für Kunst und Wissenschaft ausgezeichnet und
zum Geheimen Rath ernannt worden. Zwei Mal (1873 und 1883) hat
das Vertrauen seiner Collegen die Würde des Rectors der Ludwig-Maximil
Universität übertragen. Seinem Namen aber hat er einen weit über
engere Heimath hinausreichenden Ruf verschafft, theils durch seine
stellerische Thätigkeit, theils durch seine Vorlesungen an der Mün
Universität, der er immer treu geblieben, theils durch seine Wandervo
in ganz Deutschland, in denen er, wie in den Vorlesungen, im Laufe
Jahre hunderttausende von Zuhörern begeisterte. Ein Meister der Rede
des freien Vortrags, von außerordentlicher Klarheit und Knappheit, da
von ungemeiner Frische und Lebendigkeit, immer geistvoll, anregend und
witzig und unterhaltend, hat er eine geradezu glänzende Beredsamkeit be
und wie kein Zweiter sein Publicum dauernd zu fesseln verstanden. Wa
als Grundgeheimniß aller Redekunst einmal hinstellt, besaß er selbst in her
ragendem Maaße: „Da er immer wußte, was er sagen wollte, und
gerade heraussagte, so sprach er auch gut." Riehl's Vorlesungen an
Universität umfaßten ursprünglich, entsprechend seiner ersten Anstellung,
weites Gebiet. Im ersten Semester seiner akademischen Lehrthätigkeit, Som
1854, als „jüngster Professor", wie er selbst bemerkt, las er über G
graphie von Deutschland und Landes- und Völkerkunde des Königreichs Bai
außerdem Encyklopädie der Cameralwissenschaften, Staatswissenschaft, Po
wissenschaft. Später schränkte er seine Themata ein und las regelmäß
einem bestimmten Turnus Lehre von der „bürgerlichen Gesellschaft und
schichte der socialen Theorien", „System der Staatswissenschaft" und „C
geschichte", früher „Allgemeine Culturgeschichte des Mittelalters",
„Culturgeschichte Deutschlands im Mittelalter", ferner „Culturgeschicht
Renaissance und Reformationszeit" und „Culturgeschichte des 18. und 19.
hunderts". In seinen Wandervorträgen aber behandelte er die mannichf
Themata der besonders deutschen Culturgeschichte. Im J. 1885 hatte er
er selbst angibt, innerhalb 14 Jahren in 487 Wandervorträgen über 11
schiedene Themata in 106 deutschen Städten vor mehr als 180 000 Zu
gesprochen. Man darf diese Zahlen nahezu verdoppeln, wenn man wei
er fast bis an das Ende seines Lebens dieser Thätigkeit treu geblieben ist.
dadurch ist er aber auch, wie ich das in meiner akademischen Festrede: „W
Heinrich Riehl als Culturhistoriker" glaubte sagen zu dürfen, weitaus
einflußreichste, wirksamste deutsche Culturhistoriker geworden. Eine blei
Frucht dieser Wandervorträge ist seine Sammlung „Freie Vorträge"
(1873) und Bd. II (1885), welche namentlich auch für den Historiker
beachtenswerthe Beiträge enthalten.

Welche Stelle nun R. in der Geschichte der Geschichtswissenschaft

tell in der Culturgeschichte einnimmt, habe ich in der angegebenen Festrede
ehend erörtert, sodaß ich hier nur einiges daraus hervorzuheben habe. Ich
da gezeigt, wie R. zur Culturgeschichte gelangte, wie seine Wendung zu
elben in der Zeitströmung Nahrung fand, wie die Romantik und die
manische Philologie diese Studien damals förderten. Ich habe da ferner
eigt, wie R. die Culturgeschichte von Anfang als „Geschichte der Gesammt-
itung" der Völker auffaßte, wozu er später noch hinzufügte: „wie sich
elbe in Kunst, Litteratur und Wissenschaft, im wirthschaftlichen, socialen
politischen Leben und auch in Privatalterthümern ausspricht, die früher
e Zusammenhang als Beigabe zur politischen Geschichte verabreicht wurden,
hrend man später auch die Culturgeschichte in einem höheren Sinne auf-
en lernte und als ihre Aufgabe die Ergründung der Gesetze erkannte, nach
en die Gesittung der Völker keimt, blüht, reift und stirbt; die alle historischen
ecialfächer in ihren Resultaten, auch die politische oder Staatengeschichte
faßt, dergestalt, daß die letztere aufgehen wird in ihrer Schwesterdisciplin
d zuletzt daraus eine Universal-Culturgeschichte entstehen wird, deren letztes
l die Erkenntniß des Geistes in der Geschichte ist." Ich habe dabei zugleich
rauf hingewiesen, daß, so modern dies klingt, doch wichtige Differenzen hin-
tlich der Methode der culturgeschichtlichen Arbeit und Betrachtung sich bei
und beispielsweise bei Lamprecht finden. Auch R. spricht allerdings von
genetischen und vergleichenden Methode, die der Culturgeschichte nöthig sei,
n der Gleichwerthigkeit aller geschichtlichen Factoren; aber er hat sich anderer-
ts (später) entschieden gegen die Hintansetzung des Individuums gegenüber
Massen, auch zu energisch gegen die statistische und naturwissenschaftliche
thode ausgesprochen, als daß man ihn ganz der modernen Richtung zu-
nen dürfte. Er ist, wie O. Lorenz, Die Geschichtswissenschaft in Haupt-
tungen und Aufgaben, Bd. I, mit Recht gezeigt hat, der Hauptvertreter
sozusagen älteren culturgeschichtlichen Richtung.

Was aber hierbei noch besonders hervorgehoben werden muß, ist dies, daß R.
en aller Richtung auf das Universelle (wie sie namentlich in seinen „Freien
rträgen" zu Tage tritt) immer die Nothwendigkeit des Specialisirens und
cialstudiums gerade für den Culturhistoriker nachdrücklich betont. Dies
t er auch praktisch selbst bethätigt, indem er die Volkskunde und die Kunst-
chichte als seine Specialfächer der Culturgeschichte bezeichnete, von denen er
sging. Ueber seine Auffassung von der Volkskunde und ihre Aufgabe und
ndenz hat er sich frühzeitig (1858) in einem Aufsatz ausführlich aus-
sprochen. Als ihr höchstes wissenschaftliches Problem bezeichnet er die Er-
ündung der Naturgesetze des Volkslebens, wie er sie am besten durchgeführt
det in der „Germania" des Tacitus, den er als Prophet der selbständigen
lkskunde preist. In neuerer Zeit habe Justus Möser durch den Nachweis
s Zusammenhanges der Sitte des Volkes mit der Sittlichkeit epochemachend
das Volksstudium eingewirkt. Weiter habe die Volkskunde durch Achen-
ll's Verdienste um Selbständigmachung der Statistik, durch die Neu-
taltung der Nationalökonomie seit Adam Smith, die bahnbrechende Ver-
dung von Geographie, Ethnographie und Geschichte durch Heeren, ferner
ch die Arbeiten der rechtshistorischen Schule, die Reform der Geographie
ch Ritter, die mythologischen, antiquarischen und philologischen Forschungen
Gebrüder Grimm und anderer Germanisten einen gewaltigen Aufschwung
ommen, einen qualitativen und quantitativen Fortschritt erfahren. „Die
derne Ethnographie", bemerkt er weiter, „will das Volksleben in seiner
eren Nothwendigkeit erkennen und die äußeren Thatsachen desselben als das
burt aller organischen Entwicklungen der Natur, wie der geistigen und

materiellen Cultur eines Landes". Ihren Mittelpunkt aber müsse die B
kunde in der Idee der Nation finden, wenn sie wirklich eine Wissensch
wolle. Die Nation aber definirt er ethnographisch als „ein durch
Sprache, Sitte und Siedelung verbundenes Ganze". „Das sind
großen S, der Grund alles lebendigen Lebens, ein Urgrund, der das
bare Staatsleben der Völker weit überdauert und erst mit dem letzten
zuge des Volkes in Trümmer fällt." Stamm, Sprache, Sitte und Sie
aber sind nach R. innig miteinander verbunden, voneinander abhängig.
Naturbedingung der Bodengestalt führt uns auf wirthschaftliche Noth
keiten und diese wieder auf nothwendige Gestaltungen des Volksthums.
bedingt ein topographisches, ein wirthschaftliches Moment das andere,
den ökonomischen Zuständen wachsen wieder sociale Bestimmungen des
thums hervor."

Den Zusammenhang von Land und Volk als „das Fundament
socialen und politischen Entwicklung, als Ausgangspunkt aller
Forschungen" nachzuweisen, war übrigens, wie R. selbst versichert, von An
das Ziel seiner schriftstellerischen Thätigkeit, und dies ist auch der
gedanke, der seinem bekanntesten Werke: „Die Naturgeschichte des
Volkes als Grundlage einer deutschen Socialpolitik" in 4 Bänden zu G
liegt. Das Werk ist freilich keineswegs aus einem Guß und nach
vorgefaßten genauen Plane entstanden. Zuerst (1851) erschien ja der
Band: „Die bürgerliche Gesellschaft", der, wie schon erwähnt, aus versch
seit 1847 veröffentlichten Aufsätzen über den „gemeinen Mann" u.
hervorgegangen ist. Hier sollte das Volk in seinen allgemeinsten Bezieh
durch sich selbst, in seiner von den örtlichen Besonderungen losgelösten Glied
in seinen Ständen geschildert und das Verhältniß der großen natürl
Volksgruppen zueinander nachgewiesen werden. In dem Bande: „Land
Leute" (1853), der bei der Zusammenfassung später an die erste Stelle
wollte er eben diese örtlichen Besonderungen des Volkslebens behandeln,
Zusammenhang von Volksart und Landesart, das organische Erwachsen
Volksthums aus dem Boden nachweisen — und zwar auf Grund einer ei
von ihm erdachten (sogleich zu erwähnenden) Methode. — Den dritten
bildet „Die Familie" (1854), erstanden „in Tagen häuslicher Angst
Sorge und zugleich eine Quelle des Trostes und der Ermuthigung", wo
er eine ähnliche Wirkung auf die ganze deutsche Nation erwünschte un
in der That ein weitverbreitetes Hausbuch geworden ist. Sie bildet no
den Schlußstein, den „eigentlich schließenden Stein, der das Gewölbe
zusammenhält". Denn die Familie ist „der Urgrund aller organischen G
in der Volkspersönlichkeit, sie ist die ursprünglichste natürliche Gliederung
Volkes". R. weiß wohl, daß die logische Reihenfolge dieser drei Bände
umgekehrte sein sollte; aber er erklärte und vertheidigte diese Reihenfolge aus
systemlosen Entstehen des Werkes und aus seiner Methode, da er immer
der Anschauung des Besonderen ausgehe, um durch Vergleichung und G
von da den Weg zum Allgemeinen zu finden, wie denn in der Familie zu
die allgemeinsten Grundlagen des organischen Volksthums dargestellt seien.
Dazu kam 1869, nachdem die drei früheren Bände längst mehrere Auf
erfahren hatten, als vierter Band das „Wanderbuch", das R. selbst als zw
Band zu „Land und Leuten" bezeichnet, in welchem er seine eigenartige Me
seiner Volksstudien in einer höchst originellen Einleitung dargelegt hat.
hat immer wieder betont, seine Arbeiten seien „erwandert". Das will he
daß er nicht so sehr aus Büchern und Schriften, als aus der persönli
lebendigen Anschauung Land und Leute studirt und dementsprechend gezeic

geschildert habe. Diese Wanderstudien sind ihm für den Forscher auf Gebiete der Volkskunde gleichbedeutend mit den Forschungen in archivalischen [illegible], welche der Historiker neben den Buchstudien anzustellen hat; sie sind [illegible] ein Zurückgehen auf die ursprünglichsten Quellen. Zu dieser empirisch-[illegible]stischen Betrachtungsweise war er eben durch seine Kindheit und Jugend, die ererbte Wanderlust angeleitet worden und er hat sie mit vollendeter [illegible]schaft bis ins hohe Alter fortgesetzt. „Zuerst ward ich Fußwanderer [illegible]nachher politischer Schriftsteller." Es geht aber schon aus jener Unter[illegible] in seiner Einleitung zum „Wanderbuche" hervor, daß seine Schriften [illegible] bloß erwandert, sondern auch erarbeitet sind und daß man ihm, wie [illegible] B. Gustav Freytag, bitter Unrecht thut, wenn man über sie als Gelehrte [illegible] rümpft. Wenn R. verlangt, daß der Wanderer schon vor dem Aus[illegible] mehr von der Geschichte des zu durchwandernden Landes und dessen [illegible] Zuständen wissen solle, als die große Mehrzahl der gebildeten Ein[illegible] selbst, so setzt dies ein ganz gehöriges Studium aus Büchern voraus. [illegible]benso steht es mit dem Beobachten beim Wandern und dem richtigen [illegible] des Beobachteten. Auch dies heischt eine immense, aus Büchern [illegible] Detailkenntniß, eine Unsumme litterarischen Wissens. Die be[illegible] Kunst Riehl's war es nur, davon eben gar nichts merken zu lassen, [illegible] auch seine ausgesprochene Absicht war. „Wie ich durch ein lustiges [illegible]erleben erst in das Bücherschreiben hineingewandert bin, so sollen auch [illegible] Bücher allerwege lustig zu lesen sein. Die Gelehrsamkeit soll darin [illegible] ohne sich selbstgefällig zu präsentiren und, wenn der Autor auch müh[illegible] und langsam, prüfend und zaudernd gearbeitet, so wünscht er doch, die [illegible] möchten gar nichts merken von dieser Mühsal, sondern meinen, das Buch [illegible] eben so von selber geworden, nur so von ungefähr geschrieben, rasch [illegible] unverzagt, wie auf der Wanderschaft und immer mit gutem Humor und [illegible] daß je der Autor vorher den gelehrten Schlafrock angezogen habe." [illegible] und Leute. Vorwort zur 2. Auflage.) — R. betrachtete übrigens selbst [illegible] drei Bände seiner „Naturgeschichte" keineswegs als etwas Abgeschlossenes, [illegible] lediglich als „Vorstudien". „Es wird eine meiner nächsten Aufgaben [illegible]" äußerte er (1855), „das System der Staatsgesellschaft, das mir all[illegible]lich aus den in der Naturgeschichte des Volkes niedergelegten Vorstudien [illegible]wachsen ist, selbständig und in voller wissenschaftlicher Schärfe aus[illegible]beiten." Als letztes Ziel schwebte ihm der Gedanke vor, daß die natur[illegible]schichtliche Untersuchung des Volkslebens zur Gesellschaftswissenschaft, zur [illegible] Politik führen und daß „es früher oder später möglich werden müsse, [illegible] der Grundlage solcher naturgeschichtlicher Untersuchungen ebenso einen Kosmos [illegible] Volkslebens, einen Kosmos der Politik zu schreiben, gleich dem naturgeschicht[illegible] Kosmos Humboldt's" — ein Gedanke, den Gothein mit Recht geradezu [illegible] großartig bezeichnet hat. Dazu ist R. freilich nicht mehr gekommen; andere [illegible] verhinderten ihn daran, aus denen hier zunächst noch sein Buch „Die [illegible] Arbeit" hervorzuheben ist, entstanden 1861 auf Veranlassung König [illegible]milian's, dem auch das Buch gewidmet ist. Denn R. betrachtete es selbst [illegible] eine nothwendige Ergänzung zu der „Naturgeschichte des Volkes", da ohne [illegible] Kunde von der Arbeit und deren Gesetzen nach R. alle noch so [illegible]sinnigen Beobachtungen über Sitte und Charakter, über die Psyche einer [illegible] in der Luft stehen. Gerade bei seiner Erforschung der deutschen Volks[illegible] spielte ihm die Arbeit eine besondere Rolle, da er in der Arbeitskraft [illegible] Arbeitslust des deutschen Volkes — sicher nicht unberechtigt — dessen [illegible]schichtlichen Ruhm erblickte.

Hat R. so auch kein eigenes abgeschlossenes System hinterlassen — Vorlesungen liegen auch nicht gedruckt vor —, so erhebt sich doch die was er mit seiner „Naturgeschichte des deutschen Volkes" bezweckt und leistet hat. Riehl's Untersuchungen über Land und Leute Deutsch gipfeln in dem Satze, daß die deutsche Bodenoberfläche sich dreifach in deutsches Tiefland, mittelgebirgiges und hochgebirgiges Deutschland. dreifache Gegensatz zieht sich ihm auch durch die innere Welt des social religiösen Volkslebens und tritt auch in der äußeren Staatengliederung Tage. Ihm entspricht ebenso die Dreitheilung des Klimas, welche vers Ernährungsweise, Lebensart und Sitte verursacht. Dem entsprechen die Gruppen der deutschen Pflanzengeographie, die Vertheilung der massen und die geschichtliche Entwicklung der drei Volksgruppen; und wie in Siedelung und Sitte sei Deutschland auch kirchlich dreifach ge ja bis in die kleinsten Details, sogar bis in die Küche könne man diese theilung verfolgen. Sonst scheidet R. die deutschen Landschaften in zwei Gruppen: social centralisirte (d. i. gleichheitlich geeinigte) Ländermassen: und niederdeutsche Tiefebene und individualisirte (d. i. vielgestaltig geson Mitteldeutschland. Wenn Gothein meint, diese Scheidung werde Niem friedigen, so ist dagegen darauf hinzuweisen, daß sich die gleiche Untersch auch anderwärts findet, so in dem Buche von B. Cotta, Deutschlands B sein geologischer Bau und dessen Einwirkung auf das Leben des Me bei Kutzer, Das deutsche Land, und sogar noch neuerdings in einem A von K. Joh. Fuchs, Die Epochen der deutschen Agrargeschichte und Agrarp (Beil. z. Allg. Ztg. 1898, Nr. 70 u. 71) recipirt worden ist. Andere hebt Gothein rühmend hervor, wie außerordentlich anregend und segen die Wandermethode Riehl's in den 50er und 60er Jahren auf weite K der Jugend gewirkt hat, wie durch diese Einzelbeobachtung die socialen quellen gefördert wurden, und meint selbst, die Methode der socialen Schilde sei dann wohl exakter geworden, aber vielseitiger, künstlerischer, als s geübt, habe sie nicht werden können. Das sei aber seine eigentliche K gewesen, daß er gerade den uninteressantesten Gegenden und Volksstäm ihre Eigenart abzugewinnen gewußt habe. In der That gehört, was er über den Rheingau geschrieben, auch nach dem neuesten Urtheile (s. Be Allg. Ztg. 1903, Nr. 103) heute noch zu dem Besten. Und dasselbe von vielen anderen Aufsätzen gelten, wie dem „Bauernland mit Bürgerrech „Ein Gang durch das Tauberthal", „Das Gerauer Land mit seinen Na stätten", „Die Hollebau", „Eine geistliche Stadt" (Freising), „Das Land armen Leute; der Westerwald", „Auf dem Wege nach Holland" — alle ausgezeichnet durch scharfsinnige Beobachtung und feinsinnige Darlegung natur- und culturgeschichtlichen Besonderheiten und Merkwürdigkeiten Land und Leuten, alle zugleich Bausteine, „Prolegomena" zum Buche von bürgerlichen Gesellschaft, in dem er aus den örtlichen Anschauungen auf einheitlichen Grundlagen der großen socialen Volksgruppen der ganzen deut Nation zu schließen suchte.

Um diesem Buche der „Bürgerlichen Gesellschaft" gerecht zu werden, man, wie dies R. selbst in späteren Auflagen verlangt hat, sich vor allem die Zeit zurückversetzen, in der es zuerst geschrieben wurde, d. h. in die von 1847—1851. „Es geht", sagt er selbst, „durch dieses Buch ein jener Aufregung und Unruhe des Jahres 1848, wie nicht minder ein des darauffolgenden, tiefen Bedürfnisses nach Ordnung, Ruhe und Rück zu altgewohnten, festen Formen". R. war kraft der Mischung väterlic und großväterlichen Charakters in ihm kein ausgesprochener Parteimann u

...tiker: er war insbesondere kein Reactionär, als welchen man ihn damals ...schrieen hat. Im Gegentheil möchte er in diesen Büchern und speciell in „Bürgerlichen Gesellschaft" zeigen, daß „sociale Politik, d. h. eine Staats-..., die auf das naturgeschichtliche Studium des Volkes in allen seinen ...ppen und Ständen gegründet ist, vielmehr eine vorausschreitende, ächt ...freundliche Politik" sei. Aber es überwog in ihm doch der großväterliche, ...vative Geist. Er gesteht selbst als „Herzenswunsch" zu, daß „eine mit ...voller Hingabe an Art und Sitte des Volkes unternommene Durchforschung ... modernen Gesellschaftszustände in letzter Instanz zur Rechtfertigung einer ...vativen Socialpolitik führen müsse". „Erhalten, um auf historischer ...ndlage fortzubauen, bis das Neue selbst wieder zur historischen Grundlage ...Zukunft geworden ist" — dies war sein eigener Sinnspruch, wie er ihn ... als Wahlspruch einer „schöpferischen konservativen Partei" bezeichnete. ...steht durchaus auf dem Boden einer ständischen Gliederung der Gesell-...; zerfällt sie, so bleibt nach seiner Ansicht „auf die Dauer gar keine ... Möglichkeit, als der Sozialismus" — und damit kann er Recht haben. ...Bildung des Bauern sei und müsse eine ganz andersartige sein, als die ...Bürgers; die Wohlfahrt beider beruhe auf verschiedener Grundlage, und ...Einheit der Gesellschaft sei nur durch die in ihrer Eigenart möglichst un-...te Entwicklung der einzelnen Gruppen gewährt. Am reinsten findet er ...Standescharakter beim Bauern bewahrt, in ihm lebt nach R. das gesell-...liche Element am reinsten, vollsten, mächtigsten. Darum behandelt er ...auch mit besonderer Vorliebe und wünscht, daß er als eine der Haupt-...te des Beharrens vom Staate vor Allem in seiner Eigenart erhalten .... „Der Bauer als konservative Macht im Staate muß in seiner Wucht ..., seines Charakters Eigenart befestigt, seine Bedürfnisse müssen beachtet ...den. Er muß auch gereinigt werden von den verdorbenen Bauern. Sein ... Besitzstand muß gesichert und, wo er sich bereits zersplittert hat, wieder ...gerundet werden." R. hat daher seine gewichtigen Zweifel über den Nutzen ...Bauernbefreiung, seine Bedenken gegen die Zehntablösung, die den Bauern ... geschadet und nur dem großen Grundbesitzer (der zugleich Großhandel mit ...n Producten treiben kann) genützt habe. R. spricht sich für die Natural-...wirthschaft als die dem Bauern entsprechende gegenüber dem ausschließlichen ...wesen der Geldwirthschaft aus; er tritt entschieden ein für die strenge Ge-...denheit des Bodens, ist gegen die freie Theilbarkeit und Zersplitterung ...Grundbesitzes, wie er ebenso die Erhaltung des Waldes warm befürwortet, ...das aristokratischen Elementes in der Bodencultur und eines der Mittel ...Erhaltung eines großen, geschlossenen Grundbesitzes. Er glaubt auch nicht ..., daß die Bauern die Vortheile genossenschaftlicher Vereinigung begreifen ...en und erklärt sich selbst für eine Beschränkung der Heirathserlaubniß. ...nehmlich ist er gegen die bureaukratische Regelung der Gemeindeverfassung, ...die Gemeinde das Heiligthum des Bauern sei, wie er überhaupt gegen die ...eaukratie besonders eifert. Ihr schreibt er geradezu die Schuld an allen ...den der Zeit zu — auch wohl eine Nachwirkung seiner Jugend, wo er in ...er nassauischen Heimath dieselbe in ihren schlechtesten Gestalten hatte kennen ...nt und im eigenen väterlichen Hause selbst erfahren hatte, welches Unheil ...mitunter anstiften könne. So fraglich auch diese Bedenken im Einzelnen ...heinen mögen, sicher hat doch R. in Vielem Recht und „durch seinen ge-...den Konservatismus", wie Gothein rühmt, „segensreich gewirkt". Seine ...Schilderungen der Bauerngesinnung sind nach Gothein so feinsinnig, wie sie ...is kein Anderer hätte geben können: es sind „Möser'sche Schilderungen ...us dem Westfälischen *ins Bayerische übertragen*".

Ebenso ist R. für den Fortbestand des Erbadels, der Geburtsaristokra
eingetreten. Der Adel ist ihm nur ein potenzirtes Bauernthum, der gro
Grundbesitzer im Gegensatz zum bäuerlichen freien, kleinen Grundbesitzer. Ab
freilich müsse der Adel vor allen anderen Ständen sich als Körperschaft refo
miren im Sinne des Freiherrn vom Stein, im Geiste des englischen Adel
dergestalt, daß der Adelstitel nur auf den Sohn erbe. Den kleinen Bauer
solle er nicht in übermächtigem Wettkampf wirthschaftlich todtschlagen, ih
vielmehr, wenn nöthig, unter die Arme greifen; seine Gelder solle er d
nationalen Industrie und Kunst zuwenden.

Was endlich das Bürgerthum betrifft, so ist es nach R. gegenüber de
Bauern und dem Adel der Träger der berechtigten socialen Bewegung, d
socialen Reform. Aber er bekennt sich dabei als einen Gegner der Gewerb
freiheit, die für ihn nicht bloß eine nationalökonomische Frage ist, sonder
ebenso ihre sociale und politische Seite hat, und für einen Anhänger d
corporativen Gestaltung des Handwerks, wie er auch für die Ablegung d
Meisterstückes sich ausspricht. „Es ist Riehls Verdienst, den familiären Ch
rakter des Handwerks erkannt zu haben und darauf zu dringen, daß es ih
bewahre, wenn es seinen alten Boden behalten will. So ist er der eigentlic
Prophet jener Socialpolitik der Bauern- und Handwerkerfreundlichkeit g
worden, die in unseren Tagen wieder zu einer gewissen Macht gelangt ist
(Gothein). Neben der kurzen, prägnanten Uebersicht über die geschichtlic
Rolle des Bürgerthums darf seine Schilderung des bürgerlichen Philisters a
besonders gelungen bezeichnet werden. Den Hauptwerth des Riehl'schen G
sellschaftssystems aber findet Gothein in der Darstellung jener verfehlte
Standesbildungen und Zersetzungserscheinungen, die wir jetzt gewöhnlich d
„Declassirung“ nennen. „Ich wüßte nicht, daß vor R. diese Probleme über
haupt in solcher Schärfe gestellt und mit solcher Vielseitigkeit behandelt worde
wären.“ R. begreift unter Proletariat alle, die ihren Stand verloren hab
und doch in keinen anderen eingetreten sind, und dehnt damit den Begri
viel weiter aus, als es gewöhnlich geschieht. In meisterhafter psychologisch
Charakteristik behandelt er so das aristokratische Proletariat, das Proletari
des Geistes und das der materiellen Arbeit und kommt zu dem Schluß, da
nachdem der vierte Stand nun einmal da sei, die anderen Stände sich geg
ihn besonders dadurch schützen müssen, daß sie sich selbst reformiren, der Bau
wieder Bauer, der Bürger wieder Bürger werden, der Aristokrat aber sich nic
für bevorrechtigt halten und allein zu herrschen trachten solle. — Zusammen
fassend aber urtheilt Gothein über Riehl's „Bürgerliche Gesellschaft“, daß s
als Theorie einer socialen Gruppenbildung ihren Werth behalte. „Sie ist d
geistreichste Darlegung einer organischen Gesellschaftslehre“, welche viel richtig
sei und höher stehe als z. B. Schäffle's „Bau und Leben des social
Körpers“; zu vergleichen mit dieser, wie Waldesluft und Stubenluft. S
darf aber noch ein weiteres Verdienst in Anspruch nehmen. Sie hat na
Lamprecht die Sociologie bei uns recht eigentlich als selbständiges Fach neb
den Staatswissenschaften begründet; denn schon Anfang der 50er Jahre ist R
für diese Selbständigmachung eingetreten und hat auch eigene Lehrstühle f
die Gesellschaftslehre verlangt. Die moderne Sociologie berührt sich in viel
Punkten mit den Anschauungen Riehl's. Er ist so, nach dem Ausspru
G. v. Mayr's, einer unserer ältesten und besten Sociologen, bei dem v
allem die stark ethische, religiöse Auffassung des gesammten menschlichen D
seins und insbesondere auch der wirthschaftlichen Dinge und sein gemäßigt
Conservatismus lobend hervorzuheben und nachahmenswerth sei, wenn a
Riehl's Arbeit im Ganzen nicht fortgesetzt werden könne, eine besondere Wiss

der erweiterten Volkskunde auf Riehl's Methode der Erforschung von Land und Leuten sich nicht aufbauen lasse.

Ähnlich hat unser Urtheil über den dritten Band der „Naturgeschichte", „Familie", zu lauten. Wohl keines von Riehl's Büchern fordert mehr Widerspruch heraus, keines ist mehr als in vielen Punkten rückständig geblieben worden. Das hat ja auch R. selbst gefühlt, indem er, als er 1881 [illegible] Jahren die 9. Auflage davon herausgab, bemerkte, daß er es ganz umarbeiten müssen, wenn er alle die inzwischen eingetretenen Wandlungen berücksichtigen wollen. Zuerst kommt hier seine Stellung zur Frauen[illegible] in Betracht. Indem er den natürlichen Gegensatz von Mann und Weib und in demselben die Ungleichheit der menschlichen Berufe und somit die sociale Ungleichheit und Abhängigkeit als durch ein Naturgesetz beerachtet, will er von einer Emancipation der Frauen im modernen nichts wissen, wünscht im Gegentheil eine Emancipirung von den [illegible] Für die Emancipation der Frauen ist er nur in dem Sinne, daß eine bedeutend erweiterte Geltung und Berücksichtigung der Familie im Staate eintritt. „Denn in der Familie stecken die Frauen." Er [illegible] daß in der Gesetzgebung und Verwaltung kaum noch ein Anfang geworden sei, auf diesen Urgegensatz alles menschlichen Lebens und seine [illegible] Folgen Rücksicht zu nehmen, und empfiehlt z. B., daß nur ein [illegible]vater oder Wittwer Wahlmann solle sein, Junggesellen nur im Ver[illegible] von 2 : 1 sollen gewählt werden können, wie er auch eine Hagestolzen[illegible] keineswegs unbedingt ablehnt. Er ist durchaus nicht blind gegen die [illegible] der unversorgten Frauen, aber als bestes Hülfsmittel dagegen räth [illegible] Geist der Familienhaftigkeit mehr zu pflegen. R. will auch keines[illegible] die höhere Bildung von den Frauen genommen wissen und sie „gar nur [illegible] Haushaltung schlachten"; die Bildung soll aber nach ihm nur in [illegible] Ausnahmefällen Selbstzweck sein, die Frau nur ganz ausnahmsweise [illegible] davon machen. Als glänzendstes Beispiel echt weiblicher Wirksam[illegible] in den höchsten Sphären des Geisteslebens" gilt ihm die Freundin [illegible], Charlotte v. Stein. Es ist sehr fraglich, ob R. damit nicht Recht [illegible] wir uns mit dem modernen Versuche der Lösung der Frauenfrage in einem verhängnißvollen Circulus vitiosus befinden, wenn wir die durch erhöhte Erziehung und Bildung dem Manne gegenüber möglichst [illegible]rechtigt und selbständig machen wollen; ob nicht der Riehl'sche, wenn [illegible]getretene, Weg besser zum Ziele führt. Dazu können und müssen die [illegible] freilich nach unserer Meinung am meisten selbst beitragen. Dazu ge[illegible] daß sie sich, wie dies R. von den Ständen verlangt, selbst reformiren, [illegible] sich von vielen äußeren Dingen emancipiren, welche der Familien[illegible] hinderlich sind, und dem mehr zuwenden, was dieselbe befördern [illegible] — Wie man aber auch darüber denken mag, jedenfalls sind es goldene, [illegible] Zeit der Zersetzung besonders beachtenswerthe Worte, welche er [illegible] den ethischen Werth der Familie, über die Bedeutung der guten alten [illegible] die häusliche Erziehung, über die „erhaltende, sittigende und versitt[illegible] Macht des Hauses" vorbringt. Die Familie ist und bleibt ihm mit [illegible] der Schwer- und Angelpunkt unseres socialpolitischen, weil nationalen [illegible]

Wie R. es sehr treffend als einen Stolz der germanischen Volksstämme [illegible], daß erst mit dem Eintreten des Deutschen in die Weltgeschichte [illegible] wahrhaft frei geworden, so erkennt er, wie bereits oben angedeutet, auf dem Gebiete der Arbeit dem deutschen Volke den höchsten Preis zu. „Deutsche Arbeit" *Riehl's (1861)* ist eines seiner eigenartigsten, besten

Bücher; Gothein nennt es geradezu „ein Meisterstück einer auf Psychol
und Ethik aufgebauten sozialen Wissenschaft". „Die Bahnen, die er hier
schlossen hat, ohne bisher viele Nachfolger zu finden, weisen auch hier v
wärts." Er will hier zeigen, wie sich deutscher Geist in deutscher Ar
kundgibt. Denn die Seele des Volkes springt nach ihm aus seiner Idee
Arbeit hervor, wie aus seiner Praxis der Arbeit. „Keiner wird dem
ins Herz blicken und eine wahrhafte Volkskunde schreiben, der nicht
Arbeitsgeist des Volkes zu erkennen und nach seinen positiven Charakterzü
zu zeichnen weiß." Demgemäß untersucht er die Land- und Stadtarbeit,
Rohproduction (Bodenbau) auf der einen, Industrie, Gewerbe, Handel u
Geistesarbeit auf der anderen Seite, und ihren Einfluß auf die Sitte u
Gesittung der Bauern und Bürger. Das Auszeichnende des deutschen Arbei
geistes, das uns dadurch nahe dem Ideal der Arbeit führe, aber findet
einmal in „der sittlichen Hoheit, mit welcher er Motiv und Ziel der Arb
faßt, und dann in dem Universalismus, kraft dessen er alle Zweige der Arb
gleichmäßiger als irgend eine andere Nation durchgebildet und zur eig
thümlichsten Entwicklung geführt hat". In höchst origineller, culturgeschichtl
interessanter Weise behandelt R. daneben hier noch viele andere Dinge,
sich auf die Arbeit beziehen, so die Arbeit in Lied und Spruch, in Sitte u
Sage, die Auffassung des Volkes von der Arbeit, die Spitzbubenarbeit u
besonders anziehend „die Poesie der Arbeit".

Eine andere, noch nicht erwähnte Ergänzung zur „Naturgeschichte
deutschen Volkes" ist sein Buch „Die Pfälzer", gleichfalls im Auftrage u
mit Unterstützung des hochsinnigen Königs Maximilian 1857 entstanden.
wollte hier an einem einzelnen, ihm durch seine Abstammung nahe liegen
Beispiele praktisch darthun, was er in den bis dahin erschienenen drei Bän
der Naturgeschichte mehr theoretisch entwickelt hatte; er wollte die „psy
logische Charakteristik einer deutschen Volksgruppe" geben. Und nach übere
stimmendem Urtheile ist ihm dies in ganz hervorragendem Maße gelung
Wie hier ein Stück „individualisirten" Mitteldeutschlands gezeichnet wird,
Verschiedenheiten der beiden Haupttheile des Landes, der pfälzischen Rhe
ebene und des Berglandes oder der Vorderpfalz und des Westrichs geschild
und in Zusammenhang gebracht werden mit der Bodenbildung, der Bod
cultur, der Anlage der Wohnorte, der Tracht, Lebensweise und der Bewohn
darf geradezu als meisterhaft bezeichnet werden und kann als Vorbild
ähnliche Aufgaben gelten.

Ein ausgezeichnetes Seitenstück hiezu ist die gleichfalls aus einer
regung König Maximilian's hervorgegangene und zunächst (1857) für
verfaßte Studie über Augsburg, welche Gothein Riehl's „Meisterstück" nen
möchte, hinter der mir aber andere ähnliche Skizzen in dem „Wanderbuche"
kaum zurückzustehen scheinen. Wie vorzüglich er es verstanden hat,
„Genius Augsburgs in Begriff und Wort zu fassen", habe ich in mei
Festrede dargethan.

Die Studie über Augsburg erschien in den „Culturstudien aus
Jahrhunderten" (1858), welche wahre Perlen feinster culturgeschichtlicher
trachtung enthalten, wie „Das landschaftliche Auge", „Das musikalische O
u. s. w. Seine Kunst liebe- und geistvollster Detailschilderung, vollend
Genremalerei treten hier, wie überall, glänzend hervor.

Neben der Volkskunde hat R., wie oben erwähnt, die Kunstgeschichte f
als sein zweites specielles Arbeitsgebiet der Culturgeschichte bezeichnet.
ist es einmal besonders die Baugeschichte, für die er als einer der ersten
Beachtung der Culturhistoriker verlangte, indem er verschiedentlich auf

[illegible] z. B. der alten Dorfkirchen, der Kirchthürme, des Bruchsteins, des [illegible] für die Volkskunde oder auf das Verhältniß zwischen der Familie [illegible] der bürgerlichen Baukunst hinwies. Und andererseits ist es die Musik, [illegible] ja von Jugend auf eines seiner von ihm so genannten Steckenpferde [illegible], auf deren Gebiet er „ausübend, gestaltend, kritisirend, historisch und [illegible] darstellend als Fachmann“ gearbeitet hat (Gothein). Von der Musik [illegible] frühzeitig die höchste Meinung gewonnen und sie schon 1853 als „kein [illegible] Bruchstück unserer gesammten Cultur“ bezeichnet. Bei Veröffentlichung [illegible] ersten Bandes seiner „Musikalischen Charakterköpfe“ (1853), in welchem [illegible] seine ältesten und zugleich schriftstellerisch vollendetsten Aufsätze befinden, [illegible] es seine Absicht, zu zeigen, wie die Geschichte der Musik in ihrem orga[illegible] Zusammenhange gefaßt werden müsse mit der übrigen Kunstgeschichte, Litteraturgeschichte und der gesammten Culturgeschichte. Ebenso verlangt [illegible] den „Briefen an einen Staatsmann über musikalische Erziehung“ (1853 [illegible] 1858 in den „Kulturstudien“ vereinigt), daß der Musikhistoriker an der [illegible] mitarbeiten müsse als Culturhistoriker an der Kunstgeschichte. Und [illegible] hat zahlreiche Proben abgelegt für die Richtigkeit und Durchführbar[illegible] dieses Satzes. Mit besonderem Geschick hat er es verstanden, die von ihm [illegible] Künstler im Rahmen ihrer Zeit darzustellen und ihnen die cultur[illegible], socialpolitische Seite abzugewinnen. Wie prägnant zeichnet er [illegible] seine Lieblinge Bach und Mendelssohn! Bach als den „stolzen Re[illegible] jenes ächten ungefälschten Bürgerthums, wie es sich selbst treu [illegible] Verderbniß des 18. Jahrhunderts hineinlegt und das soziale Gleich[illegible] herstellt gegenüber der Entsittlichung der vornehmen Welt, der Ver[illegible] des wissenschaftlichen, der Verzopfung des künstlerischen Lebens“, [illegible] er von Mendelssohn meint, daß kein anderer Künstler so ganz in [illegible] Mitte des socialen Lebens unserer gebildeten Kreise gestanden hätte und [illegible] so von diesen verstanden und gewürdigt worden wäre, wie er; [illegible] ist ihm „der Tondichter der damaligen feinen, gebildeten Welt“. Namentlich sind es aber die kleinen Meister des 18. und beginnenden [illegible] Jahrhunderts, die er mit ausgesprochener Neigung schildert. Und hier [illegible] er gerade dadurch eine außerordentlich dankenswerthe Anregung gegeben. [illegible] Liliencron hat selbst in der „Beilage zur Allgemeinen Zeitung“ 1900, [illegible] 244 erzählt, wie er durch einen Vortrag Riehl's, den dieser 1871 in [illegible] hielt und dann 1873 im ersten Bande der „Freien Vorträge“ [illegible] ließ, „Der Musiker in der Bildergallerie“, zu dem monumentalen [illegible] der „Denkmäler der Tonkunst“ angeregt wurde. Zum ersten Male [illegible] R. hier den Gedanken ausgesprochen, daß ähnlich wie auf dem Gebiete [illegible] bildenden Künste, so für die Musik eine gedruckte Sammlung von Werken [illegible] musikalischen Litteratur erstehen solle, in der man neben den Koryphäen [illegible] alten Zeit auch alle jene Künstler zweiten und dritten Ranges finden [illegible], in denen sich das Entstehen und Werden, wie das Ausklingen und der [illegible] zu Neuem in den verschiedenen Epochen der Musikgeschichte dar[illegible]; nur dadurch werde die Musikgeschichte zu einer wahrhaft wissenschaft[illegible] werden — einer jener ursprünglichen, fruchtbringenden Gedanken, an [illegible] R. so reich war.

Nach einer Bemerkung Gothein's soll R. auch auf keinen Geringeren als [illegible] Wagner durch mehrere anonyme ältere Aufsätze, in denen er sich [illegible] die Salonmusik und die socialen Vorbedingungen dieser „Entartungs[illegible]“ wandte, bestimmend eingewirkt haben. Muncker weiß zu be[illegible], daß Richard Wagner, Liszt und Bülow R. freundlich und mit auf[illegible] Hochachtung entgegenkamen, da seine großen musikgeschichtlichen

Kenntnisse, seine allgemein künstlerische Bildung verwandte Anschauungen hoffen ließen; aber R. habe die ausgestreckte Hand schroff zurückgewiesen. ist, wie er selbst in seinem Aufsatze über Richard Wagner (in den „Cul geschichtlichen Charakterköpfen") sagt, einer der ältesten Gegner des geblieben — hauptsächlich deshalb, weil dieser eine ihm verhaßte und, glaubte, unberechtigte Alleinherrschaft, Dictatur anstrebte und nur das M drama, nichts Anderes gelten ließ. In eben diesem Aufsatze, in welchem übrigens in leidenschaftsloser, ruhiger Weise seine Stellung zu Richard W erörtert, betont er ausdrücklich, daß er nicht gegen Wagner's Musik streite, sondern nur gegen dessen einseitige Richtung; er gesteht auch zu, Wagner melodische Erfindungsgabe besitze, aber er findet, daß derselbe sie wieder „zermalmt, erdrückt und erstickt". Jedenfalls hat er Richard W voll und ganz zu würdigen nicht verstanden.

Hingegen darf es sich R. als ein entschiedenes Verdienst anrechnen, i und immer wieder auf die Wichtigkeit und Bedeutung des deutschen Volksl hingewiesen zu haben, dessen Geschichte neben der litterargeschichtlichen auch sociale Seite habe, in welchem er die „Verjüngungsquelle der Musik, schließlich der Oper" erblickte. Auch die „50 Lieder deutscher Dichter in M gesetzt", die er unter dem Titel „Hausmusik" 1855 und in 2. umgearbei Auflage 1860 veröffentlichte, denen 1877 „35 neue Lieder fürs Haus" fol sind in diesem Stile gehalten. „Möglichst einfach und volksmäßig sang setzte er 50 Lieder deutscher Dichter aus älterer und neuester Zeit für Singstimme mit Clavierbegleitung. In der Hauptsache in Mendelssoh Manier gehalten, hier und da auch anderen, älteren Mustern nachgebil waren diese Gesänge in der äußeren Form meist tadellos, aber in der findung unbedeutend und arm an Stimmungsgehalt, durchaus altmodisch ersten Augenblick an und darum künstlerisch verfehlt in einer Zeit, die Macht dem Neuen zustrebte." Diesem allzuschroffen Urtheile Muncker's geg über darf wohl betont werden, daß R. selbst seine „schlichten" Lieder nur dem Heiligthum des Hauses und mit und vor den Freunden des Hauses g sungen, sie nicht einmal „in den Salon" verpflanzt wissen wollte.

In der 8. Auflage von „Land und Leuten" bemerkt R., daß seine säm lichen Bücher, auch die musikalischen und novellistischen, „ein sich gegens stützendes Ganzes" bilden. Und dies mit Fug und Recht. Denn alle insbesondere auch seine novellistischen, culturgeschichtlich gleich wichtig für Erkenntniß des deutschen Volksthums. Auch hier, was die letzteren betr können wir uns an der Hand seiner eigenen Ausführungen am besten die Art und Weise und die Zeit des Entstehens der einzelnen Sammlun unterrichten. Von seinen frühesten novellistischen Erzeugnissen wollte er sp nichts mehr wissen. Denn, wie er in dem launigen Vorwort zu der Sam lung „Aus der Ecke" meinte, taugten sie nicht sonderlich viel, weil er Schildern von Situationen und im Ausmalen von Charakteren stecken gebli war und ganz vergessen hatte, daß der Novellist erzählen solle." Dagegen aber doch eingeworfen werden, daß der so ungemein wirkungsvolle „Stad pfeifer" bereits 1846 verfaßt ist. Eben „Der Ecke", d. h. seiner und sei Familie traulichen Vereinigung mit Geibel, Heyse und später dem Gr v. Schack anfangs der 50er Jahre im Nordwesten Münchens, und vornehm dem Einfluß von Paul Heyse schreibt er es zu, daß er über Wesen und Ku geheimniß der Novelle aufgeklärt wurde. Er erkannte, daß die Novelle „nic Anderes darstellen kann, als die Conflicte eines psychologischen Problems, *eine* Geschichte gelöst, in der sparsamen, knappen Kunstform des erzählen *Vortrages.*" Indem er nun aber zum Schauplatz dieser Conflicte nicht

...nwart nahm, sondern sie in die Vergangenheit verlegte, wurde er — im ...luffe an Jeremias Gotthelf — der Begründer der historischen oder cultur... ...lichen Novelle. So erschien 1856 der erste Band mit dem Titel ...geschichtliche Novellen", 1863 die „Geschichten aus alter Zeit", 1868 ...Neues Novellenbuch", 1874 „Aus der Ecke", 1880 „Am Feierabend", ... die „Lebensräthsel", wozu noch der 1897 erschienene Roman „Ein ganzer ..." gezählt werden darf, der auch wenig mehr ist als eine größere Novelle ...dem historischen Hintergrund von 1870 und an Riehl's Thätigkeit als ...ftumsdirector" anknüpft.

...Alle seine Novellen bewegen sich — und dies ist bezeichnend — auf ...schem Boden. Man erzählt eben, meinte er einmal, am liebsten von dem, ... man am liebsten hat — und das war bei ihm das deutsche Volk. So ... er mit seinen Novellen, die sich über einen Zeitraum von mehr als tausend ...en deutscher Geschichte erstrecken, wirklich, wie er es wollte, als Novellist ...n Gang durch tausend Jahre der deutschen Culturgeschichte vom 9. bis ...Jahrhundert gemacht. Wenn auch jede seiner Novellen für sich ein kleines ...bild ist, so hat doch jede ihren zeitgeschichtlichen Hintergrund, in dem er ...inzelnen typisch ausgewählten Charaktere und ihre Schicksale in ihrem ...mmenhange mit der historischen Epoche und mit dem Volkscharakter ...t, und alle verbinden sich schließlich zu einem großen historischen Gesammt... ...de. Es sind auch „Bilder aus der deutschen Vergangenheit", gleich denen ... Freytag's und gleich belehrend und unterhaltend. Natürlich, daß nicht ...gleichwerthig sind. Gothein findet weniger glücklich die aus dem eigent... ...n Mittelalter (wiewohl hier auch nach ihm ein „Juwel seiner Kunst" ... Liebesbuße" spielt), aus der Zeit des Ritterthums und der höfischen ...t, gelungener „die aus dem Kreise der Reichsstädte, aus der Renaissance... ...Reformationszeit, aus der Kleinstädterei des 17. und 18. Jahrhunderts ... der Kleinstaaterei der neueren Zeit, wie den Bewegungen seiner eigenen", ... wir hinzu: namentlich der 40er und 50er Jahre. Insbesondere aber ...llen seine Geschichten nach dem treffenden Urtheile von Matthias „von ... mannichfachsten Seiten alle Eigenarten der deutschen Volksseele: Treue bis ...n Tod und Liebe bis zur Selbstüberwindung, deutsche Gemüthstiefe und ...endinnigkeit, Freimuth und Unabhängigkeitsdrang, ungeschminkte Wahr... ...gkeit und derbe Kernhaftigkeit, schlichte Heldengröße und unerschütterlichen ...ersinn, freilich auch rechthaberischen Eigensinn und vertrauensselig leichte ...be an alles Fremde." Dabei sind sie voll individueller Züge aus seinem ...n Leben: wie alle seine Schriften, ein Quellenbuch ersten Ranges. Man ...ihnen wohl Mangel an Leidenschaft vorgeworfen, aber nicht wenige ent... ...n auch dieser keineswegs, und, wie er selbst sagte: er wollte „weniger im ...'schen Sinne aufregen, als im Goethe'schen anregen". Seine in Ludwig ...'scher Manier gehaltenen Erzählungen athmen, möchte ich sagen, jene ...iedenheit, jenen „Abend- und Seelenfrieden", dessen er sich selbst später ...n und rühmen durfte. Sie wirken durchaus harmonisch, versöhnend. ...Lectüre ist eine Erholung, ist ein Genuß. Seine Sprache ist echt deutsch, ... von Schwulst und Mache, schlicht und anspruchslos, doch reich an geist... ...n Antithesen, frisch und munter, am rechten Platz derb und kernig und ...chtet von einem goldigen Humor, dabei, wie alle seine Schriften, er... ...von einer echten, tiefen Religiosität.

...Diese zeigt sich auch namentlich in seinem letzten Werke den „Religiösen ...den eines Weltkindes", das er im Winter 1892/93 während seiner Er... ...ung am grauen Star, nachdem es längst concipirt war, niederschrieb oder ...tirend dictirend *niederschreiben ließ* — „Geschwisterkind", wie er selbst sagt, zur „Familie“ und zur „deutschen Arbeit“. Er wollte es [illegible] kind“, d. h. „als Culturhistoriker, der seinen beobachtenden [illegible] religiöse Leben der Gegenwart wirft und es in einer [illegible] großen und kleinen Offenbarungen schildern will“ und „zugleich [illegible] politiker, der sein prüfendes Auge auf die ethischen Mächte [illegible] unserer Zeit so gewaltig miteinander ringen, scheinbar die Religion [illegible] zerstörend, um doch ihre Unzerstörbarkeit zu erweisen.“ Bei [illegible] doch freien Sinnes, faßte er hier offen und freimüthig [illegible] Gedanken zusammen über Tod und Unsterblichkeit, Erschaffung [illegible] stammung des Menschengeschlechts, Verhältniß zu Gott, die [illegible] Glauben und Wissen, die er immer — auch in seinen Vorle[illegible] das Strengste geschieden sehen wollte, über Religion und [illegible] Stellung des Staates zu den Confessionen und zur Kirche, über [illegible] andere kirchliche und religiöse Dinge, wie Kirchenbauten und [illegible] Predigt und Bestattung. Hier, wie in späteren Auflagen [illegible] Werke, zeigte er dabei zugleich, daß er keineswegs überall [illegible] einmal eingenommenen Standpunkte verharrte, daß er, obwohl [illegible] durch conservative Natur, doch zu lernen fähig und bereit war, [illegible] auch Concessionen zu machen sich nicht weigerte.

R. hat selbst einmal gemeint, die Novellen seien vielleicht das [illegible] er geschrieben. Aber bleibend sollte eigentlich alles sein, was er [illegible] das ganze Volk sollte seine Schriften lesen, weil sie fürs Volk [illegible] So erfreulich es ist, daß einige seiner Bücher bereits in Schul[illegible] liegen, ebenso erwünscht wäre es, wenn eine billige Gesammtaus[illegible] Werke veranstaltet würde: es wäre gesunde, kräftige Kost, die hier [illegible] Volke geboten würde. Mag auch manches in seinen Schriften [illegible] veraltet sein, dauernd bleibt doch die frische Art, wie sie geschrieben [illegible] bleibt der fesselnde, anregende, belehrende Inhalt seiner Schriften, [illegible] ihrer Gedanken, die Fülle des Wissens, die man nur andeuten, [illegible] wiedergeben kann; dauernd bleibt ihr Werth als Geschichtsquelle [illegible] Zeit. Und unauslöschlich wird auch der Eindruck seiner Persönlich[illegible] bei Allen, die ihn im Leben gekannt haben. Immer wird er [illegible] unseren Augen stehen: der Mann mit dem mächtigen, charakter[illegible] und dem lebhaften Mienenspiel, das die Genialität seines Geistes [illegible] markig, knorrig, wie eine Eiche, dabei schlicht und gerade und von [illegible] gewinnenden Liebenswürdigkeit — ein ganzer, ein durch und durch [illegible] Mann, der einer der besten Kenner und Schilderer des deutschen [illegible] einer unserer hervorragendsten Culturhistoriker gewesen ist.

Riehl's hauptsächliche, selbständige Schriften: 1. „Land [illegible] 1. Aufl. 1853 (10. Aufl. 1899). 2. „Die bürgerliche Gesellschaft“ 1851 (9. Aufl. 1897). 3. „Die Familie“, 1. Aufl. 1855 (12. [illegible] 4. „Wanderbuch“, 1. Aufl. 1869 (4. Aufl. 1903); 1—4 vereinigt [illegible] Titel: „Die Naturgeschichte des Volkes als Grundlage einer deut[illegible] politik.“ 5. „Die Pfälzer“, 1. Aufl. 1857 (2. Aufl. 1858). 6. [illegible] Arbeit“, 1. Aufl. 1861 (3. Aufl. 1883). 7. „Culturstudien aus [illegible] hunderten“, 1. Aufl. 1858 (6. Aufl. 1903). 8. „Culturgeschichtliche [illegible] köpfe“, 1. Aufl. 1891 (3. Aufl. 1899). 9. „Musikalische [illegible] Bd. I, 1. Aufl. 1853; Bd. II, 1. Aufl. 1860; Bd. III, 1. [illegible] Später ist das Werk in zwei Bände vereinigt worden, wovon [illegible] Bd. II in 7. Aufl. 1897 erschienen ist. 10. „Freie Vorträge“, [illegible] Bd. II 1885. 11. „Religiöse Studien eines Weltkindes“ 1. [illegible] (5. Aufl. 1900). 12. „Culturgeschichtliche Novellen“, 1. Aufl. [illegible]

13. „Geschichten aus alter Zeit“, 2 Bde.; 1. Aufl. 1863—64 (3. Aufl. 14. „Neues Novellenbuch“, 1. Aufl. 1867 (3. Aufl. 1899). Nr. 12, erschienen zusammen (in der Reihenfolge 13, 12, 14) unter dem Titel: ...melte Geschichten und Novellen“, 2 Bde. 1879. 15. „Aus der Ecke“, ... 1874 (4. Aufl. 1898). 16. „Am Feierabend“, 1. Aufl. 1880 ... 1902). 17. „Lebensräthsel“, 1. Aufl. 1858 (4. Aufl. 1906). Nr. 12 ... erschienen in einer „Gesammtausgabe der Geschichten und Novellen“ ...änden 1899—1900. 18. „Ein ganzer Mann“, 1. Aufl. 1897 (2. bis ...fl. 1898). 19. „Ueber den Begriff der bürgerlichen Gesellschaft“. Vor... in der öffentl. Sitzg. der k. bair. Akad. d. Wiss. am 30. März 1864. ...essing als Universitätsfreund“. Rectoratsrede (an der Univ. München) ... 21. „Die Heimath der Universität“. Rectoratsrede (ebenda) 1883. ...ausmusik“. 50 Lieder deutscher Dichter in Musik gesetzt, 1. Aufl. ...3. Aufl. 1860). 23. „35 neue Lieder für das Haus“, 1877.

... J. Friedrich in den Sitzgsber. d. phil.-philol. u. hist. Cl. d. bair. ... d. Wiss. 1898, S. 328 ff. — E. Gothein in den Preußischen Jahr...ern Bd. 92, April-Heft. — K. Th. Heigel in der Chronik der Ludwig-...imilians-Universität München 1897—98. — Laura Koepp in der ...ovia, Ztschr. für nassauische Gesch. u. Alterthumskunde 1901, Nr. 11 ... 13. — R. Koetzschke in der Dtsch. Ztschr. f. Geschichtswissensch. N. F. ...Jahrg. 1897/98 (Monatsbl. Nr. 9/10). — Th. Matthias im Vorwort ... Schulausgabe von „Land und Leute“ (1895) und in der Ztschr. f. ...deutschen Unterricht 1896, 10. Jahrg., Heft 1. — Gg. v. Mayr in ... Biographischen Jahrbuch und Deutscher Nekrolog, Bd. 3, S. 400 ff. — ...Wander in Westermann's Illustrirte Monatshefte 1898, Mai-Heft. — ...nhausen in der Ztschr. f. Culturgesch., Neue (4.) Folge V, 209 und in ... Neuen Jahrbüchern f. d. classische Alterthum, Geschichte und deutsche ...teratur und für Pädagogik, I. Jahrg. 1898, I. u. II. Bd., 6./7. Doppel-... I, 448. — Meine Festrede in der öffentl. Sitzg. d. k. Akad. d. Wiss. ... 12. November 1898.

H. Simonsfeld.

Riesenthal: Julius Adolf Oskar R., ein hervorragender Ornithologe, ... am 18. September 1830 zu Breslau geboren. Nach dem frühen Tode ... Vaters siedelte seine Mutter mit ihm nach Oels über, wo er das ...nasium besuchte. Nach Absolvirung desselben wurde er 1848 Forsteleve ... Oberförsterei Poppelau, da er sich dem höheren Forstdienst zu widmen ...hlägte. Nachdem er seiner Militärpflicht bei den Jägern in Breslau ... hatte, besuchte er die Forstakademie in Neustadt-Eberswalde. Nach ...denem Examen erhielt er die Stelle eines Revierförsters im Bechstein-... in der Tucheler Heide. Die polnische Bevölkerung machte ihm viel ...rigkeit. Dazu kam, daß in den Jahren 1868—71 die Ernte total ... wurde, so daß er in pekuniäre Verlegenheit gerieth, was um so ...licher war, weil er sich bereits verheirathet hatte. Das Verhältniß ... Bevölkerung wurde immer schwieriger. Man stellte ihm überall nach ...hoß sogar in sein Arbeitszimmer. Er schildert diese Zustände in den ... aus der Tucheler Heide“, Trier 1871. Seine freie Zeit benutzte ... ornithologischen Studien und veröffentlichte schon damals ornithologische ... in verschiedenen Zeitschriften. Da die Verhältnisse ganz unhaltbar ..., so nahm er im November 1871 die Stelle eines Communal-Ober-... in Altenkirchen (Westerwald) an. Hier begann er sein Hauptwerk ... die Raubvögel Deutschlands. Da es ihm jedoch nicht möglich war, bei ...anstrengenden Dienst dieses Werk zu vollenden, so nahm er längeren

Urlaub und zog mit seiner Familie nach Neuwied a. Rh. Hier beendig... das Werk, welches ihm für alle Zeit einen ehrenvollen Platz unter den Orni... logen sichert: „Die Raubvögel Deutschlands und des angrenzenden Mit... europas“, Castel 1876—1879. Der bei diesem Werke befindliche Atlas ... 60 Tafeln enthält die Abbildungen sämmtlicher Raubvögel, die von ihm sel... gemalt sind. Bald darauf erschien noch ein interessantes Werk: „Aus Wa... und Welt. Bilder aus meines Freundes Skizzenbuch“, 1879.

Nachdem R. eine Anstellung als königl. Oberförster im Ministerium f... Landwirthschaft, Domänen und Forsten gefunden hatte, siedelte er nach Ch... lottenburg über. Auch in dieser Stellung setzte er seine litterarische Thätigk... fort. Es erschien: „Das Waidwerk, Handbuch der Naturgeschichte, Jagd u... Hege aller in Mitteleuropa jagdbaren Thiere“, Berlin 1880, und „Jag... lexikon“, Leipzig 1882. Besonders wichtig war aber sein Werk: „Die Ken... zeichen der Raubvögel nebst kurzer Anleitung zur Jagd und zum Fang... Berlin 1844. Bis kurz vor seinem Tode arbeitete er an dem jetzt im E... scheinen begriffenen Werke: Naumann's „Vögel Europa's“, dessen Abth... „Raubvögel“ er übernommen hatte. R. starb am 22. Januar 1898.

Nekrolog in: Das Waidwerk in Wort und Bild, Nr. 11, 1898.

W. He...

Rieß: Richard von R., katholischer Theologe, geboren am 19. Ma... 1828 zu Schwäbisch-Gmünd, † am 6. October 1898. Er studirte Theolo... in Tübingen und wurde am 28. September 1846 in Rottenburg zum Prie... geweiht; Dr. phil.; 1849 wurde er Repetent in Ehingen; 1850—56 Leh... der Mathematik und Geographie im Erziehungsinstitut des Dr. Lichtenst... in Neutrauchburg; 1856 Kaplaneiverweser in Ratzenried, dann Pfarrverwe... in Merazhofen und Ochsenhausen, 1858 Pfarrer in Unterboihingen und Sch... inspector, 1864 Stadtpfarrer und Schulinspector in Ludwigsburg; daneb... wurde er außerordentliches Mitglied des katholischen Kirchenraths in Sch... sachen mit dem Titel Oberschulrath; am 27. October 1879 wurde er zu... Domcapitular in Rottenburg ernannt, am 30. November 1879 installirt; ... 1886 war er Vertreter des Domcapitels in der 2. Kammer; 1898 Dr. the... hon. causa. R. war auch Vorsitzender des Sülchgauer Alterthumsvereins.

Wissenschaftlich war R. auf dem Gebiete der biblischen Geographie thät... Sein Hauptwerk ist der Bibel-Atlas, der zuerst unter dem Titel erschi... „Die Länder der heiligen Schrift. Historisch-geographischer Bibel-Atlas ... Hilfsmittel zum Verständniß der heiligen Schrift und der biblischen Geschic... zugleich mit Rücksicht auf die heutigen geographischen Verhältnisse Palästina... der Sinai-Halbinsel und der Ruinenfelder von Assyrien und Babylon“ (Fr... burg i. Br. 1864; 7 Karten); in den späteren Auflagen: „Bibel-Atlas ... zehn Karten nebst geographischem Index“ (2. Aufl. 1887; 3. Aufl. 189... Für die internationale Verbreitung des Werkes erschien die lateinische Au... gabe: „Atlas Scripturae sacrae. Decem tabulae geographicae cum indi... locorum Scripturae sacrae Vulg. edit., scriptorum ecclesiasticorum et ethn... corum“ (ebd. 1896; 2. Aufl. bearbeitet von C. Rückert, 1906). Schon frü... war eine französische (1879) und eine englische Ausgabe (1880) erschien... Eine „Beigabe zum Bibel-Atlas“ bildet das Werk: „Biblische Geograph... Vollständiges biblisch-geographisches Verzeichniß als Wegweiser zum erläutern... den Verständniß der heiligen Schriften Alten und Neuen Testaments“ (Fr... burg i. Br. 1872). Eine „Wandkarte von Palästina“ gab R. ebenda 18... heraus; 3. Ausg. 1897. In der Tübinger Theologischen Quartalschrift v... öffentlichte er die Abhandlung: „Zur Beleuchtung der Topographie des al... Jerusalem“ (52. Jahrg. 1870, S. 181—215). Er war auch Mitarbeiter ...

[illegible] des deutschen Palästina-Vereins. Für die 2. Auflage des Kirchen- [illegible] von Wetzer und Welte schrieb er den Artikel „Palästina“ (IX, 1275 [illegible]).

[illegible] Neher, Personal-Katalog der Geistlichen des Bisthums Rottenburg, [illegible] (Schw. Gmünd 1894), S. 105 f. Lauchert.

[illegible] Riggenbach: Nikolaus R., geboren zu Gebweiler i. Elsaß am 21. Mai [illegible], † zu Olten i. d. Schweiz am 25. Juli 1899, zuletzt Civilingenieur, [illegible] von Bergbahnen nach seinem System.

[illegible] Vater, der ebenfalls Nikolaus hieß, betrieb zur Zeit der Conti- [illegible] eine große Rübenzucker-Raffinerie. Das Geschäft ging jedoch nach [illegible] der Continentalsperre so zurück, daß es am Rande des Falli- [illegible] stand, als sein Besitzer 1827 starb.

[illegible] junge Nikolaus wurde nach Basel geschickt, wo er das Gymnasium [illegible] fünften Classe besuchte. Er konnte dort den classischen Studien keinen [illegible] abgewinnen und gehörte zu den mittelmäßigen Schülern. Anfangs [illegible] er bei seiner Großmutter, Wittwe Riggenbach, welche ein Landgut bei [illegible] besaß, auf dem später der Rathsherr Geigy eine Villa baute. Auf [illegible] Wege zur Schule ging er täglich an dem Landgute von Hieronymus [illegible] vorbei, dessen Frau eine Freundin seiner Mutter war und den Vor- [illegible] machte, Nikolaus mit ihrem einzigen Sohn Emil zusammen erziehen zu [illegible] welcher Vorschlag gern angenommen wurde. So lebte Nikolaus mehrere [illegible] im Hause der Familie Bischoff, welche auch die Absicht hatte, ihn zu [illegible]. Seine Mutter hatte mittlerweile in Basel ein Geschäft gegründet, [illegible] Erfolg nicht fehlte. Als aber Hieronymus Bischoff seinen Plan, den [illegible] R. in sein Tuchgeschäft aufzunehmen, zu verwirklichen begann, genügte [illegible] wenig seinen Anforderungen, daß Herr Bischoff erklärte, der Junge [illegible] das Tuchgeschäft zu dumm. Deshalb bat dieser seine Mutter, ihn [illegible] zu sich zu nehmen. Die Mutter gewährte seine Bitte und that ihn [illegible] Bandfabrik von Emanuel Hoffmann, wo er auf dem Comptoir die [illegible] erlernen sollte. Dort bekam er hauptsächlich Briefe abzuschreiben; [illegible] trieb er sich aber in den Fabrikräumen umher, wo ihn die Ma- [illegible] ungemein anzogen. Glücklicherweise hatte sein Principal hierfür Ver- [illegible] nahm ihm oft das Briefecopiren ab und ließ ihn seiner Wißbegierde [illegible]. Bald erfaßte ihn ein unwiderstehlicher Drang, Mechaniker zu [illegible] dem aber die Mutter entgegentrat, indem sie ihm zur Pflicht machte, [illegible] zu beendigen, um möglichst bald eine Stütze für sie und seine [illegible] zu werden. „Oder“, fügte sie hinzu, „wenn Du Mechaniker [illegible] willst, so werde es, aber ich zahle Dir keinen Batzen Lehrgeld dazu!“ [illegible] diese Zeit schloß er sich einem Christlichen Jünglingsvereine an, [illegible] dort einen jungen Mechaniker kennen und klagte ihm sein Leid. Dieser [illegible] bei einem Bandstuhlmacher Börlin, redete mit seinem Meister [illegible] es dahin, daß der junge R. von Börlin unter der Bedingung [illegible] als Lehrling aufgenommen wurde, daß er täglich die Werkstätte auf- [illegible] und reinige.

[illegible] Freuden ging R. darauf ein, trat bei Börlin in die Lehre, und [illegible] von 1833 bis 1836 bei ihm, feilte, schmiedete, drehte und lernte [illegible] aber nichts gründlich.

[illegible] beendigter Lehrzeit mußte er sich selbst sagen, daß er mit dem Er- [illegible] nicht werde durch die Welt kommen können, entschloß sich aber doch, [illegible] Fremde zu gehen und wanderte zu Fuß nach Lyon. Dort fand er [illegible] in der *Präcisionswerkstätte* eines Herrn Gasquel und fand hier

Gelegenheit, sich als Mechaniker, namentlich als Dreher, gehörig auszu
Auch schloß er mit einem in der Seidenfabrikation beschäftigten jungen M
Namens Stünzi aus Horgen, Freundschaft. Auf seine Empfehlung hin
Herr Bonnet, der Chef der größten Lyoner Seidenfabrik, R. als Wer
anstellen; doch hatte dieser Bedenken dagegen, die er Herrn Bonnet
darlegte. Namentlich schien es ihm nicht passend, daß er, der erst
Jahre zählte, im Dienste ergrauten Leuten befehlen sollte und noch
einem Geschäftszweige, für den er sich die erforderlichen Kenntnisse ni
traute. In Basel hatte er nur die Bandstuhlfabrikation und in
dem Stammorte seiner Familie, bei einer Frau Suter, das Bandwe
lernt. Trotz dieser Bedenken wurde er dazu bestimmt, die Werkstä
anzunehmen, und es ging dann auch über Erwarten gut, indem ihm
Frau Suter erworbenen Kenntnisse dabei sehr zu statten kamen.

Indessen hegte er den Wunsch, nach Paris zu reisen, von dem er
seine weitere Ausbildung viel mehr versprach, als von Lyon. So
denn im September 1837 mit dem Postwagen nach Paris, wo er bald
fand. Bei seinen Mitarbeitern erwarb er sich dadurch große Beliebth
seine sichere Hand ihn befähigte, so oft einem Kameraden irgend ein
Fremdkörper ins Auge gekommen war, diesen rasch und schmerzlos
fernen. „Le grand Nicolas", wie sie ihn nannten, wurde in solchen
stets zur Hülfe gerufen.

Er bewohnte mit drei anderen Mechanikern ein Logis. Der ein
Graubünden hieß Meyer, der andere Wick von Mühlhausen, der dritte
von Koblenz. Mit letzterem bewohnte R. das gleiche Zimmer. In der
war einer der vier Kameraden ohne Arbeit und kochte dann für die a
Mehr als durch diese gemeinsame Kocherei profitirten sie aber durch ge
sames Studium. Sie besuchten Abends die Vorlesungen im Conserv
des Arts et Metiers und repetirten dann oft bis zur Mitternachtsstun
Gehörte, oder zeichneten und rechneten mit einander. Da sie jedoch bald
sahen, daß sie ohne Anleitung eines Kundigen den gewünschten Erfolg
haben würden, weil sie oft in den Vorlesungen manches nicht verstand
engagirten sie einen Studenten der Ecole centrale, um ihnen in Mathe
Mechanik und Physik Unterricht zu ertheilen. Diese vier strebsamen
Leute wurden später bedeutende Männer: Wick Kesselfabrikant in Mühl
Meyer Oberingenieur der Ungarischen Staatsbahn in Pest, Kastor Was
ingenieur und Erbauer der Paris-Mittelmeerbahn, der Straßburg-
Rheinbrücke u. s. w.

R. sah damals, am Ende der dreißiger Jahre, den ersten Eisenba
von Paris nach St. Germain fahren, und besonders der Anblick der
motive machte auf ihn einen so gewaltigen Eindruck, daß er sich vorn
sich dem Eisenbahnfache und besonders dem Lokomotivbau zu widmen.

Zur Verwirklichung dieses Vorsatzes kam er in folgender Weise:
J. 1839 kam der zweite Director der Keßler'schen Maschinenfabrik in K
ruhe, Herr August Ehrhardt, nach Paris, um tüchtige Mechaniker für
Etablissement anzuwerben. Herr Ehrhardt hatte früher selbst in Par
arbeitet und einige seiner früheren Bekannten für das Engagement ins
gefaßt. Diese erklärten ihm aber, daß sie seine Offerte nur annähmen,
er auch R. engagire, weil sie der deutschen Sprache nicht mächtig sein
daher nicht ohne diesen, ihren zuverlässigen Freund, nach Deutschland
wollten. So kam R. mit den französischen Monteurs nach Karlsruhe,
seine Laufbahn war damit für immer entschieden.

Im Juni 1840 kamen sie in Karlsruhe an und R. erhielt alsbald it, welche ihn am meisten interessirte, denn während bisher die wenigen hnen, welche in Deutschland bestanden, ihre Lokomotiven aus England hatten, wurde jetzt in dem Keßler'schen Etablissement nach englischem und unter Leitung eines englischen Ingenieurs die erste Loko- ve in Deutschland gebaut und für diese verfertigte R. die meisten Bestandtheile.

Durch den Umgang mit dem englischen Ingenieur wurde das Bewußtsein wach, daß England für seinen Beruf das bahnbrechende Land sei, und unsch, sich die Kenntniß der englischen Sprache anzueignen. Grammatik ikon wurden angeschafft und die freien Stunden ohne Hülfe eines zu diesem Studium verwendet. Seine Pariser Freunde gingen all- ich in eine Brauerei, er aber zog sich allmählich davon zurück, um seine Zeit dazu zu verwenden, sich mit den in seinen Beruf einschlagenden schaften möglichst vertraut zu machen.

Nachdem R. zwei Jahre in der Keßler'schen Maschinenfabrik gearbeitet machten ihm seine Verwandten den Vorschlag, nach Basel zurück- men und mit einem jungen Manne Namens Schaub eine mechanische tte zu begründen. Diesem Vorschlage leistete er im März 1842 Folge; m er aber mehrere Monate in der im „D'Albeloch" (St. Albansthal) eten Werkstätte fleißig gearbeitet hatte, sah er ein, daß er mit seinem braven, aber wenig praktischen Gesellschafter nicht voran kommen würde, grüßte es daher mit Freuden, als eines Tages derselbe Director Ehr-, der ihn in Paris mitgenommen hatte, im „D'Albeloch" erschien und en Antrag stellte, als Werkführer in die Keßler'sche Maschinenfabrik kehren.

Dort bestand seine Beschäftigung dann ausschließlich im Bau von Loko- en, deren während seines zehnjährigen Gesammtaufenthaltes in Karls- von 1840—42 und von 1844—53, die schöne Zahl von 150 unter Mitwirkung hergestellt wurden. Auch in gesellschaftlicher Beziehung er nun in Karlsruhe immer mehr Fuß und befreundete sich namentlich jüngeren Professoren am Polytechnikum, aus deren Umgang er für theoretische Ausbildung manchen Nutzen zog.

Unter den Lokomotiven, die er in Karlsruhe baute, befanden sich die vier für die erste schweizerische Eisenbahnstrecke Zürich-Baden. Für diese 1846 die ganze mechanische Ausrüstung sammt den erforderlichen Wagen lsruhe hergestellt. Im Frühjahr 1847 wurde R. beauftragt, die erste tive über die schweizerische Grenze zu bringen. Kurze Zeit darauf er auch den ersten schweizerischen Eisenbahnzug auf der Probefahrt von nach Schlieren. Am 9. August 1847 fand dann die Eröffnung der Bahnstrecke statt.

Um diese Zeit hatte die Keßler'sche Maschinenfabrik eine Dampfheizung die Fabrik Geigy zu Steinen im Wiesenthal geliefert; sie wollte aber functioniren, der Dampf zog nicht durch die Röhren und Oberst Geigy, f der Firma drohte mit einem Proceß. Man konnte sich die Sache erklären. R., der seiner Hochzeit wegen um diese Zeit nach Basel ging, beauftragt, den Apparat womöglich in Ordnung zu bringen. Bei der Besichtigung konnte auch er die Ursache der merkwürdigen Erscheinung finden, aber in der darauffolgenden, für ihn schlaflosen Nacht kam ihm Gedanke, man müsse den Dampf den umgekehrten Weg, das heißt, den m Weg mit dem Condensationswasser ziehen lassen. Er sprang t aus dem Bette, weckte den Monteur und führte mit ihm die nöthigen derungen *an der Leitung aus*, und als dann Morgens 7 Uhr Oberst

Geigy die behaglich durchwärmten Fabrikräume betrat, war er [illegible] denn die Heizung war nun vortrefflich. Von der Zeit an hatte [illegible] Gebrüdern Geigy väterliche Freunde, die ihm später von großem [illegible]

Seine Vermählung mit einer Enkelin des Baseler [illegible] fand im November 1847 in dem badischen Orte Binzen statt, weil er [illegible] den schweizerischen Sonderbundsfeldzug hätte mitmachen müssen, [illegible] vater der Braut nicht wünschte, daß in Basel darüber gesprochen [illegible]

In Karlsruhe begründete er nun seinen eigenen Hausstand und [illegible] bald eine Liegenschaft vor dem Ettlinger Thore. Im J. 1848 [illegible] sein einziges Kind, ein Sohn geboren, der zwar nicht, wie der [illegible] sein Fachgenosse, aber auf seinem Gebiete als Pfarrer und [illegible] auch ein unermüdlicher Arbeiter wurde.

In dem Revolutionsjahre 1848 wurden auch die Arbeiter der [illegible] Maschinenfabrik unruhig und verlangten Riggenbach's Entlassung, [illegible] streng sei. Dieser war bereit, seine Stellung aufzugeben, doch [illegible] Herrn Keßler, die Arbeiter zu fragen, ob sie jemand vorzuschlagen [illegible] der neben der praktischen Erfahrung die technischen Kenntnisse [illegible] Sprachen verstehe, wie R., und da die Arbeiter niemand vorzuschlagen [illegible] einigte man sich dahin, daß R. bleiben könne, wenn der Chef [illegible] etwas „toleranter“ mit dem Personal umzugehen. Man war jedoch [illegible] nöthigt, das Geschäft zu schließen, denn am 13. Mai brach [illegible] meuterei aus, infolge deren der Großherzog fliehen mußte und [illegible] und drüber ging. R. war froh, als einer seiner Brüder kam [illegible] Eile seine Frau und das Kind sammt allen Werthsachen nach Basel [illegible] Nachdem im Spätjahre 1849 die Stürme der Revolution vorüber [illegible] holte er sie wieder aus der Schweiz zurück.

Nicht lange danach wurde Herr Keßler nach Eßlingen berufen, [illegible] an die Spitze einer großen Maschinenfabrik zu treten, die mit der [illegible] bergischen Staatsbahn in Verbindung stand. Bei dieser Gelegenheit [illegible] die früher erwähnten Gebrüder Geigy von Basel den Vorschlag, die [illegible] Maschinenfabrik mit R. als technischem Geranten zu übernehmen; [illegible] aber seinem bisherigen Chef nicht Concurrenz machen wollte und die [illegible] in Karlsruhe damals auch nicht gut gingen, lehnte er dieses [illegible] doch sollte sein Aufenthalt in Karlsruhe nicht mehr lange dauern.

Am 17. Februar 1853 wurde er von der neugegründeten [illegible] Centralbahn-Gesellschaft als Chef der Maschinenwerkstätte [illegible] nach Basel berufen. So gern er dahin zurückkehrte, wurde ihm der [illegible] von Karlsruhe, wo er so lange gewirkt und viele Freunde gefunden [illegible] doch schwer. Auch die Arbeiter wollten nichts mehr davon wissen, [illegible] streng gewesen sei und gaben ihm wohlthuende Beweise ihrer [illegible] Da er für sein Haus nicht sogleich einen Käufer fand, mußte er [illegible] miethen, doch begab er sich vor seiner Abreise zu einem ihm [illegible] Mitgliede des Stadtrathes und ermächtigte ihn, für den Fall, daß [illegible] schaft zu einem für das öffentliche Wohl förderlichen Zwecke [illegible] könne, einen auch nach den damaligen Verhältnissen niedrigen Preis [illegible] Er war noch nicht lange in Basel, als er die Nachricht erhielt, [illegible] Christofle beabsichtige, in Karlsruhe eine Filiale seines Geschäftes zu [illegible] finde aber keinen anderen geeigneten Platz, als eben dieses [illegible] willigte ein, es an Christofle zu dem eben angegebenen niedrigen [illegible] verkaufen, und bald erhob sich hinter seinem ehemaligen Wohnhause [illegible] Christofle-Fabrik, welche vielen hundert Arbeitern guten Verdienst gibt.

Als R. nach Basel kam, hatte sein Chef, der mit der Oberleitung [illegible]

[illegible] der Schweizer Centralbahn betraut war, bereits alle 54 Lokomotiven diese Bahn nach einem und demselben Modelle bestellt. R. hielt es für Pflicht, darauf hinzuweisen, daß für die Ebene leichte Maschinen, für die [illegible] dagegen mittlere und schwere vortheilhaft seien, erhielt aber zur [illegible]: es sei beabsichtigt gewesen, ihn auch zum Maschinenmeister der neuen [illegible] zu machen, wenn er aber mit den bestellten Maschinen nicht fahren [illegible], so werde ein anderer Maschinenmeister angestellt werden. In der That [illegible] ein anderer theoretisch sehr gediegen ausgebildeter junger Mann mit [illegible] Amte betraut. R. blieb ausschließlich dazu bestimmt, die Leitung der [illegible] zu errichtenden Hauptwerkstätte zu übernehmen, mußte sich aber, bis [illegible]richtet war, anderweitig, theils zu technischen Bureau-Arbeiten, theils [illegible] verwenden lassen.

Zunächst wurde er nach England geschickt, um die dort bestellten Schienen [illegible]nehmen. Sein Aufenthalt daselbst dauerte etwa vier Monate, und [illegible] diese Gelegenheit nach Kräften, um seine beruflichen Kenntnisse zu [illegible].

Bald nach seiner Rückkehr wurde er nach Oesterreich gesandt, um den [illegible]fahrten auf der Sömmeringbahn beizuwohnen. Es concurrirten hierbei [illegible] Lokomotiven von Cockerill mit deutschen von Keßler. Obgleich die [illegible] weit sorgfältiger gearbeitet waren, blieben sie bei den ersten Fahrten [illegible] den belgischen zurück, was für Keßler sehr fatal und für R., seinen [illegible]ligen Adjutanten, sehr unangenehm war. Dieser untersuchte am Abend [illegible] die belgischen, als auch die deutschen Lokomotiven auf das sorgfältigste [illegible]theilte Herrn Keßler seine Ansicht mit, die geringere Leistung seiner Ma[illegible] sei wahrscheinlich nur der Construction der Funkenfänger an den Kaminen [illegible]schreiben. Herr Keßler stellte dies in Abrede, R. aber nahm in der Nacht [illegible] Hülfe eines Maschinisten der Keßler'schen Maschinenfabrik das Kamin von [illegible] belgischen Lokomotive und setzte es auf die Keßler'sche, welche am nächsten [illegible] erprobt werden sollte. Am anderen Tag arbeitete die deutsche Loko[illegible] bedeutend besser als die belgische und R. behielt Recht. Für diesen [illegible] war Herr Keßler zeitlebens dankbar und unterstützte R. für die Folge [illegible] seinen Projecten.

Einem ähnlichen glücklichen Einfalle und praktischen Griffe hatte dieser [illegible] darauf eine entscheidende Wendung in seiner Stellung bei der Central[illegible] zu danken. Als die Probefahrt auf der Strecke Basel-Liestal stattfinden [illegible], wozu die Behörden, die Directoren und alle höheren Angestellten der [illegible] sammt ihren Familien und folglich auch R. mit seiner Frau eingeladen [illegible], kam dessen Chef mit verstörter Miene auf ihn zu und klagte, die [illegible] könne nicht stattfinden, weil sich unversehens herausgestellt habe, daß [illegible] vorhandenen Lokomotiven defect seien. R. bat um die Erlaubniß, [illegible]suchen zu dürfen, und fand, daß zwei Maschinen nicht zu gebrauchen [illegible], und daß die dritte ein Loch in einem ihrer beiden Wasserreservoirs [illegible], woran die Arbeiter unter Anleitung des gelehrten Maschinenmeisters be[illegible] waren, das Loch mit Baumwolle und Lappen zu verstopfen, was [illegible] gelingen wollte. R. trat hinzu, erklärte, für die Fahrt nach Liestal [illegible] ein Wasserreservoir, drehte den Verbindungshahn zwischen den beiden [illegible] zu, schwang sich auf die Maschine und fuhr zur freudigen Ueber[illegible] seines Chefs mit dem so rasch curirten Dampfrosse vor. Die Fahrt [illegible]schaft ging vortrefflich von statten, und diese Kleinigkeit gab den [illegible], daß R. hinfort die technische Leitung des Centralbetriebes über[illegible] bekam; der gelehrte, liebenswürdige, aber etwas unbeholfene junge [illegible] zeichnete und schrieb fürderhin an seinem Pulte. Am 29. Februar

1856 wurde R. zum Maschinenmeister ernannt, worauf er, sobald die W
stätte fertig geworden war, nach Olten übersiedelte.

Als sein Chef nach Vollendung der schweizerischen Centralbahn
Oesterreich ging, um die österreichische Südbahn zu bauen, wollte er R.
aus mitnehmen und erklärte sich mit allen Bedingungen, die dieser
würde, im voraus einverstanden; R. aber fühlte sich verpflichtet, auf dem
überwiesenen, seinen Neigungen vollkommen entsprechenden Doppelposten
Maschinenmeisters und Chefs der Hauptwerkstätte auszuharren.

Die Hauptwerkstätte in Olten hatte bald für hundert Arbeiter gen
thun. Zunächst wurde die Eisenconstruction der Eisenbahnbrücke über die
bei Olten ausgeführt und in den Jahren 1863 und 1864 diejenige üb
Aar bei Bußwyl der Linie Biel-Bern. Es war dies die erste Brück
Schweiz, bei deren Fundamentirung pneumatische Caissons angewendet w
Riggenbach's Freund Kastor, dessen sich der Leser aus den Mittheilung
die Pariser Zeit erinnern wird, hatte ihm von Paris Pläne, Mod
Erfahrungen mitgetheilt, die er hierüber bei dem Bau der Kehler Rhein
gesammelt hatte. Schon wenige Jahre nach Eröffnung der Brücke bei
wurden in der Oltener Werkstätte auch Versuche im Lokomotivbau ge
R. trachtete danach, das Etablissement von dem Range einer Reparatur
stätte zu dem einer Maschinenfabrik zu erheben und wurde in diesem S
von dem Directorium der Centralbahn unterstützt. Seine äußere St
blieb zwar während der zwanzig Jahre, die er bei der Centralbahn ge
hat, eine bescheidene, dafür gewährte man ihm aber unbeschränkte Fr
die ihm am werthvollsten war. Auf seine Anregung hin wurden in
Oltener Werkstätte neue Lokomotiven gebaut und dieser Zweig der Thä
wurde auch von seinen Nachfolgern gepflegt. Unter den ersten Maschin
hier gebaut wurden, waren vier ganz schwere für die Bahn von Neu
über Chaux-de-Fonds nach Locle. Im November 1859 verließ die erste
Lokomotiven von 800 Centner Gewicht die Hauptwerkstätte.

Beim Betriebe der Bahn durch den Hauenstein-Tunnel machte man
sehr mißliche Erfahrung, daß auf der starken Steigung zwischen Olten
Laufelfingen und namentlich in dem Tunnel das Gleiten der Triebräder
den Schienen selbst durch Streuen von Sand nicht immer gehoben we
konnte. R. sann auf Mittel, diesem Uebelstande abzuhelfen und kam auf
Gedanken, daß eine Abhülfe nur mittelst einer Zahnstange, in die
Zahnrad eingreift, zu erlangen sei. Auch war ihm sofort klar, da
diese Weise noch viel größere Steigungen überwunden werden könnten.
machte ein kleines Modell einer solchen Bahn und zeigte es allen Techn
die ihn besuchten. Professor Dr. Culmann vom Polytechnikum in Züri
stärkte ihn in seiner Ansicht, aber sonst wollte Niemand in der Schweiz
davon wissen. Er reiste mit seinem Modell zu einer Ingenieur- und
tektenversammlung in Stuttgart. Auch da wurde er mit Achselzucken ang
und seine deutschen Freunde sprachen es unter einander mit Bedauern
der alte R. sei ein Narr geworden. Wie ein Sonnenstrahl erhellte
Dunkel ein prophetisches Wort des schweizerischen Generalconsuls John
Als dieser Olten besuchte und das Bergbahn-Modell sah, rief er aus: „W
Mr. Riggenbach, Sie bauen eine Eisenbahn auf die Rigi!" Damit
Riggenbach's bisher mehr theoretischen Studien ein praktisches Ziel ge
und diese Worte machten ihm Muth, die Sache weiter zu verfolgen.
erste Patent für diese Erfindung erhielt er in Frankreich am 12. Au
1863, sechs Jahre bevor er von einer ähnlichen Erfindung des Amerik
Marsh Kunde erhielt. Dieser trat erst 1869 mit seiner Erfindung her

ob keine Einwendung, als R. am 13. Februar 1872 ein amerika- ...dent erhielt, obgleich dieser ihn davon in Kenntniß setzte. Er hat ...rücklich als selbständigen Erfinder anerkannt. Die Aussage späterer ...nten, R. habe sein System in Amerika abgesehen, ist daher un- ...ig.

...er den vielen Ideen, die Riggenbach's Kopf neben seinen Berufs- ...r durchkreuzten, war auch die Frage, ob es nicht vortheilhaft sein ...die hölzernen Lafetten der Geschütze durch leichtere eiserne zu ersetzen. ...Anfangs der sechziger Jahre ein Modell eines solchen Geschützgestelles ...desrathe Stämpfli vor und dieser veranlaßte ihn, eine Musterlafette ...gen. Er stellte in der Folge eingehende Versuche damit an, und ...ch's Modelle wurden mit kleinen Abänderungen vom eidgenössischen ...epartement angenommen, ohne daß der Erfinder irgend welchen Dank ...ält hätte. Patentschutz gab es nicht in der Schweiz. Beim Aus- ...der Lieferung der ersten hundert Lafetten dieser Art wurde nicht ...er Name des Erfinders genannt.

...war kaum ein Jahr in Olten, als ihm diese Stadt das Bürgerrecht ...en ehrenvollsten Prädicaten ertheilte. Einige Jahre später that die ...te Gemeinde Trimbach das gleiche.

...25. September 1865 trat er eine Reise nach Costarica an, um seinen ...ausgewanderten Bruder August, über dessen Gesundheitszustand üble ...en eingelaufen waren, zu besuchen und womöglich zur Rückkehr in die ...zu überreden. Am 16. October kam er in St. Thomas an, am ...lben Monats in Colon (Aspinwall). Von da fuhr er mit der Eisen- ...ch Panama, wo er einige Tage auf die Ankunft der Post von New- ...rten mußte. Diesem Aufenthalte folgte eine schöne Fahrt über den ...cean nach Punta Arenas, dem Hafen von Costarica und ein andert- ...ger beschwerlicher Ritt nach der Hauptstadt San José. Dort hatte er ...eit, die meisten Ausländer von Auszeichnung kennen zu lernen. Die ...rischen Behörden hielten ihn für eine wichtige und interessante Per- ...it. Der Präsident, die Minister und viele Senatoren besuchten ihn. ...ben ihm Propositionen aller Art gemacht, und die Regierung wollte ...e Jahresbesoldung von 10 000 Piastern (= 50 000 Franken) garan- ...denn sie stand damals mit einer Gesellschaft in New-York in Unter- ...g wegen Herstellung einer Eisenbahn quer durch das Land von einem ...um andern. R. fand aber wenig Gefallen an den Culturzuständen ...andes und ließ sich nicht halten. Da sein Bruder sich weigerte, mit ...h der Schweiz zurückzukehren, reiste er nach viermonatlichem Aufent- ...e Costarica nach New-York ab, besuchte Philadelphia, Washington, ...n, Pittsburg, Buffalo, die Seen, den Niagarafall, Albany und kehrte ...em Hudsonflusse wieder nach New-York zurück. Nach einer sehr ...Ueberfahrt kam er am 1. Mai 1866 wieder in Olten an, wo er ...Nachricht begrüßt wurde, daß er während seiner Abwesenheit in den ...n Kantonatsrath gewählt worden sei.

...nahm sich nun die Energie und zähe Ausdauer der Yankees, die er ...merika kennen gelernt hatte, zum Muster, um seinen Plan einer ...n auf den Rigi durchzusetzen, nahm sein Modell wieder zur Hand ...g auf die Suche nach Geld. Endlich gelang es ihm, das nöthige ...zusammenzubringen. Es bildete sich eine Gesellschaft zum Bau einer ...n Vitznau nach Rigikulm. Befreundete Bankiers entschlossen sich, die ...Summe von 1 250 000 Franken vorzuschießen. Die Herren Oberst ...Olivier Zschokke von Aarau verbanden sich mit R. zur Ausführung.

Ersterer ging an die Aufnahme der Pläne und arbeitete während der Som
zeit von 5 Uhr früh bis spät abends, um die Ausführung zu beschleuni

Während die Genannten im J. 1869 an der Arbeit waren, erhie
Bundesrath durch Herrn Hitz die Nachricht, daß der amerikanische Inge
Marsh nach einem ähnlichen System eine Bahn auf den Mount Wash
baue. Sofort schickte die Gesellschaft einen jungen Techniker dorthin,
zeigte es sich, daß Marsh's Ausführung nicht als Muster dienen könne.

Am 21. Mai 1870 war schon eine Strecke der Rigibahn fertig, so
die erste Probefahrt vorgenommen werden konnte, doch dauerte es no
volles Jahr, bis die ganze Bahn dem Betrieb übergeben werden konnte,
die Lieferung der Schienen, welche in Ars bei Metz bestellt worden w
durch den deutsch-französischen Krieg verzögert wurde, und so fand am 21.
1871, wiederum dem Geburtstage Riggenbach's, sein Friedenswerk, u
ihn der Gegenstand langjähriger Sorgen und Kämpfe, seinen Abschluß.

Nach dem glücklichen Erfolge der Rigibahn wurde sein Bergbah
immer mehr gewürdigt. Im J. 1873 bildete sich die „Internationale
sellschaft für Bergbahnen" mit dem Sitze in Aarau, zu deren Di
Oberst Zschokke und R. ernannt wurden. Dieser konnte jedoch seine
als Chef der Hauptwerkstätte in Olten nicht sofort verlassen, da erst ein
folger gesucht werden mußte. Er berief einen früheren Angestellten,
Egger, damals in England, zu seinem Adjuncten, der nach Jahresfrist
Stellung übernahm. Zwanzig Jahre hatte R. im Dienste der schweize
Centralbahn zugebracht.

In Aarau, wohin er nun täglich fuhr, wurde eine sehr schöne Werk
errichtet und das Geschäft florirte anfangs sehr, wie ja im Anfange der
ziger Jahre alle Geschäfte gut gingen. Nach einander wurden die Bah
Arth-Rigi (20 % Steigung), Wien-Kahlenberg (10 % Stg.), Pest-Schw
berg (10 % Stg.), Rorschach-Heiden (9 % Stg.), alle für Personen-
Güterverkehr erbaut und sämmtlich im J. 1874 eröffnet. Die drei e
Eisenbahnen waren mit durchgehenden Zahnstangen, Rorschach-Heiden im
mischtem System hergestellt. Schon im J. 1870 war die Bahn zu O
mendingen (Bern) in gemischtem System (10 % Stg., Güterverkehr) er
worden. 1876 folgte Wasseralfingen in Württemberg (8 % Stg.), 1877
im Kanton Zürich (10 %), 1878 Laufen im Kanton Bern (6 %),
Oberlahnstein in Preußen (10 %), alle nach gemischtem System und
Güterverkehr. Die Einfahrt in die Zahnstange geschieht ohne angeh
Der Uebergang von der gewöhnlichen Bahn in die Zahnstangenbahn ist
bemerkbar.

Durch die vielen Aufträge im Anfange der siebziger Jahre schien es,
ob der Stadt Aarau dadurch eine dauernde Quelle des Verdienstes er
worden sei, weshalb sie im December 1874 R. und seiner Familie das E
bürgerrecht schenkte, aber auf die Zeit des Aufschwunges im Anfange
siebziger Jahre folgte die Zeit des Kraches und der völligen Geschäftsst
Es fehlte daher nach der Mitte der siebziger Jahre auch der Bergbahnge
schaft an genügenden Aufträgen, und zu diesem geschäftlichen Mißgeschick
am 19. November 1876 noch ein persönlicher Unfall infolge eines Zusamm
stoßes zweier Züge unmittelbar vor der Einfahrt in den Bahnhof Bern, w
R. neben vielen kleineren Verletzungen eine Quetschung des Unterschenk
erlitt, welche sich noch viele Jahre fühlbar machte. Dadurch kam er z
ersten Mal in seinem Leben mit Aerzten in nähere Berührung.

Als Beispiel, wie sehr sich R. um diese Zeit um Bestellungen bemüh
sei erwähnt, daß er die Bahn für Rüti zunächst auf eigenes Risiko baute.

Um diese Zeit kam der Kaiser von Brasilien, Dom Pedro II., in die Schweiz. Er war am 25. und 26. Juli 1877 in Basel und äußerte den Wunsch, daß R. ihn nach dem Rigi begleiten und ihm die nöthigen Erklärungen des Zahnradsystemes geben möchte. Die gemeinsame Besichtigung fand am 30. Juli statt. Der Kaiser machte die Fahrt auf der Lokomotive. R. brachte mehrmals die Rede auf das Project einer Zahnradbahn von Janeiro nach Petropolis, erhielt aber jedesmal ausweichende Antwort.

Wenn es auch gelang, in der zweiten Hälfte der siebziger Jahre einige neue Geschäfte abzuschließen, wie aus der vorstehenden Zusammenstellung ersichtlich ist, so genügte dies doch lange nicht, alle die Arbeiter des Etablissements zu beschäftigen. Da kam die Kunde, man beabsichtige eine Eisenbahn in die Nil Geries oder „Blauen Berge" im Südwesten von Englisch Indien zu bauen. Es wurden sofort Unterhandlungen angeknüpft und beschlossen, daß R. sich zur Aufnahme der Pläne nach Ostindien begeben solle.

Diese Reise fand im J. 1880 statt. Sie ging über Brindisi, Alexandrien, Suez, Aden, Insel Ceylon nach Madras. Zeitungsnachrichten hatten schon Riggenbach's Ankunft gemeldet und die Bemerkung beigefügt, er werde ohne Zweifel die „Vereinigung der Pflanzer" in ihren Zwistigkeiten gegen die Verwaltungsbehörden der Präsidentschaft unterstützen. R. ließ sich deshalb beim Gouverneur, dem Herzoge von Buckingham, melden und sagte ihm, daß es ihm nicht einfalle, sich in jene Angelegenheiten zu mischen. Er sei ein einfacher Mechaniker und würde, falls der Herzog seinen Beistand nicht gewähren wolle, sofort wieder abreisen. Der Herzog ermunterte ihn, die Sache einstweilen an Ort und Stelle zu untersuchen, wozu er ihm Major Morant als Begleiter mitgab, und versprach, sich später persönlich nach dem Stande der Sachen erkundigen zu wollen. Major Morant und R. reisten mit der Eisenbahn nach Mutapalam am Fuße des Gebirges, wo die Bergbahn beginnen und vorläufig bis Coonoor gehen sollte.

Am 16. März 1880 wurde zu Ootacamand, der Hauptstadt der Blauen Berge, eine Versammlung der Planters und Settlers abgehalten, welche an dem Bau der Bahn interessirt waren. Nachdem ihnen R. sein Bergbahnsystem erklärt und mitgetheilt hatte, daß der Herzog dem Unternehmen seinen Beistand leihen würde, legten sie ohne weiteres 300 £ für die Ausarbeitung der Pläne zusammen, womit Riggenbach's Auslagen gedeckt waren.

Dieser begann nun seine Arbeiten, die ihn mehrere Monate in Indien festhielten. Nach Beendigung derselben begab er sich wieder nach Ootacamand, wo inzwischen der Herzog zum Sommeraufenthalte angekommen war. Dieser empfing R. auf das freundlichste, prüfte seine Pläne, gab seine Zustimmung und versprach seine Beihülfe. R. reiste nach Madras zurück. Dort wurde ihm auf Befehl des Herzogs der herzogliche Salonwagen für seine Weiterreise nach Bombay zur Verfügung gestellt. Am 13. Mai traf er dort ein. Auch in der Nähe dieser Stadt wurde eine Bergbahn gewünscht. Auf der Heimreise ging R. noch nach London, um wegen der Finanzirung der Bahn in die Blauen Berge mit den betreffenden Bankiers zu sprechen.

Während seiner Arbeiten in Indien hatte er an die Internationale Bergbahn-Gesellschaft geschrieben, die Errichtung der Bahn in die Blauen Berge sei nun principiell gesichert, doch stehe die Frage der factischen Ausführung noch offen. Infolge dieses Briefes fand er bei seiner Rückkehr in die Schweiz, daß sich die Gesellschaft aufgelöst hatte. Die Werkstätte in Aarau war verkauft, die Arbeiter waren entlassen worden. So blieb ihm nun nichts anderes übrig, als im Osten als Civilingenieur ein Bureau zu eröffnen. Seinen früheren Pferdestall ließ er dazu umwandeln, und kaum war es nothdürf ausgestattet, so kamen Bestellungen in Menge.

Zuerst war eine Zahnradbahn für Personen- und Güterverkehr 15 % Steigung nach Rio Janeiro auszuführen. Da R. nicht dorthin konnte, ließ er sich die Pläne des fraglichen Gebietes kommen und zeich die Trace der Bahn hinein, wie er es in der Folge meistens zu thun pfl Dann sandte er das Rollmaterial, sowie die ganze mechanische Einrichtung den Ort ihrer Bestimmung. Diese Arbeiten ließ er meist in der Ol Hauptwerkstätte oder bei seinen alten Freunden in Eßlingen ausfüh Später aber mußte er, der hohen Zölle wegen, jeweilen in dem betreffen Lande selbst arbeiten lassen.

Im J. 1882 wurde diese Bahn in Rio Janeiro und die Zahnrad auf den Drachenfels am Rhein (22 % Steigung), sowie eine Drahtseil von Braga in Portugal nach dem Wallfahrtsorte Bom Jesus in Betrieb setzt, und eine Bahn für das Bergwerk Teschen in den Karpathen im trage des Erzherzoges Albrecht von Oesterreich projectirt.

Nach Vollendung der Bahn Braga-Bom Jesus faßte man in Port so rasch Zutrauen zu dem System Riggenbach's, daß ihm sofort mehrere Anfragen von dort zugingen, bei deren Prüfung er jedoch Schwierigk voraussah, die es ihm gerathen erscheinen ließen, sich ohne eigenen Aug schein nicht darauf einzulassen. Er folgte daher der dringenden Einlad einer Gesellschaft in Lissabon, welche eine zweckmäßige Verbindung zwi dem Hafen und dem höher gelegenen Stadttheile herstellen wollte, und sich im Herbste 1882 dorthin.

Lissabon ist ganz auf Hügeln erbaut. Die betreffende Gesellschaft ihm am liebsten gleich ein halbes Dutzend Drahtseilbahnen bestellt; nach nauer Prüfung des Terrains konnte sich R. jedoch vorerst nur zur Ausfüh einer solchen entschließen. Unterdessen hatte man in Braga nicht geruht, er versprochen hatte, die dortige Bahn nach Bom Jesus persönlich in Aug schein nehmen zu wollen. Als er in Braga ankam, fand er den Bahnhof seinem Empfange reich bekränzt. Mit Glockengeläute, Militärmusik Kanonendonner wurde er begrüßt. Eine Procession der Behörden und Geistlichkeit holte ihn am Bahnhof ab. Wie einem Fürsten warf man bescheidenen Manne in den festlich geschmückten Straßen der Stadt Blum sträuße zu und veranstaltete Abends ihm zu Ehren ein großartiges Bank

Die Drahtseilbahn nach Bom Jesus machte selbst auf ihren Erbauer ein großartigen Eindruck. Er hatte vorher noch keine Bahn mit einer so gro Steigung von 52 % projectirt. Am 26. September 1882 reiste er Madrid, wo er sich nur kurze Zeit aufhielt, und von da über Bayon Toulouse und Lyon in die Heimath zurück.

Die für Lissabon projectirte erste Drahtseilbahn (25 % Stg.) wurde J. 1883 erbaut, ebenso eine solche von 57 % Steigung von Montreux-Gli im Kanton Waadt und die Zahnradbahn von Rüdesheim a. Rhein auf Niederwald (25 % Stg.). Im J. 1884 erbaute R. eine Drahtseilbahn Piovene in Italien und eine für Gütsch bei Luzern (erstere 25 %, le 52 % Stg.), sowie eine Zahnradbahn für Stuttgart (18 % Stg.) und ei von Rio Janeiro auf den Corcovado (30 % Stg.), bei deren Eröffnung Kaiser von Brasilien während des Festbanketts sagte, er kenne den Erfind des Bergbahnsystems persönlich und freue sich herzlich, daß der herrliche bra silianische Rigi nun auch seine Rigibahn bekommen habe.

Bei Gelegenheit einer Reise nach Wien und Pest, wohin ihn im J. 188 Geschäfte führten, nahm R. die in demselben Jahre fertiggestellte Bahn für [illegible] Bergwerk Teschen in den Karpathen in Augenschein. Auf der Rückreise [illegible]ührte er Salzburg, um wegen einer dort herzustellenden Bergbahn zu [illegible]handeln.

Als er sich nach seiner Heimkehr am 19. October 1884 zur Cur nach [illegible] im Aargau begab, erhielt er alsbald ein Telegramm, welches ihn zur [illegible]rechung über den Bau einer Bergbahn in Algier nach Olten zurückrief. [illegible] sofort dahin, allein der Aufgeber des Telegrammes, Herr Sartor, [illegible] nicht zu treffen. Sofort kehrte er nach Baden zurück und erhielt die [illegible]richt, Herr Sartor sei hierüber „rasend“, doch antwortete ihm R., er [illegible] nun nach Baden kommen, wenn er ihn sprechen wolle. Sartor reiste [illegible] seinem Zorne ohne weitere Verhandlungen nach Lyon, während R. sich in [illegible] über seine sich wieder kräftigende Gesundheit freute und den geschilderten [illegible] fast vergessen hatte, als er einen Brief aus Algier erhielt, worin [illegible] Sartor das Tracé der Bahn, das er von einer Lyoner Firma hatte [illegible]rtigen lassen, beschrieb und anfragte, ob er wohl Seil- oder Lokomotiv[illegible] anwenden müsse, und schließlich dringend bat, R. möge nach persönlich [illegible]nommenem Augenscheine sein entscheidendes Urtheil abgeben. Um sich zu [illegible]gewissern, ob es mit der Sache Ernst sei, antwortete dieser, er werde ab[illegible], wenn zu den Reisekosten ein Vorschuß von 1000 Franken geleistet worden [illegible] und erhielt nach wenigen Tagen von Paris eine Anweisung dieser Summe.

Am 9. Januar 1885 reiste er ab, um sich über Lyon und Marseille nach [illegible] zu begeben. Am südlichen Ende dieser Stadt führt die Rue Rovigo [illegible]rken Windungen einen steilen Hügel hinan. Zur Ueberwindung der [illegible] Steigung hatte Herr Sartor eine Seilbahn projectirt, die nicht nur [illegible]nen und Passagiergut, sondern auch beladene Wagen sammt den Pferden [illegible]dern sollte. Nach genauer Prüfung der Verhältnisse schlug jedoch R. vor, [illegible] Bahn etwa einen halben Kilometer länger zu machen, um unmittelbar [illegible] dem Dorfe El Biar zu gelangen und sie als Zahnradbahn mit Loko[illegible] zu betreiben. Dieser Plan fand allgemeinen Beifall, und auch der [illegible]ngscommandant hatte nichts dagegen einzuwenden.

Auf seiner Rückreise kam R. am 14. April 1885 in Marseille an und [illegible] sich der ihm kurz vorher gestellten Aufgabe, das Tracé zu einer Bahn [illegible] der Stadt auf die Höhe Notre Dame de la Garde zu entwerfen. Nach [illegible] Tagen angestrengter Arbeit entschied er als Experte über die eingelaufenen [illegible]. Die Bahn ist 700 m lang und hat 15 % Steigung.

In Lyon bestimmte er das Tracé für eine Bahn nach Croix-Rousse, [illegible] 450 m Länge und 14 % Steigung hat. Auch besuchte er bei dieser [illegible]genheit seinen ehemaligen Meister Gasquel, den er noch an demselben [illegible]ambstock fand, an welchem er ihn vor 50 Jahren verlassen hatte. Die [illegible] des alten Mannes darüber, daß sein berühmt gewordener Geselle ihn [illegible] vergessen hatte, war groß.

In demselben Jahre, 1885, erbaute R. die Zahnradbahn von Aßmanns[illegible] auf den Niederwald (25 % Stg.) und eine zweite Drahtseilbahn für [illegible] (18 % Stg.).

Auch in dem folgenden Jahre ging eine Anzahl Bergbahnen, die R. im [illegible] hatte, ihrer Vollendung entgegen und stand er wegen zwölf neuen [illegible] in Unterhandlung. Auch erschien im Sommer 1886 zu Basel die [illegible] Auflage seiner Selbstbiographie unter dem Titel: „Erinnerungen eines [illegible] Mechanikers“, woraus obige Mittheilungen entnommen sind. Darin [illegible] er: „Ich arbeite getrost darauf los, bis der liebe Gott den Perpendikel [illegible]“. Damals war er 69 Jahre alt. Er starb am 25. Juli 1899 nach [illegible] 82. Lebensjahre.

F. M. Feldhaus.

Rimpau: Arnold Wilhelm R., königlich preußischer Geheimer Regierungsrath, Besitzer der Rittergüter Langenstein, Emersleben und Anderbeck
im Kreise Halberstadt, vormaliger Pächter der preußischen Domäne Schlanstedt, langjähriger Präsident des landwirthschaftlichen Vereines für das Fürstenthum Halberstadt und die Grafschaft Wernigerode, † am 14. Januar 18..
Als zweiter Sohn des Kaufherrn Arnold Rimpau in Braunschweig am 24. ..
1814 geboren, erhielt er eine angemessene Schulbildung am Gymnasium sei..
Vaterstadt und wandte sich 1830 aus Neigung dem landwirthschaftlichen Berufe zu, auf welchen er sich durch mehrjährige Schulung in der Praxis a..
verschiedenen Landgütern des Herzogthums Braunschweig und der Prov..
Sachsen, sowie durch Ausführung von Instructionsreisen nach dem Rheinl..
der Schweiz und Ober-Italien, nach Mecklenburg und Holstein vorzuber..
suchte. Dadurch entsprechend ausgerüstet, übernahm er um Ostern 1839 ..
Pachtung der preußischen Domäne Schlanstedt, deren Bewirthschaftung er ..
1877 allein und sodann in Gemeinschaft mit seinem Sohne, Dr. Wilh..
Rimpau, leitete.

Nachdem er hier zunächst die wichtigsten Erfordernisse in der Hebu..
der Bodencultur gewahrt hatte, führte er bereits 1839 auf der Domäne ..
Zuckerrübenbau ein, errichtete auf seine Kosten eine Rübenzuckerfabrik, we..
zwar anfangs mehr für einen kleinen Betrieb bestimmt war, aber schon n..
wenigen Jahren wesentlich vergrößert und somit bald auf den Stand ..
Großbetriebes gebracht werden konnte. Gleichzeitig arbeitete er unausgese..
am wirthschaftlichen Aufschwunge des Pachtgutes, sei es mittels Verv..
kommnung der Ausstattung desselben, sei es durch Verbesserung der Bod..
cultur und durch Einlenkung in lohnende Betriebsrichtungen. So ..
er zur Aufhebung der Merinozucht, legte den Grund zu einer bald berü..
gewordenen Schlanstedter Schweinezucht, führte die Tiefcultur für einen gr..
Theil des Areals ein und brachte nach den Forderungen des Agricult..
chemikers Justus v. Liebig die künstliche Düngung in durchgehende Anwend..
Bei der Haltung eines zahlreichen Rindviehstandes übernahm er eine ..
dienstliche Mitwirkung zur Bekämpfung der Lungenseuche durch umfasse..
Versuche mit Schutzimpfungen, deren erfolgreiche Anwendung auf diese ..
von ihm in Gemeinschaft mit dem um jene Zeit in Halberstadt stationirt ..
wesenen Kreisthierarzte Ziegenbein sehr gefördert wurde.

Seine landwirthschaftliche Thätigkeit erhielt mit dem Ankauf der Ritt..
güter Langenstein und Emersleben, wie des Rittergutes Anderbeck, welche ..
um die Zeit von 1855—1860, wohl zur Sicherstellung der Zukunft sei..
Familie erwarb, eine wesentlich erweiterte Ausdehnung. Ungeachtet dessen ..
schränkte er sich nicht auf den Bereich seiner Privatinteressen, sondern ..
auch an der Pflege der allgemeinen Berufsinteressen, wie an der Förder..
des öffentlichen Wohles lebhaften Antheil. Seit 1855 als Deputirter ..
Kreises Halberstadt öfters zur Vertretung des dortigen Landrathes ..
wurde er 1866 definitiv zum Landrathe des genannten Kreises erwählt ..
bekleidete dies Amt, durch welches seine Kraft großentheils für die Aufg..
der öffentlichen Verwaltung im Bereiche jenes Kreises in Anspruch genomm..
wurde, bis Ende 1878. Nachdem er schon 1859 zum Mitgliede des königl..
preußischen Landes-Oekonomie-Collegiums ernannt war, nahm er auch re..
mäßig bis zum Jahre 1879 an dessen Functionen Theil, wobei er eine ..
intensive Mitwirkung in der Förderung der Landesculturinteressen zu ..
falten wußte.

Außerdem war er seit Anfang der 60er Jahre auch Mitglied der Cen-
tralcommission zur Regulirung der Grundsteuer und fand dabei als sachkundiger

... Anlaß, vom Standpunkte des praktischen und erfahrenen ... durchgreifend einzuwirken. Ungeachtet solcher vielseitigen In... widmete er sich als Vorsitzender des Halberstädter Land... Vereines nach wie vor der wirksamen Pflege der bezüg... Interessen und vermochte durch seinen Einfluß, den er mit der ... der Function eines Vicedirectors des landwirthschaftlichen Central... der Provinz Sachsen wesentlich erweitert fand, das ganze Vereins... innerhalb dieses Bezirkes auf eine hohe Stufe der Entwicklung zu heben. ... landwirthschaftliche Autorität zu hohem Ansehen gelangt, war er seit ...eginne des wirthschaftlichen Aufschwunges auf den Gebieten seiner Er...thätigkeit stets bereit, die von ihm bewirthschafteten Güter, unter welchen ...lich die Domäne Schlanstedt in hohem Rufe stand, als Quellen der ...rung den Interessenten aus landwirthschaftlichen Berufskreisen zugänglich ...chen und sich neben seiner vielseitigen Thätigkeit noch in anerkennens... Weise mit den Aufgaben eines erfahrenen und kenntnißreichen Führers ...schaffen. So wurde die Pachtung Schlanstedt ein weithin leuchtendes Ziel ...iele nach Belehrung trachtende Landwirthe, welchen entweder mit dem ... auf Instructionsreisen eine vorübergehende Gelegenheit zur Aufklärung ...wissen Richtungen, oder durch den Eintritt als Volontäre in den Ver...organismus eine Garantie zu systematischer Unterweisung für längere ...boten war.

...bwohl R. nicht Gelegenheit gefunden hatte, seiner Fachbildung eine ...schaftliche Basis zu geben, so hat er doch bei der Ausübung seiner viel... Berufsthätigkeit den Forderungen der einschlägigen Wissenschaften stets ... zu tragen gesucht. Ihm kam eine vortreffliche Begabung zu statten, ... er sich durch Privatstudien nicht nur das Verständniß für wissenschaft... Principien aneignen, sondern auch durch den Verkehr mit wissenschaft... Capacitäten weitere Information verschaffen und zu selbständigen Be...ungen befähigen konnte. Auf diese Weise gelang es ihm, zweckdienliche ...chungen bezw. Ermittelungen im Bereiche seiner wirthschaftlichen Unter...ungen anzustellen und denselben wichtige Aufschlüsse zu entlehnen, welche ...ie richtige Benützung der wissenschaftlichen Fortschritte ermöglichten. ...roßer Umsicht und Energie verfolgte er die verschiedenen Aufgaben seiner ...enden Wirksamkeit und gelangte bald vermöge seiner Intelligenz mit ...ltung einer rationellen wirthschaftlichen Tendenz auf einen gehobenen ...unkt, von welchem er sich die Richtschnur für seine wirthschaftlichen ...tionen mit größerer Sicherheit entwerfen durfte. So gelang es ihm, ... Schwierigkeiten und Kalamitäten zu überwinden und ungeahnte wirth...liche Erfolge zu erzielen, die er aber nicht eigennützig auszubeuten, ... auch den Interessen der Landwirthschaft dienstbar zu machen suchte. ...öffentlichen Wohle diente er aus edlen Motiven, sowie er auch für ...thätigkeitszwecke reiche Beiträge spendete und gerne hülfreiche Hand zur ...ützung jüngerer Berufsgenossen darbot. Von edlem Charakter beseelt ...ebenso von strengem Gerechtigkeitssinn geleitet, wie auch zu jovialer Ge... geneigt, stand er als Land- und Volkswirth, als Träger öffentlicher ...ter in hohem, von keiner Seite geschmälertem Ansehen und wurde ...aufrichtiger Verehrung in näher und ferner stehenden Kreisen hochgeschätzt. ... ihm auch die Genugthuung geboten sein verdienstvolles Wirken an höchster ... durch Verleihung ehrenvoller Auszeichnungen und Würden anerkannt ...hen, so fühlte er sich doch durch die ihm im persönlichen Verkehr von ... Seiten dargebrachte Liebe und Verehrung am meisten beglückt.

Nachdem er, noch in voller Rüstigkeit, gegen Ende 1881 von einem Schlaganfalle heimgesucht worden war, gebrauchte er zwar die Vorsicht, sein Wirken engere Grenzen zu ziehen, allein es sollte ihm nicht vergönnt sein die Frist zur Fortsetzung seines gemeinnützigen Wirkens um mehr als ein Jahrzehnt zu verlängern.

Vgl. Landwirthschaftliche Presse, Jahrgang 1892: „A. W. Rimpau Langenstein", von Dr. Hugo Thiel. C. Leisewitz.

Ringelsheim: Josef Freiherr von R., k. k. Feldzeugmeister, geboren am 14. März 1820 zu Salzburg, wurde nach Absolvirung der Theresianischen Militär-Akademie 1838 zum Fähnrich und nach Hörung des höheren Curses 1839 zum Lieutenant im Infanterieregiment Nr. 12 ernannt.

Nach einer längeren, ersprießlichen Thätigkeit bei der ungarischen Mappirung, während welcher er am 27. Mai 1846 zum Oberlieutenant avancirte, kam er infolge seiner vielseitigen Brauchbarkeit am 5. Mai 1847 definitiv zum Generalquartiermeisterstab und rückte daselbst am 13. Juni 1848 zum Hauptmann vor. Im Feldzuge in Italien machte er als Generalstabsofficier im Corps Nugent den ersten und zweiten Angriff auf Vicenza und im 1. Reservecorps das Gefecht bei Salionze und jenes am Monte Gobio, dann 1849 die Schlacht von Novara und die Belagerung von Malghera, endlich in Ungarn als Generalstabschef das Gefecht bei Hegyes und die Cernirung von Peterwardein mit. Am 8. November 1849 zum Major, am 12. April 185[illegible] zum Oberstlieutenant, am 21. October 1857 zum Obersten im Generalquartiermeisterstab befördert, fungirte R. im Feldzuge 1859 als Generalstabschef des 5. Armeecorps (Stadion) und erhielt am 2. Juni 1859 für sein Verhalten bei Montebello das Militär-Verdienstkreuz, am 15. August 1859 aber für seine hervorragenden Leistungen bei Solferino und den kurz vorhergehenden Gefechten den Eisernen Kronenorden II. Cl., nachdem ihm zuvor am 31. März 1859 für seine während des Friedens erworbenen Verdienste das Ritterkreuz des Leopoldordens zutheil geworden war. Erst 45 Jahre alt schmückte R., der inzwischen in den Freiherrnstand erhoben wurde, schon 186[illegible] der Generalshut; gleichzeitig wurde er zum Vorstand des Landesbeschreibungsbureaus ernannt. Den Feldzug 1866 gegen Preußen machte er als Brigadier im 1. Armeecorps mit. Die unerschütterliche Ruhe, mit welcher er im ärgsten Feuer seine Dispositionen ertheilte, flößten seinen Vorgesetzten und Untergebenen Bewunderung ein. Am Schlachttage von Königgrätz wurde er zum Ablatus des Commandanten des 3. Corps (Erzherzog Ernst) ernannt und erhielt am 3. October 1866 für seine hervorragende und tapfere Dienstleistung die Kriegsdecoration zum Ritterkreuz des Leopoldordens. Nach dem Friedensschlusse wurde R. als Brigadier in Wien eingetheilt, übernahm am 3. Juli 186[illegible] das Commando der 2. Truppendivision in Wien, wurde am 24. October 186[illegible] Feldmarschalllieutenant und am 15. September 1870 Commandant der 16. Truppendivision und Militärcommandant in Hermannstadt. Auf diesem Dienstposten wurde er am 9. April 1876 zum Inhaber des Infanterieregiments Nr. 30 ernannt, am 13. September desselben Jahres in Anerkennung seiner vorzüglichen Dienstleistung durch die Verleihung des Eisernen Kronenordens I. Cl. und am 26. September 1876 durch Verleihung der geheimen Rathswürde ausgezeichnet. Am 19. October 1878 als commandirender General nach Brünn berufen, rückte er am 1. November desselben Jahres zum Feldzeugmeister vor. R. trat am 1. April 1883 freiwillig in den Ruhestand, da sein physischer Zustand ihm, dem gewissenhaften Pflichtmenschen, an der persönlichen Ausführung der zahlreichen Agenden seines Berufes hinderte, und erhielt bei diesem Anlasse mit einem Allerhöchsten Handschreiben in Anerkennung sein

50jährigen, im Kriege wie im Frieden ausgezeichneten Dienstleistung des Leopoldordens. — Er starb am 2 Juni 1898 in Graz.

K. u. k. Kriegsarchiv. — Svoboda, Die Theresianische Militär-Akademie. — Armeeblatt 1898. Sommeregger.

Rinhuber: Laurentius R., ein deutscher Abenteurer des siebzehnten Jahrhunderts, der sich bald für einen Arzt, bald für einen Diplomaten ausgab. sind inbetreff der Lebensumstände Rinhuber's fast nur auf seine eigenen unzuverlässigen Mittheilungen angewiesen. R. hat offenbar absichtlich viel verschwiegen. R. ist in dem kleinen Ort Lucka bei Altenburg, in der damaligen Grafschaft Meißen, nicht in Luckau bei Meißen, wie Brückner schreibt, geboren. und Jahr seiner Geburt sind unbekannt. Rinhuber's Eltern waren unbemittelt, Vater starb früh und hinterließ seiner Wittwe und seinen beiden Söhnen ein kleines Häuschen, aber kein Vermögen. Der junge L. R. kam nach Altenburg und besuchte daselbst sieben Jahre lang das Gymnasium. Er hat Altenburg kein gutes Andenken hinterlassen. Im Wintersemester 1666 L. R. als Student der Medicin in Leipzig immatriculirt und der meißnischen Nation zugezählt. Allein der Aufenthalt in Leipzig dauerte lange, schon im nächsten Jahre gab R. sein Studium auf, um den Blumentrost aus Mühlhausen i. Th., der zum Leibarzt des Zaren Alexander Michailowitsch nach Moskau berufen war, zu begleiten. Warum R. sein medicinisches Studium so schnell unterbrochen hat, in welcher Stellung er den Blumentrost nach Moskau begleitet, ist unbekannt, — R. berichtet darüber. Eine kürzlich in den Acten des altenburgischen Gymnasiums aufgefundene Notiz (von Dr. Prockſch) gibt vielleicht eine Erklärung; es heißt: Rinhuber war ein sehr schlechter Schüler, undankbar und frech; eines Diebstahls angeklagt, floh er am 2. Mai 1667 nach Moskau. Es ist aus kurzen Bemerkung nicht zu ersehen, ob R. als Gymnasiast oder als Student Diebstahls angeklagt worden ist, — ich vermuthe, daß es sich um eine Angelegenheit während der Studentenzeit handelt. R. selbst erzählt, er habe Semester Medicin studirt, während es sich nach der obigen Mittheilung um ein Semester handelt. Die Angabe Brückner's, daß R. sechs Jahre hat, beruht offenbar auf einem Mißverständniß. Genug, — R. folgte, sagt, einer Aufforderung des Dr. Blumentrost und ging mit ihm nach Moskau. Zu Anfang des Jahres 1668 trafen die Reisenden — Dr. Blumentrost Familie und R. — in Moskau ein. Blumentrost wurde sehr bald auf Empfehlung des evangelischen Pfarrers Gregory als Leibarzt des Zaren in Moskau angestellt, R. aber trat nicht in den Dienst des Zaren, blieb bei Blumentrost, in was für einer Stellung, wissen wir nicht. erzählt, er habe den einen Sohn Blumentrost's unterrichtet; er habe auch Zeitlang, so berichtet er ein anderes Mal, an Stelle eines Lehrers in der Kirchschule in Moskau Stunden gegeben. Erst im October 1672, vierjährigem Aufenthalt in Moskau, tritt R. in die Oeffentlichkeit, und bei Gelegenheit einer theatralischen Aufführung, die Prediger Gregory Wunsch des Zaren veranstaltete. Wir müssen es uns versagen, auf die Zustände des damaligen moskowitischen Reiches hier einzugehen. Alexei in Moskau schätzte das Ausland außerordentlich und zog viel Ausländer, namentlich Deutsche nach Rußland, insonderheit nach Moskau. schon genannte Pfarrer Gregory war ein Günstling des Zaren. Auf Wunsch wurde durch die deutschen Schulknaben unter Leitung des Gregory eine Tragikomödie: „Esther und Ahasverus“ am 17. October vor dem Zaren *aufgeführt. R. erzählt*, er habe den Schülern das Stück einstudirt. Dieser Theaterabend entschied über die ferneren Lebensschi Rinhuber's. Es hatte der Zar Alexei damals 1672 im Sinn, eine Gesa schaft nach Westen zu senden, um mit den westlichen Staaten Verbindu anzuknüpfen. An der Spitze der Gesandtschaft stand ein schottischer Edelm Paul Menesius v. Pitsodels, Major in russischen Diensten. Dieser Sch wird als ein außerordentlich gewandter, sprachkundiger Mann geschildert. nun lenkte durch seine Mitwirkung bei jenem Theaterspiel die Auf samkeit entweder des Gesandten oder des Zaren auf sich, man glaubte in eine sehr geeignete Persönlichkeit für den Posten eines Gesandtschaftssecre gefunden zu haben. R. nahm das Anerbieten an. Ueber die eigentlichen Z dieser Gesandtschaft sind wir nicht unterrichtet — die russische Regierung nie etwas darüber veröffentlicht. Dadurch aber, daß R. über seine jeden untergeordnete Thätigkeit hinweg — ohne dazu berechtigt zu sein — sich diplomatische Verhandlungen mit den Fürsten Deutschlands einläßt und einigen deutschen Fürsten in Correspondenz tritt, sind wir über Rinhuber Thätigkeit orientirt. Die russische Gesandtschaft verließ zu Beginn des Ja 1673 die zarische Residenz und wandte sich nach Westen; im März befand sich mit den Gesandten in Dresden, woselbst dem Kurfürsten Georg von Sachsen zarisches Schreiben übergeben wurde. Von Dresden aus beginnt R. mit Herzog Ernst von Sachsen eine Correspondenz, ganz aus eigenem An ohne weder von russischer noch von deutscher Seite dazu veranlaßt zu inbetreff der Beziehungen zwischen Moskau und Deutschland. R. wußte herzoglichen Beirath Ludloff, den bekannten Geographen, für sich zu interessi R. war es bekannt, daß Ernst schon längst sein Interesse dem Osten, sonderheit den Deutschen, und zwar den evangelischen Deutschen in Mo zugewendet hätte, zu deren Unterhalt in Moskau er eine reichliche Unterstü gewährt hatte. Der Herzog ergriff die ihm durch R. gebotene Gelegen sein Interesse weiter zu bekunden. Er veranlaßte seinen Agenten in W den Gesandtschaftssecretär R., der sich unterdeß nach Wien begeben hatte, die russischen Verhältnisse auszuforschen. Im Verlauf der Verhandlun zwischen R. und dem Agenten des Herzogs liefert R. einen umfangreic aber keineswegs sehr günstigen Bericht über die Verhältnisse der Deutschen Moskau; wohl aber berichtet er von dem großen Plan, mit dem er sich tr er wolle die russische Gesetzsammlung (Uloshenige) ins Deutsche überse ein großartiges Werk über Rußland schreiben u. s. w. Der Herzog wü weitere Mittheilung. R. hat sich unterdeß mit seiner Gesandtschaft nach Ven und Rom begeben, kehrt aber im October über Venedig nach Deutschla zurück und bittet seinen Landesfürsten — um Geld. Die russische Gesa schaft trat sehr bald die Rückreise an, reiste über Danzig dann nach Mos zurück. Herzog Ernst hatte unterdessen dem Zaren sowie dem Vorstand deutschen Colonie formelle Schreiben zugesendet. Nachdem R. mit der russisch Gesandtschaft in Moskau angelangt war, hörte sein russischer Dienst auf; betrachtet sich nun aber als einen Agenten des Herzogs, er bittet um um zu repräsentiren. Bei Gelegenheit einer Audienz beim Zaren schlägt ihm vor, er solle mit China Handelsverbindungen anknüpfen, und weist auf Abessinien; Rußland solle mit diesem fernen Lande in Beziehung tre um einen Bundesgenossen gegen die Türken zu erlangen. Zu der Erörteru der abessinischen Frage war R. durch den Altenburger Geographen Lud angeregt worden.

Was R. in Moskau eigentlich getrieben, bleibt unbekannt; er find daselbst keine Beschäftigung und verläßt daher die Stadt. Im August 167 ist er schon wieder in Hamburg und berichtet dem Herzog über die dem Zare [illegible] Propositionen inbetreff der chinesischen Handelsbeziehungen [illegible] Frage; er meldet ferner dem Herzog das Erscheinen [illegible] Besuches: nicht ein eigentlicher Gesandter, sondern ein zarischer [illegible] zum Herzog Ernst kommen, um mit ihm allerlei zu verhandeln. [illegible] erscheint wirklich ein Beamter Protopopow in Altenburg und Gotha [illegible] mit dem schwer erkrankten Herzog Ernst und dem Herzog [illegible] — eigentlich ganz unwesentliche Dinge. R. dient während der [illegible] als Secretär; er wird in den Protokollen gelegentlich als Doctor [illegible] bezeichnet, wozu nicht die geringste Veranlassung vorlag. — Die [illegible] sind ziemlich erfolglos, wenigstens für R. Er verschwindet [illegible], scheint nicht nach Moskau zurückgekehrt zu sein, sondern hat [illegible] in Schottland (Edinburgh) in „Glaubensangelegenheiten" [illegible]. Endlich im April 1675 tauchte er wieder in Wien auf, was er [illegible], wissen wir nicht; gleichzeitig weilt daselbst eine russische Gesandtschaft [illegible], doch steht R. mit dieser Gesandtschaft nicht in Verbindung. [illegible] wird eine kaiserliche Gesandtschaft nach Moskau vorbereitet unter [illegible] und Guzmann; hier findet R. Verwendung als Dolmetscher und Arzt. [illegible] dieser Gesandtschaft zieht R. nach Moskau und während nach Er-[illegible] der geschäftlichen Angelegenheiten die beiden Gesandten wieder nach [illegible] zurückkehren, bleibt R. in Moskau. Er hat nun wirklich eine kleine [illegible] in Moskau am zarischen Hofe gefunden, ob als Arzt oder als [illegible], läßt sich nicht mit Sicherheit feststellen. Er sendet abermals große [illegible] an den Herzog Friedrich (Dec. 1677 und Febr. 1678), über die [illegible] am zarischen Hofe, aber auch über allerlei Reisepläne und über [illegible] wirthschaftlichen Arbeiten. Es scheint ihm aber doch nicht in [illegible] behaglich gewesen zu sein, er verläßt Moskau im März 1678 in der [illegible] des nach England zurückkehrenden englischen Gesandten Hebden und [illegible] ihm, wie er an Ludloff schreibt, nach England, um sich daselbst in [illegible] weiter auszubilden. Mit Hebden geht R. nach London, bleibt [illegible] kurze Zeit da und wendet sich nach Frankreich; am 2. September [illegible] R. in Fontainebleau beim König, dann reist er nach Orleans, Lyon, [illegible] Genua, Corsica, Livorno, wo er im Februar 1679 weilt, dann weiter [illegible] Florenz und nach Rom. Was für Zwecke R. bei seinen Reisen verfolgt [illegible] er die Mittel dazu gehabt hat — bleibt unbekannt.

[illegible] machte R. in Rom? Pierling, dem wir eine sehr interessante [illegible] über R. verdanken (Saxe et Moscou — Un médicin diplomát [illegible] de Reinufer, Paris 1893), ist es gelungen, die Spuren [illegible] in Rom aufzufinden. Pierling behauptet, daß R. hier in Rom zur [illegible] Kirche übergetreten sei. Sicher ist, daß R. sich bittend an den [illegible] Innocenz XI. gewandt hat, der Papst möchte ihn unterstützen, sein [illegible] sei ihm jetzt verschlossen. R. hat sich etwa zwei Jahre in Rom [illegible], es läßt sich feststellen, an welchen Orten er daselbst gewohnt hat, [illegible] oft er an den Papst Berichte geschrieben hat. R. erkrankt in Rom [illegible] Anrathen der Aerzte Rom verlassen und soll mit Empfehlungen [illegible] nach Polen gehen. Die Behauptung Pierling's, daß R. wirklich [illegible] geworden, scheint mir nicht erwiesen zu sein. Mir will es scheinen, [illegible], um die Möglichkeit des Aufenthalts in Rom zu haben, sich für [illegible] ausgegeben, also den Papst getäuscht hat. Zu Anfang des [illegible] 1681 verläßt R. mit päpstlichen Empfehlungen Rom, um nach Warschau [illegible], reist aber nach Paris. Er bietet dem französischen Reiche seine [illegible] an, — doch genügt ihm nicht mehr der Doctor der Medicin, er macht sich zu einem Edelmann und nennt sich „de Reinufer". In Paris find[illegible] vorübergehend eine kleine Verwendung bei Gelegenheit einer sich daselbst [illegible] haltenden russischen Gesandtschaft unter Potemkin; eine wirkliche An[illegible] in französischen Diensten erhält er nicht. Er wendet sich wieder nach De[illegible] land, aber nicht an seinen eigentlichen Landesfürsten, den Herzog von S[illegible] sondern an den Kurfürsten Johann Georg von Sachsen. Im December [illegible] ist R. wieder in Deutschland. Von Dresden aus schreibt er an den Kurf[illegible] von Sachsen; er nennt sich Dr. med., erzählt, daß er in Moskau [illegible] des Zaren und Staatsmedicus gewesen sei, aber nun in seinem Vater[illegible] bleiben wolle. Im Jannar 1682 ist R. wieder in Altenburg, im Juli [illegible] Jahres in seinem Heimathort Luckо. Er will wieder nach Moskau zur[illegible] meldet er dem Kurfürsten; er bittet dazu um eine Empfehlung an den [illegible] der Zar solle ihm behülflich sein, nach Persien zu reisen. Aber alle [illegible] strebungen und Bemühungen Rinhuber's scheinen erfolglos zu sein — [illegible] kennen wohl seine vielen Bittschreiben, die in Dresden liegen, aber [illegible] Antworten. R. kommt nicht fort, im Juli 1683 bittet er um Aushänd[illegible] des ihm versprochenen Empfehlungsschreibens an den Zaren, im Mai [illegible] in Erfurt bei Ludloff und erzählt ihm von dem Plane, nach Moskau [illegible] weiter nach Persien zu reisen, aber es bedürfe dazu noch verschiedener [illegible] bereitungen. R. macht nun noch allerlei Ausflüge, nach Frankfurt a. M., [illegible] Heidelberg, in das Rheinland, Holland und England, — warum, wissen [illegible] nicht. Er schreibt, aus hochwichtigen Ursachen könne er nicht nach [illegible] reisen. Er geht nach Mecklenburg und bleibt den Winter über; [illegible] Frühjahr 1684 fährt er von Wismar aus nach Riga, wo er am 1. [illegible] eintrifft, reist dann weiter bis Pleskau. Am 6. Mai ist er endlich in Mo[illegible] liefert sein kurfürstliches Schreiben ab und verläßt am 8. September [illegible] wieder Moskau. Warum er seine persische Reise aufgibt, bleibt ebenso unbe[illegible] wie seine eigentlichen Absichten in Moskau. Am 28. October ist R. in [illegible] und im December 1684 in Dresden, wo er seine zarischen Schreiben [illegible] Geschenke abliefert. Dann wendet er sich nach Gotha und verfaßt hier, dies[illegible] in deutscher Sprache, nicht wie bisher in lateinischer, einen recht interess[illegible] Bericht, worin er seine Erlebnisse während der letzten zwei Jahre, seine [illegible] Reise nach Moskau und zurück anziehend schildert. Der Bericht wird [illegible] 24. Februar 1685 aus Gotha an den Kurfürsten abgeschickt und gelan[illegible] dessen Hände (cf. die Relation).

Mit diesem letzten sehr lesenswerthen Schreiben hören alle Nach[illegible] über R. auf — er ist plötzlich verschwunden. Was ist aus ihm gewo[illegible] Was hat er weiter unternommen? Ist er bald gestorben? Wir [illegible] es nicht.

Die verschiedenen Schriftstücke von der Hand Rinhuber's sind zum The[illegible] Gotha, zum Theil in Dresden aufbewahrt; sie sind in Brückner's bekannt[illegible] handlung über R. (Beiträge z. Culturgeschichte Rußlands im XVII. Jahrhun[illegible] Leipzig 1887, S. 213—278) benutzt. Brückner hat sich täuschen lassen; er über[illegible] R. sicherlich, schildert ihn als einen weitblickenden Diplomaten u. s. w. Sp[illegible] hat Pierling durch die in Rom und Paris gemachten archivalischen St[illegible] Schriftstücke inbetreff Rinhuber's zu Tage gefördert, denen zufolge R. in [illegible] ganz anderes Licht kommt. Pierling's R. ist eine ganz andere Persön[illegible] als Brückner's R. — R. wird nach Pierling um äußerer Vortheile [illegible] zum Convertiten, aber ohne Erfolg zu erzielen. R. gibt sich als Edelm[illegible] als Arzt, als Doctor der Medicin aus, aber von seinen ärztlichen St[illegible] von etwaigen Verdiensten um die ärztliche Wissenschaft erfahren wir ni[illegible] Studirt hat er niemals — wo hat er seine Kunst erlernt? Und schlie[illegible] bedeuten seine vielfachen Reisen? R. stand keineswegs in Diensten des Fürsten oder des Herzogs von Sachsen, er war keineswegs Diplomat von Beruf. Die Stellung als Gesandtschaftssecretär des Schotten Menesius und das Amt eines Dolmetschers der astrachanischen Gesandtschaft unter Guzmann haben doch keinen Diplomaten aus ihm gemacht. Warum reiste R. so zwecklos umher? Wo nahm er das Geld zu den Reisen her?

Ich vermag nicht anders, als R. für einen Abenteurer zu erklären. R. ist aber trotz alledem und meist gerade wegen des geheimnißvollen Dunkels, das ihn umgibt, eine anziehende Persönlichkeit. Seine vielfachen Berichte und Schriften sind — wenn wir die persönlichen Angelegenheiten bei Seite lassen — als Schilderungen der damaligen Zeit, insbesondere als Darstellungen des Lebens in Moskau, unbedingt von historischem Werth. L. Stieda.

Ripping: Ludwig Hugo R., Arzt und Irrenarzt zu Düren, Rheinprovinz, geboren am 27. October 1837 in Gieboldehausen (Provinz Hannover) als Sohn eines Arztes, studirte in Göttingen die Rechte und dann Medicin, war 1863—65 Assistent am pathologischen Institute in Göttingen, wurde 1864 in Hannover als Arzt approbirt, begann 1865 seine psychiatrische Laufbahn als provisorischer Hülfsarzt an der Heil- und Pflegeanstalt zu Hildesheim unter Snell's Leitung und verblieb an dieser Anstalt, allmählich zum ersten Hülfsarzt aufrückend, bis 1871, wo er als zweiter Arzt an die Rheinische Provinzial-Irren-Heilanstalt zu Siegburg übersiedelte. 1875 wurde er zum Director dieser Anstalt ernannt, deren Leitung er 1876 übernahm, 1878 übernahm er die Leitung der neu erbauten Provinzial-Irrenanstalt in Düren, die er einrichtete und eröffnete, wobei die in der Anstalt zu Siegburg befindlichen Geisteskranken und Beamten in die neue Anstalt übergingen. R., der am 8. Februar 1898 starb, ist Verfasser einer ganz beträchtlichen Reihe von Publicationen, welche zum größeren Theil in der unten genannten Quelle aufgeführt sind.

Vgl. Biographisches Lexikon hervorragender Aerzte, herausgeg. von Hirsch u. Gurlt VI, 981. Pagel.

Ritter: Eduard R., Maler, geboren am 1808 in Wien, † 1853 daselbst. Schon früh wurde er Schüler der k. k. Akademie in Wien. 1830 stellte er zum ersten Male aus, und zwar sein in Oel gemaltes Selbstbildniß. In den Jahresausstellungen der k. k. Akademie war er von da an regelmäßig und später auch in den Monatsausstellungen des österreichischen Kunstvereins vertreten. 1848 wurde er Mitglied der k. k. Akademie. Als humoristischer Genremaler war er lange Zeit sehr beliebt und weithin bekannt. Seine Arbeiten sind sehr zahlreich. Von ihnen seien hier die drei früher in der Belvederegalerie, jetzt im k. k. Hofmuseum zu Wien befindlichen erwähnt: „Die zurückgekehrte Wallfahrerin“ (1838), „Der kranke Waldhornist“ (1847), „Rudolf auf dem Kirchtag“. Gegen 80 andere seiner Gemälde und Aquarelle sind in Wurzbach's Biographischem Lexikon Oesterreichs (Wien 1873) verzeichnet.

Franz Vallentin.

Ritter: Jacob R. wurde zu Halle a. d. S. am 29. Mai 1627 geboren. Sein Vater, Samuel R., war Assessor des Schöppenstuhls und Advocat bei der Magdeburger Regierung in Halle, auch mansfeldischer und [illegible]ischer Rath. Er studirte in Wittenberg Jurisprudenz und wurde sodann [illegible]ischer Secretarius und Justitiarius in Langendorf bei Weißenfels. Er verheirathete er sich mit einer Tochter des sächsischen Hofpredigers [illegible] in Lichtenberg. Er starb, erst 42 Jahre alt, am 14. August 1669 in Halle.

R. hat die Schrift des Professors und Doctors der Medicin Daniel

Sennert († 1637 zu Wittenberg): „De bene vivendi beateque morien- ratione" ins Deutsche übersetzt und unter dem Titel: „Nützliche und heilsame Vorbereitung und Uebung eines christlichen Lebens und seligen Sterbens" im J. 1666 zu Leipzig bei Lankisch herausgegeben; auf dem beigegebenen Kupferstichtitel wird das Werk „Christliche Lebens- und selige Sterbens-... genannt, weshalb es auch unter diesem Titel mehrfach citirt wird. Auf... Titel wird nur Sennert genannt; Ritter's Name findet sich unter der Wid... an die Fürstin Anna Maria, Herzogin zu Sachsen, geborene Herzogin... Mecklenburg. Das Werk zerfällt in 18 Abschnitte; jedem Abschnitt ist ein geistliches Lied hinzugefügt. Obschon es nicht besonders ausgesprochen..., daß R. auch der Dichter dieser Lieder sei, so ist das doch von jeher die allgem... Annahme und darf auch als sicher gelten, zumal auch, wie Fischer (in... Blättern für Hymnologie 1886, S. 3) mit Recht bemerkt, keines ... bisher einem anderen Autor hat zugeschrieben werden können. Von ... 18 Liedern nahm Christian Beer 12 in seinen Seelengarten (1678)... Durch das Saubert'sche Gesangbuch, Nürnberg 1676, wurden mehrere ... Lieder bekannt. In das zweite Freylinghausen'sche Gesangbuch (1714) ... das Lied: „Ein Christ soll nicht der Meinung sein" aufgenommen und ... von da aus eine größere Verbreitung (abgedruckt bei Rambach und bei ... Bunsen); Diterich überarbeitete es zu dem Liede: „Bewahre mich, Herr, ... der Wahn" (1787), und in dieser, dem Original allerdings kaum noch ... lichen Form findet es sich noch in einigen neueren deutschen Gesangbüch... Besonders zu nennen ist noch das Lied: „Ihr, die ihr euch von Christo nennt", ein kurzes, kerniges Lied wider das Namenchristenthum (Berliner Lieder... vom Jahre 1832, Nr. 1085) und das Sterbelied: „Ich fahr und weiß ... wohin", das mitunter irrthümlich dem Johann Gottfried Olearius zugeschrieben ist. Ritter's Lieder zeichnen sich durch ihren Ernst und das Dringen ... lebendiges Christenthum aus; einige sind auch in der Form knapp und ..., während andere etwas Lehrhaftes an sich haben, wie es sonst zu seiner Zeit sich noch nicht findet.

Kirchner-Grischow, Kurzgefaßte Nachricht, Halle 1771, S. ... Rambach, Anthologie III, S. 171 ff. — Koch, Geschichte des Kirchenlieds u. s. f. 3. Aufl., Bd. 3, S. 352 f. — Blätter für Hymnologie, Jahrg. 18.. S. 2 ff. — James Mearns in Julian, A dictionary of hymnology, London 1892, S. 966.

Bertheau.

Ritter: Immanuel Heinrich R., Dr., hervorragender Vertreter ... Reform im Judenthum. R., geboren am 13. März 1825 in Ratibor, † ... 9. Juli 1890 in Johannisbach, erbte von seinem Vater Philipp, der ... der neueren Sprachen war, die Gabe des Denkers und Prüfers und von ... Mutter ein weiches Gemüth. Obwohl von sehr zarter Constitution, hat er mit 17 Jahren seine Gymnasialstudien beendet und oblag bei dem damaligen Ortsrabbiner Löwe dem Studium der rabbinischen Litteratur. R. ... neben den biblischen Schriften besonders die ethischen und philosophischen Partien im Talmud und bezog mit reichen Vorkenntnissen ausgerüstet die Universität in Breslau, an welcher er neben classischer Philologie Philosophie und Geschichte studirte, woselbst er 1849 auf Grund der Abhandlung „De Stoicorum logica" zum Dr. phil. promovirt wurde, nachdem er schon früher auch das Staatsexamen pro fac. doc. mit glänzendem Erfolge bestanden. Infolge der freieren Zeitströmung wurde R. 1848 als Hülfslehrer und eine Zeit lang sogar als Ordinarius beschäftigt. Da er sich aber, um eine feste Anstellung zu erlangen, nicht religiös entwickeln wollte, was ihm Minister v. Raumer in einer Audienz zu verstehen gab, war die Aussicht auf die Erreichung eines

... Lehramtes für ihn geschwunden. 1851 wurde R. als Religions-... die jüdische Reformgemeinde in Berlin berufen und gewann bald ... Kanzel, zuerst in Vertretung Samuel Holdheim's, um 1860 nach ... in dessen Stelle zu rücken. Als Ritter's Hauptwerk ist zu nennen: ... der jüdischen Reformation" (Berlin, W. J. Peiser), I. Theil: ... und Lessing als Begründer der Reformation im Judenthum, ... II. Theil: David Friedländer, sein Leben und Wirken im Zusammen-... den gleichzeitigen Culturbestrebungen im Judenthum, 1862. III. Theil: ... Holdheim, sein Leben und sein Wirken. Ein Beitrag zu den neuesten ... im Judenthum, dem sich der aus Ritter's Nachlaß von ... Samuel, Rabbiner in Essen, im Auftrage der Familie herausgegebene ... Die jüdische Reformgemeinde zu Berlin und die Verwirklichung ... Reformideen innerhalb derselben (Berlin 1892, Verlag von Emil ...) anschließt. Außerdem sind von R. erschienen: „Beleuchtung der ... Schrift ‚Das Judenthum und der Staat'" (1857); „Kanzel-... aus dem Gotteshause der jüdischen Reformgemeinde" (1856, II. Auf-... 1865); „Weihreden und Predigten" (1875); „Wir Juden" (1881); „Die ... des Judenthums" (1885); „Die jüdische Freischule in Berlin. ... pädagogisch-geschichtliche Skizze. Programm zur öffentlichen Prüfung der ... schule der jüdischen Reformgemeinde in Berlin" (1861). Außer-... R. weiteren Kreisen bekannt geworden als Uebersetzer von Henry ... Buckle's „Geschichte der Civilisation in England" (Berlin, 5 Bände) ... William Eduard Hartpole Lecky's „Geschichte des Geistes der Aufklärung ...". Seine am 20. December 1871 im Namen des von ihm in ... schaft mit Männern wie Löwe-Calbe, Langerhans, Guido Weiß be-... „Verein für Freiheit der Schule" an das Abgeordnetenhaus ge-... Petition (gedruckt mit 10 Beilagen 1872) bleibt ein interessantes schul-... Document. Adolf Brüll.

Rittershaus: Trajan R., bedeutender Lehrer auf dem Gebiete des Maschinen-...es, geboren am 15. Juni 1848 zu Dortmund, † am 28. Februar 1899 ... Dresden, erhielt seine Schulbildung in seiner Geburtsstadt auf dem Gym-...sium und der Realschule erster Ordnung und begann seine Fachstudien 1861 ... der Provinzialgewerbeschule in Koblenz. Nach einer einjährigen praktischen ...tätigkeit in der Reparaturwerkstatt der Köln-Mindener Eisenbahn setzte er ...e Studien zuerst am Polytechnikum in Zürich und im Herbst 1864 an ... Gewerbeakademie in Berlin fort unter gleichzeitigem Besuch der mathe-...tischen Vorlesungen an der Berliner Universität. Seinen theoretischen ...igungen entsprechend, wollte er sich dem höheren Lehrfache widmen und war ...halb dem höchst anregenden Lehrer Reuleaux von Zürich nach Berlin gefolgt, ... dann nach einem langen Aufenthalt in England zum Studium der damals ...nders berühmten classischen Stätten des Maschinenbaues und nach Er-...igung seiner Militärpflicht 1868 als Assistent für Maschinenentwerfen an ... Berliner Gewerbeakademie den ersten Schritt zum Lehrerberuf zu thun. ...rauf vertauschte er diese Stellung wieder mit einer Thätigkeit in der ...is als Constructeur in der Werkzeugmaschinenfabrik von Gschwindt & Zimmer-...nn in Karlsruhe, kehrte aber 1871 in die Assistentenstelle nach Berlin ... und habilitirte sich 1873 als Privatdocent für Kinematik und ver-... Fächer.

Um diese Zeit hatte Reuleaux in einer Reihe von Veröffentlichungen eine ... Behandlung der Maschinengetriebe begründet, die großes Aufsehen ... später als besondere „Theorie des Maschinenwesens oder Kinematik" ...faßt wurden und in hervorragender Weise R. bestimmten, diesem

Gegenstande gleichfalls volle Aufmerksamkeit zu widmen. R. ging nur [illegible] einen bedeutenden Schritt weiter, als er in erster Linie die [illegible] Lösung selbst sehr verwickelter Bewegungen sich zum Ziele setzte. [illegible] beiten verdankt der praktische Maschinenbau vielerlei Aufklärung, [illegible] auch die Vorgänge in der Praxis scharf beobachtete und sich [illegible] tischen Lösung anderer Probleme mit großem Erfolge zuwandte. [illegible] theoretischen Gebiete liegen demnach auch seine litterarischen Arbeiten [illegible] denen nur genannt werden mögen: „Die Ellipsographen“ in den [illegible] lungen des Vereins zur Beförderung des Gewerbefleißes in [illegible] „Die kinematische Kette“ im Civilingenieur, 1876; „Die [illegible] Watt'schen Parallelogramms“ in der Zeitschrift des Vereins [illegible] genieure, 1877; „Die kinematisch-geometrische Theorie der Beschleunigung [illegible] ebd. 1878; „Die Beschleunigung am Kurbelgetriebe, besonders wichtig [illegible] stimmung von Massenwirkungen an Dampfmaschinen“, ebd. 1879; „Die [illegible] vermittler“ im Civilingenieur, 1879 und 1880; „Die Interferenz[illegible] ebd. 1880; „Die Kurbelbeschleunigungscurve“ in der Zeitschrift des [illegible] deutscher Ingenieure, 1883.

Im J. 1874 folgte R. einem Rufe an die kgl. technische [illegible] Dresden zunächst als außerordentlicher Professor für Kinematik [illegible] Maschinenbaukunde verwandte Fächer. Kurz nach Uebernahme dieser [illegible] kanzel bekundet er in einer größeren, im „Civilingenieur“ 1875 [illegible] Abhandlung seine Stellung zur Kinematik, indem er, nach einem [illegible] Rückblick über die Entwicklung der Kinematik die Beziehungen [illegible] welchen die Maschine zu dieser Lehre steht. Er stellt dabei die [illegible] die Synthese einander gegenüber, je nachdem er die an einer [illegible] Maschine vorkommenden Bewegungen und Bewegungsorgane auf ihre [illegible] mäßigkeit und ihr Zusammenspiel untersucht, oder ausfindig macht, [illegible] Mittel uns überhaupt zur Erzeugung von Bewegungen zu Gebote [illegible] wie wir dieselben zu verwenden und auszunutzen haben, um in [illegible] stimmten Fällen Bewegungen zu erzielen, welche zur Einrichtung [illegible] Maschine führen, mit der ein bestimmter Zweck erreicht werden soll. [illegible] langt dadurch zu dem Ergebniß, daß die letztere Methode allein fruchtbr[illegible] für das Maschinenwesen ist und tritt daraufhin auch für die von [illegible] ausgebildete Kinematik ein. Dabei geht er jedoch sehr kritisch zu [illegible] dem er zugleich mit großem Freimuth die Irrthümer, Unrichtigkeiten [illegible] Mängel seines Lehrers aufdeckt. Gleichzeitig befreit er diese [illegible] einem unverkennbar überflüssigen Beiwerk, sodaß R. sich durch diese [illegible] stellung ein großes Verdienst um die Förderung dieser neuen Wissen[illegible] worden hat.

Um dieselbe Zeit beginnt die Elektrotechnik als ganz neuer [illegible] Zweig der Technik sich den Aufgaben des Maschinenbaues anzugliedern, [illegible] läufig allerdings nur in den Maschinenbauwerkstätten und [illegible] mechanischen Erzeugung des elektrischen Stromes für Beleuchtungszwecke [illegible] Zugrundelegung des Lichtbogens und seit 1877 des glühenden Fadens [illegible] licht). R. erkannte sofort nicht nur die große Bedeutung der [illegible] Stromerzeugung mit Hülfe der sogen. Dynamomaschinen für Beleuchtungs[illegible] zwecke, sondern ganz allgemein, also insbesondere für Energieübertragung [illegible] vertrat mit großem Erfolge den Standpunkt, daß die Weiterentwicklung [illegible] hierauf fußenden Elektrotechnik nunmehr eine Aufgabe des Maschinen[illegible] den Laboratorien und Einzelwerkstätten entzogen und an die Maschinen[illegible] disciplinen der technischen Hochschulen angereiht werden müsse. [illegible] 1882 zum ordentlichen Professor befördert wurde, nahm er die [illegible]

[illegible] der elektrischen Maschinen in sein Lehrprogramm mit auf und ist daher [illegible] erste Professor einer technischen Hochschule zu bezeichnen, der dieses [illegible] als Lehrgegenstand pflegte, allerdings fast nur im Hörsal und Con[illegible]saal mit den Studirenden und nur vereinzelt in öffentlichen Vorträgen. [illegible] Rittershaus' Thätigkeit und Erfolge zusammenfassen, wie es in [illegible] Nachrufe des Professorencollegiums der technischen Hochschule in Dresden [illegible]: „Seinem regen Forschungseifer und seiner umfangreichen Kenntniß der [illegible]schaftlichen Litteratur verdankt die Maschinenwissenschaft besonders die [illegible]matik, Regulirungstheorie und Elektromechanik zahlreiche grundlegende [illegible], durch welche er neue Beziehungen nachgewiesen und neue Methoden [illegible] hat.

[illegible] Nachrufe sind erschienen im „Civilingenieur" 1899 und in der Zeitschrift des Vereins deutscher Ingenieure 1899.

E. v. Hoyer.

Ritz: Raphael R., Maler, geboren zu Brieg im Wallis am 17. Januar [illegible], † am 11. April 1894 in Sitten. Dem aus Niederwald, im Zehnten [illegible], dem obersten Theile des Wallis, stammenden Zeichnungslehrer am [illegible]gium zu Brieg, als zweiter Sohn geboren, verlebte R. in dem bescheidenen [illegible] des harmonischen Familienkreises eine glückliche Jugend und empfing [illegible] Vater den ersten Unterricht im Zeichnen. Zu Sitten, wohin die Familie [illegible]siedelte, wurde die Schulbildung abgeschlossen. Ein ernsthaftes Studium [illegible] Künstler begann in Düsseldorf, wo R. 1856 das Glück hatte, daß sein im [illegible] des Professors Jordan gemaltes Bild: „Toilette am Sonntagmorgen" [illegible] Düsseldorfer Künstlerverein angekauft wurde. 1860 trat er aus dem [illegible] aus, bethätigte sich selbständig, einige Zeit in der Heimath, seit 1865 [illegible]mals in Düsseldorf, bis er dann definitiv sich in Sitten festsetzte, wo er [illegible] auch 1878 mit einer Württembergerin, die er bei ihrem Aufenthalt im [illegible] kennen gelernt, vermählte. R. schuf von da an in seiner Heimath eine [illegible] Reihe von Gemälden, die seine Begabung für das Genre und für die [illegible]schaft in gleicher Weise darlegen. Ihr eigenthümlich hoher Werth liegt [illegible] der warmen Erfassung des originell Heimathlichen des geliebten Geburts[illegible]. Ganz besonders war es das Dorf Savièse bei Sitten, wo er mit [illegible] seine künstlerischen Anregungen suchte und fand. Bilder, wie seine [illegible]digt am Capellenfest der Einsiedelei Notre Dame de Longeborgne" oder [illegible] „Sonntagsfeier am Sanetschpaß" oder die „Ingenieure im Hochgebirge" [illegible] so eigenartig wahr und anziehend, daß eben nur R. sie geschaffen haben [illegible]. So gewann er Geltung und hohe Achtung in der engeren und weiteren [illegible]math und weit über ihre Grenzen hinaus. Als ein eifriger Besucher der [illegible]birgswelt, zunächst für seine künstlerische Arbeit, war er ein wohlgeübter [illegible]steiger und als solcher ein Mitglied des schweizerischen Alpenclubs, in [illegible] Jahrbuch er selbst Abhandlungen gab. Wie er als Maler Architektur [illegible] und vortrefflich wiedergab, wurde er das competenteste Mitglied der [illegible] archäologischen Commission und ebenso in die schweizerische Com[illegible] für Erhaltung vaterländischer Kunstdenkmäler gewählt. Mit Vorliebe [illegible]schäftigte er sich auch mit Botanik und Mineralogie. Unscheinbar in seinem [illegible], bescheiden im Auftreten, fast furchtsam, war R. in seinem Denken [illegible] Fühlen, seinem Streben und Schaffen eine Persönlichkeit, die bei einer [illegible] Erfassung seines Wesens, wie sie seinem Biographen gelang, von wirk[illegible] Kraft sich darstellte.

[illegible] Vgl. L. L. v. Roten, Das Leben des Raphael Ritz von Niederwald (Neujahrsblatt der zürcherischen Künstlergesellschaft auf das Jahr 1896).

Meyer von Knonau.

Robert: Emerich R., Schauspieler, dessen bürgerlicher Name eigent Magyar war, wurde am 21. Mai 1847 zu Budapest geboren, kam je schon mit neun Jahren nach Wien — der Stadt, wo er „entdeckt" werd emporsteigen, immer wieder und endgültig Boden fassen und ein Hauptträ dortiger großzügiger Bühnentradition werden sollte. Schon auf dem Akademisch Gymnasium (1860—65) für die Schauspielkunst begeistert, lenkte er bra seine deklamatorischen Leistungen die Aufmerksamkeit seiner Deutschlehrer a sich, und ein hervorragender Pädagog, der ihn gelegentlich hörte, bestärkte i mit der Aeußerung, der junge Mann habe zum Schauspieler weit mehr das Ze als zum Arzt oder Juristen. Auf letzterem Studium nämlich wollten die Elter bestehen. Aber der Sohn hatte schon einige Versuche auf dem Sulkowsk Theater hinter sich und seit dem 16. Jahre nahm er bei dem classisch Künstler Josef Lewinsky (1835—1907) Unterricht; dieser Schule dankt er ni nur die ernste dramatische Ausbildung, sondern auch die unermüdliche Selbs zucht, welche ihn durch anfängliche Widrigkeiten auf die Höhe geführt ha Schon 1864 stellte er sich Heinrich Laube vor, der dem Jünglinge die selten Gunst erwies, vor den Regisseuren des Burgtheaters „Probe zu sprechen" Laube lobte entschieden sein Talent: „Gleichwohl kann ich Sie nicht brauchen, denn Sie sind zu häßlich" — Robert, wenige Jahre später „der schö Robert" mit dem untadelig geschnittenen Kopf und den Feueraugen, desse Aeußeres das Publicum bestrickte, soll damals spindeldürr mit breitem Gesi und immer rothrandigen Augen gewesen sein. So begann er denn, nach zwe jähriger Vorbereitung bei Lewinsky, am 6. September 1865 am Actientheat zu Zürich als Ferdinand in „Egmont" die Laufbahn. Im litterarischen Stelldic ein der Stützen der lange zweifellos führenden deutschen Bühne, „Dekamero des Burgtheaters" (1880), S. 215—220, plauderte R. später launig über se nicht nur wenig versprechendes, sondern direct verunglücktes Debüt. Da mußte er in fast allen Rollenfächern aushelfen, sogar in den obskursten, selbst in Oper und Operette — z. B. als der eine Ajax in der „Schöne Helena" — und wäre mit seiner hübschen Stimme beinahe als Operetten sänger hängen geblieben. Melchthal in „Wilhelm Tell" bei einer Aufführun zu Schiller's Geburtstag zeigte sein Feld und veranlaßte den Ruf ans Stut garter Hoftheater. Diesem gehörte er vom 1. Mai 1866 ab an und entwickel daselbst rasch ungeahnte Fähigkeiten. Der vieljährige Stuttgarter Kritiker Ad (Müller-)Palm schrieb 1881 in seinen „Briefen aus der Bretterwelt" (S. 190 „Am 11. Mai 1866 erschien ein schlanker, bildhübscher, dunkellockiger Jüngli aus dem Lande Lenaus, mit einem Temperament, das Feuer aus dem Bod schlug, wo immer er stand. .... debütirte er als Bugslaff in [Heyses] ‚Hans Lan und Franz im ‚Götz'. Merkwürdig an ihm war schon damals, in den Tagen sein ersten Anfängerschaft, sein schlechthin unerschütterliches Vertrauen, daß er als Mi eine große Laufbahn machen werde. Jene wildbrausende Jugendzeit des Anfänge mit Leistungen wie sein Romeo und Ludwig XIV. in ‚Prinzessin Montpensie [Brachvogels] werden jedem unvergeßlich bleiben. R. verwendete damals einer Rolle soviel Schwärmerei, Gefühl und Leidenschaft, als er heute für e mehrwöchentliches Gastspiel verbraucht. Es war eine Lust, diese frischflammen natürliche Begeisterung in dieser edelschönen Hülle kochen, wallen und stürm zu sehen. Dabei überraschte aber von Hause aus das Fertige, Abgeschlossen formell Gerundete seines Spiels. Der Anfänger gebot, was vornehmlich Conversationsstücke hervortrat, über eine so vollkommene Sicherheit der Techn daß man es mit einer ausgelernten Routine zu thun zu haben glaubte.... Leid blieb er in Stuttgart nur kurze Zeit." A. E. Brachvogel, damals noch dur seinen „Narciß"-Wurf obenauf, sah ihn in Stuttgart und empfahl nebst de [illegible] Schauspieler Heinrich Marr ihn nach Berlin ans Kgl. Schau- [illegible] im August 1867 hatte er dort schon gastirt; am 7. Juni 1868 [illegible] als Romeo. Bald genoß er daselbst außergewöhnliche Beliebt- [illegible] Publicum, fand auch bei der Kritik gebührende Würdigung und er- [illegible] einen ersten Posten, wie ein lebenslängliches Engagement be- [illegible] als ihn, zumal bei Mißhelligkeiten mit dem Director Hein, trotz- [illegible] nach dem geliebten Wien ergriff, setzte er alles in Bewegung [illegible] zu kommen: durch eine von einflußreicher weiblicher Seite beim alten [illegible] vermittelte Audienz erreichte er über den widerstrebenden [illegible] v. Hülsen weg Lösung seines Vertrags. So trat er denn [illegible] von H. Laube begründete Wiener Stadttheater ein: der [illegible] zweiten Periode, der, die ihn ans erreichbare Ziel trägt. Mit [illegible] Laube'schen „Demetrius“ führte sich R. beim anspruchsvollen [illegible] der theaterfreudigen Kaiserstadt an der Donau wieder ein, zunächst [illegible] Schlagkraft, auch beim Director, der ihn gerufen und der ihn einst [illegible] hatte: „Der Ruf hielt nicht stand. Die schönen Mittel, Kopf, Gestalt [illegible] sich nicht frei und natürlich dar. Gang und Betonung ver- [illegible] Gemachtes, Gesuchtes, fast möchte man sagen Geziertes; er ge- [illegible] hinlänglich, fesselte also auch nicht hinlänglich.“ Mit eisernem Fleiß und [illegible] Streben überwand R. unter dieses strengen Bühnen-Strategen [illegible] alle Schwierigkeiten, errang nach der wärmsten Anerkennung als [illegible] im „Bruderzwist im Hause Habsburg“, am 3. October 1872 als [illegible] erwarteten großen Treffer und sicherte darauf Wilbrandt's „Graf [illegible]stein“ mit der Titelrolle den bedeutenden Erfolg. Hinreißende [illegible]gendkraft erfüllte seinen Leander in „Des Meeres und der Liebe [illegible] der Molière in Gutzkow's „Urbild des Tartüffe“ zog durch Eigen- [illegible] Juli 1873 erkrankte er für $^3/_4$ Jahr: eine „heilsame Sammlung“ [illegible], wie der tüftelnde Laube dann fand, da in ihm. Am 31. März [illegible] R. wieder in Ponsard's effektreichem Schauspiel aus der [illegible]zeit „Der verliebte Löwe“. Schon am 15. September schied er, [illegible] das Scepter niederlegte, von dessen Bühne; seine Gesellenjahre [illegible]schlossen. Hören wir über den nunmehrigen Stand wiederum Laube: [illegible] mit Fug und Recht als erster tragischer Liebhaber und junger Held [illegible] Stellung eingenommen, welche er sich vorher durch Schönthuerei in [illegible] Vortrag beschädigt hatte. Er hat die Sammlung gefunden, welche [illegible]spieler Segen bringt, indem sie den Nachdruck auf das Wesentliche [illegible] das Nebensächliche nicht mehr zur ungebührlichen Aufsteifung kommen [illegible] ist er jetzt ein Erster in seinem Fache durch wohlgeformtes Aeußere, [illegible] belebtes Organ, durch sorgsam gegliederten und im Affect frei [illegible] Vortrag und, was eine Hauptsache ist, durch Glaubwürdigkeit [illegible].“

[illegible] absolvirte er mehrere eindrucksvolle, theilweise sensationelle [illegible] durch Oesterreich und Deutschland, betheiligte sich, als Mark [illegible], Prinz von Homburg, auch an den Gastspielfahrten des [illegible] Hoftheaters, dessen Ehrenmitgliedschaft man ihm verlieh. 1875 [illegible] für einige Monate als Gast des Wiener Stadttheaters mit eigenem [illegible]trage, der Ende Februar auf Robert's Wunsch gelöst wurde. Doch [illegible] den nächsten Jahren stets einige Monate „Gast“ daselbst. Am [illegible] 1876 stützte er bei Laube's 70. Geburtstag in der männlichen [illegible] dessen „Monaldeschi“. Mit allem Nachdrucke setzte sich Dingelstedt [illegible], und nachdem dieser am 1. April 1878 als Hamlet unter brausen- [illegible] vom Stadttheater Abschied genommen, trat er im October als

Fiesko und Mark Anton auf dem Burgtheater ein. „Langsam, aber sich[er]“, heißt's in Eisenberg's ausführlicherer Skizze, „wuchs der Künstler mit d[em] Elitecorps deutscher Schauspieler zu einem unlösbaren Ganzen zusam[men]. Obwohl er mit großem Glück im Fache der jugendlichen Helden wirkte, [fand] er sich doch allmählich ungewöhnlich erfolgreich ins Charakterfach hin[ein]. Zwar war R. seinem Gönner Dingelstedt, der ihm die schöne definitive [Stellung] freigemacht, ganz zu Willen; z. B. verwirklichte er ihm einen Lieblings[gedanken] mit der Hauptfigur von Victor Hugo's abgethanem Stück „Hernani“. [Doch] fällt seine wahre Glanzzeit in die Aera Adolf Wilbrandt's, dessen [eigene] Dramatik auch später seine Gabe unvergleichlicher Verkörperung [stützte]. Robert's Pausanias im „Meister von Palmyra“ konnte man, wie A. v. [...] mit Lessing's Ausdruck beobachtet, studiren, wie die Alten den Tod [gebildet]. Ueberhaupt hat Emerich R. innerhalb des peinlichst geschulten Burgth[eater]-Ensembles sich eine ausgesprochene Individualität ausgebildet oder [...]. Ohne auf sonderliche äußere Naturanlagen zu bauen, brachten es Wille[, ...] Selbstzucht zu geradezu meisterlichen Leistungen, denen zur Genialität [...] Ursprünglichen eben nur der unerschöpfliche Born der angeborenen Kraft [...]. Ueberwogen so auch für den secirenden dramaturgischen Kritikus in R[obert's] großen tragischen Helden und ähnlichen führenden ernsten Gestalten der [Ver]stand und das Angelernte, so hat doch nach und nach die ihn auszeich[nende] Energie ihn völlig über die classische Rhetorik beim Sophokleischen Oedipus — [des]sen Wiedergabe war eine seiner Thaten, der letzten eine, vielleicht der Hö[he]punkt — so auch beim Macbeth und ähnlichen hinweggehoben.

1882 heirathete R. die Baronin Natalie Kübeck v. Kübau geb. v. [...], die sich nach 11 jähriger Ehe soeben hatte scheiden lassen, und wohnte seitdem [im] behaglichem Künstlerheim zu Hietzing bei Wien. 1888 anläßlich des Um[zugs] des kaiserlichen Burgtheaters ins neue Haus wurde er auch Regisseur. [Es] schien es, unzerstörbare Arbeitskraft erlahmte erst zu allerletzt. Nachdem [er] noch in Fulda's „Herostrat“ die Titelrolle creirt, erschien er als Parac[elsus] in Arthur Schnitzler's gleichnamigem Stück am 7. März 1899 auf [den] Brettern. Ein heftiges Magenleiden erheischte eine Cur in Bad Kiss[ingen]. Dortige Verschlimmerung veranlaßte die Heimreise: auf dieser ereilte ihn [der] Tod zu Würzburg, wo eine Operation geplant war, am 29. Mai 1899. [Am] 3. Juni bereitete das künstlerische Wien dem ernstlich selbstgereiften Mi[men] ein imposantes Begräbniß.

Dem Todten hat dabei als Vertreter der Collegen der unübertreffliche [Ad.] v. Sonnenthal den Scheidegruß mitgegeben. Dagegen sprach, nachdem der Di[...] evangelischer Pfarrer Alfred Formey die — mehr ästhetische als rituelle — [Ein]segnung vollzogen, Paul Schlenther, der Burgtheaterdirector, einen langen, [ge]dankenreichen Nekrolog, aus dem wir zur Charakteristik Sinnfälliges entleh[nen]: „Sie waren nicht dunkel, seine zwei bleifarbenen Medusenaugen, aber [sie] schienen ins Dunkle zu schauen, sie schienen durchs Dunkle zu bringen; [sie] sahen Dinge, die jenseits der irdischen Erfahrung liegen. Diesen Au[gen] glaubte man, daß es Gespenster und Dämonen gibt. Diesen Hamlet[augen] erschien der Geist vom Grabe als ein ehrliches Gespenst ... Zeitlebens [war] er von der Würde und Heiligkeit des Künstlerberufes durchdrungen. [Es] genügte ihm nicht, nur der schöne Robert zu bleiben, über den äußeren G[lanz] der Erscheinung hinweg trachtete er nach der Wesenstiefe, nach Mannichfaltig[keit] der Gestaltung. Dieser ernste strenge Künstler, dessen Element Melan[cholie] war, der nie im Schatten ging, in dessen Nähe man Dämonen und Gespen[ster] witterte, fand in sich den Humor, alle diese Eigenschaften seines tragisch[en] *Geistes auch* im Lichte des Witzes, im Lichte der Satire leuchten zu lass[en].

seinem Hamlet trat ebenbürtig die Farce der Schwermuth, sein Krasinsky Blumenthal's „Probepfeil"), die Farce des Geistreichthums, sein Bellac Pailleron's „Le monde, où l'on s'ennuie"). Hoch über beiden aber ... sein Atalus (in Grillparzer's „Weh dem, der lügt"). Wer den ... Darsteller des Coriolan, des Cäsar, des Mark Anton in dieser ... wußte ihn zu jenen Besten zählen, die nach Goethes Wort sich selbst ... haben können". Dieses Urtheil vervollständige ein Einblick in ... seitigkeit, indem wir zu den bisher genannten als weitere, meistens ... Art fein ciselirte Rollen seines ausgedehnten Repertoires aufzählen: ...'s Ferdinand, Carlos, Posa, Leicester, Hauptmann in „Wallenstein's ... Talbot, Don Manuel; Goethe's Weislingen, Egmont, Orest, Tasso, ... Shakespeare's Romeo, Edgar in „König Lear"; Coriolan; Lessing's ... und Graf Appiani; Hebbel's Gyges und Leonhard (in „Maria und ...na"); Flottwell in Raimund's „Verschwender"; Uriel Acosta bei ...; König Alphons in Grillparzer's „Jüdin von Toledo"; Caligula bei ... „Fechter von Ravenna", und Engländer in „Wildbiebe"; Brachvogel's ... und Gottschall's „Pitt (und Fox)"; Brutus in „Brutus und ...us" von Alb. Lindner; endlich — damit zeigte er sich auch den Nerven... des neuesten Dramenstils anpassungsfähig — Ibsen's „Baumeister ...". Welche Galerie von Charakteren hat er dargestellt, für welche Bunt... ...ologischer Probleme die lebendige Folie geschaffen!

...h Robert's Tode faßte Anton Lindner den Eindruck der künstlerischen ...en des genialen Scenikers etwas überschwenglich wie folgt zusammen: „...ne Statue aus Marmor und Ebenholz stand er vor unseren Blicken, ...e Königsstatue, die sich im Feuer der inneren, langsam erglühenden ...schaft mählich belebte, dann aber mit königlichen Schritten und könig... Bewegungen über die Bühne ging, die seine Rostra schien und schreck..., mit einer Stimme, die wie das Schicksal war, die grellsten Anklagen ...ie Menschheit erhob. Bleich, düster, verstört, Verachtung stets auf den ..., und dennoch die Güte des Adelsmenschen in den Augen; von Unmuth ...lt, schwerblütig bis in die letzte Faser seines Wesens, byronisch ...d stets oder schwarz und hager wie Dante inmitten flammender Feuer ...abhängiger Basilisken am Strande eines tiefen, blinden Wassers ...; ewig beklemmt, finster, umflort, von dunklen Stimmen getrieben ... des feinsten Gefühls für all die Köstlichkeiten der Melancholie, die ...ythmus, Seele, Religion, Brot, alles war, — so sehen wir R. im ... und auf der Bühne! Der Adel seines Wortes ist nun für immer ... Uns aber ziemt es, Laube's in Verehrung zu gedenken, der seinen ...en die Weihen einer so königlichen Cultur zu ertheilen gewußt."

Chronistisches Material nach dem Tode in der (Wiener) Neuen Freien ...e 12487 Abdbl. S. 2—3 (ausführliche authentische Angaben), 12488 ...l. S. 6 und Abdbl. S. 1, 12490 Mrgbl. S. 1, 12491 Mrgbl. S. 5, ...2 Mrgbl. S. 9—10 (Formey's, Schlenther's, Sonnenthal's Trauer...). — L. Eisenberg, Das geistige Wien I (1893), 455. — Ders., ... Lex. d. dtsch. Bühne (1903) S. 836 f. (eingehend). — Ad. Kohut, Be... israel. Männer u. Frauen I (1900), 222—24 (nur hier als Israelit). ... Kohut S. 224, Dekamerone vom Burgtheater S. 212, u. nachgewiesen ...-Katalog d. Abthlg. f. deutsches Drama u. Theater" der Internat. ...g. f. Mus. u. Theaterwiss., Wien 1892, S. 441, Nr. 1988. — Eine ...liche gediegene Würdigung Emerich Robert's lieferte aus eigenster ... A. v. Weilen im Biogr. Jahrb. und Dtsch. Nekrolog IV, 282 f. ... hier für die Technik Robert's verwiesen sei); eine kürzere

R. Gottschall's in Reclam's Universum, 18. Jhrg., H. 48 (19. Juni 19.. S. 1019 im Rahmen des Burgtheaters, auch dessen Monographie aus R.. Lothar's Feder (1904) S. 40—44, der R. sehr hoch stellt. Wichtig H.. „Das Wiener Stadttheater" (1875) S. 29, 42, 46—50, 106, 149, 182. In H. Uhde's Werk „Das Stadttheater in Hamburg" (1879) steht .. als drastisches Beispiel für neuzeitliche hohe Gagen angeführt, da.. 1878 ans Burgtheater auf zehn Jahre mit 8000 Gulden Jahresga.. die ersten drei, mit 9000 fürs vierte und mit 10000 jährlich vom .. Jahre ab engagirt worden sei. Von zwei langjährigen Beobachtern .. sagt Sigmund Schlesinger, der erfahrene Dramatiker, Robert sei de.. „Romantiker" des Burgtheaters gewesen (Dtsch. Revue 31 [1906] IV, .. während er F. Arnold Mayer in s. „Dtschn. Thalia" I (1902), 278 .. Künstler stets undistinguirt, ein fremdes Element im Hause" erschien.. Vgl. auch H. Laube's Theaterkritiken und dramaturgische Aufsätze, he.. gegeben von A. v. Weilen, 1906, I, 205.

Ludwig Fränk..

Robert-tornow: Walter Heinrich R.-t., Philolog und Schriftsteller, stammte der bekannten Berliner jüd. Familie des Levin Marcus aus dem .. klärungs- und Romantik-Zeitalter, der Rahel, Varnhagen v. Ense's Gatti.. ihr Bruder Ludwig, der Dichter, angehörten. Der letztere nahm bei der .. den Geschlechtsnamen Robert an, an Stelle von R.-t. (A. D. B. XXVIII, .. Walter R.-t., der, ein langjähriger Interessent auf dem Felde der Namen.. (1889 hat er die 2. Auflage von Abel's „Deutschen Personennamen" ..) sich stets mit t schrieb, wurde am 14. Juli 1852 auf dem Familien.. Ruhnow in Hinterpommern geboren. Er hat nicht nur nach Jahren .. dortigen Dorfpfarrer August Bentz sein Buch über Bienen und .. im classischen Alterthum als dem ersten Anreger einschlägiger Studien .. pietätvollem Gedenken gewidmet, sondern ist, das „Horizontgefühl" .. Kindheit stets vor Augen, immer und immer wieder von Sehnsucht na.. „weißen, reinen" Wolken, den Buchenkronen, Fichtenwipfeln, tiefen, .. Landseen voll Wasserrosen, den schimmernden, wogenden Getreidefeldern .. mißkannten geliebten Heimath-Landschaft gepackt worden. Der kräftige .. bau seiner Landsleute ging ihm freilich ab und 1870, da er gerade mili.. pflichtig geworden, empfand er seine vom 8. Lebensjahre datirende Gebrech.. ganz besonders. Während eines Helgoländer Curaufenthaltes lernte .. Dreijährige spielend lesen. Die trefflich gewählte Büchersammlung des .. des mit mancherlei Wissenschaften universell vertrauten Landwirths, sowi.. Anregungen des bildungsfreundlichen Elternhauses förderten die Entwi.. des begabten Jünglings, dessen schwächliche Gesundheit zur Beschränkung .. Hauslehrer zwang. Auf ihn gingen nicht allein die ästhetischen Triebe .. genannten ältern Verwandten über, sondern auch allerlei aus der selbst.. Lebensanschauung seines Ruhnower Lehrers und dauernden Freundes, hal.. stoisch, halb humoristisch-skeptisch sich gebenden Dr. Jsler, eines geb.. Philologen. Die Epigramme in Robert-tornow's dünnem Hefte „Geglei.. (1883), Sprüche im Stile der „Xenien", hallen solche Ueberzeugungen .. Stimmungen des damals noch hochbejahrt lebenden Lehrers wieder.

Seit Sommer 1870 hörte er an der Universität Berlin, namentlich .. Moritz Haupt, Theodor Mommsen, Ernst Curtius, Hermann Grimm, .. logische und kunsthistorische Vorlesungen. Die classische Philologie, zu der .. gediegene Vorbildung und angeborener Spürsinn befähigten, zog ihn beson.. an. Als Abschluß oft unterbrochener, jahrelanger Studien entstand die .. gründliche, systematisch aufgebaute Arbeit „De apium mellisque apud vet..

antiquae et symbolica et mythologica", im Jahre 1875 ausgearbeitet, 1893 gedruckt als stattliches Zeugniß eindringlichster Forschung im germanistischen Sinne, fußend auf allseitiger Belesenheit der griechisch-römischen Autoren weitesten Umfangs nebst sonstigen Geistesdenkmalen des Alterthums und ausblicken in Culturgeschichtliches und den litterarischen „Folklore" der neuzeitlichen Aera (Grimm, Menzel u. s. w.). Einige Zeit hat R.-t. neben Universitätsstudien, da ein befreundeter Maler Porträtiranlagen bei ihm gefunden wähnte, an der Berliner Kunstakademie gezeichnet. Dann zog es ihn richtig zur Poesie: sie, die er durch das internationale Schriftthum weithin und selbständig kennen gelernt, hat er mit nicht alltäglichem Talent fleißig gepflegt. Sein durchdringendes kritisches Vermögen, an zahlreichen Mustern und Proben geschult, ließ ihn der Grenze seiner Schaffenskraft bewußt bleiben. „Ich kann", äußerte er bescheiden gelegentlich, „ein gutes Sonett, allenfalls ein gutes Epigramm machen, mehr aber nicht"; obgleich sein Nachlaß eine — größtentheils als „Gedichte von W. R.-t." 1897 gedruckte — beträchtliche Reihe gelungener lyrischer Gedichte aufwies, so besitzen wir von ihm außer Sinnsprüchen im Stile des erwähnten „Begleitbuchs" als Hauptleistung die vortreffliche Uebersetzung der „Gedichte des Michelangelo Buonarotti", geradezu ein Meisterwerk, dessen Erscheinen (1896) er nicht mehr erleben konnte. Die Fertigkeit, durch verschiedenste Verse Freunde gelegentlich zu erfreuen, und sein glückliches Verständniß für Geist und Form verschmolzen in meisterhafter Wiedergabe fremder Dichtungen. Bei der Bearbeitung der Abhandlung über die Bienen übertrug er das 4. Buch von Vergil's Georgica in deutsche Jamben, dann dichtete er Theognis' Elegien in Reimen nach, übte sich an Verdeutschungen aus dem Englischen und warf endlich die einschlägige Lust und Kraft auf den gewaltigen vielseitigen Renaissancemeister, dessen Person, Zeit, Poesie-Inhalt und -Form (über diese Punkte s. seine Einleitung) ihn anzogen und reizten. Er hat die künstlichen, verschränkten Reime, Gleichklänge, Anspielungen u. s. w. Michelangelo's sinn- und stilgerecht, doch, wo nöthig, in freierem Nachdichten ins Deutsche übersetzt. Diese unendliche Mühe kann nur genauer Vergleich mit dem Originale richtig feststellen und würdigen.

Robert-tornow's große Litteraturkenntniß und Fähigkeit, Litteraturwerke zu beurtheilen, bewährte sich im übrigen vielfach und vielartig. Ohne einen förmlichen Examensabschluß war er zu den Eltern heimgekehrt. Im Februar 1876 knüpfte er Beziehungen zu Georg Büchmann (s. d.) als ergänzender Mitarbeiter seiner rasch berühmt gewordenen systematischen Anthologie „Geflügelte Worte" an, und ständiger Briefwechsel über dies ihnen am Herzen liegende Buch machte beide Männer bald zu Freunden, bis R.-t. 1880 mit seinen Eltern nach Berlin übersiedelte, ins Haus des verstorbenen Onkels, Kammergerichtsassessors Ferdinand R.-t. Das originelle Heim dieses weitbekannten kunstsinnigen Sammlers und Kunstkenners und ihn selbst schildert W. R.-t. im Aufsatz „F. R.-t., der Sammler und die Seinigen. Ein Beitrag zur Geschichte Berlins", Dtsche. Rundschau, 65. Bd., 1890, S. 428 (Anm. über Namen R.-t.); auch der künstlerische Sinn seines als Keramolog bekannten Onkels Albert Dürrschmiedt beeinflußte ihn. Nun entspann sich ein ständiges Zusammenarbeiten, und als Büchmann 1884 starb, hatte er das fernere Schicksal seines Lieblingskindes schon R.-t. anvertraut. Dieser wurde denn ein in jeder Hinsicht berufener Nachfolger, welcher die so weitschichtigen Materialien rastlos vermehrt, chronologisch gruppirt, erweitert (um 750 neue; darunter die für R.-t. charakteristischen „G. W. in Sagen und Volksmärchen"), durch ein ideales Register erschlossen und unter eine klare, knappe, sprachwissenschaftlich unanfechtbare Definition (jetzt in der Einleitung fettgedruckt) gebracht hat. Se treue Hut hob die Verbreitung von den 57 000 Exemplaren der ersten 18 lagen Büchmann'scher Redaction auf das mit der 18. erreichte Hundertta Hier fand er einen Anker seines Daseins, ja, einen Quell für eigene in Poesie und Prosa. Robert-tornow's vorausgeschickte Skizze von Büch Wirksamkeit spiegelt des Jüngern innigste Theilnahme.

Unausgesetzte Lectüre deutscher und gewählter fremder Litteratur von jeher sein sachlich und formell ausgezeichnetes Gedächtniß. Die versch neudeutschen Humoristen unabhängiger Art standen ihm am nächsten: „Grüner Heinrich" — dieser voran —, Vischer's „Auch Einer", „Stromtid", Scherr's „Michel", Rosegger's „Waldschulmeister". Die Classiker waren ihm durch wiederholte ernste Hingabe geläufig. So die 9. Auflage der Ad. Stahr'schen populären Monographie über Leben und Werke (1887) besorgen und seine beiden poetischen Liebli der — G. Büchmann gewidmeten — Darstellung „Goethe in Heines (1888), die glatt und umsichtig ohne jeden Schulmeister-Einschnitt das entwickelt, aufs engste verbinden und gemeinsam feiern.

Seit Frühling 1888 wohnte R.-t. als Vorsteher der Privatbibliot deutschen Kaisers in der Hauptstadt in einem versteckten, traulichen alten „Weißen Schlosses" an der Spree. „Hier hauste er wie ein Zaube Märchen. Aber wer ihn suchte und zu finden wußte, der traf ihn stets geräumt und immer hülfsbereit ... Er verstand sich auf Menschenschicksale. auch in seinem Herzen hatten Leidenschaften getobt, auch um seine Seele dunkle Gewalten gestritten: er aber hatte sich in selbsterlebten Liedern gesungen und sich zum Siege, zum echten Lebenshumor durchgekämpft" schildert sein Freund Thouret diesen Schlußabschnitt, während dessen wachsende Anerkennung des Hofes und sonstige äußere Ehrungen befriedigten. Im Lenz pilgerte R.-t. öfters mit Hermann Grimm, ihm mannichfach Sympathischen, überall voll Verstehenden, in die Berge. Am liebsten aber flüchtete er aus dem Brustgedräng der Mauer die See oder gar nach Helgoland, seiner „Insel der Seligen", und dor der Tod den von jeher gesundheitlich unfesten und sterbensbereiten kaum 48 Jahre alt, am 17. September 1895 überrascht. Mit ihm stiller, emsiger, gewissenhafter Arbeiter, der, leider durch überängstliche kritik im Schaffen lahmgelegt, höchst Bemerkliches im Kleinen geleistet, insbes Büchmann's „Geflügelte Worte" mit auf ihre sichere, maßgebliche Höhe und Michelangelo's Genius im Andenken der deutschen Nachwelt für verewigt hat.

Alle Nachrufsnotizen, besonders die der Berliner Zeitungen überg nennen wir als Quelle nur die von Robert-tornow's Freund Prof. Thouret den Neuausgaben von Büchmann's „Geflügelten Worten" (i. d. 19. von 1898, S. XVI—XXI; s. auch S. VII) vorangestellte u. Charakterskizze und ebendesselben Vorrede zu der von ihm über Herausgabe der Michelangelo-Verdeutschung (1896), S. XVII—XX, „Gedichte" (1897). Die Uebersetzung, bedeutsame Frucht sechsjährigen besprach M. Cornicelius im Archiv f. d. Stud. d. neuer. Sprch. 101 S. —44; ebenda 101 S. 399 f. Ad. Tobler u. H. Blümner, Grenzboten I, 312 die nach R.-tornow's Tode gedruckte 19. Aufl. des Büchmann- Das nackte Thatsächliche über R.-t. bei Brümmer, Lex. d. dtsch. Dicht. III, 544. Ein liebenswürdiges vertrautes und vertrauliches Conterfei Sehen und mündlichen Hören entwarf Herm. Grimm Dtsche. Rundsch. 85. 443—447 u. Dtsch. Literaturztg. 1897 S. 1625—81. Fränkel.

Rochholz: Ernst Ludwig R., Mytholog und Sagenforscher, wurde am ... März 1809 zu Ansbach als Sohn eines Juristen geboren und erhielt nach frühen Tode des Vaters (1815), nachdem ihn zunächst der Großvater ...terlicherseits, ein Forstmann, bei sich aufgenommen hatte, eine königliche ...lle in dem Erziehungsinstitut, das mit dem Gymnasium zu Neuburg ... Donau verbunden war. Es ist sehr wahrscheinlich, daß der junge Pro...t hier, wo er, fast isolirt unter seinen Mitschülern, nur von katholischen ...lichen unterrichtet ward, den Grund legte zu seiner tiefgehenden Abneigung ... alles kirchliche Wesen und zu seiner Todfeindschaft gegen den Ultra...ntismus. 1827 verließ R., der inzwischen auch die nach Baireuth ver... Mutter verloren hatte, mit dem Reifezeugniß die Anstalt und bezog ... Universität München, wo dem völlig Mittellosen seine älteste Schwester ... ihr Gatte, der Universitätsprofessor Hermann, traulichen Familienanschluß ... den Zugang zur besten Gesellschaft und zu allen Bildungsmitteln der ... aufblühenden Residenz sicherten. R. war anfangs Jurist und hatte in ...m Fache seinen fränkischen Landsmann, den jungen Puchta zum Lehrer, ...en hörte er Philosophie bei Schelling, Philologie bei Thiersch und wendete ... mehr und mehr den historischen und germanistischen Fächern zu, mit der ... dem Schwager bestärkten Absicht, in diesen die akademische Laufbahn zu ...en. Dem Erwerb einer methodischen wissenschaftlichen Schulung, wie er ...ie gleiche Zeit Kaspar Zeuß gelang, standen bei R. neben Mängeln der ...ge und Vorbildung seine früh entwickelten litterarischen Neigungen und ...genug auch eifrige politische Interessen im Wege. Seit 1829 hat er im ...genblatt" und in anderen Zeitschriften Gedichte drucken lassen, und die ...ische Form ist ihm bis an sein Lebensende das liebste und bequemste ...drucksmittel gewesen: zum breiten Bericht des Erlebten wie zum energischen ...nntniß des Erstrebten; noch der 80jährige ließ eine Sammlung drucken ... T.: „Reichstreu — Denkfrei. Gedichte zu Schutz und Trutz aus der ...eit" (Leipzig 1889). Vers und Reim hat R., der als Gymnasiast schon ... persönliche Bekanntschaft Rückert's aufgesucht und als Student die freund... Theilnahme Platen's gefunden hatte, stets mit Leichtigkeit gehandhabt; ... die Stelle von Ueberschwang und Schwulst seiner Jugendgedichte ist später ...ge und Deutlichkeit getreten, aber seine Rhetorik blieb gleichwohl weit...ig, und neben sprachlichen Härten stehen überall prosaische Ausdrücke ... Wendungen.

In welcher Richtung und in welchem Umfang sich der Student R. in ... Jahren 1832 und 1833 politisch bethätigt hat, ist auch seinem Bio...phen Hunziker nicht gelungen aufzuklären: zu den vielen Widersprüchen ... Wesens gehört auch die neben leidenschaftlicher Offenherzigkeit einher...nde Neigung, das eine und andere in seinem Handeln mit einem Schleier ...zuziehen. Sicher ist, daß er am 26. Januar 1833 aus München aus...wiesen wurde, nachdem er bereits exmatriculirt war, und wahrscheinlich hat ... Spottgedicht auf König Ludwig I. dabei eine Rolle gespielt. Während ...ch dann noch einige Monate, zuletzt unter einem Versteckname, auf bai...em Boden aufhielt, gerieth er in den gewiß unbegründeten Verdacht, mit ... Frankfurter April-Putsch in irgend einem Zusammenhang zu stehn, und ...te nun von Lindau hinüber auf Schweizer Boden. Seine Angehörigen ... seine Münchener Gönner scheinen das Maaß seiner politischen Verfehlung ... als gering angesehen zu haben: Thiersch hat ihm Empfehlungen mit...ben oder nachgesandt, Schelling und Platen haben nicht aufgehört sich für ... zu interessiren — die bairischen Behörden aber verhielten sich jahrelang spröde, und so war R. gezwungen, sich in der Schweiz eine Existenz zu gründen.

Am 9. Juni 1833 trat er — wohl durch seinen pädagogisch ... essirten Schwager Hermann auf diese Bahn gelenkt — bei dem Fellenberg'schen Erziehungsinstitut in Hofwyl als Lehrer des Deutschen ein; ... wußte ihn überdies zur publicistischen Propaganda für seine Unterneh... zu gewinnen, war aber mit dem enthusiastischen Stil des ersten Manuscr... das ihm R. übergab, wenig zufrieden und hat die „Gespräche über ... von Fellenberg und seine Zeit" erst — gegen den Willen des Autors — ... Druck befördert (Burgdorf 1834), als dieser mit ihm rasch und gründlich ... fallen war. Rochholz' Verhalten in diesem Streit ist zum mindesten un... gewesen und konnte ihm, da sich gleichzeitig die politischen Gegensätze ... schärften, zeitweise den Vorwurf der Felonie zuziehen. 1834 und 1835 ... sich R. in Bern auf, wo er eine Schulanthologie „Die Lieder der Ju... (1834) und einen ersten Versuch auf einem Gebiete veröffentlichte, das ... später ganz anders vertraut ward: „Eidgenössische Liederchronik. Samm... der ältesten und werthvollsten Schlacht-, Bundes- und Parteilieder vom ... löschen der Zähringer bis zur Reformation" (1835). Vom November ... bis Ende März 1836 gab er deutschen Unterricht am Gymnasium zu ... am 30. März 1836 ward er auf Grund einer Prüfung und Probelec..., wobei Wilhelm Wackernagel und Ernst Götzinger als Fachgelehrte mitwi... zum Hauptlehrer der deutschen Sprache und Litteratur an der neuorgani... Kantonsschule zu Aarau ernannt — als Nachfolger des der Opposition ... gehörigen Dichters Abraham Fröhlich! Es war nicht sein Lebenswunsch, ... der Fremde und in dieser Stellung zu bleiben, in der ihm das poli... Milieu ebensoviele Schwierigkeiten bereitete, wie sein persönliches Temperam... Er hing an seiner bairischen Heimath und hielt zäh an seinem bairi... Bürgerrecht fest bis zuletzt; lange hat er hinübergestrebt, besonders le... im J. 1845, wo er sich um das erledigte Rectorat des Realgymnasiums ... Nürnberg bewarb, zu einer Zeit, als neue Anfechtungen seiner Berufsthä... keit in Aarau ein Ende zu bereiten drohten. Zu solchen gab er seinen ... nern durch sein freimüthiges und gewiß nicht immer taktsicheres Verhal... gegenüber Schülern, Collegen und Behörden immer wieder Anlaß und ... legenheit: bald richteten sie sich gegen seine Lehrweise, die leicht die Fassungs... kraft und die geistige Reife der Schüler überschätzte, bald gegen seinen ... lichen Radicalismus, bald gegen die Hereinziehung seiner Forschungsgegenstä... in den Unterricht — und den Boden, auf dem sie wuchsen, nährte der deu... Patriot R. durch seine rückhaltlose Kritik der schweizerischen Verhältnisse ... die Bestimmtheit, mit der er der Beurtheilung deutscher Zustände durch ... Schweizer allezeit entgegentrat. Andererseits stand ihm die dankbare Gesinn... vieler Schüler zur Seite, die er früh zu geistiger Selbständigkeit erzo... denen er den Charakter gestählt und in denen er, der Reichsdeutsche, die ... zur engern Heimath durch das hingebende Studium ihres Volksthums ... Ahnenerbes gefestigt hatte.

Im April 1866 wurde R. mit einem angemessenen Ruhegehalt pensio... — es geschah, um weiteren Aufregungen und einer nicht unwahrscheinli... Erschütterung seiner amtlichen Position vorzubeugen. Die Jahre 1867 ... 1870 hat er in Biel zugebracht, dann ist er in das ihm zur Heimath ... wordene Aarau zurückgekehrt, wo er im gleichen Jahre die Leitung des ... nalen Antiquariums übernahm — einen Katalog dieser Sammlung hat er 1... herausgegeben. Mit begeisterter Antheilnahme hat er den nationalen ... schwung und die Wiederaufrichtung des Reiches begrüßt und der Heima...

jubelt, die sich ihm früh verschlossen hatte. Als man ihn in den 70er ren an das Germanische Museum nach Nürnberg berufen wollte, fühlte daß er dazu zu alt sei. Im J. 1884 verlieh ihm die philosophische zu Bern für seine Verdienste um die schweizerische Volkskunde die würde. Im December 1890 konnte er mit seiner Gattin, die er einst Mathy im Schulhause zu Grenchen kennen gelernt hatte, das Fest denen Hochzeit begehn. Das letzte, was er zum Drucke brachte, ist größere Anzahl von politischen und satirischen Gedichten im „Kladdera- von 1890 (Nr. 42) bis 1892 (Nr. 8). Als den bis ans Ende un-lich Arbeitsamen ein Schlaganfall traf, brachte man ihn ins Kantons- und dort ist er, 83jährig, in der Nacht vom 28. zum 29. November gestorben.

Rochholz' umfangreiche belletristische, pädagogische und politische Pro-on, die man in dem Verzeichniß bei Hunziker S. 41—54 gut überblicken gehört großentheils dem Tage an und ist wohl durch Vielseitigkeit des und Tüchtigkeit der Gesinnung, aber durch keine besonderen schrift-lichen Vorzüge ausgezeichnet. Er war ein zu knorriger Aristokrat, um mals in die schweizerische Demokratie zu schicken, in die ihn harmlose verfehlungen hineingetrieben hatten, und er war zu sehr Gelehrter, um Volksschriftsteller zu werden, wie eifrig er auch zeitweise nach diesem Lor-rungen hat. Und die Wissenschaft wieder ist so rasch über ihn hinaus-den, daß es heute schwer wird, seinen Büchern gerecht zu werden, für unmethodische Gelehrsamkeit uns keine Anmuth der Darstellung, kein poetischer Empfindung entschädigt. Rochholz' wissenschaftliches Special- ist die Erforschung deutscher Sage und Sitte auf dem Boden der und insbesondere des Aargaus. Er hat sich für diese Dinge offenbar zu interessiren begonnen, und seine planmäßigen Sammlungen mögen in Aarauer Jahre zurückgehn. Daß er den deutschen Unterricht auf breitesten Basis der Wissenschaft Jacob Grimm's vom deutschen Volksthum strebte, zeigt schon sein Lesebuch für die höheren Schulen des Aargau: „Der neue Freidank. Geschichte der deutschen National- nach Sage, Religion, Poesie und Prosa" (1838), und derselben Rich-stammte noch einseitiger die bald angefochtene Publication „Tragemunt. Kindergedichte in Räthselketten, Räthselsprüchen, Schwänken, Märchen, ungen und Liedern" (1851). Es war ein doppeltes Verhängniß für daß er an Volksdichtung und Volkssitte mit der Absicht herantrat, sie gisch zu verwerthen, und daß er dann, als er versuchte, seinen Arbeiten diesem Gebiete wissenschaftlichen Charakter zu geben, nicht sowohl an die selbst als an J. W. Wolf und den jungen Mannhardt anknüpfte. Beisteuer zu der von diesen beiden herausgegebenen „Zeitschrift für Mythologie und Sittenkunde" (1853—1859) setzt diese Seite von Thätigkeit ein, nebenher gehen seine werthvollsten Publicationen: sagen aus dem Aargau. Gesammelt und erläutert", 2 Bde. (1856) „Alemannisches Kinderlied und Kinderspiel aus der Schweiz" (1857). der staunenswerthe Reichthum, den dieser letzte Band ausschüttete, glücklichen Sammler reichen Beifall ein und erweckte ihm so noch die Hoffnung auf eine öffentliche Anerkennung von höchstberufener Wenn aber schon in diesen Arbeiten die voreilige Ausdeutung un- erscheint und gerechte Bedenken auch gegen die Zuverlässigkeit des Stoffes wachruft, so wachsen diese Bedenken gegenüber der mytho-hen Verwerthung von Sage, Sitte und Wortschatz, der kritiklosen Werthung der verschiedenartigsten Zeugnisse und den grammatikalischen Ungeheu- keiten, welche die Aufsätze der Folgezeit in der „Germania“ und andern schriften aufweisen, jene Aufsätze, die R. dann, um einige neue vermehrt, einem zweibändigen Werke „Deutscher Glaube und Brauch im Spiegel nischer Vorzeit“ (1867) zusammenfaßte. Wenn man da etwa liest, Meeresgot Hlê sich in die Schattengöttin Hel umgestellt hat“ und wie das „Lebermeer“, die „Laube“ und die Ortsnamen auf „—leben“ zusam- gebracht werden nebst hundert anderen weitabliegenden Dingen, aber der Verfasser von der harmlos drastischen Redensart „Der Tod hat i- Bendel“ gleich auf den altindischen Todesgott Yama und andererseits einen Luther'schen Liedvers „Der Strick ist entzwei, Und wir sind frei- führt wird, dann sieht man, wie treffend Wilhelm Wackernagel sch- 24. März 1836 über seinen Prüfling R. geurtheilt hatte, als er sein S- der deutschen Sprache und Litteratur „mit Liebe ergriffen und mit Geist folgt, aber unsystematisch“ nannte und den Gegensatz hervorhob zwischen sehr richtigen (kritischen) Beurtheilung der Richtungen der neueren Sp- forscher“ und der „mangelnden Klarheit und Festigkeit seiner Ausführ- aus der Grammatik“ (Hunziker S. 20). — Ein ähnliches scharfes U- muß auch die Schrift „Drei Gaugöttinen, Walburg, Verena und Gertrud deutsche Kirchenheilige“ (1870) treffen.

In den 70er Jahren beschränkte R., der 1859 zu den Begründern Historischen Gesellschaft des Kantons Aargau gehört hatte, bis 1871 redacteur und von da bis 1887 alleiniger Redacteur der „Argovia“ ge- ist und zu ihr eine Fülle von rechts-, cultur- und sprachgeschichtlichen trägen geliefert hat, den Kreis seiner Sagenforschung auf gewisse Erze- der historischen Phantasie, die für seine schweizerische Adoptivheimath ein- vorragendes Interesse haben. In je zwei Publicationen hat er die Le- vom Bruder Klaus und die Sage von Tell und Geßler behandelt: „ Schweizerlegende vom Bruder Klaus von Flüe nach ihren geschichtlichen Qu- und politischen Folgen“ (1875) fand ihre Ergänzung in der Schrift: „Do- mente aus Bruder Klaus' politischer Wirksamkeit“ (1875), und der M- graphie über „Tell und Geßler in Sage und Geschichte. Nach urkundl- Quellen“ folgte im gleichen Jahre (1877) „Die Aargauer Geßler in Urku- von 1250—1513“. Mit der letzten Arbeit ist er bei einer rein histori- Darlegung angelangt. Auch in den vorausgehenden Büchern hat die ge- Begrenzung der Vorwürfe günstig gewirkt, obwohl sich hier weder der M- loge von Beruf noch der stramme Kirchenfeind verleugnet und R. zu klaren Auffassung historischer Vorgänge und Zustände und zu einem gere- Urtheil über geschichtliche Persönlichkeit auch hier nicht durchdringt.

Zur Mythologie und zum Cultus der heidnischen Vorzeit zog es immer wieder mächtig hin. In 26 handschriftlichen Quartbänden umfaßt Nachlaß als „Ahnenerbe“, was er in mehr als 50jähriger Arbeit für schichte, Sprache, Satzung, Sitte und Sage der deutschen Schweiz, zu des Aargaus“ aus urkundlichen Quellen aller Art zusammengebracht Von Arbeiten, die R. nicht schon vorher im Druck verwerthet hat, darin am weitesten gediehen ein auf drei Bände und eine Bildermappe rechnetes Werk „Das deutsche Gebildbrod“, zu dem er 1885 bereits „Prospektus“ ausgehn ließ. Es würde alle Vorzüge und alle Mängel Arbeitsweise besonders drastisch aufgewiesen haben: ein ungeheures Ma- aber schwer controlirbar und in einer durchaus einseitigen Richtung auf Gla- und Brauch der heidnischen Vorzeit ausgebeutet und verarbeitet.

J. Hunziker, Ernst Ludwig Rochholz, in der Beilage zum Program-

Aargauischen Kantonsschule f. d. Schuljahr 1892/93 (Aarau 1893). — F. v. Mülinen im Anzeiger f. schweiz. Geschichte 6, 529 f.

Edward Schröder.

Rodich: Gabriel von R., k. und k. Feldzeugmeister, geboren am December 1812 zu Verginmost in Kroatien, wurde nach Absolvirung der compagnie am 1. Januar 1831 außer der Tour zum Fähnrich be- und fand im J. 1835 Gelegenheit, sich als Unterlieutenant und adjutant im 1. Banalregiment in den Kämpfen gegen die bosnischen medaner auszuzeichnen. 1840 außer der Tour zum Oberlieutenant be- 1844 zum Brigadeadjutanten ernannt, betheiligte sich R. am 9. Juli an den Gefechten gegen die Pozvizder Mohamedaner und wurde am 1. Juli außer der Tour Capitänlieutenant. Im Januar 1848 an die Seite Banus von Kroatien, Jellačic, berufen, machte R., am 12. September 1848 Hauptmann, am 14. December desselben Jahres zum Major befördert, Hauptquartier des Banus den Feldzug gegen Ungarn mit und wurde für Leistungen Allerhöchst belobt, dann mit dem Militärverdienstkreuz und Ritterkreuz des Leopoldordens ausgezeichnet. In weiterer Verwendung Flügel-, dann als Generaladjutant des Banus, wurde R. am 24. De- 1849 Oberstlieutenant, ein Jahr später in den Ritterstand erhoben und 12. September 1851 zweiter Oberst im Infanterieregiment Nr. 4. Vom November 1852 bis 1. März 1859 Commandant des Infanterieregiments 46, übernahm R. als Generalmajor eine Brigade in Ragusa, bald darauf militärische und politische Leitung des Kreises Cattaro. In dieser Stellung R. sich große Verdienste um die Landesvertheidigung während des gegen Frankreich und Italien und wurde dafür am 17. December durch Verleihung des Ordens der eisernen Krone III. Cl. ausgezeichnet am 8. März 1860 in den Freiherrnstand erhoben.

Im November 1862 als Brigadier zum VIII. Armeecorps nach Italien wurde R. bei Ausbruch des Krieges gegen Italien 1866 dem V. Armee- zugetheilt, dann aber mit dem Commando der neu aufgestellten Reserve- betraut, die er bis zum 23. Juni befehligte, um an diesem Tage an des erkrankten G. d. K. Fürsten Friedrich Liechtenstein das Commando V. Armeecorps zu übernehmen.

Das auf der Linie Verona—San Bonifacio kantonirende V. Armeecorps am Morgen des 23. Juni auf das rechte Etschufer gezogen und im Frei- zwischen Chievo und Croce bianca versammelt worden. Hier erhielt R. Sinne der allgemeinen Disposition den Befehl, noch am selben Tage die Sona und St. Giustina zu besetzen, damit sie im Besitze der Kaiser- seien, bevor der Feind sie erreichen könne. Die Orte sollten durch fortificatorische Anlagen verstärkt und dadurch feste Haltpunkte gewonnen werden, der am nächsten Tage vorrückenden Armee die Besetzung der Höhen zu er- leichtern. Für den Schlachttag selbst lag es in der Absicht des Armee- commandos, das V. Armeecorps von Sona und St. Giustina, dann die Reservedivision, welche am Abend des 23. Juni Pastrengo und Sandra besetzt eine Linksschwenkung gegen Süden vornehmen zu lassen. Entsprechend Befehlen setzte sich das V. Armeecorps am 23. Juni 4 Uhr nachmittags Chievo auf der Straße gegen Castelnuovo in Bewegung. Bei Casa Presa Generalmajor R. die Meldung, daß Sona, St. Giustina, Castelnuovo St. Giorgio in Salice vom Feinde nicht besetzt seien, worauf er in Erwägung der Verhältnisse und der daraus zu ziehenden Vortheile Entschluß faßte, die für den nächstfolgenden Tag vom Armeecommando in genommene *Frontveränderung* sofort auszuführen und zu diesem Zwecke

St. Giustina abseits liegen zu lassen, dafür aber die Punkte Sona, St.
in Salice und Castelnuovo sofort zu besetzen und zur Vertheidigung
zurichten. Dieser Entschluß wurde durchgeführt und es standen am
23. Juni die Brigade Möring in Sona, die Brigade Piret in
und die Brigade Oberst Bauer bei Albaretto und St. Giorgio in
Das Armeecommando, das um 7 Uhr abends von den selbständig ge
Dispositionen Rodich's noch keine Kenntniß hatte, ordnete um diese
den nächsten Tag folgende Bewegungen an: das in St. Giustina
stehende V. Armeecorps rückt mit den beiden in St. Giustina
Brigaden gegen St. Giorgio in Salice; die in Sona stehende Brigade
Eisenbahn in der Richtung auf Casazze vor. Diese letztere Brigade (
wird in Casazze durch eine Brigade des VII. Corps (Scudier) ab
von da zum V. Corps, welches mittlerweile gegen San Rocco di
vormarschirt, einrücken. Die Reservedivision wurde von Sandra nach
nuovo und weiter nach Oliosi dirigirt. Dem V. Armeecorps war
mittels der obigen Disposition für den 24. Juni die bereits obener
Linksschwenkung aufgegeben worden, als deren Pivot Sommacampagna
dem IX. Armeecorps und deren beweglicher äußerer Flügel die Reservedi
anzusehen war. Diese Linksschwenkung war nunmehr, soweit hierbei
Brigaden des V. Corps in Betracht kommen, infolge der von Generalma
einsichtsvoll getroffenen Dispositionen bereits vor Empfang des bez
Befehles vollzogen. Am Morgen des 24. Juni vereinigten sich der erha
Disposition gemäß die Brigaden Bauer und Piret bei St. Giorgio in
GM. Baron Piret hatte beim Abmarsch von Castelnuovo, wo die Reservedi
noch nicht eingetroffen war, zwei Bataillone und zwei Geschütze zurückge
Es begann dann der Vormarsch des V. Armeecorps auf San Rocc
Palazzuolo, wo die Tête nach $5^1/_2$ Uhr eintraf und Halt machte, da der
Armeecommando vorgezeichnete Punkt erreicht war und eine weitere Richt
für den bevorstehenden Schlachttag durch die Disposition dem Corpscom
nicht gegeben war. Noch während des Marsches war die Verbindung mi
Reservedivision ohne Erfolg angestrebt, dafür aber auf der vom Monte
herabziehenden und nach Oliosi—Castelnuovo führenden Straße feindlich
fanterie bemerkt worden, die zu ruhen schien. Nach 6 Uhr setzten diese
lichen Abtheilungen sich gegen Oliosi, das vorläufige Marschziel der Re
division, in Bewegung und andere feindliche Bataillone folgten ihnen auf
Fuße. Gegen $7^1/_2$ Uhr entspann sich in der Richtung von Palazzo
ein Kleingewehrfeuer, das, an Heftigkeit zunehmend, bald keinen Zweifel
daß die Reservedivision im Vormarsche von Castelnuovo begriffen, zum
gekommen war. Von Moment zu Moment wurde dort der Kampf leb
bald kam auch die Artillerie der Reservedivision ins Feuer und rückte bis
Monte Cricol vor, wo sie dann aber festgebannt schien. Mittlerweile war
ununterbrochen fortdauernder, starker, feindlicher Zuzug über den Monte
und ebenso ein vom Fort Croce bei Peschiera eröffnetes Geschützfeuer
nehmbar, worauf bald auf den Höhen am linken Mincioufer von Monza
und Salionze her ein gegen die Reservedivision gerichtetes, immer he
werdendes Kleingewehr- und Geschützfeuer beobachtet werden konnte.
Wahrnehmung, welche annehmen ließ, daß der Reservedivision überlegene
entgegenstehen und dort ein Durchbruch des Gegners über Oliosi gegen
nuovo möglich sei, veranlaßte GM. R., um 8 Uhr die Brigade Piret
Oliosi vorzusenden, um diesen Ort vom Feinde zu säubern und so der Rese
division den weiteren Vormarsch zu ermöglichen. Die Brigade Piret erstür
Oliosi mit großer Bravour, und der Feind zog sich, lebhaft verfolgt, ge

Monte vento zurück. Bald darauf kam vom Armeecommando der Befehl, daß V. Armeecorps mit aller Kraft gegen St. Lucia am Tione vorhabe. R. ließ nun die Reservedivision auffordern, das vom Feinde Oliosi zu besetzen, um die dort gestandene Brigade Piret zum Angriff verwenden zu können. Die Reservedivision war aber vom Gegner engagirt, daß sie der Aufforderung nicht nachkommen konnte und da die Brigade Piret in Oliosi bleiben mußte, beschloß R., mit dem Anf St. Lucia innezuhalten, bis es der Brigade Piret, welche er mit pfündigen Batterie aus Rocco di Palazzuolo verstärkte, möglich wurde, voller Sicherheit in die Action einzutreten. Dieser Moment ergab sich Mittag 1½ Uhr. Unterstützt durch ein wirksames Artilleriefeuer auf Höhen westlich von Busetta, vertrieb die Brigade Piret den Gegner von Höhen bei Ca nuova und Ca Pasquali mit dem Bajonett und setzte sich Besitz des Monte vento im Angesichte des Erzh. Albrecht, welcher eben Rocco di Palazzuolo angekommen war. Nun erst erfolgte der Angriff St. Lucia, der um 3 Uhr begann. GM. R. hatte bald die Vorbereitungen genommen, welche das VII. Armeecorps zu einem kräftigen Angriff auf einleitete, und auf Grund dieser Wahrnehmungen den Entschluß gedie Brigade Möring von St. Lucia geraden Weges auf Vale Busa rücken und diesen Ort angreifen zu lassen. Er hatte in diesem Sinne die Dispositionen getroffen, als vom Armeecommando der Befehl andaß das V. Corps beim Angriffe auf Custoza mitzuwirken habe. Es sollte das VII. Corps um 5 Uhr auf dem Höhenrücken von Custoza vor, sich dieses Ortes bemächtigen und dazu das V. Corps mit einer von St. Lucia mitwirken. Damit nun diese Mitwirkung auch rechtund wirksam erfolge, ließ GM. R. die bereits hierzu bestimmte Brigade und das Infanterieregiment Nr. 70 von der Brigade Bauer schon 4½ Uhr geraden Weges auf Vale Busa vorrücken. Die im Verein mit VII. Corps vollführte Erstürmung Custozas beendete die siegreiche Schlacht. fördernde Einflußnahme des GM. R. auf den beschleunigten Aufmarsch Centrums am Schlachttage durch die bereits am 23. Juni bewirkte Bevon St. Giorgio in Salice, die Gefechtsführung am Schlachttage selbst, nentlich das Eingreifen bei Oliosi, das Hinhalten mit dem Angriff auf Lucia während des Kampfes um den Monte vento, endlich das selbständig leunigte und verstärkte Eingreifen bei dem Angriff auf Custoza, waren Hauptmomente einer Waffenthat, durch welche R. wesentlich zu dem Siege. In Anerkennung dieser Leistungen wurde GM. R. noch auf dem Schlachtfelde am 25. Juni außer der Tour zum Feldmarschalllieutenant be- und ihm am 29. August 1866 das Ritterkreuz des Maria Theresiens zuerkannt.

Nachdem R. vom 6. September 1866 bis 3. Januar 1869 als Divisions- Festungscommandant in Krakau, dann kurze Zeit als Divisionär und ständiger Militärcommandant in Hermannstadt in Verwendung gestanden, ihm am 11. December 1869 der schwierige Posten eines Militärcommandanten in Dalmatien anvertraut. In der Bocche di Cattaro waren seit des Herbstes Unruhen ausgebrochen, die, anfänglich bedeutungslos, nach und nach zu einem höchst blutigen Drama sich gestalteten. Die eingeführte allgemeine Wehrinstitution, welche den Bergstämmen jener die bisher ungekannte Landwehrpflicht auferlegte, gab zunächst Anlaß Erhebung, welche, genährt durch den an Traditionen hängenden Volksgeist begünstigt durch die Eigenart der Bodenverhältnisse, zu einem nachhaltig wilden Kampfe führte. Es gelang R. in kurzer Zeit, den Aufstand zu unterdrücken, infolge dessen er am 22. August 1870 zum Dalmatien, Commandanten der XVIII. Truppendivision und danten in Zara ernannt wurde. Wenn auch dessen Wirksamkeit in wiegend politischen Stellung in der Presse und im Parlament unangefochten blieb, so muß doch zugegeben werden, daß seine während der Wirren im europäischen Orient die Interessen der nach Möglichkeit förderte. Und bei den Vorbereitungen und der der Occupation von Bosnien und der Herzegowina wirkte R., seit 1873 Feldzeugmeister, soweit Dalmatien in Betracht kam, in und erfolgreicher Weise mit. Im J. 1871 mit dem Orden der I. Classe, 1875 mit dem Großkreuz des Leopoldordens ausgezeichnet, nachdem er am 17. October 1880 sein 60jähriges militärisches gefeiert, am 12. November 1881 in den Ruhestand, geehrt durch ein haftes Handschreiben seines Monarchen, der ihn 1885 als Mitglied des Herrenhauses in den Reichsrath berief. FZM. starb am 21. Mai 1890 in Wien.

Acten des k. u. k. Kriegs-Archivs. — Selbstbiographie des v. Rodich (handschriftlich). — Lukeš, Militär-Maria-Theresien- Wurzbach, Biographisches Lexikon, 26. Bd. — Militär-Zeitung Armeeblatt 1890, Nr. 22. — Allgem. Militär-Zeitung 1890, Nr. Reichswehr 1890, Nr. 128. — Löbell, Jahresberichte XVII. Armee- und Marine-Zeitung 1885, Nr. 114. — Vedette 1881, Nr.

Roediger: Georg Ludwig Julius Konrad R. wurde am 3. in Neunkirchen bei Kusel (bairische Pfalz) als Sohn eines reformirten geboren. Da der Vater früh starb, kam der Sohn noch als kleines einem Oheim nach Worms, besuchte dort die Secundärschule und Gymnasium. 1814 bezog er die Universität Heidelberg, wo er Herbst 1816 ohne rechten Plan Creuzer, Voß, Wilken, Daub, Fries hörte. Creuzer's Vorträge hatten ihn zur Theologie geführt; Heidelberg verließ, entschloß er sich zum Studium der Philosophie praktischen Rücksichten folgend — der Philologie. Nachdem er 1816—17 in Worms verbracht hatte, folgte er Ostern 1817 seinem Jakob Friedrich Fries nach Jena, wo er bis 1819 blieb und außer v. Münchow, Luden u. A. hörte. In die Jenenser Zeit fällt halbjährigen Reise durch Mitteldeutschland und die Schweiz theiligung am Wartburgfest von 1817. Beim Feuer auf dem Abend des 18. October, als der von ihm gedichtete Gesang: „Des Sehnsucht flammt von allen deutschen Höh'n zum Himmel auf" u. klungen war, hielt R. eine längere Ansprache, „in der Linken das schwert haltend, mit der Rechten seine Rede begleitend, während schneidende Ostwind die Funken naher Fackeln in das von dunklen wallte Gesicht stäubte, mit einer Stimme, die trotz alles Windes weiten Kreis hinschallte" (Das Burschenfest auf der Wartburg u. s. w. Frommann, 1818, S. 31); in begeisterten Worten gab er den druck, welche die anwesenden Burschen durchglühten, und leitete so die der von den Burschen verdammten Schriften ein. Auch am 19. Abschiedsversammlung im Rittersaal der Wartburg sprach R. für ein einiges und brüderliches Wirken der Burschenschaft. Am 1819 promovirte R. auf Grund einer Abhandlung über die „Wurzel fachen Satzes vom logischen Grunde" als Doctor der Philosophie sich dann nach Berlin, um sich als Privatdocent zu habilitiren.

Sommersemester philosophische, mathematische und naturwissenschaftliche
lesungen, turnte bei Jahn und Eiselen und hörte mit Begeisterung Schleier-
cher's Collegien und Predigten, während er Hegel's Lehre und Dialektik
„geistreiche Irrlehre" verwarf. Durch seine Bekanntschaft mit Sand und
e Freundschaft mit dem demagogischer Umtriebe bezichtigten Buchhändler
imer wurde er selbst der Theilnahme an der revolutionären Bewegung ver-
htig, am 8. Juli 1819 im Hause Reimer's verhaftet und der Immediat-
mission zur Untersuchung überwiesen; Referent in seiner Sache wurde
T. A. Hoffmann, der sich entschieden für die Niederschlagung der Unter-
hung aussprach. Am 28. November verfügte die Commission die Haft-
lassung, da sie „keinen Grund gefunden, R. zur Criminaluntersuchung zu
hen". Gegen Ende des Jahres wurde er nochmals ohne Angabe eines Grundes
haftet, aber schon am 7. Januar 1820 entlassen und am 12. März aus
eußen ausgewiesen. Damit mußte er die Hoffnung auf eine Privatdocentur
Preußen — für Königsberg schwebten schon Verhandlungen — aufgeben
wandte sich nach Erlangen, wo er sich zunächst für den Sommer
matriculiren ließ. Auch hier war seines Bleibens nicht: er hatte provisorisch
Stellung eines Mathematiklehrers am Gymnasium versehen, mußte sie aber
eder niederlegen, da ihm im königlichen Auftrage eröffnet wurde, daß man
n wegen seiner „Theilnahme an der Burschenschaft und aus anderen
ministrativen Erwägungen" die Zulassung zum Lehramte in Baiern versagen
sse. Im Sommer 1821 ging er nun nach Frankfurt a. M., wo er endlich
he finden sollte. Mit gutem Erfolge ertheilte er hier bei Privatleuten und
Instituten Unterricht in den Sprachen, Geschichte und Mathematik; Ende
23 trat er vertretungsweise in den Lehrkörper des städtischen Gymnasiums
und erhielt im September 1824 eine definitive Lehrstellung mit dem Titel
ofessor. Dieses Amt und die Heirath mit einer Frankfurter Kaufmanns-
ter fesselten ihn dauernd an die neue Heimath; er pries das „Glück eines
higen Lebens", das ihm nach stürmischer Jugend geworden war, und lebte
tan nur noch seinem Berufe und seiner Familie; litterarisch ist er nur mit
zelnen philosophischen Abhandlungen in Zeitschriften hervorgetreten. 1838
rde er Prorector am Gymnasium, d. h. Inhaber der dritten Lehrerstellung;
1. April 1854 trat er in den Ruhestand und starb am 14. Januar 1866.

Autobiographische Aufzeichnungen und sonstige Schriftstücke im Besitze
der Familie. — Die Litteratur über das Wartburgfest und die Anfänge
der Burschenschaft. — Ellinger, Das Disciplinarverfahren gegen E. T. A.
Hoffmann in der Deutschen Rundschau, Jahrg. 32 (1906), H. 10, S. 79 ff.

R. Jung.

Rogenhofer: Alois R. wurde am 22. December 1831 in Wien ge-
ren. Nachdem er das Gymnasium seiner Vaterstadt absolvirt hatte, bezog
die Universität daselbst, um Jura zu studiren, obwohl ihn seine Neigung
n Studium der Entomologie zog, mit der er sich auf dem Gymnasium
on eifrig beschäftigt hatte. Er wollte jedoch einen sicheren Rückhalt haben,
es zweifelhaft war, ob er als Entomologe eine gesicherte Stellung finden
irde. Nachdem er die juristischen Examina bestanden hatte, wandte er sich
nz seiner Lieblingswissenschaft zu und trat als Volontär bei dem kaiserlichen
ologischen Hofcabinet ein. 1860 wurde er zum Assistenten ernannt und
hielt 1867 den Titel Custos. Er veröffentlichte zahlreiche kleine Aufsätze,
mentlich über Schmetterlinge in den Verhandlungen der zoologisch-botanischen
esellschaft in Wien, zu deren Ausschußräthen er gehörte. Er entdeckte verhiedene neue Arten, z. B. Cucullia formosa u. a. R. starb am 15. Ja-
uar 1897.

W. Heß.

Rogge: Friedrich Wilhelm R. wurde am 12. November 1808 nach seiner eigenen Angabe — zu Rankendorf in Mecklenburg-Schwerin geboren. Seine Mutter, Sophie Riestädt, brachte den unehelichen Knaben im zarten Alter von sechs Wochen nach Lüneburg, wo er bei armen Leuten untergebracht wurde und allen Uebeln schlechter Wartung und Pflege preisgegeben war. Etwas besser gestaltete sich sein Loos, als der einjährige Knabe von einem Schiffszimmermann in Pflege genommen ward, der seine neun ... durch den Tod verloren hatte. Dann aber kam der Rückschlag; die ... verheirathete sich mit dem Clubdiener Prigge, einem Trunkenbolde, und ... hatte der arme Knabe die ganze Brutalität eines täglich berauschten ... vaters zu empfinden. Im Alter von kaum sieben Jahren entzog sich ... Knabe den Mißhandlungen durch die Flucht; als Hütejunge lebte er in ... Umgegend von Lüneburg bis zum elften Jahre von der Mildthätigkeit ... Dorfbewohner, bis eine gutherzige Schwester seiner Mutter ihn zu einem ... in Lüneburg in die Lehre brachte. Jetzt erst, mit 12 Jahren, empfing ... Knabe Schulunterricht, machte aber schnelle Fortschritte; er las viel, be... in der Bibel, und brachte es bei seinem ausgezeichneten Gedächtniß dahin, ... er fast das ganze Neue Testament auswendig wußte. Seine rege Phan... und religiöse Begeisterung ließen ihn den Plan fassen, Prediger zu ... und so wandte er sich an den Superintendenten Christiani in Lüneburg, ... Mann von feiner Weltbildung und seltener Humanität, mit der Bitte, ... zur Erreichung seines Zieles hülfreiche Hand zu bieten. Christiani er... bald die seltenen Anlagen des Knaben, erwirkte diesem den unentgelt... Besuch des Johanneums in Lüneburg, überwachte fortan seine Studien, ... suchte auch andere für seinen Schützling zu interessiren, der 1825 in ... Quarta jener Lehranstalt aufgenommen war und sich schon im Herbst 1... das Zeugniß der Reife erwarb. Als Schüler gab R. bereits die ersten ... seines dichterischen Talents; „die Begeisterung für Homer und dessen ... und die Schwärmerei für das classische Alterthum wurden in ihm wäh... des Schulcursus geweckt und genährt. Die antiken Formen reizten ihn ... gemein, und die Schwierigkeit, sie mit Leichtigkeit zu handhaben, spornten ... zu immer neuen Versuchen an.“ In Göttingen, wohin sich R. im Herbst 1... begab, studirte er anfänglich Theologie, wandte sich aber nach einigen Jah... als sein Glaube an die kirchliche Lehre in Trümmer gegangen war, ... Geschichte und den neueren Sprachen zu. Gleichzeitig wurde das lyrische ... dramatische Feld weiter angebaut; 1830 gab er die erste Sammlung ... „Gedichte“ (4. Aufl. 1847) und 1833 seine erste Tragödie „Kaiser Fried... Barbarossa“ heraus; auch gründete er mit einigen gleichstrebenden Jüngli... einen zweiten Göttinger Dichterverein und gab mit ihnen zwei Jahrg... eines „Neuen Göttinger Musenalmanachs“ (1832—33) heraus. Zu O... 1833 verließ R. die Universität, ohne ein Examen gemacht zu haben, ... voll großer Hoffnung, als Dichter sich seinen Weg zu bahnen. Die Noth ... die er auch als Student kennen gelernt hatte, zwang ihn, zunächst eine Hau... lehrerstelle auf dem Gute Timpkenberg bei Boizenburg im Mecklenburgi... anzunehmen und nach einem Jahre sich in Schwerin als Privatlehrer nie... zulassen. Seine Erfolge waren hier so günstige, daß ihn der Erbgroßherzog Paul Friedrich zum Lehrer des Englischen und Französischen für seine be... Kinder bestimmte. Nachdem sich R. zu seiner Vorbereitung auf dieses ... 1836 in Paris und London aufgehalten, in jener Stadt die Bekanntsch... Heine's und Börne's gemacht und in dieser Anregung zu seinen späteren Gesängen „Aus Westminster-Abtei“ (1860; 5. verm. Aufl. 1880) erhalten hatte, trat er am Hofe in Schwerin in Function. Als der Erbgroßherzog ...

rung gelangte (1837), ernannte er R. zum Regierungsbibliothekar, und dem frühen Tode des Regenten (1842) überwies ihm dessen Nachfolger, Großherzog Friedrich Franz II. die Aufgabe, ihm über alles Vortrag zu was in Litteratur und Wissenschaft Hervorragendes erscheine. In Stellung blieb R. bis 1859, wo er unter Bewilligung einer Pension illig aus dem Amte schied. Während dieser Zeit erschienen unter dem „Krone und Liebe" (1838) zwei dramatische Dichtungen „König Manfred" Aufl. 1849) und „Bianca Vanezzi" (2. Aufl. 1849), die Tragödie „Kaiser rich IV." (1839), die Dichtungen „Musudoron" (1855) und das „Buch Huldigungen" (Gedichte, 1845). Letztere versandte R. an die von ihm genen Großen der Erde, die ihn dafür theils mit bloßen Dankesworten, mit Geldgaben belohnten, und dieser „Gang der Kunst nach Brot" seine Entschuldigung nur in dem Umstande finden, daß die Bedürfnisse Lebens sich bei der großen Kinderzahl Rogge's stetig steigerten. Von erin ging R. nach Bremen, wo er eine Stellung als Lehrer an der Höheren erschule fand, die er aber schon 1861, da er sich mit dem Director Gräfe stellen konnte, aufgab; nicht besser ging es ihm in Hannover, wo er dann 1863 an der Höheren Töchterschule thätig war. Hier erlebte R. 1866 Zusammenbruch des Königreichs Hannover, und damit beginnt die Periode tioneller Thätigkeit des Dichters, die allerdings ein merkwürdiges Bild seinem Anpassungsvermögen und seiner politischen Charakterentwicklung Zuerst ließ er sich bestimmen, in das neu begründete, gegen die ische Annexion gerichtete Welfenblatt „Die deutsche Volkszeitung" als etonistischer Mitredacteur einzutreten und in gleicher Weise an der ung für Norddeutschland" mitzuarbeiten; 1870 machte er seinen Frieden seinen Gegnern und nahm Ende 1871 eine ihm auf Rudolf v. Bennigsen's fehlung von der preußischen Regierung angebotene Stellung als Redacteur gouvernementalen preußischen Blattes, des Journals „L'Alsacien" in ar i. E. an, das in deutscher und französischer Sprache erschien; doch e ihm diese Stelle, wohl mit Rücksicht auf seine Arbeit für die Welfen, wieder gekündigt. Er ging nach Hamburg, wo ihm Aussicht eröffnet n war, bei der freisinnigen „Reform" einzutreten, und als sich diese icht nicht verwirklichte, 1878 nach Augsburg, wo er die Hauptleitung der lich-conservativen „Deutschen Reichspost" übernahm. Es war voraus- n, daß seines Bleibens hier nicht lange sein konnte, und so wandte sich ach Frankfurt a. M., wo er den letzten Versuch machte, sich als Redacteur Handels- und Börsenzeitung" des Dr. Heßdörfer eine Existenz zu sichern, indessen auch nach kurzer Zeit scheiterte. Es ist wohl zweifellos, daß „die des Dichters auf seine Charakterentwicklung übel eingewirkt hat, und es bedauerlich, daß sein offenbares Talent nicht in der erwünschten Weise Bildung des Charakters mit erlebte". R. behielt in der Folge seinen sitz in Frankfurt a. M. bei, gründete dort ein Pensionat für Ausländer, er aber nach etwa vier Jahren wieder aufgab, weil es sich nicht rentirte, war dann als Schriftsteller thätig, bis ihn am 24. März 1889 der Tod hinnen rief. An poetischen Gaben hat er uns noch geboten: „Liebeszauber. ien" (Dichtungen, zum Preise seiner Gattin, 1878) und „Mnemosyne. ter der Erinnerung" (1885); ferner schrieb er eine litterarische Skizze „Adolf Friedrich Graf von Schack" (1883) und eine Selbstbiographie r dem Titel: „Ein seltenes Leben von Paul Welf" (Pseudonym), 1876. Ausgabe seiner „Sämmtlichen Werke" in 4 Bänden erschien 1857, noch von R. vorbereitete neue Ausgabe in 6 Bänden ist bisher nicht

R. ist ganz sicher ein bedeutender Lyriker, „der in antiken und mo
Strophen seine Gedanken und Gefühle ausdrücken konnte, der in Sonetten
Elegien besonders gern seine reichen Kenntnisse und mannichfachen Stim
kundgab". Er ist bestrebt, jeden Hiatus zu vermeiden; seine Reime sind
graphisch rein; deshalb hat ihn Gervinus mit Recht einen Meister der
genannt und Johannes Scherr hat ihn Platen an die Seite gestellt.
als seine lyrischen Gedichte stehen an Kraft und Eigenartigkeit der Auf
seine Balladen und einige seiner Reflexionsgedichte, welche an die Sch
Gedankenlyrik erinnern und ohne Frage an Werth Schiller's Dichtungen
kommen." Als Dramatiker geht R. auf den Wegen Shakespeare's, weil
Form der dramatischen Kunst den weitesten Spielraum läßt. Zu seinen
dramatischen Dichtungen zählt die Kritik „Bianca Vanezzi"; sie ist unter
Gesichtspunkte der tragischen Grundbedingungen künstlerisch vollendet zu

Persönliche Mittheilungen. — Ignaz Hub, Deutschlands Balladen-
Romanzendichter III, 113. — Karl Leimbach, Die deutschen Dich
Neuzeit und Gegenwart IX, 138. — Paul Welf, Ein seltenes
Zürich 1877 (Rogge's Selbstbiographie, bis 1873 reichend).

Franz Brümme

Rohde: Erwin R. wurde geboren am 9. October 1845 in Ham
als Sohn eines bedeutenden, vielbeschäftigten Arztes; die Mutter wa
geborene Schleiden und mochte manchen Zug mit den bekannten Gl
dieser hochangesehenen Familie theilen. Den Vater verlor R. als
Student, die Mutter 1882; zwischen beiden starb sein jüngerer Bru
Ingenieur in Ungarn und so blieb er nur mit seinen beiden Schwestern
deren Gatten bis ans Ende eng verbunden. Von den Geschwistern hat
die ausgesprochenste Eigenart, die in frühen Jahren die Erziehung ersch
und deshalb wurde er von 1852—1859 in dem bekannten Stoy'schen In
in Jena unterrichtet. Diese frühe und lange Entfernung von dem gel
Elternhaus hat er allezeit schwer empfunden: und gewiß hat sie bei
mindestens gesteigert den Zug, daß er trotz einer lebhaften, ja unter Ums
feurigen Freundschafts- und Liebesfähigkeit sich leicht verschloß und nicht
schroffer, ja abstoßender erschien als seiner im innersten Grunde ge
weichen Natur entsprach. Immerhin muß aber dem alten Pädagogen
nachgerühmt werden, daß er schon in jener frühen Zeit Geist und Art
oft widerwilligen Zöglings richtig würdigte. In einem Bericht an die
vom Juli 1858 schrieb er u. a.: „Erwin ist jedenfalls der geistig befä
aber auch charaktermäßig am schärfsten hervorstechende aller Knaben . . .
streitet, so lange man sich mit ihm auf den Streit nur einlassen will.
will gewissermaßen erst mit Gründen überzeugt sein . . . Man kann
solches Gebahren weniger Ungehorsam als Mißbehagen, weniger Gleichgülti
dem Gebote gegenüber, als Unzufriedenheit über die Störung durch
Eingriffe in sein eben mit sich selbst beschäftigtes Leben nennen. Gute,
freundliche Zusprache nützt in der Regel . . . Sein sittliches Leben ist
tiefer, viel inniger. Mit innerem Abscheu weist er unredliche Reden, Gesch
Erzählungen von sich ab . . . Lüge und Unwahrheit ist ihm fremd.
sagt Alles, wie er denkt, offen, klar und ungeschminkt; er legt sein In
unverfälscht, unmittelbar an den Tag, darum mag er auch häufig An
erregen und Manchen unangenehm berühren, aber bös ist's gewiß nicht
Am meisten hervortretend ist sein Rechtsgefühl; daher geräth er leicht
anderen in Streit . . . Am meisten Achtung hat er vor wissenschaftl
Leistungen; körperliche Ueberlegenheit achtet er für jetzt noch nicht und fürch
sie nicht, gegen sie hält er die Waffe des Geistes für ausreichend genug.

er auch nur Persönlichkeiten mit wissenschaftlicher Tüchtigkeit ... Das ist ihm eine Lieblingsbeschäftigung; durch dasselbe läßt er sich vom Spiel ..., sitzt ganz allein, läßt sich nur ungern stören. Die Lectüre gibt ohnedies reichen Phantasie nur neue Nahrung ... An gutem Witz reich, in komischer Mimik sich auszeichnend; gute Wortspiele sind ihm selten. Seine geistigen Anlagen sind ausgezeichnet ... In der Auf- einer Sprache, einer Spracheigenthümlichkeit, liefert er wahrhaft ...liches. Er dringt wirklich ein in die Sprache und in ihre Gedanken ...ständigster Abstraction ... Er ist ein durchaus logischer Kopf ... Clavierspielen hatte er aufgegeben, wurde aber durch freundliche Ansprache ..., es wieder anzufangen, und hat uns durch seine Leistungen erfreut. ...tet denn die Summe dahin, daß der Junge Kopf und Herz auf dem Flecke hat und unserer Liebe werth ist."

1860 kehrte R. ins Elternhaus zurück und wurde nun Schüler des ...rgischen Johanneums. Nach vier Jahren bestand er das Abiturienten...m mit Auszeichnung, besuchte aber dann noch ein Jahr die akademischen ...ungen der Anstalt und dieses Lustrum verhalf ihm nicht nur durch den ...uß trefflicher Lehrer, besonders der namhaften Gräcisten Chr. Petersen noch mehr F. W. Ullrich, sondern auch durch eifrige Pflege neuerer ...hen (die er auf der Universität noch fortsetzte, zum Theil mit dem dort ...nenen Freund Franz Hüffer), endlich und nicht zuletzt durch das groß- Leben in seiner geliebten Hansestadt zu einer nicht gewöhnlichen Reife Selbständigkeit, als er zum Sommersemester 1865 die Bonner Hochschule ..., um Philologie zu studiren. Auch durch seine äußere Erscheinung mußte ...ffallen: die große, schlanke Gestalt, der mächtige Hinterschädel und die Stirn, die schmalen, stolzen Züge, der sprechende, vom schwarzen Bärtchen ...umte Mund, die herrlichen, dunkeln, schwermüthigen Augen, das ernste, ...ne Wesen und Auftreten verkündeten und versprachen Ungewöhnliches.

In Bonn genoß er, freilich nur für ein Semester und ohne tieferes ..., die Freuden der Burschenschaft, vor allem aber die Reize der rheinischen ...haft; auf dem Kölner Musikfest auch eine Specialität der rheinischen ...pflege und das Wahrzeichen der „großen heiligen" Stadt. Unter den ...r Docenten wirkte schon damals Welcker durch seine Schriften ganz ...lich auf R., Vorlesungen hielt er nicht mehr; von O. Jahn fühlte er weniger angezogen, dagegen mehr und mehr von F. Ritschl: und obwohl ... dem zwischen beiden gerade damals ausgebrochenen Streit nicht, wie die ...n, Partei ergriff, folgte er doch mit einigen Getreuen — denen er damals ...lich noch fern stand — dem Meister nach Leipzig.

In Leipzig trat er auch dem alsbald auf Ritschl's Anregung ins Leben ...enen „philologischen Verein" neben O. Kohl, H. Romundt, W. H. Roscher, ...disch u. A., vor allem Fr. Nietzsche als „Stifter" bei und betheiligte lebhaft im Seminar und in Ritschl's „Societät". Eine so intime und ...nelle Stellung, wie Nietzsche, suchte und gewann R. weder zu Ritschl noch ...m ganzen Leipziger Treiben. Doch erkannte er bald und stets deutlicher, wie ..., gerade bei einer grundsätzlichen Verschiedenheit der Naturen, dem großen ...ipte verdankte: und noch später, vollends als in gewissen Kreisen gar ...e Urtheile Mode wurden, hat er gegen Freunde und Schüler, gelegentlich, ...em Erscheinen von Ribbeck's Ritschlbiographie, auch in der Oeffentlichkeit ... Verehrung und Dankbarkeit, seinem feinen und reifen Verständniß ... Ausdruck verliehen. Auf das innigste aber entwickelte sich in diesen ...en seine wachsende und schließlich herrschende Freundschaft zu Fr. Nietzsche.

mit ihm führten ihn keineswegs bloß die Fachstudien zusammen, sondern n
minder die Philosophie, in der sie von Plato und den Alten ausgingen, u
dann überzeugte Schopenhauerianer zu werden, sowie die, von Nietzsche virtu
geübte, von R. still geliebte Musik, bei der ihnen bald R. Wagner im Vorde
grunde stand; mit Nietzsche disputirte er eifrig über Vieles, um im Grun
stets einen reinen, beide beglückenden Gleichklang der Seelen zu fühlen. Au
beim Genuß des Theaters und selbst der Reitbahn fanden sie sich zusamm
und auch mit außerakademischen Freunden, z. B. R. Kleinpaul. Eine Fahrt
den Böhmer- und bairischen Wald bildete den Abschluß dieses engen Zusamme
lebens, bevor R. für das Wintersemester 1867/8 nach Kiel übersiedelte. Nu
wurde brieflich diese Freundschaft weiter gepflegt mit steten Plänen des Zu
sammenlebens und gelegentlichem Gelingen eines Wiedersehens: und üb
anderthalb Jahrzehnte war sie der Höhepunkt in Rohde's Leben und blieb e
auch als die Lebenswege und die geistigen Entwicklungen beider mehr u
mehr auseinander gingen. Neben solcher Correspondenz schrieb R. schon früh
und noch durch mehrere Jahre halb persönliche, halb wissenschaftliche Tagebu
blätter (Cogitata), in denen wir die Entwicklung so mancher für ihn und u
wichtiger Gedanken verfolgen können. Und seine allezeit unendlich w
verzweigte, mit Vorliebe auch auf Reise-, Brief- und Memoirenlitteratu
ausgedehnte Lectüre, pflegte er in Kiel um so eifriger, als der persönlic
Umgang dort beschränkter war.

Von den Kieler Professoren schulte R. der grundgelehrte A. v. Gutschm
in der Behandlung historischer und besonders quellenkritischer Fragen: und w
sehr R. seine Schätzung gewann, bewies er später dadurch, daß er zwei M
für Berufungen Rohde's an seine Seite mit Erfolg wirkte. Innerlich trat abe
R. noch näher O. Ribbeck und bald auch dessen anziehender und bedeutender Fra
die ihm dann dauernd zu wahren und wirksamen Freunden wurden. Eine vo
Ribbeck gestellte Preisarbeit über die Quellen des Lexikographen Julius Poll
für die Bühnenalterthümer — daneben auch für medicinische Dinge — lös
R. mit Glück und ließ sie später drucken: sie diente ihm als Promotions- un
Habilitationsschrift. Das anfangs geplante und vorbereitete Oberlehrerexame
gab er auf. Das Ende des Jahres mit jenem ersten Erfolg brachte, wo
durch Ueberanstrengung, auch die erste der später sich wiederholenden Erkrankunge
des Magens mit quälender Schlaflosigkeit und R. suchte dafür mit Erfo
die Heilanstalt Reinbeck (in Lauenburg) auf. Mittlerweile war eine schon i
Leipzig geplante, in Kiel geförderte Untersuchung „Ueber Lucian's Schri
Lukios und ihr Verhältniß zu Lucius von Paträ und den Metamorphosen de
Apulejus“ zu Ende gekommen. Sie war für eine Festschrift für Ritsc
bestimmt gewesen und wurde, als der Plan dazu aufgegeben werden mußt
nun durch Nietzsche's Vermittlung dem Rheinischen Museum angeboten. Na
Wachsmuth's Richtigstellung des Vorgangs (in der Einleitung des Nietzsche
Ritschl'schen Briefwechsels, Nietzschebriefe III, 1) wollte sie Ritschl gleich druck
lassen, aber der Mitredacteur A. Klette erklärte, es sei kein Platz dafür: auße
der Zurückweisung ärgerte R. auch noch das Verlangen, er solle eine inzwisch
erschienene höchst unbedeutende Leipziger Dissertation berücksichtigen; so führte, wa
zu einer Huldigung hatte dienen sollen, zu einer zeitweiligen Entfremdung zwische
Lehrer und Schüler. Nietzsche verschaffte in W. Engelmann einen liberalen Verleg
sowohl für diese kleine Monographie (1869) als dann für die Preisschrift (1870
Beide Erstlingsarbeiten führten den jugendlichen Verfasser sehr günstig ei
und behielten für ihn noch die weitere Bedeutung, daß er auf die hier a
gegriffenen Probleme noch öfter und in erweitertem Umfang zurückgefüh
wurde: der Wissenschaft aber haben sie neben manchem Bestreitbaren u

[illegible] oder von R. selbst später Verbesserten auch bleibende Aufklärung [illegible]

[illegible] während des Druckes der zweiten Schrift war der junge Doctor [illegible] italienischen Reise über München und Zürich nach Verona und von [illegible] Florenz gefahren, wo er in W. H. Roscher seinen sympathischen Reise- [illegible] vorfand — freilich keinen Ersatz für den durch Nietzsche's Berufung [illegible] Basel vereitelten Pariser Aufenthalt mit diesem. Dann ging es nach Rom, [illegible] W. Helbig's Führung nach Etrurien und ins Gebirge, weiter nach [illegible] und Sorrent, sowie mit den neuen Freunden C. Dilthey und F. Matz [illegible] Pompeji und Herkulanum, ja nach Sicilien; im September zum zweiten [illegible] Florenz und im October zum zweiten Male nach Rom — zur [illegible]! —, wo er u. A. die Bekanntschaft mit F. Rühl erneuerte und [illegible], die auch eine seiner wirklichen Freundschaften wurde. Auch ein [illegible]erlebniß, spann sich hier an, das — durch Rhode's Zurückhaltung und [illegible] an sich selbst — nicht zur Entwicklung kam und ihm später durch die [illegible]niß des Versäumten viele schwere Stunden und innerliche Conflicte be- [illegible]. So brach er im Februar auf und reiste über Florenz und Bologna [illegible] Venedig, wo er noch schöne Sonnentage genoß, und weiter über Mailand [illegible] den Comersee zu dem drei Jahre vermißten Freund in Basel, mit dem [illegible] R. Wagner in Triebschen besuchte. Auch Leipzig und — zu beider- [illegible] Befriedigung — Ritschl suchte er auf, bevor er in Hamburg einlief — [illegible] dem ausbrechenden Kriege, an dem als Krieger oder Pfleger theil- [illegible] er nach flüchtiger Erwägung aufgab.

Die Reise hatte nicht nur seine Anschauungen vom classischen Land lebendig [illegible] und dazu manche allmählich zu verwerthende — zum Theil nie ver- [illegible] — Anecdota und sonstige handschriftliche Lesefrüchte in seine Mappe [illegible], sie hatte ihm nicht nur neben vielen flüchtigen, keineswegs immer [illegible]thischen, persönlichen Bekanntschaften einige treue Freunde gewonnen, vor [illegible] hatte sie ihn gegenüber der antiken und italienischen Kunst — nicht [illegible] J. Burckhardt's Verdienst — zu einem nicht leicht und um so fester [illegible] Verständniß geführt, das seinen vielseitig angeregten und überall [illegible] Grund bringenden Geist immer aufs Neue anzog und beschäftigte. [illegible] „Funden" gab er bald Proben (in Ritschl's Acta soc. phil. Lips. I, [illegible]ein. Mus. XXV und XXVIII, im Philologus XXXV). Nach Umfang [illegible]halt wurden diese Beiträge zur Paradoxographie, zur griechischen [illegible]ologie und zu Pindar (auf Grund von Lucianscholien), sowie zur antiken [illegible]ein übertroffen durch die „Untersuchungen über die Quellen des Jamblichus [illegible] Vita Pythagorä" (Rhein. Mus. XXVI, XXVII), die mit der glücklichen [illegible] des eigentlichen Themas eine weitausgreifende Beleuchtung der Pytha- [illegible]legenden verband.

Inzwischen hatte R. seine Docententhätigkeit in Kiel begonnen. Schon [illegible] Jahre zuvor hatte ihm Nietzsche eine solche als einzig entsprechend [illegible] mit den Mahnworten: „Sorgen wir an unserem Theil dafür, daß [illegible] Philologen mit der nöthigen Skepsis, frei von Pedanterie und [illegible]ung ihres Fachs als wahre Förderer humanistischer Studien sich [illegible]." Im Wintersemester 1870 las er Geschichte der grammatisch- [illegible]ischen Studien im Alterthum und erklärte Plato's Symposion, im [illegible] Sommersemester Homer — frei von damals noch herrschenden Vor- [illegible] der Philologenschulen —, weiterhin Interpretationen von Catull, [illegible] Sophokles (Antigone), Aristophanes (Thesmophoriazusen), Theokrit [illegible] Kallimachus in Verbindung mit einem Colleg über die hellenistische Dichtung, [illegible] er auch über die Geschichte der Epik und Lyrik der Griechen, den griechischen

Roman, Quellenkunde der griechischen Litteraturgeschichte las. Im Verhä
zu den Kieler Zuhörerzahlen war sein Erfolg so groß, daß Ribbe
Gutschmid schon 1872 seine Beförderung zum außerordentlichen
durchsetzten und der erstere ihm kurz vor seiner Uebersiedlung nach Hei
auch Antheil am philologischen Seminar einräumte. Neben all dem un
kleineren Veröffentlichungen und der Vorbereitung der ersten großen
fand er Zeit sich in R. Wagner's Schriften zu vertiefen. Ein Zusamm
mit Nietzsche und v. Gersdorff in Leipzig (Herbst 1871) und dann ein ge
samer Besuch in Bayreuth (Frühjahr 1872) waren Lichtblicke in seinem L
Zwischen diesen beiden Wiedersehen war R. ganz im Beginn des Jahres
in mehr als einer Hinsicht aufgerüttelt und auch nach außen in Bew
gesetzt durch das Erscheinen von Nietzsche's erstem größeren Werke „Die G
der Tragödie aus dem Geiste der Musik". Während die Verquickung der
Probleme mit den Ideen Schopenhauer's und R. Wagner's, die den Philo
anstößig sein und mit wenigen Ausnahmen das Buch von vornherein ver
mußte, bei ihm an vertraute Gedankengänge der Leipziger Tage anknü
traf so manches über Homer und die Tragödie und die hellenische Geistes
Gesagte und vor allem das Tiefste und Beste des Buches in der Betrach
des „Dionysischen" auf Saiten, die bei R. längst erklungen waren und
tönten, um später in der Zeit seiner größten Reife und in seinem umfass
Werke eine bezwingende Macht zu gewinnen. Dabei hörte er in jedem
die Stimme des einzig geliebten Freundes — und so fühlte er sich ge
und wurde er gedrängt, dem anfangs stillen Widerstand gegenüber
Stimme zu erheben. Nach vergeblichem Anklopfen bei wissenschaftlichen Recens
organen schrieb er in anderem Stil einen schwungvollen Artikel in der Sonn
beilage der Norddeutschen Allg. Ztg., den Nietzsche in schönen Sonderdr
verbreiten ließ; und auf die Herausforderung, die der jugendliche U. v. W
mowitz-Möllendorf in seinem Pamphlet „Zukunftsphilologie" ergehen ließ,
er, nicht als Secundant, sondern als Kämpfer auf den Plan in der hef
Gegenschrift, deren Titel „Afterphilologie" von ihm nicht gewählt und
gern angenommen war, während er die Form eines „Sendschreibens an R. Wag
gleich gefaßt und freudig festgehalten hatte: und gerade in dieser Form
er nach der herben Polemik einen erhebenden Schluß mit weitem Au
finden. Das klare Bewußtsein, daß er sich mit diesem scharfen Waffen
persönlich schaden müsse, machte ihn keinen Moment zaudern; aber anderer
konnte die hellfreudige Aufnahme der Schrift bei dem Freunde und Wag
und ihren Getreuen und die leisere Anerkennung Ribbeck's, Ritschl's und An
seinen vielfach verdüsterten Sinn auch kaum erhellen. Fahrten in de
und italienische Städte, Einkehr bei Ribbecks in Heidelberg und Ba
Wagnertage in Hamburg und Bayreuth und Nietzschetage dort und in B
brachten im vertrauten Austausch, in Schauen und Hören zeitweise Aufheiter
und verlangten dann wieder ein gewaltsames Eingewöhnen in den All
Daß er weder in Kiel, wo die Gelegenheit nicht fehlte, noch anderwärts,
er vorgeschlagen war, — in einem Fall, in Dorpat, gegen die bestimm
Erwartung — befördert wurde, daß er wohl mit Kieler Collegen, wie Nö
F. L. Andreas, R. Pischel, Schirren anregende Berührungen, aber nach Ribb
Abgang keinerlei näheren Verkehr hatte, daß ihn auch wieder die oben
gedeutete tiefe Leidenschaft bei ehernen Schranken und einmal noch wind
und verschwindender Hoffnung — nach seinem eigenen ergreifenden Au
druck — „auf den Dornen seiner Schmerzempfindung hin und her warf
daß auch die ganz andersartigen Leiden und Kämpfe des Freundes ihn —
trotz „unzeitgemäßer" Erfrischungen und seinen, wie des nun gemeinsamen

[illegible] Freundes Overbeck gedankenkräftigen Confessionen, tiefernste Sorgen [illegible] —, das alles erklärt die düsteren Stimmungen und Verstimmungen. [illegible] bewunderenswerther ist es, daß R. sich zu sammeln, seinen Geist und [illegible] zu zügeln und höher zu entwickeln vermochte in seinem, aus einer [illegible] Masse des verschiedenartigsten Materials langsam und kunstvoll [illegible] Buch „Der griechische Roman und seine Vorläufer" (Leipzig [illegible] ein großentheils unberührtes und dabei auf allen Seiten eingreifendes [illegible] der Litteraturgeschichte, das hier mit einer Meisterschaft der Forschung [illegible] Stiles behandelt war, wie sie auch noch keinen anderen Zweig der [illegible] Litteratur umfassend dargestellt hatte. Wohl hatte C. Dilthey in [illegible] Schrift über Kallimachus' Cydippe ein mustergültiges Glanzstück als [illegible] Baustein geliefert; aber R. hat nicht nur in ähnlich feiner Weise [illegible] alexandrinische und alexandrinisch-römische Erotik geschichtlich und [illegible] analysirt, bis ins Kleinste und doch ohne Kleinlichkeit, und mit [illegible] des Ganzen. Ebenso hat er mit weitem Blick und souveräner [illegible] die Entwicklung der geographischen und utopischen Reisemären verfolgt, [illegible] die formale rhetorisch-sophistische Bildung erleuchtend dargestellt, um [illegible] diesen Elementen die spätgriechischen Romane zu erklären und darzulegen, [illegible] diese Entwicklung wie durch ihre große Weiterwirkung ein höheres [illegible] gewinnen, als ihre im ganzen schwächliche Erscheinung an und für [illegible] könnte. Vieles von dem, was R. gedrängt zusammengefaßt hatte, [illegible] mehr in die Breite als in die Tiefe ausgeschlagen worden, manche [illegible] haben sich auch gegenüber versuchter Ablehnung gehalten; einen heiklen [illegible] den R. nicht übersehen, aber absichtlich bei Seite gelassen hatte, die [illegible] der Knabenliebe, berührte alsbald Nietzsche. Weiter haben neuere [illegible] die R. zum Theil noch selbst erlebt hat, und, mit und ohne Zusammen- [illegible] mit diesen, neuere Erkenntnisse auch einige Umformungen nöthig gemacht. [illegible] aber v. Wilamowitz (in der Deutschen Litteraturzeitung 23, 1902, [illegible]19) aussprach, E. Schwartz' „Vorträge über den griechischen Roman" — [illegible] die R. selbst noch sein triftiges Urtheil gesprochen hatte — hätten das [illegible] so stark verrückt, daß Rohde's Gebäude überhaupt nicht mehr stehen [illegible] so hatte er vergessen, daß Schwartz selbst in allen Hauptsachen einfach [illegible] gefußt und verwiesen hatte; und wenn v. Wilamowitz in den kurzen [illegible]angaben zu seiner Darstellung der griechischen Litteratur in der [illegible] der Gegenwart" wohl das schillernde Beiwerk seines jungen Freundes, [illegible] aber das Hauptwerk seines ehemaligen Gegners namhaft macht, so ist [illegible] rein persönlicher Standpunkt für R. gleichgültig, nicht aber für gewisse [illegible] der „Cultur der Gegenwart". Zu seinem eigenen Leidwesen war es [illegible] vergönnt, sein Werk in zweiter verbesserter Auflage erscheinen zu [illegible] erst unmittelbar nach seinem Tode machte sich dies Bedürfniß geltend: [illegible] konnten nur handschriftliche Zusätze des Verfassers beigegeben werden, [illegible] der Vortrag „über griechische Novellistik und ihren Zusammenhang [illegible] dem Orient", den R. auf der Rostocker Philologenversammlung gehalten [illegible] (1875) und noch weiter hatte ausarbeiten wollen (Leipzig 1900). In [illegible] Vortrag, wie in dem Hauptwerk hatte sich der Hellenist mit der [illegible]ländischen und weiter auch der abendländischen Fabulistik, Sagen- und [illegible]forschung in ungewöhnlichem Grade vertraut gezeigt und als einer [illegible] ersten den angeblichen Einfluß des Orients in Abrede gestellt oder ein- [illegible]: und diese Forschungen förderte er auch noch weiter in kleineren [illegible], die jetzt im zweiten Bande seiner „Kleinen Schriften" (Tübingen [illegible] Leipzig 1901) gesammelt sind.

Der „griechische Roman" und der Rostocker Vortrag verfehlten des Ein-

[illegible] „zukünftigen Freunden des Alterthums", [illegible] für schriftstellerische Bildung und Wirkung gleich [illegible] im Ausland; war doch neben allen wissen[illegible] unwiderstehlich auch der Reiz, den die [illegible] leise und dunkel mitklingendes Element über [illegible] aber ließ sich von den deutschen eigentl[illegible] Anerkennung nur O. Benndorf (im Litterari[illegible] Doch traf noch vor diesem ersten vollen Erfolg [illegible] als Nachfolger Nipperdey's, zu Ostern 1876 ein, [illegible] Königsberg übergesiedelt war. Zu ihm tr[illegible] zum zweiten Mal in ein collegiales [illegible] für kurze Zeit, da Gutschmid bald nach Tübin[illegible] zog er, in Gemeinschaft mit L. Schwabe, [illegible] zum Herbst 1878 R. nach sich.

[illegible] Semestern war R. veranlaßt, seine akade[illegible] zu richten: er interpretirte außer [illegible] und im Seminar Properz und Statius' [illegible] der römischen Poesie, wie der römischen Pro[illegible] Uebersichten zusammen; aber auch [illegible] Empfindung antiker Form so grundlegendes [illegible] das System der griechisch-römischen Rhetorik wu[illegible] und dabei fesselnder Art vorzutragen. [illegible] (Antiphon und Andocides) ließ er sich näher ein. [illegible] minder tief als die Holsteiner bohrenden Stude[illegible] Wohlgefallen: dazu schickte ihm Nietzsche seinen [illegible] Freundin Baumgartner, und ein glühender [illegible] der mit seiner Erstlingsdichtung „Prometheus", mehr [illegible] Aufsehen erregt hatte, S. Lipiner, trat ihm auch näher. [illegible] zog ihn jetzt natürlich noch mehr an, wie schon [illegible] unter den Collegen fehlte es nicht an ihm zusagenden [illegible] und nur durch das Verhältniß zu Nietzsche anfangs [illegible] das Auftauchen von P. Rée; dagegen die Beziehungen [illegible] Volkelt wurden gerade später noch viel wärmer [illegible] Glück war aber, daß er in einer blutjungen [illegible] Rostockerin, die bei dem von Rostock nach [illegible] Vater zu Besuch war, zwar nicht die „Millionenbrau[illegible] gescherzt hatte, auch nicht eine so leidenschaftlich [illegible] ergriffen und gequält hatte, aber „eine ganz [illegible] Person mit Schwächen und allen guten Gaben [illegible] liebende Weiberseele — dergleichen wohl [illegible] —, die mit gleicher Nothwendigkeit, wie [illegible] der Empfindung hineintauchte" — so hatte er [illegible] geschrieben, und dieses seltenste gewann er sich [illegible] Mitte Juli 1876. Bald darauf sah er [illegible] und spürte dort die ersten Anzeichen des geisti[illegible] dem Freunde, der ihn dann anderthalb Jahre später in den [illegible] Allzumenschliches" und in späteren Schriften zugleich [illegible] eine abermalige Wandlung ersehnen lie[illegible] Ueberarbeitung körperlich wieder eine schlimme Zeit [illegible] eine Zeitlang erst durch Ribbeck's Absicht, ihn [illegible] Heidelberg zu ziehn, und dann nach Ribbeck's Ueber[illegible] durch die gleichen Bemühungen Wachsmuth's in Athen [illegible] worden. Dann aber hatte er im August 1877 in Rostock seine Hochzeit gefeiert und nach einem genußreichen Aufenthalt in Paris sich in Jena [illegible] eingerichtet. Seine Schwächen und seine Härten, die Unbändigkeit, [illegible] sich selbst so bewußt war und oft anklagte, mußten, vollends bei [illegible] Erschwerungen durch des Lebens Kämpfe und seine körperlichen Zu[illegible] auch im Eheleben manche Stürme bringen: allein die immer gleiche, [illegible] liebevolle, herzgewinnende Art seiner anmuthigen und vortrefflichen [illegible] das tiefe Glück, das sie in seinen vielen guten und großen Eigenschaften [illegible] sicherten einen steten Frieden und eine stille Entwicklung und Steigerung [illegible] besten Kräfte. Bald nach dem Einzug in Tübingen ward das erste [illegible] geboren, sein „Berthale“ oder „Berthing“, der in Tübingen noch ein [illegible] Erwin, und später eine zweite Tochter, Anna, folgten: mit diesen [illegible] Lieblingen durchlebte er alle Freuden der Kindheit, ja, der ernste, finster aussehende Vater konnte mit ihnen selbst zum harmlosen Kind [illegible]

Während so sein häusliches Behagen sich erweiterte und erhöhte, bedurfte [illegible] längerer Zeit, ihn an der württembergischen Hochschule heimisch zu machen. [illegible] die gute Schulung und die grundtüchtige Art der Schwaben erkannte er [illegible] an: und ingleichen erkannten diese bald, was sie an dem hochgebildeten, [illegible] fesselnden, durch originelle Gedanken und eigenartigen Ausdruck packenden [illegible] besaßen, dessen gelegentliche äußere Rauhheit und Schärfe sie nicht [illegible] anfocht. Aber an manche Einrichtungen des Seminars und Stifts, [illegible] manche Sitten und Sonderheiten des „Universitätsdorfs“ und des Menschen[illegible] gewöhnte R. sich schwer. Unter den Fachgenossen standen ihm Gut[illegible] und Schwabe am nächsten: die unbedeutende und unwürdige Erscheinung [illegible] Flach's konnte ihn nur vorübergehend ärgern, und weit mehr durch die [illegible] wie er den gutmüthigen Gutschmid ausschlachtete, als durch seine schmäh[illegible] Skandalschriften. Daß ferner so hochstehende Forscher, wie der [illegible] Kritik Roth, der Orientalist Socin, der schon in Jena ihm sympathische [illegible] manist Sievers, der Pandektist Bülow u. A. ihn anziehen mußten, ist fast [illegible] verständlich; noch stärker war das bei dem Philosophen Sigwart der [illegible] und mit dessen ältester Tochter, die später den Botaniker Klebs hei[illegible] bildete sich ein Freundschaftsbündniß, bei dem das Ehepaar R. gleich [illegible] betheiligt war. Die Zuhörerzahlen waren in Tübingen verhältnißmäßig [illegible]: bis um 100, und wohl in der Regel über 80; darunter auch, [illegible] meist für die früheren Semester, geweckte und höher strebende Nicht[illegible]; wie P. Krumbholz, H. Merian-Genast, E. Weber, und unter den [illegible] so treffliche Leute, wie J. Meltzer, E. Meyser, A. Rapp, in erster [illegible] E. Ritter und W. Schmid, bei deren umfassenderen Arbeiten R. un[illegible] Antheil hatte und die er durch sein ganzes Leben mit herzlichstem [illegible], Rath und Hülfe begleitete. Wenn er schon in Kiel und Jena seine Collegien bis zur Erschöpfung gearbeitet und sich eine „gräuliche [illegible]“ dabei erworben hatte, so wuchsen Stoffe und Arbeitslasten hier [illegible] beträchtlich. Er las nicht nur griechische und römische Litteratur im [illegible] Umfang, und das mit Feuer und Liebe, mit glänzender Charakteristik [illegible] Herausarbeitung der Persönlichkeiten, aber doch mit Maß und mühsamer [illegible], sondern auch griechisch-römische Metrik; er fügte der Vorlesung [illegible] Drama (Aeschylus' Agamemnon oder Perser, oder Sophokles' Anti[illegible] oder Aristophanes' Frösche) eine Darstellung der scenischen Alterthümer [illegible], die in ertragreichen und fruchtbaren Scenica auch einen litterarischen [illegible] zeitigte; er begleitete auch die Erklärung von Plato's Symposion

mit einer vorzüglichen Einführung in Leben und Werke des philosoph
Künstlers, erklärte ferner mit Virtuosität Pindar's, aber auch Horaz'
und erweiterte ebenso den Kreis der im Seminar, gelegentlich auch in
Privatcirkel, gelesenen Schriftsteller auf homerische und kallimacheische H
Reden des Lysias und Demosthenes, die Schrift vom Erhabenen,
Terenz, Tibull, Sallust, Seneka Rhetor, Tacitus Dialog u. a.
sich mit einer Antrittsrede „über die Methode der Forschung in grie
Litteraturgeschichte“ glänzend eingeführt hatte, so erschien gleichzeitig im
Museum die in Jena gereifte Abhandlung „über γέγονε in den Biogr
des Suidas“, die mit der Festlegung eines vielfach und noch kurz zuvor
einem scheinbar Sachkundigen mißverstandenen, häufigen und wichtigen
minus eine Fülle historischer Daten in allen Zweigen der Dichtung und
erleuchtete; und unmittelbar folgten — außer dem mehr blendenden als
zeugenden Versuch, die neben Demokrit so schattenhafte Erscheinung des Le
mit Epikur ins Nichts aufzulösen — die „Studien zur Chronologie der
chischen Litteraturgeschichte“ (Homer und Hesiod), die wiederum eine vi
glaubte Hypothese zerstörten und vor allem die antiken Ueberlieferungen
manche damit verbundenen weiteren Fragen „sicherstellig“ behandelten.
grundlegender und in seiner grundlegenden Bedeutung später energisch
sonders gegen E. Zeller) vertheidigter Beitrag „zur Platonischen Chronol
(Theätet) und Verwandtes, sowie mancherlei, was sich um jene beiden
handlungen gruppirt, auch wahrhaft gewinnbringende Recensionen
Schriften von Bergk, Wilamowitz u. A., können jetzt im ersten Band
„Kleinen Schriften“ vereinigt gefunden werden. Zu der geplanten „Gesch
der litterarischen Studien im Alterthum“ kam es leider nicht, und
„Geschichte der griechischen Litteratur“ oder auch nur eines Hauptzweiges
selben, die man wiederholt von ihm wünschte und erwartete, hatte er nie
nur vorübergehend geplant; den Druck seines in seiner Art ganz einzig
vorragenden Collegs darüber, oder eines anderen, würde er für ein Un
gehalten haben. Dagegen bereitete er mehrere kritische Ausgaben, z. B.
Jamblichus mit Verwandtem und des Hermes Trismegistos eifrig vor,
sie zur Ausführung zu bringen; doch gab er durch einzelne Veröffentlich
und durch Mittheilungen an andere Herausgeber auch zahlreiche und glän
Proben seiner Textkritik und Divination; bei Apulejus waren solche Bei
verbunden mit einer lehrreichen Würdigung des ganzen, merkwürdigen Sch
stellers. Daß er in Tübingen, wo in stiller, emsiger Arbeit sein ganzes
lehrtenthum wuchs und reifte, sich mit dem Plan einer „griechischen Cul
geschichte“ trug, geht aus Aeußerungen an Ribbeck und Overbeck hervor;
der Zusammenhang der Aeußerungen führt darauf, daß dabei eine wesentl
Rolle die Dinge spielten, die er später, nach langem Schwanken, als
„Psyche“ betitelte, deren Inhalt ja thatsächlich vielfältig zugleich religi
und culturgeschichtlich ist.

Während er sich in solche Pläne vertiefte und allmählich in Tübing
— von wo er 1882 auf eine Anfrage flüchtig erwogen hatte sogar nach
zu gehen! — dergestalt einlebte, daß er an den Bau eines eigenen H
dachte, wurde er nach Georg Curtius' Tode nach Leipzig berufen: und
für ihn so erinnerungsreiche Stadt, das Zusammensein mit Ribbecks u.
lockte ihn, obwohl gerade beim Entschluß des Abschieds die schönen Seiten v
Tübingen und die mächtig sich aussprechende Liebe und Anhänglichkeit d
Studenten ihm das Herz schwer machten, auch vor der Gestaltung der neu
Verhältnisse ihm etwas bange war. So zog er Ostern 1886 in Leipzig ei
um alsbald seine bangen Ahnungen bestätigt zu sehen. Gern begann er n

Vorlesung über Homer, die er nicht so einseitig, wie sein wesentlich ...tisch gerichteter Vorgänger, sondern von weiten und tiefen Stand... behandelte; daneben las er mit den Studenten Apulejus' Amor und ... und Lucian's Philopseudes. Doch fand er, bei dem damals überall ...enden Niedergang des philologischen Studiums, weder ein größeres noch ...mpathischeres Auditorium, als er gewohnt war, obgleich nicht wenige ...maligen Zuhörer, wie der früh verstorbene Ettich, gleich von ihm ein... waren. Schlimmer war, daß die Auseinandersetzungen mit den ...ollegen Ribbeck, Lipsius und Wachsmuth über die Theilung der Vor... für ihn, als den jüngsten und nicht in erworbenen Rechten Ein... sehr unbefriedigend verliefen, zu unliebsamer Beschränkung oder ...liebsamerer Concurrenz geführt hätten. So von der „Luft" Leipzigs ... Sinne verstimmt, ergriff er, zum nicht geringen Entsetzen der Leipziger ...trotz der Gegenbemühungen von Ribbeck u. A., die ihm von Heidelberg ... Hand, wo er ja schon früher in Vorschlag gewesen war und bei ...muth's Abgang nach Leipzig bloß deshalb nicht genannt worden war, Leipzig ihn schon zuvor berufen hatte. Unter denen, die ihm zum Gehen ..., war außer Springer auch Nietzsche, der zu ihm geeilt war und ihn nach langer Trennung in den unglücklichsten Stunden wiedersah. Wohl ... R. mittlerweile sich in die neuen Schriften des Freundes, die „Ver... Meinungen und Sprüche", „Der Wanderer und sein Schatten" in ... Weise hineinzulesen gestrebt und trotz inneren Sträubens gegen die ...sen Dogmen, das viele Tiefe, Feine, Klare, Besonnene, die Ferne ... Trivialität und die bewunderungswerthe Ueberwindung dessen, was an ... und Ringen dahinterlag, wohl gewürdigt; noch mehr hatte er sich von ...feurigen, hohen Pathos der ersten Theile des Zarathustra hinreißen ... und darüber auch in seinen spärlicher werdenden Briefen an den Freund ...enendes, wenn auch nicht voll Befriedigendes gesagt: nun standen sie ... der Stätte ihrer Jugendliebe innerlich fern einander gegenüber; und ... letzte, peinliche Wiedersehen kamen bald weitere Mißverständnisse. ...führten zu einer äußerlichen Entfremdung, weil R. bei aller Anspannung ...müthskräfte sich nicht fähig fühlte, dem so weit getrennten und so ganz ... Spiel mit seinen einsamen Gedanken eingeschränkten Freunde etwas ..., das bis zu ihm dringen könnte, weil er sich von der Art seines Lebens ... Möglichkeit zu existiren keine eigentliche Vorstellung machen konnte: selbst ... Ringen nach Selbstbefreiung und „halkyonischer" Stimmung empfand ... Schmerz und eine Trostlosigkeit, gegen die Leopardi heiter und ge...schien. Allein wie treu trotz allem und trotz des R. peinlichen offenen, ... Abfalls von Wagner sein Herz an dem Einzigen hing, dessen Wesen ... wie ein höheres, ihn und alle Freunde in die Höhe ziehendes und ... empfunden hatte, wie tief ihn dessen schweres Schicksal bedrückte, ... wenig er ein verkehrtes Urtheil über ihn ertragen konnte, wie hoch ... nur die im Einzelnen hervortretende geistige Stärke, Freiheit und ..., wie sprachliche Macht und Schwungkraft, sondern auch — bei allen ...halten und Abweichungen in der ganzen Auffassung des Lebens, des ..., der vaterländischen Gesinnung — die Größe der ganzen Führung ... z. B. in der „Genealogie der Moral" — einschätzte, das Alles trat in ver...ten Momenten, wie gelegentlich auch in größerer Oeffentlichkeit immer ... zu Tage und bestimmte bis zum Ende einen Theil seines Daseins. ... wem man so etwas erlebt hat, den muß man wohl lieben", diese Worte ... dem ersten Eindruck des „Tristan" galten bei R. für sein Verhalten zu ...gner und Nietzsche.

In seiner letzten und längsten, aber doch allzu früh geendigten
versitätsstellung zu Heidelberg fehlten bei R. keineswegs Neuegedanken, b
überhaupt von Tübingen fortgegangen oder nicht doch in Leipzig bessere
abgewartet hätte. Allein er wußte auch die guten Seiten der neuen Wirk
stätte zu würdigen und ihr verdankte er das Beste und Größte, was er
leisten sollte. Zunächst hatte er sich in Bayreuth, in Dresden und W
eine Erfrischung nach allen Widerwärtigkeiten gegönnt, die doch noch
träglich in körperlichen Verstimmungen und Störungen sich geltend ma
Bei den Mühen und [illegible] der Uebersiedlung und in den ersten sch
Heidelberger Herbsttagen heiterte ihn auch die Anwesenheit der Tüb
Freundin Sigwart auf. Wie er in Tübingen der Vortragsgesellschaft
dortigen Professoren angehört und eine Reihe von Mittheilungen gesp
hatte, so betheiligte er sich in Heidelberg gleich an einem kleineren Kra
(außer dem Unterzeichneten Zangemeister, Bekker, Erdmannsdörffer,
Osthoff, v. Duhn, später v. Domaszewski) und bot ihm das Beste in
durch ihre Schlichtheit genialen Erklärungen Pindarischer Oden u. A.
den weiteren Jahren traten ihm noch Kuno Fischer und Carl Neumann
Theologen Holsten und Hausrath, die Juristen Georg Meyer und Je
auch mehrere naturwissenschaftliche Collegen näher. Die Ausdehnung
Amtspflichten durch die Mitgliedschaft im Badischen Oberschulrath war
willkommen und er gewann bei den jährlichen Inspectionen und Leitungen
Abiturientenprüfungen an den verschiedenen Gymnasien die weitere Ken
von Land und Leuten; noch höher aber wurde er geschätzt als stän
Examinator bei den Oberlehrerprüfungen in Karlsruhe; denn alsbald k
die Mitglieder des Oberschulraths wie die Examinanden zu der Erken
daß R. in Weite des Blicks und Umfang der Bildung, in leichtem Ein
auf die besonderen Studien und Kenntnisse der Candidaten und, bei
Strenge der Anforderungen und gelegentlicher Reizung seines Unwillens, e
verständiger wie nachsichtiger Beurtheilung der Leistungen das kaum err
Ideal eines Examinators war; und denselben Eindruck machte er bei
Collegen und den Doctoranden in den Promotionsprüfungen, die freilich
allzuhäufig stattfanden: bei dem immer stärkeren Rückgang der philolog
Studien gerade in Rohde's Heidelberger Zeit, und bei seiner Art, Do
dissertationen nicht geflissentlich und gleichsam geschäftsmäßig großzu
sondern nur bei Gelegenheit, wo guter Wille und genügende Begabung
zeigten, wohlwollend zu fördern und zu leiten. Die beste derartige A
war die von A. Marx, der R. von Tübingen nach Heidelberg gefolgt
„Griechische Märchen von dankbaren Thieren und Verwandtes“; dazu ka
Arbeiten über Plato, über Rhetoren, Sprachliches zu den Romanschriftste
u. A. In Rohde's bisherigem Vorlesungskreis traten einige Beschränkungen
und nur eine Vermehrung durch ein Colleg über griechische Staatsalterthü
bei dem auch ihm u. a. die neuaufgefundene Schrift des Aristoteles über
Staat der Athener manche Probleme aufgab und zu ihm eigenthümlichen
sichten führte; und diese Schrift legte er auch zu Seminarübungen vor,
denen er weiter u. a. noch Cicero's Briefe hinzuzog. Die reichen Papy
funde jener Jahre verfolgte er überhaupt eifrig und förderte ihre
nutzung.

Wenn R. in den Verhältnissen der Universität und in der Art
Studirenden im Gegensatz zu dem strammeren Wesen in Tübingen gelegen
über einen „Bummelzug“ oder ein Arbeiten gleich dem Seildrehen des O
klagte, so konnte er sich um so ungestörter in seine Lieblingsstudien und
beiten vertiefen, besonders, nachdem er sich in dem damals noch fast

[illegible] Neuenheim ein kleines, frei und schön gelegenes, von einem nicht [illegible] kleinen Garten umhegtes Haus (Ecke der Mönchhofstraße und Klosestraße) [illegible] hatte, in dem er mit den Seinen sich unendlich wohl fühlte und ent- [illegible] „der Oede professörlicher Herdenbildungen". Freilich wurde auch dies [illegible] vielfach gestört durch körperliches Mißbefinden: und die Versuche, [illegible] Reisen sich zu erholen und zu sammeln, hatten nicht immer den ge- [illegible] Erfolg; ein Aufenthalt in den berauschenden Herrlichkeiten Italiens [illegible]chenland hat dieser große Gräcist, wie so Viele, nie gesehen — führte, [illegible] früher, so jetzt erst recht, „mit unwiderstehlicher Gewalt in alle [illegible] fremdartiger Anschauungen und Vorstellungen". Bayreuth behielt seine [illegible], wenn sie auch für R. gerade durch den Parsifal nicht erhöht [illegible]. Für die Reize deutscher Städte und Wälder blieb er stets em- [illegible]

Trotz vieler Störungen und Unterbrechungen konnte im Frühjahr 1890 [illegible] Theil jenes reifsten Werkes erscheinen „Psyche. Seelencult und Un- [illegible]glaube der Griechen", und Ende 1893 war der zweite vollendet [illegible] erschien Anfang des Jahres 1894. Weder die leiblichen und seelischen [illegible], unter denen die Arbeit langsam vorgerückt war, fühlt man dem [illegible] an, noch die unendlichen Mühen vielfältigster Art; auf denen es be- [illegible] — es sei denn in dem imposanten Wesen seines Aufbaues und der [illegible] seines Ertrages. In lichtem — wenn auch keineswegs immer leichtem — [illegible] eigenartigem, oft schwungvollen und tief ergreifenden Stil schreitet es [illegible] Erkenntniß zu Erkenntniß voran; und wenn R. in seinem Jugendwerk [illegible] hatte durch seine ausgebreitete Belesenheit auch in der neueren [illegible] und in der weiteren Märchen- und Sagenforschung, so wußte er [illegible] in vielfach neuer, förderlicher Weise die reichhaltige und weitverzweigte [illegible]phisch-anthropologische Forschung zu verwerthen: nicht zu einer Häufung [illegible] Parallelen oder gar zu vorschnellen Schlüssen über Zusammenhänge und [illegible], sondern zur Aufklärung dunkler Gebiete, für Anfänge und Ent- [illegible]ungen primitiver Vorstellungen und volksmäßiger Denkungsart, gerade [illegible] wo Andere häufig versucht hatten, „durch Hineinstellung eines selbst- [illegible] Lichtleins einen zweideutigen Flackerglanz zu verbreiten".

Zunächst gewinnt seine Meisterhand durch eindringende Analyse der [illegible] Gedichte aus Todtenopfern, Bestattungsriten, Schwurformeln [illegible] Rudimente (survivals) eines vorhomerischen Seelencultus, in dem die [illegible] vor dem Umgehen der Seelen Entschlafener Beruhigung sucht — im [illegible] zu der bei dem ionischen Sänger herrschenden Anschauung vom [illegible], öden Todtenreich und der bei ihm ersichtlichen Befreiung von ängstlicher, [illegible] Verehrung. Sodann wird auch die dem Menelaos verheißene Ent- [illegible] weiter aufgehellt und mit den Vorstellungen vom Elysium und von [illegible] in Berghöhlen Entrückten verbunden. Nicht mindere Ausbeute [illegible] dann aus Hesiodischen Dichtungen gewonnen, in denen hier bei Homer [illegible] deutlicher heraustritt und der Heroendienst durchscheint. Im [illegible]menhang mit dem Cult der chthonischen Gottheiten, Zeus, Demeter und [illegible], die in ihr Erdreich die Gestorbenen aufnehmen und unter ihnen wie [illegible] sie wachen, gewinnt der Seelencult und Ahnencult neue Kraft; der [illegible] in Mykenä und bei den alten dorischen Königsgeschlechtern, ferner [illegible] der Geschlechtsahnen auf den Demos und in Uebertragungen [illegible] die Colonien schlagen hier ein; wir lernen aus Familienfesten und Staatsfesten, aus dem erst privaten, dann staatlichen Blutrecht und der [illegible]sühne, und wir sehen, wie auch Lebende für ihre Grabesehren Sorge [illegible]: denn ohne Cult zerrinnt das Dasein der Schatten; von Unsterblichkeit der Seele ist bei alledem nicht die Rede: denn wo sie stattfindet wird Mensch zum Gott erhöht. Selbst die Eleusinischen Mysterien lehrten in Jenseitsbildern nicht den Unsterblichkeitsglauben der Seelen. Nur in mystischen Ekstase und Verzückung fühlt sich der Mensch als Gott: und Cultgebräuche kamen mit dem thrakischen Sabaziosdienste und seiner quickung mit dem Dionysoscult in die hellenische Welt: hier erst befestigt der Glaube von der göttlichen Natur der Menschenseele und ihrer Fäh zu höherer Einsicht erhoben und mit dem Göttlichen vereint zu werden. im apollinischen Delphi wird nun die Opfer- und Zeichendeutung durch Ekstase der Inspirationsmantik verdrängt. Sibyllen und Bakiden, Pro und Wunderthäter treten auf: nicht allein zur Enthüllung der Zukunft, zur religiösen Kathartik, zur Bannung der unreinen Geister des Todes zur Führung eines asketischen Lebens. Hier knüpfen an die Schulen Orphischen Theologen in Athen und weiter in Unteritalien und Sicilien, auch der Pythagoreismus und andere philosophische Secten, ohne damit eigentliche Volk durchzubringen. Glänzend ist nun die eingehende Würdi der verschiedenen Lehren von der Seele und der Unsterblichkeit bei den Ph sophen — im Höhepunkt bei Plato — und weiter bei den Dichtern, Red Historikern, auch in Vorstellungen, die sich aus den zahllosen Grabsch und sonstigen Quellen des Glaubens und Aberglaubens ergeben — bis Schwinden vor der neuen Religion einer neuen Welt. Allein von dem kann kein dürftiger, trockener Auszug, nur eigene, wiederholte Lectüre ei Begriff geben.

Die Aufnahme dieses Werkes in der deutschen und ausländischen Kri in den weitesten Kreisen der Fachgenossen, aber auch weit über die Gelehr welt hinaus, entsprach diesmal durchaus seinen unvergleichlichen Vorzügen. Mit dem Erscheinen des zweiten Theiles fast gleichzeitig wurde R. einstimm zum Prorector gewählt: und er hatte als solcher die Genugthuung, unterst von zwei anderen Collegen, eine vor dem Antritt seines Amtes entsta Spaltung der seit einem Jahrzehnt in einem gemeinsamen Ausschuß geein Studentenschaft wieder zu beseitigen und überhaupt bei allen Theilen in sei Amtsführung Anerkennung zu gewinnen. Allein nach dem Beginne d Wintersemesters wurde er wieder leidend und konnte seine, für den Geburtst des Neubegründers der Universität, Karl Friedrich (22. Nov.), bestimm großzügige Rede „über die Religion der Griechen“ nur mühsam fertig dicht und nicht selbst vortragen. Sie entsprach keineswegs dem, was er gewollt fand aber trotzdem großen und dauernden Anklang: mit anderen, zum scharf polemischen Abhandlungen, die sich mehr oder weniger eng an „Psyche“ anlehnen, ist sie im zweiten Theil der „Kleinen Schriften“ wie abgedruckt und daraus auch gesondert erschienen, und sie erhält selbst für höheren Schulunterricht unmittelbar, wie die „Psyche“ und Anderes mittelb Bedeutung. Nicht ohne Ueberanstrengung, aber mit vollem Gelingen — au in ungewohnten Aufgaben, wie einer patriotischen Ansprache beim Kaiserb des Militärvereins und der Bürgerschaft Heidelbergs — führte R. die Pro rectoratsgeschäfte zu Ende.

Nach der schweren Arbeit der letzten Jahre fand er dann Gefallen an ein ganz andersartigen, an seine stillen Studien zur deutschen Romantik an schließenden Aufgabe, zu der eine Neuerwerbung der Universitätsbibliothek und eine Anregung Zangemeister's führte und die schließlich noch aus einem Unicum im Besitze des Freiherrn v. Bernus ergänzt wurde: „Friedrich Creuzer und Caroline v. Günderode, Briefe und Dichtungen“ herausgegeben (Heidelberg 1896). Auch auf diesem Gebiete glückten ihm manche Berichtigungen zu den Arbeiten

...ischer Litteraturhistoriker, vor allem jedoch gab er im Ganzen ein zu wenig ...ahmtes Muster maßvoller und sachgemäßer Auswahl und leiser, bei aller ...ppheit die Theilnahme erhöhender Begleitung so intimer Actenstücke, wie ...onst allzugern ausgeschüttet und mit einem Ballast beladen zu werden ...en.

Ungefähr ein Jahr vor dem im Juli 1896 erfolgten Abschluß dieses ...eins wurde R. noch Vater eines spätgeborenen Söhnchens, das anfangs ... ohne Sorge erwartet, alsbald für ihn und die ganze Familie zu einer ... höchster Wonne wurde — für allzu kurze Zeit. Denn noch nicht ...halbjährig wurde das liebe, geweckte Kind von einer schweren Krankheit ... und im December dahingerafft — ein herzbrechender Jammer, durch ...ersichtlich die schon so oft und schwer erschütterte Gesundheit des Vaters ... entscheidendsten Stoß erlitt. Daß R. im Laufe des Jahres 1897 von ... Münchener Akademie zum correspondirenden Mitglied erwählt und von ...Universität Straßburg als Nachfolger G. Kaibel's erfolglos berufen wurde, ... ihn, um so mehr, als er dem in akademischen Dingen nicht selten ...enden Cliquenwesen nicht nur entfernt, sondern geradezu feindlich gegenüber... Allein zu einer wirklichen Freude kam er überhaupt nicht mehr; und ... er sich zur unermüdlichen Arbeit im täglichen Beruf, wie in stiller ...enschaft und in der Neubearbeitung seiner „Psyche" zwang, immer merk... zeigten sich die Spuren einer unheilbaren Krankheit, die auch auf die ...n wirkte, ohne von ihnen auszugehen. Nach einer bewundernswerthen ...ung in dieser Leidenszeit erfolgte in der zweiten Morgenstunde des ... Januars 1898 ein plötzliches, rasches Ende, wie er es oft gepriesen und ... sich nie erwartet hatte und das ihn sicher vor weit schlimmeren Zuständen ...hatte.

Noch drei Tage zuvor hatte er in einer ausführlichen Anzeige einer ...handlung seines Jugendfreundes Roscher über Kynanthropie den Ertrag ...r Studien gesäubert ans Licht gestellt und das Problem, das mit den ...wolfsagen verknüpft ist, erst rein gelöst. Vor allem hatte er schon vorher ...zweite, vielfach im einzelnen verbesserte Auflage seiner „Psyche" vollkommen ...igt: und daß nach dem Ablauf einer abermaligen Olympiade eine dritte ...veränderte) nöthig wurde und fast nach dem gleichen Zeitraum gegenwärtig ...ierte sich im Druck befindet, beweist, vollends in einer dem classischen ...thum sich vielfach abwendenden Zeit, daß eine derartige wissenschaftliche ...that doch unwiderstehlich wirkt und weiter wirkt. Von der zweiten ...age des „Griechischen Romans" und der Sammlung der „Kleinen Schriften" ... den Unterzeichneten) ist schon die Rede gewesen. Wieder in anderer ... wurde durch den 1902 erschienen „Briefwechsel Friedrich Nietzsches mit ... Rohde" (hrsg. von E. Förster-Nietzsche und Fr. Schöll, Berlin u. Leipzig) ...r einzigartige Freundesbund und in ihm auch die ganze Eigenart Beider ... den tiefsten und feinsten Zügen in Gemüth und Charakter in weitestem ...eise gewürdigt und warm empfunden. Allein keineswegs bloß in solchen ...licationen und ihrer Aufnahme und allem, was sich weiter anreiht, zeigt ... die lebendige Wirkung des nun schon vor bald zehn Jahren Dahingegangenen. ... kleines Zeichen dafür sei erwähnt, daß sein Todestag alljährlich von dem ...ologischen Verein in Heidelberg feierlich begangen wird, nachdem längst schon ... unmittelbarer Zuhörer von ihm zu den ordentlichen Mitgliedern gehört. ... tief und wahrhaft verehrt wird also ein Akademiker, der auch als solcher ...ularität weder suchte noch leicht gewinnen konnte — eine schwere Natur, ... eine vollwichtige und warmblütige, kein glücklicher Mensch im gewöhnlichen ...ne, aber von *geistiger und sittlicher* Größe, die über gemeines Glück erhaben ist und aus allen Widerwärtigkeiten und Kämpfen des Lebens zur [illegible] die nur erwählten Menschen beschieden ist.

Außer den Nachrufen im J. 1898 von dem Unterzeichneten [illegible] Beilage der (Münch.) Allg. Ztg. Nr. 24 (Gedächtnißrede vom 13. [illegible] d. J.) und Südwestd. Schulbl. S. 60 = Humanist. Gymn. S. [illegible] F. Rühl im Sonntagsbl. d. Königsb. Hart. Ztg. Nr. 13, von [illegible] im N. Korr.-Bl. f. d. Gel. u. Realsch. Württ. S. 205 ff., vgl. [illegible] O. Crusius, E. Rohde. Ein biogr. Versuch. Mit einem Bildniß und Auswahl von Aphorismen und Tagebuchblättern Rohde's. [illegible] Leipzig 1902 (dazu Th. Gomperz, Deutsche Revue 1902, S. [illegible] Zielinski, Beil. z. Allg. Ztg. 1902, Nr. 98 u. A.). [illegible] Aeußerungen unmittelbarer Schüler, W. Schmid im Biogr. Jahrb. f. [illegible] 22 S. 87 ff. (mit Schriftenverzeichniß, dazu Kl. Schr. I, S. [illegible] E. Weber im Biogr. Jahrb. u. D. Nekr. 6 S. 450 ff. — A. [illegible] Biogr. V 2 S. 661 ff. Endlich zum Briefwechsel H. Scholz in der [illegible] Welt 1903, S. 709 ff. — J. Hofmiller in der Zukunft 1903, [illegible] u. A.

Fritz Sch[illegible]

Rohden: Ludwig R., Arzt und bekannter Badearzt, geboren zu [illegible] stadt (Westfalen) am 24. October 1838, studirte in Berlin [illegible] wurde 1862 Doctor, wirkte viele Jahre als Brunnenarzt in [illegible] in Arco und war im Winter in Gardone-Riviera am [illegible] thätig, wo er am 23. April 1887 starb. R. war Mitarbeiter an [illegible] Braun's Balneotherapie 1869 und 1873 und schrieb: „[illegible] Klimatotherapie der chronischen Lungenschwindsucht". Auf demselben [illegible] und verwandten bewegen sich auch seine übrigen zahlreichen [illegible] Er hatte sich den Ruf eines hervorragenden Phthisiotherapeuten [illegible] wußte für die von ihm vertretenen Plätze und Ansichten in Wort [illegible] lebhaft einzutreten. 1886 hatte er das vom Verein für [illegible] erbaute Hospiz in Norderney mit großer Hingabe und [illegible] geleitet, war aber 1887 wegen persönlicher Differenzen aus dieser [illegible] zurückgetreten. Aufsehen erregte sein Streit mit dem bekannten [illegible] therapeuten Dettweiler (Falkenstein), in dem R. für die offene [illegible] der Schwindsucht eintrat.

Vgl. Biograph. Lexikon hervorragender Aerzte u. s. w., [illegible] von Pagel, Berlin und Wien 1901, S. 1401.

Rohlfs: Gerhard Friedrich R., einer der namhaftesten deutschen [illegible] forscher, entstammte einer alten, schon im 16. Jahrhundert zu Ansehen [illegible] bremischen Familie und wurde am 14. April 1831 in dem [illegible] Vegesack an der unteren Weser als Sohn eines Arztes geboren. [illegible] die Gymnasien zu Osnabrück und Celle besucht hatte, trat er 1849 [illegible] zum Soldatenstand als Freiwilliger bei dem bremischen [illegible] Da ihm aber das ruhige Garnisonleben nicht gefiel, ging er, [illegible] Begeisterung für vaterländische Ideale, in schleswig-holsteinische [illegible] Er nahm an dem Verzweiflungskampfe der Herzogthümer gegen [illegible] Uebermacht theil und zeichnete sich namentlich in der unglücklichen [illegible] Idstedt am 25. Juli 1850 durch Tapferkeit aus, sodaß er zum [illegible] lieutenant ernannt wurde. Als im folgenden Jahre das [illegible] holsteinische Heer der Auflösung verfiel, begab er sich nach [illegible] Medicin zu studiren. Später setzte er dieses Studium in [illegible] dann in Würzburg unter Rudolf Virchow fort, ohne jedoch zu [illegible] zu kommen, da ihn die Abenteuerlust in die Fremde trieb. Er [illegible]

Fuße Oesterreich, die Schweiz und Italien, und fuhr nach Algier über und hier 1855 als Wundarzt und Apotheker in die französische Fremdenlegion. Er betheiligte sich wiederholt an Expeditionen gegen räuberische Wüsten-[illegible], erwarb mehrere Auszeichnungen und erreichte schließlich die höchste für [illegible] zugängliche Würde eines Sergeanten. Auch übte er sich im Gebrauch [illegible] arabischen Sprache, gewann eingehende Kenntnisse von den Glaubenslehren [illegible] dem Ceremoniell des Islam und erlangte allmählich weitgehende Vertraut[illegible] mit den Sitten und Anschauungen der Eingeborenen. Nach Ablauf seiner [illegible]jährigen Dienstzeit begab er sich nach Tanger und bot der marokkanischen [illegible] seine Mitwirkung bei der geplanten Reorganisation ihrer Truppen [illegible] europäischen Vorbildern an. Aber sein Gesuch wurde trotz warmer [illegible]wortung durch den einflußreichen und ihm sehr wohlgesinnten englischen [illegible]ndten Sir Drummond Hay unberücksichtigt gelassen. Trotzdem beschloß [illegible] Marokko zu bleiben und womöglich einige der unbekanntesten Gegenden [illegible] noch wenig erschlossenen Landes zu durchforschen. Um nicht den Glaubens[illegible] der fanatischen Bewohner zu erwecken, kleidete er sich nach Landessitte, [illegible] sich für einen Renegaten aus und legte sich den Namen Mustafa bei.

Im Frühjahr 1861 brach er ohne jede wissenschaftliche Ausrüstung und [illegible] sehr geringen Geldmitteln versehen von Tanger auf und zog zu Fuße [illegible]einwärts. Gleich in den ersten Tagen traf ihn das Mißgeschick, daß sein [illegible]borener Führer das wenige Gepäck entwendete und damit entfloh. Den [illegible] längeren Aufenthalt nahm er in dem Wallfahrtsorte Uezzan, wo ihn [illegible] angesehene und im Rufe der Heiligkeit stehende Großscherif Sidi-el-Hadj-[illegible]el-Ssalam, angeblich ein Nachkomme des Propheten, freundlich empfing. [illegible] dessen Empfehlungen ausgerüstet konnte er seine Reise ungehindert nach [illegible] fortsetzen. Hier fand er Gelegenheit, sich dem Sultan vorzustellen, der [illegible] auf seine Bitte zum Arzt der Regierungstruppen ernannte. Er verlebte [illegible] mehrere Monate theils in Fes, theils in dem weiter westlich gelegenen [illegible]s, untersuchte die Umgebung beider Städte und erhielt sogar auf Ver[illegible]ung Hay's ausnahmsweise die Erlaubniß, überall im Lande frei umher[illegible] zu dürfen, angeblich um medicinische Kräuter zu sammeln. Da ihm [illegible] sein Amt viele lästige Verpflichtungen auferlegte, trachtete er, bald wieder [illegible] loszukommen. Er begab sich deshalb abermals zu seinem Gönner [illegible]-Ssalam nach Uezzan. Hier fand er reiche Gelegenheit, im Verkehr [illegible] den täglich wechselnden Scharen der Wallfahrer Vertreter aller nord[illegible]nischen Völkerstämme kennen zu lernen. Im Sommer 1862 kehrte er [illegible] Tanger zurück, um sich auf Grund seiner bisher gesammelten Erfahrungen [illegible] eine größere wissenschaftliche Forschungsreise vorzubereiten, die er schon [illegible] wenigen Wochen antrat. Er zog zunächst an der atlantischen Küste hin [illegible]gemur, folgte dann der Karawanenstraße nach der alten Hauptstadt [illegible]akesch, erreichte bei Agadir wieder das Meer, überstieg auf gefährlichen [illegible] die Ausläufer des Hohen Atlas und dessen südliche Vorberge und [illegible] endlich ins Thal des Draa, dem er aufwärts bis zu der großen, den [illegible]ndern verschlossenen Oase Tafilelt folgte. Als er weiter durch die Wüste [illegible] den Figig-Oasen wandern wollte, wurde er unweit der Wasserstelle Kenadsa [illegible] seinem Führer im Schlafe hinterlistig überfallen, durch Schüsse und Säbel[illegible] schwer verletzt, vollständig ausgeplündert und dann für todt liegen ge[illegible]. Im diesem hülflosen Zustande verblieb er zwei Tage und zwei Nächte, [illegible] in der Gefahr, zu verdursten, zu verbluten oder von den Raubthieren [illegible] zu werden. Endlich am dritten Tage fanden ihn zwei des Weges [illegible]kommende Marabuts, die ihn nach ihrem benachbarten Dorfe brachten und [illegible] menschenfreundlicher Weise verpflegten, bis er nach zwei Monaten soweit

[illegible]lichen Reisebericht mit drei Karten veröffentlichte (Jahrgang 1865, S. 81 [illegible]90, 165—187 und 401—417 nebst Tafeln 4, 6 und 14; 1866, S. 8 [illegible]26 und Tafel 2), gelang es ihm, eine hinlängliche Summe zu beschaffen [illegible] überdies die Aussicht auf weitere Unterstützungen zu eröffnen. [illegible] R. begab sich nun zunächst nach Frankreich, wo er mit dem Geographen Malte-[illegible] und Vivien de St. Martin, sowie mit dem berühmten Saharaforscher [illegible] Duveyrier seine ferneren Pläne besprach. Der letztere wies ihn namentlich [illegible]end auf das bisher nur im äußersten Norden untersuchte, sonst unbekannte, [illegible]dem Räubervolke der Tuareg bewohnte Hochland von Ahaggar hin. Im [illegible] 1865 traf er wieder in Tripolis ein und drang auf einem neuen Wege [illegible] Misda und Nasra nach Ghadames vor. Von hier aus wollte er in Be-[illegible]ung eines Tuareghäuptlings nach dessen Heimathland reisen; aber eine [illegible]liche schwere Erkrankung und übermäßige Hitze, dazu die Treulosigkeit des [illegible] und drohende Gerüchte von kriegerischen Verwicklungen hinderten den [illegible]uch, sodaß er im September nach Misda zurückkehren mußte. Daselbst [illegible] er eine kleine Karawane zusammen und zog nun auf wenig betretenen [illegible]en in südlicher Richtung über das Harudschgebirge nach der wichtigen Oase [illegible]suk. Hier mußte er fünf Monate lang bis zum März 1866 verweilen, [illegible] das Eintreffen der Gelder zu erwarten, die ihm König Wilhelm von [illegible]ußen, die Geographische Gesellschaft in London und einige Bremer Freunde [illegible]esandt hatten. Nachdem er seine Vorräthe ergänzt hatte, wanderte er [illegible] der großen vielbegangenen Karawanenstraße über Gatrun und Bilma nach [illegible] Tschadsee, und zwar diesmals als Christ und in europäischer Tracht. Ob-[illegible] er unterwegs zweimal vom Wege abkam und dadurch in die Gefahr des [illegible]durstens gerieth, erreichte er doch am 22. Juli wohlbehalten Kuka, die [illegible]stadt des von deutschen Forschern schon wiederholt besuchten Reiches [illegible]. Der Sultan Omar, der bereits früher Barth, Overweg, Vogel und [illegible]ermann gut aufgenommen und gegen den Fanatismus seiner Unterthanen [illegible] hatte, ließ es auch diesmal nicht an Beweisen wohlwollender Gast-[illegible]dschaft fehlen. Auf dringende Vorstellungen Rohlfs', der den Plan einer [illegible]derung nach Timbuktu aufgegeben hatte und statt dessen nach Tibesti und [illegible]rhin nach den völlig unbekannten Kufra-Oasen zu gelangen wünschte, sandte [illegible]inen Boten an seinen Nachbar, den Sultan von Wadai, mit der Bitte um [illegible] Durchzug für seinen Schützling. Als aber trotz mehrmonatlichen Wartens [illegible] Antwort eintraf, beschloß R., der sichere Kunde von dem unversöhnlichen [illegible]denhaß der Bewohner jenes Landes erhielt, nicht nach Nordosten, sondern [illegible]hr nach Westen weiterzuziehen. Im December verließ er Kuka, besuchte [illegible] Reich Sokoto mit der Hauptstadt Jakuba und erreichte glücklich die eng-[illegible] Handelsniederlassung Lokoja am Zusammenflusse des Nigers mit dem [illegible]. Er fuhr dann den Niger aufwärts nach Rabba, durchwanderte die [illegible]dschaft Joruba und traf am 1. Juni 1867 bei Lagos wohlbehalten an der [illegible]enküste ein. Wenn auch diese Durchquerung Afrikas, bei der er einen [illegible] von 4200 km zurückgelegt hatte, bei weitem nicht so reich an neuen [illegible]graphischen Ergebnissen als seine erste Reise war, so führte sie ihn doch auf [illegible] Höhe seines Ruhmes und machte seinen Namen rasch populär. Zahlreiche [illegible]ungen und Anerkennungen flossen ihm von allen Seiten zu; die geographischen [illegible]schaften von London und Paris verliehen ihm ihre goldenen Medaillen, [illegible] andere, darunter die von Berlin und Bremen, ernannten ihn zum Ehren-[illegible]glied. König Wilhelm, Fürst Bismarck und andere hervorragende Persönlich-[illegible]en sprachen ihm ihr Interesse und ihr Wohlwollen aus. Den Herbst 1867 [illegible] er in Deutschland, indem er in den großen Städten Vorträge über [illegible] Erlebnisse hielt. Daneben fand er noch Muße, einen abschließenden Bericht über seine erste marokkanische Expedition fertigzustellen und zu veröff[illegible] „Reise durch Marokko, Uebersteigung des Großen Atlas, Exploration [illegible] von Tafilelt, Tuat und Tidikelt und Reise durch die große Wüste [illegible] dames nach Tripoli“ (Bremen 1868, 4. Ausg. Norden 1884). [illegible] er eine ausführliche Beschreibung seiner „Reise durch Nordafrika [illegible] ländischen Meere bis zum Busen von Guinea 1865—1867“ [illegible] Die erste Hälfte, die Wanderung bis Kuka umfassend, erschien 18[illegible] Originalkarten als 25. Ergänzungsheft zu Petermann's [illegible] die andere, gleichfalls mit zwei Karten, erst 1872 als 34. Heft [illegible] Sammlung.

Bereits gegen Ende des Jahres 1867 befand er sich wieder [illegible] Im Auftrage des Königs Wilhelm von Preußen nahm er an dem [illegible] der Engländer unter Sir Robert Napier gegen den Negus [illegible] Abessinien theil. Er schloß sich der Aufklärungstruppe des Obersten [illegible] an, wohnte der siegreichen Schlacht bei Magdala bei und drang am [illegible] 1868 bei dem Sturme auf diese Bergfestung als einer der ersten [illegible] Verschanzungen ein. Dann kehrte er allein auf wenig betretenen [illegible] wilde Gebirgsgegenden an den merkwürdigen Felsenkirchen von [illegible] an der alten Hauptstadt Axum vorüber nach der Küste zurück (Peter[illegible] mann's Mittheilungen 1868, S. 313—324 und Tafel 15). Kaum [illegible] wieder in Deutschland eingetroffen, so erhielt er von der preußischen [illegible] die Einladung, eine Reise nach Bornu anzutreten, um dem Sultan [illegible] wiederholt deutsche Reisende gastfreundlich aufgenommen und [illegible] beschützt hatte, den Dank des Königs dafür auszusprechen und [illegible] Anzahl werthvoller Geschenke zu überreichen. In Tripolis nahm [illegible] Sendung in Empfang; doch brachte er sie nicht an ihren Bestimm[illegible] sondern übergab sie mit Genehmigung seiner Auftraggeber dem [illegible] Bey von Tunis, Dr. Gustav Nachtigal, der eben im Begriffe war, [illegible] nach Bornu anzutreten und sich bereit erklärte, die Geschenke an den [illegible] zu befördern. Er selbst wendete sich, um den bisher noch nicht [illegible] suchten östlichen Theil der großen Wüste kennen zu lernen, nach [illegible] Culturlande der Cyrenaica. Er fuhr von Tripolis nach Benghasi, [illegible] die Ruinenstätten der Pentapolis und drang auf wenig begangenen [illegible] pfaden südwärts nach den Oasen Audjila und Djalo vor. Dann [illegible] Nordrande der Libyschen Wüste hin, zunächst nach der Oase Siwah [illegible] merkwürdigen Resten antiker Bauwerke, und dann weiter nach Aegypten [illegible] stellte er als Erster das Vorhandensein eines ausgedehnten Depression[illegible] fest, das erheblich unter den Spiegel des Mittelmeeres herabsinkt. [illegible] lernte er auch die an Einfluß stetig zunehmende mohammedanische [illegible] der Senussi kennen, welche sich bemüht, die Welt des Islam [illegible] schärfung des religiösen Fanatismus vor den Einflüssen der europä[illegible] zu bewahren. Im Mai 1869 traf er wohlbehalten in Alexandrien [illegible] kehrte rasch nach Deutschland zurück. Hier entfaltete er in den [illegible] bis 1873 eine rege litterarische Thätigkeit. Auf Grund seiner Tage[illegible] standen mehrere Reisewerke zum Theil von dauerndem Werthe, [illegible] Namen auch außerhalb der Geographenkreise bekannt machten: „Im [illegible] Sr. Majestät des Königs von Preußen mit dem englischen [illegible] in Abessinien“ (Bremen 1869, 2. Ausg. Norden 1882), eine [illegible] Arbeit, die in England wegen einiger abfälliger Bemerkungen über [illegible] führung Napier's unliebsames Aufsehen erregte, „Land und Volk [illegible] Berichte aus den Jahren 1865—1870“ (Bremen 1870, 2. Aufl. [illegible] eine Sammlung von populären Abhandlungen, die meist schon [illegible] schriften erschienen waren, „Von Tripolis nach Alexandrien. Beschreibung der im Auftrage Sr. Majestät des Königs von Preußen in den Jahren 1868 und 1869 ausgeführten Reise“ (2 Bde. mit Karten und Tafeln, Bremen 1871, 3. Ausg. Norden 1885) nebst einem zur Erläuterung dienenden Bilderwerke „Afrikareise in 40 Photographien. Nach der Natur aufgenommen von L. Salingré“ (Bremen 1871), endlich „Mein erster Aufenthalt in Marokko und Reise südlich vom Atlas durch die Oasen Draa und Tafilelt“ (Bremen 1873, 3. Ausg. Norden 1885, auch ins Englische übersetzt: „Adventures in Morocco and journeys through the oases of Draa and Tafilet. With an introduction by Winwood Reade“, London 1874), eine etwas verspätete Schilderung dieses kühnen Unternehmens. Außer diesen größeren Werken verfaßte er noch zahlreiche kleinere Aufsätze, die in den angesehensten geographischen Zeitschriften erschienen. In den Wintermonaten bereiste er die meisten Länder deutscher Zunge, um Vorträge über seine afrikanischen Forschungen zu halten. Auf einer dieser Reisen lernte er im Frühjahre 1870 in Riga Leontine Behrens, eine Nichte des berühmten Afrikaners Georg Schweinfurth, kennen, mit der er sich bald darauf verheirathete. Seinen Wohnsitz schlug er nun in Weimar auf, wo ihm der Großherzog den Hofrathstitel verlieh und auch sonst vielfaches Wohlwollen bewies. Aber da seine Ehe kinderlos blieb, ließ ihm die Sehnsucht nach dem schwarzen Erdtheil auf die Dauer keine Ruhe. Allmählich tauchte der Plan in ihm auf, eine Durchquerung der fast völlig unerforschten libyschen Wüste zu unternehmen, deren Nordrand er bereits 1869 kennen gelernt hatte. Er wollte untersuchen, wie weit sich die von ihm entdeckte Depression im Nordwesten der Wüste nach Süden zu oder gegen das Nilthal hin fortsetzt und ob es möglich sein würde, durch das von Siut nach der Oase Dachel ziehende angebliche alte Nilbett Bahr-bela-ma den Ueberschuß des Nilwassers in die Wüste abzuleiten und diese dadurch zu befruchten. Da die Ausführung dieses Projectes sehr bedeutende Geldmittel erforderte, die in Deutschland nicht aufzubringen waren, wendete er sich durch Vermittlung des deutschen Generalconsuls v. Jasmund in Alexandrien mit einem Unterstützungsgesuche an den Khedive Ismail von Aegypten, der damals auf der Höhe seiner Macht stand, da er die Grenzen seines Reiches nach Süden weit bis in den Sudan vorgeschoben hatte und eine ähnliche Ausdehnung nun auch nach Westen zu wünschte. Er ging bereitwillig auf den Vorschlag ein und bewilligte eine namhafte Summe, sodaß die Expedition gründlich vorbereitet und reichlich ausgestattet werden konnte. Als wissenschaftliche Begleiter wählte sich R. mehrere wohlbekannte Gelehrte, den Paläontologen Karl Zittel aus München, den Botaniker Paul Ascherson aus Berlin und den Geodäten Wilhelm Jordan aus Karlsruhe, sowie den Photographen Philipp Remelé aus Berlin. Mit diesen wollte er von Oberägypten aus westwärts über Farafrah nach den Oasen von Kufra und dann nach Süden auf einer bisher von Europäern unbetretenen Karawanenstraße nach Wadai und dem Tschadsee vordringen. Als die Gesellschaft im December 1873 in Siut, dem Hauptorte Oberägyptens, anlangte, zeigten sich schon nach wenigen Tagen unüberwindliche Schwierigkeiten, die eine Abänderung der geplanten Route nöthig machten. Eingezogene Erkundigungen stellten die völlige Wasserlosigkeit der zu durchwandernden Landschaft fest. Es wurden deshalb mehrere hundert eiserne Kisten zum Transport des Trinkwassers angeschafft, deren Mitnahme eine ungewöhnlich große Zahl von Kamelen erforderte. Nach 18tägigem Wüstenmarsch erreichte die Karawane Farafrah, wo sie bei den durch die Sendboten der Senussi fanatisirten Bewohnern eine wenig freundliche Aufnahme fand. Man zog deshalb weiter südwärts nach der bedeutenden Oase Dachel, deren antike Tempeltrümmer eingehend sucht wurden. Dann trennten sich die Gefährten für längere Zeit, um Umgegend ihren Specialstudien nachzugehen. R. marschirte nach in die Wüste, um womöglich Kufra zu erreichen; aber die Beweglichkeit des wasser- und pflanzenlosen Sandmeeres erwiesen sich als unüber Hindernisse, und so mußte er nordwärts in der Richtung auf Siwah Nach kurzem Aufenthalte in dieser Oase kehrte er zunächst über Fara Dachel und dann nach einer längeren Erholungspause in Chargeh mit altägyptischen Ruinen nach dem Nil zurück, den er am 31. März 18 Esneh erreichte. Von hier aus fuhr er mit reichen Sammlungen den Strom abwärts bis Cairo, wo er dem Khedive über seine Er Bericht erstattete. Allerdings konnte er nicht verschweigen, daß der eig Zweck der Expedition nicht erreicht war; denn es hatte sich herausge der Bahr-bela-ma kein ehemaliges Flußbett ist und daß die Libysche mit Ausnahme einer schmalen Zone an ihrem Nordrande nicht unter Meeresspiegel liegt, sodaß an ihre Bewässerung nicht gedacht werden

In Deutschland gab er sich nun sogleich wieder litterarischen Arbeiten Zunächst vollendete er das längst erwartete abschließende Werk über Wanderung von Tripolis nach dem Niger: „Quer durch Afrika. Reise Mittelmeer nach dem Tschadsee und zum Golf von Guinea“ (2 Leipzig 1874—75). Dann faßte er die Ergebnisse seiner Wüstenexpedi dem werthvollen Buche „Drei Monate in der Libyschen Wüste. Mit von P. Ascherson, W. Jordan und K. Zittel, sowie einer Originalkar W. Jordan“ zusammen (Kassel 1875), an das sich später noch die untersuchungen der einzelnen wissenschaftlichen Begleiter unter dem titel „Expedition zur Erforschung der Libyschen Wüste unter den Sr. Hoheit des Khedive von Aegypten Ismail im Winter 1873/74 geführt“ (3 Bände mit Karten und Tafeln, Kassel 1876—83) an Außerdem nahm er seine Vortragsreisen wieder auf, die ihn im Winter bis 1876 bis nach Nordamerika führten. Einige Vorträge sind ge der kleinen Schrift „Beiträge zur Entdeckung und Erforschung Af (Leipzig 1876). Aber auf die Dauer ließen ihm die weißen Flecke der Afrikas keine Ruhe, und als 1878 die Deutsche Afrikanische Gesellschaft anfragte, ob er geneigt wäre, eine Expedition von der Großen Syr durch die Libysche Wüste nach Wadai zu führen, und von dort aus die scheide zwischen Benue, Scharir und Congo festzustellen, sagte er nach kurzer legung zu. Mit amtlichen Empfehlungsschreiben und werthvollen Ge des deutschen Kaisers an den Beherrscher von Wadai ausgerüstet, trat Weihnachten 1878 in Begleitung des jungen Naturforschers Adolf Ste Tripolis aus die Wanderung an. Zunächst folgte man der viel Karawanenstraße nach der Oase Sokna. Nachdem man hier längere der Anwerbung von Führern und Trägern verloren hatte, erreichte man Sella im April 1879 die Schwesteroasen Audjila und Djalo, fand durch den Fanatismus der unter dem Einflusse der Senussi-Secte Eingeborenen solche Schwierigkeiten, daß R. sich entschließen mußte, Bengasi zu eilen, um von hier aus den Einfluß des deutschen Bot Grafen Hatzfeldt in Constantinopel zu seinen Gunsten anzurufen. Mit Vorräthen und mit Schutzbriefen der türkischen Behörden kehrte er nach Audjila zurück und setzte nun mitten im Sommer bei furchtbarer den Marsch durch die völlig wasserlose Wüste nach Süden fort. unter fast übermenschlichen Beschwerden 400 km zurückgelegt hatte, erreich als der erste Europäer die Oasengruppe von Kufra. Er besuchte die ein

...lungen, erregte aber in dem Hauptorte Kebabo durch sein Gepäck die ...ucht der durch die Senussi-Mönche mit religiösem Haß erfüllten Bewohner, ...m Stamme der Suja-Beduinen gehörten. Sie beschlossen, ihn aus-...ubern und sammt seinen Gefährten zu ermorden. Glücklicherweise wurde ...tzeitig gewarnt, sodaß er unter der Preisgebung der Sammlungen, In-...ente und Vorräthe entfloh und auf diese Weise wenigstens das Leben ... Es gelang ihm, sich mit seinen Begleitern einer Karawane an-...ießen, die nach Norden zog, und so traf er ohne weitere Unfälle am ...October wieder in Benghasi ein. Er kehrte nun rasch nach Deutschland ... und erlebte wenigstens die Genugthuung, daß ihm die türkische Re-...ng, durch diplomatischen Druck veranlaßt, für den erlittenen Schaden in ...von 16000 M. Ersatz leistete. Den Winter und den folgenden Sommer ...achte er wiederum in Weimar. Theils war er mit der Bearbeitung seiner ...ufzeichnungen beschäftigt, theils unterstützte er seinen Bruder Heinrich ...ttingen bei der Redaction des 1878 von ihm begründeten „Deutschen ...s für Geschichte der Medicin und medicinische Geographie". Er zeichnete ...em Titel der drei ersten Jahrgänge dieser Zeitschrift als Mitherausgeber ...lieferte auch mehrere Aufsätze über die Ausübung der Heilkunde in ...

Im Sommer 1880 erhielt er vom Berliner Auswärtigen Amte die Ein-...g, als außerordentlicher Gesandter des Deutschen Reiches nach Abessinien ...en und dem Negus Johannes ein kaiserliches Handschreiben nebst reichen ...ken zu überbringen. Im November zog er gemeinsam mit seinem ...en Gefährten Stecker von Massaua aus landeinwärts über Adua und ... nach Debra Tabor in der Nähe des Tanasees. Hier traf er mit dem ... zusammen, richtete seine Aufträge aus und erhielt ansehnliche Gast-...e und andere Gunstbeweise. Eine Aufforderung des Herrschers, als ...nsvermittler zwischen Abessinien und Aegypten zu dienen, lehnte er ab. ...ielt sich nun einige Zeit am Tanasee auf, den sein Begleiter eingehend ...suchte. Dann reiste er, geleitet von einer Ehrenwache, nach Gondar, wo ...interessante Beobachtungen über die einheimische Geistlichkeit und über die ... dem Namen Falascha bekannten Juden anstellte. Nachdem er noch die ...ngsstadt Axum mit ihren uralten Bauwerken besichtigt hatte, kehrte er ... Adua nach Massaua zurück und traf im Mai 1881 wohlbehalten in ...ar ein. Hier nahm er sogleich wieder seine litterarische Thätigkeit auf. ... im Herbst desselben Jahres erschien der abschließende Bericht über die ...glückte Kufra-Expedition mit sehr werthvollen wissenschaftlichen Beigaben: ...fra. Reise von Tripolis nach der Oase Kufra, ausgeführt im Auftrage ...Afrikanischen Gesellschaft in Deutschland. Nebst Beiträgen von P. Ascherson, ...hann, F. Karsch, W. Peters, A. Stecker" (Leipzig 1881; auch italienisch: ...politania: viaggio da Tripoli all' oasi Kufra. Edizione italiana per ... di Guido Cora", Milano 1889). Daran schlossen sich bald nachher ... Beiträge zur Entdeckung und Erforschung Afrikas" (Kassel 1881), be-... aus 18 Aufsätzen vermischten Inhalts in populärer Schreibweise. ... Zeit erforderte die Ausarbeitung des abessinischen Reisewerks, das ... dem Titel „Meine Mission nach Abessinien. Auf Befehl Sr. Maj. des ...tschen Kaisers im Winter 1880/81 unternommen", in vortrefflicher Aus-...ung mit einer Karte und vielen Tafeln erschien (Leipzig 1883, auf ...nisch: „L'Abissinia", Milano 1886). Zwei weitere Schriften geringen ...fangs wurden durch die von R. mit Begeisterung begrüßte Erwerbung ...scher Schutzgebiete in Afrika veranlaßt: „Angra Pequena, die erste deutsche ...nie in Afrika" (*Bielefeld 1884*) und „Zur Klimatologie und Hygiene

Ostafrikas“ (Leipzig 1885). Die deutsche Colonialpolitik war es auch, die ih 1885 nöthigte, noch ein letztes Mal den Boden des schwarzen Erdtheils zu betreten. Als sich nämlich bei den Verhandlungen über die Abgrenzung der deutschen Interessensphäre in Ostafrika zahllose Schwierigkeiten mit England und dem Sultan von Sansibar erhoben, wurde er vom Fürsten Bismarck mit weitgehenden Vollmachten als Generalconsul nach Sansibar geschickt. Aber es stellte sich bald heraus, daß diese Thätigkeit seinen Neigungen und Fähigkeiten in keiner Hinsicht entsprach. Er bat deshalb um seine Entlassung, die ihm 1886 auch gewährt wurde. Da seine Gesundheit etwas gelitten hatte, zog er sich ganz ins Privatleben zurück. Nachdem er noch ein letztes Buch: „Quid novi ex Africa?“ (Kassel 1886), eine Sammlung von Abhandlungen geographischen Inhalts, veröffentlicht hatte, siedelte er von Weimar nach dem Oertchen Rüngsdorf bei Godesberg am Rhein über. Hier lebte er noch Jahre in ruhiger Beschaulichkeit. Ein großes Werk über die Sahara, dessen Bearbeitung er der geeignetste Sachkenner in Deutschland gewesen, kam leider nicht zur Ausführung. Da er fast nichts mehr von sich lieſs, gerieth er bei der jüngeren Generation allmählich in Vergessenheit. Seit dem Beginne der 90er Jahre machten sich bei ihm zuerst nur andeutungsweise, dann immer deutlicher hervortretend Lähmungserscheinungen bemerklich, die schließlich am 2. Juni 1896 zu einem sanften und schmerzlosen Ende führten. Seinem Wunsche gemäß wurde er im Crematorium zu Hamburg verbrannt. Die letzte Ruhestätte fand er in seiner Vaterstadt Vegesack, der er auch seine Bibliothek nebst seiner reichen Correspondenz und dem übrigen litterarischen Nachlaß letztwillig überwiesen hatte.

R. war ein Mann von hoher ansehnlicher Gestalt und von sympathischen Gesichtszügen, aus denen Wohlwollen und aufrichtige Gesinnung, Thatkraft und Beharrlichkeit sprachen. Mit Recht wird er neben Barth, Vogel, Nachtigal und Schweinfurth unter die bedeutendsten Vertreter jener heroischen Epoche der deutschen Afrikaforschung gezählt, in der man ohne politische und wirthschaftliche Nebeninteressen auf das rein ideale Ziel der Entschleierung des schwarzen Continents hinarbeitete. Die Kenntniß Marokkos, der nördlichen Sahara und der Libyschen Wüste mit ihren Oasen hat er wesentlich bereichert, und mehrere seiner Reisewerke zählen namentlich durch ihre werthvollen Beobachtungen über das Volksleben zu den wichtigsten Documenten der neueren Entdeckungsgeschichte jener Ländergebiete. Als Stilist gehörte er nicht zu den großen Meistern der Landschaftsschilderung, aber er wußte das Gesehene anschaulich zu beschreiben und das Erlebte unterhaltend und anregend zu erzählen. Deshalb wurden nicht nur seine größeren Schriften, sondern auch die überaus zahlreichen kleineren Aufsätze, die in vielen deutschen und einigen ausländischen geographischen Zeitschriften und Tagesblättern (namentlich in Petermann's Mittheilungen, im Globus, im Ausland, in der Kölnischen und der Münchener Allgemeinen Zeitung) erschienen, auch in weiteren Kreisen gern gelesen. Die Gabe der freien Rede war ihm in hohem Maaße eigen, und selbst Fürsten und namhafte Gelehrte lauschten mit Vergnügen seinen Vorträgen. Schüler und Nachfolger hat er sich nicht herangezogen, und so hinterließ sein Tod eine Lücke, die bis heute noch nicht völlig ausgefüllt ist.

G. Schweinfurth in der Sonntagsbeilage der Vossischen Zeitung 1896 Nr. 24/25, und in Westermann's Illustrirten deutschen Monatsheften LXXXII (1897), S. 565—578 (mit Bildniß). — W. Wolkenhauer in den Deutschen Geographischen Blättern XIX (1896), S. 165—182, und in Globus LXX (1896), S. 31—33. — H. Wichmann in Petermann's Mittheilungen XLII (1896), S. 146—147. — K. Zittel im Jahresbericht de

Geograph. Gesellschaft in München XVI (1896), S. 310—313. — F. Ratzel im Biographischen Jahrbuch I (1897), S. 325—332.

Viktor Hantzsch.

Roller: David Samuel R., ein eigenartiger sächsischer Pfarrer, geboren ... December 1779 zu Heynitz bei Meißen, † am 26. August 1850 zu ... bei Dresden. Sein Wesen und Wirken ist auch weiteren Kreisen be... durch das Buch Wilhelm v. Kügelgen's „Jugenderinnerungen eines ... Mannes“ bekannt geworden, der darin seinem Lehrer ein schönes Denk... gesetzt hat.

R. ist ein Pfarrerssohn, das achte von neun Kindern. Trotz aller Armuth ... Eltern verlebte er auf dem ländlichen Pfarrhofe eine glückliche Jugend. ... dem frühen Tode des Vaters (1784) zog die Mutter, nachdem sie vor... gehend in dem Städtchen Nossen sich aufgehalten hatte, in ein kleines ...häuschen des Dorfes Söbrigen bei Pillnitz an der Elbe. Im Sommer ... ihr jüngster Sohn David die eine Kuh, die sie hatten, lernte Fischen ... das Beschneiden der Weinstöcke, das bis in sein hohes Alter eine an... ...e Beschäftigung für ihn war. Der Pfarrer des Nachbardorfes ließ dann ... begabten Knaben zusammen mit seinen zwei Knaben unterrichten, sodaß ... das Maturitätsexamen ablegen konnte. Ein Graf v. Hohenthal ermöglichte ... das Studium der Theologie auf der Universität Leipzig. Nur unter den ...größten Entbehrungen, die ihm seine Armuth auferlegte, vollendete es R. ... Jahre lang war er dann Hauslehrer in der Familie v. Heynitz, der ... ...ch viel verdankte und zeigte hier schon sein erzieherisches Geschick und ... praktischen Lebensverstand. 1804 errichtete er in Dresden ein Er...ungsinstitut für Knaben. Seine Anstalt erlangte einen gewissen Ruf. ...thümlich war seine Weise des Unterrichtes. Um Aufmerken, Pünktlichkeit, ...ung, Gehorsam zu lehren und zugleich körperliche Uebung zu gewähren, ... er seine Zöglinge mit Gewehren und ließ sie militärisch ausbilden. ...dor Körner war einer seiner Zöglinge, dessen Dichtergabe R. frühzeitig ...nte. Beim Abschied ließ er sich von ihm in die Hand geloben, seine ... nie gegen das Christenthum gebrauchen zu wollen. 1807 ward er ... zu Döbernitz, und 1811 wurde er in die Gemeinde Lausa, einem ..., hinter ausgedehnten Kiefernwaldungen liegenden Dörflein in der Nähe ...ens, berufen. Hier blieb er bis zu seinem Tode im J. 1850. Fast alle ... Geschwister hatte er immer um sich. Erst in seinem 67. Lebensjahre ...rathete er sich. In langen Friedensjahren wie in den bösen Kriegs... 1809—1813 ist er seiner Gemeinde ein Mann des Segens geworden, ... Name noch heute dort in Ehren gehalten wird. Im Schatten seiner ... liegt er begraben. Oberhofprediger D. Harleß in Dresden hielt ihm ... Grabrede.

Er war, wie Kügelgen schreibt, „ein Mann von sonderbarem Außenwerk ... oft verkanntem inneren Werte — doch ein Edelstein von reinstem Wasser“ (... 299); wir würden sagen ein „Original“, doch im edlen Sinne des Wortes. ... persönlich frommer Mann mit einem Herzen voll Liebe, ein strenger ...theraner, ein volksthümlicher Prediger, auch dichterisch begabt, ein treuer ...sorger, ein feinsinniger Liturg, dabei durchaus praktisch in den Dingen ... Welt — das war er, kurz, ein Wohlthäter seiner Gemeinde. Er ver... sich trefflich auf die Obstzucht, pflanzte unzählige Bäume, wo nur Raum ... war, und gab jedem seiner Confirmanden einen Obstbaum mit; er schrieb ... ein Schriftchen „von den schädlichen Obstraupen und den sichersten Mitteln, ... zu vertilgen“; er wußte ganz besonders Bescheid um den Weinbau, pflanzte auch da überall Stöcklinge an und war der wohlfeile Winzer in seinem und andern Dörfern; er hielt „Kindergottesdienste“, schrieb auch [illegible] Buch „Kinderkirche“ und erließ eine Aufforderung an die Stadträthe, [illegible] gottesdienste“ einzurichten — und das in einer Zeit, wo noch niemand daran dachte. Er pflegte in seiner Erziehungsmethode schon damals [illegible] später sich an den Namen „Fröbel“ knüpft und empfahl es öffentlich [illegible] „Spielschule“; er war unter den Stiftern der „sächsischen Bibelgesellschaft“ in Dresden am 10. August 1814 gegründet wurde; er half der [illegible] mission“, die sich 1821 in Dresden Freunde gewann, mit einen Weg [illegible] er erweckte Liebe und Verständniß für das „Diakonissenwesen“ [illegible] Dresdener „Diakonissenhaus“. Vor allem aber wurde er bekannt und [illegible] und verdächtigt durch seine Heilmittel gegen die Epilepsie. Es war [illegible] Pulver aus der Asche von Elsterknochen bereitet. Die Vögel mußten [illegible] den „heiligen Zwölfnächten“ geschossen sein. Man wandte sich an [illegible] England, Rußland, Frankreich und Nordamerika. In einem Jahre [illegible] gegen tausend solche „Pulverbriefe“, wie er sie nannte und erhielt [illegible] an 200—300 Elstern aus allen Ländern zugeschickt. Von 6000 Kranken, die sich an ihn in 22 Jahren wandten, sind bestimmt — wie er schreibt — [illegible] genesen. Er hielt streng darauf, daß er nicht einen Pfennig Geld, [illegible] Geschenk dafür annahm; er wollte nur aus dienender Liebe helfen. [illegible] Mittel gegen diese Krankheit besitzt jetzt das Dresdener Diakonissenhaus.

Schriften: „Spielschule zur Bildung der fünf Sinne für kleine [illegible] Ohne Namen des Verfassers erschienen. Dresden 1806. Mit 1 Kupfer. „Christliches Gesangbuch oder Sammlung von 784 meist alten Kernliedern [illegible] evangelischen Kirche, nach den Festzeiten und der Heilsordnung [illegible] Nebst Gebeten und einer Nachricht von den Verfassern.“ Leipzig [illegible] (12 Lieder darin von R. selbst gedichtet). Die anderen kleinen Schriften, das „Angeln“, über „Vertilgung der Raupen“, das „Wetterbüchlein“ [illegible] „Kinderkirche“ konnte ich nicht erlangen.

Vgl. A. Blüher, David Samuel Roller's Leben und Wirken. [illegible] 1852. — (Wilh. v. Kügelgen), Jugenderinnerungen eines alten [illegible] 15. Aufl. Berlin 1892, S. 282 ff., 418 ff. — A. H. Rühle, David [illegible] Roller, Lebensbild eines sächsischen Pfarrers. Leipzig 1878.

Hel[illegible]

Romang: Johann Jakob R. wurde am 28. September 1831 in [illegible] bei Saanen im Kanton Bern geboren, besuchte bis in sein zwölftes [illegible] dortige Primarschule und erhielt nebenbei durch den Ortsgeistlichen [illegible] eine höhere Schulbildung vorbereitenden Unterricht. Im Spätherbst [illegible] trat er in das Progymnasium in Thun ein, zwei Jahre später in [illegible] in Bern, wohin sein Vater als Oberrichter gewählt worden war, [illegible] solvirte auch hier das höhere Gymnasium. Im Frühjahre 1850 bezog [illegible] Universität Bern, um nach dem Wunsche seiner Eltern Theologie zu [illegible] gab aber sehr bald dieses Studium auf und ging zur Jurisprudenz [illegible] Infolge der politischen Bewegung des Jahres 1850 verlor Romang's [illegible] sein Amt, und da noch jüngere Söhne der väterlichen Hülfe bedurften, [illegible] Johann Jakob auf seine eigene Kraft angewiesen. Er wurde zunächst [illegible] lehrer in einer Berner Familie, dann Concipient der Obergerichtskanzlei [illegible] dabei aber seine Studien fortsetzen; als er aber im März 1854 vom [illegible] rath die Stelle eines zweiten Secretärs des eidgenössischen Militärdepartements erhielt, blieb ihm bei der Fülle der Amtspflichten keine Zeit mehr [illegible] Studiren. Da bot sich ihm im Mai 1855, als im Krimkriege die [illegible] Werbetrommel gerührt wurde, Aussicht, entweder als Soldat Carrière [illegible] chen, oder doch so viel Geld zu verdienen, daß er seine Studien beenden nnte. Er trat als Unterlieutenant in das erste Regiment der englischen chweizerlegion ein, kam mit demselben nach Dover, besuchte nach beendigter nstructionszeit die Schießschule zu Hythe, wurde im September 1855 Ober-eutenant in der Jägercompagnie des zweiten Bataillons, welche sein Lands-nn Adrian v. Arx befehligte, und im November 1855 nach dem Kriegs-auplatze dirigirt, von wo er im Sommer 1856 zurückkehrte. Diese Episode t dem Dichter unauslöschliche Bilder und Erinnerungen zurückgelassen, die zum Theil später in seinen Schriften „Aus Ost und West“ (Novellen, rzählungen und Gedichte, 1864; Ausg. in 2 Bdchn. 1873) und „Novellen“ III, 1875—77) geschildert hat. Ein vortrefflicher Stil kommt in diesen Prosa-beiten zur Darstellung; „knapp, bündig, gehaltvoll und in keuschem malerischen Schmuck quellen seine Sätze aus der Tiefe herauf.“ Im Spätjahr 1856 war wieder in der Heimath; er nahm nun seine Studien von neuem auf, stand im Mai 1858 das Advocatenexamen und wurde später zum Ober-richtsschreiber ernannt, auf welche Stelle er jedoch 1864 resignirte. Er lebte sofort seinen litterarischen Neigungen, im letzten Jahrzehnt in Genf und starb selbst am 2. Mai 1884. — R. gehört zu den besten Dichtern der Schweiz. Schon seine erste Sammlung „Gedichte“ (1851), mehr noch seine letzten Gedichte „Herbstblumen“ (1882) bieten eine gemüthstiefe Lyrik, die sich durch „Kraft nd Wahrheit des Gedankens, durch schönen Rhythmus, Lebendigkeit und racht der Schilderung auszeichnet.“ In der Dialektdichtung, der Mundart es Saanenlandes, hat er geradezu herrliche Kunstschöpfungen dargeboten.

Robert Weber, Die poetische Nationallitteratur der deutschen Schweiz III, 381. — Rudolf Fastenrath, Im Haine der Musen, 1878, S. 245.

Franz Brümmer.

Roemer: Karl Ferdinand R., 1818—1891, Geologe und Paläontologe, ordentlicher Professor an der Universität Breslau.

Geboren am 5. Januar 1818 in Hildesheim. Sein Vater, der Ober-gerichtsrath Friedrich Roemer, von preußischer Herkunft, aus Magdeburg gebürtig, war im J. 1803 von der Regierung nach Hildesheim gesandt worden, as damals in preußischen Besitz übergegangen war, nach einer Einverleibung n das Königreich Westfalen aber 1815 vom Wiener Congreß dem Königreich annover zugesprochen wurde. Friedrich Roemer verheirathete sich mit Charlotte ünzel, der Tochter des letzten selbständig regierenden Bürgermeisters von ildesheim, und starb 1823, als sein jüngster Sohn Ferdinand erst fünf ahre alt war. Deshalb ist dem Sohne wohl kein lebhaftes Erinnerungsbild n dem Vater verblieben, den er kaum jemals erwähnte. Dagegen sprach erdinand R. oft und stets mit größter Liebe und Dankbarkeit von seiner utter, der die Erziehung von sieben Kindern, vier Söhnen und drei Töchtern, blag. Ich erinnere mich, mehrfach von R. gehört zu haben, daß er nur in nem Punkte anderer Meinung war, wie seine gute Mutter, nämlich in Bezug f die Schule. Wenn Roemer's früh selbständiger Geist sich unter dem un-ermeidlichen Schulzwang unbehaglich fühlte, wollte ihn die Mutter mit der rophezeiung trösten, daß er sich später noch einmal nach den glücklichen Zeiten r Schule zurück sehnen werde. Der Sohn bestritt das entschieden und sagte och schmunzelnd als Greis: „Die Schulzeit ist die gräulichste im menschlichen eben“. Das hinderte aber nicht, daß er einzelnen Lehrern ein treues, dank-res Andenken bewahrte. Von der Schule her blieb R. bis an sein Lebens-de ein begeisterter Verehrer des classischen Alterthums; doch auch auf der hule wurde schon seine naturwissenschaftliche Neigung geweckt, und zwar sonders durch seinen *Lehrer in der Mathematik*, Dr. Muhlert, der als ein

Freund der Natur seine Lieblingsschüler in die geologisch so interessante Gege
von Hildesheim führte, zum Galgenberg und Spitzhut, wo er mit ihnen Ve
steinerungen und Chalcedonkugeln sammelte, oder zu den Zwerglöchern, wo
ihnen die harten und dünnen Lias-Schiefer zeigte. Ferdinand und sein
zwei Jahre älterer Bruder Hermann R., der spätere Hildesheimer Sena
und deutsche Reichstagsabgeordnete, wurden während ihres Aufenthaltes
den oberen Classen des evangelischen Andreas-Gymnasiums auch mit dem
katholischen Gymnasium Josephinum wirkenden Professor Johannes Leun
bekannt, dem Verfasser der so verbreiteten naturgeschichtlichen Schulbüch
Durch die Anregung von Leunis wurden die Brüder Roemer eifrige Käf
sammler, wobei aber auch das Sammeln von anderen Naturkörpern, besonde
von Versteinerungen fortgesetzt wurde. Als nun der älteste, schon 1809
borene Bruder Friedrich Adolf nach Beendigung seiner juristischen Studien
amtlicher Thätigkeit nach Hildesheim zurückkehrte, da wurde auch in ihm,
sich vorher neben seiner Juristerei schon für Botanik besonders interessirt hat
durch die von seinen jüngeren Brüdern zusammengebrachten Versteinerung
die Lust für diesen Gegenstand erweckt. Friedrich Adolf sammelte und studi
nun so eifrig auf diesem Gebiet, daß der Autodidakt nach kurzer Zeit
J. 1836 seine Schrift über das norddeutsche Oolithgebirge herausgeben konn
eine Arbeit, welche die Grundlage unserer Kenntniß der Jura-Bildung
Deutschlands darstellt. Begreiflicherweise wurde nun wieder umgeke
durch die eifrige und erfolgreiche Arbeit des Bruders die Neigung
Jüngeren für die Naturwissenschaften, speciell die Geologie gefördert und g
stärkt. Dazu kamen die anregenden Besuche von Fachgeologen, wie Quenste
Wilh. Dunker, Fr. Hoffmann u. A., die mit Friedrich Adolf R. Excursion
machten, an denen auch die jüngeren Brüder theilnehmen durften.

Nach bestandenem Maturitätsexamen erklärten Hermann und Ferdina
R., daß sie Naturwissenschaften studiren wollten. Dem trat aber der älte
Bruder, der noch nicht daran dachte, die Juristerei als eigentlichen Leben
beruf aufzugeben, auf das Entschiedenste mit dem Ausspruche entgegen, da
niemand durch die Naturwissenschaften sein Brot mit genügender Sicherh
verdienen könne. Das leuchtete auch der Mutter ein, und gehorsam bezoge
Hermann und Ferdinand zu Ostern 1836 die Universität Göttingen, um de
Familientradition gemäß Jura zu studiren und die Beamtenlaufbahn ein
zuschlagen. Doch unterließen sie nicht, sich auch weiter mit Naturwissenschaft
zu beschäftigen, besonders während des in Heidelberg verbrachten Sommer
semesters 1837, wo sie sich an den Zoologen Bronn anschlossen. In Götting
hörten sie mit besonderem Eifer den Mineralogen und Geologen Hausman
sowie den Botaniker Bartling, und betheiligten sich an deren lehrreichen Ex
cursionen. Nach vollendetem Triennium meldeten sich beide Brüder, dere
Zusammensein bisher kaum je unterbrochen war, zur juristischen Prüfung, ab
nach verschiedenen Zielen hin. Hermann ging in Ausführung des schon au
der Universität gefaßten Beschlusses, ein unabhängiger Hildesheimer zu bleiben
in seine Vaterstadt und bestand hier das Advocatenexamen, während Ferdinan
sich dem Staatsdienste widmen wollte und zum Richterexamen meldete. Da
erhielt er jedoch keine Citation. Als andere, gleichzeitig mit ihm Gemeldet
durch das Examen gegangen waren, wandte sich Ferdinand R. Beschwerd
führend an die Oberbehörde und erhielt den Bescheid, durch die Gnade de
Königs werde die Citation wohl bald erfolgen. Nicht mit Unrecht vermuthet
R. den Grund dieser offenbaren Zurücksetzung in der Thatsache, daß sei
ältester Bruder, der Amtsassessor Friedrich Adolf R., inzwischen einer vo
denen gewesen war, die, wie die bekannten Göttinger Sieben, nach der a

Juli 1837 erfolgten Aufhebung des hannöverschen Staatsgrundgesetzes dem König Ernst August den Huldigungseid verweigerten*). Ferdinand Roemer's Antwort, „daß er von der Gnade des Königs nichts verlange, und er überhaupt auf die Citation verzichte, wenn sie nicht als sein gutes Recht erfolge," schnitt ihm für immer die juristische Laufbahn in Hannover ab; doch darf man wohl annehmen, daß R. die Juristerei ohne allzu tiefes Bedauern aufgab.

Er bezog 1840 die Universität Berlin, hörte bei Lichtenstein Zoologie, Johannes Müller Anatomie und Physiologie, bei Steffens Anthropologie, bei Mitscherlich und Heinrich Rose Chemie, bei Dove Physik. Besonders aber zogen ihn, wie er in seiner Inauguraldissertation selbst angibt, die Vorlesungen von Chr. Sam. Weiß über Krystallographie und Mineralogie, von Gustav Rose über Mineralogie und Geognosie, sowie von v. Dechen über die Geologie Deutschlands an. Am 10. Mai 1842 erwarb er die philosophische Doctorwürde auf Grund einer paläontologischen Arbeit „De astartarum genere"; seine Opponenten waren Beyrich, Ewald und Girard, auch sie später als hervorragende Geologen bekannt. Kurz darauf wurde R. von dem damaligen Chef des Bergwesens Grafen v. Beust beauftragt, eine geognostische Untersuchung des Rheinischen Gebirges mit Bezug auf Herstellung einer allgemeinen geologischen Karte des Königreichs Preußen vorzunehmen; eine Arbeit, welche Jahrzehnte hindurch die Grundlage für die Forschung im Gebiet des „Rheinischen Uebergangsgebirges" (Hannover 1844) gewesen ist. Bereits im Sommer 1844 hatte er sich einigen anderen Theilen des rheinisch-westfälischen Gebirges (namentlich dem Teutoburger Walde) zugewandt, als er dem Rathe von Leopold v. Buch und Alexander v. Humboldt folgend den Beschluß faßte, eine größere wissenschaftliche Reise ins Ausland, und zwar nach Nordamerika zu unternehmen. Zur Bestreitung der hohen Kosten trug die Berliner Akademie der Wissenschaften bei; auch L. v. Buch stellte aus eigenen Mitteln eine größere Summe zur Verfügung, und R. selbst opferte dazu einen Theil seines Vermögens. A. v. Humboldt gab ihm einen glänzenden offenen Empfehlungsbrief, in dem unter anderem geschrieben stand, daß der Empfohlene wie ein Buch sei, daß man nur aufzuschlagen brauchte, um auf alle Fragen eine gute Antwort zu erhalten.

Im April 1845 in New-York angelangt, hielt R. sich zunächst dort und in den angrenzenden Staaten einige Monate auf, drang dann weiter ins Innere nach St. Louis vor, durchsuchte das Kohlenkalkbecken des Mississippithales und wandte sich gegen Ende des Jahres nach New-Orleans, um von dort nach Texas hinüberzufahren, dessen noch fast ganz unbekannte geologische Verhältnisse zu erforschen ganz besonders in seinem Plane lag. Keineswegs gefahrlos war es, das Innere des noch nahezu unwegsamen, von wilden Indianerstämmen bewohnten Landes zu bereisen. Ueber 15 Monate, bis in das Jahr 1847 hinein, blieb R. in Texas und legte durch seine Beobachtungen den Grund zur Erforschung des Landes. Diese Thätigkeit als wissenschaftlicher

*) Friedrich Adolf Roemer wurde später Bergrath und Vorstand der Bergschule, der Bergakademie in Clausthal. Außer der schon oben genannten Arbeit über das norddeutsche Oolithgebirge gab er heraus „Die Versteinerungen des norddeutschen Kreidegebirges" (1840), „Die Versteinerungen des Harzgebirges" (1843), „Beiträge zur geologischen Kenntniß des nordwestlichen Harzgebirges" (5. Abthlg., 1850—1866). Hermann Roemer führte im Auftrage der Regierung die geologische Untersuchung der südlichen Hälfte Hannovers aus (1845—55), deren Ergebniß die geologische Karte von Hannover in 7 Blättern bildete; ferner erschienen von ihm „Die geologischen Verhältnisse der Stadt Hildesheim" (1883). So wurden drei von den vier Brüdern Roemer hervorragende Geologen; der vierte wurde Landwirth.

Pionier im fernen Westen ist ihm auch in Amerika unvergessen geblie inzwischen ist in Texas eine ebenso regelrechte geologische Landesunterst angebahnt, wie in den europäischen Ländern; doch noch in der Gegenwart dort R. als „der Vater der Geologie von Texas" gerühmt. Schon kurz seiner Rückkehr nach Europa erschien 1849 sein Reisebericht: „Texas, besonderer Rücksicht auf deutsche Auswanderung und die physikalischen hältnisse des Landes, nach eigener Beobachtung geschildert" (mit einer graphisch-geognostischen Karte von Texas); noch heute als ein Muster der Werke anzusehen. Eine Monographie der texanischen Kreidefauna erschien mit 11 Tafeln Abbildungen, ein weiterer Beitrag dazu noch 1889. Wenn schon der texanischen Kreide anhangsweise die dort gesammelten Silur-Versteinerun beschrieben wurden, so folgte später (1860) die Monographie der Silur Fauna des westlichen Tennessee. Allen diesen Abhandlungen, abgesehen von Beschreibung neuer Formen, verleiht einen besonders hohen Werth der die Bekanntschaft mit den gleichaltrigen Faunen Europas veranlaßte Ver zwischen beiden, wie er zu damaliger Zeit fast noch einzig dasteht.

Seine Rückreise aus Texas nahm R. wieder über New-Orleans, um von hier aus nördlich zu wenden. Doch erkrankte er in dem ungesu Küstengebiet heftig am Fieber, sodaß lange Zeit sein Leben in höchster Ge schwebte. Seinen Angehörigen in Europa galt er Monate lang als Seine Jugendkraft aber siegte, und Ende Juni 1847 konnte er seine R fortsetzen. Nach einem Aufenthalt im Staate Kentucky ging er über Alleghanies nach Baltimore und dann nach New-York zurück. Im Nove langte er wohlbehalten wieder in Deutschland an.

Seinen Wohnsitz nahm R. jetzt in Bonn, wo er sich im Sommer 18 als Privatdocent für die mineralogischen Wissenschaften, insbesondere für Pet factenkunde habilitirte, mit einem Probevortrag vor der Facultät „Ein übersichtliche Darstellung der geognostischen Verhältnisse von Texas", und ei am 15. Juli gehaltenen öffentlichen Vorlesung „Ueber die Bedeutung Petrefactenkunde in zoologischer und geologischer Hinsicht". Während sieben Privatdocentenjahre in Bonn beschäftigte ihn neben der Verarbei der reichen Ausbeute seiner amerikanischen Reise hauptsächlich wieder Studium der rheinisch-westfälischen Sedimentformationen, besonders der Krei bildungen. Unter den zahlreichen Untersuchungen über paläozoische Fossili treten die über Krinoiden an Zahl und Bedeutung hervor; eine Monograph über die Blastoideen (1852) gab die Grundlage für die Kenntniß die Krinoidenunterordnung. Als ausgezeichneter Kenner speciell des Palä zoicums war R. auch der gegebene Mitarbeiter, als sein früherer Heidelberg Lehrer Bronn eine Neubearbeitung der Lethaea geognostica unternahm. R. schrieb davon (1852—54) den Band „Erste Periode, Kohlengebirge", thatsächlich sein Hauptwerk, dessen Bedeutung darin liegt, daß zwischen der letzten, vo Bronn verfaßten Auflage und der Roemer'schen Bearbeitung Murchison's großes Werk über das Silurische System erschienen war und R. die Murchi son'schen Anschauungen auf unsere deutschen Ablagerungen ausdehnte und ein für die damalige Zeit, wenigstens soweit es die Gattungen betrifft, nahe vollständige Uebersicht der Faunen und Floren gab.

Bezeichnend für den damaligen Aufschwung und die entsprechende Schätzung der Geognosie und Paläontologie war es, daß, als der Vertreter der minera logischen Wissenschaften an der Universität Breslau, Ernst Friedrich Glocker, dessen Specialgebiet die eigentliche Mineralogie war (damals üblich als Oryktognosie bezeichnet), von seinem Lehrstuhl zurücktrat, der Vorschlag der Breslauer Facultät die Namen der Paläontologen Beyrich, Ewald, Roemer nannte.

...ren traf die Wahl des Ministeriums vor seinen früheren beiden Opponenten. Ostern 1855 leistete R. dem ehrenvollen Rufe Folge. Ausdrücklich soll ...hoben werden, R. war ein solcher Meister der Didaktik, daß ein ...lich klarer anregender Vortrag auch seine Vorlesungen über die ... eigenen Arbeitsgebiet ferner liegenden Disciplinen der Mineralogie und ...allographie beseelte, derart, daß er auch in diesen als einer der besten ... gelten muß, die je auf einer deutschen Hochschule gewirkt haben. Wenn ...durch seine unübertreffliche Lehrweise eine größere Anzahl von Schülern ...und für die mineralogisch-geologischen Wissenschaften als Lebensberuf ...nen hat, so sind auch specielle Mineralogen darunter.

In Breslau sollte R. aber Gelegenheit finden, neben seiner Thätigkeit ...ehrer und Forscher auch noch sein hervorragendes organisatorisches Talent ...ltung zu bringen. Waren zu damaliger Zeit zwar die äußeren Ver...isse aller naturwissenschaftlichen Disciplinen an allen Universitäten im ...leich zu heute noch sehr unvollkommen, so müssen doch Räume und Lehr... des damaligen „mineralogischen Cabinets“ in Breslau ganz besonders ...eiden gewesen sein. Nach Roemer's Bericht enthielt dieses Cabinet nur ... wenige Mineralien, wie sie heute nicht einmal zum Unterricht auf einem ...nasium als genügend würden erachtet werden. Roemer's Amtsvorgänger ... hatte zu seinen Vorlesungen eine größere eigene Sammlung benutzt, ... bei seinem Abgange mitnahm. Bei Roemer's Tode aber besaß Breslau ... der reichsten und bestgeordneten Sammlungen unter allen deutschen Uni...täten. Bis zum Jahre 1866 standen nur durchaus unzureichende und ...weckmäßige Räume zur Verfügung, im zweiten Stockwerk des sogenannten ...vietgebäudes auf der Schmiedebrücke, die später dem Botaniker Ferd. Cohn ... sein „Pflanzenphysiologisches Institut“ überwiesen wurden, bis auch er ... 1887 in einen Neubau übersiedeln durfte. Hier Wandel zu schaffen, ... R. als seine ganz besondere Aufgabe an, die er glänzend löste. Im ...mer 1860 erhielt R. einen Ruf an seine heimathliche Universität Göttingen; ...e Ablehnung verlieh offenbar seinem Wunsche nach einer Verbesserung ...er bisherigen Wirkungsstätte erheblichen Nachdruck. Bei Gelegenheit des ...lauer Universitätsjubiläums im August 1861 erfolgte von Seiten des ...isteriums die Zusage zu einem Neubau, der außer dem pharmaceutischen ... dem physikalischen Institut, den bisherigen Leidensgenossen im alten ...äude, ein „Mineralogisches Museum“ mit den erforderlichen Nebenräumen ...halten sollte. Dieses neue „Institutengebäude“ wurde im Frühjahr 1866 ...er Bestimmung übergeben. In der hier von R. für die von ihm vertretenen ...nschaften geschaffenen Heimstätte hat er nun noch volle 25 Jahre segens... gewirkt.

Als Forscher hat R. in seiner Breslauer Zeit zunächst noch manche auf ... früheren Untersuchungsgebiete bezügliche Arbeiten abgeschlossen und ver...entlicht, z. B. die über die jurassische Weserkette, bald aber seine wissen...aftliche Thätigkeit vornehmlich in den Dienst der geologischen Untersuchung ...esiens gestellt. Wenn ihn hier wieder besonders die älteren Schichten ...ogen, das Rotliegende und dann das Carbon, so weiter auch das Studium ... erratischen Blöcke und Geschiebe. R. erkannte, daß die Hauptaufgabe bei ... Erforschung dieser Geschiebe in der Bestimmung ihrer Heimath und ihres ...nsportweges zu suchen sei. Deshalb hatte ihn besonders eine reiche ...mmlung von Geschieben aus der Gegend von Sadewitz bei Oels wegen ihrer ...baren Identität mit gewissen Ablagerungen nahe der Westküste Esthlands ...essirt; deren Beschreibung ist in der Festschrift der Schlesischen Gesellschaft für vaterländische Cultur zum Jubiläum der Breslauer Universität nieder-

...der im Auslande bekannteste und gefeiertste deutsche Geologe war. ... Reisen kam ihm vortrefflich seine beneidenswerthe Fertigkeit in ... Sprachen zu statten. Unbekannt war ihm keine der europäischen ..., beinahe alle konnte er lesen und im Hören verstehen, in ... auch in voller Geläufigkeit und tadelloser Aussprache sich unter-...

Ueberhaupt war die Vielseitigkeit seiner Bildung erstaunlich. Kaum ... ein Gebiet des menschlichen Wissens war ihm ganz fremd. Daß er ... Nachbargebiete seiner Fachwissenschaft, besonders Zoologie und Botanik ... beherrschte, war für ihn selbstverständlich, auch war er stets eifrig ... mit deren Fortschritten vertraut zu bleiben. Lebhaft waren bei ihm ... und Freude an der schönen Litteratur, der älteren wie der modernen. ... Verehrung des classischen Alterthums wurde schon oben gedacht. In ... Wesen besaß er etwas von olympischer Heiterkeit, das bis in seine ... Lebenstage in Stunden frohen Zusammenseins mit gleichgestimmten ... zum Ausdruck kam. Der Grundzug seines Wesens waren aber ... Würde und gehaltene Freundlichkeit, wie sie nur einer durch und durch ... Natur zu eigen sind. Ungemein charakteristisch war die Gewähltheit ... Sprache, in welcher sich sein feines ästhetisches Gefühl ausprägte. Er ... eine unüberwindliche Abneigung gegen alles Unschöne. Schon Worte, ... oder häßlich gebrauchte er kaum; er zog es vor, etwas als ...mäßig oder als dem Auge nicht wohlgefällig zu bezeichnen. Doch ... man nicht etwa meinen, daß die Gewähltheit der Form die Bestimmtheit ... Ausdrucks oder gar seines Urtheils beeinträchtigt hätte. Einen Menschen, ... er einmal die Thür weisen wollte, entließ er mit den Worten: „Ich ... mich freuen, Sie nicht mehr wieder zu sehen!“ Halbheit und Unklarheit ... ihm zuwider. War er auch gegen Fremde stets höflich, zuvorkommend ... von seiner Liebenswürdigkeit, so lag ein schnelles Anschließen nicht in ... Wesen; die Vortrefflichkeit seiner Charaktereigenschaften und seine wahre ...güte konnte nur der ganz empfinden, der das Glück hatte, ihm näher ... zu dürfen. Doch war seine Güte stets mit Weisheit gepaart; seine ... Zuneigung vermochte nur der zu gewinnen, welchen er für tüchtig ... Nichts hätte ihn vermocht, für einen nach seiner Ueberzeugung Un-... empfehlend einzutreten, und wenn es der Bruder seines liebsten ... gewesen wäre. Allen, die mit ihm in Berührung kamen, wird sein ... Humor und treffender Witz von dauerndem Eindruck seiner Persönlichkeit ... sein. Seine Schlagfertigkeit war beneidenswerth; sein Witz konnte ...tastisch werden, wenn des geistreichen und scharf beobachtenden Mannes ... Empfänglichkeit für das geistig und körperlich Schöne sich gereizt fühlte; ... die feingewählte Form hielt stets alles Verletzende fern. In seltener ...einigung waren eben die Sicherheit eines vornehmen Geistes und der heitere ... abgeklärter Weisheit mit wahrer Herzensgüte in seinem Wesen har-...misch verbunden.

Bis ins Lebensalter von 51 Jahren blieb R. unverheirathet. „Die ... heirathen nicht“, pflegte er zu scherzen. Doch im Frühjahr 1869 ... er Katharina Schäfer heim, eine jüngere Schwester der Gattin seines ... und Amtsgenossen, des Zoologen Grube (Vater des Schauspielers ... Grube). Waren ihm auch dann in seiner, beinahe noch dreiundzwanzig-...jährigen, überaus glücklichen Ehe keine eigenen Kinder beschieden, so entbehrte ... keineswegs ihm entgegengebrachter kindlicher Liebe und Dankbarkeit, die ihm ... den in seinem Hause als Pflegetöchter erzogenen Nichten seiner Frau zu

Theil wurde. Da Roemer's Brüder unverheirathet blieben, ist die [illegible] ragende Familie ausgestorben.

Sein Wunsch, nicht hinsiechend den Beschwerden des Alters zu [illegible] sondern lieber im Vollbesitz seiner geistigen und körperlichen Kräfte [illegible] raschen Tod abberufen zu werden, ist ihm in Erfüllung gegangen. [illegible] Götter lieben, den nehmen sie mit dem Blitze zu sich," pflegte er [illegible] Plötzlich und unerwartet ist Ferdinand Roemer in früher Morgen[illegible] 14. December 1891 durch einen Herzschlag aus dem Leben ge[illegible] geistvoller, guter und glücklicher Mann.

Als Material liegen dieser Skizze zu Grunde die von mir [illegible] Nekrologe Roemer's in der Breslauer Zeitung vom 16. Decem[illegible] im Jahresbericht der Schlesischen Gesellschaft für vaterländische [illegible] 1891, in der Chronik der Universität Breslau von 1891/92, meine [illegible] rede bei einer Roemer-Feier am 5. Januar 1893 (Auszug in der [illegible] Zeitung vom 7. Januar 1893), ferner eine Gedächtnißrede von [illegible] vor der naturforschenden Gesellschaft in Danzig am 4. Januar [illegible] Nekrolog von W. Dames im Neuen Jahrbuch für Mineralogie 189[illegible] ergänzt durch Erinnerungen an meinen persönlichen Verkehr mit [illegible]

Carl [illegible]

Roos: Johann Melchior R., Maler und Radirer, geboren [illegible] furt a. M. 1659, † ebenda 1731. Zweiter Sohn des Thiermalers [illegible] Heinrich Roos und dessen Schüler; weiterhin auf Reisen (1686 [illegible] Italien) gebildet. Der Richtung seines Vaters folgend, hat R. [illegible] Thierstücke gemalt, seltener jedoch hat er die von jenem bevorzugten [illegible] stände gepflegt, die weist Herden unter der Obhut ihrer Hirten [illegible] dern sich vorzugsweise mit der Darstellung von Jagdwild und wilden [illegible] überhaupt abgegeben. Seine Bilder aus dem Thierleben zeigen Hirsche [illegible] Bären, neben diesen einheimischen Thiergattungen aber auch solche [illegible] licheren Zonen, wie Löwen und Tiger. Verglichen mit den Werken [illegible] Vaters erscheinen die Malereien von Joh. Melchior R. mit wenig [illegible] schwächer in der Zeichnung und flauer im Ton, und vielleicht [illegible] ältesten Nachrichten, die wir haben, Recht mit der Behauptung, daß [illegible] Beharrlichkeit nicht immer auf gleicher Höhe mit der unleugbaren [illegible] gestanden haben, die ihn auszeichnete. Von capriciösen Einfällen [illegible] schwenderischen Neigungen des Künstlers wissen nebenbei der [illegible] Hüsgen und der ältere holländische Künstlerbiograph Campo Weyerman [illegible] berichten, von denen der letztere ihn 1709 in Frankfurt persönlich [illegible] lernt hat. Bilder von ihm finden sich in zahlreichen deutschen [illegible] in Frankfurt sowohl in altheimischem Privatbesitz, als auch in [illegible] des Städel'schen Kunstinstituts und des Städtischen Historischen [illegible] An Radirungen ist von der Hand des Künstlers nur ein Blatt [illegible] läßt dessen gewandte Ausführung darauf schließen, daß er sich in [illegible] nicht nur vorübergehend bethätigt hat.

Hüsgen, Artistisches Magazin (1790), S. 257 ff., 682. — [illegible] Kunst und Künstler in Frankfurt a. M. (1862), S. 216 f. [illegible] „Zusätze" 2c. (1867), S. 75. — Bartsch, Le peintre-graveur [illegible] — Woltmann-Woermann, Geschichte der Malerei III, 879 f. — [illegible] Geschichte der deutschen Malerei, S. 572 f.

H. [illegible]

Roos: Philipp Peter R., genannt Rosa di Tivoli, [illegible] in Frankfurt a. M. 1651, † in Rom 1705. Aeltester Sohn [illegible] Johann Heinrich Roos und dessen Schüler; ferner in Italien [illegible] der Landgraf von Hessen-Kassel auf seine Kosten reisen ließ. Nach Rom ngt, hat R. dort seinen bleibenden Aufenthalt genommen; die Heirath mit Tochter eines römischen Kunstgenossen, der zu Liebe er zur katholischen che übertrat, hat vollends dazu beigetragen, ihn seiner Heimath fremd den zu lassen. Unter vier Brüdern, die sich alle der Malerei widmeten, Philipp entschieden der begabteste gewesen, und man kann ihn insofern als eigentlichen geistigen Erben seines Vaters bezeichnen, dem er auch äußerlich in folgte, daß er dessen Hirten-Idyllen zu malen fortfuhr, obwohl er sich n der specifisch niederländischen Manier, der der Vater und die Brüder hingen, in Italien lossagte und zu den breiter und großartiger gehaltenen üren der italienischen Schule seiner Zeit überging. R. schlug nach seiner rheirathung seinen Wohnsitz in Tivoli auf, wohin ihn ohne Zweifel der mstand lockte, daß er dort die Natureindrücke unmittelbar vor Augen hatte, ren er für seine Malerei bedurfte: die südliche Berglandschaft und die rakteristische Thierstaffage der römischen Rinder, Schafe und Ziegen. Er alte seine Gegenstände mit Vorliebe lebensgroß. Die delicate und stimmungs- lle Tonwirkung, die sein Vater im Rahmen von minder umfänglichen Cabinet- ldern zu erzielen wußte, hat er dabei nicht erreicht. Dagegen imponiren ne Bilder durch lebensvolle Beobachtung, geschmackvolle Anordnung und rtuosen Vortrag, wobei nur zu bedauern bleibt, daß sie, wahrscheinlich in- lge von Anwendung unsolider Farbmittel, stark nachgedunkelt sind. Philipp R. ll gleich seinem jüngeren Bruder Johann Melchior ein lockeres und ver- wenderisches Leben geführt haben, doch mag in den Kreisen der nieder- ändischen Malercolonie in Rom, aus der die compromittirenden Erzählungen er seinen Lebenswandel stammen, die Ueberlieferung manches übertrieben aben.

Die von seiner Hand in zahlreichen deutschen und ausländischen Samm- ungen erhaltenen Gemälde setzen allein im Hinblick auf Zahl und Umfang n nicht unbeträchtliches Maß von Arbeit und Studium voraus, selbst wenn m Künstler, wie gleichfalls erzählt wird, eine außergewöhnliche Handfertigkeit u Gebote stand. Auffallend wenig ist von R. in seiner Vaterstadt Frankfurt finden, doch besitzt hier wenigstens die Sammlung des Städel'schen Kunst- nstituts zwei gute Thierstücke aus seiner römischen Zeit.

Houbraken, De grote Schouburgh etc. II (1719), S. 279 ff. — Hüsgen S. 255 ff. — Gwinner S. 218 ff. — Woltmann-Woermann III, 879. — Janitschek S. 572. H. Weizsäcker.

Roos: Theodor R., Maler und Radirer. Geboren in Wesel im Sep- mber 1638; Ort und Jahr seines Ablebens unbekannt. Nachdem er seine hrzeit in Brabant, wahrscheinlich unter der Leitung des von Lierre ge- rtigen Adriaen de Bie, durchgemacht hatte, schloß er sich seinem älteren ruder Johann Heinrich Roos an und arbeitete eine Zeitlang mit diesem meinsam für den Landgrafen von Hessen-Kassel. Seit 1657 finden wir ihn, n seinem Bruder getrennt, in Mannheim, Straßburg und an verschiedenen utschen Fürstenhöfen thätig, so u. a. in Stuttgart, wo er zum herzoglichen ofmaler ernannt wurde. 1681 ist er wieder in Straßburg beschäftigt und ird dort noch 1688 als am Leben befindlich erwähnt. An schöpferischer Kraft ht Theodor R. hinter seinem Bruder und Lehrer Johann Heinrich R. zurück; s Darsteller der mit Thieren staffirten Landschaft ist er geradezu dessen achahmer. Den günstigsten Eindruck gewinnt man von ihm in seiner Eigen- aft als Bildnißmaler, so in einem vortrefflichen Frauenporträt der Städel- n Sammlung in Frankfurt, wo vielleicht auch ein kleines männliches rustbild, das früher irrthümlich für ein Selbstporträt von Johann Heinrich

Roos galt, von seiner Hand herrührt. — Der Künstler war auch als Radi
thätig; in der einschlägigen Litteratur werden im ganzen sieben Blätter
seiner Hand erwähnt. Dazu kommt als achte, Bartsch und Weigel unbe
gebliebene graphische Arbeit, eine in neuerer Zeit vom Städel'schen
erworbene, mit seinem Namen bezeichnete radirte Kupferplatte, die einen
in einer Landschaft darstellt.

Houbraken II, 288 ff. — Gwinner S. 206 f. — Bartsch IV, 395
Weigel, Suppléments au peintre graveur de Adam Bartsch etc. I,

H. Weizsäcker.

Röpe: Georg Reinhard R., lutherischer Theologe und Profe[ssor am] Realgymnasium, wurde am 11. April 1803 zu Hamburg geboren. [Er war] der zweite Sohn von Carl Reinhard R. (geboren am 10. Juli 1764 [zu Iser]lohn), der schon in früher Jugend mit seinem Vater, dem Kaufmann [Johann] Reinhard R. aus Iserlohn nach Hamburg übergesiedelt war. Johann [Rein]hard R. lebte hier in dem litterarischen Kreise, in welchem sich auch [...] und seine Freunde bewegten, und so nahm auch sein Sohn Carl Reinh[ard] an den poetischen Bestrebungen jener Tage Antheil; er ist auch selbst [als] Schriftsteller aufgetreten (vgl. Lexikon der hamburgischen Schriftsteller, [...] S. 342 ff.). Die Familie wurde in der Zeit der französischen Occupa[tion] um ihren Wohlstand gebracht; sie mußte im December 1813 mit den [von] Davoust Ausgewiesenen Hamburg verlassen. Dadurch verlor der Vater [...] seine Anstellung als Postverwalter; nach der Rückkehr nach Hamburg hatte [er] mit Sorgen und Krankheit zu kämpfen. Sein Sohn Georg Reinhard R. [er]hielt zwar vom Director Gurlitt im Juni 1815 eine Freistelle auf [dem] Johanneum; aber weil seine Eltern ihn nicht ernähren konnten, mußte er seinen Unterhalt durch Privatunterricht verdienen. Um Michaelis 1823 [machte] er sein Maturitätsexamen; bis Ostern 1824 besuchte er dann das akadem[ische] Gymnasium in Hamburg. Von Ostern 1824 bis Ostern 1827 studirte er [in] Halle Theologie und Philologie. Er erfreute sich besonders des Wohlwo[llens] des Professors Gesenius (s. A. D. B. IX, 89), der ihn Ostern 1826 [zu] seinem Famulus erwählte. Mit dieser Stellung war damals eine beträcht[liche] Einnahme verbunden. Zugleich wurde er Mitglied des theologischen Semin[ars], in welchem er durch Lösung einer Preisaufgabe „De locis veteris testam[enti] in novo testamento allegatis“ den Preis gewann. Nun konnte er auch [den] philosophischen Doctor machen, für welchen seine Preisschrift als Arbeit [an]genommen wurde; er promovirte am 3. März 1827.

Nach Hamburg zurückgekehrt, machte er am 12. October 1827 das [theo]logische Amtsexamen. Er mußte nun alsbald für seine schwer erkrankte Mu[tter] (sie starb 1828, der Vater war schon 1821 gestorben) und zwei unver[sorgte] jüngere Geschwister sorgen; die Möglichkeit gewährten wieder Privatstun[den], deren er thunlichst viele gab; eine Zeitlang war er in den späten Abend[stunden] dabei auch als Corrector an einer Zeitung thätig. Am 28. Janu[ar] 1829 ward er zum Collaborator am Johanneum erwählt, und nun be[gann] seine Thätigkeit als festangestellter Lehrer, in der er bis in sein hohes [Alter] hinein vielen Hunderten zu reichem Segen geworden ist. Es ging um [diese] Zeit eine große innere Veränderung mit ihm vor. Er und fast alle sei[ne] Freunde waren im Rationalismus erzogen; diese Auffassung des Christen[thums] war in ihm in Halle durch seine hochangesehenen Lehrer Gesenius [und] Wegscheider befestigt, und er zweifelte nicht im geringsten an ihrer Richtig[keit], wenn ihm auch die frivolen Witze über manche evangelische Lehre, die [die] Professoren sich erlaubten, schon damals anstößig waren. Als er dann a[ber] *in Hamburg* in den Ernst des Lebens eintrat, merkte er, daß dieser Vulga[r-] [illegible] hohl und nichtig sei; es ging ihm, wie vielen seiner Freunde, [illegible] die ernste Beschäftigung mit der Bibel, zu der sie die vielen [illegible]stunden, die sie geben mußten, veranlaßten, ihnen die göttliche Weis- [illegible] Evangeliums in einem ganz neuen Lichte erscheinen ließ; und so [illegible] sie, zum großen Theil nicht ohne eine längere Zeit innerer Kämpfe, [illegible] von der Wahrheit des positiven biblischen Christenthums überzeugt [illegible] traten fröhlich und muthig für dasselbe ein. Für ihr Fortkommen war [illegible] das aber nicht förderlich. Ihr Wunsch war, in ein geistliches Amt ge- [illegible] zu werden; die „aufgeklärten“ Mitglieder der Kirchencollegien jedoch [illegible] solche Theologen, die sie nach der damals üblichen Bezeichnung für [illegible]“ und „Pietisten“ hielten, nicht, und so kam es, daß eine Anzahl [illegible] tüchtiger Candidaten, die gerade auch schon in einer reichen kirch- [illegible] Thätigkeit standen und immer volle Kirchen hatten, wenn sie predigten, [illegible] Pastoren geworden sind. Außer R. erfuhren das, um nur diese zu [illegible], auch Carl Bertheau (s. A. D. B. XLVI, 487) und Johann Heinrich [illegible] (ebd. XLII, 475). R. hat hieran besonders schwer getragen; es lag [illegible] ein bleibender Druck auf ihm. In seiner Thätigkeit als Lehrer erfreute [illegible], gerade auch um seines positiven biblischen Religionsunterrichtes wegen, [illegible] größern Anzahl angesehener Familien großer Beliebtheit. Als im [illegible] 1834 das Johanneum in die Gelehrtenschule und die Realschule (später [illegible]gymnasium) getheilt wurde, verblieb R. bei der Realschule; er rückte dort [illegible] höhern Stellungen ein und war viele Jahre ältester Lehrer; Director [illegible] vom Jahre 1845 an sein Freund Carl Bertheau; beide wirkten in [illegible] Verein. R. gab außerdem viele, zeitweilig sehr viele Privatstunden, [illegible] in Mädchenprivatschulen für die höhern Stände (sog. Cursen); [illegible] ertheilte er außer Religionsunterricht gern Unterricht in der deutschen [illegible], manchmal auch einem Kreise schon erwachsener Mädchen. Außerdem [illegible] er viel; lange Jahre und bis zuletzt regelmäßig alle vierzehn Tage [illegible]röderstift, aber auch sonst. So hatte er eine große Arbeitslast, unter [illegible] er dann auch wohl einmal seufzte; aber die Stunden an der Realschule [illegible] er nicht aufgeben, die Privatstunden wollte er nicht einschränken, und [illegible] liebe Kanzel nicht mehr zu betreten, wäre ihm nach seiner ganzen Art [illegible] recht unmöglich gewesen. Aber er hatte auch eine große Frische, der [illegible] mit bedeutenden Männern und Frauen in den verschiedensten Lebens- [illegible]ungen belebte ihn, und dadurch, daß er an allem Wichtigen, was die Zeit [illegible], namentlich an allem, was im Gebiete der Theologie und der deutschen [illegible] sich hervorthat, Antheil nahm, blieb er trotz des äußern Einerlei [illegible] Arbeit immer neu angeregt. Seine Frau hatte er nach siebenjähriger [illegible] Ehe im J. 1842 verloren; eine Schwester führte seitdem ihm und [illegible] drei Kindern, einem Sohne (Georg Heinrich, vgl. den folgenden Artikel) [illegible] zwei Töchtern, das Hauswesen. Man theilte im Hause die Interessen [illegible]ters; das Leben war ein frisches und fröhliches. — Litterarisch thätig [illegible], veranlaßte R. die Verpflichtung, mitunter die wissenschaftliche Arbeit [illegible] Schulprogramm zu liefern. Seine hervorragendsten Arbeiten dieser [illegible] haben es mit dem Verhältnisse bedeutender Dichtungen zum christlichen [illegible] zu thun; sie bringen seine Ueberzeugung, daß in Wirklichkeit zwischen [illegible] Poesie und dem christlichen Glauben kein Widerspruch sei, zum Ausdruck. [illegible] gehören die Programme: Ueber Immermann's Merlin 1848, [illegible]'s Götter Griechenlands 1853, Ueber die dramatische Behandlung der [illegible]ungensage in Hebbel's Nibelungen und Geibel's Brunhild 1865, Ueber [illegible] epische Neudichtung der Nibelungensage in Wilhelm Jordan's Nibelunge 1868. Die beiden letzten Arbeiten gab er erweitert heraus in der Schrift:

„Die moderne Nibelungendichtung, mit besonderer Rücksicht auf Geibel, He
und Jordan“, Hamburg 1869. Besonderes Aufsehen erregte sein Progra
„Lessing und Goeze im Fragmentenstreit“, 1859, das er sodann als beso
Schrift: „Johann Melchior Goeze, eine Rettung“ (Hamburg 1860) in we
Ausarbeitung erscheinen ließ; kein Kenner kann leugnen, daß R. durch d
„Rettung“ auf die Beurtheilung Goeze's auch bei seinen Gegnern Ein
gewonnen und sie zu einer gerechteren hat werden lassen. Außer diesen Arb
hat er nur noch weniges drucken lassen, meist einzelne Predigten oder Beri
Sein 50jähriges Doctorjubiläum und sein 50jähriges Amtsjubiläum wu
für ihn besondere Ehrentage, an denen ihn die Zeichen von Liebe
Anhänglichkeit, die ihm von allen Seiten zu Theil wurden, hoch erfreu
bald nach dem letzteren, Ostern 1878, trat er in den Ruhestand. Er
am 15. December 1887 nach nur zehntägigem Siechthum ohne eigen
Krankheit.

Lexikon der hamburgischen Schriftsteller, Bd. 6, S. 346 ff., 1873.
W. Bahnson in der Beilage zum Programm des Realgymnasiums
Johanneums in Hamburg (auf Ostern 1888). Hamburg 1888.

Carl Berthea

Röpe: Georg Heinrich R., einer der bedeutendsten Geistlichen
lutherischen Kirche Hamburgs in der zweiten Hälfte des neunzehnten J
hunderts, wurde am 2. December 1836 zu Hamburg geboren. Sein Va
Georg Reinhard Röpe (vgl. den vorigen Artikel), war auch Theologe;
Mutter, Sophie, geborne v. Ahsen, stammte aus Walsrode im Hannöversch
Sie starb, als er wenig über fünf Jahre alt war; die Erziehung des So
und zweier jüngern Schwestern leitete neben dem Vater eine Schwester desselb
die wie eine rechte Mutter für sie sorgte. Zwischen dem Sohne und
Vater entstand schon früher als es sonst üblich ist, ein sehr vertrautes
hältniß; der Vater ließ ihn an Allem, was ihn bewegte, theilnehmen,
nur an seinen Arbeiten und seinen Studien, sondern auch an seinen persönlic
Erlebnissen, die der Art waren, daß er oft schwer an ihnen trug. War
auch gewiß nicht unbedenklich, so hat es doch auf die Dauer dem Sohne n
geschadet. Die bedeutende und geistesfrische Persönlichkeit des Vaters, die
einer festen und tiefgegründeten christlichen Ueberzeugung wurzelte, konnte
ertragen, daß der begabte Sohn sich neben ihm doch selbständig entwi
und er ließ es sich angelegen sein, den Kindern eine fröhliche Jugend
bereiten. Von Michaelis 1848 an bis Ostern 1855 besuchte R. die Sch
des Johanneums in Hamburg; zuerst die Sexta der Gelehrtenschule, dann
Realschule, die damals unter der Leitung des Freundes seines Vaters,
Directors Dr. Carl Bertheau (s. A. D. B. XLVI, 437), stand und an der
Vater viele Jahre der älteste Lehrer war, und die er ganz durchmachte
schließlich von Ostern 1851 an wieder die Secunda und Prima der Geleh
schule. Reich ausgerüstet mit einer umfassenden allgemeinen Bildung, nament
auch auf dem Gebiete der deutschen Litteratur, und mit soliden Kenntnissen
Lateinischen, Griechischen und Hebräischen, bezog er Ostern 1855 zunächst
Universität Göttingen; daß er etwas anderes erwählen könnte, als das Stu
der Theologie, hat wohl nie zur Frage gestanden. Er blieb ein Jahr
Göttingen. In Göttingen waren Ehrenfeuchter und Dorner, diese vor a
auch in seinem letzten Studienjahr, ferner Ernst Bertheau und Ludwig D
seine Lehrer; in Erlangen hatte vor Allen v. Hofmann großen Einfluß a
ihn, doch ward er nicht eigentlich dessen Schüler. Er wahrte sich seine persö
liche Freiheit und hat durch umfassendes Studium, namentlich auch auf de
Gebiete der Dogmatik, für seine positiven Ueberzeugungen immer mehr ei

...schaftliche Grundlage gewonnen, wobei es für ihn wesentlich war, ...nisse auch anderer Wissensgebiete, wie besonders der Philosophie, in ...mit dem, was ihm sonst feststand, zu wissen. Nachdem er im August ...h Hamburg zurückgekehrt war, machte er zuerst im November das ...examen und sodann im Juni 1859 das theologische Examen. Während ...ndidatenzeit war er, wie es damals in Hamburg ganz allgemeine ...r, als Lehrer thätig; er unterrichtete an beiden Schulen des Johanneums ...einer großen Anzahl privater Mädchenschulen; im Johanneum so ...in allen Fächern, in den Privatschulen wurden vor allem Religions-...von den Candidaten begehrt, aber dazu geeignete mußten auch in der ..., der Litteraturgeschichte und im Deutschen unterrichten. R. hat dies ...nderer Freude gethan und diesen Privatunterricht auch noch als Pastor ...rt. Am 20. December 1863 wurde er zum Pastor zu St. Jacobi ...und an dieser Kirche ist er bis an sein Ende im Amte geblieben, vom ... 1883 an als Hauptpastor. Schon am 17. Januar 1870 ward er ...isterium (dem Collegium der Stadtgeistlichen) in die Oberschulbehörde ... und fortan ist er bis zu seinem Tode (fast 27 Jahre) auch Mitglied ...hörde gewesen. Es war das für ihn von Bedeutung; er hatte dadurch ...eit, gerade auf dem Gebiete, auf dem er selbst Hervorragendes leistete, ...und fördernd thätig zu sein. Als Pastor hatte er besondere Freude ...irmandenunterricht; aber auch als Seelsorger fand er bald sowohl bei ...ersituirten als auch bei den einfachen Leuten und bei den Armen ...ertrauen. Seine Thätigkeit in der Gemeinde ward bald eine sehr ...iche; dazu kam eine umfassende ehrenamtliche Arbeit, namentlich auch ...hiedenen Vereinen; so war er im Gustav-Adolf-Verein und dann ... im Verein für innere Mission, dessen Vorsitzender er im J. 1880 ...n leitender Weise thätig. Das Hauptgewicht aber legte er auf die ... der Kreis seiner Zuhörer wurde dann auch bald ein großer und ...r; und es war deshalb auch nicht zu verwundern, daß er nach Calinich's ...m Hauptpastor gewählt ward. Dieser Amtswechsel brachte ihm der ...burg bestehenden Sitte gemäß manche Erleichterung; aber er konnte ... so mehr allen Fleiß auf die Predigt wenden, die er als Hauptpastor ...m Hauptgottesdienst zu halten hatte. Er war nicht gerade ein Mann ...Beredsamkeit; aber er predigte in klarer und überzeugender Weise das ...lium für die Menschen des 19. Jahrhunderts und nahm auf ihre Fragen ...he eingehende Rücksicht; wie er selbst vorsichtig war in dem, was er ...e Ueberzeugung aussprach, zog er durch diese Wahrhaftigkeit seiner ...n gerade auch die dem vollen Inhalt des Evangeliums noch ferner ...en an und wußte ihnen den Weg zu zeigen, auf dem er selbst ...n Glaubensüberzeugungen gelangt war. So genoß er, obschon mit ...gemein bekannt als Vertreter des positiven lutherischen Glaubens, ... Vertrauen anders Gerichteter in hohem Maaße, und stand nach vielen ...n einer reich gesegneten Arbeit. Dabei fand er noch Zeit, sich wissen-... und litterarisch zu beschäftigen und nichts von Bedeutung, was die ...egte, blieb von ihm unbeachtet. Schriftstellerisch trat er nicht häufig ... junger Pastor veröffentlichte er gegen einen im Protestantenverein ...en Vortrag, in welchem dem geschichtlichen Leben Jesu für unsern ... eine „ausschlaggebende Bedeutung" abgesprochen war, eine kleine Schrift: ...er ideale Christus mit dem historischen steht und fällt" (1868), die ...auch in weitern Kreisen nicht unbeachtet blieb; und als er Hauptpastor ...n war, ließ er unter dem Titel „Konfirmationsstunden" (Hamburg 1884) ...ntlichen Inhalt seines Confirmandenunterrichts drucken, es ist das eine christliche Glaubenslehre für gebildete Laien, in der namentlich auf Einwendungen der Gegner Rücksicht genommen wird. — R. war seit dem Jahre 1866 sehr glücklich verheirathet; da dem Ehepaare eigne Kinder versagt blieben, nahmen er und seine Frau später einen Knaben und ein Mädchen zu eigen an. Bei seinem silbernen Amtsjubiläum ward er von der theologischen Facultät in Göttingen honoris causa zum Doctor der Theologie ernannt (20. December 1888). Er starb kaum 60 Jahre am 15. December 1896 an einem sehr schmerzlichen Nierenleiden, dessen erste Spuren sich schon vor drei Jahren gezeigt hatten und das seit dem Sommer 1896 zu heftigem Ausbruch gekommen war, seiner Gemeinde, seinen Arbeitsgenossen und seinen vielen Freunden viel zu früh.

Lexikon der hamburgischen Schriftsteller, Bd 6, S. 346 ff., 1873. — Blätter der Erinnerung an D. Georg Heinrich Röpe, Hauptpastor zu St. Jacobi. Als Manuscript für Freunde gedruckt. Hamburg 1897. — Zeitschrift für die evangelisch-lutherische Kirche in Hamburg. Herausgegeben von A. v. Broecker, Bd. 3, S. 197—241. Hamburg 1897.

Carl Bertheau.

Röpe: Hermann Bernhard R., geboren am 12. October 1801 zu Hamburg, † am 15. Januar 1843 zu Oldenburg, älterer Bruder des Professors Georg Reinhard Röpe (s. den vorvorigen Artikel), war der Sohn von Carl Reinhard Röpe (geb. 1764 zu Iserlohn, † 1821 zu Hamburg), der Postverwalter an der braunschweigischen Post in Hamburg war und dessen Haus „ein Sammelpunkt vieler litterarischer Notabilitäten und regen poetischen Treibens“ gewesen sein muß. In der Noth, welche die französische Besetzung namentlich im Winter 1813 auf 1814 über Hamburg brachte, erhielt auch das Röpe'sche Haus einen Stoß, von dem es sich nicht wieder erholen konnte. Hermann R. mußte auf wissenschaftliche Studien verzichten; aber auch in außerordentlich gedrückten Verhältnissen arbeitete er an seiner litterarischen und künstlerischen Ausbildung weiter. Nach schweren Jahren fand er zuletzt eine ihn befriedigende Stellung als großherzoglich oldenburgischer Hofschauspieler in Oldenburg im Großherzogthum; hier starb er in dem genannten Jahre ganz plötzlich, nachdem er eben die Bühne verlassen hatte. Er hat zwei Gedichtsammlungen herausgegeben: „Glockentöne aus der Jugendzeit“, Göttingen 18.., und „Meine poetische Jugend“, Hamburg 1834, 2. Ausg. Hamburg 18...

Goedeke[1] III, S. 1142, Nr. 1533. — Nekrolog der Deutschen 18.., S. 62 ff. — Lexikon der hamburgischen Schriftsteller, Bd. 6 (18..), S. 347 f. — Brümmer, Lexikon der deutschen Dichter und Prosaisten des 19. Jahrhunderts, 3. Ausg., Leipzig, Reclam (1888), 2. Bd., S. 20..

[illegible]

Roepell: Dr. Richard R., Geh. Regierungsrath, ord. Professor der Geschichte an der Universität Breslau, geboren am 4. November 1808, war der Sohn eines Rechtsanwalts zu Danzig. Die Schicksale seiner Vaterstadt, die polnische Bevölkerung derselben wie der Nachbargebiete mögen seine Neigung für polnische Geschichte zuerst angebahnt, die Begeisterung über die glücklich vollendeten Befreiungskriege den vaterländischen Sinn erweckt, das durch die Stein'sche Gesetzgebung geförderte Gemeindeleben ihm die Bedeutung bürgerlicher Selbstverwaltung zum Bewußtsein gebracht haben und der juristische Scharfsinn des Vaters sein Erbtheil geworden sein. Der spätere geschichtliche Lehrberuf kündigte sich schon bei dem Schüler durch Erzählungs- und Vortragsgabe und durch den Eifer an, Auszüge aus Chroniken zu machen. Häuslicher Umstände wegen mußte er die Schule von Danzig mit einer in Königsberg für einige Zeit vertauschen. Seinen Vater verlor er früh (1825 seiner Abgangsprüfung (Ostern 1830) studirte er in Halle Geschichte, angeregt durch den feurigen, trotz Verschiedenheit der Ansichten von ihm verehrten Heinrich Leo und aufgefrischt durch Theilnahme am studentischen Leben. Eine kurze Zeit betheiligte er sich in Berlin an den historischen Übungen unter Ranke, den er immer als den „Altmeister“ zu bezeichnen pflegte. Während seiner Studienjahre hatte er auch Zeiten der Noth und innerer Kämpfe durchzumachen. Während der Lösung einer Preisarbeit über die Grafen von Habsburg verlor er nämlich das Selbstvertrauen und entschloß sich, die Soldatenlaufbahn zu ergreifen. Von Leo ermuthigt, arbeitete er aber an seiner Aufgabe weiter, gewann den Preis dafür und die Frucht dieser Studien waren „Die Grafen von Habsburg, eine Untersuchung über Genealogie und Besitz dieses Geschlechtes bis zur Thronbesteigung Rudolf's“ (Halle 1832). Die Liebe zu dieser Erstlingsarbeit, die auf der Durchforschung des Urkundenwerks für das österreichische Haus von Herrgott und Kopp beruht, blieb noch lange nachher in ihm so lebendig, daß er bei dem Erscheinen von Kopp's gründlichem, aber schwerfälligem Werk „König Rudolf und seine Zeit“ (1847 bis 1849) Universitätsschülern historische Aufgaben über diesen Herrscher stellte.

Im J. 1834 wurde er am 12. Mai zum Doctor promovirt und erwarb das Recht zu Universitätsvorlesungen durch die Schrift: „De Alberto Waldsteinio Friedlandiae duce proditore“, die später in Raumer's historischem Taschenbuch in deutscher Sprache mit Verbesserungen und Zusätzen unter dem Titel „Der Verrath Wallenstein's an Kaiser Ferdinand II.“ veröffentlicht wurde, sich gegen eine Rechtfertigung Wallenstein's durch Fr. Förster wendet, von den Ergebnissen neuerer Forschungen aber sehr abweicht. Aus Rückerinnerung an diese Arbeit führte er sich wohl nach 30 Jahren als ordentlicher Professor an der Universität zu Breslau 1855 mit einer verwandten Schrift ein, die aber seine zweite ihm liebgewordene Heimath als Ausgangspunkt nahm, nämlich: „Schlesiens Verhalten zur Zeit der böhmischen Unruhen, Mai bis Juli 1618“. Er wies darin nach, daß die schlesischen Stände bei den Vermittlungsversuchen dem Kaiser und ihrem evangelischen Glauben sich treu ergeben zeigten. In Halle lehrte er von 1835—41. Seine ersten Vorlesungen haben sich nach E. Reimann's Vermuthung auf englische und französische Geschichte bezogen. Denn 1836 erschien in Raumer's Taschenbuch seine Abhandlung über die ersten Kämpfe der Franzosen und Engländer in Indien. Sonst trug er über deutsche und preußische Geschichte der neueren Zeit vor. Eine Zeitlang wirkte er daneben noch als Gymnasiallehrer und mag sich dadurch sein Lehrgeschick und die Neigung zu persönlichem Verkehr mit seinen Schülern angeeignet haben, durch den er einen noch anregenderen Einfluß auf sie ausübte, als durch seine Vorlesungen. Entscheidend für ihn war der durch Vermittlung Leo's ihm gewordene Auftrag des Buchhändlers Perthes, für die Heeren-Ukert'sche Sammlung die „Geschichte Polens“ zu schreiben. Durch die erwähnten Jugendeindrücke, durch eifriges Studium der Werke von J. v. Müller, Spittler, Eichhorn, Savigny, Ranke und durch dessen Anleitung, die ihn zu planmäßiger, mehr innerlicher Untersuchung der Quellen und zur Abwägung der im Völkerleben mit einander ringenden Kräfte führte, vor allem aber durch seine unerschütterliche Wahrheitsliebe zeigte er sich für diese Aufgabe wohl vorbereitet und befähigt. In Posener Archiven forschte er nach Urkunden und sonstigem nöthigen Stoff. Durch Sichtung der Quellen und Beurtheilung ihres Werthes, besonders des unzuverlässigen Dlugosz, mußte er sich in den Spuren des Danzigers Lengnich wandelnd, sich erst den Weg zu

einer wahrhaftigen polnischen Geschichte bahnen; denn bis dahin waren
geeignete Urkundenbücher, noch neueren Anforderungen entsprechende
arbeiten vorhanden. Der erste Band des 1840 in Hamburg erschien
Werkes führte in meisterhafter, auch für geographische Lehrbücher vorbil
Weise zunächst in die Landeskunde und Vorgeschichte, dann in die eigen
Geschichte Polens bis 1300 ein und berücksichtigte in Erzählung und
auch die inneren Zustände, die Rechts- und Verfassungsverhältnisse,
sächlich die deutschen Ansiedlungen und das Aufblühen von Land und
dadurch. Das Werk fand aber damals noch keinen großen Leserkreis,
Stoff desselben den Deutschen ziemlich fern lag. Dennoch wirkte die
und gründliche Art der Behandlung bahnbrechend, besonders für die
polnischen Erforscher ihrer vaterländischen Geschichte vorbildlich, und die
ist trotz vielfacher neuerer Forschung noch heute nicht völlig veraltet
überholt.

Nach dieser Leistung wurde R. als außerordentlicher Professor an
Universität zu Breslau berufen, wohin er mit Frau und Sohn übersi
Mangels einer Hochschule zu Posen war Breslau einer der Sammelplätze
wissenschaftlich strebsame preußische Polen und R. wieder durch sein We
seine erzieherische Begabung der Magnet für die Historiker darunter, die
historischen Uebungen fleißig besuchten und an der Besprechung von Sch
stellern und Quellenschriften ihres Volkes mit Vorliebe theilnahmen.
diese heißblütigen jungen Leute mit ihrer übersprudelnden Vaterlands
und ihrer damaligen Neigung zu oberflächlicher Forschungsweise und
Ueberschätzung ihrer vaterländischen Geschichtsschreiber war, ebenso wie
die deutsche Jugend, die in den sehnsüchtigen Freiheitsträumen des fün
Jahrzehnts leicht zum Ueberschwang neigte, ein Lehrmeister von seiner Kla
und besonnenen Kritik gerade so nothwendig, wie erziehlich; ja, nach dem
erkennenden Geständniß G. Freytag's fesselte er selbst jüngere Amtsgen
durch seine geist- wie maaßvollen Vorträge. Zeitumstände und der neue
ort leiteten aber zunächst seine Forschungen in andere Bahnen als vor
nämlich in die der vaterländischen neueren und Provinzialgeschichte.
verheißungsvolle Regierungsantritt Friedrich Wilhelm's IV., wie die bal
folgenden Enttäuschungen hatten, wie anderswo, so auch in Schlesien,
Männer wie Hoffmann v. Fallersleben, wie Nees v. Esenbeck wirkten,
politische Leben mächtig angefacht. Auch R. trat in diese Bewegung
Seine Universitäts- und öffentlichen Vorlesungen, die er vor zahlreicher
gespannt aufmerksamer Zuhörerschaft hielt, hatten daher preußische und
Geschichte der Neuzeit zum Gegenstande, so das Verhältniß von Staat
Kirche („Prophet" von Suckow, Bd. 3), die Lage Preußens 1806/7
1811/12, die erste Einrichtung der Provinzialstände Schlesiens, die preu
Politik in den niederländischen Wirren 1783/87 (Jahresber. der histor.
der Schles. Ges. u. s. w. 1846—50). Während er in den Vorlesungen
Klarheit der Darlegung, durch lebendige Schilderung von Personen und
ständen, durch scharfe Hervorhebung der springenden Punkte einer Entwick
seine Zuhörer fesselte und das Feuer seiner dunklen sprühenden Augen in
brünetten, scharf ausgeprägten Gesicht und die sprungfederartige Beweglich
seines Körpers und seiner Hände das Leben des Vortrags erhöhte, waren
historischen Uebungen in seinem Hause mit einer kleineren Schar von Sch
ein Hochgenuß für diese. Hier waltete er als weiser Lehrer, rathend, bericht
anregend, hier als liebenswürdiger, gastfreier Wirth, und wen er ohne R
sicht auf Glauben und Volkszugehörigkeit lieb gewonnen hatte, den unterstü
er auch späterhin mit Rath und That. Für jedes Zeichen von Anhänglich

war er selbst dankbar. Diese Kraft, Hörer anzuziehen und zu sammeln, [illegible] er auch in höherem Lebensalter trotz wiederholter längerer, durch [illegible] Thätigkeit als Abgeordneter herbeigeführten Unterbrechungen des Unter[illegible]. In dem 1848 entbrennenden Parteikampfe war einem Manne von [illegible] Mäßigung, scharf abwägendem Verstande und Sinn für geschichtliche, [illegible] Entwicklung des Staatslebens seine Parteistellung von selbst [illegible]. Er wurde Mitglied des constitutionellen Vereins, späterhin der [illegible]liberalen Partei und gab sich nun stark dem politischen Leben hin, [illegible] wissenschaftlichen Arbeiten dadurch freilich Abbruch thuend, dafür aber [illegible]raft und Lebendigkeit des Vortrages gewinnend. In der hochgehenden [illegible] des Revolutionsjahres erregte er allerdings durch seine zügelnde [illegible] bei der großen Masse der Breslauer Bevölkerung Anstoß und zog sich [illegible] Angriffe zu. Immer aber ging er bei seiner politischen Thätigkeit [illegible] die Wissenschaft zurück. So gab er 1851 eine Uebersetzung von Milton's [illegible]pagitika" heraus, die er bereits 1850 in den historischen Uebungen zum [illegible] der Besprechung gemacht hatte, um sich mit diesem Werke für [illegible] der Presse und der Rede auszusprechen. Daneben schrieb er auch [illegible]lungen für die „Constitutionelle Zeitung" und die „Preußischen Jahr[illegible]".

Durch das Vertrauen seiner gebildeten Mitbürger, das er sich durch seine [illegible]heit und Wissenschaftlichkeit gewonnen hatte, wurde er 1850 als Ab[illegible] für das Erfurter Parlament, nach 1866 für den norddeutschen [illegible], von 1861—68 in der Zeit „der neuen Aera" und des Streites [illegible] Landtag und Krone um Neubildung des Heeres und wieder von [illegible]—78 während Preußens Aufschwung für das preußische Abgeordneten[illegible] gewählt und seit 1877 als Vertreter der Universität Breslau in das [illegible] gesandt, an dessen Sitzungen er zeitweilig, wie 1882 und 1883, [illegible] theilnahm, um sich wieder mehr der Wissenschaft zu widmen. Von [illegible]sinn erfüllt, bethätigte er sich gleichzeitig auch am Gemeindeleben [illegible], von 1859—85 als Stadtverordneter, zuletzt sogar als Stellvertreter [illegible] Vorstehers. Mit seiner neuen Heimath immermehr verwachsend, nahm er [illegible] von 1861—76 mit fünfjähriger Unterbrechung an den Berathungen des [illegible] Provinziallandtages theil. Wie er hier für die materiellen An[illegible] mitsorgte, so förderte und regte er auch die wissenschaftlichen [illegible]ungen der Provinz an. Er wurde nämlich 1847 Schriftführer, später [illegible] 1859 auch Leiter der historischen Abtheilung der schlesischen Gesellschaft [illegible] vaterländische Cultur, ferner Mitglied des Vereins für schlesische Geschichte, [illegible] der philosophisch-historischen Gesellschaft, der auch Mommsen angehörte. [illegible] dem Tode des berühmten Gelehrten Geh. Archivrath Stenzel übernahm [illegible] 1854 den Vorsitz des schlesischen Geschichtsvereins und wurde sein Neu[illegible], dadurch, daß er seine Auflösung verhinderte, bei ausbrechenden Streitig[illegible] friedfertig vermittelte und ihm neue belebende Aufgaben stellte, wie die [illegible] einer Zeitschrift, die natürlich auch Beiträge von ihm enthielt. [illegible] regte er die Vorarbeiten für die Herausgabe schlesischer Regesten und [illegible] diplomat. Silesiae an. Als der Ruf seines Wirkens in weitere [illegible] drang, wurde er zum Ehrenmitgliede der Oberlausitzischen Gesellschaft [illegible]senschaften zu Görlitz ernannt, zum correspondirenden Mitgliede der [illegible] für Geschichte der russischen Ostseeprovinzen in Riga, ferner Ehren[illegible] der Historischen Gesellschaft der Provinz Posen und der Historischen [illegible] der mährisch-schlesischen Gesellschaft in Brünn. Dieser letzteren widmete [illegible] „Chronica domus Sarensis", die Chronik des Cistercienserstifts Saar [illegible] Mähren, die im J. 1300 von einem Klosterbruder verfaßt, von ihm zum

ersten Mal 1854 veröffentlicht und gründlich erläutert wurde. In demselben
gab er auch das kunstvoll aufgebaute Werkchen über die „Orientalische
und ihre geschichtliche Entwicklung 1774—1830“ heraus, das, auf
Universitätsvorträgen verfaßt, nicht ohne Zusammenhang mit seinen
Studien steht, den Ursprung und Verlauf der griechischen Revolution
und zu dem Schlußergebniß kommt, daß über den endlichen, freilich
näher geglaubten Ausgang des Kampfes zwischen Christenthum und
auf der Balkanhalbinsel kein Zweifel sein könne. Endlich 1855 erhielt
Lohn für seine rastlose wissenschaftliche Thätigkeit, die ordentliche
bei deren Uebernahme er die erwähnte Einführungsschrift über „
Verhalten u. s. w.“ am 7. August 1855 öffentlich vertheidigte. Zwei
kleidete er das Rectorat, wobei er in einer Rectoratsrede Rotteck gegen
in Schutz nahm, öfters noch das Decanat. Zum Jubelfeste der Univ
verfaßte er 1861 die Schrift: „Zur Geschichte der Stiftung der Kgl. Univ
Breslau.“ Von seinen Jugendstudien abgelenkt, überließ er die
seiner polnischen Geschichte einer jüngeren Kraft, dem Prof. J. Caro.
kam R. in späteren Jahren auf seine wissenschaftliche Jugendliebe
zurück, in verschiedenen Zeitschriften größere und kleinere Abhandlungen
polnische Geschichte niederlegend, in denen er die lebendige Darstellung
der früheren Zeit mit dem gereiften politischen Urtheil höheren Alters
Zu diesen Arbeiten gehört: „Ueber die Verbreitung des Magdeburger
rechts im Gebiet des alten polnischen Reiches“ (Abhandlg. der histor.-
Gesellsch. 1857), das freilich von Kennerseite Anfechtungen erfuhr;
„Polen um die Mitte des 18. Jahrhunderts“ (1876), worin R. den
Verfall Polens und dessen Ursachen, sowie die fast zu einem Bürger
führenden Reformversuche warmherziger Patrioten darlegt und einige
Actenstücke beifügt. Eine andere Nachtseite des polnischen Staatslebens,
Religionswirren und die Verfolgungssucht der Polen gegen Andersgläu
enthüllte er in „Theophan Leontowitsch“, der als griechisch-katholischer
Wilna von den polnischen Jesuiten schwer zu leiden hatte und zum
Male den Vorschlag zu einer Theilung Polens machte. Ein anderes Chara
bild entrollte er nach den Memoiren des Soplica im „Fürst
Herrchen liebes“. Diesen Arbeiten reihen sich an die mit W. Arndt
unternommene Veröffentlichung der schlesisch-polnischen Annalen in den
Germ. Hist. (Bd. 19), ferner die Abhandlungen über „Repnin und Czarto
1764—67“, „Zur Genesis der Verfassung Polens vom 3. Mai 17
„J. J. Rousseau's Betrachtungen über die polnische Verfassung“, „Das
regnum, die Wahl und die Krönung von St. Aug. Poniatowski“; der „
der Königin Louise Marie von Polen in Danzig 1646“, lauter Studien
die neuere Verfassungs- und Sittengeschichte von eindringlicher Lebendigkeit,
Wirkung von Lesefrüchten polnischer Litteratur und meist in v.
historischer Zeitschrift oder in den geschichtlichen Provinzialzeitschriften
öffentlicht.

Noch als Siebziger wagte er sich auf Andringen von Giesebrecht
an eine deutsche Geschichte seit 1815, für die Heeren-Ukert'sche Sammlung
nicht in der Absicht, mit Treitschke dabei zu wetteifern, sondern in der
gewohnten Weise Deutschlands Entwicklung darzustellen. Leider verhinderte
die Schwäche des Greisenalters die kräftige Inangriffnahme des umfassenden
Werkes. So hat R. seine Lebens- und Geisteskraft im Dienste für das
land, die Jugenderziehung und die Wissenschaft wohl ausgenutzt und die
verdient, die ihm bei seinem 80. Geburtstagsfest 1888 und bei der Jubelfeier
seiner 50jährigen Breslauer Universitätslehrthätigkeit zutheil wurden.

zum Geh. Regierungsrath ernannt; seine Büste, ein Geschenk seiner Fachcollegen, im Provinzialmuseum aufgestellt und eine „Roepell-Stiftung“ zur Unterstützung von Studirenden gegründet. Erst kurz vor seinem Tode fing er an, über die zunehmende Altersschwäche zu klagen und senkte sein Haupt an seinem Geburtstage am 4. November 1898 im Alter von 80 Jahren nach 52jähriger Thätigkeit an derselben Hochschule zur Ruhe. Er durfte den Ruhm mit ins Grab nehmen, daß er ein ganzer Mann war, fest und maßvoll in seinen politischen Ansichten, treu seinem Vaterland, abhold den Bestrebungen der Umstürzler wie der Finsterlinge, kein trockener Stubengelehrter, ebenso tüchtig als Bürger von Stadt, Provinz und Staat, als Forscher, Schriftsteller, Jugenderzieher und Helfer und Rather in Noth.

Nationalzeitung 1888, Nr. 588, von B. G(ebhardt). — Breslauer Zeitung 1890 (J. Caro). — Voss. Zeitung 1890, 5. Nov. — Zeitschr. d. Vereins f. Gesch. u. Alt. Schles. 1894 (28. Jahrg.) S. 461—71 (C. Reimann). — Zeitschr. d. histor. Gesellsch. f. d. Prov. Pos., Bd. 9, S. 159 bis 174 (A. Warschauer). — Chronik der Universität zu Breslau, 1894. Sonderabdruck 20 S. (J. Caro).

H. Hahn.

Roquette: Otto R., Dichter, wurde am 19. April 1824 in dem Posenschen Städtchen Krotoschin geboren. Der Vater Louis, daselbst Landgerichts-..., wurde bald als Justiz-Commissarius (d. i. Advocat) nach Gnesen, 1833 nach Bromberg versetzt. Er gehörte, gleich seiner Gattin Antoinette Barraud der Berliner „Französischen Colonie“, einer hugenottischen Refugiésfamilie ...furts a. d. Oder an, und hier, im Hause des Großvaters R., des reformirten Pfarrers, sowie auf dem Gymnasium erhielt der von früh an zart, schwächlich gebaute Knabe die Erziehung. Früh entfaltete sich in ihm ... für die Nothwendigkeit deutschen Bewußtseins im doppelten Flankenangriffe des Slaven- und des Wälschthums. Die polnischen Nachbarn, Mitschüler, Lehrer mit ihrer ganzen Un- und Halbcultur hinterließen nur unangenehme Erinnerungen, ja manch herben Stachel in ihm, und die südfranzösischen Traditionen ließ schon der Vater, als preußischer Husar 1815 in Paris eingezogen, auf sich beruhen. Otto blieb, politisch wie confessionell ... Gegensätzen und Mischungen aufgewachsen, jeder Fractionsschroffheit, ... Chauvinismus fern: er hat die übernommene Nationalität ohne Aufopfern in Ehren gehalten und ihr später in poetischen Aeußerungen eines ...tig deutschen Herzens — den Gedichten „Aus großer Zeit. 1870—71“ — Tribut schönster Dankbarkeit erstattet. Jenes Verhältniß der in Preußen ...wurzelten Calvinisten von 1685 zur Rabenmutter Frankreich, vom Siebzigerjahre einleuchtend dargethan, bricht mittelbar wohl noch in der späteren ...tisirung des Exils der „Protestanten in Salzburg“ (1867) durch, ... wenn man sich zurückruft, daß Goethe's „Hermann und Dorothea“ ... Stoff auf die Wanderung der vom Westen her vor den „Franken“ ...henden verpflanzt hatte. Einen romanischen Tropfen würde man in dem ..., der seinem Kelche entquoll, vergebens suchen; es müßte denn sein, im ...lichen Walten einer überaus regen Phantasie.

So ist ihm allmählich auch Südwestdeutschland der immer theurere Strich ... Bodens geworden. Dessen gottgesegnetsten Landschaften, die er in „...meisters Brautfahrt“ sinnfällig geschildert, die Schweiz und Oberitalien ... als selbständig gewordener Jüngling durchstreift, nicht zum Schaden ...gemach reifenden Erstlinge. Die Apenninenhalbinsel freilich genauer ... zu lernen, was ihm noch 1894 eine öffentliche Ehrengabe ermöglichen ..., diese langgehegte *Sehnsucht* ward ihm nie erfüllt. Dafür aber der anfangs sich zerschlagende Wunsch akademischer Wirksamkeit eben im deutsch[illegible] Südwesten, länger als ein Vierteljahrhundert zwar, doch allerdings spät ge[illegible] Seit 1845 besuchte R. die Universitäten Berlin (zwei Mal), mit sonderli[illegible] Behagen Heidelberg, Halle, nach anfänglicher unfreiwilliger Probe mit [illegible] Rechtsstudium der Geschichte, Philosophie und neuerer, voran deutscher Litter[illegible] sich widmend. Zuletzt landete er, nach aufregenden Erlebnissen zwischen [illegible] Capriccios der Berliner revolutionsfreudigen Studentenschaft, aus denen [illegible] nach Jahrzehnten amüsante und düstere Abenteuer seinen Erinnerungen [illegible] lockt hat, „an der Saale hellem Strande“ und feierte daselbst in der Ma[illegible] der „Mitreuterei“, einer fidelen Studiobude, mehrere Semester eine [illegible] Idylle. Nicht alltägliche Geister reichten sich dort die Hand zu anreg[illegible] Gemeinschaft, so sehr auch später ihre Bahnen sich trennten: der [illegible] Augenarzt Alfred Gräfe der Jüngere, der nachherige spätere Universit[illegible] richter Julius Thümmel, welchem selbständigen Shakespeare- und [illegible] ästhetiker (1818—85) R. innige Gedenkworte (in der „Nationalzeitung“, dem [illegible] zigen Fleck, wo er im letzten Jahrzehnt publicistische Augenblicksregungen [illegible] thätigte) nachgerufen hat, der spätere preußische Oberhofprediger Rudolf Kö[illegible] der ausgezeichnete Mime und Dramaturg August Förster, die 1898 hoch[illegible] geschiedene Luise v. François im nahen Weißenfels, „die letzte Reckenburgerin“ u. a. in der Anfängerschaft ihrer Berufe. An diesen Kreis, an sein ha[illegible] loses und dennoch tiefgreifendes Zusammenwirken bewahrte R. ein treu[illegible] Gedächtniß, wie die köstlichen Erinnerungsblätter deutlich belegen, und [illegible] winkt er am Ende von deren erstem Theile dieser „unvergeßlichen Zeit mein[illegible] Lebens“ den Abschied zu. Ist doch auch in jenem burschikosen Verkehr [illegible] leichtbeschwingte Dichtung entstanden, die in Heidelberger Reminiscenzen [illegible] und durch Cotta's Verlagsübernahme dem jungen Poeten eine hochrenommi[illegible] Buchhandlung als dauerhafte Stütze zur Verfügung stellte: „Waldmeisters Brau[illegible] fahrt“. Obwohl zunächst auf eine Habilitation als Privatdocent lossteuernd, na[illegible] dem er 1851 (mit einer nie gedruckten Dissertation über die Entwicklung [illegible] Dramas — also entsprechend Gustav Freytag's lateinischer Habilitationss[illegible] von 1839 — bezw. über die Hamburger Oper des 17. und 18. Jahrhunder[illegible] in Halle promovirt, nahm er geringe akademische Einflüsse mit ins Phili[illegible] rium hinüber; sogar von Robert Prutz, der damals in Halle Extraordinari[illegible] und Verfechter einer socialen Litteraturwissenschaft radical-belletristischen [illegible] strichs war, nur ganz allgemeine: R. betrachtete, zwar lediglich auf Pro[illegible] Ernennung dorthin übergesiedelt, seit Anbeginn das „schöne Schriftthum“ [illegible] der Warte des Künstlers, während Prutz den dichterischen Versuchen sein[illegible] ersten Hörers wenig grün war. Der Historiker Heinrich Leo, der die Ein[illegible] durch reactionäre Doctrin, die Andern durch philologischen Betrieb abs[illegible] ward in Halle ebensowenig sein Mann wie Herm. Ulrici, der formalistisch[illegible] Kathederästhetiker über die alten Griechen, Shakespeare und Calderon.

Nach der erwähnten Spritzfahrt ließ sich R. 1852 in Berlin nied[illegible] wo er dem „Tunnel über der Spree“ als Gast angehörte und mit dichteris[illegible] Collegen wie Chr. F. Scherenberg, Fontane, dem ihm aus den studentis[illegible] Putschen her bekannten Paul Heyse freundschaftlich anknüpfte. Besonders an [illegible] feinen Köpfen Frdr. Eggers, dem Gründer des „Deutschen Kunstblatts“, und Wilh. Lübke, dem er später für kunsthistorische Impulse sein litterargeschicht[illegible] liches Hauptwerk zugeeignet hat, schloß er sich an. Franz Kugler, in dessen Haus er öfter kam, Julian Schmidt, Varnhagen von Ense, auch die Birch-Pfeiffer lernte er damals näher kennen, und er berichtet über den Umgang mit ihnen sammt dem späteren mit Gutzkow, den Schwägern Lazarus und Steinthal, D. Fr. Strauß, Fr. Vischer, Scherr, Semper, Schnorr v. Carols-

Ernst Rietschel, Frdr. Preller, dem er 1883 ein gediegenes „Lebensbild" wahrheitsgetreu. 1853—56 wirkte er als Lehrer für Deutsch und Ge... am Blochmann'schen Institut, das dann im Vitzthum'schen Gymnasium ..., zu Dresden, und in diesem Triennium begeisterungsarmer pädago... Praxis spielte sich ein Liebesromann mit Julie, der sensiblen Tochter der gleichgestimmten Familie des dichterisch thätigen Naturwissenschaft... ...ssors an der Fürstenschule zu Meißen Adolf Peters (s. A. D. B. XXV, ...) ab, der zu einem bald gelösten Verlöbniß führte. Darauf nahm er, ... einer wegen tödlicher Krankheit des Vaters gewagten Urlaubsüber... ...ung entlassen, zum vierten Male in Berlin Aufenthalt, zunächst ein... ...lichen fachwissenschaftlichen Studien und erzählender Production hingegeben, ... 1862 als Docent der Litteraturgeschichte und deutschen Stilistik an der ...akademie angestellt wurde. Diese ihm wohl zusagende Stellung verlor ... 1868, da er in einer Stichwahl zwischen Feldmarschall Wrangel und ... Oppositionsführer Waldeck für diesen gestimmt hatte, doch kaum, wie er ..., infolge Einspruchs des bekannten Geheimraths Ludwig Wiese. Im ... 1864 auf 65 hielt er öffentliche Vorlesungen über deutsche Litteratur ... 18. Jahrhunderts, während er zu Michaelis 1867 mit starkbesuchten Vor... ... in deutscher Sprache und Litteratur an der königlichen Gewerbeakademie ...

Erst im Frühling 1869 gelangte der 45jährige mit der Berufung als ...fessor der Geschichte, Litteratur und deutschen Sprache am Polytechnikum ...stadt in eine seinem Streben angemessene Thätigkeit, der er sich nun ... Lust und Liebe unter allseitiger Anerkennung widmete, indem er dabei ... Aufsteigen der Anstalt von einer ziemlich haltlosen gewerblichen Mittel... ... zur wirklichen Technischen Hochschule bewußt förderte. Als sein officielles ... trat dabei die Litteraturgeschichte immer mehr in den Vordergrund. ... lang wirkte er auch als deren Bibliothekar und oftmals auch als amt... ... Gelegenheitssprecher. Seit einem Vierteljahrhundert stehe er, drückt sich ... Rückschau beim 70. Geburtstag aus, in einem ziemlich engen Kreis, über ... der weite Himmel der großen Welt aber doch auch ausgespannt sei. Von ... Amtsgenossen und der Hörerschaft, von seinen Mitbürgern und dem Landes... ... hochgeehrt, beging R. am 19. April 1894 dort diesen 70. Geburtstag, ...zeitig das Silberjubiläum seines Postens, im traulichen Heim an der lenz... ...genden „Promenade" (seit 1895 Bismarckstraße) der hessischen Residenz. ... Jüngste der vier Töchter des Hauses, Toni, ganz in ihn eingelebt, vertrat ... Wirthin. R. hat nämlich nach einer heißen Studentengluth für eines ...des Weib, nach dem Seelenconflict, der ihm gewogenen Gattin eines ... näherzutreten, und jener abgeschnittenen sächsischen Episode nie geheirathet: ... der so oft tiefe und reine Liebe dem Leser vor Augen und siegreich zum Ziele ..., so zwar, daß man ihn einen Specialisten der in Prosaform gefaßten, um ... Minneproblem sich drehenden Lebensskizze heißen kann. Das schönste und ...digste Angebinde zu jenem doppelten Ehrendatum hat er selbst geliefert: ... gehaltvolle, liebenswürdige Autobiographie „Siebzig Jahre. Geschichte ... Lebens" (2 Bde., 1894), welche nicht nur über alle wichtigeren Stationen ... Lebenspilgerfahrt — Ausdruck Rob. Hamerling's für Memoiren dieser ... — rückhaltlos anziehende Auskunft, sondern auch ungefälschte Urkunden ... die Einsicht in seine Individualität und deren Entwicklung liefert. Bald ... diesem Freudenfeste, dessen zu bedankende Glückwünsche ihm reichlich ... boten, alte Freund- und Bekanntschaften aufzufrischen, starb R., ohne ... Kränkeln, am 18. März 1896.

„Als Roquette starb", vermerkt L. Geiger als bezeichnend, „meldeten die ersten Telegramme, der Professor, nicht aber der Dichter sei gestorben. Doch hat gewiß nur der Dichter Anspruch auf Beachtung". So gebührt letzterem natürlich der Vortritt. Gottfried Kinkel, den „Otto der Schütz" (1843) rasch emporhob, und den durch „Amaranth" (1849) sofort zum Zenith des Ruhmes hinaufgeklommenen Oskar v. Redwitz hat Niemand ewig auf diesen ersten Wurf zurückverwiesen wie Otto R. auf „Waldmeisters Brautfahrt". Und dabei kann sich diese Dichtung als sein litterarisches Debut nicht bloß neben jenen technisch engverwandten ebenbürtig sehen lassen, sondern sie war im Erscheinungsjahr 1851 noch mehr ein Niederschlag des Zeitgeistes als die zwei genannten vor bezw. während der 48er Revolutionsbewegung. Außerdem hat Roquette's Muse weit entschiedener und absichtlicher aus den Kinderschuhen hinausgestrebt, und mag ihr da auch der Erfolg vielfach gefehlt haben, so darf man sie deshalb ebenso wenig in die anfänglichen Schranken verbannen, wie wegen ihrer prägnanten Lenzeswonne tadeln, zumal R. zeitlebens protestirt hat, in seiner dichterischen Wesenheit an dem Wildling, der ihm Parnaß und Publicum eroberte, zu hangen. So ist ihm „die Geschichte des Erstlingswerks", die K. E. Franzos' lehrreiche Umfrage in der „Deutschen Dichtung 1891 aufs Tapet brachte — darin X S. 44 Roquette's Antwort — eine Leidensgeschichte geworden, und während andere Schriftsteller im unverminderten Weiterkaufe der ersten Publikation einen Trost wider der Kritiker Ketzergericht finden, hat er es oft heimlich verwünscht, sich in solch dauernder Gunst der Lesewelt sonnen zu dürfen. Unparteiisches Votum muß den Vorrang der späteren Schöpfungen unbedingt einräumen, sobald es nach Gebühr veranschlagt, worauf und wie der Dichter zielte. Voll gewürdigt ist, was R. gerungen, was er errungen, besonders deshalb nicht, weil man die lange Reihe seiner Darbietungen im Zusammenhange zu betrachten, anderntheils eine Brücke zwischen seinem Leben und seinem Schaffen zu schlagen nicht für nöthig erachtete. „Waldmeisters Brautfahrt", dies „Rhein-, Wein- und Wandermärchen" von prächtigster Frische, fesselnder Anmuth in Stimmung und Einkleidung und nimmermüder Singbereitschaft, war die kecke That, die an der Pforte des ernsten Schriftthums anklopfte, wie die Reactionsperiode seit Ende 1849 unsere Litteratur gemodelt hatte. Ohne Süßlichkeit schwelgte hier ein unpolitisches Gemüth in der Natur, frohlockend ihrer Reize, ohne vagen Symbolismus personificirt eine naive Phantasie die unschuldigen Freuden des Frühlings am Ufer des herrlichen Stromes. Aufs anschaulichste war die schönste Landschaft des uneinigen Vaterlandes geschildert, und so vergaß man dessen traurige Zerrissenheit und schwärmte mit den neckischen Geisterchen des Pflanzenreiches unter Humor und Musik. Diese beiden umranken die an sich dürftige Handlung: den Prinzen Waldmeister sperrt auf der Fahrt zu dessen Hochzeit mit Prinzeß Rebenblüthe ein vertrockneter Schwarzrock in die Botanisirbüchse, bis ihn sein Gefolge befreit, um ihn an den Hof des Königs Feuerwein, des Brautvaters, zu Rüdesheim zu führen, wo Gesandtschaften aller deutschen Weingegenden zur Feier eingetroffen sind. Das Hochzeitsfest mit den Gratulationen, dazu die Bilder vom Bonner Akademikergelage mit der Trunkenheitsstrafe jenes Pfaffen, der den Waldmeister gefangen hält, sind köstlich ausgeführt, das Ganze geradezu dramatisch belebt, mit dem Chorus der die Kehle zu Trank und Sang wacker brauchenden Studenten, dem wimmelnden Völkchen der Wein- und Kräutergnomen, auch in Episoden, wie der Liebesscene des wilden Jägers mit der Winzermaid. Kein Wunder wahrlich, daß das schmucke Duodezbändchen sich rasch in die Herzen schmeichelte und die strophischen Verse daraus auf flotten Melodien durchs Land schaukelten. Die über ¾ Hundert Auflagen (79. 1907; 68. bei des Verfassers Ableben) schelten die prin-

[illegible] Widersacher Lügner, indem sie die weite Verbreitung beweisen, die, [illegible] Kenntniß allgemein voraussetzend, Anekdoten über auffällige [illegible] erzeugt. Wie einer der größten und der wohl bestgeschulte deutscher [illegible]gesangvereine, der Leipziger „Paulus", die Krone der Lieder, „Noch [illegible] blühende, goldene Zeit", mit dem jugendlichen Jubelrefrain „Noch sind [illegible] der Rosen!", längst zum Leibliede, den Verfasser zum Ehrenmitglied [illegible] hatte, so wahrte sich dieser selbst das ungebrochene Ergötzen an den [illegible]schwingten Weisen und liebte es, in munterem Kreise eine davon mit [illegible] Stimme, die bis ins Alter ihren Wohlklang rettete, anzuheben. Im [illegible]buch haben zwar Roquette's jugendfrohe Lieder mit ihrem leisen [illegible] Schmelz kein Erdreich gefunden; doch begegnete man manchen [illegible] auf Concertprogrammen.

Einen bunten Strauß wand auch das „Liederbuch" (1852), „der Jugend" [illegible], der der Dichter sich noch selbst zurechnete und zurief: „Und kann's [illegible] zu fesseln euch gelingen, mit frischer Brust will ich es mit euch [illegible]". Der flüssige Inhalt dieser Liederernte trat in der 2., unveränderten [illegible]vermehrten Auflage (1859) hinter den reiferen der neuen „Gedichte", [illegible] die Sammlung seitdem hieß, zurück, noch mehr in der 3., ebenfalls ver[illegible] und vermehrten (1880). Die später sich deutlich meldende Herbheit der [illegible]fahrungen kam darin zu Tage, auch in den beschaulicheren antikisirenden [illegible], Elegien und Monologen" (1882), während die Früchte scheinbar [illegible] der Laune, die jenen glücklichen Wurf ermöglicht, 1876 im schlichteren [illegible] ‚neuen Rheinlied' mit dem Zufallstitel „Rebenkranz zu Wald[illegible] silberner Hochzeit" den Wandel einer Lebens- und Dichterperiode [illegible]lichen. Da war der heitere Uebermuth verflogen, der Dichter war ein [illegible] geworden, so wie die Zeit und ihre Empfänglichkeit; neun Auflagen [illegible] völlig unabhängige poetische Erzählung erreicht. Roquette's späteres [illegible]organ, K. E. Franzos' „Deutsche Dichtung", enthält in den letzten [illegible] vor Roquette's Tod eine ganze Menge lyrischer, didaktischer, [illegible]epischer Spenden, die dann theilweise nicht in Sammlungen seiner [illegible] oder einzeln erschienen sind. Die bezeichnendsten und gelungensten [illegible] daraus sowie aus dem ungedruckten Vorrath des Todten hat sofort [illegible] seinem Hintritt der ihm nahegestandene Ludwig Fulda „aus dem Nachlaß [illegible] Dichters herausgegeben" als „Von Tag zu Tage. Dichtungen" (1896): [illegible] in allerlei Tönen, vermischte Gedichte, vaterländische aus dem 70er Krieg, [illegible] launige unter dem Sammelnamen „Satyrspiel", zwei vielseitige [illegible] Spruchverse als Stimmungstöne und Weltwandel, vier Erzählungen [illegible] (eine Gattung vollendeter Form, welche R. in reiferen Jahren mit [illegible] und Glück pflegte), endlich „Lanzelot", ein Fünfacter aus der Re[illegible]. Letzteres Bezugsgebiet hat den Dichter auf seiner Höhe gern ge[illegible] und dieses Schauspiel hier zeigt uns ihn damit ungemein glücklich, der [illegible] posthume Band überhaupt als Lyriker wie Epiker auf dem Gipfel [illegible] Kunst, kaum gealtert, nicht geschwächt, nicht im Niedergange. Die Lyrik [illegible] wohl das ihm am nächsten liegende Feld, das er noch in höherem Lebens[illegible] keineswegs selten bepflügt hat. Auch das epische Gebiet, seines Er[illegible] wohl seine Stärke, überspann er unwillkürlich mit lyrischen Fäden. [illegible] gehören: „Orion. Ein Phantasiestück" (1851), älter als das vorher [illegible] Waldmeister-Poem, eine mißlungene Verquickung der eben auf[illegible] Auerbach'schen Dorfgeschichte mit der abgethanen Schauerromantik [illegible]hoffmann'schen Spuks, trotz der Düsterheit der Geschehnisse lebendig in [illegible]malerei und Liedeinlagen; „Der Tag von St. Jacob" (1852; 4. Aufl. [illegible]), wo die sentimentale Liebe der Schweizer Heldenjungfrau Verena zu ihrem bei St. Jacob (1344) gefallenen Geliebten Valentin eine rechte Action des nationalen Freiheitskampfes niederdrückt; „Herr Heinrich. Eine deutsche Ge... (1854), stellt die Königswahl Heinrich's des Voglers märchenhaft mit ... Natursceenen dar; „Hans Haidekuckuck" (1855; 4. Aufl. 1894), eine ... ausgedachte realistische Nürnberger Historie des Reformationszeitalters, ... stischen Anstrichs; „Cesario. Erzählung in Versen" (1888), welch letztere ... Uebergang aus dem modern-romantischen Fahrwasser der jüngern Roquette'... Epik zu den ungebundenen Erzählungen gut verkörpert.

Da führte „Das Hünengrab" (1855) mit dem „verunglückten St... in das Gebiet der Tromlitz-Blumenhagen'schen Romantik" (Prutz) wenig ... heißungsvoll ein. Doch folgte ihm 1858 der Roman „Heinrich Falk" (3 ... 2. Aufl. 1879), eine aus dem Leben gegriffene Fabel mit dem Hinter... eines Künstlerdaseins durch zugespitzte Conflicte hindurch abspinnend, wo ... mehr wie im „Orion" das Interesse der ergründeten seelischen My... gänzlich von den wirklichen Vorgängen ablenkt, in psychologischer Feinheit ... Dichters weiteste ausladendes Werk, dabei wie alle seine Darbietungen in ... inneren Form ebenso glatt wie im Ausdrucke. Nur „Das Buchstabirbuch ... Leidenschaft" (2 Bde., 1878), wo übrigens die Neigung des Jünglings, ... Heimlichkeit der höher organisirten Pflanzenwelt zu belauschen und deren ... treter, so hier Pilze, zu vermenschlichen, reifer zurückkehrt, befriedigte in ... obachtung und Umguß des Beobachteten in demselben Grade die stren... Anforderungen, auch die Roquette's selbst, der es für sein liebstes, bestge... Kind erklärte. Analog ragen unter den zahlreichen kleineren Prosaerzählun... die als „Welt und Haus" (2 Bde., 1871 u. 1875) vereinigten merklich ... vor, womit den übrigen (über ein Dutzend!) Sammlungen — die ein... erschienen vorher meist in Zeitschriften wie Deutsche Romanzeitung, We... mann's Monatshefte, Deutsche Romanbibliothek, auch in großen Tagesblä... (Nationalzeitung, Frankfurter Zeitung) — nicht etwa das Anrecht auf ... Anlage und anziehende Darstellung geraubt, eine überdurchschnittliche ... Empfindung abgestritten werden soll. Den erzählenden Dichtungen zuzu... ist auch die 1892 erschiene Reihe „Ul von Haslach", „Der fahrende Schü... „Spindel und Thyrsus", „Ambrogios Beichte", „Paris der Bessere", die ... weise Renaissance-Erzeugnisse erneuert und mit echtem Humor elegan... Gewandes triumphirt. Im „Ul von Haslach" ersteht Hans Sachsens ... licher Roßdieb von Fünsingen, aus demselben Milieu wie Roque... Schreinerbub Hans Haidekuckuck, der in Sachsens Fastnachtsspielen mit... auch wie der frischgemuthe Jüngling des damaligen Nürnberg, den am ... gange seines Schaffens das Drama „Lanzelot" durch seine Fährnisse in ... Fremde begleitet.

So lag denn Roquette auch auf theatralischem Gebiete jedenfalls no... etwas alterthümelnde, ohne Derbheit urwüchsige Faschingsschwank Hans S... scher Gattung am besten. Im übrigen bemerkt K. E. Franzos („D... Dichtung" XVI, 200) sehr gut: „Dramen waren seine ersten Arbeiten, ... seine letzten, nach diesem Lorbeer hat er stets am heißesten gestrebt — ... doch hat ihn, den Mann von großem Kunstverstand und seltener Selbst... die innere Stimme in diesem Einen getäuscht." Auch Roquette's drama... Ader füllte mehr lyrisches und episches Blut. Seine zwei originellsten ... schlägigen Leistungen, durch 20 Jahre getrennt, nennen sich „dramat... Gedicht": „Das Reich der Träume" (1853) und „Gevatter Tod" (18... Die erstere, heute kaum irgendwie bekannt, stellt in den Mittelpunkt einer ... *erfundenen*, halb märchenartigen, halb mystischen Handlung eine einsiedl... *grübelnde* Theosophin Nymphäa, die statt eines ihrem verstorbenen Ve...

...undeten Augen Arztes ein ritterlicher Fürst aus Todesharren und Einsamkeit ... der Liebe Kraft der Welt wiederschenkt, und ward wohl durch des Dänen ... Hertz compresseren Einacter „König René's Tochter" angeregt. Die ..., trotz theatralischen Rahmens mehr episch gehalten, ist inhaltlich wie ... der Höhepunkt von Roquette's Poesie, aber ebenfalls heutzutage leider ... dem Gesichtskreise entrückt. Die sinnige mittelalterliche Volksmythe vom ...atter Tod", uns nach Ludwig Bechstein's Märchenniederschrift am ...ufigsten, ist hier in directem Anklange an Figuren, Situationen, Namen ... dem Muster des Goethe'schen „Faust" umgebildet worden, und sie soll ... nun den nimmer gelösten Zweifel über den Widerspruch der allumfassenden ...lichen Liebe mit dem unentrinnbaren Abschneiden jeglichen Glücks, auch des ...ens, durch den Tod erledigen: einen himmelstürmenden Jüngling überzeugt ... Ehrfurcht einflößender Greis, der ihm als früherer und jetziger Hort ...gentritt, durch hartes Ringen im Schicksalskampfe von der versöhnenden ...monie des Trios Glück, Liebe, Sterben — der Tod selbst. Habich ... seiner Inhaltsangabe dieser, ganz wider Gebühr vergessenen Dichtung ...: „Die Sprache ist die edelste, von gedankensatter Concentration und ...ich angeschauter Pracht. Einige Monologe von einer wundervoll dunklen ...sfarbe stehen hoch über der berühmteren Lyrik des Dichters. Und auch ...aiten der Leidenschaft, die R. sonst nur leise zu rühren wagt, schwingen hier ...ächtigen Accorden. ‚Ich war zufrieden mit meinem Werk', so spricht er ...selbst aus, ‚denn es lag mehr von meinem innersten Wesen darin als ...anderen, welche mehr Beifall gefunden haben.' Und das durfte er sagen". ... R. bühnenmäßige Dramaturgie einzuhalten sich befleißigte, da ist zwar ... sorgfältig angeordnet und motivirt, auch die Form wie bei ihm stets, ...ichen und sauber, aber das Packende im Tragischen, das Erschütternde ... uns, die Charaktere ermangeln kantiger Umrisse und zumeist des ...alischen Temperaments. In chronologischer Reihe: die Geschichtstragödie ... von Artevelde" (1856), das historische Schauspiel „Rudolf von Habsburg ... Die Sterner" (1856), „Der deutsche Festkalender. Lustspiel" (1865), ... Märtyrer des Glücks. Schauspiel" (1867), die zwei Sammelbände ...ischer dramatischer Dichtungen 1867 bezw. 1876, enthaltend: „Die Pro- ... in Salzburg. Trauerspiel", „Sebastian. Trauerspiel", „Reineke ... Festspiel" 1856; „Der Feind im Hause. Tragödie", „Der Rosengarten. ...Lustspiel", „Rhampsinit. Fastnachtskomödie", „Die Schlange. Lustspiel", — ...jüngerer Zeit „Lanzelot" (1887), „Der Schelm von Bergen", „Hanswurst", ... Dämmerungsverein", drei einactige Lustspiele, 1890 in Reclam's ...versalbibliothek als Roquette's dortige Repräsentation, „Die Schweden in ...hof. Drama" (1894), „Das Haus Eberhard. Lustspiel in 4 Acten" ...uckt als Darmstädter Bühnenhandschrift). Eine kleine Gruppe bilden die ...ende der heiligen Elisabeth", 1866 auf Antrieb des Weimarer Hofes, an ..., zumal auf der Wartburg, R. in den sechziger Jahren intim verkehrte, ... Franz Liszt gedichtet, von diesem dann als Oratorium componirt und ... unter außerordentlichem Beifall (der freilich in der Regel nur dem ...oner zugute kam) häufig, noch bis in die neueste Zeit aufgeführt, nebst ... von R. 1888 in Voraussicht des Mißglückens (April 1889 im Ber- ...r Opernhaus) widerstrebend zurecht gestutzten Texte zu Emil Naumann's ... „Loreley", den R. schon 1867 auf des Musikers Drängen ausge- ...t hatte.

...ie dem alten Hans Sachs, so scheint Goethe mehr als einmal sein ...ichtliches Vorbild gewesen zu sein, wie sie seine Lieblingsgenossen waren. ...ie ersterer ihm *mehr zu dramatischen* Anstößen verhalf oder zu formalen

Anregungen seiner Kleinepik, so Goethe zu epischen. Zwar läßt sich eine bestimmte Nachahmung herausstechen; aber in Gegenstand, Moral Fassung erinnert uns allerlei an den Großmeister des Kreises, den R. in Novelletten „Große und kleine Leute in Alt-Weimar" (1886) direct, „Friedrich Preller" (1883), einem auf peinlichen Studien ruhenden auth „Lebensbild" des ausgezeichneten Weimarer Malers (1804—78; s. A. D. XXVI, 553/61), indirect den Tribut der aufrichtigen Sympathie gez Seine Abhandlung „Goethe und die Gartenkunst" am Schlusse der Fest zu der Jubelfeier des 50jährigen Bestehens der großherzogl. Technischen schule zu Darmstadt (1886), bringt den Olympier in enge Beziehung zu diesem wie ihm selbst am Herzen liegenden Natur und deren Verschö So hat man ihn denn einen Epigonen der classischen Aera zu schmähen die Ehre, die in dieser Tadelabsicht liegt, vergessend. Ueberhaupt sah R. Denkmale der Poesie, den ganzen weiten Bezirk der schönen Litteratur, ungetrübtem Auge, mit dem Auge des Künstlers an. Seine Universitäts- anschließenden Privatstudien waren weit mehr aufs Aesthetische, Reinlitterar allenfalls Geschichtlich-Litterarische gerichtet gewesen als auf philologisch-kri gar speciell-germanistische Forschung. Das beweisen auch seine so tüchtigen litterarhistorischen Publikationen, die hier bloß genannt können: die erste moderne Biographie des unseligen genialen Lyrikers Chrn. Günther (1860 mit Auswahl) die eingeleitete sorgfältige Ueberarbei von Dante's Divina commedia in K. Streckfuß' Verdeutschung (die feine Einleitung zu Cervantes' ‚Don Quixote' (Hier. Müller; die tüchtige Neuausgabe von Eckermann's „Gesprächen mit Goethe" (alle drei in der Cotta'schen Bibliothek der Weltlitteratur; dazu Roque biographischer Text zur „Gallerie moderner Dichterphotographien Originalgemälden von C. Jäger, E. Felix und A. Gräfe" (1878). seine einschlägige Hauptleistung, bei deren Entstehen er, wie er gesteht, Poet doch innerlich gedarbt" hat, legte R. relativ wenig Werth: die „Ge der deutschen Litteratur von den ältesten Denkmälern bis auf unsere (2 Bde., 1862/63), die, aus äußeren Anregungen und stoßweise an Bibliotheksarbeiten hervorgewachsen, seit der 2. Auflage (1872) „Ge der deutschen Dichtung" umbenannt und in der 3. (1879; Abdruck 1888 griffen) mannichfach verbessert und allen fachmäßigen Beiwerks, so auch Hauptmasse der Bibliographie ganz entkleidet worden. Bei den ältern Per die gewohnten Geleise nicht ohne nachprüfende genaue Erwägung gehend, R., je näher er der eigenen poetischen Epoche kommt, mit wachsender Selbstän keit dar. Klarheit, Uebersichtlichkeit, liebevolles Einfühlen rühmten Kritiker, litterarhistorischen Zunftvorurtheils bar sind, von jeher, namentlich a Seitenstück zu dem tendenziös durchsetzten weit bekannten Buche Vilmar's. aller Bescheidenheit rücksichtlich seiner Stellung zur Litteraturwissenschaft hin mit Eifer und Freuden am Lehramte des Fachs — dem er auch durch vom preußischen Ministerium bei ihm veranlaßtes „Deutsches Lesebuch höhere Lehranstalten. Ausgewählte Stücke deutscher Dichtung und Prosa einer historisch-biographischen Uebersicht" (2 Bde., 1877) dienen wollte — er Jahrzehnte lang die erwachsene Jugend eingeführt hat, und erkannte gewaltigen Fortschritt unumwunden an, auch wo das auf seine Kosten Dem früheren Berliner Schriftstellern und der nachherigen akademischen samkeit, endlich derjenigen als weithin gebetener populär-wissenschaf Redner entsprangen eine Anzahl litterarhistorische Einzelarbeiten, die dann, nach dem Tode, Ludwig Fulda in Zeitungen und Zeitschriften theilweise zum Druck befördert hat.

Abwesenheit jeglichen Eigendünkels und die jeder falschen Scham gingen Hand in Hand. Er, den man vor sechstehalb Jahrzehnten als den der deutschen Jugend begrüßte, ist, wie immer allem Servilen abhold, geringsten von Marasmus angekränkelt gewesen, als er die jüngsten schrieb. Der „stehengebliebene“ R. hatte von jener fesselnden Anmuth Schwunge der Phantasie, die seine ersten Sprossen auszeichneten, kaum verloren und war bis in die Siebzig, wie Habich richtig sagt, kein der Alltagsmensch, sondern eine wahre Künstlernatur, der das Herz im Leibe jung geblieben. Seine Selbstgratulation zum Psalmistenalter 1894, im Gedicht „Jahresringe“, spricht dies volltönig aus. Seine Persönlichkeit ... sich nur wenigen recht und auch die Mehrzahl davon wird die ... die der äußerlich höchst milde Mann gegen sich selbst übte, nicht ... haben. Die meisten erfuhren erst aus der Selbstbiographie, welch Prüfungen ihm im Daseinskampfe beschieden gewesen waren, bevor die Berufung nach Darmstadt augenblickliche Sorge von ihm abstreifte. Auch ... war die Straße unseres Optimisten mit nichten dornenlos bis ans Ende, ... gehört nicht den auserlesenen Sterblichen zu, die sich unbekümmert um des ... Launen nach eigenem Gutdünken frei entwickeln dürfen: vielmehr ... ihm äußere Umstände leiblich erschwert, ein Ziel zu erreichen, wo ... schaffen und seinem ehrlichen Streben ungestört genügen konnte. In ... und Mißerfolg hielten ihn große Einfachheit und Bescheidenheit stets ... R. war ein zu vornehmer Geist, um die Reclametrommel zu rühren ... ren zu lassen, wann er mit seinen, scharfer Selbstzucht abgewonnenen Schöpfungen im Hintertreffen der öffentlichen Aufmerksamkeit verblieb. ... bekundet eben die sichtliche Vorliebe, die auf den Seiten des ... nbuches und ebenso, sobald er im engsten Zirkel ohne Sentimentalität ... Treiben seines ersten Menschenalters zurückgriff, die Knabenjahre sammt ... litterarischen Erstauftretens traf, seinen nie versiegten Hang zur ... und ihrem Fühlen: diese Grundfarbe seiner älteren Darbietungen. ..., wennschon die andern Leistungen die Vielseitigkeit, die Sicherheit, ... vollkommnungsdrang seiner Schriftstellerei bestätigen und „Gevatter ... bst den hervorgehobenen erzählenden Werken im Vordergrunde stehen, ... am unvergänglichsten in der Lyrik und lyrischen Epik währen, worin ... sten, seine am ehesten unverwelklichen Lorbeeren und, bis ihm die Feder ... uftige Blüten gepflückt hat, und „Waldmeisters Brautfahrt“, eines der ... sten Dichtwerke in deutscher Zunge, im deutschen Gemüthe stets ... wecken. Ist doch auch da das Leitmotiv die Empfindung, die wie ... benz für Roquette's Wirken maßgeblich blieb: die Freude am Dasein ... nenschein des Daseins „weil das Leben noch mait“. Und unter dem ... solch sieghaften Glaubens an Schönheit, Edelsinn, Glück und Licht ... te Roquette's gesamtes Fühlen, Denken, Streben und Schaffen.

Vorstehende Skizze ist überarbeiteter Auszug aus meinem ausführlichen, ... ielen Belegen versehenen Lebens- und Charakterbilde i. d. „Biograph. ... Hsg. v. A. Bettelheim“ II S. 397—414; daselbst auch die haupt... Litteratur verzeichnet und charakterisirt. Von späteren sei hier, ... als Ergänzung wie als Ausgleich unserer infolge persönlichen ... menhangs wohl im einzelnen etwas zu panegyrischen Behandlung, ... es Ludwig Geiger's sehr kundiger, allseitig beurtheilender Essay ... en, der auch den Schattenseiten in Roquette's Poesie, namentlich der ... leiben, gerecht wird: Westermann's Illustrt. Dtsch. Monatshefte 80. Bd. ...—19 (1896) (auch in Geiger's „Dichtern u. Frauen“, N. Serie, 1899 ...—321). *Warme Anhänglichkeit*, die kritischem Abwägen ausweicht, spricht aus L. Fulda's Einleitung zu seiner Auslese des R.-Nachlasses (1896: f. Daselbst wie in meinem eingehenderen Nekrolog bezeichnende Originalbriefe. früherer Zeit noch nennenswerth die Behandlung bei J. Hub, Deutsche Balladen- u. Romanzendichter III 1, 2[4] (1870) S. 560/64 u. Hnr. Gesch. d. dtsch. Litt. IV (s. Reg.); mit am ernstesten betrachtet ihn noch sein Alters- und zwiefacher „Fachgenosse" Gottschall („Die Nationallitt. d. 19. Jahrhs."[7] III 109, 160—64; IV 284). Die theils in Einzelheiten bemerklichen Erscheinungen zum 70. Geburtstage, moiren und zum Tode Roquette's s. i. d. Jhrsber. f. neuere dtsch. Litteraturgesch. IV, V, VII—IX verzeichnet bezw. ausgezogen. Angaben eines richtigen Busenfreundes in Wilh. Lübke's „Lebenserinnerungen" (1891) S. 187—190 u. 372. Authentische Biographie bereite ich vor. Freundliche Förderung durch R.'s vieljährigen Hauptverleger, J. G. Cotta'sche Buchhandlung.

Ludwig Fränkel.

Rorbach. Von dieser ca. 1370 in Frankfurt a. M. eingewanderten 1570 ausgestorbenen Geschlechterfamilie verdienen zwei Persönlichkeiten kurze Erwähnung, da ihre Bedeutung eine mehr als locale ist. Die glieder dieser Familie waren anfangs Kaufleute; durch ihre geschäftlichen folge gelangten sie zu bedeutendem Reichthum, der ihnen die Einheirath in die alteingesessenen Geschlechter erleichterte, und gehörten schon um 1480 herrschenden städtischen Patriciat. Der vierten Generation gehörte Bernhard R. an (1446—1482), der eine Holzhausen zur Frau hatte. Er hat unter Titel Stirps Rorbach Aufzeichnungen über seine Familie und sein Leben hinterlassen; ist ihr Inhalt auch specifisch frankfurtisch, so ist er doch von allgemeinem Interesse für das gesellige, geschäftliche und geistige Leben dieser patricischen Großkaufleute. Noch mehr gilt das von dem Tagebuch seines Sohnes J (1469—1502), welches die Jahre 1495—1502 umfaßt; er studirte in Italien die Rechte, wurde aber 1498 in seiner Vaterstadt Kanonikus des St. Bartholomäus-Stiftes; seine Aufzeichnungen sind mehr persönlich, mehr mit kritischem Urtheil geschrieben; sie schildern vorzugsweise das gesellige Leben der Patricier, das seinen Mittelpunkt in der Gesellschaft Alt-Limpurg hat. Des Vaters und besonders des Sohnes hinterlassene Aufzeichnungen (jetzt im Frankfurter Stadtarchiv) sind eine culturgeschichtlich höchst werthvolle Fundgrube für das Leben und die Anschauungen der höchsten Gesellschaftskreise in den deutschen Reichsstädten beim Ausgange des Mittelalters.

Quellen zur Frankfurter Geschichte, Bd. I (bearbeitet von Froning), Frankfurt 1884. — J. C. v. Fichard's Geschlechtergeschichte, Fasc. Rorbach, handschriftlich im Frankfurter Stadtarchiv. — Froning, Die Familie Rorbach, im Archiv für Frankfurts Geschichte und Kunst, Dritte Folge, Bd. II, 147—183.

R. Jung.

Roerdansz: Rudolf von R., königlich preußischer General der Artillerie, am 29. Januar 1828 zu Pleß in Oberschlesien, wo sein Vater als Ulanenofficier in Garnison stand, geboren, wurde im Cadettencorps erzogen und kam am 27. Mai 1845 als Secondlieutenant zum 28. Infanterieregimente. Der Wunsch, seine wissenschaftlichen Neigungen bei einer Waffe zu bethätigen, welche dafür ein weiteres Gebiet eröffnete als bei der Infanterie der Fall war, veranlaßte ihn, um seine Versetzung zur Artillerie zu bitten. Sie o gt nach einer am 1. November 1846 geschehenen Commandirung zur &rfArtilleriebrigade, welche wie das 29. Infanterieregiment zum rheinischen Armeecorps gehörte. Am 21. April 1848 trat er ganz zu ihr über und verblieb, nachdem er 1856 zum Premierlieutenant, 1859 zum Hauptmann befördert war, im *Frontdienste*, bis er am 12. September des letzten Jahres als Lehrer an de einigten Artillerie- und Ingenieurschule und als Mitglied der Artillerie-ungscommission von Coblenz nach Berlin berufen wurde. Damit trat er eine lange und erfolgreiche Dienstthätigkeit bei verschiedenen Unterrichts-ten des Heeres. Als beredter Fürsprecher der durch General v. Peucker (A. D. B. XXV, 556) empfohlenen applikatorischen Lehrmethode, die den mischen Vortrag durch den mündlichen Verkehr zwischen Lehrer und belebt und nutzbringender gestaltet als jener allein es vermag, hat namhaftes Verdienst erworben; es ist um so höher anzuschlagen, als er weitverbreiteten und tief eingewurzelten Vorurtheilen zu kämpfen hatte, behaupteten, daß ein solches Verfahren unvereinbar sei mit der Stellung Officiers. 1861 wurde er auch Lehrer an der Kriegsakademie, 1861 aber Theilnahme an einer Reise nach Belgien, Frankreich und England com-um die dortigen artilleristischen Einrichtungen kennen zu lernen. gemachten Erfahrungen gaben die Anregung zu der bald darauf geschehenen ung einer Artillerieschießschule. Von der Theilnahme am Kriege des Jahres war R. durch eine Commandirung zum Kriegsministerium abgehalten. Friedensschluß wurde er zum Batteriechef in seinem alten Truppentheile, aber schon nach wenigen Wochen von dort abberufen, um bei der ung des beweglichen Kriegsmaterials der ehemaligen Bundesfestung mitzuwirken und am 1. Januar 1867 zum Director der Kriegsschule ernannt, eine Stellung, die er ein Jahr später mit der nämlichen der Schule zu Cassel vertauschte. Von hier ward er am 13. Mai 1869 schaft nach London commandirt. R. kam dadurch zum zweiten Male die Theilnahme an einem Kriege; trotzdem leistete er seiner Regierung Dienste. Als der Ausbruch bevorstand, war die Flotte des Nord-schen Bundes auf einer Fahrt nach dem Mittelländischen Meere begriffen das französische Geschwader im Atlantischen Ocean lauerte ihm auf; da R. einen Seedampfer, suchte die deutschen Schiffe, benachrichtigte von der ihnen drohenden Gefahr und ermöglichte ihnen, sich dieser zu ent-. Später versah er die eigene Heeresleitung mit Nachrichten, die er aus schen Quellen in England in Erfahrung brachte, so mit der schwer-den über den Abmarsch des Marschall Mac Mahon von Chalons s. M. in der ung auf Metz; eine Kunde, auf welche die Rechtsschwenkung gegen Sedan gegründet war. Damals führte er, wie einst Moltke in Constantinopel, die schen, in London die englischen Officiere in das Verständniß des Kriegs-ein. Seine Thätigkeit an den Militär-Bildungsanstalten beendete er Director der Vereinigten Artillerie- und Ingenieurschule, an deren Spitze von 1872—1874 stand.

Inzwischen war die Scheidung der Waffe in Feld- und Fußartillerie folgt. R. kam zu letzterer, mit der er damals zuerst nähere Bekanntschaft . Am 9. Juni 1874 wurde er zum Commandeur des Schlesischen giments, am 2. October aber zum Präses der Artillerie-Prüfungscommission, 12. Mai 1880 zum Generalmajor und Commandeur der 3. Fußartillerie-ernannt. Nachdem er dann seit 1884 an der Spitze von Fußartillerie-ectionen gestanden hatte und zum Generallieutenant aufgestiegen war, er, als die Feldartillerie den Divisionen unterstellt ward und die General-der gesammten Artillerie einging, der erste Generalinspecteur der artillerie. Am 20. December 1887 geadelt, am 27. Januar 1890 zum General Artillerie befördert, schied er am 8. April des letzteren Jahres aus dem und starb am 9. August 1892 auf einer Reise zu Klosters im Kanton bünden. Schriftstellerisch war R. auf artilleristischem Gebiete mehrfach thätig.

Beiheft Nr. 9 *zum Militär-Wochenblatte*, Berlin 1893.

B. v. Poten.

Rörer: Georg R. (Rorer, Rorarius, Rorerius u. s. f.), evangeli[illegible] Theologe, Luther's langjähriger Freund und Gehülfe, geboren am 1. [illegible] 1492 zu Deggendorf in Niederbaiern, † am 24. April 1557 zu Jena. [illegible] dem Sommerhalbjahr 1511 besuchte er die Hochschule zu Leipzig, wo [illegible] 4. September 1515 zum Baccalaureus, am 22. December 1520 zum M[illegible] der freien Künste befördert wurde. Zwei Jahre darauf begab er [illegible] Wittenberg, wo er am 12. April in die Matrikel eingetragen wurde. [illegible] sein Ende ist er ein treuer Sohn Wittenbergs, Freund und Helfer Lu[illegible] gewesen, der an ihm am 14. Mai 1525, als er zum Diakonus in Witt[illegible] berufen war, zum ersten Mal die Investitur oder Einführung ins Am[illegible] neuen evangelischen Sinn und Geiste vollzog. Bis 1529 der zweite [illegible] maligen Diakonen, hatte er ein arbeitsreiches Amt zu versehen. Erst [illegible] wurde ein dritter Diakon bestellt. Als treuer Bekenner des Evangeli[illegible] auch durch schwere Heimsuchungen geprüft, war er ein erwecklicher, ge[illegible] Prediger und hielt fest an seinem Wittenberger Amte, wobei freilich auch [illegible] inniger Wunsch mitbestimmend war, nicht von der Seite Luther's weg[illegible] zu werden. Um seinetwillen mochte er sich überhaupt nur sehr ungern [illegible] Wittenberg weg begeben und that das nur auf kürzere Frist wegen drin[illegible] nöthiger Erholung im April 1528, wo er seine Freunde in Zwickau [illegible] Frühjahre des nächsten Jahres, wo er die in Nürnberg besuchte. Sonst [illegible] wir ihn auswärts nur noch, wenn er mit oder statt Luther's in kirch[illegible] Angelegenheiten thätig war, einmal bei dem Religionsgespräch in Ma[illegible] und im Jahre darauf, 1530, als Vertreter Luther's bei der Kirchenvisi[illegible] der Kreise Eilenburg, Bitterfeld und Belzig. Einem verwandten Zweck [illegible] der Theilnahme am Marburger Religionsgespräch diente Rörer's Anwese[illegible] in Luther's Wohnung bei der Wittenberger Concordie am 22. Mai 1[illegible] In den Jahren 1538 und 1539 nahm er dann an Luther's Statt wieder[illegible] Ordinationen auswärtiger Geistlichen vor. Nach 1537 versah R., wenn [illegible] auch den Charakter eines Geistlichen behielt, sein Diakonatsamt, das [illegible] an A. Lautenbach überging, nicht mehr, überhaupt kein Amt im engeren Si[illegible] Zwar heißt es, daß er im J. 1533 Bibliothekar der Wittenberger Univer[illegible] bibliothek gewesen sei; da uns aber gerade 1537 ein Meister Lucas als [illegible] Librey zu Wittenberg Vorsteher genannt wird, so hatte er jedenfalls [illegible] diese Stellung nicht mehr inne. Wenn aber damals auf Spalatin's An[illegible] Namens des Kurfürsten Johann Friedrich von Sachsen eine neue Best[illegible] für R. ausgefertigt wurde, so war das eine ganz außerordentliche. Sie [illegible] ihn für die Thätigkeit in Dienst, in deren treuer Erfüllung sein eigen[illegible] Beruf und geschichtliche Bedeutung beschlossen liegt. Es ist das sein [illegible] umfassender Hülfsdienst, den er der Reformation, allermeist dem Werke Luth[illegible] leistete. R. hat diese Arbeit — gewiß mit gutem Grunde — auch als Kir[illegible] dienst angesehen und sie auch im J. 1547 dem bisherigen Kurfürsten Jo[illegible] Friedrich gegenüber so bezeichnet. Dieses Lebenswerk Rörer's war [illegible] in der Liebe zu Luther, seinem „ehrwürdigen Vater", begründet: wenn [illegible] krankte, litt er mit; wenn er nebst seinen Mitarbeitern wohl und zur [illegible] war, freute er sich herzlich. Diese Liebe zur Person hatte aber wieder i[illegible] Grund, war durchaus in der Liebe zu seinem Werke, zur Reformation, deren [illegible] überzeugter Bekenner er war. Seine Liebe zu dem Meister wurde von diesem [illegible] und ganz erwidert. Er hat ihn, seinen häufigsten, fast täglichen Gast, als [illegible] treuen, frommen Mann und tüchtigen Geistlichen anerkannt; er hat ihm [illegible] einen großen Einfluß auf sich eingeräumt. In humorvoller Weise hat er [illegible] mündlich und schriftlich als seinen Moses, seinen Befehlshaber, seinen [illegible] bezeichnet und wohl mit Bugenhagen, Creuziger und seiner Käthe zusamme[illegible]

Beispiele von diesem Einflusse, der auf innerer Achtung beruhte, lassen
ung beibringen. Dieses gegenseitige nie getrübte Verhältniß ist für die
ellung beider Persönlichkeiten gleich merkwürdig und ehrenvoll. R. hat
verehrten geistigen Vater gelegentlich zu einer bestimmten Thätigkeit,
en, öffentlicher Predigt angeregt und auf herzliches Ansuchen seines R.
Luther eine Erklärung vom 12. Capitel des Propheten Daniel.
on den Verdiensten Rörer's um Luther und die Reformation ist ent-
s das größte das, was er sich in der Festlegung und Erhaltung von
s Wort bei seinen akademischen Vorträgen sowohl als bei seinen öffent-
und häuslichen Predigten erwarb. Seine Leistung hierin ist eine wahr-
staunliche. Es haben Manche Luther's Predigten und Vorlesungen nach-
eben, aber Keiner ist mit ihm an Fülle und Gestalt des Geleisteten zu
chen. Luther hat selbst gelegentlich von den Leistungen Veit Dieterich's,
ch ein fleißiger Nachschreiber war, gesagt, sie seien dürr und mager,
u mehr. Bei anderen, wie bei einem Creuziger, erscheinen die wieder-
en Vorträge Luther's mehr oder weniger als freie Bearbeitungen. R.
rstand es, die Vorträge, wie sie gehalten waren, vollständig wieder-
n. Dabei kam ihm das feine Verständniß von Luther's Geist und
e zustatten. Ganz besonders war es seine Meisterschaft im Schnell-
n und in der Verwendung von Abkürzungen. Da nämlich die heute
Parlamenten und sonst zur Anwendung kommende Kurzschrift noch nicht
n war, so mußte man sich mit einfacheren Abkürzungen und Siglen
n. R. war in deren Verwendung überaus geschickt, und die Liebe zur
machte ihn auch erfinderisch; daher er auch denen, die seine Nachschriften
n wollten, Anleitung zum Verständniß seiner Schrift gab. Um der
sowie um der größeren Zahl überkommener Siglen willen bediente sich
ch bei deutschen Vorträgen vielfach lateinischer Abkürzungen für gleich
r Predigt lateinisch aufgefaßte oder niedergeschriebene Wendungen, sodaß
an eine deutsche Predigt Luther's vollständig wiederzugeben, nicht durch
e Auflösung der Abkürzungen lateinische Worte zwischen den deutschen
Text setzen darf, sondern — wozu natürlich viel Kenntniß und Uebung
— die lateinischen Worte und Wendungen deutsch wiedergeben muß.
n nun von 1528 an bis zu Luther's Tode, gelegentlich auch als sein
er auf einer Reise, die Luther'schen Predigten und Vorträge nach-
ben. Auch von seinen Tischreden hat er ein gut Theil aufgefangen.
war er so eifrig und schien die Sache ihm so wichtig, daß er es über
n, nachdem zur Pestzeit seine geliebte erste Gattin gestorben war,
ags darauf einem Luther'schen Lehrvortrage zu lauschen und ihn nach-
ben. Zu bewundern ist es, wie er es möglich machte, selbst an den
gen, wo er als Diakonus selbst zu predigen hatte, Luther's Kirchen-
predigten beizuwohnen und sie aufzufangen.
s man nun von einsichtiger Seite die große Wichtigkeit der Rörer'schen
eistung erkannte, so geschah es, daß im J. 1537 auf Spalatin's An-
. Kurfürst Johann Friedrich sich entschloß, dem Diakonus die Arbeit
Kirchenamtes abzunehmen und ihm gegen den nöthigen Lebensunterhalt
her freiwillig geleisteten Hülfsdienst an dem Werke Luther's als amt-
fgabe zu übertragen. Dabei wurde gleich beabsichtigt, das bisher ge-
te Material, sowie das noch weiter hinzukommende von R. zu erwerben
r Wittenberger Universitätsbibliothek einzuverleiben. Hierbei ergab sich
ber eine große Schwierigkeit: Da man die unveränderten Rörer'schen
chriften wegen ihrer überaus zahlreichen und theilweise kaum deutbaren

Abkürzungen nicht glaubte in die Bibliothek aufnehmen zu können, so ha man daran, zwei oder mehr Schreiber anzunehmen und diesen durch R. seine Niederschriften vorlesen und in die Feder dictiren zu lassen. Das aber nicht durchführbar, da R. erklärte, dafür nicht die Zeit zu haben. wollte er den Abschreibern Anleitung geben und Rath ertheilen; aber ihnen die ganzen Niederschriften zum unmittelbaren Nachschreiben vor hätte, so wäre es ihm unmöglich gewesen, weiterhin den Vorlesungen Predigten Luther's beizuwohnen und sie durch seine Kunst der Schnell zu erhalten, womit man dem Zwecke, zu dem man R. in Bestallung gen hatte, zuwider gehandelt hätte. Da nun aber, wie Andr. Poach sagte, selbst mit Rörer's Anleitung dessen Nachschriften benutzte, die Absch „einen Abscheu hatten" — davor zurückschreckten —, die Rörer'schen Vor umzuschreiben, so blieb der ganze Plan unausgeführt. Dagegen hat R. Freunden und der Sache zu dienen, verschiedenen, die ihn darum b manche seiner Aufzeichnungen mitgetheilt und ihnen bei deren Veröffentli geholfen.

War diese einen guten Theil von Luther's Geistesarbeit erhal Thätigkeit des Auffangens und Sammelns von seinem Wort und Werk Rörer's wichtigste Leistung, so erforderte doch kaum eine geringere Anstren und Mühe seine Hülfe bei der Correctur und Redaction von Luther's Sch Ohne auf das Nähere bei dieser Art Thätigkeit einzugehen, weisen wir da hin, daß R., als er im Frühjahre 1528 körperlich und seelisch abge und an Schlaflosigkeit leidend, dringend einer Ausspannung bedurfte, die verordnete Reise einen Monat verschob, um erst abzuwarten, bis Luther letzte Hand an den Timotheusbrief gelegt hatte. Die Redactions- Correcturarbeit war sehr zeitraubend und anstrengend. R. erwähnt legentlich, wie er drei Pressen zu bedienen habe. Luther sagte einmal Linck, „Rörer sei mit Geschäften überhäuft und Knecht der Knechte in Druckerei".

Unter diesen Bemühungen um einen reinen, sorgfältigen Druck ist d der Correctur von Luther's verdeutschter Bibel besonders zu gedenken. selbst hat gelegentlich im J. 1547 diese Thätigkeit dem Kurfürsten Joh Friedrich gegenüber ausdrücklich hervorgehoben. An dem Fortschritt beim neu durchgesehener Ausgaben einzelner Schriften und ganzer neuer ausgaben hat R. seine besondere Freude gehabt, und Luther hat sich mit zuweilen über den Sinn einzelner Stellen unterhalten. Hauptsächlich han es sich bei Rörer's Arbeit aber doch nur um die Redaction, die Ueberschr Inhaltsangaben der Capitel und vor allem um die Herstellung eines Druckfehlern thunlichst gereinigten Druckes. Als Luther im J. 1539 ging, mit Hülfe seiner dazu am meisten geeigneten Mitarbeiter eine allg Durchsicht der ganzen deutschen Bibelübersetzung vorzunehmen, da versah R. dem hierzu gebildeten Synedrion, das sich in dem Jahre 1540—41 wöchen einige Stunden in seiner Wohnung versammelte, die Aufgabe des Sch schreibers und führte ein ordentliches Protocoll über die vereinbarten rungen, das auch noch in seinem Nachlaß erhalten ist.

Da R. an der Quelle saß, von der die wichtigsten Reformationsschr ausgingen und mit Luther, auch Melanchthon, Bugenhagen in innigem Ver stand, so hat er über Entstehung, Plan und Fortschritt mancher Arbeiten seinem Briefwechsel, besonders mit St. Roth in Zwickau, allerlei wichtige Na richten gegeben, z. B. über die Entstehung der Luther'schen Katechismen. Be Ausarbeiten des großen Katechismus hat sogar der Reformator selbst v den Rörer'schen Nachschriften seiner Katechismuspredigten Gebrauch gemach

Eine schwere Zeit war für R. die des schmalkaldischen Krieges. Es war nur der Schmerz über das schwere Geschick seines fürstlichen Herrn, des ...sten Johann Friedrich, dem er bis an sein Ende treue Anhänglichkeit ...te, was ihn niederdrückte, sondern auch der Kummer über die Störung ...kümmerung des Reformationswerkes und des ihm und Creuziger über... Unternehmens, das seine Thätigkeit damals ganz besonders in An...nahm, nämlich der Gesammtausgabe von Luther's Werken. Im J. 1539 ... erste Band der deutschen, 1545 der erste der lateinischen Schriften ...; aber nach der Niederlage der Reformationsverwandten drohte das ...wegen unzulänglicher Unterstützung ins Stocken zu gerathen. Bis zum ...re 1551 setzte er seine Arbeit fort, deren Last, seit Creuziger am ...i 1548 gestorben war, umsomehr auf ihm ruhte. Da entschloß er sich, ...treuen Förderer der Reformation in Skandinavien, König Christian III. ...Dänemark, um Hülfe für die Fortsetzung der Luther-Ausgabe und um ...kunft für sich selbst anzugehen. Da seine Bitte gewährt wurde, so schickte ...ch Ende März 1551 zur Ueberfahrt nach Dänemark an, nachdem er bereits ...Fässer mit dem erforderlichen litterarischen Apparat voraufgeschickt hatte. ... Schwager Bugenhagen, der hierbei gute Dienste hätte leisten können, ...heimlichte er diesen Plan, weil er mit Recht annahm, daß dieser ihm aus ... für seine Person, mehr aber wegen des Schicksals seiner unersetzlichen ...ischen Schätze jenen Gedanken auszureden versucht haben würde. Da ...hagen aber mit der Sache an sich durchaus einverstanden war, so gab ... ihm am 26. März d. J. die treuesten Empfehlungen an den Dänen..., dem er Rörer's Sache aufs Dringendste empfahl, mit auf den Weg. ...Aufenthalt in Dänemark war für Rörer's Gesundheit nicht zuträglich; ...sehnte er sich nach Deutschland zurück. Dieser Wunsch wurde erfüllt, ... sein alter Herr Herzog Johann Friedrich ihn am 10. Juni 1553 wieder ...dem Sitz in Jena in seine Dienste berief. Dort befand er sich anfangs ...ember desselben Jahres. Man hat bei der Berufung die Angabe des ...s oder Zwecks vermißt und angenommen, er sei als Universitätsbibliothekar ... Jena berufen, beides ohne Grund. Denn was den Zweck und die Auf...betrifft, zu deren Erfüllung R. berufen wurde, so konnte hierüber kein ...el obwalten: es handelte sich um die Fortsetzung des Werkes, das ihm ... im J. 1537 von demselben Herrn aufgetragen war und das sich zunächst ...die Fortsetzung bezw. neue Aufnahme der Ausgabe von Luther's Werken ... Daß R. zum Universitätsbibliothekar bestellt worden sei, gründet sich ...eine irrthümliche Folgerung aus einer Eintragung vom Jahre 1555 in ...der Universitätsmatrikel, die zwar den Mag. Rörer aufführt, doch ohne ...zeichnung, während darin der Franke Voth ausdrücklich als Jenenser ...thekar genannt ist. Für den Plan der neuen Luther-Ausgabe wurden ... September 1553 von Herzog Johann Friedrich dem Aelteren und am ...i des nächsten Jahres von dessen Söhnen genaue, sorgfältige Be...ungen erlassen. Es wurde R. jetzt auch ein Corrector als Gehülfe zur ...gegeben. Amsdorf und Goldschmidt (Aurifaber) unterstützten ihn mit ... Rathe. R. förderte seine Arbeit so fleißig, daß in den Jahren 1555 ... 1556 je zwei, zusammen also vier Bände, der Jenaer Folioausgabe bei ...ian Rödinger im Druck erschienen. Durch die Schrift eines gewissen ...Correcturgehülfen Walther, den R. wegen seiner Unsorgfältigkeit hatte ...weisen müssen und der sich an ihm rächen wollte, wurden an Rörer's ... verschiedene Ausstellungen gemacht und er der Auslassung eines scharfen ... Ausfalls gegen Butzer wegen dessen Verfahren im Abendmahlsstreit bezichtigt. Hinsichtlich jener Auslassung hat R. vor Notar und Zeugen sein Unschuld versichert und auf die Urheber dieser Fälschung hingewiesen. Neuer Untersuchungen haben es mindestens als sehr wahrscheinlich erwiesen, daß die zunächst Bedenken erregende Angabe der Wittenberger, jene Auslassung sei noch mit Luther's Einwilligung geschehen, auf Wahrheit beruhe. Butzer hatte sich mit Luther einverstanden erklärt. Daß er gewisse formale Aenderungen oder Milderungen des Ausdrucks vorgenommen habe, leugnet R. nicht, versichert nur, daß er nichts **nöthiges** von Luther's Schriften ausgelassen habe. Wenn er in Luther's Schrift: „Freiheit des Sermons Bebstlichen Ablas und Gnad belangend v. J. 1518" statt des ursprünglichen „das die glose hat der **teufel** herreyngefurt" mildernd drucken ließ: „**denn kein gut Geist** die Glose hergefurt" (Jenaer Ausg. Bd. I, 1555, Bl. 6 u. 7. Zeile von unten), so glaubte er das jedenfalls im Sinne Luther's, auf den er ja einen großen Einfluß ausübte, thun zu dürfen. Besonders merkwürdig ist es, daß R. als treuer Schüler von Leipzig in Luther's Schrift gegen König Heinrich VIII. von England alle anzüglichen Beziehungen auf die Lipsienses ausgemerzt hat (Bd. II der Wittenb. Folioausgabe.) Bei der Jenenser Ausgabe wurden ihm alle sachlichen Aenderungen streng verwiesen, und mit Recht; denn was der lebende Luther gut geheißen hatte, war als dessen geistiges Eigenthum anzusehen, während nach dessen Tode die kritische Pflicht es forderte, das hinterlassene geistige Erbe des Reformators — von offenbaren Versehen abgesehen — unverändert zu lassen. Trotz einzelner Ausstellungen muß Rörer's Leistung an den vier bis Ende 1556 erschienenen deutschen Foliobänden als eine große verdienstliche Arbeit anerkannt werden. Er hat auch in seinem Briefwechsel mit Roth in Zwickau wichtige Nachrichten über die geistige Thätigkeit Luther's und die Geschichte einzelner seiner Arbeiten, z. B. seiner Katechismen erhalten, viel zur Verbreitung reformatorischer Schriften beigetragen, auch mancherlei Belehrung über Drucker und das Bücherwesen der Reformationszeit dargeboten. Von besonderer Wichtigkeit aber war es, daß bald nachdem er die Augen im Tode geschlossen, die Herzöge von Sachsen seinen reichen litterarischen Nachlaß im Mai 1552 von den Erben erkauften und der Universitätsbibliothek in Jena einverleibten. Hier lag er nun wohl geborgen und wurde wohl auch noch hie und da benutzt, gerieth aber im 18. Jahrhundert ganz in Vergessenheit. Daß dabei eine ganz veränderte Richtung in der Theologie und den Zeitströmungen in Betracht kam, wird kaum zu leugnen sein. Ohne Zweifel ist aber auch die schwere Lesbarkeit seiner durch alle möglichen Zeichen gekürzten Niederschriften von Einfluß gewesen. Als nun aber bei seinen eifrigen Studien für die neue weimarische Ausgabe von Luther's Werken G. Buchwald die an Reformationslitteratur besonders reiche Zwickauer Rathsschulbibliothek benutzte, fand er hier nicht nur ein vollständiges Verzeichniß der Rörer'schen Handschriften, sondern in einem Schreiben des Pastors Andreas Poach zu Erfurt vom Februar 1564 eine bestimmte Hinweisung auf die Jenenser Bibliothek als Aufbewahrungsort derselben. Dadurch wurde er im J. 1893 der Wiederentdecker des Schatzes, der seitdem das lebhafteste Interesse der Lutherforscher gefunden hat. Es zeigte sich, daß diese Sammlung aus 33 Bänden, davon 11 in Octav, die anderen in Folio bestand. Hie und da ergaben sich Verluste infolge von Verleihen und Benutzung; die Jahrgänge 1537 und 1540 der Predigten fehlten ganz, auch ein Theil der aufgezeichneten Tischreden. Dagegen fanden sich dabei auch Originalhandschriften von Luther und Bugenhagen. Nach dem Zeugniß des letzteren vom 26. März 1551 waren auch wichtige Handschriften von Rörer's langjährigem, drei Jahre vorher verstorbenen Freunde Creuziger in dessen Besitz übergegangen. Eine Menge

Material, zumal an Predigt- und Lehrvorträgen, wird erst jetzt durch die ...arische Ausgabe von Luther's Werken zur Veröffentlichung gelangen. ... eigenen Arbeiten Rörer's wissen wir nur wenig, so von einer Schrift: ...er schöner Sprüche Auslegung, Wittenberg 1548", worin auch Verse ...er's aufgenommen sind.

Von seinen häuslichen und sonstigen persönlichen Verhältnissen ist zu er...nen, daß er noch im J. 1525, bald nachdem er Diakonus geworden war, ...n eigenen Hausstand gründete und Johanna (Hannika) Bugenhagen, die ...wester des Wittenberger Pfarrers, als Frau heimführte. Sie schenkte ihm 27. Januar 1527 sein erstes Söhnchen Paul, starb aber schon am 2. No...ber dieses Jahres an der Pest. Da sein Knäblein höchst schwächlich und ...os war, so fühlte er sich schon vor Ablauf der Trauerzeit am 28. Mai 1528 ...ungen, dem Kinde in seiner zweiten Gattin Magdalena, die früher Kloster...frau gewesen war, sich aber in ihren Frauenberuf sehr gut schickte, eine ...e Mutter zu geben. Während das Kind erster Ehe schon im siebenten ...nsjahre als Student in die Wittenberger Matrikel eingetragen wurde, ...e auch Magdalena ihrem Gatten Kinder. Am 9. Mai 1529 wurde ein ...er Sohn Johannes (d. T.) geboren. Ein weiterer Sohn Stephan, der ...Ostern 1547 die Wittenberger Hochschule besuchte, wird das Kind sein, ...n Geburt im Juli 1532 nahe bevorstand. Dieser Stephan erscheint auch ...ittelbar hinter seinem Vater 1555 in der Jenaer Matrikel. Nicht lange ...seinem im April 1557 erfolgten Ableben erwähnt R. noch seine Frau und ...r. Die Wittwe lebte noch 1559. Seine Einnahmen als Diakonus be...n jährlich 70 Gulden. Seit 1537, wo er mit seinem Amtsbruder Mantel ...der ursprünglichen Diakonatswohnung in ein Haus in der Priestergasse ...wird sein Gehalt kaum ein viel höheres gewesen sein. R. war kein ...r, kein schöpferischer Geist; er hat aber für die Sache Luther's und der ...rmation, der er mit unablässiger Hingebung seine ganze Kraft widmete, ...nd so Großes geleistet, wie zu seiner Zeit kaum ein Zweiter. Wegen ...frommen, freundlichen und gefälligen Wesens genoß er allgemeine Liebe ...chtung. Ein achtungswerther Zeitgenosse sagt, sein Name sei in aller ...bekannt gewesen. Obwohl seine Gestalt auf neueren geschichtlichen Gemälden ...em von Sey: „Luther die Bibel übersetzend" und dem von Teich: „Kaiser ...V. an Luther's Grabe" zu sehen ist, haben wir nirgends ein gemaltes ...sprochenes Originalbild von ihm ermitteln können.

Von dem recht mannichfachen Material für die Rörer-Biographie führen ...ir hier nur an die bisher beste Skizze von Nik. Müller, Die Kirchen- und ...ulvisitationen im Kreise Belzig, Berlin 1904, S. 16—18. — Köstlin-...weran, Martin Luther, 5. Aufl., 2 Bde. 1903, — sämmtliche Ver...öffentlichungen G. Buchwald's zur Reformations- und Lutherlitteratur aus ...en Quellen der Rathsschulbibliothek in Zwickau; einen Auszug aus der ...handschriftlichen „Histor. ecclesiastica D. Cyprian's" in den Unschuld. ...Nachrichten 1726, S. 735—766. — J. Haußleiter, Die geschichtliche Grund...lage der letzten Unterredung Luther's und Melanchthon's, in der Neuen ...kirchl. Zeitschrift Bd. IX (1898), S. 831—854; Bd. X (1899), S. 455 ...bis 466. — Bugenhagen's Briefwechsel in den Baltischen Studien vom ...Jahre 1888. — Koffmann Bd. I, Liegnitz 1907, Freitag v. Reichert. ...die handschriftl. Ueberlieferung von Werken Dr. Martin Luther's. — Die ...schiedenen Luther-Briefwechsel, besonders auch die verschiedenen Ausgaben ...der Tischreden Luther's von Förstemann-Bindseil, Kroker, Preger, Wrampel...meyer u. s. f.

Ed. Jacobs.

Roscher: Wilhelm Georg Friedrich R., Nationalökonom, gebore 21. October 1817 in Hannover, † am 4. Juni 1894 in Leipzig, entsta einer seit einer Reihe von Generationen im Militär- und Civildienst bew Beamtenfamilie. Seinen Vater, der zuletzt Oberjustizrath im hannove Justizministerium gewesen war, verlor er schon 1827; die Mutter leitete fernere Erziehung; ihr ist wohl neben dem Einflusse seines späteren Reli lehrers Petri der tief religiöse Zug im Charakterbilde des Sohnes zuzuschr mit dem sie bis zu ihrem 1847 erfolgten Tode den Haushalt theilte. helm R. besuchte das Lyceum in Hannover, das damals unter der Le des bekannten Keilschriftentzifferers Grotefend stand, verließ es aber vo endigung des Cursus, um dem Studium der Geschichte mehr Zeit widme können. Nach wohlbestandener Reifeprüfung bezog er im Herbst 183 Universität Göttingen, um sich unter Leitung von Karl Otfried Müller, mann, Gervinus historisch-philologischen Studien zu widmen. Am 10. tember 1838 promovirte er mit einer Dissertation „De historicae doct apud sophistas maiores vestigiis“, besuchte aber dann noch in Berlin Vorlesungen von August Böckh, Karl Ritter und L. Ranke und arbeit dem historischen Seminar des Letzteren.

Im J. 1840 habilitirte sich R. für Geschichte und Staatswissensch an der Universität Göttingen; aber eine im gewöhnlichen Sinne hist Vorlesung hat er nur im ersten Semester gehalten: über „historische nach Thukydides“, zweifellos eine Frucht seiner eingehenden Beschäftigun diesem Geschichtschreiber, deren Ergebnisse er in dem 1842 erschienenen „Leben, Werk und Zeitalter des Thukydides“ niederlegte. Immer entschie wandte er sich den von jeher in Göttingen umfassend gepflegten Staatsw schaften zu. Er las über Staatswirthschaft (nach Hermann'scher N clatur; vom Sommersemester 1845 ab zeigte er die Vorlesung unter dem „Nationalökonomie“ an), Geschichte der politischen Theorien, Politik Statistik, Finanzen. Bereits 1843 wurde er zum außerordentlichen u Neujahr 1844 zum ordentlichen Professor ernannt. Im Frühjahr 1848 er einem Rufe nach Leipzig und blieb dieser Universität — trotz glän Berufungen nach München, Wien, Berlin — bis an sein Ende getreu. den in Göttingen gehaltenen Vorlesungen kamen hier hinzu: die Volksw schaftspolitik, die er später als „praktische Nationalökonomie und Wirthsch polizei“ bezeichnete und seit 1871 eine Specialvorlesung über landwirth liche Politik und Statistik. Außerdem ließ er der Statistik (im altgötting Sinne der vergleichenden Staatenkunde) eine besondere Pflege angedeihen sich in zahlreichen Vorlesungscursen (über vergleichende Statistik, verglei Staatskunde der sechs großen Mächte, vergleichende Statistik und St kunde von Deutschland, von Großbritannien und Frankreich, der europä Völker &c.) zwischen 1851 und 1869 bekundete. Endlich pflegte er als leitung in das Studium der gesammten Rechts-, Staats- und Cam wissenschaft“ bald „Geschichte der politischen (und socialen) Theorien“, „Geschichte des Naturrechts, der Politik und Nationalökonomie“, bald „G lehren der praktischen Politik“, bald auch „Naturlehre des Staats“ kündigen. An die Stelle dieser Disciplin trat seit 1870 die „Natu der Monarchie, Aristokratie und Demokratie als Vorschule jeder prak Politik“.

Im J. 1889, kurz nach Vollendung seines 71. Lebensjahres, ersuch Facultät und Ministerium, ihn von seinen Hauptvorlesungen zu ent und einen weiteren Professor seines Faches zu berufen. Er hielt von nur noch öffentliche Vorlesungen, hauptsächlich die politischen, denen e neue über „Armenpolitik und Armenpflege mit einer Einleitung über cialismus und Communismus“ hinzufügte. Am 23. April 1894 feierte an der Seite seiner vortrefflichen Gattin und im Kreise von Kindern d Enkeln seine goldene Hochzeit. Kurz darauf entschloß er sich auf das ängen der Seinen, seine Vorlesungen für den Sommer auszusetzen. Er lte sie nicht wieder aufnehmen.

Es ist hier zunächst der Vorlesungen ausführlicher gedacht worden, weil an sich schon den wissenschaftlichen Interessenkreis bezeichnen, der R. Jahr Jahr immer wieder von neuem beschäftigte. Dieser Interessenkreis wird Verlaufe einer 54jährigen Lehrthätigkeit planmäßig erweitert, ähnlich dem mählichen Ausbau eines im Grundplane entworfenen Gebäudes, und die- be Planmäßigkeit kennzeichnet auch R.'s litterarische Thätigkeit, deren Ziel Begründung einer Staatswissenschaft auf historischer Methode war. Zu- chst handelte es sich dabei um die Nationalökonomie, dann aber auch um Politik oder genauer die Lehre von den Verfassungsformen des Staates.

Wie eine Art Programm steht an der Spitze seiner Werke der 1843 er- ienene „Grundriß zu Vorlesungen nach der geschichtlichen Methode“. R. llte mit dieser Methode „für die Staatswissenschaft etwas Aehnliches er- chen, wie die Savigny-Eichhorn'sche Methode für die Jurisprudenz erreicht be“. Die historische Methode zeige sich nicht bloß äußerlich in der möglichst onologischen Aufeinanderfolge der Gegenstände, sondern vornehmlich in folgen- n Grundsätzen: 1. Die Staatswirthschaft sei nicht bloße Chrematistik, eine unst reich zu werden, sondern eine politische Wissenschaft. Was die Völker in irthschaftlicher Hinsicht gedacht, erstrebt und erreicht haben, solle gezeigt rden. Eine solche Darstellung sei aber nur möglich im engsten Bunde mit n andern Wissenschaften vom Volksleben, insbesondere der Rechts-, Staats- d Culturgeschichte. 2. Das Volk sei nicht bloß die Masse der heute lebenden dividuen; wer die Volkswirthschaft erforschen wolle, müsse auch die früheren irthschaftsverhältnisse studiren, aus denen Lehren für die ersten Völker der egenwart gewonnen werden könnten. 3. Die Behandlung müsse eine ver- ichende, auf alle dem Forscher irgend erreichbaren Völker ausgedehnte sein. nsbesondere lehrreich seien die alten Völker, deren Entwicklungen beendigt r uns lägen. 4. Die historische Methode lehre die wirthschaftlichen In- itutionen in ihrer zeitlichen und räumlichen Bedingtheit kennen. Eine ihrer auptaufgaben sei nachzuweisen, weshalb sie einstmals eingeführt werden ußten, wie und warum später allmählich „aus Vernunft Unsinn, aus Wohl- at Plage“ geworden seien, wann, wo und warum sie abgeschafft werden üßten. Die Doctrin solle überhaupt nicht die Praxis bequemer machen, ndern erschweren. Das Urtheil über diese Methode will R. so lange auf- schoben haben, bis er „in größeren Werken das bloße Gerippe mit Fleisch d Blut bekleidet habe“.

In der That war der größte Theil seiner weiteren wissenschaftlich-littera- ischen Thätigkeit der Lösung dieser Aufgabe, zunächst für die National- onomie, gewidmet. Der erste Band seines „Systems der Volkswirthschaft“, Grundlagen der Nationalökonomie enthaltend, erschien 1854, der zweite and: „Nationalökonomik des Ackerbaus und der verwandten Urproduktionen“ 859, der dritte: „Nationalökonomik des Handels und Gewerbfleißes“ 1881, vierte: „System der Finanzwissenschaft“ 1886, und der letzte: „System r Armenpflege und Armenpolitik“ 1894 nach seinem Tode. Zwischen dem Grundrisse“ und dem ersten Bande seines „Systems“ liegen 11, zwischen diesem und dem letzten Bande 40 Jahre: es ist also im wahren Sinne eine Lebensarbeit.

Allerdings hat R. dazwischen noch mancherlei kleinere Untersuchungen und auch einige größere Werke geschrieben. Er hatte die Gewohnheit angenommen, die er bis zum Ende seines Lebens festhielt, größere Arbeiten zuerst bruchstückweise in Zeitschriften oder in den Abhandlungen der Kgl. Sächsischen Gesellschaft der Wissenschaften erscheinen zu lassen, ehe er sie in Buchform herausgab. Auf diese Weise entstanden: „Ueber Kornhandel und Theuerungspolitik“ (in Buchform zuerst 1847), „Kolonien, Kolonialpolitik und Auswanderung“ (1856), „Geschichte der Nationalökonomik in Deutschland“ (18[illegible]), „Politik: Geschichtliche Naturlehre der Monarchie, Aristokratie und Demokratie“ (1892); eine Reihe kleinerer Aufsätze wurde in den „Ansichten der Volkswirtschaft vom geschichtlichen Standpunkte“ (1861) zusammengefaßt. Von sonstigen größeren Arbeiten sind noch zu nennen: „Zur Geschichte der englischen Volkswirthschaftslehre im 16. und 17. Jahrhundert“ (1851; Nachtrag dazu 1852) und „Versuch einer Theorie der Finanzregalien“ (1884) — beide in den Abhandlungen der philos.-histor. Classe der Gesellschaft der Wissenschaften.

Aber alle diese Schriften, die zusammen selbst für ein langes Leben, wie es R. beschieden war, eine gewaltige Arbeitsleistung darstellen, sind von einer gemeinsamen Grundanschauung beherrscht und gleichen sich in der Behandlung des Stoffes und in der Weise der Darstellung. Worin liegt nun das Eigenthümliche seiner „historischen Methode“, durch das er sich im Gegensatze fühlt zu der „philosophischen Methode“ seiner Vorgänger?

Die sog. classische Nationalökonomie der Engländer und Franzosen hat sich wie ihre Staatstheorie jener „philosophischen Methode“ bedient. Ausgehend vom Individuum, das sie sich in unbehinderter gesellschaftlicher Bethätigung vorstellte, hatte sie sich dessen Handeln von einem einzigen Beweggrunde, dem des Selbstinteresses beherrscht gedacht und angenommen, daß von dieser Kraft getrieben, Menschen und Dinge sich frei in Raum und Zeit bewegten. Sie waren damit auf dem Boden der Volkswirthschaft im wesentlichen zu einer nur hypothetisch gültigen Theorie der Verkehrserscheinungen gelangt, die unter der Voraussetzung einer Gesellschaft mit Freiheit der Person und des Eigenthums und rein vertragsmäßiger Beziehungen der Individuen unter einander stand. Die Gesetze, welche sie aus diesen Voraussetzungen ableitete, waren für sie „Naturgesetze“, weil sie nach ihrer Auffassung durch die natürlichen Seelenkräfte des Menschen von selbst gegeben sind und überall Geltung beanspruchen, wo immer man die menschliche Natur frei walten läßt. Wo das aber geschieht, da stellt sich von selbst das Wohl der Gesammtheit, die volkswirthschaftliche Harmonie der Interessen ein. Daraus ergab sich ein absoluter Maßstab für die Beurtheilung der gesellschaftlichen Institutionen und für die Wirthschaftspolitik jener „Absolutismus der Lösungen“, den kein Zweifel bedrückte, daß alle Hindernisse der freien Concurrenz schlechthin verwerflich seien.

R. dachte nicht daran, diese Theorie umstoßen zu wollen. Zwar stellte er der Nationalökonomie die Aufgabe, „die Lehre von den Entwicklungsgesetzen der Volkswirthschaft“ zu sein, ähnlich wie er die Politik als „die Lehre von den Entwicklungsgesetzen des Staates“ bezeichnete. Aber diese Entwicklungsgesetze waren ihm nicht minder „Naturgesetze“ wie den classischen Nationalökonomen die Gesetze des Geschehens innerhalb der heutigen Wirthschaftsorganisation. „Auch in der Volkswirthschaft giebt es Harmonien, oft von wunderbarer Schönheit, die lange bestanden haben, als noch kein Mensch sie ahnte; unzählige Naturgesetze, die nicht erst auf jeweilige Anerkennung durch den Einzelnen warten, und über welche nur derjenige Macht gewinnen

... ihnen zu gehorchen versteht" (System I § 13). Von Naturgesetzen ... er überall, wo er „eine in weiterem Zusammenhang erklärbare ...igkeit wahrnehme, die nicht auf menschlicher Absicht beruhe". Da er ...uterung das Sprachgesetz der Lautverschiebung und die statistisch nach... Constanz in den Maßverhältnissen der scheinbar willkürlichen mensch... ...andlungen (Heirathen, Verbrechen) heranzieht, so ergibt sich, daß er einen ... Unterschied zwischen den Gesetzen der ökonomischen Bewegung in der ... Gesellschaft und denen des Ablaufs der Erscheinungen in der Ge... ...ichte annahm.

...ein das ihm Eigenthümliche und für die Wissenschaft unverlierbar ...lle seiner Methode lag, das war: 1. die Erweiterung des Beobachtungs... der Volkswirthschaftslehre über das Bereich der modernen Gesellschaft ...uf alle Völker und Zeiten; 2. das Ausgehen nicht vom wirthschaften... ...ividuum, sondern vom Volk oder den Völkern, die er einer paralleli..., vergleichenden Betrachtung unterstellt und 3. als Consequenz dieses ...ns, die Ablehnung der absoluten Gültigkeit von Normen des Handelns ... Gebiete der Volkswirthschaftspolitik und der Politik überhaupt. Es ... empirische, organische, relativistische Auffassung, die er der rationa... ...atomistischen, absolutistischen der Ricardo'schen Richtung entgegenstellt. ...as Volk ist ihm eine organische Gesammtheit, nicht ein Haufen von ...uen. Die Volkswirthschaft entsteht mit dem Volke, wie Sprache, Reli... Sitte, Recht und entwickelt sich mit ihm. Diese Entwicklung kann in ...tmäßigkeit ihres Verlaufs erkannt werden, indem man viele, wo... alle Völker beobachtet, von den durch die Eigenart eines jeden bedingten ...eiten absieht und das bei allen Wiederkehrende vergleichend feststellt. ...langt damit zur Auffindung von Regelmäßigkeiten und ihrer Ver...g im Völkerleben überhaupt, und diese Gesetze gelten nicht, wie die ...ilosophischen" Methode, „im luftleeren Raum"; sie sind Wirklichkeit ...sen sich auf „das Volk" überhaupt als Gattungsbegriff anwenden. ...an aus ihnen die Wirklichkeit auch für noch unerforschte Völker ab... Allerdings nicht die ganze Wirklichkeit. Denn zu den letzten und Gesetzen alles Geschehens können wir ebenso wenig vordringen, wie ...iversal-historische Construction, um die einzelnen Völker und Zeiten ...bringen, ein Luftschloß" ist. Es fehlt dem historischen Geschehen, wie bei den einzelnen Völkern erkennen, die Nothwendigkeit; es bleibt ...ein unerklärter Hintergrund, der allein den Zusammenhang des Ganzen ... Ob man diesen „Lebenskraft oder Gattungstypus oder Gedanken ... nenne, sei gleichgültig; Aufgabe der Forschung sei es, ihn immer ...rückzuschieben.

...mit ist der religiöse Standpunkt Roscher's berührt, der in allen seinen ...hervortritt und auch in den nach seinem Tode erschienenen „Geistlichen ...n eines Nationalökonomen" einen oft überraschenden Ausdruck gefunden hat. ...ligion ist ihm „das höchste Ziel und der tiefste Grund alles geistigen ... überhaupt", und so liegen für ihn die Grenzen der historischen Er... ... auch da, wo die Rathschlüsse Gottes wirksam werden, die unerforschlich ...r meinte darum, gegenüber der Unendlichkeit Gottes die Schranken ...lichen Entwicklung im Auge behalten zu müssen, denen jedes Volk ...ut unterliege wie jeder einzelne Mensch. Auch die Völker waren ihm ...men mit typischem Lebensverlauf; es mußte sich bei ihnen nach des ...s Willen immer die gleiche Lebensentwicklung vollziehen, unbeschadet ...tionalen Besonderheiten, die ihm nur zufällige und wissenschaftlich ...ige Momente sind.

Nichts liegt ihm darum ferner als der evolutionistische Gedanke einer immer höheren Daseinsformen fortschreitenden Gesammtentwicklung der Mensch… Ja man kann zweifeln, ob der Begriff der Entwicklungsstufen für die ein… Perioden, in die er die Geschichte der Völker zerlegt, anwendbar … leicht erkennbaren biologischen Analogien spricht er von einem Kindes-, Jüngl… Mannes- und Greisenalter der Völker, von einer aufsteigenden Periode, … Reifezeit und einer sinkenden Periode; ja er nimmt wieder Untertheil… dieser Perioden vor, unterscheidet rohe und halbrohe Völker, eine Entwöhn… und Zahnungsperiode, ein frühes und spätes Mittelalter, eine nachmittä… liche Zeit, eine erste und zweite Hälfte der wirthschaftlichen Blüthezeit, … Davids- und Salomonsperiode, cultivirte und übercultivirte, reife, … überreife, endlich sinkende und verfallende Völker. Ueberall schweben i… erster Linie die Griechen und Römer als Beispiele vor. Das Haupter… der historischen Erfahrung war ihm das, daß es bei jedem Volke einen … nationspunkt gebe, nach dessen Erreichung fast nothwendig ein unerfre… Stillstand und dann leicht ein trauriger Rückschritt eintrete, also die … meidlichkeit des schließlichen Sinkens der Völker. Die Frage nach dem … des Alterns und Sterbens der Völker erschien ihm eben so wenig als … wie sich ein naturgesetzlicher Grund für die ausnahmslose Nothwendigkeit … Todes beim Menschen angeben lasse. Beide Erscheinungen waren ihm une… bare Räthsel der göttlichen Weltordnung.

R. stellt jene auf- und absteigende Stufenfolge für den Lebensverlauf … Völker zwar zunächst für die Nationalökonomie auf; aber es ergibt sich … aus ihrem unökonomischen Charakter, daß er sie auch für die übrigen cultu… Lebenserscheinungen anwendbar dachte. Er wollte die Volkswirthschaft … engsten Bunde mit den anderen Wissenschaften vom Volksleben" beha… wissen und ist unerschöpflich in der Aufdeckung interessanter Bezieh… zwischen Wirthschaft, Recht, Sitte, Cultur. Daneben hat er auch eine eige… ökonomische Periodenfolge aufgestellt, die er in drei Stufen, je nach dem … herrschen von den „Factoren" Natur, Arbeit, Capital, verlaufen ließ, … der er annahm, daß sie bei jedem vollständig entwickelten Volke sich müsse … weisen lassen. Viel häufiger aber sind solche „Gesetze" von ihm für die ein… Wirthschaftszweige aufgedeckt und mit einer Fülle historisch-ethnograph… Thatsachen erwiesen worden.

Die gleiche Methode hat er auf die Politik angewandt, die er … „geschichtliche Naturlehre" der staatlichen Organisationsformen behan… Aus dem ursprünglichen Geschlechterstaat läßt er das patriarchalisch-vol… Urkönigthum hervorgehen; die Stelle des letzteren nimmt später eine ritter… priesterliche Aristokratie ein, die wieder mit dem Emporkommen eines gebild… Mittelstandes von der absoluten Monarchie abgelöst wird; diese macht dann … Demokratie Platz; letztere endet in Plutokratie, welche dem Cäsarismus … Wege ebnet. Zwar durchlebt nicht jedes Volk alle diese Formen staatlich… Daseins; manches zeigt nur die früheren Entwicklungsperioden, wie mancher … Einzelne schon als Knabe oder Jüngling ins Grab sinkt; ein anderes überspr… die eine oder andere Stufe. Aber sie sind Ausnahmen, welche die Regel … aufheben. Auch hier die Vorstellung typischer Altersstufen, die das „Volk" … Gattungswesen erlebt, anschaulich gemacht an einem umfassenden Geschichts… namentlich aus dem Leben antiker Völker, der in lebendiger, morphologisch… Schilderung vorgeführt wird.

Während aber R. in der Politik auf eine philosophische Begründung d… staatlichen Organisation überhaupt verzichtet, ließ sich ein gleiches Verfahr… *in seinem* „System der Volkswirthschaft" nicht aufrecht erhalten. Wie sich d…

wirthschaften zu dem planvollen Ganzen der Volkswirthschaft zusammen- und in ihm typisch nach dem Gesetze der großen Zahl verlaufende erscheinungen erzeugen, war darzulegen und zu erklären. Er hat sich im Ganzen und in den meisten Einzelheiten seinen englisch-französischen gängern angeschlossen und die Gesetze des Verlaufs der volkswirthschaft- Erscheinungen aus den gleichen individualpsychologischen Voraussetzungen leitet wie diese. Auch ihm war das Selbstinteresse der Einzelnen die feder, welche das ökonomische Uhrwerk in Bewegung setzt. Aber neben läßt er ein zweites Moment wirksam sein, die „Liebe Gottes“, welche Ideen der Billigkeit, des Rechts, des Wohlwollens, der Vollkommenheit und Freiheit umfaßt und bei niemandem völlig fehlt“. Und auch eine innere knüpfung beider wußte sein religiöser Sinn zu finden: der verständige nutz, meint er, treffe in seinen Forderungen immer näher mit denen des issens zusammen, je größer der Kreis sei, um dessen Nutzen es sich handle je weiter dabei in die Zukunft geblickt werde. „Er wird zum irdisch ndlichen Mittel für einen ewig idealen Zweck verklärt.“ Freilich war dieser Formulirung die Aufgabe nicht gelöst, festzustellen, in welchem hältniß beide Kräfte bei der Entstehung der volkswirthschaftlichen Vorgänge Erscheinungen wirksam werden. Auch hier bleibt ein unerklärbarer Hinter-, dem wir uns um so schwerer nähern werden, als in den wirthschaftlich-en Vorgängen alle Erscheinungen in dem Verhältniß wechselseitiger ngigkeit stehen, bei dem sich Ursache und Wirkung nicht von einander den lassen.

Die Wirthschaftspolitik tritt in dem Roscher'schen „System“ sehr zurück. hat er in seiner „Geschichte der Nationalökonomik in Deutschland“ die nen Fachschriftsteller vorzugsweise auf ihre Stellung zu praktischen Fragen ft; aber in den Bänden seines Systems, welche die einzelnen Zweige Wirthschaftslebens behandeln, hat er nicht wie K. H. Rau ökonomische Politik getragen, sondern specielle Nationalökonomik des Ackerbaues, des Handels, Gewerbfleißes. Er will untersuchen, wie die allgemeinen Gesetze der wirthschaft auf diesen Sondergebieten wirksam werden. Und hier erringt auch seine „historische“ Methode die größten und bleibendsten Erfolge. kann zeigen, unter welchen Bedingungen die einzelnen Betriebs- und erfassungsformen der verschiedenen Wirthschaftszweige historisch geworden, che Wirkungen sie gehabt, welche Abwandlungen sie erlitten haben, wie sie heute gestalten; er kann die Pathologie und Therapie der auf diesen eten auftretenden Krankheitszustände darlegen, das Wesen und den Werth setzlichen Institutionen erörtern, die Vorzüge und Nachtheile dieser oder Maßregel auseinandersetzen — alles belegt mit anschaulichen Beispielen Litteratur und eigener Erfahrung. Allseitigkeit der Betrachtung ist ihm oberster Grundsatz. Er will nicht „nach Art eines Wegweisers, sondern Art einer Landkarte“ die Fragen seiner Leser beantworten. Er will stellen, unter welchen Bedingungen diese oder jene Wirkung eintritt, nicht den Willen des Wirthschaftspolitikers nach der einen oder andern Richtung stimmen. Daß es objective Normen für das Handeln des letzteren unter stimmten thatsächlichen Voraussetzungen nicht gebe, soll damit ebenso wenig sagt sein, als daß es R. an einem Ideal für die staatliche Einwirkung auf Wirthschaftsleben gefehlt hätte. „Das Ideal würde erreicht sein, wenn Menschen nur wahre Bedürfnisse fühlten, aber die wahren auch vollständig alle Befriedigungsmittel derselben klar einsähen und mit so vieler An-strengung, wie für ihre leiblich geistige Entwicklung am heilsamsten ist, erlangen

R. ist neben Karl Knies und Bruno Hildebrand der Begründer „historischen Schule“ in der deutschen Nationalökonomie, und er vor allem. Er damit für diese Wissenschaft eine der folgenreichsten wissenschaftlichen Beweg des 19. Jahrhunderts hervorgerufen. Gewiß war er nicht ohne Vorgä man braucht nur an Gervinus in der Politik, an Friedrich List in der Nati ökonomie zu erinnern. Sein Verdienst liegt darin, daß er die Historis dieser Wissenschaften mit unermüdlicher Ausdauer und mit einer fast wissenschaftlichen Unbefangenheit bis ins Kleinste durchgeführt und sie mit Fülle der feinsten Einzelbeobachtungen bereichert hat. Es widers seinem conservativen Sinne, das ältere System der rationalistisch abstr Volkswirthschaftslehre einzureißen und an seiner Stelle auf rein hist empirischer Grundlage einen Neubau zu errichten. Ja man kann kaum einem Umbau sprechen. Die oft getadelte Zwiespältigkeit seines metho Verfahrens ist auch von der durch ihn hervorgerufenen Richtung des Neohistori nicht überwunden worden. Keiner der Gleichstrebenden hat auch nur annä in demselben Maße anregend auf seine Zeitgenossen gewirkt. An dem Streite des Tages hat er sich nicht betheiligt, obwohl er sich über jed auftauchende Frage eine auf sorgfältiger und allseitiger Erwägung ber Meinung zu bilden pflegte. Auch seine Stellung zu den socialpoliti Fragen der Gegenwart war eine zurückhaltende, obwohl er sich an der Grün des Vereins für Socialpolitik 1872 betheiligt hatte. Er betonte gelegen daß er der Religion bei Lösung jener Fragen eine bedeutendere Stellung denke als andere Fachgenossen.

Eine stille, zurückhaltende Natur, feind allem falschen Schein und Selbstsucht, überzeugungstreu und lieber überzeugend als überredend, lebendigen Mitgefühls für materielles und sittliches Elend, stets beobach prüfend, wägend, mit dem gleichen lebendigen Interesse für die Erschein der Gegenwart wie für diejenigen der Vergangenheit, sich begeisternd an classischen Schriften der Griechen und Römer wie an den Besten der Neu dabei erfüllt von jener tiefen Religiosität, welche die „doppelte Buchhaltu im Leben und in der Wissenschaft verschmähte: so lebt Wilhelm Roscher in Erinnerung derjenigen, welche das Glück hatten, ihm persönlich nahe zu tre Die allseitige Theilnahme bei seinem Tode hat gezeigt, wie weithin er seine Zeitgenossen gewirkt hat.

Verzeichnisse der Schriften Roscher's im Handwörterbuch der Staa wissenschaften (2. Aufl.) VI, 464 und im Anhang zu v. Miaskowski's Nekro in den Berichten über die Verhdlg. der Kgl. sächs. Ges. der Wiss. XL (1894), S. 222 ff. — Ueber Roscher selbst vgl. K. Arnd, Das Sys Roscher's gegenüber den unwandelbaren Naturgesetzen der Volkswirthsch Frankfurt 1862. — G. Schmoller, Zur Litteraturgeschichte der Staats- Socialwissenschaften, Leipzig 1888. — K. Bücher, Wilhelm Roscher † i den „Preuß. Jahrb.“ LXXVII (1894), S. 104 ff. — A. Schäffle in „Zukunft“ VIII, Nr. 40. — V. Böhmert, W. Roscher's Stellung z Volkswirthschaftslehre und Arbeiterfrage im „Arbeiterfreund“, 18 S. 161 ff. — W. Neurath, Wilh. Roscher und die historisch-ethische Nation ökonomie, Wien 1894. — Karl Roscher im Vorwort zu W. Roscher's Geistliche Gedanken eines Nationalökonomen, Dresden 1895. — O. Hin Roschers politische Entwicklungstheorie im „Jahrb. f. Gesetzgebung, Verwaltu und Volkswirthschaft“ XXI (1897), S. 1 ff. — Max Weber, Roscher un Knies und die logischen Probleme der historischen Nationalökonomie in dem selben Jahrbuch XXVII (1903), S. 1181 ff.; XXIX, S. 1323 ff.; XXX, *S. 81 ff.*

Bücher.

Rosen: Julius R. war ursprünglich nur schriftstellerisches Pseudonym, aber anderweit benutzter Name des Lustspiel- und Schwankdichters Julius Duffek. Geboren wurde er aus czechischer Familie am 8. October zu Prag als Sohn Josef Duffek's, der 1821—69 als Tenorist und ...er, dann im Orchester an der dortigen Bühne wirkte. Nach den ...phischen und juristischen Studien in der Vaterstadt, 1855 bei der Ver...ng Siebenbürgens eingetreten, wurde er nach Oedenburg in Ungarn, ...zur Polizeidirection in Prag versetzt, wo er als Commissar Preßsachen ...vereinsangelegenheiten zugewiesen erhielt. Von der Leitung dieses Preß...es enthob ihn der Statthalter Böhmens, Graf Lažánsky, unmittelbar ...m 1866 die feindlichen Truppen Prag geräumt hatten, wegen angeblichen ...ähnlichen Verkehrs mit den Preußen". Die von R. geforderte Unter...ng ergab im Gegentheil, daß er den Muth besessen, der preußischen Com...ntur seine Mitwirkung zu verweigern. Trotz völliger Rehabilitirung ... Amtsehre, nahm R. jedoch sofort seinen Abschied und widmete sich ...er ausschließlich dramatischer Schriftstellerei, wie er sie schon bis dahin ...g ausgeübt hatte. Franz Wallner zu Berlin bot ihm die Stelle eines ...maturgen an seinem Theater an. Aber R. folgte lieber dem entsprechenden ...ge Anton Ascher's, des unternehmenden Directors des Carl-Theaters in ...an dem er seitdem als Secretär, sodann als Dramaturg, endlich, unter ...s vieljährigen Wiener Bühnenkünstlers und -leiters Frz. Jauner Direction, Oberregisseur bis 1874 angestellt blieb. Darauf leitete er, mit der be...nten Soubrette Josefine Gallmeyer kurz das dortige volkstümliche Strampfer...ter (s. A. D. B. LI, 739), löste jedoch, als dies infolge des großen ...krachs geschäftlich nicht prosperirte, schon 1. März 1875 die Verbindung. ... wirkte er am Berliner Wallner-Theater als Regisseur, desgleichen ... H. Laube an dessen glänzend inaugurirtem Wiener Stadttheater. Am ...ptember 1880 übernahm er den Posten eines Oberregisseurs und Drama...n am Theater an der Wien, den er, mit der Pause 1889/90, während ...r als Regisseur an Ch. Maurice's (s. A. D. B. LII, 249) Thaliatheater ...mburg thätig war, bis 1891 eifrig ausgefüllt hat. Da gab er seine ... Beziehung zur Bühne endgültig auf und zog sich auf sein Landhaus in ...schach am Wörther See in Kärnten zurück. In Görz' mildem Klima ...derung eines Brustleidens suchend, starb er am 4. Januar 1892, noch ...r Komödienpläne nach bewährter Schablone.

Schon als Student arbeitete R. für Prager Zeitungen, besonders, wie ... für Wiener, Feuilleton-Romane, wirkte dann nach der Heimkehr aus ...n als Redacteur der belletristischen Monatsschrift „Erinnerungen", für... als Kunstreferent der „Bohemia", 1862 als Theaterreferent des deutsch...scheinenen entschieden czechischen Blattes „Politik". 1855 erschienen in einem ...nbürger Feuilleton „Memoiren eines Narren", 1862 in der „Politik" ... Romane „Kinder der Revolution" und „Salon-Piraten". 1859 brachte ...zuerst einen dramatischen Versuch an die Oeffentlichkeit, „Convenienz und ...", am Theater zu Oedenburg, wo R., dortiger Gubernialbeamter, dabei ...mlosigkeit als Schauspieler offenbarte. Abgesehen von diesen Leistungen, hat ... seit 1861, in Prag und dann während der unmittelbarsten Beziehungen ...lebenden Bretterscene, ausschließlich das heitere Gebiet Thaliens gepflegt. ... wußte sich seine allezeit schlagfertige Muse mit unleugbarem Geschicke ...schen dem wirklich kunstmäßigen Aufbau des echten Lustspiels und der ...en Situationskomik entwicklungsarmer Possen meistens in der Mitte zu ...ten. An den zu leichtbeschwingten Stoffen, wie sie den Gaumen des Durch...nittspublicums der damaligen Zeit, der 60er und 70er Jahre des 19. Jahr-

hunderts, befriedigten, liegt es, daß die größte Mehrzahl der dramatischen Arbeiten Rosen's eine starke und wenn auch niemals tiefe, doch sehr breite Wir-
erzielten und die besten Glieder der langen Kette, so „O, diese Männe-
„Größenwahn“, „Nullen“, „Das Damoklesschwert“, bis heute auf
Repertoir vieler Vorstadt- und ländlicher, insbesondere auch Dilettanten-
sich lebenskräftig erhalten haben. Zumal sie während langer Jahre viele
sprachliche Bühnen, darunter genug sonst litterarisch anspruchsvollere, mit
und cassenfüllendem Material versorgte, muß die außerordentliche Fru-
keit dieses Litteraten, obwohl augenscheinlich jedes innern Fortschritts
ernstlich verbucht werden.

Beweisen nun den Anklang, den Rosen's ausgedehnte dramatische
samkeit gefunden, auch die Uebersetzungen mehrerer Stücke ins Holländ-
Russische, Magyarische, Polnische, Czechische, Kroatische, und legen auch
sorgsamer ausgeführte entschiedenes Talent für die leichtere Gattung der
Theatermuse über den Augenblicksgeschmack hinaus an den Tag, so nah-
sich doch nie Zeit, die ihm ununterbrochen aufsteigenden oder zufliegenden
Einfälle richtig zu verarbeiten. Er speculirte auf den momentanen Erfolg
schuf daher Blender, rasch enttäuschende vergängliche Waare, setzte statt wi-
Charaktere Chargen auf die Bretter und bekundete zuweilen, im Taume-
Rampensiege, mit Windeseile producirend, eine, wie sein engster Lands-
und genauer Kenner Alfred Klaar sagt, erstaunliche Gemüthsroheit sowie
abstoßend bildungsfeindlichen Zug. Oft hält nur der schlagfertige Dialog
arg magere Handlung so lange zusammen, bis der Schluß — entgleist.
die Fülle komischer Episoden und ungezwungene Frische seiner munter fließen-
humoristischen Ader stellen R. mindestens ebenbürtig neben Gustav v. M-
und Otto Girndt, diejenigen der etwa gleichzeitigen norddeutschen Gattu-
genossen, mit denen er wiederholt zusammen genannt worden ist. Ueberh-
hat R. manche derben, gleichsam philiströsen Züge mit dem Schwank-
Possengenre gemein, dessen Stil die Berliner Bühnen verschiedener Stufe
von da das Provinztheater eroberte. So steckt etwas Wahres in seinem
gleiche mit Kotzebue. Andererseits hat ihn der Wiener Volkswitz in se-
czechischen Ursprung und der Nachahmung des vorbildlichen Wiener M-
mit dem Scherzworte „Powidl-Bauernfeld“ getroffen, eine Xenie des dortig-
Witzblatts „Floh“ als „Herrn Rosen einen Dichter unter Dichtern, wie
Irrlicht unter den Irrlichtern“.

Bestimmte Stücke, welche über ephemeren Rang durch gediegenere A-
lage und ernstere Wirkungen emporragen, namhaft zu machen ist sch-
Außer den schon angeführten, deren Glanznummer „O, diese Männer!“,
daher etwa: „Hohe Politik!“, „Kanonenfutter“, „Schwere Zeiten“, „Zitro-
„Ein Knopf“, „Falsche Tage“, „Entweder — oder“ (früher: „Ein schle-
Mensch“), „Ein Engel“ (Pendant „Ein Teufel“), „Ein Herkules“, „Ein G-
der Reklame“, „Ein Schutzgeist“; Reihenfolge ist innerlich gleichgültig.
Titel der unvollständigen Serie der 14 Bände „Gesammelte dramat. Werke“
1870—88 von Ed. Bloch's Theaterverlag vertrieben, zählt Frz. Brümm-
mit Unterscheidung der heitern Gattungen hinter dem Lebensabriß, Lex. d. d.
Dichter d. 19. Jhrhs.[5] III, 346, auf; einige wenige hat R., vielleicht
Wunsche einmal höher hinaufzugreifen, Genre- oder Lebensbild benann-
andererseits jedoch auch Operettenlibretti, z. B. einmal für J. J. Offenbach
geliefert.

Hauptquelle, obwohl 1873 abbrechend: Wurzbach, Biographisches Lexikon
des Kaiserthums Oesterreich, Bd. 26 (1874), S. 359—62. — Gottschall,
Deutsche Nationallitteratur des 19. Jahrhdts.[6] IV, 115; [7]III, 675. -

[Brü]mmer's Biographisches Schriftstellerlexikon d. Gegenw. (1882), S. 610. — [M]. Klaar, Das moderne Drama I (1883), 298. — R. Prölß, Ge[schi]chte des modernen Dramas III 2, 234. — (L. Fränkel in) Brockhaus' [Con]versationslexikon (14. Auflage u. Jubiläums-Ausgabe V, 1901, 497a) [kurz] und authentisch. — Bildniß: „Wiener Rotbuch. Kalender für 1872", [herau]sgegeben von K. Linder und F. Groß, S. 101. Bedeutsam sind Hnr. [Lau]be's Auslassungen aus Erfahrung mit der Wirkung von Rosens' Talent [in: Da]s Wiener Stadttheater, 1875, S. 171 u. 152, Register. — H. Laube's [The]aterkritiken und dramaturgische Aufsätze, herausgeg. von A. v. Weilen, [19]06, I, 198 f. u. 446). Einzelheiten in einigen von Lier A. D. B. LI, [ver]zeichneten Schriften.

Ludwig Fränkel.

Rosenberger: Ferdinand R. wurde am 29. August 1845 zu Lobeda [bei] Jena geboren. Er bildete sich auf dem Seminar für den Beruf eines [Elemen]tarlehrers vor und erhielt nach Absolvirung desselben auch bald eine [Anstell]ung als Lehrer und Cantor. Die Thätigkeit befriedigte ihn jedoch [nicht;] eine hervorragende Veranlagung für die Musik ließ ihn einige Zeit [schwank]en, ob er sich nicht dieser Kunst zuwenden sollte. In mindestens gleichem [Maße] interessirten ihn aber auch die Mathematik und die Naturwissenschaften; [letzter]e zu ihnen trug schließlich den Sieg davon. Er bezog die Universität [Jena] und holte während seiner Studien auf derselben noch das Abiturienten[exam]en nach. Im J. 1870 promovirte er zum Dr. phil., und am 12. Juli [187..] bestand er in Kiel das Staatsexamen. Schon in den Jahren 1873—77 [war] er in Hamburg an verschiedenen Privatlehranstalten, wie auch an der [Gelehr]tenschule des Johanneums thätig gewesen. Im Herbst 1877 wurde er [orde]ntlicher Lehrer am Frankfurter Realgymnasium, der „Musterschule", [...]; hier wurde er dann Oberlehrer und (16. März 1893) Professor. [Seit] 1892 war er auch Mitglied der leopoldinisch-karolinischen Akademie der [deut]schen Naturforscher. Am 11. September 1899 starb er zu Oberstdorf im [Allgäu] infolge eines Schlagflusses. In seinem Beruf wirkte er anfänglich als [Lehrer] der Mathematik und beschreibenden Naturwissenschaften; später war ihm [aussc]hließlich der Unterricht in der Physik und Chemie übertragen.

Seine schriftstellerische Thätigkeit begann R. mit einem kleinen Büchelchen: [„Die] Buchstabenrechnung; eine Entwicklung der Gesetze der Grundrechnungsarten [...] aus den Begriffen der Zahl und des Zählens als Grundlage für den [Unte]rricht", Jena 1876. Später wandte er sich ausschließlich historisch-philo[sophis]chen Studien auf dem Gebiete der Physik zu. Als echter Historiker [versta]nd er „zwischen den Zeilen zu lesen"; er sammelte die Thatsachen nicht [bloß] chronologisch, sondern deckte die innere Nothwendigkeit ihrer Reihenfolge [auf.] Von diesem Geiste zeugt das kleine Schriftchen: „Ueber die Genesis [wissen]schaftlicher Entdeckungen und Erfindungen", Braunschweig 1885, entstanden [aus] einem Vortrag, den der Verfasser im Verein akademisch gebildeter Lehrer [zu] Frankfurt a. M. gehalten hatte. R. war kein Vielschreiber; so erscheint [ze]hn Jahre später, 1895, eine zweite selbständige Schrift von gewaltigerem [Umfa]ng und reichstem Gedankeninhalt: „Isaac Newton und seine physikalischen [Pr]incipien; ein Hauptstück aus der Entwicklungsgeschichte der modernen Physik", [Leip]zig, worin er den Gedankengängen Newton's, die dieser bekanntlich geradezu [zu ve]rwischen trachtete, bis ins Kleinste nachspürte. Es folgen dann mehrere [klei]nere Arbeiten Rosenberger's über die ältere Geschichte der Elektricitätslehre, [wob]ei er manche mit Unrecht der Vergessenheit anheimgefallenen Versuche [wied]er ans Tageslicht zog. Von diesen Studien wurde er naturgemäß zu [d]er Betrachtung der *„modernen Entwicklung* der elektrischen Principien" geleitet.

Er hielt darüber fünf Vorträge bei Gelegenheit eines physikalischen Ferien[illegible] für Lehrer an höheren Schulen Ostern 1897 in Frankfurt a. M. [illegible] Veröffentlichungen aber waren gewissermaßen Nebenproducte seines Lebens[illegible] „Die Geschichte der Physik in ihren Grundzügen, mit synchronistisch[illegible] der Mathematik, der Chemie und beschreibenden Naturwissenschaften, [illegible] allgemeinen Geschichte“, Braunschweig. Mit diesem dreibändigen [illegible] sich der Verfasser ein Denkmal aere perennius gesetzt; es ist ein [illegible] man ergänzen und verbessern, aber nie ganz wird übersehen können, [illegible] seinen Platz neben gleichartigen (Poggendorff, Heller) stets behaupten [illegible]

Poggendorff, Biographisch-litterarisches Handwörterbuch. — Bibl[illegible] mathematica. Dritte Folge, Bd. 1. Nekrolog von Sigmund [illegible]

Robert Kn[illegible]

Rosenthal: Moritz R., Arzt und Nervenarzt aus [illegible] Ungarn, geboren 1833, studirte an der Wiener Universität, wo [illegible] Lehrer war. 1858 erfolgte seine Promotion, 1863 habilitirte er sich, [illegible] erhielt er eine Professur für Nervenkrankheiten und eine Abtheilung i[illegible] gemeinen Krankenhause, wo er bis zu seinem am 30. December 1889 [illegible] Tode thätig war. Um das von ihm speciell gepflegte Fach der [illegible] des Nervensystems hat sich R. litterarisch wie praktisch ein beträchtl[illegible] dienst erworben. Sein Hauptwerk ist die: „Klinik der Nervenkr[illegible] (1875 in 2. Auflage; auch französisch, englisch, italienisch und russisch[illegible] veröffentlichte R.: „Handbuch der Elektrotherapie“ (1878 in 2. Auflage, [illegible] fach übersetzt); „Ueber Stottern“ (1861); „Ueber Hirntumoren“ ([illegible] 1870); „Ueber Scheintod“ (1872); „Cervicale Paraplegie“ (1876); [illegible] (drei Abhandlungen); „Polymyelitis anterior“ (1878); „Rindencentren [illegible] Menschenhirns“ (1878); „Diagnose und Therapie der Rückenmarkskrank[illegible] (1878); „Myelitis und Tabes nach Lues“ (1881); „Motorische Hirnfun[illegible] (1882); „Diagnose und Therapie der Magenkrankheiten“ (1888); [illegible] ca. 70 kleinere Aufsätze.

Vgl. Biogr. Lexikon hervorr. Aerzte etc., hsg. v. Pagel, Berlin u. [illegible] 1901, S. 1425.

Pagel.

Rosenthal: Hugo R.-Bonin, Schriftsteller, geboren am 14. [illegible] 1840 in Palermo als Sohn deutscher Eltern. Er widmete sich in [illegible] zuerst naturwissenschaftlichen und medicinischen, dann philosophischen [illegible] und machte hierauf als Schiffsarzt weite Reisen nach den süd[illegible] Ländern, Kalifornien, Japan. Nach der Rückkehr wurde er Berufs[illegible] und fand 1872 bei der Hallberger'schen Verlagsbuchhandlung in [illegible] (der jetzigen „Deutschen Verlagsanstalt“) Anstellung. Zuerst war er [illegible] Redaction von „Ueber Land und Meer“ betheiligt, dann leitete er [illegible] die „Illustrirte Welt“, in welcher populären Wochenschrift auch seine [illegible] Romane zuerst erschienen. Später übernahm er die Redaction [illegible] im Spemann'schen Verlage herausgegebenen illustrirten Zeitschrift „[illegible] zum Meer“. Die letzten Jahre verbrachte er als unabhängiger [illegible] in der württembergischen Landeshauptstadt, ausschließlich mit [illegible] Arbeiten beschäftigt. Er schloß sich zuletzt von dem öffentlichen [illegible] ständig ab. Am 7. April 1897 starb er in Stuttgart. Seine [illegible] rische Laufbahn eröffnete er mit einer Anzahl dramatischer Arbeit[illegible] jedoch bald zur erzählenden Gattung über. Die Stoffe zu seinen [illegible] Novellenbüchern und Romanen („Der Bernsteinsucher“, „Der [illegible] schleifer“, „Die Thierbändigerin“ u. s. w.) verdankte er vorzugsw[illegible] erschöpflichen Erinnerungen an seine exotischen Aufenthalte. [illegible]

...tasie und die Gabe des Fabulirens, die er auch im geselligen Verkehr ...lich übte, machten seine Erzeugnisse zur beliebten Lectüre weiter Kreise. ...über litterarischer Werth kommt ihnen jedoch nicht zu.

...: Biograph. Jahrbuch und Deutscher Nekrolog, 2. Bd. (1898), S. 279 ...mit weiteren Litteraturangaben).

R. Krauß.

Roser: Wilhelm R. wurde am 26. März 1817 in Stuttgart als ... des Staatsraths v. Roser geboren. Er erhielt im elterlichen Hause ... sehr sorgfältige Erziehung, zum Theil unter dem Einfluß von Ludwig ... Den Sinn für Naturwissenschaft hatte er von seinem Vater ererbt, ... ein großer Entomologe war.

Mit 17 Jahren auf die Universität gekommen, studirte er in Tübingen ... gleichzeitig und eng befreundet mit Griesinger und Wunderlich. Nach... er 1838 das Staats- und Doctorexamen bestanden, unternahm er eine ... Reise, die ihn nach Würzburg, Wien und Paris führte. Erst 1841 ... er zurück, um sich im gleichen Jahre noch zu habilitiren. Damals ...ete er mit Griesinger und Wunderlich das „Archiv für physiologische ...kunde", in dem theils durch kritische Besprechung, theils durch Original-... die Physiologie und die pathologische Anatomie als Grundlage der ... Medicin auf das energischste proklamirt wurde. 1844 erschien sein ...buch der anatomischen Chirurgie", 1845 eine „Allgemeine Chirurgie", ... eine Reihe anderer Aufsätze, besonders einer über Oberarmluxationen, ... von grundlegender Bedeutung war, 1847 sein „Chirurgisch-anatomisches ...mecum".

Von 1846—1850 lebte er als Oberamtswundarzt in Reutlingen. Hier ... er einen Ruf nach Marburg als ord. Professor der Chirurgie. In ...burg blieb er bis zu seinem Tode am 15. December 1888. Scharfe ...achtung, äußerst kritischer Sinn, große Unabhängigkeit zeichnete alle seine ... aus, von denen noch besonders die über Brüche, über Verrenkungen, ... acute Osteomyelitis zu nennen sind.

Krönlein, Langenbeck's Archiv. — König, Centralbl. f. Chirurgie.

D. Hildebrand.

Rosin: David R., Dr., Pädagoge und Religionsphilosoph, geboren am ... Mai 1823 in Rosenberg, † am 31. December 1894 in Breslau, erhielt ... ersten Unterricht durch seinen Vater, besuchte dann talmudische Schulen ...ungen, Myslowitz und Prag, woselbst der Mitbegründer der jüdischen ...schaft, Oberrabbiner S. J. L. Rappoport, auf ihn einen bleibenden ... ausgeübt hat. Er bezog dann die Universitäten Breslau, Berlin und ... Halle, woselbst er 1851 zum Dr. phil. promovirt wurde. Vom Jahre ...—1864 leitete er die Religionsschule der jüdischen Gemeinde in Berlin. ... sind von ihm erschienen: „Abhandlungen über Gedanken, Pläne und ...ung des Unterrichts in den Lehrgegenständen der jüdischen Religion" ... 1856—1861); „Berichte über die jüdische Religionsschule in Berlin", ... (1856/64); „Ueber den Einfluß des Edicts, betreffend die bürgerlichen ...isse der Juden im Preußischen Staate auf Wissen und Bildung in ... Kreisen, insbesondere im Bereiche des jüdischen Schulwesens" (Berlin ... „Uebersichtliche Darstellung des Lebens und Wirkens des Dr. Michael ... und des Dr. Moritz Veit" (Berlin 1864). Im J. 1864 folgte R. ... Rufe als Lehrer an das jüdisch-theologische Seminar in Breslau, wo... er hauptsächlich hebräische Grammatik, Bibelexegese, Religionsphilosophie, ... Pädagogik und Didaktik lehrte. Neben wissenschaftlichen Arbeiten ... Frankel-Graetz'schen Monatsschrift fallen in die Breslauer Zeit Rosin's die Herausgabe der Fest- und Sabbatpredigten von Dr. Michael Sachs (B[illegible] 1866/67) und seine in einzelnen Jahresberichten des jüdisch-theol. Sem[illegible] niedergelegten Forschungen: „Ein Compendium der jüdischen Gesetzeskunde [illegible] dem XIV. Jahrhundert" (1871); „Die Ethik des Maimonides" (18[illegible] „R. Samuel ben Meïr als Schrifterklärer" (1880); „Reime und Ge[illegible] des Abraham ibn Esra" (1885, 1887, 1888, 1891).

Adolf Brüll[illegible]

Roskoff: Georg Gustav R., geboren am 31. August 1814 in [illegible]burg in Ungarn, entstammte einer ehrsamen Bürgerfamilie. Er besuch[illegible] Schulen und die Rechtsakademie seiner Vaterstadt und war nach abge[illegible] juristischer Prüfung drei Jahre lang Erzieher im gräflich Raday'schen [illegible] Da er sich nicht magyarisiren lassen wollte, ging er 1839 nach Halle, [illegible] Theologie und Philosophie studirte. Diese Universität war nach Hegel's [illegible] der akademische Hauptsitz des conservativen Hegelianismus geworden. Als [illegible] Vertreter lernte R. Hinrichs, den noch von Hegel selbst empfohlenen Religi[illegible] philosophen, Schaller und vor allen Erdmann kennen, der nicht nur [illegible] Lehrer, sondern auch sein Freund wurde. Von diesen Männern hört[illegible] Frieden verkündigen zwischen Wissen und Glauben, Philosophie und Theolo[illegible] Vernunft und Christenthum. Die wahre Vernunft sei christlich und das [illegible] Christenthum vernünftig. Was im positiven Christenthum als die a[illegible] Wahrheit vorliege, das begreife die Philosophie in der reinen Form [illegible] Wissens. R. gab sich der verführerischen Macht dieser Ideen so sehr hin, [illegible] er, seinen zukünftigen Beruf nicht vorahnend, bei Gesenius Altes Testa[illegible] zu hören versäumte. Von Halle wendete er sich nach Wien und volle[illegible] hier an der evangelisch-theologischen Facultät das theologische Studium. [illegible] dieser Facultät wurde er 1846 „Assistent", d. h. besoldeter Privatdocent, [illegible] übertrug man ihm die Vertretung des durch Wenrich's Tod verwaisten [illegible] testamentlichen Lehrfachs, 1850 wurde er auf Vorschlag der k. k. Consi[illegible] die seine „Präcision der Darstellung, Entschiedenheit der Ueberzeugung, Geis[illegible] schärfe und Lebendigkeit im Vortrage" rühmend hervorhoben, zum Profe[illegible] der alttestamentlichen Exegese ernannt. 34 Jahre lang, bis zu seiner E[illegible] tirung, bekleidete er dies Amt. Die Universität Heidelberg verlieh ihm [illegible] theologischen Doctorgrad. Sein Kaiser ehrte seine Verdienste durch Beru[illegible] in den österreichischen Unterrichtsrath, durch seine Ernennung erst zum [illegible] gierungsrath, dann zum Hofrath und durch Verleihung des Ordens [illegible] eisernen Krone mit dem Recht der Erhebung in den Ritterstand, von w[illegible] R. aber in seinem bescheidenen bürgerlichen Sinn ablehnte, Gebrauch zu mach[illegible] In der evangelischen Gemeinde Wiens war er Mitglied des Presbyteriu[illegible] der Gemeindevertretung und des Waisenversorgungsvereins, den er mit i[illegible] Leben rufen und organisiren half.

In der wissenschaftlichen Welt hat er sich durch bedeutsame Schriften be[illegible]kannt gemacht. Auf dem Gebiete der hebräischen Alterthumskunde trat [illegible] 1857 mit seiner Erstlingsschrift hervor: „Die hebräischen Alterthümer [illegible] Briefen". Die philosophische Schulung Roskoff's macht sich hier deutlich be[illegible]merkbar. Denn der Begriff des hebräischen Bewußtseins von Gott, wonac[illegible] dieser die allgemein geistige, allein berechtigte, alles Sein und Dasein be[illegible]herrschende Macht ist, wird nicht nur als Ausgangspunkt der Betrachtung de[illegible] hebräischen Alterthümer genommen, sondern auch als der Urquell verstande[illegible] aus dem die begriffsmäßige Erklärung aller Erscheinungen des hebräische[illegible] Alterthums nothwendig folgen muß. Fortan aber wandte sich R. mit Vor[illegible]*liebe religions*historischen Forschungen zu. Bereits seine zweite Schrift b[illegible]*handelte ein* Problem der vergleichenden Religionsgeschichte: „Die Simsonsa[illegible] ihrer Entstehung, Form und Bedeutung und der Heraclesmythus", Leipzig 18.. Er bekämpfte die Ableitung der Simsonssage aus dem Heraklesmythus. ...er Mythus habe anthropologischen Charakter, Herakles sei das Ideal des ...ischen Menschen, an Simson sei das theokratische Gepräge zu bemerken, ... das Musterbild des Jahvedieners. Sein Hauptwerk war die zweibändige ...schichte des Teufels", Leipzig 1869. Hierzu hat er umfassende Studien ...macht und eine Fülle religionsgeschichtlichen Materials verarbeitet. Der ...ck dieses Werkes ist, die Vorstellung vom Teufel „im Zusammenhang mit ... Natur, den geschichtlichen Erscheinungen und deren Conjuncturen" dar...llen", also eine Geschichte des Teufels nach Ursprung und weiterer Ent...lung unter culturgeschichtlichem Gesichtspunkt zu geben. R. geht vom ...chlichen Bewußtsein aus und zeigt, daß sich die dualistischen Vorstellungen ... Gut und Böse in allen Religionen der Naturvölker finden, aber auch in ... Mythologieen aller Culturvölker mehr oder weniger entschieden auftreten. ... Grund dieser Erscheinung sieht er in der Anthropologie, in dem mensch...en Bewußtsein, welches zur Bildung einer solchen Vorstellung angeregt ...e. Dann geht er über zur Geschichte des Satans im Alten Testament, ... Teufels im Neuen Testament und in der christlichen Kirche und zeigt, ... hier der Glaube an den Teufel, den Antipoden Gottes, zu einer furcht...n Höhe angewachsen sei. Beim modernen Bewußtsein angelangt, gibt er ...er Meinung dahin Ausdruck, daß der Dualismus zur Einheit zusammen...ssen sei. „Den Dualismus von Gott und Teufel widerlegt die Geschichte", ...er am Schlusse mit Droysen. In einer Recension dieses Werkes in den ...ttinger gelehrten Anzeigen" 1870, Nr. 13, war der von R. vertretenen ...nahme, daß auch bei den rohesten Völkerstämmen Spuren von religiösen ...stellungen wahrzunehmen seien, die Ansicht Sir John Lubbock's entgegen...ellt worden, welche das Gegentheil behaupte. Darauf antwortet R. in ...er letzten Schrift: „Das Religionswesen der rohesten Naturvölker", Leipzig 18... Er hält seine in der Geschichte des Teufels vertretene Ansicht ...cht und spricht aus, es sei bisher noch kein Volksstamm ohne jegliche ...r von Religiosität betroffen worden. Seine Gesammtanschauung faßt er ... dahin zusammen: das Wesen und die Richtung der menschlichen Geschichte ... dahin, den Typus des Menschlichen durch hartes Ringen und Kämpfen ... der rohen Natürlichkeit herauszuarbeiten, die Menschlichkeit zu wirklicher ...ltung zu bringen. Und der Einzelne hat keine andere Aufgabe, als seine ...schliche Anlage zu entfalten, immer mehr menschlich, ein wirklicher Mensch ... werden.

Roskoff's Studien wurden durch ein mit den Jahren zunehmendes Augen...den gehemmt und zuletzt gänzlich unterbrochen. Er konnte selbst nichts mehr ...sen und mußte fürchten, ganz zu erblinden. Unter der aufgezwungenen ...beitslosigkeit litt er schwer. Selbst nicht verheirathet, fand er für die eigene ...slichkeit Ersatz in dem Hause seines Jugendfreundes Dr. Porubsky, des ...gesehenen Wiener Pfarrers und nachmaligen Seniors. Er half die Po...bsky'schen Kinder erziehen, er blieb nach dem Tode des Vaters Freund ... Frau und Berather der Familie und hat dafür in dem Porubsky'schen ...use die treueste Pflege in seinen letzten Lebensjahren gefunden. In der ...mmerwohnung der Frau Dr. Porubsky in Obertressen bei Aussee in Steier...rk ist er am 20. October 1889 gestorben. Er zeichnete sich durch Adel der ...sinnung und unantastbare Lauterkeit aus. In der letzten Facultätssitzung, ...er vor seiner Emeritierung beiwohnte, rief ihm der Decan der Facultät ...m Abschiede zu: „Einen Collegen von diesem Adel der Gesinnung, abhold ...em Parteitreiben, in Frieden, soviel an ihm lag, mit Jedermann, leben wir alle mit Wehmuth von uns scheiden. Wenn dieser Theologe einen Wapp- schild erhalten sollte, ihn müßte die Inschrift zieren: Candor et integ- animi".

G. Frank, Die k. k. evangel.-theol. Fakultät in Wien. Wien 1 S. 38, 58. — Derselbe in Evangel. Kirchenzeitung für Oesterreich 1 Nr. 3; 1889, Nr. 21 und in Realencyklopädie für protest. Theologie Kirche, 3. Aufl., Bd. XVI sub voce Roskoff. — R. A. Lipsius in Kirchenzeitung 1889, Nr. 45. P. Fei-

Roesler: Carl Friedrich Hermann R., Nationalökonom, geboren 18. December 1834 zu Lauf in Mittelfranken, † am 2. December 189 Bozen. R. besuchte anfangs die Volksschule in Lauf, wo sein Vater R- anwalt war, und dann das Melanchthon-Gymnasium in Nürnberg, mit dem 17. Lebensjahre verließ, um auf der Universität Erlangen die R- und Staatswissenschaften zu studiren. Das vierte Semester brachte er München zu, kehrte aber darauf nach Erlangen zurück und bestand dort dem 22. Lebensjahre die erste juristische Prüfung cum laude. Er Rechtspraktikant beim Landgericht in Nürnberg und absolvirte die Verwalt- praxis am Landgericht in Hersbruck, die Bezirksgerichtspraxis wiederum Nürnberg. Bald bestand er auch das bairische Staats-(Richter-)Examen der Note I. Er fand hierauf wieder als Hülfsarbeiter bei den Gerichten beim Gesetzgebungsausschuß in der bairischen Kammer Beschäftigung, aber sein eigentliches Ziel, sich der akademischen Lehrthätigkeit zu wid- nicht aus dem Auge. Zu diesem Zwecke erwarb er im J. 1859 zu Erlan- die juristische Doctorwürde und im folgenden Jahre zu Tübingen die Doctors der Staatswissenschaften. Die juristische Inauguraldissertation eine Interpretation der I. 16 § 1 Dig. pro socio 17, 2 und aus dem nischen Rechte c. 18: Quanto personam de jure jurando 2, 24. Im semester 1860/61 habilitirte er sich dann an der Universität Erlangen Privatdocent in der philosophischen Facultät für das Fach der Staatswi- schaften. Die Habilitationsschrift handelte von dem „Einfluß der Besteuer- auf den Arbeitslohn". Außerdem veröffentlichte er eine Abhandlung „ den Werth der Arbeit" in der Zeitschrift für die gesammte Staatswissensch- 16. Jahrgang, und: „Ueber die rechtliche Natur des Vermögens der Han- gesellschaften nach römischem Rechte" in Goldschmidt's Zeitschrift für Handels- recht, Jahrgang 1860/61. Zu Anfang des Jahres 1861 ließ er die Schrift: „Zur Kritik der Lehre vom Arbeitslohn, ein volkswirthschaftlicher Versuch" folgen, die eine sehr günstige Aufnahme fand und die Veranlassung wurde, daß R. an Stelle des nach Bonn berufenen Professors Dr. Erwin Nasse am 22. October 1861 die ordentliche Professur der Staatswissenschaften in Rostock erhielt.

Die philosophische Facultät der Universität Rostock bewillkommnete ihr neues, noch nicht 27 Jahre altes Mitglied mit der Ernennung zum Ehren- doctor. R. las nun über Nationalökonomie oder Volkswirthschaftslehre, Volks- wirthschaftspolitik, Finanzwissenschaft, Politik zur Einleitung in die gesammten Rechts- und Staatslehren, Politik der Staatsverwaltung oder formelles Ver- waltungsrecht, Verwaltungsrecht und Polizei, Finanz- und Militär-Verwal- tungsrecht, Statistik, Deutsche Statistik, Vergleichende Statistik Deutschlands und seiner Nachbarländer. Daneben veröffentlichte er eine Reihe von gründ- lichen und scharfsinnigen Schriften und Aufsätzen: „Der deutsch-französische Handelsvertrag"; „Grundsätze der Volkswirthschaftslehre, ein Lehrbuch für Studirende und Gebildete aller Länder" (1864); „Ueber die Grundlehren der von Adam Smith begründeten Volkswirthschaftstheorie" (1868, 2. Aufl. 1871)

r das Wesen des Credits und die Creditnatur des Darlehns" (Gold-'s Zeitschrift für Handelsrecht, 1868, Heft 3); „Zur Lehre vom Ein-" (Hildebrand's Jahrbücher für Volkswirthschaft usw., 1868, Bd. 1); heorie des Werthes" (ebendaselbst Bd. 2, Heft 1 u. 2); „Zur Theorie es" (ebendaselbst 1869, Bd. 1); „Lehrbuch des socialen Verwaltungs- (Bd. I 1872, Bd. II 1873); „Ueber die Beziehungen zwischen Volks-aftslehre und Rechtswissenschaft in Deutschland" (Hirth's Annalen des en Reichs 1872); „Ueber die geschichtliche Entwickelung der volkswirth-en Ideen der neueren Zeit" (1872); „Ueber Verwaltungsgerichtsbar- Grünhuts' Zeitschrift für Privat- und öffentliches Recht der Gegenwart Bd. 1); „Ueber Enteignungsrecht" (Tübinger Zeitschrift für Staats-schaft 1874, Heft 3); „Die alte und neue National-Oekonomie" (Grün- Zeitschrift 1875, Bd. 2, Heft 2 u. 3); „Der österreichische Verwaltungs-hof nach dem Gesetz vom 22. October 1875" (ebendaselbst 1875, Bd. 4); en über den constitutionellen Werth der deutschen Reichsverfassung"); „Vorlesungen über Volkswirthschaft" (1878).

ch 17jähriger Wirksamkeit verließ Roesler Rostock, um einem Rufe der chen Regierung in das Kaiserliche Auswärtige Amt Folge zu leisten. von dem Drange, seine theoretischen Kenntnisse in der Praxis zu ver-, scheute er es nicht, mit seiner Familie in die Ferne zu ziehen und Kraft einem in der Entwicklung begriffenen Staate zu widmen. Vorher r noch das katholische Glaubensbekenntniß ab. Mit der japanischen ung ging er zunächst einen Vertrag auf fünf Jahre ein, der dann zwei verlängert wurde. Seine Aufgabe war es, das dortige Staatswesen ßlich der Justiz ganz nach europäischem Vorbilde neu einzu-. Die japanische Constitution wurde von ihm hauptsächlich nach dem der bairischen Verfassung entworfen. Unter anderm setzte er auch die nsfreiheit in Japan durch. Nach 15jähriger erfolgreicher Thätigkeit ar zuletzt Erster vortragender Rath im kaiserl. Ministerrath zu Tokio) ihn ein schweres Leiden, sich zurückzuziehen. Er wandte sich nach Tirol, aber nicht lange darauf. Im J. 1893 hatte er noch ohne seinen Namen Broschüre „Die deutsche Nation und das Preußenthum" erscheinen lassen, nso wie seine 16 Jahre früher erschienenen „Gedanken" usw. (s. oben) Bismarck und Preußens Vormachtstellung gerichtet war.

Vgl. die Nekrologe in der „Rostocker Zeitung" und den „Mecklen-ger Nachrichten" sowie das Sonntagsblatt der „Germania", 1895, Nr. 1, O. v. Mohl, Am japanischen Hofe. Berlin 1904.

Heinrich Klenz.

Rösner: Johann Gottfried R., geboren am 21. November 1658 Züllichau, wohin sich seine Eltern zeitweilig zurückgezogen hatten, war Hause eines Kaufmanns und Rathsältesten in Fraustadt entsprossen. schickten ihn die Eltern auf das damals weit berühmte Gymnasium zu n. Noch jetzt birgt die Thorner Gymnasialbibliothek einen dicken Band seiner Hand, in den er allerlei Aussprüche lateinischer Classiker eintrug. offenbarte sich schon hier seine ästhetische Begabung, die er auch in seinen nsjahren eifrig gepflegt hat. 1679 bezog er die Universität Leipzig, e auch die Frankfurter, um die Rechte zu studiren. Die zu Thorn menen Jugendbeziehungen führten dazu, daß ihn der dortige Rath 1687 Stadtsecretär berief, — ein Amt, welches gewöhnlich die erste Sprosse er Stufenleiter städtischer Ehren bildete. Der in Thorn ohne Bluts-andtschaft dastehende und darum sicherlich schwer emporkommende Mann mehr Einfluß, als er 1694 Anna Katharina Kisling, Bürgermeister

Johann Kisling's Tochter, heimführte. Bereits vier Jahre darauf wurde [illegible] zum Rathsherrn gekürt. Freilich gerieth er dadurch auch in erbitterte Feh[illegible] mit den dem Geschlechte der Kisling feindlichen Familien, wie denn [illegible] damals überhaupt ein trauriges Bild inneren Bürgerzwistes bot. Zeitw[illegible] wurde R. sogar durch die Feinde seines Schwiegervaters vom Rathe ausgeschlo[illegible] aber durch den König von Polen wieder eingesetzt. 1706 erreichte er [illegible] mühsam erkämpfte Ziel, indem er zum Bürgermeister (die Stadt [illegible] deren vier) gewählt wurde. Fortan bekleidete er dies Amt ununterbr[illegible] wiederholentlich wurde er im Wechsel mit seinen Collegen „Präside[illegible] (regierender Bürgermeister des laufenden Jahres) oder Burggraf (aufsich[illegible] führender Vertrauensmann des Königs).

Die Rösner'sche Bürgermeisterschaft fiel in die unglückselige Zeit [illegible] nordischen Krieges. Von 1708—18 marschirten fast ununterbrochen die [illegible] schiedensten Truppen durch die Stadt und brandschatzten sie, sodaß ihre Fi[illegible] völlig ruinirt wurden. 1708—10 hauste obendrein in ihren Mauern [illegible] furchtbare Würgengel der Pest. R. blieb in den Kriegswirren der Kr[illegible] Polen treu, obwohl er persönlich dabei Schaden erlitt. Daß er in solch[illegible] Zeitläuften nichts für die wirthschaftliche Hebung der Stadt ausrichten konn[illegible] ist selbstverständlich.

Dazu kamen die Wirrsale endloser Bürgerstreitigkeiten! R. betrieb, [illegible] die meisten Bürgermeister kaufmännische Geschäfte und war eifrig bedacht, [illegible] den Gewinn nicht schmälern zu lassen. Auf seinem Vorwerke besaß er [illegible] Branntweinbrennerei, welche der städtischen Brennerei in Przysiek Concurr[illegible] machte. Da die Rathsherren ihr Amtseinkommen aus der letzteren bezog[illegible] setzten sie gegen R. durch, daß alle Privatbrennereien eingehen sollten. [illegible] klagte gegen diesen ihn schädigenden Beschluß der Stadtverwaltung beim Kön[illegible] Das Verhältniß zwischen dem Bürgermeister und den Rathsherren war demn[illegible] bis zur Unerträglichkeit gespannt.

Das Thorner Gymnasium verwaltete R., wie bei seinen ästhetischen Neigungen vorauszusehen, als „Protoscholarch“ mit voller Hingabe. Gerne unternahm er selber Streifzüge ins Reich der Musen, hielt elegante lateinische Reden und übersandte Verwandten und Bekannten selbstgemachte Gedichte. Die Lehrer des Gymnasiums waren zum Theil die lutherischen Geistlichen der Marienkirche, und auch bei R. war die Liebe zu den Wissenschaften mit der Anhänglichkeit an die lutherische Kirche aufs festeste verbunden. Trotz seiner kaufmännischen Geldliebe war er ein überzeugter Anhänger des angestammten Glaubens. Man sah ihn nicht bloß Sonntags, sondern auch bei Wochengottesdiensten häufig in der Kirche. Damit hing eine starke Abneigung gegen die Jesuiten zusammen, welche damals in Polen allmächtig waren, und alles daran setzten, den evangelischen Glauben ebenso wie im eigentlichen Polen, auch in polnisch Preußen mit Stumpf und Stil auszurotten. In Thorn besaßen die Jesuiten ebenfalls ein Kloster und eine Schule. Sie waren ein Pfahl im Fleische der fast ausschließlich lutherischen Bürgerschaft, und ihre unbändigen Zöglinge, meist Söhne des umwohnenden polnischen Adels, mit ihrem fortwährenden Böllerschießen und Steinewerfen ein Schrecken für jeden auf der Straße Gehenden.

So war es ein vulkanischer Boden, auf dem R. stand, und ein geringer Stoß konnte genügen, die in der Tiefe wühlenden Flammen zum Ausbruch zu bringen. Dieser Anstoß fand sich in dem am 16. Juli 1724 in Thorn entstehenden Tumult. Bei einer Procession war es zu Prügeleien zwischen Jesuitenschülern und lutherischen Bürgern gekommen, die sich auch am 17. fortsetzten. Da überfielen die Jesuitenzöglinge einen an den Händeln ganz untheiligten evangelischen Gymnasiasten Nagurny, der im Schlafrocke vor r Thüre seines Hauswirths stand, und schleppten ihn unter Mißandlungen in ihre Schule. Die Kunde von der Gewaltthat verbreitete sich ie ein Lauffeuer unter den von den vorstädtischen Biergärten heimkehrenden andwerksgesellen, die dort soeben in üblicher Weise den Montag gefeiert atten. Der erbitterte Volkshaufe sammelte sich am Jesuitenkloster und begann s regelrecht zu belagern. R., der in jenem Jahre Präsident war, sandte auf ie Meldung vom Tumult Stadtsecretär Wedemeyer ins Kloster und ließ ector Czyzewsky auffordern, Nagurny herauszugeben, was aber erst nach ner nochmaligen Aufforderung geschah. Die Stadtmiliz hatte sich inzwischen nter Capitän Graurock's Führung gänzlich unzuverlässig gezeigt, statt den olkshaufen auseinander zu treiben, war sie wieder auf die Stadtwache zurückmarschirt. R. bot jetzt die Bürgerwache des „Altthorner“ und später noch ie des „Johannisquartiers“ auf, doch vermochten auch die erschienenen Bürger ie überschäumende Volkswuth nicht zu dämpfen. Nun ließ das Stadtoberhaupt raurock vor sich kommen und befahl ihm in die Schule einzurücken und von ort auf die Menge zu schießen. Der feige Capitän erwiderte, „hierzu könne r sich nicht resolviren, wo würde er mit seiner Mannschaft bleiben? Wenn r auf das Volk schieße, würde die [polnische] Krongarde sich desselben annehmen nd wieder auf die Stadtsoldaten feuern. Auch das Volk würde sich zur ehr setzen, und es möchte ein Blutvergießen entstehen, welches er nicht erantworten könne. Er könne und wolle es nicht thun.“ R. zuckte die Achseln nd hielt ebenso wie Wedemeyer und andere anwesende Bürger die geplante Maßregel für gefährlich, sodaß von ihr Abstand genommen wurde. Diese augenblickliche Schwäche, die zu seiner sonstigen Energie wenig stimmt, ist das inzige, was R. hierbei vorgeworfen werden kann. Sie ist wohl aus der nsicheren Stellung Rößner's im Rathe zu erklären. Wären einige lutherische ürger von der Stadtmiliz niedergeschossen, so hätte er sich vor den Angriffen iner Collegen kaum retten können.

Der Tumult nahm so weiter seinen Lauf. Schließlich drang der bis zur Siedehitze entflammte Volkshaufe in die Schule und ins Kloster, zerschlug lles, was nicht niet- und nagelfest war, warf die Trümmer zu den Fenstern inaus und zündete auf der Straße ein Feuer an. Die Jesuiten behaupteten, aß dabei Heiligenbilder, auch eine Bildsäule der Maria unter Spottreden erbrannt seien. Schließlich machte die Krongarde den Pöbelausschreitungen ein Ende.

Die Jesuiten klagten nun die ganze Stadt aufs leidenschaftlichste beim arschauer Hofgericht an und gaben R. Schuld, er habe den Volksaufstand bsichtlich angestiftet und gewähren lassen, obwohl doch schon das Aufgebot der eiden „Bürgerquartiere“ das Gegentheil bewies. Das Hofgericht sandte im eptember eine Untersuchungscommission von nicht weniger als 23 Würdenrägern nach Thorn, welche viele Verhaftungen vornahm, höchst verdächtige ersonen Zeugenaussagen (die dem Rathe nicht mitgetheilt wurden, auch später ie veröffentlicht sind) machen ließ, die Entlastungszeugen der Angeschuldigten ngegen ablehnte und schließlich 2800 Dukaten für ihre Mühe von der vermten Stadt zu erpressen suchte. Das unter dem 30. October erlassene rtheil des Hofgerichts erfüllte die kühnsten Hoffnungen der Kläger. R. sowie icepräsident Zernecke und zwölf Bürger wurden zum Tode verurtheilt, die älfte des Raths, der Schöppenschaft und der dritten Ordnung sollte fortan it Katholiken besetzt werden. Den Lutheranern wurde die letzte Kirche, die nen noch geblieben war, die Marienkirche abgenommen, das Gymnasium llte aufgehoben oder auf ein Dorf verlegt werden.

R. scheint bis zuletzt gehofft zu haben, daß dies ungeheuerliche Ur nicht in seiner vollen Strenge vollstreckt werden würde. Der Rath und Bürgerschaft, durch Uneinigkeit aufs tiefste zerspalten und durch die Krieg finanziell zu geschwächt, um die in Polen erforderlichen „Devinctionen" Machthabern in genügender Höhe zu zahlen, vermochte dem Unheil nic wehren. Der Kronunterkämmerer Fürst Georg Lubomirski, das fanati Commissionsmitglied, erschien Anfang December und polnische Truppen wu in die Stadt gezogen.

Bei R., der in seinem Hause bewacht wurde, liefen noch am Tage seinem Tode Mönche und katholische Laien ein und aus und versprachen sofortige Begnadigung, wenn er katholisch würde. Daß diese Lockungen leeren waren, bewies das Schicksal des einen der zum Tode Verurtheil David Heyder, der übertrat und sofort aus der Haft entlassen und von Jesuiten in Schutz genommen wurde. R. bestand die schwere Anfechtung. N dem er sich zunächst Bedenkzeit ausgebeten, erklärte er den beiden Bernhardi mönchen, die man an ihn abgesandt hatte, er sei auf den evangelischen Glau getauft und wolle, wenn keine Gnade für ihn wäre, auf ihn auch ster wiewohl er den Tod nicht verschuldet habe. Noch in der Nacht drang m aufs neue in ihn, da rief er den Quälgeistern das heldenmüthige Wort „Vergnüget Euch mit meinem Kopf, die Seele muß Jesus haben." In Frühe des 7. December um 5 Uhr wurde er auf dem Hofe des Rathhau bis zuletzt Gesangbuchsverse betend, durch den Scharfrichter mit dem Schw zu Tode gebracht und Tags darauf in aller Stille vor dem Altare der städtischen Georgenkirche bestattet.

Das „Thorner Blutgericht" rief in ganz Europa ungeheuere Aufreg hervor, namentlich Friedrich Wilhelm I. gerieth in hellsten Zorn und am liebsten deswegen mit Polen Krieg angefangen.

R. ist demnach, obwohl ein Weltmann und zunächst irdischen Intere zugethan, den Märtyrern der evangelischen Kirche zuzuzählen.

Urkunden und Actenstücke im Thorner Rathsarchive und der Priv bibliothek des Rittergutsbesitzers v. Sczaniecki-Nawra. — Vom polnisch Standpunkte Kujot, Sprawa Toruńska Z. R. 1724. In Roczn towarzystwa przyjaciol nauk Poznańskiego. XX. Poznań 1894 und XX Poznań 1895. — F. Jacobi, Das Thorner Blutgericht. Verein f. Ref mationsgeschichte, S. 51 f. Halle 1896. — Derselbe in Zeitschr. des We preuß. Geschichtsver., Heft 35. Danzig 1896. F. Jacobi.

Rosolenz: Johannes R., Historiker (Johannes mit dem Taufnamen, Jacob mit dem Klosternamen), wurde zu Köln am Rhein um 1570 geboren. Er widmete sich dem geistlichen Stande, erscheint unter dem 12. August 1588 als S. Pontificis Alumnus und Rhetoricae auditor in den Matrikel der Universität Graz eingetragen und trat in das 1229 von Leutold von Wildon und seiner Gemahlin Agnes gegründete, 1246 vom Papst Innocenz bestätigte, in der westlichen Mittelsteiermark gelegene Augustiner-Chorherren-Stift Stainz; bis 1596 war er Pfarrer in dem ansehnlichen Ort Leibnitz, südlich von Graz, und wurde 1596 von seinen geistlichen Mitbrüdern zum Propst gewählt und am 29. Juni 1597 als solcher infulirt. Er war der 27. Propst dieses Stiftes. In seinem Kloster führte er eine so strenge Mönchszucht ein, daß die Stainzer Chorherren mehrfach bei dem Fürstbischof von Seckau, Martin Brenner, darüber Klage führten, der auch in der Th mit Erfolg Fürsprache für sie einlegte. Hingegen stand er in hoher Gnade bei dem Landesfürsten Erzherzog Ferdinand (später Kaiser Ferdinand II. der ihn wegen seines Eifers im Kampfe gegen die evangelische Lehre z fürstlichen Kammerpräsidenten und Geheimen Rath ernannte und ihn für höhere geistliche Stellung bestimmt hatte.

Zur Kräftigung des Katholicismus beabsichtigte nämlich Erzherzog 1611 ein Bisthum in Graz zu gründen. Das Collegiatcapitel des herrenstiftes Stainz sollte Domcapitel, die Stiftsgüter theilweise wenigstens mensa episcopalis herbeigezogen und Propst Jacob R., den Ferdinand schätzte, den seine Conventualen aber haßten, sollte der erste Bischof der hauptstadt werden. Der neue Bischof und die ihm beigegebenen ler sollten in Graz ihren Wohnsitz nehmen und Theile von Mittel- und steiermark das Diöcesangebiet bilden. Lebhafte Verhandlungen wurden mit dem Fürstbischof von Seckau, dessen Diöcese dadurch würde ver- worden sein, und mit dem Erzbischof von Salzburg, zu dessen Erz- die Steiermark gehörte, gepflogen. Die Chorherren von Stainz pro- auf das Heftigste gegen jede, insbesondere gegen eine derartige andlung ihres Stifts und gegen die Entfremdung des Stiftsvermögens ihnen fremden Zwecke. Lange zogen sich die Verhandlungen hin, kam auch zu keiner Entscheidung; als R. starb, war die Angelegenheit nicht ausgetragen und auch späterhin unterblieb die Errichtung eines thums Graz.

In Radkersburg an der Mur in Untersteiermark baute R. zu einer Kirche, dem Stifte Stainz gehörte, ein Kloster und übergab 1614 beide den zinern. — Als Propst des Stiftes Stainz hatte R. Sitz auf der Prälaten- und Stimme im ständischen Landtage des Herzogthums Steiermark. Es auffallend, daß im 16., ja auch noch im Beginne des 17. Jahrhunderts Fürstbischof von Seckau und die Prälaten der steirischen Stifte und Klöster Landtage, wo sie Sitz und Stimme hatten, nur eine sehr bescheidene igkeit entwickelten, eine unbedeutende, fast passive Rolle spielten und in Versammlung gegenüber dem in der Mehrzahl weitaus noch evangelischen und niederen Adel nie als Glaubenseiferer auftraten. So auch R., der außerdem noch im Landtage eine arge Niederlage und schwere digung über sich mußte ergehen lassen.

Nachdem die Gegenreformation in Steiermark, Kärnten und Krain sich soweit abgespielt hatte, daß Bürger und Bauern nahezu vollständig cisirt waren und nur der Adel der Mehrzahl nach das evangelische ntniß sich gewahrt hatte, erschienen zwei Schriften, welche sich mit den ngen bei der Gegenreformation in den inneröstereichischen Landen be-

David Rungius, Professor der heiligen Schrift in Wittenberg, ließ 1601 „Bericht und Erinnerung von der Tyrannischen Bäpstischen Verfolgung heil. Evangelii in Steyermark, Kärnten und Krain" erscheinen; er enthält ganz kurze, allgemein gehaltene Mittheilungen über den Verlauf der formation in Steiermark und Kärnten; der Haupttheil ist theologischen und sucht die Lehren Luther's gegen die Angriffe von katholischer Seite theidigen. Der Titel der Gegenschrift von R. lautet: „Gründlicher Bericht Auff Den falschen Bericht vnnd vermainte Erinnerung Dauidis Wittenbergischen Professors, Von der Tyrannischen Bäpstischen Ver- des H. Evangelij, in Steyermarckt, Kärndten, vnd Crayn. In welchem der Warheit außführlich dargethan vnd erwiesen wird, daß solcher ein lauters Lugenbuch, Lästerkarten vnd Famoßschrifft sey: Auch in nit könne erwiesen werden, was ermeldter Ehrenrhürische Predicant, die Gottselige, Hailsame, vnd Nutzliche Steyrische Religions Reformation, verschämbter, Lugenhaffter weiß gegaysert vnd außgossen hat. Gestellet

Durch JACOBVM, deß Löblichen Stiffts Staynz in Steyr, Probst H. Schrifft Doctorem, vnd deß Durchleuchtigisten, ꝛc. Ferdinand hertzogen zu Oesterreich ꝛc. Rath. — Responde Stulto, iuxta suam, ne sibi sapiens esse videatur. Prouerb. 26, v. 5.' dem Narren nach seiner Narrheit, damit er sich nicht Weiß laß Gedruckt zu Grätz, bey Georg Widmanstetter. Anno MDCVI." Rückseite des Titels enthält das Motto aus Lactantius, lib. dinin. c. I. lateinisch und in deutscher Uebersetzung; dann folgen paginirte Seiten Dedicatio: „Dem Durchleuchtigisten Hochgebornen vnd Herrn, Herrn Maximiliano, Pfalzgrafen bey Rhein, Hertzog in Nider Bayern", sodann 158 Blätter Text, 40 nicht paginirte Seiten und auf der letzten Seite ein lateinisches Schmähgedicht in acht Di Rungius.

Die Schmähschrift des Propstes R. erregte argen Anstoß im Landtage (1607), der durch die Herren und Ritter noch immer wiegender Anzahl evangelisch war. Es wurde beantragt, den Props lange, als er die ehrenrührigen in der Schrift enthaltenen Anklagen steirische Ritterschaft entweder bewiesen oder dafür „genugsame Satisfacti geben, von den Sitzungen auszuschließen. Am 30. Januar 1607 wurde im Landtage eine Verhandlung eingeleitet, bei welcher der Landes Freiherr Hans Friedrich v. Hoffmann, der Landesverweser Freiherr Sigmund v. Wagen, der Verordnetenpräsident Freiherr Rudolf v. Te und die Verordneten Freiherr Gottfried v. Stadl und Herr Georg v. berg und Kapfenberg sich bemühten, R. zum Widerruf und zur bewegen. Er hielt jedoch seine Anklagen aufrecht. Daher wurde am bruar ein Ausschuß zur weiteren Behandlung dieser Angelegenheit für den der Propst den Abt Johann v. Admont und Hans Sigmund v. die Ritterschaft die Freiherren Gottfried v. Stadl, Dietrichstein, und Wolf v. Saurau bestimmte. Noch an demselben Nachmittage Ausschuß den Beschluß gefaßt, „daß der Propst genugsambe Satisfaction lich thun solle"; am 5. Februar wurde der Wortlaut der Erklärung Verordneten festgestellt und am 7. Februar mußte R. in der Stände lung vor der Schranke stehend die Erklärung vorlesen des Inhalts, seines Sinnes nicht gewesen sei, in seinem Buche die Ritterschaft des thums Steyer zu calumniren, zu schwächen und an ihrer Ehre sondern daß ihm von dieser Ritterschaft nur Ehre, ritterliche Thaten und löbliche Sitten bewußt seien, und bitte, ihn wieder als treues des Landtages aufzunehmen. Rudolf v. Teuffenbach antwortete im der Ritterschaft, sie wolle nach dieser Erklärung des Propstes ihn fallen lassen und ihn wieder als treues Mitglied des Landtages halten.

Ein ähnlicher Vorgang hatte zwar im steirischen Landtage gegen den Propst von Pöllau, Peter Muchitsch, stattgefunden, als Evangelischen in seiner Schrift: „Pädagogia oder Schulführung der bergischen Theologen" angegriffen hatte; in jener Zeit aber war die Protestanten in Steiermark noch fast unbeschränkt, während 1606 die Gegenreformation durch Erzherzog Ferdinand in den Städten durchgeführt war; der energische Vorgang der Stände gegen R. diese in ihrer großen Mehrheit noch evangelisch und selbst der in regelung der Evangelischen siegreiche Erzherzog Ferdinand nicht war, seinen Günstling, Geheimrath und hochgestellten katholischen vor dem Schicksale dieser Demüthigung zu erretten.

Nicht mit Unrecht verfuhren die Stände der Steiermark gegen R. mit [illegible] und Strenge; denn seine Schmähschrift, abgesehen von dem rüden Tone, [illegible] sie geschrieben, enthält Unwahrheiten, ja geradezu Lügen, welche durch [illegible] Kritik, durch die Erforschung des Quellenmaterials evident als [illegible] nachgewiesen sind. So seine Behauptung über das angeblich unsinnige [illegible]üthende Toben der Prädicanten (evangelischen Prediger) auf der Kanzel, [illegible]schuldigung, daß die Prädicanten, die evangelischen Herren und Ritter, [illegible] und Bauern es darauf abgesehen hätten, dem Landesfürsten in welt[illegible] Dingen den Gehorsam zu kündigen, daß der evangelische Herren- und [illegible]stand am Brucker Tage 1578 eine Zusage des Erzherzogs gefälscht habe [illegible] Fälschung des erzherzoglichen Vicekanzlers Wolfgang Schranz), daß die [illegible]elischen die Abwesenheit Erzherzog Karl's in Spanien benützt hätten, hinter seinem Rücken die Stiftskirche in Graz zu errichten, und anderes [illegible] und bei vielen Einzelheiten, die R. über Vorgänge in verschiedenen [illegible]aften der Steiermark bei Gelegenheit der Rekatholisirung des Landes seiner Bewohner erzählt, weicht er oft stark von der Wahrheit ab, wie [illegible] den amtlichen noch vorhandenen Acten nachgewiesen werden konnte, und lügenhafte Berichte, obwohl er bei seiner hohen Stellung in der Kirche als Mitglied der Ständeversammlung den wahren Sachverhalt wissen [illegible]. Die Schrift des Propstes R. muß daher als ein charakteristisches [illegible]mal der Gegenreformation und der Mittel, deren sie sich bediente, bezeichnet [illegible], darf aber und soll nie und nimmer als eine Quelle zur Darstellung [illegible]schichte der traurigen Religionswirren in der Steiermark im 16. Jahr[illegible] benützt werden.

R. starb zu Graz am 3. März 1629; 32 Jahre war er als Propst an [illegible] Spitze des Chorherrenstiftes Stainz gestanden; das Stift besteht nicht [illegible] es wurde 1785 von Kaiser Joseph II. aufgehoben und zur Staats[illegible]aft umgewandelt; im J. 1841 erwarb Erzherzog Johann das großartige, [illegible] gelegene Schloß sammt dem ausgedehnten dazugehörigen Grundbesitz [illegible] Kauf, und jetzt befindet es sich im Eigenthum des Enkels des kaiserlichen [illegible], des Geheimen Rathes und erblichen Mitgliedes des Herrenhauses Johann Graf von Meran.

[illegible] v. Zwiedineck-Südenhorst, Fürst Christian der Andere von Anhalt und [illegible] Beziehungen zu Innerösterreich. Graz 1874. — Loserth, Die Re[illegible]ation und Gegenreformation in den innerösterreichischen Ländern im [illegible] Jahrhundert. Stuttgart 1898. — Schuster, Fürstbischof Martin Brenner. [illegible] Charakterbild aus der steirischen Reformationsgeschichte. Graz und [illegible]ipzig 1898. — Ilwof, Der Protestantismus in Steiermark, Kärnten und [illegible]ain vom 16. Jahrhundert bis in die Gegenwart. Graz 1900. — [illegible]serth, Zur Kritik des Rosolenz. (Mittheilungen des Instituts für öster[illegible]chische Geschichtsforschung XXI. Bd., 1900.) — Lang, Beiträge zur [illegible]chengeschichte der Steiermark und ihrer Nachbarländer aus römischen [illegible]chiven. (Veröffentlichungen der Historischen Landescommission für Steier[illegible] XVIII, Graz 1903, und dasselbe in den Beiträgen zur Erforschung der steirischen Geschichte, XXXIII. Jahrg. Graz 1904.) — Matrikel (Hs.) der Universität Graz.

Franz Ilwof.

Rossbach: Georg August Wilhelm R. wurde am 26. August 1823 in der kurhessischen Stadt Schmalkalden geboren. Sein Vater Johann Georg Rossbach war dort Schulinspector und Rector des Progymnasiums, die Mutter [illegible] geb. Sommer die Tochter eines wohlhabenden Kaufmanns. Den ersten Unterricht genoß R. auf der Bürgerschule und dem Progymnasium seiner Heimathstadt und lernte außerdem viel aus der reichhaltigen Büchersammlung

[illegible]

Gymnasium zu Hanau als Praktikant überwiesen und ga
19. November namentlich griechischen und deutschen Unterr
durch seine umfangreichen Kenntnisse, sondern auch durch di
Auftretens bei stattlicher Gestalt schien er berufen, ein ausg
mann zu werden. Allein die Anstellungsaussichten waren un
Neigung, möglichst uneingeschränkt der Wissenschaft leben zu
R. tiefe Wurzeln geschlagen. Hierzu kam der Wunsch, auch
Seite seines Freundes Westphal zu arbeiten und zu wirken
es nicht gelungen, seine Studien so zu regeln, daß er die S
das Lehramt bestehen konnte. Die beiden Freunde be
Universitätslaufbahn zu widmen und bereiteten sich gemeinsa

R. wohnte seit 1850 in Westphal's Vaterhause in Ober
mit der Grafschaft Schaumburg zu Kurhessen gehörte, und
sehr wohl. Er schildert das Leben in dieser Familie in dem
er über Rudolf Westphal in der Allgemeinen Deutschen B

In Oberkirchen trieben R. und Westphal besonders eifrig metrische und [illegible]tische Untersuchungen. Am 30. April 1851 erhielt R. auf seine Bitte [illegible] aus dem kurhessischen Staatsdienste. Bald darauf zog er mit [illegible] und einem dritten Studiengenossen, C. D. A. Freihr. v. Knoblauch-[illegible], nach Tübingen. Unterwegs sah er Straßburg. Für die zu dem [illegible] Zwecke zunächst erforderliche Doctorpromotion reichte R. als [illegible], die nicht gedruckt zu werden brauchte, einige Abschnitte eines [illegible] über die römische Ehe ein. Nachdem er auch die mündliche Prüfung [illegible] Schwierigkeiten bestanden hatte, erhielt er das Diplom unter dem [illegible]uar 1852. Seine Habilitationsschrift, die gedruckt werden mußte, [illegible] über „Peirithoos und Theseus". Die Behandlung des Gegenstandes [illegible] für die damalige Zeit eine beachtenswerthe Vielseitigkeit und führte zu [illegible] Ergebnissen. Wichtiger als diese Schrift waren für den zu erreichenden [illegible] die gleichzeitig veröffentlichten Thesen, die am 11. März 1852 vertheidigt [illegible]. Als Gegner Roßbach's traten der Philologe Chr. Walz, der Historiker [illegible] und der Bibliothekar F. Tafel auf. Am heftigsten griff Walz die von [illegible]gestellten neuen Ansichten an. R. vertheidigte sich mit Geschick und [illegible]iedenheit. Der Redekampf dauerte von 8—3 Uhr, also sieben Stunden. [illegible]lich wurden R. und Westphal als Privatdocenten der Philologie zu-[illegible]. Das darauf bezügliche Ministerialschreiben ging ihnen am 29. März [illegible]. Roßbach's Vorlesungen behandelten zunächst die Erklärung griechischer [illegible] römischer Schriftsteller; dazu kamen seit dem Winter 1854/55 auch [illegible]tische Collegien. Daneben war er mit wissenschaftlichen Arbeiten be-[illegible], besonders mit seinem Buche über die römische Ehe. Er suchte ihre [illegible]liche Entwicklung aufzuklären und verglich zu diesem Zwecke auch die [illegible] verwandter Völker. Er wies nach, daß die verschiedenen Eheformen [illegible]ömer nicht auf die verschiedenen Bestandtheile des römischen Volkes [illegible]zuführen seien und erklärte sie theils aus dem Uebergange der patriar-[illegible] Verfassung in die des entwickelten Staates theils aus religiösen [illegible]. 1853 erschien das Buch unter dem Titel: „Untersuchungen über [illegible]ömische Ehe" in Stuttgart. Es fand allgemeine Anerkennung als das [illegible] Werk, welches die Methode der vergleichenden Grammatik auf das Gebiet [illegible] „Antiquitäten" übertrug und einen derartigen Stoff unter dem weiteren [illegible]punkt der Culturgeschichte behandelte. Im folgenden Jahre, 1854, [illegible] der erste Band der Metrik, die R. und Westphal gemeinsam heraus-[illegible]. Er behandelte die Rhythmik auf Grund der griechischen Rhythmiker, [illegible]enso sehr der erhaltenen Dichterwerke selbst. In demselben Jahre 1854 [illegible] R. im Teubner'schen Verlage den Catull heraus, für den ihm J. Sillig [illegible] seine Vergleichungen wichtiger Handschriften zur Verfügung stellte. [illegible] erste Stelle unter den Codices wies R. dem Germanensis zu. Im [illegible] erschien in demselben Verlage der von R. herausgegebene Tibull, [illegible] zu den von Lachmann benutzten keine neuen Handschriften hinzu-[illegible] waren; doch ging R. Lachmann gegenüber selbständig vor. Am [illegible] 1855 erhielt R. den Titel eines außerordentlichen Professors der [illegible]. 1½ Jahre später wurde er zum ordentlichen Professor in Breslau [illegible], wo kurz nacheinander Ch. F. Schneider und J. A. Ambrosch gestorben [illegible]. Das Amt war Michaelis 1856 anzutreten. R. hatte sich mit West-[illegible] Schwester Auguste verlobt und vermählte sich jetzt mit ihr. Westphal [illegible] sich ebenfalls nach Breslau zu gehen. Er reiste dahin voraus. Die [illegible]vermählten hielten sich unterwegs in Berlin auf, wo R. die Museen be-[illegible] und die Fachgenossen aufsuchte, namentlich Boeckh, Meineke und [illegible], *außerdem auch Jacob Grimm.*

In Breslau hatte R. eine vielseitige Thätigkeit zu entfalten. Außer philologischen Lehramte, welches er, wie in Tübingen, auch auf die Archä ausdehnte, hatte er als einer der beiden Professoren der Eloquenz Progr und Reden auszuarbeiten. Ferner war er Mitglied der wissensch Prüfungscommission und hatte das „Museum für Kunst und Alterth leiten, bei dessen noch sehr unentwickeltem Zustande eine mühevolle Den Vorlesungen widmete er seine Hauptthätigkeit, wobei ihm sein red Geschick zu statten kam. Sein Vortrag fesselte durch großzügige Auffassung gewandt geprägte Schlagworte. Er las über griechische Litteratur, Gram Metrik, Religionsgeschichte, römische Staats-, Privat- und Sacralalterth und erklärte Homer, Pindar, die drei Tragiker, ferner Catull und Ta Dazu kamen archäologische Collegien: Einleitung in die alte Kunstgesch Erklärung der Denkmäler des Museums, griechische und römische Kunstges Geschichte der griechischen Architektur, Geschichte der griechischen Plastik, mäler von Pompeji und Herculaneum. Die Arbeit an dem Museum Kunst und Alterthum hatte den Erfolg, daß der Bestand dieser von G. Büsching in den Jahren 1810—12 aus den 91 ehemaligen schles Klöstern zusammengebrachten Sammlung festgestellt und für bessere bringung Raum geschaffen wurde. Daneben nahmen die sonstigen Ar Roßbach's ungehinderten Fortgang. 1856 erschien, von ihm mit West zusammen bearbeitet, der dritte Band der Metrik mit dem Neben „Griechische Metrik nach den einzelnen Strophengattungen“, Boeckh und Andenken G. Hermann's gewidmet. Auf der 1857 vom 28. September 1. October in Breslau stattfindenden Philologenversammlung machte ein trag Westphal's über „Terpander und die früheste Entwicklung der griech Lyrik“ besonderen Eindruck. R. durfte sich darüber wie über einen ei Erfolg freuen, da es sich um die Anwendung ihrer gemeinsamen in der geübten Forschungsweise und um Ergebnisse gemeinsamer Untersuch handelte. Von 1857—1862 erschienen Jahr für Jahr Programmabhandlun die sich größtentheils mit der Metrik oder mit der Erklärung des Aesch beschäftigten, dazwischen einmal eine Abhandlung zu Catull, dessen Text J. 1860 in zweiter Auflage erschien. Die Professur der Eloquenz hatte R. noch F. Haase. Mit diesem gerieth R. wegen der Vertheilung der liegenheiten in Streit. Auch in ihrer wissenschaftlichen Richtung lag Gegensatz begründet. Haase behandelte mehr den sprachlichen Ausdruck die Ueberlieferung der Texte und vorwiegend das römische Alterthum, hauptsächlich griechisches Wesen und griechische Kunst, und zwar mit Streben nach der Erfassung großer antiker Gedanken, ohne gleichzeitig auf Kenntniß aller zufälligen Einzelheiten und erschöpfende Benutzung der ber erschienenen wissenschaftlichen Arbeiten Werth zu legen. Das eine ist im sein Vorzug geblieben: er besaß eine aus den Quellen geschöpfte abgerund Anschauung von dem Alterthum und eine ehrliche Begeisterung für des große Leistungen und war wohl im Stande, seinen Hörern die in sein festen Besitz befindliche Summe von Kenntnissen und Anschauungen mit sol Geschick und solcher Wärme mitzutheilen, daß sie ihrerseits einen Schatz ha hatten, der z. B. für den Unterricht an den höheren Schulen eine brauch Grundlage abgab. Also zur Vorbildung tüchtiger Schulmänner war R. durch aus geeignet. Dagegen machte sich mit zunehmendem Alter auch die and Eigenschaft in gesteigertem Maaße geltend, daß er die Forschungen Ande neue Bestrebungen, die sich in der Philologie geltend machten, veränderte erweiterte Ziele dieser Wissenschaft nicht gebührend würdigte. Freilich hierbei in Betracht gezogen werden, daß ihm ein Augenleiden, das schon i [illegible] Jahren aufgetreten war und sich später wiederholte, auch äußerlich ein [illegible] Hinderniß bereitete. Wer etwa in dem letzten Jahrzehnt seiner [illegible]keit von R. einen Ueberblick über den damaligen Stand der Philologie [illegible]halten hoffte, um an einem geeigneten Punkte auch mit eigener Arbeit [illegible] zu können, wird schwer auf den rechten Weg gekommen sein. In [illegible] Zeit fühlte sich Mancher ebenso enttäuscht, wie ältere Zuhörer Roßbach's [illegible] seine anregende Wirksamkeit rühmen konnten. Als im J. 1861 [illegible] Universität Breslau ihr 50 jähriges Jubiläum feierte, wobei R. die [illegible]ische Festrede in der Aula Leopoldina hielt, konnte er als einer der [illegible]fähigsten und würdigsten Männer seines Standes gelten.

Eine grundlegende Thätigkeit entfaltete R. gerade in dieser und der [illegible]genden Zeit für die Pflege der Kunst und Kunstwissenschaft in Breslau. [illegible] dem vorhandenen „Museum für Kunst und Alterthum" wünschte der [illegible] für schlesische Alterthümer" die mittelalterlichen und neueren Werke [illegible] zu bringen. R. war diesem Wunsche zunächst abgeneigt, ließ sich aber von [illegible] damaligen seit kurzem im Amte befindlichen Curator der Universität, dem [illegible]präsidenten Frhr. v. Schleinitz von den Vortheilen überzeugen, die das [illegible] übrigbleibende Alterthumsmuseum haben würde. Dieses wurde jetzt erst [illegible] werthvoll. Durch die Miethe, welche der genannte Verein zahlte, [illegible] die Mittel zur Anschaffung guter Abgüsse vermehrt. Dazu kam bald [illegible] Sammlung griechischer Originale, welche der griechische Ministerialrath [illegible] Baudirector C. G. Schaubert zusammengebracht hatte. Nachdem er seine [illegible] Jahre in seiner Heimath Breslau verlebt hatte, wurde die Sammlung [illegible] Ausnahme der Münzen von den Erben dem Museum geschenkt. Die [illegible] wurden dann käuflich erworben.

So bot jetzt das Museum eine gute Gypssammlung und außerdem die [illegible]lichkeit, von der alten Kleinkunst eine unmittelbare Anschauung zu ge[illegible]. Im J. 1861 veröffentlichte R. das „Verzeichniß der Gypsabgüsse [illegible] Originalien antiker Bildwerke im Kgl. Museum für Kunst und Alterthum [illegible] Universität Breslau". Ein Stück der Schaubert'schen Sammlung, ein [illegible]thisches Salbgefäß, auf welchem der Kampf des Herakles mit der Hydra [illegible]stellt war, wurde auf Roßbach's Anregung von dem Studiosus Clemens [illegible]er behandelt. Die Veröffentlichung erfolgte bei Gelegenheit des Uni[illegible]tätsjubiläums im Namen der von R. geleiteten „Archäologischen Ge[illegible]schaft". Roßbach's Verdienste um die Archäologie wurden durch seine [illegible]nennung zum correspondirenden Mitgliede des archäologischen Instituts an[illegible]nnt (8. December 1861). Auch wo außerhalb der Universität sich Pflege [illegible] Kunst und ihrer Geschichte zeigte, war R. gern zur Theilnahme bereit. [illegible] Breslau bestand ein Kreis von Kunstliebhabern und Kunstkennern, von [illegible] hier Buchhändler E. Quaas (später in Berlin), Gymnasiallehrer [illegible] R. Schillbach (später in Potsdam) und Frhr. v. Wolzogen genannt seien. [illegible] Männer pflegten sich zu gelegentlichen Besprechungen über neu erschienene [illegible]blätter und ähnlichen gegenseitigen Mittheilungen zusammenzufinden. R. [illegible] mit ihnen bekannt und nahm gern an ihren Zusammenkünften Theil. [illegible] darauf entstand aus diesen Zusammenkünften der Verein der Geschichte [illegible] bildenden Künste (1862), zu dessen Vorsitzenden R. gewählt wurde. Er [illegible] dieses Amt bis zu seiner Reise nach Italien (1869) und hat es mit [illegible] verwaltet, ohne etwa die Archäologie einseitig zu begünstigen. In der [illegible]sischen Gesellschaft für vaterländische Cultur" begründete er 1866 zur [illegible]nderen Pflege der Archäologie eine archäologische Section, an deren Spitze [illegible] bis 1869 stand. Auch an den Bestrebungen, welche zur Gründung des „Museums der *bildenden Künste*" in Breslau führten, nahm R. lebhaften

Antheil. Er wies im Verein für Geschichte der bildenden Künste wieder auf den [illegible] Mangel einer großen Kunstanstalt hin. Nicht bloß Museum, sondern auch eine Akademie wünschten die Schlesier vom Staate [illegible].

Im J. 1866 schien nach dem siegreichen Kriege der rechte Zeitpunkt gekommen, mit diesem Anliegen hervorzutreten. Eine Deputation, zu der u. a. der Vorsitzende der Schlesischen Gesellschaft für vaterländische Cultur [illegible], und R., damals Rector der Universität, gehörte, überreichte dem Könige Wilhelm I. eine Bittschrift, welche dieser wohlwollend aufnahm. Der [illegible] forderte den Oberpräsidenten v. Schleinitz zum Bericht [illegible]. Dem von dem Oberpräsidialrathe Marcinowski abgefaßten Berichte lagen [illegible] Erhebungen Roßbach's über die Bestände der Breslauer [illegible] zu Grunde. Damit war die Angelegenheit in die rechte [illegible] und wurde nun, wenn auch nicht sehr eilig, doch stetig weiter [illegible], bis das Ziel erreicht war.

Nicht so leicht wie R. gelang es Westphal, in Breslau Boden zu [illegible]. Vgl. darüber Roßbach's Darstellung unter „Westphal". Am 1. [illegible] 1861 schied er auf sein Gesuch aus dem Staatsdienste aus und verließ [illegible] darauf Breslau. Der zweite Theil der ersten Auflage der Metrik (18[illegible] [illegible] Harmonik und Melopöie der Griechen; 1865: II. Allgemeine griechische [illegible]) wurde von Westphal allein druckfertig gemacht und trägt auf [illegible] [illegible] nur seinen Namen. Westphal wich hier und in der zweiten Auflage der Metrik, die in zwei Bänden von ihm allein bearbeitet wurde, in manchen [illegible] von R. ab. An Westphal's Stelle kam Martin Hertz aus Greifswald, und zwar, wie schon dort, als ordentlicher Professor. R. gab jetzt seinen Antheil an der Professur der Eloquenz an Hertz ab. Auf dessen Bitten [illegible] [illegible] er es ihm auch, über römische Alterthümer zu lesen. R. betrachtete [illegible] [illegible] ab das Griechische als sein Hauptgebiet. Im J. 1866 nahm er als Rector der Universität unter den Spitzen der Behörden an der Begrüßung des [illegible] Königs Wilhelm I. bei seinem feierlichen Einzuge in Breslau am [illegible] September Theil und war, wie schon erwähnt, Mitglied der Deputation, welche am [illegible] November 1866 dem König die Bittschrift wegen eines [illegible] Museums überreichte. Als im August 1867 F. Haase starb, [illegible] an seine Stelle August Reifferscheid, der bis 1884 neben R. und Hertz wirkte. Von Roßbach's Schülern habilitirte sich Alwin Schultz 1867 für neuere Kunst[illegible], R. Förster 1869 für Archäologie und Philologie, H. Blümner 18[illegible] für [illegible] Fächer.

Den Winter 1869/70 verlebte R. in Italien. Längere Zeit hielt er [illegible] [illegible] Neapel und namentlich in Rom auf, wo er an den Arbeiten [illegible] [illegible] Instituts theilnahm und mit dessen Leitern Henzen und Helbig [illegible] war. Nach seiner Rückkehr arbeitete er als Ergebniß seiner [illegible] die 1871 veröffentlichte Abhandlung aus: „Römische Hochzeit- und [illegible], erläutert von August Roßbach". Es war ein archäologischer [illegible] zu seinem früheren Buche über die römische Ehe. Ein großes Werk, [illegible] er [illegible] plante, ist unausgeführt geblieben, nämlich eine griechische [illegible] in drei Bänden, deren erster nach einer 1871 erschienenen [illegible] die Perioden der griechischen Religionsgeschichte, deren zweiter [illegible] [illegible], gegliedert in das Göttersystem und die Heroensage, [illegible] die religiöse Ethik und den Cultus behandeln sollte. Kurz [illegible] [illegible] hatte R. eine Dienstwohnung im Sandstift bezogen, [illegible] in Verbindung mit dem archäologischen Museum stand und ihm ein ruhiges [illegible] in [illegible] Stille sicherte. Das archäologische Museum in seine[illegible]

... Gestalt wurde in diesen Jahren durch Erweiterung und Umbau der ... sehr vermehrte Sammlung nicht mehr genügenden Räume geschaffen. ... erschien die zweite Auflage des Kataloges. In den siebziger Jahren stieg ... der Philologiestudirenden zu einer noch nie erreichten Höhe, sodaß im ... 1878/79 die Vorlesung über die griechische Formenlehre 149 Zuhörer ... Demgemäß war auch die Last der Amtsgeschäfte in den Doctor- und ...prüfungen erheblich, sodaß die wissenschaftliche Muße karg bemessen ... Dazu kam jetzt gerade häufig Roßbach's altes Augenleiden, sodaß er ...anfang der achtziger Jahre die weitere Ausarbeitung der „Religions-...hre" aufgeben mußte. Im J. 1884 wurde W. Studemund aus Straß-... nach Breslau versetzt, um an Reifferscheid's Stelle zu treten, während ... nach Straßburg ging. Studemund war für R. und Hertz nicht gerade ...wünschte Mann, wußte sie aber allmählich für sich zu gewinnen. Ein ... von rastloser Thätigkeit, in seinem Vortrage von sprudelnder, bisweilen ...zu stürmischer Lebhaftigkeit, dazu offenbar ein geübter Führer, der gern ...ng zu neuen Forschungsgebieten wies, brachte er es in kurzer Zeit dahin, ...as wissenschaftliche Leben in der Breslauer Philologie unter seinem Ein-... stand. Dabei verbarg er nicht ganz eine gewisse Geringschätzung der ...ungen seiner beiden älteren Collegen. Obwohl R. davon vielleicht am ... betroffen wurde und auch davon Kenntniß haben mußte, hat er doch ... Nekrolog, den er nach Studemund's im J. 1889 im besten Mannes-... erfolgtem Tode verfaßte, mit keinem Worte einer Verstimmung, zu der ...und genug hatte, Ausdruck gegeben und dadurch sich als großdenkenden ... bewiesen, der auch einen Gegner unparteiisch, ja mit Wärme zu würdigen ... Im J. 1889 erschien von R. neubearbeitet die specielle griechische ... in dritter Auflage mit einer ausführlichen Vorrede, die wichtige Auf-...ungen über Roßbach's wissenschaftliche Bestrebungen und besonders auch ... den Antheil Westphal's an der „Metrik" enthielt und außerdem als ein ...liches Meisterwerk beachtenswerth ist. An Studemund's Stelle trat zu ...ch's Freude 1890 R. Förster aus Kiel, der bereits 1870/75 als außer-...licher Professor in Breslau gewirkt hatte. Zwischen den jetzt nebeneinander ...en Collegen herrschte das denkbar beste Einvernehmen. In seiner Familie ... R. zwar einen großen Schmerz, doch noch mehr Freude. Einer seiner ... wurde nach Beendigung seiner Studien von einem unheilbaren Nerven-... befallen, sodaß er in eine Anstalt aufgenommen werden mußte; sein ... Sohn aber erreichte eine ähnliche Stellung wie der Vater, während ...jüngste, der sich der Chemie gewidmet hatte, ebenfalls auf dem besten Wege ...ner geachteten Lebensstellung war. Roßbach's älteste Tochter war glücklich ...heiratet, die jüngste neben seiner liebevollen Gemahlin ihm eine treue ...erin. So verbrachte er ein schönes Alter. In seinem letzten Jahrzehnt ... er noch einmal Gelegenheit, eine Universitätseinrichtung zweckmäßig neu ...stalten, nämlich das Institut für Kirchenmusik, dessen Leitung ihm am ... 1889 übertragen wurde. Gegen Ende des Sommers 1895 begannen ...kräfte abzunehmen. Im J. 1896 und 1897 traten schwere Erkrankungen ... 1898 am 23. Juli erlag er einer Lungenentzündung, zu der ein Schlag-... kam, im Alter von fast 75 Jahren. Ein Denkmal in Gestalt einer ... Stele bezeichnet sein Grab, und in dem Auditorium seines Museums ... in Erz getrieben sein Bild, gewidmet von seinen Freunden, Verehrern ...schülern.

... Nekrolog von Richard Förster in der Chronik der Universität zu ...slau 1898/99, S. 123—146. — Otto Roßbach, August Roßbach.

Eine Erinnerung an sein Leben und Wirken. Königsberg i. Pr. 1900. Nekrolog von Wilhelm Kroll in Bursian's Jahresbericht über die Fortschr. der classischen Alterthumswissenschaft 1900, Bd. 107, S. 75—85.

E. Türk.

Roßbach: Michael Joseph R., Pharmakolog und Kliniker, zu [illegible]dingsfeld bei Würzburg am 12. Februar 1842 geboren, studirte in Würzburg, dann in München, Berlin und Prag bis 1865, dem Jahre seiner Promotion. 1869 habilitirte er sich als Docent für Arzneimittellehre in Würzburg, erlangte 1874 daselbst ein Extraordinariat und wurde 1882 als Professor der speciellen Pathologie und Therapie und Director der medicinischen Klinik als Nachfolger von Nothnagel nach Jena berufen, nahm 1892 aus Gesundheitsrücksichten seinen Abschied und starb zu München am 8. October 1894. R. war einer der bedeutenderen Arzneikundigen der Neuzeit. In weitesten Kreisen wurde R. durch seine „Arzneimittellehre" (in 3. Auflage, mit Nothnagel, der die beiden ersten Auflagen allein bearbeitet hatte) bekannt. Außerdem veröffentlichte R: „Lehrbuch der physikalischen Heilmittel"; „Pharmakologische Untersuchungen" (3 Bde.); „Ueber Schleimsecretion", sowie zahlreiche Einzelarbeiten zur klinischen Medicin, besonders über Kehlkopfkrankheiten, sowie anderweitige Abhandlungen zur Physiologie und Pharmakologie.

Vgl. Biogr. Lex. hervorr. Aerzte 2c., hsg. v. Pagel, Berlin u. Wien 1901, S. 1430.

Pagel.

Rößler: Constantin R., geboren am 14. November 1820 zu Merseburg, † am 14. October 1896 zu Berlin.

R. stammte aus dem thüringischen Theil des Königreichs Sachsen, der nach den Freiheitskriegen an Preußen gekommen war; fünf Jahre war die Provinz im Besitz der hohenzollernschen Krone, als er das Licht der Welt erblickte. Aber es hat wenige Männer gegeben, die sich so sehr als Preußen gefühlt und bekannt haben, als Constantin Rößler. Sohn eines Predigers, wuchs er in seiner Vaterstadt auf bis zu seinem Abgang zur Universität. Das Dom-Gymnasium, das er vom Sommer 1834 ab besuchte, regierte damals Karl Ferdinand Wieck, der geistvolle Pädagoge, dem Ranke als Schüler der Schulpforta, wo Wieck damals Adjunct war, nach seinem eigenen Zeugniß fast das Beste verdankt hat; auch R. hat für alle Zeit seines Lebens entscheidende Einflüsse durch ihn erhalten. Im Herbst 1839 ging er nach Leipzig, um Theologie zu studiren, vertauschte aber bald die altsächsische Universität mit der altpreußischen in Halle, und die Theologie mit der Philosophie, zu der er dann die Staatswissenschaften hinzunahm. Schon auf der Schule (1837) hatte er den Vater verloren. So kam es, daß er nach beendigtem Studium zunächst nach Leipzig ging, wo seine Mutter nach dem Tode des Gatten lebte, um sich dort auf die Promotion und die Habilitation, die er ins Auge faßte, vorzubereiten. Im December 1845 promovirte er in Jena auf Grund einer Dissertation über den Philosophen Friedrich Heinrich Jacobi, ging darauf noch für ein Jahr nach Tübingen, um schließlich in Leipzig die Vorbereitungen zur Habilitation zu beendigen. Im nächsten Jahr ging er nach Jena, um sich zu habilitiren, ein Plan, der durch eine längere Erkrankung verzögert wurde und erst im Juli 1848 zur Ausführung kam. Auch jetzt aber kam R. nicht dazu, das Katheder zu besteigen, denn nun ergriff ihn die Bewegung des großen Jahres und riß ihn unwiderstehlich in ihre Kreise hinein; er erbat Urlaub, um publicistisch thätig zu sein. Zunächst trat er in die Redaction der „Grenzboten" ein, zur Seite Gustav Freytag's, mit dem ihn bis ans Ende enge Freundschaft verbunden hat. Danach ging er nach Berlin, an die von Hansemann und Weill begründete constitutionelle Zeitung n October 1849 nahm er die Vorlesungen in Jena über philosophische aatswissenschaftliche Fächer auf. Nach acht Jahren stiller Arbeit, in ein größeres Werk, „System der Staatslehre. Allgemeine Staatslehre" g 1857), reifte, wurde R. an seiner Universität zum außerordentlichen or der Philosophie ernannt. Er hätte nun wohl gleich Anderen eine Laufbahn als Universitätslehrer vor sich gehabt. Aber gerade jetzt erm der Drang, politisch zu wirken, aufs neue. Es war der Moment, nationale Bewegung nach den Jahren der Unterdrückung und dumpfer ng wieder in Fluß kam. Die Erkrankung König Friedrich Wilhelms IV., ertretung durch den liberaler gerichteten Bruder und bald die Regentesselben erweckten von neuem alle Hoffnungen und Anstrengungen der en, die von Preußen die Erhebung der Nation erwarteten. Drei Jahre elt R., der sogleich mit mehreren Broschüren in den Kampf eingriff, es m Katheder aus; Ostern 1860 aber brach er endgültig die Brücken zum h ab; einer Aufforderung des Ministeriums Auerswald folgend, das r die Vertheidigung der Grundsteuern gewann, siedelte er nach Berlin nd ward Publicist.

. gehörte also zu den deutschen Professoren, die aus ihrem Studium ie Gedanken schöpften, in denen sie die belebenden Kräfte der Nation en und deren Durchführung in dem Aufbau des nationalen Staates t den besten Theil ihrer Lebensarbeit widmeten. Aber sein Wesen irken unterscheidet sich doch, wie verwandt es sein mag, von seinen npfern. Sybel und Treitschke, Droysen und Häusser, Duncker und sen, und wie sie alle heißen mögen, waren Historiker oder Rechts-t, durchweg Jünger der historischen Schule, die im Gegensatz zu den en stand, unter denen R. groß geworden war. R. war in ihrem weder Historiker noch Staatstheoretiker. Er hat niemals eine histo- Arbeit gemacht, wie die Zunft sie verlangte, weder eine kritische chung, noch eine Quellenedition, noch eine größere oder geringere lung specieller Natur; auf solche Arbeiten der Kleinkritik sah er mit ewissen Geringschätzung herab. Litterarisch-ästhetische Untersuchungen ihn mehr an. Schon unter den Thesen seiner Dissertation ereine, welche auf solche Studien ein Licht wirft: die Idee, so lautet elche Shakespeare in der Fabel vom König Lear geleitet habe, scheine n den Kritikern nicht richtig erfaßt zu sein. Auf diesem Felde hat R. sein Alter gerne kleine Arbeiten unternommen, die sich zum Theil in s Detail verlieren: ich nenne die geistreichen Aufsätze über Kleist's Guiskard und die Entstehung des Faust; oder die feinsinnige Analyse inges der Nibelungen von Richard Wagner (Leipzig 1874, unter dem nym Felix Calm). Aber dies und anderes waren für ihn doch nur n: das Centrum seiner Studien war immer die Philosophie gewesen, war diejenige Philosophie, gegen welche die historische Schule ihre Kämpfe t hatte, die Philosophie Hegel's. Ihr ist R. auch treu geblieben als er und Publicist, ja das war recht eigentlich der Sinn, den er in alle Arbeiten für den deutschen Staat hineinlegte: die Ideen des großen ophen in die Wirklichkeit überzuführen, seine Gedanken zur That zu n, Staat und Kirche mit ihrem Geiste zu erfüllen.

Schon auf der Schule war R. in ihren Bann gezogen worden. Als mit Leopold Ranke den Thucydides und die griechischen Tragiker las, egel's Gestirn erst vor kurzem am Firmament der deutschen Bildung en; auch der junge Adjunct an der Pforta war wohl noch nicht von Strahlen getroffen gewesen; Ranke's Jugendbildung stand noch ganz unter

dem Zeichen des Rationalismus. Später aber ist Wieck ein begeisterter [illegible]
hänger des großen Philosophen geworden. R. hat uns das Bild [illegible]
Directors, als dessen ältester Schüler, wie er sagt, Ranke, als [illegible]
Ernst Häckel genannt werden könne, überaus lebendig und [illegible]
zeichnet. „Die empfänglichen unter seinen Schülern“, so schreibt er, [illegible]
ihm ein aus Staunen und Pietät gemischtes Andenken. Dieser [illegible]
einem Propheten, einem Seher. Er hatte uns Primanern schon [illegible]
Hegel's von den Momenten auseinandergesetzt. Sein vorzugsweise[illegible]
Beispiel war das Verhältniß der Jehova-Religion zur Christus-Re[illegible]
wahrhaft flammenden Worten entwickelte er uns, wie der Stamm[illegible]
Volkes Israel nach und nach unter den erhabenen Gesichten der [illegible]
gestützt auf die jüdische Zähigkeit, zu der überweltlichen Persönlich[illegible]
alles Kreatürliche von sich abstreift und sich zum Herrn aller Krea[illegible]
entwickelt worden. Aber der beständige Widerstand der Kreatur [illegible]
Herrscher mit seiner schrankenlosen Macht zum ewig zornigen, ewig [illegible]
Richter. Die wahrhaft weltüberwindende Macht ist nur die Liebe, [illegible]
offenbart, die aber als Voraussetzung, als aufgehobenes Moment, [illegible]
der schrankenlosen, über alle Kreatur erhabenen Macht bedurfte. [illegible]
weltumfassende Liebe haftet nicht am Kreatürlichen. Wieck schloß [illegible]
führung zuweilen mit der Frage: Verstehen Sie nun das Wort Chri[illegible]
denn Abraham war, war ich?

„Von solchen Erinnerungen unvergeßlicher Stunden erfüllt“, [illegible]
Halle, wo Johann Eduard Erdmann das philosophische Katheder [illegible]
Es war das Jahrzehnt nach Hegel's Tode, in dem der Einfluß [illegible]
Lehrers, von seinen Schülern, den Herausgebern seiner Schriften, [illegible]
sich weiter als jemals ausdehnte, zugleich aber auch durch das [illegible]
dringen der empirischen Erkenntnisse die Opposition, die sich bei [illegible]
Meisters erst kurz vor seinem Ende bemerkbar gemacht hatte, [illegible]
und in den Reihen seiner Anhänger selbst Abfall und [illegible]
brachen. Halle aber war der Boden geworden, auf dem der [illegible]
Schule selbst am heftigsten tobte; hier hatten sich die Junghegelianer, [illegible]
Ruge und seine Genossen, in den Hallischen Jahrbüchern das Organ [illegible]
in dem sie die Dialektik des Lehrers, statt sie zur Rechtfertigung [illegible]
stehenden“ zu benutzen, vielmehr dazu anwandten, „um alles [illegible]
seine Kraft und sein Recht, zu leben, mit unfehlbarer Sicherheit [illegible]
R. war bereits durch Wieck's Unterricht und durch eigene Anlage [illegible]
daß die bisweilen banale Form, in der Erdmann die conserva[illegible]
schaunngen, wie Hegel selbst sie vorgetragen hatte, gegen die jungen [illegible]
vertheidigte, auch ihm Widerwillen erregte. Aber andererseits [illegible]
wieder die dialektischen Manipulationen, mit denen die Junghegelianer [illegible]
giösen und politischen Doctrinen ihren Hörern mundgerecht zu machen [illegible]
und die Plattheiten, in denen sie sich ergingen, ab. Die Kreise, in [illegible]
seine Freunde fand, darunter vor Anderen Adalbert Delbrück, [illegible]
Curators der Universität, und Albert Ritschl, dessen Vater als Bischof [illegible]
die pommersche Kirche gegen den Einbruch der neuen pietistisch-feu[illegible]
doxie vertheidigte, hielten sich ebenso fern von dem Radicalismus [illegible]
seines Anhanges, wie von der orthodoxen Leidenschaftlichkeit [illegible]
Tholuck, und führten den jungen Studenten auf einen Boden, [illegible]
ohne dem Geist des Meisters untreu zu werden, den in Kirche und [illegible]
aufdrängenden Fragen der Epoche mit entschlossenem und klarem [illegible]
ging. So bildete er schon damals die Kraft der Kritik in sich aus, die er [illegible]
glänzenden Streitschriften gegen die Verderber und Verächter der Hegel'[illegible]

ie, gegen die triviale Skepsis eines Strauß und den pessimistischen Hochmuth Schopenhauer entfaltet hat. R. hat in reiferen Jahren die studentische ll, die er an Erdmann's Banalitäten übte, als „vorschnelles Urtheil“ ert, zumal da er das Verständniß der Hegel'schen Lehre an seinem immer schätzte, dessen Reichthum an mannichfaltigen Kenntnissen dialektischer Kunst er und seine Commilitonen doch kaum hätten erkönnen. Aber es war doch nicht bloß die Profanirung des Hegel-Tiefsinns und die dialektische Unbeholfenheit Erdmann's gegenüber den hegelianern, was R. von diesem fern hielt, sondern mehr noch die de, oder besser indifferente und skeptische Haltung gegenüber den ischen Idealen Deutschlands, für die Erdmann als geborener Livländer Haus aus keinen rechten Sinn besaß. Darin glich R. doch wieder den Rivalen seines Lehrers, daß er, wie sie, das Hegelthum religiösen und politischen Probleme der Epoche hineinführen und im Geiste des Meisters gestalten wollte; den Quietismus der Altianer hat er vielleicht noch schärfer, und jedenfalls nachhaltiger bekämpft ene.

Indem er nun, gleich so vielen Akademikern, sein Leben der Arbeit den nationalen Staat weihte, bewahrte er auch in der Art, wie er und wie er sich die Aufgabe und das Ziel des Kampfes setzte, die beere Stellung, die wir bereits in seiner Entwicklung den Mitkämpfern über wahrnahmen. Jene blieben, so lebhaft sie an den politischen pfen theilnehmen mochten, dennoch fast alle ihrem Katheder treu, oder en, falls sie einmal die Lehrthätigkeit, immer nur auf Zeit, aufgaben, der Welt auf, sei es auf der parlamentarischen Tribüne oder an der einer Zeitschrift oder, wie es in Frankfurt wohl vorkam und der Manches unter ihnen war, auf einem Ministerposten. Als Max cker im J. 1858 Leiter der halbamtlichen Presse unter dem Ministerium Neuen Aera wurde, verknüpfte er damit die Stelle eines vortragenden im Staatsministerium. Und Treitschke habilitirte sich gerade in dem ent, wo er in die Reihe der Kämpfer erst eintrat; auf dem Katheder wollte er für die allgemeine Sache wirken. R. aber brach alle Brücken sich ab. Er verschmähte es, mit dem Namen selbst hervorzutreten; chte völlig unter in dem Strom, den er dem Ziele entgegen lenken : alle seine Broschüren, wie auch die weitaus meisten seiner polien Artikel in Zeitschriften und Zeitungen sind anonym erschienen oder einem Zeichen, das nur den Eingeweihten bekannt war. Darin er- er ganz seines Meisters Lehre, daß vor der wirkenden Kraft der Idee Individuum, das nur wie ein zerstiebender Funke des allwaltenden ist, zurücktreten und verlöschen müsse: Niemand hat sie so ernst men wie er. Nicht daß R. den Werth der Persönlichkeit und die Nothdigkeit ihres Erscheinens und Wirkens verkannt oder verachtet hätte. war es ein Hauptartikel seines philosophischen Katechismus, daß die Idee sich eine Persönlichkeit, als das Gefäß ihrer Kraft, unfehlbar muß, und der Inhalt seines politischen Glaubens, daß der Messias chlands vor der Thür sei. Für sich selbst jedoch nahm er nur die Kraft spruch, daß er die Zeichen, die ihn verkündigten, deuten könne. Und das in der That der Ruhm, den die Nachwelt Constantin Rößler schuldet. wirklich der Prophet Bismarck's gewesen, er hat früher und deutlicher ein Anderer die Stelle bezeichnet, wo der Stern der nationalen ung stand; und mehr noch, er hat den Stern selbst gefunden und seine

Bismarck bei diesem Briefe über die Schulter gesehen habe? Wie Bismarck, verlangt auch R., daß Preußen Oesterreich den Kampf in Italien allein bestehen lasse, so daß den Italienern die Einheit unverkümmert bleibe, für welche sie kämpfen; man dürfe nicht den Habsburgern helfen, Venezien zu behalten. Als eine unsittliche Politik brandmarkt er es, daß Deutschland für sich die nationale Einheit erhalte und sie dem fremden Volke verkümmere. Er ruft, wie Bismarck so oft, den Schatten Friedrich's des Großen an, „die Staatenweisheit, welche uns auf die erhabenen Pfade der Geschichte geführt und die wir heute verleugnen sollen aus leerer Besorgniß, daß man sie gegen uns anwende und das linke Rheinufer uns nehme." „Wenn wir nicht Sorge tragen", so ruft er aus, „unsere Kraft so zu pflegen, daß wir den Rhein jederzeit behaupten oder nach jedem augenblicklichen Verlust wiedergewinnen können, so werden wir ihn trotz der Verträge mit Recht verlieren." Wenige Wochen darauf, im April, hatte R. Gelegenheit, mit Duncker die Frage zu besprechen. Er traf ihn auf der Reise nach Berlin, wohin Duncker auf seinen neuen Posten eilte, und hatte während der Fahrt und dann die nächsten Tage in Berlin mit ihm die lebhaftesten Auseinandersetzungen. Aber vergebens suchte er den Leiter der officiösen Presse zu seinem Plan zu bekehren. Der neue Geheimrath ließ sich nicht von der Ansicht abhalten, daß Preußen nach einigen Wochen der Neutralität, während Napoleon den Krieg in Italien eröffne, Süddeutschland besetzen, den Krieg an Frankreich erklären, den Oberbefehl über die deutschen Streitkräfte ohne weiteres an sich nehmen, und dafür nach einem siegreichen Frieden sich die dauernde Führung Deutschlands ausbedingen müsse.

Ein Mann wie R. konnte natürlich auch nicht anders als mit vollem Nachdruck für die Militärreorganisation im Sinne der Regierung eintreten. Er hat es noch im Juli 1862 gethan, unmittelbar vor dem Ausbruch des Verfassungsconflicts in Preußen. In der Flugschrift: „Die bevorstehende Krisis der preußischen Verfassung", schlug er die Bildung eines Ministeriums vor, in dem neben Georg v. Vincke und General v. Roon Bismarck den Platz des auswärtigen Ministers einnehme, denn der habe das echte Gefühl für die Ehre Preußens und wolle die Politik dieses Staates auf die selbständige Kraft desselben stellen. Beide Dinge seien unter den bisherigen preußischen Diplomaten etwas so Ungewöhnliches gewesen, daß sie eine außerordentliche Erwartung rechtfertige. Die Zweifel dagegen scheinen ihm sehr leicht zu wiegen: „Es kommt nur darauf an, daß den Deutschen die Gelehrsamkeit, die sie bei so vielen Gelegenheiten zeigen, auch zur rechten Zeit einfalle. Hat nicht Pitt, der große Tory, als Whig begonnen, und Fox, der große Whig, als Tory? War Peel, der Zerstörer der Torypartei, nicht zuvor ihr Führer? Und ist Palmerston's staatsmännische Jugend nicht einst die Hoffnung der Tories gewesen? Die Einseitigkeit eines Standpunktes überwindet eine zur Freiheit befähigte Natur am sichersten durch die Kraft, mit der sie sich in ihn hineinlebt." Herr v. Bismarck habe einst erklärt, er wolle den Namen des Junkers, wie einst die holländischen Geusen den ihren, zu Ehren bringen; er sei vielleicht nahe daran, sein Versprechen zu erfüllen. R. ließ sich auch nicht beirren, als Bismarck im September seine Laufbahn als der Minister der Reaction begann. In der Broschüre: „Preußen nach dem Landtage 1862", wagt er es, „eine Ueberzeugung auszusprechen, unberührt von dem Aufschrei des Widerspruchs, welchen sie hervorrufen wird. Wenn Herr v. Bismarck der Regierung, an deren Spitze er steht, den Impuls zu einer kühnen, fortreißenden That in der deutschen Frage geben kann, so wird in wenig Tagen vergessen sein, was er noch heute und gestern gesprochen, gethan oder zugelassen hat. Dann ist es mit der Reaction zu Ende, *aber auch* mit der Opposition. Unter anfänglichem

Widerstreben wird lawinenartig durch die deutschen Provinzen der Ruf ei Nation sich fortpflanzen, welche durch das Reden zur Verzweiflung gebrach Der veränderte Ruf eines verzweifelnden Tyrannen, welcher angstvoll fr „Ein Pferd! Ein Königreich für ein Pferd!" — Die deutsche Nation jubelnd rufen: „Eine Dictatur für einen Mann!"

Wie R. im J. 1863, als Bismarck den Glauben der Preußenfr an den Staat Friedrich's des Großen auf die stärkste Probe stellte, über gedacht hat, kann ich nicht sagen; es fehlen mir dafür die Unterlagen. Je falls haben ihn, wenn er sich überhaupt von ihm entfernt hat, Düppel Alsen alsbald zu seinem Helden zurückgeführt. Und nun kam auch für der Moment, der ihn persönlich mit Bismarck verknüpfte. Ostern 1865 er von dem Minister den Antrag, nach Hamburg zu gehen, theils um Handelsverhältnisse Hamburgs einer möglichen politischen Veränderung Norddeutschland gegenüber zu studiren, theils um die Entwicklung in Herzogthümern unter dem preußisch-österreichischen Condominat zu beobach Im Herbst 1868 von Hamburg nach Berlin zurückgekehrt, privatisirte wiederum längere Zeit, von dem Ertrage seiner Feder lebend. Drei Jahre, 1868 bis Ende 1871, war er Mitarbeiter am Staatsanzeiger, gab diese aber, da sie ihm die persönliche Freiheit zu sehr beschränkte, wieder auf. Januar 1877 nahm er eine feste Stellung an, als Leiter des Litterari Bureaus, also das Amt, welches einst Duncker einige Jahre verwaltet R. jedoch verband damit nicht eine Stellung als Ministerialrath; erst Bismarck's Entlassung ist er, im März 1892, indem er jene Stelle als Legationsrath in das Auswärtige Ministerium eingetreten. Am 1. nuar 1894 ward er bei seinem vorgerückten Alter auf sein Ansuchen mit Charakter eines Geheimen Legationsrathes in den Ruhestand versetzt.

Auch als Beamter Bismarck's ist R. in der alten Stellung und Thät keit geblieben. Er hatte neben dem Amt, die Presse zu verfolgen und Zeitungsausschnitte für den König und die Minister zu besorgen, den Auftr oder die Erlaubniß, im Sinne der Regierung die öffentliche Meinung zu einflussen. Zahllose Artikel hat er an den verschiedensten Stellen, namentl über die auswärtige Politik, geschrieben. Weithin bemerkt wurden seine Lei artikel in der „Post"; er war der Verfasser der Kometenbriefe in den „Gren boten", deren „Zickzack-Bahnen" Treitschke's Kreise mehrfach störten, und Juli 1884 bis zum November 1887 der W-Artikel in den „Preußischen Jah büchern". Da ist es nun höchst bemerkenswerth, daß, trotz seiner amtlich Stellung, und obschon er seine Information von der leitenden Stelle erhiel nach Form und Inhalt Rößler's Aufsätze niemals controllirt wurden. Wenn ma bedenkt, wie eifersüchtig Bismarck bei seinen Diplomaten darüber wachte, da sie keine Politik auf eigene Hand betrieben, und wie er Persönlichkeiten in ähnlicher Stellung, z. B. einen Moritz Busch, ausnutzte, um seine Gedanken in die Presse zu bringen, oft an denselben Stellen, wo R. arbeitete (man denke an die „Grenzboten"-Artikel von Busch, welche Bismarck soufflirte), so muß man wirklich erstaunen, daß der Fürst R. völlig freie Hand ließ und andererseits niemals von ihm verlangt hat, ihm seine Feder direct zu leihen. Sogar Arbeiten, wie den „Krieg-in-Sicht"-Artikel der „Post" 1875, der in ganz Europa das weiteste Aufsehen erregte und allgemein als von Bismarck inspirirt galt, oder den andern, „Auf des Messers Schneide" 1887, hat R. auf eigene Faust geschrieben. Bismarck sagte sich wohl, daß er Rößler's Feder verlieren würde, sobald er sie in Bahnen zwänge, die ihr widerstrebten; auch wußte er, daß sie niemals ganz aus seiner Bahn weichen würde, während die Ideen Rößler's doch wieder zu eigenartig formulirt waren, ich möchte

, zu speculativ, zu pointirt, um dem großen Praktiker ganz nach dem n zu sein: genug, der Meister hat diesem Diener (ehrenvoll gewiß beide Theile) die Freiheit gelassen, ohne welche er kein Wort hätte ben können.

Vor allem an einer Stelle, in einer Phase der Bismarckischen Politik R. Bahnen verfolgt, die, wie von denen seiner Freunde, so auch von Bismarck's, so verwandt sie ihnen waren, dennoch weit hinwegführten ihn abermals auf eine einsame Höhe gebracht haben. Ich meine die wie er den Culturkampf aufgefaßt hat. Er hat ihm, da er auf dem l war, 1875, also nicht lange bevor er Bismarck's specieller Diener e, eine größere Schrift gewidmet, das zweite seiner Bücher: „Das he Reich und die kirchliche Frage". Ein Werk, in dem R. die Summe Speculation, seines philosophischen und religiösen Glaubens, wie historischen Erkenntniß des Weltbildes niedergelegt hat. In ihm er den Zusammenhang zwischen dem Leben des Staates und des s in der deutschen Nation, so wie er ihn sich dachte, geschildert: die welche von Luther zu Leibniz, von Leibniz zu Kant, von Kant zu hinleite, wie Hegel Kant's Ideen zur Vollendung gebracht habe mit ihm und Leibniz eine Trias bilde, welche die Principien des Pro- tismus fortgeführt habe. Von da aus gibt er eine Kritik aller Systeme Parteien, die sich im deutschen Staats- und Geistesleben emporgethan ordnet er die Linien an, auf denen das neue Leben, der neue Geist der n im Kampf gegen alle Mächte des Unglaubens zum Siege vordringen . Den Anlaß zu dem Kampf führt er, für Bismarck wie für seine er, vor allem auf die auswärtigen Verhältnisse zurück; den Grund aber er in der Fortentwicklung unseres Volkes seit der Reformation, in dem ge unseres Genius, sich die Formen zu schaffen, die den von Gott in ihn en Kräften entsprechen. Weit ab weist er die platte Auffassung des s als einer Rechtsordnung, welche ohne Religion sei und sein könne. dem Grunde der Reformation ruht derselbe, wie alle Bildung und alle wahre t unseres Volkes. Sein Zweck umschließt die Sittlichkeit, denn sonst hätte nur das Amt, die sittlichen Kräfte gewähren zu lassen, aber nicht sie zu . Er kann nicht ohne Glauben sein und die Religion kann ihn nicht Neutralität verdammen wollen; denn es gibt nur einen Glauben und außer ist alles Unglaube, Aberglaube. Darum kann der Kampf gegen die katho- Kirche nur dann zum glücklichen Ziel kommen, wenn die Evangelischen ufmachen und ihre Missionare in die von ihren eigenen Hirten verlassenen lischen Gemeinden schicken, um ihnen das Evangelium zu predigen. Wird e Kirche die Geisteswaffen besitzen: diese Kirche, „die dem Rüstzeug ihres ens wie einem Haufen von Antiquitäten gegenübersteht, dem ein Dienst, los wie der katholische Reliquiendienst gewidmet wird?" Die Frage t für R. schon die Antwort ein. „Niemals", so lautet sie, „hat das ler'sche Wort eine traurig schlagendere Anwendung gefunden: „aber der Moment findet ein kleines Geschlecht".

Wir sagten, daß Rößler nicht eigentlich zu den Historikern gehört , wenigstens nicht zu ihrer Zunft. Dieses Buch aber lehrt uns, daß er denken gelernt hat, und erklärt es, weshalb er ein Bewunderer Ranke's ist, so sehr, wie es jene Historiker von Fach, obschon sie sich Schüler s nennen konnten, niemals gewesen sind. Denn in der That, die An- ungen, welche R. in diesem Buche entwickelt und die er in allen seinen ften wiederholt oder doch niemals verleugnet hat, machen ihn zu einem verwandten Ranke's. Wenn sie Beide Schüler Konrad Ferd. Wieck's gewesen sind, so mögen auch darin vielleicht Keime des Einflusses fortgew haben, den sie von dem geliebten Lehrer empfingen. R. hat, obschon schwerlich je ein historisches Seminar besucht hat (ein Glück, das auch Ranke, wie man weiß, nicht genossen hat), in Arbeiten wie der Essay „Graf Bismarck und die deutsche Nation“ den Charakter und Politik des großen Staatsmannes in wahrhaft Ranke'scher Weise ge er hat Jahre hindurch auch eine specifisch historische Aufgabe in der Lei der „Zeitschrift für Preußische Geschichte“ erfüllt, und hat über Büch Sybel's Deutsche Geschichte und Ranke's Weltgeschichte Referate und Kriti geschrieben, die jeder Fachzeitschrift zur Ehre gereicht hätten.

R. lebte in einfachen Verhältnissen. Spät erst gelangte er dazu, Hausstand zu gründen. Aber es geschah im Jahre des Sieges, der Erfü seiner politischen Hoffnungen, 1866, und er hat dann an der Seite ein liebten Frau, der treuesten Arbeitsgefährtin, und im Besitz guter Kinder dreißig Jahre des reinsten Glückes genossen.

Wenn die Wahrheit einer Lehre erst durch das Leben erhärtet kann, und wenn das Werk des Lebens auch das Glück des Lebens in schließt, so hat die Philosophie Hegel's niemals eine bessere Bestätigun funden, als durch das Leben Constantin Rößler's. Es war in ihm, Gustav Freytag dem Siebzigjährigen schrieb, „eine Verbindung von siasmus und Milde, die sich in der schwierigsten Stellung gegenüber kennung und gegenüber mächtiger Zumuthung bewährte und dem Vielbe tigten, mit amtlicher Arbeit Ueberhäuften, mitten im politischen Stre Freudigkeit und die belehrende Einwirkung auch auf anderen idealen Geb des deutschen Schaffens bewahrte“. Religion und Philosophie fielen Constantin R. zusammen. „Denken und Glauben“, sagt er einmal, Geschwister“. So hat er es schon in den Sententiae controversae Doctordissertation, die wie ein schöner Kranz das Denken und Fühlen, Soll und Haben seines ganzen Lebens in seiner Blüthezeit zusamm fassen, ausgesprochen. In der zweiten unter ihnen behauptet er, daß die Philosophie Kant's erst zur Vollendung geführt habe. In der nennt er den Geist frei in jeder Phase des historischen Progresses. fünfte widerstreitet denen, welche von Spinoza's Lehre sagen, daß sie dem Geiste des Christenthums nichts zu schaffen habe. In der achten nennt er Cartesius, Spinoza und Leibniz eine Trias, die mit der Gr idee des Protestantismus zusammenhänge. An der Spitze aber steht das kenntniß, dem er sein ganzes Leben hindurch treu geblieben ist:

Nemo philosopho religiosior.

Unter den Nekrologen auf Constantin Rößler sind hervorzuheben von Hans Delbrück in den Preuß. Jahrbüchern, Novbr. 1887, und Gustav Schmoller (Jahrbuch f. Gesetzgebung 2c. XXVI, 3. Heft). wurden ferner biographische Daten von Rößler's eigener Hand für haus' Konversationslexikon, 14. Auflage, und Erinnerungen, die er in Essays über Joh. Ed. Erdmann (Preuß. Jahrbücher, Septbr. 1892) über Max Duncker (ebenda Septbr. 1891) eingestreut hat. Dazu andern Schriften. — Eine kleine Auswahl von Essays Rößler's gab Sohn, Walter Rößler, heraus (Berlin 1902, XXXVI, 585 Seiten); auch der Nekrolog Delbrück's.

Max Lenz.

Rost: Alexander, dramatischer Volksdichter, ist geboren am 22. Mär *1816* zu Weimar. Die Stadt, in der Schiller einst den Ideen der Vaterlands e, des Rechts und der Freiheit seine Worte geliehen, das Thüringerland) seine Waldluft, „die ich muß athmen, wenn ich leben soll", sie haben erzogen. Doch war es seine Absicht anfangs ganz und gar nicht, der nst allein zu leben. Der Vater war Staatsbeamter (Kammerrevisor), den ichen Lebensberuf sollte der Sohn ergreifen. Deshalb ging er Ostern 1836 h Jena, woher seine Mutter, eine geborene Trillhof, stammte, zum juristischen dium und schloß dieses auch regelrecht mit dem Staatsexamen ab, das ihm Befähigung gab, später, während der ersten Hälfte der vierziger Jahre, mehreren Justizämtern und dem obersten weimarischen Landesjustizcollegium tig zu sein. Freilich: das Brotstudium füllte seine Seele nicht aus. In a hörte er auch die geschichtlichen Vorlesungen des alten Heinrich Luden und oß die Freundschaft und dichterische Unterweisung des bekannten Improvi- rs O. L. B. Wolff. Er hegte schon damals dramatische Pläne und ent- f drüben sein erstes Stück, das „romantische Volksbild" „Kaiser Rudolf Worms oder der deutsche König und die deutsche Maid". Dem jungen, m nach Weimar zurückgekehrten Rechtscandidaten brachte dieses Schauspiel seiner ersten Aufführung auf der Hofbühne am 17. April 1841 einen n Erfolg, der hauptsächlich allerdings von der Begeisterung der Commilitonen agen wurde. Einen düsteren Stoff behandelt das sechs Jahre später voll- te Werk „Landgraf Friedrich mit der gebissenen Wange" (zuerst aufgeführt Leipzig am 17. September 1847, in Weimar am 2. Januar 1848), dessen rolle seiner Zeit von Emil Devrient gern gespielt wurde. Der große druck dieses Stückes auf das Publicum verleitete den Dichter, sich für sein es Leben vom Zwange der Tagesarbeit frei zu machen. Er verließ den aatsdienst und widmete sich nun ganz der Pflege seines großen Talents. eifellos war dies ein Fehler. Denn, wollen wir auch annehmen, daß und Träger Recht hat, wenn er von unserm R. sagt, „er zählt der Anlage) unter unsere bedeutendsten dramatischen Dichter und wird an theatralischem tinkt und Sicherheit der Bühnenwirkung von keinem der Heutigen (1874) troffen, so mußte doch die durch diesen Schritt unsicher werdende Lebens- ung des Dichters Bethätigung gerade hemmen, statt sie zu fördern. Die l seiner Werke ist darum auch, trotz der von Nahestehenden an ihm ge- nten Leichtigkeit des Schaffens, eine verhältnißmäßig kleine geblieben. Auf Landgrafen Friedrich folgte „das Regiment Madlo" (1857) aus der letzten t des dreißigjährigen Krieges, mit dem die großen weimarischen Schauspieler- en Eduard Genast und Otto Lehfeld in der Erinnerung verbunden sind. nn erschien 1860 „Ludwig der Eiserne oder das Wundermädchen aus der hl". Ueber den Gegenstand dieser Dichtung brauche ich nichts zu sagen: kennt nicht die Sage vom hartgeschmiedeten Landgrafen! Der Dichter mt darin unstreitig seinem Volke am nächsten und hat zugleich Momente ßer Kunst. „Die erste Begegnung Ludwig's mit Walpurgis in der mitter- htigen, mondbeleuchteten Waldschlucht braucht den Vergleich mit Shakespeare's hönsten Liebesscenen nicht zu scheuen." Ende der fünfziger Jahre schrieb auf Franz Dingelstedt's Anregung das bayrische Volksstück „Die letzte e" von Martin Schleich in thüringischen Dialekt um und bürgerte es da- h in Weimar ein. Weniger glücklich war er mit dem 1864 heraus- mmenen „Berthold Schwarz oder die deutschen Erfinder." Es heißt denn der Geschichte zu sehr Gewalt anthun, wenn man, wie es da geschieht, warz und Gutenberg, den Meister der Buchdruckerkunst, in Freundschaft unden gleichzeitig handelnd auf die Bühne bringt. Der Vollständigkeit n sei auch ein Operntext „Der Held des Nordens" erwähnt, den Götze 1867 Musik setzte. *Rost's letzte große* Leistung war „Der ungläubige Thomas", ein Charaktergemälde, in dessen Mittelpunkt der berühmte, von der orth[illegible] Theologie seiner Zeit angefeindete Leipziger Rechtslehrer und Reformer Chri[illegible] Thomasius steht. Dies Drama wurde zuerst in Leipzig, dann in Weimar 23. Juni 1872 aufgeführt. Zu der Zeit, als R. sich mit diesem Stoffe [illegible] war er dem Ende seines Lebens schon nahe. Seit langem lastete die Sorge [illegible] seine Familie, um einen kranken Bruder, um die alte Mutter [illegible] dem gänzlich geschäftsunkundigen und niemals auf äußeren Vortheil [illegible] Manne. Dazu hatte sich schon frühzeitig ein Gichtleiden gesellt [illegible] Weimaraner wollen wissen, der Dichter sei daran selbst nicht ganz ohne [illegible] gewesen. Noch spät, nach dem Tode seiner Mutter, reichte ihm ein viel jün[illegible] Mädchen, Henriette Walther in Weimar, die Hand. Diese konnte aber [illegible] viel mehr noch für ihn thun, als ihm durch sorgliche Pflege seine Schm[illegible] erträglich machen. R. starb am 15. Mai 1875; ein einfaches [illegible] aus Sandstein in gothischem Stil bezeichnet seine Ruhestätte auf dem [illegible] rischen Friedhofe. — Rost's „Dramatische Dichtungen" erschienen zu [illegible] 1867—68 in sechs Theilen, „Der ungläubige Thomas" zu Leipzig 1875, [illegible] letzte Hexe" ist ungedruckt.

Vgl. Albert Träger, Ein Thüringer Dichter, „Gartenlaube" 1[illegible] S. 622—624, mit Bildniß. — Weimarische Tageszeitungen.

G. Lämmerhi[illegible]

Rost: Maurus R., geboren 1633 zu Münster i. W., war von 1[illegible] bis 1706 der 41. Abt des vom Bischof Benno II. von Osnabrück 1070 [illegible] gründeten und 1802 säcularisirten Benedictinerklosters zu Iburg bei Osnab[illegible] Nach dem Besuche der höheren Schule zu Münster setzte er seine Studien [illegible] der von den Jesuiten geleiteten Universität zu Dillingen an der Donau [illegible] und wurde nach seiner Rückkehr Pfarrer in dem Iburg benachbarten un[illegible] Kloster incorporirten Glane, wo er bis zu seiner Abtswahl blieb. Im J. 1[illegible] wurde er von den Visitatoren der Bursfelder Klostercongregation zum [illegible] tarius ernannt. Ausgezeichnet durch philosophische, theologische und humani[illegible] Bildung, welche letztere unter anderem durch die vielfach von ihm [illegible] lateinische Verskunst von ihm bezeugt wird, sorgte er mit hingebender [illegible] und Treue in seinem sowie in den dem Iburger Abt unterstellten Benedi[illegible] Frauenklöstern Ochede, Gertrudenberg, Malgarten und Herzebrok für [illegible] Zucht und kirchliches Leben, sowie auch für die Ausbreitung der [illegible] Congregation, für deren Kenntniß in der Osnabrücker Diöcese seine [illegible] des Iburger Klosters eine Hauptquelle ist. Ein hervorragendes Verdienst [illegible] Abtes Maurus besteht in der Verwaltung und Hebung des gesammten Klo[illegible] vermögens in schwieriger Lage. Durch den dreißigjährigen Krieg und [illegible] längere schwedische Occupation hatte das Kloster sehr gelitten und war [illegible] verschuldet. Zum ersten Male stand das Hochstift nach den Bestimmungen [illegible] westfälischen Friedens unter einem evangelischen Landesherrn, dem Bisch[illegible] Ernst August I., der das neu aufgekommene Princip der Landeshoheit [illegible] klösterlichen Exemtionen gegenüber vertrat und gegen dessen Zumuthungen, [illegible] gleich der Bischof persönlich wohlwollend war, der Abt sich vielfach [illegible] mußte. Hier war das außerordentliche Geschick des Maurus am Platze, [illegible] mit Recht nannte man ihn später den zweiten Gründer des Klosters. [illegible] der Bearbeitung eines Copiars für die Iburger Urkunden und vielfachen [illegible] zeichnungen über den Erwerb und Besitz des Klosters verfaßte Maurus [illegible] kurze Abtsgeschichte („Catalogus abbatum monasterii S. Clementis in Iburg"[illegible] ferner „Acta episcoporum Osnabr." und „Osnabrugum sacrum et profanum" [illegible] eine noch immer lesenswerthe Beschreibung des Hochstifts Osnabrück. [illegible] Schriften sind ungedruckt und im Besitz des Iburger Pfarrarchivs. Sei[illegible] tigstes Werk ist jedoch die Geschichte seines Klosters bis 1700 („Annales asterii S. Clementis in Iburg"), weniger ein eigentliches Geschichtswerk ein für den praktischen Gebrauch im Kloster bestimmter Nachweis über stehung und Bestand aller Erwerbungen und Gerechtsame desselben. Be-ders wichtig sind diese Annalen für die Kenntniß der Beziehungen des sters zu den incorporirten Kirchen, sowie für die früheren bäuerlichen und herrlichen Verhältnisse und die Rechte der Mark- und Bauerschaftsgenossen Hochstift O. Das Werk ist nebst einer Einleitung, Uebersetzung des inischen Textes, umfangreichen erklärenden Anmerkungen und mehreren Ex-sen im Auftrage des historischen Vereins zu Osnabrück herausgegeben.

K. Stüve, Die Iburger Klosterannalen des Abtes Maurus Rost. Osnabrück 1895. K. Stüve.

Rost: Ernst Reinhold R. war geboren am 2. Februar 1822 in enberg (Sachsen-Altenburg) als Sohn des Archidiakonus Christian Friedrich und seiner Ehefrau, der Tochter des Pfarrers Glasewald aus Nöbdenitz Ronneburg, und zwar als jüngstes von acht Geschwistern. Bis zum Jahre 31 wurde der Knabe, der schon früh eine hervorragende Begabung für fremde rachen zeigte, vom Vater unterrichtet. Nach dessen Tode wurde er auf enberger Schulen für das Gymnasium in Altenburg vorbereitet, das er 38 bezog. Nachdem er dieses mit Auszeichnung verlassen hatte, bezog er J. 1842 die Universität Jena, auf der er sich dem Studium der Theo-ie (unter Hoffmann, Hase, Baumgarten-Crusius, Grimm und Rückert) und orientalischen Sprachen widmete. Für die semitischen Sprachen und das ische war Stickel sein Lehrer; für die indogermanischen Sprachen dagegen er mehr oder weniger auf Selbsthülfe angewiesen. Im Februar 1846 and er die erste theologische Prüfung in Altenburg. Da er sich aber erlich nicht zum Geistlichen berufen fühlte, nahm er keine Stelle als Hülfs-licher an, sondern widmete sich theils in Jena, theils in Eisenberg dem teren Studium der orientalischen Philologie. Im J. 1846 veröffentlichte bereits seine Erstlingsarbeit über den Genitiv der dekhanischen Sprachen, und 47 promovirte er in Jena zum Doctor der Philosophie auf Grund einer andlung über die Grammatik der singhalesischen Sprache. Im J. 1847 schloß er sich, nach England zu gehen, weil dieses Land wegen seiner nahen iehungen zu Indien dem jungen Orientalisten die meisten Hülfsmittel zu en Forschungen zu bieten versprach (also nicht im J. 1848 und nicht aus itischen Gründen, wie es nach dem Nekrolog im Globus Bd. 69, S. 179 Anschein hat). Von 1847—1849 hielt er sich zunächst in London auf, er sich seiner wissenschaftlichen Fortbildung widmete und die birmanischen Pali-Handschriften des britischen Museums katalogisirte. Der Drucklegung Kataloges stellten sich jedoch finanzielle Schwierigkeiten und sonstige Be-ken entgegen. Als Frucht dieser Katalogisirungsarbeiten ergab sich ihm r eine Abhandlung über den Manusara, d. h. über ein im Pali von nûraya verfaßtes birmanisches Civilgesetzbuch, das auf dem achten und nten Buche des Manu beruht. Die Abhandlung erschien in A. Weber's dischen Studien, Bd. 1 (1850), S. 315 ff. Trotz aller Connexionen und pfehlungen — er hatte u. a. Beziehungen zu dem preußischen Gesandten London, v. Bunsen — wollte es ihm aber nicht gelingen, in London eine e Stellung zu erlangen. Er ging deshalb 1849 nach Ickworth in der afschaft Suffolk, wo er dem Ortsgeistlichen, Reverend Lord Arthur Hervey, terricht im Sanskrit und im Deutschen ertheilte. Da ihm der Aufenthalt dessen Hause aber bald verleidet wurde, nahm er im J. 1850 eine ihm von n Schriftsteller Mac Farlane angebotene Stelle als Lehrer an der Dom-

schule von Canterbury an, wo er außer im Deutschen auch im Hebräi
Unterricht ertheilte. Bereits im J. 1858 vertauschte er diese Stelle aber
einer Professur für orientalische Sprachen an der Missionsanstalt zu St. Augu
(St. Augustines College) in Canterbury, wo er seine reichen Sprachkennt
endlich in geeigneter Weise verwerthen konnte. Er unterrichtete hier
Sanskrit, Tamulischen, Chinesischen, Kisuaheli, Malaiischen, Hindos
Mahratti, Persischen, Portugiesischen, Holländischen und ab und zu auch
Arabischen, Birmanischen, Singhalesischen, Pali und Tibetanischen. S
Thätigkeit an diesem College war ihm so ans Herz gewachsen, daß er sie
ans Ende seines Lebens beibehalten und die Mühe nicht gescheut hat,
London, wo er später in hervorragender Stellung wirkte, wöchentlich ein
nach Canterbury zu fahren. In Canterbury, wo er bis 1868 wirkte, k
logisirte er (1851) die „Palmblätterhandschriften“ der kaiserlichen Biblio
in St. Petersburg (abgedruckt in dem Catalogue des Manuscrits et X
graphes orientaux de la Bibliothèque Impériale de St. Pétersbourg, 1
Sect. XVI—XXIV, p. 629—657). Für diese ausgezeichnete Arbeit e
er ein Honorar von 1000 M. (nicht bloß von 300 M., wie in der Gart
laube 1865, S. 141 f. mitgetheilt ist) und den russischen St. Annenor
Im J. 1858 veröffentlichte er „Nachträge zu Gildemeister's Biblioth
sanscrita“ in der Zeitschrift der Deutsch. Morgenl. Gesellschaft, Bd.
S. 604 ff., und im J. 1861 machte er sich auf Vorschlag des Verleg
Trübner in London daran, die ersten fünf Bände der Werke des 1860
storbenen Sanskritisten H. H. Wilson für die von diesem Verleger
absichtigte Gesammtausgabe vorzubereiten. Im J. 1861/62 erschienen
beiden ersten Bände, während die drei weiteren Bände infolge einer
krankung des Herausgebers und seiner inzwischen erfolgten Berufung
London erst 1864 und 1865 erscheinen konnten. R. hat sich hier bemüht,
meist vor 30 bis 40 Jahren erschienenen Artikel (die sich meist auf Relig
und Litteratur der Inder beziehen) durch Anbringung von Verbesserungen
Ergänzungen, die in eckigen Klammern beigefügt wurden, dem derzeit
Stande der Wissenschaft nach Möglichkeit anzupassen. Im Anfange des Ja
1863, während eines längeren Aufenthaltes in Deutschland, vermählte sich
nunmehr 41 jährige mit Minna Laue, der Tochter des Gerichtsraths J. F.
aus Salza in der Provinz Sachsen. In demselben Jahre wurde R.
Canterbury nach London als correspondirender Secretär der Royal As
Society of Great Britain and Ireland als Nachfolger Rosen's berufen.
solcher wirkte er bis 1869. Unter seiner Redaction sind die Bände 41–
des Journal of the Royal Asiatic Society erschienen. Im J. 1869 e
erfolgte seine Berufung in das ebenso einflußreiche wie verantwortungs
und arbeitsreiche Amt des Oberbibliothekars des India Office in Lon
Hier hat R. nun 24 Jahre hindurch eine sehr ersprießliche Thätigkeit
faltet, die ihm die reichste Anerkennung der Orientalisten aus allen Weltth
eingetragen hat. Seine Verdienste liegen hier nicht nur in der Vermeh
des Bücherbestandes, der besseren Ordnung der Werke, der Erleichterung
Leihverkehrs, der Lockermachung oft beträchtlicher Summen für wichtige
käufe und zur Herstellung großartiger Publicationen, sondern vor allem
in der thatkräftigen Unterstützung und Förderung, die er allen rathsuchen
Gelehrten zu Theil werden ließ, und in der Bereitwilligkeit, ihnen das
wünschte zu verschaffen und mit dem reichen Schatze seines Wissens ihnen
Gebote zu stehen. Ein wesentliches Verdienst erwarb er sich auch dadurch,
er (1869) die Katalogisirung der indischen Handschriften der Bibliothek
India Office (die durch Haas, Eggelin und Windisch ausgeführt wurde),

Katalogisirung der Druckschriften derselben Bibliothek in die Wege leitete. Von letzterem Katalog ist 1888 der erste Band erschienen; den zweiten Band hat R. noch selbst in Angriff angenommen, hat ihn aber nicht vollenden können, da er im J. 1896 starb. Der von ihm bearbeitete erste Theil dieses Bandes erschien 1897 unter dem Titel „Catalogue of the Library of the India Office. Vol. II, Part. I: Sanscrit books. Ed. by R. Rost. London, Eyre". Sonst hat R. sich noch verdient gemacht durch die Herausgabe von „Brian Houghton Hodgson's Miscellaneous Essays relating to the Indian Subjects", 2 Bde. 1880 [das Werk bezieht sich in der Hauptsache auf die Völkerschaften Vorderindiens, ihre Sprache, Grammatik, Körperbau, Abstammung], ferner von „Miscellaneous Papers relating to Indo-China and the Indian Archipelago 1886/7" (London; Trübner) [52 verschiedene werthvolle Artikel aus orientalischen Zeitschriften aus den Jahren 1808—1879 enthaltend mit zahlreichen Fußnoten Rost's]. Ferner fungirte er als Herausgeber einer bei Trübner erschienenen „Collection of simplified Grammars of the principal Asiatic and European Languages", und gab die drei letzten Bände von Trübner's „Record. A Journal devoted to the Literature of the East with Notes and Lists of Current American, European and Colonial Publications" heraus (1889—1891). Die von R. für den Record geschriebenen Artikel verleihen den betreffenden Bänden einen Werth, der sie weit über die bibliographische Litteratur heraushebt. Aus dem Jahre 1891 sei noch die Herausgabe von „The Lords Prayer in three hundred Languages. With a preface of R. Rost" (London) erwähnt. Dazu kommen noch zahlreiche, meist werthvolle Artikel, die sich in Zeitschriften und Sammelwerken zerstreut finden, so in dem von Prof. Summers und eine Zeit lang auch von ihm selbst mit herausgegebenen „Chinese and Japanese Repository, Summers Oriental List" (einer bibliographischen Zeitschrift, die inzwischen an die Stelle von Trübner's Record getreten war), in der Londoner „Times", im „Athenaeum" (hier größtentheils anonym, nur selten mit R. R. oder R. Rost gezeichnet), und vor allem in der „Encyclopaedia Britannica". Namentlich die letzteren Artikel sind aus dem Vollen geschöpft und gehören zu dem Werthvollsten, das R. zu verdanken ist. Sie beziehen sich theils auf Lebensläufe bekannter Orientalisten, theils auf Land und Leute, Sitten und Gebräuche asiatischer Völkerschaften, theils auf orientalische Sprachen. Hervorgehoben seien hier die Artikel über „Malay Language and Literature" (Bd. 15), über „Pali" (Bd. 18), über „Siamese Language and Literature" (Bd. 21), über die „Thugs" (Bd. 23).

Neben seiner litterarischen und bibliothekarischen Thätigkeit übte R. nach wie vor die ihm lieb gewordene Lehrthätigkeit am St. Augustines College in Canterbury. Vorübergehend (1864) ist er auch Lehrer des Sanskrit an dem Civil Service College und Professor des Arabischen und Persischen am King's College in London gewesen; doch mußte er diese Thätigkeit wegen Ueberbürdung bald aufgeben. Im J. 1893 wurde er im Alter von 71 Jahren pensionirt. Eigentlich hätte nach dem Gesetze seine Pensionirung bereits nach Ablauf des 70. Lebensjahres erfolgen müssen. Seine Freunde hatten sich aber bemüht, für den an seiner Stelle fast unersetzlichen Mann eine Hinausschiebung des Pensionirungstermins auszuwirken. Er hat seine Pensionirung nicht lange überlebt. Am 7. Februar 1896 starb er unerwartet an einem Herzschlage in Canterbury, wohin er sich gerade begeben hatte, um seine Vorlesung am St. Augustines College zu halten.

Es ist bedauerlich, daß R. nicht dazu gekommen ist, größere selbständige Werke zu schreiben. Vielleicht waren es gerade, wie einer seiner Freunde, der Indologe Albr. *Weber in Berlin geurtheilt* hat, der riesige Umfang seines

Wissens und die für die Erhaltung desselben stets nöthigen Arbeiten, die gehindert haben, eigene große Arbeiten zu schaffen. Beherrschte er doch einer Mittheilung seines Biographen O. Weise von den einsilbigen Sprachen Südostasiens mehr oder weniger das Chinesische, Tibetanische, Birmanische, Siamesische; der malayisch-polynesische Sprachstamm war ihm in fast seinen Zweigen und Verästelungen von den Philippinen und Formosa Madagaskar vertraut, und selbst im Neuseeländischen hat er unterrichtet. den Dravidasprachen auf dem Plateau von Dekhan waren ihm namentlich Tamil, Teluga und Malayalam geläufig; von den ural-altaischen Sprachen kannte er das Türkische, von den Bantusprachen das Kisuaheli; im Bereich des semitischen Sprachstammes pflegte er das Syrische, Arabische und Assyrische; vom indogermanischen Typus endlich waren ihm außer den europäischen Vertretern das Sanskrit mit allen seinen indischen Verwandten, dem Pali, Prakrit, Hindi, Hindostani u. s. w., und das Altbaktrische, Alt- und Neupersische geläufig. Sein Lieblingsgebiet bildete das Pali und das Malayische. Daß diese fast beispiellose Fülle von Sprachkenntnissen in Verbindung mit der vielseitigen und anstrengenden Thätigkeit als Bibliothekar des India Office nicht zur Concentration auf eine eigene größere Arbeit kommen ließ, ist begreiflich. Umsomehr hat er, wie schon oben hervorgehoben, in selbstloser Weise die Arbeiten Anderer gefördert, und manches große Werk wäre vielleicht nicht zu Stande gekommen, wenn sein Verfasser sich nicht der Unterstützung Rost's hätte erfreuen dürfen. Die Fachgenossen sind ihm dafür denn von Herzen dankbar gewesen. Das zeigte sich nicht nur in der Verleihung der Ehrenmitgliedschaft und Mitgliedschaft bedeutender wissenschaftlicher Gesellschaften — er war Honorary Fellow of St. Augustines College in Canterbury, Ehrenmitglied der Kgl. Asiatischen Gesellschaft in London, der American Oriental Society in Boston, der Orientalischen Gesellschaft in Singapore, Kgl. Orientalischen Gesellschaft der Niederlande im Haag, correspondirendes Mitglied der Literary Society in Madras, der Kgl. Gesellschaft der Wissenschaften in München (seit 1881) und der Ethnologischen Gesellschaft zu Paris — sondern das kam vor allem auch in dem ansehnlichen Ehrengeschenk 416 Pfund Sterling (= 8320 M.) zum Ausdruck, das dem durch langwierige Krankheit in seiner Familie in finanzielle Schwierigkeiten gerathenen Gelehrten im J. 1891 von 176 Orientalisten aus Europa, Asien und Amerika unter dem Namen „Rost Testimonial Fund“ in zartfühlender Weise gestiftet wurde. Akademische Ehrungen wurden ihm durch die Verleihung des Ehrendoctors der Rechte seitens der Universität von Edinburgh im J. 1879, und der Würde eines Magister artium honoris causa seitens der Universität Oxford im J. 1886 zu Theil. An Orden waren ihm verliehen der russische St. Annenorden (1851), der indische Ritterorden (1888), der schwedische Gustav-Wasa-Orden (1889), der schwedische Nordsternorden (1894) und der preußische Kronenorden III. Cl. (1892).

Die ihn näher kannten, rühmen seine Willenskraft (die sich u. a. auch darin zeigte, daß er noch in den fünfziger Jahren mit der linken Hand schreiben lernte, da ihm die rechte den Dienst wegen Schreibkrampfes versagte), Selbstbeherrschung, seine peinliche Gewissenhaftigkeit und Zuvorkommenheit und nicht zum mindesten seine generöse Gastfreundlichkeit. Sein Haus — das „Rostheim“ — ist der Sammelplatz fast aller Orientalisten und vieler Deutschen gewesen, die sich in England aufhielten.

O. Weise, Der Orientalist Dr. Reinhold Rost, sein Leben und sein Streben in Mittheilungen des geschichts- und alterthumsforschenden Vereins zu Eisenberg im Herzogthum Sachsen-Altenburg, Heft 12, 1897. [Dieser sind die meisten Angaben obigen Artikels entnommen.] — C. Bezold in Oriental List, Vol. VII. Februar 1896, S. 30. — W. v. Christ, Rost, Sitzungsberichte der philosophisch-philologischen und der Classe der K. b. Akademie der Wissenschaften zu München. 1896. München 1897, S. 152. — W. W(olkenhauer), Reinhard Globus LXIX, 179. — The late Dr. Reinhold Rost in Asiatic Rev. I (1896), p. 487 f. — Obituary Notice of the Death of Rost in Proceedings of the Asiatic Society of Bengal 1896, — Cecil Bendall, Dr. Reinh. Rost im Athenaeum, 15. Februar S. 218. — J. C. S., Dr. Reinhold Rost in Academy, Bd. 49, ; Dr. Reinh. Rost im Journal of the Royal Asiatic Society, 1896, —309. — H. Cordier in T'oung Pao, VII, 175; Prof. Dr. Reinh. der Zeitschr. für afrikan. und ocean. Sprachen II, 288 f.

B. Baentsch.

: Leo Lucian von R., schweizerischer Politiker und Dichter, ge- in Raron, Kanton Wallis, † am 5. August 1898 auf Breitmatten , Kanton Wallis. Nachdem R. in München seine Rechtsstudien voll- — in packender Weise erzählte er von seinen Erfahrungen während Montez-Sturmes 1848 —, kehrte er in seinen Heimathkanton zurück, on 1847 im Sonderbundskriege als Landsturmadjutant gedient hatte. gung des Notariatsexamens war er zuerst journalistisch thätig, wurde alsbald in den Großen Rath des Kantons gewählt, dem er bis zu angehörte. 1857 und 1858 vertrat er seinen Kanton als Ständerath ndesversammlung, und 1859 wurde er Vicekanzler, 1875 Mitglied rungsraths, dessen Präsidium er mehrmals bekleidete; vorzüglich als des Erziehungsdepartements hat er sich dabei verdient gemacht. Erst sten Lebenszeit hatte er sich in das Privatleben zurückgezogen. R. eifrige Zuneigung zu historischen Studien und war 1861 ein Mit- der geschichtsforschenden Gesellschaft des Oberwallis, seit dem Jahre n Präsident, später, nach der Neuconstituirung 1888, wieder deren r. Eine vortreffliche biographische Arbeit gab R. 1896 in die Serie jahrsblätter der zürcherischen Künstlergesellschaft, die von Pietät durch- lebenswahre Schilderung des meisterhaften Darstellers des Walliser es dem Biographen congenialen Malers Raphael R. (vgl. d. Art.). ein verständnißvoller Freund der deutschen Litteratur, über die er re hindurch am Lyceum von Sitten gern gehörte Vorträge hielt; em verfocht er in dem zweisprachigen Lande als Kanzleichef wacker reich die Geltung der deutschen Sprache. Seine warm empfundene „Der Morgen im Kyffhäuser“ bewies die innige Theilnahme des rs an dem Wiedererstehen des Deutschen Reiches. Allein ganz voran seine Muse seinem heimischen Thale: wie der von ihm geschilderte er Maler des Wallis gewesen ist, so war er dessen Dichter. Seine nge aus dem Rhonethale“, ein letztes Gedicht, erst kurz vor dem rieben: „An das Bietschhorn“, ebenso eine Dorfgeschichte: „Die chung“, ein Schauspiel: „Peter von Raron“ haben ihren Stoff dem nommen. Daneben stehen einige weitere Dichtungen, Novellen, ein in Trauerspiel: „Des Polen Opfertod“ und Anderes. Der ritter- galt unter seinen Landsleuten als „ein Mensch voll Seelenadel, ein er Christ, eine reichbegabte Natur, ein glühender Patriot“.

. Walliser Bote, Nr. 33/34 von 1898, Anzeiger für schweizerische , Bd. VIII, S. 126 u. 127, Bd. IX, S. 188 u. 189.

Meyer von Knonau.

Roth: Johannes Rudolf R., Naturforscher und Reisender, wurde
4. September 1815 zu Nürnberg als Sohn des damaligen kgl. bai
Oberfinanzrathes, späteren Präsidenten des protestantischen Obercons
Carl Johann Friedrich R. (s. A. D. B. XXIX, 317—338), eines
evangelische Kirchen- und Schulwesen in Baiern hochverdienten Mann
seltener Gelehrsamkeit, Frömmigkeit und Thatkraft geboren. Nachdem
Kinderjahre im väterlichen Hause zu München verlebt hatte, kam er 18
die Obhut seines als Schulmann rühmlichst bekannten Oheims, des Gym
rectors Karl Ludwig Roth in Nürnberg (s. A. D. B. XXIX, 338—
Unter dessen Leitung eignete er sich gründliche Kenntnisse in den class
Sprachen an, doch vermochte er keine rechte Begeisterung für die Phi
zu gewinnen. Vielmehr zog ihn eine wachsende Neigung zu den Naturwi
schaften, namentlich zur Zoologie. In seinen Mußestunden und währe
Ferien beobachtete er auf ausgedehnten Wanderungen die Thier- und Pflanz
der Umgebung Nürnbergs, legte sich umfangreiche Sammlungen von Na
gegenständen aller Art an und wohnte so oft als möglich den Fachvortr
in der Polytechnischen Schule bei. 1832 wurde er vom Vater wieder
Hause berufen. Er besuchte noch zwei Jahre lang das Münchener Gymna
und trat dann zur Universität über, um sich dem Studium der Medicin
der Naturwissenschaften zu widmen. Nun konnte er sich auch ausgiebiger
bisher seiner Vorliebe für weite Fußwanderungen hingeben. Eine Ferien
die ihn über die Alpen bis nach Italien führte, hinterließ in ihm
unstillbare Sehnsucht nach fernen Ländern, und er betrachtete es als ein gr
Glück, daß sich ihm bald darauf Gelegenheit bot, seinen Drang zu befri
Unter den Lehrern der Münchener Hochschule war ihm namentlich der Prof
der allgemeinen Naturgeschichte, Gotthilf Heinrich v. Schubert, nahe getr
Als dieser 1836 eine wissenschaftliche Expedition nach Palästina plante,
er seinen Schüler ein, ihn zu begleiten, und dieser sagte mit Freuden
Zwei andere junge Leute, der Geolog Michael Pius Erdl und der M
Martin Bernatz, schlossen sich ebenfalls an. Die Reisegenossen begaben sich
September 1836 zunächst nach Wien, fuhren die Donau abwärts bis
Mündung und über das Schwarze Meer nach Constantinopel, wo sie län
Zeit verweilten, besuchten dann mehrere Inseln des griechischen Archi
hielten sich einige Wochen in Smyrna und Umgegend auf, lernten Alexan
und Kairo ziemlich eingehend kennen und durchstreiften das Nilthal nach a
Richtungen, um Alterthümer und Naturmerkwürdigkeiten zu sammeln. Hier
folgten sie den Spuren der Kinder Israels durch die Sinaihalbinsel, er
den Djebel Musa und zogen auf der uralten Carawanenstraße über
und Hebron nach Jerusalem. Der Besichtigung der heiligen Stadt und
Umgebungen widmeten sie mehrere Monate. Besonders ergebnißreich wa
ihre Forschungen im Jordanthal und am Rothen Meer. Durch barometr
Messungen, allerdings mit einem sehr unvollkommenen Instrument, entdeck
sie die bis dahin unbekannte tiefe Einsenkung dieses Salzsees unter den Spi
des Mittelmeers. Der Weitermarsch ging durch Galiläa nach dem Liba
und dann über Damaskus nach Beirut. Nach kurzem Aufenthalte in Griech
land und Italien traf die Gesellschaft im September 1837, etwas über
Jahr nach ihrer Abreise, wohlbehalten wieder in München ein. Als Ergeb
der Expedition veröffentlichte Schubert ein dreibändiges Werk „Reise in
Morgenland“ (Erlangen 1838—1839) und Bernatz ein wiederholt aufgele
„Album des heiligen Landes“ in 50 Ansichten in Farbendruck mit erläuter
Text, der zum Theil von R. verfaßt war. Dieser nahm nun in der Heima
seine medicinischen Studien wieder auf, bestand die ärztliche Staatsprüfu

.b erwarb im Frühjahr 1839 durch eine Dissertation: „Molluscorum species, ias in itinere per Orientem facto M. Erdl et J. Roth collegerunt“ den ectortitel. Während er nun im Begriff stand, sich nach einer Lebensstellung sehen, eröffnete sich ihm abermals ganz unverhofft eine sehr erwünschte genheit, fremde Länder und Völker zu besuchen. Der englische Major ris, der seit Jahren in Ostindien lebte und eine Schilderung der britischen ungen in diesem Lande herausgeben wollte, fragte nämlich in München ob man ihm nicht einen Naturforscher und einen Maler als Hülfskräfte die Bearbeitung dieses Werkes nachweisen könne. R. erklärte sich sogleich eit, auf den Antrag einzugehen, und überredete auch seinen Freund Bernatz, ihm anzuschließen. Im Juli 1840 reisten beide auf einem englischen schiffe von London ab und erreichten nach übermäßig langer und beerlicher Fahrt Ende December den Hafen von Calcutta. Sechs Wochen ließen sie hier und in der Umgegend die Wunder der Tropenwelt auf einwirken. Dann zogen sie quer durch die Halbinsel nach Bombay, wo mit Jervis zusammentrafen. Dieser erklärte ihnen wider Erwarten, daß zur Zeit von der Ausführung des geplanten Werkes absehen müsse. Um aber anderweit zu entschädigen, schlug er ihnen vor, daß sie sich einer pedition anschließen sollten, welche die Ostindische Compagnie mit Unterstützung britischen Regierung zur Anknüpfung von Handelsbeziehungen nach Abessinien den wollte. Sie begaben sich deshalb im April 1841 nach Aden und den hier von dem Leiter des Unternehmens, dem Capitän Cornwallis rris, sehr freundlich aufgenommen. R. erhielt den Auftrag, die Naturhältnisse der zu besuchenden Gegenden zu erforschen und Sammlungen aller anzulegen, Bernatz dagegen sollte alles Neue und Bemerkenswerthe zeichnerisch stellen. Im Mai brach die Gesandtschaft von Aden auf, fuhr nach dem überliegenden afrikanischen Hafen Tadjura und drang landeinwärts nach Hochlande von Schoa vor. Hier hielt sie sich fast zwei Jahre lang auf. benutzte diesen Zeitraum zur eindringenden Erforschung des Gebietes. Auch ernahm er mehrere Züge nordwärts nach Amhara, südwärts zu den abhängigen Gallastämmen und westwärts in das Gebiet des Blauen Nils seiner Zuflüsse. Schon faßte er den Plan, noch mehrere Jahre in Abessinien bleiben, um das Land nach allen Richtungen hin gründlich kennen zu lernen, ein Brief seines Vaters eintraf, der ihm den Tod der Mutter meldete ihn aufforderte, sobald als möglich nach Hause zu kommen. Er kehrte alb im März 1843 mit seinen englischen Gefährten über Aden nach Bombay , lieferte seine reichen Sammlungen ab und traf im August wieder in chen ein. Hier stellte er zunächst die wissenschaftlichen Ergebnisse seiner achtungen und Untersuchungen zusammen, die als Remarks on the Geoy, Botany, and Zoology of the Highlands of Southern Abyssinia in den ersten Bänden (S. 418—428, bezw. 398—430) des von Harris ausgegebenen amtlichen Berichtes über die Expedition (The Highlands of iopia, London 1844, 3 Bände, auch deutsch: Gesandtschaftsreise nach und Aufenthalt in Südabyssinien, Stuttgart und Tübingen 1845—47) ienen. Dann sah er sich nach einem Amte um, das ihm Gelegenheit Muße zu Arbeiten auf naturgeschichtlichem Gebiete gewährte. Er fand Stelle als Adjunct an der zoologisch-zootomischen Sammlung der chner Museen und beschäftigte sich nun jahrelang mit der Bestimmung, nung und Katalogisirung der daselbst aufbewahrten Insekten und Conchylien. d wurde er auch zum außerordentlichen Professor der Zoologie an der versität und zum außerordentlichen Mitglied der kgl. bairischen Akademie er Wissenschaften ernannt. Von größeren Reisen mußte er längere Zeit

...te hier feststellen, ob dieser bereits der Jordandepression angehört. Aber ...rend des Aufenthaltes in der sumpfigen und ungesunden Gegend zog er ... ein heftiges Fieber zu, das ihn auch nicht verließ, als er den Weitermarsch ... Norden antrat. Mit Aufbietung aller Kräfte gelang es ihm noch, den ...pfel des Großen Hermon zu besteigen, aber in Hasbeja am Fuße des Berges ... ihn ein Sonnenstich, und nun brach er völlig zusammen. Zwar fand er ... dem Hause des amerikanischen Missionars Wartabet freundliche Aufnahme ... Pflege, aber die angewandten Heilmittel vermochten ihn nicht mehr zu ...ten. Eine Gehirnentzündung brach aus, Delirium und Raserei stellten sich ..., und am 25. Juni 1858 wurde er durch den Tod von seinen Leiden erlöst. ... dem Friedhofe der kleinen protestantischen Gemeinde des Ortes fand er ... letzte Ruhestätte. Seine Tagebücher hatte er schon früher in die Heimath ...andt und auszugsweise in Petermann's Mittheilungen veröffentlicht (1857, ... 260—265, 413—416; 1858, S. 1—5, 112, 158 f., 267— 272, wo er ... überall irrthümlich J. B. Roth genannt wird). Seine reichen Sammlungen, ... namentlich Insecten, Conchylien, getrocknete Pflanzen und Gesteinsproben ...faßten, wurden zum großen Theil den bairischen Museen überwiesen. Er ... ein Mann von umfassendem Wissen, seltener Arbeitskraft, strengster ...issenhaftigkeit und Uneigennützigkeit, größter Einfachheit und Bescheidenheit, ... vielseitiger Gelehrter, dessen früher Tod ein hoffnungsvolles Leben zerstörte, ... noch reiche und werthvolle Früchte verhieß.

Denkrede von A. Wagner in den Gelehrten Anzeigen der kgl. bairischen ...ademie d. Wissenschaften 1859, Nr. 3—5, Sp. 33—46 (mit Bibliographie).

Viktor Hantzsch.

Roth: Justus R., geboren 1818, war durch seines Vaters Beruf von ...fang an dazu bestimmt, Apotheker in Hamburg zu werden. Nachdem er ... dazu nöthigen Studien vollendet hatte, beschäftigte er sich doch noch drei Jahre lang an den Universitäten in Berlin und Tübingen mit Chemie, ...eralogie und Geologie, und dann erwarb er sich 1844 in Jena den Doctor... Die nun folgende Zeit praktischer Thätigkeit als Apotheker dauerte nur ... Jahre und 1848 siedelte er nach Berlin über, wo er sich bis zu seinem ... erfolgten Tode ganz der Wissenschaft widmete. Die ersten sieben Jahre ...schäftigten ihn unter dem Einfluß seiner beiden Lehrer Gustav Rose und ... Beyrich kleinere mineralogische und geologische Arbeiten, und erst im ... 1855 fand er ein größeres Thema, das er sofort mit der ihm eignen ...ündlichkeit in Angriff nahm und schon 1857 in der großen Monographie ... „Vesuvs und seiner Umgebung" zum Abschluß brachte. Was allen seinen ...teren Arbeiten eignete, zeigte sich auch hier schon, nämlich eine ungemein ...gfältige und objective Behandlung des Stoffes gepaart mit erschöpfender ...teraturkenntniß. Darum haben seine Arbeiten auch heute noch und auch da, ... seine eignen Anschauungen als veraltet gelten müssen, ihren Werth behalten ... sind beliebte Nachschlagebücher geblieben. Mit besonderer Vorliebe hat er ... von nun ab mit vulkanischen Themata beschäftigt und darüber eine größere ...ahl kleinerer Originalarbeiten veröffentlicht. Mit seinen „Beiträgen zur ...rographie des plutonischen Gesteins" 1869, 1879 und 1884 hat er be...tungsvolle Quellenwerke geschaffen. Der akademischen Lehrthätigkeit wendete er sich erst 1861 zu und so habilitirte sich der 47 jährige Mann an der Berliner Universität als Privatdocent. Im J. 1867 wurde er als Mitglied in die ...demie der Wissenschaften aufgenommen und zugleich zum a. o. Professor an der Universität ernannt. Nun zog man ihn auch zu den schon früher von Beyrich und G. Rose begonnenen geologischen Aufnahmen im niederschlesischen Gebirge hinzu und dabei gewann er jene Auffassung der krystallinen Schiefergesteine als einer plutonischen Erstarrungskruste der Erde, an der er bis zu Ende seines Lebens festhielt. Daß dieselbe auch in weiteren Kreisen so l... Zeit Verbreitung fand, ist zum guten Theil seinem Einfluß zuzuschreiben.

In dieser Zeit faßte er auch den Plan zu seiner „Allgemeinen u... chemischen Geologie", von der der erste Band 1879, der zweite 1885, ... dritte 1890 und 1893 erschien. Es war dies das Hauptwerk seines ... an dem er 25 Jahre gearbeitet hat, jedoch ohne es ganz zu Ende zu f... Es ist darin eine Unsumme von Wissen aufgespeichert und die klare Dispositi... macht es trotz der etwas trockenen Behandlungsweise zu einem äußerst ... vollen Hülfsmittel für alle, die sich auf diesem Gebiete unterrichten wollen.

Seine Arbeitskraft war hierdurch und durch seine erfolgreiche Lehrthätigk... keineswegs zu erschöpfen. Er veröffentlichte nebenbei eine große Anzahl ... graphischer und geologischer Arbeiten und allgemein verständliche Darstellung... wie „die geologische Bildung der norddeutschen Ebene" 1879, „Flußw... Meerwasser und Steinsalz" 1878 und „über die Erdbeben" 1882. Und ... Jahre vor seinem Tode wurde der bald Siebenzigjährige noch zum ord. Prof... für Petrographie und allgemeine Geologie ernannt.

A. Rothpletz.

Roth: Karl Ludwig R., Basler Philologe, † 1860 (nicht zu ve... wechseln mit K. L. Roth, A. D. B. XXIX, 333—338).

Karl Ludwig Roth wurde geboren am 16. Februar 1811 zu Gersb... im badischen Bezirksamte Schopfheim, wo sein Vater Pfarrer war. Vorgebild... auf dem Pädagogium zu Lörrach und Basel, studirte er seit 1828 hier ... dann ein Jahr in Halle Theologie. Nach seiner Ordination im J. 18... versah er zwei Jahre lang ein geistliches Vicariat in Heidelberg und tr... nebenbei philologische Studien. 1834 ging er an eine Privatschule in B... über, erwarb sich in demselben Jahre die Würde eines Doctors der Philosop... wendete seine ganze Kraft der Schulthätigkeit zu und führte Neuerungen i... Schulbetriebe ein, die Anerkennung und Nachahmung fanden, z. B. die sogenann... hochdeutsche Schrift. 1842 ging er an das von Laroche geleitete Gymnasium als Lehrer des Lateinischen und Deutschen über. Zehn Jahre später übernah... er auf Ersuchen der akademischen Gesellschaft Vorlesungen über die griechisch... Sprache, später auch über alte Geschichte an der Universität und gab bei dies... Gelegenheit einen Theil des Gymnasialunterrichts ab. Als er 1854 ein... Ruf an die Universität Tübingen „im Gefühle seiner Schwäche als Autodidact" ablehnte, wurde er zum außerordentlichen Professor an der Universität ern... seine äußere Stellung verbessert. Auch als man ihn für Heidelberg zu gewinnen versuchte, blieb er Basel treu. Seine wissenschaftlichen Arbeiten galten de... römischen Historikern, Nepos, Nonius, Sueton, z. B. „L. Cornelii Sisennae historici Romani vitam composuit" (Basel 1834), „Aemilii Probi de excellentibus ducibus et Cornelii Nepotis . . ." (1841), „Ueber das Leben des M. Terentius Varro" (1857). Auch mit der mittelalterlichen Geschichte beschäftigte er sich eingehend. Erwähnt sei die Arbeit über die römischen Inschriften des Kantons Basel (Basel 1843, in den Mittheilungen der Gesellschaft für vaterländische Alterthümer Basel I; auch Bern 1848). In Franz Pfeiffer's ‚Germania' hat er Beiträge geliefert. Wegen ihrer Gediegenheit fanden die Schriften Anerkennung. Aber die Hauptsache blieb ihm die Lehrthätigkeit. „Wer ihn nur vom Gymnasium her kannte, hatte den Eindruck, er wisse nicht mehr, als was er dort zu lehren hatte: so sehr beherrschte er sich in dem Elementarunterricht; wenn er aber nach deutschen Universitäten zog, so hörte er da erstaunt von den wissenschaftlichen Verdiensten eines Mannes, der ihm dann fast zu groß erschien für unsere Schule" (Wölfflin a. a. O.). 18...

heirathete er sich mit Sophie verw. Sartorius, geb. Huber, die im September 18.. starb. Seine zweite Gemahlin, Luise geb. Falkner, wurde ihm nach …ren Monaten durch den Tod entrissen. Auch ein Lieblingssohn ging ihm im Tode voran. Ein anderer überlebte ihn.

E. Preiswerk, Rede bei der Beerdigung von Prof. Dr. K. L. Roth, Basel, Schweighauser'sche Buchdruckerei o. J. (S. 9—13 Personalien). — Ed. Wölfflin, in den Basler Nachrichten 1860, Nr. 171; dann bei Preiswerk S. 16—18. — Nordmann, Rabbiner, in den Basler Nachrichten 1860, Nr. 175; dann bei Preiswerk S. 19—21. — C. Kehr, Geschichte der Methodik des deutschen Volksunterrichts. 2. Aufl., 4. Band, Gotha 1889, S. 96.

G. Müller.

Roth: Karl Friedrich R., Dr. phil., Forstmann; geboren am 18. November 1810 in Dennenlohe bei Wassertrüdingen (Mittelfranken); † am 1. August 1891 zu Meinheim (Bezirksamt Gunzenhausen in Mittelfranken). Er war der zweite Sohn des Freiherrlich von Süßkind'schen Revierförsters, welcher außer ihm noch zwei Söhne und zwei Töchter hatte. Den ersten Unterricht empfing er in der Volksschule seines Heimathortes. Die gute Begabung, welche sich schon frühzeitig bei dem Knaben zeigte, veranlaßte seine Eltern, ihn auch durch den protestantischen Pfarrer in dem nahe gelegenen Orte Unterschwaningen in den alten Sprachen und im Französischen unterrichten zu lassen. Hierdurch zum Besuche einer höheren Lehranstalt vorbereitet, bezog er im Herbst 1824 das Gymnasium in Ansbach, welches er 1828 mit sehr gutem Erfolg absolvirte. Hierauf studirte er an den Universitäten Erlangen, Heidelberg und München Rechts- und Forstwissenschaft. Im October 1833 unterzog er sich der theoretischen Staatsprüfung und wurde auf Grund derselben für befähigt erklärt, als Rechtscandidat in die Praxis überzutreten. Vor die Wahl des nun zu ergreifenden Berufes gestellt, entschied er sich aber für das Forstfach. Die nächste Veranlassung hierzu lag wohl in den Anregungen, die er schon in seiner Jugend im Vaterhause empfangen hatte. Hierzu kam aber noch die Rücksicht auf seine etwas schwächliche Gesundheit, welcher das viele Sitzen im Bureau nicht zuträglich gewesen wäre. Er trat zunächst im Forstrevier Lellenfeld in die forstliche Praxis, nachdem er zuvor ein Examen pro absolutorio bei dem königl. Forstamt Gunzenhausen mit Erfolg abgelegt hatte. Im Juni 1836 erhielt er seine erste Anstellung als Reviergehülfe in …heim (Schwaben). Im April 1837 bestand er die Staatsprüfung für den höheren Forstdienst mit ausgezeichnetem Erfolg (Note I). Infolge einer Empfehlung seines damaligen Vorgesetzten, des Forstmeisters Freiherrn v. Raesfeldt, wurde er schon im Juni 1839 zunächst in der bisherigen Eigenschaft als Reviergehülfen als Functionär in das Ministerial-Forsteinrichtungsbureau nach München berufen und im December — ohne Aenderung seiner Verwendung — zum Forstamtsactuar ernannt. Im Juni 1842 erhielt er die erste pragmatische Anstellung als Revierförster in Selb (Oberfranken). Mit Rücksicht auf seine vorzügliche Brauchbarkeit wurde er aber auch in dieser Eigenschaft im Ministerialdienst belassen, welche Verwendung sich durch seine Ernennung zum Forstcommissär II. Classe im Januar 1847 nicht änderte. In dieser Stellung bot sich ihm reiche Gelegenheit, nicht nur den Schematismus der bairischen Forstverwaltung gründlich kennen zu lernen, sondern auch seine praktische Fortbildung zu erweitern, da er den durch scharfes Urtheil ausgezeichneten damaligen Oberinspector der bairischen Forste, Ministerialrath Christian Albert v. Schultze (s. A. D. B. XXXII, 731) bei längeren Dienstreisen häufig zu begleiten hatte. Erst im April 1850 trat R. als Forstmeister in Weiden (Oberpfalz) in den *äußeren Forstdienst* zurück. Hier entfaltete er über neun

Jahre lang eine rastlose, höchst ersprießliche Thätigkeit, insbesondere in Forst-
rechts-Ablösungen und -Purifikationen, sowie in besserer Arrondirung
Staatsforste durch Tausch, Kauf und Verkauf. Ein großer Orkan im
1856, durch welchen ungeheure Holzmassen gebrochen und geworfen wurden,
gab ihm weitere Gelegenheit, bei der Aufarbeitung, Sortirung und
werthung des Materials seine Umsicht und Tüchtigkeit zu beweisen. In Anerkennung derselben wurde er am 1. Januar 1859 durch Verleihung
Ritterkreuzes I. Classe des Verdienstordens vom heiligen Michael ausgezeichnet.

Noch in demselben Jahre eröffnete sich ihm aber durch seine —
Decret vom 8. Mai 1859 erfolgte — Berufung zum ordentlichen öffentlichen
Professor der Forstwissenschaft an die Universität München (vom 16.
ab) ein ganz neues Arbeitsfeld. Den Anlaß hierzu gab der verordnete
jährige Universitätscursus für die Aspiranten zum höheren Staatsforstdienst.
Als Empfangsgruß wurde ihm seitens der staatswirthschaftlichen Facultät
10. Mai der Dr. honoris causa verliehen. Ob er seine Vorlesungen thatsächlich
schon im Sommersemester 1859 eröffnet hat, ist nicht festzustellen, jedoch wahrscheinlich.

Seine Fächer waren: Encyklopädie der Forstwissenschaft (auf zwei Semester
vertheilt), Staatsforstwirthschaftslehre, Forstrecht und Forstpolizei, Forst- und
Jagdgeschichte Deutschlands. Außerdem hielt er praktische Uebungen
Forstrecht und in Forstpolizei, in Forstbetriebsregulirung und Waldwerth-
berechnung ab.

Er fungirte auch auf Grund wiederholter Wahl durch den akademischen
Senat eine lange Reihe von Jahren als Rechnungsreferent des Verwaltungs-
ausschusses der Universität mit voller Hingabe und peinlicher Gewissenhaftigkeit.

Als im Herbst 1878 der seither bloß in Aschaffenburg ertheilte forstwissen-
schaftliche Unterricht zum größten Theil nach München verlegt und mit
Universität organisch verbunden wurde, behielt er seinen Lehrstuhl — neben
den fünf neu berufenen Gelehrten (Gustav Heyer, Gayer, v. Baur, Ebermayer,
Robert Hartig) — noch einige Jahre bei. Am Schlusse des Sommersemesters
1882, also im 71. Lebensjahr, wurde er aber auf sein Ansuchen von
Verpflichtung, Vorlesungen zu halten und an den Facultätsgeschäften Theil zu
nehmen, entbunden. Eine Pensionirung der Universitätsprofessoren findet
in Baiern überhaupt nicht statt. Er behielt jedoch seinen Wohnsitz in München
bei. Der Tod ereilte ihn, während er in Meinheim zum Besuch bei seiner
an den Pfarrer Friedrich Gagel verheiratheten Tochter Wally weilte.
Beisetzung der Leiche fand, seinem Wunsche gemäß, in Meinheim statt, welches
nur wenige Stunden von seinem Geburtsorte entfernt ist.

Als Schriftsteller nimmt R., eine echte Gelehrtennatur, eine ehrenvolle
Stellung in der Fachlitteratur ein. Seine selbständigen Werke und Aufsätze
bewegen sich, seinem Lehrgebiete entsprechend, vorwiegend auf forstjuridischem
und staatswirthschaftlichem Gebiete. Schon während seiner forstpraktischen
Amtirung verfaßte er: „Theorie der Forstgesetzgebung und Forstverwaltung
im Staate, oder System der staatswissenschaftlichen Grundsätze in Bezug auf
die Wälder, deren Behandlung und Erzeugnisse" (München 1842).
Professor veröffentlichte er: „Handbuch des Forstrechts und des Forstpolizeirechts
nach den in Baiern geltenden Gesetzen" (München 1863); „Ergänzende Nachträge hierzu bis 1870" (München 1871); „Geschichte des Forst- und Jagd-
wesens in Deutschland" (Berlin 1879); „Ueber Wald und Waldbenutzung nach
conservativen Grundsätzen" (München 1880).

In allen diesen Schriften offenbaren sich gründliche und, infolge seiner
juristischen und staatswissenschaftlichen Studien, umfassende Kenntnisse.

... durch und durch conservative Natur, ein Gegner der neueren Lehren ..., indem er ausführte, daß der Kampf um das höchste Princip der ...haft (ob größte Holzmasse oder größter Waldreinertrag oder Wirthschaft ... Bodenrente) nicht bloß mit mathematischen Waffen ausgetragen ... könne. Im Gegensatz zu den Anhängern der Bodenreinertragslehre ... für höhere Umtriebszeiten und die Wirthschaft der größten Massen...tion ein, außer in den genannten Werken auch in Abhandlungen, von ... an dieser Stelle hauptsächlich der Aufsatz: „Ueber Procent und Durch...ertrag bei der Forstwirthschaft" (Allgemeine Forst- und Jagdzeitung, ... S. 449—456) genannt werden soll. Nachdem aber die Reinertragslehre ...ung des größten Bodenreinertrags) im Laufe der Zeit nicht nur bei ...männern der Feder, sondern auch bei den Praktikern immer mehr Anhänger ... hat und nachdem zur Zeit eine verständnißvolle Reinertragspraxis ... in vielen Forsten zur Geltung gelangt ist, kann man auf den Streit ...e forstlichen Reinerträge, welcher die Gemüther Jahrzehnte lang beschäftigt ... eine mitunter hochgradige Aufregung versetzt hat, soweit er rein ...tischer Natur ist, als auf eine abgethane Sache zurückblicken. Die dies...en Kundgebungen von R. gehören daher dem Gebiete der Geschichte an. Weitere Abhandlungen von R., hauptsächlich forstgeschichtliche Studien, — außer in der Allgemeinen Forst- und Jagdzeitung — besonders in ...natsschrift für Forst- und Jagdwesen, welche von 1879 ab den Titel ...wissenschaftliches Centralblatt" führt, niedergelegt, weil deren Redacteur ...) in Bezug auf die forstliche Reinertragslehre das Maximum der Wald... welchem auch R. im Princip zugeneigt war, in seinen zahlreichen Kund...gen als das allein richtige Wirthschaftsziel hinstellte und mit Feuereifer ... nicht immer streng sachlich) vertrat. Von größeren Abhandlungen, die ...ch im 68. Lebensjahre dieser Zeitschrift zuwendete, sollen noch angeführt ...n: „Ueber die fortschreitende Ausbildung der Taxation und Betriebs...rung" (1879, S. 82, 145 und 209) und „Ueber Abtrieb und Verjüngung ...aldes in älterer und neuerer Zeit" (1880, S. 230 und 293).

Der letztere Aufsatz gehört zum Theil dem Gebiete an, in welchem ...eben seine Hauptstärke bestand, denn in Bezug auf Forst- und Jagd...te gehört R. ohne Frage mit zu den Schriftstellern ersten Rangs. Sein ...endes Werk (291 §§ und ein Anhang, im Ganzen 671 Seiten) beruht ...ündlichen und umfangreichen Quellenstudien und beschäftigt sich vorwiegend ...r älteren Geschichte bis zur zweiten Hälfte des 18. Jahrhunderts. Von ...uftreten der forstlichen Koryphäen (Georg Ludwig Hartig, Heinrich Cotta, ...n Christian Hundeshagen, Friedrich Wilhelm Leopold Pfeil u. s. w.) ...s zur neueren Zeit handeln nur die §§ 280—291 auf circa 30 Seiten. ...neueste Ausbildung der Forstwissenschaft ist leider gar nicht behandelt, ...ei einem 1879 erschienenen Werk als eine wesentliche Lücke bezeichnet ... muß. Anerkennung verdient die gründliche Beherrschung des Stoffes, ... der bienenartige Sammelfleiß des Autors, sein gewissenhaftes Quellen...m, die Zuverlässigkeit des Gebotenen, seine Abneigung gegen unstatthafte ...gemeinerungen und gegen voreilige Schlüsse. Das Buch bietet ferner ...älle von interessanten Einzelheiten für spätere Schriftsteller auf diesem ...e. Erschwerend für das Studium wirkt aber der Mangel eines Systems. ...er muß sich das vielfach zerstreute Material selbst mit großer Mühe ...usuchen und erhält doch nicht von der Entwicklung der Forstgeschichte ...en Perioden ein zutreffendes Bild. Man vermißt vielfach den verknüpfenden ...n. Außerdem sind die Beschreibungen des Lebens und Wirkens der ...ühten Forstmänner sehr ungleich ausgefallen, oft etwas einseitig und bei den hervorragenden Männern oft zu aphoristisch. Auch ist die Darstellung, insbesondere der Stil, etwas schwerfällig. Im Ganzen die Arbeit doch eine entschiedene Bereicherung der forstlichen Litteratur in Bezug auf die Geschichte der Jagd, welcher etwa der dritte Theil gewidmet ist. Roth's Forstgeschichte bildet im Ganzen jedenfalls eine werthvolle Ergänzung von Bernhardt's „Geschichte des Waldeigenthums, Waldwirthschaft und Forstwissenschaft in Deutschland" (3 Bände, 1872, und 1875), auf welche vielfach Bezug genommen und verwiesen wird.

Als forstlicher Docent war R. nach den dem Unterzeichneten Mittheilungen sehr gründlich. Sein Vortrag war zwar im Allgemeinen lebhaft und etwas trocken, wurde auch, da R. von schwächlicher Körperconstitution war, durch eine leichte, schwache Stimme beeinträchtigt; allein die Fülle gebotenen Materials ersetzte doch gewissermaßen, was ihm in formeller fehlte. Als Mensch war R. hochgeachtet, ein lauterer Charakter durch, einfach, bescheiden, verträglich und der Freundschaft mit Gleich zugänglich. Seine Lebensweise war sehr zurückgezogen und die denkbar Für Vergnügungen und rauschende Feste hatte er keinen Sinn. Die stube bildete sein Heiligthum. Nur die Natur zog ihn an; noch in den Jahren machte er ausgedehnte Spaziergänge und größere Bergtouren Partenkirchen), wobei ihm sein hochgradig entwickeltes Pedalsystem statten kam. Mit den alten griechischen und römischen Classikern er sich noch in seinen vorgerückten Jahren. Auch für die schönen Künste er empfänglich, insbesondere ein großer Freund der Oelmalerei, der bis in seine letzten Lebensjahre mit großer Vorliebe huldigte.

Er war als Protestant ein gläubiger Christ, ohne ein Frömmler zu Zeugniß hiervon gibt das von ihm noch im 72. Lebensjahre unter anderen Autornamen verfaßte Werk: „Wissenschaft und Offenbarung, und Christenthum als in vollem Einklange befindlich", welches unter Namen Ernst Friedauer 1882 in München erschienen ist.

Fr. v. Löffelholz-Colberg, Forstliche Chrestomathie, II, S. F. Baur, Nekrolog (Forstwissenschaftliches Centralblatt, 1892, S. Lehr, Litterarischer Bericht über Roth's Forstgeschichte (Allgemeine und Jagd-Zeitung, 1880, S. 241—244). — Privatnachrichten.

R. Heß.

Roth: Paul Rudolf von R., Rechtslehrer, geboren am 11. Juli Nürnberg, † am 28. März 1892 zu München. Er hat drei größere, zwei „große" Werke geschrieben, die ihm wohl für die Dauer einen Platz in der Geschichte der deutschen Rechtswissenschaft sichern, — das wesen, das bairische Civilrecht und das System des deutschen Privat Mit dem ersten ist er der Erforschung der deutschen Verfassungsgeschichte den beiden anderen der dogmatisch-praktischen Jurisprudenz auf neuen vorangegangen.

Paul R. war der Sohn jenes K. J. F. v. Roth, der als Präsident bairischen Oberconsistoriums und Staatsrath im J. 1852 zu München (dessen Lebensbild in dieser Sammlung A. D. B. XXIX, 317—338) dem der Rechtshistoriker Johannes Merkel sagt: Hujus viri studio et ductus historiae praesertim interiora adire licebat. Wie Merkel, sein wenig älterer Vetter, so scheint denn auch der junge R. frühzeitig unter Einfluß dieses hochgebildeten Mannes Neigung zu geschichtlichen, rechtsgeschichtlichen Studien gefaßt zu haben. Im Durcharbeiten der Sanctorum" in der Bolland'schen und in der Mabillon'schen Sammlung, glänzende Früchte tragen sollte, hatte ihm der Vater als Muster leuchtet.

ls Paul R. eben sein sechzehntes Jahr zurückgelegt, verließ er das „alte sium" zu München, um die dortige Universität zu beziehen. Von den ern, die während seiner Studienzeit (1836—1840) dort wirkten, hat einer seine spätere wissenschaftliche Richtung bestimmt. Die be- ten Namen unter den Juristen waren damals Hieron. Bayer, der als sich mit Recht eines bedeutenden Ansehens erfreute, Georg Philipps, v. Moy, Friedr. L. v. Bernhard. Von den Nichtjuristen dürfte Friedr. Thiersch derjenige gewesen sein, dessen Einfluß sich R. am wenigsten ent- mal da Thiersch mit seinem Vater in nahem Verkehr stand. Das hat er als Jurist wohl von Bayer gehabt, dem er mit der noch zu nenden Festschrift dankte, und von dem damals freilich noch in seinen gen stehenden, aber fast um zehn Jahre älteren C. F. Dollmann D. B. V, 318—321), der nachmals sein Schwager wurde. Der tist Philipps hingegen regte durch seine phantastische Romantik in dem R. höchstens den Widerspruchsgeist an, dem dieser in seinen Schriften mals gerade mit Bezug auf Philipps einen ziemlich sarcastischen Ausdruck hat. Die Hochschule verließ er denn auch nicht in der Absicht, als zu ihr zurückzukehren. Er trat zunächst in die Vorbereitungspraxis bairischen Justizdienst, bestand im October 1842 mit der Note der zeichneten Befähigung" die „praktische Concursprüfung für Staats- spiranten" und blieb auch nachher noch mehrere Jahre in praktischer keit.

Dem Lehrberuf wandte er sich erst zu, als der Druck, der ein Jahrzehnt ch auf den bairischen Universitäten gelastet hatte, zu weichen schien. . Februar 1848 erwarb er sich zu Erlangen eximia cum laude den schen Doctorgrad. Seine Dissertation handelte „Ueber die Entstehung Lex Bajuvariorum". Mit diesem Thema und der kritischen Art, wie er arbeitete, treffen wir ihn ganz im Geleise seines Vetters, Alters- und engenossen Joh. Merkel (s. A. D. B. XXI, 439—444), der, eben von iter Italicum zurückgekehrt, im nämlichen Jahre und über den nämlichen stand seine erste Abhandlung veröffentlichte (in der Zeitschr. für deutsches , Bd. XII). Für Roth's Berufswahl dürfte das Beispiel Merkel's, ch 1847 ebenfalls zu Erlangen den Doctortitel geholt hatte und 1848 rlin seine Lehrthätigkeit begann, schwerlich bedeutungslos gewesen sein. ie Arbeiten der beiden Freunde über die Lex Bajuvariorum gingen nscheine nach unabhängig nebeneinander her. Sie stimmten miteinander überein, daß nicht wie Savigny u. A. angenommen, die Lex Bajuva- Quelle der Lex Wisigotorum, sondern daß in beiden Gesetzbüchern ein westgotischer Text benützt sei, von dem Bruchstücke in dem Corbie- Palimpsesten vorliegen und den sie mit seinem Herausgeber Fr. Bluhme ein „Gesetzbuch Reccared's I." hielten. Es ist hier von durchaus neben- hem Belang, daß die neuere Forschung in jenen Bruchstücken die Ueber- eines Gesetzbuches nicht von Reccared I. (586—601), sondern von rich (466—485) erkannt hat. Das Hauptergebniß von R. und Merkel die westgotischen Beziehungen der Lex Bajuvariorum gehört zu den Besitzthümern der deutschrechtlichen Quellengeschichte. Es erregte damals ufmerksamkeit der Sachkenner in so hohem Grade, daß noch vor dem der Roth'schen Dissertation Föringer in einer Sitzung der Münchener emie der Wissenschaften über die einschlägigen mündlichen Mittheilungen angehenden Gelehrten *Bericht erstattete*. Nicht dasselbe Glück hatte R.

mit seiner weiteren Annahme, daß von dem ursprünglichen Text des [illegible] rechts, der etwa dem 7. Jahrhundert angehören möge, drei mehr oder [illegible] umfangreiche „Zusätze“ des 8. Jahrhunderts zu unterscheiden seien. E. Th. Gaupp (1849) und G. Waitz (1850), die gleich in ihren [illegible] von Roth's Abhandlung sich gegen ihn ausgesprochen, machten sich ihre [illegible] vorläufig noch allzu leicht, als daß sie ihm ernstlich hätten beikommen [illegible] Aber die gründlichere Nachprüfung in der späteren Litteratur, worunter [illegible] wieder Beiträge von Waitz, hat doch mit der Hypothese der „Zusätze“, [illegible] scheint, endgültig aufgeräumt.

Ein Vierteljahr nach seiner Promotion, am 6. Mai 1848, erlangte [illegible] bei der Münchener Juristenfacultät die Venia legendi. Seine Habilitations[illegible] schrift handelte von den „Krongutsverleihungen unter den Merowingern“, [illegible] und eine im nämlichen Jahre veröffentlichte Besprechung der „deutschen [illegible] fassungsgeschichte“ von Waitz, Bd. I u. II, verrathen schon die Absicht [illegible] der Verfasser zwei Jahre später in seinem rechtshistorischen Haupt[illegible] „Geschichte des Beneficialwesens“ (1850) verwirklichte. Die Erörterungen [illegible] Habilitationsschrift kehren denn auch vervollkommnet in diesem Buche [illegible] Er wollte, wie er selbst später einmal sagte, „der bis dahin alleinherr[illegible] Auffassung einer einflußreichen rechtshistorischen Schule“ entgegentreten, „[illegible] das fränkische Staatswesen auf einem aus dem Gefolgeverhältniß ab[illegible] oder demselben nachgebildeten Verband beruhte“, und zeigen, daß [illegible] noch in der merowingischen Monarchie ebenso wie im deutschen Staat [illegible] Völkerwanderung „das Princip der Verfassung ausschließlich im Unter[illegible] verband“ gegeben, dagegen der „Vorläufer des Lehenswesens, das Bene[illegible] wesen in seinen beiden Factoren, der Beneficienverleihung und dem [illegible] erst unter der carolingischen Familie entstanden sei“. Er wollte so [illegible] fassung durchführen, welche „die Anfänge der Feudalität nicht in [illegible] mählichen, gleichsam von selbst sich ergebenden Entwicklung, sondern [illegible] Veränderung sucht, deren gewaltsamer nicht durch Uebergänge [illegible] Charakter in der großen Säcularisation des 8. Jahrhunderts angedeutet [illegible] Zwei Vorzüge springen an dem Buche sofort in die Augen, wenn man [illegible] dem vergleicht, was damals an verfassungsgeschichtlichen Arbeiten [illegible] gäbe war, juristische Schärfe im Erfassen der Einzelfragen und eine [illegible] liche Herrschaft über das gesammte weitschichtige Quellenmaterial, dem [illegible] fasser, wie schon in seiner Recension des Waitz'schen Werkes, eigene [illegible] Excurse widmete. Gewiß haben sich nicht alle Thesen, auf die er den [illegible] legte, als stichhaltig erwiesen, am wenigsten die von dem „gewalt[illegible] Charakter der Einführung der „Feudalität“; gewiß waren ferner [illegible] vertretenen Ansichten nicht ganz und gar so neu, — auch nicht [illegible] gegenüber —, wie R. wohl glaubte. Insbesondere aber eine [illegible] Lösung der Frage nach der Entstehung des Feodalismus hatte er [illegible] dadurch unmöglich gemacht, daß er nur ein Theilproblem, die Entstehung [illegible] Lehenwesens, herausgegriffen hatte, obgleich der Feodalismus doch [illegible] in diesem aufgeht. Die Immunität hätte der Verfasser nicht unbe[illegible] lassen dürfen, nicht etwa wie Waitz meinte, als ob sie mit dem von R. [illegible] „Seniorat“ identisch gewesen wäre, sondern weil sie das älteste [illegible] von ihm behandelten Zeit vielleicht auch das stärkste Element des Feuda[illegible] war. Ebensowenig hätte er sich endlich den Blick vor den [illegible] Phänomenen außerfränkischer Rechte der germanischen Welt verschließen [illegible] Dies alles kann man rügen, ohne doch zu verkennen, daß man eigentlich [illegible] an seinem „Beneficialwesen“ gelernt hat, deutsche Verfassungsgeschichte [illegible] arbeiten. Wenn die Zeit vorbei ist, wo ein Rechtshistoriker auf diesem [illegible]

.. das für den Juristen Faßbare und Bestimmbare zu formuliren seine .. mit verschwommenen und oft widerspruchsvollen Redensarten abspeisen .., so ist sie es seit jenem Buche. Heute möchte man freilich meinen, es .. eine Binsenwahrheit, daß sich die Rechtsgeschichte mit juristischen Fragen .. und sie folglich auch juristisch beantworten muß, daß, wie H. Brunner .. für sie „todtliegender Stoff bleibt, was sie dogmatisch nicht erfassen kann". .. Roth's Zeit ging selbst einem so berühmten Verfassungshistoriker wie .. Waitz das Verständniß für diese einfachen Wahrheiten ab, und dies war .. die Hauptursache der wissenschaftlichen Streitigkeiten, die nunmehr zwischen .. und R. begannen und nicht ohne Zunahme an Schärfe der Form an..., bis R. sich von der rechtsgeschichtlichen Forschung zurückzog. Dieser .. war längst zum Austrag gebracht und jeder der beiden Kämpen war .. Schauplatz abgetreten, als ein anderer Historiker, dem Waitz Einsicht in .. geschichtliche gewiß nicht absprechen würde, K. A. Cornelius, an die Er..ung von Roth's „Beneficialwesen", „dieser reifen Frucht einer überaus ..samen Jugend", die Worte knüpfte: „Die große Wandlung, die unsere ..niß der mittelalterlichen deutschen Geschichte im Laufe des 19. Jahr..s erlebt hat, ist zum großen, vielleicht zum größten Theile das Werk .. deutschen Rechtshistoriker gewesen, und wenn wir der glänzenden Reihe .. Männer von Eichhorn bis auf unsere Tage Dank und Ehre darbringen, .. wir auch nie der gründlichen, scharfsinnigen und originalen For.. vergessen, mit welcher unser College damals in jener Reihe Platz ge..en hat".

Noch bevor das „Beneficialwesen" erschien, im Juli 1850, hatte R. einen .. auf eine außerordentliche Professur in Marburg erhalten, dem er im Herbst .. leistete. Die dortige Thätigkeit aber wurde für die künftige Wahl seines ..gebietes bestimmend. Sie leitete die allmähliche Abkehr von rein rechts..schen Forschungen ein, die den Betrachter dieses Gelehrtenlebens um so ..iger berührt, je lebendiger er sich die Mühen zum Bewußtsein bringt, .. auf die Aneignung eines ungeheuren frühgeschichtlichen Stoffes verwendet .. Daß ihn diese nicht hinderte, auch sehr modernen Dingen seine Auf..samkeit zu schenken, hatte er schon bethätigt, als er in Gemeinschaft mit .. Stadtgerichtsaccessisten G. Merck eine „Quellensammlung zum deutschen ..lichen Recht seit 1848" begann, von der 1850 der erste, 1852 der zweite .. erschien, und worin man zuerst die authentischen Verhandlungen des ..tages vom März bis zum 12. Juli 1848 kennen lernte. Die Lehr..keit erweckte nun in ihm das Interesse für das geltende Privatrecht des .., worin er lebte. Sein Scharfblick erkannte, daß eine in Wahrheit ..ische Richtung innerhalb der historischen Schule Savigny's eine ..ung von Theorie und Praxis" mit sich gebracht hatte, „welche ... .. römischrechtlichen Jurisprudenz nachtheilig wirkte, ... die deutsch..che Jurisprudenz völlig zu zerstören, die Theoretiker zu Antiquaren zu .., die Praxis in Schlendrian aufzulösen drohte". Diesem Uebel konnte .. Meinung nach nur eine systematisch wissenschaftliche Bearbeitung der ..rechte in ihrer Totalität und im Zusammenhang mit dem gemeinen Recht ..en. Sie mußte bei gleichmäßiger Rücksicht auf die Praxis wie auf das .. feststellen, inwieweit das gemeine Recht römischen Ursprungs und was .. deutschen Recht wirklich anwendbar war, feststellen, zu welchen praktisch..tischen Ergebnissen die gegenseitige Assimilation der beiden Rechts.. geführt hatte. Werke, die derartigen Aufgaben auch nur einigermaßen ..chen, waren damals nur für wenige Particularrechtsgebiete unternommen. R. verband sich *mit einem Praktiker*, V. v. Meibom, zu einer systematischen

Darstellung des „kurhessischen Privatrechts“. Für dieses allein war
seiner damaligen Stellung das gesammte Material vollständig
außerdem eignete sich gerade das Recht in Kurhessen infolge seines
ganges zu einem vorzüglichen Paradigma des Gesammtbildes eines
Landesrechts in dem vorhin umschriebenen Sinne. Leider sind die
der Herausgeber nicht vollständig zur Ausführung gelangt. Von
hinderlich war ihr die zweimalige Verlegung von Roth's Lehrthätigkeit
anderen Universitäten, nach Rostock, wo er im April 1853, und nach
er im Herbst 1857 eine ordentliche Professur erhielt. So konnte
Band des „kurhessischen Privatrechts“ erst 1857/58 in Lieferungen
In Rostock scheint für R. das Interesse am mecklenburgischen Landesrecht
wogen zu haben und diesem Umstand wohl neben dem Antritt der
Professur mag es zuzuschreiben sein, wenn R. und v. Meibom es bei
ersten Band kurhessischen Privatrechts bewenden ließen. Der Torso
jedoch hin, um für alle späteren Unternehmungen dieser Art
werden. Von ihm rühmte im J. 1863 K. Maurer in dem Referat,
wegen Roth's Berufung nach München erstattete: „Es wird schwer
der neueren privatrechtlichen Litteratur ein zweites Werk aufzuweisen,
in Bezug auf Reichthum des gesammelten Stoffes, Umsicht und
in dessen Verarbeitung, endlich Prägnanz und Schärfe der Darstellung
letztgenannten an die Seite gesetzt werden dürfte“. Von diesem Lob
allerdings ein beträchtlicher Antheil auf V. v. Meibom, der die
und personenrechtlichen Abschnitte des Buches allein und den eherechtlichen
meinsam mit R. ausgearbeitet hatte. Roth's alleiniges Werk waren
Capitel über das Eltern- und Kindesrecht, die Vormundschaft und die
verhältnisse aus dem außerehelichen Geschlechtsumgang. Sein Beitrag
eherechtlichen Lehren betraf der Hauptsache nach wahrscheinlich das
recht der Ehegatten. Denn außer einer Abhandlung „Ueber
(1857) veröffentlichte er noch im J. 1858 einen Aufsatz „Ueber
Gütergemeinschaft nach kurhessischem Recht“, den wir zweifellos als
läufer jener Arbeiten zu betrachten haben. Während auf die
regungen nur sein Buch über „Mecklenburgisches Lehenrecht“ (1858)
verfolgt er nun die Fragen des ehelichen Güterrechts unter
Gesichtspunkten. Das Jahr 1859 bringt die berühmte Abhandlung
Gütereinheit und Gütergemeinschaft“, worin er gegenüber den
und insbesondere gegen C. F. v. Gerber nachwies, daß es ein gemeines
Güterrecht deutschen Ursprungs nicht gebe, schon im Mittelalter nicht
habe, daß es überhaupt nicht angehe, das deutsche Recht vor der
des römischen vornehmlich mit Hülfe der ostfälisch-sächsischen
reconstruiren, wie man es am Vermögensrecht der Ehegatten versucht.
Trotz mancher Irrthümer, die dem Verfasser auch hier nicht erspart
sind, wurde diese Abhandlung doch der Ausgangspunkt fast aller
Forschungen über denselben Gegenstand, sodaß sie von O. Stobbe und R.
mit Fug „bahnbrechend“ genannt werden durfte. Für R. selbst
„eheliche Güterrecht“ ein Lieblingsthema, worauf er nicht nur in seinen
systematischen Werken, sondern auch in verschiedenen Abhandlungen
censionen während der beiden folgenden Jahrzehnte zurückkam.
sich aber zugleich in den Gedankenkreis einspann, woraus das
Privatrecht“ erwachsen war, zeigt der erste von drei geplanten Artikeln
Codification des Privatrechts“ (1860). Darin schien ihm „eine
Codification des Civilrechts weder erforderlich, noch nützlich, noch
wogegen er sich noch alle Besserung der privatrechtlichen Zustände von

[illegible]enden Gesammtdarstellungen der Landesrechte versprach. Er ahnte nicht, [illegible] auch für ihn noch die Zeit kommen sollte, seine Ansichten über diesen [illegible] zu ändern. Den Fachgenossen galt er während seiner Kieler Jahre doch noch mehr [illegible]rechtshistoriker denn als praktisch-dogmatischer Jurist. Als im J. 1861 [illegible] „Zeitschrift für Rechtsgeschichte“ ins Leben trat, gehörte er neben Merkel [illegible] Böhlau zur germanistischen Gruppe ihrer Herausgeber, und ihm fiel die [illegible]gabe zu, ihren programmatischen Artikel über „Die rechtsgeschichtlichen [illegible]schungen seit Eichhorn“, zu schreiben, — eine stolze Aufgabe, die aber eine [illegible]lich bescheidene Lösung fand. Dem Verfasser ist die Wissenschaft der [illegible]schen Rechtsgeschichte nur gut für exoterische, insbesondere für praktische [illegible]ecke: sie lehrt „durch Hinweisung auf die Vergangenheit den Blick auf eine [illegible]re Zukunft zu richten“, sie hilft uns zum „Verständniß unserer Geschichte, [illegible] wesentlichste Momente bis in das Mittelalter eben in der Verfassungs[illegible]ichte beruhen“ (!), sie ist „unentbehrlich zur richtigen Erkenntniß der meisten [illegible]titute unseres öffentlichen und Privatrechts“, sie gibt „Richtung für die [illegible]derlichen Umgestaltungen des öffentlichen und Privatrechts“. Dagegen [illegible] ein Wort von ihrem rein scientifischen Werth als Geschichtswissenschaft, [illegible] darum auch die Begrenzung ihres Stoffes auf das Recht im alten deutschen [illegible]h und nicht die Spur eines Verständnisses für die wissenschaftliche Be[illegible]ung der Rechtsgeschichte von germanischen Stämmen außerhalb dieser [illegible]ngen. Diese werde, meint er, für uns erst „dann belehrend, wenn wir [illegible]h Beobachtung der ‚Unterschiede‘ und ihrer Folgen die richtige Erkenntniß [illegible]serer eigenen Einrichtungen befördern“. Darum gelten ihm jetzt als vor[illegible]glich „locale Forschungen“ in der mittelalterlichen Verfassungsgeschichte, [illegible]cialforschungen über die Geschichte einzelner Institute des Privatrechts, [illegible] Ausgaben der Stadtrechtsdenkmäler. Seine ehedem so warme und lebendige [illegible]lnahme an der Pflege der Rechtsgeschichte war eben im Erlöschen begriffen. [illegible]hat sich seit jener Zeit mit ihr nur noch beschäftigt, wenn ihn seine großen [illegible]matischen Arbeiten dazu nöthigten oder wenn ihn der Widerspruch eines [illegible]sehenen Gegners dazu reizte, allenfalls auch, wenn es galt, ein ihm [illegible]pathisches Buch anzuzeigen. Zu der Zeitschrift für Rechtsgeschichte steuerte [illegible]außer etlichen belanglosen Anzeigen (1863, 1864) und außer einer Notiz [illegible] „Die Hausbriefe des Augsburger und Regensburger Rechts“ (1872) den [illegible] über „Pseudo-Isidor“ (1866) bei. Jene war durch des Verfassers [illegible]malige Studien über das Sachenrecht in Baiern, dieser durch die Ausgabe [illegible] pseudo-isidorischen Decretalen von Hinschius veranlaßt. Nur der Polemik, [illegible] sich seit 1856 Waitz als patentirter Historiker gegenüber der „juristischen“ [illegible]ung des „Beneficialwesens“ gefiel, verdanken wir Roth's Buch über [illegible]alität und Unterthanenverband“ (1863), seine letzte größere rechts[illegible]ichtliche Arbeit. Noch einmal die alte rechtsgeschichtliche Energie zusammen[illegible]nd, hat er hier seine früheren Aufstellungen präcisirt und vertheidigt. [illegible] fortgesetzte Widerspruch von Waitz entlockte ihm 1865 den Aufsatz über [illegible] Säcularisation des Kirchengutes unter den Carolingern“, worin er zum [illegible]ten Male ein wesentliches Stück im Aufbau seines „Beneficialwesens“ [illegible] und ergänzte. Die von den seinigen abweichenden Ansichten Petigny's [illegible]wohl als Merkel's Ausgabe der Lex Bajuvariorum gaben ihm das Thema [illegible] eine Festschrift, womit im J. 1869 die Münchener Juristenfacultät ihren [illegible]ior Hieron. v. Bayer zu seinem goldenen Professorenjubiläum begrüßte: [illegible] Geschichte des bairischen Volksrechts“, — eine Abhandlung, worin er [illegible] bei weitem nicht mehr auf der ehemaligen Höhe seines quellenkritischen [illegible]nnens zeigt, weil *er unbedenklich* mit den vermeintlichen Ergebnissen von

Merkel's Edition der Lex Alamannorum operirt, um seine alte Lehre den drei Zusätzen wiederholen zu können, und weil es ihm nicht gelingt, richtige Einsicht in den compilatorischen Charakter des ganzen Denkm gewinnen.

Sein wirkliches Interesse gehörte um diese Zeit längst einem neuen Unternehmen im Bereich der Darstellung eines modernen Landesrechts, war am 1. April 1863 auf den Lehrstuhl für deutsches Recht, bairisches recht und Staatsrecht in München berufen worden, den bis dahin Blun inne gehabt hatte. Auch die Münchener Akademie der Wissenschaften, correspondirendes Mitglied er schon seit 1852 war, wählte ihn 1863 ordentlichen Mitglied ihrer historischen Classe. Seinem neuen Lehrauftrag entnahm er bald den Antrieb, für das geltende Privatrecht in Baiern zuführen, was er in Marburg für das Privatrecht von Kurhessen begon hatte. Obgleich der Stoff bei der großen Zahl von Particularrechten und Verschiedenheit der Rechtsentwicklung in den Hauptgebieten viel schwerer bewältigen war, ging er doch diesmal ohne eigentlichen Mitarbeiter ans Nur beim Sammeln des Materials soll er sich fremder Beihülfe bedient wenigstens werden gewisse Ungenauigkeiten in Quellenangaben hierauf geführt. Zu Statten kam ihm, daß er seit 1866 als Oberbibliothekar Münchener Universitätsbibliothek leitete und also die nöthigen litterar Hülfsmittel beständig zur Hand hatte. Dennoch erregte es begreifliches staunen, als in rascher Folge 1871—75 die drei Bände seines „Bairi Civilrechts" ans Licht traten, nachdem noch das Erscheinen des zweiten durch eine längere Krankheit des Verfassers aufgehalten worden war. Es die erste umfassende systematische Darstellung des Privatrechts in Bai Ausgeschlossen blieben das französische Recht des linksrheinischen Staats und das nur in kleinen rechtsrheinischen Landestheilen erhaltene österreich und württembergische Recht, — von den behandelten Materien das Obligation recht, weil für dieses die „Reichsgesetzgebung competent" war, und wahrschein aus dem gleichen Grunde das Urheberrecht, obwohl gerade seiner Entwick in Baiern besondere Wichtigkeit zukam. Trotzdem hat das Werk bei Zeitgenossen, und zwar nicht nur in Baiern, eine bedeutende Wirkung gebracht, nicht sowohl wegen seiner historischen Abschnitte, die nicht sehr in Tiefe gingen und von denen in Stobbe's Handbuch des deutschen Privatr übertroffen wurden, als weil es mit einer bisher unbekannten Vollständig Uebersichtlichkeit und Deutlichkeit das Verhältniß einer Menge von Particu rechten unter sich und zur Gesetzgebung des Gesammtgebietes wie zum subsidi Recht veranschaulichte. Ein so zuständiger Beurtheiler wie E. Mandry kannte, ihm sei „kaum je einmal klarer vor Augen getreten, auf wie schwa Fundamenten die Theorie des gemeinen Civilrechts — solches als prakt anwendbares Recht betrachtet — vielfach steht, und wie mannichfache Förder sie durch Werke zu erhalten vermag, welche die aus dem römischen Rechte Deutschland herübergekommenen Institute in der concreten Gestaltung stellen, die sie durch Gesetzgebung und Rechtspflege eines bestimmten deutsch Landes bezw. einer Anzahl deutscher Territorien erhalten haben".

Roth's „bairisches Civilrecht" fiel in die Zeit, als schon die Beweg zu Gunsten einer reichsrechtlichen Codification des bürgerlichen Rechts im Gang war. Er hatte, wie wir noch sehen werden, die Gründung des Deutsch Reiches mit Begeisterung begrüßt. Die Erwartungen jedoch, die man in den weitesten Kreisen von dem künftigen Reichsgesetzbuch hegte, vermocht er nicht zu theilen. In einem Aufsatze „Ueber Unification und Codification den er 1872 schrieb, erklärt er noch — ähnlich wie in dem früheren

0 — „die sofortige Inangriffnahme einer Codification des ganzen bürger- ... Rechts für das ganze Reichsgebiet weder für wünschenswerth noch für ...hbar; die auf Herstellung der Reichseinheit gerichtete Thätigkeit könne ...ß nur von den Landesgesetzgebungen ausgehen.“ Für möglich und ...enswerth hielt er einstweilen nur die reichsgesetzliche Regelung gewisser ...er Materien des Privatrechts. Der Codification dagegen müsse erst ... eine „Enquête“ über den gesammten Rechtszustand Deutschlands und ... gesetzgeberische „Unification“ der Particularrechte, eine Art Regional-..., vorgearbeitet werden. Ein solches Regionalsystem empfahl er ins-...re für das eheliche Güterrecht noch in einem „Gutachten“ an den ...hen Juristentag 1874, als das Reichsgesetzbuch schon beschlossene ... war.

Um so auffälliger erscheint die Schwenkung, die er jetzt in seinem Ver-... zu dem großen gesetzgeberischen Unternehmen vollzog. Er trat noch im 1874 in die Commission ein, welche der Bundesrath am 2. Juli zur Aus-...ung des bürgerlichen Gesetzbuches und seiner Nebengesetze berufen hatte. ...t hoffte er, durch Theilnahme an ihren Arbeiten sie von zu weit-...en centralistischen Schritten zurückhalten und unbeschadet der formellen ...it des Gesetzbuchs doch sein Regionalsystem in dieses hineinbringen zu ... Immerhin war er zur Codification bekehrt, — eine Bekehrung, die ... durch die Beschlüsse der Vorcommission über die der Landesgesetzgebung ...halten den Gegenstände wesentlich erleichtert war. In der Commission trat R. wenig hervor, obgleich er ihr bis zu ihrer Auflösung (1888) ...örte, ja sogar in der Zwischenzeit an ihren Sitz nach Berlin übergesiedelt ... Auch dürfte ihre Schöpfung kaum allen seinen Wünschen entsprochen ... Doch zeitigten seine Beziehungen zu ihr ein neues großes litterarisches ..., sein „System des deutschen Privatrechts“. „Die Codification — sagt ... hat den gegenwärtigen Rechtszustand als Ausgangspunkt zu nehmen ... bedarf daher einer ins Einzelne gehenden Darstellung desselben“, — ... Darstellung des in Deutschland geltenden Civilrechts, wie es sich aus ...andesrechten und den subsidiären Rechten entwickelt hat“, — einer ...menfassung alles dessen, „was bisher getrennt als römisches (gemeines) ... deutsches Privatrecht und Landesrecht dargestellt wurde“, — einer Ver-...ung alles dessen, „was sich von dem älteren Recht unverändert oder mit ...cationen erhalten hat mit der neueren Gesetzgebung zu einer Einheit“. ... hat dem Werke seine „statistische Methode“ zum Vorwurf gemacht, ohne ...denken, daß sein Zweck sie erforderte. Es kam in der That auf möglichst ...dige Zusammenstellung des gesammten positiven Materials an, wobei ...gens der Verfasser doch nicht bewenden ließ. Die Classification der ...alien in scharf charakterisirte Gruppen, wie sie ihm schon in seinem ...chen Civilrecht meisterlich gelungen war, erstrebte er auch bei diesem ...en Unternehmen mit gleichem Erfolg. Darum leistet sein „System“ ... noch, wie er selbst gehofft hatte, sobald es sich um die Anwendung ... Rechts aus der Zeit vor dem bürgerlichen Gesetzbuch handelt, treffliche .... Rügen kann man nur einen gewissen Mangel an Folgerichtigkeit in ...esammtanlage. Denn während der Verfasser das neuere österreichische ... französische Recht ziemlich eingehend berücksichtigte, schloß er die ...erischen und alle sonstigen deutschen Rechte, wofern ihre Gebiete außer-... des deutschen Reichs lagen, aus. Während er sich ferner bemühte, den ...rch die neueste Landesgesetzgebung geschaffenen Zustand zu veranschaulichen, ... er das sogenannte „Reichscivilrecht“ so gut wie außer Betracht, sodaß sein

„System" doch kein erschöpfendes Bild des ganzen in Deutschland gül
Privatrechts seiner Zeit geben konnte. R. war bei diesem Unterneh
von dem gleichen Glück begleitet wie bei seinem bairischen Civilr
konnte es nicht zum Abschluß bringen. Nur drei Bände erschienen
1881, 1886). Sie umfassen außer der Einleitung nur drei von den
fünf Theilen, die allgemeine Lehre von den „Rechtsverhältnissen"
Sachen), das „Familienrecht" und das „Sachenrecht"; ein „Erbrecht"
„Obligationenrecht" hätten noch folgen sollen. Aber R. kehrte im
kränkelnd nach München zurück, sodaß er für das Sommersemester
Beurlaubung nachsuchen mußte, die dann für das folgende Winter
ernenert wurde. Seine Kraft war gebrochen. Siebzigjährig wurde
14. August 1890 seines Lehrauftrags enthoben. Es folgten Schlaganfälle
schweres Siechthum, von dem ihn im Frühjahre 1892 der Tod erlöste.

R. verfügte über ein ungewöhnliches organisatorisches Talent. Ohne
würde er so ungeheure Stoffsammlungen, wie sie seinen Schriften zu
liegen, niemals zusammengebracht haben. Zum Zweck der Bearbeitung
Materials organisirte er aber auch an sich selbst. Es gehörte zu
Arbeitsmethode, nichts zu schreiben, worüber er nicht vorher in
Rede gelehrt hatte. Daher beschränkte er seine Vorlesungen nicht auf
wöhnlichen Stammcollegien, wozu ihn seine germanistischen und staats
Lehraufträge verpflichteten, auch nicht auf gelegentliche rechtsgeschichtliche
im Anfang seiner Lehrthätigkeit. Seinem kurhessischen Privatrecht
Marburg eine Vorlesung über das „Statutarrecht" des Landes, seinem
burgischen Lehenrecht in Rostock eine drei Mal abgehaltene über den
Gegenstand voraus. In München trug er seit 1868 mehrmals „
Civilrecht" vor. Daneben las er noch über „Deutsches Hypoth
„Vergleichendes Erbrecht", „Bergrecht", „deutsches eheliches Güterrecht
sches Familienrecht" u. dgl. m. Dies Alles, obwohl ihn der äußere
nichts weniger als ermuthigen konnte. Denn R. war nicht mit
ausgestattet, die den Docenten machen. Seine großen systematischen
lesungen genügten ihrer Aufgabe schon darum nicht, weil sie in
nur ausgewählte Bruchstücke zur Darstellung brachten, im übrigen
verwiesen. Im Handelsrecht kümmerte er sich nicht um das Seerecht
er es mit ankündigte, im deutschen Privatrecht nicht um das
Seinen freien Vortrag pflegte er durch rasende Dictate zu unterbrechen
die Hörer zum Verzweifeln brachten. Und welch ein freier Vortrag
einer Ecke der Lehrkanzel zusammengekauert ließ er mehr seinen
und etwa noch seinen gewaltigen Schädel, aber nur nicht seine
sondern unverwandten Blickes auf sein Heft starrend, worin er
blätterte, erging er sich eintönig und mit einem fast unverständlichen
organ über das, was er dictirt hatte oder dictiren wollte.
gelang aufzumerken, der hatte immerhin seinen Nutzen von diesen
Man konnte da doch Dinge lernen, die man sonst nirgend zu
Die oben angeführte Aeußerung von Mandry paßt vollkommen auf
Eindruck, den nicht nur der Unterzeichnete, sondern auch andere seiner
genossen in Roth's Collegien empfingen, wenn man inne wurde
kurz zuvor von B. Windscheid mit soviel Wichtigthuerei vorgetragene
recht großentheils gar kein geltendes Recht war. Und mehr als
uns ließ sich zum ersten Mal bei Roth zu germanistischen Studien
Der Macht seines energischen Arbeitens konnten sich Studenten, die
einigermaßen über das landläufige Mittelmaß erhoben, eben

…ehen. So mag es sich auch erklären, daß man ihm noch 1872 einen Lehr-…l in Berlin anbot — ein Ruf, den er jedoch ablehnte.

Energie war der Grundzug seines Charakters. Sie war seine Tugend … in ihren Excessen sein Laster. Das verrieth sich schon in den rauhen …men seines Umgangs. Die Grazien haben wohl seine Wiege gemieden, … wer ihn kannte, versteht leicht, warum er niemals verheirathet war. … Energie riß ihn zu Uebertreibungen in seinen Lehrsätzen, zu Einseitig-… in seinem Berufsleben fort. Es war z. B. eine geradezu abenteuerliche …treibung, wenn er seit seinen Aufsätzen über das eheliche Güterrecht …näckig behauptete, es habe im mittelalterlichen Deutschland schlechterdings … gemeines Recht gegeben. Auf Uebertreibungen zumeist beruhen die …wächen seines „Beneficialwesens". Alles, womit er sich einmal beschäftigte, …nahm seine ganze Persönlichkeit gefangen. Alles andere verlor damit das …teresse für ihn. Darum seit seiner Berufung nach München die Abwendung … dem Wissenschaftsfeld, worauf er den ersten Kranz seines Ruhmes ge-…nnen. Die Rechtsgeschichte galt ihm seitdem als ein untergeordnetes Fach. …trat sie in seiner Lehrthätigkeit nach dem Wintersemester 1865/66 nur … einmal, im Winter 1870/71, obwohl auch K. Maurer um jene Zeit auf-…t hatte, sich mit ihr zu befassen, und R. sich sagen mußte, daß er sie … in durchaus unberufene Hände gerathen ließ. Eine sehr merkliche Ueber-…nahme des Banausenthums in der kgl. bairischen Juristenwelt war die … davon. Seine große rechtsgeschichtliche Bibliothek verkaufte R. an die …gegründete Universität Czernowitz. Aber auch lange vorher, als bei ihm …historische Interessen noch vorhanden waren, hatten sie doch schon eine …einseitige Richtung genommen. Da es ihm an jeglicher germanistisch-…logischen Bildung gebrach, so verschloß er sich das Verständniß für alle …igen rechtsgeschichtlichen Studien, wozu man ihrer benöthigte. Seine …ngschätzung für diese übertrug er sogar auf ihre Betreiber. Gegen … Maurer z. B., dem er doch seine Münchener Professur hauptsächlich ver-…te, beseelte ihn eine intime Abneigung, und den unterzeichneten Biographen …ubte er mehr als einmal gar grimmig an, als er ihn auf skandinavistischen, …sächsischen und friesischen Wegen gewahrte. Das war in jenem be-…eren Falle nicht einmal gar so übel gemeint, als es klang. Aber das ge-…e Beispiel färbte zuweilen auch wohl ab auf Leute, die sich bemühten, in seine …stapfen zu treten. Ihnen gegenüber konnte er sich zu völliger Kritiklosig-… erniedrigen. Etwas kritikloseres z. B. als seine Recension von Sohm's …deutscher Reichs- und Gerichtsverfassung" ist nie geschrieben worden. Unter … Einseitigkeit seiner Interessen litt denn auch seine Bibliotheksverwaltung. … kümmerte sich fast nur um solche Anschaffungen, die in das gerade von … litterarisch gepflegte Fach einschlugen. Andere Abtheilungen ließ er ver-…, der Art, daß er sogar den Fortbezug wichtiger naturwissenschaftlicher …schriften einstellte. Ein hastiges Zufahren, das sich bis zur Unbedachtsam-… steigern konnte, lag überhaupt leicht in seinem Thun. So erklärt sich …wenigstens zum Theil die Schnelligkeit, womit er seine schweren Bücher fertig …te, und die Frische, mitunter sogar Lustigkeit seiner Schreibart, aber auch die Sorglosigkeit seines Stils und die Oberflächlichkeit, welche die constructive Seite seiner Jurisprudenz beeinträchtigte. Neue constructive Probleme waren nicht seine Sache. Mit den hergebrachten scholastischen Begriffen wollte er …haus halten. Daher drang er, so oft er auch die merovingischen Kronguts-…verleihungen erörterte, doch nie zum Wesen der germanischen Schenkung vor. Phänomene, wie die Gesammthand und die Gemeinderschaft oder die hypothekarischen Verhältnisse hat er zwar in Monographien beschrieben, doch [illegible] mals ihren Principien nach erfaßt.

Cyklopisch wie er in seinem Auftreten war, mit seiner plumpen Ge[illegible] seinem starren Blick, seiner vorgebeugten schiefen Haltung beim Gehen, [illegible] er ein ἄμουσος. Und doch gab es in ihm eine poetische Ader, die in [illegible] Augenblick seines jähen Enthusiasmus zu Tage trat. Als am 16. Juli [illegible] der deutsche Kronprinz die bairischen Truppen durch das Münchener Sie[illegible] thor herein und an der Universität vorbeiführte, veranstaltete R. oben in [illegible] Räumen der Bibliothek für die zuschauenden Collegen und Colleginnen [illegible] feierliches Sektfrühstück, das er mit einem langen als Manuscript gedr[illegible] Gedichte „Der Frühling" verzierte.

Schriften. 1848: „Ueber Entstehung der Lex Bajuvariorum" (Münch[illegible] „Die Krongutsverleihungen der Merovinger" (ebd.); Recension von G. Wai[illegible] Deutsche Verfassungsgeschichte I, II in den Münchener Gelehrten Anzeig[illegible] XXVII, Nrn. 144—152. 1850: „Geschichte des Beneficialwesens von [illegible] ältesten Zeiten bis ins zehnte Jahrhundert" (Erlangen); „Quellensammlu[illegible] zum deutschen öffentlichen Recht seit 1848", Bd. I (München [gemeinscha[illegible] mit H. Merck herausgegeben]). 1852: „Quellensammlung 2c.", Bd. II (ebd.[illegible] 1857: „Ueber Stiftungen" (in Gerber und Ihering's Jahrbüchern für [illegible] Dogmatik des . . . Privatrechts I). 1857/58 (gemeinsam mit V. v. Meibo[illegible] „Kurhessisches Privatrecht", Bd. I (Marburg). 1858: „Die partikuläre Güte[illegible] gemeinschaft nach kurhessischem Recht" (im Archiv f. prakt. Rechtswissensch[illegible] Bd. V); „Mecklenburgisches Lehnrecht" (Rostock). 1859: „Ueber Gütereinh[illegible] und Gütergemeinschaft" (im Jahrbuch des gemeinen Rechts, Bd. III, S. [illegible] bis 358). 1860: „Ueber Codification des Privatrechts" (Archiv f. prak[illegible] Rechtswissenschaft, Bd. VIII, S. 303—347). 1861: „Die rechtsgeschichtlich[illegible] Forschungen seit Eichhorn" (in Zeitschr. f. Rechtsgesch., Bd. I, S. 7—[illegible] „Du Tillet's Ausgabe der Volksrechte" (ebd. S. 248 f.). 1863: „Feudalit[illegible] und Unterthanenverband" (Weimar); „Uebersicht über die Literatur der deut[illegible] schen Rechtsgeschichte" (in Zeitschr. f. Rechtsgesch., Bd. III, S. [illegible] „Ueber die neue Ausgabe der Formeln von Rozière" (ebd. S. 326 f.). 1864: „Uebersicht der Literatur der deutschen Rechtsgeschichte" (ebd. Bd. IV, S. 175—178); Anzeigen (in Schletter's Jahrbüchern d. deut. Rechtswissensch., Bd. X, S. 200—209). 1865: „Die Säcularisation des Kirchenguts unte[illegible] den Karolingern" (im Münchener Histor. Jahrbuch, S. 277—298); Anzeige[illegible] (in Schletter's Jahrb., Bd. XI, S. 19—27, 225—237). 1866: „Pseudo[illegible] isidor" (in Zeitschr. f. Rechtsgesch., Bd. V, S. 1—27); Anzeigen (in Schletter's Jahrb., Bd. XII, S. 227 f.). 1868: „Das eheliche Güter[illegible] recht des Weißenburger Stadtrechts" (in d. Blättern für Rechtsanwendung[illegible] Bd. XXXIII, Nr. 9); „Die allgemeine Gütergemeinschaft in den bayerischen Statuten" (ebd. Nr. 15—17); „Gütereinheit und Gütergemeinschaft" [An[illegible] zeigen] (in Krit. Vierteljahrsschr. f. Gesetzgebung u. Rechtswissensch., Bd. X, S. 169—186). 1869: „Zur Geschichte des bayrischen Volksrechts", Fest[illegible] schrift (München). 1870: „Gütereinheit und Gütergemeinschaft" [Anzeigen] (in Krit. Vierteljschr. f. Gesetzgebg., Bd. XII, S. 597—600). 1871: „Bay[illegible] risches Civilrecht", Bd. I (Tübingen); „Der Frühling, eine Vision". 1872: „Bayrisches Civilrecht", Bd. II (Tübingen); „Die Hausbriefe des Augs[illegible] burger und Regensburger Rechts (in Zeitschr. f. Rechtsgesch., Bd. X, S. 3[illegible] bis 357. 1873: „Unification und Codification" (in Hauser's Zeitschr. für Reichs- u. Landesrecht, Bd. I, S. 1—27); Anzeigen (in Krit. Vierteljschr. f. Gesetzgbg., Bd. XV, 283—293). 1874: „Gutachten über die Gesetzgebungs[illegible] frage: Ist es ausführbar, das ehel. Güterrecht durch ein einheitl. Gesetz für [illegible] Deutschland zu codificiren?" (in d. Verhandlungen des deut. Juristentags [18]74, Bd. I, S. 276—284); „Die Literatur über die fränkische Reichs- und [Ger]ichtsverfassung" (in Krit. Vierteljschr. f. Gesetzgebg., Bd. XVI, S. 192 [—]220). 1875: „Bayrisches Civilrecht", Bd. III (Tübingen). 1876: „Zur [Leh]re von der Genossenschaft, Rechtsgutachten". 1878: „Das deutsche eheliche [Güt]errecht" (in Zeitschr. f. vergleich. Rechtswissensch., Bd. I). 1879: „Die [cor]rheal[i]sche Succession und die Hypothek des Eigenthümers" (im Archiv [f.] civilist. Praxis, Bd. LXII, S. 1—52); „Zur Literatur des neueren Hypo[th]ekenrechts" (in Krit. Vierteljschr. f. Gesetzgebg., Bd. XXI, S. 15—28). [18]80: „System des deut. Privatrechts", Bd. I (Tübingen). 1881: „System [de]s deut. Privatrechts", Bd. II (Tübingen); „Bayr. Civilrecht", Bd. I, 2. Aufl. [18]86: „System des deut. Privatrechts", Bd. III (Tübingen).

Nekrologe: Kl(einfeller) im Jurist. Literaturblatt, Jahrg. IV 1892, S. 83 f. — S(chröder) in Zeitschr. der Savignystiftung für Rechtsgesch., [Bd.] XIII, 1892, S. 150—254. — Chronik der Ludwig-Maximilians-Universität München für das Jahr 1891/92, S. 13—15. — C. A. Cornelius in den Sitzungsberichten der philos.-philol. und der histor. Classe d. kgl. bair. Akademie d. Wiss. zu München, 1893, S. 241—243.

K. v. Amira.

Roth: (Walter) Rudolf (von) R., Sanskritist, ist als Sohn des [Ober]revisors Christoph Wilhelm Roth in Stuttgart am 3. April 1821 ge[boren]. Er entstammte einer alten württembergischen Familie, die seit drei [Ja]hrhunderten eine große Anzahl von Beamten, namentlich Geistlichen und [Lehr]ern, hervorgebracht hatte, an denen die gemeinsamen Charakterzüge der [Pfl]ichttreue, der Energie, des Fleißes und der Strenge bemerkenswerth waren. [Die]se ererbten Familieneigenschaften bildeten den Grundzug in dem Wesen [R]udolf Roth's, des bedeutendsten Sohnes dieses kernigen und kraftvollen Ge[schle]chts. Daß er seine Mutter (Caroline Regine, geb. Walther) schon im [Al]ter von vier, seinen Vater im Alter von dreizehn Jahren verlor, mußte [da]zu beitragen, seinen Charakter frühzeitig zu stählen und schon dem [Kn]aben ein ungewöhnliches Maß von Selbständigkeit zu verleihen, wohl auch [sei]ne angeborene Abneigung gegen Gefühlsäußerungen zu verstärken. Doch ist [de]r elternlose Knabe nicht in eigentlicher Verlassenheit aufgewachsen; er hat [mi]t seiner Stiefmutter Friederike Wilhelmine Roth, einer Cousine seines [Va]ters, die von diesem einige Jahre nach dem Tode seiner ersten Frau ge[h]eirathet wurde und später (1838) noch eine zweite Ehe mit einem Kaufmann [Ba]uer in Kiel einging und dort 1870 starb, stets in nahen Beziehungen [ge]standen. Auch haben sich die hochangesehenen Brüder seines Vaters des [all]einstehenden Neffen angenommen: der bairische Consistorialpräsident, Reichs- und Staatsrath Karl Johann Friedrich Roth (1780—1852) und der Prälat [Karl] Ludwig Roth (1790—1868), der als pädagogischer Schriftsteller in [W]ürttemberg weithin bekannt war und noch nach seiner Pensionirung im [Al]ter von 69 Jahren als Privatdocent in Tübingen mit seinem Neffen zu[sa]mmen wirkte.

Rudolf R. besuchte zuerst das Gymnasium in Stuttgart, dann das niedere Seminar in Urach, dessen Lehrcursus den 4 obersten Gymnasialclassen entspricht, und bezog mit 17 Jahren die Universität Tübingen, wo er als Student der Theologie in das evangelische Seminar (das sogenannte Stift) eintrat. Er empfing dort die umfassende philosophische und historische Bildung, die an dieser altbewährten Anstalt als Grundlage des Studiums der Theologie obligatorisch ist, und trieb außerdem philologische Stndien. Entscheidend für sein ganzes Leben wurde die Anregung, die er von G. H. A. Ewald empfing, dem berühmten Bibelforscher und Semitisten, der in jener Zeit Mitglied der philosophischen (seit 1841 der theologischen) Facultät in Tübingen war und dessen ausgebreitete Gelehrsamkeit auch das umfaßte, was damals vom Indischen und Iranischen bekannt war. R. hörte bei Ewald theologische Vorlesungen und von seinem siebenten Semester an vier Vorlesungen über Sanskrit und zwei über Persisch. Dadurch wurde sein Interesse für die Erforschung der Litteraturen der beiden arischen Völker in einer Weise angeregt, daß er in ihr seine Lebensaufgabe erkannte. Wer Roth's vornehme Ruhe und Zurückhaltung in seinem späteren Leben kennen gelernt hat, der wird sich nicht wundern zu erfahren, daß R. als Student nicht hervorgetreten ist und Aufsehen erregt hat. Alle äußeren Mittel, sich zur Geltung zu bringen, sind ihm von jeher verhaßt gewesen. Doch erkannten seine Lehrer bald (wie der Berichterstatter des Schwäbischen Merkur vom 10. Juli 1895 mittheilt), „daß man es mit einem jungen Manne von klarem und reifem Urtheil, von ausdauerndem und zweckmäßig angewandtem Fleiße zu thun hatte". Und schon damals wurde die klare und schöne Rede an dem späteren Meister des Stils bemerkt, der in seiner knappen, markigen und geschmackvollen Ausdrucksweise immer den Nagel auf den Kopf zu treffen wußte.

Im J. 1842 bestand R. das theologische Staatsexamen und erwarb am 24. August 1843 — so lange währte damals in Tübingen das Sommersemester — den philosophischen Doctorgrad mit einer Dissertation aus dem Gebiet der semitischen Philologie: „Quid de fragmentis Sanchuniathonianis atque de libro isto Sanchuniathonis nomen prae se ferente sit statuendum". Diese Dissertation ist nicht gedruckt worden; sie war aus einer Preisarbeit hervorgegangen, mit der R. 1840, schon in seinem zweiten Studienjahre, den Preis der philosophischen Facultät gewonnen hatte. Seine Kenntniß des Sanskrit hatte R. durch eine Beschäftigung mit der kleinen Sammlung von Sanskrithandschriften vertieft, die der württembergische Missionar Dr. Johann Häberlin nach zwölfjähriger Wirksamkeit in Indien im J. 1838 der Tübinger Universitätsbibliothek geschenkt hatte und die den Grundstock des großartigen Bestandes indischer Handschriften bildet, der sich im Laufe der Zeit in Tübingen durch Schenkungen und Ankäufe angesammelt hat. Gegen Ende des Jahres 1843 trat R. mit staatlicher Unterstützung eine wissenschaftliche Reise an, von der er den reichsten Gewinn nach Hause bringen sollte. Er begab sich zuerst nach Paris, dem damaligen Mittelpunkt der orientalistischen Studien, wo er (ebenso wie zwei Jahre später Max Müller) Schüler des großen Indologen und Iranisten Eugène Burnouf wurde und zu Julius Mohl in nahe Beziehung trat. Aus dieser Zeit stammt auch Roth's Vorliebe für die französische Sprache, die er bis in sein Alter mit Eleganz zu handhaben wußte. Von Paris ging R. nach England, um in der Bibliothek des damaligen East-India-House in London und in der Bodleian Library in Oxford die handschriftlichen Schätze zu sichten und Abschriften von den vedischen Texten zu nehmen, auf die das große Werk seines Lebens gegründet ist. Der Förderung, die er in England durch H. H. Wilson fand, hat er eine dankbare Erinnerung bewahrt und dies durch die hochachtungsvolle Widmung seiner Erstlingsschrift zum Ausdruck gebracht.

Wer heutzutage an das Studium des Veda herantritt, findet fast alle Texte dieser umfangreichen alten Litteratur in zuverlässigen Ausgaben und zum Theil in Uebersetzungen vor, dazu lexikalische Hülfsmittel, genaue Indices zu mehreren Texten und eine schon schwer zu übersehende Litteratur über alle Fragen der Vedengrammatik und Exegese, der altindischen Mythologie, Litteratur-, Cultur- und Religionsgeschichte. Von allen diesen Arbeiten existirten nur zwei,

R. sich mit kühnem Muthe entschloß, die altindische Welt der Wissenschaft ...schließen, zu einer Zeit, als das Verständniß für die grundlegende Be... solcher Aufgaben durchaus noch nicht allgemein verbreitet war. Die ...dieser beiden Arbeiten war der Aufsatz, den H. T. Colebrooke, der eigentliche Begründer des Sanskritstudiums, der mit erstaunlicher Gelehrsamkeit fast ...biete der späteren indischen Litteratur umfaßte, unter dem Titel „On ...Veda or sacred writings of the Hindoos“ schon im J. 1805 veröffent...licht hatte. Aber wie lautete das Urtheil Colebrooke's über den Veda! Nach...dem er kurze Mittheilungen über die vedischen Schulen, Aeußerlichkeiten der ...lieferung, Eintheilungen des Rigveda, Inhalt der Texte u. s. w. gemacht, ... die alten Hymnensammlungen von den späteren Werken liturgischen und ...lativen Inhalts zu unterscheiden, schließt er mit der Bemerkung, daß diese ...ratur wohl verdiene, gelegentlich von den Orientalisten zu Rathe ge...zogen zu werden; aber die Vedas seien zu umfänglich für eine vollständige ...setzung des Ganzen, und was sie enthielten, würde schwerlich die Arbeit ...Lesers und noch weniger die des Uebersetzers lohnen. Wie muß man da den ...en historischen Blick des 22jährigen Jünglings bewundern, der sich durch ...s uns heute ganz unbegreifliche Urtheil des damals berühmtesten Sanskrit...ers nicht beirren ließ, sondern in der genauen Erforschung des Veda eine ...aufgabe der gesammten Alterthumskunde erkannte! Das zweite der ...erwähnten Werke war der Anfang einer Ausgabe und lateinischen Ueber...ng des Rigveda von der Hand unseres Landsmannes Friedrich Rosen, ...fessor der orientalischen Litteratur an der Londoner Universität war. ...Ausgabe, die das erste Achtel des Rigveda umfaßt, brach ab mit dem ...itigen Tod des 32jährigen verdienten Mannes; sie erschien 1838, ein ... nach dem Ableben Rosen's, von der Asiatischen Gesellschaft publicirt, ... dem Titel „Rigveda-Sanhita, liber primus, sanscrite et latine“. Die ...setzung fußt fast durchaus auf den Erläuterungen des großen einheimi... Commentators, verdient aber trotz dieser Unselbständigkeit hohe An...kennung als der erste Versuch, einen vedischen Text zu bearbeiten.

Das war alles, was von Arbeiten über den Veda existirte, als R. be..., den Weg in das Dickicht dieser Litteratur zu bahnen.

Im October 1845 war R. nach zweijähriger Abwesenheit nach Tübingen ...gekehrt, und im nächsten Jahre erschien als erste Frucht der Quellen...dien, die er in Paris, London und Oxford gemacht, sein Buch „Zur Litte... und Geschichte des Weda“, drei Abhandlungen über die Hymnen...lungen, die älteste Wedengrammatik oder die Prâtiçâkhyasûtren und ...schichtliches im Rigweda, eine Arbeit, die damals epochemachend wirkte und ... heute nicht veraltet ist. Hier stellt R. den zeitlichen und sachlichen Ab...stand zwischen den alten Liedersammlungen und den liturgischen Werken der ...schen Litteratur fest sowie die Verschiedenheiten in den Lebensverhältnissen, ...Volkscharakter und der ganzen Anschauungswelt, welche die Zeiten des ...ten Indiens von den späteren unterscheiden. Daneben wird die Frage ... dem Werthe der einheimischen Tradition aufgeworfen, der R. von An...fang an mit selbständigem Urtheil gegenübertrat. Diese Frage muß weiter ... noch etwas eingehender behandelt werden, um Roth's Standpunkt im ...hältniß zu den Anschauungen der Gegenwart zu kennzeichnen. Hier sei ... darauf hingewiesen, wie R. schon in seiner Erstlingsschrift zu der indischen ...ärungslitteratur, namentlich zu dem bedeutendsten und ausführlichsten ...Commentator Sâyaṇa (aus dem 14. Jahrhundert nach Chr.) Stellung ... R. sagt zwar S. 24, daß Sâyaṇa's Commentar für uns immer so...wohl die hauptsächlichste Quelle für Vedenerklärung als eine Fundgrube für die Geschichte der Litteratur überhaupt bleiben werde; aber er fügt [illegible] hinzu, daß Sâyaṇa einer Zeit angehört, in welcher vedisches [illegible] künstlich wieder erweckt wurde und deren Gesichtskreis jene [illegible] ferne lag, daß wir ein sicheres Verständniß derselben bei [illegible] finden erwarten könnten. Immerhin meint R., daß für [illegible] vedischer Studien nichts angelegentlicher zu wünschen sei, als [illegible] Bekanntmachung der Sanhitâ des Rigveda und ihres [illegible] tors; und daran knüpft er die Ankündigung, daß dieses [illegible] vorbereitet werde: die große Ausgabe solle unter Wilson's [illegible] Dr. Trithen in London, Dr. Rieu aus Genf und ihm selbst [illegible] Dieser Plan hat sich zerschlagen und ist später bekanntlich von [illegible] in vorzüglicher Weise zur Ausführung gebracht worden. Daß Roth's [illegible] kraft dadurch für die Aufgabe frei wurde, deren Erfüllung ihm [illegible] lichen Ruhm eintragen sollte und damals von keinem Anderen [illegible] Erfolge hätte geleistet werden können, dürfen wir als ein Glück für [illegible] schaft bezeichnen.

Schon vor Ablauf des Jahres 1845 hatte sich R. in Tübingen [illegible] docent der morgenländischen Sprachen habilitirt. In seinen [illegible] Universitätsamt zu Tübingen aufbewahrten Personalacten ist [illegible] 1847 mehrfach von dem Anerbieten einer festeren Stellung an einer [illegible] Universität die Rede; aber es läßt sich nicht ermitteln, um [illegible] und um was für eine Stellung es sich gehandelt hat. Dieses [illegible] philosophischen Facultät und dem akademischen Senat in Tübingen [illegible] sich mit der Frage zu beschäftigen, wie R., in dem man bereits [illegible] ragende Lehrkraft erkannt hatte, an der Tübinger Universität [illegible] ob man seine Ernennung zum außerordentlichen Professor mit [illegible] von 600 Gulden oder die Gewährung eines „Wartegelds“ von 400 [illegible] dem Ministerium beantragen solle. Der Senat entscheidet sich [illegible] auf Roth's Jugend für das letztere; aber die Regierung in [illegible] großmüthiger und ernennt R. zu Anfang des Jahres 1848 gleich [illegible] ordinarius mit 600 Gulden Gehalt. 1856 folgt die Beförderung zum [illegible] Professor. In demselben Jahre wurde R. auch das Amt des [illegible] an der Tübinger Universitätsbibliothek übertragen, das er neben [illegible] nahezu 40 Jahre bis an sein Lebensende bekleidet hat. Als [illegible] docent begann er eine vielseitige Lehrthätigkeit auszuüben, indem [illegible] über Sanskritgrammatik, Veda und Avesta, Neupersisch, indische [illegible] und Mythologie, philosophische Systeme des Morgenlandes, sondern [illegible] vergleichende Grammatik und selbst über Hebräisch und theologische [illegible] las. Man war damals noch von der Vertiefung und Spezial[illegible] einzelnen Fächer weit entfernt und an breitere Arbeitsgebiete [illegible] Semitica überließ R. später seinem Collegen Ernst Meier, der an [illegible] Tage, an dem R. zum ersten Ordinarius des Sanskrit in Tübingen [illegible] wurde, die ordentliche Professur der semitischen Philologie erhielt. [illegible] trat R. bald mit einer Vorlesung hervor, die lange Zeit die [illegible] Art an deutschen Universitäten geblieben und weithin über [illegible] Grenzen hinaus berühmt geworden ist; es war das große Colleg [illegible] meine Religionsgeschichte, das R. mehrere Jahrzehnte hindurch [illegible] Sommer, in den letzten Lebensjahren in jedem zweiten Sommer [illegible] Wie R. bei der Erforschung des Veda und des Avesta [illegible] religionsgeschichtliche Interessen geleitet wurde — er hat [illegible] Grundlage seiner geistigen Entwicklung nie verleugnet —, so [illegible] nicht nur, von welcher Bedeutung ein Ueberblick über die Religions[illegible]

[...]mten Menschheit für jeden Theologen ist, sondern auch, daß der Indologe berufene Vertreter dieses weitverzweigten Wissensgebietes ist, weil die [meh]rtausendjährige Entwicklung des religiösen Lebens in Indien mit seinem [uner]schöpflichen Reichthum an Glaubensformen geradezu ein religionsgeschicht[lich]es Muster ist, wie geschaffen zur Schulung des Religionshistorikers. Seit [de]n fünfziger Jahren des vorigen Jahrhunderts ist kaum ein württembergischer [Th]eologe ins Leben hinausgetreten, ohne die Vorlesung über allgemeine Religions[ge]schichte gehört und dadurch seinen Blick erweitert und die Kenntnisse er[wo]rben zu haben, die für eine gründliche theologische Ausbildung schon längst [un]erläßlich sind.

Trotz seiner ausgedehnten Lehrthätigkeit und der gewaltigen wissenschaft[li]chen Arbeit, die R. bis an sein Lebensende geleistet hat und die wir weiter [un]ten zu würdigen haben werden, ist er keineswegs ein weltfremder Gelehrter [ge]wesen. Er hat immer die Zeit dazu gefunden, die politischen Verhältnisse [sei]nes engeren und weiteren Vaterlandes sowie die Angelegenheiten der [T]übinger Universität und die der Kirche — die letzten als ein religiöser aber [du]rchaus freisinniger Mann — genau zu verfolgen. Zwanzig Jahre lang hat [er] als „Stiftsinspektor", d. h. als Mitglied der Aufsichtsbehörde des evan[ge]lischen Seminars, gewirkt. Zweimal durch das Vertrauen seiner Collegen [be]rufen, das Rectorat der Universität zu übernehmen, hat er auch zu anderen [Ze]iten ihre Interessen mit der ihm eigenen Willenskraft nachdrücklich zu [f]ördern gewußt. Er war mit den Tübinger Verhältnissen so eng verwachsen, [u]nd ist sein ganzes Leben lang in Sprache, Umgangsformen und Lebensweise [ei]n so echter Schwabe geblieben, daß er sich zu einem Wechsel des Wohnorts [u]nd Wirkungskreises nicht entschließen konnte. Einen Ruf an die neugegründete [U]niversität in Straßburg hat er nach kurzem Bedenken abgelehnt. Aber nichts [la]g ihm ferner als süddeutscher Particularismus und die noch heute in [W]ürttemberg weitverbreitete Engherzigkeit, welche die Professuren in Tübingen [a]m liebsten ausschließlich mit Landeskindern besetzt zu sehen wünscht. R. hat [be]i Vacanzen stets seine Stimme dafür erhoben, daß man den besten für [T]übingen erreichbaren Vertreter des Fachs aus welchem Theile Deutschlands [a]uch immer zu gewinnen streben müsse. Die Einigung Deutschlands begrüßte [er] nicht nur als wahrer Patriot, sondern bemühte sich auch, sie an seinem [T]heile in Württemberg zu fördern. Im Jahre 1871 zog er von Ort zu Ort, [u]m breiten Schichten der Landbevölkerung den Werth der neuen politischen [O]rdnung klar zu machen, und gewann durch volksthümliche und eindringliche [Re]de zahlreiche Herzen für die nationale Idee.

Ein Verzeichniß von Roth's Schriften hat der Verfasser dieses Artikels [i]m Anschluß an einen Nekrolog in Bezzenbergers Beiträgen zur Kunde der [I]ndogermanischen Sprachen XXII, 147—152, XXIV, 323 veröffentlicht.*) Es [s]ind über 70 Nummern. Davon können natürlich hier nur die Hauptwerke zur [B]esprechung kommen. Die erste größere Publication Roth's war eine Aus[g]abe von Yāska's Nirukta sammt den Nighaṇṭavas, mit Erläuterungen, aus

*) Dieses Verzeichniß wird auf Vollständigkeit Anspruch machen können, wenn es [d]urch die folgenden drei Artikel ergänzt wird:

Anzeige von E. Röth, Geschichte unserer abendländischen Philosophie, in Fichte's Zeitschrift für Philosophie, Neue Folge, Bd. 17 (1847), S. 243—257.

Der Rigveda. Anzeige von M. Langlois' Uebersetzung des Rigveda und von H. H. Wilson's Uebersetzung des ersten Ashṭaka des RV., in der Allgemeinen Monatsschrift für Wissenschaft und Literatur (Halle) 1851, S. 79—92.

Anzeige von: Konrad Schwenck, Die Mythologie der Asiatischen Völker, 5. Band: Die Mythologie der Perser, in der Allgem. Monatsschrift f. Wiss. u. Lit. 1852, S. 247, 248.

dem Jahre 1852. Es handelt sich hier um die ältesten uns erhaltenen der einheimischen Vedaerklärung und Grammatik. Die Nighaṇṭavas sin vedisches Vocabular, das hauptsächlich synonymische Zusammenstellungen, auch Aufzählungen dunkler Wörter und der vedischen Gottheiten enthält. diesem alten Verzeichniß hat Yâska, den man in das 5. Jahrhundert zu versetzen pflegt, sein Nirukta (d. h. Commentar) verfaßt, ein Werk, nicht nur für die Vedaerklärung, sondern auch durch seine Einleitung für Geschichte der Sprachwissenschaft von hoher Bedeutung ist. R. gab Ausgabe ausführliche Erläuterungen bei, die — umfänglicher als die Texte selbst — lange Zeit eines der wichtigsten Hülfsmittel zum Verstän schwieriger Vedastellen gebildet haben.

Roth's nächste Arbeitspläne waren auf die altindische Mythologie Archäologie gerichtet; da erhielt er von Otto Böhtlingk in einem vom 1. J 1852 datirten Briefe die Aufforderung, sich mit ihm zur Abfassung eines Petersburger Akademie herauszugebenden Sanskrit-Wörterbuchs zu verei und dabei die Bearbeitung des vedischen Wortschatzes und einiger anderer raturgebiete zu übernehmen. Nach einigem Zögern ging R. auf den Vor ein, zunächst unter der Bedingung, daß Theodor Aufrecht zu seiner Unters gewonnen werde; denn die Arbeit so anzulegen, wie sie später von ihm geleistet wurde, unter Zugrundelegung umfassender Sammlungen, erschien zu Anfang mit seinem Lehramt und den anderen von ihm ins Auge ge Arbeitsplänen unvereinbar. Aber die Mitwirkung Aufrecht's, der in nach Oxford übergesiedelt war, um Max Müller bei der Herausgabe Rigveda mit Sâyaṇa's Commentar als Amanuensis zu dienen, endete bei dem dritten Bogen des ersten Bandes. Damit stellte sich für die Nothwendigkeit ein, den vedischen Theil ganz auf sich zu nehmen, selbst später als die ohne Zweifel einzig richtige Lösung bezeichnet hat. hat es Böhtlingk und R. nicht an der Mitarbeit mehrerer bedeutender gelehrten gefehlt: Stenzler lieferte Beiträge aus den Gebieten des Rechts, der Dramen und der Kunstpoesie, Weber beutete für das Wört die ihm allein in den Berliner Handschriften zugängliche, lexikalisch ergiebige rituelle Litteratur aus, Whitney half aus Amerika mit einem ständigen Index zum Atharvaveda, H. Kern in Leiden wurde dankbar denjenigen genannt, die am meisten beigesteuert haben, Graßmann und A. Schie erwiesen sich hülfreich und nützlich. Aber doch war es eine Riesenarbeit, von den beiden Herausgebern des Petersburger Wörterbuchs allein gel werden mußte. Das zuerst auf zwei Quartbände berechnete Werk wuchs den 22 Jahren seines Werdens ohne jede Stockung zu den sieben gro Bänden an, die den Wortschatz des Sanskrit in der damals erreich Vollständigkeit enthielten und die Grundlage für die fruchtbare Entwicklung aller Zweige der Indologie bildeten. Das Werk gilt mit Recht wegen sei Anordnung, der zufolge die oft zahlreichen Bedeutungen eines Worts in ihrer historischen Entwicklung festgestellt worden sind, als ein Muster der Lexikographie überhaupt.

Böhtlingk hatte als seinen Antheil die Ausbeutung der sogenannten classischen Sanskritlitteratur und damit eine an Umfang erheblich größere Aufgabe als R. übernommen; aber die geringere Masse des von R. zu bewältigenden Stoffes bot sehr viel größere Schwierigkeiten. Die classische Sanskritlitteratur war damals zum großen Theil schon durch Ausgaben zugänglich gemacht; man besaß die bedeutendsten einheimischen Grammatiken und Wörterbücher, die großen Epen, mehrere Legendensammlungen (Purâṇa), viele Dramen, Kunstgedichte, Fabelsammlungen, Rechtsbücher, philosophische

u. s. w., und über die Wortbedeutungen in allen diesen Litteraturngen bestand in der Hauptsache kein Zweifel. Dagegen war R. fast die vedische Litteratur nur erst in Handschriften, resp. in den von ihm hten Abschriften, zugänglich, und die Bedeutungen der einzelnen Worte en von ihm in unablässigem Kampf mit den einheimischen Commentaren nur auf etymologischem Wege und durch Zusammenstellung aller nach und Form verwandten Stellen ermittelt werden. Diese Arbeit Roth's so manches auch im Einzelnen durch spätere Forschung verbessert worden und verbessert werden wird, als eine philologische Leistung allerersten es bezeichnet werden. Nur ein Mann von Roth's Scharfsinn, Klarheit intuitivem Blick für das Richtige konnte sie in solcher Vollkommenheit en.

R. selbst hat über die Entstehung des großen Werkes kurz vor seinem Schluß auf der Innsbrucker Philologenversammlung 1874 einen interessanten trag „Zur Geschichte des Sanskrit-Wörterbuchs" gehalten, der in den Més Asiatiques tirés du bulletin de l'Académie Impériale des sciences de Pétersbourg, Tome VII (1876), abgedruckt ist. R. spricht sich in diesem rag besonders über seinen Antheil an dem Wörterbuch aus, über seine Arbeitsweise und über die Schwierigkeiten, die von ihm zu überwinden waren. berechtigtem Stolz nimmt R. (S. 618) für den vedischen Theil des erbuchs das Verdienst in Anspruch, geleistet zu haben, „was auf den n Anlauf zu leisten war, was in einer Zeit zu leisten war, wo der ograph anstatt, wie sonst, der Sammler dessen zu sein, was die Exegeten en, selbst als Exeget vorangehen, Erklärer und Sammler zugleich sein te." So schwer sonst R. von der Unrichtigkeit einer Anschauung zu überen war, ist er doch gerade auf seinem ureigensten Forschungsgebiet, dem vedischen Worterklärung, nichts weniger als rechthaberisch gewesen. Wohl jeder seiner Schüler, der in das Vedacolleg eintrat und als Anfänger Ziel gelangt zu sein glaubte, wenn er eine schwierigere Vedastelle so and, wie das Petersburger Wörterbuch sie verstehen lehrte, hat mit Ueberung erfahren, für wie wenig abschließend R. die von ihm im Wörterbuch benen Erklärungen ansah, wie viele neue Möglichkeiten der Auffassung er g und mit welcher Bereitwilligkeit er auf abweichende Ansichten der geeren Schüler einging. Er behandelte seinen Antheil am Wörterbuch stets einen Entwurf, an dem er und Andere zu bessern hatten. In diesem e hatte er auch in der Vorrede zum ersten Bande gesagt: „Dieser Theil Wörterbuchs wird, wie er der neueste ist, so auch am ersten veralten; die vereinigte Arbeit vieler tüchtiger Kräfte, welche sich auf den Veda n, wird das Verständniß desselben sehr rasch fördern und vieles wahrer genauer bestimmen, als uns beim ersten Anlauf gelingen wollte." R. stolz in dem Bewußtsein, den Grund gelegt zu haben, aber er freute sich s wirklichen Fortschritts der Erkenntniß, der von Anderen ausging.

Auch an zwei Gebieten der späteren indischen Litteratur, deren Ausbeutung auch für das Wörterbuch übernommen, hat er in dem eben erwähnten trag (S. 599 ff.) gezeigt, wie außerordentlich mangelhaft das ihm zu Gebote nde Quellenmaterial noch damals war und wie viel Ergänzungen des chatzes späterer Arbeit überlassen bleiben mußten: an der indischen icin und Botanik. Von der ganzen großen medicinischen Litteratur war genug nichts anderes zugänglich als die 1836/37 in Calcutta gedruckte gabe des Suśruta, ohne einen Commentar oder ein sonstiges Hülfsmittel Verständniß. Und doch bietet gerade diese Litteratur mit ihrem Reichthum technischen Ausdrücken und Namen für Werkzeuge, Heilmittel, Pflanzen,

Speisen, Getränke u. s. w. für ein Sanskritwörterbuch ein großes und wi
Material. „In diesen Schriftenkreis gehört auch — um R. (S. 601)
reden zu lassen — eine Anzahl von Vokabularien — meist Nighaṇṭu ge
wie das bekannte alte vedische Vokabular — in welchen nach gewissen
die Namen von Pflanzen, Gewürzen, Wohlgerüchen, Metallen, Salzen,
Speisen u. s. w. aufgezählt werden." Von allen diesen Büchern war
noch keines bearbeitet und in Europa gedruckt; nur eines war in
lithographirt worden. „Diese Schriften sind aber für ein Sanskritw
das vollständig sein will, unentbehrlich. Die Benennungen der za
Gewächse Indiens, von welchen fast jedem irgend eine medicinische
zugeschrieben wird, gehen in die Tausende, weil jeder wichtigere Baum,
oder Kraut neben seinem Hauptnamen eine Menge von Synonymen
Die indische Phantasie hat hier zu viel des Guten gethan. So führt
in einem dieser Nighaṇṭu der Ricinus communis in einer weißen Speci
in einer roten 15 Namen, die Cocospalme, die nur an der Malab
Coromandelküste wächst, 15 Bezeichnungen. Aus den Pflanzennamen
und was noch sonst zur Materia medica gehört, ließe sich also ein volu
Vokabular zusammenstellen." Für alle diese Dinge hatte R. damals
gut wie nichts von den Originalquellen und mußte sich mit einer in
Hinsicht mangelhaften Encyklopädie behelfen, die ein gelehrter Inder,
Râdhâkânt Dev unter dem Titel Sabdakalpadruma in sieben Quar
Calcutta 1821—57 herausgegeben hatte.

Für die zuletzt erwähnten Gebiete kam R. seine praktische Kenntn
Realien, sein lebhafter Sinn für Landwirthschaft, Botanik, Blumen und
cultur außerordentlich zu statten. Mit allem dem war er auf das
vertraut. B. Delbrück erzählt in der Zeitschrift der Deutschen Morgenlän
Gesellschaft 49, 559: „Als ich R. gelegentlich ein Compliment darüber
wie sachverständig er die verschiedenen indischen Ausdrücke für Milch, Butt
Käse übersetzt habe, nahm er das mit großem Wohlgefallen auf, strich sich
seine Art war, das Kinn und meinte: Ja, so etwas können sie in Berlin
So hat R. auch immer, wenn es sich bei der Vedalectüre um das Le
Natur in Feld und Wald oder um die Geräthe und Bedarfsgegenstän
täglichen Lebens handelte, im Colleg darauf hingewiesen, daß man a
Land und zu den Handwerkern gehen müsse, um diese Dinge ken
lernen.

Das Sanskritwörterbuch füllte Roth's wissenschaftliche Thätigkeit nic
in die Zeit seines Erscheinens fällt eine ganze Reihe von anderen Publica
unter denen vor allen Dingen die mit Whitney gemeinsam besorgte A
des Atharvaveda aus dem Jahre 1856 zu nennen ist. Diesem Veda,
seinen Zauber- und Beschwörungsliedern einen viel volksthümlicheren Ch
trägt als die anderen vedischen Sammlungen, der uns Einblicke in a
kommnisse und Sorgen des täglichen Lebens bei den alten Indern ge
hat R. stets ein ganz besonderes Interesse geschenkt. Einer Abhandlu
den Atharvaveda (1856) folgen später (1875 und 1881) die Aufsehen er
Mittheilungen über eine in Kaschmir erhaltene von der Vulgata w
verschiedene Recension dieses Veda, die nur in einer einzigen Handsch
Birkenrinde noch existirt. Es war R. nicht nur gelungen, von Tübing
durch seine guten Beziehungen zu einflußreichen Engländern diese Ha
in der Bibliothek des Mahârâja von Kaschmir aufzuspüren, sondern au
eine Abschrift dieses Codex und bald darauf das unschätzbare Origina
in seinen Besitz zu bringen. Dieses Unikum bildet jetzt den größten
der Tübinger Universitätsbibliothek, da R. seine ganze werthvolle Sam

...schen Manuscripte der so lange von ihm geleiteten Anstalt vermacht ... ist vor einigen Jahren durch eine Facsimileausgabe in drei starken ... der allgemeinen Benutzung zugänglich gemacht worden.

In diesem Zusammenhange sei auch erwähnt, daß sich in Roth's Nachlaß ...ständige Uebersetzung des Atharvaveda gefunden hat, die gleichfalls ...binger Universitätsbibliothek überwiesen worden ist. Diese von An...ngen begleitete Uebersetzung — wohl die größte Arbeit Roth's nächst ... Antheil am Sanskritwörterbuch — ist nahezu druckfertig, aber sie hat ...ner auf alles Handschriftliche sich beziehenden testamentarischen Verfügung ... nicht veröffentlicht werden dürfen. Trotzdem ist sie der wissenschaftlichen ...nicht verloren gegangen; denn sie ist in Whitney's Händen gewesen und ...diesem für seine englische Uebersetzung des Atharvaveda benutzt worden, ...ch Whitney's Tode von seinem Schüler Lanman vervollkommnet und ...in zwei starken Bänden herausgegeben worden ist.

Während der 20 Jahre, die R. nach dem Abschluß des Wörterbuchs noch ... waren, hat er eine reiche litterarische Thätigkeit entfaltet. In einer ... Zahl meist kleinerer aber inhaltsreicher Abhandlungen, die in knapper, ...deter Sprache, in vornehmem Ton, unter fast völliger Vermeidung ...lemik abgefaßt sind und den Stempel der reifsten Ueberlegung tragen, ... die verschiedensten Gegenstände aus dem Gebiete der Veda- und Avesta...ng sowie der altindischen und iranischen Mythologie, Religions- und ...geschichte behandelt, auch manche geschmackvolle Uebersetzungen in metrischer ... geliefert. R. vertrat den Grundsatz, über dessen Richtigkeit sich allerdings ... läßt, die metrische Uebersetzung habe den Vorzug, daß sie, weil unmöglich ... Wort und Wortstellung in einfachem Abdruck sich wiedergeben lassen, ...mehr gehalten sei, den wirklichen Wert des Gedankens zu fassen und das ... Aequivalent dafür zu suchen (Einleitung zur Uebersetzung der Siebenzig ... des Rigveda, p. VI). Die kleineren Arbeiten Roth's sind in verschiedenen ...ften, namentlich in denen der Deutschen Morgenländischen Gesellschaft, ...heil auch in Tübinger Universitätsschriften veröffentlicht.

Aus der gesammten Masse der Roth'schen Abhandlungen seien die folgenden ... wichtigsten angeführt: „Brahma und die Brahmanen“ (ZDMG. Bd. 1). ... das Würfelspiel bei den Indern“ (Bd. 2), „Die höchsten Götter ...rischen Völker“ (Bd. 6), „Die Todtenbestattung im indischen Alterthum“ ... 8), „Ueber gelehrte Tradition im Alterthume, besonders in Indien“ ...1), „Der Kalender des Avesta und die sogenannten Gahanbâr (Bd. 34), ... den Soma“ (Bd. 35), „Der Adler mit dem Soma“ (Bd. 36), „Wo ... der Soma?“ (Bd. 38), „Wergeld im Veda“ (Bd. 41), „Indischer ...ng“ (Bd. 48), „Rechtschreibung im Veda“ (Bd. 48), „Ueber Yaçna 31“ ...ngen 1876), „Ueber gewisse Kürzungen des Wortendes im Veda“ (Ver...ngen des VII. internationalen Orientalisten-Congresses, Wien 1888).

Besondere Erwähnung verdienen ferner die Beiträge, die R. zu den ...zig Liedern des Rigveda, übersetzt von Karl Geldner und Adolf Kaegi“ ...ngen 1875) geliefert hat, und namentlich die massenhaften Ergänzungen, ... von ihm Böhtlingk's „Sanskritwörterbuch in kürzerer Fassung“ ...tersburg 1879—89) bereichert worden ist. Kaum war das große Peters... Wörterbuch glücklich zu Ende geführt, so begann Böhtlingk diese neue ...phische Arbeit unter Weglassung aller in dem großen Werke angeführten ...llen, aber unter Hinzufügung von Tausenden neuer Wörter und Belege. ...mfang dieses kleineren Wörterbuchs, das ebenfalls in sieben Theilen ... ist, kommt nahezu der Hälfte des großen gleich.

Mit welcher *Sicherheit sich R.* auch auf ganz anders gearteten Gebieten bewegte, zeigen die Arbeiten, die er bei besonderen Gelegenheiten (1867, 18 1880, 1888) zur Geschichte der Universität Tübingen, ihrer Bibliothek des Büchergewerbes in Tübingen verfaßt hat. Den stattlichen Band „Urk zur Geschichte der Universität Tübingen aus den Jahren 1476 bis 15 (743 Seiten) hat er auf dem Titelblatt nicht einmal mit seinem Na versehen, sondern nur die Vorrede mit R unterzeichnet, — ein deutlicher Be dafür, wie wenig ihm an litterarischem Ruhm gelegen war.

Dieser kurze Ueberblick über Roth's litterarische Thätigkeit ist Würdigung seiner wissenschaftlichen Persönlichkeit nicht ausreichend; noch eine Charakteristik und Kritik des Standpunktes erforderlich, den R. seinen drei hauptsächlichsten Forschungsgebieten vertreten hat, in der Erklä des Veda, in der des Avesta und in der Religionsgeschichte.

Auf den beiden ersten Gebieten handelt es sich hauptsächlich um Re Bewerthung der einheimischen Tradition. Was die Vedaexegese betrifft, hatte R., wie wir oben gesehen haben, schon in seinem Erstlingswerk indischen Commentatoren gegenüber eine etwas ablehnende Haltung eingenom Später hat er ihnen noch weniger Bedeutung für das wahre Verständniß alten Texte zugeschrieben. Diesen Standpunkt hat R. mit voller Entschieden und Klarheit in dem vorher erwähnten Aufsatz im 21. Bande der Zeitsch der Deutschen Morgenländischen Gesellschaft, in der Vorrede zum ersten Ba des Petersburger Wörterbuchs und in dem Vortrag „Zur Geschichte Sanskrit-Wörterbuchs" dargelegt und begründet. R. erklärt die indischen Co mentatoren für vortreffliche Führer auf dem Gebiete der späteren vedis Litteratur, der Werke über Theologie und Cultus, welche die Namen Brâhm und Sûtra führen. Mit allen den unzähligen Einzelheiten des Rituals der Symbolik des Cultus seien die Commentatoren auf das Engste vertr in ihrer Erklärung also vollkommen zuverlässig. Aber ganz anders verh es sich mit den alten Liedersammlungen, hauptsächlich mit dem Rigveda, nicht zu liturgischen Zwecken zusammengestellt sei. Die alte vedische Poesie für R. nicht eine Schöpfung theologischer Speculation, sondern zum grö Theil der Ausdruck unmittelbarer, natürlicher Empfindung und an Famili oder Kasten eben so wenig gebunden als die Darbringung des täglichen Opf und Gebets in jenen ältesten Zeiten. Für diese vedischen Lieder gebe überhaupt keine wirkliche Tradition, d. h. keine Continuität des Ve ständnisses von dem Verfasser oder seiner Zeit an; alles was wir an Commenta zum Veda haben, sei nur gelehrte Arbeit, nur Versuch zum Verständniß gelangen, mit denselben Mitteln, die auch wir haben und besser zu handhab im Stande seien. Mit Freiheit des Urtheils, einer größeren Weite des Gesicht kreises und der geschichtlichen Anschauungen müsse es uns bei richtiger Hand habung der philologischen Methode gelingen, den Veda besser zu verstehen als indischen Commentatoren, die historisch befangen gewesen seien und von Zuständen und Anschauungen ihrer Zeit aus auf die Jahrtausende hinter ihnen liegende Vergangenheit geschlossen, auch geringere etymologische Einsicht besessen hätten als wir.

Von diesem Standpunkt aus hat R. für die Erklärung des Veda Glänzendes geleistet und oft mit wunderbarem Scharfsinn an Stelle des Verschwommenen und Halbwahren, das die Commentatoren bieten, das Klare und Richtige gesetzt. Aber doch läßt sich heute nicht mehr verkennen, daß R. zu großes Vertrauen auf seinen eigenen Scharfsinn gesetzt hat. Wer in der Wissenschaft einen neuen Standpunkt gewinnt und durch mannichfache Erprobung als fruchtbar erkennt, pflegt immer mehr oder weniger über das Ziel hinauszuschießen, und diese Gefahr ist besonders groß bei Männern von ungewöhnlicher Energie. Un-

...war R. im Recht mit dem Satze, daß die Schriften Sâyaṇa's und ... Commentatoren nicht als Richtschnur des Vedaerklärers gelten ..., sondern nur als eines der Hülfsmittel, deren er sich bei der Lösung ... Aufgabe zu bedienen habe; aber ebenso unzweifelhaft hat R. die Bedeutung ... Commentare zu gering eingeschätzt. Sie enthalten mehr richtige Wort- ... Sacherklärungen, als R. erkannt hat. Die vedische Poesie ist in Wirk- ... nicht so naturwüchsig und rein menschlich, wie sie in Roth's Auffassung ..., sondern sie ist zum größten Theil priesterlichen Ursprungs und für die ... eines Rituals bestimmt, das sich zwar nicht mit dem Ritual der späteren ... deckt und noch lange nicht so complicirt als dieses, aber ihm doch ... sehr ähnlich ist. Wohl besteht in mannichfachen Hinsichten, in Gemeinde-..., Lebensverhältnissen und Volkscharakter eine Kluft zwischen der vedischen ... Folgezeit, aber trotzdem führen mehr Verbindungswege vom Veda zur ... Sanskritlitteratur, ja selbst zum heutigen Indien, als R. annahm. ... die Alterthümlichkeit der vedischen Cultur überschätzt, die in Wirklichkeit ... so einfach und primitiv, sondern in bestimmten Richtungen ziemlich weit ...schritten war und in einigen Auswüchsen schon echt indischen Charakter ... Das ist besonders durch die „Vedischen Studien" von Pischel und Geldner ... worden, von denen seit 1889 bis jetzt drei Bände vorliegen.

...Ueber das Maaß der Berücksichtigung, das die indische Tradition und ...haupt die spätere Sanskritlitteratur bei der Vedaerklärung verdient, und ... eine Unmenge von Einzelfragen gehen die Meinungen heutzutage noch ...auseinander; und „man hat das Gefühl — wie unlängst H. Oldenberg, ...forschung S. 5, 7 gesagt hat — daß noch heute, wenn die wissenschaftlichen ...sätze der jetzigen Generation aufeinander stoßen, Roth's mächtiger Schatten ...kämpft.... Man darf sagen, daß auch seine Schwächen der Wissenschaft ...förderung gereicht haben. Nur so, wie er war, konnte er thun, was nicht ... Jemand nachthun mochte. Seine Irrthümer verbessern, die Lücken ... konnten wir anderen."

... Mit derselben Entschlossenheit wie bei der Erklärung des Veda hat R. ... bei der des Avesta die einheimische Tradition bei Seite geschoben; auch ... ging er darauf aus, die alten Texte durch sich selbst zu erklären und ... einen einfachen und natürlichen Sinn abzugewinnen. Auch auf diesem ... hat R. bahnbrechend gewirkt und mit seinem scharfen Blick durch den ... der priesterlichen Tradition die Formen und Umrisse des iranischen ...thums klar erkannt. Als das wichtigste Hülfsmittel zum Verständniß ... Avesta betrachtet R. den Veda, dessen Sprache und Culturverhältnisse ... des Avesta außerordentlich ähnlich sind. So glänzende Resultate nun ... durch die Benutzung dieses Hülfsmittels erzielt worden sind, so hat sich ... auch in der iranischen Philologie neuerdings die Erkenntniß durchgesetzt, ... man ch bei der Erklärung des Avesta nicht ausschließlich auf die Hülfe ... vedischen Sanskrit verlassen und die einheimische Tradition, besonders die Pehlevi-Uebersetzung des Avesta, nicht so ignoriren dürfe, wie R. es gethan ... Seitdem das Pehlevi selbst durch ausgezeichnete Gelehrte genauer er...worden ist, hat der Standpunkt der Wissenschaft auf dem Gebiete der Avesta-...forschung die nämlichen Wandlungen durchgemacht, wie auf dem der Veda-...forschung. Die Mängel der isolirenden Betrachtungsweise sind auch hier ... worden. Namentlich hat die Avesta-Uebersetzung des hochverdienten Franzosen Darmesteter, der für sein großes Werk nicht nur die einheimischen Uebersetzungen, sondern die gesammte spätere an das Avesta sich anschließende Litteratur, die Anschauungen und Gebräuche der heutigen Parsen und das ganze iranische Sprachmaterial zu Rathe gezogen hat, den Streit zwischen den

Anhängern und Verächtern der Tradition, der ein halbes Jahrhundert
gewährt hat, zu einem gewissen Abschluß gebracht. Dieser Fortschritt
Erkenntniß aber verringert nicht die großen Verdienste, die R. sich
Erforschung des Avesta erworben hat. Einer der competentesten
dieser Dinge, K. F. Geldner, spricht sich in dem Grundriß der
Philologie II, 44 dahin aus: „Roth wollte das Avesta in erster
und durch sich selbst erklären, durch Aufsuchen und Vergleichen der
ähnlicher Wortfügungen und verwandter Ideen, und er ist in dieser
weit mehr in die Tiefe gedrungen, als die unbedingten Anhänger
Tradition .... In der Theorie haben die Verfechter der einheim
Tradition mehr Recht gehabt; in der Methode und praktischen Durchf
seines Princips war Roth seinen Gegnern überlegen."

Auf dem Gebiete der allgemeinen Religionsgeschichte ist R. den
der Ethnologie, die in den letzten Jahrzehnten des vorigen Jahrhunderts
großen Umschwung der Grundanschauungen herbeigeführt haben, unzugäng
gewesen. Roth's Blicke waren vorzugsweise auf den sittlichen Gehalt
Religionen gerichtet; er hat sich deshalb auch immer mehr für die
Mythologie interessirt als für die niedere, die für das geschichtliche Verst
doch von so großer Bedeutung ist. Er vertrat die Meinung, daß, je
wir die Religionen zu ihren Anfängen zurückverfolgen, desto edlere
habenere Vorstellungen uns entgegentreten. „Die wirkliche Geschichte —
R., Zeitschrift der Deutschen Morgenländischen Gesellschaft VI, 67, 68 —
überall, wo sie uns redende Zeugnisse von dem Geistesleben einer hohen
zeit erhalten hat, klare Umrisse und einfache und edle Formen. Das
Alterthum kennt die Geheimthuerei nicht, ... sein Glaube ist kindlich
zutraulich, bis priesterliche Weisheit dessen Lenkung übernimmt und das
habene in die Schauer des Geheimnisses, in überwältigende Maaße und
kleidet. Umsomehr haben wir das gütige Geschick zu preisen, welches wenig
bei einem unserer Brudervölker den Weg zu den Ursprüngen, den wir
vollständig offen gelassen hat." Daß diese Ursprünglichkeit, die R. in
religiösen Anschauungen des Veda zu finden glaubte, in der That schon
ganz ungeheuren Fortschritt gegenüber den wirklichen, sehr viel roher
Ursprüngen darstellt, die in nebelhafter Zeitenferne hinter dem Veda lie
davon hat R. sich nie überzeugen lassen. Auch hielt er die Zauberei nicht
älter als den Gottesdienst, sondern für einen später auftretenden Mißbr
des vermeintlichen Einflusses auf die Himmlischen; der Zauberspruch galt
als eine herabgesunkene Abart des Gebetes.

Seitdem die allgemeine Religionsgeschichte im Zeichen der Entwicklungsgeschichte steht, weiß man, daß alle Religionen des Alterthums von Anfängen
ausgegangen sind, die ein getreues Abbild in dem religiösen Wesen der heutigen
wilden Völker haben. Als eine der Wurzeln, aus denen im letzten Grunde
jede Religion erwachsen ist, hat man den Seelencult erkannt, d. h. die vorzugsweise unter Furcht und Grauen geübte Verehrung der abgeschiedenen Seelen,
von denen alle Naturvölker glauben, daß sie nach dem Tode in ein höheres,
machtvolleres Dasein eintreten. Wie die Vorstellungen, die diesen Seelen-
glauben umgeben und gewöhnlich unter der Bezeichnung Animismus zusammengefaßt werden, sich bei dem Fortschritt von Cultur und Religion theilweise im
Ahnencult und im Dämonen- und Götterglauben zu höheren Anschauungen entwickelt haben, theilweise aber auch in naturwüchsiger Rohheit unverändert bestehen
geblieben sind und in viel höhere Entwicklungsstufen der Religion, ja bis in
die Gegenwart hineinragen, — das findet man längst in allen wissenschaftlichen
Werken über Religionsgeschichte geschildert. Freilich läßt sich der Ursprung

Religion nicht — wie manche Religionshistoriker gewollt haben — allein dem Animismus ableiten, sondern es kommen noch zwei weitere Factoren ... , die bei der Entstehung der Religion ebenso wirksam gewesen sind ... ebenso frühzeitig bethätigt haben, wie der Seelencult: nämlich erstens Personification und Verehrung der Naturgewalten und Naturerscheinungen, zweitens der Glaube an ein höchstes gutes Wesen, ein Glaube, der in ... Unabhängigkeit von den beiden anderen Religionswurzeln sich ... auf Erden bei den auf der niedrigsten Culturstufe stehenden Völkern ... läßt. Je nachdem nun die eine oder andere dieser drei Wurzeln Religion sich besonders kräftig entwickelt, unterscheidet sich Wesen und ... der Religionen in historischer Zeit. Die Personification und religiöse ... sittlicher Begriffe ist im Vergleich mit jenen drei Religions... seit lange als eine sehr viel jüngere Phase der Religionsbildung ... worden.

Für die Auffassung des geschichtlichen Werdens der Religionen ist nun ... andere Idee fruchtbarer gewesen, als die Erkenntniß der Bedeutung des ... animistischen Vorstellungskreises. Dieser Erkenntniß verdankt man ... Feststellung der animistischen Ueberlebsel in den höher entwickelten ... . Aber R. waren alle diese Beobachtungen ein Greuel. In dem ... an Böhtlingk vom Jahre 1888 handelt er S. 97, 98 von Irr..., die an einer Stelle des Atharvaveda erwähnt sind, und schließt mit Worten: „Es ist erfreulich, daß sie hier, wenn auch ein Spuk, wenigstens ...irrende Seelen Gestorbener sind, die uns in neuesten Interpretationen Mythen sonst auf Schritt und Tritt verfolgen.“ Daß R. sich auf dem ... der allgemeinen Religionsgeschichte gegen die wohlbegründeten An...gen einer neuen Zeit ablehnend verhalten hat, durfte auch die Pietät ...dankbaren Schülers und Nachfolgers im Interesse einer möglichst objectiven ...ung der Persönlichkeit nicht verschweigen. Aber es sei daran erinnert, ...schwer es ist, im reiferen Alter mit lange gehegten Ueberzeugungen zu ..., und wie doppelt schwer das Umlernen einem Manne wird, der sich ... Pfadfinder fühlen darf.

Diese Bemerkungen werden genügen, um Roth's Stellung und Stand... in der Wissenschaft zu kennzeichnen; es erübrigt nun noch eine Schilderung ... Lehrers und des Menschen.

Als akademischer Lehrer verschmähte R. alle rhetorischen Mittel; er sprach ... gleichmäßig ruhig und klar und wußte dabei ein so intensives Interesse für die Sache zu erwecken, daß seine näheren Schüler wohl stets zu den ...samsten Studenten in Tübingen gehört haben. Am anregendsten wirkte ... in den Vorlesungen über Veda und Avesta, die vielfach auch von Aus...ländern besucht wurden: hier lernten die Zuhörer Roth's Forschungsmethode und Auffassungsweise kennen und bewunderten in jeder Stunde aufs neue die Kraft seines Geistes. Die andersgearteten Methoden und Leistungen der Mit...forscher schätzte R. gering und machte in seinen Vorlesungen aus dieser Gering...schätzung kein Hehl. Trotz der ungeheuren Arbeit, die R. auf sich genommen ... die ihm Lebensbedürfniß war, hatte er doch immer Zeit für seine Schüler, wenn sie kamen, ihn bei ihren ersten selbständigen Arbeiten um Rath und Beistand zu bitten. Wie viele für die Wissenschaft hochbedeutsamen Werke sind nicht auf Roth's Anregung und unter seiner Beihülfe aus den Händen seiner Schüler hervorgegangen! Es genügt hier, L. v. Schroeder's Ausgabe der Maitrâyanî Samhitâ und Geldner's Ausgabe des Avesta zu nennen.

R. lud seine Schüler oft in sein Haus und unternahm mit ihnen gern große, gewöhnlich den ganzen Tag ausfüllende Spaziergänge, auf denen die [illegible] nehmer vielseitige geistige Anregung empfingen und Beziehungen anknüpften, [illegible] denen zum Theil Freundschaften für das Leben geworden sind. [illegible] Spaziergänge in das Dorf Thalheim bei Mössingen führten, so durfte [illegible] Bowle, die R. gern bei solchen Gelegenheiten anrichtete, ein alter Bauer [illegible] fehlen, der schon vor 1866 in seinem Heimathsort dem Anschluß an [illegible] das Wort geredet hatte, und R. erwartete von seinen Schülern, daß [illegible] „Stütze der nationalen Idee“ mit großem Respect begegneten.

Die Zahl derjenigen Schüler Roth's, die zu wissenschaftlicher [illegible] und zu angesehenen Stellungen gelangt sind, ist in Anbetracht des [illegible] Faches sehr beträchtlich. An erster Stelle seien zwei vor ihrem Lehrer [illegible] geschiedene genannt: der große amerikanische Gelehrte W. D. Whitney [illegible] Martin Haug. Der Letztere hatte freilich auf Grund irgend welcher [illegible] verständnisse einen heftigen Groll gegen R. gefaßt und bis zu seinem [illegible] gehegt (s. Bezzenberger's Beiträge zur Kunde der indogermanischen Sprachen [illegible] 74, 175, 176), aber trotzdem niemals den Einfluß verleugnet, den R. [illegible] ihn ausgeübt hatte; denn Haug hat sich in seinen Arbeiten ausschließlich [illegible] den Gebieten bewegt, auf die er durch Roth's Unterricht hingewiesen [illegible] Der nächste hervorragende Schüler Roth's war Julius Grill; ihm [illegible] Ernst Kuhn, H. Hübschmann, H. Osthoff, Eduard Müller, Lawrence H. [illegible] Hermann Fischer, K. Geldner, Wsewolod Miller, L. v. Schroeder, H. Zi[illegible] Charles R. Lanman, A. Kaegi, Bruno Lindner, der Verfasser dieses Ar[illegible] P. v. Bradke, B. Perrin, E. D. Perry, A. Macdonell, Th. Baunack, Fr. [illegible] H. Wenzel, Paul Vetter, Chr. Seybold, Wilhelm Schmid, E. W. [illegible] M. Aurel Stein, K. Bohnenberger u. A. m. In dieser Liste sind [illegible] Gelehrte aufgezählt, die nicht Indologen von Fach geworden sind, aber [illegible] unter Roth's Leitung gründliche Studien gemacht haben.

R. war eine imponirende Erscheinung, von hoher Statur und [illegible] ordentlich kräftigem Körperbau. Der erste Blick auf seinen prachtvollen [illegible] kopf mit den klugen, durchdringenden Augen lehrte, daß man es mit [illegible] Manne von ungewöhnlicher Bedeutung zu thun hatte. Es war — [illegible] Geistliche an seinem Grabe sagte — etwas auf seinem Angesicht wie [illegible] Wort des alten Weisen: „Störet mir meine Kreise nicht.“ Mit [illegible] Schritten ging er einher, wie Jemand, der sich seines Zieles immer [illegible] ist; Niemand wird R. je unentschlossen, aber ebensowenig übereilt [illegible] haben. An Collegen und Schüler stellte er große Anforderungen; er [illegible] streng in seinem Urtheil, namentlich da, wo er Trägheit, Unzuverlässigkeit [illegible] einen Mangel an Wahrhaftigkeit und Streberthum zu erkennen glaubte. [illegible] er gehörte auch zu den Männern, die streng sein dürfen; denn er war [illegible] strengsten gegen sich selbst. Die Festigkeit seines Wesens, die auf [illegible] Willenskraft beruhte, äußerte sich oft genug in schroffer Weise, wenn [illegible] seine Ueberzeugung eintrat. Damit hat er sich in seinem Kreise [illegible] Sympathien verscherzt; aber die Besten und Bedeutendsten seiner Collegen [illegible] treu zu ihm gehalten.

R. ist zwei Mal verheirathet gewesen; 1858 starb seine erste Gattin, geb. Klotz, 1881 seine zweite, geb. Otto. Auch verlor er sein einziges Kind aus erster Ehe, einen Sohn, der Ingenieur geworden war und im 26. Lebensjahre im Hause des Vaters an der Schwindsucht starb. Aus seiner zweiten Ehe hatte R. zwei Töchter. Nach deren Verheirathung an die Tübinger Professoren der Medicin H. Vierordt und G. Schleich hat er sich in seinem Haus und Garten am Neckar vereinsamt gefühlt. Seine näheren Bekannten haben wohl gemerkt, wie sehr er an allem, was seine Kinder und Kinder-

... betraf, Antheil nahm und wie viel milder er in vorgerücktem Alter ... einem Wesen geworden war. R. ist nach dem äußeren Anschein nicht ... für eine kalte, gefühlsarme Natur gehalten worden. Wer wie der ... dieser Zeilen vier Jahre sein Schüler gewesen ist und dann achtzehn ... lang mit ihm in ununterbrochenem brieflichen Verkehr gestanden hat, ... das Recht in Anspruch nehmen, dieses Urtheil für falsch zu erklären. ... viele kraftvolle Naturen verschloß R. seine Empfindungen in sich und ... nur bei ganz besonderen Gelegenheiten einen wärmeren Ton an. Selbst ... Stunden des größten Schmerzes unterbrach er nicht den geregelten ... seiner Thätigkeit. Im Sommer des Jahres 1875 starb sein einziger ... Das Veda-Colleg folgte unmittelbar auf die Beerdigung, und wie ... während dieser nicht mit der Wimper gezuckt hatte, so wies er auch das ... seiner Schüler, die Vorlesung an dem Tage ausfallen zu lassen, kurz ... und docirte mit einer Frische und Unbefangenheit, als ob ihn inner- ... nichts bewegte. Und doch konnte, wer es wissen wollte, erfahren, wie R. seinen Sohn vom zartesten Alter an geliebt hatte. Trotz der an- ... scheinenden Kälte hatte R. ein warmes Herz nicht nur für seine Angehörigen, ... auch für seine Freunde und Schüler und deren Familien, wenn nur ... Schüler selbst Werth darauf legten, in engerem Zusammenhang mit ihm ... bleiben. In dieser Hinsicht sind ihm Enttäuschungen nicht erspart ge- ...

... stark Roth's Abneigung gegen die berufsmäßige Wohlthätigkeit war, ... willig war er, Bedürftigen in aller Stille zu helfen; er that es aber ... infolge einer augenblicklichen Regung, sondern nur nach sorgfältiger Prüfung ... Würdigkeit. Im April des Jahres 1888, als die großen Ueber- ... schwemmungen viel Unglück über die Provinzen Ost- und Westpreußen gebracht ... erbot sich R., dem Verfasser dieses Artikels, der damals an der Königs- ... Universität wirkte, eine größere Geldsumme zur Verfügung zu stellen ... der Bedingung, daß sie zur Unterstützung von persönlich bekannten Be- ... verwendet, aber nicht einer der öffentlichen Sammelstellen über- ... würde.

... Der großen Geselligkeit war R. abhold, zumal wenn sie die Nachtstunden ... spruch nahm; denn er pflegte seine Arbeit in den frühesten Morgenstunden ... ginnen. In kleineren Zirkeln aber war er ein außerordentlich guter, zu ... gem Humor geneigter Gesellschafter, der sich als den Mittelpunkt des ihn ... benden Kreises fühlen durfte. Seine Erholungszeiten verlebte R. ent- ... in der Schweiz oder im Schwarzwald; größere Reisen hat er seit der ... schaftlichen Reise, die ihn in jungen Jahren nach Frankreich und Eng- ... geführt hatte, nicht unternommen, obwohl er — wie es in den alten ... ger Urkunden heißt — ad pinguiorem fortunam gelangt war. Fremde ... er und Völker reizten ihn nicht, nach neuen Eindrücken hatte er kein Be- ... niß. Nur zum Besuche wissenschaftlicher Congresse entschloß er sich zu den ... ten nach Innsbruck, Florenz, Wien und Leiden.

In der Festschrift, die R. am 24. August 1893 bei der Feier seines ... jährigen Doctorjubiläums von seinen Freunden und Schülern dargebracht ... — es ist eine Sammlung von 44 Abhandlungen, zu der außer deutschen, ... reichischen und schweizer Gelehrten auch solche aus England, Holland, Ruß- ... Italien und Amerika Beiträge geliefert haben — ist in den einleitenden ... darauf hingewiesen, daß der Name der Universität seines Heimath- ... durch ihn in fernen Welttheilen bekannt gemacht worden ist. An Dank ... hat es R. in Württemberg nicht gefehlt. Ehren und Auszeichnungen ... ihm von nah und fern in reichem Maaße zu Theil geworden. Er machte zwar nach Außen hin von ihnen keinen Gebrauch; aber er freute ... verdienten Anerkennung. R. war Ehrendoctor der theologischen ... Tübingen (1877) und der juristischen in Edinburgh (1889), auswärtiges ... Ehrenmitglied der folgenden Akademien und gelehrten Gesellschaften ... Berliner, Münchner, Wiener und Petersburger Akademie (der ... seit 1855), der französischen Akademie der Inschriften, der ... der böhmischen Gesellschaft der Wissenschaften, der deutschen morgenländischen Gesellschaft, der kgl. asiatischen Gesellschaft von Großbritannien und ... der asiatischen Gesellschaft von Bengalen, der amerikanischen ... Gesellschaft, der italienischen asiatischen Gesellschaft und der ... in Kiew. Außerdem besaß R. eine Anzahl hoher in- und ausländischer Orden.

Vor Pfingsten des Jahres 1895 erkrankte R. an einer leichten ... entzündung, erholte sich aber anscheinend rasch und verbrachte die ... zusammen mit seinem Schwiegersohn Prof. H. Vierordt in ... Liebenzell im württembergischen Schwarzwald. Nach der Rückkehr ... seine Vorlesungen wieder aufnehmen; aber bald stellten sich große ... ein, die Folgen einer Herzdegeneration, die in ihren Anfängen ... reichte und in den letzten Jahren merkliche Fortschritte gemacht ... 19. Juni las er zum letzten Male Colleg; es war ihm schon fast ... den gewohnten Weg die Neckarhalde hinauf zurückzulegen. In den ... Tagen war er meistens ohne Bewußtsein, sodaß er von der ... Wassersucht zum Glück nicht lange zu leiden hatte. Am Morgen ... wurde er, 74 Jahre alt, von der Stelle, an der er ein halbes ... lang als ein Vorbild echten deutschen Gelehrtenthums gestanden ... berufen.

Hermann Fischer, Nachruf für R. v. Roth, gesprochen bei ... erdigung, Tübingen 1895. — B. Delbrück, Rudolf Roth, ... in der Sitzung der deutschen morgenländischen Gesellschaft am ... 1895 (abgedruckt in der Zeitschrift dieser Gesellschaft 49, ... Sitzungsberichte der Berliner Akademie 39 (19. October 1895); ... — W. v. Christ, Sitzungsberichte der Münchner Akademie 1896, ... (vgl. Beilage Allg. Zeitg. 1896, 63, S. 6 ff.). — Almanach ... Akademie 1896, S. 244. — Arthur A. Macdonell, Obituary ... Professor von Roth, Journal of the Royal Asiatic Society ... Britain and Ireland for 1895, 906—911, und Academy 48, ... Athenaeum 1895, July 27, p. 130. — G. A. Grierson, Proceedings ... Society of Bengal, 1895, p. 142 ff. — R. Garbe, Rudolf Roth ... Bezzenberger's Beiträge zur Kunde der indogermanischen ... 189 ff. — Lucian Scherman, Rudolf v. Roth. Zum fünfzigjährigen ... jubiläum: Münchner Neueste Nachrichten 1893, Nr. 382. — ... und Meer, 70, 995. — Staatsanzeiger für Württemberg, 1893, ... 1442—43; 15. September, 1519; 25. October, 1732—33; 1895, ... 1088. — Schwäbischer Merkur, 1893, 23. August, 1759; 1895, ... 1403. — Beilage Allg. Ztg., 1893, 192, S. 7; 250, S. 7; 270, ... 1895, 146, S. 6 ff. (aus dem Schwäbischen Merkur).

R. ...

Roth: Stephan R., Schulmann, Theolog, Rathsherr und ... schreiber, geboren 1492 in Zwickau, † daselbst am 8. Juli 1546. ... der von seinem Vater, einem Handwerker, praktischen Sinn und ... von der Mutter Religiosität und idealen Sinn ererbt hatte, ... Jugendbildung auf der Zwickauer Rathsschule, die wegen ihrer ...

[illegible] unter dem Namen „Zwickauer Schleif- oder Polirmühle" bekannt [illegible]. Im J. 1512 bezog er die Universität Leipzig und wurde dort gründlich [illegible] Ideen des Humanismus eingeführt. Seinem Studienfreunde Kaspar [illegible] widmete R. 1516 seine Erstlingsschrift, eine lateinische Abhandlung [illegible] Gedicht des Pico von Mirandola. Nach Vollendung der Studien [illegible] zu Ostern 1517 einem Rufe in seine Heimathstadt, deren Rath ihm [illegible] Jahre die Leitung der berühmten „Polirmühle" übertragen hatte. [illegible] Berufung tüchtiger Lehrkräfte und Einführung des griechischen Unter[illegible]gelang es ihm, die Schule zu einer Pflanzstätte des Humanismus zu [illegible]. Mit gleichem Geschick und ähnlichem Erfolg wirkte R. nach Ablauf [illegible] Zwickauer Rectoratszeit als Leiter der lateinischen Schule des böhmischen [illegible] Joachimsthal, eine Stellung, die er ebenfalls drei Jahre lang [illegible]—1523) bekleidete.

Mit steigender Theilnahme verfolgte er dort die von Wittenberg aus[illegible] Bewegung und entschloß sich, den Reformator Luther selbst zu hören. [illegible] 1523 ließ er sich als Student der Theologie in Wittenberg aufs neue [illegible]triculiren und wurde Schüler von Luther, Bugenhagen, Amsdorf und [illegible], deren Vorlesungen er fleißig und sorgfältig nachschrieb. So ward [illegible] Anhänger der Reformation und fand schon 1524 in Wittenberg Be[illegible] als Hülfsprediger an der Stadtkirche. Am 11. Mai desselben [illegible] verheirathete er sich mit Ursula Krüger, einer Schwägerin des be[illegible] Wittenberger Buchdruckers Georg Rhaw; doch gestaltete sich die Ehe, [illegible] in den ersten Jahren, nicht gerade glücklich.

In Zwickau, wo Luther's Lehre auf sehr empfänglichen Boden gefallen [illegible], hatte man den jungen Gelehrten R. inzwischen nicht vergessen. Seine [illegible]nisse und Erfahrungen, seine Tüchtigkeit, seine besondere Freundschaft mit [illegible] und seine Anhänglichkeit an die Heimath hatten ihm die Wege dort [illegible]. Ende 1527 kehrte R. nach Zwickau zurück und Anfang 1528 ward [illegible] als Stadtschreiber und Schulinspector angestellt. Dieser Posten war [illegible] der arbeits- und einflußreichste der ganzen Stadtverwaltung. Nicht nur [illegible] Geschäfte der inneren Stadtverwaltung hatte R. zu besorgen, sondern er [illegible] die Stadt auch auf verschiedenen sächsischen Landtagen und in allerlei Händeln nach Außen vertreten; kurz, er war eine Art Kanzler oder Syndikus von Zwickau. Wiederholte Schwierigkeiten und Irrungen zwischen der Stadt einerseits und dem Oberpfarrer daselbst, sowie den Theologen in Wittenberg andrerseits wegen Besetzung der geistlichen Stellen verursachten unserem R. viele Mühe und führten sogar zu einem Bruch mit Luther, der über die Zwickauer höchst aufgebracht war. Eine Aussöhnung zwischen R. und Luther [illegible] erst spät und nach langen Bemühungen zu Stande; doch konnte sie eine [illegible]wisse Spannung nicht wieder ganz beseitigen. Im J. 1543 erstieg R. die Stufe der Rathsherrenwürde, die aber materiell für ihn eher eine Ver[illegible]chterung bedeutete. Am 5. November 1544 verlor er seine Frau Ursula [illegible] den Tod. Schon kränkelnd, verheirathete er sich aufs Neue am 17. Januar 1546 mit der Zwickauerin Barbara Pfützner. Dieser Ehestand [illegible]llte nicht lange währen. Bereits am 8. Juli 1546 starb Stephan R. in Zwickau, tief betrauert von seinen Angehörigen und der ganzen Stadt, die in ihm einen ihrer besten Bürger verlor, einen Mann von aristokratischer Natur, der seine Zeit recht erfaßt und mit praktischem Scharfblick überall fest und [illegible] einzugreifen verstanden hatte. Sein Oelporträt hängt in der Zwickauer Rathsschulbibliothek; eine lithographische Vervielfältigung davon ist dem zweiten Bande von Herzog's Chronik von Zwickau (1845) beigegeben.

Roth's Bedeutung für Wissenschaft und Litteratur läßt sich aus seinen

Büchern und seinem Briefwechsel erkennen. Ungefähr 6000 Bücher, die er [illegible] Geschick und Verständniß gesammelt hatte, konnte er der Stadt Zwickau die Rathsschulbibliothek hinterlassen, und ungefähr 4000 Nummern zählt [illegible] Correspondenz, die ebenda aufbewahrt wird. Wir bewundern in ihr [illegible] seitigkeit, den Fleiß und die Gefälligkeit des Mannes, der mit aller [illegible] die mannichfachsten Gegenstände Briefe wechselte. Theologen und Hu[illegible] Buchdrucker und Verleger, Schriftsteller und Dichter, adelige Grundbesitzer, Kanzleibeamte, alle sind in Roth's Correspondenz mit Briefen vertreten. [illegible] betrachtete den Zwickauer Gelehrten fast wie ein litterarisches Vermittel[illegible] bureau. Manuscripte wurden ihm zur Beurtheilung und Verwerthung geschickt; er wirkte als Corrector für verschiedene Druckereien; man erbat [illegible] orthographischen Grundsätze als Muster und nahm insbesondere gern [illegible] Hülfe zur Besorgung von litterarischen Neuigkeiten in Anspruch. Da [illegible] überallhin Verbindungen unterhielt, kamen neu erschienene Schriften ra[illegible] seine Hände, und er wurde vielfach wegen ihrer Beschaffung wie ein Commiss[illegible] angegangen. Selbst Schriften, die gar nicht für den Handel, sondern [illegible] für die leitenden Kreise bestimmt waren, konnte R. verschaffen, seine [illegible] Verbindungen mit den Kanzleien kamen ihm dabei sehr zu Statten.

Eine bemerkenswerthe Fertigkeit hatte sich R. auch im Nachschreiben [illegible] Vorträgen und Reden angeeignet. Seit seiner Wittenberger Zeit war er [illegible] Schnellschreiber bekannt. Man bewunderte seine Aufzeichnungen als [illegible] und rühmte besonders seine Nachschriften Luther'scher Predigten und die [illegible] besorgte Ausgabe eines Theiles der Luther'schen Postille. Von Wörtlich[illegible] sind diese Nachschriften nun allerdings weit entfernt, denn R. hat nicht [illegible] ein System der Stenographie erfunden und angewandt, sondern verdankte [illegible] größere Ausführlichkeit seiner Nachschriften neben der eigenen Fingergewandt[illegible] nur einigen Weiterbildungen der mittelalterlichen Abkürzungen für [illegible] Lateinische, von denen er, was brauchbar war, auch auf die deutsche Sch[illegible] übertrug. Trotzdem blieben diese Hülfsmittel für das Nachschreiben deutsch[illegible] Reden sehr unzulänglich, und R. half sich daher nach Möglichkeit durch so[illegible] Uebersetzung des Gehörten in die knappere lateinische Sprache, für die [illegible] viel reichlichere Kürzungen zur Verfügung standen. Aus diesem Um[illegible] erklärt sich das wunderliche Gemisch von Latein und Deutsch in Roth's Nach- schriften, die zum Theil noch in der Zwickauer Rathsschulbibliothek vorhanden sind. Ob R. der Erfinder dieses Verfahrens ist, muß dahingestellt bleiben; [illegible] auch mehrere seiner Zeitgenossen wie Kaspar Cruciger, Georg Rörer, [illegible] Dietrich, Andreas Poach, die sich gleichfalls durch Schreibgewandtheit aus- zeichneten, bedienten sich ganz ähnlicher Hülfsmittel. Jedenfalls aber [illegible] R. auch um Mittheilung seiner Schreibkürzungsgeheimnisse angegangen.

Außer seiner erwähnten Erstlingsschrift hat R. kaum noch eigene schrift- stellerische Hervorbringungen veröffentlicht, aber seine Uebersetzungen und Aus- gaben fremder Werke verschafften ihm doch einen angesehenen litterarischen Namen. Besonders ist hier seine Betheiligung an der Herausgabe von Luther's Kirchenpostille zu nennen. Das vollständigste Verzeichniß von Roth's Ver- öffentlichungen hat Georg Buchwald im „Archiv für Geschichte des deutschen Buchhandels", Bd. XVI, S. 9 ff., gegeben.

Vinhold, in der Zwickauer Gymnasialeinladungsschrift von 17[illegible]. — G. Müller, Magister Stephan Roth, in den Beiträgen zur sächsischen Kirchengeschichte I, 43 ff. — E. Fabian, Petrus Plateanus (Zwickauer Pro- gramm 1878). — Ders., Die Zwickauer Schulbrüderschaft, in den Mit- theilungen des Alterthumsvereins für Zwickau III, 50 ff. — G. Buchwald, Die Lutherfunde der neueren Zeit (1886). — Ders., Stadtschreiber Steph[illegible]

[illegible] im Archiv für Geschichte des deutschen Buchhandels XVI, 6 ff. (Leipzig [illegible]). — P. Mitzschke, Stephan Roth, ein Geschwindschreiber des Reformationszeitalters (Berlin 1895). — C. Dewischeit, Georg Rörer, ein Geschwindschreiber Luther's (Berlin 1899). — Beiträge zur Reformationsgeschichte (von O. Clemen), Heft I (Berlin 1900). Mitzschke.

Roth: Wilhelm August R., hervorragender Militärhygieniker zu [illegible], geboren am 19. Juni 1833 zu Lübben in der Niederlausitz, studirte [illegible] auf der Berliner Universität als Eleve des medicinisch-chirurgischen Friedrich-Wilhelms-Instituts, wurde 1855 Doctor, 1856 Unter-, 1857 Assistenz-, [illegible] Stabsarzt beim Friedrich Wilhelm-Institut, 1863 am Invalidenhause [illegible] der Central-Turnanstalt, 1867 Oberstabsarzt und Lehrer an der [illegible] Akademie in Berlin, 1870 General- und Corpsarzt des 12. königl. [illegible] Armee-Corps zu Dresden und im Feldzuge zugleich Armee-Generalarzt [illegible] armee, seit Frühjahr desselben Jahres als Generalarzt I. Classe an [illegible] Spitze des königl. sächsischen Militärsanitätswesens berufen, übernahm [illegible] die Professur der Gesundheitspflege am Polytechnikum zu Dresden und [illegible] zugleich die militärärztlichen Fortbildungskurse. R., der am 12. Juni [illegible] in Dresden starb, gehört zu den bedeutenderen deutschen Militärärzten. [illegible] eine große Reihe von Schriften zur Militärmedicin und Militär[illegible] veröffentlicht, so: „Militärärztliche Studien“ (3 Th., Berlin 1867, 68), [illegible] der physiol. Anatomie für Turnlehrer-Bildungsanstalten“ (ebd. 1866; [illegible] 1872); zusammen mit Lex: „Handbuch der Militärgesundheitspflege“ [illegible] Bände, 1872 bis 77), mehrere Publicationen aus dem königl. sächs. [illegible] Sanitätsdienst u. s. w. Seit 1872 gab er auch einen „Jahresbericht [illegible] die Leistungen und Fortschritte auf dem Gebiete des Militär-Sanitäts[illegible]“ heraus. Er machte mehrere wissenschaftliche Reisen, 1863 in das [illegible] zu Châlons u. s. w., besuchte die englische Armee, fungirte 1876 als [illegible] Preisrichter auf der Industrie-Ausstellung zu Philadelphia. Zuletzt [illegible] General-Arzt I. Classe, Vorstand der Sanitäts-Direction, ord. Honorar[illegible] am königl. Polytechnikum, Mitglied und Stellvertreter des Präsidenten [illegible] Landes-Medicinal-Collegiums. Am 28. April 1894 wurde im Vorgarten [illegible] Garnisonlazareths zu Dresden sein Denkmal enthüllt.

[illegible] Vgl. Biogr. Lex. hervorr. Aerzte, hrsg. von Pagel. Berlin und Wien [illegible], S. 1482. Pagel.

Rothbart: Ferdinand R., Radirer, Illustrator, Historienmaler, Con[illegible] des kgl. Kupferstich- und Handzeichnung-Cabinets, geboren am [illegible] October 1823 zu Roth am Sand, † am 31. Januar 1899 in München, [illegible] in früher Kindheit mit den Eltern nach Nürnberg, wo er nach dem [illegible] des Vaters, welcher eine Drahtflechterei besaß, eine an schweren Er[illegible]ungen reiche Jugend verbrachte. Der kleine Ferdinand wäre, wie er [illegible] einer leider verlorenen Autobiographie berichtete, „gerne Schneider ge[illegible], aber die vielen Thränen, welche auf das Nähezeug der Mutter und [illegible] fielen, ließen ihm diese Arbeit als eine recht traurige erscheinen.“ [illegible] wohlwollender Vormund brachte ihn und den Bruder Georg Rothbart [illegible] 1817, † am 8. September 1896 als herzoglicher Oberbaurath und [illegible] Hofrath zu Coburg) in das Waisenhaus, wo die Beiden, obwohl in [illegible] gedrückter Stimmung, doch eine gute Erziehung und feste Grundlage [illegible], gedeihlichen Fortkommen fanden. Das mechanische Coloriren von [illegible] und Bilderbogen weckte die Liebe zur Kunst; das anregende Beispiel [illegible] älteren Bruders wirkte befeuernd. Es ging rasch vorwärts. Bald erwarb [illegible] junge Ferdinand in der Technik der Lithographie und bei H. L. Petersen [illegible] Gebiete des Kupferstichs und der Radirung schöne Kenntnisse und praktische

Uebung. Mit aller Kraft versuchte er sich mit der Illustration [illegible] für verschiedene Buchhändler und Verleger allerlei Arbeiten von [illegible] findung und Composition. Später wagte er die Uebersiedelung [illegible] wo er für die von Guhl und Caspar edirten „Denkmäler [illegible] treffliche Platten sauber und verständnißinnig radirte, sein Wissen [illegible] täglich erweiternd. Im Auftrage der Königin Olga malte er [illegible] Genrebilder mit architektonischem, landschaftlichem Hintergrunde, [illegible] zu Uhland's Dichtungen und Volksliedern, welche, wie der „[illegible] der „Deserteur", „Die Nonne", „Der Ziegenhirt", „[illegible] Stahlstichen von E. Oertinger und A. Schultheiß erschienen. [illegible] R. die Aufmerksamkeit des Verlegers G. Scheitlin, welcher ihn mit [illegible] zu den 1854 von Isabella Braun (s. A. D. B. XLVI, 100) [illegible] „Jugendblättern" in Anspruch nahm. R. lieferte für dieses [illegible] durch viele Jahre eine stattliche Reihe mit höchst ansprechenden [illegible] ebenso zu den anmuthenden „Der grüne Wald", „Das liebe Brod" [illegible] Büchlein dieser alsbald sehr beliebten Schriftstellerin, welche eine [illegible] zeitgemäße Richtung in der Jugendlitteratur anbahnte und über ihr [illegible] hinaus glückhaft bewährte. R. bethätigte sich auch an den [illegible] gewordenen „Münchener Bilderbogen" (bei Braun und Schneider) [illegible] Märchen von den „Sternthalern" (Nr. 225) und Beiträgen zur [illegible] der Costüme" im XIV. und XV. Jahrhundert, zeichnete Titelblätter zu [illegible] sämmtlichen Schriften (Lpz. 1853—58 in 36 Bändchen), zu Schiller's [illegible] (Stuttg. 1853 in 12 Bänden), zu Goethe's „Götz" (Berlin bei [illegible] Hebel's „Erzählungen des Rheinischen Hausfreundes". Auch [illegible] drei meisterhaften Blätter zu Adolf Böttger's „Dichtergarben", zu R. [illegible] „Parnasse Français" (beide gestochen von C. Geyer) und der „[illegible] von W. O. Elwell (gestochen von A. Schultheiß, sämmtlich im [illegible] George Westermann in Braunschweig), wobei R. ebenso wie bei [illegible] „Deutschem Dichterwald" (1857) die nationale Charakteristik [illegible] Dichtungen zum prägnantesten Ausdruck brachte. — Der erste größere [illegible] erwuchs für R. in Coburg: Im Laubengang der herzoglichen [illegible] das jeden Besucher so angenehm überraschende und erfreuliche [illegible] mit dem „Brautzug des Herzog Casimir", eine sehr gelungene [illegible] Nebenbei katalogisirte er auch die reiche Sammlung von Kupferstichen, [illegible] zeichnungen und Autographen des kunstsinnigen Herzogs Ernst. [illegible] R. mit Frescobildern für die historische Galerie des Münchener [illegible] Museums betraut und zwar mit den wirklich dankenswerthen [illegible] Johann Capistran zu Nürnberg gegen Luxus und Kleiderpracht [illegible] Albrecht Pister zu Bamberg die erste Buchdruckerei gründet ([illegible] Incunabel von Boner's „Fabeln" 1461 hervorging) und Kaiser [illegible] Baier die Stadt Nürnberg (1322) mit neuen wichtigen Rechten [illegible] löste seine Aufgabe in so glücklicher Weise, daß ihm noch drei [illegible] übertragen wurden, welche er jedoch ablehnen mußte, da seine [illegible] wiederholten Blutsturz erschüttert war, so daß ein längerer [illegible] Süden dringend geboten schien. Gleichzeitig war die edelmüthige [illegible] Bildhauers Joh. Martin v. Wagner (s. A. D. B. XL, 515) [illegible] worden und R. erhielt als erster Stipendiat einen dreijährigen [illegible] für Italien, insbesondere in Rom, wo der Künstler Genesung [illegible] baren Herzens sendete er in die Sammlungen der Universität [illegible] Patronin der „Martin v. Wagner-Stiftung" ein von ihm sorgfältig [illegible] „Noli me tangere" betiteltes Oelbild. Zu Rom katalogisirte [illegible] Bibliothek der „Villa Malta". Nach seiner Rückkehr zeichnete R. [illegible] strationen, z. B. zu Lessing's „Nathan" (Berlin 1868), Goethe's „Faust", zu Lenau's „Gedichten", Schiller's „Don Carlos", zu Georg Scherer's „Deutschen Volksliedern", für Lohmeyer's „Monatshefte" und vier große Cartons mit den „Evangelisten", ausgeführt in der Glasmalereianstalt L. Faustner's (siehe A. D. B. XLVIII, 504) als Kirchenfenster nach Darley bei Glasgow (vgl. Lützow's „Zeitschrift" 1874, IX, 610); auch einen Carton mit der Kirchhofscene aus „Hamlet" für ein Glasbild F. X. Zettler's. — Im J. 1871 wurde ihm die Stelle eines Conservators am kgl. Kupferstich- und Handzeichnungs-Cabinet (jetzt „Graphische Sammlung") übertragen, welche er bis 1885 begleitete. Aus den unerschöpflichen Schätzen dieser Anstalt veröffentlichte R. seltene Handzeichnungen, Radirungen und Stiche älterer Meister, in dem von Obernetter-Albert erfundenen photographischen Lichtdruck mit einem großen Prachtwerke (1876) und leitete die von Obernetter besorgte Reproduction der Kleinmeister des XVI. und XVII. Jahrhunderts, wodurch die kostbarsten Blätter in billigen Copien als Vorlagen zum Gemeingut für das Kunstgewerbe wurden. Im J. 1885 trat R. infolge seiner asthmatischen Beschwerden in den wohlverdienten Ruhestand, in verschiedenen klimatischen Curorten Linderung seiner Leiden suchend, die sich erst in den letzten Lebensjahren langsam verzogen. In freieren Pausen griff er wieder zu Pinsel und Palette, zu Stift und Feder und trug sich mit neuen Compositionen und Oelbildern, ohne damit in die Oeffentlichkeit zu treten. Für König Ludwig II. malte er einen culturhistorischen Tanz aus der Zeit Ludwig XIV. Hatte er früher schon für das „Malerische Baiern" (im Verlag bei Georg Franz in München) viele Blätter mit landschaftlichen Aufnahmen und Städteansichten geliefert, so liebte er jetzt allerlei Reiseeindrücke mit gewandter Feder festzuhalten, z. B. über „Pappenheim" oder „Kelheim und seine Umgebung" (Regensburg 1888), wobei auch kleinere Sachen für Seb. Düll's „Jugendlust" (Nürnberg 1889 ff.) und Nebele's „Kinderfreund" (Augsburg 1891 ff.) abfielen. — R. war ein tiefgemüthvoller, zartbesaiteter Charakter, eine echte und vornehme Künstlernatur, ein unverbrüchlich edelmüthiger Freund, mit einem Worte: ein guter Mensch im schönsten Sinne des Wortes! So lange es seine Gesundheitsverhältnisse gestatteten, nahm er den innigsten Antheil an allen Fragen und Angelegenheiten der Münchener Kunstgenossenschaft; besonderen Dank verdiente er ob seiner umsichtigen Geschäftsführung des Künstler-Unterstützungsvereins. Zu vielen festlichen Gelegenheiten, bei Maientagen und Carnevalabenden lieferte R. Zeichnungen, heitere Beiträge und stellte lebende Bilder, so z. B. eine mit Wilhelm Lichtenheld (s. A. D. B. LII, 693) inscenirte „Schusterwerkstätte", voll jovialen Humors. In seinen Kinderbildern zeigte er innige Verwandschaft mit Ludwig Richter, Oskar Pletsch und Albert Hendschel; bei seinen Oelgemälden und Fresken war die Freundschaft mit Arthur v. Ramberg (siehe A. D. B. XXVII, 208) und Ferdinand Piloty (s. A. D. B. LIII, 61) in coloristischer Beziehung fühlbar. — In früheren Jahren zeigte sein schön modellirter Kopf eine überraschende Aehnlichkeit mit dem durch A. van Dyck gemalten Portrait des Kupferstechers Lukas Vorstermann. R. war nicht verheirathet; sein ganzer zahlreicher artistischer Nachtrag wurde nicht versteigert, sondern unter den Verwandten in pietätvoller Weise vertheilt.

Vgl. Fr. v. Bötticher, 1898, II, 474. — Nekrologe in Nr. 32 d. Allg. Ztg. v. 1. Febr. 1899 u. Kunstvereins-Bericht f. 1899. — Luise v. Kobell, König Ludwig II. u. d. Kunst, 1898, S. 262. — Bettelheim, Jahrbuch, IV, 169.

Hyac. Holland.

Rothmund: Franz Christoph von R., angesehener Chirurg in München, geboren am 28. December 1801, bildete sich in Würzburg als Schüler

v. Döllinger's, v. Textor's, Schönlein's und in Berlin v. Gräfe's aus, [illegible] promovirt, wurde er zuerst Gerichtsarzt in Miltenberg, dann in Walldürn [illegible] 20jähriger Thätigkeit in dieser Stellung jedoch 1843 Professor in [illegible] Director der I. chirurgischen Abtheilung, dann Obermedicinalrath daselbst, [illegible] 1871 in den Ruhestand und starb als Nestor der deutschen Chirurgen, [illegible] 90jährig, am 30. November 1891. Seine hauptsächlichsten Arbeiten [illegible] über Radikaloperation der Hernien u. s. w.; aber auch über allgemein[e] Themata (z. B. Todesstrafe). — [illegible]

Vgl. Biogr. Lex. hervorrag. Aerzte, hrsg. v. Pagel, Berlin u. [illegible] 1901, S. 1436. Pagel.

Rottmanner: Dr. Simon R., auf seinem Gut Ast (bei Landshut a. [illegible] gestorben am 6. September 1813, erblickte am 2. Februar 1740 zu Rottm[ann] (bei Erding, O.-B.) als Sohn vermöglicher Bauersleute das Licht der [Welt]. Da der kräftige Knabe frühzeitig gute Begabung verrieth, ließen ihn [seine] Eltern das Gymnasium zu Freising besuchen, woselbst er gründliche Kenntni[sse] in den classischen Sprachen erwarb. Zum Jüngling herangereift dachte [er] zuerst daran, Theologe zu werden. Da er aber bald erkannte, daß er für [den] geistlichen Stand weniger geeignet sein möchte, bezog er die Universität Ingol[-] stadt (nachmals nach Landshut und München transferirt) und studirte [dort] unter Lori, Ickstadt u. A. die verschiedenen Disciplinen der Rechtswissenschaft. Im Jahre 1736 zum Licentiaten der Rechte promovirt prakticirte R. einige Zeit am Gerichte zu Erding und beschloß hierauf sich der Anwaltsthätigkeit zu widmen. Nachdem er die hierfür vorgeschriebenen Prüfungen mit bestem Erfolg bestanden hatte, wurde er 1768 als Hofrathsadvocat in München zugelassen. Hier lernte er den hochangesehenen, reichbegüterten Grafen Max v. Preysing kennen, der ihn als Rechtsconsulenten und Secretär in seine Dienste nahm. In dieser neuen Stellung fand er Gelegenheit zur Erweiterung seiner Kenntnisse auf den verschiedensten Gebieten. Insbesondere wurde er auch mit allen Zweigen der herrschaftlichen Güterverwaltung vertraut. Das schon vom Elternhause ererbte Interesse für landwirthschaftliche Gegenstände veranlaßte den jungen Beamten sich auch mit solchen Schriften zu befassen, welche die Oekonomie im Allgemeinen wie im Einzelnen behandelten. Auch von praktischen Landwirthen suchte er zu lernen, wo immer sich Gelegenheit bot. Bald erkannte er selbst vorhandene Mängel und forschte nach Mitteln, sie zu beseitigen. Endlich wagte er auf eigene Gefahr seine Theorien in die That umzusetzen. Das namhafte Vermögen, welches ihm seine Frau Barbara (geb. Bauer) zubrachte, ermöglichte R. den kleinen Edelsitz Ast zu erwerben und allmählich zu einem Mustergut im vollen Sinne des Wortes umzugestalten. Selbstredend schlugen zwar manche seiner Unternehmungen fehl. Andere aber waren vom Glück begünstigt und lohnten das darauf verwendete Capital mit reichlichen Zinsen. Weithin verbreitete sich der Ruf seiner Tüchtigkeit. Vielen war er Berather und Helfer. Doch das genügte dem braven Manne und aufrichtigen Vaterlandsfreunde noch nicht. Er glaubte sich verpflichtet in weiteren Kreisen aufklärend, belehrend und anspornend zu wirken. Neben Aufsätzen in Zeitschriften verfaßte R. (theils ohne, theils mit fingirtem Namen) in den Jahren 1778—1810 eine große Anzahl Abhandlungen über staats- und privatwirthschaftliche Fragen (vergl. Baader's Lex. verstorb. b. Schriftsteller [1825], II. Bd., 2. Th., S. 56 ff.) die nicht nur großen Absatz, sondern auch zum Vortheil des Staates wie der Bürger vielfach Beachtung fanden. In wohlverdienter Anerkennung seiner wissenschaftlichen Kenntnisse und gemeinnützigen Leistungen ernannte ihn die Juristenfacultät der Universität Landshut im Jahre 1802 zum Doctor der Rechte. Er überlebte diese Ehrung noch um mehr als ein Decennium im frohen Genusse dessen, was sein Fleiß und seine Strebsamkeit geschaffen. Seine Heiterkeit und Arbeitslust blieben ihm bis in's hohe Alter treu. Von den Beschwerden desselben nahezu frei verfiel er Ende August in einen Schlummerzustand, der wenige Tage später in ewigen Schlaf überging. Sein Ableben erregte in weitesten Kreisen aufrichtige Betrübniß. Die Inschrift des Grabsteins rühmt ihm nach: „Die Fluren verdanken ihm ihren Segen, die Unterdrückten ihr Recht, die Unglücklichen ihre Rettung.“ Wie wahr dieses Lob gewesen, beweist der Umstand, daß noch heute das dankbare Andenken an „Vater Rottmanner“ in der Gemeinde Ast nicht erloschen ist. — Die gleichgestimmte Gattin folgte dem Gemahl 1828 in die Ewigkeit. Sie hatte ihm 4 Töchter und 2 Söhne geboren. Erstere reichten angesehenen Männern des Adel- und Bürgerstandes die Hand. Von den Söhnen übernahm Karl (nach Erwerbung des Doctortitels) das väterliche Gut, starb jedoch bereits 1824 in einem Alter von 40 Jahren. Sein Bruder Max machte als bairischer Officier verschiedene Feldzüge mit, kehrte aber aus Rußland nicht mehr wieder. Ein Nachkomme Simon Rottmanner's ist der Benedictinerpater Dr. Odilo R., dessen Name in theologischen Kreisen guten Klang hat.

Quellen: Die Archive des Staates bieten nur Unwesentliches; jene des Hauses Preysing und der Gemeinde Ast überhaupt nichts. Litteratur: Das oben erwähnte Baader'sche Werk; (Socher) „Hauptzüge aus dem Leben des Dr. S. R.“ (Landshut 1815.) Biographische Notizen liefern auch Wiedemann in „Verhandlungen des hist. Ver. f. Niederbaiern“ (1866), XI. Heft 3 und 4, S. 333 ff. und Hirschberger in „Landwirthschaftlicher Kalender“ (1867).

Pius Wittmann.

Roux: Karl R., Historienmaler, geboren in Heidelberg am 14. August 1826 als Sohn des Landschaftsmalers Jacob W. Ch. R. Seine erste Ausbildung erhielt er in Düsseldorf namentlich unter Leitung von Karl Hübner; ging dann auch nach München, Antwerpen und Paris. Später lebte er einige Zeit in Karlsruhe und wurde 1882 Director der großherzoglichen Gemäldegalerie in Mannheim. Anfangs malte er hauptsächlich historische Darstellungen in genrehafter Auffassung wie „Die Plünderung eines Dorfes während des dreißigjährigen Krieges“ und „Dorothea mit dem Ochsengespann“ (beide in der Galerie zu Karlsruhe) „Landsknechtsrast“ (in der Galerie zu Hamburg.) Nachher malte er mehr Genrebilder und Tiere, unter Anderem: „Viehmarkt beim Oktoberfest in München“, „Heuernte“, „Auf der Alm“ (in der Galerie zu Mannheim). Er erhielt die Medaille 2. Cl. Melbourne. Starb in Mannheim am 21. Juli 1894.

Ed. Daelen.

Rübesamen: Friedrich Wilhelm August R., Dr. theol., pommerscher Kirchenmann, geboren am 28. Januar 1828 in Frauenhof, Kr. Greifenhagen, † am 26. December 1898 in Möringen bei Stettin. Als Sohn eines Försters, auf dem Marienstiftsgymnasium in Stettin vorgebildet, schon als Primaner sein Jahr bei der Artillerie abdienend, nach der Universitätszeit in Halle und Greifswald Hauslehrer in Vorpommern, wurde er am 18. Juni 1851 für sein erstes Amt, das Diakonat in Gingst auf Rügen ordinirt, von wo er Michaelis 1861 als Superintendent nach Franzburg in Vorpommern und Michaelis 1869 als Pastor nach Möringen bei Stettin versetzt wurde. Für jede praktische Bethätigung des geistlichen Berufes mit klarem Blick und glücklicher Hand ausgerüstet, wie sich u. a. bei Gründung und Unterhaltung des Franzburger Waisenhauses zeigte, verfügte er in hervorragendem Maaße über die Gabe der Leitung. Von 1878 ab wählte ihn daher die Pommersche Provinzialsynode sechs Mal zu ihrem Präses, 1879 die Generalsynode zu ihrem Vicepräsidenten, 1898 die letztere auch zum Mitgliede der Agen[illegible] commission, in der er den Entwurf für den Hauptgottesdienst mit Beich[illegible] Abendmahl zu bearbeiten hatte. Auch die theologischen Verhandlungen [illegible] Stettiner Festwoche hat er regelmäßig geleitet. Körperliche Rüstigkeit [illegible] geistige Auffassungsfähigkeit machten ihm ein schnelles und eindringendes [illegible] beiten leicht. Seiner festen und humorvollen Leitung ordneten auch Gegne[illegible] bereitwillig unter. 1888 hatte ihn Greifswald mit der Doctorwürde [illegible] Die erste Gattin, eine Pfarrerstochter aus Rathebur bei Anklam, starb [illegible] bereits in Franzburg, die zweite und vier Söhne, davon einer aus erster [illegible] überlebten ihn. In der Frühe des 2. Weihnachtstages, nachdem er am e[illegible] noch gepredigt hatte, erlag er einem Herzschlag.

(Sachse) D. A. Rübesamen, in: Bilder aus dem kirchlichen Leben [illegible] Pommern I, S. 303 ff. Stettin 1895 und Familienmittheilungen.

Hermann Petri[illegible]

Rubo: Ernst Traugott R. wurde am 8. Juli 1834 als Soh[illegible] Rechtsconsulenten der jüdischen Gemeinde zu Berlin geboren. Nachdem er [illegible] Friedrich-Werder'sche Gymnasium absolvirt hatte, bezog er als Student [illegible] Rechte im J. 1854 die Friedrich Wilhelms-Universität, wo er hauptsä[illegible] die Vorlesungen von Berner, Gneist, Heffter und Homeyer hörte. [illegible] 1856 vertauschte er Berlin mit Heidelberg. Hier vollendete er unter Mitt[illegible] maier, v. Mohl, Renaud und v. Vangerow seine Studien und wurde [illegible] 27. März 1857 auf Grund seiner (ungedruckten) Dissertation: „Quae sit [illegible] natura" zum Dr. jur. promovirt. Im gleichen Jahre trat er als Auscult[illegible] in den preußischen Staatsdienst ein, wurde 1862 zum Gerichtsassessor [illegible] 1870 zum Stadtrichter in Berlin ernannt. Von 1879 an bekleidete er [illegible] zu seinem am 18. März 1895 erfolgten Tode die Stelle eines Amtsgericht[illegible] raths beim Amtsgericht Berlin I.

Bei den großen gesetzgeberischen Arbeiten, die im J. 1868 der Nor[illegible] deutsche Bund und später das Deutsche Reich auf dem Gebiete des Strafre[illegible] zu lösen unternommen hatte, fand Rubo's tüchtige und zuverlässige Arbeits[illegible] kraft mehrfach Verwendung. Im J. 1868 wurde er neben Rüdorff dem [illegible] maligen Geh. Oberjustizrath und vortragenden Rath im preußischen Justiz[illegible] ministerium Dr. Friedberg, der mit der Ausarbeitung des Entwurfs eines Strafgesetzbuchs für das Gebiet des Norddeutschen Bundes betraut war, als Hülfsarbeiter beigegeben. Im folgenden Jahr fungirte R. neben Rüdorff als Schriftführer in der vom Bundesrath zur Revision des Friedberg'schen Entwurfs eingesetzten Commission, und ein Jahr darauf wurde er wiederum neben Rüdorff als Hülfsarbeiter Friedberg's zu der Redaction der in der 3. Lesung des Reichstags beschlossenen Abänderungen des Strafgesetzentwurfs hinzugezogen. Auch zu den im J. 1872 erfolgten Arbeiten an einem allgemeinen deutschen Militärstrafgesetzbuch wurde R. theils als Hülfsarbeiter, theils als Schriftführer der Commission berufen. Die dem Entwurfe beigefügten Motive stammen z. Th. aus seiner Feder.

Die große wissenschaftliche Anregung, die er beim Einblick in die Werkstätte des Gesetzgebers empfangen hatte, rief in R. den Wunsch wach, sich als Docent und Schriftsteller zu bethätigen. Seine Habilitation fand am 24. Mai 1870 an der Friedrich Wilhelms-Universität zu Berlin statt, an der er außer Straf- und Strafproceßrecht Civilproceß- und Völkerrecht las und im J. 1876 zum außerordentlichen Professor ernannt wurde. Von Rubo's Arbeiten seien hier hervorgehoben die bereits im J. 1861 erschienene Schrift „Zur Lehre von der Verleumdung", „Ueber den Zeugnißzwang" (1878) und sein „Commentar über das Strafgesetzbuch für das Deutsche Reich" (1870). Seine

Werke zeichnen sich weniger durch Originalität und Tiefe als durch dialektische Schärfe aus. Die etwas schwerfällige, oft ins Grübeln verfallende Art der Darstellung hat seinen Commentar — als dessen nicht geringster Vorzug die Verbannung des in jener Zeit noch vielfach in hoher Blüte stehenden Motiven- und Präjudicienencultus hervorgehoben sei — keine große Verbreitung finden lassen. Eine 2. Auflage ist ihm nicht beschieden gewesen.

Mit großem Eifer betheiligte sich R. an den Versammlungen des Deutschen Juristentags, bei denen er wiederholt als Redner und Schriftführer sich bethätigte. In späteren Jahren gehörte er auch der Prüfungscommission für das erste juristische Staatsexamen an. August Schoetensack.

Rückert: Leopold Emanuel R., geboren zu Großhennersdorf bei Herrnhut in der Oberlausitz, besuchte seit 1809 das herrnhutische Pädagogium zu Niesky, seit 1812 das Gymnasium in Zittau, dessen Director Rudolph nachhaltig auf ihn wirkte, seit 1814 die Universität Leipzig, wo er Theologie und Philologie studirte. Die Dogmatik, wie sie damals in Leipzig vorgetragen wurde, erst das systema biblicum und ihm gegenüber die sententia rationalistarum ohne Entscheidung und höhere Einheit, diese tiefste Tiefe der Dogmatik, hat ihn, den auf Systematik Angelegten, kalt gelassen, zugleich aber auch veranlaßt, in seiner Erstlingsschrift „de ratione tractandae theologiae dogmaticae" (1821) zu handeln. Nach bestandener Candidatenprüfung in Dresden (1817) lebte er als Privatlehrer in der Niederlausitz, hierauf in Jüterbog, hier, nach Ablegung des Examen pro ministerio in Berlin, zugleich ein vacantes Predigeramt verwaltend. Im October 1819 übernahm er das Diakonat seines Geburtsortes. Sein sehnliches Verlangen nach akademischer Lehrthätigkeit, infolge seiner Mittellosigkeit hoffnungslos, drückte ihm die Feder in die Hand, das Ideal eines akademischen Lehrers zu zeichnen, der nicht bloß Gelehrter, sondern auch Philosoph wäre. Denn Liebe zur Wahrheit ist der einzige Weg zur Ueberzeugung („Der academische Lehrer, sein Zweck und Wirken", 1824, und „Offene Mittheilungen an Studirende über Studium und Beruf", 1829). Wie einen Ersatz für das akademische Katheder nahm er 1825 die ihm angetragene Stelle eines Subrectors (nachmals mit dem Titel Conrector) am Gymnasium in Zittau an, wo ihn die Verhältnisse zum Unterricht nicht bloß in den humanistischen, sondern auch in allen realistischen Fächern (Mathematik, Physik, Chemie, Astronomie) zwangen. Er hat als Gymnasiallehrer seinen Freundschaftsbund mit Plato geschlossen und sich ruhmvoll eingeführt in die Reihe der neutestamentlichen Exegeten. Seine Verdienste anerkannte die theologische Facultät in Kopenhagen durch Verleihung des Ehrendoctorates (1836), Jena durch seine Berufung zu der durch Baumgarten-Crusius' Tod erledigten Professur, welche er am 25. October 1844 mit einer Rede de officio interpretis Novi Foederis antrat. Er hat sein akademisches Lehramt mit seltener Energie und unermüdlichem Fleiße verwaltet, unter den Ersten die Vorlesungen beginnend, als der Letzte sie schließend. Er hat den Studirenden durch seine mitunter rauhe Originalität zu imponiren verstanden, ist ihnen in privatem Umgang näher getreten, hat sie auch zum Werke der äußeren Mission angehalten und zur Armenpflege angeleitet. Er hat außerdem alle der theologischen Facultät im Stadtgottesdienst vorbehaltenen Predigten übernommen und ist, so oft es verlangt wurde, für erkrankte Pfarrer eingetreten. Sünde und Erlösung waren sein Grundthema, das er an den großen Buß- und Bettagen zu erschütternder Geltung brachte. In seinen Festpredigten kam nicht immer der besondere Festcharakter zum vollen Ausdruck. Die Ehren, welche Jena seinen Professoren zu bieten pflegt, mit Ausnahme der von ihm verschmähten Orden, wurden ihm zu Theil. Er erhielt den Titel Kirchenrath, später Geheimer Kirchenrath und bei seinem fünfzigjährigen Amtsjubil[illegible] ein goldenes Bischofskreuz mit der Legende „Ein' feste Burg ist unser [illegible] Seine Bibliothek, sein Haus und das sonst ersparte Vermögen hinterließ [illegible] verwittwet und kinderlos, der Universität, den Studirenden und den [illegible] Er starb nach längeren Leiden am 9. April 1871 und ist am 11. April [illegible] Leichenrede, wie ers angeordnet, beerdigt worden.

R. ist auf zwei Gebieten bedeutsam und eigenthümlich hervorgetreten, [illegible] dem der neutestamentlichen Exegese und dem der systematischen Theologie. [illegible] hat über die üblichen neutestamentlichen Schriften Vorlesungen gehalten, [illegible] über das Johannes-Evangelium. Aber um dieses Evangelium seinen Zuhö[illegible] nahe zu bringen, dazu fehlte ihm die geistige Gleichgestimmtheit. Zudem [illegible] er seit 1841 aus einem Bekenner der entschiedenste Gegner der Authentie, [illegible] zwar nicht auf dem Wege des Leichtsinns oder Unglaubens, sondern [illegible] Gründen geworden. Für einen unmittelbaren Jünger, zumal Lieblingsj[illegible] war es unmöglich, daß er in späterer Zeit Denkformen sich aneignete, [illegible] seinem Meister vollkommen fremd gewesen waren. Als Lieblingsjünger [illegible] er in der genauesten Kenntniß dessen sein, was geschehen ist. Aber im [illegible] Evangelium kommen Begebenheiten vor, die wir schlechthin nicht als gesch[illegible] denken können. Ganz anders stand R. da als Ausleger des Apostels [illegible] Hier traf er auf eine ihm wahlverwandte Individualität, deren [illegible] dankengang zu verfolgen ihm Freude und Befriedigung gewährte. [illegible] paulinische Briefe (1. Thess., Galat., 1. u. 2. Kor., Röm., Phil., Philem[illegible] hat er für zweifellos echt gehalten, vier davon, den Römerbrief (1831, 2. [illegible] in 2 Bänden 1839), den Galaterbrief (1833), die beiden Korintherb[illegible] (1836 u. 37) commentirt. Sein Commentar zum Epheserbrief erschien 18[illegible] Ein 1838 begonnenes „Magazin für Exegese und Theologie des Neuen Te[illegible] ments", gemeint als Vorrathskammer für künftige Bedürfnisse, ist mit [illegible] ersten Lieferung wieder eingegangen. R. hat gefordert, daß die Auslegun[illegible] philologisch, bündig, methodisch und vor Allem unbefangen sei. Er hat [illegible] auf das Stärkste dagegen erklärt, daß der Autor in das Procrustesbett [illegible] Dogmatik, sei es der eignen, sei es der kirchlichen, gelegt werde. Seine [illegible] legung will das gerade Gegentheil aller dogmatischen Exegese sein. Er [illegible] die letztere unter den Neueren z. B. bei Luthardt wieder, dessen Erklärung [illegible] Johanneischen Evangeliums ihm als Antwort auf die Frage erschien: wie [illegible] Johannes schreiben, wenn er Luthardt wäre. Allgemein wurde an Rückert[illegible] Commentaren der auf gründlicher Sprachkenntniß und scharfem Urtheil [illegible] ruhende richtige Takt der Erklärung und der gemessene Gang, in welchem [illegible] fortläuft, gerühmt, wenn man auch seine bisweilen an Gleichgültigkeit [illegible] Unbefangenheit und seine oftmalige Flucht in das Asylum ignorantiae nicht gut heißen mochte. Mit einem „Wir wissen's nicht", mit diesem Troß der lieben Unwissenheit könne kein Ausleger durchgelassen werden. Weil nun R., eindringend in die Eigenthümlichkeit und Tiefe des paulinischen Geistes, mehr und Anderes bei Paulus fand, als die verflachende Exegese des Rationalismus, so erregte er den Unwillen seiner Häupter. Dr. Paulus hat ihm vorgehalten, er gehe von dem Vorurtheile und der Neigung aus, in den Briefen des Paulus womöglich die beschränkten Vorstellungen der Kirchenväter (patristische Mißbegriffe) zu finden. Anstatt den Aposteln eine schlichte, unverkünstelte Rationalität zuzutrauen, bekunde er eine unglückliche Scheu, die Bibel nicht vorurtheilsloser bleiben zu lassen, als die Ethnicität der Kirchenväter und dann die Subtilität der Dogmatiker sie umgedeutet hat. Fritzsche (s. Bd. VIII, S. 121) schleuderte ihm das Wort entgegen: Timeat, timeat *Raeckertus* celeripedem Nemesin; non enim dubito, quin, si iustum liquando censorem nactus fuerit, in aerarios referatur; tam pleni sunt eius ommentarii festinationis, levitatis, erroris, perversae argumentationis et anis loquacitatis. Dagegen lobten ihn gläubige Theologen, wie Tholuck nd Rothe, als Förderer einer gründlichen und christlichen Exegese. Stahl, er theologische Jurist, zollte ihm Beifall, weil er Paulum zum Lutheraner achte. Weil aber R. andrerseits den jüdischen Standpunkt des Apostels aulus hervorhob, in seinen Briefen hie und da die gehörige Begriffsklarheit ermißte, schwache Argumentationen und Interpretationsfehler, auch Spuren on Gereiztheit und Bitterkeit, wiefern Paulus seine Gegner von Seiten des erzens schwärzer darstelle, als sie am Ende wirklich waren, wahrgenommen aben wollte, so wurde ihm Mangel an Ehrfurcht vor den heiligen Schriftellern, ja theologische Rohheit vorgeworfen. Schlimmer sei es dem Apostel aulus wohl nicht im Leben von Seiten seiner böswilligen Gegner ergangen, ls jetzt von einem Doctor der h. Schrift, der es sich zur Aufgabe gemacht u haben schien, den Paulus von Tarsus gegen die Unbilden des Heidelberger aulus in Schutz zu nehmen.

Die Gedankenwelt Rückert's ist verschiedenseitig beeinflußt. Das Herrnuterthum hat seine Spuren bei ihm zurückgelassen in dem tiefen Gefühl der ündhaftigkeit, welches befestigt wurde durch seine Vertiefung in die aulinischen Briefe. Von Plato hat er die Idee (des Guten) und den räexistenzialen Sündenfall, von Kant die Ueberwucht der praktischen Vernunft Speculation war ihm soviel wie Grübelei und die Grenze des Sittlichen ugleich die Grenze der Evidenz), von Fichte die Thatsachen des Bewußtseins, as wollende und setzende Ich unmerklich sich angeeignet. Die Philosophie ar ihm der Führer zu Christus geworden, er hielt sie darum für das inzige Heilmittel, dem überhandnehmenden Unglauben der Gelehrten zu teuern. Sein erstes systematisches Hauptwerk war eine „Christliche Philosophie der Philosophie, Geschichte und Bibel nach ihren wahren Beziehungen zu nander“ (1825). Zeitgenossen haben bekannt, von diesem Werke in solchem rade ergriffen, ja überwältigt worden zu sein, wie von keinem anderen. as schaffende und regierende Princip der Welt ist dem sittlich vollendeten enschen die Idee des Guten. Die Welt muß demnach auf das Sittliche nd seine Verwirklichung angelegt sein, d. h. es muß ein Reich der Freiheit der Geister geben. Zur Geisterwelt gehört der Mensch, der Idee nach Herr er Natur und Ausrichter des göttlichen Willens, der Wirklichkeit nach verorben noch bevor er ins Erdenleben eintrat, daher ohne Bewußtsein der eiligen Ordnung, ohne vollkommene Freiheit, ohne Seligkeit. Soll er aus iesem Zustand erlöst werden, so bedarf es einer Anstalt, durch welche der edanke von der Wiederherstellung des Sünders dem gemeinen Menschenvertande faßlich offenbart, die Gestalt des ursprünglichen Menschen vor ihn hinestellt und ihm die Möglichkeit, dieselbe zur seinigen zu machen, über alle weifel gewiß gemacht wird. Diese Anstalt ist erschienen im Christenthum. esus war ein wirklicher und wahrhaftiger Mensch, aber, weil er die Erlösung ur Aufgabe seines Lebens gemacht und für sie sein Leben hingegeben, ein eiliger Mensch, das in die Wirklichkeit eingetretene Ideal der Menschheit. er Heilige am Kreuze, gemordet von denen, die er selig machen wollte, ist as erschütternde Zeichen zur Umkehr. Sein zweites systematisches Hauptwerk st die „Theologie“ (2. Th. 1851), Dogmatik und Ethik umspannend. Ueber as Verhältniß seiner „Christlichen Philosophie“ zu dieser „Theologie“ hat . sich nicht ausgesprochen, aber man wird nicht irre gehen, wenn man letztere ls eine vertiefte, den Anforderungen der fortgeschrittenen Wissenschaft entsprechende, durch die *inzwischen* hereingebrochene destructive Kritik unbeirrte

Umarbeitung seiner „Christlichen Philosophie" bezeichnet. Von seinen [illegible] und Zuhörern hat er gewollt, daß sie ihn begleitend all ihr theologisches [illegible] stellen ablegen und mit ihm ausgehen sollten vom Denken selbst, vom [illegible] und den Offenbarungen seines Wesens, um das Gefundene in Begriffe [illegible] fassen. Das Ich, sich selbst beschauend, findet sich als Person, d. h. [illegible] Einheit von Leib, Seele und Geist. Beim idealen Ich erscheint der Geist [illegible] ein König auf dem Thron mit unbedingtem Streben nach Verwirklichung [illegible] Idee des Guten. Das Leben der ihren Begriff erfüllenden Person ist [illegible] Leben im steten Bewußtsein des göttlichen Waltens auf der einen und [illegible] gotteinigen Wollens auf der andern Seite, d. h. es ist seinem Wesen [illegible] Religion. In der Menschheit fehlt aber überall das unbedingte Wollen [illegible] Guten. Das Zusammenleben der sündigen Menschen ist nur möglich in [illegible] Form des Staates. Die Aufhebung der Sünde oder die Erlösung [illegible] durch die offenbarende und anregende Wirksamkeit Gottes. Diese ist als [illegible] schichtliche Thatsache hervorgetreten im Christenthum. Diese „Theologie" [illegible] als eine von Selbständigkeit, sittlichem Ernst und Würde zeugende [illegible] gerühmt. „So konnte nur ein Mann schreiben, in welchem das christ[illegible] Leben selbst eine wirkliche Gestalt gewonnen." Zu Rückert's „Theolog[illegible] läßt sich, verglichen mit den systematischen Erscheinungen der Neuzeit, [illegible] ein größerer Gegensatz denken als die Dogmatik Vilmar's. Dort ein gänz[illegible] voraussetzungsloser, wissenschaftlicher Denkproceß, hier die Behauptung, [illegible] philosophische Deductionen das Mark der Dogmatik zerstören, und daher [illegible] zichtleistung auf Voraussetzungslosigkeit und auf das zum Fluchwort geword[illegible] Prädicat Wissenschaft. Weitere Ausführungen einzelner Abschnitte sein[illegible] „Theologie" sind sein „Büchlein von der Kirche" (1857) und sein [illegible] geschriebenes Buch über „Das Abendmahl" (1856). Seine harmlose [illegible] merkung: „wo kein Wein anzutreffen wäre, da ergreife man jedes im [illegible] brauche befindliche Getränk, und ob das reines Wasser wäre", ward ihm [illegible] so gedeutet, daß man auch mit unedlem Tranke (Ziegenhainer Bier [illegible] Schnaps) das heilige Mahl feiern könne. Seinen theologischen Standpunkt [illegible] er mit aller Bestimmtheit gezeichnet in seiner Prorectoratsrede „Die Aufg[illegible] der jenaischen Theologie im 4. Jahrhundert der Hochschule" (1858) und in [illegible] Schrift „Der Rationalismus" (1859). Er hat dem älteren, empirisch[illegible] Rationalismus als pelagianisch den Krieg erklärt und ihm seinen Rationali[illegible] mus als ethischen oder christlichen entgegengestellt, als dessen Muster[illegible] bild er mit Rücksicht auf Gal. 1, 8 den Apostel Paulus ansah, und dessen Wesen darin besteht, nur die Sache und ihre Wahrheit zu erfassen und [illegible] keine Autorität sich in Festhaltung der erkannten Wahrheit hindern zu lassen. Wie dem vulgären Rationalismus, so galt sein Kampf dem exclusiven Orthodoxismus, nicht der Orthodoxie, als die nur einen andern Weg ein[illegible] schlage nach demselben hohen Ziel. Und so war es nicht gerade eine Klage[illegible] rede, wenn er sagte: „meine besten Schüler werden orthodox". Wie eine [illegible] liche Klage klang sein anderes Wort, zugleich sein litterarisches Schweigen im letzten Decennium seines Lebens erklärend: „meine Bücher werden nicht ge[illegible] lesen". Dem wirklichen Leben gegenüber ein abstracter Idealist, nicht [illegible] Einseitigkeiten, Härten und absonderliche Meinungen, war R. ein kraftvolle[illegible] entschiedener Charakter von strenger Zucht im Leben und im Denken.

Die biographische und sonstige Litteratur über Rückert ist angeführt [illegible] dem Artikel des Unterzeichneten in Herzog's R.-E., 2. Aufl. XIII, 87—[illegible]

G. Frank.

Ruckstuhl: Karl Joseph Heinrich R., verdienter Schriftsteller, den [illegible] die Theilnahme Goethe's vor Vergessenheit schützt, wurde am 12. December [illegible] geboren zu St. Urban im Kanton Luzern als der Sohn des dortigen Klosterarztes. In der Klosterschule erhielt er sorgfältigen Unterricht; 19jährig, trat er in die Pestalozzi'sche Erziehungsanstalt, damals zu Iferten, als Zögling und Gehülfe ein. Seit October 1812 widmete er sich, überzeugt, wie er es von ihm erzählt, daß die Quelle wahrer Bildung allein bei den Alten zu suchen sei, in Heidelberg, besonders unter Creuzer, philologischen Studien. Im Sommer 1813 weilte er wahrscheinlich in Paris, seit dem Frühling des folgenden Jahres wieder in Deutschland; dann lehrte er 1814 in Hofwyl im Institut Fellenberg's; seit Beginn des Jahres 1815 war er Lehrer der alten Sprachen an der Kantonsschule zu Aarau. Eifriges Mitglied der durch Heinrich Zschokke gegründeten „Aargauischen Culturgesellschaft", wurde er, laut Protocoll, am 22. Januar zum Secretär ernannt; in der gleichen Sitzung war als Gast der später so berühmte Sprachforscher Johann Andreas Schmeller (s. A. D. B. XXXI, 786 f.) anwesend, „kgl. bair. Officier". Als aber im Frühjahr die Ruhe Europas wieder gestört ward, entschloß sich der für Deutschlands Freiheit begeisterte Jüngling, dessen Vater Napoleon's Verehrer war, als Freiwilliger in das deutsche Heer zu treten. Ende April 1815 schrieb er seinem Freunde, dem später bekannt gewordenen Historiker Kortüm aus Darmstadt: „Den vergangenen Winter war jeden Abend ein Lied von Körner das Letzte, was ich las und dachte; darob weinend, entschlief ich . . . Ueber Frankfurt und Coblenz, wo Görres besucht wird, reisend, suche ich am Niederrhein Gneisenau oder Wellington auf, um unter ihre Fahnen zu treten." Am 6. Mai stand er in der St. Rochuscapelle bei Bingen, durchschauert, wie er später erzählte, von großen Erwartungen der Schrecken des Krieges und der Herrlichkeit des Sieges. Ob er kämpfend am Kriege theilgenommen, ist nicht sicher, wohl aber, daß er mit dem preußischen Heere siegreich in Paris eingezogen ist. Ende des Jahres oder im Anfang des folgenden kehrte er in die Schweiz zurück, hielt sich aber nicht lange in Hofwyl auf, sondern begab sich bald wieder nach Deutschland. Auf der Reise nach Berlin, wo er nur kurze Zeit weilte, machte er in Weimar die Bekanntschaft seines Landsmanns Heinrich Meyer aus Stäfa; dann wurde er am Gymnasium zu Bonn beschäftigt, wo ihn der Minister v. Altenstein bereits im Herbst 1816 zum Oberlehrer ernannte. Sein Aufsatz: „Von der Ausbildung der Teutschen Sprache, in Beziehung auf neue, dafür angestellte Bemühungen", der die Aufmerksamkeit Goethe's auf ihn richtete, erschien durch Vermittlung Heinrich Meyer's in der „Nemesis", Zeitschrift für Politik und Geschichte, herausgegeben von Heinrich Luden, VIII. Bd., 3. Stück, S. 337—386 (Weimar 1816).

Daß R. in seinem Amte deutschen Geist im besten Sinne des Wortes geweckt und gefördert hat, bezeugt Karl Simrock, der sein Schüler in Bonn war: „Ruckstuhl gehörte als deutschgesinnter Mann zu den weißen Raben in jener Zeit; er hat in jener im Rheinland noch ganz französisch gesinnten Zeit fast zuerst deutsche Gesinnung gelehrt." Mit Wilhelm Schlegel und Welcker verkehrte er in Bonn; aber seine Hoffnung, an die Universität zu kommen, ging nicht in Erfüllung. Nachdem er einen Ruf nach Düsseldorf, wie wir aus einem Briefe H. Meyer's an ihn vom 28. Juli 1817 ersehen, abgelehnt hatte, wurde er Ende Juni 1820 an das Gymnasium in Coblenz versetzt. Nur zwei Jahre genoß er das Glück der 1826 mit Sophie Jordans aus Mainz geschlossenen Ehe. Der Tod der Gattin erschütterte ihn tief; im Herbst 1828 besuchte er auf ein Vierteljahr die Heimath; geistig fast gebrochen stand er in St. Urban vor den Gräbern seiner Eltern. Auch eine Reise in die südliche Schweiz brachte keinen Trost. In Coblenz starb er im November 1831.

Ruckstuhl's Persönlichkeit ist von Bedeutung. Der katholische Schw[illegible] ist von der Ueberzeugung tief durchdrungen, daß die deutsche Schweiz sich [illegible] vom Ganzen trennen könne. Schon 1815 schreibt er an Kortüm: „So [illegible] Leben und Seele aus dem einzelnen Gliede, wenn es sich von dem Ga[illegible] trennt, zu dem es gehört . . . Was in der Schweiz gesprochen und ge[illegible] wird, ist von Deutschen und Schweizern zusammen erzeugtes Gemeing[illegible] Für R. sind die Schranken nicht vorhanden, die Fürsten und Regierun[illegible] zwischen Völkern setzen, die durch Gedankenverkehr und gemeinsames Besi[illegible] von Ideen verbunden sind. Seine wahrhaft deutsche und freie Gesin[illegible] bethätigte er durch sein Leben. Von den größeren und kleineren Arbeiten, [illegible] sein sorgfältiger Biograph Ludwig Hirzel anführt, verdienen nur einige [illegible] nähere Betrachtung. Im „Rheinischen Merkur" von Görres erschienen 1[illegible] seine, der Zeitrichtung gemäß, die Liebe zum Vaterlande mit religi[illegible] Schwärmerei verquickenden „Briefe eines teutschen Freiwilligen", in de[illegible] sich noch unreife Beschimpfungen der Franzosen zu Schulden kommen [illegible] aber schon ein Jahr darauf bekämpft er in der oben angeführten Schrift [illegible] die deutsche Sprache die nach dem Siege ausbrechende, ebenso kindische [illegible] gefährliche Deutschthümelei mit männlichem Freimuth. Im „Prolog a[illegible] Errichtung eines Turnplatzes" (Bonn 1817) bringt er, an die Erziehun[illegible] Alten erinnernd, auf die Ausbildung der Körperkraft der Jugend zur [illegible] endung der Männlichkeit: die von Berlin durch Jahn dargebotene Turn[illegible] soll am Rhein ihre Stätte finden; denn „sie steuert einem Hauptgebre[illegible] unserer Zeit, der Entnervung, Trägheit, Weichlichkeit und Empfindsamkeit[illegible] Aus einem Schreiben an J. R. Wyß erfahren wir, daß ihm für den Pr[illegible] vom preußischen Ministerium zwei ehrenvolle Schreiben zugestellt wurden. [illegible] dem „Schweizer Taschenbuch" „Alpenrosen" bringen Aufsätze von ihm [illegible] Jahrgänge 1821, 1823 und 1825. Im Vorwort zu der im Jahrgang 1[illegible] erschienenen, von Versen Schiller's im Tell eingerahmten Phantasie „Fr[illegible] und Heimath" erinnern die Herausgeber daran, daß R. durch Goethe [illegible] 3. Heft von „Kunst und Alterthum" bei Gelegenheit der Anzeige seines [illegible] satzes in der „Nemesis" eingeführt worden sei.

Dieser Aufsatz war Goethe darum so willkommen, weil er mit seiner inne[illegible] Denkart und mit seiner Abneigung gegen die neudeutsche patriotische Rich[illegible] in Kunst und Sprache genau übereinstimmte. Aus Goethe's bekanntem [illegible] fest erinnere ich nur an folgende Schlußsätze: „Reinigung ohne Bereich[illegible] erweist sich öfters geistlos; denn es ist nichts bequemer, als von dem [illegible] absehen und auf den Ausdruck passen ... Poesie und leidenschaftliche Rede [illegible] die einzigen Quellen, aus denen dieses Leben (der Sprache) hervordringt, [illegible] sollten sie in ihrer Heftigkeit auch etwas Bergschutt mitführen, er setzt sich [illegible] Boden, und die reine Welle fließt darüber her." R. geißelt einen Auswuch[illegible] Deutschthümelei, den alle Fremdwörter aus unserer Sprache blindwüthig verban[illegible] wollenden Purismus mit kraftvollen Worten und überzeugenden Gedanken. [illegible] der That ist die unterschiedslose Verwerfung der Fremdwörter ebenso thöricht [illegible] die eitle Sucht nach ihnen. Besonders die französischen Wörter waren [illegible] Deutschthümlern verhaßt. Aber oft, so zeigt R., mangeln uns Worte für [illegible] mit unserem ganzen Wesen aufs innigste verbundenen Eigenschaften: so [illegible] Schiller kein deutsches Wort für naiv, obgleich wir die Sache weit mehr [illegible] die Franzosen haben. Gebrauch, Gewohnheit, Umgang stemmen sich gegen [illegible] Verbannung alles Fremden. „Aber der Purismus haust und stürmt im G[illegible] biete der Sprache, als wäre er im feindlichen Lande jenseits der Waisgau [illegible] Berge und fegt am teutschen Sprachschatz, als hätte er den Augias-Stall [illegible] *misten.*" Diesem trockenen nüchternen Bestreben bleibe der patriotisch [illegible]

...ate, aber durch Phantasie und tiefen Sinn sich auszeichnende Görres fern. ... Herder, Schiller, Goethe, aus deren heiterem Gemüthe der wahre Quell ...bens und der Dichtung floß, richteten nicht so streng. Ja, Goethe scheint ...gegen die Puristen sich einigermaßen ironisch zu benehmen, indem er desto ...iger fremde Worte zuläßt, je häufiger sie von jenen Eiferern befehdet ...en." Die Sprache, ein freies Gebilde der Poesie und Kunst, läßt sich ... in die engen, dumpfen Mauern der Spießbürger einzwängen. Die Ver...ung alles Ausländischen nennt er einen Verstoß gegen das Gastrecht und ...verträglich mit Humanität, mit liberaler und aufgeklärter Gesinnung. Am ...sten sind jene Zionswächter der Sprachreinigkeit berechtigt, neue Wörter ...bilden; dem vom Geiste seines Volkes belebten und durchdrungenen Dichter ... noch am ehesten ein solches Recht zustehen.

Diese und ähnliche Ausführungen billigte Goethe, dem die neueste Richtung ...n längst zuwider gewesen war, durchaus, sodaß er in R. einen Gesinnungs- ... Bundesgenossen begrüßte. Es ist lohnend und zugleich belehrend, dafür ...liche Zeugnisse anzuführen. „Das ist auch einmal wieder," schreibt er an ...sserée am 24. December 1816, „ein junger Mann, der einen über die ... Narren, Pedanten und Schelme tröstet." Und am 17. März 1817 an ...el, dem er einen Abdruck des Aufsatzes sendet: „Man kann sich nicht ...g daran erfreuen, noch ihn genugsam, besonders jungen Leuten empfehlen." ... 31. März bittet er Heinrich Meyer noch um einige Exemplare; „es bleibt ... unserer Zeit nichts übrig, als offensiv zu gehen. Worauf ich mich ganz ...ichte." Am 1. Juni spricht er Rochlitz seinen Aerger über die „ekel...n, befremdenden Narrheiten" aus, zu denen uns „die deutschen Männer ...gen wollen"; er erinnert daran, „daß wir dieses Jahr das Reformations... feiern", und sendet ihm den Aufsatz zur Mittheilung an Freunde: „Man ... jetzt auch Partei machen, das Vernünftige zu erhalten, da die Unvernunft ...äftig zu Werke geht." Am 7. Juni theilt er H. Meyer mit: „Ruckstuhl ...eingeführt im 8. Rhein- und Mainheft"; am 1. Juli erzählt er Boisserée, ... habe ihm seine Ansichten über seine Werke gesendet: „Es war ein recht ...eulicher Anblick, sich in einem so klaren, jungen, ungetrübten Spiegel wieder...hen." Und am 8. Juli mahnt er H. Meyer: „Benehmen Sie sich freundlich ... Ruckstuhl, er verdient's; ich schreib ihm auch noch im Laufe dieses Monats" ... diesem geplanten Brief an R. ist bis jetzt nichts bekannt). Die Theil...me für R. erkaltete auch in der Folgezeit nicht. Am 5. Mai 1820 schreibt ...the aus Karlsbad an H. Meyer: „Hat Ruckstuhl etwas geschickt, so erbitte ... es." R. hatte drei Aufsätze: „Ueber die Rheinbrücken", „Ein Tag im ...bengebirge", „Ueber den Altar der Ubier" für „Kunst und Alterthum" ...boten, Goethe's Urtheil, nach dem Briefe an H. Meyer vom 11. Juni 18.. aus Jena, lautet: „Sie sind gut gedacht, auch nicht übel geschrieben; ... es fehlt ihnen ein gewisses Letzte, das Ansprechende, Anziehende, Ueber...ende." R. erhielt die Aufsätze durch H. Meyer mit dessen Brief vom ... September 1820 zurück. Zwei Jahre darauf erfreute R. den Dichter durch ...sendung seiner heute freilich nicht mehr so sehr beachtenswerthen Bemerkungen ...r die Wanderjahre und die Wahlverwandtschaften. Sie erschienen im ...teraturblatt zum „Morgenblatt" 1822, Nr. 93—96, und zogen ihm die ...chaften Angriffe des Goethefeindes Müllner zu; „unabhängig von seiner ...daction" waren sie gedruckt worden. Einige Gedanken Ruckstuhl's hebe ich ...vor. Goethe's Milde und Heiterkeit betont er, seine *εὐχολία*; er erscheine ...mer neu, eigenthümlich, originell. Die Welt, meint er, ist in den Wander...ren weit aufgethan; es erscheinen unendliche Felder des Menschen- und ...turlebens; leicht *gewahre man den alle Einzelheiten verknüpfenden Faden*; es

herrsche durchaus innerer Zusammenhang und Folge. Im Entsagen und
findet er die beiden Hauptideen des Romans. Mignon ist ihm ein
sames Idealbild des Dichters, das für die wirkliche Welt zu fremd
zart gebildet war; Ottilie in den Wahlverwandtschaften ist ihm die „erw
in das Leben und die Gesellschaft eingeführte Mignon“. Diese Betrach
nannte Goethe in dem Briefe an H. Meyer vom 14. Juni 1822 „rein,
und sehr verständig“. Und einen Tag darauf, im Augenblick der Abreise
Eger und Marienbad, dankt er R. selbst für die „liebwerthe Sendung“:
wenige Seiten, die ich lesen konnte, haben mich sehr erfreut; was
Besseres erleben, als daß junge geistreiche Männer sich mit mir
heranbilden.“ In den letzten neun Jahren seines Lebens hörte die
mit Goethe wahrscheinlich auf.

Wie dem großen Dichter die Mitarbeit der Zeitgenossen immer
war, die sein Wesen und seine Werke zu verstehen und reinen Sinnes
würdigen vermochten, wie er die Bemühungen besonders der jungen
so Schubarth's und Eckermann's, freudig unterstützte, nahm er auch
und „treulich“ an Ruckstuhl's Bestrebungen Theil. Dieser ist aber noch
um mit Wilhelm Scherer's Worten in seiner Anzeige der Schrift Hirzel's
schließen, auch für uns ein Bundesgenosse, die wir unter ähnlichen patrioti
Uebertreibungen zu leiden haben, aber ohne Schwanken entschlossen bleiben,
Sinne Goethe's zu leben und zu wirken, getreu den bewährten hum
Idealen.

Ludwig Hirzel, Karl Ruckstuhl. Ein Beitrag zur Goethe-Litter
Straßburg 1876. (Quellen und Forschungen zur Sprach- und
geschichte der germanischen Völker XVII). — Ders., in der Zeitschrift
deutsches Alterthum und deutsche Litteratur XXI (1877), 464—466 (
trägliches über Ruckstuhl). — Aeußerungen Goethe's über Ruckstuhl
Hirzel und in der Weim. Ausgabe der Werke Goethe's, IV. Abth., XX
285; XXVIII, 23, 45, 91, 110, 124, 157, 173. — Der Brief
an Ruckstuhl vom 15. Juni 1822, bei Hirzel S. 39—40 „aus der
lung von S. Hirzel“, fehlt jetzt noch (Januar 1907) in der W. A.
Ludwig Geiger, Goethe-Jahrbuch V, 349—350. — Wilhelm Scherer,
der Anzeige der Schrift Hirzel's Deutsche Rundschau 1876, IX, 314;
Scherer's Kleine Schriften, herausgeg. von K. Burdach und Erich
1893, II, 249—250. — Th. v. Liebenau, Katholische Schweizerblätter,
XV, 415 f. — Ein Neudruck des Aufsatzes von Ruckstuhl, den schon
gewünscht hatte, erschien 1890: „Goethe-Ruckstuhl. Von der
der deutschen Sprache“. (Gießen, Ricker.) — Die Originale der sieben
Hirzel fast vollständig abgedruckten Briefe H. Meyer's an Ruckstuhl
Besitze der Wittwe Hirzel's. Daniel Jacoby.

Rüdinger: Nicolaus R., Dr. med., ordentlicher Professor der
und topographischen Anatomie an der Universität München. Er war
25. März 1832 zu Erbes-Büdesheim im Kreise Alzey im
Hessen geboren, als zwölftes Kind einer wenig bemittelten
Im 4. Lebensjahre des Knaben starb sein Vater; anstatt es mit dem
schulunterricht genug sein zu lassen, nahm sich ein katholischer Geistlicher
an, R. aber trat dann auf seinen eigenen Wunsch im 15. Lebensjahre
einem Barbier in Alzey in die Lehre. In seinem 19. Jahre wurde er
bei einem Barbier in Heidelberg und hörte zufolge der um die Mitte
Jahrhunderts in mehreren deutschen Staaten noch bestehenden
anatomische, chirurgische und andere Vorlesungen, um dann die Laufbahn
niederen Chirurgie zu ergreifen. Indessen setzte eine kleine Erbschaft

s bald darauf erfolgten Todes seiner Mutter R. in den Stand, ein regelrechtes erjähriges Studium der Medicin in Heidelberg durchzuführen. Im Herbst 352 bestand er an der Universität seiner Heimath in Gießen die Staatsprüfung s Wundarzt und bei dieser Gelegenheit entdeckte Th. Bischoff, der damals rofessor der Anatomie in Gießen war, die außergewöhnliche Geschicklichkeit üdinger's im Präpariren. Am 12. April 1855 wurde er in Gießen ohne ne gedruckte Dissertation zum Dr. med. promovirt und am 15. Mai 1855 rosector an der anatomischen Anstalt in München, wohin Th. Bischoff als d. Professor der Anatomie damals übergesiedelt war. Ein am 10. December 857 an die medicinische Facultät der Universität München gerichtetes Gesuch m Zulassung zur Habilitation als Privatdocent wurde auf Grund des angelnden Abiturientenexamens, sowie anscheinend weil er nicht aus Baiern bürtig war, abgelehnt. Auf Grund von Privatstudien bestand R. nachträglich n October 1858 die Maturitätsprüfung in Darmstadt, sah sich aber veranlaßt, n zweites am 10. November 1858 eingereichtes Gesuch um Zulassung zur abilitation wieder zurückzuziehen. Im Jahre 1860 verheirathete er sich mit er liebenswürdigen Auguste Ruhmandl, Tochter eines Rechtsanwalts in ünchen; aus dieser Ehe sind eine Tochter und zwei Söhne hervorgegangen. m 3. Januar 1863 erhielt R. ein Gehalt von ca. 1500 Mark und reichte ugleich sein drittes und am 28. Juni 1864 sein viertes Gesuch um Zulassung ur Habilitation ein, die sämmtlich abschlägig beschieden wurden. Statt dessen urde er am 2. Juni 1868 auf v. Liebig's Anregung zum Honorarprofessor r der medicinischen Facultät, Anfang 1870 zum außerordentlichen Professor nd im Sommer 1880 zum ordentlichen Universitätsprofessor der Anatomie n München ernannt. In dieser Stellung, bleibend in vortrefflicher Uebereinstimmung mit seinem geistig hervorragenden Collegen v. Kupffer und als Mitdirector der anatomischen Anstalt, starb R. an einer Blinddarmentzündung m 25. August 1896 in Tutzing am Starnberger See, das er mit Vorliebe s Aufenthaltsort während der Sommerferien zu wählen pflegte.

R. hat etwa 90 Abhandlungen und selbständige Schriften veröffentlicht. Das erscheint heutzutage sehr wenig, er folgte aber nicht der den Buchhändlern schädlichen Sitte, dieselbe Kleinigkeit an drei oder mehreren Stellen, auch och in fremden Sprachen zu veröffentlichen. Unter jener Zahl stehen der tlas des Nervensystems des menschlichen Körpers (1861), die Anatomie der enschlichen Gehirnnerven (1868), die topographisch-chirurgische Anatomie des lenschen (1873—1875) und der Cursus der topographischen Anatomie (1891; . Aufl. 1893) im Vordergrunde. Erwähnung verdienen seine erste Abhandung über die Anatomie der Gelenknerven (1857) und die Entdeckung (1866), aß die häutigen Bogengänge des Gehörorgans den knöchernen inwendig seitlich, lso excentrisch angeheftet sind und sie keineswegs ausfüllen. Daß das Verältniß der Dicken = 6 : 9—15 sei, war allerdings schon seit C. Krause (1836) kannt, aber weiter nicht beachtet worden. Seit R. in jener Zeit (1865) die uba auditiva zu untersuchen begann, haben sich seine Studien wiederholt dem ehörorgan mit Rücksicht auf die Bedürfnisse der Ohrenheilkunde zugewendet; ahlreich sind auch seine anthropologischen Arbeiten und namentlich die über assengehirne beachtenswerth. Nicht geringer ist sein Verdienst um die Münchner natomische Sammlung, die seiner Geschicklichkeit eine große Anzahl von ausezeichneten Präparaten, insbesondere von Durchschnitten an gefrorenen Leichen erdankt. Seinem Studiengang zufolge war R. dem Gebrauch des Mikroscopes icht näher getreten; er ist einer der wenigen wesentlich topographischen natomen (Braune, Hartmann, Joessel), die bis zum Ende des Jahrhunderts e topographische Anatomie *auf eigene* Füße zu stellen versuchten. Charakteristisch aber ist es für den immer weiterstrebenden Sinn Rüdinger's, daß er [illegible] 50. Lebensjahre anfing, sich mit rein histologischen Dingen zu [illegible] so daß seine allerletzte Abhandlung (1895) die Leukocytenwanderung [illegible] Schleimhäuten des Darmcanals betrifft. In jenem Lebensalter [illegible] umgekehrt die Mikroskopiker sich der dankbareren Aufgabe des [illegible] zuzuwenden.

R. war ein allgemein geachteter, liebenswürdiger Charakter, [illegible] ein treuer zuverlässiger Freund, dem der Schreiber dieser Zeilen [illegible] wichtigen Gelegenheit den entscheidenden Rath zu verdanken hat. [illegible] Bildungsgang war er nicht mit Unrecht ein wenig stolz und [illegible] Antwort jenes altfranzösischen Leibarztes zu erinnern, dem sein [illegible] Hofe vorgeworfen hatte, er sei früher Barbier gewesen (: wenn Sie [illegible] wären, Sie wären es noch!). Nicht ganz selten waren sogar in der [illegible] Jahrhunderts hervorragende praktische Aerzte, die aus dem wenig [illegible] niederen Chirurgenstande hervorgegangen und auch zu Reichthümern [illegible] sind; von einer Laufbahn wie die von R. ist aber kein zweites [illegible] bekannt.

C. v. Kupffer, Anatomischer Anzeiger, 1897, Bd. XIII, Nr. 7, S. [illegible] W. His, daselbst S. 333. W. Kr[illegible]

Rudolf, Graf von Montfort, Bischof von Konstanz, [illegible] dem uralten Geschlechte in Rätien, dessen Wappen eine rothe Kirchenfahne [illegible] rothen Schilde zeigte. Die beiden Burgen Alt- und Neu-Montfort [illegible] Bezirke Feldkirch in Vorarlberg. R. war der Sohn Rudolf's von [illegible] Feldkirch († 1302) und der Agnes Gräfin von Grieningen. Das [illegible] ist nicht bekannt, ebensowenig der Verlauf der Jugend. 1308 [illegible] Bologna. Später leistete er dem Kaiser Heinrich VII. Dienste, von [illegible] nichts Näheres weiß. Als Dompropst von Chur ist er zuerst am 1. [illegible] bezeugt. Im September desselben Jahres wurde er daselbst [illegible] in temp. des Bischofs Siegfried, da dieser als Gesandter Heinrich's [illegible] der Lombardei thätig war. In dem österreichisch-bairischen Thron[illegible] R. für Heinrich von Kärnten, den Böhmenkönig, und damit für [illegible] reicher. Bei den Verhandlungen König Robert's von Sicilien mit [illegible] dem Schönen war er einer der Bevollmächtigten des letzteren. Als am [illegible] 1321 Bischof Siegfried starb, wurde R. der damals erst die niederen [illegible] hatte, von den Domherren mit Ausnahme eines einzigen postulirt. [illegible] nicht an und lehnte nicht ab, sondern unterwarf sich ganz der [illegible] des apostolischen Stuhles, an den er sich sammt seinem Mitbewerber [illegible] und wurde dann am 19. März 1322 providirt. Aber ehe er in [illegible] verschuldeten Diöcese festen Fuß gefaßt hatte, wurde er am 1. [illegible] Papste nach Konstanz versetzt, woselbst zwei andere Candidaten [illegible] waren. Auch das Konstanzer Bisthum litt seit dem Tode [illegible] Klingenberg († 1306) unter sehr üblen finanziellen Verhältnissen. [illegible] Nachfolger war der Franzose Gerhard († 19. Aug. 1318), der seine [illegible] politischen Rücksichten verdankte und weder Sitte noch Sprache [illegible] kannte. Dann blieb der Stuhl vier Jahre erledigt. R. übernahm [illegible] mühevolle Aufgabe, und um sie ihm etwas zu erleichtern, [illegible] Papst die Verwaltung von Chur in spir. und in temp. bis [illegible] zu behalten. Erst am 12. Juni 1325 wurde der Konstanzer Dom[illegible] Bischof von Chur. Johann XXII. zählte zweifellos [illegible] Persönlichkeit des hochadeligen Bischofs und hoffte, daß dessen [illegible] Verbindungen sich der Politik der Curie nützlich erzeigen würden. [illegible] durch die Schreiben, in denen er ihn in dem großen Kampfe [illegible] aiser zu immer neuen Anstrengungen für die Kirche auffordert. Aber mochte ach R. aus innerer Ueberzeugung oder aus Rücksicht auf seinen Vortheil alle nstrengungen machen, der curialen Sache zum Siege zu verhelfen, so fand doch in den Bürgern seiner Stadt Konstanz wie auch in einem Theile der eistlichkeit und unter seinen eigenen Verwandten Anhänger des Kaisers und rkannte im Laufe der Jahre immer mehr, welche Gefahr ihm aus seiner altung erwuchsen, sobald Ludwig der Baier Erfolge erzielte.

Da in den von Johann XXII. interdicirten Gegenden der Gottesdienst ufhören sollte, wurde das mit dem kirchlichen so eng verbundene bürgerliche eben empfindlich gestört, und die Bürger zwangen vielfach die Geistlichkeit, em Verbote zum Trotz die Messe zu lesen. Im Jahre 1330 gebot Kaiser udwig seinen Beamten, die ihm widerstrebenden Geistlichen an ihrer Habe nd Freiheit zu bestrafen. In den letzten Tagen des August weilte er persönich in Konstanz und ertheilte den Bürgern Privilegien. Noch blieb R. dem apste treu und wurde wohl zur Belohnung seiner Standhaftigkeit am 17. April 330 zum Pfleger der Abtei Sankt-Gallen ernannt. Aber am 2. Juni 1332 ersprach er dem Kaiser, die Regalien von Konstanz und Sankt-Gallen von m zu empfangen. Er verpflichtete sich, von einer bestimmten Frist an dafür sorgen, nöthigenfalls mit Gewalt, daß die Konstanzer Geistlichkeit wieder ottesdienst feiere. Das war ein höchst bedeutsamer Erfolg des Kaisers, seine Stellung am Oberrhein wesentlich befestigte. Aber R., dem der apst am 25. October 1333 die Pflegschaft von Sankt-Gallen entzog, ohne brigens die Gründe anzugeben, überlebte seinen Parteiwechsel nicht lange. Es nd auch nur ganz wenige Urkunden aus seiner letzten Zeit erhalten. Er arb am 27./28. März 1334 und wurde infolge der auf ihm wie auf allen nhängern Ludwig's des Baiern ruhenden Exkommunikation zu Arbon in ngeweihter Erde begraben. Sein Nachfolger Heinrich von Brandis ließ 1357 s kirchliche Begräbniß nachholen. Ueber die geistliche Wirksamkeit Rudolf's t es jetzt kaum möglich ein abschließendes Urtheil zu fällen, weil der für ihn ie für seine Vorgänger vorliegende reiche Stoff noch systematischer Verarbeitung arrt. Die erwähnte schwierige Lage des Hochstifts wurde durch die andauernen kirchenpolitischen Kämpfe noch verschlimmert. Es scheint aber, daß R. ein utes Verwaltungstalent besaß, da er von seinen Vorgängern verpfändete üter zurückkaufen und die verfallene Burg Arbon schön wieder aufbauen onnte. Entschieden, aber man weiß nicht, ob mit Erfolg, trat er für die bstellung der tief wurzelnden kirchlichen Mißbräuche ein. Diese hatten unter nderem ihre Quelle in der allzugroßen Selbständigkeit des Domcapitels und es Dompropstes, die möglichst unabhängig vom Bischof zu bleiben suchten. m Jahre 1327 verkündete R. ausführliche Satzungen, die das ganze Leben er Pfarrgeistlichkeit bessern sollten. Es wirft ein trübes Licht auf die vorandene Zerrüttung, daß das, was gefordert wird, vom sittlichen Standpunkte elbstverständlich ist. Eine gründliche Visitation und eine Diöcesansynode ienten dem gleichen Zwecke. Daß der Bischof von den Schuldigen hohe Geldrafen erhob, wurde ihm als Habsucht ausgelegt. Versucht man, sich die ersönlichkeit des Bischofs anschaulich zu vergegenwärtigen, so bemerkt man ofort die Mängel der Ueberlieferung: er war wohl ein tüchtiger Mann, konnte ber infolge der Ungunst der Verhältnisse seine guten Absichten nicht recht rwirklichen.

Das gesammte Material ist vollständig verzeichnet von A. Cartellieri, Regesten zur Geschichte der Bischöfe von Konstanz, 2. und 3. Liefg. 1896, 2. Bd., Innsbruck 1905. Vgl. daselbst auch die Nachträge und Berichtigungen von K. Rieder. Dazu A. Cartellieri, Regesten zur Geschichte Graf Rudolf's von Montfort, späteren Bischofs von Konstanz, mit einem Anhang über chronikalische Ueberlieferung, 36. Jahresbericht des Vorarlberger Museumvereins, Bregenz 1897. A. Cartellieri.

Rudolf von Zähringen, Bischof von Lüttich, war der dritte Sohn Herzog Konrad's († 1152) von Zähringen und Clementia's († 1158), ältesten Tochter des Grafen Gottfried von Namur. Seine Geburt fällt in die Jahre zwischen 1125 und 1130. Von seiner Jugend ist nichts bekannt. Seine erste urkundliche Erwähnung gehört ins Jahr 1152. Nach der Ermordung des Mainzer Erzbischofs Arnold von Seelenhofen durch die aufständischen Bürger (24. Juni 1160) trat R. in's politische Leben ein. In der Hoffnung, daß ein Mitglied des hochangesehenen Geschlechtes sie am ehesten vor den Folgen ihres Frevels schützen könnte, zwangen die Mainzer die Geistlichkeit, R. zu wählen, waren auch damit einverstanden, daß er den Kirchenschatz zu Gelde machte, da er ganz mittellos war. Aber er vermochte weder den Kaiser noch den Papst für sich zu gewinnen. Jener trug Bedenken, die Macht der Zähringer so wesentlich zu vermehren, wobei zu beachten ist, daß Herzog Heinrich der Löwe von Sachsen und Baiern Rudolf's Schwester Clementia zur ersten Frau hatte. Papst Victor erklärte die Wahl auf der Synode zu Lodi (20. Juni 1161) für nichtig. Es nützte gar nichts, daß R. kirchenpolitisch zur Gegenpartei überging und durch seinen Bruder Herzog Berthold IV. auf König Ludwig VII. und durch diesen wieder auf Papst Alexander III. einzuwirken suchte. R. theilte auch längere Zeit die Verbannung Alexander's ohne daß darüber Näheres bekannt wäre. Als sich allmählich die Beziehungen zwischen Staufern und Zähringern besserten, kam auch R. wieder für einen Bischofsstuhl in Betracht. Am 9./10. August 1167 starb Bischof Alexander von Lüttich. Rudolf's Mutterbruder, Graf Heinrich von Namur und Lützelburg, sowie Graf Balduin IV. von Hennegau, Gemahl einer Schwester seiner Mutter, setzten die Wahl ihres Verwandten durch und es erfolgte weder von kaiserlicher noch von päpstlicher Seite Widerspruch. Der genaue Zeitpunkt der Wahl ist nicht überliefert, dürfte aber vor den 1. December fallen. In weltlichen Angelegenheiten spielte R. keine stark hervortretende Rolle. 11.. nahm er an einer kaiserlichen Gesandtschaft nach England Theil. Sehr bald wurden seine Beziehungen zu Friedrich I. bestimmt durch die Namurer Erbschaft. Es war anzunehmen, daß der schon erwähnte Graf Heinrich kinderlos sterben würde, und den Ansprüchen der Zähringer standen die der Hennegauer gegenüber. Sobald der Kaiser seine Gunst dem hennegauischen Grafen Balduin V., seit 1180 Schwiegervater des Königs Philipp II. August von Frankreich, zuwandte, weil er in ihm den geeignetsten Vertreter des deutschen Reichsinteresses an der Westmark sah, trieb er damit den Lütticher in das gegnerische Lager. R. gehörte daher zu den Anhängern des Kölner Erzbischofs Philipp, als dieser sich dem Kaiser widersetzte, näherte sich aber bald darauf Friedrich wieder und wohnte in dessen Gefolge der bedeutsamen Besprechung mit Philipp August zwischen Jpsch und Mouzon (December 1187) bei. Der Schlüssel zu der schwankenden Haltung Rudolf's in den Angelegenheiten des Reichs liegt wohl in seiner Persönlichkeit und in seinem rein äußerlichen Verhältniß zum kirchlichen Amt. Er besaß einen scharfen Verstand und war in weltlichen Dingen recht erfahren, aber sein großer Fehler war der Starrsinn, der ihn fremden Rath verachten und immer versuchen ließ, den eigenen Kopf durchzusetzen. Da er in seinen politischen Unternehmungen kein Glück hatte, sah er seine bischöfliche Würde als bloße Gelegenheit zur Bereicherung an und gab sich schnöder Habsucht hin. In vornehmer Blasirtheit duldete er es, daß *ein Fleischer* Udelin geistliche Pfründen auf dem Markte zu Lüttich an den

…sitzenden verkaufte. Die Simonie war jedoch nicht das einzige Laster, … Lütticher Diöcese befleckte. Zahlreiche Welt- und Klostergeistliche lebten …offenkundigem Konkubinat. Die Mißbräuche waren so himmelschreiend, … kühner Volksprediger, Lambert le Bègue, auf den die Beginen zurück… …stab, mit seinem scharfen Verdammungsurtheil großen Beifall fand. …klage der geschädigten Geistlichen nachgebend ließ ihn R. verhaften, aber …erreichte es, vor den Papst gestellt zu werden und erhielt von diesem …laubniß, weiter zu predigen. Für den Bischof war es sicher sehr bequem, … unerschrockene Sittenverbesserer 1187 (?) starb. Aus der sonstigen …samkeit Rudolf's in Lüttich ist wenig überliefert. Daß er an der Er…g der Gebeine der heiligen Trudo und Eucherius (1169) und an der …ligen Domitian (1173) den seiner Würde entsprechenden Antheil nahm, … nicht viel. Sein nicht datirter Erlaß gegen Kirchenraub und Brand…g (Martène et Durand, Thesaurus 1, 492) wäre mit anderen ähnlichen …gleichen, um richtig eingeschätzt zu werden. In einer Fehde gegen den … von Looz (1180) wurden von den bischöflichen Kriegern sechzehn Kirchen …ert! Rudolf's Brief an die Aebtissin Hildegard von Bingen, die ihm in … inneren Nöthen helfen sollte, brachte ihm eine ganz allgemein gehaltene …ort. Da bot ihm, wie so vielen, der bevorstehende Kreuzzug willkommene …heit, sein Gewissen zu beruhigen. Der Cardinal Heinrich von Albano, … sich die ideale Kreuzzugsbegeisterung verkörperte, kam im März 1188 … nach Lüttich, predigte gewaltig gegen die Simonie und bewog zahlreiche …ner, dem zu Unrecht erworbenen Gute zu entsagen. R. hätte bei seinem …en Wesen den Cardinal kaum gewähren lassen, wenn ihn nicht Graf …in V. von Hennegau begütigt hätte. Der Bischof gab infolgedessen seine …willigung zu dem, was er doch nicht hindern konnte, und nahm auf dem …nten „Hoftage Christi", am 27. März 1188, zu Mainz das Kreuz. In …Begleitung des Kaisers wird er während des Zuges noch einige Male …nnt, gelangte auch anscheinend in das Lager vor Akkon, aber von seinen … weiß man nichts. Auf der Heimreise begriffen, rastete er in dem ihm …igen Dorfe Herdern im Breisgau und starb hier, aber nicht an Gift, …päter behauptet wurde, am 5. August 1191. Beigesetzt wurde er in der …iengruft zu St. Peter auf dem Schwarzwalde. R. war weder eine …ragende, noch eine anziehende Persönlichkeit: man erkennt an ihm so … deutlich den Widerspruch, der in der geistlich-weltlichen Stellung eines …fürstlichen Bischofs aus großem Hause lag. Bedeutendes hat er nicht …t, nur durch seine Verfolgung Lambert's dazu beigetragen, das Auf…en einer Reformbewegung in der Lütticher Gegend zu hindern oder …stens zu verlangsamen.

Die wichtigsten Quellen sind Gislebert von Mons; Vita b. Odiliae in den Analect. Boll. 13 (1894), 197 ff.; Gilg von Orval; die Lütticher Annalen des Lambertus Parvus; die Abtschronik von Saint-Trond; Alberich von Troisfontaines. Regesten hat E. Schoolmeesters im Bulletin de la Soc. d'art et d'hist. de Liège 1 (1881) veröffentlicht. Sie blieben August Guntermann in seiner Freiburger Dissertation: Rudolf von Zähringen, Bischof von Lüttich, Bühl 1899, unbekannt. Nachweise über Lambert le Bègue s. in der Realencyclop. f. prot. Theol. Bd. 11 (1902) von Herm. Haupt. Vgl. auch U. Chevalier, Bio-Bibliographie 2, 4039.

A. Cartellieri.

Rudorff: Franz von R., königlich sächsischer General der Infanterie, wurde am 12. April 1825 zu Hildesheim als der Sohn eines hannoverschen Officiers geboren, trat am 1. Juni 1841 als Cadett der Artilleriebrigade in den Dienst seines Heimathlandes, wurde am 17. August 1842 Secondlieutenant [illegible] und im Herbst 1846 zum Generalstabe commandirt, in welchem er [illegible] Kriege gegen Dänemark theilnahm. 1852 wurde er in den General[illegible] setzt und gehörte ihm, 1855 zum Hauptmann, 1865 zum Major [illegible] mit einer kurzen Unterbrechung in den Jahren 1857 bis 18[illegible] deren er Batteriechef war, bis zur Auflösung der Armee an. Bei [illegible] des Krieges vom Jahre 1866 gegen Preußen zum Oberstlieutenant [illegible] trat er zunächst für einen friedlichen Austrag des Streites ein. [illegible] mit Major v. Jacobi (s. A. D. B. L, 597) arbeitete er ein [illegible] welches mit Rücksicht auf den augenblicklichen Zustand der Truppen [illegible] den Weg der Unterhandlungen einzuschlagen. Der Chef des General[illegible] Cordemann (s. A. D. B. XLIX, 521), legte es am 18. Juni in [illegible] in einem Kriegsrathe dem König Georg V. vor und R. mußte die [illegible] treten. Sie wurde verworfen und am 21. der Marsch nach dem [illegible] getreten. Nun setzte R. alle seine Kräfte daran, das gesteckte [illegible] reichen. Als am 22. in Mühlhausen über die Fortsetzung des [illegible] raten ward und Jacobi vorschlug stehen zu bleiben, den Angriff [illegible] abzuwarten, sprach R. sich mit Bestimmtheit dagegen aus. Auf [illegible] ward der Weg nach Langensalza eingeschlagen. Der Höchstcommandirende [illegible] General v. Arentsschildt (s. A. D. B. XLVI, 33) durch Jacobi's [illegible] Beurtheilung der Lage seelisch niedergedrückt, richtete sich an Rudorff's [illegible] hafter Entschlossenheit auf. In Langensalza erhielt dieser am [illegible] Kenntniß von einer Meldung des Husarenlieutenants v. [illegible] Eisenach unbesetzt gefunden hatte und darthun konnte, daß dem [illegible] dort und weiter in das Werrathal nichts entgegenstehen würde. [illegible] erwirkte R. sich den Befehl am folgenden Tage mit der Brigade [illegible] Stadt zu besetzen. Bevor es jedoch dazu kam wurde der Befehl [illegible] und alle Bemühungen Rudorff's, eine Aenderung der auf Unter[illegible] hinzielenden Anordnungen herbeizuführen, waren erfolglos. Aber [illegible] fiel ihm die führende Rolle im Hauptquartiere zu, immer größer [illegible] Vertrauen, welches der König in ihn setzte. Und als am Morgen [illegible] der dem Tage von Langensalza folgte, die höchsten Officiere schrift[illegible] hatten, daß nichts übrig bleibe als zu capituliren, befragte der [illegible] um seine Meinung. Dieser erklärte ein Durchbrechen über Gotha [illegible] führbar, schlug aber vor nach Mühlhausen zurückzugehen um [illegible] gewinnen. Er wurde beauftragt, Arentsschildt den Befehl zu [illegible] zu bringen. Es war zu spät. Eingehende Meldungen berichteten, [illegible] Weg verlegt sei. Nun mußte auch R. seine Bedenken gegen die [illegible] fallen lassen. (9. Beiheft zum Militär-Wochenblatt, Berlin 1904: [illegible] lingen des Zuges der Hannoverschen Armee nach dem Süden im [illegible]

Nach Auflösung der hannoverschen Armee trat R. im April [illegible] Bataillonscommandeur beim 2. Grenadierregimente Nr. 101 [illegible] Dienste, wurde 1869 Oberst und Commandeur des 3. Infanterie[illegible] Nr. 102, befehligte dieses im Kriege gegen Frankreich, kehrte [illegible] dem Eisernen Kreuze I. Classe zurück, ward 1874 zum General[illegible] Commandeur der 48. Infanteriebrigade in Leipzig befördert, [illegible] Stellung im nächsten Jahre mit der nämlichen an der Spitze [illegible] Dresden, wurde 1882 zum Generallieutenant und General [illegible] Königs, 1883 zum Commandeur der 33. Infanteriedivision in [illegible] nannt, schied 1889 als General der Infanterie und Generaladjutant [illegible] activen Dienst und starb am 7. November 1898 zu Dresden. [illegible] war ihm der Adel verliehen.

B. [illegible]

Rühlmann: Christian Moritz R., geboren am 15. Februar 1811 in [illegible], † am 16. Januar 1896 in Hannover., hervorragender Lehrer und [illegible]steller auf dem Gebiete des Maschinenwesens. Er erhielt seine erste [illegible]bildung auf der Bürgerschule seiner Vaterstadt und bezog nach Absol[illegible] derselben 1829 die dortige technische Bildungsanstalt, um, seinen [illegible] entsprechend, hauptsächlich mathematische und maschinentechnische [illegible] zu treiben, die zugleich eine Ergänzung in Vorträgen fanden, die er [illegible] Bauschule hörte. Auf Grund seiner erworbenen Kenntnisse wurde er bereits 1835 Hilfslehrer der Mathematik an genannter Anstalt und 1836 [illegible]licher Lehrer der angewandten Mathematik an der neu errichteten königl. [illegible]beschule in Chemnitz. Chemnitz war schon damals ein Mittelpunkt des [illegible] Gewerbelebens und daher besonders geeignet, R. auch Einblick in ver[illegible] Gewerbebetriebe zu gewähren und weitgehendes Interesse für die [illegible]strie, namentlich für das Maschinenwesen, zu erwecken. Davon geben [illegible] die verschiedenen Reisen, welche R. mit Unterstützung der sächsischen [illegible]ierung 1837 und 1838 nach Frankreich, Belgien, der Schweiz u. s. w. [illegible]nahm, um auch in diesen Ländern die Industrieverhältnisse kennen zu [illegible], mit dem Erfolg, daß ihm 1838 in Chemnitz neben seinem Lehramt die [illegible] eines technischen Rathgebers in Zoll- und Privilegiensachen übertragen [illegible].

Schon als Lehrer an seiner vaterstädtischen technischen Bildungsanstalt [illegible] R. seine schriftstellerische Thätigkeit zunächst mit einer sehr bemerkten [illegible]handlung über sächsische Mahlmühlen und Mahlmethoden (1836) und dann [illegible] der Herausgabe seiner „Logarithmisch-trigonometrische und andere nützliche [illegible] zunächst für Schulen und technische Bildungsanstalten" (1837), welche [illegible]gen ihres praktischen Inhaltes und zweckmäßigen Einrichtung große Ver[illegible]itung fanden und 1891 in 11. Auflage erschienen. Im J. 1840 ver[illegible]te er eine für die damaligen Verhältnisse sehr wichtige Schrift: „Die hori[illegible]talen Wasserräder, Turbinen oder Kreiselräder", welche u. a. ins Englische [illegible]setzt wurde.

In demselben Jahre (1840) erwarb er sich in Jena die philosophische [illegible]ctorwürde und folgte einem Rufe als Professor an die damalige höhere [illegible]werbeschule in Hannover, die, 1831 gegründet, später (1847) zu einer [illegible]technischen Schule (jetzt Technischen Hochschule) erweitert wurde und die [illegible]tte für Rühlmann's erfolgreiches Lehren blieb.

Zu der Zeit, in welcher R. als Lehrer für die äußerst wichtigen Fächer [illegible] angewandten Mathemathik (Mechanik) und der Maschinenlehre seine Thätig[illegible] aufnahm, befand sich das höhere technische Unterrichtswesen noch in den [illegible]fängen der Entwicklung. Vor allem fehlten Vorbereitungsschulen, weshalb [illegible] Ansprüche an die Schüler anfangs sehr gering sein mußten; R. verstand [illegible] seinen Unterricht diesen Verhältnissen anzupassen, indem er zugleich auf eine [illegible]serung derselben mit großem Erfolg hinwirkte.

Besonders fühlbar machte sich der Mangel an Lehrbüchern auf dem von [illegible] vertretenen Gebiete. Einige wenige Bücher dieses Wissenszweiges waren [illegible]haltlich sowohl als didaktisch wenig zum Studium geeignet, weil sie haupt[illegible]lich das Gebiet des Bauwesens umfaßten oder nur einzelne Gegenstände [illegible]handelten. Bei der Auffassung, die R. von seiner Lehraufgabe hatte, lag es [illegible] nahe, für seine Schüler zunächst ein Lehrbuch zu verfassen, welches, von [illegible] einheitlichen Gesichtspunkte ausgehend, das ganze Gebiet der technischen [illegible]chanik einschloß und zum Hausstudium beziehungsweise zur Repetition [illegible] sollte. So entstand noch 1840 unter dem Titel „Die technische Mechanik und Maschinenlehre" der erste Band „Mechanik". Schon in der 2. Auflage

(1845 u. 1847) gliederte sich der Inhalt in: Geostatik und Geodynamik. Vollendet wird das Buch erst 1853 durch Hinzufügung eines zweiten Bandes, der die Hydromechanik enthält und dadurch bemerkenswerth ist, daß der Verfasser zahlreiche Erfahrungen aus der Praxis verwerthet und die Differential- und Integralrechnung in Anwendung bringt, was als Zeichen dafür zu gelten hat, daß wenigstens an der Polytechnischen Schule zu Hannover die Vorbereitungsstudien entsprechend gesteigert waren. Zur Belebung seiner Vorträge, zur Anregung weiterer Studien und zur Förderung der allgemeinen Bildung wies R. zuerst in seinen Vorlesungen an passenden Stellen auf die geschichtliche Entwicklung der wichtigen Lehrsätze und der hauptsächlichsten Maschinen hin.

Nach seinen Erfahrungen von der Nützlichkeit der geschichtlichen Einflechtungen überzeugt, übertrug er dieses Vorgehen auch auf seine Bücher, die deshalb einen außerordentlich hohen Werth bekamen und heute noch besitzen, weil diese Notizen auf das sorgfältigste gesammelt und ausgesucht sind; damit im Zusammenhange stehen die zahlreichen Zitate, welche allen seinen Arbeiten beigegeben sind.

Die eingehenden Forschungen auf dem in Rede stehenden Gebiete nach der geschichtlichen Seite und das dadurch angesammelte Material gaben dann den Anstoß zu zwei großen Werken, welche R. in Deutschland als Gründer der historischen Schule kennzeichnen, zu dem vierbändigen Werke „Allgemeine Maschinenlehre" 1862 bis 1874 und zu dem Werke „Vorträge über Geschichte der technischen Mechanik und theoretischen Maschinenlehre" 1885. Die Allgemeine Maschinenlehre, welche jetzt in 2. Auflage fünfbändig vorliegt, bildet ein Werk, das in systematischer Anordnung das ganze Gebiet beschreibend umfaßt, eine Encyklopädie des Maschinenwesens, die in klarer Darstellung die Gesammtheit des Maschinenwesens in historisch-technischer Entwicklung ohne erhebliches mathematisches Beiwerk enthält und ganz besonders geeignet ist, für diesen gewaltigen Zweig der menschlichen Thätigkeit Interesse zu erwecken und Verständniß zu erschließen, zumal auch das volkswirthschaftliche Element die erforderliche Würdigung findet, einfache, leicht verständliche Zeichnungen den Text ergänzen und wohl tausende von Hinweisen zum Quellenstudium einladen.

Die Schwierigkeiten, welche bei dieser Arbeit überwunden werden mußten, lassen sich zum Theil ermessen, wenn man berücksichtigt, daß R. der erste war, der an dieselbe herantrat. Ohne ein Vorbild von Bedeutung, nur angewiesen auf einige Monographien und allgemeine Darstellungen von zweifelhaftem Werth, war R. gezwungen, das ganze großartige Gebäude selbst zu fundamentiren, aufzubauen und auszustatten. Daß er trotzdem die Schwierigkeiten überwand, ist ein beredtes Zeichen für seine außergewöhnliche Arbeitskraft und Ausdauer, aber nicht minder für seine Umsicht und seinen erworbenen Scharfblick.

Bei der Abfassung dieses Werkes drängte sich R. zunächst die Nothwendigkeit auf, eine klare Definition von der Maschine zu geben. Es war in der Physik gebräuchlich geworden, bei der Lehre vom Gleichgewicht und der Bewegung sog. einfache Maschinen, nämlich die Seilmaschine, die Rolle, das Wellrad, die schiefe Ebene, den Keil und die Schraube als Mittel zu Kraft- und Bewegungsäußerungen zu nehmen mit der Begründung, daß alle ähnlichen Zwecken dienenden sog. zusammengesetzten Maschinen in diese einfachen Maschinen zerlegt werden könnten. Die Mechanik als ein weiter ausgebauter Theil der Physik übernahm diesen Gebrauch, und daher ist es erklärlich, daß derselbe auch in die Maschinenkunde überging. Demnach war eine Definition von

...eigentlich gar nicht vorhanden; man behalf sich mit Beschreibungen ...theilungen und umging eine Definition. In seiner Geostatik giebt R. ...klärung: „Man bezeichnet mit Maschinen Vorrichtungen, mittelst welcher ... eine Wirkung äußern verschieden von derjenigen, welche sie ohne die... geäußert haben würden." Daß ihm diese Definition nicht genügte und ...genügen konnte, ersieht man schon in der 3. Auflage, am deutlichsten ...in der „Allgemeinen Maschinenlehre", wo die Definition gegeben wird: ...Maschine ist eine Verbindung beweglicher und unbeweglicher (fast aus...lich) fester Körper, welche dazu dient, physische Kräfte aufzunehmen, ...pflanzen oder auch nach Richtung und Größe derartig umzugestalten, daß ...r Verrichtung bestimmter mechanischer Arbeiten geeignet werden." Wenn ...an dieser Definition etwas Gesuchtes nicht geleugnet werden kann, so ...scheidet sie sich doch von anderen wesentlich dadurch, daß bei ihr ein ...gewicht auf die Verrichtung mechanischer Arbeit gelegt wird, weil sie ...doch das Wesen trifft und eine vorzügliche Handhabe zur Classificirung ...aschinen nach der Verschiedenartigkeit in der Wirkung der mechanischen ...t bietet und die Möglichkeit gewährt, zahlreiche Vorrichtungen mit in ...Darstellungsgebiet aufzunehmen, die sonst schwerlich, und zwar zum ...Nachtheil des Ganzen, hätten berücksichtigt werden können.

...R. war infolge seiner Verbindung mit den damals lebenden französischen ...tern der Mechanik und des Maschinenwesens und seines eingehenden ...ums der, allerdings ganz hervorragenden, französischen Litteratur auf ...Gebiete der französischen Schule sehr zugeneigt und huldigte demnach ...der eifrigst von Poncelet verfochtenen Anschauung, daß man eine voll...ge Maschine im allgemeinen in drei Theile oder Gruppen von Theilen, ...ich in Receptor (Kraftaufnehmer), Transmission (Kraftfortpflanzer) und ...zeug (Arbeitsverrichter) zerlegen könne, giebt daher diesen Theilen die ...nungen Vordermaschine, Zwischen- oder Verbindungsmaschine und Hinter...ne und stellt sie als eine Grundlage weiterer Eintheilung auf. Man muß ...ern, daß R. hier die Logik in Stich gelassen hat, denn er war mit seiner ...gegebenen Definition auf dem besten Wege zu einer wirklich wissenschaft... Schon bei der Classification, nach welcher er das Werk selbst eintheilt, ...dieses Eintheilungsprincip und findet nur grundsätzlich Beachtung. Um ...hr muß die mustergültige Bildung von Untergruppen und Abtheilungen ...sehen, da sie allein die Möglichkeit gewährt, eine Uebersicht über die ja ...ins Endlose gehenden Arten von Maschinen zu bekommen. Hier seien ...die Gruppen erwähnt: Maschinen zum Messen und Zählen, kraftauf...ende Maschinen, Transport- und Fabrikationsmaschinen, nach welchen in ...Werke selbst die Eintheilung erfolgt ist.

...Es handelte sich bei der Herausgabe der Allgemeinen Maschinenlehre vor...lich auch darum, auf die große Bedeutung der Maschine aufmerksam zu ...n gerade zu einer Zeit, wo ein schwerer Kampf zwischen Hand- und ...hinenarbeit tobte. R. nahm in diesem Kampfe eine vermittelnde Stellung ...m Sinne ein, als er mit seinem ihm eigenen Scharfblick stets mahnte, ...Maschine eine Daseins- und Entwicklungsberechtigung zu gewähren, ohne ...r gegen Mißstände und Nachtheile der Maschine seine Augen verschloß. ...ichnet seine Stellung zu der großen Bewegung, sowie die Ursachen und ...n der letzteren in sehr deutlichen Zügen in der Einleitung dieses Werkes. ...dem Zwecke der Maschine ausgehend, stellt er Vergleichungen an zwischen ...Leistungsfähigkeit des Menschen und der Maschine, beweist durch trefflich ...hlte Vergleichsbeispiele u. a. die Unmöglichkeit, in vielen Fällen Maschinen... durch Menschenarbeit zu ersetzen, sowohl in Qualität, Quantität,

Preiswürdigkeit u. s. w. Daneben weist er hin auf die mit der Maschi[illegible] thätigkeit verbundenen Erscheinungen auf dem Erwerbsgebiete ([illegible] Specialisirung u. s. w.), so daß das ganze in Rede stehende Werk als außerordentlich bedeutungsvolles zu gelten hat.

Das zweite große Werk: „Geschichte der technischen Mechanik und [illegible] theoretischen Maschinenlehre" ist naturgemäß in der Anlage von der [illegible] gemeinen Maschinenlehre" wesentlich abweichend. Während diese den [illegible] nach Gruppen behandelt, erfolgt die Anordnung der Geschichte der Me[illegible] wesentlich chronologisch, so daß der Inhalt in Zeitabschnitte (Aelteste [illegible] Mittelalter, 15.—17. Jahrhundert, 18. Jahrhundert u. s. w.) zerfällt, [illegible] allerdings nicht nach der üblichen Eintheilung der Universalgeschichte ge[illegible] sind, sondern nach wichtigen Begebenheiten auf den vorliegenden [illegible] Gebieten ihre Abgrenzungen finden. Der Verfasser beginnt die älteste [illegible] mit Pythagoras, das Mittelalter mit Gerbert (späterem Papst Sylvester [illegible] die nächste Periode mit Galilei, dann mit Newton, mit Johann [illegible] und endlich mit Laplace die letzte Periode, welche, inhaltlich die bede[illegible] das letzte Drittel des 18. bis zum ersten Drittel des 19. Jahrhunderts [illegible] Da die technische Mechanik als Wissenschaft die Mathematik zur Grun[illegible] und die Erfahrung (Experiment) zum Aufbau bedarf, so ist in ihrer Gesch[illegible] besonderes Gewicht auf die Entwicklung der Mathematik und auf die [illegible] vollkommnung der materiellen Hülfsmittel zum Experiment und zur Beobach[illegible] zu legen. R. hat es meisterhaft verstanden in dem vorliegenden Werke [illegible] beiden Elemente in ihrem Zusammenhange und ihrer Wechselwirkung zu [illegible] binden und damit zugleich ein ungemein interessantes Buch zu schaffen. [illegible] Bienenfleiß hat er zu dem Bau die einzelnen Bausteine gesucht und zusam[illegible] gefügt, und zur inneren Ausstattung eine Methode gewählt, die eb[illegible] ansprechend als nützlich ist. Man hat nur nöthig, einige Capitel zu le[illegible] um sich zu überzeugen, mit welchem Geschick R. es verstand, aufklärend [illegible] wirken, z. B. über die Beziehungen zwischen den großartigen Erfindungen der Fluxionsrechnung von Newton und der Differentialrechnung von Leibniz, über das Princip des kleinsten Zwanges, über die Reibung u. s. w. Daneben finden wir in dem Buche kurze Lebensbeschreibungen der hervorragenden Förderer der Mathematik und Mechanik (Aristoteles, Archimedes, Galilei, Newton, Leibniz, Lagrange, Laplace, Bernoulli, Euler, Gauß, Redtenbacher u. s. w.), die auch Zeugniß ablegen von der großen Achtung und Verehrung, die R. seinen Lehrern und Fachgenossen zollte. Mit großer Wärme z. B. vertheidigt er seinen Lehrer und Freund Weisbach gegen „rücksichtslose jugendliche Heißsporne der Gegenwart".

Sehr treffend schildert R. in diesem Werke den Zustand der technischen Mechanik in Deutschland im ersten Drittel des 19. Jahrhunderts. „Nach Ende des Napoleonischen Krieges gelangte man auch in Deutschland zu der Ueberzeugung, daß man sich bemühen müsse, die Verluste am materiellen Wohlstande durch geeignete Mittel zu ersetzen. Mit Schrecken gewahrte man namentlich den Vorsprung Englands im Gebiete der Gewerbe, der Industrie und des Verkehrs durch Benutzung der Dampfkraft, sowie in der Verwendung der letzteren zur besseren Ausbeutung der Schätze an Steinkohlen und Eisen. Man bestrebte sich mit Ernst und Energie das Versäumte nachzuholen und insbesondere den Mangel an den rechten materiellen und commerciellen Hülfsmitteln durch geistige Anstrengungen und speciell durch Begründung einer rationellen Technik zu ersetzen. Zu dieser Zeit war zwar in Deutschland die reine wissenschaftliche Mechanik bereits zu einem hohen Grade von Ausbildung gelangt — woran vorzugsweise die Uebersetzungen der Werke von Poisson und

...einen wesentlichen Antheil hatten — allein, fast alle damaligen ...Gelehrten, welche die eigentliche Brücke zwischen Wissenschaft und ...Praxis hätten schlagen helfen sollen, standen beinahe ohne Ausnahme ...betreffenden Technik viel zu fern, als daß sie zur rechten Auffassung und ...bildung der ihnen obliegenden Aufgabe gelangen konnten."

Mit diesen Worten zeigt er vor allem auch klar und bestimmt den Weg ...die Richtung, welche eingeschlagen werden mußte, um zu dem gesteckten ... zu gelangen. R. selbst gehört zu den verdienstvollen Männern, welche ...Deutschland Wandel schafften, indem sie theoretische Betrachtungen und ...ungen aus den Erfahrungen der Praxis anstellten und diese Thatsachen ...Praxis wissenschaftlich begründeten oder erläuterten, also die angedeutete ...ung einschlugen.

Er trat von Anfang seiner Thätigkeit in sehr regen Verkehr mit den ...tern der praktischen Technik, wodurch er nicht nur Einblick in das Getriebe ...Technik und in die zu lösenden Aufgaben bekam, sondern auch die Lösung ...kennen lernte. Er verfolgte mit Scharfsinn die Entwicklung der Technik ...wirkte ersprießlich mit zur Hebung derselben und Beseitigung der Hinder... durch Aufklärung bei jeder sich ihm bietenden Gelegenheit. Zu diesem ... mußte er unermüdlich seine eigenen Kenntnisse stetig vermehren und ...Fortschritte namentlich in den Ländern beobachten, welche Deutschland ...über weit voraus waren. Ihm konnte dabei die Wahrnehmung nicht ...hen, daß nichts geeigneter war sich auf dem betreffenden Gebiete fortzubilden, ...der Besuch anderer Länder, um die dort in Blüthe stehenden industriellen ...richtungen zu studiren sowie mit maßgebenden Persönlichkeiten Bekanntschaften ...schließen und Besprechungen über vorliegende Fragen und Aufgaben zu ...en. Thatsächlich hat R. dieses Mittel vortrefflich zu verwerthen verstanden ...den zahlreichen sich fast jährlich wiederholenden Reisen namentlich in ...land, Frankreich und Belgien, die für ihn und dadurch für das von ihm ...tene Fach des Maschinenwesens die besten Früchte trugen.

Es konnte nicht ausbleiben, daß, namentlich auch infolge der noch zu ...ähnenden emsigen Thätigkeit in Vereinen u. s. w., R. sich eines großen ...trauens erfreute, das ihn überall herbeizog, wo es sich um Förderung der ...ustrie handelte. So wurde R. von der hannoverschen Staatsregierung zu ...n einigermaßen erheblichen Industrie- und Gewerbeausstellungen entsandt, ...erster Linie zum Studium und Berichterstattung, sodann zur Ausarbeitung ... Vorschlägen zur Hebung der Gewerbe und Industrie. Vor allem aber ... das Vertrauen zu ihm dadurch zum Ausdruck, daß man ihm fast überall ... Amt eines Preisrichters übertrug, und ihm dadurch Gelegenheit schuf, ... über Dinge zu unterrichten, die sonst namentlich um diese Zeit als Ge...nisse behandelt wurden und verborgen blieben.

R. verwerthete das Gesehene, das Erlebte und Erforschte nicht nur in ...n Vorträgen für seine Schüler, sondern er ging damit an einen größeren ...is, an den Kreis der Industriellen und Gewerbetreibenden; dadurch entstand ... ihn ein neues Gebiet mit einer weiteren außerordentlich umfangreichen ...tigkeit.

Einige Jahre nach der Errichtung der höheren Gewerbeschule in Hannover ...31), war unter dem Namen eines Gewerbevereins (1834) ein Verein zur ...lebung und Beförderung des vaterländischen Gewerbefleißes" für das ...nigreich Hannover ins Leben getreten, der sich in einzelne Provinzialvereine ...lte und unter dem Titel „Mittheilungen des Gewerbe-Vereins für das ...nigreich Hannover" von 1834 an eine Zeitschrift herausgab, die jetzt noch, wenn auch in anderer Form erscheint. Begreiflicher Weise war der verein Hannover der stärkste und die Abzweigung — Local-Verein- vor allem geeignet, den Zweck des Vereins durch Vorträge, Besprechungen Berathungen zu fördern.

Unmittelbar nach seiner Uebersiedlung nach Hannover trat Verein bei und entwickelte mit dem ihm eigenen Eifer eine Wirksamkeit, sowohl als Mitberather in der Direction (der er dauernd angehörte) als auch durch Vorträge in Localvereinen und in den Mittheilungen. R. war kein Redner im landläufigen seinen Darstellungen von überzeugender Kraft und verstand es Geschick, den aus Gewerbetreibenden, Industriellen, Lehrern u. s. w. gesetzten Zuhörern selbst an und für sich schwierige Dinge klar In diesen Kreisen erörterte er unter stetigem Hinweis auf örtliche das Erlebte, Gesehene und Gehörte in sehr populärer Art, so daß äußerst beliebt, besucht und nutzbringend waren, namentlich Vorträgen folgenden Discussionen. Wenn ihm hierbei ein entschlüpfte — was bei der wirklichen Fülle von Einzelkenntnissen zu verwundern war — so zeigte er sich von der gemüthlichen Seite, in eine entstandene Heiterkeit herzlich einstimmte, wenn er die erfuhr.

Im J. 1844 veröffentlicht R. seinen ersten Aufsatz in den gemeinschaftlich mit Karmarsch, nämlich einen Bericht über die zu Paris 1844. Der Inhalt dieses vor nunmehr 60 Jahren geschriebenen ist jetzt noch interessant und beachtenswerth wegen der zahlreichen über Geschichte, Zweck, Anordnung und Inhalt solcher Ausstellungen, Preisrichter und dergleichen. Von dieser Zeit an findet man in dieser in deren Redaction R. 1858 eintrat, um von 1866 an die übernehmen — nun fortlaufend von R. zeitgemäße Aufsätze, über Tageserfindungen, kritische Auslassungen und dergleichen in Fülle, daß diese Mittheilungen eine Fundgrube für denjenigen die Entwicklung des Großgewerbes aus dem Kleingewerbe sich Er trat 1877, nach 30 Jahren, aus dieser Redaction aus. öffentlichte R. in mehreren anderen technischen Zeitschriften theoretischer Natur, in der Zeitschrift des hannoverschen Ingenieur-Vereins, des Vereins deutscher Ingenieure u. s. w.

R. war bis zu seinem Lebensende in voller Thätigkeit, Sterbejahr vollendete er noch den letzten Band der zweiten Auflage gemeinen Maschinenlehre“ bis auf die letzten drei Lieferungen, Segel- und Dampfschiffe. Sein Wunsch, während seiner Berufsthätigkeit Tode ereilt zu werden, fand dadurch seine Erfüllung. R. war heirathet, ein außerordentlich liebenswürdiger Gesellschafter, in ein freundlicher und zuvorkommender Gastgeber. Bei seinem er eine Wittwe, die ihm eine treue geliebte Lebensgefährtin war seinen schriftstellerischen Arbeiten unterstützend zur Seite stand, am besten anerkennt durch die Widmung seines Buches über die Mechanik, die heißt: „Seiner geliebten hochverehrten Frau Grosse widmet dieses Buch als Zeichen innigster Dankbarkeit für unermüdliche Mitwirkung bei dessen Bearbeitung, der Verfasser.“

In einem Nachruf vom hannoverschen Bezirksverein deutscher wird gesagt: „Mit Rühlmann ist ein Veteran des deutschen der technischen Wissenschaften hingeschieden, der fast zwei Menschenalter freudig und unermüdlich in seinem Berufe gewirkt hat. In r deutschen Industrie und der technischen Wissenschaften wird sein Name mer mit Ehren genannt werden!"

Nekrologe erschienen in der Zeitschrift des Architekten- und Ingenieur-Vereins zu Hannover 1896 und in der Zeitschrift des Vereins deutscher Ingenieure 1896.

E. v. Hoyer.

Rüling: Bernhard R., angesehener sächsischer Prediger, † 1896. — ernhard Louis R. wurde am 1. August 1822 zu Oederan am Ostabhange s sächsischen Erzgebirges geboren, wo sein Vater Diakonus war. Als dieser ch Cölln bei Meißen übersiedelte, besuchte der Knabe die Meißener Stadtule, von seinem 13. Lebensjahre ab die von dem namhaften Philologen aumgarten-Crusius geleitete Fürstenschule, die er Ostern 1841, mit einer ündlichen Bildung ausgerüstet, verließ, um in Leipzig Theologie zu studiren. it besonderem Eifer trieb er hier neutestamentliche Studien unter Winer, ttestamentliche unter Tuch, homiletische unter Krehl; hatte auch Gelegenheit, e erregte kirchliche Bewegung der Zeit zu beobachten. 1842 zu Pfingsten nd die dritte allgemeine Versammlung der Lichtfreunde in Leipzig statt Hauck, Theolog. Realencyklopädie, 3. Aufl., Bd. 11, S. 466, Zeile 28); im eptember wurde hier die Vereinigung des älteren und jüngeren Gustav dolf-Vereins festgesetzt (ebd. Bd. 7, S. 253, Z. 10 ff.), im Jahre darauf die angelisch-lutherische Pastoralconferenz für das Königreich Sachsen begründet, stern 1845 die erste allgemeine Kirchenversammlung der deutsch-katholischen irche abgehalten (ebd. Bd. 4, S. 585, Z. 45 ff.).

Im September 1844 bestand R. die erste theologische Prüfung mit der ensur I. Die Prüfungscommission fügte dem Zeugnisse die Bemerkung bei: Wir fühlen uns gedrungen, obiger Zensur (I) der Predigt noch ausdrücklich nzufügen, daß die Predigt in hohem Grade diese Auszeichnung verdient hat."

Der junge Candidat nahm eine Hauslehrerstelle bei dem Rechtsanwalt ischer an. In dessen schön gelegener Besitzung in der Lößnitz bei Dresden rlebte er eine idyllische Zeit, die nur durch den plötzlichen Tod seines Vaters trübt wurde. Nachdem er im October 1846 sich in Dresden der zweiten eologischen Prüfung unterzogen hatte, wurde er während der hochgehenden Wogen der Revolutionszeit 1848 zum Diakonus in Oschatz gewählt, wo er ls Prediger schnell große Anerkennung fand. Das bewegte Leben einer Großadtgemeinde mit ihren aufreibenden Pflichten lernte er in Dresden kennen, o er am Neujahrstage 1852 seine Antrittspredigt an der Neustädter Dreiönigskirche hielt. Namentlich die Casualien nahmen ihn in hohem Grade in nspruch. Ein Halsleiden war die Folge. Im Herbste 1855 führte ihn ein uf als Pastor Primarius nach Bautzen, der Hauptstadt der sächsischen Oberusitz. Neben der Predigtthätigkeit an der Simultankirche zu St. Petri ahm ihn die Verwaltung stark in Anspruch, in deren Eigenthümlichkeit er ch bei der Sonderstellung der Lausitzer kirchlichen Verfassung erst hineinarbeiten ußte. Am Appellationsgerichte war er Beisitzer für Ehesachen; auch hatte r die Kirchenbücher der großen Gemeinde zu führen. Als Seelsorger im efängnisse war er viel in Anspruch genommen. Im J. 1858 wurde er zu er Oberlausitzer Kirchenvisitation, z. B. in Zittau, abgeordnet und hielt hier ne Visitationspredigt.

Daneben wurde er von Pastoralconferenzen zur Uebernahme von Vorägen, bei kirchlichen Feiern zum Halten von Festpredigten herangezogen. ie erschienen zum Theil in Druck und lenkten die Blicke auf ihn hin, sodaß von der theologischen Facultät der Universität Leipzig 1860 bei der edächtnißfeier des 300jährigen Todestages Melanchthon's zum Ehrendoctor ernannt wurde, nachdem er eine wissenschaftliche Arbeit: „De [illegible] ecclesiae evangelicae eiusque Germanicae natura et ratione“ eingereicht hatte.

Bereits hatte er 1865 einen Ruf als Superintendent nach Waldheim [illegible] genommen und die übliche Predigt in der Dresdener Hofkirche und am Tage [illegible] das lateinische Colloquium vor dem Consistorium gehalten, da wurde er, [illegible] nach Dr. Käuffer's Tode, der ihn noch eben geprüft hatte, zum zweiten Hof[illegible] und Consistorialrath in Dresden ernannt und rückte sieben Jahre sp[illegible] die erste Hofpredigerstelle mit dem Range eines Oberconsistorialraths [illegible]

Als Prediger wie als Casualredner genoß er großes Ansehen. [illegible] sein Ziel bezeichnete er die freimüthige und erweckliche Buß- und Gla[illegible] predigt; ein ander Mal erklärte er: „Danken würde ich Gott, wenn [illegible] darin etwas von der homiletischen Tugend fände, der einzigen, nach [illegible] der Verfasser strebt, freilich eben nur strebt, der Erbaulichkeit“. Diesem [illegible] diente sorgfältigste Vorbereitung, gründliches Studium des Textes, [illegible] beutung der Schrift nach Seite der Mahnung und des Trostes, Ausn[illegible] der Bibelforschung, scharfe Beobachtung des praktischen Lebens, Eingehen [illegible] die Erfahrungen in der Seelsorge. Dazu kam die künstlerische Form, [illegible] wirkungsvolle Verwendung des religiösen Liedes, klarer Aufbau der Geda[illegible] sorgfältigste Durcharbeitung von der Einleitung bis zum Schlusse. Namen[illegible] an kirchlichen und nationalen Festtagen zeichnete sich Rüling's Predigt [illegible] packenden Ernst und reiche Gedankenfülle aus. Mit genialem Griffe [illegible] der Text in die festliche Beleuchtung gerückt, so, wenn an einem Sonn[illegible] der der Mitfeier des Sedantages galt, aus Röm. 3, 23—28 der Hauptgeda[illegible] abgeleitet wurde: Kreuz und Schwert, zwei Zeugen für die Ehre Gottes! [illegible] sich Gott bekannt hat zu unserem Schwert, so wollen wir uns bekennen [illegible] seinem Kreuz.

Als Seelsorger der Hof- und zahlreichen persönlichen Gemeinde [illegible] er hoch geschätzt. Alljährlich sammelten sich um ihn zahlreiche Confirmanden, deren Unterricht er mit dem größtem Ernste und der sorgfältigsten [illegible] bereitung nach neuen Hauptgesichtspunkten behandelte. Als Kirchenmann war er im Landesconsistorium thätig, namentlich, nachdem dieses durch [illegible] Gesetzgebung größere Selbständigkeit und neue Aufgaben erhalten hatte. [illegible] Mitarbeit an der Agende, dem Landesgesangbuche und dem Perikopenbuche wurde er herangezogen, auch alljährlich zwei Mal durch die Candidatenprüfungen in Anspruch genommen. Nachdem ihn die in Evangelicis beauftragten Minister 1871 als Mitglied der ersten Landessynode berufen hatten, [illegible] an der außerordentlichen Tagung 1874, sowie an den ordentlichen Synoden 1875, 1881 und 1886 Theil. Die Arbeiten des Vereins für innere Mission, des Gustav-Adolf-Vereins und des Sächsischen Hauptmissionsvereins [illegible] er als Vorstandsmitglied durch Wort und That.

Wie er schon in Bautzen einen Candidatenverein geleitet hatte, übernahm er in Dresden 1873 den von Dr. Langbein gegründeten, den er bis zum Jahre 1885 weiter führte. Neutestamentliche, exegetische Uebungen, [illegible] sprechungen von Schriften über kirchliche Tagesfragen, Einführung in die Seelsorge und das praktische Amtsleben, Predigten und Katechesen bildeten den Gegenstand dieser anregenden Sitzungen. Die ertheilten Winke und Rathschläge trugen oft sehr persönlichen Charakter und gestatteten den Einblick in die individuelle Arbeitsweise. So empfahl R. die Anlegung eines Zettelkastens nach alphabetisch geordneten Stichworten für die Lectüre von Büchern und Zeitungen zum Zwecke der Ausnutzung für die Predigt, betonte die Nothwendigkeit genauesten Memorirens zur Sicherung und Förderung des Sprach[illegible]

...haumt, peinliches Studium des Schrifttextes für die Vorlesung usw. ...ungen, die um so mehr wirkten, je mehr der Präses in der nächsten ... ihre Bedeutung praktisch darthat.

Mit wissenschaftlichen Arbeiten hätte er sich gern mehr beschäftigt; hatte ... ja ein Vorbild in seinem Vater, der zum 300jährigen Reformations... 1839 ein auf gründlichen Studien beruhendes Buch über die Re... in Meißen geschrieben hatte. Aber die Zeit schien ihm dazu nicht ... Trotzdem hielt er es für seine Pflicht, sich mit der wissen... theologischen Bewegung auf dem Laufenden zu erhalten, gab in Con... auch im Candidatenvereine selbständige Berichte, z. B. bei Gelegenheit ... 300jährigen Jubiläums des Concordienbuches. So sehr er sich durch das ...niß der Kirche gebunden fühlte, so war er bei Beurtheilung der ein...enden Tagesfragen und Personen gerecht und mild und bezeichnete als ... Grundsatz: „Ein enges Gewissen und ein weites Herz!"

Er war Comthur des kgl. sächsischen Verdienstordens und des mecklen...ischen Comthurkreuzes des Hausordens der wendischen Krone.

Zunehmende Gedächtnißschwäche veranlaßte R., im J. 1888 in den Ruhe... zu treten. Doch folgte er noch bisweilen der Bitte, eine Festpredigt zu ...nehmen, war auch einen Monat lang 1890 Curprediger in St. Blasien, ... in Scheveningen und im Winter 1892 und 1893 in Nervi. Gerade der ... Aufenthalt im Süden hatte ihm reiche Stärkung und Anregung ge... Aber in den nächsten Jahren machten sich allerlei Zeichen der Krankheit ..., der er am 12. November 1896 erlag.

(J. Rüling), Lebenslauf des Verfassers (L. B. Rüling), zugleich als Vorwort zu seiner letzten Predigtsammlung, von seinem Sohne dargestellt, in B. Rüling, Abendglocken. Leipzig 1897, S. III—XVII (wo auf S. VII bis XI die Schriften und Predigten verzeichnet sind). — O. Kohlschmidt in A. Bettelheim, Biographisches Jahrbuch und Deutscher Nekrolog, 1. Band. Berlin, G. Reimer 1897, S. 445. — F. Blanckmeister, Sächsische Kirchengeschichte, 2. Aufl., Dresden 1906, S. 419, 443, 448. — G. Müller, Verfassungs- und Verwaltungsgeschichte der sächsischen Landeskirche in den Beiträgen zur sächsischen Kirchengeschichte, Heft 9, S. 209 f. und Heft 10, S. 158. — Die Angabe über die Theilnahme an der Zittauer Visitation verdanke ich Herrn Pfarrer i. R. Pescheck in Zittau.

Georg Müller.

Rümelin: Emil von R., Oberbürgermeister der württembergischen Haupt- und Residenzstadt Stuttgart, geboren am 21. Juni 1846 in Ulm, † am ... März 1899 in Baden-Baden. Als Sproß der alten Familie Rümelin, welcher der württembergische Staat so manchen tüchtigen Beamten und Gelehrten zu verdanken hat, widmete sich auch Emil R. der Beamtenlaufbahn, nachdem er in Tübingen und Heidelberg Staats- und Finanzwissenschaften studirt hatte. Auf dieser von der württembergischen Cameralcarrière im übrigen nicht abweichenden Laufbahn war seine Abcommandirung als Stationscontrolleur nach Münster i. W. auf seine spätere Entwicklung von besonderem Einfluß. Denn es bot sich ihm dadurch Gelegenheit, auch norddeutsches Wesen sowohl im Beamtenthume wie im gesellschaftlichen Verkehr kennen zu lernen und zur Behandlung mancher engen schwäbischen Eigenart, die ihm in seinem späteren Wirkungskreis aufstieß, zu verwerthen. Ungleich bedeutungsvoller für seinen Entwicklungsgang wurde aber die im J. 1877 erfolgte Vermählung mit der hochbegabten Tochter des Rechtsanwalts Oesterlen, eines der Führer der damaligen schwäbischen Demokratie vom alten Schrot und Korn. Diese Verbindung läuterte das durch lange Familientradition angeborene aristokratische

Selbstbewußtsein Rümelin's zu jener vornehm-demokratischen Auffassung [illegible] öffentlichen Lebens, deren geschickte, insbesondere auch durch die [illegible] gesellschaftlichen Kreisen verbreitete Kundgebung die Aufmerksamkeit [illegible] Publicums der schwäbischen Hauptstadt bei dem Rücktritt [illegible] Oberbürgermeisters auf R. lenkte und ihm den großen Sprung [illegible] verhältnißmäßig unbedeutenden Stellung eines staatlichen [illegible] zum ersten Beamten der Stadt ermöglichte. Am 18. November 18[..] R. nach einem heftigen Wahlkampfe gegen einen als Juristen [illegible] conservativen und liberalen Kreisen hochgeschätzten und im Gemeinde[illegible] [illegible] Gegner mit großer Stimmenmehrheit zum Stadtschultheiß[en] gewählt. Er erhielt am 28. December desselben Jahres die königliche Bestätigung, ein Jahr später den Titel Oberbürgermeister und bald [illegible] einer Ordensverleihung den persönlichen Adel.

Was weite Schichten der freisinnigen und socialpolitisch [illegible] Gemeindebürgerschaft Stuttgarts von dem neuen Stadtvorstand erwartet[illegible] Oberbürgermeister R. in vollem Maaße erfüllt. Mustergültige [illegible] verdanken ihm theils ihre Anregung, theils ihre Durch[illegible] Von jener krankhaft entwickelten Form des Selbstbewußtseins, die [illegible] als Folge einer wenig glücklichen Gemeindeverfassung die deutschen [illegible]verwaltungen so leicht befällt und die sich darin besonders zeigt, daß [illegible] kühl gegenübertreten, was nicht ihrer eigenen Initiative [illegible]sprungen ist, hat sich R. zeitlebens freigehalten. Gerade dadurch, daß er [illegible] Anregung, sei es durch Wort oder Litteratur, die er mit seinem [illegible] als im Interesse der ihm anvertrauten Stadtverwaltung [illegible] mit warmem Eifer, ja mit Begeisterung wie etwas Selbstgewolltes [illegible] und als glänzender Redner nachhaltig verfocht, hat er trotz seiner kurzen [illegible]thätigkeit der mächtig aufblühenden schwäbischen Hauptstadt große [illegible] geleistet. Unter seiner Verwaltung that diese Stadt die ersten [illegible] einen wirklich großstädtischen Ideen- und Bedürfnißkreis. Er war es [illegible] insbesondere die kommenden großen Eingemeindungen als eine der [illegible] Zukunft vorbehaltene Nothwendigkeit erkannte, und wenn auch zunächst [illegible] Freundeskreis vorbereitete. Manchem anderen guten Gedanken [illegible] den verschiedensten Gebieten hat er von seinem gastlichen Hause aus, [illegible] seiner geistvollen, auch als Schriftstellerin großes Ansehen ge[illegible] Gattin Natalie bald zu einem Mittelpunkt des litterarischen und [illegible] Lebens in Stuttgart zu machen verstand, zum Siege verholfen [illegible] der Stellung des ersten Beamten der Stadt ein Prestige [illegible] amtliches Ansehen zu jener hervorragenden Position [illegible] Stuttgarts ergänzte, die vor ihm kein anderer Bürgermeister [illegible] hatte. Kam zu alledem eine hohe, imponirende Gestalt, eine [illegible] Beredsamkeit mit tiefem Wohlklang der Stimme, endlich [illegible] ausgeprägte Gabe, das, was ihn bewegte, auch litterarisch [illegible] zu verfechten, so war es kein Wunder, daß er bald [illegible] selber, sondern auch vielfach auswärts als das Muster [illegible] wie thatkräftigen deutschen Oberbürgermeisters [illegible] seine angeborene große Herzensgüte und sein [illegible] Humor in Verbindung mit den Erfolgen seiner [illegible] Gegner in kürzester Frist mit seiner Wahl sich [illegible] sein, daß sein allzu früher Tod in ganz [illegible] hinaus eine bedauernde Theilnahme erweckte, wie [illegible] Beamten im Nachruf vermerkt wurde [illegible] seiner Asche war ganz Stuttgart auf den Bei[illegible] nd die gewaltige Trauerkundgebung, die sich entfaltete, zeigte in imponirender Weise, zu welcher Popularität eine große deutsche Stadtverwaltung ihr Oberhaupt erheben kann, wenn sie mit dem hohen Sinn und dem warmen Herzen es R. geführt wird.

Chronik der Haupt- und Residenzstadt Stuttgart, Jahrgang 1899, S. 10—22.

Heinrich Rettich.

Rümelin: Gustav R., Staatsmann, akademischer Lehrer, Schriftsteller.

1. Jugend- und Wanderjahre 1815—45. R. ist am 26. März 815 in Ravensburg geboren, wo sein Vater damals Oberamtmann war. Die ümelin (schwäbisch Remele ausgesprochen) sind eine altwürttembergische Familie, en Vertreter uns theils als Handwerker, theils als Professoren, Juristen, chreiber und Amtleute begegnen; einer, der Schultheiß in Renzingen war, tte aus Wien 1593 einen Adelsbrief erhalten. Die mit ihm nicht im chweisbaren Zusammenhang stehende Linie unseres R. ist im Städtchen ingen (Oberamt Balingen) lange nachweisbar; es waren angesehene ndwerker, von welchen mehrere als Senatoren und Judices im Kirchench bezeichnet werden. Gustav's Großvater (Christian Friederich), aus Schreiberlaufbahn hervorgegangen (1739—1803), verwaltete lange das träglichste altwürttembergische Amt Maulbronn, lebte aber zuletzt 1796 1803 von seinem Vermögen und der Pachtung mehrerer Schafgüter in dwigsburg. Er galt als ein schöner, stattlicher Mann, hatte in seinen eren Jahren die Eigenheit, ankommende Briefe nicht mehr sofort zu nen, auch öfters im Schlafrock zu amtiren. Der Vater Gustav's, Ernst ustav, in Maulbronn aufgewachsen, sollte Theologie studiren, setzte aber den bergang zur Jurisprudenz in Tübingen durch, bekleidete nacheinander verhiedene Amtmannsstellen (Weikersheim, Ravensburg, Besigheim), und als 816—19 die Oberämter (die Bezirksverwaltungsstellen) von den Bezirksgerichten trennt wurden, nahm er 1819 die Oberamtsrichterstelle in Heilbronn an, oher seine Frau, eine geborene Dreiß, stammte; er lebte und amtirte hier s zu seinem Tode (10. Januar 1850), zuletzt mit dem Titel eines Oberstizraths. Er war ein sehr angesehener, allgemein beliebter Bezirksbeamter, ner der sachkundigsten Weinproducenten der Stadt, ein in Geschichte und Politik ohlerfahrener Mann, hatte das Mandat eines liberalen Landtagsabgeordneten it Erfolg bekleidet. Der Sohn sagt in der Familienchronik von ihm: „Er ar eine mehr weiche als energische Natur. Wo Pflicht und Ehre im Spiele aren, zauderte er nicht; aber in einer übrigens recht glücklichen Ehe war er cht ganz das Haupt des Hauses.“ Er war ein Christ im Sinne der Kant'schen hilosophie; der Schwerpunkt lag für ihn auf dem Ethischen und Praktischen; as Neue Testament lag immer auf seinem Pulte. Schiller war der Abgott es Hauses; für Musik und bildende Kunst war es verschlossen; Humor und ínerer Witz waren nicht gerade gepflegt.

Die Mutter Gustav's, Henriette (1790—1865), stammt aus einer urrünglich in Calw lebenden Kaufmannsfamilie; Calw war die wohlhabendste ndustrie- und Exportstadt Altwürttembergs; ein Zweig der Familie kam im 8. Jahrhundert nach Stuttgart; der Vater Henriette's war Lehrling in Heilronn geworden, blieb da als Procurist eines bedeutenden Kaufhauses, war n sehr gescheiter Mann, vorzüglicher Kaufmann, lebhaft und energisch, heiter nd witzig, gastfrei und in Geldsachen splendid, aber jähzornig. Seine Frau ar in Sprache und Sitte eine echte Heilbronnerin, wein- und weinbergndig, von gutmüthigem Humor und sanftem Naturell. Ihre Tochter, ustav's Mutter, war schon in der Schule stets die erste, hervorragend begabt, wie wenige Frauen; sie besaß eine scharfe, in das Wesen der Di[illegible] eindringende Auffassung, gute Darstellungsgabe; ihre Briefe lasen sich [illegible] die eines gebildeten Mannes, oft scharf und schneidig; hätte sie eine [illegible] Bildung genossen, so hätte sie eine Schriftstellerin von Ruf werden [illegible] ein Aufsatz von ihr über Somnambulismus ist gedruckt. Sie war in [illegible] bronn und anderwärts sehr gefeiert; R. warb in Concurrenz mit [illegible] angesehenen Candidaten um ihre Hand und erhielt sie. Der Sohn sch[illegible] sie in folgender Weise: „Eine seltene und hervorragende Frau, sehr [illegible] gent, durchaus rechtschaffen und pflichtgetreu, eine thätige und tüchtige H[illegible] frau, eine treue Gattin und Mutter, jedoch vielleicht zu männlich, ei[illegible] willig und selbständig, um zu den liebenswürdigen Frauen gerech[illegible] werden." Ein geradezu genialer, aber verschwenderischer, liederlicher Bru[illegible] von ihr, der als Rechtsanwalt in Göppingen endete, galt lange als der [illegible] und gefürchtetste Jurist und Redner des Landes. — Aus der Ehe von G[illegible] Gustav entsprossen vier Söhne, von welchen unser G. der zweite war; [illegible] bis 1828 geboren, wuchsen sie in Heilbronn auf, besuchten die dort[illegible] Schulen.

Von allen wesentlichen Eigenschaften Rümelin's wird man sagen [illegible] daß sie sich auf seine Vorfahren, hauptsächlich auf seine beiden Eltern, [illegible] führen lassen. Energischen, unbeugsamen Willen, durchdringenden Ver[illegible] schriftstellerisches Talent hatte er von der Mutter, eine gewisse Bequemlich[illegible] Herzensgüte und edeln Charakter vom Vater. Von der Erziehung durch [illegible] sagt der Sohn: „Sie war weder streng noch ängstlich; man hat uns [illegible] freien Lauf gelassen; aber um unser Lernen und sonstiges Fortkommen küm[illegible] er sich aufs Angelegentlichste; er war unermüdlich im Anfeuern."

G. R. besuchte in Heilbronn zuerst eine Privatschule, kam dann 7jährig [illegible] das Gymnasium; „da ich — sagt er — ich weiß nicht warum, zum Theolog[illegible] bestimmt war (der ältere Bruder war Jurist, die zwei jüngeren wurden Kaufleute), so hatte ich nach Landesbrauch die drei damals abzulegenden Landexamina zu machen und wurde im Herbst 1828 in das Seminar Schönthal aufgenommen." — In diese erste Jugendzeit fällt der Anfang seiner innigen Freundschaft mit Robert Mayer, dem späteren großen Naturforscher und Entdecker des Gesetzes von der Erhaltung der Kraft; in dessen väterlicher Apotheke lernten die Jungen „bästeln", beobachten, experimentiren. „Die schul- und arbeitsfreie Zeit, — sagt R. in dem schönen Nachrufe, den er dem Freunde widmet — die uns weit reichlicher als der heutigen Jugend zugewiesen war, brachten wir fast jeden Tag, und meist nur zu zweien, wenn möglich im Freien, in den Höfen und Gärten, am und im Neckar und als eifrige Nachenfahrer auch auf demselben zu." Die Freunde wußten die Schiller'schen Gedichte und Dramen auswendig, vertieften sich in Walter Scott, van der Velde, Wilhelm Hauff. Eines eigenthümlichen geographischen Spiels der Beiden erwähnt R.: mit Atlas und Länderbeschreibungen ausgerüstet, theilten die Knaben die Welt in zwei gleiche Hälften unter sich; „wir gaben unsern Ländern Verfassung und Gesetze, schlossen Verträge ab, übernahmen zur Ausgleichung Servituten und gegenseitige Ablieferung von Producten. Ich sah in realistischer Neigung mehr auf Zahl und Eigenschaft der Einwohner, auf Militärmacht und Finanzen; Mayer achtete in erster Linie auf die Producte, das Klima, die großartigen Naturerscheinungen." Wir sehen, im Einen regt sich der künftige Statistiker und Staatsmann, im Andern der Indienfahrer und Naturforscher.

Die vier württembergischen Klosterschulen oder niederen Seminare für di[illegible] 13—17jährigen, das Tübinger Stift für die 18—21jährigen künftigen Theologen sind eine Stiftung der Reformation und des großen Herzogs Christoph[illegible] hier kostenfrei „den jungen Bomsatz der Kirche Gottes“ (wie es 1588 ...) zu erziehen. Jährlich werden 30—40 der fähigsten Knaben aus dem ... Lande durch das Landexamen zum Stolz und zur Erleichterung ihrer ... meist aus Pfarrer-, Beamten-, aber auch aus anderen Familien aus-...; es ist eine demokratische Maßregel; diese Klosterschüler galten immer ... als die besten Deutschlands. In das Kloster Schönthal trat G. R. im ... 1828 nun ein; es wirkten da treffliche Lehrer, der ebenso kluge wie ... Verstand, der Ephorus Wunderlich, dann Prof. W. Klaiber, der mit ... schönen, geistreichen Frau ein Haus machte; in ihm trat dem ... Seminaristen edle Sitte, feine Bildung, anmuthiger Humor, der ganze ... der höheren Geselligkeit zum ersten Male entgegen. Unter den Knaben ... sich Bockshammer, Kapff, Schelling, Weitbrecht; der Freund Rümelin's, ...er, konnte es in Heilbronn nicht allein aushalten; er folgte dem Freunde ... als Hospitant des Seminars nach. Im Mittelpunkte der Bildungs-...strebungen standen neben den alten Classikern Schiller und Goethe, Shake-...speare und Kleist, Klopstock und Körner. R. rühmt die Schönthaler Jahre ... eine Zeit des täglichen und stündlichen Zusammenseins mit strebsamen, ...halten, ideale Lebensziele suchenden Kameraden der verschiedensten Art. Von ...fang an einer der Ersten, sinkt er durch seine Lässigkeit einige Mal auf den ... Platz, schreibt aber darüber beruhigend an den Vater; das betrachte er ... ein Glück, weil es ihn ansporne. Wunderlich entließ ihn 1832 mit dem ...zeugnisse: „Rümelin ist wohl der beste Kopf unter allen, mit vieler Einsicht ... Reife; er arbeitet leicht; die Arbeiten sind in der Regel gediegen; er ...lt es nicht für nöthig, immer fleißig zu sein, da er bei seinen guten An-...gen mit geringer Anstrengung dasselbe zu leisten vermag und noch mehr als ...dere; zuweilen ist er wieder recht fleißig, nur mit Unterbrechungen. — Er ... so viel reifen Verstand und gesundes Urtheil, daß man wohl für seine ...kunft gute Aussicht geben kann.“

In der akademischen Studienzeit in Tübingen (1832—36) litt R. zwar ...ch unter mancherlei; im ganzen aber hat er sie in ihrer Freiheit, in ihren ...gendfreundschaften, in dem Genusse des Lernens und geistigen Fortschritts ... und ganz genossen. Bald nachdem er von Tübingen geschieden, schrieb er: „Das Philisterium ist bitterer, als ich mir's gedacht, und ich hab es mir ...ter genug gedacht.“

Was ihn damals schon drückte, war der sich steigernde innere Widerstand ...ner ganzen Natur, sowie seiner Ueberzeugungen gegen den künftigen Pfarrer-...ruf; auch empörte er sich gegen die mönchisch geartete strenge Clausur und ...ftsdisciplin, die fast unverändert in der Reformationszeit aus dem klöster-...chen Leben übernommen, bis ins 19. Jahrhundert sich erhalten hatte — ...nmal erhält er im Semester 38 Noten wegen kleiner Vergehungen; „die ...ice des Ephorus“ gibt ihm gegen das Votum der übrigen Inspectoren ...ei Tage Hausarrest dafür. Selbstbewußt schreibt er dem Vater: „Ich bin ... stolz, mich darüber zu schämen; ich freue mich nur über die gute Gelegen-...heit, zu arbeiten.“

Ein noch reicherer Freundeskreis als in Schönthal umgab ihn; zu R., ...ayer und den Compromotionalen kamen Griesinger, K. Gerok, Hermann ...urz, Sigm. Schott, E. Zeller, Robert Kern. Mit dem letzteren knüpfte er ...en Bund fürs ganze Leben; ihr Briefwechsel (1846—87) zeigt, wie der ...weglich aufgeschlossene, dichterische, liebenswürdige, schwärmerische, spätere ...ector (zuerst in Oehringen, dann in Ulm) den ernsteren, nüchterneren, ver-...ndigeren und tieferen Freund glücklich ergänzte; ihm allein hat R. sein ...nzes Leben lang sein innerstes Herz aufgeschlossen. Und neben den Freunden wirkten damals die um 7—8 Jahre älteren, hochbegabten Repetenten und Pri- docenten F. Th. Vischer, geb. 1807, Repetent 1833, D. Strauß, geb. 1808, u dann als Professor F. Ch. Baur (geb. 1806, seit 1826 in Tübingen), der damals die kritische Tübinger Theologenschule begründete. Strauß las, von Berlin zurückgekehrt, 1835 als seine erste Vorlesung über „Logik" Hegel'schen Sinne.

Ueber die tiefe Einwirkung Hegel's auf die damalige studentische Ju hat R. selbst (1870) in einer akademischen Rede (Reden und Aufsätze I, berichtet: „Wir waren — sagt er — erfüllt von einem idealen Enthusias wir wollten ein geschlossenes System, einen einheitlichen Aufbau des Kosm das gab uns die Lehre von dem Geiste, der sich in der Natur entfaltet, Menschen, in der Gesellschaft, im Staate zu sich selbst zurückkommt. Man sich nach einer einheitlichen Entwicklungslehre, nach einer Erklärung der gangenheit und der Gegenwart, nach einem Stufenbau der Geschichte. verführerische Mystik der Dialektik täuschte uns, weil die Zweifler unter den Fehler in sich, in ihrer platten Verstandesmäßigkeit sahen, die nicht höherer Vernunft durchdringen könne. Die deutsche Philosophie von Kant Hegel hatte sich durch Tief- und Scharfsinn ausgezeichnet, aber nicht zu Klarheit und Präcision des Denkens geführt, um die Schwächen des bestehen Systems sofort zu sehen. Und die seltenen Vorzüge Hegel's, seine Sprach gewalt, seine geistvollen Vergleichungen, sein großes Verständniß für Staat Politik, für die Geschichte, in der er die Offenbarung Gottes sah, mußten hinreißen." R. fügt aber bei: gerade die Tübinger Schule mit ihrer historisch Kritik der Offenbarung habe von Anfang an in ihm und anderen damalig Studenten den blinden Glauben an Hegel wesentlich eingeschränkt. Zu der ihm gelösten Preisaufgabe (1835), mit der er 1836 den philosophischen Doc machte, „Ueber den sittlichen Gehalt der mosaischen Gesetzgebung", ist die philosophische Construction von Heidenthum, Judenthum und Christenthum in Hegel'scher Weise gemacht, aber im übrigen überwiegt die kritisch-historische Analyse; er will die Unvollkommenheit des Mosaismus, aber auch seine Per- fectibilität nachweisen; er sieht die letztere in den Propheten, in den großen Königen wie David, in den Maccabäern, im Christenthum. In den Schriften Rümelin's aus den 40er Jahren ist jeder Einfluß der Hegel'schen Philosophie abgestreift. Aber hübsch ist, wie er in einem Tübinger Briefe an seinen Vater, der ihm Unbeständigkeit und Wechsel in den Gegenständen seines Studiums vorwirft, Hegelisch (1833) antwortet: „Das Beste an ihm sei eben seine Ver- änderlichkeit; indem er eine Sache erfasse und sie dann negiere, dringe er stets zu Höherem auf. Gott ist überall, der Gipfel aller Weisheit und alles Glaubens ist, ihn zu schauen und zu verehren." Dazu komme er durch seine Veränderlichkeit, von Stufe zu Stufe vordringend.

Nachdem R. im Herbst 1836 das theologische Facultätsexamen bestanden hatte, wurde er erst Vicar des Stadtpfarrers Hermann in Heilbronn und nach dessen Tode provisorischer Vertreter dieses Amtes. Im J. 1838 entschied er sich definitiv für das Lehrfach, wurde Repetent in Schönthal und hat dann von da bis 1845 eine Reihe provisorischer Lehrstellungen an Lateinschulen und Gymnasien bekleidet, in Ludwigsburg, Kirchheim, Langenburg, Heilbronn, Ellwangen, Göppingen, Stuttgart. Dazwischen legte er 1841 die zweite theologische, un die Präceptorats-, 1843 die Professoratsprüfung (für die höheren Gymnasial- lehrstellen) ab. In die Jahre 1840—41 fällt außerdem seine Reise nach Köln, Bremen, Hamburg, Berlin, Dresden, Jena, Weimar; in Berlin hörte er ein Semester lang Vorlesungen, hauptsächlich bei Ranke mittelalterliche Ge- schichte, bei Böckh über Demosthenes, bei Ritter allgemeine Erdkunde, bei [illegible]europäisches Staatsrecht, bei Franz über Plato, bei Georges über [illegible] Schleiermacher. Die in Berlin empfangenen Eindrücke waren groß [illegible]. „Der Aufenthalt hier, schreibt er, ist für meine Zwecke un[illegible]förderlich und heilsam; hier ist eine Summe von Intelligenz, eine [illegible] gebildeter und gescheiter Menschen, wie in unserem ganzen [illegible] nicht. Dinge, durch die man sich bei uns schon auszeichnet, sind [illegible] ganz Ordinäres." R. wäre ohne Zweifel nicht von 1848 an ein [illegible] beredter Vertheidiger der Führung Deutschlands durch Preußen [illegible], wenn er damals nicht die geistigen und realen Kräfte dieses Staates [illegible] Augen kennen gelernt hätte.

[illegible] Zweifel hat der Gegensatz der großen Berliner Erinnerungen und [illegible] unangenehmen Stelle an der Lateinschule in dem kleinen Oertchen [illegible] (1842) dazu beigetragen, den großen inneren Conflict Rümelin's [illegible]eigern, daß er seinen Beruf für unerträglich hielt, seine Eltern [illegible] 1842) bat, ihn mit seinen 27 Jahren noch Jura studiren zu [illegible] seine geistigen Interessen seien dem öffentlichen Leben, den Zu[illegible] und Gesetzen der Völker, dem Staatsrecht, der Politik zugewendet; [illegible] er noch Aussicht hätte, bald 14—18jährige zu unterrichten; wahr[illegible] werde er aber in den nächsten 8—12 Jahren dummen Jungen unter [illegible] in kleinen Landstädtchen die Anfänge des Latein mit dem Stock [illegible]hand einbläuen müssen. Das ertrage er nicht; er habe das Gefühl, [illegible] bestimmt zu sein. Rückkehr zum Pfarramt sei noch weniger [illegible] Er glaube an Gott, die Heiligkeit des Sittengesetzes, die Unsterblich[illegible] Seele; aber die christlichen Fundamentalsätze von Sünde, Erlösung, [illegible] Christi könne er nicht lehren; er könne sich nicht als Muster gott[illegible] Wandels vor die Gemeinde hinstellen. Die Eltern waren durch alle [illegible]gumente nicht zu überzeugen. R. mußte zunächst im Lehrfach bleiben. [illegible]eistige Spannkraft fand einen anderen Ausweg: die schriftstellerische [illegible] auf politischem, zunächst auf schulpolitischem Gebiete.

[illegible] 1841 hatte er in der kleinen anonymen Schrift: „Ueber eine zeit[illegible] Reform des evangelisch-theologischen Seminars in Tübingen" die [illegible] der Anstaltsverfassung aus ihrer Rückständigkeit und der da[illegible] Krise der Theologie abgeleitet; dabei aber realistisch und conservativ [illegible] der Anstellung von Leuten wie D. Strauß das Wort geredet, sondern [illegible] der kirchlichen Mitte, gegenseitige Duldsamkeit der Zweifler und der [illegible], vor allem aber die Mehrzahl der Stellen in den Seminaren und [illegible] für künftige weltliche Staatsdiener gefordert. Jetzt holte er weiter [illegible] von Herbst 1843—44 im elterlichen Hause das Buch: „Die Auf[illegible] Volks-, Real- und Gelehrtenschulen, zunächst mit Beziehung auf die [illegible]bergischen Zustände" (1845, 184 S.). Dem Freunde schrieb er „Ich bin gegenwärtig beschäftigt mit einem langweiligen Buche, das [illegible] lese, sondern selber mache. Veracht mich nicht darum, sonst muß ich [illegible]ngschätzen." Es genüge, daß der Studienrath ihn darum in Bann [illegible] erklären werde.

[illegible] sieht den stolzen Muth, der die Wahrheit sagen will, auch wenn sie [illegible] für die Carriere wäre. Mit den „pädagogischen Notabilitäten" des [illegible] Klumpp, Nagel, Eyth, Bäumlein geht er schroff ins Gericht. Es ist [illegible]itiges, aber ein sehr hervorragendes Buch, das man heute noch mit [illegible] liest. Es baut sich ganz auf die Erfahrungen seiner 12jährigen [illegible]ernezeit und seiner 8jährigen Lehrthätigkeit auf; es geht überall von [illegible]esichtspunkten aus; es umfaßt den gesammten Unterrichtsbetrieb von [illegible]schule bis zur Universität; er fordert nicht allzuviel Neuerungen, aber er begründet sie mit eindringlicher Kritik des Bestehenden. [illegible] charakteristisch ist die ablehnende Haltung gegen die damals modischen [illegible] Pestalozzi'schen Reformgedanken, deren schwärmerische Gemüthsseligkeit [illegible] zusagte; der Verherrlichung der individuellen Selbstthätigkeit bei der [illegible] stimmt er nur für die ältere Jugend, hauptsächlich für die Univer[illegible] zeit zu.

Alle Schuleu sollen den Menschen humanisiren, ihn über das Thier [illegible] heben, keine soll ihm Fachbildung geben. Die Volks-, die Real- (besser [illegible] schulen, die Gelehrtenschulen sollen sich nur durch das Maaß der [illegible] Bildung unterscheiden; sie dienen verschiedenen Classen der Gesellschaft. [illegible] jetzige Volksschule steht viel zu tief; sie erzeugt kein Denken, keine [illegible] ständigkeit; trotz ihr stehen unsere unteren Classen tiefer als die in [illegible] Frankreich, Italien; sie sind plumpen schwerfälligen Geistes; sie lernen [illegible] die Bibelsprache des 16., die Kirchenlieder des 17. Jahrhunderts; [illegible] loses Auswendiglernen ist der Hauptzweck der jetzigen Volksschule. Ein [illegible] buch aus Stücken der heutigen Litteratur muß der künftige Mittelpunkt [illegible] Unterrichts neben dem Religionsunterrichte werden. Die neuen Re[illegible] schulen für die Söhne des städtischen Bürgerstandes bis zum 14. Jahre [illegible] unzweifelhaft nöthig, um die Gelehrtenschulen von ihrer Ueberfüllung bis [illegible] 14. Jahre zu befreien. Ihr Fehler ist nur, daß man sie mit viel zu [illegible] verschiedenen Fächern überlastet hat; Deutsch, Länder- und Völker[illegible] Mathematik muß die Hauptsache werden. Auch bei den lateinisch[illegible] Schulen für die Knaben der höheren Stände bis zum 14. Jahre hat [illegible] zu vielerlei in den Lehrplan eingefügt, was hier noch viel schlimmer [illegible] als in den Gymnasien, den Anstalten für die 14—18 jährigen. Auch [illegible] die Gelehrtenschulen steht die Erlernung der Muttersprache im Mittelp[illegible] aber sie wird am besten erreicht durch Lateinisch und Griechisch, die Spr[illegible] der Völker, denen die Menschheit am meisten dankt. R. vertheidigt [illegible] alte Unterrichtsmethode, welche durch Prämien, Lokationen, körperliche [illegible] wirkte; all das werde jetzt als verwerflich bezeichnet; jeder Knabe solle [illegible] duell behandelt werden. Man überschätze die Selbstthätigkeit der Jugend [illegible] zum 18. Jahre. Die Autorität, die strenge, geistige Zucht müßten bis [illegible] die Hauptsache bleiben: auf der Hochschule beginne zeitig genug die Frei[illegible] die auf der Schule zur Faulheit, zur unreifen Reflexion und miserablen [illegible] führe. Die Lateinschule theile Fertigkeit, das Gymnasium Kenntnisse, [illegible] Universität erst eigenes Wissen mit. Für die Universität verlangt R., [illegible] jeder Student drei durch eine besondere Prüfung abschließende Semester [illegible] gemeinen, theils philosophischen, theils naturwissenschaftlichen und historisch[illegible] Studien obliege; sonst zerfalle die Universität in französische Fachschulen. Ein hochstehender Stand von Beamten, Geistlichen, Lehrern, welcher Bildung und Intelligenz des ganzen Landes in sich vereinige, durch Unbestechlichkeit, Pflicht- und Rechtsgefühl der öffentlichen Achtung würdig sei, gegen [illegible] einer willkürlichen Gewalt einen Schutzdamm bilde, sei nur auf diese [illegible] zu erziehen. Dazu gehöre freilich, daß die philosophischen Facultäten [illegible] reicher und besser besetzt würden. — Man wird begreifen, daß die Schrift in weiten Kreisen Aufsehen, freilich auch starken Widerspruch erzeugte. Sie [illegible] wies, sagt C. Weizsäcker, umfassenden Blick, kühnes Anfassen und Gestalten [illegible] R. konnte jetzt nicht mehr übersehen werden. — Angemerkt sei gleich hier, daß sich R. nochmals 1881 öffentlich über die Gymnasialfrage (Reden u. Aufsätze II, 538—567) in ähnlicher Weise wie 1845 ausgesprochen hat. Er macht [illegible] *sehr beachtens*werthe Vorschläge, wie die Ueberbürdung zu vermeiden [illegible] *er setzt aus*einander, wie der heutige uniformirende Gymnasialbetrieb auf [illegible] agogisch ungeheuerlichen Voraussetzung ruhe, man könne junge Leute täglich Stunden zu unausgesetzter Aufmerksamkeit zwingen. Wenn man nicht der Schule selbst in regelmäßigem Wechsel die Selbstthätigkeit und das Aufmerken miteinander erbinde, so sei Uebermüdung und Widerwille der Schüler zu beseitigen.

2. Auf der Höhe des Lebens. Politische und ministerielle Kämpfe 1845—62. Im August 1845 wurde R. zum Rector und ersten hrer der Lateinschule in dem kleinen Landstädtchen Nürtingen ernannt mit em Einkommen von etwa 800 fl. Die Eltern jubeln, wünschen Verirathung mit einer reichen Stuttgarterin, welchen Rath aber der Sohn nicht folgt. Er geht resignirt in das Landstädtchen, aber entschlossen, seine Pflicht thun. Neben der Schulthätigkeit setzt er die Schriftstellerei fort, schreibt rtikel für Pauli's Realencyklopädie der Alterthumswissenschaften über omitian, Drusus, Galba, Galienus, einen Aufsatz über das „europäische taatensystem" in den Ergänzungsblättern der Allgemeinen Zeitung (1846), wie einen solchen „Politische Fragmente" für Schwegler's Jahrbücher (1846), von den politischen Fähigkeiten der deutschen Nation, von dem Irrthum, durch die Germanen neue große Ideen in die Geschichte gekommen seien, die Deutschen im Mittelalter ein tonangebendes Volk gewesen, u. s. w., ndelt. Er liest alle möglichen neueren politischen Schriften, schreibt Freund rn darüber und versichert, er werde mit jedem Tag politisch und kirchlich dicaler.

Ganz Deutschland wurde damals täglich erregter über die großen politischen ragen der Zeit, die endlich nun Lösung finden mußten, über die preußische erfassungsfrage, über die Pläne für die deutsche Einheit. Auch R. lebt und bt ganz in dieser politischen Erregung. Seine Gesundheit verschlechtert ch aber dabei wesentlich; er leidet an Trübsinn, Leere des Gemüths. Der rzt curirt ihn, räth ihm vor allem zum Heirathen. Am 17. März 1847 reibt er dem Freunde: „Jetzt bin ich glückseliger Bräutigam mit einem ngst geliebten, liebenswürdigen Kinde, Marie Schmoller, Tochter des Cameralerwalters in Heilbronn; es gibt kein feineres, anmuthigeres und gemüthicheres Mädchen. Ich war in den letzten Tagen seliger als je im Leben." In die Jubelaccorde der nächsten Briefe mischt sich aber immer wieder die nste Sorge um die Zukunft des Vaterlandes. Am 7. Juni war die ochzeit, am 1. Mai 1848 wurde der älteste Sohn geboren, nachdem der ater eben zum Abgeordneten für die Nationalversammlung in Frankfurt im ezirke Nürtingen-Kirchheim gewählt war. Die Wahl war erfolgt auf Grund er angesehenen Stellung, die sich R. in Nürtingen durch regelmäßige politische orträge seit Jahr und Tag geschaffen hatte. Am 2. Mai meldet er beides em Freunde und setzt stolz bescheiden hinzu: „Wenn ich mich mit der Aufabe vergleiche, die wir zu lösen haben, so komme ich mir sehr gering vor, enn mit den Kollegen, so denke ich, ich sei so gut darin, als mancher andere näßige Kopf auch." Dem Vater schreibt er: nicht heiter, sondern sehr ernst esinnt gehe er der großen Verantwortlichkeit des schwersten Berufs entgegen.

Die Nachlebenden können sich kaum eine Vorstellung machen von der unheuren Erregung der damaligen Zeit; politischer Wahnwitz hatte Hunderttusende erfaßt; aber auch die Nüchternen waren gehoben; alle Kräfte erhienen verdoppelt. R. schildert später einmal, wie diese Bewegung ihm malS Schwingen verliehen habe. Große Hoffnungen und große Gefahren atten daran gleichen Theil. Ob man in kurzer Zeit die Revolution, den rieg, die Republik haben werde, ob Leben und Existenz der handelnden

Politiker bedroht sei, Niemand wußte es sicher. R. mahnt immer wieder [illegible] Frankfurt aus die Seinigen, sich nicht um sein Leben zu ängstigen; [illegible] war es nicht frei von ernsten Bedrohungen; einmal war es wesentlich [illegible] Körperkraft, die bei einem Pöbelansturm gegen das Hotel der Fraction [illegible] große Thor zuhielt, bis es geschlossen und verrammelt war; ein ander[illegible] wurde sein Wagen, als er das Städtchen Oehringen verließ, vom [illegible] verfolgt, mit einem Steinhagel bedroht. Er war in Württemberg wegen [illegible] preußischen Gesinnung der bestgehaßte Mann. Als die badische Rev[illegible] ausgebrochen war, man gleiches für Württemberg fürchtete, berieth er [illegible] mit den Seinen, ob er bei der Unmöglichkeit in die Heimath zurück[illegible] sich eine sparsame Schriftstellerexistenz in München, Brüssel oder Paris [illegible] Frau und Kind einstweilen beim Schwiegervater lassen könnte. Eine [illegible] bezahlte Redacteurstelle in Stuttgart lehnte er ab, da sie ihn von seiner [illegible]zeugung abgedrängt hätte.

Das Jahr 1848—49 ist für R. das Entscheidungsjahr geworden. [illegible] ein nur in der Heimath bekannter 38 jähriger junger Gymnasiallehrer [illegible] nach Frankfurt gegangen; dort ist er eine allgemein beachtete politische [illegible]lichkeit, ein geschätztes Mitglied der „Gothaer", ein Freund und Genoss[illegible] Dahlmann, Beseler, Droysen, Duncker, Haym, Laube u. s. w. geworden. [illegible] Anfange zwar trat er gar nicht hervor; dem antreibenden Vater schr[illegible] bescheiden: es gebe zu viele Leute, die ihm an Einsicht, politischer Bil[illegible] Begabung überlegen seien; von den 600 Mitgliedern könnten nur 20 [illegible] führende Rolle spielen; die meisten, die redeten, thäten besser zu schweig[illegible] die Theilnahme an der Versammlung sei schon an sich für ihn ein au[illegible] ordentlicher Gewinn fürs ganze Leben. Aber mehr und mehr gewann er [illegible] der großen Versammlung von Talenten und Charakteren an Bedeutung, [illegible]nächst in Commissionen und in seiner Partei, dem Augsburger Hof (Ce[illegible]trum). Als Redner im Plenum ist er nur zwei Mal, in der Schul[illegible] und in der Erbkaiserfrage aufgetreten; er war kein flüssiger, stets schlagfe[illegible] Debatter. Um so mehr wirkte er durch seine Dreieckscorrespondenz [illegible] Schwäbischen Merkur, wo er vom 28. Mai 1848 bis 28. Juni 1849 die [illegible] des liberalen Centrums, des engeren Bundes unter preußischer Führung, [illegible] äußeren Bundes mit Oesterreich mit so großer Sachkenntniß, so seltenem [illegible] vertrat, daß er Mitte 1849 zu den wenigen großen Publicisten gerechnet [illegible] die Deutschland damals besaß. Es gehörte seine ganze Energie dazu, die schwäbi[illegible] Hauptzeitung damals bei der preußischen Fahne festzuhalten. Der Redact[illegible] Weihenmeier ließ Ende 1848 auch Gegner zu Worte kommen, die R. sehr [illegible] angriffen; er druckte Rümelin's Correspondenz oft fünf bis sechs Tage [illegible] er wollte die Mitte halten zwischen R. und der großdeutschen, preußenha[illegible] Demokratie. R. will mit ihm brechen, seine Dreiecksartikel der Allgemein[illegible] Zeitung senden. Da gibt der Merkur wieder nach. Die von R. in [illegible] Nationalversammlung gewonnene Stellung zeigte sich darin, daß er einer [illegible] 30 Auserwählten, und zwar der Jüngste war, die eine Kaiserkrone nach Pot[illegible]dam bringen sollten. Dort gab er Friedrich Wilhelm IV., der nichts [illegible] seinem Wahlort Nürtingen wußte, auf die Frage, wo denn dieser unbekan[illegible] Ort liege, die berühmt gewordene Antwort: „Auf dem Wege vom Hohen[illegible]staufen nach dem Hohenzollern."

Seine Briefe von Berlin sind vor der Antwort des Königs hoffnung[illegible]voll, nach ihr zerknirscht und tief traurig; er erzählt, wie am Abende [illegible] Prinzessin von Preußen — „die geistvollste und bedeutendste Frau, die ich [illegible] *jetzt gesehen habe*; sie soll heftig geweint haben über die Antwort des Königs" —

[illegible] ihrem Gemahl die Deputation beschwor, nicht abzureisen; es sei nicht das [illegible] Wort des Königs.

[illegible] den [illegible]artikeln sind so ziemlich alle großen politischen inneren [illegible]äußeren Fragen der Zeit mit seltener Objectivität und Sachkunde be[illegible]elt: die Grundrechte, die Schul- und Kirchenfrage, die Handelspolitik, das [illegible] der Revolution, die Rechte und die Macht der Nationalversammlung, [illegible]Verhältniß Deutschlands zu seinen großen Nachbarn, die Polenfrage und [illegible] mehr. Im Mittelpunkte steht aber immer wieder die deutsche Ver[illegible]sfrage, welche die demokratischen Ideologen ohne Rücksicht auf alle be[illegible] Machtverhältnisse republikanisch und durch die Zertrümmerung Oester[illegible] und Preußens, ohne eigenes Heer, ohne eigene Macht, mit einem unzu[illegible]lichen Reichsverweser an der Spitze der Reichsregierung lösen wollten. Immer [illegible]der weist R. seinen Gegnern nach, Oesterreich sei und bleibe ein großer [illegible]chtiger Staat, dessen sämmtliche Bewohner nach ihren Gefühlen und In[illegible]ssen zusammenbleiben wollen und daher zum übrigen Deutschland nur im [illegible]hältniß eines äußeren Bundes stehen können. Preußen möge man alle [illegible]chen Sünden und Irrthümer vorwerfen, es sei doch der feste Macht[illegible]punkt Deutschlands; es sei stärker als vorher aus der Revolution hervor[illegible]gen, ihm müßten die andern Staaten in der Form der erblichen Monarchie [illegible] Hohenzollern an der Spitze Deutschlands sich unterordnen. Gerade auch Süd[illegible]schland erhalte durch den Anschluß an ein geeintes Klein-Deutschland unter [illegible] allein den nöthigen Schutz nach Außen; eine Trias, wobei Baiern an [illegible] Spitze der Süddeutschen träte, würde die süddeutschen Staaten nur zum [illegible]ball Oesterreichs oder Frankreichs machen. Baden würde ohnedies eine [illegible] Politik nicht mitmachen; der Zollverein wäre so bedroht. — In fünf [illegible]erhaften Artikeln: „Unsere Lage“, faßte R. Anfang September 1849 im [illegible] sein politisches Glaubensbekenntniß nochmals zusammen. Seine poli[illegible] Glanzleistung bleibt, daß er 1848—49 fast allein in Süddeutschland und [illegible] allen Seiten darum geschmäht, im preußischen Erbkaiserthum die politische [illegible]unft Deutschlands erkannte.

[illegible] Er war im August 1849 in seine Heimath, in sein Amt nach Nürtingen [illegible]gekehrt, nachdem er im Mai mit seinen Parteigenossen sein Mandat nieder[illegible] hatte, aber wegen der Aufregung in Württemberg noch sechs Wochen in [illegible]furt geblieben war. Doch sollte seines Bleibens in Nürtingen auch nicht [illegible] lange sein. Er wurde im December 1849 als Nachfolger seines Freundes [illegible] Professor am Obergymnasium in Heilbronn; er hatte da über Ge[illegible]chte, Litteraturgeschichte, Alterthümer, Logik und Psychologie Unterricht zu [illegible], freute sich der ruhigen befriedigenden Wirksamkeit in der Heimath seiner [illegible] und seiner Frau. In einer schönen Rede über Schiller's politische [illegible]ichten am Geburtstage des Königs im Gymnasium (27. September 1850, [illegible]) wies er nach, wie Schiller vom jugendlichen stürmischen Freiheits[illegible]sten nach und nach zum Vertreter der politischen Freiheit wurde, die mit Ordnung und schöner Menschlichkeit verbunden ist. — Auch die Heilbronner Thätigkeit ging rasch zu Ende. Im November 1850 wurde er nach dem Tode [illegible] Gustav Schwab und Prälat Klaiber als Referent für das humanistische Unterrichtswesen zunächst provisorisch in das Collegium des Oberstudienraths [illegible] Stuttgart berufen; eine formelle Ernennung zum Professor am Stutt[illegible]ter Gymnasium unterbrach diese Thätigkeit nicht. Wohl aber hörte sie da[illegible] auf, daß er 1852 mit dem Titel eines Oberstudienraths in die neu[illegible]richtete Stelle eines Ministerialraths im Cultusministerium eintrat, das der Minister v. Wächter-Spittler neben dem Auswärtigen Amte seit October 1849 bekleidete. R. war dieser Aenderung deshalb so froh, weil er dadurch von der Reibung mit den zwei verrosteten eigensinnigen alten Herren im Studienrath, Roth und Knapp (dem Director des Collegiums), befreit wurde. Er mußte dann freilich bald einsehen, daß sie seine weitgehenden Gymnasialreformpläne, auch wenn sie nun vom Ministerium kamen, zu nichte zu machen verstanden. Er plante 1853/54 eine radicale Vereinfachung des Lehrplans, eine Beschränkung der Realien, des Philosophieunterrichts, ein succesives Eintreten der Lehrfächer, eine Combination der Schul- und häuslichen Arbeitszeit und ähnliches. Rascher reiften seine Pläne über Reform der Volksschule, die Verbesserung der Lehrerbildung. Im J. 1854 machte R. eine Studienreise durch den größeren Theil Deutschlands, um Erfahrungen und Material über das Volksschulwesen zu sammeln. Seine Stellung im Ministerium konnte dadurch nur gehoben werden, daß er im J. 1855 als Abgeordneter in Ludwigsburg und im Februar 1856 zum Vicepräsidenten der Kammer gewählt und vom Könige bestätigt wurde.

Zwei Monate später erhielt R. die Stelle eines Departementchefs des Kirchen- und Schulwesens, die er bis zum April 1861 mit dem Range eines wirklichen Staatsraths bekleidete. Sein bisheriger Chef hatte im April 1856 statt des Cultus- das Justizministerium übernommen. R. wurde durch die Berufung zu dem hohen Amte überrascht; er bat sich einen Tag Bedenkzeit und eine Audienz beim Könige aus; auf dessen Erklärung, daß er an den unveräußerlichen Hoheitsrechten des Staates gegenüber der katholischen Kirch festhalte, andererseits aber ein versöhnliches und liberales Entgegenkomme gegen die berechtigten Ansprüche der württembergischen Katholiken erwünsch nahm R. an, ohne über Rang, Titel und Gehalt weiter zu verhandeln od etwas zu fordern; er bedang sich nur für den Fall seines Rücktritts die Stel eines Ministerialraths oder Collegiumdirectors aus, „um nicht als Pension dem Staate zur Last zu fallen."

Um die Verhandlungen mit der römischen Curie zum Abschluß zu bringe wurde R. berufen; sie wurden sein Schicksal. Zunächst aber stand die Volk schulreform durch das von ihm persönlich verfaßte und nicht ohne Schwieri keiten durch die Klippen der parlamentarischen Kämpfe durchgesetzte Gesetz vo 6. November 1858 im Vordergrunde seiner Thätigkeit; er nennt es damals d „Reifste und Beste, was er bis jetzt in seinem Leben zu Stande gebracht habe Dabei galt es auch hierbei einen Kampf für Fortschritte, die im Mome für die große Menge unverständlich und unpopulär waren. Die württe bergische Volksschule hatte sich auf Grund des Gesetzes von 1836 dahin en wickelt, daß sie gegenüber den Schülern die größte Lehrerzahl in Deutschla hatte, aber auch so ziemlich die schlechtbezahltesten; und was vielleicht no schlimmer war, auf 100 ständige zählte man 79 unständige Lehrer; dadur war die Laufbahn eine sehr schlechte geworden; eine genaue statistische E mittelung ergab, daß bei billigem Avancement auf 100 ständige höchste 25 unständige jüngere Lehrer kommen sollten. Wie war da in den schlechte theuren Jahren zu helfen; weder Staat noch Gemeinde konnten rasch sehr vi größere Mittel aufbringen. R. griff muthig durch; er reducirte die Schu pflicht von acht auf sieben Jahre, was natürlich unpopulär war; die Schu stellen konnten so etwas vermindert werden; zugleich wurde die erlaub Schülerzahl pro Lehrer etwas vermehrt, auf die Verhältnißzahl: 1 : 120—13 wie sie in den anderen deutschen Staaten mit guter Volksschule bestand. Dam konnte einerseits die Zahl der unständigen Lehrer erheblich vermindert werde andererseits sollten sie theilweise durch die billigen weiblichen Lehrkräfte e setzt werden, von denen ein großer Theil später heirathet, also nicht a ständige höher bezahlte Stellen zu kommen braucht. Als Ersatz für die a

... Schulzeit wurde neben der bisherigen ziemlich werthlosen Sonntags... für die schulentlassenen Kinder die Winterabendschule geschaffen; ihr ... befreit von der Sonntagsschule; die Schulbehörde kann, wo sie er... wird, die männliche Jugend vom 14.—18. Jahre zum Besuche ver... Aus dieser Winterschule ging später die obligatorische württem... Fortbildungsschule hervor. Die bessere Dotirung aller ständigen Stellen ... sonstigen Maßnahmen schufen für die 4000 damaligen württembergischen ... eine wesentliche Verbesserung ihrer wirthschaftlichen Existenz und ... die Möglichkeit viel freudigeren Schaffens und auch erhöhter Bildung ... Leistung. Das Volksschulgesetz von 1836 wollte die Volksschule auf ... der Lehrer heben, schuf damit aber einen proletarischen Lehrerstand; R. ... in erster Linie den Lehrerstand heben und dadurch die Volksschule; er ... zugleich dem weiblichen Geschlechte die Lehrerinnencarriere eröffnet und ... durch die Winterabendschule der Hauptbegründer des späteren zwangs... so viel gerühmten württembergischen Fortbildungsunterrichts. Er ... Großes, weil er durch Reisen und Sammlung statistischen Materials ... ein zutreffendes Bild der Volksschule in allen deutschen Staaten gemacht, ... genaue Berechnung der thatsächlichen und der wünschenswerthen Carriere ... Lehrerstandes fähig geworden war, den Finger an die wunden Stellen zu ... und er verstand es, Besserung zu schaffen, ohne zugleich im Augenblick ... Staats- und Gemeindefinanzen so stark zu beanspruchen, daß hierdurch die ... gefährdet worden wäre.

Wie R. die Entwicklung der Volksschule im Auge behielt, wie ihn immer ... ihre geringen Leistungen bekümmerten, sehen wir in dem Aufsatz von ... über das Object des Schulzwanges (zuerst in der Tüb. Zeitschr. für ...wissenschaft 1869, dann Reden und Aufsätze II, 473 mit einem Zusatz ... 1881). R. macht da den Vorschlag, an die Stelle des Zwanges für die ..., sieben bis acht Jahre in der Schule ohne jede Garantie eines bestimmt ...reichenden Zieles zu sitzen, den Zwang zu stellen, in einer Prüfung ein ... erreichbares Ziel nachzuweisen und die begabten Kinder, die das ... ein bis zwei Jahre früher erreichen, dann durch die Fortbildungsschule, ... körperliche Uebungen, durch Erlernung von allerlei Arbeiten und Fertig..., durch Arbeit in der Land- und Hauswirthschaft während dieser ersparten ... zu beschäftigen. Er glaubt, daß hierdurch in Lehrern und Schülern ein ...rer Eifer, ein regerer Geist entstünde, eine unendlich bessere Entwicklung ... ganzen Volksschulwesens geschaffen würde.

Bei dem andern großen Werke seiner Ministerzeit war er nicht so glücklich, ... Schiff direct in den Hafen zu bringen, wenn er auch später sich sagen ..., daß das Kirchengesetz vom 30. Januar 1862 materiell sein Werk sei, ... daß er hierdurch seinem Heimathstaate für ein Menschenalter den kirch... Frieden geschaffen habe. Um seine Thätigkeit auf diesem Gebiete zu ...hen, ist auch hier ein kurzer Blick rückwärts nöthig.

Seit die katholische Kirche im Mittelalter als politische Weltmacht sich ...gebildet hatte, schwankte das Verhältniß zwischen ihr und dem Staate. ... Staatsgewalt wohnte immer wieder die Tendenz inne, die Kirche unter ... Gewalt zu bringen oder gar sie zur Staatsanstalt zu machen; die Kirche, ... Jahrhunderte hindurch mit ihrer großen Organisation das Abendland ... seine Könige geleitet, zu einer Cultureinheit, fast zu einem Riesenstaate ...sammengefaßt hatte, behielt umgekehrt die Tendenz, sich von dieser Vormund... zu befreien und ihrerseits den Staat zu beherrschen. Und als nach ... Entartung, nach der sie bekämpfenden Reformation, die katholische Kirche ... Tridentinum das *kanonische Recht* aufs schroffste zusammengefaßt, in den

Jesuiten ihre streitbarste Truppe erhalten, in der Gegenreformation weite Gebiete zurückerobert hatte, gelang ihr in den katholischen Staaten mals eine weitgehende Beeinflussung, ja Beherrschung der Staatsgewalt, Bildungsanstalten, der ganzen Gesellschaft. Aber im 18. Jahrhundert naturgemäß wieder, und noch stärker als im 16. Jahrhundert, die geistigen Entwicklung wachsenden Gegenbewegungen ein: was die Reformation und die Renaissance schüchtern begonnen hatte, vollendete jetzt die die Naturerkenntniß, das moderne Denken überhaupt. Die Kirche besann sich auf ihre alten Freiheiten; der Weihbischof (Trebonius) wollte 1763 den deutschen Episcopat von Rom befreien; Papst und fast alle Staaten hoben den Jesuitenorden auf; Joseph II. gründete ein einseitiges schroffes Staatskirchenthum, und diese Tendenzen Josephinismus) waren bis 1840—48 in vielen Ländern im Vordringen, aller päpstlichen und bischöflichen Proteste. Es ist verständlich, daß man bis 1840 so vielfach an das baldige Ende der katholischen Kirche glaubte, z. B. Niebuhr und in gewissem Sinne Ranke. Aber diese Erwartung verfrüht. Es erhob sich mit der Romantik und der Wiederbelebung religiösen Lebens seit 1815 im französischen, deutschen und englischen Katholicismus eine natürliche Reaction, die theilweise durchaus innerlich religiös, theilweise aber auch rein kirchenpolitisch im Sinne verstärkter Herrschaft der Bischöfe über ihre Diöcesen und des Papstes über die Bischöfe ihren Höhepunkt im österreichischen Concordat von 1855 und in der barkeitserklärung des Papstes (1870) erlebte. So fiel auch der württembergische Kirchenstreit 1848—62 in die Epoche des gewaltigen, aufs neue erregten geschichtlichen Kampfes zweier naturgemäß sich bekämpfenden Weltanschauungen. Und die katholische Kirche hatte durch die Demokratie und ihr Schlagwort freien Kirche gerade seit 1848 eine neue schneidige Hülfswaffe bekommen.

Altwürttemberg hatte bis 1803 keine Katholiken gehabt, vom paritätischen Staate überhaupt nichts gewußt: kein Katholik konnte Beamter oder Gemeindebürger werden; der Pietismus und die lutherische Orthodoxie beherrschten Ländchen der Schreiber-, der Pfarrer- und der Prälatenregierung ausschließlich, nannte man es doch in der nicht württembergischen Litteratur „das protestantische Spanien“. Als es von 1803 an zu seinen 700 000 500 000 Katholiken hinzu bekam, hauptsächlich schlecht verwaltete Gebiete, die mit dem Eintritt in den württembergischen Staat ihre politische und kirchliche Verfassung verlieren mußten, da war es selbstverständlich, daß der aufgeklärte Despotismus König Friedrich's dort die weltliche tung wie die Schule und die Kirche reformirte, und zwar so ganz im Sinne Josephinismus, daß es z. B. 1817 gelang, einzelne gemischte Gemeinden zu einer gemeinsamen Feier der Reformation zu bringen. Ein nur vom abhängiger katholischer Kirchenrath übte das Jus circa sacra im weitesten Sinne aus; das Staatspatronat für alle kirchlichen Aemter in Anspruch genommen (1803—1806); die Bildung der Geistlichen wurde nach dem Vorbilde der vortrefflichen protestantischen in Staatsanstalten ganz auf Staatskosten geordnet; das Kirchenvermögen ganz oder fast ganz Staate unterstellt. Nachdem aber die Absicht, in der Bundesacte eine Nationalkirche mit möglichst selbständigen Bischöfen zu garantiren, gescheitert war, setzte bald eine gewisse Schwenkung ein; die württembergische Verfassung vom 25. September 1819 sucht zwar dem Könige sein oberhoheitliches Schutzrecht über die Kirche weitgehend zu sichern; aber sie wagt die absolute Bevormundung derselben wie bisher doch nicht beizubehalten; ihre Väter setzten eine Convention mit dem Papste über die Grenzen der Staats- und Kirchengewalt voraus; die ren Angelegenheiten der katholischen Kirche wurden dem Landesbischof und Domcapitel überwiesen (§ 71 u. § 78). Ueber das neue württembergische thum Rottenburg, die Bischofswahl und ähnliches einigte sich die Regierung dem Papst; die Bullen vom 16. August 1821 und 14. Mai 1828 enten das Resultat. Da man sich aber im übrigen zunächst nicht verdigen konnte, so erließen die Regierungen der oberrheinischen Kirchenprovinz 30. Januar 1830 eine Verordnung, betreffend die Ausübung des Schutz- Aufsichtsrechts über die katholischen Landeskirchen, fast noch ganz in ephinischem Sinne, ohne Rücksicht auf die württembergischen Verfassungsimmungen (§ 71 u. § 78). Der Papst forderte die Bischöfe auf, alles zu n, diese einseitige Verfügung zurückzuweisen. Aber zunächst ertrug die olische Bevölkerung und der josephinisch geschulte Clerus das, woran sie seit 3 gewöhnt waren.

Erst als die belgische Verfassung 1831 die volle Kirchenfreiheit verkündet e, als 1848—50 die deutschen Grundrechte, die Reichsverfassung, die ußische Verfassung, die österreichischen Kaisererlasse von 1849 und 1851 katholischen Verlangen nach Freiheit von staatlicher Vormundschaft die liche Sanktion gegeben hatten, erschien es auch in Württemberg unmöglich, die alte polizeiliche Bevormundung der katholischen Kirche aufrecht zu lten; man verlangte endlich dringend die längst versprochene Autonomie Kirche in ihren inneren Angelegenheiten. Die Regierungen der oberischen Kirchenprovinz hoben (im März 1853) das k. Placet für kirchliche Erlasse auf, beschränkten es auf gemischte Gegenstände. Der ttembergischen Regierung gelang am 16. Januar 1854 eine vermittelnde vention mit ihrem Bischof; sie erhielt aber leider nicht die Genehmigung Papstes. König Wilhelm, ein alter Voltairianer, ohne jede Neigung Jesuiten- und Pfaffenregiment, im übrigen modern und liberal, sah ein, der alte Zustand nicht zu halten sei; er wollte einen billigen Frieden mit n neuen katholischen Unterthanen, wollte nicht diese schwierige Frage unt seinem Sohne hinterlassen. Er sandte am 22. Februar 1856 den Freiherrn ow als außerordentlichen Vertreter nach Rom, um an Stelle der mit dem hof geschlossenen Convention im ganzen auf ähnlicher, die Staatshoheits- möglichst umfangreich rettender Grundlage eine Vereinbarung zu Stande bringen. Zwei Monate darauf übernahm R., wie wir sahen, das isterium; am 12. December 1856 konnte er dem Könige schon einen sehr ffenden Bericht über die wahrscheinlich gelingende Convention vorlegen; sie am 8. April 1857 zum Abschluß. Am 15. April 1858 wurde sie im atsanzeiger publicirt und dem ständischen Ausschuß zur Kenntniß miteilt. Die Kammer der Abgeordneten übergab sie (28. Mai 1858) der tsrechtlichen Commission, die sie nun zwei Jahre lang berieth, einen einnden Mehr- und Minderheitsbericht erstattete; die Majorität hatte Annung der Convention und Erbittung einer Gesetzesvorlage beschlossen Februar 1860). R. hatte unterdessen alle die schwierigen Verhandlungen dem Bischof, die auf Grund der Convention das geistliche Erziehungsn, das Disciplinarverfahren, die Verwaltung des Kirchenvermögens u. s. w. ordnen sollten, geführt und legte am 26. Februar 1861 der Kammer das tz, das die der ständischen Zustimmungen bedürftigen Punkte regelte, mit eingehenden Motiven vor. Diese umfangreiche, musterhaft objective große eit, welche bereits zeigte, wie die ganze Convention sich nun in ihrer tischen Detailausführung ausnähme, war leider erst wenige Tage, ehe der sident der Kammer, Römer, den Commissionsbericht über die Convention auf die Tagesordnung gesetzt hatte, in die Hände ihrer Mitglieder gele[illegible] R. hatte gehofft, daß mit seiner Vorlage der ihm feindliche Minderheits[illegible] ins Wasser solle; einiges, was in dem Bericht berechtigter Weise getadelt [illegible] hatte er in seinem Gesetzentwurfe bereits berücksichtigt; die unrichtigen [illegible] führungen und Mißverständnisse des Berichts hatte er widerlegt; er hoffte, [illegible] seine Motive gelesen werden, eine Beruhigung der Gegner erzeugen [illegible] daß sein Gesetzesentwurf dann mit zahlreichen Aenderungen an die erste Ka[illegible] gehe, welche mit ihrer katholischen Majorität das meiste Geänderte [illegible] werde; zuletzt werde auf der mittleren Linie eine Verständigung möglich [illegible] (Brief an Kern vom 18. April 1860.) Statt dessen mußte er erleben, [illegible] sogar die Mehrheit der Commission dem von außen kommenden Druck [illegible] ebenfalls die Convention verwarf und vor dem Eingehen auf die Gesetze[illegible] die Erklärung der Staatsregierung forderte, daß die Vorlage nicht in [illegible] führung der Convention, sondern wie jede andere erfolge, die später [illegible] König und Stände wieder zu ändern sei.

Die Regierung konnte nicht hindern, daß zunächst nur der Commissi[illegible] bericht ohne die Regierungsvorlage berathen wurde (12.—16. März 1861), [illegible] um so ungünstiger war, als die Regierungsmotive kaum von jemand [illegible] geschweige denn studirt waren; die Debatte drehte sich naturgemäß [illegible] der Erörterung des Berichts über die formelle Seite der Convention [illegible] um den Inhalt des neu zu begründenden Kirchenrechts. Der Antrag [illegible] Minderheit der Commission, welcher die Unverbindlichkeit der Convention [illegible] sprach, wurde endlich nach fünftägiger heftiger Debatte mit 63 (meist [illegible] testantischen) gegen 27 (meist katholischen Stimmen) angenommen. Verge[illegible] betonte die Regierung, daß ein solcher Beschluß, ehe ein Bericht der [illegible] rechtlichen Commission über den Gesetzesentwurf vorliege, eigentlich gegen [illegible] Geist der Verfassung sei. Vergeblich forderte Minister v. Linden, der [illegible] lehnende Kammerbeschluß müsse der Kammer der Standesherren mitge[illegible] werden. Die Leidenschaften waren zu erregt. „Es rast der See und [illegible] ein Opfer haben." R. war das Opfer.

Der materielle Inhalt der Convention mit Rom, sowie die Gesetzesvor[illegible] waren natürlich für die strengen und leidenschaftlichen Protestanten in [illegible] Kammer und für die aufgeregte Stimmung im Lande zuletzt die Ursache [illegible] Abstimmung vom 16. März 1861; man wollte im Grunde der katholi[illegible] Kirche nicht die vorgeschlagene Befreiung vom Polizeistaate gönnen; man [illegible] in der Convention die unmittelbar bevorstehende oder drohende Pfaffen- [illegible] Jesuitenherrschaft; man wollte in Wahrheit nicht den paritätischen St[illegible] Hatte doch der Führer der Pietisten, O. Waechter, offen gesagt: „Will [illegible] Staat nicht ein heidnischer, ein gottloser sein, so muß er sich einen christli[illegible] nennen lassen, und wenn christlich, so ist er (bei aller Zulassung der Kathol[illegible]) ein evangelischer." Aber diese protestantischen Fanatiker hatten doch nur [illegible] zahlreichen kirchlich Indifferenten die Majorität gegen R. gebildet; [illegible] Majorität wollte die Form der Convention verurtheilen, weil sie in ihr [illegible] Attentat auf die staatlichen Hoheitsrechte, eine ewige Bindung des Staats [illegible] durch einen Vertrag mit dem Papst sah; deshalb hatte sie geglaubt — ohne materielle Prüfung der Convention und der Gesetzesvorlage im ein[illegible] zelnen — die erstere verurtheilen zu können und zu müssen.

Was den Inhalt der Convention und ihrer kirchenrechtlichen Folgen be[illegible] trifft, so ist er ein Jahr später (30. Januar 1862) glatt in Gesetzesform angenommen worden, obwohl es sich damals, wie ein Jahr vorher, um [illegible] *Aufgeben* des Josephinismus, um gewisse Concessionen an Papst und Bischöfe, *an das kanonische Recht*, um Anerkennung der im Moment gültigen katholischen chendisciplin, um eine rechtliche Einführung der Autonomie der württembergischen katholischen Kirche in ihren inneren Angelegenheiten, um eine gewisse Beschränkung der staatlichen Aufsicht handelte. Die materielle Hauptfrage war, ob das, was in der Convention stand, die für Württemberg angezeigten Concessionen an die katholische Kirche überschritt, ob diese Concessionen die nothwendigen und für Württemberg zulässigen Vorbedingungen des kirchlichen Friedens, die nothwendigen Consequenzen des Verfassungsstandes, wie er seit 1848—50 lag, waren. Und das wird man bei ganz ruhiger historischer Beurtheilung doch wohl bejahen müssen.

R. hat die Verhandlungen mit Rom nie als Römling, nie als Freund der katholischen Kirche oder gar der Jesuiten geführt; es war in ihm kein Tropfen jenes romantisch-künstlerischen Blutes, das vom Katholicismus sich angezogen fühlt, keine Spur jener conservativen Revolutionsangst, die hinter dem Ultramontanismus Deckung sucht; die Restauration des katholischen kirchlichen Lebens in den 50er Jahren erschien ihm nur als eine vorübergehende Strömung. Er sagte mal in jenen Jahren: „Das Gothaerthum (zu dem er sich bekannte) und der Katholicismus sind die stärksten politischen Gegensätze; er vertraute sicher auf den endlichen Sieg „der geborenen und geschworenen Feinde der katholischen Hierarchie, d. h. auf die liberalen Ideen der modernen Zeit, das parlamentarische Leben", „auf den Sieg des gebildeten Mittelstandes". Er hat 1856—57 nur als Staatsmann das concedirt, was er der württembergischen Verfassung, dem paritätischen Staate, den großen politischen Veränderungen seit 1848 für entsprechend hielt. Ob er dabei, ob der württembergische Unterhändler in Rom, Freiherr v. Ow dabei zäh und verschlagen genug unterhandelte, entzieht sich meiner Beurtheilung. Aber im ganzen hat er entfernt nicht zugestanden, was andere Staaten, vor allem Oesterreich, damals einräumten. Er hat den wohlthätigen Einfluß der bisherigen württembergischen Staatseinmischung in die katholische Kirche für die höhere Bildung des Clerus und für den confessionellen Frieden voll und ganz erkannt und war bemüht, davon so viel als möglich zu erhalten. Er hat es in den wichtigsten Fragen dahin gebracht, daß die Dinge in der Hauptsache materiell beim Alten blieben, und der Kirche mehr formale als materielle Concessionen gemacht wurden. Es blieb durch die Convention und die an sie sich schließenden Verhandlungen erhalten: der ganze staatliche Charakter der Bildungsanstalten für den Clerus, die staatliche Besetzung der meisten Stellen durch das überwiegende kgl. Patronat, das Recht des Staates, mißfällige Persönlichkeiten vom bischöflichen Stuhle und vom Domcapitel fern zu halten; ferner das Recht des Staates, von der bischöflichen Stellenbesetzung alle dem Staate politisch oder bürgerlich ungeeignet scheinenden Personen fern zu halten, das Recht des Staates, jede Ordenszulassung und jeden Erwerb der todten Hand durch Versagen der Genehmigung durch die Behörden zu hindern; es blieb das Placet, wie es 1858 geordnet war, für alle gemischten Angelegenheiten; für alle kirchlichen Erlasse war gleichzeitige Anzeige bei der Regierung vereinbart. Das Wichtigste war zuletzt, daß das Versprechen der Kirchendotation so gefaßt wurde, daß es ad calendas graecas vertagt war, die finanzielle Abhängigkeit der katholischen Kirche von der Regierung bestehen blieb. — R. hatte daher ganz Recht, in seiner Hauptrede zum Schlusse zu betonen, daß er die staatlichen Hoheitsrechte gewahrt habe. Er sagte: „Wer einst nach mir die Actenfascikel studiren wird, wird mir das Zeugniß nicht versagen, daß ich die Rechte der Regierung mit Sorgfalt und Entschiedenheit zu wahren gesucht habe. Man wird mir das Zeugniß geben müssen, daß ich in dieser Sache nichts anderes *gewollt habe, als* eine außerordentlich schwierige und noch in keinem Lande befriedigend gelöste Frage so zu regeln, wie ich es, wenn auch vielleicht nicht vor dem Urtheile in dieser hohen Kammer, so doch vor allen denjenigen verantworten kann, welche die Motive der Regierung mit Billigkeit und Unbefangenheit prüfen werden."

Aber gerade diese Motive kannte weder das Land noch die Kammer. [illegible] konnte noch 1880 sagen, er sei nicht sicher, ob sein mühsames Werk (die Motive) auch noch irgend ein Mensch durchgelesen habe. Dagegen hatte [illegible] 1859/61 die Agitation der sich bedroht glaubenden Protestanten den weitesten Spielraum gehabt. Die tollsten Gerüchte wurden verbreitet und geglaubt, z. B. daß der König katholisch sei oder es werde, daß unlautere Einflüsse [illegible] gehabt hätten. Das Unsinnigste wurde geschrieben und geglaubt. „Das [illegible] Württemberg sei für ewige Zeiten an den Papst verkauft; der Papst habe [illegible] auch die Herrschaft über die Protestanten; er könne das protestantische Kirchengut an sich ziehen und es mit dem Patrimonium Petri vereinigen." [illegible] angeblich bisher bestehende (?) Episcopalsystem sei nun durch das Papalsystem ersetzt. Und anderes mehr. Selbst Rümelin's maßvolle Gegner in der Kammer gaben zu, daß das meiste, was geredet und geschrieben werde, Unsinn sei. [illegible] die Verdächtigung war denen, die R. stürzen wollten, bequem. Und der Wahnwitz erreichte auch in der Kammer selbst ihren Höhepunkt, als [illegible] Mohl R. die Worte zuschleuderte: Wenn er derartiges in England gethan hätte, so würde ihm der Kopf vor die Füße gelegt werden. Um künftig [illegible] Minister fern zu halten, schlage er ein Gesetz vor, das jeden eintretenden Minister zu einem staatsrechtlichen Examen verpflichte.

Einen Haupttheil der Schuld an der Erregung trug die Thatsache, daß das österreichische Concordat von 1855 fast in ganz Deutschland mit der württembergischen Convention für gleichlautend gehalten wurde. Vergeblich stellte R. der Kammer vor, daß es in allen wichtigen Punkten ungefähr das Gegentheil des württembergischen enthalte. Heute weiß jeder Geschichtskundige, daß die reactionäre österreichische Regierung von 1852—55 die Einräumung der weitgehendsten Rechte an die Kirche für das einzige Heilmittel gegen die Revolution und gegen die centrifugalen Tendenzen seiner Völker hielt, daß sie sich damit an Stelle Frankreichs wieder den ersten Platz im Vatican [illegible] wollte, daß es im Concordat, d. h. im Bunde mit dem Papste die Rettung gegen die italienischen Aufstände und Einheitsbestrebungen sah. Auch die gleichzeitigen Kämpfe um die badische Convention mit Rom hatten ungünstig gewirkt. Der erhebliche Unterschied, daß die badische Regierung in Rom nicht wie die württembergische, die ständische Zustimmung zu den nothwendigen gesetzgeberischen Aenderungen vorbehalten hatte, wurde ganz übersehen. Man bemerkte auch nicht den großen Unterschied, daß in Baden fast nur Katholiken, in Württemberg nur Protestanten die Convention bekämpften.

Müssen wir so behaupten, daß die Angriffe auf den Inhalt der Convention und auf Rümelin's Gesetzesentwurf maßlos übertrieben, in der Hauptsache falsche waren, daß die Kammermajorität ihre freie Besinnung und Entschließung durch eine blinde confessionelle Hetze von Außen verloren hatte, so liegt die formelle Rechtsfrage schwieriger: war der Weg der Convention als Grundlage bestimmter Aenderungen der bestehenden Gesetzgebung, sowie der königlichen und Ministerialverordnungen der richtige? R. hat selbst in seinen Staatsanzeigerartikeln vom Juni 1857 anerkannt, daß eine Vereinbarung zwischen zwei obersten Gewalten, die sich beide ein ausschließliches souveränes Gesetzgebungsrecht beilegen, eigentlich nicht möglich, nur denkbar sei, „wenn sich Formen finden ließen, welche die Verschiedenheit der beiderseitigen Grundanschauungen nicht zum Ausdruck kommen lassen." Jedenfalls aber hatte er nt, daß es in der damaligen Lage der Dinge nur zwei Wege gebe: entr eine einseitige Staatsgesetzgebung, die dann mit Sicherheit für Jahre n Kampf zwischen Staat und Kirche erzeuge, oder eine Gesetzgebung nach vorgehender Vereinbarung, die einen Friedenszustand zur Folge habe. Er s sich einfach, wo im Leben große feindliche Mächte bestehen, von denen n die andere ohne weiteres zwingen kann, da sind infolge realer Nothdigkeit Friedensverhandlungen unter irgendwelcher Form nöthig, wie auch beiderseitigen juristischen Consequenzmacher das ablehnen mögen. Er konnte jedenfalls darauf berufen, daß seit vielen Jahrhunderten Staat und Kirche er wieder solche Vereinbarungen geschlossen haben; er hatte zugleich den m Rechtsboden in Württemberg für sich: der Reichsdeputationshauptschluß e Württemberg die neuen katholischen Lande eingeräumt unter der Begung einer Convention mit Rom; die Väter der württembergischen Verung hatten eine solche als selbstverständlich vorausgesetzt, die württembergische ierung eine solche 1821 und 1827 geschlossen und die entsprechenden Bullen Papstes anerkannt. R. konnte also 1856 bei seinem Eintritt ins Ministerium nur fragen, ob die Machtvertheilung zwischen Rom und Württemberg ablicklich so sei, daß eine einseitige Staatsgesetzgebung, die eben wahrinlich für Jahre den kirchlichen Unfrieden, die Sistirung des Gottesdienstes der Stellenbesetzung involvire, aussichtsvoller sei als eine Gesetzgebung, auf Grund einer die Standpunkte vermittelnden Convention den Frieden antiere. Preußen wagte mit den Maigesetzen den ersteren Weg und mußte t in wichtigen Punkten doch wieder nachgeben. Und wie viel größer war ßens Macht für einen solchen Kampf. Den preußischen Culturkampf hat stets verurtheilt; freilich noch mehr die vorher 1850—73 erfolgte Preisung der Staatshoheitsrechte durch Preußen. In dem Verlaufe des preußischen turkampfes sah R. später eine schlagende Bestätigung, daß er 1856—61 t gehabt habe. Und er sah in der Rechtfertigungsschrift, die sein Nacher Golther für sein Vorgehen 1874 schrieb, deshalb eine gänzliche Verung der historischen Zusammenhänge, weil Golther sich den Anschein , durch sein Gesetz und die Verwerfung der Convention zum Frieden gemen zu sein. R. weist ihm nach, daß noch am 16. März der König Württemberg dem Papste telegraphirte, die Ablehnung der Convention ute für ihn nicht Befreiung von der Bindung an deren materiellen Inhalt, ähnlich die Regierung am 13. Juni an Antonelli schrieb; er zeigt, daß materielle Inhalt des Gesetzes von 1862 überall der Convention entspreche. der Schluß ist klar: obwohl Rom gegen das Gesetz von 1862 formell protestirte, fügte es sich doch nur deshalb ohne zu viel Schwierigkeit in dasselbe, weil es materiell in der Hauptsache gab, was vorher in der Convention ausgemacht e. Und mit Recht schließt R.: „Nicht die formelle Verwerfung der Contion, sondern ihre nachträgliche materielle Ausführung durch Golther selbst antierte Württemberg den kirchlichen Frieden für ein Menschenalter, während übrigen Deutschland der Culturkampf tobte." Er protestirt mit Recht gisch gegen Golther's Unterstellung, daß Württemberg drei Epochen der handlung der katholischen Kirche durchgemacht habe: 1. die des Staatsthums; 2. die der Beugung der Staatsgewalt unter die Kirche in der t von Rümelin's Ministerium; 3. die des gemischten Systems (unter lther). Jeder Unbefangene, der heute Rümelin's und Golther's Gesetzwurf und die beiderseitigen Motive durchliest, wird zugeben, daß auch lther wesentlich auf dem Boden der Convention steht, daß viele der wichtigsten agraphen in seinem und Rümelin's Gesetzentwurf wörtlich gleichlauten, ß die Tendenz der *Motive* häufig dieselbe ist, daß aber natürlich Golther sich nicht auf die Convention, sondern auf die Verfassungsparagraphen bez[illegible] als deren Ausführung er sein Gesetz hinstellen will. Nach den Debatten [illegible] März 1861 war es natürlich, daß man vom Juni bis December desselben Jahres die materielle Uebereinstimmung mit der Convention nicht be[illegible] Wie sehr sie in den Hauptsachen vorhanden ist, gibt auch das amtliche [illegible] „Das Königreich Württemberg" II, 2, IV (1884), S. 252, zu. Auch [illegible] behauptete Unterschied, daß die Convention Württemberg für ewige Zei[illegible] gebunden hätte, ein Gesetz aber stets wieder durch Regierung und Stä[illegible] änderbar sei, war insofern hinfällig geworden, als R. bei den Debat[illegible] (12.—16. März) erklärt hatte, die Regierung fühle sich natürlich gebun[illegible] die durch den Inhalt der Convention jetzt nöthigen Vorlagen möglichst du[illegible] zubringen, nehme aber nicht an, daß ein so zu Stande gekommenes Gesetz ei[illegible] andere rechtliche Natur habe als andere Gesetze, daher unter späteren [illegible] anderen Verhältnissen durch ein anderes Gesetz auch wieder ein anderer R[illegible] zustand geschaffen werden könne. Golther's Darstellung, daß die [illegible] Rümelin's eine Zeit der Schwäche und der Bethörung durch Rom gew[illegible] daß sein starker Gesetzesarm dagegen dem Lande den Frieden gebracht hä[illegible] ist eine Schatten- und Lichtvertheilung, die der historischen Wahrheit gr[illegible] ins Gesicht schlägt.

Dabei soll aber nicht verschwiegen werden, daß Rümelin's Nieder[illegible] in der Kammer nicht ohne seine Schuld insofern war, als er offenbar da[illegible] die parlamentarisch-taktische Geschicklichkeit nicht besaß, wie sie eben nur Fo[illegible] einer langen parlamentarischen Thätigkeit sein kann. Bei richtigerer Ei[illegible] schätzung der wachsenden Widerstände hätte er die Bekanntmachung der Con[illegible] vention und die Gesetzesvorlage in relativ engere zeitliche Verbindung bring[illegible] müssen; er hätte es zu einer mehrjährigen Berathung der staatsrechtli[illegible] Commission nicht kommen lassen dürfen; noch im Mai 1860 bei Ausgabe [illegible] Berichts der Commission hätte er wahrscheinlich gesiegt. Noch zuletzt hätte [illegible] Regierung die Niederlage wahrscheinlich nicht erlebt, wenn sie beim Kam[illegible] präsidium die gleichzeitige Berathung des Commissionsberichts und der Re[illegible] gierungsvorlage hätte durchsetzen können. Bei der Debatte war die Verthei[illegible] Rümelin's sehr würdig, aber nicht schneidig genug, fast resignirt; sein Co[illegible] v. Linden secundirte ihm gewandt, aber nicht energisch genug; der Ju[illegible] minister war gar nicht da. Ueber die inneren Ursachen von all dem [illegible] man ohne Acteneinsicht nicht urtheilen. Die Verzögerung der Regierungs- vorlage hat wohl eine wesentliche Ursache mit darin gehabt, daß R. vorher alle die Verhandlungen mit dem Bischof über die Einrichtung der Erziehungsanstalten, die Ausführung der Disciplinarbestimmungen und ähnliches zu einem guten Ende gebracht haben wollte; er glaubte wohl, damit die Convention vor Miß- verständnissen und falscher Auslegung zu bewahren.

R. war am Abend des 16. März 1861 entschlossen, beim Könige seine Entlassung zu erbitten. Er hatte schon vorher dem Freunde geschrieben: er thue es gerne, seine ökonomische Zukunft sei ja gesichert. Es war klar, daß der nun sich eröffnende Weg, unter Aufhebung der Convention ihren materiellen Inhalt in ein selbständiges Gesetz zu gießen, leichter von einem anderen Minister durchzuführen war. R. sah, daß den anderen Ministern sein Abgang die veränderte Stellung erleichtere; er hat allerdings später von ihnen — mit Ausnahme Wächter's — besonders von Linden's heimliche Wege gehender Diplomatie nicht ohne Bitterkeit gesprochen. Er hatte auch sonst das Gefühl, daß, so wenig man ihm an seiner ganzen Amtsführung etwas *anhaben könne*, er an sich weite Schichten gegen sich habe — den Adel, weil *er stets* den bürgerlichen Standpunkt vertrete, die Juristen, weil sie die

[ober]sten Stellen für sich haben wollen, einem ehemaligen Gymnasiallehrer [ni]cht die Leitung eines Ministeriums zutrauen. Er sehnte sich nach der Hetze [der] letzten Jahre momentan nach Ruhe und schriftstellerischer Thätigkeit, obwohl [er] sich der Erkenntniß nicht verschloß, daß er von Natur zum Staatsmanne [be]stimmt sei. Und leicht kam er nach seinem Rücktritt doch nicht zur Ruhe, [trotz] energischer Hinwendung zu neuer, ganz anderer Arbeit. „Das Grübeln [in] schlaflosen Nächten — schreibt er dem Freunde — höre nicht auf; Zorn [we]chsele mit Verachtung, Reue und Beschämung mit Resignation.“ Er läßt [di]e Stimmung in dem Distichon ausklingen:

> Si bene vivere vis, ne quae sunt acta revolves,
> Dona prehende horae, mitte futura Deo.

Der Rücktritt Rümelin's raubte der württembergischen Staatsleitung einen [der] fähigsten Köpfe, der unabhängigsten Charaktere, der geistig hochstehendsten [Mä]nner, die im 19. Jahrhundert dort auf Ministerstühlen saßen. Ihn aber [gab] diese Katastrophe dem Familienleben, der wissenschaftlichen Thätigkeit zurück; [er h]at so in seinen späteren Lebensjahren unendlich mehr Lebensglück erfahren, [als] wenn er Minister geblieben wäre. Und daß er umsonst fünf Jahre an [der] großen weltgeschichtlichen Frage in activer entscheidender Stellung mitgearbeitet hätte, das glaubte er selbst nicht, wie wir aus der stolz-bescheidenen [Ab]handlung von 1880 „zur katholischen Kirchenfrage“ (R. u. A. II, 205—27)

Ich möchte zusammenfassend seine Stellung so charakterisiren: die Zeit [der] Reformation hatte die europäischen Staaten in rein katholische und rein [pro]testantische geschieden; die Confessionen standen sich fast überall bis 1789 [in] Haß und ohne Verständniß gegenüber. Nur vorübergehend oder schüchtern [wurden] in Frankreich im 17. Jahrhundert, in Brandenburg-Preußen seit dem [große]n Kurfürsten Versuche der gegenseitigen Duldung, des paritätischen Staates [gema]cht. Die rationalistische, antikirchliche Aufklärung hatte nur die obersten [Schi]chten von Kirche, Gesellschaft und Staat 1750—1850 erfaßt, hatte in [Deu]tschland ein polizeiliches Staatskirchenthum geschaffen, das als Druck des [Pro]testantismus auf den Katholicismus erschien. Es handelte sich nun im [19.] Jahrhundert ernstlich darum, das unendlich schwierige Problem paritätischer [Staa]ten mit gegenseitiger, wirklicher Duldung und Gleichberechtigung der Con[fessi]onen durchzuführen und so das noch wichtigere künftige Problem einer An[näh]erung der Confessionen vorzubereiten. Niemand hat mehr als R. betont, daß [ent]scheidend hierfür der innere Fortschritt der Kirchen, die geistige und wissen[scha]ftliche Hebung der leitenden Geister in jeder der Confessionen sei. Er betonte, [die] Jesuiten und Ultramontane billig und duldsam zu machen, nicht Sache des [St]aates, sondern der historischen Entwicklung sei. Aber bei der natürlichen Unduld[sam]keit aller kirchlichen Gemeinschaften und bei der Unmöglichkeit, heute schon in Deutschland ohne großen Schaden und ohne erhebliche Gefahren Staat und Kirche [gan]z zu trennen, erinnerte R. ebenso energisch daran, daß seit zwei Jahrhunderten [der] Kampf für Duldsamkeit von den staatlichen Gewalten ausgegangen sei. So [müs]se nach seiner Ueberzeugung auch heute durch eine versöhnende Staats[ge]setzgebung die Reibung zwischen den Confessionen und das Verhältniß der Staatsaufsichtsgewalt zur Kirche geordnet werden; gegenüber der katholischen Kirche, die nun einmal im Papst ihren obersten Vertreter habe, müsse aber [ei]ne vorhergehende Verständigung mit Rom die Grundlage der Gesetzgebung [bi]lden; nur so habe man Aussicht, das Gesetz ohne Kampf durchzuführen. Es [wi]ll mir scheinen, R. habe damit besser als die meisten andern mit dieser [gro]ßen Frage befaßten deutschen Staatsmänner, auch richtiger als Falk in [P]reußen den rechten Weg beschritten, d. h. den Weg der Versöhnung, der

Vermittelung, der gegenseitigen Anerkennung und Duldung. Es will scheinen, es sei der Weg, den schon Melanchthon und Cardinal Contarini wandeln wollten, der Weg den Leibnitz sowie die größesten Geister der klärung und unserer Tage im Auge hatten und haben. Daß die M in confessioneller Enge und in Partei- und Tagesinteressen verharrenden damals und heute diesen Weg nicht verstanden, ist natürlich. Alle g Männer leben der Zukunft, werden fast immer von der superklugen Gegen verkannt. —

3. Die späteren Lebensjahre 1861—89; wissenschaftl und akademische Thätigkeit. Am 5. April 1861 war R. sein Ansuchen in den Ruhestand versetzt. Bald darauf starb der bish Leiter des württembergischen statistisch-topographischen Bureaus, Staatsr v. Herdegen, und R. erklärte sich bereit, diese Stelle als Ehrenamt zu nehmen; er war schon als Rath des Cultusministeriums Mitglied die gewesen, sein realistischer Sinn hatte ihn stets auf die Statistik hingew er ergriff sofort eine Reihe wichtiger statistischer Einzelfragen und begann bearbeiten. Er theilte die folgenden Jahre bis Anfang 1867 zwischen solch litterarische Arbeiten. Seine Familie hatte sich vergrößert; ein zweiter Max war ihm am 15. Februar 1861, eine Tochter Marie am 4. Nov 1862 geboren worden. Er lebte in glücklich behaglichen, geistig ange Kreisen in Stuttgart, zuletzt im selben Hause mit dem Dichter Moritz Hart zeitweise zwei bis drei Mal wöchentlich des Abends in gemeinsamem Fam zusammensein discutirend, sich an dieser so ganz anderen, antischwäbischen erfreuend.

Da reifte anfangs 1867 aber doch der Entschluß in ihm, sich noch eine Existenz zu begründen, das akademische Katheder in München oder Heid als 52jähriger zu betreten. Die Aussicht in Stuttgart als Pensionär zweiter „Memminger“ (Landesstatistiker) zu altern und zu sterben erscheint zu traurig; wenn er noch eine neue Bahn einschlagen wolle, sei keine Zeit verlieren. Er schreibt ganz unter dem Eindrucke der großen Ereignisse 1866, die ihn als preußisch Gesinnten mit Freude und Begeisterung erf „Der Staat Württemberg interessirt mich nicht mehr, obwohl ich seine wickelung in Zahlen verfolgen muß. Alle meine Wünsche und Hoffn gehören dem preußischen Staate und seiner Entwickelung; wenn ich jü wäre, würde ich dort eine Stellung suchen.“ R. machte eine Eingabe an König, er möge ihm gestatten, seine Pension ohne Abzug im Auslande ver zu dürfen. Darauf bat man ihn, seine Kraft dem Inlande und Tübing zuzuwenden; es wurde ihm ein Lehrauftrag für Statistik und vergleich Staatenkunde angeboten, mit der Erlaubniß, zugleich philosophische Vorlesung zu halten; der Tübinger Senat hieß ihn freudig willkommen. Im Herbst 18 siedelte er in die Musenstadt am Neckar über und ist da bis zu seinem T geblieben. Die Hauptvorlesungen, die er nun bis zum Sommer 1888 mit steigend Beifall meist je dreistündig hielt, waren: Sociale Statistik, Politische Stat oder vergleichende Staatenkunde, Rechtsphilosophie; zwei Mal las er Psychologische Untersuchungen. Studirende aller Facultäten nebst älter Herren füllten sein Auditorium; es war etwas Anderes als alle sonstigen Vo lesungen, was man hier hörte: die ausgereifte Erfahrung eines Staatsmanns, eines großen realistischen Beobachters, eines ganz selbständigen, eigenartig Denkers.

Das Jahr 1870 war für R. eine Zeit großer, allgemeinerer und persön licher Schicksale. Sein ältester Sohn Gustav rückte mit der deutschen Arme gegen Paris vor; er schrieb ihm: „Gott sei mit Dir und den deutschen Heer". Sein Schwager L. Schmoller stand wochenlang in den Trancheen Fort in Wasser und Sumpf, fast dem Tode dadurch erliegend. Nach Kaiserproclamation in Versailles waren die Hoffnungen seines Lebens; er schreibt dem Freunde: „Seit gestern gehören wir alsa zum Deutschen und haben einen Kaiser. Nachdem dies erreicht ist, habe ich das Gefühl, werde den Rest meines Lebens weniger für Politik, noch mehr für Philosophie und Contemplation leben." Und doch führte ihn die Erledigung der Stellung eines Kanzlers der Universität und die Uebertragung dieses Amtes ihn wieder der laufenden Tagespolitik in die Arme. Die Tübinger Würde des Kanzlers gleicht in Manchem der preußischen Curatorenstellung; aber sie ist mehr; der Kanzler wohnt allen Senatssitzungen an, er ist oder sollte sein der angesehensten Lehrer der Universität. Seine jährlichen Reden bei der Preisvertheilung sind die großen wissenschaftlichen Feste der Universität. Der Kanzler vertrat damals auch noch die Universität in der zweiten Kammer. kehrte so von allen Parteien geehrt und anerkannt in den Stuttgarter Ständesaal zurück; er nahm 1870—89 an allen Berathungen über den Etat, Schul- und Kirchenfragen, die Universität, an allen Finanz- und volkswirthschaftlichen Fragen regen Antheil, oft als Berichterstatter, stellte viele meist angenommene Anträge, war ein gern gehörter Redner, eines der angesehensten Mitglieder des Hauses. Die Thätigkeit in Stuttgart, die hier empfangenen Anregungen, das regelmäßige Wiedersehen seiner alten Freunde, des Kriegsministers Wagner, des Prälaten Gerok, des Justizministers Faber, der Brüder Klumpp — war für R. eine angenehme Unterbrechung der stillen Tübinger akademischen und wissenschaftlichen Thätigkeit.

Da ich aus unten anzuführenden Ursachen seine im übrigen sehr bedeutende Kanzlerthätigkeit nicht würdigen kann, und die Darlegung seiner Kammerthätigkeit uns in zersplitternde heterogene Einzelheiten hineinführte, so bleibt hier nur die Würdigung seiner wissenschaftlichen und schriftstellerischen Thätigkeit übrig. Wir betrachten je im Zusammenhang die einzelnen Gruppen der Schriften aus dieser Zeit (1861—89). Eine Auswahl hat er zuerst 1875 unter dem Titel „Reden und Aufsätze" veröffentlicht; eine neue Folge erschien 1881; eine dritte 1894 nach seinem Tode. Diese drei Bände haben ihn erst in weitesten Kreisen als einen der ersten Schriftsteller, Stilisten und Philosophen Deutschlands gezeigt, haben erst seinen Namen populär gemacht. Wir gliedern die Schriften nach ihrem Inhalt in a) litterarische und politisch-historische, b) statistische, c) philosophische.

a) Litterarische und politisch-historische Schriften einschl. der biographischen. Das ganze Leben Rümelin's von der Jugend bis ins Greisenalter ist in erster Linie erfüllt von der Beschäftigung mit den großen Dichtern und Schriftstellern. Es ist erstaunlich, wie viel er selbst als Minister Neues und Altes gelesen, durchdacht, dem Freunde eingehend über seine Eindrücke berichtet hat. Seine Briefe über Goethe und Shakespeare sind fast kleine Abhandlungen. Daneben berichtet er über Macaulay, Ranke, Guizot, Mommsen, Renan, Niebuhr's Lebensnachrichten, Pertz, das Leben Stein's, Strauß, Schopenhauer. Die Muße von 1861 an gab den Anstoß zu seiner Schrift über Shakespeare. In einem Briefe an Kern vom 15. Juli 1853 erzählt er, wie in seinem Freundeskreise alle großen Dichter nach den württembergischen Examensnummern geordnet worden seien, daß nur Goethe, Homer und Shakespeare I a, Sophokles und Schiller I b bekommen hätten, und fügt dann bei: „Seit ich angefangen habe, mich von dem Drucke, den der Name Shakespeare auf mich ausgeübt hat, wie die Autorität als *solche*, *zu emancipiren*, habe ich eine viel größere Freude an ihm als vorher, lese viel in ihm. Ich bin aber so frei, manches bis Respectirte gering zu schätzen, erfreue mich aber um so mehr an an besonders an der Fülle lyrischen Schmuckes, prächtiger Gedanken und und an der hohen Lebensweisheit.“ Vieles sei zu schlecht motivirt, au wahrscheinlichkeit mache sich Shakespeare gar nichts. Am 20. December schreibt er dann: „Ich bringe meine Marotten und Paradoxien über S speare zu Papier“. Sie erschienen erst 1864—65 im „Morgenblatt gebildete Leser“ (November 1864 bis Februar 1865) als „Shakespeare eines Realisten“ und nachdem sie ebenso viel starken Widerspruch wie Zustimmung gefunden hatten, 1865 in erster, 1874 in zweiter Auflage Rümelin's Namen als selbständiges Buch (Cotta, 8°, 315 S.).

Das Buch geht von ernsten, historischen Studien über das Englan die Bühne der Zeit, das Publicum und die Person Shakespeare's aus, kri dann die wichtigeren Dramen und schließt mit einem Lebensbild des Di und einer Zusammenfassung seiner Lebensansichten. Das Schlußcapitel ver Shakespeare mit Schiller und Goethe und erörtert den deutschen Shakes cultus. Das Ganze ist ein Protest des gesunden Menschenverstandes un naiven Kunstfreude des Laien gegen die verhegelte Shakespearebeurtheilung F. Vischer's, gegen die philosophisch construirten Verherrlichungen von Ger Ulrici und Anderen, ein Protest gegen die Ueberschätzung der historischen Dra „die überhaupt wenige, nie Jemand zum zweiten Male, lesen“. Die Sh speare-Gelehrten und -Philologen waren etwa gerade so außer sich über „dilettantischen“ Ketzer wie einige Jahre vorher die schwäbischen Pietisten den angeblich römischen Concordatsmacher. Aber Tausende von wirkl Shakespeareverehrern athmeten auf, daß endlich mal eine natürliche, tendenzf Würdigung des Dichters ihnen die Augen geöffnet und ermöglicht hatte, Große, Schöne, wahrhaft Poetische an ihm ganz zu genießen, ohne in Schnürstiefeln der Hegelei eingespannt zu werden und ohne an die Weis keiten stubengelehrter Philologen, an unnatürliche Zumuthungen glauben, geistige Verrenkung erdulben zu müssen. R. schließt das Vorwort der zwei Auflage seines Buches mit dem Worte, daß alle schulmeisterlichen Abkanzlun daran nichts ändern werden, daß die „Dilettanten“, zu denen er auch gere werde, und wozu er sich selbst zähle, d. h. die gebildeten Liebhaber und die Zunftphilologen und -philosophen das letzte Wort über die großen Di haben werden. — Die Shakespearestudien des „Realisten“ waren eine mut befreiende That gegen eine verschrobene, verzopfte Schulgelehrsamkeit. die Gegner geben heute den großen Werth dieser „Studien“ zu. Ich erl an meinem eigenen Tische, wie Ulrici, einer der von Rümelin Meistgeschmäht den anwesenden R. liebenswürdig und begeistert feierte.

Vielleicht ebenso viel wie mit Shakespeare hat sich R. mit Goethe beschäftig aber doch nie über ihn so ausführlich gehandelt wie über Shakespeare. aber hat er in späteren Jahren seine Gedanken über Lessing zu einer St zusammengefaßt (R. u. A. II, 514—538). Auch hier ist der Zweck, Zeit- und Charakterschilderung, Lebenslauf und Bildungselementen die Gr der Wirksamkeit des großen Kritikers darzulegen und eine richtige reali Einschätzung Lessing's neben der neidlosen Verehrung für ihn herbeizuführ

Fast gleichzeitig mit den „Shakespearestudien“ schrieb R. (1862) di Biographie von Justinus Kerner, des schwäbischen Dichters, des treuen Freund seines Elternhauses. Auch hierbei gab ihm der realistische Trieb die Feder in die Hand. Aus der genauen persönlichen Kenntniß und dem Studium des umfangreichen Nachlasses heraus wollte er dem väterlichen Freunde, über den bisher viele, aber wesentlich Fernstehende geschrieben hatten, ein lebenswarmes [illegible]mal setzen. Es erschien zuerst in der Beilage zur Allgemeinen Zeitung [illegible]18. Juni 1862), später im Bd. III der „Reden und Aufsätze“. Es ist [illegible]Meisterstück von psychologischer Analyse und Charakterschilderung. Wir [illegible] den schwäbischen Dichter und Arzt in seinem Hause am Fuße der [illegible]treue in Weinsberg seines Amtes menschlich edel walten und die Dichter [illegible]ganz Deutschland bei sich bewirthen, den unerforschlichen Geheimnissen des [illegible]lebens und der Geisterwelt congenial und doch wesentlich als Arzt und [illegible]forscher nachgehen. Ein ebenbürtiges Seitenstück hierzu sind die bereits [illegible]nten Erinnerungen an den großen Naturforscher R. Mayer, den Jugend[illegible] Rümelin's (1878 und 1880, zuerst in der Allgem. Zeitung, 30. April [illegible]. Mai 1878, dann R. u. A. Bd. II). Dieselbe Art der Behandlung, [illegible]ben Vorzüge zeichnen dieses Lebensbild des unglücklichen, zuletzt um[illegible]ten Gelehrten aus.

Neben Shakespeare, Kerner und der Statistik beschäftigte R. sich in der [illegible] Zeit nach seiner Ministerentlassung und dann öfter auch später mit der [illegible]embergischen Verfassungsgeschichte; zunächst interessirte ihn jenes Schreiber-[illegible]Pfarrerregiment, das 1806—19 um das gute alte Recht gekämpft hatte, [illegible] Geist ihm noch in seinen ministeriellen Kämpfen gegenüber gestanden hatte. [illegible]Jahrgang 1864 der Württembergischen Jahrbücher erschien die classische [illegible] „Altwürttemberg im Spiegel fremder Beobachtung“, wovon die zwei [illegible]tigsten Abschnitte im zweiten Bande der „Reden und Aufsätze“ (1881) [illegible] abgedruckt sind. Daran knüpfen sich direct an: die zwei Reden „König [illegible]rich von Württemberg und seine Beziehungen zur Landesuniversität“ [illegible]) und die „Entstehungsgeschichte der Tübinger Universitätsverfassung“ [illegible]) (Beide in Bd. III d. R. u. A.). Auch die Festrede beim Universitäts[illegible]läum 1877 (Bd. II d. R. u. A.), welche das Jubiläum von 1777 schildert, [illegible] in diesen Zusammenhang, sowie die unvergleichlich schöne Stndie über [illegible] schwäbischen Volkscharakter, welche 1883 für das Sammelwerk „Königreich [illegible]ttemberg“ geschrieben wurde (jetzt Bd. III d. R. u. A.).

Die württembergische Geschichte von 1500—1819 war bisher wesentlich nur [illegible] Theologen oder landschaftlichen Consulenten geschrieben worden, die mit dem [illegible] Horizont die Privatmoral der Herzöge, die freilich nur als große [illegible]monialherren möglichst viel aus dem Kammergut für ihre Vergnügungen [illegible]preßten, schulmeisterten. R. kam darauf, zu fragen, was sagen die [illegible]den Reisenden, Keyßler, Pöllnitz, Nicolai, Meiners und Andere über das [illegible]ürttemberg des 16.—18. Jahrhunderts und findet ihr Urtheil ebenso [illegible]ich wie begründet; er kommt auf sie und eigene Studien gestützt zu dem [illegible]ltate, daß der ganze kirchlich gefärbte Staat Herzog Christoph's mit der [illegible]regierung des ständischen Ausschusses (von zwei Prälaten und sechs Orts[illegible]meistern) zwar im 16. Jahrhundert eine That des Fortschritts, in seiner [illegible]einerung von 1568—1803 aber geistige, wirthschaftliche, culturelle Stagnation [illegible]tete, alle großen Württemberger von Kepler bis Schiller, Schelling und [illegible] aus dem Lande trieb; Württemberg erfuhr infolge seines guten alten [illegible] nie den Segen des aufgeklärten Despotismus, bis Friedrich II., der [illegible] Friedrich des Großen, ins Land kam und die altwürttembergische [illegible]fassung mit Recht beseitigte. Die Schilderung Rümelin's, wie der ganze [illegible]ige, sociale und wirthschaftliche Zustand des Landes zwei Jahrhunderte [illegible] von dem Prälaten- und Schreiberregiment beherrscht und bedingt ist, [illegible] billig zu den Perlen deutscher Geschichtschreibung gerechnet werden. Die [illegible] Reden von 1882 und 1883 sind werthvolle Beiträge zur deutschen Uni[illegible]sitätsgeschichte, glänzende Widerlegungen der unwahren Legenden, die Häusser und Treitschke *ohne eigene Quellenstudien* über das Regiment des zwar despotischen aber gebildeten und staatsklugen Fürsten und Reformators, König[illegible] nacherzählt haben. R. führt den Nachweis, daß die volle Autonomie [illegible] freie Wahlrecht der Lehrer, wie sie im 18. Jahrhundert bestanden, der [illegible] mehr geschadet als genützt habe; daß die Verwandlung der Universität [illegible] Staatsanstalt zunächst unter den zwei bedeutenden Curatoren [illegible] Wangenheim in der Hauptsache Fortschritt, Vergrößerung, Verwandlung [illegible] wingenden Theologenschule in eine wahre Universität bedeutet habe, daß trotz der nicht fehlenden ernsten Kämpfe zwischen Regierung und [illegible] 1816—31 über die Universitätsverfassung, der Friedensschluß [illegible] und die neue Universitätsverfassung vom 18. April 1831 der [illegible] richtige Maaß akademischer Freiheit zurückgab. — Die Arbeit über [illegible] bischen Volkscharakter gehört zum geistvollsten, was R. geschrieben [illegible] beginnt mit einer geographisch-natürlichen und historisch-politischen [illegible] des Landes; darauf baut sie den Versuch auf, das geistige Wesen, [illegible] nellen Eigenschaften der Schwaben zu schildern: die Abneigung [illegible] Autorität, die knorrige Entfaltung der Individualität, das [illegible] engen Verhältnissen, das nach innen gekehrte reiche Traum- und Gefühl[illegible] die Verachtung alles äußeren Scheins und anderes mehr; [illegible] gesellige, geistige Leben im Schwabenlande, die Eigenart seiner [illegible] wird uns lebendig vor Augen geführt.

Die beiden Reden über die Berechtigung der Fremdwörter [illegible] die neuere deutsche Prosa 1887 (R. u. A. III, 179—247, erstere [illegible] ständig in drei Auflagen) gehören dem Grenzgebiete der Sprach[illegible] und der Geschichte an. Die erstere geht von einer Polemik gegen die Sprachreiniger aus; sie zeigt, daß wir hauptsächlich in Wissenschaft [illegible] etwa 90000 meist internationale Fremdwörter gebrauchen, die [illegible] sind: sie führt dann an der Hand der Geschichte der deutschen [illegible] 18. und 19. Jahrhundert aus, daß wir in unserer gewöhnlichen [illegible] 216000 Worte — etwa noch einmal so viel wie die Franzosen [illegible] Er erklärt dann aus dem Wesen der deutschen Sprache, der [illegible] bildung einerseits den Reichthum, andererseits das Bedürfniß [illegible] worte aus anderen antiken und modernen Sprachen. Er weist [illegible] Ersetzung der Lehnworte durch deutsche die Sprache ärmer mache [illegible] deutsche Wort deckt sich fast niemals ganz mit dem Lehnwort, gibt [illegible] Seite der Bedeutung des Lehnwortes. R. gibt zu, daß man mit [illegible] flüssige Fremdworte meide, er verlangt aber, daß man es nicht [illegible] Der reichere Wortschatz ist zugleich ein Schatz von Vorstellungen [illegible] es ruht auf der Thatsache, daß unsere ganze Bildung auf der [illegible] und griechischen Sprache sich aufbaut. Die Feinheit unseres Stils [illegible] durch die Sprachreiniger bedroht.

Die zweite Rede über die neuere deutsche Prosa geht von der [illegible] ob die heutige deutsche Prosa wohl auch eine so kurze Zeit der [illegible] werde, wie einst die griechische und römische. Die Antwort [illegible] durch eine geistvolle Vergleichung der politischen und Sprachgeschichte [illegible] und modernen Völker, die das Problem überraschend aufklärt. [illegible] dem Ergebniß, daß die modernen Sprachen der heutigen europäischen [illegible] in ihrem Zusammenhang mit der geschichtlichen Existenz derselben eine [illegible] Garantie der Dauer haben. Er schildert dann, wie die deutsche [illegible] 1830 zu ihrer Höhe gelangt sei, und wie sie von da an [illegible] weiter ausgebildet, eine Reihe neuer Blüthen getrieben [illegible] habe. Die Charakterisirung der Prosa unserer großen [illegible] riftsteller von 1750 bis zur Gegenwart gehört zum Besten, was R. geieben hat.

Die Erörterungen über die Eintheilung der Universalgeschichte (R. u. A. 387—395) und über den Begriff einer Generation (das. I, 285—304) wähne ich zum Schlusse dieser ganzen Gruppe von Rümelin's Schriften. erstere zeigt, wie eigentlich die neuere Geschichte nicht 1517, sondern 1789 inne, wie die 1200—1500 entstandene Staaten-, Wirthschafts- und Culturlt in ihren Grundzügen bis ins 18. Jahrhundert dauere. Die zweite geht n dem statistisch-biologischen und historischen Begriff der Generation aus, zu zeigen, wie bedeutsam die Aneinanderreihung der Generationen psychoisch, historisch und sonst wirke. Die Auseinandersetzung hat sofort auch auf Geschichtsauffassung gewirkt, wie wir aus O. Lorenz daran anknüpfenden örterungen sehen; er handelt in seinem bekannten Buche die „Geschichtsissenschaft in Hauptrichtungen und Aufgaben“ (1886—1891) im ersten 5. 279—291) und im zweiten Bande (S. 143—278) von diesem Thema.

b) Statistik. Ein erheblicher Theil von Rümelin's Thätigkeit, zumal 361—71, aber auch noch später war der Statistik gewidmet. Es war dies 361—67 zunächst amtliche Pflicht; aber es war stets zugleich innere Neigung: s reale Leben, wo es ging, zahlenmäßig zu erfassen, die von der Statistik lieferten Zahlen kritisch zu untersuchen, ihnen den stummen Mund zu öffnen, it ihrer Hülfe psychologische, politische, wirthschaftliche Entwicklungsreihen zu lären, befriedigte seinen Intellekt ganz besonders. Dabei ging er vom llgemeinsten aus und kam auf das Speciellste.

Zunächst suchte er sich und der Welt in der Abhandlung zur Theorie der atistik (zuerst in der Zeitschr. f. d. g. Staatsw., 1863, dann R. u. A. I, 208 it einem Zusatz von 1874) Rechenschaft darüber zu geben, was Statistik i. Der Aufsatz gilt heute wohl allgemein als das Beste, was über das esen der Statistik gesagt wurde; ihr Vorzug ruht auf der philosophischischen Bildung des Verfassers, er liegt in der Einreihung der statistischen ethode in das System der wissenschaftlichen Methoden überhaupt. R. zeigt, ß man heute ganz allgemein mit dem Worte „statistisch“ die methodische eobachtung und Zählung von Merkmalen menschlicher oder anderer Gruppen n Erscheinungen und deren wissenschaftliche Verwerthung versteht, daß die tatistik so eine methodologische Hülfswissenschaft für eine Reihe empirischer issenschaften sei. Er giebt zu, daß ihr Name ursprünglich „Staatenkunde“ zeichnet habe; er will aber die heutige Staatenkunde, die Demographie, als ne besondere Wissenschaft neben der Statistik anerkannt wissen.

Seine statistischen Specialarbeiten begann R. als Chef des württemberg. tatistischen Bureaus mit den Abhandlungen „über die Vertheilung des landwirthhaftlich benutzten Grundeigenthums in Württemberg“ und über „die Statistik nes altwürttembergischen Dorfes vor 70 Jahren und jetzt“ (beide, Württ. ahrb. 1860 u. 1861). Die erste zeigt in musterhafter Weise, wie man aus ner schlechten Erhebung durch kritische Prüfung, durch bodenständige Sachenntniß, durch Heranziehung aller denkbaren Hülfsmittel der Erkenntniß doch n wahrheitsgetreues Bild der thatsächlichen Bodenvertheilung geben kann; ie Uebertreibung all der Schriftsteller, die vorher auf Grund dieser Statistik nd der Nothstände von 1845—55 ein schiefes Bild von der württembergischen roletarischen Zwergwirthschaft gegeben hatten, werden auf ihr rechtes Maaß rückgeführt. Der weitaus größere Theil der bäuerlichen Wirthschaft des andes zeigt sich im Lichte gesunder Entwicklung und Wohlhabenheit. — Die ndere Arbeit über Kornwestheim entwickelt mit Hülfe einer ausführlichen ntlichen Beschreibung *von 1787* und der neuesten Nachrichten die großen historisch-wirthschaftlichen Wandlungen eines württembergischen Normaldo[illegible] zeigt, daß von 1787—1860 die Zustände sich geändert haben, wie sonst [illegible] in Jahrhunderten und zwar überwiegend zum Bessern.

Von 1861—71 sind fast in jedem Jahrgange der Württembergi[illegible] Jahrbücher eine oder zwei statistische Arbeiten von R., hauptsächlich [illegible] Bevölkerung, Volkszählung rc. Nur Weniges aus diesen Arbeiten ist in [illegible] „Reden und Aufsätze“ übergegangen, z. B. der sehr schöne, eine S[illegible] statistischer, landläufiger Irrthümer zerstörende Aufsatz „Stadt und La[illegible] (I, 333). In der 1863 von dem statistischen Bureau herausgegebenen [illegible] schreibung des Königreichs Württemberg (eine Wiederholung des von Memmi[illegible] schon 1823 gemachten ähnlichen, 1841 nach dessen Tode neubearbeiteten Be[illegible] hat R. neben der Leitung des Ganzen die Bearbeitung der Bevölkerungsst[illegible] dann die Beiträge zur Culturstatistik, die Ermittlung über das Volksverm[illegible] und das Volkseinkommen nebst einigen anderen Abschnitten übernom[illegible] Und als dieses schöne Werk 1884 nochmals in sehr erweiterter Gestalt her[illegible] gegeben wurde, hat er dieselben Gegenstände bearbeitet und die hie[illegible] geschriebene Bevölkerungsstatistik Württembergs auch als besonderes [illegible] Buch erscheinen lassen. Ebenso hat R., so lange er lebte in Schönb[illegible] Handbuch der politischen Oekonomie die Abschnitte „Bevölkerungslehre“ [illegible] „Statistik“ bearbeitet (1882 ff.). Im ersten und zweiten Bande seiner „[illegible] und Aufsätze“ hat R. ferner in zwei Aufsätzen „Ueber die Malthus’schen Leh[illegible] und „Zur Uebervölkerungsfrage“ (zuerst Beilage zur Allg. Zeitung, 24. [illegible] 30. Januar 1878 unter dem Titel: „Unbehagliche Zeitbetrachtungen“) [illegible] Summe seiner bevölkerungsstatistischen Studien gezogen. Endlich ist zu [illegible] wähnen, daß R. 1869 und 1871 Mitglied der Commission war, welch[illegible] Berlin die weitere Ausbildung der deutschen Statistik berieth. Er war, so [illegible] er hinter manchen anderen Mitgliedern in technischen Erhebungsfragen zu[illegible] stand, doch bald eines ihrer maßgebendsten Mitglieder, war hauptsächlich [illegible] rent in der Untercommission, welche die Gründung einer Reichsbehörde für [illegible] deutsche Statistik zu berathen hatte (s. Statistik des Deutschen Reichs I, 264[illegible]

Die württembergische Statistik stand, als R. ihre Leitung übernahm, [illegible] Ganzen hinter der der übrigen Mittelstaaten, zumal der bairischen und sächsi[illegible] zurück. Ihr Lenker von 1850—61 war der Finanzminister a. D. v. Herdeg[illegible] der es ohne Universitätsstudien vom Schreiber bis zum Minister gebracht [illegible] selbst nichts Statistisches leistete, erhebliche Kräfte nicht heranzuziehen vers[illegible] R. machte rasch die württembergische Landesstatistik zu einer der angesehen[illegible] auch neue Arten der Erhebungen nach neuen Methoden hat R. veranlaßt, [illegible] z. B. setzte er die erste genaue Alterszählung in Deutschland durch; a[illegible] hauptsächlich wirkte er dadurch, daß er selbst jahrelang das herkömmlich [illegible] hobene Material meisterhaft bearbeitete, auch weitere brauchbare Bearbeit[illegible] heranzog. Er sah den größten Uebelstand der deutschen und auswärtigen amtlichen Statistik in der Häufung und Publikation der Erhebungen, ohne daß die, welche die Zahlen erhoben, oder auch andere, die dazu fähig seien, sie so bearbeiteten, daß man sie verstehe, daß sie wissenschaftlich und praktisch nutzbar werden. Er hat gegen diesen Mißstand besonders auch auf den Berliner Conferenzen 1869—71 ernste Mahnworte gerichtet.

Im Ganzen sah es 1800—1870 mit der Besetzung der statistischen Aemter nicht allzu gut aus. Der deutsche Zollverein hatte überhaupt nur ein Rechenbureau statt eines statistischen Amtes. Preußen hatte nur in J. G. Hofmann eine Kraft ersten Ranges an der Spitze. In den meisten Staaten besorgten höhere Beamte im Nebenamte die Leitung, oder solche, die bald andere Stellen erstrebten. Als man in Sachsen und Preußen den geistvollen Technologen

Engel, der sich ganz an den belgischen Physiker Quetelet anschloß, an die ... stellte, regte sein ruheloser, optimistischer Geist viel Gutes an; aber es ... ihm wie seinem Meister die staatswissenschaftliche Fachbildung, die ruhige ...tivität, die historisch-philosophische Bildung. R. besaß die erstere auch nicht ...haus aus; aber er hatte als Politiker und Minister sich schon vielfach derselben ...ätigt; er trat als Staatsmann, Psychologe, Philosoph, Historiker an alle ...schaftlichen Probleme heran; er hatte sich, wie seine Briefe und Aufzeich... von 1848—61 bezeugen, aufs eingehendste mit finanziellen und volkswirth...lichen Fragen beschäftigt; er kannte als praktischer Mann den Beamten...stat, der das statistische Urmaterial lieferte; er wußte diesen richtig einzuschätzen; ...nnte die Grenzen des damals Möglichen. Er wußte wie kein anderer ...maligen deutschen statistischen Beamten scharfsinnig, großzügig die statistischen ...ungen zu verwerthen. Sein 1871 in Berlin gemachter und in der Sub...mission allgemein gebilligter Vorschlag, das preußische statistische Bureau ...vinzialbureaus aufzulösen, die eine ähnliche Landes- und Volkskunde ... die der Mittelstaaten zur Bearbeitung ihrer Erhebungen heranbrächten, ...o natürlich von Engel bekämpft, kam nicht zur Ausführung. Der Vorschlag ...t aber das Urtheil wieder, das man in den anderen deutschen Staaten ... die damalige preußische Statistik hatte; ein Urtheil, in das wohl auch die ... Engel's theilweise einstimmten, die in den Conferenzen häufig die Haupt... ihres Directors waren, wie ich aus persönlicher Theilnahme be... kann.

Der Aufsatz Rümelin's über Malthus, dem er principiell zustimmt, dessen ...n er aber auf eine viel höhere psychologische und historische Stufe der ...ründung erhebt, gehört zum Besten, was über das Bevölkerungsproblem ...eben wurde; es treten hier die großen Conflicte des individuellen und ...schaftlichen Lebens als die letzten nothwendigen Ursachen dieses fast wichtigsten ...ischen Processes in den Vordergrund. Die zweite der obengenannten ...cipiellen Abhandlungen ist wohl etwas zu pessimistisch gefärbt; sie hält ...1875—90 in Deutschland vorhandenen wirthschaftlichen Stockungen wesentlich ... die Folgen der deutschen Uebervölkerung. Die ungünstigen Symptome, ...gerade damals in der württembergischen Bevölkerungsstatistik zu beobachten ... (rasches Anwachsen der Ehen, der Geburten, große Kindersterblichkeit, ...wanderung, Mißverhältniß zwischen männlicher und weiblicher Bevölkerung, ... R. schön und objectiv in seiner Bevölkerungsstatistik von 1884 dargestellt ...), veranlaßten ihn wohl zu der Annahme, daß in ihnen, d. h. in der ...völkerungszunahme an sich, die Hauptursache der unbehaglichen Zustände zu ...en sei. Hätte er den Wiederaufschwung der deutschen Volkswirthschaft ...8—92, 1895—1901, 1903—07 auch noch mit erlebt und gesehen, wie in ... Epochen die deutsche Bevölkerung ebenso oder noch rascher wuchs als ...—80, so würde er wahrscheinlich auch für seine Zeit die Uebervölkerung ... so sehr als die primäre Ursache der Stagnation, sondern mehr nur für ... Symptom einer schwierigen Uebergangszeit betrachtet haben.

c) Philosophie, Psychologie. Wie wir oben schon sahen, hatte ... R. schon in den 40er Jahren von Hegel's Bann befreit. Immer aber ... es ihm noch 1862 eine besondere Freude, in einem Vorlesungsmanuscript ... E. Zeller zu sehen, wie ganz auch er sich von Hegel ab zu Kant hin...wendet hatte. Die philosophische Lectüre war in den Jahren der Politik 1845—61 zurückgetreten. Nur 1852 finde ich, daß ihm Trendelenburg's logische Untersuchungen und Waitz's Psychologie einen großen Eindruck machten. Auch mit Herbart beschäftigte er sich damals und bemerkte: „Auf dem von Herbartianern eingeschlagenen Wege, die Psychologie als Naturwissenschaft zu behandeln, ist eine Regeneration der philosophischen Studien denkbar". Seine Weltanscha[illegible] hatte ch zu einem Goethe'schen Optimismus abgeklärt, aber nicht ohne [illegible] Gefühl, daß eigentlich nur die Sonntagskinder Ruhe in diesem Optimi[illegible] finden, und er betont, daß auch bei ihm stets zeitweise wieder der Pessimi[illegible] die Oberhand gewinne.

Da lernte er in den Tagen seiner schwersten politischen Kämpfe (18[illegible] Schopenhauer kennen. Er nennt das bekannte Buch „Die Welt als Wille und [illegible]stellung" das interessanteste und geistvollste Buch, das ihm je vorgekommen, es bleibe in den höchsten metaphysischen Erörterungen deutsch, klar, und [illegible] den Hegel-Schelling'schen Galimathias könne man nachher nicht mehr le[illegible] er werde aus seiner Lectüre bleibende Frucht und Veränderung vieler An[illegible] schöpfen. Aber seinen Pessimismus, seine Weltnegation lehnt er ebenso ab, [illegible] er in ihm die Richtung auf die positiven Zwecke des individuellen und soci[illegible] Lebens vermißt. Dagegen habe Schopenhauer ihn gelehrt, daß man [illegible] Optimist zu der großen Masse der Erscheinungen die Augen zudrücken m[illegible] daß die Mehrzahl der Menschen, vor allem die Alten, die Armen und Ele[illegible] die Aerzte und Geistlichen, die Staatsmänner, die das Massenelend tä[illegible] vor sich sehen, Pessimisten sein müßten, wie Jesus, Sokrates, Solon, [illegible] Seneca, Augustin ꝛc. es gewesen. „Mir, schreibt er, sind beide Le[illegible] anschauungen geläufig, die eine Goethische von Jugend auf, als die durch [illegible] Naturell und meinen Bildungsgang nahegelegte, die andere als die Fr[illegible] eigener und ernster Selbst- und Weltbetrachtung. Es ist mir, wie wenn [illegible] eine rosenfarbene und eine graue Brille hätte, bald durch die eine, bald [illegible] die andere blickte. Ihre Verschmelzung zur Einheit, will mir noch nicht [illegible] gelingen. Wohl aber wird es mir leichter als früher, mich innerlich von [illegible] Außenwelt loszumachen, so daß sie mir wie eine Scheinwelt, wie ein T[illegible] gegenübersteht." Dazu sei ihm Schopenhauer behülflich gewesen.

In der schriftstellerischen, glücklichen Arbeit der folgenden Jahre rückt [illegible] nun Schopenhauer und der Pessimismus wieder ferner, wie er das z. B. 1[illegible] dem Freunde berichtet. Wir sehen ihn hauptsächlich von 1867 an in Tü[illegible] mit Aristoteles und den Sophisten, mit Spinoza und Leibnitz, mit H[illegible] und Lotze, mit J. St. Mill und Darwin beschäftigt. Er will darauf verzi[illegible] die letzten Räthsel der Welt zu lösen, das Unerforschliche der Weltplän[illegible] ergründen; auch nicht mehr die Zweifel über die zwei Weltanschauungen [illegible] Optimismus und Pessimismus beschäftigen ihn in erster Linie, so[illegible] praktisch psychologische Fragen. Schon 1862 hatte er dem Freunde mitget[illegible] er möchte ihm ein Programm seiner psychologischen Studien schicken; es [illegible] aber noch nicht ganz reif. Es reifte vor allem in den letzten Tübi[illegible] zwanzig Jahren seines Lebens; in seinen jährlichen Reden zur [illegible]vertheilung legte er die Frucht dieser Studien nieder. Die wichtigsten derse[illegible] sind: die über die Lehren von den Seelenvermögen 1873, über das Re[illegible]gefühl 1874, über den Zusammenhang der sittlichen und intellectuellen Bil[illegible] 1875, über das Wesen der Gewohnheit 1879, über die Idee der Gerechtig[illegible] 1880, über die Temperamente 1881, über die Lehre vom Gewissen 1884, [illegible] die Arten und Stufen der Intelligenz 1885.

Eine selten scharfe, nie ruhende Beobachtung der Menschen und das Stu[illegible] aller großen Dichter der verschiedensten Zeitalter bildet die Grundlage [illegible] Rümelin's psychologische und socialphilosophische Studien. Das gelehrte R[illegible]zeug, über das er für seine Aufgaben verfügt, ist seine große Sprach- [illegible] Litteraturkenntniß; er verfolgt die Sprach- und Begriffsbildung der einschlägigen Worte und kommt so zu einer Art sprachgeschichtlicher Erkenntniß, wie in den Jahrtausenden der bekannten Geschichte, bei Juden, Griechen, Römern und

... Völkern die stufenweise wachsende Erkenntniß an die Wortbildung und ... Begriffserweiterung der einzelnen Worte sich anknüpfte, wie alle unsere ... Begriffe Niederschläge der älteren Geistesgeschichte enthalten. Ich ... das Wichtigste aus den erwähnten Reden kurz zusammenzufassen.

R. geht von der Frage aus: wie schildern wir Menschen; er antwortet, ... wir die Art und die Stufen ihres Intellects, ihr Temperament, d. h. ... ihrer Erregbarkeit und Lebenswärme, ihre Empfänglichkeit für Lust- ... Unlustgefühle und das Maaß ihrer Concentration, endlich indem wir die ... und Stärke ihres Willens, d. h. ihre Triebe schildern. Hauptsächlich diese ... und damit den menschlichen Willen zu erkennen, erscheint ihm als seine ...aufgabe. Im Willen und in dessen Elementen sieht er mit Schopenhauer ...entrum der Seele. Schon 1853 protestirt er einmal dagegen, daß man ...moralischen Charakter des Menschen aus philosophischem Studium und ...nommener Theorie erkläre; er entspringe aus der Art, wie die ani... Triebe und die Anlagen höherer Ordnung bei ihm gemischt seien. ...- und Schmerzgefühle sind ihm das Letzte, in dem auch das Gute ...sittliche wurzele. Er gibt Spinoza recht, daß der Mensch gut nenne, ... freue; er fügt nur bei, das sittlich Gute sei das, was die höchste ... unserer Triebreize befriedige.

Die Annahme von verschiedenen, nicht aufeinander zurückführbaren Trieben, ... an unsere Gefühle anknüpfen, ist ihm eine Hypothese, die besser zum ... führe, als die Ableitung der psychischen Erscheinungen aus Begriffen wie ... Geist, Selbstbewußtsein, Vernunft. Er gibt nirgends eine erschöpfende ...tafel; die Erforschung der einzelnen Triebe ist ihm die erst zu lösende Auf...; er betont nur von Anfang an, daß es animalische, gesellige, geistige Triebe ..., die alle durch den Intellekt auf bestimmte Ziele hingeführt, durch die be...enden Gefühle zum Bewußtsein kommen, die letzten Entscheidungen über den ... der Güter des Lebens geben. Erziehung, Gesellschaft, Moral, Religion, ...ntniß der Wahrheit wurzeln zuletzt in Trieben und Gefühlen. Die Einsicht ... Wesen der Triebe ist der Schlüssel zum Verständniß der einzelnen ...enseele, wie der Geschichte unseres Geschlechts. Aus dem Gegensatz der ...ischen und der humanen Triebe entspringen alle Conflicte. Sie zu ...en, vermöge nur der oberste, ordnende Trieb, aus dem das Schöne und ...Gute, die Sittlichkeit und das Gewissen, das Recht und die Gerechtigkeit ...gehen.

Ob das Wissen die Menschen bessere, darüber haben die ersten Denker ... gestritten. R. antwortet auf die Frage: nie macht das Wissen an sich gut ...tugendhaft, nur die Leitung und Läuterung der animalischen durch die ... Triebe bringt Fortschritt. Jeder Trieb hat seine Berechtigung, muß ...digung finden. Aber er muß in das Ganze individueller und socialer ...zwecke richtig eingefügt werden durch Erziehung, durch Vorbild, durch ..., durch Autorität, durch Sitte, durch Recht. In jedem einzelnen Fall ...handelns ist die Selbstüberwindung, d. h. der Sieg der höheren über ...niedrigen Triebe, die freie That des Individuums, wobei die unwissende ... den größesten Gelehrten beschämen kann. R. nimmt dabei eine Unver...lichkeit der Triebe an, die mir mit dem Princip der Entwicklung und des ...lichen Fortschrittes im Widerspruch zu stehen scheint. Die fortschreitende ...ung der Menschheit scheint mir auf der wachsenden Verstärkung der ...ren Triebe zu beruhen.

Die Untersuchung über die Voraussetzungen des Strafrechts, wobei R. ...f die Seite der Indeterministen tritt, hat ihre Spitze in der Betonung,

[illegible]

In den zwei Reden über die Temperamente und über [illegible] Stufen der Intelligenz zeigt sich Rümelin's Methode psych[illegible] Beobachtung und Detailuntersuchung ganz besonders fruchtbar [illegible] Eintheilung aller Menschen in sanguinische, phlegmatische [illegible] melancholische [illegible] R. die Zahl von 400 bek[illegible] gegenüber, welche Arten und Grade des Temperaments be[illegible] wissenschaftlichen Bestimmung der Temperamente will er drei [illegible] Spannungen in dem Verhalten des Ichs zu dem, was in ihm [illegible] scheiden. „Die erste betrifft die allgemeinen Erregbarkeitsgra[illegible] Kraft, Intensität und Lebenswärme aller psychischen Funkti[illegible] das davon verschiedene Maß der Empfänglichkeit für Lust- u[illegible] die dritte das Maß und die Grade der inneren Sammlu[illegible] tration". Das führt er dann meisterhaft, mit glücklichen Be[illegible] erläutert zum Schluß die allgemeine Bedeutung der Temper[illegible] einzelner großer Männer. Er sagt: der Werth und die [illegible] Menschen wird in erster Linie durch die Ziele seines Wollen[illegible] seines Trieblebens bestimmt, in zweiter durch seine intell[illegible] sowie die erworbenen Kenntnisse und Fertigkeiten, erst in dri[illegible] das Temperament in Betracht; ob Gefühls- oder Verstandes[illegible] Mensch das Ideal einer hochstehenden Persönlichkeit erfüllen. [illegible] duelle und ästhetische Reiz jedes Menschen liegt in dem in[illegible] perament; der Charakter erhält durch dieses sein Colorit; d[illegible] bestimmt Schicksal und Lebensglück. Sein Temperament kan[illegible] bestimmen und ändern, aber jeder kann es durch Zucht und D[illegible] und gestalten.

Die Rede über die Intelligenz geht ähnlich von einer

Formen und Abstufungen des Denkens aus und gelangt so zu einer geist... Charakterisirung der verschiedenen Begabungen, der Rolle der Phantasie, ...deutung der Wort- und Begriffsbildung, der Art, wie die wissenschaft... Genies zu ihren Entdeckungen kommen, wie die Wissenschaften verschieden ...den werden können. Die Rede über die Arbeitstheilung in der Wissen... 1877 (R. u. A. II, 89) bildet gewissermaßen Ergänzungen zu diesen ...erungen.

Die Rede über den Begriff der Gesellschaft und einer Gesellschaftslehre ... (R. u. A. III, 248) enthält eine Auseinandersetzung des Gesellschafts...griffs mit Rümelin's Trieblehre. Als Gesellschaftslehre will R. die Lehre ...den Massen- und Wechselwirkungen freier Individualkräfte einer zu...menlebenden und im Verkehr stehenden Menschenmenge gelten lassen. Er ... eine Untersuchung der Gesellschaft auf psychologischer Grundlage, die ...en Staatswissenschaften die grundlegende Einheit bilden soll.

Die letzte, nicht mehr gehaltene Rede über den Zufall (1889, R. u. A. ...278) ist wie die beiden älteren über den Begriff eines socialen Gesetzes ..., R. u. A. I, 1) und über Gesetze in der Geschichte (1878, das. II, 118) ... wesentlich philosophischen Inhalts. In der über sociale Gesetze kommt ...zu dem Resultat, daß, wir am besten echte Gesetze nur da annehmen, ...wir meßbare Wirkungen von physischen, organischen und psychischen Kräften ...gestellt haben, daß die Statistiker oft bloße Regelmäßigkeiten Gesetze nennen, ...auch die Naturwissenschaften nur wenige wirkliche Gesetze kennen, daß die ...wirthschaftslehre nur unter der Hypothese der Wirkung bestimmter rein ...schaftlicher Triebe Gesetze aufstellen könne. Davon nimmt R. in der Rede ... Gesetze der Geschichte Einiges zurück: die psychischen Erscheinungen zeigen ... keine feste Meßbarkeit. Die Willensfreiheit gestatte nicht, an eine Noth...digkeit der Völkergeschicke zu glauben. Aller große Fortschritt hänge an ... genialen Individuen, in deren Schicksal der Zufall eine große Rolle ...iele; was wir Gesetze der Geschichte nennen, seien unsichere Annahmen, die ...en Kern von Wahrheit, gewisse Kausalzusammenhänge enthielten, aber keine ...fehlbare Verknüpfung von Ursache und Wirkung; Geistes- und Naturwissen...schaften seien unvergleichlich. Daß es einen sittlichen Fortschritt der Mensch...heit, einen Sieg des Geistes über die Natur gebe, sei mehr ein sittliches ...stulat als eine beweisbare Wahrheit. — R. zeigt sich hier als der Vor...läufer jener neuesten Geschichtsphilosophie, wie sie z. B. Rickert vorträgt, ...en Auftreten ein natürlicher Rückschlag gegen Buckle und ähnliche Leute ist, ... mir aber doch die unendliche Schwierigkeit des Findens und Begreifens ...storischer Gesetze, die große Unfertigkeit unseres historischen Wissens mit der ...ständigen Unmöglichkeit solcher Gesetze zu verwechseln scheint.

Die Rede über den Zufall weist zunächst die philosophische Beanstandung ...r Vorstellung des Zufalls auf Grund des Kausalitätsbegriffs, dann die ...eologische auf Grund der allgegenwärtigen Gottesleitung zurück. Auch wer ...s Kausalitätsgesetz im weitesten Sinne anerkenne, müsse zugeben, daß in ...llen Gebieten gewisse von einander unabhängige Kausalreihen in einem zu...fälligen Kreuzungspunkt sich berühren, und daß so der Zufall die Natur, das ...Welt- und Menschenschicksal bestimme. Mit einer ergreifenden Würdigung der ...tionalen und irrationalen Elemente alles Menschengeschicks schließen diese ...sten Worte des Kanzlers.

An dem Tage — am 6. November 1888 —, da R. sie hatte halten sollen, ...hte er bereits in der kühlen Erde. Er war der längst ihn bedrohenden ...ckerkrankheit am 28. October, 74 Jahre alt, erlegen. Die unermüdliche ...ürsorge seiner Gattin hatte das Schicksal um Jahre hinausgeschoben, aber nicht abwenden können. Bis wenige Tage vor seinem Tode hatte er gewohnter Weise gelebt und gearbeitet. Als am 28. October der Arzt er müsse sich legen, schrieb er seinem Freunde, dem Kriegsminister er leide an einem schmerzlichen Blasenkatarrh, werde seine Rede nicht nicht zum Landtag kommen können; er tröste sich mit der Hoffnung auf Tage, gedenke, daß es ihm bis jetzt nicht schlecht in der Welt gegang besonders, wenn er sich mit ihm, seinem alten und getreuen Freund dürfe er nicht raisonniren. Die letzten Worte, die er schrieb, waren: Sie wohl, und behalten Sie mich lieb, bis wir uns wieder sehen: wie? wann?"

4. Charakter, Persönlichkeit, letzte Ueberzeugungen. dem Jahre 1845 schildert Sigwart R. als Stuttgarter stellvertretenden nasiallehrer: „ein junger Mann, mit mächtigem Haupte, blassem, vollem Gesichte, mit dunklem Haar, mit sicherem und vornehmem erklärte uns Ciceros Briefe nicht als Exempel der Grammatik und sondern um die Menschen, ihre Zeit, ihre Beziehungen, die Verkehr der damaligen Welt lebendig werden zu lassen." — Hur. Laube nennt einen Kernschwaben von der edelsten Sorte. „Ruhig und mild, geläuter jegliche Bildung, fest im Wissen und Wollen, war er eine der festesten des Augsburger Hofes und des abwägenden Centrums. Da war leiseste Zug von persönlicher Absicht, von irgend einer Nebenabsicht, Alles lauteres Metall eines deutschen Abgeordneten. Er suchte die aufmerksam und kundig, wenn er sprach, er stimmte für sie, wenn er kannt zu haben glaubte, sie mochte noch so ungünstig für ihn erscheinen aufgewühlten Heimath am Neckar." Ein anderer Kenner sagt von Thätigkeit damals: „der Jüngsten einer, aber zugleich einer der Besonne Als R. 1867 Stuttgart verließ, besang ihn sein Freund Gerok in einer bildung der Goethe'schen Verse über Schiller:

„Sagt, Freunde, kann man Ihn denn ziehen lassen,
Den unser Kreis mit Stolz den Seinen nennt?
Doch seht, da sitzt er, trutzig und gelassen,
Mit seinem Phlegma, das Ihr an ihm kennt,
Gewohnt von je, daß in olymp'scher Ruhe
Er Ungemeines denke, rede, thue.
Denn Ungemeines hat er oft geleistet.
Nicht unseres Gleichen ging er seine Bahn,
Und was sein Kopf zu wollen sich erdreistet,
Das hat er stets, trotz Freund und Feind, gethan.
Reales hat er mit Ideen durchgeistet,
Und sah Ideen als Realist sich an,
So wußt' er in entlegensten Bezirken
Mit gleichem Glanze schöpferisch zu wirken.
So ist er stolz als Staatsmann hingeschritten,
Vom Zorne der Parteien nie geschreckt."

Im Kreise der Freunde, bei gutem Stoff und heiterem Re habe man

„Seinem Munde, wie wortkarg er begonnen,
Manch tiefe Wahrheit glücklich abgewonnen.
Denn er war unser, wie bequem gesellig
Den hohen Mann der gute Tag gezeigt
Wie bald sein Scherz, anschließend, wohlgefällig,
Zur Wechselrede heiter sich geneigt,
Wie bald sein Trotz, bärbeißig, widerbellig
Den Gegner wuchtig in den Staub gebeugt,
Das haben wir in sechzehn schönen Jahren
An diesem Tische leidend mit erfahren."

[...]en langsam und abgemessen, fast lässig und bequem.

[...] Aber sein Wille war stets stark und muthig, wie seine Körperkraft voll und [...]. Er kannte keine Furcht; er hatte immer den Muth, mit seiner Ueberzeugung [...] zu stehen und sehr oft das Bedürfniß, sie Anderen derb ins Gesicht zu [...]. Er schreibt einmal: „es ist ein Widerspruch in mir, ich gehöre viel[...] zu den ruhigsten Leuten und doch juckt es mich zuweilen, das, was klar [...] vor mir steht, gegen verworrenes und böswilliges Geschwätz mit einem [...]en Schneid und Heftigkeit herauszustoßen. Dann bin ich wieder zu[...] und der Sturm, der darüber entsteht, läuft nach wenigen Tagen wie [...] Wasser an mir ab. Es reut mich nicht einmal". Freilich waren solche [...]achtungen nicht häufig, und R. klagt geradezu darüber, daß er in der [...] an Bequemlichkeit leide, die zu einem scheußlichen Untereinander seiner [...]ere auf dem Schreibtisch führe, die ihn Schwierigkeiten nicht überwinden [...], er brauche besondere Aufforderung und Anregung oder den Druck großer [...]ationen, um Erhebliches zu schaffen; er meint, es sei gut, daß er nicht [...]em von seinem Gelde leben könne, er würde sonst ein lässiger Mann des [...]ens und Stilllebens geworden sein. Er liebte als derber Schwabe eine [...] Küche, ein feines Glas Wein; stundenlanges Plaudern mit geistvollen [...]unden war ihm der höchste Genuß. Er schreibt einmal: „Ich habe ein [...] den Jahren bis zur Lästigkeit steigendes Bedürfniß des Denkens, Medi[...]ns und Disputirens. Am liebsten würde ich jeden Tag mit gescheidten [...] geistreichen Männern über hohe und wissenschaftliche Fragen reden und [...] nie zu einem Ende. Und doch liegt meine Fähigkeit weit mehr auf dem [...]de des öffentlichen Dienstes als auf dem der Wissenschaft und hoher Er[...]ntniß". Ein ander Mal sagt er: „Es fehlt mir der Trieb nach Bereicherung [...] Anschauung, aber nicht der nach Bereicherung der Erkenntniß und des [...]theils". Bis in sein hohes Alter blieb er, wie er selbst sagt, ein Suchender, [...]wundert sich, wie frühe die meisten Menschen sich fertig fühlen. Er schreibt [...] Freunde einmal, dieser sei ein liebenswürdiger dichtender, alle Menschen [...]winnender, aber seit lange fertiger Jüngling, er selbst gewinne die Menschen [...], wie jener, durch seine bloße Person, er bleibe ein unfertiger Mann.

Sein kräftiges Triebleben beschränkt sich frühe auf Freundschaft, Fa[...]liënglück und Arbeit. Nach Geld und Gut hat er nie getrachtet; seine [...]ge blieb immer eine bescheidene, wenn auch nach und nach eine behagliche. [...] Geld zu schreiben verachtete er, obwohl er in den Jahren 1840—50 [...]niges so zu seinem kleinen Gehalte zuverdienen mußte. Er sagte mal: „mit [...]riftstellern verdient man nicht so viel, als mit Misttragen, aber es ist gut, [...] es so ist. Sonst würde noch mehr unnöthig geschrieben". Auf Reisen [...] Welt kennen zu lernen, hat er nur in jungen Jahren gesucht. Später [...]ren ihm selbst Badereisen bis Karlsbad lästig.

Natürliche Anlagen und eigenthümliche Lebensschicksale haben zusammen [...]rauf gewirkt, daß R. seine großen geistigen Kräfte nicht in einem Special-

Schriftsteller, aber er hat nie ein größeres Buch über einen [illegible] stand geschrieben; er war einer der glücklichsten akademischen Lehrer, [illegible] Fachgelehrter; er war einer der bedeutendsten Politiker Deutschlands, [illegible] war nur kurz Minister und nie Berufsparlamentarier mit [illegible] tischen Zielen. Es genügte ihm, ein gebildeter Mensch von [illegible] denzen, ein Liebhaber der Weisheit, der Litteratur, ein [illegible] und scharfsinnigsten Denkens zu sein.

Und doch, wie sein Vater über seine zerstreuten Studien [illegible] es selbst oft gethan. „Mein größtes Leiden, schreibt er 1862, [illegible] daß meine Neigungen und Triebe zu vielfältig und [illegible] mich die verschiedensten Dinge, praktische und theoretische [illegible] anziehen und beschäftigen, daß es mir ungemein schwer wird, [illegible] centriren." Noch früher, im J. 1842, hatte er dem Freunde [illegible] mancherlei guten Seiten seiner Natur durch Mangel an Energie, [illegible] Bequemlichkeit und Veränderlichkeit so verdorben seien, daß er es [illegible] etwas Ordentlichem werde bringen können. Und wie weit hat er es [illegible] bracht, durch unablässige Selbstzucht, durch Bekämpfung seiner [illegible] er sie nennt, durch sein Goethe'sches Lebensideal, durch sein [illegible] Objectivität, durch seine Concentration auf die höchsten und [illegible] Menschheit. Er wurde damit kein Fachmensch; die hat er stets [illegible] angesehen, weil sie seinem Lebensideal widersprachen. Schon [illegible] in dem er und seine Freunde zu dem Strauß-Vischer'schen Kreise [illegible] darauf zurück; sie sind ja viel gelehrter und geistreicher als wir, [illegible] mal dem Freunde, aber auch bornirter. In der Rede über die [illegible] in der Wissenschaft (1877, R. u. A. II, 87) erkennt er [illegible] Nothwendigkeit voll an, aber er betont auch ihre Gefahren und [illegible] „die Methode wird Alles, der Geist wenig; die Mittelmäßigkeit [illegible] Methode wird sich dem Talente ohne sie überlegen zeigen". „[illegible] ist nur noch in den Bibliotheken, nicht mehr in den Köpfen [illegible] vereinigt." Die Meister der Wissenschaft schreiben ihre Bücher [illegible] sich unter einander, nicht für die Gebildeten; die Belehrung der [illegible] den Schulbuchverfassern überlassen. Die Wissenschaft einerseits [illegible] specialisirter, der Unterricht der Jugend andererseits wird [illegible] pädischer, vielseitiger. Es muß da, nach Rümelin's [illegible] Umkehr erfolgen. Nach einer Zeit der Kärrner werden ja [illegible] Könige in der Wissenschaft wieder kommen. Den heutigen [illegible] rikern, die sich von Anfang an auf ein möglichst kleines Gebiet [illegible] ihm Quellenstudien machen, denen aber nun zur Beurtheilung [illegible] erfahrung, alle Kenntniß der eigenen Zeit, alle [illegible] schauungen fehlen, könne er nur das größeste Mißtrauen [illegible] wenn sie ihre historischen Arbeiten für die einzig berechtigten [illegible] die Gegenwart von oben herab urtheilen. All den heutigen, [illegible] Horizont einer Fachwissenschaft sich einschließenden [illegible] Ideal seiner Jugend, das Ideal der großen deutschen [illegible] in der er noch selbst wurzelte. Goethe erschien ihm als der [illegible] dieser Zeit, als der Prophet eines neuen Lebensideals. Er sagt [illegible] „er hat eine neue Weltanschauung in sich zu Fleisch und Blut [illegible] welche nicht der Gegenwart, sondern der Zukunft angehört. [illegible] man lernen, die einzelnen Menschen und Dinge auf sich [illegible] Ein ander mal: nur, wenn man so wie Goethe Alles auf [illegible] komme man zu vollendeter Objectivität. Darin liege die [illegible] Goethe'schen Weisheit; er ist ihm der universellste Denker, [illegible]

r Frische die Schärfe des Urtheils bis ins höchste Lebensalter sich be-
n. Immer wieder kehrt R. zu Goethe zurück. Alle seine Altersbetrach-
n knüpfen an ihn an. So schreibt er 1883 dem Freunde über die
en Vorzüge des Alters das Citat: „am Ende des Lebens gehen dem
n Geiste Gedanken auf, bisher undenkbar; sie sind wie selige Dämonen,
auf den Gipfeln der Vergangenheit glänzend niederlassen".

R. hat in der That mit Goethe viele verwandte Charakterzüge: den
n freien Weitblick über Welt und Menschen, die Schärfe des Urtheils,
Sicherheit der Beobachtung und der logischen Schlüsse, eine reiche Phantasie,
edles Gemüth. Nur ist Rümelin's ganzer Sinn auf Staat und Gesell-
ft, sowie auf ihre Entwicklung gerichtet. Was er handelnd, schriftstellernd,
llend auf diesem Gebiete geleistet hat, bildet den Höhepunkt seines Lebens.
möchte sagen, das Urtheil Rümelin's über die großen Männer und die
n Fragen seiner Zeit fand immer das Richtige; seine politischen
Vorhersagungen trafen überraschend ein. Auf diesem Gebiete gehört er zu den
n Geistern seines Zeitalters.

Nicht bloß in Frankfurt sah er, auf welchem Wege allein Deutschland zu
n sei, welches Maaß von demokratisch-constitutionellen Forderungen erfüllbar
auch in der Folgezeit sehen wir ihn stets auf der Höhe der richtigen Erkenntniß.
hat Napoleon III. in Paris seine Stellung befestigt, so schreibt er im
mber 1851 an den Freund: „Wenn er sich behauptet, wird er Krieg
, mit Oesterreich in Italien anbinden; dann kann Preußen zum zweiten
e in Deutschland Gesetze dictiren, wird aber freilich zum zweiten Male
Gelegenheit verpassen. Wie genau ist das 1859 eingetroffen. Er fragt
den Freund, ob er den schönen Vers kenne, der neulich am Standbilde
großen Königs angeheftet gewesen sei:

> Großer Friedrich steig' hernieder, führe deine Preußen wieder,
> Laß in diesen schweren Zeiten, lieber Friedrich Wilhelm reiten.

Nach dem Frieden von Villa-franca ist er sehr unglücklich: Napoleon
später über Preußen herfallen und dann wird Oesterreich neutral bleiben;
ußen sollte einsehen, daß es nicht mit Noten, sondern mit Schlachten den
n Bund herstellen kann. Als der Freund ihn im Herbst 1858 fragt, ob
mit den preußischen Gothaern noch einen gemeinsamen politischen Boden
e, antwortete er: „Er sei derselben Meinung wie Max Duncker, gegen
n habe er geleugnet, daß die Bildung des Ministeriums im Sinne der
maligen Kammermehrheit auf deutsche Verhältnisse anwendbar sei. Das
en des Constitutionalismus liege darin, daß die Handlungen der monarchischen
alt einer Verantwortung unterliegen, daß von dem gegebenen Rechtszustand
e Zustimmung der Volksvertretung nichts alterirt werden könne, sowie daß
h die öffentliche Discussion die Kronen genöthigt seien, zu ihren Rath-
n nur Männer von Talent und Charakter zu wählen." Das ist gerade
, was von 1858 bis heute sich als die für Deutschland passendste Ver-
ungsform herausgebildet hat. — Als Bismarck den Verfassungsconflict benen, schreibt er im November 1863, ob er die Sache hinausführen werde,
er besorgt; aber in dem Kampfe um ein selbständiges, wenn auch in be-
mten wichtigen Punkten durch die Kammern limitirtes Königthum ständen
e Sympathien auf Seiten der Krone. Er war dann glücklich, 1869—71
marck persönlich zu sehen und zu sprechen; er hat ihm 1875 seinen ersten
d „Reden und Aufsätze" mit der Bemerkung übersendet, daß er als
ersgenosse ihm vielleicht noch dankbarer sei, als andere Bewunderer; denn
Abend des Lebens seien ihm seine Wünsche und Bestrebungen wider alles
ffen durch ihn erfüllt worden.

Den strategischen Gedanken, daß Süddeutschland gegen eine franz[illegible] Invasion am wirksamsten dadurch geschützt werde, daß Preußen am Mitte[illegible] eine starke und drohende Haltung einnehme, weil damit der Kriegsch[illegible] zwischen den mittleren Rhein und die Maas zu liegen komme (R. u. A. I, [illegible] hat R. schon in der Paulskirche als Grund für das preußische Erbkaiser[illegible] angeführt und er erlebte die Genugthuung, daß Moltke in dem Memoir[illegible] den Aufmarsch der deutschen Armeen vom Winter 1868 und 1869 dem [illegible] Wilhelm dieselbe Auffassung vorgetragen hat. Als die 1866 und 1870 für [illegible] deutschland drohenden Gefahren von 1861—62 an am Horizont sich [illegible] schreibt R. in der Cotta'schen Vierteljahrsschrift 1862 (4. Heft S. 201) [illegible] Aufsatz: „Die Aufgabe der Staaten des südwestlichen Deutschlands"; er [illegible] langt, daß sie bei der drohenden Gefahr das preußische Militärsystem bei [illegible] einführen, damit eine Kriegsstärke von 300 000 Mann erreichen und [illegible] engeren vaterländischen, dem Rheinbunde und seinen Tendenzen entgegenge[illegible] Bund schließen, um in den kommenden Katastrophen gemeinsam handel[illegible] können. Er räth das, was dann 1866 bis 1870 freilich in etwas [illegible] Weise durch die diplomatische Kunst Bismarck's, nicht durch den freien [illegible] schluß dieser Staaten geschah.

Bei all diesen politischen Urtheilen, Vorschlägen und Prophezeiun[illegible] Rümelin's wird man unwillkürlich an das Wort erinnert: „Mit dem [illegible] ist die Geschichte immer im Bunde."

Neben den großen politischen haben R. stets die letzten Fragen der Religi[illegible] beschäftigt. Das Charakteristische für ihn ist, daß er mehr und mehr [illegible] Pantheismus und Materialismus abrückt, aber ein ebenso entschiedener Gegn[illegible] der heutigen christlichen Dogmen bleibt, auf eine Verjüngung des Protestanti[illegible] hofft. Er schreibt bei der Confirmation seines ältesten Sohnes im Mai 186[illegible] „Bei mir ist metaphysisches und religiöses Interesse im Wachsen begriffen; aber ich finde mich auch immer durch die Predigten unserer Geistlichen [illegible] die meisten Cultusformen zum Widerspruch provocirt. Sie reden so sicher und absprechend von ihren Kanzelbrüstungen herunter und glauben mit einig[illegible] modernen Sauce, in der sie das alte Dogma zurichten, schon alles gethan zu haben. Die Kirche erscheint mir als das verehrungswürdigste Institut und unentbeh[illegible] licher als der Staat selbst. Vor der Gestalt Jesu will ich meine Knie jeder Zeit und in jedem Sinne beugen; meine Sündhaftigkeit und Schwachheit [illegible] bekennen, fällt mir nicht im Mindesten schwer. Und doch finde ich von [illegible] keine Brücke zu der Kirche, wie sie ist, und ihrem Dogma. Auf der anderen Seite wendet sich mir die Skepsis ebenso entschieden gegen Pantheismus und Hegelei; und so wirst du am Ende ganz Recht haben, wenn du sagst: ich wisse selbst nicht, was ich wolle. Das Leben, ohne es für ein Gut zu halten, mit Weisheit zu tragen, so gut es geht, am meisten durch geistige Arbeit und geistigen Genuß zu schmücken, das ist demnach ungefähr die Summe meiner Weisheit."

Es liegen uns, wohl hauptsächlich aus der Zeit von 1867—75, zahlreiche handschriftliche Aufzeichnungen Rümelin's und die zwei Aufsätze: „Wider den neuen Glauben" und „Wider die Formeln des alten Glaubens" (R. u. A. I, 405—454) vor, in denen er versucht hat, sich über seine Stellung zu Kirche und Religion ganz klar zu werden.

Der „neue Glaube" von Strauß regte Rümelin's stärksten Widerspruch an. Er führe die Menschheit in eine Sandwüste als dauernden Aufenthalt, wenn er sage: „Christen sind wir nicht mehr; Religion brauchen wir nicht; die Welt erklären wir für die Welt, indem wir ihr Titel und Rang des Universums verleihen; unser Leben ordnen wir von dem Standpunkte eines wohl-

...den, gelehrten und kunstsinnigen Deutschen aus dem Bismarck'schen ...ür, und all dies zusammen nennen wir dann den neuen Glauben." Es ... keine größere Verkennung der menschlichen Natur, als die religiösen ...fnisse für Selbsttäuschung zu halten, und die Descendenzlehre, den ...f ums Dasein, d. h. Erscheinungen und Theorien über gewisse biologische ... Vorkommnisse für eine befriedigende Lösung des Welträthsels zu halten. ...eligion entspringe nicht sowohl einem Gefühle der schlechthinigen Ab...keit, wie Schleiermacher wolle, als dem Gefühle der unbedingten Zu...keit des Menschen zu dem Plane des Weltalls. Die höchsten Erkenntniß... ...sittlichen Triebe des Menschen führten zur Religion, zur Gottesvorstellung ... Unsere Vernunfttriebe könnten keine bloßen Täuschungen sein, unser ...ngen nach Wahrheit, Tugend und Gottesgabe seien Stimmen und ... höherer und höchster Daseinsformen. Alle Religion sei nur psycho... zu begreifen, entspringe in jenem metaphysischen Trieb, den die großen ...nsstifter stärker als andere Menschen hatten. Da hänge auch alle Sittlich... ...alles Recht, der Trieb des Mitgefühls, der Liebe als der Grundpfeiler ... Ethik. „Wir fühlen uns gedrungen, die Liebe als ein Weltprincip zu ...hten, welches die Idee einer Ordnung in dem Reiche der selbstbewußten ... zu verwirklichen bestimmt ist, sie auf ein allwaltendes, selbst fühlendes ...liebendes Wesen zurückzuleiten, das uns in dem Drange des Mitgefühls ...stand und Siegel unserer ebenbildlichen Abkunft und höheren Bestimmung ...herz gelegt." Gewiß nur Wünsche, Glaubenssätze, Hoffnungen, ohne die ... der Mensch nicht leben und nicht denken könne.

...Wie stehen dazu die heutigen Kirchen? Sie sind etwas gänzlich anderes ... Religion. „Nur Religion, nicht Kirche ist ein Begriff von ewiger und ...wendiger Berechtigung." Die Kirche ist eine historische Erscheinung; der ...olicismus will eigentlich keine Kirche bilden, sondern Staat sein und ... Die Römer und die Griechen, der Islam und der Buddhismus ... keine Kirche; recht verstanden will auch der Protestantismus keine ... Religion setzt alle äußere und innere Erfahrung in eine enge Be...ng zum Höchsten; das Gottesgefühl durchleuchtet alles; Staat, Ge...aft, Recht und Sitte, Familie und Wirthschaft, Ehe und Familie ... nicht von der Religion beherrscht, sondern folgen ihrer eigenen Natur; ... die Religion begleitet, vergeistigt alle diese Gebiete; nicht die Religion ...t das Gute, das entsteht durch die sittlichen Triebreize. Aber die Religion ...bringt und erhebt alle guten Handlungen auf eine höhere Stufe.

...Was R. über die katholische Kirche sagt, haben wir oben erwähnt. Ueber ...Protestantismus haben wir noch seine Ueberzeugungen hier nachzutragen. ...an kann nicht höher über ihn denken, als es R. thut. „Der deutsche ...testantismus ist in der That das Salz der Erde, das kostbarste Gute, die ... unter den geistig-sittlichen Mächten der Gegenwart." Er denkt dabei ...uptsächlich an den protestantisch-germanischen Mittelstand in Amerika, Eng..., Norddeutschland. „Der Protestantismus ist noch im Wachsthum begriffen, ...Zahl und Bedeutung auch in Deutschland. Auf ihm ruhen die Hoffnungen ... nationalen Entwicklung." Der verheirathete Pastorenstand, theilweise ... den niederen Ständen sich ergänzend, mit Staatsmitteln erzogen, ist ein ...okratisches Institut, vermehrt den gebildeten Mittelstand (1853). Aber er ... der ganze Protestantismus ist von der gefährlichen Krisis bedroht, die in ...Kluft zwischen der Wissenschaft und dem Dogma liegt. Schon auf die Jugend...ziehung muß „der Bruch zwischen Kirchenglauben und Zeitbildung einen ...menden Einfluß haben und ihr jeden wahren Erfolg entziehen. Dem meta...physischen und idealen Bedürfniß der Jugend muß eine Nahrung, eine klare verständliche Antwort gegeben werden. Das Alterthum verwies auf das Vaterland, die Kirche bisher aufs Jenseits. Jetzt heißt's: mache dein Examen gut. Das gibt kein ideales Lebensziel. Die Schüler werden blasirt, abgemattet, verwirrt und gehen nüchtern auf die Hochschule und ins Leben" (1862).

Der Protestantismus war gesund und kräftig, so lange er in engster Fühlung im Bunde mit der Philosophie und der ganzen Wissenschaft stand. Daß die protestantischen Staaten vom 16.—19. Jahrhundert die führenden in der ganzen Cultur waren, beruhte auf der Fühlung und freien Wechselwirkung der Theologie mit allen anderen idealen und humanen Bestrebungen. Seit das böse Wort von der Umkehr der Wissenschaft erschallte, seit die Theologie von der übrigen Wissenschaft sich loslöste, hat sie ihre Kraft verloren. Sie kann sie nicht wiedergewinnen durch eine Wiederbelebung von Dogmen, an die man nicht mehr glaubt, nicht durch Beseitigung des landesherrlichen Kirchenregiments, auch nicht allein und ausschließlich durch Synodalverfassung, Kirchenälteste, Laienberathungen und kirchliche Majoritäten. Ueber dieses Thema hatte R. schon 1845 die anonyme Broschüre geschrieben: „Die Repräsentation der protestantischen Kirche in Württemberg." Jetzt, 1870—75, sprach er sich in ähnlichem Sinne aus. Nur indem die Theologie wieder Fühlung mit der ganzen Wissenschaft erhält, nur aus den theologischen Facultäten und den Consistorien heraus kann die Besserung kommen, — durch einen neuen Geist, einen neuen Glauben. Wie er sich diesen denkt, formulirt er an einer Stelle seiner Aufzeichnung folgendermaßen: „Die Lehre von der Gottheit Christi, von seinen Wunderwerken, seinem stellvertretenden Opfertod, von der Inspiration, von der Erbsünde, von der Trinität, vom Abendmahl u. s. w., kurz nicht die untergeordneten und nebensächlichen Punkte, sondern die Haupt- und Fundamentalsätze von dem, was bisher Christenthum genannt wurde, sind dem Untergange verfallen und nie wieder herzustellen. Als einziger positiver Glaubensrest, wiewohl nicht in genauer Formulirung, sondern in vagen und verschwommenen Umrissen läßt sich etwa für das evangelische Volk Deutschlands außer dem allgemeinen Bedürfniß nach religiöser Erhebung und Lebensrichtung der Glaube an einen lebendigen persönlichen Gott, die Zurückführung der sittlichen Grundideen auf seinen Willen, die Anerkennung der Person Jesu als eines idealen Vorbildes wahrer
und die Neigung zum Glauben an irgend eine Art und Form persönlicher Fortdauer nach dem Tode bezeichnen." Das war der Glaube, an dem R. selbst festhielt; wie diese Sätze zu formulieren, zu einem System zu verbinden, wie sie zum Glanbensbekenntniß des deutschen Volkes werden könnten, darüber wagte freilich auch er keine bestimmten Erwartungen auszusprechen.

Aber dieser Glaube beruhigte und beglückte ihn. Er war in den letzten Jahren seines Lebens, obwohl auch ihm Schweres nicht erspart wurde, stets von dem Gefühl vollendeter Harmonie getragen. Als er 1874 dem Freunde zum ersten Mal von einer gewissen Gedächtnißabnahme als Zeichen des Alters spricht, fügt er bei: „Er könne mit Goethe sagen: mir bleibt genug, mir bleibt Idee und Liebe. Wenn ich auf meine Vergangenheit und Gegenwart blicke, so überwiegt das Gefühl einer sehr demüthigen Dankbarkeit, und wenn es Sitte wäre und ich die Mittel hätte, so würde ich dem Allwaltenden eine Hekatombe von Sühneopfern und eine Hekatombe von Dankopfern darbringen." Im Kreise seiner Kinder erlebte er nur Freude: seine beiden Söhne, Gustav und Max, wurden Professoren des römischen und deutschen bürgerlichen Rechts; seine ihm ähnliche kluge Tochter Marie heirathete den Professor der Botanik Schwarz; er erlebte noch die Geburt von Enkeln; seine ihn so treulich pflegende

...tin überlebte ihn. Mit deren Geschwistern verband ihn das innigste Ver... Als sein Schwiegervater starb (1865), schrieb er: „Er gehörte zu ... herrlichsten Menschen, die mir im Leben vorgekommen sind.“ Als ihm ... sein jüngster Schwager Georg, Bankdirector in Darmstadt, allzufrüh ent... wurde, schrieb er: „Ich kenne keinen so liebenswürdigen, herzensguten, ... und in allen Dingen tüchtigen Menschen und werde seinen Verlust nie ...ben.“ Er setzte ihm in der Familienchronik ein Denkmal, das des ... werth wäre.

Von Orden aller Art geschmückt, mit dem württembergischen Personal... versehen, von seinem Könige zur Excellenz ernannt, in ganz Deutschland ... und geehrt — so hat er sein reiches Leben beschlossen. Tausenden von ...ern und Lesern ist er eine Stütze, eine Freude, ein Tröster gewesen. ... mich war er der Führer durchs Leben, das Vorbild, das mir immer ...schwebte. Wenn diese Blätter deshalb mit Pietät und Dankbarkeit ge...ben sind, so werden doch Alle, die ihn noch persönlich konnten, zugeben, ... sie die Wahrheit enthalten.

Die Schriften Rümelin's sind soweit angegeben, wie sie mir zugänglich waren. Ueber ihn haben wir die Gedächtnißrede von Professor Ch. Sigwart vom 6. November 1889 (R. u. A. III), einen Nekrolog seines Freundes und Nachfolgers als Kanzler, des Theologen Weizsäcker (Sonntagsbeilage der Schwäb. Chronik, 28. December 1889); endlich eine Serie Artikel in der Nationalztg. 1895, 9.—13. Juli, von Dr. Max Cornicelius. — Mich unter...ten die Erinnerungen 42jähriger Familiengemeinschaft, zahlreiche Briefe Rümelin's an Familie und Freunde und mancherlei Aufzeichnungen von ihm selbst. — Die Benützung der Acten des Königl. Württemb. Cultusministeriums aus seiner Minister- und Kanzlerzeit, die ich nachsuchte, wurde mir abgeschlagen. Erst auf Grund dieser Acten hätte eine vollständige Biographie geschrieben werden können. Die Zeit seiner Ministerthätigkeit konnte einigermaßen auch auf Grund des gedruckten Materials hergestellt werden; für das Verständniß seines Schulgesetzes war mir ein eingehender Brief des kgl. württ. Ministerialdirectors H. Habermaas eine wesentliche Hülfe. Seine Kanzlerthätigkeit und Universitätsverwaltung von 1870—89 konnte ich aber nicht wagen ohne die Acten darzustellen. Es bleibt eine sehr bedauerliche Lücke. Für die meisten großen Fragen der Universitätsverfassung, für die ganze deutsche Universitätsgeschichte wäre die Darstellung dieser amtlichen Thätigkeit von erheblichem Werthe gewesen, wie ich aus der Erinnerung von all dem, was er mir darüber erzählte, bezengen kann. Zu einer Darstellung aber reichten meine verblaßten Erinnerungen nicht aus.

Gustav Schmoller.

Rupp: Joh. Georg R., geboren am 7. Februar 1797 in Reutlingen, daselbst am 1. März 1883, städtischer Bauinspector und später Baurath, ...ftigte sich besonders mit gothischer Baukunst und war bei der ersten ...ration der Reutlinger Marienkirche, wie auch als Beirath des Ulmer ...sterbaus thätig. Die bekanntesten seiner Bauten sind Schloß Lichtenstein, Schloß Hohenmühringen, Schloß Haunsheim bei Dillingen. Außerdem können ...hnt werden das frühere Schwefelbad Boll und die Kirchen in Gönningen, ...hausen und Baisingen.

Oberamtsbeschr. Reutlingen I, S. 494. M. Bach.

Rupp: Julius R. ist am 13. August 1809 in Königsberg geboren. ...n seinem Vater, der Calculator am Licent war, wurde er zu strengem ...horsam, Pflichtgefühl, Fleiß und Pünktlichkeit angehalten, von der feinfühligen Mutter frühe in die religiöse Gedankenwelt eingeführt, von dem streng- und altgläubigen Wald confirmirt. Die Erinnerung an seine Confirmation ist ihm, ebenso wie die an sein Elternhaus, zeitlebens theuer und werth gewesen. Er schreibt in späteren Jahren lange nach seinem Ausscheiden aus der Landeskirche darüber: „Es ist vieles um mich und an mir anders geworden, aber die Ueberzeugung, daß es auch für die Gegenwart keinen andern Erlöser als Jesum von Nazareth giebt, ist dieselbe geblieben, das bekenne ich mit der gleichen Festigkeit noch heute.“

Nach Absolvirung des altstädtischen Gymnasiums, wo er den Grund zu einer tüchtigen humanistischen Bildung legte, bezog er, noch nicht achtzehn Jahre alt, die Universität seiner Heimathstadt, um Theologie zu studiren. Unter den theologischen Docenten war Niemand, der ihn besonders fesselte, dagegen wurde er begeisterter Schüler Herbart's, der ihn auch zur Pädagogik führte. Seine philosophischen Studien führten ihn zu Kant, dessen Tradition in Königsberg lebendig war. Die Kantische Philosophie, besonders auch Kant's Werk: „Die Religion innerhalb der Grenzen der Vernunft“, hat auf ihn einen entscheidenden bleibenden Einfluß ausgeübt. Auch studirte er fleißig die Schriften Schleiermacher's, daneben hörte er geschichtliche und kunstwissenschaftliche Vorlesungen. Nach Beendigung des Trienniums und glänzendem Examen wurde er Mitglied des Wittenberger Predigerseminars. Während die anderen Docenten ihn abstießen, trat er in innigste Beziehung zu Richard Rothe. Nach Königsberg zurückgekehrt, wendete er sich von der Theologie ab und der Philosophie und Pädagogik zu. Er war an verschiedenen Lehranstalten, zeitweise auch in Marienwerder thätig, bis er an dem altstädtischen Gymnasium eine Oberlehrerstelle erhielt. Sein Unterricht steckte sich hohe Ziele, er suchte die Schüler zu selbstständig denkenden und urtheilenden Menschen zu erziehen. Seine Lehrfächer waren Deutsch, Religion und Geschichte. Auch promovirte er und habilitirte sich als Privatdocent in der philosophischen Facultät. Seine Docententhätigkeit erstreckte sich auf die Gebiete der Philosophie (Religionsphilosophie, Naturrecht, Geschichte der Philosophie), Pädagogik, Litteraturgeschichte (Goethe's „Faust“, Litteraturgeschichte von 1770—1880) und Geschichte. Durch die Wahl actueller Themata suchte er auf die studentische Jugend zu wirken und sie in Contact mit der Gegenwart zu bringen. Seine Vorlesungen über deutsche Litteratur waren besonders zahlreich besucht. Die rege Antheilnahme am kirchlichen Leben bezeugt seine erste Streitschrift, die gegen den einflußreichen Professor Olshausen, den Führer der pietistischen Richtung in Ostpreußen, gerichtet war. In einer von ihm geleiteten Predigerconferenz war bei zwei Geistlichen Wahnsinn ausgebrochen. Den dadurch hervorgerufenen Gerüchten und Anklagen war Olshausen mit einer entschuldigenden Schrift entgegengetreten. Dieser Schrift setzte R. seine „Gegenbemerkungen“ entgegen. Er bekämpfte keineswegs den Mysticismus und Pietismus, die unter Umständen heilsam und fördernd sein können, sondern den Mangel an Mäßigung, Besonnenheit und Klarheit, den die ostpreußische Bewegung gezeigt hatte. Die Streitschrift, die erste in einer langen Reihe, zeigt die „Klaue des Löwen“, eine glänzende Dialektik. Bezeichnend für R. war es, daß er in Olshausen kurz vor seinem zweiten Examen seinen Hauptexaminator angriff, der übrigens zu vornehm war, um es ihn irgendwie fühlen zu lassen; vielmehr bestand R. auch dies Examen mit Auszeichnung. Bald darauf folgte eine größere wissenschaftliche Arbeit: „Gregor's des Bischofs von Nyssa Leben und Meinungen“, 1834. In dieser Schrift wird bereits mit voller Klarheit der Gedanke ausgesprochen, dem er sein Leben lang unter den wechselndsten Verhältnissen treu geblieben ist, daß die heiligende Kraft der Gottesverrung von dem Inhalt, den wir dem Gottesgedanken geben, durchaus unhängig sei.

Nach seiner Anstellung als Oberlehrer gründete R. 1835 seinen Hausstand; seine Gattin ist ihm unter allen Wechselfällen des Lebens eine wahrhaft treue, verständnißvolle Gefährtin gewesen, sein Familienleben, das durch Kinder gesegnet wurde, war von schlichter Einfachheit und herzerquickender Innigkeit.

1842 wurde er zum Divisionspfarrer gewählt und ordinirt. Zu den von ihm in der Schloßkirche gehaltenen Predigten strömten große Scharen auch aus der Civilbevölkerung. Seine Predigten, die auch im Druck erschienen („Christliche Predigten", 1843, II. 1845), zeugen von einer hinreißenden Beredsamkeit und einem tiefen Gedankeninhalt; es sind häufig Kantische Gedanken, die in Predigtform der Gemeinde zugänglich gemacht werden. Dagegen fehlt jede Beziehung zu der Soldatengemeinde. R. entschuldigt dies damit, daß die Hälfte der Kirchenbesucher dem Civilstande angehören, seine besondere Gemeinde nur anwesend war, wenn gerade ihr Kirchgang mit seiner Predigt zusammentraf, außerdem die Soldaten bei strengerer Kälte nach der Liturgie die Kirche verließen. Daneben behielt R. die vier Religionsstunden auf den oberen Classen des Gymnasiums.

Einen Wendepunkt in seinem Leben bildete eine Rede, die er in der deutschen Gesellschaft zum Geburtstag des Königs am 15. October 1842 hielt über das Thema „Der christliche Staat" (Königsberg 1842, neu aufgelegt 1892). Die Rede zeichnet zunächst das Wesen des christlichen Staates im Mittelalter, dessen Grundlage er im Gegensatz des Priester- und Laienstandes findet. „Diejenigen Staaten, welche der Kirche Gehorsam und Hingebung beweisen, werden als wahrhaft christliche Staaten anerkannt." Luther habe erfolgreich gegen diesen Staat gekämpft, aber auf ihn folge ein jäher Abfall. Es bildete sich die Staatskirche. „Der christliche Staat der Protestanten unterscheidet sich nicht wesentlich von dem der Katholiken, da beide das Christenthum als die in unwandelbaren Formen gegebene äußere Kirche gegen jeden Eingriff aufrecht zu erhalten versprechen und demselben die dazu erforderliche Macht zu Gebote stellen. Diesem christlichen Staat steht der Staat Friedrichs II. von Preußen und der Staat des tiers-état in Frankreich gegenüber. Der Staat des 18. Jahrhunderts sieht in der Verwirklichung der Gerechtigkeit, d. h. in sich selbst die höchste Aufgabe der menschlichen Bildung gelöst .... Darum ist dem Staat des 18. Jahrhunderts die Kirche zunächst durchaus gleichgültig, er ist aber in Wahrheit ein christlicher Staat gewesen. Der christliche Staat des 19. Jahrhunderts wird keine Glaubensvorschriften und keinen Symbolzwang kennen, er wird bei seinen Bürgern nicht nach der Taufe fragen, er wird mit der christlichen Kirche in keiner unmittelbaren Beziehung stehen, und doch wird er ein christlicher Staat sein. Das Christenthum steht zur Religion ... in demselben Verhältniß als zu Staat, Kunst und Wissenschaft; es ist ebensowenig Religion als es Staat, Kunst und Wissenschaft ist, aber es ist das Princip und die Seele unseres politischen, künstlerischen, wissenschaftlichen und religiösen Lebens. Das Christenthum ist ein Lebensprincip, es ist ein System lebendiger Gedanken." Nachdem nun die Aufgaben des christlichen Staates im einzelnen gezeichnet worden, schließt die Rede mit den Worten: „Der christliche Staat befestigt den Völkerfrieden, er lehrt die Nationen sich selbst Gesetze geben, er will nicht Herren und Knechte, sondern brüderliche Gleichheit, er stößt die Bösen nicht aus, sondern führt sie zurück zum Guten und beugt dem Bösen vor; vor allem er setzt Vertrauen in den Geist." Der Eindruck der Rede *war ein gewaltiger*. Es regneten die Zustimmungen (u. a.

auch eine Besprechung von Karl Rosenkranz in der Königl. Preuß. Staats-, Kriegs- und Friedenszeitung Nr. 258) und Entgegnungen. Die Unzufriedenheit mit dem herrschenden System auf kirchlichem Gebiet war eine allgemeine. Es gehört zu dem tragischen Geschick des Königs Friedrich Wilhelm IV., daß er auch auf diesem Gebiet das Beste wollte und doch die verhängnißvollste Wirkung ausübte. Er kannte nur eine Reform der Kirche von oben in [illegible] Gestalt der Bevormundung. Jede selbständige Regung der Gemeinden [illegible] ihm als Demokratie auf kirchlichem Gebiet, die ihm noch verhaßter war, [illegible] die politische. Die Kreise, die in Stahl und Hengstenberg ihre Führer gefunden, erlangten maßgebenden Einfluß. Christlich erschien ihnen der Staat, der [illegible] allen Mitteln, wenn es noth thue auch mit Zwangsmitteln dafür sorge, [illegible] seine Glieder rechte Christen, d. h. Christen nach ihrer eigenen Form [illegible] Christenthums seien. So war es gemeint, wenn der König beim Regierungsantritt erklärte, daß er verspreche, seinem Staate den Ruhm eines christlichen [illegible] zu geben. Gegen diese Anschauungen war die Rede allerdings eine Kriegserklärung. Friedrich Wilhelm hat das Auftreten Rupp's wie eine persönliche Beleidigung aufgefaßt.

Infolge der Rede kam R. in Conflict mit dem Consistorium. An der Spitze desselben stand der Generalsuperintendent Sartorius, der gerade [illegible] möglichst schnellen Tödtung des Rationalismus nach Ostpreußen berufen war. Die große Erweckung der Freiheitskriege war erstarrt. Ueber Schleiermacher ging man zur Tagesordnung über, die einfache Wiederherstellung des [illegible] hielt man für die Aufgabe der Theologie und Kirche. Mit besonderem [illegible] wurde die Hegel'sche Philosophie verfolgt. Einer der Consistorialräthe, einst [illegible] Rupp's Universitätslehrer Hegelianer, bekämpfte jetzt heftig, was er damals gelehrt hatte.

Vor diesen Richtern mußte sich R. vertheidigen. Weil R. gerade bei den Hegelianern und den freisinnigen Politikern Zustimmung fand, war er doppelt verdächtig, obwohl ihm bei allen wohl durch Rothe vermittelten Anklängen an die Hegel'sche Auffassung vom Staat die Hegel'sche Philosophie zeitlebens fremd geblieben und sein Interesse für Verfassungsfragen ein geringes war. [illegible] Consistorium machte R. eine „Vorhaltung", der Cultusminister Eichhorn [illegible] ihn an die Pflichten seines Amtes erinnern und ihm zugleich eröffnen, „daß er von Rupp's Gewissenhaftigkeit erwarte, daß er, wenn er einsehe, daß die in jener Rede ausgesprochenen Ueberzeugungen mit dem Amte eines christlichen Predigers unverträglich seien, das Amt niederlegen würde." R. erwiderte, daß es in seiner Rede keine Stelle gäbe, welche mit den Offenbarungen des Neuen Testamentes in Widerspruch stände, er habe sich, da er die Rede sprach, im Dienst seines Erlösers gewußt.

In dieser Zeit wurde R. vom Magistrat der Stadt Königsberg zum Director des Kneiphöfischen Gymnasiums gewählt, aber von dem Ministerium nicht bestätigt.

Durch Ullmann's Thesen über die theologische Lehrfreiheit in der evangelisch-protestantischen Kirche, welche die Theologie unter die Aufsicht der Kirche stellten, herausgefordert, schrieb R. zuerst Gegenthesen in dem „Königsberger Litteraturblatt" und erörterte sodann diese Frage ausführlicher in der Schrift: „Der Symbolzwang und die protestantische Lehr- und Gewissensfreiheit" (Königsberg 1843). Die von ihm aufgestellten Grundsätze sind: 1. Alle Symbole sowohl der alten Kirche als die des Mittelalters (das Apostolicum eingeschlossen) können in der protestantischen nie Gesetze werden, sie sollen Zeugnisse sein. Der Buchstabe der Bekenntnisse und die Verpflichtung auf derselben in der heutigen protestantischen Kirche gilt nicht, und diese Geltung erzwingen, heißt eine Revolution bewirken."

An allen Fragen und Gebieten des kirchlichen Lebens nahm R. den lebendigsten Antheil. So war er in hervorragender Weise an der Gründung des Ostpreußischen Hauptvereins der Gustav Adolf-Stiftung betheiligt. Bei der Berathung der Frage, ob auch Juden Mitglieder des Gustav Adolf-Vereins werden können, vertrat er energisch den kirchlichen Charakter des Vereins. Es ist bezeichnend für die Unklarheit der damaligen Zeit auf kirchlichem Gebiet, daß eine recht erhebliche Minderheit für die Aufnahme von Juden stimmte und R. ein Widerspruch mit seiner Rede über den christlichen Staat vorgeworfen wurde, während es sich doch in dieser um den Staat, hier aber um einen kirchlichen Verein handelte. Bei diesem Blick aufs Große verlor er auch das Kleine nicht aus den Augen. Neben seiner Thätigkeit als Divisionsprediger, Docent und Religionslehrer fand der unermüdliche Mann noch Zeit, sich um die Gründung einer Kleinkinder-Bewahranstalt zu kümmern. Am Januar 1844 hielt R. wieder die Festrede in der Deutschen Gesellschaft, und zwar diesmal über das Thema: „Theodor von Hippel und seine Lehre über den christlichen Staat." Die Rede giebt die Gedanken des bedeutsamen Königsberger Schriftstellers Theodor v. Hippel wieder, die mit dem, was R. in seiner ersten Rede vertreten hatte, im wesentlichen übereinstimmen. Hippel habe zwar Scheu gehabt, die Bezeichnung „christlicher Staat" zu gebrauchen wegen des vielfachen Mißbrauches, der damit getrieben sei; doch sei der Staat, dessen Grundzüge Hippel zeichne, in Wahrheit ein christlicher. Erster Grundsatz der Regierungsform sei, daß die Gesetzgebung väterlich sei. „Nach der Lehre des Stifters der christlichen Religion waren die Gebote Gottes Rathschläge, seine Verbote väterliche Warnungen und die Pflichten kindliche Liebe. So darf der Ton der Gesetze in den väterlichen Regierungsformen nicht einen harten Gebieter verrathen ... es liegt in der Natur es Menschen, daß er ch nicht befehlen, sondern nur rathen lassen wolle, und ddie väterliche Regierung spricht ihm diesen Adel, zu dem ihn Gott erhob, nicht ab." Ferner geht die Rede auf Hippel's Anschauungen über die Frauenfrage ein. Er sprach es unumwunden aus, daß Mann und Weib zwar wie die Rassen durch Hautfarbe, Haarwuchs, Schädelformation, so durch den Geschlechtsunterschied getrennt seien, aber in dem, was den Menschen zum Menschen macht, in der Vernunft, einander gleichstehen und jede Unterordnung des Weibes unter den Mann unvernünftig sei. Zum Schluß weist R. darauf hin, wie Hippel alle Gedanken der Herrschaft eines Gedankens untergeordnet habe, und diesen einen Gedanken knüpft Hippel an das unsterbliche, allgemein bekannte Wort des großen Friedrich an: „bei mir kann Jeder glauben, was er will, wenn er nur ehrlich ist." „Dieses Wort nennt Hippel deshalb unsterblich, weil er erkannt hat, daß es ein christlicher Ausspruch ist; ... unchristlich ist es ihm, den Menschen nach seiner Orthodoxie zu beurtheilen. Obwohl hier R. nur Hippel's Gedankengänge wiedergibt, läßt er doch seine Zuhörer nicht im Zweifel, daß er die Anschauungen Hippel's theilt."

Es läßt sich verstehen, daß gerade in militärischen Kreisen, die alles unter dem Gesichtspunkt der Subordination anzusehen gewohnt sind, diese Rede einen gefährlichen Eindruck machte. So ließ der bei der Festrede anwesende commandirende General Graf zu Dohna, der Schüler Schleiermacher's aus dessen Hauslehrerzeit, übrigens sonst als ein milder, vornehm denkender Mann bekannt, das Manuscript der Rede durch den Militär-Oberprediger einfordern. R. weigerte sich anfangs, weil der Divisions-Commandeur und nicht der *commandirende General* sein militärischer Vorgesetzter sei und weil eine in einer gelehrten Gesellschaft gehaltene Rede einer amtlichen Beurtheilu seiner vorgesetzten Militärbehörde in keinem Fall unterliegen könne; gab ab schließlich nach und reichte das Manuscript ein, „damit man seiner Weigerun nicht falsche Motive unterlege". Das Kriegsministerium, dem eine Abschri des Manuscripts unter Einspruch Rupp's gegen die Zuständigkeit und da Verfahren des commandirenden Generals übermittelt wurde, reagirte darau nicht, scheint also vom militärischen Standpunkt nichts Tadelnswerthes ge funden zu haben. Dagegen ertheilte das Consistorium auf Veranlassung de commandirenden Generals „wegen Nichtbeachtung der früheren Mahnung, weg der anstößigen Gedanken und Worte in der Rede vom 18. Januar" ein sachlich und formell ungemein scharfen Verweis und erklärte, „daß ein B harren bei solchen Ansichten mit dem Ihnen von der Kirche übertragenen Am unvereinbar ist."

Durch solche Vorgänge wurde das Bedürfniß engerer Fühlung zwischen d Freunden einer freieren Richtung in der Kirche und der Schaffung ein Organs geweckt und gestärkt. Bei der Säcularfeier der Königsberger U versität im August 1844 wurde die Gründung einer Zeitschrift „Christlic Volksblatt" beschlossen, deren Mitherausgeber R. wurde. In diesem „Vol blatt" verlangte R., als die erste Provinzial-Synode 1844 berufen wur energisch eine Synode aus Geistlichen und Laien, von der allein eine freihe liche Ausgestaltung des kirchlichen Lebens zu erwarten sei, und vertheidi diese Gedanken in einer Preßfehde. Die deutsch-katholische Bewegung begrü er als Erster in der evangelischen Kirche mit großer Freude. Er ließ n Schneidemühl, wo von Czerski eine romfreie Gemeinde gegründet worden w als ersten Gruß von evangelischer Seite ein von vielen Evangelischen unt schriebenes Sendschreiben. Auch zu der in Königsberg gegründeten, v Czerski und Ronge besuchten deutsch-katholischen Gemeinde nahm er eine freun liche Stellung ein. Die weitere Entwicklung dieser Bewegung war allerdin nicht nach seinem Sinn. Er tadelte, daß sie so bald ihren katholischen Ch rakter abstreifte und zu einer protestantischen wurde. Er sah darin d Hauptgrund des geringen dauernden Erfolges dieser so großartig begonnen Bewegung.

Auch die von Uhlich und Wislicenus getragene Bewegung der Li freunde hielt ihren Einzug in Königsberg. Am 9. April 1844 wurde Zweigverein der protestantischen Freunde gegründet. R. ist auch unter zehn Vorstandsmitgliedern dieses Vereins, der nur eine Lebensdauer von fü Monaten haben sollte, hielt sich aber einigermaßen von der ihm doch tiefsten Grund fremdartigen Bewegung fern. Es waren die vulgär-ration listischen Kreise, die sich in ihr zusammenfanden. R. hat für die gedank arme Oberflächlichkeit dieser Kreise, die von der Zeit überholt und von Gedankenarbeit der großen Denker Kant und Schleiermacher unberührt blieben waren, stets ein scharfes Auge gehabt, seine positive Natur fühlte durch die bloße Negation jener Kreise zurückgestoßen, wenn er auch mit ih in vielen die Reform des kirchlichen Wesens betreffenden Fragen übereinstimm Rationalist ist R. nie gewesen, so oft er auch so genannt worden ist; Schüler Schleiermacher's konnte es nie werden. Für den Rationalismus das Christenthum Lehre, für R. Lebensprincip. Eher werden wir ihn einen Vorläufer des modernen theologischen Liberalismus verstehen. Ken der neuesten Bewegungen auf religiösem Gebiet werden eine unverkennb Aehnlichkeit seines Standpunktes mit dem Johannes Müller's finden. Schließung dieses Vereins, die am 26. August 1844 erfolgte, wurde auch als ein Gewaltact empfunden und machte die ganze Situation in Königs- immer gespannter. Die Gegner Generalsuperintendent Sartorius Consistorialrath und Professor der Theologie Lehnerdt fingen damit an, Angelegenheit auf die Kanzel zu bringen. R. fühlte sich in seinem Ge- gedrungen, das Gleiche zu thun, zumal da er die Laienwelt als allein in dieser Frage ansah. So hielt er am 29. December die Predigt Gal. 4, 1—7 mit dem Thema: „Der christliche Glaube ist der Glaube Mündigen“. In dieser Predigt verfolgt er die herrschende Richtung bis auf Quelle und findet diese im Eingang des sogenannten Athanasianischen Glaubensbekenntnisses: „Quicunque vult salvus esse, ante omnia opus est, teneat fidem catholicam. Quam nisi quisquam integram inviolatamque servarit, absque dubio in aeternum peribit.“ Ausdrücklich wird erklärt, sowohl im apostolischen wie auch im nicaenischen Symbol nicht ein Grund- zu finden sei, der dem Geist des Christenthums widerspreche, aber in auf das Athanasianische sei er zu der Ueberzeugung gekommen, daß mit die christliche Kirche gegen das Wort Gottes und damit gegen sich selbst ablege und daß unsere Kirche nur dann des Namens einer christlichen würdig bleibe, wenn sie dies erkenne. Das Unchristliche dieses Bekennt- wird in den angeführten Eingangsworten gefunden; damit werde die an eine Satzung gebunden. „Christ sein und die Seligkeit von einer Auffassung abhängig machen, ist unvereinbar.“ Einige Tage vorher R. diesen seinen Standpunkt in einem Schreiben an das Consistorium gelegt. Er hat diesen Schritt mit vollem Bewußtsein seiner Tragweite er hielt ihn für ein Gebot christlicher Wahrhaftigkeit und wollte lieber eine gesicherte pecuniäre Stellung und eine ihm lieb gewordene Thätigkeit als gegen sein Gewissen handeln. Auch der zu erwartende Beifall ihn nicht gelockt, sondern er hat vielmehr zu aller Zeit viel gethan, um Freunde zurückzuschrecken. Das Consistorium nahm den hingeworfenen Handschuh sofort auf. Nach einem mehrfachen Schriftenwechsel und einer lichen Verhandlung wurde R. am 17. September 1845 „wegen wieder- Verletzung seiner Amtspflichten aus grober Fahrlässigkeit und wegen licher Weigerung, die ihm vorgehaltenen Vergehungen als solche an- kennen und zu geloben, daß er fortan ähnliche Fehltritte zu vermeiden sein werde, aus seinem Amt als Divisionsprediger entlassen.“ Zu gelegt werden diesem Urtheil, das mit drei gegen zwei Stimmen be- wurde, die beiden Reden über den christlichen Staat, sowie die Atha- Predigt. Am 18. December wurde das Strafresolut, das inzwischen Minister vorgelegt worden war, dem Angeklagten publicirt; zugleich wurde eröffnet, daß das Consistorium beschlossen habe, weil nach seiner Ansicht pp's strafbarer Fehler mehr in einer unwillkürlichen Verirrung als in vorsätzlichen Widerstreben wurzele, ein Wartegeld von 500 Thalern pro für zwei Jahre von der Gnade Sr. Majestät zu erbitten. Dies Warte- wies R., obwohl er vermögenslos und Vater von 5 Kindern war, ent- ab und legte Recurs gegen das Urtheil ein. Während der Verhand- wurde R. von dem Burgkirchencollegium aufgefordert, sich um die Hof- Adjunctenstelle mit Aussicht auf Nachfolge zu bewerben. Er kam Aufforderung nach und wurde mit großer Mehrheit von den stimm- fähigen Mitgliedern der Gemeinde gewählt, aber vom Consistorium nicht bestätigt. Den Recurs gegen seine Absetzung zog R., nachdem seine Bitte an König um Bestellung eines anderen Richters als des Cultusministers abschlägig beschieden war, als aussichtslos zurück.

Inzwischen war es zur Gründung einer „freien evangelischen Gem
der ersten in Deutschland, gekommen. Ein Kreis von Männern und F
aller Stände traten zu dieser zusammen und wählten R. zu ihrem
R. stellte vor Uebernahme dieses Postens die Bedingung, daß alle Ge
glieder sich als Brüder betrachten und dies auch äußerlich durch Gebrau
brüderlichen „du“ kennzeichnen sollten. Von einem Theil derer, die im
waren, sich der Gemeinde anzuschließen, wurde dies mit Entrüstung
und doch hatte dieses Verlangen Rupp's, so unpraktisch es war,
sonderen Grund. Er hatte gesehen, wie ein großer Theil derer, die ih
den Schild gehoben hatten, lediglich in der Negation mit ihm einig
aber keine religiösen Interessen hatten und mit diesem Mangel sich
brüsteten. R. erklärte eine solche Gesinnung für eine gemeine Denk
forderte von Jedem, der der neuen Gemeinde beitreten wollte, da es ihm
geglückt war, sich sonst verständlich zu machen, eine Handlung, die ohne
bekundete, daß es ein **religiöses** Bedürfniß sei, das ihn zu ihr führe.
hierin zeigt sich das durchaus Positive in Rupp's Anschauungen.
erstrebte, war eine evangelische Gemeinde nach evangelischen Grund
organisirt, von allem staatlichen Zwang und aller Aufsicht der Kirchenbe
befreit. Nachdem sein Verlangen in dem von ihm gewünschten Sinne
hatte, gelang es seinen Freunden, ihn zur Zurückziehung dieser Bedingu
bewegen. Am 19. Januar 1846 erfolgte die Begründung der Gemeind
den vorgeschriebenen Rechtsformen. Von nun an ist Rupp's Leben
innigste mit der von ihm gegründeten Gemeinde verwachsen. Der lei
Grundsatz der Gemeinde war die unbedingte Gewissensfreiheit, die freie
bestimmung des Einzelnen. R. wäre aus der Gemeinde ausgetreten und
eine neue gegründet, wenn durch Mehrheitsbeschluß irgendwie der Beken
gehalt der Gemeinde festgestellt worden wäre. Auch in dem später gegrü
Verband der „freien Gemeinden“ in Deutschland hatte er mit Entschie
diesen Standpunkt vertreten. Darin liegt die Stärke, aber auch die Sch
der Gründung, da die freie Selbstbestimmung, auf die Spitze getrieben
lebendige und fruchtbare Gemeinschaft ausschließt. Nur durch Rupp's
sönlichkeit war ein festes Einheitsband geschaffen; doch sind schon in der
fangszeit sehr verschiedene Standpunkte in der Gemeinde vorhanden ge
Rupp's eigene religiös-sittliche Anschauungen bezeichnet er als „chri
Humanismus“. Das, was sein großer Lehrer das radicale Böse un
christliche Dogmatik Sünde nennt, ist von ihm in seiner Tiefe und Bede
nicht erfaßt. Sein ebenmäßiger Entwicklungsgang, der keinen Bruch mi
Vergangenheit kennt, bietet dafür die Erklärung; auch die weitgehende
tualisirung der christlichen Ewigkeitshoffnung wird schwerlich den bib
Anschauungen gerecht. Andererseits hat er zeitlebens in Jesu von Na
seinen Meister gesehen, und ist mit Entschiedenheit dafür eingetreten, da
religiöse Reformbewegung im engsten Zusammenhang mit dem Evang
bleibe, auch als die Mehrzahl der anderen freien Gemeinden andere Wege
Noch kurz vor seinem Tode bezeichnet er als die Aufgabe der religiösen
der Gegenwart, einzustehen für das Princip des Evangeliums gegen
der öffentlichen Meinung herrschenden Grundirrthümer. Wenn er das
liche oder das Christenthum bekämpft, so ist nach seinem Sprachgebrauch
geschichtliche Christenthum gemeint, wie es sich in den Formen der La
kirchen darstellt. Dies bekämpft er gerade im Namen des Evangeliums,
dessen, was er als das wahre Christenthum erkannt hat.

R. und die Königsberger Richtung hat in der freigemeindlichen Bew
stets die äußerste Rechte gebildet. Er ließ es sich mit Humor gefallen

[illegible] Kreisen für einen Reactionär gehalten zu werden. Er war seiner [illegible] nach nur aus der Consistorialkirche, aber nicht aus der evangelischen [illegible] ausgetreten. Dieses sein Recht als Glied der evangelischen Kirche suchte [illegible] aller Macht zu vertheidigen; darum trat er auch, zum Deputirten des [illegible]berger Hauptvereins für die Hauptversammlung des Gustav Adolf-[illegible] gewählt, nicht freiwillig zurück, als man ihn dazu zu bestimmen [illegible] Es traf ihn sehr hart, als die Deputirtenversammlung am 7. Sept. [illegible] seine Zulassung wegen mangelnder Zugehörigkeit zur evangelischen Kirche [illegible]. Aus dem gleichen Grunde sträubte sich R. mit seiner Gemeinde, [illegible] es anging, sich unter das Patent vom 30. März 1847 über die [illegible]ung neuer Religionsgesellschaften zu stellen, weil das Patent für die-[illegible] gegeben war, „welche in ihrem Gewissen mit dem Glauben und Be-[illegible] ihrer Kirche nicht in Uebereinstimmung zu bleiben vermögen und sich [illegible] zu einer bestimmten Religionsgemeinschaft vereinigen". Dies hielt [illegible] sich und seine Gemeinde für nicht zutreffend; dadurch aber, daß die [illegible] sich nicht unter das Patent stellte, wurde ihr Prediger straffällig, [illegible] er Amtshandlungen vornahm; die von ihm getrauten Ehen wurden als [illegible] angesehen. Auch im Ausbau des Gemeindelebens verfolgte R. [illegible] conservativere Grundsätze; er wollte bei der Taufe die trinitarische [illegible] ohne trinitarischen Inhalt beibehalten. Doch legte er auf die Formen [illegible] Werth und ließ sich, wenn auch ungern, von seinen radicaleren Freunden [illegible], daß die Form der Taufe in das Belieben der Eltern gestellt [illegible]. Das Abendmahl hat R. bis an sein Lebensende gefeiert. Um allen [illegible] des geistlichen Standes ein Ende zu machen, ließ er sich in Predigt [illegible] Amtshandlungen durch andere Gemeindemitglieder vertreten, später ge-[illegible] dies regelmäßig einmal im Monat. Auch hatte der Prediger im Gemeinde-[illegible] nur berathende, nicht beschließende Stimme.

[illegible] in directer Verbindung stand die journalistische Thätigkeit Rupp's, [illegible] auch sein Leserkreis wesentlich im Kreise der freien Gemeinde zu suchen ist. [illegible] nacheinander die Wochenschriften der „Ostpreußische Volksbote", die [illegible]berger Sonntagspost", „Religiöse Reform" heraus oder war doch ihr [illegible]genbster Mitarbeiter. Er setzte sich in gedankenreichen, eine tüchtige [illegible] Bildung bekundenden Artikeln mit allen Zeitfragen auf kirchlichem, [illegible] und litterarischem Gebiet auseinander. Zeitweise trat das politische [illegible] in den Vordergrund. Vier Monate gehörte er dem preußischen [illegible]netenhause im J. 1849 an; er hielt eine Rede gegen den Gesetzentwurf, [illegible] Anheften von politischen Plakaten verbot, und Verkauf und Ver-[illegible] von Druckschriften auf den Straßen von polizeilicher Erlaubniß ab-[illegible] machte. Einer Fraction trat er nicht bei, hielt sich aber zur gemäßigten [illegible] Das Jahr 1848 brachte der Gemeinde zwar manche Erleichterung. [illegible] in der großen Neuroßgärtner Kirche den Märzgefallenen die Gedächtniß-[illegible] und durfte mit seiner Gemeinde zwei Jahre die Burgkirche mit benutzen. [illegible] Allgemeinen war diese Zeit der Gemeinde nicht günstig. Die politischen [illegible]ssen verdrängten die religiösen. Manche, die zur kirchlichen Opposition [illegible]durch geführt wurden, weil es vor 1848 keine Möglichkeit gab, politische [illegible]sition zu machen, zogen sich zurück. Das allgemeine Interesse erlahmte. [illegible] wohl unter dem ihm durch die Gustav-Adolf-Versammlungen bekannten [illegible] freundlich gesinnten liberalen Minister Graf v. Schwerin eine Wieder-[illegible]ung im geistlichen Amte erlangen können; aber er wollte seine Sache [illegible] von der der freien Gemeinde trennen, und alle Versuche, diese nach An-[illegible]ung der Selbständigkeit und Lehrfreiheit an die Kirche anzuschließen, [illegible]terten. *Ebenso fand die Hoffnung* auf eine außerordentliche Professur für

deutsche Litteraturgeschichte trotz des überaus anerkennenden Gutachten[illegible]
Historikers Schubert keine Erfüllung. Obwohl R. seine politische Thät[illegible]
von der Arbeit der Gemeinde stets reinlich zu scheiden suchte, machte die [illegible]
brechende Reaction diesen Unterschied nicht. R. wurde im August 1851 [illegible]
das Ministerium aus Gründen allgemeinen Staatswohls von der Univ[illegible]
ausgeschlossen und verlor damit, da er den Religionsunterricht am Gym[illegible]
nach seiner Absetzung niedergelegt hatte, die letzte Thätigkeit außerhalb [illegible]
Gemeinde. Diese wurde unter das Vereinsgesetz gestellt, als politischer [illegible]
behandelt, die Versammlungen polizeilich überwacht, jede Amtshandlung [illegible]
bestraft. Auch die Annahme des Patents brachte keine Ruhe für die Gem[illegible]
R. wurde wiederholt wegen Preßvergehens mit Gefängniß bestraft, u. a. [illegible]
„Verletzung der Ehrfurcht gegen Se. Majestät den König“ oder wegen [illegible]
„zu Haß und Verachtung gegen die evangelische Landeskirche aufreizenden“ Arti[illegible]
Auch die Freimaurerloge schloß ihn wegen seines Verhaltens gegen die [illegible]
regierung aus. Schließlich wurde die Gemeinde polizeilich geschlossen, [illegible]
kein Bekenntniß habe, mithin keine religiöse Gemeinde sei, sondern im [illegible]
theil politischen Charakter habe, was außer den Reden und Schriften [illegible]
auch daraus hervorgehe, daß sie eine Lebensgemeinschaft sein wolle. R. [illegible]
die Gemeinde durch Sonntagszusammenkünfte in engeren Kreisen, bei [illegible]
Predigten von ihm vorgelesen und besprochen wurden, auch durch [illegible]
versammlungen und gesellige Vereinigungen, die oft genug von der [illegible]
gestört und gehindert wurden, zusammenzuhalten. Das Abendmahl [illegible]
heimlich u. a. in frühester Morgenstunde des Neujahrstags 1852 gefeiert, [illegible]
in der Neujahrsnacht die Polizei nächtlichen Wanderern weniger [illegible]
entgegenbrachte. Auch die Erziehungsanstalten der Gemeinde verfielen [illegible]
Auflösung. Es dauerte über zwei Jahre, bis es R. gelang, nach vergebli[illegible]
Anfechtung der Auflösung eine Neubegründung der Gemeinde herbeizufüh[illegible]
Dies geschah, da die Bezeichnung „Gemeinde“ verboten wurde, unter [illegible]
Namen „Unsere Religionsgesellschaft“. Von 1200 stimmberechtigten Mitglieder[illegible]
waren nur ca. 100 übrig geblieben. Mit neuem Muth ging R. an die Arbei[illegible]
Es fehlte auch jetzt nicht an allerlei Schwierigkeiten; so wurde R. in 10 Th[illegible]
Strafe genommen, weil er — der frühere Oberlehrer — ohne Concession [illegible]
Kinder der Gemeinde Religionsunterricht ertheilt habe und ihm in Zukunf[illegible]
jedes Unterrichten untersagt. Erst als der Prinz von Preußen mit seine[illegible]
offenen Verurtheilung des herrschenden Systems auf kirchlichem Gebiete di[illegible]
Regentschaft übernahm und die Verfolger der Gemeinde vom Schauplatze a[illegible]
traten, kamen für die Gemeinde ruhigere Zeiten. Die Gemeinde, die nach de[illegible]
Vereinigung mit den Resten der deutsch-katholischen den Namen „freie evangelisch[illegible]
katholische Gemeinde“ annahm, konnte unter Rupp's thätiger Antheilnahme mi[illegible]
den anderen freien Gemeinden zu einem Bunde zusammentreten. Die Con[illegible]
flictszeit führte R. wieder mehr auf den politischen Kampfplatz; er gab ein[illegible]
politische, zwei Mal wöchentlich erscheinende Zeitschrift, den „Verfassungsfreund“
heraus und nahm die Wahl zum preußischen Abgeordnetenhaus 1862 a[illegible]
Diesmal schloß er sich der Fortschrittspartei an, und trat in einer länger[illegible]
Rede für die Bestätigung der Anstellung eines jüdischen Lehrers an der Rea[illegible]
schule zu Posen ein. 1863 lehnte er eine Candidatur ab; er spricht in eine[illegible]
Briefe (Nachlaß III, S. 225) die Ueberzeugung aus, „daß ein Volk i[illegible]
politischen Leben wenig zu leisten im Stande ist, wenn es nicht vorher di[illegible]
Grundlage des Evangeliums gefunden hat“, und widmete sich fortan au[illegible]
schließlich der religiösen Bewegung. Die Auseinandersetzung mit Strauß[illegible]
Renan, auch mit dem Socialismus und dem unter der Flagge der Natur[illegible]
wissenschaft segelnden Materialismus waren für ihn und die Gemeinde Gegen[illegible]

... ernster Gedankenarbeit. Allmählich stellten sich bei ihm die Anfänge ... Augenleidens ein, die ihm Lesen und Schreiben fast unmöglich machten. ... Halsleiden erschwerte ihm derart das Sprechen, daß er 1881 sein Amt ... Prediger der freien Gemeinde niederlegte. Doch blieb er bis zum Tode ... Predigten, die in der Gemeinde verlesen wurden, in Verbindung.

In dieser Zeit feierte er das 50jährige Doctorjubiläum. Die philo... Facultät ehrte ihn bei Erneuerung des Doctordiploms mit den Worten: ... justo ac propositi tenaci, qui strenue ac constanter ea quae sibi vera ... sunt, prosecutus et libris scriptis et magna vi orationis innumeros ... docuit, erexit, consolatus est."

Am Charfreitag des Jahres 1884 (11. April) theilte er zum letzten Male ... Abendmahl aus; am 11. Juli 1884 entschlief er.

Als Theologe und Politiker wird R. je nach der eigenen Anschauung des ...theilers verschieden beurtheilt werden, in der Bewunderung des Menschen ... seine Gegner mit seinen Anhängern einig. Er war eine spröde, ver...sene, aber aufrichtige, selbstlose, muthige Persönlichkeit. Wenn man den ...ng seines Lebenswerks nach dem äußeren Erfolge abmißt, so ist er ein ... geringer. Seine Hauptwirksamkeit blieb auf einen recht kleinen Kreis ...ränkt; es gehörte sein fröhlicher Optimismus dazu, um gegenüber der ...enden Theilnahmslosigkeit derer, die ihn einst auf den Schild gehoben ..., nicht verbittert zu werden. Seine Predigten, denen man die Schulung Schleiermacher anmerkt, haben etwas Abstractes; sie tragen dem gewöhn...n Erbauungsbedürfniß nicht Rechnung, sind oft mehr philosophisch als ...logisch gehalten und setzen ein außerordentliches hohes Bildungsniveau bei ...en Zuhörern voraus, sind aber in dieser Eigenart außerordentlich bedeutsam. ...ne Schriften und Artikel sind auch noch heute lesenswerth, nur leider in ...er zugänglichen Zeitschriften vergraben. Sicher gebührt R. ein ehrenvoller ...tz in der Kirchengeschichte. Er gehört zu jener Opposition, die so alt ist ... die Kirche, die gegen ihre Erstarrung gearbeitet und gekämpft hat. ...n ganzes Lebenswerk ist eine Kritik gegen die preußische Staatskirche seiner ...t. Diese Kritik ist nicht erfolglos geblieben; die Kirche, die R. bekämpfte, ... ihn ausstieß, gehört der Vergangenheit an. Idealisten, wie er einer vom ...sten Wasser war, sind trotz scheinbaren Mißerfolgs doch Träger des Fort...schritts. Irrthum und Ueberspannung corrigirt die Geschichte.

Ein ausführliches Verzeichniß der Schriften Rupp's, erfreulicherweise auch von den von ihm verfaßten Artikeln in den Zeitschriften, findet sich in Rupp's Litterarischem Nachlaß III am Schluß. Die wichtigsten von ihnen sind außer den im Text genannten:

„Das Verfahren gegen den Divisionsprediger Dr. Rupp", Wolfenbüttel 1846; „Erbauungsbuch für freie evangelische Gemeinden", 3 Bde., Königsberg 1847; „Christliche Predigten", Königsberg 1849; „Von der Freiheit. Vorträge, gehalten vor der Dissidentengemeinde", 2 Bde., Leipzig 1846; „Immanuel Kant. Ueber den Charakter seiner Philosophie und seine Bedeutung für die Gegenwart", Königsberg 1857; „Predigten aus den letzten Jahren herausgegeben nach stenographischen Aufzeichnungen von L. Ulrich, Leipzig 1890. Eine Sammlung der Briefe erscheint demnächst: † Rupp. Briefe. Heidelberg.

Vgl. Schieler, Dr. Julius Rupp und die freie religiöse Bewegung in der katholischen und evangelischen Kirche Deutschlands im 19. Jahrhundert. (Dresden und Leipzig 1903.) Nur Bd. I ist erschienen, der das Leben Rupp's bis zur Absetzung schildert. Rupp's litterarischer Nachlaß nebst Nachrichten über sein Leben, Königsberg 1890—92. — Geschichte der freien evangelisch-katholischen Gemeinde zu Königsberg, Königsberg 1895. — Ueber

Rupp's Stellung zum Gustav-Adolf-Verein: Benrath, Geschichte des Gustav-Adolf-Vereins in Ostpreußen, Königsberg 1900. Im wesentlichen beruht die Darstellung des zweiten Theiles auf zerstreuten, z. Th. ungedruckten Quellen und mündlichen Mittheilungen. Paul Konschel.

Rüppell: Julius R. wurde am 14. Juni 1808 in Schleswig geboren. Unter dem Director Professor P. Jessen trat er 1832 als Assistenzarzt in der Irrenanstalt bei Schleswig ein. 1835/36 besuchte er mit einem großen vom König von Dänemark bewilligten Reisestipendium eine Anzahl Irrenanstalten Deutschlands und Frankreichs. 1845 wurde er zum Director der Irrenanstalt ernannt, wissenschaftlich schon bekannt geworden durch seinen „ärztlichen Beitrag zu dem Criminalproceß des Mörders Ramke". Unter seiner Leitung wuchs die Anstalt rasch, vielfach suchten Patienten aus Schweden, Norwegen und Hamburg sie auf. Zeugniß davon ist sein „Summarischer Bericht über den Zeitraum von 1820—1870", eine Arbeit von dauerndem historischen Werth. Bis zu seinem Tode (am 30. December 1879) blieb er im Amt, seine unermüdliche Sorgfalt Kranken und Angestellten zuwendend, durch eine frische joviale Natur erfrischend und anregend nach allen Seiten wirkend. Sein Hauptwerk blieb die von ihm zur höchsten Blüthe gebrachte Anstalt, auch als sie preußische Provinzialanstalt geworden war, so daß es mit Recht in dem ihm gewidmeten Nekrolog hieß: „Si monumentum requiris circumspice!"

Nekrolog der Anstaltsärzte in Mittheilungen für den Verein Schleswig-Holsteinischer Aerzte, 1. Jahrgang Nr. 6, S. 91—94. — Laehr's Gedenktage der Psychiatrie 1893, S. 178. Theodor Kirchhoff.

Rusch: Adolf R. von Ingweiler, geboren vermuthlich um 1435, † zu Straßburg am 26. Mai 1489, war einer der bedeutendsten Straßburger Druckerherrn und Verleger des 15. Jahrhunderts, dessen vielseitige Thätigkeit (1463—1489) noch nicht die verdiente Würdigung gefunden hat. Erst neuerdings brachte ein glücklicher Fund die Bestätigung der mehrfach ausgesprochenen Vermuthung, daß R. identisch sei mit dem räthselhaften „Drucker mit dem bizarren R", dem die Bibliographen seit dem 18. Jh. so eifrig nachspürten. Die rühmliche Anerkennung, welche R. bei seinen Zeitgenossen fand, muß heute als vollberechtigt gelten. — Ueber seine Abstammung, seinen Bildungsgang und die Anfänge seiner Wirksamkeit haben sich bisher urkundliche Nachrichten nicht auffinden lassen; erst für seine spätere Lebenszeit fließen die Quellen reichlicher.

Als Rusch's Heimath gilt das unterelsässische Städtchen Ingweiler. Wo er seine tüchtigen Kenntnisse erwarb, läßt sich nicht nachweisen, jedoch ist die Annahme berechtigt, daß er eine Zeit lang eine Universität (vielleicht Paris) besuchte. Ob der am 18. October 1457 in Heidelberg inscribirte Adolfus Piscatoris de Inguiler (Toepke, Die Matrikel der Univ. Heidelberg I, 290) mit unserem A. R. zu identificiren ist, muß fraglich bleiben. Als humanistisch gebildeter Mann bewahrte R. stets eine besondere Vorliebe für die römischen Classiker und bediente sich im brieflichen Verkehr mit Freunden und Geschäftsgenossen der lateinischen Sprache. Seit wann er in Straßburg ansässig war, steht nicht fest, aber wahrscheinlich hatte er seit dem Jahre 1460 dort seinen ständigen Wohnsitz. Daß er schon 1451 im Haus zum Bild in der Oberstraße gewohnt habe, wie Charles Schmidt (Straßb. Gassen- und Häuser-Namen, 2. Aufl., S. 131) und Seyboth (Strasbourg historique, S. 443) angeben, ist unrichtig. Erst ungefähr 20 Jahre später hat R. als verheiratheter Mann dies Haus besessen; jedenfalls fehlt noch im Almendbuch von 146[illegible]

Name. Auffälligerweise findet sich im alten Bürgerbuch der Stadt burg kein Eintrag, wann R. als Bürger aufgenommen wurde. Allerkaufte im Januar 1479 ein Adolf Rusch von Ingewiler das Bürger- R. Dieser wird aber als ein früherer Schreiber der Herren von Lichtenbezeichnet und ist vermuthlich ein Anverwandter des Buchdruckers gesen. Unser Meister war zweifellos schon längere Zeit vorher durch seine rath mit der Straßburgerin Salome Mentelin Bürger geworden. In Urkunde vom Mai 1488 (Stadt-Archiv IV. Urkunde 100) erscheint er deren Gatte und wird darin „civis Argentinensis“ genannt.

Die Kunst des Druckens kann R. nur in Mainz oder in Straßburg erhaben. Am meisten Wahrscheinlichkeit bietet jedoch die gewöhnliche Anme, daß er seine technische Schulung in der seit 1459 in Straßburg beenden Officin des Johann Mentelin, seines späteren Schwiegervaters, elt, bei welchem er vielleicht zunächst als Corrector beschäftigt war.

Das erste sichere Zeugniß, welches wir über Rusch's Druckerthätigkeit ben, stammt aus dem Jahre 1470. In ein Exemplar der undatirten telin'schen Terenzausgabe (jetzt in der Rylands Library zu Manchester; vgl. din, Bibl. Spenceriana II, 407) machte der erste Besitzer, der bekannte chichtsschreiber Sigmund Meisterlin, den eigenhändigen Eintrag, daß er das h 1470 auf der Nördlinger Messe gekauft habe. Meisterlin fügte dann zu, den (beigebundenen) Valerius Maximus hätte er „a famoso ejusdem pressore, domino Adolpho de Iugwiler“ (d. i. Adolf Rusch) als Geschenk halten. R. war also schon damals ein bekannter Typograph und Buchndler. Nun ist aber der Valerius Maximus gar nicht von R. gedruckt, ndern vielmehr ein sicheres Preßerzeugniß Mentelin's, der es auch in seiner eiten ca. 1471 veröffentlichten Bücheranzeige aufführte. Der Umstand aber, R. im J. 1470 ein Mentelin'sches Verlagswerk verschenken konnte, betigt zu dem Schluß, daß er schon damals in nahe Geschäftsverbindung t Mentelin getreten und bereits mit dessen Tochter Salome verheirathet war.

Eine werthvolle Bereicherung unserer Kenntnisse über Rusch's Druckerstatt verdanken wir einem archivalischen Fund, den vor kurzem Professor Hasse im Staatsarchiv zu Lübeck machte. Er entdeckte das Concept eines reibens, welches der Lübecker Rath am 11. Februar 1478 an die Stadt raßburg richtete. In diesem Briefe erging die Bitte, eine dem Lübecker minicaner-Kloster gehörige Handschrift des Speculum doctrinale (von incentius Bellovacensis), die einst von dem † Buchbinder Hans Byß an e Straßburger Drucker Adolf Rusch und Johann Mentel geliehen worden , dem rechtmäßigen Besitzer wieder zurückzuverschaffen. Außerdem sollten e beiden Buchdrucker, wie es üblich wäre, ein Freiexemplar des von ihnen gestellten Buches beifügen. Ueber den Ausgang dieser Sache ist nichts bennt; weder das Original des Lübecker Schreibens noch die Rathsprotokolle s Jahres 1478, in denen die Verhandlungen über jene Angelegenheit aufzeichnet waren, haben sich im Straßburger Stadtarchiv erhalten. Unbeeitbar bildete die reclamirte Lübecker Handschrift die Vorlage für die litio princeps des Speculum doctrinale, welche (in 2 Varianten vorliegend) kanntlich aus der Presse des sogenannten „Druckers mit dem bizarren R“ rvorgegangen ist. Die Officin dieses hervorragenden Meisters, der keinem ner zahlreichen Druckwerke die Angabe von Ort, Firma und Jahr hinzugte, suchte man vormals wegen der sehr frühen Verwendung der Antiqua Italien. Zumeist verlegte man aber die Thätigkeit des „R-Druckers“ h Köln, eine Hypothese, die besonders von Madden (Lettres d'un biblioaphe, 4. Série 1875) verfochten wurde. Der Wahrheit sehr nahe kamen diejenigen, welche (wie schon Panzer) durch Typenvergleichungen zu [illegible] Schlusse gelangten, daß Straßburg die Heimath des R-Druckers sei. Der [illegible] welcher auf R. hinwies, war H. Helbig (Messager des sciences histor[illegible] 1865, S. 367 ff.). G. Reichhart's und meine eigenen Untersuchungen [illegible] stätigten die Richtigkeit dieser Vermuthung. Durch das neuentdeckte [illegible] Actenstück ist aber nunmehr der volle Beweis erbracht, daß der R-Dru[illegible] niemand anders ist, als A. Rusch.

Rusch's Thätigkeit kann man in 3 Abschnitte eintheilen. Die er[illegible] Gruppe seiner Druckwerke (ca. 1463—70) ist mit Antiqua-Lettern [illegible] Diese Typenart wurde von dem humanistisch gebildeten R. zuerst in Deu[illegible] land verwendet. Außer der Wahl der römischen Schrift ist die Richtung [illegible] Verlags charakteristisch, in der eine Bevorzugung der lateinischen Cla[illegible] hervortritt. Es erscheinen bei ihm Ausgaben des Plutarch und Sene[illegible] Commentare zu Terenz, Valerius Maximus und Virgil, daneben aber [illegible] Schriften des Aeneas Sylvius und Petrarca. Diese Reihe von Dru[illegible] lieferte R. allein und auf eigene Rechnung. Eine zweite Gruppe [illegible] Preßerzeugnissen (ca. 1470—78) scheint in theilweiser Geschäftsgemeinschaft [illegible] Joh. Mentelin, Rusch's Schwiegervater, entstanden zu sein. Für diese Dr[illegible] ist eine semigothische Schrift gebraucht, die aus Mentelin's Lettern-Bes[illegible] stammt. Eingemischt finden sich aber Majuskeln aus Rusch's reiner R-Type. Die Verlagsrichtung ist eine andere; es fehlt die humanistische Litteratur [illegible] Dickleibige Folianten theologischen und medicinischen Inhalts verlassen [illegible] Pressen. In gemeinsamer Arbeit entstanden die 3 Riesen-Specula des Vincentius mit Ausnahme des Speculum morale, das Mentelin erst im November 1476 ausgegeben hatte.

Rusch's letzte Schaffensperiode (1479—1489) hat ihren Höhepunkt in einem monumentalen Bibelwerk, welches im J. 1480 vollendet vorlag. Dies war bisher der einzige Druck, dessen Herstellung die Bibliographen der Officin Rusch's zuerkannten. Es ist die Biblia latina cum glossa ordinaria Walafridi Strabonis et interlineari Anselmi Laudunensis. Der Humanist Rudolf v. Langen bezeugt in einem überschwänglichen Gedicht (Carmina, 1486, Bl. 14), daß dies „immensum opus" von R. gedruckt sei, und R. selbst erwähnt es während der Arbeit in seinen Briefen an Joh. Amerbach. Mit diesem Riesenwerk in 4 Folianten hat R. in der That eine typographische Meisterleistung geliefert, welche noch heute Bewunderung erregt. Vier verschiedene ganz neue Typenarten sind für den Druck verwendet, die sich später in Amerbach's Besitz befinden. Den Bibeltext umschließt in kleinerer Schrift die glossa ordinaria und zwischen den Textzeilen steht in zierlicher Type die Interlinearglosse des Anselm von Laon. Der complicirte Satz, der auf jeder Seite ein wechselndes Bild darbietet, erforderte viel zeitraubende Arbeit von Setzern und Correctoren, daneben aber auch ganz erhebliche Kosten. Anton Koberger in Nürnberg hatte als Verleger den Vertrieb dieses Werkes übernommen, konnte das theuere Buch aber nicht nach Wunsch absetzen.

Für seine eigenen Verlagsunternehmen hatte R. eine neue Gesellschaft gegründet, an der vermuthlich sein Schwager Martin Schott und der seit 1472 in Straßburg ansässige Typograph Martin Flach d. Ae. betheiligt waren. Aus Rusch's Briefen geht hervor, daß er neben eingesessenen Druckern (z. B. Peter Attendorn) auch Baseler Firmen beschäftigte, außer Joh. Amerbach noch Jakob von Pforzheim und Nikolaus Keßler. Als Buchhändler scheint R. mit seinen Geschäftsfreunden am liebsten in Tauschhandel getreten zu sein, doch kaufte er auch Bücher gegen baares Geld. Außerdem bemächtigte sich sein Unternehmungsgeist noch eines andern lohnenden Großbetriebs; er

... einer der bedeutendsten Papierhändler der damaligen Zeit. Er lieferte ... Nürnberg und Basel, bezog aber oft selbst wieder Papier von schweize... Handelsfirmen, vor allem von Gallicion in Basel. Den Straßburger ...ereien war er gewohnt, für einen Ballen Druckbogen zwei Ballen unbe...tes Papier zu geben, ein Abkommen, auf welches seine Baseler Geschäfts...de nicht eingehen wollten. Mit Basel stand R. in besonders regem Ver... und scheint sich dort gern aufgehalten zu haben. Der dortigen Karthause ... er Geschenke, darunter auch eine Anzahl Bücher, die aber nicht aus ... eigenen Druckerei herstammten. In Basel lebte damals auch ein ...der Adolf Rusch, welcher 1483 in Freiburg studirte, und ferner der Chro... und spätere Zunftmeister Nicolaus Rusch, beide vielleicht Anverwandte ...res Meisters. Sehr nahe stand R. Joh. Amerbach in Basel. Rusch's ...efe an ihn sind zum Theil erhalten (Univ.-Bibl. Basel), aus denen man ...ht, daß R. sich als entgegenkommender Berather erwies. Er verschaffte dem ...schäftsgenossen Handschriften zur Herausgabe, empfahl ihm gangbare Werke ... rieth ihm von nicht rentirenden Verlagsartikeln ab. Der Buchhandel ...te R. in viele Städte, wo er geschäftliche Verbindungen anknüpfen konnte. ... er zu Nördlingen und Lübeck Beziehungen hatte, wurde bereits erwähnt. ...nen Handelsverkehr mit Augsburg erweist eine Streitsache, die er mit dem ...igen Buchdrucker Joh. Wiener 1483 hatte (Augsburger Stadtarchiv, ...thsbuch Bd. IX). Auf den Messen, die R. besuchte, konnte er sich seinen ...hrten Freunden gefällig erweisen. Der Humanist Rud. Agricola, mit dem ... in Briefwechsel stand, bat ihn im J. 1485, ihm auf der Frankfurter Messe ...ige Classiker zu kaufen. Mit den damaligen elsässischen Gelehrten war R. ...er bekannt, so mit Geiler v. Kaisersberg und Jak. Wimpfeling, der ihn in ...nen Schriften lobend erwähnt. Seb. Brant wird er zweifellos in Basel ...nen gelernt haben. Innige Freundschaft verband ihn mit dem Straßburger ...manisten Peter Schott, aus dessen Lucubratiunculae (Arg. 1498) wir ...che Nachrichten über R. erhalten. Durch ihn wissen wir auch, daß R. ... vor seinem Tode eine Virgilausgabe mit Holzschnitten plante, die aber ...t mehr zu Stande kam. Im Frühjahr 1489 begab sich R. in das benachbarte ...den zur Cur. P. Schott übersandte ihm dorthin einige lateinische Räthsel ... seiner Erheiterung. Heftig erkrankt mußte R. bald darauf nach Straßburg ...rückkehren, wo er, nach Angabe Schott's, am 26. Mai 1489 starb. Im ...er vitae capituli S. Thomae (Straßb. S. Thomas-Archiv) findet sich unter ...m S. Urbanstag (25. Mai) folgender Eintrag: „Anniversarium Adelphi ...sch et Salome eius uxoris, qui certos libros ad librariam nostram ...averunt.“ Rusch's Wittwe heirathete später den Ritter Philipp Sturm ... Sturmeck und starb erst im J. 1518.

R. hatte durch seine ausgebreitete Geschäftsthätigkeit großen Reichthum ...worben. Der Verkauf seines Geschäftshauses (im J. 1481) und eines Grund...ks in der Vorstadt Krutenau (1483) hängt vielleicht mit dem Bau des ...oßartigen Landhauses zusammen, das R. sich damals bei Ingweiler errichten ... und welches den Namen Rauschenburg führte. Es bestand bis zu Anfang ... 18. Jahrhunderts; heute haftet der Name Rauschenburg noch an einem ...f und Forsthaus in der Nähe von Ingweiler. Nach Franz Irenicus ...regesis Germaniae 1518. lib. II, cap. 47) ging zu seiner Zeit das Gerücht, ... in der Rauschenburg die Buchdruckerkunst erfunden worden sei. Diese ...underfage stammte offenbar aus der gleichen Quelle wie der Straßburger ...ntelin-Mythus, welcher sich um dieselbe Zeit verbreitete.

Vgl. C. Schmidt, Zur Gesch. d. ält. Bibliotheken u. d. ersten Buchdrucker zu Straßburg, S. 100—104 und S. 152—162. — Dziatzko, Sammlung bibliothekswiss. Arbeiten, Heft 17, S. 18—24, wo weitere Litteratur v[...] zeichnet ist. — J. Collijn, bokhistoriska uppsatser II. 1905. — Ru[...] Drucke sind aufgeführt bei Proctor, Index to the early printed b[...] no. 230—255 (R printer) und no. 299.

Karl Schorbac[...]

Ruß: Karl R. wurde am 14. Januar 1833 in Baldenburg in Pom[...] geboren. Schon früh in der väterlichen Apotheke beschäftigt, beschloß er [...] sein Vater und Großvater Apotheker zu werden. Nachdem er in Berlin [...] und seine Examina bestanden hatte, war er als Provisor in verschi[...] Städten Norddeutschlands thätig und trieb daneben eifrig naturwissenscha[...] Studien. Aber der Apothekerberuf sagte ihm auf die Dauer nicht zu, d[...] Wirkungskreis ihm zu beschränkt erschien. Er fühlte sich zum Schrifts[...] berufen und wollte nach dem Vorbilde Roßmäßler's die Errungenschaften [...] Naturwissenschaften in populärer Form weiteren Kreisen zugänglich ma[...] Im J. 1859 trat er zuerst öffentlich mit einem längeren Gedicht auf den [...] A. v. Humboldt's hervor, welches viele Anerkennung fand. Nachdem er [...] kurz vorher verheirathet und promovirt hatte, gab er die Apothekerlaufb[...] auf und siedelte 1863 nach Berlin über, um sich ganz der Schriftstellerei [...] widmen. Jetzt erschienen zahlreiche Aufsätze in den verschiedensten Zeitschriften, welche er wohlgeordnet zu sieben Bänden zusammenstellte. Zwei derselben, „Naturwissenschaftliche Blicke ins tägliche Leben“, 1865, und „Rathgeber a[...] dem Wochenmarkt“, 1867, sind für die Frauenwelt bestimmt und geben e[...] Anleitung zur Erklärung der gewöhnlichen Vorgänge in Küche und Haus so[...] zum praktischen Einkauf der Nahrungsmittel. In „In der freien Natur“, 1. und 2. Reihe, 1865 und 1868; „Meine Freunde“, 1866, und „Natur- und Culturbilder“, 1868, schildert er, gestützt auf eigene genaue Beobachtungen in anziehender Weise die heimische Vogel- und Pflanzenwelt sowie die nützlichen und schädlichen Thiere, während er in: „Durch Feld und Wald“ 1868 uns das Leben der heimischen Natur im Kreislauf des Jahres vorführt.

Von dieser Zeit an widmete er sich hauptsächlich der Ornithologie, welche ihn schon immer angezogen hatte und die in den oben erwähnten Schriften bereits eine große Rolle spielt. Namentlich beschäftigte ihn die Frage, wie der stetigen Abnahme unserer Singvögel abgeholfen werden kann. Unsere Singvögel zu schützen und die heimischen Zimmervögel durch ausländische zu ersetzen war von jetzt an seine Lebensaufgabe. Aber dazu gehörten eingehende Beobachtungen über die Lebensweise der ausländischen Vögel und er richtete deshalb eine Vogelstube ein, die er stetig vergrößerte und die später nicht unter 200 Köpfe zählte. Immer neue Arten wurden in dieselbe aufgenommen, eingehend beobachtet und alsdann ihr Leben beschrieben. Durch zahlreiche kleine Aufsätze wußte er das Interesse für seine Bestrebungen zu erwecken. Bald war R. eine Autorität auf dem Gebiete der Vogelzucht und von allen Seiten kamen Anfragen. Er beschloß daher um den zahlreichen Interessenten einen Sammelpunkt zu bieten, 1872 eine Zeitschrift: „Die gefiederte Welt“ herauszugeben, welche bald große Verbreitung fand. Bald darauf erschien: „Handbuch für Vogelliebhaber, Züchter und Händler“ (Einheimische Stubenvögel), Hannover 1878, und Ausländische Stubenvögel, Hannover 1878. Während Bechstein in seiner Naturgeschichte der Stubenvögel 72 ausländische Arten aufführt und Bolle in seinem Verzeichniß der im J. 1858 im Vogelhandel vorhandenen Arten 51 Arten aufzählt, enthält dieses Werk in seiner dritten Auflage 820 ausländische Arten. In Gemeinschaft mit Bruno Dürigen gründete er 1876 die Zeitschrift „Isis, Zeitschrift für alle naturwissenschaftlichen Liebhabereien“, welche zuerst die Aquarienkunde in ihr Bereich zog. Dann erschien sein Haupt-

…: „Die fremdländischen Stubenvögel“, Hannover und Berlin 1879—85, … zahlreichen naturtreuen Abbildungen in Farbendruck. Gestützt auf ein …ordentlich reiches Beobachtungsmaterial hat er hier ein Werk geschaffen, …es unerreicht dasteht. Außerdem veröffentlichte er noch zahlreiche kleinere … über einzelne Gruppen und besonders geschätzte Stubenvögel. Ich …ähne nur: „Der Canarienvogel“, Berlin 1872; „Die Prachtfinken“, Berlin …; „Der Wellensittich“, Berlin 1880; „Die sprechenden Papageien“, Berlin …; „Die Webervögel und Widafinken“, Berlin 1884; „Die Graupapageien“, …burg 1896. Besonders hervorzuheben ist noch sein Werk: „Vögel der …ath. Unsere Vogelwelt in Lebensbildern“, Wien 1887, welches in lebens… … und lebensvollen Schilderungen zahlreiche neue Beobachtungen über … Leben unserer heimischen Vogelwelt vorführt.

In den letzten Jahren stand ihm sein Sohn Karl bei seinen Arbeiten … zur Seite und er hoffte, daß dieser sein Werk fortsetzen würde. Leider … dieser Wunsch nicht erfüllt werden. Noch in seinem letzten Lebensjahre … er selbst an tödlicher Krankheit darniederlag, traf ihn der schwere Schlag, …en Sohn durch den Tod zu verlieren und sieben Wochen nachher starb er … 29. September 1899. W. Heß.

Ruß: Leander R., geboren am 28. September 1809 in Wien, † am … März 1864 in Rustendorf bei Wien, Sohn des Malers Carl Ruß (1779 bis …43), dessen Schüler er bis zu seinem 18. Jahre war. Hierauf bezog er … Akademie der bildenden Künste in Wien. 1833 ging er als Reisebegleiter … Grafen Prokesch-Osten nach dem Orient. 1839 trat er zum Kaiserhause … Beziehungen und stellte bei festlichen Veranstaltungen lebende Bilder. Die …ten Jahre seines Lebens verbrachte er kränkelnd ohne zu malen in Kalten…utgeben, wo er auch im Alter von 55 Jahren starb.

* * *

Die Zeit des Classicismus war vorüber, mit dem Falle Napoleon's war …ch der öde, abgeschiedene Geist der neu aufgewärmten Antike aus Oesterreich …wichen, und hatte einem fröhlicheren, dem Volkscharakter angemesseneren …eiben Platz gemacht. Neben der bürgerlichen Romantik hatte sich auch das …wachte Vaterlandsgefühl im Oesterreicherthum geregt, und der heldenmüthige …ertheidiger von Tirol, Erzherzog Johann hatte Peter Krafft, Petter und …arl Ruß, den Vater, auf den Patriotismus hingewiesen. Der erste Held, … ihre Kunst feierte, war naturgemäß Rudolf von Habsburg, den gerade …mals auch Ladislaus Pyrker als Dichter besang. In diese Zeit der Wieder…tdeckung der Heimathsgefühle jener Zeit, da Eybl, Fendi und Waldmüller …re Familienscenen malten, fiel Leander Ruß' Werdegang. Aus der eben …twichenen Epoche des Kostüm-Classicismus hatte sich noch ein Verständniß …r Kostümrichtigkeit erhalten, das später sehr wichtig, noch später sogar ver…ngnißvoll werden sollte.

Leander's Vater war ein productiver Geist voll Kraft und Leben, …ne Feuernatur und seine Heldengestalten aus der vaterländisch-österreichischen …eschichte entbehren nicht einer gewissen Größe und Monumentalität, von der …r Sohn, es muß gleich anfangs gesagt sein, nichts hat. Die ersten Lehr…hre verbrachte der Jüngling unter der bewährten Aufsicht seines Vaters und …er hat er wohl die Anregung für seine späteren, zahlreichen Schöpfungen aus …r heimathlichen Geschichte, sowie das intime Verständniß für das historische …odell bekommen, das aus allen seinen Schöpfungen angenehm hervorlugt. …it 18 Jahren kam er an die Akademie, die er nach dreijährigem Aufenthalt …rließ, um auf Grund eines Stipendiums nach Italien zu gehen, wo nicht

die Venezianer, sondern die Monumentalfresken der Toscaner [illegible]
auf ihn wirkten. Ganz besonders die Camposanto-Fresken zu [illegible]
wie er an seinen Vater schrieb, gewaltigen Einfluß auf ihn [illegible]
hat übrigens in Florenz Boticelli copirt; leider ist keine der [illegible]
erhalten. In die Zeit seiner italienischen Reise und die kurz [illegible]
Rückkehr und vor der Abreise nach dem Orient fallen folgende [illegible]

1828 „Petrus und Johannes am Eingang des Tempels", [illegible]
der Sündfluth", „Der Sturm", durchweg unbedeutende Jugend- [illegible]
arbeiten, in denen noch Cornelius und Schnorr v. Carolsfeld zu [illegible]
1830 „Ivanhoe befreit die Jüdin Rebecca" unter dem Einfluß [illegible]
Romantik. Als Frucht seiner italienischen Lehrzeit sodann 1832 „[illegible]
tens Sancho Pansa wird in der Schenke geprellt", „Rinaldo im [illegible]
Walde einen Baum fällend", schon etwas weniger nüchtern im [illegible]
„Dem schlafenden Sancho Pansa wird der Esel gestohlen", endlich [illegible]
bild, das sich nicht einmal hinter dem historischen Lärvlein [illegible]
lustigen Wiener auf dem Lande", im Uebrigen ein ziemlich [illegible]
das gegen Waldmüller traurig absticht. 1833 hatte er das [illegible]
kunstsinnigen Grafen Prokesch-Osten als Begleiter nach dem Orient [illegible]
zu werden, wo er seine Farbe an dem orientalischen Lichte sättigte. [illegible]
dieser Zeit entstanden: 1834 „Ansicht bei Cairo", „Sphinx bei den [illegible]
von Gizeh", wohl schon etwas wärmer in der Farbe, das strahlende [illegible]
Südens, aber immer noch durch eine schwärzende, abkühlende [illegible]
Kaum zurückgekehrt aus Aegypten, malte er sein Hauptwerk: [illegible]
theidigung einer Bresche der Löwelbastei durch die Bürger Wiens [illegible]
tember 1683." Im Hintergrunde, vom Staub der Schlacht nebelhaft [illegible]
sieht man den Stefansdom, in der Mitte des Bildes ist die [illegible]
einem Schanzkorbe steht Starhemberg und eifert die Wiener zu [illegible]
an. Die Bürger, um das Wiener Banner geschaart, sind eben [illegible]
einen Ausfall gegen die von der Rechten hereinstürmenden Türken [illegible]
nehmen. Am Rande der Bildfläche stehen zwei braune Janitscharen [illegible]
Armen und Füßen, den Fez auf dem brutalen Kopfe, die Gesichter [illegible]
verzerrt. Die Sehnen ihrer braunen Arme sind beim Spannen [illegible]
straff gespannt. Das Braun des Fleisches wirkt malerisch mit [illegible]
Burnus sehr gut zusammen. In der linken Ecke des Bildes [illegible]
zerkrachte Balken, demolirte Waffen im Kunterbunt durcheinander. [illegible]
ist wohl eine der besten Schlachtschilderungen, voll sprühenden [illegible]
ohne Pose. Das Bild, das seiner Zeit berechtigtes Aufsehen [illegible]
sich jetzt im kunsthistorischen Museum in Wien. Es bedeutet den [illegible]
seines künstlerischen Schaffens, den er in seinen späteren [illegible]
gemälden nie, nur hie und da in Zeichnungen wieder erreichte. [illegible]
„Maria v. Sickingen erbittet von Weißlingen die Begnadigung [illegible]
Götz v. Berlichingen", „Stiftung des Klosters Zwettel durch Azzo [illegible]
1837 „Leopold v. Babenberg eröffnet den Wiener Bürgern [illegible]
Vergrößerung ihres Handels und Gewerbes", ein ganz [illegible]
monienbild mit gut studirten Trachten; weiter „Der Araber [illegible]
vertheidigend". 1839 „Nach der Schlacht" und „Kaiser Joseph [illegible]
Pensionist", ein verschieltes Genrebild, das aber dem Geiste [illegible]
entsprach. Die Zeit von 1840—1850 ist fast ausschließlich [illegible]
und Zeichnungen ausgefüllt. Zuerst vervielfältigte er eigene [illegible]
wie „Der Raubritter" und „Der Sturm auf die Löwelbastei". [illegible]
war er bei Hofe zum Stellen lebender Bilder verwendet [illegible]
er diese Bilder in einigen Lithographiefolgen heraus. Großen [illegible]

... ihnen nicht zusprechen, höchstens ein Lob wegen ihrer gründlichen Kostümkenntniß. An Zeichnungen aus dieser Zeit wären die jetzt im kunsthistorischen Museum zu Wien befindlichen Arbeiten: „Die Gesandtschaft des Cheruskerfürsten Herrmann bringt Marbod den Kopf des Varus“, sowie „Die Auerochsenjagd“ zu erwähnen.

Wie weit er die Gewissenhaftigkeit in Kostümen trieb, kann man daraus ersehen, daß er zu diesen Bildern genaue Studien an den in Hallstadt ausgegrabenen Rüstungen und Waffen aus Keltengräbern machte. Noch zu erwähnen aus dieser Zeit sind die Tuschzeichnungen „Die gute und die schlechte Presse“, für einen Almanach der Hof- und Staatsdruckerei, „Die Gründung Wiens“ im kunsthistorischen Museum zu Wien, so wie die Bilder (1848) „Kriegslist der Bürger von Dürnstein 1741“, „Sommerlandschaft“ (1863), sein letztes Staffeleibild und das einzige Altarbild „Der heilige Hyazinth“ in der Pfarrkirche zu Zlin bei Hradisch in Mähren.

Hohe Preise hat er für seine Bilder nie erzielt; diese bewegten sich immer in der Höhe zwischen 300—800 fl. Seine Reise mit dem Grafen Bräuner, von der Wurzbach weiß, ist nirgends nachzuweisen, vielmehr verbrachte er die letzten Jahre kränkelnd und vergrämt in einer Kaltwasserheilanstalt zu Kaltenleutgeben, wo ihn, den 55 jährigen, 1864 der Tod erlöste.

Um das Urtheil kurz zusammenzufassen: es war für die Künste eine traurige Zeit, dieser Vormärz, und er — er war ein echtes Kind seiner Zeit.

Nagler, Allgemeines Künstlerlexikon. — Tschischka, Kunst und Alterthum in Oesterreich. — Kataloge der Jahresausstellungen in der k. k. Akademie der bildenden Künste von 1828, S. 29, 30, 32, 34, 35, 37, 38, 39, 48. — Wurzbach, Biogr. Lexikon, Bd. XXVII.

Friedrich Pollak.

Rust: Dr. Wilhelm R., Clavierspieler, Chorleiter und Componist, ist am 15. August 1822 in Dessau geboren. Sein Großvater war der als ausgezeichneter Componist und Violinist bekannte dessauische Musikdirector Friedrich Wilhelm Rust (1739—1796 s. A. D. B. XXX, 20), und auch sein Vater, der Stiftungsrath und Regierungsadvocat Carl Ludwig Rust zeichnete sich als geschickter Violin- und Clavierspieler aus. Den ersten Musikunterricht erhielt R. von seinem Onkel Wilhelm Carl Rust, der als Organist in Wien und später als Clavierspieler und Lehrer in Dessau thätig war. Theoretische Studien betrieb er von 1840—1843 bei Friedrich Schneider, dem Componisten des seiner Zeit viel aufgeführten Oratoriums „Das Weltgericht“, und nach zwei Jahren stiller Arbeit fand er donn Stellung als Musiklehrer in der Familie eines reichen ungarischen Edelmannes, bei dem er von 1845—1849 verblieb, des Winters in Budapest oder Preßburg, im Sommer auf dem Lande in der Nähe der Karpathen. Im Jahre 1849 siedelte er nach Berlin über, trat dort als Clavierspieler in die Oeffentlichkeit, wurde Mitglied der Singakademie und des von Georg Vierling 1857 gegründeten Bachvereins, und erwarb sich bald eine ausgedehnte Praxis als Lehrer für Clavierspiel, Gesang und Composition. 1861 wurde ihm die Stellung eines Organisten an der Lukaskirche übertragen, und 1862 trat er aus dem Chor des Bachvereins an seine Spitze und machte in zwölfjähriger Thätigkeit durch eine Anzahl von Concerten das Berliner Publicum mit vergessenen Cantaten und Motetten Bach's sowie mit Werken Caldara's, Corelli's, Eccard's und anderer, auch neuerer Componisten bekannt.

1850 war in Leipzig die Bachgesellschaft gegründet worden, deren Ziel die Herausgabe von Joh. Seb. Bach's sämmtlichen Werken bildete. Philologisch geschulte Musiker waren damals nicht gerade im Ueberfluß vorhanden und die

Auswahl von Mitarbeitern an dem großen Unternehmen hielt sich in sehr engen Grenzen. R. nun war für diese Aufgabe durch seine Vorbildung besonders befähigt und entfaltete, einmal zu der Arbeit herangezogen, hier seine ersprießlichste Thätigkeit. Hatte er schan zum III. Band der Bach-Ausgabe einen Nachtrag geliefert, so wurde er vom fünften Jahrgang an der Hauptherausgeber; folgende Jahrgänge verdanken wir allein seiner Mühewaltung: 5, 7, 9—13, 15—23 und 25.

Nachdem R. in seiner Berliner Wirksamkeit als Chorleiter, Lehrer, Clavier- und Orgelspieler mannichfache Erfolge errungen hatte — er war 1864 zum kgl. Musikdirector und 1868 zum Ehrenboctor der Universität Marburg ernannt worden und als Lehrer an das Stern'sche Conservatorium berufen — wurde ihm 1878 das Organistenamt an der Thomaskirche in Leipzig übertragen; und als der Thomascantor E. F. Richter 1880 starb, da erschien R., der in der Herausgabe Bach's einen großen Theil seiner Lebensaufgabe gefunden hatte, als der geeignetste, um an die Stelle zu treten, die seit der Thätigkeit dieses genialsten aller Thomascantoren mit ehrwürdigem künstlerischen Glanz umkleidet ist. Hier hat er in treuer Pflichterfüllung gewirkt bis zu seinem Tode am 2. Mai 1892.

Außer Bach'schen Werken hat R. auch einzelne Stücke anderer alter Componisten herausgegeben. Z. B. Arien von Gluck und Reinhard Keiser, Violinsonaten und Vocalsätze seines Großvaters u. m. dergl. An eigenen Werken sind von ihm erschienen: eine Sonate in C-dur, eine Phantasie in H-dur, mehrere Capricen, ein Trauermarsch, zwei Nocturnes, eine Tondichtung „Beethoven", sämmtlich für Clavier, ferner eine große Anzahl von Vocalcompositionen, Lieder, Duette, Chöre, darunter viele kirchlichen Charakters. (Verzeichniß in Mendel-Reißmann's „Musikalischem Conversationslexikon".)

Carl Krebs.

Rütimeyer: Karl Ludwig R., Naturforscher, geboren am 26. Februar 1825 zu Biglen, Kt. Bern, † am 25. November 1895 zu Basel. Aus einer alten stadtbernischen Bürgerfamilie stammend, war R. der Sohn des Pfarrers Albrecht R., der in der Landgemeinde Biglen im mittleren Theil des Kantons Bern wirkte. So nahm er auch selbst an ländlicher Arbeit Theil und gewann aus der ihn umgebenden Natur Eindrücke für das ganze Leben. Erst 1838 kam er nach Bern, nachdem ihn vorher der Vater unterrichtet hatte, und durchlief die dortigen Schulen. Schon da wandte er seinen Fleiß botanischen Studien zu, und ebenso begann er das Berg- und Kartenzeichnen und erwarb sich dadurch eine Fertigkeit, die ihm später bei seinen zoologischen und paläontologischen Werken sehr zu statten kam. Als sich R. 1843 an der Berner Hochschule immatriculirte, geschah es zwar für das Studium der Theologie; doch hielt ihn besonders die von dem Professor der Geologie Bernhard Studer gebotene treffliche Anregung auch stets in Verbindung mit den naturwissenschaftlichen Fächern, bis er dann ganz sich nach dieser Seite wandte, allerdings zunächst zum Brotstudium der Medicin. Schon 1847 löste R. eine akademische Preisfrage über die geologischen Verhältnisse des Gebirges zwischen Emme und Thunersee — des Gebietes, in dem er seine Jugendjahre zugebracht hatte —, die ihm dann als Dissertation diente, und 1850 vollendete er die medicinische Prüfung. Studienreisen nach Paris, ganz besonders dann aber ein Aufenthalt in Süditalien und Sicilien, wohin er als ärztlicher Berather einen jungen kranken Berner Patricier begleitete, füllten die nächsten Jahre aus. Aber sein reges Heimathsgefühl, ebenso die 1855 vollzogene Verehelichung hielten ihn fest. Freilich war seine erste Berufsthätigkeit, seit 1853 als außerordentlicher Professor für vergleichende Anatomie an der Uniſität Bern, daneben als Lehrer der Naturwiſſenſchaften an der Real- und ...duſtrieſchule, keine befriedigende, ſo daß er für Uebernahme der Lehrſtelle ... Geologie und Paläontologie am eidgenöſſiſchen Polytechnikum in Zürich ... bereit erklärte; doch kam dann da 1855 ein Ruf nach Baſel an die neu- ...gründete Profeſſur für Zoologie und vergleichende Anatomie zuvor. R. ...lgte demſelben, obſchon auch da noch der naturwiſſenſchaftliche Unterricht an ... Gewerbeſchule hinzukam. Dieſer Univerſität blieb er, troß mehrmaliger ...erufungen, treu. Baſel gab ihm 1867 das Ehrenbürgerrecht, die Univerſität ...875 den Titel des Doctors der Philoſophie; durch zahlreiche Ehrungen von ...eiten wiſſenſchaftlicher Körperſchaften der Schweiz und des Auslandes wurde ... ausgezeichnet. Erſt in höheren Jahren ſchränkte er ſeine Arbeit, durch ...gabe einzelner Vorleſungen, ein, bis ihm in ehrenvollſter Weiſe auf Neu- ...hr 1894 die Entlaſſung aus der Activität ertheilt wurde.

Ueber R. urtheilten der Leipziger Anatom His: „Mit R. iſt eine Forſcher- ...d Gelehrtennatur edelſter Art dahingeſchieden, ein Mann voll der frucht- ...ingendſten Gedanken und von wunderbarer Kraft und Zähigkeit der Arbeit" ...d der Zürcher Zoologe Keller: „In der Nachwelt wird R. fortleben, und ...an wird, um ihm die richtige Stellung anzuweiſen, ohne Uebertreibung ſagen, ...ß ſeit Konrad Geßner die Schweiz neben Agaſſiz keinen anderen Zoologen ...rvorgebracht hat, der im Auslande ſo großen und wohlthätigen Einfluß ge- ...nn, wie Ludwig R."

Als Lehrer wirkte R. durch ſeine charakteriſtiſche Vortragsweiſe ſehr an- ...gend, ſo daß auch aus anderen Facultäten ſeine Collegien beſucht wurden, ...ch ebenfalls dadurch eigenthümlich, daß der Vortragende, hierin gleichfalls ...ng der Berner, abſichtlich ſeine heimiſche Ausſprache durchklingen ließ. Ueber ...ine Bedeutung als Gelehrter wurde geäußert: „R. ging auch hier ſeine ...genen Bahnen. Die Probleme waren ihm weder durch die wiſſenſchaftliche ...itſtrömung, noch durch irgend eine Autorität zugewieſen, ſondern traten an ...n heran theils im Zuſammenhang mit ſeiner eigenen Entwicklung, wie die ...robleme über Thal- und Seebildung, theils auf mehr zufällige Weiſe, wie ...jenige der Pfahlbauten und die Egerkinger Fauna, ſowie die Unter- ...chungen über foſſile Schildkröten, indem ihm Funde und Sammlungsobjecte ...r Beſtimmung vorgelegt wurden. Aber ſeine ganz ungewöhnliche Kraft, ...ermüdlichen Fleiß und peinlichſte Sorgfalt ſetzte er nun an die Löſung ...ſer Aufgaben und führte ſie in immer neuen Anläufen und immer neuen ...neren Abhandlungen durch zwei bis drei Jahrzehnte hindurch in einer ...chen Weiſe und mit ſolchem Geiſte aus, daß nicht bloß ſeine Arbeit als ...uſter von Zuverläſſigkeit und Genauigkeit anerkannt wurde, ſondern oft ...durch der Forſchung ganz neue Richtungen ſich eröffneten". So war R. ...n großer Vielſeitigkeit.

Zoologie als Naturgeſchichte im vollen Sinne des Wortes, zur Auffindung ... die früheren Generationen mit den ſpäteren verbindenden Fäden, iſt in ... durch R. vollzogenen Begründung einer wiſſenſchaftlich-anatomiſchen Raſſen- ...hre, in Heranziehung der Paläontologie, für die Hausthiergeſchichte, wie für ... Thiergeographie, geleiſtet worden. Seine Arbeiten für die Menſchheits- ...ſchichte, im Anſchluß an die Forſchungen über ſchweizeriſche Schädelformen, ...trachtete er ſelbſt noch im letzten Lebensjahre als ergänzungsbedürftig. Da- ...gen bilden die der Erdgeſchichte im engeren Sinne gewidmeten Unter- ...chungen noch heute die Probleme zur Discuſſion über die Geſtaltung der ...doberfläche. In der Abhandlung „Ueber die Grenzen der Thierwelt" nahm ... ausdrücklich Stellung zum Darwinismus, indem er aus ſeinen Unter- ...chungen über die Wirbelthiere zur Erkenntniß der Veränderlichkeit und Umbildungsfähigkeit der Arten gelangt war, doch im vollen kritischen Verhalten gegenüber der eigentlichen Darwin'schen Theorie, besonders auch der Selections-Hypothese. Hinwider führte ihn sein Interesse an den Bestrebungen des Schweizer Alpenclubs, dessen Jahrbüchern er werthvolle Abhandlungen beisteuerte, zur lebhaften Theilnahme an der Messung der jährlichen Schwankungen der Gletscherbewegung am Rhonegletscher. Für Basel waren seine Messungen und Untersuchungen des Grundwassers von wohlthätigen praktischen Folgen begleitet. Seine tiefere ästhetische Naturerfassung legte er in zwei mehr populär gehaltenen Werken: „Der Rigi“ und „Die Bretagne“ nieder, in denen er es verstand, das Auge dem Leser zu schärfen und weiterhin die Schilderung zur Erklärung zu gestalten, und in seinen Schriften, wie in erst länger nach dem Tode erschienenen Briefen und Tagebuchblättern tritt seine Weltanschauung als eine ethische Naturbeurtheilung zu Tage.

Für Basel leistete R. als Vorsteher der naturwissenschaftlichen Anstalten durch die systematische Vergrößerung, die einsichtsvolle Ergänzung und Anordnung der 1855 in recht kleinem Umfange vorgefundenen vergleichend anatomischen Sammlung, die ganz sein Werk war, wirklich Großes; 1888 fiel ihm die Besorgung der naturwissenschaftlichen Sammlungen überhaupt zu. Der Basler Naturforschenden Gesellschaft erwies er sich in zahlreichen Vorträgen gefällig, wie er auch sonst in solchen vor größere Oeffentlichkeit trat; die schweizerisch-paläontologische Gesellschaft half er gründen. Handlungen edler Pietät vollzog R., indem er stets gern in wohldurchdachten, trefflich charakterisirenden Nekrologen verstorbenen Fachgenossen und Freunden seine dankbare Gesinnung bewies.

R. selbst wurde durch den infolge seiner Reisen ehrenvoll bekannten Basler Naturforscher Paul Sarasin, als 1899 seine Büste in den neu eingerichteten Sammlungsräumen enthüllt wurde, vortrefflich charakterisirt: „Seine Seele dürstete nach Erkenntniß. Sein Wesen war gekennzeichnet durch ein beständiges Suchen nach tieferer Einsicht des Weltganzen, und es gab für ihn keine verbotene Frucht der Naturforschung. Wohl hatte er ein tiefes Gefühl vom Unzureichenden in der menschlichen Einsicht gegenüber dem Wesen der Welt; aber er versuchte sich an Allem. So hinterließ er uns das Bild eines geharnischten Geistes, muthvoll die schwierigsten Probleme aufsuchend und die Stirn ihnen bietend. Es trat ihm, als einem ersten Meister in der Paläontologie, die Wahrheit der Descendenzlehre sofort deutlicher vor das Auge, und manche Stellen seiner Werke äußern sich in zustimmender Weise; es war ihm einleuchtend, daß dieselbe sich auch auf den Menschen beziehen müsse. Als jedoch verkündet wurde, daß eine solche Lehre identisch sei mit einer materialistischen Weltauffassung, als unduldsamer Fanatismus eine solche Auffassung zur Parteisache gestaltete, da wandte er sich von ihr ab und ging schweigsam seinen eigenen Pfad. Gewohnt, die Natur mit einem Gefühle der Andacht zu betrachten, mit dem Auge des Künstlers sie genießend, strebte er nach einer Erkenntniß derselben auf theistischer Basis, in Bakonischem Sinne eine Verbindung dieser Art als die philosophische Endfrucht wissenschaftlicher Forschung betrachtend“.

Vgl. außer den durch Leopold Rütimeyer, am nachher zu nennenden Orte, S. 2—3, erwähnten Nekrologen in Zeitungen C. Schmidt, in den Verhandlungen der Schweizerischen Naturforschenden Gesellschaft 1895 (mit einem chronologischen Verzeichniß der Publicationen — nach 1896 kamen noch hinzu: „Gesammelte kleine Schriften, nebst autobiographischer Skizze“, Band I u. II, herausgegeben von H. G. Stehlin, 1898, und: „Briefe und Tagebuchblätter — Anhang: Drei Gedenkreden“, herausgegeben von Leowold Rütimeyer, 1906), ebenso von C. Schmidt: „L. R. als Gebirgsforscher", im Jahrbuch des Schweizer Alpenclub, Band XXXI, 1896, ferner His, im „Anatomischen Anzeiger", Band XI, 1896, R. von Hanstein, in „Naturwissenschaftliche Rundschau", Jahrgang XI, 1896, H. G. Stehlin, in „Korrespondenzblatt für Schweizer Aerzte", Band XXV, 1895, Umlauft, in „Deutsche Rundschau für Geographie und Statistik", Band XVIII, 1896, Theoph. Studer: „Ueber den Einfluß der Paläontologie auf den Fortschritt der zoologischen Wissenschaft", 1896, besonders auch L. C. Iselin, dessen vielfach an die Schrift „Ungeordnete Rückblicke auf den der Wissenschaft gewidmeten Theil meines Lebens, geschrieben in den Jahren 1888—1895" sich anlehnendes Lebens- und Charakterbild zuerst im „Basler Jahrbuch" von 1897 erschien und 1906 — nebst P. Sarasin's „Kurzen Worten der Erinnerung" von 1899 — den „Briefen und Tagebuchblättern" wieder vorangestellt wurde. G. Meyer von Knonau.

Rütten: Joseph Jakob R., früher Rindskopf, seit 1842 Rütten, wurde ‚22. December 1805 als Sohn eines jüdischen Handelsmannes in Frankfurt a. M. geboren und erhielt seine Schulbildung in dem Philanthropin, der politischen Realschule seiner Vaterstadt; 1823—1831 war er im väterlichen Geschäfte thätig. Der junge Kaufmann beschäftigte sich sehr eifrig mit deutscher und französischer Litteratur und wurde lebhaft von den politischen und litterarischen Kämpfen, welche der Julirevolution folgten, berührt. Er stand mit seinen politischen und religiösen Ueberzeugungen auf der Seite der entschieden liberalen Partei und trat in persönliche Beziehungen zu Ludwig Börne und dessen Freundeskreis. Seine litterarisch-politischen Neigungen veranlaßten ihn 1842 zur Gründung einer Buchhandlung, die noch heute unter der Firma Litterarische Anstalt Rütten und Löning in Frankfurt a. M., blüht; R. blieb Leiter bis zu seinem Ende. In seinem Verlag erschienen die Gesammelten Werke von Gutzkow, die neue vollständige Ausgabe der gesammelten Schriften von Börne in 12 Bänden (s. d. A. Reinganum), ferner Werke von Voigt, Hartmann, D. Strauß; auch Hoffmann's „Struwwelpeter" ist von Rütten's Firma verlegt worden. R. wußte sich bald nicht nur im localen, sondern auch im allgemeinen deutschen Buchhandel eine geachtete Stellung zu verschaffen; im Allgemeinen wie im süddeutschen Buchhändler-Verband war er als Vorstandsmitglied ein durch geschäftliche Einsicht wie durch Charakter ausgezeichnet wirkender Mitarbeiter. In seiner Vaterstadt wurde er 1848 Mitglied der verfassunggebenden Versammlung, zu deren demokratischer Majorität er gehörte, und 1857 Mitglied der gesetzgebenden Versammlung. Lange Jahre gehörte er dem Vorstande der Polytechnischen Gesellschaft an und war einer der Mitgründer der Schule. Eine besondere Thätigkeit hat er der Realschule der israelitischen Gemeinde gewidmet, auf der er seine Jugendbildung empfangen hatte; 18 Jahre lang war er Mitglied des Schulrathes und hat seine Liebe zur Anstalt durch die Stiftung bethätigt, deren Zinsen der wissenschaftlichen und pädagogischen Fortbildung der Lehrer dienen sollten. Er starb hochgeachtet von allen seinen Mitbürgern am 19. Juni 1878.

Mit Benutzung einer Aufzeichnung von Dr. H. Baerwald.

R. Jung.

Rynmann: Johannes R., einer der bedeutendsten Buchhändler, ja vielleicht der bedeutendste, aus der Wendezeit des 15. Jahrhunderts, † 1522. Sein Name erscheint in den verschiedensten Formen: Rynnmann, Rymann, Rynmann, dann auch mit i, ie, ei, ey und eh, st, y und mit n, st. nn, aber auch und zwar sowohl in Leipziger als in Basler Urkunden abgeschliffen bezw.

gekürzt in Ryemen, Riemen, Rymer, Rym, Ryem, Ryhm, Rem und [illegible] wobei zu bemerken, daß die Beziehung auf unsern Buchhändler theils den abwechselnden Gebrauch der ungekürzten Form, theils durch den [illegible] von Oringen, Oringaw ganz gesichert, also namentlich auch die Deutung [illegible] ein Glied der Augsburger Familie Rem ausgeschlossen ist.) Von Oehringen stammend — einmal heißt er auch de canna et Oringen, ein Beisatz, den [illegible] nicht zu deuten vermögen — kaufte R. sich 1498 von seinen Verpflichtungen gegen den Landesherrn, den Grafen von Hohenlohe, und gegen die [illegible] um 800 Gulden los, um seinen Handel „desto statlicher geuben" (üben) zu können. Er hat diesen aber keineswegs bis 1498 (oder gar bis 1502) in Oehringen getrieben, wie man gewöhnlich annimmt. Schon aus der betreffenden Urkunde ergibt sich das Gegentheil und ohnedies kommt R. schon 14[illegible] in den Augsburger Steuerbüchern vor und zwar als Goldschmied. Aus der letzteren Thatsache erhellt zugleich, daß die Annahme, er sei vom Kaufmann aus zum Buchhandel gekommen, falsch ist. Vom Goldschmied ausgehend ist er, wie mancher andere seiner Kunstgenossen, vermuthlich zuerst Stempelschneider bezw. Schriftgießer und Buchdrucker und erst von hier aus Buchhändler geworden. Jedenfalls verstand er das Fertigen der Lettern; denn er heißt in dem Druck: Rysichei in laudem Sancti Hyvonis oratio, Aug. Vind. 1502: Characterum Venetorum opifex et ingeniosus et exercitatus, wobei übrigens unter den „Characteres Veneti" nicht die Aldinische Cursive, sondern eine schmale gothische Type zu verstehen ist (vgl. Bern. de Busti, Rosarium, Hagenow 1503, P. II, Schlußschrift). Und wie R. die Herstellung der Typen ausübte, so auch den Buchdruck. Denn anders kann man es kaum deuten, wenn es in dem obgenannten Augsburger Druck von 1502 und in einem anderen, von 1504, heißt: impressit Johannes Rynmannus. Damit wird es auch wahrscheinlich, daß der Hanns Reynman, der 1485 mit der Bezeichnung als Buchdrucker unter die Bürger Nürnbergs aufgenommen wird, unser R. ist. Ob er aber je selbständig und in einer ihm (ausschließlich) gehörigen Werkstatt gedruckt hat? Wohl heißt er auch später noch in einem Basler Actenstück von 1509 „Buchtrucker", wohl trägt auch die Epistel Tengler's an R. in der ersten Ausgabe seines Layen-Spiegels, Augsb. 1509, Bl. [illegible] die Ueberschrift: „Ep. an den Druckerherrn", aber doch kommt er weder in dem einen noch in dem andern Falle als Buchdrucker in Betracht, sondern beide Male als Verleger; denn auch das obengenannte Werk ist nicht von R., sondern, wie die Schlußschrift besagt, von Joh. Otmar gedruckt worden, der ja schon nicht nur ein Angestellter Rynmann's war, sondern selbständiger Meister. Immerhin aber mögen obige Stellen wie noch anderes darauf hinweisen, daß R. für diesen Drucker und dann namentlich auch für Heinr. Gran in Hagenau (s. u.) nicht nur der Auftraggeber war, sondern zu ihrem Geschäft in einem engeren, noch nicht näher aufgeklärten Verhältniß stand. Sicher ist aber, daß Rynmann's eigentliche Bedeutung nicht in seinem Bücherdruck, sondern einzig in seiner Thätigkeit als Buchhändler liegt. Als solcher erscheint er erstmals in den Steuerbüchern von Augsburg, — wo er mindestens von da an seinen bleibenden Wohnsitz hat — im Jahre 1495. Schon zwei bis drei Jahre nachher heißt es in seinem Oehringer Loskaufbrief, daß er „ein Henndel vnnd gewerbe mit gedruckten buchern vnnd anderm In vßwendig konnigreichen vnd Nationen, auch in Nidern vnd Hohen Teutzschen landen gefurt, vnnd alle Jar grosse vnnd weyte reyßen getan." Dies Zeugniß geht augenscheinlich auf Rynmann's eigene Aussage zurück und er hat seinen Landsleuten gegenüber den Mund *vielleicht* etwas voll genommen, aber so viel ist doch wohl daraus zu entnehmen, *daß sein* Bücherhandel nicht nur auf weite Gebiete Deutschlands, sondern auch

ssen Grenzen hinaus sich erstreckt hat. Genaueres weiß man von dem-
Zeit leider nicht und nur einmal noch fällt ein Schlaglicht auf diese
von Rynmann's Thätigkeit durch eine Urkunde vom 19. September
, wornach er und Andreas Grindelhart damals und schon seit langer
die Universität Heidelberg mit Büchern versorgten. Ungleich mehr weiß
von der Verlegerthätigkeit dieses Buchhändlers; denn von ihr geben sowohl
Acten als namentlich auch die Schlußschriften seiner Verlagswerke Kunde.
nach hat er seit 1497 die Presse Heinrich Gran's in Hagenau nahezu aus-
ßlich und daneben von 1503 bezw. 1502 an die Otmar'sche Druckerei in
gsburg in weitgehendem Umfang mit seinen Aufträgen beschäftigt. Auch
der Drucker, wie Jacob (Wolf) von Pforzheim und Adam Petri erhielten
öfteren Bestellungen; dagegen hat es nur einen zufälligen Grund, wenn
auf dem einen oder andern Druck von Hieronymus Hölzel und von Georg
chs, beide in Nürnberg, von Renatus Beck in Straßburg und Petrus
nstein in Venedig sein Name als der des Verlegers erscheint. Im ganzen
man zur Zeit ca. 200 Verlagswerke von R., ihre wirkliche Zahl ist aber
falls noch größer. Die meisten dienen den Zwecken der (Gelehrten) Schule
vor allem der Kirche. Die der letzteren Gattung bilden sogar nahezu zwei
ttel des gesammten Verlags. Meßbücher, Evangeliare, Breviere, lateinische
digtsammlungen, das ist es, was uns vorzugsweise begegnet. Doch finden
auch Bücher, denen eine weitergehende Bedeutung zukommt; es seien nur
beiden Ausgaben der deutschen Bibel von 1507 und 1518 erwähnt, die
n als die 13. und 14. der vorlutherischen deutschen Bibeln zählt, und
gler's Layen-Spiegel von 1509, 11 und 12. Wie diese letzteren, so hat
noch manch andere seiner Verlagswerke mit bildlichem Schmuck ausgestattet
es ist sicher mehr als ein Künstler, den er ins Brot gesetzt hat. Nimmt
n Alles zusammen, so begreift man den Stolz, mit dem sich R. auf vielen
er Verlagswerke Archibibliopola oder „der teutschen Nation nahmhafftigsten
führer" nennt. Aus seinen letzten Lebensjahren kennt man freilich nur
wenige Drucke mit seinem Namen. Ob dies Zufall ist, ob seine Kraft
hmte, ob die neue Zeit, die mit dem Jahre 1517 anbrach, sich geltend
hte, muß dahin gestellt bleiben. Sein letztes Verlagswerk ist vom Februar
22; nicht lange nach diesem Zeitpunkt muß er gestorben sein, im folgenden
re war er jedenfalls nicht mehr am Leben. (Daß er gegen das Ende
s Lebens nach Oehringen gezogen ist und dort begraben liegt, entbehrt
läufig ausreichender Begründungen.) In Rynmann's Nachfolge trat sein
wiegersohn Wolfg. Präunlin und Hans Herfart, jener wie es scheint, für
Verlag, dieser für den Bücherhandel, keiner aber auch nur mit annäherndem
lg. Nur durch diese Nachfolger Rynmann's ist dessen Geschäftsmarke auf
gekommen: ein Kreuz, mit dessen Stamm, nach rechts gewendet, ein R
schlungen ist, während der vom Fuß des Stammes nach links aufstrebende
ich vielleicht das I des Vornamens bedeuten soll. (S. die Abbildung in
unten zu nennenden Archiv Bd. VIII, 1883, S. 294, womit Bd. XIV,
91, S. 354 zu vergleichen ist.)

Vgl. A. Kirchhoff, Beiträge zur Geschichte des deutschen Buchhandels I, 1851, S. 8—40 (auch mit kleinen Aenderungen besonders herausgegeben: Joh. Rynmann, Buchhändler in Augsburg 1497—1522, Leipzig o. J.). — Archiv für Geschichte des deutschen Buchhandels (s. das Register zu I—XX, 1898, S. 266). — Geschichte des deutschen Buchhandels I, 1886, (s. Reg.). — Wibel, Hohenlohische Kyrchen- und Reformations-Historie (I), 1752, S. 300 bis 304 und III, (1754), S. 215—219. — Anzeiger für Kunde der deutschen Vorzeit N. F. *VII, 1860, Sp. 120.* Das von Kirchhoff gegebene Verzeichniß von Rynmann's Verlagswerken (146) wird ergänzt durch die von Panzer, Annales typographici XI, p. 416—425 zu T. VII gegebenen, von Kirchhoff übersehenen Nachträge (84), durch Burger's Index zu Hain, durch Weller, Repertorium typographicum 459, 485, Weale, Bibliographia liturgica, 1886, (Reg.) und Proctor, Index to the early printed books in the British Museum Part II, Sect. I, 1903, p. 177 f. K. Steiff.

Realis *): Pseudonym für Gerhard Robert Walter Ritter von Coeckelberghe-Dützele, deutsch-österreichischer Schriftsteller, geboren zu Löven in Belgien am 9. Februar 1786, mußte schon frühzeitig mit seinem Vater infolge der politischen Wirren in seiner Heimath diese verlassen und studirte zu Prag und Wien. In letzterer Stadt scheint er auch nach Vollendung seiner Studien bleibend gelebt zu haben. Er trat 1806 in den Civilstaatsdienst bei der Buchhaltung ein und als Vicehofbuchhalter 1848 in den Ruhestand. Leider ist über das Leben des sehr beachtenswerthen Schriftstellers weiter fast gar nichts bekannt als noch, daß er von 1839 an das früher von Nikolaus Oesterlein geleitete „Oesterreichische Morgenblatt“ in Wien redigirte und am 5. Juli 1857 zu Maria Enzersdorf bei Wien gestorben ist.

Zuerst als Erzähler mit einer Novelle „Der Helfer am Kreuze“ hervortretend, welche in Schickh's Wiener Zeitschrift 1822 erschien und mit einem Preise ausgezeichnet wurde, wandte er sich später namentlich der Localgeschichte und Topographie Wiens, sowie der Sammlung von Sagen und historischen Volksüberlieferungen Oesterreichs zu. Ein ganz besonders schätzbares Werk von R. ist das „Curiositäten- und Memorabilien-Lexikon von Wien“, 2 Bände, 1846, welches eine Fülle von Daten und Mittheilungen über die früheren Zustände und Verhältnisse, Bau- und Kunstwerke, Persönlichkeiten, kurz über alle culturgeschichtlich bemerkenswerthen Erscheinungen des alten Wien enthält, die sonst nur sehr schwer oder auch wohl gar nicht anderswo zu finden sind. Dieses Lexikon heutzutage längst vergriffen und selbst im Antiquarbuchhandel nur selten mit hohen Preisen vorkommend, ist ein Werk, dem sich als solches ähnlich kein zweites zur Seite stellen kann. — Außerdem hat R. herausgegeben: „Ruinen. Ein Taschenbuch für Freunde der Geschichte und Sage“, 3 Bde., (Wien 1828), in 2. Aufl. (1839) 5 Bde.; „Heraldische Blumen“ (Wien 1840), eine Sammlung österreichischer Wappensagen; „Schwertlilien“, 2 Bde. (Wien 1840), kleine volksthümliche Erzählungen, Schwänke u. dergl. Ein ähnliches Werk sind auch die „Ränke und Schwänke der heimathlichen Vorzeit“ (1846). Ein Taschenbuch auf die Jahre 1848 und 1849 gab R. unter dem Titel: „Komus“ (Wien) heraus. Als Localschriftsteller Wiens hat er eine Zahl kleinerer, aber verläßlicher und auf genauem Studium fußender Arbeiten über Wien verfaßt, welche auch sonst manche Vorzüge aufweisen, so die vier Hefte „Wanderungen durch Wien und seine Umgebung“ (1846), „Die kaiserliche Burg in Wien“ (1846), „Das k. k. Lustschloß Schönbrunn“ und „Das k. k. Lustschloß Laxenburg“ (1846), „Die Juden und die Judenstadt in Wien“ (1846), „Die Johanneskirche in der Praterstraße“ (1847). — Das von seinem Bruder Karl Heinrich Joseph begonnene Werk: „Théorie complète de la

---

*) Zu S. 225.

ononciation de la langue française“ (1852), von dem nur der erste Band schien, da den Verfasser der Tod ereilte, hat R. fortgesetzt und mit dem eiten Theile zum Abschluß gebracht. Im J. 1852 ist auch ein Büchlein er „Das edle Billardspiel“ von R. erschienen, was der Vollständigkeit wegen angeführt sei.

Wurzbach, Biograph. Lexikon des Kaiserthums Oesterreich, II. Theil (Wien 1857) bietet eine dürftige Biographie Coeckelberghe's, von dem nur noch in der „Biographie nationale ... de Belgique“, Tom IV (Bruxelles 1873) einige Daten enthalten sind, die aber ebenfalls auf Wurzbach's Angaben zurückgehen. A. Schlossar.

Reinherz *): Konrad R., Landschaftsmaler, geboren in Breslau am 0. October 1835 (nicht, wie in Singer's Künstlerlexikon angegeben, 1855), am 20. Juli 1892 in München.

Als Sohn des Decorationsmalers Wilhelm Reinherz trat er nach Absolvirung der Lateinschule in das väterliche Geschäft, mit der Absicht, dasselbe später zu übernehmen. Anfang der sechziger Jahre jedoch trieb ihn sein Drang selbständiger Production nach München, wo er sich in der Landschaftsmalerei ausbildete. Sein Lehrer und baldiger Freund war hier zunächst Richard Zimmermann, mit dem er zusammen verschiedene Studienreisen machte. Dem Einfluß Zimmermann's folgte dann der stärkere des Kreises um Wilhelm Diez. Er zeigt sich namentlich in der Behandlung des Lichtes. Reinherz' Landschaften fanden bald Liebhaber, in deren Händen sich der größte Theil von ihnen noch heute als Privatbesitz befindet. 1886 vermählte sich R. mit der Wittwe Therese Roeckl, der Schwester des Architekten Gabriel v. Seidl. Er fungirte als Mitglied und eine Zeit lang im Vorstand der Münchener Künstlergenossenschaft. In der Münchener neuen Pinakothek hängt Reinherz' einziges öffentlich ausgestelltes Bild, vermuthlich sogar nicht sein bestes: eine schwere, düstere, entfernt an Ruysdael erinnernde Landschaft mit einer mächtigen Baumgruppe, einer schmalen Fernsicht seitlich im Hintergrund und einem Wasser im Vordergrund. Bekannt sind ferner die „Mühle“ (1888 auf der 3. internationalen Ausstellung im Glaspalast ausgestellt), „Dorfpartie“, „An der Würm bei München“, „Die Isar bei Tölz.

Biographische Mittheilung im Archiv der historischen Commission der Münchener Künstlergenossenschaft. — Singer, Allgemeines Künstlerlexikon, Frankfurt 1901. Franz Vallentin.

Reisach **): Karl August, Graf von R.-Steinberg, Verwaltungsbeamter, Publicist und Archivar, geboren am 15. October 1774 in Neuburg D., wo sein Vater Franz Christoph, seit 1790 in den Reichsgrafenstand hoben, die Stelle eines Regierungsraths und Jagdamtscommissars bekleidete. Das Alter der Familie R. soll sich, wie Molitor, der Biograph eines Neffen seres R., des Cardinals Karl August Grafen v. R. (s. Knöpfler's Artikel der A. D. B. XXVIII, 114) gefunden haben will, bis in die Zeit der mischen Kaiser verfolgen lassen. Auf der Descendenztafel in Joh. Götz' Biographie des Cardinals (1901) wird der Stammbaum nur bis auf Albrecht ans v. Reisach, † 1656 in Tirol, zurückgeführt. In Wiguläus Hundt's Stammenbuch (III, 712) werden die Reisach ein jederzeit gut adeliges, ritterund stiftsmäßiges Geschlecht genannt. Karl August Graf v. R. vergleicht nmal sein Geschick mit demjenigen eines Ahnherrn, des Kammergerichts-

*) Zu S. 286.
**) Zu S. 293.

Beisitzers, vorher Professor der Rechte in Ingolstadt, Theodorich Reisach, der 1512 in ungerechter Weise zum Verlust seines Amtes verurtheilt, später von Kaiser Maximilian I. wieder ehrenvoll zu Gnaden aufgenommen wurde.

Nachdem der junge R. mit dem Zeugniß „maximae diligentiae et eminentis profectus morumque decentissimorum“ die juristische Prüfung an der Ingolstädter Hochschule bestanden hatte, trat er in der Justizsenats-Kanzlei in Neuburg in Praxis. 1795 wurde ihm auf Grund eines weiteren Examens (über die Entstehung des Rechts, das Völkerrecht, den Begriff des Staates u. s. w.) gestattet, den Regierungsrathsposten seines Vaters zu übernehmen. 1797 wurde er durch einen weiteren Dienstwechsel zum Pflegecommissär von Heideck und Hilpoltstein mit dem Charakter eines wirklichen adeligen Regierungsrathes befördert. 1803 kehrte er als Director der Landesdirection nach Neuburg zurück, 1804 wurde er „in Betracht seiner ausgezeichneten Fähigkeit, Thätigkeit und Integrität“ zum Vicepräsidenten der Neuburgischen Landesdirection, im nämlichen Jahre zum Verordneten der Landschaft ernannt. Seiner Begabung und Ausbildung wird sogar in der leidenschaftlichen Anklageschrift eines Gegners Lob gespendet. „Ausgerüstet mit seltenen Talenten und mannigfaltigen Kenntnissen, gewandt und von der Pike auf geübt in allen Zweigen öffentlicher Geschäfte, rastlos und beharrlich, klug und entschlossen, der Schrift und der Rede gleich mächtig, ein vielseitiger gebildeter und lebendiger Geist in einem kleinen beweglichen Körper.“ 1802 gab er „Beiträge zur Kenntniß der neuen Einrichtungen in Baiern“ heraus; er vertheidigte darin die Reformen Montgelas', den er später als „gewissenlosen Staatsmann und würdigen Zögling eines Despoten“ brandmarkte. Von 1803 an gab er im Verein mit seinen drei Brüdern Hans Adam, Landrichter zu Graisbach, Cajetan Maria, Domherr zu Regensburg und Stadtpfarrer zu Wemding, und Ludwig, Wasser- und Straßenbaudirector in Neuburg, „Pfalz-Neuburgische Provinzialblätter“ heraus, von denen drei Jahrgänge erschienen. 1808 wurde R. zum Generalcommissar des Lechkreises in Augsburg ernannt, 1809 in gleicher Stellung nach Kempten versetzt. Da ein Theil des Illerkreises am Tiroler Aufstand sich betheiligte, konnte die Uebertragung einer leitenden Stelle des gefährdeten Algäus als ehrenvoller Vertrauensbeweis des Landesherrn gelten, doch wurden die Erwartungen getäuscht. Nicht bloß ging er gegen die Aufständischen nicht mit der nöthigen Strenge vor, weil er, wie er in späteren Vertheidigungsschriften sich ausdrückte, „nicht ein folgsamer Henkersknecht sein“ wollte, sondern er verhalf sogar einem in Haft gezogenen Vorarlberger „Patrioten“, dem Appellgerichtsrath Franz Schneider, zur Flucht. Auch die intimen Beziehungen, die er mit der verwittweten Kurfürstin Marie Leopoldine unterhielt, waren bei Hofe keine günstige Empfehlung. Am schlimmsten wurde aber sein Ruf durch verbrecherische Veruntreuungen geschädigt. „Viel hatte er geleistet“, heißt es in der oben angezogenen Schrift, „mehr noch ließ er erwarten, aber eine Tugend fehlte dem Günstling der Natur und des Glücks: die bescheidene Wirthschaftlichkeit! Die Begierde, Mittel des Genusses und des Glanzes zu erwerben und zu häufen, ließ ihn auf verbotenen und unwürdigen Erwerb sinnen, er wurde verstrickt in ein Gewebe von Wucher, Unredlichkeit und Untreue.“

Aus den Acten des gegen ihn angestrengten Riesenprocesses läßt sich ersehen, in welch großem Maßstab die Dieberei betrieben wurde. Weder Staats-, noch Stiftungs- und Gemeindecassen blieben verschont; besonders gründlich wurde die Casse des Augsburger Leihhauses ausgeplündert; eine in den Acten befindliche Zusammenstellung berechnet den Verlust der beraubten Cassen auf 848000 Gulden. Schon im Jahre 1809 beanstandeten einzelne Aufsichtsbehörden die Finanzgebarung des Generalcommissärs, doch die Verierung der Kriegsläufte verhinderte eine genauere Untersuchung, und nach dem Kriege gelang es noch geraume Zeit, durch geschickte Urkundenfälschungen die Unterschleife zu bemänteln. Der preußische Hofrath Dorow, ein schwärmerischer Verehrer Reisach's, betheuert in seinen Lebenserinnerungen, die ganze Anklage sei vom Ministerium Montgelas „heraufbeschworen", um den „teutschen Patrioten" unschädlich zu machen, doch die Behauptung wird durch eine lange Reihe unverdächtiger gerichtlicher Entscheidungen widerlegt. Er selbst gesteht in seiner Vertheidigungsschrift ein, daß öffentliche Gelder „uncorrecte" Verwendung gefunden hätten, allein: „C'est la guerre!"

Von seiner ersten Gemahlin, einer geborenen Jsselbach v. Bechtolsheim geschieden, trat er, um zu einer zweiten Ehe mit Maria Gräfin v. Sandizell schreiten zu können, zum Protestantismus über. Die Mitgift sollte dazu bestimmt sein, die betrügerischen Finanzoperationen zu verdecken, doch die Erlaubniß zur Verehelichung wurde bis zur Entscheidung in dem seit 1811 anhängig gemachten Proceß vertagt. Auch die im Juli 1811 erbetene Erlaubniß zu einer Reise nach Frankreich wurde verweigert. Das Urtheil des Appellgerichts Memmingen vom 1. December 1812 erkannte nicht, wie R. und Dorow behaupten, auf „Freisprechung", sondern sprach sich nur dahin aus, daß die Gründe, um den Angeklagten des Verbrechens rechtswidriger Veruntreuungen schuldig zu sprechen, nicht zureichend aufgedeckt seien. Darauf wurde vom König verfügt, daß gegen R. nicht mehr auf dem gerichtlichen, sondern auf dem Disciplinarweg vorgegangen werden sollte. Auf Grund erneuter Untersuchung wurde er „aus administrativen Erwägungen" am 20. Februar 1813 des Amtes enthoben; Titel und Gehalt sollten ihm belassen bleiben. Offenbar aus Furcht, es möchte ihm doch noch die Freiheit entzogen werden, entschloß er sich zur Flucht. „Jn einem Lande", so schreibt er selbst, „wo die Gesetze den Staatsbürger nicht mehr vor Unrecht und Verfolgung schützen, konnte ich keine Sicherheit für meine Person finden, ... ich begab mich also unter den Schutz der großherzigen Monarchen von Rußland und Preußen, welche eben zu dieser Zeit alle Teutschen aufforderten, sich unter ihrem Panier zum Kampf für Teutschlands Befreiung zu sammeln." Ob er, wie Pertz in der Biographie Stein's mittheilt, mit Erzherzog Johann, Hormayr und Schneider am Plane einer neuen Revolutionirung Tirols betheiligt war, ist nicht festzustellen; er selbst gab später einmal an, die Besorgniß, durch die Wegnahme der Hormayr'schen Papiere bloßgestellt zu werden, habe ihn zur Flncht bewogen.

Jn Begleitung einer Kammerzofe der Gräfin Stein reiste er mit dem Reisepaß eines Kaufmanns Reichart von Lindau am 24. Februar über Ulm und Würzburg nach Kalisch ins russisch-preußische Hauptquartier. Es scheint ihm gelungen zu sein, den Reichsfreiherrn vom Stein von seiner Unschuld zu überzeugen; wenigstens wurde dem „Märtyrer der guten Sache" Schutz gegen die Verfolgung seiner Feinde zugesagt, während R. seine Feder zur Bekämpfung der Rheinbündelei zur Verfügung stellte. Die von ihm — er selbst bezeichnete sich gegenüber dem Grafen Stadion als Verfasser — veröffentlichte Schrift: „Baiern unter der Regierung des Ministers Montgelas; Teutschland, im Verlage der Kämpfer für teutsche Freiheit, 1813" erschien zunächst als erstes Heft der „Gallerie teutscher Nationalverräther"; außerdem sollten Sonderabzüge beim Vorrücken der verbündeten Heere in Süddeutschland in Massen verbreitet werden, um das Volk über die Politik der „feilen Tyrannenknechte" aufzuklären, die, „erkauft von französischem Golde, teutsche Völker zur gallischen Sklaverey herabwürdigen". Die Schrift Reisach's ist ein Pamphlet von leidenschaftlichstem Charakter. Nicht bloß die äußere und die inuere Politik der Montgelas, Cetto und Gravenreuth wird einer gehässigen Kritik unterzogen, auch aus dem Privat-

leben des Ministers, „dem Teutschland ganz vorzüglich seinen Unter-
danken hat", werden alle erdenklichen Scandalosa aufgedeckt. Die
erregte um so größeres Aufsehen, als alle Welt trotz der Verschweig
Namens auf dem Titelblatt wußte, daß der Verfasser bis vor kurzem
der höchsten Beamten Baierns den geschilderten Vorgängen selbst nahe
hatte.

Um zu verstehen, wie Stein und Andere für einen Mann von
deutigem Leumund eintreten mochten, muß man sich vor Augen halten,
furchtbare Erbitterung über Napoleon und seine offenen und verkappten
gänger in diesen Kreisen herrschte, mit welch alttestamentarischem
das Rachewerk Deutschlands betrieben wurde, betrieben werden mußte
zu wirksamer Hülfe jeder Bundesgenosse willkommen! Im April 181
R. von Stein zum „Administrator" der sächsischen Herzogthümer
hauptsächlich um dort die Landesbewaffnung durchzuführen und die
beiträge einzutreiben. Nach der unglücklichen Schlacht bei Bautzen
sich wieder ins Hauptquartier der Verbündeten und blieb eine Zeit
Gefolge Stein's; dann wurde er zum Generalcommissär der beiden
ernannt, gerade in dem Augenblick, da alle verbündeten Armeen
sodaß seiner Thätigkeit hohe Wichtigkeit beizumessen war. Auch
amtlichen Stellung erwarb er sich Stein's Zufriedenheit. „Der
schrieb Stein am 30. Juli 1813 an Hardenberg, „hat sich den
welche ihm übertragen wurden, mit viel Eifer und Einsicht entledigt,
die nöthigen Kenntnisse und die für Verwaltungsstellen erforderliche
und Erfahrung, man müßte sich seiner Zeit mit seiner restitutio in
statum beschäftigen."

Inzwischen war in Baiern die Untersuchung gegen den „bairischen
fortgesetzt worden; sie brachte eine lange Reihe neuer Klagepunkte
Im August wurde eine eigene Ministerialcommission unter Vorsitz des
raths v. Zentner mit der Fortführung des Processes betraut. Auch
zahlreiche Gläubiger meldeten Forderungen an. R. selbst gibt in
späteren Verhör die Höhe seiner Schulden auf 1 Million Gulden an
das Geld auf große landwirthschaftliche und industrielle Unternehmungen
wendet haben, „die zweifellos prosperiert haben würden, wenn man
und Ruhe zu ihrer Ausbildung gegönnt hätte". Vorerst mußte
bairische Regierung damit begnügen, dem „Malteserordensritter und
der k. gelehrten Societät" einen Steckbrief nachzusenden. Erst nachdem
October 1813 auf Seite der Verbündeten getreten war, konnte die Aus
des Flüchtlings verlangt werden. Als aber der bairische Gesandte
im Hauptquartier dieses Ansinnen stellte, erklärte Stein, er habe,
mit einer k. bairischen Entlassungsurkunde bei ihm gemeldet, „bei
lichen Unkunde von den in Baiern obwaltenden Verhältnissen keinen
genommen, den Gesuchsteller in Geschäften zu gebrauchen und auch
Gelegenheit an demselben einen fähigen und thätigen Geschäftsmann
übrigens sei er bereit, der Forderung der bairischen Regierung Folge
wenn ein motivirter Antrag gestellt würde."

Auf Andringen Stein's sandte R. den preußischen Justiz
Bassange als Mandatar zur Ordnung seiner Dienst- und Privatange
nach Memmingen; auch er selbst, so ließ R. erklären, wolle sich
gegen die von bairischer Seite erhobenen Anschuldigungen vertheidigen,
der Streit vor ein unparteisches Gericht gebracht würde. Er
lichte zu seiner Rechtfertigung die Schrift: „Der Graf Karl Aug
an das teutsche Volk", worauf von bairischer Seite mit heftigen

antwortet wurde —, eine litterarische Fehde, die in politischer und culturgeschichtlicher Beziehung Interesse bietet. Ziemlich sachlich und unbefangen ist das „Charaktergemälde": „Karl August v. R., Graf v. Steinberg, Exgeneralcommissär Sr. Majestät des Königs von Baiern; geschrieben zu Mindelheim, im 1814." Vermuthlich aus der Feder Christoph v. Aretin's stammt die Schrift: „Des Grafen K. A. v. R . . . . Generalbeicht an das teutsche Volk; Deutschland, im ersten Jahre seines erwachten Gewissens, 1814". Eine unter dem Pseudonym Otto Baier herausgegebene Schrift „Das bairische Volk an das teutsche Volk über den Exgeneralcommissär Grafen v. R." 1815, wendet sich mit scharfen Worten gegen den Mißbrauch, daß ein mit Schmach beladener Verbrecher von einem Volksstamm zu einem anderen überlaufen und dazu den bequemen Namen eines Teutschen sich aneignen dürfe. „Seit wann sind die Worte Teutscher und Landstreicher einerley geworden?" Dagegen fand R. Anwälte im Allgemeinen Anzeiger der Teutschen, in der Allgemeinen Litteraturzeitung, in den Berlinischen Nachrichten u. s. w. Im December 1818 überreichte Berger im Hauptquartier eine amtliche Denkschrift, welche die Veruntreuungen Reisach's auf 800 000 Gulden berechnete; die Untersuchung werde noch fortgesetzt; die preußische Regierung möge einem unwürdigen Gast nicht länger ihren Schutz angedeihen lassen. Stein erwiderte, dem Antrag auf Auslieferung könne erst Statt gegeben werden, wenn volle Aufklärung über die Delicte Reisach's vorliege, doch ließ er im Gespräch mit Berger schon die Aeußerung fallen, er gedenke R. nicht mehr lange zu halten, da er auch von einem alten Bekannten, dem Geheimrath v. Wiebeking, gravirende Aufschlüsse über R. erhalten habe. Da auch über „Malversationen" Reisach's in der Verwaltung der Niederlausitz ärgerliche Gerüchte gingen, hielt Stein für rathsam, den Grafen von seinem Vertrauensposten zu entfernen, was er am 15. Januar 1814 der bairischen Regierung anzeigte. Dorow findet in diesem Vorgehen Stein's gegen sein früheres Benehmen einen „schaudervollen Contrast" und glaubt die Erklärung in politischen Gründen suchen zu müssen. „Herr v. Stein versöhnte sich mit Montgelas in Frankfurt a. M., und Graf Reisach's Kopf sollte der Einigungskitt für dieses Freundschaftsverhältniß werden. Es gelang aber nicht, dieses feine Plänchen; es scheiterte an des Fürsten v. Hardenberg's Edelmuth und großartiger Gesinnung."

R. selbst machte, was er in seinen Publicationen freilich nicht erwähnt, dermals einen Versuch, in Baiern begnadigt zu werden. In einem Immediatgesuch an den bisher schmählich verunglimpften König erbietet er sich zu urkundlicher Widerlegung aller Anklagen; seine Berichtigung werde „Allerhöchstdenselben die Ueberzeugung verschaffen, daß meine Handlungen volle Rechtfertigung und Entschuldignng und ich selbst die Großmuth und Huld des angebetetsten Monarchen in der Allerhöchsten Person Eurer Königlichen Majestät verdienen".

R. hatte sich nach seiner Entlassung von Bautzen nach Bremen begeben; auf Hardenberg's Verwendung war ihm ein mäßiges Tagegeld angewiesen worden. Als die bairische Regierung neuerdings auf Auslieferung des Flüchtlings drang, eröffnete Stein dem Magistrat von Bremen, daß R. nicht mehr auf preußischen Schutz zu rechnen habe. Darauf erklärte sich der Magistrat zur Auslieferung bereit, schrieb aber nach München: „Da das bremische Contingent aus dem Feldzuge gegen Frankreich noch nicht zurückgekehrt, würde es für uns sehr schwierig seyn, den Transport des Arrestanten bis an die baierische Gränze auf eine sichere Art zu bewirken." Die bairische Regierung mußte eine eigene Eskorte, bestehend aus Hauptmann Raillinger und *zwei Gendarmen*, nach Bremen senden. Die in Bremen eingeleitete Untersuchung ging nur langsam vorwärts. Von allen bei der [illegible] haftung Reisach's vorgefundenen Papieren mußte Abschrift genommen [illegible] so daß Maillinger immer wieder seinen Aufenthalt verlängern mußte. [illegible] ist unglaublich", schrieb er am 5. August 1814 nach München, „wie [illegible] Mann die Leute für sich einzunehmen verstehet, da er alle seine [illegible] Verbrechen unter den Deckmantel des deutschen Patriotismus und Vaterl[illegible] liebe zu verbergen gewußt hat und sein ausgemergelter Körper Mitleid [illegible] flößt." Als der Gefangene endlich abgeführt werden sollte, zeigte sich, [illegible] nächtlicher Weile aus dem Haftlocal entwichen war. Infolge einer [illegible] stellung des russischen Generalgouverneurs Fürsten Repnin waren [illegible] hannoverschen Wachen abgezogen, sodaß R. ungehindert mit allen [illegible] Effecten nach Minden abreisen konnte. Die Bremer Regierung schickte [illegible] Steckbrief hinter ihm her, worin er geschildert wird, als ein Mann [illegible] kleiner, magerer Statur, blassem, kränklichem Angesicht und wenigen [illegible] gepuderten Haaren, mag zwischen 30 und 40 Jahre alt sein, hat [illegible] schwache Stimme, den bairischen Dialekt und ein furchtsames Ansehen".

In Minden wurde R. von Gouverneur v. Vincke in ehrenvoller Weise [illegible] genommen. Er handle in vollem Einverständniß mit Hardenberg, erklärt[illegible] Vincke, wenn er einem edlen deutschen Manne, der in kritischer Zeit Geleg[illegible] heit fand, der preußischen Armee größtem Bedürfnisse abzuhelfen, eine Frei[illegible] gegen schmähliche Unterdrückung biete. Als Maillinger mit seinen Gendarm[illegible] in Minden eintraf, verweigerte der preußische Polizeicommissär die Festnah[illegible] Reisach's, ja, die Eskorte selbst wurde angewiesen, binnen 24 Stunden [illegible] Regierungsbezirk zu verlassen. Die bairische Regierung mußte wieder [illegible] diplomatischen Weg betreten. Stein wollte von dem anrüchigen Clien[illegible] nichts mehr wissen, ja, er soll über Hardenberg „mit seinem sauberen [illegible] dem verlaufenen Baiern", gespottet haben; Dorow beschwert sich bitter [illegible] das „unmenschliche Benehmen" Stein's, der auch später immer wieder [illegible] liche Gesinnung gegen den ehemaligen Bundesgenossen an den Tag [illegible] habe. Dagegen fuhr Hardenberg fort, den Verfolgten in Schutz zu nehm[illegible] „Hat ihm Herr v. Stein", so soll er geäußert haben, „den Auftrag gege[illegible] das bitterböse Buch gegen Montgelas zu schreiben, so sind wir alle verbun[illegible] den Mann zu schützen, wenn Herr v. Stein ihn auch fallen lassen will." [illegible] preußische Gesandtschaft schlug vor, R., der ja aufgehört habe, bairisch[illegible] Unterthan zu sein, vor einen preußischen Gerichtshof zu stellen. Die bairisch[illegible] Regierung ging darauf natürlich nicht ein, sondern ließ das Verfahr[illegible] in contumaciam fortführen. Endlich wurde R. durch Erkenntniß des Appell[illegible] gerichts des Oberdonaukreises vom 25. Februar 1818 des Verbrechens [illegible] Staatsverraths zweiten Grades und der Unterschlagung öffentlicher Gelder [illegible] zwölfjähriger Festungsstrafe zweiten Grades verurtheilt, sowie aus der Li[illegible] der königlichen Kämmerer und aus der bairischen Adelsmatrikel gestrichen. Durch Erkenntniß des Oberappellgerichts vom 8. März 1819 wurde [illegible] Urtheil bestätigt; der preußischen Gesandtschaft wurden Abschriften zugestellt.

Inzwischen hatte R., weil er sich nach dem Zeugniß Vincke's „[illegible] qualificirt zur Ordnung von Archivalien" zeigte, im Archiv zu Münster An[illegible] stellung gefunden. Es war ja bis vor etwa fünfzig Jahren in allen Staaten üblich, abgedankte Winkel- und Hintertreppenpolitiker im Archivdienst unterzubringen. 1829 wurde R. zum Archivrath in Coblenz ernannt. [illegible] Dorow behauptet, sei R. zu verdanken, daß „die alte, auf historischen und geographischen Basen begründete Ordnung des Coblenzer Archivs, wie [illegible] den früher ergangenen Bestimmungen angemessen war, wiederhergestellt" worde[illegible] sei. Doch weiß man im Coblenzer Archiv selbst nichts Rühmliches über Reisach' tigkeit zu berichten, und sein Nachfolger Beyer erhob lebhaften Einspruch Dorow's Apologie (Friedemann, Zeitschrift für Archive, Jhrg. 1846, Heft 2). Als Minister vom Stein 1829 die Stadt Coblenz besuchte, kam es einer ärgerlichen Scene. Stein verhehlte nicht, wie unangenehm es ihn R. als preußischen Beamten zu sehen, obwohl er sich von den gegen gerichteten Anklagen nicht habe reinigen können. Doch Oberpräsident Vincke ließ dem „verkannten Patrioten" fortdauernd seinen Schutz angedeihen, sodaß ihm 1831 sogar die Leitung des Staatsarchivs übertragen wurde. Es gelang ihm aber, wie von Dorow selbst zugegeben wird, „in Coblenz sich in amtlicher und geselliger Beziehung so günstig zu stellen, wie dies Westfalen gelungen war". Mit Linde zusammen gab er das „Rheinische Archiv" heraus. Die von Dorow in Aussicht gestellte Veröffentlichung von Memorien Reisach's, „welche eine helle Fackel über die Verhältnisse der Centralverwaltung unter dem Minister v. Stein zu Deutschland und Deutschlands Fürsten anzünden werden", ist nicht erfolgt. R. starb in Coblenz am November 1846.

Verhandlungen über die Auslieferung des Grafen v. Reisach. Aus der Allemannia abgedruckt, 1815. — Dorow, Erlebtes aus den Jahren 1813—20, I, 41; II, 27 ff. — Pertz, Das Leben des Ministers Freiherrn vom Stein III, 339 ff. — Urkunden im Adelsselekt des Münchner Reichsarchivs. — Umfangreiche Acten im Reichsarchiv und in den Kreisarchiven München und Neuburg.

Heigel.

Reitzenstein *): Friedrich Albrecht Karl Johann Freiherr von R. am 26. März 1834 als Sproß des bekannten alten fränkischen Geschlechts geboren, dessen Mitglieder dem Staats- und Militärdienst zahlreiche Kräfte geliefert haben. Sein Vater war zu jener Zeit Rittmeister und Flügeladjutant des Königs, ein Verhältniß, das R. den Vorzug verschaffte, den König selbst und den Prinzen und die Prinzessin Albrecht von Preußen zu seinen Taufpathen zu zählen. R. wendete sich nach Beendigung der Schulzeit dem Studium der Rechts- und Cameralwissenschaften zu, denen er vom Herbst 1851 bis Frühjahr 1855 oblag. Am 4. April 1855 wurde er als Kammergerichtsauscultator vereidigt und zunächst bei dem Amtsgericht in Neiße beschäftigt. Am 10. August 1856 legte er die Prüfung als Referendar ab, der nach Erledigung der in dem Ausbildungsgang üblichen Stationen bei Unter- und Obergerichten das Assessorexamen folgte, das er am 24. December 1859 bestand. Schon damals trat seine entschiedene Neigung zur Verwaltung und namentlich das Interesse für die Bethätigung auf dem communalpolitischen Gebiet deutlich hervor, die für seine spätere öffentliche und wissenschaftliche Thätigkeit entscheidend werden sollte. Wenige Monate nach Ablegung der letzten Staatsprüfung, im März 1860, wurde er als Hülfsarbeiter bei dem Magistrat zu Görlitz beschäftigt und trat nach einjähriger Thätigkeit dort zur Staatsverwaltung über, die ihn am 14. October 1861 als Regierungsassessor übernahm und der Regierung zu Königsberg i. Pr. überwies; dort nahm er die Geschäfte eines Justitiars bei der Abtheilung für die Kirchenverwaltung und das Schulwesen wahr. Als Regierungsassessor war er dann noch in Marienwerder und Potsdam thätig, um 1866 aus dem Staatsdienste zunächst auszuscheiden und das Amt eines zweiten Bürgermeisters der Stadt Königsberg zu übernehmen. Dort lag ihm vor allem die Leitung des öffentlichen Armenwesens ob; doch hatte er auch fast ein volles Jahr während einer Vacanz die Geschäfte des ersten Bürgermeisters zu führen. Eine ernste Erkrankung nöthigte

*) Zu S. 301.

ihn, im Herbst 1869 einen halbjährigen Urlaub zu nehmen, den er meist Süden zubrachte. Eine entscheidende Wendung seines äußeren und in Lebensganges brachte ihm das Jahr 1871. Die bedeutungsvollen Auf die der Regierung in der Verwaltung der neu gewonnenen Reichslande erw forderten geschulte und weitblickende Persönlichkeiten. Die Aufmerksamk Ministers Delbrück war auf R. gelenkt worden, der zunächst zur commissar Verwaltung des Generalsecretariats für Lothringen berufen wurde. 20. Juli 1871 legte er sein Amt als zweiter Bürgermeister nieder und in den Reichsdienst als Generalsecretär der Präfectur in Metz über. 1872 wurde er zum Oberregierungsrath ernannt und am 8. Mai 18 die Spitze von Lothringen als Bezirkspräsident gestellt. Unerwartet endete diese Thätigkeit und damit überhaupt die amtliche Thätigkeit R stein's, der am 22. April 1880 in den Ruhestand versetzt wurde. Die G die zu dieser Maßregel führten, sind öffentlich nicht bekannt geworden; anzunehmen, daß politische Constellationen die Ursache bildeten, daß nam die Auffassung des Bezirkspräsidenten über die Behandlung Lothringens deutschen Standpunkte aus von der der leitenden Stellen abwich und wei gedeihliches Zusammenarbeiten in Zweifel stellte. Wenn R. auch in der üb Weise nur zur Disposition gestellt wurde, so hat er doch thatsächlich Staatsamt nicht wieder übernommen und hat von 1880 bis zu seinem 5. Februar 1897 erfolgten Tode im amtlichen Ruhestande gelebt. Nach Amtsniederlegung siedelte er sich in Freiburg i. Br. an, das bis zu se Ende sein Wohnsitz blieb. Von seinen äußeren Lebensschicksalen ist nur zu berichten, daß ihm am 18. November 1890 von der Universität Tübi die Würde eines Doctors der Staatswissenschaften honoris causa verli wurde. Ueber seine Familienverhältnisse sei bemerkt, daß er sich am 18. tober 1870 mit einer Verwandten, der Freiin Klaudia v. Reitzenstein München vermählte und daß aus dieser Ehe mehrere Kinder entsprossen

Daß R. in dem jugendlichen Alter von 46 Jahren eine wechselvolle erfolgreiche amtliche Thätigkeit für immer abschließen mußte, hat ihm ern Kummer bereitet, den er wohl nie ganz verwunden hat. Was ihm selbst zum Kummer gereichte, wurde zum Gewinn des öffentlichen Lebens und allem zum Gewinn der Wissenschaft, denen beiden er sich von nun an ausschli zu widmen die Muße gewann. Schon in Königsberg hatte er in seiner Eig schaft als Leiter des öffentlichen Armenwesens zu denjenigen Fragen ein sonderes Verhältniß gewonnen, die wir heute mit dem weiterreichenden Na der „socialen Fürsorge" bezeichnen. Er bemühte sich um die Reorganisat des öffentlichen Armenwesens in Königsberg und erkannte die Schäden ei zersplitterten und planlosen Privatwohlthätigkeit; das praktische Ergebniß die Begründung des Vereins zur Bekämpfung der Bettelei, der die Namen entsprechenden Aufgaben erfüllen und die private Liebesthätigkeit geordnete Bahnen lenken sollte. Aber neben dem Armenwesen wendete er den weiteren Aufgaben der communalen und öffentlichen Wohlfahrtspf dauerndes praktisches und theoretisches Interesse zu; in Lothringen waren die französischen Zustände, die zur Vergleichung mit den alten deutschen hältnissen herausforderten. Aber hier wie dort ließ die täglich drängend praktische Arbeit eine wissenschaftliche Vertiefung nicht recht zu und erweck in R. um so mehr den Wunsch, sich einmal gründlicher und eingehender allen diesen Fragen beschäftigen zu können, als eindringende wissenschaftli Arbeit durchaus seinen Neigungen und Fähigkeiten und die Beschäftigung Gegenständen der socialen Fürsorge und der Wohlfahrtspflege seinem Herzens bedürfniß entsprach.

Ein überaus ernster Mann, mit einem etwas schwerfälligen Temperament, [illegible]haft, ja streng in den Anforderungen, die er an Amt und Arbeit stellte; [illegible] seinen religiösen, politischen und wissenschaftlichen Ueberzeugungen, die [illegible] in hartem Ringen und fleißigster Arbeit abgewann. Dabei im Grunde [illegible] Wesens gütig und freundlich, stets bereit, die gegnerische Meinung gelten [illegible], und von einer so rührenden Bescheidenheit und Einfachheit, daß er [illegible] bereitwilligste Leistungen und Tüchtigkeit der Anderen anerkannte und [illegible] eigene Tüchtigkeit gering einzuschätzen leicht geneigt war. Wer ihn ge[illegible], wird sich die hohe, schlanke Gestalt vergegenwärtigen, den klugen [illegible] der die Arbeit des Denkers anzeigte, die klaren, hellen und freundlichen [illegible]; doch ließ sein Aeußeres, der schon früh ergraute Vollbart, ihn leicht [illegible]scheinen, als er war. Die Gabe der klangvollen, volksmäßig wirkenden [illegible]ündenden Rede war ihm nicht gegeben. Wo er aber im engeren Kreise [illegible]chkundigen und Fachgenossen zu berichten hatte, gewann er den Hörer [illegible] die Tiefgründigkeit seiner Beweisführung, durch die lückenlose Kenntniß [illegible]egenstandes, über den er sprach, und durch den Ernst, mit dem er seine [illegible]ungen vertrat.

Daß eine Persönlichkeit dieser Art nicht im Ruhestande verharren konnte, [illegible] von selbst ein. Doch hat sich die von R. nach seiner Entlassung be[illegible] Arbeit weit über das von ihm erwartete Maaß hin erweitert. [illegible]end er sich zunächst mit den Gegenständen des öffentlichen Lebens mehr [illegible]einer Art Liebhaberei und mit dem Wunsche, seine Muße auszufüllen, [illegible]äftigte, wurden ihm die Gegenstände nach und nach vertrauter, die Arbeit [illegible] immer wichtiger. Seine reichen praktischen Erfahrungen halfen die [illegible]tische Einsicht beleben, sodaß von vornherein die Beziehung zum wirk[illegible] Leben gewahrt blieb. So wurde aus der Mußethätigkeit nach und [illegible] eine ernste wissenschaftliche Arbeit, die seinen Lebensabend mehr als aus[illegible]und ihn nach verhältnißmäßig kurzer Zeit in die Reihe der auf dem [illegible] der Wohlfahrtspflege und Socialpolitik führenden Männer stellte.

[illegible]wei Stellen waren es hauptsächlich, die ihn zu wissenschaftlicher und [illegible]licher Arbeit führten, der „Deutsche Verein für Armenpflege und Wohl[illegible]tigkeit“ und der „Verein für Sozialpolitik“. Beiden gehörte er als Vor[illegible]mitglied an; in dem ersten hat er seit 1886 bis 1897 die Stelle des [illegible] Vorsitzenden bekleidet. Die Thätigkeitsgebiete beider Vereine berühren [illegible] wie Grenzgebiete sich berühren. Socialpolitische Thätigkeit will vor allem [illegible] bewahren', daß Armenpflege in irgendwelcher Form nothwendig wird; [illegible]enpflege nimmt sich derer an, die trotz allem der helfenden Fürsorge be[illegible]. Die Thätigkeit auf dem armenpflegerischen Gebiet war R. von [illegible]igsberg her vertraut; die Arbeit in den Reichslanden hatte seinen Blick [illegible] und auf die französischen und ausländischen Verhältnisse überhaupt [illegible]gelenkt. Und so war die erste Frucht seiner Muße eine 1881 in den [illegible]moller'schen Jahrbüchern erschienene Abhandlung: „Die Armengesetzgebung [illegible]reichs in den Grundzügen ihrer historischen Entwicklung“, eine Arbeit, [illegible] zum ersten Male in einer dem wissenschaftlichen Bedürfniß einigermaßen [illegible]enden Weise den deutschen Fachgenossen das französische Armenwesen näher [illegible] und die in der geschichtlichen Entwicklung begründeten Verschiedenheiten [illegible] romanischen und des germanischen Armenpflegewesens veranschaulichte; [illegible] Ergebnisse der Arbeit, weit entfernt nur theoretisches Interesse zu bean[illegible], berührten sehr unmittelbar praktische Fragen, da die Forderung, das [illegible] auf französischer Grundlage beruhende System der reichsländischen Armen[illegible] anzupassen, schon damals sehr ernstlich, wenn auch erfolglos erhoben wurde. *Schon in dieser Arbeit* zeigte sich die Sorgfalt, die R. auf seine

Arbeiten verwendete; mit der Litteratur des Gegenstandes machte er sich vollständig vertraut; die aus Büchern gewonnene Anschauung ergänzte er durch eine ausgedehnte Correspondenz mit Fachgenossen und durch persönliche Besichtigung der wichtigsten Einrichtungen.

Dieser ersten Arbeit, die seinen Namen zugleich in Fachkreisen auf das beste bekannt machte, ließ er im Laufe der Jahre eine große Reihe von Schriften und Berichten aus dem Gebiet des Armenwesens folgen. Die Mehrzahl von ihnen sind in der Form von Berichten zur Vorbereitung der Verhandlungen des genannten Deutschen Vereins für Armenpflege und Wohlthätigkeit erschienen und in dessen Sammlungen veröffentlicht. Dahin gehören vor allem der Bericht über die Reform der ländlichen Armenpflege, in dem die Berichte zahlreicher Stellen über diesen Gegenstand von R. als Berichterstatter des Vereins gesammelt und zusammengefaßt waren (1886), ferner die Berichte über die Beschäftigung arbeitsloser Armer und Arbeitsnachweis (1887), die Aufsicht über die öffentliche Armenpflege (1889), und Fürsorge für Obdachlose (1893). Das Bemühen, auf diesem Gebiet eine allseitige erschöpfende Kenntniß zu gewinnen und zu verbreiten, führte R. zu eindringendem Studium über das ausländische Armenwesen, über das zuletzt in dem bekannten Sammelwerk von Emminghaus in sehr ungleicher Weise berichtet war. In den Jahren 1891 bis 1895 gibt R. jedes Mal zu Beginn der Tagung des genannten Vereins eine Uebersicht über die „neueren Bestrebungen auf dem Gebiet der Armenpflege in den für uns wichtigsten Staaten des Auslandes" und weist auf werthvolle Muster hin, die das Ausland zu bieten vermag. Es sind kurze, mündlich erstattete, in den Verhandlungsberichten dann im Druck festgehaltene Berichte, die zu einer späteren vollständigeren und planmäßigeren Behandlung des Gegenstandes durch den Verfasser dieser Zeilen den Anstoß gaben. In seinem Nachlaß fanden sich nicht unerhebliche Vorarbeiten für eine Geschichte des gesammten Armenwesens, in der alle wichtigeren Culturländer behandelt werden sollten. Doch war das Material zu wenig geordnet, um eine auch nur fragmentarische Herausgabe als Ganzes zu gestatten; einzelne Stücke, insbesondere eine Darstellung des schweizerischen Armenwesens und Beiträge zur Geschichte des Armenwesens sind in Schmoller's Zeitschrift für das Armenwesen publicirt worden. Wenn aber irgendwo die wissenschaftliche Gründlichkeit, der unermüdliche Fleiß und die unerbittliche Gewissenhaftigkeit Reitzenstein's sich zeigen, so war es in diesen nachgelassenen Stücken, die neben begonnener Textausführung eine große Menge einzelner Notizen, Abschriften aus wenig zugänglichen Büchern, Uebersetzungen fremdsprachlicher Stücke u. dgl. enthalten. In diesem Zusammenhange ist auch der Mitarbeit Reitzenstein's an dem Wörterbuch des Verwaltungsrechts und des Handwörterbuchs der Staatswissenschaften zu gedenken, für die er zahlreiche Artikel geliefert hat.

Zwei Arbeiten, die auf dem Grenzgebiet zwischen Armenpflege und Socialpolitik liegen, sind ein 1895 von R. abgegebenes Gutachten über „Arbeitslosenversicherung, Armenpflege und Armenreform", in dem er zu der damals von dem Verein sehr eingehend behandelten Frage Stellung nahm, und ein Werk über den „Arbeitsnachweis", bei dessen Beendigung R. der Tod überraschte. Von dem ersten Theil dieses Werks lagen 13 Bogen bereits gedruckt vor, während der Rest zwar gesetzt, aber noch nicht durchgesehen; von dem zweiten Theil waren nur einige Capitel abgeschlossen. Das Werk ist dann von Dr. Freund durchgesehen und aus dem Nachlaß herausgegeben. Das mehr als 36 Bogen umfassende Werk wird auch in dieser Gestalt seinen Werth als Grundlegung der Wissenschaft des Arbeitsnachweises behalten. —

trieb, begann die Frage des Arbeitsnachweises im Vordergrund des … Interesses zu stehen. Noch war diese Einrichtung keineswegs von …richtungen der Armenpflege völlig losgelöst; noch war ihr Zusammen…hang mit der Armenpflege deutlich erkennbar. R. hat gerade diese Ent…stehung deutlich herausgearbeitet und unter Darbietung eines in Vollständigkeit nie vorher bekannten Materials, das wiederum In…land umfaßt, eine streng systematische Grundlegung des gesammten …andes gegeben. Einem einleitenden Abschnitt über das Problem und …tliche Grundlage schließt sich eine Darstellung der vorhandenen Ein…en und Zustände an, bei der die primitive Form des Aufsuchens von … das Stellenvermittlungsgewerbe, die berufsgenossenschaftlichen und die gemeinnützigen und fürsorglichen Vereine und Anstalten geschieden … Auf rein socialpolitisches Gebiet begibt sich R. mit einer auf Ver…g des Vereins für Socialpolitik verfaßten Arbeit: „Agrarische Zu… in Frankreich", die 1884 erschienen ist, in der zunächst die thatsäch…Verhältnisse, die Factoren der Production und die einzelnen beeinflussen…stände und Maßregeln, wie Steuern, Zollschutz u. s. w. dargestellt werden … Frage des Rückganges der Landwirthschaft erörtert wird.

… der Beschäftigung mit den Aufgaben der Armen- und Wohlfahrts…trat R. immer deutlicher die Bedeutung der communalpolitischen …eit hervor, mit der ihn schon von seiner Thätigkeit als Bürgermeister …gsberg ein lebhaftes praktisches Interesse verbunden hatte. Die Lehre … Aufgaben und dem Finanzwesen des Staates war mannichfach aus…, während die Lehre von Aufgabe und Finanzwesen der communalen …schaften verhältnißmäßig wenig beachtet worden war, eine Thatsache die …mit der historischen Entwicklung, theils mit den in der Sache selbst …n Schwierigkeiten zusammenhängt. Je mehr aber die communale …eit in den Communalverbänden höherer Ordnung den Provinzen, …, Bezirken u. s. w., vor allem aber in denen unterer Ordnung, den …den, an Bedeutung wuchs, je mehr gerade sie ihren selbständigen Auf…nis von der absolutistischen Staatsgewalt des 18. Jahrhunderts zurück…en, desto mehr mußte das Bedürfniß empfunden werden, diese Aufgaben …er communalen Körper klar zu stellen, sie von denen des Staats und …zu sondern und ihre finanziellen Grundlagen zu erörtern. Dieser Auf…terzog sich R. in seiner zuerst in der 2. Auflage von Schönberg's …ch der politischen Oekonomie erschienenen Abhandlung über „communales …wesen". Die Arbeit, die dort 1885 erschien, ist dann in erweiterter … 1891 in der 3. und nach dem Tode Reitzenstein's 1898 in der …lage in wesentlich unveränderter Gestalt erschienen; nur ist die Dar… in Bezug auf die neuere Gesetzgebung, Statistik und Litteratur von … und Truedinger ergänzt worden. Auch hier wieder eine streng …tische aufbauende Darstellung, die die geschichtliche Entwicklung würdigt …erall in den Einzelheiten diesen Zusammenhang aufzuzeigen sich bemüht. …er wieder die vollständige Berücksichtigung der ausländischen Zustände, …namentlich England und Frankreich sehr eingehend behandelt werden, …ch andere Länder wie die gerade für die communale Entwicklung …nte Schweiz und die Vereinigten Staaten von Nordamerika berück…werden. R. erörtert die Aufgaben, den Bedarf, die Einnahmen und …mequellen der communalen Körper, die Formen der communalen Finanz…ung, die Statistik und die Reformbestrebungen und arbeitet, namentlich …stem der Einnahmequellen, der Gebühren, der Steuern, der Sub…n und *Dotationen* sehr deutlich heraus. Hier wie in seiner Arbeit über öffentliche Armenpflege betont er namentlich immer wieder die B der Betheiligung der größeren Verbände an den Aufgaben der com Körperschaften. Neben der Arbeit im Handbuch hat er einen Theil in einer Reihe von Artikeln behandelt, die 1887/88 in den Schmo Jahrbüchern unter dem Titel: „Ueber finanzielle Concurrenz von G Communalverbänden und Staat" erschien. Diese beiden Arbeiten zu dem unverlierbaren Bestande der Finanz- und Verwaltungswiss R. konnte das Verdienst für sich in Anspruch nehmen, diese F ersten Male aus dem speciellen Gesichtspunkt des Verhältnisses und Gemeinde behandelt und für die fernere Behandlung dieses Ver den Grund gelegt zu haben. Alle seine Arbeitsweise kennzeichnende schaften, Gründlichkeit des Wissens, Kenntniß des gesammten Sto sorgfältige Methodik zeichnen diese Arbeiten über das communale Fin aus. Sie sind es vor allem, die ihm die hohe und wohlverdiente einbrachten, von der Tübinger Facultät zum Ehrendoctor der Sta schaften ernannt zu werden.

Die wissenschaftlichen mehr theoretischen Arbeiten ergänzte R. durch praktische gemeinnützige Thätigkeit. So verdankt ihm die Freiburg ins Leben gerufene Arbeitsnachweisanstalt den ersten An Entstehung; er hat ihr bis zu seinem Tode als Vorstandsmitglied Ebenso war er Mitglied des evangelischen Gemeindekirchenraths, d gelischen Arbeitervereins, des Arbeiterbildungsvereins, des Verein Haus- und Straßenbettel, der Herberge zur Heimath, des Schutzver entlassene Gefangene u. s. w. In all diesen Thätigkeiten zeigte ganzen Art gemäß ein lebendiges, warmherziges und wirklich schöpferisches Interesse und war durch seine reichen Erfahrungen un Rath der Förderung aller dieser Bestrebungen in hohem Grade nütz

Der Haupttheil der öffentlichen und wissenschaftlichen Thätigkeit stein's fällt in die Zeit des politischen Aufschwunges des deutschen und der damit Hand in Hand gehenden socialpolitischen Arbeit. Zeit ist der Name „Socialpolitiker" zur Bezeichnung von Leuten die praktisch oder theoretisch in hervorragendem Maaße socialpolitische und Handeln geweckt und gefördert haben. R. hat sich durch ei arbeitsreiches Leben, durch den Adel seiner Gesinnung, durch seine W keit und durch seine wissenschaftlichen Arbeiten den bleibenden Ansp worben, zu den hervorragenden „Socialpolitikern" des neuen deutsche gezählt zu werden.

Die wichtigsten Schriften Reitzenstein's sind: „Die Armenges Frankreichs in den Grundzügen ihrer historischen Entwicklung" (in Ges. u. Verw., Leipzig 1881, Heft II u. IV); „Die ländliche Ar und ihre Reform" (in Verh. d. D. V. f. A. u. W., Freiburg i. B „Arbeiterversicherung, Armenpflege und Armenreform" (Freiburg i. „L'Assistance des Etrangers en Allemagne" (in Bulletin de la Soc. pour l'étude des Questions d'Assistance, Paris 1898); „Der Arbeitsn (in d. Schriften der Centralst. f. Arb.-Wohlf.-Einr., Berlin 1897); „ Zustände in Frankreich und England" (in Schriften d. V. f. Soc Leipzig 1884); „Das communale Finanzwesen" (in Handb. d. Pol. Oe Bd. 3, Tübingen 1898); „Ueber finanzielle Concurrenz von Ge Communalverbänden und Staat" (in J.-B. f. Ges. u. Verw., Leip 1888); „Das deutsche Wegerecht in seinen Grundzügen" (Freiburg i. B

Emil Münster

Rittershaus *): Friedr. Emil R., Lyriker, geboren am 3. April 1834 Barmen als Sohn eines Bandfabrikanten, stammte aus einem alteingesessenen schlechte des bergischen Landes, und es mischt sich in ihm die mehr ins nahe stfalen — wo die nächsten Vorfahren unseres Dichters auf Gut Korthausen Schwelm gesessen — weisende biedere, feste Art des Vaters mit der echt nischen Frohnatur, Lebensfreude, Fabulirlust der sichtlich ästhetisch ver- agten Mutter, Karoline geb. Graan, Tochter eines wohlhabenden Manufactur- Specereihändlers. Innig hing der Knabe, das einzige Kind bleibend, an r seiner anregenden Liedervorsängerin und Märchenerzählerin und bewahrte die er im sechsten Jahre schon verlor, und ihrem tiefen Einflusse treueste lbarkeit: der 19jährige, zum Dichter richtig erwacht, bekennt, die Un- ßliche habe ihm die Saat der Lieder in die Brust gesät. Dem Vater te er zwar Liebe und Verständniß der freien Natur, auch wohl den ersten ornenden Beifall zur Pflege der Poesie; aber schließlich, als der strebsame , nach der überaus tief greifenden Vorbildung durch den durch ver- ene Zonen verschlagenen ehemaligen österreichischen Officier Frdr. v. Borckel, von ihm noch später in einem poetischen Blüthenkranz Gefeierten, und dem che der „Barmer Höheren Stadtschule“ (seit 1859 Realgymnasium), dermal- Naturwissenschaften oder Medicin studiren wollte, bestimmte er ihn nach Wupperthaler Sitte zum Kaufmannsstande. Der 14jährige fügte sich und ohne innere Neigung 1848 Lehrling im väterlichen Geschäft, für das er seit 1853 Reisen durch ganz Deutschland, nach den Niederlanden, Belgien, and und der Schweiz unternahm. Ueber den entsagungsvollen Verzicht, das Einspannen in eine prosaische Lebensarbeit tröstete ihn regelmäßige äftigung mit der Muse, zunächst durch abendliches fleißiges Studium der gensten Vorbilder neudeutscher Poesie, indem er sich allmählich von Herder's, stock's, Hölty's Eindrücken, welche die Mutter und Borckel in ihn gepflanzt, machte und sich wesentlich an Goethe, Geibel, Rückert, Freiligrath, Herwegh bildete. Der zwei Letzteren freisinnige Dichtungen, sowie die verwandten asius Grün's, Dingelstedt's, R. Prutz' waren dem Jünglinge schon ins übergegangen, daneben der gemüthstiefe Geibel, der gerade damals die lvollen deutschen Herzen eroberte und R. zeitlebens im Banne hielt. Unter Oelbermann's Präsidium thaten sich mit Emil R. Karl Siebel, K. G. Wens, W. Langewiesche d. J. u. A., noch halbe Knaben, zum „Wupperbund“ theoretische und praktische Pflege der „schönen Wissenschaften“ zusammen. rend R. sich besonders mit dem frühgeschiedenen genialen Siebel zu ver- em Verkehr aneinanderschloß, fanden diese jüngeren Talente des Wupper- s in den schon vorher aufgetretenen Frdr. Röber, Adolf Schults, Gust. hard Neuhaus würdige Ehrenmitglieder des Clubs, im Erstgenannten und n später für die Zusammenkünfte eingerichteten „Sonntagskränzchen“ einen tsamen förderlichen Mittelpunkt, endlich in dem vielseitigen Künstlergenie ichard Seel, dem originellen Bildner des „deutschen Michel“, einen wirkungs- n Berather und Illustrator. Am „Album aus dem Wupperthale“, das 1854 herausgab, betheiligten sich die Freunde alle, desgleichen an den folgenden „Dichtergarben aus dem Wupperthale“ des Elberfelder Ver- s F. W. Lucas. Bevor R. zu diesen Anthologien Lyrisches beisteuerte, er sich schon seit den 1848er Stürmen in heimathlichen Localblättern mit llen poetischen Ergüssen (so damals einem Aufsehen erregenden wider land) und anderen als „Friedr. Emil Viggo“ hervorgewagt. Unablässige stzucht sowie sichere, selbständige Aufnahme der bunten Eindrücke aus

*) Zu S. 405.

Litteratur und Gedankenwelt, aus den großen und kleinen Lebens[illegible] reicherten und verfeinerten sein dichterisches Schaffen ungemein rasch, [illegible] sich der 20jährige noch in jenem Jahre 1854 mit Lucas' Tochter [illegible] verlobte, blühte ihm nicht allein ein köstlicher Liebes-, sondern auch ein Liederfrühling auf.

Die überaus innige Gemeinschaft mit seiner Gattin, als die er [illegible] 1856 heimführte, bot, und dies auf die Dauer, seiner Dichtung nun [illegible] Halt und Anstoß. Hier, in dem seligen Glück, das sie ihm seit der Anknüpfung schenkte, das sich in der zärtlichen Ehe und dem Verhält[illegible] den sieben Kindern (drei Söhne und vier Töchter überlebten ihn) fort[illegible] liegt gewiß der Umstand begründet, daß R. von dem gährenden und [illegible] den Charakter seiner Poesie um 1854 gar bald in harmonische Bahnen lenkte, indem er als unermüdlicher Prediger der wahren und hohen [illegible] in der hingebenden Liebe zu Weib und Kind, in der Traulichkeit des [illegible] und der Familie das Meiste und Beste geleistet hat. Und darum auch [illegible] ganz und gar, mit Bewußtsein übrigens, Lyriker geworden. Um so [illegible] würdiger, als die nächsten Vorkommnisse seines äußeren Daseins ihn von[illegible] schaulichkeit und Zufriedenheit mit den Gaben des Schicksals wohl hätten [illegible] rufen können. Unmittelbar vor der Heirath stellte sich nämlich der 22jährige [illegible] Mann in Elberfeld auf eigene Füße; aber sein Commissionsgeschäft in [illegible] waaren kam bloß durch geradezu aufopfernden Eifer des Paares in die [illegible] Jetzt bereiste er wieder deutsche und fremde Länder als Kaufmann und Poet, der Bekanntschaft mit litterarischen und politischen Persönlichkeiten [illegible] und allerlei Eindrücke sammelte. Nun übersiedelte er 1862 nach Barmen, [illegible] seinem dauernden Aufenthaltsorte, den Metall-Engroshandel ohne den [illegible] Theilhaber fortführend; doch gerieth er ohne eigene Schuld in arge geschäft[illegible] Bedrängniß und vermochte bloß durch das Beispringen treuer Freunde [illegible] persönlichen Verpflichtungen zu erfüllen und sich aus schlimmer materi[illegible] Sorge emporzuringen. War R. unter allem Ungemach immer in seiner [illegible] lichen vollsten Befriedigung „tief beschämt inne, wie unaussprechlich reich [illegible] war (so der Ausgang seiner sinnigen Scene „Die Sonntagspuppe"), so [illegible] doch mit oft bewährtem Edelmuth Ernst Keil in Leipzig gewesen, der [illegible] durch Vertrieb des in Paul Lindau's schönem Aufruf dem Publicum [illegible] ans Herz gelegten neuen Gedichtbandes dem sorgenbekümmerten Dichter [illegible] unter die Arme griff. Mittelbar trug dann Keil's „Gartenlaube" durch [illegible] darin erschienenen gelegenheitlichen, patriotischen und geselligen Gedichte [illegible] zu Rittershaus' Bekanntwerden und Beliebtheit in weiten Schichten der [illegible] Leserwelt bei, und dies hauptsächlich verschaffte ihm den Rang eines wirklich[illegible] deutschen Familien- und Hausdichters im ehrenvollsten Sinne. Seine und de[illegible] Seinigen äußere Existenz fußte daher später keineswegs nur auf der General[illegible] agentur verschiedener Versicherungsgesellschaften, die er bis zuletzt besorgt[illegible] sondern auch — eine in Deutschland seltene Thatsache — auf dem wachsende[illegible] Ertrage seiner Gedichtsveröffentlichungen, außerdem auf dem seiner Recitatione[illegible] und Vorträge.

R. hielt nämlich schon seit Mitte der 60er Jahre jeden Winter thei[illegible] Selbstdeklamationen seiner und fremder Gedichte ab, theils fesselnde Vorträ[illegible] über neuere deutsche Poeten, die ihm nach Richtung oder Persönlichkeit na[illegible] standen, vornehmlich rheinländische: z. B. Freiligrath, Heine, Scheffel, Chamis[illegible] und Eichendorff, das Ehepaar Kinkel, Annette v. Droste-Hülshoff, seine Jugend[illegible] genossen K. Siebel und Ad. Schults. Stets würdigte er da seine Brüder i[illegible] *Apoll* mit liebevollem Versenken in die Eigenthümlichkeiten der Individualität[illegible] *wozu ihn* eine ungewöhnliche Fähigkeit dichterischen Nachfühlens und ideal[illegible] ung für die Aufgabe, Sinn und Hochachtung für echte Poesie zu ver- ausrüsteten. Damit stellte er sich in den Dienst der allgemeinen ung, welche er von jeher zu fördern bestrebt war. So stand er beim für wissenschaftliche Vorlesungen" zu Barmen Gevatter, desgleichen gemeinen Bürgerverein", dessen Vorsitz er bis ans Ende innehatte. den kaufmännischen Vereinen ganz Deutschlands stets willkommenen en Berufsgenossen ward ja beim Ableben auch von der großen Gesell- Volksbildung ein dankbarer Nachruf zu Theil. Auch an der Gründung - und Consumvereinen sowie des Verschönerungsvereins in seiner nahm er Theil. Im J. 1885 packte ihn ein schmerzhaftes Herz- em dem ihn eine Cur zu Wiesbaden genesen ließ. 1894, wo er einen Frühstücksverein für arme Kinder" als Mitbegründer und humanitärer unterstützte, feierten zahlreiche Freunde und Verehrer nah und fern Geburtstag des allsympathischen Menschen und Dichters. Als aber musterhafteste Gefährtin seiner vier Mannesjahrzehnte schied, lockte mung über solch unüberwindbaren Schlag jene bezwungene Krankheit or. Anfang 1897 stiegen die Athembeschwerden unerträglich, und so am 8. März der Tod als Erlöser. Sofort trat in der Vaterstadt malausschuß zusammen. Am 20. Juni 1900 wurde von den Spenden eichen Anhänger aus dem Wupperthale wie dem weiten Vaterlande Stadtanlagen Barmens das prächtige Werk des Andenkens enthüllt, ung seines Schwiegersohnes, des ausgezeichneten Männerbildners Fritz in Berlin. Die deutschen Freimaurerlogen, deren eifrig thätiges Mit- viele Jahre mit Idee und Dichterwort gewesen — lange Zeit auch der Barmer Loge Lessing — hatten eine so ansehnliche Summe auf- daß nur wenig davon für das Bronzedenkmal verwendet, das meiste, 00 M. der Stadt Barmen vermehrt, als Rittershaus-Stiftung für armer Kinder angelegt wurde.

man für das Wesen dieses vortrefflichen Mannes und Dichters einen Boden finden, so vergegenwärtige man sich zunächst den ihm eigenthüm- el der Gesinnung und den klar bestimmten Hang zum dankbaren des Daseins, wie er sein litterarisches Debütbuch unter das Motto the's „Gedenk zu leben!" gestellt hat. Sodann aber vergesse man vollbewußt er zugleich in rheinländischer Sphäre und im Banne der rde stand. Strömt er seine unversiegbare Begeisterung für den herr- uß immer erneut und verändert, am augenfälligsten in dem Schatz- „Am Rhein und beim Wein" aus, so erwachte das Blut seiner väter- nen in dem mannhaft stolzen „Lied des Westfalen" (1868 in Iserlohn und alsbald in Peters' Composition von Dr. Hugo Rademacher in esungen), in gewissem Sinne auch in der feinen poetischen Würdigung wohlvertrauten Annette v. Droste-Hülshoff.

R. hat seit Anbeginn seiner Theilnahme an der Wirksamkeit jener en Gemeinde, die, wie Gottschall sagt, inmitten einer durch Missions- n und sociale Wühlereien zerspaltenen Fabrikbevölkerung den Cultus en pflegte, unablässig Vers und Lied gehandhabt. Währte es ja dem ersten Auftreten mit dem Band „Gedichte" 1856 eine geraume s der durch Geschäftsdrang und -kummer mit Beschlag Belegte mit Sammlungen seiner Musenkinder aufwartete, so folgten sich diese ch alsdann in kurzen Pausen, desgleichen wiederholte Neuauflagen o Einzeldrucke kamen dazu. Die lyrischen Sammelbände sind: die nannten „Gedichte" (1856, 10. Aufl. 1906), die von E. Keil zum Druck „Neuen Gedichte" (1871, 6. Aufl. 1899); „Am Rhein und beim Wein"

(1884, 3 Auflagen innerhalb eines Jahres!; 4. Aufl. 1900); „[illegible]
schaft“ (1886, 4. Aufl. 1889); „Aus den Sommertagen“ (1886, 4. Aufl. [illegible]
Besondere Töne erklingen in den „Freimaurerischen Dichtungen“ [illegible]
5. Aufl. 1897) und den Gedichten gleichen Stils „In Bruderliebe und [illegible]
treue“ (1893, 3. Aufl. 1897), welch letztere den hochsinnigen [illegible]
edelster Humanität und echten Menschenthums jenes [illegible]
weiterten Gebindes, bisweilen unter dem Zeichen einer wahrhaft [illegible]
Frömmigkeit, zu der er sich von kühlem Nationalismus durchgerungen, [illegible]
geklärter zeigen, wie er selbst hier offen dahertritt „allen freimaurerischen [illegible]
strebungen in ihrem besten Sinne stets geneigt“ (Hey'l). In demselben [illegible]
bewegen sich die Poesien „Dem Bruder Heil, dem Kaiser!“ (1887) [illegible]
Trauerloge für Kaiser Wilhelm I.“ (1888), die im übrigen, nebst der [illegible]
„An Kaiser Wilhelm II.“ (1888), seinem ehrlichen Patriotismus in [illegible]
mannhafter Huldigung Luft machen wie das Schlußgedicht „Getreu dem [illegible]
dem Kaiser“ hinter dem Gruß zur Einweihung des Niederwald-Denk[illegible]
dessen Errichtung er Ende April 1872 zu Rüdesheim einen Aufruf [illegible]
hatte. Auch das Heftchen „Zur Sedanfeier“ (1875), natürlich [illegible]
enthusiastische Anfeuerung und frischen Gesänge der Flugschriften „[illegible]
Nach Paris! 3 Kriegslieder“, „Marschlieder“, „Den Frauen und [illegible]
in der Kriegszeit. 3 Lieder“ (alle 1870), denen sich danach Freuden[illegible]
Danklieder anschlossen, gehören hierher. Hatte doch R., unter dem [illegible]
kosteten Rückschlag nach dem religiösen und politischen Kehraus der 40er [illegible]
ein für alle Mal zum maßvoll freiheitlich Gesinnten bekehrt, es mit [illegible]
ständigen äußeren Zugehörigkeit zur Fortschrittspartei sehr wohl ver[illegible]
wie er 1859 sogleich dem Nationalverein beigetreten war, schon 1861 i[illegible]
Aufsehen erregenden Neujahrsprolog des Elberfelder Stadttheaters ein[illegible]
gestaltung der deutschen Verhältnisse durch Kampf an der Westgren[illegible]
Straßburgs Wiedergewinnung zu Einigkeit, Freiheit und Größe [illegible]
Kaiserkrönung zu prophezeien, 1866 sein poetisches Veto gegen Zweit[illegible]
Deutschlands und Ende der 60er Jahre eine Lanze für ein Vaterlan[illegible]
in seinen Stämmen, frei im Geiste einzulegen. Prologe, Aufrufe, Fe[illegible]
nationaler wie humanitärer Farbe dichtete R. wieder und wieder, [illegible]
liches Anschmiegen an den Einzelfall mit begeisterten Nachdruck auf der [illegible]
Tendenz geschmackvoll vermählend. So stellte sich seine Muse in deutsch[illegible]
Gewand allein 1865 dreimal bei öffentlichen Anlässen ein: auf dem [illegible]
Schützen-, dem Kölner Abgeordneten-, dem hannoverschen Turnfest. De[illegible]
ponisten Ferd. Hiller lieferte er auf dessen Bitte für die Festcantate z[illegible]
endung des Kölner Doms am 15. October 1880 den schwungvollen [illegible]
„mit dem altehrwürdigen Bau und seiner Geschichte hinfort für alle [illegible]
verbunden bleiben wird“ (Rob. König). Anno 1866 rief er „Zu Hilf[illegible]
die Verwundeten nebst deren Frauen und Sprößlinge, 1867 „Für die [illegible]
Cholerakranken“, 1869 für Witwen und Waisen der beim Düsseldorfer-[illegible]
bau verunglückten Arbeiter, ebenso für die Hinterbliebenen Herm. Mag[illegible]
der kritisch zuerst auf des jungen Rittershaus' Erstlinge aufmerksam gemac[illegible]
1880 rührte er „Für Oberschlesien“, 1882 „Für die Nothleidenden am [illegible]
1878 „Für die Ferien-Colonien“ die Leyer. Erstaunliche Energie entfa[illegible]
namentlich zu Gunsten seines hochverehrten Meisters Freiligrath, den [illegible]
Londoner Exil besuchte und nicht nur als ein dichterisches Vorbild, sonde[illegible]
als Rathgeber über seine öffentliche Stellungnahme betrachtete. R. erlie[illegible]
als Sprecher des rheinländisch-westfälischen Comités den zündenden „[illegible]
für die Freiligrath-Dotation“, die rasch in Höhe von 62 000 Thalern zus[illegible]
kam, bewillkommete den Dichter auf dem Bielefelder Empfangsfest 18. [illegible]

ms der Heimath. Er verfaßte auch den Prolog, den Freiligrath's Tochter ins Englische übertrug, zum damaligen New-Yorker Humboldtfest, wie zwei Jahrzehnte später auf dem deutschen Sängerfest zu Chicago mit deutschbrüderlichen Liebe zum Wort gelangte.

Die verschiedenen Empfindungen aus Rittershaus' nicht übermäßig bunter, innerlich reichhaltiger Skala drücken sich entsprechend den Lebensaltern Ursprungs in den fünf Sammlungen seiner Lyrik außer den beiden frei-maurischen mannichfaltig aus. Den Grund seiner poetischen Anschauungen Ausdrucksweise legten schon die „Gedichte" in ihrer Erstausgabe der e eines bereits vielfach lebenserfahrenen 22jährigen: ernste, tüchtige e über zeitliche und ewige Dinge, frei und frisch und in der Regel tisch durchweht, seinen Braut- und jungen Ehestand preisend. Den gen erzählenden Stücken darin stehen zahlreichere unter den „Neuen chten" gegenüber, wo sich auch die vaterländische Ausbeute von 70/71 t, im übrigen aber dieselbe Stimmung wie anderthalb Jahrzehnte früher altet, mag sich auch zum nicht mehr überwiegenden sangbaren Lied groß-giger erhabenerer und pathetischer Stil gesellen, der großen Künstlern und tern, aber auch der vielgetreuen Hausfrau Hedwig gilt: Niemand anders in der Zuleika, die in dem glühenden Cyklus nach dem Muster von Goethe's östlichem Diwan", wohl auch Bodenstedt's „Mirza Schaffy" regiert. Rhein und beim Wein" geräth R. in die Daseinsfreude und Lebenslust, ihm, von Mutterseite her angeboren, auch praktisch gar wohl ansteht, und rumt oft heiter beim Glase Rebensaft, dessen Sorten er gleichsam in einem ier zu classificiren weiß, da und dort den Schall köstlichster Laune im en. Wer war berufener, das anmuthige Werk „Rheinlands Sang und g" (1891) mit einem Leitgedicht auszustatten? Das schwerblütigere „Buch Leidenschaft" spiegelt brennendere Sehnsucht und heißere Seelenkämpfe der, jedoch ohne etwa erwartete realistische Anwandlungen, im Gegentheil ist Nachempfundenes hier das Selbstdurchkämpfte in den Schatten zu stellen. tschall hebt darin mit Recht „Ein Reuiger" und „Die Gerüchte" als er-fende Gemälde, „Die Abendglocken", wo die Leidenschaft zu friedlichster lle beruhigt ist, als höchst anmuthig, ferner die jedes Sturms- und ngs baren „Im Maimond" und „Wär' ich bei dir" hervor. „Aus den mmertagen" quoll dann ein breiter Strom von Liedern und gemüthvollen achtungen reifer Ideenfülle, die ihm geläufigen Beziehungen des Herzens Hauses vervollständigend. Den Rahmen seines Stoffgebiets und seiner fassung verläßt er fast nie. Selten gestaltet er einmal ein — dann wohl-ngenes — sociales Lebensbild oder eine erzählende Nummer; er selbst heilte, in solchen sei ihm wenig Gediegenes aus der Feder gekommen, als jedenfalls „Der Henker" und „Ein deutsches Herz". Größere epische tungen („Marie Stuart und Elisabeth", „Der Maler", „Thomas Münzer") Romane, so einen später geplanten humoristischen, ernstlich anzupacken, blieb versagt; deren Fragmente sollen nie die Druckerpresse erblicken. Gesund, r, harmonisch ist R. als Dichter stets wie im Leben und er weist, obwohl bel's Jünger und bei manchem Größeren in die Schule gegangen, viele ne Töne und eine große Menge vortrefflicher reflectirender, keineswegs torischer Gedichte und melodiöser Lieder auf. Eine ganze Reihe davon ist kalisch bearbeitet worden, noch mehr vertrügen und verdienten es. Seine pruchperlen heiterer Lebenskunst" (1893) ordnen Sprüche und Aussprüche Dichtermund in erquicklicher Auslese, wählen aber aus den eigenen vielen altvollen nur neun. In jenen Sammlungen stehen an Zahl und Stärke die der e im weitesten Umfange gewidmeten Gedichte voran, die bis zur Tendenz

Fr. Presse 11692 (nach Sauer eine „temperamentvolle Ehrenrettung gegen die Litterarhistoriker" [von denen gerade die modernsten, wie Vogt-Koch, R. M. Meyer, Ed. Engel, R. ignoriren], mit ein paar ungedruckten Improvisationen); J. Prölß, Gartenlaube 1897, S. 226/8; H. v. Windeck (d. i. J. Joesten), Frankf. Zeitung 1897, Nr. 102 (mit 8 anziehenden Briefen); L. Jacobowski, Magazin für Litteratur 66, 361/68; K. Stelter, Gegenwart 51, 202/4; π, Wissenschaftliche Beilage der Leipziger Zeitung 1897, Nr. 60; L. Salomon, Illustrirte Zeitung Bd. 108, 389/92; J. Schrattenholz, Rosegger's Heimgarten Bd. 21, 829/35; Berliner Illustr. Zeitung II, 361/5; Münch. Neueste Nachrichten 1897, Nr. 113. Andere Journalartikel: Hannoverscher Courier 10070 (7. Decbr. 1879); Barmer Zeitung 9. Juni 1900, 2. Blatt. Vgl. Frdr. Kreyssig, Litterarische Studien und Charakteristiken (1882), S. 13 u. 14 und Rob. König, Deutsche Literaturgeschichte[25] II (1898), 380 und 344. Von Litterarhistorikern würdigen ihn ausführlich Hnr. Kurz IV, 306—8 (4, 24, 53), Gottschall[7] III, 105 u. II, 665. Bildnisse u. a.: bei Kurz, Köpper, in den Nachrufen der Gartenlaube, Illustr. Zeitung, Berliner Illustr. Zeitung, den zwei Monographien, „Neuen Gedichten", „Aus den Sommertagen" (dies von Ludwig Knaus), „Bildende Geister" (hg. v. Abshoff) I (1905), 196. — Vielerlei vereinzelte poetische Spenden Rittershaus', besonders gelegenheitliche im wörtlichen Sinne, sind da oder dort gedruckt und nicht in den Sammlungen enthalten, eine lange Reihe ebensolcher überhaupt ungedruckt, mögen sie auch beim bestimmten Anlasse festerhebende, feiernde, begeisternde Wirkung gethan haben. Von seiner Prosa, die wohl nur Skizzen und Bilder litterarischer Persönlichkeiten seiner Periode oder weiteren Bekanntschaft betraf, dürfte fast nichts gedruckt sein, außer den theilweise scharfen Artikeln, die er seit 1852 für Rob. Prutz' „Deutsches Museum" als „Correspondenzen aus dem Wupperthal", sowie den in jener Früh- und Drangzeit im „Bremer Sonntagsblatt" u. a. Zeitungen erschienenen wenigen Aufsätzen, Kunstberichten für „Ueber Land und Meer", Referate für deutsch-amerikanische Zeitungen und Recensionen über das Elberfelder Stadttheater: dies alles in den 50er bis in die 60er Jahre. So bedarf es denn nicht der ausdrücklichen, übrigens irreführenden Versicherung Martin Maack's in seinem Compendium „Die bekanntesten deutschen Dichter der Gegenwart" (1895), S. 37, der als „Urtheile anderer Autoren über Rittershaus" nur einen Satz aus Meyer's Konversations-Lexikon und folgenden eigenen hinzuzusetzen weiß: „Als Prosaschriftsteller hat sich R. nur in feuilletonistischer Form versucht, sonst ist er der erzählenden Dichtung fast gänzlich fern geblieben"; vielmehr kommt er auf diesen beiden Gebieten ernstlich nicht in Betracht. 1877 wurden des geliebten Jugendgenossen „Carl Siebel's Dichtungen. Gesammelt von seinen Freunden. Herausgegeben von Emil Rittershaus".

Ludwig Fränkel.

Saalmüller: Max S., hervorragender Lepidopterologe, wurde am 26. No-vember 1832 zu Römhild im Herzogthum Meiningen geboren. Er be[illegible] die Realschule zu Meiningen und schon damals beschäftigte er sich einge[illegible] mit der Entomologie. Zu einer Schrift über den Heerwurm von [illegible] Bechstein zeichnete er die Abbildungen. 1851 trat er als Fähnrich in [illegible] preußische Armee ein und wurde 1858 Lieutenant, 1861 stand er in Frank-furt am Main, 1863 in Luxemburg und 1864 in Saarlouis. Nachdem er 1866 den Feldzug gegen Oesterreich mitgemacht hatte, kam er nach Hannover und wurde 1870 zum Hauptmann befördert. Ueberall suchte er in seinen Garnisonen die Entomologen auf und suchte sich im Verkehr mit ihnen in seiner Lieblingswissenschaft weiter auszubilden. 1871 machte er den Feldzug gegen Frankreich mit. Hier bewies er, daß er selbst im ärgsten Kugelregen seine Schmetterlinge nicht vergaß. Als seine Batterie am 5. Mai 1871 in Villars en Azois bei Chaumont aufgefahren war, sah er einen schönen, un-bekannten Schmetterling und konnte dem Verlangen, ihn zu fangen, selbst im Kugelregen nicht widerstehen. Er beschrieb ihn später unter dem Namen Oecephora Schmidi in der „Stettiner entomologischen Zeitung" 1881. In den 39 Gefechten, an welchen seine Batterie theilnahm, führte er stets Fang-gläser mit sich, um keine Gelegenheit zu versäumen, um einen seltenen Schmetterling zu fangen. In dem Feldzug gegen Frankreich zeichnete sich seine Batterie bei Beaune la Rolande ganz besonders aus, und er erhielt das Eiserne Kreuz 1. Classe. Nach Beendigung des Feldzuges wurde er zum Major befördert und bezog wieder seine frühere Garnison Hannover. Bald darauf wurde er als Abtheilungs-Commandeur des Feld-Artillerie-Regiments Nr. 15 nach Straßburg versetzt, wo er die Gelegenheit benutzte, die Vorträge des Professors Götte über Zoologie zu hören. 1877 nahm er als Oberstlieutenant seinen Abschied.

Er nahm seinen Wohnsitz in Bockenheim bei Frankfurt a. M., um sich ganz seiner Neigung zu widmen. Die Senckenbergische naturforschende Gesellschaft übertrug ihm das Ordnen ihrer Schmetterlingssammlung, welche Arbeit er mit peinlicher Sorgfalt ausführte. Namentlich beschäftigte er sich mit den Kleinschmetterlingen und veröffentlichte zahlreiche Arbeiten über dieselben in verschiedenen entomologischen Zeitschriften. Als Ebenau und Stumpf ein reiches Material von Insecten aus Madagascar für die Senckenbergische natur-forschende Gesellschaft mitbrachten, widmete er sich ganz dem Studium der

Schmetterlinge dieser Insel und veröffentlichte 1884 den ersten Band eines rachtwerkes über die Lepidopteren-Fauna der Insel Madagascar mit sieben romolithographischen Tafeln, welches vorwiegend neue Arten enthält. Der veite Band wurde auf Grund seiner Vorarbeiten von Major Dr. L. v. Heyden 891 veröffentlicht, denn es war ihm nicht vergönnt, denselben zu vollenden. r wurde von einer Lungenentzündung ergriffen, der er am 12. October 1890 lag.
W. Heß.

Sacher-Masoch: Leopold von S.-M., Romanschriftsteller und psycho-thologischer Typus, geboren am 27. Januar 1836 in Lemberg als Sohn des olizeipräsidenten, † am 5. März 1895 in Lindheim in Hessen. — Auf das regbare Gemüth des lebenslänglich zwischen slavischen Instincten und deutscher ultur Schwankenden wirkte schon früh die slavische Volkspoesie durch die ieder und Märchen, die seine kleinrussische Amme ihm vorsang und erzählte. ie Revolution in Polen erweckte seine Sympathie für die galizischen Bauern nd seine Antipathie gegen den polnischen Adel; in beiderlei Hinsicht wie in ancher anderen hat er dann auf Karl Emil Franzos bestimmend eingewirkt. - Er studirte in Prag und Graz und war von 1857 an als Privatdocent r Geschichte in Graz thätig, ohne daß übrigens diese Thätigkeit („Der Auf-and in Gent unter Karl V.", 1856) in seiner schriftstellerischen Wirksamkeit puren hinterlassen hätte; denn um die chronique scandaleuse der Kaiserin atharina und Potemkin's kennen zu lernen, bedurfte es eben keiner besondern tudien. Der Erfolg seiner Novellen und Romane veranlaßte ihn dann, den ehrberuf aufzugeben. Wie so viele Schriftsteller jener Zeit — ich nenne nur utzkow und Auerbach — wechselte er häufig den Aufenthalt: Graz, 1873 ruck an der Mur, 1880 wieder Graz, dann Budapest, Paris, seit 1890 Lind-eim. Auch diese Ortswechsel brachten in seiner monoton aufgeregten Production ine wesentlichen Aenderungen hervor.

1858 erschien „Eine galizische Geschichte 1846", wie die nächsten novel-istischen Skizzen unter dem anhaltenden Einfluß Turgenjew's. Der Herold r slavischen Culturskizze hat nicht nur die Technik, sondern auch die Auf-ssung seines so viel kleineren Schülers mit bedingt. Die Annäherung seiner nstinctmenschen an die heimische Erde, die starke Betonung der socialen und imatischen Einflüsse, das Zurücktreten der Fabel hinter der Charakter-childerung hat er dort gelernt — alles freilich Dinge, die seiner eigenen An-ge entsprachen. Ebenso hat Schopenhauer, den er sich als Lebensphilosophen tor, ihm nur für eigene Ahnungen deutliche Worte gefunden. S.-M. be-nnte sich zu einer nahezu ausschließlich animalischen Auffassung der Geschlechts-ebe als einer tückischen Erfindung der Natur zur Peinigung des Menschen nd sah in der Frau fast nur das satanische Werkzeug, dessen die Schöpfung ch bedient, um den Mann mit Schmerzen Kinder erzeugen zu lassen. Dazu m, nur anfangs, noch ein edleres Thema: das des unheimlichen Absterbens nserer Empfindungen — vielleicht durch die Gräfin Hahn vermittelt, in deren omanen dies „Gesetz der Umwandlung" (wie Ibsen es später nannte) eine hauptrolle spielt und von der (wie von dem katholischen Pamphletisten Sebastian Brunner) S.-M. in einem seiner schlimmsten Bücher, den „Messa-inen Wiens" („Der katholische Salon") ein carikirendes, ja verleumderisches ortrait entworfen hat.

Aus diesen Tendenzen ging (nach dem erfolgreichen historischen Lustspiel „Der Mann ohne Vorurtheil") seine beste Erzählung hervor: „Der Don Juan on Colomea" (1866, in Heyse's Deutschem Novellenschatz Bd. 24 mit treff-icher Einleitung abgedruckt). 1869 faßte er den großen Plan, in einem Novellencyklus „Das Vermächtniß Kains" die menschlichen Leidenschaften und

natürlich die Liebe (
„die Arbeit", „den To
bei zusammenhanglos
verbunden sind.
inzwischen eine schlimm
Bedürfniß, seine Beg
das man nach ihm (un
(vgl. v. Krafft-Ebing, Psych
Neigung Nahrung. Au
's Rolle „Wanda v. S
v. Sacher-Masoch, M
Opfer seiner perverse
— Antwort v. Schlic
vgl. von demselben: „Sache
und von S.-M. selbst „Der
aus ihrem eigenen Bericht er
und gepflegt hat — anfangs

Ehe (1873) nicht alle Schuld;
auch durch den Erfolg zerstör
ihre schlechten Eigenschaften so
ungewöhnlichen Talent, Naturen
individuell zu färben, die H
wilde Sinnlichkeit, eine schamlose G
Gewinn zahlloser Leser nach; ge
Zola ging. Besonders fand
und ihm sogar in die vornehme
Sein Ruf war auch die Urs
der Zeitschrift „Auf der Höhe" anw
er sich und gab sich im Leben
Leidenschaft hin, Sacher-Masochisch
der im „Vermächtniß Kains" noch
fast mit Gründen Otto Ludwig's
Verwandtschaft von Wollust und Grausam
hatte, schrieb jetzt nur Scandalge
veröffentlichte in zehn Jahren
sich seine Psychologie zu naturalisti
Erzählungskunst zu immer neuen Variati
immer wieder die grausam-wollüstige
der Peitsche ihren willenlosen Sklaven be
nur noch der ethnologische Werth
in denen sich bis zuletzt die scharfe
kunst dieses ebenso begabten als ungl

Litteratur ist oben angegeben; dazu ko
Richar

Julius von S., Botaniker, geboren zu Bres
Würzburg am 29. Mai 1897. Als Sohn e
Verhältnissen lebend, konnte S. nur unter
das Gymnasium in seiner Vaterstadt besuche
mit der Pflanzenwelt, wozu ihm durch den berü
dessen Söhne seine Schulgenossen waren, Anregu

...lfen ihm über viele trübe Stunden seiner Jugendzeit hinweg. Siebzehn Jahre ..., verlor S. gleichzeitig Eltern und Bruder und so verwaist, entschloß er sich, ... Schule zu verlassen und Seemann zu werden. Von diesem Plan hielt ... Purkinje's Einfluß ab, der, seit 1850 in Prag, ihn zu seinem Assistenten ...wählt hatte. So setzte S., immer noch unter manchen Entbehrungen, seine ...versitätsstudien in der böhmischen Hauptstadt fort, daneben für seinen ...ner eifrig arbeitend und zeichnend. Ungefähr nach zehn Semestern ...movirte er und habilitirte sich gleich darauf als Privatdocent für Botanik. ...ne schriftstellerische Thätigkeit bezog sich schon von Anfang an auf Fragen ... pflanzlichen Physiologie, deren Ausbau die Hauptaufgabe seines Lebens ...den sollte. 1859 erhielt S. auf Empfehlung des Zoologen Stein und des ...als noch als Besitzer einer Verlagshandlung in Leipzig lebenden Botanikers Hofmeister (s. A. D. B. XII, 644) eine Stellung als Assistent an der ...takademie in Tharand. Hier führte er interessante Versuche mit der ...wirung von Pflanzen in wässerigen anorganischen Nährlösungen aus, deren ...ltate er in späteren Arbeiten verwerthete. Im Alter von 29 Jahren ...de S. 1861 als Professor der Botanik an die landwirthschaftliche Lehranstalt ...oppelsdorf bei Bonn berufen, woselbst er in erfolgreicher Lehrthätigkeit 1867 verblieb. In diesem Jahre übersiedelte er als Nachfolger de Bary's ... D. B. XLVI, 225) nach Freiburg in Baden, das er aber schon ein ... darauf mit Würzburg vertauschte, wo er den Lehrstuhl für Botanik fast ...Jahre hindurch, bis zu seinem Tode bekleidete, nachdem er Berufungen ... Jena, Heidelberg, Wien, Berlin, Bonn und München abgelehnt hatte. ... in der bairischen Universitätsstadt lagen die Wurzeln seiner Kraft; hier ...anden seine wichtigsten Arbeiten; hier wurde er der Begründer einer Schule, ... der eine ganze Reihe der namhaftesten Botaniker der Gegenwart hervorging. ... mit steigendem Ruhme entwickelte sich in S. zugleich das Selbstbewußtsein ...inem Grade, daß er andere Anschauungen neben der seinigen kaum gelten ..., wodurch er sich mit vielen Fachgenossen verfeindete. Daher verlief der ... seines Lebens, nachdem seine Arbeitskraft nachgelassen, recht trübe. An...ernde Krankheit und unglückliche Familienverhältnisse kamen hinzu, um ...en, wohl auch infolge der Entbehrungen während der Jugendzeit entkräfteten ...per einem längeren Siechthum entgegen zu führen, aus dem ihn der Tod ...inem Alter von noch nicht 65 Jahren erlöste.

S. war einer der genialsten Botaniker, von ungemeiner Energie und großer ...ständigkeit. Die Originalität seiner Forschungen sowohl, wie die von ihm ...gegangene Anregung, welche seine in formvollendeter Sprache geschriebenen ...her gegeben haben, sichern ihm einen unvergänglichen Platz in der Geschichte ...r Wissenschaft. Am Beginn seiner wissenschaftlichen Laufbahn in den fünf... Jahren des verflossenen Jahrhunderts, stand die Botanik unter Führung ... Forschern wie Mohl, Nägeli, Hofmeister, A. Braun u. A. im Zeichen der ...phologischen Anatomie und Entwicklungsgeschichte. Abgesehen von der durch ... Arbeiten Saussure's und Boussingault's begründeten Ernährungstheorie, ...en rein physiologische Fragen in den Hintergrund. An dieser Stelle setzte ...ein, indem er die experimentelle Physiologie neu belebte und diesen Zweig ... Botanik eine Zeit lang zu dem herrschenden machte. Noch während seiner ...ksamkeit in Tharand und weiterhin in Bonn gelang es S. nachzuweisen, ... das erste Product der in den Chlorophyllkörpern vor sich gehenden Assimi...on die Stärke sei. Auf Grund mühsamer Untersuchungen an keimenden ...nzen zeigte er, wie die Stärke im Dunkeln verschwindet, um am Lichte sich ...derum von neuem auszuscheiden und lehrte die Wege kennen, auf welchen ... plastischen Bildungsstoffe, die als Folge der Assimilation auftreten, durch

den Pflanzenkörper transportirt werden (Flora 1862 und 1863; Botani
Zeitung 1862 und 1864). An diese Untersuchungen schlossen sich dann
an, die sich auf den Einfluß des farbigen Lichtes auf die Pflanzen
und die S. zu dem Resultate führten, daß, entgegen der landläufigen
der Chemiker, vorzugsweise die gelbroten Strahlen des Sonnenlichtes
Ergrünen des Chlorophyllkornes und die Zersetzung der Kohlensäure
während das blauviolette Licht die mechanischen Reizbewegungen
und neben der Schwerkraft die Ursache der als Heliotropismus und G
pismus bekannten Wachsthumskrümmungen sei (Bot. Zeitg. 1864). In
Aufsätzen, die in den „Arbeiten des botanischen Instituts in W
während der Jahre 1888—87 veröffentlicht wurden, spricht S. den ultravi
Strahlen eine ganz besondere Bedeutung zu, da nach seiner Ansicht nur
deren Einwirkung Blüthenbildung überhaupt entstehen könne. Zwar verm
sich Blüthen auch im Dunkeln zu bilden, doch müßten in diesen Fällen weni
die Laubblätter vom ultravioletten Lichte getroffen werden. Als Erklä
für diese Erscheinung zieht S. seine Theorie der specifischen organbilden
Stoffe heran, die er in zwei Abhandlungen: „Ueber Stoff und Form
Pflanzenorgane" (Arbeiten des Würzb. botan. Instit. 1880—82) niederg
hat. Hiernach sei der Aufbau der verschiedenen pflanzlichen Organe, wie
Wurzeln, Stengel und Blätter, geknüpft an das Auftreten besonderer S
so daß beispielsweise die in den Laubblättern durch den Einfluß des ultraviol
Lichtes entstehenden blüthenbildenden Stoffe durch Wanderung an jene St
gelangen müßten, wo die Blüthen entstehen sollen. Noch in seiner le
experimentellen Arbeit (a. a. O. 1892) hat sich S. mit diesen Dingen beschäfti
Sehr werthvolle Resultate brachten die von S. in den siebziger Jahren v
öffentlichten Untersuchungen über die Entstehung der Theilungswände i
pflanzlichen Zellgewebe zu Tage, insofern er den inneren Zusammenhang zwisch
der Wandbildung innerhalb der Zelle und der äußeren Form des wachsende
Organs genau bestimmte (Würzb. Instit. Bd. II, 1882—87). Sachs' letz
Publicationen bringen keine neuen selbständigen Versuche mehr, sondern beziehe
sich auf allgemeine Fragen aus dem Gesammtgebiete der Physiologie, Morpho
logie und Entwicklungslehre. In diesen nimmt er auch Gelegenheit, seine
Ansichten über die Gestaltungsursachen und die Phylogenie der Pflanzenwelt
auszusprechen. Indem er die Darwin'sche Selektionstheorie innerhalb enger
Verwandtschaftsgrade anerkennt und sie zur Erklärung zweckmäßiger Anpassungs-
erscheinungen heranzieht, glaubt er doch die gesammte Stammesentwicklung
im Pflanzenreich auf innere Ursachen zurückführen zu müssen. Im Zusammenhange damit steht seine Lehre von der „Continuität der embryonalen Substanz",
durch welche die Einheitlichkeit in den Lebensprocessen der aufeinander folgenden
Pflanzengenerationen gewährleistet sei. Vielleicht noch nachhaltiger als durch
seine wissenschaftlichen Einzelarbeiten hat S. durch seine Lehrbücher gewirkt.
Er war nicht nur Meister des Experiments, sondern im hohen Grade auch
Meister des geschriebenen Wortes. 1868 erschien die erste Auflage seines
„Lehrbuches der Botanik", der schon nach zwei Jahren die zweite und später
noch bis 1874 zwei weitere folgten. Es dürfte in den letzten vier Dezennien
kaum einen Jünger der Botanik gegeben haben, der nicht aus diesem Buche
Belehrung und Anregung geschöpft hätte. Wie in allen seinen Schriften, hat
es S. auch in seinem Lehrbuche verstanden, durch Hervorhebung allgemeiner
Gesichtspunkte das Interesse für die zu behandelnden Fragen zu erhöhen.
Dazu kommt die große Fülle der meisterhaft entworfenen Originalabbildungen,
von denen sehr viele ihrer Vortrefflichkeit wegen in nachfolgenden Werken
anderer Autoren copirt wurden. Aehnlich epochemachend wirkte das während

Thätigkeit in Poppelsdorf 1865 entstandene „Handbuch der Experimentalphysiologie", das einen Theil des in Verbindung mit Wilh. Hofmeister und de Bary herausgegebenen größeren Handbuchs der physiologischen Botanik bildete. Es war seiner Zeit die erste größere Zusammenfassung aller die Lebensvorgänge im Pflanzenkörper bekannten Thatsachen und in Bezug auf Klarheit und fesselnde Darstellung auch durch spätere Werke nicht übertroffen. Ebenso wirkten seine, in zwei Auflagen 1882 und 1887 erschienenen „Vorlesungen über Pflanzenphysiologie" durch Inhalt und Form auf weite Kreise anregend und befruchtend. Endlich sei noch des Historikers Sachs gedacht. Für die auf Veranlassung König Maximilian's II. von Baiern durch die Münchener Akademie der Wissenschaften herausgegebene: „Geschichte der Wissenschaften in Deutschland" schrieb S. als fünfzehnten Band jenes Sammelwerkes eine „Geschichte der Botanik vom 16. Jahrhundert bis 1860". Mit bewunderungswürdigem Fleiße ist hier das weit zerstreute Quellenmaterial gesammelt und kritisch gesichtet worden, wenngleich in der stark bevorzugten Behandlung der Morphologie, Anatomie und Physiologie gegenüber der Systematik eine gewisse Einseitigkeit nicht zu verkennen ist. Aus den 1892 und 1893 in zwei Bänden veröffentlichten „Gesammelten Abhandlungen über Pflanzenphysiologie" sind die genaueren Titel und Zeitangaben der meisten von S. verfaßten Schriften zu ersehen. Diese zusammenfassende Darstellung bringt im ersten Bande 29 Abhandlungen vorwiegend über physikalische und chemische Vegetationserscheinungen, im zweiten 14 Aufsätze über Wachsthum, Zellbildung und Reizbarkeit. Die polemischen Schriften, sowie ältere, in mehr populärer Form verfaßte und endlich solche, deren Inhalt längst Allgemeingut der Wissenschaft geworden ist, sind der Sammlung nicht einverleibt worden.

Naturwissenschaftliche Wochenschrift von H. Potonié, XII. Band, 1897, Nr. 42, S. 495 u. 496. — Tägliche Rundschau, 1897, Unterhaltungs-Beilage, Nr. 126, S. 502 u. 503. — J. Sachs, Gesammelte Abhandlungen. Leipzig 1892/93. E. Wunschmann.

Sallentien: Karl Heinrich Ludwig Eduard S., Theologe, † 1897, entstammte einer Pastorenfamilie an, die nach einer Familienüberlieferung von Salzburger Emigranten abstammte, und wurde am 12. Mai 1825 zu Braunschweig geboren, wo damals sein Vater Karl Ludw. Ferd. Sallentien als Pastor zu St. Martini ein Hauptvertreter des Rationalismus war und am 16. April 1863 als Generalsuperintendent und Abt von Marienthal gestorben ist; seine Mutter Friederike Charlotte geb. Witting entstammte einer angesehenen Kaufmannsfamilie der Stadt Braunschweig. Er besuchte die Bürgerschule und das Gymnasium seiner Vaterstadt, das er Michaelis 1844 verließ, um dem Vorbilde des Vaters folgend und aus eigener Neigung sich in Jena dem Studium der Theologie zu widmen. Hier blieb er drei Semester, in denen er namentlich den geistvollen Unterricht Karl Hase's genoß, und siedelte dann nach Halle über, wo er bis Ostern 1848 blieb, im Wintersemester 1846/47 aber, das er in Braunschweig verbrachte, Krankheitshalber seine Studien unterbrechen mußte. Er hörte in Halle besonders die Vorlesungen von Julius Müller, an dessen homiletischem Seminare er auch Theil nahm, und trat in ein näheres Verhältniß zu Tholuck, dessen ebenso anregendem wie förderndem persönlichen Verkehre er sehr viel verdankte. Daneben hat er aber auch bei Erdmann mit Eifer philosophische Vorträge gehört. Verursachte ihm dies auch schwere innere Kämpfe, so hat es ihn doch später vor den Uebertreibungen der starren Orthodoxie bewahrt und in der eigenen Ueberzeugung gefestigt. Er kehrte dann in die Heimath zurück und hat hier im September 1848 die erste theologische Prüfung bestanden. Da die Aussichten für das geistliche Amt damals sehr schlecht waren, so wandte er sich zunächst dem Lehrfache zu. Er wirkte eine Zeit lang an [illegible] Erziehungsanstalt des Pastors C. L. Kellner in Barbecke, führte [illegible] Braunschweig die Aufsicht über die beiden Söhne des Freiherrn v. [illegible] und übernahm 1851 die Erziehung des Erbgrafen zu Erbach-Schönberg, [illegible] er 1852 nach Braunschweig begleitete, wo er bis Michaelis 1858 das [illegible]nasium besuchte. Da hier gerade eine Lehrkraft fehlte, so versah S. von [illegible] 1858 bis Ostern 1860 eine Lehrerstelle am Progymnasium. Durch diese [illegible]stände ist es gekommen, daß er die zweite, die theologische Hauptprüfung [illegible] im Februar 1860 erledigte. Er wurde nun im Mai 1860 Mitglied [illegible] Predigerseminars in Wolfenbüttel, zu dessen Subsenior er demnächst auf[illegible] Erst im Mai 1863 erhielt er eine Pfarrstelle; er ward Pastoradjunct an [illegible] Stadtpfarre zu Blankenburg und zugleich Leiter der dortigen Bürgersch[illegible] Im Herbste des Jahres 1870 erhielt er zu Groß-Vahlberg und Bansleben [illegible] Pfarradjunctur, jedoch mit der Hoffnung auf Nachfolge. Aber diese Hoff[illegible] traf nicht mehr ein. Als sein Vorgänger Friedr. Joh. Friedrich, der [illegible] des bekannten Schriftstellers Friedr. Friedrich, 1879 starb, war S. [illegible] zu höheren Würden befördert. Denn am 7. Mai 1875 wurde er wohl [illegible] Anregung seines Freundes, des Dompredigers D. Thiele, der den [illegible] Wilhelm auf den ihm von Blankenburg her wohlbekannten Geistlichen [illegible]merksam gemacht hatte, zum Consistorialrathe in Wolfenbüttel ernannt. [illegible] hat er anfangs neben Ernesti († am 17. August 1880), dann als erster [illegible]licher Rath die Angelegenheiten der Braunschweigischen Landeskirche [illegible] Neben den laufenden Geschäften dieser Verwaltung, die er gewandt und [illegible] zu erledigen wußte, nahmen seine Kraft auch gesetzgeberische Aufgaben in [illegible]spruch, wie die Fortführung der Bearbeitung der liturgischen Ordnungen, [illegible] Herstellung einer theologischen Prüfungsordnung und andere Gesetze. Sodann die Vertretung des Consistoriums in der Landessynode und die Leitung des Predigerseminars. Wie er hier auf die Bildung und Vorbereitung des theologischen Nachwuchses durch Lehre und Vorbild großen Einfluß gewann, so war seine Thätigkeit als Generalsuperintendent auch für einen großen Theil der älteren Geistlichkeit von Bedeutung; am 1. Januar 1879 war ihm die Generalsuperintendentur zu Wolfenbüttel, am 13. März 1881 daneben die zu Blankenburg übertragen. S. stand für seine Person in religiöser Beziehung fest auf confessionellem Boden, und er hielt es für seine Pflicht, diesen auch der Kirche, an deren Spitze er gestellt war, nach Kräften zu erhalten. Dabei war er aber kein einseitiger Parteimann und weit davon entfernt, seine einflußreiche Stellung irgend welchen Sonderinteressen dienstbar zu machen. Er besaß volles Verständniß auch für abweichende Ansichten und Richtungen; nur liebte er überall, wie er zu sagen pflegte, „reinliche Verhältnisse"; unklare, verschwommene Ideen waren ihm zuwider, und kein Mann nach seinem Herzen, dem er nicht ein festes Rückgrat zutrauen durfte. Bei Besetzung von kirchenregimentlichen Stellen sah er vor allem auf persönliche Tüchtigkeit, und er trug, wo er diese fand, kein Bedenken, auch liberale Geistliche für Superintendenturen, wie für die Prüfungscommission der Geistlichen in Vorschlag zu bringen. So erfreute er sich denn mit Recht in seiner Amtsführung des allgemeinen Vertrauens; niemals ist an der Lauterkeit seiner Absichten, der Ehrlichkeit seiner Ueberzeugung ein Zweifel aufgetaucht; und verdiente Anerkennung ist ihm von verschiedenen Seiten zu Theil geworden. Am 25. April 1881 wurde er zum Abte von Marienthal ernannt, zum 1. April 1890 zum Vicepräsidenten des herzoglichen Consistoriums. Zwei Jahre lang (1888 ff.) war er auch Mitglied der Oberschulcommission, aus der er aber wieder austrat, weil ihm die Eigenmächtigkeiten und Uebergriffe eines Collegen, wie vorher seinem Freunde Thiele, zu viel ger bereiteten. Am 9. April 1884 verlieh ihm die theologische Facultät . Universität Rostock die Würde eines Dr. theol. honoris causa. Seit fi's Tode besuchte er als Vertreter des braunschweigischen Kirchenregiments mäßig die evangelischen Kirchenconferenzen zu Eisenach, und es zeigt deut- lich hohe Ansehen, das er auch in diesem Kreise genoß, daß ihm zuerst dem Ausscheiden des Oberhofpredigers Kohlschütter aus Dresden im re 1890 und dann ununterbrochen bis zu seinem Tode durch das Vertrauen er Collegen der Vorsitz der Conferenzen übertragen wurde.

Eine weitere Thätigkeit entfaltete S. in der Braunschweigischen Landes- sammlung, in die er von 1875—1894 von der Geistlichkeit des Landes als ordneter entsandt wurde. Im allgemeinen ist er hier nicht viel hervor- eten. Durchaus loyaler und conservativer Gesinnung hat er zumeist im ne der Regierung gestimmt und, wenn es sich nicht um Angelegenheiten Kirche oder Schule handelte, nur selten das Wort ergriffen, obwohl ihm gut zu Gebote stand, und es ihm auch an Schlagfertigkeit keineswegs lte. Hielt er es aber für eine Gewissenspflicht, mit seiner Ansicht hervor- treten, so trug er auch nicht die geringste Scheu, seine ganze Persönlichkeit die gerechte Sache einzusetzen. Er stand fest auf dem Boden der deutschen chsverfassung, er hatte die Einigkeit der deutschen Stämme zu einem chtigen Reiche und alle die großen Errungenschaften der neuen Zeit mit nden begrüßt und verabscheute alle Bestrebungen, die diese hätten in Frage llen können. Aber ebenso entschieden war er für die Aufrechterhaltung der desrechte und die Innehaltung der Landesverfassung, die er beschworen tte. Das war ihm eine heilige Gewissenssache. Er sah nach dem Tode zog Wilhelm's († am 18. October 1884) ein und gab unumwunden zu, von Braunschweigischer Seite die Thronbesteigung des erbberechtigten Thron- gers, des Herzogs von Cumberland, bei Widerstreben der maßgebenden walten im Reiche nicht erzwungen werden konnte. Aber er that, was in nen Kräften stand, um die Situation zu klären. Auf seine Veranlassung ßte am 30. Juni 1885 der Staatsminister Graf Görtz-Wrisberg, um zu beruhigen und den Herzog zu belasten, tendenziös ausgewählte Bruch- ke aus einem Briefe des Fürsten an die Königin von England mit, die Veröffentlichung des ganzen Schriftstückes in ein völlig anderes Licht ckt wurden und dem Staatsminister öffentlich den Vorwurf der Unredlichkeit gen, den dieser trotz dem Aufsehen, das die Sache machte — wohl mehr Zeichen vorsichtiger Klugheit als guten Gewissens — stillschweigend über ergehen ließ. S., der sich von ihm damals gutgläubig überzeugen ließ, später die Empfindung von ihm dupirt zu sein, niemals verwinden können. alledem konnte er aber nicht leugnen, daß nach Beschluß des Bundesraths m 2. Juli 1885 der Fall eingetreten war, für den zu ungestörter Fort- rung der Landesverwaltung und sicherer Aufrechterhaltung der Rechte der itimen Dynastie das Regentschaftsgesetz vom 16. Februar 1879 gegeben rden war. Als dann aber die thatsächliche Verhinderung des berechtigten ronfolgers zur sofortigen Uebernahme der Regierung ausgesprochen und Regent gewählt werden sollte, da konnte er sich nicht dazu verstehen die huld an dieser Zwangslage dem unglücklichen Herzoge von Cumberland auf- bürden. Das geschah in dem Antrage der staatsrechtlichen Commission, der 20. October 1885 zur Verhandlung kam. Mochten auch viele von der neren Ungerechtigkeit dieses dem Herzoge gemachten Vorwurfs bei sich über- gt sein: den Muth sich offen dagegen zu erklären fanden nur S. und sein eund Thiele. Dieser lag schon auf dem Krankenlager, das am 17. Mai 1886 nen Tod herbeiführte, als S. nochmals für die Sache der legitimen Monarchie auf den Plan zu treten gezwungen wurde. Bei Berathung des [illegible] für den Regenten, Prinz Albrecht von Preußen, hat S. in [illegible] sammlung auf Wunsch einiger ihm unterstellter Geistlichen, die [illegible] Gewissen beschwert fühlten, um eine offene Erklärung darüber, [illegible] Eid den alten dem Hause Braunschweig geleisteten Erbhuldigungs[illegible] trächtigen solle. Er hatte dabei angenommen, daß dieses [illegible] selbstverständlich sofort gewährt werden würde, und war daher [illegible] überrascht, als nach der Sitzung zwei Mitglieder des herzoglichen [illegible] ministeriums in größter Leidenschaft auf ihn einstürmten und ihn [illegible] daß er die Brandfackel ins Land würfe. Doch er ließ sich nicht [illegible] und gab den Herren die deutliche Antwort, es sei ihm an der [illegible] Gewissens mehr gelegen als an der Ruhe der Herren am [illegible] er wurde in seinem Vorsatze durch dieses auffällige Verhalten [illegible] und setzte es trotz den Weiterungen, die ihm vom Grafen [illegible] gemacht wurden, mit Ausdauer und Geschicklichkeit glücklich durch, [illegible] gewünschte authentische Erklärung wohl oder übel vom Staatsmin[illegible] wurde. Das hat viel zur Beruhigung erregter Gemüther und [illegible] Gewissen im Lande beigetragen. Aber der Vorfall machte S. [illegible] besonders als dicht darauf von einem Mitgliede des vor [illegible] Regentschaftsrathes, dem Oberlandsgerichtspräsidenten Dr. [illegible] Schrift erschien, in der, so ungeheuerlich es angesichts der Quellen [illegible] dennoch allen Ernstes der Versuch gemacht wurde, die Beziehung [illegible] schweigischen Erbhuldigungseides auf die jüngere Linie des Welfen[illegible] der Herzog von Cumberland angehört, in Abrede zu stellen, und [illegible] Aeußerungen von hochstehenden Personen ihm zu Ohren kamen, [illegible] fassungsbruch oder, wie man zu sagen pflegte, den Uebergang vom [illegible] zum Definitivum nur vom Standpunkte der Opportunität behandelten. [illegible] solche Pläne, ganz abgesehen von den sonstigen Schwierigkeiten, auch [illegible] der rechtlichen, streng legitimen Gesinnung des Regenten, so hielt [illegible] für seine Pflicht, auf seinem Posten im Landtage auszuharren, [illegible] Falls etwa geplanten Staatsstreichsversuchen entschiedenen Widerstand [illegible] setzen zu können. Er hat zum Glück niemals wieder politisch sich zu [illegible] Gelegenheit gehabt. Für Manche war es wohl eine Enttäuschung, [illegible] diesen Vorgängen der Prinz und seine Gemahlin S. bei verschiedenen [illegible] heiten eines besonderen Vertrauens für würdig hielten; Anderen [illegible] dieses Verhältniß als ehrenvoll für beide Theile und vertrauen[illegible] die Zukunft. Nur wo das Gewissen es ihm befahl, trat S. im [illegible] Leben hervor; sonst hielt er sich von allem politischen Treiben [illegible] fern. Das schien ihm schon die Würde seines hohen Kirchenamtes [illegible] der in unauffälliger Weise äußerlich und innerlich zu genügen sein [illegible] Bestreben war. Mit einer anspruchslosen Einfachheit verband er [illegible] Würde, feinen Takt, gefällige Formen und einen fröhlichen [illegible] der auch für frischen harmlosen Humor stets aufgeschlossen war. [illegible] eine glücklich harmonische Natur, in der die Kräfte des Geistes [illegible] im schönsten Gleichmaße standen. Die liebste Erholung von [illegible] fand er in dem glücklichen Familienkreise, der ihn umgab und [illegible] eines christlichen Hauses im besten Sinne des Wortes trug. [illegible] Gattin, Elisabeth Maenß, die er am 19. October 1864 heim[illegible] stammte aus einem Pfarrhause; sie war die Tochter des [illegible] Hohendodeleben. In den letzten Jahren trug S. ein schweres [illegible] das wiederholter Besuch des Bades Wildungen nicht beseitigen [illegible] großer Geduld und Fassung, bis der Tod am 3. Februar 1897 [illegible] Schaffen ein Ziel setzte.

Vgl. Braunschw. Magazin 1897, S. 25—28. — Brunonia 1897, Nr. 7. — Ev.-luth. Wochenblätter 1897, S. 26—31. — Biogr. Jahrbuch u. Dtschr. Nekrolog II, S. 371—75. — Rückblicke auf d. Braunschw. Thronfolgefrage (Braunschweig 1907), S. 8 ff.
P. Zimmermann.

Sallet: Alfred Friedrich Constantin von S., hervorragender Numismatiker. Geboren am 19. Juli 1842 zu Reichau bei Nimptsch in Schlesien, verlor er seinen Vater Friedrich v. Sallet, den Dichter des „Laienbreviers" (s. A. D. B. XXXIII, 717), schon im Februar des folgenden Jahres; so lag die Erziehung des Knaben für die nächsten Jahre ganz in den Händen der Mutter Caroline geb. v. Burgsdorff, einer hochbegabten und feingebildeten Frau, der ihr Sohn stets in treuer Liebe ergeben gewesen ist. In zweiter Ehe heirathete sie 1849 Dr. Theodor Paur aus Neiße, den bekannten Danteforscher und Politiker, der sich die Zuneigung und Verehrung seines Stiefsohnes zu gewinnen wußte und entscheidenden Einfluß auf die weitere Entwicklung desselben gehabt hat. Seine ersten Schuljahre verbrachte S. auf dem Maria-Magdalenen-Gymnasium in Breslau, fünf weitere auf dem Gymnasium zu Görlitz. Dort als Schüler hat er begonnen, Münzen zu sammeln, eine Neigung, die für seinen Lebenslauf bestimmend geworden ist. Ostern 1862 zur Universität entlassen, begab er sich nach Berlin, um dort Archäologie und Geschichte zu studiren. Die Interessen des jungen, vorzüglich beanlagten Studenten gingen sehr in die Weite; sein eigentlicher Lehrer wurde Th. Mommsen. Dieser hatte 1860 sein „Römisches Münzwesen" vollendet und dabei klarer als irgend ein anderer Alterthumsforscher vor ihm erkannt, ein wie weites Arbeitsgebiet die antike Münzkunde noch biete; ihm war es darum doppelt willkommen, gerade um diese Zeit einen begabten Schüler zu finden, der mit seinen Studien hier einsetzen konnte. Sallet's erste numismatische Monographien sind alle aus Arbeiten für Mommsen's Seminar hervorgegangen. Von den „Beiträgen zur Geschichte und Numismatik der Könige des Cimmerischen Bosporus und des Pontus von der Schlacht bei Zela bis zur Abdankung Polemo II." (Berlin 1865) hatten die ersten Abschnitte seine Dissertation gebildet: „De Asandro et Polemone Cimmerii Bospori regibus quaestiones chronologicae et numismaticae", auf Grund deren er am 31. Juli 1865 promovirt worden war. Zu einer zweiten Schrift: „Die Fürsten von Palmyra unter Gallienus, Claudius und Aurelian" (Berlin 1866) hat Mommsen einen Anhang beigesteuert über die Bedeutung des Titels DVX, den Vaballath auf den in Alexandria geprägten Münzen führt. Es folgte eine Abhandlung „Die Daten der Alexandrinischen Kaisermünzen" (Berlin 1870).

Vom Beginn seiner Studentenzeit an war S. einer der eifrigsten Besucher des königlichen Münzcabinets, das, als 1868 die bis dahin getrennten Abtheilungen der antiken und modernen Münzen vereinigt wurden, ganz unter die Leitung Julius Friedlaender's (s. A. D. B. XLVIII, 780) kam. S. war heimisch geworden im Münzcabinet, und Friedlaender, der seine hervorragende Begabung für die Numismatik hatte verfolgen können, konnte sich in der That keinen Geeigneteren aussuchen zum Hülfsarbeiter, als S., der schon im nächsten Jahr (Januar 1870) zum Directorialassistent am Münzcabinet ernannt wurde. Die vermehrten Mittel, welche nach dem französischen Kriege den Museen für ihre Ankäufe zur Verfügung gestellt werden konnten, ermöglichten es Friedlaender innerhalb weniger Jahre die großen Privatsammlungen v. Prokesch-Osten und Fox für das Berliner Münzcabinet zu erwerben. Gerade in diese Zeit fällt denn auch Sallet's reichste litterarische Thätigkeit. Die „Blätter für Münz-, Siegel- und Wappenkunde", die in Berlin erschienen, die aber Koehne von Petersburg aus redigirte, hatten sich überlebt; auf Anregung Mommsen's und Friedlaender's wurden sie [illegible] abgelöst durch die „Zeitschrift für Numismatik" (1872), deren Redaction [illegible] anvertraut wurde, und von der bis zu seinem Tode 20 Bände erschienen [illegible]. Er hat es verstanden, für die Zeitschrift tüchtige Mitarbeiter zu gewinnen und sie den besten französischen und englischen Fachzeitschriften ebenbürtig [illegible] machen. Zugleich bot sich ihm aber auch Gelegenheit, durch seine eignen [illegible]beiten für Andere vorbildlich zu wirken. Man hat der Zeitschrift vielfach [illegible]geworfen, daß sie sich damals beschränkt hat auf antike Münzkunde und [illegible] die mittelalterliche, über das 16. Jahrhundert aber nicht hinausgegangen [illegible]. Diese Beschränkung des Programms, wiewohl sie mit den Neigungen [illegible] Herausgebers zusammenhing, hat doch ihre guten Früchte getragen; die [illegible]handlung der neueren Münzkunde war um jene Zeit, wenn man von den [illegible] einiger Wenigen, die eine rühmenswerthe Ausnahme machten, absieht, noch durchaus dilettantische und hat erst seitdem wissenschaftliche Form angenommen. Daß die Münzkunde aller Zeiten als ein großes Gesammtgebiet behandelt [illegible] müsse, stand für S. fest; beschränkt hat er sich auch durchaus nicht auf [illegible] antike Münzkunde; erwähnt sei hier nur seine Arbeit über Petrisse [illegible] Pribislaw, auf Grund des Michendorfer Münzfundes, der ein Stück der [illegible]schichte Albrecht des Bären aufgehellt hat (Zeitschr. f. Num. VIII, 249); [illegible] gern überließ er diese Forschungen seinem Freunde und Fachgenossen, [illegible] Landgerichtsrath H. Dannenberg. In welchem Maße S. die Gabe besessen hat, sich auch in ein ihm bis dahin fremdes Gebiet rasch einzuarbeiten [illegible] mit scharfem Blick herauszufinden, wo hier die Forschung einzusetzen habe, [illegible]weist sein Buch: „Die Nachfolger Alexander's des Großen in Baktrien [illegible] Indien" (Berlin 1881), zuerst erschienen in der „Zeitschrift für Numismatik" Bd. VI—VIII. Der Ankauf der reichen Sammlung orientalischer Münzen des englischen Obersten Guthrie im J. 1875 hat ihn darauf geführt, [illegible] eigenartig kraftvollen griechischen Cultur nachzugehen, die im fernen O[illegible] unter stetem Kampf mit dem Barbarenthum sich entwickelt hat; es ist Sallet's reifste Arbeit geworden. Hier hat die Münzkunde helfen müssen, ein Stück Geschichte aufzuhellen, für welches die litterarische Ueberlieferung eine ganz trümmerhafte ist, inschriftliche Denkmäler aber bisher noch nicht zu Tage gekommen sind; nur für die Ausläufer dieser Cultur kann die indische Epigraphik mit herangezogen werden. Zur Eigenart seines Charakters gehörte, daß er [illegible] frei und ungebunden fühlen mußte; Mommsen hatte geglaubt, als 1874 [illegible] Preußische Akademie der Wissenschaften für das damals geplante Corpus numorum ein Ausschreiben zur Bearbeitung der Münzen Bithyniens erließ, die dann als Probeband für das Corpus dienen sollte, S. hierfür gewinnen zu können. Er hat sich nicht darauf eingelassen, weil es ihm unerträglich war, nach einem Programm zu arbeiten, das Andere ihm vorschreiben wollten; zudem erkannte er auch, daß das Unternehmen damals noch verfrüht war. Gleich anderen Numismatikern vertrat auch S. die Ansicht, daß erst Kataloge der großen Sammlungen zu drucken seien, dann erst an das Corpus zu gehen sei. Das Britische Museum hatte mit dem Druck seines Catalogue of greek coins begonnen, das Pariser Cabinet ebenfalls; ihnen gedachte er auch den der Berliner Sammlung an die Seite zu stellen. Friedlaender hatte den alten Bestand der Sammlung bis zu den großen Ankäufen der siebziger Jahre zum Druck vorbereitet; als S. nach dessen Tode 1884 das Amt des Directors übernahm, wurde dieser Plan denn auch alsbald aufgenommen, und in den Jahren 1888 bis 1893 sind unter dem Titel: „Beschreibung der antiken Münzen" drei Bände erschienen: Thracien und Macedonien von ihm selbst bearbeitet, der dritte, Italien, Abth. 1, bearbeitet von H. Dressel. Das Unter-

…n hat ein ähnliches Geschick gehabt, wie zuvor Friedländer's handschrift-[…] Katalog; die großen Ankäufe in den Jahren nach Sallet's Tode haben […]and der Sammlung wieder einmal so völlig verändert, daß ohne […]rbeitung der bereits erschienenen Bände nicht an eine Fortsetzung des […]gedacht werden könnte. Gleichwohl wird zugegeben werden müssen, […] neben dem Corpus numorum einem solchen gedruckten Sammlungs-[…], der gleich dem englischen ein vielbändiges Werk werden würde, der […]bändige wissenschaftliche Werth nicht abzusprechen ist. Es war vielleicht […] Rücksicht auf den begonnenen Katalog, daß S. sich als Director davon fern-[…] hat, große Reihen für das Cabinet zu erwerben, dafür aber in Einzel-[…] besonders interessante und werthvolle Stücke demselben zuführte; den […]ndsten Zuwachs erhielt während seiner Amtsführung die mittelalterliche […]ilung, als die Sammlung Dannenberg 1892 angekauft werden konnte; […] es alsdann auch 1896 noch gelungen ist, die Sammlung Fikentscher, […]züglich die brandenburgischen Prägstätten der fränkischen Fürstenthümer […] hat, zu erwerben, ist das wesentlich seinem damaligen Assistenten […] Menadier zu verdanken. Sallet's letzte Arbeit für das Cabinet war ein […] der „Handbücher der Königlichen Museen zu Berlin", betitelt: „Münzen […] Medaillen" (Berlin 1898), dessen Erscheinen er nicht mehr erlebt hat.

Sallet's Interessensphäre ging weit hinaus über das Specialgebiet der […]ismatik. Er war ein geborener Sammler; wer in seine Wohnung kam […] Osten Berlins am Friedrichshain, erst Landsberger Allee 6, dann 39, […] empfing ein wahres Museum, alte Holzschnitzereien, Metallarbeiten […]cher wie italienischer Kunst, Kupferstiche und Holzschnitte, eine viel be-[…]erte Dürer-Sammlung, Miniaturen, Incunabeln, daneben wieder antike […]n, Broncen, Terrakotten, selbst Schwerter der Broncezeit, für alles […] er Sinn und feines Verständniß. Gar manchmal hat sein Spürsinn in […]einbar gewordenen Miniaturen bei Antiquaren historisch werthvolle Reste […] Bilderhandschriften erkannt, manch hübscher Aufsatz, den er dann in […]eitschriften veröffentlichte, zumal in schlesischen, ist hieraus entstanden. […] er für seine Sammlung erwarb, wollte er sich auch geistig zu eigen […]en; dies führte ihn zu historischen und kunsthistorischen Forschungen auf […] allerverschiedensten Gebieten, wobei man immer wieder staunen mußte, wie […] er sich hier zurechtfand. In und mit seinen Sammlungen lebte er, je […] er sich in den späteren Jahren vom früher gern gepflegten Verkehr zu-[…]g. Als er sich 1884 bei Uebernahme des Directoramtes trennen mußte […] seiner Münzsammlung — sie war wenig umfangreich, enthielt aber da-[…] fast nur noch Stücke von auserlesener Schönheit —, that er dies nur […] Selbstüberwindung, hatte ihm doch gerade dieser Theil seiner Sammlungen […] Anregung zu so mancher schönen Entdeckung gegeben; sogar die treffliche […]ift über „Die Künstlerinschriften auf griechischen Münzen" (Berlin 1871) […]urch Erwerbungen für seine Privatsammlung veranlaßt worden.

Mit einer gewissen Vorliebe wandte sich S. in seinen kunsthistorischen […]ien der deutschen Renaissance und der Reformationszeit zu. Bald finden […] ihn hier mit Portraitmedaillen jener Epoche, bald mit Zeichnungen und […]erstichen A. Dürer's, L. Cranach's u. A. beschäftigt. In dem Stamm-[…] seiner Familie waren auch Nachkommen M. Luther's; er hat es ver-[…]en, sich in Geist und Wesen der Reformationszeit einzuleben, die Eigenart […] U. v. Hutten war ihm vertraut. Im persönlichen Verkehr war S. geist-[…]end und witzig; er besaß eine reiche poetische Anlage, die Freunden gegen-[…] sich oft in liebenswürdigster Weise zeigte. Es hat seinem Leben auch an […]en Erfahrungen nicht gefehlt; aber sein durchaus nobler Charakter hat ihm geholfen auch diese zu ertragen. S. war eine reich begabte, [illegible] seitige Natur, für alles Hohe und Schöne zugänglich, dem [illegible] Wo immer er sich wissenschaftlich beschäftigte, vermochte sein [illegible] sein weites Wissen die Forschung zu fördern. Sein litterarischer [illegible] ungemein reichhaltig. Für seine Person war er ganz anspruchslos [illegible] schwächlich, gedachte er sich bald von seinem Amte zurückzuziehen, [illegible] seiner schlesischen Heimath ganz seinen Neigungen leben zu können; [illegible] Leiden hat am 25. November 1897 seinem Leben ein Ende [illegible] kinderlos gestorben und mit ihm der schlesische Zweig seiner Familie [illegible]

Nekrologe: R. Schöne, Zur Erinnerung an A. v. Sallet: [illegible] Königl. Preußischen Kunstsammlungen 1898, S. 8 ff., mit [illegible] m. Schriftenverzeichniß: Revue internat. d'archéologie et de [illegible] I, 189 ff. — H. Dannenberg: Zeitschr. f. Num. XXI, [illegible] Num. Zeitschr. (Wien) XXIX, 365. R. Weil: Neues [illegible] LXXIV, 311 ff. [illegible]

Salpius: Ludwig Wilhelm von S., Generalmajor, [illegible] am 28. September 1785 zu Nauen als Sohn des dortigen [illegible] Ludwig Salpius. Er besuchte von 1800 ab das Joachimsthal[illegible] sium in Berlin, studirte dann zu Halle Rechts- und Staatswissenschaften [illegible] leitete die Erziehung des späteren Handelsministers Itzenplitz. [illegible] dann 1813 sein Volk zu den Waffen rief, meldete sich S. zur [illegible] Oberbarnimschen Kreises und nahm als Officier und Adjutant an [illegible] Freiheitskriege theil. Er wurde 1815 zum Premier, 1816 zum [illegible] fördert, war eine Zeitlang Adjutant des Generals v. Borstell in [illegible] und wurde 1821 in den Großen Generalstab berufen. 1822 [illegible] nannt und 1835 in den erblichen Adelsstand versetzt, rückte er [illegible] des Generalstabes beim Gardecorps zum Oberstlieutenant und [illegible] Oberst auf. Dann wurde er Commandant der Festung Danzig und [illegible] Generalmajor. Nachdem er 1846 als solcher zur Disposition [illegible] war, lebte er in Berlin, wo er von 1855—58 Mitglied der [illegible] commission war und am 6. März 1866 starb. Aus seiner 1821 [illegible] Ehe mit Ulrike v. Oldenburg stammen vier Söhne.

S. hat sich auch auf dem Gebiete der Kurzschrift als [illegible] Horstig'schen Stenographie bekannt gemacht, die er früh [illegible] ständig beim Nachschreiben von Vorlesungen, bei Führung von [illegible] u. s. w. verwendete. Er hat auch das Horstig'sche Alphabet durch [illegible] neuer Zeichen für Vocale und Consonanten ergänzt und [illegible] für Silben und Endsilben gebildet. Während seiner Thätigkeit [illegible] Generalstab verbreitete er die Kenntniß dieser Schrift unter [illegible] des Generalstabs sowie unter den Schülern der Kriegsakademie, [illegible] kriegswissenschaftliche Vorlesungen hielt.

Vgl. Panstenographikon (Leipzig 1869) I, 2, S. 173 u. ff. [illegible] Schriftwart (Berlin 1897), 4. Jahrg., Febr. u. Mai/Juni 1897 [illegible]

Salsborch: Hinrik S., Doctor und Ritter, in Hamburg [illegible] bis 1523 Rath des Herzogs Karl Egmond von Geldern, 1524—[illegible] meister in Hamburg, † am 17. März 1534, war einer der [illegible] geistig bedeutendsten Gegner der Reformation, die im J. 1528 [illegible] ihren Abschluß erreichte. S. war unter den zehn Kindern des [illegible] Rathsherrn das älteste. Der Rathsherr war im heutigen [illegible] jüngerer Linie geboren und nannte sich nach der Burg oder [illegible] Saalburg a. d. S., wurde Kaufmann in Hamburg, 1475 in [illegible] starb 1506 mit Hinterlassung eines großen Vermögens. Wenn man annehmen darf, daß der in Rostock 1492 am 26. Mai immatriculirte Student „Hinricus Salsborch de Hamborch" der spätere Bürgermeister ist, so wird seine Geburt in die siebziger Jahre des 15. Jahrhunderts zu setzen sein. Ihm wird häufig bald der Magistertitel, bald der Doctortitel beigelegt, ohne daß sein Name sich unter den Graduirten Rostocks befindet. Lappenberg bezeichnet ihn als Doctor Juris in den Anmerkungen zu den Niedersächsischen Chroniken (S. 237). Vielleicht ist S. in Köln promovirt worden; denn am Niederrhein begann er seine Thätigkeit. Das erste, was man von Salsborch's Thätigkeit erfährt, ist, daß er 1504 als Syndikus der Stadt Kampen in Lübeck erschien, um Streitigkeiten zwischen Bürgern Lübecks und denen der Städte Kampen, Deventer und Zwolle zu schlichten. Die von S. gemachten Vorschläge wurden auf dem zu Lübeck 1504 stattfindenden wendischen Städtetage angenommen. Im nächsten Jahre wird S. der Rath des Herzogs Karl Egmond von Geldern (s. A. D. B. XV, 288), welcher nur höchst widerwillig die österreichisch-burgundische Herrschaft Philipp's des Schönen von Spanien und nach dessen Tode wiederum die Kaiser Maximilian's ertrug. Um sich von dieser Herrschaft zu befreien, verbündete Herzog Karl sich mit Frankreich. Unermüdlich suchte er Oesterreich in den niederländischen Gebieten Feinde zu erwecken, Bundesgenossen suchend, wo er nur hoffen konnte, solche zu finden. Unerschöpflich an List und Tücke, ein befähigter Kriegsmann und Staatsmann, führte er Kriege, die sein eigen Land und die Nachbarländer verheerten. Im Dienste dieses Herrn lernte S. die verschlungenen Pfade der Diplomatie kennen und muß, nach den verschiedensten Aufträgen zu urtheilen, die der Herzog ihm in seiner neunzehnjährigen Dienstzeit ertheilte, sich zweifellos als geschickter und gewandter Unterhändler bewährt haben. „Die vorhandenen Quellen", schreibt Nirrnheim (s. unten), „gestatten uns nicht, uns auch nur ein annähernd vollständiges Bild von Salsborch's Thätigkeit zu machen"; aber sie beweisen, wie mannichfaltige und wie verschiedene Dienste S. seinem Herrn leistete.

Im J. 1505 wurde S. mit einem Priester nach Diest in Nordbrabant gesandt, um hier für den Herzog zu wirken. Ein nicht geringes Vertrauen bewies Herzog Karl seinem Rath, indem er mit Reinier, Bastard von Geldern, auch S. zum gefürchtetsten Feinde des burgundischen Hauses, Ludwig XII. von Frankreich, nach Mezières schickte, mit diesem einen Vertrag abzuschließen. Im Mai 1506 kam er zu Stande: der Herzog versprach mit seinen Landen und Unterthanen, dem Könige dienen zu wollen, wogegen ihm der König eine Pension von 15000 Livres aussetzte und eine Compagnie Lanzenträger zur Verfügung stellte. In dem nun folgenden Kriege zwischen König Ludwig und Herzog Maximilian von Burgund errang Herzog Karl glückliche Erfolge. S. hatte während desselben Truppen zu werben, scheint für seinen Herrn die zweijährige Rechnnng über die Kriegsoperationen geführt zu haben und ist stets bereit, den nöthigen Sold für die Truppen herbeizuschaffen; als die Noth einmal recht groß war, tritt er mit einigen anderen Hofleuten selbst helfend ein und zahlt aus seinem eigenen Vermögen etwa 300 Gulden. 1515 war S. Drost im Lande Kessel, ohne aufzuhören, herzoglicher Rath zu sein. Hier hatte S. in der Stadt Horst sein eigenes Haus, gleichwie er ein solches auch in der Stadt Geldern besaß. Ein Beispiel, wie Karl Egmond jede Gelegenheit benutzte, seine Herrschaft zu vergrößern, bietet der Krieg zwischen Ostfriesland unter seinem Grafen Edzard und Westfriesland unter Georg von Sachsen. Es handelte sich wesentlich um den Besitz der Stadt Groningen. Herzog Karl stellte sich auf Seiten Edzard's und wußte Groningen an sich zu bringen.

nachdem schon seit dem Frühjahr 1514 ganz Gelderland in seinem Besitz [illegible] Seine Pläne, zu denen er nun wieder S. brauchte, gingen aber weiter [illegible] auf Seiten Georg's von Sachsen auch die Herzöge von Braunschweig-[illegible] büttel gekämpft hatten, die mit dem Herzog Heinrich I. von Braun[illegible] Lüneburg in Fehde lagen, so suchte er diesen auf seine Seite zu ziehen [illegible] er um dessen Tochter Elisabeth anhielt. Zum Unterhändler diente S. [illegible] langen Vorverhandlungen wurde S. im J. 1518 zum Herzog gesandt [illegible] Vollmacht und ausführlicher Instruction ausgerüstet. Im August wurde [illegible] Verlobung ausgesprochen und am 5. Februar 1519 begrüßte S. mit [illegible] Räthen, Adeligen und Geistlichen in Zütphen die junge, mit großem [illegible] einziehende Fürstin als Landesmutter. Nach Kaiser Maximilian's Tode [illegible] Herzog Karl den Zeitpunkt günstig erachtet zu haben, um seinen Frieden [illegible] dem Hause Oesterreich zu machen. Im November 1520 schickte er Räthe, [illegible] denen S. und Johannes Veersen namentlich aufgeführt werden, an Karl [illegible] der ihnen in einem zu Boppard am 22. November ausgestellten Schrei[illegible] sicheres Geleit zum Reichstag nach Worms gewährt. Ob die geldernschen [illegible] sandten auf demselben erschienen sind, ist nicht gesagt. Von Interesse wäre es, zu wissen, ob S. daselbst Luther gesehen hat, dessen Anhängern in Hamburg es nach wiederholten Versuchen endlich gelang, S. aus der Rathsstube auszuschließen.

Zunächst harrte seiner ein schwieriger Auftrag seines Herrn, [illegible] auf neue Mittel sann, seine Herrschaft in Friesland zu befestigen. S. wurde 1523 nach Lübeck und Hamburg gesandt, um beide Städte für ein Bündniß mit dem Herzoge zu gewinnen und demnach den Westfriesen gegen das unter burgundischer Herrschaft stehende Holland beizustehen. Diese Gesandtschaft wurde verhängnißvoll für S. und führte ihn in neue Lebensbahnen. Lübeck, das schon lange die Fortschritte des holländischen Handels auf der Ostsee argwöhnisch beobachtet hatte, nahm anfangs den Bündnißantrag mit Dank gegen den Herzog zwar an, aber ein Bündniß kam nicht zu Stande. Hamburg aber, wo S. am Palmsonntag angekommen war, hatte vielfach von den friesischen Seeräubern gelitten; „Dockum," jetzt unter einem geldernschen Statthalter, „war ein verrufenes Seeräubernest". Jetzt traf wieder in Hamburg die Nachricht ein, daß die Westfriesen ein Hamburger mit Tuchen beladenes Schiff aufgebracht hätten. Wie stimmte das mit Salsborch's Bündnißantrag zusammen? Man glaubte ihm einfach nicht. Die Bürgerschaft war erbittert; der Rath schickte mit völliger Ignorirung Salsborch's zwei seiner Mitglieder nach Dockum, um sich mit dem Statthalter ins Vernehmen zu setzen, die auch nach Amsterdam sich begaben, um die Sicherheit des gegenseitigen Schiffsverkehrs zu verabreden. Der Herzog wurde ungeduldig über Salsborch's langes Ausbleiben, und S. entschuldigte sich darüber in einem Briefe vom 24. Juni mit körperlichen Leiden, die ihn am Reiten und demnach an der Rückkehr hinderten. Am 13. Juli wiederholt S. in einem Schreiben an den Herzog seine Klagen: er sei ein kranker Mann, habe zu Schiff nach Gröningen oder Dockum zurückkehren wollen und schon Abschied von seinen Verwandten genommen, als ihm vom Rath geboten war, vor ihm zu erscheinen. Der Rath habe ihm eröffnet, daß er vom Rath zu seinem Mitgliede gewählt sei; auf Salsborch's Einreden dagegen habe er nur die Antwort erhalten: es müßte also sein. Dies geschah am 9. Juli. Nichts mehr wissen wir über diese auffällige Wahl. Erst aus Salsborch's Briefen an den Herzog, im Reichsarchiv zu Arnheim bewahrt und von Nirrnheim veröffentlicht, ist dies bekannt geworden. Diese Erwählung bildet den Wendepunkt im Leben Salborch's.

Das Verfahren des [sich selbst ergänzenden] Rathes ist unbegreiflich.

s Stadtrecht von 1497 versagte sowohl hamburgischen als holsteinischen in mburg lebenden Beamten den Eintritt in den Rath. Um so weniger konnte auswärtiger Gesandter in den Rath gewählt werden. Wie konnte ferner nunmehrige hamburgische Rathsherr in demselben Briefe vom 13. Juli üben: er wolle, „solange er lebe, seiner fürstlichen Gnaden Dienst thun?" die Verhältnisse zwischen Friesland und Hamburg lagen, mußte ein so hrener Diplomat, wie S. war, sich sagen, daß beider Betheiligten Interessen ständig widersprachen. Diesem Conflicte aus dem Wege zu gehen, hätte S. auf sein Gesandtschaftsrecht berufen müssen, das ihm verbot, ohne vom ung entlassen zu sein, in eine fremde Regierung einzutreten. Der Verdacht nicht abzuweisen, daß S. die Wahl selbst gewünscht, günstige Umstände ucht hat, sie herbeizuführen und endlich die Treue gegen seinen Herrn gechen hat. Dem Rath mochte es willkommen sein, einen so gewandten Unterdler für Hamburg zu gewinnen. S. selbst mochte zweifeln, ob er sich in Gunst des Herzogs erhalten könne. In Hamburg hatte er angesehene wandte: seine erste Frau, zwar aus Geldern stammend, war dort gestorben, te ihm aber den einzigen Nachkommen hinterlassen, der 1523 eine Tochter hamburgischen Bürgermeisters Barthold vom Rhine geheirathet hatte. 1516 te S. in Hamburg Anna Bockholt, Nichte des Hinrich Bockholt, des letzten holischen Bischofs von Lübeck (1523—1535) geheirathet. Aus dem väteren Nachlaß besaß S. bedeutenden Grundbesitz in und außerhalb der Stadt. ch dies mochte ihn bestimmen, nicht nach Geldern zurückzukehren. Der rzog würdigt ihn keiner Antwort und ließ Beschlag auf sein Eigenthum en durch Jan v. Wittenhorst, der am 30. Juli die Ausführung des Befehls em Herzog meldet und dabei bemerkt, daß Salsborch's Brüder Joachim Peter, von ihm abgesandt, die Häuser Salsborch's ausgeräumt und bei cht und Nebel sich aus dem Staube gemacht hätten. Zwischen seiner Erlung in den Rath und dieser Meldung lagen drei Wochen. Danach ist es hst wahrscheinlich, daß S. schon vor seiner Erwählung auf Mittel gesonnen , sein Eigenthum vor herzoglicher Beschlagnahme zu schützen. Und dies ugt doch, daß S. bei seinem Eintritt in den Rath kein gutes Gewissen ben konnte. Trotzdem hegte S. die Hoffnung, noch in Hamburg dem Herzog nen zu können. Selbst 1526 im März bat er den geldrischen Kanzler Lanck, sich für ihn beim Herzog zu verwenden. Allein der Herzog überg seinen Zorn gegen S., den er als Hochverräther ansah, auf Hamburg liess Arrest auf Hamburger Schiffe und Waren legen: der geldrische Rath mand von Arnheim erließ im Frühjahre 1524 eine Bekanntmachung, in es hieß: „Die Hamburger soll man anhalten und ihre Güter in Verhrung nehmen, bis man weiß, ob sie Hinrik Salsborch, den Diener meines digen Herrn, losgeben wollen." Für den Schaden, den Hamburger Bürger durch erlitten, machten sie noch in späteren Jahren S. wiederholt verantwortlich.

Zunächst begünstigte ihn das Glück: noch nicht drei Vierteljahr dem th angehörig, wählte dieser ihn im Februar 1524 zum Bürgermeister d als solcher hatte er gleich Gelegenheit, sich um seine Vaterstadt verdient machen, als der vertriebene König Christian II. von Dänemark Pläne miedete, sich wieder der Krone zu bemächtigen. Christian II. selbst war nach Niederlanden, dem Gebiet seines Schwagers Karl's V., geflohen, und wenn ihm auch nicht glückte, die Statthalterin Margaretha von Oesterreich für zu gewinnen, so zogen doch Kurfürst Joachim von Brandenburg und andere rsten Norddeutschlands für ihn Truppen, namentlich gegen Hamburg und beck, zusammen. Denn beide Städte widersetzten sich seiner Rückkehr. Hamburg sah seine Selbständigkeit bedroht, weil der König schon früher [illegible] hatte, Holstein zu einem dänischen Lehen zu machen; Lübecker [illegible] aber hatten sich gar vernehmen lassen: „Lieber sterben, lieber [illegible] Russen herbeirufen, als Christian wieder zurückkehren lassen.“ Die[illegible] schiedene Gegnerschaft Lübecks war veranlaßt durch Christian's bisherige[illegible] Dänemark zur herrschenden Macht des Nordens, besonders der Ostsee, zu ma[illegible] Während Hamburg sich zur Vertheidigung gegen die Freunde Christ[illegible] bereitete, verliefen sich aber die feindlichen Truppen, da der Sold [illegible] Friedliche Verhandlungen, zu denen Kaiser und Papst u. A. im April 1[illegible] ihre Gesandten nach Hamburg geschickt hatten, fanden endlich in Kopenh[illegible] ihren Abschluß durch die Krönung Friedrich's I. zum König von Dän[illegible] am 7. August 1524. Der Wortführer der Hamburger Rathssendeboten [illegible] S. gewesen und wie viel Dank Friedrich I. Hamburg und Lübeck, nament[illegible] den beiden Bürgermeistern S. und Thomas v. Wickede schuldete, beweist [illegible] Ritterschlag, der Beiden am Krönungstage zu Theil wurde; „wohl der e[illegible] und einzige derartige Fall in der Geschichte der beiden Städte“ (Dietr. Sch[illegible] in A. D. B. XLII, 820).

Mit der Absetzung Christian's II., der sich auf die burgundischen Nieder[illegible] länder gestützt hatte, hatte S. aber auch dem Herzog von Geldern einen Dien[illegible] geleistet, worauf S. sich berufen konnte. In allen Briefen von 1523 [illegible] 1526 unterließ er nicht, seine Dienstbeflissenheit für Herzog Karl zu betheu[illegible] und andererseits zu bitten, daß dieser Salsborch's Rechenschaftsablage an[illegible] nehmen und sein Eigenthum herausgeben möge. Auch muß zu Salsborch[illegible] Rechtfertigung in seinen Privatangelegenheiten bemerkt werden, daß, als auf de[illegible] Herzogs Befehl von der Kanzel herab diejenigen aufgefordert wurden, sich zu melden, die durch S. geschädigt seien, keiner erschien, wohl aber Privat[illegible] schuldner des S. Auch Friedrich I. trat für S. ein, indem er einen Ab[illegible] gesandten, Diederich van Rede, zu Gunsten Salsborch's abfertigte (März 1526), um ihn zu bewegen, „S. zu gnädiger Audienz und Gehör kommen zu lassen“. Allein der Herzog blieb unerbittlich. Hamburg selbst verdankte Salsborch's Thätigkeit in Kopenhagen außer bedeutenden Handelsprivilegien in Dänemark, Norwegen und Schleswig-Holstein auch die Bereitwilligkeit des Königs mit Hamburg und Lübeck über die Vollendung des Alster-Trave-Canals zu verhandeln. Der für damals großartige Plan war um die Mitte des fünf[illegible] zehnten Jahrhunderts wieder aufgegeben worden, wurde nun aber durch den König von Dänemark gefördert (1525). Um den Bau und die Rechnungs[illegible] führung zu überwachen, setzte Hamburg eine Commission von vier Rathsherren und sechszehn Bürgern ein; Vorsitzender war S., der in den nächsten Jahren wiederholt mit dänischen Commissaren und holsteinischen Gutsbesitzern zu ver[illegible] handeln hatte, auch einen Schleusenmeister aus Kampen anstellte, bis endlich um Martini 1529 die ersten Schiffe aus Lübeck in Hamburg landeten. Noch in diesem und dem folgenden Jahre mußte sich S. zum Könige begeben, um wegen Abgaben auf dem „Wassergraben“, wie der Canal genannt wurde, Rücksprache zu nehmen. Auch sonst fehlte es ihm nicht an Reisen in Hanse[illegible] angelegenheiten nach Lübeck, zum Herzog Ernst von Braunschweig-Lüneburg, nach Salzwedel, um allerlei Mißverständnisse beizulegen.

So sehr es S. geglückt war, der Stadt Hamburg ersprießliche Dienste zu leisten, so wenig berücksichtigte er die Stimmung der Bürgerschaft, die der kirchlichen Reformation immermehr zuneigte. Schon 1524 hatte der Kirchen[illegible] vorstand von St. Nikolai Bugenhagen zum Pastor berufen; da aber der Rath Einspruch erhob, konnte Bugenhagen dem Rufe nicht folgen. Neben der Forderung der kirchlichen Reformation erhob die Bürgerschaft auch den An[illegible] größeren Einfluß auf die Verwaltung zu gewinnen. In allen Fällen erwies sich S. unzugänglich gegen die Bürgerschaft. Betrachtet Salsborch's harte Worte gegen die römischen Priester nach der 1529 eingeführten Reformation, so kann man sich nicht gegen den Einschließen, daß dem langjährigen Diener des Fürsten die kirchlichen heiten gleichgültiger waren als die Autorität des regierenden misters.

In den Jahren 1524 bis 1529 wandte sich Hinrik S. zunächst die kirchlichen Neuerungen der Bürgerschaft. Als 1524 selbst das Capitel mit dem Rath und vielen Kirchenjuraten gegen den Domherrn (s. A. D. B. II, 43) entschieden hatten, daß nicht dieser, sondern die Aufsicht über die von ihnen gegründete und jahrhundertelang er- Nikolaischule zu führen hätten, protestirte S. mit zwei anderen meistern gegen diese Einigung. Um Michaelis 1525 nach Bremen ge- um in einer Streitfrage zwischen dem katholischen Erzbischof und dem lischen Rath der Stadt zu vermitteln, trat S. auf die Seite des; und bei einer bald darauf stattfindenden Versammlung in Mölln S. an den Rath von Lüneburg die Bitte, den sehr gewandten nicaner Augustin v. Getelen (s. A. D. B. XLIX, 336) noch länger in zu belassen, wohin er zur Vertheidigung der römischen Lehre als gesandt worden war. Allein Salsborch's Bemühungen, die evange- Strömung aufzuhalten, waren umsonst, nachdem in zwei öffentlichen tationen die evangelischen Prediger im Mai 1527 über die Domherren, im April 1528 über die Dominicaner gesiegt hatten. Von S. erzählte sich, er habe gesagt: „Man muß das Unkraut ausrotten; etlicher Bürger müsse man an die Mauern laufen lassen“. Den evangelischen Predigern er zugerufen haben: „Ihr Herren laßt euer Predigen nicht eher als bis 300 auf dem Rücken liegen“. Mag auch manche Uebertreibung bei und noch schlimmeren Gerüchten vorgekommen sein, wie daß die lischen, an ihrer Spitze S., sich im Johanniskloster versammelt und det hätten, nachts die evangelischen Prädikanten und ihre Anhänger den, so wurde doch S. von den Bürgern als das Haupt des katholischen standes angesehen. Hätte nur irgend eine verfängliche Thatsache diesem von der Verschwörung im Johanniskloster zu Grunde gelegen, so die Bürger dies sicherlich erwähnt in der Eingabe, die sie am August 1528 gegen S. dem Rath überreichten. Sie enthielt achtzehn von ausersehenen Kirchenvorständen aufgesetzte Artikel, die sich auf Schutz der, auf angemessene Verwendung der Klostergüter u. a. beziehen. Der Artikel aber, der gleichsam die conditio sine qua non zur Befriedigung Bürger enthält, fordert, daß Herr Hinrik Salsborch sich so lange des Stuhles enthalte, bis er, nach seinem eigenen Versprechen, die Bürger digt habe, denen um seinetwillen Eigenthum genommen sei; daß er von Bürgern glaubwürdig befundene Briefe und Siegel des Herzogs Geldern beibringen solle, worin dieser verspricht, niemand Salsborch's zu schädigen und daß er endlich glaubwürdig Salsborch's Entlassung seinem Dienste und Entbindung von seinem Eide bezeuge. Vor der, so erklärten die Bürger im folgenden Artikel, ehe dies alles geordnet wollten sie selbst einen Bürgermeister erwählen oder zwei Männer nammachen aus denen der Rath einen zum Bürgermeister wählen möge. Rath antwortete ausweichend und noch gelang es ihm, S. in seinem zu halten. Aber es war eine Folge der ungesetzlichen Erwählung borch's und der daraus entsprungenen Irrungen zwischen Rath und

Bürgerschaft, daß in dem „sogenannten langen Receß vom 15. Februar 15 der die Einführung der Reformation abschloß, sich Bestimmungen finden, jenen Forderungen der Bürger auf Schutz genügten. Als sich Rath u Bürgerschaft über die Annahme dieses Recesses geeinigt hatten, hat sich au S. in diese Neuordnung der Stadt gefunden, denn den Gegnern derselbe jetzt dem Domcapitel, tritt er scharf gegenüber, nachdem er vergeblich versuc hatte, sie zu gewinnen. Als am Schluß einer solchen Besprechung a 8. Juni 1529 der Domherr Kissenbrügge die sonderbare Behauptung aufge stellt hatte, weil Karl der Große die Hamburger Kirche gestiftet hätte und s demnach älter als die Stadt wäre, so könnte das Kirchenwesen nur vom Kai und nicht vom Rath der Stadt verändert werden, sprach S.: „Herr Deca wir verstehen Eure Meinung wohl: Ihr wollt den Dorn gern aus Eure Fuße ausziehen und an unsern Fuß stecken. Wir haben nicht solche Ma als ihr uns beimeßt. Deshalb, lieber Herr und guten Freunde, wir seh nicht, was hierbei zu machen ist. Bleibt, wie Ihr seid, die Uhr ist gle zwölf. Ich gehe zum Essen". In ähnlichem Tone redete S. vier Woc später zu allen Clerikern, die, auf das Rathhaus beschieden, sich gegen Einwilligung sträubten, ihre Lehen, deren Einkünfte sie lebenslang genie sollten, dem allgemeinen Gotteskasten zu übergeben. Noch am 9. März 15 hatten S. und Bürgermeister Joh. Wetken (s. A. D. B. XLII, 231) e Besprechung mit Domherren, in der sie wegen vorgefallener Störung d Gottesdienstes auf Einstellung des Chorgesanges im Dom bis zu einer all meinen Reformation in ganz Deutschland drangen und sich bitter über lügenhaften Anschuldigungen des Dombecans Clemens Grote beschwerten, bei dem Reichskammergerichte in Speier den Proceß gegen die Stadt anhän gemacht hatte. Aber trotz dieses Standpunktes mußte S. um Ostern desselb Jahres auf den Rathssitz verzichten. Wenn man die spärlichen Nachrich über dieses Ereigniß erwägt, so scheint die Ursache desselben in Salsbor Verhältniß zu dem noch katholischen Rath in Lübeck zu liegen, dem die dort evangelisch gesinnte Bürgerschaft bisher vergeblich Widerstand geleistet ha

Obgleich S. in Hamburg als Gegner des katholischen Domcapitels gehand hatte, sehen wir ihn in Lübeck im Sommer 1530 als hamburgischen Rat sendeboten auf dem Hansetage mit dem katholischen Rathe zusammengehen einer Procession, die jährlich zum Gedächtniß der Wiederherstellung des alt Raths im Jahr 1416 gefeiert wurde. Die Bürger hatten ihre Theilnah versagt. Da sich die Gegensätze zwischen Rath und Bürgerschaft verschärft gelangten im October kaiserliche Mandate nach Lübeck, die die alte kirchli Ordnung und die politische Macht des Rathes wieder herzustellen befahle Um sich mit dem katholischen Herzog Albrecht von Mecklenburg zu verbinde flohen am Ostersonnabend die beiden Bürgermeister Nikolaus Brömse (s A. D. B. III, 352) und Hermann Plönnies aus Lübeck. Hamburg fürchte daß hier der Kaiser ebenso vorgehen würde und rüstete sich zur Vertheidigun wozu der Rath mit Geldforderungen an die Bürgerschaft am Sonnabend n Ostern, am 15. April 1531, trat. Die Bürgerschaft forderte, ehe sie Ge bewillige zur Vertheidigung gegen äußere Feinde, müsse aller Zwist in d Stadt beseitigt sein und wiederholte ihre Forderungen vom Jahre 1528, S. sich von allen gegen ihn erhobenen Beschuldigungen völlig reinigen o aus dem Rathe ausscheiden müsse. Jenes vermochte S. nicht und der Bürg schaft Trotz zu bieten wagte er nicht mehr. Seine in vieler Hinsicht erspri liche Thätigkeit für die Vaterstadt schloß an jenem 15. April 1531. Er le hinfort in Zurückgezogenheit; vielleicht aus diesem Umstand, da er die Oeffe lichkeit vermied, hat sich die Sage gebildet, daß er schwachsinnig und kindi geworden sei, dem aber die nächsten Verwandten nach seinem Tode entschieden widersprochen haben. Aeußerlich lebte S. in glänzenden Verhältnissen. Er war zum dritten Male in die Ehe getreten mit Anna v. Mehre aus angesehener Hamburger Familie. Zu seinem Hamburger Grundbesitz hatte er von dem Propst des Reinbecker Klosters, dem Doctor der Theologie Detlev Reventlow das adlige Gut Wandsbeck käuflich erworben, womit er für sich und seine Erben von König Friedrich I. am 1. Juni 1525 belehnt worden war. Die Kaufsumme war aus dem Eigenthum seiner Frau bestritten, die nebst anderen Beträgen eine ihr von S. geschenkte goldene Kette im Werthe von 800 Mark lübsch hergegeben hatte. Aus diesen Angaben, sowie aus dem Inventar, das 1554 nach dem Tode der Anna v. Mehre über den Nachlaß Salsborch's aufgenommen wurde, wo u. a. ein ganz mit Silber beschlagenes Schwert, viele Rüstungen und Waffen und kostbare Kleidungsstücke aufgezählt werden, ist ersichtlich, daß sein Lebenszuschnitt dem reich begüterter Adliger glich. Allein sein Lebensabend wurde verdunkelt durch die Aufführung seines einzigen gleichnamigen Sohnes, für dessen Schulden S. wiederholt eintreten mußte, bevor er verschollen ist. Am 17. März 1534 endete des einstmaligen Bürgermeisters Leben, das nicht der Tragik entbehrt. Der Treubruch gegen seinen Herzog ist der wunde Fleck, von dem er sich nicht zu reinigen vermochte und dessen Folgen seine Laufbahn in Hamburg unrühmlich beendeten. Die lateinische Grabschrift, welche ihm der Rathssecretär Ritzenberg widmete, deutet seinen Ehrgeiz an, wenn es da u. a. heißt: „Fahre nun dahin und traue den eitlen, weltlichen Titeln! Die einzige dauernde Ehre ist, Gott gefürchtet zu haben." — Die obengenannten Brüder des S., Peter und Joachim, dieser Leichnamsgeschworener (d. h. Gotteskastenverwalter) zu St. Petri starben kinderlos in Hamburg; ein dritter, Johannes S., war im Kriege in Niederland gefallen; über einen vierten, Albert S., gleichfalls Leichnamsgeschworener s. A. D. B. XXX, 283. Noch vor Schluß des Jahrhunderts war das Salsborch'sche Geschlecht in Hamburg und Köln erloschen.

Dr. H. Nirrnheim, „Bgm. H. Salsborch" in der Zeitschrift des Vereins für Hamburgische Geschichte Bd. 12, Heft 2, S. 261—342. Nirrnheim hat zusammengefaßt und berichtigt, was bisher über Salsborch erschienen ist und auf Grund von Studien in deutschen und niederländischen Archiven wesentlich vermehrt. W. Sillem.

Salzmann: Max S., Architekt, hat sich als Restaurator des Bremer Doms einen geachteten Namen erworben. Er war 1850 als Sohn des Geh. Justizraths S. in Breslau geboren, besuchte dort das Gymnasium und nahm 1870/71 im VI. Armeecorps am Kriege gegen Frankreich Theil. Nach seiner glücklichen Rückkehr aus dem Felde besuchte er von 1871—74 die Bauakademie zu Berlin und machte im letztgenannten Jahre mit Auszeichnung und unter Anerkennung der silbernen Medaille die Bauführerprüfung. Von 1874—1876 war er bei verschiedenen Universitätsbauten in seiner Vaterstadt beschäftigt. Dann betheiligte er sich an einer Schinkelconcurrenz, die ihm mit dem zweiten Preise eine ehrenvolle Anerkennung seines Talents für monumentale, architektonische Disposition einbrachte. Nach Ablegung der Baumeisterprüfung und vorübergehender Beschäftigung beim Neubau des Criminalgerichtsgebäudes in Moabit und als Hülfsarbeiter im Ministerium der öffentlichen Arbeiten machte er 1879 und 1880 eine achtmonatliche Studienreise durch Südfrankreich und Italien. Dann war er sieben Jahre lang wieder in Breslau thätig, wo er neben der Mitwirkung bei dem Bau eines Amtsgerichtsgebäudes und klinischer Universitätsbauten den Bau des Kaiser Wilhelm-Gymnasiums selbständig ausführte. Im J. 1887 kam S. als Hülfsarbeiter zu der Regierung in

Marienwerder. Im gleichen Jahre wurde eine Concurrenz für die Wiederherstellung des Westbaues und der Nordfassade des Bremer Doms ausgeschrieben, eine Aufgabe, die das auf monumentale Bethätigung gerichtete Talent Salzmann's wohl reizen konnte. Ein flüchtiger Besuch, den er Bremen machte, reifte seinen Entschluß, sich an der Concurrenz zu betheiligen. Er hatte mit scharfem Auge aus den kläglichen Resten der Westfront des Doms die Verwandtschaft mit den spätromanischen rheinischen Kirchen erspäht, und das Preisgericht, dem u. a. Adler und Persius angehörten, erkannte im Frühjahr 1888 unter den sehr zahlreich eingegangenen Entwürfen der Arbeit Salzmann's einstimmig den ersten Preis zu.

Wenn auch dieses Urtheil anfänglich einen nicht geringen Theil des bremischen Publicums befremdete, weil viele den romantischen Grundcharakter des reichlich mit gothischen Anbauten versehenen Doms verkannt hatten, und noch mehrere mit dem Preisgerichte Anstoß an den rhombischen Helmen der beiden Westthürme nahmen, so ist doch jetzt längst allseitig anerkannt, daß der von S. vollständig ausgeführte Westbau dem alten Bauwerk in vorzüglicher Weise gerecht geworden ist.

S. siedelte im Sommer 1888 nach Bremen über und begann alsbald mit dem Abbruche des durch schwere Schicksale arg zerstörten Westbaues. Genaue Untersuchungen ergaben schließlich, daß von dem gesammten Bau nur anderthalb Stockwerke des Nordthurms stehen bleiben konnten. Die Arbeit, die S. zu unternehmen gedacht hatte, erweiterte sich dadurch sehr beträchtlich. Es kam hinzu, daß S., als er tiefer in das Verständniß der historischen Entwicklung des Bauwerks eindrang, mehrfach seine Pläne änderte und mit unermüdlichem Eifer neben der zweckmäßigsten und ästhetisch am meisten befriedigenden constructiven Ausgestaltung auch den decorativen Formen seine ganze Aufmerksamkeit widmete. So schritt der Bau langsam vorwärts, aber wahrlich nicht zum Nachtheil der Kirche. S. bewährte seine Künstlerschaft dadurch, daß nach mancherlei Schwankungen sein letzter Entschluß stets das einfachste und der dem Charakter des Bauwerks gemäßeste war. So ist es ihm gelungen, die unvollendet in dem Bau schlummernden oder durch große Unglücksfälle verstümmelten künstlerischen Gedanken auf das feinste zu entwickeln und aus der traurigen Ruine, die ein Vierteljahrtausend dagestanden hatte, ein Denkmal edler Kunst zu gestalten.

Nach Vollendung des Westbaues im J. 1893 hat S. der freiliegenden Nordfassade, einem spätgothischen Anbau, der äußerlich ungewöhnlich dürftig ausgeführt worden war, eine reichere Ausbildung gegeben. Dann machte er sich an den technisch schwierigsten Theil seiner Aufgabe. Er hatte gleich in seinem ersten Entwurfe nach dem Vorbilde der großen rheinischen Kirchen einen Vierungsthurm geplant, der die lange Dachflucht in angemessener Weise unterbrechen und durch seine spätromanischen Formen die durch das spätgothische Nordschiff gestörten unterbrochenen Beziehungen zwischen dem Ost- und dem Westbau eindrucksvoll zur Anschauung bringen sollte. Um aber diesen Vierungsthurm ausführen zu können, bedurfte es eines völligen Neubaues der vier Pfeiler auf denen er ruhen sollte. Da mußten die Gewölbe des Chores durch ein sehr kunstvoll construirtes Gerüst gestützt werden, um alsdann die Pfeiler einen nach dem andern wegzubrechen und von Grund aus neu aufzuführen. Mitten während dieser Arbeit wurde S. am 6. Februar 18[illegible], noch nicht 47 Jahre alt, infolge einer tückischen Krankheit vom Tode hinweggerafft.

Neben dem Dombau hat er sich durch den Umbau der am Markte, dem Dom gegenüber gelegenen Rathsapotheke in den Formen der bremischen Renaissance ein schönes Denkmal gesetzt. Einen andern Umbau, den der ebenfalls am Markte gelegenen Fassade des Schüttings, des Hauses der Kaufmannschaft, nachdem er die Pläne fertig gestellt hatte, wurde er durch seinen vorzeitigen Tod auszuführen verhindert.

Vgl. Weser-Ztg. vom 10. Febr. 1897, Nr. 18039. Bippen.

Sandberger: Fridolin S. wurde 1826 zu Dillenburg in Nassau geboren, wo sein Vater als Rector des dortigen Pädagogiums lebte. Sowohl durch diesen, der sich selber eine Sammlung von Mineralien und Versteinerungen angelegt hatte, als auch durch seinen älteren Bruder Guido wurde der junge Fridolin schon frühzeitig in den Theil der Naturwissenschaften eingeführt, dem er sein ganzes Leben gewidmet hat bis zu seinem 1898 in Würzburg erfolgten Tode. Schon während seiner Studentenzeit, die er auf den Universitäten von Bonn, Heidelberg, Gießen und Marburg verbrachte, konnte er mit einer Reihe kleinerer Mittheilungen mineralogischen und palaeontologischen Inhalts an die Oeffentlichkeit treten und 1849 wurde er bereits zum Inspector des naturhistorischen Museums in Wiesbaden ernannt. Von da kam er 1855 als Professor der Mineralogie und Geologie nach Karlsruhe, und 1863 in gleicher Stellung an die Universität in Würzburg, wo er bis zum Jahre 1896 eine äußerst fruchtbare Lehrthätigkeit entwickelte. Als Forscher war er 53, als akademischer Lehrer 42 Jahre thätig gewesen. In seine Jugendzeit ragten noch die Heroen einer früheren Periode, Leopold v. Buch und Alex. v. Humboldt, hinein, aber seine eigentlichen Vorbilder und späterhin seine Mitarbeiter waren Männer wie Beyrich, Ferd. Roemer, Dechen, Bronn u. s. w. Es war eine für die Entwicklung der Mineralogie und Geologie zwar recht hoffnungsreiche Zeit, aber noch hatte sich der Wissensstoff nicht so sehr gehäuft und die Forschungsmethoden so verfeinert, daß der Einzelne nicht leicht auf den verschiedenen Gebieten gleichzeitig hätte thätig sein können. Und so sehen wir S. zugleich zu Anfang sich ganz selbständig auf dem Boden der Mineralogie, Petrographie, Geologie und Palaeontologie bewegen und auch später, als die Specialisirung immer stärker sich entwickelte, ging er davon nicht ab und vermochte das selbst jüngeren Kräften schon unmöglich Erscheinende zu leisten, bis seine physische Kraft zusammenbrach.

Nach Beckenkamp's Angabe beläuft sich die Zahl der von S. veröffentlichten Druckschriften auf 333. Unter diesen sind aber vier ganz besonders hervorzuheben, nicht nur wegen ihres Umfanges, sondern auch wegen der allgemeinen Bedeutung, die sie in der Entwicklung der geologischen Wissenschaft erlangt haben. In einzelnen Lieferungen erschien in den Jahren 1850—56 das Werk: „Die Versteinerungen des Rheinischen Schichtensystems in Nassau". Es war dies eine grundlegende Arbeit von dauerndem Werthe, bei der sich Fridolin allerdings der Mithülfe eines älteren Bruders Guido zu erfreuen hatte. Kaum war er damit fertig, wandte er sich einer weit umfangreicheren Arbeit und dieses Mal allein zu, den „Conchylien des Mainzer Tertiärbeckens", die er zwischen 1858 und 1863 vollendete. Damit hatte er für die Stratigraphie seines engeren Vaterlandes jene sichere Grundlage geschaffen, die auch heute nach mehr als einem halben Jahrhundert noch von Bedeutung ist. Aber schon während dieser Arbeiten hatte ihn ein noch weiter ausschauendes Thema angezogen. Doch konnten die Lieferungen „der Land- und Süßwasser-Conchylien der Vorwelt" erst zwischen 1870 und 1875 erscheinen. Mit einem geradezu bewunderungswerthen Fleiße war hier ein sehr schwieriges und übergroßes Material in einheitlicher Weise bearbeitet und ein jedem Stratigraphen unentbehrliches Hülfsmittel geschaffen worden. Mit 50 Jahren hatte S. die *Hauptwerke seines Lebens* geschaffen, um die sich außerdem noch ein reicher Kranz kleinerer aber zum Theil ebenfalls recht bedeutungsv[illegible] Publicationen schlang. Es folgten jedoch noch weitere 20 Jahre [illegible] litterarischer Fruchtbarkeit und diese Periode ist hauptsächlich charakterisirt [illegible] seine Forschungen über die Entstehung der Erzgänge. Schon frühzeitig [illegible] er sich mit diesem wichtigen Gegenstande zu beschäftigen gehabt und [illegible] er ein ganz extremer Verfechter der Lateralsecretionstheorie. [illegible] gelang es ihm auch großen Anhang für seine Anschauungen zu gewinnen, [illegible] er besonders eingehend in seinen „Untersuchungen über Erzgänge“, 188[illegible] 1885, entwickelt hat; aber allmählich zeigte es sich doch, daß er [illegible] Gebiet der Erzlagerstättenlehre nicht vollauf beherrschte, daß die Speci[illegible] ihm darin über waren; und so mußte er es noch erleben, daß seine [illegible] die bereits siegreich in die Lehrbücher eingedrungen war, langsam wieder [illegible] verschwand und mit dem bescheidenen Platz vorliebnehmen mußte, der ih[illegible] jeher zuerkannt worden war.

Rothplet[illegible]

Sander: Autor S., Rechtsgelehrter, Förderer der Reformation in [illegible]schweig und Hannover, geboren um 1500, † um 1540.

Die Quellen über sein Leben sind dürftig. Er ist in Braunsch[illegible] geboren, hat in Leipzig studirt, alten Nachrichten zufolge auch in Witten[illegible] Wenigstens ist er den Wittenberger Führern persönlich bekannt und befreun[illegible] gewesen. Seine Grabschrift in der Nikolaikirche zu Hannover sagt uns, [illegible] er 40 Jahre alt geworden ist.

1524 lernen wir ihn als Anhänger Luther's kennen. In diesem Ja[illegible] fand in Braunschweig ein Minoritenconvent statt, der Heiligenanrufung [illegible] Messe vertheidigen sollte. S. gehörte zu denen, die hier in öffentlicher Di[illegible]putation die Mönche in die Enge trieben. Die nächsten Jahre seines Leb[illegible] gehören völlig der Arbeit um Einführung des evangelischen Bekenntnisses.

Eine erste evangelische Bewegung in den Jahren 1521/22 war unterdr[illegible] worden. In den norddeutschen Städten, die mehr als die süddeutschen [illegible] aristokratisches Stadtregiment sich bewahrt hatten, haben die reformatorisch[illegible] Regungen leicht einen demokratischen Zug bekommen. Manche Vorgänge i[illegible] benachbarten Magdeburg mochten den Braunschweiger Rath warnen. In Brau[illegible]schweig selbst hatten furchtbar blutige Scenen im Kampf der Bürgerschaft ge[illegible] die Geschlechter sich abgespielt. Zwei Mal haben während der Kämpfe um di[illegible] kirchliche Neuerung zahlreiche Rathsglieder die Stadt verlassen, zweifellos i[illegible] der Erinnerung an manche Vorgänger, die in Kämpfen mit der Bürgerschaft unter Henkershand geendet hatten. An unruhigen Elementen mag es [illegible] der der kirchlichen Neuerung anhängenden Stadtbevölkerung nicht gefehlt haben. Es ist wesentlich das Verdienst des jugendlichen Autor S., wenn die kirchliche Umwälzung, wie ein Nachruf sagt, „sine caede et sanguine“ erfolgte.

S. hatte ermuthigend und fördernd hinter Heinrich Lampe, dem ersten und bedeutendsten der evangelisch gesinnten Prädicanten Braunschweigs gestanden. Er unterstützt ihn mit Büchern, fördert ihn in seinen Studien (Lampe besaß wie so manche evangelische Prädicanten dieser Zeit keine theologische Bildung), macht ihn vor allem näher mit Luther's Schriften bekannt, die S. trotz [illegible] Verbotes des Raths in Braunschweig verbreitet. Anfang 1527 steht S. [illegible] der Spitze der Bürgerschaft in der Altewiekgemeinde, die von dem Rath [illegible] Weichbildes ein Einschreiten gegen „die Fabeln und Legenden“ in den Predigten, eine Verkündigung des „einfachen, reinen Wortes Gottes“ fordert. Von [illegible] ist S. der erklärte „Worthalter“ der Bürgerschaft, er steht an der Spitze [illegible] „Verordneten“, die aus allen Weichbildern gewählt sind, mit dem Rath der Stadt der kirchlichen Frage wegen zu verhandeln. S. faßt die Forderungen der evangelisch Gesinnten in bestimmte Artikel zusammen. Ebenso ist er es,

dem Rath die Bitte um Berufung einer bedeutenden Persönlichkeit aus-
cht zur Ordnung der kirchlichen Verhältnisse. S. wird mit dem Stadt-
etär von dem Rath abgeordnet, um Magister Winkel für Braunschweig zu
innen. Der Rath läßt nun der Bewegung, die er nicht mehr dämmen
n, freien Lauf.

Wie schwer diese Jahre für S. waren, zeigt eine Unterredung zwischen
und Anton Corvinus, die dieser in seiner Erstlingsschrift wiedergibt.
arhafftig bericht das das wort Gotts ohn tumult ohn schwermerey zu Gosler
Braunschweigk gepredigt wird.) Corvinus ist erstaunt, S. so stark ver-
ert wiederzufinden. Vor 7 Jahren, als Corvinus sein Kloster verlassen
te, sei S. „ein hübscher junger Knab" gewesen, sehe jetzt aber aus, als
e er „aus dem Fegefeuer gekrochen". S. gibt zur Antwort: „viele und
ze Sorgen machen graue Köpfe". Der so Gealterte kann damals höchstens
a 30 Jahre gewesen sein.

Dem Jahre 1628 entstammt die Schrift Sander's „Underrichtung ym
hten Christliken geloven unde levende an de Christen tho hildesem". Nur
ige Exemplare der Schrift haben sich, wie es scheint, erhalten: in Göt-
gen und in der Kirchenbibliothek zu Calbe a. d. M.

Die Veranlassung der Schrift war ein Schreiben der Hildesheimer evan-
sch Gesinnten an S. Sie haben seine Hülfe erbeten gegen die Streitschrift
s Hildesheimer Priesters namens Oldekop. Man darf ohne Zweifel an-
men, daß es sich hier um Joh. Oldekop, den Verfasser der berühmten
onik, handelt, der im Jahre 1528 als Prediger in Hildesheim thätig war.
der ist diese Streitschrift von Luther's ehemaligem Beichtkinde, die nach den
ben bei S. zu urtheilen in Versen geschrieben war, wohl als verloren zu
achten.

Sander's Antwort stellt in schlichter, ungemein anziehender Weise die
re von der Rechtfertigung allein aus Glauben dar. Bemerkenswerth ist die
ellenntniß des Juristen. Geradezu mustergültig ist die Darlegung, was
ube im evangelischen Sinne sei. Charakteristisch für S. ist am Schluß
energische Mahnung zum Gehorsam gegen die Obrigkeit, sie sei gut oder
, und die Warnung, sich nicht auf die Zustimmung des „gemeinen Haufens"
verlassen, da sonst ein schlimmer Brand in Hildesheim entzündet werden
hte.

Für die nächsten Jahre entschwindet S. unserem Gesichtskreis, doch wird
auch diese Zeit in seiner Vaterstadt zugebracht haben. Erst 1533 hören wir
der von ihm, als der Ruf der Stadt Hannover an ihn ergeht.

Bis zum Jahre 1532 hatte der Rath der Stadt Hannover alle reforma-
schen Regungen mit Härte unterdrückt. Das neue Aufflammen der Be-
ung seit diesem Jahre veranlaßt zugleich die Bürgerschaft größere politische
hte vom Rathe zu fordern. Der Sieg der Reformation bedeutet dann den
sammenbruch des patricischen Stadtregimentes. Der immer wachsenden
wegung gegenüber hatte der Rath allmählich die Zügel aus der Hand ver-
n. Radicale Stimmen werden laut. „Herr Omnes" fordert, der Rath
bestimmte Artikel bewilligen oder diesen Tag sterben. „Junker Neidhardt"
t sich hören. Aus Gottes Wort wird gefolgert, daß keine Obrigkeit sein
, man wollte alles Dinges Freiheit und alle Güter gemein haben. Niemand
Schoß und Zins geben. Damals hing Hannover an einem seidenen Faden.
lesen wir in einem handschriftlichen Bericht des Mannes, der der erste
ngelische Bürgermeister Hannovers wurde, des Anton Barkhausen. Den
itgliedern des Rathes gelang es unter Vorwänden aus der Stadt zu fliehen
d so ihr Leben in Sicherheit zu bringen. In dieser Noth wird Autor S.

als Syndikus der Stadt nach Hannover berufen. Ende 1533 traf er dort [illegible] Seine Thätigkeit vor allem hat geholfen Hannover das Schicksal Münsters [illegible] ersparen, wo eben jetzt die Tage der Wiedertäufer begannen. Hannover [illegible] S., so berichten einstimmig die Nachrufe, et pacem et ius.

Gern möchten wir Näheres von seiner Thätigkeit dort hören, allein [illegible] Quellen, die zahlreichen handschriftlichen Reformationsberichte auf dem [illegible]archiv zu Hannover, versagen völlig. Sie erzählen ausführlich bis zu [illegible] Zeitpunkt, allenfalls noch von der Aussöhnung mit dem entwichenen Rath [illegible] dem zürnenden Herzog, von Sander's Thätigkeit nichts. Kein Wunder, [illegible] dramatisch bewegte Theil der Reformationsgeschichte Hannovers war mit [illegible] Eintreffen Sander's ja zu Ende.

Wie sehr S. persönlich und seine Thätigkeit in Hannover geschätzt [illegible] zeigt ein herzlicher Brief Melanchthon's an „seinen Freund Sutor“, [illegible] auch Briefe des ihm eng befreundeten Urbanus Rhegius. Als dieser den [illegible]wurf einer Kirchenordnung für die Stadt Hannover einsendet, trägt er S. [illegible] nöthigen Aenderungen und Ergänzungen auf (1536). Im Frühjahr 15[illegible] hat S. an dem Fürstentag zu Braunschweig theilgenommen. Hier war [illegible] wohl, wo der König von Dänemark ihn sah und ihn durch ein ehrenvolles Angebot für sich zu gewinnen suchte. Ende 1538 begegnet uns S. zum letzten Mal als Abgesandter auf dem Convent der sächsischen Städte zu Halberstadt. Nicht viel später muß er gestorben sein.

S. wird von Ranke, der ihn in der Deutschen Geschichte im Zeitalter der Reformation erwähnt, der „älteren litterarischen Richtung der Neuerer“ zugerechnet. Mit vollem Recht. S. ist durch und durch humanistisch gebildet, ein Freund der Bücher und der Gelehrsamkeit, die an ihm immer wieder gerühmt, auch von Melanchthon in seinem Brief besonders hervorgehoben [illegible] Die Reformation ist ihm Rückkehr zu den Quellen, eine Verkündigung Christi „ohne Zusatz menschlicher Träume und Glossen“. (Corvinus, Warhafftig bericht[illegible]) Er ist eine tief religiöse Natur, die den Kerngedanken Luther's mit Begeisterung erfaßt hat und von hier aus in vornehmer Besonnenheit eine Erneuerung des kirchlichen und religiösen Lebens erstrebt. Alles in Allem: eine der anziehendsten Gestalten der Reformationsgeschichte.

Neofanius, Catalogus et historia concionatorum Brunsvicensium [illegible] (einige poetische Nachrufe an S. sind angehängt). — Hamelmann, Secunda pars historiae ecclesiasticae renati evangelii per inferiorem Saxoniam et Westphaliam 1587. — Rethmeyer, Der berühmten Stadt Braunschweig Kirchen-Historie 1707. — Hessenmüller, Heinrich Lampe, der erste evangelische Prediger in der Stadt Braunschweig, 1852. — Bahrdt, Geschichte der Reformation der Stadt Hannover, 1891. Rahlwes.

Sander: Friedrich S., ausgezeichneter Musiker, geboren am 31. Juli 1856 in Kaiserslautern, † am 9. Juni 1899 in München. Kaum 20 Jahre alt, trat er in die kgl. Akademie der Tonkunst zu München, wo er im Violinspiel Benno Walter's, dann Abel's Unterricht genoß. Schon bei den ersten Prüfungsconcerten fanden seine Vorträge, namentlich der empfindungsreiche [illegible] L. Spohr's „Gesangsscene“, besondere Beachtung. Schon 1878 Mitglied des kgl. Hoforchesters geworden, studirte er an der Akademie vornehmlich Composition bei Jos. Rheinberger weiter; ein College war da Engelbert Humperdinck, der Verfasser von „Hänsel und Gretel“ u. s. w. Seit 1890 entfaltete er auch eine ersprießliche pädagogische Wirksamkeit als Violinlehrer und Orchesterdirigent am kgl. Maximilian-Gymnasium und führte mit den ihm sehr anhänglichen Schülern selbst Symphonien von Mozart auf. Sein früher Hingang erklärt sich aus dem Aufbrauche seiner Kraft in rastloser Arbeit und die Bedrängniß des Lebens, die ihn auch hemmte, seine Anlagen richtig twickeln. Bei seiner sensitiven Natur war die Kunst stets Gemüthssache; -Spiel, so beim Freischaffen. Früh schon drängte sein Talent zum Com-on. Noch Schüler, concipirte er eine Suite für Orchester; sie wurde und 1880 bei den Prüfungen der Akademie der Tonkunst, 1881 in den oncerten aufgeführt. An letzterem Orte spielte März 1885 Benno zwei feinsinnig componirte Stücke Sander's: „Legende" und „Capriccio" Violine und Orchester — „wahre Bereicherungen der Violinlitteratur". strebte Sander's „Heroide" getauftes Tongemälde (Première am 9. März unter Frz. Fischer im Münchener kgl. Odeon): „es fesselte nicht nur durch musikalische Phantasie und vortrefflich gegliederte Orchesterbehandlung, trug mit seinem tragisch-schmerzlichen Grundton durchaus das Gepräge nerlich Erlebten an sich." Dieser entschiedene Aufschwung macht Sander's Tod sehr bedauerlich. Messen für Männerchor 1887 und 1891.

Zeitungsnekrologe, z. B. Münchener Neueste Nachrichten Nr. 270 vom Juni 1899. — Musikerlexika kennen Sander nicht.

Ludwig Fränkel.

Sanders: Daniel Hendel S., Lexikograph, wurde am 12. November zu Strelitz (Altstrelitz) als Sohn wohlhabender jüdischer Eltern geboren. Mutter verlor er bald nach der Geburt, an dem gütigen und allgemein teten Vater hing er mit warmer Verehrung. In der Schule der israeli- Gemeinde gut vorbereitet, bezog S. zwölfjährig das Gymnasium in relitz, wo er sich als Mathematiker auszeichnete und zu Ostern 1839 Reifezeugniß erwarb. Er hat dann sieben Semester in Berlin studirt, gsweise Mathematik und Naturwissenschaften: bei Lejeune-Dirichlet, er, Encke, Erman, Dove u. A.; dazu hörte er Philosophie bei Trendelen- und einiges Philologische, so bei Boeckh und dem inzwischen nach Berlin siedelten Jacob Grimm. Dem studentischen Treiben hielt er sich fern, erkehrte viel mit ein paar jungen Griechen und erwarb sich in diesem ng die Liebe und das intime Verständniß für die neugriechische Sprache, zuerst in einer mit Heinrich Bernhard Oppenheim und Moritz Carriere insam veranstalteten Umdichtung „Neugriechischer Volks- und Freiheits-" (zum Besten der unglücklichen Kandioten, Grünberg u. Leipzig 1842) bete und späterhin wiederholt bethätigt hat, so noch 1881 mit der Be-tung der Neugriechischen Grammatik von Vincent und Dickson und zuletzt er „Geschichte der neugriechischen Literatur" 1884, bei der A. R. Rhangabé Mitarbeiter war.

Am 12. Juli 1842 erwarb er in Halle auf Grund einer recht ungünstig ten mathematischen Dissertation (die ungedruckt blieb) den philosophischen orgrad („superato examine"), bald darauf übernahm er in seiner Vater- die Leitung der Anstalt, aus der er hervorgegangen war, und die zur he zu bringen das nächste Ziel seines Ehrgeizes wurde. Die Muße, die das Amt ließ, benutzte er zur Fortsetzung seiner neugriechischen Studien zur Anlegung lexikalischer Sammlungen auf Grund einer ausgedehnten re der modernen deutschen Litteratur. Umfangreiche Proben davon hat ederholt (zuletzt wohl 1847) Jacob Grimm vorgelegt, der ihn zwar zur etzung dieser Arbeit ermuthigte, aber offenbar wenig geneigt war, selbst n Gebrauch zu machen: ganz gewiß rührt von der kühlen oder doch zwei- en Aufnahme, die S.'s Bemühungen hier fanden, die Gereiztheit her, päter so unschön zu Tage trat. — Inzwischen war S. auch in die demo-he Bewegung hineingerathen, hatte sich in Volksvereinen lebhaft bethätigt in Gemeinschaft mit Adolf Glaßbrenner (400) „Xenien der Gegenwart" publicirt (Hamburg 1850), von denen aber weder die witzigsten noch die be… sein Eigenthum sein dürften. Im J. 1852 schloß ihm die mecklenburg-… Regierung die Schule und machte damit seiner Lehrthätigkeit für im… Ende. Ein Anerbieten der israelitischen Religionsgemeinschaft in Fra… am Main, das ihm einen ähnlichen, aber größeren Wirkungskreis er… lehnte S. ab, weil er sich inzwischen einen neuen Lebensberuf erwählt … So ist er denn als Privatgelehrter in dem Heimathstädtchen geblieben, … nur selten und nie für längere Zeit verlassen hat. Seine Wirksamk… Lexikograph und Sprachmeister brachte ihn mit vielen Menschen in Nähe … Ferne in Verbindung, deren Respect und Huldigung ihm wohlthat. … äußeren Ehren hat es ihm im späteren Leben nicht gefehlt, und Arbeit… und Geistesfrische sind dem schwächlichen Körper treu geblieben bis… Lebensende. Neben einem Dutzend lexikalischer Werke, unter denen … von großem Umfang, schrieb er allerlei Hand- und Lehrbücher der Gram… Stilistik, Metrik und Rechtschreibung, stellte Anthologien und Kinders… zusammen und konnte auch auf das Versemachen nicht verzichten: „Au… besten Lebensstunden“ (1878) und „366 Sprüche“ (1892) sind freilich … Zeugen hoher Sprachgewalt, noch tiefgründiger Lebensweisheit, sondern … angefüllt mit Trivialitäten in dürftiger Sprache und glatten aber … Versen. Und der Anfang einer Selbstbiographie „Aus der Werkstatt … Wörterbuchschreibers“ (Berlin 1889) kann auf die Fortsetzung auch die … ehrer kaum begierig gemacht haben, die ihm zu seinem 70. Geburtst… Vers und Prosa den Weihrauch überreich spendeten. Noch als Siebziger … nahm er für die ihm längst nahestehende Langenscheidt'sche Verlagsbuchhan… die Bearbeitung eines großen englisch-deutschen Wörterbuchs (Muret-San… Unter dem Druck dieses Werkes ist er, 77jährig, am 11. März 1897 … storben.

S. ist als Lexikograph zuerst mit einer Kritik des Grimm'schen Wö… buchs hervorgetreten, er hat sich zeitlebens als den Antipoden der „Brüd… Grimm“ und ihrer Fortsetzer gefühlt und an ihnen sich beständig geri… auch als seine eigene Leistung reichliche Anerkennung gefunden hatte. … erschwert es, seinen wirklichen Verdiensten gerecht zu werden. Den Ab… der ihn — und Adelung — von vornherein und allezeit von den Grimm… trennte, hat er so wenig begriffen, wie er den Werth von Goethe und … Schiller und Freiligrath, Martin Luther und Leopold Zunz für ein Deut… Wörterbuch richtig abzuschätzen wußte. Diese Enge des Urtheils und … Mangel jeder sprachwissenschaftlichen Bildung bringen die beiden Hefte, … denen S. „Das deutsche Wörterbuch von Jacob Grimm und Wilhelm Grimm“ unmittelbar nach dem Erscheinen der ersten Lieferungen „kritisch beleuchtet“ (Hamburg 1852. 1853), so grell zum Ausdruck, daß dieser Kritiker, der au… der ersten Seite gleich das große Werk als „in seiner ganzen Anlage und großentheils auch in seiner Ausführung durchaus verfehlt“ bezeichnete, in den Kreisen der Fachgelehrten gar nicht ernst genommen wurde, auch kein Geh… fand für die gerechtfertigten Bedenken und für die praktischen Vorschläge, die er als wohlgeschulter Sammler und Ordner vorzubringen wußte. Daß Jacob Grimm selbst, der für seine ganze Lebensarbeit und für die Eigenart seiner Forschung, Auswahl und Darstellung bei S. nicht das geringste Verständniß fand, ihn (in der Vorrede zum ersten Bande) wie ein ekles Gewürm ab… schüttelte, war verständlich — ebenso verständlich aber war es, daß intelligente Buchhändler alsbald in S. den Mann erkannten, der im Stande sei, ein *deutsches* Wörterbuch als Ersatz des alten Adelung zu liefern, das, ohne *sprachgeschichtlichen* Interessen nachzutrachten, über den Sprachschatz und Sprach…

[illegible]ch der Gegenwart auf Grund seines reichen Stellenmaterials erschöpfende [illegible]nft geben müsse. Von den Verlegern ist S. von 1852 ab beständig [illegible] gewesen. Der erste war J. J. Weber, der ihn veranlaßte, zunächst [illegible]rogramm eines neuen Wörterbuches der deutschen Sprache" heraus[illegible] (Leipzig 1854), das in lästiger Breite die Anklagen der Kritik wieder[illegible] aber zugleich in positiven „Proben" den Beweis erbrachte, daß der [illegible] mit seinen eigenen Sammlungen schon weit vorgeschritten und sehr [illegible] Stande war, die präcis entwickelten Principien seines Planes in [illegible]thum wie Oekonomie durchzuführen. Wohl muß man auch hier des [illegible]worts gedenken: „Wenn die Könige baun, haben die Kärrner zu thun" [illegible] uns, die wir heute auf die lange Leidensgeschichte des Grimm'schen [illegible]buchs zurückblicken und ihr noch kein Ende absehen, überkommt doch die [illegible], daß es nicht möglich gewesen oder daß es versäumt worden ist, recht[illegible] diesen einzigartigen Belegsammler als Hülfskraft dem großen Unter[illegible] dienstbar zu machen. Denn woran es dem Grimm'schen Wörter[illegible] und seinen Mitarbeitern allezeit gebrach, das hatte S. schon so [illegible] in Bereitschaft, daß er unverzüglich an die Ausarbeitung gehn und in [illegible] als sieben Jahren sein eigenes dreibändiges „Wörterbuch der Deutschen [illegible]che. Mit Belegen von Luther bis auf die Gegenwart" im Druck zum [illegible] bringen konnte (Leipzig, Otto Wigand, 1859—1865). Es war ein [illegible] eigenster Kraft und aus einem Guß — Niemand kann dem Autor ver[illegible], daß er sich dessen rühmte. Das Werk eines gescheiten Kopfes, wenn [illegible] eines engen Geistes. Daß S. die Etymologie in den Hintergrund treten [illegible] war klug, noch klüger wäre es gewesen, wenn er die altdeutschen Sprach[illegible] ganz weggelassen hätte, die immer wieder den Beweis erbringen, daß [illegible] Verfasser von sprachgeschichtlichen Dingen nichts verstand und auch später [illegible] gelernt hat. Neben der Geschichte der Wortform ist auch die Geschichte [illegible] Wortbedeutung vielfach ungenügend behandelt, auf die Gruppirung der [illegible]ableitungen, Wortzusammensetzungen und Wortbedeutungen hingegen ist [illegible] systematische Sorgfalt verwendet, und der Sprachgebrauch des 18. und [illegible] Jahrhunderts ist mit einem Stellenreichthum bezeugt, der dem Werke un[illegible] dauernde Bedeutung sichert.

Ein Anderer hätte sich nach dem Abschluß eines solchen Werkes Ruhe [illegible] — oder doch eine Pause eintreten lassen, wenn er nicht das Bedürfniß [illegible]fand, einmal anders geartete Arbeit aufzusuchen. S. fuhr fort zu excer[illegible]en und einzuordnen und das alte wie das beständig hinzutretende neue [illegible]aterial unter den verschiedensten, vorwiegend praktischen Gesichtspunkten aus[illegible]. In rascher Folge kamen ein „Handwörterbuch der deutschen Sprache" ([illegible]), ein „Fremdwörterbuch" (2 Bände, 1871), ein „Wörterbuch der deut[illegible]en Synonyme" (1871), ein „Wörterbuch der Hauptschwierigkeiten in der [illegible]schen Sprache" (1872, über 30 Auflagen!), ein „Dentscher Sprachschatz, [illegible]ordnet nach Begriffen, zur leichten Auffindung und Auswahl des deutschen [illegible]drucks" (Hamburg 1873 ff.), ein „Orthographisches Wörterbuch" (1874) und [illegible]re Werke und Werkchen, die ihren Leserkreis z. Th. noch tiefer suchen. Eine [illegible]mlich werthvolle Arbeit stellt dann wieder das „Ergänzungswörterbuch der [illegible]schen Sprache" (Stuttgart 1879—85) dar: „Eine Vervollständigung und [illegible]iterung aller bisher erschienenen deutsch-sprachlichen Wörterbücher, ein[illegible]ließlich des Grimm'schen. Mit Belegen von Luther bis auf die Gegenwart". Fortschritte hat S. im Laufe seines Lebens nur in der Richtung gemacht, die seine erste Arbeit andeutete; er ist niemals tiefer in die Geschichte unserer Sprache eingedrungen, ist auch niemals ein feinsinniger Interpret unserer höchsten *Litteraturblüte* geworden, aber er hat die Beobachtung der

Bedeutungsunterschiede und -nüancen mit nie ermattender Aufmerksamkeit durch 50 Jahre geübt, und das mangelhafte Verständniß der älteren Sprache und der vielleicht im Anfang nothgedrungene Verzicht auf die Etymologie bei ihm schließlich zu einer Tugend geworden, die besonders auf dem Gebiet der Synonymik seine Stärke ausmacht: das „Wörterbuch der deutschen Synonymen“ von 1871 zusammen mit den „Neuen Beiträgen zur deutschen Synonymik“ (1881) und den „Bausteinen zu einem Wörterbuch der sinnverwandten Ausdrücke im Deutschen“ (1889) möchte ich neben seinem Hauptwerk und dem „Ergänzungswörterbuch“ als die werthvollste Leistung von S. ansehen: hier lernt man seine Eigenart und seine Vorzüge am besten kennen, ohne sich an seinen Mängeln zu stoßen. Vor allem hat er vollkommen Recht gegenüber Weigand, wenn er die Etymologie aus der Synonymik zurückdrängt und deren Aufgaben begrenzt auf die Sprache der Gegenwart.

S. war nach dem Zeugniß seiner Freunde ein herzensguter Mensch von milden Umgangsformen, ja nicht ohne eine gewisse patriarchalische Note. Er war ein warmherziger Patriot, durchdrungen davon, mit seiner Arbeit der Ehre der deutschen Sprache und des deutschen Namens zu dienen, und daß er das als Jude mit solcher Hingebung und mit so augenscheinlichem Erfolg that, das hat nicht nur ihn selbst erhoben, sondern auch viele der Besten unter seinen Glaubensgenossen, die sich gleich ihm als Deutsche fühlen wollten, mit freudiger Genugthuung erfüllt. Darin liegt neben den werthvollen Diensten, die sein Sammel- und Ordnungstalent der deutschen Lexikographie geleistet hat, die unleugbare Culturbedeutung seines Wirkens.

(F. Düsel) Daniel Sanders, Sein Leben und seine Werke. Nebst Festgrüßen zu seinem 70. Geburtstage. Der Festschrift 2. Auflage (Strelitz 1890). — Anna Segert-Stein, Daniel Sanders. Ein Gedenkbuch (Neustrelitz 1897). Edward Schröder.

Sanio: Friedrich Daniel S. ward am 10. April 1800 zu Königsberg i. Pr. geboren. Ueber seine Familienverhältnisse und seine Schulbildung war Näheres nicht zu ermitteln, da insbesondere auch seine Doctordissertation keine Mittheilungen über seinen Lebensgang enthält. Auf der Albertina, der Universität zu Königsberg studirte er die Rechtswissenschaft wesentlich unter dem Einfluß Dirckſen's, den er als seinen Lehrer hoch verehrte. Nach Abschluß des akademischen Studiums bestand er die erste Staatsprüfung, ward am 4. Juni 1824 als Auscultator bei dem Oberlandesgerichte vereidigt und stand als solcher und als Referendar zeitweilig im praktischen Staatsdienste. Die juristische Facultät promovirte ihn am 15. März 1827 auf Grund einer umfangreichen Dissertation: „Ad legem Corneliam de sicariis“ zum Doctor beider Rechte. Ein ihm von der Staatsregierung auf zwei Jahre verliehenes Reisestipendium von jährlich 200 Thalern gewährte ihm die Möglichkeit, sein Studium in Göttingen und Berlin während der Jahre 1827/28 fortzusetzen. Im Herbst 1828 kam er der der Regierung gegenüber übernommenen Verpflichtung nach und habilitirte sich mit Zustimmung der juristischen Facultät zu Königsberg bei ihr als Privatdocent ursprünglich für die Fächer des gemeinen und preußischen Strafrechts und des Handels- und Wechselrechts. Nachdem er während eines Semesters (1829) über Strafrecht nach Feuerbach gelesen, ging er — nach dem Abgange Dirckſen's — 1830 zur Vertretung des römischen und gemeinen Civilrechts und der römischen Rechtsgeschichte über, Fächer, über die er bis zu seinem Ausscheiden aus dem Amte Vorlesungen in jedem Semester gehalten hat. Eine besondere Schrift scheint für seine Habilitation nicht erfordert worden zu sein; vermuthlich genügte der Facultät die Doctordissertation.

Schon am 11. April 1831 wurde S. zum außerordentlichen und am März 1832 zum ordentlichen Professor ernannt und führte sich für beide [illegible] durch die Schrift „De antiquis regulis juris Spec. I et II“ ein.

Während mehr als 40 Jahre hat S. dem Lehrkörper der Königsberger [illegible] angehört und nicht nur als akademischer Lehrer segensreich gewirkt, [illegible] auch als arbeitsfreudiges, einflußreiches Mitglied der akademischen [illegible] (Generalconcil und Senat) thätigen Antheil an den Verwaltungs[illegible] der Universität genommen und sich als vielfacher Berather in [illegible] Fällen bleibende Verdienste erworben.

S. war eine echte Gelehrtennatur. Ausgezeichnet durch Unparteilichkeit, [illegible] der Gesinnung verbunden mit wohlthuender Milde und herz[illegible]nender Liebenswürdigkeit, hat er sich das Vertrauen seiner Collegen im [illegible] Maaße erworben, das ihm im Laufe der Jahre drei Mal die Würde [illegible]ctorats übertrug, im J. 1848 unter besonders schwierigen Verhältnissen, [illegible] 1860 und 1868.

Nachdem es ihm vergönnt gewesen, im J. 1874 sein 50jähriges Dienst[illegible] noch im Amte zu feiern, wurde er vom Wintersemester 1874/75 ab [illegible] Halten von Vorlesungen und anderen amtlichen Verpflichtungen ent[illegible]. Nach Halle a. S. übergesiedelt, erlebte er noch im J. 1877 das goldene [illegible]jubiläum, und ist dann hochbetagt am 25. Februar 1882 gestorben.

Außer den oben erwähnten Habilitationsschriften hat S. folgende wissen[illegible] Arbeiten veröffentlicht:

1. „Rechtshistorische Studien“, Heft 1, 1845; 2. „Geschichte der römischen [illegible]wissenschaft“, Heft 1 (Prolegomena), 1858; 3. „De jurisprudentia [illegible] Romanorum a jure criminum haud negligenda Spec. I“, 1862; „Das Fragment des Pomponius“ (auch unter dem Titel Varroniana), [illegible] 5. „Zur Erinnerung an Ed. Dircksen“, 1870.

Güterbock.

Sanio: Karl Gustav S., Botaniker, geboren am 5. December 1832 zu [illegible] in Ostpreußen, † ebenda am 3. Februar 1891. Als Sohn eines Guts[illegible] fand S. früh Gelegenheit, die Natur zu beobachten und seiner Neigung [illegible] Sammeln und Bestimmen von Naturobjecten nachzugehen, sodaß er bereits [illegible] seiner Gymnasialzeit, die in die Jahre 1843—52 fiel, [illegible] tüchtige [illegible]nisse der Flora seiner Heimathprovinz erwarb. Im Herbste 1852 bezog [illegible] die Universität Königsberg, um Naturwissenschaften zu studiren, wandte [illegible] aber auf den Rath seines Lehrers, des Botanikers Ernst Meyer, nach drei [illegible] der Medicin als Brotstudium zu und bestand im März 1855 sein [illegible] Examen. Unmittelbar darauf ging er behufs Fortsetzung seiner Studien [illegible] Berlin, wo er in den Professoren A. Braun und Pringsheim bereit[illegible] Förderer seiner Bestrebungen fand und zu dem schon damals als [illegible]aniker bewährten Docenten P. Ascherson in nähere Beziehung trat. [illegible] hatte S. das medicinische Studium aufgegeben und sich ganz auf [illegible] geworfen. Seine ersten wissenschaftlichen Arbeiten über die Ent[illegible] der Sporen bei Equisetum (Bot. Zeitung 1856 u. 1857) und über [illegible] der Rinde dicotyler Holzgewächse vorkommenden Niederschläge von klee[illegible] Kalk (Sitzungsbericht d. Berliner Akad. d. Wissensch., April 1857) [illegible] daß er sich in den letzten Studienjahren vorwiegend mit anatomischen [illegible]suchungen beschäftigt hatte, während seine Dissertation, auf Grund deren [illegible] 1. Juni 1858 in Königsberg zum Dr. phil. promovirt wurde, noch [illegible] floristischen Inhalts war. Sie erschien als „Florula Lyccensis“ 1858 [illegible] 29. Bande der Zeitschrift Linnaea. Nunmehr kamen in rascher Folge weitere anatomische Arbeiten von Bedeutung an die Oeffentlichkeit, nämlich „Vergleichende Untersuchungen über den Bau und die Entwicklung des [illegible] (Pringsheim's Jahrb. II, 1858) und noch in demselben Jahre: „Untersuchungen über die im Winter Stärke führenden Zellen des Holzkörpers dicotyler [illegible]gewächse" (Linnaea XXIX) und „Untersuchungen über die Epidermis [illegible] Spaltöffnungszellen der Equisetaceen" (ebendort); alles Arbeiten von [illegible] dem Werth, die in nichts den Anfänger verrathen. Nach dem Tode [illegible] E. Meyer habilitirte sich S. im Herbste 1858 in Königsberg als Privat[illegible] für Botanik und begann im darauffolgenden Sommer seine Vorlesungen, [illegible] sich über das Gesammtgebiet seiner Wissenschaft erstreckten und mit botani[illegible] Excursionen verbunden waren. Seine Wirksamkeit an der ostpreu[illegible] Universität währte bis zum Jahre 1866 und fand alsdann einen unerfreu[illegible] Abschluß. Als Nachfolger Meyer's war 1859 Robert Caspary auf den Kö[illegible]berger Lehrstuhl für Botanik berufen worden. Zwischen ihm und S. her[illegible] von Anfang an ein gespanntes Verhältniß, das aus den Charaktereigenthüm[illegible]keiten beider Männer erklärbar wird, die beide, ihres eigenen Könnens [illegible] bewußt, wenig geneigt waren, neben ihrer Meinung die abweichende Mei[illegible] Anderer gelten zu lassen. Schließlich spitzten sich die Dissonanzen bis [illegible] Unerträglichkeit zu, und da sich S. auch in seiner Lebensführung Unregelmäßig[illegible]keiten zu Schulden kommen ließ, so schritt zuletzt die Aufsichtsbehörde ein [illegible] veranlaßte S. zur Aufgabe seiner Lehrthätigkeit. Den im ersten Unmuth [illegible] sein Schicksal gefaßten Plan, nach Amerika auszuwandern, gab S. allerdings bald auf. Doch verkaufte er seine wissenschaftlichen Sammlungen und [illegible] Bibliothek und zog sich nach seiner Vaterstadt Lyck zurück. Hier begann [illegible] nach kurzer Zeit von neuem wissenschaftlich zu arbeiten, bis ihn, ohne vor[illegible]gegangene Krankheit, noch vor vollendetem 60. Lebensjahre ein plötzlicher [illegible] infolge eines Schlaganfalles ereilte.

Im Interesse der botanischen Wissenschaft ist Sanio's Loos lebhaft [illegible] beklagen. Sicher würde er, der jedem Lehrstuhl zur Zierde gereicht hätte, [illegible] als Pflanzenanatom den bedeutendsten Männern seines Faches angereiht haben. Schon seine oben erwähnte Erstlingsschrift über das Vorkommen von [illegible]salzen in der Rinde einiger Holzgewächse verräth den scharfsichtigen Forscher. Er wies hier nach, daß die bis dahin für rhomboedrischen Kalkspath gehaltenen Inkrustationen aus monoklinen Krystallen von oxalsaurem Kalk bestehen. Von größter Bedeutung aber waren seine Untersuchungen über das Dickenwachsthum des Holzkörpers. Nach dieser Richtung hin veröffentlichte er neben den bereits angeführten Arbeiten noch folgende wichtige Abhandlungen in der Botanischen Zeitung: „Einige Bemerkungen über den Bau des Holzes" (1860); „Bemerkungen über den Gerbstoff und seine Verbreitung bei den Holzpflanzen" (1862); „Vergleichende Untersuchungen über die Elementarorgane und über die Zusammensetzung des Holzkörpers" (1863) und „Ueber endogene Gefäßbündelbildung" (1864). In Verbindung mit den etwas früher publicirten Arbeiten Hanstein's und Nägeli's über die Fibrovasalstränge brachten Sanio's Schriften zuerst größere Klarheit in die Vorgänge des Dickenwachsthums der Stämme und beseitigten namentlich durch scharfe Unterscheidung der verschiedenen Elementarbestandtheile des Holzkörpers die vorher herrschende Begriffsverwirrung in der Classification und Nomenclatur dieser Organe. Gegenüber diesen Erfolgen tritt Sanio's litterarische Thätigkeit während seiner zweiten Lebensepoche an Bedeutung zurück. Nur zwei Abhandlungen in Pringsheim's Jahrbüchern: „Ueber die Größe der Holzzellen bei der gemeinen Kiefer" (Bd. VIII) und „Anatomie der gemeinen Kiefer" (Bd. IX) bildeten noch wichtige Ergänzungen zu seinen früheren anatomischen Forschungen

…ft wandte sich seine Hauptneigung wieder der floristischen Erforschung …r Heimath, vorzugsweise auf dem Gebiete der Kryptogamen zu. Die …ihm erzielten Resultate veröffentlichte er zumeist in den Verhandlungen des …nischen Vereins der Provinz Brandenburg (1881, 1883), im Botanischen …ralblatt (1880—90) und in der Zeitschrift Hedwigia, deren Redaction …während des Jahres 1887 zeitweise übernommen hatte.

P. Ascherson, Nachruf in „Verhandlungen des botanischen Vereins der Provinz Brandenburg", Bd. XXXIV, 1891.

E. Wunschmann.

Santritter: Johannes S., ein Deutscher, der unter den venezianischen …ckern des 15. Jahrhunderts genannt wird. Es gibt in der That drei …genbrucke von Venedig, auf denen neben und vor Hieronymus de Sanctis …als Drucker genannt ist. Sie stammen alle aus dem Jahre 1488. Im …enden Jahre sodann erscheint er in gleicher Eigenschaft allein auf einem …ke, der Summa astrologiae judicialis des Joh. Eschuid. Daß er auch … Anderen als de Sanctis zusammengedruckt hat, beruht auf einem Miß…ständniß. Dagegen ist es sehr wohl möglich, daß noch Weiteres aus seiner …se hervorgegangen ist, das man nur eben noch nicht kennt oder das nicht … vorhanden ist. Dies kann man schon aus dem Umstand schließen, daß … auch ein Signet führte: das Monogramm I H (Johannes Heilbronnensis) … einem Stern in der Mitte des I, umrahmt von einem Kranz, der durch …en Zweig gebildet ist, das Ganze überragt von einer Krone. Die Drucker…tigkeit Santritter's hat übrigens nur ein Intermezzo in seiner sonstigen …thätigkeit gebildet. Denn vor- und nachher finden wir ihn als Gelehrten …tig, der Handschriften, ältere und jüngere, für die Herausgabe im Druck …bereitete. In dieser Weise war er 1480 für die Presse des Theodorus …ancus aus Würzburg und 1482—85 für diejenige des bekannten Erhard …dolt, ebenso 1492 für den Drucker Joh. Hamman — alle in Venedig — …schäftigt. Neun Drucke kennt man zur Zeit, in denen er in solchem Sinn …s Corrector erscheint. Noch einmal begegnet er uns sodann im J. 1498 … den Acten Venedigs, indem ihm am 14. November gen. J. ein Privileg …r die Herausgabe einer Reihe von Schriften, deren drei ausdrücklich …geführt werden, verliehen wird. Da jedenfalls eine derselben daraufhin … einer fremden Druckerei herauskam, so scheint er hier als Verleger in Be…racht zu kommen. Von den Schriften, mit denen sein Name in der einen …der anderen Weise verbunden war, sind die meisten mathematischen, speciell …stronomischen Inhalts, und so werden wir nicht fehlgehen, wenn wir S. in …ster Linie als Mathematiker ansprechen. Aber er war dies auf der Grund…lage humanistischer Bildung. Darauf weisen nicht nur die anderen Schriften …n, die fast alle dem Humanismus angehören; auch der Beiname, den er sich …ändig gibt: Lucilius oder C(aius) Lucilius — er verwebt ihn förmlich mit …inem Familiennamen: C. Joh. Luc. S. — ist ein Zeugniß dafür; denn er …t ihn offenbar von dem römischen Satiriker dieses Namens hergenommen. …nd etwas satirisch scheint er selbst auch veranlagt gewesen zu sein. Denn …wenn er sich in dem Chronicon des Eusebius von 1488 C. Joh. Hippodamus …, i. Rossebändiger nennt, so ist das offenbar nichts anderes als eine Ironi…sirung seines Namens „Santriter", der ja einen vom Pferde in den Sand …geworfenen Reiter bezeichnet. Als Mathematiker oder Humanist hat er nach …einem der von ihm bearbeiteten Ausgabe der alphonsinischen Tafeln von 1492 …gedruckten Brief auch Eigenes geschaffen, das aber nicht im Drucke er…schienen ist. Von den persönlichen Verhältnissen Santritter's wüßten wir …überhaupt nichts, *wenn nicht bei* seinem Namen wenigstens öfter die Herkunft angegeben wäre: Hellbronnensis, auch Heilbronnensis oder de Fonte salutis. Dabei ist nicht, wie von Vielen geschieht, an das Kloster Heilsbronn bei Ansbach zu denken, wiewohl auch dafür schließlich die Form Heilbronnensis passen würde, sondern an Heilbronn, und zwar nicht an einen der kleinen Orte dieses Namens in Baiern und Böhmen, sondern an die Stadt am Neckar. Das ergibt sich unwiderleglich daraus, daß er einmal angeredet wird: helbronna, Lucili, ex urbe; S. war also ein Landsmann des gleichzeitig mit ihm, aber ausschließlich als Drucker, in Venedig thätig gewesenen Franz Renner von Heilbronn, durch den er vielleicht auch dorthin gekommen ist.

Vgl. außer den bekannten bibliographischen Werken von Hain, Proctor und Copinger Archivio Veneto, t. XXIII, 1882, S. 185, und Kristeller, Die italienischen Buchdrucker- und Verlegerzeichen, 1893, S. 110 und auf S. 111 Nr. 280. K. Steiff.

Sarasin: Jakob S., geboren am 26. Januar 1742 in Basel. Mit zehn Jahren verließ er sein Elternhaus, um in Mülhausen, Neuchâtel und Augsburg zum Kaufmann ausgebildet zu werden. 1761 trat er eine mehrjährige Reise nach Italien an und übernahm dann mit seinem Bruder Lucas Sarasin die Bandfabrik seines frühverstorbenen Vaters. 1770 führte er Gertrud Battier, die Tochter eines angesehenen Baseler Kaufmanns und Rathsherrn, heim, mit der er in selten glücklicher Ehe lebte. Im September 1775 trat S. zu Christoph Kaufmann in nähere Beziehungen und ward durch ihn in das geniale Treiben der Stürmer und Dränger hineingezogen. Als Mitglied der „helvetischen Gesellschaft“ in Schinznach lernte er Johann Georg Schlosser, Gottlieb Konrad Pfeffel, Iselin, Lavater, Pfenninger und andere führende Geister der Schweiz kennen. Mit Isaak Iselin zusammen gründete er die Baseler „Gesellschaft zur Beförderung des Guten und Gemeinnützigen“ und bemühte sich eifrig um die Lösung der socialen Fragen, die Basel damals bewegten.

Sarasin's Patriciersitz am Rheinsprung, das sogenannte „weiße Haus“, wurde bald ein Sammelpunkt bedeutender Männer, zu denen sich außer den Schinznacher Freunden Pestalozzi und Jakob Michael Reinhold Lenz gesellten. Letzterer kam im April 1777 von Emmendingen nach Basel. 1780 vermittelte Schlosser die Bekanntschaft zwischen S. und Klinger. Lavater, Klinger und Sarasin arbeiteten im Juli 1780 in Pratteln, Sarasin's Sommersitz, gemeinsam die ersten Capitel des „Plimplamplasko“, der Satire auf Kaufmann, aus. Bald darauf finden wir J. J. W. Heinse und Franz Christian Lerse als Gäste bei S.

1799 war Gertrud S. von einem schweren Nervenleiden befallen worden. Die Aerzte gaben alle Hoffnung auf. Da entschloß sich S., den Grafen Cagliostro, der damals in Straßburg durch seine Wundercuren Aufsehen erregte, um Hülfe zu bitten. Im Frühling 1781 vertraute er seine Gattin dem Wunderarzte an. Der Erfolg war überraschend und kettete die beiden Männer dauernd aneinander. Im October 1781 schlossen Lavater und Cagliostro in Sarasin's Haus Freundschaft, die allerdings nicht von Dauer war. S. ließ Cagliostro nicht fallen, auch als dieser bereits als Betrüger entlarvt war. Im Frühjahr 1787 miethete er für ihn das Schloß Rockhalt bei Biel, das Cagliostro bis Ende Juli 1788 bewohnte. Im Mai 1787 ward im „weißen Hause“ eine „ägyptische Loge“ eröffnet, die einem wahren Cagliostrocultus diente. — Noch anderen berühmten Namen begegnen wir im weißen Hause. Eine enge Freundschaft verband Gertrud Sarasin und Johanna Schlosser geb. Fahlmer. 1784 waren Sophie v. Laroche, Johann Georg Jakobi und Prinz Heinrich von Preußen (als Graf v. Oels) Sarasin's Gäste. Im Sommer 1786 besuchte ihn J. H. Merck.

Bereits 1784 war S. in den großen Rath gewählt worden. Bald darauf wurde er Appellationsrichter, 1786 Präsident der „Gesellschaft zur Beförderung des Guten und Gemeinnützigen" und Mitglied des Consistoriums der französischen Kirche. Trotz dieser vielseitigen Thätigkeit und einem sehr ausgedehnten Briefwechsel fand er Zeit, unablässig seine Bildung zu erweitern. Zeugniß davon legen verschiedene Arbeiten ab, z. B. über: „Mahomet, sein Paradies und seinen Koran" (1785) und „Ueber das Erziehungswesen in den Schweizer Kantonen" (1786). Außer volkswirthschaftlichen, pädagogischen und sonstigen Abhandlungen, sowie den Reden, die er als Präsident der helvetischen Gesellschaft gehalten hat, sind im Sarasin'schen Familienarchiv in Basel, Gedichte und ein Lustspiel in drei Aufzügen, „Der Hausfriede", von ihm erhalten.

Am 26. Jannar 1791 starb seine Gattin, die ihm drei Söhne und sechs Töchter geschenkt hat. Am 10. September 1802 folgte er ihr ins Grab, nachdem er noch im Jahre vorher mit Jung-Stilling Freundschaft geschlossen hatte.

Vgl. Hagenbach, Jakob Sarasin und seine Freunde. Basel 1850. (Beiträge zur vaterländischen Geschichte von der histor. Gesellschaft zu Basel, Bd. 4.) — Langmesser, Jakob Sarasin. Zürich 1899. (Diss.)

Wilhelm Feldmann.

Saucken. Die Familie v. Saucken erscheint seit dem 15. Jahrhundert im Besitz des Gutes Wickerau im Kreise Pr.-Holland (Provinz Ostpreußen). Ernst Christoph v. S. (1758—1817) siedelte 1796 nach dem neu erworbenen Gut Tarputschen im Kreise Darkehnen über und verkaufte 1808 Wickerau. Seine Gattin Amalie (1764—1833), eine Tochter des Kriegsraths Austin in Gumbinnen, hatte er im Hause ihres Schwagers, des Kriegsraths v. Fahrenheid-Beynuhnen, kennen gelernt. Von den Kindern dieses Ehepaares sind zwei, Ernst und August, als Führer der constitutionellen Partei in Deutschland bekannt geworden (eine Tochter, Amalie, 1794—1858, vermählte sich mit dem späteren General v. Weyrach).

Ernst Friedrich Fabian v. S., geboren am 24. August 1791 in Wickerau, trat 1805 als Junker in das Dragoner-Regiment v. Esebeck (später 2. westpreuß. Dragoner-Regiment) ein, machte den Feldzug von 1807 im L'Estocq'schen Corps mit und befand sich unter den Truppen, die den König nach Memel begleiteten. Mit dem Hülfscorps, welches Preußen Napoleon stellte, ging er 1812 im 10. Armeecorps unter Macdonald nach Rußland. Er gehörte zu den jüngeren Officieren, welche auf dem Rückmarsch früh schon den Wunsch des Abfalls von Frankreich äußerten. Die Feldzüge von 1813/14 machte er im Corps Bülow's mit; 1814 commandirte er als Secondlieutenant seine Schwadron. Im russischen Feldzug erwarb er den Orden pour le mérite, 1813 das Eiserne Kreuz 2., 1814 das 1. Classe. Im J. 1815 kam sein Regiment nicht mehr vor den Feind, rückte aber unter den Occupationstruppen in Frankreich bis Paris vor. Nach dem Friedensschluß erbat er den Abschied, der ihm mit dem Rang eines Rittmeisters bewilligt wurde. 1816 vermählte er sich in Oschersleben mit Luise v. Heyligenstädt und übernahm 1817 nach dem Tode seines Vaters die Bewirthschaftung der väterlichen Besitzungen. Erst 1825 fand eine Theilung derselben statt, bei der ihm Tarputschen zufiel. Den ererbten Besitz vermehrte er durch glückliche Käufe beträchtlich. Ein arabisches Gestüt, das er gründete, gewann später ein weit verbreitetes Ansehen. Früh betheiligte er sich an den öffentlichen Angelegenheiten. Auf dem ersten preußischen Provinziallandtag im J. 1825 ist er einer von den sechs Männern (außer ihm Graf Alex. Dohna, Th. v. Schön,

v. Brandt, v. Farenheid, Obermarschall Graf Dönhoff), die der König durch Verleihung des Johanniterordens auszeichnet. Auf dem Huldigungslandtag von 1840 ist er stellvertretender Landtagsmarschall. Neben der Thätigkeit in den ständischen Versammlungen bemühte er sich direct auf den Monarchen einzuwirken. Schon zur Zeit Friedrich Wilhelm's III. suchte er Vorstellungen bei Hofe durch dritte Hand anzubringen. An Friedrich Wilhelm IV. richtete er eingehende Schreiben, in denen er Beschwerden über staatliche und kirchliche Verhältnisse vortrug, und der König antwortete nicht weniger eingehend darauf. 1847 war er Mitglied des vereinigten Landtags und nahm hier eine bedeutende Stellung ein. Haym widmet ihm in seinen „Reden und Redner des ersten preußischen vereinigten Landtages" (Berlin 1847), S. 162 ff. eine sympathische und lebhafte Charakteristik. Er gehörte hier ebenso wie sein Bruder August (s. nachher) zur ostpreußischen Opposition. Viel genannt ist der Zusammenstoß, den er mit Bismarck hatte. In die Frankfurter Nationalversammlung wurde er für den Wahlkreis Angerburg gewählt. Er schloß sich der Partei des „Hirschgrabens" oder, wie sie später hieß, des „Casinos" an. Wenngleich er sich in Frankfurt weniger als auf dem vereinigten Landtag als Redner bethätigte, so genoß er doch unter den Abgeordneten großes Ansehen. Man wählte ihn in die Deputation, die nach Wien gehen sollte, um den Erzherzog Johann zur Annahme des Reichsverweseramtes zu bewegen. Die Briefe, die er vom Parlament an seine Verwandten schrieb, sind sehr lehrreich; sie zeigen die Entwicklung von dem Enthusiasmus für den österreichischen Erzherzog als Reichsverweser bis zum Gegensatz gegen Oesterreich; eine starke preußische Grundstimmung war S. freilich von Anfang an eigen. Von Frankfurt aus richtete er einen Brief an den Prinzen von Preußen, in dem er ihn bat, den König zur Annahme der Kaiserwürde zu bewegen. Auch nachdem das Parlament sein Ende gefunden, hielt er die Ideale der Gagern'schen Partei fest und ward eifrig für sie. Anfang 1850 wandte er sich von neuem an den Prinzen von Preußen und empfahl dringend die Entlassung des Ministeriums Manteuffel. Als jedoch die Dinge eine seinen Hoffnungen ganz entgegengesetzte Wendung nahmen (am 29. November wurde die Olmützer Punctation unterzeichnet), glaubte er einen erheblichen Nutzen fernerer politischer Thätigkeit nicht mehr erkennen zu können. Aus der ersten Kammer des Jahres 1849, in die man ihn gewählt hatte, war er bald wieder ausgetreten. 1850 nahm er zwar eine Wahl in die zweite noch an und blieb ihr Mitglied bis zum Jahre 1852. Indessen ist er in ihr nicht hervorgetreten und hat die Sitzungen, wie es scheint, nur ausnahmsweise besucht. Im J. 1853 erkrankte er und starb am 25. April 1854 in Tarputschen. Nach dem Tode seiner ersten Frau (1832) hatte er sich mit Pauline v. Below, der Schwester des späteren Generals Gustav v. B., vermählt. Eine andere Schwester desselben war die Gattin Wrangel's.

In der „Deutschen Rundschau" Bd. 109 (1901) habe ich den Briefwechsel von Ernst v. Saucken mit Friedrich Wilhelm IV., dem Prinzen von Preußen und seinem Schwager Gustav v. Below, im Juli-Heft des Jahrgangs 1905 derselben Zeitschrift seine Briefe aus dem Frankfurter Parlament an seine Gattin, in Westermann's Monatsheften, Jahrgang 1902, einen von ihm verfaßten Bericht über den vereinigten Landtag veröffentlicht. S. auch die Litteratur zu dem folgenden Artikel und v. Bärensprung, Geschichte des 2. westpreußischen Dragonerregiments.

Ernst's jüngerer Bruder August Heinrich v. S., geboren am 10. September *1798* zu Tarputschen, wurde 1813 dem v. d. Gröben'schen Institut in Königsberg übergeben, das, eine wohldotirte Familienstiftung, den dazu Berechtigten nterricht mit Kost und Wohnung gewährte. Unter seinen Altersgenossen loß er hier mit Alfred v. Auerswald eine Lebensfreundschaft. Als Napoleon n Elba zurückkehrte, traten beide ins Heer, S. in das Regiment, dem sein ruder Ernst schon angehörte. Nach Beendigung des Feldzugs in die einsame arnison Riesenburg gebannt, empfand er es dankbar, daß ihm nach bestan- nem Officiersexamen 1817 gestattet wurde, die Königsberger Universität als spitant zu besuchen. Er wandte sich mit besonderem Eifer dem Studium r Geschichte zu und nutzte überhaupt seinen zweijährigen Aufenthalt in nigsberg aufs beste aus, um sich die feste Grundlage einer allgemeinen ldung anzueignen, wie er denn auch in späteren Jahren trotz seiner an- strengten Thätigkeit auf landwirthschaftlichem und politischem Gebiete seine issenschaftlichen und litterarischen Neigungen pflegte und namentlich in der utschen Dichtung große Belesenheit erwarb. Bemerkenswerth sind ferner ine kirchlichen Beziehungen. In seinem Elternhause herrschte die ernste römmigkeit des positiven Christenthums. So ist es begreiflich, daß er sich m dem Pfarrer Ebel anschloß, der schon im Gröben'schen Stipendienhause n Lehrer gewesen war und dessen Kreis damals allein in Königsberg das sitive Christenthum vertrat. Man weiß heute, daß die schweren sittlichen eschuldigungen, die einst gegen Ebel erhoben wurden, grundlos sind, daß es h vielmehr um Mißdeutungen excentrischer Theorien, die er vertrat, gehandelt t (vgl. Tschackert, Theologische Realencyklopädie, 3. Aufl., Bd. 17, S. 679 ff.). päter zog sich S. von dem Kreise Ebel's zurück und wandte sich ebenso wie in Bruder Ernst dem liberalen Kirchenthum zu. Die kirchlichen Interessen er behielten Beide bei.

Im J. 1822 nahm August v. S. den Abschied von der Armee, um sich r seinen Beruf als Landwirth vorzubereiten. 1825 fiel ihm bei der Erb- eilung das Gut Julienfelde zu, und in demselben Jahre vermählte er sich it Lina v. Below, einer Schwester des oben genannten Generals. In der andwirthschaft bevorzugte er die Schafzucht (er erwarb einen Stamm fein- olliger spanischer Schafe) und namentlich die Pferdezucht. Er richtete ein ollblutgestüt ein und schuf mit seinem Schwager Carl v. Below-Lugowen ne Trainiranstalt, die ein englischer Trainer leitete. Seine Bemühungen m die Vollblutzucht sind für Ostpreußen von großer Bedeutung geworden und aben verdiente Anerkennung gefunden. Zwischen ihm und seinem Bruder rnst, der ein arabisches Gestüt hatte, bestand in dieser Hinsicht eine gewisse ivalität. Uebrigens war es eine wesentlich ästhetische Freude, die er an den ferden fand.

Seine politische Wirksamkeit begann im J. 1843 mit seiner Wahl in den andtag der Provinz Preußen. 1847 wurde er zum Generallandschaftsrath rnannt und wirkte in dieser Stellung mit günstigem Erfolge dafür, daß den auerngütern, deren Werth nicht weniger als 500 Thlr. betrug, die Vortheile s landschaftlichen Creditinstitutes zugänglich gemacht wurden. Daß er ebenso ie sein Bruder Ernst Mitglied des vereinigten Landtags war, haben wir hon erwähnt. Die politischen Anschauungen, die er jetzt und weiterhin ver- at, hat Schmidt-Weißenfels in seinem Buch „Preußische Landtagsmänner“ 1862) dargelegt. Es ist kein Zweifel, daß ihm das Ideal des wighistischen ounty-Squire vorschwebte, wie er es sich denn eifrig angelegen sein ließ, sich r Sorgen der Landbewohner in seinem nachbarlichen Bezirk anzunehmen ber seine in Uebereinstimmung mit Ernst v. S. unternommenen Bemühungen r Linderung des ländlichen Nothstandes vor der Revolution des Jahres 1848 die von mir herausgegebenen Correspondenzen). Th. v. Bernhardi schildert n als einen „*sehr liebenswürdigen* und gescheiten Sanguiniker“. Er war eine ritterliche Erscheinung und ein Mann von fester und vornehmer Gesinnung.

Mitglied des zweiten vereinigten Landtags, der im April 1848 tagte, war S. wiederum. Als dieser am 6. April Wahlen zur deutschen Nationalversammlung vornahm, befand sich unter den Gewählten auch S. (nebst seinem Bruder Ernst). Bekanntlich annullirte der Landtag seine Wahlen wieder, da das sog. Vorparlament die Wahl eines Abgeordneten auf je 50,000 Seelen vorschrieb. So trat S. nicht ins Frankfurter Parlament. Am 28. Mai 1848 veröffentlichte er in der „Vossischen Zeitung" im Inseratentheil ein „Eingesandt" (derartige Artikel erschienen in jener Zeit mehrfach, z. B. von Vincke-Olbendorf), in dem er den Wunsch aussprach, daß der Prinz von Preußen aus England zurückkehren möge. Als Mitglied der zweiten Kammer von 1849 nahm er keinen Anstand, die octroyirte Verfassung anzuerkennen und sich an ihrer Revision zu betheiligen. Dagegen lehnte er die Zumuthung von 1850, nochmals diese revidirte und angenommene Verfassung zu ändern, ab. Von nun an gehörte er zur Opposition gegen das Ministerium Manteuffel. Dasselbe versagte ihm die Bestätigung, als er von neuem zum Generallandschaftsrath gewählt wurde. Die Jahre 1858—62 bezeichnen wohl den Höhepunkt seiner politischen Bedeutung. Das Vertrauen des Regenten und der Prinzessin Augusta, seine freundschaftlichen Beziehungen zu den meisten Ministern der neuen Aera und sein großer Einfluß in der damals ausschlaggebenden liberalen constitutionellen Fraction verschafften ihm eine fast einzigartige Position. Die Beziehungen zum Prinzen von Preußen hatten schon 1847 bei Gelegenheit des vereinigten Landtags begonnen und sich im Laufe der Jahre zu einer nahen Vertrauensstellung ausgebildet. Durch ihn erfuhr der Prinz, wie im Lande über seines Bruders Regierung geurtheilt wurde; an ihn wandte er sich oft um Rath, als er Regent und später König geworden war; von ihm ertrug er ein offenes Wort. Saucken's Briefe und Bernhardi's Tagebücher bieten manche interessanten Belege dafür. In der ersten Zeit des Conflicts mit dem Abgeordnetenhause blieb jene Vertrauensstellung noch bestehen; S. suchte zu vermitteln und den König namentlich von der Loyalität des oppositionellen Theils der Bevölkerung zu überzeugen. Im Herbst 1862 fanden jedoch diese Beziehungen mit einer viel besprochenen Correspondenz zwischen Beiden ihr Ende. Dagegen behielt er das Vertrauen der Königin und des Kronprinzen, der ihn besonders in der Zeit seines Conflicts mit dem Vater ins Vertrauen zog und ihn durch einen im officiellen Reiseprogramm nicht vorgesehenen Besuch in Julienfelde auszeichnete. (S. genoß das Vertrauen der Prinzessin schon seit den vierziger Jahren. Als sie ihn mit ihrem damals etwa zwanzigjährigen Sohn bekannt machte, that sie es mit den Worten: „Auf diesen Mann kannst Du Dich verlassen, wenn Du einmal einen treuen Freund nöthig hast.") Es herrschte in jener Zeit gerade in der freisinnigen Provinz Ostpreußen eine solche Erbitterung gegen die Regierung und ihr Oberhaupt, daß man dem Kronprinzen diese Mißstimmung bei den Empfängen in den Städten deutlich genug zeigte. In Königsberg, wo er als Rector der Universität gefeiert werden sollte, ließ man sogar einen Theil des Festprogramms fallen aus Furcht vor feindlichen Demonstrationen durch die Studenten. Diese fanden aber trotzdem Gelegenheit, ihrem Groll Ausdruck zu geben, und unterließen es, vor dem Kronprinzen, der in Begleitung seiner Gemahlin an ihren Spalier bildenden Reihen vorbei der Aula zuschritt, die Mützen abzunehmen. Der Kronprinz äußerte sich zu S. später sehr verletzt über dieses *Vorkommniß*: „Daß man ihm feindlich begegne, das könne er sich noch *erklären, vielleicht* auch entschuldigen; wie tief müsse aber der Haß gegen die

Regierung Wurzel gefaßt haben, wenn er die Söhne gebildeter Familien dazu treibe, einer Dame die einfachsten Zeichen der Achtung und Höflichkeit zu verweigern." — Von dieser Zeit an bis zu seinem Tode blieb S. in dauernden Beziehungen zum Kronprinzen. Durch seine Vermittlung geschah es, daß letzterer das Protectorat über den landwirthschaftlichen Centralverein für Litauen und Masuren, dessen Hauptvorsteher S. war, übernahm und sich mit der Kronprinzessin an die Spitze des Comités zur Bekämpfung des ostpreußischen Nothstandes im J. 1868 stellte, um dessen Linderung sich speciell auch S. in eifriger und erfolgreicher Weise bemühte.

Bei der Bildung der nationalliberalen Partei trat S. dieser bei. Als ihr Mitglied ist er in angesehener Stellung bis zu seinem Lebensende parlamentarisch thätig gewesen. Am 6. Januar 1873 starb er zu Julienfelde.

G. v. Below, Zur Geschichte der constitutionellen Partei im vormärzlichen Preußen. Briefwechsel des Generals G. v. Below und des Abgeordneten v. Saucken-Julienfelde. Tübinger Universitätsprogramm von 1903. — Aus dem Leben Th. v. Bernhardi's Bd. 2 ff. — L. Parisius, Leopold Freiherr v. Hoverbeck II, 1 (Berlin 1898), S. 65 ff. (S. 85). — Ed. v. Simson, Erinnerungen aus seinem Leben, zusammengestellt von B. v. Simson. Leipzig 1900. — Mittheilungen der Familie. Vgl. auch die Litteratur zu dem Art. über Ernst v. S.

Von den Söhnen von Ernst und August v. S. sind ebenfalls mehrere parlamentarisch thätig gewesen. So der älteste Sohn des Tarputschers, Carl v. S.-Georgenfelde (1822—71; vgl. Deutsche Rundschau Bd. 109, S. 271 Anm. 3), und der einzige Sohn des Julienfelders, Constanz v. S.-Ostlepschen (nach dem Tode des Vaters Erbe von Julienfelde), geb. 10. Juli 1826, † 15. April 1891, beide Mitglieder der Fortschrittspartei. Namentlich aber ist als Parlamentarier bekannt geworden der zweite Sohn des Tarputschers, Curt Richard Ernst Adelbert, geb. zu Tarputschen 17. Juni 1825, studirte 1843—46 Jura in Königsberg, Heidelberg und Berlin, 1846—47 Auscultator, übernahm 1849 das väterliche Gut Tataren, 1854, nach dem Tode seines Vaters, das Familiengut Tarputschen. 1862—1887 war er mit kurzer Unterbrechung Mitglied des Abgeordnetenhauses für Angerburg-Lötzen und Königsberg i. Pr., 1874—84 Mitglied des Reichstags (1874—77 für Angerburg-Lötzen, 1877—81 für Berlin III, 1881—84 für Labiau-Wehlau). Er gehörte der Fortschritts-, dann der deutsch-freisinnigen Partei an und bethätigte sich im Abgeordnetenhause in erster Linie bei allen den Ausbau der evangelischen Kirche betreffenden Fragen. Nach Einführung der Provinzialordnung Vorsitzender des Provinziallandtags der Provinz Preußen, wurde er nach der Theilung der Provinz im J. 1878 Landesdirector von Ostpreußen, in welcher Stellung er bis 1884 blieb. Außerdem ist er Hauptvorsteher des landwirthschaftlichen Centralvereins für Litauen und Masuren, Mitglied des deutschen Landwirthschaftsraths und des preußischen Landes-Oekonomie-Collegiums gewesen. Er starb am 1. März 1890 zu Berlin. G. v. Below.

Sauerländer: Johann David S., Hauptvertreter des Buchhändlergeschlechts der Sauerländer, dessen Ursprung sich bis Mitte des vorigen Jahrhunderts (1748) zurück verfolgen läßt, zu welcher Zeit in Erfurt ein gewisser Elias Sauerländer als Buchdrucker und Verleger ansässig war und sich durch Herausgabe einer Anzahl illustrirter Bibeln und verschiedener religiöser Schriften bekannt machte. Durch einen Sohn des genannten Elias Sauerländer, Johann Christian, welcher durch Heirath in den Besitz einer bereits seit 1613 bestehenden Buchdruckerei in Frankfurt gelangte, wurde das Geschlecht der *Sauerländer* dorthin verpflanzt. Die Zugehörigkeit zum Buchhandel wurde durch dessen Enkel eingeleitet, von denen einer, Heinrich Remigius, sich nach der Schweiz wandte, sich dort, und zwar zuerst in Basel, durch Ankauf der Flick'schen Buchhandlung selbständig machte, später aber, nach Verlegung der helvetischen Regierung (1808) nach Aarau, sich in letzterer Stadt dauernd niederließ. Das Aarauer Geschäft, zuerst sehr bescheidenen Anfangs, hob sich rasch und erlangte bald eine gewisse Berühmtheit, herbeigeführt besonders durch eine Anzahl geistig hervorragender Männer, von denen wir nur den napoleonischen General Rapp, sowie H. Zschokke nennen wollen. Das Aarauer Geschäft, das sich dauernd vergrößerte, zählt gegenwärtig noch zu den angesehensten Buchhandlungsfirmen der Schweiz. Johann David S., ein jüngerer Bruder des Obengenannten, midmete sich gleichfalls dem Buchhandel, erlernte diesen bei seinem Bruder in Aarau, hielt sich dann, 1815, zu seiner Weiterausbildung bei Mohr und Zimmer in Heidelberg auf, und kehrte 1816 nach Frankfurt zurück, um die väterliche Druckerei zu übernehmen. Alsbald nach Uebernahme der Druckerei verband der intelligente und tüchtig gebildete junge Geschäftsmann mit derselben ein Verlags- und Sortimentsgeschäft, das sich überraschend schnell Ansehen und Ruf erwarb. Als Verleger pflegte S. vorzugsweise die wissenschaftliche und belletristische Litteratur, sowie später auch die Volksschriften-Litteratur (Spinnstube, W. O. v. Horn's Dorfgeschichten). Auf belletristischem Gebiete war S. der Erste in Deutschland, welcher die Romane und Erzählungen der englischen Autoren W. Scott, Cooper, W. Irving u. A. in guten Uebersetzungen dem deutschen Publicum zugänglich machte, ein Bestreben, das ebenso erfolgreich wie anerkennenswerth war. Den Höhepunkt als Verleger erreichte die Firma in den 30er Jahren, zu einer Zeit, wo Duller, Gutzkow, Grabbe als Führer der Jungdeutschen das litterarische Gebiet beherrschten. Das Sauerländer'sche Geschäft war zu jener Zeit ein Sammelpunkt hervorragender Geister, und S. selbst bedeutend an Geist und Bildung, stand mit im Vordergrund aller dieser Bestrebungen, welche ihren Ausdruck in der von ihm verlegten belletristisch-litterarisch-artistischen Zeitschrift „Phoenix" fanden. Ebenso war es S., welchem die Einführung der später so berühmt gewordenen Autoren wie Brentano, Rückert vergönnt war. Des Letzteren Dichtungen sind, bis auf einzelne, sämmtlich im Sauerländer'schen Verlag erschienen. Der beim Ausbruch der französischen Revolution, 1789, geborene S. erlebte die 48er Jahre noch im rüstigsten Alter, und in dieser Bewegung erblickte er die Vorboten einer neuen Zeit, die alsbald nach seinem Tode, der am 26. September 1866 erfolgte, in ungeahnter Größe begann. Johann David S. war ein ehrlicher biederer Charakter, der sich der größten Achtung und Liebe seiner Zeitgenossen erfreute und als Buchhändler der guten alten Schule dieses Berufs angehörte.

Bereits im J. 1864 hatte er sich vom Geschäft zurückgezogen, nachdem die Leitung desselben sein Sohn Heinrich Remigius übernommen hatte. Gegenwärtig ist Robert S. Inhaber des Geschäftes.

Karl Friedrich Pfau.

Sauerwein: Johann Wilhelm S. wurde am 9. Mai 1808 als Sohn eines Schneidermeisters in Frankfurt a. M. geboren. In einer privaten Quartierschule und dann in der neugegründeten städtischen Weißfrauen-Schule erhielt er mit den Knaben seines Alters und Standes den Unterricht der Volksschule, trat aber 1817 auf Veranlassung des Pfarrers Anton Kirchner, des Geschichtsschreibers seiner Vaterstadt, in das städtische Gymnasium über, um sich zum Studium der Theologie vorzubereiten; diesem widmete er sich *1822—1825* in Heidelberg. Die nächsten Jahre hielt er sich als Predigtamts-*Candidat* in seiner Vaterstadt auf, wurde aber bald ebenso wie sein Alters-,

Studien- und Gesinnungsgenosse Friedrich Funck (s. d. A.) durch einen eigen-tigen Vorfall der pfarramtlichen Laufbahn entfremdet: er soll bei der Auf-führung einer Localposse in seiner elterlichen Wohnung mitgewirkt haben, und shalb soll ihm von der vorgesetzten geistlichen Behörde die Zulassung zum amen verweigert worden sein. Wahrscheinlicher ist, daß er, der inzwischen Mitarbeiter an mehreren Frankfurter Blättern geworden war, das Leben des eien Litteraten der amtlichen Wirksamkeit vorzog; denn als Theologe hatte r entschieden seinen Beruf verfehlt. Mit seinen Landsleuten Funck und Frey-ßen trat er in die politisch-litterarische Bewegung zu Anfang der 30er Jahre in; anscheinend nicht ohne Zögern, denn noch 1831 bewarb er sich mehrfach nter Berufung auf seine Eigenschaft als Candidat der Theologie um ein Lehr-mt am Gymnasium. Seine litterarische Thätigkeit — sie läßt sich kaum mehr m Einzelnen nachweisen — an den verschiedenen gegen den Bund gerichteten Zeitungen und Zeitschriften, die in Frankfurt und Umgebung in rascher Folge chienen, unterdrückt wurden und dann sofort unter einem neuen Namen auf-leben (Volkshalle, Eulenspiegel, Zeitschwingen u. s. w.), zog ihm zunächst am . Juli 1832 die polizeiliche Verwarnung zu, sich der Angriffe gegen den Bund zu enthalten. Ein Artikel in der in Hanau erschienenen Volkshalle: „Wie haben die Deutschen die Bundesbeschlüsse vom 28. Juni aufgenommen?" brachte ihm eine Anklage ein, weil er diese Beschlüsse als Ungerechtigkeit und Bedrückung bezeichnet und Aufruhr gegen den Bund gepredigt habe; gegen das auf vier Wochen Gefängniß lautende Urtheil legte er Berufung ein und erzielte eine Freisprechung, weil sein Vertheidiger Reinganum (s. d. A.) nachweisen konnte, daß der Artikel die kurfürstlich-hessische Censur passirt hatte. Es ist ihm in den für seine Gesinnungsgenossen so gefährlichen ersten 30er Jahren gelungen, ohne polizeiliche oder gerichtliche Strafe durchzukommen. Seine Betheiligung an der politischen Bewegung läßt sich schwer feststellen; er war nicht der starre radicale Unentwegte wie sein Freund Funck, er war der liebenswürdige, lebensfrohe Dichter und Humorist unter den Gefährten. Aller Wahrscheinlichkeit nach stammen von ihm das Lied „Fürsten zum Land hinaus" und der „Sturm-gesang" (Wie wir Dich beklagen, deutsches Vaterland!); die handschriftlich im Frankfurter Stadtarchiv befindliche Brückenauer Colleg-Zeitung zeigt auf jeder Seite den Verfasser S. als Schalk und auch in seinen zahlreichen politischen Broschüren aus jener Zeit ist der humoristische Zug nicht zu verkennen, der sich manchmal schon im Titel ausspricht („Christkindchen", „Pfeffernüsse" u. a.). Aber auch ihm wurde schließlich der Boden in seiner Vaterstadt zu heiß; im März 1834 entfernte er sich aus Frankfurt, angeblich weil er dort keine An-stellung noch sonstigen hinreichenden Erwerb finden könne. Auf eine aus-wärtige Anzeige hin, daß S. der Verfasser und Verbreiter einer 1831 er-schienenen Broschüre „Der 1. Mai" sei, erließ die Frankfurter Polizei einen Steckbrief. S. war inzwischen über Liesthal nach Bern gereist, kam nach längerem Aufenthalt daselbst im Sommer 1835 nach Paris, kehrte aber dann, als sich auch hier die Hoffnung auf eine Stellung oder auf Verdienst aus litterarischer Arbeit als trügerisch erwies, wieder nach Bern zurück. Er fand 1836 eine Anstellung als Professor der deutschen und englischen Sprache in St. Marcellin (Isère), die er bis zu seiner schweren Erkrankung Anfang 1844 bekleidete. Im Krankenhaus in Lyon suchte er vergebens Heilung und kehrte im August 1844, schwer an Rückenmarkslähmung leidend, in seine Vater-stadt zurück. Hier stellte er sich der Behörde zur Untersuchung wegen des ihm zur Last gelegten Vergehens, aber das Gericht verzichtete auf die Verfolgung der Sache und ließ S. unbehelligt. Nach langem Siechthum starb er in Frankfurt am 31. März 1847. — Sein Andenken lebt in seiner Vaterstadt fort, aber nicht das Andenken an seine politische, sondern an seine local humoristische litterarische Thätigkeit. In seinen Possen und dramatischen Scenen „Der Amerikaner", „Der Gräff, wie er leibt und lebt", „Frankfurt wie es leibt und lebt" u. a. hat er prachtvoll humoristische Schilderungen des kleinbürgerlichen Lebens in seiner Vaterstadt gegeben. Zahlreiche Auflagen zeugen von der Beliebtheit, deren sich diese Humoresken noch heute bei seinen engeren Landsleuten erfreuen; die Arbeit an ihnen war ihm ein Trost während der Verbannung aus seiner heißgeliebten Vaterstadt.

Criminal-Acten des Frankfurter Stadtarchivs. — Frankfurter Hausblätter, Neue Folge 1880—82, Bd. I, Nr. 12; Bd. II, Nr. 11. — J. Proelß, Friedrich Stoltze und Frankfurt a. M. (Frankfurt 1905). — Askenasy, Die Frankfurter Mundart und ihre Litteratur (Frankfurt 1904).

R. Jung.

Saurma-Jeltsch: Hugo Freiherr von S.-J., Numismatiker, Sphragistiker, Heraldiker, war geboren am 21. August 1837 zu Lenzendorf als Sohn des Grafen Johann Alexander von der Jeltsch-Lorzendorf, Fideicommißherrn, und der Gräfin Luise geb. Gräfin von Frankenberg und Ludwigsdorff, wandte sich der militärischen Laufbahn zu, die er 1858—1872 bis zum Rittmeister und zwar in preußischem Dienste verfolgte. Er war Ehrenritter des souveränen Malteserordens und starb zu Jürtsch am 21. August 1896, an welchem Tage er das 60. Lebensjahr begann.

Bereits als junger Officier widmete er sich mit Eifer numismatischen und heraldischen Studien und sammelte alles Material, das sich hierauf und insbesondere auf die Geschichte seiner Heimath Schlesien bezog. 1870 gab er ein „Wappenbuch der schlesischen Städte und Städtel (illustrirt von Clericus) heraus", nachdem er eine Sammlung brandenburgischer und preußischer Münzen angelegt hatte, die er auf Grund eines guten Katalogs 1868 in Berlin zur Versteigerung brachte, wohl um sich ganz dem Sammeln schlesischer Münzen und Medaillen widmen zu können. Durch uneigennützige Ueberlassung seiner schlesischen Münzen- und Medaillensammlung an das Museum schlesischer Alterthümer hat er sich ein dauerndes Verdienst um die Geschichte seiner Heimath erworben. Er verfaßte ein sehr brauchbares tabellarisches Verzeichniß unter dem Titel „Schlesische Münzen und Medaillen", das im Jahre 1883 zu Breslau (ebenfalls von L. Clericus) illustrirt erschien. Seine bedeutendste Arbeit ist der Katalog „die Saurma'sche Münzsammlung deutscher, schweizerischer und polnischer Gepräge von etwa dem Beginn der Groschenzeit bis zur Kipperperiode" der 1892 bei A. Weyl in Berlin erschien. Dieses Werk, das über 6000 groschenähnliche Münzen beschreibt und fast 3000 abbildet, leistet zur ersten Orientierung und besonders für diejenigen, die nicht über eine größere numismatische Bibliothek verfügen, vortreffliche Dienste. Die Verdienste von Saurma's liegen demnach auf dem Beibringen und Ordnen eines reichen und lehrreichen Materials, sichern ihm aber in Fachkreisen ein dankbares Gedächtniß.

Nekrologe in Blättern für Münzfreunde 1896, S. 2108 und in Zeitschrift für Numismatik XX, S. 356.

Hans Riggauer.

Savelli: Herzog Friedrich von S., kaiserlicher Feldmarschall und geheimer Rath, entstammte einer alten vornehmen römischen Familie, welche das Erb-Obermarschallamt der Kirche inne hatte, und war als Sohn des Herzogs Bernhard v. Savelli in Rom geboren. Nachdem ihn sein Vater für die militärische Laufbahn erziehen ließ, nahm Friedrich schon zur Zeit Rudolf II. an den Feldzügen in Ungarn Theil. Fast immer im Felde unglücklich, gab er dadurch ein seltenes Beispiel von Beharrlichkeit, daß ihn die größten Unfälle nicht abhielten, immer neuerdings nach dem Degen zu langen. Nachdem er auf kleineren Posten in Ungarn hervorgethan hatte, ernannte ihn Papst ..V. zum Anführer der Truppen im nördlichen Kirchenstaate und hierauf .. Nachfolger Gregor XV. zum Generallieutnant über alle Truppen der ... Im Jahre 1628 verließ S. diese Stelle, um dem Kaiser Ferdinand II. ...nen. Als Oberst und Inhaber eines im Jahre 1628 in Mecklenburg ..stellten Regiments zu Fuß stand er mit dem Regimente in Pommern nnd .. mit diesem zuletzt die Besatzung von Demmin, welche Festung er am Februar 1631 nach kaum begonnener Gegenwehr an den Schwedenkönig ... Adolf übergab, so daß letzterer selbst den Ausspruch that: „Ich rathe .., Eurem Kaiser künftig lieber bei Hofe als bei dem Heere zu dienen.“ Tilly äußerte sich sehr abfällig über die rasche Uebergabe; in der Achtung ..nstein's, die keinem Untüchtigen zu Theil wurde, sank er dadurch nicht geringsten. Der Ruf, der ihn nun verfolgte, war für ihn eine lebhafte ..derung, Alles aufzubieten, um ihn wieder umzustimmen. Im Jahre 1631 .. er mit seinem Regimente noch an der Erstürmung von Magdeburg .. der Schlacht bei Breitenfeld Theil. Nach dieser Schlacht sandte ihn Kaiser zum Papste Urban VIII. um Geldhülfe nach Rom, die er auch zum .. erwirkte. Im Jahre 1635 zum kaiserlichen Feldzeugmeister und 1638 Feldmarschall befördert, stellte sich S. unter Ferdinand III. dem Herzoge ..hard im Elsaß entgegen. Im Vereine mit Johann v. Wert versuchte er Februar 1638 Rheinfelden zu entsetzen und es mit Verstärkung und Be..ffen zu versehen. Im Gefechte bei Rheinfelden am 18. Februar desselben ... siegte zwar S. auf dem rechten Flügel, der linke unter Wert mußte .. weichen und mit ihm das ganze Heer, nachdem es zuvor gelungen, die ..ng zu versorgen. In dem drei Tage später erfolgten Treffen bei Rhein.. waren die beiden Heerführer noch unglücklicher und wurden mit noch .. Befehlshabern gefangen genommen. S. wurde nach Lauffenburg ge..; in Verkleidung gelang es ihm, von dort zu entfliehen und wieder neue .. um sich zu sammeln, um dem bairischen General Götze, der Breisach ..en wollte, Verstärkungen zuzuführen. Die beiden vereinigten Feldherren .. jedoch im Treffen von Wittenweier am 30. Juli 1638 von dem Herzoge ..hard geschlagen und schoben einander wechselweise die Schuld zu, die wohl ..einlich der größeren Fähigkeit ihres Gegners zuzuschreiben war. Götze entflohen, S., der zweimal verwundet wurde, hatte länger Stand gehalten, .. aber dennoch kaum die Trümmer seines Heeres retten. Er kehrte an Hof zurück, um abermals eine Gesandtschaft nach Rom zu übernehmen. ernannte ihn Urban VIII., der mit Venedig, Parma, Modena und .. wegen der Gebiete Castro und Ronciglione Krieg führte, mit des .. Bewilligung zum Anführer seiner Truppen, mit welchen er so glücklich .. durch entsprechende Vorkehrungen den Kirchenstaat vor jedem feindlichen .. zu bewahren. Als der Streit beigelegt war, übernahm er wieder die .. als Gesandter des Kaisers in Rom, wohnte in dieser Eigenschaft der Innocenz X. zum Papste bei und erwarb sich durch seine Verwendbarkeit Beifall des eigenen sowie des päpstlichen Hofes. Glücklicher in diesem ..gskreise als im Felde betrat er dieses nie mehr, obwohl er noch durch Rathschläge viel zur Rettung von Orbitello beitrug, das die Franzosen ..ten. Er starb 1649 auf seinem Posten zu Rom.

K. und k. Kriegs-Archiv. — Gauhe, Historisches Helden- und Heldinnen-..kon. — Reilly, Biographien der berühmtesten Feldherren Oesterreichs.

Sommeregger.

Sax: Emannel Hans S., Volkswirth und Lyriker, geboren a 28. Februar 1857 zu Mikultschitz in Mähren als Sohn eines angesehe Kaufmanns, der, so rühmte der Sohn, sogar in Cicero fest sei gleichwie den deutschen Classikern. E. H. S. wuchs in Göding, wohin die Eltern ü gesiedelt, auf, absolvirte 1875—80 in Wien die juristischen Studien und staatlichen Vorbereitungsdienst, promovirte dort auch 1879 zum Dr. jur alles mit Auszeichnung — und vervollkommnete dann an reichsdeutschen U versitäten seine bisherigen Studien in Volkswirthschaft und Statistik. Ande halb Jahre Mitglied des staatswissenschaftlichen Seminars der Univers Halle unter Prof. Johs. Conrad's und 1880/81 Volontär an dem von E Engel geleiteten Kgl. Preußischen Statistischen Bureau in Berlin gewe legte er, fortwährend seine einschlägigen Buchstudien durch Reisen in Deut land ergänzend, als Frucht dieser Arbeiten sein großes Werk „Die Hau industrie in Thüringen" vor (I, 1882, 2. Aufl. 1885; II, 1884; III, 18 Dessen Methode und Anlage wurden Vorbild für eine Reihe von Monograp über Hausindustrie, besonders für die Berichte aus der Hausindustrie anderer Theile des Deutschen Reiches, die der Verein für Socialpolitik herausgab. Stephan Bauer, ein mit Stoff und Verfasser genau bekann Fachmann, urtheilt: „Sax hat vielfach mit ungemein glücklichem Griffe a archivalischen und statistischen Materialien, aus Erschautem und Erfragte plastische Bilder des Heimindustrielebens zu gestalten gewußt, wahre Cabin stücke socialgeschichtlicher und beschreibender Kleinkunst, welchen der tiefere Ge wissenschaftlicher Erkenntniß nicht fehlt. Am Schlusse seines Werkes zog thatsachendurstige fahrende Schüler der Nationalökonomie sein Ergebniß ü die Aussichten der hausindustriellen Betriebsweise. Sein Urtheil lautet ve nichtend (III. Theil, S. 120). Daß Fachschulen und Genossenschaften den M ständen der Heimarbeit nur in beschränktem Umfange steuern können, betont zu haben gehört gleichfalls zu seinen Verdiensten. Der lebhafte Wider stand gegen die Behauptungen Sax', der von Hausindustriebaronen nach dem Er scheinen seines Buches laut wurde (vgl. II, S. 8), ist [schon 1897] verstummt; die späteren Forschungen haben seine Anschauungen über das Wesen der modernen Heimarbeit vollauf bestätigt.

Dieses grundlegende Werk hatte ihm mit einem Schlage eine angesehene Stellung in der Wissenschaft gesichert. Am 1. Juni trat S. als Concipist für den statistischen Dienst in das Bureau der Niederösterreichischen Handels- und Gewerbekammer zu Wien. Sein erster dortiger „Statistischer Bericht über Industrie und Gewerbe des Erzherzogthums Oesterreich unter der Enns" bedeutete eine durchgreifende Reform dieser periodischen Referate und fand das Lob wissenschaftlich wie socialpolitisch gleich musterhafter Leistung einer organisatorisch wie kritisch vollbegabten Persönlichkeit. Er erstattete solche 1883 und 1885. In diesem Jahre habilitirte er sich als Privatdocent an der k. k. Hochschule für Bodencultur, an der er, nachdem er 1887/88 auch Vorträge im technologischen Gewerbemuseum gehalten, 1889 außerordentlicher Professor, sowie Mitglied der Staatsprüfungscommission wurde. Doch konnte er in dieser officiellen Eigenschaft seine Vorlesungen gar nicht aufnehmen. Ein ganzes Jahr litt er an einer immer quälenden Bronchitis, ohne sich auszuspannen. Da hatte sich aus Sax' Anhänglichkeit an seine tuberkulösen Hausleute ein unheilbares Brustleiden entwickelt. Im September 1890 mußte er als Secretär der Handelskammer um Versetzung in den zeitweiligen Ruhestand einkommen. In Kurorten der Schweiz, Oberitalien, Hietzing, Aussee suchte er Heilung, zuletzt in Meran — vergebens; es war zu spät. Seine schwersten Leidenstage fielen in die Zeit der Entdeckung des Koch'schen Tuberkulins; so ward S. in Meran

..w. der ersten, an denen man es erprobte: und wirklich trat eine über..ende Besserung mit erheblicher Zunahme der Kräfte und des Körper..wichts ein. Hoffnung auf ein neues Leben durchdrang den Kranken, und er ..hm. seine hingebungsvolle Pflegerin Luise zu seiner Gattin. Da erwachten ..em ewig regen Geiste, der während der langen schweren Leidenszeit trotz ..gebrochenen Denkens und Planens seine gelehrten Facharbeiten aufgeben ..te, künstlerische Regungen seiner Jugend. Humorvolle Lieder erfreuten und ..ten da seine Seele unter dem Martyrium der schmerzvollen Pein. Freilich ..te sich in die Liebe zur herrlichen Natur und zum Leben eine sicher krank..sinnliche Vorspiegelung erträumter Genüsse, sarcastischer Spott über seine ..mme Krankheit mit ihren Einzelheiten, Hohn und Satyre über sein Elend .. das gewisse nahe Ende; so muß man mit dem Meister klagen: „O welch ..großer Geist ward hier zerstört!" Dies bleibt der wesentliche Eindruck der ..enden Bände „Gedichte" (1892) und „Im Volkston. Allerhand Verse und ..engeln" (1892). Die reizenden „Mädchenlieder" (1894), der Braut des ..ters in den Mund gelegt, zeugen für den edeln, reinen Einfluß dieses weib..en Wesens, dem seine Vergangenheit nicht unbekannt geblieben, aber gleichsam ..ls ein Ansporn zu rastloser Hingabe und Anregung zu schönen Gedichten ..: die letzten, keineswegs traurig stimmenden Grüße an Freunde und Gleich..tende. Der breitschulterige, starkknochige Mann, in gesunden Tagen voll ..sprühender Heiterkeit, den einst die Vorboten des tückischen Todfeindes wie .. Blitz vom blauen Himmel getroffen, plauderte fast bis zuletzt lebhaft über ..litik und Litteratur mit unvermindertem Antheil: ein Jammerbild der ..ten Empfänglichkeit für alles Große und Schöne. Am 3. Juli (nach ..Landesangaben am 29. Juni) 1896 ward ihm der Tod ein wahrer Erlöser, ..weit Meran. Bauer nennt ihn traurig eine ebenso ernste und wahrheits..liebende wie liebenswürdige Persönlichkeit aus der jüngeren Generation öster..reichischer Socialschriftsteller; ein feinsinniger, lebenskräftiger Kopf und sinniger, ..enschaftlicher Mensch und Poet, setzen wir hinzu.

Neue Freie Presse Nr. 444 (4. Juli 1896) Abdbl. S. 1. — St. Bauer im Biogr. Jhrb. u. Dtsch. Nekrolog I, 446 f. — K. L. Leimbach, Die deutschen Dichter der Neuzeit IX, 294—95 (authentisch); 296—299 Proben. — Brümmer, Lexikon der deutschen Dichter und Pros. d. 19. Jahrh.[5] III, 560. — Kukula, Hochschulalmanach S. 791 (Suppl. S. 292).

Ludwig Fränkel.

.. **Saexinger**: Johann von S., geboren am 18. Mai 1833 in Aussig ..n Böhmen als Sohn eines praktischen Arztes, erwarb sich seine Gymnasial..bildung in Eger und studirte in Prag, wo er vom Jahre 1860 an unter ..Professor Seyffert als Assistenzarzt an der geburtshülflichen Klinik thätig war, ..nachdem er im Jahre 1859 in Prag promovirt worden war. Hier lernten ..ihn junge württembergische Aerzte, die damals in Prag studirten, kennen, und ..in ausgesprochenes Lehrtalent schätzen. Nachdem er zahlreiche gynäkologische ..Abhandlungen in der Prager Vierteljahrsschrift veröffentlicht hatte, die die ..Aufmerksamkeit der Fachgenossen auf ihn lenkten, ward er 1868 erst 33 Jahre ..alt nach dem Tode Breit's auf den Lehrstuhl für Geburtshülfe nach Tübingen ..berufen. Die geburtshülfliche Klinik in Tübingen war damals noch im so..genannten Klinikum der alten Burse, einem 400 Jahre alten Studentenlogir..hause und eine gynäkologische Klinik existirte nicht. S. schuf dieselbe zuerst ..und hat als eifriger Anhänger der Semmelweis'schen Lehren nicht bloß sein ..redlich Theil zur Durchführung der Antiseptik beigetragen, so daß er am ..26. September 1886 auf eine Serie von 1000 Wöchnerinnen ohne einen ..Puerperalfiebertodesfall zurückblicken konnte, sondern auch auf der gynäkologischen

Abtheilung schon in früher Zeit das Verschwinden septischer Processe nach vie[illegible]
und großen wohlgelungenen gynäkologischen Operationen zu [illegible]
Von sprudelnder Lebendigkeit, begeistert von seinem Beruf, durchdrungen [illegible]
der absoluten Nothwendigkeit gründlicher geburtshülflicher Schulung der [illegible]
Mediciner, von seltener Redegewandtheit und feinem Humor vermochte er [illegible]
Zuhörer zu packen und fortzureißen, wie es nicht vielen beschieden war. [illegible]
vielem Interesse verfolgte er die Fortschritte der Wissenschaft und pflegte [illegible]
selben mit seinen Assistenzärzten regelmäßig zu besprechen, wobei er ein [illegible]
würdig gutes Urtheil an den Tag legte und auch in der Prognose [illegible]
tauchender Gesichtspunkte mit seiner Ansicht meistens den Nagel auf den [illegible]
traf. — Er wußte seine Schüler stets mit großer Liebenswürdigkeit zu [illegible]
ständigem Arbeiten heranzuziehen.

Im Jahre 1890 bezog er die von ihm ins Leben gerufene neue gyn[illegible]
logische Klinik, die nach seinen Angaben aufs Trefflichste eingerichtet worden [illegible]

Wenn S. außer der Bearbeitung einiger Capitel in Maschka's gericht[illegible]
Medicin nur wenig durch die litterarische Thätigkeit vor weitere Kreise [illegible]
so hat er um so mehr als Lehrer bei seinen Zuhörern und Schülern [illegible]
gestiftet.

Anerkannt von der württembergischen Regierung und geehrt durch [illegible]
leihung hoher Orden, hochverehrt von seinen Schülern und seinem Bekannt[illegible]
kreis; unterlag er am 30. März 1897 nach kurzer Krankheit einer Perforations[illegible]
peritonitis.

Von seinen Schriften erwähnen wir folgende: „Schwangerschaft [illegible]
Geburt", l. c. Maschka III, 193—291; Fruchtabtreibung „Abortus" l. [illegible]
Maschka, Tübingen 1882, III. 233—292; „Kunstfehler in geburtshülflicher
Beziehung" in Handbuch d. ger. Medicin v. Maschka, 8°, Tübingen 18[illegible]
III, 649—690; „Ueber die Entwicklung des medicinischen Unterrichts an der
Tübinger Hochschule. Rede zum Geburtsfest seiner Majestät des Königs am
6. März 1883 im Namen der Eberhard-Carls Universität", 33 S. 8°, Tü-
bingen 1883; „Gefrierdurchschnitt einer Kreißenden" imp. fol. Tübingen 18[illegible]

Biograph. Lexikon von Gurlt-Hirsch. 1887, V. Bd., S. 146, 147. — Index Catalogue of the library of the surgeon-generals office Unit. States army vol. XII, 1891, p. 437. — Monatsschrift f. Geburtsh. und Gynäkologie von A. Martin u. M. Sänger. 1897, Bd. V, S. 539.

F. v. Winckel.

Scanzoni: Friedrich Wilhelm S. von Lichtenfels wurde am 21. December 1821 als Sohn eines Eisenbahnbeamten, der vom Gardasee stammte, in Prag geboren. Seine Mutter war die Tochter eines der gesuchtesten Aerzte in Prag, des Dr. Beutner von Lichtenfels. Nachdem S. die Mittelschulen in Budweis durchgemacht hatte, bezog er 1838 die Universität in Prag, promovirte 1844 daselbst, machte dann eine wissenschaftliche Reise ins Ausland und wurde nach seiner Rückkehr Arzt an der gynäkologischen Abtheilung des Prager allgemeinen Krankenhauses und an der geburtshülflichen Klinik.

Als Kiwisch nach d'Outreponts Tode 1845 nach Würzburg berufen worden, wurde S. sein Nachfolger in der Direction jener vorhin genannten Abtheilung des Krankenhauses und nachdem Jungmann, der berühmte Historiograph der Prager medicinischen Facultät in den Ruhestand getreten und Kiwisch an seine Stelle nach Prag gekommen war, erhielt S. am 3. October 1850 die Berufung als ordentlicher Professor der Gynäkologie nach Würzburg.

Hier wurde seine Thätigkeit als consultirender Arzt sehr bald eine ungemein ausgedehnte und in kürzester Zeit hatte er sich als solcher der größten allseitigen Anerkennung zu erfreuen. Im J. 1857 wurde er zum ersten Mal den russischen Hof berufen zur Berathung der Kaiserin. Am 21. December 58 wurde er zum Ehrenbürger der Stadt Würzburg ernannt. 1861 ging zum zweiten Male nach Petersburg. Am Ende der fünfziger Jahre erhielt eine Berufung nach Berlin und nach Wien, beide lehnte er ab. Nachdem bereits durch viele in- und ausländische Orden decorirt worden, verlieh ihm König Max den erblichen Adel mit dem Zunamen von Lichtenfels. In selben Jahre erhielt er noch eine Berufung nach Baden-Baden; da er selbe jedoch ebenfalls ablehnte, so sprachen ihm die bairischen Majestäten sflich ihren besonderen Dank aus. Am 19. Februar 1864 wurde S. renbürger von Franzensbad, nachdem ihn bereits die ärztlichen Gesellschaften Erlangen, Hanau, München und Paris zu ihrem correspondirenden Mitgliede der Verein deutscher Aerzte in Paris, die Gesellschaft für Natur- und eilkunde in Dresden und viele andere zu ihrem Ehrenmitgliede ernannt tten.

Neben seiner sehr verbreiteten Thätigkeit als Frauenarzt entwickelte S. ch eine sehr intensive litterarische. So begann er schon in Prag sein großes hrbuch der Geburtshülfe, welches von 1849—52 erschien, in 2. Auflage 858, in 4. 1867. Dasselbe zeichnet sich nicht bloß durch große Litteraturnntniß und klare Darstellung, sondern auch durch eingehende Verwerthung r neueren Forschungen der Physiologie, Chemie, Mikroscopie und pathoischen Anatomie aus. Wie S. wiederholt Kiwisch in seinen Stellungen gte, so hat er ihm auch in seinen wissenschaftlichen Werken als Nachfolger dient, d. h. namentlich zu den unvollendet gebliebenen Vorträgen von Kiwisch er specielle Pathologie und Therapie der Krankheiten des weiblichen Geschlechts n dritten Schlußband geliefert. Von seinen weiteren Werken nennen wir: die geburtshülflichen Operationen" (1852), „das Lehrbuch der Krankheiten er weiblichen Sexualorgane", Wien 1857, dessen 5. Auflage Wien 1875 schien; „die chronische Metritis", Wien 1867 und die „Beiträge zur Geburtsnde und Gynaekologie". Die letzten Aufsätze in jenen Beiträgen besprechen die Lehre von Marion Sims von den Ursachen und Behandlungen der Sterilität m J. 1878. Unter den Schülern von S., welche an diesen Beiträgen mit earbeitet haben, sind zu nennen: J. B. Schmidt, G. Langheinrich, Gregor chmitt, O. v. Franqué, J. Schramm, Peter Müller, Peter Reuß, Maennel.

Wenn nun auch unter den zahlreichen Arbeiten Scanzoni's keine eigentlich bahnbrechend gewesen ist, wenn er in seinen Lehrbüchern auf der von Kiwisch betretenen Bahn fortfuhr, wenn manche seiner Methoden, z. B. die für die künstliche Frühgeburt durch Reizung der Brustwarzen und die Kohlensäuredouche, wieder verlassen sind, so zeigt sich an wanchen doch, welch ein exacter Beobachter S. war, indem er, um nur ein Beispiel herauszugreifen, schon im J. 1849 die häufige Veränderung der Kindeslage in der Gravidität constatirte und damit die alte Lehre von der Culbute wieder auffrischte, Beobachtungen, welche von Hecker erst im J. 1861 neu aufgenommen und bestätigt wurden. So hat ferner K. Schroeder Scanzoni's Verdienste um die Aetiologie der fibrinösen Polypen in das gebührende Licht gesetzt. Außerdem zeigt die große Zahl der Auflagen, welche seine Lehrbücher trotz ihres Umfanges erlebten, daß Scanzoni's Einfluß als Lehrer sehr bedeutend war.

Um die Mitte der 60er Jahre des vorigen Jahrhunderts stand S. auf der Höhe seines Ruhms und es ist sicher nicht zuviel gesagt, wenn man behauptet, daß er damals der gesuchteste und beliebteste Lehrer in der Gynäkologie, daß er der anerkannteste Consiliarius auf diesem Gebiete war, und daß er zu dem allgemeinen Aufschwung, den die Gynäkologie in jener Zeit nahm, sehr *wesentlich beigetragen* hat.

Als nun unter der Aegide von Marion Sims und Gustav Simon die Gynäkologie immer mehr eine chirurgische Richtung einschlug, als Operationen auf Operationen folgten, deren Berechtigung von vielen Seiten bestritten wurde, da warnte S. vor der übertriebenen Operationslust und folgte nur auf diesem Wege, selbst als die Lister'sche Methode die Gefahren der Eingriffe wesentlich vermindert hatte. Seine letzte Publication befindet sich in der Festschrift, welche die medicinische Facultät der Universität Würzburg der Alma Julia Maximilianea zur dritten Säcularfeier 1882 widmete; sie bezieht sich auf seine Erfahrungen bei 198 Fällen von Beckenenge.

Ein Meister der Rede, elegant und vornehm in seiner Ausdrucksweise, verbindlich auch gegen seine Gegner, persönlichen Kämpfen abhold, mehr zur Vermittlung geneigt, gehörte S. jederzeit zu den Aerzten, zu welchen der jüngere Fachgenosse mit Verehrung und Stolz aufblickte.

In seinem Privatleben war er die Einfachheit selber; früher sehr gesellig, lebte er seit Anfang der 70er Jahre fast nur noch im Schooße seiner Familie. Bis zum Jahre 1868 besuchte er im Sommer stets das Bad Brückenau, wo er seine Familie um sich vereinigte; seitdem aber brachte er die Ferienzeit stets auf seinem Gute Zinneberg, in der schönen Natur am Fuße der oberbairischen Alpenkette zu. Hier ist er auch, nachdem er 18.. seine Professur in Würzburg niedergelegt hatte, am 11. Juni 1891 einem längeren Siechthum erlegen. S. war über 40 Jahre verheirathet und hinterließ vier Söhne und zwei Töchter. Von ersteren ist der zweitjüngste Arzt geworden und ein sehr gesuchter Chirurg in München-Schwabing.

S. war einer der beliebtesten Lehrer in seinem Fache, eine Leuchte der Wissenschaft und Tausenden und aber Tausenden von Kranken ein treuer und glücklicher Helfer und wird ein verehrungsvolles Andenken behalten bei Allen, die ihm im Leben je nahe getreten sind.

Pagel, Biographisches Lexikon, Berlin-Wien 1901, S. 1482. — Hirsch-Gurlt, Biograph. Lexikon 1888, Band VI, 994. — Gurlt, Nekrolog, Virchow's Archiv Bd. CXXVII, 528. — Winckel, Deutsche med. Wochenschrift 1891, Nr. 30.

F. v. Winckel.

Schachtmeyer: Hans von Sch., königl. preußischer General der Infanterie, am 6. November 1816 zu Berlin geboren, kam aus dem Cadettencorps am 5. August 1833 als Secondlieutenant zum 2. Garde-Regimente zu Fuß, dem auch sein Vater angehört hatte, besuchte die Allgemeine Kriegsschule (jetzt Kriegsakademie) und wurde 1841 zur Handwerkersection der Gewehrfabrik Sömmerda commandirt. Hier eröffnete sich ihm eine Thätigkeit, auf deren Gebiete er demnächst der Armee die wichtigsten Dienste geleistet hat. Technisches Geschick verbunden mit taktischem Verständnisse befähigten ihn dazu. Sie bewirkten auch, daß er nach der im J. 1846 erfolgten Enthebung von der Verwendung in Sömmerda alsbald zu Versuchen herangezogen wurde, die in Spandau das Garde-Reserve-Infanterie-Regiment mit dem Zündnadelgewehr anstellte, und daß er 1848 zur Dienstleistung bei der Artillerieabtheilung des Allgemeinen Kriegsdepartements im Kriegsministerium commandirt wurde. 1850 trat er in sein Regiment zurück, 1852 wurde er zum Hauptmann und Compagniechef im 1. Garde-Regimente zu Fuß befördert, 1855 aber von neuem auf das obengenannte Feld des militärischen Schaffens berufen, indem er mit der Wahrnehmung der Geschäfte des Vorsitzenden der Gewehrprüfungscommission in Spandau beauftragt ward. Es war die Zeit, in welcher die Frage der endgültigen Einführung des Zündnadelgewehres zur Entscheidung kam. Die Waffe war freilich schon 1841 in Gebrauch genommen, aber sie war in der Armee noch wenig verbreitet und hatte zahlreiche Gegner, welche beim Hinterlader

Gefahr des Verschießens, daß heißt den Mangel an Patronen, fürchteten, der länger dauerndem Gefechte eintreten würde. Sie wollten das Miniégewehr m, einen gezogenen Vorderlader, und einflußreiche Männer, die das Ohr König drich Wilhelm's hatten, bemühten sich, dem französischen Systeme Eingang verschaffen. Aber der Prinz von Preußen, der weitsichtiger war als sein uder, hatte eine andere Ansicht. Er vertraute seinem technischen Berather, m Major v. S., der dem Zündnadelgewehre den Vorzug gab, und da der ing bald darauf die Regierung selbst übernahm, blieb dieses dem Heere alten und wurde dessen alleinige Waffe. S. kehrte 1859 als Bataillons- mmandeur in das 1. Garde-Regiment zurück, wurde 1860 zum Commandeur . Lehr-Infanterie-Bataillons und 1861 des Hohenzollernschen Füsilier- giments Nr. 40 in Trier ernannt.

In dieser Stellung befand er sich, als er bei Ausbruch des Krieges vom hre 1866 zum Generalmajor und zum Brigadecommandeur beim Detachement s Generalmajors v. Beyer befördert wurde, mit dem er zum Mainfeldzuge zog. Als Führer der Avantgarde nahm er am 4. Juli an einem un- deutenden, aber folgenschweren Gefechte bei Hünfeld und am 10. d. M. einem zweiten bei Hammelburg Theil, in welchem er durch einen Schuß die rechte Hand verwundet und von den weiteren Feindseligkeiten fern- halten wurde. Nach Friedensschlusse trat er in Frankfurt a. M. an die pitze der neugebildeten 41. Infanterie-Brigade und bei der Mobilmachung m Kriege gegen Frankreich als Generallieutenant an die der 21. In- nterie-Division, zu welcher jene Brigade gehörte, und damit in den Verband r III. Armee des Kronprinzen von Preußen. Schon im Gefechte von eißenburg am 4. August kamen die ihm unterstellten Truppen beim Angriffe f den Geisberg in Thätigkeit, mehr aber in der Schlacht bei Wörth am d. M. Als am Morgen des Tages die ersten Kanonenschüsse beim V. Armee- rps den Beginn eines Kampfes verkündeten, ließ General v. S. sofort aus genem Antriebe zur Theilnahme daran seine Truppen aus ihrem Biwak fbrechen. Durch zähes Festhalten des Abschnittes Gunstett-Spachbach, dann rch ihre Mitwirkung bei der Eroberung des Niederwaldes, von Elsaßhausen d von Fröschweiler trugen sie wesentlich zum glücklichen Ausgange des Tages i. Die Beschaffenheit des Geländes schloß aber eine einheitliche Führung rch die höheren Befehlshaber in den meisten Fällen aus, daher mußte auch neral v. S. alsbald auf eine solche verzichten. Ebenso in der Schlacht bei dan am 1. September. Hier wurde er durch die tödliche Verwundung des nerals v. Gersdorff an die Spitze des XI. Armeecorps berufen, zu welchem ne Division gehörte; das Verhältniß bestand indessen nicht lange, weil die dere Division des Corps, die 22., sehr bald aus der Einschließung von ris, wohin das Corps marschirt war, abberufen wurde und eine andere stimmung erhielt, so daß S. mit der 21. allein zurückblieb. Sie stand bei rsailles und hatte an der Abwehr der Ausfallversuche der Besatzung nur tergeordneten Antheil. Die Verleihung des Eisernen Kreuzes 1. Classe und s Ordens pour le mérite zeugten für die Anerkennung seiner Leistungen. hachtmeyer's Dienstzeit nach dem Kriege führte ihn in verschiedene Stellungen. nächst erhielt er statt des Commandos der 21. Division das der 8. in furt, 1875 wurde er Gouverneur von Straßburg, 1878 commandirender neral des XIII. (königlich Württembergischen) Armeecorps, 1886 schied er s dem Dienste. Er zog sich nach Celle zurück, wo er, selbst unverheirathet, rwandte hatte, und ist dort am 8. November 1897 gestorben. S. war militärisch wie allgemein wissenschaftlich hochgebildeter Mann, seine vortrefflichen Geistes- und Charaktereigenschaften sind in Nr. 102 des Militär-Wochenblattes (Berlin) vom Jahre 1897 zutreffend geschildert.

B. v. Poten.

Schäfer: Dr. Johann Adam Sch., Rector und Consistorialrath in Ansbach, hervorragender bairischer Schulmann am Ende des 18. und im ersten Drittel des 19. Jahrhunderts. Geboren am 15. August 1756 als Sohn eines kleinen Wirthes in dem Markte Cadolzburg, wo einst Nürnberger Burggrafen hausten, hatte Sch. eine harte Jugend; er mußte sich, soweit seine junge Kraft reichte, allen ländlichen Arbeiten, auch den geringsten, unterziehen. Aber in dem feinbegabten Knaben lebte ein heißer Wissensdrang; er haschte nach jedem Buch, um darin zu lesen und zu lernen. Als er im 14. Lebensjahre stand, kam ein hoher geistlicher Würdenträger nach Cadolzburg; er wurde auf den artigen Knaben, der sich durch frischen Gesang beim Orgelspiel hervorgethan, aufmerksam, bestimmte die Eltern, ihren Sohn studiren zu lassen, und versprach möglichste Unterstützung. Im J. 1770 wurde dann Sch. als Alumnus ins Ansbacher Gymnasium aufgenommen. Mit höchster Gewissenhaftigkeit lag er hier den höheren Studien ob. Sein Herz begeisterte sich namentlich für das Lateinische. Als der König von Spanien der Anstalt ein sehr werthvolles Geschenk machte, wurde aus der Reihe der Zöglinge Sch. gewählt, dem Könige in einer lateinischen Epistel zu danken; er löste die Aufgabe in allen Ehren. Nach Vollendung der Gymnasialzeit bezog Sch. die Universität Erlangen, um dort, namentlich unter Harleß, Philologie, nebenher auch Theologie zu studiren. Daß ihm die Mittel fehlten, nach Göttingen zu gehen, um Heyne zu hören, hat er noch als Greis beklagt. Im J. 1779 wurde der junge Mann als Inspector ans Gymnasium in Ansbach berufen, in die Stadt, in der damals noch Joh. Peter Uz lebte, der Dichter, den Papst Clemens XIV. als den deutschen Horaz bezeichnete. Sch. schloß den Dichter, mit dem er sich auch persönlich berührte, warm ins Herz, und er konnte sich tief erzürnen, wenn Jemand den Ansbacher Poeten nicht nach Gebühr zu würdigen schien. Sch. blieb nun zeitlebens im Dienste des zunächst noch markgräflichen, dann kgl. bairischen Gymnasiums und rückte von Lehrstelle zu Lehrstelle vor, bis ihm die Leitung der Anstalt übertragen wurde. Damit stand er an seiner richtigen Stelle. Das öffentliche Urtheil reihte ihn seiner Zeit unter die sog. „großen Rectoren“ in Baiern. Höchst anregend im Unterricht, war er zugleich ein Vater seiner Schüler, die ihm herzlich ergeben waren. In seinem Wesen gesellte sich zu der natürlichen und imponirenden Würde auch warme Menschenliebe und ein gutes Stück liebenswürdigsten Humors, mit dem er gelegentlich spielend erreichte, was ernster und fester Behandlung oft nur mühsam gelingen mag. Zahlreiche Schüler, die unter dem Rectorate Schäfer's das Ansbacher Gymnasium besuchten, wirkten nachher als namhafte Lehrer an Hochschulen, als hervorragende Geistliche, oder haben sich in hohen Staatsämtern Verdienst und Ehre erworben.

Während Sch. mit seiner Lebenskraft in erster Linie der Bildung der Jugend diente, versäumte er doch nicht, sich auch wissenschaftlich zu bethätigen. Neben werthvollen kleineren Schriften erschien 1802 seine Uebersetzung der Briefe des Plinius in 2 Bänden mit Anmerkungen. Heutigen Tages nahezu vergessen, war doch die Arbeit zu ihrer Zeit weit berufen; man ehrte den Verfasser auch dadurch, daß man seinen Namen mit dem des berühmten Römers zusammenheftete und ihn zum Unterschied von seinen Namensvettern als den „Plinius-Schäfer“ bezeichnete.

Im J. 1829 feierte Sch. sein 50jähriges Amtsjubiläum, hoch geehrt und ausgezeichnet von Staat und Stadt. Noch elf Jahre, die letzten davon im Ruhestande, überlebte Sch. das Fest. Am 8. October 1840 entschlief er, nach einem Leben voll segensreicher Arbeit, das auch von den glücklichsten Familienverhältnissen verschönt gewesen. Eine Fülle von Zeichen der Ehrerbietung und Dankbarkeit häufte sich an seinem Grab. Denn es entsprach durchaus der Wahrheit, was eine lateinische Schrift der Erinnerung an den Entschlafenen am Schlusse sagt: „Sic enim cuique persuasum erat, e vita decessisse hominem non solum doctissimum et de juventute per longissimum temporis tractum optime meritum, sed etiam virum integerrimum et civem probissimum“.

Chr. Mayer.

Schaffner: Wilhelm Sch. (auch Schaffener), ein Straßburger Buchdrucker, der um die Wende des 15. Jahrhunderts lebte. Der früheste Druck, der seinen Namen trägt, stammt vom Anfang des Jahres 1498, der späteste von 1515. Jener ist ein Hortulus animae, aber nicht wie schon behauptet wurde, die erste und für die folgende maßgebende Ausgabe dieses viel verbreiteten Erbauungsbuchs — denn der Grüninger'sche Druck vom selben Jahr ist noch vorher erschienen —, aber als illustrirtes Werk bemerkenswerth. Auch sonst hat Sch. Schriften mit Holzschnitten gedruckt. Selten aber hat er sich als Drucker genannt. Denn es ist kaum anzunehmen, daß er in den 17 Jahren, die nach Obigem seine Druckerthätigkeit umspannt, nicht wesentlich weiter, als nur die neun Drucke, die mit seinem Namen — einmal in der lateinischen Uebersetzung: procurator = Verwalter, Amtmann — gezeichnet sind, auf den Markt gebracht hat. Sind aber unter den ohne einen Druckernamen erschienenen noch manche Schaffnerische zu vermuthen — bis jetzt werden ihm freilich nur fünf solche mit mehr oder weniger Sicherheit zugeschrieben — so ist es auch möglich, daß weder 1498 das Anfangs-, noch 1515 das Schlußjahr seiner Thätigkeit bezeichnet. Es liegt also hier vieles noch im Dunkeln. Merkwürdiger Weise ist unter den von Sch. selbst gezeichneten Drucken einer, ein Plenarium des Jahres 1506, von Dutenstein, d. h. von dem einstigen geroldseckischen Schloß Dautenstein bei Lahr, und zwei andere, ein Vocabularius Gemma Gemmarum von 1514 und des Torrentinus Elucidarius carminum et historiarum von 1515, von Lor, d. i. von Lahr selbst (das in Schrift und Sprache auch Lor heißt) datirt. Dazwischen hinein aber hat er, wie vor- und nachher in Straßburg gedruckt. Wie Sch. dazu gekommen ist, zwei Mal mit seiner Presse über den Rhein zu gehen, ist nicht ersichtlich. Auch sonst sind seine persönlichen Verhältnisse noch nicht näher festgestellt. Man weiß nur, und zwar aus seinen Drucken, daß er von „Roperschwiler“ stammte. Dabei ist nicht an Roppenzwiler in der alten Grafschaft Pfirt oder an einen anderen Ort mit ähnlich klingendem Namen, sondern sicher nur an die oberelsässische Stadt Rappoltsweiler zu denken, deren Namen auch Ropers(ch)wiler geschrieben wurde und wo der Name Schaffner damals auch sonst vorkam, wie dies beides aus dem Rappoltsteinischen Urkundenbuch (hrsg. von K. Albrecht 1891—98) hervorgeht.

Vgl. Ch. Schmidt, Répertoire bibliographique Strasbourgeois IV, 1893, S. 10—12; doch findet die dort gegebene Liste von Schaffner's Drucken Ergänzung durch die allgemeineren Werke zur Inkunabelkunde von Hain, Proctor und Copinger, unter Umständen auch durch Kristeller in den Beiträgen zur Kunstgeschichte, N. F. VII, 1888, S. 106 und Heinemann im Centralblatt für Bibliothekswesen, 16. Jahrg. 1899, S. 496 fg.

K. Steiff.

Schafhäutl: Karl Emil Sch., geboren am 16. Februar 1803 zu Ingolstadt, war früh verwaist. Seine erste wissenschaftliche Erziehung erhielt er im Studienseminar zu Neuburg, das er aber 1816, ohne es absolvirt zu haben, verließ. Weiteren Studien lag er an der Universität Landshut ab, aber, [illegible] es scheint, ohne rite dort immatrikulirt zu sein. Durch seine belletristischen [illegible] physikalisch-experimentellen Arbeiten erregte er schon von seinem 16. [illegible]jahre an ein gewisses Aufsehen, und um seine musikalischen Neigungen [illegible] befriedigen zu können, ging er nach München, wo er 1827 eine [illegible] Scriptor an der Universitätsbibliothek erhielt. Gemeinsam mit dem [illegible]arbeiter und Flötenvirtuosen Theobald Böhm arbeitete er an [illegible]plänen für die Fabrikation des Pianoforte und der Flöte, und [illegible] beide 1834 nach England, wo Schafhäutl's experimentelle Erfindungsgabe [illegible] den Umstand mächtig angeregt wurde, daß es dort noch nicht gelungen [illegible] aus dem einheimischen Rohmateriale den vorzüglichen englischen Gußstahl [illegible]zustellen, sondern daß dazu Erze aus Schweden und Rußland bezogen [illegible] mußten. Wirklich gelang es ihm, Methoden zu erfinden, die diesem [illegible]stande abhalfen, und die sieben Jahre, die er, mit solchen Arbeiten beschäftigt, in England zubrachte, gehörten jedenfalls zu den glücklichsten und erfolgreichsten seines Lebens. Zugleich erwarb er sich in Dublin zuerst 1835 den [illegible]sophischen und 1838 auch den medicinischen Doctorgrad. Reicher an [illegible]schaftlichen als an geschäftlichen Erfolgen kehrte er 1841 nach München zurück, wo er jedoch gegen Ueberlassung seiner verbesserten Puddlingsmethode für 20 Jahre eine Rente von 1600 fl. vom Staate erhielt, auf Vorschlag [illegible] Nepomuk Fuchs 1842 zum Mitglied der Akademie der Wissenschaften erwählt wurde und 1843 an der staatswissenschaftlichen Facultät der Universität eine Professur für Geognosie, Bergbaukunst und Hüttenkunde erhielt.

Damit sah er sich im Alter von 40 Jahren unversehens vor eine ganz neue Aufgabe gestellt, nämlich Vorlesungen über Geologie zu halten. Er war dazu fast ganz unvorbereitet, und ohne Zweifel verdankte er diese Ernennung hauptsächlich seinem Gönner N. Fuchs und seinen extrem-neptunistischen Anschauungen, durch die beide Männer sich vereinigt, aber auch nach außen isolirt sahen.

Mit großem Eifer ging Sch. an sein neues Arbeitsgebiet heran, und um eine Sammlung und zugleich eine Basis für seine Vorlesungen zu gewinnen, benutzte er „jede freie Stunde zum Studium der bairischen Alpen“, bis 1849 eine Commission zur wissenschaftlichen Untersuchung Baierns, darin eine geologische Section mit einer jährlichen Subvention von 800 fl. geschaffen und er zu deren Vorstand ernannt wurde.

Das Ergebniß einer siebenjährigen Thätigkeit waren die „Geognostischen Untersuchungen des südbairischen Alpengebirges“, worin neben zahlreichen vortrefflichen Beobachtungen doch in stratigraphischer und paläontologischer Hinsicht so viel Seltsamkeiten stehen, daß es keiner weiteren Aufklärung bedarf, warum 1853 die Leitung der geognostischen Landesuntersuchung ihm entzogen und dem jüngeren Gümbel übertragen wurde. Zwar hat Sch. weiterhin die von ihm gesammelten und zum Theil recht werthvollen Versteinerungen in eingehender Weise in seiner „Lethaea bavarica“ (2 Bde. 1863) beschrieben und abgebildet; aber er konnte auch da keinen großen Erfolg erzielen, denn er hatte sich auf ein Gebiet hinausgewagt, auf dem er nicht zu Hause war. Als nun gar erfahrene Paläontologen, wie Oppel 1860 und Zittel 1866 ihre Vorlesungen an der Universität und später auch Gümbel an der technischen Hochschule mit vielem Erfolg abzuhalten begannen, da erlahmte seine Lehr- und Forschungsfreude rasch, und er wandte sich mit erhöhtem Eifer dem Studium der Musik und ihrer Theorien zu. In den letzten 25 Jahren seines Lebens hat er thatsächlich auf die akademische Lehrthätigkeit ganz verzichtet, und die Studenten erfuhren von seinem Dasein nichts, außer wenn sie etwa ins Examen gingen.

stellte er ihnen mit Vorliebe Fragen über den Vulkanismus, und wenn immer wieder die Antworten nicht im Sinne seines schroffen Neptunismus ausfielen, so horchte er doch hin, als ob er die Hoffnung noch nicht aufgegeben hätte, daß endlich einer käme mit seinen Anschauungen. Trotzdem er fast Jahre lang Professor der Geologie gewesen war, so hat er doch keinen einzigen Schüler groß gezogen. Aber alle diese Mißerfolge reichten nicht hin, ihn mißvergnügt oder vergrämt zu machen. Sein frommes Gemüth fand Trost in der Beschäftigung mit der Musik; hier hatte er ebenso wie früher in der Physik Erfolg und Anerkennung gehabt. Beiträge zur Geschichte der Kirchenmusik lieferte er in „Der echte gregorianische Choral in seiner Entwicklung bis zur Kirchenmusik unserer Zeit“ (1869), „Ein Spaziergang durch die liturgische Musikgeschichte der katholischen Kirche“ (1887) und in seiner „Biographie des Abtes Vogler“ (1888). Im Hause seines musikalischen Freundes fand er bis zu seinem am 25. Februar 1890 erfolgten Tode ein friedliches Heim. In seinem Kirchenstuhl neben dem Chor der Michaeliskirche sah man die charakteristische Gestalt des originellen Mannes im Hochamt jeden Sonn- und Festtag. Dem früh Verwaisten hatte die Stütze des Elternhauses und die strenge Zucht der Schule gefehlt. Frühzeitige Erfolge führten zur Zersplitterung seiner großen geistigen Kräfte, und als mehr ein äußerer Zufall als der innere Drang den 40jährigen Mann zur Geologie führte, konnte er es darin nicht weiter als zu einem gelehrten Dilettantismus bringen.

Rothpletz.

Schandein: Ludwig Sch., † am 25. October 1898 zu Speyer, war ein Sohn der fröhlichen Pfalz, der er mit Leib und Seele stets treu ergeben blieb. Geboren am 27. Juni 1818 zu Kaiserslautern, genoß er den ersten Unterricht an der Elementarschule und dem Progymnasium seiner Vaterstadt und wandte sich dann dem Schulfache zu. Im J. 1839 zum definitiven Lehrer ernannt, benutzte er jede freie Stunde zur Erweiterung seines Wissens und unterzog sich 1848 am Gymnasium in Speyer mit bestem Erfolge der Maturitätsprüfung. An der Universität München hörte er philosophische und juristische Vorlesungen. Auch betrieb er unter Leitung des berühmten Sprachforschers Schmeller (s. A. D. B. XXXI, 786) germanistische und diplomatisch-paläographische Studien. So vorbereitet, trat er am 5. Februar 1852 als Praktikant am kgl. bairischen Reichsarchiv ein. Unterm 21. April 1862 erfolgte seine Ernennung zum „Reichsarchivkanzelisten“ (= Staatsarchivar II. Cl.). Am 8. October 1868 wurde er zum Vorstand des Kreisarchivs der Rheinpfalz („Archiv-Conservator“, = Staatsarchivar I. Cl.) befördert. In dieser Eigenschaft hat Sch. amtlich wie außeramtlich eine überaus rege Wirksamkeit entfaltet. Er begnügte sich nicht damit, in die chaotischen Zustände des ihm anvertrauten Archivs lichtvolle Ordnung zu bringen und die darin verborgenen geschichtlichen Schätze durch Anlage guter Repertorien den Historikern zugänglich zu machen, sondern er betheiligte sich auch eifrigst an den Arbeiten des „Historischen Vereins der Pfalz“, der ihn unter seine „Neugründer“ rechnet (Mitth. d. Hist. Ver. d. Pfalz XVIII, S. 172) und dem er bis zum 11. April 1888 als I. Secretär werthvolle Dienste widmete. — Nebenbei war er auch litterarisch thätig, lieferte Beiträge zu dem großartigen Nationalwerk „Bavaria“ (Rheinpfälzische Mundarten, 1865) und ließ bei Cotta (Stuttgart) „Gedichte in Westricher Mundart“ erscheinen, die zwei Auflagen erlebten. Manche derselben sind inhaltlich wie in ihrem technischen Aufbau wohl gelungen und stehen hinter den Dialektpoesien Stieler's oder Kobell's nur wenig zurück. — Mit Rücksicht auf seine vielseitigen Verdienste wurde Sch. unterm 16. Juni 1888 (zu seinem 70. Geburtstage) durch Verleihung von Titel und Rang eines „Reichsarchivraths“ (= Geheimer Staatsarchivar) ausgezeichnet. Bereits zwei Jahre früher hatte der Großherzog von Baden seine Brust durch das Ritterkreuz I. Cl. des Ordens vom Zähringer Löwen geschmückt.

Im hohen Alter von 76 Jahren sah sich der unermüdliche Beamte gezwungen, um seine Quiescirung nachzusuchen. Die letzten Tage brachte er in der pfälzischen Kreishauptstadt zu, auf deren Friedhofe er auch seine Ruhestätte gefunden hat.

Sch. war unverheirathet. Seine überaus bescheidene Lebensführung setzte ihn in den Stand, sich eine gediegene Bibliothek zu schaffen und im Stillen manche Thräne zu trocknen. Er genoß in hohem Grade die Achtung und Liebe seiner Collegen und Vorgesetzten, besonders des Reichsarchivdirectors Geheimen Raths v. Löher (s. A. D. B. LII, 56), sowie aller derjenigen, welche Gelegenheit fanden, dem unterrichteten und hülfsbereiten Manne näher zu treten. Verschiedene Pfälzer Blätter und Zeitschriften (so Mitth. d. Hist. Ver. d. Pfalz XVIII, 172, und Pfälzer Museum XI, 47) haben ihm anerkennende Nachrufe gewidmet.

Eigene Erinnerung, Mittheilung von Zeitgenossen, Personalacten des kgl. bair. allgemeinen Reichsarchivs, Mittheilungen des kgl. Kr.-Archivs Speyer. — Kgl. Hof- und Staatsbibliothek zu München.

P. Wittmann.

Schapira: Hermann Sch., Mathematiker, geboren am 16. August 1840 in Erswilken bei Tauroggen in Rußland, † am 9. Mai 1898 in Bonn. Sch. begann mit talmudistischen Studien und hat auch in seiner Heimath kurze Zeit die Stellung eines Rabbiners bekleidet. Ein ihm zufällig in die Hände gerathenes Lehrbuch der Geometrie fesselte ihn in dem Grade, daß er beschloß, Mathematiker zu werden. Mit 28 Jahren trat er 1868 in die Gewerbe-Akademie in Berlin ein und wurde ein begeisterter Schüler Aronhold's. Schon 1871 mußte Sch. der Wissenschaft wieder entsagen, da ihm die Mittel zur Fortsetzung seiner Studien ausgingen. Er siedelte nach Odessa über und wurde Kaufmann. Mit neu Erworbenem erschien er im Herbste 1878 in Heidelberg und begann abermals von vorn. L. Fuchs führte ihn in die Höhen der Mathematik, deren mittlere Gebiete er bei M. Cantor kennen lernte. Schon 1883 wurde Sch. Privatdocent in Heidelberg; 1888 erhielt er den Charakter eines außerordentlichen Professors. Der Tod ereilte ihn auf einem Ausfluge nach Bonn, der nur wenige Tage in Anspruch nehmen sollte. Die Thätigkeit seiner Jugend wirkte nach zwei Richtungen bei ihm nach. Gleich manchen anderen russischen Juden betheiligte sich Sch. an der sogenannten zionistischen Bewegung. Im Vollbesitze der hebräischen Sprache wählte er als ersten Gegenstand eigener wissenschaftlicher Thätigkeit die Uebersetzung und Herausgabe des „Mischnath Ha-Midath“, einer hebräischen Geometrie aus nicht genau bestimmbarer Zeit (Zeitschr. Math. Phys., Bd. 25, Supplementheft, Leipzig 1880). Die Kenntniß der russischen Sprache befähigte Sch. zur Bearbeitung von Tchebycheff's Elementen der Zahlentheorie unter dem Titel „Theorie der Congruenzen“ (Berlin 1889). Sein mathematisches Lieblingsgebiet bestand in zwei von ihm aus geringen vorhandenen Vorarbeiten neu geschaffenen Capiteln, dem der „Cofunctionen“ und dem der „Algebraischen Iteration“. Ohne Anwendung der mathematischen Zeichensprache dürfte es nicht möglich sein, die Grundgedanken dieser Untersuchung näher zu erörtern. Bei den Cofunctionen handelt es sich um Bildung neuer Functionen aus einer in Gestalt einer unendlichen Reihe gegebenen Grundfunction, indem man entweder nur gewisse Reihenglieder auswählt, oder aber die Veränderliche durch deren Product in eine Potenz einer gewissen Einheitswurzel ersetzt. Bei der algebraischen

ration wird aus einer algebraischen Gleichung die iterirte Gleichung ge-
det, indem man die Wurzeln der ersten zu Coefficienten der zweiten macht.
er die Cofunctionen hat Sch. 1881 ein Buch in russischer Sprache in
ssa veröffentlicht, dann 1883 in Leipzig seine Habilitationsschrift: „Dar-
lung der Wurzeln einer allgemeinen Gleichung n-Grades mit Hülfe von
functionen aus Potenzreihen in elementarer Behandlungsweise“, welche den
Abschnitt eines umfassenden Werkes: „Theorie allgemeiner Cofunctionen“
sollte. Andere Bruchstücke finden sich in den Verhandlungen ver-
iedener Naturforscherversammlungen seit 1883. Ueber die Iterationen sind
dem Aufsatze: „Bemerkungen zu den Grenzfunctionen algebraischer
ration“ (Zeitschr. Math. Phys., Bd. 32) auch nur Auszüge aus Vorträgen
Naturforscherversammlungen in die Oeffentlichkeit gelangt. Tausende voll-
hriebener Bogen bilden den noch ungesichteten Nachlaß des rasch und
zeitig Verstorbenen. Cantor.

Schardt: Sophie von Sch., Mitglied der Weimarer Hofgesellschaft zu
oethe's Zeit. Friederike Sophie Eleonore v. Bernstorff wurde am 23. No-
mber 1755 zu Hannover geboren. Ihr Vater, Andreas v. Bernstorff, Vice-
rector der Justizkanzlei in Celle, hatte sich erst in vorgerücktem Alter mit
harlotte v. Holle verheirathet, die ihm einen Sohn und eine Tochter schenkte.
ach dem frühen Tode ihrer Eltern fand Sophie Aufnahme im Hanse ihres
ters, des berühmten dänischen Staatsministers Johann Hartwig Ernst
Bernstorff, der sich durch sein edelmüthiges Eintreten für Klopstock auch um
e deutsche Litteratur verdient gemacht hat. Am 28. April 1778 vermählte
e sich mit dem Weimarer Geheimen Regierungsrath Ernst Karl Konstantin
Schardt (1743—1833), dem ältesten Bruder Charlottens v. Stein. Es
urde keine gute Ehe, zunächst durch die Schuld des selbstsüchtigen, schwung-
en und wenig charaktervollen Mannes, dem Sophie geistig weit überlegen
ar. Sie suchte Ersatz für den Mangel echten Familienglücks in zahlreichen
reundschaftsbündnissen mit bedeutenden und unbedeutenden Männern und
rauen. Wahre Befriedigung fand sie aber erst, als sie sich in den Schoß der
lischen Kirche geflüchtet hatte; nach mehrjähriger geheimer Hinneigung zum
atholicismus vollzog sie den Uebertritt zu Ostern 1816. Sie starb drei
ahre darauf am 30. Juli 1819.

„Was kann uns auch mehr erheben und zu allem Edlen und Guten stärken
ls die Freundschaft eines Mannes, zu dem wir mit inniger Achtung hinauf-
hauen, der unseren Geist bereichert und unserem Herzen die schönste und
este Richtung gibt“, so schreibt Sophie 1786 an Freund Knebel und be-
ichnet damit, bewußt oder unbewußt, ihr Verhältniß zu Herder, der ihr bald
h ihrer Ankunft in Weimar nähergetreten war. Mehr als Freundschaft
t sie für den ernsten und reizbaren Mann kaum empfunden. Er dagegen,
r ihr Lehrer im Griechischen wurde, fühlte sich gerade durch ihr heiteres
mperament, das ein wohlthätiges Gegengewicht zu seinem eigenen schwer-
ltigen Wesen bildete, lebhaft angezogen und hat sie ohne allen Zweifel zeit-
eise leidenschaftlich geliebt. „Schwester-Freundin, laß uns auf uns wachen!
ß auch der Empfindung reinster Athem nicht die Blüthe unserer Liebe
ube“, ruft er ihr einmal zu in einem der vielen kleinen Gedichte, die er ihr
widmet hat. Deutlicher noch sprechen seine Briefe an sie, und wenn Caroline
rder in ihren „Erinnerungen“ unter den Freundinnen ihres Mannes just
phien's nicht gedenkt, so ist auch dieses Schweigen beredt genug.

Sophie regte den der Dichtkunst entfremdeten Herder zu erneuter Pro-
ction an; aber das Tiefste, was er bieten konnte, wußte sie nicht aus ihm
rauszulocken, weil sie ihn niemals ganz verstanden hat. Nur so begreift es

sich auch, daß die Freundin eines Herder wenige Jahre nach seinem Tode sich von dem sinnlich-übersinnlichen Freier Zacharias Werner bestricken ließ und endlich, himmlische und irdische Liebe in romantischer Art verschmelzend, als fromme Convertitin ihr unfrommes Leben beschloß. In dem Vorhaben, zur katholischen Kirche überzutreten, bestärkte sie der ihr entfernt verwandte Friedrich Leopold von Stolberg, mit dem sie seit 1812 im Briefwechsel stand. Ueberhaupt pflegte sie eine ausgebreitete Correspondenz, nicht bloß aus einem gewöhnlichen Mittheilungsbedürfniß heraus, sondern aus dem stark entwickelten Triebe zu schriftstellerischer Bethätigung, den ihre dichterischen Gaben nicht zu befriedigen konnten. Was von ihren poetischen Versuchen, meist kurzen lyrischen Gedichten, an die Oeffentlichkeit getreten ist, zeigt ein anmuthiges, aber wenig selbständiges und unentwickeltes Talent, das in Tonfall und Wortwahl deutlich den Stempel Herder's trägt. Am meisten Geschick bewies sie in Nachdichtungen und Uebersetzungen aus dem Italienischen und namentlich aus dem Englischen, das ihr von Jugend auf vertraut und besonders lieb war; doch liegt davon nur Weniges gedruckt vor.

Sie besaß eine geistige Regsamkeit, die über das gewöhnliche Maaß hinausging. Sie verfügte über einen reizvollen Frohsinn, der mit einem leisen Hange zur Melancholie gepaart war. Sie empfand lebhafte Theilnahme mit fremdem Leid und suchte es auf ihre Weise zu lindern. Sie war, auch als alternde Frau, nicht frei von Coquetterie und der Sucht, Eroberungen zu machen. Sie blieb stets eine rasch entzündliche, innerlich ungefestigte Natur, die dem Leben halb leichtfertig, halb sentimental gegenüber stand. Die zierliche Frau mit den dunkeln, schmachtenden Augen konnte bezaubernd liebenswürdig sein; sie wußte angenehm, bisweilen geistreich zu plaudern, und die graziöse Art ihres Auftretens machte sie in den erlesensten Kreisen zu einem willkommenen Gast. Frau v. Staël sah in ihr nach Frl. v. Göchhausen die sympathischste unter allen Damen Weimars. Knebel hat ihr Huldigungen dargebracht, Wieland ihr unbefangenes Urtheil geschätzt. Auch Goethe weilte nicht ungern in der Gesellschaft der „kleinen Schardt", wie er sie gewöhnlich nennt; er hat sich meist freundlich über sie geäußert, obgleich er ihre Schwächen sehr wohl kannte. Ihr und anderen im November Geborenen widmete er 1783 sein Novemberlied; um dieselbe Zeit erregte ihr Gedicht „An die Erinnerung" im Tiefurter Journal" seine Aufmerksamkeit. Nur zu Schiller wollten sich keine näheren Beziehungen herausbilden: was er in den Briefen an Körner (29. Aug. 1787; 12. Juni 1788) über sie sagt, ist nichts weniger als schmeichelhaft, und mag er auch später über sie milder denken gelernt haben, in ihrem Wesen lag etwas, was ihn stets abstoßen mußte.

Auf Grund ungedruckten Materials, doch mit mangelhafter Kritik und in formloser Breite hat Düntzer ein Lebensbild Sophien's entworfen: „Zwei Bekehrte. Zacharias Werner und Sophie v. Schardt." Leipzig 1873, S. 281 ff. — Die beste Charakteristik liefert Haym in seinem „Herder", Bd. 2 (Berlin 1885), S. 43 ff. — Außerdem vgl. Herder, Werke ed. Suphan XXIX, 675 ff. — Lady Blennerhasset, Frau v. Staël Bd. 3 (Berlin 1889), S. 155, 247 f. u. ö. Gaedertz, Ungedruckte Briefe von und an K. L. v. Knebel: Deutsche Revue, Novemberheft 1890, S. 219 ff., 227 ff. — Gaedertz, Zwei Damen der Weimarer Hofgesellschaft zur Zeit Goethe's: Westermann's Monatshefte, Januarheft 1892, S. 550 ff. — Bobé, Efterladte Papirer fra den Reventlowske Familienkreds III (Kopenhagen 1896), S. XLV, 380 f. u. ö. — Aage Friis, Bernstorffske Papirer I (Kopenhagen-Christiania 1904), S. 346, 485, 642, 644 und Anm. S. 20 f. zu Nr. 328. — Briefe Sophien's an Christoph Albrecht v. Seckendorff, mitgetheilt von

K. Obser: Goethe-Jahrbuch, Bd. 25 (Frankfurt a. M. 1904) S. 68 ff. — Die zahlreichen Stellen, an denen Frau v. Schardt in den Briefen ihrer Zeitgenossen, insbesondere Goethe's, erwähnt wird, können hier nicht aufgezählt werden. Hermann Michel.

Schauberger: Johann Georg Sch., Bildhauer, Stuccateur und Maler, lebte um die Wende des 17. Jahrhunderts, † 1751 zu Brünn. Eingehende ...liche Erhebungen über den äußeren Verlauf seines Lebens fehlen noch zur Stunde. Mit Sicherheit festzustellen ist in den Jahren 1725—30 ... Aufenthalt in Wien, wo er auch seine erste künstlerische Ausbildung er... haben mag. Um 1730—36 ist er in Olmütz zu finden, die letzte Zeit ... zu seinem Tode in Brünn. Sein Hauptwerk füllt die Minoritenkirche zu ...nn, in der sowohl die Altäre wie der Statuarschmuck seinem Meißel ent...mmen. Er zeigt sich hier als Marmorbildner, während die Mehrzahl seiner ...igen Werke, die in Privatgebäuden und anderen Kirchen zu Brünn, Olmütz ...d mehreren kleineren Ortschaften Mährens verstreut sind, in mehr oder ...niger manirirt und flüchtig ausgeführten Stuccoarbeiten besteht. Er tritt ...bei in die Fußstapfen des seit 1720 österreichisch nationalisirten Italieners ...ichele Fontana, der in Brünn lebte und wirkte, und dessen sich in schlechter ...d geschraubter Barockmanier bewegendes Vorbild auf Schauberger's Stil ...scheidenden Einfluß hatte. Mit einer gewissen Liebenswürdigkeit und weichen ...handlung sprechen allein hier und da einzelne Putten und Engel an. Auch ...s Maler versuchte sich Sch. Davon zeugt das Altarbild mit der Himmel...hrt Mariä in der Decanatskirche zu Holleschau in Mähren. Das generelle ...harakteristikum der Künstler dieses Barock trifft auf Sch. zu: Das unstreitige ...alent für Bewegungsdarstellung geht Mangels aufmerksamer Naturanschauung ...d echter Empfindung in gekünsteltem Formenschwung und unwahrer Ideali...t unter.

Wurzbach, Biographisches Lexikon für das Kaiserthum Oesterreich, Bd. 29. — Annalen der Litteratur und Kunst des In- und Auslandes (Wien, Degen), Jahrg. 1810, Bd. I, S. 544. — Nagler, Neues allgem. Künstlerlexikon (München 1839), XV, 150. — Hawlik, Zur Geschichte der Baukunst u. s. w. im Markgrafenthum Mähren. Brünn 1838. Franz Ballentin.

Schaumann: Heinrich (Wilhelm) Sch., Genremaler, geboren am ... Februar 1841 in Tübingen, † am 6. Juli 1893 zu Stuttgart. Erhielt ...ündliche Bildung bei den Historienmalern H. v. Rustige, Bernhard Neher ...d dem Landschafter Heinrich Funk an der Stuttgarter Akademie; er er...eiterte seine Kenntnisse durch eine Reise nach Belgien, Holland, England und ...aris, ließ sich 1865 in München nieder, wo er eine große Thätigkeit mit ...eist seiner schwäbischen Heimath entnommenen Genrebildern begann. Mit ...orliebe schilderte er muntere Scenen aus dem Volkstreiben, wobei auch ...s Thierleben eine Rolle spielte, wozu die bezügliche Landschaft einen er...icklichen Hintergrund bot und auch die Architektur, gleichsam zur Beglaubigung ...r ganzen Physiognomie, mäßig hereingezogen wurde. Sch. brachte 1866 ...ine ersten unter dem Drucke des Kriegsjahres entstandenen Bilder in die ...effentlichkeit: das „Wiedersehen auf dem Schlachtfelde“, „Zwangsremonte“, ...r „Letzte Freund und Kamerad“. Dann gewann sein Humor die Oberhand ...it einem „ertappten Liebespaar“ (1869) und dem lustigen „Kinderraub“ ...870): ein im vornehmen Wohnzimmer sehr gut situirter Affe hat aus einer ...hlreichen Hundefamilie ein Junges als Spielzeug entführt; die rasende ...utter verbellt mit den harmlosen Geschwistern den auf einen Tisch geflüchteten ...äuber, welcher allerlei kostbares Tafelgeräth als Wurfmaterial gegen die wüthende Angreiferin verschleudert und den Greuel der Verwüstung aufs Höchste steigert. Das fein durchgeführte Bildchen fand in der neuen Pinakothek seine Aufnahme. Ihm folgten Scenen aus dem Treiben und Leben fahrender Vaganten, wie selbes Karl v. Holtei (s. A. D. B. XIII, 3) in seinen „Vagabunden“ und Emil Mario Vacano (s. A. D. B. XXXIX, 481) in der „Trödelbude“ mit fascinirender Gloire abgeschildert haben: Seiltänzerwagen auf einer „Schwäbischen Kirchweihe“ (1871), mit Einblicken in das Familienglück eines Clown hinter der Scene; Bärenführer auf dem Dorfe; ein „Frühstück“ in der Menagerie und „Künstlerneid“ mit zwei im Stalle einer Kunstreitergesellschaft um einen Kranz streitenden Affen (1872); „Gaukler in einer Scheune“. Weitere Stoffe boten die Erinnerungen an heimathliche Dorfgeschichten: die aufregende Ankunft eines stolzberittenen „Hochzeitsladers“ (1873), die „Preisvertheilung“ auf einem Gaufest (1874), „Der fröhliche Prunk eines schwäbischen Hochzeitszuges“ (1877), „Eine ärztliche Consultation im Stalle“. Den glücklichsten Griff machte Sch. mit seinem „Volksfest zu Cannstadt“, auf welchem der Maler in beträchtlicher Ausdehnung (bei 4,50 m Breite und 2,20 m Höhe) mehr als dritthalb Hundert Personen in den malerischen Trachten der schwäbischen Landbevölkerung, wozu er jahrelange Vorstudien gesammelt hatte, vereinte (vgl. Lützow, Kunstchronik 1877, Bd. XII, S. 452 u. 498). König Wilhelm verlieh dem Künstler für diese artistisch-culturhistorische Leistung die große goldene Medaille für Kunst und Wissenschaft am Bande des k. Ordens der württembergischen Krone. Gleichzeitig hatte Sch. zur 400jährigen Jubelfeier der Universität Tübingen das darauf bezügliche „Fest im kgl. Jagdschloß Bebenhausen“ (vgl. Nr. 51 „Ueber Land und Meer“ 1877, Bd. 38, S. 1086) beigesteuert. Vorübergehend verarbeitete Sch. die Erinnerungen einer Reise nach England in zwei „Sonntag“ und „Werktag in London“ betitelten Straßenbildern (nachmals im „Daheim“ 1884), kehrte aber bald wieder mit einem „Schwäbischen Hahnentanz“ (im Costüm der Zeit Herzog Karl's von Württemberg) nach den heimathlichen Fluren zurück: Es gab wieder Wirthshausscenen, „Wahlagitatoren“, amourösen „Brückenzoll“, „Liebeserklärungen im Stalle“ und „Am Brunnen“, abgeblitzte Bewerber. Aber auch Thierbilder mit satyrischer Tendenz. Dazu zählen die „Affen im Atelier“, womit Sch. — längst vor Gabriel Max — seinem Zorn über Kritik und Publicum die Zügel schießen ließ; auch die „Urahnen Darwin's“ (1883) streifen diese Kategorie. Bald aber wendete er wieder, wie die „Zudringlichen Bettler im Zoologischen Garten“ beweisen, wo ein genäschiger Affe und eine unersättliche Löffelgans ein neugieriges Bäuerlein belästigen, zu harmloseren Stoffen; die „Kleinen Säufer“ schildern fünf junge Hündchen, die aus einer Milchschüssel ihren Appetit stillen (1885), und der „Erste Ritt“ eines Knaben im Stalle zeigt die stolze Freude eines bäuerlichen Papa und das Vergnügen eines biederen Landwirths über das Gedeihen seiner schmatzenden Ferkeljugend und des gierig fressenden Geflügels. Dann verarbeitete der Maler seine Eindrücke von einem „Münchener Octoberfest“: das Entrée vor einer Kunstreiterbude, mit dem musikalischen Spectakel der „Lockvögel“, Löwenbändigerinnen, Tanzbären oder die „Musestunden reisender Künstler“, auch die „Prämiirung auf einem Volksfest“, oder „Leben im Kurgarten“ — kurz: wahre, gemalte Culturgeschichte, die vielleicht erst in später Zeit als Spiegelbilder aus dem Ende des 19. Jahrhunderts wieder in Betracht kommen. Auch in vielen Kohlenzeichnungen legte Sch. seine Erinnerungen nieder, während etliche Aquarelle, darunter ein „Amorettentanz“, Zeugniß geben, daß der Maler in höheren Regionen sich bewegen konnte und kein Fremdling der feineren Muse war. Im J. 1890 verlegte Sch. sein Atelier nach Stuttgart, wo er seine

[..]gestimmte Thätigkeit fortsetzte und beschloß. Die meisten seiner Arbeiten [..] im Holzschnitt reproducirt, die Runde durch zahlreiche illustrirte Zeit[..]ften gemacht und tauchen zeitweise in dieser Form, immer noch gerne [..], wieder auf.

Vgl. Singer 1901, Nr. 186. — Fr. v. Bötticher II, 534, 1901.

Hyac. Holland.

Scheda: Josef Ritter von Sch., k. u. k. Generalmajor, geboren 1815 in [..]dua als Sohn eines k. k. Feldstabsarztes, trat 1829 in die Grazer Cadetten[..]pagnie ein, aus welcher er am 1. Mai 1832 als Cadett zum Infanterie[..]ment Nr. 41 ausgemustert und noch in demselben Jahr zum Fähnrich [..]dert wurde. Drei Jahre später wurde er dem Generalquartiermeister[..]be in Wien zugetheilt und schon damals erregten seine topographischen [..]beiten die Aufmerksamkeit seiner Vorgesetzten. Bei Errichtung des k. k. [..]litärgeographischen Institutes erhielt er am 1. October 1842 die Leitung [..] lithographischen Abtheilung und wurde organisationsgemäß zum Militär[..]mten übersetzt. Nach Errichtung des Militäringenieur-Geographencorps [..]rde Sch. am 20. Juli 1851 zum Hauptmann I. Classe, am 27. März 1857 [..]m Major und am 11. Februar 1860 zum Oberstlieutenant befördert, dann [..]läßlich der 1861 erfolgten Auflösung jenes Corps zum 61. Infanterie[..]gimente eingetheilt und im J. 1868 zum Obersten im Armeestande ernannt. [..]ter Scheda's Leitung wurde die Lithographie auf eine bis dahin unerreichte [..]llkommenheit gebracht, insbesondere muß die Specialkarte von Mittel-Italien [..] Maaße von 1 : 86 400 unter seinen officiellen lithographischen Arbeiten [..]vorgehoben werden; sie concurrirt mit jener in Kupfer gestochenen nicht [..]nder berühmten Specialkarte des lombardischen Königreiches. Sch. war der [..]e in Europa, der den Farbendruck bei lithographischen Karten mit dem [..]ten Erfolge angewendet hat. Von seinen Privatarbeiten erregten ins[..]sondere zwei große Werke die Bewunderung aller Kartographen. Es sind [..]s die Uebersichtskarte von Europa auf Stein in vierfachem Farbendruck in [..]n Maaße von 1 : 2 500 000 in 25 Blättern und die Generalkarte der [..]erreichischen Monarchie, welche später auf Centraleuropa ausgedehnt wurde, [..]dem Maaße 1 : 576 000, in 20, beziehungsweise 40 Blättern. Alle karto[..]aphischen Arbeiten Scheda's zeichnen sich sowohl durch bis dahin unerreichte [..]hönheit, aber auch durch die große Gewissenhaftigkeit in der Benutzung der [..]ellen aus, die er einem eingehenden Studium unterzog, wobei auch der [..]nfluß der geologischen und geognostischen Verhältnisse auf die äußere Form [..] Erdoberfläche berücksichtigt wurde. Er war unstreitig der erste, der bei [..]rstellung der Bodenerhebungen auf Karten wissenschaftlich vorging. Ihm [..]d dem im J. 1879 verstorbenen FML. v. Fligelly dankt das militär[..]graphische Institut vorzugsweise seinen Weltruf. Wie hoch Scheda's [..]stungen in der Kartographie und in der geographischen Wissenschaft [..]halten wurden, geht auch daraus hervor, daß er von Seiten des russischen [..]neralstabes drei Mal aufgefordert wurde, unter den glänzendsten Bedingungen [..] russische Dienste zu treten, daß dort eine Insel im Nordpolarmeere südwest[..]h des Caps Nassau von Novaja Semlja seinen Namen erhalten hat. Scheda's [..]rdienste wurden 1863 durch Verleihung des Ordens der eisernen Krone [..] Classe, Erhebung in den erblichen Ritterstand und 1874 durch Verleihung [..]s Comthurkreuzes vom Franz Joseph-Orden gelohnt; viele fremde Monarchen [..]rten ihn durch Auszeichnungen, zahlreiche wissenschaftliche Gesellschaften [..]hlten ihn zum Mitglied. Als Oberst v. Sch. im J. 1876 infolge seiner [..]benden Gesundheit in den Ruhestand treten mußte, wurde ihm der Steru zum Comthurkreuz des Franz Joseph-Ordens und der Generalmajorscharakter verliehen. Sch. hat während seiner Dienstzeit eine staunenswerthe Thätigkeit entwickelt. Er arbeitete in der Regel von 8 Uhr Morgens mit kurzen Unterbrechungen bis 2 Uhr nachts, wobei ihm seine ungewöhnlich kräftigen Augen sehr zu statten kamen. Doch untergrub die'e übermäßige Anstrengung auch seine Gesundheit, so daß in letzter Zeit sein Magen keine Nahrung mehr vertrug und Scheda am 28. Juli 1888 in Mauer bei Wien nach viermonatlichem Leiden buchstäblich Hungertodes starb.

Acten des k. u. k. Kriegs-Archivs. — Deutsche Rundschau für Geographie und Statistik, XI. Jahrg. 1889. — Wurzbach, Biographisches Lexikon, 29. Bd. — Oestr.-ungar. Wehrzeitung, Jahrg. 1888, Nr. 59. — Biographisches Jahrbuch, XIV. Bd. 1890/91. — Vedette, Jahrg. 1888, Nr. 62. — Löbell, Jahresberichte 1888. — Litterar. Centralblatt [illegible] und 1867.

Criste.

Scheibert: Karl Gottfried Sch., Dr. phil., Provinzialschulrath, war geboren am 4. October 1803 als Sohn des Schneidermeisters, Küsters und Schulmeisters Scheibert in Schellin, eine Meile südlich von Stargard an dem Maduesee gelegen, eines frommen, fleißigen Mannes, der mit dem kargen Jahreseinkommen von 42 Thalern seine aus vier Kindern bestehende Familie zu ernähren und zu erziehen wußte. Der Sohn hat in der Schrift: „Martin's, des Schneiders, Küsters und Schulmeisters Leben", Eisleben 1877, dem Vater ein ehrendes Denkmal gesetzt. Mit 13 Jahren eingesegnet, wurde Sch. ein Jahr lang täglich zu Fuß nach Stargard geschickt, um die für den Schullehrerberuf nöthige Musik zu erlernen; beim Vater lernte er das dazu ebenso nothwendige Schneiderhandwerk, in dem er es bis zum Gesellen brachte. Durch Fürsprache erhielt er Aufnahme in das Gröningsche Gymnasium (s. A. D. B. IX, 720). Die Miethe für seine Wohnung aber mußte er sich durch Schneidern, Stundengeben und Abschreiben verdienen. Ostern 1821 ging er mit 90 Thalern in der Tasche zu Fuß nach Halle, um dort, wo bereits ein älterer Bruder studirte, das Abiturientenexamen zu machen und Theologie zu studiren. Infolge mangelhafter Ernährung — nur alle vier Tage ein warmes Mittagessen, sonst trockenes Brot und Fliederthee — erkrankte er hier, mußte Halle verlassen und konnte erst Ostern 1822 in Greifswald das Abiturientenexamen machen und seine Studien beginnen. Er betrieb dieselben mit höchstem Eifer, so daß er nach Beendigung derselben im April 1825 eine Stelle am akademischen Seminar zu Stettin mit 180 Thaler Gehalt und freier Wohnung erhielt. Zu Ostern 1826 machte er das erste theologische, Michaelis 1828 das Oberlehrerexamen und wurde 1829 als ordentlicher Lehrer am Marienstiftsgymnasium daselbst angestellt. Seine Wirksamkeit war eine ungemein segensreiche. Er unterrichtete in Religion, den alten Sprachen, Mathematik und Geschichte und wußte seinen Schülern nicht bloß das klare Verständniß der Lehrgegenstände beizubringen, sondern ergriff und begeisterte sie durch seine hervorragende Rednergabe der Art, daß alte Schüler noch jetzt versichern, nie einen Lehrer oder Pastor gehabt zu haben, der so mächtig auf sie eingewirkt habe. Auch als er 1830 der Freimaurerloge beitrat, in der er 1850 Meister vom Stuhl wurde, riß er durch seine Vorträge die Zuhörer mit sich fort. Als im J. 1840 die Stadt Stettin ein Realgymnasium, die Friedrich Wilhelm-Schule gründete, wurde Sch. zum Director gewählt; das Haus wurde nach seiner Angabe gebaut, die Lehrer nach seinen Vorschlägen gewählt, ihm selbst die Mittel zu einer Studienreise bewilligt. Hier konnte Sch. nun zeigen, was er zu leisten vermochte. Die Schule fand begeisterten Zulauf, neue Cöten wurden bald nöthig. Das Verhältniß zwischen Director und Lehrern war ein freund-

[illegible]; durch fleißiges Hospitiren wußte er die Lehrer für seine Lehr- und [illegible]grundsätze zu gewinnen, dem Einzelnen im übrigen möglichste [illegible] lassend, sofern nur die Schüler geistig gehoben und ihr Wissen und [illegible] gefördert wurde. Die Fortschritte waren brillant, häusliche Arbeiten [illegible] es wenig. Turnen und Spiele, die den Leib stählen, wurden eifrig gepflegt, [illegible] und Gesang nach ihrer erziehlichen Bedeutung gewürdigt und geübt.

Die Stürme des Jahres 1848 mit ihren aus Frankreich übertragenen [illegible]ischen Freiheitsideen hatten auch in Stettin manche Köpfe verdreht und zu [illegible]lichen Putschen geführt. An den Bestrebungen der ruhigeren Bürger, die [illegible]gehenden Wogen zu dämmen, betheiligte sich Sch. eifrig, trat vielfach in [illegible]tlichen Versammlungen als Redner auf, erzielte mit seiner volksthümlichen [illegible]edsamkeit reiche Erfolge und gewann großen Einfluß, so daß er nicht nur [illegible] Vorsitzenden des conservativen Vereins, sondern 1850 auch in das Erfurter [illegible]arlament gewählt wurde.

Im J. 1855 wurde Sch. als Provinzialschulrath nach Breslau berufen [illegible] war als solcher bestrebt, seine Grundsätze des Unterrichts und der Er[illegible]ziehung auf den dortigen Gymnasien zur Geltung zu bringen. Der Schwierig[illegible]keiten, die sich ihm dabei entgegenstellen würden, war er sich bewußt; hatte er [illegible] selber dem Minister v. Raumer seine Verwunderung ausgesprochen, daß [illegible]selbe ihn, dessen Hauptstärke die Mathematik sei, zum Provinzialschulrath [illegible]rufen wolle. In Schlesien wollten weder Gymnasial-Directoren noch -Lehrer [illegible] für voll anerkennen, doch gelang es Sch. bald, dieselben umzustimmen, [illegible]mehr da er ihre Rechte nach Außen kräftig zu schützen verstand, wovon [illegible]ische Beispiele noch heute erzählt werden. Sein Wirken für die Schule [illegible] religiösem Gebiet blieb dagegen länger unverstanden. Die erhebenden [illegible]ndachten, mit denen schon an der Friedrich Wilhelm-Schule in Stettin die [illegible]ulwoche begonnen und beschlossen wurde, und die Sch. auch auf den [illegible]lesischen Gymnasien einführte, wurden als Uebungen für die Lehrer im [illegible]eien Vortrag angesehen, bis der neue Provinzialschulrath dieselben an diesem [illegible] jenem Breslauer Gymnasium längere Zeit selbst hielt.

Seit dem Frühjahr 1830 war Sch. mit Adelheid Graßmann, Tochter [illegible]es Professors der Mathematik am Marienstiftsgymnasium in Stettin, ver[illegible]heirathet, einer Dame von hohen Gaben des Geistes und des Herzens; sie [illegible]arb am 25. April 1861 in Breslau. Der Ehe entsprangen mehrere Kinder, [illegible] denen vier in Stettin den Eltern durch den Tod an Vergiftung ent[illegible]rissen wurden, ein Sohn war später Pastor in Altwasser in Schlesien, ein [illegible]ndrer, Justus Scheibert, wurde Militär und hat sich durch fachwissenschaftliche [illegible]erke bekannt gemacht. — Nach vollendetem 70. Lebensjahre bat Sch. um [illegible]inen Abschied und zog sich 1873 nach einem kleinen, von ihm gekauften [illegible]andgut in Jannowitz, Kreis Schönau, am Fuß des Riesengebirges zurück, [illegible] er von treuer Hand gepflegt, noch bis an sein Ende segensreich gewirkt [illegible]t, bis den Vierundneunzigjährigen am 19. Februar 1878 der Tod abrief. [illegible] schlichten Bibelglauben erzogen, hat er sein Herz Gott hingegeben und es [illegible]icht zu gering geachtet, den einfachen Leuten in Jannowitz in gelegent[illegible]lichen Gesprächen oder in geschlossenen Vereinen aus dem reichen Schatz seines [illegible]issens und seiner Erfahrung mitzutheilen. Als in den letzten Jahren nur [illegible]och wenige näher Stehende mit ihm verkehren konnten, hat er auch dann [illegible]och durch sein klares Urtheil und seine christlich gereifte Persönlichkeit fördernd [illegible]nd anregend gewirkt und bis an sein Ende Gott die Treue bewahrt.

Nach schriftlichen und mündlichen Nachrichten seines Schülers, Collegen und Schwagers Robert Graßmann in Stettin und andrer Freunde. —

Vgl. Pädagogische Revue von Scheibert, Langbein und Kuhn, Zürich bei Schultheß, 1851 ff. v. Bülow.

Scheifele: Johann Georg Sch., einer der besten schwäbischen Dialektdichter, wurde am 8. Februar 1825 in dem Städtchen Mindelheim im bairischen Schwaben als der Sohn einfacher katholischer Weberseleute geboren. Wiewohl von Kindheit an körperlich sehr schwächlich, besuchte er doch die dortige Volksschule mit günstigem Erfolge, worauf es ihm durch die Unterstützung hochherziger Gönner möglich gemacht wurde, sich auf dem Gymnasium und Lyceum in Augsburg auf die philosophischen und theologischen Studien vorzubereiten, die er in Dillingen absolvirte. Hatte er, angeregt durch die schwäbischen Dialektdichtungen des bekannten Karl Weitzmann, schon auf dem Gymnasium sich in ähnlichen Dichtungen versucht, und durch den Vortrag derselben in besonders hierzu veranstalteten Gesellschaftsabenden großen Beifall errungen, so folgte er als Student der Philosophie dem Wunsch seiner Professoren und Commilitonen und veröffentlichte unter dem Namen Jörg von Spitzispui — nach einem Weiler in der Nähe von Mindelheim gewählt — seine erste Sammlung mundartlicher Dichtungen „Quodlibet curiosum, ebenso wenig zum Aergerniß als zur Erbauung“ (1847, in zweiter Aufl. u. d. T. „Gedichte in schwäbischer Mundart“ 1849), denen er 1869 ein zweites Bändchen „Gedichte“ (2. Aufl. u. d. T. „Neue Gedichte“ 1888) folgen ließ, das auch eine Abtheilung „reindeutscher“ Poesien enthält (eine Gesammtausgabe der beiden Sammlungen erschien 1883 in 5. Aufl.). Im J. 1850 hatte Sch. die Priesterweihe empfangen; er wirkte dann sechs Jahre lang als Stadtcaplan in Rain, seit 1857 als Pfarrcuratus in Niederschönenfeld, seit 1869 als Pfarrer in Krugzell bei Kempten und kam nach einigen Jahren nach Ettringen bei Mindelheim, wo er am 29. Juli 1880 an einer rasch verlaufenden Lungenentzündung starb. Auch noch als Priester pflegte er die mundartliche Dichtung und den Vortrag derselben in gewählten Kreisen, „um hierdurch den gemeinen Mann zu ehren, dessen Sprache seinen Witz in so vortheilhafter Weise befruchtet hatte. Die gemeinsame Mundart verlieh dem Verkehr zwischen dem Hirten und der Herde jene Ungezwungenheit, welche die Voraussetzung der Wahrheit ist, und so wirkte der hervorragendste Dialektdichter Lechschwabens bis zu seinem Ende im Segen unter dem Volke.“ Sechs Jahre vor seinem Tode gab er noch eine dritte Sammlung „Mucka und Wefza. Komische Gedichte in schwäbischer Mundart“ (1874) heraus.

Persönliche Mittheilungen. — August Holder, Geschichte der schwäbischen Dialektdichtung, 1896, S. 159 ff. Franz Brümmer.

Scheiger: Josef Edler von Sch., Archäolog, Historiker, wurde am 2. Februar 1801 zu Wien geboren und legte die Gymnasial- und juridischen Studieu an der Universität seiner Vaterstadt durchaus mit ausgezeichnetem Erfolge zurück. Da traf ihn ein Verhängniß, welches für das Oesterreich des Vormärz zu charakteristisch ist, als daß es hier übergangen werden sollte. „Ungeachtet aller Vorsicht der Regierung gelangten Studenten aus Jena und Göttingen bald nach der Ermordung Kotzebue's 1819 nach Wien, sie grüßten die Commilitonen und brachten ihnen auch neben Cerevis und Ziegenhainern die süße Gewohnheit der Commerse mit. Mit Begeisterung lauschten die Wiener Söhne der alma mater den Schilderungen des neuen studentischen Lebens durch die stolzen Jünglinge, die auch am Wartburgfeste theilgenommen hatten und von diesem Zeitpunkte an datiren die ersten in der Folge wieder unterdrückten Regungen des akademischen Burschenlebens in Wien.“

„Sch. machte, soweit es seine beschränkten Mittel erlaubten, diese neuen

Gewohnheiten mit aller Begeisterung mit. Schon früher gewohnt, in Feld und Wald zu wandeln, um die Schönheiten der Natur mit dem Zeichenstifte festzuhalten, wanderte er nun im Kreise der Commilitonen in Cerevis mit Ziegenhainer durch die Tanneu, da wurde gesungen, mit Pistolen nach der Scheibe geschossen, mit den Stöcken gefochten, kurz allerlei Allotria getrieben. Eines Tages im J. 1820 erschienen zwei Beamte mit einem Diener in Scheiger's Wohnung, hielten daselbst strenge Untersuchung, saisirten Scheiger's Tagebuch, dessen Stamm- und Commersbuch, die verdächtigen alten Pistolen, die Attribute des Burschenthums und führten deren Eigner — ins Polizeihaus. Wer die Rücksichtslosigkeit der damaligen Wiener Polizei erfahren hat, mag sich eine beiläufige Vorstellung von den moralischen Qualen machen, welche der in seinem tiefsten Innern gekränkte junge Mann erdulden mußte. Durch fast einen halben Monat wurde Sch. in einem ekelhaften Raume in Gesellschaft mit verkommenen Subjecten verwahrt gehalten, ohne ihn irgend ihm zu befassen, da wurde er täglich von einem Diener vom Polizeigefängnisse zur Direction und nach geendigtem Verhöre wieder zurückgeführt. Noch in späteren Jahren, wenn er dieser schmachvollen Behandlung gedachte, freute er sich des glücklichen Zufalles, daß er während der monatelangen Untersuchung auf seinem Marterwege nie einer bekannten Person begegnet war."

„Vergebens hatte Scheiger's Mutter alle zweckmäßig erscheinenden Versuche gemacht, um dessen Freiheit zu erwirken oder auch nur zu erfahren, was man ihm zur Last lege; endlich wagte sie selbst einen Schritt zu dem allmächtigen Polizeipräsidenten, Grafen Joseph Sedlnitzky, aber auch dieser brachte ihr keine Hoffnung. Da, in der äußersten Bedrängniß, erklärte sie dem gefürchteten Manne mit dem Tone der Entschiedenheit „unverzüglich bei dem Kaiser Audienz erbitten zu wollen". Was alles Flehen, alle Bitten nicht vermochten, das bewirkte der kühne Entschluß der Frau. Graf Sedlnitzky mochte das Ergebniß der Untersuchung doch für zu wenig bedeutend erachtet haben, um eine Fortsetzung von Scheiger's Haft nach oben rechtfertigen zu können, vielleicht hatte der vorsichtige Mann eben Ursache, jeden Anlaß, der seine Spitze nach ihm selbst wenden konnte, zu vermeiden, kurz, vierundzwanzig Stunden darauf wurde Sch. mündlich die Freiheit angekündigt und auf seine nochmalige Frage über die Ursache seiner Verhaftung in orakelhaften Worten die Auskunft ertheilt: „Es sei eben ein Zeitvergehen!" (Oesterreich-ungarische Revue, 1887, S. 137—139.)

Damit endete Scheiger's Criminalroman, ohne weitere unangenehme Folgen für ihn, als daß er ein Studienjahr verloren hatte.

Nach Absolvirung der juristischen Studien legte er die Richteramtsprüfung mit ausgezeichnetem Erfolge ab und wurde am 1. April 1824 bei dem Gerichte der Stiftsherrschaft Schotten in Wien Actuar, Untersuchungsrichter und Stiftsrichteradjunct. Nach Verlauf von drei Jahren vertauschte er diese Stelle mit dem Staatsdienste und wurde am 10. Februar 1827 Conceptspraktikant und am 1. December 1829 Accessist und Official bei der k. k. Postdirection in Wien.

Schon als Student und dann als junger Beamter war Sch. eifrig litterarisch thätig und mit den bedeutendsten Schriftstellern und Forschern Wiens, mit den Dichtern Johann Nepomuk Vogl, Gabriel Seidl, Hermannsthal, mit dem Maler Ludwig Ferdinand Schnorr von Carolsfeld, mit dem Naturforscher Franz Unger, mit den Geographen Schmidl und Häufler, mit den Germanisten Primisser und Karajan, mit dem Archäologen Melly, mit den Historikern Hormayr, Johann Graf Majlath, Schlager, Tschischka, Bergmann, Leber, Pratobevera, Feil u. A. in naher Verbindung und innigem Verkehr.

Als Sch. 1835 als junger Postaccipist ganz unerwartet zum Oberpostverwalter in Zara ernannt wurde, war dies für ihn allerdings ein „unerhörtes" Vorrücken nach wenigen Dienstjahren, aber doch deshalb ein schwerer Schlag, weil er dadurch seiner Vaterstadt, welche für ihn den Mittelpunkt seines wissenschaftlichen und litterarischen Strebens gebildet hatte, entrissen und in ein ihm in jeder Beziehung fremdes Gebiet verpflanzt wurde. — Auch in Dalmatien war er bald mit den hervorragendsten Männern dieses damals noch mehr als heutzutage entlegenen und verlassenen Landes, mit Jellachich, dem späteren Banus von Croatien, mit Major, später General [illegible], mit dem Dichter Hans v. Oertingen, mit Franz Petter, dem Verfasser des besten Buches über Dalmatien, in Berührung gekommen, dennoch blieb seine litterarische Thätigkeit, die an der Donau ihre Wurzeln hatte, und aus den heimischen Alpenländern ihre Stoffe nahm, durch Jahre unterbunden. — 1839 wurde er als Adjunct zur Postdirection in Venedig übersetzt, aber in der herrlichen Lagunenstadt erging es ihm noch übler als an den Felsengestaden Dalmatiens, denn hier wurde ihm von Amts wegen jede litterarische Thätigkeit untersagt, ein Vorgang, der geeignet ist, ein Schlaglicht auf die Zustände Oesterreichs vor 1848 zu werfen. Erst nachdem er 1845 zum Oberpostverwalter in Graz ernannt worden war, gelangte er an eine Stelle und an einen Ort, wo er als Staatsbeamter, sowie als Forscher und Schriftsteller seinen Fähigkeiten und Neigungen entsprechend wirken konnte.

In der Landeshauptstadt der Steiermark war er bald mit den namhaftesten Männern der Stadt und des Landes, mit dem gelehrten General Hauslab, mit dem Staatsmann und Geschichtsforscher Feldzeugmeister Graf v. Prokesch-Osten, mit dem hochgebildeten Abte von Rein, Ludwig Crophius Edler v. Kaisersieg, mit dem Statistiker Universitätsprofessor Dr. Gustav Schreiner, mit den Historikern Muchar und Wartinger, mit dem Topographen Göth, mit dem Dichter Karl Gottfried Ritter v. Leitner, mit dem sachkundigen Sammler Major Alfred Ritter v. Franck u. A. in nahe Beziehungen getreten, auch Erzherzog Johann war ihm bis an dessen Lebensende (1859) ein wohlwollender Gönner.

Am 29. November 1850 wurde Sch. zum Postdirector in Graz ernannt und bekleidete durch neunzehn Jahre diese angesehene, aber auch schwierige und verantwortungsvolle Stelle.

So sehr sich Sch. in seiner Beamtenlaufbahn ausgezeichnet hatte, so würde dies doch nicht die Veranlassung gegeben haben, seine Biographie in dieses Werk aufzunehmen; aber neben seiner angestrengten amtlichen Thätigkeit that er sich als Forscher auf dem Gebiete der vaterländischen Geschichte, besonders der Archäologie hervor und dies zu einer Zeit, wo wenige sich mit diesem Wissen beschäftigten und wo es in Oesterreich dem Beamten nicht zum Vortheil, ja häufig zum Schaden gereichte, wenn er auf dem Felde der Wissenschaft arbeitete und litterarisch thätig war.

Schon in seinem achtzehnten Lebensjahre begann er litterarisch zu arbeiten; 1819 erschienen in Wiener Blättern Erzählungen aus seiner Feder. Dadurch wurde er mit Hormayr bekannt und Mitarbeiter von dessen „Archiv".

Im J. 1823 hatte Josef Freiherr v. Dietrich die berühmte Schönfeld'sche Sammlung an sich gebracht, die bekanntlich zu einem Theile aus Resten der Kunstkammer Kaiser Rudolf's II. zu Prag bestand. Dietrich wollte sie wieder veräußern — sie gelangte später auch wirklich in den Besitz der Brüder Löwenstein in Frankfurt a. M. und wurde hinterher verstreut — und dazu bedurfte er eines wissenschaftlich gearbeiteten Katalogs. Sch. wurde mit der Abfassung desselben betraut, er vollendete ihn binnen zwei Jahren und so entstand sein erstes Werk, welches zuerst in deutscher („Das von Ritter von Schönfeld gegründete technologische Museum in Wien. Eine gedrängte Uebersicht seiner Merkwürdigkeiten für Freunde der Kunst und des Alterthums", Prag 1824) und dann in lateinischer Sprache („Museum technologicum ab Equite de Schönfeld Vindobonae fundatum. Conspectus rerum ibi visendarum brevis, amicisque artium et antiquitatum dedicatus", Pragae 1825) erschien.

In den folgenden Jahren unternahm er trotz beschränkter Mittel mehrere größere und kleinere Reisen, welche ihn durch Nieder- und Oberösterreich, Böhmen, Mähren, Steiermark, Ungarn, Siebenbürgen einerseits bis Preußisch-Schlesien, andererseits bis in die Walachei führten, von denen er stets mit reicher Ausbeute an selbstgefertigten Zeichnungen und an alterthümlichen Funden zurückkehrte und wodurch er seine Kenntnisse im Fache der Archäologie namhaft erweiterte. Die Ergebnisse seiner Reisen und Forschungen legte er in zahlreichen Aufsätzen nieder, von denen die wichtigeren genannt werden sollen: „Alte Sprüche und Reime von der Landsknechte Unwesen" (Hormayr's Archiv 1821, Nr. 147), „Allerley aus einem Stammbuche, das einem Procopio Sturm, studioso, gehörte" (1821, S. 596), „Die Gräfin Margaretha von Holland mit 365 Kindern" (1822, S. 496), „Geschichtliche Anekdoten und Miscellen" (1823, S. 75), „Das Lied vom Prinz Eugenius und von der Jungfrau Lille" (1823, S. 188), „Erinnerungen von einem Ausfluge in einem interessanten Theile des Viertels unter dem Wiener Wald" (1823, S. 325, 415, 441, 448, 457), „Das Spital zu Judenburg in Steyermark" (1824, S. 125), „Flüchtige Bemerkungen auf einer Reise von Wien nach Ofen und Pesth" (1824, S. 178 und 197), „Sebenstein und seine Schatz- und Waffenkammer" (1824, S. 221), „Ueber Ausbesserung und Herstellung alter Baudenkmale" (1824, S. 521 und 530), „Ausflug nach den fürstlich Esterhazy'schen Schlössern Eisenstadt, Pottendorf, Forchtenstein und Lokenhaus" (1824, S. 621, 647, 679), „Ein merkwürdiger Holzschnitt" (1825, S. 12), „Historische Anfrage" (1825, S. 819), „Kunstnachricht" (1825, S. 820), „Don Georg von Dänemark" (1825, S. 820), „Etwas über die Glasmalerei der Alten. Aus einem Manuscripte des XIV. Jahrhunderts" (1825, S. 872), „Miscellen über Wien vor 100 Jahren" (1825, S. 889), „Ausflug in einige Umgebungen von Neustadt und einige Puncte des Weges nach dem Schneeberg" (1826, S. 1 und 18), „Notiz über den Getreidemarkt in Wien" (1826, S. 96), „Aus dem Tagebuche eines Wieners von 1673 bis 1704" (1826, S. 334, 342 und 346), „Das Landhaus in Wien" (1826, S. 525), „Beitrag zur Litteratur der Volksbücher" (1826, S. 542), „Denkwürdigkeiten aus der Familie der Schallenberge" (1826, S. 625), „History von dem Ritter Trimunitas aus Steiermark und der Königin Florebebel" (in „Der Aufmerksame", Beilage der „Gräzer Zeitung" 1826, Nr. 109), „Ausflug von Mödling nach Reuberg in Steiermark" (Hormayr's „Taschenbuch für die vaterländische Geschichte", 1828, S. 189), „Die Pantheidungen von Wartenstein und Grimmenstein" (in Wagner's „Zeitschrift für österreichische Rechtsgelehrsamkeit", 1829, Hauptblatt, S. 189), „Beschreibung des bürgerlichen Zeughauses in Wien" (in „Beiträge zur Landeskunde von Nieder-Oesterreich", 1832, 4. Bd., auch im Sonderdruck, Wien 1832), „Die Türken vor Wien. Ein Beitrag zur Geschichte des österreichischen Schauspiels" (in „Blätter für Litteratur, Kunst und Kritik. Zur österreichischen Zeitschrift für Geschichte und Staatskunde", 1835, Nr. 17, 18); selbständige Publicationen Scheiger's in jener Periode von 1821 bis 1837 waren: „Der Fußreisende in Oesterreich", Wien 1829, „Andeutungen zu einigen Ausflügen im Viertel unter dem

Wiener Walde und seinen nächsten Umgebungen", Wien 1828, Burgen und Schlösser im Lande Oesterreich unter der Enns. gedrängten Darstellung ihrer Schicksale, Bauart, inneren Lebens in denselben, ihrer Angriffs- und Vertheidigungsweise",

Von 1837 bis 1850 ruhte Scheiger's litterarische Thätigkeit, mangelte es ihm an Stoff für sein Arbeitsgebiet, in Publication untersagt. Aber schon aus den bisher erwähnten kann man sagen, daß Sch. das Verdienst gebührt, auf früher Gegenden die Aufmerksamkeit gelenkt, die Entdeckung mancher längst vergessener Alterthümer, die Berichtigung mancher Angaben bewirkt zu haben; und zu einer Zeit, wo die ländischen Topographie fast ganz brach lag, widmete er sich Gebiete forschend und darstellend, sondern begann auch ein der archäologischen Topographie zu bearbeiten, lieferte hierzu Beitrag und gab Anregung zur weiteren Pflege derselben. der zuerst (Hormayr's Archiv 1826, S. 28) auf den von Wien vom Jahre 1684 aufmerksam machte, welcher für die Topographie dieser Stadt von hervorragender Wichtigkeit ist. — Büchlein: „Der Fußreisende in Oesterreich" berücksichtigte Sch. Bedürfnisse des Alterthums- und Kunstfreundes; es wurde lichem Beifalle begrüßt und cursirte, nachdem es rasch vergriffen Abschriften. In den „Andeutungen zu einigen Ausflügen dem Wiener Walde" legte er die Forschungsergebnisse zahlreicher nieder und lieferte kurze Beschreibungen vieler Kunstwerke der War diese Schrift an sich formell vollendet, so zeichnete sie sich dadurch aus, daß sie streng wissenschaftlich gehalten und von tischer Schwärmerei frei war. Sie war „ein entschiedener nervenleidenden Phantasten, Ritterschwärmern und Romanschmierern ehrwürdigen Reste alter Kunstthätigkeit bis nun als Staffage für Phantasien benützt hatten. Scheiger's Andeutungen waren in der die Romantik noch lange nicht ihren letzten Klagelaut windet sie sich ja noch heute wie ein verendender Aal — eine wegung gegen den Strom, ein heller Blitzstrahl in der verdunkelten (Böheim).

Erst nach seiner Beförderung zum Oberpostverwalter und Postdirector in Graz konnte er sich wieder wissenschaftlichen zuwenden und die Ausbeute in den Jahren 1850 bis 1870 ansehnliche, umfangreiche, grundlegend und tief. So erschienen den „Mittheilungen des historischen Vereins für Steiermark": über die Umgestaltung der inneren Ordnung des steiermärkisch-ständischen hauses in Graz (I, 71), „Ueber Reinigung der Alterthümer" „Eduard Pratobevera. Biographische Andeutungen" (VIII, 112), Biographische Andeutungen" (XII, 113), „Einige Beispiele von steiermärkischer Städte und Schlösser seit dem XVI. Jahrhundert" „Quellen und Beiträge zur Geschichte der Vertheidigung des von Graz im J. 1809" (XIV, 86), „Die Burgruine Hauseck in Steiermark (XVI, 62); in den „Berichten und Mittheilungen thumsvereins in Wien": „Drei Persönlichkeiten des (I, 228), „Von dem Einfluße der Pflanzen auf die Zerstörung (II, 1), „Franz Freiherr von Chanowsky. Züge zu einem (III, 136); in den „Mittheilungen der k. k. Central-Commission und Erforschung der Kunst- und Baudenkmale": „Ein interessante [illegible] Zeit (1856, S. 109), „Alterthümer in Steiermark“ (1856, S. 173), [illegible] archäologischer Ausflug nach Feldbach, Fehring und Pertlstein (1856, [illegible]), „Die Kirche zu Bärneck“ (1857, S. 161), „Die Sternschanze bei [illegible] oberhalb Judenburg“ (1858, S. 49), „Ein Grabstein im Dome [illegible] ob Judenburg“ (1858, S. 191), „Ueber einige mittelalterliche [illegible]male in der Gegend von Judenburg, Zeiring, Unzmarkt und Knittel- [illegible] (1858, S. 298 und 329), „Hochosterwitz in Kärnten“ (5. Jahrgang, [illegible]); als selbständige Publication erschien: „Andeutungen über Erhaltung [illegible] Herstellung alter Schlößer und Burgen“, Graz, 1858; außerdem veröffent- [illegible] Sch. zahlreiche größere und kleinere Aufsätze, Mittheilungen, Notizen, [illegible]ologischen, auch allgemein historischen Inhalts in Schickh's „Wiener [illegible]schrift“, im „Hesperus“, in der Zeitschrift „Der Kranz“, im „Wiener [illegible]versationsblatt“, im Taschenbuch „Aurora“, in der „Grazer Zeitung“ und [illegible] Beilage: „Der Aufmerksame“, in der „Steiermärkischen Zeitschrift“, [illegible] „Oesterreichischen Blättern für Litteratur und Kunst“, in den „Beiträgen [illegible] Landeskunde von Nieder-Oesterreich“, im Grazer „Telegraph“, in der [illegible] „Tagespost“ und a. a. O. — Zwei Theile der Archäologie waren es [illegible], mit denen Sch. sich eingehend beschäftigte, in denen er als Fach- [illegible] zu bezeichnen ist und als Autorität galt: die Geschichte des Burgen- [illegible] und die Waffenkunde.

Große Verdienste erwarb er sich auch als Ausschußmitglied des historischen [illegible]vereins für Steiermark (von 1850 bis 1872) und als Conservator für [illegible]eiermark, wozu er schon 1851 von der k. k. Central-Commission zur Er- [illegible]ltung der Baudenkmale ernannt worden war.

An Ehren und Auszeichnungen fehlte es ihm wenigstens in den späteren [J]ahren nicht; zahlreiche wissenschaftliche Vereine des In- und Auslandes [w]ählten ihn zu zu ihrem Ehren- oder correspondirenden Mitgliede und nach- [d]em er 1869 als Postdirector in den Ruhestand getreten war, erhob ihn 1872 [d]er Kaiser mit dem Ehrenworte „Edler von“ in den erbländischen Adelsstand.

Er starb im 86. Jahre seines Lebens zu Graz am 6. Mai 1886.

Oesterreichische National-Encyklopädie von Czikann und Gräffer IV, 514. Wien 1835. — Wurzbach, Biographisches Lexikon des österreichischen Kaiserstaats, 29. Theil, S. 169—171. — Böheim, Josef Edler von Scheiger. (Berichte und Mittheilungen des Alterthums-Vereins in Wien. 24. Bd., S. 162—167.) — Böheim, Vergangene Tage in Oesterreich. (Oesterreichisch-ungarische Revue, 1887, S. 129—143, 206—222.) — Ilwof, Josef Edler von Scheiger. (Im Gedenkbuch des historischen Vereins für Steiermark. S. 231—256. Im 42. Hefte der „Mittheilungen“ desselben Vereins. Graz 1894.)

Ilwof.

Schele: Caspar (Jasper) von Schele wurde als ältester Sohn [S]weders v. Schele zu Schelenburg und dessen Gemahlin Anna v. Welvelde [i]m J. 1525 geboren. Nach des Vaters Tode 1538 wurde er von der Mutter [a]ls Vormünderin erzogen. Er besuchte die Schulen zu Osnabrück, Oldenzell, [W]iedenbrück, Münster und Emmerich; ging dann nach Magdeburg und von [d]ort im J. 1543 in Begleitung seines Vetters Gerhard v. Welvelde nach der [U]niversität Wittenberg. Der Bischof Franz von Osnabrück gab den beiden [j]ungen Studirenden ein in warmen Worten abgefaßtes Empfehlungsschreiben [a]n Luther und Melanchthon mit, welches das Datum: Iburg, den 2. Mai [1]543 trägt. Melanchthon hat beide promovirt und nach dem Gebrauche ihnen [S]alz in den Mund gegeben mit den Worten: accipe salem sapientiae.

Luther hat Sch. besonders zum Studio der Theologie gerathen; dem folgte [e]r zwar nicht, aber er hat dennoch Luther's Hoffnung erfüllt; denn er wurde ein eifriger Beförderer des Protestantismus in seinem Vaterlande. [illegible] Adels-Lexikon, Th. I, S. 2046, war Sch. Luther's [illegible] auch mit Luther im Briefwechsel gestanden; die Briefe [illegible] leihen verloren gegangen im 18. Jahrhundert. Auch [illegible] Historiae-Westphaliae redet von Sch. und diesen [illegible]

Von Wittenberg ging Sch. an den Hof Herzog [illegible] hagen, wo er ein halbes Jahr blieb und mit dem jungen [illegible] Studium oblag. Darauf kehrte er nach dem väterlichen [illegible] begab sich dann an den Hof des Bischofs Franz von [illegible] Sch. besaß mit seinem Bruder Christoph einige Jahre [illegible] elterlichen Güter Schelenburg und Welvelde. Im J. 15[illegible] brüderliche Erbtheilung, wodurch Caspar in den Besitz von [illegible] Er hatte eine Dom-Präbende in Münster; als er sich [illegible] resignirte er die Präbende, bewirkte auch die [illegible] das er von Corvey hatte, „weil er einem Mönche keinen [illegible]

Da Sch. und fast die ganze Gemeinde des Kirchspiels [illegible] lutherischen Glaubensbekenntniß übergegangen waren, so [illegible] der Kirche zu Schledehausen, einen lutherischen Pfarrer ein. [illegible] vertrieb ihn, und Sch. war genöthigt, ihm in seiner Burg [illegible] bis derselbe anderweitige Anstellung erlangte. Da aber [illegible] nunmehr protestantisch gewordenen Gemeinde einen katholischen [illegible] geben wollte, so setzte das Domcapitel einen solchen ein. [illegible] tionen ging ihm und seinen Nachkommen das Collationsrecht [illegible] Pfarre wurde beim Westphälischen Frieden den Katholiken [illegible] damals alle Hofbesitzer, mit Ausnahme eines, Protestanten [illegible] Religionstrennung wegen war Sch. beim Domcapitel nicht [illegible] bei den drei Bischöfen, unter welchen er lebte und wirkte; er [illegible] rath der Osnabrücker Ritterschaft.

Die Bibliothek des Rathsgymnasiums zu Osnabrück besitzt [illegible] lateinisch geschriebene Nachrichten zur Geschichte des Bischofs [illegible] von Schele's eigener Hand im Original, woraus ersichtlich [illegible] Verhältnisse des Landes und des Fürsten genau kannte. [illegible] ist veröffentlicht in den Mittheilungen des historischen Vereins [illegible] Band I, 1848.

In besonderer Gunst stand Sch. beim Herzog Heinrich [illegible] Bischof von Osnabrück, dem er wesentlich zur Wahl [illegible] In einem im Schelenburger Archiv befindlichen Schreiben [illegible] fürstlichen Rath vom Jahre 1574, machte er Erinnerungen [illegible] capitulation und beschwerte sich, daß man in weltlichen Angele[illegible] nur das Domcapitel befragt habe und an der Ritterschaft [illegible] Bischof Heinrich schrieb deshalb an Sch. und begehrte: „Er [illegible] dem er Aufträge für ihn gegeben, gütlich hören."

Sch. unterstützte und beschützte Gelehrte, welches ihm [illegible] lateinische Lobgedichte in Menge eintrug. Gewöhnlich hatte er [illegible] Edelleute bei sich, weil die Väter wünschten, sie möchten in [illegible] unterrichten. Er war überhaupt ein Mann von energischem [illegible] durchgehend, die Gerechtigkeit ohne Ansehen der Person [illegible] heirathet war er mit Adelheid v. Ripperda, aus welcher Ehe [illegible] sprossen.

Sch. starb zu Schelenburg am 8. October 1578, [illegible] wurde in der Kirche zu Schledehausen beerdigt, wo er ein [illegible] erhielt, welches, an der Mauer angebracht, noch daselbst [illegible] in Grabstein, auf dem Sch. in Lebensgröße in Ritterrüstung dargestellt t sich derselbe senkrecht in die Wand eingelassen.

seinem Testamente ertheilte Sch. seiner Frau viele Anweisungen über ehung seiner Kinder. Die Söhne sollten in den deutschen und er-Malteser-Orden gehen, um als Rittersmänner, ohne papistische ube, sich durch die Welt zu schlagen oder in das Domcapitel zu treten, welches den Papismus verlassen habe. Er erklärte sich stets s Papst- und Mönchsthum in damaliger Gestalt; andere Dogmen ließ rt.

B. v. S.

bach: Karl Heinrich Sch., Mathematiker und Schulmann, ge- 26. December 1805 in Eisleben, † am 29. Mai 1892 in Berlin. bemittelter Eltern, hat Sch. unter erschwerenden Umständen die Lauf- eten, welche für ihn eine so erfolgreiche sein sollte. Ein selbst in en Verhältnissen lebender Verwandter, Lehrer am Gymnasium zu schaffte ihm die nothwendigsten Bücher an und erwirkte für ihn eine in eben jenem Gymnasium. Erst 1825 verließ Sch. die Schule und Universität Halle, um Mathematik, Physik und Philosophie zu studiren. riedrich Pfaff (s. A. D. B. XXV, 592—593), der dortige Mathe- starb kurze Zeit nach Schellbach's Immatriculation, dagegen übte der Schweigger (s. A. D. B. XXXIII, 335—339) mit seinen phantasie- m nicht zu sagen phantastischen Auffassungen einen mächtigen Eindruck jungen Mann und erweckte in ihm den Plan einer Reise nach dem Als dieser Plan scheiterte, gewann der Hegelianer Hinrichs (s. A. D. B. —463) Einfluß auf Sch., und die allgemeinen philosophischen Ueber- verdrängten bei ihm allmählich bestimmtere wissenschaftliche Unter- . Das Jahr 1829 kam heran, ohne daß Sch. sich für ein besonderes t für einen besonderen Beruf entschieden hätte. Da wurde ihm durch hung von Freunden eine Stelle als Lehrer der Naturwissenschaften höheren Mädchenschule in Berlin angeboten und von ihm angenommen. m Entschlusse wich die Unklarheit aus Schellbach's Geiste; sein Lebens- fest vorgezeichnet, und er ging, ohne nach rechts oder links abzubiegen, f dasselbe zu. Durch volle fünf Jahre arbeitete er in seiner berufs- it an der Vermehrung seiner mathematischen Kenntnisse und war 1834 daß er in Jena die Doctorwürde erwerben konnte; eine Staatsprüfung icht durchgemacht. Dirichlet, mit welchem Sch. während seiner Vor- sjahre in Berlin ebenso wie mit dem Chemiker Mitscherlich genau geworden war, empfahl ihn aufs wärmste dem Director des Friedrich hen Gymnasiums in Berlin, sodaß dieser keinen Anstand nahm, ihm telle für Mathematik und Physik zu übertragen. Im J. 1841 wurde fessor am Friedrich-Wilhelm-Gymnasium in Berlin, und 1843 erhielt dieser Stellung einen Lehrauftrag an der Kriegsakademie und wurde der wissenschaftlichen Prüfungscommission. Auch am Gewerbeinstitut der Artillerieschule hatte er Unterricht zu ertheilen. Aber Sch. ließ ieser fast erdrückenden Lehrthätigkeit, in welcher er bis 1889 beharrte, ügen. Mit Freuden begrüßte er 1855 die Gründung eines durch ihn den mathematisch-pädagogischen Seminars, welches den Zweck hatte, athematiker in die schwierige Kunst des Unterrichtens einzuführen. ging eine schriftstellerische Thätigkeit nebenher, welche Arbeiten von m Werthe zu Tage förderte. Wir nennen die Kegelschnitte (1843), ellende Optik von Sch. und Engel (1851), die von G. Arendt be- Elemente der Mechanik (1860) und die von A. Bode und E. Fischer gebenen Aufgaben aus der Lehre vom Größten und Kleinsten (1860), ferner die Sammlung und Auflösung mathematischer Aufgaben [illegible] (1863), welche letztere drei Bücher aus Schellbach's Seminar [illegible] gegangen sind. Wir nennen die Lehre von den elliptischen [illegible] Theta-Functionen (1864), welche die praktische Seite [illegible] wendung auf mancherlei Aufgaben der Mechanik, [illegible] in den Vordergrund treten läßt. Wir nennen Abhandlungen [illegible] und physikalischen Inhalts in Crelle's Journal, in Poggendorff's [illegible] der Zeitschrift für den physikalischen und chemischen [illegible] didaktisches Glaubensbekenntniß findet sich in zwei Programmen [illegible] 1866: „Ueber den Inhalt und die Bedeutung des mathemati[illegible] kalischen Unterrichts auf unseren Gymnasien", und in [illegible] die Zukunft der Mathematik an unseren Gymnasien". [illegible] der lehrenden Aufgaben, die an Sch. der Reihe nach [illegible] stetig wachsenden Einfluß in den den Unterricht [illegible] erkennen. Folge desselben und zugleich Ursache eines [illegible] Einflusses war die Menge hervorragender Persönlichkeiten [illegible] er sich rühmen durfte. Im Seminar waren Clebsch, [illegible] garten, Fuchs, Königsberger, H. A. Schwarz, Felix [illegible] viele Andere seine Schüler; in privatem Unterrichte [illegible] als Kronprinzen mit den mathematischen Wissenschaften [illegible] es gar nicht anders kommen, als daß Sch., dessen [illegible] dessen freundliche Milde, dessen stete Berücksichtigung [illegible] Unterrichteten ihm alle Herzen gewann, der Rathgeber [illegible] Lehrer gewesen war, und so tritt Schellbach's Name [illegible] Geschichte der Gründung der Sonnenwarte in Potsdam, [illegible] technischen Reichsanstalt zu Charlottenburg zum [illegible] wußte Sch. das Interesse des kronprinzlichen Ehepaares [illegible] Schellbach's Wohnung fand auf eine von ihm [illegible] erste Besprechung statt, aus welcher die Anregung zur [illegible] hervorging. Schellbach's Werk war es auch zu einem [illegible] 1860 der Unterricht in den oberen Gymnasialclassen, [illegible] nistischen Charakters zu entkleiden, den mathematischen [illegible] Wissenschaften eine Gleichberechtigung mit den alten [illegible] Zuerst in Preußen siegreich, hat dieser Gedanke allmählich [illegible] dem Grade erobert, daß schließlich die Sprachwissenschaften [illegible] gebote aller Kraft gegen das Uebergewicht der realen [illegible] haben. Es kann fast auffallend erscheinen, daß unter [illegible] bach's mathematisch-pädagogisches Seminar ihn nicht [illegible] allzusehr auf seine Persönlichkeit zugeschnitten [illegible] Einrichtungen in der That vorzuziehen, jedenfalls [illegible] gegangen.

Vgl. Felix Müller, Chronik des von dem Herrn [illegible] geleiteten mathematisch-pädagogischen Seminars [illegible] und Felix Müller, Gedächtnißrede auf Karl Heinrich [illegible] der Aula des kgl. Friedrich-Wilhelm-Gymnasiums [illegible] (Berlin 1893).

Schemerl: Joseph Sch. (auch Schemerl) [illegible] bach, k. k. Hofbaudirector, geboren 1732 zu Laibach, † [illegible] Früh widmete er sich mit bewußtem Ziele dem Studium [illegible] Wasserbaukunst. [illegible] 1757, 25 Jahre alt, [illegible] Kosten eine Reise nach Holland und an den Rhein. [illegible] faltigkeit dieser Gegenden an Bauwerken der [illegible] icherung seines Wissens in der Hydraulik fand. Sich auf dieses ihm zu- nde Gebiet in seinen Vorarbeiten beschränkend und concentrirend, leistete dem Staate, dessen Beamter er, der Bauabtheilung angehörend, mittlerweile orden war, fernerhin große Dienste. So stieg auch seine Stellung von der s Cameralingenieurs und Straßeninspectors zu der eines Hofbaurath- ectors, Hofbaubuchhaltungsvorstehers und Hofraths, wozu noch die mehr enden Titel eines Rathes der k. k. Akademie der bildenden Künste in Wien, s Ehrenmitgliedes der k. Akademie der schönen Künste in Venedig und Gesellschaft des Ackerbaues in Laibach traten. Schließlich erhielt er für e Verdienste das Ritterkreuz des Leopoldsordens und wurde 1811 in den terstand erhoben.

Als nennenswerthe Früchte seiner praktischen Thätigkeit seien erwähnt: 2 die „Regulirung und Schiffbarmachung der Save“, „die Brücke von ernutsch über die Save“, „die Restaurirung der verfallenen Straßen in in“. Seit 1799 unterstand der Bau des Wiener Schiffahrtcanals seiner ection; 1802 wurde er bis über die Leitha vollendet und 1803 dem Ver- eröffnet. Im Triester Gebiet wurde durch die Anlage neuer Straßenzüge zwischen Oberlaibach und Adelsberg) Handel und Verkehr bedeutend er- tert. 1804 fungirte er als Mitglied und Referent der Hofbaucommission wirkte als solcher namentlich fördernd auf die Restaurirung der verfallenen aßen Niederösterreichs ein.

Auch zahlreiche fachliche Schriften, die namentlich als Anleitungen zur xis dienen sollen, entstammen seiner Hand. Zu ihnen gehören folgende: „Abhandlung über die vorzüglichste Art, an Flüssen und Strömen zu en“ (Wien 1782, Kraus; neue Aufl. 1803); „Abhandlung über die iffbarmachung der Ströme“ (Mit 14 Kupfern; Wien 1788); „Ausführliche eitung zur Entwerfung, Erbauung und Erhaltung dauerhafter und bequemer aßen“ (3 Theile; mit 28 Kupfern; Wien 1807); „Erfahrungen im Wasser- “ (Mit 13 Kupfern; Wien 1809); „Vorschläge zur Erleichterung und Er- terung der inländischen Schiffahrt und des Handels in dem Erbkaiserthum terreich (Mit 4 Kupfern; Wien 1810).

Ritterstandsdiplom am 10. August 1811. — Nagler, Allgemeines ünstlerlexikon XV. — Wurzbach, Biographisches Lexikon XXIX.

Franz Vallentin.

Schenk: Joseph August Sch., Botaniker, geboren am 17. April 1815 Hallein in Salzburg, † am 30. März 1891 in Leipzig. Im Alter von Jahren kam Sch. nach Berchtesgaden und bald darauf nach München, in sein Vater als oberster Berg- und Salinenbeamter des Königreichs ern versetzt wurde. Hier empfing er seine Schulbildung, und sein leb- er Geist zeigte schon früh Interesse für Naturbeobachtung, zumal dem ben Gelegenheit wurde, den Vater auf dessen vielfachen dienstlichen Reisen begleiten. 18 Jahre alt, begann er auf der Münchener Hochschule Medicin studiren und hörte in der Botanik die Vorlesungen von Martius und carini. Nach der 1837 erfolgten Promotion auf Grund einer Arbeit über d- und Wassermollusken in der Umgebung Münchens“, vertauschte Sch. die dicin mit dem botanischen Studium, das er in Erlangen, Berlin und Wien setzte und durch eine an erstgenannter Universität 1840 vollzogene Pro- ion zum Dr. phil. zum vorläufigen Abschluß brachte. Seine Dissertation rte den Titel: „De plantis in itinere Schubertiano collectis“ und be- delte Pflanzen aus Aegypten, Arabien und Syrien. Im Winter des enden Jahres habilitirte sich Sch. in München als Privatdocent für Botanik wurde 1845 als außerordentlicher Professor nach Würzburg berufen, wo er nach fünf Jahren zum Ordinarius und Director [illegible] aufrückte.

Seine 23jährige erfolgreiche Lehrthätigkeit hierselbst [illegible] Uebersiedlung nach Leipzig. Er wurde hier der Nachfolger [illegible] 1866 gestorben war. Nachdem zwei Jahre lang der [illegible] interimistisch besetzt worden war, übernahm Sch. im [illegible] Seine erste Sorge war die Schaffung eines zeitgemäßen [illegible] und die Neuanlage eines Gartens. Beides führte er mit [illegible] ein Decennium nach seiner Uebersiedlung das neue [illegible] Garten fertig dastanden. Die reich ausgestattete Lehr[illegible] Feld einer ausgedehnten wissenschaftlichen Thätigkeit, zu der [illegible] Zahl von Praktikanten heranzog. Leider trübte langwierige [illegible] letzten Lebensjahre. Aber selbst als eine Beinamputation [illegible] und den Tag nur zwischen liegender und sitzender Körper[illegible] zubringen, arbeitete er weiter und erfüllte seine Berufs[illegible] Examina sogar vom Bette aus abhielt. Im J. 1887 [illegible] Direction des Gartens definitiv zurück, und vier Jahre [illegible] 76. Lebensjahre der Tod von seinen Leiden. Schenk's [illegible] Zahl nach nicht bedeutend, inhaltlich aber, besonders [illegible] Pflanzen beziehen, wegen der kritischen Forschungsmethode [illegible] Werth. In dem unten citirten Nachrufe findet sich ein [illegible] zeichniß seiner Schriften, zum Theil mit kurz charakterisirende[illegible] Die ersten Arbeiten sind floristisch-systematischer Natur. [illegible] Sch. eine „Flora der Umgebung von Würzburg", der er [illegible] handlungen der physikalischen und medicinischen Gesellschaft [illegible] dem Titel: „Neue Mittheilungen über die Flora von [illegible] ließ. Mit August Grisebach zusammen lieferte er 18[illegible] für Naturgeschichte „Beiträge zur Systematik der ung[illegible] die Flora brasiliensis von Martius bearbeitete er die „[illegible] meriaceae" (Fasc. XV, vol. III, pars 1, 1885). Daneben [illegible] mit Interesse andere Zweige seiner Wissenschaft und [illegible] Anatomie und Entwicklungsgeschichte. So schrieb er auf Grund [illegible] Untersuchungen eine kleine Abhandlung: „Ueber Parthenogenesis [illegible] reich" und eine zweite größere als Jubiläumsschrift: „Ueber das [illegible] contractiler Zellen" (1858), sowie die mit sechs Tafeln [illegible] „Die Spermatozoiden im Pflanzenreich" (Braunschweig 1864). [illegible] dieser Richtung noch an die mit Luerssen gemeinsam [illegible] bändigen: „Mittheilungen aus dem Gesammtgebiet der Botanik" [illegible] und 1876). Das eigenste Gebiet jedoch, in dem sich Sch. [illegible] bethätigte, war die Paläontologie der Gewächse, womit er sich [illegible] burg eingehend beschäftigt hatte. Sein Hauptverdienst [illegible] mit strenger Kritik die von älteren Autoren häufig genug [illegible] sehr spärlicher Reste gegebenen Gattungsabgrenzungen in [illegible] sie corrigirte und auf die Bestimmung des ihm vorliegenden [illegible] exakte Methode einer wissenschaftlichen morphologischen [illegible] Seine ersten Veröffentlichungen: „Beiträge zur Flora der [illegible] und „Schönlein's Abbildungen fossiler Pflanzen", nach dem [illegible] fassers herausgegeben, beziehen sich auf Reste aus dem [illegible] Dasselbe geologische Gebiet behandeln noch zwei weitere Arbeit[illegible] zur Flora des Keupers und der rhätischen Formation" in [illegible] naturforschenden Gesellschaft zu Bamberg (Bd. VII, 1864) [illegible] erschienene Schrift: „Die fossile Flora der Grenzschichten [illegible]

...las Frankens" (1867). Eine zweite Reihe von Schriften Schenk's umfaßt ...ehr oder weniger umfangreiche Bearbeitungen außereuropäischer fossiler Floren ...ach dem ihm von verschiedenen Reisenden überwiesenen Material. So beschrieb ... „Fossile Hölzer aus der Libyschen Wüste" (Bot. Ztg. 1880), die auf der ...ohlfs'schen Expedition gesammelt wurden, verfaßte den phytopaläontologischen ...eil in dem berühmten China-Werke F. v. Richthofen's (Bd. IV, 1882), dem ... die aus demselben Lande vom Grafen Bela Széchényi mitgebrachten fossilen ...anzen anschließen (Palaeontographica XXXI, 1884) und bearbeitete endlich ... von den Gebrüdern Schlagintweit in Indien gesammelten Hölzer (Bot. ...hrb. für Systematik III, 1882), sowie fossile Gewächse aus der Albours...e, gesammelt von E. Tietze (Bibliotheca botanica, Heft 6, 1887). Für ...ttel's Handbuch der Paläontologie übernahm Sch. als Fortsetzung der von ...imper fertiggestellten Sporenpflanzen die Herausgabe der Phanerogamen, ...bei er in den allgemeinen Erörterungen seine Stellungnahme bezüglich der ...tenumgrenzungen, anderen Forschern gegenüber genauer präcisirte. Eine ...er letzten Arbeiten ist das Capitel über fossile Pflanzenreste in dem von ... herausgegebenen „Handbuch der Botanik" (Trewendt's Encyklopädie der ...turwissenschaften IV, 1890).

Nachruf von O. Drude in „Berichte der Deutschen Bot. Gesellschaft IX, 1892. S. (15)–(26). E. Wunschmann.

Schepeler: Gerhard Sch., Dr. jur., Bürgermeister von Osnabrück, ge...en am 22. Juli 1615 zu Nienburg a. Weser als Sohn des Dithmar Sch. ... der Margarethe geb. v. Beckhausen. Studirte in Rostock, dann auf holländ...hen Universitäten (Groningen, Franeker, Leiden und Utrecht), in England ... Frankreich (Lyon, Paris, Orleans und Angers), schließlich seit 1642 wieder ...Rostock, wo er im folgenden Jahre in den Rechten promovirte. Nachdem ...sich in Hamburg mit Anna Grave, aus einem angesehenen Osnabrücker ...chlecht, verheirathet hatte, übersiedelte er im Sommer 1645 von dort nach ...nabrück und erwarb sich hier bald das Vertrauen der Bürgerschaft in solchem ...nde, daß er Anfang 1647 zum Rathsherrn und unmittelbar darauf zum ...erenden Bürgermeister erwählt wurde. In dem schweren Kampfe, den die ...dt Osnabrück damals während der westfälischen Friedensverhandlungen um ...Behauptung und Anerkennung der hergebrachten bürgerlichen und Glaubens...heit zu führen hatte, fiel Sch. als ihrem Vertreter die wichtigste Rolle zu. ...nabrück war in Münster unter den Mediatständen vertreten; zur Seite ...den Sch. anfangs der 2. Bürgermeister Schardemann und der Syndikus ...er. Geschickt wußte Sch. den Beistand der schwedischen Diplomaten und ... Vertreter von Braunschweig-Lüneburg gegen die Ansprüche des von Frank...h und den Kaiserlichen unterstützten Bischofs Franz Wilhelm ins Feld zu ...ren; er erreichte denn auch im Mittsommer 1647, daß Schweden und ...unschweig-Lüneburg in die Schleifung der Petersburg, der vor der Stadt ...hend gelegenen bischöflichen Citadelle, einwilligten, betrieb in raschem Eifer ...bald die Niederlegung der Feste und vollendete sie im folgenden Jahre. ... weitgehenden Wünschen der Stadt, die in der Hauptsache auf Reichs...heit hinausliefen, mußte Sch. in klugem Maaßhalten mehrfach entgegen...en, um so mehr, weil die Mittel der verarmten Stadt eine wirksamere ...tretung ihrer Interessen auf der Friedensversammlung nicht zuließen. ...ließlich begnügte man sich mit dem Erreichbaren: Bestätigung der bisherigen ...iheiten und Wiederherstellung des Standes von 1624. Ueber die end...tige Capitulation hatte an Stelle Schepeler's, der bis 1656 Bürgermeister ...b, der städtische Syndikus Brüning auf dem Executionstage in Nürnberg ...ter zu verhandeln. Bischof Franz Wilhelm ernannte Sch. 1650 zum fürstlichen Landrath. 1660 folgte die Uebertragung der Würde eines kaiserl[illegible] Pfalzgrafen. Bei Antritt der Regierung des Bischofs Ernst August I. [illegible] Braunschweig-Lüneburg wurde Sch. 1661 fürstlicher Kanzlei- und Regier[illegible] rath. In dieser Eigenschaft nahm er, zur Zufriedenheit des Landesherrn, [illegible] am Reichstage in Regensburg, an den Verhandlungen im Stadt und [illegible] und auf Kreistagen in Köln und Bielefeld. Der Uebergang von der [illegible] Selbständigkeit der Stadt zur Unterordnung unter die Landeshoheit [illegible] sich seit dem Wiedereinzuge des Bischofs, Ende 1650, immer rascher. Sch. [illegible] frühere Vorkämpfer, hat den Wandel noch großentheils erlebt. Er [illegible] 30. August 1674 zu Osnabrück. Von zehn Kindern überlebten ihn [illegible] Zwei Söhne seines ältesten Sohnes Gerhard v. Sch., Herrn auf [illegible] „Brünning“ (Kr. Beesenbrück), dienten als Officiere im dänischen Heere. [illegible] Bild des thätigen Mannes findet sich in der Sammlung von Bildnissen [illegible] Friedensgesandten zu Münster und Osnabrück, die Anselm van Hulle 16[illegible] Rotterdam (Pacificatores Orbis Christiani. 2. Ausgabe, unter anderem [illegible] Amsterdam 1717) herausgab. Vgl. Philippi, Der Westfälische Friede. [illegible] 1898, S. 190. Ein anderes Bild ist in den „Mittheilungen des Vereins [illegible] Geschichte und Landeskunde von Osnabrück XV (1890) wiedergegeben.

Schepeler's Lebenslauf als Anhang der Leichenrede auf ihn, [illegible] Superintendenten Johs. Eberh. Meyer, Osnabrück, Schwänder [167[illegible] C. Stüve, Briefe des Osnabrücker Bürgermeisters G. Schepeler [illegible] im Jahre 1647. (Mittheil. des Vereins für Gesch. u. Landeskunde [illegible] Osnabrück XV, 303 ff.) — Friderici-Stüve, Gesch. der Stadt Osnab[illegible] 3. Theil (Osnabrück 1826), S. 244 ff. — C. Stüve, Gesch. des Hoch[illegible] Osnabrück. 3. Theil (Jena 1882), S. 305 ff. — Lodtmann, [illegible] Tabellen (Handschrift im königl. Staatsarchiv Osnabrück).

A. Egger[illegible]

Scheppler: Luise Sch., Mitbegründerin der Kinderbewahranstalten, [illegible] am 4. November 1763 in einem armseligen Dörfchen des [illegible] Steinthals, Bellefosse, als Kind ganz armer Bauersleute geboren. Dort [illegible] lebte sie ihre Jugend ohne irgendwelche reelle Bildung zu empfangen. [illegible] schönste Beispiele edelster Herzensgüte fallen schon in ihre Kindheit. [illegible] ihrem 15. Jahre kam sie als Magd in das Haus des berühmten Joh. [illegible] Oberlin (s. A. D. B. XXIV, 101, wo L. Sch. erwähnt ist), evangel[illegible] Pfarrers aus Straßburg, der, seit 1766 Pfarrer zu Wald(ers)bach [illegible] la-Roche) im Steinthale, damals einer der wildesten und armseligsten [illegible] des Vogesengebiets, bereits mitten im rührigen Betriebe seiner [illegible] philanthropischen Neigungen stand. Während Oberlin nun die [illegible] ökonomische Lage der Steinthal-Bewohner durch vorbildliche Pflege der [illegible] wirthschaft und Einführung von Industrie verbesserte, erwarb er sich [illegible] geistige und seelische Wohlfahrt seiner Pfarrkinder und der Umgebung [illegible] Verdienste, vornehmlich durch Begründung der sog. Kleinkinderschulen seit [illegible] Leiteten ihn dabei auch dieselben Ideen wie den genialen Zeitgenossen Pesta[illegible] der 1775 seine Armenschule für Armeleutkinder auf „Neuhof“ geschaffen [illegible] so verfuhr doch Oberlin bei der Anlage ganz selbständig. Und in diesem [illegible] erfolggekrönten Walten unterstützte ihn, zumal nach dem allzufrühen Tode [illegible] geistesverwandten Gattin (Jan. 1783), die sich an all diesen humanitären [illegible] strebungen warm betheiligt hatte, von Anfang an hauptsächlich seine [illegible] Dienerin Luise Scheppler. Als Oberlin ins Steinthal übersiedelte, [illegible] in den fünf Dörfern seiner Gemeinde 80—100 nothbedrängte und arg [illegible] *gekommene* Familien vor, nach einem Vierteljahrhundert waren die 3000 [illegible] *pekuniär* und moralisch stark gehoben. Unter Luise Scheppler's thätigsten [illegible] verwirklichten die Oberlin'schen Anstalten, zuerst Strickschulen genannt, Pestalozzi'schen Gedanken, „Noth- und Hilfskinderschulen für die armen die wegen des Tagelohns oder wegen ihres Frondienstes den Tag über Wohnungen verschließen müssen“, und „Kinderhäuser, darin arme Mütter noch nicht schulpflichtigen Kinder bringen und den Tag über versorgen können“, zu schaffen, in originaler Weise. Oberlin miethete auf eigene geräumige Zimmer und richtete diese dafür ein, daß ungenügend über- oder sich selbst überlassene Kinder vom 3.—7. Jahr unter mütterlicher Auf- und Anleitung den Tag angenehm und nützlich verbrachten. Da war es eben die einfach aufgezogene Luise Sch., die diese hochherzige Idee völlig aufnahm und die eigentliche Mutter dieser ersten „salle d'asile“ ward. den vielen Mühen des Pfarrer-Haushalts, wo es oft genug Augen- sorgen, die Oberlin's weitsinnige Freigebigkeit veranlaßt hatte, zu beseitigen fand sie vollauf Zeit, sich tagtäglich der Wartung und Beaufsichtigung großen Kinderschar sowie deren Belehrung in Sitte, Glauben, häuslichen Arbeiten zu widmen. Die ältesten hielt sie zu Stricken, Spinnen, Nähen an, sie mit den einfachsten Mitteln zu selbständigem Erwerb auszurüsten. Außerdem wurden den Kindern, nachdem sie lange genug sich mit derartigen Handarbeiten — auch die Knaben (also liegen hier auch Anfänge des modernen Handfertigkeitsunterrichts) — beschäftigt hatten, Landkarten vorgelegt, insbesondere solche der näheren Umgebung, auch Kupferstiche über biblische Geschichten, und die eigens für dieses Amt herangebildeten Aufseherinnen gaben die nöthigen Erklärungen. Rund hundert Kinder hat sich Luise Sch. regelmäßig in beispiellos edler Hingabe angenommen. Bis an ihr Ende hat sie Jahre lang in opferwilligster Treue diesen Dienst an der Jugend der Armuth uneigennützigst besorgt, und als ihr, nach heimischen Ehrungen ihres philanthropischen Wirkens, 1829 das Pariser Institut de France auf Cuvier's Antrag den Montyon'schen Tugendpreis von 5000 Frcs. verlieh, diese Summe fünf Oberlin'schen Anstalten der Pfarre Waldersbach zugewandt. Luise Sch. überlebte ihren Herrn und Meister (auf ihren Wunsch als „Luise Scheppler-Oberlin“) um 11 Jahre und leitete die Kleinkinderschulen, die Oberlinstiftung für die Aufseherinnen, die Oberlin'sche Leihcasse sicher weiter. 74 Jahre alt, starb sie am 25. Juli 1837, nachdem sie, Dutzenden von Zöglingen und (87!) Pathen stets ein Muster naturgemäßer Lebensweise bietend, nur fünf Tage krank gewesen, und wurde drei Tage darauf zu Waldersbach begraben.

Gebührt auch das Verdienst der allgemeinen Verbreitung und systematischen Durchführung der Kinderbewahranstalten den Briten, besonders nach des Schotten Robert Owen (1800) Methode, so steht doch Luise Sch., die Deutsch-Elsässerin, als leibhaftige Verkörperung der Kleinkinderschule für die verwahrloste oder vernachlässigte Jugend beiderlei Geschlechts in deren Uranlage und glücklichen Einrichtung da. Diesen Rechtstitel verweigern ihr sogar viele Werke, die die „Geschichte der Pädagogik“ breit vortragen, z. B. K. Schmidt-W. Lange (3. Aufl., 4 Bd., S. 154 f.) gelegentlich der Oberlin-Bestrebungen. Es sei drum anerkannt, daß ein allgemeines Nachschlagewerk, Meyers Conversationslexikon, s. v. Kleinkinderschule und Oberlin, ihr die geziemende Ehre erweist.

Vgl. François de Neufchâteau, Rapport fait à la Société royale d'agriculture sur l'agriculture et la civilisation du Ban — de la Roche (1818), sowie die Litteratur über J. J. Oberlin, besonders dessen vollständige Lebensgeschichte, Schriften u. s. w. von Hilpert, Stäber, (deutsch von) Burckhardt (1843), das französische Buch über ihn von Bernard (1867),

G. H. v. Schubert's (11. Aufl. 1890) und Bodemann's Biographien [illegible] selben (3. Aufl., 1879) und L. Spach, Le pasteur (1865). Die Spe[illegible] schriften über Kinderbewahranstalten von F. Marbau (7. Aufl., Paris 18[illegible] dem Stifter der ersten französischen (1844), Diesterweg (5. Aufl., 18[illegible] J. F. Ranke (8. Aufl., 1892), Hübener (1888) u. A. sind [illegible] theoretisch. Ein längerer Bericht über einen, Anfang Januar 18[illegible] einem kirchlichen Frauenverein zur Förderung einer entsprechenden Insti[illegible] gehaltenen Vortrag des Pfarrers Ernst Widmann zu Darmstadt, „[illegible] Scheppler und die Kleinkinderschule“, steht „Darmstädter Tägl. Anzei[illegible] Nr. 10 v. 18. Jan., S. 2 — R. Zoepffel's Oberlin-Artikel A. D. [illegible] XXIV, 99—102 bietet für die Sch. nichts. — Der Ostdeutsche Jüngli[illegible] bund zu Berlin hat 1897 in seine Schriftenserie „Für Feste und Fre[illegible] der Inneren Mission“ (darin H. 13: J. Oberlin von P. Todt) als [illegible] eine kleine Monographie (16 S.) von P. Karl Müller-Wölfi[illegible] „Luise Scheppler, eine Magd des Herrn“ (2. Aufl.), zur Propaganda [illegible] Erbauung aufgenommen; darin sind außer allerlei bezeichnenden Einz[illegible] heiten mehrere Briefe u. ä. urkundliche Stücke mitgetheilt.

Ludwig Fränkel.

Scheps: Georg Sch., bedeutender Philologe, wurde am 26. December 1852 zu Schweinfurt geboren, absolvirte mit glänzendem Erfolge das dortige Gymnasium, wo besonders der als Lehrer und Philosoph gleich bedeutende ehrwürdige Professor Carl Bayer Einfluß auf ihn gewann, und studirte von 1871—1875 an den Universitäten Erlangen, Straßburg und München classische Philologie. In Straßburg, wo er sich eng an Studemund anschloß, promovirte er 1875 mit der Dissertation „de soloecismo“. Nach bestandenem Staatsexamen wirkte Sch. vom Herbste 1875 bis September 1876 als Assistent am Gymnasium zu Ansbach, vom October 1876 ab als Studienlehrer an der Lateinschule (Progymnasium) zu Dinkelsbühl im bairischen Mittelfranken. Der kurze Aufenthalt in dem abgelegenen ehemaligen Reichsstädtchen sollte für Scheps' gesammte spätere schriftstellerische Thätigkeit insofern von bestimmendem Einflusse werden, als er sich bald mit glühendem Eifer der Durchforschung der Handschriften der fürstlich Oettingen-Wallersteinischen Bibliothek in dem benachbarten Maihingen widmete und schon hier den Schriften des Boethius seine besondere Aufmerksamkeit zuwandte, deren kritische Behandlung seine vornehmste spätere Lebensaufgabe bilden sollte. Im Frühjahr 1880 folgte seine Versetzung an das Gymnasium zu Würzburg. Dort fand er im Lehrberufe einen erheblich erweiterten Wirkungskreis, vor allem aber durch die reichen Schätze der Universitätsbibliothek vielseitige wissenschaftliche Förderung. Zehn arbeitsvolle und erfolgreiche Jahre hatten ihn in der neuen Heimath eingebürgert, als er durch die Ernennung zum Gymnasialprofessor im J. 1890 nach Speyer versetzt wurde. Hier hat er noch sieben Jahre mit rastlosem Eifer seinem Lehrberufe und seinen gelehrten Studien gelebt. Am 4. September 1897 wurde er von einem wohl schon lange an seiner Lebenskraft zehrenden Leber- und Darmleiden im besten Mannesalter aus einem glücklichen Familienleben dahingerafft.

Die ersten Ergebnisse seiner Maihinger Handschriften-Studien hatte Sch. in einer langen Reihe von Aufsätzen und kleineren Mittheilungen zur Geschichte der neulateinischen Dichtung, zur Volkskunde, Gelehrten-, Kirchen- und Culturgeschichte des Mittelalters in den Jahrgängen 1878—1880 des „Anzeigers für Kunde der deutschen Vorzeit“ sowie in zwei Dinkelsbühler Schulprogrammen aus den Jahren 1878—79 niedergelegt; die letzteren beschäftigten sich namentlich mit den in den Handschriften der Maihinger Bibliothek enthaltenen Schriften classisch toren (Cicero, Sallust, Seneca u. s. w.), enthalten aber auch werthvolle Beiträge zur Geschichte der spätlateinischen Litteratur und des Humanismus. Der Maihinger Handschrift sind auch hauptsächlich die 1881 als Würzburger Gymnasialprogramm erschienenen „Handschriftlichen Studien zu Boethius de consolatione philosophiae" gewidmet, in der Sch. die Nothwendigkeit einer neuen Gestaltung des Textes dieser Schrift überzeugend darlegte und wichtige Aufschlüsse über die alten Scholien und die Commentatoren des Boethius gab. Die ausgezeichnete Arbeit gab der Kirchenväter-Commission der Wiener Akademie Veranlassung, Sch. mit der Ausgabe der Schriften des Boethius für das „Corpus" der lateinischen Kirchenväter zu beauftragen. Der Vorbereitung dieser Ausgabe dienten Reisen nach Paris und München, die Sch. in den Jahren 1884 und 1885 zum Studium der dortigen Handschriften unternahm. Bei der geradezu ungeheueren Menge der Boethius-Handschriften überzeugte sich Sch. allerdings bald, daß die Herausgabe der sämtlichen Schriften des Boethius seine Kraft übersteige, und in weiser Selbstbeschränkung hatte er schließlich nur noch die Herausgabe der Consolatio, der Opuscula sacra und der auf Porphyrius und Aristoteles sich beziehenden Commentare des Boethius geplant, ohne daß ihm freilich die Vollendung dieser Ausgabe vom Schicksale gegönnt worden wäre. — Eine werthvolle Festgabe zu ihrem 300jährigen Jubelfeste brachte Sch. der Würzburger Universität dar mit der Ausgabe der von ihm in einer Münchener Handschrift aufgefundenen „Colloquia magistri Pauli Poponis de scholis Herbipolensibus" (Würzburg 1882), einer wichtigen Quelle zur Vorgeschichte der fränkischen Hochschule; eine mit einem außerordentlich werthvollen Commentare versehene Ausgabe der Gedichte jenes bisher unbekannt gebliebenen Würzburger Humanisten ließ Sch. später folgen (Archiv des histor. Ver. f. Unterfranken, 1884, S. 277 ff.). Mit Feuereifer hatte sich Sch. inzwischen auf die Durchforschung der Handschriften der Würzburger Universitätsbibliothek geworfen. Für die Wiener Kirchenväter-Commission stellte er 1884 ein Verzeichniß der Würzburger patristischen Handschriften zusammen; 1886 arbeitete er für den von der Bibliothekverwaltung vorbereiteten Handschriften-Katalog die sämmtlichen Pergamenthandschriften durch; 1887 folgte seine Schrift über „Die ältesten Evangelienhandschriften der Würzburger Universitätsbibliothek", die wichtiges Material für die Kenntniß der ältesten lateinischen Bibelübersetzungen beibrachte. Von seinen weiteren Veröffentlichungen aus der Würzburger Zeit erwähnen wir nur noch die Ausgabe des von Sch. in einer Maihinger Handschrift gefundenen Heldengedichts Kammerer's über den Schmalkaldischen Krieg (Neues Archiv f. Sächs. Geschichte, Bd. V, 1884, S. 239 ff.) und des „Dialogus super auctores sive Didascolon" des Konrad von Hirschau (Würzb. Progr. 1889). Den glänzendsten Triumph feierte Scheps' scharfsinnige Handschriften-Forschung mit der Wiederentdeckung der litterarischen Hinterlassenschaft des spanischen Bischofs Priscillianus, der 385 in Trier als Haupt einer ketzerischen Secte hingerichtet wurde („Priscillian, ein neu aufgefundener lateinischer Schriftsteller des 4. Jahrhunderts", Würzburg 1886). Die im J. 1889 im 18. Bande des Wiener „Corpus" erschienene Ausgabe des Priscillian ist von der Kritik einstimmig als ein Muster philologischer Akribie bezeichnet worden. Die Einwendungen, die Michael und Sittl gegen die Echtheit der Priscillianischen Schriften erhoben hatten, wies Sch. in seinem Aufsatze „Pro Priscilliano" (Wiener Studien, Bd. XV, 1893) überzeugend zurück. Seit der Uebersiedelung nach Speyer hat sich Sch. hauptsächlich der Vorbereitung seiner Boethiusausgabe gewidmet, wenn er auch immer noch Zeit für eine Reihe von kleineren Veröffentlichungen, vorwiegend zur lateinischen Lexikographie und zur Geschichte der spätlateinischen und patristischen Litteratur, gefunden hat und sich daneben auch eifrig als Recensent bethätigte. Als seine Gesundheit ins Wanken gekommen war, hat er in heroischer Fassung seine letzte Kraft an die Förderung seiner Ausgabe von Boethius' Commentar zu Porphyrius' Isagoge gewandt; Samuel Brandt, mit Sch. eng befreundet, hat, an Schepß' Arbeit anknüpfend, den kritischen Apparat ergänzt und die Ausgabe im jüngst erschienenen 48. Bande des Wiener „Corpus“ fertig gestellt (Boethii in isagogen Porphyrii commenta, 1906). Eine Verwerthung des von Sch. für Boethius' „Consolatio“ zusammengebrachten außerordentlich reichhaltigen kritischen Apparates und seiner sonstigen auf jene Schrift bezüglichen werthvollen Sammlungen und Vorarbeiten ist von Aug. Engelbrecht zu erwarten (vgl. A. Engelbrecht, Die Consolatio philosophiae des Boethius, in den Sitzungsberichten der Wiener Akademie, Philos.-hist. Classe, Bd. 144, 1902).

In seinem Schulamte bewährte sich Sch. als pflichttreuer und höchst anregender Lehrer. Von lebhaftem Gemeinsinne und Vaterlandsgefühle, von lauterstem Charakter und warmer, tiefer Empfindung, hat er bei allen Erfolgen sich eine seltene Anspruchslosigkeit bewahrt. Zumal für die Wissenschaft aber bedeutete der vorzeitige Hingang des mit einem so ungewöhnlichen Maaße von Gelehrsamkeit und Combinationsgabe ausgestatteten unermüdlichen Forschers einen schweren Verlust.

Nekrolog im Archiv f. lateinische Lexikographie u. Grammatik, Bd. X (1897/98), S. 570. — Nekrolog von H. Haupt im Biographischen Jahrbuch, Bd. II, S. 37—39, von S. Brandt im Biographischen Jahrbuch für Alterthumskunde 1878, S. 128—140 (wo auch ein Verzeichniß der wissenschaftlichen Arbeiten von Sch.) und von Pfirsch in den Blättern f. d. Gymnasialschulwesen hg. v. bairischen Gymnasiallehrerverein, Bd. 34 (1898).

Herman Haupt.

Scherbring: Karl Sch., Landschaftsmaler, geboren am 7. October 1859 in Memel, Sohn eines behäbigen Schiffrheders, † am 18. December 1899 zu München; betrieb zuerst an der Universität Königsberg das Studium der Philologie und Alterthumskunde, bethätigte sich als Mitglied des archäologischen Vereins „Prussia“ bei den Ausgrabungen von Hünengräbern auf den Gütern des Grafen Trenk. Die Bekanntschaft mit dem Königsberger Akademie-Director Karl Ludwig Rosenfelder und dem Maler Heider förderte seine Neigung zur Kunst, welcher er sich, nach Ableistung seiner militärischen Dienstpflicht als Einjährig-Freiwilliger in München, unter Leitung von Heinz Heim 1883—1886 zuwendete. Mit seiner jungen Frau Tony Seidemann übersiedelte Sch. nach Karlsruhe zu Gustav Schönleber, kehrte aber schon 1890 nach München zurück, wo er, nachdem sein väterliches Erbe in dieser Studienzeit größtentheils aufgebraucht war, trotz seines Fleißes und unverkennbaren Talents mit schweren Sorgen kämpfte, bis der kunstliebende Frankfurter Kaufmann Ernst Scharf mit Scherbring's Schöpfungen bekannt wurde und dessen Schaffen verständnißinnige Freunde zuführte. Die Motive zu seinen Bildern suchte er mit Vorliebe im Dachauer-Moos, auch zog er mit Karl Raupp nach den sonnigen Geländen des Chiemsee. In freudiger Stimmung hielt er an seinen Vorfrühlings-Landschaften fest, womit Sch. endlich sein zusagendes Repertoire fand und seinen bisherigen Entwicklungsgang abgeschlossen wähnte. Dazu gehören ein „Frühling im Dachauer-Moos“ und „Häuser an einem Wasser“ mit schwimmenden Enten (1894); auch ein von Bäumen eingefaßter mit einer Brücke überspannter Fluß und gleitenden Schwänen. Oder ein „Frühling an der Würm“, eine „Mooshütte bei Schleißheim“ (1896), auch ein „November an der Saale“ bei Halle, wieder ein „Moosbach mit Birken“

„Märzstimmung, oder „Aus den Isarauen“ bei München. Der wahre Poet ...aucht nicht immer weiter zu schweifen, weil sein Auge überall die Schönheit ... Natur entdeckt. So bot ihm auch die schlichte „Klosterwiese“ auf der ...meninsel im Chiemsee und dieses stille Eiland von der Ostseite (1897) ...ünschten Stoff. Noch einmal kam der unscheinbare und doch so sonnig ...klärte „Würmkanal bei München“ (Vgl. „Vom Fels zum Meer“, Juli ...98) und ein „Vorfrühling am Bach“ (1898). Dann endete ein schweres ...eiden, welches der sonst so kräftige Mann nicht mehr verwinden konnte, ...s einfachen Idyllen. Seine gesunde Naturauffassung, die lebendige Farbe ...d künstlerische Wahl dessen, was als malbar sich in den Pinsel drängte, ... freudig empfundene Wiedergabe der unscheinbarsten Motive würden ihm ...em hervorragenden Platz unter den Münchener Landschaftern gesichert haben. ...r aus zweihundert Nummern bestehende Nachlaß von Gemälden, Studien ...d Skizzen aus der Umgebung Münchens, vorzugsweise aber den an ...lerischen Reizen so reichen Ufern der oberbaierischen Seen entnommen, ...men im März 1900 in den Kunstverein und wurden rasch verkauft. Schade, ...ß diese Sammlung, welche das echte Abbild eines wahren Künstlerlebens ...r Augen führte, auseinandergerissen wurde. Diese Bäche und Wiesen, Berg...änge und Waldgehege, Buchten und lauschigen Wiesen, welche der Maler ...rfach und getreu, ohne Haschen nach Effect, ohne Reclame und Farben...nstelei wiedergab, mutheten den Beschauer an wie die schlichten Erzählungen ...dalbert Stifter's.

Vgl. Abendblatt 61 d. Allgem. Ztg. v. 3. März 1900. — Nr. 67 ...d. Baier. Kurier v. 10. März 1899. — Kunstvereinsbericht f. 1899, S. 80. — Fr. v. Bötticher 1901, II, 541. — Bettelheim, Jahrbuch IV, 171.

Hyac. Holland.

Scherer: Heinrich Sch., Geograph und Kartenzeichner, ist am 24. April ...628 zu Dillingen im ehemaligen Bisthum Augsburg geboren. Er empfing ...ne gelehrte Bildung und trat während seiner Studienzeit in den Jesuiten...den ein, dessen Mitglieder damals die kleine Universität seiner Vaterstadt ...sschließlich leiteten. Nach Vollendung des Studienganges wurde er von ...inen Oberen mit der Abhaltung von Vorlesungen beauftragt. Zunächst unter...ichtete er in der lateinischen Grammatik, dann in Philosophie, Rhetorik ...d Ethik, darauf 9 Jahre in Mathematik und in den Nebenfächern Arithmetik, ...eometrie, Astronomie und Geographie, endlich 4 Jahre in der hebräischen ...prache. Ein Heft mit Niederschriften über seine geographischen Vorträge ...s dem Jahre 1663 hat sich in der Münchener Universitätsbibliothek erhalten ...od. Ms. 370, 4⁰). Es zeigt, daß er sich durchaus auf der damaligen Höhe ...r Wissenschaft befand, denn er kennt und benutzt die grundlegenden Werke ...iner Zeit, die Geographia generalis des Varenius, die Introductio in ...iversam geographiam des Cluverius und den Cursus mathematicus seines ...rdensgenossen Schott. Um 1670 folgte er einem Rufe an den Hof nach ...antua, wo er drei Jahre hindurch als Prinzenerzieher wirkte. Dann kehrte ... nach Baiern zurück und ließ sich in München nieder. Hier unterrichtete ... zunächst den jungen Herzog Maximilian Philipp in der Architectura ...ilitaris, später dessen Neffen, den Herzog Joseph Clemens, den nachmaligen ...urfürsten von Köln, in der Geographie. Dieser letztere Schüler erwählte ...n auch zu seinem Beichtvater und hielt ihn zeitlebens in hohen Ehren. ...ch., dessen ferneres Leben ohne bemerkenswerthe äußere Ereignisse verfloß, ...arb am 21. November 1704 zu München. Kurz vor seinem Tode schloß er ...ch sein Lebenswerk, den Atlas novus, ab, der seinen Namen auf die Nach...elt gebracht und ihm einen ehrenvollen Platz in der Geschichte der Erdkunde gesichert hat. Er umfaßt 7 starke Quartbände, von denen die 6 ersten in [illegible] Jahren 1702 und 1708 in München erschienen. Eine Gesammtausgabe, [illegible] auch den bis dahin ungedruckten 7. Theil enthält, wurde 1710 in Augsburg, Dillingen und Frankfurt unter dem Titel „Atlas novus exhibens [illegible] terrarum per naturae opera, historiae novae ac veteris monumenta, artisque geographicae leges et praecepta. Hoc est: Geographia [illegible] in septem partes contracta, et instructa ducentis fere chartis geographicis ac figuris“ veröffentlicht. Eine Neuauflage der beiden ersten Bände [illegible] 1730, eine letzte Gesammtausgabe 1737. Die beigegebenen Landkarten, [illegible] Stecher sich nirgends nennt, scheinen zum Theil Arbeiten des berühmten Nürnberger Meisters Johann Baptist Homann zu sein. Die übrigen [illegible] sind meist von Johann Degler gezeichnet und von Leonhard Heckenauer, [illegible] von Montalegre oder Andreas Matthäus Wolffgang in Kupfer gestochen. [illegible] Werk ist nicht ein Atlas im modernen Sinne, sondern ein geographisches Handbuch, dem zur Erläuterung des Textes Karten und Abbildungen beigefügt sind. Es enthält das gesammte damalige Wissen von der Erde in [illegible] und übersichtlicher Darstellung. Der Inhalt der einzelnen Bände ist folgender: 1. Geographia naturalis, ein Abriß der physikalischen Geographie, der [illegible] der Weltschöpfung und ihrem Zweck, von der centralen Stellung der Erde, ihrer Gestalt und Zusammensetzung, von dem Erdinnern und der Erdoberfläche, von der Luft- und Wasserhülle unsers Planeten, sowie von den Menschen und den Erzeugnissen der drei Naturreiche handelt. Der Verfasser zeigt sich überall als Kind seiner Zeit und als gläubiger Anhänger seiner Kirche. Er hält deshalb an einer streng theologischen Betrachtung des Weltgebäudes als eines Erziehungshauses der Menschheit fest. Das Copernicanische Weltsystem und die Keplerschen Gesetze wagt er nicht anzuerkennen, da sie der Bibel und den Kirchenvätern widersprechen. Den feuerflüssigen Erdkern denkt er sich als die Hölle und die Vulkane als deren Schlote. In vielen Fragen, die das Gebiet des Glaubens berühren, trägt er die verschiedenen Meinungen der Gelehrten vor, enthält sich aber eines eigenen Urtheils, sofern es von der Kirchenlehre abweichen könnte. Die diesem Bande beigegebenen Karten sind als frühe Versuche einer orohydrographischen Darstellung der Erdtheile von hohem Interesse. — 2. Geographia hierarchica, ein Ueberblick über Organisation und Ausbreitung der katholischen Kirche. Sch. schildert die geistliche und weltliche Macht des Papstthums, zählt die Erzbisthümer und Bisthümer in allen Welttheilen auf, berichtet kurz die Bekehrungs- und Kirchengeschichte jedes Landes, erwähnt die außerhalb der Kirche stehenden Ketzer, Secten und Ungläubigen nebst ihren wichtigsten Unterscheidungslehren, stellt eine Menge von Nachrichten über die Missionsorden und ihre Erfolge, namentlich über die Gesellschaft Jesu zusammen uud erwähnt auch gebührend die katholischen Universitäten, Collegien, Priesterseminare und sonstigen Bildungsanstalten. Die beigefügten Karten bilden einen sehr bemerkenswerthen Missionsatlas, der alle Bischofssitze und Missionsstationen verzeichnet. Die nichtkatholischen Länder sind mit dunklen Schattenstrichen überzogen, um anzudeuten, daß ihnen das Licht des wahren Glaubens nicht leuchtet. — 3. Atlas Marianus, ein Verzeichniß der wunderthätigen oder durch Alter und Kunstwerth berühmten Marienbilder in allen Ländern der Erde in geographischer Anordnung, zum Theil mit Anführung einzelner Legenden und Wunderberichte, bearbeitet nach dem in vielen Ausgaben verbreiteten gleichnamigen Werke des Jesuiten Wilhelm Gumppenberg, das zuerst 1657 in Ingolstadt erschien. Auf den zugehörigen Landkarten sind die einzelnen Gnadenorte je nach ihrer Bedeutung durch Sterne oder Strahlenkränze bezeichnet. — 4. Geographia politica, der umfangreichste [illegible] des Werkes, gegen 900 Seiten mit 60 Karten und Tafeln umfassend. Der Verfasser behandelt darin die politische Gliederung, die Geschichte und Regierungsform der einzelnen Staaten, die Herrscherfamilien und die wichtigsten Geschlechter, die namhaftesten Gelehrten und Künstler, die klimatischen, physischen, meteorologischen und wirthschaftlichen Verhältnisse, Herkunft und [illegible] der Bewohner, endlich die bedeutendsten Städte, Festungen, Häfen, [illegible]werke und Verkehrswege zu Wasser und zu Lande. Ein ausführliches Namen- und Sachregister trägt erheblich zur raschen Orientirung bei. — Geographia artificialis, ein Leitfaden der mathematischen Geographie nebst Kartenentwurfslehre. Von besonderem Interesse sind die Darlegungen über die Construction von Globen und Armillarsphären, Kartenprojectionen, die verschiedenen Anfangsmeridiane, Längen- und Breitenbestimmungen, nautische Instrumente, Vorausberechnung des Kalenders und die wichtigsten Probleme der Nautik. — 6. Tabellae geographicae, ein Verzeichniß von [illegible] 5400 Orten, Inseln und Vorgebirgen, nach Ländern geordnet, mit Angabe der geographischen Positionen, die allerdings meist von Karten abgelesen oder aus den älteren Katalogen von Apian und Riccioli entnommen sind und nur zum kleinsten Theil auf neueren zuverlässigen Beobachtungen beruhen. Auch hier erleichtert ein alphabetisches Register wesentlich die Benutzung. — [illegible] Critica quadripartita, enthaltend Zusätze und Verbesserungen zu den ersten [illegible] Bänden aus Scherer's Nachlaß, welche die Ergebnisse geographischer Forschungen und Entdeckungen verwerthen, die ihm früher unbekannt geblieben waren. Bemerkenswerth ist namentlich ein Excurs astrologischen Inhalts, in dem der Einfluß der Gestirne auf Naturereignisse und Menschenschicksale untersucht wird. — Außer diesem geographischen Hauptwerke, dem Sch. 40 Jahre seines Lebens widmete, hat er noch einige dramatische Dichtungen verfaßt, die hier und da in den Schulanstalten seines Ordens aufgeführt wurden. Zwei davon haben sich handschriftlich in der Münchener Hof- und Staatsbibliothek erhalten: „Considerationes de morte“, ein allegorisches Schauspiel aus dem Jahre 1672, und „Austria armata“, eine Komödie in deutschen Reimen zur Feier der Errettung Wiens von den Türken 1683.

C. Sommervogel, Bibliothèque de la Compagnie de Jésus VII (1896), S. 765—767. — C. Sandler, Ein baierischer Jesuitengeograph: Mittheilungen der Geogr. Gesellschaft in München 1906, Bd. II, Heft 1.

Viktor Hantzsch.

Scherzer: Otto Sch., Musiker, 1821—1886. — Erdmann Otto Sch. wurde in Ansbach am 24. März 1821 als Sohn des Stadtcantors geboren, aus einer Familie, die der Stadt viele Generationen lang ihre Stadtmusiker geliefert hat. Er verlor seinen Vater schon mit sechs Jahren und durchlief, zum Studium der protestantischen Theologie bestimmt, das Gymnasium seiner Vaterstadt bis zum Alter von fünfzehn Jahren. Das Auftreten des Stuttgarter Violinisten Molique machte auf den Knaben solchen Eindruck, daß er sich für die musikalische Laufbahn entschloß und mit Molique nach Stuttgart ging. Er war dort 1½ Jahre sein Schüler und wurde dann im October 1838 als Violinist Mitglied der Hofcapelle, die unter Lindpaintner's hochgeschätzter Direction stand. Dort knüpfte er freundschaftliche Beziehungen zu Musikern (besonders Hugo Schunke) und andern Künstlern und Schriftstellern der damals litterarisch bedeutsamen schwäbischen Hauptstadt an. 1843 begründete er mit Eduard Keller zusammen die öffentlichen Quartettsoireen, in denen er die zweite Geige spielte. Wichtig wurde 1847 seine Bekanntschaft mit Immanuel Faißt, von dem er Unterricht in der Musiktheorie und im Orgelspiel erhielt, in dem er sich bald würdig neben den Meister stellen konnte.

Dasselbe Jahr brachte ihm, durch eine Reise nach Heilbronn, die Bekanntschaft mit seiner späteren Frau Luise, der Schwester Gustav Schmoller's, und mit Friedrich Kauffmann, mit dem er später als Liedercomponist mehrfach in Wettstreit getreten ist.

1854 bekam er einen Ruf als Organist und Chordirector an die protestantische Kirche in München, daneben als Professor des Orgelspiels am Conservatorium. Er trat diese Stellen im December an und gründete im October 1855 seinen Hausstand. In München hat Sch. eine ausgebreitete Thätigkeit als Lehrer, Künstler und Kunstfreund entfalten können. Er pflegte ein Hausquartett, dem Lauterbach bis zu seinem Abgange nach Dresden als erster Geiger angehörte. Mit Franz Hauser, dem Vorstande des Conservatoriums, stand er in naher Freundschaft; ebenso mit Julius Maier, dem Herausgeber der alten Volkslieder und Madrigale, der ihn noch später mit alter Kirchen- und Profanmusik versorgt hat; Franz Lachner hat große Stücke auf ihn gehalten, und Sch. hat selbst bekannt, von ihm, neben Lindpaintner, am meisten die Kunst des Dirigirens gelernt zu haben. Dazu kam der in der Vollkraft der Thätigkeit stehende W. H. Riehl, dessen Frau als Stuttgarterin eine alte Bekannte von Sch. war. Nicht minder pflegte Sch. Beziehungen zu den bildenden Künstlern, zu Moriz v. Schwind insbesondere und zu den schwäbischen Malern Ebert, Schütz, Grünenwald und Johann Mali, bei dem auch Scherzer's Fran sich in der Kunst der Landschaftsmalerei vervollkommnete.

Die Münchner Stellung wurde unsicher, als Streitigkeiten zwischen dem Künstler und dem protestantischen Kirchenregiment im Winter 1857/58 zur Niederlegung des Organistenamts führten. Zwar wurde Sch. das Vertrauensvotum zu Theil, daß er im Juni 1859 die Direction des großen Instrumental-Ensembles am Conservatorium erhielt. Aber die Existenz dieses Institutes selbst schien, zumal in jenem Kriegsjahr, nicht gesichert genug. Da wurde im Januar 1860 durch Friedrich Silcher's Pensionirung die Stelle des akademischen Musikdirectors in Tübingen erledigt. Faißt, auf den die Blicke zunächst gerichtet waren, wollte nicht von Stuttgart weggehen und wies auf seinen alten Schüler und Freund hin, der von Lachner und Hauser nicht minder warm empfohlen wurde. So erhielt Sch. diese Stellung, die er am 1. Mai 1860 antrat und 17 Jahre lang inne hatte. Zugleich hatte er den Oratorienverein, zeitweilig auch die akademische Liedertafel zu dirigiren und die Leitung der musikalischen Uebungen an den beiden theologischen Seminarien zu übernehmen, sowie jährlich den Musikunterricht an den vier niederen evangelisch-theologischen Seminarien Württembergs zu revidiren. Ein vollgerütteltes Maß aufreibender Thätigkeit, bei der es auch ohne Kämpfe nicht abging. Seine früh schon geschwächte Gesundheit forderte endlich den Rücktritt vom Amte, der Ende Juli 1877 erfolgte. Sch. wurde nicht nur durch Zeichen der Anhänglichkeit vieler alter und neuer Schüler und Schülerinnen geehrt, sondern auch die philosophische Facultät ernannte ihn, virum profundo veri pulcrique sensu ac subtilitate judicii insignem, monumentorum artis musicae omnium aetatum peritissimum, classicae quam vocant musicae propagatorem indefessum, cantilenarum vocibus humanis recitandarum artificiosum inventorem, excercitationum musicarum moderatorem intellegentissimum ac strenuissimum, am 26. Juni zum Ehrendoctor. Seinen Ruhestand brachte Sch. zunächst in Stuttgart zu, 1878 bis 1880 in Cannstatt, dann wieder in Stuttgart bis zu seinem Tode, der nicht ohne vorausgegangenes Kränkeln, aber doch unerwartet am 28. Februar 1886 infolge einer Carotisruptur eintrat. Auf dem schön gelegenen Pragfriedhof [illegible] seit dem Juni 1887 ein Grabrelief von Karl Donndorf (sen.) [illegible]

Als am 10. Mai 1886 einige Verehrer Scherzer's in Stuttgart ein [Co]ncert mit Compositionen des Dahingegangenen veranstalteten, war der Saal [ge]drängt voll, aber wenig oder gar nicht von Musikern, sondern wesentlich [vo]n Freunden und Freundinnen des Schönen überhaupt. Das war bezeichnend. [Er] war durchaus nicht bloß Musiker, obwohl er es mit Leib und Seele war; [er] war eine lebendige, alle Künste umfassende und liebende, wenngleich nur in [ein]er einzigen thätige Künstlerpersönlichkeit. Es schwebte ihm nicht das Ideal [de]r Vereinigung aller Künste zu dem Fortissimo eines Gesammtkunstwerks vor; [in] ihm lebte vielmehr das Ideal einer in sich geschlossenen und harmonisch [aus]gereiften Persönlichkeit, einer „musikalischen Seele“. Nicht als ob er dieses [so] leicht erreicht und sich im Besitze wohlig gefühlt hätte, wie er das etwa [an] Mendelssohn, einem seiner Lieblinge, bewundern und auch wohl beneiden [mo]chte; es war ihm ein Ziel, nach dem er mit Ernst und Mühe rang. Von [Ha]us aus zart, nervös, zeitlebens von schwankender Gesundheit, in den Stim[mu]ngen rasch auf und ab schwankend, zur Hypochondrie und einem gewissen [Mys]ticismus geneigt, hatte er daneben ein feuriges Temperament und einen [kr]äftigen Willen. So sehr aber seine eigene Natur etwas Humoristisch-Roman[tis]ches hatte, in Sprüngen sich zu bewegen liebte: sein Geschmack war durchaus [au]f das Vernunftgemäße, Klare, auf großen, bei allem Reichthum übersicht[li]chen, präcisen und logischen Stil gerichtet. Er arbeitete langsam und stoß[w]eise, mit vielfachen und oft andauernden Hemmungen; er hat nicht nur [w]enig producirt, sondern auch in der Ausfeilung sich nie genug thun können. Wie eine Schranke seines Wesens sich darin zeigte, so auch eine große Tugend: die eines tiefen und ehrlichen künstlerischen Ernstes, der immer, sei es auch im engsten Kreis und für engste Kreise, ein vollendetes Kunstwerk her[s]tellen will.

Sch. war in streng classicistischer Tradition aufgewachsen und hat zeit[le]bens zäh an den alten Meistern festgehalten, wohl an keinem mehr als an Mozart, von dem er wohl rühmen konnte, daß er in Otto Jahn auch einen Biographen desselben edlen, unbeirrbaren Maaßes gefunden habe; zu dem späteren Beethoven, dessen Phantasie für Clavier, Orchester und Singstimmen er einmal in unvergeßlicher Weise zu Gehör brachte, hat er sonst kaum mehr Stellung genommen. Vermuthlich hat seine Versetzung nach dem kleinen Tübingen, in das sich damals nie ein bedeutenderer Concertgeber verirrte und von dem er selbst solchen Zuzug fernzuhalten beigetragen hat, ihn in dieser Art noch mehr versteift. Aber innerhalb einer solchen Beschränkung und der weiteren, die in den Mitteln des Ortes und der Zeit lag, hat er als Lehrer und noch mehr als Dirigent Ausgezeichnetes geleistet. Er hat den in Silcher's alten Tagen verbummelten Tübinger Vereinen zum Bewußtsein künstlerischer Aufgaben und Pflichten verholfen und hat seinen Schülern ein Vorbild unermüdeten Fleißes und nie ruhender Arbeit gegeben. Die akademische Liedertafel hat er bald fallen gelassen und nur zeitweilig wieder aufgenommen; neben der Verquickung mit studentischen Interessen und Händeln beleidigte ihn das Specifische des Männergesangs, der ihm als eine selbstgefällige Halbkunst erschien, deren Geziertheit zu verspotten er nicht müde wurde. Dagegen hat er im Tübinger Oratorienverein, in seinem Streichquartett, in gelegentlichen symphonischen und Orgelconcerten das Beste gegeben, oft mühevoll genug erzielt mit dem stets wechselnden Personal und ohne je fremde Kräfte herbeizuziehen. Besonders in Kammermusik und a capella-Gesang sind ihm vorzüglich

Leistungen gelungen. Er war rücksichtslos streng in seinen Anforderungen, heftig, oft von göttlicher Grobheit in seiner Kritik; aber nur die Schwächeren und Unwilligen hoben sich abschrecken lassen, denn er war mit heiligem Eifer an der Arbeit, seine hinreißende Liebenswürdigkeit konnte für viel Mühe und Tadel reichlich belohnen, und die Sicherheit seines Taktstocks, den er nach den harten Arbeiten der Proben mit apollinischer Heiterkeit führen konnte, brachte Aufführungen von einer Vollendung zu Stande, wie sie bei Dilettantenvereinen nicht häufig sind. Ein Pactiren mit der Bequemlichkeit, der Mittelmäßigkeit, mit socialen und amtlichen Hindernissen gab es für ihn nicht; der Ernst seines Wollens und eine ganz unglaubliche Uneigennützigkeit ließen ihn auch aus schwierigen, mitunter selbst geschaffenen Differenzen wo nicht immer als Sieger, so doch stets mit Ehren hervorgehen.

Scherzer's Musikwerke sind arm an Zahl: op. 1—6!, in ihrer Art aber wohlgerundete, fertige Kunstwerke, denen der Stempel einer bedeutenden Persönlichkeit aufgedrückt ist. Ein Menuett für Clavier ist ungedruckt geblieben. In Lebert-Stark's Clavierschule, Bd. 4, Abth. 2, Nr. 13 steht ein „Variirtes Thema" in Des-dur. Zwei Jahre vor seinem Tod erschienen „Choralfigurationen für die Orgel" (Rieter-Biedermann), die, an Bach sich anschließend, von Kundigen, namentlich von seinem bedeutendsten Schüler Seyerlen, sehr hoch gestellt wurden, aber nur selten zu Gehör gebracht worden sind. Mehr hat er für Sologesang mit Clavier geschaffen. Noch vor 1845 erschien eine Jugendarbeit, „6 deutsche Lieder für Mezzo-Sopran oder Bariton" (Stuttgart, in dem damaligen, später Hallberger'schen Musikverlag „zum Haydn"). Am meisten bekannt geworden sind seine „25 Lieder für eine Singstimme mit Clavierbegleitung", 1860 erschienen (Nördlingen, Beck, mit dem Nebentitel „Liederbuch, 1. Theil" zum Theil später wieder aufgelegt). Im Ganzen aber sind die Concertveranstalter an dieser Sammlung ziemlich achtlos vorübergegangen, und Sch. wurde erst durch einen 1880 in den „Grenzboten" erschienenen Artikel „Ein übersehener Liedersänger" ermuntert, manches seitdem Componirte und großentheils durch Tübinger Aufführungen Erprobte herauszugeben. 1882 erschienen (bei Grunow in Leipzig): „6 Lieder für Tenor oder Sopran mit Clavierbegleitung" und „6 Lieder für gemischten Chor". Diesen folgten nach seinem Tod 1887 „6 geistliche Lieder für gemischten Chor" (Stuttgart, Zumsteeg). In diesen Liedern a capella dürfte er wohl sein Bestes, gewiß sein Bleibendstes gegeben haben. Ein technisches Urtheil über Scherzer's Musik zu fällen, steht einem Nichtmusiker nicht zu. So viel kann gesagt werden, daß ein Hauch ernster, bald mehr strenger, bald mehr liebenswürdiger Schönheit durch sie geht, und daß alles einen Künstler verräth, dem seine Kunst Gewissenssache ist. Ein paar Kleinigkeiten abgerechnet, hat Sch. nur Gedichte von echtem Gehalt und edler Form componirt; er hat dabei die Concurrenz mit großen und größten Vorgängern nicht gescheut und darf sich mit Ehren neben ihnen hören lassen. Was ihn besonders auszeichnet, das ist das congeniale nicht bloß sachliche, sondern auch künstlerische Verständniß des Dichtertextes, dem er nicht allein nach Inhalt und allgemeiner Stimmung, sondern auch nach seiner inneren Form getreu bleibt; in der hohen Achtung vor der Kunst des Dichters wie vor den Zielen und Mitteln der eigenen Kunst hat ihn Keiner übertroffen, haben ihn auch Größere nicht immer erreicht.

Nach persönlichen Erinnerungen, amtlichen Quellen, besonders aber nach der von Scherzer's Wittwe geschriebenen, mit Bildniß und Autograph versehenen Biographie „Otto Scherzer. Ein Künstlerleben" (als Mscr. gedruckt).

Hermann Fischer.

Schets: Caspar Sch. (auch Schet, Schatz, auch Corvinus). Ueber ihn Humanisten berichtet kurz die A. D. B.. XXXI, 141. Ueber seine Erbik, besonders seine politische Stellung, ist das Folgende aus deutschen niederländischen Quellen geschöpft, die freilich in der Darstellung seines inkters sehr von einander abweichen.

Caspar Sch. († am 9. November 1580 in Mons), Baron von Grabbenk, auch einfach Grabbendonck genannt, nach Wouters (Memoires de Vig- et d'Hopperus, Bruxelles 1858, p. 173) „Reichsgraf", war „als eralschatzmeister des Landes auch König Philipps II. Finanzagent, mittelig gelehrt, ein erschrecklicher Dichter, ein intriganter Politiker, ein feiler smann" (A. Wolters, Reformationsgeschichte der Stadt Wesel, Bonn 1868, 299). Wouters dagegen (a. a. O.) urtheilt, Sch. habe für einen guten einischen Poeten seiner Zeit gegolten.

Für einen zeitweilig auch in Deutschland sehr gefeierten Humanisten muß gehalten werden nach seiner Erwähnung im Leben des Eoban Hessus von Krause (Gotha 1879, Bd. 2, S. 189). Im Anfang November 1535 reiste mlich Melanchthon von Jena über Erfurt nach Wittenberg. „Ich reiste Erfurt zu Eoban", schreibt Melanchthon an Veit Dietrich am 5. November 35 (Corp. Ref. II, 963), „mit einem gelehrten und gebildeten jungen Mann Antwerpen". Dies war Caspar Sch., einer seiner Schüler. Melanchn führte ihn bei Eoban ein und befriedigte dadurch seines Schülers Wunsch, der Heimkehr ins Vaterland den großen Erfurter Poeten gesehen zu haben. den zwei Tagen ihres Aufenthaltes knüpfte sich zwischen Sch. und Eoban trauliches Band der Freundschaft, das sich später durch gewechselte Gehte fortsetzte. Sch. besuchte Eoban später auch in Marburg und wurde ihm (1540) mit einer Elegie beehrt, in welcher Eoban ihm die frühere gegnung in Erfurt und die dort durch Melanchthon's Vermittlung geloffene Freundschaft ins Gedächtniß zurückrief (Krause a. a. O. S. 218). h. dankte ihm durch das Geschenk eines Dolches (a. a. O. S. 251). „Eigenmlich, doch leicht begreiflich war es", daß Eoban seine lateinische Uebernng der Ilias „einem noch ziemlich neuen und jugendlichen Freunde, dem twerpener Kaufmanne Caspar Schet Corvinus widmete. Sch. war ein denschaftlicher Freund humanistischer Studien, namentlich der Poesie, und tte die Genugthuung, den Abdruck seiner übermäßig langen Dankelegie hinter n Eoban'schen Homer zu erleben. Dieselbe besteht zum größten Theil aus htssagenden Phrasen, aus denen man etwa die bittere Klage herauslesen nn, daß ihn sein kaufmännischer Beruf und die Strafreden von Vater und utter von der Beschäftigung mit der classischen Litteratur abhielten" (a. a. O. . 251). Als Eoban am 4. October 1540 aus dieser Welt geschieden war, hörte auch Caspar Sch. zu denen, die des Poeten Tod in einem Epicedion trauerten (a. a. S. S. 263).

Aus späterer Zeit ist mir über Schets' dichterische Leistungen nichts beannt geworden; um so mehr über die politische Thätigkeit des einstmaligen umanisten, welcher in den Niederlanden als einer der thätigsten Anhänger r spanischen Partei später auftrat.

Schon am 5. Mai 1561 lehnt Sch. es in einem Schreiben an seinen reund und Studiengenossen, den Bürgermeister Groen in Wesel, ab, von esem Bücher zu empfangen; es sei nicht sicher und gerathen, in Antwerpen ücher jeder Art zu lesen oder im Hause zu haben; durch striktesten Befehl es verboten, andere als von „unsern Theologen" approbirte Bücher in n Bibliotheken zu bewahren (Wolters a. a. O. S. 299). Freilich stand ch. noch 1562 in Briefwechsel mit Wilhelm von Oranien, der, in Fran furt weilend, im November von Sch. die Nachricht erhielt, daß die Prinzessin Oranien entbunden worden sei, und daß bei der Schwachheit des Kindes die Gattin des Sch. Pathin gewesen sei, „a assisté pour commère en la haste", so schrieb Sch., hinzufügend, sie werde hierdurch einen grösseren Ruhm erlangen, als ihr zukomme (Groen van Prinsterer, Archives de la maison d'Orange-Nassau. Prem. Sér. Tom. I, p. 138). Auch im folgenden Jahre 1568, im December, war Sch. noch nicht entschieden zur spanischen Partei übergegangen. Damals fand bei diesem Antwerpener „Börsenkönig" das Bankett statt, „auf welchem die Adligen zur Verhöhnung des Granvella'schen Prunkes sich verabredeten, ihre Dienerschaft nur noch in grauer, grober Kleidung erscheinen zu lassen" (Wolters a. a. O. S. 299).

In den folgenden Jahren erscheint aber Sch. in gutem Einvernehmen mit den spanischen Gewalthabern in den Niederlanden (wiewohl Groen van Prinsterer T. V, 479 von ihm meint, daß er keineswegs ein Freund der Spanier gewesen sei), Sch. correspondirt mit Granvella über den schlechten Stand der Finanzen (Gr. v. Pr. a. a. O. T. I, 424) und unterstützt Alba mit seinen Mitteln, wie aus einem Briefe des Herzogs Adolf von Holstein-Gottorp in Alba's Diensten an diesen hervorgeht. Er schreibt am 18. Aug. 1572 aus Deventer: „Wir wollen auch E. L. freundlich unverhalten nit lassen, daß wir uff die 10 000 Thaler, darauf Caspar [Schets] sich obligiert, nicht mehr denn viertehalbtausend Thaler in Hamburg bekommen können und haben uns selbst dahin obligieren müssen" u. s. w. (a. a. O. T. III, 495). Sch. nahm an Friedensverhandlungen zwischen den Spaniern und Niederländern Theil, so 1577 an den Conferenzen in Gertruidenberg (a. a. O. T. VI, 39. 74. 85) und in Köln 1580 (T. VII, 194). Gr. v. Prinsterer führt auch von Sch. verfaßte Schriften an: einen Commentar de rebus quae inter Joh. Austriacum et Belgii ordines actae fuerunt und einen Dialog vom Jahre 1579 über die Mittel, zum Frieden zu gelangen (T. V, 479 und VI, 667); ob sie im Druck erschienen sind, ist nicht ersichtlich. Nach dem Urtheil Groen van Prinsterer's war Sch. ein verdienstvoller Mann, und hatte sich an den genannten Verhandlungen sehr eifrig betheiligt, und habe den Prinzen von Oranien viel mehr geschont, als man es von einem eifrigen Katholiken erwarten könne (T. V, 479). Seit 1577 war er eine der Hauptstützen Don Juan's. Allerdings eine bemerkenswerthe Wandlung des ehemaligen Schülers Melanchthon's.

Endlich hat Wolters a. a. O. S. 299 noch die Notiz: „S. starb am 9. Nov. 1580, als eben der Proceß wegen Bestechlichkeit gegen ihn erhoben war, weil er dem englischen Gesandten die Geheimnisse der spanischen Politik verrathen".

Leider gibt Wolters nicht die Quellen zu seinen Ausführungen an, so wenig wie er sagt, woher das frühere Citat über Sch., „mittelmäßig gelehrt, ein erschrecklicher Dichter" u. s. w., stammt.

Wouters a. a. O. schreibt, daß Sch. beschuldigt wurde, die wichtige Stellung eines trésorier royal zu benutzen, um große Güter zu erwerben. „Grabbendonck faisait mauvais office" war die Meinung über ihn in Amsterdam; ein Proceß pour malversation wurde gegen Sch. angestrengt. „Zu der Herrschaft Grabbendonck hatte er die Güter Wesemael und Hiegène nebst Besitzungen der Hingerichteten erworben."

Schets' Gemahlin war Catharina d'Ursel, Tochter des Ritters Lancelot d'Ursel. Das große Vermögen der Herzöge von Ursel soll von Schets herstammen (bei Wouters).

Noch lange ist die Erinnerung an die Bedeutung der Antwerpener Familie „Schatz“ lebendig geblieben. Wenigstens schreibt der Hamburger Berenberg, selber aus niederländischer Familie abstammend, um ca. 1720, da er seine Genealogien niederländischer Familien in Hamburg verfaßte: „Die Schatzen ist ein berühmt Geschlecht zu Antoeff gewesen, wie die Fugger zu Augspurg“.

Groen van Prinsterer, Briefwechsel aus dem Jahre 1577. — Zeitschr. d. Vereins f. Hamb. Gesch., Bd. 7, S. 556. — Die Berenberg'schen Genealogien, Manuscript, ein starker Foliant, jetzt im Hamburger Staatsarchiv.

W. Sillem.

Keller *): Friedrich Gottlob K., Erfinder des Holzschliffes (Holzstoffes), geboren am 27. Juni 1816 zu Hainichen in Sachsen, † am 8. September 1895 zu Krippen bei Schandau in Sachsen. Er war ein Sohn schlichter, fleißiger Eltern, erlernte das Webe- und Blattbinder-Handwerk, durchwanderte Preußen, Sachsen und Oesterreich, wurde 1839 Bürger und Webermeister seiner Vaterstadt. Er erzählt, wie er die Wespen beim Bau ihrer Nester aus Holzfasern beobachtet habe, wie ihm auch eingefallen sei, daß sie als Kinder dünne Holzbrettchen mit Löchern versehen, Kirschkerne eingeklemmt und dann die vorstehenden Buckel der Kerne am Schleifsteine abgeschliffen hätten, um so (nach Entfernung des weichen Kernes) Perlenschnüre für ihre Freundinnen auf Fäden zu reihen. Dabei habe er beobachtet, daß das Schleifwasser stets mit einem Faserstoff gemischt gewesen sei, und als er um 1840 immer wieder von der Lumpennoth gelesen habe, sei er auf den Gedanken gekommen, Papierstoff aus Holz durch Schleifen an einem Sandstein herzustellen. 1844 hatte K. mit Hülfe seiner Frau 100 kg Holzstoff geschliffen und ließ ihn in der Papiermühle von K. F. G. Kuhn zu Alt-Chemnitz mit 40% Lumpenpapiermasse in Druckpapier umwandeln. Am 26. August 1845 erhielt K. auf seine Erfindung das sächsische Patent, war aber als mittelloser Mann und vom Glück wenig begünstigt, am 20. Juni 1846 genöthigt, seine Rechte an den Director der Bautzener Papierfabriken H. Völter (s. d.) abzutreten. K. schlug ferner vor, Papier und Pappe aus Torf und Schachteln fabrikmäßig herzustellen; er erfand einen künstlichen Blutegel, einen neuen Tastapparat für den Morseapparat, ein Schiffsschaufelrad und hatte schließlich eine kleine mechanische Werkstätte, wo er Holzmeß-Kluppen, gepreßte Korke aus Holzschliff u. s. w. herstellte. K. war stets in Geldnoth, daher erhielt er vom Jahre 1870 an bis zu seinem Tode aus Anerkennung für sein Verdienst seitens der in- und ausländischen Holzstoff- und Papierfabrikanten ansehnliche Geldgeschenke, sodaß es möglich war, ihm in den letzten Lebensjahren eine monatliche Rente von 200 M. auszuzahlen. 1893 wurde er durch Verleihung des kgl. sächs. Verdienstordens II Cl., durch die Verleihung des Ehrenbürgerrechts seiner Vaterstadt und durch Anbringung einer Gedenktafel bei Krippen geehrt. Seine Vaterstadt Hainichen geht mit dem Plane um, ihm ein Denkmal zu errichten. Man sammelt gegenwärtig die hierfür erforderlichen Mittel.

E. Kirchner, Das Papier. 3. Aufl. Holzschliff, S. 203 u. s. w. erschienen bei Günther-Staub, Bieberach a. d. Riß.

F. M. Feldhaus.

---

*) Zu Bd. *LI*, S. *101*.

Kempelen *): Wolfgang Ritter von K., Mechaniker, geboren zu Preßburg am 23. Januar 1734, als Sohn des k. k. Hofkammerraths Engelbrecht v. K., † zu Wien am 26. März 1804.

Nachdem er die Schule zu Raab besucht hatte, studirte er in Wien Rechtswissenschaft und Philosophie und übertrug das Gesetzbuch Maria Theresien's ins Deutsche. Die Kaiserin wurde dadurch auf K. aufmerksam, ließ sich ihn vorstellen und ernannte ihn zum Concipisten der ungarischen Hofkammer. Nach einigen Jahren zum Hofsecretär und endlich zum Hofkammerrath befördert, leitete K. den Bau des königlichen Schlosses in Ofen und verwaltete das gesammte Salzwesen Ungarns. Bereits im J. 1786 zum Hofrath bei der vereinigten ungarisch-siebenbürgischen Hofkanzlei ernannt, trat K. 1798 in den Ruhestand.

Weniger durch seine Amtsthätigkeit als durch seine Beschäftigung mit den mechanischen Künsten ist K. bekannt geworden. Von Jugend auf ein lebhaftes Interesse für diese an den Tag legend, lenkte er zuerst im J. 1769 durch seine Schachmaschine die Aufmerksamkeit weiter Kreise auf sich. Die Schachmaschine bestand aus einer in türkische Tracht gekleideten Figur eines Mannes, der vor einem Tisch, auf dem sich ein Schachbrett befindet, sitzt. Die Figur hat mit den geschicktesten Schachspielern damaliger Zeit gespielt und diese meistens geschlagen. Der Türke begann immer die Partie, hob den linken Arm in die Höhe, richtete ihn nach der Seite des Brettes, an welcher die Schachfigur stand, faßte diese mit den Fingern, hob sie auf, stellte sie auf das Feld, auf welches sie kommen sollte und ließ dann den Arm wieder auf das Polster, auf dem er sonst ruhte, fallen. Bei jedem Zug des Gegners blickte er auf dem Brett umher; war derselbe falsch, schüttelte er den Kopf und stellte die Schachfigur auf die richtige Stelle, während er beim Schach der Königin zwei Mal und beim Schach des Königs drei Mal mit dem Kopfe nickte. Alle diese Bewegungen waren von einem Geräusch, ähnlich dem eines ablaufenden Uhrwerks, begleitet. Wenn die Maschine spielte, stand K., der übrigens Jedem, der es sehen wollte, das Innere derselben, das mit Rädern, Hebeln, Federn &c. angefüllt war, zeigte, in einiger Entfernung von derselben und blickte in ein kleines auf einem Tisch stehendes Kästchen. Wie zu erwarten, erregte die Maschine das größte Aufsehen, und K. konnte sich der vielen Besucher nur dadurch erwehren, daß er bekannt machte, er habe dieselbe zerstört. Nach einigen Jahren führte er sie jedoch in Wien Kaiser Joseph und dem Großfürsten Paul von Rußland vor und unternahm, überall Sensation erregend, Reisen nach Paris und London. In Berlin spielte der Türke auch mit Friedrich dem Großen und besiegte den König. Friedrich bot K. eine große Geldsumme für die Offenbarung des Geheimnisses an und war, nachdem dies geschehen, außerordentlich enttäuscht. Seitdem stand der Türke unbeachtet im stillen Winkel eines Potsdamer Schlosses, bis sich Napoleon I. bei seiner dortigen Anwesenheit desselben erinnerte und eine Partie mit ihm spielte, die mit einer Niederlage des bisher unbesiegten Imperators endete. Später gelangte der Automat in den Besitz des Wiener Mechanikers L. Mälzl, der größere Reisen unternahm, die ihn 1819 nach London und 1820 sogar nach Amerika führten. In London wies R. Willis auf Grund von Zeichnungen zuerst nach, daß in dem Automaten ein Mensch versteckt sein könnte. Jedoch erst im J. 1838 theilte Tournay in der „Revue mensuelle des échecs", Bd. I, mit, daß wirklich Menschen in demselben versteckt gewesen sind. Wer die Helfer Kempelen's gewesen sind, ist unbekannt. Mälzl hatte zu diesem Zweck in Paris

*) Zu Bd. LI, S. 110.

ie Franzosen Boncour und Mouret, in England einen gewissen Lewis und päter einen Deutschen Namens Schlumberger angenommen. Ueber die weiteren Schicksale der Schachmaschine ist nichts bekannt; 1854 soll sie in Philadelphia verbrannt sein.

Schon während K. an seiner Schachmaschine arbeitete, untersuchte er Musikinstrumente, um festzustellen, welches derselben mit der menschlichen Stimme am meisten Aehnlichkeit hätte. Diese Untersuchungen führten ihn im J. 1778 dazu, seine Sprechmaschine anzufertigen. In seinem Werke: „Wolfgang v. Kempelen k. k. wirklichen Hofraths Mechanismus der menschlichen Sprache nebst der Beschreibung seiner sprechenden Maschine. Mit 17 Kupfertafeln. Wien, bei J. V. Degen, 1791", hat K. eine ausführliche Beschreibung seiner Versuche und seiner Maschine niedergelegt. Danach waren die Haupttheile der letzteren: 1. Das „Mundstück oder Stimmrohr, das die menschliche Stimmritze vorstellt"; 2. eine Windlade mit ihren inneren Klappen; 3. der die Lunge darstellende Blasebalg und mehrere den Mund und die Nase vertretende Vorrichtungen. Die Sprechmaschine ahmte die Stimme eines ca. vier Jahre alten Kindes nach und sprach laut und vernehmlich, sobald der Blasebalg nebst seinen Klappen, mittelst Tasten nach Verhältniß der zu sprechenden Worte bewegt wurde. Namentlich galt dies von Lauten der französischen, lateinischen und italienischen Sprache. Für die Aussprache deutscher Worte war der Apparat weniger geeignet.

Außer diesen seinen beiden Hauptwerken rühren von K. eine Wasserkunst im Schönbrunner Schloßpark und eine Dampfmaschine, die besonders bei Kanalbauten in Ungarn mit Erfolg Anwendung fand, her.

Außer seinem bereits erwähnten Werk schrieb K. ein Drama „Perseus und Andromeda" und das Schauspiel „Die wohlthätige Unbekannte". Auch soll er einige Landschaften radirt haben.

Joh. Jac. Ebert, Nachricht von dem berühmten Schachspieler und der Sprechmaschine des k. k. Hofkammerraths Herrn v. Kempelen. Mit Kupfern. Leipzig 1785. — Oesterreichische National-Encyklopädie III, Wien 1835. — C. v. Wurzbach, Biographisches Lexikon des Kaiserthums Oesterreich XI, Wien 1864 (hierin über drei Spalten Litteratur). — J. S. Ersch und J. G. Gruber, Allgemeine Encyklopädie der Wissenschaften und Künste, II. Section, Theil 35. Leipzig 1884.

W. Paul Aurich.

Kienmayer*): Michael Franz von K., der Erfinder des nach ihm benannten Amalgams für Elektrisirmaschinen, wurde als Sohn des Handelsmanns Johann Michael Kienmayer, der später Stadthauptmann und am 1. Januar 1754 „in Anerkennung seines bei der Belagerungsgefahr Wiens an den Tag gelegten Eifers und Patriotismus" in den einfachen Adelstand erhoben wurde, geboren. Tag und Jahr seiner Geburt sind unbekannt. K. trat in den österreichischen Staatsdienst und nahm im kaiserlichen Gefolge an der Krönung Franz I. (1745) in Frankfurt a. M. Theil. Nachdem er im J. 1749 Regierungssecretär geworden, erfolgte 1753 seine Ernennung zum kaiserlichen Regierungsrath und 1763 zum Hofrath beim kaiserlichen Oberhofmarschallamt, dessen Director K. 1772 wurde. In seinen Mußestunden sich vielfach mit dem Studium der Elektricität beschäftigend, erfand er im Verlauf seiner Versuche das sogenannte „Kienmayer'sche Amalgam" (1 Theil Zinn, 1 Theil Zink und 2 Theile Quecksilber) für Elektrisirmaschinen. Die Herstellung und Anwendung des Kienmayer'schen Amalgams geschieht auf

*) Zu Bd. LI, S. 133.

folgende Weise: Nachdem Zinn und Zink zusammengeschmolzen worden sind, werden 2 Theile Quecksilber dazu gefügt und das Ganze in einer mit Kreide ausgestrichenen Holzbüchse bis zum Erkalten geschüttelt. Ist dies geschehen, wird das Amalgam möglichst fein gepulvert und auf das mit vollkommen wasserfreiem Fett, z. B. Cacaobutter, dünn bestrichene Leder des Reibzeuges gerieben (Wiedemann, Elektricität I, Braunschweig 1893).

In der Abhandlung: „Sur une nouvelle manière de préparer l'amalgame electrique et sur les effets de cet amalgame" (Journal de Physique XXXIII, 1788) veröffentlichte K. seine Erfindung, die zuerst von Ingenhousz im gleichen Jahre angewandt wurde.

Nachdem K. 1771 mit dem Ritterkreuz des kaiserlichen St. Stephanordens decorirt worden war, erfolgte am 30. September 1775 seine Erhebung in den Freiherrenstand. Er starb zu Wien am 30. Mai 1802.

Einer von seinen Söhnen, Michael Freiherr v. K., ist als kaiserlicher General der Cavallerie berühmt geworden (s. A. D. B. XV, 723).

Litterarische Blätter, Bd. III, Nürnberg 1803. — Rotermund, Fortsetzung und Ergänzungen zu Chr. G. Jöcher's Gelehrten-Lexiko III, Delmenhorst 1810. — Wurzbach, Biographisches Lexikon des Kaiserthums Oesterreich XI, Wien 1864.

W. Paul Aurich.

Knauß*): Friedrich von K., Mechaniker, geboren am 7. April 1724 in Stuttgart.

Bereits in seinem 13. Lebensjahr kam K. an den fürstlich darmstädtischen Hof, woselbst ihm, nachdem er Mechanik studirt hatte, die Stelle eines Hofmaschinisten zu Theil wurde. Nach ausgedehnten Reisen, u. a. nach Belgien, Frankreich und Holland, trat K., um in den Dienst des Prinzen Karl von Lothringen, der in Brüssel weilte, zu kommen, vom lutherischen Glauben zum Katholicismus über. Im J. 1757 von Kaiser Franz I. nach Wien berufen und zum Hofmechaniker ernannt, wurde K. 1767 von der Kaiserin Maria Theresia mit der Einrichtung des physikalischen Hofcabinets beauftragt. In diesem Institut wurden auch die meisten seiner mechanischen Arbeiten aufbewahrt. Besonders hervorzuheben sind von diesen Knauß' 1764 entstandene Schreibmaschine, „ein Männchen, das alles, was man ihm vorlegt, von sich selbst schreibt" und eine Kunstuhr. Vergleiche Knauß' Schrift: „Selbstschreibende Wundermaschine, auch mehr andere Kunst- und Meisterstücke, die so viele nunmehr aufgelöste Problemen, unter den drey glorwürd. Regierungen Franzens' I., Joseph's II., beyder röm. Kaiser, und Marie'n Theresie'ns, k. k. apostol. Maj. der Künste und Wissenschaften allergrößesten Beförderin und Beschützerin. Wien 1780."

K. starb als „k. k. Director der physikalischen und mathematischen Cabinette an der Hofburg und goldener Ritter, auch heiliger päpstlicher und lateranensischer hoffpalatinischer Graf" u. s. w. zu Wien am 14. August 1789.

De Luca, Das gelehrte Oesterreich. Ein Versuch. Anhang: Die itzt lebenden Künstler in den k. k. Staaten. Wien 1776—78. — J. G. Meusel, Lexikon der vom Jahre 1750—1800 verstorbenen Teutschen Schriftsteller, VII. Leipzig 1808. — H. W. Rotermund, Fortsetzung und Ergänzungen zu Chr. Gottl. Jöcher's allgemeinem Gelehrten-Lexiko, III. Delmenhorst 1810. — Poggendorff, Biograph.-litterar. Handwörterbuch zur Geschichte der exacten Wissenschaften I, 1863. — C. v. Wurzbach, Biographisches Lexikon des Kaiserthums Oesterreich, XII. Wien 1864.

W. Paul Aurich.

*) Zu Bd. LI, S. 252.

Kremser*): Simon K., Begründer des Berliner Kutschenwesens, war
n 15. September 1775 in Breslau geboren und fungirte 1806 als „Kgl.
reuß. Kriegscommissarius“ im persönlichen Dienste Blücher's. Von diesem
it dem Transport der Kriegscasse betraut, rettete K. diese auf einem
hwierigen Rückzuge glücklich aus Feindeshand. Als Belohnung erhielt er
afür das Eiserne Kreuz und den Orden pour le mérite. Während der
efreiungskriege war er ständig an Blücher's Seite und wurde von ihm auch
eauftragt, den Transport der Victoria des Brandenburger Thores von Paris
ach Berlin zu leiten. Nach den Kriegsjahren kaufte K. die dem General
ork gehörige Herrschaft Lossen mit Linden, Jägerndorf und Löwen und schloß
er eine zweite Ehe mit der Wittwe des Barons Adlersthal. Nach wenigen
ahren verkaufte er seine Besitzung mit hohem Verlust, ging nach Berlin
urück und begann mit 5000 Mk., dem Reste seines Vermögens in Berlin
m Omnibusbetrieb. Die Concession datirt vom Mai 1825 und lautet darauf
ganz allein sogenannte ‚Omnibusse‘ am Brandenburger Thor aufzustellen“.
er Unternehmer nannte sie „Kremserwagen“. 1827 ging K., da er viel an
m Unternehmen verloren hatte, mittellos nach Rußland. Auch dort war er
eder im Transportwesen thätig, wurde russischer Major und als solcher seit
849, als er nach Breslau zog, auch pensionirt. Noch auf dem Sterbebett
klam er zwei hohe russische Orden. K. ist begraben auf dem Barbarafriedhof
n Breslau.

Vossische Zeitung, Berlin 1. Mai 1898; 27. Sept. 1896; 1. Oct. 1896; 3. Oct. 1896. — Der Bär, Berlin, VI, 478. — Die Nation, Berlin 1892, S. 773. F. M. Feldhaus.

Langen**): Eugen L., Ingenieur, Miterfinder des Gasmotors, Erfinder
er Schwebebahn, war zu Köln am 9. October 1833 geboren. L. besuchte die
ager- spätere Realschule seiner Heimath und studirte dann unter Redten-
acher in Karlsruhe Maschinenbau. Mitten im flotten Burschenleben lernte
er 17jährige in Badenweiler seine spätere erste Frau kennen, die er noch
or der militärpflichtigen Zeit heimführte. Während er sein Jahr bei den
eutzer Pionieren diente, ward ihm der erste Sohn geboren. Seine Ingenieur-
aufbahn begann L. auf der von seiner Familie gegründeten Friedrich-Wilhelm-
ütte bei Troisdorf, erfand hier den Etagenrost, ging dann aber zur Leitung
er Zuckerraffinerie seines Vaters, J. J. Langen & Söhne in Köln, über.
ier erfand er manche Verbesserungen, besonders sein Centrifugenverfahren
ur Gewinnung von Zuckerplatten für Würfelzucker, unter Umgehung des
Zuckerhutes. Darauf gründete L. mit Emil Pfeifer Zuckerfabriken unter der
Firma Pfeifer & L. in Alsdorf und Euskirchen. In dieser Zeit verband L.
ich mit Otto zur Erfindung des Gasmotors. Neben dieser industriellen
Thätigkeit betheiligte er sich noch an der Gründung der Maschinenfabrik
Grevenbroich und der elektrotechnischen Firma Spiecker in Köln.

Reges Interesse hatte L. stets für den Verein deutscher Ingenieure, dem
r 1873 und 1880 auch vorstand. Bedeutend ist Langen's Antheil am Zustandekommen des Haftpflicht- und — mit Klostermann, Werner Siemens
. A. — des Patentgesetzes. Mit den Jahren stieg seine Vielseitigkeit ins
aum Glaubliche. Allen möglichen Unternehmungen widmete er sich und
— das wunderte allgemein — mit Erfolg. „Die Sache ist verfahren, das
st was für Langen“, sagten seine Freunde scherzhaft.

*) Zu Bd. LI, S. 376.
**) Zu Bd. LI, S. 581.

L. war eine stattliche Gestalt von feinem Wesen. Obwohl ich [illegible] im letzten Jahre seines Lebens kannte, fesselte mich seine für einen [illegible] Herrn ganz seltene Elasticität und sein edles Auge.

Besondere Liebe hegte L. für die technischen Einrichtungen seiner [illegible] In den letzten Jahren arbeitete er an seiner Erfindung der [illegible] Doch mitten in der Arbeit raffte ihn am 2. October 1895 eine [illegible] in Köln dahin. Sein Sohn Peter L. leitet die Deutzer [illegible] eine Tochter wurde die Gattin des Afrikareisenden Hermann v. [illegible]

Mittheilungen der Familie an den Unterzeichneten. — [illegible] Ver. deutsch. Ingenieure XXXIX, 1245. — Hegener, [illegible] Bonn 1896. F. M. Feldha[illegible]

Locatelli*): Joseph von L., kaiserlicher Vasall und Edelma[illegible] Herzogthum Kärnten, Erfinder einer Saemaschine, lebte in der zweiten [illegible] des 17. Jahrhunderts (Geburts-, Todesdaten und Orte sind unbekannt) [illegible] von L. im J. 1663 erfundene Saemaschine bestand in der Hauptsa[illegible] einem hölzernen Kasten, dessen Boden mit Löchern versehen war. Dieser [illegible] wurde so an die Handhaben des Pfluges gebunden, daß er dicht hin[illegible] Pflugschar über dem Erdboden hing. In seinem Innern befand sich ei[illegible] Querhölzern versehene Walze, die im Mittelpunkt eines Rades befestig[illegible] Bei der Benutzung des Pfluges lief das Rad auf dem Erdboden und [illegible] die Walze in Bewegung, die dann mit ihren Querhölzern den Samen [illegible] die Löcher des Kastens auf die Erde schüttete. In der 14 Seiten [illegible] Quartschrift: „Beschreibung Eines neuen Instruments | Mit welchen We[illegible] Korn | Haber | Gersten und all anders Getraide | Der Acker-Früchte | [illegible] bührender Gnüge | auch gleicher Austheilung und Tieffe | mit sonder[illegible] Nutzen | Ersparung zweyer Drittel Samens | auch erspießlicher vermeh[illegible] verbesserung der Frucht kann zugleich geackert und gesäet werden. Vo[illegible] erfunden von Joseph von Locatelli, Landmann in Ertz-Hertzogthum Ca[illegible] Nunmehro aber bey diesen schweren Zeiten | allen Liebhabern des Ackerb[illegible] bevorab denen durch Krieg- und Verhärung an Necker und Rhein wohne[illegible] zum besten und Nutz mitgetheilet. Anno 1690", befindet sich eine Besch[illegible] und Abbildung dieser Maschine.

Auf Befehl des Kaisers wurden unter Aufsicht des dazu er[illegible] Commissars Edler v. Crollolanza, zu Laxenburg (unweit Wiens) Versu[illegible] der Maschine angestellt. Dieselben nahmen einen so günstigen Verlau[illegible] der Kaiser L. beschenkte und mit einem Empfehlungsschreiben an den [illegible] Königs von Spanien sandte.

Außer den oben genannten Schriften vgl.: Jac. Fr. Reimmann [illegible] such einer Einleitung i. d. Historiam Literariam derer Teutschen [illegible] Halle 1710. — Zedler, Großes, vollständiges Universallexikon aller [illegible] schaften und Künste XVIII, Halle und Leipzig 1738. — Jöcher, [illegible] Gelehrten-Lexikon II, Leipzig 1751. — Beckmann, Beyträge zur G[illegible] der Erfindungen IV, Leipzig 1799. W. Paul A[illegible]

Magirus**): Konrad Dietrich M., Feuerwehrtechniker, stamm[illegible] einer alten schwäbischen Familie. Stammherr ist der Stiftspropst Johan[illegible] (1537—1614), begraben in der Stiftskirche zu Stuttgart. M. wu[illegible] 21. September 1824 zu Ulm geboren, vollendete in Neapel, wo seine [illegible] Schwester verheirathet war, seine kaufmännische Lehre. Mit 22 Jahren [illegible] nahm er in der Heimath das väterliche Geschäft. Seine Hünengesta[illegible]

*) Zu Bd. LII, S. 52.
**) Zu Bd. LII, S. 152.

...digkeit befähigte ihn von jeher zum Turnen, und bald ward er zum ...wart der Ulmer Turngemeinde erwählt. 1847 gründeten die Turner, ...ihm von der Gemeinde 1846 eine Spritze überwiesen worden war, eine ...wehr und der turnende Kaufmann wurde so dem Wege seines Lebens ...führt. Schon in 3 Jahren war aus dem Spritzenführer M. ein Feuer...reformator geworden, denn seine damalige Veröffentlichung „Alle Theile ...erlöschwesens" (1850) ist die erste deutsche Schrift über das moderne ...

...Reisen zur Weltausstellung 1851 nach London, dann nach Frankreich, ...land, Oesterreich-Ungarn, Belgien, Holland und der Schweiz, veranlaßten ...zur Herstellung von Modellen von Lösch- und Rettungsgeräthen, die ...e auf der kgl. Centralstelle für Gewerbe und Handel in Stuttgart aus... sind. 1853 berief er die erste Feuerwehrversammlung nach Fochingen: ...wurde zum Ausgangspunkt der „Deutschen Feuerwehr-Versammlungen". ...Mal saß M. deren Comités vor, 1853—59 und 1862—70.

Obwohl M. nach und nach das Vereinswesen der Feuerwehren immer ...befestigte, blieb er noch seinem kaufmännischen Beruf treu. Doch nicht ...an der Organisation, auch an dem mangelhaften Geräthewesen scheiterte ...Verwirklichung seiner hohen Ideen. Darum gründete er 1864 mit un...tem Erfolg zu Ulm eine Fabrik für Lösch- und Rettungsgeräthe, und ...te sich darin als ein tüchtiger Erfinder, dessen Ideen für das inter...nale Feuerwehrwesen vorbildlich wurden.

Seine hervorragendste Schrift ist „Das Feuerlöschwesen in allen seinen ...len, nach seiner geschichtlichen Entwicklung von den ältesten Zeiten bis ...Gegenwart" (1877). Außerdem schrieb er noch mehrere Arbeiten seines ...s. Am 26. Juni 1895 starb Commerzienrath M., 71 Jahre alt, nach ... Krankheit, seine Firma den Söhnen Heinrich, Otto und Hermann ...lassend.

„Der Feuerwehrmann" 1905, S. 175. — Zeitschr. f. d. 14. Deutschen Feuerwehrtag, München 1893, Nr. 2, S. 20. — Mittheilungen der Firma.

F. M. Feldhaus.

Marcus*): Siegfried M. (1831—99), Erfinder des Benzinautomobils, ...r geboren am 18. September 1831 zu Malchin in Mecklenburg-Schwerin. ...in Vater war Mitglied des israelitischen Oberrathes zu Malchin. Etwa ...85 kam M. zu einem Hamburger Schlosser in die Lehre, ging 1848 nach ...rlin zu der damals neugegründeten Firma Siemens & Halske und scheint ...ebenher?) den Unterricht der Berliner Gewerbeschule genossen zu haben. Er ...urde ein Günstling von Werner Siemens. 1852 war er bereits in Wien, ... folgenden Jahre nahm er Stellung bei Hofmechaniker Kraft, darauf war ... drei Jahre lang Mechaniker am physikalischen Institut des Josephineums, ...n Assistent im chemischen Laboratorium von Prof. Ludwig. Um 1860 ...chte er sich in der Mariahilferstraße selbständig. Vielerlei Apparate gingen ...s seiner Werkstätte hervor, so z. B. ein Telegraphenrelais der österreichischen ...ahnen, ein elektromagnetischer Sprengapparat, eine ventillose Rotations...umpe, Lampen, Pistolen u. s. w. Für seine Thermosäule erhielt er die ...oldene Medaille der Akademie und einen Preis von 2000 Gulden, für ...inen Feldtelegraph, der 1870/71 in Verwendung war, eine Anerkennung des ...enerals v. Blumenthal. Seit 1861 arbeitete M. an einem Benzinkraft...agen, vollendete ein unvollkommenes Modell 1868 und verbesserte dies bis ...875 zu einem brauchbaren Wagen, der heute im Besitz des österreichischen

*) Zu Bd. LII, S. 190.

Automobil-Clubs in Wien ist. In der Nacht vom 30. Juni zum 1. Juli 1899 starb M. in Wien. Er hinterließ nur uneheliche Kinder.

Nach den spärlichen Angaben in der Allgemeinen Automobil-Zeitung 1904, Nr. 48 und nach Mittheilungen seines Testamentsvollstreckers bearbeitet.

F. M. Feldhaus.

Mevissen*): Gustav M. ist am 20. Mai 1815 in Dülken bei Crefeld geboren, als jüngster Sohn des Zwirnfabrikanten Gerhard M. und seiner Frau Catharina Elisabeth geb. Gierlings. An dem pflichttreuen und [illegible] Vater, dem ein anstrengendes Geschäftsleben noch Zeit und Interesse übrig läßt zu eingehender pädagogischer Beschäftigung, hat M. immer ein leuchtendes Vorbild gehabt. Von seinem rationalistischen Wahrheitsbedürfniß gestärkt, befreit der Jüngling sich schon früh von den engen Formen einer streng confessionellen katholischen Religiosität. In den Jahren 1822—1828 erhält er die Grundlagen seiner Bildung in Dülken selbst, wobei künstlerische, historische und politische Fragen, die sein späteres Leben begleiten, merkwürdig frühzeitig an ihn herantreten. Die social gerichteten Erziehungsgrundsätze Pestalozzi's, als deren treuer Anhänger der Vater erscheint, herrschen in diesen Jahren. Der wissensdurstige Jüngling besucht später, 1828—1830, das Kölner evangelische Karmeliter-, das katholische Marzellen-Gymnasium und die höhere Bürgerschule bis zur Tertia. Die großen historischen Erinnerungen der Stadt umgeben ihn von allen Seiten; er fängt an, eine kleine Büchersammlung zu begründen; man beschäftigt sich mit dem Gedanken seiner Rückkehr aufs Gymnasium: es hat den Anschein, als wenn aus dem Kaufmannssohne ein Gelehrter werden soll. Allein praktische Erwägungen bestimmen ihn schließlich doch zum Eintritt in das Geschäft des Vaters, im September 1830.

Obwohl ihm dieser Entschluß nicht leicht geworden ist, macht sich M. schnell mit seinen neuen Pflichten vertraut, erfüllt sie mit großem Eifer und wachsendem Erfolge und leitet schon sehr bald Erweiterungsunternehmungen des aufblühenden väterlichen Geschäftes völlig selbständig.

Allein noch größer ist die biographische Bedeutung dieser dreißiger Jahre für seine innere Entwickelung. Unter der Devise: „Denken ist mein einz'ges Streben", wie er sie am 27. März 1831 niederschreibt, arbeitet er mit wahrem Feuereifer an seiner Selbstbildung, die in dem gewöhnlichen geschäftlichen Leben und in den engen, rückständigen Dülkener gesellschaftlichen Verhältnissen nicht zu ihrem Rechte kommt.

Im Gegensatz zu manchen angeblich fortgeschrittenen Zeitgenossen ist für ihn dabei die classische Litteratur die ständige Grundlage. In ihrem Geiste bekämpft er die prosaische, das Gefühlsleben nicht achtende Aufklärung, und nähert er sich zugleich Jean Paul, der Romantik und ihrem für ihn besonders anziehenden, gesteigerten Individualismus. Aber er steht ihr nicht kritiklos gegenüber. Sondern, wie manche der späteren Liberalen (Vgl. Deutsche Monatsschrift 1906, S. 627 ff.) verwirft er ihre Sentimentalität und ihre phantastische Zuchtlosigkeit. Vor allem aber flieht er vor ihrer beschränkten religiösen Unduldsamkeit immer wieder zu Goethe zurück, den er nicht nur ästhetisch, sondern auch als größten Lebenskünstler würdigt. Es ist bezeichnend, daß er in den Jahren 1832—1835 den Wilhelm Meister (zugleich die Bibel der Romantik) mehrfach durcharbeitet. In denselben Jahren gewinnt er auch zu der zeitgenössischen Dichtung eine klare und wohl durchdachte Stellung. Er hat eine Ahnung von dem Neuen, was die Julirevolution nicht nur auf politischem, sondern auf allgemein geistigem Gebiete gebracht hat. Führerinnen

*) Zu Bd. LII, S. 332.

einer neuen Geistescultur, wie Rahel und Bettina, finden trotz aller Kritik seine warme Anerkennung. Kein Wunder, daß er auch dem größten rheinischen Dichter, Heinrich Heine, schon frühe näher tritt und es an ihm rühmend hervorhebt, daß er die rheinische Lyrik mit der deutschen Gesammtdichtung in innigere Beziehungen gebracht habe. Noch reichere Anregung empfängt er von Heine, dem Prosaisten, dem Meister des litterarisch-ästhetischen Feuilletons und der geschichtsphilosophisch räsonnirenden Abhandlung: es sind Heine's Beziehungen zu Saint-Simon, die er für sich nutzbar macht. Aber seine Kritik arbeitet auch hier: er vermißt an Heine „die Tiefe des Gemüths und den wohlwollenathmenden Ernst". „Er gleicht der farbenprangenden Tulpe ohne Schmelz und Geruch, sein Herz ist trocken."

Sein zweites großes Bildungsmittel ist die Geschichte. Schon die Kölner Schulzeit, umflossen von historischen Erinnerungen, hat ihn darauf hingewiesen. Außer den rheinischen Gelehrten, wie etwa Ernst Weyden (1805—1884), werden die Arbeiten des Leipziger Professors K. H. L. Pölitz (1776—1838) bald seine häufigen Rathgeber. Später gewinnt er aus den Werken von Gervinus und Dahlmann reiche Belehrung. Aber nicht nur wissenschaftliche Interessen führen ihn auf dies weite Feld, sondern auch der Wunsch, die Menschenkenntniß zu erweitern, die politische Bildung zu vertiefen.

Durch all diese Studiengebiete hindurch gelangt M. mit einer gewissen Nothwendigkeit zur Philosophie. Seit 1834 studirt er mit rastlosem Eifer die classischen deutschen Werke, deren Weltanschauungsgehalt ihn überzeugt und deren künstlerische Form ihn anzieht. Im Mittelpunkt steht für ihn das ethische Bedürfniß nach Begründung eines autonomen Freiheitsideals. Fernab von jeder historischen Confession und vom positiven Dogma — er glaubt nicht mehr an ihre Wirkungskraft für die Gebildeten — nimmt er für sich eine besondere philosophisch abgeklärte Religiosität des Gefühls und der Liebe in Anspruch. In der Metaphysik will er als Rationalist und Pantheist nur immanente Ursachen des Weltgeschehens anerkennen. Mit der theistischen Welterklärung hat er sich wohl ernsthaft beschäftigt, sie aber je länger, je entschiedener abgelehnt. Seine tiefe Bildung, der Blick über Zeiten und Völker hinweg, dazu die starken Bedürfnisse seines klaren Verstandes nähern ihn dem Faustischen Ideale. Schon als Sohn der Aufklärung, der er im Grunde immer geblieben ist, ferner als thatenlustiger, energischer Anhänger der Weltbejahung wird er ins pantheistische Lager hinübergezogen. Die philosophiehistorischen Studien, die ihn bis zu Platon zurückführen, bestärken ihn in diesen Gedanken. Es ist natürlich, daß er dabei auch in der stillen Klause des großen jüdischen Pantheisten Baruch Spinoza einkehrt, den schon die spätere Aufklärung, noch mehr der Sturm und Drang und besonders Goethe als einen Heroen verehrt haben. Aber auch diesen großen Geistern der Vergangenheit gegenüber hat er seine Selbständigkeit nicht aufgegeben: Mevissen's Pantheismus ist voluntaristisch: er sieht im Willen die Grundkraft alles Seins. Diesen Willen vermag er nun aber einer geschlossenen Naturcausalität zuliebe nicht als unfrei vorzustellen. Er lehnt deshalb Spinoza's Determinismus ab. In der Willenslehre scheidet er sich von ihm deutlich. Manche seiner philosophischen Wünsche werden von Leibniz viel besser befriedigt. Als ahnungsvoller Vertreter der Entwicklungslehre in ihren Anfängen übt Leibniz auch auf ihn eine große Anziehungskraft aus. Seine Denkweise hat für ihn zugleich praktische Bedeutung: sie verstärkt den optimistischen Grundzug seiner Moralphilosophie. Immer wieder sind es überhaupt die ethischen Interessen, die in den Jahren 1836—1838 seinen philosophischen Studien Anregung geben. Kant's Lehre, an der sich begabte Rheinländer schon unter französischer Herrschaft auffallend oft aufgerichtet haben, bildet den [illegible] Ausgangspunkt. Freilich bleibt er bei ihm nicht stehen. [illegible] interessen führen ihn über Kant hinaus zu Herbart: [illegible] praktische Philosophie sein Lieblingsgebiet: alte Pestalozzi'sche [illegible] ihm bei Herbart von neuem nahe gebracht.

Was ihm aber alle die genannten Philosophen in [illegible] haben bieten können, das hat er schließlich bei Hegel in [illegible] Formal und sachlich erringt Hegel's System in ihm den Sieg [illegible] gänger. Dem Glanze dieser Systematik kann er sich nicht [illegible] eine objective Vernunft in der Welt gebe, daß sie die [illegible] Denken und Sein gleichsetzen dürfe: diese Angelpunkte des [illegible] auch M. als unverrückbar. Auf das Fruchtbarste wird er [illegible] Hegel's Staats- und Rechtsphilosophie beeinflußt. Ihr [illegible] Lösung aus dem Banne der älteren Vertragslehre und [illegible] gedanken seiner ganzen theoretischen und praktischen Politik: [illegible] als sittlicher Organismus in der Menschheitsentwicklung [illegible] erfüllen habe. Diese Bahnen hat M. nie wieder verlassen. [illegible] seinen gehaltvollen, besonders wirthschaftspolitischen Denkschriften [illegible] praktischer Socialphilosophie lassen sich noch in späteren Jahren [illegible] finden. Noch am 26. Mai 1898 hat er sich einmal als „[illegible] Hegel's" bezeichnet.

Es liegt in dem universalen Charakter dieses größten der [illegible] Systeme begründet, daß es alle nur denkbaren Thätigkeiten [illegible] Geistes mit seiner „Vernunft" durchdringt. Auch bei M. [illegible] Hegelianismus seine Expansivkraft auf außerphilosophischem [illegible] historische Anschauung des jungen Kaufmanns wird alsbald [illegible] fördert. Und auch in der Aesthetik wendet er sich bald von Kant [illegible] Herbart mehr zu Hegel hinüber. Die Idee durch sinnliche Mittel [illegible] erscheint auch diesem Hegelianer als höchste Aufgabe der Kunst. [illegible] hier wird er vor allzu großen Einseitigkeiten durch emsige [illegible] bewahrt. Wir besitzen von ihm kritische Analysen einzelner [illegible] Werke, förmliche Goethecommentare, in denen er die Stichhaltigkeit [illegible] Aesthetik zu erproben sucht. —

Auf politischem Gebiete hat er in diesen Jugendjahren, [illegible] Blüthezeit der preußischen Reaction zusammenfallen, wie so viele [illegible] zu maßvollerer Betrachtung Uebergehende, der demokratischen [illegible] liebe noch jenem extremen Liberalismus gehuldigt, der von der [illegible] des Gedankens der Volkssouveränetät alles politische Heil erwartete. [illegible] 1835 in einer „Ode an Rotteck" diesem Vorkämpfer der französisch [illegible] einflußten, später von M. selbst verworfenen Doctrin Worte [illegible] erkennung gewidmet und ihn mit dem „harten Felsen im Meere" [illegible] Aber die Grenzlinie zwischen den Beiden ist doch unschwer [illegible] Während Rotteck nur zwei Ideale hat: das constitutionelle [illegible] thum Baden und die Menschheit, wird M. zu einem der [illegible] des Gedankens der deutschen Einheit in den neu erworbenen [illegible] des preußischen Staates.

Den verschiedensten Kreisen tritt er geschäftlich näher. [illegible] graphische, sociale und wirthschaftliche Anregung erhält er, die [illegible] großen rheinischen Verkehrsorganisator zu Gute kommen. Unter [illegible] den Eindrucke der Bourgeoisieherrschaft des Julikönigthums [illegible] Geschäftsreisen vor allem zur Stärkung des socialen Pflichtgefühls [illegible] weiteren Gedankens, daß der Staat dem Einzelnen zu Hülfe [illegible]

...che das hatte Adam Smith widerrathen. Aber M. folgt ihm nicht. Den ...nen Gedanken der classischen englischen Nationalökonomie, daß die freie ...urrenz automatisch die sociale Wohlfahrt aller Erwerbsclassen herbeiführe, ...er ab. Ein geistiger Schüler Pestalozzi's, Saint-Simons und der ...chen deutschen Moralphilosophie, kann er nicht zum Manchestermann ... Er ist vielmehr der höchst beachtenswerthe Vertreter einer ethisch ...teten Socialpolitik, der Führer einer kleinen social gerichteten Gruppe ...vormärzlichen Liberalismus. Eine neue Gesinnung soll den schrankenlosen ...schaftlichen Egoismus wenn nicht verdrängen, so doch veredeln.

Der Kölner Kirchenstreit des Jahres 1837 gibt ihm in der Folge Veranlassung, ...zu den am Rheine immer mit besonderer Gereiztheit behandelten kirchen...chen Fragen Stellung zu nehmen. M. verwirft das Vorgehen der preußi...Regierung gegen den Kölner Erzbischof und ihr ganzes terroristisches Auf... als sinnlos in einem Lande, wo die Civilehe schon längst existiert. Sein ... ist schon damals die Trennung von Staat und Kirche, wie später auf ...Vereinigten Landtag. Wie gegen das preußische Staatskirchenthum, so ...er sich aber auch gegen den neuen am Rheine von Belgien und der ...en Romantik mächtig beeinflußten politischen Katholicismus. Dagegen ...der freieren protestantischen Richtung, die kurz vorher (1835) im Leben ...von David Friedrich Strauß eine ihrer grundlegenden Schriften erhalten ...volle Anerkennung. Die Bedeutung des Protestantismus überhaupt für die ...haltung des preußischen Staates hat er auch sonst gelegentlich hervor...ben (1848).

Seine sich immer weiter ausbreitende geschäftliche Stellung bringt ihn ..., noch ehe er das dreißigste Jahr erreicht hat, in vielfache Berührung ...den großen Fragen der preußischen Handelspolitik. Wenn er auch von ...heilsamen Wirkungen des preußischen Zollgesetzes vom 26. Mai 1818 in ...g auf die Befreiung des Binnenhandels überzeugt ist, so theilt er doch ... ganzem Herzen die Klagen der zollschutzbedürftigen jungen rheinischen In...ie, die auf den drei ersten Provinziallandtagen von 1826, 1828 und 1830 ...n den doctrinären Freihandelsstandpunkt gerichtet werden. Dagegen be...t er die Gründung des Zollvereins (1834) wirthschaftlich und politisch ...erstes Anzeichen eines neuen Aufschwungs der preußischen Macht mit auf...tiger Freude. Eifrig bemüht er sich, die Concurrenzfähigkeit der rheinischen ...industrie, in der er selbst thätig ist, zu steigern. Die Gründung mecha...er Flachsspinnereien sucht er dabei auf dem Wege der Actiengesellschaft zu ...ichen. Er faßt dies neue Vergesellschaftungsmittel nicht in erster Linie als pri...Erwerbsgenossenschaft auf, sondern vielmehr als wichtiges Vermittlungsglied ...chen dem Individuum und dem Staate. Dieser selbst aber ist damals noch ...scharfer Gegner der neuen wirthschaftlichen Organisationsform. Vornehmlich ... politischen Gründen. Die Actiengesellschaft fällt für die alte preußische ...okratie aus dem hergebrachten Bevormundungsrahmen heraus. Sie er...int als beunruhigende „politische Keimzelle".

Zugleich beginnt er jetzt an der Hand der Werke von Say, Ricardo, ...enius u. A. ein eingehendes theoretisches Studium der Volkswirthschaft. Vielfach nähert er sich dabei mit seiner Abneigung gegen allen freihändle...schen Doctrinarismus und seiner Vorliebe für den Schutzzoll dem später von ... List formulirten „nationalen System der politischen Oekonomie". Die ...ndelspolitischen Schutz- um nicht zu sagen Angriffsmittel, die England in ...e Höhe gebracht haben, sollen für die Heimath verwerthet werden. Seit 1839 ist M. Mitarbeiter des in Köln seit 1834 erscheinenden „Allgemeinen Organs für Handel und Gewerbe". Schon 1838 ist er ferner der deutsch-

[illegible] Rhein) und durch militaristische Tendenzen [illegible] Rheinländer und namentlich ihre Idee vom [illegible] ein kostbares Erbstück aus der französischen Zeit, [illegible] aber diese rheinische Opposition zunächst wesentlich [illegible] setze den provinziellen Particularismus in ungeahnte[illegible] M. vielmehr die positiven Aufgaben des politisch [illegible] in vollem Umfange und vertritt besonders den [illegible] Selbstverwaltung als nothwendiger Grundlage eines [illegible] Staates. Wenigstens handelspolitisch müsse man [illegible] Vertrauen entgegenbringen. Ein größeres positives [illegible] wird darüber nicht vernachlässigt: Herstellung einer [illegible] heit in scharfem Doppelgegensatze zu den rheinischen [illegible] Particularisten, Heranziehung der Bourgeoisie zu [illegible] letzter Linie Herstellung der deutschen Einheit, [illegible] von 1815".

In der „Rheinischen Zeitung" finden diese [illegible] Organ. Um die preußische Einheit [illegible] in politischer Mündigkeit zu erheben, soll nicht die [illegible] sondern die Gewalt zwischen Volk und Krone [illegible]

Zeitung in vielfältiger Opposition, besonders in der Communalfrage. Man bekämpft die Bemühungen der Bureaukratie, durch eine einseitig-östliche Städteordnung (Revidirte Städteordnung vom 17. März 1831) den am Rhein schon vor der französischen Herrschaft fast ausgeglichenen Gegensatz zwischen Stadt und Land künstlich wieder zu beleben. M. verweist dabei vor allem auf die verderblichen politischen Folgen: auf „die schädliche Wirkung auf die politische Gleichheit der Staatsbürger". Auch das Land könne eine communale Autonomie tragen. Aber alle diese Bemühungen sind nur Episode. Denn die Regierung unterdrückt den einflußreichen journalistischen Widersacher am 1. April 1843.

Als einziges, der Function und Zusammensetzung nach aber arg verkümmertes Organ bleiben die Provinzialstände. M. kann seiner Jugend wegen noch nicht eintreten; aber er folgt ihren Berathungen mit steigendem Interesse und knüpft ersönliche Verbindungen an mit den bedeutendsten bürgerlichen Politikern am Rheine, mit Ludolf Camphausen und vor allem mit Hermann v. Beckerath. Diese Beziehungen schaffen ihm einigermaßen Ersatz für den schweren Verlust, en er durch den Tod seines Vaters erleidet. Während auf dem siebenten heinischen Landtage von 1843 wegen der Communalfrage, noch mehr aber egen des neuen, das rheinische Recht verletzenden Strafgesetzentwurfes ein eftiger Kampf ausbricht, redigirt M., übrigens durch Krankheit behindert, eine Petition, die im Dienste seiner allgemeinen Bildungs- und Religionsideale Preßfreiheit und Reichsstände fordert. Auf einer Erholungsreise lernt er in Wiesbaden zum ersten Male auch auswärtige Vertreter des Liberalismus, arl Sieveking aus Hamburg und Heubach aus Königsberg, ferner badisch-fälzische Politiker ähnlicher Richtung kennen. Er wird sich aber gerade ihnen egenüber der Eigenart des rheinischen Liberalismus bewußt.

In den nächsten Jahren tritt die Wirthschaftspolitik auch für sein Leben on neuem in den Vordergrund des Interesses. Schon 1843 hat er Pläne ür Gründung einer Rückversicherungsgesellschaft ausgearbeitet. 1844 wird er mit 29 Jahren) Mitglied der Direction der Rheinischen Eisenbahn von Köln ach Antwerpen. Besondere Verdienste erwirbt er sich um die Förderung der nksrheinischen Uferbahnprojecte, die allerdings zunächst noch ebenso wie seine eiter ausschauenden allgemein-niederrheinischen Pläne an der Verständniß-sigkeit des Publicums, der betheiligten Geschäftskreise und der Regierung heitern. Man fürchtet sich vor der Concurrenz der Dampfschiffe. Die tech-ischen Schwierigkeiten werden zunächst für unüberwindlich gehalten. Strategische edenken treten dazwischen. Dagegen kann M. als Präsident der Rheinischen isenbahn (1844—1880) freier schalten. Wie bei den Actien-, so stellt er sich uch bei den privaten Eisenbahngesellschaften nicht auf den engen individualistisch-rwerbswirthschaftlichen Standpunkt. Es handelt sich für ihn nicht nur um ußere Belebung des Verkehrs, sondern vor allem um Erweckung „noch hlummernder productiver Kräfte". Auch auf diesem Gebiete zeigt er sich ls ebenbürtigen Gesinnungsgenossen Friedrich List's. Auch an industriellen nternehmungen, z. B. der Stolbergischen Metallurgischen Gesellschaft, be-heiligt er sich eifrig. Seit 1845 Mitglied der Kölner Handelskammer, macht r die Ausarbeitung genauer Pläne für Bankgründungen zu seiner besonderen Domäne, begegnet aber hier ebenso wie bei den Finanzirungsbestrebungen in Bezug auf den Bergbau dem hartnäckigen Widerstande der Regierung, die ihre ißtrauische Stellung gegenüber den Actiengesellschaften nicht aufgiebt. Die n jener Zeit so brennende Auswanderungsfrage wird ebenfalls in den Bereich einer wirthschaftlichen Erörterung gezogen. Als wichtigstes Feld derartiger Bethätigung läßt aber das Jahr 1844 seit dem Aufstande der schlesischen

Ueber die Socialpolitik erscheinen. Aus rheinischen Industriekreisen [illegible] von tiefsten sittlichen und historischen Einsichten erfüllte Anregung [illegible] dung eines Vereins zum Wohle der arbeitenden Classen. Nicht [illegible] wirthschaftlichen, sondern auch aus sittlichen Motiven nimmt M. an [illegible] Berathungen in Köln lebhaften Antheil. Als Präsident der [illegible] Eisenbahn thut er selbst verheißungsvolle Schritte auf dem [illegible] hülfsarbeit. Aber die privilegirten Classen, der Dritte Stand [illegible] Bureaukratie, lassen es auch diesmal zu keiner umfassenderen [illegible] des ganzen Planes kommen. Vielmehr erscheint der Regierung [illegible] socialpolitische Agitation in verdächtigem communistischen Lichte.

Die Erfolglosigkeit dieser autonomen socialpolitischen Bewegung [illegible] Nothwendigkeit von neuem zur Behandlung der politischen Haupt[illegible] immer häufigerer Aeußerung des einen brennenden Verfassungswunsch[illegible] unterstützenden M. den Staat auch mit socialpolitischen Functionen [illegible] will, so steigt auch für ihn die Wichtigkeit der Lösung der Verfass[illegible] Indem der rheinische Liberalismus, zu dessen vornehmsten Leitern M. [illegible] ist, sein positives Einheits- und Freiheitsprogramm immer deutlicher [illegible] entwickelt er zugleich eine eifrige Agitation für Reichsstände. Die[illegible] gramm, wie Camphausen es unter Berufung auf den Freiherrn [illegible] 1843 auf dem achten Provinziallandtag darlegt, richtet sich in gleich[illegible] gegen die feudal-ultramontane Partei, wie gegen die radicale De[illegible] ihre Lehre von der Volkssouveränetät. Es bezeichnet auch für M. [illegible] des politischen Handelns in den folgenden Jahren.

Dagegen vermißt man die handelspolitische Einigkeit innerhalb der [illegible] Parteien am Rhein. Wie die Provinziallandtage und David Hanse[illegible] ist auch M. der Meinung, daß der rheinischen Industrie mit einem [illegible] Schutzsysteme erzieherischen, nicht prohibitiven Charakters am besten [illegible] Dagegen erscheinen Camphausen und die von ihm beherrschte Kölner [illegible] kammer (M. befindet sich mit seinem protectionistischen Anhang in der [illegible] als erklärte Anhänger der Freihandelslehre, weil sie überhaupt im [illegible] entscheidende wirthschaftliche Function eines Volkes erblicken, während [illegible] der Gleichberechtigung von Industrie und Ackerbau unermüdlich [illegible] persönliche Beziehungen zu dem Tübinger Professor der Staats[illegible] Fallati (1809—1855), dessen politischer Liberalismus und Einheits[illegible] ihn außerdem fesseln, sind geeignet, seine Abneigung gegen den [illegible] Liberalismus zu stärken.

Das Jahr 1846 bringt für den rastlosen Mann ein [illegible] schweres Ereigniß. Er verheirathet sich mit Elise Leiden, der [illegible] Geschäftsfreundes des Vaters, und er wird, nachdem er [illegible] gesetzmäßige Alter erlangt hat, als Abgeordneter in den [illegible] gewählt.

Zusammen mit den andern rheinischen Liberalen steht er [illegible] Patent vom 3. Februar 1847 und den drei Verordnungen [illegible] Provinzialvertretungen zu einem „Vereinigten Landtag" zusammen[illegible] reactionären Elemente dieser Gesetze einen wesentlichen [illegible] das rheinische Einheitsbedürfniß läßt ihn diesen lange [illegible] Schritt willkommen heißen. Er wird deshalb zusammen mit [illegible] Beckerath rechts und Hansemann links der Führer [illegible] Es ist für ihn keine Frage, daß man den [illegible] vielmehr trotz des Widerstandes des radicalen [illegible] Ostpreußen vertreten, die Zuständigkeit [illegible] anerkennen müsse. Seiner vorsichtigen [illegible] lingt es, die Liberalen trotz aller Widerstände auf dies Programm in Berlin zu einigen. Dies taktische Entgegenkommen bedeutet aber keinen Bruch mit den grundsätzlichen Gedanken. M. hat in der Adreßdebatte die constitutionelle Hauptforderung, nämlich die Periodicität der Landesvertretung, aufs schärfste gestellt und sie später bei den Berathungen vom 29. Mai bis 8. Juni eingehend begründet. Ihr zu Liebe hat er die Bewilligung der Ostbahnanleihe verweigert und auch die liberale Deklarantenadresse vom 26. April (Antwort auf die Replik des Königs vom 22.) mit unterzeichnet. Auch auf ihn macht die vielberufene ganz ständische Thronrede einen niederschmetternden Eindruck; denn seine Ueberzeugung ist und bleibt, daß die Macht der Krone durch Einführung des Constitutionalismus nur gesteigert werde. Mevissen's wohl durchdachte und vorbereitete Reden finden einen großen Leserkreis. Am Rheine gewinnt er besonders durch seine unabhängige Haltung gelegentlich der Ausschußwahlen die Sympathien.

Daneben bleibt sein Interesse für die Lösung der deutschen Frage, die gerade jetzt nach mannichfacher publicistischer Vorarbeit in Süddeutschland von der Heidelberger Deutschen Zeitung kräftig aufgerollt wird, in alter Weise lebendig. Mit Bassermann's berühmtem Antrage in der badischen Kammer vom 27. Juli ist M. natürlich völlig einverstanden. Wie fast alle Zeitgenossen hält er einen friedlichen Ausgleich des österreichisch-preußischen Dualismus und die Gründung eines großdeutschen Siebzigmillionenreichs für durchaus möglich. Für M. sind es bewegte Wochen, denn er bekleidet formell vom 22. Juni bis 27. Juli die Function eines Beigeordneten der Stadt Köln, bis die Regierung dem unbequemen Beamten die Bestätigung verweigert. —

Am 3. Februar 1848 reist Joseph Maria v. Radowitz durch Köln und trifft auch mit M. zusammen. Als guter Kenner französischer Verhältnisse prophezeit M. den baldigen Untergang des Julikönigthums. Radowitz will es nicht glauben. Aber der Kaufmann sieht hier weiter, als der Diplomat. Die Befürchtungen bestätigen sich, wie man weiß, überraschend schnell. Es tritt ein, was Mevissen's Socialpolitik mit hat verhindern wollen: die Erhebung der niederen Massen des deutschen Volkes. Die Stadt Köln wird schnell zum Mittelpunkte der neuen von Karl Marx beherrschten internationalen communistischen Partei. Hier erscheint die Neue Rheinische Zeitung. Zugleich nimmt jetzt die deutsche Einheitsbewegung, wachgehalten durch die Kriegsfurcht vor dem republikanischen Frankreich, ein wahnsinnig beschleunigtes Tempo an. Als treuer Monarchist verlangt M. vor allem, daß man der Krone eine entscheidende Mitwirkung bei dem großen Einigungs- und Befreiungswerke zugestehe. Aber in Süddeutschland wächst die linksliberale Agitation über diesen Standpunkt sofort hinaus. Der alte Gedanke der Volkssouveränetät und der neue des allgemeinen gleichen Wahlrechts bringen die ganze Masse in Aufruhr. Das Ergebniß ist die Einberufung des Frankfurter Vorparlamentes auf den 30. März. Keinerlei Rechtstitel läßt sich für seine Existenz aufweisen. Ein Punkt ist damit erreicht, den weder M. noch der rheinische Liberalismus in solcher Schroffheit erstrebt haben, wie auch neuerdings ihr Bonner Programm vom 11. März aufs deutlichste zeigt. Noch am 15. hat der Kölner Gemeinderath den Versuch gemacht, den König dazu zu bewegen, an die Spitze der Einheitsbewegung zu treten. Friedrich Wilhelm IV. folgt diesen Anregungen in zwölfter Stunde mit seinem Patente vom 18. März. Aber es ist bereits zu spät. Die Berliner Märzrevolution veranlaßt den haltlosen König zu seinen Erklärungen vom 21. und 22., die einen völligen Bruch mit dem ganzen bisherigen gemäßigten oder nicht gemäßigten Systeme bedeuten. Die würdelose Capitulation der Krone vor der Revolution hat nicht nur in Preußen, sondern in ganz Deutschland die verderblichste Wirkung. Sie scheint für immer Mevissen's Hoffnungen auf eine preußische Führung der Einheitsbewegung zu [illegible] zunächst Frankfurt gegenüber in die Rolle [illegible] breitet sich die Begeisterung für das allgemeine [illegible] der damals noch siegreichen Pariser Arbeiter[illegible] immer weiteren Kreisen und verdrängt immer [illegible] ausgebildeten Gedanken einer „organischen Fort[illegible] Prinzips". Nur ungern fügt sich M. dem steigenden [illegible] durch Befürwortung eines indirecten Wahlmodus [illegible] Wirkungen vorzubeugen.

Während in Preußen vor allem die Finanznoth [illegible] liberalen Ministeriums Camphausen-Hansemann führt, [illegible] Interesse mehr auf die Frankfurter Versammlung: als [illegible] tritt er in das Parlament ein. Es bedarf kaum der [illegible] an die gemäßigte liberale Partei, das sog. Rechte Centrum [illegible] schließt*) und daß er sich ernsthafter und eingehender [illegible] optimistischen nur für das theoretische Staatsrecht [illegible] mit der Frage nach der praktischen Haltung der Regierungen, [illegible] Wilhelm's IV. beschäftigt.

Aber Mevissen's Hoffnungen auf einen aufrichtigen [illegible] stitutionalismus erweisen sich als Illusionen. Schon [illegible] nach Einberufung des rheinischen Ministeriums, beginnt [illegible] v. Gerlach von neuem an der Gründung eines „[illegible] rilla zu arbeiten. Die Anzeichen mehren sich dafür, daß [illegible] Mächte mit vielen andern damals weit unterschätzt hat. [illegible] wieder der Militärpartei.

Trotzdem wird M. nicht müde, in Frankfurt zur [illegible] zur Berücksichtigung der wirklichen Machtverhältnisse zu [illegible] das Vertrauen auf Entgegenkommen der Einzelstaaten [illegible] Rechtscontinuität müsse gewahrt bleiben. Deshalb [illegible] rath bei Konstituirung der Centralgewalt auf den [illegible] Aber diese realpolitischen Gedanken gehen in dem [illegible] Rausche unter. Heinrich v. Gagern, dessen glänzende [illegible] empfänglichen Menschenkenner, M., ihres tiefen Eindrucks [illegible] am 24. Juni seinen „kühnen Griff" und veranlaßt das [illegible] nomen Herstellung einer provisorischen Centralgewalt. M. [illegible] Gagern's Vorgehen seinen politischen Ueberzeugungen wider[illegible] weil er mit diesem Zugeständnisse wenigstens die monarchische [illegible] retten hofft. Ihr zu Liebe zollt er diesem Siege des radicalen [illegible] den gemäßigten rheinischen Liberalismus seine Anerkennung [illegible] des Erzherzogs Johann zum Reichsverweser erscheint ihm [illegible] glaubt überhaupt nicht an die Allmacht der Paulskirche. [illegible] des Reichsministeriums wenigstens, das theilweise aus [illegible] aus der Partei des Württemberger Hofes genommen [illegible] conservativeren Tendenzen zu dienen. Aber die von [illegible] Gagern unternommenen Bemühungen, Camphausen zum [illegible] ministerium zu bewegen, führen nicht zum Ziele. Er [illegible] zusammen mit seinem Freunde Fallati Unterstaats[illegible] ministerium Duckwitz und sieht auch jetzt seine vornehmste [illegible] gütliche Vereinbarung mit den Einzelstaaten herzustellen.

Mevissen's Mißtrauen gegen die Macht des neuen [illegible]

---

*) Ihr Programm entwirft er zusammen mit Droysen und [illegible]

weist sich als durchaus berechtigt. Seitdem der französische General Cavaignac in der Junischlacht die Arbeiterrevolution niedergeworfen hat, häufen sich für die Frankfurter Versammlung die Enttäuschungen. Trotzdem verwirft das Parlament am 5. September den von der Krone Preußen mit Dänemark abgeschlossenen Malmöer Waffenstillstand, indem es dabei über Mevissen's und des Reichsministeriums ernste Bedenken optimistisch hinweggeht. Die Ereignisse folgen einander nun sehr schnell. Eine Durchführung des Parlamentsbeschlusses ist unmöglich. Er wird infolgedessen am 16. September zurückgenommen. Das inzwischen natürlich abgetretene Reichsministerium soll seine Thätigkeit von neuem wieder beginnen; aber M. verweigert seinen Wiedereintritt. Er kann den Enthusiasmus Dahlmann's, von dem er sonst in mancher Hinsicht so viel erhofft, nicht theilen. Schon am 10. ist er nach Berlin gereist, um wegen Uebernahme einer Directorstelle im Schaaffhausen'schen Bankverein zu verhandeln. Dieser ist nach dem drohenden Bankerott in eine Actiengesellschaft umgewandelt worden. Mevissen's Ernennung erfolgt am 15. In diesen Tagen wird er von neuem in die politische Bewegung der Hauptstadt hineingerissen. Während die Kamarilla gegen die Rheinländer schon jetzt die offene Reaction predigt und gelegentlich sogar zur Aufgabe der Westprovinzen geneigt ist, will Friedrich Wilhelm IV. so weit noch nicht gehen. Denn nach der Demission des zweiten Revolutionsministeriums (Hansemann-Auerswald) trägt er sich mit dem Gedanken, noch einmal einen Vermittelungsversuch zu machen. Auch M. soll in das neue Ministerium eintreten. Am 16. und 17. September hat er zusammen mit Beckerath dem Könige das Ultimatum der liberalen Partei unterbreitet. Aber der König verwirft dies Programm und beruft vier Tage später das reactionäre Uebergangsministerium v. Pfuel, in dem die Kreuzzeitung sofort mit Genugthuung die gänzliche Abwesenheit des rheinischen Elements feststellt.

Das Frankfurter Mandat hat M. noch bis zum Mai 1849 innegehabt. In den späteren Monaten macht er sich vor allem um den volkswirthschaftlichen Ausschuß verdient. Aus dem August 1848 stammt eine Denkschrift über die Centralisation des deutschen Bankwesens. Mit Saint-Simon sieht er darin den wichtigsten „Hebel zur Begründung des kommenden industriellen Systems". Zusammen mit Fallati kämpft er auch für Vereinheitlichung der Eisenbahnen- und Bergwerksverwaltung und, als Vertrauensmann der Kölner Handelskammer, für die Befreiung des Rheines. Aber das Interesse für diese und die ebenso brennenden sozialpolitischen Fragen verschwindet doch immer wieder unter der Masse der politischen Verhandlungen. Die Männer der Paulskirche zeigen auf diesem Gebiete nur geringes Verständniß. Nach der Niederwerfung des Pariser Aufstandes wächst vielmehr der unsoziale manchesterliche Capitalismus zu solcher Stärke, daß er auch in den nächsten Jahren die Vorherrschaft behauptet.

Gagern's kleindeutsches Programm vom 18. December 1848 hat, seitdem von Oesterreich in Kremsier die Brücken abgebrochen worden sind, auch M. eingeleuchtet. Bei den Berathungen über die Reichsverfassung hat er, um das Zustandekommen des Ganzen in letzter Stunde zu fördern, seinen Widerspruch gegen das allgemeine Wahlrecht und das suspensive Veto aufgegeben. Bis zuletzt hofft er noch auf eine Lösung. Um so schwerer trifft auch ihn die Ablehnung der Kaiserkrone durch Friedrich Wilhelm IV.

Nur kurz noch hat sich M. in den nächsten Jahren an den ephemeren Einigungsversuchen der preußischen Regierung betheiligt, so an den Gothaer Berathungen der Erbkaiserlichen am 26. Juni 1849 und am Erfurter Reichstage vom 20. März bis zum 29. April 1850. Wie er sich in der deutschen Frage trotz aller Gegensätze den preußischen Intentionen zur Verfügung stellt, so warnt er auch für Preußen selbst vor aller rein passiven Obstruction, obwohl das Dreiclassenwahlgesetz vom 30. Mai 1849 über die rückschrittliche Gesinnung der Regierung keinen Zweifel mehr übrig läßt. Gewiß steht er dem Ministerium Brandenburg-Manteuffel mit der größten Abneigung gegenüber. Aber er will doch auch verhüten, daß infolge der Passivität der Liberalen alle Errungenschaften der Revolution nun sofort verloren gehen. Für die Gründung eines Herrenhauses ist er schon 1847 eingetreten. Das Princip der Volkssouveränetät giebt er leichten Herzens auf. An der Gleichheit des Wahlrechtes ist ihm nichts gelegen. Aber die Allgemeinheit will er erhalten sehen. Vor allem eine Ueberzeugung verstärkt sich in ihm in diesen politisch enttäuschungsreichen Monaten, daß nach seiner politischen Niederlage das Bürgerthum nur um so mehr die Pflicht habe, an der Steigerung seiner wirthschaftlichen Kraft und Selbständigkeit zu arbeiten. In sich selbst fühlt er diese Pflicht. Er glaubt seinem Volke besser dienen zu können, wenn er mitten in dem bald mächtig aufblühenden rheinischen Wirthschaftsleben auf seinem Posten bleibt, und der Verzicht auf ein Abgeordnetenmandat in der zunächst zur Bedeutungslosigkeit verurtheilten Zweiten Preußischen Kammer erscheint ihm deshalb als unerläßlich.

M. ist der Führer bei allen großen Unternehmungen in der Provinz, so bei Gründung der Kölner Lebensversicherungsgesellschaft Concordia 1852, die aus der Verschmelzung zweier Concurrenzunternehmen hervorgeht, der Rückversicherungsgesellschaft 1853, bei socialpolitisch bedeutungsvollen Feuerversicherungsprojecten, die er zusammen mit F. Diergardt und Josua Hasenclever ausarbeitet. Auch verschiedene Gründungen auf dem Gebiete der Textil-, Eisen- und Montanindustrie (von besonderer Bedeutung ist der Maschinenbau) beeinflußt er mit seiner kräftigen kaufmännischen Initiative, freilich zunächst noch unter Heranziehung auswärtigen Capitals. Als eine der ersten Actienunternehmungen erlangt der Kölner Bergwerksverein 1849 die Concession der Regierung. Nach dem Vorbilde des 1852 begründeten Pariser Crédit Mobilier erfolgt nach eifrigen Bemühungen Mevissen's am 2. April 1853 die Concessionirung der Darmstädter Bank für Handel und Industrie mit der ausgesprochenen Absicht, mittels eines corporativen Unternehmens die private Rothschild'sche Alleinherrschaft auf dem Geldmarkte zu brechen. Es ist die erste moderne Creditbank auf Actien in Deutschland. Der Name Mevissen ist mit ihrer Gründung und ersten Entwicklung, mit dem raschen Aufschwunge des Capitalismus in Deutschland überhaupt unauflöslich verbunden. 1856 folgt, wiederum unter Mevissen's Leitung, die Gründung der Internationalen Bank von Luxemburg. Auch hier wird er, wie in Darmstadt, zum Präsidenten gewählt. Daran reihen sich weitere Bankprojecte, die auch in die Hauptstadt hinübergreifen und die besondere Absicht verfolgen, die hohe Aristokratie „mit der Industrie in den innigsten Contact zu bringen“.

Derselbe Mann, dessen Unternehmungsgeist und Integrität in gleicher Weise der hohe Aufschwung des westdeutschen Bankwesens in den fünfziger Jahren zu verdanken ist, steht an der Spitze der Rheinischen Eisenbahngesellschaft. Gegen sein linksrheinisches Bahnproject, das Nord- und Süddeutschland miteinander verbinden soll, werden auch nach der Revolution noch strategische Bedenken geltend gemacht. Aber M. verfolgt seinen Plan mit zäher Energie weiter, und 1855 gelingt es wirklich, von dem fähigen Handelsminister v. d. Heydt für die Rheinische Eisenbahngesellschaft die Concession zum Baue der linksrheinischen Trace zu erlangen. M. spricht ihn auf der Pariser Weltausstellung, wo er, ebenso wie auf den folgender Ausstellungen, der internationalen Jury für Leinenindustrie angehört. Am 5. Mai 1856 erhält M.

[die] Concession für die ganze linksrheinische Strecke von Nijmegen bis Bingen, [nachdem] die Bahnen von Bonn und Crefeld nach Köln mit der Rheinischen [Eisen]bahn verschmolzen worden sind. Der zukunftsreiche Plan wird 1859 [illegible].

[M]evissen's drittes von ihm früher schon oft angebautes wirthschaftliches [Be]thätigungsfeld ist die Zollpolitik. Als Mitglied der Kölner Handelskammer [hat er] in den Jahren der Zollvereinskrisis (1850—53) von neuem mit größter [Hingebung] einen Weg durch die zahlreichen gefährlichen Klippen gesucht. Es [gewinnt] für kurze Zeit den Anschein, als wenn Oesterreich nach seinem in Olmütz [über] den preußischen Rivalen erfochtenen diplomatischen Siege nun auch handels[poli]tisch seine Vorherrschaft durch Eintritt in den Zollverein (und zwar mit [dem Ge]sammtstaate) für immer begründen wird. Aber den geschickten preußischen [illegible]ionen gelingt es 1853, die Südstaaten trotz ihrer politischen Abneigung [und] trotz der starken schutzzöllnerischen Strömung beim Zollvereine festzuhalten. [Der] im gleichen Jahre mit Oesterreich abgeschlossene Separathandelsvertrag [bedeutet] den ersten Sieg der wieder emporsteigenden Macht seit der Olmützer Punktation. Als solcher wird er von M., dem unermüdlichen Verfechter des kleindeutschen Programms, mit Erleichterung begrüßt. Wie hoch man seine Wirksamkeit in der Kölner Handelskammer bewerthet, lehrt seine Wahl zum Präsidenten im J. 1856, obwohl die Kammer dauernd eine freihändlerische Majorität aufweist. M. hat sich ihrer Theorie, die eben jetzt — es sind die Glanzjahre des Freihandels — in den Congressen deutscher Volkswirthe seit 1857 auch eine machtvolle äußere Vertretung erhält, niemals unterworfen. Sein volkswirthschaftlicher Standpunkt bleibt protectionistisch. Er nähert sich z. B. dem Nationalökonomen Knies. Es ist besonders die Rolle, die M. dem Staate im Wirthschaftsleben zuweist, was ihn dauernd der Freihandelslehre und allgemein dem Manchesterthume entfremdet.

Wenn er auch besonders auf handelspolitischem Gebiete für die hohen Verdienste der preußischen Bureaukratie stets ein offenes Auge besessen hat, so bleibt sein Verhältniß zum preußischen Reactionsregimente doch zunächst noch recht unerquicklich. Die Haltung des neuen Oberpräsidenten v. Kleist-Retzow, der am Rheine so regiert wie etwa in Pommern, erfährt bei ihm eine scharfe Ablehnung. Aber eine rein negative Opposition hat M. niemals getrieben. Freundschaftliche persönliche Beziehungen zu dem Kölner Regierungspräsidenten Ed. v. Moeller lehren ihn immer wieder das Gute von dem Verwerflichen unterscheiden. Schon im J. 1855 hat er wieder seine unwandelbare monarchische Ueberzeugung ausgesprochen.

Mitten in diesen arbeitsvollen, unruhigen Jahren erleidet M. den denkbar schwersten Verlust: am 29. Mai 1857 wird ihm nach elfjähriger glücklicher Ehe seine überaus verständnißvolle Gattin durch den Tod entrissen. Der schwer Geprüfte ist in dieser Zeit selbst leidend und muß auf längeren Reisen Erholung und Zeit zur ruhigen Befriedigung seiner noch immer so mächtigen rein geistigen Bedürfnisse suchen. 1860 geht er mit seiner Schwägerin Therese Leiden eine zweite Ehe ein. Die Hochzeitsreise führt ihn nach Italien, mitten hinein in die italienische Einheitsbewegung, in der er den „Geist des Jahrhunderts“ an der Arbeit sieht. Wie andere Liberale, z. B. Hermann Baumgarten, lebt er der Ueberzeugung, daß nun auch in Deutschland der Stein ins Rollen kommen werde. „Preußen wird“, so schreibt er, „unter dem Zujauchzen Europas an die Spitze des mächtigen, einigen Deutschlands geschnellt werden.“ Bei den hoffnungsvollen Anfängen der Neuen Aera erwachen seine alten politischen Neigungen. Aber er widersteht der Versuchung, ins Abgeordnetenhaus einzutreten. Gerade die fortgesetzt kritische Lage der europäischen Politik fesselt ihn dauernd an das rheinische Wirthschaftsleben, in dem er [illegible] antwortungsvollsten Posten bekleidet. Zudem ist der alsbald wegen der [illegible] reform ausbrechende preußische Verfassungsconflict wenig geeignet, ihm [illegible] Rückkehr zur Politik als verlockend erscheinen zu lassen. M. ist kein Fr[illegible] von Scharnhorst und Boyen organisirten allgemeinen Wehrpflicht. Er [illegible] Schonung der in der Industrie unentbehrlichen Arbeitskräfte und [illegible] die auch fachmännisch empfohlene zweijährige Dienstzeit. Größeres [illegible] als auf die Reform des Landheeres legt er überhaupt auf die Marine [illegible] allgemeinen aber ist er, und das trennt ihn von der preußischen Fortsch[illegible] partei, dagegen, daß man eine abweichende Anschauung in der Militär[illegible] zur parlamentarischen Obstruction benutze. Zu dem Thronfolger, [illegible] Residenz in Koblenz sehr günstig gewirkt hat, entwickelt sich jetzt ein [illegible] Verhältniß. Ganz besondere Verehrung aber bringt er der zukünftigen Königin entgegen. Weimarisch-Goethischen Geist glaubt er in ihr wiederzufinden. Die Prinzessin Augusta wird eine der eifrigsten Förderinnen seiner rheinischen Verkehrspläne. Seine Beziehungen zu ihr haben sich in den folgenden Jahren immer intimer gestaltet.

Der preußisch-französische Handelsvertrag vom 2. August 1862 zeigt deutlich genug, daß der Staat seine wirthschaftspolitische Vormacht weiter ausbaut. Für M. liegt darin eine erneute Aufforderung, auf wirthschaftlichem Gebiete alle Kräfte anzuspannen. Der Eindruck, den er auf der im selben Jahre veranstalteten Londoner Weltausstellung von der Ueberlegenheit der englischen Industrie gewinnt, drängt ihn zu immer energischerer Verfolgung seiner Eisenbahn- und Canalpläne, die durch einen Kölner Localconflict des Jahres 18[illegible] nur vorübergehend gestört worden sind. 1865 erfolgt die Eröffnung der ganzen seiner Oberleitung unterstehenden Strecke bis Nijmegen. Gegenüber der Köln-Mindener Bahn, deren monopolistische Tarifpolitik die industriellen Interessen schädigt, setzt er die Gründung einer Concurrenzlinie durch. Auch in diesen Jahren aber hat er fortgesetzt mit Hemmungen der Regierung zu ringen, besonders seit dem Jahre 1862, in welchem v. Itzenplitz das Portefeuille des Handels erlangt hat.

Aber im Verfassungsconflicte haben ihn auch diese Irrungen nicht auf die linke Seite hinüberziehen können. Er bleibt bei seinem alten maßvollen Standpunkte, wie man u. a. aus der von ihm am 11. November 1862 bei Grundsteinlegung der Koblenzer Rheinbrücke gehaltenen Rede ersehen kann. Die nahen Beziehungen, die M. seit 1861 mit dem in Bonn wirkenden Historiker Heinrich v. Sybel verbinden, machen ihn darin nicht irre. Wenn auch ihre Grundüberzeugungen übereinstimmen: das taktische Zusammengehen mit dem Fortschritte ist nur Sybel's und des Linken Centrums, nicht Mevissen's und der Altliberalen Forderung. M. betheiligt sich deshalb nicht an dem Kölner Abgeordnetenfeste vom 18. Juli 1863, auf dem Sybel und der Rath Becker die Hauptrolle spielen. Freilich hat er die Gewaltpolitik des neuen Conflictsministers Bismarck, insbesondere die an das Polignac'sche Vorbild gemahnende Preßordonnanz vom 1. Juni ebenso scharf getadelt, wie jeder Fortschrittsmann.

Allein schon der erstaunliche Erfolg der genialen Bismarck'schen Diplomatie im J. 1864 hat ihn auch aus dieser Oppositionsstellung herausgedrängt. Er hat ein Gefühl dafür, daß wieder ein Mann das Präsidium des preußischen Ministeriums führt. Vertrauen auf Bismarck ist schließlich wohl das [illegible] Motiv gewesen, das ihn dem Fortschritte dauernd ferngehalten hat. Im *März 1865* hat M. ein interessantes Gespräch mit König Wilhelm über die *Annexion* des Kieler Hafens, bei dem er im Gegensatze zu dem kühn vor-

[illegible] alten Könige (ähnlich wie Bismarck) eine vorherige Auseinander[illegible] mit dem eifersüchtigen England empfiehlt. Aus voller Ueberzeugung [illegible] an der rheinischen Jubelfeier desselben Jahres und an der Ent[illegible] des Denkmals Friedrich Wilhelm III. zu Köln Theil. Die Wahl zum [illegible] der Stadt und sein Eintritt ins Herrenhaus als ihr Repräsentant [illegible] ihn immer weiter von dem unfruchtbaren Oppositionsgeiste der Fort[illegible]partei. In gehaltvollen wohl für die Königin bestimmten Denkschriften [illegible] er seine politischen Anschauungen. Seitdem das Jahr 1866 die vor[illegible] Lösung der deutschen Frage gebracht hat, faßt er mit Eifer den neu [illegible]denden Bundesstaat ins Auge und vertritt auch für ihn sein altes [illegible]tionelles Programm. In der Militärfrage entwickelt er den Gedanken [illegible]steuer und, wie schon früher, die Nothwendigkeit einer Beschränkung [illegible] allgemeinen Dienstpflicht in den Kreisen der industriellen Arbeiterschaft. [illegible] Herrenhause vertheidigt er gegenüber der nach den Siegen von 1866 eine [illegible] Reaction ersehnenden Rechten natürlich die Indemnitätspolitik. Außer[illegible]m bearbeitet er finanzpolitische Fragen. Bei der Votirung des Wahlrechts [illegible]eibt er dagegen absichtlich im Hintergrunde. In der äußeren Politik hofft er [illegible]f eine weitere friedliche Entwicklung und ist sehr glücklich darüber, daß der [illegible]xemburger Conflikt schließlich doch gütlich beigelegt wird. Den gewaltigen [illegible]eignissen des französischen Krieges folgt er mit nicht minder großer Be[illegible]isterung. Die von ihm geleitete Rheinische Eisenbahn, das Organ der [illegible]obilmachung im Westen, löst die ihr im Interesse der Allgemeinheit gestellte [illegible]ufgabe glänzend. Bismarck's auswärtige Politik und des alten Königs stille [illegible]röße erfüllen ihn mit steigender Bewunderung.

Aber im Neuen Reiche führen neu auftauchende Probleme auch wieder zu [illegible]uen Gegensätzen. Es ist die Beurtheilung des Culturkampfes, die den liberalen [illegible]heinländer einerseits von der kaiserlichen Familie, besonders der Kaiserin, [illegible]dererseits von Bismarck scheidet. Während die Kaiserin zu weitgehendem Rück[illegible]ge vor der katholischen Kirche bereit ist, verlangt M. eine klare Antwort auf die [illegible]s politische Gebiet hinübergreifenden Anmaßungen des römischen Stuhles. So [illegible]richt er am 7. März 1872 im Herrenhause für das Schulaufsichtsgesetz, u. a. mit [illegible]lgender Wendung: „Im preußischen Staate, in dem verschiedene religiöse Be[illegible]kenntnisse mit gleicher Berechtigung neben einander stehen, kann die Parität nur [illegible]nn eine wahre sein, wenn die selbständige Schule die Bildnerin und die Trägerin [illegible]ahrhaft religiöser Gesinnung, die Trägerin einer reinen, der Wissenschaft [illegible]d Religion gemeinsamen Sittenlehre, der Toleranz, der christlichen Liebe, [illegible]r demüthigen Gottesfurcht ist, nicht aber die Trägerin der Intoleranz ver[illegible]iedener sich ausschließender, sich allein als berechtigt affirmirender kirchlicher [illegible]kenntnisse.“ Deshalb stimmt er auch 1873 für die Maigesetze und 1874 [illegible]r die Civilehe. Wenn er so einer Kampfgesetzgebung gegen den politischen [illegible]atholicismus das Wort redet, so verwirft er doch (hierin in Ueberein[illegible]mmung mit dem kleineren linken etwa durch die Frankfurter Zeitung vertretenen [illegible]lügel des Liberalismus) das weitergehende Staatskirchenthum Bismarck's, [illegible]s nichts anderes ist, als der absolutistisch fortgebildete landeskirchliche [illegible]edanke, vollkommen. Er bleibt seinem alten kirchenpolitischen Systeme treu. [illegible]icht die Bismarck'sche Culturkampfpolitik, sondern die Trennung von Staat [illegible]d Kirche könne einen Ausweg bieten. Ueberhaupt hält er das Tempo des [illegible]ampfes für überhastet. Generationen könnten erst leisten, was Bismarck [illegible]n wenigen Jahren erwarte.

Noch stärker wird er natürlich von den brennenden wirthschaftlichen [illegible]ragen in Anspruch genommen. Mit überlegener Geschicklichkeit hat er die vielen von ihm geleiteten Unternehmungen durch die schwere Krisis des Jah[illegible] 1857 hindurch gerettet.

Das Präsidium der Rheinischen Eisenbahn führt er nach altbewährten [illegible]sätzen weiter. Es kommt ihm dabei nicht in erster Linie auf die [illegible] hoher Dividenden an. Er bedauert den Fiskalismus der Köln-[illegible] Gesellschaft. Die Eisenbahnactien sollen vielmehr überhaupt keine Specu[illegible]papiere werden. M. sieht es viel lieber, daß die Ueberschüsse [illegible] gemeinnützigen Unternehmungen zu Gute kommen: der Kriegsinvaliden[illegible], dem Kölner Dome, dem Siebengebirgsvereine. Auch in technischer und [illegible] in ästhetischer Beziehung thut er Alles, um das ihm ans Herz gewachsene [illegible]nehmen auf der Höhe zu halten. Betriebswirthschaftlich ist er ein [illegible] des in Preußen historisch gewachsenen zwischen Privat- und Staats[illegible] gemischten Systems. (Am Rheine steht z. B. den beiden mehrfach genannten Privatgesellschaften die staatliche Bergisch-Märkische Bahn gegenüber.) Weder die Privat-, noch die Staatsbahn sollen eine Alleinherrschaft ausüben. Er erblickt in der Concurrenz mehrerer Bahnlinien, dem „Föderalismus gegenseitiger Anregung und Ergänzung" einen volkswirthschaftlichen Vortheil: die nothwendige Vorbedingung für eine gesunde Tarifpolitik. Auch während der Gründerzeit, die allmählich ein allgemeines Mißtrauen gegen die Privatunternehmung überhaupt hervorruft, bleibt M. ein Gegner der Verstaatlichung. Aber die allgemeine Entwicklung, insbesondere Bismarck's 1875 inaugurirte Verkehrspolitik entscheidet gegen ihn. Trotz Mevissen's Widerspruch, der vor allzu großer Uniformirung und Steigerung der wirthschaftlichen Staatsmacht angelegentlichst warnt, erfolgt 1879 der Uebergang der Köln-Mindener Bahn in den Staatsbetrieb. Sowohl hier, wie bei der Verstaatlichung der Rheinischen Eisenbahn im nächsten Jahre, sind in den Kreisen der Actionäre, die die Direction völlig im Stiche lassen, zu seinem größten Bedauern nur private finanzielle und keine volkswirthschaftlichen Gesichtspunkte maßgebend.

Für die Enttäuschungen, die ihm die preußische Verkehrspolitik bringt, wird er in etwas durch den schutzzöllnerischen Umschwung der gesammten Handelspolitik seit 1879 entschädigt. Mit Befriedigung sieht er, wie seine alten durch List und Carey genährten Theorien nun doch noch in gewisser Beziehung Wirklichkeit werden. Ingleichen bringen jetzt die socialpolitischen Anschauungen, die er zusammen mit den wenigen Gesinnungsgenossen schon vor der Märzrevolution vertreten hat, weiter vor. Der preußische Staat vor allem, von Bismarck gelenkt, erinnert sich seiner großen Traditionen auch auf diesem Gebiete. Dem Staate gebührt für die auch von M. freudig begrüßte, bedeutungsvolle socialpolitische Gesetzgebung der achtziger Jahre das größte Lob, während im Bürgerthum unter der Vorherrschaft der Freihandelslehre und den demoralisirenden Folgen der Gründerzeit die unsociale Gesinnung zunächst wenigstens als unausrottbar erscheint: das Bürgerthum ist nun nicht nur politisch, sondern auch socialpolitisch von dem vielfach mit alten Mitteln arbeitenden Staate besiegt worden. — Als Director der Rheinischen Eisenbahn ist M., wie oben S. 778 erwähnt, immer der Socialpolitik näher geblieben. Sein besonderes Interesse ist dabei dem Fortbildungsschulgedanken zugewandt.

Mehr, als bisher, widmet er sich seit seinem Ausscheiden aus dem Wirthschaftsleben seiner Familie — er sieht in ihr einen ethischen Mikrokosmos von unschätzbarem Werthe — und seinen Freunden. Seine Besitzungen in Köln und Godesberg sind von edler Gastfreundschaft belebt. Besondere Sorgfalt verwendet er immer auf seine Bibliothek (25 000 Bände), die später den Städten Köln und Dülken vermacht wird. Zahlreiche Reisen sorgen für neue Anregungen. Häufig trifft er mit den Bonner Freunden Sybel und Dechen zusammen. Von Parlamentariern stehen ihm nationalliberale Abgeordnete, wie Bennigsen, Berger-Witten, Gneist, Hammacher und Miquel [illegible], von Männern der Wissenschaft u. a. Dernburg, Dubois-Reymond, Helmholtz, Jähns, Treitschke, Waitz.

Die Arbeit an der Lösung zweier wichtiger ins geistige Gebiet hinüberragender Aufgaben hat mit dazu beigetragen, Mevissen's Lebensabend zu verschönen.

Zu einem seiner Lieblingsgedanken gehört die Reform des kaufmännischen Bildungswesens. Schon im J. 1879 hat er der Stadt Köln ein Capital, das später auf 1 Million Mark erhöht wird, zur Gründung einer Handelshochschule zur Verfügung gestellt und einen Lehrplan ausgearbeitet, der in welcher Weise vertiefte Fach- und erweiterte Universalbildung berücksichtigt. Er hat die definitive Verwirklichung dieses Planes nicht mehr erlebt. Aber nach manchem Jahre allgemeiner Interesselosigkeit kommt er gemeinsam mit dem Bonner Nationalökonomen Eberhard Gothein 1893 auf die alten Gedanken zurück. Und Gothein arbeitet dann nach Mevissen's Tod, aber im Anschluß an seine früheren Darlegungen, im J. 1900 einen neuen Plan aus. Ostern 1901 wird die Kölner Handelshochschule eröffnet, die in M. ihren materiellen Stifter und geistigen Vater verehren darf.

Bei einem zweiten Altersunternehmen, der Gründung der Gesellschaft für rheinische Geschichtskunde, lenkt er noch stärker zu alten Jugendgedanken (oben S. 778 f.) zurück. Wie er seine wirthschaftstheoretischen Darlegungen schon immer historisch vertieft hat, so wird besonders der Verkehr mit Sybel manch neue Anregung auf historischem Gebiete gebracht haben. In Mevissen's Sinne erläßt Sybel 1868 einen Aufruf zur Gründung eines Vereins für rheinisch-westfälische Geschichte. Trotz der Protection des Kronprinzen vermag er aber damals noch nicht durchzubringen. Wirklichkeit wird der Plan erst, seitdem M. in Karl Lamprecht eine befähigte wissenschaftliche Hülfs- und Organisationskraft gefunden hat (Herbst 1879). Von ihm läßt er sich im Januar 1880 einen schriftlichen Plan „einer rheinischen Geschichte im Mittelalter mit Betonung der realen Cultur von Recht und Wirthschaft" vorlegen. Nachdem Lamprecht im Herbst 1880 als Privatdocent nach Bonn gegangen ist, tritt auch die Landesuniversität in den Kreis der Interessenten ein. Unter Mitwirkung des Kölner Stadtarchivars Konstantin Höhlbaum wird die Gesellschaft für rheinische Geschichtskunde am 1. Juni 1881 gegründet. Seit dem Frühling 1882 subventionirt M. ferner einige wissenschaftliche Hülfskräfte für das Historische Archiv der Stadt Köln und errichtet 1890 noch eine besondere Stiftung für darstellende Arbeiten aus dem Gebiete der gesammten Landesgeschichte, während die Gesellschaft eine Reihe der werthvollsten Quellenpublicationen auf ihr Programm setzt. Als ein Zeichen der Dankbarkeit wird diesem größten Förderer der rheinischen Geschichtsstudien 1895 eine besondere historische Festschrift der betheiligten Kreise dargebracht. Wie auf all den anderen Gebieten, so sind auch hier Mevissen's Anregungen auf fruchtbaren Boden gefallen. Was er gesät hat, sprießt fröhlich empor. Noch auf Menschenalter hinaus wird man das Fortwirken dieses großen, echten Lebens in der Provinz spüren können.

Bis in die letzten Lebensjahre hinein hat er in gewohnter Weise alle Vorgänge im öffentlichen Leben mit tiefster innerer Antheilnahme begleitet. Die überragende Gestalt des Kanzlers ist nicht wieder aus dem Bereiche seiner Sympathien verschwunden. Unter den 35 Frankfurter Erbkaiserlichen, die Bismarck zum siebzigsten Geburtstage beglückwünschen, befindet sich auch M. Besonders bedauerlich erscheint ihm der Zwiespalt innerhalb des bürgerlichen

Liberalismus (Secession). Mit tiefer Bewegung sieht er dann drei Ja[illegible] später den alten Kaiser und bald auch seinen treuen Diener und seine [illegible] vom Schauplatze abtreten. Die großen socialpolitischen Pläne des [illegible] Kaisers erscheinen ihm als weiterer zukunftsreicher Schritt. In den [illegible] Jahren, nach dem Tode der Kaiserin Augusta, hat er noch mit der [illegible] herzogin von Baden in näheren Beziehungen gestanden.

Es wird einsamer um den alternden, seit 1891 auch körperlich [illegible] behinderten Mann. Am 13. August 1899 hat dies reiche Leben in [illegible] berg seinen Abschluß gefunden.

R. Haym, Reden und Redner des ersten preußischen Vereinigten Landtages (1847) S. 225—259. — (N. Hocker) Unsere Zeit I (1857), 274 ff. — K. Höhlbaum in der Historischen Zeitschrift 94 (1899), 72—79. — Joseph Hansen, Gustav von Mevissen, 2 Bände, Berlin 1906; erster Band: Darstellung, zweiter: Abhandlungen, Denkschriften, Reden und Briefe. — M. Philippson, Nation 24 (1906). — Fritz Friedrich, Preuß. Jahrb. 127 (1907). — M. Schwann, Rheinlande 7 (1907). Justus Hashagen.

Noll *): Friedrich Wilhelm N. wurde am 22. Februar 1824 zu Hof Guttels bei Rotenburg a. d. Fulda geboren. Er besuchte das Gymnasium zu Hersfeld und bestand 1845 das Maturitätsexamen. Alsdann bezog er die Universität Marburg, welche er später mit Berlin vertauschte, um Mathematik und Naturwissenschaften zu studiren. Indessen zog ihn die Medicin mehr an und daher wandte er sich später dieser Wissenschaft zu. 1849 wurde er auf Grund seiner Dissertation „De cursu lymphae in vasis lymphaticis“, Berlin 1849, zum Dr. med. promovirt und bestand bald darauf das medicinische Staatsexamen. Nachdem er zwei Jahre Assistent an der medicinischen Klinik in Marburg gewesen war, ließ er sich in Hanau als praktischer Arzt nieder. Von 1853—59 war er Conservator für Geologie bei der Wetterauischen Gesellschaft für die gesammte Naturkunde in Hanau und hielt in derselben mehrfach Vorträge über „Eingeweidewürmer“, „Grundwasserverhältnisse“, „pflanzliche Parasiten“ u. a. Er war einer der Gründer des ärztlichen Vereins in Hanau und Herausgeber der medicinischen Statistik der Stadt. 1857 wurde er zum Physikus, 1867 zum Kreisphysikus ernannt und 1878 wurde ihm der Titel Sanitätsrath verliehen. Seine Lieblingsbeschäftigung waren die Arbeiten für das öffentliche Wohl, namentlich Wasserleitung und Canalisation. Ganz besondere Verdienste erwarb er sich um die Herstellung und Leitung der Reservelazarethe 1870—71. Unermüdlich thätig gönnte N. sich keine Ruhe. Aber sein Körper war den Anstrengungen, die er ihm zumuthete, nicht gewachsen. Eine heimtückische Krankheit, der er nicht genügend Beachtung schenkte, raffte ihn plötzlich hinweg. Er starb am 30. Januar 1889.

Nekrolog in Bericht der Wetterauischen Gesellschaft für die gesammte Naturkunde zu Hanau 1898, S. XXXVIII. W. Heß.

Noll **): Friedrich Karl N. wurde am 22. September 1832 zu Niederrad bei Frankfurt a. M., wo sein Vater Lehrer war, geboren. Er erhielt den ersten Unterricht in der Schule seines Vaters. Später besuchte er das Gymnasium in Frankfurt a. M. „Auf diesen täglichen Gängen zur Schule“, heißt es in einem Nekrolog in der Zeitschrift „Der zoologische Garten“, „und heimwärts durch den Wald und längs des Maines fand seine angeborene Liebe zur Natur die erste erwünschte Nahrung. Da gab es keinen Baum, dessen Lebensgeschichte er nicht verfolgt hätte, keine Blume deren

*) Zu Bd. LII, S. 646.
**) Zu Bd. LII, S. 646.

Standort er nicht ausfindig zu machen wußte. Er beobachtete die Vögel in ihrem Fluge, belauschte sie bei ihrem Brutgeschäfte und lernte ihre Weisen. Besonders fesselte ihn die niedere Thierwelt, deren Beobachtung man sich damals in dem noch ziemlich einsamen Wald und am stillen Flußufer ungestört hingeben konnte".

Im J. 1850 bezog er das Lehrerseminar zu Nürtingen und war nach bestandener Prüfung von 1854—57 Hülfslehrer an der Schule seines Vaters in Niederrad. Hier veröffentlichte er seine erste Schrift: „Das Leben der Natur im Winter. Briefe an einen zehnjährigen Knaben", Frankfurt a. M. 1856. Im J. 1857 wurde er an die neubegründete Bürgerschule in Frankfurt a. M. berufen. Hier trieb er eifrig naturwissenschaftliche Studien an dem Senckenbergischen Museum und in der Senckenbergischen naturwissenschaftlichen Gesellschaft. 1865 wurde er auf Grund seiner Dissertation: „Der Main in seinem unteren Lauf. Die physikalischen und naturhistorischen Verhältnisse dieses Flusses", Frankfurt a. M. 1865, von der Universität Tübingen zum Doctor promovirt. Im folgenden Jahre übernahm er die Redaction der Zeitschrift: „Der zoologische Garten", welche er bis zu seinem Tode beibehielt. Ihr widmete er von jetzt an vorzugsweise seine Kräfte und zahlreiche fesselnde Aufsätze hat er in dieser Zeitung niedergelegt. Sein Verdienst ist es hauptsächlich, daß diese Zeitschrift sich bald einen geachteten Namen erwarb.

1871 unternahm N. eine größere Forschungsreise nach den canarischen Inseln, Marokko und Südspanien. Infolge seiner hervorragenden Leistungen auf dem Gebiete der Naturgeschichte wurde er Ostern 1877 als Lehrer der Naturgeschichte an das Gymnasium versetzt und bald darauf zum Oberlehrer und dann zum Professor ernannt. Zwölf Jahre war er Lector der Zoologie an der Senckenbergischen naturforschenden Gesellschaft, deren Director er alsdann wurde. Außer zahlreichen Aufsätzen im „Zoologischen Garten" und anderen Zeitschriften gab er Schilling's „Grundzüge der Naturgeschichte" in drei Bänden neu heraus. N. starb am 14. Januar 1893.

Nekrolog im „Zoologischen Garten", Jahrgang 33, Nr. 12.

W. Heß.

Pagenstecher*): Heinrich Alexander P. wurde am 18. März 1825 in Elberfeld geboren. Nachdem er das Gymnasium seiner Vaterstadt absolvirt hatte, studirte er in Göttingen, Heidelberg, Berlin und Paris Medicin. Nach der Promotion und bestandenem Staatsexamen ließ er sich 1847 als praktischer Arzt in Elberfeld nieder, war 1848—49 Brunnenarzt in Salzbrunn und von 1849—56 praktischer Arzt in Barmen. 1856 habilitirte er sich als Privatdocent für Geburtshülfe in Heidelberg. Hier hatte er das Mißgeschick, bei einer Operation zwei Fingerglieder zu verlieren, wodurch er sich zu dem erwählten Berufe untauglich fühlte. Er gab daher die Geburtshülfe, die gesammte Medicin und Chirurgie auf. Da er schon immer große Neigung zur Zoologie gehabt und sich mit dieser Wissenschaft eingehend beschäftigt hatte, beschloß er sich ihr völlig zu widmen. Bereits im folgenden Jahre veröffentlichte er drei bemerkenswerthe zoologische Arbeiten: „Trematodenlarven und Trematoden", Heidelberg 1857, ferner „Ueber Milben, besonders die Gattung Phytoptus" in Verhandlungen der naturhist. medic. Gesellschaft zu Heidelberg, Bd. I, 1857, und „Ueber Erziehung des Distoma echinatum durch Fütterung" in Wiegmann's Archiv f. Naturgeschichte
1857. Im folgenden Jahre veröffentlichte er in Ge
Leuckart: „Untersuchungen über niedere Seethiere" in Müller's Archiv f.

*) Zu Bd. LII, S. 744.

Anatomie, 1858, und „Zur Kenntniß der Geschlechtsorgane der Taenien" in Zeitschrift f. wissensch. Zoologie, Bd. 9, 1858. Bemerkenswerth sind ferner aus dieser Periode seine Arbeiten über Milben: „Beiträge zur Anatomie der Milben", 2 Hefte, Leipzig 1860 u. 61. Nach Bronn's Tode (5. Juni 1862) wurde er zu dessen Vertretung berufen, 1863 zum außerordentlichen, 1866 zum ordentlichen Professor für Zoologie und Paläontologie ernannt. Er setzte zunächst seine sorgfältigen Untersuchungen über Eingeweidewürmer fort und schrieb: „Zur Anatomie von Echinorhynchus proteus" in Zeitschrift f. wiss. Zoologie, Bd. XIII, 1863, und „Die Trichinen", Leipzig 1865. 1870 trieb ihn seine patriotische Begeisterung, den Feldzug gegen Frankreich als Arzt mitzumachen.

Nach seiner Rückkehr begann er sein Hauptwerk: „Allgemeine Zoologie oder Grundgesetze des thierischen Baues und Lebens", Berlin, 4 Bde., 1875 bis 1881. Er schlug in diesem Werke einen ganz neuen Weg ein, indem er das Thierreich nicht, wie bisher immer geschehen, systematisch, sondern morphologisch-biologisch behandelte. Dies geistvolle Werk fand verdiente Anerkennung. Ferner veröffentlichte er: „Die Thiere der Tiefsee", Berlin 1879. Dies Werk enthält eine Geschichte der zoologischen Untersuchungen des Meeres von Edward Forbes bis auf die damalige Zeit und eine Zusammenstellung der in größeren Tiefen lebenden Formen. 1882 gab er seine Professur auf und folgte einem Rufe nach Hamburg, um die Direction des dortigen naturhistorischen Museums zu übernehmen.

P. starb am 4. Januar 1889 an einem Herzleiden. W. Heß.

Piglhein *): Elimar Ulrich Bruno P., Maler, wurde am 19. Februar 1848 in Hamburg als der Sohn eines angesehenen Decorateurs geboren, der ihn schon frühzeitig mit seinem Handwerk vertraut machte, indem er ihn zahlreiche kunstgewerbliche Zeichnungen anfertigen ließ. Als er seine Schulzeit hinter sich hatte, trat er in das Bildhaueratelier von Lippelt ein. Nach dessen Tode bezog er im J. 1864 die Dresdner Kunstakademie und wurde hier Schüler Schilling's. Da er jedoch viel zu realistisch arbeitete und zu malerisch empfand, entschloß er sich, die Bildnerei an den Nagel zu hängen und Maler zu werden. In diesem Berufe wandte er sich zunächst nach Weimar, wo er sich an der unter Pauwel's Leitung stehenden Kunstschule ausbilden wollte. Da ihm aber das kleinstädtische Wesen in Weimar nicht behagte, siedelte er schon nach einem halben Jahre (1870) nach München über. Er wurde hier vorübergehend Schüler von Wilhelm Diez, machte sich jedoch sehr bald selbstständig und schuf zunächst unter dem Einflusse Makart's eine Reihe decorativer Arbeiten, die über den engsten Kreis ihrer Besteller nicht hinaus bekannt geworden sind. Ferner übte damals auch Böcklin eine große Anziehungskraft auf ihn aus, wovon eine Reihe von Centaurenbilder aus den siebziger Jahren Rechenschaft gibt. Obwohl er schon damals für Hans v. Schöen in Worms die nachmals in vielen Nachbildungen verbreitete Idylle „Kind und Hund am Ufersteg sitzend" gemalt hatte, blieb er doch noch lange dem Publicum so gut wie unbekannt. Das änderte sich erst im J. 1879, wo er auf der Münchener Ausstellung mit seinem großen Kreuzigungsbilde: „Moritur in Deo" (heute in d. Berliner Nat.-Gal.) allgemeines Aufsehen erregte. Aber die Käufer blieben auch diesmal aus. P. entschloß sich daher auf Anregung des Kunsthändlers Ackermann in München, zum Pastellstift zu greifen und sein Glück mit der Schilderung pikanter Damen zu versuchen, unter denen er Pieretten, weibliche Jockeys, spanische Tänzerinnen und stark dekolletirte Ballschönheiten bevorzugte. Gleich-

*) Zu S. 59.

itig schuf er eine Reihe von Kinderbildern und wußte sich noch durch mehrere ortrāts aus der Münchener Gesellschaft einen Namen zu machen. Bald kam r in die Mode, wurde freilich auch von der strengen Kritik als ein Sitten- erderber und Hetärenmaler angegriffen. Daß er diesen Vorwurf nicht ver- iente, sondern im Grunde ein durchaus ernst veranlagter Künstler war, zeigte r durch das mit großer Sorgfalt auf Grund eingehender Studien in sehr rzer Frist gemalte „Panorama der Kreuzigung Christi“, durch das er einen ollgültigen Beweis seines bedeutenden Wissens und ungewöhnlichen Könnens blegte. Leider ging das im J. 1886 vollendete und zuerst in München auf- estellte Rundgemälde, das die allgemeine Bewunderung voll verdiente, im . 1892 bei einem Brande in Wien vollständig zu Grunde. In den nächsten ahren beschäftigte sich P. wiederum mit größeren Arbeiten ernsten Inhalts. Die große „Grablegung“ vom Jahre 1888 erwarb der bairische Staat für die eue Pinakothek in München. Viel Aufsehen erregte im J. 1890 „Die Blinde“, ein Riesenbild, das im J. 1891 in Berlin an einen Amerikaner ver- auft wurde. Bei Begründung der Münchener Secession im J. 1892 trat er ls Präsident an deren Spitze, obwohl er schon damals mit einem schweren, ine Arbeitskraft hemmenden körperlichen Leiden zu kämpfen hatte. Er starb m 15. Juli 1894. Vom Januar bis März 1895 fand eine Ausstellung einer Werke in der Berliner National-Galerie statt.

Zeitschrift für bildende Kunst. 22. Jahrg. Leipzig 1887. S. 165 bis 172. — Friedrich Pecht, Geschichte der Münchener Kunst im 19. Jahrhundert. München 1888. S. 381—382. — Ad. Rosenberg, Die Münchener Malerschule in ihrer Entwicklung seit 1871. Leipzig 1887. S. 70—72. — Ders., Geschichte der modernen Kunst III, 119—120. Leipzig 1889. — Die Kunst für Alle, 9. Jahrg., 1893—1894. München 1894. S. 342, 343. — Illustrirte Zeitung. Leipzig 1894. Nr. 2665, S. 103. — Frdr. v. Boetticher, Malerwerke des 19. Jahrhunderts II, 269—272. Dresden 1898.

H. A. Lier.

Verzeichniß

der im 53. Bande der Allgem. Deutschen Biographie enthaltenen Artikel.

(Die beigesetzten Zahlen sind die Seitenzahlen des Bandes.)

Lightning Source UK Ltd.
Milton Keynes UK
UKHW010320120219
337137UK00004B/395/P